CNE   P
601 RCF

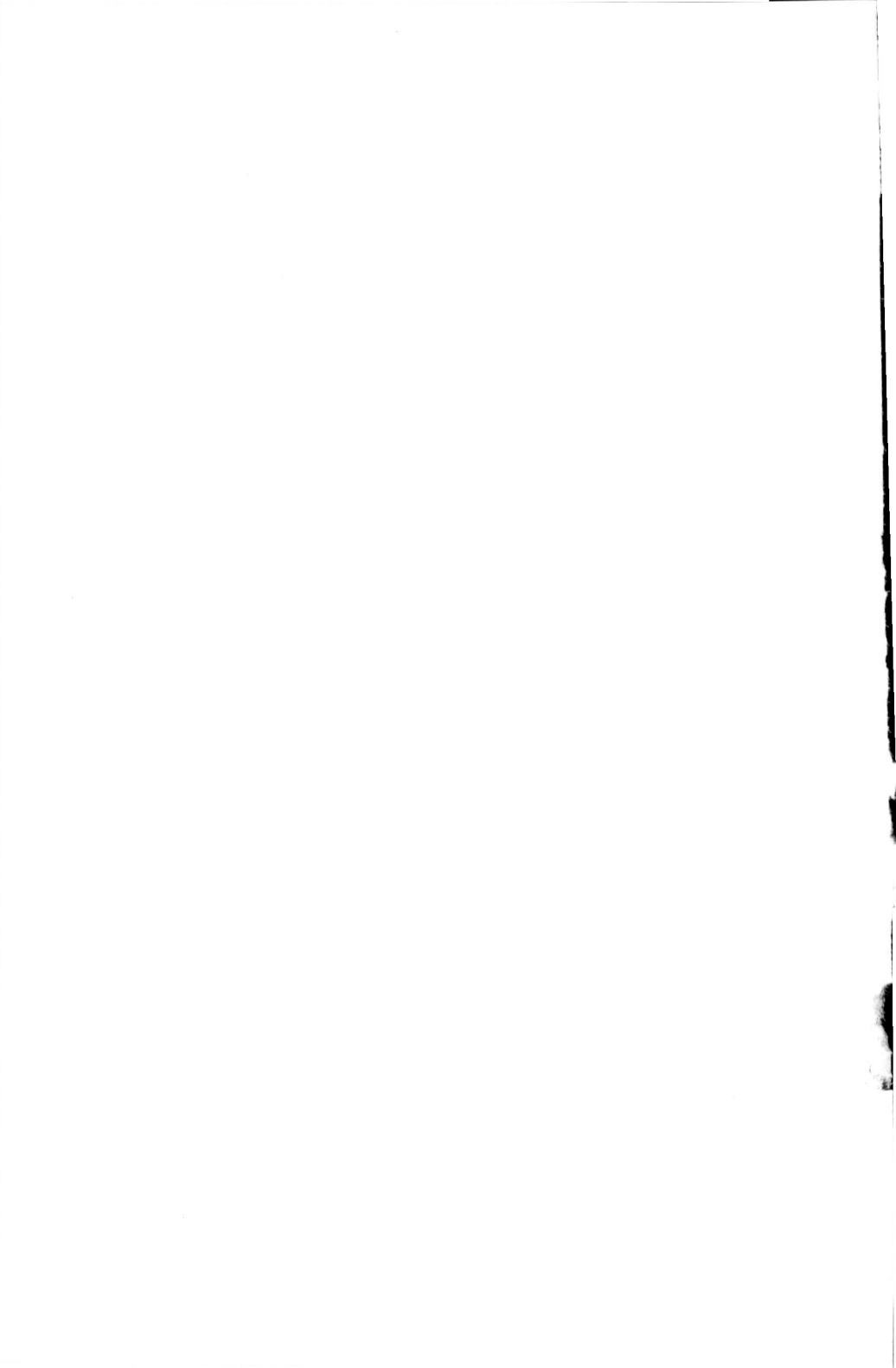

Philippe ROSTAING

DICTIONNAIRE DES FORCES TERRESTRES

français / anglais
avec index anglais-français

DICTIONARY OF LAND FORCES

French / English
with English-French index

La Maison du Dictionnaire

© **LA MAISON DU DICTIONNAIRE PARIS 2000**

Dépôt légal : 4e trimestre 2000
ISBN : 2-85608-162-2
Code livre : 3.42.74.100
Imprimé en France

Philippe ROSTAING

DICTIONNAIRE DES FORCES TERRESTRES

français / anglais
avec index anglais-français

DICTIONARY OF LAND FORCES

French / English
with English-French index

La Maison du Dictionnaire

98, bd du Montparnasse – 75014 Paris
tél. : 33.1.43.22.12.93 – fax : 33.1.43.22.01.77
e-mail : lamaison@artinternet.fr

AVANT-PROPOS

Ce dictionnaire généraliste s'adresse aux personnels de l'armée de terre et aux traducteurs spécialisés soucieux de disposer, en anglais britannique et américain, de la terminologie militaire terrestre la plus **finalisée**, la plus **fiable** et la plus **opérationnelle**. Il couvre entre autres les domaines suivants : **tactique, stratégique, opératif, technique, diplomatique, opérations de paix et humanitaires, organisationnel, renseignement, état-major, armes et services, armement et équipements, personnel, santé, planification, informatique, désarmement, logistique, formation et instruction, entraînement et exercices, activités, concepts et doctrine, habillement, nucléaire, administration, carrière, grades.**

Réalisé en exploitant de manière systématique **uniquement** un corpus de documents de référence militaires britanniques, américains, français, "otaniens" et "onusiens" (voir page 2) ou d'autres organismes (UEO, armée de terre canadienne, etc.), il vise à délimiter la langue de spécialité (utilisée dans les organisations britannique, américaine et canadienne équivalentes) la plus **moderne** (en s'appuyant sur les documents les plus récents) et la plus **authentique** (en n'exploitant que des documents militaires anglo-saxons). On a voulu éviter l'écueil, trop souvent rencontré, des traductions fantaisistes passant d'abord par le français.

Outre les traductions, ce dictionnaire donne souvent les **définitions** en anglais et en français de certains termes fondamentaux. Il comporte le plus souvent possible les **collocations** (verbes, adjectifs, participes, adverbes, prépositions, noms et expressions à utiliser en conjonction avec les termes). On y trouvera également des remarques d'emploi d'ordre **grammatical, lexical, syntaxique** ou **orthographique**. Enfin, il inclut des termes **historiques, familiers, humoristiques** ou **argotiques**.

Nécesssairement incomplet, ce dictionnaire profitera naturellement des observations que les utilisateurs voudront bien formuler (voir *Contact* par courrier électronique ci-dessous) en vue de l'améliorer, l'enrichir et le rendre plus efficace à l'occasion de sa prochaine édition.

Philippe ROSTAING

*Professeur aux Écoles Militaires de Saint-Cyr Coëtquidan
(École Spéciale Militaire de Saint-Cyr, École Militaire Inter-Armes,
École Militaire du Corps Technique et Administratif) (1983-2000),
Agrégé de l'Université (Anglais), Officier Linguiste de réserve (H)
de l'Armée de terre, Expert Traducteur près la Cour d'Appel de Rennes,
Diplômé d'Études Approfondies d'Histoire militaire, Défense et Sécurité.*

Contact e-mail : philrostaing@hotmail.com

ABRÉVIATIONS : MODE D'EMPLOI

/ : Traduction alternative (= ou).

ADJ : adjectif(s) pouvant être utilisé(s) en conjonction avec ce terme.

ADJ ASS. : adjectif(s) associé(s) à ou dérivé(s) de ce terme.

(AUST) Terme rencontré dans un document australien.

(Baud) Terme rencontré dans l'ouvrage de Jacques Baud, *Encyclopédie du renseignement et des services secrets*, referencé ci-après.

(CA) : Terme rencontré sur le site Web de l'armée de terre du Canada.

Cf. : Définition du terme français ou du terme anglais équivalent.

(CFE) Terme rencontré dans le Traité sur les Forces Conventionnelles en Europe référencé ci-après.

COMP : Comparatif pouvant être utilisé en conjonction avec ce terme.

Comp. : Définitions en vue de comparaison sémantique.

(EU) Terme rencontré dans le document *Terminologie des Nouveaux Systèmes d'Armes*, du Parlement européen, référencé ci-après.

Ex : Exemple(s) authentique(s) tiré(s) d'un document militaire en anglais listé ci-après.

EXPR : Expression(s) pouvant être utilisée(s) en conjonction avec ce terme.

(GB) Terme rencontré dans un document militaire britannique ou sur un site Web listé ci-après. Il ne s'agit en aucun cas d'une restriction d'emploi, ce terme pouvant fort bien être utilisé par les Américains.

(Jane's) Terme rencontré dans un document du groupe Jane's.

NOM : Nom(s) pouvant être utilisé(s) en conjonction avec ce terme.

NOM ASS : Nom(s) associé(s) fréquemment à ce terme.

(OTAN) Terme rencontré dans un document de l'OTAN listé ci-après. Il ne s'agit pas nécessairement d'un terme normalisé OTAN.

PART : participe(s) (passé ou présent) pouvant être utilisé(s) en conjonction avec ce terme.

PREP : préposition(s) pouvant être utilisée(s) en conjonction avec ce terme.

Traduction proposée : terme spécifiquement français, sans équivalent connu, pour lequel est proposée une traduction "explicative".

(UEO) Terme rencontré dans un document de l'UEO ou sur le site Web de l'UEO.

(UN) Terme rencontré dans le document de l'ONU listé ci-après. Il ne s'agit pas nécessairement d'un terme normalisé ONU.

(US) Terme rencontré dans un document militaire ou un site Web américain listé ci-après. Il ne s'agit en aucun cas d'une restriction d'emploi, ce terme pouvant fort bien être utilisé par les Britanniques.

VERB : Verbe(s) pouvant être utilisé(s) en conjonction avec ce terme.

ABRÉVIATIONS MILITAIRES UTILISÉES

ABC : arme blindée cavalerie - **ADMIN** : administration - **ALAT** : aviation légère de l'armée de terre - **ARMT** : armement - **ART** : artillerie - **AT** : armée de terre - **ENI** : ennemi - **EPS** : entraînement physique et sportif - **EM** : état-major - **EX** : exercice - **GE** : guerre électronique - **GEN** : génie – **GEND** : gendarmerie - **HUM** : humanitaire - **INF** : infanterie - **LOG** : logistique - **MAT** : matériel - **NBC** : nucléaire, bactériologique, chimique - **NUC** : nucléaire - **PERS** : personnels - **RENS** : renseignement - **SAN** : santé - **STRAT** : stratégie - **TAC** : tactique - **TAP** : troupes aéroportées - **TOPO** : topographie - **TRANS** : transmissions - **TRN** : train.

DOCUMENTS ET SOURCES EXPLOITÉS

(Tous les documents utilisés sont publics et non-classifiés)

1. BRITANNIQUES :

- *Staff Officers Handbook*, British Army, 1988.
- *The Army Field Manual*, vol.3, part 1, Battlegroup tactics, 1990.
- *The British Army : a Pocket Guide* (R & F, Military Publishing), edition 97-98.
- A. Beevor, *Inside the British Army*, Corgi Books, 1991.
- H. Keith Melton, *The Ultimate Spy Book*, Dorling Kindersley, 1996.
- A. Makepeace-Warne, *Brassey's Companion to the British Army*, Brassey's, 1995.
- J. Parker, *Inside the Foreign Legion*, Judy Piatkus Publishers, London, 1998.
- T. Gander, *Britain's Modern Army*, Patrick Stephens Limited, 1995.
- Internet, site Web de l'armée de terre britannique : *www.army.mod.uk*

2. AMÉRICAINS :

- *Operational Terms and Symbols*, publication américaine sous timbre EIREL, 1987.
- *FM 100-5, Operations*, U.S. Army, 1993.
- Cpt T. Zurick, *Army Dictionary and Desk Reference*, Stackpole Books, 1992.
- *Combat Leader's Field Guide*, 10ᵉ édition, Stackpole Books, 1987.
- *Organization of the Army in the Field*, Combined Arms and Services Staff School, 1994.
- *FM 100-23, Peace Operations*, Headquarters, Department of the Army, 1994.
- LTC L.P. Crocker, *Army's Officer Guide, 45th Edition*, Stackpole Books, 1990.
- *How the Army Runs, A Senior Leader Reference Handbook, 1997-1998*, U.S. Army War College, 1997.
- Jeffrey T. Richelson, *The U.S. Intelligence Community*, 3ᵉ édition, 1995, Westview Press.
- Numéro spécial de la revue *ARMY, GREEN BOOK 97-98*, octobre 1997 et *GREEN BOOK 98-99*, octobre 1998, Association of the U.S. Army (AUSA).
- Internet, site Web de l'armée de terre américaine : *www.army.mil*
- *The U.S. Army Slang Handbook*, HQ US Army TRADOC, October 1991.
- Col. R.K. Bluhm, Jr. & Col. J.B. Motley, *The Soldier's Guidebook*, Brassey's, 1995.
- Norman Polmar and Thomas B. Allen, *Spy Book, The Encyclopledia of Espionage*, Random House, 1998.
- Revue *Soldiers*.

3 . OTAN :

- *NATO Glossary of Term and Definition (English and French)* / *Glossaire OTAN de Termes et Définitions (Anglais et Français),* AAP-6, Military Agency for Standardization, 1996 (version électronique).
- *Glossary of Abbreviations used in NATO Documents* / *Glossaire des Abréviations Utilisées dans les Documents OTAN,* AAP-15, Military Agency for Standardization, 1995.
- *Manuel de l'OTAN / NATO Handbook,* OTAN, Bureau de l'Information et de la Presse, 1996.
- Internet, site Web de l'OTAN : *www.nato.int/*
- *Revue de l'OTAN / NATO Review.*

4. ONU :

- *Disarmament and peace-keeping* / *Désarmement et maintien de la paix, Anglais-Français,* Office des Nations-Unies à Genève, 1994.

5. UEO :

- Internet, site Web de l'UEO : *www.weu.int*

6. FRANÇAIS :

- *La Défense,* École d'Application du Train, 1994.
- *Dictionnaire de la Défense et des Forces Armées,* Larousse, 1988.
- *Glossaire militaire Anglais- Français, Français-Anglais,* TTA 131, Édition 1982.
- *Organisation de l'armée de terre,* mémento réalisé par les promotions d'EOLRAT, EIREL, 1997.
- G. d'Aumale et J.P. Faure, *Guide de l'espionnage et du contre-espionnage,* Le Cherche Midi éditeur, 1998.
- Revues : *Armées d'aujourd'hui, Terre Information Magazine.*
- Internet, site Web du ministère de la Défense (armée de terre) : *www.defense.gouv.fr/terre*

7. CANADIENS :

- Internet, site Web de l'armée de terre du Canada : *www.army.dnd.ca*

8. DIVERS :

- Jacques Baud, *Encyclopédie du renseignement et des services secrets, Lavauzelle,* 1997.
- *Traité sur les forces armées conventionnelles en Europe* / *Treaty on Conventional Armed Forces in Europe,* OSIA (On-Site Inspection Agency).

- *Terminologie des nouveaux systèmes d'armes*, Bureau de Terminologie, Parlement européen, 1985.
- Revue *Jane's Defence Weekly.*
- *The International Security Review 1999*, The Royal United Services Institute for Defence Studies, London, 1999.

Remerciements à / Special thanks to

– Marylène, Laurent et Sylvia pour leur amour et leur patience pendant ces 6 années de travail.
– Mes parents, Magdeleine et Louis, qui m'ont tout donné et m'ont toujours soutenu dans mes entreprises.
– René et Jackie, Magali et Daniel, Patrice et Aurélie, avec mon affection.
– LTC Craig A. Vanek, Special Forces, USSOCOM (U.S. Special Operations Command) et son épouse Maureen, pour leur amitié et leur aide permanente et précieuse.
– Lt-Col Stephen Croft et Lt-Col Tim Carmichael, British Army, pour leur gentillesse et la qualité de leurs explications.
– Aux professeurs amis des Écoles Militaires de Saint-Cyr Coëtquidan, militaires et civils, anglicistes et autres, qui ont soutenu mon projet depuis le départ.

DICTIONNAIRE
FRANÇAIS-ANGLAIS
— · — · —
FRENCH-ENGLISH
DICTIONARY

(ALPHA)

à (procédure radio) to.

à (spatial) at, in. Ex: *Base divisionnaire à Heilsbronn : The DAA (GB) / DSA (US) is deployed / opens at Heilsbronn. À la bataille de El Alamein : at the battle of El Alamein (GB). La 3ᵉ D.I. avait son état-major à Wurzburg : the 3rd ID (= Infantry Division) was headquartered in Wurzburg (US). À des altitudes élevées : at high altitudes. Au PC : at the command-post (US). Au centre d'essais pour missiles de White Sands : at White Sands missile range (US). Un canon qui est extrêmement efficace à 2 000 mètres : a gun which is highly effective at 2,000 m (US). Au combat : in battle (GB). La 5ᵉ Brigade Parachutiste est basée à Aldershot : 5 Airborne Brigade is based at Aldershot (GB). La 10ᵉ Division d'Infanterie de Montagne, en garnison à Fort Drum (État de New York) : the 10 th Mountain Division, based at Fort Drum, N.Y. (US). À leur réunion au sommet (chefs d'État) : at their summit meeting (OTAN). Du matériel militaire comprenant un véhicule blindé de transport de troupes et plus de dix pièces d'artillerie a été observé à cet endroit : military equipment including an armoured personnel carrrier and more than ten pieces of artillery were observed at this location (OTAN). L'exercice se déroulera aux sièges de l'UEO et de l'OTAN : the exercise will be conducted in WEU and NATO headquarters (UEO).*

à (temporel) at, upon. Ex: *À 14 heures : at 1400 hours. Le deuxième échelon est à 2 heures : the second echelon is 2 hours behind. À l'aube : at dawn / first light. À J — 1 : on D — 1 (US). À son arrivée à Fort Bliss (autorité) : upon his arrival at Fort Bliss (US). À son retour d'Arabie Saoudite (fiche biographique d'officier) : upon his return from Saudi Arabia (US).*

à (volume / proportion / composition de forces) with, at. Ex: *DB à 100 % : Armoured Division at full strength / at 100 % combat effectiveness. DB à 2 RC : Armoured Division with 2 tank regiments (ENI) / tank battalions (US) / armoured regiments (GB). DB réduite à 75 % : Armoured Division reduced to 75 % combat effectiveness. Des brigades à trois régiments : three battalion brigades (GB). Un RC (= Régiment de Chars) à 38 chars Challenger : an Armoured Regiment with 38 Challenger MBTs (= Main Battle Tanks) (GB).*

à (gradation) through. Ex: *Grades de capitaine à colonel : grades of captain through colonel (US).*

à (appartenance à unité) with. Ex: *John Doe, capitaine à la 77ᵉ compagnie de renseignement militaire : John Doe, a captain with the 77 th Military Intelligence Company (US).*

à (affectation à un poste) as. Ex: *Nommer M. Robertson au poste de Secrétaire général de l'OTAN : to appoint M. Robertson as Secretary General of NATO (OTAN).*

à (conseil / comité) on (US). Ex: *La France a son propre ambassadeur au Conseil de l'Atlantique Nord : France has her own ambassador on the North Atlantic Council (US). La France n'est pas représentée au Comité des Plans de Défense (OTAN) : France is not represented on the Defense Planning Committee (US).*

AATCP (Air-Air Très Courte Portée) Very Short Range Air-to-Air (Mistral) Missile (Jane's).

abaissé (silhouette de véhicule) lower (US).

abaissement : lowering (US). Ex : *Abaissement du drapeau / des couleurs : lowering of the flag (US).*

abaissement du bruit (dispositif d') (mortier) noise reduction device (US).

abaisser to lower. Ex : *Abaisser un drapeau : to lower a flag.*

abandon (service national / conscription) scrapping (Jane's). Ex : *L'abandon du service national : the scrapping of national service (Jane's).*

abandonné (non surveillé) (capteur) unattended (OTAN).

abandonné (lieu / tranchées) abandoned (GB). Ex : *Nous avons découvert les tranchées ennemies abandonnées : we found the enemy trenches abandoned (GB).*

abandonné (navire / bâtiment) derelict (GB).

abandonner (matériel / navire) to abandon (US, GB). Ex : *Abandonner (un matériel sur le champ de bataille) : to abandon (US). Nous avons dû abandonner de grandes quantités de munitions pendant la retraite : we had to abandon large quantities of ammunition during the retreat (GB). Arme chimique abandonnée : abandoned chemical weapon (UN). Matériel abandonné : abandoned materiel (OTAN). Abandonner le navire / sous-marin (PERS) : to abandon ship (US).*

abandonner (combat) to give up (US). Ex : *L'ennemi démoralisé abandonne le combat : the demoralized enemy gives up fighting (US).*

abandonner (position / zone) to abandon, to give up. Ex : *Abandonner une position : to abandon a position. Abandonner une zone défensive : to give up a defensive area.*

abandonner (projet) to scrap (Jane's). Ex : *Abandonner un projet (armement) : to scrap a project (Jane's).*

abandonner (terrain) to give up (US). Ex : *Abandonner du terrain à l'ennemi : to give up terrain to the enemy (US).*

abandonner (mission / opération) to abandon (GB), to abort (US). Ex : *Abandonner une mission : to abort a mission (US). La mauvaise visibilité nous a contraint à abandonner la patrouille : poor visibility forced us to abandon the patrol (GB).*

abandonner (morts et blessés) to abandon (GB). Ex : *Au combat, tu agis sans passion et sans haine, tu respectes les ennemis vaincus, tu n'abandonnes jamais ni tes morts, ni tes blessés, ni tes armes (Code d'honneur) (Légion) : in combat, you will act without relish of your tasks, or hatred; you will respect the vanquished enemy and will never abandon neither your wounded nor your dead, nor will you under any circumstances surrender your arms (GB).*

abandonner (abolir) (service national / conscription) to scrap (Jane's).

abandonner (stage difficile) to drop out (of a course) (US).

à base de (unité) heavy (En épithète). Ex : *Une unité à base de chars : a tank-heavy unit.*

à base territoriale (structure de forces) territorially based (OTAN).

abattis abatis (US, GB) (À noter : Ce terme s'orthographie habituellement avec un seul "t" en anglais, mais on peut également le rencontrer avec 2 "t"). Ex : *La route était barrée par un abattis : the road was blocked by an abatis (GB).*

abattre (aéronef) to shoot down, to bring down (GB), to down (US), to knock down (US). Ex : *Abattre un aéronef : to shoot down / to bring down (GB) / to knock down (US) / to down (US) / an aircraft. Un "hélico" abattu : a downed chopper (US). Le jour où l'avion fut abattu : on the day the plane was brought down (GB).*

abattre (arbre) (GEN) to fell. Ex : *Abattre un arbre : to fell a tree.*

abattre (soldat) to shoot down, to zap (terme familier) (GB), to shoot dead (GB). Ex : *Abattre un soldat ennemi : to shoot down an enemy soldier.*

ABC voir **Arme Blindée Cavalerie.**

abdominaux (EPS) sit-ups (US).

abîmer (endommager) to harm (GB). Ex : *Endommager un appareil : to harm a device (GB).*

abnégation (PERS) selflessness (US), selfless service (US).

abolir to do away with (Jane's), to scrap (Jane's), to phase out (Jane's). Ex : *Abolir le service national : to do away with / to scrap / national service (Jane's). Abolir progressivement la conscription : to phase out conscription (Jane's).*

abolition fall (CA). Ex : *L'abolition du mur de Berlin : the fall of the Berlin Wall (CA).*

abondance nucléaire (STRAT) nuclear plenty.

à bon escient appropriately (US). Ex : *Employer les feux à bon escient : to use fires appropriately (US).*

abonné (TRANS / réseau radio) subscriber (US) (ADJ : "static", "mobile", "wire").

à bonne portée in range (GB), within range (GB).

à bord de on board (US), aboard (US), onto (US). Ex : *À bord de l'aéronef : on board the aircraft (US). À bord d'aéronefs : aboard aircraft (US). Des soldats sont treuillés à bord d'un (hélicoptère) UH-60 : soldiers are winched aboard a UH-60 (US). L'hélicoptère, avec seulement quatre personnes à bord : the helicopter, with only four persons aboard (US). Il (= système d'armes) peut être chargé rapidement à bord d'avions-cargo de l'armée de l'air : it can be rapidly loaded onto Air Force cargo aircraft (US).*

abordable (financièrement) (matériel) affordable (US).

abordage (de l'ennemi) closing (with the enemy) (OTAN), closing-up (US) (ADJ : "successful").

aborder (TAC) to close with (US, OTAN), to reach (US). Ex : *Aborder l'ennemi : to close with the enemy (US, OTAN). L'ennemi aborde la Marne : the enemy reaches the Marne (River) (US) / the (River) Marne (GB).*

aborder (traiter de) to address (GB), to touch on (US). Ex : *Aborder le problème des restructurations : to address the question of restructuring (GB). Abordons maintenant le ravitaillement : now let's touch on supply (familier) (US).*

abords approaches (US) (VERB : "to protect"). Ex : *Les abords d'un axe de progression ennemi : the approaches to an enemy axis of advance. Les abords d'une plage : the approaches to a beach (OTAN).*

aboutir (réussir) to meet with success (OTAN). Ex : *L'utime démarche diplomatique de l'ambassadeur Holbrook n'a pas abouti (avant conflit) : the final diplomatic effort of Ambassador Holbrook has not met with success (OTAN).*

aboutir à to reach (US), to result in (US), to lead to (US). Ex : *Aboutir à une décision : to reach a decision (US). La fusion a abouti à la création du Corps des Services Juridiques de l'armée de terre : the merger resulted in the creation of the Judge Advocate General's Corps (US). Son (= missile sol-air) succès a abouti directement à la mise au point du (missile sol-air) Stinger : its success led directly to the development of the Stinger (US). L'offensive de la Vallée de la Liri qui a abouti à la prise de Rome : the Liri Valley offensive which led to the capture of Rome (CA). Un scénario de mission de Petersberg aboutissant à une opération dirigée par l'UEO : a Petersberg mission scenario (UEO) leading to a WEU-led operation (UEO). La contre-offensive allemande de 1944 a abouti à la bataille des Ardennes : the 1944 German counteroffensive resulted in the Battle of the Bulge (US).*

aboutissement (fin) completion (US). Ex: *Permettre l'aboutissement de la manœuvre: to allow maneuver completion (US).*

aboutissement (projet) end point (US).

à bout portant at point-blank range, at close range (GB), at close quarters (GB) VERB: "to fire", "to shoot") (EXPR: "to fire a gun point-blank at somebody"). Ex: *Des munitions tirées à bout portant: rounds fired at point-blank range (GB). Tirer sur quelqu'un à bout portant: to shoot at somebody at close range (ou at close quarters) (GB).*

abréger to abbreviate (GB). Ex: *Une forme abrégée d'ordre d'opérations: an abbreviated form of operation order (GB).*

abréviation abbreviation (US, GB) (VERB: "to use") (PART: "(commonly) used").

abri shelter (US, GB), cover (OTAN, US), shed (GB) (VERB: "to build"). Ex: *Les populations civiles se terrent dans les abris et les caves: civilian populations are sheltering underground. À l'abri des vues: voir* **vues**. *Abri NBC: NBC (protective) shelter (US). Se mettre à l'abri: to take cover (US). S'assurer que tous les soldats sont à l'abri: to ensure that all troops are under cover (US). Abri à l'épreuve des bombes: bombproof shelter (GB). Nos fantassins entrent dans la capitale, à l'abri des chars: our infantry enters the capital protected by tanks (US). Abri à chars: tank shed (GB). Les fantassins peuvent utiliser leurs armes individuelles à l'abri du blindage: infantrymen can use their individual weapons from behind armour (GB). Abri monté sur traîneau: sled-mounted shelter, wanigan (US). Protéger des ressortissants américains et être en mesure de les évacuer pour les mettre à l'abri du danger: to protect American citizens and be prepared to evacuate them from danger (US). 14 abris pouvant accueillir 68 000 réfugiés: 14 shelters with capacity for 68,000 refugees (OTAN). Quitter (ou sortir d'un abri: to break cover (US). Il est à l'abri du danger: he is safe from harm (GB).*

abri (action d'abriter) accomodation (GB). Ex: *Être responsable de l'abri des réfugiés: to be responsible for the accomodation of refugees (GB).*

abri de jungle jungle shelter (GB).

abri durci hardened shelter (OTAN). Ex: *Abri durci pour avions: hardened aircraft shelter (HAS) (OTAN).*

abri en surface surface shelter (US).

abri enterré dugout (GB, US). Ex: *Sortir d'un abri enterré (soldats): to emerge from a dugout (GB).*

abri et couvert cover and concealment (US, GB) (VERB: "to provide").

abri fortifié bunker (UN, US) (VERB: "to destroy", "to bust").

abri polaire (monté sur traîneau) wanigan (US).

abri protégé protected shelter (OTAN). Ex: *Abri protégé pour aéronefs: protected aircraft shelter (PAS) (OTAN).*

abri renforcé hardened shelter (OTAN). Ex: *Abri renforcé d'aéronefs: hardened aircraft shelter (HAS) (OTAN).*

abrité covered (US). Ex: *Une position abritée: a covered position (US).*

abriter to shelter (US), to house (OTAN), to be home for (GB), to be the site of (US), to accommodate (US). Ex: *Ce lieu abrite le PC régimentaire: this location is home for RHQ (= Regimental Headquarters) (GB). Fort Knox abrite l'École de l'ABC: Fort Knox is home to / the site of the Armor Center and School (US). Le camp abrita plus de 500 000 réfugiés: the camp sheltered more than 500,000 refugees (US). L'enclave de Zepa abrite environ 40 000 personnes: the enclave of Zepa is home to an estimated 40,000 (GB). Une fortification qui abrite des mitrailleuses: a fortification that houses machineguns*

(OTAN). Le tourelleau abrite le chef de bord : the cupola accomodates the vehicle commander (US). Nous avons été abrités dans une usine (troupes) : we were accomodated in a factory (GB).

abriter (s') (PERS) to shelter, to take shelter (from), to take cover.

abri souterrain underground shelter (US).

abri souterrain renforcé bunker (US).

abroger (ordre) to cancel (OTAN).

abrupt (pente) steep (US, GB).

abscisse (coordonnée horizontale) easting. Ex : *On 71 Easting (GB)*. Cf. : The horizontal co-ordinate used to express the distance eastwards from a reference line running north-south on a gridded plan. Used in conjunction with the vertical co-ordinate, called northing, it defines the location of a point.

absence absence (US) (Peut être dénombrable) (VERB : "to occur"). Ex : *En l'absence du chef : in (ou during) the absence of the commander (ou leader) (GB, US). Une absence de courte durée : a short absence (US). Absence autorisée / non autorisée : authorized / unauthorized absence (US) (Terme dénombrable). Son (= France) absence du commandement intégré de l'OTAN: its absence from NATO's integrated command (Jane's Defence Weekly). En l'absence de guerre : in the absence of war (US).*

absence de guerre absence of war.

absence de promotion (ou d'avancement) (officier) passover (US).

absence irrégulière (ou illégale) (en) (PERS) absent without leave ou absent without oficial leave (AWOL) (US, GB) (Prononcer : AY — WOL) (Dans le Corps des Marines américains (United States Marine Corps ou USMC) : "unauthorized absence" (UA). Ex : *Être en absence irrégulière pendant neuf jours (PERS) : to be AWOL for nine days (US).*

absence non autorisée (PERS) unauthorized absence (US).

absent (nom) absentee (US).

absent (adjectif) absent (US, GB), away (GB) (Le terme "absent" a souvent le sens de "sans permission") (cf. L'expression "absent without leave" (AWOL) (US, GB) = en absence irrégulière). Ex : *Quand les maris sont absents : when husbands are away (GB). Absent en service (PERS) : absent on duty (AOD) (GB) — Absent en permission : absent on leave (AOL) (GB). Il est absent depuis trois jours (sans permission) : he has been absent for three days (GB). Les chefs sont généralement absents de leurs postes de commandement : commanders are usually away from their command posts (US).*

absentéisme absenteeism (US, GB). Ex : *Taux d'absentéisme : absentee rate (GB).*

absentéiste (soldat) ghost (Terme familier US).

absolu absolute (US), top (US), total (GB). Ex : *Demeurer la priorité absolue : to remain the absolute / top priority (US). Arme absolue (STRAT) : absolute weapon. La Légion exigeait une obéissance absolue de ses volontaires : the Legion exacted total obedience from its volunteers (GB).*

absolu (pouvoir / autorité) absolute (US).

absorbé (radiations) absorbed (OTAN). Ex : *Dose de radiations absorbée : radiation absorbed dose (RAD) (OTAN).*

absorber to absorb (GB, US, OTAN) (PREP : "into"), to take (US). Ex : *Matériaux absorbant les ondes radar : radar absorbent materials (RAM) (OTAN). Le KGB absorba 40 pour cent des diplômés de l'Académie Militaro-Diplomatique : the KGB took 40 per cent of the graduates of the Military-Diplomatic Academy (US). Absorber une organisation : to absorb an organization (US). Des unités absorbées dans l'armée de terre française : units absor-*

bed into the French Army (GB). L'intention de l'UE d'absorber prochainement l'UEO : the EU's intention to absorb the WEU in the near future (OTAN).

absorber (attaque / unité) to absorb (US, OTAN).

absorption (dans un corps / une organisation) absorption (into a corps / an organisation) (GB, OTAN). Ex : *L'absorption annoncée de l'UEO par l'UE : the prospective absorption of the WEU into NATO (OTAN).*

abstrait abstract (US).

absurde (en raisonnant par l') ad absurdum (OTAN).

abus d'alcool (PERS) alcohol misuse (GB).

abus de stupéfiants (PERS) drug misuse (GB).

abuser (tromper) (TAC) to mislead (US), to deceive (US) (PREP : "as to"). Ex : *Abuser l'adversaire : to mislead the enemy (US).*

AC (antichar) antitank.

a/c voir **à compter de + heure.**

AC3G-MP (AntiChar de 3ᵉ Génération — Moyenne Portée) Third Generation Anti-Tank Medium Range Missile (Jane's).

AC3G-LP (AntiChar de 3ᵉ Génération — Longue Portée) Third Generation Anti-Tank Long Range Missile (Jane's).

académique academic (GB). Ex : *La partie académique de la formation du jeune officier : the academic part of a young officer's education (GB).*

accéder à (avoir accès à) to have access to (GB), to access (US). Ex : *La possibilité, pour les organisations d'aide humanitaire, d'accéder sans entraves aux réfugiés et personnes déplacées : unhindered access to refugees and displaced persons by humanitarian aid organisations (OTAN). Accéder à des informations classifiées (PERS) : to access classified information (US).*

accéder à (accepter) to agree to (OTAN). Ex : *Le Comité a accédé à grand regret à la demande de décharger le général X de ses fonctions : the Committee agreed with great regret to release General X from his assignment (OTAN).*

accélération (char) (en secondes) acceleration (US).

accélération accelerating pace (OTAN). Ex : *L'accélération de l'évolution technologique : the accelerating pace of technological change (OTAN).*

accélérer (hâter) to accelerate (US), to expedite (US), to speed (US), to hasten (Jane's, US). Ex : *Accélérer le mouvement vers l'avant des moyens de combat : to expedite the forward movement of combat resources (US). Avancement accéléré : accelerated promotion (GB). Accélérer la défaite de l'ennemi : to accelerate enemy defeat (US). Accélérer la réalisation d'opérations décisives : to speed the attainment of decisive operations (US). Accélérer le retrait des forces ennemies (pression d'une force) : to hasten the withdrawal of the enemy forces (Jane's). Accélérer la perte d'initiative par l'ennemi : to hasten enemy loss of initiative (US). Accélérer la décision (TAC) : to expedite the decision (US).*

accent to emphasize (US, to place emphasis on (US). Ex : *La doctrine mettait l'accent sur l'emploi des hélicoptères : doctrine emphasized the use of helicopters (US). L'accent est mis sur / on met l'accent sur : emphasis is placed on (US). L'accent plus important mis sur l'action offensive : the increased / heightened emphasis on offensive action (US). L'entraînement doit mettre l'accent sur la sécurité : training should emphasize security (US). L'accent mis sur les unités d'appui : the emphasis in combat support units (Jane's).*

8

acceptable tolerable (OTAN), acceptable. Ex: *Rétablir des conditions de vie acceptables au Kosovo: to restore tolerable living conditions in Kosovo (OTAN).*

acceptable pour acceptable to (US, GB).

acceptation acceptance (US, OTAN). Ex: *L'acceptation d'une démission: the acceptance of a resignation (US). L'acceptation du règlement politique provisoire négocié à Rambouillet: acceptance of the interim political settlement which has been negotiated at Rambouillet (OTAN).*

accepter to accept (US), to agree to (US), to take (GB), to admit. Ex: *Accepter la défaite: to admit defeat, to give in. Accepter une démission: to accept a resignation (US). L'armée de terre doit être prête à accepter un certain nombre de missions: the Army must be ready to accept a variety of tasks (GB). Accepter une cessation des hostilités: to agree to a cessation of hostilities (US). L'idée fausse selon laquelle la Légion accepte tout le monde: the myth that the Legion will take anyone (GB). Accepter (ou se charger d') une mission (PERS): to take on a mission (OTAN). C'est un bon plan, je l'accepte: that is a good plan, I'll buy it (familier) (US). La décision du chef d'accepter un risque calculé dépend de l'urgence de la situation tactique: the commander's decision to accept a calculated risk is dependent upon the urgency of the tactical situation (US).*

accepter le combat (TAC) to accept battle (US).

accès access (US) (PREP: "to"). Ex: *Accès à des soins médicaux de qualité: access to quality medical care (US).*

accès (voies d') approaches (US) (VERB: "to protect"), routes. Ex: *Les accès sud et ouest de Nuremberg: the southern and western approaches to Nurnberg. Les accès d'un site: the approaches (ou routes) to a site.*

accès (zone / installations / individus / documents) access (US, GB) (PREP: "to") (VERB: "to deny", "to grant") (Absence fréquente d'article défini ou indéfini). Ex: *L'accès à un site (pour inspection): access to a site (CFE). Avoir accès à: to have access to (CFE). Accorder l'accès à (une zone): to grant access to a zone (CFE). Obtenir un accès à: to obtain access to. Refuser l'accès à: to deny access to (US). Libre accès: unimpeded access (UN). Des historiens souhaitant avoir accès à des documents de l'OTAN: historians seeeking access to NATO documents (OTAN). L'accès au bâtiment se fait par l'arrière: access to the building is at the rear (GB) (Voir aussi accéder à).*

accès (renseignements / secrets / informations / systèmes d'information / source) (RENS / info-guerre) access (OTAN, GB, UEO, Jane's) (VERB: "to have... to", "to control", "to foster") (PREP: "to") (Absence fréquente d'article défini ou indéfini). Ex: *Accès à des renseignements classifiés: access to classified information. Contrôler l'accès aux secrets militaires: to control access to military secrets (Jane's). Restrictions d'accès à des informations confidentielles de l'OTAN: restrictions of access to NATO confidential information (OTAN). Accès électronique non autorisé à des systèmes d'information: unauthorised electronic access to information systems (GB). L'accès aux sources classifiées: access to classified sources (UEO). Un meilleur accès à l'imagerie satellitaire devrait être favorisé: improved access to satellite imagery should be fostered (UEO). Avoir accès à des informations classifiées (PERS): to access classified information (US). J'ai besoin d'avoir accès aux archives: I need to have access to the records (GB).*

accès à la mer (sans) (pays) landlocked (US).

accès à l'espace de bataille access to the battlespace (US) (VERB : "to maintain" = maintenir).

accès à l'infrastructure infrastructure access (US).

accès autorisé (d') (lieu) in bounds (OOB) (GB) (PREP : "in"). Ex : *Ce débit de boissons est d'accès autorisé pour les soldats : this pub is in-bounds to troops (GB).*

accessible accessible (US), available (US) (PREP : "to"). Ex : *À condition que le théâtre d'opérations soit accessible par la mer : provided the theater is accessible by sea (US). Ces renseignements sont accessibles aux seules personnes ayant besoin de les connaître, quel que soit le niveau d'habilitation qu'elles détiennent : this intelligence is available only to persons with a need to know regardless of the level of security clearance that they hold (US).*

accès interdit (d') (lieu) out of bounds (OOB) (GB) (PREP : "to"). Ex : *Ce débit de boissons est d'accès interdit pour les soldats : this pub is out of bounds to troops (GB).*

accès multiple par étalement du spectre (AMES) spread-spectrum multiple access (SSMA) (OTAN).

accès multiple à répartition par code code division multiple access (CDMA) (OTAN).

accès multiple par répartition dans le temps time division multiple access (TDMA) (OTAN).

accès radio à voie unique single-channel radio access (SCRA) (OTAN).

accessible (lieu) accessible (GB), approachable (GB). Ex : *Le château n'est accessible que par beau temps : the castle is only accessible in good weather (GB).*

accessible (information(s)) accessible (GB). Ex : *Ces (ou cette) information(s) ne sont (ou n'est) pas actuellement accessible(s) : that information is not accessible at the moment (GB).*

accessoire (sur uniforme) appurtenance (US) (VERB : "to wear").

accessoire de tenue article of kit (GB).

accessoires (masque à gaz) accessories (US).

accident accident (US, GB), crash (US) (VERB : "to be", "to be involved in") (ADJ : "bad", "nasty", "serious"). Ex : *Il y a eu un accident au champ de tir : there has been an accident at the firing range (GB). Accident de circulation : car / automobile / traffic / accident, car crash. Accident d'avion : plane crash. Accident de ski / d'équitation : skiing / riding accident. Les enquêteurs, aujourd'hui, recherchaient la cause d'un accident d'hélicoptère qui a tué deux membres de la composante Terre de la Garde Nationale et en a blessé deux autres : Investigators today were seeking the cause of a helicopter crash that killed two Army National Guard members and injured two others (US). Un accident de parachute : a parachute accident (US).*

accident (par) accidentally (US). Ex : *Tué / blessé / endommagé / accidentellement (personnels, matériels) : accidentally killed / wounded / damaged (US).*

accident d'aéronef aircraft crash (US, GB).

accident de la route (AT / GEND) road accident (US).

accidentel accidental (GB). Ex : *Attaque accidentelle (STRAT) : accidental attack. guerre accidentelle (STRAT) : accidental war. Un décès accidentel : an accidental death (GB). Il y aura une enquête officielle sur le meurtre accidentel du Sergent Jones : there will be an official enquiry over the accidental shooting of Sgt Jones (GB).*

accidentellement accidentally (US, GB), by accident (GB). Ex : *L'OTAN regrette profondément que cette attaque ait fait, accidentellement, des victimes civiles : NATO deeply regrets* *accidental civilian casualties that were caused by this attack (OTAN). Il a tué la femme accidentellement : he shot the woman accidentally (GB) (Voir aussi **accident (par)**.*

accident de terrain terrain feature (OTAN) (VERB : "to follow"). Ex : *Les accidents naturels et artificiels du terrain : the natural and man-made features of the terrain (OTAN).*

accident de voiture car crash (GB).

accidenté (terrain) broken, rugged, rough (ground / terrain) (GB, US). Ex : *En terrain accidenté : across rough terrain (GB).*

acclimatation acclimatisation (GB) / acclimation (US). Ex : *Acclimatation à une faible altitude / à un climat chaud : acclimation / to a low altitude / to a hot climate (US).*

acclimater to aclimatize (US), to acclimatise (GB). Ex : *Il nous faudra au moins dix jours pour acclimater les soldats à la chaleur : we will need at least ten days to acclimatise the troops to the heat (GB).*

accompagnateur escort (UN) (En épithète), conducting (GB) (En épithète). Ex : *Groupe accompagnateur (ou d'accompagnement) : escort party (UN). Équipe d'accompagnement : escort team (UN). Officier accompagnateur : escort officer. Officier de presse accompagnateur (groupe de journalistes) : conducting press officer (GB).*

accompagné de accompanied by (US). Ex : *Un compte-rendu accompagné de cartes et de photos : a report accompanied by maps and photos (US). Personnels de l'armée de terre accompagnés de leur famille : Army personnel accompanied by their families (US).*

accompagnement (TAC) voir **défense d'accompagnement**.

accompagnement escort (US), accompanying (En épithète) (US). Ex : *Accompagnement de convois (mission) : convoy escort (US). Arme d'accompagnement : accompanying weapon (US). Tir d'accompagnement : accompanying fire (US).*

accompagner (délégation) to escort (US, GB).

accompagner (TAC) to accompany (US). Ex : *L'infanterie mécanisée peut accompagner les chars lors des assauts embarqués : the mechanized infantry can accompany tanks in mounted assault (US).*

accomplir to accomplish (US), to achieve, to perform, to carry out, to complete (US). Ex : *Accomplir une mission : to accomplish (US), to achieve, to perform, to carry out (a mission) (ADV : "successfully") – Après avoir accompli / 20 ans de service / leur service actif (PERS) : after completing / twenty years of service / their active duty (US). Accomplir des opérations de façon admirable : to admirably accomplish operations (US). Mission accomplie : mission accomplished (US). De nombreux efforts restent à accomplir pour... : considerable efforts are still needed to... (UEO). L'œuvre accomplie (ou le travail réalisé) par l'armée de terre au cours de l'année écoulée : the Army's accomplishments during the past year (US).*

accomplissement accomplishment (US), achievement, performance (US), discharge (US) (VERB : "to hinder"). Ex : *L'accomplissement de la mission : the accomplishment of the mission (US), mission accomplishment (US), the achievement of the mission, the performance of the mission (US), the discharge of the duty (US). Dans l'accomplissement de son devoir / l'exercice des ses fonctions (décès) : in the line of duty (US). L'hélicoptère est utilisé dans l'accomplissement des missions d'assaut par air et d'évacuation aérosanitaire : the helicopter is used in the performance of the air assault and aeromedical evacuation missions (US).*

acconage stevedoring.

accord agreement (US, GB, OTAN, UN), accord (US, Jane's, OTAN), arrangement (UN), pact (GB) (VERB : "to negotiate", "to conclude", "to be based on", "to compel", "to obtain",

11

"to draw up") (ADJ & PART: "formal", "bilateral", "multilateral", "ad hoc", "(mutually) agreed", "essential") (PREP: "between", "through"). Ex: *Avec l'accord de: with the approval of (CFE)*. *Un accord de paix: a peace agreement*. *Accord de standardisation / normalisation: standardization agreement (STANAG) (OTAN, EU)*. *Accord de défence: defence accord (<u>Jane's Defence Weekly</u>)*. *Un accord d'armistice: an armistice agreement (US)*. *Les accords de paix de Dayton: the Dayton peace accords (US)*. *Accord (intergou-vernemental): agreement (UN) (+ prépositions "between" et "on")* – *Accords régio-naux: regional arrangements (UN)*. *Accord sur le statut des forces: status of forces agreement (SOFA) (US)*. *Accord de cessez-le-feu: cease-fire agreement (OTAN)*. *Accord de coopération militaire (avec) (pays d'Afrique): military co-operation agreement (with) (GB)*. *Accord de défense (avec) (pays d'Afrique): defence pact (with) (GB)*. *Accord de partage de renseignements (avec un autre pays): intelligence sharing arrangement (US)*.- *La France a des accords de défense avec les anciennes colonies d'Afrique: France has military pacts with former colonies in Africa (<u>Jane's</u>)*. *Accord intériméraire (déploie-ment de missiles): interim agreement (EU)*. *Les accords de Rambouillet: the Rambouillet accords (OTAN)*. *Les accords de Camp David: the Camp David Accords (US)*. *L'accord UKUSA (5 mars 1946) (RENS) (Hist.): the UKUSA Agreement (US) (UKUSA = United Kingdom-United States of America Security Agreement)*.

accord bilatéral bilateral agreement (OTAN).

acccord-cadre framework agreement (OTAN, CA) (VERB: "to establish", "to ensure com-pliance with", "to comply with"). Ex: *L'établissement d'un accord-cadre politique s'ap-puyant sur les accords de Rambouillet: the establishment of a political framework agreement based on the Rambouillet accords (OTAN)*. *Faire respecter l'accord-cadre général pour la paix: to ensure compliance with the General Framework Agreement for Peace (CA)*.

accord de coalition coalition agreement (US).

accord de coopération militaire military cooperation agreement (US) (PREP: "with").

accord de licence (ARMT) licence agreement (AUST).

accord de normalisation OTAN NATO standardization agreement (STANAG) (OTAN).

accord de paix peace agreement (US, GB), peace deal (US) (VERB: "to clinch") (ADJ: "final").

accord de partenariat (avec un pays) partnership arrangement (CA) (PREP: "with").

accord de survol overflight agreement (US).

accorder to grant (CFE), to award (US), to assign (OTAN), to allow (OTAN), to give (CA). Ex: *Accorder l'accès à une zone: to grant access to an area (CFE)*. *Accorder une habi-litation de sécurité (PERS): to award a security clearance (US)*. *Accorder un statut à (individu / autorité): to assign a status to (OTAN)*. *Accorder une certaine liberté de manœuvre (tir): to allow a certain freedom of manœuvre (OTAN)* – *Accorder une / des permission(s): to grant leave (GB)*. *On accorda encore une fois la priorité aux forces conventionnelles: conventional forces were once again given priority (CA)*.

accorder (moyens) to allocate (resources) (US, GB).

accord permanent standing agreement (GB). Ex: *Accord permanent quadripartite: quadri-partite standing agreement (QSTAG) (GB)*.

accord technique militaire Military Technical Agreement (CA).

accouplé à (mécanique) coupled to (<u>Jane's</u>).

accoutumance adaptation (US), acclimatization (OTAN). Ex: *Accoutumance à l'obscurité: dark adaptation (US). Accoutumance à l'altitude: altitude acclimatization (OTAN).*

accréditation (journaliste) credentials (US). Ex: *Carte d'accréditation OTAN: NATO accreditation pass (OTAN) (ADJ: "valid").*

accrédité (officier / laboratoire / journaliste / personnel) accredited (US, UN). Ex: *Un officier accrédité auprès d'une ambassade: an officer accredited to an embassy (US). Laboratoire accrédité: accredited laboratory (UN). Un journaliste accrédité par le ministère de la Défense: a journalist credentialed by DOD (= Department of Defense) (US). Les représentants accrédités de la presse et des média: accredited press and media (OTAN). Personnel accrédité: accredited personnel (OTAN).*

accrochage (TAC) (small) engagement (US, GB), clash (GB), action (GB). Ex: *Il y a eu deux accrochages avec l'ennemi: there were two clashes with the enemy (GB). Accrochage / escarmouche / échauffourée: skirmish (GB). Il y a eu plusieurs petits accrochages avec l'ennemi au cours de l'après-midi: there were several small actions with the enemy during the afternoon (GB).*

<u>Cf.</u>: Mot couramment utilisé pour désigner le heurt de deux adversaires au combat (F).

accrochage (entre parachutistes) (TAP) entanglement.

accrochage de précision (concept USA) (TAC) precision engagement (US).

accrocher to tie down, to engage. Ex: *Accrocher une unité ennemie: to tie down an enemy unit. Être accroché/e (unité): to be engaged.*

accrocher (s') to stand (GB), to cling to. Ex: *S'accrocher au terrain: to stand one's ground (GB), to cling to the ground.*

accroissement increase (OTAN, US, GB), build-up (UN, EU). Ex: *Accroissement du potentiel militaire / de la puissance militaire (renforcement des forces militaires): military build-up (UN, EU). L'accroissement des besoins militaires: the increase in military requirements (OTAN). Accroissement de la portée (canon): increase in range (US). Accroissement du tempo (combat d'infanterie): increased tempo (GB).*

accroître to enhance (US, GB), to heighten (US), to increase (OTAN), to improve (OTAN). Ex: *Accroître la puissance de feu: to enhance fire power (GB, US) (ADV: "significantly") – Accroître les chances de survie: to enhance chances of survival (GB). Le sabot accroît la vitesse et la précision de la munition: the sabot enhances the velocity and accuracy of the round (GB). Accroître l'efficacité au combat du missile Patriot: to heighten Patriot's combat effectiveness (US). Accroître l'efficacité du système: to enhance the system's effectiveness (US). Accroître l'efficacité des opérations: to increase the efficiency of operations (OTAN). Accroître l'interopérabilité: to improve interoperability (OTAN).*

accroupi squatting (US), crouched (OTAN). Ex: *Position accroupie: squatting position (US). Accroupi dans un trou individuel (PERS): crouched in a foxhole (OTAN).*

accru extended (US), enhanced (OTAN), greater (OTAN). Ex: *Portée accrue: extended range (US) (Peut s'employer en épithète). Avec une efficacité accrue: with enhanced effectiveness (OTAN). Une nouvelle Europe à l'intégration accrue se fait jour: a new Europe of greater integration is emerging (OTAN). Une Alliance aux capacités militaires accrues: a more militarily capable Alliance (OTAN).*

accueil reception (US), welcome (US), shelter (OTAN). Ex: *L'accueil des nouveaux officiers dans une unité: the reception of newly appointed officers in a unit (US). Un accueil chaleureux: a warm welcome (US) (VERB: "to extend") – Cérémonie d'accueil (nouveaux pays membres): ceremony of welcome (OTAN). Capacité d'accueil des réfugiés (camps): refugee shelter capacity (OTAN) (VERB: "to increase").*

accueillir to host (GB), to accommodate (OTAN), to welcome (GB). Ex: *Accueillir un nouvel arrivant: to host a newcomer (GB). Accueillir de nouveaux pays membres (Alliance Atlantique): to accomodate new member nations (OTAN). Accueillir une nouvelle recrue: to welcome a new recruit (US). 14 abris pouvant accueillir 68 000 réfugiés: 14 shelters with capacity for 68,000 refugees (OTAN). Leur présence n'était pas bien accueillie par les autochtones (légionnaires): their presence was not welcomed by the locals (GB). L'école peut accueillir 800 stagiaires chaque année: the school can accommodate 800 students annually (US). À leur retour, ils furent accueillis en héros: they were welcomed back as heroes (US).*

accueillir (réfugiés) to receive (Jane's).

acculer (force) to corner (US). Ex: *La force alliée a été acculée à la défensive: the allied force was thrown onto the defensive (GB).*

accumulation (armes / données) accumulation (UN, GB).

accumulation / montée en puissance (forces) build-up (UN).

accumuler (TAC) to develop (GB). Ex: *Accumuler d'importantes concentrations de forces: to develop large concentrations of forces (GB).*

accusation accusation (GB) (VERB: "to make") (PREP: "of"). Ex: *Des accusations d'espionnage: accusations of espionage (US). Il a porté une accusation de sabotage à votre encontre: he has made an accusation of sabotage against you (GB).*

accusé (tribunal militaire): (the) accused (GB, US).

accusé de réception (TRANS) receipt (OTAN).

accuser de (justice militaire) to charge with (US), to accuse of (OTAN, GB). Ex: *Le soldat de 2ᵉ classe John Doe est accusé de meutre avec préméditation: Pvt. (= Private) John Doe is charged with premeditated murder (US). Personne accusée de crimes de guerre: indicted war criminal (OTAN). Être accusé de crimes contre l'humanité / de crimes de guerre: to be accused of crimes against humanity / of war crimes (OTAN, GB). Être accusé de désertion: to be charged with desertion (GB).*

ACED (Antichar à Effet Dirigé) ACED anti-tank shell with directed effect (Jane's).

à charge de provided by. Ex: *Destruction de l'ennemi à charge 23ᵉ DB: destruction of the enemy provided by the 23rd Armored Division (US).*

acharné (combats / résistance) bitter (GB), heavy (CA), dogged. Ex: *Des combats acharnés: bitter fighting (GB), heavy fighting (CA). Résistance acharnée: dogged resistance.*

acharnement (avec) relentlessly (US), tooth and nail (familier) (US), hammer and tongs (familier) (US). Ex: *Se battre avec acharnement (ou farouchement): to fight tooth and nail ou to fight hammer and tongs (familier) (US).*

achat Ex: *Cet argent servira à l'achat de nouveaux matériels: this money will be used for buying new equipment (CA).*

achats (acquisitions) (matériel) procurement (US, GB, UN). Ex: *Achat des uniformes: procurement of uniforms (US).*

achats de matériel de défense defence procurement (OTAN).

achats et marchés purchasing and contracting (P&C) (OTAN).

acheminement delivery (OTAN), movement (OTAN), shipping (OTAN). Ex: *Assurer l'acheminement de l'aide humanitaire: to ensure the delivery of humanitarian assistance (OTAN). Acheminement des patients (SAN): patient movement (OTAN). L'acheminement du ravitaillement par voie maritime: the shipping of supplies (OTAN).*

acheminement routing (OTAN).

acheminer to deliver (GB), to move (OTAN), to bring in (GB), to fly (= par voie aérienne) (GB). Ex : *Acheminer de l'aide humanitaire : to deliver humanitarian aid (GB). Acheminer du matériel par voie aérienne sur un théâtre d'opérations : to fly equipment into a theatre (GB). Des groupements tactiques ont été acheminés par avion depuis l'Allemagne : battlegroups were flown over from Germany (GB). Des itinéraires par lesquels le matériel et les renforts sont acheminés : routes along which supplies and reinforcements move (OTAN). Des renforts acheminés depuis le Royaume-Uni : reinforcements brought in from the UK (GB). En cas de montée de la tension, cette division serait acheminée en Allemagne : should tension mount, this division would be moved to Germany (GB). Troupes acheminées par voie aérienne : air-delivered troops (US). Acheminer des secours d'urgence destinés aux réfugiés, de Sarajevo à Tirana : to move urgently needed refugee relief supplies from Sarajevo to Tirana (OTAN). Les 1ère, 2e et 4e compagnies furent acheminées par voie aérienne depuis la Corse : the 1 st, 2nd and 4 th companies were flown from Corsica (GB).*

acheminer (message) to handle (OTAN).

acheminer (information) to move (US). Ex : *Acheminer l'information rapidement : to move information rapidly (GB).*

acheminer par voie aérienne (troupes / renforts) to fly (GB). Ex : *On achemine des renforts par voie aérienne sur la zone : reinforcements are being flown into the area (GB).*

acheter to purchase (US), to procure (US), to buy (US). Ex : *Acheter son uniforme : to purchase / to procure / one's uniform (US). Acheter un pont aux Britanniques : to buy a bridge from the British (US). Acheter du matériel : to buy equipment (Jane's). L'Algérie a presque fini de construire un réacteur nucléaire acheté à la Chine : Algeria has almost completed building a nuclear reactor bought from China (US).*

acheteur (ou client) (ARMT) : customer (Jane's) (ADJ : "potential").

achevé complete (US). Ex : *Jusqu'à ce que le franchissement soit achevé : until the river crossing is complete (US).*

achèvement completion (OTAN, US) (Noter les expressions : "on completion of ", "after completion of "). Ex : *L'achèvement de la mission : the completion of the mission (OTAN).*

achever to complete (US). Ex : *Achever la destruction de l'ennemi : to complete the destruction of the enemy. Achever les préparatifs de combat d'une opération : to complete combat preparations for an operation (GB, OTAN). Une fois ses cinq ans de service achevés, il avait resigné pour cinq ans supplémentaires (légionnaire) : with five years'service completed, he had signed again for a further five (GB).*

achever (ennemi) to finish (US).

acier à (ou de) blindage : armoured steel (plate).

ACM : voir **actions civilo-militaires.**

à compter de (+ heure) starting (at), as from, commencing (at) (US), beginning at, effective (at) (EFF). Ex : *À compter du 1er octobre 1999 : Effective October 1, 1999 (US). À compter du 12 avril à 22 heures (ordre d'opérations) : commencing 12 2200 Apr (US).*

à confirmer to be confirmed (TBC).

à coordonner to be coordinated (TBC).

à court de out of (US). Ex : *Être à court d'options (chef) (TAC) : to run out of options (US).*

à court préavis short (-) notice (US) (En épithète).

acoustique (adjectif) acoustic (OTAN). Ex : *Recherche acoustique : acoustic search (OTAN). Détection acoustique (explosions nucléaires) : acoustic detection (UN). Polygone acoustique fixe des Açores : Azores fixed acoustic range (AFAR) (OTAN).*

à couvert (à l'abri) under cover (US).

acquérir (obtenir) to achieve (OTAN), to gain (OTAN, US), to acquire (US). Ex : *Acquérir la supériorité aérienne : to achieve / to gain air superiority (OTAN). Acquérir une qualification : to gain a qualification (GB). La Syrie essaie d'acquérir la capacité chimique : Syria is trying to acquire a chemical capability (US). Acquérir beaucoup d'expérience (professionnelle) (PERS) : to gain a great deal of experience (GB). Ces unités acquièrent une mobilité nettement accrue : these units gain greatly increased mobility (US).*

acquérir (renseignement brut) to acquire (information) (US).

acquérir (cible / objectif) to acquire (GB, US) (ADV : "automatically"). Ex : *Il a acquis le char dans son viseur thermique : he acquired the tank with his thermal imaging sight (GB). Acquérir visuellement un objectif : to visually acquire a target (US).*

acquérir (acheter) to procure (GB, US), to purchase (GB), to acquire (CA). Ex : *Acquérir des nouveaux matériels : to procure / to purchase new equipment (GB). L'armée de terre a acquis 8 578 missiles Hellfire : the Army has procured 8,578 Hellfire missiles (US). Les 294 aéronefs qu'ils envisagent d'acquérir d'ici 2020 : the 294 aircraft they plan to procure by 2020 (Jane's). Acquérir des armes et de l'équipement modernes : to acquire modern weapons and equipment (CA).*

acquis (nom) background (US). Ex : *Avoir de bons acquis en tactique interarmes (PERS) : to have sound background in combined arms tactics (US).*

acquisition (composante artillerie) target acquisition (US, GB).

acquisition (achat) acquisition (GB). Ex : *Il est responsable de l'acquisition de vivres auprès des sources locales : he is responsible for the acquisition of food from local sources (GB).*

acquisition (matériel) (equipment) procurement (US, GB, CA), acquisition (OTAN), (equipment) purchases (GB, CA) (VERB avec "procurement" : "to support"). Ex : *Acquisition des matériels de défense : defence procurement (OTAN). La coopération va devenir un élément majeur du paysage de l'acquisition des matériels (armement) : cooperation will become a major feature of the procurement landscape (GB). Cela constitue notre priorité numéro un en matière d'acquisitions : that is the number one procurement priority (CA).*

acquisition (information / renseignement) acquisition (of information / intelligence) (US). Ex : *L'acquisition de données / de renseignements extérieurs : the acquisition / of data / of foreign intelligence (US). L'acquisition de renseignements de la part d'un individu ou d'un groupe : the acquisition of intelligence from a person or group (US).*

acquisition des (ou d') objectif(s) (artillerie sol-sol) target acquisition (Abréviation US : TA) (VERB : "to perform"). Ex : *Artillerie d'acquisition d'objectifs : locating artillery (GB).*

Comp. :

- The detection, identification and location of a target in sufficient detail to permit the effective employment of weapons (US).

- Opération consistant à détecter, localiser et identifier un objectif avec une précision suffisante pour permettre son traitement par une arme donnée (OTAN).

acquisitions voir **acquisition (de matériels)**.

acquisitions de matériel de défense defence procurement (OTAN, Jane's).

acquisitions terrestres (ou de matériel de défense terrestre) land forces procurement (Jane's).

acte (document) act (UN). Ex : *Acte final de la conférence : final act of the conference (UN).*

acte (action) action (US), act (US). Ex : *Accomplir un acte / une action illégal(e) : to perform an illegal action (US). Un acte de bravoure (courage) / d'héroïsme : an act of valor / of* heroism (US) (VERB : "to perform") – Acte hostile : hostile act (US) (VERB : "to take ... against", "to stop", "to deter") – Acte de terrorisme / action terroriste : act of terrorism (US). Acte d'agression : act of aggression (US). Actes de terreur contre des civils (chef d'accusation) : inflicting terror on civilians (OTAN).

acte criminel criminal act (US) (VERB : "to commit").

acte d'accusation indictment (OTAN). Ex : Être sous le coup d'un acte d'accusation pour crimes de guerre : to be under indictment for war crimes (OTAN).

acte d'agression act of aggression (GB, OTAN) (Noter l'orthographe anglaise : 2 "g"). Ex : Les victimes et les cibles principales d'actes d'agression commandités par des États : the main victims and targets of state-sponsored aggression (OTAN).

acte de bravoure (PERS) act of bravery (GB).

acte de courage (PERS) act of bravery (GB).

acte d'espionnage (RENS) act of espionage (US) (VERB : "to perform") (PREP : "against").

acte de guerre act of war (GB).

acte de violence act of violence (OTAN), violent action (US).

acte d'hostilité hostile act (US).

acte d'intimidation act of intimidation (OTAN).

acte final (conférence) final act (OTAN). Ex : Acte final d'Helsinki (Hist.) : Helsinki final act (HFA) (OTAN).

acte fondateur founding act (OTAN) (VERB : "to sign"). Ex : L'Acte Fondateur OTAN — Russie : the NATO — Russia Founding Act (OTAN).

actes de barbarie abuse (US) (Terme à sens collectif).

acte (ou action) terroriste terrorist act (GB, US).

acteur player (US), actor (OTAN). Ex : L'artillerie sol-sol est un acteur essentiel de l'ensemble inter-armes : Field Artillery is a key player in the combined arms team (US). Les acteurs essentiels / potentiels (d'un conflit) : the primary / possible / players (US). Les acteurs civils et militaires participant à des opérations de maintien de la paix : the civil and military actors involved in peace-keeping operations (OTAN). Des acteurs non-étatiques (conflit) : non-state actors (US). Des acteurs de premier plan (partenaires de l'OTAN) : key players (OTAN).

acteur en matière de sécurité security actor (OTAN).

acteur régional regional actor (US).

actif (contraire de "passif") active (US). Ex : Surveillance active : active surveillance (S'emploie également pour des matériels, des capteurs, etc.) – Mine active : live mine (OTAN). Être arrêté pour espionnage actif (agent) : to be arrested for active spying (US).

actif (force) active (GB).

actif (dispositif / appareil) active (GB).

actif (contraire de "de réserve" ou "en retraite") regular (US, GB), active (US, GB). Ex : L'armée de terre d'active : the Active / Regular Army (US). En service actif : on regular / active duty (US). Actif/ve (PERS) : active (GB). Appeler des unités de réserve de l'armée de terre au service actif : to call Army Reserve units to active duty (US).

action (l') action (US, GB).

action (fait ou manière d'agir) action (GB, US), effort (OTAN). Ex : Liberté d'action : freedom of action — L'infanterie en action : the Infantry in action (GB). Action disciplinaire : disciplinary action (US, GB) (VERB : "to initiate") – L'action humanitaire : humanitarian action (US). Une action diplomatique : a diplomatic action (UN) (VERB : "to take") – Un accord en vue d'une action commune (pays) : an agreement for a common action (US). Des actions internationales de maintien de la paix : international peace-keeping

*actions (GB). L'action brutale des forces de sécurité serbes : the brutality of Serb secu-
rity forces (OTAN). Des actions primordiales (alliance) : crucial efforts (OTAN).*

action (TAC) action (Peut avoir un sens pluriel) (GB, US, OTAN, CA), operation (US) (Terme
dénombrable) fight, engagement, attack (VERB : "to perform", "to occur", "to plan" "to
execute", "to conduct", "to take", "to forestall", "to negate", "to participate in", "to
impact on", "to take place", "to fight") (ADJ : "major", "static", "dynamic", "decisive",
"hostile", "future", "rapid"). Ex : *Une action héliportée : a heliborne operation. L'action
principale du corps d'armée : the corps main attack (US). Mener une action : to fight an
action. Une action offensive : an offensive operation (US) / action (OTAN). Une action
militaire : a military action (US). Actions de contre-mobilité : counter-mobility operations. Une action envisagée : a course of action (OTAN). Actions de combat : combat
actions (US). Action aérienne ennemie : hostile air action (OTAN). Des actions paramilitaires ou politiques : paramilitary or political actions (US). Mener des actions embarquées ou débarquées (INF) : to conduct mounted or dismounted action (GB). Les factions
belligérantes risquent une / des action(s) militaire(s) de l'OTAN : the warring factions
face NATO military action (Jane's).*

action (à simple / à double / à libre) (EX) side (OTAN). Ex : *Un exercice à simple action :
a single-sided exercise / a field exercise (OTAN). Un exercice à double action : a double-
sided exercise, a force-on-force exercise (US). Un exercice à libre action : a free play
exercise (OTAN).*

action antimines mine action (OTAN).

action armée (l') armed action (US).

action autre que le combat noncombat action (US) (Terme dénombrable).

action chimique chemical operation (US).

action civilo-militaire (ou actions civilo-militaires) (ACM) civil-military action (CMA).
Ex : *Action civilo-militaire au profit de l'environnement civil : civil-military action dedicated to the civil environment. Action civilo-militaire au profit des forces : civil-military
action in support of forces.*

action clandestine (RENS) clandestine action, clandestine operation (US) (Terme familier
US : "black operation").

action coercitive coercive action.

action contre les mines (l') mine action (OTAN).

action corrective remedial action (REMACT) (OTAN).

action dans la profondeur action in depth (TTA 131).

Cf. : Action visant à faire irruption dans la zone vulnérable et sensible où se trouvent P.C.,
appuis et moyens logistiques de l'ennemi afin d'assurer la désorganisation durable de ses
forces (F).

action de choc strike (OTAN), shock action (US, GB) (VERB : "to use").

action de circonstance contingency operation (US, GB).

action de combat combat action (US), combat operation (US), tactical action (US) (Termes
dénombrables) (VERB : "to occur", "to rehearse" = répéter).

action de combat défensive defensive tactical action (US).

action de combat offensive offensive tactical action (US).

action d'éclat feat (GB) (VERB : "to perform", "to accomplish", "to achieve").

action de diversion diversionary action (US).

action défensive defensive action (US), defensive operation (US), defense (US) (Terme dénombrable) (VERB : "to conduct" = mener).

action de fixation holding attack (OTAN).

> <u>Cf.</u> : An action designed to hold the enemy in position, to deceive him as to where the main attack is being made, to prevent him from reinforcing the elements opposing the main attack and / or to cause him to commit his reserves prematurely at an indecisive location (OTAN).

action de force forceful action (US).

> <u>Cf.</u> : Style de combat où le chef militaire, après avoir appliqué sur l'adversaire la totalité des feux dont il dispose, bénéficie de leurs effets pour faire progresser ses éléments directement sur leurs objectifs. L'action de force s'oppose habituellement à l'action en souplesse (F).

action de force (l') warfighting (US).

action de freinage delaying action (US) (VERB : "to organize", "to fight").

action de harcèlement harassing action (US).

action d'ensemble general support (<u>GB</u> : Gen Sp, <u>US</u> : GS) (<u>OTAN :</u> Autre terme utilisé : "appui général"). Ex : *Employé en action d'ensemble (obusier) : employed in general support missions (US).*

> <u>Comp.</u> :
> - Support that is given to the supported force as a whole and not to any particular subdivision thereof (US).
> - <u>Action d'ensemble</u> : appui donné à la force bénéficiaire considérée comme un tout et non pas à une des composantes de cette force (OTAN).

action de représailles act of retaliation (GB).

action de sabotage (forces spéciales / RENS) sabotage (US), sabotage attack (US), sabotage operation (US) (VERB : "to make"). Ex : *Mener des actions de sabotage contre des objectifs ennemis : to conduct sabotage against enemy targets (US).*

action de secours relief effort (OTAN). Ex : La communauté internationale a lancé une vaste action de secours (aide aux réfugiés) : the international community set in motion a major relief effort (OTAN).

action de subversion (<u>ou</u> subversive) (forces spéciales) subversion (US). Ex : *Mener des actions de subversion contre des objectifs ennemis : to conduct subversion against enemy targets (US).*

action violente violent action (US).

action différée (<u>ou</u> retardée) (à) (arme) delayed-action (weapon) (UN).

action diplomatique (l') diplomatic efforts (US), diplomatic action (US).

action directe (forces spéciales) direct action (US).

action disciplinaire disciplinary action (GB) (VERB : "to take") (PREP : "against"). Ex : *J'engage une action disciplinaire à votre encontre pour cette faute : I am reporting you for this offence (GB). Prendre une action disciplinaire à l'encontre de quelqu'un : to put somebody in the report (GB).*

action ennemie (l') enemy action (US, GB) (VERB : "to deter").

action en souplesse flexible action (TTA 131) (Voir **action de force** pour comparaison).

action envisagée course of action (OTAN).

action extérieure (l') overseas operations (GB, US).

action extérieure overseas operation (US, GB).

action humanitaire (l') humanitarian action (OTAN, US), humanitarian effort(s) (OTAN, US). Ex : *Dans l'ensemble de l'action humanitaire : in the overall humanitarian effort (OTAN).*

action humanitaire globale de lutte contre les mines global humanitarian mine action (OTAN).

action hostile hostile action (US).

action invisible (RENS) covert action (US).

action militaire (l') military action (US) (Terme dénombrable), military efforts (US) (VERB : "to conduct", "to take"). Ex : *Il n'y a plus d'autre solution que de recourir à l'action militaire : no alternative is open but to take military action (OTAN).*

action militaire à vocation humanitaire military humanitarian action.

action militaire terrestre (l') land warfare (US).

actionné par les gaz (fonctionnement d'une arme) gas-operated.

actionner (mine) to detonate (OTAN).

actionner (tourelle) to operate (US). Ex : *Actionnée manuellement (ou à la main) : manually operated (US).*

action offensive (l') offensive action (US).

action offensive offensive action (US), offensive operation (US) (Termes dénombrables).

action préventive pre-emptive action, preventive action (OTAN).

action psychologique psychological operations (PSY OPS ou PSY OP) (US) (Abréviation OTAN : PSYOPs). Ex : *La capacité d'action psychologique des pays de l'OTAN : the Psyop capability of the NATO nations (GB) (Voir aussi* **opérations psychologiques***).*

action retardatrice delaying action (US, GB).

actions (TAC) action (US, GB) (ADJ : "brief", "violent").

actions dans les champs psychologiques psychological operations (PSY OPS ou PSY OP) (US) (Abréviation OTAN : PSYOPs).

actions d'après-conflit post-conflict activities (US) (VERB : "to focus on").

actions de combat combat operations (US), combat actions (US), war-fighting (OTAN), warfare (OTAN).

action(s) de crise crisis action (US).

actions de maîtrise de l'information information operations (IO) (US).

actions de planification planning actions (US).

actions de protection protective actions (US) (ADJ : "active", "passive").

actions d'influence military operations other than war (MOOTW) (US), noncombat operations (US).

actions ennemies enemy actions (US).

actions internationales (armée) international actions (Jane's).

action secrète (terme général) (RENS) covert action (US) (Pays instigateur non connu) (VERB : "to run"). Ex : *L'action secrète est apparue comme un instrument de la politique extérieure des États-Unis : covert action emerged as an instrument of U.S. policy (US).*

actions extérieures (hors du territoire national) overseas operations (GB, US).

action spéciale (RENS) special operations (US).

action(s) sur les arrières rear operation(s) (US).

action unilatérale (TAC) unilateral action (US).

activation (QG / forces) activation (OTAN, UEO). Ex : *L'activation de tous les QG : the activation of all HQs (OTAN). Les dirigeants politiques de l'Alliance ont ordonné l'activation des forces de réaction de l'OTAN : the Alliance's political leaders ordered its* *reaction forces into action (OTAN). Procédures d'activation de forces : force activation procedures (UEO).*

activation (personnels de réserve) activation (US).

active (d') regular (US, GB), active (component) (US). Ex : *Un soldat d'active : an active component (AC) soldier (US). L'armée de terre d'active / "l'active" : the Active Army / the Regular Army / the active component (US).*

activer to activate (OTAN, CA, US). Ex : *Activer un organisme : to activate an agency (OTAN). Activer / un état-major interarmées / un commandement : to activate a joint headquarters (CA) / a command (US).*

activer (agent) (RENS) to activate (US). Ex : *Activer un agent dormant : to activate a sleeper (US).*

activer (appareil / dispositif) to activate (GB).

activiste activist (GB). Ex : *Les émeutes furent déclenchés par des activistes de gauche : the rioting was started by left-wing activists (GB).*

activité activity (US, GB, OTAN), operations (OTAN), effort (OTAN) (Terme dénombrable) (VERB : "to plan", "to conduct", "to schedule", "to organize", "to program", "to resource", "to execute", "to occur", "to frustrate", "to be engaged in", "to support") (ADJ & PART : "challenging", "disruptive", "clandestine", "covert", "psychological", "risky", "aimed at"). Ex : *Observer l'activité de l'ennemi : to observe enemy activity (US). L'activité ennemie a été très réduite aujourd'hui : there has been little enemy activity today (GB). L'activité des forces ennemies : the activity of hostile forces (US). Prévenir ou anticiper des activités terroristes : to preclude or preempt terrorist activities (US). La gamme complète des activités logistiques : the full range of logistics activities (US). Activités de renseignement : intelligence activities (US). (VERB : "to detect") – L'activité ennemie dans une zone : enemy operations in an area (OTAN). Activité de recueil / d'analyse (RENS) : collection / analysis / activity (US). Accomplir un large éventail d'activités : to perform a wide range of activities (US). S'associer à des activités (organisation internationale) : to become associated with activities (UEO). Activités d'aide humanitaire menées en Albanie en faveur des réfugiés du Kosovo : relief efforts in Albania for refugees from Kosovo (OTAN). Activités diplomatiques : diplomatic activities (GB). Les deux compagnies ont fait part de leur intention de fusionner leurs activités dans le domaine des moteurs-fusées sous la forme d'une nouvelle société : the two companies have stated their intention to merge their activities in the field of rocket motors into a new company (Jane's). CELERG France a été constituée l'année dernière par le regroupement de SNPE et des activités de propulsion de missiles d'Aérospatiale SA : CELERG France was formed last year by the merger of SNPE and the missile propulsion activities of Aérospatiale SA (Jane's).*

activité (ou événement) (TAC) event (US). Ex : *Profiter d'activités en cours (TAC) : to leverage existing events (US).*

activité (en) (PERS) serving, on active duty (US) (Contraire : "retired" = en retraite). Ex : *En activité (de service) (ou au service actif) (PERS) : on active duty (US).*

activité (en) in operation (US). Ex : *Cinq arsenaux sont en activité : five arsenals are in operation (US).*

activité aérienne air activity (US). Ex : *Les récentes attaques aériennes ennemies montrent (ou sont le signe d'ou manifestent) une activité aérienne normale : the recent enemy air attacks show run of the mill air activity (US).*

activité d'appui (TAC) supporting activity (US).

activité de routine routine activity (OTAN).

21

activité d'évaluation (expérimentation de combat) assessment event (US).

activités clandestines (ou secrètes) clandestine activities (US, GB).

activités de contre-espionnage (RENS) counterespionage activities (US).

activité d'espionnage (RENS) spy activity (US) (Terme familier : "cloak and dagger").

activités (espionnage / sabotage / subversion / terrorisme) activities (US) (VERB : "to detect", "to neutralize", "to carry out") (ADJ : "clandestine"). Ex : *Activités d'espionnage : espionage (OTAN), espionage activities (US). Activités de sabotage : sabotage (OTAN), sabotage activities (US). Activités de subversion : subversion (OTAN). Activités de terrorisme : terrorism (OTAN) (VERB commun à tous ces termes : "to engage in" = se livrer à, être engagé dans).*

activités d'après-conflit post-conflict activities (US) (VERB : "to focus on").

activités de garnison garrison activities (US). Ex : *Activités sociales et culturelles (garnison) : social and cultural activities (US).*

activités de loisir (PERS) recreation activities (US).

activités de pré-déploiement (ou de préengagement) predeployment activities (US).

activités de production (du renseignement) (RENS) production activities (US).

activités de recherche-développement R & D activities (US).

activités de sabotage sabotage activities (US).

activités d'espionnage (RENS) espionage activities (US). Ex : *Livrer de précieux renseignements sur les activités d'espionnage soviétiques : to give valuable information on Soviet espionage activities (US).*

activités d'expérimentation (TAC) experiment operations (US), experimentation activities (US).

activités de traitement (du renseignement) (RENS) processing activities (US).

activités fonctionnelles functional activities (US).

activités logistiques logistics efforts (US).

activités militaires military activities (US) (VERB : "to direct").

activités psychologiques psychological activities (US, GB).

activités psychologiques de consolidation psychological consolidation activities (US, OTAN).

activités psychologiques du champ de bataille battlefield psychological activities (OTAN).

activités secrètes covert activities (US, GB).

activités spéciales (RENS) special activities (US).

activités sportives sporting activities (GB), athletic activities (US).

activité subversive (RENS) subversive activity (US) (VERB : "to encourage").

activité terrestre land activity (GB).

actualisation (RENS) currency (US).

actualisation (ou mise à jour) de renseignement (compte-rendu) intelligence update (GB).

actualisation (ou mise à jour) du renseignement (processus) intelligence update (GB).

actualiser (ou mettre à jour) (renseignement / doctrine) to update (information / doctrine). Ex : *Des données actualisées : up-to-date data (US).*

actuel current (US, OTAN), present, existing (GB), present-day (US), today's (US). Ex : *Les problèmes actuels : the current problems (US). La situation actuelle : the current situation (OTAN). Le (char) Challenger actuel : the existing Challenger (GB). Dans le monde* *actuel*: in the present-day world (US). *Tirer pleinement partie de l'infrastructure militaire actuelle*: to take full advantage of the existing military infrastructure (OTAN). *La génération actuelle d'hommes et de femmes*: today's generation of men and women (GB).

actuellement currently (OTAN), presently (US), now. Ex: *M. George Robertson, actuellement ministre de la Défense du Royaume-Uni*: M. George Robertson, currently UK Secretary of State for Defence (OTAN). *Représenter une avance considérable sur le canon actuellement utilisé*: to represent a significant advance on the gun presently being used (US).

adaptabilité (en fonction de la mission) (force) tailorability (US), adaptability.

adaptabilité (capacité d'adaptation) (PERS) adaptability (US).

adaptable (ajustable) (en fonction de la mission) (force) adaptable, tailorable (US).

adaptable (polyvalent) (matériel) multipurpose (US), multi-role (UN), versatile (GB).

adaptable à (matériel) adaptable to (US) (ADV: "fully").

adaptatif adaptive (US).

adaptation adjustment (US) (PREP: "to"), adaptation (OTAN). Ex: *Adaptation à la vie militaire*: adjustment to service life (US). *Adaptation interne*: internal adaptation (OTAN). *La mise en œuvre des adaptations nécessaires*: the implementation of the necessary adaptations (UEO). *L'adaptation de la technologie aux nouveaux systèmes d'arme*: the adaptation of technology to new weapon systems (US).

adaptation à l'usager (matériel) customisation (GB) ou customization (US).

adapté (TAC) (unité) in direct support of (GB), attached to (GB) (Pour une unité d'artillerie adaptée à une unité de mêlée, utiliser "in direct support of" (DS) (US). Ex: *1 Cie génie adaptée 154e RI: 1 Engr Coy attached to / in direct support of /154 Inf Bn (GB)*.

Cf.: To attach: the temporary placement of units or personnel in an organization (US).

adapté suitable (GB), appropriate (US). Ex: *En terrain particulièrement adapté: on particularly suitable ground (GB). Des forces adaptées doivent agir pour gagner du temps (ou des délais): appropriate forces must act to gain time (GB)*.

adapté à (mission / opération / force) tailored for (US), tailored to (US), adapted for (US), (well) suited for (US). Ex: *La cavalerie est parfaitement adaptée au plus large éventail de missions: the cavalry is ideally suited for the widest variety of missions (US). Des forces adaptées à des opérations spécifiques: forces tailored for specific operations (OTAN). Mesures adaptées à la menace: measures tailored to the threat (US)*.

adapté à la mission mission-tailored (US).

adapté à l'usager (matériel) customised (GB) ou customized (US).

adapter to adapt (US), to adjust, to tailor (US), to gear (US). Ex: *Adapter le mouvement au terrain: to tailor movement to the terrain (US). Du matériel adapté au mouvement aérien: equipment adapted for air movement (US). Une manœuvre adaptée aux conditions particulières d'un engagement: a maneuver (US) / manœuvre (GB) tailored to the specific conditions of a commitment. Une unité bien adaptée aux opérations aéromobiles: a unit well-suited for air assault (US). Les forces doivent être dotées de systèmes d'armes adaptés à la mission: the forces must be equipped with weapons systems appropriate to the mission (US). Les unités étaient surtout adaptées à un environnement de type européen: the units were primarily geared to a European type environment (US). Le véhicule est bien adapté à des missions de reconnaissance et de sûreté: the vehicle is well suited to missions of reconnaissance and security (US). Un appui / soutien adapté aux priorités du chef: support keyed to the commander's priorities (US). Des missions adaptées aux moyens de chaque partenaire: missions appropriate to each partner's capabilities (US). Les besoins de l'armée de terre ont été adaptés: Army requirements* *have been adjusted (GB). Notre progression doit être adaptée à celle des divisions voisines : our advance must be geared to that of adjacent divisions : our advance must be geared to that of adjacent divisions (US).*

adapter (équipement) to adapt (GB). Ex : *Le VTT blindé a été adapté en vue d'emporter du matériel de surveillance : the APC (= Armoured Personnel Carrier) has been adapted to carry surveillance equipment (GB).*

adapter (ensemble de forces) to tailor (a force package) (OTAN).

adapter à l'usager (matériel) to customise (GB) ou to customize (US).

à découvert (RENS) overt (US). Ex : *Opération à découvert : overt operation (US) (Contraire : "covert operation" = opération secrète).*

à découvert (force) (TAC) exposed (US). Ex : *Combattre à découvert : to fight exposed (US).*

à définir (ou à déterminer) to be determined (TBD) (US).

à demeure permanently (OTAN).

adéquat adequate. Ex : *Le soutien et l'administration des soldats sont adéquats : soldiers are adequately supported and administered (CA).*

adéquation (des forces) suitability (OTAN).

à destination de bound for (US). Ex : *Des cargaisons destinées au rebelles algériens (armes) : cargoes bound for Algerian rebels (US).*

à déterminer to be determined (OTAN). Ex : *M. Robertson prendra ses fonctions de Secrétaire général à une date qui reste à déterminer : M. Robertson will assume his functions as Secretary General at a date to be determined (OTAN).*

adhérer to join. Ex : *Adhérer à l'Alliance Atlantique / à l'OTAN : to join the Atlantic Alliance / NATO (OTAN).*

adhésion accession. Ex : *Le processus d'adhésion (à l'OTAN) : the accession process (OTAN).*

ad hoc ad hoc (OTAN, UN). Ex : *Contrôle ad hoc (armes chimiques) : ad hoc check (UN). Groupe ad hoc : ad hoc group (AHG) (OTAN).*

adieu aux armes farewell to arms.

adieux goodbyes (US). Ex : *Les soldats ont fait leurs adieux à leur familles (départ en opérations) : soldiers said their goodbyes to family (US).*

adjoint assistant (de = to) (US). Ex : *Adjoint de l'officier "opérations" : assistant (ou deputy) operations officer. Adjoint du général commandant la division (chargé des opérations) : assistant division commander (ADC) (for operations) (US). Adjoint au chef de corps : deputy commanding officer (DCO) (US). Adjoint de compagnie : company executive officer (US). Adjoint administratif (unité / garnison) : adjutant (US). Adjoint au commandant de (la) force : deputy force commander (DFC). Le ministre de la Défense est l'adjoint principal du Président pour les affaires concernant le ministère de la Défense : the Secretary of Defense is the principal assistant to the President in matters relating to the Department of Defense (US).*

adjoint (officier) (régiment) Second in Command (GB) (VERB : "to act as").

adjoint (oficier général) assistant (US) (ADJ : "principal").

adjoint (du chef de corps) adjutant (GB).

adjoint du commandant suprême allié en Europe Deputy Supreme Allied Commander Europe (DSACEUR) (OTAN).

adjudant (ADJ) (grade) 1. GB : Warrant Officer Second Class (ou Warrant Officer Class II) (WO2) / Company Sergeant Major (INF) / Squadron Sergeant Major (ABC) / Battery Sergeant Major (ART). 2. US : Sergeant First Class (SFC) (E7) (US).

adjudant-chef (ADC) (grade) 1. GB: Warrant Officer First Class (ou Warrant Officer Class I) (WO1). / Regimental Sergeant Major (= sous-officier du grade le plus élevé du régiment). 2. US: First Sergeant (1SG ou FSG) ou Master Sergeant (MSG) (E8) (US) (Nota: Le "First Sergeant" est "the senior enlisted soldier in a company-sized unit" (US). Termes familiers US: "top", "the first hat". Il se fait appeler "First Sergeant" ou "Mister" (US).

adjudant de compagnie (grade) Company Sergeant Major (CSM) (Détient le grade de Warrant Officer Second Class, WO2) (GB).

adjudant d'unité Équivalent GB: company sergeant major.

adjudication des marchés contract awards (OTAN).

admettre (reconnaître) to recognise (GB). Ex: *Admettre l'importance de cela: to recognise the importance of this (GB).*

admettre (candidat / postulant) to pass (a candidate / an applicant) (GB) (Contraire: "to eliminate"). Ex: *Être admis à un stage de sélection: to be accepted for a selection course (US). Être admis à (l'école militaire de) West Point: to gain admission to West Point (US).*

admettre Ex: *Admettre la Turquie à poser sa candidature à l'UE: to make Turkey eligible to apply for EU membership (OTAN).*

admettre au service actif (mettre en service) (navire) to commission (US).

administrateur Web (ou webmestre) (site Internet) Webmaster (OTAN).

admission (dans une école militaire) entry (GB). Ex: *L'admission à Sandhurst (= école de formation initiale des officiers britanniques): entry to Sandhurst (GB).*

admission (dans une installation du service de santé) (blessé) (SAN) admission (OTAN).

administrateur administrator (US).

administrateur-réseau (x) (informatique) network administrator (US). Ex: *Former les administrateurs-réseaux des systèmes d'information de l'armée de terre: to educate network administrators for Army information systems (US).*

administrateur systèmes (informatique) system administrator (US).

administratif administrative (US, GB) (Terme qui renvoie également aux fonctions logistiques). Ex: *Services administratifs: administrative services (US). Il ne comprend pas en soi d'autorité sur le plan administratif (nature d'un commandement): it does not include of itself responsibility for administration (OTAN) (Voir aussi **ordre administratif et logistique (OAL)**.*

administration (gouvernement) administration (GB). Ex: *L'administration locale est très peu coopérative: the local administration is extremely unhelpful (GB).*

administration (gestion) (personnel / unité) administration (GB, US) (Abréviation GB: "admin") (VERB: "to direct", "to bne responsible for"). Ex: *Administration de l'unité: unit administration (US). Administration des personnels: personnel management (OTAN). L'administration des prisonniers de guerre: the administration of prisoners of war (OTAN). L'entraînement et l'administration des unités: the training and administration of units (GB).*

administration (tâches administratives) administration (GB) (Abrégé: "admin"), administrative tasks (GB) (VERB: "to do"). Ex: *J'ai beaucoup d'administration à faire: I've got a lot of admin to do (GB).*

administration civile (l') (territoire) civil administration (OTAN) (VERB: "to assume responsibility for" = prendre en charge).

administration et logistique (titre de paragraphe) service support.

administration locale (l') local administration (OTAN).

administrer (unité / organisme) to administer (GB).

administrer (armée) to run (GB). Ex : *S'assurer que les trois armées soient administrées de manière efficace : to ensure that the three services are run efficiently (GB).*

administer (au plan régional ou national) to administer (GB). Ex : *Administrer une région : to administer a region (GB).*

administrer (SAN) to administer. Ex : *Administrer un antidote : to administer an antidote (US).*

admirablement admirably (US).

admis dans la réserve (PERS) transferred to the Reserve (GB).

adolescent (nom) youth (GB).

à dominante blindée (unité) (blindée et mécanisée) heavy (US).

adopter to adopt (US, GB, OTAN, UEO), to take (OTAN), to incorporate (US), to take (US), to commit to (US). Ex : *Adopter un mode d'action : to adopt a course of action (US). Une fois que l'assaillant adopte un mode d'action particulier : once the attacker commits to a particular course of action (US). Adopter des matériels militaires : to adopt military equipment (OTAN). Adopter une conduite (accomplissement d'une mission) : to take a course of action (OTAN). Ce radar a été adopté par l'armée de terre française : this radar has been adopted by the French Army (US). Adopter un style de combat plus mobile : to adopt a more mobile style of fighting (GB). Adopter une série de décisions importantes : to take a series of important decisions (OTAN). Une approche européenne commune devrait être adoptée : a common European approach should be adopted (UEO). À mesure que l'armée américaine adopte de nouvelles technologies : as the US military incorporates new technologies (US). Adopter une démarche : to take an approach (US).*

adoption adoption (US). Ex : *Jusqu'à l'adoption de l'arme individuelle de prochaine génération : until adoption of the next-generation individual weapon (US).*

à double capacité (aéronef) dual-capable (OTAN).

adresse address (OTAN). Ex : *Groupe indicateur d'adresses : address indicator group (AIG) (OTAN).*

adresse (unité) skill.

adresse au tir marksmanship (US, GB). Ex : *Atteindre un haut niveau d'adresse au tir : to achieve a high standard of marksmanship (GB).*

à droite alignement! (commandement) right dress! (GB).

ADT XXI (armée de terre XXIᵉ siècle) (modèle conceptuel d'armée) : Équivalent US : Force XXI (= horizon 2010) (NOM ASS : "architecture").

adversaire enemy (US, GB), opponent, adversary (GB, OTAN) (Termes dénombrables) (À noter : L'adjectif "adversarial" = de l'adversaire, qui s'emploie en épithète) (VERB : "to dissuade") (ADJ : "potential", "likely", "tough", "former").

adverse (ennemi) enemy (OTAN, US, GB), hostile (OTAN), opposing (US), adversary (US). Ex : *Les forces adverses : the enemy forces (OTAN). La surveillance adverse : hostile surveillance (OTAN). La force adverse : the opposing force (US). Un élément adverse : a hostile force (OTAN). Des moyens de commandement (et de contrôle) adverses : adversary C2 capabilities (US).*

adverse (RENS) hostile (US), opposing (US). Ex : *Mettre en place un agent dans une organisation adverse : to plant an agent in a hostile organization (US). Un service de renseignement adverse : an opposing intelligence agency (US).*

adverse (force) (FORAD) (plastron d'exercice) opposing (force) (OPFOR) (US).

adversité (l') adversity (US, GB). Ex : *Le courage devant l'adversité : courage in the face of (extreme) adversity (GB).*

à entraînement mécanique power-driven (OTAN). Ex : *Appareil de décontamination à entraînement mécanique : power-driven decontamination apparatus (PDDA) (OTAN).*

aéré loose. Ex : *Un dispositif aéré : a loose disposition.*

aérer (sens propre) to air (US).

aérien air (En épithète) (US), aerial (US). Ex : *Les forces aériennes : air forces. La reconnaissance aérienne : aerial / air reconnaissance. Une attaque aérienne : an aerial attack (US). Missile antiradar à lanceur aérien : air-launched anti-radar missile (ALARM) (OTAN). Contrôleur aérien avancé (CAA) : forward air controller (FAC) (OTAN).*

aérobie air-breathing (UN). Ex : *Missile aérobie : air-breathing missile (UN).*

aérodrome <u>airfield</u> (US, OTAN), landing field, aerodrome (OTAN) (Le terme "aerodrome" est obsolète) (VERB : "to plan", "to construct", "to repair", "to rehabilitate", "to upgrade", "to maintain", "to capture", "to improve", "to use", "to depart", "to mark", "to light") (ADJ avec "aerodrome" : "advanced") (ADJ avec "airfield" : "allied", "civilian"). Ex : *Aérodrome de départ (opérations spéciales) : departure airfield (US). Aérodrome d'infrastructure : base airfield (US). L'aérodrome d'Héraklion : Heraklion airfield (GB). Les forces armées de l'OTAN ont directement pris en charge le fonctionnement de l'aérodrome de Tirana : NATO military forces took over direct operation of the airfield at Tirana (OTAN). Réparation des dégâts subis par un aérodrome : aerodrome damage repair (ADR) (OTAN). Marquage et balisage d'aérodrome (<u>ou</u> balisage diurne et lumineux d'aérodrome) : aerodrome marking and lighting (OTAN).*

aérodynamique (adjectif) aerodynamic (US, OTAN). Ex : *Missile aérodynamique : aerodynamic missile (OTAN, US). Missile aérodynamique tactique : tactical aerodynamic missile (TAM) (OTAN).*

aérodyne léger télépiloté (ALT) unmmanned aerial vehicle — short range (UAV — SR) (US), unmanned aerial vehicle (UAV) (OTAN), remotely piloted vehicle (OTAN, UN).

aéroglisseur hovercraft, air cushion vehicle (ACV) (US).

aéroglisseur d'assaut (Corps des Marines) Landing Craft Air Cushion (LCAC) (US).

aérogramme (lettre) aerogramme (GB), air-mail letter. Ex : *Aérogramme militaire : forces aerogramme (Surnom GB : "bluey").*

aérolargable (unité) air-droppable (GB).

aérolargage (livraison par air) airdrop.

aérolargué (livré par air) airdropped.

aérolargué (lancé depuis les airs) air-launched (OTAN).

aéromaritime air-sea (GB). Ex : *Sauvetage aéromaritime (<u>ou</u> aérien) (en mer) : air-sea rescue (GB).*

aéromobile airmobile (GB) (Abréviation GB : "Airmob"). Ex : *La 4ᵉ Division Aéromobile (DAM) : 4 Airmobile Division (GB), the 4 th Airmobile Division (US).*

aéromobile (d'assaut vertical) (fonction d'unité) air assault (US).

aéromobilité airmobility (US, GB, OTAN).

<u>Comp.</u> :

- A capability of airmobile forces which permits them to move by air while retaining the ability to engage in ground combat (OTAN).

- Aptitude à conduire des actions de combat à partir de l'espace aérien proche du sol. L'hélicoptère est l'outil clé de l'aéromobilité (F).

À noter : La différence entre **airmobility** et **air assault** (armée de terre américaine) :
- **Airmobility** is the use of Army aircraft whenever and however they improve an ability to fight. Essentially, movement of troops and equipment from one secure area to another is conducted with helicopters which depart the AO (= area of operations) after the insertion.
- Conversely, **air assault** involves combat, CS and CSS elements (aircraft and troops) deliberately task-organized for tactical operations. Aviation assets are completely integrated with ground forces. Additionally, air assault operations involve insertions and extractions under hostile conditions, as opposed to mere air movement of troops to and from secure locations about the battlefield (US).

aéronautique (adjectif) aeronautical (OTAN).

aéronaval (adjectif) naval air (OTAN). Ex : *Forces aéronavales du secteur oriental de l'Atlantique : naval air forces, east Atlantic area (AIREASTLANT) (OTAN). Groupe aéronaval : aircraft carrier battle group (CVBG) (OTAN). Base aéronavale : naval air station (NAS) (OTAN).*

Aéronavale (l') (the) Fleet Air Arm (FAA) (GB), Naval Aviation (US). Ex : *Avions de l'Aéronavale : naval aircraft (UN).*

aéronef aircraft (A/C) (US, GB, OTAN) (Terme invariable) (Abréviation GB : "ac") (VERB : "to engage", "to approach", "to lift", "to operate") (Terme familier US : "bird") (ADJ : "versatile", "high-performance", "sophisticated", "high-speed", "low-level", "ground-attack", "hostile", "low-flying", "fixed-wing", "rotary-wing", "close-air support", "antiarmor", "light", "multipurpose", "low-altitude", "specialized") (EXPR : "in transit"). Ex : *Aéronef à décollage court et atterrissage vertical : short take-off and vertical landing (STOVL) aircraft (OTAN). Aéronef à décollage et atterrissage verticaux et courts : vertical / short take-off and landing (V/STOL) aircraft (OTAN). Aéronef de transport à long rayon d'action : long-range transport aircraft. Aéronef(s) de l'armée de terre : Army aircraft (US) (Voir aussi* **avion**).

aéronef à voilure fixe fixed-wing aircraft.

aéronef à voilure tournante rotary-wing aircraft (UN).

aéronef de détection (ou d'alerte) lointaine et de contrôle Airborne Early Warning and Control (System) aircraft (AWACS) (OTAN).

aéronef d'évacuation sanitaire medevac aircraft (US).

aéronef militaire military aircraft (US, GB, OTAN).

aéronef sans équipage unmanned air system (GB).

aéronef sans pilote unmanned aircraft (UMA) (GB).

aéronef tout temps all weather aircraft (OTAN).

aéroport airport (US, GB) (VERB : "to secure"). Ex : *Les légionnaires ont pris en charge la défense de l'aéroport de Sarajevo : the legionnaires took over the defence of Sarajevo Airport (GB).*

aéroport de débarquement aerial port of debarkation (APOD) (US), airport of disembarkation (APOD) (OTAN, GB).

aéroport d'embarquement aerial port of embarkation (APOE) (US), airport of embarkation (APOE) (OTAN, GB).

aéroporté (troupes / opérations / système) airborne (US, OTAN) (Abréviation US : ABN ou abn) (Abréviation GB : "AB"). Ex : *Une opération aéroportée (OAP) : an airborne (ABN) operation (US). La 82ᵉ Division Aéroportée (ou Parachutiste) : the 82nd Airborne Division (US). Système de détection aéroporté : airborne early warning (AEW) (OTAN).*

28

Comp. :

- Airborne operation : An operation involving the movement of combat forces and their logistic support into an objective area by air (US).

- Opération aéroportée (OAP) : opération impliquant la mise à terre dans une "zone d'objectif" de forces d'assaut et de leur soutien logistique par moyens aériens (OTAN).

aéroporté (système d'arme) airborne (system) (OTAN).

aéroport militaire military airport (GB).

aérosanitaire aeromedical.

aérosol aerosol (US). Ex : *L'agent chimique toxique est répandu sous forme gazeuse ou en aérosol : the toxical chemical agent is disseminated as a vapor or an aerosol (US). Des munitions explosives conçues pour produire le maximum de gaz ou d'aérosol (attaque chimique) : bursting-type munitions designed to produce the optimum vapor or aerosol (US).*

aérospatial (adjectif) aerospace (OTAN, US) (En épithète). Ex : *Groupe consultatif pour la recherche et les réalisations aérospatiales : advisory group for aerospace research and development (AGARD) (OTAN).*

aérostat aerostat (US) (Voir aussi **ballon (d'observation)**.

aéroterrestre airland (US), air-land (Jane's) (En épithète), air and ground (US). Ex : *La bataille aéroterrestre (doctrine) : the AirLand battle (US). Opérations aéroterrestres : air and ground operations (US). Gestion de l'environnement aéroterrestre : management of the air-land environment (Jane's).*

aérotransport airlift. Ex : *Aérotransport de matériel : air freighting. Aérotransport de personnel : air trooping. L'aérotransport d'un régiment d'infanterie peut être effectué par 20 rotations d'hélicoptères Chinook : an airmobile infantry battalion can be moved by 20 Chinook equivalents (GB).*

Cf. : Airlift : Transport par voie aérienne avec atterrissage de l'aéronef transporteur (F).

aérotransportabilité airportability (GB).

aérotransportable (hommes / matériel) air (-) portable (GB), airtransportable (US) (Le terme "air-portable" s'applique en principe à de l'infanterie qui n'est ni blindée ni mécanisée). Ex : *Un véhicule blindé aérotransportable : an air transportable armored vehicle (US). Un régiment aérotransportable : an air-portable battalion (GB).*

aérotransporter (hommes / matériel) to airlift (US, GB) (PREP : "to").

affaibli weakened (OTAN). Ex : *Des forces de plus en plus affaiblies dans leur campagne de répression barbare : forces increasingly weakened in their campaign of brutality (OTAN).*

affaiblir to weaken (OTAN), to soften (US), to blunt (US). Ex : *Affaiblir l'ennemi : to weaken the enemy. Affaiblir le potentiel militaire d'une nation : to weaken the military strength of a nation (OTAN). Affaiblir l'ennemi le plus obstiné : to soften the most stubborn ennemy (US). Affaiblir une attaque : to weaken an attack (OTAN), to blunt an attack (US).*

affair matter (US), affair (US) (VERB : "to handle", "to entrust... to"). Ex : *Affaires de sécurité : security matters (US). Affaires disciplinaires : disciplinary matters (US). Les affaires juridiques de l'armée de terre : the legal affairs of the Army (US). Affaires militaires : military mattters (US, Jane's). Ne faites pas une affaire d'État de cette histoire : don't make a federal case out of this matter (US).*

affaire (RENS / politique) affair (US). Ex : *L'affaire Profumo (Hist.) (GB) : the Profumo affair (US). L'affaire Dreyfus (Hist.) : the Dreyfus afffair (US).*

affaire d'espionnage spy case (US) (VERB: "to be revealed", "to resolve") (ADJ: "damaging", "major" = grande).

affaires civiles civil affairs (CA) (US, GB, OTAN). <u>Cf.</u>: Any question relating to relations in wartime between the commander of an armed force and the civilian populations and governments in areas where the force is employed, and which is settled on the basis of a mutual agreement, official or otherwise (OTAN).

affaires de défense defence affairs (OTAN), defence matters (gouvernement) (GB).

affaires de sécurité security affairs (OTAN).

affaires humanitaires humanitarian affairs (GB).

affaires militaires military matters (OTAN).

affectation (PERS) posting (GB) (Terme dénombrable, variable), (duty) assignment (US) (VERB: "to secure", "to fill", "to experience", "to change") (ADJ: "varied", "diversified", "desirable", "undesirable" <u>ou</u> "hardship") (EXPR: "to expect a posting every three years"). Ex: *Une affectation à Sandhurst : a posting to Sandhurst (GB). Une affectation de 2 ans : a two-year posting (GB). Affectation à l'étranger : oversea assignment (US). Affectation en état-major : staff assignment (US). La durée de votre affectation à l'étranger : the duration of your posting overseas (GB). Affectation tournante : rotational posting (GB). Il accepta une affectation de 2 ans en Polynésie française : he accepted a two-year posting to French Polynesia (GB). Après deux affectations en Asie du Sud-Est (agent) (RENS) : after two tours of duty in Southeast Asia (US). Le sytème des affectations : the assignment system (US). Lie d'affectation : duty station (US). Procédures d'affectation : assignment procedures (US).*

affectation (force) allocation (US) (PREP: "to"). Ex: *L'affectation de ces neuf régiments de mêlée aux trois état-majors de brigade : the allocation of these nine maneuver battalions to the three brigade headquarters (US).*

affectation d'armes weapons assignment (US, GB).

affectation de la force force allotment (OTAN).

affectation d'objectifs (défense aérienne) target allocation (US, GB).

affectation de réserve (PERS) Reserve posting (GB).

affectation des véhicules vehicle assignment (UN).

affecter (attribuer) (unités / moyens / forces) to attach, to allot (UN), to allocate (GB, US), to assign (US, GB), to commit (OTAN). Ex: *Affecter une unité (aux ordres d'une autre) : to attach a unit (to another one) (Également : "to allot a unit to ") – Affecter des moyens d'appui aérien rapproché à une opération : to allocate CAS (= close air support) resources to an operation (GB). Affecter des moyens à une unité / à l'entraînement : to allocate resources to a unit / for training (US). La chambre qui est vous est affectée : your assigned room / your room assignment (US). Affecter des véhicules à une unité : to allot vehicles to a unit (UN). Avoir le contrôle opérationnel de toutes les forces affectées : to have operational control of all forces assigned (US). Affecter la 1ère Division Blindée britannique à l'ARRC (= Allied Command Europe Rapid Reaction Corps = Corps d'armée de réaction rapide du Commandement Allié en Europe) : to assign 1 (UK) Armoured Division to the ARRC (GB). Une force de renfort affectée à un commandement majeur : a reinforcing force committed to a major command (OTAN).*

affecter (PERS) to assign (US, GB), to post (GB), to allocate (GB) (ADV: "subsequently"). Ex: *Il fut affecté à la 3e Division Blindée (fiche biographique d'officier) : he was assigned to the 3rd Armored Division (US). Être affecté à une unité / à l'état-major (personnel) : to be posted to a unit / the staff (GB). Il a été affecté à Fort Campbell en tant que chef de* *section: he was assigned as a platoon leader at Fort Campbell (US). Le nouvel arrivant sera affecté à une section: the new arrival will be allocated to a platoon (GB). Un parachutiste affecté à la 21ᵉ Compagnie de Police Militaire du 18ᵉ Corps Aéroporté / Parachutiste: a paratrooper assigned to the XVIII Airborne Corps'21 st Military Police Company (US) (Voir aussi affecter provisoirement (détacher) (PERS).*

affecter (désigner pour une mission) (PERS) to detail (GB) (PREP: "to"). Ex: *Il fut affecté à la garde des prisonniers: he was detailed to guard the prisoners (GB).*

affecter (concerner) to fall (up) on. Ex: *Les réductions affectent le plus lourdement l'infanterie: cuts fall most heavily upon the infantry (Jane's).*

affecter provisoirement (détacher) (PERS) to second (US). Ex: *Il fut affecté provisoirement en qualité d'instructeur auprès de l'OSS (= Office of Strategic Services = ancêtre de la CIA): he was seconded as an instructor to the OSS (US).*

affecter à (allouer) to allocate (GB). Ex: *La part des dépenses de défense affectée à la recherche: the proportion of defence expenditure allocated to research (GB).*

affection légère (SAN) ailment.

afférent à pertaining to, relating to. Ex: *Les dépenses afférentes à la défense: defence expenditures (CA).*

affichage (électronique ou non) display (US). Ex: *Affichage visuel des données: visual data display (US). Système d'affichage électronique: electronic display system (GB).*

affichage de casque helmet display (GB).

affichage de l'information information display (GB).

affiche (action psychologique) poster (US).

afficher to display (US). Ex: *Le GPS (= Global Positioning System = système mondial de radio-navigation) affichera votre position actuelle: the GPS will display your current position (US).*

afficheur (sur casque de fantassin) (système combattant) display (GB) (PART: "helmet-mounted" = intégré au casque).

afficheur de poignet (fantassin) wrist mounted display (GB).

affiné careful (UEO). Ex: *Permettre une analyse affinée et approfondie de niveau stratégique: to allow a careful in-depth analysis at strategic level to be made (UEO).*

affiner to refine (US), to fine-tune (US), to hone (US). Ex: *Affiner / un mode d'action / un plan: to refine / a course of action / a plan (US). Affiner une doctrine: to refine a doctrine (US). Affiner une compétence / un savoir-faire: to fine-tune / to hone / a skill (US).*

affirmatif (oui) (procédure radio) affirmative (US, GB). Ex: *Affirmatif, parlez!: affirmative, over! (GB).*

affluent (fleuve) tributary (GB) (VERB: "to flow into").

affluer to pour (OTAN). Ex: *Les réfugiés qui affluaient dans ce pays: the refugees who were pouring into that country (OTAN).*

afflux influx (OTAN). Ex: *L'assistance humanitaire coordonnée apportée par l'OTAN a été renforcée devant l'aggravation de la crise due à l'afflux des réfugiés: coordinated humanitarian assistance from NATO has been stepped up in response to the escalating refugee crisis (OTAN). L'afflux sans précédent de réfugiés dans l'ex-République Yougoslave de Macédoine: the unprecedented influx of refugees into the former Yugoslav Republic of Macedonia (OTAN).*

affolement (panique) panic (GB). Ex: *Dans l'affolement, la population civile fuyait: the civilian population fled in panic (GB).*

affreux (élève-officier de 3ᵉ année à Saint-Cyr) First Class cadet (US).

affrontement clash (OTAN), confrontation (US) (Termes dénombrables) (PREP: "beween") (VERB: "to occur", "to anticipate") (ADJ: "massive", "armoured"). Ex: *Éviter les affrontements entre les forces amies: to avoid clashes between friendly forces (GB). L'affrontement militaire (entre 2 blocs adverses, par ex.) (STRAT): military confrontation (CFE). Cessation de l'affrontement: deconfrontation (UN). De violents affrontements (entre forces opposées): fierce battles. Aboutir à des affrontements violents: to result in violent confrontations (US). L'affrontement le plus important eut lieu le 2 juin 1866: the most serious action occurred on 2 June 1866 (CA).*

affrontement armé armed confrontation (US).

affrontement entre superpuissances superpower confrontation (US) (Terme dénombrable).

affronter to face (GB), to confront, to be confronted by (GB). Ex: *Affronter l'ennemi: to face / to confront the enemy – Affronter l'ennemi en face à face: to fight toe to toe with the enemy (US). Affronter la mort au combat (PERS): to face death in battle (GB). Affronter le danger (PERS): to face danger (US). Affronter un ennemi insaisissable: to be confronted by an elusive enemy (GB).*

affronter (défier avec hostilité) to confront (GB). Ex: *Nous fûmes affrontés par le 7ᵉ Régiment d'Infanterie: we were confronted by the 7th Infantry Regiment (GB).*

affût (cache) hide.

affût (canon) carriage, mounting (GB). Ex: *Le canon s'est désolidarisé de son affût: the gun has come loose from its mounting (GB).*

affût antiaérien anti-aircraft mount.

affût à traîneau sledge carriage.

affût basculant tilting carriage.

affût bitube dual carriage.

affût de canon (gun) carriage, (gun) mounting (GB).

afût de mitrailleuse mount, mounting.

affût fixe fixed carriage.

affût mobile mobile carriage.

affût pivot pivot mount.

affût pivotant swivel (l) ing carriage.

affût polyvalent flexible mount.

affûter (aiguiser) (compétence / savoir-faire) to hone (a skill) (US).

affût support (mortier) bipod (US).

à finacement assuré (étude) funded (OTAN).

à fond all out (US), intimately (US). Ex: *Il faut y aller à fond (= jeter toutes nos forces dans la bataille) pour s'emparer de cette position ennemie: it is necessary to go all out to capture this enemy position (familier) (US). Connaître à fond la zone d'opérations (guerilléros): to know intimately the area of operations (AO) (US).*

Afrique Africa. Ex: *L'ancienne Afrique Équatoriale Française: the former French Equatorial Africa (GB). L'Afrique francophone: French-speaking Africa (GB).*

à gauche alignement! (commandement) left dress! (GB).

âge (PERS) age (US, GB) (VERB: "to reach"). Ex: *Âge obligatoire de départ en retraite: mandatory retirement age (US). Atteindre l'âge de 62 ans: to reach age sixty-two (US) – Il a atteint l'âge obligatoire de départ en retraite pour son âge, qui est de 61 ans (chef d'état-major): he has reached the mandatory retirement age for his rank of 61 (Jane's). Si un jeune homme atteint l'âge de 18 ans (service national): if a young man turns 18 (US).*

Tous les hommes atteignant l'âge de 18 ans doivent se faire recenser (service national) : all men must register upon reaching age 18 (US).

âge (époque) age (US), era.

âge (d'une information) (RENS) reporting time (OTAN).

Age de l'information (the) Information Age (US, OTAN) (VERB: "to move into").

agence (organisme) agency (US, GB, OTAN) (ADJ: "diplomatic", "humanitarian"). Ex: *Agence de désarmement et de contrôle des armements (USA) : arms control and disarmament agency (ACDA) (US, OTAN). Agence pour la réduction des menaces posées par la prolifération des armes conventionnelles et de destruction massive : defence threat reduction agency (DTRA) (US). Agence de soutien (ou support) technique de l'armée de terre (GB) : Army Technical Support Agency (ATSA) (GB). Agence des systèmes de communication et d'information de l'OTAN : NATO communications and information systems agency (NACISA) (OTAN). Agence civile OTAN du temps de guerre : NATO civil wartime agency (NCWA) (OTAN). Agence OTAN pour les réfugiés : NATO refugees agency (NRA) (OTAN).*

agence civile (OTAN) civil agency (OTAN) (ADJ: "wartime" = du temps de guerre).

agence de publicité advertising agency (US). Ex: L'agence de publicité de l'armée de terre: the Army's advertising agency (US).

agence interarmées de projets de recherche de haut niveau (USA) Defense Advanced Research Projects Agency (DARPA) (US).

agencement (unités amphibies ou aéroportées) marshalling (OTAN). Cf.: Processus par lequel les unités participant à une opération amphibie ou aéroportée se groupent, se rassemblent lorsque cela est possible, ou se dirigent vers des camps provisoires au voisinage des points d'embarquement et des aérodromes, achèvent leurs préparatifs de combat et se préparent à l'embarquement (OTAN).

agencement (véhicule blindé) layout (US). Ex: *Le cloisonnement est une caractéristique essentielle de l'agencement du M1 (=char) : compartmentalization is a major feature of the M1 layout (US).*

agencement (forces sur le terrain) arrangement (US).

agence spatiale européenne European Space Agency (ESA).

agent (RENS) agent (OTAN, US, GB) (Terme professionnel pour "espion"), operative (US) (Terme familier US / CIA: "spook" = barbouze) (VERB: "to recruit", "to control", "to train", "to employ", "to combat", "to service", "to detect", "to target", "to obtain and report (information)", "to operate (under the control of)", "to debrief", "to be established as", "to use", "to prosecute", "to recruit", "to run", "to arrest", "to defect", "to blackmail", "to operate", "to establish", "to hunt", "to capture") (ADJ & PART: "clandestine", "potential", "highly trained", "hostile", "friendly", "notional", "fictitious", "non-existent", "redoubled", "successful", "double", "support", "access") (EXPR: "to act as a mole"). Ex: *Un agent ennemi: an enemy agent (US) (Terme familier: "angel") – Des agents de la DGSE avaient coulé le Rainbow Warrior, bâtiment de l'organisation Greenpeace, dans le port d'Auckland: DGSE (= General Directorate for External Security) operatives (ou agents) had sunk the Greenpeace ship Rainbow Warrior in the harbor of Auckland (US). Un agent de haut-niveau qui est caché au sein d'un gouvernement ou d'un organisme militaire (taupe) (RENS) : a high-level agent who is hidden within a government or military organization (US). Un agent connu sous le pseudonyme de Cicéron: an agent known as Cicero (US). Le travail de recueil de l' "agent sur le terrain" : the intelligence-gathering work of the "agent on the ground" (US).*

agent (NBC) agent (US, OTAN, UN) (VERB: "to project", "to disperse", "to disseminate", "to use", "to produce", "to stockpile") (ADJ & PART: "odorless", "colorless", "toxic", "designed to") Effets des agents NBC: "to be used as a weapon", "to cause severe blisters", "to deprive the body of oxygen", "to kill vegetation", "to damage the lungs", "to cause mental confusion", "to attack a person's central nervous system", "to irritate the eyes and throat", "to be used for crowd control", "to make a person feel ill and vomit" (GB).

agent (employé) employee (GB). Ex: *Les trois cent mille agents civils et militaires du ministère de la Défense: the three hundred thousand military and civilian employees of the Ministry of Defence (GB).*

agent (d'un service) adverse (RENS) enemy agent (US) (Terme familier: angel (US).

agent anticultures anticrop agent (OTAN).

agent anti-émeutes (ou de lutte anti-émeute) riot control agent (RCA) (US, UN).

agent antimatériel antimateriel agent (OTAN).

agent asphyxiant asphyxiating agent.

agent aveuglant blinding agent (GB).

agent biologique (NBC) biological agent (US, OTAN), bio-agent (US) (ADJ: "antipersonnel") (VERB: "to select").

agent chimique chemical agent (US, OTAN).

agent clandestin (RENS) clandestine agent (US), illegal (US).

agent coopté (RENS) coopted agent (US), coopted worker (US). Cf.: National of a country who assists a foreign intelligence service (US).

agent de bas niveau (RENS) stringer (US).

agent de contact (RENS) contact agent (US).

agent de désinformation (RENS) disinformation agent (US).

agent de destruction destructive agent (OTAN).

agent défoliant defoliating agent (US, OTAN, GB), defoliant (US).

agent de guerre warfare agent (UN).

agent de liaison (RENS) courier (US) (VERB: "to make use of") (ADJ: "diplomatic") ("A link between an agent and his controller").

agent de propulsion (missile) propulsion agent (OTAN).

agent de renseignement (RENS) intelligence agent (US), intelligence operative (US).

agent de transmission (estafette à moto) dispatch-rider (GB).

agent d'influence (RENS) agent of influence (US) (Peut être "witting" ou "unwitting", selon qu'il est conscient ou non de son rôle et du pays qui l'utilise).

agent d'intoxication (RENS) confusion agent (US).

agent dormant (RENS) sleeper (US), sleeper agent (US) (VERB: "to activate" = réveiller, "to plant" = mettre en place, "to place (...in a target area)", "to send... to", "to send back... to", "to contact").

agent double (RENS) double agent (US) (Termes utilisés par le renseignement militaire américain: "controlled foreign agent", "controlled foreign asset").

agent du chiffre (ambassade) (RENS) code clerk (US).

agent-en-place (RENS) agent-in-place (US).

agent féminin (RENS) female agent (US).

agent fictif (RENS) notional agent (US).

agent hémotoxique blood agent (UN, GB).

agent illégal (sans protection diplomatique) (RENS) illegal agent, "illegal" (US).

agent incapacitant incapacitating agent (US, OTAN, GB), incapacitant (UN).

agent infiltré (RENS) infiltrator (US).

agent lacrymogène tear agent (GB).

agent légal (RENS) legal agent, legal (US).

agent neurotoxique nerve agent (US, OTAN, GB).

agent neurotoxique non-persistant G-agent (GB).

agent neurotoxique persistant V-agent (GB).

agent non-persistant non-persistant agent (GB).

Agent Orange (Hist.) Agent Orange (US).

agent potentiel (RENS) potential agent (US).

agent principal (RENS) principal agent (US) ("A surrogate handler").

agent propulseur (munition) propellant (OTAN).

agent protecteur de guerre biologique bio-war protective agent (US).

agent provocateur (RENS) provocation agent (US), agent provocateur (US).

agent radiologique (NBC) radiological agent (US).

agent secret (RENS) secret agent (US), undercover agent (US).

agent suffocant choking agent (GB).

agent toxique (NBC) toxic agent (US). Ex : *Décontaminer des zones dans lesquelles des agents toxiques chimiques ont été utilisés : to decontaminate areas in which toxic chemical agents have been employed (US).*

agent triple (RENS) triple agent (US).

agent vésicant blister agent (OTAN, GB), vesicant agent (OTAN).

agent vomitif vomiting agent (GB).

agglomération built-up area (BUA) (US, GB), locality (OTAN).
Cf. : A concentration of structures, facilities and population (US).

aggravation escalation, aggravation (OTAN). Ex : *Une crise en voie d'aggravation : a worsening crisis (OTAN). L'assistance humanitaire coordonnée apportée par l'OTAN a été renforcée devant l'aggravation de la crise due à l'afflux des réfugiés : coordinated humanitarian assistance from NATO has been stepped up in response to the escalating refugee crisis (OTAN). Une sérieuse agravation dans le déroulement des opérations : a critical aggravation of combat operations (OTAN). Empêcher l'aggravation d'une situation : to prevent a worse situation from occurring (US).*

agile agile, mobile.

agilité (force / véhicule) agility (US) (VERB : "to improve") (ADJ : "high", "mobility"). Ex : *Agilité des forces : force agility (US).*

agilité intellectuelle (chef) mental agility (US).

agilité organisationnelle (ou souplesse d'organisation) (état-major) organizational agility (US).

agilité physique (forces) physical agility (US).

agilité stratégique strategic agility (US).

agilité tactique agility (US).

agir Ex : *Nous devons agir pour le bien des soldats : we must do right by soldiers (US).*

agir (TAC) to operate (US), to act (US). Ex : *Un élément agissant à l'avant d'une troupe en marche : an element operating to the front of a moving force (US). La 11ᵉ DB peut agir à* *notre profit: the 11th Armored Division may operate in our support. 2 R.F.M. susceptibles d'agir initialement dans notre zone: 2 MRRs (Motorized Rifle Regiments) are likely to initially operate / be committed in our zone. Agir en conséquence: to act accordingly (US). Deux forces agissant de concert: two forces acting together (US). Agir sous l'autorité du ministre de la Défense (secrétariat d'État à l'armée de terre): to operate under the authority of the Secretary of Defense (US).- Agir plus vite que l'ennemi (forces amies): to act faster than the enemy (US). L'aviation irakienne était incapable d'agir: the Iraqi air force was incapable of operations (US). Des forces adaptées doivent agir pour gagner du temps (ou des délais): appropriate forces must act to gain time (GB). Au combat, tu agis sans passion et sans haine, tu respectes les ennemis vaincus, tu n'abandonnes jamais ni tes morts, ni tes blessés, ni tes armes (Code d'honneur) (Légion): in combat, you will act without relish of your tasks, or hatred; you will respect the vanquished enemy and will never abandon neither your wounded nor your dead, nor will you under any circumstances surrender your arms (GB).*

agir (passer à l'action) (forces de l'OTAN) to take action (OTAN).

agir en coopération avec to cooperate with (OTAN).

agissements actions (OTAN). Ex: *Faire face à la grave crise humanitaire engendrée par les agissements des forces du président Milosevic: to address the grave humanitarian crisis brought on by the actions of President Milosevic's forces (OTAN).*

agitation (blessé) (SAN) restlessness (US).

agitation (troubles publics) (population) civil disturbance(s) (US, OTAN) (VERB: "to spread... to").

agité (eau) choppy (GB).

agonie (à l') dying (GB). Ex: *Bon nombre d'entre eux étaient à l'agonie: many of them were dying (GB).*

agrandir to enlarge (GB). Ex: *Agrandir une tête de pont: to enlarge a bridgehead (GB).*

agréer to accept (OTAN). Ex: *La définition agréée des GFIM (= Groupe de forces interarmées multinationales): the accepted definition of CJTFs (OTAN).*

agrégation amalgamation (OTAN).

agrégation (opérationnelle) (forces) tailoring (US), force-packaging (Jane's).

agrément (des personnels) (procédure) (RENS) adjudication (US). Ex: *Autorité d'agrément (des personnels): adjudicator (US), adjudicative body (US).*

agrès de sortie (TAP) mock-up door.

agrès de synhèse (TAP) parachute jump simulator.

agrès de traînage (TAP) dragged parachutist simulator.

agresseur (pays) aggressor (US, GB) (ADJ: "nonstate", "possible", "potential"). Ex: *Un prétendu agresseur: a would-be aggressor (US). Dans ce conflit, la Ruritanie est considérée comme étant l'agresseur: Ruritania is seen as the aggressor in this conflict (GB).*

agresseur potentiel potential aggressor (US).

agressif (offensif) (tactique / opération / personnels): aggressive (US). Ex: *Reconnaissance agressive: aggressive reconnaissance (US).*

agression aggression (US, OTAN, GB) (Terme indénombrable) (VERB: "to deter", "to deal with" = faire face à, "to defend against") (ADJ: "overt", "wrongful"). Ex: *L'agression ennemie: enemy aggression. Agression extérieure / du dehors: outside aggression (US). Agression de grande envergure: large-scale aggression (OTAN). Mettre un terme à l'agression des forces yougoslaves: to bring a halt to the Yugoslav aggression (OTAN).*

agression psychologique (PERS) stress (GB). Ex : *L'agression psychologique au combat : stress in battle (GB) (VERB : "to withstand").*

agressivité aggressiveness.

aguerri (PERS) battle-hardened, battle-tried, seasoned. Ex : *Des forces aguerries : battle-hardened forces (US). Des anciens combattants aguerris : seasoned veterans (US).*

aguerrissement (PERS) battle hardening (Jane's), battle (field) inoculation.

à guidage laser (bombe) laser-guided (OTAN).

à hauteur de voir **hauteur de (à)**.

aide (assistance) assistance (US), aid (US), relief (US) (VERB : "to render... to", "to provide", "to deliver... to") (PART : "much-needed"). Ex : *Venir en aide aux victimes de l'ouragan Andrews : to provide relief to victims of Hurricane Andrews (US). Lorsque les États-Unis ont commencé à fournir une aide aux rebelles afghans : when the United States began aiding the Afghan rebels (US). Fournir une aide aux pays amis / aux autorités américaines : to provide assistance to / friendly countries / U.S. authorities (US). La guerre se termina véritablement lorsqu'avec l'aide des Français... : the war really culminated when, with the assistance of the French... (US). Apporter de l'aide aux réfugiés : to bring aid to refugees (US). Aide en moyens génie (aux autorités civiles) (catastrophes) : engineer assistance (US).*

aide (ou soutien) à la communauté civile community support (US).

aide à la contre-mobilité (GEN) counter-mobility aid (GB), counter mobility operations, counter-mobility support (GB).

aide à la décision decision aid (DA) (GB), decision aiding (US), decision support (US). Ex : *Système d'aide à la décision : decision aiding system (US). Outil d'aide à la décision : decision support tool (US).*

aide à la formation training aid (GB).

aide à la mobilité (GEN) mobility aid, mobility support (GB), mobility operations (US). Cf. :

Mobility operations : Obstacle reduction by maneuver and engineer units to reduce or negate the effects of existing or reinforcing obstacles. The objectives are to maintain freedom of movement for maneuver units, weapon systems and critical supplies (US).

aide à la navigation navigational aid (OTAN, US), navigation aid (UN) (VERB : "to establish", "to operate").

aide à la prise de décisions (système d') decision aid (OTAN).

aide à la reconversion job assistance (US).

aide alimentaire d'urgence emergency food aid (GB).

aide à l'instruction training aid (US).

aide au débarquement landing support (US).

aide au développement development assistance (US).

aide au franchisssement bridging (support) (GB), support for crossing rivers (US), river-crossing support.

aide aux autorités civiles assistance to civilian authorities (US).

aide (ou soutien) aux familles family support (US).

aide aux pays étrangers foreign assistance (US), foreign aid (US) (Vente de matériels militaires, don de vivres et matériels médicaux) (VERB & NOM ASS. : "to resume" / "resumption", "to suspend" / "suspension").

37

aide aux populations (armée de terre et catastrophes naturelles) voir **assistance militaire à la communauté civile (GB).**

aide aux services publics (armée de terre et dysfonctionements publics) voir **assistance militaire aux ministères civils (GB).**

aide de camp aide-de-camp (ADC) (GB) (Auprès d'un chef militaire : to a military commander). Noter le pluriel du terme : aides-de-camps.

aide d'urgence emergency assistance (US), emergency relief (US) (VERB : "to provide... to").

aide en matière de sécurité (pays) security assistance (US).

aide financière (PERS) financial assistance (US) (VERB : "to receive").

aide humanitaire *humanitarian assistance (HA)* (US), humanitarian aid (GB, US), humanitarian relief (US), humanitarian support (OTAN) (VERB : "to provide", "to protect") (ADJ : "essential"). Ex : *Activités d'aide humanitaire menées en Albanie en faveur des réfugiés du Kosovo : relief efforts in Albania for refugees from Kosovo (OTAN) (Voir aussi assistance humanitaire).*

aide humanitaire d'urgence emergency humanitarian assistance (US).

aide-infirmier (ou aide infirmière) (non détenteur du diplôme d'infirmier d'État) (SAN) nursing attendant (OTAN).

aide juridique (au personnel) legal assistance (GB).

aide-largueur (TAP) safety (US).

aide logistique logistic assistance (OTAN).

aide médicale (aux autorités civiles) (catastrophes) medical assistance (US).

aide (ou assistance) militaire military assistance ou military aid.

aide militaire et technique military-technical assistance (US). Ex : *Fournir une aide militaire et technique aux autre pays : to render military-technical assistance to other countries (US).*

aide (moyen) pédagogique training aid (US).

aide psychologique voir **assistance psychologique.**

aider (ou assister) to assist (US), to aid (OTAN, US), to help (GB). Ex : *Aider la réalisation des objectifs tactiques : to assist in the achievement of the tactical objectives (OTAN). Une force qui aide la manœuvre d'une autre force : a force that aids another force (OTAN). Lorsque les États-Unis ont commencé à aider (= fournir une aide aux) les rebelles afghans : when the United States began aiding the Afghan rebels (US). Aider les prisonniers de guerre britanniques à s'évader : to help British prisoners of war escape (US). Aider à réaliser la déception au combat : to assist achieving combat deception (US).*

aide sanitaire d'urgence emergency health service support (US).

aide-soignant (SAN) nursing auxiliary, orderly.

AIF voir **arme individuelle future.**

aigu acute (OTAN). Ex : *La phase la plus aiguë de la crise : the most acute phase of the crisis (OTAN).*

aiguille hand. Ex : *Dans le sens des aiguilles d'une montre : clockwise (OTAN). Les aiguilles des détecteurs de mines se mirent à s'agiter : the hands of the mine-detectors began to move.*

aiguillette aiguillette (US), shoulder knot (US).

aiguillonner (ennemi) to sting (US).

aile (aéronef) wing.

aile delta delta wing (GB).

ailette (missile) fin, vane. Ex : *Stabilisé par ailettes (obus flèche) : fin-stabilized (FS).*

ailette (parachute) vane.

air air (US, OTAN, GB) (VERB : "to provide", "to contaminate") (ADJ & PART : "cooled", "filtered", "clean"). Ex : *Par air (déplacement) : by air (US). À l'air libre (installation) : in the open (OTAN). Propulsion indépendante de l'air (extérieur) : air independent propulsion (AIP) (OTAN). L'air est contaminé par de la poussière radioactive : the air is contaminated with radioactive dust (GB).*

Air (de l'armée de l'air) : air (OTAN). Ex : *Officier de liaison Air : air liaison officer (ALO) (OTAN).*

air (aérien) air (OTAN) (En épithète). Ex : *Contrôleur air avancé (CAA) : forward air controller (FAC) (OTAN).*

air-air air-to-air.

air comprimé Ex : Arme à air comprimé : air gun (UN).

aire area (OTAN) (Terme générique). Ex : *Aire de chargement (LOG) : loading area.*

aire d'atterrissage (ou de poser d'hélicoptères ou de manœuvre d'hélicoptères) helicopter landing pad, helicopter pad, helipad (OTAN).

aire (ou plate-forme) de lancement launching pad (UN), launch pad (UN).

aire de manutention handling area.

aire d'embarquement (TAP) departure airfield.

aire de montage (LOG) assembly area (OTAN).

airs air (US), upstairs (familier) (US). Ex : *Sur terre, sur mer et dans les airs : on land, at sea and in the air (US). Si nous avons la supériorité dans les airs : if have superiority upstairs (familier) (US). Surveiller les airs : to watch the air (GB).*

air-sol (opération) air-ground (OTAN). Ex : *Opérations air-sol : air-ground operations (OTAN).*

air-sol (missile) air to surface (missile) (GB).

air-sol moyenne portée (ASMP) medium-range air-to-ground (MRAG) (OTAN).

aisance linguistique language fluency (US). Ex : *Son aisance (à s'exprimer) en arabe : his fluency in Arabic (GB).*

à jour (actualisé) : up-to-date (US). Ex : *Un dossier à jour : an up-to-date file (US).*

ajournement (service national) postponement (US). Ex : *Être ajourné pour l'incorporation : to be postponed for induction (US).*

ajout addition (GB). Ex : *Les effectifs de la 3ᵉ Division britannique peuvent être complétés par l'ajout de la brigade italienne Ariete : the strength of the 3 (UK) Division can be supplemented with the addition of the Italian Ariete Brigade (GB).*

ajouter to add, to augment (OTAN), to couple with (US). Ex : *Une unité d'artillerie ajoute ses feux à une autre unité d'artillerie pour traiter un objectif : an artillery unit augments fire on a target (OTAN). Des méthodes qui ont fait leurs preuves, ajoutées à des concepts expérimentaux : proven methods, coupled with experimental concepts (US).*

ajustable (adaptable) (force) tailorable (US).

ajustement (dosage / asemblage de forces) (force) tailoring (US).

ajuster to adjust (US), to tailor (US). Ex : *Ajuster l'axe optique de la lunette sur l'objectif : to keep the aiming mark (GB) / the cross hairs (US) on the target. La composition / articulation d'un corps d'armée est ajustée en fonction du théâtre d'opérations et de la mission : the organization of a corps is tailored based on theater and mission (US). Le volume de la force sera ajusté en fonction des circonstances : the force size will be adjusted as circumstances require (US).*

à l'abri (à couvert) under cover (US).

à l'abri des attaques (aéronef) immune from attack (US).

à l'abri du danger (PERS) safe from harm (GB).

à la demande (ART) on call (En épithète: on-call) (US, OTAN).

à la fois both (US, GB). Ex: *À la fois en temps de guerre et en temps de paix: in both war and peace (US).*

à la longue over time (US).

à la lumière de in the light of (OTAN).

à lanceur (missile / engin) -launched (OTAN) (En épithète dans un terme composé). Ex: *Missile antiradar à lanceur aérien: air-launched anti-radar missile (ALARM) (OTAN). Véhicule miniature à lanceur aérien: air-launched miniature vehicle (ALMV) (OTAN). À lanceur terrestre (missile): ground-launched (OTAN). À lanceur sous-marin: submarine-launched (OTAN). À lanceur spatial: space-launched (OTAN).*

à l'appui de in support of (US, CA). Ex: *À l'appui des objectifs de la politique de défense: in support of defense policy objectives (US). À l'appui de la politique étrangère: in support of foreign policy (CA). Une interopérabilité plus large et plus ciblée à l'appui des opérations multinationales: more extensive and focused interoperability to underpin multinational operations (OTAN).*

alarme alarm (US). Ex: *Donner l'alarme: to give the alarm (US).*

alarmé (effrayé) (individu) alarmed (GB).

alarme antivol (locaux) burglar alarm (US) (VERB: "to neutralize").

alarmer (éveiller des craintes / effrayer) to alarm (GB). Ex: *Nous ne devons pas alarmer les populations civiles: we must not alarm civilians (GB).*

à l'arrêt (force) halted (GB, US) (ADV: "temporarily").

à la suite de following (OTAN). Ex: *À la suite des allégations serbes concernant un attaque de l'OTAN sur la village de Korisa, au Kosovo: following Serb claims about a NATO attack on the village of Korisa in Kosovo (OTAN). À la suite d'une attaque: following an attack (US).*

ALAT (aviation légère de l'armée de terre) Army aviation (Terme générique), (the) Army Air Corps (AAC) (GB) (ALAT britannique), Army Aviation (AAVN) (US) (ALAT américaine), the (Army) Aviation Branch (US), the Light Aviation Corps (US) (Trouvé dans document OTAN: the Army Air Force (US) (Terme familier humoristique GB: Teeny Weeny Airways (TWA). Ex: *La nouvelle brigade comprendra trois régiments de l'ALAT (= régiments d'hélicoptères de combat): the new brigade will include three Army Air Corps regiments (Jane's). Un pilote de l'ALAT: an Army pilot (US).*

Missions de l'ALAT: to permit ground commanders to close with and defeat enemy forces, to conduct rapid action in close, deep or rear operations, to influence the battle, to provide armed and unarmed reconnaissance and security, to detect and identify enemy forces, to provide real-time battlefield information, to provide critical CSS (= combat service support), to provide airmobile and air assault capabilities for dismounted infantry and ground antitank units, to airlift dismounted forces, to perform lifesaving MEDEVAC (= medical evacuation) missions, to move towed artillery and light elements of the combined arms team, to fill combat, reconnaissance and transport roles, to provide excellent strike and maneuver power, to work in conjunction with infantry, armor and cavalry units, to spot enemy positions, to take aerial photographs, to provide intelligence and communications to combat units, to move troops and equipment in and out of battle areas quickly (US).

ALAT des opérations spéciales Army Special Operations Aviation (US). Cf. : These units are specialized aviation units dedicated to conducting special operations missions. They provide a mix of short-, medium-, and long range lift and light attack capabilities. They can also support special reconnaissance and direct-action missions (US).

à l'avant de forward of (US).

aléatoire (recoupement / inspection / acccès sélectif / visite) random (cross-check / inspection / elective access / visit) (UN).

à l'échelle du théâtre theatre-level (OTAN) (En épithète).

à l'échelle mondiale on a global scale (OTAN).

à l'échelon de at... level (US). Ex : *À l'échelon du corps d'armée : at corps level (US)*.

à l'échelon de l'état-major staff-level (OTAN) (En épithète). Ex : *Réunion à l'échelon de l'état-major : staff-level meeting (SLM) (OTAN)*.

alentour around (OTAN). Ex : *La situation au Kosovo et alentour : the situation in and around Kosovo (OTAN)*.

alerte warning, alert (UN), alarm (GB), state of readiness (OTAN) (VERB avec "alert" : "to go up"). Ex : *Alerte lointaine / précoce / rapide : early warning (EW) (GB, OTAN). Alerte stratégique : strategic warning (US, OTAN). Alerte au feu : fire alarm. Reprendre l'alerte (défense aérienne) : to resume a state of readiness (OTAN). Alerte lointaine de défense aérienne : air defence early warning (ADEW) (OTAN, UN). Alerte nucléaire : nuclear alert (UN). État d'alerte renforcée (riposte rapide) : quick reaction alert (UN). Fausse alerte : false alarm (US). Alerte avancée en vol : airborne early warning (AEW) (OTAN). Mettre en alerte une unité : to alert a unit (US). Exercice d'alerte : alert exercise (ALEX) (OTAN). Compte-rendu d'exécution des mesures d'alerte : alert implementation report (ALIMPREP) (OTAN). Amélioration de l'alerte : warning improvement (OTAN)*.

alerte (PERS) state of readiness (US, GB).

alerte à la bombe bomb scare (GB), bomb warning (GB).

alerte au gaz gas alarm (GB) (Terme dénombrable) (VERB : "to give").

alerte générale general alert (GA) (OTAN).

alerte NBC NBC alert (GB).

alerte opérationnelle (état d') (unité) battle stations (GB). Ex : *La brigade est demeurée en état d'alerte opérationnelle la plus grande partie de la nuit : the brigade remained at battle stations for most of the night (GB)*.

alerte radar radar warning (OTAN). Ex : *Installation d'alerte radar : radar warning installation (RWI) (OTAN)*.

alerte rapide (forces) quick alert (US). Ex : *Forces en alerte rapide : forces on quick alert (US)*.

alerte renforcée reinforced alert (RA) (OTAN).

alerte simple simple alert (SA) (OTAN).

alerter to alert (GB). Ex : *J'ai alerté l'officier de permanence : I alerted the duty officer (GB)*.

alerter sur to alert to (GB), to give warning of (GB). Ex : *Alerter sur les mouvements de l'ennemi : to give warning of enemy movement (GB). Alerter / éveiller l'attention du chef : to alert the commander (US). Alerter le Président (= des États-Unis) sur des situations particulières : to alert the President to particular situations (US). Nous l'avons alerté sur l'accroissement de la menace chimique : we warned him of the increased chemical threat (GB). Nous avons été alertés sur la possibilité d'une frappe nucléaire : we have received a warning of a probable nuclear strike (GB)*.

alerte stratégique strategic warning (US, GB).

alerte tactique tactical warning (US, GB).

à l'est de l'Oural East of (the) Urals (ETTU) (OTAN).

à l'estime (calcul de position) by dead reckoning (GB).

à l'exception de excluding (GB). Ex : *Transporter 200 hommes, à l'exception de l'équipage (avion) : to carry 200 men, excluding the crew (GB) (Voir aussi* **exception de (à l')***)*.

algorithme algorithm (US). Ex : *Algorithmes d'intelligence artificielle : artificial intelligence (AI) algorithms (US).*

alias (ou code) (agent) (RENS) alias (US), code name (US).

alias (connu sous le nom de) a.k.a. (GB) (= also known as), alias (GB). Ex : Henri Martin, alias Jean Dupont : Henri Martin, a.k.a. Jean Dupont ou Henri Martin, alias Jean Dupont : Henri Martin, alias Jean Dupont.

alignement Ex : *Alignement sur le tableau des effectifs : build-up (UN).*

alignement (visée) (sight) alignment (US).

alignement (aéronef en atterrissage) alignment (OTAN).

alignement (troupes lors d'une prise d'armes ou d'un défilé) dressing (GB).

aligner (troupes) (exercice / défilé / parade) to draw up (troops) (GB).

aligner (comprendre sur le terrain) (forces / matériel) to contain (GB), to field (Jane's, OTAN). Ex : *Un groupement tactique pourrait aligner environ 680 hommes, 16 chars et 80 véhicules de transport de troupes blindés : a battlegroup could contain 680 men, 16 tanks and 80 armoured personnel carriers (GB). En théorie, l'Eurocorps peut aligner 60 000 hommes sur le terrain : Eurocorps can theoretically field 60,000 troops (Jane's). En 1997, la Légion alignait un effectif global de 9500 hommes : in 1997, the Legion fielded a total force of 9, 500 men (GB). Les membres européens de l'OTAN alignent des forces permanentes comptant 2,4 millions d'hommes : NATO's European members field standing forces of 2.4 million (OTAN).*

aligner (mettre en ligne) to line up (GB). Ex : *Aligner en demi-cercle un escadron de chars légers : to line up a squadron of light tanks in a semi-circle (GB).*

aligner (punir) to do (somebody) (GB). Ex : *Il s'est fait aligner : he got done.*

alimentation (arme) feed (US). Ex : *Mécanisme à double alimentation : dual-feed mechanism (US).*

alimentation (électrique) (caractéristique de lunette de tir) power requirement (US).

alimentation électrique power (OTAN). Ex : *Le système d'alimentation électrique des Serbes : the Serb electric power system (OTAN).*

alimentation électrique auxiliaire auxiliary power supply (APS) (OTAN).

alimentation en eau water supply.

alimenté par bande (arme) belf-fed (US).

alimenter (armement) to feed. Ex : *Alimenté par bande chargeur : belt-fed (GB). Alimenté par chargeur : magazine-fed. Un fusil d'assaut alimenté par un chargeur de 30 cartouches : an assault rifle fed from a 30-round magazine (GB). Le canon de 105 est alimenté par chargement automatique : the 105mm gun is fed by / from an automatic loader (Jane's).*

alimenter (PERS) Ex : *Alimenter en personnel : to man (US, GB).*

alimenter (RENS) to feed (GB). Ex : *Alimenter le renseignement ennemi en fausses informations : to feed false (ou misleading) information to the enemy's intelligence (GB).*

à l'intérieur de within (OTAN). Ex : *À l'intérieur des États plutôt qu'entre États (conflits) : within states rather than between states (OTAN).*

à l'issue de after (GB). Ex : *À l'issue de la guerre froide : after the Cold War (GB).*

allant (ou dynamisme ou énergie) (PERS) dash (GB), get-up-and-go (US), drive (GB), élan (GB).

allée cavalière ride (GB) (VERB : "to cross").

allégation claim (OTAN), allegation (OTAN). Ex : *À la suite des allégations serbes concernant une attaque de l'OTAN sur le village de Korisa, au Kosovo : following Serb claims about a NATO attack on the village of Korisa in Kosovo (OTAN) (ADJ : "false") – Les allégations publiées aujourd'hui par le Daily Telegraph sous la plume de son correspondant à Washington sont sans fondement : the allegations from its Washington correspondent published today by The Daily Telegraph are unfounded (OTAN).*

allégé (force) smaller (OTAN). Ex : *Une force dont l'effectif est allégé : a smaller force (OTAN).*

allégeance (PERS) loyalty. Ex : *Allégeance au régiment : loyalty to the regiment (GB).*

allégeance (à une personne ou une cause) allegiance (GB). Ex : *Les rebelles doivent allégeance à l'ancien président : the rebels owe allegiance to the former president (GB). Le terrorisme d'allégeance soviétique : Soviet-sponsored terrorism (CA).*

Allemagne : Germany (Lettres-code OTAN : "GE").

aller to go (US, GB). Ex : *Aller au combat (PERS) : to go into action / battle (GB, US). Où nous allons : where we're headed (US). Aller à la guerre : to go to war (GB). Pour les unités allant dans les Balkans : for units going to the Balkans (US).*

aller chercher (le renseignement) (TAC) to obtain (information) (US).

aller dans (une arme) (PERS) to go into (Jane's). Ex : *Celles qui veulent aller dans l'infanterie ou dans l'artillerie peuvent le faire (militaires féminins) : those who want to go into infantry or artillery can do it (Jane's).*

aller de... à (ou jusqu'à) (spatial) from... to (US). Ex : *L'unité responsable du secteur allant de Tuzla au nord à Olovo au sud : the unit responsible for the sector from Tuzla in the north to Olovo in the south (US). L'itinéraire principal de ravitaillement qui va de Al Jubail à la frontière du Koweit : the main supply route from Al Jubail towards the Kuwaiti border (GB).*

aller de... à (gradation / éventail) to range from... to (US), to extend from... to (US). Ex : *Plusieurs milliers d'individus, allant des soldats en tout début de carrière aux colonels pendant leur temps de commandement : several thousand individuals, ranging from soldiers just beginning their careers to colonels in the command phase (US). Les opérations de projection de forces vont de la mobilisation et de la projection des forces au redéploiement (ou rapatriement) vers les États-Unis continentaux : force-projection operations extend from mobilization and deployment of forces to redeployment to CONUS (= Continental United States) (US). Des zones allant des montagnes aux plaines et aux deltas : areas which vary from mountains to plains ans deltas (US).*

aller de... à (vitesse / distance / effectifs) up to (US, GB). Ex : *Permettre des vitesses allant jusqu'à 48km / h : to permit speeds of up to 30 mph (= miles per hour) (US). Des brèches allant jusqu'à 24, 5 m : gaps of up to 24.5 m (GB). Déployer à distance une force expéditionnaire interarmées pouvant aller jusqu'à 50 000 hommes : to deploy a joint-service expeditionary force of up to 50,000 personnel (GB).*

aller de l'avant to move forward (US). Ex: *Le processus de paix peut continuer à aller de l'avant: the peace process can continue to move forward (US).*

aller lentement (force) (TAC) to go slow (US).

aller vite (force) (TAC) to go fast (US).

alliage alloy (UN, US) (ADJ: "light") (PART: "heat-treated") (NOM: "sheet").

alliance alliance (US, GB) (Terme dénombrable) (VERB: "to fall apart", "to strengthen", "to transform") (ADJ: "strong", "cohesive", "defensive") (PART: "balanced"). Ex: *La possibilité de recourir aux moyens et capacités de l'Alliance (= Atlantique): the possibility of using Alliance assets and capabilities (UEO). Accomplir avec succès la totalité des missions de l'Alliance: to perform the complete range of alliance missions (OTAN). Une opération majeure dans le cadre de l'Alliance: a major NATO-led operation (Jane's).* Cf.: The result of formal agreements between two or more nations for broad, long-term objectives. Alliances are technically combined organizations (US).

Alliance atlantique (l') the Atlantic Alliance (Jane's).

alliance industrielle (ARMT) industry alliance (AUST).

alliance régionale regional alliance (US).

allié (nom) ally (Pluriel: "allies") (VERB: "to threaten") (L'OTAN emploie le terme "ally" avec une majuscule initiale, pour désigner un membre de l'Alliance = "the Alliance". Cette majuscule se retrouvera également pour désigner les "Alliés" dans certains contextes historiques.). Ex: *De proches alliés: close allies. Un allié militaire: a military ally (US). L'armée de terre peut parfois agir conjointement avec les alliés étrangers ou les organisations internationales: at times the Army may also operate in conjunction with foreign allies and international organizations (US). Les contributions de forces des différents Alliés: force contributions by individual Allies (OTAN). Les Alliés resserraient leur étau autour des forces serbes: Allied forces closed in on Serb forces (OTAN). Alliés régionaux: regional allies (OTAN). Faire croire au Haut Commandement allemand que les Alliés débarqueraient dans les Balkans (Hist.): to make the German High Command believe that the Allies would invade the Balkans (US).*

allié (ou interallié) (participe passé) allied (OTAN) (Attention: "un allié" se rend par "an ally", et "les alliés" par "the allies". L'emploi du terme "the Allies" avec une majuscule a une connotation historique et fait référence, entre autres, aux deux guerres mondiales et à la guerre du Golfe). On peut également utiliser le terme "combined" qui "qualifie des forces ou organismes comportant deux alliés au moins" (Traduction normalisée OTAN: "combiné") (Pour plus d'explications, voir **combiné**). Ex: *Être allié à: to be allied with. Bureau (inter) allié de météorologie: allied meteorological office (AMO) (OTAN).*

allié du temps de guerre wartime ally (US) (ADJ: "former").

allier à (s') to ally oneself with / to.

Alliés (les) the Allies (GB).

allocations (avantages sociaux) (PERS) allowances (US).

allocution speech (OTAN) (VERB: "to deliver" = prononcer). Ex: *Allocution liminaire du Secrétaire général (OTAN): opening remarks by the Secretary General (OTAN).*

allonge (force) reach (GB). Ex: *Augmenter l'allonge de la Force d'Action Rapide Interarmées: to enhance the reach of the Joint Rapid Deployment Force (JRDF) (GB).*

allongé lying (US). Ex: *Le jeune sergent est allongé sur le sable, face contre terre: the young sergeant is lying prone in the sand (US).*

allonger (tir) to increase (US). Ex: *Allonger le tir: to increase the range (US).*

allouer to allocate (US). Ex: *L'armée de terre se voit allouer environ 25% du budget militaire: the Army is allocated about 25 per cent of the military budget (US). Le budget de la recherche de défense est aujourd'hui, aux États-Unis, environ 10 fois supérieur à celui alloué par un pays européen tel que la France ou le Royaume-Uni: the defence research budget in the United States is now about ten times that of a European power such as France or the United Kingdom (US).*

allumage (processus) (arme nucléaire) fusing (OTAN).

allumer (feux de véhicule) to turn on (US). Ex: *Allumer les feux (char): to turn on the lights (US).*

allumeur igniter (GB, US, OTAN), fuze (OTAN) / fuse.

allure (ou attitude) militaire (PERS) military bearing ou military attitude (US) (VERB: "to possess").

allure (vitesse) pace (US), rate (US) (ADJ: "phenomenal"). Ex: *L'allure des progrès technologiques: the pace of technological advancements (US) (Voir aussi tempo).- À pleine allure (rythme des opérations): at full tempo (US). Bien que l'environnement extérieur qui nous entoure continue d'évoluer à une allure sans précédent: although the external environment around us continues to change at an unprecedented rate (US).*

à l'occasion de on (GB). Ex: *À l'occasion de l'exercice "Wild Rover": on exercise Wild Rover (GB).*

à long rayon d'action long-range (LR) (OTAN). Ex: *Aviation à long rayon d'action: long-range aviation (LRA) (OTAN). Attaque à long rayon d'action: long-range attack (LRA) (OTAN).*

à long terme long-term (OTAN, US) (En épithète), for the long term (US). Ex: *Effet à long-terme: long-term effect (US).*

à longue portée long-range (LR) (OTAN).

ALOUETTE (hélicoptère) (Traduction proposée) ALOUETTE light helicopter (<u>Équivalent US</u>: Kiowa Warrior OH-58 D).

alphanumérique alphanumeric (A/N) (US).

alphabet phonétique phonetic alphabet (US)

<u>Cf.</u>: Alphabet phonétique et prononciation entre parenthèses (US): <u>ALFA</u> ("AL FAH") – <u>BRAVO</u> ("BRAH VOH") – <u>CHARLIE</u> ("CHAR LEE") – <u>DELTA</u> ("DELL TAH") – <u>ECHO</u> ("ECK OH") – <u>FOXTROT</u> ("FOKS TROT") – <u>GOLF</u> ("GOLF") – <u>HOTEL </u>("HOH TELL") – <u>INDIA</u> ("IN DEE AH") – <u>JULIET</u> ("JEW LEE ETT") – <u>KILO</u> ("KEY LOH") – <u>LIMA</u> ("LEE MAH") – <u>MIKE</u> ("MIKE") – <u>NOVEMBER</u> ("NO VEM BER") – <u>OSCAR</u> ("OSS CAH") – <u>PAPA</u> ("PAH PAH") – <u>QUEBEC</u> ("KEH BECK") – <u>ROMEO</u> ("ROW ME OH") – <u>SIERRA</u> ("SEE AIR RAH") – <u>TANGO</u> ("TANG GO") – <u>UNIFORM</u> ("YOU NEE FORM") – <u>VICTOR</u> ("VIK TAH") – <u>WHISKY</u> ("WISS KEY") – <u>X-RAY</u> ("ECKS RAY") – <u>YANKEE</u> ("YANG KEY") – <u>ZULU</u> ("ZOO LOO") – <u>1 / ONE</u> ("WUN") – <u>2 / TWO</u> ("TOO") – <u>3 / THREE</u> ("TREE") – <u>4 / FOUR</u> ("FOW ER") – <u>5 / FIVE</u> ("FIFE") – <u>6 / SIX</u> ("SIX") – <u>7 / SEVEN</u> ("SEV EN") – <u>8 / EIGHT</u> ("AIT") – <u>9 / NINE</u> ("NIN ER") – <u>0 / ZERO</u> ("ZE RO").

alpin/e (unité / troupes) alpine (US), mountain (US).

alpinisme mountaineering (GB).

altérer (ou falsifier ou frelater) to tamper with (UN, US).

alternance (en) alternately (GB). Ex: *Les canons tiraient en alternance: the guns were firing alternately (GB).*

alternative (néologisme) alternative (US) (PREP : "to"). Ex : *Alternatives à l'emploi de la force : alternatives to use of force (US).*

alterner to alternate (US). Ex : *Alterner différentes formes de manœuvre (TAC) : to alternate different forms of maneuver (US).*

altimètre altimeter (OTAN). Ex : *Altimètre radar : radar altimeter (OTAN).*

altitude altitude (OTAN, GB), height, level (GB, US) (ADJ : "high", "low", "medium") (L'altitude se mesure en "feet" = pieds). Ex : *L'avion volait à une altitude de 30 000 pieds : the aircraft was flying at an altitude of 30,000 feet (GB). À des altitudes élevées : at high altitudes (GB). Un vol à basse altitude : a low-level flight (US). Défense sol-air à basse altitude : low level air defence (GB) / defense (US) (LLAD). Voler à basse / haute altitude : to fly at low / high altitude ou level (US). Altitude de croisière : cruising altitude (OTAN). Altitude de largage : drop altitude (OTAN), jump altitude (US). Altitude de sécurité : safety height (OTAN). Altitude de vol maximale (drône) : maximum altitude (GB). Larguer un véhicule à basse altitude : to drop a vehicle from low altitude (US). Un aéronef volant à haute altitude : an aircraft flying at high altitude (GB). Assurer une défense à haute et moyenne altitude contre les missiles : to provide high- and medium-altitude defense against missiles (US). Défense aérienne à basse / moyenne / haute / altitude : low-altitude / medium-altitude / high-altitude / air defense (US).*

altruisme selflessness (US).

aluminium aluminum (US) / aluminium (GB). Ex : *Le M113 a une coque en aluminium, ce qui réduit considérablement le poids du véhicule : the M113 has an aluminum (ou aluminium / GB) hull, which greatly reduces vehicle weight (US).*

amarrage pour pétroliers tanker mooring (OTAN).

amarrer to anchor. Ex : *Des modules flottants qui peuvent être amarrés à d'autres pour former un pont : floating modules which can be anchored together to form a bridge.*

ambassadeur ambassador (US, GB). Ex : *L'ambassadeur Holbrook : Ambassador Holbrook (Pas d'article défini the). L'ambassadeur bosniaque auprès des Nations-Unies : the Bosnian Ambassador to the U.N. (US).*

ambiance environment (US, OTAN), conditions (OTAN). Ex : *En ambiance chimique / NBC : in a chemical / NBC environment (US, OTAN). Dans une ambiance simulée de guerre : under simulated war conditions (OTAN).*

ambiance de combat combat environment (US).

ambiant ambient (GB), existing (US). Ex : *Lumière ambiante : ambient light (GB).*

ambigu ambiguous (US). Ex : *Une situation ambiguë : an ambiguous situation (US).*

ambiguïté ambiguity (US) (Terme dénombrable) (ADJ : "great") (NOM ASS. : "conditions (of)"). Ex : *Les ambiguïtés des opérations de paix : the ambiguities of peace operations (US).*

ambitieux (PERS) ambitious.

ambitieux (programme) challenging (OTAN).

ambition (PERS) ambition. Ex : *L'ambition personnelle : personal ambition (GB).*

ambulance (SAN) (battlefield) ambulance (GB, OTAN) (Terme familier US : "meat wagon"). *Ex : Ambulance blindée : armoured ambulance (GB) (cf. le véhicule Samaritan).*

âme (canon / arme de poing / fusil) bore.

amélioration (ou valorisation) (matériels / infastructures) upgrade, enhancement, improvement (Jane's) (Termes dénombrables) (VERB : "to undertake", "to study", "to carry out", "to incorporate", "to include", "to undergo", "to work on") (ADJ : "significant", "noteworthy", "planned", "operational", "important"). Ex : *D'énormes améliora-*

tions en matière de puissance de feu et de fiabilité : vast improvements in firepower and reliability (US). Un large éventail d'améliorations : a wide range of improvements (US). Cet argent servira à l'amélioration du matériel : this money will be used for upgrading equipment (CA).

amélioration (individu) improvement (US).

amélioration de la fiabilité reliability improvement (OTAN).

amélioration de l'alerte warning improvement (OTAN).

amélioration de l'infrastructure infrastructure enhancement (US) (VERB : "to require").

amélioration des radars radar improvement (OTAN).

amélioration des télécommunications communications improvement (OTAN).

améliorations qualitatives (forces) qualitative improvements (OTAN).

amélioré (matériel / système) enhanced (US), advanced (OTAN), improved. Ex : *(Char) Abrams M1A2 amélioré : Abrams M1A2 SEP (= System Enhancement Program) (US). Système d'identification amélioré : advanced identification system (AIS) (OTAN).*

améliorer to improve (US), to develop (OTAN), to enhance (GB). Ex : *Améliorer l'efficacité de la formation militaire : to improve the effectiveness of military training (US). Améliorer la performance des capteurs amis : to improve the performance of friendly sensors (OTAN). Améliorer une position défensive : to develop a defensive position (OTAN). Améliorer la qualité des soldats : to improve the quality of soldiers (US). Améliorer la coopération avec l'UEO (= Union de l'Europe Occidentale) : to improve cooperation with WEU (= the Western European Union) (OTAN). Améliorer les performances individuelles et collectives (fantassins) : to enhance individual soldier and collective performance (GB). Améliorer la sécurité en Europe : to shape Eurpean security for the better (OTAN).*

améliorer (ou moderniser) (équipement) to upgrade (GB).

améliorer (réseau routier) to improve (US).

aménagement (véhicule) arrangement, layout (US). Ex : *Aménagements intérieurs (véhicule) : internal arrangements. L'aménagement / agencement intérieur du véhicule : the vehicle's interior layout (US).*

aménagement (zone / site / terrain) preparation (US, OTAN);

aménagement d'itinéraires preparation of routes (US).

aménager to prepare (OTAN, US), to create (OTAN) Ex : *Aménager une zone pour l'atterrissage et le décollage des aéronefs / pour le stockage de produits toxiques : to prepare an area for the landing and take-off of aircraft (OTAN) / for storage of toxic material (OTAN). Aménager un passage à travers un champ de mines : to create a lane through a minefield (OTAN). Aménager / un site de franchissement / des gués : to prepare / a river-crossing site / fording sites (US). Aménager le terrain : to prepare ground (US).*

amener to bring to (GB), to cause to (US), to induce to (US). Ex : *Amener une force à son effectif de guerre : to bring a force up to war strength (GB). Amener l'ennemi à riposter aux forces américaines / à révéler sa présence : to cause the enemy to react to US forces (US) / to disclose his presence (OTAN). Par l'utilisation d'un écran de fumée, l'ennemi peut être amené à attaquer cette zone : by use of a smoke screen, the enemy may be induced to attack that area (US).*

amener à pied d'œuvre (force) to deliver (US).

amenuisement Ex : *Malgré l'amenuisement des ressources (armée) : despite diminishing resources (CA).*

47

américain (des États-Unis d'Amérique) (adjectif) American, US <u>ou</u> U.S. (En épithète), America's (US). Ex : *Un ressortissant américain : a US citizen (US). L'armée de terre américaine : America's Army (US). Des soldats américains : U.S. troops (US).*

Américain (citoyen des États-Unis d'Amérique) (nom) American (OTAN). Ex : *Les Américains sont entrés dans la guerre du Golfe : Americans went into the Gulf War (OTAN).*

américano- US- (+ adjectif de nationalité) (US). Ex : *Une crise dans les relations américano-françaises : a crisis in U.S.-French relations (US).*

à mesure que as (OTAN). Ex : *À mesure qu'avançait la campagne : as the campaign progressed (OTAN). À mesure que l'armée américaine adopte de nouvelles technologies : as the US military incorporates new technologies (US).*

ami (nom) friend (US, GB). Ex : *Au combat, le fusil est votre meilleur ami : your rifle is your best standby in combat (US). Se faire rapidement des amis (nouvelle recue) : to make friends rapidly (GB). Nous ne savions pas si le soldat au loin était un ami ou un ennemi : we did not know if the troop in the distance was a friend or a foe (US).*

ami (adjectif) friendly (US) (Contraires : "enemy", "hostile"). Ex : *Un pays étranger ami : a friendly foreign nation (US). Des zones sous contrôle ami : areas under friendly control (OTAN). Un pays ami : a friendly country (US). Forces amies : friendly forces (US)* (Terme familier US : "friendlies").

amies (forces) (titre de sous- paragraphe) friendly forces.

ami potentiel potential friend (<u>Jane's</u>) (VERB : "to identify").

amis à proximité (ART) danger close (US, OTAN).

amitié friendship (GB) (Terme dénombrable) (VERB : "to last", "to forge"). Ex : *De véritables amitiés qui vous accompagneront tout au long de votre carrière dans l'armée de terre : real friendships that will last right through your Army career (GB). Se lier d'amitié avec une recrue potentielle (officier traitant) (RENS) : to form a friendship with a potential recruit (US).*

AML AML (4 X 4) armoured car (<u>Jane's</u>).

amoindrir (moyens ennemis) (TAC) to erode (US).

à moins de (distance) within (GB). Ex : *À moins d'un kilomètre de la ville : within one kilometre of the town (GB).*

à mon commandement ! (ordre) at my command !

amont Ex : *Recherche amont (armement) : corporate research (GB).*

amont (cours d'eau) upstream (GB) (Contraire : "downstream" = aval).

amont de (en) upstream from ou upstream of. Ex : *Franchir en amont de la ville (ennemi) : to cross upstream of the town (GB).*

amorçage (détonateur) initiation (US, GB) (ADJ : "inadvertent" = intempestif).

amorce (<u>ou</u> charge d'amorçage) primer (US, UN) (grenade, cartouche, bombe, etc.), percussion cap (GB). Ex : *Retirer l'amorce d'une bombe : to remove the primer from a bomb (GB).*

amorcer to initiate (OTAN), to prime (GB). Ex : *Amorcer une chaîne de mise à feu : to initiate an explosive train (OTAN). Amorcer une grenade : to prime a grenade (GB).*

amortisseur (véhicule blindé) shock absorber (US) (VERB : "to mount").

amour love (US). Ex : *L'amour de son pays / sa (<u>ou</u> la) patrie (PERS) : (a) love of country (US). Amour du devoir : love of duty (US).*

amovible removable. Ex : *Blindage réactif amovible : removable reactive armour (UN).*

amphibie amphibious (US) (ADV : "fully") (Abréviation GB : "amph"). Ex : *Une opération amphibie : an amphibious operation. Un assaut amphibie : an amphibious assault*

(OTAN). Un franchissement amphibie : an amphibious crossing. Escadron amphibie : amphibious squadron (OTAN). Débarquement amphibie : amphibious landing (US).

amphithéâtre (conférences / cours) lecture theater (US).

ample (supplémentaire) further. Ex : *Pour de plus amples informations, prière de s'adresser au Service de Presse et des média de l'OTAN : for further information, please contact the NATO Press and Media Service (OTAN).*

ampleur volume (OTAN), proportion (US), degree (US), scale (OTAN). Ex : *L'ampleur des opérations de déchargement (opération amphibie) : the volume of unloading operations (OTAN). Une mission de très grande ampleur (individu) : a task of grand proportion (US). Une opération de très grande ampleur qui n'est pas exempte de risques : a huge operation that is not risk free (OTAN). L'ampleur de la dévastation provoquée les mines : the degree of devastation wrought by mines (CA). L'ampleur des tâches qui attendent nos forces : the scope of tasks our forces face (OTAN). Des atrocités de grande ampleur : large-scale atrocities (OTAN).*

ampleur (ou dimension) (exercice) scale (OTAN, UN) (Peut être "large", "medium" ou "small").

ampleur (opération) size. Ex : *Opération d'ampleur limitée : limited size operation.*

ampleur (victoire) dimensions (US). Ex : *Remporter une victoire d'une ampleur sans précédent : to win a victory of unprecedented dimensions (US).*

amplificateur amplifier (OTAN, US) (ADJ : "miniature"). Ex : *Amplificateur de grande puissance : high-power amplifier (HPA) (OTAN).*

amplifier (signaux) (TRANS) to amplify (signals) (OTAN).

amplifier (lumière) to amplify (GB). Ex : *Amplifier la lumière ambiante : to amplify ambient light (GB).*

ampoule (ou cloque) (SAN) blister (US) (VERB : "to relieve").

ampoule ampoule (US). Ex : *Une ampoule d'acétone : an ampoule of acetone (US), an acetone ampoule (US).*

amputation (SAN) amputation (US, GB) (Peut être "partial" ou "complete").

amputé (individu) amputee (GB).

amputée (unité) minus (unit).

amputer (SAN) to amputate (GB). Ex : *Le médecin décida de lui amputer la jambe : the doctor decided to amputate his leg (GB).*

à munitions réelles (tir) live (US, GB) (En épithète).

AMX (AVLB) Équivalent US : Heavy Assault Bridge (HAB) (US).

AMX-10P AMX-10P infantry fighting vehicle (IFV) (Jane's, GB), AMX-10P tracked infantry vehicle (Jane's). Équivalent GB : MCV-80 Warrior (MCV = Mechanised Combat Vehicle) (Surnom GB : "Wagon") – Équivalent US : Bradley Fighting Vehicle (BFV).

AMX-10RC AMX-10RC (6 X 6) armoured car (Jane's), AMX-10RC wheeled light tank (US). Ex : *Un escadron de reconnaissance sur AMX-10RC : an AMX-10RC reconnaissance squadron (Jane's).*

AMX-13 AMX-13 light tank (Jane's).

AMX-30 AMX-30 main battle tank (MBT).

AMX-30 B2 AMX-30 Mark 2 main battle tank (MBT).

AMX-105 AMX-105 self-propelled gun (GB).

AMX-VCI AMX-VCI infantry fighting vehicle (Jane's).

an year (US, GB). Ex: *Il a neuf ans de service: he has nine years 'service (GB). L'armée de terre l'a promue au grade de colonel avec deux ans d'avance: the Army promoted her to colonel two years ahead of schedule (US). Une fois ses cinq ans de service achevés, il avait resigné pour cinq ans supplémentaires (légionnaire): with five years 'service completed, he had signed again for a further five (GB). L'an dernier, la Défense a reçu 175 millions de dollars: last year, Defence received $ 175 million (CA). Le ministère de la Défense Nationale recevra 1,7 milliards de dollars sur trois ans: DND (= the Department of National Defence) will receive $ 1.7 billion over three years (CA). Avoir moins de 45 ans (PERS): to be under the age of 45 (GB). Faire passer à trois ans la durée du service militaire: to extend the term of military service to three years (US). Un plan de six ans: a six-year plan (US) (Voir aussi* **année**).

analogique analog (US).

analyse analysis (US, OTAN, UEO) (Pluriel: "analyses") (VERB: "to do", "to defy", "to make") (ADJ: "detailed", "careful", "in-depth") (PREP: "of"). Ex: *Analyse des munitions étrangères: analysis of foreign munitions (US). Analyse des échantillons: sample analysis (UN). Analyse (dépouillement) du tir (ART): analysis of fire (OTAN). Faites-moi l'analyse de vos besoins aériens pour demain: give me a breakdown of your air requirements for tomorrow (US). Réaliser une analyse en profondeur de: to do an in-depth analysis of (US). En ce qui concerne l'analyse des situations de crise: with respect to the analysis of crisis situations (UEO). Permettre une analyse affinée et approfondie de niveau stratégique: to allow a careful in-depth analysis at strategic level to be made (UEO).*

analyse (décomposition d'une force) breakdown (GB). Ex: *Je veux une analyse complète de la force enemie: I want a complete breakdown of the enemy force (GB).*

analyse (du renseignement) (RENS) (intelligence) analysis (OTAN, US) (VERB: "to politicize", "to slant") (ADJ: "rapid"). Ex: *Moyens de collecte (ou de recueil) et d'analyse (RENS): collection and analytical resources (US). L'analyse du renseignement de source ouverte sur les armées étrangères et les industries d'armement: analysis of open source intelligence on foreign armies and arms industries (US).*

Cf.: In intelligence usage, a step in the processing phase of the intelligence cycle in which information is subjected to review in order to identify significant facts for subsequent interpretation (OTAN).

analyse (d') voir **analytique**.

analyse après action (ou dépouillement post-événementiel ou évaluation après action) after action review (AAR) (US) (VERB: "to conduct").

analyse cryptographique (RENS) cryptanalysis (US, OTAN), code-breaking (US).

analyse de la mission mission analysis (US, GB) (ADJ: "in-depth").

Cf.: A logical process for extracting and deducing from a superior's orders the tasks necessary to fulfill a mission (GB).

analyse de l'espace de bataille battlespace analysis (US) (VERB: "to conduct").

analyse des exercices exercise analysis (OTAN).

analyse des menaces threat analysis (US).

analyse des riques (ou du risque) risk analysis (US).

analyse d'objectifs target analysis (US, OTAN).

analyse d'urines (SAN) urinalysis (US).

analyse du terrain terrain analysis (TERRA) (US, OTAN).

analyse du trafic (TRANS / RENS) traffic analysis (US).

analyse en profondeur in-depth analysis (US).

analyse météo (rologique) weather analysis (OTAN, US).

analyse opérationnelle operational analysis (GB).

analyser to analyze (US, GB).

analyser (concept / environnement) to explore (US). Ex : *Les jeux de guerre servent à analyser un environnement futur : wargames are used to explore a future environment (US).*

analyse technique (imagerie) technical analysis (US, GB).

analyste (RENS) (intelligence) analyst (US). Ex : *Avoir besoin de beaucoup d'analystes (service de renseignement) : to need large numbers of analytical staff (US).*

analytique (ou d'analyse) analytic (al) (US). Ex : *Un outil analytique (ou d'analyse) : an analytic (al) tool (US).*

anarchie lawlessness (US).

ancêtre ancestor (GB). Ex : *Leurs ancêtres dans la Légion : their Legion ancestors (GB). L'ancêtre véritable de la Légion d'aujourd'hui (unité) : the true ancestor of today's Legion (GB) (Voir aussi **précurseur**).*

ancien (adjectif) former (GB, US), old (US), ex- (US, GB), senior (US). Ex : *Le plus ancien dans le grade le plus élevé : the senior. Le moins ancien dans le grade le moins élevé : the junior. Un ancien soldat : an ex-soldier (GB). L'ancienne Yougoslavie : the former Yugoslavia, Former Yugoslavia (sans article défini) (GB). L'ancienne Union soviétique : the former Soviet Union. L'ancien bloc soviétique : the former Soviet bloc (US). L'ancienne République yougoslave de Macédoine : the Former Yugoslav (ian) Republic of Macedonia (FYROM). L'ancien chef : the old commander (US). L'infanterie est la plus ancienne des armes de mêlée : the Infantry is the oldest of the combat arms (US). Un ancien membre de l'équipe Jedburgh : a former Jedburgh team member (US). Armes nucléaires anciennes : old nuclear weapons (UN). Ses (= France) anciennes colonies : its ex-colonies (GB). Un ancien officier de l'armée de terre : an ex-Army officer (GB). L'armée de terre est l'armée la plus ancienne et la plus importante instaurée par la Constitution en vue de protéger les États-Unis : the Army is the senior and the largest military service established by the Constitution to protect the United States (US). La plus ancienne unité de l'armée de terre d'active : the oldest unit in the Regular Army (US).*

ancien (combattant d'un conflit) veteran (US, GB), vet (US, GB). Ex : *Un ancien (de la guerre) du Golfe : a Gulf vet (US). Des anciens de la dernière campagne : veterans of the last campaign (GB).*

"ancien" (âge / ancienneté) (terme familier) old timer (US).

ancien appelé ex-conscript (Jane's).

ancien combattant (3 armées) ex-serviceman (Pluriel : ex-servicemen) (Forme féminine : ex-servicewoman ; pluriel : ex-servicewomen) (GB), veteran (US) (En abrégé : "vet"), retired serviceman (GB) (Terme familier GB : "war horse") (ADJ : "seasoned" = aguerri, chevronné, expérimenté, "(highly) decorated", "disabled" = handicapé, "deceased"). Ex : *ministère des Anciens Combattants : the Department of Veterans Affairs (VA) (Anciennement : the Veterans Administration) (US). Un ancien combattant de Somalie : a Somalia veteran (US). Un ancien (de la guerre) du Golfe : a Gulf vet (US).*

anciens élèves (grande école militaire) alumni (US, GB). Ex : *Association d'anciens élèves (Sandhurst) : alumni association (GB).*

ancien légionnaire ex-legionnaire (GB).

ancien militaire d'active ex-regular ou ex-Regular (GB), retired serviceman (GB).

ancienne colonie ex-colony (US).

ancienneté (de grade) seniority (in rank) (GB). Ex : *Ancienneté / temps passé dans le grade : time in grade (TIG) (US). Ancienneté de service / temps de service effectué : time in service (TIS) (US). Par ordre d'ancienneté : in order of seniority (US).*

anéantir (ville) to shatter (GB). Ex : *Un contingent du 2ᵉ REP passe pour avoir levé le siège de Sarajevo, anéantie par les bombes : a contingent from 2REP is credited with relieving the siege of bomb-shattered Sarajevo (GB).*

anéantir (force / adversaire) (TAC) to annihilate (GB, US), to devastate (US), to shatter (US). Ex : *Tout un groupe de paras français avait été anéanti lors d'une embuscade : a whole section of French paras had been wiped out in an ambush (GB). Anéantir la Garde républicaine irakienne : to devastate the Iraqi Republican Guard (US). Anéantir l'ennemi : to shatter the enemy (US).*

anémomètre airspeed indicator (ASI) (OTAN), wind sensor (US).

anesthésie (SAN) anaesthesia (GB), anesthesia (US) (VERB : "to give.. to"). Ex : *Sous anesthésie locale / générale : under local / general / anaesthetic (GB).*

anesthésiste (SAN) anaesthetist (GB, OTAN), anesthetist (US, OTAN), anaesthesiologist (OTAN), anesthesiologist (US).

anglais (langue anglaise) English. Ex : *Formation linguistique en anglais opérationnel : language training in operational English (Jane's).*

angle angle (Terme générique). Ex : *Angle d'azimut : azimuth angle (OTAN). Angle de sécurité (tir canon) : angle of safety (OTAN). Angle de vision : field of vision (OTAN). Angle de bombardement : bombing angle (US). Détruire un char de combat sous n'importe quel angle : to destroy a main battle tank from all angles.*

angle de hausse (canon) elevation (US, GB). Ex : *Angle de hausse : 50 degrés ! : elevation : 50 degrees ! (GB).*

angle mort (zone de terrain) dead ground (GB), dead space (US).

anglo- Anglo- (CA, US). Ex : *Bloquer les tentatives anglo-américaines d'expansion vers l'ouest (Hist.) : to contain Anglo-American attempts at westward expansion (CA). Après le débarquement anglo-américain de novembre 1942 en Afrique du Nord : after the Anglo-American invasion of North Africa in Nov. 1942 (US).*

anglophone English-speaking (OTAN). Ex : *Pays anglophone : English-speaking nation (ESN) (OTAN).*

animal domestique pet (US).

animal-soldat military animal (US), defence animal (GB).

animosité (hostilité) animosity (GB, US) (NOM ASS. : "degree"). Ex : *Il y avait beaucoup d'animosité à notre encontre (légionnaires) : there was a good deal of animosity toward us (GB).*

anneau (grenade) pull ring.

anneau de culasse breech ring (CFE).

anneau grenadière (carabine) swivel pin.

année year (YR) (US, GB). Ex : *Les soldats s'entraînent toute l'année : soldiers train year-round (US). Le missile est dans sa deuxième année de production : the missile is in its second year of production (US). Après 3 années de combat : after 3 years of fighting (US). Le char de bataille des / pour les années 90 : the main battle tank for the 1990s (US). En mars de cette année-là (passé) : in March of that year (US). Année de service : year of service (US) (VERB : "to gain") – Dans les années passées : in past years (US). Chaque année : annually (US). Structures de forces de l'OTAN pour le milieu des années 1990 :*

NATO force structure for the mid 1990s (OTAN). La fondation et les premières années d'existence de l'Alliance: the founding and early life of the Alliance (OTAN). Les dernières années de la guerre froide: the latter Cold War years (GB). Le légionnaire était presque arrivé au terme de ses quinze années de service: the legionnaire was coming up to the completion of fiteeen years service (GB). L'œuvre accomplie (ou le travail réalisé) par l'armée de terre au cours de l'année écoulée: the Army's accomplishments during the past year (US).

année budgétaire voir **exercice**.

année civile calendar year (GB). Ex: *Pendant l'année civile 1996 : during the calendar year 1996 (GB).*

année de recrutement recruiting year (US) (VERB: "to end") (ADJ: "difficult").

année de service (PERS) year of service (US). Ex: *Une année de service exceptionnelle au profit de notre pays (PERS): an outstanding year of service to our nation (US).*

annexe annex (US) (ADJ: "detailed"). Ex: *Une annexe de l'ordre d'opération: an annex to the operation order (US).*

annexer (ou joindre) (document) to annex (US), to attach, to append (GB)

annexer (pays / territoire) to annex.

annexion (pays / territoire) annexation.

anniversaire (organisation / corps) anniversary (OTAN) (VERB: "to celebrate"). Ex: *Le cinquantième anniversaire de l'Alliance Atlantique: the fiftieth anniversary of the Atlantic Alliance (OTAN). Lors du 150ᵉ anniversaire de la création de la Légion Étrangère: at the 150th anniversary of the formation of the French Foreign Legion (GB).*

annoncé (événement) prospective (OTAN). Ex: *L'absorption annoncée de l'UEO par l'UE: the prospective absorption of the WEU into NATO (OTAN).*

annoncer to signal (US), to announce. Ex: *Ce changement annonçait.. : this change signaled... (US). L'OTAN a annoncé une réduction de 10% des effectifs affectés au maintien de la paix en Bosnie: NATO announced a 10% reduction of peacekeeping troops in Bosnia (Jane's).*

annotation annotation (OTAN).

annoter (document) to annotate (GB).

annuaire (réseau radio) directory (US) (VERB: "to compile").

annuaire de l'armée de terre Army list (GB).

annuel annual (GB), yearly (US). Ex: *Un exercice annuel: an annual exercise (GB).*

annulation cancellation (US). Ex: *Annulation d'une frappe aérienne: cancellation of an air strike (US).*

annulé (ART) cancel (OTAN).

annuler to cancel, to annul (US), to abort (US), to call off (US), to lift. Ex: *Annuler le silence radio: to lift radio silence. Annuler un ordre: to annul an order (US). Annuler un ordre (donné précédemment): to rescind an order (OTAN). La mission fut annulée: the mission was aborted (US), the mission was called off (US).*

annuler (ordre ou instruction donné(e) par quelqu'un d'autre) to countermand (GB).

annuler (programme d'armement) to cancel (Jane's).

annuler (avantage tactique ennemi) to negate (US). Ex: *Annuler les avantages ennemis initiaux: to negate enemy initial advantages (US).*

anomalie (aéronef) defect (OTAN) (VERB: "to report").

anomalie (magnétique) (magnetic) anomaly (OTAN).

anonymat anonymity (GB). Ex: *L'anonymat que la Légion Étrangère offre à tous ses volontaires: the anonymity that the Foreign Legion affords all its volunteers (GB). Garder l'anonymat (PERS): to remain unidentified (GB). Citer une source ayant requis l'anonymat: to quote an undidentified source (et ayant déclaré que: as saying that) / a source who asked not be identified (US).*

anonyme (PERS) unnamed (US). Ex: *Les milliers de parachutistes anonymes: the thousands of unnamed paratroopers (US).*

ANP voir **appareil normal de protection.**

anse (TOPO) cove (GB), creek (GB, US).

antagoniste (adjectif) adversarial (UN).

antalgique (nom) (SAN) painkiller (GB).

Antarctique (l') (continent) the Antarctic (GB).

antarctique (adjectif) Antarctic (GB). Ex: *Le cercle antarctique: the Antarctic Circle (GB).*

antécédents familiaux (enquête d'habilitation) (RENS / PERS) family background (US).

antenne (TRANS) antenna (US, GB), aerial (GB) (Pluriel de "antenna": "antennas") (VERB: "to house", "to mount... on", "to have") (ADJ: "vehicular", "low profile", "omnidirectional", "disc-like", "short", "long", "indoor", "outdoor", "flexible"). Ex: *Les chars de commandement ennemis possèdent habituellement deux antennes: enemy command tanks usually have two aerials (GB).*

antenne (à l'étranger) (RENS) station (US).

antenne chirurgicale mobile field surgical team (FST) (GB).

antenne de char tank antenna.

antenne filaire wire antenna.

antenne-fouet whip antenna, whip aerial.

antenne latérale Ex: *Radar aéroporté à antenne latérale:* side-looking airborne radar (SLAR) (US).

antenne logistique dvanced logistic support site (ALSS) (US), administration and logistics (admin / log) center (US) (VERB: "to run").

antenne médicale medical section (GB) (dans une "Field Ambulance" britannique).

antenne radar radar antenna (US, GB).

antenne satellite (ou parabole) satellite dish (GB).

antenne télescopique telescopic antenna (GB).

antérieur previous (GB). Ex: *Avoir une expérience militaire antérieure: to have previous military experience (GB).*

anthrax (SAN) anthrax (US, GB) (EXPR: "to be caused by a bacillus", "to be transmitted by touching infected skin, meat or other parts of an animal", "to cause pustules on the skin or in the luings", "to develop anthrax for use as a biological weapon").

antiaérien antiaircraft (US) / anti-aircraft (GB) (AA). Ex: *Missile antiaérien: antiaircraft missile (US). Systèmes antiaériens portables: man-portable air-defense systems (MAN-PADS) (US). Un canon antiérien: an anti-aircraft gun (GB).*

antiballe(s) (ou pare-éclats) ballistic proof (UN).

anti-barbelés anti-wire (GB).

antiblindés antiarmor (US).

anti-brouillage anti-jam (US) (En épithète), anti-jamming (AJ) (OTAN).

anti-buée antidim (US). Ex: *Un dispositif anti-buée: an anti-fogging device (US).*

antichambre (ou vestibule) ante-room (GB).

antichar (AC) antitank (US, GB, OTAN) (Abréviation US / OTAN : "AT"), antiarmour (OTAN), antiarmor (A2) (US). Ex : *Un hélicoptère antichar : an antiarmour helicopter (OTAN).*

anti-chocs (récipient) crashproof (US).

anticipatif (ou proactif ou préventif) (TAC) proactive (US), anticipatory (US).

anticipation (TAC) anticipation (US). Ex : *Un degré (ou niveau) d'anticipation : a level of anticipation (US).*

anticiper to anticipate (OTAN). Ex : *Anticiper sur un mouvement de l'ennemi : to anticipate a movement of the enemy (OTAN). Anticiper (ou devancer) l'action ennemie : to pre-empt the enemy (GB). Anticiper les événements du champ de bataille : to anticipate events on the battlefield (US). Anticiper l'emploi des armes de destruction massive : to anticipate the use of weapons of mass destruction (US). Anticiper les actions ennemis probables : to anticipate likely enemy actions (US).*

anti-crash (ou anti-écrasement) (matériel) crashworthy (US), crash-resistant (US).

antidote (NBC) antidote (US) (VERB : "to administer") (PREP : "for").

anti-écrasement (ou anti-crash) (matériel) : crashworthy (US), crash-resistant (US).

anti-forces (attaque) counter force (attack) (UN).

anti-français anti-French (GB, US). Ex : *Un violent sentiment anti-français : a violent anti-French sentiment (GB). Un sympathisant anti-français : an anti-French sympathizer (US).*

antifraude (dispositif) tamper-proof, tamper-resistant (UN).

anti-insurrectionnelles (mesures) counter-insurgency (COIN) (US, OTAN).

anti-matériel antimateriel / anti-materiel (US).

antimilitariste (adjectif) anti-militarist (GB).

antimissile antimissile (OTAN). Ex : *Missile antimissile : antimissile missile (AMM) (OTAN). Missile antimissile balistique : anti-ballistic missile (ABM) (OTAN).*

anti-mortier(s) counter mortar.

anti-nucléaire (adjectif) anti-nuclear (GB).

anti-personnel ou antipersonnel anti-personnel (AP) (GB, OTAN), antipersonnel (US) (Pour mines, munitions, agents NBC, etc.). Ex : *Une mine anti-personnel : an anti-personnel mine (GB).*

antipiste anti-runway (UN) (En épithète).

antiradar anti-radar (AR) (OTAN). Ex : *Missile antiradar à lanceur aérien : air-launched antiradar missile (ALARM) (OTAN).*

antirayonnement anti-radiation (AR) (OTAN)

antisatellite anti-satellite (ASAT) (OTAN).

anti-souffle blast-resistant (US). Ex : *Portes résistantes anti-souffle (véhicule blindé) : sliding, blast-resistant doors (US).*

anti-subversion (RENS) countersubversion (US).

anti-terrorisme (préventif) antiterrorism (AT) (US) (Il s'agit de mesures défensives, à la différence du contre-terrorisme — "counterterrorism" – s'appuyant sur des mesures offensives).

anti-terrorisme (offensif) counterterrorism (CT) (US).

anti-terroriste anti-terrorist (US, GB). Ex : *Les opérations anti-terroristes : antiterrorist operations (US). Une force anti-terroriste efficace : an effective anti-terrorist force (GB). Entraînement anti-terroriste spécialisé : specialist anti-terrorist training (GB).*

à objectif limité (opération) limited-objective (US) (En épithète).

apaiser (tensions) to relax (tension) (US).

à part (à l'exception de) but for (US). Ex : *À part des escarmouches à Fondouk où les Français conservèrent le terrain : but for skirmishes at Fondouk where the French held their ground (US).*

à partir de (spatial) from (US, GB). Ex : *Prendre à partie des objectifs ennemis à partir de positions abritées : to engage enemy targets from covered and concealed positions (US). Contre-attaquer à partir d'Allersberg : to counterattack from Allersberg. La progression du 12ᵉ C.A. à partir du canal de la Meuse et de l'Escaut : the XII Corps advance from the Meuse-Escaut canal (GB). Une unité commandée à partir de / depuis Split : a unit commanded from Split (GB). À partir d'un point connu (du terrain) : from a known point (US). Une position à partir de laquelle un canon peut tirer : a position from which a gun may be fired (OTAN). Une opération conduite à partir de la mer : an operation launched from the sea (OTAN). Les commandos lançèrent une attaque à partir de l'Australie : the raiders launched an attack from Australia (US). Lancé à partir d'un véhicule : launched from a vehicle (US).*

à partir de (temporel) (as) from, commencing (US). Ex : *À partir de H — 10 : commencing H — 10 (US). À partir du 2ᵉ trimestre de l'année budgétaire 1994 : commencing in the second quarter of fiscal 1994 (US).*

à partir de (autres sens) from (US). Ex : *Ces formations sont constituées à partir d'unités qui ... : such organizations are constituted from units that... (US). Mettre au point un char à partir d'un char plus ancien : to develop a tank from an earlier tank (Jane's). Obtenir des renseignements à partir de sources ouvertes (RENS) : to obtain intelligence from open sources (US). L'extraction de renseignements à partir de photographies de la zone cible (RENS) : the extraction of intelligence from photography of the target area (US).*

à partir de l'espace from space (US). Ex : *Surveillance et feux à partir de l'espace : surveillance and fire from space (US).*

apatride stateless person ou stateless individual.

APD voir **appel de préparation à la Défense.**

apercevoir to sight (US), to see (GB). Ex : *L'observatoire a aperçu 4 chars ennemis se déplaçant vers l'ouest : the OP (= Observation Post) sighted 4 enemy tanks moving west (US). Des unités avancées de l'ennemi ont été aperçues : advance units of the enemy have been seen (GB). L'ennemi n'a pas été aperçu : there have been no sightings of the enemy (GB).*

aperçu glimpse (US), snapshot (OTAN), insight, overview (OTAN). Ex : *Cela donne un aperçu de la guerre de demain : it provides a glimpse of warfare in the future (US). Un aperçu du Centre Européen d'Études de Sécurité George C. Marshall : a snapshot of the George C. Marshall European Center for Security Studies (OTAN) – Un aperçu historique du rôle de l'OTAN dans le conflit au Kosovo : an historical overview of NATO's role in relation to the conflict in Kosovo (OTAN).*

aperçu (procédure radio) Ex : *Faites l'aperçu : acknowledge.*

aperçu ! (procédure radio) WILCO (= I will comply) (US), wilco (GB).

à peu près roughly (US). Ex : *La zone à peu près circulaire qui entoure le point zéro (explosion nucléaire) : the roughly circular area surrounding ground zero (US).*

à pied (débarqué) (PERS) dismounted (US), on foot (GB). Ex : *L'infanterie / à pied / débarquée : dismounted infantry (US, GB). Combattre à pied : to fight on foot (GB).*

APILAS (arme antichar) (Traduction proposée) APILAS light infantry anti-tank weapon system. (Traduction rencontrée) APILAS antitank system (Jane's).

apocalypse (NUC) holocaust (UN). Ex : *Apocalypse nucléaire : nuclear holocaust (UN).*

apocalyptique Ex : *Engin / machine apocalyptique : doomsday machine (UN).*

apogée peak (US), culmination (US), climax (OTAN). Ex : *À l'apogée des combats : at the peak of the fighting (US). L'attaque avait atteint son apogée offensive : the attack had reached offensive culmination (US) – L'apogée de la campagne de violence et de destruction menée par l'armée (de terre) yougoslave : the climax of the campaign of violence and destruction carried out by Yugoslav Army forces (OTAN). Le bombardement était à son apogée : the bombardment was at its peak (GB).*

apolitique (armée / personnel) apolitical (OTAN), non-political ou nonpolitical (US, Jane's), non-partisan (OTAN GB). Ex : *Les soldats doivent être apolitiques : soldiers must be non-political (US).*

à portée within range (GB), in range (GB) (PREP : "of"). Ex : *À portée de canon : within gun range (GB). Arriver à portée de : to come into range of (GB). À portée de tir : within firing range. Le char est à portée de tir : the tank is in range (ou within range) (GB).*

à portée optique line of sight (LOS) (OTAN) (En épithète).

à poursuivre to be continued (CONTD) (US).

apparaître to emerge (GB), to appear (GB, OTAN). Ex : *Une nouvelle menace nucléaire apparaît : a new nuclear threat emerges (GB). Des chars russes T-80 apparaissent dans l'optique du tireur : Russian T-80s appear in the gunner's sight (GB). Un aéronef apparaissant sur un écran radar : an aircraft appearing on a radarscope (OTAN).*

apparat pageantry (GB).

appareil (sens figuré) machine (UN), apparatus (US). Ex : *L'appareil militaire : the military machine (UN). L'appareil de renseignement d'un autre pays : the intelligence apparatus of another country (US) (VERB : "to confuse").*

appareil (aéronef) aircraft (US, OTAN) (Terme invariable). Ex : *Des appareils de manœuvre (= hélicoptères) : utility aircraft (US). Un appareil de reconnaissance : a reconnaissance aircraft (US, OTAN). Un appareil de reconnaissance : a surveillance aircraft (US, OTAN).*

appareil de chauffage (aide humanitaire) heater (US).

appareil (ou dispositif) d'enregistrement (RENS) recording device (US) (VERB : "to incorporate", "to hide", "to develop").

appareil individuel de détection NBC chemical agent monitor (CAM) (US).

appareil de pointage (mortier) sight (US) (ADJ : "lightweight").

appareil de poursuite tracker (OTAN).

appareil de prise de vues camera (OTAN) (ADJ : "sensitive").

appareil de renseignement (pays) intelligence apparatus ou intelligence machine (US) (VERB : "to develop") (ADJ : "massive"). Ex : *L'appareil de renseignement français : the French intelligence machine (US) / intelligence apparatus (US).*

appareil de sécurité (pays) security machine (US).

appareiller (SAN) to splint (US). Ex : *Appareiller une fracture : to splint a fracture (US).*

appareil militaire (pays) military machine (US, GB). Ex : *L'appareil militaire de Milosevic : the military machine of Milosevic (US). L'appareil militaire français : the French military machine (GB).*

appareil normal de protection (ANP) protective mask (US), respirator (GB).

appareil photo (graphique) (<u>ou</u> appareil de prise de vues) (photographic) camera (OTAN, US) (VERB: "to use", "to disguise as", "to be housed in", "to carry", "to aim", "to make", "to develop", "to conceal", "to strap... to", "to house into", "to design", "to set up", "to miniaturize", "to rewind", "to wind on", "to create", "to camouflage", "to manufacture", "to employ", "to reload", "to become available") (ADJ: "secret", "small", "(easily) concealed", "motor-driven", "tiny", "subminiature", "standard", "custom-made", "silent", "commercially available", "pocket-sized", "portable", "lightweight", "unobstrusive", "spring-wound", "spring-driven") (EXPR: "to take high-quality pictures", "to use a type of camera"). Ex: *Un appareil photo 35 mm: a 35mm camera (US)*.

appareil photo boîte d'allumettes (RENS) matchbox camera (US).

appareil photo briquet (RENS) cigarette-lighter camera (US).

appareil photo cravate (RENS) necktie camera (US).

appareil photo montre (RENS) wristwatch camera (US).

appareil respiratoire breathing apparatus (US, GB).

apparence (en) in appearance (<u>Jane's</u>).

apparenté (organisme) fellow (OTAN).

apparition (avènement / venue) advent (US, GB). Ex: *Avec l'apparition de la doctrine de la bataille aéroterrestre: with the advent of the AirLand battle doctrine (US). L'apparition d'un champ de bataille plus ouvert: the advent of the more open battlefield (US)*.

appartenance belonging (US), membership (OTAN, US). *Ex: Un sentiment d'appartenance (communauté / armée): a feeling / a sense of belonging (US). Appartenance à l'OTAN: membership in (<u>ou</u> of) NATO (OTAN). Non-appartenance à l'OTAN: non-membership of NATO (OTAN). Leur appartenance à la coalition: their membership in the coalition (US)*.

appartenance (d') (<u>ou</u> d'origine) parent. Ex: *L'unité d'appartenance: the parent unit*.

appartenance religieuse (individu) religion (OTAN).

appartenir to belong (to) (GB), to be vested (in) (OTAN, GB), to be part of (OTAN), to go to (US). Ex: *Le sentiment d'appartenir à une élite: the notion of belonging to an élite (GB). La responsabilité d'approuver les opérations de combat n'appartient qu'au seul commandant opérationnel: authority to approve combat operations is vested only in the operational commander (OTAN). Appartenir à une division (force): to be part of a division (OTAN). Il appartient au commandant d'unité d'informer le réserviste: it is up to the unit leader to inform the reservist (US). Appartenir à l'OTAN (pays): to belong to NATO (OTAN). La victoire appartient aux audacieux: victory goes to the bold (US)*.

appartenir (PERS) to be a member of (US). Ex: *Camacho appartient à la 89ᵉ Brigade de Police Militaire: Camacho is a member of the 89th MP (= Military Police) Brigade (US)*.

appartenir (unité) to be part of (GB), to form part of (GB). Ex: *La 24ᵉ Brigade Aéromobile appartient désormais à la Division Multinationale-Centre: 24 Airmobile Brigade now forms part of the Multi-National Division — Central (MND (C) (GB). Ces unités, qui appartiennent toutes deux aux 1ᵉʳ Corps d'Armée: those units, both of which belong to I Corps (US). Un régiment qui n'appartient pas aux Transmissions: a non-Royal Signals regiment (GB). La 6ᵉ Section, qui appartient à la 2ᵉ Compagnie: 6 Platoon, which is part of B Company (GB)*.

appât (destiné à un transfuge potentiel) (RENS) bait (US), nugget (GB) ("Money, political asylum, sex, or a career opportunity" (US).

appât du gain (RENS) lure of money (US). Ex : *L'appât du gain était le moyen le plus simple de recruter des agents : the lure of money was the easiest way to recruit agents (US).*

appauvri (uranium) depleted (US, GB).

appel call (US), call out (GB). Ex : *Faire appel à l'armée de terre : to call upon the Army (US). Répondre à l'appel du service envers le pays (PERS) : to answer the call for service to the nation (US). Appel de réservistes sélectionnés : call out of selected reservists (GB). L'appel de la Légion Étrangère : the call of the Foreign Legion (GB). Un scénario de mission de Petersberg aboutissant à une opération dirigée par l'UEO et faisant appel aux moyens et capacités de l'OTAN : a Petersberg mission scenario (UEO) leading to a WEU-led operation making use of NATO assets and capabilities (UEO).*

appel (sous les drapeaux) call-up (GB). Ex : *Il bénéficia d'un sursis d'appel du fait qu'il était encore à l'université : his call-up was deferred because he was still at university (GB).*

appel (plainte en justice) appeal (US). Ex : *Faire appel (contre un rapport / une notation) : to file an appeal (US).*

appel (des présents) (unité élémentaire) body-count (GB), head check (GB) (VERB : "to take"). Ex : *Il a fait l'appel rapidement avant de partir : he took a quick body-count before leaving (GB).*

appel de préparation à la défense (APD) (Traduction proposée) (one-day) compulsory defence awareness (<u>ou</u> defence familiarisation) briefing (<u>ou</u> course <u>ou</u> drill).

appel des réservistes callout (GB), call-up (US).

appel d'offres (<u>ou</u> de candidatures) (matériel / armement) request for proposal(s) (RFP) (US, OTAN), invitation to tender (ITT) (GB), call for bids (CFB) (OTAN), invitation for bids (IFB) (OTAN), request for bids (RFB) (OTAN), competitive tender (<u>Jane's</u>), invitation to bid (<u>Jane's</u>) (VERB : "to issue… to", "to release") (PREP : "for").

appel d'offres international international competitive bidding (ICB) (OTAN), international call for tenders (ICT) (OTAN).

appel d'offres national national competitive bidding (NCB) (OTAN).

appelé (matériel) designated (US). Ex : *Appelé VTT / AML : designated the VTT / AML (US).*

appelé à committed to (CA). Ex : *L'armée de terre est appelée à participer à un certain nombre de nouvelles opérations de soutien de la paix : the Army is committed to a number of new peace support operations (CA).*

appelé du contingent (PERS) conscript (GB), draftee (US), national serviceman (GB) (ADJ : "unmotivated").

appeler (faire appel à / inviter à) to call (US), to order (US) (PREP : "to", "for", "on", "in", "out"). Ex : *Un officier de réserve appelé au service actif : a Reserve officer ordered to / called to / active duty (US). Appeler à la reddition : to call for surrender (GB). Les missions que l'armée de terre sera appelée à remplir : the tasks the Army will be called on to perform (US). Appeler une unité au service actif : to call a unit to active duty (US). Appeler les hélicoptères (fantassin sur le terrain) : to call in helicopters (US). Appeler des réservistes : to call out reservists (GB).*

appeler (nommer / désigner) to call (US), to designate (US), to label (US), to address as. Ex : *Appeler quelqu'un "Colonel" : to address somebody as "Colonel" – Une école appelée "X (= nom de l'école)" : a school designated "X" (US). Une nouvelle doctrine appelée Bataille Aéroterrestre : a new doctrine labeled the AirLand Battle (US). Le fait de grouper les régiments de manœuvre sous les trois PC de brigade en nombre et en type appropriés en fonction de la mission de chaque brigade constitue ce que l'on appelle "l'organisation pour le combat" : grouping the combat maneuver battalions under the* *three brigade headquarters in the number and type appropriate to the mission of each brigade is called "organization for combat" (US).*

appeler (nécessiter) to call for (US). Ex: *Des environnements dynamiques qui appellent une action rapide (TAC): dynamic environments that call for quick action (US).*

appeler (contingent) to call up (draft) (US).

appeler (sous les drapeaux) (temps de guerre) to call up (GB). Ex: *Il fut appelé en 1944 et envoyé immédiatement sur le front: he was called up in 1944 and immediately sent to the front (GB).*

appeler (sous les drapeaux) (service militaire obligatoire) to draft (somebody into the Army), to conscript (GB). Ex: *Tous les hommes de plus de 18 ans ont été appelés (au service national): all men over the age of 18 were conscripted (GB).*

appeler au service actif (troupes) (conflit) to call to duty (US).

appel nominal call-over, roll-call (GB). Ex: *Le commandant de compagnie demande que l'on fasse un appel nominal: the company commander is aking for a roll-call (GB).*

appel sous les drapeaux (the) draft (US), conscription (GB), call-up (GB) (À noter: "draft" désigne par extension le contingent de classe d'âge appelé). Ex: *Conduire (ou organiser) un / l'appel sous les drapeaux: to conduct a draft (US) (Voir aussi **conscription**).*

appellation (unité) title, (unit) designation (GB, US), name (US) (VERB: "to carry") (ADJ: "traditional"). Ex: *Porter l'appellation de (unité): to be known as (GB). L'appellation d'une divison: a division's designation (US). Appellation OTAN de troupes opposées à des forces ennemies: NATO designation for forces opposed to enemy forces (US).*

appellations d'unités (remarques d'emploi): 1. Chaque terme de l'appellation porte une majuscule. Ex: 6th A̲irborne D̲ivision. **2.** L'article défini "the" est ou n'est pas employé. Ex: *The 6th Airborne Division ou 6th Airborne Division.* **3.** Les Britanniques orthographient habituellement ainsi (mais pas les Américains): *6 Airborne Division* (absence de "th" après le 6). **4.** Noter l'usage américain (Unité "à lettre" + barre oblique + régiment) pour désigner une unité élémentaire d'un régiment: *"A / 202d Bn"* = 1ère compagnie (A Company) du 202ᵉ régiment. **5.** Noter l'usage américain et britannnique de la virgule (qui signifie alors "of the"): *"1st Bde, 47th AASLT Div"* = 1ère Brigade de la 47ᵉ Division d'Assaut par Air" – "C Battery, 3rd Battalion, 82nd Field Artillery" = 3ᵉ batterie du 3ᵉ régiment du 82ᵉ d'artillerie sol-sol. (Noter que le 3ᵉ régiment du 82ᵉ d'artillerie sol-sol se rend sous forme abrégée par "3-82 FA") – 2ᵉ Peloton du 3ᵉ Escadron du 11ᵉ Hussards: 2 Troop, C squadron, the 11th Hussars (GB). **6.** Les unités nationales ou membres d'une force nationale au sein d'une force multinationale portent les 2 lettres codes de pays ("national distinguishing letters") comme suit: 5ᵉ Division Blindée française: 5th (FR) Armored Division (Voir aussi la liste des lettres codes à **pays membre de l'OTAN**). **7.** On peut abréger l'appellation d'une unité dont on vient de parler en ne faisant référence qu'au nombre qu'elle porte. Pour parler par exemple de la "101st Airborne Division (Air Assault)" (US), on pourra dire: *"the 101st"* = la 101ème. **8.** À l'oral, pour les unités britanniques, on peut lire "39 Heavy Regiment" de deux manières: soit "thirty-nine Heavy Regiment", soit "three-nine Heavy Regiment".

appellation de régiment abrégée abbreviated regimental title (GB). Ex: *Appellation abrégée du "Royal Irish Regiment": "R Irish" (GB).*

appel téléphonique (tele) phone call (US) (VERB: "to make... to", "to intercept") (ADJ: "anonymous").

applicable à applicable to (US).

application application (US, GB), implementation (CFE, OTAN), enforcement (US, UN) (ADJ: "planned", "integrated", "practical"). Ex: *L'application d'un traité: the implementation* *of a treaty (CFE, OTAN). Application de la loi : law enforcement (GB, US). Application de sanctions : enforcement of sanctions (US), sanctions enforcement (UN). L'application de la force militaire / d'une doctrine : the application of military force / of a doctrine (US, GB). L'application d'un tir sur un objectif : the application of fire on a target (OTAN). L'application opérationnelle des simulations : operational application of simulations (US). Application d'une résolution des Nations Unies : enforcement of a UN (= United Nations) resolution (US).*

application application (OTAN) (Terme dénombrable). Ex : *Des applications terrestres, aériennes et maritimes multiples : multiple land, air and maritime applications (OTAN).*

application (formation initiale d'arme) initial branch training (US), branch school training (US) (Voir aussi **école d'application**).

application civile (technologie) civil application (GB).

appplication de la force (l') application of force (US).

application de la loi (GEND) law enforcement (US).

application de sanctions enforcement of sanctions (US).

application secondaire (sous-produit) (armement) spin-off (US).

appliqué applied (GB). Ex : *Recherche appliquée (armement) : applied research (GB).*

appliquer (ou faire respecter ou faire appliquer) to enforce (US, GB). Ex : *Appliquer (ou faire appliquer ou faire respecter) la loi / des sanctions : to enforce the law / sanctions (US, GB).*

appliquer (tirs) to place (US), to deliver (US), to put (fire on) (US), to direct (on) (OTAN). Ex : *Appliquer un (ou des) tir(s) indirect(s) sur un objectif : to place / deliver / put / indirect fire on a target (US). Feux appliqués sur des objectifs : fire directed on objectives (OTAN).*

appliquer (puissance / force) (TAC) to apply (US), to bring to bear (US). Ex : *On applique la puissance opérationnelle maximale : maximum combat power is applied (US). Appliquer à l'ennemi tout moyen possible d'usure (ou d'attrition) : to bring every possible means of attrition to bear on enemy forces (US). Appliquer la force : to apply force (US).*

appliquer (peinture) to apply (PREP : "to").

appoint (force d') augmentation force (US, OTAN).

Cf. : Any force designated by a nation to strengthen its national forces (OTAN).

apport intake, input (US), contribution (CA, OTAN) (ADJ : "constructive"). Ex : *S'assurer que le soldat reçoit le bon apport calorique quotidien : to ensure that the soldier gets the right daily calorific intake. Fournir un apport crucial dans la réalisation des objectifs de l'armée de terre : to provide critical input in meeting Army goals (US). Son apport à la victoire finale, joint aux efforts de la marine et de l'armée de l'air : its contribution to the final victory, together with the efforts of the Navy and the Air Force (CA).*

apporter to bring (OTAN), to give (GB), to provide (OTAN). Ex : *Apporter la paix à une région : to bring peace to a region (OTAN). La puissance de combat que nous apportons à l'Alliance (Atlantique) : the fighting power that we bring to the Alliance (GB). Les changements spectaculaires apportés au paysage stratégique euro-atlantique par la fin de la guerre froide : the dramatic changes in the Euro-Atlantic strategic landscape brought by the end of the Cold War (OTAN). L'assistance humanitaire coordonnée apportée par l'OTAN : coordinated humanitarian assistance from NATO (OTAN). Fournir à nos forces des matériels leur apportant un avantage technologique décisif : to provide our forces with equipment to give them a decisive technological edge (GB). Apporter une assistance* *humanitaire aux pays partenaires limitrophes de la Yougoslavie : to provide humanitarian assistance to Partner countries bordering Yugoslavia (OTAN).*

appréciable Ex : *L'espace de chargement n'a pas été sacrifié de façon appréciable (véhicule de transport) : loading space has not been appreciably sacrificed (US).*

appréciation appraisal (US). Ex : *Une appréciation objective des capacités d'un officier : an objective appraisal of an officer's abilities (US).*

appréciation (évaluation) estimate (OTAN), appraisal (OTAN) (Termes RENS). Ex : *Appréciation, écrite ou verbale : appraisal, expressed in writing or orally (OTAN).*

appréciation de la portée ranging (US).

apréciation (ou conscience) de la situation (TAC) situational awareness (US, GB).

appréciation de la situation (TAC) estimate of the situation (OTAN), appreciation of the situation (OTAN).

Cf. : Procédé de raisonnement logique qui permet au chef de prendre en considération les facteurs influant sur la situation militaire et d'arriver à une décision concernant la conduite à adopter en vue de l'accomplissement de sa mission (OTAN).

appréciation de la situation militaire military situation assessment. Ex : *Les données peuvent être immédiatement utilisées pour les opérations et l'appréciation de la situation : the data may be immediately used in battle or in assessing the situation (OTAN).*

appréciation "renseignement" (RENS) intelligence estimate (US, OTAN).

apprécier to evaluate (OTAN), to judge (OTAN), to assess (OTAN). Ex : *Apprécier des renseignements (bruts) : to evaluate information (OTAN). Apprécier la signification d'une information (RENS) : to judge the significance of information (OTAN). Apprécier la situation (TAC) : to assess the situation (OTAN). Sûreté ne pouvant être apréciée (cotation) (RENS) : reliability cannot be judged (US).*

apprenant learner (US, GB). Ex : *L'instruction est centrée sur l'apprenant : instruction is learner-centered (US).*

apprendre to learn (GB). Ex : *Apprendre un métier / une spécialité : to learn a trade (GB). Apprendre à travailler dans un environnement NBC : to learn to work in an NBC environment (US). Apprendre son métier (soldat) : to learn one's profession (US). Apprendre le début des hostilités : to learn the outbreak of war (CA) (Voir aussi* **savoir***).*

apprentissage de l'exercice du commandement leadership training (US, GB).

apprentissage des langues (étrangères) language learning (US).

apprêter to ready (Jane's). Ex : *Apprêter des hélicoptères et des blindés légers (en vue d'une opération) : to ready helicopters and light armor (Jane's).*

approbation approval (US), consent (US). Ex : *Soumettre chaque opération à l'approbation de la CIA (RENS) : to submit each operation to the CIA (= Central Intelligence Agency) for approval (US). Avec l'approbation du Sénat : with the consent of the Senate (US).*

approche (manière d'aborder un sujet) approach (OTAN) (VERB : "to call for") (PREP : "to"). Ex : *Une nouvelle approche de la logistique : a new approach to logistics (OTAN). Une approche européenne commune devrait être adoptée : a common European approach should be adopted (UEO). Une approche de l'ensemble de la région, qui comporte principalement trois volets : an approach to the whole region, focusing on three areas (OTAN). Approche (ou démarche) axée sur la mission : mission orientated approach (OTAN).*

approche (véhicule) approach (GB). Ex : *Nous entendions l'approche des chars ennemis : we could hear the approach of enemy tanks (GB).*

approche (TAC) approach march (GB, OTAN).

Cf.: Advance of a combat unit when direct contact with the enemy is imminent. Troops are fully or partially deployed. The approach march ends when ground attack with the enemy is made or when the attack position is occupied (OTAN).

approche (aéronef) approach (OTAN). Ex: *Approche aux instruments / guidée au sol / interrompue: instrument / ground controlled / missed / approach (OTAN).*

approche (d'un individu par un agent) (RENS): approach (US) (ADJ: "cold") (PREP: "to"). Ex: *Approche conduite par un officier de renseignement se faisant passer pour un ressortissant d'un pays ou organisme ami (RENS): approach by a hostile intelligence officer who misrepresents him or herself as a citizen of a friendly country or organization (US).*

approche (en) (missile / aéronef / grenade) incoming (US), approaching (OTAN).

approche (opération amphibie) approach (OTAN).

approche aux instruments instrument approach (OTAN). Ex: *Procédures d'approche aux instruments: instrument approach procedures (IAP) (OTAN).*

approche culturelle (pays) cultural outlook (US).

approcher de (TAC) to approach (US). Ex: *La sentinelle signala des cavaliers qui approchaient, venant de la direction qu'ils avaient suivie (troupe à pied): the sentry reported approaching horsemen, heading from the direction they had marched (GB). Les éléments approchaient des lisières du village de Binh Anh: the elements approached the fringes (ou edges) of the village of Binh Anh (US).*

approcher (un individu) (agent) (RENS) to approach (US) (Verbe transitif direct).

approches approaches (OTAN) (PREP: "to"). Ex: *Les troupes s'assurèrent des approches de Belgrade: the troops secured the approaches to Belgrade. Approches de la (mer) Baltique: Baltic approaches (OTAN).*

approfondi exhaustive (GB), in-depth (US), extensive (OTAN), deep (OTAN). Ex: *Des tests approfondis: exhaustive tests (GB). Une étude approfondie: an in-depth study (+ préposition "of") (US) (VERB: "to make") – Après des consultations approfondies avec tous les Alliés: after extensive consultations with all the Allies (OTAN). Permettre une analyse affinée et approfondie de niveau stratégique: to allow a careful in-depth analysis at strategic level to be made (UEO). Établir une coopération plus approfondie avec la Russie: to establish a deeper cooperation with Russia (OTAN).*

approfondissement Ex: *L'OTAN doit rester ouverte à un approfondissement de la coopération avec ses partenaires: NATO must remain open to deepening cooperation with its Partners (OTAN).*

approprié appropriate (US), sound (US), relevant (US). Ex: *Des plans de mobilisation appropriés: sound mobilization plans (CA). Équipé de façon appropriée (soldat): well-equipped / properly equipped (US, CA). Les données appropriées entreront en même temps dans les circuits de renseignement: relevant data will simultaneously enter intelligence reporting channels (OTAN). Le chef est responsable de la mise en place de mesures de protection appropriées pour assurer la sécurité des troupes amies (NBC): the commander is responsible that appropriate protective measures are taken to ensure the safety of friendly troops (US).*

approprié à suitable for (GB), appropriate to (US). Ex: *Un véhicule approprié à des missions de reconnaissance: a vehicle suitable for reconnaissance missions (GB). Choisir le moment et le lieu les plus appropriés pour la contre-attaque: to determine the best time and place for a counter-attack (GB). Le fait de grouper les régiments de manœuvre sous les trois PC de brigade en nombre et en type appropriés à la mission de chaque brigade constitue ce que l'on appelle "l'organisation pour le combat": grouping the combat* *maneuver battalions under the three brigade headquarters in the number and type appropriate to the mission of each brigade is called "organization for combat" (US).*

approuver to approve (OTAN), to pass (GB). Ex: *Approuver l'emploi d'armes nucléaires / des opérations de combat: to approve the use of nuclear weapons / combat operations (OTAN). J'ai approuvé votre demande de rejoindre la section de mortiers: I have passed your application to join the Mortar Platoon (GB).*

approuver (programme d'armement) to approve (US).

approvisionnement supply (US, GB, OTAN). Ex: *Approvisionnement d'un jour de combat: combat day of supply (OTAN). Approvisionnement en carburant, munitions et vivres: fuel, ammunition and food supply. Approvisionnement essentiel: essential supply (OTAN). Approvisionnement en pièces détachées / de rechange: repair parts supply (US). Un besoin d'approvisionnement urgent: an urgent supply need (GB).*

Cf.: Ensemble des opérations ayant pour but de réunir les articles nécessaires au soutien des forces et de les répartir entre les différents échelons utilisateurs (F).

approvisionnement alimentaire (ou en vivres) supply of food (US), food supply (US) (VERB: "to provide" = assurer).

approvisionnement des bases base supply (OTAN).

approvisionnement en eau water supply.

approvisionnements ("appros") supplies (and material) (US, GB, OTAN), stores (VERB: "to assemble", "to hold", "to organize", "to distribute", "to bring", "to carry", "to drop (by air)") (NOM ASS.: "procurement", "cataloging", "inventory", "storage", "distribution", "salvage", "disposal"). Ex: *Automatisation des approvisionnements: automation of supplies (US). Agence centrale des approvisionnements: central supply agency (CSA) (OTAN).*

approvisionnements de combat combat supplies (Abréviation GB: "c sups").

approvisionner to supply (with / to) (GB), to feed (with) (US), to deliver (to) (US). Ex: *Approvisionner en carburant les soldats se trouvant sur le mont Igman: to supply the troops on Mount Igman with fuel (GB). Approvisionner l'artillerie en munitions: to supply ammunition to the artillery (GB). Approvisionner le canon avec des munitions: to feed the gun with ammunition (US). Approvisionner en eau les troupes sur le terrain: to deliver water to troops in the field (US).*

approximativement approximately (US). Ex: *À ce jour, nos pertes s'élèvent approximativement à 300 hommes: our losses to date in round figures amount to 300 (familier) (US).*

appui (sens figuré) Ex: *Une interopérabilité plus large et plus ciblée à l'appui des opérations multinationales: more extensive and focused interoperability to underpin multinational operations (OTAN). Obtenir l'appui des tribus à la cause britannique (Hist.): to align the tribes to the British side (CA).*

appui (ou appui tactique ou appui au combat) (TAC): combat support (CS) (US) (OTAN) (Également: support (OTAN), tactical support (US) (VERB: "to provide", "to give"). Ex: *Mortiers en appui: mortars in support (GB).*

Comp.:

- Fire support and operational assistance provided to combat elements. Includes artillery, air defense artillery, engineer, military police, signal, military intelligence, and chemical (US).
- Aide apportée par une unité à une autre spontanément ou sur ordre et comportant le plus souvent fourniture de feux. L'artillerie appuie les chars, les chars appuient l'infanterie (F).
- The action of a force, or portion thereof, which aids, protects, complements, or sustains any other force (OTAN).

appui (lance-roquette) muzzle rest.

appui aérien air support (OTAN) (Terme générique).

appui aérien (titre de sous-paragraphe) aviation (Abréviation GB : Avn), air support (US).

appui aérien avancé forward air support (OTAN).

appui aérien éloigné battleflield air interdiction (BAI) (VERB : "to provide").

Cf. : Air action against hostile surface targets which are in a position to directly affect friendly forces and which requires joint planning and coordination (US).

appui aérien immédiat (ou urgent) immediate air support (US, OTAN).

appui aérien offensif offensive air support (OAS).

Cf. : That part of tactical air support of land operations that consists of tactical air reconnaissance, battlefield air interdiction (BAI) and close air support which are conducted in direct support of land operations (US).

À noter : L'appui aérien offensif inclut l'appui renseignement, l'appui aérien rapproché et l'appui aérien éloigné.

appui aérien rapproché close air support (CAS) (OTAN) (VERB : "to provide").

Comp. :

- Air action against hostile targets that are in close proximity to friendly forces and that require detailed integration of each air mission with the fire and movement of those forces (US).

- Action aérienne contre des objectifs ennemis qui sont à proximité immédiate des forces amies et qui exigent une intégration détaillée de chaque mission aérienne avec le feu et le mouvement de ces forces (OTAN).

appui aérien renseignement tactical air reconnaissance (TAR) (US).

Cf. : Air action to acquire intelligence information employing visual observation and / or sensors in air vehicles (US).

appui aérien tactique tactical air support (US, OTAN).

appui aérien tactique des opérations terrestres tactical air support for land operations (TASLO) (OTAN).

appui au combat radioélectronique radio electronic combat support (RECS) (OTAN).

appui au mouvement movement support.

appui contre-renseignement counterintelligence support (US).

appui d'ensemble voir **conservé aux ordres.**

appui des opérations terrestres support of ground operations.

appui direct direct support (DS) (VERB : "to place"). Ex : *Placer une unité en appui direct de : to place a unit in direct support of (US) (Dans certains ordres américains, "DS" peut même remplacer le groupe verbal "to provide direct support to" : "A/202d CEWI Aerial Xplt Bn DS 54th Mech Div eff 111800 Apr") – Normalement, un régiment de 155 (mm) est placé en appui direct de chaque brigade engagée (ART) : normally, one 155-mm battalion is placed in direct support of each committed brigade (US).*

Comp. :

- A mission requiring a force to support another specific force and authorizing it to answer directly to the supported force's request for assistance (US).

- Appui par une unité ou une formation qui n'est ni affectée à l'unité ou à la formation appuyée ni mise à ses ordres, mais qui doit donner priorité à l'appui demandé par cette unité ou formation (OTAN).

appui feu (x) (tirs ou feu d'appui) fire support (US, OTAN) (VERB : "to plan", "to coordinate", "to provide... for", "to integrate") (ADJ : "conventional", "direct", "indirect"). Ex : *Fournir le niveau optimal d'appui feu : to provide the optimum level of fire support (US). Appui feu indirect : indirect fire support (Jane's). Les unités d'artillerie sol-sol constituent pour le commandement la source principale d'appui feu sur le champ de bataille : field artillery (FA) units are the commander's principal source of fire support on the battlefield (US). L'appui feu dont dispose le commandement : the fire support available to the commander (US).*

Cf. : Assistance to those elements of the ground forces which close with the enemy such as infantry and armor units rendered by delivering artillery and mortar fire, naval gun fire and close air support. Fire support may also be provided by tanks, air defense and Army aviation (US).

appui-feu rapproché close-in fire support (CIFS) (OTAN).

appui-feu prioritaire priority fire support (US).

appui feu (x) terrestre (ou au sol) ground fire support (US).

appui génie engineer support (US) (VERB : "to perform").

appui guerre electronique EW support (US) (EW = Electronic Warfare).

appui hélicoptères helicopter support (GB) (VERB :"to provide... to").

appui hélicoptères de combat HELARM (GB). Ex : *L'appui hélicoptères est disponible à la demande : HELARM is available on request (GB).*

appui médical (soutien médical) medical support (UEO). Ex : *En ce qui concerne l'appui médical aux forces : with regard to medical support to forces (UEO).*

appui naval naval gunfire support (GB, OTAN).

appui-protection (mission d'hélicoptère) close support (Jane's), close-air support (Jane's), support and protection (Jane's).

appui rapproché close support (US).

appui réciproque mutual support (US, GB, OTAN).

Comp. :

- Support that units render to each other against an enemy because of their assigned tasks, relative positions (with respect to each other and to the enemy) and their inherent capabilities (US).

- Appui que des unités se donnent mutuellement contre l'ennemi en raison des tâches qui leur sont assignées, de leurs positions respectives et par rapport à l'ennemi, et de leurs possibilités intrinsèques (OTAN).

appui renseignement intelligence support.

appuis supporting forces (US), supporting elements (GB) (= "air defence, antitank missiles, fire support, engineer expertise"), supporting units (Jane's), combat support capabilities (US). Ex : *Le 58ᵉ d'Infanterie (= régiment de tradition) sera renforcé par des appuis d'artillerie : the 58th Infantry will be backed up by supporting artillery (US). Renforcer l'effort principal au moyen d'appuis d'artillerie supplémentaires : to beef up the main effort with extra artillery support (US). Les appuis d'une unité : the combat support capabilities of a unit (US).*

appuis et soutiens (d'un commandement) supporting units (US).

appui(s) spécialisé(s) specialist support (GB).

appui tactique (OTAN) (appui / FR) combat support (CS) (OTAN).

appui tactique terrestre land combat support (OTAN) (NOM ASS. : "system").

appui transmissions signals support (OTAN).

appuyer to back up (CA). Ex: *Une armée de terre appuyée par des forces de réserve efficaces: an Army backed up by effective reserves (CA).*

appuyer (TAC) to support (US, GB, OTAN), to aid (GB), to back up (US) (Terme générique). Ex: *Appuyer le feu: to bolster the fire (GB). Appuyer la reco: to support the recon (US) / recce (GB). Appuyer la mobilité (GEN): to aid mobility (GB). Appuyer la contre-mobilité (GEN): to aid counter-mobility, to deny enemy mobility (GB). Appuyer le combat: to support combat operations. L'infanterie sera appuyée par l'artillerie: the infantry will be backed up by the artillery (US). Appuyer de ses feux une opération (artillerie): to fire in support of an operation (OTAN). L'organisation de l'artillerie divisionnaire est fondée sur l'organisation de la division qu'elle appuie: the organization of the division artillery (DIVARTY) is based on the organization of the division it supports (US).*

appuyer (programme) to support (US).

appuyer sur to press (US), to pull (GB). Ex: *Appuyer sur un bouton: to press a button (US, GB). Appuyer sur la détente (fusil): to pull the trigger (GB).*

appuyer sur to base on (US). Ex: *Le chef appuie sa décision sur...: the commander bases his decision on... (US).*

appuyer sur (s') to take advantage of, to rely on (US). Ex: *S'appuyer sur les obstacles naturels (GEN): to take advantage of natural obstacles. S'appuyer sur ses hommes: to rely on one's men (US).*

âpre bitter (GB). Ex: *Les âpres combats de l'année 1916: the bitter fighting of 1916 (GB).*

après after (GB), following (US, CA). Ex: *Après la frappe nucléaire: following the nuclear strike. Après la fin de la guerre: following the end of the war (US). Le monde d'après la guerre froide: the post Cold-War world (GB). Après avoir commandé la 1ère Division Blindée: after commanding 1st Armoured Division (GB). Peu après la défaite allemande en mai 1945: following Germany's defeat in May 1945 (CA).*

après-guerre post-war (US, GB), aftermath of war (GB). Ex: *L'après-guerre: the post-war period, the post-war era (US). Les époques où notre armée de terre a connu les plus grands changements ont été celles d'immédiates après-guerres: the periods of greatest change for our Army have been those immediately following wars (US). Dans l'après-guerre: in the aftermath of war (GB), in post war years (GB).*

après-guerre froide (l') the post-Cold War era (OTAN). Ex: *L'environnement de sécurité de l'après-guerre froide: the post-Cold War security environment (GB). Des structures budgétaires qui sont déphasées par rapport aux besoins de l'après-guerre froide: budget structures which are out of sync with the requirements of the post-Cold War era (OTAN).*

après le conflit (ou après les conflits) post-conflict (OTAN) (En épithète). Ex: *La reconstruction après les conflits: post-conflict reconstruction (OTAN). Réconciliation après le conflit: post-conflict reconciliation (OTAN).*

après-midi afternoon (US, GB, OTAN). Ex: *À partir de lundi 18 après-midi: from Monday 18th in the afternoon. Dans l'après-midi du 1er mai, un avion de l'OTAN a effectué une attaque contre le pont de Luzan: in the afternoon of 1 May, a NATO aircraft carried out an attack against the Luzan bridge (OTAN).*

à proximité de in the vicinity of (VIC) (US), close to (US), near (US). Ex: *À proximité des positions lybiennes: close to Lybian positions (GB). À proximité du théâtre d'opérations: near the theater of operations (US).*

apte capable (of) (+ verbe en ING) (US), suitable (for). Ex: *Apte à conduire des opérations de façon autonome: capable of conducting independent operations (US). Les hélicoptères de combat de l'armée de terre sont aptes à remplir cette mission: Army attack helicop-*

ters are capable of fulfilling this mission (US). Apte à se déplacer en terrain accidenté (véhicule blindé à roues) : capable of travelling across rough terrain (GB). Apte à la défense antiaérienne (véhicule) : suitable for air defence.

apte (service national) (PERS) fit for military service (US).

apte à soutenir des opérations prolongées (force) sustainable (OTAN).

apte au combat (matériel) combat-capable (CFE).

apte au combat (PERS) combat-effective (US). Ex : *Être jugé apte au combat (soldat dans un exercice) : to be rated combat effective (US) (Contraire : "combat-ineffective").*

apte au service (PERS) fit for service (GB).

apte physiquement (PERS) physically fit (GB).

aptitude ability (US, OTAN), capability, skill (US) (ADJ avec "skill" : "managerial", "motivational", "intellectual", "leadership"). Ex : *L'aptitude du soldat à observer correctement les procédures : the soldier's ability to properly oberve the procedures (US). Posséder des aptitudes au commandement : to possess leadership skills (US). Leur aptitude à remplir leur mission principale (forces) : their ability to fulfill their primary mission (OTAN). Aptitude à détruire des chars (véhicule blindé) : ability to kill tanks (US). L'aptitude des unités de cavalerie (légère blindée) à localiser l'ennemi : the ability of cavalry units to find the enemy (US).*

aptitude (à remplir une mission) (unité) ability.

aptitude à combattre (unité) combat effectiveness (OTAN).

aptitude à faire campagne (matériel) serviceability (US).

aptitude à franchir un gué peu profond shallow fording capability (US, GB, OTAN).

aptitude à la circulation trafficability (US, OTAN).

aptitude au combat figthing capability.

aptitude au déploiement (ou à la projection) deployability (OTAN).

aptitude au franchissement river-crossing ability.

aptitude au franchissement des cours d'eau (véhicule) swimming capability (US).

aptitude opérationnelle operational readiness (OTAN, GB), combat readiness (US), (VERB : "to evaluate"). Ex : *Évaluation du degré d'aptitude opérationnelle : operational readiness evaluation (ORE) (OTAN).*

aptitude physique physical aptitude. Ex : *Test d'aptitude physique : physical aptitude test (US).*

aptitudes linguistiques normalisées standardized language proficiency (SLP) (OTAN).

à publier to be published (TBP).

aquatique water (OTAN) (En épithète). Ex : *Obstacle aquatique : water obstacle (OTAN).*

à raison de on the basis of. Ex : *Distribuer une arme à raison de deux par groupe d'infanterie : to issue a weapon on the basis of two per infantry section.*

aramide aramid fiber armor (Jane's) (Voir aussi **Kevlar (marque déposée)**.

arbitre (exercice) umpire (GB). Ex : *Faire fonction d'arbitre : to act as umpire (GB).*

arbitre (conflit) arbitrator (US).

arbitrer (pourparlers) to referee (US). Ex : *Des pourparlers de paix arbitrés par les États-Unis : peace talks refereed by the U.S. (US).*

arbitrer (exercice) to umpire (GB). Ex : *Il arbitre l'exercice : he is unpiring the exercise (GB).*

arborer (insigne / décoration) to wear.

arbre tree (US, GB). Ex : *Pour certains, les arbres cachent la forêt : some don't see the forest for the trees (familier) (US).*

arbre (mécanique) shaft.

arbre de mise à feu (obusier) firing shaft.

arc (géographie) arc (US). Ex : *L'arc asiatique : the Asian Arc (US).*

arc de cercle Ex : Se déployer en arc de cercle (force) : to fan out.

archaïque (matériel) antiquated (US). Ex : *Un char archaïque : an antiquated tank (US).*

archer (Hist.) bowman (US).

archétype archetype (US, GB). Ex : *L'archétype du fantassin : the archetypal infantryman (GB).*

archipel archipelago (GB). Ex : *L'archipel tahitien : the Tahitian archipelago (GB). L'archipel des Comores dans le détroit du Mozambique : the Comoros archipelago in the Strait of Mozambique (GB).*

architecture architecture (US, OTAN) (ADJ & PART : "open", "agreed"). Ex : *L'architecture européenne de sécurité : the European security architecture (OTAN). Architecture du système (réseau radio ou de transmissions) : system architecture (US). Architecture de planification opérationnelle : Operational Planning Architecture (OTAN). Architecture du système de transmissions du renseignement de la région centre : central region intelligence communications architecture (CRINCA) (OTAN).*

architecture de l'information information architecture (US). Ex : *Fournir et gérer une architecture de l'information : to provide and manage an information architecture (OTAN).*

architecture de système system architecture (OTAN).

archivage record-keeping (US).

archives (institution / force) archives (OTAN, GB), records (GB). Ex : *Inaugurer les nouvelles archives de l'OTAN : to inaugurate the new NATO Archives (OTAN). D'après les archives de la Légion : according to Legion archives (GB). Saisir une gande quantité d'archives ennemies : to capture a large quantity of enemy records (GB).*

archives (service de renseignement) (RENS) registry (GB) (MI5).

Arctique (l') (continent) the Arctic (GB).

arctique (adjectif) Arctic (GB). Ex : *Le cercle arctique : the Arctic Circle (GB).*

À noter : Le terme "arctic" se réfère également à des conditions de froid extrême ou polaires. Ex : *Arctic clothing — Artic warfare).*

arcure (canon) gun tube distortion (US).

arcurmètre (canon de char) muzzle reference system (US).

ardeur au combat fighting spirit (GB), will to fight (US), fight (US, GB).

à réformer (matériel au coût de réparation trop élevé) beyond economical repair.

argent money (US, GB, CA) (Terme familier US : "dough"). Ex : *Cet argent servira à l'amélioration du matériel : this money will be used for upgrading equipment (CA).*

argot slang (US). Ex : *L'argot de l'armée de terre : Army slang (GB). Parler un argot différent : to speak a different slang (US).*

armada armada (US). Ex : *Une armada d'avions de combat alliés : an armada of Allied war planes (US).*

arme (corps de l'armée) branch (US, GB), branch of service (US), arm (GB) (Ce dernier terme pouvant s'employer au singulier lorsqu'il désigne un corps) (VERB : "to create", "to establish", to implement", "to reorganise") (ADJ : "basic", "special") (Terme familier GB, s'appliquant également à un régiment ou à un corps : "capbadge") (À noter : Dans l'armée de terre US, le terme "arm" désigne uniquement une arme de mêlée ou d'appui : "Any branch of the Army with a combat or combat support mission"). Ex : *Être affecté à une arme : to be assigned to a branch (US). Servir dans une arme : to serve in a branch (US). Armes et services : arms and services (GB). Coopération entre les armes : inter-arm* *co-operation (GB). Les soldats entrant dans des armes d'appui ou de soutien : soldiers entering combat support or combat service support branches (US).*

arme weapon (US, GB) (<u>Attention</u> : Le terme "arms" – au sens d'instrument de combat — se rencontre toujours au pluriel) (VERB : "to use", "to carry", "to display", "to aim", "to demilitarize", "to destroy", "to neutralize", "to hand over", "to confiscate", "to handle", "to test-fire", "to zero", "to bore-sight") (ADJ : "deadly", "friendly", "lightweight", "easy to operate", "disposable", "awesome", "lethal", "vehicle-mounted", "non-authorized", "concealable", "silenceable") (Terme familier GB : "bundook"). Ex : *Une arme atomique : an atomic weapon. Une arme biologique : a biological weapon. Une arme classique : a conventional weapon. Une arme guidée par laser : a laser guided weapon. Une arme nucléaire : a nuclear weapon. Une arme de destruction massive : a weapon of mass destruction. Une arme à énergie dirigée : a directed energy weapon (US) / a beam weapon. Une arme intelligente : a smart weapon. Une arme à feu : a shotgun (GB). Une arme à âme lisse : a smoothbore (GB). Sous les armes : under arms (US). Des armes très puissantes : high-powered weapons (GB). Au combat, tu agis sans passion et sans haine, tu respectes les ennemis vaincus, tu n'abandonnes jamais ni tes morts, ni tes blessés, ni tes armes (Code d'honneur) (Légion) : in combat, you will act without relish of your tasks, or hatred; you will respect the vanquished enemy and will never abandon neither your wounded nor your dead, nor will you under any circumstances surrender your arms (GB).*

armé (véhicule / matériel) armed (US, GB). Ex : *Lourdement / faiblement / armé : heavily / poorly / armed (GB, US, Jane's). Un hélicoptère très rapide et puissamment armé : a heavily armed, high speed helicopter (US).*

armé (PERS / force / menace) armed (GB) (PREP : "with") (ADV : "heavily"). Ex : *Contre un ennemi armé : against an armed enemy (US). Bandits armés : armed bandits (US). Des éléments armés : armed elements (OTAN). Les forces armées : the Armed Forces (GB). Un individu armé : an armed individual (US). Lutter avec résolution (<u>ou</u> détermination) contre les menaces armées : to make a determined stand against armed threats (GB). Les deux camps étaient fortement armés : both sides were heavily armed (GB). L'individu est armé et dangereux : the man is armed and dangerous (GB).*

armé (opération) manned (UN). Ex : *Incursion armée : manned incursion (UN).*

arme à action différée / retardée delayed-action weapon (UN).

arme absolue (STRAT) absolute weapon.

arme à déclenchement retardé time-fused weapon (UN).

arme à dispersion cluster bomb (UN), cluster bomb unit (CBU) (OTAN).

arme à effet de sol (nucléaire) ground-effect weapon (UN).

arme à effet de souffle blast weapon (UN).

arme à effets de radiation renforcée (arme à neutrons) enhanced-radiation weapon (ERW) (OTAN).

arme à énergie (<u>ou</u> à visée) cinétique kinetic energy weapon (KEW) (UN).

arme à énergie (<u>ou</u> destruction) dirigée directed energy weapon (DEW) (UN).

arme à faisceau de particules particle-beam weapon (PBW) (UN).

arme à faisceau lumineux (<u>ou</u> à (faisceau) laser) beam weapon (UN), laser beam weapon (LBW) (UN).

arme à feu firearm (GB, UN).

arme à impact sur zone area weapon.

arme à implosion implosion weapon (UN).

arme à matière radioactive radioactive material weapon (UN), radiological weapon (RW) (UN).

arme à micro-ondes microwave(s) weapon (UN).

arme à neutrons enhanced-radiation weapon (ERW) (OTAN).

arme antichar anti-tank weapon (GB, OTAN), antiarmor weapon (US), anti armour weapon (GB) (VERB : "to carry", "to use") (ADJ : "light", "disposable", "one-shot", "reliable", "easy to use") (NOM ASS. :"weight", "spotting rifle") (EXPR : "to destroy a target", "to require little preparation").

arme antichar à courte portée short range antitank weapon (SRAW) (Predator) (US).

arme antichar légère light anti-tank weapon (LAW) (OTAN).

arme anti-matériel anti-materiel weapon (UN).

arme antisatellite anti-satellite (UN).

arme à plombs pellet gun (UN).

arme à rayonnement(s) renforcé(s) enhanced radiation weapon (ERW) (UN).

arme à tir tendu flat trajectory weapon.

arme atomique atomic weapon (GB).

arme autoguidée homing weapon (UN).

arme automatique automatic weapon (US, GB), automatic (GB) (3 catégories existent : 1. légère : light. 2. mi-lourde : medium. 3. lourde : heavy). Ex : *Arme automatique de groupe de combat / arme automatique légère / de calibre 5.56 : 5.56mm squad automatic weapon (SAW) (US). Une rafale d'arme automatique : a burst of automatic fire (GB).*

arme bactériologique bacteriological weapon.

arme balistique missile weapon (UN).

arme binaire binary weapon (US).

arme biologique biological weapon (GB).

arme blanche edged weapon (UN).

Arme Blindée Cavalerie (ABC) (arme) Armour <u>ou</u> armour (Terme générique) (Abréviation GB : "armr"). Ex : *L'ABC britannique : the Royal Armoured Corps (RAC) — L'ABC américaine : Armor (US).*

arme chimique chemical weapon (CW) (UN).

arme chimique (l') chemical weapons (US, GB), chemicals (GB) (Terme familier US : "poison gas"). Ex : *Utiliser (<u>ou</u> employer) l'arme chimique : to make use of chemical weapons, to use chemicals (GB) — La Russie peut encore frapper les États-Unis au moyen de l'arme chimique : Russia can still strike the United States with chemical weapons (US). L'ennemi utilise l'arme chimique : the enemy is using chemical weapons (US).*

arme classique (<u>ou</u> conventionnelle) conventional weapon (UN).

arme d'accompagnement accompanying weapon (US).

arme d'appui combat support arm (US, GB).

<u>Comp.</u> :

- <u>The Combat Support Arms (GB)</u> : The Combat Support Arms provide the British Army's combat units with the essential and immediate support that they need to carry out their role (= the Royal Regiment of Artillery (RA), the Royal Engineers (RE), the Royal Signals (R Signals), the Intelligence Corps (Int Corps).

- <u>Combat support arms (US)</u> : "are those that provide operational asistance to the combat arms, including engagement in combat when necessary, but who have additional responsibilities in providing logistical and administrative support to the Army as a whole".

- <u>Arme d'appui</u> : L'appui est l'aide apportée par une formation à une autre et comportant le plus souvent fourniture de feu. Les armes traditionnellement chargées de l'appui au sein de l'armée de terre sont l'artillerie, le génie et l'aviation légère de l'armée de terre (ALAT) (F).

arme d'appui (de type mitrailleuse) support weapon (US, GB).

arme d'appui rapproché (ART) close support weapon.

arme d'assaut (fusil semi-automatique) assault weapon (US, GB) (VERB : "to use") (ADJ : "ultimate", "multipurpose") (Avec chargeur de 20 à 30 cartouches et baïonnette).

arme d'autodéfense (RENS) self-defense weapon (US).

armé de (hommes / matériels) armed with (GB), mounting (US). Ex : *Un hélicoptère Lynx armé de missiles TOW : a Lynx helicopter armed with TOW missiles (GB). La section est armée de fusils SA-80 : the platoon are armed with IW (= individual weapon) — SA 80. Le char est armé d'un canon de 105 : the tank / mounts a 105mm gun (GB) / is armed with a 105mm gun (<u>Jane's</u>). Armé de missiles (véhicule) : missile-armed (US) (En épithète). Une tourelle armée d'un canon automatique : a turret mounting an automatic gun (US). Le char est armé d'un canon de 90 mm : the tank carries a 90mm gun (US)..*

arme de contre-batterie counter battery weapon (US).

arme de destruction destructive weapon (OTAN).

arme de dissuasion deterrent weapon (US).

arme de faible énergie (<u>ou</u> à effets collatéraux réduits) reduced blast weapon (UN).

arme de fortune (<u>ou</u> improvisée <u>ou</u> de circonstance) (champ de bataille) field-expedient weapon (US, UN).

arme de guerre weapon of war (US).

arme de jet throwing weapon (UN).

arme de mêlée (AT) <u>combat arm</u> (US, GB) (Termes familiers : "teeth arm", "the teeth" (GB), manœuvre arm, (GB), maneuver arm (US).

<u>Comp.</u> :

- <u>The "Combat Arms" (GB)</u> : The Combat Arms are those units of the British Army which engage in direct fire against the enemy. They are normally grouped together in operations to form a potent fighting force (= the Infantry, the Royal Armoured Corps (RAC), the Army Air Corps (AAC).

- <u>Combat arms (US)</u> : "are those directly involved in the conduct of actual fighting."

- <u>Arme de mêlée</u> : L'infanterie, l'arme blindée cavalerie et, dans certaines circonstances de combat, le génie sont les armes de mêlée de l'armée de terre (F).

arme de poing handgun (GB).

arme de puissance nominale nominal weapon (US, OTAN).

arme de réglage spotting rifle (GB).

arme de soutien (AT) combat service support (CSS) arm (US, GB), combat service support (CSS) branch (US, GB).

<u>Cf.</u> :

- <u>The Combat Service Support (CSS) Arms (GB)</u> : the Combat Service Support (CSS) Arms provide the British Army's combat and combat support arms with the infrastructure and logistic support that they need to carry out their roles (= the Royal Electrical and Mechanical Engineers (REME), the Royal Logistic Corps (RLC), the Royal Army Medical Corps (RAMC), the Adjutant General's Corps (AGC).

- Combat service support branches (US): "are those whose chief mission is to provide logistical and administrative support and whose personnel are not usually directly engaged in combat".

arme d'estoc thrusting weapon.

arme de taille cutting weapon.

arme de terreur terror weapon (US).

arme de théâtre theatre weapon (UN).

arme d'info-guerre infowar weapon (Time).

arme d'origine basic branch (US), entry branch (US).

armée (sens générique) army (Terme générique), (military) service (US), (military) Service (GB), military (US, GB), force (US, CA) (À moduler en fonction du contexte) (VERB: "to run", "to maintain", "to raise", "to support", "to command", "to man", "to lead", "to disperse", "to call upon", "to serve in") (ADJ & PART: "large", "versatile", "lethal", "survivable", "respected", "deployable", "sustainable", "dominant", "strategic", "standing"). Ex: *Les 3 armées (terre, air, mer): the 3 services. Les autres armées (= autres que l'armée de terre): the sister services (US). Sous contrat avec les armées: under contract to the services (US). Armée d'occupation: army of occupation (US, GB). Les armées de l'OTAN: NATO armies (GB). Former les armées nationales: to train national militaries (US). Nous avons mis en place avec succès une armée professionnelle: we have successfully fielded an all-volunteer force (US). Des armées à base de volontaires: volunteer-based armies (GB). Des armées de masse: mass armies (GB). L'armée australienne: the Australian Defence Force (ADF). Une armée manquant de recrues: a recruit-starved military (US). Équiper l'armée en personnels: to man the force (US). Des modifications énormes sont intervenues dans la manière de combattre des trois armées: there have been enormous changes in the way wars are fought by all three Services (GB). Les armées coalisées: the coalition armies (GB). Une armée de 50 000 hommes: an army of 50,000 (GB). L'analyse du renseignement de source ouverte sur les armées étrangères et les industries d'armement: analysis of open source intelligence on foreign armies and arms industries (US).*

À noter:
- Le terme "tri-service" (ou "purple" (GB) (= relatif aux 3 armées, interarmées), pouvant s'employer en épithète.
- Le terme "military" est souvent repris par le pronom personnel pluriel "they".

armée (l') the forces (GB), the armed forces, the (armed) services (GB), the military (US, GB). Ex: *L'armée française (= armée de terre + armée de l'air + marine): the French armed forces, the French (armed) services. On encourage les jeunes à s'engager dans l'armée: young people are encouraged to join the services (GB). L'armée française exige que la Légion la représente de façon exemplaire: the French military requires the Legion to represent them in exemplary fashion (GB).*

armée (grande unité spécifique) army (OTAN). Ex: *La 1ère Armée (française): the (French) First Army (Jane's Defence Weekly). La 3ᵉ Armée américaine: Third U.S. Army (Noter ici les majuscules et l'absence d'article défini). Le Commandement des Forces Terrestres commande la 3ᵉ Armée américaine: FORSCOM (= Forces Command) commands the Third U.S. Army (US). Groupe d'armées: army group (AG) (OTAN). La 3ᵉ Armée américaine était commandée par le général Patton: the US Third Army was commanded by General Patton (GB).*

Cf.: army: a formation larger than an army corps but smaller than an army group. It usually consists of two or more army corps (OTAN).

armée d'active (par rapport aux forces de réserve) standing army (GB).

armée de chars tank army (TA) (OTAN).

armée de conscription conscription army (GB), conscript army (OTAN).

armée de l'air (the) Air Force (US, GB). Ex : *L'armée de l'air britannique : the Royal Air Force (RAF). L'armée de l'air américaine : the U.S. Air Force (USAF). L'armée de l'air des États-Unis en Europe : United States Air Force, Europe (USAFE).*

armée de l'air (de) air-force (GB) (En épithète). Ex : *Personnel(s) de l'armée de l'air : air-force personnel (GB).*

armée de libération liberation army (Jane's). Ex : *L'Armée de Libération du Kosovo avait jusqu'à la date butoir du 6 février pour entamer les pourparlers de paix : the Kosovo Liberation Army (KLA) had been given a deadline of 6 February to start peace talks (Jane's).*

armée de métier professional army (OTAN), career army (Jane's), career military.

armée de projection de forces force-projection army (US).

armée de terre (the) Army (US, GB, CA), land force (US) (VERB : "to provide", "to build", "to size", "to organize", "to equip", "to raise", "to maintain", "to increase") (ADJ & PART : "large", "permanent", "ready", "power projection", "better", "tiny" = minuscule, "warfighting", "(strategically) responsive", "efficient", "pre-eminent", "reengineered") (NOM ASS. : "history", "organization", "modernization"). Ex : *L'armée de terre américaine / des États-Unis : the United States Army / the U.S. Army (Elle comprend : "the Regular Army, the Army National Guard and the Army Reserve" pour former "the Total Army") (US), the Army of the United States (AUS) (US), America's Army (US). L'armée de terre britannique : the British Army (GB). L'armée de terre du Canada : Canada's Army (CA), the Canadian Land Force (CLF) (CA). L'armée de terre d'active : the Regular Army (RA) (US), the Active Army (US). L'armée de terre des États-Unis en Europe : United States Army, Europe (USAREUR). L'armée de terre koweitienne : the Kuwait Land Forces (GB). Le commandant-en-chef de l'armée de terre est le Président (USA) : the Army's commander in chief is the President (US). L'armée de terre globale / intégrée (y compris "the Army Reserve" et "the Army National Guard") (USA) : America's Army (US) (Avant 1994, le terme employé était : "the Total Army") – Faire passer l'effectif de l'armée de terre à environ 150 000 hommes : to reduce the Army to (a strength of) about 150,000 men (US). Libérer le gros des effectifs de l'armée de terre : to discharge the bulk of the Army (US). Une armée de terre d'active dotée d'un effectif de 25 000 militaires : a regular Army with a strength of 25,000 (CA).*

À noter : 1. La présence d'un A majuscule. 2. Le terme "Army" s'emploie couramment en position "épithète". Ex : Army modernization = la modernisation de l'armée de terre. 3. L'emploi de l'adjectif "military" = ayant trait à l'armée de terre. Ex : The United States Military Academy (USMA) : l'école de formation initiale (des officiers) de l'armée de terre).

armée de terre (de l') Army (OTAN, US, GB) (En épithète). Ex : *Système tactique d'information de commandement et de contrôle de l'armée de terre : Army tactical command and control information system (ATCCIS) (OTAN).*

armée de terre des 20 prochaines années (USA) Army After Next (AAN) (US).

armée de terre française (l') the French Army (Jane's). Ex : *L'armée de terre française est en proie à un bouleversement historique : the French Army is in the throes of an historic upheaval (Jane's).*

armée de théâtre theater army.

armée européenne European army (OTAN). Ex : *La création d'une armée européenne : the creation of a European army (OTAN).*

armée française (l') the French military (US).

armée interarmes combined arms army (CAA) (OTAN).

arme éjectée (ou lancée) à froid pop-up defensive weapon (UN).

armée-média military-media (US) (En épithète).

armée-nation (lien) the link between the nation and the military (GB), the nationwide link between the military and civilian community (GB), the link between the people and the military (US). Ex : *Le lien armée de terre-nation : (the) Army-Nation bond (US), the bond between the Army and the Nation (US). Le lien armée-nation qui remonte à la Révolution : the link between the nation and the military which dates from the Revolution (GB) (Voir aussi **lien armée-nation**).*

armée nationale national army (GB).

armée pilote lead service.

armée professionnelle professional army (Jane's), all-volunteer Armed Forces (GB), all-volunteer (military) force (AVF) (US), volunteer military (US). Ex : *Nous avons mis en place avec succès une armée professionnelle : we have successfully fielded an all-volunteer force (US). La création d'une armée professionnelle : the establishment of an all-volunteer military force (US). L'armée professionnelle : the volunteer military (US). En 1973, les États-Unis sont passés à une armée professionnelle : in 1973, the United States converted to an All-Volunteer military (US). La nouvelle armée professionnelle : the new professional army (Jane's).*

armées (les) (3 armées et services interarmées, sauf Gendarmerie) the armed forces ou the Armed Forces (GB), the military (services) (US), the forces (GB). Ex : *Un organisme de renseignement indépendant (ou distinct) des armées : an intelligence organization separate from the military services (US).*

ARMÉES 2000 the ARMÉES 2000 programme (GB).

armée stratégique strategic army (US).

armée territoriale (forces de réserve disponibles de l'armée de terre britannique) the Territorial Army (TA).

arme guidée antichar anti-tank (ou antitank) guided weapon (ATGW) (GB, OTAN).

arme individuelle individual weapon (IW) (GB), personal weapon (US).

arme individuelle (d'un seul soldat) one-man weapon.

arme individuelle future (AIF) (système combattant) (France) the AIF infantry combat weapon (Jane's).

arme intelligente smart weapon (UN).

arme laser aéroportée airborne laser (ABL) (AUST).

arme laser à grande énergie high energy (damage) laser (UN).

arme létale lethal weapon.

armement weaponry (US) armament, weapons (US) (VERB : "to maintain", "to operate") (ADJ : "sophisticated", "lethal"), ("armament" est un terme dénombrable, variable). Ex : *L'armement d'un matériel : the armament of a piece of equipment (GB). L'armement d'une unité : the weaponry of a unit (GB). Armement antichar : antitank weaponry (GB). Armement de haute technologie / de pointe : high-technology weaponry (US). Armements terrestres américains : US ground forces weapons (US). Armement intelligent : smart weaponry (GB). Armement individuel (soldat) : personal weaponry (GB). L'armement se compose de huit missiles Stinger et d'une mitrailleuse de calibre 12.7 : the armament consists of eight Stinger missiles and a .50 caliber machine gun (US). Armement des aéronefs : aircraft armament (OTAN). Base de stockage des armements et matériels : arma-*

ment and equipment storage base (AESB) (OTAN). L'armement (ou les armements) de l'armée de terre: Army weaponry (US).

armement (arme / système d'armes) (action) arming.

armement (action d'équiper en armes) armament (GB).

armement antichar anti-tank weaponry (GB) (VERB: "to be equipped with").

armement auxiliaire (véhicule blindé) ancillary armement.

armement de bord on-board armament (CFE).

armement de précision precision weaponry (Jane's).

armement de toit (véhicule blindé) roof armament.

armement lourd heavy armament (CFE). Ex: *Véhicule de combat à armement lourd (VCAL): heavy armament combat vehicle (HACV) (UN).*

armement principal (char) main armament (CFE, GB, US, Jane's) (VERB: "to comprise", "to aim", "to fire").

armements armaments (OTAN) (S'emploie aussi en épithète). Ex: *La souplesse et la faculté d'adaptation de la coopération dans le secteur des armements: agility and responsiveness in armaments cooperation (OTAN).*

armement secondaire (char) secondary armament (GB, US) (VERB: "to consist of").

armements conventionnels (ou classiques) conventional armaments (OTAN, UN), conventional weapons (US).

armements nucléaires nuclear weapons (US).

armements stratégiques strategic arms (OTAN).

armements terrestres land armaments. Ex: *Une société (de fabrication) d'armements terrestres: a land armaments company (Jane's).*

arme micro-ondes microwave(s) weapon (UN).

arme modulaire tirée à distance de sécurité modular stand-off weapon (MSOW) (OTAN).

arme non létale (ANL) non-lethal weapon (Jane's).

arme nucléaire nuclear weapon (US, GB, OTAN) (Terme familier: "nuke" (US, GB).

arme nucléaire (l') nuclear weapons (OTAN, US). Ex: *La Russie peut encore frapper les États-Unis au moyen de l'arme nucléaire: Russia can still strike the United States with nuclear weapons (US).*

arme nucléaire de théâtre (ou tactique ou du champ de bataille) theatre nuclear weapon (UN).

arme nucléaire stratégique strategic nuclear weapon (GB).

arme nucléaire tactique (ANT) (ou pré-stratégique) battlefield nuclear weapon (UN), tactical nuclear weapon (TNW) (UN, US) (EXPR: "to remove from an inventory").

arme offensive (STRAT) offensive arm (UN).

arme offensive offensive weapon (US).

arme psychologique psychological weapon (US). Ex: *Les tireurs embusqués ont toujours été considérés comme une arme psychologique: urban snipers have always been considered a psychological weapon (US).*

armer (fusil / arme à feu) to cock (a rifle / a firearm) (US, GB).

armer (mine / obus) to actuate, to arm (a mine / a shell) (US, GB).

armer (équiper d'armes) (PERS) to arm (GB).

armes (armement) arms (US) (Terme toujours pluriel dans ce sens), weapons (US) (ADJ: "over-matching", "accurate" = précises, "high-speed" = à vitesse élevée, "long-range" = à longue portée).

armes à énergie dirigée directed energy weapons (DEW) (US).

armes à (effet de) fragmentation fragmentation weapons (GB, UN).

armes à effets de masse weapons of mass effects (WME) (US).

armes à guidage de précision precision-guided weapons (OTAN).

armes à guidage laser laser guided weapons (LGW) (US), laser-guided weaponry (US).

armes antichar antiarmor weapons (US).

armes à tir direct direct-fire weapons (US).

armes à toxines toxin weapons (UN).

armes chimiques et biologiques chemical and biological weapons (UN).

armes cinétiques kinetic weapons (US).

armes classiques (ou conventionnelles) conventional weapons.

armes dans l'espace space weapons (US).

armes d'appui supporting arms (OTAN). Ex : *Coordonnateur des armes d'appui : supporting arms coordinator (SAC) (OTAN).*

armes d'autodéfense et d'interdiction de zone self-defence and area suppression weapons (UN).

armes de destruction massive weapons of mass destruction (WMD) (OTAN, US), mass destruction weapons (US) (VERB : "to develop"). Ex : *La probabilité qu'un ennemi emploie des armes de destruction massive : the likelihood that an enemy will use mass destruction waepons (US).*

armes défensives defensive weapons.

armes de longue portée guidées avec précision long range precision-guided munitions (LRPGM) (US).

armes de petit calibre voir **armes légères.**

armes de poing side arms (UN) (pistolets et révolvers).

armes de précision precision weaponry (US), precision weapons (US).

armes de tir indirect indirect fire weapons.

arme semi-automatique semi-automatic weapon (GB).

armes et les services (les) arms and services (US, GB).

armes et munitions ordnance (GB).

armes légères (< 20mm) (ou de petit calibre ou portatives) small arms (UN).

armes non cinétiques non-kinetic weapons (US).

armes nucléaires tactiques tactical nuclear weapons (TNW).

arme sol-air air defense weapon (US).

armes portatives voir **armes légères.**

armes radiologiques radiological weapons (UN).

armes spéciales special weapons (SW) (OTAN).

armes stratégiques strategic weapons.

armes tactiques tactical weapons (Jane's).

arme stratégique offensive offensive strategic weapon (UN).

arme sur l'épaule ! (commandement) shoulder arms ! (US, GB).

arme thermonucléaire thermonuclear weapon (US, GB).

arme utilisable (ou utilisée) à distance de sécurité stand-off weapon (UN).

armistice armistice (US, GB, CA) (Terme dénombrable) (VERB : "to conclude", "to monitor", "to agree to", "to sign") (ADJ : "general", "partial", "local"). Ex : *Commission militaire* *d'armistice: military armistice commission (CA). On signa l'armistice pour mettre fin à la guerre: an armistice was signed to end the war (GB).*

armoiries (ou blason) coat of arms (GB).

armurerie armoury (GB), arms room (US), armory (US), arsenal (GB).

armurier armorer (US) (= "A soldier who maintains a unit's small arms").

armurier (fabricant d'armes) gunsmith (GB).

à roues (véhicule) wheeled (US, GB).

arrangement arrangement (OTAN) (Terme dénombrable). Ex: *Les arrangements concernant la sécurité européenne: European security arrangements (OTAN). Les arrangements de consultation spéciaux avec la Russie et l'Ukraine: the special consultation arrangements with Russia and Ukraine (OTAN).*

arrestation (AT / GEND) arrest (GB). Ex: *Procéder à une arrestation: to make an arrest (GB). Être en état d'arrestation: to be under arrest (GB).*

arrêt cessation (US), shutdown (OTAN), cut-off (UN), ending (OTAN), stoppage (US), conclusion (OTAN). Ex: *Arrêt de la respiration (SAN): stoppage of breathing (US). L'arrêt des combats / des hostilités: the cessation of fighting / of hostilities (US). Lors de l'arrêt du rotor (hélicoptère): upon rotor shutdown (OTAN). Arrêt de la production des matières fissibles: cut-off of production of fissionable material (UN). Arrêt de la propulsion (missile): cut-off (OTAN) (Préposition à utiliser: "at") – Arrêt de l'usage excessif et disproportionné de la force au Kosovo: ending of excessive and disproportionate use of force in Kosovo (OTAN). L'arrêt des opérations militaires: cessation of military operations (US). L'arrêt de la campagne aérienne au Kosovo: the conclusion of the Kosovo air campaign (OTAN). L'entraînement se poursuit après l'arrêt des hostilités: training continues after hostilities cease (US). Après l'arrêt des combats: after the fighting stops (US).*

arrêt (à l') (force / matériel) halted (US, GB), stationary (US). Ex: *Un ennemi / un véhicule / à l'arrêt: a halted enemy / vehicle (US, GB) (ADV: "temporarily") – Un tireur peut tirer le missile Avenger en mouvement ou à l'arrêt: a gunner can fire the Avenger on the move or while stationary (US).*

arrêt (défense d'/ manœuvre d') denial operations.

arrêt (ligne d') blocking line.

arrêt (position d') blocking position.

arrêt (tir d') voir **tir d'arrêt**.

arrêt cardiaque (SAN) cardiac arrest (US) (VERB: "to suffer").

arrêt de la guerre (processus) war termination (US).

arrêt des hostilités cessation of hostilities (GB).

arrêter (TAC) to block (US), to stop (US). Ex: *Arrêter une force ennemie: to block (ou to stop) an enemy force (US). Arrêter un convoi / une voiture (poste de contrôle): to stop a convoy / a car (GB). Des obstacles qui arrêteraient d'autres forces: obstacles that would stop other forces (US). Arrêter le mouvement des véhicules ennemis le long d'un itinéraire: to block the movement of hostile vehicles along a route (OTAN). Arrêter tous les véhicules et contrôler les conducteurs: to stop all vehicles and check the drivers (GB).*

arrêter (interrompre) (mission / opération / séquence de tir / course aux armements / production) to stop (OTAN), to halt (UN), to check (US), to abort (US), to terminate (US). Ex: *Arrêter une séquence de tir (ART): to stop a firing sequence (OTAN). Arrêter la course aux armements: to halt the arms race (UN). Arrêter une contre-attaque: to check a counterattack (US). Arrêter l'Opération Tempête du Désert au bout de 100 heures: to stop Operation Desert Storm after 100 hours (US). La production a été* *arrêtée au milieu des années (19) 80 (matériel) : production ceased in the mid 1980s. Arrêter une mission : to abort ou to terminate a mission (OTAN). Lorsque les forces ennemies arrêtent leur attaque : when enemy forces halt their attack (US).*

arrêter (plan) (version définitive) (TAC) to finalize (a plan) (US).

arrêter (fixer par un choix) to agree on (OTAN). Ex : *Les ministres de la Défense de l'OTAN ont arrêté une nouvelle structure de commandement militaire : NATO Defence Ministers agreed on a new military command structure (OTAN).*

arrêter (individu) (AT / GEND / RENS) to arrest (US, GB). Ex : *Être arrêté pour espionnage et trahison (agent) : to be arrested for espionage and treason (US). L'autre fut arrêté et remis aux autorités du Tribunal Pénal : the other was arrested and handed over to the Criminal Tribunal authorities (GB). Arrêter un suspect : to arrest a suspect (GB).*

arrêter (mouvement de véhicules) to block (US, GB).

arrêter (s') (progression) to be held (GB). Ex : *La progression s'est arrêtée devant Campoleone : the advance was held short of Campoleone (GB).*

arrêter de to stop (+ verbe en ING) (US, GB), to check (+ verbe en ING) (GB). Ex : *Arrêter de respirer : to stop breathing (US). Arrêter de tirer : to stop firing (GB), to check firing (GB).*

arrêtoir de chargeur (pistolet) magazine (release) catch.

arrêts (punition) (PERS) arrest (US, GB) (PREP : "under") (Orthographe : pas de "s" final en anglais). Ex : *Mettre quelqu'un aux arrêts : to put / to place / somebody under arrest (GB). Un officier aux arrêts : an officer under arrest (US).*

arrêts de rigueur close arrest (GB).

arrêts simples open arrest (GB)

arriération technologique technological backwardness (OTAN).

arrière (adjectif et nom) rear (OTAN) (VERB : "to protect"). Ex : *PC arrière : rear CP. Véhicule avec moteur à l'arrière : rear-engined vehicle (CFE). L'arrière d'une véhicule : the rear of a vehicle. Le véhicule peut être transporté à l'arrière d'un Chinook : the vehicle can be carried in the back of a Chinook (GB). À l'arrière de la caisse (véhicule blindé) : at the rear of the hull (Jane's) (Voir aussi **arrières**).*

arrière (hélicoptère) aft.

arrière (véhicule) rear (US, GB).

arrière de (en) (force) to the rear of (US) (Voir aussi **en arrière de**).

arrière-garde rear guard (US, GB, OTAN).

Comp. :

- The security element operating to the rear of a moving force (US).

- 1. Derniers éléments d'une force en progression ou en repli. Ils ont les fonctions suivantes : a. protéger les arrières d'une colonne contre des forces ennemies ; b. retarder l'ennemi pendant le repli ; c. pendant la progression, maintenir ouvertes les voies d'approvisionnement.

- 2. Détachement de sûreté rapproché chargé de renseigner et couvrir les arrières d'une troupe en marche (OTAN).

arrière-pays inland (GB). Ex : *Les forces ennemies se dirigent vers l'arrière-pays : enemy forces are moving inland (GB).*

arrières (the) rear (US) (Terme singulier), rear areas (US) (PART : "exposed"). Ex : *Les opérations sur les arrières : rear operations (US). Sur les arrières de la brigade : in the brigade rear (US). Sur les arrières d'une colonne / de la division : to the rear of a column (OTAN) / of the division (US). Les arrières de l'ennemi : the enemy's rear (US) (VERB : "to dis-*

rupt ") – Prendre le premier échelon ennemi sur les flancs et les arrières : to take the ene-
my's first echelon in the flanks and rear (GB). Une manœuvre offensive dirigée contre les
arrières de l'ennemi : an offensive maneuver against the enemy rear (US). Faites atten-
tion sur vos arrières ! (ordre à des fantassins en opération) : watch your six ! (US).
Provoquer la mort ou l'incapacité du personnel sur les arrières de l'ennemi (agents
NBC) : to produce lethal or incapacitated casualties in enemy rear areas (ou in the ene-
my's rear areas) (US).

arrières de (sur les) in the rear of (US).

arrières (combat sur les) (the) rear battle (US).

arrières stratégiques strategic rear (US).

arrimage stowage (OTAN). Ex : *Arrimage du matériel et du ravitaillement (à l'embarquement) :*
stowage of equipment and supplies (OTAN).

arrimage (charge) (sur moyen de transport) tie down (OTAN), lashing (OTAN).

arrimer (charge) to tie down (OTAN), to lash (OTAN).

arrimeur-largueur (TAP) rigger.

arrimeur-largueur (livraison par air) (TAP) load rigger.

arrivant (PERS) arrival (US). Ex : *Un nouvel arrivant : a new arrival (US), a newcomer (US)*
(Termes familiers US : "a newbie", "a new kid on the block") – Orientation des nou-
veaux arrivants : orientation of new arrivals (US).

arrivant (adjectif) (PERS) incoming (US) (En épithète) (Contraire : "outgoing"). Ex : *Un pro-*
jectile arrivant : an incoming projectile.

arrivant (force) arriving (US).

arrivée arrival (GB), introduction (US), advent. Ex : *L'arrivée de l'ennemi : the enemy arrival*
(GB). L'arrivée de la division de soutien : the arrival of the support division. Notre
arrivée est prévue pour 09h00 : our ETA (= Estimated Time of Arrival) is 0900 (hours).
L'arrivée du VCI Bradley dans la panoplie (ou le parc) des matériels de l'armée de terre :
the introduction of the Bradley BIFV (= Bradley Infantry Fighting Vehicle) into the
Army's inventory (US). Les arrivées de troupes : the troop arrivals (GB).

arrivée en force (forces sur un théâtre) forcible entry (US), forced entry (US).

arrivée précoce (force sur un théâtre d'opérations) early entry (US).

arrivée sur les plages (engins de débarquement) beaching (US, GB).

arrivée sur le théâtre (force) arrival in theater (US), theater entry (US).

arriver to arrive (GB), to come through (GB), to move in (US). Ex : *Le régiment de chars arrive*
à Congis : the tank battalion (US) / armoured regiment (GB) arrives at Congis. Arriver
sur une ligne (force) : to arrive at a line (GB). L'ordre de cessez-le-feu arriva : the cease-
fire order came through (GB). Jusqu'à ce que des renforts par voie aérienne arrivent :
until reinforcements arrive by air (GB). Des renforts militaires étaient arrivés sur le ter-
rain : military reinforcements had moved in (US). L'ordre arriva d'en haut : the order
came down from on high (+ that) (GB). Un légionnaire qui était récemment arrivé de
France : a legionnaire who had recently arrived from France (GB).

arriver à to arrive at (OTAN), to achieve (OTAN), to come up to (GB). Ex : *Arriver à / aboutir*
à / déboucher sur / une décision : to arrive at a decision (OTAN). Arriver à une solution
politique (conflit) : to achieve a political solution (OTAN). Le légionnaire était presque
arrivé au terme de ses quinze années de service : the legionnaire was coming up to the
completion of fiteeen years service (GB).

arrondi (aéronef) flare (OTAN), flare-out (OTAN), roundout (OTAN).

arsenal arsenal (GB, US) (VERB: "to establish", "to build") (Désigne à la fois des armes stockées, un bâtiment destiné au stockage des armes ou une armurerie. Aux États-Unis, il désigne en outre des installations de recherche, de développement et de production d'armement). Ex: *L'arsenal d'un pays (ensemble de son armement) : the armoury / arsenal / of a nation. L'arsenal russe : the Russian arsenal. Arsenaux spatiaux : space weaponry (UN). Arsenal d'ogives : warhead stockpile (UN). L'arsenal chimique de l'Irak : Iraq's chemical arsenal (GB). L'arsenal a été fermé : the arsenal has been closed down (GB). L'arme la plus puissante de l'arsenal terroriste : the most powerful weapon in the terrorists'arsenal (GB).*

art art (US), nature (OTAN). Ex: *L'art de la guerre (ouvrage de Sun Tzu) : the Art of War (US). Un changement majeur dans l'art de la guerre : a major change in the nature of warfare (OTAN).*

art de la défensive (l') the art of the defensive (US).

art de la manœuvre (l') operational art (US), the art of maneuver (US).

art de l'attaque (l') the art of the attack (US).

article (LOG) item (US, GB, OTAN) (Terme générique) (VERB: "to procure", "to distribute", "to maintain", "to lose", "to damage", "to issue") (ADJ: "repairable", "long-life", "(operationally) vital"). Ex: *Article contrôlé / critique (OTAN) : regulated item (OTAN). Article de ravitaillement : item of supply. Article d'usage commun : common user item (OTAN). Articles de foyer : personal demand items. Article principal / secondaire : major / secondary / item (US). Article de substitution (ou de remplacement) : replacement item (US). Articles d'habillement : clothing items (US).*

articulation (TAC) task organization (US, GB).

Comp. :

- A temporary grouping of forces designed to accomplish a particular type of mission. It involves the distribution of available assets to subordinate control headquarters by attachment or by placing assets in direct support (DS) or under the operational control of the subordinate (US).

- Constitution d'une troupe en différentes fractions subordonnées dont la composition (articulation des moyens) et le chef (articulation du commandement) sont nettement précisés (F).

articulé (fractionnement d'unité) task-organized (US, GB).

articulé (véhicule) articulated (GB).

articulé en broken down into (US), organised in (GB). Ex: *La section de mortiers lourds (SML) est articulée en 2 groupes : the heavy mortar platoon is broken down into 2 sections (US). Le corps d'armée était articulé en quatre divisions blindées à deux brigades chacune : the Corps was organised in four armoured divisions of two brigades each (GB).*

articuler (force) (TAC) to task-organize (US).

artifice éclairant flare.

artificiel (GEN) man-made (US, GB), artificial (GB). Ex: *Un obstacle artificiel : a man-made obstacle (On trouve également "artificial" (GB).*

artificiel (théâtre de guerre) synthetic (US). Ex: *Système de simulation de théâtre de guerre artificiel : synthetic theater of war (STOW) simulation program (US).*

artificier (AT / GEND) ammunition technical officer (ATO) (Oficier ou sous-officier) (GB), bomb disposal expert (UN). Ex: *Une équipe d'artificiers : a bomb-disposal team (GB).*

artillerie (forces et matériels incluant canons, obusiers, etc.) artillery (US, GB, OTAN) (Abréviation OTAN: "ARTY") (VERB: "to airlift" = transporter par voie aérienne, " to locate", "to track"). Ex: *Attaquer l'artillerie et les positions de mortiers ennemies : to* *attack enemy artillery and mortar positions (US). Une dernière attaque, dans laquelle une trentaine de chars furent engagés, fut clouée au sol par le feu de notre artillerie : a final attack in which about thirty tanks were engaged was pinned down by our artillery fire (US).*

Artillerie (arme) (the) Artillery (US, GB) (Abréviation US : "ARTY" – Abréviation GB : "arty") (Surnom GB : "the Gunners"). Ex : *Un général de l'Artillerie : a gunner general (GB). Il a servi dans l'Artillerie : he served in the Royal Artillery (GB).*

À noter : L'Artillerie britannique : the Royal Regiment of Artillery (RA) (Devise : "Ubique").

artillerie (titre de paragraphe) artillery (Abréviation GB : "Arty"), FA (Field Artillery = artillerie sol-sol) / ADA (Air Defense Artillery) support (US).

artillerie à longue portée long-range artillery (GB).

artillerie antiaérienne air defence artillery (ADA) (OTAN, US) (La traduction "anti-aircraft artillery" (AAA) (surnommée "the triple A") (US, OTAN) est relativement obsolète). Ex : *Artillerie antiaérienne légère (AAL) : light anti-aircraft artillery (LAA) (OTAN). Artillerie antiaérienne lourde : heavy anti-aircraft artillery (HAA) (OTAN).*

artillerie automotrice self-propelled (SP) artillery (US).

artillerie canon tube artillery (US), cannon artillery (US).

artillerie classique (non nucléaire) conventional artillery.

artillerie d'acquisition (d'objectifs) target acquisition artillery, locating artillery (GB).

artillerie d'action d'ensemble (ou d'appui général) general support artillery (Abréviation US : "GS" – Abréviation GB : "Gen Sp").

Cf. : Artillery that executes the fire directed by the commander of the unit to which it organically belongs or is attached. It fires in support of the operation as a whole rather than in support of a specific subordinate unit (US).

artillerie d'appui direct direct support artillery (US, GB, OTAN).

Cf. : Artillery whose primary task is to provide fire requested by the supported unit (US).

artillerie de moyen calibre medium artillery (121 — 160 mm).

artillerie divisionnaire division artillery (DIVARTY) (US), divisional artillery group (DAG) (GB) (Volume : brigade d'artillerie), division artillery group (DAG) (ENI générique). Ex : *L'organisation de l'artillerie divisionnaire est fondée sur l'organisation de la division qu'elle appuie : the organization of the division artillery (DIVARTY) is based on the organization of the division it supports (US).*

artillerie divisionnaire de division blindée armoured divisional artillery group (DAG) (GB), armor division artillery (DIVARTY) (US).

artillerie du corps d'armée Corps Artillery (US).

artillerie guidée par GPS GPS-guided ordnance (OTAN) (GPS = Global Positioning System = Système mondial de détermination de la position).

artillerie légère light artillery (jusqu'à 120 mm).

artillerie lourde heavy artillery (US) (Calibre compris entre 161 et 210 mm) (Terme familier : "the big guns").

artillerie nucléaire nuclear artillery.

artillerie parachutiste parachute artillery (GB).

artillerie sol-air (ASA) air defence artillery (GB), air defense artillery (ADA) (US), anti-aircraft artillery (AAA) (GB, US) (Emploi des majuscules pour désigner l'arme : Air Defense Artillery (US) ; devise de l'arme US : "First to fire") (Surnom US de ses personnels : "duck hunters") (ADJ : "light").

<u>Missions de l'artillerie sol-air</u> : to defend Army ground forces against attack by enemy aircraft, to
employ rapid-fire antiaircraft guns and surface-to-air missile systems, to master such
skills as radar operations and maintenance, communications, gunnery, missiles, fire
control and tracking, to watch the skies for enemy threats, to provide tactical and operational-level force protection, to support the overall objectives of divisions and corps, to
protect the force, to support joint service counterair objectives, to protect maneuver
forces and vital assets, to provide forward area air defense (FAAD) protection for maneuver units, to contribute to the intelligence and electronic warfare (IEW) effort, to gather
and disseminate information about the enemy air order of battle, to contribute to the deep
battle, to deny the enemy his own reconnaissance and C2 aircraft, to provide information
on enemy surface-to-surface missile launch points (US).

<u>Cf.</u> : Ensemble de formations d'artillerie destinées à intervenir contre les objectifs aériens. Celles-
ci sont dotées des systèmes d'arme Hawk, Roland et bitubes de 30 mm (F).

artillerie sol-air (sous-titre de paragraphe) AD (= air defence) (GB), Air Defense (US).

artillerie sol-sol field artillery (US, GB) (Abréviation US : "FA") (Emploi des majuscules pour
désigner l'arme : Field Artillery (US) (Surnom US : "the King of Battle") (Surnom de
l'artilleur sol-sol US : "redleg").

<u>Missions de l'artillerie sol-sol</u> : to provide fire support, to support the other combat arms, to pro-
vide fires with cannon, rocket and missile systems, to integrate all means of fire support
available to the commander, to neutralize, suppress or destroy enemy direct fire forces, to
attack enemy artillery and mortars, to deliver scatterable mines, to contribute to attacking
the enemy throughout the depth of his formations, to suppress enemy air defense systems,
to provide continuous fires in support of the commander's schemes of maneuver, to provide priority fire support, to strike in-depth defenses, enemy reserves or targets, to neutralize enemy artillery, to fire on enemy tanks or infantrymen (US).

<u>Cf.</u> : Ensemble des formations d'artillerie destinées à intervenir contre les objectifs à terre. Celles-
ci sont dotées de canons de 155 mm automoteur modèle F1, de 155mm automouvant, de
155mm tractés, de 155 mm à grande capacité de tir et de lance-roquettes multiples (LRM)
(F).

artillerie sol-sol (sous-titre de paragraphe) Arty. (1. Gen. Sp. 2. Close Sp.) (GB), FA (=
field artillery) support (US).

artillerie tractée towed artillery.

artilleur artilleryman (US, GB), gunner (GB) (Termes familiers : "dropshort" / "plank" (humoristique, GB), "redleg" <u>ou</u> "cannon-cocker" pour les artilleurs sol-sol et "duck hunter"
pour les artilleurs sol-air (US). Ex : *Un ancien artilleur : a former gunner (GB). Les
artilleurs (désignant l'artillerie dans son ensemble) : the gunners (GB).*

artisanal home-made (GB). Ex : *Une bombe artisanale : a home-made bomb (GB). Explosifs de
fabrication artisanale : home-made explosives (HME), improvised explosive devices
(IED) (GB).*

art militaire (l') military art (US). Ex : *Évolution de l'art militaire : evolution in military art
(US).*

art opérationnnel (l') operational art (US).

arts martiaux (forces spéciales / GEND) martial arts (US) (cf. : "judo", "jujitsu", "karate",
"Kung Fu" / "kung fu").

ASA (artillerie sol-air) air defense artillery (ADA) (US), air defence artillery (GB) (Le terme
"anti-aircraft artillery" (ou "triple A") est relativement obsolète).

ascendant advantage. Ex : *Reprendre l'ascendant moral sur l'ennemi : to regain psychological
advantage over the enemy.*

ascendant (de la base au sommet) (approche / recherche / coopération / démarche) bottom-up (US) (En épithète). Ex : *Réexamen (révision) ascendant/e (armée de terre) : Bottom-Up Review (BUR) (US) (Voir aussi descendant/e (du sommet à la base).*

ascension voir **escalader.**

asile (HUM) asylum (OTAN). Ex : *Fournir un asile temporaire à plus de 110 000 refugiés : to provide temporary asylum for more than 110,000 refugees (OTAN).*

asile (politique) (political) asylum (US) (VERB : "to grant" = accorder, "to seek" = demander). Ex : *Se voir accorder l'asile en Australie : to be granted asylum in Australia (US).*

à silencieux (arme) silenced (US).

ASMP (air-sol moyenne portée) (missile) ASMP stand-off (nuclear) missile (<u>Jane's</u>, GB).

aspect aspect (US, OTAN), component (US). Ex : *Les aspects négatifs : the negative aspects (US). Les aspects non-militaires de l'accord : the non-military aspects of the agreement (GB). Les aspects de la missions de l'armée de terre relatifs au renseignement : the intelligence aspects of the Army's mission (US). Les aspects civilo-militaires de l'entraînement (thème de séminaire OTAN) : Civil-Military Aspects of Training (OTAN). La réponse de l'OTAN a revêtu trois aspects : NATO's response has been threefold (OTAN). Ces opérations comportaient des aspects humanitaires importants : these operations contained significant humanitarian components (US). Du côté des aspect positifs, il y avait le niveau d'expérience des commandants de la brigade : on the plus side, there was the experience level of the brigade's commanders (US) (Contraire : "on the minus side" = du côté des aspects négatifs). Aspects humanitaires du maintien de la paix : humanitarian aspects of peacekeeping (OTAN).*

aspect (opération / plan) feature (US, GB) (ADJ : "noteworthy" = remarquable).

aspirant (PERS) probationary second lieutenant (GB), second lieutenant on probation (GB).

aspiration (PERS) aspiration (US) (Terme dénombrable, souvent utilisé au pluriel) (PREP : "to"), hope.

aspirer à to want (US). Ex : *Les Bosniaques aspirent à la paix : Bosnians want peace (US).*

assaillant attacker (US, GB, OTAN), assailant (Terme formel) (GB).

assaillant (adjectif) attacking (OTAN). Ex : *Une force ennemie assaillante : an attacking enemy force (OTAN).*

assaillir to assault, to attack, to assail. Ex : *Les policiers ont été assaillis par de jeunes manifestants : policemen were assaulted by young demonstrators (GB).*

assassin (AT / GEND / RENS) assassin (US) (VERB : "to hire", "to train", "to get rid of", "to watch for") (ADJ : "would-be").

assassinat (AT / GEND/ RENS) assassination (US, GB) (VERB : "to time", "to carry out", "to foil"). Ex : *Sur le lieu de l'assassinat : at the site of the assassination (US). Complot en vue d'un assassinat (RENS) : assassination plot. L'assassinat du président : the assassination of the President (GB). Un assassinat politique : a political assassination (US).*

assassinat (opération homo) (RENS) executive action (US), executive operation (US).

assassiné (RENS / GEND) assasinated (Terme familier GB : "shopped").

assaut assault (US, GB), onslaught (VERB : "to conduct", "to make", "to maintain", "to practise", "to assist", "to mount") (PREP : "on") (Le verbe transitif direct "to assault " existe également. Cf. : "to assault an enemy objective"). Ex : *Un assaut sur l'objectif : an assault upon the objective (US). Assaut frontal : frontal assault (US). Donner l'assaut : to assault (US, GB), to launch an attack (on / against). Prendre d'assaut un bâtiment (fantassins) : to assault a building (US).*

<u>Comp.</u> :

- 1. The culmination of an attack which closes with the enemy.
- 2. In an amphibious operation, the period of time from the crossing of the line of departure (LD) by the first scheduled wave to the seizure of the initial objectives.
- 3. A phase of an airborne or air assault operation beginning with delivery of the assault force into the objective area and extending through the attack of objectives and consolidation of the initial airhead.
- 4. In river crossings, the period of time from the launching of the first crossing effort until the initial bridgehead has been secured and responsibility passed to the crossing area commander (US).
- Bond final de l'attaque menée par une petite unité, ayant pour but l'irruption dans la position ennemie et l'abordage au corps à corps (F).

assaut (en) assaulting (GB). Ex : *L'infanterie en assaut : the assaulting infantry (GB).*

assaut aérien (ou vertical) air assault (OTAN). Ex : *Brigade d'assaut aérien : air assault brigade (AAB) (OTAN).*

assaut aéroporté parachute assault (US), airborne assault (US) (VERB : "to execute").

assaut amphibie amphibious assault (OTAN). Ex : *Opération d'assaut amphibie : amphibious assault operation (OTAN).*

assaut embarqué mounted assault (US).

assaut frontal frontal assault (GB) (VERB : "to mount").

assaut initial initial assault (US).

assaut par air (ou vertical) air assault (US) (En abrégé : "AASLT") (VERB : "to perform"). Ex : *Un assaut par air sur Beledweyne : an air assault into Beledweyne (US).*

Comp. :
- Air assault : Operations in which air assault forces (combat, combat support (CS), and combat service support (CSS), using the firepower, mobility and total integration of helicopter assets in their ground or air roles, maneuver on the battle field under the control of the ground or air maneuver commander to engage and destroy enemy forces (US).
- Procédé de combat qui vise à mettre à terre une troupe par aérolargage ou héliportage sur ou à proximité immédiate de l'objectif qui lui a été assigné (F).

assaut par hélicoptère(s) de combat attack helicopter assault (US).

assaut soudain rush (GB). Ex : *L'ennemi lança un assaut soudain sur nos positions : the enemy rushed our positions (GB).*

assaut vertical (opération aéroportée) parachute assault, airborne assault.

ASSDN (association des anciens membres des services spéciaux de la Défense Nationale) Équivalent US : Association of Former Intelligence Officers (Fondée en 1975).

assemblage (de forces) (modularité) mixing (Jane's).

assemblée assembly (UN, OTAN). Ex : *Assemblée générale : general assembly (UN). Assemblée de l'Atlantique Nord : North Atlantic Assembly (NAA) (OTAN).*

assembler (unités) to combine (units).

assembler (forces) (TAC) to assemble (US). Ex : *Assembler des forces (en vue d'une opération) : to assemble forces (US).*

assembler (mortier) to assemble (GB), to set up (GB).

assentiment consent (US). Ex : *Avec l'assentiment de tous les principaux belligérants : with the consent of all major belligerents (US).*

asservi (mécanisme) slaved.

assez sûr (cotation) (RENS) fairly reliable (US).

assiéger to besiege (CA), to lay siege to (GB). Ex: *Une ville assiégée: a beleaguered city / a besieged city (CA). Assiéger Mexico: to lay siege to Mexico City (GB).*

assiette (missile) attitude (OTAN). Ex: *Maintenir la stabilité de l'assiette (missile): to maintain attitude stability (OTAN).*

assignation (affectation) assignment (US). Ex: *Assignation des chambrées (PERS): room assignment (US).*

assignation à résidence house arrest (OTAN, GB) (PREP: "under"). Ex: *Assignation à résidence de généraux: generals under house arrest (OTAN).*

assignation de fréquences frequency assignment (OTAN).

assigné (ou fixé) (mission) assigned (US).

assigner (objectif / unité / mission) to assign (US, GB), to task (US) (PREP: "to"). Ex: *Assigner un objectif à: to assign an objective to (someone). Assigner une chambrée à quelqu'un: to assign a room to somebody (US). Le 9ᵉ / 12ᵉ Lanciers continuera d'être assigné à la 3ᵉ Division Blindée: the 9th / 12th Lancers will continue to be tasked to the 3rd Armoured Division (GB). Assigner directement des objectifs aux unités de feu (ou de tir): to make direct target assignments to fire units (OTAN). Assigner des missions à des forces armées: to assign missions to military forces (OTAN).*

assimiler to associate (OTAN). Ex: *Produits pétroliers et assimilés: petroleum and associated products (OTAN). Assimiler des forces à des forces armées classiques: to conventionalize forces (UN).*

assimiler (informations / renseignements) to assimilate (US).

assis seated (Jane's). Ex: *Le chef de char et le tireur sont assis à l'avant du véhicule: the commander and gunner are seated at the front of the vehicle (Jane's).*

assistance assistance (US) (Terme indénombrable), aid (VERB: "to provide... to"). Ex: *Fournir une assistance technique: to give / provide / technical assistance (US). Se prêter assistance (unités): to assist one another (US). L'assistance à fournir aux populations civiles: the provision of aid to the civilian population (UEO) (Voir aussi aide).*

assistance financière (services sociaux) (PERS) financial assistance (US).

assistance (ou aide) humanitaire humanitarian assistance (HA) (OTAN, US). Ex: *L'assistance humanitaire coordonnée apportée par l'OTAN a été renforcée devant l'aggravation de la crise due à l'afflux des réfugiés: coordinated humanitarian assistance from NATO has been stepped up in response to the escalating refugee crisis (OTAN). Apporter une assistance humanitaire aux pays partenaires limitrophes de la Yougoslavie: to provide humanitarian assistance to Partner countries bordering Yugoslavia (OTAN) (Voir aussi aide humanitaire).*

assistance internationale international assistance (CA).

assistance juridique legal assistance (US).

assistance linguistique linguistic assistance (US).

assistance logistique logistics assistance (US) (VERB: "to furnish").

assistance médicale (ou sanitaire) medical assistance (US) (VERB: "to provide").

assistance militaire à la communauté civile (GB) military aid to the civil community (MACC) (GB) (Militaires sans armes fournissant assistance en cas de catastrophe naturelle et d'état d'urgence) (VERB: "to afford").

assistance militaire au pouvoir civil (ou aux pouvoirs publics) (GB) military aid to the civil power (MACP) (GB) (Emploi de troupes en corps constitués, souvent armés, en vue d'assister les pouvoirs publics dans le maintien de l'ordre) (VERB: "to afford").

assistance militaire aux autorités civiles (GB) military aid to the civil authorities (MACA) (GB) (Nom collectif donné à 3 types d'opérations : "military aid to the civil community (MACC)", "military aid to the civil ministries (MACM)" et "military aid to the civil power" (MACP) (VERB : "to afford").

assistance militaire aux ministères civils (GB) military aid to the civil ministries (MACM) (GB) (Militaires sans armes fournissant assistance en cas de travaux urgents d'importance nationale, en vue d'assurer la continuité des services publics et des approvisionnements, notamment en cas de conflits sociaux) (VERB : "to afford").

assistance mutuelle (entre pays) (accord de défense) mutual assistance (OTAN).

assistance pédagogique educational assistance (US).

assistance psychologique psychological aid.

assistance (ou aide) psychologique (personnels et familles) counseling (US). Ex : *Apporter / fournir une assistance psychologique : to counsel (+ préposition "on") (US).*

assistance technique technical assistance (US) (VERB : "to provide") (PREP : "on").

assistance technique (outre-mer) Military Assistance Overseas (MAO) (GB).

assisté par laser (système) laser-aided (OTAN). Ex : *Système de roquettes assisté par laser : laser-aided rocket system (LARS) (OTAN).*

assisté par ordinateur computer-assisted (OTAN).

assister (aider) to assist (US) (Voir aussi **aider**).

assister (force) (TAC) to aid (US).

assister à (conférence / démonstration) to attend (GB, US).

association association (US, GB, OTAN). Ex : *Une association de réservistes : a Reserve association (GB). Une association nationale d'officiers de réserve : a national reserve officer association (OTAN). L'Association de l'Armée de Terre des États-Unis : the Association of the United States Army (AUSA), the AUSA (Association à but non lucratif, fondée en 1950, destinée à promouvoir la mission, le développement, la perception et la reconnaissance publiques de l'armée de terre américaine) (US) (Voir aussi **ASSDN**).*

association (ou gang) de malfaiteurs (GEND) crime syndicate (US).

association d'anciens combattants legion (US, GB) (cf. "the American Legion" et "the British Royal Legion", qui défendent les intérêts des anciens combattants).

association de réservistes Reserve association (GB).

association de système d'arme weapon system partnership (WSP) (OTAN).

association sportive (armée de terre) sports association (GB).

associé associated (OTAN), related (US). Ex : *Concepts associés : related concepts (US). Organismes militaires et civils associés (OTAN) : associated military and civilian agencies (OTAN).*

associé à associated with (US), coupled to, combined with (US). Ex : *Le principal danger associé à la contamination radioactive : the primary hazard associated with radioactive contamination (US). Un moteur associé à une transmission : an engine coupled to a transmission. L'initiative, associée à la manœuvre : initiative, combined with maneuver (US).*

associer to team (US), to associate (GB), to combine (US). Ex : *La reconnaissance aérienne, en particulier lorsqu'elle est associée à des unités terrestres de l'ABC : Air Cavalry, particularly when teamed with ground units of Armor (US). L'appellation du Régiment du Gloucestershire est toujours très étroitement associée à la Bataille du (fleuve) Imjin en Corée : the Gloucestershire Regiment's name is still most closely associated with the Battle of the Imjin in Korea (GB). Associer des forces aériennes et terrestres (opération) : to combine air and ground forces (US). Associer des unités : to combine units (GB).*

assoiffé de sang (soldat) bloodthirsty (GB).

assommer (individu) (RENS) to knock (somebody) out (US).

assourdissant deafening (UN), sound (UN). Ex : *Grenade assourdissante : deafening / sound (UN) grenade. Bombe assourdissante : sound bomb (UN).*

assumer to fulfill (OTAN), to take (US), to bear (OTAN). Ex : *Permettre à l'Alliance de continuer d'assumer la gamme complète de ses missions : to enable the Alliance to continue to fulfil the full range of its missions (OTAN). Assumer l'entière responsabilité de (erreur) : to take full responsibility for (US). Au cours de la campagne aérienne, les États-Unis ont assumé une part disproportionnée du fardeau : during the air campaign, the United States bore a disproportionate share of the burden (OTAN).*

assumer (décision) to take responsibility for (US). Ex : *Assumer la responsabilité des décisions (chef) : to take responsibility for decisions (US).*

assumer les fonctions de (PERS) to serve as (CA).

assurance (confiance en soi) (PERS) self-confidence (US) (VERB : "to develop"). Ex : *Avoir de l'assurance / de la confiance en soi : to be assertive (US).*

assurance d'une supériorité de la connaissance assured knowledge superiority (US).

assurance de la qualité (MAT) quality assurance (US, OTAN).

assuré (certain) assured (OTAN). Ex : *Destruction mutuelle assurée : mutual assured destruction (MAD) (OTAN).*

assurer to provide (US), to ensure (US), to maintain, to assure (US), to assume (OTAN), to secure (US), to establish (CA), to afford (US). Ex : *Assurer la liberté d'action / de manœuvre : to ensure freedom of action / of maneuver (US). Assurer la sécurité : to provide security (US). Assurer la sûreté rapprochée : to ensure close security. Assurer une surveillance permanente de : to maintain surveillance of. Assurer la couverture générale (ART) : to provide area coverage. Assurer la sécurité de l'Europe occidentale : to ensure the security of Western Europe (GB). Assurer la sécurité de l'équipe d'inspection : to ensure the safety of the inspection team (CFE). Les sous-officiers assurent la bonne marche de l'unité : the NCOs (= non-commissioned officers) assure the smooth functioning of the unit (US). Assurer la défense des États-Unis (mission de l'armée de terre) : to provide for the defense of the United States (US). Les officiers sont assurés d'une carrière dynamique : officers are assured of a dynamic career (US). Assurer le ravitaillement des troupes : to provide for the resupply of troops (OTAN). Assurer une mission : to fulfill a mission (OTAN). Assurer certaines fonctions de commandement : to provide certain command functions (OTAN). Assurer le soutien : to support (OTAN). Assurer la liaison avec (organisme / autorité) : to liaise with (GB). Assurer la sûreté de (site / documents / armes) : to secure (UN). Assurer la protection de la force : to ensure protection of the force (US). Assurer l'entière responsabilité de : to assume full responsibility of (OTAN). Assurer au véhicule une vitesse sur l'eau de 10 km / h : to give the vehicle a water speed of 10 km / h (Jane's). Assurer des communications aux unités subordonnées : to provide communications to the subordinate units (US). Assurer une protection à l'équipage (véhicule) : to provide protection for the crew. Assurer l'avenir de notre pays : to secure our nation's future (US). L'OTAN a réussi a assurer la liberté de ses membres : NATO has successfully ensured the freedom of its members (OTAN). Assurer les soins médicaux d'urgence : to provide emergency medical care (OTAN). Assurer le retour de centaines de milliers de réfugiés : to secure the return of hundreds of thousands of refugees (US). Assurer la navigation d'un appareil (aéronef) : to navigate an aircraft (GB). Assurer une présence partout au Kosovo (forces) : to establish a presence throughout Kosovo (CA). C'est ce potentiel qui assure la sécurité des Canadiens : it is this capability which pro-*

vides security to Canadians (CA). Assurer la tenue et le maintien en puissance d'opérations de grande envergure, de longue durée ou de grande intensité : to conduct and sustain large scale, long term, or high intensity operations (CA). Assurer la souveraineté du Canada : to maintain (ou to protect) Canadian sovereignty (CA). Le chef est responsable de la mise en place de mesures de protection appropriées pour assurer la sécurité des troupes amies (NBC) : the commander is responsible that appropriate protective measures are taken to ensure the safety of friendly troops (US). Une certaine protection est assurée en utlisant des VTT (= véhicules de transport de troupes) : some protection is afforded by the use of APCs (= armored personnel carriers) (US). Assurer la coordination avec : to coordinate with (US). Assurer le commandement et le contrôle : to provide command and control (US). Assurer la supériorité de l'information : to provide information superiority (US). Assurer une protection intégrale (forces) : to provide full-dimensional protection (US). Assurer une logistique ciblée : to provide focused logistics (US).

assurer de (s') (TAC) to secure (OTAN).

assurer de (s') (vérifier) to check. Ex : *S'assurer du contrôle des points de franchissement : to check the control of the crossing sites.*

assurer que (s') to ensure that, to make sure that.

astiquage (effets personnels) (avant inspection ou défilé) bull (GB).

astiquer to bull (GB). Ex : *Astiquer des brodequins : to bull boots (GB).*

astuce astuteness (GB). Ex : *Astuce tactique : tactical astuteness (GB).*

asymétrique asymmetric (GB, <u>Jane's</u>) (ADV associé : "asymmetrically") (Contraire : "symmetric"). Ex : *guerre / défense / asymétrique : asymmetric warfare / defence (<u>Jane's</u>). Réactions (ou ripostes) asymétriques : asymmetric responses (GB) (VERB : "to counter") – Menace asymétrique : asymmetric threat.*

asymétriquement asymmetrically (US).

atelier workshop (GB) (Abréviation GB : "wksp"), shop (US). Ex : *Un atelier régimentaire du Matériel : a REME (Royal Electrical and Mechanical Engineers) Regimental Workshop. Un atelier de réparation (du Matériel) : a repair facility (GB). Un atelier de réflexion (problèmes de défense) : a workshop (US, OTAN). Atelier (mécanique) : shop (US). Atelier d'entretien / de maintenance du régiment (mécanique) : battalion maintenance shop (US).*

à temps on time (US). Ex : *Si nos renforts arrivent à temps, nous devrions infliger une sévère défaite à l'ennemi (ou battre l'ennemi à plates coutures) : if our reinforcements arrive on time, we should whale the tar out of (ou whip) the enemy (familier) (US).*

à terme eventually, in the long run, in the end.

ATILA (ART) voir **automatisation des tirs et liaisons de l'artillerie**.

à titre de (fonction) (PERS) as (US). Ex : *À titre de chef d'état-major de l'armée de terre allemande : as Chief of Staff of the German Army (US).*

atlantique (adjectif) Atlantic (LANT) (US, OTAN). Ex : *L'Alliance Atlantique : the Atlantic Alliance (<u>Jane's Defence Weekly</u>, US).*

Atlantique (océan) (the) Atlantic (Ocean). Ex : *Dans la région de l'Atlantique Nord : in the North Atlantic area (OTAN). Un rééquilibrage de la relation vitale entre les deux rives de l'Atlantique : a re-balancing of the vital transtatlantic relationship (OTAN). Forces aéronavales du secteur oriental de l'Atlantique : naval air forces, east Atlantic area (AIREASTLANT) (OTAN). De l'Atlantique à l'Oural (zone) : from Atlantic to the Urals (ATTU) (OTAN).*

atlantisme Atlanticism (US).

atlantiste (nom) Atlanticist (US).

ATLAS (automatisation des tirs et liaisons de l'artillerie sol-sol) (ART) the French ATLAS fire support system (US), the French automated field artillery fire support C3 system (US). Équivalent US : advanced field artillery tactical data system (AFATDS) (US).

atmosphère (ambiance) atmosphere (UN, OTAN), climate (US) (VERB : "to establish" = créer). Ex : *Une atmosphère de coopération : an atmosphere of cooperation (US). Une atmosphère de travail en équipe : a teamwork climate (US).*

atmosphère (terrestre) atmosphere (UN, OTAN). Ex : *Essais dans l'atmosphère (NUC) : tests in the atmosphere (UN). L'atmosphère terrestre : the earth's atmosphere (OTAN).*

atoll atoll (GB, US) (PREP : "at", "around"). Ex : *Le site d'expérimentations nucléaires de (ou sur) l'atoll de Mururoa, en Polynésie française : the French Polynesian nuclear test site at Mururoa atoll (GB). Garder les installations nucléaires françaises autour de l'atoll de Mururoa : to guard the French nuclear installations around Mururoa atoll (GB). L'atoll coralien de Mururoa : the coral atoll of Mururoa (US).*

atome atom (GB, US).

atomique atomic (GB, US) (Aujourd'hui, terme généralement remplacé par "nuclear" = nucléaire). Ex : *Énergie atomique : atomic energy (GB). Sous-marin atomique : atomic submarine (GB). Guerre atomique (type de guerre) : atomic warfare (GB). Arme atomique : atomic weapon (GB).*

atout asset (US). Ex : *Nos soldats sont le plus grand atout de notre armée de terre : our soldiers are our Army's greatest asset (US). Cette force constitue le meilleur atout en réserve du général : this force is the General's ace in the hole (US) (Expression familière). L'atout le plus précieux de l'armée de terre : nos soldats : the Army's most precious asset — our soldiers (US).*

à tout moment (ou en permanence) at any one time (GB).

à travers (terrain) across (US, GB).

à travers through (US). Ex : *Voir à travers les nuages : to see through clouds (US).*

atrocité atrocity (GB, OTAN) (Terme dénombrable : "atrocities") (VERB : "to recognize as", "to witness", "to occur") (ADJ : "unprecedented"). Ex : *Des atrocités de grande ampleur : large-scale atrocities (OTAN).*

atropine (SAN) atropine (GB) (VERB : "to inject").

attaché (PERS) attaché (US) (Orthographe : Ce terme conserve en principe l'accent aigu en anglais) (VERB : "to assign... to", "to send... to", "to attach..to", "to detail... (to a post)") (ADJ : "assistant"). Ex : *L'attaché naval près l'ambassade des États-Unis à Madrid : the naval attaché at the U.S. Embassy in Madrid (US).*

attaché à (fonction) (PERS) assigned to (US), affiliated with (US). Ex : *Un officier attaché à un général : an officer assigned to a general (US). Un officier attaché à un régiment : an officer affiliated with a regiment (US).*

attaché à Ex : *Respectueux des traditions, attaché à tes chefs, la discipline et la camaraderie sont ta force, le courage et la loyauté tes vertus (Code d'honneur) (Légion) : respectful of the (Legion's) traditions, honouring your superiors, discipline and comradeship are your strength, courage and loyalty your virtues (GB).*

attaché-adjoint assistant attaché (US).

attaché d'armement armament attaché.

attaché de défense (AD) (ou des forces armées) defence attaché (DA) (GB, UN), defense attaché (DATT) (US), defense attache officer (DAO) (US). Ex : *Le réseau des attachés de* *défense (RENS): the Defense Attaché System (US) (VERB: "to manage") – L'attaché de défense américain, le Colonel John Doe: U.S. Defense Attaché Colonel John Doe (US).*

attaché de gendarmerie (GEND) gendarmerie attaché.

attaché de l'air air attaché (US).

attaché de la marine naval attaché (US).

attaché des forces terrestres military attaché (US, GB) (Abréviation GB: "MA").

attachement commitment (OTAN) (VERB: "to demonstrate") (PREP: "to" = à, en faveur de).

> Ex: *Un signe important de l'attachement de l'Alliance à la transparence et à l'ouverture: an important signal of the Alliance's commitment to transparency and opnenness (OTAN).*

attaché naval naval attaché (US).

attaquable assailable (US).

attaquant attacker (US).

attaquant (force) attacking (force) (OTAN).

attaque attack (US, GB), attempt (attaque infructueuse) (GB) (VERB: "to conduct", "to make", "to perform", "to execute", "to carry out", "to happen", "to launch", "to begin", "to repel", "to impair", "to counter", "to take place", "to continue", "to break off", "to undergo", "to exploit", "to blunt", "to defend against", "to deter", "to absorb", "to weaken", "to continue with", "to mount", "to feint", "to preempt", "to pin down") (ADJ: "strong", "light", "devastating", "imminent", "short", "violent", "planned", "well-ordered", "immediate", "sustained", "simultaneous", "impending", "successful", "fierce", "rapid", "stealthy", "widespread", "enemy", "air", "missile", "computer", "local", "prearranged", "final") (PREP: "on", "against" = contre). Ex: *En cas d'attaque armée: in the event of an armed attack (GB). Dans l'hypothèse d'une attaque du Pacte de Varsovie: in the event of a Warsaw Pact attack (GB). Dans l'après-midi du 1er mai, un avion de l'OTAN a effectué une attaque contre le pont de Luzan: in the afternoon of 1 May, a NATO aircraft carried out an attack against the Luzan bridge (OTAN). À la suite des allégations serbes concernant un attaque de l'OTAN sur la village de Korisa, au Kosovo: following Serb claims about a NATO attack on the village of Korisa in Kosovo (OTAN). Au moment de l'attaque: at the time of the attack (OTAN). De nombreuses (ou une série d') attaques contre / visant ...: extensive attacks against ...(OTAN). Se défendre contre des attaques informatiques: to defend against computer attacks (Time). Dégrader les systèmes de défense aérienne ennemis par des attaques physiques: to degrade enemy air defence systems by physical attack (US) (Absence de "s" à "attack") – Une dernière attaque, dans laquelle une trentaine de chars furent engagés, fut clouée au sol par le feu de notre artillerie: a final attack in which about thirty tanks were engaged was pinned down by our artillery fire (US). L'ennemi a lancé plusieurs attaques contre le pont: the enemy made several attempts on the bridge (GB).*

Comp.:

- An offensive action characterized by movement supported by fire (US).
- Acte essentiel de la manœuvre offensive visant par la combinaison du feu et du mouvement, soit à détruire un ennemi localisé, soit à le chasser des zones qu'il occupe en lui infligeant le plus de pertes possibles (F).

attaque (l') (concept) strike (US).

attaqué (force) under attack (US, GB), attacked (US, GB). Ex: *Être attaqué par des aéronefs: to be / to come / under attack by aircraft (US).*

attaque acccidentelle (STRAT) accidental attack.

attaque à dose létale total dosage attack (US, OTAN).

attaque aérienne airstrike (US), air attack (US). Ex : *Les récentes attaques aériennes ennemies montrent (ou sont le signe d'ou manifestent) une activité aérienne normale : the recent enemy air attacks show run of the mill air activity (US).*

attaque aérienne à basse altitude low level air attack.

attaque à la roquette rocket attack (GB).

attaque à long rayon d'action long-range attack (LRA) (OTAN).

attaque armée armed attack (GB).

attaque atomique atomic attack (US).

attaque au gaz gas attack (GB) (VERB : "to launch... on").

attaque au mortier mortar attack (GB).

attaque au sol ground attack (GA) (OTAN, GB).

attaque biologique biological attack (OTAN, US) (ADJ : "effective").

attaque catalytique (STRAT) catalytic attack.

attaque chimique (ou NBC) chemical attack (OTAN, US) (VERB : "to battle through"). Ex : *Une attaque chimique à effet non persistant : a chemical attack for nonpersistent effect (US).*

attaque coordonnée co-ordinated attack (OTAN).

attaque dans la foulée hasty attack (US, GB, OTAN), quick attack (GB) (Terminologie OTAN : "attaque improvisée").

Comp. :

- In land operations, an attack in which preparation time is traded for speed in order to exploit an opportunity (GB).

- En opérations terrestres, attaque dont les délais de préparation sont réduits au profit de la rapidité, dans le but d'exploiter une opportunité (OTAN).

attaque dans la profondeur depth attack (US), deep attack (US), attack in depth (US).

attaque d'appui supporting attack (OTAN).

attaque de diversion diversionary attack (OTAN).

attaque de faible envergure minor attack (US).

attaque de flanc flanking attack (US, OTAN, GB) (VERB : "to mount").

attaque de grande envergure major attack (UN).

attaque délibérée deliberate attack (OTAN, GB).

attaque de nuit (ou nocturne) night attack (US).

attaque de précision precision engagement (US).

attaque de représailles retaliatory strike.

attaque de réseau(x) informatique(s) computer network attack (US).

attaque de rupture penetration (OTAN).

Cf. : Type de manœuvre offensive qui vise à rompre par une action en force une position défensive ennemie, à élargir la brèche ainsi créée, et à détruire la continuité du dispositif adverse (OTAN).

attaque d'exploration probing attack.

attaque d'objectifs target attack (OTAN).

attaque directe direct attack (US).

attaque directe (mode d'engagement par missile) direct-attack mode (of fire) (US).

attaque échelonnée attack in echelon (GB), echelon attack (GB).

attaque en force attack in force (US).

attaque frontale (OTAN) (<u>ou</u> **attaque de front** <u>ou</u> **engagement frontal**) frontal attack (US, GB, OTAN) (VERB: "to feint").

<u>Cf.</u>: An offensive maneuver in which the main action is directed against the front of the enemy forces and over the most direct approaches (US).

attaque guidée vectored attack (VECTAC) (OTAN).

attaque improvisée hasty attack (OTAN), quick attack (GB).

attaque informatique computer attack (Time).

attaque limitée limited attack (US).

attaque majeure major attack (UN).

attaque NBC chemical attack (US) (VERB: "to battle through").

attaque nucléaire nuclear attack (OTAN, GB), nuclear strike (OTAN) (VERB: "to deliver") (PART: "limited").

attaque par le feu attack by fire (GB).

attaque par surprise (STRAT) surprise attack.

attaque planifiée deliberate attack (US) (Terminologie OTAN: "attaque délibérée (<u>ou</u> préparée).

<u>Cf.</u>: An attack planned and carefully coordinated with all concerned elements based on thorough reconnaissance, evaluation of all available intelligence and relative combat strength, analysis of various courses of action and other factors affecting the situation (US).

attaque plongeante (<u>ou</u> **par le toit**) **(mode d'engagement par missile)** top-attack mode (of fire) (US).

attaque préemptive (<u>ou</u> **préventive** <u>ou</u> **anticipée**) **(STRAT)** pre-emptive attack (UN), pre-emptive strike (US, preemptive attack (US).

attaque préparée deliberate attack (Voir également **attaque planifiée**).

attaque préventive de harcèlement spoiling attack (NATO).

<u>Cf.</u>: A tactical manœuvre employed to impair seriously a hostile attack while the enemy is in the process of forming up or assembling for an attack (OTAN).

attaque principale (effort principal) main attack (OTAN).

<u>Cf.</u>: The principal attack or effort into which the commander throws the full weight of the offensive power at his disposal. An attack directed against the chief objective of the campaign or battle (OTAN).

attaque secondaire supporting attack (US, GB).

attaque simultanée simultaneous attack (US).

attaque simultanée et dans la profondeur depth and simultaneous attack (US).

<u>Cf.</u>: The simultaneous application of combat power against an enemy throughout the depth and breadth of the battlefield; objective goes beyond defeating the enemy; objective is to accelerate enemy defeat (US).

attaque stratégique strategic attack (GB) (VERB: "to counter") (PREP: "against").

attaque-surprise surprise attack (US).

attaquer to attack (US, GB), to fall upon (GB). Ex: *Attaquer dans la foulée: to attack from the march (US), to fight through (US). Être attaqué: to be attacked, to be under attack. Les 517 hommes à l'intérieur du fort furent bientôt attaqués par les 20 000 Drapeaux Noirs (siège): the 517 men inside the fort were soon under attack from the 20,000 Black Flags (GB). Les soldats gouvernementaux ont attaqué la colonne de refugiés: government soldiers fell upon the refugee column (GB).*

attaquer (SAN) to injure (OTAN). Ex: *Un agent chimique qui attaque les yeux: a chemical agent that injures the eyes (OTAN).*

attaquer à l'arme nucléaire to nuke (GB) (Terme familier). Ex: *Attaquons ces salauds à l'arme nucléaire!: let's nuke the bastards! (GB).*

attaquer au mortier to mortar (GB). Ex: *On nous attaque au mortier: we are being mortared (GB).*

attaque secondaire (<u>ou</u> d'appui) supporting attack (OTAN).

<u>Cf.</u>: An offensive operation carried out in conjunction with a main attack and designed to achieve one or more of the following: a. deceive the enemy ; b. destroy or pin down enemy forces which could interfere with the main attack ; c. control ground whose occupation by the enemy will hinder the main attack ; or d. force the enemy to commit reserves prematurely or in an indecisive area (OTAN).

attaque stratégique strategic attack (US) (VERB: "to carry out").

attaque sur vecteur vectored attack (VECTAC) (OTAN).

attaque téléguidée vectored attack (VECTAC) (OTAN).

attaque terrestre ground attack (US).

atteindre (TAC) to reach (US), to attain (US, OTAN), to achieve (US), to hit (<u>Jane's</u>). Ex: *Atteindre un objectif (sens spatial): to reach an objective. Atteindre un objectif (but): to attain an objective (US, OTAN). Atteindre des objectifs opérationnels: to achieve operational objectives (US). Atteindre une ligne: to reach a line. La ligne atteinte: the line reached. La 24ᵉ D.I. a atteint l'Euphrate: the 24th Infantry Division has reached the Euphrates River (US). Atteindre une destination: to reach a destination (US). Atteindre un haut niveau de qualification: to attain a high standard of proficiency (US). Une zone qui peut être atteinte par des tirs: an area which can be reached by fire (OTAN). Permettre d'atteindre des objectifs du premier coup: to enable targets to be hit with the first round fired (<u>Jane's</u>). Atteindre ses objectifs tout en ne subissant que de faibles pertes (force): to achieve one's objectives with few casualties to oneself (GB).*

atteindre (toucher) to reach (US), to hit (US), to strike (GB). Ex: *Atteindre / toucher / le sol (bombe / missile): to reach the ground (US). Atteindre une cible: to hit a target (US). Être atteint par une balle: to be hit by a bullet (GB) (Expression humoristique GB: "to get a 7.62 injection") – Danjou fut atteint d'une balle dans la gorge: Danjou was shot, a bullet in the throat (GB). Il fut atteint de 19 balles: he was struck (<u>ou</u> hit) with 19 bullets (GB). Le missile a atteint un PC ennemi: the missile hit an enemy command-post (GB).*

atteindre (grade / âge) to achieve (GB), to reach (GB), to attain (US), to turn (US). Ex: *Atteindre le grade de lieutenant-colonel: to achieve the grade of lieutenant-colonel (US), to reach lieutenant-colonel (GB). Atteindre le grade de caporal: to achieve the rank of corporal (GB). Atteindre un grade d'officier général: to attain general officer rank (US). Atteindre l'âge de 62 ans: to reach age sixty-two (US). Si un jeune homme atteint l'âge de 18 ans (service national): if a young man turns 18 (US).*

atteindre (vitesse / portée / hauteur) to achieve (US), to accelerate to (US). Ex: *Le char peut atteindre sa vitesse maximale de 72 km / h: the tank can achieve its maximum speed of 45 mph (= miles per hour). L'arme peut atteindre des portées de 30 000 mètres (canon): the weapon can achieve ranges of 30,000 meters (US). Ils peuvent traverser un gué atteignant 0,80 m de profondeur: they can ford to a depth of.80m (US). Jusqu'à des portées pouvant atteindre 10 000 mètres: at ranges up to 10,000 meters (US). Atteindre 50 km/h, départ arrêté, en 20 secondes: to accelerate from a complete stop to 30 mph (= miles per hour) in 20 seconds (US).*

atteindre (sens figuré) to attain (US), to grow to (CA), to reach (GB). Ex : *Atteindre un stade :
to attain a stage (US). Accroître le volume d'une force pour atteindre un effectif de 48 000
hommes : to expand the size of a force to 48,000. Atteindre la taille de deux divisions et
trois brigades autonomes (armée nationale) : to grow to a force of two divisions and three
separate brigades (CA). Les Mexicains, dont les propres pertes atteignaient maintenant
le nombre de 280 : the Mexicans, whose own casualties now reached 280 (GB). Nous
avons atteint la plupart de nos objectifs : we have gained most of our objectives (GB).*

atteinte harm (US), damage (US). Ex : *Atteinte physique aux individus, aux installations et au
matériel : physical harm to individuals, installations and equipment (US). Porter atteinte
au moral de l'attaquant : to damage the attacker's morale (US).*

atteinte (d'objectif) (tir) hit (GB). Ex : *Atteinte au premier coup : first-round hit (GB).*

attendez ! (procédure radio) wait ! (US).

attendez, terminé ! (procédure radio) wait, out ! (US).

attendre to expect (US), to await, to face (OTAN). Ex : *Ce que vos soldats attendent de l'armée de
terre : what your soldiers expect of the Army (US). Ce que l'on attend de chaque soldat : what
is expected of every soldier (US). En attendant la mise au point d'un nouveau pont dans les
années (19) 90 : pending the development of a new bridge in the 1990s (US). Attendre le
signal de l'attaque (troupe) : to await the signal to attack. En attendant la mise au point d'un
véhicule de combat définitif : pending the development of some ultimate combat vehicle (US).
L'ampleur des tâches qui attendent nos forces : the scope of tasks our forces face (OTAN).*

attendu (matériel) due-in (OTAN). Ex : *Les équipements attendus (LOG) : the equipment due-
in (OTAN).*

attendu (attaque / opération) expected (US).

attentat attack (US, GB). Ex : *Un attentat terroriste : a terrorist attack (US).*

attentat à la bombe bomb attack (GB) (VERB : "to take part in").

attentat terroriste terrorist attack (US).

attente (avant opération) (TAC) stand-by (US, GB). Ex : *Être en attente (unité) : to be on
stand-by (GB). Troupes en attente : stand-by troops (UN). Se tenir en attente (unité) : to
hold back (OTAN). Une unité en attente : a standby unit (CA).*

attentes (aspirations) (PERS / chef) expectation(s) (US). Ex : *Répondre à des attentes
(PERS) : to meet expectations (US).*

attentif extensive (OTAN). Ex : *L'OTAN a, durant toute la nuit, passé en revue de façon attentive ses opérations menées dans le secteur : NATO has conducted an extensive review
throughout the night of its operations in that area (OTAN).*

attention attention (US, OTAN). Ex : *Retenir prioritairement l'attention des media : to dominate
media attention (OTAN). Retenir l'attention (problèmes) : to command attention (OTAN).
Tromper l'ennemi en attirant son attention sur des zones non vitales : to deceive the
enemy by drawing its attention to nonvital areas (US).*

atténuation (camouflage) attenuation (OTAN), tone down (OTAN).

atténuer (souffrances) to relieve (OTAN). Ex : *Atténuer les souffrances des réfugiés : to
relieve the suffering of the refugees (OTAN).*

atterrir (parachutiste / colis / aéronef) to land (OTAN, GB), to touch down (GB). Ex :
*Atterrir à l'aéroport de Kolwezi : to land at Kolwezi airport (GB). L'avion a atterri à 16
H 00 : the aircraft touched down at 1600hrs (GB).*

atterrissage (TAP / aéronef) landing (OTAN, US) (VERB : "to execute", "to carry out")
(ADJ : "short" = court). Ex : *Atterrissage brutal : tough / bumpy landing. Atterrissage en
douceur : smooth landing. Atterrissage d'urgence : emergency landing (OTAN).*

Atterrissage aux instruments : instrument landing (US). Atterrissage sur arbre : tree landing. Atterrissage sur plan d'eau : water landing. Atterrissage sur ligne électrique : high wire landing. Décollage et atterrissage courts (aéronef) : short take-off and landing (STOL) (OTAN).

atterrissage aux instruments instrument landing (OTAN). Ex : *Système d'atterrissage aux instruments : instrument landing system (ILS) (OTAN).*

atterrissage d'assaut air landing (OTAN).

atterrissage et décollage courts short take-off and landing (STOL) (GB).

atterrissage forcé forced landing (GB).

atterrissage vertical vertical landing (GB).

attirer to draw (GB), to attract (GB). Ex : *Attirer l'ennemi dans une zone : to draw the enemy into an area (GB). Attirer l'attention des autres membres de la patrouille : to attract the rest of the patrol's attention (GB). Attirer des recrues potentielles / des candidats : to attract potential recruits / applicants (GB).*

attirer (leurrer) to decoy (GB). Ex : *Attirer l'ennemi dans une embuscade : to decoy the enemy into an ambush (GB).*

attirer l'attention sur (TAC) to draw attention to (US). Ex : *Tromper l'ennemi en attirant son attention sur des zones non vitales : to deceive the enemy by drawing its attention to non-vital areas (US).*

attiser (incident / crise) to inflame (US).

attitude (ou disposition) attitude (US) (VERB : "to induce", "to reinforce") (ADJ : "favorable").

attribuer to allocate (US), to allot, to assign (OTAN), to award (US) (PREP : "to"). Ex : *Attribuer 8 sorties d'appui aérien rapproché à la 54ᵉ Division Mécanisée : to allocate 8 CAS (= Close Air Support) sorties to 54th Mechanized Division (US). Attribuer une fréquence (radio) : to allocate / to allot / a frequency. Une zone attribuée à un commandant : an area allocated to a commander (GB). Attribuer des moyens à une unité : to allocate resources (ou assets) to a unit (GB, US). Attribuer un contrat (d'armement) à une société : to award a contract to a company (US). Attribuer une tâche / une mission / à une force : to assign a task / a mission / to a force (OTAN).*

attribut (matériel) attribute (US). Ex : *Les attributs de puissance de feu et de mobilité (véhicule blindé) : the attributes of firepower and mobility (US).*

attribution allocation (OTAN, US). Ex : *Un besoin justifiant l'attribution de ressources (ou moyens) : a need justifying the allocation of resources (OTAN). L'attribution de ces neuf régiments de mêlée aux trois état-majors de brigade : the allocation of these nine maneuver battalions to the three brigade headquarters (US). Attributions de moyens (à l'armée de terre) : resource allocations (US).*

attribution des fréquences (radio) frequency allocation (OTAN), frequency allotment.

attribution des missions tasking (US, OTAN).

attribution des missions aériennes air tasking (OTAN).

attributions responsibilities (GB), functions (US) (VERB : "to perform"). Ex : *Les attributions du corps d'armée en temps de guerre : the corps' wartime responsibilities (GB). Le SVR a repris les attributions du KGB en matière de renseignement extérieur (RENS) : the SVR took over the foreign intelligence functions of the KGB (US).*

attributions (mandat) terms of reference (TOR) (OTAN).

attrition (usure) (TAC) attrition (US, GB). (Noter le verbe correspondant : "to attrit" (US) = mener un combat d'usure, user) (ADJ : "incremental") (PREP : "through").

Comp. :

- The reduction in the effectiveness of a force caused by loss of personnel and materiel (US).

- Réduction de l'efficacité d'une force, causée par des pertes en personnel ou en matériel (OTAN).

au (indicateur de jour) on (US, GB, OTAN). Ex : *Au 59ᵉ jour de l'Opération "Force Alliée" : on Day 59 of Operation Allied Force (OTAN).*

au (pendant) in (GB). Ex : *Au combat, tu agis sans passion et sans haine, tu respectes les enne-mis vaincus, tu n'abandonnes jamais ni tes morts, ni tes blessés, ni tes armes (Code d'honneur) (Légion) : in combat, you will act without relish of your tasks, or hatred; you will respect the vanquished enemy and will never abandon neither your wounded nor your dead, nor will you under any circumstances surrender your arms (GB).*

aube dawn (US, GB). Ex : *À l'aube : at dawn (US). Nous devrons quitter le camp à l'aube : we will have to leave the camp at o-dark-thirty (familier) (US). Attaque avant l'aube : pre-dawn attack (US).*

au besoin if necessary (OTAN). Ex : *Au besoin en combattant : by fighting if necessary (OTAN).*

au centre (de) in the center of.

au combat (force) in combat (US).

au contact in contact (Contraire : "out of contact") (US).

au contact (bataille) contact battle (battlegroup / brigade, 0-5 km de la FEBA), close battle.

au coup par coup (actions / réactions) (TAC) piecemeal (US) (En épithète).

au cours de during (US), over (US), in (CA). Ex : *Au cours d'un exercice : during an exercise (US). Au cours du mois de mai 1991 : during May 1991 (US). Au cours d'une guerre : during a war (US). Au cours des 10 prochaines / des 6 dernières / années : over the next 10 / past 6 / years (US). L'OTAN prend toutes les mesures de précaution possibles pour éviter des pertes civiles au cours de ses opérations : NATO takes very precaution to avoid civilian casualties during its operations (OTAN). Au cours de la Deuxième Guerre mon-diale : during the Second World War (CA). Au cours du même mois : in the same month (CA). L'œuvre accomplie (ou le travail réalisé) par l'armée de terre au cours de l'année écoulée : the Army's accomplishments during the past year (US). Au cours de la cam-pagne aérienne : during the air campaign (OTAN).*

audace boldness, audacity (US).

audacieux daring (GB), bold (GB), audacious (US). Ex : *Une opération audacieuse : a daring operation (GB). Un soldat audacieux : a daring (US) / bold (GB) / soldier. La victoire appartient aux audacieux : victory goes to the bold (US).*

au-delà de beyond (US, GB). Ex : *Au-delà de la limite avant de la zone de combat : beyond the FEBA (Forward Edge of the Battle Area) (US). Au-delà du Cher : beyond the Cher (River) (US) / the (River) Cher (GB). Au-delà de l'âge de 62 ans : beyond age sixty-two (US). Au-delà de l'an 2010 : beyond 2010 (US).*

au-delà de la portée optique beyond line of sight (BLOS) (OTAN), beyond visual range (BVR) (OTAN).

au-delà de l'horizon (détection) beyond the horizon (BTH) (Baud).

au-dessous below (GB), lower (US). Ex : *Grade au-dessous de commandant : rank below major (GB). Au niveau "corps d'armée" et au-dessous : at corps level and below / and lower (US). Au-dessous du niveau "division" : below division level (US).*

au-dessus above (GB, US), over (Jane's). Ex : *Grade au-dessus de lieutenant : rank above lieu-tenant (GB). Au-dessus du 38ᵉ parallèle : above the 38th parallel (US). Au-dessus des têtes : overhead (S'emploie aussi en épithète). Au-dessus de la moyenne : above the ave-rage (US). La trajectoire d'un projectile au-dessus des troupes amies : the path of a pro-*

jectile above the friendly troops (OTAN). Tirer au-dessus des troupes amies : to fire above friendly troops (OTAN). Des officiers nommés au grade de général de Brigade ou au-dessus : officers appointed to the rank of Brigadier or above (OTAN). Des opérations aériennes de l'OTAN au-dessus de la Bosnie : NATO air operations over Bosnia (Jane's). Au-dessus du niveau de la brigade : above brigade level (US, GB).

audience-cible (action psychologique) target audience (OTAN).

audiofréquence audio frequency (AF) (OTAN).

audio-visuel audiovisual (US). Ex : *Techniques audiovisuelles : audiovisual techniques (US).*

audit (fonction) comptrollership (US).

audit (vérification comptable) audit (OTAN). Ex : *Audit (ou vérification comptable) et inspection : audit and inspection (A&I) (OTAN).*

audit (des forces) (réexamen) review (US). Ex : *Un audit (réexamen) des forces armées : a defense review (US).*

auditeur Ex : *Être auditeur à (établissement de l'enseignement militaire supérieur) : to attend (+ nom de l'établissement) (US).*

auditif aural (OTAN). Ex : *Signaux / renseignements / auditifs : aural / signals / information (OTAN).*

AUF1 (automoteur modèle F1) (the) 155mm AUF1 self-propelled howitzer (US) (Voir aussi **canon de 155 mm AUF1**).

augmentation (budget) increase (US). Ex : *Le ministère de la Défense connaîtra la deuxième augmentation consécutive de son budget : the Department of Defense will see the second consecutive increase in its budget (US). L'augmentation des fonds affectés à la Défense : the budget increase for Defence (CA).*

augmentation (solde) (PERS) hike (CA). Ex : *Une augmentation de la solde des militaires : a military pay hike (CA).*

augmentation (ou supplément) de solde increment of pay (GB), pay rise (GB), increased pay (US), increase in pay (US), rise in pay (Jane's) (VERB : "to get") (ADJ : "substantial"). Ex : *Les soldats reçoivent une augmentation de solde de 150% : soldiers get a 150 % increase in their pay (Jane's).*

augmenter to increase (US, GB, OTAN), to extend (GB), to augment (OTAN), to expand, to enhance (US). Ex : *Augmenter en proportion : to increase proportionally (US). Entre 1984 et 1990, le nombre de femmes a augmenté, passant de 6 000 à près de 9 000 : between 1984 and 1990, the number of women increased from 6,000 to nearly 9,000 (GB). Augmenter la portée de la détection radar : to increase the radar detection range (OTAN). Une unité d'artillerie augmente les feux d'une autre unité : an artillery unit augments the fire of another unit (OTAN). La tension a fortement augmenté (situation de crise) : there has been a sharp increase in tension (OTAN). La réserve de l'armée de l'air verra son TED augmenter et passer de 2 650 à 2 920 hommes : the Reserve Air Forces will increase in establishment from 2,650 to 2,920 (GB). Ce contrat augmentera les performances du Ptarmigan (= système de transmissions) : this contract will extend the capabilities of the Ptarmigan (GB). Augmenter le volume d'une force pour atteindre un effectif de 48 000 hommes : to expand the size of a force to 48,000. Augmenter la capacité de charge du pont : to increase the load carrying classification of the bridge. Augmenter leur vulnérabilité aux tirs classiques (troupes à pied) : to increase their vulnerability to conventional fire (US). Augmenter l'effet de surprise tactique : to enhance tactical surprise (US). Augmenter les capacités opérationnelles militaires : to enhance military operational capabilities (US).*

augmenter (feux) (ART) to augment (fires) (US).

augmenter (risque) to increase (US, GB).

aujourd'hui today (US, GB), present-day (En épithète) (US). Ex : *Le Matériel (= arme) d'au- jourd'hui et de demain : the Ordnance Corps of today and the future (US). L'arme d'as- saut la plus moderne d'aujourd'hui : today's most modern assault weapon (US). Les soldats d'aujourd'hui : today's soldiers (US). L'armée de terre d'aujourd'hui : the Army of today (US). Dans le monde d'aujourd'hui : in the present-day world (US).- L'arme d'assaut la plus moderne d'aujourd'hui : today's most modern assault weapon (US).*

au loin in the distance (GB).

au maximum (temporel) for as long as possible.

au mieux best (US). Ex : *Atteindre au mieux des objectifs stratégiques : to best achieve strategic aims (US).*

au moins at least (US, GB). Ex : *Au moins deux itinéraires : a minimum of two routes (US).*

aumônerie Royal Army Chaplains Department (RAChD) (GB), Chaplain's Corps / Chaplain Corps (US) Chaplaincy (CA).

aumônier (militaire) (military) chaplain (US, GB) (Termes familiers GB : "padre", "sky- pilot") (L'aumônier américain se fait appeler "Chaplain", quel que soit son grade ; il est aidé par un "chaplain asssistant"). Ex : *Aumônier aux Armées : chaplain to the Forces (GB).*

au moyen de with (GB), using (US), by (US), through (US). Ex : *Les soldats attaquent les for- tifications ennemies au moyen de grenades à main : the soldiers attack the enemy fortifi- cations using hand grenades (US). Attaquer au moyen de deux divisions : to attack with two divisions (GB). Traiter les armes ennemies au moyen de canons : to target enemy weapons with guns (US). La bataille est portée sur les arrières de l'ennemi au moyen d'armes lancées depuis le sol : the battle is taken to the enemy's rear by ground-launched weapons (US). Renforcer l'effort principal au moyen d'appuis d'artillerie supplémen- taires : to beef up the main effort with extra artillery support (US). Les premiers échelons ennemis seront stoppés et désorganisés au moyen de contre-attaques : the attacker's first echelons will be halted and disrupted by counter-attacks (GB). La résolution des conflits au moyen de la conciliation : the resolution of conflict by conciliation (GB). La Russie peut encore frapper les États-Unis au moyen de l'arme nucléaire : Russia can still strike the United States with nuclear weapons (US). Il est mis fin à l'action au moyen d'un signal convenu d'avance dès que la risposte commence à se dessiner (guerre guérilla) : action is terminated by a prearranged signal as counteraction begins to form (US). Au moyen de la manœuvre (TAC) : by maneuver (US), with maneuver (US), through maneu- ver (US).*

au niveau élevé (organisme) senior (OTAN). Ex : *Comité politique au niveau élevé : senior political committee (SPC) (OTAN).*

au pays (en métropole) at home (CA) (Contraire : "abroad").

au plan militaire militarily (CA). Ex : *Au plan militaire, les raids ont obtenu peu de succès : militarily, the raids achieved little (CA).*

au plan opérationnel operationally (US).

au plus tard le not later than (NLT).

au plus tôt le not earlier than (NET).

auprès de to (US, GB), with (US). Ex : *Le conseiller pour l'artillerie auprès du général com- mandant la brigade : the artillery advisor to the Brigade Commander (GB). Des résultats qui nous vaudront une plus grande estime auprès de nos alliés les plus proches : results that will foster further goodwill with our closest allies (US).*

au profit de in support of, for (US). Ex: *Contre-attaquer au profit du 155ᵉ RI: to counterattack in support of the 155th Infantry Battalion. Le premier agent du FBI à avoir jamais été reconnu coupable d'espionnage au profit de l'Union soviétique (RENS): the first FBI agent ever convicted of spying for the Soviet Union (US).*

au quotidien day-to-day (OTAN) (En épithète).

au rapport! (prise de fonctions d'un militaire) reporting for duty! (GB).

au repos (équipages / systèmes d'armes) (ART) released (OTAN).

au revoir farewell (Gb, US). Ex: *Dire au revoir à un officier partant: to bid / to tender farewell to a departing officer (GB, US).*

à usage offensif (arme) for offensive use (US).

au sein de within (US). Ex: *Au sein de chaque centre d'opérations: within each tactical operations center (TOC) (US). Au sein de la communauté militaire: within the military community (US). Au sein d'un ministère: within a Department (US). Un espion au sein du Kremlin: a spy within the Kremlin (US).*

au sol on the ground (US). Ex: *Une fois au sol (infanterie parachutiste): once on the ground (US). Combat au sol: ground warfare.*

au sol (matériel) ground (OTAN) (En épithète). Ex: *Matériel de servitude au sol: ground support equipment (GSE) (OTAN).*

auspices auspices (US, GB). Ex: *Sous les auspices des Nations-Unies: under the auspices of the United Nations (US). Les opérations s'effectuent habituellement sous les auspices des Nations-Unies: operations are usually under UN auspices (GB).*

aussi bien equally well (US). Ex: *Opérer aussi bien sur véhicule qu'à pied (fantassins): to operate equally well either mounted or dismounted (US).*

aussi... que as long as (US, GB). Ex: *Aussi longtemps que les tirs se poursuivent: for as long as the fire continues (GB).*

aussitôt que as soon as (OTAN). Ex: *Aussitôt que les circonstances le permettent: as soon as circumstances permit (OTAN).*

austère stringent (US), austere. Ex: *Se battre dans les conditions les plus austères: to fight under the most stringent of conditions (US).*

austérité (des moyens) (force) austerity (US).

au temps pour moi! as you were (US), my mistake, I made a mistake (US).

auteur (crime) perpetrator (OTAN). Ex: *Les auteurs de cette purification ethnique: the perpetrators of this ethnic cleansing (OTAN).*

authentification (TRANS / documents) authentication (GB, OTAN).

authentifier to authenticate (GB).

authentique (document) authentic (OTAN), genuine (OTAN).

auto-apprentissage self-study (US).

autobus (autocar) bus (US, GB), coach (GB) (VERB: "to halt"). Ex: *Malheureusement, un autobus a franchi le pont après le largage de l'arme: unfortunately, after weapon release, a bus crossed the bridge (OTAN).*

autochtone (adjectif) local (GB), indigenous (GB) (VERB: "to work with"). Ex: *Les autochtones: the local population (US), the indigenous population (US), the indigenous people (US), the local inhabitants (US), the locals (GB).*

autocommutateur (réseau radio) (TRANS) automatic exchange, automatic switch (US) (ADJ: "digital").

autodéfense (PERS) self-defense (US). Ex: *Droit d'autodéfense: right of self-defense (US).*

autodéfense (hélicoptère / véhicule) self-defense (US). Ex : *Le véhicule est doté d'un canon de 30 mm pour son autodéfense : the vehicle is fitted with a 30mm cannon for self-defence (GB).*

autodéfense (en) in self-defence (GB).

autodestruction (munitions) self-destruct (US).

autodétermination self-determination (OTAN).

autodirecteur (<u>ou</u> dispositif d'autoguidage <u>ou</u> tête chercheuse) (missile) homing head (US, GB), seeker, homing device (UN), seeker head.

autodirecteur de missile missile seeker (OTAN);

autodirecteur infrarouge infrared homing head.

autodirecteur infrarouge (à) infrared-seeking (En épithète).

autodirecteur radar radar seeker (GB).

autodiscipline (PERS) self-discipline (GB, US) (VERB : "to develop").

autodune (forces spéciales) dune buggy (US), light strike vehicle (LSV) (GB), fast attack vehicle (FAV) (US).

autoentretenu (paix) self-sustaining (OTAN). Ex : *Une paix autoentretenue : self-sustaining peace (OTAN).*

autoguidage homing guidance, homing (US) (Peut être "active", "passive" ou "semi-passive"). Ex : *Dispositif d'autoguidage : seeker, homing device (UN), homing head, seeker head.*

autoguidage de bout en bout all-the-way homing (UN).

autoguidage infrarouge infra-red homing (UN).

autoguidage par radar semi-actif semi-active radar homing (SARH) (UN).

automatique automatic (US, OTAN) (Abréviation US : "AUTO"). Ex : *Arme automatique : automatic weapon. Système de gestion automatique des messages : automatic message management system (AMMS) (OTAN).*

automatiquement automatically (GB).

automatisation automation (US) (ADJ : "full", "extensive").

automatisation de la logistique logistics automation (US).

automatisation des systèmes systems automation (US).

automatisation des transmissions signal automation (US).

automatisation des tirs et liaisons de l'artillerie (ATILA) ATILA artillery command and control system, ATILA automated artillery tactical command and control system. <u>Équivalent GB</u> : Battlefield Artillery Engagement System (BATES). <u>Équivalent US</u> : TAC-FIRE tactical fire direction system).

automatisé automated (US, OTAN) (ADV : "fully", "highly"). Ex : *Système automatisé : automated system (OTAN). Dossier informatisé du renseignement : automated intelligence file (AIF) (OTAN). Système automatisé de traitement des messages : automated message handling system (AMHS) (OTAN).*

automatiser to automate (US). Ex : *Automatiser des tâches manuelles / le travail : to automate / manual tasks / work (US).*

automitrailleuse armored car (US), armoured car (GB).

automitrailleuse légère light armored car (US).

automne autumn (US), fall (US). Ex : *Manœuvres d'automne de l'OTAN : NATO autumn maneuvers (US).*

automobile (adjectif) automotive (US).

automoteur (canon / obusier) (adjectif) self-propelled (SP).

automoteur (d'artillerie) (nom) self-propelled gun (SPG) (US, GB, self-propelled howitzer (SPH) (US, GB) (À noter : Self-propelled gun (SPG) : "artillery piece in the form of an armoured vehicle" – Self-propelled howitzer (SPH) : "howitzer in the form of an armoured fighting vehicle" (GB). Ex : *L'automoteur AS90 : the AS90 self-propelled gun (GB)*.

automoteur (véhicules terrestres uniquement) automotive (US) (Ce terme designe tout ce qui a trait aux véhicules terrestres). Ex : *Performances automotrices : automotive performance (US)*.

automouvant (canon) self-moving (gun) (US, GB).

autoneige (chenillé) (tracked) over snow vehicle.

autonome (unité / opération / QG / système d'arme) independent, separate, self-contained (US), autonomous (OTAN). Ex : *Un bataillon de chars autonome (BCA) (ENI) : a separate / an independent / tank battalion. Une brigade autonome (ou non-endivisionnée) : a separate / an independent / brigade (US). Une unité autonome : a self-contained unit (US). Une opération autonome : an autonomous operation (OTAN), an independent operation (US). Un quartier général autonome : a self-contained headquarters (HQ) (GB). Agir de manière / façon autonome (unité) : to operate independently (US). Fonctionner de façon autonome (système d'armes) : to operate autonomously (US). Système d'armes autonome : self-contained weapons system.*

autonomie (aéronef / véhicule) (en temps) endurance.

autonomie (force) autonomy (US) (ADJ : "operating").

autonomie (personnels) autonomy (GB), self-reliance (US) (VERB : "to enjoy").

autonomie (système d'armes) self-sufficiency (OTAN).

autonomie (véhicule seulement) (en distance) range (US, GB) (ADJ : "long"). Ex : *Autonomie d'un char : (road) range (GB), cruising range (US). Autonomie d'un hélicoptère : range (+ préposition "of" + distance).*

autonomie (région / pays / territoire) autonomy (OTAN, CA). Ex : *Un large degré d'autonomie pour cette région : a large measure of autonomy for this region (OTAN). Permettre une plus grande autonomie pour le Kosovo : to allow for greater autonomy for Kosovo (CA).*

autonomie de combat combat self-sufficiency (US).

autonomie en carburant (véhicule) fuel endurance (US). Ex : *Avoir une autonomie en carburant de plusieurs heures : to have a fuel endurance of several hours (US)*.

autonomie en munitions (descriptif de canon automoteur) ammunition carried (GB).

auto-obstruant (réservoir) (hélicoptère) self-sealing (fuel cells) (US).

autopont flyover (GB).

autopropulsé (engin) self-propelled (vehicle) (OTAN) (Abréviation GB : "SP").

autoprotection (véhicule) self-protection (OTAN). Ex : *Pour son autoprotection (véhicule blindé) : for self-defense (US).*

autoprotection (brouillage) self-screening (OTAN).

autoralliement homing (UN).

autorisation clearance (CFE, OTAN), permission (CFE, OTAN, US), authorization (OTAN) (VERB : "to obtain", "to grant") (ADJ : "prior"). Ex : *Demander l'autorisation de : to request authority to (US), to request permission to (US). Refuser l'autorisation de : to deny permission to (US). Autorisation d'accès limitée (à des renseignements classifiés) (RENS) : limited access authorization (LAA) (US).*

autorisation d'absence du service (courte durée) (PERS) pass (US, GB) (VERB : "to grant", "to issue… to", "to be limited to a maximum of (+ nombre) days") (ADJ : "regular", "special") (EXPR : "chargeable against leave" = imputable sur les droits à permission). Ex : *Une autorisation d'absence de trois jours : a three-day pass (US). Bénéficier d'autorisations d'absence du service de 48 heures : to be granted 48 hour passes (GB). Il a eu une autorisation d'absence pour assister à l'enterrement : he was released from duty to attend the funeral (GB).*

autorisation de programme contract authority (CA) (OTAN).

autorisation de programme (ARMT) program authorization (Jane's) (Terme dénombrable).

autorisé authorized ou authorised (Abréviation : "AUTH") (PREP : "to").

autorisé cleared (US). Ex : *Des participants autorisés : cleared participants (US).*

autorisé (accès d'un lieu) in (-) bounds (GB) (PREP : "to"). Ex : *Ce débit de boissons est (d'accès) autorisé pour les soldats : this pub is in-bounds to troops (GB).*

autorisé à (ou habilité à ou ayant qualité pour) (PERS) authorised to (GB), authorized to (US), empowered to. Ex : *Je ne suis pas autorisé à faire cela : I am not authorized to do that (US).*

autorisé à (sécurité) (PERS) cleared to (GB). Ex : *Il n'a pas été autorisé à lire ce document : he has not been cleared to read this documents (GB).*

autoriser to authorize (US), to permit (Terme familier US : "to clear"). Ex : *Être autorisé à : to be permitted to (CFE), to be authorized to (US). Autoriser une opération : to authorize an operation (US). La mobilité autorisée par ces hélicoptères : the mobility afforded by theses helicopters (US). Autoriser une patrouille : to clear a patrol (GB). Les femmes ne sont pas autorisées à piloter des chasseurs : woman are barred from flying fighter jets (US).*

autoritaire authoritarian (OTAN). Ex : *Un État autoritaire : an authoritarian state (OTAN).*

autorité (personnalité) very important person (VIP).

autorité (instance de décision) authority (OTAN) (Terme dénombrable) (VERB : "to delegate... to") (ADJ : "competent", "high", "advisory" = consultative) (Terme dénombrable). Ex : *Les autorités civiles : civilian authorities (US). Les autorités locales : local authorities (GB, US). Les autorités médicales / sanitaires de l'armée de terre : the Army's medical authorities (GB). Selon les ordres de l'autorité militaire : as directed by military authority (US). Une autorité habilitée : an appropriate authority (OTAN). Autorité de coordination : co-ordinating authority (OTAN). Autorité territoriale nationale : national territorial commander (OTAN). Les autorités nationales de commandement (USA) : the National Command Authorities (US). Fournir une aide aux autorités américaines : to provide assistance to U.S. authorities (US).*

autorité (pouvoir de décision) (direction and) control (US), authority (US) (VERB : "to place under", "to operate under") (ADJ : "immediate") (PREP : "under"). Ex : *Placer des officiers sous son autorité immédiate (général) : to place officers under his immediate direction and control (US). Sous l'autorité de : under the authority of (US). Des forces placées sous son autorité (chef) : forces placed under his control (OTAN). Agir sous l'autorité du ministre de la Défense (secrétariat d'État à l'armée de terre) : to operate under the authority of the Secretary of Defense (US).*

autorité (responsabilité) responsibility (OTAN). Ex : *Il ne comprend pas en soi d'autorité sur le plan administratif (nature d'un commandement) : it does not include of itself responsibility for administration (OTAN).*

autorité (force de caractère) (PERS) authority (GB). Ex : *Il manque d'autorité : he lacks authority (GB). L'autorité du chef : the authority of the commander (US).*

autorité (exercice de l') (aptitude au commandement) leadership (US, GB) (ADJ : "enlightened", "effective").

autorité origine de zone area originating authority (AOA) (OTAN).

autorité d'agrément (des personnels) (RENS) adjudicator (US), adjudicative body (US).

autorité d'attribution des missions aériennes air tasking authority (ATA) (OTAN).

autorité de contrôle de l'espace aérien airspace control authority (ACA) (GB, OTAN).

autorité de coordination coordinating authority (US).

autorité de la loi (primauté du droit / état de droit) rule of law (GB).

autorité gestionnaire des données de la zone de renseignement (RENS) area of intelligence data management authority (OTAN).

autorité militaire nationale national military authority (OTAN) (VERB: "to be delegated to").

autorité portuaire port authority (US).

autorité provisoire des Nations-Unies au Cambodge (APRONUC) United Nations Temporary Authority in Cambodia (UNTAC).

autorités authorities (US) (VERB: "to contact", "to assist") (ADJ: "friendly", "local", "state", "national"). Ex: *Aider les autorités civiles à prévenir les pertes en vies humaines : to help civilian authorities prevent loss of lives (US). L'OTAN ne peut confirmer le nombre des victimes indiqué par les autorités serbes, ni les raisons pour lesquelles des civils se trouvaient là au moment de l'attaque : NATO cannot confirm the casualty figures given by the Serbian authorities, nor the reasons why civilians were at this location at the time of the attack (OTAN). Rendre le Kosovo aux autorités civiles : to return Kosovo to civil rule (CA). Porter assistance aux autorités locales (catastrophes) : to aid local authorities (US).*

autorités civiles civilian authorities (US), (the) civil authorities (Jane's) (VERB: "to assist") (EXPR: "to enhance relationships between military forces and civilian authorities"). Ex: *Autorités civiles du pays (ou nation) hôte : host nation civilian authorities (US).*

autorités de coordination coordinating authorities (US).

autorités de la Défense (les) (pays) the Defence leadership (CA).

autorités nationales domestic authorities (US), national authorities (US).

autorités nationales de commandement (pays) National Command Authorities (US).

autoroute motorway (GB), highway (US), freeway (autoroute urbaine) (US), turnpike (autoroute à péage) (US). Ex: *Sur l'autoroute A1 : on the A1 motorway (GB), on Highway A1 (US).*

autoroutes de l'information information superhighways (US).

autoroutier highway (OTAN) (En épithète). Ex: *Pont autoroutier : highway bridge (OTAN).*

auto-suffisance self-sufficiency (US, GB).

auto-suffisance en matière d'acquisition des armements (pays) self-sufficiency in arms procurement (GB).

auto-suffisance logistique logistics self-sufficiency (US).

autosuffisant (unité) self-sufficient (US) (ADV: "administratively", "tactically").

autour de around (GB, US), round. Ex: *Autour de 4 points d'appui : around 4 company strongpoints. Les combats autour de Pantoni : the fighting around Pantoni (GB). Autour de l'an 2000 : around the year 2000 (US).*

autre other (US, GB), further (GB). Ex: *La composition de l'artillerie divisionnaire varie d'une division à l'autre : the composition of the DAG (= Divisional Artillery Group) will vary from division to division (GB). Remplir ses nombreuses autres missions (armée de terre) : to fulfil its many other tasks (GB). Les trois autres divisions : the other three divisions (GB). Il n'y a plus d'autre solution que de recourir à l'action militaire : no alternative is open but to take military action (OTAN). Le transfert d'unités d'une division à une autre : the transfer of units from a division to another (US). Opérations autres que la guerre :*

operations other than war (OOTW) (US). Signaler d'autres incidents : to report further incidents (GB).

autre camp (l') (le camp opposé) the opposite side (GB), the other side (GB).

autrement otherwise (US). Ex : *Un tel carburant brûle sur l'objectif, sur l'eau, s'accroche à l'objectif et dans certains cas on peut le faire ricocher dans un coin sur un objectif autrement inaccessible (emploi du lance-flammes) : such a fuel burns on the target, burns on water, clings to the target, and in some instances can be ricocheted around a corner into an otherwise inaccessible target (US).*

autre que other than (US, OTAN). Ex : *Des objectifs autres que les forces ennemies : objectives other than enemy forces (OTAN). Opérations autre que (la) guerre (ou actions d'influence) : operations other than war (OOTW) (US). Autre que transmissions (RENS) : noncommunications (US) (En épithète) (Voir aussi* **renseignement autre que transmissions**). *Mission autre que le combat (ou hors combat) (unité) : nontactical mission (US).*

autre que le combat (opération / mission) noncombat (US), nontactical (US).

autres forces pour l'OTAN other forces for NATO (OFN) (OTAN).

autres pays de l'ex-Europe de l'Est other European countries (OEC) (OTAN).

autre(s) possibilité(s) alternative(s) (US).

au vent upwind (GB). Ex : *Notre position était au vent par rapport à l'attaque chimique : our position was upwind of the chemical attack (GB).*

aux côtés de alongside (GB), beside (GB). Ex : *Se battre aux côtés d'une autre unité : to fight alongside another unit (GB). Se battre aux côtés du SAS (unité) : to fight beside the SAS (GB).*

aux essais (matériel) undergoing testing (US).

auxiliaire (adjectif) auxiliary (OTAN). Ex : *Source auxiliaire de poussée (missile) : auxiliary source of thrust (OTAN).*

auxiliaire (nom) adjunct (US), addition (US). Ex : *Le drône est un auxiliaire précieux de l'artillerie : the drone is a valuable adjunct to artillery (US). L'ALAT est un auxiliaire précieux du chef pour la recherche du renseignement : Army Aviation is a welcome addition to the commander's intelligence collection effort (US).*

auxiliaire (adjectif) auxiliary (US). Ex : *Une unité auxiliaire : an auxiliary unit (US). Forces (ou troupes) auxiliaires : auxiliary forces (US).*

auxiliaire médical (militaire ou civil) paramedic (GB).

auxiliaire sanitaire (militaire) (SAN) aidman, medic (US, GB), medical assistant (GB) (ADJ avec "medic" : "combat").

"aux morts" (sonnerie) taps (US), last post (GB).

aux ordres de under the orders of, under, under the command of (US), subordinate to (GB). Ex : *Aux ordres d'un colonel : under the orders of a colonel / under a colonel. Aux ordres du commandant 127ᵉ RA : under (the command of) the commander, 127 th Artillery Battalion (US) / 127 Artillery Regiment (GB). Vous êtes aux ordres du Capitaine Smith pour cette opération : you are subordinate to Captain Smith for this operation (GB).*

aval (cours d'eau) downstream (GB) (Contraire : "upstream" = amont).

aval de (en) downstream from, downstream of. Ex : *Franchir en aval de la ville (ennemi) : to cross downstream of the town (GB).*

avance (progression / poussée) (TAC) advance, push (US).

avance (avantage / supériorité / progrès) edge (US), advantage (US), advance (US) (VERB : "to get", "to leverage" = exploiter, tirer parti de) (ADJ : "high-tech"). Ex : *Une avance / un avantage / technologique (sur) : a technological edge (over) (US).*

Représenter une avance considérable sur le canon actuellement utilisé: to represent a significant advance on the gun presently being used (US).

avance (temporel) Ex: *L'armée de terre l'a promue au grade de colonel avec deux ans d'avance: the Army promoted her to colonel two years ahead of schedule (US).*

avance (à l') in advance (GB), ahead (US). Ex: *Prévoir (ou planifier) à l'avance: to plan ahead (US). Les demandes de munitions doivent être soumises bien à l'avance: ammunition bids must be submitted well in advance (GB). Des semaines à l'avance: weeks in advance (US).*

avancé (de l'avant) forward (OTAN, US, UN), advanced (OTAN) (Abréviation: "FWD"), advance (GB), field (En épithète). Ex: *Une position avancée: a forward position (US). Une unité de l'avant: a forward unit (GB). Déploiement avancé: advanced deployment (UN). Zone avancée de soutien: forward support area (FSA) (OTAN). Des unités avancées de l'ennemi ont été aperçues: advance units of the enemy have been seen (GB). Site de soutien logistique avancé: advanced logistics support site (ALSS) (OTAN).*

avancé (lointain / précoce) early (OTAN). Ex: *Alerte avancée en vol: airborne early warning (AEW) (OTAN).*

avancé (de pointe / perfectionné) leading edge (US) (En épithète), advanced (US). Ex: *Technologie avancée: leading edge technology (US) (Voir d'autres traductions à pointe (de).*

avancé (développé) (pays) advanced (GB), developed. Ex: *Les pays avancés: advanced nations (GB).*

avancée (progrès / pas) advance (OTAN), stride (US), development (GB), advancement (OTAN). Ex: *De grandes avancées ont été faites: great strides have been made (US). Des avancées considérables en matière de mode de conduite des opérations aériennes: considerable developments in the way that air operations are conducted (GB). Les avancées réalisées dans les technologies militaires: advances in military technologies (OTAN).*

avancement (PERS) promotion (US) (Terme dénombrable), advancement (US), preferment (VERB: "to receive", "to oversee", "to block", "to give", "to seek") (ADJ avec "promotion": "competitive", "automatic", "normal") (PART: "accelerated") (EXPR: "to improve one's chances of promotion"). Ex: *L'avancement au grade de lieutenant: promotion to (the rank of) lieutenant (GB, US). Recevoir de l'avancement: to be promoted. L'avancement au grade supérieur: advancement to the next grade (US). Avancement en grade: advancement in rank (US). Avancement au choix / à l'ancienneté: promotion by selection / by seniority. Recevoir un avancement mérité: to receive a deserved promotion (US). Avancement par le rang: promotion through the ranks. L'avancement aux grades de sous-officiers: promotion to noncommissioned officer (NCO) rank (US). Le processus d'avancement: the promotion process (US).*

avancer (processus de paix) to go forward (CA).

avancer (progresser) (troupe) (TAC) to advance (US), to move up (US). Ex: *Une patrouille ennemie avance vers nos positions: an enemy patrol advances / moves up / toward our positions (US). Mettre en déroute une colonne de 3000 Américains avançant sur Montréal (Hist.): to turn back a 3,000-strong American column advancing on Montreal (CA). Avancer sur un axe (unité): to move along an axis (US). Avancez! (ordre à des fantassins en opération): move out! (US).*

avancer (véhicule) to move forward (GB). Ex: *Les chars avançaient lentement: the tanks moved forward slowly (GB).*

avancer to proceed (GB), to progress (US), to advance (US), to move (US, OTAN). Ex: *La montée en puissance des forces dans le Golfe avançait rapidement: the build-up of forces in the Gulf was proceeding rapidly (GB). Au fur et à mesure que sa (= officier) carrière* avance : as his career progresses (US). Avancer dans une carrière militaire : to advance in a military career (US). À mesure qu'avançait la campagne : as the campaign progressed (OTAN). Les Alliés européens n'avancent pas assez vite dans la restructuration de leurs dispositifs militaires : European allies are not moving rapidly enough to restructure their militaries (OTAN).

avancer à pas de loup (soldat) to creep (GB).

avancer en grade (PERS) to advance in rank (US), to progress in grade (US), to move up (ou to go up) in rank (US).

avancer en perroquet (force) (TAC) to leapfrog (GB).

avant (TAC) forward (area) (US, GB). Ex : Défense / bataille / de l'avant (STRAT) : forward defence / battle (UN). Troupes de l'avant : forward troops (OTAN). Désorganiser rapidement les forces défensives engagées à l'avant : to speedily disrupt defending forces committed forward (GB). Avec la 1ère Section à l'avant gauche : with 1 Platoon forward left (GB).

avant (véhicule / caisse) front (US), front part (US), front section (US). Ex : L'avant d'un véhicule : the front of a vehicle. À l'avant de la caisse (véhicule blindé) : at the front of the hull (Jane's). Avec le pilote à l'avant gauche (véhicule blindé) : with the driver front left (Jane's). L'avant de la caisse (véhicule blindé) : the front section of the hull (US).

avant (temporel) (préposition) before, prior to (US, GB), in advance of (OTAN), pending (US). Ex : 3 jours avant le jour J : 3 days prior to D-day (US). Une heure avant : one hour earlier / before. Avant J + 1 au matin : before D + 1 in the morning. Avant minuit : prior to midnight (US). Un programme établi avant les opérations : a programme planned in advance of operations (OTAN). Comme toutes les armées avant la bataille : like all armies prior to battle (GB). Une semaine avant l'inspection : a week in advance of the inspection (UN). Avant le tir (missile) : before launch (US), prior to firing (US). Avant (= en attendant) évacuation : pending evacuation (US). Tout juste / immédiatement / avant une opération : immediately prior to an operation (US). Avant la frappe (appui-feu aérien) : pre-strike (US) (Contraire : "post-strike) (En épithète).

avant (adjectif) forward, front. Ex : PC avant : forward CP (= Command Post).

avant (en) (vers l'avant) onward Ex : Mouvement en avant (véhicules) : onward movement (OTAN).

avantage (TAC) advantage (US), edge (US), strength (US) (VERB : "to have", "to maintain", "to enjoy", "to acquire"). Ex : Conserver l'avantage sur un adversaire potentiel : to maintain the edge against a potential adversary (US). Avoir l'avantage sur : to have an advantage over / to have an edge on (US). Prendre l'avantage / le dessus / sur : to gain the upper hand over (US, GB). Assurer l'avantage du terrain : to control ground (OTAN). Jouir d'un avantage quantitatif en chars : to enjoy a quantitative advantage in tanks (US). Prendre un avantage relatif sur un ennemi : to gain relative advantage over an enemy (US). Donner un avantage marqué à l'un ou l'autre belligérant : to afford a marked advantage to either combatant (OTAN). Un avantage en matière d'information : an information edge (US). Le combat en localités peut tourner à l'avantage d'un défenseur en infériorité numérique : urban warfare can work to the advantage of an outnumbered defender (US). Une attaque mal coordonnée peut vous amener à gaspiller votre avantage (TAC) : an uncoordinated attack may cause you to fritter away your advantage (US). Consommer une quantité de munitions disproportionnée par rapport aux gains et avantages obtenus (TAC) : to expend ammunition with no commensurate gain or advantage (US). Les États-Unis possèdent un avantage important en matière de technologie :

the US has a major strength in technology (US). Acquérir un avantage inattendu (TAC) : to acquire unexpected advantage (US).

avantage (système d'arme) advantage (US) (ADJ : "great").

avantage benefit (US, OTAN), privilege (US), advantage. Ex : *Un avantage / un "plus" / pour la carrière : a career advancement (GB). Accorder des droits et des avantages : to grant rights and privileges / benefits (US). Les avantages des mines terrestres antipersonnel au plan de la sécurité : the security benefits of anti-personnel landmines (OTAN). Assurer un avantage : to secure an advantage (US).*

avantage décisif decisive advantage (US).

avantage en nature (PERS) perk (GB).

avantage numérique numerical advantage (US). Ex : *Compenser l'avantage numérique de l'assaillant : to offset the attacker's numerical advantage (US).*

avantage offensif offensive advantage (US).

avantage tactique battlefield advantage (US), fighting edge (US) (VERB : "to give", "to hone").

avantage technologique technological edge (GB). Ex : *Fournir à nos forces des matériels leur apportant un avantage technologique décisif : to provide our forces with equipment to give them a decisive technological edge (GB).*

avantageux (position) advantageous (US).

avant de (+ verbe) (temps) before, prior to (+ verbe en ING). Ex : *Avant de franchir la ligne de débouché : prior to crossing the line of departure (LD) (US). L'aviation a observé sur la cible des positions militaires retranchées avant d'exécuter l'attaque : the aircraft observed dug-in military positions at the target before executing the attack (OTAN). Avant de prendre le commandement de la 3ᵉ batterie (ART) : prior to taking command of C Battery (US).*

avant de (à l'/ en) (espace) to the front of (US), ahead of (GB), forward of (OTAN, US). Ex : *En avant de Lima 1 : forward of (phase) line 1. En avant de la FEBA : forward of the FEBA (US) (FEBA = Forward Edge of the Battle Area = frange avant de la zone des combats).*

avant-garde (TAC) advance guard (US, GB, OTAN) (Également : advanced guard (OTAN) (Attention : Le terme "vanguard" désigne quant à lui les éléments de tête du gros des troupes).

Comp. :

- The security element operating to the front of a moving force (US).

- Détachement de sûreté rapprochée, agissant en avant d'un dispositif en marche pour renseigner, couvrir et faciliter son engagement (F).

avant-garde (pointe) cutting edge (US) (PREP : "on"). Ex : *Toutes les forces alliées seront à l'avant-garde de la révolution en matière de communications (ou transmissions) : all Allied forces will be on the cutting edge of the communications revolution (US).*

avant-garde (d') advanced (US). Ex : *Technologie d'avant-garde : advanced technology (US).*

avant-poste outpost (GB).

avant-projet (action) outline plan (GB, OTAN).

avant-propos (ouvrage) foreword (US).

avant que before. Ex : *Avant qu'ils ne soient évacués hors de la zone des combats (prisonniers de guerre) : prior to their being evacuated out of the Combat Zone (GB).*

avant-train (affût canon) limber (GB, US).

avant tout first (US). Ex : *Les chefs sont avant tout des soldats : leaders are first soldiers (US).*

avarie (matériel) malfunction (US) (VERB: "to detect"). Ex: *Système de détection des avaries (véhicule blindé): malfunction detection system (US).*

avec (contre) (guerre) with (US). Ex: *La guerre avec l'Angleterre: the war with England (US).*

avec à sa tête (unité) led by (GB).

avec opposition (<u>ou</u> avec résistance) (arrivée sur un théâtre) opposed (US).

avec personnel(s) (installation) manned (US, GB) (Contraire: "unmanned" = inhabité).

avec précision (attaque) precisely (US).

avec rapidité (attaque) rapidly (US).

avec restrictions restricted (US) (Contraire: "unrestricted" = sans restrictions).

avec succès (opération) successfully (US).

avenir future (US, GB) (ADJ: "bright" = radieux, "uncertain"). Ex: *À l'avenir: in the future (US). Dans l'avenir: later (OTAN) (Contraire: "immediately" = dans l'immédiat). Dans un (<u>ou</u> l') avenir prévisible: in the foreseeable future (GB, OTAN). Dans un proche avenir: in the near future (US). Jeter les bases d'un avenir politique (après un conflit): to set the stage for a political future (OTAN). L'avenir des conflits: the future of conflict (US) (Voir aussi **futur**).*

avenir (d') future (US).

à venir upcoming (US), future (US), to come (OTAN). Ex: *Les opérations à venir: the upcoming operations (US). Les combats à venir: future combat operations (US). Relever les défis à venir: to meet the challenges which lie ahead (CA).*

avenue d'approche (cheminement) avenue of approach (OTAN).

avertir (prévenir) to warn (US, GB), to forewarn (US), to alert (US), to notify (GB). Ex: *Être averti des dangers: to be forewarned of dangers (US). Avertir des unités d'une mission imminente: to alert units of an impending mission (US). Nous n'avons pas été avertis du changement de plan: we were not notified of the change in plan (GB). Nous l'avons averti que la menace chimique était accrue: we warned him of the increased chemical threat (GB).*

avertissement (mesure disciplinaire) (PERS) reprimand (GB), warning (GB). Ex: *Il a reçu un avertissement concernant son comportement: he was warned about his behaviour (GB). Il a reçu un avertissement: he was given a warning (GB).*

avertissement (mise en garde) warning (OTAN, US), caution (US) (VERB: "to give... to", "to issue", "to disregard") (ADJ: "verbal") (PREP: "to"). Ex: *Le commandement de la Légion lança un sévère avertissement aux deux camps: Legion commanders issued a stern warning to both sides (GB).*

avertissement (punition) (PERS) (formal) warning (GB).

avertissement (avis) warning notice (GB).

avertissement (RENS) warning (Baud).

avertisseur sonore (saut) (TAP) jump warning bell.

aveuglant blinding (UN), flash (US), anti-eye (US), light-flash (US). Ex: *Grenade aveuglante: blinding / flash (UN) / light-flash (UN) grenade. Arme aveuglante à laser: anti-eye laser weapon (UN). Bombe aveuglante: light-flash bomb (UN).*

aveugle indiscriminate (US, UN). Ex: *Arme d'emploi aveugle: indiscriminate weapon (UN). Emploi aveugle de la force: indiscriminate use of force (US).*

aveuglément blindly (OTAN). Ex: *Se heurter aveuglément à une opposition ennemie: to run blindly into enemy opposition (OTAN).*

aveuglement par l'éclair flash blindness (US, OTAN).

aveugler to blind (GB), to render blind (GB). Ex : *Aveugler l'observation ennemie : to blind enemy surveillance (GB). Aveugler un état-major ennemi : to render an enemy head-quarters blind (GB). Il a été aveuglé par un éclat d'obus : he was blinded by a piece of shrapnel (GB).*

AVG voir **avant-garde.**

aviateur (membre de l'armée de l'air) aviator (US), airman (Terme familier : "crab" = gon-fleur d'hélices (GB).

aviation (l') air force (GB), aircraft (OTAN). Ex : *L'aviation a observé sur la cible des positions militaires retranchées avant d'exécuter l'attaque : the aircraft observed dug-in military positions at the target before executing the attack (OTAN). L'aviation alliée a frappé au moins 12 chars : allied aircraft struck at least 12 tanks (OTAN). Dissuader une aviation lybienne qui elle-même volait sur des bombardiers Mirage français : to deter a Lybian air force which itself was flying French Mirage bombers (GB).*

aviation (armée de terre) aviation (US) (ADJ : "fixed-wing", "rotary-wing").

aviation à long rayon d'action long-range aviation (LRA) (OTAN).

aviation civile civil aviation (OTAN). Ex : *Agence OTAN de l'aviation civile : NATO civil avia-tion agency (NCAA) (OTAN).*

aviation de transport (l') lift aviation (US).

aviation légère de l'armée de terre voir **ALAT.**

à vide (poids de véhicule) unladen, empty (US). Ex : *Le véhicule pèse 16,33 tonnes à vide : the vehicle weighs 18 tons empty (US) (Tonne US = 0,9072 kg).*

avion aircraft (Terme générique invariable), aeroplane (GB), airplane (US) (VERB : "to counter", "to detect") (ADJ : "low-level", "high-speed", "high-performance", "hostile"). Ex : *Un avion d'appui tactique : a tactical support aircraft. Un avion citerne / ravitailleur : a tanker aircraft / a flying tanker / an airborne tanker. Un avion intercepteur : an intercep-tor aircraft. Un avion de reconnaissance : a reconnaissance aircraft / a scout plane. Un avion de combat : a combat aircraft. Un avion de transport : a transport aircraft (US, OTAN) (Avec des portées diverses : "short-range", "medium-range", "long-range") – Un avion d'entraînement : a trainer aircraft (CFE). Un avion cargo : a freighter plane. Un avion de bombardement : a bomber. Dans l'après-midi du 1er mai, un avion de l'OTAN a effectué une attaque contre le pont de Luzan : in the afternoon of 1 May, a NATO air-craft carried out an attack against the Luzan bridge (OTAN) (Voir aussi aéronef).*

avion à décollage et atterrissage verticaux vertical take-off and landing (VTOL) aircraft (OTAN).

avion à double capacité dual-capable aircraft (DCA) (OTAN).

avion à géométrie variable variable-geometry wing aircraft (UN).

avion armé armed aircraft (US).

avion-cargo cargo aircraft (OTAN, US). Ex : *Il (= système d'armes) peut être chargé rapidement à bord d'avions-cargo de l'armée de l'air : it can be rapidly loaded onto Air Force cargo aircraft (US).*

avion-citerne flying tank aircraft (UN).

avion d'appui au sol ground support aircraft (US).

avion d'appui tactique tactical fighter (US).

avion d'attaque attack aircraft (UN), strike aircraft (OTAN).

avion d'attaque au sol fighter ground attack aircraft (FGA) (GB), ground (-) attack aircraft (GB, US).

avion de chasse fighter (aircraft). Ex : *Avion de chasse européen : European fighter aircraft (EFA) (UN).*

avion de chasse polyvalent multirole fighter (GB) (VERB : "to operate").

avion de combat combat aircraft (CA) (UN, OTAN), fighter (OTAN). Ex : *Zone d'engagement d'avions de combat : fighter engagement zone (FEZ) (OTAN).*

avion de combat européen European Fighter Aircraft (EFA) (OTAN).

avion de combat polyvalent Multi-Role Combat Aircraft (MRCA) (GB, OTAN).

avion de commandement (et de contrôle) command and control aircraft (US) (VERB : "to use").

avion de frappe nucléaire nuclear strike aircraft (UN).

avion de guerre éléctronique electronic warfare aircraft (GB).

avion d'entraînement trainer aircraft (UN).

avion de reconnaissance reconnaissance aircraft (OTAN, US, GB), scout aircraft (US). Ex : *Avion de reconnaissance aérienne : aerial reconnaissance aircraft (US) (VERB : "to use").*

avion de reconnaissance stratégique strategic reconnaissance aircraft (US) (VERB : "to develop").

avion de renseignement électronique electronic intelligence (ELINT) aircraft (GB).

avion de surveillance surveillance aircraft (US, OTAN) (cf. le E — 8C Joint STARS (Surveillance Target Attack Radar System) américain).

avion de transport transport aircraft (US), transport (US). Ex : *Acheter des avions de transport C-141 Starlifter d'occasion aux États-Unis : to purchase second-hand C-141 Starlifter transports from the U.S. (US).*

avion de transport de passagers passenger aircraft (OTAN).

avion d'interception interceptor aircraft (OTAN).

avion d'interdiction et d'attaque interdiction and strike aircraft (UN).

avion d'observation observation aircraft (US).

avion d'observation (ou de réglage de tir) spotter aircraft (US).

avion ennemi enemy aircraft (GB) (Terme familier GB : "bandit").

avion espion (RENS) spy aircraft (US), spy plane (US) (VERB : "to use", "to operate", "to crash", "to shoot down") (ADJ : "advanced", "operational") (NOM ASS. : "design", "construction"). Ex : *L'avion espion U-2 : the U-2 spy plane (US).*

avion furtif stealth aircraft (OTAN), stealth plane (Time).

avion gros porteur heavy-lift transport aircraft (GB), large transport aircraft (OTAN).

avion intercepteur interceptor (US).

avionique (adjectif) avionic (GB). Ex : *Système avionique : avionic system (GB) (Terme dénombrable).*

avionique (nom) avionics (OTAN, GB) (ADJ : "advanced").

avion largueur (TAP) airdrop aircraft.

avion leader lead aircraft (OTAN).

avion léger télépiloté (ALT) Unmanned Aerial Vehicle (UAV) (US, GB) (VERB : "to be data-linked to", "to control").

avion militaire war-plane (UN), military aircraft (GB) (VERB : "to receive") (PART : "incoming").

avion radar de guet radar picket aircraft (OTAN).

avion ravitailleur airborne flying tanker (UN), air-to-air refueller (UN), tanker (US).

avion-relais en vol airborne relay aircraft (ARA) (OTAN).

avion sans pilote unmanned aircraft (UMA) (OTAN).

avion suiveur trailer aircraft (OTAN), shadow (OTAN).

avis (opinion) advice. Ex : *Le Comité OTAN de Défense Aérienne est l'organe consultatif de haut niveau chargé de donner des avis au Conseil de l'Atlantique Nord sur toutes les questions de défense aérienne : the NATO Air Defence Committee (NADC) is the senior advisory body advising the North Atlantic Council on all air defence matters (OTAN).*

avis (affiché) notice (UN).

avis à la presse press advisory (OTAN).

avis de mobilisation (réservistes) call-out notice (GB) (VERB : "to despatch").

à visibilité directe line of sight (LOS) (OTAN) (En épithète).

à vitesse élevée (armes) high-speed (US) (En épithète).

avocat de la défense (militaire) (cour martiale) (military) defense counsel (US) (Se fait appeler "Counsel" = Maître), defending officer (GB).

avoir to have (US, GB). Ex : *Avoir une mission : to have a mission (US). Ils n'ont pas la puissance de feu suffisante pour perforer leur (= chars) blindage (véhicules blindés) : they lack the firepower to penetrate their armour (Jane's). Ce type de véhicule a la même puissance de feu que le char de bataille Leopard 1 : this type of vehicle has the same firepower as the Leopard 1 MBT (= Main Battle Tank) (Jane's). L'armée de terre d'active n'avait que sept mille hommes (Hist.) : the Regular Army had only seven thousand men (US). La division a 3 brigades : the division has 3 brigades (US).*

avoir accès à to access (US). Ex : *Des historiens souhaitant avoir accès à des documents de l'OTAN : historians seeeking access to NATO documents (OTAN). Avoir accès à des informations classifiées (PERS) (RENS) : to access classified information (US).*

avoir chaud (PERS) to get hot (US).

avoir droit à to be eligible for (GB). Ex : *Avoir droit à (ou pouvoir) faire valoir ses droits à la retraite : to be eligible for a pension (GB).*

avoir en commun to have in common (US). Ex : *Avoir en commun un certain nombre de caractéristiques (famille de matériels) : to have in common a number of characteristics (US).*

avoir faim (PERS) to get hungry (US).

avoir froid (PERS) to get cold (US).

avoir la responsabilité de (fonction / domaine) to be responsible for (US). Ex : *Avoir la responsabilité de l'organisation, de l'instruction et des opérations : to be responsible for organization, training and operations (US).*

avoir le contrôle de (territoire) to be in control of (GB). Ex : *Avoir le contrôle de la partie sud du pays (rebelles) : to be in control of the southern part of the country (GB).*

avoir l'intention de to aim to (GB). Ex : *Nous avons l'intention de nous emparer du pont intact : we aim to capture the bridge intact (GB).*

avoir lieu (combats / exercice) to take place (GB, US), to occur (CA). Ex : *L'exercice Carbine Fortress a eu lieu à proximité de la ville de Wurzburg : the Carbine Fortress exercise took place in the vicinity of the city of Wurzburg (US). L'affrontement le plus important eut lieu le 2 juin 1866 : the most serious action occurred on 2 June 1866 (CA).*

avoir pour conséquence de to result in (+ verbe en ING) (US).

avoir pour mission de (force) to have the mission of (+ verbe en ING) (US).

avoir pour objet de Ex : *Une technique ayant pour objet de mettre à l'essai une représentation d'un système : a technique for testing a representation of a system (US).*

avoir pour vocation de (force / corps) to be dedicated to (+ verbe en ING) (US). Ex : *Ces unités sont des unités spécialisées de l'ALAT qui ont pour vocation de mener des missions d'opérations spéciales : these units are specialized aviation units dedicated to conducting special operations missions (US).*

avoir pouvoir de (organisme) to be empowered to (OTAN).

avoir soif (PERS) to get thirsty (US).

avoir sous commandement (forces) to have command of (GB). Ex : *La Division a trois brigades mécanisées sous commandement opérationnnel : the Division has Operational Command of three Mechanised Brigades (GB).*

avoir sous son contrôle (unité) to control (US). Ex : *Le régiment avait sous son contrôle six unités organiques ou rattachées, de la valeur d'une compagnie : the battalion was controlling six organic or attached company-size units (US).*

avoir tort Ex : *Je n'avais pas pensé à ça, mais vous n'avez pas tort sur ce point : I had not thought of that, but you've got something there (familier) (US).*

avoir vocation à to be dedicated to (+ verbe en ING) (US). Ex : *Ces unités spécialisées ont vocation à conduire des missions d'opérations spéciales : these specialized units are dedicated to conducting special operations missions (US) (Voir aussi **vocation**).*

à volonté (tir) at will (GB). Ex : *Tirez à volonté ! (ordre à des fantassins) : fire at will ! (GB).*

avorté (mission) failed (US).

avorté (attaque) abortive (GB), unsuccessful (GB).

à vos ordres ! (réponse à un ordre verbal d'un supérieur) yes sir ! (US), sir, yes, sir ! (US).

à vos ordres ! (soldat au rapport devant un supérieur) reporting ! (US).

à vos rangs ! fall in ! (US).

à vue directe line of sight (LOS) (OTAN) (En épithète).

axe (TAC) axis (US, GB) (Pluriel : "axes"). Ex : *Sur l'axe ouest : on the western axis (US). Axe optique : optical axis (OTAN). Axe de déplacement des P.C. / de transmission(s) : command axis (OTAN). Sur son axe (unité) : along its axis (GB).*

axe (expérimentation tactique) axis (US). Ex : *Axe à court terme : near term axis (US). Axe à moyen terme : mid term axis (US). Axe à long terme : far term axis (US).*

axe d'approvisionnement supply route (OTAN). Ex : *Interdire l'utilisation d'un axe d'approvisionnement essentiel nord-sud par les force armées de la RFY (= République Fédérale de Yougoslavie) : to interdict a key north-south supply route for FRY military (OTAN).*

axe d'assaut assault axis (GB).

axe d'attaque principale direction of main attack (US).

axe d'attaque secondaire supporting direction of attack (US).

axe de cheminement avenue of approach (US).

axe d'effort axis of advance (US, GB).

axe de progression (ou axe d'effort ou direction) axis of advance (US, GB, OTAN). Cf. : A general route of advance assigned for purposes of control, which extends toward the enemy (US).

axe de ravitaillement (ou d'approvisionnement) supply route (OTAN) (VERB : "to interdict") (ADJ : "key" = essentiel).

axe des X / Y (TOPO) X axis / Y axis.

axe (ou ligne) de visée line of sight (LOS).

axe des coordonnées co-ordinate axis.

axe d'observation (ART) spotting line (US, GB).

axe d'opérations operational axis (US) (VERB: "to open").

axe du barillet (arme de poing) cylinder latch.

axe fonctionnel functional line (US).

axe général (TAC) general axis (GB).

axe moyen de progression mean line of advance (MLA) (OTAN).

axe optique (lunette de tir) aiming mark (GB), cross hairs (US) (Voir aussi **ajuster**).

axer to focus (US), to orient (OTAN), to orientate (OTAN) (PREP: "on"). Ex: *Une doctrine tactique axée sur la défense: a tactical doctrine focused on defense (US). Axée essentiellement sur la défense de l'Europe occidentale (armée de terre): focused primarily on the defense of Western Europe (US). L'armée de terre est davantage axée sur la famille, avec moins d'affectations à l'étranger: the Army is more family-oriented with fewer overseas assignments (US). Cette force est axée sur la défense du continent: this force is focused on continental defence (CA).*

axe routier road (US). Ex: *Les grands axes routiers: major roads (US).*

axé sur la Défense defence-oriented. Ex: *Un budget axé sur la Défense: a defence-oriented budget.*

axé sur la manœuvre maneuver-oriented (US).

axé sur la mission (ou sur les missions) mission orientated (OTAN), mission-oriented (OTAN), task-focused (US). Ex: *Approche (ou démarche) axée sur la mission: mission orientated approach (OTAN).*

axé sur le combat battle-focused (US). Ex: *Entraînement axé sur le combat: battle-focused training (US).*

axé sur les crises (ou les urgences ou les circonstances) (force) contingency-oriented (US).

axé sur les équipements equipment-oriented (OTAN).

axé sur les forces force-oriented (US).

axé sur le terrain terrain-oriented (US).

axiome axiom (US) (VERB: "to state").

ayant droit (PERS) dependent (US). Ex: *Les personnels militaires et leurs ayants droit: military personnel and their dependents (US).*

azimut azimuth (US), bearing (OTAN). Ex: *Un azimut magnétique: a magnetic azimuth (US). Azimut géographique: true bearing (OTAN). Se battre tous azimuts: to fight in 360 degrees (US). Tirer tous azimuts: to fire in all directions. Pointage tous azimuts (canon): all-round traverse (US). L'église est sur un azimut de 1825 millièmes: the church is on a bearing of 1825 mils (GB).*

B

(BRAVO)

BA voir basse altitude.

bac (GEN) ferry (GB) (VERB : "to bolt together", "to form").

bac à projectiles (char) bin (GB).

bac Gillois Équivalent US : Mobile Floating Assault Bridge / Ferry (MAB).

bâche tarpaulin, tarp (US). Ex : *Recouvrir d'une bâche : to cover with a tarp (US).*

bachelier (titulaire du Baccalauréat) high school graduate (US).

bactériologie bacteriology (US).

bactériologique bacteriological (US). Ex : *Armes bactériologiques : bacteriological weapons (UN).*

badge de sécurité security badge (US).

badin airspeed indicator (ASI) (OTAN).

bague (fusil) barrel ring.

bague à canon (baïonnette) barrel ring.

bague coulissante (fusil automatique) slip ring.

bague de mise au point (lunette de visée) focusing ring.

bague de poussée thrust ring.

baguette (canne) cane (GB).

baguette d'éjection (arme de poing) ejector tube.

baie (TOPO) bay (GB) (ADJ : "lonely") (EXPR : "to select a bay for a landing").

bain de sang (massacre) bloodbath (GB).

baïonnette bayonet (US, GB) (ADJ & PART : "multipurpose", "fixed"). Ex : *Attaque à la baïon-nette : bayonet attack (US). Baïonnette au canon ! : fix bayonets ! (US). Percer quelqu'un d'un coup de baïonnette : to bayonet somebody (US, GB). Les Mexicains nous encer-claient et tenaient leurs baïonnettes sur notre poitrine : the Mexicans encircled us and held their bayonets to our chests (GB). Une charge à la baïonnette : a bayonet charge (GB).*

baisse decline (GB), drop (GB). Ex : *Une baisse du niveau des recrues : a decline in the standard of recruits (GB). Une baisse brutale de la qualité parmi les recrues : a sharp drop in qua-lity of recruits (GB). Ce nombre (= de soldats) était considérablement en baisse par rap-port aux 20 000 personnels militaires américains de 1996, au plus fort des opérations de l'OTAN : this number was down considerably from the 20,000 American military person-nel during the 1996 height of NATO operations (US). Des crédits en baisse : declining funding (US).*

baisser to decline (GB). Ex : *Le nombre de soldats a baissé au cours de la dernière décennie : the number of soldiers has declined in the last decade (GB).*

baisser (drapeau) to lower (the flag) (US).

bal ball (GB).

balance balance of battle (US). Ex : *Faire pencher la balance en faveur de nos forces (contre un ennemi) : to tip the balance of battle (US).*

balancier swing. Ex: *Stratégie du balancier (Hist.)* : *swing strategy.*

balayage (rotation d'antenne) scan (OTAN).

balayage (spectre) scanning (UN).

balayage (brouillage) (GE) sweep (US, GB). Ex: *Brouillage par balayage* : *sweep jamming (US, GB).*

balayage électronique (à) phased-array (GB) (En épithète). Ex: *Radar à balayage électronique* : *phased-array radar (GB).*

balayage radar radar scan (GB).

balayer (radar / photographie / viseur) to scan (GB, OTAN, US). Ex: *Balayer une vaste zone de terrain (prise de vues)* : *to scan a wide area of (the) terrain (OTAN). Balayer des secteurs de 120° (radar)* : *to scan 120° sectors (US).*

balayer à l'arme automatique to rake with machine-gun fire (GB).

balisage (aérodrome) Ex: *Marquage et balisage d'aérodrome (ou balisage diurne et lumineux d'aérodrome)* : *aerodrome marking and lighting (AML) (OTAN).*

balisage de circulation routière balisage (OTAN).

balisage d'itinéraire (circulation) route marking, route signing.

balise (signal lumineux) beacon (VERB: "to activate").

balisé marked (OTAN). Ex: *Un passage balisé (champ de mines)* : *a marked lane (OTAN).*

balise de danger (aéronefs) hazard beacon (GB).

balise de détresse distress beacon (GB).

balise radar radar beacon (RACON) (OTAN).

baliser (itinéraire) to sign, to mark out (a route).

baliser (zone de saut) (TAP) to mark (GB) (Panneaux, lumières, fumigènes).

balistique (science) ballistics (GB) (À noter en anglais : les 2 "l" et le "s" final. S'emploie avec un verbe au singulier).

balistique (adjectif) ballistic (US, GB, OTAN). Ex: *Un missile balistique (= "a missile that is guided up into the air and then falls freely")* : *a ballistic missile (GB). Un missile balistique intercontinental* : *an intercontinental ballistic missile (ICBM). Protection balistique* : *ballistic protection (US). Missile antimissile balistique* : *anti-ballistic missile (ABM) (OTAN). Le rapport balistique sur le meutre du sergent Jones* : *the ballistic report on the shooting of Sergeant Jones (GB).*

Balkans (les) the Balkans (US, GB) (VERB: "to fix").

balle bullet (US, GB) (VERB: "to be hit (ou struck) by", "to discharge") (ADJ & PART: "remaining", "exhausted", "subsonic", "supersonic", "ordinary"). Ex: *Danjou fut atteint d'une balle dans la gorge* : *Danjou was shot, a bullet in the throat (GB). Une balle en plein cœur* : *a bullet through the heart (GB). La porte était criblée d'impacts de balles* : *the door was riddled with bullet holes (GB). Le lieutenant Vilain reçut une balle en plein front et mourut sur le coup* : *Lieutenant Vilain took a bullet in the forehead and died instantly (GB). Il a reçu deux balles (PERS)* : *he was struck by two bullets. À l'épreuve des balles* : *bullet-proof (GB).*

balle à vitesse élevée high-velocity bullet (GB).

balle de fusil (ou de carabine) rifle bullet.

balle dum-dum dumdum bullet (US), dum-dum bullet (GB).

balle en caoutchouc (ou caoutchoutée) rubber bullet (GB), baton round (GB).

balle en plastique plastic bullet (GB), baton round (GB).

balle incendiaire incendiary bullet (GB), incendiary round (GB).

balle perforante armour-piercing bullet (GB).

balle traçante tracer (US), tracer bullet (GB), incendiary bullet (GB), incendiary round (GB).

ballon (d'observation) (RENS) (observation) balloon (US), (reconnaissance) kite (US) (VERB : "to be in use", "to develop", "to inflate", "to send aloft", "to crash-land", "to use", "to make use of", "to launch", "to recover", "to maintain… at an altitude", "to fly (high)", "to be undetectable", "to employ", "to attack", "to rise (+ nombre de pieds)", "to employ", "to be fitted with", "to tow", "to operate") (ADJ : "hot-air" = à air chaud, "intelligence-gathering", "manned", "hydrogen-filled" = gonflé à l'hydrogène, "gas-filled", "camera-equipped", "camera-carrying", "aerial photographic", "radio-controlled", "unmanned", "tethered", "reconaissance", "stratospheric", "automotive", "unpowered") (NOM ASS. : "renaissance", "ground control station", "launch", "flight", "military reconnaissance").

ballon de barrage barrage balloon (GB).

ballon de sabotage (Hist.) sabotage balloon (US) (VERB : "to use") (ADJ : "wind-borne").

ballon dirigeable dirigible (US).

banalisé (véhicule) unmarked (GB).

banaliser (question) to trivialise (OTAN).

banc d'atterrissage (TAP) PLF (= Parachute Landing Fall) platform.

banc de sable sandbank (GB), sand bar (fleuve ou estuaire) (GB) (VERB : "to navigate between").

bandage (pansement) (SAN) bandage (GB). Ex : *L'infirmière lui a mis un bandage autour du genou : the nurse put a bandage round his knee (GB)*.

bande (TRANS) band (OTAN). Ex : *Matériel de cryptophonie à bande étroite : narrow-band secure voice equipment ((NBSVE) (OTAN)*.

bande (clique / gang) (individus) band (GB), mob (US), gang (CA). Ex : *Une bande armée : an armed gang (CA). Des bandes de mercenaires : bands of mercenaries (GB). Il y a plusieurs bandes de rebelles qui opèrent dans la région : there are several bands of rebels operating in the area (GB)*.

bande chargeur (arme automatique) (feed) belt. Ex : *Bande chargeur articulée : link-belt (US). Une bande de 220 cartouches : a 220 round belt*.

bande d'atterrissage air strip (OTAN), airstrip (GB) (ADJ : "forward") (PART : "selected").

bande de fréquences (TRANS) frequency band (US). Ex : *Système de communications à large bande : wideband communications system (US). Fonctionner / travailler sur la bande de fréquences de 30.000 à 87.975 MHz (système radio) : to operate in the 30.000 to 87.975 MHz frequency band (US)*.

bande de rivage strip of shore (OTAN).

bande de terrain strip of terrain (OTAN).

bande latérale unique (BLU) single sideband (SSB) (OTAN).

bande magnétique (sons / images / données) magnetic tape (GB).

bande minée mine strip (OTAN) (VERB : "to lay" = disposer).

bande patronymique (personal) identification tag, nametape (US), name tag.

bande ventilée (fusil) ventilated rib.

bandit bandit (US).

banditisme banditry (US) (VERB : "to struggle with" = lutter contre).

bannière (étendard) banner (GB).

banque du sang blood donor center (BDC), blood bank (bâtiment ou véhicule) (GB).

baptême du feu baptism of fire (US, GB) (Terme dénombrable) (VERB : "to receive"). Ex : *Il a reçu le baptême du feu au Vietnam : he received his baptism of fire (ou he first saw action) in Vietnam (GB).*

baptiser (unité) to title, to designate (GB).

baptiser (matériel / exercice) to name (US), to nickname (US). Ex : *Le char fut baptisé en l'honneur de feu le général Abrams : the tank was named in honor of the late Gen. Abrams (US). Un exercice d'entraînement sur le terrain baptisé Alliance : a field training exercise named Alliance (US). Un exercice de guerre des mines baptisé Jaguar : a mine-warfare exercise, nicknamed Jaguar (US).*

baptiser (opération) to designate (US).

barbacane drainage channel (GB).

barbare (adjectif) brutal. Ex : *Des forces de plus en plus affaiblies dans leur campagne de répression barbare : forces increasingly weakened in their campaign of brutality (OTAN).*

barbelé (fil de fer) barbed wire (VERB : "to roll").

barbelé à boudin concertina wire (US, GB) (VERB : "to neutralize") (EXPR : "to use as an obstacle").

barbotin (char) sprocket (wheel), idling wheel.

barbouze (agent secret) (familier) spook (US) (CIA).

barda gear (US, GB), kit (GB) (ADJ : "field"). Ex : *Les équipes de SAS (= Special Air Service = commandos-parachutistes) avec tout leur barda : the SAS teams in full gear (GB).*

baril barrel (GB). Ex : *Un baril de pétrole : a barrel of oil (GB), an oil drum (GB).*

baril de poudre powder-keg (US).

barillet (arme de poing) cylinder.

bariolage (tenue) camouflage pattern.

bariolée (tenue de combat) camouflaged (uniform) (US).

baron de la drogue drug lord (US). Ex : *Dissuader les barons de la drogue de faire le trafic des drogues illégales à travers la frontière sud du pays : to deter drug lords from trafficking illegal drugs across the nation's Southern border (US).*

baroud (combat) fighting.

barrage (TOPO) dam (GB, US). Ex : *Construire un barrage sur un fleuve : to dam a river (GB). La barrage de Madden : Madden Dam (US).*

barrage (d'obstacles) barrier (OTAN) (VERB :" to lay").

barrage (tir de) barrage (GB) (VERB : "to be directed against") (EXPR : "a barrage of mortar fire").

barrage antichar antitank barrier (US).

barrage roulant creeping barrage (US, OTAN).

barrage routier (AT / GEND) road block (OTAN, US, GB), roadblock (OTAN, US, GB) (VERB : "to set up", "to maintain", "to establish", "to clear", "to man") (NOM : "destruction"). Ex : *Établir un barrage routier sur un itinéraire : to establish a roadblock along a route (US).*

barre (niveau) standards (US). Ex : *Mettre la barre très haut (entraînement / formation) : to set high standards (US).*

barre d'attelage (obusier) drawbar.

barre de remorquage (char) tow bar.

barre de torsion torsion bar (US).

barrer (direction / itinéraire / route) to block (a direction / a route / a road) (US, GB), to bar (GB). Ex : *La route était barrée par un abattis : the road was blocked by an abatis (GB). La route était barrée par des arbres abbatus : the road was barred by fallen trees (GB).*
Cf. : To block : A mission assigned to a unit which requires it to deny enemy access to a given area or to prevent enemy advance in a given direction (US).

barrette (décoration) service ribbon (US).

barrette (insigne de grade) bar (US).

barricade barricade (GB) (Terme dénombrable) (VERB : "to clear", "to overcome") (ADJ : "successive") (EXPR : "to be at the barricades", "to be blocked by a barricade").

barricader to barricade (GB).

barrière de feu (TAC) barrier of fire (GB).

barrière linguistique language border (US), language barrier (US). Ex : *Surmonter les barrières linguistiques : to cross language borders (US).*

bas low (US, GB). Ex : *Silhouette basse (véhicule) : low silhouette (US). Les pertes au combat de la Légion furent les plus basses (ou les moins élevées) de toute l'armée française : Legion casualties in action were the lowest in the whole French army (GB).*

bas-côté (route) embankment (US) (PREP : "in").

bascule (TAC) step up (OTAN), step up procedure (OTAN) (VERB : "to carry out" = réaliser).
Comp. :
- In land operations, a procedure by which control is passed from an organization to an element of that organization which has been sent to a new location in order to maintain continuity of control during relocation(s) of that organization (OTAN).
- Transfert de responsabilité ou de moyens. On parle généralement de bascule de commandement entre deux éléments de commandement lorsque l'autorité en charge des responsabilités exécute un transfert entre l'une et l'autre des zones de déploiement ou d'attente de ses moyens de commandement. La bascule des moyens désigne l'opération qui consiste à transférer, d'un compartiment de terrain à un autre ou d'une unité à une autre, tout ou partie des moyens engagés dans une action. La bascule des moyens peut s'effectuer par voie terrestre ou aérienne (F).

bascule de PC change of location of command (COLOC) (OTAN).

base (fondement) basis (US, OTAN), bedrock (US), stage (OTAN), underpinning (US). Ex : *La base / du métier militaire / de la doctrine de l'armée de terre : the bedrock of the military profession / of Army doctrine (US). La réserve de l'armée de terre américaine a été réorganisée sur une base régionale : the U.S. Army Reserve (USAR) has been reorganized on a regional basis (US). Sur la base d'un accord mutuel : on the basis of a mutual agreement (OTAN). On peut l'utiliser comme base d'ordre d'opération (projet de plan) : it may form the basis for an operation order (OTAN). Sur la base d'un scénario hypothétique : focussing on a hypothetical scenario (OTAN). Jeter les bases d'un avenir politique (après un conflit) : to set the stage for a political future (OTAN). Les bases politiques de la guerre : the political underpinnings of war (US).*

base (structure de forces) base (OTAN). Ex : *La défense européenne se caractérise par une structure de forces à base trop territoriale : European defence is characterized by too much territorially based force structure (OTAN).*

base base (US, OTAN, GB) (VERB : "to establish", "to develop", "to garrison", "to supply", "to equip", "to maintain", "to resource", "to operate from") (ADJ : "secure", "remote", "austere", "bare"). Ex : *Une base de lancement pour missiles / fusées : a missile base (OTAN, UN). Une base militaire : a military base. Base logistique : logistics base (US), supply* base *(GB)*. *Base avancée : advanced base (OTAN)*. *Base de redéploiement : deployment operating base (OTAN)*. *La disponibilité de plusieurs bases outre-mer : the availability of several overseas bases (Jane's Defence Weekly)*. Cf. : 1. A locality from which operations are projected or supported. 2. An area or locality containing installations that provide logistic or other support. 3. A unit or multi-unit position that has a definite perimeter (US).

basé (force / état-major) based (GB, US). Ex : *Une unité basée au Royaume-Uni : a UK-based unit (GB)*. *Le bataillon logistique basé en Croatie : the Croatia based Britlogbat (GB)*. *Une unité basée dans une ville : a unit based in a town (GB)*. *Basé(e) à l'arrière (personnel / unité) : rear-based (US) (Contraire : "forward-deployed" = basé à l'avant)*. *La 24ᵉ Brigade d'Infanterie est basée à (ou en garnison à) Catterick : 24 Infantry Brigade is based at Catterick (GB)*. *Des unités basées en Allemagne : units based in Germany (US)*. *L'état-major permanent d'EUROFOR basé à Florence est composé de quelque 100 officiers et sous-officiers des quatre pays d'EUROFOR : the EUROFOR permanent headquarters based in Florence is staffed by some 100 officers and NCOs from the four EUROFOR nations (UEO)*.

base (lunette de visée) base.

base (mine) baseplate.

base (de) basic (GB). Ex : *Véhicule / de base / d'origine (famille de véhicules) : basic vehicle (GB)*.

base aérienne air force base (AFB) (US, OTAN), RAF (Royal Air Force) airbase (GB), air base (AB) (OTAN), airbase (GB) (VERB : "to activate"). Ex : *La base aérienne de MacDill, à Tampa, en Floride : MacDill AFB (= Air Force Base), Tampa, Fla. (US)*. *La base aérienne de Brize Norton : RAF Brize Norton (GB)*.

base aéronavale naval air station (NAS) (OTAN).

base arrière base of operations (OTAN), rear base (GB). Ex : *La zone portuaire devint la base arrière du contingent du 2ᵉ REP : the port area became the rear base for the 2REP contingent (GB)*.

basé à terre (ou au sol) ground-based, land (-) based (OTAN, UN).

base avancée advanced base (OTAN).

Cf. : A base located in or near a theatre of operations whose primary mission is to support military operations (OTAN).

base avancée (projection de puissance) forward base (US).

basé dans l'espace space-based (US).

base de circonstance contingency base (OTAN). Ex : *Base de circonstance du temps de guerre : wartime contingency base (WCB) (OTAN)*.

base de commandos (camp d'entraînement) commando base (US).

base de départ (ou zone de démarrage / OTAN) (INF) forming up place (FUP) (ou "attack position") (GB), attack position (US).

Comp. :
- The last position held by the assault echelon before crossing the line of departure (GB).
- Dernière position occupée par l'échelon d'assaut avant de franchir la ligne de départ (OTAN).

base de départ (force / personnel) home base (GB). Ex : *Forces projetées depuis leur base de départ : forces projected from their home base (GB)*.

base de données (BD) (informatique) database ou data base (US, GB, OTAN) (VERB : "to access", "to update", "to own", "to maintain") (ADJ : "modernised"). Ex : *Base de données intégrée : integrated data base (IDB) (GB)*.

base de données de terrain (simulation) terrain database (GB).

base de données du renseignement intelligence database (OTAN).

base de feux (ART) base of fire (US).

base de guérilla guerrilla base (US).

base d'entraînement training base (US, GB) (VERB : "to use").

base de référence baseline (US).

base des industries de défense defence industrial base (OTAN). Ex : *La rationalisation et la réduction de la base des industries de défense des deux côtés de l'Atlantique : the rationalisation and downsizing of the defence industrial base on both sides of the Atlantic (OTAN).*

base de sous-marins submarine base (US, GB).

base de soutien support base (US) (VERB : "to establish") (ADJ : "intermediate").

base de soutien (subversion / terrorisme) base of support (US) (PREP : "for"). Ex : *Servir de base de soutien à la subversion (pays) : to serve as a base of support for subversion (US).*

base de soutien (logistique) de brigade brigade administration area (GB).

base de soutien de l'avant (LOG) forward support base (US);

base de soutien logistique logistical support base (US) (VERB : "to establish").

base de stockage storage base (OTAN). Ex : *Base de stockage des armements et matériels : armament and equipment storage base (AESB) (OTAN).*

base de transit interarmées (BTI) (transit maritime) military ocean terminal (US) (Équivalent GB : Military Port, à Marchwood).

base divisionnaire DAA (GB), DSA (US).

- **GB : divisional administrative area (DAA)** : an area located to the rear of the Division, where supplies, reinforcements and returning casualties pass through.

- **US : division support area (DSA)** : an area normally located in the division rear, positioned near airlanding facilities and along the main supply route (MSR). The DSA contains the DISCOM CP, the HQ elements of the DISCOM battalions and those DISCOM elements charged with providing backup support to the CSS elements in the brigade support area (BSA) and direct support (DS) to units located in the division rear (US).

Attention : En ce qui concerne l'armée de terre américaine, ne pas confondre "DSA" et "DISCOM". La base (zone géographique) "DSA" contient le "DISCOM" (Division Support Command = Commandement des Soutiens Divisionnaires). Le "DISCOM" est le seul grand commandement de soutien que l'on trouve dans les E.O.D et qui est commun à toutes les divisions. Les unités du "DISCOM" remplissent les grandes fonctions de soutien nécessaires aux opérations tactiques (Pluriel de "DISCOM" : "DISCOMS").

base d'opérations (LOG) operating base (US), base of operations (US) (VERB : "to prepare", "to identify").

base d'opérations (ou opérationnelle) base of operations (US), operating base (UN). Ex : *Base d'opérations des forces spéciales : Special Forces operational base (SFOB) (US).*

base d'opérations avancée (LOG) forward operating base (FOB) (UN).

base logistique (ou d'approvisionnement) logistic base (GB), supply base (GB), logistics base (US) (VERB : "to project", "to prepare") (NOM ASS. : "operation"). Ex : *Base logistique avancée : forward logistics base (US).*

base logistique de théâtre theater logistics base (US).

base militaire military base (GB, US), post (GB) (VERB : "to maintain") (ADJ : "large").

base opérationnelle operating base (OTAN) (PART : "collocated" = coimplantée).

base opérationnelle de déploiement deployment operating base (DOB) (OTAN).

base opérationnelle mobile aéroportée (BOMAP) (DP) (obsolète) (Traductions proposées) Airborne divisional air despatch and equipment support battalion, Airborne equipment and technical support battalion (Équivalent US, de niveau compagnie : "Rigging Company" de "Quartermaster (QM) Detachment", au sein d'un "Ordnance Battalion").

base portuaire military port (GB).

base régimentaire (non projetable) (armée de terre 2002) (regimental) rear party (GB), rear detachment (volume variable) (US).

basé sur (opération / plan) based on (US, GB). Ex : *Le plan était basé sur l'idée que l'ennemi refuserait le combat : the plan was based on the idea that the enemy would not fight (GB).*

basé sur des scénarios scenario-based (US).

basé sur la conscription conscription-based (OTAN).

basé sur la doctrine doctrine-based (US).

basé sur la simulation simulation (-) based (US)

basé sur le continent américain (USA) (force) CONUS-based (US) (CONUS = Continental United States).

basé sur les concepts (processus) concepts-based (US).

base topographique (zone d'opérations) survey base (US, GB).

basse altitude (BA) low-level (OTAN, US), low-altitude (OTAN) (En épithète). Ex : *Défense sol-air basse altitude : low-level air defense (LLAD) (US). Système de radar à basse altitude : low-altitude radar system (LARS) (OTAN), low-level radar system (LLRS) (OTAN).*

basse altitude (volant / évoluant à) (missile / aéronef) low-flying (En épithète) (US).

basse altitude (à) (patrouille de combat) low-altitude (OTAN) (En épithète).

basse fréquence (ondes kilométriques) (TRANS) low frequency (LF) (US, GB, OTAN).

basse intensité (opérations / conflit) low intensity (US, GB). Ex : *Opérations de basse intensité : low intensity operations (US). Conflit de basse intensité : low intensity conflict (LIC) (GB).*

basse température low temperature (US) (Terme dénombrable).

bassin (TOPO) basin (US). Ex : *Le bassin de Thérouane : the Thérouane basin. Un bassin minier : a coal basin. Le bassin méditerranéen : the Mediterranean basin (US).*

bataille battle (GB, US, OTAN) (Terme générique dénombrable) (VERB : "to fight", "to manage", "to influence", "to dominate", "to win", "to shape", "to commemorate", "to witness", "to lose") (ADJ : "successful", "protracted", "(rapidly) changing", "low intensity", "fearsome", "obscure", "see-saw", "violent", "indecisive" = non décisive). Ex : *La bataille de Camerone (Légion) : the Battle of Camerone (GB). À la bataille de El Alamein : at the Battle of El Alamein. Être tué à la bataille / au combat : to be killed in battle. Envoyer des troupes à la bataille : to send troops into battle. Bataille rangée : pitched battle. Bataille des restes (STRAT) : broken-back war. Bataille simulée : mock battle (GB). Bataille de l'avant (STRAT) : forward battle (UN). Livrer (ou mener) la bataille défensive décisive : to fight the decisive defensive battle (OTAN). La bataille de mêlée : the maneuver battle (US). Bataille de rupture : break-in battle (US). Faire revivre les batailles du passé : to bring to life the battles of the past (US). La bataille électronique : the electronic battle (US). La bataille de la cote 70 : the battle for Hill 70. La bataille retardatrice : the delaying battle (GB). Une bataille opposant l'armée de terre tchadienne et les rebelles soutenus par la Lybie : a battle between the Chadian Army and the Lybian-*

backed rebels (GB). Procurer au chef des moyens immédiatement disponibles en vue d'influer sur la bataille : to provide the commander with readily available means of influencing the battle (US).

<u>Cf.</u> : A series of related engagements (GB).

bataille aéroterrestre (<u>ou</u> combat aéroterrestre) airland / AirLand / battle (US).

bataille de chars tank battle (US) (ADJ : "big").

bataille de l'information (<u>ou</u> du renseignement) (la) the information war.

bataille des Ardennes (la) (Hist.) the Battle of the Bulge (US). Ex : *La contre-offensive allemande de 1944 a abouti à la Bataille des Ardennes : the 1944 German counteroffensive resulted in the Battle of the Bulge (US).*

bataille du renseignement (la) the information war.

bataille rapprochée (<u>ou</u> au contact) close battle (OTAN, GB) (VERB : "to shape").

bataille terrestre ground battle (US).

bataillon battalion (US, GB, OTAN) (Abréviation GB : "bn"). Ex : *Bataillon logistique (ex-Yougoslavie) : logistic battalion (GB). Elle avait été réorganisée en cinq bataillons à huit compagnies (Légion) : it had been revamped into five eight-company battalions (GB).*

bataillon de chars (BC) (ENI) tank battalion, armoured battalion.

bataillon de chars autonome (BCA) (ENI) separate (<u>ou</u> independent) tank battalion.

bataillon de chasseurs alpins (BCA) mountain infantry battalion.

bataillon de fusiliers motorisés (BFM) (ENI) motorized rifle battalion (MRB) (Les Britanniques emploient également : "motor rifle battalion").

bataillon d'infanterie alpine (BIA) mountain infantry battalion.

bataillon d'infanterie de marine (BIMa) Marine infantry battalion (<u>Jane's</u>). Ex : *Le 23ᵉ Bataillon d'Infanterie de Marine français : France's 23rd Marine Infantry Battalion (Jane's).*

bataillon médical medical battalion (US, GB).

bataillon motorisé (BM) (ENI) motorized battalion.

bateau (navire) ship (US, OTAN) (VERB : "to christen", "to name").

bateau civil merchant ship (OTAN).

bateau d'assaut assault boat (US).

bateau de reconnaissance reconnaissance boat (US).

bateau militaire military ship.

bâti (arme de poing) cylinder.

bâtiment (immeuble) building (US, GB, OTAN) (VERB : "to secure", "to clear") (ADJ : "intact", "rubbeled") (PREP : "outside"). Ex : *Les bâtiments rectangulaires du camp : the camp's rectangular buildings (GB). Le bâtiment de l'état-major du 3ᵉ Corps d'Armée : the III Corps headquarters building (US). Les archives se situent dans le bâtiment Manfred Wörner : the Archives are situated in the Manfred Wörner building (OTAN). Bâtiment préfabriqué (aide humanitaire) : prefabricated building (US).*

bâtiment (navire) ship (OTAN, US), vessel (VERB : "to christen", "to name"). Ex : *Remorquage entre bâtiments : ship-to-ship towing (OTAN). Bâtiment amphibie (Marine) : amphibious vessel (GB).*

bâtiment d'assaut assault ship (GB).

bâtiment de débarquement landing ship (US, GB).

bâtiment de débarquement de chars (BDC) landing ship tank (LST) (GB, US).

bâtiment de guerre (<u>ou</u> navire de guerre) warship (US).

bâtiment de surface surface vessel (GB).

bâtiment de transport léger (BATRAL) landing ship mechanized (LSM) (US).

bâtiment public government building (GB) (VERB : "to attack").

bâtiments d'assaut (opération amphibie) assault shipping (OTAN).

bâtir (structure) (sens figuré) to develop (GB). Ex : *Nous avons bâti une structure pour l'armée de terre : we have developed a structure for the Army (GB).*

bâton (marque de grade) baton (GB). Ex : *Un bâton de maréchal : a (field) marshal's baton (GB).*

bâton de ski ski pole.

batterie (unité) (ART) battery (US, GB) (Abréviation GB : "bty" – Abréviation US : "btry") (VERB : "to man") (NOM ASS. : "guidon"). Ex : *2 batteries 155 mm (automoteur) : 2 batterys 155 mm (howitzer) (self-propelled). 1 batterie Roland : 1 Roland air defence battery. Une batterie d'obusiers de 155 : a 155mm howitzer battery (US). Une batterie de 8 pièces : an eight-gun battery (GB). La 1ère et la 2e batteries du 2e régiment (d'artillerie) (ordre d'opération) : Btry A and Btry B, 2nd Bn (US).*

batterie (poste radio / radar) (pile) battery (US) (VERB : "to use") (ADJ : "rechargeable", "standard", "spare"). Ex : *Une batterie au lithium : a lithium battery (US).*

batterie autonome separate battery (US).

batterie d'acquisition (des objectifs) target acquisition battery (TAB) (US), locating battery (GB).

batterie d'action d'ensemble general support (GS) battery (US).

batterie d'appui direct direct support (DS) battery (US).

batterie d'artillerie lourde heavy artillery battery (<u>Jane's</u>).

batterie de canons gun battery (GB).

batterie de commandement et des services (BCS) headquarters and headquarters battery (HHB) (US), headquarters battery (HQ bty) (GB).

batterie de commandement et de logistique (BCL) (Traduction proposée) headquarters (HQ) and logistics battery.

batterie de feux dans la profondeur (LRM) depth fire battery (GB).

batterie de missiles antiaériens (<u>ou</u> sol-air) anti-aircraft missile battery (<u>Jane's</u>).

batterie de radio radio battery (GB) (VERB : "to charge").

batterie de repérage locating battery.

batterie de tests battery of tests (GB, US) (VERB : "to be subjected to", "to pass").

batterie de tir firing battery (US), field battery (GB), gun battery (GB).

batterie d'obusiers howitzer battery (US).

batterie LRM (lance-roquettes multiple) MLRS battery (US) (MLRS = Multiple Launch Rocket System), depth fire battery (GB).

batterie sol-air (ART) air defence (artillery) battery (GB).

batterie sol-sol field battery (GB).

battre (vaincre) (ennemi) to defeat (US, GB), to beat (GB). Ex : *L'armée de terre doit battre rapidement et de manière décisive tout ennemi en tout temps et en tout lieu : the Army must quiclky and decisively defeat any enemy, anytime, anywhere (US). Nous devons tenter de battre l'ennemi à plates coutures avant que l'hiver ne s'installe : we must try to whip (<u>ou</u> whale the tar out of) the enemy before winter sets in (US). Nous avons été battus : we've been beaten (GB). Leurs armées sont battues : their armies are beaten (GB).*

battre (objectif) (ART) to engage (a target) (OTAN).

battre (frapper à coups redoublés) (position / tranchée) to batter (GB). Ex : *Nos tranchées étaient battues par l'artillerie ennemie : our trenches were battered by the enemy artillery (GB).*

battre en retraite to retreat (US). Ex : *Les troupes irakiennes battaient en retraite dès le 26 février : the Iraqi troops were in retreat by 26 February (GB).*

battre la retraite to beat the retreat (GB, to sound the retreat (GB).

battre par le feu to cover, to beat by fire. Ex : *La zone battue par les feux : the area under fire. Un angle battu par une arme : an angle covered by a weapon.*

baver (en) to put up with a lot of shit (US). Ex : *Elle en a bavé pour devenir officier : she put up with a lot of shit to become an officer (US) (Expression vulgaire).*

bazanais (cavalier) yellowleg (US).

bazar (élève-officier de 2ᵉ année à Saint-Cyr) Second Class cadet (US).

bazooka bazooka (GB). Ex : *Des bazookas de 89 mm qui pouvaient détruire un char à 600 mètres : 89mm bazookas that could knock out a tank at 600 metres (GB).*

BBS BBS constructive simulation system (Jane's).

BC (ENI) voir **bataillon de chars (ENI)**.

BCA voir **bataillon de chars autonomes** ou **bataillon de chasseurs alpins**.

BCRA (Bureau Central de Renseignements et d'Action) (Hist.) Central Bureau for Information and Action (US).

BD voir **base divisionnaire**.

bébé (responsabilité particulière) (terme familier) baby (GB), bag (US), buck (US). Ex : *Faire le compte-rendu de la situation, c'est votre bébé (ou c'est votre problème) : making the estimate of the situation is your baby (US). Se faire refiler le bébé : to be left holding the baby (GB) / the bag (US). N'essaie pas de me refiler le bébé parce que c'est à toi de régler le problème : don't try to pass the buck to me because that problem is yours (US).*

bêche (obusier) spade.

Belge Belgian (Lettres-code OTAN : "BE").

Belgique Belgium (Lettres-code OTAN : "BE").

belligérant belligerent (party) (US, GB) (ADJ : "major", "erstwhile"). Ex : *Zone sous contrôle des belligérants : belligerent-controlled area (US). Objectifs / modes d'action des belligérants : belligerent objectives / COAs (= Courses of Action) (US).*

bénéfice de guerre war benefit.

bénéficiaire (force) (adjectif) supported (OTAN). Ex : *Force bénéficiaire (d'un appui) : supported force (OTAN).*

bénéficier de to possess (US), to enjoy (US). Ex : *Le régiment ne bénéficie pas de la protection contre les tirs d'armes individuelles ennemies : the battalion does not possess the protection from enemy small-arms fire (US). Bénéficier d'un avantage quantitatif en chars et en artillerie : to enjoy a quantitative advantage in tanks and artillery (US). Bénéficier d'autorisations d'absence de service de 48 heures : to be granted 48 hour passes (GB). Les avantages dont bénéficie l'attaquant : the advantages enjoyed by the attacker (US).*

bénéficier de (recevoir) to receive (US). Ex : *Bénéficier d'un appui feu fourni par les unités d'artillerie sol-sol : to receive fire support from FA (= Field Artillery) units (US).*

berceau (canon / obusier) (gun / howitzer) cradle (CFE, UN).

béret beret (US, GB) (VERB : "to wear") (ADJ : "normal", "everyday") (Couleurs de béret dans l'armée de terre britannique : kaki : khaki, bordeaux : maroon (= parachutistes), beige :

beige (= SAS), gris : grey, marron : brown, noir : black, vert fusil : green, bleu clair : light blue (= ALAT), rouge (éclatant) : scarlet, (= P.M.) vert cyprès : cypress green (= Rens.). Ex : *Un béret bleu marine (béret standard britannique) : a dark blue beret (GB). Des soldats portant le béret rouge : red-bereted soldiers (GB).*

bérets bleus (les) (forces de l'ONU) (the) Blue Berets (GB).

bérets verts (les) (forces spéciales US) (the) Green Berets (Surnom péjoratif US : "the Green Beanies").

berge bank (GB).

berne (en) at half-staff (US). Ex : *Le drapeau est en berne : the flag is displayed at half-staff (US).*

besoin need (US, GB, OTAN) (+ éventuellement préposition "for"), requirement (VERB : "to meet", "to satisfy", "to recognize", "to review", "to determine", "to identify", "to establish", "to address", "to assess", "to understand", "to fulfill", "to articulate", "to exceed", "to state", "to prioritize", "to respond to") (ADJ : "growing", "complex", "extensive", "critical", "total", "urgent") (NOM ASS. : "identification"). Ex : *Les besoins du chef : the commander's requirements. En fonction des besoins de l'armée de terre : according to the needs of the Army (US). Les besoins de l'armée de terre en officiers techniciens : the Army's needs for warrant officers (US). Le besoin (ou la nécessité) d'avoir un corps de soldats extrêmement bien entraînés : the need for (ou of) having a corps of highly trained soldiers (US). Besoins en information (ou en renseignement brut) : information requirements (OTAN), information needs (US). Besoins en véhicules : vehicle needs (US). Besoins en moyens de transport aérien : airlift requirements (US). La division parachutiste a besoin d'un appui important de l'armée de l'air : the airborne division has a requirement for large Air Force support (US). Les besoins de la Grande-Bretagne en matière de défense : Britain's defence requirements (GB). Les besoins de l'armée de terre ont été adaptés : Army requirements have been adjusted (GB). Répondre aux besoins d'urgence des citoyens (ou de la population) en matière d'eau, d'alimentation, d'abri, de soins médicaux et d'évacuation sanitaire (catastrophe naturelle) : to meet citizens'emergency needs for food, water, shelter, medical care and medical evacuation (US). Les besoins essentiels des réfugiés : the basic needs of the refugees (OTAN). Un besoin d'approvisionnement urgent : an urgent supply need (GB). Les besoins en personnels d'une unité : the manpower requirement for a unit (GB) (VERB : "to set out") (ADJ : "authorised") – Déterminer les besoins en information de la compagnie d'infanterie : to determine the information needs for the infantry company (GB). Une famille de ponts couvrant l'ensemble des besoins tactiques : a family of bridges across the tactical spectrum.*

besoin (si besoin / au besoin / en cas de besoin) if necessary (OTAN), if need(s) be. Ex : *Des structures de forces permettant de disposer d'unités de relève en cas de besoin : force structures capable of providing fresh units when required (OTAN).*

besoin de forces force requirement (OTAN).

besoin de la mission mission need (OTAN).

besoin de maintenance urgent urgent maintenance requirement (UMR) (GB).

besoin d'en connaître (RENS) need to know (US). Ex : *Ces renseignements sont accessibles aux seules personnes ayant besoin d'en connaître, quel que soit le niveau d'habilitation qu'elles détiennent : this intelligence is available only to persons with a need to know regardless of the level of security clearance that they hold (US).*

besoin en formation (instruction) training need (GB).

besoin en renseignements (RENS) intelligence requirement (OTAN, GB) (VERB : "to state", "to prioritize"). Ex : *Besoin en renseignements permanent : standing intelligence requirement (SIR) (GB).*

<u>Cf.</u> : Liste de sujets généraux ou particuliers à propos desquels il est nécessaire de recueillir ou de fournir des renseignements (OTAN).

besoin en télécommunications militaires military communications requirement (MCR) (OTAN).

besoin logistique logistic requirement (LOGREQ) (OTAN).

besoin militaire military requirement (OTAN) (VERB : "to establish").

besoin militaire en (matière d') infrastructure military infrastructure requirement (MIR) (OTAN).

besoin militaire opérationnel military operational requirement (MOR) (OTAN).

besoin opérationnel operational requirement (GB, OTAN), military requirement (OTAN) (VERB : "to meet"). Ex : *Formuler des besoins opérationnels (armement) : to formulate operational requirements (GB). Besoin opérationnel urgent : urgent operational requirement (UOR) (GB).*

besoins (matériels) requirements (GB). Ex : *Accepter peut-être des matériels qui ne correspondent pas à nos besoins nationaux : to accept equipment that may not match our national requirements (GB).*

besoin sanitaire (PERS) health need (US) (ADJ : "basic" = élémentaire).

besoins en véhicules vehicle needs (US).

besoins de planification planning requirements (US).

besoins de transport (forces) lift requirements (US).

besoins d'infrastructure infrastructure requirements (OTAN).

besoins en effectifs personnel requirements (OTAN). Ex : *Besoins en effectifs du temps de guerre : wartime personnel requirements (WPR) (OTAN).*

besoins en matériels materiel requirements (US).

besoins en renseignement brut (<u>ou</u> en information) (RENS) information requirements (US, OTAN).

<u>Comp.</u> :

- Those items of information regarding the enemy and his environment which need to be collected and processed in order to meet the intelligence requirements of a commander (US).

- Information relative à l'ennemi et à son environnement qui doit être recherchée et exploitée pour répondre aux besoins du commandement (OTAN).

besoins en renseignement (renseignement traité) intelligence requirements (US) (VERB : "to determine").

besoin spécifique (ARMT) specific requirement (<u>Jane's</u>).

besoins prioritaires en renseignement (RENS) priority intelligence requirements (PIR) (US, OTAN, GB).

béton armé reinforced concrete (US).

BFA voir **brigade franco-allemande**.

biais de (par le) through (US, OTAN). Ex : *Occuper des postes vacants dans les armées qui ne pouvaient trouver preneur par le biais du volontariat : to fill vacancies in the armed forces which could not be filled through voluntary means (US). Par le biais de : through (OTAN).*

bibliothécaire (grande école militaire) librarian (US).

bibliothèque (des études) (grande école militaire) library (US).

bibliothèque de garnison station library (US), post library (US).

bibliothèque électronique electronic library (GB).

bidasse squaddy <u>ou</u> squaddie (GB), G.I. (= Government Issue) (US).

bidirectionnel two-way (UN). Ex : *Système de radiocommunications bidirectionnel : two-way system of radio communications (UN).*

bidon (essence) can (GB). Ex : *Bidon d'essence : petrol can (GB).*

bidon (flasque) canteen (US, GB).

bien (+ participe passé) (adverbe) well (+ participe passé). Ex : *Bien armé : well-armed (US). Des soldats bien entraînés, bien encadrés (<u>ou</u> bien dirigés) et bien équipés : well-trained (<u>ou</u> properly trained), well-led and well-equipped (<u>ou</u> properly equipped) soldiers (US, CA). Bien connaître (quelque chose) : to be familiar with (something). Défense bien organisée : well-organized defense (US). Bien encadré (service / unité) : well staffed (GB). Bien défendu : well-defended (US). Bien discipliné : well-disciplined (US). Bien gardé : well-guarded (US). Être bien préparé pour le combat : to be adequately prepared for combat (US). Bien équipée (force) : properly equipped. L'infanterie défend le terrain favorable à partir de positions bien préparées en profondeur : infantry defends strong ground from well-prepared positions in depth (GB). L'ennemi est désormais bien établi (<u>ou</u> bien installé) sur la rive est du fleuve : the enemy is now established on the east bank of the river (GB).*

bien (convenablement) adequately (US). Ex : *Nous ne nous préparons pas bien aux missions à venir : we are not adequately preparing for future missions (US).*

bien (nom) Ex : *Nous devons agir pour le bien des soldats : we must do right by soldiers (US).*

bien (possession) possession (GB). Ex : *Soldat d'élite, tu t'entraînes avec rigueur, tu entretiens ton arme comme ton bien le plus précieux, tu as le souci constant de ta forme physique (Code d'honneur) (Légion) : an elite soldier, you will train vigorously, you will maintain your weapons as if they were your most precious possession, you will keep your body in the peak of condition, always fit (GB).*

bien appuyé (attaque) well-supported (US).

bien chronométré (attaque) well-timed (US).

bien compris (plan) well-understood (US).

bien défini (point géographique / mission / objectif) well-defined (US, GB), clearly defined (US).

bien défini (ligne) designated (US).

bien-être (des personnels) welfare, well-being (US) (VERB : "to promote", "to support", "to improve", "to conserve", "to restore", "to provide for" = assurer) (ADJ : "physical", "mental"). Ex : *S'occuper du bien-être personnel des soldats : to look after the soldiers' personal welfare (US). Le bien-être physique des soldats : the physical welfare of troops (US). Assurer le bien-être de ses (= armée de terre) personnels : to provide for the well-being of its personnel (US).*

bien-être psychologique (PERS) psychological welfare (GB).

bien gérer (moyens) to husband (resources) (US).

bien orchestré (bataille) well-orchestrated (US).

bien reçu ! (TRANS) roger !, copy that ! (GB).

bien reçu, terminé ! (TRANS) roger, out !.

bien reçu ! (bien compris <u>ou</u> reçu 5 sur 5) roger that (US). Ex : *Bien reçu, mon Colonel : roger that, Sir ! (US).*

bien répété (opération) well-rehearsed (US).

bien synchronisé (opération) well-synchronized (US).

biens property (OTAN, US, GB), goods (US) (VERB : "to destroy", "to seize", "to confiscate", "to requisition", "to respect", "to endanger", "to exploit", "to use") (ADJ : "public", "service"). Ex : *Biens publics / privés : public / private property (US). Fournir des biens ou des services : to provide goods or services (US). Dommages aux biens publics : damage to public property (GB).*

bienvenue welcome (OTAN, GB, US). Ex : *Paroles de bienvenue adressées par le Conseil de l'Atlantique Nord aux trois nouveaux Alliés : welcoming statement by the North Atlantic Council to the three new members (OTAN). Souhaiter chaleureusement la bienvenue à 3 nouveaux alliés : to warmly welcome 3 new Allies (OTAN). Bienvenue à la 3ᵉ Division britannique : welcome to the 3rd (United Kingdom) Division (GB). Bienvenue dans l'armée : welcome to the military (US) (Voir aussi **accueil** et **accueillir**).*

bi-étage (missile) two-stage (US) (En épithète).

BIFF (système d'identification au combat) Battlefield Identification Friend of Foe (Jane's).

biffin (fantassin) grunt (Origine US / Vietnam, puis repris en GB), doughboy (US), 95 B (US), mud crusher (US), straightleg (US) (Voir aussi à **fantassin**).

À noter : Le terme "biffin" désignant par extension tout militaire de l'armée de terre, on traduira dans ce cas par "soldier" (= "terrien") (ou par le terme britannique plus familier "pongo" (GB).

bifurcation (road) fork (GB), Y junction (US).

bigor (soldat de l'artillerie de marine) Marine artilleryman.

bilan toll (GB). Ex : *Bilan des pertes : casualty toll (GB). Le bilan des morts était élevé : the death toll was high (US). Conférence-bilan : follow-up meeting (FUM) (OTAN).*

bilan (sens figuré) review, examination. Ex : *Faire un nouveau bilan de : to reexamine (US). Dresser un bilan des expériences récentes : to review recent experiences (OTAN).*

bilatéral bilateral (OTAN, US). Ex : *Activités bilatérales : bilateral activities (US). Commission bilatérale : bilateral commission (UN). Accord bilatéral : bilateral agreement (US, OTAN) (+ préposition "with") – Échanges bilatéraux : bilateral exchanges (Jane's).*

bille de plomb (grenade à main) lead ball.

"billet d'entrée" (transfuge) (RENS) meal ticket (US).

bimode dual mode (Peut être placé en épithète).

bimoteur (aéronef) twin-engined aircraft.

bimoteur (adjectif) twin-engine (En épithète) (US).

binaire (arme / munitions) binary. Ex : *Une arme binaire : a binary weapon (US).*

binômage (organisation binaire) (PERS) (the) buddy system (US), the buddy-buddy system (GB).

Cf. : Buddy system : deployment or training of soldiers in pairs for the purpose of mutual support (US).

binôme (groupe de 2) (PERS) buddy team (US), pair (US), two-man team. Ex : *En binômes (soldats) : in pairs (US).*

binôme (individu) (PERS) buddy (US). Ex : *Tir par binômes : pair firing (US).*

binômer (PERS) to pair (up) (US). Ex : *Les soldats devraient être binômés : troops should be paired as "buddies" (US).*

bioactif bioactive (UN).

biocentrique bio-centric (US).

biochimiste (SAN) biochemist (US).

biodétection (ou détection des agents biologiques) biodetection (US).

biographie biography (US). Ex : *Une biographie d'officier général : a biography of general officer (US)*.

bio-ingéniérie bio-engineering (US).

bip-bip (transmetteur) (terme familier) bleep (GB).

bipied (mortier) bipod leg.

bipied (arme individuelle) bipod (GB) (VERB : "to fold", "to adjust") (ADJ & PART : "integrated", "folding", "integral", "adjustable", "(permanently) attached") (Emploi : "To fire a weapon from its bipod").

biplace (aéronef) (nom) two-seater (US).

biplace (adjectif) two-man (US), two-seat (US). Ex : *Tourelle biplace : two-man turret (US). 16 appareils en version biplace (aéronefs) : 16 of the two-seat version (US)*.

bipolaire bipolar (GB, OTAN). Ex : *La fin du monde bipolaire : the end of the bipolar world (OTAN)*.

bitube (canon) twin-barrelled gun (US), twin gun.

biturbine twin-turbine (En épithète). Ex : *Hélicoptère biturbine : twin-turbine engine helicopter.*

bivalent dual purpose (En épithète).

bivouac (abri ou camp improvisés) bivouac (GB) (Terme familier GB : "bivvy").

bivouaquer to bivouac (GB) (Attention à l'orthographe du prétérit et du participe présent : "bivouacked", "bivouacking").

bizutage (pratique illégale) bullying (GB), hazing (US) (VERB : "to abolish").

black-out blackout (GB, US).

black-out médiatique news blackout (US) (VERB : "to impose").

blâme (ou réprimande) rebuke (US).

blanc (GE) look-through (US, GB).

blanc (cartouche à) blank (GB), blank round (US), blank cartridge. Ex : *Le soldats ont tiré des cartouches à blanc sur la foule : soldiers fired blanks into the crowd (GB). Tir à blanc : blank-firing (GB). 5000 cartouches à blanc de 7,62 mm : 5,000 rounds of 7.62mm blank (GB)*.

blanchisserie laundry (GB). Ex : *Blanchisserie mobile : mobile laundry (GB), field laundry (US)*.

blason coat of arms (GB).

blason (image) (sens figuré) image (US). Ex : *Redorer le blason de la CIA après le fiasco de la Baie des Cochons : to rebuild the CIA's image after the Bay of Pigs disaster (US)*.

blénnorragie gonorrhoea (GB) (Terme familier GB : "clap" = chaude-pisse).

blessé (participe passé) wounded (US, GB) (avec plaie ouverte). Ex : *Blessé légèrement : easily injured (EI). Blessé gravement : seriously injured (SI). Très gravement blessé : very seriously injured (VSI). Blessé (dû au combat) : wounded. Blessé (non dû au combat) : injured. Être blessé au cours de l'attaque : to be wounded in the attack (US). Mortellement blessé : mortally wounded (GB). Il tomba, blessé à l'épaule, mais se releva immédiatement : he fell wounded in the shoulder but got up immediately (GB). Plusieurs d'entre eux étaient si gravement blessés qu'il ne survécurent pas longtemps : several of them were so badly wouded they did not survive long (GB)*.

blessé (nom) wounded casualty (US), patient, casualty (US, GB) (Abrégé : "cas"), wounded soldier (VERB : "to locate", "to treat", "to evacuate", "to tend", "to take away"). Ex : *Les* *blessés: (the) wounded (Noms associés: "evaluation", "classification", "treatment", "evacuation") – L'évacuation des blessés: evacuation of (the) wounded (GB) — Un blessé (au combat): a WIA (= wounded in action) (US). 6 blessés couchés et 4 assis (hélicoptère): 6 stretcher cases and 4 sitting cases (GB). 21 212 blessés: 21, 212 wounded personnel (US). Nous avons chargé nos blessés à bord (de l'hélicoptère): we loaded our wounded aboard (US). Évacuer des blessés: to evacuate wounded (US). Au combat, tu agis sans passion et sans haine, tu respectes les ennemis vaincus, tu n'abandonnes jamais ni tes morts, ni tes blessés, ni tes armes (Code d'honneur) (Légion): in combat, you will act without relish of your tasks, or hatred; you will respect the vanquished enemy and will never abandon neither your wounded nor your dead, nor will you under any circumstances surrender your arms (GB).*

blessé au combat (PERS) (SAN) wounded in action (WIA) (US, OTAN).

blessé léger minor casualty (US) (VERB: "to return to duty").

blesser to injure (OTAN), to wound (OTAN). Ex: *Blesser sérieusement le(s) personnel(s): to seriously injure man (OTAN). Tirer en vue de blesser: to fire to wound (GB). Il a été blessé à la jambe: he was shot in the leg (GB).*

blesser délibérément (camarade) to frag (GB) (En vue de faire croire qu'il a été touché par le feu ennemi).

blessure (SAN) wound, injury (VERB: "to prevent", "to clean", "to bandage", "to incur", "to survive" = survivre à) (ADJ & PART: "due to", "penetrating", "perforated", "contused"). Ex: *Blessure au bras ou à la jambe: arm or leg wound (US). Blessure à l'abdomen / abdominale: abdominal wound (US). Blessure au ventre: stomach wound (US). Blessure à la poitrine / à la tête: chest wound ou injury / head wound ou injury (US). Blessure due au souffle: blast concussion (OTAN). Type et gravité des blessures: type and seriousness of injury (OTAN). Subir des blessures relativement graves (PERS): to receive relatively serious injuries (US). Il subit une très grave blessure à la poitrine causée par une grenade ennemie: he suffered a severe chest wound from an enemy grenade (US).*

blessure de guerre (SAN) wound received in action (OTAN), battle injury or wound (BIW) (US).

blessure grave (SAN) severe injury (US), serious bodily harm (US).

blessure superficielle flesh wound (GB).

bleu (ou ecchymose ou contusion) (SAN) bruise (US) (VERB: "to relieve").

bleu (nouvelle recrue) new recruit, raw recruit (Terme familier US / GB: "rookie". Peut s'employer en épithète. Ex: *The rookie legionnaires* (GB).

bleu(s) de travail (conducteur d'engin) coverall (US).

bleusaille voir **bleu (nouvelle recrue)**.

blindage armour (GB), armor (US) (= a strong metal layer that protects military vehicles) (VERB: "to develop", "to have", "to penetrate", "to pierce") (ADJ: "thick", "thin", "improved", "additional", "conventional", "existing", "specialised", "enhanced", "applique", "bolt-on", "special", "frontal"). Ex: *Le blindage du vehicule: the vehicle's armor (US). Un demi-pouce de blindage: half an inch of armor (US). L'équilibre entre blindage et mobilité: the balance between armor and mobility (US). Un type de blindage: a type of armor (US). Équipage sous blindage: crew / under armour protection (GB) / under armor (US). Le blindage de ce char a une épaisseur de 150 mm: the armour on this tank is 150mm thick (GB).*

blindage additionnel add-on armor (US).

blindage céramique composite composite ceramic armour (CCA).

blindage composite combination armour (GB), composite armour (GB), compound armour (GB).

blindage Chobham Chobham armour (GB) (Blindage composite en acier, céramique, titane, nylon et Kevlar ; composition classifiée ; fabriqué dans les ateliers de la société Royal Ordnance, à Chobham (Royaume-Uni)

blindage d'aluminium aluminium armor (US). Ex : *Un véhicule construit presque entièrement en blindage d'aluminium : a vehicle built almost entirely of aluminium armor (US).*

blindage en uranium appauvri depleted uranium armour (Jane's).

blindage espacé special spaced armour (SSA).

blindage glacis glacis plate (US).

blindage léger lightweight armor (US).

blindage léger (à) (véhicule) soft-skinned (OTAN). Ex : *Véhicule à blindage léger : soft-skinned vehicle (SSV) (OTAN).*

blindage mille-feuilles laminated composite armour (UN).

blindage oblique (char) glacis plate.

blindage réactif explosif explosive reactive armour (ERA) (GB) (VERB : "to develop", "to fit... on / to", "to install... on").

blindage renforcé (à) up-armored (US) / up-armoured (GB). Ex : *Le char (de bataille) à blindage renforcé Chieftain qui équipe l'armée de terre britannique : the British Army's up-armoured Chieftain main battle tank (GB).*

blindage secondaire secondary armour (GB).

blindage THD (très haute dureté) High Hardness Ballistic Steel armour.

blindé (participe passé) armoured (GB), armored (US), armor (US), hard-skinned (GB), bullet-proof (Abréviation GB de "armoured" : "armd") (ADV : "heavily" = lourdement, "lightly" = faiblement). Ex : *Une unité blindée / de l'ABC : an armored / armor unit (US)* (Attention : *Un blindé : an armoured vehicle. Chez les Britanniques, "an A vehicle" est un véhicule blindé. Véhicule blindé : hard-skinned vehicle (GB). Véhicule non blindé : soft-skinned vehicle (UN). Vitre blindée : bullet-proof window. Forces blindées : armor forces (US).*

blindé ambulance (ou blindé sanitaire) armoured ambluance (GB) (EXPR : "to be equipped with stretchers").

blindé à roues wheeled armoured vehicle.

blindé léger de reconnaissance light armoured reconnaissance vehicle (GB).

blindés (les) armour (GB) / armor (US) (À noter : L'article défini "the" n'est pas employé et le verbe qui suit est au singulier) (VERB : "to kill", "to call in", "to handle", "to concentrate", "to move"). Ex : *Les blindés en marche (ou en déplacement) sont vulnérables : armour on the move is vulnerable (GB). Blindés légers : light armor (US). Rommel fit venir une partie de ses blindés d'El Hamma : Rommel called in part of his armor from El Hamma (US). Les blindés ennemis se concentrent au sud de Francfort : enemy armour is concentrating to the south of Frankfurt (GB).*

blindé sanitaire (ou blindé ambulance) armoured ambulance (GB).

blindés légers light armor (US). Ex : *L'éclairage et le jalonnement sont du ressort des blindés légers : scouting and screening are the province of light armor (US).*

blocage (situation bloquée) stalemate, deadblock.

blocage sélectif du spectre électromagnétique electromagnetic spectrum selective denial (US).

bloc (alliance / ensemble de pays) bloc (US, GB) (VERB : "to perceive as"). Ex : *Le bloc soviétique (Hist.) : the Soviet bloc (GB). Le bloc de l'Est (Pacte de Varsovie) (Hist.) : the Eastern Bloc (GB). Le bloc occidental (OTAN) : the Western Bloc (GB). Le bloc communiste (Hist.) : the communist bloc (US).*

bloc (en) en bloc (GB). Ex : *Rattacher une unité en bloc (à une autre) : to attach a unit en bloc to (another unit) (GB).*

bloc d'alimentation (arme automatique) feed plate.

bloc de culasse breech block <u>ou</u> breechblock (CFE, US).

bloc de prisonniers de guerre prisoner of war (POW) compound (OTAN).

blockhaus bunker (UN), blockhouse (GB) (EXPR : "to build lines of concrete blockhouses along the coast").

bloc opératoire (SAN) operating theatre (GB), operating room (US).

blocus blockade (US, GB) (VERB : "to impose" = imposer, "to lift" / "to raise" = lever, "to get through" = passer à travers) (Un véhicule, un navire ou un individu tentant d'entrer ou de sortir d'un pays en état de blocus est qualifié du terme de "blockade-runner"). Ex : *Forcer le blocus : to break the blockade (US, GB). Forcer un blocus : to run a blockade (GB). En état de blocus : under blockade (US, GB). Un pays en état de blocus : a blockaded country (GB). Faire le blocus de (ville, port, littoral) : to blockade (US, GB).*

bloquer to block (US), to contain (CA). Ex : *Bloquer le passage des personnes ou des véhicules : to block the passage of persons or vehicles (US). Bloquer les tentatives anglo-américaines d'expansion vers l'ouest (Hist.) : to contain Anglo-Américan attempts at westward expansion (CA). Bloquer les principales voies d'approche : to block critical approaches (CA). S'il n'y a pas assez de temps pour évacuer les civils, il faudra les bloquer sur place : if there is not enough time to evacuate civilians, it will be necessary to freeze them in place (familier) (US).*

bloquer (route / retraite) to block (GB). Ex : *La route est bloquée par des arbres abattus : the road is blocked by fallen trees (GB). Bloquer la retraite de l'ennemi : to block the enemy's retreat (US).*

bloquer (force ennemie) to block (an enemy force) (US).

blouson (de cuir) (armée de terre) leather jacket (GB).

BM (ENI) voir **bataillon motorisé (ENI)**.

BOI voir **bureau opérations-instructions**.

bois (TOPO) wood.

bois (région boisée) (TOPO) woodland (GB).

boisé wooded (US), forested (US), timbered (US). Ex : *Une zone boisée : a wooded area (US). Une zone fortement boisée : a thickly forested area (US). Une zone peu boisée : a sparsely wooded area (US). Fortement boisée (zone) : densely timbered (US). Terrain boisé : wooded terrain (GB).*

boîte (gaz / aérosol) canister (GB) (VERB : "to handle").

boîte à cartouches (arme automatique) cartridge box.

boîte à gants (véhicule) glove box, glove locker (GB), glove compartment.

boîte aux lettres morte (RENS) dead letterbox (GB), dead letterdrop (US), dead drop (US) (VERB & NOM : "to visit", "to service" / "servicing", "to use", "to make") (ADJ : "waterproof", "clam") (EXPR : "a dead drop site", "a dead drop location").

<u>Cf.</u> : A prearranged location at which spies can leave information or any form of spying equipment (US).

boîte aux lettres vive (RENS) live letterbox (US), mail drop (US), accomodation address (US).

boîte de conserve (nourriture) can (US), tin (GB).

boîte de culasse (fusil / fusil automatique / pistolet mitrailleur) receiver (US).

boîte de munitions ammunition box (US).

boîte de munitions (arme automatique) ammunition can.

boîte de vitesses (véhicule / char) gearbox (GB) (ADJ: "mechanical", "automatic", manual").

boîte noire (enregistreur des paramètres de vol) black box flight recorder (GB). Ex: *Récupérer la boîte noire : to recover the black box flight recorder (GB).*

BOMAP voir **base opérationnelle mobile aéroportée**.

bombardement (terre / mer) bombardment (GB), ground bombardment (GB) (Termes indé-nombrables) (VERB: "to come under") (ADJ: "preparatory"). Ex: *Sarajevo est pris sous un intense bombardement des forces serbes : Sarajevo is coming under heavy bombard-ment / under heavy shellfire / from Serb forces (GB). Le bombardement des positions d'artillerie serbes par les Nations-Unies : the UN bombardment of Serb artillery posi-tions (GB).*

bombardement (air) bombing (US, GB, OTAN) (Terme dénombrable), aerial bombardment (GB) (Terme indénombrable) (VERB: "to carry out") (EXPR: "to do heavy damage", "a bombing in direct support of ground forces"). Ex: *Une vague de bombardements : a wave of bombings (GB). Le bombardement de Pearl Harbor : the bombing of Pearl Harbor (US). Opérations de bombardement à haute altitude : high-level bombing raids (OTAN).*

bombardement (ART) shelling (US, GB, OTAN) ou shellfire (Termes indénombrables), bombardment (GB). Ex: *Sarajevo est pris sous un intense bombardement des force serbes : Sarajevo is coming under heavy shellfire from Serb forces (GB).*

bombardement à basse altitude low (-) altitude bombing (LAB) (OTAN, US).

bombardement aérien aerial bombing (GB).

bombardement à orbite fractionnaire (ou orbital fractionné) fractional orbital bom-bardment (UN).

bombardement à haute altitude high-level bombing (OTAN).

bombardement à très basse altitude very low level bombing (OTAN).

bombardement au mortier mortar bombardment (GB) (Terme familier GB: "stonk").

bombardment de précision precision bombing (OTAN).

bombardement de (ou à) saturation saturation bombing (UN, GB).

bombardement de zone area bombing (OTAN).

bombardement en cabré loft bombing (OTAN).

bombardement en déport offset bombing (UN).

bombardement en tapis (ou de saturation ou en nappe ou en pluie ou par vagues) carpet bombing (OTAN, UN), blanket bombing (UN).

bombardement en vol rasant laydown bombing (OTAN).

bombardement naval naval bombardment (US).

bombardement préparatoire preparatory bombardment (GB).

bombardement stratégique strategic bombing (GB).

bombardement tactique (en appui des forces terrestres) tactical bombing (GB).

bombarder (terre / mer) to bombard (GB). Ex : *Les navires britanniques commencèrent à bombarder le port d'Alexandrie : British ships began bombarding the port of Alexandria (GB).*

bombarder (air) to bomb (US). Ex : *Les chasseurs-bombardiers bombardent les centres industriels : fighter-bombers bomb industrial centers (US).*

bombarder (ART) to shell (US, GB), to bombard (GB). Ex : *Les Serbes ont continué à bombarder l'enclave : the Serbs continued to shell the enclave (GB).*

bombarder en piqué to dive-bomb (GB) (Verbe transitif direct).

bombardier bomber (US, GB), bomber aircraft (GB) (VERB : "to fly", "to supply") (ADJ : "long-range'). Ex : *Dissuader une aviation lybienne qui elle-même volait sur des bombardiers Mirage français : to deter a Lybian air force which itself was flying French Mirage bombers (GB).*

bombardier (PERS) (aéronef) bomb-aimer (GB), bombardier (US).

bombardier de technologie avancée advanced technology bomber (ATB) (OTAN).

bombardier furtif (type B2) stealth bomber (UN).

bombardier lourd heavy bomber.

bombardier moyen medium bomber (OTAN). Ex : *Force de bombardiers moyens : medium bomber force (MBF) (OTAN).*

bombardier stratégique strategic bomber (OTAN), strategic bomber aircraft (GB).

bombe bomb (Terme générique) (UN, US, GB, OTAN) (VERB : "to develop", "to detonate", "to remove... from", "to disarm", "to involve", "to rip through", "to drop... onto", "to conceal", "to release" = larguer) (ADJ : "waterprooof", "ballistic" = lâchée d'un aéronef vers une cible, "small", "aerodynamic"). Ex : *Une ville détruite par les bombes : a bombed out town (GB). La bombe a soufflé l'immeuble (attentat terroriste) : the bomb ripped through the building (US).*

bombe à aérosol (ou à dépression ou à détonation gazeuse) (ou explosif combustible-air ou à effet de souffle renforcé fuel-air explosive (FAX / FAE) (UN).

bombe à fragmentation fragmentation bomb, cluster bomb (OTAN).

bombe à guidage laser laser-guided bomb (LGB) (GB, OTAN).

bombe à hydrogène hydrogen bomb (OTAN).

bombe à neutrons neutron bomb (NB) (UN, GB) (EXPR : "to produce high levels of radiation", "to produce little blast", "to cause high loss of life", "to cause little damage to buildings and installations").

bombe à retardement time (-) bomb (US, GB) (VERB : "to attach... to").

bombe artisanale (morceau de tuyau) pipe-bomb (GB).

bombe atomique (la) (Hist.) (the) atom bomb (US).

bombe aveuglante (ou à éclairs lumineux) light-flash bomb (UN).

bombe chimique chemical bomb (UN).

bombe dirigée (ou planante) glide bomb (GB).

bombe-grappe (ou en grappe) cluster bomb (UN).

bombe guidée guided bomb (US, GB).

bombe guidée par laser laser (-) guided bomb (LGB) (GB, OTAN).

bombe incendiaire fire (-) bomb (UN, GB), incendiary bomb (GB) (VERB : "to throw... at").

bombe intelligente smart bomb (OTAN).

bombe lacrymogène teargas canister.

bombe (le) tte (ou petite bombe ou bombe miniature) bomblet (UN). Ex : *Bombettes en grappe : cluster-dropped bomblets (UN).*

bombe non-explosée unexploded bomb (UXB).

bombe non guidée free fall bomb (OTAN).

bombe nucléaire nuclear bomb (GB) (VERB : "to blow up").

bombe photo-éclair photoflash bomb (OTAN).

bon good (US, GB). Ex : *C'est bon pour le moral des troupes : it is good for the morale of the troops (GB).*

bon (moment / endroit) right (US). Ex : *Avoir lieu au bon moment et au bon endroit (attaque) : to take place at the right time and place (US).*

bonbonne bottle (US). Ex : *Bonbonne d'oxygène : bottle of oxygen (US).*

bon choix d'affectation (pour la carrière) ticket punch (US).

bon ordre (en) orderly (OTAN, GB). Ex : *Le débarquement en bon ordre de troupes : the orderly debarkation of troops (OTAN). Évacuation en bon ordre : orderly evacuation (GB).*

bon pour le service (recrue) fit for service.

bon pour le service (PERS) (SAN) return to duty (RTD).

bon de transport travel warrant (GB, US), travel voucher (TV). Ex : *Bon de transport par voie ferroviaire : railway warrant.*

bond (TAC) bound (US, OTAN) (ADJ : "alternate", "tactical"). Ex : *Se deplacer par bonds (unité) : to move in bounds (GB). Mouvement par bonds : movement in bounds (GB).*

Comp. :

- A single movement, usually from one covered and concealed position to another by dismounted troops or combat vehicles (US).

- En guerre, sur terre, mouvement simple de troupes, généralement de couvert en couvert, souvent exécuté sous le feu de l'ennemi (OTAN).

bond en avant (technologie) leap ahead (US).

bond en avant (défense) leap forward (OTAN), leap ahead (US). Ex : *La défense européenne fait un bond en avant : European defence takes a leap forward (OTAN).*

bondir à l'assaut de to rush (GB). Ex : *Bondir à l'assaut d'une position : to rush a position (GB).*

bondissante (cible) pop-up (target / dummy).

bondissante (mine) bouncing (mine), bounding (mine) (UN).

bon marché (matériels) low-cost (En épithète) (US), inexpensive (US).

bonne conduite (PERS) good conduct (US, GB).

bon ordre good order (GB) (ADJ : "contrary to").

bon pour le service (SAN) return to duty (RTD).

bon sens (de) commonsense (US). Ex : *Une règle de bon sens : a commonsense rule (US).*

bons offices good offices (GB) (NOM : "provision"). Ex : *Mission de bons offices des Nations-Unies en Afghanistan et au Pakistan : United Nations Good Offices Mission in Afghanistan and Pakistan (UNGOMAP).*

bord (rive) (cours d'eau) bank (GB). Ex : *Le bord opposé du fleuve a été miné : the far bank of the river has been mined (GB).*

bord (de) (embarqué) on-board (CFE, UN), airborne (sur aéronef) (OTAN) Ex : *Armement de bord : on-board armament (CFE, UN). Système de radioralliement de bord (ou embarqué) : airborne homing system (AHS) (OTAN).*

bordache (élève de l'École Navale) Naval Academy cadet.

bord de l'abîme / risque calculé maximum (stratégie du) (STRAT) brinkmanship.

bordeaux (couleur) maroon (US). Ex: *Béret bordeaux (Paras US, "Airborne forces"): maroon beret (US).*

bordel brothel (GB) (VERB: "to be staffed by"). Ex: *Le bordel du camp était tenu sous strict contrôle médical: the camp brothel was run under strict medical supervision (GB).*

bordure (cartouche) rim.

borne (kilomètre) click (GB, US). Ex: *Le pont est 3 bornes plus loin sur cette route: the bridge is 3 clicks down that road (GB).*

Bosnie-Herzégovine Bosnia-Hercegovina (BA) (OTAN).

bosseur (gros) (ou travailleur) (PERS) workhorse (familier) (US).

bouche (canon / mortier) (gun / mortar) muzzle (US, OTAN). Ex: *Il est normalement rejeté à une courte distance de la bouche du canon: it (= the sabot) is normally discarded a short distance from the muzzle (OTAN).*

bouche (fusil automatique / mortier / lance-roquette / canon de char / arme de poing) muzzle.

bouché (obstrué) (tuyau / canalisation) clogged (GB) (PREP: "with").

bouche-à-bouche (SAN) mouth-to-mouth resuscitation (US) (VERB: "to perform" = pratiquer, faire).

bouche à feu barrel, bore (OTAN).

bouche à oreille (de) word-of-mouth (US). Ex: *Recommandations de bouche à oreille: word-of-mouth recommendations (US).*

bouchon (circulation) (AT / GEND) bottleneck (US).

bouchon anti-bruit (BAB) earplug, ear protector (GB).

bouchon de chargement (grenade à main) filling hole.

bouchon de fermeture (grenade à main) base plug.

bouchon de mines minejam.

bouclage (zone) cordon (US, GB).

boucle loop (OTAN). Ex: *Boucle pyrotechnique: pyrotechnic loop (OTAN).*

boucle de ceinturon belt buckle (US).

boucler (zone / rue) to seal off (US), to cordon off (GB) (a zone / a street).

bouclier (char) mantlet (US).

bouclier (STRAT) shield.

bouclier (défensif) (defence) shield / screen. Ex: *Bouclier de sécurité: safety shield (UN).*

bouclier anti-émeutes (GEND) riot (-) shield (GB) (VERB: "to carry", "to be equipped with").

bouclier antimissile missile shield (Jane's).

bouclier du canon (char) gun mantlet (GB).

bouclier humain (otages) human shield (US, GB).

boue mud (GB, US). Ex: *Lui permettre d'opérer dans la boue et dans la neige (véhicule): to give it a mud and snow capability (US).*

boueux muddy (US). Ex: *Une tranchée boueuse: a muddy trench (US).*

boulangerie bakery (GB). Ex: *Boulangerie de campagne (ou mobile): field bakery (GB), mobile bakery (GB).*

"boule à zéro" (coupe de cheveux) (terme familier) number one haircut (Terme familier GB).

boule de feu (NUC) fire-ball (OTAN), fireball (US) (VERB: "to be formed").

boulet de canon (Hist.) cannonball (GB).

boulet de démolition wrecking ball (CFE, UN).

bouleversement upheaval (Jane's). Ex: *L'armée de terre française est en proie à un bouleversement historique : the French Army is in the throes of an historic upheaval (Jane's).*

bouleverser (plans ennemis) to upset (US).

bourbier (sens propre et figuré) quagmire (US) (VERB: "to be", "to become", "to embroil oneself in"). Ex: *Un bourbier du type Vietnam : a Vietnam-type quagmire (US).*

bourse d'études (PERS) scholarship (US), fellowship (UN) (VERB: "to apply for", "to win", "to be selected for"). Ex: *Recevoir la bourse d'études Olmsfield : to receive the Olmsfield scholarship (US).*

bousiller (matériel) to kock out (GB). Ex: *Des bazookas de 89 mm qui pouvaient bousiller un char à 600 mètres : 89mm bazookas that could knock out a tank at 600 metres (GB).*

boussole compass.

bout end (GB), finish. Ex: *Se battre jusqu'au bout (force) : to fight to the finish. Une mission exécutée jusqu'au bout : a mission carried out to the bitter end. La mission est sacrée, tu l'exécutes jusqu'au bout, à tout prix (Code d'honneur) (Légion) : a mission once given to you becomes sacred to you, you will accomplish it to the end and at all costs (GB).*

bout de ligne (en) over time (US), ultimately (US).

bouteille d'oxygène (plongeur) oxygen bottle (US).

boutique (unité) shop (GB). Ex: *La boutique du régiment (vente d'articles et de souvenirs militaires divers) : the regimental shop (GB).*

boutique de matériel d'espionnage spy shop (US).

bouton moleté d'assemblage (bout de magasin de fusil) magazine cap.

boutonner (uniforme) to button (US).

boutons de laiton (uniforme) brass buttons.

boutons de manchette cuff links (US), cuff buttons (GB).

boutons de réglage latéral et de hauteur (lunette de visée) windage and elevation adjustment knobs.

bout portant (à) voir **à bout portant**.

boyau communication trench (GB).

braconnage poaching (US). Ex: *Des problèmes transfrontaliers tels que la contrebande, le braconnage, les droits de douane et le vol de bétail : cross-border problems such as smuggling, poaching, customs and cattle rustling (US).*

brancard (ou civière) litter (US, OTAN), stretcher (GB, OTAN).

brancardier litter-bearer (US), stretcher-bearer (GB).

branche division (GB). Ex: *Une branche de la guerre électronique : a division of electronic warfare (OTAN).*

branche des forces armées (armée) service (US).

branchement de bretelles d'écoute wiretapping (US). Ex: *Opération de branchement de bretelles d'écoute : wiretap operation (US).*

brancher (RENS) Ex: *Brancher des bretelles d'écoute (RENS) : to wiretap (US).*

branché sur table d'écoute (RENS) bugged (US).

braquer (pointer une arme sur) to cover (GB). Ex: *Il braquait les prisonniers pendant qu'on les fouillait : he covered the prisoners while they were being searched (GB).*

bras (de travail) (véhicule blindé) arm (US).

bras armé defence arm (GB). Ex : *Le futur bras armé de l'Union européenne : the European Union's future defence arm (GB).*

bras droit (PERS) right hand man (GB). Ex : *Le bras droit du chef de corps : the Commanding Officer's (CO) right hand man (GB).*

brassard brassard (US, GB) (VERB : "to wear") (ADJ : "distinctive").

bravade bravado (GB) (ADJ : "sheer").

bravoure gallantry (in action) (GB), valour (GB) ou valor (US), bravery (GB) (VERB : "to denote") (NOM ASS. à "gallantry" : "award").

brèche (défense ennemie) breach (US, GB), gap (VERB : "to find", "to create", "to widen", "to pour into" = s'engouffrer dans). Ex : *Ouvrir une brèche chez l'ennemi : to open / to punch / a gap through the enemy (US, GB). Créer une brèche dans les défenses ennemies : to breach enemy defenses (US). Une brèche dans les défenses ennemies : a breach in enemy defences (GB).*

Cf. : Breach : The employment of any means available to break through or secure a passage through an enemy defense, obstacle, minefield, or fortification (US).

brèche (coupure) gap (GB) (VERB : "to cross"). Ex : *Brèche sèche / humide : dry / wet / gap. Franchir des brèches allant jusqu'à 24,5 m : to cross gaps of up to 24.5m (GB).*

brèche (sur la) (sens figuré) on the go (US). Ex : *Être toujours sur la brèche : to be always on the go (US).*

bref short (GB). Ex : *Bref historique de la 3ᵉ Division britannique (document de présentation) : a short history of the 3rd (United Kingdom) Division (GB). À plus ou moins bref délai (operation) : imminent (US, GB).*

brêlage load-bearing equipment (LBE) (US).

bretelle (d'écoute) (RENS) wiretap (US) (VERB : "to defeat" = neutraliser). Ex : *Branchement de bretelles d'écoute : wiretapping (US). Brancher des bretelles d'écoute (sur) (RENS) : to wiretap (US), to tap (US) (Verbes transitifs directs).*

bretelle téléphonique (RENS) telephone tap (US) (VERB : "to install", "to detect") (ADJ : "temporary", "induction").

bretelle (de fusil) (rifle) sling (US, GB).

bretelles (tenue) suspenders (US).

BREVEL (drone) the BREVEL (reconnaissance and target location) unmanned aerial vehicle (UAV), the BREVEL drone (Jane's).

brevet (qualification de spécialité) badge (US) (cf. : "Expert Infantryman Badge" (EIB), "Expert Field Medical Badge" (EFMB), etc.), qualification (GB) (VERB : "to award" = décerner).

brevet de parachutisme militaire (BPM) Parachutist Badge (US) (Plusieurs catégories existent : "Master Parachutist Badge", "Basic Parachutist Badge", "Senior Parachutist Badge", "Combat Parachutist Badge"). Ex : *Recevoir le BPM : to be awarded the parachutist badge (US).*

brevet de pilote (ALAT) wings (GB). Ex : *Obtenir son brevet de pilote : to get one's wings (GB).*

brevet de secourisme first aid qualification (GB).

brevet de spécialité specialist qualification (GB).

brevet d'officier commission (VERB : "to hold", "to accept") (Dans l'armée de terre britannique, on parle de "Queen's Commission" ou de "King's Commission" pour désigner un brevet normal d'officier) (Pour les officiers techniciens de l'armée américaine, on parle de "warrant", d'où le terme "Warrant Officer"). Ex : *Recevoir son brevet de sous-lieute-nant (ou devenir sous-lieutenant) : to be commissioned as Second Lieutenant.*

breveté (d'état-major) (officier) Équiv. GB : Staff College graduate (ou, en abrégé, "psc" = passed Staff College. La mention "psc" apparaît sur les cartes de visite, après le nom de l'officier breveté). Équivalent US : Il est breveté de l'École Supérieure de guerre (obsolète; maintenant CID (Collège Interarmées de Défense) (fiche biographique d'officier) : he is a graduate of the U.S. Army Command and General Staff College.

breveté para (chutiste) (PERS) airborne qualified, jump-qualified, parachutist-qualified (US). Ex : *Recevoir son brevet de parachutiste : to receive one's wings (GB).*

brevet médical medical badge (US). Ex : *Obtenir un brevet médical : to earn a medical badge (US).*

brevet militaire professionnel (BMP) (sous-officiers) Équiv. US : 1er niveau : advanced NCO (= Non-Commissioned Officer) course / platoon leader course. 2e niveau : Sergeants Major Academy (Fort Bliss, Texas).

brevet sportif sports qualification (GB).

bride (masque à gaz) strap (US), harness (US).

briefer (donner des instructions) to brief (GB, US) (Emploi : To brief somebody on something).

briefing briefing (OTAN, GB), orders group (O Group) (Ordres opérationnels du chef à ses subordonnés avant opération) (GB) (VERB : "to hear", "to give") (PREP : "about"). Ex : *Le briefing du chefs de corps : the commanding officer's Orders Group (O Group) (GB, US) ("O Group" désigne également un personnel assistant au briefing). Se rassembler pour le briefing journalier : to assemble for the daily briefing (GB).*

brigade brigade (US, GB) (Abréviation US / OTAN : "BDE" – Abréviation GB : "bde") (Attention : Une brigade de CLB américaine (brigade interarmes de reconnaissance aéro-terrestre) : an Armored Cavalry Regiment (ACR) (VERB : "to form", "to rotate", "to deploy") (ADJ : "deployable", "combat capable", "heavy", "infantry", "infantry (light)", "airborne") (PART : "split-based", "dual-based", "enhanced"). Ex : *Une brigade forte de 5 800 hommes : a 5,800-strong brigade (Jane's). Une brigade de la 21e Division d'Infanterie Légère : a brigade from the 21 st LID (= Light Infantry Division) (US).*

brigade aéromobile (BAM) (armée de terre 2002) airmobile brigade (GB) (cf. aussi la 16e Brigade Aéromobile britannique appelée "16 Air Assault Brigade").

brigade aéroportée airborne brigade (ABB) (OTAN).

brigade augmentée (ou renforcée) enhanced brigade (US).

brigade autonome (ou non endivisionnée) separate brigade (US) (PART : "enhanced" = renforcée). Ex : *Brigade de combat autonome : separate combat brigade (US).*

brigade blindée (BB) (armée de terre 2002) armoured brigade (GB), armored brigade (US).

brigade cadre (opérations extérieures) framework brigade.

brigade chimique (ou NBC) chemical brigade (US).

brigade d'affaires civiles civil affairs (CA) brigade (US).

brigade d'ALAT (aviation légère de l'armée de terre) aviation brigade (US).

brigade d'appuis spécialisés (BAS) (armée de terre 2002) specialist brigade (Jane's). Ex : *Brigade d'appuis spécialisés Artillerie : Artillery specialist brigade.*

brigade d'artillerie artillery brigade [Au sein du corps d'armée américain peuvent figurer une "field artillery (FA) brigade" (= sol-sol) ou une "air defense artillery (ADA) brigade" (= sol-air)].

brigade d'artillerie sol-air air defense artillery (ADA) brigade (US), air defence brigade (GB).

brigade d'artillerie sol-sol field artillery (FA) brigade (US).

brigade d'assaut par air (ou aérien ou vertical) : air assault brigade (AAB) (OTAN). Ex : *16ᵉ Brigade d'Assaut par Air (ou Aéromobile) (armée de terre britannique) : 16 Air Assault Brigade (Jane's, GB).*

brigade de cavalerie légère blindée Armored Cavalry Regiment (ACR) (US) (Il existe également une structure plus légère désignée sous le nom de "Armored Cavalry Regiment" (Light) (LCR).

brigade de choc (ou d'intervention) (USA) strike brigade (US) (3000 / 5000 hommes).

brigade de commandos (fusiliers marins) Commando Brigade Royal Marines (GB).

brigade de défense de théâtre theater defense brigade (US).

brigade de manœuvre (ou de mêlée) maneuver brigade (US), brigade task force.

brigade de métier (armée de terre 2002) functionally-oriented brigade.

brigade de police militaire military police (MP) brigade (US).

brigade de renseignement (armée de terre 2002) (appuis spécialisés) (Traduction proposée) Military Intelligence (MI) Brigade.

brigade de renseignement et de guerre électronique (BRGE) (obsolète) (Traduction proposée) Electronic Warfare (EW) and (Military) Intelligence (MI) Brigade (À noter : La présence au sein du corps d'armée U.S. d'une unité appellée " Military Intelligence Brigade").

brigade de tête lead brigade (US).

brigade de transmissions signal brigade (US).

brigade d'infanterie d'assaut (armée de terre 2015) (Traduction proposée) assault infantry brigade.

brigade d'infanterie de marine naval infantry brigade (NIB) (OTAN).

brigade d'infanterie de montagne (BIM) (armée de terre 2002) (Traduction proposée) mountain infantry brigade.

brigade d'intervention blindée rapide (armée de terre 2015) rapid armoured intervention brigade (Jane's).

brigade du génie engineer brigade (US).

brigade du train transportation brigade (US).

brigade endivisionnée divisional brigade (US).

brigade expéditionnaire du corps des Marines Marine expeditionary brigade (MEB) (OTAN).

brigade franco-allemande (BFA) (the) Franco-German Brigade (Jane's).

brigade interarmes (BIA) (armée de terre 2002) all-arms brigade (GB), maneuver brigade (Jane's).

brigade légère brigade combat team (BCT) (US). Ex : *Il devait (ou il était prévu qu'il conduise) conduire un assaut vertical en employant une brigade légère d'infanterie tout entière : he was to conduct an air assault using an entire infantry brigade combat team (US).*

brigade légère blindée (BLB) (armée de terre 2002) light armoured brigade (GB), light armored brigade (US) (À rapprocher de l'"Armored Cavalry Regiment" (ACR) américain).

brigade légère blindée de marine (BLBMa) (armée de terre 2002) (Traductions proposées) marine light armoured brigade (GB), marine light armored brigade (US).

brigade légère de CLB (cavalerie légère blindée) light cavalry regiment (LCR) (US).

brigade logistique (BLOG ou BL) logistics brigade (À noter: Le DISCOM (Division Support Command) des divisions de l'armée de terre américaine est l'équivalent en volume d'une brigade logistique). Ex: *Brigade Logistique 1 (ou BL 1): 1st Logistics Brigade.*

brigade mécanisée mechanised brigade (GB), mechanized brigade (US).

brigade médicale medical brigade (US).

brigade multinationale multinational brigade (MNB) (OTAN).

brigade NBC chemical brigade (US).

brigade parachutiste airborne brigade (GB). Ex: La 5ᵉ Brigade Parachutiste britannique: 5 Airborne Brigade (Basée à Aldershot ; sous commandement de "3 (UK) Division" (3ᵉ Division mécanisée, basée au Royaume-Uni); maintenant dissoute et intégrée dans la "16 Air Assault Brigade").

brigade parachutiste (BP) (armée de terre 2002) airborne brigade (US, GB).

brigade renforcée (ou augmentée) enhanced brigade (US).

brigadier (grade) voir **caporal**.

brigadier chef (grade) voir **caporal chef**.

brin (fil de fer barbelé) strand.

brio (avec) brilliantly (US). Ex: *La campagne terrestre de la guerre du Gofe fut conçue avec brio : the Gulf War ground campaign was brilliantly conceived (US).*

brique (sens figuré) building block (US, GB). Ex: *Les briques de la hiérarchie des concepts : the building blocks of the concept hierarchy (US).*

brisant Ex: *Explosif brisant : high explosive (HE). Explosif brisant antichar : high explosive anti-tank (HEAT).*

briscard (vieux soldat) old soldier (GB).

brise-glace Ex: *Tracteur brise-glace chenillé : tracked ice-breaking prime mover (UN).*

briser to break, to disrupt, to break up (OTAN). Ex: *Briser l'élan d'une attaque ennemie: to break / to disrupt / the momentum of an enemy attack. Briser l'avance ennemie: to break up an enemy advance (OTAN). Briser le moral de l'ennemi: to break the enemy's morale (US).*

briser (code) to crack (a code).

britannique (adjectif) British (GB). Ex: *L'armée de terre britannique : the British Army (GB).*

Britanniques (les) (nom) the British (GB). Ex: *Les Britanniques envoyèrent leur 7ᵉ Brigade Blindée : the British sent their 7th Armoured Brigade (GB).*

brochure pamphlet (PAM) (US). Ex: *Brochure Armée de terre n° 360-503 : DA (= Department of the Army) Pam 360-503 (US).*

brodé (uniforme) embroidered (US, GB).

brodequin (ou "ranger") combat boot (GB, US) (VERB: "to wear", "to put on", "to lace", "to polish", "to bull", "to don", "to remove") (ADJ: "dirty", "shining", "field-tested", "infantry", "warm", "waterproof", "tropical") (NOM ASS.: "pair") (PREP: "in". Ex: In combat boots) (EXPR: "to facilitate speedier donning of the boots", "easy removal"). Ex:

Brodequins de caoutchouc fourrés : rubber insulated boots (US). Brodequins de jungle : jungle boots (US).

broncher to flinch (US). Ex : *Accepter une mission sans broncher : to take a mission without flinching (US).*

brosser (tableau) to paint (US). Ex : *Le général a tendance à brosser un tableau idyllique de la situation : the General tends to paint a rosy picture of the situation (US).*

brouillage jamming (VERB : "to defeat", "to counter"). Ex : *Brouillage des communications / radio : communications jamming (COMJAM) (US). Brouillage en barrage : barrage jamming (OTAN).*

Cf. : The deliberate radiation, reradiation, or reflection of electromagnetic energy to prevent or degrade the receipt of information by a receiver (US).

brouillage à distance de sécurité stand-off jamming (SOJ) (OTAN).

brouillage d'autoprotection self-screening jamming (SSJ) (OTAN).

brouillage électronique electronic jamming (OTAN).

brouillage par balayage sweep jamming (US, OTAN).

brouillage rapproché close-in jamming (CIJ) (OTAN).

brouillage sélectif spot jamming (US, OTAN), selective jamming (OTAN).

brouillard de la guerre (confusion au combat) fog of war (US).

Cf. : Confusion; the lack of certainty during operations due to degraded communications and the fluidity of a siutation (US).

brouillé (fréquence) jammed (OTAN). Ex : *Fréquence la moins brouillée : least-jammed frequency (LJF) (OTAN).*

brouiller (transmissions ennemies) to jam (OTAN).

brouiller (message) to scramble (GB). Ex : *Tous les messages destinés au PC doivent être brouillés : all messages to HQ must be scrambled (GB).*

brouilleur jammer (OTAN).

brouilleur à distance de sécurité stand-off jammer (SOJ) (OTAN).

brouilleur à poursuite automatique automatic search jammer (OTAN).

brouilleur chercheur search jammer (OTAN).

brouilleur-répéteur repeater-jammer (OTAN).

brousse (TOPO) scrubland (GB).

broussailles (TOPO) scrub (GB).

bruit sound (US), noise. Ex : *Bruits de pas : footsteps (US). Repérer une cible par le bruit : to pinpoint a target by sound (US). Bruit de fond (transmission radio) : background noise. Un éclaireur s'approche des lignes ennemies sans faire de bruit : a scout approaches enemy lines without making a sound (US). Les bruits de la bataille / du champ de bataille : battlefield sounds (US).*

bruits de sabre (ou menaces de guerre) sabre-rattling (GB) (NOM ASS. : "period").

brûlé (participe passé) (SAN) burnt.

brûler to burn (US, GB). Ex : *Le village brûle : the village is burning. Un tel carburant brûle sur l'objectif, sur l'eau, s'accroche à l'objectif et dans certains cas on peut le faire ricocher dans un coin sur un objectif autrement inaccessible (emploi du lance-flammes) : such a fuel burns on the target, burns on water, clings to the target, and in some instances can be ricocheted around a corner into an otherwise inaccessible target (US).*

brûlure (SAN) burn (GB, OTAN), burn injury (UN) (VERB : "to cause", "to sterilize", "to clean") (Dans le "Royal Army Medical Corps" (RAMC) britannique, il existe une unité spécialisée dans le traitement des brûlures graves (ou des grands brûlés) appelée "Burns Specialist Team"). Ex : *Brûlures de la rétine : retinal burns (OTAN). Brûlure par l'éclair (nucléaire) : flash burn (OTAN). Provoquer des brûlures permanentes de la rétine : to cause permanent retinal burns (US).*

brume (vapeur d'eau) mist (GB).

brume (poussière / chaleur) haze (GB).

brumeux (temps de brouillard) foggy (GB).

brumeux (vapeur d'eau) misty (GB).

brut (RENS) raw. Ex : *Renseignement brut (non élaboré) (RENS) : raw intelligence.*

brutal brutal (OTAN). Ex : *Mettre un terme à la brutale campagne de répression et d'épuration ethnique : to bring to an end the brutal campaign of repression and ethnic cleansing (OTAN). La force brutale : brutality (OTAN). L'action brutale des forces de sécurité serbes : the brutality of Serb security forces (OTAN).*

brutal (action / opération) (TAC) sharp (GB).

brutalité (RENS) ruthlessness (US) (VERB : "to operate with") (ADJ : "extreme").

bruyant Ex : *Le véhicule sera d'un emploi moins bruyant : the vehicle will operate quieter (US).*

budget budget (GB, US, CA) (VERB : "to cut", "to decline", "to increase") (PART : "limited", "unlimited"). Ex : *Le budget de la Défense : the Defence budget (GB). Le Budget 2000 : Budget 2000 (CA) – Les budgets annuels de la Défense : the annual defence budgets (GB). Gérer la totalité du budget de la mission : to manage the entire mission budget (US). Budgets de personnel et d'équipement : budgets for personnel and procurement (US). Déficits budgétaires : budget deficits (US) (ADJ : "endless") – Budget publicitaire (campagne de l'armée de terre) : advertising budget (US). Un budget militaire réduit / restreint : a reduced military budget (US). Le budget de la recherche de défense est aujourd'hui, aux États-Unis, environ 10 fois supérieur à celui alloué par un pays européen tel que la France ou le Royaume-Uni : the defence research budget in the United States is now about ten times that of a European power such as France or the United Kingdom (US). Les dépenses afférentes à la défense monopolisent presque 25 pour cent du budget national : defence expenditures comprise close to 25 per cent of the national budget (CA). Le ministère de la Défense connaîtra la deuxième augmentation consécutive de son budget : the Department of Defense will see the second consecutive increase in its budget (US).*

budget civil civil budget (OTAN).

budget de (la) défense defence budget (OTAN). Ex : *Établissement de budgets de la défense : defence budgeting (OTAN). Les réductions des budgets de la défense : reductions in defence budgets (OTAN).*

budget de fonctionnement (armée) operating budget (Jane's).

budget d'équipement de l'armée de terre (le) the Army equipment budget (Jane's).

budgétaire voir **année budgétaire**.

budget global de l'armée de terre (le) the Army total budget (Jane's).

budgétiser to fund (Jane's). Ex : *La valorisation du char de bataille M1A1 Abrams, budgétisée pour un montant de 646 millions de dollars de l'année fiscale 2000 : the M1A1 MBT (= Main Battle Tank) upgrade, funded at $ 646 million in FY00 (= Fiscal Year 2000) (Jane's).*

budget militaire military budget (OTAN).

buée vapeur (GB), vapor (US).

buggy 4 X 4 (forces spéciales / unités de reconnaissance) light strike vehicle (LSV) (GB), fast attack vehicle (FAV) (DELTA Force) (US).

buisson bush (US, GB) (Terme dénombrable).

bulldozer (GEN) bulldozer (CFE, US).

"bulle" (RENS) sensitive compartmented information facility (SCIF) (US).

buller (ou coincer la bulle) (familier) to laze around (GB), to laze about (GB), to bum around (GB), to bum about (GB).

bulletin d'appel (ou situation de prise d'armes (SPA) absentee report (US).

bulletin de notes (ou de notation) (PERS) evaluation report (US) (Pour les officiers : Officer Evaluation Report (OER). Pour les sous-officiers : Noncommissioned Officer Evaluation Report (NCOER) — Pour les grades inférieurs : Counseling Form).

bulletin de solde Leave and Earnings Statement (LES) (US) (Adressé en fin de mois, il comprend aussi le décompte des jours de permission), Main Pay Statement (GB), Net Pay Advice (NPA) (US) (Adressé en milieu de mois, il ne comprend que les détails de la solde).

bulletin météo weather report (US).

bunker (abri fortifié) bunker (US, UN) (VERB : "to destroy", "to bust")

bureau office (Terme générique) (GB, OTAN), agency (OTAN). Ex : *Le bureau de la compagnie : the company office (GB). Bureau (inter) allié de météorologie : allied meteorological office (AMO) (OTAN). Bureau allié des fréquences radio : allied radio frequency agency (ARFA) (OTAN). Le chef de corps est dans son bureau : the CO (= Commanding Officer) is in his office (GB).*

bureau administratif administrative office (GB).

bureau allié (ou interallié) allied agency (OTAN). Ex : *Bureau allié de sécurité des transmissions : allied communications security agency (ACSA) (OTAN).*

bureaucratie bureaucracy (GB). Ex : *La bureaucratie militaire : military bureaucracy (GB).*

bureaucratique bureaucratic (OTAN). Ex : *Les obstacles d'ordre bureaucratique vont être considérables : the bureaucratic obstacles will be considerable (OTAN).*

bureau de conception des sytèmes de force (BCSF) (EMAT) Combat Development Office (Army Staff) (Jane's).

bureau de gestion management office (OTAN).

bureau de liaison (armée de terre / service de renseignement / alliance) liaison office (US, OTAN).

bureau de l'information et de la presse (OTAN) Office of Information and Press (OTAN).

bureau de planification des ressources humaines (BPRH) (EMAT) Human Resources and Recruitment Office (Army Staff) (Jane's).

bureau de préparation opérationnelle (BPO) (EMAT) Training Development Office (Army Staff) (Jane's).

bureau d'état-major staff branch (GB), staff section (US).

Cf. : A term used to designate each of the five major subdivisions of the general staff : G1 (personnel), G2 (intelligence), G3 (operations (and training), G4 (logistics) and G5 (civil-military affairs).

bureau de poste (armée de terre) Army Post Office (APO) (US, GB) (cf. également : Bureau de poste des forces armées britanniques : British Forces Post Office (BFPO).

bureau de recrutement recruiting office (GB).

bureau de relations publiques (armée de terre) (Army) public affairs office (US) ou public information office (GB).

bureau d'information interarmées joint information bureau (JIB) (US).

bureau du logement (garnison) (Army) housing office (US).

bureau du personnel civil civilian personnel office (CPO) (US, OTAN).

bureau maintien en condition Maintenance Office (UN).

bureau militaire de standardisation military agency for standardisation (BMS) (OTAN).

bureau opérations-instruction (BOI) Ex : *Chef du bureau opérations-instructions (BOI) : (the) S3 (US) (S = Staff — 3 = Operations and Training).*

bureau postal (armée de terre) (Army) Post Office (APO) (US).

bureaux d'arme (<u>ou</u> bureaux d'information sur les fonctions opérationnelles) arms and services exhibition (GB).

bus de données data bus (US).

buste (statue) bust (US).

but aim (GB), purpose (US, CA), goal (US), intention (OTAN). Ex : *Le but de l'opération : the aim (GB) / goal (US) / purpose (US) / of the operation. Dans le but de : in order to (OTAN). Le but de l'attaque : the intention of the attack (OTAN) / the object of the attack (US). Une attaque dont le but est d'anéantir l'ennemi : an attack with the purpose of annihilating the enemy (US). Le but de l'armée de terre : the Army's purpose (CA). Atteindre leur but (forces) (TAC) : to achieve their purpose (US).*

but (objectif d'un engagement de forces) aim.

butée (<u>ou</u> culée) abutment (GB).

butées centrifuges (hélicoptère) droop stop (US, OTAN).

butin (des pillages) loot (GB) (PREP : "among").

butoir (élément de fixation temporaire) (Traduction proposée) temporary holding element.

but recherché (TAC) desired end (US).

but stratégique (organisation / alliance / union) strategic objective (OTAN).

butte (TOPO) butte (GB).

butte de tir butt (GB).

(CHARLIE)

C-135 F C-135 F tanker (US) (NOM ASS.: "fleet").

C2 command and control (C2) (US).

cabine de l'équipage (engin de franchissement) crew cabin (Jane's).

cabinet (ministériel) office (US). Ex: *Le cabinet du ministre de la Défense: the Office of the Secretary of Defense (OSD) (US). Le cabinet du chef d'état-major de l'armée de terre américaine: the Office of the Chief of Staff, U.S. Army (US).*

Cabinet noir (Hist.) (RENS) (the) Black Chamber (US) ("the French secret office set up to tamper with the mail").

cable de communications sous-marin underwater communication cable (US).

câble de mise à feu (arme de poing) ignition cable.

câble de parachutage anchor cable (OTAN).

câble téléphonique (téléphone de campagne) line (GB), telephone cable (US). Ex: *Poser du cable téléphonique: to lay line (GB).*

cabot (caporal) corp (GB).

cabré loft (OTAN). Ex: *Bombardement en cabré: loft bombing (OTAN).*

CAC (compagnie antichar) antitank company (GB), anti-armor (US).

cache (personnels) (TAC) hide (GB).

cache (armes) cache (US), hide (GB). Ex: *Cache d'armes: weapons cache (US), weapons hide (GB).*

caché hidden (US), classified (OTAN). Ex: *Un sens caché (mot code): a classified meaning (OTAN). Rester caché pendant des jours (soldat des forces spéciales): to remain hidden for days (US). Un agent de haut-niveau qui est caché au sein d'un gouvernement ou d'un organisme militaire (taupe) (RENS): a high-level agent who is hidden within a government or military organization (US).*

cache-flammes (fusil automatique) flash hider.

cache-flammes (ou dispositif anti-lueur) (mitrailleuse) flash suppressor (US, OTAN).

cache-poussière (mitrailleuse) dust cover (US).

cachet (document) seal (OTAN) (VERB: "to bear").

cachette (dans un équipement) (RENS) concealment (US).

cadavre corpse (GB), (dead) body (GB) (VERB: "to load up"). Ex: *Ramasser des morceaux de cadavres: to collect corpse fragments (GB). Des cadavres de soldats américains traînés dans les rues: dead US soldiers dragged through the streets (OTAN) (Voir aussi **corps (humain)**.*

cadence (TAC) tempo (US), pace (US). Ex: *Opérations à cadence plus rapide: higher tempo operations (US).*

cadence d'attaque attack tempo (US).

cadence d'entraînement (forces) training tempo (Jane's).

cadence de tir rate of fire (US, GB, OTAN), firing rate (US) (VERB: "to achieve", "to vary", "to achieve") (VERB: "normal", "specified", "prescribed", "sustained", "maximum").

Ex: *Grande cadence de tir: high rate of fire (Jane's). Cadence de tir théorique (fusil): cyclic rate of fire (GB). Cadence de tir (mitrailleuse): cyclic rate of fire. Cadence normale (ou ordinaire) / rapide / maximale / de tir: normal / rapid / maximum / rate of fire. Le tir, commandé électriquement, permet une cadence de 8 coups/minute (char): firing is electrically controlled and the rate of fire is up to 8 rounds per minute (US). Tirer à la cadence de 8 coups/minute: to fire at a rate of 8 rounds per minute (rpm) (US).*

cadence élevée (opérations) high tempo (US).

cadence normale de tir (ou cadence de tir soutenue) sustained rate of fire (US, OTAN).

cadence opérationnelle operational tempo (optempo) (CA, Jane's) (VERB: "to decrease" = réduire, "to support" = soutenir) (Voir aussi **tempo opérationnel**).

cadence rapide (à) (opérations) fast-paced (US).

cadre (structure) framework (US), structure (US), frame (US), context (OTAN), (VERB: "to maintain") (ADJ: "solid"). Ex: *Dans le cadre de: within the framework of, as part of, under (US). Combattre dans le cadre d'une force plus importante: to fight as part of a larger force (US). Dans le cadre d'une coalition: within the structure of a coalition (US). Dans le cadre de l'OTAN: within the framework of NATO. Dans le cadre d'une force multinationale: as part of a multinational force. Un cadre doctrinal: a doctrinal framework (US). Cadre temporel: time frame (US). Le cadre global à l'intérieur duquel sont gérées les carrière d'officiers: the overall framework within which officers'careers are managed (US). Dans le cadre de plans approuvés: in accordance with (IAW) approved plans (OTAN). 3 Commandements Régionaux dans le cadre du Commandement Stratégique Atlantique: 3 Regional Commands under SC (= Strategic Command) Atlantic (OTAN). Dans le cadre de l'opération Joint Guardian: under Operation Joint Guardian (US). Fournir un cadre pour la Défense: to provide a framework for defence (GB). Ce voyage s'inscrit dans le cadre de la mise en œuvre de la Charte OTAN — Ukraine: this visit takes place in the context of the implementation of the NATO — Ukraine Charter (OTAN). Cadre de formation (ou d'instruction ou d'entraînement): training environment (US). L'UEO a élaboré un cadre qui a permis à un nombre croissant de pays européens de s'associer à ses activités: WEU has developed a framework within which an increasing number of European countries have become associated in its activities (UEO). Dans le cadre de ce processus: as part of that process (OTAN). Dans le cadre du Conseil européen de Cologne: in the context of the Cologne European Council (UEO). Dans le cadre d'un engagement portant le nom d'Opération Manta: under a deployment known as Operation Manta (GB). Suite à donner au cadre politico-militaire pour des opérations du PPP (= Partenariat pour la Paix) dirigées par l'OTAN: follow-up on the Political-Military Framework for NATO-led PFP (= Partnership For Peace) operations (OTAN). Dans le cadre d'une coalition de pays alliés: as part of a coalition of allied countries (CA). Dans le cadre de cet accord: under the agreement (Jane's). Outre sa mission dans le cadre des opérations de crise (ou de circonstance ou d'urgence) nationale (3ᵉ Division britannique): in addition to its role for National Contingency operations (GB). Corps-cadre multinational: framework multinational corps (FMC) (OTAN). Dans le cadre de la RAM (= Révolution dans les Affaires Militaires): under the RMA (= Revolution in Military Affairs) (US). Une opération majeure dans le cadre de l'Alliance: a major NATO-led operation (Jane's).*

cadre (environnement) surroundings (US) (VERB: "to modify") (ADJ: "space", "atmospheric", "oceanographic", "terrestrial").

cadre analytique (méthode de raisonnement tactique) analytical framework (US).

cadre conceptuel conceptual framework (OTAN). Ex : *Cadre conceptuel militaire : conceptual military framework (CMF) (OTAN).*

cadre de dialogue forum for dialogue (OTAN).

cadre d'emploi context of use.

cadre de référence (carte) voir **cartouche de référence.**

cadre d'information voir **cartouche (ordre graphique).**

cadre doctrinal doctrinal framework (US).

cadre institutionnel institutional framework (OTAN).

cadrer avec to dovetail with (familier) (US). Ex : *Les plans d'attaque de la division voisine cadrent très bien avec les nôtres : the adjacent division's plans for the attack dovetail very well with our own (US).*

cadres (institution militaire) (permanent) staff (GB). Ex : *Cadres officiers : commissioned personnel. Les cadres (d'une unité militaire) : officers and NCOs. Les cadres instructeurs de Fort Sill : Fort Sill's training cadre (+ verbe au singulier) (US) (Cadres instructeurs GB : "directing staff" (GB) (Voir aussi encadrement).*

cadres (organisation) officials (OTAN). Ex : *Cadres de niveau supérieur et intermédiaire : high and mid-level officials (OTAN).*

cadre spécial (corps de l'armée de terre) (Traduction proposée) (the) Army Administration Corps.

cadre tactique (ou du champ de bataille) battlefield framework (US).

caducée (insigne médical) caduceus (US).

CAESAR voir **camion équipé d'un système d'artillerie.**

café coffee (US, GB). Ex : *Prendre une tasse de café : to have a cup of mud (familier) (GB).*

CAGIVA (motocyclette) (Traduction proposée) (the) CAGIVA motorcycle (Équivalent GB : Harley Davidson motorcycle).

cagna (abri du soldat) dugout.

cahier des charges statement of work (SOW) (OTAN).

cahoteux bumpy (US, GB).

caisse (char) hull.

caisse à sable (EX) sand table (US), sand box, sand mockup.

caisse de munitions ammunition box (GB), ammunition container (GB).

caisson chamber (Terme générique). Ex : *Caisson hyperbare / hypobare : hyperbaric / hypobaric chamber (OTAN).*

caisson de lancement (mines) canister (US, GB).

caisson de munitions caisson (GB).

cagoule (ou passe-montagne) (forces spéciales) balaclava (GB, US).

cagoule (NBC) hood (US).

caisse (véhicule blindé) hull (US) (PART : "welded" = soudée).

calage (transport) blocking and chocking (OTAN).

calamité naturelle natural disaster (OTAN).

calcul computation (US, OTAN), calculation (US). Ex : *Calcul des permissions : leave computation (US). Calcul de la direction et de la distance : computation of direction and distance (OTAN). Calcul du risque (TAC) : calculation of risk (US). Calcul de la radioactivité : radioactivity computation (OTAN).*

calculateur de tir (ou de pièce ou balistique) (char / canon automoteur) ballistic computer (US) (VERB: "to develop"). Ex: *Calculateur de tir d'artillerie sol-sol: field artillery computer equipment (FACE) (GB).*

calculé (risque) calculated (US).

calculer to compute (US), to measure (US), to calculate (US). Ex: *Calculer la distance sur une carte: to measure distance on a map (US). Calculer des notes (ou évaluations): to compute ratings (US). Calculer une permission: to compute a leave (US). Calculer la (pension de) retraite: to compute / to calculate / retired pay (US). Calculer les portées jusqu'aux positions ennemies (ART): to calculate ranges to the enemy positions (GB).*

cale (transport / véhicule) chock (OTAN, GB).

calendrier timetable (US, Jane's), timeline (OTAN) (VERB: "to set" = fixer, "to announce", "to envisage") (PREP: "within"). Ex: *Aucun calendrier n'a été annoncé concernant la durée de l'Opération Joint Forge: no timetable has been announced concerning the duration of Operation Joint Forge (US). Projet de calendrier de mise en œuvre des GFIM (= Groupes de forces multinationales interarmées): envisaged implementation timeline of CJTF (= Combined Joint Task Force) (OTAN).*

calendrier (programme) timing (US, GB).

calendrier des travaux schedule of work (SOW) (OTAN).

cale sèche (navire) dry dock (GB).

calibre calibre (GB), caliber (US) (ADJ: "standard", "medium"). Ex: *Calibre 7,62 mm:.30 caliber (À l'oral, lire: "point thirty caliber") – Calibre 11, 43 mm: .45 caliber. Calibre 12,7 mm:. 50 caliber. Une pièce de petit calibre: a small calibre gun. Le canon a un calibre de 155: the gun is of 155mm calibre (GB). Armes de tous calibres: weapons of all calibers (US). Munitions de petit calibre: small arms ammunition (US). Obus de gros calibre: large-caliber round (US). Calibre du canon principal: main gun calibre (UN). Le calibre de l'armement principal: the calibre of the main armament (Jane's). Le projectile a un calibre de 155 mm: the projectile is 155mm in calibre (GB). La mitrailleuse co-axiale est de calibre 7.62 (mm): the coaxial machinegun is 7.62-millimeter (US). Munition de 5,56 mm de calibre OTAN: NATO 5,56mm round. Stockage de munitions de gros calibre: storage of large caliber ammunition (US). Un projectile de calibre plus petit: a subcalibre projectile (OTAN). Une arme de calibre plus grand (ou de plus gros calibre): a larger calibre (ou caliber / US) weapon (OTAN,US). Projectile de calibre plus petit: subcalibre projectile (US, GB).*

calibre (longueur de tube) (canon) calibre (GB). Ex: *Le tube a une longueur de 52 calibres: the barrel is 52 calibres long (GB). Un tube d'une longueur de 39 calibres: a 39-calibre barrel (GB).*

calot garrison cap (US) (VERB: "to center", "to tilt", to touch").

calque overlay (OTAN, US, GB), trace (GB) (Terme générique). Ex: *Calque d'opérations (ou renseigné): operations overlay (US, GB). Calque pour écran radar: radarscope overlay (OTAN). Calque de surface couverte: covertrace (OTAN).*

calque d'objectifs target overlay (OTAN).

calme (nom) calm (GB), tranquility (US). Ex: *Assurer le calme au plan national (ou intérieur) (mission de l'armée de terre): to insure domestic tranquility (US). Appeler au calme (responsable public): to appeal for calm (GB).*

calme (adjectif) quiet (OTAN), calm (GB). Ex: *Une zone relativement calme: a relatively quiet area (OTAN). Rester calme dans la tempête (PERS): to stay calm in the storm (GB).*

calmer to calm (US). Ex: *Calmer le blessé (SAN): to calm the casualty (US).*

camarade (armée) comrade, mate (GB) (Terme familier : "buddy"). Ex : *Leurs camarades soldats / artilleurs : their fellow / soldiers / artillerymen (US). Un camarade réserviste : a fellow reservist (US).*

camarade (appellation communiste) comrade (GB). Ex : *Merci, Camarade général ! : thank you, Comrade General (GB).*

camaraderie comradeship (GB), camaraderie (GB, US) (VERB : "to build", "to foster"). Ex : *Respectueux des traditions, attaché à tes chefs, la discipline et la camaraderie sont ta force, le courage et la loyauté tes vertus (Code d'honneur) (Légion) : respectful of the (Legion's) traditions, honouring your superiors, discipline and comradeship are your strength, courage and loyalty your virtues (GB). Un sentiment partagé de camaraderie (PERS) : a shared feeling of camaraderie (GB).*

came (guide) (arme automatique) operating rod.

caméra aérienne aerial camera (system) (US) (PART : "improved").

caméra de surveillance (RENS) surveillance camera (US) (VERB : "to install", "to set up") (ADJ : "waist-belt"). Ex : *Installer des caméras de surveillance équipées de téléobjectifs : to set up surveillance cameras with telephoto lenses (US).*

caméra infra-rouge frontale forward-looking infrared radar (FLIR).

caméra thermique thermal imager (GB), thermal camera (Jane's) (VERB : "to fit") (ADJ : "lightweight").

caméra vidéo video camera (CFE, US), movie camera (US) VERB : "to produce", "to conceal") (ADJ : "micro-", "miniature", "sensitive").

camion truck (US, GB), lorry (GB) (Plusieurs catégories : "light truck", "medium truck", "heavy truck" (US) (VERB : "to deliver") (ADJ : "demonstrator"). Ex : *Camions de 14 tonnes : 14-tonne lorries (GB). Convoi de camions militaires : military truck convoy (OTAN).*

camion-atelier maintenance vehicle, repair truck (US).

camion-benne dump.

camion cargo cargo carrier (GB), cargo truck (US) (ADJ : "workhorse").

camion-citerne truck tanker (GB), tanker (lorry) (GB), tank truck (US).

camion de dépannage recovery wrecker.

camion (ou camionnette) de réfrigération refrigeration van (US) (VERB : "to deliver").

camion de transport lourd truck cargo (GB).

camion équipé d'un système d'artillerie (CAESAR) the CAESAR 6 X 6 self-propelled artillery system (Jane's), the 155mm CAESAR truck-mounted self-propelled artillery system.

camion-grue crane truck.

camionnette van (US, GB).

camionnette tactique truck utility light (TUL), truck utility medium (TUM) (GB).

camouflage (TAC) camouflage (US, GB, OTAN), concealment (US, GB) (Terme abrégé : "cam") (VERB : "to maintain") Ex : *Bon / mauvais / camouflage : proper / improper / camouflage (US). Le camouflage est un savoir-faire militaire indispensable : camouflage is an essential military skill (GB). Camouflage / "désert" / "sable" : desert camouflage (US). Motif de camouflage : camouflage pattern (US). Camouflage et dissimulation : camouflage and concealment (OTAN). Camouflage du visage (PERS) : facial camouflage (US). Crème de camouflage (visage) : cam-cream (GB). Filet de camouflage : cam-net (GB), camouflage net (GB).*

Comp. :

- The use of concealment and disguise to minimize detection or identification of troops, weapons, equipment and installations (US).
- Utilisation de matériaux naturels ou artificiels sur des personnes, des objets ou des positions tactiques, en vue de désorienter, de tromper l'ennemi ou de se soustraire à sa vue (OTAN).

camouflage (produit) camouflage (GB). Ex : *Mettez beaucoup de camouflage sur ce char : put a lot of camouflage (ou cam) on this tank (GB).*

camouflage (armements) cover. Ex : *Méthodes de camouflage : cover practices (UN).*

camouflage électronique (GE) electronic masking (OTAN).

camouflage-radar radar camouflage (OTAN).

camouflage radio-électrique masking (US, OTAN).

camouflé camouflaged (Abréviation GB : "cam") (ADV : "well", "properly").

camoufler to camouflage (US, GB). Ex : *Les artilleurs étaient bien camouflés : the Royal Artillery were well camouflaged (GB). Ils camouflaient leurs véhicules : they were camouflaging their vehicles (GB).*

camoufler en (installation) to disguise as (GB). Ex : *L'usine d'armes chimiques était camouflée en hôpital : the chemical weapons factory was disguised as a hospital (GB).*

camoufler (se) (PERS) to cam up (GB).

camp camp (US, GBN, OTAN) (VERB : "to establish", "to manage", "to plan", "to build", "to supervise", "to administer"). Ex : *La formation a lieu au camp de Bovington, dans le Dorset : training takes place at Bovington Camp in Dorset (GB) (Usage américain : Le camp Lejeune : Camp Lejeune). Camp provisoire : temporary camp (OTAN). Camp secondaire : subsidiary camp (OTAN). Les réfugiés sont abrités actuellement dans des camps : the refugees are being housed in camps (GB).*

camp (partie à un conflit) side (US, GB). Ex : *Une zone revendiquée par les deux camps : an area claimed by both sides (US). Une lutte entre deux camps opposés : a contest between two opposing sides (GB). Les combats sont entre deux camps opposés : the battle is two-sided (US).*

campagne (série d'opérations) (TAC) campaign (US, OTAN, CA) (VERB : "to launch", "to take part in", "to halt" = interrompre, "to conceive", "to plan", "to handle") (ADJ : "overall", "subordinate", "air" = aérienne, "costly", "large"). Ex : *Objectifs de campagne : campaign objectives (US). Campagne aérienne : air campaign (US). Campagne terrestre : ground campaign (US). On était au troisième jour de la campagne terrestre de l'Opération Tempête du Désert : it was three days into the Operation Desert Storm ground war (US). L'apogée de la campagne de violence et de destruction menée par l'armée (de terre) yougoslave : the climax of the campaign of violence and destruction carried out by Yugoslav Army forces (OTAN). Mettre un terme à la brutale campagne de répression et d'épuration ethnique : to bring to an end the brutal campaign of repression and ethnic cleansing (OTAN). Projeter une campagne d'automne : to plan an autumn campaign (GB). La campagne d'Afrique du Nord : the North Africa Campaign (GB). La conduite de campagnes : the conduct of campaigns (US).*

Cf. : A connected series of military operations forming a distinct phase of a war to accomplish a long-range major strategic objective (US).

campagne (état de guerre / terrain) field (UN). Ex : *Une armée en campagne / en opérations : an army in the field. Inapte à faire campagne (PERS) : unfit for active service. Les forces armées en campagne : armed forces in the field (UN). Dans des conditions de campagne : under field conditions.*

152

campagne (titre de gloire) (unité) battle honour (GB) (PART : "revered").

campagne (la) (zone rurale) the country (GB), the countryside (GB).

campagne aérienne (ou de guerre aérienne) air campaign (US, OTAN, CA). Ex : *Nous avons mené la campagne aérienne de manière efficace : we prosecuted the air campaign in an effective manner (OTAN). La campagne aérienne menée au-dessus du Kosovo : the Kosovo air campaign (CA).*

campagne d'action psychologique psy-ops campaign (Time) (ADJ : "sophisticated") (PREP : "against"). Ex : *Lancer une campagne d'action psychologique : to launch a psyops campaign (Time).*

campagne de coercition coercive campaign (US).

campagne de désinformation (RENS) disinformation campaign (US), misinformation campaign (US).

campagne d'expérimentation (de combat) experimentation campaign (US).

campagne de propagande propaganda campaign (US).

campagne de publicité (armée) advertising campaign (GB) (VERB : "to run" = organiser).

campagne de recrutement (armée) recruiting campaign (GB), recruitment drive (Jane's, GB) (VERB : "to plan"). Ex : *Lancer la première campagne de recrutement télévisée de l'armée de terre : to launch the Army's first recruitment drive on television (Jane's).*

campagne de sabotage sabotage campaign (US), campaign of sabotage (US) (VERB : "to mount", "to conduct").

campagne de terreur campaign of terror (OTAN) (VERB : "to wage") (PREP : "against" = à l'encontre de).

campagne d'information information campaign (CA).

campagne du temps de guerre wartime campaign (US).

campagne du temps de paix peacetime campaign (US).

campagne interarmées joint campaign (US).

campagne offensive offensive campaign (US).

campagne terrestre ground campaign (US). Ex : *La campagne terrestre de la guerre du Golfe fut conçue avec brio : the Gulf War ground campaign was brilliantly conceived (US).*

camp de base base camp (US, GB) (VERB : "to establish").

camp de blindés laager (GB), lager (GB), leaguer (GB).

camp de concentration (Hist.) concentration camp (GB, US) (VERB : "to set up").

camp de jeunes recrues boot camp (GB, US) (Souvent à discipline sévère).

camp de jeunesse (organisé par l'armée) youth camp (US) (VERB : "to sponsor").

camp d'entraînement (ou camp de manœuvres) training area (GB), training facility (US), training camp (GB). Ex : *Le camp d'entraînement d'Ottenburg : Ottenburg training area (Pas d'article défini). Sur le camp de manœuvres de Sennybridge : on the Sennybridge training area (GB).*

camp d'entraînement (services spéciaux) training facility (US), training activity (US) (cf. Le "Armed Forces Experimental Training Facility (ou Activity)", à Camp Peary, Va., camp principal d'entraînement de la CIA, surnommé "The Farm").

camp d'entraînement de commandos commando base (US).

camp de prisonniers de guerre prisoner of war camp (OTAN), POW camp (GB) (POW = Prisoner of War), prison camp (GB).

camp de prisonniers de guerre ennemis EPW camp (US) (EPW = Enemy Prisoner of War).

camp de réfugiés refugee camp (US, GB, OTAN) (VERB : "to operate", "to set up", "to maintain"). Ex : *Un camp de réfugiés de fortune : a makeshift refugee camp (OTAN).*
Construire des camps pour les réfugiés : to set up refugee camp sites (OTAN).

camp de transit (réfugiés) transit camp (GB, US).

camp disciplinaire disciplinary barracks (US).

campement camp (GB), encampment (GB) (PREP : "on"). Ex : *Un cavalier avait atteint le campement de l'infanterie mexicaine : a rider had reached the encampment of the Mexican infantry (GB).*

camper to camp (GB), to encamp (GB. Ex : *Camper près de la rivière : to camp by the river (GB). Ils campaient à proximité du fleuve : they were encamped by the river (GB).*

camp militaire military camp (OTAN), post (GB). Ex : *Korisa (= village) a été identifié par l'OTAN comme étant un camp militaire et un poste de commandement : NATO identified Korisa as a military camp and command post (OTAN).*

camp opposé (le) (conflit) the opposing side (GB), the other side (GB).

camp prison (prisonniers de guerre) prison camp (GB) (VERB : "to open up").

canal (TOPO) canal, waterway (OTAN). Ex : *Le canal de Lörm : the Lörm canal.*

canal (TRANS) channel (US) (VERB : "to utilize").

canaliser to canalize (US).

Cf. : To restrict operations to a narrow zone by use of existing or reinforcing obstacles or by direct or indirect fire (US).

canarder (tirer en restant embusqué) to snipe (GB) (PREP : "at").

canaux et rivières inland waterways (US).

canaux multiples (à) (TRANS) multi-channel (En épithète).

candidat candidate (GB), applicant (US) (VERB : "to sponsor", "to select", "to reject") (NOM ASS. : "acceptance"). Ex : *Un candidat à Westpoint : an applicant for Westpoint (US). Se porter candidat à (emploi / poste) : to apply for (US, GB). Évaluer un candidat sur / en 3 jours : to evaluate a candidate over 3 days (GB). Candidat (projet d'armement) : contender (GB, Jane's). Se porter candidat à un emploi d'officier de l'armée de terre : to apply as an Army officer (GB). Candidat au statut d'élève-officier (d'active) : cadet candidate (US).*

canevas (réseau de lignes de position sur carte) lattice (OTAN).

caniculaire (chaleur) blistering (US).

cannibalisation cannibalization (US).

Comp. :

- The authorized removal of parts or components from uneconomically repairable or disposable end items or assemblies and making them available for reuse (US).

- Opération qui consiste à démonter sur un matériel non en état, qu'il soit réparable ou non, des ensembles, des sous-ensembles ou des pièces critiques (F).

canoë (-kayak) canoe (US, GB) (VERB : "to assemble", "to operate") (ADJ & PART : "folding", "submersible", "electrically-powered") (PREP : "in").

canoë-kayak (épreuve de raid aventure) canoeing (GB).

canon gun (US, GB) (Trois catégories : "light", "medium", "heavy"), cannon (US, GB) (VERB : "to fire..at", "to raise", "to point", "to elevate", "to depress", "to mount... on", "to operate" aux sens actif et passif) (ADJ : "powerful", "stabilised", "extended-range", "high pressure", "light", "self-propelled", "tracked", "antiaircraft", "coastal") (Terme familier GB : "gat") (EXPR : "to drag a gun into position") (EXPR familière : "to pack a wallop" (US). Ex : *Un canon de 155 : a 155mm gun (US). Un canon de 120 mm à âme lisse : a*

120mm smoothbore cannon (US). Un canon léger : *a light gun (GB)*. Un canon automatique stabilisé de 25 mm : *a stabilised 25-millimeter automatic cannon (US)*. Canon automoteur de 105 mm américain : *armored gun system (AGS) (US)*.

<u>Cf.</u> : <u>Gun</u> : a long-barreled cannon with a relatively low angle of fire and a high muzzle velocity (US).

<u>À noter</u> : Le terme "cannon" a deux formes plurielles : "cannons" ou "cannon". Il désigne en principe une pièce de gros calibre fixée sur deux roues. Ex : *Les canons étaient largement utilisés au cours des sièges : cannon were used extensively during sieges (US)*.

canon (arme de poing / pistolet automatique / fusil / mitrailleuse) barrel (US).

canon à basse pression low-pressure gun (US).

canon à eau (émeutes) (GEND) water cannon (GB).

canon à grande vitesse initiale high-velocity cannon (US).

canon à gros calibre large-caliber gun (US).

canon à longue portée long range gun (GB).

canon antiaérien air defense gun (US), antiaircraft gun (US).

canon antichar antitank gun (US).

canon à pivot swivel gun (US).

canon à rails railgun (UN).

canon à tir direct direct fire gun (CFE).

canon automoteur self-propelled howitzer (SPH) (US, GB), self-propelled gun (SP gun) (OTAN), gun system (US) (VERB : "to operate", "to load (...onto)", "to air-drop", "to field") (PART : "tracked") (NOM ASS. : "shallow fording capability"). Ex : *Un canon automoteur britannique de 105 mm : a British 105mm self-propelled howitzer (GB)*.

canon automouvant self-moving gun.

canon bas ! (funérailles) reverse arms (GB).

canon de 105 mm : <u>Équivalent GB</u> : 105mm Light Gun.

canon de 155 mm AUF1 (automoteur modèle F1) (Traduction proposée) Mark 1 155mm self-propelled gun (<u>ou</u> howitzer). <u>Équivalent GB</u> : AS 90 (AS = Artillery System) self-propelled artillery howitzer. <u>Équivalent US</u> : M109 155mm self-propelled howitzer.

canon de 155 mm GCT (à grande cadence de tir) <u>Équivalent US</u> : M109A6 SP (= self-propelled) howitzer (PALADIN).

canon de 155 mm TRF1 (tracté modèle F1) (Traduction proposée) Mark 1 155mm towed gun (<u>ou</u> howitzer). <u>Équivalent GB</u> : FH 70 howitzer. <u>Équivalent US</u> : M198 155mm towed howitzer.

canon de campagne (<u>ou</u> sol-sol) field gun (US, GB).

canon de char tank gun (<u>Jane's</u>).

canon laser laser gun (UN).

canon latéral (hélicoptère) door gun (CA).

canon métallique metal gun (UN).

canon mitrailleur de 25 mm 25mm Chain gun (<u>ou</u> chain gun) ("Chain gun" est une marque déposée).

canonnade cannonade (GB).

canonnier (ART) gunner (Terme familier GB : "plank").

canon principal main gun (UN, US) (VERB : "to elevate", "to depress"). Ex : *Le canon principal peut être pointé en hausse de — 10° à + 60° : the main gun can be elevated to 60 degrees and depressed to ten dgrees (US)*. Le 2ᵉ classe Steve charge des obus de 25 mm *dans le canon principal de son Bradley : Pvt. Steve loads 25mm rounds into his Bradley's main gun (US).*

canon rayé rifled gun.

canon rotatif revolving gun.

canon sans recul recoilless rifle (ou gun) (US) (VERB : "to design", "to use… for", "to be in use with") (ADJ : "accurate") (NOM ASS. : "warhead diameter", "warhead weight", "launcher weight", muzzle velocity", "effective range"). Ex : *Canon antichar sans recul : recoilless anti-tank gun (GB).*

canon sol-sol field gun (US, GB).

canot (gonflable) boat (US).

canot pneumatique rubber raft (US), inflatable (US, GB), rubber boat.

cantonisation cantonisation (OTAN) (VERB : "to avoid").

cantonnement cantonment (US), billet (GB). Ex : *Zone de cantonnement : cantonment area (US). Cantonnement (ou logement) des troupes (action) : billeting (US). Cantonnement (temporaire) (lieu physique) : quarters. Il est rentré à son cantonnement (chez l'habitant) : he went back to his billet (GB).*

cantonner (soldats) to quarter, to billet (troops). Ex : *Les militaires masculins et féminins seront cantonnés à part : male and female soldiers will be billeted separately (US).*

canular hoax (GB). Ex : *L'alerte à la bombe était un canular : the bomb warning was a hoax (GB).*

cap (direction) heading (US, OTAN), course (GB) (VERB : "to fly on", "to head on").

capable de capable of (+ verbe en ING). Ex : *L'ennemi est capable de conduire des opérations ponctuelles de harcèlement : the enemy is capable of conducting limited harrassing operations. Un aéronef capable d'assurer sa mission : an aircraft capable of fulfilling its mission (OTAN). État capable de se doter d'/ fabriquer des armes chimiques : chemical weapons capable state (UN). Des états-majors capables de remplir les fonctions d'état-major d'opération ou de force : HQs (= Headquarters) capable of serving as Operation or Force HQs (UEO). Les états-majors nationaux et multinationaux devraient être capables d'opérer en configuration interarmées et/ou multinationale : the national and multinational HQs should be capable of operating in joint and/or combined configurations (UEO). Une force de combat capable d'exécuter les tâches (ou missions) les plus difficiles : a fighting force capable of taking on the most demanding of tasks (CA). Au plan physique, vous montrerez ce dont vous êtes capable (instruction) : physically you will be put through your paces (GB).*

capacité (matériels / forces / installation) capability (GB, US, UN, OTAN), capacity (VERB : "to develop", "to use", "to have") (PART : "unsurpassed"). Ex : *Une capacité tout temps, de jour comme de nuit : an all weather, day and night capability (GB). Les capacités de défense de l'OTAN : NATO defence capabilities (OTAN). Capacités et faiblesses de l'ennemi : enemy capabilities and vulnerabilities (US). Capacité (de se doter de) : capability (UN). La capacité opérationnelle d'un aérodrome : the operational capability of an aerodrome (OTAN). Une grue d'une capacité de 3,5 tonnes : a crane capable of lifting 3.5 tonnes (GB). Capacité du chargeur (description de fusil) : magazine capacity. Une opération faisant appel à des moyens et capacités de l'OTAN : an operation using NATO assets and capabilities (OTAN).*

capacité (aptitude) (PERS/ ennemi) ability (US, GB), potential (GB). Ex : *L'initiative nécessite la capacité d'agir de manière autonome (chef) : initiative requires an ability to act independently (US). La capacité de l'ennemi à accomplir sa mission : the enemy's ability to accomplish his mission (US). La capacité du soldat d'observer correctement les* *procédures: the soldier's ability to properly observe the procedures (US). S'il en a la capacité (PERS): if he has the potential (GB). Notre capacité à projeter des forces: our ability to project forces (US).*

capacité amphibie (véhicule) amphibious capability (Jane's) (VERB: "to have").

capacité antiaérienne (véhicule blindé) antiaircraft capability (US) (PART: "limited").

capacité antichar (véhicule) antitank capability (US) (VERB: "to have") (ADJ: "high").

capacité antichar (ou anti-blindés) (force) antiarmor capability (US) (Terme dénombrable) (VERB: "to possess", "to provide") (ADJ: "significant").

capacité chimique chemical capacity (UN), chemical capability (US). Ex: *La Syrie essaie d'acquérir la capacité chimique: Syria is trying to acquire a chemical capability (US).*

capacité d'accueil (abris pour réfugiés) (HUM) refugee shelter capacity (OTAN) (VERB: "to increase").

capacité d'acquisition (missile) acquisition capability (US).

capacité d'action autonome (Union européenne) (the) capacity for autonomous action (OTAN).

capacité d'action psychologique Psyop capability (GB).

capacité d'adaptation (adaptabilité) (PERS / organisation) adaptability (US), ability to adapt (GB, OTAN). Ex: *Un soldat ayant une grande capacité d'adaptation: an adaptive soldier (US).*

capacité d'analyse (PERS) analytical ability (US).

capacité d'anticpation (chef) ability to anticipate (US).

capacité d'approvisionnement resupply capability (UEO). Ex: *Il peut être utile de recourir plus largement au partage des tâches entre les pays afin d'améliorer les capacités logistiques et d'approvisionnement: it may be beneficial to make greater use of task-sharing between nations in order to improve logistics and resupply capabilities (UEO).*

capacité d'atteinte au premier coup (ART) first round hit capability.

capacité de charge (pont) load carrying classification. Ex: *Augmenter la capacité de charge du pont: to increase the load carrying classification of the bridge.*

capacité de chargement (véhicule) payload. Ex: *Un véhicule à capacité de chargement moyenne: a medium payload vehicle.*

capacité de combat (char) fightability (GB).

capacité de combat (force) combat capability (US, UEO) (VERB: "to create", "to degrade", "to neutralize", "to destroy"). Ex: *La capacité de combat de l'ennemi: the enemy's combat capability (US) — Une vraie capacité de combat en la matière (= recherche et sauvetage) devrait être créée: real combat capability should be created in this area (UEO).*

capacité de combat de nuit (ou de combat nocturne) (véhicule blindé) night fighting capability (US).

capacité de combattre ability to fight (US).

capacité de contre-offensive counteroffensive capability (US).

capacité de défense defence capability (GB, OTAN) (Terme dénombrable). Ex: *La capacité de défense globale de la Grande-Bretagne: Britain's overall defence capability (GB). Initiative sur les capacités de défense (OTAN): Defence Capabilities Initiative (DCI) (OTAN). L'Europe n'a aucun besoin de capacité de défense propre: Europe need not have any defence capability of its own (OTAN).*

capacité de défense sol-air basse altitude low level air defence (LLAD) capability (GB).

capacité de destruction destructive potential, destructive power, lethality.

capacité de destruction au premier coup single-round effectiveness (SRE) (OTAN).

capacité de deuxième (ou seconde) frappe (ou capacité de riposte (STRAT) second strike capability (US, OTAN, UN).

capacité de durer (à un niveau de combat soutenu) sustainability.

capacité de feu firepower (US, GB).

capacité de formation (PERS) trainability (US).

capacité de franchissement de fossé (char) trench crossing (GB).

capacité de franchissement de gué (char) fording capability (<u>Jane's</u>).

capacité de guerre électronique EW capability (US) (EW = Electronic Warfare) (VERB : "to have", "to degrade", "to protect").

capacité de jugement (PERS) judgment (US). Ex : *Posséder une bonne capacité de jugement : to have good judgment (US).*

capacité de la force (ou des forces) force capability.

capacité de levage (grue / treuil) lifting capability (US).

capacité d'emport stowage (US), capacity (US). Ex : *Cet hélicoptère a une capacité d'emport de 1362 kg : this helicopter can transport a 3,000-pound payload (US). Le canon M68A1 doté d'une capacité d'emport de 63 coups / munitions : the M68A1 gun with stowage for 63 rounds of ammunition (US). Capacité d'emport en munitions (canon automoteur) : ammunition capacity (US).*

capacité d'endurance (PERS) endurability (GB). Ex : *La capacité d'endurance individuelle : personal endurability (GB).*

capacité de plage beach capacity (OTAN).

capacité de première frappe (STRAT) first-strike capability.

capacité de prise à partie engagement capability (OTAN) (ADJ : "effective").

capacité de production production capacity (UN).

capacité de projection (force) deployability (US), deployable capability (GB), capability for projection (UEO) (ADJ : "agile"). Ex : *L'armée (= française) évalue sa capacité de projection actuelle à 10 000 hommes pour une opération pouvant durer jusqu'à 6 mois : the army assesses its present deployable capability at 10,000 troops for an operation of up to 6 months (GB). La capacité de projection stratégique dans des délais courts devrait être maintenue : the capability for strategic projection within short-time frames should be maintained (UEO).*

capacité de projection de forces force-projection capability (GB), force projection capabilities (OTAN).

capacité de projection de puissance power-projection capability (US).

capacité de ralliement sur brouillage home-on-jam capability (HOJ) (OTAN).

capacité de réaction (forces) responsiveness (US).

capacité de réaction rapide rapid reaction capability (US), quick reaction capability (GB) (VERB : "to provide"). Ex : *EUROFOR offre une capacité terrestre de réaction rapide : EUROFOR can provide a rapid-reaction land capability (UEO).*

capacité de réservoir (ou des réservoirs) (véhicule blindé) fuel (tank) capacity (US, GB). Ex : *Une capacité de réservoir d'environ 1420 litres : a fuel capacity of 375 gallons / a 375-gallon fuel capacity (US).*

capacité de riposte (force) response capability (US).

capacité de riposte (STRAT) strike-back capability, retaliatory capability.

capacité de stockage en munitions (véhicule) ammunition storage capacity (US).

capacité de survie (surviabilité) (forces / personnels) survivability (US, UEO) (VERB : "to enhance") (ADJ : "unsurpassed"). Ex : *Capacité de survie des équipages (de véhicules blindés) : crew survivability (US).*

capacité de tir de nuit (arme antichar) night capability (GB) (ADJ : "full").

capacité de tir en déplacement (ou en marche) (véhicule blindé) fire on the move capability (US).

capacité de transport transportability (US).

capacité de transport (moyen de transport / véhicule) transport capacity (OTAN).

capacité de transport transport capability (UEO). Ex : *Une capacité de transport européenne structurée : a structured European transport capability (UEO).*

capacité de transport aérien airlift capability (Jane's). Ex : *Capacité de transport aérien à longue distance : long-haul airlift capability (Jane's).*

capacité de transport de personnels (caractéristique de véhicule blindé) crew (GB, US), troop capacity (US).

capacité de transport en passagers (aéronef) passenger capacity (US).

capacité de transport par hélicoptère helicopter transport capability (UEO). Ex : *La mobilité, en particulier la capacité de transport par hélicoptère en théâtre, devrait être améliorée : mobility, particularly in-theatre helicopter transport capability, should be improved (UEO).*

capacité de vision nocturne night vision capability (US).

capacité d'itinéraire route capacity (OTAN).

capacité d'une ligne de chemin de fer railway line capacity (OTAN).

capacité logistique logistics capacity (UEO). Ex : *Les pays devraient renforcer leur capacité logistique pour soutenir leur forces : nations should reinforce their logistics capacity to support their forces (UEO).*

capacité militaire military capability (Terme dénombrable). Ex : *Renforcer les capacités militaires de l'OTAN : to enhance NATO's military capabilities (OTAN).*

capacité nucléaire nuclear capability.

capacité offensive offensive capability (US) (VERB : "to dilute"). Ex : *La capacité offensive d'un chef : a commander's offensive capability (US). Capacité offensive (ou moyens offensifs) de guerre chimique : offensive chemical warfare capability (UN).*

capacité opérationnelle operational capability.

capacité portuaire port capacity (OTAN).

capacité technique technical capability.

capacité tout-terrain cross-country capability (CFE).

capacité volumétrique cubic capacity (OTAN).

capacité (ou aptitude) opérationnelle (unité) operational readiness.

Cf. : Appréciation, à un moment déterminé, de l'aptitude d'une formation à remplir une mission donnée. Cette appréciation intègre les paramètres suivants : — réalisation des dotations et disponibilité des matériels ; — aptitude des matériels à faire campagne ; — réalisation quantitative et qualitative des effectifs ; — niveau d'instruction des personnels et entraînement des unités (F).

capacité opérationnelle operational capability.

capacité opérationnelle recherchée desired operational capability (DOC) (US). Ex : *Atteindre les capacités opérationnelles recherchées : to achieve desired operational capabilities (US).*

capacité opérationnelle totale full operational capability (FOC) (OTAN).

capacités capabilities (UEO). Ex : *Inventaire des moyens et capacités disponibles pour des opérations de gestion de crise à mener par les Européens : audit of assets and capabilities for European crisis management operations (UEO). En particulier en ce qui concerne les capacités C3 (commandement, contrôle et communication) : with particular reference to C3 (command, control and communications) capabilities (UEO). Les capacités pour assurer la projection des forces vers des théâtres d'opérations, même éloignés, devraient être améliorées : capabilities for projecting forces to thetres of operations, even distant ones, should be improved (UEO). Une Alliance aux capacités militaires accrues : a more militarily capable Alliance (OTAN).*

capacités aériennes air capabilities (US).

capacités asymétriques asymmetric capabilities (US).

capacités collectives collective capabilities (OTAN) (VERB : "to develop").

capacités dans l'espace space capabilities (US).

capacités de combat (matériel) capacity for combat (US). Ex : *Les capacités de combat du char : the capacity for combat of the tank (US).*

capacités de combat combat capabilities (CFE), warfighting capabilities (US).

capacités de communications communications capabilities (US).

capacités de défense defence capabilities (OTAN). Ex : *Renforcer les capacités de défense et l'interopérabilité : to boost defence capabilities and interoperability (OTAN).*

capacités de défense essentielles core defence capabilities (OTAN).

capacités de planification planning capabilities (OTAN, US).

capacités de projection (armée) deployment capabilities (US).

capacités de projection de forces force-projection capabilities (US).

capacités de recherche et de sauvetage search and rescue (SAR) capabilities (UEO).

capacités de renseignement intelligence capabilities (US).

capacités d'infrastructure infrastructure capability (OTAN).

capacités essentielles core capabilities (OTAN).

capacités logistiques logistics capabilities (US) (ADJ : "versatile", "mobile").

capacités multinationales multinational capabilities (US).

capacités opérationnelles operational capabilities (UEO, US) (NOM ASS. : "reinforcement").

capacités relatives aux forces force capabilities (UEO) (NOM ASS. : "reinforcement").

capacité technique technical capability.

capitaine (CNE) Captain (GB, US) (Abréviation GB : Capt. Abréviation US : CPT). Ex : *Un capitaine de l'artillerie sol-sol : a field artilery captain (US).*

capital (crucial) critical (US), vital (CA), momentous (OTAN), keystone (US). Ex : *Une autre initiative qui est capitale pour soutenir la force au cours de son entrée dans le XXIᵉ siècle : another initiative that is critical to sustaining the force into the 21st century (US). Ce rôle a été capital : this role was a vital one (CA). Une décision capitale : a momentous decision (OTAN). Un manuel capital : a keystone manual (US).*

capitalisme capitalism (GB).

capitanat captaincy (GB).

capitulation capitulation (GB).

capituler to surrender (GB), to capitulate (GB) (Terme plus formel). Ex : *Quelques mois plus tard, la France capitula : a few months later, France capitulated (GB).*

caporal (grade) Lance-Corporal (LCpl) (INF / ABC), Lance Bombardier (ART) (GB), Corporal (CPL) / Specialist (SPEC) (E4) (US) (Le "Corporal" américain se fait appeler "Corporal").

caporal-chef (grade) Corporal (Cpl) (INF / ABC), Bombardier (ART) (GB) (Terme argotique GB : "full screw"). Pas d'équivalent dans l'armée de terre US. Ex : *Un caporal-chef féminin : a woman corporal (GB).*

caporalisme corporal techniques (GB), "bull" (GB).

capot (véhicule) hood (US), bonnet (GB).

capote (vêtement) coat (US), greatcoat (GB).

capsule lacrymogène tear gas canister (UN).

capteur sensor (Terme générique) (US, GB, OTAN) (VERB : "to defeat", "to use", "to search", "to link up with", "to carry") (ADJ & PART : "acoustic", "multiple", «manned», «unmanned», "dedicated", "collateral", "contributing", "sophisticated", "ground based", "sea borne", "airborne", "space-based", "surface-based", "subsurface").

capteur acoustique acoustic sensor (US).

capteur à ondes millimétriques millimetre wave sensor.

capteur au sol ground sensor (UN, OTAN).

capteur au sol abandonné unattended ground sensor (UGS) (US, OTAN).

capteur au sol autonome unattended ground sensor (UGS) (US, OTAN).

capteur au sol non-surveillé unattended ground sensor (US, OTAN).

capteur de défense aérienne air defense sensor (US).

capteur de vent (char) wind sensor (US).

capteur embarqué (aéronef) airborne sensor (US).

capteur infrarouge infrared sensor (US).

capteur optronique electro-optical sensor (GB).

capteur sur satellite satellite-based sensor (UN).

capteur tactique battlefield sensor (US).

capteur télécommandé remotely-employed sensor (REMS) (US).

captif (prisonnier) captive (GB).

captif captive (UN). Ex : *Utilisation captive des produits chimiques : captive use of chemicals (UN).*

captivité captivity (US, GB) (VERB : "to escape from"). Ex : *Garder quelqu'un en captivité : to hold somebody prisoner (GB). En captivité : in captivity (US, GB). Pendant une période de captivité : during a period of captivity (US). 52 Américains sont toujours maintenus en captivité : 52 Americans are still held captive (US).*

capture (PERS) capture (US, GB). Ex : *Echapper à la capture : to escape capture (US), to evade capture (GB). La capture de prisonniers : the capture of prisoners (US).*

capture (prise) (ville) capture (CA). Ex : *L'offensive de la Vallée de la Liri qui a abouti à la capture de Rome : the Liri Valley offensive which led to the capture of Rome (CA).*

capturer (personnel / matériel) to capture (US). Ex : *Capturer l'ennemi : to capture the enemy (OTAN, US).*

Cf. : The taking into custody of a hostile force, equipment or personnel as a result of military operations (US).

capuchon de sûreté (grenade à main) safety cap.

car bus (US, GB). Ex : *Faire embarquer dans un car : to embus (GB) (Contraire : "to debus ").*

carabine rifle, carbine (US, GB) (VERB : "to produce, "to use") (ADJ : "semi-automatic", "fully automatic", "obsolete") (NOM ASS. : "calibre", "weight", "muzzle velocity", "magazine capacity", "round", "box", "gas operation", "use").

carabine à canon scié sawn-off shotgun (GB).

caractère nature (US, GB), properties (OTAN). Ex : *Le caractère dangereux d'une cargaison : the dangerous properties of a cargo (OTAN). Le caractère interarmées de l'offensive : the joint nature of the offensive (US). Caractère multinational (opération) : multinationality (OTAN). Le caractère interarmées des opérations militaires modernes : the interservice nature of modern military operations (GB).*

caractère (qualité individuelle) (PERS) character (US) (ADJ : "great").

caractère (lettre / nombre / symbole) character (US, GB). Ex : *À cette époque, la taille des micropoints était de 70 millimètres et contenaient 300 000 caractères (RENS) : microdots at that time were 70 millimeters in size and contained 300,000 characters (US).*

caractère d'urgence (crise) urgency (US).

caractère interarmées (l'interarmisation) jointness (OTAN, US).

caractère interarmées (opération) joint nature (US), interservice nature.

caractère meurtrier (arme) lethality.

caractère multinational (opérations) multinationality (Jane's).

caractérisé (avéré) genuine (OTAN). Ex : *Des cas de génocide caractérisé : genuine cases of genocide (OTAN).*

caractérisé par characterized by (OTAN, US). Ex : *Action offensive caractérisée par l'emploi coordonné du feu et de la manœuvre : offensive action characterized by co-ordinated employment of fire power and manœuvre (OTAN). En combat défensif caractérisé par une succession de positions de freinage : in defensive operations characterized by successive delaying positions (US).*

caractériser to characterize (US), to portray (OTAN). Ex : *Caractériser un objectif : to portray the components of a target (OTAN).*

caractéristique (nom) characteristic (US) (ADJ : "key"). Ex : *Beaucoup d'opérations de paix ont les caractéristiques des conflits de basse intensité : many peace operations have the characteristics of low-intensity conflicts (US). Les caractéristiques d'une opération : the characteristics of an operation (US). Les caractéristiques principales d'un système d'armes : the key characteristics of a weapons system (US).*

caractéristique (matériel) feature (Jane's) (ADJ : "unusual", "significant", "unique", "major") (Noter l'existence du verbe "to feature" = avoir pour caractéristique(s). Ex : *Caractéristiques de conception : design features (US). Le cloisonnement est une caracté-ristique essentielle de l'organisation (ou l'agencement) du M1 (=char) : compartmenta-lization is a major feature of the M1 layout (US).*

caractéristique artificielle (terrain) culture (OTAN).

caractéristique clé key characteristic (US).

caractéristique de characteristic of (US).

caractéristiques (arme / système d'armes) features, characteristics (US).

caractéristiques (objectif) designations (OTAN).

caractéristiques du terrain terrain features (US, GB).

caractéristiques electroniques electronic characteristics (US) (VERB : "to collect").

caractéristiques géographiques geographic characteristics (US) (VERB : "to collect").

caractéristiques hydrographiques hydrographic characteristics (US) (VERB : "to collect").

caractéristiques opérationnelles (matériel) operational characteristics (OTAN).

caractéristiques principales (matériel) major features (US).

caractéristiques techniques (matériel) specifications (En abrégé : "specs"), (technical) characteristics (US) (VERB : "to select").

caractéristiques tout-terrain (véhicule) cross-country characteristics (US).

carbonisé carbonized (GB). Ex : *Des corps carbonisés : carbonized bodies (GB).*

carburant fuel (US), petroleum (US) (VERB : "to burn", "to deliver… to", "to expend (NOM ASS. avec "petroleum" : "receipt", "storage", "issue", "distribution"). Ex : *Carburants et lubrifiants : petroleum, oil, lubricants (POL) (US). Carburants conditionnés ou en vrac : bulk or packaged petroleum products (OTAN). Un tel carburant brûle sur l'objectif, sur l'eau, s'accroche à l'objectif et dans certains cas on peut le faire ricocher dans un coin sur un objectif autrement inaccessible (emploi du lance-flammes) : such a fuel burns on the target, burns on water, clings to the target, and in some instances can be ricocheted around a corner into an otherwise inaccessible target (US).*

carburant aviation (essence / kérosène) aviation fuel (AVTAG) (OTAN).

carburants en vrac bulk fuel (OTAN).

carburéacteur jet propellant (JP) (OTAN).

carcasse (pistolet automatique) frame.

carcasse (véhicule) wreck (GB). Ex : *Une carcasse de char : a tank wreck (GB).*

CAREME French automated message center for reception and transmission (US).

cargaison (ou charge) cargo (GB, OTAN) (Terme ayant aussi un sens pluriel ; "cargo" = des cargaisons) (VERB : "to carry", "to check out", "to seize") (ADJ : "dangerous", "valuable", "vital", "unwanted", "wanted"). Ex : *Un hélicoptère capable de transporter une cargaison de 500 kg : a helicopter capable of carrying 500 kg of cargo (GB). Cargaison aérienne : air cargo (OTAN). Une cargaison de nourriture / alimentaire : a food shipment (US). Déchargement des cargaisons de secours (HUM) : off-loading of aid cargoes (OTAN). Des cargaisons destinées au rebelles algériens (armes) : cargoes bound for Algerian rebels (US).*

cargaison de valeur valuable cargo (US, GB).

caritatif charitable (US). Ex : *Organisation caritative : charitable organization (US).*

carnage carnage (GB) (Terme indénombrable). Ex : *Champ de carnage : killing field. Le champ de bataille était une scène d'horrible carnage : the battlefield was a scene of terrible carnage (GB).*

carnet de bord (véhicule) log-book, log (GB) (VERB : "to keep", "to inspect"). Ex : *Le carnet de bord du véhicule : the vehicle's log (GB).*

carré square (GB). Ex : *Former un carré (dispositif de troupe) : to form a square (GB).*

carré de carroyage (carte) grid square (GB).

carrée (chambre de caserne) barrack room (GB).

carrefour cross-roads (routes), junction (route / voies ferrées), crossing (X) (route / voies ferrées / cours d'eau) (GB). Ex : *Carrefour ferroviaire : railway junction. Un carrefour stratégique : a strategic crossroads (US).*

carrière career (US, GB) (VERB : "to follow", "to offer", "to pursue", "to speed up", "to progress in") (ADJ : "dynamic", "rewarding", "successful", "challenging", "exciting", "gratifying", "full"). Ex : *Une carrière d'officier / des carrières d'officiers : an officer's career (GB) / officers' careers (US). Un militaire / officier / de carrière : a career / soldier / officer (US) (Terme familier US : "lifer") – Une carrière dans l'armée de terre : an Army* *career (US). Choisir de faire carrière dans l'armée de terre : to select the Army as a career (US). Ruiner une carrière : to ruin a career (US). Réussir sa carrière dans l'armée de terre : to achieve a successful Army career (US). Pendant toute sa carrière : throughout his / her career (US). Il n'est intéressé que par son avancement dans la carrière : he is interested only in furthering his career (GB). Carrière courte : short-term career (Jane's). Une progression de carrière sérieuse pour tous les linguistes : a meaningful career progression for all linguists (US). Un tremplin pour réussir dans une carrière civile (formation militaire) (PERS) : a springboard to success in a civilian career (US). Sa carière dans la Légion : his Legion career (GB). Des décisions en termes de carrière : career decisions (US). Le Caporal Berg, qui avait renoncé à une carrière d'officier dans l'armée d'active pour rejoindre la Légion : Corporal Berg, who had given up a career as an officer in the regular army to join the Legion (GB). Faire les bons choix de carrière (pour l'avancement) : to clock up the right appointments and experience (GB) (Terme familier GB : "to get the right ticks").*

carrière des armes (la) soldiering (GB), the profession of arms (US).

carrière civile civilian career (US).

carrière d'officier officer career (GB).

carrière militaire (ou dans l'armée) Service career (GB).

carriérisme careerism (GB).

carriériste careerist (GB).

carrosserie (véhicule blindé) body (Jane's) (PART : "(fully) armoured").

carroyage (carte) grid (US, OTAN). Ex : *Carroyage tactique local : local tactical grid (LTG) (OTAN).*

carroyage militaire military grid (OTAN).

carroyage universel Mercator univeral transverse Mercator grid (UTM) (OTAN).

carroyer to grid (US). Ex : *Une photographie carroyée : a gridded photograph (US).*

car sanitaire ambulance bus.

carte map (US, GB, OTAN), map sheet (OTAN), chart (sheet) (OTAN) (VERB : "to develop", "to produce", "to use", "to reproduce", "to issue", "to compile… from", "to survey") (ADJ : "classified", "digitized") (NOM ASS. : "storage", "distribution"). Ex : *Une carte à petite échelle : small-scale map (US) (1/600 000ᵉ et plus petit). Une carte à grande échelle : a large-scale map (US) (1/75 000ᵉ et plus). Une carte à très grande échelle : a cadastrial map (US). Carte géographique numérisée : digitized geographical map. Carte murale : wall map. Carte routière : road map. Une série de cartes : a map series. Une carte à l'échelle 1/50 000ᵉ : a 1:50,000-scale map (US). Carte UTM : UTM map (UTM = Universal Transverse Mercator). Carte en relief : relief map (GB). Faire / dresser la carte de la Lune : to map the moon (US). Carte à échelle réduite : smaller scale map (OTAN).*

carte d'accréditation (journaliste) accreditation pass (OTAN), credentials (OTAN). Ex : *Carte d'accréditation OTAN : NATO accreditation pass (OTAN) (VERB : "valid") – Cartes d'accréditation (réunion internationale) : press credentials (OTAN).*

carte de base base map (US, OTAN).

carte de presse (journaliste) press pass (OTAN) (ADJ : "valid").

carte de (la) situation situation map (SITMAP) (US, OTAN).

carte de rationnement ration card (US).

carte des opérations operation map (US).

carte d'état-major topographic map (US), Ordnance Survey map (GB), Geological Survey map (US).

carte de visite (PERS) calling card (US), visiting card (US).

carte d'identité militaire identification card ou ID card (US, GB) (VERB : "to possess", "to show", "to issue... to", "to be required").

cartel de la drogue drug cartel (US).

carte maîtresse (atout) trump (OTAN) (Terme dénombrable) (VERB : "to be used as" = servir de).

carte numérique digital map (US).

carte papier paper map.

carte projetée (par moyen optique) projected map display (OTAN).

cartes et documents de référence (de l'ordre) references (US, GB).

cartographe (militaire) (military) cartographer (US), (military) map-maker (GB).

cartographie mapping (fonction) (US), mapmaking (US), cartography (OTAN). Ex : *Service de cartographie des armées : Military Survey Department (GB), National Imagery and Mapping Agency (NIMA) (US) (S'occupe également de renseignement d'imagerie).*

cartographier to map (US, GB).

cartouche cartridge, round (UN). Ex : *Chargeur à 30 cartouches (arme d'appui) : 30 round magazine (US). Le chargeur contient 7 cartouches (pistolet) : the magazine holds 7 rounds (US).*

cartouche (d'ordre graphique) (ou cadre d'information / OTAN) information box (OTAN).

cartouche à blanc blank (US, GB), blank round (GB), blank cartridge (Voir les exemples à **blanc (cartouche à).**

cartouche de référence (carte) reference box (OTAN).

cartouche d'explosif explosive canister (UN).

cartouche fumigène smoke canister (UN).

cartouchière ammunition pouch, bandoleer (US, GB), bandolier (GB).

cartouchière (ceinture) cartridge-belt (GB).

cas event (GB), case (US), instance (US). Ex : *En cas de guerre : in the event of war (GB). En cas de frappe aérienne ennemie : in the event of an enemy air strike (GB). Dans le cas de l'Irak : in the case of Iraq (US). Dans la plupart des cas : in most cases (US). Des structures de forces permettant de disposer d'unités de relève en cas de besoin : force structures capable of providing fresh units when required (OTAN).- Des cas de génocide caractérisé : genuine cases of genocide (OTAN). Dans certains cas on peut le faire ricocher dans un coin sur un objectif autrement inaccessible (emploi d'un carburant pour lance-flammes) : in some instances it can be ricocheted around a corner into an otherwise inaccessible target (US).*

cas (médical) (SAN) case. Ex : *Cas sérieux : serious case.*

cascade (ou chute d'eau) (TOPO) waterfall (GB).

cas échéant (le) when appropriate (OTAN).

cas par cas (au) on a case-by-case basis (OTAN).

casemate bunker (US), pillbox (US). Ex : *Une force abritée dans une casemate : a bunkered force (US).*

Cf. : Pillbox : A small, heavily fortified defensive positioning, typically containing heavy machine guns or antitank weapons (US).

caserne barracks (Ce terme peut être suivi d'un verbe au singulier ou au pluriel) (En épithète : "barrack") (VERB : "to improve"). Ex : *Une caserne : a barracks. Vie courante à la caserne : barrack routine (GB). La caserne abritait autrefois des troupes : the barracks used to house forces (Jane's). Vie de caserne : barrack life.*

casernement living-quarters (GB). Ex : *Fier de ton état de légionnaire, tu le montres dans ta tenue toujours élégante, ton comportement toujours digne mais modeste, ton casernement toujours net (Code d'honneur) (Légion) : proud of your status as a legionnaire, you will display this pride, by your turnout, always impeccable, your behaviour, ever worthy, though modest, your living-quarters, always tidy (GB).*

caserner (cantonner temporairement) (troupes) to quarter (troops).

casier (effets personnels) locker (US).

casier à munitions (char) ammunition stowage.

cas où (au) in the event that (US).

casque helmet (US, GB) (EXPR : "to provide ballistic protection to the head from fragmenting munitions", "to be available in X sizes"). Ex : *Casque de combat : combat helmet (GB). Casque "camouflage" : camouflage helmet (GB). Sur casque (matériel monté) : helmet-mounted (US) (En épithète).*

À noter : Le nouveau casque de combat américain, le "Personnel Armor System Ground Troops Helmet" (PASGT).

casque à écouteurs headset (GB).

casque bleu U.N. (= United Nations) troop, U.N. soldier, peacekeeper, blue helmet. Ex : *Un casque bleu français : a French UN soldier.*

casque colonial (Hist.) sun helmet (GB).

casque d'écoute headset.

casque lourd steel helmet (Termes familiers : "pot", "steel pot" (US).

casque radio émetteur-récepteur (TAP) transmitter and receiver helmet.

casquette cap (US, GB). Ex : *Avoir une double casquette (= deux attributions) (PERS) : to be dual-hatted (GB), to wear two hats (US), to double in brass (familier) (US).*

casquette de treillis BDU (= Battle Dress Uniform) cap (US).

"cassage" (code) (RENS) breaking (US).

casse (la) (dégâts) (PERS) breakages (GB). Ex : *Payer la casse : to pay for breakages (GB).*

cas sérieux (malade) (SAN) seriously ill (OTAN).

casse-pipe (combat) Ex : *Aller au casse-pipe : to go to battle, to go to the front.*

casser (code) (RENS) to break (US).

caste caste (Jane's). Ex : *Une caste militaire : a military caste (Jane's).*

CASTOR (caméra thermique) (Traduction rencontrée) CASTOR thermal imager.

cas très sérieux (malade) (SAN) very seriously ill (OTAN).

cataclysme Ex : *Cataclysme nucléaire : nuclear holocaust (UN).*

catalogage (Commissariat) cataloging (US).

catalogue de stock (LOG) stock list (OTAN). Ex : *Catalogue de stock du système NADGE : NADGE system stock list (NSSL) (OTAN).*

cataloguer to catalogue (GB). Ex : *Les effets saisis sur les prisonniers argentins furent catalogués : property taken from Argentine prisoners was catalogued (GB).*

catalyseur catalyst (US).

catamaran catamaran (OTAN).

catapulte (aéronef / missile) catapult (OTAN, GB).

catastrophe disaster (OTAN, US), catastrophe (OTAN) (VERB: "to (narrowly) avert" = frôler, "to simulate", "to occur", "to respond to") (NOM ASS. avec "disaster": "planner", "coordinator", "aftermath"). Ex: *Une catastrophe naturelle: a natural disaster (ou catastrophe) (CFE, US). Zone de catastrophe (naturelle): disaster area (US). Secours en cas de catastrophe: disaster relief (OTAN). Réaction aux catastrophes: disaster response (US), response to disasters (US).*

catastrophe causée par l'homme (ou due à l'erreur humaine) man-made disaster (US).

catastrophe humanitaire humanitarian catastrophe (OTAN), humanitarian disaster (OTAN) (VERB: "to address" = faire face à, "to respond to"). Ex: *Contribuer à empêcher une catastrophe humanitaire: to help prevent a humanitarian catastrophe (OTAN).*

catégorie category (US). Ex: *Dans la catégorie des aéronefs à voilure tournante: in the rotary wing aircraft category (US). Ces opérations peuvent être divisées en deux catégories: these operations may be divided into two categories (US). Une catégorie de Réserve: a Reserve category (US). Des catégories particulières d'unités: specific categories of units (US).*

catégorie (RENS) category (OTAN). Ex: *Une catégorie de renseignement découlant de renseignement bruts recueillis et fournis par une source humaine: a category of intelligence derived from information collected and provided by human sources (OTAN).*

catégorie d'approvisionnement voir **classe (ou catégorie) de ravitaillement**.

catégorie d'équipement category of equipment (OTAN).

cause (raison) cause (US, GB, OTAN) (VERB: "to redress", "to identify", "to analyze", "to tackle"). Ex: *Identifier / analyser / les causes sous-jacentes (ou profondes) du conflit: to identify / analyze / the underlying (ou root) causes of the conflict (US). Les jacasseries du sergent ont été une cause de malentendus dans l'interprétation des ordres: the sergeant's yak caused misunderstanding in the interpretation of orders (US). S'attaquer aux causes profondes des conflits: to tackle the root causes of conflict (OTAN).*

cause (ensemble d'intérêts) cause (GB, OTAN), side (CA). Ex: *Défendre une cause abstraite / juste: to defend an abstact / just / cause (GB). Obtenir l'appui des tribus à la cause britannique (Hist.): to align the tribes to the British side (CA). Sa contribution à la cause de la paix (pays): its service in the cause of peace (CA).*

cause (en) involved (OTAN). Ex: *La zone en cause: the area involved (OTAN).*

causer (pertes / ravages) to cause (US, GB), to inflict. Ex: Causer des pertes à l'ennemi: to inflict losses on the enemy. Les Français durent protéger leurs forces des tirs de snipers continuels qui avaient causé tant de ravages dans la ville: the French had to protect their forces from the continuing sniper fire that had caused such havoc in the city (GB). Causer des pertes en personnel(s) dans des endroits clos: to cause personnel casualties in inclosed (ou enclosed) places (US).

cavalerie (the) Cavalry (GB) (Appellation historique GB: "the Horse"). Ex: *La Cavalerie de la Maison Royale: the Household Cavalry (GB) (Se compose d'un régiment de prestige et d'un régiment de CLB et forme, avec le Royal Armoured Corps (RAC), la Cavalerie britannique). Un régiment de cavalerie de réserve (appartenant à la Territorial Army): a Yeomanry Regiment (GB). La cavalerie à cheval (ou montée) (Hist.): the horse cavalry (US). Cavalerie de ligne (Hist.): line cavalry (GB) (Désigne aujourd'hui les régiments n'appartenant pas à la "Household Cavalry").*

cavalerie de réserve Yeomanry (GB).

cavalerie légère blindée (CLB) (reconnaissance, surveillance, investigation ou RSI) (armored) cavalry (US), armoured reconnaissance ou armoured recce (GB). Ex: *Régiment de CLB: armored cavalry squadron (ACS) (US), armoured recce regiment*

(GB), armoured reconnaissance regiment (GB). Brigade de CLB: Armored Cavalry Regiment (ACR) (US). La CLB (arme de l'armée de terre US): Cavalry (US).

Missions de la CLB : to conduct reconnaissance, security and economy of force, to find the enemy, to develop the situation, to provide the commander with reaction time, to operate in an economy-of-force role, to delay an attacking enemy, to assist in a withdrawal, to force enemy armor into terrain where friendly armor can attack, to destroy sufficient threat forces, to move to see the threat, to fight the threat, to suppress threat weapons (US).

cavalerie lourde heavy cavalry (GB, US), heavy armor (US) (Terme familier GB: "the heavies" = la "lourde").

cavalier (ABC) cavalryman (Appellation traditionnelle GB et US: "trooper") (Terme familier US: "yellowleg").

cavalier (homme à cheval) horseman (GB), rider (GB). Ex : *La sentinelle signala des cavaliers qui approchaient, venant de la direction qu'ils avaient suivie (troupe à pied) : the sentry reported approaching horsemen, heading from the direction they had marched (GB).*

cavalier (soirée dansante) partner (US).

CBM (corps blindé mécanisé) (Traduction proposée) Armoured and Mechanized Forces.

CDES voir **commandement de la doctrine et de l'enseignement militaire supérieur de l'armée de terre (CDES).**

CD-ROM (cédérom) CD-ROM (= Compact Disc — Read Only Memory).

céder (terrain / territoire) (TAC) to lose, to yield, to give up, to fall back. Ex : *Céder du terrain à l'ennemi : to lose (ou to yield) ground to the enemy, to fall back before the enemy. Céder du terrain pour gagner du temps (TAC) : to trade terrain for time. Céder plusieurs kilomètres de territoire : to give up several kilometres of territory (GB).*

céder (s'effondrer) to break down (US), to collapse (GB). Ex : *Une fois que la résistance ennemie a totalement cédé : once enemy resistance has broken down completely (US).*

céder du terrain (TAC) to give ground (GB), to yield ground (GB).

cédérom voir **CD-ROM.**

ce faisant in doing so (US), in so doing (US).

ceinture (cartouche) crimp.

ceinture à sacoche (Hist.) pouch-belt (GB).

ceinture-cartouchière cartridge-belt (GB).

ceinture de smoking (ou de spencer) cummerbund (US).

ceinture de treillis fatigue belt.

ceinture d'obstacles obstacle belt (US, GB).

ceinturon belt (US, GB).

ceinturon en cuir leather belt (GB), Sam Browne (GB).

célèbre famous (US, GB). Ex : *La bataille la plus célèbre de l'histoire de la Légion : the most famous battle in the Legion history (GB).*

célébrer (fête) to celebrate (US). Ex : *Célébrer le 4 juillet : to celebrate the 4 th of July (US). Célébrer la victoire : to celebrate victory (US).*

célibataire (adjectif) single, unmarried. Ex : *Un officier célibataire : a bachelor officer (US).*

célibataire (nom) single soldier (US, GB) (Terme familier GB: "singlie").

celui de (ou celle de) that of (US, UEO). Ex : *La taille de la force à employer peut varier de celle d'une petite formation à celle d'une division légère : the size of the force to be used may vary from a small formation to a light division (UEO). L'organisation de la division parachutiste est généralement identique à celle des autres divisions : the organization of* *the Airborne Division is usually the same as that of the other divisions (US) (Voir aussi* ceux de (*ou* celles de).

cellule (PC / module d'état-major / section d'état-major OTAN) cell (US, OTAN). Ex : *La cellule de détermination d'objectifs : the targeting cell (US). Cellule logistique : logistics cell / logistic cell (GB). La cellule RENS (EM de brigade et au-dessus) : the int cell (GB). Cellule de renseignement nationale : national intelligence cell (NIC) (GB).*

cellule (aéronef) airframe (GB).

cellule (prison) cell (GB).

cellule de coordination co-ordination cell (GB, OTAN), coordination cell (GB, OTAN). Ex : *Cellule de coordination de guerre électronique : electronic warfare co-ordination cell (EWCC) (GB). Cellule de coordination du partenariat : partnership coordination cell (PCC) (OTAN).*

cellule de gestion de l'espace (aérien) (CEGES) airspace management cell (OTAN).

cellule terroriste terrorist cell (GB) (VERB : "to operate").

CEMA voir **chef d'état-major des armées.**

CEMAT voir **chef d'état-major de l'armée de terre.**

CEMGA voir **chef d'état-major général des armées.**

censeur censor (GB).

censure censorship (US). Ex : *Censure de la presse : press censorship (US). La censure des émissions de télévision : the censorship of television programmes (GB). Système de censure des média (Royaume-Uni) : D-Notice (GB) (= Lettre formelle adressée aux média leur demandant de ne rien publier sur une liste de sujets sensibles touchant la Défense Nationale ou la sécurité de l'État).*

censurer (compte-rendu / courrier) to censor (GB).

cent hundred (US, GB). Ex : *Fils et filles d'anciens combattants handicapés à 100 pour cent : sons and daughters of 100 per cent disabled veterans (US).*

centaine hundred (US, GB). Ex : *Assurer le retour de centaines de milliers de réfugiés : to secure the return of hundreds of thousands of refugees (US). La France a réagi en envoyant des centaines de soldats : France reacted by dispatching hundreds of troops (GB).*

centigrade (degré de température) centigrade (C) (US, GB). Ex : *Se battre par des températures du désert allant de -17 à 50 degrés centigrade (PERS) : to fight in desert temperatures ranging from –17 to 50 deg C (US).*

centigrade (degré) Celsius (CA). Ex : *Le mercure atteignait 30 degrés centigrade : temperatures hovered around 30 degrees Celsius (CA).*

centimètre cube cubic centimetre (GB) (Abrégé : "cc"). Ex : *Ce véhicule a un moteur de 1800 cm² : this vehicle has an 1800cc engine (GB).*

centrage (chargement) balance (of a load) (US, GB).

central (nom) centre (OTAN). Ex : *Central de conduite de tir de batterie : battery control centre (OTAN).*

central (adjectif) central (OTAN, US). Ex : *L'OTAN joue un rôle central : NATO plays a central part (OTAN). Système central (isé) de gonflage des pneu (matique) s : central tire inflation system (US). Les anciennes colonies françaises d'Afrique centrale et orientale : the former French colonies of Central and East Africa (GB). L'OTAN demeure l'élément central de la défense collective de l'Europe : NATO remains the centrepiece of Europe's collective defence (OTAN). Secteur central (zone d'opérations) : center (US). Secteur central de la Méditerranée : Central Mediterranean Area (MEDCENT) (OTAN).*

centrale (RENS) headquarters (US), central agency (US), home base (US). Ex : *Centrale de Renseignement (s) (services secrets américains) : Central Intelligence Agency (CIA)*

*(US). Les communications entre la centrale et l'agent : headquarters-to-agent communication (US). La centrale du KGB : the KGB headquarters (US) (Voir aussi **organisme central de renseignement (s) (USA).***

centrale (électrique) power station (GB).

central téléphonique telephone exchange.

centralisé (organisation / opérations / contrôle) centralized (US), central (US). Ex : *Commandement (et contrôle) centralisé(s) : centralized command and control (US). Système central(isé) de gonflage des pneu(matique) s : central tire inflation system (US). Opérations centralisées : centralized operations (US)* (Voir aussi **central (adjectif).**

centraliser to centralize (US), to centralise (GB). Ex : *Dans l'armée de terre française, le soutien logistique est centralisé à l'échelon du corps d'armée : logistic support in the French Army is centralized at corps level (US).*

centre (milieu) centre (Jane's), center (US), heart (US). Ex : *Une tourelle au centre (véhicule blindé) : a turret in the centre (Jane's). Centre de contrôle d'entraînement (simulation de combat d'infanterie) : exercise control center (US). Attaquer au centre (= de la zone d'opérations) (secteur central) (TAC) : to attack in the center (US). Le Commandement des Forces Terrestres, centre de l'armée de terre américaine : Forces Command, heart of America's Army (US). Sur le front centre de l'OTAN : on NATO's Central Front (CA). Groupe d'armées centre : Central Army Group (CENTAG) (OTAN).*

centré centered (US). Ex : *L'instruction est centrée sur l'apprenant : instruction is learner-centered (US).*

centre combiné (allié) combined centre (OTAN) (Terme générique).

centre combiné d'opérations aériennes combined air operations centre (CAOC) (OTAN).

centre d'accueil (nouveaux arrivants) (unité) reception center (US).

centre d'administration administration center (US).

centre d'aguerrissement aux zones désertiques (Traduction proposée) desert warfare training centre.

centre d'aide aux réfugiés (HUM) refugee relief center (US).

centre d'analyse(s) (RENS) assessment center (US), analysis center (US). Ex : *Centre d'analyse du renseignement militaire de la DIA (= Direction du Renseignement Militaire US) : DIA's Defence Intelligence Analysis Center (US).*

centre d'assistance humanitaire relief center (US).

centre de combat interarmées joint warfighting center (US), joint battle center (US).

centre de commandement (et de contrôle) command (-and-control) centre (OTAN, GB), command center (Abrégé : "comcenter") (US), command centre (GB) (VERB : "to strike") (NOM ASS. : "layout"). Ex : *Protéger (ou défendre) les centres de commandement : to protect command and control centers (US). Centres de commandement mobiles : mobile command-and-control centres (GB).*

centre de commandement des opérations command operations centre (OTAN). Ex : *Centre de commandement des opérations aériennes : air command operations centre (ACOC) (OTAN).*

centre de communications communications center (US).

centre de communications mobile mobile communications center (OTAN).

centre de commutation (TRANS) switching centre (OTAN).

centre de conduite des opérations aériennes de théâtre (CCOAT) combined air operations centre (CAOC).

centre de contrôle control center (OTAN).

centre de contrôle aérien tactique (CCAT) tactical air control centre (TACC).

centre de contrôle de la circulation aérienne air traffic control centre (ATCC) (OTAN).

centre de contrôle de la défense aérienne (PCDA) air defence control centre (ADCC) (OTAN).

centre de contrôle d'entraînement (simulation de combat d'infanterie) exercise control center (US).

centre de contrôle des communications communications control centre (OTAN). Ex : *Centre interarmées de contrôle des communications : joint communications control centre (JCCC) (OTAN).*

centre de contrôle des évacuations evacuation control centre (OTAN).

centre de contrôle des évacuations sanitaires aériennes aeromedical evacuation control centre (OTAN).

centre de contrôle (<u>ou</u> de régulation) des mouvements movement(s) control center (MCC) (US). Ex : *Centre de de contrôle des mouvements de force : force movement control centre (FMCC) (GB).*

centre de contrôle opérationnel operational control centre (OTAN). Ex : *Centre de contrôle opérationnel régional de rechange : alternate regional operational control centre (ALTROCCENT) (OTAN).*

centre de convalescence (SAN) convalescent center (US).

centre de coopération civilo-militaire civil-military co-operation centre (CMCC) (GB).

centre de coordination (opérations) coordination centre (OTAN) (Terme générique).

centre de coordination Air (CCA) (<u>ou</u> centre de coordination des opérations aériennes) air operations coordination centre (AOCC) (OTAN).

centre de coordination des mouvements movement co-ordination centre (MCC) (GB). Ex : *Centre interarmées de coordination des mouvements : joint movements coordination centre (JMCC) (OTAN).*

centre de coordination des opérations aériennes air operations co-ordination centre (GB).

centre de coordination du sauvetage rescue coordination centre (RCC) (OTAN).

centre de coordination du transport aérien airlift co-ordination centre (GB).

centre de coordination logistique logistics coordination centre (LCC) (OTAN).

centre de décision (<u>ou</u> de prise de décision) centre of decision making (GB).

centre de déminage mine action centre (CA).

centre de direction des hélicoptères helicopter direction centre (HDC) (OTAN).

centre de distribution (LOG) distribution center (US).

centre de formation training center (US).

centre de formation en langues (étrangères) center for language learning (US), language training center (US). Ex : *Centre de formation interarmées en langues étrangères : joint language training center (JLTC) (US).*

centre de gestion (<u>ou</u> de traitement) des évacuations : evacuation handling centre (GB).

centre de gestion de(s) crise(s) : crisis management centre (GB).

centre de gestion des matériels : materiel management center (MMC) (Au sein du "Division Support Command" (DISCOM) (US).

centre de gestion des matériels de corps d'armée corps materiel management center (CMMC) (US).

centre de gravité (TAC) center of gravity (US), centre of gravity GB) (Abréviation GB : "CoG") (VERB : "to determine", "to destroy", "to converge upon", "to defeat").

<u>Cf.</u> : It is that characteristic, capability, or locality from which the force derives its freedom of action, physical strength or will to fight (US).

centre de gravité opératif operational centre of gravity.

centre de gravité stratégique strategic centre of gravity.

centre de guerre spatiale (USA) space warfare center (US).

centre d'élaboration de la doctrine interarmées (GB) Joint Defence Centre (JDC) (GB).

centre de la cible (<u>ou</u> mille) bull's-eye (GB).

centre de liaison liaison center (US).

centre de mobilisation mobilisation centre (GB), mobilization station (US).

centre d'entraînement training centre (GB), training center (US), training establishment (<u>Jane's</u>).

centre d'entraînement au combat (CENTAC) (Mailly) force-on-force maneuver training center (<u>Jane's</u>), combat training center (CTC) (US) (Au nombre de 3 pour l'armée de terre américaine : National Training Center (NTC) (Ft. Irwin, Calif.), Joint Readiness Training Center (JRTC) (Ft. Polk, La.), Combat Maneuver Training Center (CMTC) (Hohenfels, Allemagne).

<u>Cf.</u> : "At the NTC, armor and mechanized battalion / brigade task forces train for mounted combat in desert terrain against a "world-class" opposing force. At the JRTC, light infantry units prepare for combat in low to mid-intensity conflicts" (US).

centre d'entraînement au combat en localité MOUT training center (<u>Jane's</u>), urban training facility (<u>Jane's</u>), MOUT training facility (<u>Jane's</u>) (MOUT = Military Operations in Urban Terrain).

centre d'entraînement au combat mécanisé mechanized warfare training center (US).

centre d'entraînement commando Commando Training Centre (GB).

centre d'entraînement de combat en zone urbaine (USA) mounted urban combat training site (US) (Fort Knox, KY.).

centre d'entraînement des postes de commandement (CEPC) (Mailly) (division-level) staff training center (<u>Jane's</u>).

centre d'entraînement en forêt équatoriale (CEFE) (Légion Étrangère) (Guyane) <u>Équivalent US</u> : Jungle Operations Training Center (JOTC) (Fort Clayton, Panama).

centre d'entraînement en manœuvres de combat combat maneuver training center (CMTC) (Hohenfels, Allemagne) (US).

centre d'entraînement spécialisé (CES) (armée de terre 2002) (Traduction proposée) special (ist) training centre.

centre d'entraînement tactique voir **centre d'entraînement au combat**.

centre de préparation et d'instruction spécialisé (CPIS) special operations parachute training centre.

centre de préparation logistique logistics readiness centre (LRC) (OTAN)

centre de presse (<u>ou</u> des média) press centre (OTAN), press information centre (PIC) (GB).

centre de prévention des conflits conflict prevention centre (CPC) (OTAN).

centre de prise de décision centre of decision making (GB).

centre de recherche research centre (AUST). Ex : *Centre de recherche coopératif : cooperative research centre (AUST)*.

centre de recherche et d'analyse research and analysis center (<u>Jane's</u>).

centre de recherche opérationnelle et de simulation de l'armée de terre (CROSAT) (Traduction proposée) Army Operations Research and Simulation Centre.

centre de reconnaissance reconnaissance centre (OTAN). Ex : *Centre interarmées de reconnaissance : joint reconnaissance centre (JRC) (OTAN).*

centre de recrutement recruiting station (US).

centre de renseignement (RENS) (USA) intelligence center (US).

centre de renseignement interarmées joint intelligence center (JIC) (US).

centre de résistance (TAC) strongpoint (SP) (US, OTAN, GB) (Terminologie OTAN : "strong point", en deux mots).

Comp. :

- A key point in a defensive position, usually strongly fortified and heavily armed with automatic weapons, around which other positions are grouped for its protection (US).

- Groupement éventuel de plusieurs points d'appui, c'est-à-dire d'organisations défensives occupées par un effectif de l'ordre d'une compagnie renforcée. Le point d'appui s'articule en postes de combat. Il doit être en mesure de se défendre face à toutes les directions (F).

centre de secours pour les réfugiés refugee relief center (US).

centre de sélection (PERS) (personnel ou recruit) selection centre (GB).

centre des communications (ou des transmissions) communications centre (OTAN).

centre des hautes études militaires (CHEM) (Traduction rencontrée) Center for Higher Military Studies (US). Équivalent US : US Army War College (AWC) (Carlisle Barracks, Pennsylvania). Équivament GB : Higher Command and Staff Course (Camberley, Surrey).

centre de simulation simulation center (US).

centre des informations de presse press information centre (OTAN) (ADJ : "allied" = interallié).

centre de situation situation centre (SITCEN) (OTAN).

centre de situation de l'OTAN NATO situation centre (OTAN).

centre des opérations operations centre (OTAN) (Terme générique).

centre des opérations aériennes (ou air) air operations centre (AOC) (OTAN).

centre des opérations aéroportées airborne operations centre (ABNOC) (OTAN).

centre des opérations de sauvetage rescue centre (OTAN). Ex : *Centre interarmées des opérations de sauvetage : joint rescue centre (JRC) (OTAN).*

centre d'essais (ARMT) test center (US).

centre d'essais (missiles) missile (test) range (US). Ex : *Le centre d'essais de White Sands au Nouveau-Mexique : White Sands Missile Range, New Mexico (US).*

centre d'essais en vol (CEV) flight research centre (Jane's).

centre d'essais spatiaux et de missiles missile and space test centre (MSTC) (OTAN).

centre de(s) transmissions signal centre (GB), signal center (SIGCEN) (US), communications centre (COMMCEN) (GB, OTAN).

centre déterminant voir **centre de gravité**.

centre de traitement (SAN) treatment centre (GB). Ex : *L'évacuation des blessés vers les centres de traitement : the evacuation of the wounded to treatment centres (GB).*

centre de traitement des messages message centre (OTAN).

centre de transit (réfugiés) transit center (US).

centre de tri principal (poste aux Armées) Équivalent GB : The Postal and Courier Depot (à Mill Hill).

centre d'études center for studies (US) (VERB: "to activate"). Ex: *Centre d'Études Stratégiques et Internationales: Center for Strategic and International Studies (US).*

centre d'études tactiques et d'expérimentation de l'infanterie (CETEI) voir **service d'expérimentation et de mise au point des matériels d'infanterie.**

centre d'expérimentation experimentation center (US), experimentation facility (US).

centre d'expertise centre of expertise (AUST).

centre d'histoire militaire Center of (ou for) Military History (US). Ex: *Le Centre d'Histoire Militaire de l'Armée de Terre: the Army Center for Military History (US).*

centre d'information de combat combat information centre (CIC) (OTAN).

centre d'information de la presse press information centre (OTAN). Ex: *Centre d'information de la presse allié: allied press information centre (APIC) (OTAN, GB).*

centre d'information et de recrutement de l'armée de terre (CIRAT) Army Careers Office (GB) (Désormais appelé, du fait de l'interarmisation: "Armed Forces Career Centre").

centre d'instruction (armée de terre) Army Training Centre (ATC) (GB), depot (GB) (ADJ: "large"). Ex: *Centre d'Instruction de l'ABC: Royal Armoured Corps (RAC) Training Centre (GB). Centre d'instruction du Régiment Parachutiste (= unité de tradition formée de 3 régiments parachutistes, ou "parachute battalions"): the Parachute Regiment depot (GB).*

centre d'instruction et d'entraînement au combat en montagne mountain training centre (GB), mountain warfare training centre (GB) (ADJ: "joint").

centre d'instruction pour jeunes recrues depot (GB).

centre divisionnaire de gestion des matériels (LOG) division materiel management center (DMMC) (US).

centre d'observation spatiale (USA) (RENS) space surveillance center (US).

centre d'opérations operations centre (GB, OTAN); operations center (US). Ex: *Centre d'opérations de la défense aérienne: air defence operations centre (ADOC) (OTAN).*

centre d'opérations d'appui aérien air support operations centre (ASOC) (OTAN).

centre d'opérations de bataillon battalion operations centre (BOC) (OTAN).

centre d'opérations de crise (ou d'urgence) emergency operations center (US). Ex: *Être convoqué au centre d'opérations de crise de la 10ᵉ Division d'Infanterie de Montagne (officier supérieur): to be called to the 10 th Mountain Infantry Division's emergency operations center (US).*

centre d'opérations de défense aérienne air defence operations centre (ADOC) (GB).

centre d'opérations de la chaîne ravitaillement supply chain operations centre (GB).

centre d'opérations de secteur (TAC) sector operations centre (US, GB).

centre d'opérations interarmées joint operations centre (JOC) (GB) (VERB: "to set up", "to organise").

centre d'opérations logistiques interarmées joint logistic operations centre (JLOC).

centre euro-atlantique de coordination des réactions en cas de catastrophes (the) Euro-Atlantic Disaster Response Cooordination Centre (EADRCC) (VERB: "to set up").

Centre Europe Central Europe (OTAN). Ex: *Forces aériennes alliées de Centre Europe: allied air forces, Central Europe (AIRCENT) (OTAN). Groupe d'armées centre de Centre Europe: Central Army Group, Central Europe (CENTAG) (OTAN).*

centre européen d'études de sécurité George C. Marshall (the) George C. Marshall European Center for Security Studies (OTAN). Ex: *Un aperçu du Centre Européen d'É-*

tudes de Sécurité George C. Marshall : a snapshot of the George C. Marshall European Center for Security Studies (OTAN).

centre feux (version de véhicule blindé) artillery fire direction centre, artillery fire direction post vehicle (Jane's).

centre industriel industrial center (US), industrial centre (GB).

centre interallié de renseignement combined intelligence centre (CIC) (OTAN).

centre interarmées d'instruction, d'analyse et de simulation joint training, analysis and simulation center (JTASC) (US).

centre logistique logistical center (US), logistic centre (GB, OTAN) (ADJ : "multinational", "joint").

centre logistique multinational multinational logistic centre (MNLC) (GB).

centre logistique interarmées multinational multi-national joint logistic centre (MJLC) (OTAN).

centre médical medical centre (Gb), medical facility (US), Ex : *Centre médical militaire : military medical facility (US). Centre médical de garnison : garrison medical centre. Centre médical de quartier : barrack medical centre (GB) (VERB : "to man").*

centre météorologique meteorological centre (OTAN).

centre militaire de formation professionnelle (CMFP) military vocational training centre.

centre mobilisateur mobilization station (US), mobilization center (US).

centre national de production du renseignement militaire (USA) (DIA) National Military Intelligence Production Center (US).

centre national de recueil du renseignement militaire (USA) (DIA) National Military Intelligence Collection Center (US).

centre névralgique nerve center (US).

centre nodal (CN) (TRANS) node (US), nodal centre (VERB : "to set up" = mettre en station, "to operate").

centre opérationnel (CO) (au sein d'un PC) (TAC) tactical operations center (TOC) (US).

Cf. : The element within the main command post (CP) consisting of those staff activities involved in sustaining current operations and in planning future operations (US).

centre opérationnel de défense (France) defence operations centre.

centre opérationnel interarmées (COIA) Armed Forces Operations Center (US). Équivalent GB : Permanent Joint Headquarters (PJHQ) (GB) (Établi à Northwood, Middlesex) (Dirigé par le "Chief of Joint Operations" ou CJO).

centre opérations des forces terrestres (COFT) (armée de terre 2002) (Traduction proposée) Land Forces Operations Centre.

centre pour réfugiés refugee centre (OTAN) (VERB : "to establish" = installer, mettre en place).

centrer (force / activité / projectile) to centre (GB, OTAN). Ex : *Centrer son activité sur un front donné (force) : to centre one's activity on a given front (OTAN). Le régiment des Gordons est centré sur (la ville d') Aberdeen : the Gordons are centred on Aberdeen (GB). Support léger dans lequel un projectile de calibre plus petit est centré (sabot) : lightweight carrier in which a subcalibre projectile is centred (OTAN).*

centrer (réflexion) to focus (US).

centre satellitaire satellite centre (UEO). Ex: *Centre satellitaire de l'UEO: WEU Satellite Centre (UEO).*

Centre Spatial Européen (Kourou / Guyane française) (the) European Space Centre (GB) (EXPR: "in active mode"). Ex: *La protection du Centre Spatial fut renforcée: the defence of the Space Centre was upgraded (GB).*

Centre-Sud Europe South Central Europe (OTAN). Ex: *Commandant des forces terrestres alliées du Centre-Sud Europe: Commander Allied Land Forces, South Central Europe (COMLANDSOUTHCENT) (OTAN).*

centré sur (être) to focus on (US), to concentrate on (US).

centre technique technical centre (OTAN). Ex: *Centre technique du SHAPE: SHAPE technical centre (STC) (OTAN).*

centre territorial d'administration et de comptabilité (CTAC) Équivalent partiel US: Finance and Accounting Office (FAO) (Seulement au niveau des "posts" (= garnisons) et uniquement pour la gestion des petites dépenses et frais de mission. Aux USA, le système est centralisé. Les soldes de tous les militaires (de toutes les armées) sont gérées de manière informatisée et versées par un organisme central basé dans l'Indiana et appelé "Defense Finance and Accounting Service"(DEFAS). Équivalent partiel GB: Army Personnel Centre (Basé à Glasgow). Le système est également centralisé au sein de cet organisme qui gère les soldes des personnels de l'armée de terre.

centre urbain (ou de population) population centre (US, OTAN).

céramique ceramics (GB).

céramique (adjectif) ceramic (GB).

cercle (mess) club (US, GB), mess (GB). Ex: *Le cercle des officiers: the officers mess (GB), the officers' club (O club) (US). Cercle national des Armées (Saint-Augustin, à Paris): (Équivalent GB) Naval and Military Club (Picadilly, Londres) (Surnom: "In and out") – Cercle des sous-officiers: NCO Club (US).*

cercle (en) circular. Ex: *Un dispositif en cercle (ART): a circular layout.*

cercle d'espions (RENS) spy ring (US). Ex: *Le cercle d'espions de Cambridge (Hist.) : the Cambridge Spy Ring (US).*

cercle de verrouillage (obusier) locking ring.

cercueil coffin (GB), casket (US). Ex: *Porter le cercueil (funérailles): to be a pallbearer (US).*

cérémonial (le) (the) ceremonial (GB) (L'article défini n'est pas obligatoire).

cérémonie ceremony (US, OTAN) (VERB: "to await", "to take place", "to attend" = assister à). Ex: *Cérémonie de création (unité): activation ceremony. La cérémonie de dissolution de la 6ᵉ Armée américaine: the Sixth U.S. Army inactivation ceremony (US). Cérémonie de retour (d'une unité après un déploiement): unit welcome-home ceremony (US). Cérémonies commémoratives: commemorative ceremonies (OTAN). Cérémonie d'accueil (nouveaux pays membres): ceremony of welcome (OTAN). Cérémonie d'ouverture des archives de l'OTAN: opening of NATO Archives (OTAN). Cérémonie d'inauguration (bâtiment / installation): ribbon cutting ceremony (OTAN). Lors d'une cérémonie à Sarajevo, le 18 octobre, le Général d'armée Meigs passa le commandement de la SFOR (= Stabilization Force = Force de Stabilisation) au général de Division Adams: in an Oct. 18 ceremony in Sarajevo, GEN Meigs handed over command of SFOR to LTG Adams (US). Cérémonie de passation de pouvoirs: transfer of authority ceremony (OTAN). Cérémonie de remise de médailles: medal ceremony (OTAN).*

cerné (unité) beleaguered (US).

cerner (force) (TAC) to encircle, to surround.

cerner (place forte) to invest (GB).

cerner (problème) to identify (a problem) (CA).

certain (indéterminé) some (US). Ex: *L'armée de terre est appelée à participer à un certain nombre de nouvelles opérations de soutien de la paix: the Army is committed to a number of new peace support operations (CA). Une certaine protection est assurée en utlisant des VTT (= véhicules de transport de troupes) : some protection is afforded by the use of APCs (= armored personnel carriers) (US).*

certain (sûr) positive (UN), certain (US). Ex: *Identification certaine: positive identification (UN). Être certain de la localisation de l'ennemi: to be certain of the enemy's location (US).*

certificat d'APD (appel de préparation à la Défense) (Traduction rencontrée) APD certificate.

certicat de libération (PERS) discharge papers (GB).

certificat de linguiste Linguist Certificate (US) (DLI) (VERB: "to award").

certificat de sécurité security certification (US, OTAN) (VERB: "to issue").

certificat militaire de langues (CML) <u>Équivalent US</u>: Defense Language Proficiency Test (DLPT) (Notation sur 5 niveaux). <u>Équivalent GB</u>: Foreign Language Proficiency Test (Plusieurs niveaux par ordre croissant: "Basic", "Colloquial", "Advanced", "Interpreter").

certitude certainty (US). Ex: *La certitude de représailles: the certainty of retaliation (US).*

cervelle head (US). Ex: *Sers-toi de (<u>ou</u> fais marcher) ta cervelle!: use your head! (familier) (US).*

cessation (hostilités) cessation (US, GB). Ex: *Accepter une cessation des hostilités: to agree to a cessation of hostilities (US). L'ONU a exigé la cessation des hostilités: the UN has demanded a cessation of hostilities (GB).*

cessation de service separation (US).

<u>Cf.</u>: The release of a soldier from the Army for any reason, i.e. discharge, retirement, resignation, dropped from rolls or death (US).

cesser to cease (GB), to break off (US). Ex: *La résistance a cessé le 27 novembre: resistance ceased on 27 November (GB). Cesser une attaque: to break off an attack (US). L'armée britannique du Rhin a cessé d'exister le 28 octobre 1994: the British Army of the Rhine (BAOR) ceased to exist on 28 October 1994 (GB). Cesser le feu: to cease firing – La situation au Kosovo ne cesse de se détériorer: the situation in Kosovo continues to deteriorate further (OTAN). La gamme des tâches (<u>ou</u> des missions) ne cesse de croître (Infanterie): the range of tasks is constantly growing (GB). Faire cesser les souffrances humaines au Kosovo: to stop the human suffering in Kosovo (OTAN). Faire cesser l'épuration ethnique: to reverse the ethnic cleansing (OTAN).*

cesser le feu to cease fire (US, GB).

cesser le tir (<u>ou</u> cesser de tirer) to stop firing (US).

cessez-le-feu (nom) ceasefire <u>ou</u> cease-fire (US, GB) (Pluriel: "ceasefires") (VERB: "to agree to", "to order", "to negotiate", "to break", "to observe", "to monitor", "to supervise", "to call") (ADJ: "immediate") (NOM ASS.: "supervision", "monitoring"). Ex: *Un accord de cessez-le-feu: a ceasefire agreement. Le cessez-le feu est entré en vigueur: the ceasefire has taken effect (GB). Ébranler un cessez-le-feu: to destabilize a ceasefire (OTAN). Le chef ordonna un cessez-le-feu immédiat: the commander called an immediate cease fire (US). L'ennemi a accepté le cessez-le-feu: the enemy has agreed to a ceasefire (GB).*

cessez le feu! (ART) cease fire! (US).

c'est-à-dire that is (to say) (Abréviation : "i.e.").

ceux Ex : Ceux qui sont morts à la guerre / tombés au champ d'honneur : the fallen.

ceux de (ou celles de) those of. Ex : *Nos forces armées et celles de nos alliés : our armed forces and those of our allies (US) (Voir aussi celui de (ou celle de).*

CFAT voir **commandement de la force d'action terrestre.**

CFLT voir **commandement de la force logistique terrestre.**

chacun each (US, GB), apiece (Jane's). Ex : *Quatre grandes unités composées chacune de 15 000 soldats : four formations of 15,000 troops apiece (Jane's). La nouvelle brigade comprendra trois régiments de l'ALAT, chacun doté de 16 (hélicoptères) WAH-64 : the new brigade will include three Army Air Corps regiments each with 16 WAH-64s (Jane's). 8 régiments de 38 chars chacun : 8 regiments of 38 tanks each (GB). Le corps d'armée était articulé en quatre divisions blindées à deux brigades chacune : the Corps was organised in four armoured divisions of two brigades each (GB).*

chahuter to heckle (US? GB). Ex : *Chahuter un orateur : to heckle a speaker (US, GB).*

chaîne chain (GB, OTAN), system (GB, US) (VERB : "to develop"). Ex : *La chaîne du ravitaillement (ou la chaîne "ravitaillement") : the supply chain (GB), the supply system (US). La chaîne de traitement (ou d'exploitation) (= du renseignement) s'est bloquée : the processing system became clogged (GB). La chaîne du renseignement (ou la chaîne "renseignement") : the intelligence system (GB). La chaîne logistique : the logistics system (US). La chaîne des comptes rendus et des ordres : the system of reports and orders (US).*

chaîne cinétique power train (US) (ADJ : "hydromechanical").

chaîne "approvisionnement" supply chain (OTAN), supply line (UEO). Ex : *Des ruptures temporaires de la chaîne d'approvisionnement de la Yougoslavie : temporary disruptions in the Yugoslav supply chain (OTAN). Mettre en place des chaînes d'approvisionnement : to establish supply lines (UEO).*

chaîne "commandement" command system (US).

chaîne de commandement (voie hiérarchique) chain of command (US, OTAN), command channel (US) (VERB : "to establish") (Terme péjoratif GB : "chain of contempt").

chaîne de commandement administrative administrative chain of command (OTAN).

chaîne de commandement opérationnelle operational chain of command (US, OTAN).

chaîne de commandement organique (fonctionnel / régional) (armée de terre 2002) (Traduction proposée) (functional / regional) organic chain of command.

chaîne de commandement territoriale territorial chain of command (US).

chaîne de distribution (logistique) (théâtre d'opérations) (LOG) (logistics) distribution system (US).

chaîne de formation (armée) school system (US). Ex : *La chaîne de formation de l'armée de terre : the Armyn school system (US).*

chaîne de mise à feu explosive train (OTAN) (VERB : "to initiate").

chaîne de montage (armement) assembly line (US) (PREP : "on").

chaîne "ravitaillement" supply chain, supply system (US, GB). Ex : *Entraver la chaîne de ravitaillement ennemie : to interfere with the enemy's supply system (GB)*

chaîne d'évacuation (SAN) evacuation system (US, OTAN). Ex : *Chaîne d'évacuation sanitaire aérienne : aeromedical evacuation system (OTAN). La chaîne d'évacuation sanitaire : the medical evacuation system (US).*

chaîne d'évacuations sanitaires aériennes aeromedical evacuation system (OTAN).

chaîne d'exécution et de planification des opérations interarmées Joint Operational Planning and Execution System (JOPES) (US).

chaîne de mise à feu explosive train (US, OTAN) (VERB : "to initiate").

chaîne de montagnes (TOPO) mountain range.

chaîne de production (armement) production line (Jane's) (VERB : "to open", "to reopen").

chaîne de réactions de fission (NUC) fission chain (OTAN).

chaîne des forces (armée) force structure.

chaîne d'informations (télévision) news network (US) (ADJ : "commercial", "global").

chaîne "formation" (armée) training system (GB).

chaîne "renseignement" (ou de renseignement) intelligence system (US) (VERB : "to operate").

chaîne "logistique" logistics system (US), logistical system (US) (VERB : "to establish") (ADJ : "sophisticated"). Ex : *La création d'une deuxième "chaîne logistique" : the establishment of a second "logistics chain" (GB).*

chaîne logistique (la) the logistics chain (US).

chaîne logistique de théâtre Theater Logistics System (US).

chaîne "santé" medical system (US).

chaînette chain (GB).

chair à canon cannon fodder (GB).

chaland de débarquement voir **engin de débarquement**.

chaleur heat (US, GB). Ex : *Dans la chaleur du désert : in the heat of the desert (US).*

chaleureux (accueil) warm (welcome / reception) (US).

chambre (arme de poing) chamber (GB).

chambre à air (pneu) inner tube (GB) (VERB : "to patch up" = rafistoler).

chambrée (barrack-) room.

chameau camel (US, GB). Ex : *Des tribus nomades à dos de chameau : camel-borne nomadic tribes (GB).*

champ (TOPO) field.

champ (ou domaine) d'activité field of activity (US).

champ d'application (traité / dispositions / programme / plan) scope (UN, US).

champ de bataille battlefield (US) (VERB : "to stabilize", "to dominate", "to isolate", "to revolutionize") (ADJ : "sophisticated", "unsophisticated", "deadly", "lethal", "high-tech", "digitized", "modern", "digital", "(rapidly) changing"), field of battle (US), battleground (GB) (NOM ASS. : "stabilization") (PREP : "across", "on"). Ex : *Sur le champ de bataille : on the battlefield (Plus rarement : in the battlefield). Le champ de bataille NBC : the NBC battlefield (US). L'apparition d'un champ de bataille plus ouvert : the advent of the more open battlefield (GB).*

champ de bataille du littoral littoral battlefield (US).

champ de bataille électronique (le) (the) electronic battlefield (US).

champ de bataille urbain urban battlefield (US) (ADJ : "three-dimensional").

champ de bataille virtuel virtual battlefield (US).

champ de manœuvres maneuver area (US).

champ de mines minefield (US, GB, OTAN) (VERB : "to breach", "to clear", "to emplace", "to sow", "to plant", "to operate", "to maintain", "to protect", "to lay", "to deploy", "to break through", "to secure a passage through") (PART : "marked", "fenced", "uncleared", "unlocated"). Ex : *Champ de mines de manœuvre (ou tactique) : tactical minefield (US, OTAN). Champ de mines de protection : protective minefield (OTAN). Champ de mines de harcèlement : nuisance minefield (OTAN). Faux champ de mines : phoney minefield (US,*

GB, OTAN). Champ de mines défensif: defensive minefield (OTAN). Champ de mines mixte: mixed minefield (US, OTAN). Champs de mines en pose dispersée: scatter-sown minefields (UN). Champ de mines antichar: antitank minefield (US).

champ de neige (TOPO) snow-field (US).

champ de tir (pratique du tir) (outdoor) (firing) range (US, GB) (VERB: "to maintain", "to supervise"). Ex: *Sur le champ de tir du camp (ou du terrain de manœuvres) de Grafenwöhr: on Granfenwöhr Training Area's range (US).*

champ de tir (pratique du tir sur armes de poing) rifle range (US).

champ de tir (pour pratique du tir sur canon de véhicules) gunnery range (US).

champ de tir (arme individuelle) arc of fire (GB), field of fire (US, OTAN) (VERB: "to overflap with") (PART: "interlocking" = croisé).

champ de tir de campagne field firing range (GB).

champ de tir de l'artillerie artillery range.

champ de tir en direction (canon) traverse (US).

champ de tir en hauteur (canon) elevation (US).

champ de tir horizontal (tourelle) traverse (US).

champ de tir pour chars tank range (US).

champ de vision field of vision (US), view (US) (VERB: "to obstruct"). Ex: *Sortir du champ de vision de l'ennemi: to move out of the enemy's visual contact. Le champ de vision du fantassin: the rifleman's field of vision (US). Offrir au chef de char un champ de vision tous azimuts (ou sur 360 °): to provide the tank commander with a 360-degree view (US).*

champ d'honneur field of honor (US). Ex: *Mourir (ou tomber) au champ d'honneur: to be killed in action (KIA) (US), to die in the field. Mort au champ d'honneur: killed in action (KIA) (US). Ceux qui tombés au champ d'honneur: the fallen. 22 917 Canadiens sont morts au champ d'honneur: 22,917 Canadians gave up their lives (CA).*

champ d'observation (tir) field of fire (GB), shoot (GB). Ex: *Cette position offre un bon champ d'observation sur la vallée: this position offers a good shoot into the valley (GB).*

champignon atomique mushroom cloud (GB) (EXPR: "to be produeced by a nuclear explosion").

champ magnétique (objectif) magnetic field (OTAN) (VERB: "to respond to").

champ optique (lunette) field of view (US) (ADJ: "circular").

champs de tirs croisés interlocking arcs of fire (GB).

Chancellerie (ensemble des fonctions "Personnel") Adjutant General's Corps (AGC) (GB, US).

<u>Cf.</u>: The AGC (GB): "Its sole task is the management of the Army's most precious resources, its soldiers. The Corps absorbed the resources of six existing smaller corps: the Royal Military Police, the Royal Army Pay Corps, the Royal Army Educational Corps, the Royal Army Chaplains Department, the Army Legal Corps and the Military Provost Corps. It is organized into four branches: Staff and Personnel Support (SPS), Provost, Educational and Training Services (ETS) and Army Legal Services (ALS)".

chandail (pull-over) jumper (GB), sweater (US), pullover (VERB: "to be authorised").

changeant changing (<u>Jane's</u>). Ex: *La nature changeante des conflits: the changing nature of conflicts (<u>Jane's</u>).*

changement change (US), shift (US), variation (US) (Termes dénombrables) (VERB: "to bring", "to meet", "to occur", "to plan", "to take place", "to be witness to") (ADJ:"sweeping", "complete", "fundamental", "structural") (PREP: "in"). Ex: *Un changement d'époque: a change of era (GB). Changement de destination: change of destination (OTAN). Un chan-*

gement dans le comportement (PERS) : a behavioral change (US). Des changements de situation : changing situations (US) (VERB : "to respond to") – Les changements que connaît actuellement l'armée de terre : the changes the Army is now undergoing (US). Changements apportés à l'armée territoriale (armée de réserve britannique) : changes to the TA (= Territorial Army) (GB). Les époques où notre armée de terre a connu les plus grands changements ont été... : the periods of greatest change for our Army have been... (US). En plus des changements survenus dans l'organisation de nos forces depuis 1973 : in addition to changes in our force structure since 1973 (US). Changement de stratégie : strategy shift (US). Des changements de tactique : variations in tactics (US).

changement d'arme (PERS) transfer of branch (US).

changement de cadence (ou de tempo) (TAC) change in tempo (US).

changement de contrôle opérationnel change of operational control (CHOP) (OTAN).

changement d'emplacement du commandement (bascule de PC) change of location of command (COLOC) (OTAN).

changement de plan change in plan (GB).

changement de position (formation) (TAC) relocation (OTAN), change of position.

changement institutionnel institutional change (OTAN) (Terme dénombrable).

changement technologique (le) technological change (US).

changer to change (US, GB). Ex : *Les objectifs de l'OTAN n'ont pas changé : NATO's objectives are unchanged (OTAN). La nature de la menace a changé : the nature of the threat has changed (US).*

changer (d'emplacement / de position) (TAC) to change locations, to redeploy (US), to displace (US), to relocate (GB). Ex : *Changer de position (soldat) : to move to a different position (US).*

changer (d'unité / de corps / d'arme) (PERS) to transfer (GB). Ex : *Changer d'arme : to transfer branches (US), to transfer to another branch (US).*

changer (d'appellation / de dénomination) (unité / matériel) to be redesignated, to rename (to become) (GB) (Suivis directement de la nouvelle appellation d'unité ou dénomination de matériel. Ex : *To be redesignated 24 Airmobile Brigade (GB). The 3rd Armoured Division renamed to become the 3rd (United Kingdom) Division (GB).*

chant song (US, GB) (VERB : "to play", "to sing"). Ex : *Le chant du régiment : the regimental song (GB). Les chants de l'armée de terre : Army songs (US). «The Army Goes Rolling Along» est le chant officiel de l'armée de terre : «The Army Goes Rolling Along» is the official Army song (US).*

chantage (RENS) blackmail (US, GB). Ex : *Exercer un chantage sur les citoyens pour qu'ils deviennent des espions : to blackmail citizens into becoming spies (US).*

chantier de chargement loading site (OTAN).

chantier de construction construction site (US) (PREP : "on").

chantier naval dockyard (GB).

chaos chaos (Jane's, OTAN). Ex : *Le Kosovo s'enfonce dans le chaos : Kosovo descends into chaos (Jane's). Les forces de réaction de l'OTAN ont mis fin au chaos en l'espace de quelques jours : NATO's reaction forces brought order to chaos within a few days (OTAN).*

chapeau buck (US). Ex : *Faire porter le chapeau à : to pass the buck to (US).*

chapeau (souple) (forces spéciales) floppy hat (US).

chapelet (bombes) stick (GB).

chapelle (lieu de culte) chapel (US, GB).

chapeau (soldat) hat (US) (VERB : "to wear", "to issue"). Ex : *Chapeau tropical : tropical hat (US).*

chapeau de garde-main (fusil automatique) handguard cap.

chaque each (US). Ex : *Chaque régiment d'infanterie reçoit en dotation 8 mortiers : mortars are issued on the basis of 8 per infantry battalion. Normalement, un régiment de 155 (mm) est placé en appui direct de chaque brigade engagée (ART) : normally, one 155-mm battalion is placed in direct support of each committed brigade (US).*

chaque fois que whenever (US, GB). Ex : *Chaque fois que la situation le permet : whenever the situation permits (US).*

char tank (US, GB) (VERB : "to kill", "to operate", "to maintain", "to design", "to build", "to detect", "to improve", "to upgrade", "to protect", "to evacuate", "to destroy", "to tow", "to winch", "to hoist", "to drive", "to hit", "to deploy", "to preposition", "to spot", "to deliver... to", "to strike", "to knock out" = détruire, bousiller, "to climb into", "to incorporate") (ADJ : "stationary", "moving", "driver training") (NOM ASS. : "improvement", "upgrade") (EXPR : "to be the primary ground combat weapon system", "to close with and destroy enemy forces", "to use mobility, firepower and shock action", "to be found in armor (ed) battalions", to have a cross-country speed of X miles per hour", "to have a top speed on highways of X miles per hour", "to have a cruising range of X kilometers", "to have an improved cross-country capability", "when combat-loaded", "to weigh X tonnes", "the tank's main armament", "to store X rounds of ammunition on-board", "to have one machinegun", "to provide battlefield heavy armor superiority (to the Army)", "to be (particularly) suitable for attacking or defending against large concentrations of heavy armor forces", "to be scheduled to be fielded", "to incorporate many improvements") Ex : *Un char amphibie : an amphibious tank (US). Char lourd : heavy tank (GB). Char léger : light tank (Jane's). Char moyen : medium tank (Jane's). Char de première ligne : frontline MBT (= Main Battle Tank) (Jane's). Une formation irakienne de 20 chars : a 20-tank Iraqi formation (US). Un char en flammes : a burning tank (US). Un char vétuste : an antiquated tank (US). Le char de tête : the lead (ou leading) tank (US). Une dernière attaque, dans laquelle une trentaine de chars furent engagés, fut clouée au sol par le feu de notre artillerie : a final attack in which about thirty tanks were engaged was pinned down by our artillery fire (US). Le char constitue le principal armement offensif : the tank is the primary offensive weapon (US).*

Caractéristiques techniques du char : crew, armament, main armament, secondary armament, ammunition capacity, ammunition carried, engine, engine power, engine capacity, (maximum) road speed, (average) cross-country speed, combat weight, weight loaded, length hull, length hull forward, height, height to turret roof, width, fuel capacity, ground clearance, ground pressure, fording depth (GB).

Liste d'équipements modernes du char : commander's independent thermal viewer, (improved) commander's weapon station, on-board position navigation equipment, distributed data and power architecture, embedded diagnostic system, (improved) fire control system, radio interface unit, increased armor protection and suspension improvement, NBC overpressure protection system, second-generation forward-looking infrared sensors, digital command and control capabilities (US), active cupola target acquisition system (ACTAS) (GB).

char antiaérien air defense gun system (US).

char anti-barbelés (ou de déblayage de terrain) wire-cutting tank (UN).

char d'assaut assault tank (GB).

182

char de bataille (ou char de combat ou char lourd) (plus de 50 tonnes) main battle tank (MBT) (US, GB, UN), battle tank (UN) (VERB : "to preposition"). Ex : *Le char de bataille Leclerc, de (la société) Giat Industries : the Giat Industries Leclerc MBT (Jane's).*

char de commandement command tank (GB). Ex : *Les chars de commandement ennemis possèdent habituellement deux antennes : enemy command tanks usually have two aerials (GB).*

char de dépannage armoured recovery vehicle (ARV) (GB), armored tank recovery vehicle (US) (cf. Le char de dépannage britannique Challenger ARRV (= Armoured Repair and Recovery Vehicle).

char de pont armoured vehicle bridge layer.

charge (attaque) charge (GB). Ex : *La charge des chevaliers en armure (Hist.) : the charge of the armored knights (US). Une charge à la baïonnette : a bayonet charge (GB).*

charge (mine) charge container.

charge (énergie éléectrique) (batterie) charge (GB).

charge (passagers / frêt / aéronef / train / véhicule routier / canon) load (OTAN). Ex : *Charge sous élingue : underslung load (OTAN). Hélicoptère de transport de charges lourdes : heavy-lift helicopter (US). Charge emportée par aéronef (interne / externe; largable ou non) : aircraft store (OTAN). Charge palettisée : palletized unit load (OTAN). À pleine charge (canon) : fully-loaded (US).*

charge (cargaison) (aéronef / navire) cargo (GB).

charge (explosive) (explosive) charge (GB) (VERB : "to remove", "to project", "to lay", "to place") (ADJ : "cone-shaped"). Ex : *Charge amorcée : primed charge (UN). Charge de démolition : demolition charge (OTAN). Les sapeurs ont mis en place plusieurs charges sur le pont : the engineers placed several cahrges on the bridge (GB).*

charge (responsabilité) care (GB). Ex : *Les 35 soldats dont il a la charge : the 35 soldiers in his care (GB). Les frais de transport sont à la charge du candidat (engagement) : travel costs are borne by the candidate (GB).*

charge (fardeau) (TAC) burden (US). Ex : *La décontamination impose à l'ennemi une charge logistique supplémentaire : decontamination imposes an additional logistical burden on the enemy (US).*

chargé (arme) loaded (GB).

charge (prendre en) (mission) to assume (a mission) (US).

chargé (en poids) (PERS) laden (US). Ex : *Un 2ᵉ classe très chargé : a heavily laden private (US).*

charge à la baïonnette bayonet charge (GB).

charge à la matraque (GEND mobile) baton charge.

charge creuse (formée / perforante) shaped charge (US, OTAN), hollow charge (UN). Ex : *Une munition antichar à charge creuse : a shaped-charge antitank round (US).*

charge d'amorçage (ou amorce) priming charge (OTAN).

charge de (en) Ex : *Les unités en charge de cette mission : the units assigned this mission (US).*

chargé de charged with (suivi d'un groupe nominal ou d'un verbe en ING) (US), tasked to (+ verbe à l'infinitif) (GB), tasked with (+ verbe en ING) (US, GB). Ex : *Des unités chargées de la conquête d'une zone : units charged with the seizure of an area (US). Des unités chargées de traverser une brèche : units charged with passing through a breach (US). L'officier chargé de l'enquête : the officer in charge of the investigation.*

charge (ou office) de capitaine captaincy (GB).

charge de démarrage (mine) fuse.

charge de famille (PERS) dependents (US). Ex : *Les personnels de l'armée de terre et leur charge de famille : Army personnel and their dependents (US).*

charge de travail workload (US). Ex : *Charge de travail réduite pour le pilote (hélicoptère) : reduced pilot workload (US). Charge de travail du chef (Infanterie) : commander workload (GB).*

charge enterrée cratering charge (US, OTAN).

charge explosive (tête militaire) (missile) warhead, payload, explosive charge (CFE).

charge explosive (grenade à main) bursting charge.

charge formée shaped charge (OTAN) (Voir aussi **charge creuse**).

Cf. : A shaped charge normally refers to an inverted cone-shaped explosive charge. The principle behind the charge is based on the inversion of shock waves once the explosive is initiated; this forms the explosive force into a pin-point cutting charge which, due to its stand-off, can penetrate thick steel (GB).

chargement (cargaison) cargo (OTAN), load. Ex : *Empêcher tout déplacement intempestif d'un chargement au cours d'un transport : to prevent the inadvertent shifting of cargo in transit (OTAN).*

chargement (matériels / personnel) loading (OTAN). Ex : *Chargement par unité constituée : unit loading (OTAN). Chargement par convoi : convoy loading (OTAN). Chargement par destination : block stowage loading (OTAN). Chargement sur palette : binding (OTAN). Chargement (séparé) par produit : commodity loading (OTAN). Chargement / précurseur / sélectif / tactique / vertical : preload / selective / tactical / vertical / loading (OTAN).*

chargement (canon) loading (US) (ADJ : "hydraulic"). Ex : *Canon de 105 mm à chargement automatique : automatically loaded (ou self-loading) 105mm cannon (US).*

chargement (munitions) inload (of ammunition) (GB).

chargement automatique (char) automatic loader (Jane's).

chargement automatique (canon automoteur) autoloader (US).

chargement de combat combat loading (OTAN).

chargement des camions truck loading (OTAN).

chargement par bande (à) belt-fed.

chargement par la bouche (à) muzzle-loading (US) (En épithète). Ex : *Un canon à chargement par la bouche : a muzzle-loading gun (US).*

chargement par la culasse (à) breech-loading, breech-loaded (US) (En épithète). Ex : *Un mortier à chargement par la culasse : a breech-loaded mortar (US).*

chargement par unité constituée (LOG) unit loading (US, GB).

charge militaire (missile) warhead (US, GB) (VERB : "to explode") (ADJ : "conventional"). Ex : *Charge militaire à éclats : fragmentation warhead (US). Charge militaire à guidage terminal : terminally-guided warhead (TGW) (GB).*

charge nominale (véhicule) rated payload (OTAN).

charge nucléaire statique atomic demolition munition (ADM) (OTAN).

charge propulsive (ou propergol) propellant (GB), propellant charge.

charger (arme) to load (US). Ex : *Charger un fusil : to load a rifle (US). Le soldat spécialiste Eldridge charge un obus de canon principal du (char) M1A1 : Spec. (= Specialist) Eldridge loads an M1A1 main gun round (US).*

charger (embarquer) (matériel) to load (US). Ex : *Il (= système d'armes) peut être chargé rapidement à bord d'avions-cargo de l'armée de l'air : it can be rapidly loaded onto Air Force cargo aircraft (US). Munitions chargées sur véhicule : vehicle-loaded ammo (US).*

charger (TAC) to charge (GB). Ex : *Nous avons chargé en direction des positions ennemies : we charged towards the enemy positions (GB).*

charger (batterie) to charge (GB).

charger de to task (US, GB). Ex : *Charger quelqu'un de faire quelque chose : to task somebody to do something.*

charge sous élingue underslung load (OTAN), sling load (US). Ex : *Une charge sous élingue de 1816 kg : a 4,000-pound sling load (US).*

charge tandem tandem warhead (US, GB) (EXPR : "to defeat explosive reactive armour (ERA)").

chargeur (canon) (PERS) loader.

chargeur (fusil automatique) magazine (En abrégé : "mag") (US, GB), (cartridge) clip (GB) (VERB : "to pull out"). Ex : *Un chargeur de 30 cartouches : a 30 (-) round magazine (US, GB). Il (= soldat) recharge le chargeur de son fusil M16-A2 : he reloads his M16-A2 rifle magazine (US). Il a vidé tout son chargeur sur l'homme : he fired his whole clip at the man (GB).*

charge utile payload (OTAN). Ex : *Transporter des charges (utiles) de 9979 kg (camion) : to carry payloads of 11 tons (US).*

Cf. : The load (expressed in tons of cargo or equipment, gallons of liquid, or number of passengers) which the vehicle is designed to transport under specified conditions of operation, in addition to its unladen weight (OTAN).

chariot-élévateur forklift truck, fork lift.

chariot de transbordement (moyen de transport / aéronef) transfer loader (US, OTAN).

Charles de Gaulle (le) (porte-avions) the Charles de Gaulle aircraft carrier (GB).

char léger light tank (US).

char léger (chenillette) whippet (UN).

charnière (sens propre et figuré) linchpin (US).

charpentier carpenter (GB).

char poseur de ponts armoured vehicle launched bridge (AVLB) (GB, US), heavy assault bridge (HAB) (US), bridge laying tank, armoured bridge layer (GB). Ex : *Un prototype de char poseur de ponts : a prototype bridge laying tank.*

charrue de déminage mine plough, mine-clearing blade (US).

charte charter (OTAN). Ex : *La charte des Nations-Unies : the UN Charter, the Charter of the United Nations (26 juin 1945). Dans le cadre de la mise en œuvre de la Charte OTAN — Ukraine : in the context of the implementation of the NATO — Ukraine Charter (OTAN).*

chasse hunt (US, GB). Ex : *Faire la chasse aux criminels de guerre : to hunt war criminals (US).*

chasse à l'homme manhunt (US). Ex : *Les troupes américaines organisèrent une gigantesque chasse à l'homme à la recherche du dirigeant panaméen : American troops staged a massive manhunt for the Panamanian leader (US).*

"chasse au logement" (mutation) house hunting (US).

chasse aux snipers anti-sniper combat (GB).

chasse aux taupes (RENS) mole-hunting (US).

chasse gardée preserve (US).

chasse-neige snow plough (GB), snow plow (US).

chasser (TAC) to drive (out / off / away) (US, GB), to eject GB), to force (OTAN), to evict (US). Ex : *Chasser les forces irakiennes du Koweit au moyen de la force : to drive Iraqi forces from Kuwait by force (US) (On peut aussi trouver : "out of Kuwait") – Chasser l'ennemi* *de sa position: to drive the enemy out of his position. Chasser de chez eux plus de 1,5 millions de Kosovars: to force more than 1.5 million Kosovars from their homes (OTAN). Chasser l'ennemi: to drive off (ou to drive away ou to defeat) the enemy (GB). L'ennemi a été chassé du village: the enemy has been ejected from the village (GB). Chasser l'armée de terre irakienne du Koweït: to evict the Iraqi Army from Kuwait (US).*

chasseur (PERS) (INF) light infantryman.

chasseur (aéronef) fighter (OTAN). Ex: *10 chasseurs Mirage 2000 de (la société) Dassault-Aviation: 10 Dassault-Aviation Mirage 2000 fighters (Jane's). Un chasseur de nouvelle génération: a new-generation fighter (Jane's). Chasseur tout temps: all weather fighter (AWF) (GB).*

chasseur à réaction jet fighter.

chasseur-bombardier fighter-bomber (GB).

chasseur-bombardier d'attaque fighter-bomber attack (FBA) (GB, OTAN).

chasseur-bombardier d'attaque nucléaire fighter-bomber strike (FBS) (OTAN)

chasseur-bombardier furtif stealth fighter-bomber (GB).

chasseur-bombardier tactique fighter-bomber attack (FBA) (GB, OTAN).

chasseur d'appui tactique fighter, ground attack (FGA) (OTAN).

chasseur d'attaque au sol fighter, ground attack (FGA) (OTAN).

chasseur de chars tank destroyer (Jane's).

chasseur de reconnaissance tactique tactical reconnaissance fighter (TRF) (OTAN).

chasseur d'espions (familier) (RENS) spycatcher (US).

chasseur de taupes (familier) (RENS) mole-hunter (US).

chasseur d'interception (aéronef) fighter interceptor (UN).

chasseur intercepteur de jour interceptor day fighter (IDF) (OTAN).

chasseur polyvalent (ou à missions multiples) multi-role combat aircraft (MRCA), multi-role fighter (GB).

chasseur de chars tank destroyer (GB).

chasseur de mines minehunter (UN).

chasseurs (INF) light infantry (US).

chasseurs (ABC) voir **Rch (régiment de chasseurs)**.

chasseurs alpins Alpine troops (Jane's).

chasseur tout temps (aéronef) all-weather fighter (AWX) (OTAN).

chassis (arme automatique) chassis plate.

chassis (véhicule) chassis (US, GB) (VERB: "to traverse") (PART: "stretched", "modified", "tracked", "existing"). Ex: *Un chassis de véhicule de combat Bradley: a Bradley fighting vehicle chassis (US). Basé sur un chassis (véhicule): based on a chassis. Une tourelle Vickers sur chassis de Leopard 2: a Vickers turret on a Leopard 2 chassis (GB).*

château d'eau (TOPO) water tower.

chavirer (embarcation) to capsize (GB).

chaud hot (US). Ex: *Une ration chaude: a hot ration (US). Avoir chaud (PERS): to get hot (US).*

chaude-pisse (blénnorragie) clap (GB).

chauffage heating (OTAN). Ex: *Un appareil de chauffage (aide humanitaire): heater (US).*

chauffage (système de) (véhicule blindé) heater (Jane's), heating system (Jane's) (ADJ: "modular").

chauffer (arme) to overheat (OTAN).

chauffeur driver (US, GB) (ADJ : "military"). Ex : *Les chauffeurs de la 66ᵉ compagnie de transport ont commencé une nouvelle mission humanitaire : drivers from the 66th Transportation Company began a new humanitairian mission (US). Ordonner au chauffeur de faire route vers le poste-frontière : to order the driver to head towards the frontier post (GB).*

chaussée roadway (US, OTAN) (VERB : "to obstruct").

chaussée (pont) trackway.

chausse-trapes caltrops (GB).

chaussettes socks.

chaussette à clous (familier) gendarme.

chaussure de ski ski boot.

chaussures shoes (GB) (PART : "polished").

chaussures de cérémonie dress shoes.

chaussures de course (EPS) running shoes (US).

chef commander (US, GB) (Abréviation GB : "Comd"), chief, leader (VERB : "to train", "to educate", "to brief", "to sustain", "to provide… with") (ADJ & PART : "dedicated", "competent", "exceptional", "effective", "tactical", "operational", "flexible", "responsible", "supported") (PREP : "under"). Ex : *La Reine est le chef des forces armées : the Queen is head of the armed forces (GB). Le Président des États-Unis est le chef des forces armées : the President of the United States is the Commander-in-Chief of the armed forces (US). Le secrétaire d'État à l'armée de terre est le chef du secrétariat d'État à l'armée de terre : the Secretary of the Army is the head of the Department of the Army (US). Le chef militaire : the military commander (US). Les chefs / dirigeants militaires du pays : the nation's military leaders (US). Un chef au combat : a commander in combat (US) / battlefield commander (US). Le chef des forces bleues : blue commander (OTAN), Blue Commander (GB). Chef inter-armées : joint commander (US). Le chef de la DST (= Direction de la Surveillance du Territoire) : the head of the DST (Directorate for Territorial Surveillance) (US). Les grands chefs de l'armée de terre (haut commandement) : the Army's senior leadership (US). Qui est le chef du Service de Sécurité de la Défense (= équivalent US de la DPSD) : who is the head of DSS (= Defense Security Service) ? (US). Respectueux des traditions, attaché à tes chefs, la discipline et la camaraderie sont ta force, le courage et la loyauté tes vertus (Code d'honneur) (Légion) : respectful of the (Legion's) traditions, honouring your superiors, discipline and comradeship are your strength, courage and loyalty your virtues (GB). Procurer au chef des moyens immédiatement disponibles en vue d'influer sur la bataille : to provide the commander with readily available means of influencing the battle (US). L'ALAT est un auxiliaire précieux du chef pour la recherche du renseignement : Army Aviation is a welcome addition to the commander's intelligence collection effort (US)*

*(Voir aussi **commandant** et **dirigeant**).*

chef (tribu / clan) chief (GB).

chef (procédure radio) Sunray (GB).

chef (volonté) volition (OTAN). Ex : *De leur propre chef : of their own volition (OTAN).*

chef allié allied commander (US).

chef au combat combat leader (US), tactical commander (US), leader in battle (US).

chef d'accusation charge (GB), count (US). Ex : *Vous êtes sous le chef d'accusation d'insubordination : you are on a charge of insubordination (GB).*

chef d'antenne (ambassade) (RENS) chief of station (US) (VERB : "to report to") (EXPR : "to be under the ambassador"). Ex : *Le chef d'antenne de la CIA : the CIA chief of station (US).*

chef de bataillon (CBA) (grade) Major (Abréviation US : "MAJ" – Abréviation GB : "Maj").

chef de bord (hélicoptère) (ALAT) crew chief (US), aircraft commander (GB).

chef de bord (véhicule) vehicle commander (US).

chef de bord-tireur (vehicule) commander / gunner (US).

chef de cabinet secretary. Ex : *Chef de cabinet du chef d'etat-major : Secretary to the Chief of Staff.*

chef de cabinet (commandant de grande école militaire) Aide-de-Camp (US).

chef de char tank commander (US, GB).

chef de clan clan leader (US).

chef de coalition coalition leader (US).

chef de convoi convoy leader.

chef de corps (CDC) (régiment ou unité de taille équivalente) commanding officer (CO) (US, GB) (Surnom US : "the old man"). Ex : *Être emmené devant le chef de corps (faute) (PERS) : to be taken before the CO (GB).*

chef de délégation head of delegation (HOD) (OTAN).

chef de détachement (forces spéciales) team leader (US), detachment commander (US).

chef de faction faction leader (US).

chef de file Ex : *Assumer un rôle de chef de file dans ces domaines : to take the lead on such issues (OTAN).*

chef de file mondial (pays) world leader (CA).

chef de groupe (infanterie) squad leader (SL) (US).

chef de groupe d'observateurs militaires chief military observer (UN).

chef de gouvernement Head of Government (OTAN). Ex : *Les chefs d'État et de gouverne-ment des pays de l'OTAN : NATO Heads of State and Government (OTAN).*

chef de la défense aérienne air defense commander (US).

chef de la Prévôté Provost Marshal (PM) (OTAN).

chef de mission (Nations-Unies) head of mission (UN).

chef de mission militaire (ambassade) chief of military mission (US).

chef de musique bandmaster (US, GB).

chef d'engin (vehicle) commander.

chef de parti (politique) party leader (US).

chef de patrouille patrol leader (US).

chef de patrouille (ALAT) section commander (GB).

chef de pièce (canon automoteur) commander (US).

chef de poste (ambassade à l'étranger) (RENS) station chief, chief of station (US), head of station (US).

chef d'équipe (infanterie) team leader (TL) (US), rifle squad fire team leader (US).

chef d'équipe de déminage EOD (= Explosive Ordnance Disposal) detachment commander (US).

chef d'équipe d'observation (ART) company fire support officer (FSO) (US), forward ob-servation officer (FOO) (GB).

chef des armées head of the armed forces (GB), Commander-in-Chief of the armed forces (US).

chef d'escadron (fonction) squadron leader (GB) (Il s'agit de la fonction et non du grade).

chef d'escadron(s) (CES / CEN) (grade) Major (Abréviation US : "MAJ" – Abréviation GB : "Maj").

chef de section platoon leader (US), platoon commander (GB) (VERB : "to develop").

chef des états-major alliés chief of allied staffs (COAS) (OTAN).

chef des opérations interarmées chief of joint operations (CJO) (GB).

chef des services administratifs (SA) (corps de troupe) (Regimental) Administrative Officer (GB).

chef des services techniques (corps de troupe) technical quartermaster (TQM) (GB).

chef d'État Head of State (OTAN). Ex : *Les chefs d'État et de gouvernement des pays de l'OTAN : NATO Heads of State and Government (OTAN).*

chef d'état-major chief of staff (COS) (GB, US). Ex : *Le chef d'état-major d'une grande unité : the chief of staff of a major unit (US).*

chef d'état-major adjoint assistant chief of staff (ACOS) (GB), deputy chief of staff (DCS) (US), deputy chief of staff (DCOS) (OTAN) (Chargé de = for). Ex : *Chef d'état-major adjoint chargé du personnel : deputy chief of staff for personnel ou DCS, Personnel (US).*

chef d'état-major adjoint des armées the Vice Chairman of the Joint Chiefs of Staff (US), the Vice-Chief of the Defence Staff (VCDS) (GB).

chef d'état-major allié chief of allied staff (COAS) (OTAN).

chef d'état-major d'armée (Terre / Air / Mer) service chief (GB) (Ex. d'emploi : *All three service service chiefs*).

chef d'état-major de brigade brigade major (GB), brigade chief of staff.

chef d'état-major de la défense (chef d'état-major des armées) chief of defense (COD) (OTAN).

chef d'état-major de la marine (CEMM) the Chief of Naval Operations (CNO) (US), the Chief of the Naval Staff and First Sea Lord (GB).

chef d'état-major de l'armée de l'air (CEMAA) the Chief of Staff of the Air Force (US), the Chief of the Air Staff (GB).

chef d'état-major de l'armée de terre (CEMAT) the Chief of the General Staff (CGS) (GB), the Chief of Staff of the Army ou the Chief of Staff, Army (CSA) ou the Army Chief of Staff ou the Army's Chief of Staff (US), the Chief of the Army Staff (Jane's). Ex : *Le général John Doe, Chef d'État-major de l'Armée de Terre (USA) : Army Chief of Staff Gen. John Doe (US). Le général Sir John Bull, Chef d'État-major de l'Armée de Terre (Royaume-Uni) : Chief of the General Staff Gen Sir John Bull (Jane's). Le nouveau chef d'état-major de l'armée de terre : the Army's new chief of staff (US).*

chef d'état-major des armées (CEMA) the Chief of the Defence Staff (CDS) (GB), the Chairman of the Joint Chiefs of Staff (CJCS) (US), (the) Chief of Staff of the Armed Forces (FR) (OTAN), the armed forces chief of staff (Jane's), the defence chief (À noter : Le "CDS" britannique est assisté d'un "Vice-Chief of the Defence Staff" ou "VDCS". Le "CJCS" américain est assisté d'un "Vice Chairman of the Joint Chiefs of Staff"). Ex : *Le chef d'état-major des armées françaises : the chief of staff (COS) of France's armed forces (Jane's). Le Général d'armée Jean-Pierre Dupont, Chef d'État-Major des Armées : armed forces chief-of-staff Gen Jean-Pierre Dupont (Jane's).*

chef d'état-major du Corps des Marines (USA) the Commandant of the Marine Corps (US).

chef d'état-major général general chief of staff (GCOS) (OTAN).

chef d'état-major général des armées (CEMGA) (Traductions proposées) wartime armed forces chief of staff, wartime defence chief.

chef d'état-major interarmées (FR) joint chief of staff (JCS) (OTAN).

chef d'état-major particulier (président de la République) military chief of staff (Jane's). Ex : *Le nouveau chef d'état-major de la Marine sert en qualité de chef d'état-major particulier du Président Jacques Chirac : the new Navy chief has served as President Jacques Chirac's military CoS (= chief of staff) since 1995 (Jane's).*

chef de tribu (Afrique) tribal leader (GB).

chef (ou dirigeant) d'industrie industry leader (US).

chef du bureau opérations-instructions (BOI) (the) S3 (US) (S = Staff — 3 = Operations and Training).

chef du contre-espionnage chief of counterintelligence (US). Ex : *Il est devenu chef du contre-espionnage à la CIA après la guerre : he became the CIA chief of counterintelligence after the war (US).*

chef du KGB (Hist.) KGB Chairman (US), chairman of the KGB (US).

chef du service de santé (armée de terre américaine) the Surgeon General (US).

chef en attaque attacking commander (US).

chef en défensive defending commander (US).

chef ennemi enemy leader (US).

chef interarmées joint commander (US).

chef (ou commandant) interarmes combined arms commander (US).

chef-largueur (TAP) jumpmaster (US), dropmaster (US).

chef-lieu (ville) chief town (GB). Ex : *L'île principale est Tahiti et son chef-lieu est Papeete : the principal island is Tahiti and its chief town is Papeete (GB).*

chef militaire military commander (US) (ADJ : "opposing" = adverse).

chef rebelle rebel leader (GB).

chefs supérieurs senior leadership (US).

chef sur le terrain (le) the commander in the field (US), the field commander (US).

chef terrestre ground commander (US).

chef terroriste terrorist leader (US).

chemin track (GB), lane, path, trail (GB), way (GB) (PREP : "up"). Ex : *Nous n'avons pas pu trouver de chemin à travers le marais : we could not find a way through the marsh (GB).*

chemin (voie) (sens figuré) way (US). Ex : *La Cavalerie a montré le chemin : the Cavalry led the way (US).*

chemin de terre dirt trail (US).

cheminement approach (US). Ex : *Cheminement vers la ville (unité d'infanterie) : approach of the city (US).*

cheminement (voie d'accès) (TAC) avenue of approach (AOA ou AA) (US, GB). Ex : *Il y avait deux principaux cheminements ennemis situés sur les flancs opposés du 7ᵉ Corps d'Armée : there were two major threat avenues of approach located on opposite flanks of the VII Corps (US).*

chemise (cartouche) jacket.

chemise de combat combat shirt (GB).

chemise de laine wool shirt (US) (ADJ : "olive green").

chemise de treillis fatigue shirt.

chenal channel (US, GB) (ADJ : "navigable").

chenille (char) track, crawler track, caterpillar track (VERB : "to lose"). Ex : *Véhicule à (ou sur) chenilles : track vehicle (US), tracked vehicle (US).*

chenillé tracked (US, GB).

chenillette (char léger) whippet (UN).

chercher (emploi) (reconversion) to seek (GB). Ex : *Chercher un emploi : to seek employment (GB).*

chercher à (TAC) to seek to (US). Ex : *1 BFM cherchant à s'emparer d'Ansbach : 1 MRB seeking to seize Ansbach. Chercher à s'abriter (ou un abri) (fantassin) : to look for cover (US).*

chercher (et trouver) (ennemi) (TAC) to seek out (the enemy) (GB, US).

chercheur (universitaire) researcher.

chercheur (de faisceaux) laser laser seeker (US, OTAN).

cheval (à) (troupes) mounted (GB). Ex : *Des troupes à cheval : mounted troops (GB).*

cheval sur (à) astride (GB). Ex : *À cheval sur (ou de part et d'autre d') un axe (TAC) : astride an axis (GB).*

cheval (ou chevaux) vapeur horse power (Abréviation : hp) (VERB : "to produce"). Ex : *Un moteur de 360 chevaux : a 360 hp engine (US) (Voir aussi CV).*

cheveux hair (US, GB). Ex : *Se faire couper les cheveux : to have a haircut (GB).*

chevron chevron (US, GB), stripe (GB) (Termes dénombrables).

chevronné (PERS) veteran (US). Ex : *Les soldats britanniques les plus chevronnés (ou expérimentés) : the most veteran British troops (US).*

chez in (GB, US). Ex : *La qualité la plus importante chez le (ou un) jeune officier : the most important quality in a young officer (GB). Les sergents instructeurs doivent inculquer la discipline chez les recrues : drill sergeants must instill discipline in recruits (US).*

chibani old soldier (GB).

chicane roadblock (GB), chicane.

chien (arme de poing) hammer.

chien de garde guard dog (GB, US) (VERB : "to kill").

chien de recherche (explosifs / armes) sniffer dog (GB), arms explosive search dog (GB).

chien policier police dog, tracker dog (GB).

chiffre (écriture secrète) (RENS) cipher (US) (Terme dénombrable) (VERB : "to break (into)", "to capture", "to use", "to devise") (ADJ : "high-grade", "polyalphabetic", "unbreakable", "secure", "high-security", "complex") (EXPR : "to increase the complexity of the cipher"). Ex : *Section du chiffre : Cipher Bureau. Son épouse était employée du chiffre à l'ambassade soviétique à Londres : his wife was a code clerk at the Soviet embassy in London (US). Agent (ou employé) du chiffre ou fonctionnaire chargé du chiffre (ambassade) : code clerk (US), cipher clerk (US). Bureau du chiffre (ambassade) : cryptographic bureau (US).*

Cf. : A form of code in which numbers or letters are substituted systematically for those in a plain text, so as to prevent unintended recipients from understandig the message (US).

chiffre (nombres) figure (GB), digit (US). Ex : *Les chiffres des pertes : casualty figures (GB). Les coordonnées à six chiffres : the six-digit grid coordinates (US), the six-figure grid reference (GB).*

chiffrement (données / transmissions) encryption (US), encipherment (US). Ex : *Système de chiffrement : cryptosystem (OTAN). Chiffrement des télécommunications : encryption of telecommunications (OTAN) (Contraire : "decryption" = déchiffrement). Le chiffrement d'un message (RENS) : the encipherment of a message (US) (Contraire : "decipherment" (US). Machine de chiffrement (RENS) : cipher machine (US). Dispositif (ou* *appareil) de chiffrement (RENS) :* cipher device (US). *Matériel de chiffrement :* crypto-equipment (OTAN).

chiffrement rapide (système de) quick and ready to encrypt text (QUARTET) system (OTAN).

chiffrer to encipher (US), to encrypt (OTAN). Ex : *L'étude de textes chiffrés :* the study of encrypted texts *(OTAN).*

chimie (discipline) chemistry (US).

chimique chemical (US, GB). Ex : *Utiliser l'arme chimique :* to use chemical weapons. *La guerre chimique (type de guerre) :* chemical warfare.

chirurgie surgery (US, GB). Ex : *Chirurgie réparatrice :* plastic surgery (GB). *Chirurgie orthopédique :* orthopaedic surgery (GB).

chirurgie de guerre war surgery.

chirurgien surgeon (SURG) (OTAN, US).

chirurgien-dentiste dental surgeon (US).

chlore (NBC) chlorine (US).

choc shock (US, GB), brunt (GB). Ex : *Troupes de choc :* shock troops (US). *Les gens étaient en état de choc (attentat terroriste) :* people were in shock *(US). Le choc des premiers jours d'entraînement :* the shock of the first days of training (GB). *La Légion encaissa le plus gros du choc des attaques :* the Legion took the brunt of the attacks (GB). *Se remettre du choc initial de l'attaque :* to recover from the initial shock of the attack (US).

choc (explosion) concussion (GB). Ex : *Il a été tué par le choc de l'explosion d'un obus :* he was killed by the concussion from an exploding shell (GB).

choc (commotion) (SAN) shock (GB) (VERB : "to suffer from").

choc offensif offensive shock (US).

choc psychologique psychological shock (US) (VERB : "to achieve" = créer).

chœur (chanteurs) choir.

choisi d'avance preselected (US). Ex : *Suivre des itinéraires choisis d'avance :* to follow preselected routes *(US).*

choisir to choose (US), to select (US), to elect (GB), to pick (Jane's), to determine (GB), to designate (US), to adopt (US). Ex : *Choisir (= adopter) un matériel :* to select a piece of equipment. *Choisir une position (soldat individuel) :* to select a position (US). *Choisir de faire carrière dans l'armée :* to select military service as a career (US). *Choisir de servir dans l'infanterie :* to elect to serve in the infantry (GB). *Une unité choisie / sélectionnée pour des opérations de paix :* a unit selected for peace operations (US). *Choisir un candidat (projet d'armement) :* to pick / to select a contender (Jane's). *Elle a choisi l'arme de la police militaire (PERS) :* she chose the Military Police branch (US). *Il (= le général) a choisi des zones plus en retrait dans le dispositif :* he picked out somewhat deeper-lying areas (GB). *Choisir le moment et le lieu les plus appropriés pour la contre-attaque :* to determine the best time and place for a counter-attack (GB). *Il a été choisi parmi des milliers de volontaires (engagé) :* he was selected from thousands of volunteers (US). *Choisir des volontaires pour les missions les plus dangereuses :* to select volunteers for the most hazardous missions (GB). *Être choisi pour un poste :* to be selected for a position (OTAN). *Au moment choisi par nous :* at the time of our choosing (US). *Le terrain choisi pour l'effort principal :* the terrain designated for the main effort (US). *Choisir la défensive (TAC) :* to adopt the defensive (US). *Choisir exactement le moment et le lieu de la bataille :* to choose (ou to pick) correctly the time and the place for the battle (US).

choix option (US, GB), selection (US), set (US), choice (US), alternative (GB). Ex : *Les belligé-rants ont le choix de se retirer de la zone : the belligerent parties have an option to with-draw out of the zone (US). Le choix d'une carrière dans l'armée de terre : selection of an Army career (US). Le choix de l'arme (début de carrière) : choice for a branch assign-ment (US), choice of branch (US). Avancement au choix : promotion by selection. Demander le Renseignement comme premier choix d'arme : to request Military Intelligence as one's first choice for a branch (US). Faire son choix de régiment : to make one's choice of regiment (GB). Le régiment de leur choix : the regiment of their choice (GB). Un choix difficile : a tough choice (GB). Ne laisser à des forces pas d'autre choix que celui de battre en retraite : to leace forces bo choice but to retreat (US). L'armée de terre offre un choix de 250 spécialités : the Army has more than 250 specialties from which to choose (US). Nous n'avons pas le choix : nous devons attaquer maintenant : we have no alternative : we must attack now (GB). Nous n'avons pas d'autre choix que de nous désengager : we have no option but to withdraw (GB). Un choix d'options (TAC) : a set of options (US). Choix de l'heure et du lieu de l'attaque (TAC) : selection of the time and place of the attack (US). Dans un grand choix de scénarios : in a variety of scenarios (US).*

choix de carrière Ex : *Faire les bons choix de carrière (pour un avancement rapide) : to clock up the right appointments and experience (GB), to punch the righ ticket (US) (Terme familier GB : "to get the right ticks").*

choix de coopération option for cooperation (OTAN).

choix de l'arme (sortie d'école militaire) branch selection (US), choice of branch (US). Ex : *Le choix de l'arme se fait en fonction du classement (au sein de la promotion) : branch selection is according to class rank (US).*

choix des objectifs et des moyens de traitement targeting (US, OTAN).

choix du terrain selection of the ground (GB).

choix opératif operational choice (US).

choix stratégique strategic choice (GB).

choix tactique tactical choice (US).

choléra cholera (GB) (VERB : "to occur") (EXPR : "to cause vomiting and diarrhoea", "to be fatal").

choquer (PERS) to shock (US).

chorale (unité) chorus (US) (VERB : "to perform").

chose courante (être) (opération) (to be) common (US).

chromatographie (en phase) gazeuse gas chromatography (GC) (UN).

chronologie timing (UN), chronology (CA).

chronologie record (OTAN). Ex : *Établir une chronologie d'événements (RENS) : to provide a record of events (OTAN).*

chronomètre chronometer (GB).

chronométrer to time (US).

chute fall (US, GB). Ex : *La chute / du Mur de Berlin / du Sud Vietnam : the fall / of the Berlin Wall / of South Vietnam (US). La chute de la ville : the fall of the town. Il s'est cassé la jambe dans sa chute : he broke his leg in the fall (GB).*

chute de température drop in temperature (GB).

chute libre (TAP) free fall (US).

chuter (baisser) to fall (GB). Ex : *Renverser la tendance qui a vu les effectifs en personnel d'active de l'armée de terre britannique chuter de près 30% depuis 1990 : to reverse the trend which has seen the British Army's regular strength fall by almost 30% since 1990 (GB).*

chuteur (parachutiste) jumper (US).

chuteur opérationnel tactical free-fall parachutist (GB), military free-fall (MFF) parachutist (US), HAHO parachutist (US) (High Altitude High Opening = Saut à Ouverture à Grande Hauteur, ou SOGH).

Cf. : Chuteur opérationnel : Parachutiste apte à la pratique du saut à ouverture commandée retardée, à grande hauteur, avec charge, en équipe de jour comme de nuit (F).

CIA (RENS) voir **organisme central de renseignement(s) (USA)**.

cible target (US) (VERB : "to detect", "to acquire", "to designate", "to locate", "to defeat", "to classify", "to prioritize", "to see", "to identify", "to recognize", "to render inoperable", "to engage", "to strike", "to select", "to collide with", "to destroy", "to overmatch", "to hand off ...to" = passer en compte à) (ADJ & PART : "distant", "high priority", "intended") (PREP : "against" = contre, sur). Ex : *Une cible au sol : a ground target (CFE). Être pris pour cible : to be targeted (GB). Une cible aérienne : an aerial target. Cible mobile : moving target (US) (2 catégories : "slow moving target" et "fast moving target") (ADJ : "hard-to-hit") – Cible fixe : stationary target (US). Cible durcie (ou renforcée ou protégée) : hardened target (UN). Cette force est une cible potentielle pour les activités terroristes : this force is a potential target of terrorist activities (US). Cible radar : radar target (OTAN). Cible blindée : armored target (US). Une cible potentielle (action psychologique) : a potential target (US). L'aviation a observé sur la cible des positions militaires retranchées avant d'exécuter l'attaque (frappe aérienne) : the aircraft observed dug-in military positions at the target before executing the attack (OTAN).*

cible (individu) target (OTAN). Ex : *Les victimes et les cibles principales d'actes d'agression commandités par des États : the main victims and targets of state-sponsored aggression (OTAN).*

cible (terme officiel : objectif) (RENS) (intelligence) target (US) (individu, organisme, installation, zone, pays).

ciblé (activité) (RENS) targeted (US).

ciblé focused (OTAN), targeted (OTAN). Ex : *Une interopérabilité plus large et plus ciblée à l'appui des opérations multinationales : more extensive and focused interoperability to underpin multinational operations (OTAN). Un soutien ciblé et focalisé : targeted and focused support (OTAN). Logistique ciblée : focused logistics (US).*

cible civile civilian target (GB) (VERB : "to aim at").

cible cruciale critical target (US).

cible focale focal plane array (FPA).

cible inopinée target of opportunity (US).

cible militaire (frappe aérienne) military target (OTAN) (NOM ASS. : "attack") (PREP : "against") . Ex : *Il s'agissait d'une cible militaire légitime : this was a legitimate military target (OTAN).*

cible non militaire (frappe aérienne) non military target (OTAN) (NOM ASS. : "attack") (PREP : "against").

cible politique politcal target (US).

cible téléguidée target drone (CFE).

ciel ouvert (à) outdoor (US). Ex : *Un site à ciel ouvert destiné au stockage temporaire des munitions : an outdoor site for temporary storage of ammunition (US).*

Ciel Ouvert (traité) (the) Open Skies Treaty (OTAN). Ex : *Commission consultative (ou mixte) sur le traité Ciel Ouvert : Open Skies consultative commissioon (OSCC) (OTAN).*

cimetière cemetery (US, GB), graveyard (VERB : "to maintain") (ADJ : "temporary" = temporaire). Ex : *Le cimetière national d'Arlington : Arlington National Cemetery (US).*

cimetière (autour d'une église) churchyard (GB).

cinéma de garnison post motion picture theater (US), post movie theater (US) (À noter : Le terme américain "theater" s'applique à toute salle de spectacle).

cinétique kinetic (US, GB). Ex : *Énergie cinétique : kinetic energy (KE) (GB).*

cinquième colonne (Hist.) fifth column (US, GB). Ex : *Membre de la cinquième colonne : fifth-columnist (GB).*

CIRAT voir **centre d'information et de recrutement l'armée de terre.**

circonscription militaire de défense (CMD) Military Sub-District.

circonstance (événement imprévu / crise) contingency (US, GB, OTAN) (Terme dénombrable) (VERB : "to respond (quickly) to"). Ex : *Une opération de circonstance (ou dictée par les circonstances) : a contingency operation (OTAN). Un plan de circonstance : a contingency plan (OTAN).*

circonstance(s) (situation) circumstances (US) (VERB : "to delineate", "to plan for", "to handle") (PART : "varying") (PREP : "under", "in"). Ex : *Dans des circonstances extraordinaires : under extraordinary circumstances (US). Dans certaines circonstances : in certain (ou in some) circumstances (OTAN). Aussitôt que (ou dès que) les circonstances le permettent : as soon as circumstances permit (OTAN). En quelque circonstance que ce soit : under any circumstances (UN). Dans des circonstances limitées : in limited circumstances (US). Les circonstances dans lesquelles les forces pourront entreprendre le combat : the circumstances under which forces will initiate combat engagement (OTAN). Le volume de la force sera ajusté en fonction des circonstances : the force size will be adjusted as circumstances require (US). Des circonstances imprévues : unforeseen circumstances (US).*

circuit circuit (GB), channel (OTAN). Ex : *Des caméras de télévision en circuit fermé : closed-circuit television cameras (GB). Circuits de renseignement : intelligence reporting channels (OTAN).*

circuit de mise à feu firing circuit (US, OTAN) (VERB : "to actuate"). Ex : *Circuit double de mise à feu : dual firing circuit (US, OTAN).*

circuit de renseignement (RENS) intelligence reporting channel (OTAN) (VERB : "to enter"). Ex : *Les données appropriées entreront en même temps dans les circuits de renseignement : relevant data will simultaneously enter intelligence reporting channels (OTAN).*

circuit électrique electrical circuit (CFE), electric circuit (OTAN).

circuit fermé closed circuit (GB). Ex : *Des caméras de télévision en circuit fermé : closed circuit television cameras (GB).*

circuit filaire (ligne terrestre) (téléphone) land-line (GB). Ex : *Appeler sur le circuit filaire : to call on land-line (GB).*

circuit radio radio circuit (US).

circulaire (ou en forme de cercle) circular (US). Ex : *La zone à peu près circulaire qui entoure le point zéro (explosion nucléaire) : the roughly circular area surrounding ground zero (US).*

circulaire (document) circular (US). Ex : *Circulaire d'entraînement (ou d'instruction) : training circular (US).*

circulaire bouclier (véhicule blindé) rotating shield.

circulation (information) flow (US, OTAN). Ex : *La libre circulation de l'information : the free flow of information (US).*

circulation (activité) traffic (US, GB, OTAN) (VERB : "to slow", "to observe", "to control", "to stop", "to report", "to regulate") (NOM ASS. : "control"). Ex : *Circulation aérienne : air traffic (OTAN). Circulation d'aérodrome : aerodrome traffic (OTAN). Circulation militaire : military traffic (OTAN).*

circulation (mission) traffic control (US, GB) (Voir explications complémentaires à **régiment de circulation**).

circulation (routière) traffic (US, GB, OTAN). Ex : *Il y a peu de circulation : there is light traffic. Il y a beaucoup de circulation : there is heavy traffic (GB). Circulation dans les deux sens : two-way traffic (US). Ouvrir un pont à la circulation : to open a bridge to traffic (OTAN).*

circulation aérienne air traffic (OTAN). Ex : *Contrôle de la circulation aérienne : air traffic control (ATC) (OTAN).*

circulation aérienne militaire (CAM) military air traffic (MAT) (OTAN).

circulation aérienne opérationnelle (CAO) operational air traffic (OAT) (OTAN).

circulation routière traffic (US). Ex : *Placer des éléments de circulation routière aux points critiques : to station traffic policemen at critical points (US).*

circuler (air) to circulate (US). Ex : *Laissez l'air circuler librement : let the air circulate freely (US).*

circuler (vehicule) to travel (OTAN). Ex : *Des véhicules circulant en colonne : vehicles travelling in column (OTAN).*

circuler (PERS) to ride (GB). Ex : *Les fantassins circulaient dans des chars : the infantry were riding on tanks (GB).*

cirque (TOPO) cirque (GB) (Terme écossais : "corrie").

cisailles wirecutters (US).

citadelle (sens propre et figuré) citadel (GB).

citation citation (US). Ex : *Attribuer une citation collective à l'ordre de l'armée à une unité (action d'éclat) : to grant a Battle Honour to a unit (GB).*

Cf. : Citation : written statement recounting the service or deed for which an award is made (US).

cité à l'ordre du jour (PERS) Mentioned in Dispatches (MID) (GB).

cité cadres family quarters (GB).

citer à l'ordre du jour (PERS) to mention in despatches (GB).

Cf. : Mentioned in despatches : honoured for being brave in a battle by being mentioned on an official list (GB).

citerne tanker (US), bowser (GB) (PART : "towed").

citerne à eau water tank (GB), water buffalo (US) (Surnom familier GB : "bean can"). Ex : *Une citerne à eau de 140 000 litres : a 140,000-litre water tank (GB).*

citoyen (ressortissant) citizen (US). Ex : *Protéger des citoyens américains et être en mesure de les évacuer pour les mettre à l'abri du danger : to protect American citizens and be prepared to evacuate them from danger (US). Un citoyen volontaire : a citizen volunteer (CA). Un citoyen étranger : a foreign citizen (US).*

citoyen en uniforme (le) (concept) the "citizen in uniform" (US).

civière stretcher (GB).

civil (le) (ou la vie civile) civilian life (GB, US), civil life (US) (Expression familière US : "on the outside") (Terme familier GB : "civvy street" ou "Civvy Street") (EXPR : "to make the transition to"). Ex : *Retourner dans le civil : to return to civilian life (GB) — Ils (= réservistes) sont médecins dans le civil : they are doctors in civilian life (GB). Des officiers recrutés directement dans le civil : officers appointed directly from civil life (US). Que faisiez-vous dans le civil ? : what did you do in Civvy Street ? (GB).*

civil (nom) civilian (Terme familier GB : "civvy" = pékin) (ADJ : "innocent", "key"). Ex : *Un civil : a civilian (US, GB, OTAN). L'OTAN n'est pas en mesure de confirmer que des civils ont perdu la vie (au cours d'une attaque) : NATO is not in a position to confirm civilian loss of life (OTAN). L'intention n'était pas de porter atteinte à des civils (attaque contre un pont) : there was no intention to harm civilians (OTAN) – Les (personnels) civils de l'armée de terre : Army civilians (US). L'OTAN ne peut confirmer le nombre des victimes indiqué par les autorités serbes, ni les raisons pour lesquelles des civils se trouvaient là au moment de l'attaque : NATO cannot confirm the casualty figures given by the Serbian authorities, nor the reasons why civilians were at this location at the time of the attack (OTAN).*

civil (tenue civile) civilian clothes (US), civilian clothing (US), civilian attire (US) (Expression familière GB : "in mufti"). Ex : *Travailler en civil : to work in civilian clothes (US).*

civil (adjectif) civilian (Abréviation GB : "civ"). Ex : *Le personnel civil du ministère de la Défense : MOD (= Ministry of Defence) employed civilians (GB). En civil (ou en tenue civile) : in civilian / clothing / clothes (US) / attire (US) (Expression familière obsolète GB : "in mufti") – Se mettre en civil (tenue civile) : to change into civilian clothes (GB). Les personnels civils de l'armée de terre : Department of the Army civilians (US) / DA civilians (US). La protection civile : civil defence. L'OTAN regrette profondément que cette attaque ait fait, accidentellement, des victimes civiles : NATO deeply regrets accidental civilian casualties that were caused by this attack (OTAN).*

civil accompagnant une armée camp-follower (GB) (Terme désignant également une fille à soldats).

civilianisation (armée) civilianization (GB).

Cf. : Civilianisation : néologisme créé par l'armée de terre pour décrire le processus qui consiste à augmenter le pourcentage de civils dans son organisation (Terre Magazine, octobre 1996).

civilianiser (ou "civiliser") (armée) to civilianize (GB).

civil non armé unarmed civilian (OTAN).

civilo-militaire (adjectif) civil-military (OTAN, US). Ex : *Relations / interaction / civilo-militaire(s) : civil-military / relations / interaction (OTAN). Les aspects civilo-militaires de l'entraînement (thème de séminaire OTAN) : Civil-Military Aspects of Training (OTAN). Opérations civilo-militaires : civil-military operations (CMO) (US, OTAN).*

civils de l'armée de terre (personnels) Army civilians (US).

civique Ex : *Avoir le sens civique : to be public-spirited (GB).*

civisme public-spiritedness.

CL289 (drone) (Traduction rencontrée) the CL289 unmanned aerial vehicle (UAV).

clair clear (US), plain (OTAN). Ex : *Être clair et concis en expression / écrite / orale : to be clear and concise in written / oral communication (US). Texte (en) clair (non chiffré) : plain text (OTAN). Par temps clair : in clear weather conditions (OTAN) ("clear weather" peut s'employer en épithète). Par nuit claire : on a clear night (OTAN). Des procédures opérationnelles standardisées simples et claires devraient être développées : clear and* *straightforward standard operating procedures should be developed (UEO). L'issue de la bataille n'était pas claire : the battle was indecisive (GB).*

clair (ordre / plan) clear (US).

clair (instruction radio) (TRANS) clear. Ex : *Fort et clair : loud and clear.*

clair (temps) clear (GB). Ex : *Par temps clair : in clear weather (GB).*

clair (facile à comprendre) clear (GB). Ex : *Est-ce bien clair ? : is that clear ? (GB).*

clair (en) (TRANS) in the clear (US, OTAN), in clear (GB). Ex : *Texte en clair : plain text. Message en clair : plain text message (US), message in plain text (US), clear (US). Envoyer un message en clair : to send a message in clear (GB).*

clair de lune moonlight (OTAN).

clairement clearly (OTAN). Ex : *Les contours d'un nouvel ordre de sécurité commencent à se dessiner clairement : the contours of a new security order become clearly discernible (OTAN).*

clairement défini (objectif) clearly defined (US).

clairement énoncé (objectif) clearly stated (US).

clairière (TOPO) clearing (GB), glade (VERB : "to come to").

clairon (individu) bugler.

clairon (instrument) bugle (US, GB) (VERB : "to hear").

clairsemé thinly spread (GB).

clairvoyance vision (OTAN) (VERB : "to instil... in").

clan clan (US).

clandestin (opération) voir **secret**.

clandestin clandestine (UN) (explosion nucléaire / agent), covert (UN) (programme d'armes chimiques). Ex : *Travail clandestin (RENS) : undercover work (GB). Agent clandestin : clandestine agent (US). Par des moyens clandestins (RENS) : by clandestine means (US).*

clandestin (organisation) underground (GB).

clandestinement by clandestine means (US). Ex : *Faire sortir clandestinement un agent d'un pays : to get an agent out of a country by clandestine means (US) ou to exfiltrate an agent (US).*

clandestinité (dans la) under cover (US), clandestinely (US). Ex : *Agir (ou opérer) dans la candestinité (agent) (RENS) : to act clandestinely (US). Vivre dans la clandestinité (agent à l'étranger) : to live under cover (US).*

clarté (situation) clarity (US).

classe (niveau) class (GB). Ex : *De classe mondiale (matériels) : world class (GB) (En épithète).*

classe (catégorie) class (OTAN). Ex : *Les différentes classes de risques pour la sécurité : the different classes of security risks (OTAN).*

classe (d'itinéraire / de pont) class (of route / bridge) (US), military load classification (MLC) (OTAN) (VERB : "to assign"). Ex : *Numéro de classe : class number (OTAN).*

classe (de pont) class (GB). Ex : *Un pont de classe 50 : a Class 50 bridge (GB).*

classe (recrutement) age group (GB).

classe (sous-marin) class (GB). Ex : *Le 4ᵉ sous-marin de la classe Vanguard : the 4 th Vanguard Class submarine (GB).*

classe de chargement militaire voir **classement militaire**.

classe (ou catégorie) de ravitaillement class of supply (US, OTAN) (VERB : "to provide") (NOM ASS. : "receipt", "storage", "issue") (Les 10 "classes of supply" US, divisées également en "subclasses", sont : "Class I (subsistence), Class II (clothing, individual equipment, tentage, tools, administrative supplies), Class III (petroleum, oil and lubricants), Class IV (construction materials), Class V (ammunition), Class VI (personal demand items), Class VII (major end items: launchers, tanks, mobile machine shops, vehicles, racks, pylons, etc.), Class VIII (medical materials), Class IX (repair parts and components), Class X (material for non-military programs such as agriculture and economic development)").

À noter: Les "classes of supply" OTAN diffèrent:
- Class I (OTAN) = Classes I and VI (US).
- Class II (OTAN) = Classes II, VII, VIII & IX (US).
- Class III (OTAN) = Class III (US).
- Class IV (OTAN) = Classes IV & X (US)
- Class V (OTAN) = Class V (US).

classé comme (matériel) categorized as (CFE).

classement (sortie d'école militaire) class rank (US). Ex: *Le choix de l'arme se fait en fonction du classement: branch selection is according to class rank (US).*

classement de sécurité (document / matériel) security classification (OTAN) (VERB: "to reduce", "to cancel").

classement militaire (itinéraire / pont / bac / rampe d'accès) military load classification (MLC) (US, OTAN).

Cf.: A standard system in which a route, bridge or raft is assigned class number(s) representing the load it can carry. Vehicles are also assigned number(s) indicating the minimum class of route, bridge or raft they are authorized to use (OTAN).

classe préparatoire (grande école militaire) preparatory school (US) (En abrégé: "prep school" = "prépa") (cf. Celle de l'académie militaire américaine de Westpoint: "USMA Preparatory School (USMAPS), à Fort Montmouth, New Jersey) (VERB: "to attend"). Ex: *Suivre la classe préparatoire de l'École de Formation des Officiers de l'Armée de Terre américaine (fiche biographique d'officier): to attend the U.S. Military Academy Preparatory School (USMAPS) (US).*

classer (par catégories) (matériel / cibles / unités) to categorize (GB, US) (PREP: "into"). Ex: *Les "Rangers" (= commandos de l'armée de terre) sont classés parmi les forces d'infanterie légère: Rangers are categorized as light infantry forces (US).*

classer (concepts) to sort (US).

classes (instruction élémentaire) (PERS) basic recruit training (GB) (ou "The Common Military Syllabus for Recruits"), basic training (US, GB) (VERB: "to complete", "to undergo", "to go through", "to do"). Ex: *Faire ses classes: to undergo basic recruit training (GB), to go through basic training (US), to do one's common military syllabus (GB). Il vient juste de finir ses classes: he has just completed his basic training (GB).*

classé secret classified (UN).

classification (pont / véhicule) classification (OTAN). Ex: *Classification des ponts et véhicules: classification of bridges and vehicles (OTAN).*

classification (de sécurité) (degré de protection) (RENS) security classification (US, OTAN) (VERB: "to reduce", "to cancel") (ADJ: "derivative", "low"). Ex: *OTAN sans classification: NATO unclassified (OTAN).*

classification de charge load classification (OTAN).

classification d'itinéraire route classification (OTAN).

classification des pertes (SAN) casualty classification (OTAN).

classification OTAN (degrés de protection) 4 niveaux par ordre croissant : "NATO RES-TRICTED", "NATO CONFIDENTIAL", "NATO SECRET", "COSMIC TOP SECRET".

classifié (source / document) (RENS) classified (US, OTAN, UEO) (ADV : "highly"), spe-cial (US). Ex : *L'accès aux sources classifiées : access to classified sources (UEO)*.

classique (non nucléaire) conventional (US, GB).

classique conventional (US), standard (US), normal (US), mainstream (GB), classic (US). Ex : *Quand l'on ne peut pas employer l'infanterie classique (ou traditionnelle) : when conven-tional infantry cannot be used (US). Des opérations blindées classiques : standard (ou classic) armor operations (US). Les guerres de type classique : conventional wars (GB). Un régiment de transmissions classique : a mainstream signals regiment (GB). Contrairement au combat classique : in contrast to normal combat operations (US). Munitions classiques : conventional ammunition (US)*.

clause d'assistance mutuelle (traité de défense) mutual assistance clause (OTAN) (VERB : "to incorporate into" = incorporer dans).

clavier (ordinateur) keyboard.

CLB voir **cavalerie légère blindée**.

clé (porte) (RENS) key (US) (VERB : "to steal", "to duplicate", "to manufacture", "to copy") (EXPR : "a key-impression kit").

clé (carte) key (OTAN).

clé (ou clef) key (US, GB). Ex : *Emploi clef (PERS) : key position (US). Terrain clef : key terrain (US). Un facteur clé : a key factor (US). La confiance et le travail en équipe sont les clefs de la réussite : trust and teamwork are the keys to success (US). La clef de la victoire sur le champ de bataille : the key to victory on the battlefield (US). Question clé : key issue (OTAN)*.

clé (code / chiffre) (RENS) key (OTAN, US), additive (US). Ex : *Clé de chiffrement : encryp-tion key (OTAN)*.

clé d'interprétation imagery interpretation key (OTAN).

cliché frame (OTAN).

client (informatique) client.

client (armement) customer (GB, US) (ADJ : "potential"). Ex : *Client intelligent : intelligent customer (GB)*.

client (récipiendaire / destinataire) (RENS) consumer (US), customer (US).

client à l'exportation (ARMT) export customer (US).

climat (sens propre et figuré) climate (US, GB), environment (CA) (ADJ : "austere"). Ex : *Dans un climat de crise : in a climate of crisis (US). Maintenir un climat de sécurité (mis-sion de l'armée de terre) : to guarantee a secure environment. Contribuer à établir le climat de sécurité nécessaire au renforcement de la paix : to contribute to the secure envi-ronment necessary for further consolidation of peace (CA)*.

climat de coopération atmosphere of cooperation (US) (VERB : "to seek").

climat de sécurité Ex : *Le retour sans conditions et dans un climat de sécurité de tous les réfu-giés : the unconditional and safe return of all refugees (OTAN)*.

climatisation air conditioning (AC) (OTAN).

climatisation (véhicule blindé) air conditioning system (Jane's, US) (ADJ : "modular").

climatisé air-conditioned.

climatiseur air conditioner.

climat stratégique strategic climate (OTAN).

clinique (SAN) clinic (US). Ex : *Clinique dentaire / vétérinaire : dental / veterinary / clinic (US).*

cloisonnement (RENS) compartmentation (US), compartmentalization (US).

cloisonnement (agencement de véhicule blindé) compartmentalization (US).

cloisonner (RENS) to compartment (US). Ex : *Informations (ou renseignements) cloisonné(e)s : compartmented information (US).*
Cf. : Having a separate procedure for handling sensitive intelligence material (US).

cloque (ampoule) (SAN) blister (US). Ex : *Une cloque s'est formée : a blister has formed (US).*

clôture fence (GB). Ex : *Clôtures en fil de fer barbelé : barbed wire fences (GB).*

clôture (d'enceinte) (site militaire) perimeter fence (CFE, GB) (VERB : "to approach").

clouer au sol (troupes / aéronef / attaque) to pin down (US), to ground (US). Ex : *Deux fantassins sont cloués au sol par les tirs ennemis : two infantrymen are pinned to the ground by enemy fire (US). Clouer au sol une flotte d'hélicoptères : to ground a fleet of helicopters (US). Une dernière attaque, dans laquelle une trentaine de chars furent engagés, fut clouée au sol par le feu de notre artillerie : a final attack in which about thirty tanks were engaged was pinned down by our artillery fire (US).*

club des épouses (collectivité militaire) wives'club (GB) (Terme familier humoristique GB : "alternative command structure").

club nucléaire (STRAT) nuclear club.

CMD voir **circonscription militaire de défense (CMD)**.

coalisé (participe) coalition (US, GB) (En épithète). Ex : *Les forces coalisées : the coalition forces. Les armées coalisées : the coalition armies (GB).*

coalition coalition (US) (VERB : "to assemble", "to array"). Ex : *Une coalition de forces : a coalition of forces (US). Se retirer d'une coalition : to withdraw from a coalition (US). Dans le cadre d'une coalition de pays alliés : as part of a coalition of allied countries (CA). Une coalition de pays menée par les États-Unis : a coalition of countries under the leadership of the United States (GB) (Voir aussi les explications à **combiné**).*
Cf. : An ad hoc agreement between two or more nations for a common action (US).

coaxial coaxial (US, GB) (Abréviation US : "COAX"). Ex : *Une mitrailleuse coaxiale : a coaxial machinegun. Une mitrailleuse montée de manière coaxiale (ou en co-axial) par rapport à l'armement principal : a machine gun coaxially-mounted with the main armament (Jane's). Des mitrailleuses montées de manière coaxiale : twin-mounted machine-guns (GB).*

coaxialement coaxially (US, GB).

COBRA (radar de contre-batterie) COBRA counter (-) battery radar (Jane's).

cockpit cockpit.

cocktail (réception) cocktail party (US).

cocktail Molotov Molotov cocktail (US), petrol bomb (GB).

codage (transmissions) encoding (GB).

codage de sécurité security coding (OTAN).

code (ensemble de règles et de principes) code (VERB : "to develop", "to follow", "to observe", "to transgress", "to violate", "to draw up"). Ex : *Le code de l'officier de l'armée de terre : the code of the Army officer (US). Un code moral : a moral code (US). Code de conduite : code of conduct (US). Un code de valeurs : a code of values (GB).*

code (numéro d'identification) code (US, GB). Ex : *Code de type d'unité : unit type code (US). Code d'identification d'unité : unit identification code (UIC) (US).*

code (procédé de chiffrement) (RENS) code (US) (VERB : "to break" = casser, "to use", "to devise") (NOM ASS. : "breaking" = "cassage"). Ex : *Écrire sous forme de code (ou en code ou sous forme codée) : to write in code (US).*

code (ou alias) (agent) (RENS) alias (US), code name (US). Ex : *Pour les Soviétiques, son code (ou alias) était Groll : his Soviet code name was Groll (US).*

code (opération) (RENS) code name (US) (Terme parfois utilisé : "code word").

codé (message) coded (GB).

code abrégé (messages) brevity code (US, OTAN).

code barres (LOG) bar code.

code de bonne pratique code of practice (UN).

code de comportement (ou de bonne conduite) (PERS) code of conduct (GB, UN), code of honour (US, GB).

code de discipline (armée) disciplinary code (OTAN).

code de distribution des documents (USA) voir **distribution de documents (codes de) (USA).**

code de justice militaire code of military justice (US) (VERB : "to adopt"). Ex : États-Unis : Uniform Code of Military Justice (UCMJ) (US). Royaume-Uni : the Manual of Military Law (GB).

code de panneaux (communications visuelles) panel code (OTAN).

code d'honneur (Légion Étrangère) Code of Honour (GB).

code d'identification d'unité unit identification code (UIC) (OTAN).

code du Service National (Traduction proposée) National Service Code.

code du soldat (applicable à tout militaire des armées) code of conduct (for members of the U.S. Armed Forces) (US).

code météorologique weather code (OTAN).

code Morse international international Morse code (IMC) (US). Ex : *Utiliser le Morse : to use Morse code (US).*

code postal (mail) zip code (US) (ZIP = Zone Improvement Plan), postcode (GB).

coder to encode, to code (GB), to encipher (US), to put in code (US). Ex : *Informations codées : coded information (GB). Coder un message (RENS) : to encipher / to put into code / a message (US).*

codification codification (OTAN).

coefficient factor (OTAN, US). Ex : *Coefficient de hausse de prix : price increase factor (PIF) (OTAN).*

coefficient d'intensité intensity factor (US, OTAN).

coercitif coercive (GB). Ex : *Emploi coercitif des forces armées (vis-à-vis d'un gouvernement) : compellance (GB).*

coercition coercion (GB) (Terme indénombrable) (VERB : "to use", "to dissuade", "to carry out") (PREP : "under"). Ex : *Coercition par la force : forcible coercion.*

coercition par la force (la) (mode opératoire d'armée) warfighting (US, GB).

cœur (sens propre) heart (GB). Ex : *Une balle en plein cœur : a bullet through the heart (GB).*

cœur (sens figuré) rote (US), thick (GB), centrepiece (US), heart (US). Ex : *Apprendre par cœur : to learn by rote (US). Apprentissage par cœur : rote learning. Au cœur de l'action (combat) : in the thick of the action (GB). Le cœur de notre stratégie : the centrepiece of our strategy (US). Au cœur de l'Irak : in the heart of Iraq (US). Ces trois composantes*

(= "the Regular Army, the Army National Guard, "the Army Reserve") forment ensemble un ensemble intégré et cohésif qui est le cœur de la défense du pays (USA) : these three components together form an integrated, cohesive team that is the heart of the nation's defense (US).

cœurs et les esprits (les) (soutien de la population civile) hearts and minds (GB). Ex : *Conquérir les cœurs et les esprits de la population : to win the hearts and minds of the population (GB).*

COFAT voir **commandement des organismes de formation de l'armée de terre.**

coffre (char) stowage bin.

coffre (objets ou documents précieux) safe (US, GB).

coffre (véhicule) boot (GB), trunk (US).

coffre à matériel (char) equipment stowage box.

cohérence (opération / défense) coherence (OTAN, US) (VERB : "to lose"). Ex : *La cohérence de ses (= ennemi) opérations (TAC) : the coherence of his operations (OTAN) (VERB : "to diminish").*

cohérent coherent (GB, UEO), consistent (US) Ex : *Une doctrine militaire cohérente : a coherent military doctrine (GB). Une politique / ligne d'action cohérente : a consistent policy (US). Une vision cohérente et à long terme de la Défense britannique : a coherent and long term vision for Britain's defence (GB). Mettre en place une politique de mise en commun et de gestion de l'information et du renseignement stratégique plus cohérente : to set up a a more coherent strategic intelligence and information pooling and management policy (UEO).*

cohésion (force / organisation) cohesion (US, OTAN), cohesiveness (US) (VERB : "to achieve", "to build", "to foster", "to shatter", "to demonstrate", "to break down") (ADJ : "physical", "moral", "overall"). Ex : *La cohésion du groupement tactique : battlegroup cohesion (GB). La cohésion des forces terrestres : the cohesion of ground forces (GB). Cohésion (au sein de l'unité) : (unit) cohesiveness / cohesion (US). Manque de discipline et de cohésion : lack of discipline and cohesiveness (US). Démontrer la cohésion de l'OTAN : to demonstrate NATO's cohesion (OTAN). Faire voler en éclats la cohésion ennemie : to shatter the enemy's cohesion (GB). La cohésion de l'ennemi commence à se dégrader : the enemy's cohesion is starting to collapse (GB).*

coiffer (sens figuré) to control (GB). Ex : *Son (= le 1ᵉʳ Corps d'Armée britannique) quartier général de Bielefeld coiffe quelque 50 000 hommes : its HQ (= headquarters) at Bielefeld controls some 50,000 men (GB).*

coiffure (képi / béret) (PERS) headdress (US), head-dress (GB), headgear (US) (VERB : "to wear", "to hold") (ADJ : "regimental"). Ex : *Oter sa coiffure (ou se découvrir) : to remove one's headgear (US), to uncover (Terme familier US).*

co-implantation (unités / organismes / services sur un même lieu) collocation (OTAN).

co-implanté (unités / organismes / services sur un même lieu) collocated (UN) (Contraire : "non-collocated" (US).

coin (calage / TAC) wedge (OTAN). Ex : *Enfoncer un coin entre les éléments irakiens et occidentaux (TAC) : to drive a wedge between the Iraqi and Western elements (US).*

coin corner (US). Ex : *Projeter des forces aux quatre coins de la planète : to deploy forces to all corners of the globe (US).*

coincer la bulle (ou buller) (familier) to laze around (GB), to laze about (GB), to bum around (GB), to bum about (GB).

coïncider avec to dovetail with (familier) (US). Ex : *Les plans d'attaque de la division voisine coïncident parfaitement avec les nôtres : the adjacent division's plans for the attack dovetail very well with our own (US).*

col (TOPO) pass (US, GB), saddle (US). Ex : *Le col du Simplon : the Simplon pass (GB). Col de montagne : saddle. Les Américains renouvelèrent leurs tentatives pour reprendre le col de Faid : the Americans renewed their attempts to retake the Faid pass (US).*

col de haute montagne col (GB).

colis parcel. Ex : *Colis largué : air-dropped cargo item (OTAN).*

colis d'accompagnement (TAP) door bundle (OTAN, US).

colis piégé letter-bomb (GB).

collaborateur (avec l'ennemi) collaborator (US), collaborationist (US).

collaboration Ex : *L'armée de terre et l'armée de l'air travaillent en étroite collaboration : the Army and the Air Force work closely together (GB). (La société) Cubic Defense Systems a travaillé en étroite collaboration avec l'armée de terre américaine en vue de... : Cubic Defense Systems has worked closely with the U.S. Army to... (US). Travailler en collaboration (organismes / armées) : to work together (US).*

collaboration (armement) Ex : *Un projet en collaboration : a collaborative project.*

collaboration (avec l'ennemi) collaboration (GB) (PREP : "with"). Ex : *Un gouvernement de collaboration : a collaborationist government (US).*

collaborer avec to collaborate with (US), to co-operate with (OTAN), to work with (ADV : "closely"). Ex : *Collaborer avec les Alliés en temps de crise : to work with Allies in time of crises (US).*

collatéral collateral (US). Ex : *Réduire les dommages collatéraux : to reduce collateral damage (US). Les effets collatéraux des armes amies : the collateral effects of friendly weapons (US).*

collation (regroupement / exploitation comparative) (RENS) collation (OTAN).

collationner to read back. Ex : *Je collationne (procédure radio) : I read back.*

collationnez ! (procédure radio) read back ! (US).

collecte (information / renseignement) gathering (UEO). Ex : *En ce qui concerne la collecte et la gestion de l'information et du renseignement : with respect to the gathering and management of information and intelligence (UEO).*

collecte de données (expérimentation) data collection (US).

collecte (ou recueil) du renseignement intelligence collection (US). Ex : *Moyens de collecte (ou de recueil) et d'analyse (RENS) : collection and analytical resources (US).*

collecter (recueillir) (informations / renseignement) to collect (US, GB), to gather (US, GB).

collecter (concepts) to collect (US).

collectif collective (US, UJN, OTAN, GB). Ex : *Mission collective : collective mission (US). Protection collective : collective protection (UN). La défense collective : collective defence (OTAN). Entraînement collectif : collective training (GB).*

collectif (installation) communal (GB) (Se réfère à des installations autorisées à tous les grades et aux deux sexes). Ex : *Douches collectives : communal showers (GB).*

collection (recherche) (RENS) collection.

collective (arme) crew-served (US, GB).

collectivement collectively (US). Ex : *Nous partageons collectivement un seul futur : we collectively share one future (US).*

collectivité community (US). Ex: *Une collectivité militaire: a military community (US)*.

collège (experts) board (OTAN).

collège de défense de l'OTAN NATO Defence College (Rome, Italie) (OTAN).

collège interarmées de défense (CID) (Traduction rencontrée) the Joint Service Defence College (Jane's). Équivalent GB: Staff College (Le stage suivi s'appelle: "Army Command and Staff Course" (La 1ère partie s'effectue au "Royal Military College of Science" de Shrivenham et la 2ᵉ au "Staff College" de Camberley.) — Équivalent US: U.S. Army Command and General Staff College (C&GSC), Fort Leavenworth, Kan. (Armée de terre uniquement) (Le stages suivis s'appellent: "Command and General Staff Officers'Course" (CGSOC), puis "Advanced Military Studies Program" (ASMP) (Voir aussi **école de guerre**).

coller (ou donner) **le maximum (punir sévèrement)** to throw the book (US). Ex: *Ils vont coller le maximum au déserteur: they are going to throw the book at the deserter (US)*.

collier de blocage (lunette de visée) locking ring.

collier de fixation (lunette de visée) scope ring.

colliger (réunir) (rapport / compte-rendu) to collate (OTAN).

collimateur (fusil) telescopic sight (GB).

colline (TOPO) hill (US, GB) (ADJ: "commanding" = qui domine) (PREP: "on"). Ex: *Se retirer par des défilés dans les collines (ennemi): to retire through defiles in the hills (US)*.

collision (véhicules / aéronefs) collision (US, GB) (S'emploie également pour les sous-marins) (ADJ: "underwater", "mid-air"). Ex: *Entrer en collision avec: to collide with (US, GB)*.

collision (choc de forces) (TAC) collision (US).

colloque conference, seminar.

colmater (TAC) to plug (US). Ex: *Colmater des brèches (TAC): to plug gaps (US)*.

colo (la) (Hist.) colonial troops.

co-localiser to co-locate (US).

colon colonist (GB), settler.

colonel (COL) Colonel (GB, US) (Abréviation GB: Col) (Abréviation US: COL). Ex: *Un colonel plein: a full colonel (US) (Termes familiers US: "full bird", "full bull") – Le colonel honoraire d'un régiment: the colonel of the regiment (GB). Un colonel du Génie: a sapper colonel (GB). Un colonel de l'infanterie: an infantry colonel (GB). Le Colonel Sam Johnson, commandant la 2ᵉ brigade de la 21ᵉ division d'infanterie légère: Colonel Sam Johnson, 2nd Brigade commander, 21st Light Infantry Division (US)*.

colonial colonial (GB). Ex: *Conflit colonial: colonial conflict (GB). Depuis l'époque coloniale: since colonial times (US)*.

colonie colony (GB). Ex: *Le Tchad, son ancienne colonie (France): Chad, its former colony (GB). Colonie militaire (Hist.): military colony (CA). Colonie pénitentiaire (Hist.): penal colony (GB) (VERB: "to close") – Les anciennes colonies françaises d'Afrique centrale et orientale: the former French colonies of Central and East Africa (GB). Le ministère des Colonies (Hist.): the Colonial Ministry (US)*.

colonisation settlement (CA), colonization (US, GB). Ex: *La colonisation européenne au 17ᵉ et au 18ᵉ siècle: European settlement in the 17th and 18th centuries (CA)*.

coloniser to colonize (US, GB). Ex: *La France commença à coloniser l'Indochine: France began to colonize Indo-China (GB)*.

colonne (véhicules / soldats) column (US, GB, UN) (VERB: "to overfly", "to advance") (ADJ: "incursion") (EXPR: "on the move"). Ex: *Une colonne / de véhicules / de chars:*

a column of vehicles / tanks (US, GB). En colonne: in column formation (US). Colonne blindée / de chars: armored (US) / tank (UN) / column. Une colonne blindée irakienne avance sur la route: an Iraqi armored column moves along the road (US). Circuler en colonne: to travel in column (US, GB). Une colonne de fantassins: a column of infantry (GB).

colonne (PERS) file (GB). Ex: *Colonne par un: single file (GB).*

colonne de direction steering column.

colorer to colour (OTAN). Ex: *Colorer des zones (sur une carte): to colour parts (OTAN).*

coloriage (carte) tinting (OTAN).

colossal (opération / exercice) mammoth (US). Ex: *Une opération colossale de la CIA (RENS): a mammoth CIA operation (US). Un colossal exercice de commandement (et de contrôle): a mammoth command and control exercise (US).*

coma (SAN) coma (GB). Ex: *Être dans le coma: to be (ou to lie) in a coma (GB). Tomber dans le coma: to go into a coma.*

combat (action réelle) combat operations (US), combat (US, GB), action (US), fighting (US), warfighting (US), battle (US, GB), fight (US) (VERB: "to conduct") (ADJ: "actual"). Ex: *Au combat: in action (GB), in battle (US, GB), in combat (US). Moyens (ou capacités) de combat (situation de guerre): warfighting capabilities (US). Le combat continue: combat (ou fighting) continues (US). Après 3 années de combat: after 3 years of fighting (GB). Il y avait plus de 500 chars engagés dans les combats: there were over 500 tanks in action (US). À l'apogée des combats: at the peak of the fighting (US). Trois jours d'intenses combats: three days of intense combat (US). Combat d'une certaine durée: sustained combat (OTAN). Lorsque les combats ont cessé: when the action ended (GB). La conduite du combat: the conduct of combat operations (OTAN). Ils sont tous morts au combat (= en combattant) (PERS): they all died fighting (US). Nos matériels de combat (chars, véhicules, systèmes d'artillerie): our warfighting equipment (Jane's). Expérimentation de combat avancée (USA): adanced warfighting experiment (AWE) (US). Ce qui se rapproche le plus du véritable combat (entraînement): the closest thing to actual combat (US). Beaucoup étaient trop jeunes pour avoir connu le combat: many were too young to have experienced combat (GB). Il y eut 6 jours de combats sans interruption: there were 6 days of continuous fighting (GB). Le récit du combat de Camerone (Légion): the account of the Battle of Camerone (GB). Au combat, tu agis sans passion et sans haine, tu respectes les ennemis vaincus, tu n'abandonnes jamais ni tes morts, ni tes blessés, ni tes armes (Code d'honneur) (Légion): in combat, you will act without relish of your tasks, or hatred; you will respect the vanquished enemy and will never abandon neither your wounded nor your dead, nor will you under any circumstances surrender your arms (GB). Une action de combat: a combat action (US). Évaluer le combat: to conduct combat assessment (US). Pousser le combat: to press the fight (US) (Voir aussi combat (notion abstraite), combat (en tant que type) et combats).*

combat (notion abstraite) combat (US, GB), battle (US) (VERB: "to enter", "to go into") (ADJ: "prompt", "sustained", "actual", "intensive", "extensive"). Ex: *Le combat armé: armed combat. Agir dans les conditions dures et exigeantes du combat (soldats): to operate in the tough, demanding conditions of combat (US). Mener des soldats au combat: to lead troops in (to) battle (US). Le combat classique (ou conventionnel): conventional combat (US).*

combat (en tant que type) combat (US, GB), warfare (US, GB). Ex: *L'échelle des risques que présentent certains types de combat: the scale of hazard posed by certain kinds of warfare (GB).*

combat aérien (mission générale) aerial combat (GB), air combat (OTAN, US). Ex : *Combat aérien défensif : defensive air combat (US).*

combat aérien (action ponctuelle) dogfight (GB).

combat aéroterrestre (doctrine) Air-Land Battle (US, GB).

combat aéroterrestre air-land battle, air-land operations.

combat à distance disengaged combat (OTAN).

combat anti-sniper anti-sniper combat (GB).

combat anti-terroriste anti-terrorist combat (US). Ex : *Tous étaient des spécialistes en combat anti-terroriste : all were specialists in anti-terrorist combat (GB).*

combat au contact (le) the close battle (US).

combat blindé (type de combat) armoured warfare (GB), armored warfare (US).

combat (au) corps à corps hand-to-hand fighting (OTAN), hand-to-hand combat (US) (VERB : "to practice") (PREP : "in").

combat dans la profondeur (le) the deep battle (US).

combat débarqué dismounted combat (US), dismounted action (US).

combat de basse intensité low intensity warfare (Jane's), low-intensity operations (Jane's).

combat défensif defensive action (GB), defensive operations (US) (VERB : "to be characterized"). Ex : *Mener un combat défensif : to fight a defensive battle (GB), to fight defensive operations (US). En combat défensif : in the defensive warfare (US), in defensive operations (US).*

combat de guérilla guerilla fighting (GB).

combat de haute intensité high intensity combat (OTAN), high intensity warfare (Jane's).

combat de jungle (ou en forêt équatoriale) jungle warfare (US, GB), jungle operations (US). Ex : *Centre d'instruction (ou d'entraînement) au Combat de Jungle (ou en forêt équatoriale) : Jungle Warfare Training School (GB).*

combat de moyenne intensité medium intensity warfare (Jane's), medium-intensity operations (Jane's).

combat de mouvement mobile warfare.

combat de nuit night fighting (US), night combat (US).

combat de rencontre (TAC) meeting engagement (US, GB, OTAN) (VERB : "to fight"). Ex : *Mener un combat de rencontre : to fight a meeting engagement (US).*

Comp. :

- A combat action that occurs when a moving force, incompletely deployed for battle, engages an enemy at an unexpected time and place. The enemy force may be either stationary or in motion (US).

- Action se produisant au cours du combat lorsqu'un élément en mouvement et qui n'a pu se déployer entièrement se heurte à l'ennemi, à un moment et en un endroit inattendus (OTAN).

combat de rues street combat (GB), street fighting (GB) (VERB : "to perform").

combat direct direct combat (US).

combat d'usure wearing-down action, attrition.

combat (du temps de guerre) war fighting (UN) ou warfighting (US).

combat embarqué mounted combat (US), mounted warfare (arme blindée-cavalerie) (US).

combat en localité (COLOC) (ou en zone urbanisée) (combat urbain) fighting in built-up areas (FIBUA) (GB), military operations on urban (ized) terrain (MOUT) (US), urban combat (US, GB), combat in built-up areas (US), combat in cities (US), military operations in built-up areas (MOBUA) (US), fighting on urbanized terrain (US), urban warfare (US), urban operations (US), city fighting (US). Ex : *Entraînement au combat en localité : MOUT training (US).*

Cf. : Military Operations on Urban (ized) Terrrain (MOUT) : All military actions planned and conducted on a topographical complex and its adjacent natural terrain where man-made construction is the dominant feature. It includes combat-in-cities, which is that portion of MOUT involving house-to-house and street-by-street fighting in towns and cities (US).

combat en milieu désertique desert warfare (US).

combat en montagne (ou en zone montagneuse) mountain warfare (US), mountain combat (US), moutain operations (US) (VERB : "to train in"). Ex : *Centre d'entraînement au combat en montagne : Mountain Warfare Training Center (US).*

combat(s) en zone arrière (ou sur les arrières) (the) rear battle (US).

combat en zones boisées fighting in woods and forests (FIWAF) (GB).

combat en zones désertiques desert warfare, desert operations (US), combat in desert areas (US).

combat en zones polaires arctic warfare, cold weather operations (US).

combat en zone urbaine (ou urbanisée) urban warfare (US), urban combat (US) (Voir aussi **combat en localité (COLOC)**.

combat interarmes (type de combat) combined arms warfare (US), combined arms battle (US). Ex : *La force était opérationnelle en matière de combat interarmes : the force as up-to-speed in the matter of combined arms warfare (US).*

combat interarmées (type de combat) joint warfare (GB), joint warfighting (US). Ex : *Former des chefs au combat interarmées : to develop leaders for joint warfighting (US).*

combat offensif offensive action (US), offensive combat (US).

combat mobile mobile warfare (US).

combat moderne (le) modern warfare (US, GB), modern battle (US).

combat par les feux indirects (ART) targeting (US).

combat pour le futur future warfighting (US). Ex : *Les vues en matière de combat pour le futur : future warfighting visions (US).*

combat radioélectronique radio-electronic combat (REC) (OTAN).

combat rapproché close combat (US, GB). Ex : *Engager le (ou livrer un) combat rapproché : to engage in close combat (US).*

combat rapproché à pied (ou débarqué) dismounted close combat (DCC) (GB).

combats fighting (US, GB) (Terme indénombrable, suivi d'un verbe au singulier), battle(s) (GB) (VERB : "to break out", "to encounter", "to continue") (ADJ : "fierce", "heavy", "intense", "bitter", "spasmodic", "continuous", "spectacular", "costly", "brisk" = (assez) vifs) (En épithète avec "fighting" : "house-to-house", "street-by-street"). Ex : *Les combats : the fighting (US, GB). Alors que des combats secondaires se poursuivaient : while minor fighting continued (US). Il y eut 6 jours de combats sans interruption : there were 6 days of continuous fighting (GB). Les combats s'étaient achevés : the fighting had come to an end (GB). Il y eut des combats assez vifs : there was brisk fighting (US).*

combats de forte intensité high-intensity warfare (OTAN).

combat sur les arrières rear battle (US), rear operations (US).

combat sur l'objectif fighting through (to) the objective.

combat terrestre land warfare (US), ground combat (US), land combat (US) (VERB : "to be capable of") (PART : "prolonged").

combat toutes armes basic training (US, GB).

combattant (terrestre) combatant (US, GB), fighter (US), warfighter (US), (land) warrior (US), fighting man (US) (Contraire de "combatant" : "noncombatant") (VERB : "to support", "to resource"). Ex : *Fournir au combattant individuel une défense sol-air efficace : to provide the individual combat soldier with effective air defense (US).*

combattant/e (unité) (battle) fighting (GB) (En épithète). Ex : *Grande unité combattante : fighting formation (GB). Unité combattante : fighting unit (GB).*

combattant à pied dismounted soldier (GB), foot soldier. Ex : *Recenser les besoins de tous les types de combattants à pied : to establish the needs of all types of dismounted infantry (GB).*

combattant individuel individual soldier (GB).

combat traditionnel (ou d'école) set-piece battle (US).

combattre (personnels / hélicoptère) to fight (US), to combat (US) (À noter : To fight a battle = livrer une bataille) (ADV : "jointly", "decisively") (EXPR : "with distinction"). Ex : *Combattre dans la profondeur : to fight deep (US). Combattre des feux de forêt : to fight forest fires (US). Combattre dans une guerre : to fight in a war (GB). Les soldats gouvernementaux combattaient les guerrilleros communistes : government troops were fighting communist guerrillas (US). Combattre à pied : to fight on foot (GB), to fight dismounted (GB). Combattre embarqué : to fight while mounted (US). Ils sont tous morts en combattant (PERS) : they all died fighting (US). Combattre (ou voir le feu) (PERS) : to see action (GB). Combattre jusqu'à la mort (fantassins) : to fight unto death (GB). Combattre le terrorisme : to combat terrorism (US).*

combinaison combination (US, OTAN). Ex : *Combinaison du feu et du mouvement : combined use of fire and mobility (TTA 131). Une combinaison de ces modes d'action : a combination of these methods (OTAN). Une combinaison de facteurs (TAC) : a combination of factors (US).*

combinaison (unités / défenses) mix (US, GB, OTAN) (VERB : "to select") (ADJ "optimum"). Ex : *Une combinaison différente des unités dans les structures de forces nationales : a different mix of units in national force structures (OTAN).*

combinaison avec (en) in combination with (US).

combinaison d'assaut (forces spéciales / GEND) assault suit (GB).

combinaison de démineur bomb disposal clothing system (US).

combinaison de plongée wet suit (US).

combiné (radio / téléphone) handset (GB), receiver.

combiné (interallié / multinational) combined (OTAN).

Cf. : Between two or more forces or agencies of two or more allies (When all allies or services are not involved, the participating nations and services shall be identified ; e.g. Combined Navies) (OTAN).

À noter : " Combined operations involve the military forces of two or more nations acting together in common purpose. If the relationship is longstanding and formalized by mutual political, diplomatic, and military agreements, it is referred to as an alliance. If the relationship is short term, ad hoc, and less formal, it is referred to as a coalition (US) (FM 100-5, Operations).

combiner to integrate (US), to combine (US, OTAN). Ex : *Cette démarche combine la doctrine ennemie avec les conditions météorologiques et le terrain : this approach integrates enemy doctrine with the weather and terrain (US). Combiner des forces aériennes et ter-*

restres (opération) : to combine air and ground forces (US). En combinant défense et dialogue : by combining defence with dialogue (OTAN).

combler to bridge (US, <u>Jane's</u>), to overcome (UEO). Ex : *Combler / un trou / une lacune : to bridge a gap (US), to overcome a gap (UEO). Une "force de frappe" du volume d'une brigade destinée à combler le fossé entre des formations légères et des formations lourdes : a brigade-sized "strike force" intended to bridge the gap between light and heavy formations (Jane's).*

combler (intervalles de terrain) to plug (US).

combustion (missile / système de propulsion) burning (OTAN).

COMELEF (commandant des éléments français) Commander of the French elements (US).

COMFAT voir **commandant de la force d'action terrestre.**

comité committee (OTAN) (Terme générique). Ex : *Comité spécial : ad hoc committee (UN) (+ préposition "on" = sur). Comité de coordination : co-ordinating committee (UN).*

comité consultatif advisory committee (US).

comité de consultation consultative board (OTAN). Ex : *Comité mixte de consultation : joint consultative board (JCB) (OTAN).*

comité de défense <u>Équivalent US</u> : the National Security Council (NSC).

comité des chefs d'état-major (état-major des armées US) (the) Joint Chiefs of Staff (JCS) (US) (Présidé par le CEMA américain appelé "Chairman of the Joint Chiefs of Staff" (CJCS).

comité des plans de défense (CPD) (OTAN) Defence Planning Committee (DPC) (OTAN). Ex : *La France n'est pas représentée au Comité des Plans de Défense (OTAN) : France is not represented on the Defense Planning Committee (US).*

comité de terminologie militaire de l'armée de terre (CTMAT) (Traduction proposée) Army Military Terminology Committee.

comité directeur steering committee (OTAN) (ADJ : "joint" = commun, mixte).

comité interministériel de défense aérienne (Traduction proposée) Joint Air Defence Committee.

comité interministériel de défense du territoire (Traduction proposée) Joint Territorial (<u>ou</u> Home) Defence Committee.

comité interministériel du renseignement (GB) (the) Joint Intelligence Committee (JIC) (GB) (Prépare au profit du gouvernement les évaluations de renseignement fournies par les services spécialisés).

comité international de la Croix Rouge (CICR) International Committee of the Red Cross (ICRC) (US).

comité militaire Military Committee (OTAN).

comité OTAN de défense aérienne NATO Air Defence Committee (NADC) (OTAN).

comité permanent standing committee (OTAN).

comité permanent pour les affaires politiques et de sécurité Standing Committee on Political and Security Affairs (OTAN).

commandant (chef) commander (US, GB, OTAN) (Abréviation GB : "comd") (ADJ : "tactical", "operational", "superior"). Ex : *Le commandant des forces britanniques pour le Moyen-Orient (guerre du Golfe) : the Commander British Forces Middle East (GB). Commandant des troupes au sol : ground commander (US). Commandant bleu / des forces bleues : blue commander (OTAN), Blue Commander (GB) (Pas d'article défini). Le Colonel Sam Johnson, commandant la 2ᵉ brigade de la 21ᵉ division d'infanterie légère :*

Colonel Sam Johnson, 2d Brigade commander, 21 st Light Infantry Division (US). Commandant des forces britanniques (OPEX) : Commander British Forces (COMBRIT-FOR) (GB). Le général Norman Schwarzkopf, commandant de l'Opération Tempête du Désert : Desert Storm commander General Norman Schwarzkopf (GB) (Voir aussi chef).

commandant (camp de prisonniers / centre d'instruction / école militaire) commandant (GB).

commandant (chef de corps) (régiment ou unité de taille équivalant) commanding officer (CO) (GB).

commandant (compagnie ou unité de taille équivalente) officer commanding (OC) (GB).

commandant (grande unité) (officier général) commanding general (CG) (GB), general officer commanding (GOC) (Division) (GB).

commandant (CDT) (ou chef de bataillon (CBA) ou chef d'escadron (CEN) ou chef d'escadrons (CES) (grade) Major (Maj) (GB), Major (MAJ) (US).

commandant (sous-marin) captain (US).

commandant (une unité) (participe présent) commander of (US). *Ex : Le Colonel Casper, commandant la 10e Brigade d'ALAT : Colonel Casper, commander of the 10 th Aviation Brigade (US). Le général de Division David C. Meade, commandant la 10e Division d'Infanterie de Montagne : the 10 th Mountain Infantry Division's commanding general, Maj. Gen. David C. Meade (US).*

commandant air des forces de défense aérienne (CAFDA) (FR) (French) air defence forces commander.

commandant à l'échelon supérieur higher commander (US).

commandant allié allied commander (US).

commandant approbateur (NUC) releasing commander (US, GB).

commandant au niveau opératif operational-level commander (US).

commandant au niveau tactique tactical-level commander (US).

commandant concourant supporting commander.

commandant d'armes garrison commander (US).

commandant de batterie battery commander (GB).

commandant de bord (aéronef) aircraft commander (OTAN).

commandant de brigade brigade commander (US).

commandant de coalition coalition commander (US).

commandant d'école militaire commandant (GB, US), superintendent (US). *Ex : Le commandant de l'École d'État-Major de Camberley : the Commandant, Staff College, Camberley (GB). Le commandant de l'École Militaire de Wespoint : the Superintendent, United States Military Academy (USMA) (US). Commandant d'école d'application : branch service school commandant (US).*

commandant de corps d'armée corps commander (US).

commandant de compagnie company commander (GB, US)

commandant de composante component commander (GB).

commandant de composante aérienne air component commander (ACC) (GB).

commandant de composante forces spéciales de force interarmées joint force special forces component (commander) (JFSFC (C) (GB).

commandant de composante interarmées de théâtre theater joint component commander (US).

commandant de composante logistique de force interarmées joint force logistic component (commander) (JFLogC (C) (GB).

commandant de composante terrestre land component commander (US).

commandant de composante terrestre de force interarmées joint force land component (commander) (JFLC (C) (GB).

commandant de contingent national (ou de composante nationale) national contingent commander (US, GB) (VERB : "to deploy").

commandant de défense aérienne air defence commander (ADC) (GB).

commandant de division division commander (US).

commandant de garnison garrison commander (US).

commandant de force de débarquement commander landing force (CLF) (GB).

commandant de force interalliée combined force commander (US).

commandant de force interarmées joint force commander (GB).

comandant de force opérationnelle task force commander (GB).

commandant de force opérationnelle interarmées joint task force commander (JTFC) (GB).

commandant de forces nationales national force commander (OTAN), commander of national forces (OTAN).

commandant de grand commandement interarmées (USA) combatant commander (US).

commandant de la force (COMANFOR) (force interarmées multinationale sur théâtre d'opérations) force commander.

commandant de la force (ONU) force commander (FC) (UN).

commandant de la force d'action terrestre (COMFAT) Équivalent GB : Commander-in-Chief Land Command (GB) (VERB : "to become", "to be appointed").

commandant de la guerre électronique electronic warfare commander (EWC) (OTAN).

commandant de la logistique (opérations de paix) chief logistics officer (CLO) (US).

commandant de la lutte antiaérienne anti-air warfare commander (AAWC) (OTAN).

commandant de l'artillerie divisionnaire (DB / Division Mécanisée) Commander Royal Artillery (CRA) (GB).

commandant de l'opération (COPER) operation commander.

commandant de rang élevé senior commander (US).

commandant de régiment battalion commander (US). Ex : *Le commandant de régiment et son état-major : the battalion commander and his staff (US).*

commandant de secteur (défense aérienne / opérations de paix) sector commander (OTAN, US).

commandant des forces forces commander (GB). Ex : *Commandant des forces britanniques : Commander British Forces (CBF).*

commandant des formations d'élèves (CFE) (grande école militaire) (the) Commandant of Cadets (US) (Référence : École Militaire de Westpoint).

commandant des opérations interarmées the Chief of Joint Operations (GB) (Il s'agit également d'un commandement).

commandant de sous-groupement combat team commander (GB).

commandant de théâtre (COMTHEATRE) theater commander (US).

commandant de théâtre de guerre theater of war commander (US).

commandant de théâtre d'opérations theater-of-operations commander (US).

commandant du génie (militaire) engineer commander (OTAN).

commandant d'unité unit commander (US) (Terme familier US : "the old man").

commandant d'unité de combat combat leader (US).

commandant d'unité élémentaire unit leader (US).

commandant-en-chef Commander in Chief (CinC) (GB). Ex : *Commandant-en-chef de théâtre : theater CINC (= Commander-In-Chief) (US).*

commandant en chef des forces des États-Unis en Europe Commander in Chief, United States European Command (OTAN).

commandant en chef (français) pour l'Atlantique (CECLANT) French Commander-in-Chief Atlantic (OTAN).

commandant en second (unité) second-in-command (2IC) (GB), executive officer (XO) (US) (niveau "battalion"), deputy commanding officer (DCO), deputy commander (niveau supérieur) (US).

commandant français de la défense aérienne (CODA) French air defence commander (OTAN).

commandant interallié allied commander (OTAN).

commandant interarmées joint commander (US, GB) (Abréviation GB : "Jt Comd") (VERB : "to appoint").

commandant interarmées de la logistique (forces armées britanniques) the Chief of Defence Logistics (CDL) (GB).

commandant interarmes combined arms commander (US).

commandant logistique logistic commander (GB), logistics commander (US). Ex : *Commandant logistique multinational : multinational logistic commander (MNLC) (GB).*

commandant menant supported commander.

commandant national national commander (OTAN) (ADJ : "territorial", "functional", "single") (EXPR : "under the command of").

commandant opérationnel operational commander (OTAN).

commandant OTAN NATO commander (OTAN) (Aussi : "allied commander").

commandant subordonné subordinate commander (US, OTAN). Ex : *Commandant subordonné principal : principal subordinate commander (OTAN).*

commandant supérieur outre-mer (COMSUP) (DOM-TOM) higher military authority (overseas territories).

commandant suprême allié de l'Atlantique (OTAN) Supreme Allied Commander Atlantic (SACLANT) (OTAN).

commandant suprême des forces alliées en Europe (OTAN) Supreme Allied Commander, Europe (SACEUR) (Prononcer : "sack-year") (OTAN). Ex : *Je viens de donner instruction au SACEUR (= Supreme Allied Commander Europe), le général Clark, de lancer des opérations aériennes en Yougoslavie (Secrétaire général de l'OTAN) : I have just directed SACEUR, General Clark, to initiate air operations in Yuogoslavia (OTAN).*

commandant sur le terrain field commander (US), commander in the field (US).

commandant terrestre ground commander (US).

commandant territorial national national territorial commander (OTAN).

commande (matériel) (equipment) order (GB, <u>Jane's</u>) (VERB : "to place... for") (ADJ : "firm"). Ex : *Une commande de 67 Apache a été passée : an order for 67 Apache aircraft* *has been placed. En commande / commandé (matériel) : on order (GB). Recevoir une commande ferme (armement) : to receive a firm commitment (US).*

commande control (OTAN). Ex : *Commande automatique de fréquence : automatic frequency control (AFC) (OTAN).*

commande à distance remote control (US, GB).

commande automatique de vol automatic flight control (OTAN). Ex : *Système de commande automatique de vol : automatic flight control system (AFCS) (OTAN).*

commande de tir voir **conduite de tir.**

commandement (aptitude à l'autorité) leadership (US, GB) (VERB : "to practice") (ADJ : "good", "resourceful", "strong", "aggressive", "caring", "concerned"). Ex : *Des hommes sous le commandement d'officiers subalternes : men under the leadership of junior officers (US). Aptitude au commandement de petites unités : small-unit leadership (US).*

commandement (ordres et suivi des ordres / exercice du commandement) command and control (C2 <u>ou</u> C²) (VERB : "to exercise", "to furnish", "to provide") (ADJ : "effective", "responsive"). Ex : *Des capacités (<u>ou</u> moyens) de commandement : command and control (C2) capabilities (US).*

<u>Cf.</u> : The exercise of command that is the process through which the activities of military forces are directed, coordinated, and controlled to accomplish the mission (US).

commandement (autorité donnée à un chef / ordre donné par un chef) command (OTAN) (Abréviation GB : "comd") (5 types, par ordre décroissant : "full command", "operational command", " operational control", "tactical command", "tactical control" (GB) (VERB : "to exercise", "to assume"). Ex : *Sous commandement national (<u>ou</u> en national) : under national command. Être sous le commandement de : to be (<u>ou</u> to come) under the command of (GB). Sous commandement de : under command of (Pas d'article défini) (GB). Une force sous commandement britannique : a UK-led force (GB). Responsabilités du commandement : commander's responsibilites (US). Commandement d'une compagnie / d'un régiment (fonction) : company / battalion command (US). Le commandement d'une unité : the command of a unit (US). Avoir une unité sous son commandement (unité) : to have a unit under one's command (GB). Parvenir à obtenir le commandement d'une grande unité (PERS) : to get through to formation command (GB). Sous commandement français (force) : French-commanded (En épithète) (GB). La Force de Mise en Oeuvre, sous commandement OTAN : the NATO-led Implementation Force (<u>Jane's</u>). En vue d'assurer la coordination des feux dont il n'a pas le commandement (commandant des troupes au sol) : to ensure coordination of fire not under his control (OTAN). Exercer un commandement national sur des forces déployées (quartier général) : to execute national command over deployed forces (GB).*

commandement (structure de commandement) command (US, GB, OTAN) (Abréviation GB : "comd") (VERB : "to organize" / "to organise", "to employ", "to establish", "to be placed under (a commander)") (ADJ : "high", "adjacent", "supporting", "unified", "specified", "national"). Ex : *Commandement de grande unité : formation command (GB). Commandement des soutiens divisionnnaires (commandement logistique d'une division) : division support command (DISCOM) (US).*

commandement (chef <u>ou</u> ensemble des chefs) commander(s) (US, OTAN), leadership (US). Ex : *Le commandement de l'armée de terre américaine : the US Army's leadership (US). Répondre aux besoins du commandement : to meet the requirements of a commander (OTAN). Le haut commandement de l'armée de terre : the Army's senior leadership (US). Les unités d'artillerie sol-sol constituent pour le commandement la source principale d'appui feu sur le champ de bataille : field artillery (FA) units are the commander's* *principal source of fire support on the battlefield (US). Renseignement sur l'ennemi, les conditions atmosphériques et géographique nécessaire au commandement pour la préparation et la conduite des opérations de combat : the knowledge of the enemy, weather and geographic features required by a commander for the planning and conduct of tactical operations (OTAN).*

commandement (région ou district commandé par un officier supérieur) command (GB). Ex : *Le Commandement Sud : Southern Command (GB).*

commandement administratif administrative command (ADCOM) (OTAN). Ex : *Être (placé) sous le commandement administratif de (unité) : to be under the administrative command of (GB).*

commandement allié de l'Atlantique (OTAN) Allied Command, Atlantic (ACLANT) (GB, OTAN).

commandement allié en Europe (OTAN) Allied Command Europe (ACE) (GB, OTAN).

commandement Atlantique (des forces) des États-Unis US Atlantic Command (USLANTCOM) (OTAN, US).

commandement central (des forces) des États-Unis US Central Command (USCENTCOM) (OTAN, US).

commandement européen (des forces) des États-Unis US Central Command (USEUCOM) (OTAN, US).

commandement Pacifique (des forces) des États-Unis US Pacific Command (USPACCOM) (OTAN, US).

commandement sud (des forces) des États-Unis US Southern Command (USSOUTHCOM) (OTAN, US).

commandement, contrôle, communications et renseignement (C3R) (ou et information) command, control, communications and intelligence (C3I) (OTAN).

commandement, contrôle, communications, informatique et renseignement command, control, communications, computers and intelligence (C4I).

commandement, contrôle, communications, informatique, renseignement, surveillance et reconnaissance command, control, communications, computers, intelligence, surveillance and reconnaissance (C4ISR) (US) (= C3R = commandement, conduite, communications et renseignement).

commandement, contrôle et communications command, control and communications (C3).

commandement d'appui spécialisé (ART / GEN / RENS / TRANS) (armée de terre 2002) (Traduction proposée) specialist (support) headquarters.

commandement de brigade d'appui spécialisé (COMBAS) (Traduction proposée) Specialist (Support) Brigade Headquarters.

commandement de circonstance (opérations de circonstance) contingency command.

commandement de composante component command (US).

commandement de composante (CC) (OTAN) Component Command (CC) (OTAN). Ex : *Commandement de Composante Air Nord : Component Command Air North (Basé à Ramstein, Allemagne). Commandement de Composante Nav Nord : Component Command Nav North (Basé à Northwood, Royaume-Uni). Commandement de Composante Air / Naval : Component Command Air / Naval (Basé à Naples, Italie).*

commandement de composante terrestre de force interarmées (USA) joint force land component command (JFLCC) (US).

commandement de force d'intervention strike command (OTAN, GB).

commandement de la composante terrestre (USA) Army Component Command (US).

commandement de la défense aérienne air defence command (ADC) (OTAN).

commandement de la défense spatiale et anti-missiles (armée de terre des USA) U.S. Army Space and Missile Defense Command (US).

commandement de la doctrine et de l'enseignement militaire supérieur de l'armée de terre (CDES) (Traduction proposée) Army Doctrine and Professional Military Education Command (ou Headquarters).

commandement de la doctrine et de l'entraînement (CDE) (obsolète) Headquarters Doctrine and Training (HQDT) (Upavon, Wiltshire) (GB), Training and Doctrine Command (TRADOC) (Fort Monroe, Va.) (US).

commandement de la force aérienne de combat (CFAC) Tactical Air Command (US). Équivalent US : Air Combat Command (ACC) (Créé en 1992 et basé à Langley AFB (= Air Force Base), Virginia).

commandement de la force aérienne de projection (CFAP) (ex-COTAM) Équivalent US : Air Mobility Command (AMC) (Organisme de l'US Air Force pouvant intervenir au profit de l'armée de terre, créé en 1992 en rempacement du "Military Air Transport Command" et basé à Scott AFB, Illinois), RAF Transport Command (GB) (Surnom GB : "Crabair").

commandement de la force d'action terrestre (CFAT) Land Forces Command (International Security Review 1999), (the) Land Action Force Command (Jane's), Land Force Command Headquarters (Jane's), Headquarters Land Command (GB), (the) Ground Action Force Command. Équivalent GB : Land Command (Abrégé : "HQ LAND") – Équivalent US : Forces Command (FORSCOM). Équivalent Canada : Land Force Command. Ex : *L'état-major du CFAT a endossé un certain nombre de responsabilités nouvelles : Headquarters Land Command has assumed a number of new responsibilities (GB)*.

commandement de la force logistique terrestre (CFLT) Land Logistics Command (International Security Review 1999), Headquarters Logistics Command (GB), Land Logistics Command Headquarters (Jane's) (Sous forme abrégée : "Logistics Command" ou "HQ LOGISTICS").

commandement de la réserve de l'armée de terre des États-Unis United States Army Reserve Command (US).

commandement de logistique opérationnelle (COMLOG) (obsolète) logistics command (US).

commandement interarmées de la logistique (the) Defence Logistics Organisation (DLO) (Jane's).

commandement de région Terre (armée de terre 2002) Military Region HQ (= headquarters) (Jane's). Équivalent GB : Military District HQ (= Headquarters).

commandement de secteur (TAC) sector commander (US, GB).

commandement des forces (armée de terre) (Traduction proposée) (Army) Forces Command (cf. le "Forces Command" (FORSCOM) américain).

commandement des forces spéciales The Directorate, Special Forces (GB).

commandement des forces spéciales Terre Special Forces Command (Land).

commandement des opérations interarmées the Chief of Joint Operations (GB).

commandement des opérations spéciales (COS) (Traduction proposée) Special Operations (SO) Command. Ex : *Le commandement des opérations spéciales de l'armée de terre américaine : U.S. Army Special Operations Command (USASOC) (US) (Les*

Forces Spéciales américaines sont regroupées dans "USSOCOM" (US Special Operations Command), basé à Mac Dill AFB, Tampa, Fla.. Elles comprennent les commandements suivants : Joint Special Operations Command (JSOC) (dont : 1st Special Operations Forces Detachment DELTA, SEAL (= Sea, Air, Land) Team 6 et SEAL Team 8 de l'US Navy), US Army Special Operations Command (USASOC), Navy Special Operations Command (NAVSOC) et Air Force Special Operations Command (AFSOC).

commandement des opérations spéciales de théâtre theater special operations command (US).

commandement des organismes de formation de l'armée de terre (COFAT) (Traductions proposées) Army Education Command, Army School System Command.

commandement de soutien arrière rear support command (RSC) (OTAN).

commandement des soutiens de corps d'armée corps support command (COSCOM) (US).

commandement des soutiens divisionnaires DISCOM (Division Support Command) (US), Divisional Headquarters (Rear) (GB) (Voir aussi les explications à **base divisionnaire (BD)**.

commandement des transmissions de l'armée de terre (USA) Army Signal Command (US).

commandement de zone area command.

commandement de zone maritime (France) maritime area command.

commandement directif directive command (GB).

commandement du matériel de l'armée de terre (USA) (équivalent DCMAT) U.S. Army Materiel Command (AMC) (US).

commandement du renseignement et de la sécurité (armée de terre américaine) Army Intelligence and Security Command (INSCOM) (Fort Belvoir, VA.).

commandement du service de santé de l'armée de terre U.S. Army Health Services Command (US).

commandement du transport aérien militaire (COTAM) (obsolète) voir **commandement de la force aérienne de projection (CFAP)**.

commandement et contrôle command and control (C2 ou C²) (US, GB). Ex : *Prendre le commandement et le contrôle d'un secteur / d'une zone de responsabilité : to assume C2 (= Command and Control) of a sector / of an AOR (= Area Of Responsibility) (OTAN) – Commandement et contrôle de haut niveau : high-level command and control (OTAN).*
Cf. : The exercise of authority, by a duly designated officer over assigned forces in accomplishment of a mission" (US).

commandement et contrôle de coalition coalition command control.

commandement et contrôle (C2) interarmées joint command and control (US).

commandement et gestion des feux (ART) artillery command and control.

commandement et quartier général (CQG) (dans une appellation d'unité) headquarters and headquarters (HH) (US), headquarters (HQ) (GB).

commandement et transmissions (dans une appellation d'unité) Headquarters and Signal (GB). Ex : *Régiment de commandement et de transmissions de la 3ᵉ Division Mécanisée britannique : 3 (UK) Mechanised Division Headquarters and Signal Regiment (GB).*

commandement fonctionnel (terrestre / aérien / maritime) functional command (US).

217

commandement général des forces de l'armée de terre Forces Command (FORSCOM) (Fort Mc Pherson, Ga.) (US), HQ Land Command (Erskine Barracks, Wilton, Wiltshire) (En abrégé : HQ Land) (GB).

commandement intégral full command (OTAN).

commandement interarmées joint command (OTAN). Ex : *Centre d'opérations de commandement interarmées : joint command operations centre (JCOC) (OTAN).*

commandement interarmées (ou unifié) des (unités d') hélicoptères Joint Helicopter Command (JHC) (GB).

commandement logistique logistics support command (LSC) (US) (Pour OPEX, opérations de paix et actions humanitaires). Ex : *Commandement logistique de corps d'armée : Corps Support Command (COSCOM) (US) (Voir également **commandement des soutiens divisionnaires).***

commandement logistique multinational multinational logistics command (MNLC) (OTAN).

commandement médical medical command (US).

commandement militaire de l'Ile de France (CMIDF) (Traductions proposées) Paris Area Military Command, Greater Paris Military Command.

commandement militaire intégré (OTAN) integrated military command (OTAN).

commandement national (organisme militaire) national command (OTAN) (VERB : "to be placed under (a commander)", "to organise", "to exercise").

commandement opérationnel operational command (OPCOM) (US, GB, OTAN) (VERB : "to retain", "to delegate", "to exercise", "to plan"). Ex : *Placer sous commandement opérationnel de : to place under OPCOM of. Exercer un commandement opérationnel sur des unités : to have operational command over units (GB). La Division a trois brigades mécanisées sous commandement opérationnnel : the Division has Operational Command of three Mechanised Brigades (GB).*

Comp. :

- The authority granted to a commander to assign missions or tasks to subordinate commanders, to deploy units, to reassign forces, and to retain or delegate operational and / or tactical control as may be deemed necessary (US).

- Pouvoir donné à un commandant pour assigner des missions ou des tâches particulières à des commandants subordonnés, pour déployer des unités, pour réassigner des forces, pour conserver ou déléguer le contrôle opérationnel et/ou tactique comme il le juge nécessaire. Il ne comprend pas en soi d'autorité sur le plan administratif ou de responsabilités d'ordre logistique (OTAN).

commandement opérationnel du temps de paix peacetime operational command (US). Ex : *Recevoir le commandement opérationnel du temps de paix sur des forces : to receive peacetime operational command over forces (US).*

commandement organique functional command.

commandement organique fonctionnel (armée de terre 2002) (Traduction proposée) organic functional command.

commandement organique régional (armée de terre 2002) (Traduction proposée) organic area command.

commandement outre-mer (ou à l'étranger) Overseas Command (GB) (NOM ASS. : "management").

commandement permanent (France) standing command.

commandement régional area command (US).

commandement régional (RC) (OTAN) Regional Command (RC) (OTAN). Ex : *RC Ouest : RC West (Basé à Norfolk, Va., USA). RC Est : RC East (Basé à Northwood, Royaume-Uni). RC Sud-Est : RC SouthEast (Basé à Lisbonne, Portugal). RC Nord : RC North (Basé à Brunssum, Pays-Bas). RC Sud : RC South (Basé à Naples, Italie).*

commandement santé (<u>ou</u> médical <u>ou</u> sanitaire) medical command (MEDCOM) (US).

commandement sous-régional interarmées (JSRC) Joint Sub-Regional Command (JSRC) (OTAN). Ex : *Commandement Sous-Régional Interarmées Centre / Nord Est / Nord / Sud Centre / Sud Est / Sud Ouest / Sud : Joint Sub-Regional Command Centre (Basé à Heidelberg, Allemagne) / NorthEast (Basé à Karup, Danemark) / North (Basé à Stavenger, Norvège) / SouthCentre (Basé à Larissa, Grèce) / SouthEast (Basé à Izmir, Turquie) / SouthWest (Basé à Madrid, Espagne) / South (Basé à Vérone, Italie).*

commandement stratégique (SC) (OTAN) Strategic Command (SC) (OTAN).

commandement stratégique pour l'Atlantique (OTAN) Strategic Command Atlantic (SC Atlantic) (Basé à Norfolk, Va., USA) (OTAN).

commandement stratégique pour l'Europe (OTAN) Strategic Command Europe (SC Europe) (Basé à Mons, Belgique) (OTAN).

commandement subordonné subordinate command (US), subcommand (US).

commandement tactique tactical command (TACOM) (OTAN, GB).

commandement territorial territorial command (OTAN). Ex : *Commandement allemand territorial nord : German territorial northern command (GTNC) (OTAN). Commandement territorial spécialisé : specialized territorial command (US).*

commandement-transmissions (titre de paragraphe) command and signal (US, GB).

commander to command, to lead (US), to be in command (OTAN), to be in charge (US), to run (US). Ex : *Commander à de jeunes soldats : to lead young soldiers (US). L'officier est formé pour commander : the officer is trained to lead (US). Commander une section (INF) : to lead a platoon (US). Commander un aéronef : to be in command of an aircraft (OTAN). Une force multinationale commandée par les États-Unis : a multinational force led by the US (US). Dans les armées, on atteint le sommet en commandant : in the services, the way to the top is through command (US). Vous êtes censé commander ces soldats : you are supposed to be in charge of these soldiers (US). Il commanda la 3ᵉ Compagnie du 11ᵉ régiment d'infanterie, de juin 1966 à juin 1967 (fiche biographique d'officier) : he commanded Company C, 11th Infantry Battalion, from June 1966 to June 1967 (US). Le Colonel Casper, commandant la 10ᵉ Brigade d'ALAT : Colonel Casper, commander of the 10 th Aviation Brigade (US). Le Général d'armée John Doe commandant de l'armée de terre des États-Unis en Europe : GEN John Doe, commander of U.S. Army, Europe (US). C'est moi qui commande ici ! : I am in command here ! (US). Le Canada jeta dans la bataille une force spéciale commandée par le général de brigade J.M. Rockingham : Canada contributed a special force under Brigadier J.M. Rockingham (CA). EUOFOR est actuellement commandée par X : EUROFOR is currently under the command of X (UEO). L'officier-adjoint devra commander la compagnie pendant la permission du commandant : the Executive Officer will have to run the company during the Company Commander's leave (familier) (US). Il commande actuellement la 4ᵉ Compagnie : he is currently in command of D Company (GB). Être en charge de commander : to be in command (US).*

commander (ordonner) to order (GB), to control (US). Ex : *Le chef d'équipe d'observation commande les tirs (ART) ; the FOO (= Forward Observation Officer) will order fire (GB). Le tir, commandé électriquement, permet une cadence de 8 coups/minute (char) : firing is electrically controlled and the rate of fire is up to 8 rounds per minute (US).*

commander (matériels) to order, to place an order (for). Ex : *Commander un char : to order a tank (Jane's)*.

commandes (aéronef) controls (GB, US). Ex : *Aux commandes (d'un aéronef) : at the controls (US)*.

commandes de vol (hélicoptère) flight controls (US).

commandeur (d'un Ordre) (distinction) commander.

commandeur (chef de grand commandement de l'armée de terre) Army commander (US).

commanditer to sponsor (OTAN). Ex : *Les victimes et les cibles principales d'actes d'agression commandités par des États : the main victims and targets of state-sponsored aggression (OTAN)*.

commando commando (US, GB) (Abrégé : Cdo") (Désigne à la fois le groupe et l'individu membre de ce groupe. Noter aussi le mot "raider" (US) qui désigne un individu) (Pluriel : "commandos") (Terme familier GB : "booties"). Ex : *Les commandos de l'infanterie américaine : the Rangers (Au sein d'un "Ranger Regiment" (Le "75th Ranger Regiment", basé à Fort Benning, Ga.), divisé en trois "Ranger Battalions") (Portent le béret noir ou "black beret") (Surnom : "The best of the best")* – Une unité de commandos : *a commando unit (GB, US)*. Commando de jungle : *jungle commando (GB)*. Une force de guérilla en opération de commando : *a guerrilla raiding force (US)*.

Missions des commandos : to plan and conduct special military operations in support of national policies and objectives, to conduct operations independently, to be capable of being employed in any environment (US).

Cf. :

- Détachement de volume très variable apte à vivre et combattre dans l'isolement et disposant d'une large initiative dans l'accomplissement de ses missions. Par extension, combattant individuel formé et entraîné pour servir dans de tels détachements (F).

- Rangers (USA) : Rangers are the masters of special light infantry operations. These include attacks to temporarily seize and secure key objectives and other light infantry operations requiring unique capabilities. Like their Special Forces counterparts, Rangers can infiltrate by land, by sea or by air (US).

commandos de recherche et d'action dans la profondeur (CRAP) Pathfinders (GB). Ex : *Section CRAP : Pathfinder platoon (GB)*.

Commando Hubert Équivalent GB : Special Boat Squadron (SBS).

commandos-Marine (fusilier marins commandos) Proche équivalent GB : the Royal Marines (RM).

commandos-parachutistes (opérations spéciales) para (chute) -commandos. Ex : *Les commandos parachutistes belges : the Belgian para (-)commandos (GB). Les commandos-parachutistes britanniques : the Special Air Service (SAS) (GB) (Surnoms familiers GB : "the boys", "the Sass") (Dirigé par "The Director SAS" qui est également "The Director Special Forces")*.

À titre d'exemple : Organisation du 22ᵉ Régiment de SAS (22 SAS Regiment) (Le seul régiment de SAS d'active) : "Regimental headquarters controls the back-up and training side as well as directing the four sabre squadrons, A, B, D and G Squadron. (...) R Squadron, an additional patrol squadron, can be added in time of emergency from ex-SAS reservists. Each squadron has four troops, usually a captain and fifteen men, and a signal troop or eight-man satellite communications detachment from 264 Squadron Royal Signals, whose members will accompany them wherever they go. Each of the four troops has a different specialization : mountain, amphibious, mobility (vehicles) and an air troop trained in tactical free-fall parachuting, including HALO (high altitude low opening). (...)The sabre troop divides into four-man teams." (A. Beevor, Inside the British Army, pp. 394-395).

comme as (US). Ex : *Le régiment peut combattre comme unité d'infanterie en cas de nécessité : the battalion can fight as infantry when required (US).*

commémoratif commemorative (OTAN). Ex : *Cérémonies commémoratives : commemorative ceremonies (OTAN).*

commémorer to commemorate (GB). Ex : *Le 2ᵉ régiment d'infanterie parachutiste commémore la guerre des Malouines : 2 Para (= 2nd Parachute Infantry Battalion) commemorates the Falklands conflict (GB).*

commencement beginning (OTAN). Ex : *Le commencement de la mission : the beginning of the mission (OTAN).*

commencer to start (GB), to commence (US), to begin (US), to push off (familier) (US), to get going (familier) (US). Ex : *Commencer l'entraînement : to start training (GB). Commencer le tir / à tirer : to commence firing (US). Commencer sa carrière militaire : to begin one's military career (US). Commencer une nouvelle carrière : to start a new career (US). Les contours d'un nouvel ordre de sécurité commencent à se dessiner clairement : the contours of a new security order become clearly discernible (OTAN). L'attaque doit commencer à 3 H 17 : the attack is scheduled to push off at 0317 hours (familier) (US). Sergent, commencez à rédiger le compte-rendu car j'en aurai besoin dans un quart d'heure : Sergeant, get going on the report because I will need it in fifteen minutes (familier) (US). Lorsque le combat n'a pas commencé : when combat has not begun (US).*

commencer l'exercice commence exercise (COMEX) (OTAN).

comme prévu according to plan (US, GB). Ex : *L'opération se déroule comme prévu : the operation is running according to plan (GB).*

commerce trade, trading (US). Ex : *Commerce d'armes : arms trading (UN).*

commerce de la drogue (le) the drugs trade (US).

commerce lié à la défense defence trade (OTAN).

commercial (ou du commerce) (matériel) commercial (US).

commercialisation (matériel) marketing (Jane's) (VERB : "to carry out").

commercialiser (matériel) to market (Jane's). Ex : *Le véhicule n'est plus commercialisé : the vehicle is no longer marketed (Jane's).*

commettre to commit (US). Ex : *Commettre une faute (professionnelle) : to commit an offense (US).*

commissaire (vivres, habillement, etc) (ex-intendant) commissary (GB) (Terme générique).

commissaire (corps de troupe) quartermaster (QM) (US, GB).

commissaire aux comptes auditor (OTAN).

commissaire politique (pays totalitaire) commissar (GB).

commissariat Ex : *Haut Commissariat des Nations-Unies pour les Réfugiés : United Nations High Commissioner for Refugees (UNHCR).*

commissariat (service de l'approvisionnement en vivres et habillement, etc.) (ex-intendance) commissariat (GB) (Terme générique) (Voir **commissariat de l'armée de terre (CAT)**.

commissariat de l'armée de terre (CAT) Quartermaster General's (QMG) Corps (GB), Quartermaster Corps (US) (Attention : Le "QMG" britannique, basé à Andover, englobe plus de fonctions que le commissariat français, gérant à la fois les fonctions de "logistic support" et de "equipment support" ("base storage, supply distribution, transport and movements, catering, clothing and textiles, port operations, equipment repair, equipment asset control, postal and courier services") (Ancienne appellation GB, maintenant obsolète : "commissariat").

commission committee (US, GB, Jane's) (ADJ : "standing") (PREP : "on"), board, commission (US) (VERB : "to establish", "to head"). Ex : *La commission sur les fonctions et les missions des forces armées : the Commission on Roles and Missions of the Armed Forces (US). Commission parlementaire de défense (France) : the French Parliament's Defence Committee (Defense News), the parliamentary defence committee (Jane's Defence Weekly). Commission de terminologie interarmées (Royaume-Uni) : (the) Joint Service Terminology Committee (JSTC) (GB).*

commission d'armistice armistice commission (CA). Ex : *Commission militaire d'armistice : military armistice commission (CA).*

commission d'avancement the Promotion Board (US, GB).

commission de contrôle des activités de renseignement (Parlement) intelligence oversight committee (US).

commission d'enquête board of inquiry (US, GB) (VERB : "to convene" = réunir). Ex : *Comparaître devant une commission d'enquête : to appear before a board of inquiry (US).*

Cf. : A board convened under the relevant service rules to investigate and report on the absence, death, capture or escape of any personnel, loss of or damage to service or public property, disablement of a ship or readiness for sea accident or any other matter referred to it by the convening authority (GB).

commission de recours (service national) Appeal Board (US).

commission de sélection (PERS) selection board (US) (VERB : "to operate", "to convene"). Ex : *Commission de sélection des officiers d'active : Regular Commissions Board (RCB) (GB).*

commission des affaires étrangères et de la défense du Sénat (the) Senate defence and foreign affairs committee (Jane's).

commission de surveillance des activités de renseignement (rattachée au Président des USA) (the) Intelligence Oversight Board (US).

commission d'ordinaire mess meeting, mess committee (GB).

commission locale d'aptitude (CLA) (service national) Local Board (US).

commission militaire d'armistice military armistice commisssion (CA).

commission parlementaire de contrôle des services de renseignement (GB) the Intelligence and Security Committee (GB).

commission spéciale des Nations-Unies (sur l'Irak) United Nations Special Commission (UNSCOM).

Commonwealth (le) the Commonwealth (GB) (Appellation officielle : "the British Commonwealth of Nations").

commotion (cérébrale) (SAN) concussion (GB) (VERB : "to suffer from").

commotionné (PERS) concussed (GB).

commun common, joint (Attention : "joint" signifie également "interarmées"). Ex : *Les 6 corps du service de santé ont beaucoup de choses en commun : the 6 Corps of the Medical Department have many things in common (US). Déclaration commune : joint declaration (UN). Le renforcement de la politique européenne commune en matière de sécurité et de* *défense: the strengthening of the common European policy on security and defence (UEO). Signer une lettre d'intention afin de créer une société commune de propulsion: to sign an agreement in principle to set up a joint propulsion company (Jane's). Zone d'intérêt commun: area of joint interest (AJI) (OTAN). Avoir en commun un certain nombre de caractéristiques (famille de matériels): to have in commun a number of characteristics (US).*

commun (aux 3 armées) (organisation / service) tri-service (GB).

communalité (identité) (doctrine / procédure / matériel) commonality (OTAN).

communauté community (US, OTAN). Ex: *La communauté / militaire / civile: the military / civilian / community. La communauté militaire américaine des langues (étrangères): the U.S. military language community (US). Établir des ponts entres les communautés: to build bridges between communities (OTAN).*

communauté atlantique (OTAN) Atlantic community (OTAN). Ex: *Maintenir une communauté atlantique dynamique: to maintain a dynamic Atlantic community (OTAN).*

communauté des États indépendants (CEI) Commonwealth of Independent States (CIS) (OTAN).

communauté du renseignement (USA) (ensemble des services de renseignement) (RENS) (the) intelligence community (IC) (US, GB) (VERB & NOM ASS.: "to reorganize" / "reorganization"). Ex: *La communauté du renseignement (relevant du ministère) de la Défense: the Defense Intelligence Community (DIC) (US).*

À noter: Outre la CIA, la "communauté du renseignement" américaine (dirigée par "the Director of Central Intelligence (DCI), également dircteur de la CIA, assisté pour cette fonction par l'"Intelligence Community Staff" (ICS) comprend: "Air Force Intelligence, Army Intelligence, Bureau of Intelligence and Research (INR) (State Department), Coast Guard Intelligence, Defence Intelligence Agency (DIA), Federal Bureau of Investigation (FBI), Marine Corps Intelligence, National Reconnaissance Office (NRO), National Security Agency (NSA), Naval Intelligence", ainsi que des éléments du "Department of the Treasury", du "Department of Energy", de la "Drug Enforcement Administration" (DEA) (US).

communauté internationale (la) the international community (US, OTAN). Ex: *Les exigences de la communauté internationale: the international community's demands (OTAN).*

communicateur (PERS) communicator (US).

communication (contact) communication (GB). Ex: *Nous avons perdu la communication avec la 2ᵉ Compagnie: we have lost communication with B Company (GB).*

communication (diffusion) release (UN), reporting (UN). Ex: *Communication de données: data release / reporting of data (UN).*

communication (relations publiques) public affairs (US), public relations (PR). Ex: *Le bureau Communication (DIRCOM) de la Division: the Division Public Affairs Office (US).*

communications (transmissions) communications (US) (VERB: "to provide", "to maintain", "to establish", "to disrupt", "to plan", "to determine... among", "to intercept", "to listen in on") (ADJ & PART: "centralized", "internal", "high-speed", "secure", "voice", "data", "telegraph", "fax", "duplex", "automatic", "survivable", "switched", "facsimile", "jam-resistant", "general", "contingency"). Ex: *Communications de commandement: command communications (US). Communications visuelles (entre unités): visual communications (OTAN). Établir des communications par satellite avec Londres: to establish*

satellite communications with London (GB). Communications clandestines (ou secrètes)
*(RENS) : clandestine communications (US) (Voir aussi **transmissions**).*

communication avec (en) in communication with (GB).

communication de commandement et de contrôle (ou et de conduite des opérations) command and control communication (OTAN).

communication de directives (pilotes) briefing (OTAN).

communication interne internal communication.

communications communications (US) (ADJ : "fast", "secret").

communications avec les mobiles mobile communications (OTAN).

communications de secours emergency communications (OTAN) (PART : "improved" = améliorées).

communications militaires military communications (US).

communication opérationnelle operational communication.

communications par satellite satellite communications (SATCOM) (US, OTAN).

communications radio radio communications (US) (VERB : "to intercept").

communiqué de presse press release (GB, OTAN, UEO), news release (GB, OTAN), press communiqué (OTAN) (ADJ : "joint"). Ex : *Diffuser un communiqué de presse : to release a press communiqué (OTAN). Communiqué de presse conjoint UEO/OTAN : joint WEU/NATO press release (UEO).*

communiquer to communicate (US, GB), to report (OTAN), to release (OTAN) (PREP : "with"). Ex : *Communiquer dans une langue indigène : to communicate in a native language (US). Des données communiquées directement aux unités : data reported directly to units (OTAN). Un chef efficace communique avec son unité : an effective leader communicates with his unit (US). Communiquer quelque chose à quelqu'un : to communicate to someone something (US). Communiquer sur une fréquence (TRANS) : to communicate on a frequency (US). Communiquer / avec un autre agent / avec sa centrale (agent) (RENS) : to communicate / with another agent / with one's home base (US) (ADV : "surreptitiously")* – *Communiquer un document (déclassifié) : to release a document (OTAN).*

communiquer (résultat / décision) to forward (US).

communisme communism (US, GB). Ex : *La chute du communisme : the fall of communism (US).*

communiste (nom) communist (GB, US) (Terme familier GB : "Commie").

communiste (adjectif) communist (US, GB). Ex : *Le Parti communiste : the Communist Party (GB).*

commutation (TRANS) switching (OTAN).

commutation de circuits (TRANS) circuit switching (OTAN).

commutateur (TRANS) switch. Ex : *Commutateur tactique modulaire : modular tactical switch (MTS).*

commuté (réseau) (TRANS) switched (OTAN).

compacité compactness (GB).

compact small (US). Ex : *Une armée de terre plus compacte (ou plus resserrée) : a smaller Army (US).*

compacteur (engin) (GEN) road roller, steamroller.

compagnie 1. d'infanterie : company (GB, US). 2. du génie : field squadron (GB), company (US). 3. des transmissions : (signal) squadron (GB), company (US). Ex : *Une compagnie du 2ᵉ REP : a company from 2REP (GB). Elle avait été réorganisée en cinq bataillons à huit compagnies (Légion) : it had been revamped into five eight-company battalions (GB).*

compagnie (en abrégé) coy (GB), co (US). Ex : *5ᵉ compagnie du 54ᵉ RG : E / 54 th Engr (US)*. À noter : Les compagnies US sont des "lettered units", affectées d'une lettre; Echo company étant, par exemple, la 5ᵉ compagnie).

compagnie anti-chars (CAC) anti-tank company, antiarmor company (US).

compagnie autonome independent company (Jane's).

compagnie chimique (ou NBC) chemical company (US).

compagnie d'approvisionnement (BLOG) supply squadron (GB) (Dans un "General Support Regiment" du "Royal Logistic Corps" (RLC) britannique).

compagnie d'appui (INF) support company (GB).

compagnie d'appui (régiment du génie) support squadron (Sp Sqn) (GB) (Au sein d'un "Armoured Divisional Engineer Regiment").

compagnie d'éclairage et d'appui (CEA) (régiment d'infanterie) (Traduction proposée) recce and fire support company (cf. également la "fire support company" d'un "infantry batttalion" britannique).

compagnie de combat (GEN) field squadron (GB), combat engineer company (US).

compagnie de combat (INF) rifle company (En abrégé : "rifle coy") (GB).

compagnie de combat (RIB sur VAB) rifle company (Dans un "Mechanised Infantry Battalion" ou "Light Role Infantry Battalion") (GB), light infantry company (Dans un "Light Infantry Battalion") (US).

compagnie de combat (RIMECA) armoured infantry company (En abrégé : "armd inf coy") (Dans un "Armoured Infantry Battalion") (GB), rifle company (Dans un "Mechanized Battalion") (US).

compagnie de commandement et de logistique (CCL) (RIMECA) (Traduction proposée) : headquarters (HQ) and logistics company.

compagnie de commandement et de quartier général (CCQG) (RCS) headquarters (HQ) squadron (Dans un "Close Support Regiment" ou "General Support Regiment" du "Royal Logistic Corps" (RLC) britannique).

compagnie de commandement et des services (CCS) headquarters company (HQ Coy) (GB), headquarters and headquarters company (HHC) (US).

compagnie de fusiliers motorisés (CFM) (ENI) motorized rifle company (MRC).

compagnie de grenadiers (Hist.) grenadier company (GB). Ex : *Un poste tenu par la Compagnie de Grenadiers (Hist.) : a post held by the Grenadier Company (GB)*.

compagnie de livraison par air air despatch squadron (GB) (VERB : "to load", "to eject").

compagnie de police militaire military police (MP) company (US), provost company (Royal Military Police) (GB).

compagnie de ponts bridge company (US).

compagnie de ponts flottants float bridge company (US).

compagnie de quartier général (CQG) HQ (= Headquarters) company (UN).

compagnie de ramassage (SAN) collecting squadron (GB) (1 dans chaque "Field Ambulance").

compagnie de reconnaissance et d'appui (INF) fire support company (GB).

compagnie de réparation maintenance company (UN).

compagnie de réserve (INF) reserve company (Jane's).

compagnie de soutien de l'artillerie (BLOG) artillery support squadron (GB) (Dans un "General Support Regiment" du "Royal Logistic Corps" britannique).

compagnie de soutien réparation (CSR) (MAT) Équivalent GB : Close Support Company (Dans un "REME (Royal Electrical and Mechanical Engineers) Support Battalion" (= régiment du matériel / réparations) (GB).

compagnie de transmissions signal squadron (Sig Sqn) (GB), signal company (US).

compagnie de transmissions divisionnaire Divisional signal squadron (GB), Division signal company (US).

compagnie de transport (TRN) transportation company (US). Ex : *Les chauffeurs de la 66ᵉ compagnie de transport ont commencé une nouvelle mission humanitaire : drivers from the 66th Transportation Company began a new humanitarian mission (US).*

compagnie de transport sanitaire ambulance transport company.

compagnie de triage (SAN) clearing squadron (GB) (1 dans chaque "Field Ambulance").

compagnie d'infanterie (infantry) company (Abréviation GB : "Coy" – Abréviation US : "Co"), rifle company (GB). Ex : *Deux companies d'infanterie légère : two light-infantry companies (US).*

compagnie d'infanterie motorisée motorized rifle company (US).

compagnie d'instruction (Traduction proposée) training company (US), training squadron (GB).

compagnie du génie field squadron (Fd Sqn) (GB), engineer company (US).

compagnie du génie blindée combat engineer company (US).

compagnie mécanisée armoured infantry company (GB), rifle company (Dans un "Mechanized Battalion") (US).

compagnie médicale medical section (GB) (Dans une "field ambulance" = régiment médical).

compagnie NBC chemical company (US).

compagnie spécialisée specialist company (GB).

compagnie technique (BOMAP) rigging company (US) (Dans un "Quartermaster Detachment" d'un "Ordnance Battalion").

compagnie topographique (GEN) topographic squadron (GB).

compagnon d'armes comrade-in-arms (US), fellow soldier (US).

comparable à (arme) comparable to (US), consistent with (US). Ex : *La précision de l'arme est comparable à celle de la plupart des armes automatiques contemporaines du même type : the weapon's accuracy is consistent with that of most contemporary automatic weapons of its class (US).*

comparaison avec (soutenir la) to compare with (GB). Ex : *Des unités qui pouvaient soutenir la comparaison avec le SAS (= Special Air service) (Légion) : units which could compare with the SAS (GB).*

compartimentation (ou cloisonnement) (véhicule) compartmentalization (US).

compartiment arrière (véhicule blindé) rear compartment (US, GB).

compartiment de combat (véhicule) fighting compartment (GB).

compartiment de l'équipage (véhicule) crew compartment (CFE, Jane's).

compartiment des soldats (ou des troupes) (véhicule) troop compartment (Jane's) (PART : "(fully) enclosed").

compartiment de stockage (missiles) (véhicule blindé) storage compartment (US).

compartiment du moteur (véhicule) engine compartment (CFE, Jane's).

compartiment de terrain compartment (US).

Cf. : Terrain bounded on two opposite sides by features which limit observation and observed fire into the area from points outside the area (US).

compartimenté (terrain) compartmented (terrain).

compartimenté (carburant / munitions) (char) compartmented (US).

compartimenter to compartmentalize (US). Ex : *Compartimenter une zone : to compartmentalize an area (US).*

compatibilité (matériel) compatibility (OTAN, GB).

compatibilité électromagnétique electromagnetic compatibility (EMC) (OTAN).

compatibilité des armements weapons compatibility (OTAN).

compatibilité des équipements (ou des matériels) equipment compatibility (US).

compatible (avec) (système d'armes / matériel) compatible (with) (US).

compatriote compatriot (GB).

compenser to compensate (US), to make good (GB), to balance (US), to offset (US). Ex : *Compenser les pertes au combat : to make good battle casualties (GB). La formation tactique est compensée (ou équilibrée) par la formation technique : tactical training is balanced with technical training (US). Compenser le manque de préparation : to compensate for the lack of preparation (US). Compenser les frais d'alimentation pour ceux qui ne mangent pas régulièrement dans un mess militaire : to offset the cost of food for those not regularly eating at a military mess (US). Compenser l'avantage numérique de l'assaillant : to offset the attacker's numerical advantage (US).*

compétence competence (VERB : "to demonstrate", "to increase", "to improve"), skill (VERB : "to exploit", "to possess", "to upgrade", "to hone", "to supplement", "to rely on", "to enhance", "to master", "to refine") (Termes dénombrables), proficiency (US) (VERB avec "proficiency" : "to achieve", "to sustain", "to develop", "to maintain"), expertise (US, GB) (VERB : "to provide", "to preserve"), competency (US). Ex : *Avec compétence : ably (US), competently (US). Compétence dans une spécialité : competence in a specialty (US). Un officier de l'artillerie sol-air doit posséder un grande compétence tactique et technique : an ADA (= Air Defense Artillery) officer must have extensive tactical and technical expertise (US). Des compétences intellectuelles et physiques : mental and physical skills (US). Personnels ayant une compétence en langues étrangères adaptée : personnel with adequate foreign language competence (US). Avoir les compétences requises (emploi dans l'armée de terre) (PERS) : to qualify (US). L'éclairage et le jalonnement sont de la compétence des blindés légers : scouting and screening are the province of light armor (US).*

compétence en langue(s) étrangère(s) (PERS) foreign language proficiency (US).

compétence linguistique militaire (PERS) defense language aptitude (US).

compétence professionnelle professional competence (US), professional skill (US), professional ability (US).

compétence technique (PERS) technical proficiency (US).

compétences linguistiques (PERS) language skills (US).

compétences militaires military skills (CA). Ex : *Les compétences militaires des Canadiens : the Canadians' military skills (CA).*

compétences professionnelles (PERS) professional abilities (CA) (VERB : "to display").

compétences techniques expertise (OTAN). Ex : *Deux des secteurs dans lesquels les compétences techniques de l'OTAN peuvent être utilement mises à profit : two areas where NATO's expertise can usefully be brought to bear (OTAN).*

compétent (PERS) competent, skilled (ADV : "technically", "tactically"). Ex : *Des chefs compétents : competent commanders (US). Être très (ou extrêmement) compétent dans un domaine particulier : to be highly skilled in a particular area (US). En coopération avec les organisations humanitaires compétentes :* in cooperation with the relevant humanitarian organisations (OTAN).

compétiteur (<u>ou</u> concurrent) (contrat d'armement) contender (GB).

compétition sportive sports competition (GB).

compilation (cartographie) compilation (OTAN).

complémentaire complementary (US), additional (US), further (GB). Ex : *Formation complémentaire : additional training (US), further training (GB). Des missions complémentaires : complementary missions (US). Des systèmes d'armes complémentaires : complementary weapon systems (US). Suivre une scolarité complémentaire dans une spécialité à dominante technique : to attend additional schooling in a technically oriented MOS (= Military Occupational Specialty) (US). Capacités (<u>ou</u> moyens) complémentaires : complementary capabilities (US).*

complementarité (armées différentes) "complementarity" (<u>Jane's</u>) (Par exemple : armée de terre et gendarmerie).

complet full (GB), complete (US), comprehensive (UN), total (GB). Ex : *Un régiment d'infanterie au complet : a full infantry battalion (GB). Le système de conduite de tir complet du M1 : the M1's full-solution fire control system (US) — Des renseignements complets : complete intelligence (US). Interdiction complète des essais nucléaires : comprehensive ban on nuclear testing (UN), comprehensive (nuclear) test ban (CBT) (UN). Un régiment de chars avec ses effectifs complets : an armoured regiment at full strength (GB). Munition complète (tube et missile) : round (US). Permettre à l'Alliance de continuer d'assumer la gamme complète de ses missions : to enable the Alliance to continue to fulfil the full range of its missions (OTAN). Seule l'armée de terre a le pouvoir d'exercer le contrôle direct, permanent et complet sur la terre, sur ses ressources et sa population : only the Army has the power to exercise direct, continuing, and comprehensive control over land, its resources and its people (US). Le retrait complet du Kosovo des forces militaires, paramilitaires et de police de la RFY : the complete withdrawal of FRY military, police and para-military forces from Kosovo (OTAN). Lancer les travaux préparatoires à un arrêt complet des hostilités : to set in motion the groundwork for a total cessation of hostilities (GB). Des renseignements très complets : thorough intelligence (US). Transporter un groupe d'infanterie complet (véhicule) : to carry a complete rifle squad (US).*

complété (force) filled up with replacements (OTAN).

complètement fully (US). Ex : *Complètement déployées (troupes) : fully deployed (US).*

complètement sûr (cotation) (RENS) completely reliable (US).

complété par (plan) completed by (US).

compléter (force) to round out (US), to supplement (GB). Ex : *Compléter une force (par des unités) : to round out a force (by units) (US). Les effectifs de la 3e Division britannique peuvent être complétés par l'ajout de la brigade italienne Ariete : the strength of the 3 (UK) Division can be supplemented with the addition of the Italian Ariete Brigade (GB). Compléter / d'autres régiments d'infanterie / les forces en place : to supplement / other infantry battalions (GB) / in-place forces (OTAN).*

compléter (stocks) to replenish (stocks) (OTAN).

compléter (activité) to suplement (US), to complement (US). Ex : *Compléter les efforts des autorités civiles : to supplement (<u>ou</u> to complement) efforts of civilian authorities (US).*

complexe (adjectif) complex (US), sophisticated, involved (GB) (ADV : "increasingly"). Ex : *Un champ de bataille / des forces / complexe(s) : a sophisticated battlefield (US) / sophisticated forces (US).*

complexe (nom) complex (US, OTAN). Ex : *Le complexe militaro-industriel : the military-industrial complex (US). Complexe portuaire : port complex (OTAN).*

complexe d'objectifs target complex (OTAN).

complexité complexity (Également pour armée, opérations) (CA, US), sophistication (US), intricacy (US). Ex : *La complexité du problème : the complexity of the problem (US). La complexité des missions : the sophistication of duties (US). Les complexités des opérations interarmes : the intricacies of combined arms operations (US). Complexité technique : technical sophistication (US). La complexité des systèmes d'armes continue de faire évoluer la nature de la guerre terrestre : sophisticated weapon systems continue to change the nature of ground warfare (US).*

complication complication (US) (Terme dénombrable) (VERB : "to pose... to").

complice accomplice (US, GB). Ex : *Le terroriste (ou l'homme armé) avait un complice : the gunman had an accomplice (GB).*

compliquer to complicate (US). Ex : *Compliquer la mission des forces américaines : to complicate the mission of US forces (US).*

complot plot (US, GB) (VERB : "to defeat", "to thwart", "to frustrate", "to devise", "to fail", "to be involved in") (ADJ : "ambitious", "governement-authorized"). Ex : *Un complot visant à assassiner Castro : a plot to assassinate Castro (US).*

comploter to plot (US, GB) (PREP : "against" = contre).

comportement behaviour (GB), behavior (US), conduct (US) (VERB : "to induce", "to reinforce") (ADJ : "organizational", "favorable"). Ex : *Comportement exemplaire : exemplary behavior (US). Un changement dans le comportement (PERS) : a behavioral change (US). Comportement indigne d'un officier (délit) : conduct unbecoming an officer (US) (VERB : "to engage in") – Comportement / individuel / criminel (PERS) : personal / criminal / conduct (US). Comportement sexuel (PERS) : sexual behavior (US). Fier de ton état de légionnaire, tu le montres dans ta tenue toujours élégante, ton comportement toujours digne mais modeste, ton casernement toujours net (Code d'honneur) (Légion) : proud of your status as a legionnaire, you will display this pride, by your turnout, always impeccable, your behaviour, ever worthy, though modest, your living-quarters, always tidy (GB). Vous devriez faire montre d'un comportement plus responsable : you show show more responsibility (GB).*

comportement du soldat (guerre) soldier conduct (US).

comporter to involve (OTAN), to show (OTAN), to feature (US), to contain (US), to incorporate (US). Ex : *L'opération comporte l'implantation d'une force sur une côte ennemie : the operation involves establishing a force on a hostile shore (OTAN). Une carte comportant des informations plus détaillées : a chart showing information in greater detail (OTAN). Le système de conduite de tir comporte un télémètre à laser et un calculateur balistique (ou de tir) : the fire control system features a laser range-finder and a ballistic computer (US). Ces opérations comportaient des aspects humanitaires importants : these operations contained significant humanitarian components (US). Comporter plusieurs améliorations (matériel) : to incorporate several improvements (US).*

composant (LOG) component (OTAN, GB). Ex : *Le remplacement de composants défectueux : the replacement of defective components (GB). Ensembles, composants, pièces de rechange et matériaux : assemblies, components, spare parts and materials (ACSM) (OTAN).*

composante (force) component (US, GB), subdivision (OTAN), element (US), building brick (GB), building block (US). Ex : *La composante / aérienne / terrestre / maritime / de la coalition : the / air / ground / maritime / component of the coalition (US, GB, OTAN). La* composante terrestre des forces armées : the land component of the armed forces (OTAN). L'armée de terre britannique se compose de deux ensembles principaux : une composante "active" et une composante "réserve" : the British Army consists of two main parts : a Regular Army component and a Territorial Army component (GB). La composante terrestre des Forces Américaines en Corée (U.S. Forces Korea = USFK) : the ground forces element of UFSK (US). Composante / navale / aérienne : naval / air / element (US). La composante Artillerie de l'armée de terre britannique : the British Army's Artillery component (GB). Composante d'une force : subdivision of a force (OTAN). Le groupement tactique constitue la composante essentielle des grandes unités combattantes : the battlegroup is the basic building brick of the fighting formations (GB). Composante terrestre de la Force Mobile Alliée : Allied Mobile Force (Land Component) (AMF (L) (GB). Le Longbow (= hélicoptère) est une composante majeure d'Armée de Terre XXI : the Longbow is a major building block for Army XXI (US). Composante Armée de Terre de la Garde Nationale (USA) : Army National Guard (ARNG). La principale composante "appui feu" du régiment : the battalion's key fire support element (US).

composante (système / matériel) element (US). Ex : Les composantes principales du système HAWK : the major elements of the HAWK system (US).

composante clé de la mission key mission component (KMC) (OTAN).

composante d'armée service component (US).

composante de force terrestre (= armée de terre) (the) land force component (= the Army) (US).

composante de l'armée de terre Army component (US).

composante déployable deployable component (OTAN).

composante des opérations spéciales special operations component (US).

composante fonctionnelle d'armée service functional element (US).

composante forces spéciales de force interarmées joint force special forces component (JFSFC) (GB).

composante nationale (force) national component (OTAN) (VERB : "to be assigned to").

composante logistique de force interarmées joint force logistic component (JFLogC) (GB).

composante relevant d'une seule armée single-service component (US).

composante terrestre de force interarmées joint force land component (JFLC) (GB, US).

composé (chimique) compound (UN). Ex : Composé toxique : toxic compound (UN).

composé de (troupe / matériel / organisation) composed of (US), consisting of (US), organized with (US), formed by, staffed by (UEO). Ex : Une troupe composée de : a force composed of (ou consisting of ou which consists of (US) ou organized with ou formed by). L'état major est composé de 159 officiers, 149 sous-officiers et 15 personnels civils : the staff consists of 159 officers, 149 NCOs and 15 civilians (GB). L'armement principal est composé de : main armament consists of (US). Une division blindée composée de trois brigades blindées : one armoured division of three armoured brigades (US). Une force composée de parachutistes et légionnaires français : a force of French paratroops and legionnaires (GB). L'état-major permanent d'EUROFOR basé à Florence est composé de quelque 100 officiers et sous-officiers des quatre pays d'EUROFOR : the EUROFOR permanent headquarters based in Florence is staffed by some 100 officers and NCOs from the four EUROFOR nations (UEO).

composer to make up (US), to compose (OTAN). Ex : Les forces qui composent un commandement : the forces that make up a command (US). Les éléments composant une colonne :

the elements composing a column (OTAN). Les gens qui composent l'armée de terre d'aujourd'hui : the people that make up today's Army (US). Composer (ou former ou constituer) le fer de lance d'une force (unité) : to spearhead a force.

composite (blindage) compound (armor) (US).

composite (matériau) composite (US), composite material (US). Ex : *Pales en matériaux composites (hélicoptères) : composite blades (US).*

composite (unité / force) composite (GB), mixed (US). Ex : *Deux régiments d'infanterie composites : two composite infantry battalions (GB). Une force composite d'infanterie d'active et de milice du Kentucky : a mixed force of Regular infantry and Kentucky militia (US).*

composition (unité / force) composition (of a unit / force) (GB, US, OTAN), makeup (US), organization (US) (VERB : "to vary", "to determine"). Ex : *La composition du régiment figure sur l'organigramme : the battalion organization is shown in the diagram (US). Composition d'une force : force composition (US) (VERB : "to refine") – La composition des forces des Nations-Unies : the composition of UN forces (OTAN).*

composition (stocks) composition (UN). Ex : *Composition des stocks : composition of stocks (UN).*

compréhension understanding (US) (VERB : "to ensure", "to maximize", "to foster") (ADJ : "basic", "thorough"). Ex : *Compréhension mutuelle (PERS) : mutual understanding (US). La compréhension / de la mission / de la situation : the understanding / of the task / of the situation (US). Contribuer à une compréhension mutuelle des questions relatives à l'entraînement et aux exercices en matière de défense aérienne : to contribute to a common understanding on issues related to air defence training and exercises (OTAN).*

compréhension de la (part de la) population popular understanding (US). Ex : *Obtenir la compréhension et le soutien de la (part de) population (ou des populations) : to gain popular understanding and support (US).*

compréhension de la mission mission awareness (US) (VERB : "to have") (ADJ : "total").

compréhension de la situation (ou des situations) (TAC) situational awareness (US).

comprendre (inclure) (unités / personnels) to consist of (OTAN), to include (US), to have (GB). Ex : *Une armée comprend généralement plusieurs corps d'armée : an army usually consists of two or more army corps (OTAN). Pendant la Deuxième Guerre mondiale, la Police Militaire comprenait (ou comptait) 200 000 engagés et 9250 officiers : during World War II, the Military Police Corps included 200,000 enlisted men and 9,250 officers (US). Son régiment comprend trois bataillons : his regiment has three battalions (GB). La nouvelle brigade comprendra trois régiments de l'ALAT : the new brigade will include three Army Air Corps regiments (Jane's).*

comprendre (inclure) (matériel) to consist of (US), to include (OTAN). Ex : *Son armement secondaire comprend trois mitrailleuses de 7.62 mm et un mortier de 60 mm (char) : secondary armament consists of three 7.62mm machine guns and one 60mm mortar (US). Du matériel militaire comprenant un véhicule blindé de transport de troupes et plus de dix pièces d'artillerie ont été observés à cet endroit : military equipment including an armoured personnel carrrier and more than ten pieces of artillery were observed at this location (OTAN).*

comprendre (inclure) (zone géographique) to comprise (OTAN), to be inclusive of (GB). Ex : *La zone avant de combat comprenant le territoire situé en avant de la limite arrière du corps d'armée : the forward combat zone comprising the territory forward of the corps rear boundary (OTAN). Notre secteur ne comprend pas la route principale : our sector is exclusive of the main road (GB).*

comprendre (message) to understand (OTAN).

comprendre to understand (US), to figure out (familier) (US), to savvy (familier) (US), to catch on to (familier) (US). Ex : *Comprendre ce qu'est l'armée de terre (nouvelles recrues) : to understand what the Army is all about (US). Parlez lentement pour que je puisse comprendre ce que vous dites : speak slowly so that I can figure out what you are saying (familier) (US). Maintenant je comprends (ou pige) la situation : now I savvy the situation (familier) (US). Nous ne voulons pas qu'il (= l'ennemi) comprenne notre plan : we don't want them to catch on to our plan (familier) (US).*

compressions downsizing (CA). Ex : *Le budget avait subi des coupes de l'ordre de 23% au cours de la période de compressions des années 90 : the budget had been cut by some 23% during the downsizing years of the nineties (CA).*

comprimé (SAN) tablet (US). Ex : *Comprimés d'iode (purification de l'eau) : iodine tablets (US).*

compris entre (zone / portée) bounded by, contained between. Ex : *La zone comprise entre L1 et L2 (TAC) : the area bounded by (ou contained between) phase line 1 and phase line 2. Une portée comprise entre 9 et 110 kilomètres : a 6-to-70-mile range (US).*

compromettant compromising (US). Ex : *Des photos compromettantes (RENS) : compromising photos (US).*

compromettre (opération / mission / sécurité) to compromise (an operation / a mission / security) (US, GB) (Souvent de manière involontaire), to jeopardize (an operation). Ex : *L'embuscade a été compromise : the ambush has been compromised (GB). Nos codes de sécurité ont été compromis : our security codes have been compromised (GB).*

compromis compromise (US, GB), accomodation (US) (VERB ASS. : "to compromise" = faire (ou accepter) des compromis). Ex : *Offrir un compromis satisfaisant entre les besoins en véhicules légers et les besoins en canons efficaces : to offer a satisfactory compromise between the need for a lightweight vehicle and for an effective gun (US). Nous devrons faire des compromis sur cette question : we will have to compromise on that issue (GB). Compromis avec les objectifs alliés (TAC) : accomodation of allied objectives (US).*

compromis (achat de matériel / TAC) trade-off (Jane's, US). Ex : *Étudier les compromis entre les projectiles à guidage laser et les missiles à fibre optique : to study the trade-offs between laser-guided projectiles and fiber-optic missiles (Jane's).*

comptable (PERS) accountant (OTAN).

comptabilité (fonction du Trésor / stocks) accounting (US, OTAN).

comptabilité des effectifs strength accounting (US).

compte Ex : *L'unité prend à son compte le dépassement : the unit takes over the forward passage of lines.*

compte à rebours (fusée) countdown (OTAN).

compter (membres d'une unité) to check (GB). Ex : *Il a compté les membres de sa section : he checked his platoon (GB).*

compter (dénombrer) to count (CFE). Ex : *Être compté comme (matériel) : to be counted as (CFE).*

compter (totaliser) (personnel / matériel) to number (GB), to count (Jane's), to have (US), to contain (US), to have a strength of. Ex : *L'ABC compte 24 000 hommes : Armor (US) (ou the Royal Armoured Corps (GB) has a strength of 24,000. Les fusiliers marins britanniques comptent quelque 6500 officiers, sous-officiers et hommes du rang : the Royal Marines number approximately 6,500 officers and men (GB). Une brigade comptant deux régiments d'infanterie : a brigade counting two infantry battalions (Jane's). Le parc de* *l'armée de terre compte environ 26 000 véhicules : the Army fleet numbers about 26,000 vehicles (US). Un contingent français qui comptait 10 000 hommes : a French contingent that numbered 10,000 men (GB). La 3ᵉ Division d'Infanterie compte plus de 14 000 hommes : the 3rd ID (= Infantry Division) has more than 14,000 soldiers (US). On estime que le KGB comptait plus de 400 000 membres : the KGB was estimated to number more than 400,000 personnel (US). La division compte 88 appareils (= aéronefs) : the division contains 88 aircraft (US) – Les membres européens de l'OTAN alignent des forces permanentes comptant 2,4 millions d'hommes : NATO's European members field standing forces of 2.4 million (OTAN).*

compter de (à) + heure voir **à compter de (+ heure)**.

compte-rendu (CR) report (US, UN) (VERB : "to write", "to render", "to prepare", "to make", "to submit... to", "to receive", "to process", "to record", "to file", "to request", "to evaluate") (ADJ & PART : "accurate", "detailed"). Ex : *Faire un compte-rendu oral ou écrit (à un chef) : to make an oral or written report (to a leader) (US). Le système (ou la chaîne) des comptes rendus et des ordres : the system of reports and orders (US). Établir (ou rédiger) un compte-rendu : to complete a report (UN).*

compte-rendu d'accident accident report (US).

compte-rendu de bombardement (ART) shelling report (OTAN).

compte-rendu de brouillage (TRANS) jamming report (JAMREP) (GB).

compte-rendu de contact contact report (OTAN, GB).

compte-rendu de contact avec l'ennemi enemy contact report (ECR) (OTAN).

compte-rendu de décisions record of decisions (ROD) (OTAN).

compte-rendu de détection lointaine early warning report.

compte-rendu de dommages (AT) damage report (DAMREP) (OTAN).

compte-rendu de données data report. Ex : *Système de compte-rendu automatique de données : automatic data reporting system (ADRS) (OTAN).*

compte-rendu de fin de mission debriefing (US, GB).

compte-rendu de mise en œuvre implementation report (IMPREP) (OTAN).

compte-rendu de mission mission report (MISREP) (GB, OTAN).

compte-rendu de mouvement movement report (MOVEREP ou MOVREP) (OTAN).

compte-rendu de pertes (PERS) casualty report (CASREP) (OTAN).

compte-rendu de raid (défense aérienne) raid report (OTAN).

compte-rendu de reconnaissance aérienne air reconnaissance report (GB).

compte-rendu de reconnaissance visuelle (sur l'ennemi) SALUTE (Size, Activity, Location, Unit, Time and Equipment) report (US).

compte-rendu de renseignement intelligence report (INTREP) (GB) (ADJ : "supplementary").

compte-rendu de renseignement contre-ingérence counter-intelligence intelligence report (CI INTREP) (OTAN).

compte-rendu de renseignement périodique intelligence summary (INTSUM).

compte-rendu de renseignement-transmissions communications intelligence report (COMINTREP) (OTAN).

compte-rendu de situation situation report (SITREP) (OTAN, UN).

Cf. : A report giving the situation in the area of a reporting unit or formation (OTAN).

compte-rendu de situation (transports aériens) status report (OTAN).

compte-rendu des résultats de reconnaissance reconnaissance report (OTAN).

compte-rendu d'évaluation (PERS) evaluation report (US).

compte-rendu d'évaluation logistique logistic assessment report (LOGASSESSREP) (OTAN).

compte-rendu d'événement casualty report (CASREP) (OTAN).

compte-rendu d'exécution des mesures d'alerte alert implementation report (ALIM-PREP) (OTAN).

compte-rendu d'exploitation de reconnaissance reconnaissance exploitation report (OTAN).

compte-rendu d'incident incident report (UN, GB).

compte-rendu d'inspection inspection report (US).

compte-rendu d'interprétation (imagerie) interpretation report (US, GB).

compte-rendu d'opération operation report (OPREP *ou* OP / REP) (OTAN).

compte-rendu logistique résumé logistics summary report (LOGSUMREP) (OTAN).

compte-rendu résumé summary report (OTAN).

compte-rendu supplémentaire supplementary report (OTAN).

compte-rendu tactique tactical report (TACREP) (GB).

compter sur to depend on, to rely on (GB), to count on. Ex : *Compter (ou se reposer) sur ses hommes : to rely on one's men (US).*

compteur Geiger Geiger counter (GB).

concave (poignard) concave.

concentration concentration (US, GB), mass (US), massing (US), density (US). Ex : *Une concentration ennemie : an enemy concentration (GB). Des concentrations de force : concentrations of force (US). Concentration de la puissance opérationnelle : concentration of combat power (OTAN). Concentration d'objectifs : target concentration (OTAN). Concentration stratégique : strategic concentration (OTAN). La concentration physique des forces sur le champ de bataille : the physical concentration of forces on the battlefield (US). De fortes concentrations de forces terrestres : high densities of ground forces (US). Déplacer des concentrations de blindés : to move masses of armor (US). Une concentration blindée : concentrated armoured troops (GB). Une concentration de forces ou de moyens : a concentration of forces or means (GB). Accumuler d'importantes concentrations de forces : to develop large concentrations of forces (GB). Concentration des effets contre l'ennemi : massing of effects against the enemy (US).*

concentration (principe tactique) mass (US, GB, OTAN) (VERB : "to achieve").
Cf. : The concentration of combat power (OTAN)… at the decisive time and place (US).

concentration d'artillerie artillery concentration, volume of gunfire (GB, OTAN) (VERB : "to place" = exécuter). Ex : *Une concentration d'artillerie et de tirs de mortiers : a concentration of artillery and mortar fire (GB).*

concentration de la puissance de feu concentration of firepower (GB).

concentration des efforts (TAC) unity of effort (US).

concentration des forces concentration of forces (US).

concentration d'objectifs target concentration (US, GB).

concentration stratégique strategic concentration (US, GB).

concentré (intense) (opération / attaque / force) concentrated (GB, US). Ex : *Des tirs d'artillerie concentrés : concentrated artillery fires (GB). Un tir de barrage concentré : a concentrated barrage (GB).*

234

concentrer (forces / opérations / puissance de combat / feux) to concentrate (US, GB), to mass, to focus (US). Ex : *Les opérations ont été en grande partie concentrées sur la zone littorale : operations were largely concentrated in the coastal area (GB). Concentrer la puissance opérationnelle : to focus combat power (US). Concentrer des forces sur la frontière : to mass forces along the border. Il concentra ses forces en vue de l'attaque : he concentrated his forces for the attack (GB). Le génie concentre ses efforts sur l'appui à la manœuvre : engineers concentrate their efforts in supporting maneuver (US). Concentrer des feux : to mass fires (US).*

concentrer (énergie) to concentrate (OTAN). Ex : *Concentrer l'énergie de l'explosion dans une direction (charge formée) : to concentrate the explosive force in a particular direction (OTAN).*

concentrer (feux) to concentrate (US), to mass (US) (fires).

concept concept (US, OTAN, UN, UEO), construct (US), design (US) (Termes dénombrables) (VERB : "to grasp", "to develop", "to improve", "to test", "to adopt", "to embrace", "to emphasize", "to make use of", "to handle", "to suppress") (ADJ : "current", "organizational", "operational", "well-established", "experimental", "innovative", "robust", "versatile") (PREP : "under"). Ex : *Concept opérationnel : operational concept (US). Concept tactique : battlefield concept (US), tactical concept (OTAN). Concept logistique : logistical concept (US), logistics concept (US). Concept stratégique : strategic concept (OTAN, US). Concept de (la) dissuasion : concept of deterrence (UN). Concept / de missile / de char / de force : missile / tank / force / design (US). Concept de gestion : management concept (US). Le concept de la bataille aéroterrestre : the Airland Battle concept (US). Les concepts de (la doctrine) Force XXI : Force XXI concepts (US). Mettre en œuvre le concept de Groupes de forces interarmées multinationales : to implement the Combined Joint Task Force concept (OTAN). Un concept de commandement : a command and control concept (US). Il peut être utile de recourir plus largement au concept de nation-cadre : it may be useful to make wider use of the framework nation concept (UEO). Le concept de brigade : the brigade concept (US). Concept en vue d'opérations interarmées futures : concept for future joint operations (US).*

concept de combat (chef) concept of combat operations (US).

concept de guerre warfighting concept (US).

concept de l'opération concept of operation (OTAN) (VERB : "to formulate").

concept (ou doctrine) d'emploi (force / unité) principles of employment (US).

concept d'emploi des forces force commitment concept.

concept de point culminant capstone concept (US).

concept de pointe en matière de combat advanced warfighting concept (US).

concept d'utilisation (système d'arme) (weapon system) employment concept (OTAN).

concepteur (ARMT) designer (US).

concept fonctionnel functional concept (US).

concept initial initial concept (US).

concept intégrateur integrating concept (US).

concept interarmées joint concept (US).

concept logistique logistics concept (US) (VERB : "to develop").

concept militaire military concept (US).

concept opérationnel operational concept (OTAN, US). Ex : *Expériences militaires portant sur des concepts opérationnels formulés avec soin : service experiments involving carefully formulated operational concepts (US).*

concept organisationnel organisational concept (OTAN).

concept stratégique strategic concept (OTAN) (VERB: "to approve", "to update"). Ex: *Le Concept stratégique de l'Alliance: the Alliance's Strategic Concept (OTAN).*

concept subordonné subordinate concept (US).

concept tactique tactical concept (OTAN).

conception (armement / construction / opération) design (US, GB) (VERB: "to supervise"). Ex: *De conception modulaire: modular in design (US), modular design (En épithète) (US). La conception des armes: design of weapons (US). De conception avancée (matériel): advanced (UN). Le canon rayé de 105 mm M68E1 de conception britannique: the British-designed M68E1 105mm rifled gun (US). La conception d'origine du (char) M48: the basic design of the M48 (US). La conception de l'opération: the design of the operation (US).*

conception (pensée) thinking (GB). Ex: *Les conceptions du général Bagnall: General Bagnall's thinking (GB).*

conception (ou idée de manœuvre ou conception du chef) concept of operations (OTAN).

conception (de) (matériel) -designed (US, GB) (En suffixe après un adjectif de nationalité). Ex: *Le F-111 de conception américaine: the American-designed F-111 (GB).*

conception assistée par ordinateur (CAO) (ARMT) computer-aided design (CAD) (Jane's).

conception de manœuvre (TAC) scheme of maneuver (US).

conception des expérimentations experiment design (US).

conception des opérations (TAC) operational design (US).

conceptualiser to conceptualize (US).

conceptuel conceptual. Ex: *Du point de vue conceptuel: conceptually (US).*

concernant (relatif à) concerning (US), about (OTAN), pertaining to (US). Ex: *Des informations concernant les pays étrangers: information concerning foreign countries (US). À la suite des allégations serbes concernant un attaque de l'OTAN sur la village de Korisa, au Kosovo: following Serb claims about a NATO attack in the village of Korisa in Kosovo (OTAN). Le résultat de l'exploitation des renseignements bruts concernant les nations étrangères: the product resulting from the processing of information concerning foreign nations (OTAN). Les questions concernant la population civile: matters pertaning to the civil population (US). Concernant mon dernier ordre, annulez! (procédure radio): reference my last order, cancel! (GB).*

concerne (en ce qui) with reference to (UEO), with respect to (UEO). Ex: *En particulier en ce qui concerne les capacités C3 (commandement, contrôle et communication): with particular reference to C3 (command, control and communications) capabilities (UEO). En ce qui concerne la collecte de l'information: with respect to the gathering of information (UEO).*

concerné concerned (UEO). Ex: *Les pays concernés: the nations concerned (UEO).*

concert (de) in concert with (US), in conjunction with (GB), together (US). Ex: *De concert avec les autres armées, l'armée de terre...: in concert with the other services, the Army... (US). Deux forces agissant de concert: two forces acting together (US).*

concertation deliberation (OTAN), cooperation (UN). Ex: *Concertation entre autorités politiques: deliberation among political authorities (OTAN). En concertation avec: in cooperation with (UN).*

concerté concerted (US, OTAN). Ex : *Un effort concerté : a concerted effort (US). Des directives concertées : concerted directives (OTAN). Assurer une action concertée : to ensure concerted action (US).*

concertina (barbelé à boudin) concertina (fence).

concevoir to design (CFE, GB), to intend (GB), to conceive (US). Ex : *Un véhicule conçu pour transporter un groupe de combat d'infanterie : a vehicle designed to transport a combat infantry squad (CFE). Une force expéditionnaire conçue essentiellement pour la projection de forces : an expeditionary force intended primarily for force projection (GB). La campagne terrestre de la guerre du Golfe fut conçue avec brio : the Gulf War ground campaign was brilliantly conceived (US). Concevoir l'opération Mincemeat (= chair à pâté) : to conceive Operation Mincemeat (US). Le lance-roquettes a été conçu pour détruire les chars : the rocket launcher was designed for destroying tanks (GB).*

conciliation conciliation (GB, US) (NOM : "provision").

concis (personnel / expression / ordre) concise (US).

concluant conclusive (US).

concomitance concurrency (US).

concomitant concurrent (US, GB).

concorder avec to dovetail with (familier) (US). Ex : *Les plans d'attaque de la division voisine concordent très bien avec les nôtres : the adjacent division's plans for the attack dovetail very well with our own (US).*

concourir (compétition) to compete (in a competition) (US).

concourir à to contribute to. Ex : *Le génie concourt à la mobilité : Engineers contribute to mobility.*

concours competition (GB), competitive examination (US). Ex : *Un concours d'infanterie : an Infantry competition (GB) (VERB : "to take place", "to win", "to run") (ADJ : "gruelling" (GB) / "grueling" (US). Concours (d'entrée dans une grande école militaire) : competitive examination (US). Se présenter au concours d'entrée de Sandhurst : to sit for Sandhurst (GB). Concours de tir : shooting competition (GB).*

concours (matériel) (ARMT) contest. Ex : *Le vainqueur du concours (armement) : the winner of the contest.*

concours (assistance) Ex : *Prêter son concours à (organisme) : to assist (OTAN).*

conclure to conclude (GB, US). Ex : *Conclure un armistice : to conclude an armistice (GB). La commission a conclu que... : the board concluded that... (US).*

conclure (mettre un terme à) to conclude (US), to wind up (familier) (US). Ex : *Cette poursuite jusqu'au Rhin conclura l'opération : this pursuit to the Rhine will wind up the operation (familier) (US). Conclure des hostilités en des termes favorables aux États-Unis : to conclude hostilites on terms favorable to the US (US).*

conclusion conclusion (GB), finding (US) (VERB : "to reach", "to arrive at"). Ex : *Les conclusions / d'un groupe d'étude / d'un réexamen des forces armées : the findings / of a study group (US) / of a defence review (GB). Pour mettre en œuvre nos conclusions (rapport) : to implement our conclusions (GB).*

conclusion (fin) end, termination (US). Ex : *La conclusion des hostilités (processus) : the termination of hostilities (US).*

concrétiser to put into practice (OTAN). Ex : *Nous sommes déterminés à jouer pleinement notre rôle afin de concrétiser cette vision : we are resolved to play our full part in putting this vision into practice (OTAN).*

concurrence competition (US, GB) (ADJ: "intense"). Ex: *Être en concurrence avec quelqu'un :* to be in competition with somebody *(US). Concurrence entre les armes et les services (de soutien) :* competition between arms and services *(GB). Contre la concurrence des géants américains (armement) :* against competition from US giants *(Jane's).*

concurrent (ARMT) competitor (GB). Ex: *Un concurrent sérieux sur le marché des chars poseurs de ponts :* a strong competitor on the armoured bridge layer market.

concurrentiel competitive (US).

condamnation (ou peine) (justice militaire) sentence (GB) (VERB: "to award", "to pass").

condamné (matériel) condemned (materiel) (OTAN).

condamner to sentence (US). Ex: *Un sergent instructeur a été condamné à 5 ans de prison pour avoir maltraité 20 femmes qui se trouvaient sous ses ordres :* a drill sergeant was sentenced to 5 years in prison for mistreating 20 women under his command *(US).*

condenser to shorten (OTAN). Ex: *Condenser un message :* to shorten a message *(OTAN) (NOM ASS. : "shortening").*

condition (circonstance) condition (US), circumstance (US). Ex: *Dans ces conditions :* under these circumstances *(US).*

condition (statut) status (US, GB). Ex: *Tout ce que l'on doit savoir sur la condition de soldat (ou de militaire) :* everything you need to know about being a soldier *(US).*

condition (état) (personnel / matériel) condition (GB), state (GB). Ex: *Être en parfaite condition intellectuelle et physique (PERS) :* to be in prime mental and physical condition *(GB). La condition physique des recrues :* the physical state of recruits *(GB). Maintenir le matériel en bonne condition d'utilisation :* to maintain the equipment in serviceable condition *(UN),* to keep the equipment fit *(GB).*

condition (obligation) term (OTAN, US) (PREP: "on"). Ex: *Imposer les conditions précisées dans le mandat :* to enforce the terms specified in the mandate *(OTAN). Conclure des hostilités en des conditions favorables aux États-Unis :* to conclude hostilities on terms favorable to the US *(US). Imposer à l'ennemi de se battre suivant nos conditions :* to force the enemy to fight on our terms *(US).*

condition (remise en) reconstitution (US), refurbishment (GB).

condition d'exposition aux radiations radiation exposure state (OTAN).

condition militaire (fonction) Service Conditions (GB).

conditionnement (LOG) packaging (OTAN). Ex: *Conditionnement des munitions :* ammunition packaging.

conditionner to package (OTAN). Ex: *Carburants conditionnés :* packaged petroleum products *(OTAN).*

condition physique (PERS) (physical) fitness (GB). Ex: *L'importance de la condition physique (PERS) :* the value of physical fitness *(GB). Le sergent instructeur doit faire en sorte que les soldats soient en bonne condition physique :* the drill sergeant must ensure that soldiers are physically fit *(US) (Voir aussi **forme physique**).*

condition préalable prerequisite (OTAN, US), precondition (US) (PREP: "for"). Ex: *Une condition préalable à la conservation de l'initiative :* a prerequisite for holding the initiative *(US).*

conditions (TAC) conditions (US) (PREP: "in", "under"). Ex: *Opérer dans des conditions très variées (INF) :* to operate in a wide range of conditions *(US). Dans les conditions les plus favorables :* under the most favourable conditions *(GB). Dans des conditions de combat réalistes :* under realistic battle conditions *(US). Conditions de visibilité :* visibility conditions *(US). Dans des conditions extrêmement difficiles et dangereuses :* under extremely *difficult and hazardous conditions (US).* Entraînement / exercice / en conditions réelles : *live / training / exercise (US).* Dans des conditions extrêmes (entraînement) : *under (ou in) extreme conditions (GB).* Soumettre un missile à des essais en conditions opération-nelles : *to test a missile under operational conditions (US).* Dans des conditions de sécu-rité physique et matérielle (accès, élimination, transport) : *safe and secure (UN).* Dans des conditions de campagne (entraînement) : *under field conditions (US).* Agir dans les conditions dures et exigeantes du combat (soldats) : *to operate in the tough, demanding conditions of combat (US).* Créer les conditions favorables pour l'engagement de la puis-sance opérationnelle : *to create favorable conditions for the commitment of combat power (US).*

conditions atmosphériques atmospheric conditions (US), weather features (OTAN) (ADJ : "adverse"). Ex : *Renseignement sur l'ennemi, les conditions atmosphériques et géogra-phiques nécessaires au commandement pour la préparation et la conduite des opérations de combat : the knowledge of the enemy, weather and geographic features required by a commander for the planning and conduct of tactical operations (OTAN).*

conditions climatiques climatic conditions (GB), weather conditions.

conditions dangereuses hazardous conditions (HAZCON) (OTAN).

conditions de base baseline (CA).

conditions de combat combat conditions (US).

conditions de luminosité light conditions (US).

conditions de milieu environment. Ex : *Prévisions des conditions de milieu dans la lutte anti-sous-marine : antisubmarine warfare environmental prediction (OTAN).*

conditions de progression (force) going (GB). Ex : *Les conditions de progression étaient très difficiles (fantassins) : the going was extrememly difficult (GB).*

conditions de réussite (campagne ou opération militaire) conditions for success (GB).

conditions de travail working conditions (GB). Ex : *Mauvaises conditions de travail : bad wor-king conditions (GB).*

conditions de vie living conditions (OTAN). Ex : *Rétablir des conditions de vie acceptables au Kosovo : to restore tolerable living conditions in Kosovo (OTAN).*

conditions géographiques (pour une opération) (TAC) geographic features (US) (Voir **conditions atmosphériques**).

conditions météo (rologiques) weather conditions (GB, US), weather (US, OTAN) (ADJ : "local"). Ex : *Par toutes conditions météorologiques : in all weather conditions (OTAN). Par mauvaises conditions météo (rologiques) : during bad weather (US). De meilleures conditions météo : improved weather (OTAN).*

conditions requises (pour un candidat à une carrière dans l'armée) prerequisites (US).

conditions sanitaires health conditions (US).

conditions stratégiques strategic circumstances (AUST).

conducteur (ou pilote) (véhicule / char) driver (DVR) (US). Ex : *Conducteur de camions (ou de poids lourds) : truck driver (US) (Voir aussi chauffeur).*

conduire (mener) (TAC) to conduct (US, GB), to wage (GB), to execute (US). Ex : *Conduire / des opérations / un assaut / la bataille : to conduct / operations / an assault (US) / the battle (GB). Conduire (ou mener) une campagne : to wage a campaign (GB). La cam-pagne terrestre de la guerre du Golfe fut conduite de façon professionnelle : the Gulf War ground campaign was professionally executed (US).*

conduire (diriger / être à la tête de) to lead (US), to direct (OTAN). Ex: *Conduire une équipe: to lead a team (GB). Conduire l'appui aérien rapproché (organisme): to direct close air support (OTAN). Conduire des troupes à la victoire: to lead forces to victory (US). La 2ᵉ Brigade de Cavalerie Légère Blindée a conduit l'attaque des 1ᵉʳᵉ et 3ᵉ Divisions blindées: the 2d ACR (= Armored Cavalry Regiment) led the attack of the 1st and 3rd Armored Divisions (US).*

conduire à (amener à) to lead to (US, OTAN). Ex: *Suivre des stages conduisant à des diplômes supérieurs: to pursue courses leading to higher degrees (US). Tout refus de répondre à ces exigences conduirait l'OTAN à prendre les mesures nécessaires, quelles qu'elles soient, pour éviter une catastrophe humanitaire: failure to meet these demands would lead NATO to take whatever measures were necessary to avert a humanitarian catastrophe (OTAN).*

conduite (mode d'action) course of action (OTAN). Ex: *Adopter une conduite (accomplissement d'une mission): to take a course of action (OTAN).*

conduite (campagne d'opérations) conduct (OTAN).

conduite (direction) (unités / opérations) control (OTAN), conduct (OTAN). Ex: *La conduite d'unités militaires: the control of military units (OTAN). Transmettre la responsabilité de la conduite du combat: to pass responsibility for the conduct of combat operations (OTAN). La conduite d'opérations de soutien de la paix en Europe: the conduct of peace-support operations in Europe (OTAN).*

conduite (comportement) (PERS) conduct (US) (ADJ: "erratic", "reckless", "proper"). Ex: *Bonne conduite: good conduct (US). Conduite indigne d'un officier (délit): conduct unbecoming an officer (US) (VERB: "to engage in").*

conduite (ligne d'action) policy (US). Ex: *Conduite à tenir à l'égard des homosexuels: homosexual policy (US).*

conduite (véhicule) driving (US).

conduite (inspection) conduct (of an inspection) (CFE, UN).

conduite (ordre de) fragmentary order (Abréviation US: "FRAGO" – Abréviation GB: "FragO").

conduite (de la guerre) prosecution (US). Ex: *La conduite de la guerre (mission des armées): the prosecution of war (US). Conduite de la guerre: warfighting (S'emploie également en épithète) (US, GB, CA).*

conduite de la bataille conduct of the battle (GB), battle management (US).

conduite de la guerre (la) the conduct of war (US), warfighting (US).

conduite des opérations conduct of operations (GB, US, OTAN) (ADJ: "timely"). Ex: *La conduite des opérations: the conduct of combat operations (OTAN). Renseignement sur l'ennemi, les conditions atmosphériques et géographiques nécessaires au commandement pour la préparation et la conduite des opérations de combat: the knowledge of the enemy, weather and geographic features required by a commander for the planning and conduct of tactical operations (OTAN).*

conduite des opérations (commandement) control (US, OTAN), control of operations. Ex: *Commandement et conduite des opérations: command and control (C2) (US).*

conduite de tir (ou commande de tir) fire control (system) (GB, OTAN, US) (Abréviation OTAN: "FC") (ADJ: "digital") (PART: "improved", "(fully) integrated"). Ex: *Le système de conduite de tir (char): the fire control system (GB). Conduite de tir informatisée (char): computerised fire control system (Jane's). Radar de conduite de tir: fire control radar (FCR) (US).*

conduite de tir inertielle (ou à inertie) (canon automoteur) inertial Dynamic Reference Unit (DRU) (GB).

conduite d'opérations militaires (la) the conduct of military operations (US).

conduite du combat (la) the conduct of combat operations (US).

cône de charge warhead (OTAN, US, UN).

cône de feu cone of fire (GB).

confédération interalliée des officiers de réserve (CIOR) Interallied Confederation of Reserve Officers.

conférence (réunion internationale) conference (UN, US) (PREP: "on"). Ex: *Conférence-bilan (ou conférence d'examen): review conference (UN). Conférence sur le désarmement: disarmament conference (US).*

conférence (formation) lecture (GB) (VERB: "to give") (PREP: "on", "about"). Ex: *Une série de conférences: a series of lectures (GB).*

conférence-bilan follow-up meeting (FUM) (OTAN), review conference (UN).

conférence de presse press conference (GB, OTAN), news conference (OTAN) (VERB: "to hold", "to attend") (ADJ: "joint" = conjointe) (PREP: "at", "on"). Ex: *Donner une courte conférence de presse (autorité): to give a brief press conference (US). Participer à une conférence de presse (journaliste): to attend a press conference (OTAN).*

conférer to delegate (OTAN), to award (GB), to confer (GB), to contribute (US), to give (US, Jane's), to provide (US) (PREP: "to", "with"). Ex: *L'autorité conférée à un chef (ou commandant) de (+ verbe à l'infinitif): the autority delegated to a commander to (OTAN). Conférer une médaille: to award a medal (GB) (Emploi du verbe "to award": Conférer quelque chose à quelqu'un: to award somebody something / to award something to somebody). On lui avait conféré la Légion d'honneur et la Croix de guerre avec sept palmes: he had been awarded the Légion d'honneur and the Croix de guerre with seven palms (GB). Conférer une distinction à une unité: to confer a distinction on a unit (GB). Cela confère de la mobilité et de la puissance de feu à l'ensemble interarmes: it contributes mobility and firepower to the combined arms team (US). Conférer protection et mobilité: to give protection and mobility (US). Conférer une autorité à un chef: to vest authority in a commander (OTAN). Conférer au véhicule une vitesse maximale sur l'eau de 10 km/h: to give the vehicle a maximum water speed of 10 km/h (Jane's). Conférer à l'équipage une protection maximale contre les mines: to give maximum protection to the crew from mines (Jane's). Les huit véhicules chenillés lui (= section) confèrent de la mobilité: the eight tracked vehicles give it mobility (US). Conférer à une unité la capacité de (+ verbe): to give a unit the capability to (US). Conférer de la vitesse et de la mobilité aux unités de combat: to provide combat units with speed and mobility (US).*

conférer avec to confer with (GB).

confession (religieuse) denomination (US), (religious) faith (US) (Termes dénombrables). Ex: *Des aumôniers de toutes confessions: chaplains of all denominations.*

confiance confidence (US, GB), trust (US) (+ préposition "in") (VERB: "to build", "to gain", "to keep", "to destroy", "to foster", "to maintain") (ADJ: "unswerving"). Ex: *Avoir confiance en ses chefs: to be confident in one's leaders (US). Gagner la confiance de ses soldats (chef): to gain the confidence of one's soldiers (US). Opérations destinées à gagner la confiance des populations (humanitaire / maintien de la paix): hearts and minds operations (GB).*

confiance à accorder à la source (RENS) reliability of source (US).

confiance en soi (assurance) (PERS) self-confidence (US) (VERB: "to develop").

confiance mutuelle (pays / armées) mutual trust (US).

confidentialité (RENS) secrecy (US). Ex : *Protéger la confidentialité de leurs messages (agents) : to protect the secrecy of their messages (US).*

confidentiel confidential (UN, OTAN). Ex : *Information confidentielle : confidential information (UN). Restrictions d'accès à des informations confidentielles de l'OTAN : restrictions of access to NATO confidential information (OTAN). OTAN confidentiel : NATO confidential (NC) (OTAN).*

confidentiel défense (CD) (degré de classification) confidential (C) (US, GB) (Classification OTAN : "NATO confidential") (Classification UEO : "WEU confidential"). Ex : *Une habilitation Confidentiel Défense : a Confidential clearance (US).*

confier to entrust (US), to place in charge (US). Ex : *Chaque soldat qui vous est confié : each soldier entrusted to your care (US). Le général Wayne s'est vu confier le commandement des nouvelles forces : General Wayne was placed in charge of the new forces (US).*

confier à (responsabilité / mission) to assign to (US), to task to (US), to task with (US), to give to (US), to detail to (OTAN), to entrust to (US), to entrust to (US), to charter to (US). Ex : *Confier à quelqu'un la mission de : to assign somebody the mission to, to task somebody to, to task somebody with (+ Verbe en ING) (US). Se voir confier le commandement de : to be given the command of (US). Confier des fonctions particulières à des individus : to detail individuals to specific duties or functions (OTAN). Confier une responsabilité à quelqu'un : to entrust a responsibility to somebody (US). Une unité peut se voir confier plus d'une mission : a unit can be given more than one task. On nous a confié la mission de recueillir du renseignement : we have been given the task of collecting information (GB). Confier à un chef le mandat d'exercer le fonctions de... : to charter a commander to serve as (US). Confier la responsabilité de la défense aérienne à un (seul) membre de la force : to entrust one member of the force with air defense (US).*

confier à (personnels à l'exercice) to turn over to (US). Ex : *Je vous confie au sergent instructeur (officier responsable) : I turn you over to the drill sergeant (US).*

configuration (organisme) configuration (UEO). Ex : *Les états-majors nationaux et multinationaux devraient être capables d'opérer en configuration interarmées et / ou multinationale : the national and multinational HQs should be capable of operating in joint and / or combined configurations (UEO).*

configuration (armement) configuration (US), layout (US). Ex : *La configuration (aménagement) intérieure du véhicule : the vehicle's interior layout (US). En configuration tractée (mortier) : in the towed configuration (US).*

configuration du terrain terrain configuration (US).

configurer to configure (US). Ex : *Des unités spécialement configurées pour le théâtre Centre-Europe : units specially configured for the Central European theater (US).*

confinement (en) (ou en espace confiné) from enclosures (US). Ex : *Possibilité de tir en confinement (missile antichar) : may be fired from enclosures (US).*

confirmation confirmation (US) (+ "that") (PREP : "from", "of"). Ex : *Nous avons besoin de la confirmation de l'attaque chimique : we need confirmation of the chemical attack (GB).*

confirmer to confirm (US, GB, OTAN), to verify (procédure radio). Ex : *Confirmez la totalité du message que vous avez transmis (procédure radio) : verify. Je confirme (procédure radio) : I verify. Confirmé par d'autres sources (RENS) : confirmed by other sources (US). L'OTAN n'est pas en mesure de confirmer que des civils ont perdu la vie (au cours d'une attaque) : NATO is not in a position to confirm civilian loss of life (OTAN). L'OTAN ne peut confirmer le nombre des victimes indiqué par les autorités serbes, ni les raisons pour lesquelles des civils se trouvaient là au moment de l'attaque : NATO cannot confirm* *the casualty figures given by the Serbian authorities, nor the reasons why civilians were at this position at the time of the attack (OTAN). Les photographies aériennes ont confirmé les mouvements ennemis : aerial photographs confirmed the enmy's movements (GB).*

confirmer (à) to be confirmed (TBC).

confiscation confiscation (US). Ex : *La confiscation des armes : the confiscation of weapons (US).*

confisquer (armes / objets) to confiscate (US, GB) (PREP : "from"). Ex : *Confisquer des objets à des prisonniers : to confiscate objects from prisoners (US).*

conflictualité conflictuality (US).

conflit conflict (US, GB, OTAN, CA) (VERB : "to fight", "to win", "to terminate", "to resolve", "to relapse into", "to prevent", "to deter", "to avert", "to re-ignite" = raviver, "to contain") (ADJ : "major", "intrastate") (PART : "forgotten") (NOM ASS. : "onset" = début, commencement, "termination"). Ex : *Un conflit nucléaire : a nuclear conflict. Conflit régional limité : limited regional conflict (GB). Conflit(s) entre superpuissances : superpower conflict (GB). Conflit de frontière : border dispute (UN). Conflit localisé (ou feu de broussailles) : brushfire war (UN). Conflit terrestre : land conflict (US). Conflit de faible intensité : low-intensity conflict (LIC). Dans les conflits de haute intensité : in high intensity conflict (GB). Conflit de grande envergure : large-scale conflict (OTAN). Le début d'un conflit : the commencement of a conflict (GB). Conflit(s) d'échelle réduite : smaller-scale conflict (GB). Région à conflits : trouble spot (OTAN). Le conflit entre (ou qui oppose) l'Éthiopie et l'Érythrée : the Ethiopia-Eritrea conflict (GB).*

À noter : L'existence de l'adjectif "postconflict" (= d'après le conflit). Ex : *Postconflict actions (US).*

conflit (ou litige ou différend) dispute (OTAN) (VERB : "to prevent", "to arise") (PART : "existing").

conflit armé armed conflict (US, GB), state of hostilities (état de guerre non déclaré) (GB) (Terme dénombrable) (VERB : "to escalate into"). Ex : *Les conflits armés (notion générale) : armed conflict (US) (Voir aussi **droit des conflits armés**).*

Cf. : Armed conflict is a situation in which violence or military force is threatened or used. Generally, it is a contest between two opposing sides, each seeking to impose its will on the other ; however, intrastate conflict may involve several factions (GB).

conflit de faible (ou basse) intensité low-intensity conflict ou low intensity conflict (LIC) (US, OTAN).

conflit de haute intensité high-intensity conflict (US).

conflit de moyenne intensité mid-intensity conflict (US).

conflit interne (à un pays) internal conflict (GB, US).

conflit local local conflict (US).

conflit régional regional conflict (RC) (GB, OTAN) (PART : "unchecked"). Ex : *Conflits régionaux / à l'intérieur de / hors de / la zone OTAN (missions des armées) : regional conflict / inside / outside / the NATO area (GB).*

Cf. : A conflict where the fighting is contained within a particular geographic area (GB).

conflit régional limité limited regional conflict (LRC) (US).

conflit régional majeur major regional conflict (MRC) (OTAN).

conflits asymétriques asymmetric warfare (Jane's).

confluent confluence (GB). Ex : *Être au confluent du Rhin et de la Moselle (ville) : to lie at the confluence of the Rhine and the Mosel (GB).*

conforme à (être) to satisfy, to follow (US). Ex : *Être conforme à des normes : to satisfy standards. La campagne terrestre de la guerre du Golfe a été conforme aux principes de la Bataille aéroterrestre : the Gulf War ground campaign followed the Airland Battle principles (US).*

conformément à in accordance with (IAW) (US), pursuant to (US), under. Ex : *Conformément à la nouvelle doctrine américaine : pursuant to the new US doctrine (US). Conformément l'article 5 du Traité de Washington : under Article 5 of the Washington Treaty.*

conformément aux ordres as ordered (OTAN), as directed (US).

conformité avec (être en) to conform with (US). Ex : *Être en conformité avec les décisions du chef : to conform with the commander's decisions (US).*

confrontation confrontation (OTAN). Ex : *Elle (= l'OTAN) a joué un rôle indispensable pour mettre un terme à la confrontation Est-Ouest d'une manière pacifique : it played an indispensable role in bringing East-West confrontation to a peaceful end (OTAN).*

confronté à faced with (US). Ex : *Être confronté à une menace NBC : to be faced with an NBC threat (US).*

confronter to confront (US), to face (US). Ex : *Le dilemme auquel sont aujourd'hui confrontés les chefs : the dilemma that confronts leaders today (US). Être confronté à une situation : to face a situation (US).*

confusion (désordre / absence d'ordre et de cohésion) confusion (GB) Ex : *La confusion règne au sein de tout l'état-major : the whole headquarters is in a state of confusion (GB). L'ennemi s'est retiré dans la confusion : the enemy retreated in confusion (GB).*

confusion (champ de bataille) (TAC) confusion (US), fog of war (US). Ex : *Semer la confusion chez l'adversaire : to confuse the enemy (OTAN).*

Cf. : Fog of war : confusion; the lack of certainty during operations due to degraded communications and the fluidity of a situation (US).

congère snow drift (GB).

congés maladie (PERS) sick leave (GB).

conjoint (adjectif) joint (OTAN, US). Ex : *Le séminaire servira de tremplin vers l'organisation de l'exercice conjoint OTAN — UEO : the seminar will serve as a building block towards the joint NATO / WEU exercise (OTAN). Conférence de presse conjointe : joint press conference (OTAN). Une étude conjointe a été menée (programme d'armement) : a joint study has been conducted (GB). Communiqué de presse conjoint UEO / OTAN : joint WEU / NATO press release (UEO). Exercice conjoint de gestion de crise UEO / OTAN : joint WEU / NATO crisis management exercise (UEO). Une opération conjointe (deux unités différentes ou d'armées différentes) : a joint operation (GB). Zone d'action conjointe : joint action area (JTAA) (OTAN).*

conjoint de militaire (masculin ou féminin) military spouse (US).

conjointement jointly (CFE, GB), in conjunction with (US). Ex : *L'hélicoptère doit être fabriqué conjointement par (les sociétés) Westland et Aérospatiale : the helicopter is to be produced jointly by Westland and Aérospatiale (GB). L'armée de terre peut parfois agir conjointement avec les alliés étrangers ou les organisations internationales : at times the Army may also operate in conjunction with foreign allies and international organizations (US). Utiliser une arme conjointement avec des missiles : to use a weapon in conjunction with missiles (US).*

conjugué (effet) combined (US).

conjuguer to combine (US, GB). Ex : *Conjuguer la mobilité et la puissance de feu : to combine mobility and firepower.*

connaissance(s) knowledge (US, GB, OTAN), expertise (US) (Terme indénombrable) (VERB : "to acquire", "to impart", "to possess", "to instil… in", "to share") (ADJ & PART : "comprehensive", "thorough", "detailed", "needed") (PREP : "of", "about"). Ex : *Faire connaissance des autres officiers : to get (ou to become) acquainted with the other officers (US). Acquérir des connaissances tactiques : to develop tactical knowledge (US). Avoir une connaissance approfondie de : to have a thorough knowledge of (US). Sa (= officier) connaissance de la région : his knowledge of the region (GB). Les connaissances du moment (RENS) : the current body of knowledge (US). Le renseignement en tant que connaissance anticipée : intelligence as foreknowledge (US). Supériorité de la connaissance : knowledge superiority (US). Assurance d'une supériorité de la connaissance : assured knowledge superiority (US). Connaissance (spécialisée) des armes : weapons expertise (US). Inculquer les connaissances aux participants du stage : to instil the knowledge in the course participants (OTAN). Connaissances professionnelles et techniques (personnels engagés) : professional and technical knowledge (US).*

connaissance anticipée foreknowledge (US) (PREP : "of") .

connaissance de la situation (tactique) (TAC) situational awareness (US, OTAN, GB) (VERB : "to maintain") (ADJ & PART : "common", "unsurpassed") (NOM ASS. : "capabilities"). Ex : *Les forces yougoslaves ont été privées de leurs moyens de connaissance de la situation de la campagne aérienne : the Yugoslav forces lost the ability to maintain situational awareness of the air campaign (OTAN).*

Cf. : Ability to have accurate and real-time information of friendly, enemy, neutral, and noncombatant locations; a common, relevant picture of the battlefield scaled to specific level of interest and special needs (US). The understanding of the operational environment in the context of a commander's (or staff officer's) mission (or task) (GB).

connaissance de l'espace de bataille (ou connaissance du champ de bataille) battlespace awareness (OTAN).

connaissance du milieu knowledge of the environment.

connaissance du terrain knowledge of the ground (GB, US).

connaissance précise de l'espace de bataille precise battlespace knowledge (US).

connaissances spécialisées expertise (UN).

connaître (savoir) to know (US), to be familiar with. Ex : *Connaître son travail : to know one's job (US). Bien connaître (quelque chose) : to be familiar with (something). Connnaître à l'avance : voir savoir à l'avance.*

connaître (faire l'expérience de) to undergo (US), to see (US, GB), to experience (GB), to undergo (US). Ex : *Les évolutions que connaît actuellement l'armée de terre : the changes the Army is now undergoing (US). L'armée territoriale (= armée de réserve britannique) connaîtra les plus grandes évolutions : the TA (= Territorial Army) will see the greatest changes (GB). Beaucoup étaient trop jeunes pour avoir connu le combat : many were too young to have experienced combat (GB). Le Service de Sécurité de la Défense (= équivalent US de la DPSD) a connu une évolution spectaculaire par rapport à ses débuts : DSS (= Defense Security Service) has undergone a dramatic evolution from its initial days (US). Le ministère de la Défense connaîtra la deuxième augmentation consécutive de son budget : the Department of Defense will see the second consecutive increase in its budget (US).*

connectivité (TRANS) connectivity (US) (VERB : "to ensure") (ADJ : "seamless", "longhaul", "intratheater") (PREP : "from… to", "with").

connexe related (OTAN). Ex : *Artillerie et matériels connexes : artillery and related equipment (ART) (OTAN)*.

connu known (US). Ex : *Toutes les contre-mesures connues : all known countermeasures (US)*.

connu (terrain) familiar (US).

conquérant (nom) conqueror (GB).

conquérir (TAC) to seize, to secure, to achieve, to gain (US), to win (US). Ex : *Conquérir un espace de manœuvre : to seize a manœuvre area. Conquérir une tête de pont : to secure a bridgehead. Conquérir la supériorité du feu : to achieve fire superiority. Conquérir du terrain : to gain ground (US). Conquérir un objectif (TAC) : to gain an objective (OTAN). Les positions syriennes nouvellement conquises : the newly won Syrian positions (US). Conquérir la liberté d'action : to gain freedom of action (US)*.

conquérir (territoire) to conquer (GB).

conquérir (obtenir) (sens figuré) to win (GB). Ex : *Conquérir les cœurs et les esprits de la population : to win the hearts and minds of the population (GB)*.

conquête seizure (objectif, point du terrain) (US, OTAN), taking (of ground) (terrain) (GB), conquest (territoire) (GB), capture (territoire, région) (GB), possession (point du terrain) (GB). Ex : *La conquête des objectifs initiaux : the seizure of initial objectives (US). La conquête d'un territoire : the conquest of a territory (GB) (VERB avec "conquest" : "to achieve") – La conquête de la Sicile : the capture of Sicily (GB). L'infanterie est l'arme principale de conquête du terrain de l'armée de terre : the Infantry is the basic ground-gaining arm of the Army (US). Se battre pour la conquête du sommet de la colline : to fight for possession of the hilltop (GB)*.

conquête des "cœurs et des esprits" (opérations de) (humanitaire / maintien de la paix) hearts and minds (operations) (GB) (Obtention du soutien des populations).

consacré à devoted to (US). Ex : *Environ un (ou le) quart des moyens de la DST serai (en) t consacré(s) à la lutte antiterroriste en France : about one-fourth of the DST's resources are said to be devoted to combating terrorism in France (US). Les dépenses consacrées à l'équipement et à la puissance de feu : spending on equipment and firepower (OTAN)*.

consacrer à (ressources) to dedicate to (US). Ex : *Consacrer des ressources à la coopération avec les États-Unis : to dedicate resources to cooperation with the US (US)*.

conscience awareness (US). Ex : *Conscience de l'espionnage et de la contre-ingérence : espionage and counterintelligence awareness (US). Conscience situationnelle (ou connaissance de la situation) (TAC) : situational awareness (US)*.

conscient (PERS) (SAN) conscious (US). Ex : *Si le blessé est conscient : if the casualty is conscious (US)*.

conscription (service militaire obligatoire) conscription (GB), the draft (system) (US) (VERB : "to enforce", "to abandon", "to drop", "to restore", "to resort to", "to move away from", "to start", "to authorize", "to create", "to operate", "to hold") (ADJ : "fair", "equitable"). Ex : *Une armée de conscription : a conscription army. Supprimer (progressivement) la conscription : to phase out conscription (Jane's). Si les États-Unis revenaient à la conscription : if the United States returned to a draft (US). La conscription du temps de paix : the peacetime draft (US). La conscription a pris fin en 1973 : the draft ended in 1973 (US)*.

conscrit (ou appelé) conscript (GB), draftee (US).

consécutif consecutive (US), successive (OTAN). Ex : *Pendant 30 jours consécutifs : for 30 consecutive days (US). Des coups consécutifs (ART) : successive rounds (OTAN). Le*

*ministère de la Défense connaîtra la deuxième augmentation consécutive de son budget :
the Department of Defense will see the second consecutive increase in its budget (US).*

consécutif à subsequent to (US).

conseil (assemblée) council (US, GB), board (PREP : "on"). Ex : *Conseil consultatif : advisory
board (UN). La France a son propre ambassadeur au Conseil de l'Altantique Nord :
France has her own ambassador on the North Atlantic Council (US).*

conseil (mission de service de renseignement) (RENS) advice (US). Ex : *Conseil en
matière de sécurité auprès des administrations et des entreprises (mission du MI5 britannique) : protective security advice for government and industry (US).*

conseil conjoint permanent (CCP) (OTAN) Permanent Joint Council (PJC) (OTAN).

conseil de coopération nord-atlantique (CCNA) (OTAN) North Atlantic Cooperation
Council (NACC) (OTAN).

conseil de l'Atlantique Nord (OTAN) North Atlantic Council (NAC) (OTAN). Ex : *La
France a son propre ambassadeur au Conseil de l'Atlantique Nord : France has her own
ambassador on the North Atlantic Council (US).*

Conseil de Partenariat Euro-atlantique (CPEA) (the) Euro-Atlantic Partnership Council
(EAPC) (OTAN) (44 pays en 1999) (Voir aussi **CPEA**).

conseil de sécurité des Nations-Unies (the) United Nations Security Council (UN-SC) (GB,
OTAN).

conseil des ministres (entité politique) the Cabinet (GB).

conseil des ministres (réunion) Cabinet meeting (GB).

conseil permanent de l'UEO (the) WEU Permanent Council (UEO).

conseil scientifique de la Défense (CSD) (1998) (France) Équivalent GB : Defence
Scientific Advisory Council (DSAC). Équivalent US : Defense Science Board (DSB)
(1956).

conseil supérieur de la réserve militaire (Traduction proposée) (the) Reserve Board.

conseil supérieur de l'armée de terre Équivalent GB : the Army Board (of the Defence
Council) (12 membres).

Cf. : Composition of the Army Board (GB) : the Secretary of State for Defence, Minister of State
(Armed Forces), Minister of State (Defence Procurement), Parliamentary Under
Secretary of State for the Armed Forces, Chief of the General Staff, Second Permanent
Under Secretary of State, Adjutant General, Quartermaster General, Master General of
the Ordnance, Commander in Chief (Land Command), Commander UK Support
Command (Germany), Assistant Chief of the General Staff.

conseiller (verbe) to advise (US, GB) (PREP : "on"). Ex : *Conseiller un chef sur les opérations
d'appui aérien : to advise a commander on air support operations (US). Conseiller le
chef pour les affaires de (ou en matière de) : to advise the commander on matters of (US).
Il conseilla au général d'interrompre l'attaque : he advised the general to stop the attack
(GB).*

conseiller (nom) adviser (GB), advisor (US) (ADJ : "key") (NOM ASS. : "supply") (PREP :
"to"). Ex : *Conseiller auprès du Président : advisor to the President (US). Conseiller politique : political advisor (POLAD). Conseiller juridique : legal advisor (LA). Conseiller
pour l'artillerie auprès du commandant de corps d'armée : artillery adviser to the Corps
commander (GB). Le Conseiller pour la sécurité nationale (USA) : the National Security
Adviser (OTAN). Le conseiller du Président en matière de (ou pour le) renseignement :
the President's intelligence adviser (US). Conseiller scientifique (auprès de) : scientific
adviser (to) (US).*

247

conseiller en chef chief adviser (GB).

conseiller militaire military adviser (US).

conseiller pour le général adviser to the General (US).

conseiller scientifique (ministre) scientific adviser (GB) (ADJ : "chief" = en chef).

conseils guidance (US), advice (GB) (Terme indénombrable) (VERB : "to give", "to provide... to", "to offer", "to take") (ADJ : "impartial", "wise", "expert"). Ex : *Conseils et assistance en matière de sécurité (RENS) (PSD) : security advice and assistance (US). Il refusa de suivre mes conseils : he refused to take my advice (GB).*

consensuel by consensus (OTAN). Ex : *Prise de décisions consensuelle : taking of decisions by consensus (OTAN).*

consensus consensus (UN, GB) (VERB : "to build"). Ex : *Recherche de consensus : consensus building (UN). L'OTAN travaille par consensus : NATO works by consensus (GB). Préserver le consensus national sur la politique de défense (France) : to preserve the national defense policy consensus (US).*

consentiment (partie au conflit) consent (OTAN) (ADJ : "uncertain").

conséquence impact (OTAN). Ex : *Agir en conséquence : to act accordingly (US). Cet exode a eu des conséquences majeures pour l'Albanie voisine : this exodus has had a major impact on neighbouring Albania (OTAN).*

conservation (objectif / initiative) retention (US). Ex : *Conservation de l'initiative (TAC) : retention of the initiative (US). La conservation d'un pont par la 9ᵉ Panzer Division allemande : the German 9th Panzer Division's retention of a bridge (US).*

conservation (ou fidélisation) (des personnels) (personnel) retention (US, GB) (VERB : "to foster") (PART : "improved").

conservation du terrain (TAC) retention of ground (GB), retention of terrain (US, OTAN), holding of ground (GB).

conservé aux ordres (appui d'ensemble) general support (GS) (US).

<u>Cf.</u> : Support that is given to the supported force as a whole and not to any particular subdivision thereof (US).

conservé aux ordres, avec priorité au renforcement des feux (ART) general support reinforcing (Abréviation GB : "Gen Sp Rft" – Abréviation US : "GSR").

conserver to retain (US, GB), to maintain (OTAN, <u>Jane's</u>), to keep (US). Ex : *Conserver la responsabilité de : to retain responsibility for (US). Conserver le terrain : to retain / terrain (US) (ou ground (GB). Conserver le commandement de : to retain command of (GB, US). Conserver / une unité / des éléments / sous contrôle : to retain / a unit / elements / under control (US). Conserver l'avance technologique : to retain the technological edge (US). Conserver le contrôle opérationnel : to retain operational control (US). Le Bradley XM7 conserve la tourelle biplace du Bradley M2 : the XM7 Bradley retains the two-man turret of the M2 Bradley (US). L'arme a conservé son identité propre : the branch has retained its own identity (GB). Conserver une présence dans la région : to retain a presence in the region (GB). Conserver des personnels : to retain personnel (GB). Conserver une appellation (unité) : to retain a name (US). Conserver la supériorité aérienne : to maintain air superiority (OTAN). Conserver la confiance de l'ensemble des parties (au conflit) : to keep the trust of all parties (US). Conserver le HAWK dans la panoplie des matériels sol-air : to retain the HAWK in the air defense inventory (US). La brigade conservera la capacité de larguer un seul groupement tactique parachutiste : the brigade will maintain the capability to deliver a single parachute battalion group (<u>Jane's</u>).*

conserver (liberté d'action / initiative) (TAC) to retain (US), to hold (US). Ex : *Conserver l'initiative : to retain (ou to hold) the initiative (US).*

conserver (terrain) (TAC) to retain (GB), to hold (US). Ex : *À part des escarmouches à Fondouk où les Français conservèrent le terrain : but for skirmishes at Fondouk where the French held their ground (US).*

Cf. : To retain : A tactical task to occupy and hold a terrain feature to ensure it is free of enemy occupation or use (GB).

conserver (stocks) (LOG) to carry (stocks) (OTAN).

conserver (supériorité) to maintain (US).

conserver en dépôt (matériel) to store (CFE).

conserver en réserve (force) to hold in reserve (US).

conserver la capacité de to (concurrently) be able to (Jane's). Ex : *Déployer à distance une force de 30 000 hommes tout en conservant la capacité de projeter une force en national de 5000 hommes relevables tous les 4 mois : to project a 30,000-strong force and concurrently be able to project a separate 5,000-strong force requiring relief every 4 months (Jane's).*

considérablement greatly (US). Ex : *Le M113 a une coque en aluminium, ce qui réduit considérablement le poids du véhicule : the M113 has an aluminum (ou aluminium (GB) hull, which greatly reduces vehicle weight (US).*

considération regard (US), consideration (OTAN), result (OTAN). Ex : *Sans considération de grade ou d'arme : without regard to grade or branch (US). Indépendamment de toute considération tactique : without regard to tactical considerations (OTAN). En considération de la situation tactique : as a result of the estimate of the tactical situation (OTAN).*

considérer to consider (US). Ex : *Les artilleurs étaient considérés comme l'élite de l'armée de terre : artillerymen were considered the Army's elite (US). Les armes collectives sont considérées comme une menace pour les forces américaines : crew-served weapons are considered a threat to US forces (US). Les tireurs embusqués ont toujours été considérés comme une arme psychologique : urban snipers have always been considered a psychological weapon (US). Nous devons considérer 25% des chars ayant participé à l'attaque comme perdus : we must write off as lost 25 per cent of the tanks which took part in the attack (familier) (US).*

consigne order (US, GB, instruction. Ex : *Respecter les consignes : to obey orders.*

consigne au quartier (punition) confinement to barracks.

consigne de silence noise discipline.

consigne de tir (défense aérienne) weapons control order (Tir libre : weapons free. Tir prescrit : weapons hold. Tir restreint : weapons tight) (US, GB, OTAN).

Comp :

- Weapons free : In air defence, a weapon control order imposing a status whereby weapons systems may be fired at any target not positively recognized as friendly (OTAN).
- Weapons hold : In air defence, a weapon control order imposing a status whereby weapons systems may only be fired in self-defence or in response to a formal order (OTAN).
- Weapons tight : In air defence, a weapon control order imposing a status whereby weapon systems may be fired only at targets recognized as hostile (OTAN).

consignes de circulation traffic instructions (VERB : "to follow").

consignes permanentes standing orders (GB).

console console (US) (ADJ : "remote"). Ex : *Console de visualisation (radar) : display console (US).*

console graphique graphics console (US).

consolidation (TAC) consolidation (US).

consolidation de la paix peace-building (UN, OTAN, US), nation assistance (US). Cf. : Post-conflict actions, predominantly diplomatic, that strengthen and rebuild civil infrastructure and institutions in order to avoid a relapse into conflict (US).

consolider (paix / tête de pont / position) to consolidate (US), to build (UN), to be established (GB). Ex : *Consolider / une tête de pont / une position : to consolidate / a bridgehead / a position (US, GB). Consolider la paix : to consolidate peace (US, GB), to build peace (UN). L'ennemi a désormais consolidé sa position sur la rive est du fleuve : the enemy is now established on the east bank of the river (GB).*

consommable (adjectif) expendable (GB, US) (approvisionnement, missile, personnels), disposable (US) (tube-conteneur).

consommateur (de renseignements) (RENS) (intelligence) consumer (US) (Individu ou organisme).

consommateur de temps (activité) time-consuming (US).

consommation consumption (US), use (US). Ex : *Consommation d'alcool (PERS) : alcohol consumption (US). Consommation de drogues (PERS) : use of drugs (US).*

consommation (de carburant) (véhicule) (fuel) consumption (GB, US, OTAN) (Elle se calcule en "miles per gallon" (MPG).

consommation (de munitions) (ammunition) consumption (GB), (ammunition) expenditure (GB) (VERB : "to reduce"). Ex : *Consommation autorisée : authorized ammunition consumption (ou expenditure).*

consommation de carburant fuel consumption (OTAN).

consommation de produits pétroliers petroleum consumption (US).

consommation électrique (matériel) power consumption (US). Ex : *La consommation électrique est de 150 watts : power consumption is 150 W (US).*

consommé (munition) spent (GB).

consommer (carburant) to consume (US). Ex : *La division consomme 400 000 litres de carburant par jour : the division consumes 400,000 liters of fuel daily (US).*

consommer (munitions) to expend (US), to spend (GB). Ex : *Consommer des munitions et du carburant (char) : to expend rounds and fuel (US). Consommer une quantité de munitions disproportionnée par rapport aux gains et avantages obtenus (TAC) : to expend ammunition with no commensurate gain or advantage (US).*

consortium (ARMT) consortium (Jane's). Ex : *Un consortium de deux sociétés : a consortium of two companies (Jane's).*

conspirateur conspirator (US).

constant constant (GB), continued (US), continuous (US), continuing (US). Ex : *Approvisionnement constant : constant supply (GB). L'amélioration constante des matériels : the continuing improvement of equipment (US). Soldat d'élite, tu t'entraînes avec rigueur, tu entretiens ton arme comme ton bien le plus précieux, tu as le souci constant de ta forme physique (Code d'honneur) (Légion) : an elite soldier, you will train vigorously, you will maintain your weapons as if they were your most precious possession, you will keep your body in the peak of condition, always fit (GB).*

constante (nom) constant (US).

constat d'accident accident report.

constituant (matériel / arme nucléaire) component (part) (US, GB).

constitué (unité / force) formed (GB), in being (OTAN), constituted (OTAN). Ex: *Force constituée: force in being (OTAN). Gouvernement constitué: constituted governement (OTAN). Unités constituées: formed units (GB).*

constitué de consisting of (GB). Ex: *Une force combattante, prétendument constituée de vagabonds et de criminels (Légion): a fighting force, allegedly consisting of vagabonds and criminals (GB).*

constituer (former / organiser / mettre sur pied) to organize (US), to form (US, GB), to constitute (US), to make up (OTAN), to establish (US, GB), to generate (OTAN), to put together (OTAN). Ex: *La composante Terre de la Garde Nationale est constituée de 6 divisions d'infanterie et 2 divisions blindées: the Army National Guard (ARNG) is organized into six infantry divisions and two armored divisions (US). De telles formations sont constituées à partir d'unités qui ne sont pas organiques aux divisions: such organizations are constituted from units that are not organic to divisions (US). Les divisions qui constituent le corps d'armée: the divisions that make up the corps (OTAN). Constituer des réserves de matériel et d'approvisionnements: to establish reserves of equipment and supplies (US). Constituer une unité: to form a unit (GB). Constituer une équipe (projet de recherche): to establish a team (GB). Dans leur ensemble, les différentes versions constituent une famille très étendue de véhicules: together, the different versions form a very comprehensive family of vehicles (US). Constituer une force: to generate a force (OTAN). Constituer des ensembles de forces adaptés: to put together tailored force packages (OTAN).*

constituer (être / représenter) to represent (US), to be (US, GB), to constitute (CA), to pose (CA), to be called (US), to make (up) (US), to form (GB). Ex: *Constituer un défi: to represent a challenge (US). Constituer un tout: to be complete in itself (OTAN). Le Commandement des Forces Terrestres constitue 85% de la puissance de combat de l'armée de terre: FORSCOM (= Forces Command) is 85% of the Army's combat power (US). L'armée de terre constitue une couche particulière de la société: the Army's members constitute a unique subset of society (CA). Constituer une menace militaire sérieuse pour le Canada: to pose a serious military threat to Canada (CA). Les hommes et les femmes dévoués qui constituent notre armée de terre: the dedicated men and women who are our Army (US). Le fait de grouper les régiments de manœuvre sous les trois PC de brigade en nombre et en type appropriés en fonction de la mission de chaque brigade constitue ce que l'on appelle "l'organisation pour le combat": grouping the combat maneuver battalions under the three brigade headquarters in the number and type appropriate to the mission of each brigade is called "organization for combat" (US). Trois ou quatre sections constituent une compagnie: three or four platoons make (up) a company (US). La route constituant notre ligne de débouché: the road which forms our line of departure (GB).*

constituer (société) (ARMT) to form (Jane's). Ex: *CELERG France a été constituée l'année dernière par le regroupement de SNPE et des activités de propulsion de missiles d'Aérospatiale SA: CELERG France was formed last year by the merger of SNPE and the missile propulsion activities of Aérospatiale SA (Jane's).*

constituer (forces) to constitute (Jane's), to generate (US).

constitutif component, subordinate. Ex: *L'arme blindée cavalerie est une arme constitutive de l'armée de terre: Armour is one of the component arms of the Army. Unités constitutives: component (ou subordinate) units.*

constitution (loi organique) the Constitution (US). Ex: *Prêter serment de défendre la Constitution (PERS): to swear an oath to defend the Constitution (US).*

constitution de forces force constitution.

constitution d'une force force generation (OTAN).

constructeur (ARMT) manufacturer (US, GB).

constructif constructive (US, OTAN). Ex : *Un apport constructif (à) : a constructive contribution (to) (OTAN).*

construction (GEN) construction (US), building (GB) (VERB : "to supervise"). Ex : *En cours de construction : under construction. Construction de ports, de docks, de routes, de ponts, d'équipements de transport, de camps et d'hôpitaux (GEN) : construction of ports, docks, roads, bridges, transportation facilities, camps and hospitals (US). Construction de routes (GEN) : road-building (GB). Construction d'infrastructures militaires (ou de défense) (GEN) : defence construction (GB). Matériel de construction : construction equipment (US). Système de construction mécanique (pont) : mechanical building system.*

construction de voies ferrées railway construction (GB).

construction d'obstacles (GEN) obstacle construction (US).

construire (GEN / PERS) to construct (US), to erect (US), to build (GB, US), to make (GB), to set up (OTAN). Ex : *Construire un obstacle : to construct (ou to erect) an obstacle (US). Construire / un aérodrome / une route : to build / an airfield / a road (GB, US). Construire des camps pour les réfugiés : to set up refugee camp sites (OTAN). Construire un abri improvisé (soldats) : to make an improvised shelter (GB).*

construire (matériel) to build (US), to manufacture (US, GB). Ex : *Un véhicule construit presque entièrement en blindage d'aluminium : a vehicle built almost entirely of aluminium armor (US). Construire un matériel : to manufacture a piece (ou an item) of equipment.*

construire (sens figuré) to build (OTAN), to build up (US). Ex : *La paix que nous construisons au Kosovo : the peace we are building in Kosovo (OTAN). Construire une légende (agent) (RENS) : to build up a legend (US).*

construit en (+ matériau (x)) (matériel) built of (GB).

consul consul (GB).

consulaire consular (GB). Ex : *Représentant consulaire (pays) : consular representative (GB).*

consulat consulate (GB).

consultant consultant (US) (PREP : "to" = auprès de). Ex : *Consultant auprès du Chef d'État-Major : consultant to the Chief of Staff (US).*

consultant (SAN) sick (US). Ex : *Être consultant (ou se faire porter malade) : to report sick (US).*

consultatif advisory (OTAN). Ex : *Le Comité OTAN de Défense Aérienne est l'organe consultatif de haut niveau chargé de donner des avis au Conseil de l'Atlantique Nord sur toutes les questions de défense aérienne : the NATO Air Defence Committee (NADC) is the senior advisory body advising the North Atlantic Council on all air defence matters (OTAN). Autorité consultative : advisory authority (OTAN).*

consultation (autorités politiques / militaires) consultation (OTAN) (Terme dénombrable) (PREP : "between", "with", "on"). Ex : *Avoir des consultations avec : to have consultations with (GB). Des consultations sur une crise en voie d'aggravation : consultations on a worsening crisis (OTAN). Après des consultations approfondies avec tous les Alliés : after extensive consultations with all the Allies (OTAN). Des mécanismes de consultation (entre organismes) : consultative mechanisms (US). Les arrangements de consultation spéciaux avec la Russie et l'Ukraine : the special consultation arrangements with Russia and Ukraine (OTAN).*

consultation (quotidienne) (SAN) sick call (US).

consultation, commandement et contrôle (ou et conduite des opérations) (C3) consultation, command and control (C3) (OTAN).

consulter to consult (US, OTAN). Ex : *Consulter / d'autres officiers / le chef : to consult / other officers / the commander (US). Les chercheurs peuvent consulter les documents : researchers can consult the documents (OTAN).*

contact (physique) contact (OTAN). Ex : *Roues ou chenilles au contact du sol : wheels or tracks in contact with the ground (OTAN).*

contact (relation) contact (US, GB, OTAN) (Terme dénombrable) (VERB : "to hold", "to maintain… with", "to establish… with") (PREP : "in"). Ex : *Être au contact direct des soldats : to be in direct contact with soldiers (GB). Avoir (ou tenir) le contact avec l'objectif (attaque téléguidée) : to hold contact on the target (OTAN). Contacts personnels : personal contacts (OTAN). En contact (par) radio : in radio contact (OTAN). Des contacts entre armées (nationales) : military-to-military contacts (US), army-to-army contacts (US). Établir un contact personnel avec les membres de la formation : to establish a personal contact with members of the organization (US). Maintenir un contact permanent (entre organismes) : to maintain permanent contact (OTAN) (PREP : with") – Le commandant peut maintenir le contact avec son propre état-major : the commander can maintain contact with his own headquarters (GB).*

contact (NBC) contact (US). Ex : *Contact avec des agents chimiques ou biologiques : agent contact (US).*

contact (TAC) contact (GB, US, OTAN) (avec l'ennemi : with the enemy) (VERB : "to disengage from", "to make", "to gain", "to lose", "to break") (ADJ : "imminent", "initial") (PREP : "with", "in", "on"). Ex : *Prendre contact : to gain contact (with). Perdre le contact : to lose contact (with). Rompre le contact (avec) : to break contact (with) (GB). Maintenir le contact : to maintain contact (with). Les unités au contact : the units in contact. La bataille au contact : the contact battle (battlegroup, brigade, 0-5 km de la FEBA). Actions au contact de l'ennemi : actions on enemy contact (US). Des contacts avec les troupes ennemies : contacts with enemy troops (GB). Une force au contact : a force in contact (OTAN). Jeanningros désigna la 3ᵉ compagnie du 1ᵉʳ bataillon de la Légion pour partir en patrouille et établir le contact (ou prendre contact) avec le convoi : Jeanningros detailed the 3rd Company of the 1st Battalion of the Legion to go out on patrol and make contact with the convoy (GB). Le point où le contact initial avait été établi : the point where the initial contact was made (US).*

Cf. : Conditions ranging from surveillance sighting to engaging in close combat (US).

contact (TRANS) contact (US).

contact (individu) (RENS) contact (US). Ex : *Avoir un contact au sein du Service de Sécurité britannique (MI5) : to have a contact at the British Security Service (MI5) (US).*

contact (PERS) link (GB). Ex : *Un officier de liaison fait office de contact entre deux unités différentes : a liaison officer acts as a link between two different units (GB).*

contact avec l'ennemi enemy contact (OTAN).

contact humain human contact (GB). Ex : *Établir le contact humain avec la population civile : to establish the human contact with the civilian population (GB).*

contact initial (TAC) initial contact (US).

contact physique (TAC) physical contact (US).

contact radio radio contact (GB). Ex : *Être en contact radio avec la base : to be in radio contact with the base (GB). Le PC a perdu le contact radio avec la section : the HQ (= headquarters) has lost radio contact with the platoon (GB).*

contact visuel visual contact (GB).

contagieux (maladie) (SAN) infectious (GB).

contamination contamination (US, GB) (VERB : "to avoid", "to reduce", "to remove", "to render harmless", "to result from") (ADJ : "radioactive", "residual", "initial") (NOM ASS. : "effect"). Ex : *En ambiance de contamination NBC : in a chemically contaminated environment (US). Surveiller les niveaux de contamination : to monitor contamination levels (GB). Contamination résiduelle : residual contamination (OTAN). Éviter / réduire / supprimer / rendre inopérante / une contamination : to avoid / reduce / remove / render harmless / contamination (OTAN). Ligne de contrôle de contamination : contamination control line (OTAN). Risques de contamination NBC : NBC contamination hazards (GB). Trois heures après la contamination initiale : three hours after initial contamination (US). La contamination radioactive peut provenir de retombées : radioactive contamination can result from fallout (US). La contamination de l'alimentation en eau : the contamination of the water supply (GB). Des traces de contamination : traces of contamination (GB).*

contaminé contaminated (US, GB) (PREP : "with"). Ex : *Une zone contaminée par des agents chimiques : an area contaminated with chemical agents (US).*

contaminer to contaminate (OTAN, GB) (PREP : "with").

contenance (véhicule) capacity.

conteneur (LOG / missile) container (US, GB, UN). Ex : *En conteneur : containerized. Conteneur modulable (ou à manipulation rapide) : pod (UN). Tube conteneur (missile) : container tube (US), container (US) (ADJ : "disposable").*

conteneur de stockage (LOG) storage container (US).

contenir (TAC) to contain (US, GB), to hold up (GB). Ex : *Contenir l'ennemi au nord de l.1 : to contain the enemy north of (phase) line 1. Contenir une attaque ennemie pendant un laps de temps donné : to hold up an enemy attack for a given time (GB).*

Cf. : To contain : To restrict enemy movement by stopping, holding, or surrounding his forces or causing them to center their activity on a given front to prevent the movement of any part of his forces for use elsewhere (US).

contenir (limiter) to limit (US), to contain (GB). Ex : *Contenir l'extension de la violence : to limit the spread of violence (US). Les combats sont contenus dans les limites d'une zone géographique donnée : the fighting is contained within a specific geographical area (GB).*

contenir (inclure) to contain (OTAN, US), to incorporate (US), to hold (US), to accommodate (GB). Ex : *Une zone contenant une base militaire : an area containing a military base (OTAN). Des réservoirs contenant 14 000 litres chacun : tanks containing 14,000 litres each (GB). Contenir (ou comprendre) (constituants de matériel) : to incorporate (US). Le véhicule peut contenir jusqu'à 12 soldats : the vehicle can accomodate up to 12 troops (GB). Le chargeur contient 7 cartouches (pistolet) : the magazine holds 7 rounds (US). Les hôpitaux militaires de campagne contiennent entre 150 et 200 lits : field hospitals contain about 150-200 beds (GB). Le nouveau VTT (= véhicule de transport de troupes) blindé peut contenir 12 hommes : the new APC (= armored personnel carrier) can contain 12 men (US). Cette caisse contient des munitions non explosées : this box contains live ammunition (GB).*

contesté (litigieux) contested (US). Ex : *Zone contestée : contested area (US).*

contester to challenge (GB). Ex : *Il a contesté le rapport de son chef de section : he challenged his platoon commander's report (GB). Contester la maîtrise des mers : to challenge control of the sea (US).*

contexte context (US, OTAN), background (GB, CA) (PREP : "in", "within"). Ex : *Dans ce contexte : in this context (US), against this background (GB, OTAN). Dans un contexte / militaire / opérationnel : in a military context (US) / in an operational context (OTAN). Dans le contexte de la sécurité mondiale : within the context of global security (UN). Dans le contexte des opérations de paix : in the context of peace operations (US). Dans le contexte de l'après-guerre froide : in the post-Cold War context (OTAN).*

contexte stratégique strategic context (US, OTAN). Ex : *Dans ce nouveau contexte stratégique : in this new strategic context (OTAN).*

contexture (de l'ordre) order format.

contigu (lieu/ site) contiguous (UN), adjacent (OTAN). Ex : *Sites de franchissement contigus : adjacent crossing sites (OTAN).*

continent continent (GB). Ex : *Servir sur tous les continents : to serve on all continents (US). Le continent (par rapport à une île, et en particulier la Grande-Bretagne) : the Continent (GB). Sur le continent (= en Europe, pour les Britanniques) : on the Continent (GB).*

continental (métropolitain) continental (US), mainland (GB). Ex : *Les États-Unis continentaux / métropolitains (<u>ou</u> la zone continentale des États-Unis) : the continental United States (CONUS) (US). Le Royaume-Uni continental : the mainland UK (United Kingdom) (GB). L'Europe continentale : mainland Europe (GB).*

contingence (<u>ou</u> circonstance) (TAC / STRAT) contingency.

contingent contingent (GB, OTAN, CA, US), component (OTAN) (VERB : "to scale down to" = réduire à, "to form part of", "to consist of", "to make up", "to be made up of") (ADJ : "standing", "large"), component. Ex : *Un contingent du 2ᵉ REP : a contingent from 2REP (GB). Le contingent de la Légion fort de 2000 hommes : the 2,000-strong Legion contingent (GB).*

contingent (recrues) intake (GB), draft (US). Ex : *Un contingent annuel de 15 000 nouvelles recrues : an intake of 15,000 a year (GB). Le contingent annuel d'appelés : the draft (US).*

contingent (fournée) (recrues) batch (GB).

contingent national (force multinationale) national component (OTAN), national contingent (GB).

continu (commandement et contrôle) seamless (US).

continu (opérations) continuous (US). Ex : *Des opérations en continu : continuous operations (CONOPS) (US).*

continu (moyen) (franchissement) (GEN) bridge (GB). Ex : *Il peut être employé en moyen continu : it can be used as a bridge (GB).*

continuel (attaque) persistent (GB). Ex : *Des attaques continuelles : persistent attacks (GB).*

continuer to continue (US), to press ahead (with) (<u>Jane's</u>). Ex : *Continuer la progression vers le nord : to continue the advance northward(s) (US). L'armée de terre américaine continue résolument ses efforts de numérisation du champ de bataille : the U.S. Army is pressing ahead with its battlefield digitisation efforts (<u>Jane's</u>). L'unité relevante continue l'opération suivant les ordres reçus : the incoming unit continues the operation as ordered (OTAN). Continuer une progression (force) : to march on (CA).*

continuer (tâche) (PERS) to carry on (a task) (GB). Ex : *Puis-je continuer, mon colonel ? : permission to carry on, Sir ? (GB).*

continuer à résister (<u>ou</u> se défendre) (tenir bon) (TAC) to hold out (GB).

continuité continuity (GB) (VERB : "to ensure").

continuité des opérations continuity of operations (US) (VERB : "to assure", "to ensure").

continuité du commandement continuity of command (US).

continuum continuum (OTAN). Ex : *La sécurité est un continuum : security is a continuum (OTAN).*

contournement (TAC) bypass (GB).

contourner (force ennemie / obstacle / position) (TAC) to bypass (US, GB, OTAN). Ex : *Les forces ennemies contournées : bypassed enemy forces. Contourner un obstacle (fantassin) : to move around an obstacle (US). Contourner les positions défensives principales de l'ennemi : to pass around the enemy's main defensive positions (OTAN). Une manœuvre offensive qui contourne les ouvrages défensifs d'un ennemi : an offensive maneuver that bypasses an enemy's defenses (US).*

Cf. : To bypass : Maneuvering around an obstacle, position, or enemy force to maintain the momentum of advance (US).

contourner (force amie) to pass around.

contourner (difficulté) to get around (a difficulty) (US).

contours contours (OTAN). Ex : *Les contours d'un nouvel ordre de sécurité commencent à se dessiner clairement : the contours of a new security order become clearly discernible (OTAN).*

contracter (SAN) to incur (OTAN), to contract (GB). Ex : *Plaies ou blessures contractées au combat : wounds or injuries incurred in action (OTAN). Contracter la malaria : to contract malaria (GB).*

contractuel contractual (US). Ex : *Document contractuel : contractual document (US).*

contractuel (nom) contract personnel (US). Ex : *400 contractuels : 400 contract personnel (US).*

contradictoire conflicting (US, OTAN), contradictory (US). Ex : *Ordres contradictoires : conflicting orders (US). Renseignements contradictoires (RENS) : contradictory intelligence (US). Intérêts contradictoires : conflicting interests (OTAN).*

contraindre to force (US, GB), to compel (US, GB). Ex : *Contraindre l'ennemi à se déployer : to force (ou to compel) the enemy to deploy (US). Contraindre la division à franchir le canal : to force a crossing of the canal by the division (GB). L'armée de terre contraignit à la reddition le général britannique Cornwallis à Yorktown en octobre 1781 : the Army forced the surrender of British General Cornwallis at Yorktown in October 1781 (US). Contraindre l'ennemi à lancer une attaque délibérée (ou préparée) : to force the enemy into a deliberate attack (GB). Les Canadiens ont été contraints de prendre les armes pour une troisième et dernière fois : Canadians were compelled to take up arms on a third and last occasion (CA). Nous avons été contraints d'abandonner la mission : we were forced to abort the mission (GB).*

contraindre par la force to coerce (US, GB). Ex : *On l'a contraint par la force à aider les autres soldats : he was coerced into helping the other soldiers (GB).*

contrainte constraint (US, GB), limitation (US) (ADJ avec "constraint" : "environmental", "security", "geopolitical", "safety", "fiscal"). Ex : *Une contrainte imposée par la météo et le terrain : a constraint imposed by weather and terrain (US). Une contrainte de temps : a time constraint (GB). Contraintes budgétaires : budget (ou fiscal) constraints (US). Contraintes environnementales, sécuritaires et géopolitiques : environmental, security and geopolitical constraints (US). En raison des contraintes liées à la portée des munitions : because of the ammunition range limitations (US). Contrainte logistique :*

logistical constraint (US). Contraintes géographiques : geographical constraints (US). Contraintes temporelles dans la montée en puissance des états-majors de force : time constraints in the build-up of Force HQs (UEO). Les forces agissent sous un certain nombre de contraintes : the forces are operating under a number of constraints (GB).

contraire adverse (US), otherwise (OTAN). Ex : *Un effet contraire (sur) : an adverse effect (on) (US). Sauf ordre contraire : unless ordered otherwise (OTAN).*

contraire à counter to (GB). Ex : *Votre attaque était contraire à mes ordres : your attack was counter to my orders (GB).*

contrairement à in contrast to (US). Ex : *Contrairement au combat classique : in contrast to normal combat operations (US).*

contrarier voir **entraver**.

contrat (engagement) (PERS) contract (US), term (GB) (VERB : "to sign", "to serve") (ADJ : "non-negotiable", "unconditional", "unbreakable" = irrévocable) (PREP : "with"). Ex : *Contrat d'engagement (dans l'armée de terre) : enlistment contract (US). Contrat court : short term contract (GB). L'emploi d'interprètes sous contrat : the use of contracted interpreters (US). Des volontaires remplissant des contrats initiaux de 2 à 5 ans : volunteers serving initial terms of 2 to 5 years (GB). Le premier contrat est de 5 ans : the first contract is for 5 years (GB). Signer un contrat de cinq ans : to sign a five-year contract (GB). Personnel(s) sous contrat : contractor personnel (US).*

contrat (ARMT) <u>contract</u> (US, GB, <u>Jane's</u>) (VERB : "to award" = attribuer, "to plan", "to negotiate", "to renegotiate"). Ex : *Sous contrat avec l'armée de terre (société) : under contract to the Army (US). Le contrat de mise au point et de production du (radar) MSTAR a été attribué à Thorn EMI au printemps de l'année dernière : the development and production contract for MSTAR was awarded to Thorn EMI in the Spring of last year (US).*

contrat (sous) (PERS) contracted (US).

contrat à commandes (ARMT) requirement contract (US).

contrat à prix ferme (ARMT) firm fixed price contract (US). Ex : *Contrat à prix ferme avec ajustement économique : firm fixed price contract with economic adjustment (US). Contrat à prix ferme avec prime d'encouragement : fixed price incentive contract (US). Contrat à prix ferme à réactualisation prédéfinie : prospective price redetermination contract (US). Contrat à prix ferme à réactualisation rétroactive : fixed ceiling with retroactive price redetermination contract (US). Contrat à prix ferme à obligation de moyens : level of effort contract (US).*

contrat à prix fixe (<u>ou</u> forfaitaire) (ARMT) fixed price contract (GB, US).

contrat à quantité définie (ARMT) definite quantity contract (US).

contrat à quantité indéfinie (ARMT) indefinite quantity contract (US).

contrat à livraison indéterminée (ARMT) indefinite delivery contract (US).

contrat à remboursement de coûts (ARMT) cost reimbursement contract (US), cost contract (US). Ex : *Contrat à remboursement de coûts avec prime d'encouragement variable : cost plus incentive fee contract (US). Contrat à remboursement de coûts avec prime d'encouragement à deux volets : cost plus award fee contract (US). Contrat à remboursement de coûts avec prime d'encouragement fixe : cost plus fixed fee contract (US).*

contrat à remboursement de coûts partagé (ARMT) cost sharing contract (US).

contrat d'achat (ARMT) purchase contract (<u>Jane's</u>).

contrat d'acquisition (d'armement / de matériels) procurement contract (US, AUST).

contrat heure œuvrée (ARMT) labour hour contract (US).

contrat lettre (ARMT) ordering (US).

contrat pluri-annuel (ARMT) multi-year (<u>ou</u> multiyear) contract (<u>Jane's</u>, US).

contrat "salaires et fournitures" (ARMT) time and materials contract (US).

contre against, on (US), with (US), to (UN), over (CA). Ex : *Une attaque contre des objectifs militaires : an attack against (<u>ou</u> on) military objectives (US). Une action contre l'ennemi : an action against the enemy. La guerre contre l'Espagne : the war with Spain (US). Menace contre la paix : threat to peace (UN). Un missile utilisé contre des aéronefs ennemis : a missile system employed to counter hostile aircraft. Dans l'après-midi du 1er mai, un avion de l'OTAN a effectué une attaque contre le pont de Luzan : in the afternoon of 1 May, a NATO aircraft carried out an attack against the Luzan bridge (OTAN). La victoire française contre George Washington : the French victory over George Washington (CA). La lutte contre le trafic des armes de petit calibre : combating the illegal flow of small-arms (OTAN).*

contre (rapport) to (US, GB). Ex : *À cinq contre un : by five to one (US). Devant un ennemi qui les dépassait en nombre, à plusieurs contre un : in the face of an enemy who outnumbered them several to one (GB) (Voir exemple à **proportion**).*

contre (en échange de) for (US), in exchange for (US) . Ex : *L'échange d'un pilote contre un espion : the exchange of a pilot for a spy (US). Révéler les secrets de la CIA aux Soviétiques contre 2,7 millions de dollars (agent) : to reveal CIA secrets to the Soviets in exchange for $ 2.7m (US).*

contre- (préfixe) counter- (En langue américaine, le trait d'union disparaît le plus souvent).

contre-agression counter-aggression.

contre-attaque counterattack (US, OTAN, GB) (VERB : "to conduct", "to launch", "to undertake", "to make", "to develop", "to beat off" = repousser) (Peut être soit "immediate", soit "deliberate"). Ex : *Les réserves (= des forces) sont utilisées pour donner de la profondeur à la bataille, exécuter des coups d'arrêt et rétablir l'intégrité de la position par des contre-attaques : the reserve is used to add depth, to block, or restore the battle position by counterattack (OTAN). Une dure contre-attaque fut lancée sur les limites entre les deux régiments : a harsh counterattack developed (<u>ou</u> was launched) along the boundaries between the two battalions (US).*

<u>Comp.</u> :

- Attack by a part or all of a defending force against an enemy attacking force, for such specific purposes as regaining ground lost or cutting off or destroying enemy advance units, and with the general objective of regaining the initiative and denying to the enemy the attainment of his purpose in attacking (US).

- Attaque, par toute ou partie d'une force défensive, d'une force ennemie assaillante, ayant pour but soit de reprendre le terrain perdu, soit de couper ou détruire les unités ennemies assaillantes, avec pour objectif général d'interdire à l'ennemi la réalisation de ses intentions. En défense d'arrêt, elle est déclenchée pour rétablir la position de résistance principale et ne poursuit que des objectifs limités (OTAN).

contre-attaque blindée armored counterattack (US).

contre-attaque latérale (par des forces blindées) counterstroke (GB) (VERB : "to mount... against").

contre-attaquer to counter-attack (GB), to counterattack (US) (Verbe également transitif direct. Ex : To counter-attack an enemy penetration (GB). Ex : *La 2e Compagnie contre-attaqua alors que l'ennemi était en train de se réorganiser : B Company counter-attacked while the enemy was reorganizing (GB).*

contrebande (matières fissiles / armes / etc.) smuggling (UN, US) (VERB : "to prevent"). Ex : *La contrebande des armes : arms smuggling (<u>Jane's</u>). Des problèmes transfrontaliers tels que la contrebande, le braconnage, les droits de douane et le vol de bétail : cross-border problems such as smuggling, poaching, customs and cattle rustling (US).*

contrebande d'armes arms smuggling (US).

contre-batterie (ART) counter-battery (GB). Ex : *Radar de contre-batterie : counter-battery radar (COBRA). Tir de contre-batterie : counter-battery fire (GB).*

contrecarrer to counteract (OTAN), to frustrate (US). Ex : *Contrecarrer la surveillance adverse : to counteract hostile surveillance (OTAN). Contrecarrer les activités des organismes de renseignement ennemis (RENS) : to frustrate the activities of hostile intelligence agencies (US).*

contre-contre-mesure(s) (CCM) counter-counter-measure(s) (CCM) (OTAN).

contre-contre-mesure(s) électronique(s) (CCME) electronic counter-counter-measure(s) (ECCM).

contre-contre-mesures optoélectroniques electro-optical counter-counter-measures (EOCCM) (OTAN).

contrecoup (TAC) counterblow (US) (VERB : "to strike").

contrecoup (sens figuré) aftermath (US). Ex : *Le contrecoup d'un conflit majeur : the aftermath of a major conflict (US).*

contre-coup d'État counter-coup (GB).

contre-déception counterdeception (US).

contre-dissuasion (STRAT) counter-deterrence.

contre-espion (familier) (RENS) spycatcher (US).

contre-espionnage (mission / activité) counter-espionage (OTAN), counterespionage (US), couterintelligence (US) (VERB : "to be responsible for", "to direct") (ADJ : "domestic"). Ex : *Le contre-espionnage ennemi : enemy counterintelligence (US). Activités de contre-espionnage : counterintelligence activities (US). Un organisme de contre-espionnage : a counterintelligence organization (US).*

Comp. :

Counterespionage is a narrower activity than counterintelligence and is concerned simply with preventing a foreign government's illicit acquisition of government secrets (US). Activities to protect classified material from foreign collection efforts (US). Counterintelligence is concerned with understanding, and possibly neutralizing, the entire intelligence operations of foreign nations (US). Activities to protect against foreign assassination, espionage, sabotage and intelligence collection efforts (US).

contre-espionnage (le) (ensemble des services d'un pays) counterintelligence (US). Ex : *Il travailla sans se faire repérer par le contre-espionnage britannique : he worked without detection by British counterintelligence (US).*

contre-espionnage intérieur domestic counterintelligence (US).

contre-guérilla (guerre de) counterguerilla war.

contre-ingérence counter-intelligence (CI) (US, OTAN) (VERB : "to carry out") (Terme US : "Force Protection") (Voir la comparaison à **contre-espionnage**).

Comp. :

- Those activities which are concerned with identifying and counteracting the threat to security posed by hostile intelligence services or organizations or by individuals engaged in espionage (OTAN).

- Opération visant à déceler et à neutraliser toute menace contre la sécurité nationale résultant des services de renseignement, d'organisations ou d'agents se livrant à l'espionnage, au sabotage, à la subversion ou au terrorisme (OTAN).

contre-ingérence et sécurité counter-intelligence and security (CI&SY) (OTAN).

contre-mesures countermeasures (US) (VERB : "to take") (ADJ : "electro-optical", "medical").

contre-mesures de sécurité (entreprises) (RENS. industriel) security countermeasures (US).

contre-mesures électroniques (CME) electronic countermeasures (ECM) (US) (VERB : "to provide") (PREP : "against").

Comp. :

- Actions taken to prevent or reduce the enemy's effective use of the electromagnetic spectrum. Includes jamming and electronic deception (US).
- Mesures prises pour interdire ou réduire l'utilisation efficace par l'ennemi du spectre électromagnétique (OTAN).

contre-mesures électroniques (subdivision de la guerre électronique) electronic attack (US).

contre-mesures électroniques de déception (CMED) deceptive electronic countermeasures (DECM) (OTAN).

contre-mesures électroniques de neutralisation suppressive electronic countermeasures (UEO).

contre-mesure(s) infrarouge infrared countermeasure(s) (OTAN).

contre-mesures optoélectroniques electro-optical counter-measures (EOCM) (OTAN).

contre-mesures radar (CMR) radar countermeasures (RCM) (OTAN).

contreminer to countermine (OTAN).

contre-mobilité (GEN) counter-mobility, countermobility (operations) (US) (VERB : "to achieve", "to improve").

Comp. :

- Counter-mobility operations : The construction of obstacles and emplacement of minefields to delay, disrupt, and destroy the enemy by reinforcement of the terrain (US).
- Ensemble des actions visant à réduire les possibilités de déplacement de l'adversaire. Le génie concourt à la contre-mobilité (F).

contre-mouvement counter-move (OTAN).

Cf. : An operation undertaken in reaction to or in anticipation of a move by the enemy (OTAN).

contre-offensive counteroffensive (US). Ex : *Passer à la contre-offensive : to go on the counter-offensive (US).*

contre-opération counter (US).

contrepartie Ex : *Des intérêts humanitaires sans contrepartie : unreciprocated humanitarian interests (OTAN).*

contre-pénétration counter penetration (GB). Ex : *Force de contre-pénétration : counter penetration force (GB).*

contre-pente reverse slope (US, GB, OTAN). Ex : *Défense de contre-pente : reverse slope defense (US).*

contrepoids balance (OTAN). Ex : *Faire contrepoids à la puissance soviétique : to balance Soviet power (OTAN).*

contre-productif counter (-) productive, counterproductive (GB, US) (PREP : "to").

contre-prolifération (armes de destruction massive) counterproliferation (US).

contrer to oppose (US), to counter (OTAN, US), to meet (CA). Ex : *Contrer le terrorisme : to oppose terrorism (US). Contrer une attaque imminente : to counter an impending attack (OTAN). Contrer la menace militaire venant du sud : to meet (ou to counter) the military* *threat from the south (CA). Contrer les points forts des États-Unis : to counter U.S. strengths (US).*

contre-reconnaissance counterreconnaissance (US).

contre-renseignement counter-intelligence (CI).

contre-révolution counter-revolution (US) (VERB : "to lead").

contre-révolutionnaire (nom) counter-revolutionary (US) (VERB : "to kill", "to imprison").

contre-sabotage counter-sabotage (OTAN).

contre-subversion counter-subversion (OTAN).

contre-surprise counter-surprise.

contre-surveillance (RENS) counter (-) surveillance (US, OTAN) (VERB : "to carry out").

contrevenant (à un accord) violator (UN).

contrevenir à to contravene (GB) (Verbe transitif direct). Ex : *Vos actions contreviennent à la Convention de Genève : your actions contravene the Geneva Convention (GB).*

contribuer à to help (+ verbe à l'infinitif) (OTAN), to help with (OTAN), to contribute to (OTAN, CA). Ex : *Contribuer à empêcher une catastrophe humanitaire : to help prevent a humanitarian catastrophe (OTAN). Contribuer aux efforts humanitaires : to help with humanitarian efforts (OTAN). Contribuer à une compréhension mutuelle des questions relatives à l'entraînement et aux exercices en matière de défense aérienne : to contribute to a common understanding on issues related to air defence training and exercises (OTAN). Contribuer à établir le climat de sécurité nécessaire au renforcement de la paix : to contribute to the secure environment necessary for further consolidation of peace (CA). Contribuer à la sécurité internationale : to contribute to international security (CA). Envoyer des forces au Kosovo pour y contribuer au maintien de la paix : to send troops to Kosovo to help keep the peace (OTAN). Contribuer à la paix et à la sécurité sur le plan international : to contribute to international peace and security (CA). Les facteurs contribuant à l'effet de surprise : factors contributing to surprise (US).*

contributeur (nation / pays) contributing (nation) (US, GB). Ex : *Pays contributeur de troupes (ou contributeur) : troop contributing nation (TCN) (GB).*

contribution contribution (US, GB), input (OTAN) (VERB : "to make", "to appreciate", "to recognize", "to maintain") (ADJ : "major", "significant", "substantial") (PREP : "to"). Ex : *La contribution de la Grande-Bretagne à la Force des Nations-Unies à Chypre : Britain's contribution to UNFICYP (United Nations Force In Cyprus) (GB). La contribution de l'armée de terre à l'effort national de défense : the Army's contribution to the national defence effort (GB). La contribution des officiers des autres armées est inestimable : the contribution of officers from the other services is invaluable (GB). Sa contribution à la cause de la paix (pays / armée) : its service in the cause of peace (CA). Une contribution accrue de l'Europe (à l'Alliance) : a stronger European input (OTAN).*

contribution de forces force contribution (OTAN). Ex : *Les contributions de forces des différents Alliés : force contributions by individual Allies (OTAN).*

contrôle (TAC) control (US, GB, OTAN) (Terme générique) (VERB : "to establish", "to assume", "to provide", "to exercise", "to maintain") (NOM ASS. : "degree") (PREP : "of", "over", "under"). Ex : *Une zone sous contrôle de l'ennemi : an area under enemy control, an enemy-controlled area (US). Des zones sous contrôle ami : areas under friendly control (OTAN). Les troupes sous son (= chef) contrôle : troops under his control (GB). Le contrôle de l'opération : the supervision of the operation (US). Avoir le contrôle de : to have control of (US).*

contrôle (surveillance) monitoring (OTAN), supervision (GB), control (US, OTAN). Ex : *Contrôle des armes lourdes : monitoring of heavy weapons (OTAN). Sous le contrôle / d'un instructeur / d'un organisme : under the supervision / of an instructor (GB) / of an agency (US). Contrôle de la production (MAT) : production control (US). L'approvisionnement militaire était dans une large mesure sous contrôle civil : military supply was largely under civilian control (US). Contrôle de la circulation / du trafic aérien (ne) : air traffic control (OTAN). Contrôle naval : naval control (OTAN) — Contrôle de radioactivité : radiological monitoring (OTAN). Contrôle du chargement : load control (OTAN). Contrôle démocratique / des forces armées / des forces et structures de défense : democratic control / of the armed forces / of forces and defence structures (OTAN). Contrôle des dommages : damage control. Contrôle des mouvements : control of movement (US). Le contrôle civil de l'armée : civilian control of the military (OTAN).*

contrôle (ARMT) control (Jane's). Ex : *Elle (= nouvelle société) sera détenue à 100% par la société sous contrôle français CELERG International : it will be owned 100 per cent by the French-controlled CELERG International (Jane's).*

contrôle (degré d'autorité) control (OTAN).

contrôle (pression physique ou psychologique sur agent) (RENS) control (US).

contrôle à distance remote control (RC).

contrôle administratif (et logistique) administrative control (ADCON) (US, OTAN). Ex : *Avoir le contrôle administratif du 3ᵉ Corps d'Armée : to have administrative control of III Corps (US).*

Cf. : The direction or exercise of authority necessary to fulfill military department statutory responsibilities for administration and support (US).

contrôle aléatoire (ou par sondage ou ponctuel) (armes chimiques) spot-check (UN).

contrôle à l'exportation export control (US).

contrôle automatique de la vitesse de rotor (hélicoptère) rotor governing mode (OTAN).

contrôle automatique de vol automatic flight control (OTAN). Ex : *Système de contrôle automatique de vol : automatic flight control system (AFCS) (OTAN).*

contrôle d'accès (mission) access control (US).

contrôle de la circulation aérienne air traffic control (ATC) (OTAN).

contrôle de la circulation aérienne militaire military air traffic control.

contrôle de lancement launch control (OTAN).

contrôle de la population population control (US). Ex : *Mesures de contrôle de la population : population control measures (US).*

contrôle de la production production control (US). Ex : *Officier chargé du contrôle de la production : production control officer (US).*

contrôle de la radiodiffusion broadcast control (OTAN).

contrôle de la valeur de l'aptitude physique individuelle (COVAPI) Army Physical Fitness Test (APFT) (US), Combat Fitness Test (GB) (VERB : "to run").

contrôle de l'environnement control of the environment (US) (VERB : "to gain", "to maintain").

contrôle de l'espace space control (US).

contrôle de l'espace aérien airspace control (AC) (OTAN) (VERB : "to provide").

contrôle de l'exercice exercise control (EXCON) (OTAN).

contrôle de réseau net control (US).

contrôle de routine routine check (GB) (VERB : "to carry out" = effectuer).

contrôle (ou surveillance) des activités de renseignement (Parlement / Présidence) intelligence oversight (US). Ex : *Commission de surveillance des activités de renseignement (rattachée au Président des USA) : (the) Intelligence Oversight Board (US).*

contrôle de sécurité security check (GB).

contrôle de sécurité des personnels (RENS) security clearance (US), vetting (GB).

contrôle des communications communications control (OTAN).

contrôle des émissions emission control (EMCON) (OTAN).

contrôle des événements control of events (US).

contrôle des finances publiques audit (OTAN).

contrôle des forces control of forces (GB) (VERB & NOM ASS. : "to plan"/ "planning", "to exercise" / "exercise").

contrôle des foules (mission) crowd control (Jane's).

contrôle des missions aériennes air mission control.

contrôle des mouvements movement control (MOVCON) (GB, US, OTAN).

contrôle des populations (mission) population control (Jane's), control of the population (Jane's).

contrôle des réfugiés refugee control (US).

contrôle de(s) stock(s) stock control (US, OTAN), inventory control (OTAN). Ex : *Officier chargé du contrôle des stocks (MAT) : stock control officer (US).*

contrôle de tir (ou conduite de tir) fire control (CFE).

contrôle de zone area control.

contrôle de zone urbaine control of urban terrain (US).

contrôle d'interception (défense aérienne) engagement control (OTAN).

contrôle du brouillage jamming control (OTAN).

contrôle du milieu control of the environment (US) (VERB : "to gain", "to maintain").

contrôlé du sol (interception) ground-controlled (OTAN).

contrôle du terrain control of terrain (US).

contrôle et compte-rendu control and reporting (CR) (OTAN). Ex : *Système de contrôle et de compte-rendu : control and reporting system (CRS) (OTAN).*

contrôle et détection control and reporting (CR) (OTAN).

contrôlé par l'ennemi enemy-controlled (En épithète).

contrôle politique political control (UEO). Ex : *L'exercice du contrôle politique des opérations de gestion de crise : political control of crisis management operations (UEO).*

contrôle opérationnel (TAC) operational control (OPCON) (US) (VERB : " to place", "to exercise", "to delegate... to", "to plan") (ADJ : "appropriate", "negotiated"). Ex : *Une brigade américaine fut placée sous contrôle opérationnel de la 6ᵉ Division Légère Blindée française : a US brigade was placed under OPCON of the French 6th Light Armored Division (US). La Division Daguet française, ayant sous contrôle opérationnel une brigade de la 82ᵉ Division Aéroportée : The French Daguet Division, with OPCON of a brigade of the 82nd Airborne Division (US). Prendre une unité sous contrôle opérationnel : to assume OPCON of a unit (US). Exercer le contrôle opérationnel sur des unités subordonnées : to exercise operational control (ou OPCON) over subordinate units (OTAN, US). Avoir le contrôle opérationnel de toutes les forces affectées : to have operational control of all forces assigned (US). Être sous le contrôle opérationnel de (force) :*

to come under the operational control of (US). Centre de contrôle opérationnel régional de rechange : alternate regional operational control centre (ALTROCCENT) (OTAN).

Comp. :

- The authority delegated to a commander to direct forces assigned so that the commander may accomplish specific missions or tasks that are usually limited by function, time, or location ; to deploy units concerned, and to retain or assign tactical control of those units (US).

- Autorité conférée à un commandant de donner des ordres aux forces affectées, de telle sorte qu'il puisse accomplir des missions ou des tâches particulières, habituellement limitées par leur nature, quant au lieu ou dans le temps ; de déployer les unités concernées et de conserver ou de déléguer le contrôle tactique de ces unités. Il ne comporte pas le pouvoir d'utiliser séparément les éléments constitutifs des unités concernées, pas plus qu'il n'inclut en soi le contrôle administratif ou logistique (OTAN).

contrôler (TAC) to control (OTAN) (Terme générique), to be in control of (GB), to interdict (US). Ex : *Contrôler les feux : to control fires (US). Contrôler le terrain : to control terrain (US) (ou ground (GB). Contrôler les opérations : to control operations (US). Contrôler / une zone / une installation : to control / an area (OTAN) / a facility (US). La brigade contrôle la quasi-totalité de la région frontalière : the brigade controls almost all the border region (GB). Les rebelles contrôlent la partie sud du pays : the rebels are in control of the southern part of the country (GB).*

Cf. : To interdict : 1. to isolate or seal off an area by any means ; to deny use of a route or approach. 2. to prevent, hinder, or delay the use of an area or route by enemy forces (US).

contrôler (unité) (chef) to control (GB). Ex : *Il était incapable de contrôler sa section : he was unable to control his platoon (GB).*

contrôler (milieu / environnement) to control (US). Ex : *Contrôler l'environnement (ou le milieu) : to control the environment (US).*

contrôler (vérifier) to check (US), to oversee (US), to control (OTAN), to monitor (US). Ex : *Contrôler la respiration (SAN) : to check for breathing (US). Contrôler (ou surveiller) des élections : to oversee elections (US). Contrôler les communications : to control communications traffic (OTAN). Contrôler l'application d'un cessez-le-feu : to monitor a cease-fire (US).*

contrôler (agent / réseau) (RENS) to control (OTAN, US), to run (US), to supervise (US). Ex : *Contrôler un agent : to control an agent (OTAN). Un agent contrôlé par le KGB : a KGB-controlled agent (US). Contrôler un réseau de 3 agents doubles au profit du MI5 : to run a network of 3 double agents for MI5 (US). Contrôler les activités d'un agent : to supervise the activities of an agent (US).*

contrôle radar radar control (OTAN).

contrôle radio radio check (US, GB) (VERB : "to carry out").

contrôle radio ! (procédure radio) radio check ! (US).

contrôle restrictif restrictive control (GB).

contrôle tactique (TAC) tactical control (TACON) (OTAN, US) (VERB & NOM ASS. : "to retain" / "retention", "to delegate" / "delegation"). Ex : *Exercer le contrôle tactique sur des forces : to exercise TACON over forces (US).*

contrôle total de l'espace de bataille total battlespace control (US).

contrôleur (ou essayeur) (matériel) tester (US, GB).

contrôleur aérien air controller (OTAN).

contrôleur aérien (ou air) avancé (CAA) forward air controller (FAC) (US, OTAN).

Cf. : A member of the tactical air control party (TACP = Poste de Direction Tactique Air) who, from a ground or airborne position, controls aircraft engaged in close air support (CAS) of ground forces (US).

contrôleur des mouvements (Train) movement controller (GB).

contrordre otherwise (OTAN). Ex : *Sauf contrordre : unless otherwise directed (US), unless ordered otherwise (OTAN).*

contusion (SAN) bruise (US).

convalescence convalescence (GB, US) (Terme dénombrable). Ex : *Permission de convalescence : sick leave. Centre de convalescence : convalescent center (US).*

convenablement adequately. Ex : *Convenablement entraînée (force / armée) : adequately trained.*

convenir (être adapté à / être fait pour) to be suited to (US), to be suitable for (GB). Ex : *Les forces d'infanterie mécanisée conviennent aux opérations de contre-guérilla : mechanized infantry forces are suited to counterguerrilla operations (US). Il ne convient pas pour ce poste : he is unsuitable for this office (GB).*

convention (accord) convention (UN), agreement (OTAN) (PREP : "on"). Ex : *Les conventions de Genève : the Geneva conventions (US). La convention sur les armes chimiques (1993) : the Chemical Weapons Convention (CWC) (OTAN). La convention sur les armes biologiques et à toxines : the Biological and Toxin Weapons Convention (BTWC) (OTAN). Convention sur le statut des forces : status of forces agreement (SOFA) (OTAN). Convention sur l'interdiction de l'emploi, du stockage, de la production et du transfert des mines antipersonnels et de leur destruction : Convention on the prohibition of the use, stockpiling and transfer of anti-personnel mines and on their destruction (OTAN).*

convention d'armistice armistice agreement (CA).

conventionnel (classique) conventional (CFE). Ex : *Les forces armées conventionnelles : conventional armed forces (CFE).*

Conventions de Genève (les) the Geneva Conventions (OTAN) (VERB : "to contravene"). Ex : *Les Conventions de Genève de 1949 et leurs Protocoles additionnels de 1977 : the Geneva Conventions of 1949 and their additional Protocols of 1977 (OTAN).*

convenu agreed (OTAN).

convenu d'avance prearranged (US). Ex : *Il est mis fin à l'action au moyen d'un signal convenu d'avance dès que la risposte commence à se dessiner (guerre guérilla) : action is terminated by a prearranged signal as counteraction begins to form (US).*

convergence focus (US). Ex : *Un point de convergence important entre l'armée de terre et l'armée de l'air : a major focus between the Army and the Air Force (US).*

convergence de la grille (TOPO) grid convergence (US, OTAN).

convergent (axes) converging (US).

converger sur to converge on (US). Ex : *Converger / sur un point central / sur l'ennemi : to converge / on a central point / on the enemy (US).*

conversation téléphonique telephone conversation (US). Ex : *Réaliser des enregistrements de conversations téléphoniques (RENS) : to make recordings of telephone conversations (US).*

conversion (matériel / installations) conversion (UN). Ex : *Conversion à des fins non-militaires : conversion for non-military purposes (CFE).*

convertible (système) convertible (UN).

convertir to convert (OTAN), to measure (in terms of) (OTAN). Ex : *Convertir un texte chiffré en texte clair : to convert encrypted text into plain text (OTAN). Convertir une installa-*

tion: to convert a facility (UN). Convertir les distances sur une carte en distances réelles sur le terrain: to measure distances on a map in terms of ground distance (OTAN).

convertisseur de couple (mécanique) torque converter.

conviction (PERS) conviction (US) (VERB: "to act with").

conviction idéologique (motivation d'espionnage) ideology (US) (Voir aussi **motivations d'espionnage**).

convivial (matériel) user-friendly (On trouve également l'expression appliquée au soldat: "soldier-friendly" (GB).

convocation sous les drapeaux (appelés) (document) call-up papers (GB), draft notice (US).

convoi convoy (US, GB) (Abréviation OTAN: "CVY") (VERB: "to control", "to scatter", "to destroy", "to capture", "to institute", "to escort", "to move out", "to guard", "to protect", "to ambush") (ADJ: "huge", "main" = principal, "military", "slow-moving"). Ex: *Convois / militaires / d'ONG: military / NGO (= nongovernement organisation) / convoys (US, OTAN). Un convoi de véhicules: a convoy of vehicles (OTAN). Un convoi de 280 véhicules, comprenant des chars, des VTT et des camions: a 280-vehicle convoy of tanks, armoured personnel carriers and lorries (GB).*

convoi d'aide humanitaire humanitarian relief convoy (US).

convoi de camions truck convoy (US).

convoi de camions militaires military truck convoy (OTAN).

convoi des Nations-Unies UN convoy (GB).

convoi détaché leaver convoy (OTAN).

convoi de troupes troop convoy (GB).

convoi de transport routier truck convoy (US).

convoi de vivres food convoy (US).

convoi routier (ou par la route) road convoy (US).

convoi terrestre land convoy (OTAN).

convoquer (PERS) to call (GB, US), to call over (GB), to summon. Ex: *Être convoqué au centre d'opérations de crise de la 10ᵉ Division d'Infanterie de Montagne (officier supérieur): to be called to the 10 th Mountain Infantry Division's emergency operations center (US).*

convoyeur aéromédical (SAN) aeromedical attendant (OTAN).

convulsion (SAN) convulsion (US).

coopératif (en coopération) cooperative (OTAN). Ex: *Sécurité coopérative: cooperative security (OTAN).*

coopératif (serviable) helpful (GB). Ex: *L'administration locale est très peu coopérative: the local administration is extremely unhelpful (GB).*

coopération cooperation ou co-operation (OTAN, US, GB, Jane's), joint development (US) (VERB: "to develop", "to maintain", "to improve" = améliorer, "to expand") (ADJ: "military", "defence", "logistical", "bilateral", "sporadic", "elaborate") (PREP: "between", "with"). Ex: *La coopération entre civils et militaires (ou civilo-militaire): civil-military cooperation (OTAN). Coopération interarmées: inter-service co-operation (GB), interservice cooperation (US). Coopération entre les armes: inter-arm co-operation (GB). En étroite coopération avec: in close cooperation with (US). Coopération logistique: co-operative logistics (OTAN). Le résultat d'une coopération entre la France et l'Allemagne de l'Ouest (ARMT): the result of a joint development between France and West Germany (US). L'armée de terre, en coopération avec les autres forces armées...:*

the Army, in conjunction with the other armed forces... (US). Projet mené en coopération (armement / technologie) : collaborative project (GB). La coopération va devenir un élément majeur du paysage de l'acquisition des matériels (armement) : cooperation will become a major feature of the procurement landscape (GB). Susciter une large coopération entre les ONG, les pays donateurs et les pays voisins : to bring about a high level of cooperation among NGOs (= non-governmental organisations), donor nations and neighbouring countries (OTAN). Cet exercice illustrera la culture d'étroite coopération développée entre les deux organisations (OTAN / UEO) : this exercise will demonstrate the culture of close co-operation developed between the two organisations (UEO). Établir une coopération plus approfondie avec la Russie : to establish a deeper cooperation with Russia (OTAN). La coopération dans le domaine scientifique : cooperation in science (OTAN). Un programme de coopération en matière de sécurité : a security cooperation programme (US). La coopération entre le SDECE et la CIA s'accrût (RENS) : cooperation between the SDECE and the CIA increased (US). La coopération avec les alliés : cooperation with allies (US).

coopération (en) cooperatively (US).

coopération avec (en) in co-operation with (GB).

coopération au niveau régional regional co-operation (OTAN).

coopération civilo-militaire civil-military cooperation (CIMIC) (GB, UEO).

coopération dans le secteur des armements armaments cooperation (OTAN). Ex : *La souplesse et la faculté d'adaptation de la coopération dans le secteur des armements : agility and responsiveness in armaments cooperation (OTAN).*

coopération en matière de défense defense cooperation (US) (VERB : "to improve"). Ex : *La coopération franco-allemande en matière de défense : Franco-German defense cooperation (US).*

coopération en matière de défense européenne European Defence cooperation.

coopération en matière de sécurité security cooperation (OTAN).

coopération en matière de technologie technology cooperation (US).

coopération industrielle industrial cooperation (OTAN).

coopération multinationale multinational cooperation (US).

coopération tactique tactical cooperation (US).

coopérer to cooperate <u>ou</u> to co-operate (US, OTAN) (PREP : "with"). Ex : *La volonté de coopérer de la part de la population : the willingness of the population to cooperate (US). Coopérer avec les forces de l'OTAN : to co-operate with NATO forces (OTAN). Si les Serbes refusent de coopérer avec le Groupe de Contact : if Serbs refuse to co-operate with the Contact Group (OTAN). Refus de coopérer (enquête) : refusal to cooperate (US).*

coordinateur (<u>ou</u> coordonnateur) co-ordinator (GB), coordinator (US, OTAN). Ex : *Coordinateur de guerre électronique : electronic warfare co-ordinator (EWC) (GB). Coordinateur logistique de force : force logistic co-ordinator (FLC) (GB). Coordinateur de la lutte antiaérienne : anti-air warfare coordinator (AAWC) (OTAN).*

coordinateur des feux d'appui fire support coordinator (FSCOORD) (US).

coordination coordination (US), co-ordination (GB, OTAN UEO) (VERB : "to manage", "to conduct", "to foster", "to improve", "to step up" = renforcer) (ADJ : "proper", "extensive", "efffective", "detailed", "prior", daily") (PREP : "with", "between"). Ex : *Coordination de l'espace aérien : airspace coordination. La coordination d'unités militaires : the co-ordination of military units (OTAN). La coordination pour une utilisation optimale des moyens et capacités existants : coordination designed to make optimum use* *of existing assets and capabilities (UEO).* La coordination des synthèses de renseignement *(mission) (RENS) : the coordinating of intelligence estimates (US). Assurer la coordination avec : to coordinate with (US).*

coordination aérienne air coordination (OTAN).

coordination de l'aviation civile coordination of civil aviation (OTAN).

coordination des armes d'appui supporting arms coordination (OTAN).

coordination des feux fire coordination (US), coordination of fire (OTAN) (VERB : "to ensure"). Ex : *En vue d'assurer la coordination des feux dont il n'a pas le commandement (commandant des troupes au sol) : to ensure coordination of fire not under his control (OTAN).*

coordination des feux d'appui (ou de l'appui feu) fire support coordination (OTAN, US).

coordination des mouvements movements coordination (OTAN).

coordination des politiques au niveau stratégique strategic level policy coordination (US).

coordination des réactions en cas de catastrophes (OTAN) disaster response co-ordination (OTAN).

coordination des tirs d'appui fire support coordination (US, OTAN).

coordination du sauvetage rescue coordination (OTAN).

coordination logistique logistics coordination (OTAN, US).

coordonnée (carroyage) coordinate (OTAN, GB).

coordonnées (grid) coordinates (US, GB), co-ordinates (OTAN), grid reference (sans "s"), map reference (GB), reference (GB) (ADJ : "exact"). Ex : *Quelles sont vos coordonnées ? : what are your coordinates ? (GB), what is your reference ? (GB). Les coordonnées de l'église sont 767475 : the grid reference for the chuch is 767475 (GB). Les coodonnées du pont sont 534120 : the bridge is at grid 534120 (GB).*

Cf. : The easting and northing values (of a grid) that designate the location of a point in respect to the grid. Coordinates usually are expressed to the nearest 100, 10, or 1 meter, with the easting and northing values combined in a single expression. Examples : 329378 (nearest 100 meters); 32943785 (nearest 10 meters); or 3294837853 (nearest 1 meter) (US).

- Lors d'un compte-rendu oral, le terme "coordinates" disparaît. Ex : *4 chars ennemis se déplaçant vers l'ouest sur la D-746 en 27-14 : four enemy tanks moving west along secondary road 746 at grid 27-14 (US).*

coordonnées (PERS) personal details (GB) (Nom, prénom, date de naissance, profession, adresse, etc).

coordonnées cartésiennes cartesian coordinates (OTAN).

coordonnées géographiques geographic co-ordinates (OTAN).

coordonnées polaires polar co-ordinates (OTAN).

coordonnées rectangulaires rectangular coordinates.

coordonner (TAC) to coordinate (US, OTAN, GB) (Verbe transitif direct) (PREP : "with" = en liaison avec) Ex : *Coordonner les feux en liaison avec le responsable du P.C. : to coordinate fires with the CP commander (US). Opérations / attaques / coordonnées : coordinated / operations (US) / attacks (OTAN). Emploi coordonné du feu et de la manœuvre : co-ordinated employment of fire power and manœuvre (OTAN). Coordonner directement une action avec (ou en liason avec) un commandement : to directly coordinate an action with a command (US). Coordonner le départ des éléments d'attaque : to co-ordinate the departure of attack elements (OTAN). L'attaque n'était pas bien coordonnée : the attack was not properly coordinated (GB).*

coordonnateur coordinator (OTAN). Ex: *Coordonnateur aérien: air coordinator (AC) (OTAN). Coordonnateur des moyens aériens de la force: air resource element coordinator ((AREC) (OTAN) (Voir aussi coordinateur).*

coordonnateur de la guerre électronique electronic warfare coordinator (EWC) (OTAN).

coordonné coordinated (OTAN).

copie (document) copy (US). Ex: *Demander la copie de son dossier (militaire) individuel: to request a copy of one's military personnel record (US).*

copie (d'une arme) copy (GB) (VERB: "to produce") (ADJ: "good").

copier (matériel / équipement) to copy (GB).Ex: *Les Chinois tentent de copier le dernier char russe: the Chinese are trying to copy the latest Russian tank (GB).*

copilote (ALAT) co-pilot ou copilot ("the P2 pilot" (GB) (GB).

co-présidé (réunion / séminaire) co-chaired (OTAN) (PREP: "by").

coque (caisse) (char) hull (US, CFE). Ex: *Le M113 a une coque en aluminium, ce qui réduit considérablement le poids du véhicule: the M113 has an aluminum (ou aluminium (GB) hull, which greatly reduces vehicle weight (US).*

coquille (sabre) basket.

corbeille (accords) basket (UN).

corbillard (fourgon mortuaire) hearse (US).

corde rope (US, GB). Ex: *Pont de cordes: rope bridge (US). Grimper à la corde avec les mains et les pieds: to climb the rope with hands and feet (GB).*

cordeau détonant detonating cord (US, OTAN).

corde de rappel abseil rope (GB).

cordelette (étranglement) (RENS) garrotte (US).

corde lisse climbing rope.

cordialité (PERS) cordiality (US).

cordite cordite (GB).

cordon (police) cordon (GB). Ex: *Cordon de police: police cordon (GB). Établissement de cordons de police (bouclage) (mission): cordon (GB) (VERB: "to perform").*

cordon de sécurité cordon (GB) (VERB: "to break through"). Ex: *Ils mirent en place un cordon de sécurité autour de l'aéroport (légionnaires): they flung a cordon around the airport (GB).*

"cordonnier" (fabricant de faux documents) (RENS) shoemaker (US), cobbler (US).

cordon tire-feu (obusier) firing lanyard (GB).

coriace (PERS) tough (US).

corniche (classe préparatoire à Saint-Cyr) (Traduction proposée) St. Cyr Military Academy prep (aratory) school (cf. L'équivalent US pour l'école militaire de Westpoint: "USMA (= United States Military Academy) Preparatory School).

cornichon (élève de classe préparatoire à Saint-Cyr) (Traduction proposée) St. Cyr Military Academy prep (aratory) school student.

corps (grenade / munition / ogive) case, body (UN). Ex: *Corps d'ogive: warhead body (UN).*

corps (groupe) corps (GB, US) (VERB: "to abolish", "to expand", "to reorganize", "to be made up of") (ADJ: "large", "small"), body. Ex: *Le corps des officiers: the officer corps (GB), the corps of officers (US). Un corps d'officiers de réserve: a reserve officer corps (GB). Le corps médical: the medical profession (US). Le corps des sous-officiers de l'armée de terre: the Army's noncommissioned officer corps (US), the Army's NCO corps (US).*

corps (humain) body (GB) (VERB: "to lie around", "to collect") (PART: "left to rot"). Ex: *Récupérer le corps du pilote (avion abattu) : to recover the pilot's body (GB).*

corps (notion abstraite) substance (UEO). Ex: *Donner corps au développement de l'identité européenne de sécurité et de défense (IESD) : to give substance to the development of European Security and Defence Identity (ESDI) (UEO).*

corps-à-corps (CAC) hand-to-hand combat (US), hand-to-hand fighting (OTAN), close-quarters combat (GB) (VERB: "to practice", "to engage in" = se livrer à).

corps-cadre (corps d'armée) framework corps (OTAN). Ex: *Corps-cadre multinational : framework multinational corps (FMC) (OTAN).*

corps d'armée (army) corps (US, OTAN) (Abréviation OTAN: "AC") (Attention: le "ps" final ne se prononce pas) (VERB: "to tailor... for", "to deploy... to"). Ex: *Le 7ᵉcorps d'armée américain : the VII (US) Corps / 7th (US) Corps (Peut s'employer sans article défini : "When VII Corps was alerted for deployment to Operation Desert Storm") – Renforts de corps d'armée : corps reinforcements. Un corps d'armée à 5 divisions : a five-division corps (US). Le 511ᵉ régiment du génie (combat) de corps d'armée (ordre d'opérations) : 511th Engr Cbt Bn (Corps) (US). Les artilleurs sol-sol du 7ᵉ Corps d'Armée américain : the field artillerymen of the VII US Corps (US). Le 511ᵉ régiment du génie (combat) du corps d'armée (ordre d'opérations) : 511th Engr Cbt Bn (Corps) (US).*

corps d'armée aéroporté (ou parachutiste) (USA) airborne corps (US). Ex: *Le 18ᵉ Corps d'Armée aéroporté (forces d'action rapide américaines) : (the) XVIII Airborne Corps (US).*

corps d'armée aéroterrestre AirLand Corps (US).

corps de bataille field army (US, GB), field forces (US), (the) battlefield forces (GB).

Cf.: Field Army: Regular units and formations deployed operationally, as opposed to the "training army" or staff (GB).

corps de fusée (grenade à main) fuse body.

corps de garde guardroom (GB) (Surnom GB: "the corner shop").

corps de manœuvre maneuver units (ou forces) (US).

corps de protection protection corps (OTAN). Ex: *Corps de protection du Kosovo : Kosovo Protection Corps (KPC) (OTAN).*

corps de réaction rapide (Union européenne) (2003) rapid reaction corps (OTAN).

corps de réaction rapide du Commandement Allié en Europe (CAE) (OTAN) ACE (Allied Command Europe) Rapid Reaction Corps (ARRC) (QG à Rheindahlen, Allemagne) (OTAN).

corps de rentrée (ou vecteur de rentrée) re-entry vehicle (RV) (UN, OTAN).

corps de rentrée à têtes multiples multiple re-entry vehicle (MRV) (UN).

corps de rentrée à têtes multiples indépendamment guidées multiple independently targetable re-entry vehicle (MIRV) (UN, OTAN).

corps de rentrée manœuvrable manœuvrable re-entry vehicle (MARV) (OTAN).

corps des Marines (USA) (the) United States Marine Corps (USMC) (Dirigé par "the Commandant of the Marine Corps"). Ex: *Forces du Corps des Marines : Marine Corps Forces (MARFOR) (US).*

corps des Marines (du) (USA) Marine (US, OTAN) (En épithète). Ex: *Brigade expéditionnaire du corps des Marines : Marine expeditionary brigade (MEB) (OTAN).*

corps de troupe troop unit(s) (US).

corps de volontaires volunteer corps (US).

corps d'inspecteurs inspectorate (UN).

corps d'inspection (armée de terre) (the) Army Inspectorate, (the) Inspector General (US).

corps diplomatique diplomatic corps (US). Ex : *Être considéré comme membres du corps diplomatique de leur pays (attachés de défense) : to be considered members of their country's diplomatic corps (US).*

corps enseignant (<u>ou</u> corps professoral) (grande école militaire) permanent faculty (US) (United States Military Academy (USMA), Westpoint), teaching faculty (Defense Language Institute, Presidio of Monterey) (US). Ex : *Membre du corps enseignant (grande école militaire) : faculty member (US).*

corps européen (CE) the Eurocorps (OTAN) (Voir aussi **Eurocorps**).

corps expéditionnaire (Hist.) task force (GB), expeditionary force (US).

correct (conforme / convenable) correct (US), proper (US). Ex : *Correct au regard de la doctrine (entraînement) : doctrinally correct (US). Le traitement correct des prisonniers : the proper treatment of prisoners (US).*

correct (exact) affirmative (GB). Ex : *C'est correct : that is affirmative (GB).*

correct ! (procédure radio) correct ! (US).

correctement properly (US), correctly (US), suitably (US). Ex : *Le fusil fonctionne correctement : the rifle is functioning properly (US). Des forces correctement equipées : suitably equipped forces (GB). Les bons officiers d'état-major vérifient que les ordres soient correctement exécutés : good staff officers check up on orders being carried out correctly (US). La voilure de son parachute ne s'est pas ouverte correctement : his canopy failed to open properly (GB).*

correctif (mesure) remedial (OTAN).

correction correction (US). Ex : *La correction des faiblesses (<u>ou</u> points faibles) (PERS) : the correction of weaknesses (US).*

correction (<u>ou</u> sévère défaite) (infliger une) (TAC) to whale the tar (US), to whip (US), to dish it out (US) (Termes familiers). Ex : *Si nos renforts arrivent à temps, nous devrions infliger une sévère correction à l'ennemi (<u>ou</u> battre l'ennemi à plates coutures) : if our reinforcements arrive on time, we should whale the tar out of (<u>ou</u> whip) the enemy (familier) (US). Flanquer une correction à l'ennemi : to dish it out to the enemy (familier) (US).*

correction (ART) correction (OTAN, GB). Ex : *Corrections en élévation : vertical correction (OTAN).*

correction (TRANS) correction (OTAN). Ex : *Correction, ajouter... : ... is amended to add... – Correction, lire : ... is amended to read... – Correction, supprimer : ... is amended to delete...*

correction de pointage laying adjustment (GB) (VERB : "to make").

correction de portée (ART) range correction (US).

corrections (de trajectoire) (missile) corrections (US) (VERB : "to send... to") (PREP : "via").

corrélation correlation (OTAN). Ex : *Corrélation de données : correlation of data (OTAN). Mettre en corrélation : to correlate.*

corrélation (RENS / défense aérienne) correlation (OTAN).

corrélation (lien étroit) interrelationship (US) (Terme dénombrable).

correspondance (courrier) mail (US), correspondence (US) (VERB : "to intercept", "to decipher"). Ex : *Ouvrir la correspondance de personnes faisant l'objet d'une surveillance (RENS) : to open the mail of people under surveillance (US). L'interception de corres-*

pondances étrangères et nationales (RENS): the interception of foreign and domestic mails (US). Interception de correspondance (RENS): mail intercept (US).

correspondance militaire military correspondence (US) (Terme indénombrable) (VERB: "to prepare"). Ex: *Correspondance / officielle / non-officielle: official / nonofficial / correspondence (US).*

correspondant (presse) correspondent (OTAN). Ex: *Les allégations publiées aujourd'hui par le Daily Telegraph sous la plume de son correspondant à Washington sont sans fondement: the allegations from its Washington correspondent published today by The Daily Telegraph are unfounded (OTAN). Le correspondant de la BBC pour les questions de défense: the BBC defence correspondent (OTAN).*

correspondant de guerre (journaliste) war correspondent (OTAN, GB) (VERB: "to escort") (EXPR: "to be attached to a military force").

correspondre (s'harmoniser avec) to match (with) (US). Ex: *Faire correspondre la bonne personne à la bonne spécialité (recrutement): to match the right person to the right skill (US).*

correspondre à to match (GB), to be equivalent to, to support (US). Ex: *Des unités correspondant grosso modo à des régiments modernes: units roughly equivalent to modern regiments. Accepter des matériels qui ne correspondent peut-être pas à nos besoins nationaux: to accept equipment that may not match our national requirements (GB). Correspondre le mieux à des objectifs: to best support objectives (US).*

corridor corridor (CA). Ex: *Dégager le corridor entre le Rhin et la Maas: to clear the corridor between the Rhine and Maas rivers (CA).*

corridor de mobilité mobility corridor (OTAN).

corriger (procédure radio) Ex: *Je corrige et retransmets le bon message: correction.*

corriger (ART) to correct (GB).

corrosion corrosion (US). Ex: *Résistant à la corrosion (matériau): corrosion-resistant (UN) (En épithète).*

corruption (la) corruption (OTAN). Ex: *La lutte contre la corruption et le crime organisé: the fight against corruption and organised crime (OTAN).*

corvée fatigue (GB), (fatigue) duty. Ex: *Être de corvée: to be on fatigue duty. Corvée de chiottes (très familier): latrine duty. Corvée de plonge: pan-diving (GB), dixie-bashing (GB) (Termes familiers).*

corvée de cuisine kitchen police (KP) (US), cookhouse fatigue (GB) (Terme familier GB: "pan-diving").

COTAM (commandement du transport aérien militaire) (obsolète) voir **commandement de la force aérienne de projection (CFAP).**

cotation (RENS) appraisal (US).

cote (niveau) elevation (OTAN), spot level.

cote (point sur carte) hill, benchmark (US, GB). Ex: *Cote 735 (exclu): Hill 735 (excluded).*

côte (opération amphibie) shore (OTAN) (VERB: "hostile" = tenue par l'adversaire).

côte (littoral) coast (GB, US) (ADJ: "hostile") (NOM ASS.: "invasion"). Ex: *Sur la côte nord de Cuba: on Cuba's north coast (US).*

côté side (GB, OTAN). Ex: *Se battre aux côtés de (quelqu'un): to fight alongside ou beside (somebody) (GB). Des deux côtés de l'autoroute 8: astride Highway 8 (US). Se battre du côté des alliés: to fight on the side of the allies (GB). Les trois autres divisions se trouvaient derrière elle (= la première division), l'une à côté de l'autre: the other three divisions were located behind it, side by side (GB). La rationalisation et la réduction de la* base des industries de défense des deux côtés de l'Atlantique : the rationalisation and downsizing of the defence industrial base on both sides of the Atlantic (OTAN).

côté (véhicule) side (US) (ADJ : "sloping" = incliné). Ex : *Sur le côté gauche de la tourelle (char) : on the left side of the turret (GB).*

côte à côte (unités) side by side (GB), alongside (US). Ex : *Se battre côte à côte (forces coalisées) : to fight alongside one another (US).*

côtier coastal (OTAN). Ex : *Opérations côtières : coastal operations (OTAN). Défense côtière passive : passive coastal defence (OTAN).*

couche layer (US, GB), subset (CA). Ex : *Système de défense à plusieurs couches : layered defence system (UN). Une couche de blindage : a layer of armour (GB) (<u>ou</u> armor (US). L'armée de terre constitue une couche particulière de la société : the Army's members constitute a unique subset of society (CA).*

couché (blessé) (SAN) lying.

couché à terre (PERS) prone (OTAN).

couchée (en position) (sur le ventre) in the prone position (US).

coucher avec (rapport sexuel) (RENS) to sleep with (US). Ex : *Coucher avec un officier de renseignement étranger : to sleep with a foreign intelligence officer (US).*

COUGAR (CSAR) (hélicoptère de recherche et sauvetage au combat) (Traductions rencontrées) AS 532 U2/A2 Cougar combat search and rescue (CSAR) helicopter, Cougar AS 532A2 RESCO search-and-rescue helicopter (<u>Jane's</u>).

COUGAR (Horizon) (hélicoptère de surveillance du champ de bataille) (Traduction rencontrée) the AS 532 (Horizon) Cougar battlefield surveillance helicopter.

coulé (sous-marin) sunk (OTAN). Ex : *Sous-marin coulé : submarine sunk (SUBSUNK) (OTAN).*

couler (unité) to distil (GB), to distill (US). Ex : *Couler des unités dans d'autres unités : to distil (GB) (<u>ou</u> to distill (US) units down into other units (GB).*

couler (navire) to sink (US, GB). Ex : *Des agents de la DGSE avaient coulé le Rainbow Warrior, bâtiment de l'organisation Greenpeace, dans le port d'Auckland : DGSE (= General Directorate for External Security) operatives had sunk the Greenpeace ship Rainbow Warrior in the harbor of Auckland (US).*

couleur d'arme (uniforme) branch color (US).

couleurs colors <u>ou</u> color (US), colours <u>ou</u> colour (GB), flag (OTAN) (VERB : "to present", "to raise", "to hoist"). Ex : *Porter les couleurs : to carry the colours (GB) (Dans l'armée de terre américaine, le terme "color", employé seul, désigne le drapeau national ; celui de "colors" désigne le drapeau national <u>et</u> celui du corps / de l'unité d'appartenance). Couleur(s) d'arme : branch color(s) (US) (Voir aussi **hisser**).*

coulissant sliding (US). Ex : *Portes coulissantes (véhicule blindé) : sliding doors (US).*

couloir corridor (US, UN). Ex : *Un couloir aérien : an air corridor (US). Ouvrir un couloir pour les blindés : to open a corridor for armour. Couloir de mobilité : mobility corridor. Couloir de circulation : traffic corridor. Couloir pour hélicoptères : helicopter corridor (HC). Couloir dénucléarisé : nuclear-free corridor (UN).*

couloir (champ de mines) gap (OTAN).

couloir d'hélicoptères helicopter lane (OTAN). Ex : *Couloir d'approche des hélicoptères : helicopter approach lane (OTAN).*

coup Ex : *Être sous le coup d'un acte d'accusation pour crimes de guerre : to be under indictment for war crimes (OTAN). Le lieutenant Vilain reçut une balle en plein front et mourut sur le coup : Lieutenant Vilain took a bullet in the forehead and died instantly (GB).*

coup (atteinte corporelle) knock (familier) (GB). Ex: *J'avais pris beaucoup de coups (Légionnaire) (familier): I had taken a lot of knocks (GB).*

coup (frappe) (TAC) blow (US), punch (GB). Ex: *Porter le coup décisif (TAC): to deliver the decisive punch (GB). Parer le coup de l'assaillant: to counter the attacker's blow (US).*

coup (munition) round (of ammunition) (US, GB, OTAN), shot (US). Ex: *3 coups en 10 secondes (ART): 3 rounds in 10 seconds (GB). Le nombre de coups tirés par arme par minute: the number of rounds fired per weapon per minute (OTAN). Coup de pièce de char (ou obus de char): tank round (UN). Coup complet: complete round (OTAN). Atteindre une cible du premier coup (missile): to hit a target on the first shot (US). Le coup est soit long, soit court de 50 à 100 mètres: the round is either over or short by 50 to 100 meters (US).*

coup au but (direct) hit (US), target hit (VERB: "to score"). Ex: *Tir avec coup au but d'emblée: first-round hit (US). Obtenir un coup au but (ART): to obtain a target hit (OTAN).*

coup au but! (ART) target! (OTAN).

coup d'arrêt (TAC) blocking action (VERB: "to conduct"), block (US), to block by fire, blocking operation (GB). Ex: *La brigade d'infanterie est déplacée pour s'installer en coup d'arrêt: the infantry brigade is moved to a blocking position (GB).*

Cf.: Block: A mission assigned to a unit which requires it to deny the enemy access to a given area or to prevent enemy advance in a given direction. It may be for a specified time. Units assigned this mission may have to retain terrain and accept decisive engagement (US).

coup de canon shot (GB), cannon shot, gun shot (VERB: "to fire", "to hear"). Ex: *Tirer trois coups de canon: to fire three shots (GB). Une salve de 21 coups de canon: a 21-gun salute.*

coup de chaleur (SAN) heat stroke (US).

coup de feu shot (US, GB). Ex: *Un coup de feu retentit: a shot rang out (GB).*

coup de grâce (sens propre et figuré) coup de grâce (GB). Ex: *Donner le coup de grâce à: to deliver the coup de grace (ou grâce) to.*

coup de main (TAC) raid (US, GB, OTAN), hit-and-run action, coup de main attack ou coup de main operation (GB), coup de main (GB) (ADJ: "independent").

coup de poing américain brass knuckle (US), knuckleduster (US).

coup de sonde (test par le feu) (TAC) probe (US), probing action (US) (ADJ: "successful", "strong").

coup d'État coup (GB) (VERB: "to stage", "to organize", "to trigger", "to attempt", "to quell", "to manage"). Ex: *Le coup d'État de 1973 contre Salvador Allende: the 1973 coup against Salvador Allende (US). En septembre 1979, Bokassa fut renversé par un coup d'État soutenu par la France: in September 1979, Bokassa was overthrown in a French-backed coup (GB). Un coup d'État sans effusion de sang: a bloodless coup (GB).*

coupe (réduction) cut (US, CA) (ADJ: "drastic" = sombre). Ex: *Coupes budgétaires: budget cuts (US). On a pratiqué des coupes sombres dans les crédits prévus pour la défense: planned allocations for defence were drastically cut (CA).*

coupé (terrain) broken (terrain).

coupe de cheveux haircut (GB, US) (ADJ: "proper"). Ex: *Coupe de cheveux réglementaire: regulation haircut (US), standard haircut (GB) (Terme familier GB: "number three haircut") – Coupe rasée ("boule à zéro"): number one haircut (Terme familier GB).*

coupé de sa base (LOG) split-based (US). Ex: *Une logistique coupée de sa (ou ses base(s): split-based logistics (US).*

coupe-feu (serveur de sécurité de réseau) (informatique) firewall (US).

couper (TAC) to cut (US), to cut off (US, GB), to sever (US), to separate (GB). Ex : *Couper les lignes de retraite ennemies : to cut off enemy escape routes (US). Couper les lignes de communications : to cut (ou to sever) LOCs (lines of communication) (US). Être coupé du gros des troupes : to be cut off from the main body of troops (US). Couper les unités ennemies assaillantes : to cut off enemy attacking units (OTAN). Couper les formations blindées ennemies de leur deuxième échelon : to separate enemy armoured formations from their second echelons (GB). Les liaisons avec les unités voisines furent coupées (TAC) : liaison with adjacent units was cut off (US).*

coupe (budget) cut (US, GB). Ex : *Le budget avait subi des coupes de l'ordre de 23% au cours de la période de compressions des années 90 : the budget had been cut by some 23% during the downsizing years of the nineties (CA).*

coupes claires drastic cutbacks. Ex : *Les organismes de renseignement ont subi des coupes claires au cours des années 1920 : intelligence agencies were reduced drastically during the cutbacks of the 1920s (US).*

coupe transversale cross-section (UN).

couplage (lien établi) (STRAT) linkage (UN).

couplage de charge (dispositif à) charge-coupled device (CCD).

couplé à (mécanique) coupled to (Jane's). Ex : *Un moteur diesel couplé à une transmission entièrement automatique : a diesel engine coupled to a fully automatic transmission (Jane's).*

couple (mécanique) torque.

coup / minute (cadence de tir) round per minute (US). Ex : *Le tir, commandé électriquement, permet une cadence de 8 coups / minute (char) : firing is electrically controlled and the rate of fire is up to 8 rounds per minute (US).*

coup par coup (au) single shot. Ex : *Tir au coup par coup (fusil) : single-shot firing.*

coup par pièce round per gun (rpg).

coup parti (ART) shot (OTAN). Ex : *Coups partis avec éléments erronés : neglect (OTAN).*

coup de feu (GB) (VERB : "to hear").

coups de feu (ou fusillade) shooting (GB). Ex : *On a entendu des coups de feu pendant la nuit : we heard shooting during the night (GB).*

coups / minute (ART) rounds / minute.

coup sur coup (opérations) in quick succession (US).

"coup tordu" (RENS) dirty trick (US).

coupure (TAC) gap (OTAN) (Peut être "dry" (sèche) ou "wet" (humide), obstacle (US), barrier (US). Ex : *Une coupure humide : a water obstacle (US), a water barrier (US). Enjamber une coupure (pont) : to span a gap (OTAN).*

coupure (SAN) cut (US).

cour yard (GB), square. Ex : *La cour de la caserne : the barracks square. Les véhicules sont garés dans la cour près de l'état-major : the vehicles are parked in the yard next to HQ (GB).*

courage (PERS) courage (US, GB), bravery (GB) (VERB : "to demonstrate", "to display") (ADJ : "outstanding", "great", "physical" = physique, "mental"), gallantry (US, GB), valor (US) (VERB : "to denote", "to possess"). Ex : *Le courage d'agir : the courage to act (US). Courage physique : physical courage (GB). Officier d'un courage moral exceptionnel (citation) : an officer of exceptional moral courage (US). L'Alliance rend hommage aux hommes et aux femmes participant à l'opération Allied Force pour le courage et l'engagement dont ils ont fait preuve : the Alliance pays tribute the men and women of Operation Allied Force for the courage and commitment they have displayed (OTAN). Le* *courage devant l'adversité : courage in the face of (extreme) adversity (GB).* Respectueux *des traditions, attaché à tes chefs, la discipline et la camaraderie sont ta force, le courage et la loyauté tes vertus (Code d'honneur) (Légion) : respectful of the (Legion's) traditions, honouring your superiors, discipline and comradeship are your strength, courage and loyalty your virtues (GB).*

courageux (PERS) brave (US, GB), courageous (US, GB). Ex : *C'était courageux de sa part que de traverser la rue devant les positions ennemies : it was brave of him to cross the street in front of the enemy positions (GB).*

couramment fluently (US, GB). Ex : *Parler l'anglais couramment : to speak fluent English (US).*

courant (au cours de) sometime (GB), during (US). Ex : *Dans le courant des années (19) 90 : sometime in the 1990s (GB). Courant 1992 : during 1992 (US).*

courant (eau) flow. Ex : *Fleuve à fort courant : fast flowing river.*

courant (habituel) routine (UN, GB), common (US), standard (UN, US), day to day (US). Ex : *Tâches courantes : common tasks (US). Article d'usage courant (LOG) : common user item (OTAN). En usage courant (article) : in common use (OTAN). Réparations courantes : routine repairs (UN). Matériel courant (ou normalisé) : standard equipment (UN). Entretien courant : standard maintenance (UN). Le fusil d'assaut courant des forces américaines : the standard assault rifle of the United States forces (US). Une arme d'emploi courant dans l'armée de terre : a standard weapon in the Army. Exécuter les missions courantes de l'armée de terre : to execute the day to day missions of the Army (US). L'emploi du sexe pour piéger ou faire chanter un individu est une pratique courante dans les opérations d'espionnage : the use of sex to trap or blackmail an individual is standard practice in intelligence operations (US). Le pont serait transporté plié sur un camion de l'armée de terre de type courant : the bridge would be transported folded up on a standard Army truck (US). Entraînement courant : routine training (US). Planification courante : routine planning (US).*

courant (solutions) (acquition de matériel) off-the-shelf (solutions) (US).

courant de (au) voir **tenir au courant**.

courant de circulation line of traffic (OTAN), flow (OTAN).

courbe de niveau (carte) contour line (OTAN), contour (GB). Ex : *Courbe de niveau normale : immediate contour line (OTAN).*

courbe maîtresse index contour line (US, OTAN).

courbes de niveau (TOPO) contours (US, GB).

cour d'appel militaire Court of Military Appeals (CMA / CoMA) (US).

cour de caserne barrack square (GB).

cour d'honneur main courtyard.

courir (risque) to run (a risk) (GB).

courir (PERS) to run (GB). Ex : *Il courut en direction des latrines : he run to the latrine (GB).*

cour martiale court-martial (US) (Pluriel : "courts martial") (VERB : "to order", "to open", "to start", "to face", "to postpone") (ADJ : "general", "special") (Dans l'armée de terre américaine, trois types de cours martiales en fonction de la gravité des délits, par ordre croissant : "summary court-martial", "special court-martial", "general court-martial"). Ex : *Faire passer quelqu'un en cour martiale : to court-martial somebody. Passer en cour martiale (soldat) : to be tried by a court martial (GB). Le procès en cour martiale de John Doe doit débuter le 6 décembre : John Doe's court-martial is scheduled to begin Dec. 6 (US).*

couronne (insigne de grade) (GB) crown (GB).

couronne (mortuaire) wreath (VERB : "to lay" = déposer).

couronné de succès successful (US, GB). Ex : *La contre-offensive fut couronnée de succès : the counteroffensive was successful (US).*

cour pénale internationale international criminal court (OTAN) (VERB : "to establish" = instituer).

courrier mail (US), post (GB) (VERB : "to receive", "to deliver", to hand... to", "to distribute", "to collect", "to intercept") (ADJ : "incoming", "outgoing"). Ex : *L'acheminement du courrier : the delivery of mail (US). Courrier électronique (Internet) : e-mail (electronic mail) (VERB : to e-mail (somebody). La perte, le vol ou la destruction du courrier : the loss, theft or destruction of mail (US). Ouverture (illicite) des lettres / du courrier (activité) (RENS) : letter-opening (US), mail tampering (US) (Voir aussi correspondance).*

courrier (messager) courier (US, GB).

"courrier" (ou agent de liaison) (RENS) courier (US) (ADJ : "unknowing").

Cf. : Messenger responsible for delivery and security of classified documents or other classified material (US).

courrier diplomatique diplomatic mail (US) (PART : "coded").

courroie (lance-roquettes) web sling.

cours (formation) course (GB, US), class (US). Ex : *Le cours des capitaines (Cours de Perfectionnement des Officiers Subalternes ou CPOS) : the Junior Command and Staff Course (JCSC) (Au "Staff College" de Camberley) (GB), Officer Advanced Course (OAC) (US) (VERB : "to attend") – Cours par correspondance : correspondence course (GB, US) (VERB : "available") – Programme de cours par correspondance de l'armée de terre : Army Correspondence Course Program (ACCP) (US) — Les instructeurs doivent étudier, préparer et répéter leurs cours : instructors must study, prepare, and rehearse their classes (US). Donner (ou dispenser) un cours : to give a class (US). Un cours de russe pour débutants : a beginner class in Russian (US).*

cours (en salle de classe) class (US) (VERB : "to give"). Ex : *Pas de cours (jours fériés) : classes suspended (US).*

cours (déroulement) course (GB, OTAN). Ex : *Au cours de l'opération "Market Garden" : in the course of operation "Market Garden" (GB). Pendant le cours d'une bataille : during the course of a battle (OTAN).*

cours d'eau stream (US), waterway (US), watercourse (GB).

cours de perfectionnement des officiers subalternes (CPOS) ("cours des capitaines") Équivalent GB : the Junior Command and Staff Course (JCSC) (Au "Staff College" de Camberley). Équivalent US : Officer Advanced Course (OAC) (US). Ex : *Suivre le CPOS du Génie : to attend the Engineer officer advanced course (US).*

cours des événements (le) the course of events (US) (VERB : "to anticipate", "to predict").

course (épreuve sportive) run (US, GB). Ex : *Une course de 9 / 10 km : a six-mile run (GB).*

course (sens figuré) race (UN, GB). Ex : *La course aux armements (nucléaires) : the (nuclear) arms race (UN) (VERB : "to curb") – La course à la technologie entre les superpuissances : the superpower technology race (GB).*

course à pied (activité) running (GB).

course aux armements conventionnels conventional arms race (US).

course aux armements nucléaires nuclear arms race (US, UN).

course d'orientation (CO) orienteering course (ou race) (GB, US).

course en canoë (raid aventure) canoe race (US).

court (adjectif) short (US, GB, UN, OTAN), down (GB), Ex : *Mortier court : short-barrel mortar. À courte et moyenne distance (transport par avion) : over short and medium distances (OTAN). Un régiment à court d'une compagnie par rapport à son TED : a battalion a company down on full establishment (GB). Coup court : short hit (UN). Être courte de deux régiments (division) : to be two battlions short (GB). Se projeter à court préavis (forces) : to deploy at short notice (GB). Il est normalement rejeté à une courte distance de la bouche du canon : it (= the sabot) is normally discarded a short distance from the muzzle. Décollage et atterrissage courts (aéronef) : short take-off and landing (OTAN).*

court (ART) short (US, OTAN). Ex : *Le coup est soit long, soit court de 50 à 100 mètres : the round is either over or short by 50 to 100 meters (US).*

court-circuiter to short-circuit (US), to go over somebody's head (US). Ex : *Court-circuiter un supérieur : to go over an officer's head (US). Court-circuiter un processus : to short-circuit a process (US). Si votre demande est rejetée par les autorités de votre bureau, il faudra peut-être les court-circuiter : if your request is refused by the authorities in your office, it may be necessary to go over their heads (US).*

court de (à) out of (US). Ex : *Être à court de munitions (unité / personnels) : to run out of ammunition (ou ammo) (US).*

courte durée short duration (US). Ex : *Missions de courte durée : missions of short duration (US).*

courte portée short-range (SR) (OTAN) (En épithète).

courtois (PERS) courteous (US).

courtoisie (militaire) (PERS) (military) courtesy (US) (VERB : "to display").

court terme near term (US) (Également en épithète : "near-term").

coussin d'air air cushion (OTAN).

coût cost (US, GB) (Terme dénombrable). Ex : *Les coûts de fonctionnement (système d'armes) : operating costs (US). Coûts d'hospitalisation : hospitalization costs (US). Coûts d'instruction : training costs (US). De faible coût (matériel) : cheap (US) (ADV : "comparatively") – Coûts de fabrication : manufacturing costs (US). Coût d'acquisition (matériel) : procurement cost (US).*

coût (TAC) cost (US). Ex : *Au moindre coût (opération) : at least cost (US). Remporter la victoire au moindre coût : to achieve victory at minimal cost (US).*

coûts-avantages cost-benefit (US) (En épithète).

couteau knife (US, GB) (Pluriel : "knives") (Le couteau des Gurkhas britanniques s'appelle le "kukri"). Ex : *Lutte (ou guerre) à couteaux tirés : war to the knife (GB). Couteau de poche : clasp knife (GB), jack-knife (GB).*

couteau de combat fighting knife (US) (VERB : "to design", "to make", "to issue... to").

couteau de plongée dive knife (US).

coûteux costly (US), time-consuming (US) (PREP : "in"). 1. en hommes et matériel : costly (US). Ex : *Le conflit outre-mer le plus coûteux de l'histoire du Canada : the most costly overseas conflict in Canada's history (CA). Coûteux en vies humaines et en matériel : costly in lives and materiel (US).* 2. en temps : time-consuming (= consommateur de temps). 3. onéreux : costly.

coutume (usages) customs (US). Ex : *Les coutumes de la population indigène : the customs of the local population (US).*

couvercle à pression (mine) pressure plate.

couvert (nom) covered and concealed position (US).

couvert (adjectif) covered (OTAN, US) (PREP : "by"). Ex : *Couvert par le secret-défense : classified (UN). Une zone couverte par le feu d'armes individuelles ou collectives : an area covered by the fire of individual or crew-served weapons (OTAN). La zone couverte par le RITA (TRANS) : the area covered by RITA (US).*

couvert (abri) cover (US). Ex : *Sous le couvert de l'obscurité (ou à la faveur de la nuit) : under the cover of darkness (US).*

couvert (assuré) (objectif) secure (GB). Ex : *Une fois que l'objectif de la 4ᵉ Section est couvert : once 4 Platoon's objective is secure (GB).*

couvert par le traité treaty-related (OTAN). Ex : *Matériel couvert par le traité : treaty-related equipment (TRE) (OTAN).*

couverture (abri) cover (US, GB).

Cf. : Natural or artificial protection from enemy observation and fire (US).

couverture (mesures de protection) cover (to cover) (OTAN, GB), coverage (US, GB), covering (GB, terme dénombrable) (VERB : "to provide"). Ex : *Couverture d'un secteur par les armes individuelles : small arms coverage of a sector (US). Couvrir une zone par le feu : to cover an area with fire (US). Couverture antiaérienne (ou sol-air) : air defence cover (GB), air (-) defense coverage (US). Une unité en couverture : a unit deployed (ou acting) as covering force. Couverture générale (ART) : area coverage. La couverture des intervalles : the coverage of gaps (GB). Couverture de colonne : column cover (OTAN).*

Cf. : Couverture : Action menée par des forces terrestres, maritimes ou aériennes pour assurer une protection, soit par des opérations offensives ou défensives, soit par les menaces de telles actions (OTAN).

couverture (action de) covering force mission.

couverture (ou sécurité) (force de) covering force (OTAN). Ex : *Une mission de couverture : a covering force mission.*

couverture (agent) (RENS) (security) cover (US, GB). Ex : *Agent sans couverture officielle (illégal) : non-official cover (NOC) (US). Opérer sous une couverture : to work under a cover (US). Sous la couverture d'officier de presse : under the cover of a press officer (US). Son voyage d'affaires était une simple couverture pour rencontrer les chefs rebelles : his business trip was just a cover for meeting the rebel leaders (GB). Une couverture pour ses activités d'espionnage : a cover for his espionage activities (US).*

couverture (TRANS) coverage (US). Ex : *Couverture GPS : GPS coverage (US) (GPS = Global Positioning System = système de positionnement terrestre par satellite). Modifier la couverture du réseau : to modify the coverage of the network (US). Assurer l'entière couverture de la zone du corps d'armée : to ensure full corps area coverage (US).*

couverture aérienne (par des chasseurs) fighter cover (OTAN).

couverture défensive (missile) defensive umbrella (VERB : "to provide").

couverture diplomatique (RENS) diplomatic cover (US) (ADJ : "thin") (EXPR : "to operate outside a diplomatic cover", "to be protected by a diplomatic cover"). Ex : *Servir sous couverture diplomatique (agent) : to serve under diplomatic cover (US).*

couverture générale du territoire (points / réseaux sensibles) overall territorial coverage.

couverture médiatique coverage (OTAN, US), news (media) coverage (US) (PART : "restricted" = restreinte) (NOM ASS. : "impact"). Ex : *La couverture médiatique des opérations militaires (ou du ministère de la Défense) : news coverage of DOD (= Department of Defense) operations (US).*

couverture nuageuse (ou de nuages) cloud amount (OTAN), cloud cover (OTAN).

couverture presse (média) press coverage (OTAN, UEO) (ADJ : "open" = ouverte).

couverture radar radar coverage (OTAN).

couverture sanitaire medical cover (GB).

couverture télévisuelle (actions militaires) TV coverage (<u>Jane's</u>).

couvre-brodequin (<u>ou</u> couvre-chaussure) overboot (US) (VERB : "to put on", "to lace", "to wear").

couvre-chef headdress (GB), headgear (US) (VERB : "to remove").

couvre-culasse (fusil mitrailleur) cover.

couvre-face (masque à gaz) facepiece (US).

couvre-feu curfew (US, GB) (VERB : "to impose", "to enforce", "to order") (ADJ : "dusk-to-dawn") (PREP : "during"). Ex : *Après le couvre-feu : after curfew.*

couvrir to cover (OTAN). Ex : *Couvrir une distance (véhicule terrestre) : to cover a distance (OTAN). Le commandement intégral couvre tous les aspects des opérations militaires : full command covers every aspect of military operations (OTAN). Une famille de ponts couvrant l'ensemble des besoins tactiques : a family of bridges across the tactical spectrum. La zone couverte par le traité : the area covered by the treaty (OTAN).*

couvrir (protéger) (TAC) to <u>cover</u> (GB, US) (Terme générique), to provide cover (PREP : "with", "by"). Ex : *Couvrir par le feu : to cover by fire (GB). Couvrir la limite est du corps d'armée : to screen corps east boundary (US). Couvrir le déploiement du gros de la force : to cover the deployment of the main body (OTAN). Les sapeurs doivent être couverts par l'infanterie : sappers have to be covered by infantry (GB). Couvrir un obstacle par des feux directs et indirects : to cover an obstacle with direct and indirect fires (US). Couvrir le flanc ouest de la coalition : to protect the coalition's west flank (US). L'élément de tête est couvert par une base de feux (unité en progression) : the lead element is covered by a base of fire (US). Couvrez-moi pendant que j'avance ! : cover me while I move forward ! (GB). Couvrir notre flanc gauche : to cover our left flank (GB).*

couvrir (s'assurer de) (TAC) to secure (OTAN). Ex : *La division couvrait tous les objectifs assignés : the division secured all the assigned objectives.*

couvrir (s'étendre sur) to cover (US, GB), to encompass (US). Ex : *Sa zone d'opérations couvre X kilomètres carrés : its area of operations covers X square kilometers (US). La zone d'exercice couvrait 11 000 kilomètres carrés : the exercise area encompassed over 11,000 square kilometers (US). Le secteur français couvrait la partie sud du pays : the French sector covered the southern part of the country (GB).*

couvrir (TRANS / radar) to cover (US). Ex : *Un réseau de transmissions couvrant l'ensemble de la zone : a communications network covering the whole of the area (US). Le radar couvre une zone de près de 50 000 kilomètres carrés : the radar covers a nearly 50,000 square kilometer area (US).*

couvrir (média) to cover (US).

couvrir (se) (force) to cover oneself, to establish a security screen.

CPEA (Conseil de Partenariat Euro-atlantique) EAPC (= Euro-Atlantic Partnership Council (OTAN) (Peut s'employer en épithète). Ex : *Les 44 pays membres du CPEA : the 44 EAPC member countries (OTAN).*

CPOS ("cours des capitaines") voir **cours de perfectionnement des officiers subalternes (CPOS).**

crabotage dog clutching.

crampes d'estomac (SAN) stomach cramps (US).

cran (ou estomac ou cœur au ventre) (PERS) guts (US, GB) (Terme familier). Ex : *Avoir du cran : to have guts (GB).*

cran de mire (arme de poing) front sight, front sight blade.

cran de mire (ou de visée) (pistolet automatique) rear sight.

cran de sûreté (pistolet automatique / fusil automatique) safety, safety catch (GB), safety lever.

cran de visée (arme de poing) rear sight.

cranter (punir) (familier) to do (somebody). Ex : *Il s'est fait cranter : he got done (GB).*

CRAP voir **commando de recherche et d'action dans la profondeur** et **groupement de commandos parachutistes (GCP).**

crapahutage yomp (ing) (US, surtout au sein des Marines), tab (GB, surtout au sein du SAS) (= a forced march).

crapahuter to yomp (US). Ex : *Crapahuter dans le désert : to go yomping in the desert (US).*

"craquer" (physiquement et mentalement) (stress) (PERS) to break down (GB). Ex : *Il a complètemement craqué : he has broken down completely (GB).*

cratère (de bombe) (bomb) crater (GB). Ex : *Explosion à / formant / cratère : cratering explosion (UN).*

cratère crater (OTAN, GB). Ex : *Cratère sur route : road crater (OTAN). Le génie a creusé des cratères sur la route : the engineers cratered the road (GB).*

cravate (tenue) necktie (US). Ex : *Cravate noire (tenue) : black tie.*

création (unité / corps / arme / armée) activation (US), creation, formation (GB), establishment (US). Ex : *Le 12 avril 1983, le Secrétaire d'État à l'armée de terre a approuvé la création de l'arme de l'ALAT : on 12 April 1983, the Secretary of the Army approved the establishment of the Army Aviation Branch (US). La création d'une Force d'Action Rapide, forte de 47 000 hommes : the creation of a 47 000 strong Rapid Deployment Force (Jane's). La création de l'État-major Permanent Interarmées : the creation of the Permanent Joint Headquarters (Jane's). La création d'une Force d'Action Rapide, forte de 47 000 hommes : the creation of a 47, 000 strong Rapid Deployment Force (Jane's). La création d'une armée professionnelle : the establishment of an all-volunteer military force (US).*

création (grande école militaire / corps) establishment (US, GB).

création (organisation / alliance) inception (OTAN).

création (champ de mines / itinéraires) deployment (US), creation (GB). Ex : *Permettre la création rapide de champs de mines antichar : to permit rapid deployment of antitank minefields (US). Création d'itinéraires (GEN) : route creation (GB).*

crèche (halte-garderie) child care center (US).

crédibilité credibility (US, GB, OTAN) (VERB : "to restore", "to damage"). Ex : *La crédibilité / d'une force / de l'information : the credibility / of a force (US) / of the information (OTAN).*

crédible credible (GB, CA). Ex : *Rendre crédible (ou crédibiliser ou conférer de la crédibilité à) l'aéromobilité : to make air-mobility credible (GB). L'armée de terre joue ce rôle lorsqu'elle maintient un potentiel de dissuasion militaire crédible et visible en temps de paix : the Army fulfils this function when it maintains a military deterrence capability which is credible and visible in peacetime (CA).*

crédit de mouvement (ordre de mouvement) movement order (OTAN), movement credit (OTAN), movement authorization (OTAN).

crédits (financiers) funds (US), funding (US) (VERB: "to administer", "to receive", "to safeguard", "to disburse", "to account for") (ADJ: "scarce", "limited"). Ex: *Crédits d'entraînement: training funds (US). Le format et les crédits de l'armée de terre: the size and funds of the Army (US). On a pratiqué des coupes sombres dans les crédits prévus pour la défense: planned allocations for defence were drastically cut (CA). Des crédits en baisse: declining funding (US).*

crédo creed (US). Ex: *Le crédo des sous-officiers: the NCO creed (US).*

créer to create (US, GB), to induce (US), to achieve (US). Ex: *Créer un choc psychologique: to induce (ou to achieve) psychological shock (US). Créer une situation favorable: to create a favorable situation (US). Une vraie capacité de combat en la matière (= recherche et sauvetage) devrait être créée: real combat capability should be created in this area (UEO). Créer l'armée du futur (armée de terre): to create the force of the future (US). Créer une tête de pont (TAC): to create a bridgehead (US). Créer l'effet de surprise (TAC): to achieve surprise (GB).*

créer (unité / corps) to activate (US), to create (US), to form (GB), to establish (GB). Ex: *Le corps fut créé en 1957: the corps was established in 1957 (GB). La Force Delta récemment (ou nouvellement) créée: the newly-formed Delta Force (US). La décision de créer une Euroforce opérationnelle rapide a été prise à Lisbonne en mai 1995: the decision to set up a Rapid Deployment Euroforce was taken in Lisbon in May 1995 (UEO).*

crémaillère (de culasse) rack (of breechblock).

crémaillère de pointage (obusier) elevating arc.

crème de camouflage (visage) cam-cream (GB).

créneau (colonne) column gap (OTAN).

créneau (emploi) (PERS) job slot (US) (VERB: "to make… available to").

créneau (place sur le marché) niche (Jane's). Ex: *EWK (= société) s'est également créé un créneau en mettant au point des ponts répondant à des besoins particuliers: EWK has also created a niche for developing bridges to meet unique requirements.*

créneau d'âge (avancement) age bracket (GB).

créneau horaire (ou de temps) (opération) time slot (OTAN, US), time window (US) (= "a time period of opportunity") (PART: "predetermined").

crépuscule twilight (US, OTAN). Ex: *Avant le crépuscule: before twilight, before dark.*

crête (ou arête) (TOPO) ridge (US, GB), crest (VERB: "to overlook").

crête (fusil automatique / fusil) comb, forecomb.

crête de chien (arme de poing) hammer spur.

creusement (excavation) digging (US). Ex: *Le creusement de latrines: the digging of latrines (GB).*

creusement de tranchées (GEN) trenching (operations), trench-digging (GB).

creuser to dig (US). Ex: *Creuser / un trou / une position individuelle: to dig / a pit / an individual position (GB, US). Creuser un tunnel sous le mur de la prison: to tunnel under the prison wall (GB).*

creuser des tranchées (pour s'établir) (force) to dig in (US, GB), to entrench (GB).

creux (sol) (TOPO) hollow (GB).

creux hollow (US, GB), slack (US). Ex: *Charge creuse: hollow charge, shaped charge. Période(s) creuse(s) (activité réduite): "slack time" (US).*

creux de terrain (TOPO) depression (US).

crevaison (pneu) puncture (US, GB) (VERB: "to have", "to get" "to mend").

crevasse (TOPO) crevasse (US).

crevé flat (GB). Ex: *L'un des Transall avait un pneu crevé: one of the Transalls had a flat tyre (GB).*

criblé de riddled with (GB). Ex: *La porte était criblée d'impacts de balles: the door was riddled with bullet holes (GB).*

cric jack (GB).

cri de guerre battle cry (GB).

crime (acte illégal punissable) crime (GB).

crime (ou criminalité) au niveau transnational transnational crime (OTAN).

crime contre l'humanité crime against humanity (OTAN). Ex: *Être accusé de crimes contre l'humanité: to be accused of crimes against humanity (OTAN).*

crime de guerre war crime (GB, US) (VERB: "to commit"). Ex: *Être soupçonné de crimes de guerre: to be suspected of war crimes (GB). Personne inculpée de crimes de guerre: person indicted for war crimes (PIFWC).*

crime organisé (ou criminalité organisée) organised crime (US, OTAN). Ex: *La lutte contre la corruption et le crime organisé: the fight against corruption and organised crime (OTAN).*

criminalité cybernétique cybercrime (US).

criminalité informatique computer crime (US).

criminalité internationale international crime (US).

criminel (adjectif et nom) criminal (GB).

criminel de guerre war criminal (OTAN, US, GB) (VERB: "to hunt", "to investigate", "to report", "to discipline", "to imprison").

criminologie criminology (US).

crique (TOPO) inlet (US, GB), cove (GB), creek (US, GB).

crise crisis (US, GB, OTAN) (Pluriel: "crises"), contingency (OTAN) (VERB: "to meet", "to cause", "to anticipate", "to develop", "to occur", "to escalate", "to arise", "to assess", "to resolve", "to respond to", "to address", "to stem from", "to manage") (ADJ: "immediate", "peripheral", "major", "survival"). Ex: *En période de crise: in times of crisis. Gestion des crises: crisis management. Lors d'une crise: in a crisis (GB). En temps de crise: in time of crisis (OTAN), during a crisis (GB). Dans des situations de crise: under contingency conditions (OTAN). Le point sur la crise au Kosovo: updates on the crisis in Kosovo (OTAN). Une crise en voie d'aggravation: a worsening crisis (OTAN). Être le détonateur d'(ou déclencher) une crise: to ignite a crisis (Jane's). Des forces de combat capables de réagir rapidement à des crises sur toute la planète: combat forces capable of responding rapidly to crises worldwide (US). L'assistance humanitaire coordonnée apportée par l'OTAN a été renforcée devant l'aggravation de la crise due à l'afflux des réfugiés: coordinated humanitarian assistance from NATO has been stepped up in response to the escalating refugee crisis (OTAN). La crise des missiles de Cuba (octobre 1962) (Hist.): the Cuban missile crisis (US).*

crise des otages hostage crisis (GB).

crise (ou problème) des réfugiés (ou crise due à l'afflux des réfugiés) refugee crisis (OTAN).

crise du recrutement (armée) manning crisis (GB).

crise extérieure external crisis (Jane's).

crise humanitaire humanitarian crisis (OTAN, US, GB). Ex: *Faire face à la grave crise humanitaire engendrée par les agissements des forces du président Milosevic: to address the* *grave humanitarian crisis brought on by the actions of President Milosevic's forces (OTAN). La crise humanitaire se développait de façon exponentielle : the scale of the humanitarian crisis grew exponentially (OTAN).*

crise intérieure internal crisis (US).

crise majeure major crisis (US, GB).

crise mineure minor crisis (US, GB).

cristaux liquides (affichage à) liquid crystal display (LCD).

critère criterion (GB, US, OTAN) (Pluriel: "criteria"), quality (OTAN), requirement (OTAN). Ex: *Un critère décisif: a determining criterion (GB). Les critères militaires exigés d'un matériel: the military qualities required of an item of equipment (OTAN). Les critères d'adhésion à l'OTAN: the requirements of NATO membership (OTAN). Réunir tous les critères pour être promu (PERS): to be eligible for promotion (US).*

critère (norme) standard (US). Ex: *S'entraîner en fonction de critères élevés: to train to high standards (US).*

"critères de Copenhague" (les) the "Copenhagen criteria" (OTAN).

critères de décision decision criteria (US).

critères de dotation (structures budgétaires) input criteria (OTAN).

critères de mesure (concept) criteria for measurement (US).

critères de planification planning criteria (US).

critères de rendement (forces) performance criteria (OTAN).

critères de succès (mission) criteria for success.

critères d'évaluation du terrain OCOKA criteria (US) (OCOKA = Observation and fire, Concealment and cover, Obstacles, Key terrain, Avenues of approach).

critique (décisif) critical (US). Ex: *Placer des éléments de circulation routière aux points critiques: to station traffic policemen at critical points (US).*

critique (article) (LOG) regulated (OTAN). Ex: *Article critique: regulated item (OTAN).*

critique (ou évaluation d'un renseignement) (RENS) assessment (US).

crochet (ou rossignol) (RENS) lockpick (US), lock-opening device (US) (VERB: "to insert", "to manipulate", "to adjust") (ADJ: "tubular").

crochetage (serrure) (RENS) lockpicking (US). Ex: *Appareil (ou dispositif) de crochetage: lockpick device (US). Pince de crochetage: lockpick (US). Trousse de crochetage: lockpicking kit (US).*

crocheter (serrure) (RENS) to pick (a lock) (US).

crocheteur (spécialiste en crochetage) (RENS) lockpicker (US), lock opener (US).

croire to assume (GB). Ex: *On croit que les régiments de chars (ENI) seraient au sud de Basingstoke: tank regiments are assumed to be south of Basingstoke (GB).*

croisé crossed (US). Ex: *Les traditionnels sabres croisés (insigne): the traditional crossed sabers (US).*

croisé (action réciproque) (activité) cross (En épithète). Ex: *Entraînement / commandement / croisé: cross / training / command.*

croisement (carrefour) crossing (GB).

croisement (circulation) (action) passing (OTAN).

croisement (lignes de communications) juncture (US).

croisés (champs de tirs) interlocking (arcs of fire) (GB).

croiseur cruiser (OTAN, GB).

croissance (développement) growth (US) (ADJ: "explosive"). Ex: *La croissance du professionnalisme en temps de paix: the growth of professionalism in peacetime (CA).
Croissance démographique: population growth (US) (ADJ: "unchecked").*

croissant growing, expanding (US), increasing (UEO), incremental (US), ascending (US). Ex:
*Le rôle militaire croissant des États-Unis: the expanding military role of the United
States (US). Un nombre croissant de pays européens: an increasing number of European
countries (UEO). Par ordre croissant (classement): in ascending order (US) (Contraire:
"in diminishing order" = par ordre décroissant). L'amélioration croissante des capacités
(des forces): the incremental enhancement of the of the capabilities (of the forces) (US).*

Croissant-Rouge (le) the Red Crescent (GB).

croix (décoration) cross (GB).

Croix de guerre War Cross (À noter: Le plus souvent, on ne traduit pas) (VERB: "to award").
Ex: *On lui avait conféré la Légion d'honneur et la Croix de guerre avec sept palmes: he
had been awarded the Légion d'honneur and the Croix de guerre with seven palms (GB).*

Croix-Rouge (la) the Red Cross (GB).

croquis sketch (US).

cross (course) cross-country race (GB), cross-country run (GB).

cross (sport) cross country (GB).

crosse (carabine) flat of stock.

crosse (fusil / mitrailleuse) stock (US), butt (stock) (US). Ex: *La crosse de son fusil M16
calée dans le creux de l'épaule (soldat): the butt of his M16 rifle tucked against his shoulder (US).*

crosse (lance-roquettes / arme de poing) butt.

crosse de fusil rifle butt (GB).

crosse d'épaule (lance-roquettes) shoulder rest.

crosse droite (obusier) right trail.

crosse pistolet (fusil) small of stock, pistol grip.

CROTALE the (French-designed) CROTALE short-range surface-to-air missile (SAM) (GB),
the CROTALE point air defense SAM (= surface-to-air missile) (US).

CROTALE NG (nouvelle génération) (système sol-air) (Traductions rencontrées) the
CROTALE NG (= Next Generation) all weather short-range air defence system, the
CROTALE NG multi-mission air defence missile system.

croyance belief (US). Ex: *Un système de croyances: a system of beliefs (US).*

crucial key (US), critical (US). Ex: *Les exercices continuent à être cruciaux pour l'entraînement
des unités: exercises continue to be key for unit training (US). Cible cruciale: critical
target (US).*

cryptage (chiffrement) encryption.

crypter to encrypt (Recouvre les sens de "chiffrer" et "coder").

cryptogramme (message en chiffre ou en code) (RENS) cryptogram (US).

cryptographe cryptographer (US), code-breaker (US) (ADJ: "master", "expert").

cryptographie cryptography (US, OTAN), code-breaking (US). Ex: *Matériel de cryptographie: cryptographic equipment (GB) (Voir aussi **analyse cryptographique**).*

Cf.: The science of secret writing (US). Crytpography is employed [...] to send messages in such
a way as to conceal the real meaning from everyone but the sender and the intended recipient. There are two principal kinds of cryptography: code and cypher. Until 1921, it also
meant the "breaking" of codes (US).

cryptographique cryptographic (OTAN).

cryptologie cryptology (US).

cryptologique cryptologic (US).

cryptologue (RENS) cryptologist (US).

cryptonyme (faux nom) (agent / opération) (RENS) cryptonym (US) (VERB : "to assign").

cryptophonie (ou phonie protégée) secure voice (UN, OTAN) (Également en épithète). Ex : *Réseau de cryptophonie OTAN : NATO secure voice network (NSVN) (OTAN).*

cryptosécurité (protection des chiffres et des codes) (RENS) cryptosecurity (US) (VERB : "to be responsible for").

cryptosystème (RENS) cryptosystem (US).

CTAC (Trésorerie) voir **centre territorial d'aministration et de comptabilité.**

cuillère (grenade) safety lever, spoon.

cuirassé (navire) battleship (GB) (EXPR : "to provide naval gunfire support (NGS) to land forces").

cuisant severe, sharp (GB). Ex : *Une défaite cuisante : a severe defeat. Infliger une défaite cuisante à l'ennemi : to inflict a sharp defeat on the enemy (GB).*

cuisine(s) (mess) mess hall (US), cookhouse (GB).

cuisine roulante mobile kitchen, field kitchen (VERB : "to set up").

cuisinier cook (US, GB) (Terme familier GB : "slop jockey" – Terme familier US : "spoon").

culasse (canon) breech.

culasse (mortier) base cap.

culasse (obusier) breechblock.

culasse (fusil) bolt (US). Ex : *Tirer à culasse ouverte : to fire from the open-bolt position (US).*

culasse mobile (pistolet automatique) slide.

culminant Ex : *Le point culminant d'un attaque : the climax of an attack (OTAN) (Voir aussi point culminant).*

culot (obus) (shell) base. Ex : *Munitions à diminution de traînée de culot : base bleed ammunition.*

culte de la personnalité (dirigeant politique) personality cult (US).

culture culture (US, GB, OTAN) (VERB : "to enter", "to know about"). Ex : *L'immersion dans la culture OTAN : immersion in NATO culture (OTAN). Connaisance des cultures (peuples) : knowledge of cultures (US). Une culture stratégique : a strategic culture (GB) – La culture tout à fait unique (ou exceptionnelle ou inimitable) de l'armée de terre : the unique culture of the Army (US). Cet exercice illustrera la culture d'étroite coopération développée entre les deux organisations (OTAN / UEO) : this exercise will demonstrate the culture of close co-operation developed between the two organisations (UEO). Un changement radical dans la culture de la CIA : a fundamental change in the culture of the CIA (US). Des cultures nationales : national cultures (US).*

culture professionnelle professional culture (US) (VERB : "to establish") (PART : "shared").

curriculum-vitae voir **C.V.**.

cursus (organisme de formation) syllabus (US, GB).

cursus de formation (catégorie de personnel) education system (US).

cursus de formation des sous-officiers Noncommissioned Officer Education System (NCOES) (US).

cuvette (TOPO) basin. Ex : *La cuvette de Nordlingen : the Nordlingen basin.*

CV (chevaux-vapeur) horsepower (US) (Abrégé : "hp"). Ex : *1500 CV : 1,500 HP (US). Un moteur diesel V-12 de 750 CV : a 750-horsepower V-12 diesel engine (US) (Voir aussi cheval (ou chevaux) vapeur).*

C.V. (curriculum-vitae) résumé (US).

"Cyalume" (marque déposée) (baton d'éclairage) light strick (US).

cybercriminalité (ou criminalité cybernétique) cybercrime (US).

cyberespace cyberspace (US).

cyberguerre (ou guerre cybernétique) cyberwar (US).

cybersoldat cyber soldier (US).

cycle cycle (US, GB, OTAN) (PREP : "through"). Ex : *Cycle d'entraînement : training cycle (US). Cycle de modernisation (armée) : modernization cycle (US). Un cycle dangereux de provocation et de réaction : a dangerous cycle of provocation and response (OTAN). Cycle d'entraînement et opérationnel : training and operational cycle (GB).*

cycle d'actualités (société de l'information) news cycle (OTAN). Ex : *Cycles d'actualités abrégés : shortened news cycles (OTAN).*

cycle d'entraînement (force) training cycle (Jane's) (Pour les grandes unités — "formation training cycle", il comprend les phases suivantes : 1. collective training. 2. alert and training. 3. operations / external deployment. 4. recuperation).

cycle d'expérimentation experimentation cycle (US).

cycle de préparation opérationnelle (force) readiness cycle (Jane's) (Il comprend les phases suivantes : 1.operations. 2. recovery. 3. basic instruction. 4. standby / alert).

cycle de vie (article logistique) life (-) cycle (US, OTAN). Ex : *Cycle de vie du système d'arme : weapon system life cycle (WSLC) (OTAN).*

cycle du renseignement intelligence cycle (OTAN).

Cf. : The sequence of activities whereby information is obtained, assembled, converted into intelligence and made available to users. This sequence comprises the following four phases : a. **direction** (= *orientation*) — Determination of intelligence requirements, planning the collection effort, issuance of orders and request to collection agencies and maintenance of a continuous check on the productivity of such agencies. b. **collection** (= *recherche*) — The exploitation of sources by collection agencies and the delivery of the information obtained to the appropriate processing unit for use in the production of intelligence. c. **processing** (= *exploitation*) — The conversion of information into intelligence through collation (= *recoupement, regroupement*), evaluation, analysis, integration (= *synthèse*) and interpretation. d. **dissemination** (= *diffusion*) — The timely conveyance of intelligence, in an appropriate form and by any suitable means, to those who need it (OTAN).

cyclone tropical hurricane (US). Ex : *La magnitude du cyclone tropical Andrew : the magnitude of Hurricane Andrew (US).*

cylindre cylinder (GB). Ex : *Moteur diesel (à) six cylindres (véhicule blindé) : 6-cylinder diesel engine (GB).*

cylindrique cylindrical.

cynophile dog (GB) (En épithète). Ex : *Unité cynophile de l'armée de terre : Army dog unit (GB).*

D

(DELTA)

D. (route départementale) secondary road, B-road (GB).

d'abord (principalement) primarily (US).

d'abord et avant tout first and foremost (GB). Ex: *Les personnels des Transmissions sont d'abord et avant tout des soldats : first and foremost Royal Signals personnel are soldiers (GB).*

d'active (par opposition à "de réserve") active component (AC) (En épithète) (US), regular (GB).

dada (sujet favori) pet subject (US). Ex: *L'histoire militaire, c'est le dada du Colonel : military history is the Colonel's pet subject (US).*

d'affilée on end (US). Ex: *Pendant des semaines d'affilée : for weeks on end (US).*

Daguet (division) (guerre du Golfe) Daguet (Division) (US). Ex: *La Division Daguet française (6ᵉ Division Légère Blindée) : the French Daguet Division (6th Light Armored Division) (US).*

Danemark Denmark (Lettres-code OTAN : "DK").

danger danger (US, GB), hazard (US), risk (US), harm (US) (VERB : "to face" = affronter, "to like", "to constitute", "to predict", "to avoid", "to discount") (ADJ & PART : "real", "threatened", "imagined", "grave") (PREP : "to"). Ex: *Les dangers (ou périls) du combat : the hazards of combat (US). Les dangers des champs de mines : the dangers of minefields (GB). Danger réel ou menaçant : real or threatened danger (OTAN). Danger de mort imminente (malade) (SAN) : imminent danger to life (OTAN). Mettre une force en danger : to put a force at risk (US). Ils aiment le danger : they like the danger (GB). Sans danger pour les forces amies (tirs) : without danger to friendly troops (OTAN). Constituer un danger pour : to constitute a hazard to (OTAN). Danger réel ou supposé : real or imagined danger (OTAN). Prévoir un danger (NUC) : to predict a hazard (OTAN). Aux dangers de la guerre froide ont succédé des perspectives plus prometteuses : the dangers of the Cold War have given way to more promising prospects (OTAN). Protéger des ressortissants américains et être en mesure de les évacuer pour les mettre à l'abri du danger : to protect American citizens and be prepared to evacuate them from danger (US). Éviter les dangers NBC : NBC hazard avoidance (GB). Envoyer des hommes et des femmes dans les griffes du danger : to send men and women into harm's way (US). Le danger était suffisamment grave : the danger was sufficiently grave (CA). Faire peu de cas d'un danger : to discount a danger (Voir aussi **sans danger**).*

danger (mettre en) to endanger, to jeopardize.

dangereux dangerous (GB), hazardous (US) (Terme familier US : "hot"). Ex: *Une mission dangereuse : a dangerous mission (US). L'emploi d'agents toxiques chimiques peut être dangereux pour les troupes amies : the use of toxic chemical agents may create hazards to friendly troops (US). Ce véhicule est dans un dangereux état : this vehicle is in a dangerous condition (GB). La situation internationale est extrêment dangereuse : the international situation is extremely dangerous (GB). Dans les zones les plus dangereuses (TAC) : in the areas of greatest danger (US).*

dangers dus aux rayonnements (ou de radiation ou de rayonnement radioactif) radiation hazards (RADHAZ) (OTAN).

dans (appartenance à un corps ou à une unité) with (GB). Ex : *Un pilote d'hélicoptère dans l'Aéronavale : a helicopter pilot with the Fleet Air Arm (GB) – Un régiment de CLB (= Cavalerie Légère Blindée) se trouve en Allemagne, dans la 1ᵉʳᵉ Division Blindée britannique : one armoured reconnaissance regiment is in Germany with 1 (UK) Armoured Division (GB) – Servir dans la 8ᵉ Armée : to serve with the 8 th Army (GB).*

dans (spatial) in, at (US, Jane's), to (OTAN). Ex : *Dans la profondeur : in depth – Dans des centres d'entraînement au combat : at combat training centers (US) – Un certain nombre de chars de bataille seront prépositionnés dans des ports : a number of MBTs (= Main Battle Tanks) will be prepositioned at ports (Jane's) – Enseigner dans une grande école militaire : to teach at a service academy (US) – Une force qui peut être déployée dans n'importe quelle région : a force which can be deployed to any region (OTAN).*

dans (temporel) from now (US), within (US). Ex : *Ils (= soldats d'une division) sont désignés pour partir en Bosnie dans un an : they are slated to deploy to Bosnia a year from now (US) – Dans les 60 jours qui suivent l'inscription à un stage de formation militaire : within 60 days after enrolling in a military training course (US).*

dans (opération) in (US). Ex : *Une dernière attaque, dans laquelle une trentaine de chars furent engagés, fut clouée au sol par le feu de notre artillerie : a final attack in which about thirty tanks were engaged was pinned down by our artillery fire (US).*

dans la foulée hasty (US, GB), from the march (US). Ex : *Une attaque dans la foulée (ou improvisée) : a hasty attack (OTAN) – Attaquer dans la foulée : to attack from the march (US).*

dans la profondeur (déploiement / opérations) in depth (GB, US).

dans l'attente pending (US). Ex : *Dans l'attente d'une contre-attaque menée par une force plus importante : pending a counterattack by a larger force (US).*

dans le but de with the aim of (+ verbe en ING), for the purpose of (+ verbe en ING) (US). Ex : *Dans le but de détruire l'ennemi : with the aim of destroying the enemy (GB).*

dans les airs in the air (US). Ex : *Sur terre, sur mer et dans les airs : on land, at sea and in the air (US).*

dans les délais (impartis) within the required time (US).

dans le sens de towards (OTAN). Ex : *Des initiatives prises récemment dans le sens d'une politique commune de l'Europe en matière de défense et de sécurité : recent moves towards a common European defence and security policy (OTAN).*

dans le sens des aiguilles d'une montre clockwise (CW).

dans le sens inverse des aiguilles d'une montre counterclockwise (CCW).

dans l'intention de with the object of (+ verbe en ING) (US). Ex : *Sa (= chef) première poussée, utilisant les chars et l'infanterie, était dirigée contre notre gauche dans l'intention de s'emparer des hauteurs donnant sur la ligne Mareth : his first thrust with tanks and infantry was directed against our left with the object of capturing some high ground fronting the Mareth Line (US).*

dans tout le pays countrywide (US) (En épithète).

dans une large mesure largely (OTAN).

DAOS voir **détachement ALAT des opérations spéciales**.

d'après (selon) according to (GB). Ex : *D'après les archives de la Légion : according to Legion archives (GB).*

d'après (la) crise postcrisis (US) (En épithète).

d'après (le) conflit postconflict (US) (En épithète).

dard (obus-flèche) penetrator (US).

d'assaut by storm (GB). Ex : *Prendre des positions ennemies d'assaut : to take enemy positions by storm (GB) – Prendre d'assaut une ville (troupes) : to storm a city (GB).*

date date (US, GB), time (OTAN). Ex : *Date de prise de rang (ou de nomination à un grade) : date of rank (DOR) (US) – Date de naissance : date of birth (DOB) (US) – À une date ultérieure : at a later date (ALD) (US), at some future time (OTAN) – Des conflits de longue date : old conflicts (OTAN) – Date de mobilisation (unité de réserve) : mobilization date (US) (PART : "projected") – M. Robertson prendra ses fonctions de Secrétaire général à une date qui reste à déterminer : M. Robertson will assume his functions as Secretary General at a date to be determined (OTAN).*

date butoir deadline (Jane's). Ex : *L'Armée de Libération du Kosovo avait jusqu'à la date butoir du 6 février pour entamer les pourparlers de paix : the Kosovo Liberation Army (KLA) had been given a deadline of 6 February to start peace talks (Jane's).*

date de départ (de l'armée) (PERS) separation date (US).

date de livraison delivery date (OTAN). Ex : *Date de livraison requise (ou demandée) : required delivery date (RDD) (OTAN).*

date de mise (ou d'entrée) en service (matériel) in-service date (ISD) (GB).

date (ou heure) limite (ultimatum) deadline (GB) (VERB : "to expire"). Ex : *L'heure et la date limite(s) du 23 février midi (heure locale) : the deadline of midday local time on 23 February (GB).*

date militaire (système) military date (US) (Par exemple : La date du 5 juin 1998 — June 5 th 1998 — sera notée en date militaire : 5 JUN 98. On emploiera les 12 lettres codes de mois suivantes : JAN / FEB / MAR / APR / MAY / JUN / JUL / AUG / SEP / OCT / NOV / DEC).

date prévue (opération) planned date (US), established date (US). Ex : *La date prévue de cette opération est le 5 juin : June 5 th is the target date for this operation (US).*

davantage more (US, OTAN). Ex : *Deux divisions ou davantage : two or more divisions (OTAN) – Il ne s'agit pas seulement de dépenser davantage ; il faut aussi dépenser mieux (dépenses de défense) : this is not just a question of spending more — it is also about spending more wisely (OTAN) – Donner davantage de profondeur au combat (TAC) : to add more depth to combat (US).*

DB (division blindée) armoured division (GB), armored division (US).

DBLE voir **demi-brigade de légion étrangère**.

DCA (la) (tir anti-arien) flak (GB).

DCL voir **dépanneur de char Leclerc**.

DCN voir **direction des constructions navales**.

de (appartenance à un corps / une unité / un pays) from (US, GB, OTAN), of (US, OTAN), with (US). Ex : *Les parachutistes de la 82ᵉ Division Aéroportée : paratroopers from / of the 82nd Airborne Division (US) – Un parachutiste de la 1ᵉʳᵉ compagnie du 3ᵉ régiment : a trooper with Company A, 3rd Battalion (US) – Des officiers du Train : officers from the Transportation Corps (US) – Un commandant de la Division Légère : a major from the Light Division (GB) – Une compagnie autonome du Génie : an independent squadron from the Royal Engineers (GB) – Six soldats du 3ᵉ Régiment d'Infanterie : six soldiers from the 3rd Infantry Battalion (GB) – Des unités du groupement MIKE : units from TF (= Task Force) MIKE (US) – La 21ᵉ compagnie de police militaire du 18ᵉ Corps aéroporté (ou parachutiste) : the XVIII Airborne Corps'21 st Military Police Company (US) – Les artilleurs sol-sol du 7ᵉ Corps d'Armée américain : the field artille-*

rymen of the VII US Corps (US) – Deux soldats de la 2ᵉ Compagnie du 2ᵉ Régiment du 1ᵉʳ d'Infanterie: two soldiers from company B, 2nd Battalion, 1 st Infantry (US) – Des soldats polonais de la Force de Stabilisation dirigée par l'OTAN: Polish troops, part of the NATO-led Stabilisation Force (OTAN) – Des experts de 12 pays de l'OTAN: experts from 12 NATO nations (OTAN) – Les deux brigades d'infanterie de la Division: the Division's two infantry brigades (US).

de (temporel) by (OTAN). Ex: *De jour: by day (OTAN) – De jour et de nuit: day and night (OTAN).*

de (produit ou fabriqué par) (armement) from (US). Ex: *Le (système) MILES 2000 de (la société) Cubic Defense Systems: MILES 2000 from Cubic Defense Systems (US) – Le char Abrams de la société General Dynamics: the General Dynamics Abrams tank (Jane's).*

de (provenance) from (GB, US). Ex: *Sauter d'un aéronef: to jump from an aircraft (GB, US) – Rommel fit venir une partie de ses blindés d'El Hamma: Rommel called in part of his armor from El Hamma (US).*

de... à (échelons) through (US). Ex: *Du régiment au corps d'armée: battalion through corps (US).*

de... à (ou vers) (spatial) from... to (US, GB). Ex: *De lima NOIR à la FEBA (FEBA = Forward Edge of the Battle Area = Frange avant de la zone des combats): from PL BLACK to the FEBA (US) – De la droite vers la gauche: from right to left (US) – Envoyer des troupes au combat dans tous les coins du monde, de Bornéo à l'Irlande du Nord (grande unité): to send troops for operations in all parts of the world, from Borneo to Northern Ireland (GB).*

débâcle debacle (GB), debâcle (GB), rout (GB) (VERB: "to turn into"). Ex: *Malgré la débâcle de Camerone (Légion): in spite of the Camerone debacle (GB).*

débandade rout (GB) (VERB: "to turn into").

débarasser de to rid of (CA). Ex: *Débarasser le pays des mines terrestres: to rid the country of land mines (CA).*

débarqué (infanterie / actions) dismounted. Ex: *Infanterie débarquée: dismounted infantry .– Mener des actions embarquées ou débarquées (INF): to conduct mounted or dismounted action (GB) – Combattre débarqué (INF): to fight dismounted (Jane's).*

débarquement (TAC) landing (US, GB), invasion (US) (VERB: "to execute", "to make", "to plan") (ADJ: "ingenious") (PREP: "at"). Ex: *Le débarquement de la 5ᵉ armée à Salerne: the landing of Fifth Army at Salerne (GB) – Le débarquement de la Baie des Cochons: the Bay of Pigs landing (ou invasion) (US) – Après le débarquement anglo-américain de novembre 1942 en Afrique du Nord: after the Anglo-American invasion of North Africa in Nov. 1942 (US).*

débarquement (navire / aéronef) debarkation (US, OTAN), disembarkation (GB). Ex: *Le débarquement en bon ordre de troupes et d'équipements: the orderly debarkation of troops and equipment (OTAN) – Débarquement d'un (avion) C-130 de l'armée de l'air (hommes): disembarkation from an Air Force C-130 (US).*

débarquement (unité motorisée) debussing (GB).

débarquement (des véhicules) (fantassins) dismounting (US) (PREP: "from"). Ex: *Débarquement prématuré des VTT (blindés): premature dismounting from APCs (= armored personnel carriers) (US).*

Débarquement (le) (juin 1944) (Hist.) *the Normandy landing(s) (GB), the Normandy invasion (US), the D-Day landings (in June 1944) (GB).*

débarquement de (ou sur) plage beach landing (GB).

débarquement héliporté heliborne landing (US).

débarquement principal main landing (OTAN).

débarquement secondaire subsidiary landing (OTAN).

débarquer (d'un autobus ou d'un autre véhicule) to debus (GB).

débarquer (d'un aéronef) to deplane (GB). Ex: *La force commencera à débarquer à 5h00 : the force will begin to deplane at 0500hrs (GB).*

débarquer (d'un navire) to debark (US), to disembark (GB).

débarquer (d'un train) to detrain (GB).

débarquer (de) (matériel) to off-load (from) (US), to dismount (US). Ex: *Débarquer un hélicoptère d'un avion de transport C-130 : to off-load a helicopter from a C-130 transport (US) – Le missile peut être débarqué : the missile can be dismounted (US).*

débarquer (de) (personnel) to dismount (US, GB), to off-load (from) (US). Ex: *Débarquer (d'un bateau / d'un aéronef) : to disembark (from a ship / from an aircraft) – Débarquer (d'un véhicule de transport de troupes) : to dismount (from a troop carrier) – Les troupes débarquent des hélicoptères : forces off-load from helicopters (US) – Les portes permettent d'embarquer et de débarquer rapidement (VTT) : the doors permit rapid mounting and dismounting (US).*

débarquer (opération de débarquement) to land (US, GB), to invade (US). Ex: *Faire croire au Haut Commandement allemand que les Alliés débarqueraient dans les Balkans : to make the German High Command believe that the Allies would invade the Balkans (US).*

débarquer (faire) to land. Ex: *Faire débarquer des troupes : to land troops (US).*

débat discussion (OTAN), debate (OTAN). Ex: *Débat postérieur à l'exercice : post-exercise discussion (PXD) (OTAN) – Susciter de vastes débats : to spark off considerable debate (OTAN) – Le débat sur la défense européenne : the debate of European defence (OTAN).*

débattement avant frontal arc (US).

débit (TRANS) rate.

débit d'itinéraire (véhicules) traffic flow (OTAN). Ex: *Débit d'itinéraire maximum : maximum traffic flow (OTAN).*

déblaiement (mines) clearance (OTAN).

déblaiement des décombres (mission) (catastrophes) debris-removal (US).

déblaiement d'obstacles (GEN) obstacle removal (GB).

déblais spoil (GB). Ex: *Les déblais d'une tranchée : the spoil from a trench (GB).*

déblayer (mines) to clear (mines) (OTAN) (dans une zone : from a zone).

de bord (aéronef) airborne (OTAN) (Équipements / armes / munitions). Ex: *Système de radioralliement de bord (ou embarqué) : airborne homing system (AHS) (OTAN).*

de bord (embarqué) (véhicule terrestre) (matériel / personnels) on-board (US) (En épithète).

débordé (force) (TAC) outflanked.

débordement (TAC) outflanking movement (GB) (VERB: "to make", "to conduct").

déborder (TAC) to outflank (US). Ex: *Le régiment de gauche fut quasiment débordé : the left-hand battalion was nearly outflanked (US).*

déborder (s'étendre) to extend. Ex: *La zone déborde en territoire ennemi : the area extends into enemy territory.*

débouché (TAC) Ex : *Au débouché : when crossing the line of departure (LD), upon crossing LD (US).*

débouché (professionnel) opportunity (US). Ex : *Nous avons ouvert d'importants débouchés pour les personnels féminins ou issus des minorités : we created significant opportunities for women and minority soldiers (US).*

déboucher (franchir la ligne de débouché) (TAC) to cross the line of departure (LD).

déboucher to debouch (GB). Ex : *L'ennemi débouchait de la vallée : the enemy were debouching from the valley (GB).*

déboucher sur to lead to (OTAN). Ex : *Le processus de réforme pourrrait déboucher sur le contaire de l'objectif fixé : the reform process might lead to the opposite of what it set out to do (OTAN).*

débriefer (après opération / exercice) to debrief (US, GB). Ex : *Débriefer une unité : to critique a unit (US).*

débriefer (RENS) to debrief (US). Ex : *Débriefer un agent (RENS) : to debrief an agent (US).*

débriefeur (RENS) debriefer (US).

débriefing debriefing (US), debrief (GB) (Terme familier GB : "washup").

débris debris (US) (VERB : "to remove", "to clear").

débrouiller (se) to hold one's own (US). Ex : *Nous nous débrouillons bien avec les matériels dont nous disposons aujourd'hui : we are holding our own with the equipment we have today (US).*

début start (US), beginning (US), commencement (US, GB), outbreak (CA), kickoff (US), early part (US), outset (US), initiation (US), inception (= création) (US). Ex : *Le début des hostilités : the commencement of hostilities (US), the start of hostilities (GB) – Apprendre le début des hostilités : to learn the outbreak of war (CA) – Le début des opérations : the start of operations (US) – Début (d'une attaque) : kickoff (US) – Un bon début : a good start (US) – Au début (du mois de) juillet 1991 : in early July 1991 (GB) – Au début de (l'année) 1947 : early in 1947 (US) – Au début de la guerre de Sécession : in the early part of the Civil War (US) – Avec le début (= création) de l'arme de l'ALAT en 1983 : with the inception of the Aviation Branch in 1983 (US) – Au début de leur carrière (PERS) : early in their careers (US) – Des soldats en tout début de carrière : soldiers just beginning their careers (US) – Au début de la guerre : at the outbreak of the war (US) – Au début (ou commencement) : at the outset (US) – Au début des hostilités : at the initiation of hostilities (US) – Le début de l'opération Tempête du Désert : the beginning of Operation Desert Storm (US) – La fin de la guerre froide a marqué le début d'une ère nouvelle : the end of the Cold War has ushered in a new era (US) – Le début d'un conflit : the commencement of a conflict (GB).*

débutant (formation) beginner (US). Ex : *Un cours de russe pour débutants : a beginner class in Russian (US) – Formation en langues pour débutants : beginner's language training (US).*

débutant (premier contrat) (engagé) first-termer (US).

début de l'exercice (DEBEX) start of (the) exercise (STARTEX).

débuter (opération) to commence (US), to start (Termes familiers US : "to kick off", "to jump off", "to push off").

débuts initial days (US), beginnings (US), debut (US). Ex : *Le Service de Sécurité de la Défense (= équivalent US de la DPSD) a connu une évolution spectaculaire par rapport à ses débuts : DSS (= Defense Security Service) has undergone a dramatic evolution from its* *initial days (US) – Débuts (corps / unité) : beginnings (US) – Le char M1 a fait ses débuts opérationnels il y a un an : the M1 tank made its operational debut a year ago (US).*

deçà de (en) short of (OTAN). Ex : *En deçà de l'objectif (ART) : short of the target (OTAN).*

décalage (ou retard) (TAC) time-lag (US). Ex : *Un décalage entre les échelons de premier renfort : a time-lag between follow-on echelons (US).*

décamétrique (onde) decametric (OTAN).

de campagne (ou en campagne) field (US, GB) (En épithète).

décamper (partir précipitamment) to decamp (GB).

décédé (ou défunt) (PERS) deceased (US). Ex : *Personnels décédés (ou défunts) : deceased personnel (US).*

décédé des suites de blessures de guerre (PERS) died of wounds received in action (OTAN).

déceler to locate, to pinpoint, to identify (OTAN GB), to detect. Ex : *Déceler la menace : to identify the threat (OTAN) – Déceler des brèches dans les défenses ennemies : to identify gaps in enemy defences (GB).*

décennie decade (US). Ex : *Une décennnie de recherche : a decade of research (US) – L'équipement en M1 (= char) se poursuivra tout au long de la décennie : fielding of the M1 will continue throughout the decade (US).*

décentralisation (système) decentralization (US).

décentralisé (opération) decentralized (operation) (US).

décentraliser to decentralize (US). Ex : *Décentraliser la planification et les opérations logistiques : to decentralize logistics planning and operations (US) – Les opérations d'artillerie sol-air seront décentralisées : ADA (= Air Defense Artillery) operations will be decentralized (US).*

déception deception (US, GB, OTAN) (VERB : "to achieve"). Ex : *Déception / par imitation / par manipulation / par simulation : imitative / manipulative / simulative / deception (OTAN) – Aider à réaliser la déception au combat : to assist achieving combat deception (US).*

Cf. : Actions which mislead the enemy and induce him to do something counter to his interests. It includes manipulating, distorting, or falsifying information available to the enemy to ensure security to REAL plans, operations, or activities (US).

déception électronique electronic deception (ED) (OTAN, GB).

déception électronique par simulation electronic simulative deception (OTAN).

déception opérationnelle operational deception (OPDEC) (OTAN).

déception tactique battlefield deception (US).

décerner voir **conférer**.

décès death (GB) (Terme dénombrable) (VERB : "to record as") (ADJ : "accidental").

déchargé (arme) unloaded (GB), clear (GB).

déchargement (opération amphibie) unloading (of a force and its equipment) (GB, OTAN) (ADJ : "selective" = sélectif).

déchargement (de chars / de cargaisons d'un navire) off-load (GB), off-loading (OTAN). Ex : *Déchargement des cargaisons de secours (HUM) : off-loading of aid cargoes (OTAN).*

déchargement de munitions outload of ammunition (GB).

décharger (personnel et matériel) to unload (US), to off-load (US). Ex : *Décharger du matériel d'un avion : to unload materiel from an aircraft (US) – Décharger du frêt : to unload cargo (OTAN) – Décharger (d'un navire) : to off-load (US).*

décharger (arme) to unload (US, GB), to clear (GB). Ex : *Décharger un fusil : to unload a rifle (US), to clear a rifle (GB) – On leur a ordonné de décharger leurs armes : they were ordered to unload (GB).*

décharger (de fonctions) (PERS) to release (OTAN) (PREP : "from"). Ex : *Décharger le général X de ses fonctions de Commandant suprême des forces alliées en Europe) : to release General X from his assignment as Supreme Allied Commander, Europe (OTAN).*

déchets nucléaires nuclear waste (US). Ex : *Élimination des déchets nucléaires : nuclear waste disposal (GB).*

déchets radioactifs radioactive waste (US).

déchiffrement (télécommunications / données) decryption (OTAN, US), breaking (US), decipherment (US). Ex : *Déchiffrement de codes secrets : code-breaking (US) – Le déchiffrement d'un message (RENS) : the decipherment of a message (US) (Contraire : "encipherment" (US).*

déchiffrer to decrypt, to decipher, to break (US). Ex : *Déchiffrer un code secret : to break a code (US).*

déchiqueté hacked to pieces (GB). Ex : *Des corps (humains) déchiquetés : bodies hacked to pieces (GB).*

déchiqueteuse (ou broyeuse) (machine) shredder.

déchiré torn (US, Jane's). Ex : *Dans l'ancienne république yougoslave déchirée par la guerre : in the war-torn former Yugoslav republic (US) – Une région déchirée par la violence : a violence-torn region (Jane's).*

décidé (ferme) (chef) decisive (GB).

décider to decide (US, GB). Ex : *Décider de s'engager (PERS) : to decide to enlist (US).*

décider de to decide (US), to seal (US). Ex : *L'encerclement décida de la victoire pour les force armées israéliennes : the encirclement sealed the victory for the Israeli armed forces (US) – Décider de l'issue des campagnes : to decide the outcome of campaigns (US).*

décideur (PERS) decision-maker (US), decision maker (GB), policymaker ou policy maker (dans une organisation ou gouvernement) (US, OTAN) (VERB : "to influence"). Ex : *Décideur intelligent (armement) : intelligent decision maker (GB).*

décideur politique political decision-maker (US).

décimer to decimate (US, GB), to deplete. Ex : *La population a été décimée par la maladie : the population has been decimated by disease (ou sickness) (GB) – La division a été décimée : the division has been decimated (GB).*

décimétrique (ondes) decimetric (OTAN).

décisif decisive (US, GB), vital (OTAN). Ex : *Au moment et à l'endroit décisifs : at the decisive time and place (US) – Tactiquement décisif : battle-decisive (UN) – Fournir à nos forces des matériels leur apportant un avantage technologique décisif : to provide our forces with equipment to give them a decisive technological edge (GB) – L'OTAN a joué un rôle décisif dans l'obtention de ce résultat (issue d'un conflit) : NATO has played a vital role in achieving this outcome (OTAN) – Atteindre des résultats décisifs (TAC) : to achieve decisive results (OTAN) – Agir de manière décisive (force) : to act decisively (GB) – Une victoire décisive : a decisive victory (GB) – Mener une action décisive dans un délai minimal : to be decisive in minimum time (US).*

décision decision (US, OTAN, UEO) (VERB : "to make", "to execute", "to arrive at", "to delay", "to fudge", "to seek", "to achieve", "to take") (ADJ : "tough", "final", "key", "big", "important", "courageous", "crucial", "strategic") (PREP : "as to", "to"). Ex : *Prendre une décision : to make a decision – Le processus de prise de décision (ou décisionnel) : the decision-making process – Les décisions du chef d'état-major de l'armée de terre : the decisions of the Army Chief of Staff (US) – La décision de tir (arme nucléaire) : the decision to fire (OTAN) – Rechercher une décision (TAC) : to seek a decision (OTAN) – Adopter une série de décisions importantes : to take a series of important decisions (OTAN) – La décision de quitter l'armée (PERS) : the separation decision (US) – La décision de créer une Euroforce opérationnelle rapide a été prise à Lisbonne en mai 1995 : the decision to set up a Rapid Deployment Euroforce was taken in Lisbon in May 1995 (UEO) – La décision du chef d'accepter un risque calculé dépend de l'urgence de la situation tactique : the commander's decision to accept a calculated risk is dependent upon the urgency of the tactical situation (US).*

décision (TAC) decision (GB) (Terme dénombrable) (VERB : "to bring about", "to seek").

décision de commandement command decision (US).

décision initiale (ordre initial) initial decision.

décision journalière daily orders.

décisionnaire (PERS) decision-maker (US), decision maker (GB), policymaker (dans un organisme) (US) (VERB : "to influence").

décisionnel decision-making (OTAN). Ex : *Le processus décisionnel : the decision-making process (OTAN).*

déclaration (armes / diplomatie) declaration (US, UN). Ex : *Déclaration d'armes chimiques / d'installations / de stocks (armes chimiques) : declaration of chemical weapons / of facilities / of stockpiles (US) – Déclaration (résolution diplomatique) : declaration (UN) (+ préposition "on").*

déclaration (à la presse) statement (OTAN) (VERB : "to issue" = publier, "to make") (PREP : "by", "on"). Ex : *Déclaration à la presse de M. Javier Solana, Secrétaire général de l'OTAN : press statement by M. Javier Solana, Secretary General of NATO (OTAN) – Déclaration du porte-parole de l'OTAN sur l'incident de Korisa : statement by the NATO spokesman on the Korisa incident (OTAN).*

déclaration de guerre declaration of war (US, GB) (Terme dénombrable) (VERB : "to issue").

déclaration d'intention (chef) statement of intent (US). Ex : *La déclaration d'intention du nouveau chef d'état-major de l'armée de terre : the new Army chief of staff's statement of intent (US).*

déclaré (composé chimique / installation / périmètre / site) declared (compound / facility / perimeter / site) (UN, OTAN). Ex : *Inspection de site déclaré : declared site inspection (DSI) (OTAN).*

déclarer to declare (US, GB, to rate (US). Ex : *Déclarer la guerre à (pays) : to declare war on (GB, US) – Tous les membres de la section ont été déclarés inaptes au combat après quatre nuits sans sommeil (INF) : all members of the platoon were rated combat ineffective after four nights without sleep (US) – EUROFOR a été déclarée opérationnelle en 1998 : EUROFOR was declared operational in 1998 (UEO).*

déclassement (du service) (matériel / installations) decommissioning (CFE, UN).

de classe mondiale (matériels) world class (GB) (En épithète). Ex : *Excellence de classe mondiale : world class excellence.*

déclasser (du service) (matériel / installations) to decommission (from service) (CFE, UN), to phase out (idée de progressivité) (US).

déclasser (document secret) to downgrade (OTAN).

déclassification (document) declassification (OTAN, US).

déclassifié (document) declassified (DECL) (US).

déclassifier (document) to declassify (OTAN, US) (Abréviation US : DECL).

déclenché (hostilités) initiated (US, GB). Ex : *Hostilités déclenchées par l'ennemi : enemy-initiated hostilities (US, GB).*

déclenchement (guerre / attaque / hostilités) outbreak (GB, OTAN), beginning (US). Ex : *Le déclenchement des hostilités : the outbreak of hostilities (GB) / of war (OTAN) (PREP : "at") – Réduire les risques de déclenchement d'une guerre nucléaire : to reduce the risks of outbreak of nuclear war (UN) – Empêcher le déclenchement de la guerre : to prevent the outbreak of war – Le déclenchement de l'attaque : the beginning of the attack (US).*

déclenchement (charge explosive) activation (OTAN). Ex : *Déclenchement (de l'explosion) d'une charge : activation of a charge (OTAN).*

déclenchement (mise à feu) actuation (US, GB).

déclencher (opération / procédure / hostilités) to launch, to start, to activate, to initiate. Ex : *Déclencher une opération : to launch (ou to start ou to activate) an operation – Déclencher l'offensive : to launch the offensive – Déclencher les hostilités : to initiate hostilities.*

déclencher (mine / mise à feu / explosion / bombe / tir) to actuate (OTAN), to initiate, to open, to set in motion (US), to detonate (UN), to trigger (GB), to deliver (US, GB). Ex : *Déclencher une mine : to actuate (OTAN) (ou to initiate) a mine – Déclencher une procédure d'évacuation : to activate an evacuation process (GB) – Déclencher le tir : to open fire – Déclencher le tir sur un objectif : to deliver dire on a target (US, GB) – Déclencher un processus : to set a process in motion (US) – Déclencher une chaîne de mise à feu : to initiate an explosive train (OTAN) – Déclencher / un dispositif / une explosion : to detonate / a device / an explosion (UN) – Déclencher une bombe par télécommande : to trigger a bomb by remote control (GB).*

déclinaison magnétique magnetic declination (US, OTAN).

déclinaison magnétique du carroyage grid magnetic angle (US, OTAN).

décliner (indiquer) to state (GB). Ex : *Il déclina son nom, grade et matricule : he stated his name, rank and number (GB).*

décliner (menace) to wane (US).

décloisonnement (RENS) decompartmentation (US).

décloisonner (RENS) to decompartment (US).

décodage (transmissions) decoding (GB).

décoder (avoir une lisibilité de) (champ de bataille) to read (the battlefield) (US).

d'école set-piece (US), textbook. Ex : *Combat d'école : set-piece battle (US).*

décollage take-off (OTAN) (VERB : "to execute"). Ex : *Le décollage d'aéronefs : the take-off of aircraft (OTAN) – Décollage immédiat : scramble (OTAN).*

décollage court et atterrissage vertical short take-off and vertical landing (STOVL) (OTAN).

décollage et atterrissage courts (à) short take off and landing (STOL) (OTAN) (En épithète).

décollage et atterrissage verticaux vertical take off and landing (VTOL) (GB, OTAN).

décollage vertical vertical take-off (GB).

décoller (aéronef) to take off (US, GB). Ex : *Trois avions d'observation (ou de réglage) du tir décollèrent du pont du porte-avions américain Ranger : three spotter aircraft took off from the deck of the aircraft carrier U.S. Ranger (US).*

décomposer (données) to decompose (data) (US) (PREP : "into").

décomposer (définition) to deconstruct (US).

décompression (plongée) decompression. Ex : *Maladie de la décompression : decompression sickness (OTAN).*

décompte (armements) counting (UN).

décompte des morts (ou des cadavres) body count (UN, GB).

déconcentration (contrôle des opérations / mouvements) (TAC) decentralization (US).

déconcentré (opérations) decentralized (US).

de conception (matériel) -designed (US, GB) (En suffixe après un adjectif de nationalité). Ex : *Le F-111 de conception américaine : the American-designed F-111 (GB).*

de concert (avec) in concert (with) (GB, US), in conjunction (with), together (with) (US), in coordination with (US). Ex : *Les deux armes agissent de concert : the two arms operate in concert (GB) – De concert avec : in conjunction with – Elles combattent de concert avec les unités blindées (unités d'infanterie mécanisée) : they fight together with armor (US) – Mener des opérations blindées classiques de concert avec les autres armes (ABC) : to conduct standard armor operations in coordination with the other arms (US).*

décontamination decontamination (En abrégé : "decon") (US, GB). Ex : *La décontamination du matériel : equipment decontamination (US) – Unités de décontamination : decontamination units (US) – La décontamination prend beaucoup de temps : decontamination is time-consuming (US).*

décontamination NBC chemical decontamination (US).

décontaminer to decontaminate (US, GB). Ex : *Décontaminer la peau et l'équipement individuel : to decontaminate the skin and personal equipment (US) – Décontaminer des zones dans lesquelles des agents toxiques chimiques ont été utilisés : to decontaminate areas in which toxic chemical agents have been employed (US).*

décor setting (GB), stage (US). Ex : *Des opérations de guerre dans un décor européen : war operations in a European setting (GB) – Planter le décor (exercice / manœuvre) : to set the stage (US).*

décoration decoration (GB, US) (Terme dénombrable) (VERB : "to award", "to wear" = porter).

décoré (médaillé) decorated (US, GB). Ex : *Le général Jones, décoré de l'Ordre de l'Empire britannique : General Jones, OBE (= Order of the British Empire) (GB) – L'une des unités les plus décorées de l'armée de terre américaine : one of the most decorated units in the U.S. Army (US) – Très décoré (PERS) : much-decorated (GB) (En épithète).*

découdre (en) to fight, to do battle (PREP : "with").

découler de to derive from (US). Ex : *Une catégorie de renseignement découlant de renseignement bruts recueillis et fournis par une source humaine : a category of intelligence derived from information collected and provided by human sources (OTAN) – L'issue des combats découle de l'action offensive : the outcome of battle derives from offensive operations (US).*

découpe (fonction d'aéronef) terrain clearance (OTAN).

découplage decoupling (OTAN). Ex : *Un découplage de la sécurité des pays européens par rapport à celle des autres membres de l'OTAN : a decoupling of Europe's security from that of its other NATO allies (OTAN) – Les "trois D" – la duplication, le découplage et la discrimination : the three "D"s — duplication decoupling and discrimination (OTAN).*

découragé (PERS) discouraged (US).

découvert open (GB). Ex : *En terrain découvert : in open country (GB) (Contraire : "in close country"), in open ground* – À découvert : *in the open*.

découverte discovery (US). Ex : *Après la découverte de ses activités d'espionnage (agent) : after the discovery of his spying activities (US)*.

découverte (mission) (TAC) long-range reconnaissance (US) (En abrégé : "long-range recon"), long-range surveillance (LRS) (US), long-range scouting (US).

<u>Cf.</u> : Mission qui consiste à aller chercher au plus loin le renseignement au profit du commandement. La découverte est à la fois terrestre et aérienne (F).

découvrir to find (OTAN, GB), to seek out (US). Ex : *Découvrir des brèches dans le système défensif ennemi : to find gaps in the enemy's defensive system (OTAN)* – *Découvrir les forces aériennes ennemies : to seek out enemy air forces (US)* – *Découvrir / des armes / des explosifs / des munitions : to find / weapons / explosives / ammunition (GB)*.

découvrir (flanc) (TAC) to uncover (US).

découvrir (se) (tête) (PERS) to uncover (GB).

décrire to describe (US), to reflect (OTAN). Ex : *Décrire la façon d'employer les forces au cours des opérations interarmées : to describe how forces are employed in joint operations (US)* – *Renseignement qui décrit la situation actuelle : intelligence which reflects the current situation (OTAN)*.

décrochage (rupture du contact) disengagement (US). Ex : *En cours de décrochage (unité) : disengaging / extricating itself (GB)*.

<u>Cf.</u> : Breaking contact with the enemy and moving to a point where the enemy can neither observe nor engage the unit by direct fire (US).

décrocher (TAC) to disengage (PREP : "from").

décrocher (obtenir) to secure. Ex : *Décrocher la majorité des contrats (société d'armement) : to secure the majority of contracts*.

décroissance (radioactivité) decay (OTAN). Ex : *Décroissance de la radioactivité : radioactive decay (OTAN)*.

décroissant (ordre) diminishing (GB). Ex : *Par ordre décroissant : in diminishig order (GB)*.

décroître (menace) to decrease (<u>Jane's</u>).

décryptage decryption, breaking (US). Ex : *Décryptage de codes secrets : code-breaking (US)*.

décryptement (analyse cryptographique) (RENS) cryptanalysis (US, OTAN), code-breaking (US).

décrypter (<u>ou</u> déchiffrer) to decrypt (US), to break (US). Ex : *Déchiffrer un code secret : to break a code (US)*.

dédié (matériel / informatique / système) (spécialement conçu pour) dedicated (US).

déduction (RENS) extraction (OTAN) (PREP : "from"). Ex : *La déduction de renseignements à partir de photographies : the extraction of information from photographs (OTAN)*.

déduire (RENS) to extract (OTAN). Ex : *Déduire des renseignements à partir de photographies : to extract information from photographs (OTAN)*.

défaillance (arme / instruments / appareils) malfunction (US, UN). Ex : *Avoir une défaillance (arme) : to malfunction (US)*.

défaire (mettre en déroute / battre) to defeat.

défait (force) defeated (GB) (ADV : "roundly").

défaite defeat (US, GB, OTAN) (Terme dénombrable et indénombrable) (VERB : "to admit", "to suffer", "to avoid", "to inflict") (ADJ & PART : "serious", "disastrous", "overwhelming", "crushing"). Ex: *Accélérer la défaite de l'ennemi : to accelerate enemy defeat (US) – Se rapprocher de la défaite : to move closer to defeat (OTAN) – Peu après la défaite alle-mande en mai 1945 : following Germany's defeat in May 1945 (CA) – Assurer la défaite de l'ennemi : to ensure defeat of the enemy (US).*

défaitiste (nom et adjectif) defeatist (GB).

défaut (système d'armes) shortcoming (US).

défaut (matériel) fault (OTAN), defect (GB) (VERB: "to eliminate", "to have") (ADJ: "apparent").

défaut de conception (arme) design fault (GB) (VERB: "to iron out").

défavorable unfavorable (US). Ex: *Un rapport défavorable : an unfavorable report (US) – Terrain défavorable : unfavorable terrain (US).*

défectueux defective (US, OTAN, GB), faulty (UN). Ex: *Munition défectueuse : faulty (UN) (ou defective (GB) munition – Un matériel défectueux : a defective item (OTAN) – Une société d'optique de précision a expédié pour des milllions de dollars de pièces défectueuses à l'armée : a precision-optics company shipped millions of dollars worth of defective parts to the military (US) – Le remplacement de composants défectueux : the replacement of defective components (GB).*

défectuosité(s) mécanique(s) mechanical failure (US) (Terme à sens pluriel).

défendable tenable (GB). Ex: *Notre position n'est plus défendable : our position is no longer tenable (GB).*

défendre (TAC) to defend (US, GB), to guard (US) (ADV: "adequately") (PREP: "from", "against"). Ex: *Défendre un secteur : to defend a sector (US) – Ils avaient besoin de plus de soldats pour défendre la frontière contre une éventuelle attaque : they needed more troops to defend the border against (ou from) possible attack (GB) – Les forces qui défen-dent mon pays (code du soldat) : the forces that guard my country (US).*

défendre (constitution / cause / valeurs / traditions) to defend (US, GB), to protect (US), to uphold (GB). Ex: *Défendre la Constitution : to protect the Constitution (US) – Défendre une cause : to defend a cause (GB) – Défendre les valeurs et les traditions de la Légion Étrangère : to uphold the values and the traditions of the Foreign Legion (GB).*

défendre (accusé) to defend (GB).

défendre (justifier) (décision) to defend (GB).

défendre ferme voir **défense ferme**.

défense (notion générale / mission) defence (GB), defense (US) (Terme dénombrable) (VERB: "to take over") (ADJ: "strong", "effective", "land", "civil", "active", "passive", "conventional", "direct", "national"). Ex: *La Défense : defence (GB) – La défense ter-restre des États-Unis : the land defense of the United States (US) – Défense civile : civil defense (US) – La défense du Royaume-Uni : UK (= United Kingdom) defence (GB) – Défense côtière passive : passive coastal defence (OTAN) – Défense / active / passive : active / passive defense – Défense contre les agents chimiques : chemical defence (UN) – Défense classique (ou conventionnelle) : conventional defence (UN) – Défense directe : direct defence (UN) – Défense nationale : national defence (GB) – Pour la défense du pays : for the nation's defense (US) – La capacité de défense globale de la Grande-Bretagne : Britain's overall defence capability (GB) – Les besoins de la Grande-Bretagne en matière de défense : Britain's defence requirements (GB) – En combinant défense et dialogue : by combining defence with dialogue (OTAN) – Ces trois composantes (= "the Regular Army, the Army National Guard, "the Army Reserve") forment ensemble un ensemble intégré et cohésif qui est le cœur de la défense du pays (USA) : these three com-ponents together form an integrated, cohesive team that is the heart of the nation's* *defense (US) – Les légionnaires ont pris en charge la défense de l'aéroport de Sarajevo : the legionnaires took over the defence of Sarajevo Airport (GB).*

défense (dispositif / ouvrages défensifs) defence(s) (GB, OTAN), defense(s) (US) (VERB : "to break through", "to reconstitute", "to breach") (ADJ & PART : "forward", "weakened", "collapsed", "fixed") (NOM ASS. : "rupturing"). Ex : *Les défenses ennemies (ou la défense ennemie) : enemy defences (OTAN) (ou defenses (US) – La défense ennemie : the enemy's defence (OTAN) – Les défenses antiaériennes : air defences (GB) – Les défenses naturelles du terrain : the natural defences of the terrain (OTAN) (VERB : "to strengthen") – Désorganiser la défense ennemie : to disorganize the enemy's defence (OTAN) – Détourner la défense ennemie de la région d'effort principal : to draw enemy defences away from the main effort (OTAN).*

Défense (la) Defence (CA). Ex : *L'an dernier, la Défense a reçu 175 millions de dollars : last year, Defence received $ 175 million (CA) – L'augmentation des fonds affectés à la Défense : the budget increase for Defence (CA).*

défense (judiciaire) defense (US). Ex : *Avocat de la défense : defense counsel (US) (Se fait appeler "Counsel" = Maître).*

défense aérienne air defence (OTAN, US) (Abréviation GB / OTAN : "AD") (ADJ : "active", "passive", "all arms"). Ex : *Séminaire du NADC (= NATO Air Defence Committee = Comité OTAN de défense aérienne) sur l'entraînement et les exercices de défense aérienne multisystème et multinationale : NADC seminar on multination, multisystem air defence training and exercises (OTAN) – Défense aérienne basée au sol : ground based air defence (GBAD) (GB) – Défense aérienne (sol) : air defence (ground) (AD(G) (OTAN).*

défense aérienne à basse altitude low level air defence (LLAD) (GB), low-altitude air defense (US).

défense aérienne à courte portée short-range air defense (SHORAD) (US).

défense aérienne à haute altitude high level air defence, high-altitude air defense (US).

défense aérienne à moyenne altitude medium-altitude air defense (US).

défense aérienne au niveau opératif operational air defence (US).

défense aérienne au niveau tactique tactical air defence (US).

défense aérienne divisionnaire division air defense (DIVAD) (US).

défense aérienne intégrée integrated air defence (OTAN).

défense aérienne intégrée integrated air defence (OTAN).

défense antiaérienne air defense (AD) (US), air defence (AD) (GB).

défense antimissile missile defense (US, OTAN).

défense antimissile balistique ABM (= anti-ballistic missile) defence (UN), ballistic missile defence (BMD) (UN, GB).

défense antimissile "couche haute" theater high altitude area defense (THAAD) (US).

défense antimissile de théâtre theater missile defense (TMD) (US, GB).

défense biologique biological defence (OTAN).

défense collective collective defence (OTAN). Ex : *Des situations sans rapport avec la défense collective : situations not related to collective defence (OTAN).*

défense contre agents (ou produits) chimiques chemical defence (OTAN).

défense contre missiles balistiques ballistic missile defence (BMD) (OTAN).

défense d'accompagnement direct support.

défense d'arrêt denial operations, sustained defensive operations (OTAN) (VERB: "to conduct", "to engage in"). Ex: *La 16ᵉ DI est en défense d'arrêt: the 16 th Infantry division conducts denial operations – En défense d'arrêt: in sustained defensive operations (OTAN).*

défense de la nation (ou du pays) national defense (US), national defence (GB, CA).

défense de localité urban defense (US) (Terme dénombrable).

défense d'ensemble (territoire national) overall defence.

défense des points sensibles (mission) guarding key points (Jane's).

défense de réseau(x) informatique(s) computer network defense (US).

défense de zone area defence (UN).

défense d'itinéraire route defence.

défense du XXIᵉ siècle 21 st century defense (US).

défense d'usure attrition defense.

défense du territoire territorial defence (Jane's, UN), territorial defense (US), home defence (GB). Ex: *La défense du teritoire allemand: the territorial defence of Germany (Jane's) – Une mission de défense du territoire: a territorial defense mission (US).*

Cf.: Home defence: the protection of the United Kingdom in period of tension and war, including the means to survive and recover from a nuclear attack. It embraces Maritime Defence, Air Defence, Military Home Defence and Civil Defence (GB).

défense du territoire national (par opposition aux OPEX) National Defence (GB), Homeland Defense (US). Ex: *Un régiment affecté à la défense du territoire (et non aux OPEX): a national defence battalion (GB).*

défense en hérisson all-round defence (GB).

défense en profondeur defence in depth (OTAN), defense in depth (US).

défense (la) et espace (l') defence and space (DAS) (OTAN).

défense européenne (la) European Defence (OTAN).

défense ferme (TAC) positional defence (GB), position defense (US, OTAN), area defense (US), defense in place (US) (VERB: "to conduct").

Comp.:

- Type de défense dans laquelle le gros des forces défensives est réparti entre les points d'appui établis dans la zone où la bataille décisive doit être livrée. Le succès d'une telle défense repose essentiellement sur la capacité des forces installées dans les points d'appui à se maintenir sur leurs positions et à contrôler les intervalles qui les séparent. Les réserves sont utilisées pour donner de la profondeur à la bataille, exécuter des coups d'arrêt et rétablir l'intégrité de la position par des contre-attaques (OTAN).

- The type of defence in which the bulk of the defending force is disposed in selected tactical localities where the decisive battle is to be fought. Principal reliance is placed on the ability of the forces to maintain their positions and to control the terrain between them (GB).

défense frontalière (ou des frontières) frontier defence (CA).

défense improvisée hasty defense (US).

Cf.: A defense normally organized while in contact with the enemy or when contact is imminent and time to organize is limited (US).

défense intérieure internal defense (US).

défense locale local defence (CA).

défense maritime du territoire (France) territorial defence of maritime approaches (Équivalent GB: Maritime Defence) (Voir **défense du territoire**).

défense militaire terrestre (DMT) (France) Territorial Defence (Land).

défense mobile (TAC) mobile defense (US, GB) (VERB: "to conduct").

Comp. :
- The type of defence in which manœuvre is combined with fire and the use of ground to defeat or destroy the enemy (GB).
- Terme utilisé par des échelons tactiques élevés pour désigner une forme de combat mobile mené dans une certaine profondeur dont le résultat est l'abandon de terrain à l'ennemi. La défense mobile combine des actions de jalonnement, de freinage, de coups d'arrêt et de contre-attaques blindées menées par les unités constituant la force engagée (F).

Défense nationale (la) National Defence (CA).

défense NBC NBC defence (GB), chemical defense (US). Ex : *Unité interarmées de défense NBC (GB) : joint NBC defence unit (GB)*.

défense opérationnelle du territoire (DOT) (France) operational territorial defence, territorial defense organization (US) (Équivalent GB : Military Home Defence). Ex : *Mettre en œuvre la DOT : to activate the territorial defense organization (US)* (*Voir défense du territoire*).

défense du territoire (national) (en cas de guerre) home defence (GB).

défense périphérique (ou de périmètre) perimeter defence.

défense ponctuelle (ART) point defense.

défenses aériennes air defences (US, GB).

défenses côtières coastal defences (GB) (ADJ : "inadequate").

défense sol-air (composante artillerie) air defence (GB).

défense stratégique strategic defense (US).

défense sur zone (ART) area defense.

défense territoriale territorial defence (OTAN).

défenseur (TAC) defender (US, GB) (PART : "outnumbered").

défensif defensive (OTAN, UN), defending (GB). Ex : *Système défensif (force) : defensive system (OTAN) – Armes défensives : defensive armament (UN) – Défence défensive : defensive defence (UN) – Dispositif militaire défensif : defensive military posture (UN) – Champ de mines défensif : defensive minefield (UN) – Caractère défensif : defensiveness (UN) – De manière défensive : defensively (US) – Zone défensive (ou de défense principale) : main defensive zone (US) – Les forces défensives engagées à l'avant : the defending forces committed forward (GB)*.

défensive (en / sur la) defending (US), defensive (US, GB). Ex : *Une unité en défensive : a defending unit (US) – S'installer en défensive : to take up defensive positions – Sur la défensive : on the defensive (US, GB)*.

déférer (justice) (PERS) to transfer (US). Ex : *Être déféré devant un tribunal : to be transferred to a tribunal (US)*.

défi challenge (US, OTAN, CA) (VERB : "to face", "to (properly) meet", "to rise to", "to encounter", "to pose... to", "to present... to", "to prepare for", "to overcome", "to get ready for", "to accept", "to compound", "to lie ahead", "to address", "to confront") (ADJ : "worldwide", "sophisticated", "exciting", "severe", "key", "diverse", "growing", "global", "defense", "complex", "apparent", "substantial", "future", "profound", "difficult") (NOM ASS. : "array", "variety") (PREP : "to", "for"). Ex : *Relever les défis du XXI⁰ siècle : to meet 21 st-century challenges (US) – Un défi logistique : a logistics challenge (US) – Les défis de sécurité du XXI⁰ siècle : the security challenges of the 21 st century (OTAN) – Les défis complexes auxquels est confrontée la modernisation en matière de défense : the complex challenges facing defense modernization (US) – Des perspec-*

tives porteuses de défis : challenging prospects (OTAN) – Le grand défi sécuritaire de cette décennie : the major security challenge of this decade (US) – Le défi posé par les armes légères et de petit calibre : the challenge of light weapons and small arms (OTAN) – L'Alliance s'est montrée pleinement à la hauteur des défis les plus redoutables : the Alliance has proved it is fully up to the most demanding challenges (OTAN) – Vos remarques constituaient un défi à mon autorité : your remarks were a challenge to my authority (GB).

défiance challenge (CFE). Ex : *Une inspection par défiance : a challenge inspection (CFE).*

déficit (personnels) shortage (US, GB). Ex : *L'armée de terre a un déficit d'environ 6300 recrues : the Army is about 6,300 recruits short (US).*

déficit en missiles (entre pays) missile gap.

défi de sécurité security challenge (US).

défi en matière d'interopérabilité interoperability challenge (US).

défier to challenge, to stagger (US). Ex : *Défier l'imagination : to stagger the imagination (US).*

défier (affronter avec hostilité) (unité ennemie) to confront (GB).

défilé (gorge) (TOPO) defile (US, GB). Ex : *Se retirer par des défilés dans les collines (ennemi) : to retire through defiles in the hills (US).*

défilé (cérémonie) parade (GB, Jane's), march-past (GB) (PREP : "at"). Ex : *Le défilé sur les Champs Elysées (14 juillet) : the Champs Elysées parade (Jane's) – Le défilé du 14 juillet : the Bastille Day parade (GB) (= "the annual grand parade of French military might").*

défilé aérien flypast (GB).

défilé en grande tenue dress parade (US).

défilé de prestige (cérémonie) ceremonial parade (GB).

défilé defilade (US). Ex : *Position défilée : defilade position (US) (VERB : "to dig").*

défilement defilade (GB, OTAN) (Emploi fréquent en épithète). Ex : *Adopter une position de défilement : to adopt a defilade position (GB).*

défilement de caisse (ABC) hull down (position) (US, GB). Ex : *Le véhicule est en défilement de caisse : the vehicle is in hull-down position – Le char était en défilement de caisse derrière un mur : the tank was hull-down behind a wall (GB).*

Cf. : The positioning of an armored vehicle so that the muzzle of the gun / launcher is the lowest part of the vehicle exposed to the front (US).

défilement de tourelle turret down (position) (US, GB) (Emploi : the vehicle is in turret-down position).

Cf. : A vehicle is in turret-down position when the entire vehicle is behind cover, but the commander can still observe to the front from the turret hatch or cupola (US).

défiler (troupe) to march past (devant une tribune), to defile (GB).

défini stated (US), specified (US), defined (US), definite (US, GB). Ex : *Pendant une période de temps définie : for a stated / specified period of time (US) – Une zone définie par ses limites latérales et arrières : an area designated by its lateral and rear boundaries – Un objectif clairement défini : a clearly defined objective (US) – Une procédure définie : a definite procedure (US, GB).*

définir to define (US), to determine (US), to specify (US). Ex : *Définir la position d'un point : to define the location of a point (US) – Définir une mission : to define a mission (US) – Définir les coordonnées d'un point sur une carte : to determine the grid coordinates of a point on a map (US) – Définir des besoins : to determine requirements (US) – Identifiant* *qui définit chaque unité des forces armées : designator that specifies each unit in the armed forces (US) – Définir un concept : to define a concept (US).*

définir (objectif) (TAC) to designate (an objective) (US).

définitif final (US), ultimate (US). Ex : *Une décision définitive : a final decision (US) – En attendant la mise au point d'un véhicule de combat définitif : pending the development of some ultimate combat vehicle (US).*

définition definition, statement (US), refinement (US). Ex : *Définition (ou énoncé) de la mission : mission statement (US) – En cours de définition (concept) : under refinement (US).*

défi régional regional challenge (US) (VERB : "to confront").

défi stratégique strategic challenge (US).

de flanc flanking. Ex : *Une attaque de flanc : a flanking attack.*

défoliant (adjectif) defoliating (UN, GB). Ex : *Agent défoliant (Agent Orange) : defoliating agent (UN).*

défoliant (nom) defoliant (GB).

défolier to defoliate (GB).

défoncé (route / terrain) broken.

déformation (d'un matériel lors de la mise à feu) distortion (CFE). Ex : *Mesurer la déformation du tube (canon) : to measure gun-tube distortion (US).*

déformé (matériel lors de la mise à feu) distorted (CFE).

de front head on (GB). Ex : *Heurter de front des positions défensives (formation) : to hit defensive positions head on (GB).*

défunt (nom et adjectif) deceased (US). Ex : *Le(s) défunt(s) : the deceased (US) – Un défunt : a deceased (US) – Le soldat défunt : the deceased soldier (US).*

dégagé (itinéraire / route) clear (GB), cleared (GB). Ex : *L'itinéraire est dégagé : the route is cleared (ou clear) (GB) – Maintenir les itinéraires dégagés : to keep the routes clear (GB).*

dégagé (zone) (TOPO) open (US). Ex : *Des régions relativement dégagées : relatively open areas (US) – Une zone très dégagée : a wide-open area (US).*

dégagé (terrain) unobstructed (US).

dégagé des cadres (PERS) retired (OTAN). Ex : *Reconversion des officiers dégagés des cadres : retraining of retired military officers (OTAN).*

dégagement (de) (aérodrome / fréquence) alternate (OTAN). Ex : *Aérodrome de dégagement : alternate aerodrome (OTAN) – Fréquence de dégagement (TRANS) : alternate frequency.*

dégagement (zone) clearance (UN).

dégagement (ou délivrance) (ville assiégée) relief (GB).

dégagement (force) disengagement (CA).

dégagement de tranchée(s) trench-clearing (US).

dégagement d'itinéraires route clearance (GB). Ex : *La 2ᵉ Compagnie fait du dégagement d'itinéraires : B Company is on route clearance (GB).*

dégagement d'obstacles obstacle breaching (US), obstacle removal (US), removal of obstacles (US).

dégager (itinéraire / obstacle / bâtiment / véhicule) to clear (US, GB), to remove (US). Ex : *Dégager / un axe / un itinéraire : to clear / an axis / a route (GB, US) – Dégager un obstacle : to clear (GB) (ou to remove (US) an obstacle – Dégager une tranchée : to clear* a trench (US) – Dégager (*ou* nettoyer) / un bâtiment / un autobus (forces spéciales) : to clear / a building / a bus (US).

dégager (ville assiégée) to relieve (GB).

dégager (se) (troupe) to extricate oneself (US).

dégageur de fumée (char) fume extractor.

de garde (*ou* de service *ou* de permanence) (PERS) on duty (US) (Contraire : "off duty" = en quartier libre).

dégarnissage thinning-out.

dégât(s) damage (US, GB), harm (GB) (VERB : "to recover from", "to cause", "to repair") (ADJ : "widespread", "light", "moderate", "severe"). Ex : *Dégâts à l'environnement : environmental damage (GB) – Dégâts probables : probability of damage (OTAN) – La radio a-t-elle subi des dégâts ? : was any harm done to the radio ? (GB).*

dégât(s) escomptés damage expectancy (DE) (OTAN).

dégât(s) grave(s) severe damage (US, OTAN).

dégât(s) modéré(s) moderate damage (US, OTAN).

dégât nucléaire nuclear damage (OTAN) (Peut-être "light" = léger, "moderate" = modéré ou "severe" = grave).

dégâts collatéraux (*ou* subsidiaires) collateral damage (UN) (PART : "limited").

dégâts subis au combat battle damage (OTAN) (NOM ASS. : "repair" = réparation).

dégivrage (hélicoptère) deicing (US).

dégommer (détruire) (terme familier) to knock out (US). Ex : *Le canonnier dégomma le char avec son premier obus : the gunner knocked the tank out with his first round (GB).*

dégradation (aggravation) breakdown (US), degradation (OTAN). Ex : *Dégradation de la discipline (PERS) : breakdown in discipline (US) – La dégradation de l'environnement : environmental degradation (OTAN).*

dégrader (système / capacités) to degrade (OTAN, US, GB). Ex : *Dégrader temporairement les systèmes de défense aérienne ennemis : to temporarily degrade enemy air defence systems (OTAN) – Le sytème de commandement et de contrôle était dégradé mais fonctionnait encore à la fin de la campagne : the command and control system was degraded but was still functional at the campaign's conclusion (OTAN) – Les frappes aériennes avaient pour objectif de dégrader le potentiel offensif du pays : the object of the airstrikes was to degrade the country's offensive capability (GB).*

degré (niveau) degree (US, OTAN), measure (OTAN). Ex : *Le degré de compétence et d'expérience (PERS) : the degree of skill and experience (US) – Degré de gravité (maladie) (SAN) : severity (OTAN) – Un moindre degré d'autorité : a lesser degree of authority (OTAN) – Degré de confiance à accorder à la source (cotation) (RENS) : reliability of the source (US) – Un large degré d'autonomie pour cette région : a large measure of autonomy for this region (OTAN) – Degré d'intervention : degree of intervention (OTAN).*

degré (mesure) (TOPO) degree (GB) (360 degrés = 6400 millièmes). Ex : *Une couverture sur 360 degrés : a 360-degree coverage (US) – Tirer sur 360 degrés : to fire through 360 degrees.*

degré (température) degree (US, GB) (Abréviation US : "deg"). Ex : *Se battre par des températures désertiques allant de -17 à 50 degrés centigrade (PERS) : to fight in desert temperatures ranging from –17 to 50 deg C (US).*

degré de danger degree of danger (US, GB).

degré de protection (RENS) classification (US).

degré d'interopérabilité degree of interoperability (US).

déguerpir to scarper (familier) (GB). Ex : *L'ennemi a déguerpi : the enemy have scarpered (GB).*

déguisé (PERS) (RENS) in disguise (US). Ex : *Ces personnels peuvent avoir besoin d'être déguisés : these personnel may need to be in disguise (US).*

déguisement (RENS) disguise (US) (Terme dénombrable) (VERB : "to use", "to don", "to wear").

de haut niveau (groupe) high-level (OTAN) (En épithète).

dehors de (en) off. Ex : *En dehors du service : off duty.*

déjeuner de travail working lunch (OTAN).

déjouer to frustrate (US). Ex : *Déjouer les activités des organismes de renseignement ennemis (RENS) : to frustrate the activities of hostile intelligence agencies (US).*

de jour (aéronef) day (OTAN) (En épithète). Ex : *Chasseur-intercepteur de jour : interceptor day fighter (IDF) (OTAN).*

de jour by day (Voir aussi **jour**).

délai(s) time (US, GB) (Terme générique), times (UEO, US), notice, period (US), (time) frame (UEO) (OTAN) (VERB : "to reduce", "to gain"). Ex : *Gagner des délais (TAC) : to gain time – Délais de mise en place : deployment times – Délais de mise en œuvre (ou de mise en place) (radar) : into-action time (GB) – Délais de préparation (opération) : preparation time (OTAN) – À bref (ou court) délai de préavis : short-notice (UN) (En épithète) – Intervenir dans des délais très courts : to intervene at very short notice – Délai avant attaque : NATO warning time (OTAN) – Délai d'immobilisation (matériel) : unserviceability period (US) – Les forces et groupements de forces devraient être disponibles dans des délais plus courts : forces and force packages should be available at shorter notice (UEO) – La capacité de projection stratégique dans des délais courts devrait être maintenue : the capability for strategic projection within short-time frames should be maintained (UEO) – Délais de montée en puissance (forces) : build-up times (UEO) – Délais d'attente (LOG) : wait times (US) – Délai maximal de rechargement (canon) : maximum reloading time – Détruire une force dans les meilleurs délais : to destroy a force with the least possible delay (ou in the shortest possible time ou as quickly as possible) (US) – A plus ou moins bref délai (operation) : imminent (US, GB) – Mener une action décisive dans un délai minimal : to be decisive in minimum time (US) – Les attaques délibérées demandent des délais de préparation : deliberate attacks take time to prepare (US) – Lorsque les délais sont courts : when time is short (US).*

délai d'intervention response time (US).

délais time frame (US). Ex : *Dans les délais requis : in the required time frame (US).*

délais de mobilisation (forces) time for mobilization (OTAN).

délais de réaction reaction times (US).

délais de route (mutation) travel time (US).

délais disponibles (opération) time available (US).

de l'Atlantique à l'Oural (zone) from Atlantic to the Urals (ATTU) (OTAN).

de l'avant forward (US), advanced (OTAN). Ex : *Poste de commandement de l'avant : advanced command post (ACP) (OTAN) – Jalonner de l'avant et vers les flancs : to screen forward and to the flanks (US).*

délégation delegation (US, OTAN). Ex : *Une délégation / étrangère / militaire : a foreign / military delegation (US) – Chef de délégation : head of delegation (HOD) (OTAN).*

délégation à l'information et à la communication de la Défense (DICOD) (ex-SIRPA) Équivalent US : DOD (= Department of Defense) Public Affairs Office – Équivalent GB : MOD (= Ministry of Defence) Public Relations Department.

délégation aux affaires stratégiques (DAS) Équivalent le plus proche US : Office of Net Assessment (ONA).

délégation commerciale (ARMT) trade delegation (GB) (VERB : "to invite").

délégation de pouvoirs delegation of authority (US, OTAN). Ex : *Être habilité par délégation à : to be delegated authority to (OTAN).*

délégation de solde allotment (US).

délégation générale pour l'armement (DGA) the French (Defence) Armaments Board, the DGA armaments board (Jane's), the French (Defence / Armed Forces) Procurement Agency (Jane's, Defense News), the General Directorate for Armament (Jane's), the French MoD procurement directorate – Équiv. GB : the (UK Ministry of Defence) Procurement Executive (MoD) (PE).

délégué (adjoint) deputy (OTAN). Ex : *Secrétaire général délégué : deputy secretary general (DSG) (OTAN).*

délégué général pour l'armement (Traduction rencontrée) the French Defense Procurement Chief (Defense News) (Au Royaume-Uni : (the) "Chief of Defence Procurement" (CDP).

délégué militaire départemental (DMD) (Traduction proposée) County Military Sub-District Representative.

déléguer to delegate (US, GB), to assign (US) (PREP : "to"). Ex : *Déléguer / l'autorité / le pouvoir / à : to delegate authority to (GB, US) – Déléguer une partie de son autorité : to delegate part of one's authority (US) – Déléguer le contrôle opérationnel ou tactique d'une force à : to delegate / to assign / operational or tactical control of a force to (US) – Déléguer les responsabilités jusqu'au niveau le plus bas : to delegate responsibility to the lowest level (GB).*

délester to relieve (US). Ex : *Délester les réseaux radio de combat de 75% de leur trafic en phonie : to relieve combat radio networks of 75 per cent of voice traffic (US).*

délibéré (préparé / méthodique) deliberate (US, OTAN).

délicat hairy, challenging (OTAN). Ex : *Les opérations les plus délicates : the most hairy operations – Un problème délicat : a challenging issue (OTAN).*

délimiter to delineate (CFE), to define (US). Ex : *Un emplacement délimité de manière précise : a precisely delineated location (CFE) – Les bordures qui délimitent habituellement une zone d'opérations : the boundaries which usually define an AO (= area of operations) (US).*

de l'intérieur inside (US). Ex : *Avec sa connaissance de l'intérieur (de l'organisation) (agent infiltré) (RENS) : with his inside knowledge (GB).*

délit (GEND) offense (US) / offence (GB) (VERB : "to result in") (ADJ : "punishable"). Ex : *Le nombre de délits commis par des soldats : the number of crimes committed by soldiers (GB).*

d'élite (unité) crack (GB), elite (US, GB).

délivrance (de matériel à des unités) issue (US, GB).

délivrance (ou dégagement) (ville assiégée) relief (GB).

délivrer to give, to issue (PREP : "to"). Ex : *Délivrer une habilitation de sécurité à : to give a security clearance to (US).*

délivrer (ville assiégée) to relieve (GB).

déloger (TAC) to dislodge (GB). Ex : *Déloger l'ennemi de ses positions : to dislodge the enemy from their positions – Déloger l'ennemi du village : to dislodge the enemy from the village (GB) – Déloger un tireur embusqué : to dislodge a sniper (GB) – Déloger les Allemands des hauteurs : to dislodge the Germans from the high ground (GB).*

de longue date longstanding (OTAN).

de longue durée (opérations) protracted (US).

delta (TOPO) delta (US). Ex : *Des zones allant des montagnes aux plaines et aux deltas : areas which vary from mountains to plains ans deltas (US) – Le delta du Nil : the Nile delta (ou Delta) (GB).*

delta (forme) delta (GB). Ex : *Aile delta : delta wing (GB).*

demain future (US), tomorrow (US). Ex : *Les champs de bataille de demain : future battlefields (US) – L'armée de terre de demain : the Army of tomorrow (US).*

demande request (US), candidacy (OTAN). Ex : *Préparer leurs demandes d'adhésion à l'OTAN (nouveaux pays) : to prepare their candidacies for NATO membership (OTAN) – Demande de mise sur écoute téléphonique : request for wiretap (US), wiretap request (US).*

demande (TAC) request (REQ) (US), call (OTAN), indent (GB) (VERB : "to coordinate", "to receive", "to process", "to forward", "to make", "to submit") (PREP : "at", "for"). Ex : *Une demande / d'appui aérien rapproché / de reconnaissance aérienne : a request / for close air support (CAS) / for aerial reconnaissance (US) – Une demande de tir (ART) : a call for fire (OTAN), a request for fire – Sur demande prioritaire : at priority call (OTAN) – À la demande : on request – À la demande de : at the request of (OTAN) – Demande / d'informations / de renseignements : request for information (RFI), request for intelligence (US) – Faire une demande par écrit : to make a request in writing (US) – Demande de dotation en munitions : request for issue of ammunition (US) – Demande d'inspection : inspection request (UN) – Demande de transport (TRN / LOG) : transportation request (US) – Toutes les demandes doivent être soumises pour 21 H 00 (munitions, matétiel, rations,etc) : all indents are to be be submitted by 2100hrs (GB).*

demande (de renseignements) request (OTAN).

demande (à la) (ART) on call (Également en épithète : "on-call") (US, GB). Ex : *L'artillerie appuie (ou appuiera) la demande : supporting artillery is on call (GB) – Nous avons une section de mortiers disponible à la demande : we have a platoon of mortars on call (GB).*

demande d'aide logistique logistic assistance request (LOGASREQ) (OTAN).

demande d'aide militaire (pays agressé) request for military assistance (US).

demande de contrôle de l'espace aérien airspace control request (ACR) (GB).

demande de modification (ART) request modify (OTAN).

demande de munitions ammunition request (GB), ammunition bid (GB) (VERB : "to make", "to submit"). Ex : *Nous aurons besoin d'un préavis pour toutes les demandes de munitions : we will need advance warning for any ammunition requests (GB) – Les demandes de munitions doivent être soumises bien à l'avance : ammunition bids must be submitted well in advance (GB).*

demande de mutation (PERS) request for a transfer (GB). Ex : *J'ai exécuté votre demande de mutation : I have actioned your request for a transfer (GB).*

demande de perception (ou d'approvisionnement) (de matériel) (LOG) requisition (US, OTAN) (VERB : "to process", "to fulfill") (PREP : "for"). Ex : *Articles sur demande : items on requisition (US).*

demande de permission leave request (US), request for leave (US).

demande de renseignement (RENS) intelligence request (INTREQ) (OTAN).

demande de renseignements request for information (RFI) (OTAN).

demande d'information request for information (RFI) (GB).

demander to request (US, GB), to call for (US, GB), to require (OTAN) (Ne pas utiliser le verbe "to demand" à sens plus fort = exiger). Ex : *Demander des tirs (ou feux) (ART) : to request / to call for fire(s) (US, GB) – Demander des fumigènes : to call for smoke (GB) – Demander l'accès à une zone : to request access to an area (CFE) – Les troupes au sol demandent l'appui des hélicoptères de combat : the troops on the ground request attack helicopter support (US) – Demander une affectation : to request an assignment (US) – L'appui demandé par une unité : the support required by a unit (OTAN) – Demander l'autorisation de : to request permission to (US) – L'hypothèse sous-jacente du plan demande que nous soyons en mesure de projeter rapidement une brigade : the underlying assumption in the plan calls for us to be able to deploy a brigade quickly (GB) – Demander la copie de son dossier (militaire) individuel : to request a copy of one's military personnel record (US) – "Ne rien demander, ne rien dire" (problème de l'homosexualité dans l'armée) : "Don't ask, don't tell" (US) – "Demande assistance immédiate" (radio) : request immediate assistance (GB).*

demander (officiellement) to bid (GB) (PREP : "for"). Ex : *Je demanderai (officiellement) deux places pour le prochain stage (de combat) antichar : I will bid for two places on the next anti-tank course (GB).*

demandeur (PERS) applicant Ex : *Demandeur d'habilitation de sécurité (RENS) : applicant for security clearance (US).*

demandeur extérieur (RENS) customer (US).

démantèlement dismantling.

démanteler to dismantle.

démarcation demarcation (US). Ex : *Ligne de démarcation : demarcation line (US).*

démarche (formation / entraînement) approach (US).

démarche diplomatique diplomatic effort (OTAN). Ex : *L'utime démarche diplomatique de l'ambassadeur Holbrook n'a pas abouti (avant conflit) : the final diplomatic effort of Ambassador Holbrook has not met with success (OTAN).*

démarche axée sur la mission mission orientated approach (MOA) (OTAN).

démarche (ou approche) stratégique (pays) strategic approach (US).

démarquage sanitization (OTAN).

démarrage start (US). Ex : *Le démarrage des combats : the start of combat (US).*

démarrage (zone de) (ABC) forming up place (GB), attack position (US).

démarrer (opération / bataille) to kick off (US), to get underway (US). Ex : *Quand l'opération a démarré : when the operation kicked off (US) – La bataille est sur le point de démarrer : the battle is about to get underway (US).*

démasquage Ex : *Temps de démasquage court (hélicoptères) : fast pop-up (GB) (En épithète).*

démasquer (agent) (RENS) to unmask (US) (PREP : "as"). Ex : *Philby fut démasqué comme étant un espion soviétique : Philby was unmasked as a Soviet spy (US) – Ils furent démasqués comme agents français : they were unmasked as French agents (US).*

d'emblée outright (US). Ex : *Réaliser d'emblée l'effet de surprise : to achieve outright surprise (US).*

déménagement (mutation) (PERS) move (US), moving (US).

déménager (mutation) (PERS) to move house (GB), to move (US). Ex : *Les militaires déménagent plus souvent que leurs amis civils : soldiers move more frequently than their civilian friends (US).*

démenti (communiqué de presse) denial (UN).

démenti plausible (RENS) plausible denial (US) (Non-participation des services d'un pays à une opération de renseignement) (VERB : "to permit") (NOM ASS. : "plausible deniability").

de métier (unité) functionally oriented (US). Ex : *Une brigade de métier : a functionally oriented brigade.*

demeurer to remain (Jane's, US), to continue to be (GB). Ex : *Demeurer en réserve du corps d'armée : to remain corps reserve – Il demeure en service dans beaucoup de grandes armées (matériel) : it remains in service with many major armies (Jane's) – Les unités demeurent prêtes à exécuter toute la gamme des opérations militaires : units remain ready to execute the full range of military operations (US) – Demeurer à la pointe de la technologie dans tous les domaines : to continue to be at the leading edge of technology in all areas (GB) – Il demeure essentiel de faire en sorte que... : it is still vital to ensure that... (OTAN).*

demeurer en vigueur (ordre) to remain in force (OTAN).

demi-brigade de légion étrangère (DBLE) Foreign Legion demi-brigade (GB) (ou half-brigade). Ex : *La 13ᵉ DBLE : the 13th Foreign Legion Demi- Brigade (GB).*

demi-cercle semi-circle (GB). Ex : *Aligner en demi-cercle un escadron de chars légers : to line up a squadron of light tanks in a semi-circle (GB).*

demi-effectif half strength (US) (Également en épithète : "half-strength").

demi-groupe (INF) fire team (GB).

démilitarisation demilitarization (US, UN, OTAN), de-militarisation (OTAN). Ex : *Démilitarisation des munitions chimiques : demilitarization of chemical munitions (US) – Démilitarisation des forces et des zones géographiques : demilitarization of forces and geographical areas (US) – La démilitarisation de l'UCK (= Armée de Libération du Kosovo) : the demilitarization (ou de-militarisation) of the UCK (OTAN).*

démilitariser to demilitarize (US, UN), to de-militarise (OTAN). Ex : *Zone démilitarisée : demilitarized zone (DMZ) (US, UN).*

déminage (mines terrestres) mine clearance (OTAN, GB), mine disposal, demining (OTAN), de-mining (US, CA), removal of mines (OTAN) (VERB : "to inhibit"). Ex : *Une équipe de déminage : an EOD (Explosive Ordnance Disposal) team (GB) (Déminage en milieu civil : bomb disposal) – Opérations de déminage : counter-mining operations (US), mine clearance operations (US) (VERB : "to conduct") – Centre de déminage : mine action centre (CA).*

Comp. :

- Mine disposal : the operation by suitably qualified personnel designed to render safe, neutralize, recover, remove or destroy mines (OTAN).

- Mine clearance : the process of removing all mines from a route or area (OTAN).

déminage (mileu civil) bomb disposal (GB).

déminage humanitaire humanitarian de-mining (OTAN).

déminage humanitaire global global humanitarian de-mining (OTAN).

déminé (passage dans un champ de mines) cleared of mines (OTAN).

démineur Ammunition Technical Officer (ATO) (= a bomb disposal expert) (GB), bomb disposal expert (UN).

demi-siècle half-century (OTAN).

demi-solde half-pay. Ex : *Toucher une demi-solde : to be on half pay.*

démission resignation (US) (VERB : "to hand in", "to tender").

démissionner to resign (GB, US) (PREP: "from"). Ex: *Démissionner de son poste / son emploi / sa charge d'officier: to resign one's post / position / commission (GB)* – *Démissionner d'une commission: to resign from a committee (GB)* – *Démissionner de l'armée de terre (PERS): to resign from the Army (US).*

demi-tour (complet) (PERS) about(-)face (US) (VERB: "to execute", "to do").

démobilisation demobilization (US, UN).

démobiliser to demobilize (US) (Orthographe GB: "to demobilise") (Terme familier GB: "to demob" – Prétérit / participe présent: "demobbed" / "demobbing").

démocratie democracy (OTAN, US) (Terme dénombrable) (VERB: "to enhance", "to seek") (ADJ: "transitional"). Ex: *Contraindre des pays tels que Haïti et la Bosnie à rechercher la démocratie: to compel nations such as Haiti and Bosnia to seek democracy (US)* – *Rassurer les jeunes démocraties de l'engagement de notre pays envers leur futur bien-être: to reassure fledgling democracies of our nation's commitment to their future well-being (US).*

démocratique democratic (OTAN). Ex: *Contrôle démocratique des forces armées: democratic control of the armed forces (OTAN).*

démocratiquement democratically (OTAN). Ex: *Démocratiquement élu (gouvernement): democratically elected (OTAN).*

démocratisation democratisation (OTAN).

démodé (véhicule) superannuated (GB).

démographie demographics (US). Ex: *Impact de la démographie: impact of demographics (US).*

démographique population (US) (En épithète). Ex: *Croissance démographique: population growth (US).*

démolition demolition (US). Ex: *Démolition à l'explosif: explosive demolition (UN).*

démolition réservée (ouvrage à) reserved demolition (target) (GB, OTAN) (VERB: "to execute").

démolition sous-marine underwater demolition (OTAN).

démonstrateur (PERS) demonstrator (GB).

démonstrateur (matériel) demonstrator (GB). Ex: *Démonstrateur technologique télécommandé de détection de champs de mines: remote minefield detection technology demonstrator (GB)* – *Démonstrateur de technologie de pointe: advanced concept technology demonstrator (US).*

démonstrateur technologique technology demonstrator (US).

démonstration (TAC) demonstration (OTAN, US).

Comp.:

- A show of force intended to deceive rather than achieve a decisive tactical objective (US).

- Attaque ou démonstration de force faite dans un secteur ou une décision n'est pas recherchée et ayant pour seul but de tromper l'ennemi (OTAN).

démonstration (TAC) demonstration (GB), show (US). Ex: *Démonstration de force: show of force (US) (VERB: "to use") (VERB: "graduated")* – *Opérations de démonstration de force: show-of-force operations (US)* – *Une démonstration de puissance de feu: a firepower demonstration (GB).*

démonstration (matériel) demonstration (US, GB, Jane's), display (GB), stands (GB) (VERB: "to perform"). Ex: *Démonstrations de tir / de véhicules (exposition d'armement): firing / vehicle / demonstrations (Jane's)* – *Démonstration militaire: military demonstration (US)* – *Faire une démonstration dynamique de matériel: to demonstrate* *the equipment in action (GB) – Démonstration statique de matériel : equipment display (GB), stands (GB).*

démonstration (emploi d'un matériel) demonstration (GB). Ex : *Faire la démonstration de l'emploi d'un masque : to demonstrate the use of a respirator (GB) – Assister à une démonstration sur la manière de charger un mortier : to be given a demonstration of how to load a mortar (GB).*

démonstration de concept de technologie de pointe advanced technology concept demonstration (ATCD) (US).

démonstration de matériels display.

démonstration de technologie de pointe advanced technology demonstration (ATD) (US).

démonstration d'interopérabilité de combat interarmées joint warfighting interoperability demonstration (JWID) (US).

démontage (arme) disassembly, stripping (down) (of a weapon).

démonter (arme) to strip (down) (GB, US), to disassemble (US), to break down. Ex : *Démonter un mortier : to disassemble a mortar (US) – Démonter un missile : to break down a missile (system).*

démonter (installation / poste de contrôle) to dismantle (a facility / checkpoint) (US).

démonter (décontenancer) Ex : *Notre effort principal a été si fort que nous avons encaissé sa (= ennemi) contre-attaque sans nous laisser démonter : our main effort was so strong we took his counterattack in stride (US).*

démontrer to demonstrate (US), to show (US). Ex : *Démontrer un concept : to demonstrate a concept (US) – Démontrer une aptitude à (ou une capacité de) (+ verbe) (unité) : to demonstrate an ability to (+ verbe à l'infinitif) (US) – Les récentes attaques aériennes ennemies démontrent une activité aérienne normale : the recent enemy air attacks show run of the mill air activity (US).*

démoralisation demoralisation (GB), demoralization (US).

démoralisé (force) demoralized (US), demoralised (GB).

démoraliser to demoralise (GB), to demoralize (US).

démotivation de-motivation (GB).

démotiver to de-motivate (GB). Ex : *Démotiver l'ennemi : to de-motivate the enemy (GB).*

d'emploi spécial (force) special purpose (OTAN) (En épithète).

DEMSAT voir **direction de l'enseignement militaire supérieur de l'armée de terre**.

démultiplicateur du potentiel de combat combat multiplier (US) (VERB : "destructive").

démystifier (ou démythifier) to demystify (US). Ex : *Démystifier les services de sécurité : to demystify the security services (US).*

dénombrer Ex : *Au total, les brigades dénombrèrent 5 506 morts et blessés : the total casualties of the brigades were 5, 506 (CA).*

dénominateur denominator (US). Ex : *Le plus petit commun dénominateur : the lowest common denominator (US).*

dénominateur (cotation) (RENS) letter (US).

dénomination (formation / unité) designation (UN), title.

dénomination (matériel) designation (Jane's, GB). Ex : *Sous la dénomination de Mk 11/2 (char) : designated Mk 11/2 (GB) (Voir aussi **changer (d'appellation / de dénomination)**.*

dénommer (projet) to designate (US). Ex : *Le projet fut dénommé MIDAS (satellite) : the project was designated MIDAS (US).*

denrées alimentaires foodstuffs (US). Ex : *Une denrée alimentaire : a food item (GB).*

313

dense (végétation / sous-bois) dense (GB, thick). Ex : *Une végétation dense : thick vegetation.*

d'ensemble (plan / concept) overall (US).

densité (bombardement) density (OTAN).

densité de champ de mines minefield density (OTAN).

densité de circulation traffic load.

densité de forces force density (US).

densité du trafic traffic density (OTAN).

dentaire (adjectif) dental (US). Ex : *Soins dentaires : dental care (US) – Services dentaires de l'armée de terre : the Army Dental Corps (US) (Dirigé par "the Chief of the Dental Corps").*

dentiste dental officer (DO) (GB) (Membre du "Royal Army Dental Corps" (RADC) (GB), dental surgeon / dental officer (US) (Titre officiel : "Doctor of Dental Surgery" (DDS).

dentisterie (SAN) dentistry (US).

d'entraînement (matériel) training (OTAN) (En épithète). Ex : *Matériel d'entraînement : training equipment (TE) (OTAN).*

dents teeth (GB). Ex : *Être armé jusqu'aux dents : to be armed to the teeth (GB).*

dents de transmission (chenille de char) drive wheel teeth.

dénucléarisation denuclearization (UN).

de nuit at night (US, GB), by night.

déontologie standards of conduct (US) (VERB : "to establish", "to violate", "to demonstrate").

dépannage (véhicules) recovery (US, GB) (Abréviation GB : "rec"). Ex : *Un char de dépannage : a recovery tank.*

dépanner to recover (GB). Ex : *Le char a été dépanné : the tank has been recovered (GB).*

dépanneur de char armoured recovery vehicle (ARV) (Jane's).

dépanneur de char Leclerc (DCL) the DCL (Leclerc tank) recovery vehicle (Jane's).

départ departure. Ex : *Notre départ est prévu pour 9h 00 : our ETD (= Estimated Time of Departure) is 0900 (hours).*

départ (débouché) (TAC) departure (OTAN). Ex : *Le départ des éléments d'attaque : the departure of attack elements (OTAN).*

départ (origine) originating (OTAN). Ex : *Formation sanitaire de départ : originating medical facility (ou establishment) (OTAN).*

départ (de l'armée) (PERS) separation (US) (VERB : "to face").

départ arrêté from a complete stop (US). Ex : *Atteindre 50 km/h, départ arrêté, en 20 secondes : to accelerate from a complete stop to 30 mph (= miles per hour) in 20 seconds (US).*

département (enseignement) (grande école militaire) deparment (US). Ex : *Département des Langues Étrangères : Department of Foreign Languages (US).*

départementale (route) voir D. (route départementale).

départements et territoires d'outre-mer (DOM-TOM) French overseas territories and departments (Jane's), French overseas possessions (GB), French overseas dependencies (US). Équivalent US : U.S. territories – Équivalent GB : overseas territories.

départ en retraite retirement (US). Ex : *Le flux normal de départs en retraite : the normal flow of retirements (US).*

de part et d'autre de (coupure / itinéraire) astride (US).

départs (personnels quitttant l'armée) (statistiques) outflow (GB).

départ volontaire (PERS) voluntary separation (US).

de passage (PERS / troupes) : transient (US), visiting (US). Ex : *Logement pour officiers de passage : visiting officers quarters (VOQ) (US).*

dépassé (force) bypassed, left behind.

dépassé (obsolète) (matériel / système) obsolete (US).

dépassement (TAC) forward passage of lines (US, GB), passing through lines (GB) (VERB : "to conduct").

Cf. : Passing one unit through the positions of another (...), when an exploiting force moves through the elements of the force that conducted the initial attack (US).

dépassement (crédits / budget) overrun (US, GB, overstretch (GB). Ex : *Dépassements de crédits (ou surcoûts) (projet d'armement) : cost overruns (GB, US) – Pour répondre à ces besoins sans dépassement de budget : to meet these requirements without overstretch (GB).*

dépasser to make it past (US), to be over one's head (familier) (US), to go no further than (US). Ex : *Les soldats qui n'arrivent pas à dépasser le grade de sergent : soldiers who do not make it past sergeant (US) – L'explication du Colonel me dépasse : the Colonel's explanation is over my head (familier) (US) – Certains complots n'ont pas dépassé le stade de la planification : some plots went no further than the planning stage (US).*

dépasser (TAC) to conduct a forward passage of lines (through), to move through (a force / a unit), to pass through (US, GB). Ex : *Dépasser la 21ᵉ D.I. (= Division d'Infanterie) : to conduct a forward passage of lines through the 21 st Inf. Div. (US).*

dépasser (en quantité) to exceed (CFE), to outweigh. Ex : *Les pertes civiles dépassent les pertes militaires : civilian casulaties outweigh military casualties (GB).*

dépasser (progrès) to overtake (GB), to outdate (US). Ex : *Un système d'arme est dépassé par un système encore plus efficace : a weapon system is overtaken by an even more effective system (GB) – Technologie dépassée : outdated technology (US).*

dépasser (surmonter) to overcome (OTAN), to transcend (OTAN). Ex : *Les pays d'Europe se rapprochent les uns des autres pour dépasser enfin la division du continent : the countries of Europe are moving closer together to finally overcome the division of Europe (OTAN) – De nouveaux problèmes qui dépassent les frontières : new issues that transcend borders (OTAN).*

dépasser (en véhicule) to pass (GB). Ex : *Nous avons dépassé le dépôt de carburant il y a une heure : we passed the fuel dump one hour ago (GB).*

dépasser en nombre to outnumber (GB) (Verbe transitif direct). Ex : *Devant un ennemi qui les dépassait en nombre, à plusieurs contre un : in the face of an enemy who outnumbered them several to one (GB).*

dépêcher (estafette) to dispatch (GB). Ex : *Des estafettes ont été dépêchées à l'état-major : messengers were dispatched to HQ (GB).*

dépendance dependence (OTAN) (PREP : "on"). Ex : *La dépendance de l'Europe par rapport aux États-Unis en matière de sécurité : Europe's security dependence on the United States (OTAN).*

dépendre de to depend on (US), to be dependent on (US), to rely on (GB), to be up to (somebody) (US) (ADV : "heavily"). Ex : *Dépendre des avions américains (conflit) : to rely on American planes (GB) – Le dispositif militaire dépend du système d'alimentation électrique : the military system depends on the electric power system (OTAN) – Mon Capitaine, ça dépend de vous (= c'est à vous de décider) et de votre contre-attaque : Captain, it's up to you and your counterattack (US) – La décision du chef d'accepter un*

315

risque calculé dépend de l'urgence de la situation tactique : the commander's decision to accept a calculated risk is dependent upon the urgency of the tactical situation (US).

dépens expense (GB). Ex : *Aux dépens de la mobilité : at the expense of mobility (GB).*

dépenser to spend (GB, OTAN) (PREP : "on"). Ex : *La Grande-Bretagne dépense 5,1% de son produit intérieur brut pour la Défense : Britain spends 5,1 % of its GDP (= Gross Domestic Product) on defence (GB) – Dépenser 516 milliards de francs en matériels nouveaux : to spend FF 516 billion on new equipment (Jane's) – Il ne s'agit pas seulement de dépenser davantage ; il faut aussi dépenser mieux (dépenses de défense) : this is not just a question of spending more — it is also about spending more wisely (OTAN).*

dépenses expenditure (GB), expenditure(s) (UN), spending (GB, OTAN), outlay (UN), costs (VERB : "to increase", "to decline"). Ex : *Réduire les dépenses militaires : to reduce military expenditure (GB) (ou expenditures (UN) – Dépenses d'armement : defence expenditure (UN), arms / weapons expenditure – Dépenses de défense : defence spending (ou outlay) (UN), defense spending (GB) – Dépenses de fonctionnement (force) : running costs (International Defence Review) – Dépenses militaires 1982-83 (pays) : defence expenditure 1982-83 (GB) – Les dépenses militaires des pays de l'OTAN : defence spending by NATO countries (GB) – Défenses globales de défense : defence expenditure as a whole (GB).*

dépenses de défense defence spending (OTAN).

dépenses d'équipement equipment spending (OTAN).

dépenses globales overall spending (OTAN). Ex : *Sans augmentation des dépenses de défense globales : without any increase in overall defence spending (OTAN).*

dépenses militaires military expenses (Jane's) (ADJ : "tight").

de permanence (ou de garde ou de service) (PERS) on duty (US).

de petit calibre smallbore (GB). Ex : *Un fusil de chasse de petit calibre : a smallbore shotgun (GB).*

déphasé out of sync (OTAN) (PREP : "with"). Ex : *Des structures budgétaires qui sont déphasées par rapport aux besoins de l'après-guerre froide : budget structures which are out of sync with the requirements of the post-Cold War era (OTAN).*

déplacé (personne déplacée) (nom) displaced person (DP) (US, OTAN). Ex : *La possibilité, pour les organisations d'aide humanitaire, d'accéder sans entraves aux réfugiés et personnes déplacées : unhindered access to refugees and displaced persons by humanitarian aid organisations (OTAN).*

déplacement (terme générique) movement (OTAN), move (GB, US), shifting (US, OTAN), displacement (OTAN). Ex : *Un déplacement nocturne : a night move – Un déplacement individuel : an individual movement – Un déplacement par voie routière : a road move (GB) – Déplacement de matériel par air : movement of cargo by air (OTAN) – Axe de déplacement des P.C. : command axis (OTAN) – Le déplacement intempestif d'un chargement au cours d'un transport : the inadvertent shifting of cargo in transit (OTAN) – Déplacements (ou mouvements) d'aéronefs : aircraft movements (OTAN) – Déplacement par échelons (unité) : echeloned displacement (OTAN) – Le déplacement rapide de la direction de la manœuvre : the rapid shifting of the direction of maneuver (US).*

déplacement (d'un lieu à un autre) (unité en opérations) relocation (US, GB).

déplacement (PERS) travel (US) (VERB : "to perform").

déplacement (technique) (unité) traveling.

déplacement (véhicule) travel (GB), motion (US). Ex : *Lors des déplacements sur routes : while travelling on roads (Jane's) – Déplacement en (tout) terrain : cross-country travel*

(GB) – Déplacement sur route : road travel (GB) – Le char en déplacement : the tank in motion (US).

déplacement de fréquence (TRANS) frequency shift (OTAN). Ex : *Modulation par déplacement de fréquence (MDF) : frequency shift keying (FSK) (OTAN).*

deplacement en perroquet (technique) traveling overwatch (US).

Cf. : A movement technique used when contact with the enemy is possible. The lead element and trailing element are separated by a short distance which varies with the terrain. The trailing element moves at variable speeds and may pause for short periods to overwatch the lead element. It keys its movement to terrain and the lead element. The trailing element overwatches at such a distance that should the enemy engage the lead element, it will not prevent the trailing element from firing or moving to support the lead element (US).

déplacement par bonds (technique) bounding overwatch (US).

Cf. : A movement technique used when contact with enemy forces is expected. The unit moves by bounds. One element is always halted in position to overwatch another element while it moves. The overwatching element is positioned to support the moving unit by fire or fire and movement (US).

déplacement par voie routière road movement (US).

déplacer to move (US), to displace, to remove (OTAN). Ex : *Ne déplacez pas un blessé : do not move a casualty (US) – Déplacer une personne : to displace a person – Un régiment peut être déplacé (ou transporté) par 20 hélicoptères Chinook : a regiment can be moved by 20 Chinook helicopters (GB) – Déplacer les Kurdes des zones montagneuses en direction de leurs foyers : to move the Kurds from the mountains to their homes (US) – Déplacer une mine : to remove a mine (OTAN).*

déplacer (troupe / unité / force / effort) (TAC) to displace (US), to move (US), to shift (US), to divert (OTAN), to relocate (US). Ex : *Déplacer des unités vers un front : to shift units to a front (US) – La brigade d'infanterie est déplacée pour s'installer en coup d'arrêt : the infantry brigade is moved to a blocking position (GB) – Déplacer des forces importantes (pour faire face à la menace) : to divert major forces (to meet the threat) (OTAN) – Déplacer une unité (changement de position) : to relocate a unit (US) – Déplacer des éléments vers l'avant : to displace elements forward (US) – Déplacer les troupes d'environ 95 kilomètres vers le nord : to shift forces sixty miles to the north (GB) – Déplacer la force interarmées : to move the joint force (US) – Déplacer des efforts (TAC) : to shift efforts (US).*

déplacer (tir(s)) to shift (US). Ex : *Le tir de barrage fut déplacé vers l'avant (ou allongé) : the barrage was shifted forward (US).*

déplacer (se) to move (GB), to travel (GB). Ex : *Prêt à se déplacer (ou à faire mouvement) : ready to move (RTM) (GB) – Se déplacer en véhicule sur terrain accidenté : to travel across rough terrain (GB).*

déplacer par air (personnel et matériel) to move by air (US).

déploiement (TAC) deployment (US, GB, UN, UEO) (VERB : "to establish", "to support", "to undertake", "to allow", "to complete") (ADJ : "rapid", "full", "initial", "actual", "preventive", "advanced", "forward", "early"). Ex : *Il n'y aura pas de déploiement effectif de troupes (exercice) : no troops will actually be deployed (UEO) – Le deploiement vers l'Italie a été effectué en 72 heures : the deployment to Italy was completed in 72 hours (GB).*

déploiement à court préavis (TAC) short-notice deployment (US) (PREP : "to").

déploiement avancé (TAC) advanced deployment (UN).

déploiement de missiles missile deployment (OTAN).

déploiement échelonné des forces time-phased force deployment (TPFD) (OTAN).

déploiement (ou arrivée) initial(e) (dès les premières phases d'un conflit) (TAC) early entry (US).

déploiement précoce (TAC) early deployment (UN).

déploiement préventif (en vue d'éviter un conflit) (TAC) preventative deployment (GB), preventive deployment (US).

déplorer to report, to suffer (US), to mourn (US). Ex : *On déplora la mort de deux soldats : two soldiers were reported killed – L'unité déplorait 19 morts, 57 blessés et 1 disparu : the unit suffered 19 killed, 57 wounded and 1 missing (US) – Déplorer la perte de soldats : to mourn the loss of soldiers (US).*

déployabilité (aptitude au déploiement) (forces / capacités opérationnelles) deployability (UEO, OTAN).

déployable (système) deployable (OTAN).

déployé (force) deployed (OTAN) (ADV : "fully", "partially") (PREP : "to"). Ex : *Déployée en avant (= prépositionnée) (force) : forward-deployed (UN, US) – Être déployées dans le cadre d'une guerre (troupes) : to join a war (CA).*

déployé de l'avant (forces sur le champ de bataille) forward deployed (US).

déployer to deploy (UN, US, GB, OTAN), to field (US, UN), to put (Jane's), to place (GB). Ex : *Déployer une force sur le terrain : to put a force into the field (GB), to field a force (UN, US) – Une force qui peut être déployée dans n'importe quelle région : a force which can be deployed to any region (OTAN) – La division la plus puissante que le Royaume-Uni ait jamais déployée sur le terrain : the most powerful division the United Kingdom has ever placed in the field (GB) – Déployer une force au sein d'une force plus importante : to deploy a force with a larger force (Jane's) – Le nombre de soldats que nous pouvons déployer sur le terrain : the number of troops we can put in the field (Jane's).*

déployer (couleurs) to unfurl (GB). Ex : *Déployer les couleurs : to unfurl the colours (GB).*

déployer (se) (force) to deploy (US, GB) (PREP : "to"). Ex : *La brigade se déploiera vers la zone ORANGE : the brigade will deploy to area ORANGE.*

déployer à distance to project (Jane's), to deploy (GB). Ex : *Déployer à distance une force expéditionnaire interarmées pouvant aller jusqu'à 50 000 hommes : to deploy a joint-service expeditionary force of up to 50,000 personnel (GB) – Déployer à distance une force de 30 000 hommes : to project a 30,000-strong force (Jane's).*

de pointe (technologie) advanced (US), leading edge (US).

dépolluer to conduct EOD operations, to destroy unexploded ordnance (US).

dépollution mine clearing, mine clearance (operations) (GB), explosive ordnance disposal (EOD) (OTAN), EOD operations.

Cf. : Nettoyage d'un terrain parsemé de munitions de tout calibre non explosées (F).

de portée intermédiaire (missile) intermediate range (OTAN) (En épithète).

déposer (les armes) to lay down (ou to put down) (one's) weapons (ou arms) (US).

déposer (couronne) to lay (a wreath) (US, GB).

déposer (moteur) to remove (GB).

déposer (parachutistes) to deposit (US).

déposer (troupes) to land (US, GB), to put (US). Ex : *Des patrouilles ayant été déposées par hélicoptères : patrols having been landed by helicopter (GB) – Déposer des personnels*

318

sur une plage (sous-marin) : to land personnel on a beach (US) – Déposer des troupes
spéciales sur le rivage : to put special troops ashore (US).

déposer (en véhicule) (hommes / matériel) to drop (GB) (PREP : "at"). Ex : *Déposer / une*
patrouille / des munitions : to drop / a patrol / ammunition (GB).

dépôt (action de déposer) (matériel) storage (of equipment) (CFE).

dépôt auxiliaire de prisonniers de guerre prisoner of war (POW) branch camp (OTAN).

dépôt avancé advanced depot (OTAN). Ex : *Dépôt avancé de matériels de télécommunications :*
advanced communications equipment depot (ACED) (OTAN).

dépôt central de munitions central ammunition depot (CAD) (GB).

dépôt central de véhicules central vehicle depot (CVD) (GB).

dépôt d'armes armory (US).

dépôt de carburant fuel dump (GB).

dépôt de gerbe(s) (monument) wreath laying.

dépôt de matériel equipment depot, supply depot (US) (VERB : "to set up").
Cf. : Depot : a large-scale combat service support facility (US).

dépôt de matériel médical medical equipment depot (GB), medical depot (US).

dépôt de matériel prépositionné prepositioned equipment storage (PES) (OTAN).

dépôt de munitions ammunition depot (GB, OTAN), ammunition dump (GB) (Ce dernier
terme désigne un dépôt temporaire sur le terrain) (ADJ : "advanced"). Ex : *Dépôt central*
de munitions : central ammunition depot (CAD) (GB).

dépôt de munitions spéciales special ammunition storage (SAS) (OTAN).

dépôt de produits pétroliers POL (= Petrol, Oil and Lubricants) storage depot (PSD)
(OTAN), oil storage depot (GB).

dépôt d'essence petrol depot (GB), gasoline depot (US).

dépôt de stockage de munitions ammunition storage facility (OTAN).

dépôt de stockage de produits pétroliers POL (= Petrol, Oil and Lubricants) storage depot
(PSD) (OTAN), oil storage depot (GB).

dépôt d'explosifs magazine (GB) (VERB : "to capture").

dépôt d'informations information repository (OTAN).

dépôt logistique logistic depot (OTAN). Ex : *Dépôt logistique des télécommunications : com-*
munications logistic depot (CLD) (OTAN).

dépôt temporaire (en plein air) (matériels / munitions) dump (US, OTAN, GB). Ex : *Un*
dépôt temporaire de munitions : an ammunition dump (GB) – Un dépôt temporaire de
matériel : a supply dump (GB).

dépouille (cadavre) corpse (US). Ex : *La dépouille d'un homme : the corpse of a man (US).*

dépouillement (du tir) (ART) analysis (of fire) (OTAN).

dépouillement post-événementiel voir **analyse après action**.

dépouille mortelle (restes humains) remains (US) (VERB : "to recover", "to bury", "to evacuate") (PART : "just-discovered").

dépourvu (au) off guard (US). Ex : *Prendre l'ennemi au dépourvu : to catch the enemy off guard*
(US).

dépourvu de void of (US). Ex : *Il est dépourvu de tourelle (système TOW sur socle) : it does not*
have a turret – Des zones dépourvues de forces de manœuvre conventionnelles : areas
void of conventional maneuver forces (US).

"dépoussiérage" (RENS) debugging (US).

"dépoussiérer" (RENS) to debug (US) (Verbe transitif direct).

"dépoussiéreur" (RENS) sweeper (US).

de prédilection of choice (US).

de première ligne (troupes) frontline (<u>Jane's</u>) (En épithète).

de près closely (OTAN). Ex : *L'OTAN suit de près l'évolution de la situation : NATO is monito-ring the situation closely (OTAN).*

de protection (tenue) protective (GB). Ex : *Tenue de protection : protective clothing (GB).*

depuis (spatial) from (GB, US). Ex : *Une unité commandée depuis Split : a unit commanded from Split (GB) – Des opérations lancées depuis la mer : operations lauched from the sea (GB) – Un tireur embusqué tire sur nos soldats depuis une fenêtre : a sniper fires from a window at our troops (US) – Photographier des installations depuis une altitude très élevée (RENS) : to photograph installations from a very high altitude (US).*

depuis (temporel) from (US), since. Ex : *Depuis l'époque de la guerre de Sécession : from the time of the Civil War (US).*

de queue (unité / élément) rear (GB), trailing (US).

déranger (mine) to disturb (a mine) (OTAN).

déranger (bouleverser) (plans ennemis) to upset (US).

"dératisation" (RENS) debugging (US).

"dératiser" (RENS) to debug (US) (Verbe transitif direct).

"dératiseur" (RENS) sweeper (US).

déraper (véhicule) to skid.

de rechange (matériel) replacement (En épithète) (US).

de rechange (structure) alternate (OTAN). Ex : *Centre de contrôle opérationnel régional de rechange : alternate regional operational control centre (ALTROCCENT) (OTAN) – Centre d'opérations de secteur de rechange : alternate sector operations centre (ASOC) (OTAN) – Quartier général de guerre de rechange : alternate war headquarters (AWHQ) (OTAN).*

de réserve (par opposition à "d'active") reserve component (RC) (US) (En épithète).

de retour back (GB). Ex : *En 1990, la Légion était de retour en Afrique : in 1990, the Legion was back in Africa (GB).*

dérivation (<u>ou</u> dérive) (due au vent) windage (GB).

dérive (aéronef) tail fin (CFE, UN).

dérive (balistique) drift (OTAN).

dérive (TAP) drift.

dérivé (véhicule) derivative (GB, US).

dérivé de (matériel précédent) derived from (US), based on (US). Ex : *Ce vehicule du génie est dérivé du char Chieftain : this engineer vehicle is based on the Chieftain tank (GB) – Un chassis dérivé de celui du (char) Leclerc : a Leclerc-derived chassis (<u>Jane's</u>).*

dérive sous voile (DSV) (TAP) air insertion.

dernier last (US, GB), later (GB), recent, final (US), latest (GB, OTAN), latter (GB). Ex : *Les dernières phases de l'offensive : the later stages of the offensive (GB) – Ces dernières années : in recent years – Dernières vérifications (mécanique) : final checks (US) – Au cours des quarante dernières années : in the last forty years (GB) – Le tout dernier véhi-cule blindé : the latest armoured vehicle (GB) – Un changement de dernière minute : a last-minute change (US) (VERB : "to make") – On procéda aux derniers préparatifs (avant une opération) : final preparations were conducted (US) – Nous nous préparons à gagner la dernière guerre : we are preparing to win the last war (US) – Se battre jusqu'au* *dernier : to fight to the last man – Les dernières années de la guerre froide : the latter Cold War years (GB) – En dernier ressort : ultimately (CA) – La dernière moitié du 18ᵉ siècle : the latter part of the 18th century (CA) – Une dernière attaque : a final attack (US) – Quels sont les tout derniers renseignements ? : what's the latest up to the minute information ? (familier) (US) – Dernière estimation de coût (la plus récente) : latest cost estimate (LCE) (OTAN).*

dernier (le plus à l'arrière) rearmost (GB).

dernier cri state-of-the-art (US). Ex : *Une technologie dernier cri : state-of-the-art technology (Terme familier US : "high speed technology").*

dernier délai not later than (NLT) (Emploi : + date et / ou heure).

dernière génération (de) (matériel) advanced (US).

dernière minute (de) last-minute (En épithète) (US, OTAN). Ex : *Le programme (de la visite) est sujet à modification de dernière minute : the programme is subject to last minute changes (OTAN).*

dernières instructions (avant opération ou mission) briefing (GB).

derniers éléments (arrière d'une force) rearmost elements (of a force) (US, GB).

dérobement (évitement) (de l'ennemi) evasion (GB), evasive action (GB). Ex : *Nous fûmes contraints à user de manœuvres de dérobement : we were forced to take evasive action (GB).*

dérober (secret / document) to steal (US), to purloin (US). Ex : *Dérober des secrets militaires : to steal military secrets (US) – Dérober des documents secrets (RENS) : to purloin secret documents (US).*

déroulement course (US, GB). Ex : *Le déroulement global de la bataille est prévisible : the overall course of the battle is predictable (GB) – Visualiser le déroulement entier d'une opération : to visualize the entire course of an operation (US).*

dérouler (se) (combats) to take place (GB).

déroute rout (US, GB). Ex : *Mettre en déroute l'ennemi : to rout the enemy, to put the enemy to rout – Mettre en déroute une colonne de 3000 Américains avançant sur Montréal (Hist.) : to turn back a 3,000-strong American column advancing on Montreal (CA) – Notre attaque pourrait très facilement se transformer en déroute pour l'ennemi : our attack could very easily turn into a rout of the enemy (US).*

déroutement (changement d'itinéraire) diversion (OTAN).

dérouter (ennemi) to divert (US).

derrière behind (US, GB). Ex : *Déboucher derrière une unité : to cross the line of departure (LD) behind a unit – Derrière les lignes ennemies : behind enemy lines (US).*

dès (spatial) from... onwards. Ex : *Dès lima 1 : from line 1 onwards.*

dès (temporel) from (GB), as from, right from, as early as, upon (US, UN). Ex : *Dès le départ : from the outset (GB) – Dès dépassement de la 11ᵉ Division : upon passage of 11th Division (US) – Dès le 22 octobre (contexte passé) : by October 22nd – Dès réception du compte-rendu : upon receipt of the report (UN).*

désaccord disagreement (OTAN). Ex : *En cas de désaccord : in case of disagreement (OTAN).*

désactiver to disband. Ex : *Désactiver un hôpital : to disband a hospital.*

désagrégation (force) disintegration (US).

désamorcé (charge explosive) safe (GB).

désamorcer (mine / grenade) to defuze (OTAN), to render safe (OTAN), to defuse (GB). Ex : *Désamorcer / une mine / une grenade : to defuze / a mine / to render safe / a mine (OTAN) / to defuze a grenade (US).*

désamorcer (crise / conflit) to defuse (US, GB, OTAN). Ex : *Désamorcer / une crise / une situation explosive : to defuse / a crisis / an explosive situation (US, GB)*.

désapprouver to disapprove (OTAN). Ex : *Désapprouver des opérations de combat : to disapprove combat operations (OTAN)*.

désapprovisionner (arme) to unload (GB).

désarmement (STRAT) disarmament (OTAN, UN). Ex : *Désarmement général et complet : general and complete disarmament – Accords / questions / mesures / de désarmement : disarmament / agreements / issues / measures (UN) – Course au désarmement : disarmament race (UN)*.

désarmement de l'espace de-weaponization of outer space (UN).

désarmement nucléaire nuclear disarmament (GB).

désarmer (force) to disarm (US, CA). Ex : *Désarmer / un adversaire / les belligérants : to disarm / an adversary / the belligerent parties (US) (+ préposition "of")*.

désarmer (bombe / missile / fusil / arme) to disarm (US, GB), to uncock (US). Ex : *Désarmer / une bombe / un missile : to disarm / a bomb / a missile (GB) – Désarmer un fusil : to uncock a rifle (US)*.

désastre disaster (CA). Ex : *Le désastre infligé aux forces du général Braddock sur la rivière Monongahela : the disaster inflicted on General Braddock's forces at the Monongahela River (CA)*.

désastreux disastrous (US). Ex : *Les premiers mois de la guerre de 1812 furent désastreux pour les forces terrestres américaines (Hist.) : the first months of the War of 1812 were disastrous for U.S. land forces (US)*.

désavantage disadvantage (US). Ex : *Les désavantages (ou inconvénients) de l'infériorité numérique : the disadvantages of numerical inferiority (US)*.

désavantageux (position) disadvantageous (US). Ex : *Mettre l'ennmi en position désavantageuse : to place the enemy in a position of disadvantage (US) – Combattre en position désavantageuse : to fight at a disadvantage (US)*.

descendant/e (du haut vers le bas / du sommet à la base) (approche / recherche / coopération / démarche) top-down (En épithète) (US), top-bottom (US) (En épithète). Ex : *Un plan de restructuration descendant (armée de terre) : a top-to-bottom restructuring plan (US) (Voir aussi **ascendant/e (de la base au sommet)**)*.

descendant Ex : *Garde descendante : old guard.*

descendre to lower (OTAN). Ex : *Descendre des charges extérieures (treuil) : to lower external loads (OTAN)*.

descendre (parachutiste) to descend (US).

descendre (informations) to get down (US).

descendre (d'un véhicule) (débarquer) to dismount (+ éventuellement : "a vehicle") (US).

descendre (abattre) (PERS) to drop (GB). Ex : *Descends -le ! : drop him ! (GB)*.

descendre en rappel to rappel (US), to abseil (US, GB) (+ préposition "from"). Ex : *Un soldat descend en rappel d'une tour d'environ 11 mètres : a soldier rappels from a 37-foot tower (US)*.

descente (aéronef en atterrissage) descent (OTAN).

descente en rappel rappel (US), abseiling (Voir aussi **rappel (descente en)**).

descente en rappel (aérocordage) (opération héliportée) rappelling (US), abseiling.

descente en torche (TAP) burning in (US).

descente par corde lisse (aérocordage) fast-roping (US).

description description (GB). Ex : *Description détaillée du terrain : detailed description of the terrain (GB).*

description de l'objectif (ART) description of target (OTAN), target description (OTAN).

de secours (communications / transmissions) emergency (OTAN).

désembuage (optique) defogging (US).

désengagement (TAC) withdrawal (operation) (US, GB, OTAN) (Peut être soit "planned", soit "forced") (VERB : "to take place", "to cut off", "to cover") (ADJ : "uniform"). Ex : *Entraver (ou gêner) le désengagement ennemi : to impede enemy withdrawal (US).*

Comp. :

- A planned operation in which a force in contact disengages from an enemy force (OTAN).

- Opération planifiée dans laquelle une force au contact se soustrait à l'ennemi (OTAN).

désengagement (STRAT) disengagement.

déséquilibre imbalance (GB, UN, OTAN) (Terme dénombrable) (VERB : "to grow", "to rectify" = remédier à) (ADJ : "significant"). Ex : *Un grave déséquilibre entre les engagements et les moyens : a serious imbalance between commitments and resources (GB) – Déséquilibre militaire : military imbalance (UN).*

déséquilibre (en) (force) off balance (US, GB).

déséquilibré (force) off balance (US, GB), unbalanced (GB). Ex : *L'ennemi est déséquilibré (ou en position de déséquilibre) : the enemy is off balance (ou unbalanced) (GB).*

déséquilibre des frictions (TAC) "frictional imbalance" (US).

déséquilibrer (force) to throw off balance (GB), to unbalance (US). Ex : *Déséquilibrer l'ennemi : to throw the enemy off balance, to unbalance the enemy (GB).*

désert desert (US, GB). Ex : *La guerre du (ou dans le) désert (ou en zones désertiques) (type de guerre) : desert warfare – Opération Tempête du Désert : Operation Desert Storm (US) – Opérations en zones désertiques : desert operations.*

désert (endroit) (adjectif) deserted (GB).

déserter (être déserteur) to desert (PREP : "from").

déserter (poste) to desert (GB). Ex : *On l'a accusé d'avoir déserté son poste : he was accused of deserting his post (GB).*

déserteur deserter (GB, US).

désertion desertion (GB, US, OTAN) (Terme dénombrable) (VERB : "to combat") (EXPR : "the punishment for desertion"). Ex : *Désertions en masse : mass desertions (OTAN) – Être accusé de désertion : to be charged with desertion (GB).*

de service (ou de garde ou de permanence) (PERS) on duty (US, GB).

de service (arme) service (US) (En épithète).

désescalade (conflit) de-escalation (GB).

déshonneur dishonour (GB).

déshonorant dishonourable (GB).

déshydratation dehydration (GB) (VERB : "to be wary of").

déshydraté (nourriture) dehydrated (GB).

désidérata (PERS) desire (US). Ex : *Répondre aux desiderata personnels du soldat : to meet the personal desires of the soldier (US).*

désignateur laser voir **marqueur laser**.

désignation (PERS) appointment, designation, nomination (GB). Ex : *Désignation de commandants de remplacement en cas de pertes : nomination of alternative commanders in the event of casualties (GB).*

désignation (de cibles) cuing (US). Ex : *Désignation des cibles aux armes sol-air : cuing of air defense weapons (US)*.

désignation (appellation) designation (US). Ex : *Désignation OTAN de troupes opposées à des forces ennemies : NATO designation for forces opposed to enemy forces (US)*.

désignation de série (carte) series designation (OTAN).

désignation d'objectifs targeting (OTAN), target designation (OTAN). Ex : *Responsable de la désignation d'objectifs : targeter (OTAN) – Système de désignation d'objectifs : target designation system (TDS) (OTAN)*.

désignation d'objectif(s) transhorizon(s) (DOTH) over-the-horizon targeting (OTHT) (OTAN).

désignation de stocks earmarking of stocks (OTAN).

désigné designated (OTAN), designate (OTAN). Ex : *Zone désignée et numérotée : designated and numbered area (OTAN) – Le Secrétaire général désigné (OTAN) : the Secretary General designate (OTAN)*.

désigné par laser (cible) laser designated (target) (OTAN).

désigner (unité) to nominate (GB), to detail (GB), to select (US). Ex : *Désigner une unité pour représenter l'armée de terre (concours international) : to nominate a unit to represent the Army (GB) – La 7ᵉ Brigade Blindée fut désignée pour servir dans le Golfe : the 7th Armoured brigade was detailed for the Gulf (GB) – Une unité désignée pour des opérations de paix : a unit selected for peace operations (US) – Jeanningros désigna la 3ᵉ compagnie du 1ᵉʳ bataillon de la Légion pour partir en patrouille et établir le contact (ou prendre contact) avec le convoi : Jeanningros detailed the 3rd Company of the 1 st Battalion of the Legion to go out on patrol and make contact with the convoy (GB)*.

désigner (PERS) to assign (US), to slate (US), to nominate (US), to designate (US, OTAN), to detail (GB). Ex : *Il fut désigné pour servir en Europe en mars 1965 (fiche biographique) : he was assigned in Europe in March 1965 (US) – Il fut désigné pour servir à la 82ᵉ Division Aéroportée en qualité de chef de section : he was assigned to the 82nd Airborne Division as a platon leader (US) – Il a été désigné pour servir en qualité de chef de section à la Compagnie de Commandement du 3ᵉ Régiment : he was assigned as a platoon leader of Headquarters Company, 3rd Battalion (US) – Les soldats de la Division sont désignés pour prendre la tête de la mission de maintien de la paix dans les Balkans : the Division soldiers are slated to take the lead in the Balkan peacekeeping mission (US) – Le Président des États-Unis d'Amérique a été invité à désigner un officier des forces armées de son pays pour succéder au général X au poste de Commandant suprême des forces alliées en Europe : the president of the United States of America was asked to nominate an officer of the United States for appointment as Supreme Allied Commander, Europe to succeed General X (OTAN) – Désigner un officier (mission) : to designate an officer (+ préposition "to") (US, OTAN) – Le colonel désigna la 3ᵉ compagnie pour partir en patrouille : the colonel detailed the 3rd Company to go out on patrol (GB) – Il fut désigné pour garder les prisonniers : he was detailed to guard the prisoners (GB)*.

désigner (individu pour une mission) to appoint (US, GB), to designate (US, OTAN), to pick (GB). Ex : *Le sergent a désigné deux soldats pour transporter les munitions : the sergeant picked two soldiers to carry the ammunition (GB)*.

désinfection (chimique / biologique) decontamination (OTAN).

désinformation (RENS) disinformation (US) (PREP : "about"). Ex : *Un spécialiste de la désinformation : a disinformation specialist (US)*.

désinformer (RENS) Ex : *Désinformer l'armée allemande : to forward bogus intelligence to the German armed forces (US)*.

désintégration (matière radioactive) decay (of radioactive material) (UN).

désintégration (potentiel de guerre) disintegration (US, GB). Ex : *Désintégration du potentiel de guerre de l'ennemi : disintegration of the enemy's war-making capacity (US, GB).*

désinteressé (altruiste) selfless (US). Ex : *Dévouement désinteressé : selfless dedication (US).*

désintéressement (PERS) selfless service (US), selflessness (US) (VERB : "to appreciate").

dès le départ outright (US). Ex : *Être vaincu dès le départ : to be defeated outright (US).*

désobéir to disobey (US, GB). Ex : *Désobéir aux ordres : to disobey orders (GB, US).*

désobéissance disobedience (GB).

désobusage EOD operation (EOD = Explosive Ordnance Disposal).

désordre disorder (US, GB). Ex : *Le nouveau désordre mondial : the new world disorder – L'ennemi s'est retiré dans le désordre : the enemy retreated in disorder (GB).*

désordre (pagaille) (TAC) clutter (US).

désordres sociaux civil disturbance (US).

désorganisation (ennemi) (TAC) disruption (US), disorganization (US).

désorganiser to disorganize (US), to disrupt (US), to impair (OTAN). Ex : *Désorganiser la défense ennemie : to disorganize the enemy's defense (US) – Désorganiser le dispositif ennemi : to disrupt the enemy disposition – Désorganiser sérieusement une attaque : to seriously impair an attack (OTAN) – Désorganiser l'ennemi : to disorganize the enemy (OTAN) – Désorganiser l'industrie d'un pays hostile : to disrupt a hostile country's industry (US) – Désorganiser rapidement les forces défensives engagées à l'avant : to speedily disrupt defending forces committed forward (GB) – Désorganiser les capacités essentielles de l'ennemi : to disrupt the enmy's key capabilities (US).*

désorientation (troupe) (TAC) disorientation (US).

désorienté (troupe) disorientated (GB) (VERB : "to become).

désorienter to confuse (US, OTAN), to disorient (US). Ex : *Désorienter l'ennemi : to confuse the enemy (OTAN).*

de souche ethnic (OTAN). Ex : *Le nombre considérable des Albanais de souche : the large number of ethnic Albanians (OTAN).*

dès que as (US), as soon as. Ex : *Il est mis fin à l'action au moyen d'un signal convenu d'avance dès que la risposte commence à se dessiner (guerre guérilla) : action is terminated by a prearranged signal as counteraction begins to form (US).*

dès que possible (DQP) as soon as possible (ASAP) (US).

desserrer (répartir) to spread.

dessin de camouflage disruptive pattern (OTAN).

dessus (avantage) upper hand (US, GB). Ex : *Prendre le dessus sur : to gain the upper hand over (US, GB).*

dessus at (US). Ex : *Le soldat vous a tiré dessus : the soldier fired at you (US).*

dessus (par le) top. Ex : *Une attaque par le dessus : a top attack.*

déstabilisateur destabilising (OTAN).

déstabilisation destabilization (UN), destabilisation (UN).

déstabiliser to destabilise (OTAN). Ex : *Mettre en échec les efforts de Milosevic visant à déstabiliser les voisins de la Yougoslavie : to foil Milosevic's attempts to destabilise Yugoslavia's neighbours (OTAN).*

destinataire (lettre / colis) recipient (US).

destinataire (d'un chargement) (LOG) consignee. Ex : *Pays destinataire : consignee country (OTAN).*

destinataire (de l'ordre) addressee (GB).

destinataire (de message) (TRANS) recipient, addressee (OTAN, US).

destinataire (message codé) (RENS) recipient (US).

destination destination (US) (VERB : "to reach" = atteindre). Ex : *Tout le fret ayant une même destination déterminée est arrimé ensemble : all cargo for a specific destination is stowed together (OTAN) – Formation sanitaire de destination : destination medical facility / establishment (OTAN) – Amsterdam est notre destination : our destination is Amsterdam (GB).*

destination de (à) bound for (US). Ex : *À destination du Panama (force expéditionnaire) : bound for Panama (US) – Des cargaisons à destination des rebelles algériens (armes) : cargoes bound for Algerian rebels (US).*

destiné à designed to (US, GB), intended for (ou to) (GB, OTAN), (intended) for use by (US), designated for (US), bound for (US), dedicated to (Jane's). Ex : *Une opération destinée à interdire une zone à l'ennemi : an operation designed to deny an area to the enemy – Un aéronef destiné aux opérations tactiques : an aircraft intended for tactical operations (GB) – Une force mobile destinée à renforcer les flancs de l'OTAN : a mobile force intended to reinforce the flanks of NATO (GB) – Une attaque destinée à : an attack intended to (+ verbe) (OTAN) – Une mitrailleuse légère destinée aux forces spéciales : a light machine gun for use by special forces – Destiné à l'armée de terre (matériel) : intended for use by the Army (US) – Des versions destinées à la Garde nationale : versions for use by the National Guard (US) – Des soldats destinés à partir en Bosnie : Bosnia bound troops (US) – Un site à ciel ouvert destiné au stockage temporaire des munitions : an outdoor site for temporary storage of ammunition (US) – Abri destiné à être utilisé en régions polaires : shelter for use in artic regions (US) – Quatre des principaux fabricants en Europe de propulseurs et de propergols destinés aux armes tactiques et aux missiles de croisière : four of Europe's leading manufacturers of rocket motors and propellants for tactical weapons and cruise missiles (Jane's) – Des cargaisons destinées au rebelles algériens (armes) : cargoes bound for Algerian rebels (US) – Un missile destiné à la protection contre les aéronefs volant à basse altitude : a missile for use in protection against low-flying aircraft (US) – Le véhicule est destiné aux unités blindées équipées de chars de 27 tonnes : the vehicle is designated for armored units equipped with 30-ton tanks (US) – Destiné à remplacer le système d'arme : intended to succeed the weapon system (US) – Un rôle auquel il est, en fait, destiné : a role for which it is, in fact, intended (US) – Un véhicule destiné à la reconnaissance : a vehicle designed for reconnaissance (GB) – Le missile est (spécifiquement) destiné à la défense aérienne : the missile is dedicated to air defense (Jane's).*

destiné à la défense (système) defense (OTAN) (En épithète). Ex : *Système de (télé)communications par satellites destiné à la défense : defence satellite communications system (DSCS) (OTAN).*

destinée destiny (OTAN). Ex : *Une destinée commune (communauté atlantique) : a common destiny (OTAN).*

destituer (renverser) (homme politique) to overthrow (CA).

des trois armées tri-Service (GB) (Terme familier : "purple") (En épithète).

destroyer destroyer (OTAN).

destructeur (arme) destructive (weapon) (GB).

destruction destruction (US, GB, OTAN) (ADJ : "accidental"). Ex : *Les attaques en (ou du) temps de guerre provoquent des destructions : wartime attacks cause destruction (US) – L'apogée de la campagne de violence et de destruction menée par l'armée (de terre) you-*

goslave: *the climax of the campaign of violence and destruction carried out by Yugoslav Army forces (OTAN) – Viser la destruction physique de l'ennemi*: *to aim at the physical destruction of the enemy (GB) – La destruction des ponts a ralenti les mouvements de renforts vers le Kosovo*: *destroyed bridges slowed down reinforcements moving into Kosovo (OTAN) – Se livrer à des destructions et des pillages (manifestants)*: *to go on a rampage of destruction and looting (GB).*

destruction (cible) destruction (US). Ex: *Destruction complète de la cible*: *total target destruction (US).*

destruction (armements) destruction (UN). Ex: *Destruction physique*: *physical destruction (US) – Destruction / par accident / par déformation / par démolition à l'explosif / par découpage / par écrasement / par utilisation comme cible (armement)*: *destruction / by accident / by deformation / by explosive demolition / by severing / by smashing / by use as target (UN).*

destruction (ou démolition) (GEN) demolition (US,OTAN) (Abréviation GB: "dml") (VERB: "to execute") (EXPR: "prepared for demolition" = équipé de charges explosives).

destruction (explosifs) disposal (OTAN) (VERB: "final").

destruction (de cible) (sol-air) kill (GB).

destruction au premier coup single-shot kill (OTAN).

destruction d'itinéraires destruction of routes (US).

destruction massive mass destruction (OTAN).

destruction mutuelle assurée (STRAT) mutual assured destruction (MAD) (UN, OTAN).

destruction préliminaire preliminary demolition (GB, OTAN) (VERB: "to execute").

destruction préparée uncharged demolition (US, GB).

destruction réservée reserved demolition (OTAN).

destruction sous-marine (nageurs de combat) underwater demolition (OTAN).

désunion (alliés) estrangement (OTAN). Ex: *Éviter toute désunion entre Alliés européens et nord-américains*: *to avoid any estrangement between the European and North American allies (OTAN).*

détaché (PERS) loan (personnel) (US).

détachement (unité) detachment (OTAN, GB), party, team, detail (US, GB), draft. (VERB: "to detail", "to send") (ADJ: "(highly) mobile", "independent") (PREP: "from"). Ex: *Détachement des forces spéciales*: *voir* **équipe des forces spéciales** *– Détachement isolé*: *isolated detachment (Terme familier*: *"isodet") (GB) – Un détachement de sécurité*: *a security detail (GB) – Un petit détachement de reconnaissance*: *a small reconnaissance party (US) – Un détachement de la Légion*: *a detachment from the Legion (GB) – Un détachement de sapeurs*: *a detachment of sappers (GB).*

détachement (auprès d'autres unités / services / armées) (PERS) secondment (GB), detachment (US, GB) (PREP: "on", "to"). Ex: *En détachement (personnels militaires)*: *on loan service (GB) – Personnels civils en détachement*: *civilian staff on secondment (GB) – Il est en détachement auprès de l'armée de l'air*: *he is on detachment to the Air Force (US).*

détachement ALAT des opérations spéciales (DAOS) the AAC (= Army Air Corps) special operations-dedicated unit (ou detachment) (GB) (Voir aussi **ALAT des opérations spéciales**).

détachement avancé de soutien forward area support team (FAST) (US).

détachement d'alerte avancé (avant du gros) outpost (GB) (VERB: "to withdraw").

détachement de bascule (TAC) step up (US, GB).

détachement de gendarmerie (GEND) Gendarmerie detachment. Ex: *Le détachement français de gendarmerie de Mitrovica: the French Gendarmerie Detachement in Mitrovica (OTAN).*

détachement de l'ALAT (aviation légère de l'armée de terre) AAC (= Army Air Corps) helicopter detachment (GB).

détachement de liaison liaison party (US).

détachement de liaison et d'observation (DLO) (ART) fire support team (FIST) (US), forward observation officer (FOO) party (GB).

Cf.: In fire support operations, a team comprised of a team chief (field artillery lieutenant) and the necessary additional personnel and equipment required to plan, request, coordinate, and direct fire support efforts for company-sized units (US).

détachement de liaison du génie engineer liaison team.

détachement de maintenance du matériel (DMM) Light Aid Detachment (LAD) (REME) (GB), Maintenance Support Team (MST) (US) (Réparations de courte durée).

détachement de protection protective detachment.

détachement de protection d'un dispositif de destruction demolition guard (GB, OTAN).

détachement de reconnaissance reconnaissance party.

détachement de sûreté stay behind force (OTAN).

Cf.: A force which is left in position to conduct a specified mission when the remainder of the force withdraws or retires from the area (OTAN).

détachement de sûreté rapprochée security detachment (OTAN), security element (US).

détachement pour mises aux ordres (unité) attachment, attach (OTAN).

détachement précurseur advance party, quartering party (US).

détacher (unité / matériels) to release (US), to attach, to send (OTAN). Ex: *Détacher une unité sous contrôle opérationnel de: to release a unit to OPCON (operational control) of – La 201ᵉ brigade de CLB est détachée sous contrôle du C.A.: 201st ACR (= Armored Cavalry Regiment) is released to Corps control (US) – Détacher une unité pour mises aux ordres (d'une autre) / rattacher une unité à une autre: to attach a unit (to another unit) – L'élément a été détaché à un nouvel endroit: the element has been sent to a new location (OTAN).*

détacher (personnels) to detail (US), to second (US), to loan out (GB), to attach (US). Ex: *Pour leur formation initiale, les officiers sont détachés dans l'Infanterie: officers are detailed to Infantry for their initial training (US) – Il fut détaché (ou affecté provisoirement) en qualité d'instructeur auprès de l'OSS (= Office of Strategic Services = ancêtre de la CIA): he was seconded as an instructor to the OSS (US) – Détacher des soldats (auprès d'autres unités) (prêter): to loan out soldiers (GB) – Détacher auprès de (PERS): to attach to (US).*

détail detail (GB, OTAN) (VERB: "to work out", "to discuss", "to study") (PREP: "of"). Ex: *Les détails d'une mission: the details of a mission (GB) – Entrer dans les détails: to go into detail (ou details) (GB) – En détail: in detail (GB) – Jusqu'au moindre détail: down to the smallest detail (GB) – Un grand souci du détail: great attention to detail (GB) – Détail(s) topographique(s): topographic detail (OTAN) – Obtenir des détails sur les forteresses ennemies dans les Balkans: to obtain details of enemy fortresses in the Balkans (US).*

détail cartographique feature (OTAN).

détail planimétrique feature (GB).

détaillé detailed (US, GB), thorough (GB), in detail (US). Ex : *Un plan détaillé : a detailed plan (US) – Une carte comportant des informations plus détaillées : a chart showing information in greater detail (OTAN) – Après une reconnaissance détaillée du terrain : after thorough recce of the ground (GB) – De façon plus détaillée : in greater detail (US).*

détailler to detail (GB). Ex : *Les conclusions sont détaillées dans la fiche d'information : the findings are detailed in the fact sheet (GB).*

détails de coordination coordination details (US) (VERB : "to adjust").

détectable detectable (US, GB).

détecter to detect (US, GB). Ex : *Ce radar est capable de détecter un soldat à une distance de 18 à 23 km : this radar is capable of detecting a soldier at 18-23 km (US) – Sans se faire détecter : undetected (US, GB).*

détecteur chimique (RENS) detection chemical (US) (VERB : "to use", "to dust… on", "to react", "to touch", "to become visible", "to be in contact with").

détecteur d'agents chimiques (NBC) chemical agent detector (GB), chemical agent monitor (CAM) (GB, UN).

détecteur d'anomalie(s) magnétique(s) magnetic anomaly detector (MAD) (OTAN).

détecteur de mensonges lie detector (US, GB), polygraph (GB, US) (Terme familier US : "flutter") (VERB : "to strap on", "to beat") (NOM ASS. : "evidence", "efficacy") (EXPR : "polygraph-approved" = s'applique à un agent ayant réussi le test). Ex : *Interroger un agent au moyen d'un détecteur de mensonges : to flutter an agent (CIA) (US) – Réussir un test au détecteur de mensonges (agent) : to pass a polygraph test (US) – Passer un test au détecteur de mensonges (agent) : to take a polygraph test (US) – Imposer un test au détecteur de mensonges (à un agent) : to impose a polygraph test (US) – Échouer à un test au détecteur de mensonges : to fail a polygraph test (US) – Interrogatoire au détecteur de mensonges : polygraph interrogation (US).*

détecteur de métaux metal detector (US).

détecteur de mouchards (RENS) bug detector (US).

détecteur de mines mine detector (GB) (VERB : "to bring into action") (EXPR : "to locate mines").

"détecteur de snipers" sight laser designator (SLD) (Littéralement : marqueur laser d'optiques pointées).

détecteur sismique (RENS) seismic detector (US) (VERB : "to carry").

détection detection (US, GB, OTAN), warning (OTAN) (VERB : "to avoid", "to excape"). Ex : *La détection / des hélicoptères / des munitions explosives non explosées : the detection / of helicopters (GB) / of unexploded explosive ordnance (OTAN) – Système de détection aéroporté : airborne early warning (AEW) (OTAN).*

détection active à longue distance long-range active detection (LORAD) (OTAN).

détection avancée early warning (EW) (GB, OTAN).

détection chimique chemical detection (US).

détection de champs de mines minefield detection (GB). Ex : *Démonstrateur technologique télécommandé de détection de champs de mines : remote minefield detection technology demonstrator (GB).*

détection de cibles (radar) target-detection (US).

détection de la menace threat warning (UN).

détection de la radioactivité radioactivity detection (OTAN).

détection de missiles missile warning (US).

détection des cibles target detection (US).

détection des intrusions intrusion detection (OTAN).

détection des lancements launch detection (OTAN). Ex: *Satellite de détection des lancements : launch detection satellite (LDS) (OTAN).*

détection des mines mine detection (US).

détection et alerte chimique (ou NBC) chemical detection and warning (US).

détection et contrôle warning and control (OTAN).

détection et contrôle aériens air control and reporting (ACR) (OTAN).

détection et extinction d'incendie (système de) (char) fire detection and suppression system (US).

détection lointaine early warning (EW) (GB, OTAN). Ex: *Système aéroporté de détection lointaine : airborne early warning (AEW) (OTAN).*

détection lointaine de défense aérienne air defence early warning (ADEW) (OTAN).

détection lointaine des missiles balistiques ballistic missile early warning (OTAN).

détection lointaine et contrôle early warning and control (OTAN, GB).

détection lointaine et contrôle aéroportés airborne early warning and control (AEW&C) (GB).

détection lointaine par satellite satellite early warning (OTAN).

détection radar radar detection (OTAN).

détection radar à distance standoff radar detection.

détection radioélectrique radio detection (OTAN).

détection visuelle visual detection (US).

détenir (poste / armes / otages / habilitation / informations) to hold (US, Jane's). Ex: *Détenir un poste clef (PERS) : to hold a key position (US) – Des réductions spectaculaires dans le nombre de pièces d'artillerie détenues par les armées occidentales : dramatic reductions in the number of artillery pieces held by Western armies (Jane's) – Détenir un poste sensible au sein du ministère de la Défense : to hold a sensitive position within DoD (= Department of Defense) (US) – Détenir des otages : to hold hostages (US) – Détenir (ou être détenteur d') une habilitation de sécurité (RENS) : to hold a security clearance (US) – Ces renseignements sont accessibles aux seules personnes ayant besoin d'en connaître, quel que soit le niveau d'habilitation qu'elles détiennent : this intelligence is available only to persons with a need to know regardless of the level of security clearance that they hold (US).*

détenir (en captivité) to detain (GB, US), to hold (somebody) prisoner (GB). Ex: *Détenir quelqu'un : to hold somebody prisoner (GB), to detain somebody (US) (À noter : Dans ce cas, le mot "prisoner" est invariable, même si le mot auquel il se réfère est au pluriel).*

détenir (posséder) (société) (ARMT) to own (Jane's). Ex: *Elle (= nouvelle société) sera détenue à 100% par la société sous contrôle français CELERG International : it will be owned 100 per cent by the French-controlled CELERG International (Jane's).*

détente (arme automatique / fusil automatique / fusil / arme de poing / canon sans recul) trigger, firing lever (VERB: "to pull" = appuyer sur) (Cf. l'expression "to be trigger-happy" = avoir la gâchette facile).

détente (diminution des tensions) (STRAT) détente (GB), detente (= the easing of strained relations) (Terme dénombrable et indénombrable), relaxation of tensions (UN). Ex: *Une politique de détente : a policy of détente (ou detente).*

*rables: heavy tanks knock out attacking tanks from favourable fire positions (GB) – Des
bazookas de 89 mm qui pouvaient détruire un char à 600 mètres: 89mm bazookas that
could knock out a tank at 600 metres (GB) – Demandez une frappe aérienne pour détruire
cette cible: ask for an air strike to plaster that target (familier) (US) – Utiliser un missile
pour détruire un char: to use a missile to dispose of a tank (GB) – Le 2ᵉ Peloton a détruit
six VTT (= véhicules de transport de troupes) blindés: B troop took out 6 APCs (=
Armoured Personnel Carriers) (GB).*

détruire (pont / structure / bâtiment) to demolish (GB).

détruire (sens figuré) to destroy (US). Ex: *Détruire la possibilité pour l'ennemi de mener des
opérations efficaces au cours de la nuit: to destroy the enemy's capability for effective
operations during the night (US).*

détruire à l'explosif (ouvrage) to blow (GB), to blow up (GB). Ex: *Le pont a été détruit à
l'explosif: the bridge has been blown (GB).*

détruit destroyed (US). Ex: *Un pont partiellement détruit: a partially blown bridge (US).*

DEUG (diplôme d'études universitaires générales) associate('s) degree (US). Ex:
*DEUG de lettres: associate of arts degree (AA) (US) – Obtenir un DEUG en 2 ans: to
earn a two-year associate's degree (US).*

deux (chiffre) two (US, GB) (Terme familier US: "deuce"). Ex: *Une attaque sur deux fronts: a
two-pronged attack (GB) – Le combat se fait à deux: battle is two-sided (US).*

deuxième second, follow-up. Ex: *En deuxième échelon: in second echelon, in the follow-up
(echelon) (Ce dernier terme s'appliquant aux opérations aéroportées, aéromobiles, d'assaut par air, ou amphibies).*

Deuxième Bureau (DB) (Hist.) (Traductions rencontrées) French Army General Staff's intelligence section (US), the Second Bureau (US), the French military intelligence organization (US).

deuxième classe (soldat de) (grade) Private (Pte) (GB), Private (PVT) (grades: E1, puis E2)
(US) (À la différence de l'armée de terre américaine qui en comprend deux ("Private E1"
et "Private E-2"), le grade de "Private" dans l'armée de terre britannique est <u>unique</u> et
équivaut à la fois à "deuxième classe" et à "première classe". L'appellation du "Private"
britannique varie en fonction de son arme d'appartenance: "trooper" (ABC, SAS),
"gunner" (ART), "sapper" (GEN), "signalman" (TRANS), "fusilier", "guardsman",
"ranger", "rifleman" (INF), "craftsman" (MAT / REME), "driver" (TRN), "air trooper"
(ALAT). Le "Private" américain est appelé par son nom par un supérieur). Ex: *Le 2ᵉ
classe Matthew Gengler: Pvt. Matthew Gengler (US).*

deuxième échelon second echelon (US, GB, OTAN) (<u>Attention</u>: Le concept OTAN "Follow-
On Forces Attack" (FOFA = attaque des forces de 2ᵉ échelon) est obsolète et est remplacé
par "Joint Precision Interdiction" (JPI).

deuxième génération (de) (équipement) second-generation (US) (En épithète).

deuxième ligne second line (UN).

devancer to reach before, to pre-empt (GB). Ex: *Devancer l'ennemi sur les hauteurs: to reach
the high ground before the enemy – Devancer (<u>ou</u> anticiper) l'action ennemie: to pre-
empt the enemy (GB).*

devant (fusil) forearm, fore-end, slide handle.

devant (spatial) in front of (GB, US), in the face of (GB). Ex: *Devant un supérieur: in front of
a superior (GB) – Devant tous les membres de l'unité: in front of all the unit members
(US) – C'était courageux de sa part que de traverser la rue devant les positions ennemies: it was brave of him to cross the street in front of the enemy positions (GB) – La des-*

truction doit être exécutée devant l'ennemi (GEN): the demolition must be executed in the face of the enemy (OTAN) – Devant un ennemi qui les dépassait en nombre: in the face of an enemy who outnumbered them (GB).

devant (sens figuré) in the face of (US), to (GB), in response to (OTAN). Ex: *Avoir du courage devant le danger: to have courage in the face of danger (US) – Être responsable devant quelqu'un: to be responsible to somebody (GB) – Devant une invasion du Pacte de Varsovie: in the face of a Warsaw Pact invasion (Jane's) – L'assistance humanitaire coordonnée apportée par l'OTAN a été renforcée devant l'aggravation de la crise due à l'afflux des réfugiés: coordinated humanitarian assistance from NATO has been stepped up in response to the escalating refugee crisis (OTAN).*

dévastateur (armement) devastating (US).

dévastation (action / ravages) devastation (CA, GB). Ex: *L'ampleur de la dévastation provoquée par les mines: the degree of devastation wrought by mines (CA).*

dévaster (ravager) to devastate (US, GB), to wreak havoc (US), to shatter (GB), to ravage (GB). Ex: *Un seul char T-72 a dévasté le 3ᵉ sous-groupement: a single T-72 tank has wreaked havoc on Team Charlie (US) – Une infrastructure dévastée: a devastated infrastructure (US) – Un contingent du 2ᵉ REP passe pour avoir levé le siège de Sarajevo, dévastée par les bombes: a contingent from 2REP is credited with relieving the siege of bomb-shattered Sarajevo (GB) – Une zone dévastée par les ouragans: a hurricane-ravaged area (US) – La réorganisation d'une armée dévastée par la guerre: the revamp of a war-ravaged army (GB).*

développement (mise au point) (armement / matériels / force) development (US, GB) (VERB: "to guide") (ADJ & PART: "further", "accelerated", "ongoing"). Ex: *En cours de développement: under development (US) – Le développement de la 4ᵉ Division d'Infanterie: the development of the 4th Infantry Division (US).*

développement (progrès) development (OTAN, UEO). Ex: *Les développements technologiques à l'étranger: foreign technological developments (OTAN) – Donner corps au développement de l'identité européenne de sécurité et de défense (IESD): to give substance to the development of European Security and Defence Identity (ESDI) (UEO).*

développement (croissance) growth (US) (VERB: "explosive"). Ex: *Le développement de la science et de la technologie: the growth of science and technology (US).*

développement (extension) expansion (US) (ADJ: "major"). Ex: *Le développement / d'un corps / d'une arme: the expansion / of a corps / of a branch (US).*

développement de la position developing the situation (OTAN).

développement en matière de doctrine doctrinal development (OTAN).

développer (moteur) to develop (Jane's). Ex: *Le moteur developpe 1200 CV à 2300 tr/mn: the engine produces / develops 1,200bhp at 2,300rpm (Jane's).*

développer (élaborer) to develop (OTAN). Ex: *Développer une dimension de sécurité et de défense: to develop a security and defence dimension (OTAN).*

développer to expand (Jane's, US). Ex: *Développer la coopération militaire: to expand military co-operation (Jane's) – Développer l'emploi des appareils (= aéronefs) de l'armée de terre (ALAT): to expand the use of Army aircraft (US).*

devenir to become (GB, US). Ex: *Devenir instructeur à l'Académie Militaire Royale de Sandhurst: to become an instructor at the RMAS (= Royal Military Academy Sandhurst) (GB) – Devenir opérationnel (matériel): to become operational (GB) – Il devint instructeur à l'École d'Application de l'Artillerie Sol-Sol de Fort Sill dans l'Oklahoma (fiche biographique d'officier): he became an instructor at the Field Artillery School, Fort Sill, Okla. (US) – Il devint Chef d'État-Major de l'Armée de Terre en juin 1995: he became*

Chief of Staff of the Army in June 1995 (US) – Devenir (ou passer) officier : to be commissioned (US) – Devenir Capitaine à l'âge de 26 ans : to become a Captain at the age of the 26 (GB) – Les forces armées ennemies ou pouvant le devenir : hostile or potentially hostile forces or elements (OTAN).

dévers (char) (franchissement) side slope (US) (VERB : "to move along" = franchir). Ex : *Un dévers de 40% : a 40 per cent side slope (US)*

déviation (circulation) diversion.

déviation (routière) diversion (GB).

déviation (projectile) yaw (UN), shift in direction (OTAN), deflection (OTAN), deviation (US). Ex : *Déviation d'un projectile : shift in projectile direction (OTAN) – Deviations (d'un missile) : deflections (OTAN) (VERB : "to correct") – Déviation de trajectoire d'un obus due à l'effet du vent (ART) : deviation in the trajectory of a round due to the effect of wind (US).*

devise motto (US, GB) (Pluriel : "mottoes") (VERB : "to live up to"). Ex : *La devise du SAS (= Special Air Service = commandos-parachutistes britanniques) est : "Qui ose gagne" : the motto of the SAS is : "Who dares wins" (GB).*

de visu visually (CFE).

dévoiler (identité) to expose (US). Ex : *Dévoiler l'identité d'un agent clandestin (RENS) : to expose the identity of an undercover agent (US).*

devoir (nom) duty (US, GB). Ex : *C'est un devoir que de servir dans les forces armées : it is a duty to serve in the armed forces (US) – Faire son devoir : to do one's duty (US) – Il est du devoir de l'officier de : it is the duty of the officer to (US) – Il est de votre devoir d'obéir aux ordres : it is your duty to obey orders (GB).*

devoir (verbe) (événement prévu) to be scheduled to (US), to be planned to (GB), to be to (OTAN), to be due to (GB). Ex : *La mission de l'IFOR doit s'achever le 20 décembre : the IFOR mission is scheduled to end December 20 (US) – Le Lynx (= hélicoptère) doit entrer en service en 1973 : the Lynx is scheduled to enter service in 1973 (GB) – Le régiment NBC devait être fourni par l'armée territoriale (= Réserve de l'armée de terre britannique) : the NBC regiment was planned to be provided by the TA (= Territorial Army) (GB) – Des experts de 12 pays de l'OTAN doivent participer à ce séminaire : experts from 12 NATO nations are scheduled to participate in the seminar (OTAN) – Le gros des forces défensives est réparti entre les points d'appui établis dans la zone où la bataille doit être livrée : the bulk of the defending force(s) is disposed in selected tactical localities where the decisive battle is to be fought (OTAN) – Le Swingfire doit être remplacé par le Trigat (armes antichar) : the Swingfire is due to be replaced by Trigat (GB).*

devoir (sens du) (PERS) duty (US).

dévolu à alloted to (US). Ex : *La responsabilité de l'engagement est dévolue à un système d'armes particulier : the responsibility for engagement rests with a particular weapon system (OTAN) – Les missions dévolues à l'aviation légère de l'armée de terre : the missions alloted to Army Aviation (US).*

dévouement (PERS) devotion to duty (GB), dedication (US, OTAN) (VERB : "to demonstrate", "to appreciate") (ADJ : selfless"). Ex : *Leur dévouement au service de la paix (soldats) : their dedication to the cause of peace (OTAN).*

DFM (division de fusiliers motorisés) (ENI) motorized rifle division (MRD).

DGA voir **délégation générale pour l'armement.**

DGER (direction générale des études et recherches) (Hist.) (Traduction rencontrée) General Directorate of Studies and Research (US).

DGSE (direction générale de la sécurité extérieure) (Traductions rencontrées) DGSE (US) (Pas d'article défini), Directorate General of External Security (US), General Directorate for External Security (US), the French external intelligence service (US), the French foreign intelligence agency (Jane's) (VERB : "to establish", "to abolish", "to succeed", "to run", "to reorganize"). Ex : *Le torpillage du navire fut l'œuvre de la DGSE, le service de sécurité extérieure français : the sinking of the ship was the work of the DGSE, the French external security service (US) – Elle fut mutée à la DGSE (agent féminin) : she was transferred to DGSE (US) (Voir aussi* **service de renseignement(s) (SR)**.

DGSS (direction générale des services spéciaux) (Hist.) (Traduction rencontrée) General Directorate of Special Services (US).

D.I. (division d'infanterie) Inf. Div. (US). Ex : *La 4ᵉ D.I. : the 4th Inf. Div. (US).*

diade diad (GB). Ex : *La diade nucléaire (sous-marins + missiles air-sol moyenne portée) : the nuclear diad (GB).*

diagnostic (SAN) diagnosis (US, GB) (Pluriel : "diagnoses") (VERB : "to make", "to give").

diagnostic (déminage) diagnosis ou diagnostic (OTAN).

diagnostiquer to diagnose (US). Ex : *Diagnostiquer la raison de l'échec : to diagnose the reason for failure (US).*

diagramme diagram (GB), chart (US).

dialogue dialogue (US, GB, OTAN). Ex : *Conduire (ou entretenir) un dialogue permanent entre chefs : to have constant dialogue between commanders (US) – Dialogue permanent avec les employeurs (réserve) : continuing dialogue with employers (GB) – En combinant défense et dialogue : by combining defence with dialogue (OTAN).*

Dialogue méditerranéen (le) the Mediterranean Dialogue (OTAN).

dialogue stratégique (le) the strategic dialogue (OTAN).

dialogue transatlantique (le) the transantlantic dialogue (OTAN).

diamètre (missile / rotor / mine) diameter (GB). Ex : *Diamètre du rotor : rotor diameter (GB) – Diamètre du missile : missile diameter (GB) – Diamètre de la roquette (LRM) : rocket diameter (GB) – Les mines ont un diamètre d'environ 12 cm : mines are 4,75 inches in diameter.*

diamètre du projectile projectile diameter (GB).

d'ici by (Jane's). Ex : *D'ici 2001, tous les régiments seront dotés de chars (de bataille) Challenger 2 : by 2001 all regiments will be equipped with Challenger 2 MBTs (= Main Battle Tanks) (Jane's).*

DICOD (Délégation à l'Information et à la Communication de la Défense) Équivalent US : DOD (= Department of Defense) Public Affairs Office (US) – Équivalent GB : MOD (= Ministry of Defence) Public Relations Department (GB).

dictaphone dictaphone (CFE).

dictateur dictator (US). Ex : *Se débarrasser (ou se défaire) du dictateur lybien Muhammar Kaddafî : to get rid of Lybian dictator Muammar al-Qadafi (US).*

dicter to drive (US). Ex : *Des situations dictées par les événements : event-driven situations (US).*

didactique (matériel) training (OTAN) (En épithète). Ex : *Matériel didactique : training equipment (TE) (OTAN).*

diesel (gazole) (carburant) diesel fuel (US), diesel (GB). Ex : *Moteur diesel : diesel engine (Jane's) – Sous-marin d'attaque à propulsion diesel : diesel-powered attack submarine (SSK) (OTAN).*

diététicien (SAN) dietitian (US).

différé (ou temps réel en différé) delayed real time (UN).

différé (traitement de blessés) delayed (OTAN)

différence difference (US), divergence (OTAN) (VERB: "to be sensitive to", "to overcome") (ADJ : "minor", "significant") (PREP : "in"). Ex : *Faire la différence entre (ou distinguer) (2 éléments) : to differentiate between (US) – Des différences de terminologie et de procédures : differences in terminology and procedures (US) – Les différences physiologiques entre hommes et femmes : the physiological differences between men and women (US) – La différence de capacités (Europe / États-Unis) : the divergence in capabilities (OTAN) – Une différence de génération (véhicules) : a difference of generation (Jane's) – Différences culturelles : cultural differences (US) – Surmonter des différences en matière de doctrine et d'entraînement : to overcome differences in doctrine and training (US) – Différences en matière d'équipement (ou de matériel) : differences in equipment (US).*

différencié differentiated (OTAN).

différencier (faire la différence) to tell the difference (US), to differentiate (US) (PREP : "between"). Ex : *Différencier entre des (chars) T-72 et des Abrams : to tell the difference between T-72s and Abrams (US).*

différend dispute (UN, OTAN), grievance (US) (VERB : "to settle" = régler, "to resolve"). Ex : *Règlement des différends : resolution of disputes (OTAN).*

différent different (US, GB) (ADV : "vastly") (PREP : "from"). Ex : *Les unités peuvent avoir des matériels différents : units can have different equipment (US).*

différent (divers) various, individual (OTAN). Ex : *Les contributions de forces des différents Alliés : force contributions by individual Allies (OTAN).*

différer de to differ from (US). Ex : *Le M113 A1 diffère du M113 en ce que... : the M113A1 differs from the M113 in that... (US).*

difficile difficult (US), tough (GB), adverse (US). Ex : *Dans des conditions difficiles : in adverse conditions (US) – Un choix difficile : a tough choice (GB) – Il est difficile de réaliser une protection totale des troupes en traversée de zone contaminée : complete protection is difficult to achieve when troops cross a contaminated area (US).*

difficile (mission) tough (US), demanding (CA). Ex : *Une force de combat capable d'exécuter les tâches (ou missions) les plus difficiles : a fighting force capable of taking on the most demanding of tasks (CA).*

difficile (terrain) difficult (GB), restricted (US).

difficulté difficulty (GB, US) (Terme dénombrable) (VERB : "to have") (ADJ : "daunting", "unexpected") (EXPR : "in the face of"). Ex : *EMD (= en mesure de) soutenir la 11ᵉDB si difficultés : be prepared to support the 11th Armoured Division in case of difficulty – La difficulté du terrain : the difficulty of the terrain (GB) – Véhicule en difficulté (dépannage) : stranded vehicle (GB) (VERB : "to recover") – Les fusiliers marins avaient de la difficulté à pénétrer dans la forteresse : the marines were having difficulty penetrating the fortress (GB) – Des difficultés inattendues (TAC) : unexpected difficulties (US).*

difficultés difficulty (US). Ex : *Les difficultés offertes par (ou que présente) l'obstacle : the difficulty of the obstacle (US).*

diffuser to issue (OTAN), to disseminate (OTAN), to broadcast (US). Ex : *Diffuser une publication : to issue a publication (OTAN) – Diffuser un rapport : to disseminate a report (OTAN) – Diffuser des données (sur) : to broadcast data (on) (US).*

diffuser (ordre) to issue (US), to promulgate (US, GB).

diffusion (information / propagande) broadcast (OTAN), spread (US). Ex : *La libre diffusion de l'information dans les sociétés ouvertes : the free flow of broadcast information in open societies (OTAN) – La diffusion de la propagande auprès des populations locales : the spread of propaganda to local populations (US).*

diffusion (document / rapport) distribution (US) (document), dissemination (OTAN) (rapport).

diffusion (communiqué de presse) release (OTAN). Ex : *Pour diffusion immédiate : for immediate release (OTAN).*

diffusion (du renseignement) (intelligence) dissemination (GB, OTAN).

diffusion de l'information information distribution (OTAN).

diffusion des informations tactiques tactical information distribution (OTAN).

diffusion du rayonnement radiation scattering (OTAN).

diffusion partielle Not to All (NOTAL) (OTAN).

diffusion restreinte (mention de protection) for official use only (FOUO) (US), restricted (R) (GB, US) (Classification OTAN : NATO restricted = Diffusion restreinte OTAN) (Classification UEO : WEU restricted).

diffusion troposphérique (TRANS) tropospheric scatter (US), troposphere scatter OTAN.

digne worthy (GB). Ex : *La conduite (ou le comportement) digne de l'officier : officerlike conduct (US) – Fier de ton état de légionnaire, tu le montres dans ta tenue toujours élégante, ton comportement toujours digne mais modeste, ton casernement toujours net (Code d'honneur) (Légion) : proud of your status as a legionnaire, you will display this pride, by your turnout, always impeccable, your behaviour, ever worthy, though modest, your living-quarters, always tidy (GB).*

dignitaire dignitary (US). Ex : *Des dignitaires étrangers de haut rang : foreign dignitaries of high grade (US).*

dignité dignity (US) (VERB : "to preserve").

dignité dignity. Ex : *Il fut élevé à la dignité de grand officier de la Légion d'honneur : he was promoted to the dignity of Grand Officer of the Legion of Honour.*

digue dyke (GB), dike (GB).

dilatoire (manœuvre) evasive (GB). Ex : *Nous fûmes contraints à user de manœuvres dilatoires : we were forced to take evasive action (GB).*

dilemme dilemma (US) (VERB : "to confront", "to pose"). Ex : *Le dilemme auquel les chefs sont aujourd'hui confrontés : the dilemma that confronts leaders today (US) – Constituer un dilemme pour l'ennemi : to pose a dilemma for the enemy (US).*

dilemme en matière de sécurité security dilemma (OTAN).

diluer to dilute (US). Ex : *Diluer sa (= ennemi) capacité offensive : to dilute his offensive capability (US).*

DIM (Division d'Infanterie de Montagne) alpine division (US), Mountain Division (US) (Infanterie légère). Ex : *La 10e Division d'Infanterie de Montagne : the 10th Mountain Division (Basée à Fort Drum, N.Y.) (US).*

dimension (sens propre) size (US, OTAN), dimension (GB). Ex : *Un véhicule de dimensions exceptionnelles : a vehicle of exceptional size (OTAN) – Les dimensions de l'espace de bataille : the dimensions of the battlespace (GB) – Malgré ses dimensions réduites (véhicule) : in spite of its reduced (ou compact) size (US).*

dimension (sens figuré) dimension (GB, US, OTAN). Ex : *Dans la troisième dimension : in the third dimension – Le champ de bataille à trois dimensions : the 3-dimensional (ou three-dimensional) battlefield (GB) – L'arrivée du cheval dans le combat a conféré une dimension totalement nouvelle à la guerre : the introduction of the horse to combat brought an entirely new dimension to warfare (US) – Objectif de faible dimension : local objective (OTAN) – Développer une dimension de sécurité et de défense : to develop a security and defence dimension (OTAN) – Comprendre la dimension humaine de l'exercice du commandement : to understand the human dimension of leadership (US) – Les dimensions terrestres, maritimes, aériennes et spatiales d'un théâtre : the land, sea, air and space dimensions of a theater (US).*

dimensionner (force) to size (a force) (US).

dimensions (matériel / chargement) dimensions (US, GB).

dimensions humaines (combat) human dimensions (US).

dimensions physiques (combat) physical dimensions (US).

diminué (unité) minus (US). Ex : *Un régiment diminué : one battalion minus (US).*

diminué de minus.

diminuer to mitigate (US), to reduce (US), to dwindle (GB), to run low (GB). Ex : *Le terrain marécageux diminuait l'efficacité des obus d'artillerie : the marshy terrain mitigated the effects of artillery rounds (US) – Diminuer le danger d'incendie : to reduce the fire hazard (US) – Les effectifs ont peut-être diminué (Légion) : numbers may have dwindled (GB) – Leurs munitions diminuaient (fantassins) : they were running low on ammunition (GB).*

diminuer (contamination) to decay (US, GB) (Verbe intransitif).

diminuer de volume (unité) to diminish in size. Ex : *L'unité a diminué de volume : the unit has diminished in size.*

diminution lessening (US), tapering off (US). Ex : *La diminution des tensions avec l'Union soviétique : the lessening of tensions with the Soviet Union (US) – La diminution progressive des réductions d'effectifs de l'armée de terre : the tapering off of reductions in the Army strength (US).*

diminution de traînée de culot (à) base bleed (En épihtète). Ex : *Munitions à diminution de traînée de culot : base bleed ammunition.*

d'instruction (matériel) training (OTAN) (En épithète). Ex : *Matériel d'instruction : training equipment (TE) (OTAN).*

d'intérêt militaire militarily significant (UN).

diplomatie (PERS) diplomacy (US) (VERB : "to develop"). Ex : *L'emploi nécessite du tact et de la diplomatie : the job requires tact and diplomacy (US).*

diplomatie (pays) diplomacy (US, GB). Ex : *Une diplomatie appuyée par la force : diplomacy backed by force (OTAN).*

diplomatie de défense defence diplomacy (GB).

Cf. : The promotion of conflit and crisis prevention by dispelling hostility, building trust and inculcating the supremacy of civilian control of the military, and, more generally, to support and develop wider British interests (GB).

diplomatie préventive preventive (ou preventative) diplomacy (US, UN).

Cf. : Diplomatic actions taken in advance of a predictable crisis and aimed at removing the sources of conflict before violence erupts or to limit the spread of violence when it occurs (US).

diplomatique diplomatic (US, GB, CA). Ex : *Opérer sans protection diplomatique (agent de renseignement) : to operate without diplomatic protection (US) – Être protégé par l'immunité diplomatique : to be protected by diplomatic immunity (US) – Trouver une solu-*

tion diplomatique (conflit) : to find a diplomatic solution (CA) – Couverture diplomatique (RENS) : diplomatic cover (US).

diplôme degree (US, GB). Ex : *Obtenir le diplôme (ou être diplômé) d'une école militaire : to graduate from a military academy – Obtenir un diplôme universitaire : to receive (ou to obtain) an academic degree (US) – Posséder / être titulaire d'/ un diplôme : to possess / to hold / a degree (US) – Après avoir obtenu son dipôme de Westpoint : after graduation from the US Military Academy, Wespoint (US) – Conférer (ou décerner) un diplôme (de) : to award a degree (of) (US).*

diplômé (nom) graduate (US, GB) (ADJ : "recent") (PREP : "of", "from"). Ex : *Un diplômé d'une école militaire : a graduate of (ou from) a military academy – Un diplômé de l'École Spéciale Militaire de Saint-Cyr- Coëtquidan : a graduate of the French Military Academy of Saint-Cyr (ou St. Cyr) at Coëtquidan — Un diplômé de Westpoint : a Westpoint graduate (US) – Un diplômé de l'école d'état-major : a Staff College graduate (GB) – Diplômé de l'École de Formation Initiale des Officiers de l'Armée de Terre américaine, il est titulaire d'une maîtrise en Études sud-américaines (fiche biographique d'officier) : a graduate from the U.S. Military Academy, he holds a master's degree in Latin American studies (US).*

diplôme d'état-major (DEM) (Traduction proposée) Junior Staff College qualification. Ex : *Il a fait l'école d'état-major pour l'obtention du diplôme d'état-major (DEM) : he has attended the Junior Command and Staff Course (GB).*

DIRCOM voir **direction de la communication (DIRCOM) (unité)** et **communication (relations publiques)**.

dire to tell (US). Ex : *"Ne rien demander, ne rien dire" (mot d'ordre en matière d'homosexualité dans l'armée) : "Don't ask, don't tell" (US).*

direct (adjectif) direct (GB), immediate (US). Ex : *Être au contact direct des soldats : to be in direct contact with soldiers (GB) – Subordonné direct : direct subordinate (GB) – Recrutement direct : direct entry (GB) – Sous le commandement direct de (unité) : under the direct command of (GB) – Sous commandement direct de l'OTAN (force) : under direct NATO command — Seule l'armée de terre a le pouvoir d'exercer le contrôle direct, permanent et complet sur la terre, sur ses ressources et sa population : only the Army has the power to exercise direct, continuing, and comprehensive control over land, its resources and its people (US) – Un itinéraire direct jusqu'au pont : a direct route to the bridge (GB).*

direct (supérieur) immediate (US). Ex : *Mon chef direct : my immediate commander (US).*

direct (franc) (PERS) forthright (US).

direct (tir) direct (fire) (US, GB, OTAN).

directement directly (US, OTAN), direct (GB). Ex : *Les approvisionnements étaient livrés directement aux unités sur le terrain : supplies were delivered directly to units in field locations (US) – Les forces armées de l'OTAN ont directement pris en charge le fonctionnement de l'aérodrome de Tirana : NATO military forces took over direct operation of the airfield at Tirana (OTAN) – Des données communiquées directement aux unités : data reported directly to units (OTAN) – L'unité fit mouvement directement jusqu'au pont (unité) : the unit moved directly to the bridge (GB) – Contribuer directement à l'efficacité des opérations : to contribute directly to the effectiveness of operations (US).*

directeur (d'une direction d'un service de renseignement) Deputy Director (US) (CIA).

directeur adjoint (état-major militaire international) assistant director (AD) (OTAN).

directeur adjoint du renseignement militaire (DRM) Équivalent US : the Deputy Director of the DIA (= Defense Intelligence Agency) (US).

directeur central d'arme Chief (US), Director (GB). Ex : *Le Directeur central du Génie (EMAT) : the Chief of Engineers (US), the Commander, RE (= Royal Engineers) (GB) – Le directeur de l'Infanterie : the Director of Infantry (GB) – Le directeur du Renseignement militaire américain : the Director, DIA (= Defense Intelligence Agency) (US) – Le directeur central du commissariat de l'armée de terre : the Quartermaster General (GB) – Le directeur de l'ALAT : the Director of Army Aviation (US) – Le directeur du SIRPA-Terre : the Army's Director of Public Relations (GB) – Directeur des services financiers (armée de terre) : the Comptroller of the Army (US) – Le Directeur du service de santé de l'armée de terre : the Surgeon General (of the Army) (US) – Directeurs d'armes : arms directors (GB) – Le Directeur de l'ABC : the Director Royal Armoured Corps (GB) – Le Directeur de l'Artillerie : the Director Royal Artillery (GB) – Le général de Division X, Directeur des Transmissions : Chief of Signal, Maj. Gen. (= Major General) X (US).*

directeur central du renseignement (ou de la communauté du renseignement) (USA) Director of Central Intelligence (DCI) (US) (Il est également le chef de la "Central Intelligence Agency" (CIA).

directeur de l'exercice (PERS) conducting the exercise (OTAN). Ex : *Officier directeur de l'exercice : officer conducting the exercise (OCE) (OTAN).*

directeur de programme (ARMT) program manager (DGA, Jane's), program director (Jane's).

directeur des études (ou de l'enseignement et de la recherche) (grande école militaire) (the) Director of Studies (GB) (École Militaire de Sandhurst), the Dean of the Academic Board (US) (École Militaire de Westpoint).

directeur des forces spéciales director special forces (DSF) (GB).

directeur du renseignement militaire (DRM) Équivalent US : (the) Director of the DIA (= Defense Intelligence Agency) – Équivalent GB : (the) Chief of Defence Intelligence (CDI) (Defense Intelligence Staff ou DIS).

directeur général Director-General (UN) (+ préposition "of").

directeur général (service de renseignement) Director (US, GB), Director-General (GB). Ex : *Directeur Général de la Sécurité Extérieure (DGSE) : Équivalent GB (MI6) : Chief of Secret Service (CSS) (Surnom : "M. C") – Équivalent US (CIA) : Director of Central Intelligence (DCI) (Il contrôle également l'ensemble des services de renseignement américains ou communauté du renseignement) – Les directeurs généraux du MI5 : the Directors-General of MI5 (GB) – Le Directeur Général du MI5, Sir Roger Hollis : Sir Roger Hollis, Director-General of MI5 (US).*

directeur général adjoint (service de renseignement) (DGSE) Équivalent US : Deputy Director of Central Intelligence (DDCI) (S'occupe en réalité de la gestion au quotidien de la CIA, car le Directeur de la CIA («Director of Central Intelligence» (DCI) s'occupe essentiellement des problèmes de toute la communauté américaine du renseignement et la représente auprès du président des États-Unis et du Conseil pour la Sécurité Nationale («National Security Council» ou NSC).

directeur général adjoint (service de renseignement) (DST) Équivalent GB : Deputy Director General (MI5).

directeur général des services de renseignement (ou de la communauté du renseignement) (USA) Director of Central Intelligence (DCI) (US) (Est également directeur général de la CIA).

directeur national des armements national armaments director (OTAN). Ex : *Conférence des directeurs nationaux des armements (CDNA) : conference of national armaments directors (CNAD) (OTAN).*

directif directive (GB). Ex : *Commandement directif : directive command (GB).*

direction (sens) direction (US, GB), way (GB). Ex : *Dans la direction de l'ennemi : in the direction of the enemy (GB, US) – En direction de : towards, toward – Dans la direction de Hanvoille-Famechon : in the direction of Hanvoille-Famechon – La direction générale des mouvements : the general direction of movement (OTAN) – Combattre dans plus d'une direction : to fight in more than one direction (US) – Mesurer la direction et la force du vent : to gauge wind direction and strength (US) – Tirer un coup unique en direction du sol (fusil) : to fire a single round aimed at the ground (GB) – La sentinelle signala des cavaliers qui approchaient, venant de la direction qu'ils avaient suivie (troupe à pied) : the sentry reported approaching horsemen, heading from the direction they had marched (GB) – Les chars ennemis avançaient en direction du sud-est : the enemy tanks were moving in a south-easterly direction (GB) – J'ai regardé en direction de l'église : I looked in the direction of the church (GB) – Le PC de la 3ᵉ Compagnie est dans cette direction : C Company HQ is that way (GB) – Attaquer de plusieurs directions à la fois : to attack from several directions at once (US) – Le déplacement rapide de la direction de la manœuvre : the rapid shifting of the direction of maneuver (US).*

direction (service de renseignement) 1. Espionnage : Deputy Director (for), Directorate (of) (US) (CIA), Directorate (of) (GB) (MI6). Ex : *Direction des Opérations / du Renseignement (DGSE) : Deputy Director / for Operations / for Intelligence (US) (CIA) – Direction de l'Administration (DGSE) : Directorate of Administration (GB) (MI6) – La Direction des Opérations (CIA) : the Directorate of Operations (US) –* 2. Contre-espionnage : Division (US) (FBI), Branch (GB) (MI5). Ex : *Direction Technique : Technical Services Division (US) (FBI) – Direction de la Sécurité (interne) : Protective Security Branch (GB) (MI5) –* 3. Renseignement militaire : Directorate (for) ou Office for (US) (DIA), Directorate (of) (GB) (DIS). Ex : *Direction principale du renseignement militaire (GRU) : Military Intelligence Main Directorate (OTAN) –* 4. Renseignement d'origine électromagnétique : Group (US) (NSA) (Chaque "Group" porte une lettre. Ex : *"P Group"*).

direction (sens figuré) direction (US). Ex : *Prendre une nouvelle direction (ou orientation) : to take a new direction (US).*

direction (affaires) direction (OTAN). Ex : *La direction et l'exécution des affaires militaires : the direction and execution of military matters (OTAN).*

direction (autorité / commandement) direction (US), leadership (US). Ex : *Placer un organisme sous la direction de : to place an agency under the direction of (US) – La direction d'unités militaires : the direction of military units (OTAN) – Le général Wayne s'est vu confier la direction des nouvelles forces : General Wayne was placed in charge of the new forces (US) – Opérations menées sous la direction de l'OTAN : NATO-led operations (OTAN).*

direction (contrôle / supervision) (PERS) direction (GB). Ex : *Travailler sans la direction de ses supérieurs : to work without direction from one's superiors (GB).*

direction (véhicule) steering (US) (ADJ : "hydrostatic").

direction administrative et financière (DGSE) Équivalent US (CIA) : Directorate of Administration.

direction assistée (DA) (mécanique) power (assisted) steering (Jane's). Ex : *Direction assistée sur les quatre roues avant : power steering on the front four wheels (Jane's).*

direction centrale (armée de terre / ministère de la Défense) directorate (US), command (US). Ex : *Direction centrale de la logistique (EMA) : Logistics Directorate (US).*

direction centrale des télécommunications et de l'électronique (DCTEI) Équivalent US : Directorate of Information Systems for Command, Control, Communication and Computers (DISC4).

direction centrale du Matériel (DCMAT) Équivalent US : U.S. Army Materiel Command (USAMC).

direction d'attaque direction of attack (US, OTAN).

Cf. : A specific direction or route that the main attack or the main body of the force will follow (US).

direction de la bataille battle command (US).

direction de la communication (DIRCOM) (unité) Public Affairs Office (US).

direction de la surveillance du territoire voir **DST**.

direction de l'enseignement militaire supérieur de l'armée de terre (DEMSAT) (Traduction proposée) Army professional military education directorate (ou command).

direction de l'enseignement militaire supérieur scientifique et technique (Traduction proposée) Army technical and scientific professional military education directorate (ou command).

direction de l'entraînement physique et sportif (grande école militaire) (the) Department of Physical Education (US) (École Militaire de Westpoint).

direction de l'instruction tactique (ou des études tactiques et de l'instruction militaire) (grande école militaire) (the) Department of Military Instruction (US) (École Militaire de Westpoint).

direction de mouvement (force) direction of movement (US).

direction des combats battle command (US).

direction des constructions navales (DCN) (Traduction rencontrée) French warship constructor Direction des Constructions Navales (DCN) (Jane's).

direction des études (ou de l'enseignement et de la recherche) (grande école militaire) (the) Academic Board (US) (École Militaire de Westpoint).

direction des feux fire direction (US).

direction des opérations (TAC) direction of operations (GB).

direction des opérations (DGSE) (RENS) Équivalent US (CIA) : Directorate of Operations (dirigée par un "Deputy Director" = Directeur (DGSE) (Voir aussi **direction (service de renseignement)**.

direction des personnels militaires de l'armée de terre (DPMAT) Équivalent GB : Directorate General of Army Manning and Recruiting (DGAMR) – Équivalent US : U.S. Army Personnel Command (PERSCOM).

direction des personnels officiers (DPMAT) Équivalent US : Officer Personnel Management Directorate (OPMD).

direction du recrutement de l'armée de terre (USA) U.S. Army Recruiting Command (US).

direction du renseignement (DGSE) (RENS) Équivalent US (CIA) : Directorate of Intelligence (Dirigée par un "Deputy Director" = Directeur (DGSE) (Voir aussi **direction (service de renseignement)**).

direction du renseignement militaire voir **DRM**.

direction et animation d'exercice (DIRANI) directing staff (DISTAFF) (OTAN).

direction générale (TAC) main thrust, main axis of advance, main direction of attack. Ex : *Direction générale de l'ennemi sur l'axe : main enemy thrust along the axis / the enemy's main axis of advance / the enemy's main direction of attack.*

direction générale (ministère de la Défense) directorate (general) (GB) (Pluriel : "directorates general").

direction générale de la sécurité extérieure voir **DGSE** et **service de renseignement(s) (SR)**.

direction des plans civils d'urgence (OTAN) (NATO) Civil Emergency Planning Directorate (OTAN).

direction générale de la sécurité extérieure voir **DGSE**.

direction générale des opérations militaires overall control of military operations.

directionnel directional (US). Ex : *Antenne directionnelle : directional antenna (US).*

direction tactique air air control (OTAN).

direction technique (DGSE) (RENS) Équivalent US (CIA) : Directorate of Science and Technology (DS&T) (Et en particulier "the Office of Technical Services" (OTS) qui s'occupe des domaines suivants : "secret writing methods, bugging equipment, hidden cameras, coding and decoding devices, video and image enhancement, and chemical imagery") (Dirigée par un "Deputy Director" = Directeur (DGSE) [Voir aussi **direction (service de renseignement)**].

directive(s) (consigne) directive(s) (US, OTAN), guidelines, guidance (US) (VERB : "to issue", "to follow") (PREP : "from", "on"). Ex : *Les directives (ou consignes) du chef : the leader's directives (US) – Directives officielles : official directives (ou guidelines) (US, UN) – Directive logistique : logistics directive (UN) – Directive pour la planification de l'exercice : exercise planning directive (OTAN) – Directives générales : basic directives (OTAN) – Directive du CAE (= Commandement Allié en Europe) : ACE (= Allied Command Europe) directive (OTAN) – Émettre une directive classée Très-Secret Défense (Président) (RENS) : to issue a Top Secret directive (US) – Directives interalliées sur la sécurité militaire : allied military security guidelines (AMSG) (OTAN).*

directive d'exercice exercise directive (OTAN). Ex : *Directive d'exercice des grands commandemernts de l'OTAN : major NATO commanders'exercice directive (NADREX) (OTAN).*

directorat général (KGB) (RENS) chief directorate (US). Ex : *Le Premier Directorat Général : the First Chief Directorate (US).*

directrice (roue) steerable (US).

dirigé (réseau) (TRANS) directed (net).

dirigé (opération) led (OTAN), run (OTAN). Ex : *Une opération dirigée par l'UEO (= Union de l'Europe Occidentale) : a WEU-led operation (OTAN) (WEU = Western European Union) – Opérations dirigées par l'OTAN : NATO-run operations (OTAN).*

dirigé (force) led (CA, US). Ex : *Bien dirigéé (force) : well-led (CA, US).*

dirigé contre (visant) directed against (OTAN). Ex : *Terrorisme, espionnage, sabotage et subversion dirigés contre le CAE : terrorism, espionage, sabotage and subversion directed against ACE (OTAN).*

dirigeable airship (GB).

dirigeant (chef) leader (OTAN), leadership (sens pluriel) (US). Ex : *Dirigeants militaires et civils : uniformed and civilian leaders (US) – Les dirigeants politiques de l'Alliance : the Alliance's political leaders (OTAN) – Protection des dirigeants de l'État (RENS) : protection of national leadership (US).*

dirigeant de communauté(s) community leader (OTAN).

dirigeant politique political leader (US).

diriger (conduire / commander) to conduct, to direct (GB), to run (GB), to head (GB), to be the head of (US), to manage (GB). Ex : *Diriger un exercice : to conduct an exercise – Diriger et administrer les forces armées en Irlande du Nord : to direct and administer the armed forces in Northern Ireland (GB) – Diriger la salle d'opérations : to run the Operations Room (GB) – Diriger un organisme : to run (US) / to head (GB) an organization – Diriger l'action des avions de combat : to direct the action of combat aircraft (OTAN) – Diriger un processus : to head up a process (US) – Qui dirige le Service de Sécurité de la Défense (= équivalent US de la DPSD) : who is the head of DSS (= Defense Security Service) ? (US) – Diriger plus de 30 personnes : to manage over 30 people (GB) – L'état-major de l'armée de terre est dirigé par le chef d'état-major de l'armée de terre : the Army Staff is headed by the Chief of Staff of the Army (US) – Hollis avait dirigé le MI5 de 1956 à 1965 (RENS) : Hollis had headed MI5 from 1956 to 1965 (US).*

diriger (bombe) to steer (US). Ex : *Diriger une bombe jusqu'à l'impact : to steer a bomb to impact (US).*

diriger (patient) (SAN) to transfer (OTAN) (PREP : "to"). Ex : *Diriger un patient vers un autre élément de la chaîne sanitaire (SAN) : to transfer a patient to another medical facility (OTAN).*

diriger (attaque) to direct (US) (PREP : "against"). Ex : *Sa (= chef) première poussée, utilisant les chars et l'infanterie, était dirigée contre notre gauche : his first thrust with tanks and infantry was directed against our left (US).*

diriger (musique) to lead (US). Ex : *L'officier-technicien de 2ᵉ classe Douglas Hammond dirige la musique de la 82ᵉ Division Aéroportée lors d'une passation de commandement : CWO2 (= Chief Warrant-Officer) Douglas Hammond leads the 82nd Abn. Div. Band at a change of command (US).*

diriger (feux / tirs) to direct (fire) (GB).

dirigé sur directed against (US). Ex : *Une attaque dirigée sur un objectif : an attack directed against (ou at) an objective (US).*

disciplinaire disciplinary (GB). *Ex : Action / mesures / disciplinaire(s) (PERS) : disciplinary action (GB, US) (Voir aussi **locaux disciplinaires**).*

discipline (PERS) discipline (US, GB) (VERB : "to develop", "to impose", "to enforce", "to accept", "to administer", "to direct", "to instill") (ADJ : "sound", "harsh" = sévère, "tough", "necessary", "terrible") (PREP : "under"). Ex : *Un problème de discipline : a disciplinary problem (US) – Le niveau de discipline d'une unité : the level of discipline in a unit (US) – Une discipline de fer : iron discipline (GB) – Le sens enraciné de la discipline : the ingrained sense of discipline (GB) – Les sergents instructeurs doivent inculquer la discipline chez les recrues : drill sergeants must instill discipline in recruits (US).*

discipline (esprit de) (ou sens de la discipline) (PERS) sense of discipline (GB). Ex : *L'esprit de discipline individuelle : a sense of personal discipline (GB).*

discipliné (personnel / organisation) disciplined (US). Ex : *Une armée disciplinée : a disciplined army (US).*

discipline de (la distribution de) l'eau (opérations) water discipline (US).

discipline de marche march discipline (US) (VERB : "to maintain").

discipline de réseau (radio) radio discipline (GB).

discipline des approvisionnements supply discipline (US).

discipline de tir fire discipline (GB) (En vue d'éviter le gaspillage inutile de munitions).

discipline militaire (la) military discipline (GB). Ex : *Vos actes sont contraires à la discipline militaire : your actions are contrary to military discipline (GB).*

discipline (ou matière) militaire (instruction) military subject (GB). Ex : *Tout un éventail de disciplines militaires, depuis le maniement d'armes jusq'au secourisme : a whole range of military subjects, from weapon handling to first aid (GB).*

discipline universitaire academic discipline (US).

discontinu (trait) broken (US), interrupted (OTAN) (line).

discontinu (moyen) (franchissement / GEN) Ex : *Il peut être employé en moyen discontinu : it can be used as a ferry (GB).*

discours address (US, OTAN), speech (GB) (VERB : "to give" = prononcer, "to make"). Ex : *Discours introductif (réunion internationale de haut niveau) : keynote address (OTAN) – Faire un discours à ses hommes (chef) : to make a speech to one's men (GB).*

discours d'adieu farewell speech (OTAN) (+ préposition "to").

discours d'encouragement (remonter le moral des hommes) pep talk (familier) (US) (= "a talk to raise morale") (VERB : "to use" = faire).

discrédit discredit (US), dishonour (GB). Ex : *Porter (ou jeter) le discrédit sur : to bring discredit upon (US) – Vos actes ont jeté le discrédit sur le régiment : your actions have brought dishonour to the regiment (GB).*

discret stealthy (US). Ex : *Un déplacement discret : a stealthy move (US) – Adopter une attitude discrète (ou ne pas se faire remarquer) (force) : to keep a low profile (US) (Contraire : "to keep a high profile" = être très en vue) – Traitement du signal discret : discrete signal processing (US).*

discrètement (RENS) unobstrusively (US).

discrétion stealth (US), unobstrusiveness.

discrétion (trafic réduit) (régime radio) minimize. Ex : *Discrétion jusqu'à 16 heures : minimize until 1600 hours.*

discrétionnaire discretionary (US). Ex : *De larges pouvoirs discrétionnaires : wide discretionary powers (US).*

discrimination Ex : *Frapper sans discrimination (arme) : to have indiscriminate effects (UN).*

discrimination discrimination (OTAN). Ex : *Les "trois D" – la duplication, le découplage et la discrimination : the three "D"s — duplication decoupling and discrimination (OTAN).*

discrimination des objectifs target discrimination (US, OTAN).

discussion discussion (US) (Terme dénombrable) (VERB : "to participate in", "to have") (ADJ : "extensive"). Ex : *Avoir une discussion avec : to have a discussion with (US) – Discussion de groupe (ou débat) (avec des soldats) : group discussion (US) (VERB : "to initiate") – En discussion (problème) : under discussion (US) – La RAM (= Révolution dans les Affaires Militaires) faisait l'objet de discussions intensives : there was extensive discussion about the RMA (= Revolution in Military Affairs) (US).*

dislocation (ou éclatement) (mouvement routier) release (US, OTAN).

disloquer to disrupt (OTAN). Ex : *Disloquer un système défensif : to disrupt a defensive system (OTAN) – Disloquer les liaisons et communications : to disrupt communications (OTAN).*

disparaître to disappear (US), to go (GB), to lift (GB). Ex : *La menace provenant du Pacte de Varsovie a disparu : the threat from the Warsaw Pact has gone (GB) – Ces unités ont disparu après la fin de la guerre : these units disappeared following the end of the war (US) – Savoir quels régiments disparaîtront : to know which regiments will disappear (GB) – Maintenant que la menace de la guerre froide a disparu : now that the Cold War threat has lifted (GB).*

disparité disparity (US). Ex : *Une disparité technologique entre les unités : a technological disparity between units (US).*

disparité (matériels) mismatch (Jane's). Ex : *La disparité en termes de mobilité entre le char Leclerc et ses véhicules d'accompagnement : the mobility mismatch between the Leclerc tank and its accompanying vehicles (Jane's).*

disparition loss (US). Ex : *Disparition (= perte) de l'horizon (troupe) (TAC) : loss of the horizon (US).*

disparu (sous-marin) missing (OTAN). Ex : *Sous-marin disparu : submarine missing (SUBMISS) (OTAN).*

disparu (PERS) missing (GB, US), unaccounted for (GB).

disparu au combat (PERS) missing in action (MIA) (US) (VERB : "to report"). Ex : *Un disparu : an MIA (US) – L'unité déplorait 57 blessés et 1 disparu : the unit suffered 57 wounded and 1 missing (US).*

dispense (service national) exemption (from military service) (US) (Terme dénombrable) (VERB : "to claim").

dispenser (formation / soins / agent NBC) to administer (GB), to give (US), to deliver (US), to disperse (OTAN). Ex : *Dispenser une formation à de nouveaux soldats : to administer training to new soldiers (GB) – Un stage dispensé par l'École d'Infanterie : a course given by the Infantry School (US) – Dispenser des soins médicaux (SAN) : to deliver medical / health care (US) (Voir aussi prodiguer) – Dispenser un agent biologique : to disperse a biological agent (OTAN).*

dispenser de to excuse from (US). Ex : *Dispenser un homme du service (national) : to excuse a man from service (US).*

dispersable scatterable (UN, US). Ex : *Mine dispersable (ou disséminable) : scatterable mine (UN).*

dispersé (force) dispersed (US).

dispersée (structure de commandement d'armée) decentralized.

disperser (forces / opérations) to disperse (US) (PREP : "over"). Ex : *Dix régiments d'infanterie dispersés sur cinquante-cinq garnisons : ten infantry regiments dispersed over fifty-five posts (US) – Des opérations dispersées sur de larges zones : operations dispersed over wide areas (US) – Disperser des forces : to disperse forces (US).*

disperser (mines) to scatter (US), to disperse, to seed (US). Ex : *Des mines dispersées par des hélicoptères : mines seeded by helicopters (US) – Pose dispersée (mines) : scatter-mining (UN).*

disperser (troupe / foule) to disperse (a force / a crowd) (GB, US).

disperser (manifestation) (forces de l'ordre) to break up (GB).

disperser (convoi) to scatter (a convoy) (OTAN).

disperser (fumigène) to cause to clear (US). Ex : *Le vent disperse les fumigènes : the wind causes the smoke to clear (US).*

disperser (se) to disperse, to spread out, to scatter.

disperseur de mines mine launcher (GB), mine-thrower (UN), multiple delivery mine system (US).

disperseur de mines au sol ground-emplaced mine scattering system (GEMMS) (US). •

disperseur de mines terrestres multiple delivery mine system (US) (Cf. le Volcano), vehicle launched scatterable mine system (VLSMS) (US), vehicle-launched scattering mine system (GB), scatterable mine delivery system (US).

dispersion (géographique) dispersal (GB). Ex : *La dispersion des garnisons : the dispersal of the garrisons (GB).*

dispersion (TAC) dispersion (US, GB), dispersal (US).

Cf. : 1. A scattered pattern of hits by bombs or projectiles fired from the same weapon or group of weapons with the same firing data. 2. The spreading or separating of a force and its installations to reduce vulnerability to enemy action. 3. In chemical or biological operations, the dissipation of agents in liquid or aerosol form. 4. In airdrop operations, the scatter of personnel and / or cargo on the drop zone (DZ) (US).

dispersion (d'émeutes) riot dispersal (GB).

dispersion (de la foule) crowd dispersal (GB).

dispersion (des armes nucléaires) spread (of nuclear weapons) (UN).

dispersion globale (ARMT) delivery error (US, OTAN, UN).

disponibilité availability (US), serviceability (GB). Ex : *Disponibilité des matériels : availability of equipment (US) – Disponibilité technique (matériel / véhicule) : (equipment / vehicle) serviceability (GB).*

disponibilité (forces / capacités opérationnelles) availability (UEO). Ex : *Disponibilité des forces : availability of forces (UEO).*

disponibilité (réserviste) stand-by status (US).

disponibilité d'une unité unit readiness.

disponibilité opérationnelle (matériel) operational readiness (US).

disponibilité sélective selective availability (SA) (OTAN).

disponible available (US, OTAN), at hand (US), on hand (US), ready (OTAN, US),. Ex : *Les munitions disponibles : the available ammunition, the ammunition at hand (US) – Disponible pour le combat : combat ready (OTAN), combat available (OTAN) – Disponible sur court préavis (force) : available at short notice (OTAN) – La Réserve individuelle disponible : the Individual Ready Reserve (US) – Des logements sont disponibles : housing is available (US) – Rendre disponibles des matériels : to make equipment available (UN) – Disponible immédiatement (obus) : ready (US) – Articles disponibles (LOG) : items on hand (US) – Certaines de ces forces devraient être disponibles pour une réaction immédiate et pour une réaction rapide : certain of these forces should be available for immediate reaction and rapid reaction (UEO) – Procurer au chef des moyens immédiatement disponibles en vue d'influer sur la bataille : to provide the commander with readily available means of influencing the battle (US).*

disponible (matériel) off-the-shelf (OTAN).

disponible dans le commerce (ou dans le civil) (matériel) commercial off-the-shelf (COTS) (OTAN).

disponible sur appel (force) on-call (OTAN) (En épithète).

disposer (arranger / mettre en place) (force) (TAC) to array (US), to place (US) to deploy (US). Ex : *Le chef doit (ou devrait) disposer ses forces : the commander should array his forces (US) – Des positions disposées le long d'une crête : positions arrayed along a ridge (US) – Ces troupes peuvent être disposées dans des endroits clés : these forces can* *be placed at key locations (US) – Danjou disposa ses hommes en des endroits stratégiques dans les bâtiments : Danjou deployed his men at strategic points in the buildings (GB).*

disposer to be excused (US). Ex : *Puis-je disposer, mon Colonel : may I be excused, Sir ? (US).*

disposer de to have available (US), to have (US), to control (UN), to provide (OTAN). Ex : *Les renseignements dont dispose l'ennemi : the information available to the enemy (US) – Le soldat dispose de la bibliothèque de garnison : the soldier has available the station library (US) – L'appui d'artillerie dont peut disposer une division blindée : the artillery support which may be available to an armoured division (GB) – Chaque brigade dispose de son propre régiment de transmissions organique : each brigade has its own organic Signal battalion (US) – La puissance offensive dont il (= le chef) dispose : the offensive power at his disposal (OTAN) – Disposer d'armes chimiques : to have a chemical weapons capability (UN) – État disposant / ne disposant pas d'armes nucléaires : state controlling / not controlling nuclear weapons (UN) – La batterie LRM (= Lance-Roquettes Multiple) dispose de 9 lanceurs : the MLRS (= Multiple Launch Rocket System) battery has nine launchers (US) – L'armée de terre d'active ne disposait que de sept mille hommes (Hist.) : the Regular Army had only seven thousand men (US) – Des structures de forces permettant de disposer d'unités de relève en cas de besoin : force structures capable of providing fresh units when required (OTAN).*

dispositif (force) disposition (US, OTAN), layout (GB), array of forces, deployment, posture (GB, OTAN), system (OTAN), organization (Jane's). Ex : *Un dispositif défensif : a defensive (defence) disposition (ou layout), defenses (US) (VERB : "to break through" = enforcer, percer) – Le dispositif stratégique des forces : the strategic posture of forces – Des dispositifs amis avancés : friendly forward dispositions (OTAN) – Dispositif de défense (pays) : defense posture (UN) – Dispositif des forces : force posture (UN) – Un dispositif de défense aérienne : an air defence system (OTAN) – Le dispositif d'entraînement (ou de formation) de l'armée de terre : the training organization of the Army (Jane's) – Dispositif éventuel d'une zone vitale : possible layout of a keyzone (GB) – Un dispositif de forces : a force posture (GB) – Mauvais dispositif (ou déploiement) : mal-deployment (GB) – Le dispositif militaire dépend du système d'alimentation électrique : the military system depends on the electric power system (OTAN) – Le dispositif ennemi le plus probable : the most probable disposition of enemy forces.*

dispositif (appareil) device (Terme générique), equipment (VERB : "to attach... to", "to invent", "to operate") (ADJ : "specialized").

dispositif (organisation de l'armée de terre) structure (US). Ex : *Dispositif de soutien : supporting structure (US) – Le dispositif logistique qui soutient les forces opérationnelles de l'armée de terre : the logistical structure that supports the operational forces of the Army (US).*

dispositif à couplage de charges charge-coupled device (CCD) (US).

dispositif à imagerie thermique (MIRA) thermal imaging sight (GB).

dispositif antichoc (mine) (anti)countermining device (OTAN).

dispositif à retardement (bombe) timer (GB).

dispositif d'alerte NBC NBC warning device (GB).

dispositif de commandement et de contrôle command and control arrangement (OTAN).

dispositif d'écoute (RENS) listening device (US), eavesdropping device (US) (VERB : "to place") (ADJ : "electronic").

dispositif défensif defence (GB), defense (US) (VERB : "to secure a passage through", "to organize"). Ex : *Enfoncer le dispositif défensif ennemi : to break through enemy defenses*

(US) – Mettre en place un dispositif défensif cohérent : to organize a coherent defense (US).

dispositif de forces force disposition (US).

dispositif de lancement launcher (UN).

dispositif de mise à feu (mine) firing device (US).

dispositif de piégeage (ou anti-relevage) (mine) antilift device (US, OTAN).

dispositif de poursuite optique optical tracker (GB).

dispositif de sécurité (mine) security device (OTAN) (VERB : "to withdraw").

dispositif de sécurité et d'armement (charge) safety and arming mechanism (OTAN).

dispositif des forces force posture (OTAN).

dispositif de variation de pression des pneumatiques (véhicule blindé) (central) tyre pressure regulation system (Jane's).

dispositif de vision nocturne night vision equipment (Sans l'article indéfini "a"), night vision device (ou night viewing device) (GB).

dispositif d'observation nocturne night observation device (US).

dispositif électro-explosif electro-explosive device (EED) (OTAN).

dispositif électro-optique electro-optical device.

dispositif explosif explosive device (US) (VERB : "to remove", "to disarm").

dispositif explosif improvisé (ou de circonstance) improvised explosive device (IED) (OTAN, GB) (VERB : "to remove", "to disarm", "to detonate") (ADJ : "vehicle borne"). Cf. : That device placed or fabricated in an improvised manner incorporating destructive, lethal, noxious, pyrotechnic or incendiary chemicals, designed to destroy, disfigure, distract or harass. It may incorporate military stores, but it is normally devised from non-military components (OTAN).

dispositif hors métropole (armée de terre) overseas deployments (GB), overseas garrisons (GB). Ex : *Dispositif hors métropole des unités de l'armée de terre) (légende de carte du monde) : Army world deployments (GB).*

dispositif logistique logistics disposition (US).

dispositif militaire (= armée) military (OTAN). Ex : *Les Alliés européens n'avancent pas assez vite dans la restructuration de leurs dispositifs militaires : European allies are not moving rapidly enough to restructure their militaries (OTAN).*

disposition (arrangement) (force / matériels) arrangement (US). Ex : *La disposition des unités les unes par rapport aux autres : the arrangement of units in relation to one another (US) – Disposition ordonnée de troupes et de véhicules : ordered arrangement of troops and vehicles (OTAN).*

disposition (mesure) measure (US), arrangement (UN). Ex : *Prendre des dispositions pour : to take measures for (US) – Dispositions (ou arrangements) en matière de sécurité : security arrangements (UN).*

disposition (clause) provision (US) (VERB : "to comply with"). Ex : *Les dispositions du règlement 27-10 : the provisions of FM (= Field Manual) 27-10 (US).*

disposition de (à la) at the disposal of (GB), available to (UN, UEO), under the control of (OTAN). Ex : *Être remise à la disposition de la division (unité) : to revert to division control – Une force militaire à la disposition d'un État : a military force at the disposal of a state (US) – Mettre quelque chose à la disposition de : to make something available to (UN) – Troupes réservées à la disposition du commandant suprême : reserve of troops under the control of the overall commander (OTAN) – Mettre une force à disposition de l'UEO : to make a force available to WEU (UEO).*

350

disposition de combat (en) (arme) (tir) made ready (GB).

disposition des pièces (ART) gun layout.

dispositions arrangement (OTAN). Ex : *Ces dispositions ne seront plus valables : this arrangement will no longer be valid (OTAN).*

dispositions de commandement command arrangements (US).

disproportionné disproportionate (OTAN), out of proportion (US). Ex : *Usage disproportionné de la force : disproportionate use of force (OTAN) – Au cours de la campagne aérienne, les États-Unis ont assumé une part disproportionnée du fardeau : during the air campaign, the United States bore a disproportionate share of the burden (OTAN) – Consommer une quantité de munitions disproportionnée par rapport aux gains et avantages obtenus (TAC) : to expend ammunition with no commensurate gain or advantage (US) – Disproportionné par rapport à : out of proportion to (US).*

dissemblable dissimilar (US).

dissémination (armes nucléaires) (STRAT) dissemination, spread (UN, OTAN). Ex : *La dissémination des armes de destruction massive : the spread of weapons of mass destruction (OTAN).*

disséminer (agent NBC) to disseminate (OTAN). Ex : *Disséminer un agent biologique : to disseminate a biological agent (OTAN).*

dissident (nom et adjectif) dissident (US) (VERB : "to deal with") (ADJ : "political", "social", "cultural").

dissimulateur (fraudeur) (désarmement) evader (UN).

dissimulation (TAC et autres emplois) concealment (OTAN, US) (VERB : "to maintain") (ADJ : "proper", "improper") (NOM ASS. : "cover", "camouflage").

dissimulation (ou fraude ou camouflage) (STRAT) evasion (UN).

dissimuler to hide (US), to conceal (US, GB), to shroud (UN) (PREP : "with"). Ex : *Dissimuler nos mouvements de troupes (TAC) : to hide the movements of our troops (US) – Dissimuler (camouflage) : to conceal – Dissimuler (ou masquer) (armement) : to shroud (UN) – La bombe était dissimulée dans une valise : the bomb was concealed in a suitcase (GB).*

dissocier (attaque) to disrupt. Ex : *Dissocier une attaque ennemie : to disrupt an enemy attack.*

dissolution (unité / QG / forces militaires) disbandment (GB), deactivation (unit), disbanding (quartier général, forces militaires) (GB, UN), disssolution (US, GB) (VERB : "to achieve"). Ex : *La dissolution de la coalition : the dissolution of the coalition (US) – La dissolution et le regroupement des forces de combat étant réalisés en 1999 : the dissolution and regrouping of combat forces being achieved in 1999 (GB).*

dissolution (armée) dissolution (OTAN).

dissoudre (unité) to disband (GB), to deactivate (US) (a unit).

dissoudre (organisme) to disestablish (an organization) (US).

dissuader to deter (GB, US) (Attention à l'emploi du terme. Ex : *Dissuader l'ennemi de faire quelque chose : to deter the enemy from doing something*). Ex : *La force sera peut-être dissuadée de renouveler sa tentative au même endroit (TAC) : the force may be deterred from trying a second time in the same place (GB).*

dissuasif deterrent (US). Ex : *Mesures dissuasives : deterrent measures (US) – Maintenir une présence dissuasive : to maintain a deterrent presence (US).*

dissuasion deterrence (US, GB) (Terme indénombrable) (VERB : "to effect"). Ex : *La force de dissuasion nucléaire : the nuclear deterrent (Le terme "deterrent" est dénombrable) – Une arme de dissuasion : a deterrent – Capacité de dissuasion (ou dissuasive) : deterrent*

capability – Doctrine (ou concept) de (la) dissuasion : concept of deterrence (UN) –
Stratégie de dissuasion : deterrent strategy – Force de dissuasion : deterrent force, deter-
rent – Dissuasion active : active deterrence – Dissuasion étendue (ou élargie) : extended
deterrence (UN) – Dissuasion graduée : graduated deterrence – Dissuasion / minimum /
définie : minimum deterrence / finite deterrence (UN) – Dissuasion réciproque : mutual
deterrence – Dissuasion passive : passive deterrence – Force de dissasion indépendante :
independent deterrent – Dissuasion du faible au fort : deterrence "of the strong by the
weak" (UN) – Dissuasion sélective (ou différenciée) : discriminate deterrence (UN) –
Lorsque la dissuasion échoue : when deterrence fails (US) – L'armée de terre joue ce rôle
lorsqu'elle maintient un potentiel de dissuasion militaire crédible et visible en temps de
paix : the Army fulfils this function when it maintains a military deterrence capability
which is credible and visible in peacetime (CA).

dissuasion (système de forces) (ARMT) deterrence (<u>Jane's</u>).

dissuasion à effet mondial global impact deterrence (US).

dissuasion nucléaire nuclear deterrence (US, GB).

dissuasion nucléaire stratégique strategic nuclear deterrence (GB).

dissuasion stratégique strategic deterrence (US).

dissymétrique (conflit) asymmetric.

distance distance (US, GB, OTAN), range, proximity (GB) (VERB : "to move (over)", "to measure") (ADJ : "short", "long") (PREP : "at", "from"). Ex : *Être à une distance importante de*
l'ennemi : to be a considerable distance from the enemy (US) – Se déplacer sur de courtes
distances : to move short distances (GB) – Se déplacer sur de grandes distances (PERS) : to
move over long distances (US) – Mesurer la distance sur une carte : to measure distance on
a map (US) – La distance entre 2 points : the distance between 2 points (US) – À une distance
d'environ 175 mètres : at a distance of about 175 meters (US) – Distance d'un objectif (ou
par rapport à ou jusqu'à) un objectif : distance / range to an objective – Sur des distances :
over distances (US) – Le transport de personnel à courte ou moyenne distance : the carriage
of personnel over short or medium distances (OTAN) – Distance (ART) : distance (OTAN) –
Distance entre véhicules : vehicle distance (OTAN) – L'arme antichar peut être transportée
sur de courtes distances : the antitank weapon can be carried over short distances (US) –
Détecter des hommes et des véhicules à des distances de plusieurs kilomètres (radar) : to
detect men and vehicles at ranges of several kilometers (US) – Capacité de transport aérien
à longue distance : long-haul airlift capability (<u>Jane's</u>) – Un peloton de chars signala deux
autres véhicules, à une distance d'environ 2700 mètres : a tank platoon reported two more
vehicles, about 2,700 meters away (US) – Il est normalement rejeté à une courte distance de
la bouche du canon : it (= the sabot) is normally discarded a short distance from the muzzle
(OTAN) – À très faible distance de l'ennemi : in very close proximity to the enemy (GB) –
Porter une arme sur de longues distances : to carry a weapon long distances (US) –
Débarquer d'un engin de débarquement à grande distance du rivage : to disembark from a
landing ship at a considerable distance from the shore (GB) – Prendre en compte les effects
de la distance sur les opérations : to consider the effects of distance on operations (US).

distance (à) remote (UN). Ex : *Tirer une arme à distance : to fire a weapon remotely (GB) –*
Vérification à distance : remote verification (UN) – Mine mise en place à distance (ou
dispersable : remotely delivered mine (UN).

distance de sécurité safe distance (UN), stand-off distance (UN), stand-off range (OTAN),
standoff range (US) (PREP : "at"). Ex : *Radar à distance de sécurité : stand-off radar –*
Missile lancé à distance de sécurité : stand-off missile (UN).

distance de sécurité (entre véhicules) (circulation) safety distance (OTAN).

distance de sécurité (derrière une arme) clearance (US). Ex : *Une distance de sécurité de 15 mètres derrière l'arme (missile sol-air) : 15 meters of clearance behind the weapon (US).*

distance de sécurité d'urgence emergency stand-off range (ESOR) (OTAN).

distance de sécurité opérationnelle operational stand-off range (OSOR) (OTAN).

distance d'interception (missile sol-air) interception range.

distance entre véhicules (colonne) vehicle distance (US, GB).

distance franchissable (hélicoptère / aéronef) range (US, GB, OTAN).

distance franchissable d'endurance (véhicule terrestre) endurance distance (OTAN).

distance oblique slant range (US, OTAN).

distancer to outdistance (US), to leave behind.

distant distant (US). Ex : *Des endroits distants l'un de l'autre (TAC) : locations distant from one another (US).*

distinct separate (US, CA). Ex : *Le Canada participe à 4 missions distinctes : Canada contributes to 4 separate missions (CA) – L'ALAT n'est pas une arme distincte de l'armée de terre américaine : Army Aviation is not a separate branch of the U.S. Army (US).*

distinctif distinctive (GB). Ex : *Uniformes distinctifs : distinctive uniforms (GB).*

distinction honorifique award (US, GB) (VERB : "to be recommended for") (NOM ASS. : "gallantry").

distinguer (faire la différence) to recognise, to tell, to differentiate (PREP : "from", "between"). Ex : *Distinguer l'ami de l'ennemi : to recognise friend from foe (GB).*

distinguer (se) (unité) to distinguish oneself (GB). Ex : *Le régiment s'est particulièrement distingué au combat : the regiment particularly distinguished itself in action (GB).*

distribuer to distribute (US), to issue (OTAN GB) (PREP : "to"). Ex : *Distribuer des munitions à : to distribute ammunition to (US) – Distribuer / de l'eau / des vivres : to distribute / water / food (US) – Distribuer de l'aide humanitaire : to distribute humanitarian aid (US) – Distribuer des articles (LOG) : to issue items (OTAN) – Distribuer du matériel aux unités : to issue equipment to units (US) – L'uniforme distribué à la 5ᵉ Brigade : the uniform issued to 5 Brigade (GB) – Les munitions seront distribuées à 16 H 00 : ammunition will be issued at 1600hrs (GB).*

distributeur de mines mine dispenser (OTAN), ground dispenser (OTAN), mine planter (UN).

distribution distribution (US), delivery (US), turn-in. Ex : *Distribution de l'eau (ou d'eau) / de vivres : water / food / distribution (US), food delivery (US) – Distribution du courrier : mail delivery – La distribution de matériel aux unités transitant par le port : the equipping of units moving through the port (US) – L'acquisition et la distribution des matériels : procurement and distribution of materiel (US) – La distribution du matériel prépositionné : the turn-in of prepositioned equipment – La distribution des pièces de rechange (LOG) : the distribution of spare parts (US).*

distribution alimentaire food distribution (US).

distribution de documents (codes de) (USA) 1. <u>EYES ONLY</u> (Ne peut être lu que par le premier destinataire ; ne doit pas être copié ou montré à tierce personne) (Code le plus restrictif) – 2. <u>LIMDIS</u> (= Limited Distribution) : Distribution limitée – 3. <u>NOCONTRACT</u> (= NOT RELEASABLE TO CONTRACTORS / CONSULTANTS) (Ne doit pas être transmis à un contractant ou consultant, quelle que soit son habilitation de sécurité) – 4. <u>NODIS</u> (= NO DISTRIBUTION) (Ne doit pas être redistribué plus loin) – 5. <u>NOFORN</u> (= NOT RELEASABLE TO FOREIGN NATIONALS) (Ne doit pas être remis à des ressortissants étrangers) – 6. <u>ORCON</u> (= ORIGINATOR CONTROLLED)

(Distribution contrôlée par l'office qui a fourni l'information) – 7. <u>PROPIN</u> (= CAU-TION — PROPRIETARY INFORMATION INVOLVED) (Contient des informations d'origine industrielle dont la divulgation pourrait porter préjudice à la source) – 8. <u>WNINTEL</u> (= WARNING NOTICE — INTELLIGENCE SOURCES OR METHODS INVOLVED) (Le contenu de l'information pourrait dévoiler les méthodes d'obtention ou compromettre dangereusement la source) (Baud).

distribution (mise en dotation) du matériel equipment issue.

district de défense aérienne air defence district (ADD) (OTAN).

district militaire (DM) military district (OTAN).

dit (appelé) termed (US). Ex : *Un fanchissement est dit "dans la foulée" quand...: a river cros-sing is termed "hasty" when... (US).*

diurne day (En épithète).

divergent (missions) divergent (US) (ADJ : "widely").

diverger to diverge (US). Ex : *Diverger par rapport à un point central (TAC) : to diverge from a centeal point (US).*

divers miscellaneous (En abrégé : misc / MISC), diverse (US), varied (US), various (GB). Ex : *Des missions aussi diverses que la reconnaissance aérienne et l'évacuation sanitaire : missions as varied as aerial reconnaissance and medical evacuation (US) – En divers endroits du monde : in various parts of the world (GB) – Des situations diverses et variées : diverse and varied situations (US) – Dans les environnements les plus divers : throughout a wide range of environments (US).*

diversion (TAC) diversion (US, GB), demonstration (US), feint (US) (VERB : "to conduct"). Ex : *Créer une diversion : to create a diversion (GB) – Une attaque de diversion : a diver-sionary attack (US) – L'attaque était une simple diversion : the attack was just a diver-sion (GB).*

<u>Comp.</u> :

<u>Demonstration</u> : an attack or a show of force on a front where a decision is not sought, made with the aim of deceiving the enemy. It is similar to a feint with the exception that no contact with the enemy is sought (US).

<u>Diversion</u> : Any activity intended to mislead the enemy by drawing their attention away from mea-ningful friendly activity (US).

<u>Feint</u> : A show of offensive force, such as a limited attack, intended to distract enemy attention from a main attack elsewhere or to test enemy response (US).

diversion (de) (opération) diversionary (US, GB).

diversion (opérations de) diversionary operations (US).

diversité diversity (GB, US), variety (US). Ex : *La diversité des armes de l'armée de terre d'ac-tive : the diversity of Arms in the Regular Army (GB) – Diversité des missions : diversity of missions (ou duties) (US) – La plus large diversité de missions : the widest variety of missions (US).*

dividendes de la paix (retombées économiques) peace dividend (US, GB, UN).

diviser (scinder) to split up (GB), to divide into (GB), to break down into (GB). Ex : *Nous fûmes divisés en 2 équipes de 2 hommes (ou en binômes) : we were split up into 2 two-man teams (GB) – La Grande-Bretagne continentale est divisée en 9 régions militaires : main-land Britain is divided into 9 military districts (GB) – Ces opérations peuvent être divisées en deux catégories : these operations may be divided into two categories (US) – Diviser la zone d'opérations / en zones de contrôle / en zones de responsabilité plus réduites : to divide the AO (= Area of Operations) / into zones of control / into smaller* *areas of responsibility (US)* – Une section peut être divisée en groupes : *a platoon can be broken down into sections (GB).*

diviser (séparer) (TAC) to separate (US). Ex : *Empêcher l'ennemi de diviser les forces amies : to prevent the enemy from separating friendly forces (US).*

diviser (se) (se scinder) (sens actif) to divide (US) (PREP : "into"). Ex : *Alors, l'unité se divise en deux éléments : then, the unit divides into two elements (US).*

diviser en deux (de moitié) to halve (<u>Jane's</u>). Ex : *La force blindée française, composée de 925 chars de bataille, sera divisée en deux (<u>ou</u> de moitié) : France's armoured force of 925 MBTs (= Main Battle Tanks) will be halved (<u>Jane's</u>).*

division (grande unité opérationelle) division (US, GB) (Abréviation US et GB : "div") (VERB : "to operate", "to employ", "to deploy", "to field", "to place… in the field" "to man", "to contain (units)", "to form" = créer, "to garrison", "to establish", "to base", "to create", "to standardize") (ADJ & PART : "warfighting", "full", "(fully) digitised", "powerful", "newly(-)formed", "remaining") (NOM ASS.: "deployment", "digitization", "reorganization"). Ex : *Un corps d'armée à quatre divisions : a four-division corps (GB) – La Division Daguet : the Daguet Division (<u>Noter</u> l'ordre des termes : the + nom de la division + Division) – Une armée de terre à 10 divisions : a 10-division Army (US) – Une division d'active : an active component division (US) – Une division de réserve : a reserve division (US) – Une seule division de combat composée de trois brigades : a single warfighting division of three brigades (US) – Les soldats de la Division : the Division soldiers (US) – Une division de l'armée de terre : an Army division (US) – Équiper une division à 100% de personnels : to man a division at 100% (US) – La mise en place d'une division sur une zone d'opérations : the deployment of a division into an area of operations (US) – La division a 3 brigades : the division has 3 brigades (US).*

<u>Attention :</u> Le terme britannique "Division of Infantry" désigne une organisation à vocation purement organique de commandement <u>administratif</u>, sur une base <u>géographique</u>, regroupant des régiments de tradition ("Regiments"). Ne pas la confondre avec les divisions d'infanterie <u>opérationnelles</u> que sont la 1ère Division Blindée (1 (UK) Armd Div) (en Allemagne) et la 3ᵉ Division (Mécanisée) (3 (UK) Div) (au Royaume-Uni).

<u>Types de divisions américaines :</u>
- Armored : blindée
- Infantry (Mechanized) : d'infanterie mécanisée
- Infantry (Light) : d'infanterie légère
- Airborne : parachutiste
- Air Assault : d'assaut vertical

<u>Types de divisions britanniques :</u>
- Armoured : blindée
- Mechanised : d'infanterie mécanisée

division (état-major) division (OTAN). Ex : *Une division d'un état-major OTAN : a NATO headquarters division (OTAN).*

division (séparation) division (OTAN). Ex : *Les pays d'Europe se rapprochent les uns des autres pour dépasser enfin la division du continent : the countries of Europe are moving closer together to finally overcome the division of Europe (OTAN).*

division (société d'armement) division (GB). Ex : *La Division Aviation Militaire de (la société) British Aerospace : the British Aerospace Military Aircraft Division (GB).*

division Action (DGSE) (RENS) (Traduction rencontrée) Division 3, the "action" component of DGSE (US). Équivalent US (CIA) : Covert Action Staff (au sein de la Direction
des Opérations, ou "Directorate of Operations") (Voir aussi **service Action**).

division aéromobile airmobile division (GB, US), helicopter division (US) (Cf. Également la
"101st Airborne Division (Air Assault)" (US). Ex : *La 24ᵉ Division Aéromobile : 24
Airmobile Brigade (GB).*

division aéroportée airborne division (ABD) (OTAN).

division alpine alpine division (US).

division blindée (DB) armoured division (GB, OTAN) (Abréviation OTAN : "AD"), armored
division (AD) (US), tank division (UN). À noter : Dans l'armée de terre américaine, les
divisions dites "lourdes" ("heavy divisions" = divisions à dominante blindée) englobent
les divisions blindées ("armored divisions") et les divisions d'infanterie mécanisée
("infantry divisions (mechanized)").

division cadre (OTAN) framework division (OTAN).

division d'active active division (US).

division d'assaut vertical (ou par air) air assault division (US). Ex : *La 101ᵉ Division
d'Assaut par Air : the 101st Airborne Division (Air Assault) (Basée à Fort Campbell, Ky)
(US).*

division de chars (ENI / pastron) tank division (TD) (OTAN).

division de combat combat division (US). Ex : *8 divisions de combat de la Garde Nationale
(USA) : 8 National Guard combat divisions (US).*

division de renfort (ou de réserve ou de reconstitution) regenerative division (GB)
(2ᵉ division (région EST), 4ᵉ division (région SUD-EST) et 5ᵉ division (région OUEST /
PAYS DE GALLES) (Ces divisions britanniques, non opérationnelles, pourraient être
mises sur pied en cas de conflit majeur).

division de fusiliers motorisés (DFM) (ENI) motorized rifle division (MRD).

division de réserve reserve division (US).

division d'infanterie (DI) infantry division (GB), infantry division (light) (US) (Abréviation
US de "Infantry Division" : "ID"). Ex : *La 1ère Division d'Infanterie : 1 st ID (US) (Basée
à Wurzburg, Allemagne) – Division d'infanterie légère : Infantry Division (Light) (ID (L)
(US), light infantry division (US).*

division d'infanterie de marine (DIMa) marine infantry division (Jane's), marine division
(US), naval infantry division (NID) (OTAN). Ex : *La 9ᵉ DIMa : the 9th Marine Infantry
Division (Jane's), the 9th Marine Division (US).*

division d'infanterie de montagne voir **DIM**.

Division du XXIᵉ siècle (concept) (USA) Division XXI (US).

division du travail division of labour (OTAN).

division légère light division (UEO). Ex : *La taille de la force à employer peut varier de celle
d'une petite formation à celle d'une division légère : the size of the force to be used may
vary from a small formation to a light division (UEO).*

division "lourde" (à dominante blindée) (USA) heavy division (US) (Terme englobant
"armored division" (= division blindée) et "mechanized division" (= division d'infanterie mécanisée).

division mécanisée mechanized division (US) (ou "infantry division (mechanized)").

division motorisée motorized division (US).

division multinationale (DMN) multinational division (MND ou MD) (GB, OTAN). Ex : *L'état-major de la Division Multinationale Sud-Est : the HQ (= Headquarters) of the Multinational Division (South-East) (HQ MND (SE).*

division nationale (OTAN) national division (OTAN).

divisionnnaire divisional (GB), division (US).

division opérationnelle ready division (GB).

division parachutiste (DP) airborne division (US), parachute division (GB), paratroop division (GB). Ex : *La 82ᵉ Division Parachutiste : the 82nd Airborne Division (Basée à Fort Bragg, N.C.) (US) – Le 2ᵉ REP était devenu l'unité phare de la 11ᵉ Division Parachutiste française : 2 REP had become the spearhead unit of the French 11th Paratroop Division (GB).*

divulgation (RENS) disclosure (OTAN) (ADJ : "unauthorized" = non autorisée).

divulguer to disclose (CFE), to leak (US). Ex : *Divulguer une information : to disclose a piece of information (CFE) – Divulguer des secrets au gouvernement ghanéen : to leak secrets to the governement of Ghana (US).*

DLO voir **détachement de liaison (DLO) (ART)**.

DLART voir **détachement de liaison (DLO) (ART)**.

d'occasion (équipement) second-hand (US) (En épithète). Ex : *Acheter des avions de transport C-141 Starlifter d'occasion aux États-Unis : to purchase second-hand C-141 Starlifter transports from the U.S. (US).*

doctorat (diplôme universitaire) doctor's degree (US). Ex : *Il est titulaire d'un Doctorat d'Histoire américaine de (ou délivré par) l'Université du Texas (fiche biographique d'officier) : he holds a doctorate in American history from Texas University (US).*

doctrinal doctrinal (US).

doctrine doctrine (US, GB) (+ préposition "for") (Terme dénombrable) (VERB : "to develop", "to formulate", "to prepare", "to update", "to approve", "to promulgate", "to implement", "to write", "to reshape", "to standardize", "to govern", "to practice / to practise", "to require", "to ratify", "to explore", "to be rooted in", "to derive from", "to reflect", "to recognise", "to consider", "to retain", "to provide for", "to touch", "to permeate", "to accommodate", "to seek", "to provide direction for") (ADJ & PART : "current", "approved", "(clearly) understood", "national", "consistent with", "operational", "tactical", "joint", "common", "subordinate", "static", "fluid", "dynamic", "revised", "definitive", "adaptable", "relevant", "soldid", "broad", "forward-looking") (NOM ASS. : "development", "refinement", "(practical) application", "foundation") (EXPR : "to reach out to the future"). Ex : *La doctrine ennemie : the enemy doctrine (US) (Les Britanniques en distinguent 3 types : "military doctrine" (telle que la définit le CEMAT), "operational doctrine" (se référant à des théâtres d'opérations particuliers) et "tactical doctrine" (incluant les connaissances tactiques communes aux chefs de l'armée de terre) – Conformément à la doctrine de la bataille aéroterrestre : in accordance with Airland battle doctrine (US) – Doctrine (ou concept) d'emploi (force / unité) : principles of employment (US) – Doctrine du renseignement : intelligence doctrine (US, OTAN) – La doctrine a considérablement évolué au cours des dernières années : the doctrine has changed significantly in recent years (US) – Doctrine de (la) dissuasion : concept of deterrence (UN) – Une nouvelle doctrine opérationnelle : a new operational doctrine (US) – Doctrine des opérations interarmées : doctrine for joint operations (US) – Doctrine logistique : logistics doctrine (US) – Doctrine de sécurité : security doctrine (OTAN) – Doctrine des opérations amphibies : doctrine for amphibious operations (OTAN) – Travaux en matière de doctrine : doctrinal work (GB) – Doctrine de défense* *britannique : British defence doctrine (BDD) (GB) – La doctrine Truman (USA) (Hist.) : the Truman doctrine (US) – Doctrine d'opérations de l'armée de terre : Army operations doctrine (US).*

doctrine de combat combat doctrine (US).

doctrine de commandement leadership doctrine (US).

doctrine défensive defense doctrine (US).

doctrine de guerre warfighting doctrine (US) (ADJ : "keystone").

doctrine d'emploi des forces force commitment doctrine. Ex : *Doctrine d'emploi des forces terrestres : land forces commitment doctrine.*

doctrine d'entraînement training doctrine (US).

doctrine en matière d'appui combat support doctrine (US).

doctrine en matière de soutien combat service support doctrine (US).

doctrine interarmées joint doctrine (US).

doctrine interarmes combined arms doctrine (US).

doctrine logistique logistics doctrine (US).

doctrine militaire (la) military doctrine (OTAN). Ex : *Des modifications spectaculaires de la doctrine militaire : dramatic changes in military doctrine (OTAN).*

doctrine offensive offensive doctrine (US).

doctrine opérationnelle operational doctrine (OTAN).

doctrine tactique tactical doctrine (US,GB).

document document (US, OTAN, UN) (VERB : "to inventory", "to issue… to", "to forge", "to classify", "to declassify", "to consult", "to steal", "to have access to") (ADJ : "enemy", "handy", "secret"). Ex : *Des historiens souhaitant avoir accès à des documents de l'OTAN : historians seeking access to NATO documents (OTAN) – Communiquer un document (déclassifié) : to release a document (OTAN).*

document à caractère secret classified document (OTAN).

documentation documentation (OTAN), material (OTAN). Ex : *Documentation géographique militaire : military geographic documentation (OTAN) – Documentation de référence (RENS) : reference material (OTAN).*

documentation de base (ou générale) (RENS) basic intelligence.

documentation extérieure (RENS) foreign intelligence (US). Ex : *Service de documentation extérieure : foreign intelligence service (ou agency) (US).*

document authentique authentic document (OTAN).

document de base base document (US).

document de clôture (réunion) concluding document (UN).

document de concept concept document (US) (VERB : "to examine").

document de référence document of reference (US), reference document (US).

document de travail working paper (WP) (OTAN).

document graphique graphic (OTAN).

document officiel official document (US).

documents de renseignement intelligence documents (OTAN).

documents d'origine (préparation des cartes) source material (OTAN).

document unique d'organisation (DUO) voir **tableau d'effectifs et de dotation (TED).**

domaine area (GB, US, OTAN), domain (US), field (US) (VERB : "to address", "to cover"). Ex : *Dans le domaine de la projection de forces : in the force-projection domain (US) – Dans*

le domaine de la logistique : in the field of logistics (US) – Dans des domaines profes-
sionnels, scientifiques ou techniques : in professional, scientific or technical fields (US) –
Domaines de compétence : areas of expertise (US) – Dans leurs domaines de responsa-
bilité : within their areas of responsibility (US) – Dans le domaine de l'évacuation sani-
taire : in the area of medical evacuation (US) – Domaine (ou champ) d'activité : field of
activity (US) – Le domaine du renseignement : the intelligence field (US) – Domaine
fonctionnel (division d'état-major) : functional area (OTAN) – Domaine d'évaluation :
evaluation area (US) – Dans le domaine public : in the public domain (US) – Demeurer
à la pointe de la technologie dans tous les domaines : to continue to be at the leading
edge of technology in all areas (GB) – Domaines de coopération : areas of cooperation
(US) (ADJ : "non-military") – Sur le plan des forces et des capacités opérationnelles, les
efforts les plus urgents devraient porter sur les domaines suivants : with regard to forces
and operational capabilities, the most urgent efforts should be focused on the following
areas (UEO) – Les deux compagnies ont fait part de leur intention de fusionner leurs
activités dans le domaine des moteurs-fusées sous la forme d'une nouvelle société : the
two companies have stated their intention to merge their activities in the field of rocket
motors into a new company (Jane's) – La coopération dans le domaine scientifique :
cooperation in science (OTAN) – L'éclairage et le jalonnement sont du domaine des
blindés légers : scouting and screening are the province of light armor (US).

domaine clé key area (OTAN).

domaine de lutte warfare area.

domaine de spécialisation (ou de spécialité) area of specialization (US), specialty area (US).

domaine d'études (grande école militaire) field of study (US).

domaine d'évaluation (PERS) area of evaluation (US).

domaine d'interaction area of interaction (US).

domaine fonctionnel (état-major) functional area (OTAN) (ADJ : "major" = majeur)
(PREP : "within").

domaine spécifique specific area (OTAN).

domaine thématique (expérimentation) theme area (US).

domaine visé area of focus (OTAN).

domestique (intérieur) domestic (CA). Ex : *Missions domestiques (non internationales) :*
domestic missions (CA).

dominant dominant (US), preponderant (OTAN). Ex : *La manœuvre dominante (doctrine tac-*
tique) : dominant maneuver (US) – Puissance dominante (ou prépondérante) : dominant
(ou preponderant) power (OTAN).

dominante (à) heavy (US), oriented (US). Ex : *Un groupement peut être à dominante infanterie*
ou à dominante blindés : a task force may be infantry-heavy or armor-heavy (US) –
Suivre une scolarité complémentaire dans une spécialité à dominante technique : to
attend additional schooling in a technically oriented MOS (= Military Occupational
Speciality) (US).

domination (TAC) domination (US) (ADJ : "enemy", "temporary").

domination dans la manœuvre (mission opérationnelle) (USA) dominant maneuver
(US).

domination de l'espace de bataille battlespace dominance (GB).

Cf. : The degree of control over the dimensions of the battlespace that enhances the friendly freedom of action and denies the enemy freedom of action. It permits power projection and
force sustainment to accomplish the full range of potential missions (GB).

domination mondiale (superpuissance) world dominance (US).

domination par l'information (domination informationnelle) information dominance (US).

domination technologique technology overmatch (US).

dominer (TOPO) to dominate (GB), to overlook (GB), to command (GB), to have a commanding view over (GB). Ex : *Les hauteurs qui dominent la zone : the high ground that overlooks (ou dominates) the area (GB) – Les hauteurs dominant la vallée : the high ground dominating the valley (GB) – La colline domine toute la vallée : the hill commands the whole valley (GB) – Cette position domine toute la vallée : this position has a commanding view over the valley (GB).*

dominer (TAC) to dominate (US), to overmatch (US). Ex : *Dominer la manœuvre : to dominate maneuver (US) – Dominer l'ennemi dans un espace de bataille donné : to dominate the enemy in a given battle space (US) – Dominer (matériel / force) : to overmatch (US) – Dominer le champ de bataille : to dominate the battlefield (US).*

dominer to dominate (US). Ex : *Dominer la RAM (= Révolution dans les Affaires Militaires) : to dominate the RMA (= Revolution in Military Affairs) (US).*

dommageable damaging (OTAN).

dommages damage (US, GB) (PREP : "to") (Ne pas mettre de "s" à la fin du terme car il est indénombrable et a un sens pluriel) (VERB : "to minimize", "to assess", "to do", "to cause", "to recover from", "to repair", "to inflict") (ADJ : "light", "moderate", "severe", "serious", "extensive", "minor", "superficial", "irreparable", "irreversible", "widespread"). Ex : *Infliger des dommages à l'ennemi : to inflict damages on the enemy (US) – Dommages à l'environnement : environmental damage (GB).*

dommages au(x) matériel(x) damage to materiel (US) (EXPR : "to be classified by degrees").

dommages collatéraux (ou indirects) collateral damage (US, OTAN) (PART : "limited"). Ex : *Réduire à un minimum les dommages collatéraux : to minimise collateral damage (OTAN).*

dommages de guerre war damage (WARDAM) (OTAN).

dommages physiques physical damage (US) (VERB : "to inflict").

DOM-TOM voir **départements et territoires d'outre-mer**.

donc therefore (Jane's). Ex : *CELERG International jouera donc le rôle d'un holding vis-à-vis de CELERG Deutschland : CELERG International will therefore act as the holding company for CELERG Deutschland (Jane's).*

donné specified (CFE, OTAN), specific (US, OTAN), given (US). Ex : *Dans une période / dans des limites géographiques / donnée(s) : within a specified / time period (CFE) / geographical area (OTAN) – À un moment donné : at a specific time (US) – Dans une direction donnée : in a given direction (US) – Dans une zone donnée : in a specific area (OTAN).*

donné en renforcement (unité) supporting (US). Ex : *Unités organiques, adaptées ou données en renforcement : organic, attached or supporting units (US).*

données data (OTAN, US), material (GB) (Le terme "data" est pluriel. Le singulier est : "datum", mais on peut trouver le mot "data" pour un sens singulier) (VERB : "to sort", "to compute", "to accumulate", "to refine", "to transmit", "to receive", "to collect", "to analyse", "to store", "to process", "to pass... via", "to produce", "to coordinate", "to filter", "to interpret", "to disseminate", "to use", "to integrate", "to evaluate") (ADJ : "essential", "inconsistent", "perishable", "unprocessed", "relevant", "multi-source", "open source", "restricted", "available") (NOM ASS. : "integration", "analysis", "evaluation", "interpretation"). Ex : *Envoyer (ou transmettre) au servant des données vidéo sur la cible à* *partir d'une caméra installée dans le nez du missile au moyen d'un cable en fibre optique :* to send video target data from a camera in the missile's nose via a fiberoptic cable to the crew member *(US) – Le recueil de données brutes :* the gathering of raw data *(US) – Donnée non traitée de toute nature qui peut être utilisée pour l'élaboration du renseignement :* unprocessed data of every description which may be used in the production of intelligence *(OTAN) – Ces données sont classées "secret" :* this material is classified secret *(GB).*

À noter : L'emploi moderne de ce terme est avec un verbe au singulier. Ex : *Quelles sont les données disponibles ?* = What data **is** available *(GB).*

données de détection lointaine early warning data (OTAN).

données de planification planning data (GB) (VERB : "to include") (ADJ : "generic") (PREP : "for").

données de renseignement (RENS) intelligence data (US). Ex : *Le libre échange de données de renseignement :* the free exchange of intelligence data *(US).*

données de télémesure telemetry data (UN).

données de tir (éléments de tir) firing data (US).

données d'expérience lessons learned (OTAN).

données informatiques computer data (US) (VERB : "to reformat").

données logistiques logistics data (US).

données météo(rologiques) meteorological data (US) (VERB : "to forecast").

données tactiques tactical data (OTAN).

données techniques technical data (US) (VERB : "to provide... on").

donner to give (US), to mete out (GB). Ex : *Donner sa vie pour ses hommes :* to give one's life for one's men *(US) – Donner une punition à quelqu'un :* to mete out a punishment to somebody *(GB).*

donner (TAC) to add (OTAN), to give, to conduct (OTAN). Ex : *Les réserves (= des forces) sont utilisées pour donner de la profondeur à la bataille, exécuter des coups d'arrêt et rétablir l'intégrité de la position par des contre-attaques :* the reserve is used to add depth, to block, or restore the battle position by counterattack *(OTAN) – Donner la victoire à :* to give victory to *– Donner davantage de profondeur au combat (TAC) :* to add more depth to combat *(US) – Donner (ou porter) un coup d'arrêt :* to conduct a blocking action, to block (by fire) *(OTAN).*

donner (ordre / instruction / renseignements) to give (OTAN), to issue (US), to whip out (familier) (US). Ex : *Donner un ordre (à) :* to give *(OTAN) (ou* to issue *(US)* an order (to) *– Donner un ordre rapidement :* to whip out an order (familier) *(US) – Un message radio donne l'ordre de commencer à tirer :* a radio message gives the order to commence firing *(US) – Donner / des instructions / des renseignements :* to give / instructions / information *(OTAN) – Donner des ordres à des forces (chef) :* to direct forces *(US) – Donner des ordres à des forces affectées (chef) :* to direct forces assigned *(OTAN).*

donner (pouvoir / autorité) to grant (US). Ex : *Le pouvoir donné à un commandant (ou chef) de (+ verbe à l'infinitif) :* the authority granted to a commander to *(US).*

donner (avis / responsabilité) to assign, to advise (OTAN). Ex : *Le Comité OTAN de Défense aérienne est l'organe consultatif de haut niveau chargé de donner des avis au Conseil de l'Atlantique Nord sur toutes les questions de défense aérienne :* the NATO Air Defence Committee (NADC) is the senior advisory body advising the North Atlantic Council on all air defence matters *(OTAN) – Donner (ou confier) une responsabilité opérationnelle à :* to assign an operational responsibility to.

donner asile à (prisonnier / criminel) to harbour (GB).

donner corps à to give substance to (UEO). Ex : *Donner corps au développement de l'identité européenne de sécurité et de défense (IESD) : to give substance to the development of European Security and Defence Identity (ESDI) (UEO).*

donner instruction à to task (OTAN), to direct (OTAN). Ex : *Ils (= les chefs d'État) ont donné instruction à l'Alliance d'examiner comment il serait possible d'adapter ses structures : they tasked the Alliance to examine how its structures could be adapted (OTAN) – Je viens de donner instruction au SACEUR (= Supreme Allied Commander Europe), le général Clark, de lancer des opérations aériennes en Yougoslavie (secrétaire général de l'OTAN) : I have just directed SACEUR, General Clark, to initiate air operations in Yuogoslavia (OTAN).*

donner l'assault (contre / à) to assault (Emploi transitif direct : + C.O.D.).

donner l'avantage à (TAC) to give advantage to (US).

donner l'ordre de to give the order to (US), to order to (GB), to give the command to (US). Ex : *Donner l'ordre à quelqu'un de (faire quelque chose) : to order somebody to (do something) – Lorsque le groupement donna l'ordre de tirer : when the task force gave the command to fire (US) – Le commandant de la force bleue donne l'ordre à la division en réserve de monter une contre-attaque latérale : Blue Commander orders the reserve division to mount a counterstroke (GB).*

donner priorité à to give priority to (OTAN).

donner sa vie (soldat) to lose one's life (OTAN).

donner sur (TOPO) to front (US). Ex : *Sa (= chef) première poussée, utilisant les chars et l'infanterie, était dirigée contre notre gauche dans l'intention de s'emparer des hauteurs donnant sur la ligne Mareth : his first thrust with tanks and infantry was directed against our left with the object of capturing some high ground fronting the Mareth Line (US).*

donner un coup d'arrêt (TAC) to block (US), to block by fire, to conduct a blocking operation (GB).

donner un préavis (PERS) to give notice (GB). Ex : *Donner un préavis de 14 jours (personnel voulant quitter l'armée) : to give 14 days notice (GB).*

donneur de sang blood donor (GB).

dont to include (US). Ex : *Deux divisions dont 1 DB : two divisions to include 1 Armoured Division (GB) – 850 pertes au combat, dont 195 morts : 850 casualties to include 195 dead (US).*

dormir to sleep, to get some sleep (US) (Termes familiers GB : "to gonk", "to push out the zeds"). Ex : *Nous dormions en moyenne quatre à cinq heures par nuit : we averaged four to five hours sleep a night (GB).*

dos (homme / animal) back (US). Ex : *Postes radio transportés à dos d'homme : radios carried on troops'/ soldiers'/ backs (US) – Des tribus nomades à dos de chameau : camel-borne nomadic tribes (GB).*

dos (poignard) back.

dosage mix (US, GB). Ex : *Un juste dosage d'infanterie, de blindés et d'armes d'appui : a correct mix of infantry, armour and supporting arms (GB) – Le bon dosage de forces : the right mix of forces (GB) – Dosage des forces : force mix (US).*

dose (médicament) (SAN) dose (GB).

dose (quantité de radiations) dose (OTAN). Ex : *Recevoir des doses de radiations (PERS) : to receive radiation doses (OTAN) – Dose absorbée : absorbed dose (OTAN) – Dose d'exposition : exposure dose (OTAN) – Dose d'irradiation : radiation dose (OTAN).*

dose de radiation absorbée radiation absorbed dose (RAD) (OTAN).

dose létale moyenne mean lethal dose (US, OTAN).

dosimètre dosimeter (GB).

dosimétrie (NBC) dosimetry (US, OTAN).

dossier file (US), record (US), dossier (GB) (VERB : "to maintain", "to keep", "to use", "to store", "to retrieve") (NOM ASS. : "use", "storage", retrieval") (PREP : "on"). Ex : *Dossiers administratifs : administrative records (US) – Le dossier Walden : the Walden file (US) – Les dossiers de la police secrète : the secret police files (US).*

dossier de (ou du) renseignement (RENS) intelligence file (OTAN). Ex : *Dossier informatisé du renseignement : automated intelligence file (AIF) (OTAN).*

dossier de représentation d'objectif imagery pack (US, OTAN).

dossier (ou carnet) d'objectifs target folder (US, OTAN).

dossier individuel (PERS) Military Personnel Record Jacket (MPRJ) (US), Official Military Personnel File (OMPF), military personnel record (US). Ex : *Demander la copie de son dossier (militaire) individuel : to request a copy of one's military personnel record (US).*

dossier médical (PERS) military medical record (US).

DOT voir **défense opérationnelle du territoire (France)**.

dotation issue (US, GB), fielding (US), equipment (OTAN). Ex : *En dotation : on issue (to) (GB), fielded to (US) – Ce matériel est en dotation / dans toute l'armée de terre britannique / dans tous les régiments d'infanterie : this piece of equipment is / on issue throughout the British Army / on issue to all infantry battalions (GB) – Des systèmes d'armes en cours de mise en dotation : weapon systems under fielding (US) – La dotation normale d'habillement et d'équipement (PERS) : the standard issue of clothing and equipment (GB) – Dotation (d'une unité) : unit equipment (OTAN) – Dotation d'équipement (soldat) : equipment issue (US) – Armes en dotation : issue weapons (US) – Recevoir des armes en dotation (PERS) : to be issued with weapons (GB) – Le véhicule de combat Bradley Stinger actuellement en dotation : the currently fielded Bradley Stinger fighting vehicle (BSFV) (US) – Tenue de combat en dotation courante : standard issue combat clothing (GB).*

dotation (unité) unit equipment (US, GB).

dotation en effectifs (force) manning (OTAN).

dotation en munitions (caractéristique de véhicule) ammunition carried (GB).

dotation initiale basic load (US). Ex : *Dotation initiale en munitions : basic ammo load (US).*

dotations initiales (DI) basic load(s) (BL) (US). Ex : *Une dotation initiale de 6 missiles Stinger : a basic load of 6 Stinger weapons (US).*

Comp. :

- For other than ammunition, basic loads are supplies kept by using units for use in combat (US).

- Approvisionnements de consommation courante (carburant, munitions, vivres, articles du service de santé) dont disposent organiquement les corps de troupe, et qu'ils sont en mesure de transporter sur leurs propres véhicules (F).

doté de (unité / personnel) equipped with (US, GB), issued with (GB), provided with (GB). Ex : *Une unité dotée de matériels modernes : a unit equipped with modern equipment – Les unités de réserve ont été dotées du même casque que l'armée de terre d'active : TA (= Territorial Army) units were issued with the same helmet as the Regular Army (GB) – Un régiment doté de véhicules Warrior : a Warrior-equipped battalion (GB) – Les soldats sont dotés des matériels les plus modernes : soldiers are provided with the most modern equipment (GB) – (Voir aussi équipé de).*

doté de (véhicule) provided with (US), capable of (CFE), fitted with (US, GB), to incorporate (US). Ex : *Le véhicule est doté d'un canon automatique de 20 mm : the vehicle is provided with (ou fitted with) a 20mm automatic gun (US) – Un véhicule doté d'une grande puissance de feu : a vehicle capable of heavy firepower (CFE) – Être doté du même armement que le M551 (char) : to incorporate armement similar to that of the M551 (US).*

doté de (État) possessing (US). Ex : *Un État doté de l'arme nucléaire : a nuclear-weapon state (UN) – État doté d'armes chimiques : chemical weapons possessing state (UN).*

doté de (missile) armed (with) (UN). Ex : *Doté (ou porteur ou équipé) d'ogives nucléaires : nuclear-armed (UN).*

doté de (effectif) with a strength of (CA). Ex : *Une armée de terre d'active dotée d'un effectif de 25 000 militaires : a regular Army with a strength of 25,000 (CA).*

d'où from which (OTAN). Ex : *Le support obture l'âme de l'arme d'où le projectile est tiré : the carrier fills the bore of the weapon from which the projectile is fired (OTAN).*

Douanes (les) the Customs Service (US).

double dual (US, OTAN), double (US), twofold (US), twin (UN). Ex : *Une double mission : a dual (ou twofold) mission (US) – Un agent double (RENS) : a double agent (US) – Entraînement à double action : force-on-force training (US) – Avoir un double statut : to have a dual status (US) – Système d'armes à double capacité (classique ou nucléaire) : dual capable weapon system (UN) – Système de double clé (décision conjointe) : dual key system (UN) – À double / usage / fin (produit chimique / système d'armes / matériel / technologie) : dual purpose / dual use (En épithète) (UN) – Double décision : twin-track (ou two-track) decision (UN) – Avion à double capacité : dual-capable aircraft (DCA) (OTAN) – En double exemplaire : in duplicate (GB) – Une attaque sur un double front : a two-pronged attack (GB).*

double action (exercice à) two-sided exercise, force-on-force exercise (US).

double alimentation (canon) dual-feed mechanism (US).

double emploi duplication (US) (VERB : "to prevent").

double jeu (RENS) double-dealing (US), double cross (US, GB).

doubler to double (US, GB). Ex : *Depuis 1988, le nombre d'opérations de paix a plus que doublé : since 1988, the number of peace operations has more than doubled (US) – La France doubla le nombre de ses avions de combat au Tchad : France doubled the number of combat aircraft in Chad (GB) – L'effectif de la force a été doublé pour atteindre 8 000 hommes : the force has doubled to 8,000 troops (GB).*

double stratégie dual strategy (OTAN).

double système d'alimentation dual-feed system (US).

double usage (à) (matériel) dual-purpose (US) (En épithète).

doublure (poncho / veste) liner, lining (US) (ADJ : "reversible").

douche shower (US), bath (US). Ex : *Unité de douches de campagne : bath unit (US).*

douche de campagne field shower.

douille (cartouche) cartridge case (OTAN, US), case.

douille (baïonnette) hilt, socket.

douleur (PERS) pain (US) (VERB : "to feel").

doute doubt (US). Ex : *Le Longbow est sans aucun doute le meilleur hélicoptère du monde : the Longbow is, without any doubt, the finest helicopter in the world (US).*

douter de to doubt (US). Ex : *Faire douter l'ennemi de sa capacité à poursuivre l'attaque : to make the enemy doubt his ability to continue the attack (US).*

douteux (cotation) (RENS) doubtful (US). Ex : *Exactitude douteuse : doubtful (US).*

DP voir **division parachutiste.**

DPMAT voir **direction des personnels militaires de l'armée de terre.**

DPSD (direction de la protection et de la sécurité de la défense) (Traduction proposée) Defence Protective Security Directorate / Agency. Équivalent US : the Defense Security Service (DSS) (Appelée antérieurement à novembre 1997 : "Defense Investigative Service" (DIS).

Cf. :

DPSD (Directorate for the Protection of Defense Security) : A French intelligence organization responsible for internal security at military bases and defence facilities (US).

DSS : U.S. Department of Defense agency that conducts security investigations of military personnel, Department of Defense civilian employees, and applicants for employment with firms having contracts for work involving classified information (US).

À noter : Dans l'armée de terre britannique existe une direction de la sécurité chargée de l'habilitation ("positive vetting") des personnels : "the Army's Directorate of Security". Dans les armées américaines, le "Defense Security Service" (DSS) est chargé des enquêtes sur les personnels et la sécurité industrielle).

dragage de mines minesweeping (OTAN).

Dragons (appellation de tradition) (cavalerie lourde) Dragoons (GB), Dragoon Guards (GB) (Voir aussi **régiment de dragons (RD).**

dragage des mines minesweeping (OTAN).

dragueur de mines minesweeper (UN).

drapeau flag (US), colours (GB), colors (US) (Voir également les explications à **couleurs**) (VERB & NOM : "to carry", "to raise", "to hoist", "to lower", "to fly", "to display" / "displaying"). Ex : *Drapeau blanc : white flag (US) (VERB : "to show", "to wave") – Le drapeau national : the national flag (US), the national colors (US) (Appelé différemment selon le type d'unité. Pour les unités débarquées, "the national color" ; pour les unités embarquées, motorisées ou mécanisées : "the standard") – Au drapeau (sonnerie) : to the color (US) – Le drapeau tricolore français : the French tricolour (Jane's) – 7 ans sous les drapeaux (PERS) : 7 years with the colours (GB).*

drapeau blanc white flag (GB), flag of truce (GB) (VERB : "to wave"). Ex : *Les Mexicains hissèrent le drapeau blanc : the Mexicans put up a white flag (GB).*

drapeau britannique (le) the Union Jack (GB), the Union flag (GB).

drapeau d'unité colors (US).

drapeau national color (US) ou colors (US).

dresser to conduct (UEO), to review (OTAN). Ex : *Dresser un bilan des expériences récentes : to review recent experiences (OTAN) – Dresser un inventaire UEO des moyens et capacités disponibles pour des opérations de gestion de crise à mener par les Européens : to conduct a WEU audit of assets and capabilities for European crisis management operations (UEO).*

dresser (plan / ordre) to prepare (US). Ex : *Dresser des plans et des ordres : to prepare plans and orders (US).*

dresser des plans to plan (US).

DRM (direction du renseignement militaire) (Traduction rencontrée) Military Intelligence Directorate (US). Équivalent GB : Defence Intelligence Staff (DIS) (Dirigé par le "Chief of Defence Intelligence" ou CDI) – Équivalent US : Defense Intelligence Agency (DIA) (Dirigé par un "Director") (US) (Surnommée jadis "siblings" par la CIA) (Cf. également le "Directorate of Defence Intelligence" (DDI) néo-zélandais et la "Defence Intelligence Organization" (DIO) australienne.

drogue(s) drugs (US). Ex : *Dissuader les barons de la drogue de faire le trafic des drogues illégales à travers la frontière sud du pays : to deter drug lords from trafficking illegal drugs across the nation's Southern border (US) – La lutte nationale contre la drogue : the nation's war on drugs (US) – Trafic de drogues : drug-trafficking (US).*

droit (ensemble de règles / discipline) law (US, GB). Ex : *Le droit (ou les lois) de la guerre : the law of war (US, UN) (Également appelé : "law of armed conflict" = droit des conflits armés, abrégé en "LOAC" (US) – Droit militaire / des forces armées : military law (GB) – Les principes de la démocratie, les libertés individuelles et le règne du droit (valeurs de l'OTAN) : the principles of democracy, individual liberty and the rule of law (OTAN).*

droit (prérogative) right (US, GB), allowance (GB). Ex : *Avoir le droit de : to be permitted to (US) – Le droit de porter l'uniforme : the right to wear the uniform (US) – Avoir droit (ou pouvoir faire valoir ses droits) à la retraite : to be eligible for a pension (GB) – Le droit naturel d'employer la force : the inherent right to use force (US) – Les droits à permission annuelle de base (PERS) : the basic Annual Leave allowance (GB) (VERB : "to take").*

droit (adjectif) right (GB), straight (CFE), erect (US). Ex : *Une ligne droite entre 2 points : a straight line between 2 points (CFE) – Se tenir droit : to stand erect (US) – Le 2ᵉ Groupe à l'avant droit : 2 Section forward right (GB).*

droit à permission annuelle (PERS) basic annual leave allowance (GB).

droit d'accès (inspection) access (UN).

droit de grève (PERS) right to strike (GB).

droit de légitime défense (PERS) right of self-defense (US).

droit de recours (PERS) right to submit a redress (GB).

droit de tirage drawing right (OTAN). Ex : *Droit de tirage spécial (DTS) : special drawing right (SDR) (OTAN).*

droit devant straight ahead. Ex : *Droit devant moi : just in front of me.*

droite (nom) right (US), right-hand (US). Ex : *Sa (= chef) première poussée, utilisant les chars et l'infanterie, était dirigée contre notre droite : his first thrust with tanks and infantry was directed against our right (US) – Le régiment de droite : the right-hand battalion (US) – La mitrailleuse est installée à la droite du canon : the machine gun is mounted to the right of the gun (Jane's) – La 6ᵉ Section sera sur notre droite : 6 Platoon will be on our right (GB).*

droitier (PERS) right-handed.

droit international international law (US). Ex : *Conformément au droit international : in compliance with international law (US).*

droit international humanitaire (DIH) International Humanitarian Law (IHL).

droit militaire military law (GB), service law (GB).

droit pénal criminal law (US).

droits (prérogatives) rights (OTAN, US) (VERB : "to protect") (ADJ : "human", "civil"). Ex : *Les droits des militaires : soldiers' rights (US).*

droits à déménagement (permission) PCS (= permanent change of station) travel time (US).

droits à pension pension rights (GB) (VERB : "to qualify for") (PART : "enhanced").

droits à permissions (PERS) leave credits (US).

droits de l'homme human rights (US, GB, OTAN) (VERB : "to maintain", "to protect"). Ex : *Commettre des violations en matière de droits de l'homme (PERS) : to commit human-rights abuses (US) – Respect des droits de l'homme : respect for human rights (OTAN).*

droits ouverts (en personnels) personnel authorizations (US). Ex: *L'armée de terre remplira 10 divisions d'active à hauteur de 100% de leurs droits ouverts en engagés: the Army will fill 10 active component divisions to 100% of their enlisted personnel authorizations (US).*

drôle de guerre (Hist) (the) phony war (US).

drone drone (OTAN, GB), unmanned aerial (<u>ou</u> air) vehicle (UAV), remotely piloted vehicle (RPV), (VERB: "to be powered by", "to launch", "to control", "to operate") (ADJ: "combat", "tactical", "radio-controlled") (EXPR: "to carry surveillance equipment"). Ex: *Le drone Phoenix: the Phoenix unmanned air vehicle (GB).*

drone de reconnaissance reconnaissance drone (<u>Jane's</u>).

drone miniaturisé miniaturised aerial vehicle (MAV) (US).

DST (direction de la surveillance du territoire) (Traductions rencontrées) Directorate for Territorial Surveillance (US), Directorate for Surveillance of the Territory (US), the French (police) counterintelligence (<u>ou</u> domestic intelligence) agency (US) (Voir aussi **service de renseignement(s) (SR)**.

dû due (GB). Ex: *Le respect et la dignité dus au grade: the respect and dignity due to the rank (GB).*

du fait de as a function of (<u>Jane's</u>). Ex: *L'armée de terre est destinée à devenir plus efficace du fait de la professionnalisation: the Army is intended to become more efficient as a function of professionalization (<u>Jane's</u>).*

du moment current (GB). Ex: *L'officier de presse a fait un point sur la situation du moment devant les journalistes: the press officier gave a briefing on the current situation to reporters (GB).*

dune (TOPO) dune (GB).

duperie (<u>ou</u> intrusion malveillante <u>ou</u> stratagème électronique) (GE) spoofery (UN).

duplicata (document) duplicate (GB).

duplication duplication (OTAN). Ex: *Les "trois D" – la duplication, le découplage et la discrimination: the three "D"s — duplication decoupling and discrimination (OTAN).*

dupliquer to duplicate (GB).

dur hard (GB), harsh (US), stiff (GB), miserable (US), tough (US). Ex: *De durs combats: stiff fighting (GB) – S'entraîner à la dure: to train hard (GB) – Mener la vie dure à l'ennemi: to make life miserable for the enemy (US) – Les passages à tabac et les dures réalités de la vie à la Légion: the beatings and the harsh realitites of Legion life (GB) – Une dure contre-attaque fut lancée sur les limites entre les deux régiments: a harsh counterattack developed (ou was launched) along the boundaries between the two battalions (US) – La compagnie du génie va en voir de dures pour installer le pont: the Engineer Company is going to have a tough time putting in the bridge (US).*

dur (<u>ou</u> coriace) (PERS) tough.

durabilité durability (GB).

durable lasting (US, UN). Ex: *Paix durable: lasting peace (US, UN) (VERB: "to build").*

durable (soutenable dans la durée) (unité) sustainable.

durant during (OTAN), throughout (OTAN). Ex: *Durant quarante années de guerre froide: during the 40 years of the Cold War (OTAN) – L'OTAN a, durant toute la nuit, passé en revue de façon attentive ses opérations menées dans le secteur: NATO has conducted an extensive review throughout the night of its operations in that area (OTAN).*

durci (protégé / renforcé) (missile / site) hardened (US, OTAN, CFE, UN). Ex : *Durci aux contre-mesures électroniques : hardened against electronic counter-measures – Abri durci pour aéronefs : hardened aircraft shelter (HAS) (GB).*

durci (renforcé) (ordinateur tactique) ruggedized.

durci (base de missiles) hard (missile base) (OTAN).

durcir (ou renforcer) (matériel) to ruggedize (US).

durcissement (effets nucléaires) (matériel / installations) hardening (UN, US). Ex : *Durcissement IEM (= impulsion électro-magnétique) : EMP (= Electro-Magnetic Pulse) hardening.*

dure (à la) tough (US), hard (GB). Ex : *Entraînement à la dure (PERS) : tough training (US) – S'entraîner à la dure : to train hard (GB).*

durée duration (US, GB), length (US), term (US) (VERB : "to vary", "to extend"). Ex : *Seulement pendant la durée / des hostilités / de la mission : only for the duration / of hostilities (GB) / of the mission (US) – Pendant toute la durée de l'opération : throughout the entire operation (US) – De durée limitée : of limited duration (GB) – Être de courte durée (engagement) : to be short in duration (US) – De longue durée (opération / vol) : lengthy (operation / flight) (US) – La durée prévue des opérations : the anticipated duration of operations (US) – La durée du stage est de 14 semaines : length of the course is 14 weeks (US) / the course duration is 14 weeks (US) / the course is 14 weeks in duration (US) – Missions de courte durée : missions of short duration (US) – Combat d'une certaine durée : sustained combat (OTAN) – Une opération de longue durée : a long running operation (GB) – Soutenir une opération pour une durée indéterminée : to sustain an operation indefinitely (GB) – La durée de l'Opération Joint Forge : the duration of Operation Joint Forge (US) – La durée de votre affectation à l'étranger : the duration of your posting overseas (GB) – Combat d'une certaine durée : sustained combat (OTAN) – Le mandat est d'une durée indéfinie : the mandate is of indefinite duration (CA) – Assurer la tenue et le maintien en puissance d'opérations de grande envergure, de longue durée ou de grande intensité : to conduct and sustain large scale, long term, or high intensity operations (CA) – Actions / de courte durée / de longue durée (TAC) : short-duration / long-duration / actions (US) – La durée du stage varie en fonction de la spécialité : the length of the course varies according to MOS (= Military Occupational Training) (US) – Pendant toute la durée de la guerre : for (ou over) the duration of the war (GB, US) – Faire passer à trois ans la durée du service militaire : to extend the term of military service to three years (US).*

durée critique (à) (cible mobile) time-critical (US).

durée de conservation (article de ravitaillement) shelf life (OTAN).

durée d'écoulement (circulation) pass time (US, OTAN).

durée d'encombrement (circulation) road clearance time (US, OTAN).

durée d'engagement (force) duration of deployment (US).

durée de trajet (ART) time of flight (OTAN).

durée de trajet (déplacement terrestre) road time (US).

durée de vie (composant / matériel) life (OTAN), life cycle (OTAN) (ADJ : "operational"). Ex : *Prolonger la durée de vie des systèmes d'armes existants (ou actuels) : to extend the life of existing weapons systems (US) – Durée de vie de batterie (poste radio) : battery life (US) – Sur une durée de vie de 20 ans : over 20 year life (US).*

durée limite de stockage (article de ravitaillement) storage life (OTAN).

durée opérationnelle (système) operational life. Ex : *Prolonger la durée opérationnelle d'un système : to extend the operational life of a system.*

durer to last (US, GB), to endure (US). Ex : *L'exercice a duré deux semaines : the exercise lasted two weeks (US) – Permettre à la paix de durer en Bosnie-Herzégovine : to help peace endure in Bosnia-Herzegovina (US) – La bataille ne durera pas longtemps : the battle will be of only brief duration (GB).*

dureté (physique) (PERS) (physical) hardness (GB).

d'urgence Ex : Expédier (*ou* envoyer) d'urgence trois divisions au général Eitan : to rush three divisions to General Eitan (US).

d'usage (procédure) routine (GB).

du temps de guerre wartime (OTAN) (En épithète).

du temps de paix peacetime (OTAN) (En épithète).

dynamique (adjectif) dynamic (US, OTAN). Ex : *Défense dynamique : dynamic defense (US) – Maintenir une communauté atlantique dynamique : to maintain a dynamic Atlantic community (OTAN) – De façon dynamique : dynamically (US).*

dynamique (nom) dynamics (US), dynamic (GB) (VERB : "to apply... to"). Ex : *La dynamique de la bataille : the battle dynamics (US) – La dynamique des opérations de paix : the dynamics of peace operations (US).- Une nouvelle dynamique semble accélérer le rythme des évolutions : a new dynamic appears to be accelerating the pace of change (GB) – La dynamique de la guerre : the dynamics of war (US) – La dynamique de la paix : the dynamics of the peace (US) – Dynamique de puissance opérationnelle : combat power dynamics (US).*

dynamiser (efforts) to energise (OTAN).

dynamisme (*ou* allant *ou* énergie) (PERS) dash (GB), get-up-and-go (US), drive (GB). Ex : *Il a beaucoup de dynamisme (*ou* il est très dynamique) : he is full of drive (GB).*

dynamite dynamite (GB).

dysenterie (SAN) dysentery (GB) (VERB : "to suffer from").

dysfonctionnement failure (OTAN). Ex : *Ce sytème (= de commandement et de contrôle) a connu de fréquents dysfonctionnements : this system experienced frequent failures (OTAN).*

E

(ECHO)

EAO voir **enseignement assisté par ordinateur (EAO)**.

eau water (US, GB) (ADJ : "hot", "soapy", "drinkable", "undrinkable") (NOM ASS. : "production", "purification", "storage", "issue", "processing"). Ex : *Distribution de l'eau : water distribution (US) – Eau potable : drinking water (US) – Un tel carburant brûle sur l'objectif, sur l'eau, s'accroche à l'objectif et dans certains cas on peut le faire ricocher dans un coin sur un objectif autrement inaccessible (emploi du lance-flammes) : such a fuel burns on the target, burns on water, clings to the target, and in some instances can be ricocheted around a corner into an otherwise inaccessible target (US)*.

eau (fonction) water.

eaux waters (US), seas (US). Ex : *En dehors des eaux territoriales somaliennes : outside of the territorial seas (ou waters) of Somalia (US) – Eaux internationales : international waters (US) – Eaux littorales : coastal waters (US)*.

eaux territoriales territorial waters (GB). Ex : *Dans les eaux territoriales françaises : in French territorial waters (GB)*.

ébauche de conception outline plan (US).

ébauche d'ojectif OTAN d'état-major Outline NATO Staff Target (ONST).

EBG voir **engin blindé du génie**.

éblouir (PERS) to dazzle (US).

éblouissement (PERS) dazzle (OTAN), flashblindness (US) (VERB : "to suffer").

ébranler to destabilize (OTAN). Ex : *Ébranler un cessez-le-feu : to destabilize a ceasefire (OTAN)*.

ébriété (état d')(PERS) drunkenness (GB).

ECAD (équipement du combattant débarqué) the ECAD (integrated) soldier system ensemble, the ECAD individual soldier ensemble (Jane's), the ECAD soldier system demonstrator (Jane's).

écart deviation (US, OTAN). Ex : *Un écart par rapport à un plan : a deviation from a plan (US) – Écarts de tir par rapport à l'objectif : deviations of ordnance from the target (OTAN) – Écart de trajectoire d'un obus dû à l'effet du vent (ART) : deviation in the trajectory of a round due to the effect of wind (US)*.

écart de (à l') away from (OTAN). Ex : *Assurer le transport de personnes à l'écart des zones frontalières : to transport people away from the border areas (OTAN)*.

écart de bombardement bombing error (OTAN).

écart de dispersion dispersion error (US, OTAN).

écart des capacités (l') the capability gap (OTAN).

écart de tir (ART) deviation (of ordnance) (US, GB). Ex : *Déterminer les écarts de tir par rapport à l'objectif : to determine deviations of ordnance from the target (US, GB)*.

écarter to spread. Ex : *Écarter les jambes : to spread one's legs*.

écart probable horizontal horizontal error (US, OTAN).

écart technologique (l') the technological gap (OTAN).

écart-type standard deviation.

ecchymose (<u>ou</u> contusion <u>ou</u> bleu <u>ou</u> meurtrissure) (SAN) bruise (US).

ecclésiastique (membre du clergé) clergyman (US), clergyperson (Terme "politiquement correct") (US).

échange exchange (US, CFE, UEO), communications (US), swap (US). Ex : *Un échange d'informations : an exchange of information (CFE, US) (ADJ : "continual") – Échanges entre les armées (nationales) : military-to-military exchanges (US) – Échange de renseignements : intelligence exchange (US) (Terme dénombrable) – L'échange de prisonniers de guerre : the exchange of prisoners of war (US) – Des échanges radio : radio communications (US) – Échange d'espions (guerre froide) : spy swap (US) – Échange systématique de missions militaires : systematic exchange of military missions (US) – L'échange rapide de documents classifiées : rapide exchange of classified documents (UEO).*

échange (espions) (RENS) swap (US), exchange (US). Ex : *L'échange d'un pilote contre un espion : the exchange of a pilot for a spy (US).*

échange de civils exchange of civilians (US).

échange de coups de feu (<u>ou</u> de tirs) exchange of fire (GB), firefight (GB) (VERB : "to develop") (ADJ : "fierce"). Ex : *Cinq légionnaires ont été blessés au cours des premiers échanges (de coups de feu) : five legionnaires were wounded in the early exchanges (GB).*

échange de données data exchange (OTAN). Ex : *Échange de données tactiques internationales : tactical international data exchange (TIDE) (OTAN).*

échange de données du renseignement et d'informations intelligence and information sharing (OTAN) (PREP : "among").

échange de feu (armes de petit calibre) fire fight <u>ou</u> firefight (US).

échange de feu (combat) engagement (GB).

échange de personnel(s) personnel exchange (AUST).

échange de prisonniers de guerre exchange of POWs (US) (POW = Prisoner Of War).

échange d'équipement (<u>ou</u> de matériel) equipment exchange (US).

échange de renseignements information exchange (OTAN).

échange d'espions (RENS) spy swap (US).

échange de vues exchange of views (OTAN). Ex : *Les présentations et échanges de vues sur ces sujets (séminaire OTAN) : the presentations and exchange of views on these topics (OTAN) – Procéder à un échange de vues sur : to exchange views on (OTAN).*

échange d'informations exchange of information (OTAN).

échange nucléaire nuclear exchange.

échanger (<u>ou</u> remplacer) (moteur) to replace.

échanger to exchange (GB, US), to trade (OTAN). Ex : *Échanger des informations : to exchange information (with somebody) (GB, US) – Échanger du terrain contre des délais (TAC) : to trade terrain (<u>ou</u> space) for time (OTAN).*

échanger (espions) (RENS) to exchange (US). Ex : *Être échangé contre 4 espions ouest-allemands : to be exchanged for 4 West-German spies (US).*

échantillon sample (UN). Ex : *Échantillon témoin : control sample (UN) – Analyse des échantillons : sample analysis (UN) – Garde des échantillons : sample custody (UN) – Matrice d'échantillons : sample matrix (UN) – Conservation des échantillons : sample preservation (UN).*

échantillon d'urine (SAN) urine specimen (GB) (VERB : "to provide").

échappement (gaz du moteur) exhaust (GB). Ex : *Tuyau d'échappement : exhaust pipe (GB).*

échapper à to escape (OTAN), to be concealed from (OTAN), to get away from (US). Ex :
*Échapper aux effets d'une bombe : to escape the effects of a bomb (OTAN) – Une position
échappe à l'observation de l'ennemi : a position is concealed from enemy observation
(OTAN) – Allons nous réfugier dans le bâtiment le plus proche pour échapper au feu des
tireurs embusqués : let's duck into the nearest building to get away from sniper fire (familier) (US).*

échapper à la capture (PERS) to escape capture (GB), to escape from capture (US), to evade
capture (US) (Également pour des agents de renseignement).

échapper à la surveillance (agent) (RENS) to evade surveillance (US). Ex : *Échapper à la
surveillance du KGB : to evade KGB surveillance (US).*

écharpe (forces spéciales) scarf (US).

échauffourée (ou accrochage ou escarmouche) skirmish (GB).

échéance time limit (US). Ex : *Fixer une échéance : to set a time limit (US) – L'échéance du
mandat : the time limit of the mandate (US).*

échéancier time frame (US), schedule (US).

échéancier des travaux work timelines (US).

échéant (le cas) when appropriate (OTAN).

échec failure (US), repulse (GB), collapse (GB). Ex : *L'échec d'une mission : the failure of a mission (US) – Échec à l'examen : exam failure (GB) – L'échec d'une attaque allemande :
the repulse of a German attack (GB) – L'échec d'un franchissement dans la foulée : an
unsuccessful hasty river crossing (US) – L'échec de la totalité du plan : the collapse of the
whole plan (GB) – Un échec dans le domaine du renseignement : an intelligence failure
(US).*

échec (note lors d'une évaluation) no go (US), "F" (Fail) (US).

échelle (carte) (map) scale (US, GB). Ex : *L'échelle de la carte est 1/100 000ᵉ : the scale of the
map is 1 : 100,000 (Prononcer : one over one hundred thousand ou one to one hundred
thousand) – Une carte à l'échelle 1/50 000ᵉ : a 1 : 50,000-scale map (US) – Une carte à
une échelle de 1/100 000 : a map at a scale of 1:100.000 (OTAN) – Carte à échelle
réduite : smaller scale map (OTAN) – La plupart des cartes militaires sont à l'échelle
1/50 000ᵉ : most military maps have a scale of 1 : 50,000 (GB).*

échelle scale (US, GB). Ex : *Production à grande échelle : full-scale production (US) – À l'échelle mondiale (ou planétaire) : on a global scale (US) – S'entraîner à grande échelle :
to train on a large scale (US) – L'échelle des risques que présentent certains types de
combat : the scale of hazard posed by certain kinds of warfare (GB) – Conflit(s) d'échelle
réduite : smaller-scale conflict (GB).*

échelle (sous hélicoptère) (sauvetage) ladder (US).

échelle d'assaut (forces spéciales) assault ladder (GB).

échelle de corde rope ladder (US).

échelle du théâtre (à l') theatre-level (OTAN) (En épithète).

échelle indiciaire de solde rate of pay (GB), grade (US), pay level (US), pay scales (GB)
(VERB : "to increase").

échelle mondiale (à l') global (OTAN). Ex : *Responsabilités à l'échelle mondiale (USA) :
global responsibilities (OTAN).*

échelle photographique photographic scale (OTAN).

échelon (TAC) echelon (US, GB, OTAN) (Abréviation GB : "ech") (VERB : "to isolate", "to
destroy") (ADJ & PART : "forward", "rear", "subsequent", "committed"). Ex : *Le pre-*

mier échelon de la force d'assaut : the first echelon of the assault force (GB) – Un régiment de chars de 2ᵉ échelon : a second echelon tank battalion – L'échelon d'attaque / d'assaut : the assault echelon (GB) / attack echelon (OTAN) / assault echelon (OTAN) – Échelons d'unité : unit echelons – Échelon de défense : echelon of defense (US) (VERB : "to disrupt") – Échelons suivants ou ultérieurs (attaque) : follow-on forces (UN) – Les forces de deuxième échelon de l'ennemi : the enemy's second echelon forces (US) – Échelon d'appui : support echelon (OTAN) – Échelon de réserve : reserve echelon (OTAN) – Échelon de premier renfort : follow-on echelon (OTAN) – Échelon de renforcement : followup echelon (US) – En deuxième échelon : in the second echelon (Jane's) – Prendre le premier échelon ennemi sur les flancs et les arrières : to take the enemy's first echelon in the flanks and rear (GB) – La division effectuera sa marche à l'ennemi avec ses deux groupements blindés en premier échelon : the division is to advance to contact two-up, with its armoured battlegroups (GB) – Agir en deuxième échelon de l'attaque syrienne : to operate in the second echelon of the Syrian attack (US).

échelon (niveau organisationnel) level (US, GB, OTAN), echelon (US). Ex : *À l'échelon (ou au niveau) de la section : at platoon level (OTAN) – Un échelon de commandement : an echelon of command / a command echelon (US) / a level of command (UN, OTAN) – Aux échelons supérieurs : at higher echelons (US) – À tous les échelons : at all levels (US) – Les chefs aux échelons inférieurs : lower level commanders (US).*

échelon (brevet sportif) class (GB).

échelon (numéro caractéristique) (formation sanitaire) role number (OTAN) (Voir aussi **formation sanitaire**).

échelon arrière (force) rear echelon (US, OTAN, GB).

échelon d'assaut assault echelon (US). Ex : *Nous devrons réduire notre échelon d'assaut car nous ne disposons pas de réserves suffisantes : we will have to scale down our assault echelon because we don't have sufficient reserves (US).*

échelon de base basic echelon (US).

échelon de commandement level of command (US, GB), echelon of command (US), command echelon (US) (ADJ : "high").

échelon de combat (unité) (GB) F-echelon (GB).

Cf. : The vehicles and men of a unit required in action (GB).

échelon de l'état-major (à l') staff-level (OTAN) (En épithète).

échelon de soutien (TAC) support echelon (US).

échelon de soutien line of supply (US).

échelon d'urgence (force) emergency echelon (US).

échelonné echeloned (US), in echelon (GB). Ex : *L'ennemi est échelonné en profondeur : the enemy is echeloned in depth – Déplacement échelonné (unité) : echeloned displacement (OTAN) – Attaque échelonnée : echelon attack (GB), attack in echelon (GB).*

échelonné (programmation) phased (OTAN).

échelonné (dans le temps) (déploiement de forces) time-phased (OTAN).

échelonnement echelonment (US, GB).

Cf. : Arrangement of personnel and equipment into assault, combat followup, and rear components or groups (US).

échelonnement (dans le temps) (opérations) phasing (US).

échelon réservé (TAC) reserve echelon (US).

échelon sanitaire initial (SAN) originating medical facility (OTAN).

échelons au-dessus du Corps d'Armée echelons above corps (EAC) (US).

échelon tactique tactical echelon (US) (PART : "early deploying").

échiquier board (OTAN). Ex : *L'échiquier militaire est unipolaire : the military board is unipolar (OTAN).*

écho echo (OTAN), return (OTAN). Ex : *Écho radar : radar echo (OTAN) – Écho de sol : ground return (OTAN) – Écho permanent : permanant echo (OTAN) – Localisation de l'écho : echo location (milieu sous-marin) (GB).*

échouer to fail (US, GB), to collapse (GB), to abort (US), to get a no-go (US). Ex : *Vers le 6 janvier, l'attaque avait échoué : by January 6, the attack had failed (US) – Échouer (entraînement) : to fail, to get a no-go (US) – Échouer à un stage : to fail a course (US) – Employer la force quand tous les autres moyens ont échoué : to use force when all other means have failed (Jane's) – Le plan a échoué en raison d'une mauvaise planification : the plan collapsed because of poor planification (GB) – La mission échoua : the mission aborted (US).*

éclair (NUC / lampe) flash (US, GB) (VERB : "to see") (ADJ : "bright").

éclairage (TAC) scouting (US), close reconnaissance <u>ou</u> close recce (GB). Ex : *Un élément d'éclairage : a scouting element (US) – L'éclairage et le jalonnement sont du ressort des blindés légers : scouting and screening are the province of light armor (US).*

<u>À noter</u> :

- L'armée de terre **américaine** distingue le terme <u>scouting</u> qui désigne l'éclairage (= "reconnaissance by stealth" = "information acquisition by stealth", assurée par les "battalion scout platoons") du terme <u>reconnaissance</u> qui désigne la reconnaissance ("reconnaissance by force" = "fighting for information", assurée par les "division(-level) cavalry ("div-cav") squadrons").

- L'armée de terre **britannique** emploie <u>uniquement</u> le terme <u>reconnaissance</u> pour désigner à la fois l'éclairage et la reconnaissance. Elle distingue le niveau "grande unité / division" ("formation reconnaissance", assurée par les "reconnaissance regiments") du niveau "groupement" ("close reconnaissance" assurée par les "armoured troops / platoons" des "armoured regiments" ou "armoured infantry battalions").

éclairage (véhicules) lighting (OTAN).

éclairage de la zone intermédiaire intermediate area illumination (US, OTAN).

éclairage (<u>ou</u> éclairement) du champ de bataille (battlefield) illumination (OTAN). Ex : *Éclairage par / diffusion / réflexion : illumination / by diffusion / by reflection (OTAN).*

éclairage indirect du champ de bataille indirect illumination (US, OTAN).

éclairant (munition de mortier) illuminating round / cartridge (US).

éclairant illuminating (UN), illumination (UN). Ex : *Projectile / munition éclairant(e) : illuminating projectile / munition (UN) – Grenade éclairante : illumination grenade (UN).*

éclairer (reconnaissance) to scout (US), to conduct close reconnaissance (GB). Ex : *La 5ᵉ Section est en train d'éclairer la position ennemie : 5 Platoon is scouting the enemy position (GB).*

éclairer (champ de bataille / guidage de missile) to illuminate (US, GB). Ex : *L'objectif éclairé par une source extérieure : the target illuminated by an outside source (US, GB).*

éclaireur scout (US), observer (dans un véhicule blindé de reconnaissance) (US). Ex : *Éclaireur de tête : lead scout.*

éclat Ex : *Faire voler le blindage en éclats : to shatter armor plate (US) – Faire voler en éclats la cohésion ennemie : to shatter the enemy's cohesion (GB).*

éclat d'obus (<u>ou</u> d'artillerie <u>ou</u> de grenade) (artillery) shell splinter (GB, <u>Jane's</u>), shell fragment (US), piece of shrapnel (GB) ("Splinter" s'applique aussi aux éclats de bombes et de mines). Ex : *Une blessure causée par des éclats d'obus : a shrapnel wound (GB) – Protection contre les éclats : splinter proofing (UN) – Protection contre les éclats des obus d'artillerie (canon automoteur) : protection against (the effects of) artillery fragmentation (US) – Il a été aveuglé par un éclat d'obus : he was blinded by a piece of shrapnel (GB).*

éclatement (ART) burst (OTAN) (Terme dénombrable) (VERB : "to occur").

éclatement (NUC) burst (US).

éclater (combats / conflit / tirs) to break out (US, GB), to erupt (US), to flare up (US). Ex : *Les combats ont éclaté le 2 janvier : fighting broke out (ou erupted) on 2nd January (GB) – Lorsque le conflit de Corée éclata : when the Korean conflict erupted (US) – Si une guerre éclate : if a war breaks out (US) – On s'attend à ce que des tirs sporadiques éclatent toute la nuit : sporadic firing is expected to flare up all through the night (US).*

éclater (organisation / unité) to reorganize into (US), to break down into (GB). Ex : *Le KGB éclata en 3 organisations autonomes (1991) (RENS) : the KGB's components were reorganized into 3 separate services (US) – Les groupes seront éclatés en équipes (INF) : the sections will break down into fireteams (GB).*

éclats de blindage (intérieur de véhicule blindé) spall (GB), fragments of armour (GB).

éclats d'obus shrapnel (US, GB) (Terme indénombrable) (Terme familier GB : "loose change") (Particularisation avec "a piece of"). Ex : *Il a été atteint à la jambe par des éclats d'obus : he was hit in the leg by shrapnel (GB).*

éclipse (à) pop-up (US, GB). Ex : *Une cible à éclipse : a pop-up target (GB) – Mannequin à éclipse (tir) : pop-up dummy (US).*

écluse lock.

école school (Terme générique), college, academy (VERB : "to move", "to activate", "to merge... with", "to establish", "to manage"). Ex : *Écoles de l'armée de terre : Army schools (US) – Écoles de haut niveau (ou grandes écoles) de l'enseignement militaire supérieur : top-level Army schools (US) – École de formation militaire : military training school (US).*

école à feu (EAF) (ART) live firing exercise (GB).

école d'application (branch) school (GB), branch service shcool (US), center and school (US) (VERB : "to attend"). Ex : *Après avoir effectué le stage à l'école d'application de l'artillerie (fiche biographique d'officier) : after completing the artillery officer basic course (US) – Le stage d'application dans une école d'application de l'armée de terre : the Basic Course at an Army branch school (US) – L'École (d'Application) de l'Infanterie : the School of Infantry (GB), the Infantry Center and School (Fort Benning, Ga.) (US). / de l'Artillerie : the Royal School of Artillery (Larkhill, Wiltshire) (GB). / du Génie : the Royal School of Military Engineering (GB), the Engineer Center and School (Fort Leonard Wood, Mo.) (US). / des Transmissions : the Royal School of Signals (Blandford, Dorset) (GB), the Signal Center and School (Fort Gordon, Ga.) (US). / de l'ALAT : The Army Air Corps (AAC) Centre (GB) (Middle Wallop, Hampshire), the Aviation Center and School (Fort Rucker, Ala.) (US). / de la Logistique : the School of Logistics (GB). / des Essences : the School of Petroleum (GB). / des Subsistances / Restauration : the Army School of Catering (Aldershot) (GB). / de la Poste aux Armées : (armée de terre) : the School of Postal and Courier Services (GB). / des Forces Spéciales : John F. Kennedy Special Warfare Center and School (Fort Bragg, N.C.) (US). / du Train : Transportation Center and School (Fort Eustis, Va.) (US). / du Matériel : Ordnance Center and School (Aberdeen Proving Ground, Md.) (US). / de la Chancellerie : the Adjutant General School (Fort Jackson, S.C.) (US). / de l'Artillerie sol-air : Air Defense Artillery Center and School (Fort Bliss, Texas) (US). / de l'Arme Blindée Cavalerie : Armor Center and School*

(Fort Knox, Ky.) (US). / *de l'Artillerie sol-sol* : *Field Artillery Center and School (Fort Sill, Okla.) (US).* / *du Commissariat* : *Quartermaster Center and School (Fort Lee, Va.) (US).* / *du Renseignement* : *Intelligence Center and School (Fort Huachuca, Ariz.) (US).* / *du Service de santé (armée de terre)* : *Army Medical Department Center and School (Fort Sam Houston, Texas) (US).*

école d'arme voir **école d'application.**

école de formation de sous-officiers noncommissioned officer academy (NCOA) (US) (Il en existe une pour chacune des armes de l'armée de terre américaine).

école de formation d'officiers officer training academy.

école de formation du renseignement spy school (US).

école de guerre war college (US) (Terme générique). Ex : *Il a fait l'école de guerre* : *he has been to Staff College (GB) (Voir* **collège interarmées de défense (CID)**.

école de langues language school (US), school of languages (GB) (Voir aussi **EIREL**).

école de parachutisme militaire military parachute school (GB) (VERB : "to attend").

école de photographie school of photography (GB).

école de pensée school of thought (Jane's).

école de renseignement voir **école d'espionnage.**

école de spécialité branch school (GB).

école d'espionnage spy school (US) agent school (US) (VERB : "to operate", "to set up") (ADJ : "major", "lesser", "senior").

école des troupes aéroportées (ETAP) the Army's airborne school (ou jump school) (US) (Il s'agit du "1 st Battalion (Airborne), 507th Infantry"), the Parachute Training Centre (PTC) (RAF (= Base aérienne de) Brize Norton) (GB).

école d'état-major staff college (GB), staff school (US). Ex : *L'école d'état-major (EEM) (lieu physique)* : *the Junior Division of the Staff College / the Junior Staff College (à Camberley) (GB), the Combined Arms and Services Staff School (US) (ou CAS3. Prononcer "CAS cube")* – Il a fait l'école d'état-major (pour l'obtention du diplôme d'état-major, ou DEM) : *he has atttended the Junior Command and Staff Course (GB).*

école d'informatique computer science school (US). Ex : *École d'informatique de l'armée de terre* : *Army computer science school (US).*

école d'interprétation photo(graphique) school of photographic interpretation (GB) (ADJ : "joint").

école du chiffre (RENS) code and cipher school (US) (VERB : "to set up").

école du désert (Traduction proposée) desert warfare school.

école du service de santé de l'armée de terre Équivalent US : Academy of Health Sciences, Fort Sam Houston, Texas.

école interarmées de formation des pilotes d'hélicoptères (GB) Defense Helicopter Flying School (DHFS) (GB).

école interarmées du renseignement et des études linguistiques voir **EIREL.**

école militaire military school (US), military academy (US, GB), military college (GB) (Suivant le contexte et le niveau d'études) (VERB : "to attend", "to open", "to close", "to organize", "to institute", "to found", "to establish", "to restructure"). Ex : *L'école militaire de formation initiale des officiers de l'armée de terre (Écoles de Coëtquidan)* : *the Royal Military Academy, Sandhurst (RMAS) (GB) (Devise* : *"Serve to lead"), the United States Military Academy (USMA) (Westpoint) (US) (Surnom* : *"the Point") (Devise* : *"Duty, Honor, Country").*

école militaire interarmes (EMIA) <u>Équivalent US</u>: Officer Candidate School (OCS) (VERB: "to attend"). Ex: *Passer officier par le biais de l'EMIA : to be commissioned through the Officer Candidate School (US).*

école nationale des sous-officiers d'active (ENSOA) <u>Équivalent U.S.</u>: Pas d'équivalent central unique. Les grandes unités et les armes disposent d'une "NCO Academy" (NCO = non-commissioned officer).

école préparatoire (à une grande école militaire) preparatory school (US), college (GB) (Dans l'armée <u>américaine</u>, "the U.S. Military Academy Preparatory School", à Fort Monmouth, N.J., prépare l'entrée à l'Académie Militaire de Westpoint. Dans l'armée <u>britannique</u>, "Welbeck College", qui dispense une formation scientifique de niveau fin d'études secondaires, prépare les futurs officiers du corps technique avant leur entrée à l'Académie Militaire Royale de Sandhurst).

écoles de Coëtquidan voir **école militaire**.

école spéciale academy (GB, US) (Ce terme désigne un établissement d'enseignement secondaire ou supérieur <u>à vocation spécifique</u>) (VERB: "to establish", "to apply for") (NOM: "admission (to). Ex: *Une école spéciale militaire (Saint-Cyr, par exemple) : a military academy (US, GB) – Une école spéciale d'armée (niveau d'enseignement supérieur) : a service academy (US).*

école spéciale militaire de Saint-Cyr (ESM) (Traduction rencontrée) the Saint-Cyr military academy (GB) (<u>The Guardian</u>) (<u>Rappel</u>: Le terme "academy" désigne une école spéciale, c'est-à-dire à vocation spécifique) (VERB: "to apply for") (NOM: "admission (to)") – <u>Équivalent GB</u>: Royal Military Academy Sandhurst (RMAS) – <u>Équivalent US</u>: United States Military Academy (USMA) (US).

école spécialisée specialized school (US).

école supérieure de guerre (ESG) (obsolète) voir **collège interarmées de défense (CID)**.

école supérieure des officiers de réserve du service d'état-major (ESORSEM) (Traduction proposée) Staff Specialist Corps College (Dans l'armée de terre américaine, le "Staff Specialist Corps" est un service appartenant à la réserve et qui fournit les personnels des états-majors d'unités).

école supérieure et d'application Center and School (US). Ex: *École supérieure et d'application des transmissions : Signal Center and School (US).*

écologique environmental (US). Ex: *Une organisation écologique : an environmental organization (US).*

économat de l'armée Navy, Army, Air Force Institutes (NAAFI) (Dirigé par "the Director of the NAAFI") (GB), Army and Air Force Exchange Service (AAFES) (US) (Marine exclue pour ce dernier).

économie (discipline) economics (US).

économie (pays) economy (US). Ex: *Nuire à (<u>ou</u> porter atteinte à <u>ou</u> faire du tort à) l'économie d'un pays hostile : to damage the economy of a hostile country (US).*

économie d'effort (TAC) economy of effort (GB) (ADJ: "maximum") (PREP: "with").

économie de la défense (domaine d'étude) defence economics (UN).

économie de marché market economy (OTAN). Ex: *Existence d'une économie de marché effective (critère de Copenhague) : existence of a functioning market economy (OTAN).*

économie de moyens restricted (<u>ou</u> limited) resources (<u>ou</u> means <u>ou</u> assets).

économie des forces (principe tactique) economy of force (US).

<u>Comp.</u> :

- The judicious employment and distribution of forces (US).

- Répartition et application judicieuse des moyens d'action en vue d'en obtenir le meilleur rendement pour atteindre le but assigné (F).

économies savings (GB). Ex : *Réaliser des économies (budgétaires) : to achieve savings (GB).*

économique cost-effective (US). Ex : *La technologie la plus économique : the most cost-effective technology (US).*

économiser (argent) to save (US). Ex : *La simulation fera économiser de l'argent : simulation will save money (US).*

économiser (munitions) to conserve (GB), to save (GB). Ex : *Économisez vos munitions ! : conserve your ammunition ! (GB), save your ammunition ! (GB).*

écoper (eau) to bale out (GB). Ex : *Ils se sont servis de leur casque pour écoper : they used their helmets to bale out (GB).*

écoper de (prison) to get (US). Ex : *Un sergent instructeur écope de 5 ans (de prison) pour (+ délit) : a drill sergeant get 5 years for (US).*

écoulé elapsed (US), past (US). Ex : *Temps écoulé : elapsed time (US) – L'œuvre accomplie (<u>ou</u> le travail réalisé) par l'armée de terre au cours de l'année écoulée : the Army's accomplishments during the past year (US).*

écoulement du trafic (circulation) traffic flow (US) (VERB : "to observe").

écoute (TRANS) monitoring (US, OTAN, UN), listening(-in), bugging, tapping, eavesdropping (US). Ex : *Une station d'écoute : a listening station – Écoute de contrôle : monitoring (US, OTAN, UN) – Écoute clandestine de communications : bugging – Écoutes téléphoniques : tapping – Écoute des transmissions électroniques ennemies : eavesdropping on enemy electronic trnasmissions (US).*

écoute (mission d'une patrouille) listening (OTAN).

écouter (GE / RENS) to listen to (GB), to monitor (GB), to eavesdrop on (US), to overhear (US). Ex : *Écouter les émissions radio ennemies : to listen to (<u>ou</u> to monitor) enemy signal traffic (GB) – Écouter les communications : to eavesdrop on communications (US) – Écouter une conversation téléphonique (RENS) : to listen to (<u>ou</u> to eavesdrop on) a telephone conversation (US) – Écouter (clandestinement) une conversation privée (RENS) : to eavesdrop on (<u>ou</u> to overhear) a conversation (US).*

écouter (PERS) to listen to (US). Ex : *Écouter ses soldats (chef) : to listen to one's soldiers (US).*

écouter secrètement (conversations) to listen in on (US), to eavesdrop (US, GB).

écoutes téléphoniques (RENS) telephone tapping (US), telephone taps (US).

écouteur earphone (GB), earpiece (GB).

écoutille (char) hatch.

écouvillon cleaning brush (ART), cleaning rod (= baguette de fusil) (US), rifle bore cleaner (RBC) (US).

ECPA (établisssement cinématographique et photographique des armées) <u>Équivalent GB</u> : the Services Sound and Vision Corporation (SSVC).

écran (élément de sûreté) (TAC) (reconnaissance) screen (GB), screen force (US, GB, OTAN).

écran de camouflage (char / équipement) blind (GB) (VERB : "to erect").

écran de fumée smoke screen (US, GB). Ex : *Par l'utilisation d'un écran de fumée : by use of a smoke screen (US).*

écran de protection (NUC) shielding (US, GB).

écran de végétation screen of vegetation (US).

écran de visualisation screen, display (US), monitor, visual display unit (VDU) (US) (PART : "integrated").

écran d'ordinateur computer screen (US), computer monitor (US).

écran fumigène smoke screen (OTAN) (VERB : "to lay down") (NOM ASS. : "use").

écran radar radarscope (OTAN), radar screen (OTAN).

écran radar panoramique plan position indicator (US, OTAN).

écran-rideau (camouflage) screen (OTAN).

écrasant crushing (GB), overwhelming (GB). Ex : *Une défaite écrasante : a crushing defeat (GB) – Une supériorité écrasante : overwhelming superiority (GB) – Victoire écrasante : overwhelming victory (GB).*

écraser to overwhelm (GB), to smash (US), to crush (GB). Ex : *Écraser l'ennemi : to overwhelm (the enemy) (GB), to smash the enemy (US) – Écraser des forces : to crush forces (GB) – Être écrasé par l'ennemi : to be overwhelmed by the enemy (GB) – Des formations blindées irakiennes écrasées : smashed Iraqi armoured formations (GB) – Écraser rapidement ses adversaires (TAC) : to rapidly overwhelm one's oppponents (GB).*

écraser (destruction de matériels) to smash.

écrire to write (US). Ex : *Écrire un message secret à l'encre invisible : to write a secret message in invisible ink (US).*

écrit (examen) written exam (GB) (*VERB* : "to take" = passer, "to pass" = réussir).

écrit (ou par écrit) in writing (US). Ex : *Appréciation, écrite ou verbale : appraisal, expressed in writing or orally (OTAN).*

écrits militaires military literature (US), military writing(s) (US).

écritures paperwork (US).

écriture secrète (ou écriture à l'encre invisible) (RENS) secret writing (SW) (US) (Terme indénombrable) (VERB : "to produce") (PREP : "in").

écrou de vissage de tube (fusil automatique) barrel nut.

écu coat of arms (GB).

écusson tab, badge (US), patch, flash (GB) (VERB : "to wear... on").

écusson d'arme (tenue) branch tab.

écusson de l'infanterie combat infantry badge (US).

écusson de l'unité (veste d'uniforme) (current) unit patch.

écusson d'unité shoulder flash (GB). Ex : *Son écusson des "Rats du Désert" : his Desert Rat shoulder flash (GB).*

édifier to build (OTAN). Ex : *Édifier un réseau d'experts : to build a network of experts (OTAN).*

éducation (ou enseignement) education (ADJ : "continuing"). Ex : *Éducation / religieuse / pastorale : religious / pastoral education (US).*

EED voir **escadron d'éclairage divisionnaire.**

EEI voir **escadron d'éclairage et d'investigation.**

EET voir **escadron d'exploitation et de transport.**

EFA voir **engin de franchissement de l'avant.**

effectif complet (à) fully-manned (En épithète).

effectif(s) (armée / unité) (AT / GEND) strength (US), establishment (GB) (Abréviation GB : "estb"), number(s) (GB), manpower (OTAN, US), payroll (Jane's), troops (Jane's) (VERB : "to reduce", "to increase", "to meet", "to fall", "to stand at") (ADJ : "authorized" = théorique, "actual" = réalisé, présent, "end" = final, définitif, total, "low")

(ADV: "approximately"). Ex: *En juin 1950, les effectifs de l'armée de terre d'active s'é-
levaient à 593 000 hommes: in June 1950, active Army strength stood at 593,000 (US) –
Les effectifs de l'armée de terre: Army strength – L'effectif de cette unité est de 500 personnes (ou hommes): this unit has a strength of 500 personnel (GB) – Effectifs de guerre:
war footing, war establishment (GB) – Effectifs de paix: peacetime strength (GB) –
Effectif / global / total (unité): overall / total / strength (GB) – Effectif en personnels /
officiers / engagés (dans toute l'armée de terre): officer / enlisted / strength (US) –
Réduire les effectifs globaux de l'armée de terre: to reduce (the) total / overall Army
strength (US) – Amener une force à son effectif de guerre: to bring a force up to war
strength (GB) – On peut inclure dans ce chiffre les effectifs de l'armée territoriale (=
réserve de l'armée de terre britannique): Territorial Army numbers can be included in
this figure (GB) – Effectifs de combat: combat manpower (UN) – Les effectifs de pilotes
dans l'ALAT: the Army Air Corps'pilot strength (GB) – Les effectifs nécessaires à une
unité: the manpower requirement for a unit (OTAN) – Effectif à la mobilisation: mobilisation strength (GB) – Les effectifs en personnel d'active de l'armée de terre britannique: the British Army's regular strength (GB) – L'OTAN a annoncé une réduction de
10% des effectifs affectés au maintien de la paix en Bosnie: NATO announced a 10%
reduction of peacekeeping troops in Bosnia (Jane's) – Fin 1993, les effectifs en service
actif étaient d'environ 575 000 personnels (armée de terre): at the end of 1993, active
duty strength was about 575,000 (US) – Maintenir des effectifs suffisants sur le terrain:
to maintain sufficient strength in the field (US) – Ce déploiement a fait passer l'effectif en
personnels américains à environ 3 300: this deployment brought the approximate
number of U.S. personnel to 3,300 (US) – Accroître le volume d'une force pour atteindre
un effectif de 48 000 hommes: to expand the size of a force to 48,000 – L'armée de terre
a des effectifs beaucoup plus réduits: the Army is far smaller in numbers (GB) – En 1997,
la Légion alignait un effectif global de 9 500 hommes: in 1997, the Legion fielded a total
force of 9,500 men (GB) – Les effectifs de la gendarmerie furent renforcés: the gendarmerie was increased in strength (GB) – Une armée de terre d'active dotée d'un effectif de
25 000 militaires: a regular Army with a strength of 25,000 (CA) – La réduction des
effectifs militaires (armées occidentales): the reduction in military manpower – L'OTAN
peut réduire d'un tiers ses effectifs en Bosnie, en les ramenant à 20 000 hommes environ:
NATO is able to reduce the number of its troops in Bosnia by one-third, to about 20,000
(OTAN) – Les effectifs civils doivent s'élever à 83 000 au début de la prochaine décennie: the civilian payroll is expected to number 83,000 early next decade (Jane's).*

effectif (adjectif) in effect, actual. Ex: *Rendre effectif un plan d'opération: to put into effect an
operation plan (OTAN) – Il n'y aura pas de déploiement effectif de troupes (exercice): no
troops will actually be deployed (UEO).*

effectif global (unité) establishment (GB). Ex: *Cette section a un effectif global de 28
hommes: this platoon has an establishment of 28 men (GB).*

effectif rationnaire headcount (US).

effectifs manpower (OTAN). Ex: *Plan annuel des effectifs de l'OTAN: NATO annual manpower
plan (NAMP) (OTAN) (Voir aussi* **effectif(s) (armée / unité) (AT / GEND)**.

effectifs d'active (armée) active manpower (US).

effectifs de défense defence manpower (OTAN).

effectifs du temps de guerre war (time) authorised strength (WAS) (OTAN).

effectifs du temps de guerre (force) peacetime manpower (US).

effectifs en hommes manpower strength (US).

effectivement actually. Ex : *Les zones où des opérations sont effectivement menées ou pourraient l'être : areas of actual or potential operations (OTAN).*

effectuer to make (US), to do (GB), to deliver (OTAN), to spend (US), to conduct (US), to serve (US), to carry out (OTAN), to complete (US), to fly (OTAN), to pull (US), to effect (GB). Ex : *Effectuer / une attaque / un franchissement / une réparation / un saut (TAP) : to make / an attack / a crossing / a repair / a jump (US) – Effectuer des tirs préparatoires : to fire preparatory fires – Effectuer un entraînement : to do training (GB) – Effectuer la jonction avec : to link up with (US) – Effectuer un tir : to deliver fire (OTAN) – Effectuer un séjour à l'étranger : to spend an oversea tour (US) – Le stage effectué à l'École d'Infanterie : the course conducted at the School of Infantry (US) – Effectuer trois ans de service actif : to serve three years of active service (US) – Effectuer un atterrissage : to carry out a landing (OTAN) – Effectuer une visite / au siège de l'OTAN / en Ukraine (personnalités) : to visit / NATO Headquarters / Ukraine (OTAN) – Après avoir effectué le stage à l'école d'application de l'artillerie (fiche biographique d'officier) : after completing the artillery officer basic course (US) – Il a effectué 2 séjours au Vietnam (fiche biographique d'officier) : he served 2 tours in Vietnam (US) – Dans l'après-midi du 1ᵉʳ mai, un avion de l'OTAN a effectué une attaque contre le pont de Luzan : in the afternoon of 1 May, a NATO aircraft carried out an attack against the Luzan bridge (OTAN) – Effectuer une sortie (opérations aériennes) : to fly a sortie (OTAN) – Nos conducteurs effectuent plus de 300 missions par jour tout au long de la semaine (TRN) : our drivers pull over 300 missions a day throughout the week (US) – Une force effectuant un mouvement vers les arrières : a force effecting a movement to the rear (GB) – Effectuer un contrôle de routine : to carry out a routine check (GB) – Effectuer des opérations : to conduct operations (US).*

effet effect (OTAN, GB, US, UN) (VERB : "to produce", "to have", "to maximise", "to reverberate", "to achieve") (ADJ : "probable", "synergistic", "adverse", "surface", "positive", "maximum", "nonpersistent") (PREP : "on"). Ex : *Un effet de synergie : a synergistic effect (US) – Protection contre les effets des tirs d'armes individuelles : protection against (ou from) the effects of small arms fire (US) – Effet recherché (ou objectif final) : (desired) end state (US) – Avoir un effet contraire sur : to have an adverse effect on (US) – Les effets d'une bombe : the effects of a bomb (OTAN) – Avoir un effet sur le moral (des troupes) : to have an effect on morale (GB) – Les effets des rayonnements ionisants : the effects of atomic radiation (UN) – Sous réserve que l'attaque n'ait pas d'effets de surface contraires : provided the attack will not produce adverse surface effects (OTAN) – Avoir un effet positif sur : to have a positive effect on (US) – On obtiendra l'effet maximum si ... (TAC) : maximum effect will be achieved if (GB) – L'effet du vent (ART) : the effect of wind (US) (VERB : "to compensate for") – Une attaque chimique à effet non persistant : a chemical attack for nonpersistent effect (US) – Le chef est informé des effets probables de l'exposition à un tel risque par l'officier NBC et le médecin (emploi d'agents chimiques) : the commander is advised of the probable effects of exposure to this hazard by the chemical officer and the medical officer (US).*

effet à compter de (prenant) effective (US) (Emploi : + date et / ou heure) (En abrégé : "eff"). Ex : *Couverture de zone de la 54ᵉ Division Mécanisée prenant effet à compter du 12 avril à 22 heures : Area coverage of 54 Mech Div eff 12 2200 Apr (US).*

effet CNN (l') the CNN effect (OTAN).

effet de choc (TAC) shock effect (GB, US), shock action (VERB : "to achieve", "to lose"). Ex : *Acquérir l'effet de choc maximum : to gain maximum shcok effect (US).*

effet de levier leverage (US) (VERB : "to maximize"). Ex : *Exercer un effet de levier au moyen de notre participation à la planification militaire des États-Unis : to leverage our participation in US military planning (US).*

effet de levier (avec) leveraged (US) (En épithète).

effet de levier majeur (avec) major-leveraged (US) (En épithète).

effet de levier mineur (avec) minor-leveraged (US) (En épithète).

effet de précision precision effect (US).

effet de souffle blast effect (US) (ADJ : "secondary").

effet de souffle arrière (arme antichar / lance-roquettes) backblast (US, GB).

effet de surprise (TAC) (tactical) surprise (US) (VERB : "to enhance", "to achieve" = réaliser)

effet dévastateur devastating effect (US). Ex : *Avoir un effet dévastateur sur : to have a devastating effect on (US).*

effet différé delayed effect (US).

effet fratricide fratricide (US). Ex : *Prévention totale de l'effet fratricide : total fratricide prevention (US).*

effet immédiat immediate effect (US).

effet laser lasing (UN). Ex : *Produire un effet laser : to lase (UN).*

effet létal lethal effect (US) (VERB: "to generate" = produire, "to integrate" = intégrer).

effet majeur (TAC) main effect.

effet multiplicateur des forces force multiplier (US).

effet non létal non-lethal effect (US) (VERB: "to generate" = produire, "to integrate" = intégrer).

effet physique physical effect (US).

effet psychologique psychological effect (US). Ex : *Avoir un effet psychologique sur l'équilibre de l'ennemi : to have a psychological effect on the enemy's equilibrium (US).*

effets (biens) property (GB). Ex : *Les effets saisis sur les prisonniers argentins furent catalogués : property taken from Argentine prisoners was catalogued (GB).*

effets à long terme long-term effects (US) (VERB : "to have... on").

effets collatéraux collateral effects (Jane's).

effets de la puissance de feux firepower effects (US).

effets de précision precision effects (US). Ex : *Intégrer les effets de précision : to integrate precision effects (US) – Produire des effets de précision : to generate precision effects (US).*

effet secondaire secondary effect (US).

effets laser laser effects (Jane's). Ex : *Protéger les yeux des (ou contre les) effets laser : to protect the eyes against laser effects (Jane's).*

effets nucléaires subsidiaires nuclear collateral effects (OTAN).

effets personnels (ou individuels) (paquetage) personal clothing (GB).

effets secondaires (traumatisme) after-effects (GB).

effets simulés simulated effects (GB). Ex : *Effets simulés des armes à impact sur zone : simulated area weapon effects (GB).*

effet tactique battle effect (US), battlefield effect (US) (VERB : "to synchronize"). Ex : *Obtenir des effets tactiques : to gain battlefield effects (US).*

efficace effective (US, GB, OTAN, CA), efficient (GB), efficacious, good (US) (ADV : "highly"). Ex : *L'armée de terre doit être une force de combat efficace : the Army must be an effective fighting force (US) – Une armée efficace : an efficient army (GB) – Portée efficace : effective range (GB) – Être efficace au plan militaire (armée) : to be militarily efficient (GB) – Efficace contre des aéronefs évoluant à basse altitude (missile antiaé-*

*rien): effective (ou good) against aircraft at low altitude (US) – D'une mise en œuvre effi-
cace (hélicoptère): efficient to operate (US) – Une force efficace: an efficient force
(OTAN) – Nous avons mené la campagne aérienne de manière efficace: we prosecuted
the air campaign in an effective manner (OTAN) – Une armée de terre appuyée par des
forces de réserve efficaces: an Army backed up by effective reserves (CA) – Détruire la
possibilité pour l'ennemi de mener des opérations efficaces au cours de la nuit: to destroy the enemy's capability for effective operations during the night (US) – L'armée de
terre est destinée à devenir plus efficace du fait de la professionnalisation: the Army is
intended to become more efficient as a function of professionalization (Jane's).*

Comp:

1. **effective:** producing the result that was wanted or intended and working well.

2. **efficient:** that works well and successfully, without wasting time, money or energy.

3. **efficacious:** producing the result that was intended (especially in relation to a illness or a problem), successful in solving a problem or achieving an aim (Terme formel).

efficacité effectiveness (US), efficiency (GB, OTAN), efficacy (VERB: "to enhance", "to maximize"). Ex: *L'efficacité d'une armée professionnelle: the efficiency of a professional army
(GB) – Efficacité au combat (matériel): combat effectiveness (US) – Avec plus d'efficacité
(conduite des missions): more efficiently (OTAN) – Accroître l'efficacité des opérations
militaires: to increase the efficiency (ou effectiveness) of military operations (OTAN).*

efficacité au combat combat effectiveness (OTAN), fighting effectiveness (GB) (VERB: "to
enhance" = augmenter). Ex: *Maintenir l'efficacité au combat des forces engagées dans
une opération: to maintain the fighting effectiveness of the forces engaged in an operation (GB) – Rapport sur l'efficacité au combat: combat effectiveness report (OTAN).*

efficacité au combat (armée) warfighting effectiveness (US).

efficacité dans l'engagement effective engagement (OTAN).

efficacité des forces force effectiveness (OTAN).

efficacité des institutions institutional effectiveness (OTAN).

efficacité des systèmes d'arme weapon system effectiveness (US).

efficacité militaire military effectiveness (GB).

efficacité opérationnelle 1. unité/ forces: combat efficiency (US), operational / combat effectiveness (US, UEO). Ex: *Atteindre un meilleur niveau d'efficacité opérationnelle dans la
gestion des crises: to attain a higher level of operational effectiveness in crisis management (UEO) –* 2. matériel: operational effectiveness (GB, US. (*VERB*: "to enhance", "to
assure", "to increase") – 3. homme: Ex: *Les performances, la survivabilité et l'efficacité
opérationnelle du combattant à pied: the performance, survivability and operational
effectiveness of the dismounted soldier (GB).*

effilé (silhouette d'engin blindé) streamlined.

effondrement collapse (US), breakdown (US). Ex: *L'effondrement de l'Union soviétique: the
collapse of the Soviet Union (US) – L'effondrement de l'autorité politique nationale:
breakdown of national political authority (US).*

effort effort (US, OTAN, UEO), attempt (OTAN) (Termes dénombrables) (VERB: "to applaud", "to
conduct", "to press ahead with", "to help with", "to synchronize", "to be needed", "to be
focused on") (ADJ: "ongoing", "intricate", "dangerous", "humanitarian", "considerable",
"urgent"). Ex: *Efforts diplomatiques: diplomatic efforts (US) – L'effort de guerre: the war
effort (OTAN) (VERB: "to contribute to") – La synchronisation de l'effort militaire: the synchronization of military effort (US) – L'armée de terre américaine continue (ou poursuit)
résolument ses efforts de numérisation du champ de bataille: the U.S. Army is pressing*

ahead with its battlefield digitisation efforts (Jane's) – *Contribuer aux efforts humanitaires : to help with humanitarian efforts (OTAN)* – *Les efforts de mise en œuvre de la paix conduits par la communauté internationale au Kosovo : the peace implementation efforts by the international community in Kosovo (OTAN)* – *Mettre en échec les efforts de Milosevic visant à déstabiliser les voisins de la Yougoslavie : to foil Milosevic's attempts to destabilise Yugoslavia's neighbours (OTAN)* – *De nombreux efforts restent à accomplir pour... : considerable efforts are still needed to... (UEO)* – *Sur le plan des forces et des capacités opérationnelles, les efforts les plus urgents devraient porter sur les domaines suivants : with regard to forces and operational capabilities, the most urgent efforts should be focused on the following areas (UEO)* – *La poursuite d'efforts de défense soutenus et structurés : the continuation of sustained and structures defence efforts (UEO)* – *Son apport à la victoire finale, joint aux efforts de la marine et de l'armée de l'air : its contribution to the final victory, together with the efforts of the Navy and the Air Force (CA).*

effort (TAC) effort (US, GB, OTAN) (Terme générique dénombrable) (VERB : "to direct... against", "to support", "to coordinate", "to re-focus", "to focus", "to conduct") (ADJ : "synchronized", "interrelated", "simultaneous") (PREP : "by"). Ex : *Effort de renseignement à l'est : intelligence collection effort in the east* – *L'effort aérien (conflit) : the air effort (GB).*

effort humanitaire humanitarian effort (OTAN) (ADJ : "international").

effort principal (TAC) main effort (US, GB, OTAN) (Abréviation GB : ME), main thrust, main attack (OTAN), main action (OTAN) (VERB : "to influence", "to beef up", "to conduct"). Ex : *Notre effort principal a été si fort que nous avons encaissé sa (= ennemi) contre-attaque sans nous laisser démonter : our main effort was so strong we took his counterattack in stride (US) (Voir aussi région d'effort principal).*

Cf. : Main effort : A concentration of forces or means, in a particular area, where a commander seeks to bring about a decision (GB).

effort secondaire (TAC) secondary effort (US), supporting effort (US).

effritement crumbling (OTAN). Ex : *Miser sur un effritement de l'Alliance : to bank on the crumbling of the Alliance (OTAN).*

effusion de sang bloodshed (GB). Ex : *Au milieu d'épouvantables effusions de sang : amid appalling bloodshed (GB)* – *La mission fut accomplie sans effusion de sang : the mission was achieved without bloodshed (GB)* – *Un coup d'État sans effusion de sang : a bloodless coup (GB).*

égal (ennemis) equal (US) (ADV : "relatively").

égalité des chances (PERS) equal opportunity (US), equal opportunities.

égarer (tromper) to deceive (US). Ex : *Égarer l'ennemi sur... : to deceive the enemy as to... (US).*

égide aegis (US), auspices (GB, OTAN), sponsorship (US). Ex : *Être placé sous l'égide de : to be placed under the aegis of (US), under the auspices of (GB, OTAN), under the sponsorship of (US)* – *Sous l'égide (ou le patronage) des Nations-Unies : UN-sponsored / UN-brokered (En épithète) (UN)* – *La Force de Mise en Oeuvre, sous l'égide de l'OTAN : the NATO-led Implementation Force (Jane's)* – *Un organisme placé sous l'égide du ministère de la Défense : a DOD-sponsored agency (US) (DOD = Department of Defense).*

église church (GB), chapel (GB).

EHAC (escadrille d'hélicoptères anti-chars) antitank helicopter company (US), antitank helicopter squadron (GB).

EIREL (école interarmées du renseignement et des études linguistiques) (Traduction proposée) Defence (ou Joint) Intelligence and Language School (Pas d'équivalent exact dans les armées américaines et britanniques, où les fonctions "Renseignement" et "Langues" sont dissociées).

- *LANGUES*: Aux USA: Defense Language Institute Foreign Language Center (DLI FLC) (Présidio de Monterey, CA) (Anciennement: Army Language School) – Au Royaume-Uni: Defence School of Languages (Beaconsfield, comté de Buckinghamshire) (Anciennement: Army School of Languages).

- *RENSEIGNEMENT*: Aux USA: the U.S. Army Intelligence Center (Fort Huachuca, AZ) – Au Royaume-Uni: Defence Intelligence and Security School (Ashford, Kent).

éjecter (sous-munitions) to disperse (sub-munitions) (US).

éjecter (douilles) (fusil) to eject (cases) (GB) (ADV: "properly").

éjection (d'un aéronef) ejection (GB).

éjection par le culot (obus) base ejection (OTAN).

élaboration (ordre) production (OTAN). Ex: *L'élaboration d'un ordre d'opération: the production of an operation order (OTAN).*

élaboration (force) development (US). Ex: *L'élaboration d'une force armée: the development of an armed force (US).*

élaboration (logiciel) development (OTAN).

élaboration de concept concept development (US).

élaboration des ordres (méthode d') (unités élémentaires) troop-leading procedure (US).

élaboration des plans militaires (niveau national) formation of military plans (US).

élaboration doctrinale doctrinal development (US).

élaboration du renseignement (RENS) production of intelligence (OTAN). Ex: *Donnée non traitée de toute nature qui peut être utilisée pour l'élaboration du renseignement: unprocessed data of every description which may be used in the production of intelligence (OTAN).*

élaboré (matériel) comprehensive (US), sophisticated (US). Ex: *Des instruments de vision et de pointage très élaborés (véhicule blindé): comprehensive sighting and vision instruments (US).*

élaboré (renseignement) processed (OTAN), finished (US). Ex: *Renseignement élaboré: finished intelligence (US).*

élaborer to develop (UEO, US), to shape (OTAN). Ex: *Élaborer un mode d'action: to develop a course of action – L'UEO a élaboré un cadre qui a permis à un nombre croissant de pays européens de s'associer à ses activités: WEU has developed a framework within which an increasing number of European countries have become associated in its activities (UEO) – Élaborer une stratégie: to shape a strategy (OTAN) – Élaborer la doctrine d'emploi d'une force: to develop the principles of employment of a force.*

élaborer (RENS) to process (OTAN).

élaguer to prune (Jane's). Ex: *Élaguer l'infrastructure militaire: to prune the military infrastructure (Jane's).*

élan (TAC) momentum (US, GB) (VERB: "to slow down", "to maintain"). Ex: *L'élan / d'une attaque / de la progression: the momentum / of an attack / of the advance (US) – Maintenir l'élan: to maintain the momentum (GB) – Soutenir l'élan: to sustain the momentum – Au moment où l'attaque ennemie perd de son élan: as the enemy attack loses momentum (US).*

élan (ou impétuosité) (unité) élan (GB).

élargi (force / champ de bataille) expanded (OTAN, US). Ex : *Force opérationnelle OTAN élargie : NATO expanded task force (NETF) (OTAN)*.

élargir to widen (US), to broaden (US), to expand (US), to extend (US). Ex : *Élargir la brèche ouverte dans la position défensive ennemie : to widen the gap created through the enemy's defensive position (US) – Élargir une pénétration (TAC) : to widen a penetration (US) – Élargir les missions et les responsabilités de : to widen the roles and responsibilities of – Élargir des connaissances : to broaden knowledge (US) – Élargir la manœuvre d'une autre force : to complement another force (OTAN) – Élargir la zone d'intérêt : to expand the area of interest (US) – Élargir la zone de stabilité de l'OTAN : to widen NATO's zone of stability (OTAN) – Pendant que nos troupes s'efforçaient d'élargir leur tête de pont : while our troops strove to extend (ou to widen) their bridgehead (US) – Élargir le champ de bataille dans l'espace et dans le temps : to expand the battlefield in space and time (US)*.

élargissement (Alliance Atlantique) enlargement (OTAN). Ex : *La prochaine phase de l'élargissement : the next round of enlargement (OTAN)*.

élasticité (TAC) elasticity (US). Ex : *De l'élasticité en défensive : elasticity in the defense (US) – L'élasticité du dispositif défensif : the elasticity of the defense (US)*.

élastique (concept) (adjectif) elastic (US).

élections elections (OTAN, US) (VERB : "to hold") (ADJ : "free" = libres, "fair" = équitables) (NOM ASS. : "conduct" = tenue).

électricien electrician (GB).

électricien auto car electrician (GB).

électricité (énergie électrique) power (GB), electricity (OTAN). Ex : *De nombreuses attaques visant le réseau de transmission d'électricité serbe : extensive attacks against the Serb electricity transmisssion system (OTAN)*.

électricité statique static electricity (US, GB).

électrique electric (OTAN). Ex : *Le système d'alimentation électrique des Serbes : the Serb electric power system (OTAN)*.

électriquement electrically (US), by power (US), power operated (Jane's) (Contraire : "by hand" = manuellement). Ex : *Tourelle biplace alimentée électriquement : two man power operated turret (Jane's) – Le tir, commandé électriquement, permet une cadence de 8 coups/minute (char) : firing is electrically controlled and the rate of fire is up to 8 rounds per minute (US)*.

électro-explosif electro-explosive (OTAN).

électro-hydraulique electro-hydraulic (US).

électroluminescent electro-luminescent (GB).

électro-magnétique electromagnetic (EM) (OTAN, GB). Ex : *Rayonnements électromagnétiques : radiated electromagnetic energy (OTAN) (VERB : "to search for", "to intercept", "to identify", "to locate")*.

électronicien d'armes weapons electronic engineer (UN).

électronique (nom) electronics (OTAN, UN), electronic equipment (Terme indénombrable, qui désigne également l'industrie de l'électronique) (ADJ : "sensitive"). Ex : *L'électronique d'un char : the electronic equipment of a tank – Électronique de missiles : missile electronics (UN)*.

électronique (adjectif) electronic (US, GB). Ex : *Courrier électronique (ou messagerie électronique ou courriel) (Internet) : electronic mail (eMail) – Attaque électronique : electro-*

nic attack (US) – Un récepteur radio connecté à d'autres équipements électroniques : a radio receiver linked up with other electronic equipment (US).

électro-optique electro-optical.

élégant impeccable (GB). Ex : *Fier de ton état de légionnaire, tu le montres dans ta tenue toujours élégante, ton comportement toujours digne mais modeste, ton casernement toujours net (Code d'honneur) (Légion) : proud of your status as a legionnaire, you will display this pride, by your turnout, always impeccable, your behaviour, ever worthy, though modest, your living-quarters, always tidy (GB).*

élément (force) (TAC) element (US, OTAN, GB) (Terme dénombrable) (VERB : "to sight" = apercevoir) (PART : "replaced"). Ex : *Élément d'éclairage : scouting element (US) – Élément de soutien : support element – Éléments de tête : lead(ing) elements – Éléments de queue : trailing elements – Des éléments armés : armed elements (US) – Éléments de quartier général : headquarters elements (US) – Les éléments blindés de la 3e Armée : the armored elements of the Third Army (US) – Tous les éléments de la division : all division elements (US) – Les divers éléments d'un commandement : the various elements of a command (OTAN) – Éléments principaux d'une force : major elements of a force (US) – Éléments de combat : combat elements (US) – Élément de soutien logistique : logistics support element (LSE) (US) – Élément de sûreté : security element (OTAN) – Éléments d'attaque : attack elements (OTAN) – L'élément de commandement et d'étatmajor d'une grande unité : the command and staff element of a formation (GB) – Éléments de soutien : CSS (= Combat Service Support) elements (US) – Éléments de force : force elements (US) (ADJ : "interchangeable", "expandable", "tailorable") – Les éléments de combat d'une compagnie d'infanterie : the combat elements of an infantry company (US) – Rattraper un élément adverse : to catch a hostile force (GB, OTAN) – Éléments de manœuvre : maneuver elements (US) – Des éléments de reconnaissance blindée : armoured reconnaissance elements (GB) – Des éléments de l'avant-garde ennemie ont été aperçus : elements of the enmy advance guard have been sighted (GB).*

élément element (GB), facility (OTAN), data (OTAN), feature (GB), part (GB). Ex : *Un élément d'information : an element of information (GB) – Élément de la chaîne sanitaire : medical facility (OTAN) – Éléments de planification : planning data (OTAN) – La coopération va devenir un élément majeur du paysage de l'acquisition des matériels (armement) : cooperation will become a major feature of the procurement landscape (GB) – Un élément essentiel du succès : an essential part of success (GB).*

élément air de la force interarmées joint force air component (OTAN).

élément de langage element of communication.

élémentaire (formation) basic (training).

élémentaire (unité) (UE) basic tactical unit.

Cf. : Unité de base dans le domaine tactique et (ou) dans le domaine administratif ; l'unité élémentaire peut être compagnie, escadron, batterie ou escadrille suivant l'arme (F).

élément adverse hostile element (US).

élément avancé forward element (US).

élément central centrepiece (OTAN), central element (US). Ex : *L'OTAN demeure l'élément central de la défense collective de l'Europe : NATO remains the centrepiece of Europe's collective defence (OTAN) – La projection de puissance est un élément central de la sécurité nationale : power projection is a central element of national security (US).*

élément clé (organisation) key part (US), key element (US).

élément clé key component (US). Ex : *L'audace est l'élément clé de toute action offensive : audacity is the key component of any offensive action (US).*

élément d'appui combat support element (US), CS element (US) (VERB : "to attach").

élément d'appui feu fire support element (FSE) (OTAN).

élément d'attaque attacking force (OTAN), attack element (OTAN). Ex : *Éléments d'attaque : attack elements (OTAN).*

élément de base basic element (US). Ex : *Les compagnies constituent l'élément de base de tous les régiments : companies are the basic element of all battalions (US).*

élément de combat combat element (US) (VERB : "to attach").

élément de commandement (et de contrôle) command (and control) element (US), headquarters element (US) (VERB : "to target"). Ex : *Élément de commandement aéroporté : airborne command element (GB) – Quelle que soit la taille de l'unité, il y a toujours un élément de commandement : whatever the size of the unit, there is always a headquarters element (US).*

élément de couverture voir **force de couverture**.

élément de force(s) force element (US) (VERB : «to provide») (ADJ : "interchangeable", "expandable", "tailorable").

élément de manœuvre maneuver element (US).

élément dépassé (détachement de sûreté) stay behind force (OTAN).

élément de plage shore party (OTAN).

élément déployable deployable element (OTAN).

élément de protection guard (US, GB, OTAN).

élément de reconnaissance reconnaissance element (US).

élément de soutien combat service support element (US), CCS element (US) (VERB : "to attach").

élément de soutien des transmissions communication support element (CSE) (OTAN).

élément de soutien logistique logistic support element (LSE) (OTAN).

élément de sûreté security element.

élément de surprise surprise (GB). Ex : *L'élément de surprise sera essentiel à la réussite de cette opération : surprise will be vital to the success of this operation (GB).*

élément d'état-major staff element (OTAN). Ex : *Élément principal d'état-major : main staff element (MSE) (OTAN).*

élément de tête (unité) leading element (GB). Ex : *Les éléments de tête de la 1ère Division Blindée : the leading elements of the 1 st Armoured Division (GB).*

élément d'image (ou pixel) pixel.

élément d'information bit of information (US) (VERB : "to assimilate").

élément d'observation dans la profondeur (EOP) (découverte) long-range surveillance detachment (LRSD) (US) (Dans un "Military Intelligence (MI) Battalion"), long-range reconnaissance team / patrol.

élément d'un quartier général headquarters component.

élément important (concept) major component (US).

élément interarmes combined-arms element (US).

élément moteur voir **élément vital**.

élément précurseur (force) advance element (OTAN).

élément vital (ou élément moteur) lifeblood (US). Ex : *L'électricité est l'élément vital (ou moteur) des forces armées : electric power is the lifeblood of armed forces (US).*

éléments administratifs (formation de combat) B Echelon (GB).

éléments d'appui (force) combat support elements (US).

éléments de circulation routière (police militaire / GEND) traffic policemen (US). Ex : *Placer des éléments de circulation routière aux points critiques : to station traffic policemen at critical points (US).*

éléments de combat (formation de combat) F Echelon (GB).

éléments de soutien nationaux national support elements (OTAN).

éléments de tête (unité en progression) leading elements (US) (VERB : "to move").

éléments de tir (ART) firing data (OTAN) (VERB : "to produce", "to compute").

éléments essentiels d'information essential elements of information (OTAN).

éléments essentiels d'informations amies essential elements of friendly information (EEFI) (OTAN).

éléments logistiques (formation de combat) A Echelon (GB).

éléments organiques d'armée (EOA) army troops.

éléments organiques de corps d'armée (EOCA) corps troops (GB) (VERB : "to provide") (ADJ : "key").

éléments organiques de division (ou divisionnaires) (EOD) divisional troops (GB), divisional base (US). Ex : *Les EOD de la division blindée sont identiques : the divisional base for the armored division is the same (US).*

Cf. : A divisional base consists of the units that provide the division's command and control, combat support and combat service support (US).

élévateurs (parachute) risers (US).

élevé high (US), hefty (GB). Ex : *Des pertes humaines élevées : high casualties (US) – Puissance de feu élevée : high firepower – Infliger à l'ennemi des pertes élevées : to inflict high losses on the enemy (US) – Un moral élevé (PERS) : high morale (GB) – Encaisser de nouvelles pertes très élevées (unité) : to take further hefty losses (GB) – L'officier dans le (ou du) grade le plus élevé : the highest ranking officer (US) – Aux échelons plus élevés (ou supérieurs) : at higher echelons (US).*

élevé (énergie) high (OTAN).

élève-infirmier student nurse (GB).

élève-officier (officer) cadet (US,GB) (Dans l'armée de terre britannique, il porte le grade de "under officer") (Le "Cadet" américain se fait appeler "Cadet", et de manière moins solennelle "Mister" ou "Miss"). Ex : *Les élèves-officiers étrangers : overseas cadets (GB) – Élève-officier féminin : female cadet, woman officer cadet (GB) – Les rigueurs de la vie d'élève-officier à (l'école militaire de) Westpoint : the rigors of cadet life at Westpoint (US).*

élève-officier de réserve (EOR) (Traduction proposée) reserve officer cadet. Équivalent US le plus proche : ROTC (= Reserve Officer Training Corps) cadet / student (Voir explications à **préparation militaire (PM)**.

élever (mettre en position plus haute) to elevate (GB).

élever (à un grade ou une dignité) (PERS) to raise (GB), to elevate, to promote. Ex : *Élever au grade de : to raise to the rank of (GB) – Être élevé au grade de capitaine : to be raised (ou elevated) to the rank of captain – Être élevé à la dignité de : to be promoted to the dignity of.*

éliminateur d'échos fixes moving target indicator (US, OTAN) (ADJ : "airborne" = de bord).

élimimation (matériel / déchets) disposal (US, GB), elimination (UN). Ex : *Élimination de missiles à portée intermédiaire : elimination of intermediate-range missiles (UN) – Élimination des déchets nucléaires : nuclear waste disposal (GB).*

élimination d'engins explosifs explosive ordnance disposal (EOD) (US, GB, OTAN).

éliminer to eliminate (GB), to clear away (OTAN), to liquidate (OTAN), to defeat (US). Ex : *Éliminer une opposition ennemie : to clear away enemy opposition (OTAN) – Éliminer d'emblée un candidat : to eliminate a candidate immediately (GB) – Éliminer les restes de la résistance ennemie : to liquidate remnants of enemy resistance (OTAN) – Éliminer la menace de l'ennemi : to defeat the enemy threat (US).*

éliminer (tuer) (PERS) to eliminate (GB).

éliminer (option) to eliminate (GB).

élingage (transport sous élingue) sling transport.

élingue (de suspension) (cargo) sling (US, OTAN). Ex : *Transporter une charge sous élingue : to carry a load underslung (N.B. : Emploi du participe passé), to carry a sling load (+ of) – Transporté sous élingue par un Puma : carried underslung from a Puma (GB) – Charge sous élingue : underslung load (OTAN).*

élinguer to sling (US), to slingload (US).

élite elite (GB) (VERB : "to select") (ADJ : "military"). Ex : *Les artilleurs étaient considérés comme l'élite de l'armée de terre : artillerymen were considered the Army's elite / élite (US) – Le sentiment d'appartenir à une élite : the notion of belonging to an elite (GB).*

élite (d') elite (GB), crack (GB). Ex : *Un soldat d'élite : an elite soldier (GB) – Un régiment d'élite : a crack regiment (GB) – Une force combattante d'élite : an elite fighting force (GB) – Une troupe d'élite : an elite force (US).*

éloges (ou louanges) praise (US, GB). Ex : *Recevoir des éloges (ou des louanges) pour l'exécution de sa mission : to win praise for one's performance of duty (US) – Le (système de transmissions) Ptarmigan a reçu les plus grands éloges : Ptarmigan won high praise (GB).*

éloigné distant (UEO), remote (US). Ex : *Les capacités pour assurer la projection des forces vers des théâtres d'opérations, même éloignés, devraient être améliorées : capabilities for projecting forces to theatres of operations, even distant ones, should be improved (UEO) – Des régions éloignées de la planète : remote regions of the globe (US).*

éloigné (tête radar) remote (OTAN).

éloignement familial (PERS) family separation (US), separation from (the) family (US).

éloigner de (s') to move away from (US).

émaner to emanate (US). Ex : *Des ordres émanant d'une autorité supérieure : orders from higher authority (US) – De la propagande qui émane d'une source : propaganda that emanates from a source (US).*

EMAT voir **état-major de l'armée de terre**.

emballage (cargaison) (LOG) packing (OTAN).

emballer (LOG / missile) to package (US). Ex : *Article / emballé / non emballé : packaged / unpackaged / item (OTAN).*

embarcation craft (Terme générique invariable). Ex : *Embarcation de surface : surface craft (US).*

embarcation d'assaut (forces spéciales / infanterie) assault boat (GB), assault craft (GB) (VERB : "to use", "to take delivery of", "to carry") (ADJ : "(virtually) unsinkable", "light", "man-portable") (NOM ASS. : "length", "beam", "draught", "weight", "speed", "coxswain", "hull weight") (EXPR : "to be made of glass reinforced plastic", "to be driven up shallow beaches", "to have a steeply raked flat bow", "to allow fast disembarkation", "to be fitted with lifting-points", "to be transported by helicopter", "to be powered by an outboard motor", "to be capable of carrying fully-equipped men", "to be constructed of Kevlar", "to be fitted with twin motors").

embargo embargo (US, GB) (Pluriel : "embargoes") (ADJ : "economic"). Ex : *Mettre l'embargo sur : to put (ou to impose) an embargo on (GB) – Embargo sur les armes : arms embargo (GB) – Embargo sur l'information : embargo on information (US) – Embargo pétrolier : oil embargo (GB) – Embargo commercial : trade embargo (US).*

embarqué (troupes / actions) mounted (US, Jane's) (Contraire : "dismounted"). Ex : *Des sections embarquées sur VTT blindés : platoons mounted in APCs (GB) (APC = Armoured Personnel Carrier = véhicule de transport de troupes blindé) – Combattre embarqué : to fight while mounted (US), to fight mounted (Jane's) – Mener des actions embarquées ou débarquées (INF) : to conduct mounted or dismounted action (GB).*

embarqué (de bord) (matériel) on-board (En épithète) (US).

embarqué (aéronef) airborne (OTAN), air-loaded (US). Ex : *L'helicoptère 0H-58 D peut aisément être embarqué à bord d'avions de transport C-130 : the 0H-58 D (helicopter) can easily be air-loaded on C-130 cargo aircraft (US) – Système de radioralliement embarqué (ou de bord) : airborne homing system (AHS) (OTAN).*

embarqué sur (PERS) mounted in (US). Ex : *Les unités d'infanterie mécanisée sont embarquées sur véhicules de combat d'infanterie : mechanized infantry units are mounted in infantry fighting vehicles (US).*

embarqué sur navire shipborne (OTAN).

embarqué sur véhicule (matériel) vehicle borne (GB), vehicle(-)mounted (GB, US). Ex : *Embarqué sur véhicules de combat Bradley (missile antichar) : mounted on Bradley fighting vehicles (US).*

embarquement (opérations aéroportées/amphibies/de projection) (navire/aéronef) embarkation (US, GB). Ex : *La Légion fut mise sur pied d'intervention en vue d'un embarquement imminent : the Legion was placed on standby for imminent embarkation (GB).*

Cf. : The loading of troops with their supplies and equipment into ships and / or aircraft (US).

embarquement (d'une unité dans un aéronef) (unit) emplaning (OTAN).

embarquement (d'une unité motorisée) embussing (GB).

embarquer (monter à bord) to entruck (US), to board (US), to emplane, to mount. Ex : *Embarquer dans un camion : to entruck (US) – Embarquer dans un avion : to board an aircraft, to emplane (GB) – Embarquer dans un transport de troupes : to mount a troop carrier – Embarquer / dans un véhicule / dans un aéronef : to board / a vehicle / an aircraft – Embarquer sur des ferry-boats (PERS) : to board ferries (GB) – Les portes permettent d'embarquer et de débarquer rapidement (VTT) : the doors permit rapid mounting and dismounting (US).*

embarquer (matériel) to stow (GB). Ex : *Tout le matériel a été embarqué, prêt pour le décollage : all the equipment has been stowed ready for take-off (GB).*

embarquer (dans navire ou aéronef) to embark (GB).

embarquer (dans un car ou autre véhicule) (ou faire embarquer) to embus (GB) (PART : "embussing") (Contraire : "to debus").

embarquer (dans un train) to entrain (GB).

emblée (d') immediately, outright, first-found (US). Ex : *Tir avec coup au but d'emblée : first-round hit (US).*

emblème (unité) emblem (GB). Ex : *L'emblème de la division : the division emblem (GB) (VERB : "to wear").*

emboîté (concept) nested (US) (PREP : "in").

embossé (char) dug-in (US), positioned (US).

embossement defilade position (GB) (VERB: "to dig" = creuser).

embout de poignée (fusil) stock grip cap.

embouteillages congestion (OTAN) (NOM ASS.: "clearance", "prevention").

embranchement (itinéraire) fork (GB).

embrasure (mur / parapet) (tir) embrasure (GB).

embrayage (véhicule) clutch.

embryon (élève-officier de 1ère année à Saint-Cyr) Third Class cadet, plebe (US).

embuscade (TAC) ambush (US, GB) (Terme familier US / Vietnam: "Alpha Bravo") (À noter : 1ᵉ — "Tendre une embuscade à" se traduit par "to set / to lay an ambush for " ou par le verbe transitif direct "to ambush". On peut aussi utiliser les verbe "to conduct" ou "to carry out" – 2ᵉ — Le terme "ambush" designe également le groupe de soldats qui tend une embuscade. Ex : *The ambush has not returned yet* (GB) (EXPR : "an ambush patrol"). Ex : *Le détachement est pris en embuscade par les guerrilleros : the party is ambushed by the guerrillas (GB) – Être posté en embuscade : to lie in ambush (GB), to wait in ambush (GB) – La patrouille fut prise en embuscade : the patrol was caught in an ambush (GB).* Cf. : A surprise attack by fire from concealed positions on a moving or temporarily halted enemy (GB).

embusqué (terme familier) soldier with a desk job (Voir aussi **planqué**).

EMD voir **en mesure de**.

émergent emerging (US, UN). Ex : *Technologies émergentes (ou naissantes) : emerging technologies (US, UN).*

émetteur (TRANS) transmitter (US) (VERB : "to detect", "to hide") (ADJ : "miniature", "illegal"). Ex : *Localiser les émetteurs radio clandestins (RENS) : to locate clandestine radio transmitters (US).*

émetteur (message codé) (RENS) sender (US).

émetteur de brouillage (TRANS) jamming transmitter (OTAN).

émetteur-récepteur transceiver (US). Ex : *Émetteur-récepteur IFF : IFF transceiver (US).*

émettre (TRANS) to transmit (US). Ex : *Émettre sur une fréquence : to transmit on a frequency (US).*

émettre (ordres / directives) to issue (OTAN, US) Ex : *Émettre / un ordre d'opération / des directives : to issue / an operation order / directives (OTAN) – Émettre une directive classée Très-Secret Défense (Président) (RENS) : to issue a Top Secret directive (US).*

émettre (énergie) to emit (US).

émeute riot (GB) (VERB : "to begin", "to spread to", "to quell"). Ex : *Les émeutes ont débuté en août 1969 : the rioting started in August 1969 (GB) – Une vague d'émeutes : an outbreak of rioting (GB) – Les habitants ont fait une émeute : the inhabitants rioted (GB).*

émeutier rioter (GB). Ex : *Deux émeutiers furent abattus : two of the rioters were shot dead (GB).*

EMF voir **état-major de force**.

EMIA voir **état-major interarmées de planification opérationnnelle**.

EMIA (École Militaire Interarmes) Équivalent US : Officer Candidate School (OCS).

émigré émigré (US).

éminent distinguished (OTAN). Ex : *Le Comité a exprimé au général X toute sa gratitude pour ses éminents services : the Committee expressed to General X lasting gratitude for his distinguished service (OTAN).*

émis emitted (US). Ex : *La chaleur émise par un avion à réaction : the heat emitted from a jet (US).*

émis par laser (rayon) laser-emitted (US).

émissaire envoy (US, GB) (VERB : "to send") (ADJ : "special").

émission (ondes électro-magnétiques) radiation (US).

émissions emissions (OTAN, US), traffic (GB). Ex *Les émissions radio ennemies : enemy signal traffic (GB) – Émissions ennemies : enemy emissions (OTAN) (VERB : "to monitor", "to record" "to carry out surveillance on") – Émissions de chaleur : heat emissions (US) (VERB : "to produce", "to lock onto") – La neutralisation intentionnelle des émissions électromagnétiques amies : the intentional suppression of friendly electromagnetic emissions (US) – L'interception et l'analyse des émissions électroniques : the interception and analysis of electronic emissions (US).*

emmener to take (GB). Ex : *Emmener une unité au combat : to take a unit into action (GB).*

émoulu voir **frais émoulu**.

emparer de (s') to seize (US), to secure (US), to capture. Ex : *S'emparer / d'une ville / d'une position : to capture / a town / a position (GB).*

Cf. : To seize : To clear a designated area and obtain control of it. Must physically occupy the ground (US) (À la différence de "to secure" où l'occupation physique n'est pas requise).

empattement (véhicule) wheelbase.

empattement (largeur d'hélicoptère) skid.

empêcher to prevent (US), to deter (US), to interfere with (US), to counter (US), to detract from (US) (EXPR : "to prevent somebody from doing something"). Ex : *Empêcher des avions amis d'être pris à partie par des troupes amies : to prevent friendly aircraft from being fired on by friendly forces (US) – Empêcher la progression ennemie sur une direction donnée : to prevent enemy advance in a given direction (US) – Empêcher le R.C. (ENI) de franchir la Marne : to prevent the tank battalion from crossing the Marne (River) – Empêcher l'arrivée du deuxième échelon ennemi : to prevent the arrival of the enemy second echelon (US) – Empêcher le redéploiement des forces ennemies : to prevent redisposition of enemy forces (OTAN) – Empêcher la guerre : to deter war (US) – Empêcher le déclenchement de la guerre : to prevent the outbreak of war – Empêcher l'intervention des deuxièmes échelons (TAC) : to interdict the second echelons (GB) – Contribuer à empêcher une catastrophe humanitaire : to help prevent a humanitarian catastrophe (OTAN) – Empêcher les troupes ennemies de mettre leurs masques (NBC) : to interfere with the masking of enemy troops (US) – Priver l'ennemi de renseignements en l'empêchant d'observer : to deny information to the enemy by preventing observation (US) – Empêcher la menace (ou les menaces) aérienne(s) : to counter air threats (US) – Les lacunes empêchent de déterminer les points faibles de l'ennemi : limitations detract from the determination of enemy vulnerabilities (US).*

Cf. : To prevent : To preclude any possibility of an activity or event occurring (US).

empennage (missile) fin.

empennage fixe (missile) fixed winglet.

empenné (projecile) fin-stabilized (US). Ex : *Le projectile-flèche empenné à sabot détachable : the APDSFS projectile (US) (APDSFS = armor-piercing, discarding sabot, fin-stabilized).*

empirique empirical (US, GB). Ex : *De façon empirique : empirically (US).*

emplacement (endroit) location (OTAN), site (GB), spot (GB), station (US) (ADJ : "exact"). Ex : *L'emplacement des quartiers généraux : the location of headquarters (OTAN) – L'emplacement d'un champ de mines : the location of a minefield (OTAN) (VERB : "to indicate") – À l'emplacement du chef de char : at the (tank) commander's station (US) –*

Emplacement des charges nucléaires statiques (ou des mines à charge atomique): atomic demolition munition location (ADML) (OTAN) – Ce serait un bon emplacement pour le poste de secours régimentaire: this would be a good site for the RAP (= Regimental Aid Post) (GB) – C'est un bon endroit pour les mortiers: this is a good spot for the mortars (GB).

emplacement (arme) emplacement (US, OTAN).

Cf. : A prepared position for a weapon (US).

emplacement (de pièce d'artillerie) (gun) emplacement (US, OTAN, GB), gun platform, gun position.

emplacement (site) location (of a site) (CFE).

emplacement (protégé) d'armes pillbox (OTAN).

emplacement de combat fighting position (US).

emplacement de repli en cas d'urgence emergency relocation site (ERS) (OTAN).

emplacement de tir abrité pillbox (US, OTAN).

emplacement d'opérations operating location (OTAN). Ex: *Emplacement d'opérations avancé: forward operating location (FOL) (OTAN).*

emplacement du tireur (véhicule) gunner's position (GB).

emploi (utilisation) employment (US, OTAN, GB), use (GB, US, CFE), utilization (US). Ex: *L'emploi des feux aériens et terrestres: the employment of air and surface fires (US) – L'emploi de l'infanterie blindée: the employment of armoured infantry (GB) – Emploi chimique — nucléaire: use of chemical and nuclear strikes – L'emploi des hélicoptères sur le champ de bataille: the use of helicopters on the battlefield (GB) – L'emploi du terrain: use of ground – Pour emploi (unité / force): for employment (US, OTAN) – L'emploi de la force: the use of force (CFE, US) (VERB: "to authorize") (ADJ: "appropriate", "inappropriate", "restrained") – L'emploi des forces classiques: the use of conventional forces (US) – L'emploi des titres: the use of titles (US) – La mission et l'emploi des officiers techniciens: the role and utilization of warrant officers (US) – Emploi tactique (armes): tactical employment (US) – Emploi des armes nucléaires et chimiques / de l'arme nucléaire et chimique: nuclear and chemical weapon(s) employment (US) – Emploi des fumigènes: employment of smoke (US) – Substance chimique destinée à un emploi militaire: chemical substance intended for use in military operations (OTAN) – Emploi du feu et de la manœuvre: employment of fire power and manœuvre (OTAN) – Emploi défensif des mines: mine defence (UN) – L'emploi des moyens militaires: employment of military assets (US) – Les forces armées ont exclu l'emploi des armes non létales: the armed forces have ruled out the use of non-lethal weapons (Jane's) – L'Italie organisera le prochain séminaire sur le sujet "Emploi, entraînement et évaluation des unités de défense aérienne en opérations de soutien de la paix": Italy will host the next seminar on the topic "Air Defence Units Employment, Training and Evaluation for Peace Support Operations" (OTAN) – L'emploi d'une division d'infanterie: the employment of an infantry division (US).*

emploi (fonction / travail / position) appointment (GB), (duty) position (US), assignment (US), post (GB), job, employment (US) (VERB: to hold" = occuper). Ex: *Un emploi inter-armées: a "purple" appointment (GB) – Un emploi réservé (aux personnels d'une arme ou d'un service): a "tied" appointment (GB) – Un emploi en état-major: a staff appointment (GB), a staff position (US) – Occuper un emploi: to fill a position – Des emplois ouverts à la fois aux hommes et aux femmes: employments (ou jobs) open both to men and women – Premier emploi en tant que (PERS): first assignment / appointment as – Emplois d'état-major: staff positions (US) / staff posts (GB) – Emploi dans le civil:*

civilian employment (US) (Terme indénombrable) – Emploi lié / non lié à l'arme (d'appartenance) <u>ou</u> interarmes : *branch material / branch immaterial position (US)* – Premier emploi (PERS) : *first-duty position (US)* – Emplois d'officier nécessitant une formation de niveau (de la) Licence : *officer assignments requiring graduate-level training (US)* – Obtenir un emploi au Service de Sécurité de la Défense (= équivalent US de la DPSD) : *to obtain employment with DSS (= Defense Security Service) (US).*

emploi défensif des mines mine defence (OTAN).

emploi de la force (l') (the) use of force (US) (VERB : "to ban") (ADJ : "adequate", "appropriate", "disciplined") (PREP : "against").

emploi des fumigènes smoke employment (US). Ex : *Un des rôles essentiels de l'emploi des fumigènes : a primary role of smoke employment (US).*

emploi des forces (TAC) employment of forces (US).

emploi des hélicoptères helicopter operations (OTAN), use of helicopters (OTAN). Ex : *Emploi des hélicoptères dans les opérations terrestres : use of helicopters in land operations (OTAN).*

emploi des moyens use of resources (US).

emploi du temps (soldat / élève) schedule (US) (ADJ : "daily" = quotidien, "typical").

emploi interdit (femmes) closed position (US).

emploi militaire (poste) (PERS) military post (OTAN) (PART : "temporarily filled").

emploi spécial (d') (force) special-purpose (OTAN) (En épithète).

employé employee (US). Ex : *Un employé de la CIA : a CIA employee (US).*

employé administratif clerk (GB) (Terme familier péjoratif GB : "shiny arse").

employer to employ (US, GB), to use (US, GB), to apply (OTAN). Ex : *Employer des troupes (<u>ou</u> des forces : to employ forces (US, GB) – Employer une unité : to employ a unit (US, GB), to use a unit (GB) – Employer un véhicule : to employ a vehicle (GB) – Être employé en tant que grenadier-voltigeur dans une section d'infanterie : to be employed as a rifleman in an infantry platoon (GB) – Employer un agent (RENS) : to employ an agent (OTAN) – Employer la force : to apply force (OTAN) – Il devait (= il était prévu qu'il conduise) conduire un assaut vertical en employant un sous-groupement de brigade d'infanterie tout entier : he was to conduct an air assault using an entire infantry brigade combat team (US) – Ce système est employé par l'armée de terre britannique : this system is in use with the British Army – La taille de la force à employer peut varier de celle d'une petite formation à celle d'une division légère : the size of the force to be used may vary from a small formation to a light division (UEO).*

employeur (civil) (réserviste) (civilian) employer (US, GB) (VERB : "to communicate with", "to stand in good stead with"). Ex : *Sensibiliser les employeurs aux activités des réservistes : to familiarize employers with reservist activities (US).*

empoisonnement poisoning (US). Ex : *Empoisonnement par agents biologiques ou chimiques : biological or chemical agent poisoning (US).*

emport stowage. Ex : *Emport en munitions (canon) : ammunition carried (GB), ammunition stowage – Le char a une capacité d'emport de 40 obus : the tank has stowage for 40 rounds of ammunition.*

emporter to store (US), to carry (US), to take (GB), to lift (US), to stow (US). Ex : *Le char peut emporter 40 obus : the tank can store / carry 40 rounds of ammunition on-board (US), the tank has stowage (= capacité d'emport) for 40 rounds of ammunition – La patrouille emportera une mitrailleuse polyvalente : the patrol will be taking along a GPMG (GB) (GPMG = General Purpose Machine Gun) – L'hélicoptère emporte 6 missiles : the helicopter carries 6 missiles (US) – Munitions emportées : stowed ammunition (US) –*

L'hélicoptère peut emporter jusqu'à 11 soldats tout équipés : the helicopter can lift up to 11 combat-equipped troops (US) – Emporter 8 fantassins (véhicule) : to carry 8 infantrymen (GB).

emporter (emmener) to take (GB). Ex : *La patrouille emporte un appareil de vision nocturne : the patrol is taking a night viewing device (GB).*

emporter (gagner) to prevail (OTAN). Ex : *Au Kosovo, la volonté de la communauté internationale l'a emporté : in Kosovo, the will of the international community has prevailed (OTAN) – L'emporter dans la crise du Kosovo : to prevail in the Kosovo crisis (OTAN).*

emporter (ou enlever) d'assaut to carry (GB), to take by storm (GB). Ex : *Emporter (ou enlever) d'assaut une ligne de défense ennemie : to carry an enemy defensive line (GB) – Les troupes ont emporté d'assaut la position ennemie : the troops took the enemy position by storm (GB).*

emporter (blessés) to carry away (US).

emporter la décision to carry (ou to win) the day, to bring about the decision (GB). Ex : *Chercher à emporter la décision (TAC) : to seek a decision (US).*

empreintes prints (OTAN, US). Ex : *Empreintes de pas : footprints (US) – Empreintes digitales : fingerprints (OTAN, US) (VERB : "to reveal", "to record").*

emprise hold (US). Ex : *Saddam Hussein a cherché à consolider son emprise sur le nord de l'Irak : Saddam Hussein sought to consolidate his hold in the northern areas of Iraq (US).*

emprisonner (AT / GEND) to imprison (US), to jail (US), to confine (GB).

emprunt de gaz (à) (fusil) gas-operated (US).

emprunter to borrow (GB). Ex : *Emprunter des unités : to borrow units (+ préposition "from") (GB).*

emprunter (utiliser) to use (OTAN), to take (GB). Ex : *Emprunter un itinéraire (véhicule) : to use a route (OTAN) – L'effort principal empruntera cet itinéraire : the main thrust will take this route (GB).*

EMR voir **escadron de maintenance régimentaire**.

en in (US), with, by (GB), on (GB), into (US), as (US), of (US). Ex : *En deuxième échelon : in second echelon – 2 RFM renforcés en artillerie : 2 MRRs reinforced with artillery – En opérations : on operations (GB) – En mer : at sea (GB, US) – Franchir un cours d'eau en véhicules amphibies : to cross a stream in amphibious vehicles (US) – En uniforme : in uniform (US) – En tenue civile (ou en civil) : civilian clothing (US) – Jusqu'à ce que des renforts arrivent en (hélicoptères) Chinook et Puma : until reinforcements arrive by Chinook and Puma (GB) – Évacuation en ambulance : evacuation by ambulance (GB) – En territoire étranger : on foreign territory (GB) – Tirer en territoire irakien : to fire into Iraqi territory (US) – En terrain difficile : in difficult terrain (US) – En terrain particulièrement adapté : on particularly suitable ground (GB) – À leur retour, ils furent accueillis en héros : they were welcomed back as heroes (US) – Le fait de grouper les régiments de manœuvre sous les trois PC de brigade en nombre et en type appropriés en fonction de la mission de chaque brigade : grouping the combat maneuver battalions under the three brigade headquarters in the number and type appropriate to the mission of each brigade (US) – L'agent chimique toxique est répandu sous forme gazeuse ou en aérosol : the toxical chemical agent is disseminated as a vapor or an aerosol (US) – Pertes en personnel : loss of personnel (US).*

en (temporel) in, within (US), during (GB). Ex : *En 19 secondes : within 19 seconds (US) – Les essais menés en novembre 1998 (programme d'armement) : trials carried out during November 1998 (GB).*

en (en matière de) Ex : *L'entraînement des forces bulgares en défense aérienne (thème de séminaire OTAN) : Air Defence Training in the Bulgarian Forces (OTAN) – L'Italie organisera le prochain séminaire sur le sujet "Emploi, entraînement et évaluation des unités de défense aérienne en opérations de soutien de la paix" : Italy will host the next seminar on the topic "Air Defence Units Employment, Training and Evaluation for Peace Support Operations" (OTAN).*

en (+ participe présent) by (+ verbe en ING) (OTAN, GB). Ex : *En combinant défense et dialogue : by combining defence with dialogue (OTAN) – La France a réagi en envoyant des centaines de soldats : France reacted by dispatching hundreds of troops (GB).*

en action (forces) in action (CA).

en alerte (PERS) in a state of readiness (US, GB).

en appui (ART) in support (OTAN).

en appui de in support of (OTAN, US). Ex : *En appui de la stratégie militaire nationale : in support of the national military strategy (US).*

en approche (projectile) incoming (GB, US).

en arrière de behind (GB). Ex : *Maintenir une division en arrière de la limite avant de la zone de bataille : to hold a division behind the FEBA (= Forward Edge of the Battle Area) (GB).*

en attendant pending (US). Ex : *En attendant une contre-attaque menée par une force plus importante : pending a counterattack by a larger force (US).*

en attente standing by, standby (En épithète) (CA). Ex : *Un escadron MILAN en attente dans la région de Lille : a MILAN antitank company standing by in the Lille area (US) (Voir aussi* **attente***) – Une unité en attente : a standby unit (CA).*

en autonome (action d'une force) independently (US).

en avance advanced (US). Ex : *Ce concept était très en avance sur son temps : this concept was very advanced for its time (US).*

en avant de ahead of (GB). Ex : *En avant d'une force : ahead of a force (GB) (Voir aussi* **avant de (en)***.*

en batterie emplaced, positioned. Ex : *La SML (= section de mortiers lourds) est en batterie : the heavy mortar platoon is emplaced (ou positioned).*

encadrant (mission) simultaneous.

encadré (force / soldats) led (US), staffed. Ex : *Des soldats bien encadrés : well-led soldiers (US).*

encadrement (l') (cadres militaires) (unité/ corps) the permanent staff (GB).

encadrement (force) staffing (of a force) (GB).

encadrement (cadres militaires) (stage / formation) directing staff (DS) (GB) (Instructeurs).

encadrement (ART) bracket (OTAN).

encadrement (taux d') (unité) leader-to-led ratio (US).

encadrer (objectif) (tir d'artillerie ou de mortier) to straddle (GB).

encagement (TAC) isolation (of enemy forces).

Cf. : Action de feux visant à isoler des forces ennemies notamment en les coupant de leurs renforts et en interdisant leurs ravitaillements (F).

encager (TAC) to isolate (US). Ex : *Encager des forces ennemies : to isolate enemy forces (US).*

encaisser (pertes / sanctions) to take (US, GB), to absorb (OTAN), to take on the chin (familier) (US). Ex : *Le président Milosevic était prêt à encaisser de lourdes sanctions : President Milosevic was willing to absorb a high degree of punishment (OTAN) – Un* *biffin peut tout encaisser : a grunt can take anything (US) – La Légion encaissa le plus gros du choc des attaques : the Legion took the brunt of the attacks (GB) – Les Mexicains encaissèrent de lourdes pertes : the Mexicans took some heavy casualties (GB) – Si on a une attaque atomique, il nous faudra seulement l'encaisser : if we get an atomic attack we'll just have to take it on the chin (familier) (US) – Notre effort principal a été si fort que nous avons encaissé sa (= ennemi) contre-attaque sans nous laisser démonter : our main effort was so strong we took his counterattack in stride (US).*

en campagne (ou de campagne) field (US, GB) (En épithète), in the field (US). Ex : *Expérimentation en campagne : field experimentation (US) – Opérations de l'armée de terre en campagne : operations of the Army in the field (US).*

encartouché (munition) cased (US).

en cas de in the event of, should (en position initiale) (GB). Ex : *En cas de montée de la tension, cette division serait acheminée en Allemagne : should tension mount, this division would be moved to Germany (GB).*

en cas de nécessité when required (US).

encastré (ou incorporé ou intégré) (matériel) built-in (US).

en cause involved (OTAN). Ex : *La zone en cause : the area involved (OTAN).*

enceinte (militaire) (military) compound (US). Ex : *Les représentants des média seront admis dans l'enceinte de l'OTAN : media representatives will be admitted onto the NATO compound (OTAN).*

encerclement (TAC) encirclement (US, GB), envelopment (US, GB).

Cf. : Encirclement : The loss of freedom of maneuver resulting from enemy control of all ground routes of evacuation and reinforcement (US).

encercler (TAC) to encircle (GB), to surround (US, OTAN). Ex : *Une zone encerclée : a surrounded area (OTAN) – Les Mexicains nous encerclaient et tenaient leurs baïonnettes sur notre poitrine : the Mexicans encircled us and held their bayonets to our chests (GB) – La 5ᵉ Brigade est encerclée : 5 Brigade is surrounded (GB).*

en civil (policier) plainclothes (US) (En épithète).

enclave enclave (GB) (VERB : "to be surrounded by"). Ex : *L'enclave de Bihac : the Bihac enclave – Une enclave musulmane : a Muslim enclave (GB).*

enclavé (ou sans accès à la mer) (pays) landlocked (US).

enclos de prisonniers de guerre prisoner of war (POW) enclosure (OTAN).

encodage (ou chiffrement) encryption (UN).

en cohérence avec consistent with (US).

en colonne par un in single file (GB). Ex : *Les hommes avançaient en colonne par un sur le sentier : the men filed along the path (GB).*

en colonne par deux in double file (GB).

encombré de (route / itinéraire) clogged with (GB). Ex : *La route était encombrée de réfugiés : the road was clogged with refugees (GB).*

encombrement (circulation) traffic congestion.

encombrement (véhicule) dimensions. Ex : *Faible encombrement : small overall dimensions – Un véhicule blindé de faible encombrement : a compact armored vehicle (US).*

en commande (matériel) on order (GB).

en commun (travail) together (US). Ex : *Travailler en commun (forces) : to work together (US).*

en conséquence accordingly (US). Ex : *S'adapter en conséquence (TAC) : to adjust accordingly (US).*

en convergence (ART) converge (OTAN).

encore again (CA). Ex : *On accorda encore une fois la priorité aux forces conventionnelles : conventional forces were once again given priority (CA).*

encouragement (moral des troupes) Ex : *Discours d'encouragement : pep talk (familier) (US) (= "a talk to raise morale") (VERB : "to use" = faire).*

encouragements encouragements (GB) (VERB : "to issue").

encourager to encourage (US). Ex : *Encourager les gens à quitter volontairement l'armée de terre : to encourage people to leave the Army voluntarily (US)* – *Encourager la recherche dans le domaine du renseignement : to encourage research in the intelligence field (US).*

en cours in progress (US), underway (US), ongoing (US, OTAN), current (OTAN), now deployed (OTAN), in development (OTAN). Ex : *Une attaque aérienne en cours : an air attack in progress (US)* – *Un opération en cours : an operation underway (US)* – *Les activités en cours : ongoing activities (CFE)* – *Les opérations tactiques en cours : current tactical operations (OTAN)* – *L'opération terrestre en cours au Kosovo : the ground operation now deployed in Kosovo (OTAN)* – *Un projet en cours : a project in development (OTAN)* – *Les négociations qui sont en cours : the ongoing negotiations (OTAN).*

en cours de Utiliser le <u>verbe au présent progressif ou au participe présent</u> (avec éventuellement la conjonction <u>"while"</u>), les adverbes <u>"currently"</u> ou <u>"now"</u>, la préposition <u>"during"</u>. Ex : *En cours de décrochage : currently (<u>ou</u> now) disengaging* – *En cours d'attaque : during an attack (OTAN)* – *Un objectif qui se révèle en cours d'opérations (ART) : a target which appears during combat (OTAN)* – *La hauteur du véhicule peut être modifiée en cours de marche : the height of the vehicle can be varied while moving (US)* – *En cours de mise au point (<u>ou</u> de développement (matériel) : under development.*

en cours d'élaboration (plan) under development (US).

en cours d'emploi (formation) on-the-job (OTAN) (En épithète).

en cours de vie (amélioration de matériel) through-life (AUST) (En épithète).

encrassement (tube de canon) fouling, clogging.

encre (RENS) ink (US) (VERB : "to employ", "to dry" = sécher, "to develop", "to make") (ADJ : "special"). Ex : *Encre invisible : secret ink (US), invisible ink (US)* – *Écrire un message secret à l'encre invisible : to write a secret message in invisible ink (US).*

en date de dated (+ date).

en deçà de short of (US). Ex : *En deçà de l'objectif (ART) : short of the target (OTAN).*

en défensive in the defence (GB) (<u>ou</u> defense (US), in the defensive (US, GB).

en dehors de outside (US), off (US). Ex : *En dehors du théâtre d'opérations : outside the theater of operations (US)* – *Crises en dehors de l'Europe (<u>ou</u> hors d'Europe) : extra-European crises (US)* – *En dehors du champ de bataille : off the battlefield (US).*

en désengagement (force) withdrawing.

en déséquilibre (force) off balance (US), unbalanced.

endettement (financier) (PERS) indebtedness (US), debt (GB). Ex : *Les dangers de l'endettement : the dangers of debt (GB).*

en détresse (en danger) in distress (GB).

deuxième échelon (de) (force) second-echelon (US) (En épithète).

endiguement (STRAT) containment (UN). Ex : *Une stratégie d'endiguement de l'Union soviétique : a strategy of containing the Soviet Union (US) (VERB : "to pursue").*

endiguer to stem (OTAN), to contain (US). Ex : *Endiguer la montée de la répression brutale : to stem the rising tide of violent repression (OTAN).*

en direct (télédiffusion / radiodiffusion) live (US). Ex: *Transmettre des combats en direct vers des millions de foyers : to transmit action live into the homes of millions of people (US).*

en direction (ART) line (OTAN).

endoctrinement indoctrination (US, GB). Ex: *L'endoctrinement du candidat (Légion) : the indoctrination of the candidate (GB).*

endommagé (matériel) damaged (materiel / equipment) (CFE, US, OTAN). Ex: *Endommagé par une mine (véhicule blindé) : mine-damaged (US).*

endosser (responsabilité) to assume (GB). Ex: *Le CFAT a endossé un certain nombre de responsabilités nouvelles : Headquarters Land Command has assumed a number of new responsibilities (GB).*

en dotation (équipement) on issue (GB). Ex: *Ces brodequins ne sont plus en dotation : these boots are no longer on issue (GB) (Voir aussi dotation).*

endroit location (GB), part (GB). Ex: *En divers endroits du monde : in various parts of the world (GB) – Il ne se trouve pas à cet endroit : he is not at this location (GB) – En tout endroit du monde (déploiement) : anywhere in the world (US).*

endroit (champ de bataille) (TAC) (terrain) location (OTAN, US), place (GB), point (GB), site (US) (ADJ: "key") (PREP: "at", "in"). Ex: *L'élément a été détaché à un nouvel endroit : the element has been sent to a new location (OTAN) – La force sera peut-être dissuadée de renouveler sa tentative au même endroit (TAC) : the force may be deterred from trying a second time in the same place (GB) – Du matériel militaire comprenant un véhicule blindé de transport de troupes et plus de dix pièces d'artillerie a été observé à cet endroit : military equipment including an armoured personnel carrrier and more than ten pieces of artillery were observed at this location (OTAN) – Ces forces peuvent être disposées dans des endroits clés : these forces can be placed at key locations (US) – Danjou disposa ses hommes en des endroits stratégiques dans les bâtiments : Danjou deployed his men at strategic points in the buildings (GB) – Les défilés et les ravins constituent de bons endroits pour les embuscades : defiles and ravines are good sites for ambushes (US) – Des champs de mines situés à des endroits stratégiques : stragically-placed minefields (US) – Endroit critique (TAC) : critical point (GB).*

endurance (hélicoptère) endurance (US) (Exprimé en heures).

endurance (physique) (PERS) physical endurance (GB), stamina (GB, US), physical hardness (GB). Ex: *Épreuves d'endurance : endurance tests (GB).*

endurance (résistance) (force) staying power (US). Ex: *Nos forces légères manquent d'endurance : our light forces lack staying power (US).*

endurci (PERS) toughened (GB).

en échange de in exchange for (US), in return for (US). Ex: *Recevoir quelque chose en échange : to receive something in exchange (US) – Offrir ses services en échange d'une rétribution financière (agent) : to offer one's services in return for financial reward (US).*

énergie energy (US, GB) (VERB: "to emit", "to detect"). Ex: *Obus à énergie cinétique (char Challenger) : kinetic energy (KE) round (GB) – Énergie atomique : atomic energy (US) – Énergie électrique : power (GB) – Produire plus de 50 kilotonnes d'énergie de choc / de souffle (explosion nucléaire) : to generate over 50 kilotons of blast energy (US).*

énergie (ou allant ou dynamisme) (PERS) dash (GB), get-up-and-go (US), drive (GB). Ex: *Il a beaucoup d'énergie : he is full of drive (GB).*

énergie cinétique kinetic energy (KE) (GB, US). Ex: *Missile à énergie cinétique : kinetic energy missile (KEM) (US).*

énergie dirigée directed energy (DE) (GB).

énergie élevée (à) high-energy (OTAN) (En épithète).

énergie nucléaire nuclear power (GB).

énergique (mesure) strong (OTAN). Ex : *Prendre des mesures énergiques (conflit) : to take strong action (OTAN).*

énergiquement aggressively (US).

en état (matériel) serviceable (US) (Contraire : "unserviceable" = hors d'état).

en état d'arrestation (PERS) under arrest (GB).

en état de naviguer (aéronef) airworthy (GB).

en évolution changing, evolving (US). Ex : *Un environnement stratégique en évolution : an evolving strategic environment (US).*

en expérimentation (matériel) in the experimental stage (US).

enfant child (US). Ex : *Enfants en âge scolaire : school-age children (US) – Prise en charge des enfants handicapés (services sociaux / SAN) : care of handicapped children (US).*

enfant de militaire service brat (US), Army brat (Terme familier GB spécifique à l'armée de terre).

enfant de troupe child reared by the military.

enfant-soldat child soldier (OTAN) (NOM ASS. : "use" = recours à).

en faveur de for (OTAN). Ex : *Activités d'aide humanitaire menées en Albanie en faveur des réfugiés du Kosovo : relief efforts in Albania for refugees from Kosovo (OTAN).*

en feu on fire (GB).

enfilade enfilade (GB) (Également en épithète). Ex : *Notre progression fut stoppée par un tir d'enfilade nourri : our advance was halted by heavy enfilade fire (GB) – Soumettre des tranchées ennemies à un tir d'enfilade : to enfilade enemy trenches (GB).*

enfin finally (OTAN). Ex : *Les pays d'Europe se rapprochent les uns des autres pour dépasser enfin la division du continent : the countries of Europe are moving closer together to finally overcome the division of Europe (OTAN).*

en fin de on completion of. Ex : *En fin de mission : on completion of the mission.*

en finir avec to polish off (US). Ex : *La mission de cette unité est d'en finir avec les résistances résiduelles : the mission of this unit is to polish off remaining resistance (US).*

en flammes in flames (GB).

enfoncement (TAC) break-in (GB).

enfoncer (TAC) to break in(to) (GB), to break (through) (US), to penetrate (GB), to rupture (US), to smash through. Ex : *Enfoncer l'ennemi : to break in on the enemy, to break into the enemy (GB) – Enfoncer une ligne : to break (through) a line (US) – Enfoncer un coin entre les éléments irakiens et occidentaux (TAC) : to drive a wedge between the Iraqi and Western elements (US) – La division était assez facile à enfoncer : the division was easy to penetrate (GB) – Enfoncer le dispositif défensif ennemi : to break through (ou to rupture ou to break ou to smash through) enemy defenses (US).*

en fonction de voir **fonction de (en)**.

enfouir (ou s'enfouir ou s'enterrer) to dig in. Ex : *Un PC enfoui : a dug-in CP.*

enfouissement digging in.

enfouisseur de mines mine-burier.

en force in force (GB). Ex : *Une attaque en force : an attack in force – Un franchissement en force : an assault crossing – Les blindés ennemis franchissent la frontière en force : enemy armour is crossing the border in force (GB).*

en freinage in a delaying action (US). Ex : *Couvrir le 33ᵉ RC en freinage : to cover the 33rd tank battalion in its delaying action (US).*

enfreindre (violer) (ordres / instructions / règlements) to violate (orders / instructions / regulations) (US), to contravene (GB). Ex : *Vos actions enfreignent la Convention de Genève : your actions contravene the Geneva Convention (GB).*

en fuite (force / ennemi) fleeing (US).

engagé (volontaire) (soldat) enlisted man ou enlisted woman (US, GB), other rank (OR) (GB), enlistee (US), enlisted person (US) (ADJ : "quality"). Ex : *Un engagé volontaire de l'armée de terre (EVAT) : an Army enlisted man (ou enlistee) – Les EVAT (= engagés volontaires de l'armée de terre) (catégorie entière) : Army enlisted personnel (US) – Les engagés (catégorie entière) : enlisted personnel – Formation des (personnels) engagés : enlisted training (US).*

engagé (forces en opérations) engaged (US, GB) (PREP : "in"). Ex : *Engagées en opérations dans le monde entier, en appui de la stratégie militaire nationale : engaged in operations around the world, supporting the National Military Strategy (US) – Une force engagée dans des opérations contre l'ennemi : a force engaged in operations against the enemy (GB).*

engagées (forces) committed (forces) (US) (Contraire : "uncommitted". Ex : *Forces non-engagées : uncommitted forces (US)* .

engagement (introduction de forces sur un champ de bataille) commitment (OTAN, US), commital (GB), deployment (GB), engagement (US). Ex : *À la seule exception des engagements de la France dans le Golfe et en Afrique : with the limited exception of French commitments in the Gulf or in Africa (OTAN) – L'engagement des réserves : the commital of reserves (GB) – Engagement des forces dès les premières phases d'un conflit : early entry (US) – Aucune mission ne peut être accomplie avec succès sans l'engagement des troupes au sol : no mission can be accomplished successfully without the commitment of ground troops (US) – Dans le cadre d'un engagement portant le nom d'Opération Manta : under a deployment known as Operation Manta (GB) – Un engagement français en Centre-Europe compterait environ 200 000 hommes : a French engagement in Central Europe would total approximately 200,000 men (US).*

engagement (combat) engagement (Terme dénombrable), action, engaging, attack (VERB : "to initiate", "to continue") (ADJ : "tactical"). Ex : *Engagement frontal : frontal attack.*

engagement (objectif) (ART) engagement of a target, target engagement (UN).

engagement (implication / participation) involvement (US). Ex : *L'engagement de l'armée de terre dans les Balkans s'est accru : Army involvement in the Balkans has increased (US) – Engagement des forces armées dans les opérations : armed forces involvement in operations (US).*

engagement (par contrat) (PERS) enlistment, engagement (GB). Ex : *Un engagement de 22 ans : a 22-year engagement (GB).*

engagement (lien / promesse / obligation / action de se lier par une action / convention) commitment (US, GB), pledge (US) (VERB : "to review", "to demonstrate"). Ex : *Un engagement envers nos alliés : a commitment to our allies (US) – Un engagement en faveur de la paix : a commitment to peace (US) – L'engagement sans équivoque de la France envers l'Alliance Atlantique : France's unambiguous commitment to the Atlantic Alliance (Jane's) – Son (= Chine) engagement de ne pas vendre de missiles M-11 au Pakistan : its pledge not to sell M-11 missiles to Pakistan (US) – L'Alliance rend hommage aux hommes et aux femmes participant à l'opération Allied Force pour le courage* *et l'engagement dont ils ont fait preuve : the Alliance pays tribute the men and women of Operation Allied Force for the courage and commitment they have displayed (OTAN).*

engagement (dans la réserve) (PERS) commitment (GB). Ex : *L'engagement minimal est de 19 jours par an : the minimum commitment is 19 days (GB).*

engagement (à servir dans l'active) (PERS) engagement (GB). Ex : *L'engagement "ouvert" de 22 ans : the 22-year "open" engagement (GB).*

engagement (pour) (force) for engagement (OTAN).

engagement à servir (nouveau recruté) (PERS) service obligation (US).

engagement à servir dans la réserve (ESR) Reserve service commitment (GB), reserve training commitment.

engagement de précision (ou accrochage de précision) (concept US) precision engagement (US).

engagement des missiles (attaque) missile engagement (OTAN) (ADJ : "low" = à basse altitude).

engagement des réserves (TAC) commitment of reserves (US) (ADJ : "one-time").

engagement initial (forces) initial deployment (US).

engagement interarmes (combat) combined-arms engagement (US).

engagement militaire (mise en œuvre des moyens militaires sur un théâtre) military engagement.

engagement personnel de secret (ou de respect de la confidentialité) (personnels du renseignement) sensitive compartmented information (= SCI) nondisclosure agreement (US), individual secrecy agreement (UN).

engagement extérieur overseas deployment.

engagement stratégique strategic deployment (US).

engager to engage, to take (GB), to involve (US), to initiate (US), to join (US). Ex : *Engager le combat contre l'ennemi : to engage the enemy – Engager le combat : to engage in combat – Engager une action offensive : to take offensive action (GB) – Le pays est engagé dans une guerre : the country is involved in a war (US) – Engager le contact avec l'ennemi : to move into contact with the enemy (OTAN) – L'OTAN engagea l'opération Force Alliée en mars : NATO initiated Operation Allied Force in March (US) – Avant que la guerre ne soit engagée : before the war is joined (US).*

engager (forces) (TAC) to commit (US, GB), to engage (GB, US), to pledge (US). Ex : *Engager les réserves : to commit the reserves (GB) – Engager des troupes sur un théâtre d'opérations : to commit troops in a theatre (GB) – La force est engagée dans de violents combats : the force is engaged in fierce fighting (GB) – Des troupes engagées dans des opérations : troops engaged in operations (GB) – Un régiment engagé dans une guerre : a regiment engaged in a war (GB) – Le théâtre d'opérations où des troupes de combat sont engagées : the theater of operations where combat troops are engaged (US) – Les États-Unis ont engagé près de 6 900 personnels militaires dans l'Opération Joint Forge : the United States pledged approximately 6,900 military personnel to Operation Joint Forge (US) – Désorganiser rapidement les forces défensives engagées à l'avant : to speedily disrupt defending forces committed forward (GB) – Engager des troupes terrestres dans la guerre au Kosovo : to commit ground troops to the war in Kosovo (GB) – Maintenir l'efficacité au combat des forces engagées dans une opération : to maintain the fighting effectiveness of the forces engaged in an operation (GB) – Normalement, un régiment de 155 (mm) est placé en appui direct de chaque brigade engagée (ART) : normally, one 155-mm battalion is placed in direct support of each committed brigade (US) – La*

FAR (= Force d'Action Rapide) peut être engagée en appui de la 1ère Armée : the FAR can be engaged in support of the 1 st Army (US) – Engager des forces sur court préavis : to commit forces on short notice (US).

engager (moyens) to commit (US). Ex : *Les moyens engagés dans les opérations au contact : the assets committed to close operations (US).*

engager (attaquer) to engage (GB). Ex : *Engager l'adversaire en combat rapproché : to engage the enemy in close combat (GB).*

engager (entreprendre) to undertake (OTAN), to initiate (UEO). Ex : *Les réductions et la restructuration des forces militaires engagées ces dernières années : the reductions and restructuring of the military forces undertaken in recent years (OTAN) – Engager une riposte : to respond (OTAN) – Les ministres de l'UEO ont souhaité qu'une réflexion informelle soit engagée à l'UEO sur l'Europe de la sécurité et de la défense : WEU ministers expressed the wish that a process of informal reflection be initiated at WEU on the question of Europe's security and defence (UEO).*

engager (s') (PERS) to join, to enlist, to join up. Ex : *S'engager dans l'armée de terre : to join the Army (GB), to enlist in (ou into) the Army.*

engager le combat avec (véhicule) to combat (US). Ex : *Engager le combat avec des véhicules blindés légers ennemis : to combat hostile light armored vehicles (US).*

engager le feu avec to engage (US) (Verbe transitif direct).

engagés (les) (PERS) enlisted (US), enlisted personnel (US), other ranks (OR) (GB) (= sous-officiers et hommes du rang).

engagez (défense aérienne) engage (OTAN).

en garnison (troupes) garrisoned (GB). Ex : *Les troupes en garnison dans la ville : the troops garrisoned in the town (GB).*

engelure (SAN) chilblain (US).

engendrer (crise) to bring on (OTAN). Ex : *Faire face à la grave crise humanitaire engendrée par les agissements des forces du président Milosevic : to address the grave humanitarian crisis brought on by the actions of President Milosevic's forces (OTAN).*

engin (GEN) engineer (equipment) vehicle.

engin (missile) vehicle (OTAN) (ADJ : "self-propelled") (NOM ASS. : "trajectory", "course").

engin aérien air (ou aerial) vehicle (GB, OTAN) (VERB : "to fly (autonomously)", "to be piloted (remotely)") (PART : "powered"). Ex : *Engin aérien sans pilote (aérodyne léger télépiloté ou ALT) : unmanned air (ou aerial) vehicle (UAV) (GB, OTAN).*

engin blindé de reconnaissance (EBR) (Traduction proposée) armoured recce vehicle.

engin blindé du génie (EBG) Équivalent US : M9 armored combat earthmover (ACE) – Équivalent GB : combat engineer(ing) tractor (CET) (GB) (VERB : "to dig", "to doze", "to haul", "to dirt", "to scrap", "to grade").

engin chenillé de débarquement pour personnel(s) landing vehicle tracked personnel (LVTP) (GB), amphibious assault vehicle (AAV) (Cf. le AAV-7A1) (US).

engin d'assaut (débarquement / opération amphibie) assault craft (OTAN).

engin de débarquement landing craft (OTAN), landing ship (GB) (À noter : Le terme "craft", au sens d'embarcation, est invariable) (VERB : "to disembark from"). Ex : *Engin de débarquement / pour véhicules mécanisés : Landing Craft Mechanised (LCM) (GB) / pour véhicules et personnels : Landing Craft Vehicle(s) and Personnel (LCVP) (GB) / pour chars : Landing Ship Tank (LST) (GB) / pour la logistique : Landing Craft Logistic (LCL) (GB) / d'assaut : Landing Craft Assault (LCA) (GB) / polyvalent : Landing Craft Utility (LCU) (GB).*

engin de déminage (blindé) (AMX B2 DT) breacher (US) (Cf. Le véhicule américain "Grizzly").

engin de franchissement crossing vehicle (Jane's).

engin de franchissement de l'avant (EFA) the EFA floating bridge / ferry (Jane's) – Équivalent GB : M 2 ferry.

engin de mort lethal weapon (UN).

engin de manutention material handling equipment (MHE) (US).

engin de terrassement (GEN) earthmover (GB).

engin de terrassement de combat (GEN) combat engineer tractor (CET) (GB) (Successeur à l'horizon 2006 : le "Terrier").

engin explosif explosive device.

engin guidé guided weapon (GW) (OTAN).

engin multifonctions d'aide au déploiement (EMAD) (GEN) Équivalent US : small emplacement evacuator (SEE).

engin porte-pont pour chars tank bridge transporter (TBT) (GB).

engin poseur de pont bridge layer.

engin roues canon (ERC-90 SAGAIE) voir **ERC-90**.

engin spatial spacecraft (US, GB) (Terme invariable). Ex : *La Chine a mis en orbite des engins spatiaux destinés à la reconnaissance photographique et au renseignement électronique : China has orbited spacecraft for photographic reconnaisance and electronic intelligence (US).*

engin tactique tactical missile (TM) (OTAN).

engin télépiloté (aérien) (reconnaissance) remotely(-)piloted vehicle (RPV) (UN), unmanned aerial vehicle (UAV) (= drone).

Cf. : A remotely piloted airborne reconnaissance, surveillance, and target-acquisition and designation device. RPVs provide timely and accurate intelligence and locate targets behind enemy lines (US).

engin terrestre sans pilote unmanned ground vehicle (UGV) (GB).

englober (opérations / zone) to include (OTAN), to encompass (US). Ex : *La logistique englobe toute la gamme des opérations militaires : logistics encompasses the whole range of military operations (US) – Englober une zone : to encompass an area (US).*

en gros broadly speaking (US), (the) sum and substance (US). Ex : *En gros, notre attaque est arrêtée : the sum and substance is that our attack is stopped (US).*

engueuler (terme familier) to bawl out (US). Ex : *Engueuler des subordonnés : to bawl out subordinates (US) (+ préposition "for").*

en instantané instantaneously (US).

enjamber to span (GB, OTAN), to straddle (GB). Ex : *Un pont enjambant / un fleuve / une coupure : a bridge spanning / a river (GB) / a gap (OTAN) – La position de la 2ᵉ Compagnie enjambe la route : B Company's position straddles the road (US).*

enjeu stake, challenge (US).

en jeu at stake (GB). Ex : *Leurs intérêts vitaux nationaux sont en jeu : their vital national interests are at stake (GB).*

enjeu en matière de défense defense challenge (US).

enjeu militaire military challenge (US).

enjeu opérationnel operational challenge (US).

en interarmées (agir / opérer) jointly (US). Ex : *Agir (ou opérer) en interarmées (forces) : to operate jointly (US).*

en l'air (en vol) in the air (GB).

en l'espace de within (US), in the space of (US). Ex : *En l'espace de 60 secondes : within 60 seconds (US)* – *En l'espace de quelques jours : within a few days (OTAN)* – *En l'espace de quelques heures : in the space of a few hours (US).*

enlèvement (véhicule) removal (GB).

enlèvement (individu) (RENS) abduction (US).

enlèvement (par aéronef) pick-up (US).

enlèvement des mines mine clearance (CA).

enlèvement et destruction des explosifs explosive ordnance disposal (EOD) (OTAN).

enlever to clear (OTAN), to remove (OTAN), to pick up (OTAN). Ex : *Enlever des cargaisons (port) : to clear cargo (OTAN)* – *Enlever une mine d'un itinéraire : to remove a mine from a route (OTAN)* – *Enlever / du personnel / du matériel (par hélicoptère) : to pick up / personnel / equipment (OTAN)* – *Enlever des mines terrestres : to remove land mines (CA)* – *Enlever des munitions non explosées : to clear unexploded munitions (OTAN).*

enlever (véhicule) to remove (GB).

enlever (faire disparaître) (contamination) to remove (US, GB).

enlever (PERS) to snatch (GB). Ex : *Notre mission est d'enlever un officier de la position ennemie : our mission is to snatch an officer from the enemy position (GB).*

en liaison avec (une force) (opération) in conjunction with (GB).

en ligne (connecté) (TRANS / informatique) on-line (OTAN) (Contraire : "off line" = hors ligne, déconnecté, hors connexion). Ex : *Système en ligne : on-line system (OTAN).*

enlisé (force) bogged down (GB). Ex : *Le général Foley, enlisé à Puebla : General Foley, bogged down at Puebla (GB).*

enlisement (véhicule) bogging (GB).

en localité (combat) in urban terrain (US), on urbanized terrain (US), in urbanized areas (US), in built-up areas (GB), in cities (US) (Voir aussi **combat en localité (COLOC)**.

en manœuvre (PERS) on exercise (Jane's).

en marche (troupe / véhicule) moving, in motion (US). Ex : *Une troupe en marche : a moving force (US), a force on the move.*

en marche (ou en déplacement) (tir) (char) on the move, from the move (US).

en masse en masse (GB). Ex : *La Légion Étrangère fut envoyée en masse : the Foreign Legion was sent en masse (GB).*

en matière de in the area of (UEO), in the matter of (US). Ex : *En matière d'opérations offensives : in the area of offensive operations (UEO)* – *La force était opérationnelle en matière de combat interarmes : the force as up-to-speed in the matter of combined arms warfare (US).*

en mauvaise santé (PERS) unhealthy (US).

en mesure de (EMD) (TAC) be prepared (to) (US) (Attention : Il s'agit d'une expression figée) (On trouve également dans les ordres d'opérations : "prepare to" (US).

Cf. : A mission which the force may accomplish at a later time.

en mesure de be capable of (+ verbe en ING) (GB), in a position to (OTAN). Ex : *L'armée de terre doit être en mesure de déployer une seule division de combat, composée de trois brigades : the Army must be capable of deploying a single warfighting division of three brigades (GB)* – *L'OTAN n'est pas en mesure de confirmer que des civils ont perdu la vie (au cours d'une attaque) : NATO is not in a position to confirm civilian loss of life (OTAN).*

en mouvement on the move (GB), in motion (US), moving (US). Ex : *L'ennemi en mouvement : the moving enemy force, the enemy force in motion (US)* – *Les éléments ennemis sont* *encore en mouvement : the enemy forces are still on the move (GB) – Une force en mouvement : a moving force (US).*

en mutation changing, evolving (US). Ex : *Un environnement stratégique en mutation : an evolving strategic environment (US).*

en national (force engagée) (OPEX) under national command (US), separate (= indépendamment de l'Alliance Atlantique) (Jane's). Ex : *Forces en national : forces under national command (US) – Des forces conservées exclusivement en national : forces retained exclusively under national command (US) – Déployer à distance une force de 30 000 hommes tout en conservant la capacité de projeter une force en national de 5 000 hommes relevables tous les 4 mois : to project a 30,000-strong force and concurrently be able to project a separate 5,000-strong force requiring relief every 4 months (Jane's).*

enneigé snowy, blocked by snow, covered with snow, snow covered (US). Ex : *Une route enneigée : a snowy road / a road blocked by snow – Un sommet enneigé : a mountain peak covered with snow – Terrain enneigé : snow covered terrain (US).*

ennemi (adjectif) enemy, threat (En épithète) (US), hostile (OTAN, GB), aggressor (En épithète) (US). Ex : *Deux personnels habillés en uniformes ennemis : two personnel dressed in aggressor uniforms (US) – Véhicules blindés ennemis : threat armored vehicles (US) – Côte ennemie (opération amphibie) : hostile shore (OTAN) – Une force ennemie : a hostile force (GB, OTAN) – Les forces armées ennemies ou pouvant le devenir : hostile or potentially hostile forces or elements (OTAN).*

A noter : En principe, le terme "hostile" ne s'applique pas si l'état de guerre n'a pas été déclaré. En cas de guerre réelle, on utilise le terme "enemy".

ennemi (l') (nom) (the) enemy (US, GB, OTAN), enemy forces (US) (Terme générique) (Abréviation GB : "en"), (the) threat (US ; il s'agit de l'ennemi potentiel ou générique) (VERB : "to find", "to destroy", "to fix", "to close with", "to capture", "to intercept", "to engage", "to delay", "to disorganize", "to deceive", "to determine", "to confuse", "to face", "to defeat", "to tie down", "to mislead", "to evade", "to seal off... from", "to seek out", "to attack", "to disengage from", "to be confronted by", "to outsmart", "to kill", "to meet", "to retreat" = battre en retraite, "to demoralize", "to confound") (ADJ : "potential", "deadly", "actual", "real", "moving", "(temporarily) halted", "elusive" = insaisissable, "formidable" = redoutable, "armed") (PART : "vanquished") (NOM ASS : "identity") (EXPR : "in (ou out) of contact with", "to leave the enemy ripe for defeat"). Ex : *Dissuader des ennemis potentiels tels que l'Irak : to deter potential enemies such as Iraq (US) – Trouver des ennemis conventionnels de substitution : to find surrogate conventional enemies (US) – Il tua six soldats ennemis au moyen de son fusil et de grenades : he killed six of the enemy with rifle and grenades (US) – Au combat, tu agis sans passion et sans haine, tu respectes les ennemis vaincus, tu n'abandonnes jamais ni tes morts, ni tes blessés, ni tes armes (Code d'honneur) (Légion) : in combat, you will act without relish of your tasks, or hatred ; you will respect the vanquished enemy and will never abandon neither your wounded nor your dead, nor will you under any circumstances surrender your arms (GB) – L'ennemi fut sérieusement malmené par notre aviation : the enemy was roughly handled by our aviation (US) – Appliquer à l'ennemi tout moyen possible d'usure (ou d'attrition) : to bring every possible means of attrition to bear on enemy forces (US).*

Emploi :

- Le terme "enemy" est repris par le pronom possessif masculin : "The enemy and his environment". Dans un emploi adjectival, il est utilisé soit en position épithète, soit avec le cas possessif (Ex : Les forces ennemies : the enemy forces / the enemy's forces). Ce terme peut être suivi d'un verbe au pluriel (sens collectif). Ex : Si aucun ennemi n'est présent : if no enemy <u>are</u> present (US).

ennemi en puissance potential enemy (US).

ennemies (forces) (titre de sous-paragraphe) enemy forces (Abréviation GB : "En forces"), threat forces (US).

en nombre (en masse / en grande quantité) (force) in strength (GB), in large numbers (GB). Ex : *L'ennemi franchit le fleuve en nombre : the enemy is crossing the river in strength (GB).*

ennui (troupes) boredom (US).

ennui (difficulté) rub (familier) (US). Ex : *L'ennui, c'est que nous ne disposons pas de pièces de rechange : the rub is that we have no spare parts available (US).*

en offensive in the offense (US) (<u>ou</u> offence (GB), in the offensive (US, GB).

énoncé statement (US, CA, OTAN). Ex : *Énoncé (<u>ou</u> définition) de (la) mission : mission statement (US, CA) – L'énoncé d'une idée : the statement of an idea (OTAN) – Un énoncé du problème : a statement of the issue (US).*

énoncer to state (OTAN), to set out (OTAN). Ex : *Énoncer des hypothèses (TAC) : to state assumptions (OTAN) – Le mandat est énoncé dans la résolution 687 : the mandate is set out in Resolution 687 (CA).*

énorme enormous (GB). Ex : *D'énormes modifications sont intervenues dans la manière de combattre des trois armées : there have been enormous changes in the way wars are fought by all three Services (GB).*

en ordre de combat combat-loaded (US). Ex : *Le (char) M1 pèse 54,5 tonnes en ordre de combat : the tank weighs 60 tons combat-loaded (US).*

en parallèle parallel (US) (En épithète). Ex : *Une expérimentation en parallèle : parallel experimentation (US).*

en particulier particularly (UEO), specifically (US). Ex : *La mobilité, en particulier la capacité de transport par hélicoptère en théâtre, devrait être améliorée : mobility, particularly in-theatre helicopter transport capability, should be improved (UEO) – Un type d'opération en particulier : a specific type of operation (US).*

en période de crise emergency (OTAN) (En épithète).

en permanence at any one time (GB), on a permanent basis (GB), at all times (US).

en place (forces / unité) in place (OTAN, US) (En épithète : "in-place"), in position (US). Ex : *Forces en place : in-place forces (OTAN) (VERB : "to supplement").*

en place (gouvernement) established (GB).

en place du pays hôte (forces) host-nation in-place (HNIP) (OTAN) (En épithète).

en plus de in addition to (US). Ex : *En plus des changements survenus dans l'organisation de nos forces depuis 1973 : in addition to changes in our force structure since 1973 (US).*

en position couchée (PERS) from the prone position (GB). Ex : *Il tirait en position couchée : he was shooting from the prone position (GB).*

en position de tir (canon / obusier) ready for action (US).

en premier lieu (emploi d'une arme) first (OTAN). Ex : *Non-recours en premier lieu à l'arme nucléaire : no first use of nuclear weapons (NOFUN) (OTAN).*

en préparation de in preparation for (US).

en prévision de in anticipation of (OTAN).

en priorité as a matter of priority (GB).

en profondeur (TAC) in depth (US), at depth (US). Ex: *La manœuvre en profondeur: the maneuver at depth (US).*

en profondeur substantial (OTAN). Ex: *Une restructuration en profondeur de la force: a substantial restructuring of the force (OTAN).*

en progression (force) advancing (OTAN).

en provenance de from (US). Ex: *Le recueil du renseignement en provenance de l'espace: the collection of information from space (US).*

en puissance (ennemi / recrue) potential (US, GB).

enquête (AT / GEND / RENS) investigation (US, GB) (VERB: "to launch", "to conduct", "to carry out", "to initiate") (ADJ: "effective" "thorough", "impartial", "background") (PREP: "into"). Ex: *Lorsqu'un officier fait l'objet d'une enquête: when an officer is under investigation (US) / investigated (OTAN) – Tous les membres font l'objet d'une enquête de sécurité (ou d'habilitation): every member undergoes positive vetting (GB) – Service des enquêtes criminelles (armée de terre): special investigation branch (SIB) (RMP, Royal Military Police) (GB) – Une enquête criminelle: a criminal investigation (US) – Mener des enquêtes sur de prétendues violations des dispositions d'un accord: to conduct investigations of alleged violations of the provisions of an agreement (US) – Travail d'enquête: detective work (GB) – Enquête d'habilitation de sécurité (accès aux documents classés "Secret" et "Top Secret") (RENS): Special Background Investigation (SBI) (US) – Le processus d'enquête: the investigative process (US).*

enquête de sécurité (PERS) (RENS) background investigation (BI), background security investigation (US), security check (US), national agency check (US), positive vetting (GB) (VERB: "to pass", "to conduct") (ADJ: "special"). Ex: *Enquête de sécurité sur le personnel: personnel security investigation (US) – Conduire des enquêtes de sécurité sur les personnels militaires et les personnels civils de la Défense: to conduct security investigations of military personnel and Department of Defense civilian employees (US).*

enquête d'habilitation (RENS) (security) clearance investigation (US) (VERB: "to conduct", "to request", "to be subject to"). Ex: *Le processus d'enquête d'habilitation: the security clearance process (US) (VERB: "to work").*

enquêter sur to inquire into, to investigate. Ex: *Enquêter sur des incidents mineurs (police militaire): to investigate minor incidents (GB).*

enquêteur investigator (US).

enraciné ingrained (GB). Ex: *Le sens enraciné de la discipline: the ingrained sense of discipline (GB).*

enrayer (progression) (TAC) to check (an advance) (GB).

enregistrement (RENS) recording (US). Ex: *Réaliser des enregistrements de conversations téléphoniques: to make recordings of telephone conversations (US) – Permettre jusqu'à six heures d'enregistrement: to allow up to six hours'recording (US).*

enregistrement sur bande (RENS) tape recording (US).

enregistrer to record (US, OTAN), to book (Jane's), to score (GB). Ex: *Enregistrer les résultats: to record the results (US) – Enregistrer un accord: to record an agreement (OTAN) – Enregistrer des données: to record data (OTAN) – Enregistrer comme objectif (ART): record as target (OTAN) – Enregistrer 159 commandes d'appareils (société d'armement): to book orders for 159 aircraft (Jane's) – Enregistrer une conversation téléphonique: to record a telephone conversation (US) – Enregistrer un coup au but (ART): to score a direct hit (GB).*

enregistrer (sur bande magnétique) to tape (GB). Ex : *Nous avons enregistré certaines des transmissions radio ennemies : we have taped some of the enemy radio transmissions (GB).*

enregistreur de paramètres de vol ("boîte noire") flight data recorder (FDR).

en règle in order (GB). Ex : *Tout est en règle ? : is everything in order ? (GB).*

en repli (force) withdrawing (OTAN).

en réseau networked (US). Ex : *Capteurs en réseau : networked sensors (US).*

en réserve (matériel) in reserve (GB).

en retraite voir **retraite (en)** et **ER (en retraite) (PERS).**

enrichissement enrichment (UN). Ex : *Usine d'enrichissement de l'uranium : uranium enrichment plant (UN).*

en riposte à in response to (GB).

enrôlement (PERS) enlistment.

enrôler (PERS) to enlist.

enrôler de force (PERS) to press (US).

en sécurité (PERS) safe (GB).

enseignement teaching (US), instruction (US), education. Ex : *Enseignement des langues étrangères (école militaire) : foreign language instruction (US) – L'enseignement de l'histoire militaire : the teaching of military history (US).*

enseignement à distance distance learning (DL) (US). Ex : *Le réseau d'enseignement à distance de l'armée de terre : the Army Distance Learning network (US).*

enseignement assisté par ordinateur (EAO) computer-based training (CBT) (US). Ex : *Système d'EAO : CBT system (US) – EAO sous contrôle d'un instructeur : instructor-led CBT (GB) – EAO en autoformation (ou à son propre rythme) : self-paced CBT (GB).*

enseignement de défense (population civile) defence awareness training (GB), defence awareness education (GB).

enseignement militaire (Professional) Military Education (US).

enseignement militaire supérieur (EMS) further military education (GB), professional military education (PME) (Divisé en 3 degrés : "Primary", "Intermediate" et "Senior") (US) (VERB : "to include") (Voir aussi **scolarité**).

enseignement opérationnel operational lesson (US).

enseignements de défense (université) defence studies.

enseignements tirés (ou retour d'expérience) (action / crises) lessons learned (LL) (US, OTAN) (VERB : "to draw (heavily) on") (PREP : "from") (L'armée de terre américaine dispose d'un centre d'études sur les enseignements tirés des conflits : the "Center for Army Lessons Learned" (CALL). Ex : *Une source de données sur les enseignements de crises : a lessons-learned data source (US) – Les enseignements tirés des opérations militaires récentes : the lessons learnt from recent military operations (UEO).*

enseigner to teach (US), to instruct (US). Ex : *Enseigner des savoir-faire aux forces paramilitaires de pays amis : to teach skills to the paramilitary forces of friendly countries (US) – Enseigner une langue (école militaire) : to instruct a language (US) – Enseigner dans une grande école militaire : to teach at a service academy (US).*

ensemble combination (OTAN), set (US), array (US), whole (OTAN), bulk (OTAN), package (US), system (US), team (US), series (OTAN). Ex : *Sur l'ensemble du secteur : throughout the sector (US) – L'ensemble des deux obstacles : both obstacles – Un ensemble d'une ou plusieurs armes : a combination of one or more weapons (OTAN) – Un ensemble / de principes / de circonstances : a set / of principles / of circumstances (US) – Un ensemble impressionnant d'armes d'artillerie : an impressive array of artillery wea-*

pons (US) – Dans l'ensemble des domaines du renseignement militaire : in all fields of military intelligence (US) – L'ensemble des forces armées : all the armed forces (OTAN) – Dans l'ensemble des quatre armées : in all four of the armed services (US) – L'opération / la force / dans son ensemble : the operation / the force / as a whole (OTAN) – L'ensemble des armes d'une unité : the bulk of the weapons of a unit (OTAN) – Un ensemble / de directives / de défis : a set / of guidelines (UN) / of challenges (OTAN) – Un ensemble de forces (interarmées) : a force package (US) (VERB : "to tailor", "to design") – Un ensemble de conduite de tir : a fire control system (US) – Un ensemble de mesures : a package of measures (OTAN) – Les militaires sont soumis à un ensemble particulier de lois appelé "Code normalisé de justice militaire" (USA) : soldiers are subject to a specific set of laws called the Uniform Code of Military Justice (US) – Ces trois composantes (= "the Regular Army, the Army National Guard, "the Army Reserve") forment ensemble un ensemble intégré et cohésif qui est le cœur de la défense du pays (USA) : these three components together form an integrated, cohesive team that is the heart of the nation's defense (US) – Couvrir l'ensemble du spectre des technologies : to cover the whole technology spectrum (GB) – Le soutien d'opérations européennes l'impliquant pas l'ensemble de l'Alliance : the support of European operations where the Alliance as a whole is not engaged (OTAN) – Un ensemble de procédures : a set of procedures (OTAN) (VERB : "to develop") – Une famille de ponts couvrant l'ensemble des besoins tactiques : a family of bridges across the tactical spectrum – Renseignement établi en utilisant l'ensemble des sources et organismes disponibles : intelligence produced using all available sources and agencies (OTAN) – La situation dans l'ensemble de la région : the situation across the area (OTAN) – La force dans son ensemble : the force as a whole (US) – Combattre dans le cadre d'un ensemble intégré : to fight as part of an integrated whole (US) – Un ensemble de zones (TAC) : a series of areas (OTAN) – Le ministère de la Défense dispose d'un ensemble de moyens impressionnant en vue de la projection de forces : the Ministry of Defence has at its disposal an impressive array of resources for projecting forces (GB) – Un ensemble cohésif (de forces) : a cohesive whole (GB).

ensemble (matériel) item of equipment (OTAN).

ensemble (LOG) assembly (OTAN) (Terme dénombrable). Ex : *Ensembles, composants, pièces de rechange et matériaux : assemblies, components, spare parts and materials (ACSM) (OTAN).*

ensemble (d'unités) grouping (GB). Ex : *Un ensemble tactique : a tactical grouping (GB).*

ensemble (dans son) together (US). Ex : *Dans leur ensemble, les différentes versions constituent une famille très étendue de véhicules : together, the different versions form a very comprehensive family of vehicles (US).*

ensemble (adverbe) together (US, GB). Ex : *Les personnels militaires masculins et féminins s'entraîneront ensemble : male and female soldiers will train together (US).*

ensemble de (dans l') across (US), throughout. Ex : *Dans l'ensemble de l'espace de bataille : across the battlespace continuum (US).*

ensemble de capacités d'infrastructure infrastructure capability package (ICP) (OTAN).

ensemble de forces force package (US, OTAN), body of forces (VERB : "to tailor"). Ex : *Constituer des ensembles de forces adaptées : to put together tailored force packages (OTAN) – Projeter un ensemble de forces relativement important sur le théâtre européen : to project within the European theater a relatively large body of forces (US).*

ensemble de transformation (camion) specialty kit.

ensemble de valeurs set of values (US).

ensemble interarmes combined arms team (US).

<u>Cf.</u> : Two or more arms mutually supporting one another. A team usually consists of tanks, infantry, cavalry, aviation, field artillery, air defense artillery, and engineers (US).

ensemble interarmées (interarmisation) joint team (US). Ex : *Dans le cadre d'un ensemble interarmées (ou dans le cadre interarmées) avec les autres armées américaines : as part of a joint team with the other U.S. military services (US).*

ensemble porte-blindé tank transporter (GB) — <u>Équivalent US</u> : Heavy Equipment Transporter System (HETS).

en service (matériel) in-service (En épithète) (US), fielded (US). Ex : *Le véhicule de combat Bradley Stinger actuellement en service : the currently fielded Bradley Stinger fighting vehicle (BSFV) (US).*

en service dans (unité / corps / armée) (matériel) in service with (US, GB).

en situation situational (US). Ex : *Entraînement en situation : situational training (US).*

en situation réelle live (US). Ex : *Essais en situation réelle : live trials (US).*

en soi of itself (OTAN). Ex : *Il ne comprend pas en soi d'autorité sur le plan administratif (nature d'un commandement) : it does not include of itself responsibility for administration (OTAN).*

en sommeil (unité) inactive (US), in suspended animation (US) (VERB : "to remain").

en sous-effectif undermanned, under-strength (US).

ensuite Ex : *Ensuite il a commandé la Compagnie de Commandement du 5ᵉ Régiment Mécanisé (fiche biographique d'officier) : he went on to command Headquarters Company, 5th Battalion (Mech) (US).*

en suite à (conflit / crise) in the wake of (OTAN).

en superposition (ART) superimposed (OTAN).

en sur-effectif overstrength (US) (En épithète).

entablure (poignard) choil.

entamer to initiate (OTAN, <u>Jane's</u>), to start (<u>Jane's</u>), to begin (US). Ex : *Entamer une action disciplinaire : to initiate disciplinary action (US)* – *Entamer des pourparlers de paix : to start peace talks (<u>Jane's</u>)* – *Les forces militaires américaines, opérant avec les alliés de l'OTAN, ont entamé des frappes militaires contre des objectifs militaires serbes : United States military forces, acting with NATO allies, began air strikes against Serbian military targets (US)* – *Entamer la mise en œuvre de la paix (forces de l'OTAN) : to start implementing the peace (OTAN)* – *Entamer des discussions : to initiate discussions (OTAN).*

en tandem avec (force) in harness with (<u>Jane's</u>). Ex : *Travailler en tandem avec les troupes russes : to work in harness with Russian troops (<u>Jane's</u>).*

en tant que as (GB). Ex : *Notre mission en tant que nation cadre au sein du corps d'armée de réaction rapide du commandement allié en Europe : our role as the framework nation within the ACE Rapid Reaction Corps (ARRC) (GB).*

en tant que de besoin as appropriate (OTAN).

entasser (PERS) to cram (GB). Ex : *Un groupe d'infanterie entassé à l'arrière d'un véhicule de combat d'infanterie : a section crammed into the back of an infantry fighting vehicle (GB).*

en temps voulu (ou en temps opportun) timely (US) (En épithète).

entente (accord) accord (CA). Ex : *Les ententes de Rambouillet : the Rambouillet accords (CA).*

entériner to endorse (OTAN).

en terrain across country (US).

enterré dug-in (US). Ex : *Une position enterrée : a dug-in position (US).*

enterrée (mine) buried (mine) (OTAN).

enterrement interment (US), burial (US, GB) (ADJ: "decent"). Ex: *L'enterrement des morts à la guerre: the burial of the war dead (US).*

enterrer (PERS) to bury (GB). Ex: *Enterrer les morts suivant l'usage de la Légion: to bury the dead according to Legion convention (GB).*

en tête (TAC) leading (GB), in the lead (GB), on point (GB). Ex: *La 2ᵉ Compagnie était en tête: B Company was leading (GB), B Company was in the lead (GB) – Nous étions en tête pendant la première phase de la progression: we were on point for the first phase of the advance (GB).*

en tête-à-tête (rencontre / réunion) (PERS) face-to-face (US).

en théâtre in-theatre (UEO, US, GB) (En épithète). Ex: *La mobilité, en particulier la capacité de transport par hélicoptère en théâtre, devrait être améliorée: mobility, particularly in-theatre helicopter transport capability, should be improved (UEO).*

enthousiasme enthusiasm (US). Ex: *Conduire l'entraînement avec enthousiasme: to conduct training with enthusiasm (US).*

entier full (GB), entire (US). Ex: *Une journée entière de combat: a full day of fighting (GB) – Assurer l'entière responsabilité de: to assume full responsibility of (OTAN) – Il devait (= il était prévu qu'il conduise) conduire un assaut vertical en employant un sous-groupement de brigade d'infanterie tout entier: he was to conduct an air assault using an entire infantry brigade combat team (US).*

entièrement fully (US), full-(+ participe passé) (Jane's). Ex: *Entièrement chenillé (véhicule): full-tracked (Jane's), fully-tracked (US) – Entièrement amphibie (véhicule): fully amphibious (Jane's) – Entièrement opérationnel (matériel / système d'arme): fully operational (US) – Entièrement blindé (véhicule): fully armored (US).*

entité (politique / ethnique) entity (OTAN, US). Ex: *Les deux entités bosniaques: the two Bosnian entities (US) – Un État unitaire composé de deux entités multiethniques: a single state composed of two multi-ethnic Entities (OTAN).*

entité ennemie enemy entity (OTAN).

entité géographique geographic entity (US).

entonnoir crater (US) (VERB: "to fill").

entorse (SAN) sprain. Ex: *Entorse du genou: sprained knee – Entorse de la cheville: sprained ankle.*

entourer to surround (US, GB). Ex: *La zone qui entoure le point zéro d'une explosion nucléaire: the area surrounding ground zero of a nuclear burst (US) – Bien que l'environnement extérieur qui nous entoure continue d'évoluer: although the external environment around us continues to change (US) – Le village est entouré de bois: the village is surrounded by woods (GB)*

en tout endroit du monde (déploiement) anywhere in the world (US).

en tout temps et en tout lieu "anytime, anywhere" (US).

entrain (fougue / énergie) (PERS) spirit (US) (VERB: "to demonstrate") (ADJ: "great").

en train de Ex: *Au moment où l'ennemi est en train de se rassembler pour une attaque: while the enemy is in the process of assembling for an attack (OTAN).*

entraîné (force / troupes) trained (US, GB) (PREP: "in", "on", "for") (ADV: "properly", "well", "thoroughly", "poorly", "improperly", "inadequately", "highly"). Ex: *Des soldats entraînés pour les opérations en zones désertiques: desert-trained troops (GB) – Entraînés à tous les aspects de la mission (soldats): trained in all aspects of the mission*

413

(US) – Bien entraîné (soldat): well-trained / properly trained (US, CA) – Si un soldat n'est pas entraîné: if a soldier is untrained (US).

entraînement training (CFE, US, GB, OTAN) (VERB: "to undergo", "to receive", "to do", "to have", "to give", "to accomplish", "to hold", "to take place", "to take part in", "to attend", "to implement", "to oversee", "to manage", "to coordinate", "to provide... to", "to conduct", "to absorb", "to assist in", "to require", "to continue", "to perform", "to supervise", "to offer", "to support", "to plan", "to schedule", "to evaluate", "to build", "to unfold", "to get", "to standardize", "to begin", "to continue") (ADJ: "effective", "efficient", "flexible", "realistic", "intensive", "specialized" / "specialist" = spécialisé, "mandatory", "day-to-day", "inadequate", "tough", "challenging", "unsatisfactory", "proper", "relevant", "meaningful", "innovative", "productive", "good", "affordable", "real-time", "battle-focused", "state-of-the-art", "multiechelon", "sustained", "(totally-)integrated", "superb", "top-notch", "collective", "advanced", "individual", "ongoing", "still-evolving", "basic", "initial", "unit", "specialty", "demanding", "important", "home-station", "individual", "mission-essential") (PREP: "in"). Ex: *L'entraînement du soldat: soldier training (US) – Entraînement difficile, guerre facile: train hard, fight easy (GB) – Entraînement collectif: collective training (GB) – Entraînement individuel: individual training (GB) – Entraînement interarmées: joint training – Entraînement en conditions réelles: live training (US) – Entraînement virtuel (par ordinateur): virtual training (US) – La quantité d'entraînement nécessaire: the amount of training required (US) – 4 à 6 semaines d'entraînement spécialisé: 4 to 6 weeks of specialized training (US) – Entraînement des unités: unit training (US) – Entraînement en vue de (ou pour) la mission: mission training (US) – Entraînement sur simulateur: simulator training (US) – Entraînement au combat en localité: FIBUA (= Fighting In Built-Up Areas) training (GB) – Un exercice d'entraînement: a practice exercise (US) – Permettre l'entraînement des groupements tactiques: to allow battle group training (Jane's) – L'entraînement des forces bulgares en défense aérienne (thème de séminaire OTAN): Air Defence Training in the Bulgarian Forces (OTAN) – Être à l'entraînement (PERS): to be in training (US) – Entraînement anti-terroriste spécialisé: specialist anti-terrorist training (GB) – Entraînement basé sur la simulation: simulation-based training (US)* (Voir aussi **instruction** et **formation**).

entraînement à blanc (sans munitions réelles) "dry" training (familier) (GB).

entraînement à la guerre polaire Arctic training (GB).

entraînement à la lutte antiémeutes riot control training (Jane's).

entraînement au combat warfare training (GB), combat training (US). Ex: *Le programme d'entraînement au combat en forêt équatoriale de la Légion: the Legion's jungle warfare training programme (GB) – Centre d'entraînement au combat: combat training center (US).*

entraînement au niveau régiment (centre d'entraînement au combat) battalion-level training (Jane's).

entraînement au saut (TAP) jump training.

entraînement au sauvetage (pompiers) rescue training (US).

entraînement au sol (TAP) ground training.

entraînement au tir (armes individuelles) firing practice (GB), range practice (GB).

entraînement au tir (canon sur véhicules) gunnery training (US).

entraînement au tir de précision marksmanship training (US). Ex: *Entraînement au tir sur fusil de précision M-24: marksmanship training on the M-24 sniper rifle (US).*

entraînement dans les unités unit training (US).

entraînement de défense aérienne air defence training (OTAN). Ex : *Séminaire du NADC (= NATO Air Defence Committee = Comité OTAN de défense aérienne) sur l'entraînement et les exercices de défense aérienne multisystème et multinationale : NADC seminar on multination, multi-system air defence training and exercises (OTAN).*

entraînement des troupes (ou des soldats) troop training (GB).

entraînement des unités unit training (US).

entraînement de survie (combat and) survival training (US, GB) (EXPR : "escape and eva-sion", "resistance to interrogation", "ability to resist questions put under duress", "the need to survive", "to carry out interrogation training"). Ex : *Entraînement de survie en milieu aquatique : water survival training (US).*

entraînement d'unité unit training (US) (VERB : "to develop", "to execute", "to evaluate").

entraînement en situation situational training (US).

entraînement interarmes combined arms training (US). Ex : *Stratégie d'entraînement inter-armes : combined arms training strategy (CATS) (US).*

entraînement parachutiste militaire military parachute training (GB).

entraînement physique (condition physique) (PERS) fitness training (US) (ADJ : "daily").

entraînement physique (agent) (RENS) physical training (US) (ADJ : "hard").

entraînement physique et sportif (EPS) physical training (PT) (US, GB) (VERB : "to do") (Dans l'armée de terre britannique, sous la responsabiltié de l'"Army Physical Training Corps").

entraînement spécialisé (agent) (RENS) specialized training (US).

entraînement sur le terrain field training (GB, OTAN).

entraînement sur simulateur simulator training.

entraîner (force / PERS) to train (US, GB), to drill (exercice répétitif) (GB) (Cf. Le slogan britannique : "Train hard, fight easy" = entraînement difficile, guerre facile) (ADV : "pro-perly") (PREP : "in"). Ex : *Entraîner des soldats : to train troops – Entraîner une unité à l'observation : to give a unit training in observation (GB) – Bien entraîné : well-trained, properly trained – Des personnels entraînés pour les missions requises : personnel trai-ned in the missions required (US) – Le sergeant a entraîné ses recrues à l'utlisation du mortier : the sergeant drilled his recruits in the use of the mortar (GB).*

entraîner (attirer / conduire) to draw (US), to lead (US). Ex : *Israël fut entraîné dans la guerre : Israel was drawn into the war (US) – Le porte-drapeau entraîne son unité vers le champ de bataille : the color bearer leads his unit onto the battlefield (US).*

entraîner (amener) to drive (US). Ex : *Entraîner des changements au niveau de la doctrine et de l'organisation : to drive changes in doctrine and organization (US).*

entrave obstruction, hindrance. Ex : *Une vue sans entrave du sol : an unobstructed view of the ground (CFE) – Une inspection sans entrave : an unobstructed inspection (CFE) – La possibilité, pour les organisations d'aide humanitaire, d'accéder sans entraves aux réfu-giés et personnes déplacées : unhindered access to refugees and displaced persons by humanitarian aid organisations (OTAN).*

entravé (terrain) restrictive (terrain).

entraver (gêner / contrarier) (TAC) to hinder (US), to impede (US), to hamper (US, CFE), to restrict (GB, US), to frustrate (US), to interfere with (GB). Ex : *Entraver l'utilisation d'une zone : to hinder the use of an area (US) – Entaver / contrarier / les mouvements de l'ennemi : to impede / to hamper / enemy movements (US) – Gêner la circulation des avions ennemis : to hinder the navigation of enemy aircraft (US) – Entraver l'accomplis-*

sement d'une mission : to hinder accomplishment of a mission (US) – Entraver une véri-fication : to impede a verification (CFE) – Entraver la mobilité de l'ennemi : to restrict the enemy's mobility (GB) – Entraver les activités des organismes de renseignement ennemis (RENS) : to frustrate the activities of hostile intelligence agencies (US) – Entraver la chaine de ravitaillement ennemie : to interfere with the enemy's supply system (GB) – Entraver un mode d'action ennemi : to frustrate an enemy course of action (US) – Entraver la manœuvre des forces aéromobiles : to impede the maneuver of air assault forces (US) (Voir aussi **gêner**).

entraver (gêner) (PERS) to obstruct (GB). Ex : *On l'a accusé d'avoir entravé le sergent dans l'exercice de ses fonctions : he was accused of obstructing the sergeant in the discharge of his duty (GB).*

entre between (GB, CA, OTAN), from (US). Ex : *Entre les lignes d'objectif intermédiaires GREEN et WHITE : from PL (= phase line) GREEN to PL WHITE (US) – La ligne de cessez-le-feu entre les forces grecques et turques : the ceasefire line between the Greek and Turkish forces (GB) – Dégager le corridor entre le Rhin et la Maas : to clear the cor-ridor between the Rhine and Maas rivers (CA) – À l'intérieur des États plutôt qu'entre États (conflits) : within states rather than between states (OTAN).*

entre-deux-guerres interwar years (US). Ex : *Pendant l'entre-deux-guerres : in the interwar years (US).*

entrée entry (GB, US, OTAN), entrance (CFE). Ex : *L'entrée des Alliés dans Messine : the entry of the allies into Messina (GB) – L'entrée sur un site (inspection) : entrance to a site (CFE) – Entrée dans l'armée : entry into the service (US) – Entrée dans la zone conta-minée : entry to the contaminated area (OTAN).*

entrée (force sur le terrain ou opération de force spéciale) (AT / GEND) entry (US, CA) (ADJ & PART : "early", "opposed", "unopposed", "forcible"). Ex : *La KFOR a fait son entrée (sur le terrain) au Kosovo le 11 juin 1999 : KFOR began ground entry into Kosovo on 11 June 1999 (CA).*

entrée (dans une zone) entry (US, GB) (VERB : "to prevent"). Ex : *Entrée non autorisée (ou interdite) : unauthorized entry (US).*

entrée clandestine (ou entrée par effraction) (locaux) (RENS) surreptitious entry (US) (Terme dénombrable), break-in (US) (VERB : "to make", "to carry out") (EXPR : "an entry team", "a surreptitious entry kit", "an entry specialist").

entrée principale (installation militaire) main (entrance) gate (US).

entrée au service actif (PERS) entry to active duty (US).

entrée d'air (char) air inlet.

entrée en fonctions start of tenure (OTAN). Ex : *Ses grandes priorités à son entrée en fonctions (Secrétaire général) : his main priorities at the start of his tenure (OTAN).*

entrée en force (forces sur un théâtre d'opérations) forcible entry (US).

entrée en guerre entry into war (GB). Ex : *L'entrée en guerre de la Turquie : the Turkish entry into the war (GB).*

entrée en service (matériel) introduction into service (GB), entry into service (GB).

entrée en vigueur (traité) entry into force (CFE).

entrée par effraction (RENS) surreptitious entry (US), break-in (US) (Terme familier : "black bag job").

entrée verticale (TAP) vertical entry (US) (PREP : "into") (Voir aussi **entrer verticale-ment**).

entre organismes interagency (US). Ex : *Opérations entre organismes : interagency operations (US).*

entreposage storage (OTAN, CA). Ex : *L'entreposage des secours (= moyens de secours) : the storage of relief supplies (OTAN).*

entreposer (matériels / munitions) to store, to stock (OTAN). Ex : *Entreposer des munitions : to stock munitions (OTAN).*

entrepôt warehouse (GB, OTAN), storehouse (GB).

entreprendre (opérations / combat) to undertake (US), to initiate (CFE). Ex : *Entreprendre / des opérations / une contre-attaque : to undertake / operations / a counterattack (US) – Entreprendre une action offensive de grande envergure en Europe : to initiate a large-scale offensive action in Europe (CFE) – Entreprendre le combat (forces) : to initiate combat engagement (OTAN).*

entreprendre (commencer) to initiate (US). Ex : *Entreprendre des pourparlers avec : to initiate talks with (US).*

entreprise (armement) venture (US). Ex : *Entreprise privée : private venture (Jane's) – Entreprise en participation ou conjointe / coentreprise : joint venture (Jane's).*

entreprise d'armement defence contractor (UN).

entreprise mixte (ou conjointe ou en participation) (ARMT) joint venture (US, Jane's).

entrer to enter (US, GB), to go into (OTAN). Ex : *Le système d'armes est entré dans sa phase de conception l'an dernier : the weapon system entered its design phase last year (US) – Entrer dans (ou rejoindre) le corps des officiers : to enter the corps of officers (US) – L'officier qui entre dans l'armée à l'âge normal : the officer who enters the service at the normal age (US) – Entrer dans l'armée : to enter military service (ou the military ou the armed forces) (US) – Entrer dans l'armée de terre : to enter the Army (US) – Les données entreront dans les circuits de renseignement : the data will enter intelligence reporting channels (OTAN) – La guerre est entrée dans une phase finale : the war has entered a final phase (US) – Elle est entrée dans l'armée de terre en février 1996 (PERS) : she entered Army service in February 1996 (US) – L'armée de terre américaine se prépare à entrer dans le XXIe siècle : America's Army prepares to enter the 21 st Century (US) – Les Américains sont entrés dans la guerre du Golfe : Americans went into the Gulf War (OTAN) – Nous entrons actuellement dans l'espace aérien ennemi : we are now entering enemy airspace (GB).*

entrer (force) (TAC) to enter (US). Ex : *Entrer dans une ville : to enter a city – Entrer dans la bataille : to enter the battle (US) – Entrer sur un théâtre : to enter a theater (US).*

entrer dans les détails to go into detail (GB).

entrer en action (matériel) to go into action (US).

entrer en contact to come into contact. Ex : *Entrer en contact avec l'ennemi (troupe) : to come in contact with the enemy.*

entrer en collision avec (véhicules / aéronefs) to collide with (GB), to crash into (GB).

entrer en fonction to take up a position (OTAN). Ex : *Entrer en fonction au poste de Secrétaire général (OTAN) : to take up the position of Secretary General (OTAN).*

entrer en guerre to go to war, to enter the war (GB) (PREP : "against" = contre). Ex : *L'Italie entra en guerre : Italy entered the war (GB).*

entrer en mobilisation (pays) to mobilize (GB).

entrer en service (matériel) to enter service (GB), to come into service (with), to be taken into service (with), to be first used (US). Ex : *Entrer en service dans l'armée de terre sué-*

doise: to enter service with the Swedish Army *(Jane's)* – *Le planeur entra en service en 1942: the glider was first used in 1942 (US).*

entrer en vigueur to take effect (GB), to become effective (US). Ex: *Le cessez-le-feu est entré en vigueur: the ceasefire has taken effect (GB) – La procédure est entrée en vigueur le 15 septembre 1979: the procedure became effective on 15 September 1979 (US).*

entrer par effraction (bâtiment / véhicule) to break in (GB).

entrer verticalement (force parachutiste) Ex: *Une capacité à entrer verticalement dans une zone d'opérations: a capability for vertical entry into an area of operations (US).*

entretenir (matériel / arme / route) to maintain (US, GB). Ex: *Entretenir du matériel: to maintain equipment – Entretenir plus de 25000 km de routes: to maintain over 25,000km of roads (US) – Soldat d'élite, tu t'entraînes avec rigueur, tu entretiens ton arme comme ton bien le plus précieux, tu as le souci constant de ta forme physique (Code d'honneur) (Légion): an elite soldier, you will train vigorously, you will maintain your weapons as if they were your most precious possession, you will keep your body in the peak of condition, always fit (GB).*

entretenir (tradition) to foster (a tradition) (US).

entretenir (maintenir) (force) to station (GB), to maintain (GB). Ex: *Le gouvernement britannique entretient 4 divisions et une très grande partie de son aviation sur cinq bases aériennes en Allemagne: the British government stations (ou maintains) 4 divisions and a considerable part of its Air Force at five airbases in the FRG (= Federal Republic of Germany) (GB).*

entretenir dans la durée (force) (TAC) to sustain (US).

entretien (maintenance) maintenance (US, GB) (VERB: "to supervise", "to inspect", "to manage") (ADJ & PART: "poor", "reduced"). Ex: *L'entretien des installations: the maintenance of installations (GB) – Entretien du matériel: maintenance of equipment (US) – Entretien des véhicules: vehicular (ou vehicle) maintenance (US) – Effectuer un entretien préventif sur les matériels: to perform preventive maintenance on the equipment (US) – Entretien des itinéraires: route maintenance (GB) – La munition ne nécessite aucun entretien particulier (missile sol-air): the round requires no special maintenance (US) – Nécessitant un minimum d'entretien: minimum-maintenance (En épithète).*

entretien (entrevue) interview (+ préposition "with") (US, GB) (VERB: "to hold", "to have", "to give... to") (ADJ: "wide-ranging"). Ex: *Demander un entretien avec son chef: to request an interview with one's commander (US) – Passer un entretien: to be interviewed (US) – Avoir un entretien avec un candidat: to interview an applicant (US) – Une série d'entretiens: a round of interviews (GB) – Entretien d'orientation (arrivée d'un soldat dans une unité): orientation interview (US) – Avoir des entretiens avec (autorités): to meet with (OTAN) – Entretien initial (recrutement): initial interview (US) (PREP: "on" = lors de).*

entretien (force) maintenance operations (US) (VERB: "to provide" = assurer).

entretien courant servicing (OTAN), routine maintenance (US, GB).

entretien dans la durée (force) (TAC) sustainment (US).

entretien préventif preventive maintenance (PM) (US) (VERB: "to check").

entretiens (pourparlers) talks (OTAN).

envahir to invade, to overrun (Ce dernier terme signifiant "submerger", "envahir totalement"). Ex: *Envahir une position: to overrun a position.*

envahisseur invader (GB). Ex: *Mener une guérilla contre l'envahisseur : to conduct guerrilla war against the invader (GB).*

enveloppe (pli) envelope (US) (VERB: "to seal", "to reseal").

enveloppe (tête militaire) container (OTAN).

enveloppe (obus) case (US). Ex: *Une enveloppe en acier maraging (obus flèche) : a maraging steel case (US).*

enveloppement (TAC) envelopment (US, OTAN).

Cf.: An offensive maneuver in which the main attacking force passes around or over the enemy's principal defensive positions to secure objectives to the enemy's rear (US).

enveloppe protectrice (roquette) protective package.

envelopper (TAC) to envelop (US), to make an end run around (familier) (US). Ex: *Envelopper un objectif : to envelop an objective (GB) – Notre meilleur mode d'action est d'envelopper le flanc gauche de l'ennemi : our best mode of action is to make an end run around the enemy's left flank (familier) (US).*

envergure (opération / exercice) scale (US, UN, OTAN, CA), level. Ex: *Des opérations de faible envergure : small-scale operations, low-level operations – Des opérations de grande envergure : large-scale operations, high-level operations – Des opérations de moyenne envergure : mid-level operations (US) – Conflit de grande envergure : large-scale conflict (OTAN) – Assurer la tenue et le maintien en puissance d'opérations de grande envergure, de longue durée ou de grande intensité : to conduct and sustain large scale, long term, or high intensity operations (CA) – Attaque de faible envergure : minor attack (US) (Voir aussi* **portée (effet / envergure)**.

envergure (drone) wing span (GB).

envers to (GB), towards (GB). Ex: *Être responsable de quelque chose envers quelqu'un : to be responsible to somebody (GB) – Il était hostile envers moi : he was hostile towards me (GB).*

envie de se battre (ou ressort ou mordant) fight (GB).

en vigueur effective, in force (GB). Ex: *Le règlement est en vigueur depuis lundi : regulations have been in force since Monday (GB).*

en vigueur (concept / doctrine) current (US).

en violation de in violation of (OTAN). Ex: *En violation d'un accord : in violation of an agreement (OTAN).*

environ estimated (GB), approximately (US), roughly (US). Ex: *L'enclave abrite environ 40 000 personnes : the enclave is home to an estimated 40,000 (GB) – Le char pèse environ 67 tonnes (courtes) (= 60,78 tonnes métriques) : the tank weighs approximately 67 tons (US) – Environ la moitié des 7058 M1 (= chars de bataille) : roughly half of the 7,058 M1s (US) – Ce déploiement a fait passer l'effectif en personnels américains à environ 3.300 : this deployment brought the approximate number of U.S. personnel to 3,300 (US).*

environnant surrounding (US). Ex: *Le terrain environnant : the surrounding terrain (US).*

environnement (milieu / contexte) environment (US, GB, OTAN, UEO) (Terme dénombrable), surroundings (OTAN) (VERB: "to promote", "to create", "to ensure", "to adapt to" = s'adapter à) (ADJ: "jungle", "arctic", desert", "mountain", "hostile", "secure", "realistic", "familiar", "unfamiliar", "sophisticated", "jamming", "stable", "combat-like", "secure", "harsh", "(highly) volatile", "non-static" = non statique, "digitized") (PREP: "in"). Ex: *L'environnement d'un objet (sur le champ de bataille) : the surroundings of an object (OTAN) – Garantir un environnement sûr : to ensure a secure environment (US) – Bien que l'environnement extérieur qui nous entoure continue d'évoluer :*

although the external environment around us continues to change (US) (Voir aussi cadre et milieu).

environnement (écologie) environment (US). Ex : *Protection de l'environnement : environmental protection (GB) – Problèmes d'environnement liés à la défense : defense-related environmental issues (OTAN) – Système de gestion de l'environnement dans le secteur militaire : environmental management systems in the military sector (OTAN).*

environnement d'information (ou informationnel) information environment (US).

environnement psychologique psychological environment.

environnemental environmental (US, GB, OTAN) (Abréviation : "ENV").

environnement biologique biological environment (US).

environnement chimique chemical environment (UN).

environnement de combat combat environment (US) (Terme dénombrable), tactical conditions (OTAN).

environnement de conflit conflict environment (US), environment of conflict (US).

environnement de contamination NBC chemically contaminated environment (US) (PREP : "in").

environnement de contre-mesures countermeasure(s) environment (US) (ADJ : "intense").

environnement de destruction massive mass destruction environment (US).

environnement de formation training environment (US).

environnement de guerre warfare environment (US), environment of war (US).

environnement d'entraînement training environment (US).

environnement de projection de forces force-projection environment (US).

environnement de sécurité security environment (OTAN) (ADJ : "unpredictable" = imprévisible) (PREP : "in"). Ex : *Améliorer l'environnement de sécurité et de stabilité pour les pays de la zone Euro-Atlantique : to improve the security and stability environment for nations in the Euro-Atlantic area (OTAN).*

environnement de stabilité stability environment (OTAN).

environnement de (ou du) théâtre theater environment (US).

environnement de travail working environment (US).

environnement d'instruction training environment (US).

environnement du combat (l') the environment of combat (US).

environnement dynamique dynamic environment (US).

environnement extérieur external environment (OTAN).

environnement hostile hostile environment (US).

environnement interarmées (l') the joint environment (US).

environnement interarmes combined arms environment (US).

environnement littoral littoral environment (US).

environnement maritime maritime environment (US).

environnement militaro-stratégique (l') the military-strategic environment (US).

environnement NBC (PERS) NBC environment (GB) (VERB : "to survive (in)", "to operate (in)").

environnement non statique non static environment (UEO). Ex : *La structure des forces terrestres devrait davantage s'adapter à pouvoir opérer dans un environnement non statique : the structure of land forces should be further adapted to allow operations in a non static environment (UEO).*

environnement opérationnel operational environment (US), environment of operations (US).

environnement spécial special environment (US).

environnement stratégique (l') the strategic environment (OTAN, US), the strategic setting (GB) (VERB : "to be characterised by") (PART : "(rapidly) changing"). Ex : *Une mutation spectaculaire de l'environnement stratégique : a dramatic transformation of the strategic environment (OTAN).*

environnement tactique tactical conditions (OTAN), combat environment (US) (ADJ : "(rapidly) changing").

environnement terrestre (l') the ground environment (US).

environs environs (GB). Ex : *Concentrer les bombardements sur les environs de la ville : to concentrate the bombing on the environs of the city (GB).*

envisagé (mission / mode d'action) planned, contemplated (US).

envisageable (ou imaginable) conceivable (GB). Ex : *Le seul scénario nucléaire envisageable : the only conceivable nuclear scenario (GB).*

envisager to think of (GB), to contemplate (US), to envisage (GB), to consider (+ verbe en ING) (US). Ex : *Envisager une carrière dans l'armée de terre : to think of a career in the Army (GB) – Envisager une carrière de 20 à 30 ans : to contemplate a career of 20 to 30 years (US) – Le type de guerre envisagé : the type of warfare envisaged (GB) – Aucune action offensive terrestre contre l'Irak n'était envisagée : no offensive ground action was contemplated (US) – Envisager de s'engager dans l'armée de terre (PERS) : to consider joining the Army (US).*

en visuel on visual (GB). Ex : *Avoir une personne en visuel : to have a person on visual (GB).*

envoi deployment (GB), despatch (GB), dispatch (UN), conveyance (OTAN). Ex : *L'envoi d'une force multinationale : the deployment of a multinational force (GB) – L'envoi de renforts / forces d'appoint : the despatch of reinforcement forces (GB) – L'envoi d'une équipe d'inspection : the dispatch of an inspection team (UN) – Envoi du renseignement en temps utile (à) : timely conveyance of intelligence (to) (OTAN).*

envoi (demandes de renseignement / ordres de recherche) issuance (of orders / of requests) (OTAN).

en voie d'aggravation (crise) worsening (OTAN).

en vol in-flight (US, OTAN), inflight (OTAN), airborne (OTAN), mid-air (GB) (En épithète). Ex : *Ravitaillement en vol : inflight refuelling (IFR) (OTAN) – Interception en vol : airborne intercept (OTAN) – Alerte avancée en vol : airborne early warning (AEW) (OTAN) – Une collision en vol : a mid-air collision (GB).*

en vol (en l'air) in the air (GB).

envoyer to send (out) (GB), to dispatch ou to despatch (GB), to deploy, to order (US), to post (GB), to fly (OTAN) (PREP : "to"). Ex : *Le Président a envoyé (ordonné l'envoi) de(s) soldats dans le golfe Persique : the President ordered troops to the Persian Gulf (US) – Envoyer des soldats au front : to send troops to the front (GB) – Des forces qui peuvent être envoyées dans n'importe quelle région du monde : forces that can deploy to any region of the world (GB) – Envoyer un détachement pour dégager l'itinéraire : to send out a party to clear the route (GB) – Envoyer un hélicoptère (pour) évacuer un soldat : to send (ou to dispatch) a helicopter to evacuate a soldier (US) – Le régiment est envoyé à Belfast pour un séjour de 18 mois : the battalion is posted to Belfast on an 18-month tour (GB) – Envoyer des unités de cavalerie sur la frontière occidentale : to send cavalry units to the western frontier (US) – La division fut envoyée au Sud-Vietnam : the division was deployed to South Vietnam (US) – Envoyer des observateurs : to send observers (GB) – Envoyer en opérations (hommes / unités) : to send (troops / units) on operations (GB) – Le premier détachement envoyé dans le Golfe dans le cadre de l'Opération Granby : the* *first detachment sent to the Gulf as part of Operation Granby (GB)* – Envoyer des hommes au combat : to send troops into battle – L'armée de terre veut envoyer jusqu'à 15 officiers d'active, du grade de sous-lieutenant à capitaine, en faculté de Droit : *the Army wants to send up to 15 active-duty officers in ranks second lieutenant through captain to law school (US)* – Ce sont les premiers à être envoyés contre des forces lourdes ennemies (fantassins aéromobiles) : *they are the first to be sent against heavy enemy forces (US)* – Envoyer à ces pays des secours par voie aérienne : *to fly relief supplies into those countries (OTAN)* – La France a réagi en envoyant des centaines de soldats : *France reacted by dispatching hundreds of troops (GB)* – Les Britanniques envoyèrent leur 7ᵉ Brigade blindée : *the British sent their 7th Armoured Brigade (GB)* – Envoyer des forces au Kosovo pour contribuer au maintien de la paix : *to send troops to Kosovo to help keep the peace (OTAN).*

envoyer (agent chimique) to deliver (US). Ex : *L'agent chimique est envoyé sur l'objectif par des munitions explosives :* the chemical agent is delivered to the target by bursting-type munitions *(US).*

envoyer (message / ordre) to send (US), to disperse (GB). Ex : *Envoyer un message radio :* to send a radio message *(US)* – Envoyer du courrier : *to send mail (US)* – Les ordres ont été envoyés vers les diverses unités : *orders were dispersed to the units (GB).*

envoyer (demandes de renseignement / ordres de recherche) to issue (orders / requests) (OTAN).

envoyer (estafette) to dispatch (GB). Ex : *Des estafettes ont été envoyées à l'état-major :* messengers were dispatched to HQ *(GB).*

envoyer en priorité (message) to flash (GB).

en vrac (carburant) bulk (OTAN, US) (En épithète).

en vue de with the object of (+ verbe en ING), with a view to (+ verbe en ING), with the aim of (+ verbe en ING), for the purpose of (+ verbe en ING) (OTAN), for (US, OTAN, <u>Jane's</u>), in anticipation of (OTAN), toward (+ verbe en ING) (US), on (OTAN). Ex : *En vue de détourner la défense ennemie de la région d'effort principal :* for the purpose of drawing enemy defenses away from the main effort *(OTAN)* – En vue de l'assaut principal : *for the main assault (OTAN)* – Préparatifs en vue d'une opération : *preparations in anticipation of an operation (OTAN)* – Un accord en vue d'une action commune (pays) : *an agreement for a common action (US)* – L'armée de terre était organisée presque exclusivement en vue d'opérations de haute intensité : *the Army was organised almost exclusively for high intensity operations (<u>Jane's</u>)* – Des négociations en vue d'un règlement politique : *negotiations on a political settlement (OTAN)* – En vue d'assurer la coordination des feux : *to ensure coordination of fire (OTAN)* – Ils travaillent en vue de devenir des chefs : *they work toward becoming leaders (US)* – S'emparer de personnels en vue d'interrogatoires de renseignement (RENS militaire) : *to capture personnel for intelligence questioning (US)* – Il concentra ses forces en vue de l'attaque : *he concentrated his forces for the attack (GB).*

en vue de (expression du but par le chef) in order to.

EOP (élément d'observation dans la profondeur) long-range surveillance detachment (LRSD) (US) (Dans un "Military Intelligence battalion" de "Light Infantry Division").

épaisseur thickness (GB). Ex : *Une épaisseur / d'acier / de blindage :* a thickness / of steel / of armour *(GB)* – Le blindage a une épaisseur de trois ou quatre pouces : *the armor is three or four inches thick (US).*

épaissir to thicken (US).

épaississement (forces) thickening (US).

<u>Cf.</u> : The reinforcing of units in the conduct of a defense to concentrate forces to attain a desired combat ratio (US).

épandage (agents NBC) dissemination (of agents) (OTAN).

épargner (vies) to spare (<u>Jane's</u>).

éparpillement scatter (OTAN). Ex : *Éparpillement du personnel sur la zone de largage (parachutage) : scatter of personnel on the drop zone (OTAN).*

épaule shoulder (US, GB). Ex : *Il tomba, blessé à l'épaule, mais se releva immédiatement : he fell wounded in the shoulder but got up immediately (GB) – Tiré à l'épaule (missile sol-air) : shoulder-launched (US).*

épaulement (pour mitrailleuse) weapon pit (GB).

épaulette epaulet (US), epaulette (GB), shoulder mark (US). Ex : *Des épaulettes dorées : gold epaulettes (GB) – Accéder à l'épaulette (PERS) : to become an officer, to be commissioned as an officer.*

épaulière shoulder rest (bazooka), shoulder pad (canon sans recul), shoulder piece (fusil).

épée sword (<u>Attention</u> : Le "w" ne se prononce pas).

épée (STRAT) sword (US, GB).

épée et la cuirasse (l') (concept) "sword and shield" (US). Ex : *Le concept stratégique de l'épée et de la cuirasse : the "sword and shield" strategic concept (US).*

épeler to spell. Ex : *J'épelle (procédure radio) : I spell.*

éperon (<u>ou</u> saillie) (TOPO) spur (US).

éperon (cavalier) spur (GB).

éphémère transient (US), perishable (OTAN). Ex : *Données d'une validité souvent éphémère : frequently perishable data (OTAN) – La nature éphémère de leurs effets (armes de guerre électronique) : the transient nature of their effects (US).*

épidémie (SAN) epidemic. Ex : *Une épidémie de grippe : a flu epidemic (GB).*

épine dorsale (sens propre et figuré) backbone.

épingler to pin (US), to affix (US), to attach (US) (PREP : "to", "on"). Ex : *Épingler une médaille sur un uniforme : to pin a medal to a uniform – Épingler un insigne sur l'uniforme : to affix (<u>ou</u> to attach) an insignia on the uniform (US) – 940 soldats épingleront le grade de sergent-chef : 940 soldiers will pin on staff sergeant rank (US).*

épiscope (char) periscope (US), tank telescope (UN), sight (US). Ex : *Épiscope de pilotage (<u>ou</u> de conduite) de nuit : night driving periscope – Épiscope de vision nocturne : night-vision periscope (US) – Épiscope de conduite à imagerie thermique : driver's thermal sight (US).*

époque era (US, GB), period (US), day(s) (GB), times (US). Ex : *L'époque du char lourd est révolue : the day of the heavy tank is over (GB) – Les époques où notre armée de terre a connu les plus grands changements ont été celles d'immédiates après-guerres : the periods of greatest change for our Army have been those immediately following wars (US) – L'époque de la guerre froide : the Cold War era (US) – Depuis l'époque coloniale : since colonial times (US) — L'époque où ...(+ phrase) est révolue : the days when ...are over (GB) – La fin de la guerre froide a marqué le début d'une époque nouvelle : the end of the Cold War has ushered in a new era (US) – Elle était loin l'époque où (<u>ou</u> On était loin de l'époque où...) : long gone were the days when... (GB) – Un char de bataille américain de l'époque des années 70 : an American 1970s-era main ballte tank (GB).*

épouse wife (US, GB). Ex : *Une épouse (<u>ou</u> femme) de militaire (armée de terre) : an Army wife (US).*

épouse de guerre war bride.

épreuve test (US, GB). Ex : *Une épreuve de volonté (marche commando) : a test of willpower (GB).*

épreuve de (à l') proof against (GB). Ex : *Un véhicule de combat à l'épreuve des armes légères : a fighting vehicle proof against small arms (GB).*

épreuve de sélection selection test (GB), tryout (= admission dans une unité particulière) (US) (ADJ : "exhaustive") (PREP : "through").

épreuve du temps test of time (US). Ex : *Résister à l'épreuve du temps (principes) : to withstand the test of time (US).*

épreuves tests (GB, US). Ex : *Épreuves d'endurance : endurance tests (GB) (Voir aussi **test** et **psychotechnique**).*

épreuves (souffrances) hardship (US) (Terme collectif, à sens pluriel). Ex : *Affronter les épreuves (PERS) : to face hardship (US).*

épreuve pratique (évaluation) hands-on test (US).

éprouvant (entraînement) vigorous (GB), gruelling (GB) ou grueling (US). Ex : *Les paras subissent un stage d'instruction éprouvant : paratroops undergo a vigorous training course (GB).*

éprouver (mettre à l'épreuve) to test (OTAN, US, UEO). Ex : *Éprouver la force de l'ennemi : to test the enemy's strength (OTAN) – L'armée de terre avait été sévèrement (ou rudement) éprouvée pendant 6 années de guerre : the Army had severely been tested for 6 years of war (US) – L'objectif est d'éprouver les mécanismes et procédures de gestion de crise de l'UEO (exercice) : the aim is to test WEU crisis management mechanisms and procedures (UEO).*

EPS voir **entraînement physique et sportif**.

épuisé (munitions / personnel / stocks) exhausted (GB) (ADV : "physically"). Ex : *Nos munitions sont épuisées : our ammunition is exhausted (GB) – Les commandos sont rentrés à leur base complètement épuisés : the commandos have returned to base completely exhausted (GB).*

épuisement (fatigue extrême) (PERS) exhaustion (GB). Ex : *Dans un état total d'épuisement : in a state of complete exhaustion (GB).*

épuisement (ressources / moyens) exhaustion (US).

épuisement dû à la chaleur (ou coup de chaleur) (SAN) heat exhaustion (US).

épuisement physique (PERS) physical exertion (US).

épuiser to exhaust (US, GB), to deplete (US). Ex : *Quand tous les autres moyens ont été épuisés : when all other means have been exhausted (US) – Épuiser les moyens ennemis : to deplete enemy resources (US) – Nous avons épuisé notre approvisionnement en carburant : we have exhausted our fuel supply (GB) – Épuiser les options de l'ennemi (TAC) : to deplete the enemy's options (US).*

épuration ethnique ethnic cleansing (US, GB, OTAN). Ex : *Mettre un terme à la brutale campagne de répression et d'épuration ethnique : to bring to an end the brutal campaign of repression and ethnic cleansing (OTAN).*

Équateur (l') (ligne) the Equator (GB), the Line (GB) (VERB : "to cross").

équatorial equatorial (GB). Ex : *L'ancienne Afrique équatoriale française : the former French Equatorial Africa (GB).*

équilibre balance (US, GB) (VERB : "to achieve", "to restore... to") (ADJ : "proper") Ex : *équilibre stratégique : strategic balance – Un équilibre des forces armées en Europe : a balance of armed forces in Europe (CFE) – Un équilibre entre mobilité et protection : a balance between mobility and protection (GB) – L'équilibre mondial (ou planétaire) :*

global balance (US) – Équilibre militaire : military balance (UN, OTAN) – Une alliance avec un meilleur équilibre : a more balanced alliance (OTAN).

équilibre (force) (TAC) equilibrium (US) (VERB : "to regain").

équilibré (force / alliance) balanced (GB, US, OTAN). Ex : *Une force équilibrée (en chars et éléments mécanisés, par ex.) : a balanced force (GB, US, Jane's) – La nouvelle OTAN doit être mieux équilibrée : the new NATO must be better balanced (OTAN) (Voir aussi **compenser**).*

équilibre de la terreur (STRAT) balance of terror (UN), balance of fear (UN).

équilibre des forces balance of power (UN).

équilibre nucléaire nuclear balance (US).

équilibre (ou parité) nucléaire (STRAT) nuclear parity.

équilibreur (obusier) equilibrator.

équipage (char / canon automoteur / sous-marin) crew (US, GB) (ADJ : "small" = réduit) (PART : "trained", "motivated"). Ex : *Équipage de char : tank crew (GB, US) – Le Leclerc a un équipage de trois hommes : the Leclerc MBT has a three man crew (Jane's) – L'équipage du chaland est assuré par des membres du Corps Royal de la Logistique : the craft is crewed by members of the Royal Logistic Corps (GB) – 2 membres d'équipage : 2 crew (GB) – Un équipage de quatre ou cinq hommes : a crew of four or five (US) – Des membres d'équipage de char Abrams : Abrams crewmen (US).*

équipage (aéronef) aircrew (OTAN). Ex : *Installation de formation aux tactiques de guerre électronique des équipages : aircrew electronic warfare tactics facility (AEWTF) (OTAN).*

équipage (caractéristique de véhicule blindé) crew (GB), personnel (ou troop) capacity (US).

équipe (d'infanterie ou de GV ou de pièce (INF) fire team (US), fireteam (GB), gun group (GB).

Cf.: Fire team : one half of an infantry section, usually not less than a non-commissioned officer and three men (GB) – Gun group : Infantry machine-gunner and his loader (GB).

équipe team (US, GB), detail, crew (US), (VERB : "to establish" = mettre sur pied, "to join"). Ex : *Équipe d'observateurs : observer team (US) – Les sociétés Aerojet et Alliant Techsystems font équipe (ou sont associées) en vue de... : Aerojet and Alliant Techsystems are teamed to... (US) – Équipe de construction (pont) (GEN) : construction crew (US) – Une équipe MILAN : a MILAN team (GB) – Équipe de sabotage : sabotage team (US) – Équipe d'interrogation du renseignement de l'armée de terre : MI (= Military Intelligence) interrogation team (US) – Ils (= soldats) étaient par équipes de quatre (ou Ils faisaient équipe par quatre) : they were in teams of four (GB).*

équipe (partie de cellule de PC) section (US).

équipe (de relève) (état-major / PC) shift (US). Ex : *L'équipe du matin : the morning shift (US).*

équipé (soldat) equipped (US, CA), fully equipped (US). Ex : *Bien équipé (ou équipé de façon appropriée) : well-equipped, properly equipped (US, CA) – L'hélicoptère peut transporter 33 hommes équipés : the helicopter is capable of transporting 33 fully equipped combat troops (US).*

équipe antiaérienne air defence section (GB).

équipe anti-terroriste (forces spéciales) anti-terrorist team (GB) (VERB : "to establish", "to be manned by", "to move into position") (NOM ASS. : "team member") (EXPR : "to work independently").

équipe chirurgicale surgical team (GB).

équipe d'accompagnement (inspection / vérification) escort team (CFE).

équipe d'assaut (forces spéciales / GEND) assault team (GB).

équipe d'assistance technique (munitions) technical assistance team (US).

équipé de (ou avec) (force) equipped with (US), -equipped (après le nom du matériel) (GB), outfitted with (US) (ADV : "lightly", "heavily"). Ex : *Les unités de la division sont équipées plus légèrement : division units are equipped with lighter equipment (US) – Un régiment équipé de (véhicules) Warrior (ou un régiment sur Warrior) : a Warrior-equipped battalion (GB) – Une réserve d'infanterie bien équipée d'armes antichar : an infantry reserve well outfitted with antitank weapons (US).*

équipé de (matériel) fitted with (US), equipped with (GB), mounting (US). Ex : *Des cibles équipées de blindage réactif : targets equipped with reactive armour (GB) – Un missile équipé d'une tête nucléaire : a missile fitted with a nuclear warhead (US) – Un tourelleau équipé avec une mitrailleuse de 7.62 : a cupola fitted with a 7.62mm machine gun – Une tourelle équipée d'un tube de 155 mm : a turret mounting a 155mm gun (US) – Équipé d'un poste radio : radio equipped.*

équipe d'échantillonneurs (ou chargée des prélèvements) sampling team (UN).

équipe de commandement command team (OTAN). Ex : *Équipe mobile de commandement : mobile command team (MCT) (OTAN).*

équipe de commandos parachutistes (ECP) (DP) (ex-CRAP) (10 hommes) (Traduction proposée) (Airborne division(al) para-commando team (ou patrol).

équipe de déminage (ou de démineurs) EOD (= Explosive Ordnance Disposal) detachment (US), bomb-disposal teams (Royal Army Ordnance Corps) (GB).

équipe de démolition sous-marine underwater demolition team (OTAN, US) (Abréviation US : "UDT").

équipe de grenadiers-voltigeurs rifle fire team (US).

équipe de liaison liaison team (US, OTAN). Ex : *Équipe de liaison des opérations de défense aérienne : air defence operations liaison team (ADOLT) (OTAN).*

équipe de linguistes linguist team (US).

équipe de médecine préventive preventive medicine team (US).

équipe de pièce (ART) gun crew (GB, US), gun detachment.

équipe de mise à feu du dispositif de destruction demolition firing party (OTAN).

équipe de planification de circonstance contingency planning team (CPT) (GB).

équipe de programme intégrée (EDPI) (ARMT) integrated project team (IPT) (GB).

équipe de recherche (RDP) (Traduction proposée) long-range surveillance ou long-range reconnaissance team (ou patrol).

équipe de réparation (MAT) maintenance team (MT) (US).

équipe de reportage (média militaire) news team.

équipe de reportage (média civil) news crew (US). Ex : *Une équipe de reportage d'une télévision étrangère : a foreign television news crew (US).*

équipe de secours (incendie / attentat) rescue team (US).

équipe des forces spéciales "A Team" (US Special Forces) (Officiellement : Special Forces operational detachment — A ou SFODA) (détachement élémentaire de 12 soldats spécialistes).

Cf. : " Each Special Forces company (...) comprises six "A teams" : four regular units, one underwater team and one HALO (high altitude / low opening) military free-fall parachute jump team, although all "A Team" members are airborne-qualified.(...) The 12-man "A Team" comprises 10 sergeants, one warrant officer and one captain.(…) Training is wide-ranging, running from simple patrol techniques to engineering (construction as well as demolition), communications, underwater tactics, weapons handling — even basic dentistry and both human and veterinary medicine.(…) The basic "A team" is equipped with standard army weapons — M16 rifle, 9mm pistol, squad automatic weapon (SAW), although they do use longer range communications gear.(…) Each "A Team" member must also be fluent in another language." (<u>Jane's</u>).

équipe de sabotage (RENS) sabotage team (US).

équipe de soldats soldier team (US).

équipe de travail working party (WP) (OTAN).

équipe d'évaluation (expérimentation) assessment team (US).

équipe d'inspection inspection team (CFE, UN).

équipe d'instructeurs (<u>ou</u> d'instruction) training team (US, GB).

équipe d'instruction (tir) training team (US) (ADJ: "mobile").

équipe d'interrogation interrogation team (GB).

équipe d'observateurs observer team (US).

équipe d'observation terrestre (défense aérienne) ground observer team (US).

équipe d'orienteurs-marqueurs (<u>ou</u> de balisage) marking team (US, OTAN).

équipement equipment (US, GB, OTAN), kit (GB) (Le terme "equipment" est <u>en principe</u> indénombrable, mais on peut le rencontrer avec un "s" final) (VERB: "to assemble", "to hold", "to organize", "to repair", "to explore") (ADJ: "obsolete", "state-of-the-art", "fit" = en état de marche, "repairable", "government funded"). Ex: *Équipement caractéristique: signature equipment (OTAN) – Équipement(s) du Génie: engineer equipment (US) – L'équipement le plus perfectionné du monde au plan technologique: the most technologically advanced equipment in the world (US) – Tout l'équipement de la section a été laissé sur le camion: all the platoon's kit was left on the truck (GB) (Voir aussi matériel).*

équipement (action d'équiper) equipping (US), fielding (= mise en dotation) (US). Ex: *L'entraînement et l'équipement des réserves: the training and equipping of reserves (US) – L'équipement en M1 (= char) se poursuivra tout au long de la décennie: fielding of the M1 will continue throughout the decade (US).*

équipement (acquisition de matériel) procurement (US, GB).

équipement (chapitre budgétaire) Equipment (GB).

équipement caractéristique signature equipment (OTAN, US).

équipement d'assaut (forces spéciales / GEND) assault equipment (GB) (NOM ASS.: "body armour", "stun grenade", "assault ladder", special cartridges").

équipement de chiffrement (machine à chiffrer / machine de chiffrement) (RENS) cipher machine (US) (ADJ: "electromechanical", "unbreakable", "complex").

équipement d'écoute clandestine (lieu / dispositif) bug (US), bugging equipment (US).

équipement de manutention des matériels materiel handling equipment (MHE) (OTAN).

équipement de plongée (nageurs de combat) dive gear (US), scuba gear (US).

équipement de série (matériel) standard equipment (<u>Jane's</u>) (VERB: "to include").

équipement des télécommunications communications equipment (OTAN).

équipement des unités unit equipment (US).

équipement de surveillance (RENS / TAC) surveillance equipment (US, GB). Ex : *Le VTT blindé a été adapté en vue d'emporter des équipements de surveillance : the APC (= Armoured Personnel Carrier) has been adapted to carry surveillance equipment (GB).*

équipement du combattant débarqué voir **ECAD**.

équipement du soldat gear (US), accoutrements (GB). Ex : *Équipement complet de combat (fantassin) : full combat gear (US) – 11 hommes et leur équipement : 11 full-equipped troops (US).*

Cf. : Accoutrements : Equipment worn by military personnel in addition to their clothing (GB).

équipement électronique electronic equipment (US) (VERB : "to set up") (ADJ "highly effective").

équipement en personnel(s) du recrutement (unité / force / armée) manning (US, GB) (VERB : "to improve").

équipement individuel (soldat) individual equipment (US).

équipement individuel de combat webbing (GB).

équipement individuel de protection (NBC) individual protection equipment (OTAN).

équipement individuel de survie personal survival kit (GB).

équipement (ou matériel) informatique automated data processing equipment (ADPE) (US, GB).

équipement lourd heavy equipment (HET) (OTAN).

équipement portuaire port equipment (OTAN).

équipement prépositionné pre-positioned equipment (US).

équipement radio (RENS) radio equipment (US) (VERB : "to devise", "to use").

équipement(s) terrestre(s) land equipment (GB).

équipements (matériels) equipment (OTAN) (NOM ASS : "(authorised / unauthorised) access to").

équipements (infrastructure) facilities (US). Ex : *Gérer des installations et des équipements de qualité : to operate quality installations and facilities (US).*

équipements de communications communications assets (OTAN).

équipements de défense defence equipment (AUST).

équipements de transmissions (véhicule) communications equipment (Jane's).

équipements du combattant soldier's equipment (GB) (VERB : "to design", "to procure").

équipements radio (véhicule) radio equipment.

équipements techniques modulaires (ETM) (SAN) Équivalent US : Deployable Medical Systems (DEPMEDS).

équipe mobile de réparation (matériel) contact party.

équipé pour la radio (véhicule) fitted for radio (FFR) (GB).

équiper to equip (GB, US), to outfit (US), to be deployed with (GB), to field (to) (US), to tool up (GB), to be in use in (US). Ex : *Le canon AS-90 équipe 5 régiments sol-sol : the AS-90 howitzer equips 5 field regiments (GB) – Équiper un soldat : to equip (ou to outfit) a soldier (US) – Le (radar anti-mortiers) Cymbeline équipe les régiments dotés du canon AS 90 : Cymbeline is deployed with the AS 90 regiments (GB) – Soldats entièrement équipés : fully-equipped troops (GB) – L'armée de terre a équipé la 4ᵉ Division d'Infanterie Mécanisée de cinq véhicules (blindés) de commandement : the Army fielded five C2Vs (= Command and Control Vehicles) to the 4th Infantry Division (Mechanized) (US) – Les légionnaires étaient extrêmement bien équipés : the legionnaires were extremely well tooled up (GB) – L'infanterie a besoin des ARSV pour équiper les sections de* *reconnaissance des régiments d'infanterie mécanisée : Infantry needs the ARSV for use in the scout platoons of of Mechanized Infantry Battalions (US) – Équiper les sections de combat de l'infanterie : to equip frontline infantry platoons (Jane's) (Voir aussi **équipé de (ou avec) (force)** et **équipé de (matériel).***

équiper (coupure) to bridge (a gap).

équiper de (matériel) to equip with (GB). Ex: *Nous avons équipé la section de fusils : we equipped the platoon with rifles (GB).*

équiper en personnel(s) (unité / force / armée) to man (US). Ex: *Équiper des unités de combat à 100% de leurs personnels : to man combat units to 100 % (US) – Équiper une division à 100% de ses personnels : to man a division at 100% (US).*

équipe soignante (SAN) nursing staff.

équipe spécialisée specialist team (GB).

équipe sportive sports team (GB).

équipier (esprit d'équipe) (PERS) team-player (GB).

équitable equitable (US), fair (US).

équitation (militaire) (Army) equitation (GB), horsemastership (GB). Ex: *Instructeur d'équitation : riding master (GB) – Manuel d'équitation militaire : the Army Manual of Horsemastership (GB).*

équivalent equivalent (US), counterpart (US). Ex: *L'ampleur de ce succès (militaire) est sans équivalent dans l'histoire des conflits : the magnitude of this achievement is unparalleled in the history of warfare (US) – L'équivalent de 2 compagnies d'infanterie : the equivalent of 2 infantry companies (GB) – Équivalent étranger (d'un matériel) : foreign counterpart (US).*

équivaloir à to be equivalent to, to amount to, to approximate (idée d'approximation) (US). Ex: *8 divisions équivalaient environ en effectifs à 8 brigades de l'armée de terre américaine : 8 divisions approximated 8 US Army brigades in strength (US).*

équivoque (sans) clear (US), unambiguous (Jane's). Ex: *Envoyer un message de détermination sans équivoque à l'adresse de nos alliés régionaux : to send a clear message of resolve to our regional allies (US) – L'engagement sans équivoque de la France envers l'Alliance Atlantique : France's unambiguous commitment to the Atlantic Alliance (Jane's).*

(ER) (en retraite) (PERS) (Ret.) (US). Ex: *Le Colonel John Doe, de l'armée de terre des États-Unis (ER) : Col. John Doe, USA (= United States Army) (Ret.) (US).*

ERC SAGAIE 1 (engin roue-canon) ERC Sagaie 1 (6X6) armoured car (Jane's).

ère era (US), age (US). Ex: *La fin de la guerre froide a marqué le début d'une ère nouvelle : the end of the Cold War has ushered in a new era (US).*

ère de l'information (ou age de l'information) (l') the Information Age (US).

ère nucléaire (l') (the) Nuclear Age (US).

ergonomie ergonomics (GB) (Terme indénombrable). Ex: *L'ergonomie de la tourelle (char) : the ergonomics of the turret (GB).*

ergonomique ergonomic (GB, US, Jane's). Ex: *Essais ergonomiques (matériel) : ergonomic trials (Jane's).*

ergot (grenade) lug.

ergothérapeute (SAN) occupational therapist (US).

érosion du tube (canon) barrel erosion (US).

erreur error (US), mistake (VERB: "to make", "to commit", "to eliminate", "to reduce") (ADJ: "grave", "serious"). Ex: *Erreur d'orientation (sur le terrain) : navigation error (US) – Par erreur : mistakenly (US), accidental (En épithète) (UN) – Il n'existait pas de droit à* *l'erreur (opération)*: there could be no margin for error (US) – *Erreur de pointage*: aiming error (US) – *Errreur de compas*: compass error (US).

erreur (TAC) error (US) (VERB: "to accumulate"). Ex: *Erreur due au hasard (ou accidentelle)*: chance error (US) – *Empêcher les erreurs de synchronisation (TAC)*: to pevent errors in synchronization (US).

erreur ! (procédure radio) wrong ! (US).

erreur circulaire circular error (UN). Ex: *Erreur circulaire probable*: circular error probable (UN).

erreur de calcul (ou mauvais calcul) miscalculation (US) (Terme dénombrable).

erreur de jugement misunderstanding (UN).

erreur d'interprétation misinterpretation (UN).

ERYX (missile antichar courte portée ou ACCP) ERYX anti-tank short range missile (Jane's), ERYX short-range antitank weapon system (SRAW) ou light antitank weapon, ERYX 600m anti-tank missile (Jane's) (Cf. Le LAW-80 (= light anti-tank weapon) britannique).

escadrille (hélicoptères) (ALAT) 1. (US) helicopter company (soit "assault helicopter company", soit "attack helicopter company") (ASSAUT / ATTAQUE) ou air cavalry troop (Air Cav) (RECONNAISSANCE) – **2. (GB)** squadron (Soit 2 "LBH flights", soit "2 aviation recce patrols" (Gazelle + Lynx TOW) et 1 "fire team "(4 Lynx TOW) (GB).

escadrille aéromobile airmobile squadron (GB).

escadrille autonome (ou détachée) (ALAT) independent squadron (GB).

escadrille de soutien et de ravitaillement (ESR) (Traduction proposée) CSS (= combat service support) and resupply company.

escadrille d'hélicoptères antichar (EHAC) antitank helicopter company (US), squadron (terminologie GB).

escadrille d'hélicoptères d'appui-protection (EHAP) (Traduction proposée) escort and close support (ou support and protection) helicopter company (US) (ou squadron (GB).

escadrille d'hélicoptères de combat attack helicopter company (ATKHC) (US).

escadrille d'hélicoptères de manœuvre (EHM) (Traduction proposée) utility helicopter company (US) (ou squadron (GB).

escadrille d'hélicoptères de reconnaissance (EHR) recce squadron (Army Air Corps = ALAT) (GB), air cavalry troop (Air Cav) (US).

escadron autonome (ABC) independent squadron (GB).

escadron blindé voir **escadron de chars**.

escadron de chars tank company (US), armoured squadron (En abrégé: "armd sqn") (GB), sabre squadron (GB) (VERB: "to line up").

escadron de CLB (cavalerie légère blindée) armored cavalry troop (US), armoured recce squadron (GB).

escadron de circulation traffic control company (US) (ou squadron (GB). Ex: *Escadron de circulation et de transport (ECT) (RPCS)*: (Traduction proposée) traffic control and transport(ation) company (US) (ou squadron (GB).

escadron de combat (RC) "sabre" squadron (GB).

escadron de commandement et de logistique (ECL) (Traduction proposée) headquarters (HQ) and logistics squadron (GB) (ou company (US).

escadron de commandement et de quartier général (ECQG) headquarters squadron (HQ Sqn) (Dans un "Close Support Regiment" du "Royal Logistic Corps" britannique).

escadron de commandement et des services (ECS) headquarters and headquarters troop (HHT) (US), headquarters squadron (HQ Sqn) (GB).

escadron d'éclairage divisionnaire (EED) (obsolète) (Division(al) recce squadron (GB), ground cavalry troop (US).

escadron d'éclairage et d'investigation (EEI) (Division(al) recce squadron (GB), ground cavalry troop (US).

escadron de la mort death squad (GB).

escadron de livraison par air (ELA) air despatch squadron (Royal Logistic Corps, RLC) (GB).

escadron de maintenance régimentaire (EMR) (Traductions proposées) regimental maintenance squadron (terminologie GB), battalion maintenance company (US).

escadron de quartier général (armée de terre 2002) headquarters (HQ) squadron (GB).

escadron de transport transportation company (US), transport squadron (GB).

escadron d'exploitation et de transport (EET) Motor Pool (US).

escadron du train (transportation) company (US), (transport) squadron (GB).

escadron MILAN MILAN antitank company (US), MILAN antitank squadron (GB).

escalade (conflit / violence / crise) escalation (UN, GB, US) (Contraire : "de-escalation (US, GB) (ADJ : "horizontal", "vertical", "qualitative", "uncontrolled"). Ex : *Escalade de la violence : escalation of violence (US) – Escalade (ou montée aux extrêmes) (STRAT) : escalation – L'escalade vers la guerre : escalation to war (GB) – L'escalade de la violence dans la province du Kosovo : increasing violence in the province of Kosovo (CA) – Prévenir l'escalade des crises : to preclude the escalation of crises (US).*

escalader to climb (GB), to scale (GB). Ex : *Les Britanniques ont escaladé les hauteurs d'Abraham : the British scaled the heights of Abraham (GB) – Les commandos ont dû escalader une falaise de 15 mètres : the commandos had to climb a 50ft cliff (GB).*

escarmouche (accrochage) (TAC) skirmish (GB, US) (Pluriel : "skirmishes") (VERB : "to be") (ADJ : "bitter") (VERB ASS. : "to skirmish" (+ préposition "with") = combattre par escarmouches). Ex : *À part des escarmouches à Fondouk où les Français conservèrent le terrain : but for skirmishes at Fondouk where the French held their ground (US).*

escarpé (terrain) steep (terrain) (US).

escarpement escarpment (GB).

escompté (dommages) expected (OTAN).

escorte (convoi / garde en armes / garde d'honneur) escort (GB, OTAN). Ex : *Avec escorte de protection (convoi) : with escort protection (OTAN) – Escorte de convoi : convoy escort (OTAN).*

escorter to escort (US, GB). Ex : *Escorter un convoi : to escort a convoy (US).*

escouade du génie (engineer) squad (US), (engineer) section (GB).

escouade du train (transportation) squad (US), (transport) section (GB).

escrime fencing (US, GB).

ESG (école supérieure de guerre) voir **collège interarmées de défense (CID)**.

ESM voir **école spéciale militaire (ESM) de Saint-Cyr**.

ESORSEM voir **école supérieure des officiers de réserve du service d'état-major (ESORSEM)**.

espace space (GB, US). Ex : *Systèmes basés dans l'espace : space-based systems (US) – Des missions dans l'espace : missions in space (US) – Installé (ou implanté) dans l'espace :*

space-based (UN) (En éptithète) – *Les Américains ont envoyé un autre satellite dans l'espace: the Americans have sent another satellite into space (GB).*

espace (pontage) gap (GB) (VERB: "to cross") (PREP: "across"). Ex: *Franchir des espaces de 14 à 16 mètres: to cross gaps ranging from 14 to 16 metres* – *Un espace total d'environ 60 mètres: a total gap of about 60 metres (GB).*

espace aérien airspace (GB, US, OTAN), air space (VERB: "to patrol", "to control", "to intrude into", "to enter", "to use") (ADJ & PART: "friendly", "enemy", "controlled") (PREP: "above", "outside of", "in"). Ex: *L'espace aérien irakien: Iraqi airspace (US)* – *Contrôle de l'espace aérien: airspace control (OTAN)* – *Espace aérien de l'OTAN: NATO airspace (OTAN)* – *Nous pénétrons actuellement dans l'espace aérien ennemi: we are now entering enemy airspace (GB)* – *Utiliser l'espace aérien français: to use French airspace (GB)* – *Des avions ravitaillés en vol dans l'espace aérien français: aircraft refueled in-flight in French airspace (US).*

espace aérien régional regional airspace (OTAN).

espace clos (ou espace confiné) (en) (tir) from enclosures (US), from enclosed spaces (Jane's). Ex: *Le missile peut être tiré en espace clos: the missile can be fired from enclosures (US)* – *Il peut être utilisé en espace clos (missile antichar): it is deployable from enclosed spaces (Jane's).*

espace de (en l') in a matter of (US). Ex: *En l'espace de quelques jours: in a matter of days (US) (Voir aussi en l'espace de).*

espace de bataille (aire de bataille) (TAC) battlespace ou battle space (US, GB) (VERB: "to dominate", "to expand") (ADJ: "multidimensional", "future") (NOM ASS.: "dominance", "dimensions") (PREP: "through", "throughout" = dans tout). Ex: *Numérisation de l'espace de bataille: battlespace digitization (GB)* – *Évaluer l'espace de bataille: to assess battlespace situation (US).*

Cf.: Components of this space are determined by the maximum capabilities of friendly and enemy forces to acquire and dominate each other by fires and maneuver and in the electromagnetic spectrum (US).

espace de bataille terrestre (the) land battlespace (GB).

espace de chargement (véhicule) loading space (US). Ex: *L'espace de chargement n'a pas été sacrifié de manière sensible (véhicule de transport): loading space has not been appreciably sacrificed (US).*

espace de manœuvre (TAC) maneuver space (US, OTAN), room for manœuvre, manœuvre room (US), manœuvre space (GB) (VERB: "to do way with"). Ex: *Garantir l'espace de manœuvre nécessaire à la poursuite des opérations: to provide manœuvre space requisite for subsequent operations (OTAN)* – *La prolifération urbaine supprime de plus en plus d'espace de manœuvre: urban sprawl does away with more and more maneuver room (US).*

espace euro-méditérranéen (l') the European and Mediterranean space (Jane's), the Euro-Mediterranean area (GB). Ex: *Contribuer à la défense et à la sécurité de l'espace euro-méditerranéen: to contribute to the security and defense of the European and Mediterranean space (Jane's).*

espace extra-atmosphérique outer space.

espace géographique geographic space (US).

espace maritime sea space (US).

espace mort dead space (OTAN).

espacer (rangs) to stagger (US), to uncover (US). Ex: *Ordonner à des soldats en formation d'espacer les rangs : to order troops in formation to stagger their ranks (US) – Espacez les rangs ! : uncover ! (US).*

espace-temps time-space (US) (En épithète). Ex: *Les relations espace-temps : time-space relationships (US).*

espace terrestre land space (US).

espion (RENS opérationnel) plant (familier) (US) Ex: *Certains soldats se mêlent aux réfugiés comme espions pour découvrir les agents ennemis : some soldiers mingle with refugees as a plant to discover enemy agents (familier) (US).*

espion (RENS) spy (US, GB) (Terme rarement utilisé par les professionnels du renseignement qui lui préfèrent celui de "agent") (Termes familiers US : "spook" = barbouze, "bird watcher") (Terme familier GB pour un espion sur le terrain : "poacher") (VERB : "to contend with", "to monitor", "to trap", "to employ", "to catch", "to capture", "to turn", "to impersonate", "to warn against", "to search for", "to execute", "to arrest", "to need", "to convict", "to operate", "to recruit", "to exchange... for", "to become", "to apprehend", "to hand over to", "to try", "to sentence (to imprisonment)") (ADJ & PART : "real", "purported", "enemy", "suspected", "(highly) effective", "economic", "human", "trained", "accomplished", "(most) important", "self-taught", "amateurish", "mercenary", "notable"). Ex: *Réseau d'espions (ou d'espionnage) : spy network (US), spy ring (US) – Échange d'espions : spy swap (US) (Voir aussi **agent (RENS)***.

espionnage (RENS) espionage (OTAN, US), spying (US), active intelligence ("The second oldest profession, after prostitution") (VERB : "to detect", "to counteract", "to commit... against", "to deter", "to engage in", "to carry out") (ADJ : "domestic", "foreign", "industrial"). Ex: *Espionnage industriel : industrial espionage (US) – Les activités d'espionnage économique de la Direction Générale de la Sécurité Extérieure française : the economic espionage activities of the French Directorate General of External Security (US) – Une opération d'espionnage : an espionage operation (US), a spying operation (US) – Un réseau d'espionnage : a network of espionage (US), an espionage network (US) – Système d'espionnage (pays) : spy system (US), espionage system (US) – Être arrêté pour espionnage actif (agent) : to be arrested for active spying (US) – Les techniques de l'espionnage : the techniques of spying (US) (Voir également **motivations d'espionnage).**

espionnage aérien aerial espionage (US).

espionnage commercial industrial espionage (US), commercial espionage (US).

espionnage informatique computer espionage (US). Ex: *Un réseau d'espionnage informatique : a computer spy ring (US).*

Cf. : The tapping of computers to gain access to classified information or to alter the data stored in the computer (US).

espionnage industriel industrial espionage (US).

espionnage militaire military espionage (US).

espionner to spy (US) (PREP : "on"). Ex: *Espionner pour le compte d'Israël : to spy for Israel (US).*

esprit spirit (US) (VERB : "to display"). Ex: *Un esprit de bravoure : a spirit of bravery (US).*

esprit de camaraderie camaraderie (GB). Ex: *L'esprit de camaraderie des soldats dans les tranchées : camaraderie of soldiers in the trenches (GB).*

esprit de coopération spirit of co-operation (OTAN).

esprit de corps (PERS) esprit de corps (GB), esprit (de corps) (US) (VERB: "to promote", "to improve", "to foster", "to thrive (on)").

esprit de défense defence awareness (GB), defense consciousness (US) (VERB: "to instill").

esprit de discipline (ou sens de la discipline) (PERS) sense of discipline (GB). Ex: *L'esprit de discipline individuelle: a sense of personal discipline (GB).*

esprit d'équipe (PERS) team spirit (US, GB).

esprit d'initiative (PERS) sense of initiative (GB). Ex: *L'esprit d'initiative individuelle: a sense of personal initiative (GB).*

esprit offensif (PERS) spirit of the offense (US).

esprit offensif (force) offensive spirit (US).

esquive (TAC) evasive action.

esquiver to evade (US). Ex: *Esquiver des tirs antiaériens (aéronef): to evade antiaircraft fire (US).*

essai (matériels) (equipment) trial (GB), test, testing (US) (VERB: "to conduct", "to undergo", "to be subjected to", "to carry out") (ADJ: "successful", "extensive"). Ex: *Essais sur le terrain: field trials – Essais à tirs réels: live-fire tests (US) – Un essai souterrain d'armes nucléaires: an underground nuclear weapon test – Essais "constructeur" (matériel): engineering development tests – Essais "utilisateur" (matériel): operational tests – Essais de fonctionnement: functional tests (OTAN), working-condition tests (UN) – Essais d'armes nucléaires: nuclear weapon tests (UN) – Lancer à des fins d'essai: to test-launch (UN) – Essai d'exploitation: test run (UN) – Les essais menés en novembre 1998: the trials carried out during November 1998 (GB) – Essais de numérisation: digitization trials (GB).*

essai d'évaluation evaluation test (OTAN). Ex: *Essai d'évaluation des fumées et obscurcissants utilisés comme contre-mesures: smoke and obscurant countermeasures materials evaluation test (SOCMET) (OTAN).*

essai en vol (aéronef / roquette / missile) flight test (UN, OTAN) (VERB: "to plan"). Ex: *Une série d'essais en vol: a series of flight tests.*

essai et évaluation interarmées joint test and evaluation (JT&E) (US).

essai nucléaire nuclear test (US). Ex: *Conduire des essais nucléaires souterrains: to conduct underground nuclear tests (US).*

essai spatial space test (OTAN).

essais en mer (navire) sea trials (US). Ex: *Les essais en mer d'un porte-avions: the sea trials of an aircraft carrier (US).*

essais en situation réelle live trials (US).

essayeur (matériel) tester (US, GB).

essence gas(oline) (US), petrol (GB). Ex: *Moteur à essence (véhicule): petrol engine (Jane's), gasoline engine (US) – Ne plus avoir d'essence: to be out of gas (GB).*

essence (aviation) aviation gasoline (AVGAS) (OTAN).

essence (sens figuré) essence (US). Ex: *Les soldats d'aujourd'hui sont l'essence même de l'armée de terre américaine: today's soldiers are the very essence of America's Army (US).*

essences (fonction) petroleum supply (US).

Essences (service) Petrol(eum), Oil and Lubricants (POL) (GB, US). Ex: *L'école des Essences: the School of Petroleum (GB).*

essentiel (nom) basics (US), bulk (GB), fundamentals (US). Ex: *L'essentiel (ou les rudiments) de la discipline militaire: the basics of military discipline (US) – L'essentiel des forces de* *défense ne sera pas concentré à l'avant : the bulk of the defending forces will not be concentrated forward (GB).*

essentiel (adjectif) essential (OTAN), key (US, OTAN), vital (GB), primary (US), basic (OTAN), pivotal (OTAN), core (US), keystone (US). Ex : *Jouer un rôle essentiel : to play a key role (US) – Accord sur l'essentiel : essential agreement (OTAN) – Un(e) produit (ou une marchandise) essentiel(le) à la poursuite de la guerre : a commodity essential for the prosecution of war (OTAN) – Notre mission est essentielle : our role is vital (GB) – Interdire l'utilisation d'un axe d'approvisionnement essentiel nord-sud par les forces armées de la RFY (= République Fédérale de Yougoslavie) : to interdict a key north-south supply route for FRY military (OTAN) – Les besoins essentiels des réfugiés : the basic needs of the refugees (OTAN) – Essentiel/le pour (ou à) la mission (besoin / tâche / unité / matériel) : mission essential (GB) – Un élément essentiel du succès : an essential part of success (GB) – Les soldats des Transmissions remplissent des missions essentielles : Royal Signals soldiers perform vital tasks (GB) – Un des rôles essentiels de l'emploi des fumigènes : a primary role of smoke employment (US) – Installation essentielle minimale : minimum esential facility (MEF) (OTAN) – Il demeure essentiel de faire en sorte que... : it is still vital to ensure that... (OTAN) – Une caractéristique essentielle : a key characteristic (US) – Compétences essentielles (armée) : core competencies (US) – Un manuel essentiel : a keystone manual (US).*

essentiel à la mission (force) mission essential (OTAN) (En épithète). Ex : *Force essentielle à la mission : mission essential force (MEF) (OTAN).*

essentiellement primarily (CFE, US, GB), essentially (US). Ex : *Un véhicule destiné essentiellement à transporter un groupe de combat d'infanterie : a vehicle designed primarily to transport a combat infantry squad (CFE) – Une orientation essentiellement défensive : an essentially defensive orientation (US) – Une force expéditionnaire conçue essentiellement pour la projection de forces : an expeditionary force intended primarily for force projection (GB).*

essieu axle.

essuie-glace (véhicule) windshield wiper (US), windscreen wiper (GB).

essuyer (tirs / attaque) to come under (US), to take (US), to undergo (US), to bear (GB). Ex : *Essuyer des tirs ennemis : to come under enemy fire, to take enemy fire (US) – Essuyer une attaque surprise : to undergo a surprise attack (US) – La Division essuya le plus fort des attaques de Napoléon à Waterloo : the Division bore the brunt of Napoleon's attacks at Waterloo (GB).*

est (point cardinal) east (US, GB). Ex : *L'ennemi fait mouvement vers l'est : the enemy is moving east GB – Le 1ᵉʳ régiment mécanisé se déplaçant vers l'est : 1 st Bn (Mech), moving east (US) – Un convoi (se déplaçant) en direction de l'est : an eastbound convoy (GB) – Un vent d'est : an east wind (GB), an easterly wind (GB) – Faire mouvement vers l'est : to move in an easterly direction (GB), to move towards the east (GB), to move eastward (US), to move easwards (GB) – À l'est : in the east, to the east – Strasbourg est à 400 km à l'est de Paris : Strasbourg is 400km east of Paris – L'est du pays : the eastern part of the country (GB) (Voir aussi **points cardinaux**).*

est de (l') eastern (US, GB). Ex : *Le Bloc de l'est (Hist.) : the Eastern Bloc (GB) – L'Europe de l'est : Eastern Europe (GB).*

estafette (agent de transmission à moto) dispatch-rider (GB), messenger (US), courier (US).

estafette (message oral) runner (GB).

est de l'Oural (à l') East of (the) Urals (ETTU) (OTAN).

estimation estimate (GB). Ex : *Nous croyons qu'il y a 2000 soldats ennemis, mais ce n'est qu'une estimation : we think there are 2,000 enemy troops, but that is only an estimate (GB).*

estimation de coût cost estimate (OTAN).

estimation des dégats (avant action) damage estimation (US).

Cf. : Analysis of data to estimate the damage that a specific weapon will cause to a target (US).

estimation des dommages causés par les bombardements bomb damage assessment (BDA) (OTAN).

estimation logistique logistic assessment (OTAN).

estime goodwill (US). Ex : *Des résultats qui nous vaudront une plus grande estime auprès de nos alliés les plus proches : results that will foster further goodwill with our closest allies (US).*

estimé (potentiel) estimated. Ex : *Potentiel ennemi estimé : estimated enemy strength.*

estimé (position) assumed (OTAN). Ex : *Position estimée : assumed position (OTAN).*

estimé à (ou évalué à) estimated. Ex : *Ennemi estimé à 2 DFM : 2 estimated enemy MRDs – Un nombre de soldats estimé (ou évalué) à un millier : an estimated 1, 000 troops.*

estimer (évaluer) to estimate (GB). Ex : *Il a estimé la distance à 2000 mètres : he estimated the distance at 2,000m.*

estrade d'honneur (défilé) saluting base (GB).

estropié crippled (GB).

estropier to maim. Ex : *Un camarade estropié par une bombe : a comrade maimed by a bomb (GB).*

estuaire estuary (US). Ex : *L'estuaire du fleuve Han : the Han River estuary (US).*

et (ainsi que) plus (GB). Ex : *L'embarcation peut transporter 10 soldats et 680 kg de matériel : the craft can carry 10 troops plus 1500lbs of equipment (GB).*

établir (TAC) to establish (Terme générique) (US, GB, CA), to secure (US), to set up (GB). Ex : *Établir / une défense / un point / un centre d'opérations / un barrage routier : to establish / a defense / a point / an operations center / a roadblock (US) – Établir une tête de pont : to secure a bridgehead (US) – Établir un itinéraire : to establish a route (US) – Établir un PC : to set up a CP (GB) – Établir une garnison : to establish a post (US) – Établir une zone-tampon entre les 2 pays : to establish a buffer zone between the two countries (CA) – L'ennemi est désormais bien établi sur la rive est du fleuve : the enemy is now established on the eastern bank of the river (GB).*

établir (climat) Ex : *Contribuer à établir le climat de sécurité nécessaire au renforcement de la paix : to contribute to the secure environment necessary for further consolidation of peace (CA).*

établir (contact) (TAC) to make (GB), to establish (GB). Ex : *Établir le contact avec l'ennemi (tactique) : to make contact with the enemy (GB) – Établir le contact avec (ou aborder) l'ennemi (action offensive) : to close with the enemy (OTAN) – Établir le contact humain avec la population civile : to establish the human contact with the civilian population (GB).*

établir (faits) (enquête) to find (facts) (UN).

établir (priorités) to set (priorities) (CA).

établir (programme) to plan (programme) (OTAN).

établir (rapport) to make (UN). Ex : *Établir un rapport en trois exemplaires : to make a report in three copies (UN).*

établir (RENS) to produce (OTAN), to plan (OTAN). Ex : *Renseignement établi en utilisant l'ensemble des sources et organismes disponibles : intelligence produced using all available sources and agencies (OTAN) – Établir le plan de recherche (RENS) : to plan the collection effort (OTAN).*

établir des priorités to prioritize (OTAN).

établir (ou opérer) la jonction avec (TAC) to link up with.

établir la liaison (TAC) to establish liaison (GB), to establish contact (US).

établir le contact (entre ou avec des unités) (TAC) to make contact (with) (OTAN, GB). Ex : *Jeanningros désigna la 3ᵉ compagnie du 1ᵉʳ bataillon de la Légion pour partir en patrouille et établir le contact (ou prendre contact) avec le convoi : Jeanningros detailed the 3rd Company of the 1 st Battalion of the Legion to go out on patrol and make contact with the convoy (GB).*

établir le contact avec (l'ennemi) (TAC) to gain contact with (the enemy) (GB, OTAN).

établir le contact (avec un agent) (RENS) to make contact (US).

établir les priorités to prioritize (US).

établissement (lieu) establishment (GB), facility (US). Ex : *Établissements de formation initiale (ou élémentaire) : basic training establishments (Jane's).*

établissement (action) establishment (US, OTAN), development. Ex : *Établissement de procédures : establishment of procedures (US) – Établissement d'une zone tampon : establishment of a buffer zone (US) – L'établissement d'un accord-cadre politique s'appuyant sur les accords de Rambouillet : the establishment of a political framework agreement based on the Rambouillet accords (OTAN) – Cette force est axée sur l'établissement d'un potentiel d'opération dans l'Arctique : this force is focused on developing a capacity for operating in the Arctic (CA).*

établissement (plan) Ex : *Système perfectionné d'aide à l'établissement des plans de mission : advanced mission planning aid (AMPA) (OTAN).*

établissement de budgets de défense defence budgeting (OTAN).

établissement de la paix (OTAN) voir **rétablissement de la paix**.

établissement d'enseignement militaire military educational institution (US).

établissement d'enseignement supérieur institution of higher learning (US).

établissement de recherche (armée de terre) Army Research Establishment (GB).

établissement des plans (TAC) planning (OTAN).

établissement des faits (enquête) fact-finding (UN).

établissement d'expérimentation interarmées joint experimentation facility (US).

établissement d'impresssion de l'armée de terre Équivalent interarmées GB : Defence Supply and Distribution Centre.

établissement du matériel (ETAMAT) Équivalent GB : REME (Royal Electrical and Mechanical Engineers) Workshop (GB).

établissement technique test establishment (Jane's). Ex : *L'Établissement Technique d'Angers (ETAS) : the ETAS test establishment (Jane's).*

étage (missile / lanceur) stage (UN). Ex : *Lanceur à trois étages : three-stage launcher (UN).*

étagère shelf. Ex : *Acheter sur étagère (ou tout fait ou dans le commerce) (armement) : to buy off the shelf (Peut s'employer en épithète sous la forme "off-the-shelf").*

étalage de force show of force (OTAN).

étalé (force) dispersed.

étalement (troupes / matériels / installations) spreading (OTAN).

étalement (ou prolifération) urbain(e) urban sprawl (US).

étalement du spectre (par) spread-sprectrum (OTAN) (En épithète). Ex : *Accès multiple par étalement du spectre (AMES) : spread-spectrum multiple access (SSMA) (OTAN).*

étaler to spread (Jane's). Ex : *Des livraisons (= de matériels) étalées de 2002 à 2007 : deliveries spread between 2002 and 2007 (Jane's).*

étalonnage (système d'armes / fréquences radio) calibration (UN, OTAN) (ADJ ASS. : "calibrational"). Ex : *Régler l'étalonnage de fréquence des postes radio : to tune the frequency calibration of radio sets (US).*

étanche watertight (véhicule, embarcation), waterproof (vêtement, montre, matériau) (GB). Ex : *Rendre étanche (matériel) : to waterproof (OTAN) – Un sac de couchage étanche : a waterproof sleeping bag (GB).*

étanchéité (canon / véhicule) waterproofing (OTAN).

étang (TOPO) pond.

étant donné (ou vu) given (US). Ex : *Étant donné(e) la situation sur le terrain le 25 octobre : given the situation on the ground on 25 October (US).*

ETAP (école des troupes aéroportées) the Airborne School (US) (Voir aussi **école des troupes aéroportées**).

étape (processus / opérations) stage (GB), step (US). Ex : *L'étape suivante : the next step (US) – Chaque étape (= de l'opération) devrait être soigneusement planifiée : each step would have to be carefully planned (US).*

étape (troupes) (TAC) stage (US, GB).

État state (US, GB, OTAN), government (US). Ex : *Aux frais de l'État : at government expense (US) – Les menaces traditionnelles d'agressions inter-États : the traditional threats of interstate aggression (OTAN) – Une société (ou entreprise) d'État : a state-owned company.*

état (compte-rendu) report, record (GB). Ex : *Soumettre les états de toutes les munitions tirées pendant l'année : to submit records of all ammunition fired during the year (GB).*

état (condition) condition (UN, OTAN, US), state (GB). Ex : *L'itinéraire est en très mauvais état : the route is in very bad condition – L'état des véhicules : the state of the vehicles (GB) – État (du matériel) : condition (of equipment) (UN) (VERB : "to determine") – En état (d'utilisation) (véhicule / matériel) : serviceable (UN, US) – État des approvisionnements : condition of supplies (OTAN) – Maintenir une force en état de remplir sa mission : to keep a force in condition to carry out its mission (OTAN) – Hors d'état (matériel) : unserviceable (US) – Maintenir du matériel en état : to keep materiel in a serviceable condition (US) – Remettre du matériel en état : to restore materiel to a serviceable condition (US).*

état (statut) (PERS) status (GB). Ex : *Fier de ton état de légionnaire, tu le montres dans ta tenue toujours élégante, ton comportement toujours digne mais modeste, ton casernement toujours net (Code d'honneur) (Légion) : proud of your status as a legionnaire, you will display this pride, by your turnout, always impeccable, your behaviour, ever worthy, though modest, your living-quarters, always tidy (GB).*

état d'alerte state of alert (GB), alert (UN). Ex : *État d'alerte renforcée (riposte rapide) : quick reaction alert (UN) – Un état d'alerte maximale : a state of maximum alert (GB).*

état d'alerte opérationnelle (unité) battle stations (GB). Ex : *La brigade est demeurée en état d'alerte opérationnelle la plus grande partie de la nuit : the brigade remained at battle stations for most of the night (GB).*

état de choc (SAN) shock (US).

état de conflit state of conflict (GB). Ex: *Toute la région est en état de conflit: the whole region is in a state of conflict (GB).*

état de crise emergency (OTAN). Ex: *État de crise en temps de guerre: emergency in war (OTAN).*

état de droit rule of law (OTAN).

état de guerre state of war (GB, US), war (OTAN). Ex: *Loi réglant l'état de guerre: War Act – Passage à l'état de guerre: transition to war (TTW) (OTAN).*

état de l'arme (déchargée / en disposition de combat / parée pour le tir) weapon state (GB)

état de la situation (présentation d'un conflit) background (CA).

état de naviguer (en) (aéronef) airworthy (GB).

état d'engagement (unité) commitment status (US, GB).

état de préparation (aptitude) (forces / unité) readiness (GB), (state of) readiness (SOR) (US, UN, OTAN), defence readiness condition (OTAN), readiness posture (OTAN) (VERB: "to scale back" = abaisser, diminuer, "to meet", "to demand"). Ex: *Atteindre un niveau d'état de préparation (opérationnalité) (force): to meet a level of readiness (GB).*

Cf.: Readiness: the time within which a unit can be made ready to perform unit-type tasks. This time is amplified or measured by indicators of its current personnel, material and training state. This time does not include transit time (GB).

état de préparation opérationnelle state of operational readiness.

état de préparation opérationnelle (unité / système d'arme / matériel) operational readiness (OTAN, UN, US) (Abréviation US: "OPRED").

état de siège state of siege (GB).

état des forces status of forces (OTAN).

état des pertes casualty list (US), casualty report (US).

état des routes road conditions (US).

état des véhicules (unité) vehicle state (GB).

état d'impréparation (militaire / stratégique) unreadiness (US).

état d'urgence state of emergency (GB), emergency (US). Ex: *La levée de l'état d'urgence: the lifting of the state of emergency (GB) – Proclamer l'état d'urgence: to declare an emergency (US).*

état final end state (US) (VERB: "to define").

état final recherché desired end state (US).

État hostile hostile state (US).

état-major headquarters (HQ) (= **bâtiment et structure**), staff (= **personnels et structure**) (OTAN, US, GB, UEO), headquarters staff (GB) (Un "staff" US est divisé en "sections") (VERB: "to run", "to set up", "to train", "to exercise", "to form", "to provide", "to employ", "to organise", "to be based (in)") (EXPR: "to deploy on operations to a foreign country") (ADJ: "single", "dual", "deployable", "multi-service", "multinational", "triservice", "permanent") (À noter: Le terme "headquarters" est suivi d'un verbe au singulier ou au pluriel: the HQ is / are located) (Armée de terre américaine: à partir du niveau Division et au-dessus, on parle de "general staff"). Ex: *Un état-major de montée en puissance: an activation staff – État-major logistique interarmées: Joint Staff for Logistics – Être à l'état-major de (+ nom d'unité): to be on the staff of – Servir dans un état-major (officier): to serve on a staff (US) – État-major spécialisé: special staff (US) – Étatmajor subordonné: subordinate staff (US) (Contraire: "senior staff" (US) – État-major particulier (officier général): personal staff (US) – Dans des grands état-majors: in major headquarters (US) – État-major militaire international: international military*

> *headquarters (OTAN)* – *Un état-major logistique: a logistics headquarters (GB)* – *Le Commandement des Missiles, dont l'état-major est implanté à Redstone Arsenal, dans l'Alabama: Missile Command, with headquarters at Redstone Arsenal, Alabama (US)* – *Un état-major de niveau plus élevé: a higher headquarters (US)* – *État-major d'appui d'urgence: contingency support staff (US)* – *Militaires affectés à l'état-major du Commandement des Forces Terrestres: soldiers assigned to FORSCOM headquarters (FORSCOM = Forces Command) (US)* – *L'état-major (ou le commandement) de l'Infanterie: Headquarters Infantry (GB)* – *Un état-major du niveau division: a division-level headquarters (GB).*

Cf. : Headquarters: the commander, his staff and supporting communications and echelons of a military formation or unit. The building from which military operations are directed (GB). The administrative elements of a command (US).

état-major (au-dessous de l'échelon de la brigade) Staff (S).

état-major (échelon de la brigade et au-dessus) General Staff (G) (Différents bureaux: Bureau Personnel: G1 branch (GB) – Bureau Renseignement: G2 branch (GB) – Bureau Opérations / Instruction: G3 branch (GB) – Bureau Logistique: G4 branch (GB) – Bureau Affaires Civiles: G5 branch (GB).

état-major administratif administrative staff (GB).

état-major aérien (ou des forces aériennes) air headquarters (AHQ) (GB).

état-major auxiliaire auxiliary staff (US).

état-major de brigade (EMB) brigade headquarters (HQ) (GB, US).

état-major de brigade aéromobile (armée de terre 2002) airmobile brigade headquarters (HQ) (GB, US).

état-major de brigade interarmes (armée de terre 2002) all-arms (ou manœuvre) brigade headquarters (HQ) (GB, US).

état-major de brigade logistique (armée de terre 2002) logistics brigade headquarters (HQ) (GB, US).

état-major de commandement command and control headquarters (US).

état-major de corps d'armée corps headquarters (HQ) (GB). Ex: *État-major du 1ᵉʳ Corps d'Armée: Headquarters (ou HQ), I Corps (US).*

état-major de direction d'exercice (exercise) directing staff (OTAN), directing staff (DIS-TAFF) (OTAN).

état-major de direction et de contrôle (exercice OTAN) directing, controlling staff (DICONSTAFF) (OTAN).

état-major de division divisional headquarters (US, GB). Ex: *État-major de division blindée: armoured divisional headquarters (HQ) (GB).*

état-major de force force headquarters ou force HQ (US, UEO) (ADJ: "multinational", "joint" = interarmées).

état-major de force interarmées joint force headquarters (JFHQ) (GB).

état-major de force opérationnelle task force headquarters (GB).

état-major de force opérationnelle interarmées joint task force headquarters (JTFHQ) (GB).

état-major de forces (EMF) (armée de terre 2002) Force Headquarters (En abrégé: Force HQ) (International Security review 1999), Force Headquarters Staff (Jane's) (ADJ: "environment-specific", "two-star level", "two-star").

état-major de garnison garrison headquarters (GB).

état-major de guerre war headquarters (OTAN). Ex : *État-major de guerre de rechange : alternate war headquarters (AWHQ) (OTAN).*

état-major de la brigade franco-allemande (armée de terre 2002) Franco-German Brigade headquarters.

état-major de l'armée de terre (EMAT) the Army Staff (US, Jane's), the General Staff (GB), the Land Force General Staff (Jane's) (VERB : "to head"). Ex : *Au niveau de l'état-major de l'armée de terre : at the Army Headquarters level (US) – L'état-major de l'armée de terre est dirigé par le chef d'état-major de l'armée de terre : the Army Staff is headed by the Chief of Staff of the Army (US).*

état-major de l'arrière rear headquarters (RHQ) (OTAN).

état-major de liaison liaison staff (GB). Ex : *État-major de liaison de l'armée de terre britannique au Kenya : British Army Liaison Staff Kenya (GB).*

état-major de logistique opérationnelle (Traduction proposée) Operational Logistics Headquarters (HQ).

état-major de planification planning staff (OTAN), planning headquarters (US).

état-major de planification d'exercice exercise planning staff (EPS) (OTAN).

état-major de projection de forces force projection HQ (= Headquarters) (Jane's).

état-major de région Terre Millitary Region HQ (= Headquarters) (Jane's) – Équivalent GB : Military District Headquarters.

état-major de renseignement intelligence staff (US) (ADJ : "combined" = interallié).

état-major des armées (EMA) the Armed Forces Joint Staff (US), the Joint Services Staff (Jane's), the Joint Chiefs of Staff (JCS) (EMA américain) (US, Jane's), the Defence Staff (EMA britannique) (GB) (Surnom familier GB : "the Centre").

Cf. : The Defence Staff (a tri-service organisation) "includes the Defense Intelligence Staff (= équivalent DRM) and the Office of Management and Budget, but excludes the Defence Scientific Staff and the Procurement Executive (= équivalent DGA) (GB).

état-major de théâtre theatre headquarters (GB).

état-major d'EUROFOR (the) EUROFOR Headquarters (UEO) (Basé à Florence, Italie).

état-major divisionnaire (EMDI) divisional headquarters (HQ) (GB), division headquarters (US).

état-major d'opération operation headquarters ou operation HQ (UEO) (ADJ : "multinational", "joint" = interarmées)

état major du commandement de la force d'action terrestre (CFAT) HQ Land Command (GB) (Abrégé : "HQ LAND"). Ex : *L'état-major du CFAT a endossé un certain nombre de responsabilités nouvelles : Headquarters Land Command has assumed a number of new responsibilities (GB).*

état-major du régiment regimental headquarters (RHQ) (GB).

état-major du secrétariat d'État à l'armée de terre (USA) Department of the Army (HQDA) (US).

état-major général (commandement) general headquarters (GHQ) (US).

état-major général (division) general staff (US).

état-major intégré integrated staff (OTAN).

état-major interallié combined headquarters (US).

état-major interarmées (EMIA) Joint Headquarters (JHQ) (GB).

état-major interarmées joint staff (OTAN, US).

état-major interarmées de planification des exercices joint exercise planning staff (JEPS) (OTAN).

état-major interarmées de planification des objectifs stratégiques joint strategic target planning staff (JSTPS) (OTAN).

état-major interarmées de planification opérationnelle (EMIA) Équivalent GB : Permanent Joint Headquarters (PJHQ) (Operations) (Northwood, Middlesex).

état-major interforces joint staff (OTAN).

état-major logistique logistic staff (GB), logistics staff (US).

état-major logistique interallié combined logistics staff (US).

état-major militaire de l'UEO WEU Military Staff (UEO). Ex : *L'état-major militaire de l'UEO, dans le cadre de ses responsabilités générales vis-à-vis des forces nationales et multinationales : the WEU Military Staff, as part of its general responsibilities vis-à-vis national and multinational forces (UEO).*

état-major militaire international (OTAN) International Military Staff (OTAN, GB).

état-major multinational multinational headquarters (UEO), multinational staff (US) (VERB : "to identify", "to select").

état-major national national headquarters (UEO) (VERB : "to identify", "to select").

etat-major opérationnel permanent inter-armées Permanent Joint Headquarters (PJHQ) (GB) (Établi à Northwood, Middlesex) (Dirigé par le "Chief of Joint Operations" ou CJO).

état-major parallèle parallel staff (OTAN).

état-major parent parent headquarters.

état-major particulier personal staff (US).

état-major permanent permanent headquarters (UEO). Ex : *L'état-major permanent d'EUROFOR basé à Florence est composé de quelque 100 officiers et sous-officiers des quatre pays d'EUROFOR : the EUROFOR permanent headquarters based in Florence is staffed by some 100 officers and NCOs from the four EUROFOR nations (UEO).*

état-major principal primary staff (US).

état-major spécial (division) special staff (US).

État-membre member state (US, UEO).

état militaire final military end state (US).

État-nation nation(-)state (US, OTAN). Ex : *Le système de l'État-nation : the nation-state system (OTAN).*

état nominatif (unité) (nominal) roll (US, GB).

états (sens figuré) flap (familier) (US). Ex : *Du fait d'un manque de renseignements, l'état-major était dans tous ses états : because of a lack of information, the staff was in a flap (familier) (US).*

états de service individuels Record of Service (GB) (En abrégé : "records " (GB), service record (GB), official records (US) (ADJ : "good", "outstanding") (PREP : "with"). Ex : *Les officiers dont les états de service sont bons : officers whose records are good (US) – Ses états de service sont remarquables (soldat) : his record is splendid (US) – Avoir de bons états de service : to have a good record (US).*

état stratégique final strategic end state (US).

États-Unis (d'Amérique) the United States (of America) (US), the States (GB) (Termes familiers US : "Uncle Sam", "the land of the big PX"). Ex : *L'armée de terre des États-Unis (d'Amérique) : the U.S. Army (US), America's Army (US) – Toutes les garnisons des États-Unis : all stateside posts (US).*

États-Unis (d'Amérique) continentaux (ou métropolitains) (ou zone continentale des États-Unis) Continental United States (CONUS) (US). Ex : *Aux États-Unis continentaux : in CONUS (US).*

À noter : Tout ce qui est à l'extérieur des États-Unis continentaux est qualifié par le terme "OCONUS" = outside the continental United States).

État voisin neighboring state (US).

étau (resserrer l') to close in on (OTAN). Ex : *Les Alliés resserraient leur étau autour des forces serbes : Allied forces closed in on Serb forces (OTAN).*

été summer (US, GB). Ex : *Uniforme d'été : summer uniform (OTAN).*

éteindre (incendie / flammes) to extinguish (US), to put out (GB). Ex : *Éteindre les flammes : to put out the flames (GB).*

étendard standard (GB). Ex : *Étendard de cavalerie : guidon (GB).*

étendre (s') to extend (GB), to stretch (GB). Ex : *La zone s'étend sur 800 km vers le sud, jusqu'à la frontière suisse : the area extends 800 kms to the south as far as the Swiss border (GB) – La ligne s'étend : the line stretches (GB) – Des zones s'étendant en territoire ennemi : areas extending into enemy territory (GB).*

étendu (large) comprehensive (US). Ex : *Avoir une connaissance étendue de : to possess a comprehensive knowledge of (US) – Dans leur ensemble, les différentes versions constituent une famille très étendue de véhicules : together, the different versions form a very comprehensive family of vehicles (US).*

étendu (allongé) lying (US). Ex : *Le blessé est étendu sur le sol : the casualty is lying on the ground (US).*

étendu (délais) extended (times) (US).

étendue expanse (US), waste (US), width (GB), extent (US). Ex : *Une étendue / désertique / de terrain : an expanse of desert (ou a desert waste (US) / an expanse of terrain (US) – Le gros des forces tente de limiter l'étendue de la tête de pont : the main force attempts to limit the width of the bridgehead (GB) – Découvrir l'étendue des activités d'espionnage soviétique : to discover the extent of Soviet espionage activity (US).*

éthique ethic (US) (= idée ou croyance qui influence les comportements ou attitudes), ethics (= règles morales ou principes de conduite en vue de discerner le bien du mal), code of ethics (valeurs). Ex : *L'éthique militaire : the military ethic (US). Ex : C'est une violation de notre éthique professionnelle : it is a violation of our professional ethic (US).*

éthique (adjectif) ethical (US).

ethnie (ou groupe ethnique) ethnic group (Jane's).

ethnique ethnic (US, GB, OTAN). Ex : *Conflit ethnique : ethnic conflict (US) – Épuration (ou purification) ethnique : ethnic cleansing (US, GB) – Mettre un terme à la brutale campagne de répression et d'épuration ethnique : to bring to an end the brutal campaign of repression and ethnic cleansing (OTAN) – Luttes ethniques : ethnic strife (OTAN) – Origine ethnique (PERS) : ethnic origin (US).*

étiquetage (ou marquage) tagging (UN).

étirement (moyens / personnels) (armée) overstretch (Jane's).

étoffe material. Ex : *Avoir l'étoffe d'un officier (PERS) : to be officer material.*

étoile (insigne d'officier général) star (US, GB), pip (GB). (Cf. : A one-star general : un général de brigade, un deux-étoiles – A two-star general : un général de division, un trois-étoiles – A three-star general : un général de corps d'armée, un quatre-étoiles – A four-star general : un général d'armée, un cinq-étoiles – A five-star general : un maréchal (GB). Ex : *Obtenir les étoiles de général : to get a general's stars (Expression humoristique GB : "to go to the stars " = accéder aux étoiles, aux grades d'officiers généraux / "going to the stars " = accession aux étoiles).*

étouffement suffocation (UN). Ex : *Stratégie de l'étouffement : suffocation strategy (UN).*

étouffer (affaire) to quash (US), to cover up. Ex : *L'histoire fut étouffée (RENS) : the story was quashed (US) – On a tenté d'étouffer l'affaire : there has been a cover-up (GB).*

étouffer (s'étrangler) (SAN) to choke (US).

étranger foreign (US, GB). Ex : *Comité consultatif du renseignement étranger (ou extérieur) (USA) : foreign intelligence advisory board (US) – Influence étrangère (sur un individu) (RENS) : foreign influence (US) – La Légion Étrangère : the French Foreign Legion (GB) – Avoir un corps étranger dans l'œil : to have a foreign object in the eye (GB) – Un ressortissant étranger : a foreign national (GB).*

étranger (citoyen d'un pays étranger) (nom) foreigner (GB), foreign national (GB), alien (US, GB). Ex : *Interdit aux étrangers (classification de document) (RENS) : NOFORN (US) (= no foreign) – Un étranger en situation irrégulière : an illegal alien (US).*

étranger (à l') abroad (En attribut) (US), oversea(s) (En épithète) (US). Ex : *Une affectation à l'étranger : an oversea assignement (US) – Projeter de la puissance militaire à l'étranger : to project military power abroad (US) – Aux États-Unis et à l'étranger : in the United States and overseas (US) – Des unités stationnées à l'étranger ont été rapatriées : units overseas have been brought home (US).*

étranger en situation irrégulière illegal alien (US).

étrangler (PERS) to choke (GB), to strangle (US). Ex : *Je l'ai étranglé au moyen de ma ceinture : I choked him with my belt (GB).*

être to be (US, GB). Ex : *Ceux qui y étaient (= au combat, à la guerre) et ceux qui n'y étaient pas : those who were there and those who weren't (GB) – Le Commandement des Forces Terrestres, c'est 85% de la puissance de combat de l'armée de terre : FORSCOM (= Forces Command) is 85% of the Army's combat power (US) – Les soldats en sont à leur troisième jour d'entraînement : the soldiers are in their third day of training (US) – Être (ou avoir le grade de) commandant dans la réserve de l'armée de terre (PERS) : to be a major in the Army Reserve (US).*

être au combat (unité) to be in combat (US).

être au garde-à-vous to stand at attention (US, GB).

être en mesure de to be prepared to (US). Ex : *Protéger des ressortissants américains et être en mesure de les évacuer pour les mettre à l'abri du danger : to protect American citizens and be prepared to evacuate them from danger (US).*

être en possession de to carry (GB). Ex : *Il était en possession de stupéfiants : he was carrying drungs (GB).*

être porteur de (virus / maladie) to carry (GB). Ex : *Il était porteur de l'hépatite B : he was carrying Hepatitis B (GB).*

étroit close (GB, US), hand in glove (US). Ex : *L'armée de terre et l'armée de l'air travaillent en étroite collaboration : the Army and the Air Force work closely together (GB) – En étroite coordination avec : in close coordination with (US) – Le Génie travaille de manière étroite avec le ministère de l'Environnement : the Corps of Enginers works hand in glove* with the Environmental Protection Agency (EPA) (US) – Collaboration étroite : close collaboration (US) (Voir aussi **collaboration**).

étude study (OTAN, US). Ex : L'étude de textes chiffrés : the study of encrypted texts (OTAN) – L'étude de la relation entre les forces armées et la société (sociologie militaire) : the study of the relationship between armed forces and society (US) – Une étude du terrain que doit traverser l'ennemi : a study of the terrain that the enemy must traverse (US).

étude (ministère de la Défense) study (GB, US) (VERB : "to initiate", "to make", "to undertake"). Ex : L'étude du ministère de la Défense intitulée "Priorité aux unités de première ligne" : the MOD's "Front Line First" study (GB) (MoD = Ministry of Defence) – En cours d'étude : under study (US) – Une étude approfondie : an in-depth study (US) – Étude de faisabilité : feasability study – Des études réalisées par l'armée de terre américaine : studies done by the US Army (US).

étude comparative comparative study (US).

étude de cas case study (OTAN).

étude de conception design study (OTAN). Ex : Étude pratique de conception : architectural design study (ADS) (OTAN).

étude de faisabilité feasibility study (OTAN, Jane's) (PART : "funded" = à financement assuré).

étude des besoins de forces force requirement study (OTAN).

étude de terrain sur carte map appreciation (GB).

étude finale des qualifications final qualitification review (FQR) (OTAN).

étude pilote pilot study (OTAN).

études studies (Jane's, US) (VERB : "to pursue") (ADJ : "joint") (PREP : "for"). Ex : Poursuivre des études dans les grandes universités : to pursue study at leading universities (US) – Payer les études d'un soldat : to put a soldier through a school (US).

études de sécurité security studies (OTAN).

études stratégiques strategic studies (US).

étudier (carte) to study (a map) (US).

étui (arme de poing) holster (étui de pistolet) (GB, US), case (GB) (VERB : "to use") (ADJ avec "holster" : "shoulder").

étui (baïonnette) scabbard.

étui (cartouche / obus) case (PART : "spent") (VERB : "to eject").

eu égard à in respect of (OTAN).

euro-atlantique Euro-Atlantic (OTAN). Ex : La région / communauté / euro-atlantique : the Euro-Atlantic / area / community (OTAN) – Le Partenariat euro-atlantique : the Euro-Atlantic Partnership (OTAN) – Les changements spectaculaires apportés au paysage stratégique euro-atlantique par la fin de la guerre froide : the dramatic changes in the Euro-Atlantic strategic landscape brought by the end of the Cold War (OTAN) – Des mécanismes tels que le Partenariat pour la Paix (PPP) et le Conseil de Partenariat euro-atlantique : mechanisms such as the Partnership for Peace (PfP) and the Euro-Atlantic Partnership Council (EAPC) (OTAN).

Eurocorps (corps d'armée européen) (the) Eurocorps (OTAN). Ex : L'état-major (ou le quartier général) de l'Eurocorps : HQ Eurocorps (US) – L'Eurocorps, basé à Strasbourg : the Strasbourg-based Eurocorps – L'état-major de l'Eurocorps est basé à Strasbourg : the Eurocorps headquarters is based in Strasbourg.

EUROFOR (Force Européenne opérationnelle rapide / Euroforce opérationnelle rapide) EUROFOR (= European Force ou Rapid Deployment Euroforce) (OTAN, UEO) (Pas d'article défini). Ex : Les forces affectées à l'EUROFOR : forces assigned to

EUROFOR (US) – L'EUROFOR est une force multinationale du niveau division : EUROFOR is a division-level multinational force (OTAN) – L'état-major d'EUROFOR : the EUROFOR Headquarters (UEO) – L'état-major permanent d'EUROFOR basé à Florence est composé de quelque 100 officiers et sous-officiers des quatre pays d'EUROFOR : the EUROFOR permanent headquarters based in Florence is staffed by some 100 officers and NCOs from the four EUROFOR nations (UEO).

Europe Europe (OTAN, UEO). Ex : *Une nouvelle Europe à l'intégration accrue se fait jour : a new Europe of greater integration is emerging (OTAN) – Les ministres de l'UEO ont souhaité qu'une réflexion informelle soit engagée à l'UEO sur l'Europe de la sécurité et de la défense : WEU ministers expressed the wish that a process of informal reflection be initiated at WEU on the question of Europe's security and defence (UEO).*

Europe Centrale et Orientale (ECO) Central and Eastern Europe (CAEE ou CEE) (OTAN).

Europe du Sud-Est South East Europe (OTAN).

européen European (GB, UEO). Ex : *Le Corps européen : the Eurocorps – La défense européenne (ou de l'Europe) : European defence (GB) – Le renforcement de la politique européenne commune en matière de sécurité et de défense : the strengthening of the common European policy on security and defence (UEO).*

Européen European (UEO). Ex : *Inventaire des moyens et capacités disponibles pour des opérations de gestion de crise à mener par les Européens : audit of assets and capabilities for European crisis management operations (UEO) – En dépit des mesures qui sont déjà à l'examen par les Européens : despite the measures which are already being examined by Europeans (UEO).*

EUROSATORY (exposition des matériels de défense terrestres) EUROSATORY ground forces defense exposition (US), (the) EUROSATORY exposition of land defense (US). Ex : *La prochaine exposition des matériels de défense terrestres EUROSATORY, prévue du 19 au 22 juin de l'année 2000 : the next EUROSATORY exposition of land defense, scheduled for June 19 to 22 in the year 2000 (US).*

eurostratégique Eurostrategic (UN). Ex : *Arme eurostratégique : Eurostrategic weapon (UN).*

évacuable (SAN) can be moved. Ex : *Ce soldat n'est pas évacuable : this soldier cannot be moved (US).*

évacuation (matériels / personnels / population) evacuation (US, OTAN, GB) (VERB : "to handle" = gérer, traiter) (ADJ : "prompt", "orderly" = en bon ordre). Ex : *Évacuation de non-combattants : non-combatant evacuation (US) – D'évacuation aérienne : aeromedical (US) (En épithète) – Évacuation par voie terrestre, maritime ou aérienne (par air) : ground, sea, or air evacuation (US) – Évacuation primaire : forward evacuation (OTAN) – Évacuation secondaire : tactical evacuation (OTAN) – L'évacuation des chars lourds : evacuation of heavy tanks (US) (VERB : "to support") – Faciliter l'évacuation de ressortissants britanniques à l'étranger (mission des armées) : to assist with the evacuation of British nationals overseas (GB) – L'évacuation de ressortissants britanniques de Sana'a pendant la guerre civile du Yémen : the evacuation of British citizens from Sana'a during the civil war in Yemen (GB).*

Cf. : 1. A combat service support (CSS) function which involves the movement of recovered materiel from a main supply route (MSR), maintenance collecting point, and maintenance activity to higher levels of maintenance. 2. The process of moving any person who is wounded, injured, or ill to and / or between medical treatment facilities (US).

évacuation (ou changement de position) relocation (GB) (VERB : "to require") (ADJ : "frequent").

évacuation des blessés (SAN) evacuation of casualties, casualty evacuation (US).

évacuation des non-combattants non-combatant evacuation (OTAN) (Voir aussi **opération d'évacuation de non-combattants**).

évacuation massive de malades et blessés (SAN) mass casualty evacuation (OTAN).

évacuation médicale medical evacuation (UEO) (Voir aussi **évacuation sanitaire**).

évacuation par hélicoptère (SAN) dust off (GB). Ex : *Nous demandons une évacuation par hélicoptères pour 20 H 00 : we require dust off at 2000hrs (GB).*

évacuation sanitaire (EVASAN) (SAN) medical evacuation (MEDEVAC) (US, OTAN), casualty evacuation (CASEVAC <u>ou</u> casevac) (GB) (VERB : "to undertake") (<u>Noter</u> l'existence des verbes "to casevac" et "to medevac"). Ex : *EVASAN par hélicoptère : helevac, medical evacuation by helicopter (US) – L'évacuation sanitaire se fait soit par véhicules sanitaires blindés, à roues ou par hélicoptère : Casualty Evacuation (CASE-VAC) is by either armoured or wheeled vehicles or by helicopter (GB) – Évacuation sanitaire à longue distance : long-haul medical evacuation (UEO) – Organiser (<u>ou</u> mettre en place) une évacuation sanitaire : to arrange a casevac (GB) – Il a fait l'objet d'une éva-cuation sanitaire : he has been casevacked (GB).*

évacuation sanitaire (par voie) aérienne (SAN) aeromedical evacuation (AME) (US, OTAN). Ex : *Chaîne d'évacuations sanitaires aériennes : aeromedical evacuation system (OTAN).*

évacuation sanitaire aérienne stratégique strategic aeromedical evacuation (OTAN).

évacuation sanitaire de l'avant (<u>ou</u> primaire) forward aeromedical evacuation (OTAN).

évacué (personne évacuée) (nom) evacuee (OTAN, GB) (VERB : "to extract").

évacuer to evacuate (US, GB) (En abrégé : "to evac" (US), to remove (GB) (PREP : "from", "to"). Ex : *Évacuer les blessés vers l'hôpital de Port Stanley (SAN) : to evacuate casual-ties to the hospital in Port Stanley (GB) – Évacuer une base militaire : to evacuate a mili-tary base (GB) – Évacuer les prisonniers de guerre ennemis des zones de combat : to evacuate enemy prisoners of war from the battle areas (US) – Faire évacuer un bâtiment : to evacuate a building (GB) – Évacuer les gens de la zone : to evacuate people out of the area (US) – Protéger des citoyens (<u>ou</u> ressortissants) américains et être en mesure de les évacuer pour les mettre à l'abri du danger : to protect American citizens and be prepared to evacuate them from danger (US) – Avant qu'ils ne soient évacués hors de la zone des combats (prisonniers de guerre) : prior to their being evacuated out of the Combat Zone (GB) – Évacuer des blessés : to evacuate wounded (US) – Évacuer (<u>ou</u> faire évacuer) la population civile de l'autre côté du fleuve : to evacuate the civilian population across the river (GB) – Les morts et les blessés furent évacués du champ de bataille : the dead and wounded were removed from the battlefield (GB).*

évacuer (quitter) to leave (GB), to evacuate (GB). Ex : *Évacuer la position de tir (LRM) : to leave the firing position (GB) – Évacuer une position : to evacuate a position (GB).*

évaluation evaluation (OTAN, US), estimation (US), estimate (GB, US), assessment (GB). Ex : *Évaluation de la portée : range estimation (US) – Évaluation (des personnels) : evalua-tion (US) – Évaluation des effectifs ennemis : estimate of enemy strength (GB) – Évalua-tion logistique des besoins : logistics estimate of requirements (US) – Évaluation de la menace : threat evaluation – En cours d'évaluation (matériel) : under evaluation (US) – Évaluation de l'entraînement (des forces) : evaluation of training (US) – L'entraînement et son évaluation au NAMFI (= NATO Missile Firing Installlation = Polygone de tir de missiles de l'OTAN) (thème de séminaire OTAN) : Training and Evaluation at NAMFI (OTAN) – Évaluation des stagiaires : student assessment (GB).*

évaluation (<u>ou</u> critique d'un renseignement) (RENS) assessment (US).

évaluation après action voir **analyse après action**.

évaluation collective collective assessment (US).

évaluation de la situation par le chef commander's estimate.

évaluation de renseignement intelligence estimate (US), intelligence assessment (US).

évaluation de renseignement stratégique (<u>ou</u> d'interêt national) (USA) national intelligence estimate (NIE) (Surnom : "Blue Book").

évaluation des dommages / dégâts (après action) damage assessment (US). <u>Cf.</u> : A determination of the effect of attacks on targets (US).

évaluation des forces force assessment (OTAN).

évaluation des risques risk assessment (US) (Terme dénombrable) (VERB : "to do").

évaluation du degré d'aptitude opérationnelle operational readiness evaluation (ORE) (OTAN).

évaluation individuelle individual assessment (US).

évaluation logistique logistic assessment (OTAN), logistics assessment (US).

évaluation stratégique strategic assessment (US).

évaluation tactique tactical evaluation (TACEVAL) (OTAN).

évaluer to evaluate (US), to assess (US), to measure (US), to estimate (US), to test (OTAN). Ex : *Évaluer les capacités de l'ennemi : to evaluate enemy capabilities (US) – Évaluer (entraînement) : to assess (training) (US) – Évaluer un système de commandement : to evaluate a C² (= command and control) system (US) – Les unités sont évaluées sur la façon dont elles exécutent des missions compliquées : units are evaluated on how well they conduct complicated missions (US) – Évaluer la compétence du soldat : to measure the soldier's proficiency (US) – Évaluer / la portée / la vitesse de la cible : to estimate / range / the speed of / the target (US) – Le soldat sera évalué sur sa capacité d'(<u>ou</u> son aptitude à) observer correctement les procédures : the soldier will be evaluated on his ability to properly observe the procedures (US) – Évaluer les besoins des autorités civiles : to assess the needs of civil authorities (US) – Évaluer les capacités des forces (exercice) : to test the capabilities of forces (OTAN) – On évalue à plus de 50 000 le nombre de chars construits : it is estimated that over 50,000 tanks were built (<u>Jane's</u>) – Évaluer les options (armement) : to assess options (GB) – Évaluer l'espace de bataille : to assess battlespace situation (US) – Évaluer le combat : to conduct combat assessment (US).*

évaluer (distance) to estimate (GB). Ex : *Il a evalué la distance à 2000 mètres : he estimated the distance at 2,000m.*

EVASAN voir **évacuation sanitaire**.

EVASAN AIR aeromedical evacuation (AME) (US).

évasion (PERS) evasion (GB), evasion and escape (E & E) (OTAN, US). Ex : *Tentative d'évasion (prisonnier de guerre) : escape attempt (US) – Une évasion d'un camp de prisonniers de guerre : an escape from a POW camp (GB) (POW = Prisoner of War) – Plan d'évasion : escape and evasion (E & E) plan (US).*

évasion de fréquence (TRANS) frequency hopping (US), frequency hop (US) (Peut s'employer en épithète : "frequency-hopping").

évasion et récupération (exfiltration) evasion and escape (E & E) (US, OTAN).

éveiller to alert (US), to raise (US), to arouse (US). Ex : *Éveiller l'attention du chef : to alert the commander (US) – Sans éveiller les soupçons du destinataire (interception de courrier / RENS) : without raising the suspicions of the recipient (US) – Éviter d'éveiller les soupçons (RENS) : to avoid arousing any suspicion (US).*

événement (actualité / TAC) event (US, GB), occurrence (OTAN) (Termes également employés pour un événement survenant sur le champ de bataille) (VERB : "to occur", "to cover", "to control") (ADJ : "significant", "critical", "major"). Ex : *Événements sportifs : sporting events (GB) – Un événement imprévu : an unplanned occurrence (OTAN) – Anticiper (ou prévoir) les événements du champ de bataille : to anticipate events on (ou of) the battlefield (US) – événement tactique : tactical event (US).*

événement naturel natural occurrence (US).

éventail (gamme) range (US), variety (US), spectrum (US). Ex : *Un large éventail de missions : a broad (ou wide) range of missions (US) – Un éventail d'armes et de munitions : a variety of weapons and ammunition (US) – Un éventail d'options tactiques : a range of tactical options (US) – La cavalerie est adaptée au plus large éventail de missions : the cavalry is suited for the widest variety of missions (US) – Sur tout l'éventail (gamme) des conflits : across the whole spectrum of conflict (GB) – Il existe un éventail de missions possibles : a spectrum of possible missions exists (US) – Sur tout l'éventail des missions de Petersberg : over the whole range of Petersberg tasks (UEO) – L'éventail plus général d'enjeux en matière de défense : the broader spectrum of defense challenges (US) – Être exposé à un éventail de menaces : to be exposed to a range of threats (US).*

éventail (se distribuer en) (force) (TAC) to fan out.

éventail des conflits spectrum of conflict (GB).

éventail des menaces spectrum of threats (US).

Cf. : Arrayed potential threats across a spectrum from simple to complex in scope, doctrine, organization, training, materiel, leadership and soldiers (US).

éventualité (TAC) contingency (OTAN) (VERB : "to anticipate").

éventuel possible. Ex : *PC TAC (éventuel) Côte 437 : A possible location for a tactical CP is at hill 437.*

éventuellement possibly (Attention : Ne pas confondre avec le faux-ami "eventually" qui signifie "finalement, en fin de compte").

évêque aux armées bishop to the forces (GB).

évitement (action d'éviter) avoidance (US, GB). Ex : *Évitement des dangers (ou risques) NBC : NBC hazard avoidance (GB) – Évitement des tirs fratricides : avoidance of fratricide (US).*

évitement (STRAT) no-cities (UN). Ex : *Stratégie d'évitement : no-cities strategy (UN).*

évitement (dérobement) (de l'ennemi) (TAC) evasion (GB), evasive action (GB). Ex : *Nous fûmes contraints à user de manœuvres d'évitement : we were forced to take evasive action (GB).*

évitement du sol (fonction d'aéronef) terrain avoidance (OTAN).

éviter to avoid (US, OTAN), to prevent (OTAN). Ex : *Éviter un obstacle : to avoid an obstacle (GB) – Éviter le contact avec l'ennemi : to avoid contact with the enemy (US) – Éviter que le gros des troupes ne se heurte à une opposition ennemie : to prevent the main body running into enemy opposition (OTAN) – Éviter de recourir à la force : to avoid the use of force (US) – On ne pouvait plus éviter la guerre : war could no longer be avoided (US) – Éviter toute désunion entre Alliés européens et nord-américains : to avoid any estrangement between the European and North American allies (OTAN).*

éviter (se dérober à) (ennemi) (TAC) to evade (GB). Ex : *Éviter les patrouilles ennemies : to evade enemy patrols (GB).*

évoluant à basse altitude (aéronef) low-flying (Jane's).

évolué (matériel / technique) advanced (UN, OTAN), sophisticated. Ex : *La technologie la plus évoluée : the most advanced technology (US) – Systèmes évolués de renseignement : advanced intelligence systems (OTAN).*

évoluer (se déplacer) (matériel) to travel (GB), to move (US), to fly (aéronef). Ex : *Évoluer à une vitesse de : to travel at a speed of (GB) – Les hélicoptères d'attaque sont capables d'évoluer à grande vitesse : attack helicopters are capable of moving at high speed (US).*

évoluer (progresser) to evolve (US), to advance (US), to change (US), to develop (US) (PREP : "from" / "out of" = à partir de, par rapport à, "into") (ADV : "considerably"). Ex : *Alors que la technologie continue à évoluer : as technology continues to advance (US) – Bien que l'environnement extérieur qui nous entoure continue d'évoluer : although the external environment around us continues to change (US) – La complexité des systèmes d'armes continue de faire évoluer la nature de la guerre terrestre : sophisticated weapon systems continue to change the nature of ground warfare (US) – Évoluer les uns par rapport aux autres (concepts) : to co-evolve (US) – Une attaque préventive de harcèlement pourrait évoluer en une opération offensive majeure : a spoiling attack may develop into a major offensive operation (US).*

évolutif evolving (OTAN), changing (Jane's, GB). Ex : *La nature évolutive des conflits : the changing nature of conflicts (Jane's) – Une situation stratégique évolutive : changing strategic circumstances (GB) – Le rôle évolutif de l'OTAN : NATO's evolving role (OTAN) – Un environnement stratégique évolutif : an evolving strategic environment (US).*

évolutif (concept) evolutionary (US).

évolutif (liste d'objectifs) rolling (OTAN).

évolution evolution (US), change (US), progress (US), development (US) (VERB : "to bring", "to meet") (ADJ : "sweeping"). Ex : *Évolution de carrière : career progress (US) – Évolution professionnelle : professional development (US) – L'armée de terre connaît une évolution permanente : the Army undergoes continuing change (US) – L'ABC est en perpétuelle évolution : Armor is continually evolving (US) – Être une évolution d'un véhicule actuel (nouveau véhicule) : to be a further development of (Jane's) / to be an evolution of the existing vehicle (GB) – Les évolutions que connaît actuellement l'armée de terre : the changes the Army is now undergoing (US) – Le rythme de l'évolution technologiques : the pace of technological change (GB) (VERB : "to slow", "to accelerate") – L'accélération de l'évolution technologique : the accelerating pace of technological change (OTAN) – Le Service de Sécurité de la Défense (= équivalent US de la DPSD) a connu une évolution spectaculaire par rapport à ses débuts : DSS (= Defense Security Service) has undergone a dramatic evolution from its initial days (US) – Un environnement en évolution : a changing environment (OTAN).*

évolution (en) changing (OTAN).

évolution parallèle co-evolution (US).

évolution technologique (l') technological change (OTAN). Ex : *L'accélération de l'évolution technologique : the accelerating pace of technological change (OTAN).*

évolutivité (matériel) growth potential (US).

ex- former (OTAN). Ex : *Réduire la pression exercée sur l'ex-République yougoslave de Macédoine : to ease the pressure on the former Yugoslav Republic of Macedonia (OTAN).*

exact (vrai) affirmative (GB), true (US, GB). Ex : *C'est exact : that is affirmative (GB).*

exactitude correctness (US), accuracy (OTAN). Ex : *Vérifier l'exactitude de ces informations : to verify the correctness of this information (US) – Exactitude (document) : accuracy (of a document) (OTAN).*

exactitude (cotation) (RENS) truth (US). Ex : *Exactitude probable : probably true (US) – Exactitude possible : possibly true (US) – Exactitude douteuse : doubtful (US) – Exactitude ne pouvant être appréciée : truth cannot be judged (US).*

éxagéré (compte-rendu) exaggerated (US).

examen (pédagogie) exam(ination) (US) (VERB : "to give", "to take", "to sit for", "to pass"). Ex : *Réussir l'examen des sergents : to pass the sergeants'exam (GB).*

examen (sens figuré) examination, review (UEO). Ex : *Subir un nouvel examen de ses missions stratégiques (armée de terre) : to undergo a reexamination of its strategic missions (US) – En dépit des mesures qui sont déjà à l'examen par les Européens : despite the measures which are already being examined by Europeans (UEO) – Processus de planification et d'examen (OTAN) : Planning and Review Process (PARP) (UEO).*

examen critique de la conception critical design review (CDR) (OTAN).

examen de la défense (ou réexamen des capacités de défense) defence review (OTAN, US, GB).

examen des priorités priority review (OTAN).

examen médical (SAN) medical examination, medical (GB), physical (US) (VERB : "to perform").

examen périodique du renseignement periodic intelligence review (PIR) (OTAN).

examiner (SAN) to examine (US). Ex : *Examiner la jambe d'un patient : to examine the leg of a patient (US).*

examiner to examine, to look at (CA), to consider (US). Ex : *Examiner les secteurs prioritaires (armée) : to look at priority areas (CA) – Examiner un aspect : to consider an aspect (US).*

excavatrice (GEN) digger (GB, US).

excédentaire excess (US), surfeit (OTAN), surplus (OTAN). Ex : *Matériel(s) excédentaire(s) : excess equipment (US) – Ne pas disposer de capacités excédentaires (pays européens) : to have no surfeit of capabilities (OTAN) – Les stocks excédentaires d'armes : surplus stocks of weapons (OTAN).*

excédents (ou surplus) (matériel) overages (US).

excellence excellence (US) (VERB : "to achieve", "to reward", "to strive for"). Ex : *Un niveau d'excellence : a standard of excellence (US) – Armée de terre, armée d'excellence : Army of Excellence (AOE) (US) – Le choix de l'excellence (PERS) : commitment to excellence (US).*

excellent (de premier ordre) excellent, top-notch (US). Ex : *Entraînement et matériels excellents (ou de premier ordre) : top-notch training and equipment (US).*

exceller to excel (US). Ex : *Les femmes ont excellé dans un certain nombre d'emplois : women have excelled in a variety of posts (US).*

excepté que except (the fact) that (US). Ex : *L'organisation de la division parachutiste est généralement identique à celle des autres divisions excepté le fait que ses 9 régiments sont fixés par TED (= Tableau d'Effectifs et de Dotations) : the organization of the Airborne Division is usually the same as that of the other divisions, except the fact that its 9 battalions are fixed by TOE (= Table of Organization and Equipment) (US).*

exception restriction (OTAN), exception (OTAN). Ex : *Toutes les informations sur les opérations aériennes sont partagées sans exception entre tous les Alliés : information on air operations is shared without restriction between all Allies (OTAN).*

exception de (à l') with the exception of (US, GB), short of (US). Ex : *Efficace contre des cibles blindées, à l'exception des chars de bataille (obus) : good against armored targets short of main battle tanks (US) – À la seule exception de : with the limited exception of (OTAN).*

exceptionnel exceptional (GB, US), outstanding (US). Ex : *Dans des circonstances exceptionnelles : in exceptional circumstances (GB) – Officier d'un courage moral exceptionnel (citation) : an officer of exceptional moral courage (US) – Je veux féliciter officiellement le 22ᵉ Régiment de SAS pour son exécution tout à fait exceptionnelle des opérations militaires lors de l'Opération Tempête du Désert : "I wish to officially commend the 22d SAS Regiment for their totally outstanding performance of military operations during Operation Desert Storm" (US).*

excès de centralisation (ou centralisation excessive) overcentralization (US).

excès de familiarité (entre officiers et militaires de grade inférieur) (faute disciplinaire US) fraternization (US).

excessif excessive (OTAN), excess (OTAN). Ex : *Arrêt de l'usage excessif et disproportionné de la force au Kosovo : ending of excessive and disproportionate use of force in Kosovo (OTAN) – Forces à caractère excessif : excess forces (OTAN).*

exclu excluded. Ex : *Côte 437 (exclu) : Hill 437 (excluded).*

exclure to preclude (GB), to keep out of (GB), to rule out (Jane's). Ex : *La nécessité de préparatifs minutieux exclut une attaque dans la foulée : the need for thorough preparation precludes a quick attack (GB) – Exclure (= écarter la possibilité) le déclenchement d'un conflit armé : to preclude the outbreak of armed hostilities (US) – Exclure les femmes des zones et emplois de combat : to keep women out of combat zones and combat jobs (GB) – Les forces armées ont exclu l'utilisation des armes non létales : the armed forces have ruled out the use of non-lethal weapons (Jane's).*

exclusion (TAC) exclusion (GB). Ex : *Décréter une zone d'exclusion de 300 milles autour des îles Malouines : to declare a 300 mile exclusion zone around the Falkland Islands (GB).*

exclusion du combat (femmes) combat exclusion (US).

exclusivement all- (US), exclusively (Jane's). Ex : *Un corps exclusivement formé d'officiers : an all commissioned-officer corps (US) – L'armée de terre était organisée presque exclusivement en vue d'opérations de haute intensité : the Army was organised almost exclusively for high intensity operations (Jane's).*

exécutant (PERS) performer (US), "doer" (GB). Ex : *Dans l'armée de terre, il n'y pas de place pour les mauvais exécutants : no room exists for poor performers, or "half-steppers", in the Army (US).*

exécuté (agent) (par son propre service) (RENS) terminated with extreme prejudice (US).

exécuter (ordre / opération / mission) (TAC) to execute (US, OTAN) to carry out (US), to conduct (US, GB), to make (OTAN), to take on (CA), to accomplish (GB) (ADV : "brilliantly"). Ex : *Refus d'exécuter un ordre : refusal to carry out an order (GB) – Exécuter / un dépassement / un franchissement : to conduct / a passage of lines / a river crossing (US) – Exécuter un ordre : to execute (ou to carry out) an order (US) – Exécuter une action offensive : to execute an offensive action (OTAN) – Exécuter un mouvement (troupes) : to make a movement (OTAN) – Exécuter ses missions de manière professionnelle (PERS) : to professionally execute one's duties (US) – Les réserves (= des forces) sont utilisées pour donner de la profondeur à la bataille, exécuter des coups d'arrêt et rétablir l'intégrité de la position par des contre-attaques : the reserve is used to add depth, to block, or restore the battle position by counterattack (OTAN) – Une force de combat capable d'exécuter les tâches (ou missions) les plus difficiles : a fighting force capable of taking on the most demanding of tasks (CA) – La mission est sacrée, tu l'exé-*

cutes jusqu'au bout, à tout prix (Code d'honneur) (Légion) : a mission once given to you becomes sacred to you, you will accomplish it to the end and at all costs (GB) – Les bons officiers d'état-major vérifient que les ordres soient correctement exécutés : good staff officers check up on orders being carried out correctly (US).

exécuter (tir) (ART) to execute (US, GB).

exécuter (tuer) to execute (US, GB). Ex : *Ils risquaient d'être exécutés pour trahison en cas de capture (RENS) : they risked execution as traitors if captured (US).*

exécuter (ADMIN) to action (GB). Ex : *J'ai exécuté votre demande de mutation : I have actioned your request for a transfer (GB).*

exécution (accomplissement) (mission / opération) execution (US, GB), performance (US), implementation (OTAN) (ADJ & PART : "aggressive", "decentralized", "outstanding"). Ex : *L'exécution des missions : the execution (ou the performance) of duties (GB, US) – Exécution de la manœuvre : maneuver execution (US) – Compte-rendu d'exécution des mesures d'alerte : alert implementation report (ALIMPREP) (OTAN) – Je veux féliciter officiellement le 22ᵉ Régiment de SAS pour son exécution tout à fait exceptionnelle des opérations militaires lors de l'Opération Tempête du Désert : "I wish to officially commend the 22d SAS Regiment for their totally outstanding performance of military operations during Operation Desert Storm" (US) – Mettre un plan à exécution : to put a plan into execution (GB).*

exécution (mise à mort) execution (US) (VERB : "to risk"). Ex : *Des exécutions sommaires : summary executions (OTAN).*

exécution (titre de paragraphe) execution.

exécution de l'appui feu fire support execution (US).

exécution des ordres execution of orders (US) (ADJ : "rapid").

exécution tactique (opérations) tactical execution (US).

exemplaire (char / missile / matériel) unit (UN, US).

exemplaire (ordre / document) copy (UN). Ex : *Établir un rapport en trois exemplaires : to make a report in three copies (UN).*

exemplaire (adjectif) exemplary (US, GB). Ex : *De façon exemplaire : in an exemplary manner (US) – Courage exemplaire : exemplary courage (US) – L'armée française exige que la Légion la réprésente de façon exemplaire : the French military requires the Legion to represent them in exemplary fashion (GB).*

exemple example (US), sample (US) (VERB : "to set"). Ex : *Exemple de zone sous protection (légende d'illustration) : example of a protected zone (US) – L'exemple donné par le général Washington : the example set by General Washington (US) – "Commander par l'exemple" (aphorisme) : "Lead by example" (US) – Exemple de défi du XXIᵉ siècle : sample XXI st century challenge (US) – Exemple personnel (discipline) : personal example (US) – Exemple historique : historical example (US).*

exempt de free (UN, OTAN). Ex : *Zone exempte d'armes nucléaires : nuclear-weapon-free zone (UN) – Une opération de très grande ampleur qui n'est pas exempte de risques : a huge operation that is not risk free (OTAN).*

exempté exempt (GB). Ex : *Être exempté de service militaire : to be exempt from military service (GB).*

exempter to exempt (GB), to excuse (US). Ex : *Exempter quelqu'un de service militaire : to exempt somebody from military service (GB) – Exempter un homme du service (national) : to excuse a man from service (US).*

exemption (service national) exemption (US) (Terme dénombrable) (VERB : "to claim", "to determine"). Ex : *Faire une demande d'exemption : to file a claim for exemption (US).*

exemption (médicale) (activité physique intense) light duty (US) (Pour motif de maladie ou de blessure).

exercer to exercise (US), to make, to conduct, to perform (US), to exert (GB), to bring to bear (OTAN), to discharge (GB). Ex : *Exercer le commandement : to exercise command (US) – Exercer un effort (TAC) : to make (ou to conduct) an effort – Exercer un ministère (auprès de) (aumônier) : to perform ministry (to) (US) – Exercer une influence : to exert influence (GB) – Exercer ses fonctions (organisme) : to function (OTAN) – Exercer une pression psychologique sur l'ennemi : to bring psychological pressure to bear on enemy forces (OTAN) – Exercer le contrôle opérationnel sur des unités : to exercise OPCON (= Operational Control) over units (US) – Exercer une pression suffisante (TAC) : to exert sufficient pressure (OTAN) – Des opérations nécessitant un commandement et un contrôle exercés par un quartier général de GFIM (= Groupe de forces interarmées multinationales) : operations requiring command and control by a CJTF (= Combined Joint Task Force) headquarters (OTAN) – Seule l'armée de terre a le pouvoir d'exercer le contrôle direct, permanent et complet sur la terre, sur ses ressources et sa population : only the Army has the power to exercise direct, continuing, and comprehensive control over land, its resources and its people (US) – Exercer le plus niveau de commandement de forces (chef) : to exercise the highest level of command of forces (GB) – Il a exercé (ou s'est acquitté de) ses fonctions de manière satisfaisante : he has discharged his duties satisfactorily (GB) – Exercer la discipline : to exert discipline (US) – Exercer une responsabilité : to exercise a responsibility (US).*

exercer les fonctions de (PERS) to serve as (US). Ex : *Confier à un chef le mandat d'exercer les fonctions de... : to charter a commander to serve as (US).*

exercice (manœuvre) exercise (US, GB, OTAN) (Abréviation GB : "ex") (VERB : "to conduct", "to plan", "to take place", "to mount", "to direct", "to control", "to prepare", "to execute", "to carry out", "to conceive", "to participate in", "to complete", "to unfold", "to be involved in", "to sponsor", "to stage", "to name", "to nickname") (ADJ : "annual", "large", "big", "large-scale", "rigorous", "major", "small-scale", "combined", "joint", "single service", "controlled", "mammoth", live = réel) (PART : "planned") (NOM ASS. : "planning", "preparation", "execution", "training", "evaluation", "series") (PREP : "during"). Ex : *Un exercice "REFORGER" (= REturn of FORces to GERmany) : a REFORGER exercise (Noter l'ordre des mots : Nom de l'exercice + "Exercise") – L'exercice Dynamic Mix 97 : Exercice Dynamic Mix 97 (Noter l'absence d'article défini et l'ordre des mots : "Exercise" + Nom de l'exercice) – Un exercice mobilisant les trois armées : a tri-service exercise (GB) – Les soldats de l'artillerie sol-sol venant participer à l'exercice REFORGER 82 : the field artillery soldiers coming into Exercise REFORGER 82 (US) – L'exercice Carbine Fortress : the Carbine Fortress exercise (US), Carbine Fortress (US) – Exercice de niveau corps d'armée : corps-level exercise (OTAN).*

exercice (entraînement répétitif) drill (Terme familier GB : "square bashing") (ADJ : "intensive"). Ex : *Faire l'exercice (pour des soldats) : to drill – Faire faire l'exercice à des soldats (pour un instructeur) : to drill soldiers – Exercices sur simulateurs : simulator drills (US).*

exercice (action d'exercer) exercise (US). Ex : *L'exercice du pouvoir (ou de l'autorité) : the exercise of authority (US) – L'exercice du commandement : the exercise of command (US), leadership (US, GB).*

exercice (accomplissement) discharge (GB). Ex : *On l'a accusé d'avoir entravé (ou gêné) le sergent dans l'exercice de ses fonctions : he was accused of obstructing the sergeant in the discharge of his duty (GB).*

exercice (entraînement physique) exercise (GB). Ex: *Vous devriez faire plus d'exercice: you should take more exercise (GB)*.

exercice (financier) (budget) fiscal year (FY) (US, CA), financial year (FY) (GB) (<u>Nota</u>: Aux États-Unis, l'exercice court du 1er octobre au 30 septembre: "The fiscal year runs 1 October through 30 September"). Ex: *400 millions de dollars en fonds nouveaux pour l'exercice 2000-2001 : $ 400 million in new funding in fiscal year 2000-2001 (CA) – Au cours de l'exercice 1995 : in fiscal 1995 (US) – Pendant l'exercice 1983-84: during the Financial Year (FY) 1983-84/ the 1983-84 Financial Year (GB) – L'exercice 2000 : FY 2000 (Jane's) – À la fin de l'exercice en cours: at the end of this fiscal year (CA) (Voir aussi* **budgétiser***)*.

exercice à double action force-on-force exercise (US).

exercice aérien air exercice (OTAN). Ex: *Exercice aérien réel: air live exercise (AIREX) (OTAN) – Exercice aérien offensif: air offensive exercise (AIROFEX) (OTAN)*.

exercice à libre action free play exercise (OTAN).

exercice assisté par ordinateur computer-assisted exercise (CAX) (US, OTAN).

exercice à tirs réels live-fire exercise (US), live-firing exercise (GB) (VERB: "to prepare for").

exercice bilatéral bilateral exercise (US).

exercice commun (pays) joint exercise (US).

exercice d'alerte alert exercise (ALEX) (OTAN).

exercice d'artillerie artillery exercise (ARTEX) (OTAN).

exercice de (dans l') in the line of (US). Ex: *Être tué dans l'exercice de ses fonctions (<u>ou</u> l'accomplissement de son devoir) : to be killed in the line of duty (US)*.

exercice de cadres tactical exercise without troops (TEWT) (GB).

exercice de combat à simple action field exercise (US, OTAN).

exercice de commandement command and control exercise (US).

exercice de commandement et d'état-major command and staff exercise (COSTEX) (OTAN).

exercice de commandement réel command live exercise (CLX) (OTAN).

exercice de commandement sur le terrain command field exercise (CFX) (OTAN).

exercice de coordination des armes d'appui supporting arms coordination exercise (SACEX) (OTAN).

exercice de corps d'armée corps exercise (Jane's).

exercice de défense aérienne air defence exercise (ADEX) (OTAN, US) (VERB & NOM ASS.: "to plan" / "planning"). Ex: *Séminaire du NADC (= NATO Air Defence Committee = Comité OTAN de défense aérienne) sur l'entraînement et les exercices de défense aérienne multisystème et multinationale: NADC seminar on multination, multi-system air defence training and exercises (OTAN)*.

exercice de défense contre missiles missile defence exercise (OTAN).

exercice de déploiement deployment exercise (DEPEX) (OTAN).

exercice de déploiement rapide rapid deployment exercise (US).

exercice de gestion de crise crisis management exercise (CMX) (US, OTAN). Ex: *Exercice conjoint de gestion de crise UEO/OTAN: joint WEU / NATO crisis management exercise (UEO)*.

exercice de guerre des mines mine-warfare exercise (US).

exercice de guerre électronique electronic warfare exercise (EWEX) (OTAN).

exercice de haut niveau high-level exercise (HILEX) (OTAN).

exercice de l'autorité leadership (US, GB) (ADJ: "enlightened", "effective").

exercice de maintien de la paix peacekeeping exercise (OTAN).

exercice de mise en service des QG (ou des états-majors) headquarters exercise (OTAN). Ex: *Exercice de mise en service des QG du temps de guerre: war headquarters exercise (WHQEX) (OTAN).*

exercice de mots-codes codeword exercise (CODEX) (OTAN).

exercice de mouvement movement exercise (MOVEX) (OTAN).

exercice de mouvements movements exercise (OTAN). Ex: *Exercice de mouvements interarmées: joint movements exercise (JMEX) (OTAN).*

exercice d'entraînement training exercise (OTAN) (ADJ: "routine" = ordinaire).

exercice d'entraînement en campagne (avec troupes) field training exercise (FTX) (OTAN, US).

exercice d'entraînement sur le terrain (avec troupes) field training exercise (FTX) (OTAN, US).

exercice d'entraînement interarmées (national) joint training exercise (US).

exercice de numérisation digitization exercise (Jane's).

exercice de poste de commandement (ou de PC) command post exercise (CPX) (OTAN, US) (VERB: "to take place") (ADJ: "large").

exercice de préparation au combat pre-readiness exercise (PREREADEX) (OTAN).

exercice de procédure procedure exercise (PX) (US).

exercice de reconnaissance reconnaissance exercise (RECONEX) (OTAN).

exercice de renforcement reinforcement exercise (UN).

exercice des forces aériennes air exercise (OTAN).

exercice de simulation simulation exercise (SIMEX) (Jane's).

exercice de soutien aux autorités civiles military support to civil authorities exercise (US) (VERB: "to conduct") (ADJ: "joint").

exercice de survie survival exercise (GB).

exercice d'état-major staff exercise (STAFFEX) (OTAN).

exercice de télécommunications communications exercise (COMEX) (OTAN).

exercice de tir range practice.

exercice de tir inter-armes à munitions réelles combined arms fire exercise (CALFEX) (US).

exercice de tir réel live-fire exercise (CA).

exercice de transmissions signals exercise (SIGEX) (OTAN).

exercice d'incendie fire drill (US).

exercice d'inspection practice inspection (UN).

exercice divisionnaire division exercise (DIVEX) (US).

exercice du commandement leadership, command and control.

exercice du métier de soldat soldiering (GB).

exercice du SACEUR SACEUR exercise (SACEUREX) (OTAN).

exercice fictif paper play (PP) (OTAN).

exercice financier fiscal year (FY) (OTAN), financial year (FY) (OTAN)

exercice interallié (au moins 2 pays alliés) combined exercise (COMBEX) (OTAN).

exercice inter-commandements intercommand exercise (OTAN).

exercice interne à un commandement intracommand exercise (OTAN).

exercice logistique logistical exercise (LOGEX) (US, OTAN).

exercice maritime maritime exercise (US).

exercice militaire military exercise (OTAN).

exercice nocturne à tir réel night live-fire exercise (US).

exercice réel live exercise (LIVEX) (OTAN).

exercice sur cartes map exercise (MAPEX) (OTAN, US).

exercice sur le terrain field exercise (OTAN).

exercice sur le terrain avec troupes (ou d'entraînement sur le terrain) field training exercise (FTX) (OTAN, US).

exercice synthétique (moyens électroniques / simulation) synthetic exercise (SYNEX) (US, GB, OTAN).

exercice technique de transmissions signal exercise (SIGEX) (US).

exercice terrestre land exercise (LANDEX) (OTAN).

exfiltration exfiltration (US, GB).

Cf. : Exfiltration : The removal of personnel or units from areas under enemy control by stealth, deception, surprise, or clandestine means (US).

exfiltration (TAP / forces spéciales) extraction (US).

exfiltrer (unité) (emploi transitif) to exfiltrate (GB).

exfiltrer (agent) (RENS) to exfiltrate (US), to smuggle out (US). Ex : *Être exfiltré d'Union Soviétique par le MI6 : to be smuggled out of the Soviet Union by MI6 (US).*

exfiltrer (s') (TAC) to exfiltrate. Ex : *S'exfiltrer d'un encerclement : to exfiltrate from an encirclement (US).*

exigeant demanding. Ex : *Être extrêmement exigeant vis-à-vis d'un équipe (entraînement) : to place extreme demands on a team (US).*

exigence demand (US, OTAN) (VERB : "to place... on", "to respond to", "to meet") (ADJ : "inordinate", "unique", "tough") (PREP : "for"). Ex : *Les exigences actuelles de l'armée de terre en matière de volume et de moyens : the Army's current size and resource demands (US) – Les exigences de la communauté internationale : the international community's demands (OTAN) – Répondre à une exigence : to meet a demand (OTAN) – Les exigences de polyvalence augmentent : the demands for versatility increase (US).*

exigence technique (matériel) technical requirement (US, GB). Ex : *Exigences sévères (matériel) : demanding requirements.*

exigence opérationnelle operational requirement (OTAN), operational demand (Jane's). Ex : *Compte tenu des exigences opérationnelles : depending on operational requirements (OTAN).*

exigences (matériel) specifications (US). Ex : *Fabriqué pour répondre aux exigences de l'armée de terre : built to Army specifications (US).*

exiger to demand (GB, US, OTAN), to require (OTAN). Ex : *Si la situation l'exigeait : should the situation so demand (GB, US) – Les qualités militaires exigées d'un matériel : the military qualities required of an item of equipment (OTAN) – Lorsque la situation l'exige : when the situation requires (US) – Cette tragédie humanitaire exige une réponse immédiate : this humanitarian tragedy requires an immediate response (OTAN) – Ils exigèrent la reddition sans condition de tout le régiment : they demanded the unconditional surrender of the whole battalion (US).*

exiger de to exact from (GB). Ex : *La Légion exigeait une obéissance absolue de ses volontaires : the Legion exacted total obedience from its volunteers (GB).*

exigu small (US). Ex : *La plupart des champs de tir pour véhicules d'infanterie actuels sont trop exigus : most of the existing infantry vehicle gunnery ranges are too small (US).*

exil exile (GB) (VERB: "to break out of", "to go into", "to send... into")

exilé exile (GB).

exiler to exile (GB) (PREP: "to").

existant (actuel) existing (US), current (US), on-hand (postposé) (OTAN). Ex: *Les divisions existantes: the existing divisions (US) – Les équipements existants (LOG): the equipment on-hand (OTAN).*

existant (dans le commerce) (technologie / matériel) off-the-shelf (US).

existence life (OTAN). Ex: *La fondation et les premières années d'existence de l'Alliance: the founding and early life of the Alliance (OTAN).*

exister to be available (US), to begin (GB), to exist. Ex: *Les matériels les plus perfectionnés qui existent: the most sophisticated equipment available (US) – Depuis que la guerre existe: since wars began (GB).*

Exocet (missile anti-navires) the (French) Exocet short-range radar-guided anti-ship missile (GB).

exode (réfugiés) exodus (OTAN). Ex: *Exode imposé: forced exodus (OTAN).*

expansible (force / armée) expansible (US).

expansion (territoriale) expansion (CA). Ex: *Bloquer les tentatives anglo-américaines d'expansion vers l'ouest (Hist.): to contain Anglo-American attempts at westward expansion (CA).*

expansion (champ de bataille) extension (US). Ex: *L'expansion du champ de bataille dans le temps et dans l'espace: the extension of the battlefield in time and space (US).*

expatrié (nom) expatriate (GB) (VERB: "to rescue", "to gather up", "to ferry out") (ADJ: "stranded").

expédient expedient (US) (ADJ: "temporary").

expédier (matériels) to dispatch (GB), to ship (US).

expédier (action / tâche) to expedite (GB).

expéditeur (chargement) (LOG) consignor.

expéditeur (TRANS) originator (GB, OTAN), sender.

expédition expedition (GB, US) (PREP: "on").

expédition (matériels / forces) shipment (US), dispatch (GB). Ex: *L'expédition de forces par la mer: the shipment of forces by sea (US).*

expéditionnaire expeditionary (US, GB). Ex: *Force expéditionnaires: expeditionary forces (GB) – guerre expéditionnaire (type de guerre): expeditionary warfare (Jane's) – Les forces expéditionnaires américaines en Europe pendant la 1ère Guerre mondiale: the American Expeditionary Forces in Europe during World War I (US).*

expédition punitive punitive expedition (GB) (VERB: "to mount") (PREP: "against").

expérience (PERS) experience (US, GB) (Terme dénombrable) (VERB: "to gain", "to accumulate", "to optimize", "to offer", "to bring... to", "to share") (ADJ: "diverse", "challenging", "great", "intense", "emotional", "inadequate", "specific", "in-depth", "chaotic", "frightening", "bloody"). Ex: *Expérience du commandement des hommes: troop-leading experience (US) – Expérience du terrain: field experience (GB) – N'avoir aucune expérience du commandement: to have no experience of leadership (GB) – Expérience du combat: combat experience (US) (VERB: "to provide... for") – De nouveaux soldats commençant seulement leur expérience de l'armée de terre: new soldiers just beginning their Army experience (US) – Sur la base de mes 15 mois d'expérience en Bosnie au sein de la SFOR (= Stabilization Force) (PERS): based on my 15 months'experience in Bosnia with SFOR (US) – Une expérience militaire antérieure n'est pas* *nécessaire (engagement) : previous military experience is not necessary (GB) – Il n'avait aucune expérience antérieure du renseignement : he had no previous intelligence experience (US) – Acquérir beaucoup d'expérience (professionnelle) (PERS) : to gain a great deal of experience (GB).*

expérience (test) (matériel / force) experiment (US) (VERB : "to conduct") (ADJ : "computer-assisted").

expérience de combat avancée advanced warfighting experiment (AWE) (US).

expérience de combat interarmées joint warfighting experiment (JWE) (US).

expérience du combat (PERS) combat experience (US, GB).

expérience du terrain field experience.

expérience militaire (test) service experiment (US). Ex : *Expériences militaires portant sur des concepts opérationnels formulés avec soin : service experiments involving carefully formulated operational concepts (US).*

expérimental experimental (US) (Abréviation US : "X"), test (En épithète) (UN). Ex : *Explosion expérimentale : test explosion (UN).*

expérimentation experimentation (US), testing (US). Ex : *L'expérimentation de la doctrine Force XXI : Force XXI experimentation (US) – Expérimentation (matériels / missile) : (operational) testing (US) (ADJ : "accelerated", "extensive") – Expérimentation d'un concept : testing of a concept (US).*

expérimentation en campagne field experimentation (US).

expérimentation interarmées (de combat) joint experimentation (JE) (US).

expérimenté (PERS) experienced (in) (US, GB), veteran (US), seasoned (GB). Ex : *Un soldat expérimenté : a veteran soldier, a seasoned soldier – Un officier expérimenté : an experienced / a seasoned / officer (US) – Un instructeur expérimenté : an experienced instructor (GB) – Un professionnel expérimenté : an experienced professional (US) – Les soldats britanniques les plus expérimentés (ou chevronnés) : the most veteran British troops (US).*

expérimenter (matériel) to test (US).

expérimenté sur le terrain (matériel) field-tested (US).

expert expert (US, GB, OTAN), pundit (OTAN) (PREP : "in", "with"). Ex : *Un expert en affaires civiles : a civil affairs expert (US) – Des experts en économie et en technologie : economic and technological experts (US) – Des experts du ministère de la Défense : experts from the Ministry of Defence (GB) – Être expert en … : to be an expert in… (US) – Un expert du renseignement : an intel expert (US) – Un expert militaire de la Brookings Institution : a Brookings Institution military expert (US) – Des experts en ouverture clandestine de courrier (RENS) : "flaps and seals" experts (US) – Un expert du contre-espionnage : a counterintelligence expert (US) – Édifier un réseau d'experts : to build a network of experts (OTAN) – Des experts de 12 pays de l'OTAN : experts from 12 NATO nations (OTAN) – Un expert en armements de tous types : an expert with every kind of weaponry (GB) – Expert en explosifs : explosives expert (US).*

expert budgétaire (gouvernemental) budget expert (OTAN).

expert civil (organisation / alliance) civilian expert (OTAN).

expert du chiffre (RENS) cipher expert (US).

expertise expertise (US, GB) (VERB : "to restore", "to lose", "to share"). Ex : *Expertise en matière de technologies militaires : expertise in military technologies (GB).*

expert militaire (organisation / alliance) military expert (OTAN).

expert militaire (média / organisme de réflexion) military analyst (US).

expiration (mandat d'une force) expiration (CA).

exploit exploit (GB) (PREP: "against"). Ex: *Les premiers récits de ses exploits (Légion): the early accounts of its exploits (GB).*

exploitable (faiblesse) exploitable (US).

exploitation (TAC) exploitation (US, OTAN) (VERB: "to achieve", "to carry out", "to permit") (ADJ: "rapid"). Ex: *Une opération d'exploitation: a follow-up operation (GB) – Passer de l'attaque à l'exploitation, et vice-versa si nécessaire: to transition from the attack to exploitation, and back if necessary (US).*

Comp.:

- An offensive operation that usually follows a successful attack to take advantage of weakened or collapsed enemy defenses. Its purpose is to prevent reconstitution of enemy defenses, to prevent enemy withdrawal, and to secure deep objectives (US).

- Forme prise par une action offensive, après rupture ou submersion du dispositif adverse, en vue de poursuivre dans la profondeur sa désorganisation, et, si possible, sa destruction (F).

exploitation (du renseignement) (traitement) (RENS) processing (OTAN) (Les Américains emploient aussi le verbe "to exploit" dans ce contexte) (VERB: "to facilitate"). Ex: *Le résultat de l'exploitation des renseignements bruts concernant les nations étrangères: the product resulting from the processing of information concerning foreign nations (OTAN).*

exploitation (système de communication et d'information) operating (OTAN).

exploitation comparative (regroupement / collation) collation (OTAN).

exploitation de documents (RENS) document exploitation (US).

exploitation de la météo meteorology processing (OTAN). Ex: *Service central d'exploitation de la météo (SCEM): central meteorology processing centre (OTAN).*

exploitation des informations du champ de bataille battlefield information exploitation (OTAN).

exploitation des moyens électroniques et de télécommunications communications & electronics operating (OTAN).

exploitation et maintenance operation(s) and maintenance (O&M) (OTAN).

exploitation et soutien operation(s) and support (O&S) (OTAN).

exploitation et transport (escadron d') (EET) (unité) transportation motor pool (TMP) (US).

exploitation et remplacement (TAC) follow-on (UN).

exploitation régionale (TRANS) regional operating (OTAN). Ex: *Centre d'exploitation régionale: regional operating centre (ROC) (OTAN).*

exploitation photographique imagery interpretation (OTAN).

exploiter (tirer profit de) to take advantage of, to capitalize on, to exploit (US, OTAN), to leverage (US), to harness (US). Ex: *Exploiter un point fort (ou une force): to exploit a strength (US) – Exploiter la puissance de combat (ou opérationnelle) de la nouvelle génération d'armes: to harness the combat power of the new generation of weapons (US) – Exploiter une opportunité (TAC): to exploit an opportunity (OTAN) – Un système combattant qui exploite la révolution technologique: a fighting system that leverages the technology revolution (US) – Les flammes sont utilisées au combat pour exploiter la peur du feu naturelle de l'homme: flame is used in combat to exploit man's naural fear of fire (US) – Exploiter l'initiative: to exploit the initiative (US) – Exploiter un succès (TAC): to exploit a success (US) – Exploiter une action de combat (TAC): to take advantage of a tactical action (US).*

exploiter (percée) (continuer sur sa lancée) to follow up (GB).

exploits (grande unité) achievements.

exploration (attaque d') probing (attack).

exploratoire exploratory (US), fact-finding (GB). Ex : *Mission exploratoire : fact finding mission (GB).*

explorer (ou balayer) (radar) to scan (OTAN).

exploser (sens actif) to explode, to burst, to detonate (US), to blow up, to go off (GB). Ex : *Un dispositif prévu pour exploser à l'arrivée des renforts : a device calculated to go off when reinforcements arrive (GB) – Le dernier obus n'a pas explosé : the last shell was a blind (GB).*

exploser (ou sauter) (faire) (sens passif) to explode, to detonate, to blow up. Ex : *Faire exploser une bombe / une arme nucléaire : to explode a bomb, to detonate a nuclear weapon (US) – Faire sauter un pont : to blow up a bridge.*

exploseur burster (US).

explosif (munition / dispositif) (adjectif) explosive (US, GB, OTAN). Ex : *Dispositif explosif improvisé : improvised explosive device (IED) (OTAN).*

explosif (situation) (adjectif) explosive (GB), volatile (US).

explosif (nom) explosive (OTAN, GB, US) (Terme dénombrable) (VERB : "to search for", "to detonate", "to manufacture", "to use", "to create", "to conceal", "to camouflage", "to detonate", "to invent") (ADJ : "sheet" = flexible, "liquid" = liquide, "plastic" = plastique) (NOM ASS. : "detonation"). Ex : *Un obus chargé de 11 kilos d'explosifs : a shell with 24 pounds of explosive (GB) – Explosifs / militaires / commerciaux : military / commercial / explosives (US) – Usine de fabrication d'explosifs : explosives manufacturing facility (US) – Forcer le passage à coup d'explosifs : to blast a way through (GB).*

explosif (obus) high explosive (HE) (shell). Ex : *Obus explosif anti-chars : high explosive anti-tank (HEAT) (shell) – Obus explosif à tête d'écrasement : high explosive squash head (HESH) (shell).*

explosif artisanal home-made explosive (GB), improvised explosive device (IED) (GB).

explosif brisant high explosive (HE) (OTAN).

explosif brisant à tête d'écrasement high-explosive squash head (HESH) (OTAN).

explosif brisant plastique high-explosive plastic (HEP) (OTAN).

explosif combustible-air (ou détonant à l'air) fuel-air explosive (FAX / FAE).

explosif en feuilles sheet explosive (OTAN).

explosif, incendiaire, traceur (munition antiaérienne) high-explosive, incendiary, tracer (HEIT) (air defense ammunition) (US).

explosif non explosé unexploded explosive ordnance (OTAN) (VERB : "to gain acess to", "to locate", "to identify", "to evaluate", "to render safe", "to recover").

explosif plastique plastic explosive (US, OTAN, GB).

explosif puissant high explosive (HE) (OTAN).

explosifs et munitions explosive ordnance (OTAN, GB) (NOM ASS. : "access to", "diagnosis", "rendering safe", "recovery", "(final) disposal").

Cf. : All munitions containing explosives, nuclear fission, or fusion materials and biological and chemical agents. This includes bombs and warheads ; guided and ballistic missiles ; artillery, mortar, rocket and small arms ammunition ; all mines, torpedoes and depth charges, demolition charges ; pyrotechnics ; clusters and dispensers ; cartridge and propellant actuated devices ; electro-explosive devices ; clandestine and improvised explosive devices ; and all similar or related items or components explosive in nature (OTAN).

explosion explosion (US), burst (OTAN US), blast (US), detonation (OTAN) (VERB : "to take place", "to occur", "to report", "to detect", "to absorb") (ADJ : "destructive"). Ex : *Après l'explosion d'une arme nucléaire : after detonation of a nuclear weapon (OTAN) – Explosion d'arme nucléaire : nuclear weapon burst (US) – Être pris dans une explosion atomique : to be under an atomic burst (US) – L'explosion de l'obus l'a rendu sourd : the burst of the shell deafened him (GB).*

explosion aérienne (dans les airs) (missile / obus) airburst (US, GB).

explosion nucléaire nuclear burst (OTAN, US), nuclear explosion (US), nuclear blast (US), nuclear detonation (OTAN, US).

explosion nucléaire expérimentale nuclear-test explosion (UN)

explosion nucléaire sous-marine underwater detonation of a nuclear weapon (US).

exponentiel exponential (GB, OTAN). Ex : *Les dépenses augmentent à une allure presque exponentielle : expense increases with almost exponential growth (GB) – La crise humanitaire se développait de façon exponentielle : the scale of the humanitarian crisis grew exponentially (OTAN).*

exportateur Ex : *État exportateur d'armes : weapon-export state (UN).*

exportation export (GB, UN, Jane's), foreign sale (US), export markets (Jane's). Ex : *Exportations de matériels de défense : defence equipment exports (GB) – Exportations d'armes : arms exports (UN) – Pour l'exportation (matériel) : for the export market (Jane's) – Proposé à l'exportation (matériel) : available for foreign sale (US) – Produit pour l'exportation (matériel) : produced for export (GB) – Vendre des chars à l'exportation : to sell tanks in export markets (Jane's).*

exportations de défense defence exports.

exporter (armement) to export. Ex : *Exporté dans plusieurs pays : exported to several countries.*

exposant (exposition de matériel militaire) exhibitor.

exposé (devant un auditoire) presentation (OTAN), brief (OTAN, GB) (VERB : "to give") (Le terme "brief" a une connotation plus militaire que le terme "presentation") (PREP : "on" = sur). Ex : *Un court exposé de cinq minutes sur un sujet donné : a five-minute lecturette on a given subject (GB) – Nous avons suivi un exposé sur l'organisation ennemie : we received a brief on the enemy's organisation (GB).*

exposé exposed (US, GB) (PREP : "to"). Ex : *Exposé aux tirs ennemis : exposed to enemy fire (US) – Chaque soldat risque d'être exposé à des actions hostiles : each soldiers risks exposure to hostile actions (US) – Être exposé à des risques NBC : to be exposed to NBC hazards (US) – Couvrir la peau exposée (ou à nu) (attaque NBC) : to cover exposed skin (US) – Les forces serbes se trouvaient très exposées à des frappes de l'OTAN : Serb forces greatly risked NATO strikes (OTAN) – Le flanc droit était exposé : the right flank was exposed (GB) – Être exposé à un éventail de menaces : to be exposed to a range of threats (US).*

exposé d'exercice exercise brief (EXBRIEF) (OTAN).

exposé et alerté (NUC) warned exposed (US, OTAN).

exposé et non-alerté (NUC) unwarned exposed (US, OTAN).

exposer to expose (US), to display (US), to set out (OTAN). Ex : *Exposer ses hommes à des risques inutiles : to expose one's men to unnecessary risks (US) – Exposer des pièces dans un musée militaire : to display items in a military museum (US) – Exposer les couleurs : to display the colours (GB) – Le nouveau Secrétaire général a exposé sa vision de l'Alliance : the new Secretary-General set out his vision of the Alliance (OTAN) – Remplir* *les missions exposées ci-dessous (armées): to fulfil the missions set out below (GB) – Exposer un flanc (TAC): to expose a flank (US) – Une position qui l'expose à la contre-attaque (ennemi): a position that exposes him to counterattack (US).*

exposer en détail (situation) to brief (somebody) on (GB). Ex: *Il a exposé la situation tactique en détail devant le général: he briefed the general on the tactical situation (GB).*

exposer en public to put on public display (US).

exposition (NBC / risque / tirs) exposure (OTAN, US) (VERB: "to limit", "to minimize") (PREP: "to"). Ex: *Exposition / aux agents chimiques (NBC) / aux radiations (PERS): exposure / to chemical agents (US) / to (ionizing) radiation (OTAN) (Également: "radiation exposure" (OTAN) – Le chef est informé des effets probables de l'exposition à un tel risque par l'officier NBC et le médecin (emploi d'agents chimiques): the commander is advised of the probable effects of exposure to this hazard by the chemical officer and the medical officer (US) – Exposition aux tirs ennemis: exposure to enemy fire(s) (US).*

exposition (matériels) exhibition (US), exposition (US). Ex: *Une exposition de matériels militaires: (military / defence) exhibition ou exposition (US, Jane's), show – Exposition internationale des matériels de défense terrestre: voir EUROSATORY.*

exposition aux radiations radiation exposure (OTAN).

expression communication (US), statement (OTAN), establishment (GB). Ex: *En expression / écrite / orale: in / written / oral communication (US) – L'expression de la manœuvre choisie par le chef: a statement of the line of action chosen by a commander (OTAN) – Les travaux initiaux se sont focalisés sur l'expression de besoin (programme de recherche): initial work concentrated on establishing the need (GB).*

expression des besoins statement of requirements (SOR), formulation of requirements (Jane's).

exprimer (besoin) to state (US), to identify (US), to articulate (US). Ex: *Exprimer un besoin: to state (ou to identify ou to articulate) a requirement (US).*

exprimer (gratitude / mesure) to express (US). Ex: *Le Comité a exprimé au général X toute sa gratitude pour ses éminents services: the Committee expressed to General X lasting gratitude for his distinguished service (OTAN) – Longueur exprimée en kilomètres: length expressed in kilometers (US).*

expulser to eject (US, GB), to force out (OTAN). Ex: *Expulser l'armée irakienne du Koweït: to eject the Iraqi army from (ou out of) Kuwait (US, GB) – Être expulsés du Kosovo (refugiés): to be forced out of Kosovo (OTAN).*

expulser (RENS) to expel (US). Ex: *Expulser un diplomate: to expel a diplomat (US) – Être expulsé d'Union Soviétique (agent): to be expelled from the Soviet Union (US).*

expulsion expulsion (OTAN). Ex: *L'expulsion massive de réfugiés du Kosovo par les forces yougoslaves: the mass expulsion of refugees from Kosovo by Yugoslav forces (OTAN).*

extension spread (US, GB). Ex: *Contenir l'extension / de la violence / des conflits: to limit the spread / of violence / of conflicts (US, GB).*

extension (site d'inspection) extension (of an inspection site) (UN).

extérieur (adjectif) external (CFE, OTAN, US), outer (CFE), outside (US, GB), off (US). Ex: *Un ennemi extérieur: an external enemy (CFE) – Les limites extérieures de la zone: the outer boundaries of the area (CFE) – À l'extérieur de la garnison: off post (US) – Déployer des forces à l'extérieur de la zone de responsabilité: to deploy forces outside the area of responsibility (US) – Force de renfort extérieure: external reinforcing force (OTAN) – Les missiles doivent être rechargés de l'extérieur du véhicule: the missiles need to be reloaded from outside the vehicle (GB) – À l'extérieur du théâtre d'opéra-*

*tions: outside the theater of operations (US) – Protéger la sécurité intérieure et exté-
rieure des États-Unis: to protect the internal ans external security of the United States
(US) – L'objectif éclairé par une source extérieure: the target illuminated by an outside
source (US, GB).*

extérieur (forces) external (OTAN). Ex: *Forces extérieures: external forces (EF) (OTAN).*

extérieurement (ou vu de l'extérieur) externally (US).

externalisation (sous-traitance) outsourcing (Jane's).

externe (réservoir de carburant) external (fuel tank) (US).

extincteur fire extinguisher (US).

extinction des feux ! lights out ! (GB, US).

extinction des feux (sonnerie) last post (US).

extra-atmosphérique outer. Ex: *Espace extra-atmosphérique: outer space.*

extracteur de fumée (canon automoteur) fume extractor (US).

extraction (unité) (TAC) extraction (GB).

extraction (renseignements) extraction (US). Ex: *L'extraction de renseignements à partir de
photographies de la zone cible (RENS): the extraction of intelligence from photography
of the target area (US).*

extraction (largage) extraction (OTAN). Ex: *Extraction à basse altitude: low altitude extraction (OTAN).*

extraire (douille) to extract (GB). Ex: *Extraire une douille d'un fusil: to extract a case from a
rifle (GB).*

extraire (unité / personnel) to extract (GB, Jane's). Ex: *Extraire une patrouille par hélicoptère: to extract a patrol by helicopter (GB) – Extraire des personnels de l'OSCE: to
extract OSCE personnel (Jane's).*

extraordinaire special (UN), extraordinary (OTAN). Ex: *Session extraordinaire (assemblée):
special session (UN) – Réunion extraordinaire du Conseil de l'Atlantique Nord: extraordinary meeting of the North Atlantic Council (OTAN).*

extrême (températures) extreme.

extrême (le plus à l'avant) foremost (OTAN). Ex: *Les limites extrêmes d'un ensemble de
zones: the foremost limits of a series of areas (OTAN).*

extrêmement highly (US). Ex: *Un véhicule extrêmement mobile: a highly mobile vehicle (US).*

extrêmement basse (fréquence) extremely low (OTAN).

extrême précision (système) pinpoint accuracy (US).

extrémiste (nom et adjectif) extremist (US) (ADJ: "ruthless", "irrational"). Ex: *Groupe
extrémiste: extremist group (US) – Éléments extrémistes: extremist elements (US).*

extrémité (piste d'envol) end (of a runway) (OTAN).

Extrême-Orient (l') the Far East (GB) (= "China, Japan and neighbouring countries").

extroverti (PERS) extroverted (US).

ex-république de Yougoslavie Former Yugoslav Republic (FYR) (OTAN).

ex-Union Soviétique Former Soviet Union (FSU) (OTAN).

ex-URSS Former Soviet Union (FSU) (OTAN).

ex-Yougolavie Former Yugoslavia (FY) (OTAN).

(FOX-TROT)

fabricant (de matériel) manufacturer (UN, <u>Jane's</u>). Ex : *Fabricant de matériel de défense : defence manufacturer (UN) – Fabricant de munitions d'artillerie : artillery ammunition manufacturer (<u>Jane's</u>) – Fabricant d'armes : arms manufacturer, armsmaker (<u>Time</u>) – Quatre des principaux fabricants en Europe de propulseurs et de propergols destinés aux armes tactiques et aux missiles de croisière : four of Europe's leading manufacturers of rocket motors and propellants for tactical weapons and cruise missiles (<u>Jane's</u>) – Un fabricant de ponts militaires : a military bridge manufacturer.*

fabrication (de matériel) manufacture (CFE, US), production (UN), manufacturing (US). Ex : *Usine de fabrication de canons : cannon-manufacturing facility (US) – La fabrication des armes : the manufacture of weapons (US) – Les mines sont de fabrication yougoslave : the mines are of Yugoslavian manufacture (US) – De fabrication française (matériel) : French-manufactured (En épithète), of French manufacture (US) – Fabrication d'armes chimiques : chemical weapons production (UN) – Unité de fabrication : production unit (UN) – Usine de fabrication d'explosifs : explosives manufacturing facility (US).*

fabriqué (<u>ou</u> contrefait) (document) forged (US).

fabrique d'armes arms factory.

fabriquer (matériel) to manufacture, to build, to make, to produce (GB, US). Ex : *Un matériel fabriqué par les Français / la France : A French-manufactured piece of equipment – Un véhicule fabriqué par (la société) Leyland : a vehicle produced by Leyland (GB) – Ce matériel n'est plus fabriqué : this item of equipment is out of production (US).*

face (sabre) face.

face à (direction) (TAC) facing (GB). Ex : *Un dispositif face à l'ouest et au nord : a disposition facing west and north – Des positions près du sommet de la colline, face au sud : positions close to the top of the hill, facing south (GB).*

face à (devant) in the face of (<u>Jane's</u>). Ex : *Face à une invasion du Pacte de Varsovie : in the face of a Warsaw Pact invasion (<u>Jane's</u>).*

face à face face-to-face (US), eyeball to eyeball (familier) (US). Ex : *Avoir une discussion en face à face avec quelqu'un : to have a face-to-face discussion with somebody (US) – Nos biffins se sont battus face à face dans les tranchées ennemies : our doughboys fought eyeball to eyeball in the enemy trenches (familier) (US).*

face à face (<u>ou</u> face-à-face) (affrontement) (TAC) stand-off (US), (battle) face-to-face (US). Ex : *Le face(-)à(-) face entre l'Irak et les États-Unis : the Iraq — U.S. stand-off (US).*

facette facet. Ex : *À multiples facettes : multifaceted (US) (En épithète).*

facile easy (GB, US), simple (US). Ex : *Entraînement difficile, guerre facile : train hard, fight easy (GB) – Le (missile) Stinger est un arme facile à entretenir : the Stinger is a simple weapon to maintain (US) – D'une maintenance facile (hélicoptère) : easy to maintain (US) – Facile d'emploi (matériel) : simple to operate – Facile à transporter (armes légères) : easy to transport (OTAN) – Facile à faire passer en contrebande : easy to smuggle (OTAN) – Facile à dissimuler : easy to hide (OTAN).*

facile à utiliser (ou facile d'utilisation ou convivial) (matériel) user-friendly.

facile à reconnaître (point du terrain) easily located (US).

facilement easily (US, GB). Ex : *Facilement identifiable (point du terrain) : easily found (US).*

facilitateur enabler (US).

facilité d'entretien / de maintenance (matériel) ease of maintenance (US).

faciliter to facilitate (US, CA), to assist (US), to ease (US), to help (GB). Ex : *Faciliter le dépassement de la 20ᵉ D.I. : to assist the passage of 20th Inf. Div. (US) – Cela facilite beaucoup le réapprovisionnement des chars : it greatly helps the resupply of tanks (GB) – Faciliter le retour à la normalité dans la région : to facilitate the return to normalcy in the region (CA) – Faciliter le passage de l'état de crise à celui de guerre : to ease the transition from crisis to war (US).*

façon way (US), manner (US), style (US). Ex : *D'un certain nombre de façons : in a variety of ways (US) – La façon d'accomplir la mission : the manner of accomplishing the mission (US) – Trouver de meilleures façons de gérer nos moyens : to find better ways to manage our resources (US) – La crise humanitaire se développait de façon exponentielle : the scale of the humanitarian crisis grew exponentially (OTAN) – Equipé de façon appropriée (soldat) : well-equipped, properly equipped (US, CA) – La campagne terrestre de la guerre du Golfe fut conduite de façon professionnelle : the Gulf War ground campaign was professionally executed (US) – Un raid à la façon des (ou du) SAS : an SAS-style raid (US).*

façonner to mold (US), to shape (US). Ex : *Façonner le caractère de ces jeunes hommes et femmes (sergents instructeurs) : to mold (ou mould) these young men and women (US) – Façonner l'opinion publique : to shape public opinion (US).*

facteur factor (US, GB, OTAN), consideration (US) (VERB : "to consider" = prendre en compte) (ADJ : "important", "primary", "crucial", "vital"). Ex : *Facteurs personnels (ou individuels) : personal factors (US) – Le facteur humain : the human factor (GB) – Les facteurs influant sur la situation militaire : the circumstances affecting the military situation (OTAN) – Un facteur de recrutement très positif : a very positive factor in recruitment (GB) – Le facteur CNN (= Cable News Network) (influence des média) : the CNN factor (US) – Les facteurs qui influent sur ces choix : the considerations that affect those choices (US).*

facteur clé (ou essentiel) key factor (GB, US) (Éventuellement : + préposition "in " + verbe en ING).

facteur de fiabilité (matériel) reliability factor (US).

facteur de motivation motivating factor (US). Ex : *Facteurs de motivation (RENS) : money, ideology, compromise, ego (MICE) (US) (= argent, idéologie, compromis, amour-propre).*

facteur de planification planning factor (US, OTAN).

facteur de risque risk factor (US).

facteur d'ombre shadow factor (US, OTAN).

facteur multiplicateur d'efficacité multiplier (US).

facteurs humains human factors (GB).

facteurs d'efficacité de la manœuvre (TAC) combat functions (US).

facteurs déterminants (ou de la décision) (méthodologie) (TAC) (the) factors of METT-T (mission, enemy, terrain, troops, and time available) (= mission, ennemi, terrain, moyens, délais) (VERB : "to consider").

<u>Cf.</u> : The phase or acronym used to describe the factors that must be considered during the planning or execution of a tactical operation (US).

facteurs logistiques logistics factors (US).

factice false (GB), dummy (GB), phoney, simulated (US). Ex : *Un front factice : a false front (GB) – Une position factice : a dummy position (GB) – Une frontière internationale factice de quelque 90 kilomètres de long (exercice) : a simulated international border some 90 kilometers long (US).*

faction faction (US, GB) (VERB : "to separate", "to involve", "to hold apart") (NOM ASS. : "separation") (ADJ ASS. : "factional"). Ex : *Les factions belligérantes : the warring factions (GB, US) – Faction ethnique : ethnic faction (GB) – Chef de faction : faction leader (US) – Combats entre factions : factional fighting (US).*

faction (mission) (PERS) guard duty (US). Ex : *Être en faction : to be on guard (duty).*

faction hostile hostile faction (US).

factions ex-belligérantes (FEB) former warring factions (FWF).

factuel factual (UN). Ex : *Rapport factuel : factual report (UN).*

facultatif optional (US).

faculté ability (US, OTAN). Ex : *Faculté de tirer (puissance de feu) : ability to deliver fire (OTAN) – La faculté de tirer sa propre munition (canon) : the ability to fire its own round (US).*

faculté d'adaptation responsiveness (OTAN). Ex : *La souplesse et la faculté d'adaptation de la coopération dans le secteur des armements : agility and responsiveness in armaments cooperation (OTAN).*

faculté de jugement (PERS) judgment (US). Ex : *Faire preuve d'une bonne faculté de jugement : to demonstrate sound judgment (US).*

faible weak (US), light (US), low (US), short, few (GB), close (GB). Ex : *Une faible résistance ennemie : light enemy resistance (US) – Faible préavis : short notice – L'unité est faible du point de vue de la discipline : the unit is weak in discipline (US) – Objectif de faible dimension : local objective (OTAN) – De faible coût (matériel) : cheap (US) (ADJ : "comparatively"), low-cost (GB) (En épithète) – Nous étions faibles en ce qui concerne notre logistique : we were weak in our logistics (GB) – Conflit de faible intensité : low(-)intensity conflict (LIC) (GB) – Atteindre ses objectifs tout en ne subissant que de faibles pertes (force) : to achieve one's objectives with few casualties to oneself (GB) – Opérations de faible intensité : low intensity operations (US) – À très faible distance de l'ennemi : in very close proximity to the enemy (GB) – Attaque de faible envergure : minor attack (US) – Un véhicule blindé de faible encombrement : a compact armored vehicle (US) – Une force faible : a weak force (US) – Pluie faible : light rain (US).*

faible (instruction radio) weak.

faible (patient) (SAN) weak (GB). Ex : *Il était très faible en raison d'une perte de sang : he was very weak through loss of blood (GB).*

faible (résistance) light (US).

faible coût (à) (matériel) low-cost (OTAN) (En épithète).

faiblement blindé lightly armored (US). Ex : *Un véhicule faiblement blindé : a lightly armored vehicle (US).*

faiblesse (point faible) weakness (GB), vulnerability (US) (Termes dénombrables) (VERB : "to overcome", "to exploit", "to remedy", "to address") (ADJ : "potential", "structural"). Ex : *Négocier en position de faiblesse : to negotiate from a position of weakness (US) – Faiblesse de caractère (PERS) : character weakness (US) – Capacités et faiblesses de* *l'ennemi: enemy capabilities and vulnerabilities (US) – Remédier à nos faiblesses: to remedy our weaknesses (GB) – Remédier aux faiblesses structurelles de la défense de l'Europe: to address Europe's structural defence weaknesses (OTAN).*

faiblesse de caractère (PERS) character weakness (US) (VERB: "to probe for").

faiblir to falter (GB). Ex: *L'offensive a faibli: the offensive faltered (GB).*

faiblir (se relâcher) (PERS) to flag (GB).

faille (TAC) gap (US). Ex: *Des failles dans le système défensif ennemi: gaps in the enemy's defensive system (US).*

faim hunger (US, GB). Ex: *Avoir faim (PERS): to get hungry (US).*

faire to make (US), to do (US), to serve (US), to perform (US), to take (GB). Ex: *Faire un compte-rendu: to make a report (US) – Ses (= VCI Bradley) systèmes d'armes en font l'un des matériels les plus meurtriers: its weapon systems make it one of the deadliest pieces of equipment (US) – Faire son devoir: to do one's duty (US) – Il a fait 2 séjours au Vietnam (fiche biographique d'officier): he served 2 tours in Vietnam (US) – Être fait sergent instructeur honoraire: to be made honorary drill sergeant (US) – Faire du (travail de) renseignement (unité / agent): to perform intelligence work (US) – La patrouille a fait trois prisonniers: the patrol took three prisoners (GB) – Faire son service militaire dans l'armée de terre: to do one's military service in the Army (Jane's).*

faire (quelque chose de quelqu'un) to turn (somebody) into (GB), to form (somebody) into (GB). Ex: *Leur mission est de prendre des soldats des régiments d'instruction de l'armée de terre et d'en faire des fantassins au cours d'un stage de 12 semaines: their task is to take soldiers from the Army Training Regiments and turn them into infantrymen during a 12-week course (GB) – La Légion avait fait de moi une personne différente: I had been formed by the Legion into a different person (GB).*

faire (des victimes / morts) to cause (OTAN). Ex: *L'OTAN regrette profondément que cette attaque ait fait, accidentellement, des victimes civiles: NATO deeply regrets accidental civilian casualties that were caused by this attack (OTAN) – Un conflit qui a fait 10 000 morts chez les (ou du côté des) soldats français: a conflict in which 10,000 French soldiers were killed (US).*

faire alterner to alternate (US). Ex: *Faire alterner différentes formes de manœuvre (TAC): to alternate different forms of maneuver (US).*

faire appel à (armée / moyens) to call up (on) (US, GB), to call on (US), to use (OTAN), to make use of (UEO). Ex: *Faire appel / à l'armée de terre / à une force militaire: to call up (on) (ou to call on) / the Army / a military force (+ préposition "to" = pour, en vue de) (US, GB) – Une opération faisant appel à des moyens et capacités de l'OTAN: an operation using NATO assets and capabilities (OTAN) – Un scénario de mission de Petersberg aboutissant à une opération dirigée par l'UEO et faisant appel aux moyens et capacités de l'OTAN: a Petersberg mission scenario (UEO) leading to a WEU-led operation making use of NATO assets and capabilities (UEO) – On a une fois de plus fait appel à l'armée: the military was once again called upon (US).*

faire appliquer (loi) to enforce (US, GB).

faire attention to watch (US). Ex: *Faites attention sur vos arrières ! (ordre a des fantassins en opération): watch your six ! (US).*

faire avancer (force) to move (US) (PREP: "to" = jusqu'à).

faire baisser (tension) to relax (US). Ex: *Faire baisser la tension: to relax tension (US).*

faire briller (brodequins) to shine (boots) (US).

faire campagne (armée) to campaign (GB). Ex : *L'armée passa deux ans à faire campagne en Afrique du Nord : the army spent two years campaigning in North Africa (GB).*

faire cavalier seul (PERS) to go it alone (US).

faire cesser to stop (OTAN), to reverse (OTAN). Ex : *Faire cesser les souffrances humaines au Kosovo : to stop the human suffering in Kosovo (OTAN) – Faire cesser l'épuration ethnique : to reverse the ethnic cleansing (OTAN).*

faire chanter (RENS) to blackmail (US). Ex : *Faire chanter quelqu'un pour lui faire révéler des secrets : to blackmail somebody into revealing secrets (US).*

faire circuler to move (OTAN). Ex : *Faire circuler des trains : to move trains (OTAN).*

faire clignoter (lampe) to flash (GB). Ex : *Il a fait clignoter trois fois sa lampe électrique : he flashed his torch three times (GB).*

faire combattre (unité) to fight (US).

faire concorder to match (US). Ex : *Faire concorder voies, moyens et nécessités à l'engagement : to match ways and means to engagement requirements (US).*

faire connaître to notify (UN). Ex : *Faire connaître aux unités les dates retenues pour les inspections : to notify units of dates for inspections (UN).*

faire converger (coopération) to focus (US).

faire croire to deceive (US). Ex : *Faire croire à l'ennemi que : to deceive the enemy that (US).*

faire défection (RENS) to defect (US). Ex : *Faire défection aux États-Unis : to defect to the United States (US).*

faire dérailler (train) to derail (GB).

faire des sommations to challenge (US). Ex : *La sentinelle nous a fait des sommations : the sentry challenged us (GB).*

faire dévier (circulation) to reroute (traffic) (US).

faire disparaître (contamination) to remove (US, GB).

faire diversion to create a diversion.

faire du mal to harm (GB). Ex : *Je ne te laisserai pas faire du mal aux prisonniers : I won't let you harm the prisoners (GB).*

faire échouer (ou faire échec à) to frustrate (US). Ex : *Faire échouer les (ou faire échec aux) activités des organismes de renseignement ennemis (RENS) : to frustrate the activities of hostile intelligence agencies (US).*

faire éclater (arme nucléaire) to detonate (US).

faire en sorte que to ensure that (US).

faire entrer to embed (OTAN) (PREP : "into" = dans).

faire état de to report (GB). Ex : *Faire état de pertes civiles (média) : to report civilian casualties (GB).*

faire évoluer to develop (US), to change (US). Ex : *La complexité des systèmes d'armes continue de faire évoluer la nature de la guerre terrestre : sophisticated weapon systems continue to change the nature of ground warfare (US) – Faire évoluer (ou préciser) une situation (TAC) : to develop a situation (US).*

faire exploser to detonate (GB, to set off (GB), to burst (US, GB), to blow (up) (US, GB). Ex : *Faire exploser une bombe : to detonate (ou to set off) a bomb (GB) – Faire exploser une mine : to detonate a mine (OTAN) – Faire exploser un pont : to blow up a bridge (US, GB).*

faire face à (besoin / engagement) to meet (OTAN, GB). Ex: *Faire face à un besoin: to meet a requirement (OTAN) – Faire face à nos engagements: to meet our commitments (GB).*

faire face à (défi / menace / crise) to meet (US), to confront (a challenge) (US), to cope with (a threat) (US, GB), to support, to face (OTAN), to respond to (US). Ex: *Faire face à une évolution de la menace: to cope with a change in the threat (GB) – La capacité de l'armée de terre de faire face à 2 déploiements simultanés du volume d'une brigade: the Army's ability to support two simultaneous brigade-sized deployments – Contraindre l'ennemi à se retourner et à faire faire à la menace: to force the enemy to turn and face the threat (US) – Faire face à de formidables défis: to face enormous challenges (OTAN) – Faire face à toutes les gammes de crises possibles (ou à tous les types de crises possibles): to respond to the full sprectrum of crises (US).*

faire face à (ennemi / menace) to face (US), to be faced (with / by) (GB, US), to be opposed by (US), to be confronted by (US), to deal with (OTAN). Ex: *La 1ère Division Blindée britannique fait face à des éléments ennemis: 1 (UK) Armoured Division is faced by enemy elements (GB) – Faire face à un ennemi résolu: to be faced with a determined enemy – La 1ère Brigade fait face à des éléments du 189e Régiment Motorisé: 1 st Bde is opposed by elements of the 189th Motorized Regiment (US) – Faire face à un ennemi insaisissable: to be confronted by an elusive enemy (GB) – Faire face aux graves menaces qui pèsent sur la sécurité humaine: to deal with grave threats to human security (OTAN).*

faire face à (crise) to address (OTAN). Ex: *Faire face à une grave crise humanitaire: to address a grave humanitarian crisis (OTAN).*

faire faire Ex: *Faites allonger le blessé (SAN): have the casualty lie down (US).*

faire feu to fire (GB), to shoot (GB). Ex: *Halte ou je fais feu !: Halt, or I fire ! (GB) – Arrêtez-vous ou je fais feu: stop or I'll shoot (GB).*

faire fonction de (PERS) to act as (US, GB). Ex: *Il a fait fonction de sous-officier adjoint de la section pendant l'exercice: he acted as platoon sergeant during the exercise (GB).*

faire fonctionner (ou faire marcher) (équipement) (PERS) to operate (GB).

faire franchir (coupure) to get... across, to ferry... across.

faire halte to halt (US, GB), to call a halt (GB).

faire honneur à (pays / unité) to bring great honour on.

faire intervenir (ou mobiliser) to involve (OTAN). Ex: *L'exercice fera intervenir 250 hommes par pays: the exercise will involve 250 personnel per nation (OTAN).*

faire la chasse à to hunt (US). Ex: *Faire la chasse aux criminels de guerre: to hunt war criminals (US).*

faire la guerre to make war (US), to wage war (GB) (PREP: "against" = contre).

faire la navette (hélicoptères/ aéronefs) to shuttle (in) (GB).

faire l'aperçu (procédure radio) to acknowledge.

faire l'appel to call the roll (GB). Ex: *Il ordonna au sergent de faire l'appel: he ordered the sergeant to call the roll (GB).*

faire le point sur to brief on (OTAN), to take stock of (OTAN). Ex: *Faire le point à l'intention des ministres sur les activités de la MINUK au Kosovo: to brief Ministers on UNMIK activities in Kosovo (OTAN).*

faire le salut (PERS) to salute (US).

faire l'exercice (soldats) to drill (GB).

faire l'objet de to be subject to (OTAN). Ex: *Faire l'objet de règlements particuliers: to be subject to special regulations (OTAN) – Faire l'objet d'une enquête (de securité) (PERS): to be investigated (OTAN) – Faire l'objet d'un compte-rendu: to be reported (OTAN).*

faire long feu (arme) to misfire (GB). Ex : *Son fusil a fait long feu : his rifle misfired (GB).*

faire mal to hurt (US). Ex : *Frapper là où cela fait le plus mal : to hit where it hurts the most (US).*

faire manœuvrer to maneuver (US) (Emploi transitif direct). Ex : *Faire manœuvrer des forces blindées et mécanisées : to maneuver heavy forces (US).*

faire marche arrière to backtrack (US). Ex : *Le convoi a dû faire marche arrière sur environ 10 kilomètres : the convoy had to backtrack 6 miles (US).*

faire marcher (ou faire fonctionner) (équipement) (PERS) to operate (GB).

faire monter (tension) to heighten (US). Ex : *Faire monter la tension : to heighten tension (US).*

faire montre de to display (US). Ex : *Faire montre de courage : to display courage (US).*

faire mouche to hit (US). Ex : *Faire mouche au premier coup : to hit with the first round (US).*

faire mouvement to move (GB), to move out (US). Ex : *Des unités susceptibles de faire mouvement sur court préavis : units liable to move at short notice (GB) – Faites mouvement ! (formation de blindés) : move out ! (US).*

faire intervenir to commit, to bring in, to call in, to engage (GB). Ex : *Faire intervenir la 1ère Armée française : to commit First French Army – Faire intervenir l'armée : to bring in (ou to call in) the army – Faire intervenir une force : to engage a force (GB).*

faire part de to make clear (OTAN), to state (Jane's). Ex : *L'OTAN a fait clairement part de ses préoccupations au Gouvernement de la République fédérale de Yougoslavie : NATO has made its concerns clear to the Government of the Federal Republic of Yugoslavia (OTAN) – Les deux compagnies ont fait part de leur intention de fusionner leurs activités dans le domaine des moteurs-fusées sous la forme d'une nouvelle société (ARMT) : the two companies have stated their intention to merge their activities in the field of rocket motors into a new company (Jane's).*

faire partie de to form part of (GB), to be part of (GB), to belong to (OTAN), to be among (GB), to be embedded in (US). Ex : *La moitié de l'escadron avait fait partie du 2e Bataillon Logistique britannique : half the squadron had formed part of the 2nd British Logistic Battalion (GB) – Faire organiquement partie d'une unité : to organically belong to a unit (OTAN) – Le légionnaire britannique Jim Brown qui faisait partie de la force d'invasion : British legionnaire Jim Brown, who was among the invasion force (GB) – La 5e Section, qui fait partie dela 2e Compagnie : 5 Platoon, which is part of B Company (GB).*

faire partie intégrante de to be an integral part of (US).

faire passer (TAC) to pass through (GB). Ex : *Faire passer une unité au travers d'une autre : to pass a unit through another (GB).*

faire passer (étendre / prolonger) to bring to (US), to extend (US). Ex : *Ce déploiement a fait passer l'effectif en personnels américains à environ 3.300 : this deployment brought the approximate number of U.S. personnel to 3,300 (US) – Faire passer à trois ans la durée du service militaire : to extend the term of military service to three years (US).*

faire passer (renseignement) (RENS) to feed (US). Ex : *Faire passer de faux renseignements à : to feed misleading information to (US).*

faire passer d'une rive à l'autre (force) to ferry (GB) (Voir aussi **faire traverser**).

faire passer en contrebande to smuggle (OTAN).

faire pencher (issue des combats) to tip the balance (US, GB). Ex : *Faire pencher la balance (ou l'issue des combats) en faveur de : to tip the balance (of battle) in favour of (GB, US).*

faire peser (menace) to pose (OTAN). Ex : *Faire peser une menace militaire directe sur ces populations : to pose a direct military threat to those populations (OTAN).*

faire place à to give way to (US). Ex : *Une attaque réussie peut directement faire place à une poursuite (TAC) : successful attack may give way directly to pursuit (US).*

faire preuve de to demonstrate (US), to display (OTAN), to treat with (GB). Ex : *Faire preuve d'un grand potentiel de commandement (PERS) : to demonstrate a high potential in leadership (US) – L'Alliance rend hommage aux hommes et aux femmes participant à l'opération Allied Force pour le courage et l'engagement dont ils ont fait preuve : the Alliance pays tribute the men and women of Operation Allied Force for the courage and commitment they have displayed (OTAN) – Il fait toujours preuve de respect à l'égard de ses subordonnés : he always treats his inferiors with respect (GB) – Faire preuve de discipline et de résistance (unité) : to display discipline and endurance.*

faire prisonnier to take prisoner (US), to capture (GB), to bag (familier) (US). Ex : *Nous avons fait 500 prisonniers : we captured 500 PWs (PW = Prisoner of War) (US) (Terme familier US : "to bag") – Les personnels militaires américains qui ont été faits prisonniers de guerre après le 6 avril 1917 : the U.S. military personnel who were taken prisoner of war after 6 April 1917 (US) – Nous avons fait prisonnier deux généraux : we captured two generals (GB).*

faire progresser (intérêt national) to advance (US), to further (US).

faire progresser (force) to move (US).

faire reculer (TAC) to push back (GB). Ex : *Faire reculer l'ennemi jusqu'à ses positions de départ : to push the enemy back to their original positions (GB).*

faire régner to enforce (OTAN), to bring (OTAN). Ex : *Faire régner la paix en Bosnie (forces) : to enforce peace in Bosnia (US) – Faire régner la paix et la sécurité dans la région Euro-Atlantique : to bring peace and security to the Euro-Altantic region (OTAN).*

faire replier to withdraw (OTAN). Ex : *Faire replier une partie de ses forces : to withdraw a part of one's forces (OTAN).*

faire respecter to ensure compliance with (CA). Ex : *Faire respecter l'accord-cadre général pour la paix : to ensure compliance with the General Framework Agreement for Peace (CA).*

faire ressortir (avantage) to highlight (US).

faire route to proceed (OTAN), to head (GB). Ex : *Faire route vers une destination (convoi) : to proceed to a destination (OTAN) – Ordonner au chauffeur de faire route vers le poste-frontière (autobus) : to order the driver to head towards the frontier post (GB).*

faire sauter to blast, to blow up (GB), to explode, to detonate. Ex : *Faire sauter un pont : to blow up a bridge (GB) – Faire sauter une mine : to detonate a mine (Voir aussi **faire exploser** et **exploser**).*

faire savoir Ex : *Faire clairement savoir que : to send a strong signal that (OTAN).*

faire serment de to take an oath to (GB) Ex : *Faire serment de combattre jusqu'à la mort (fantassins) : to take an oath to fight unto death (GB).*

faire signe to signal (GB), to wave (GB). Ex : *Il nous fit signe de nous coucher : he signalled us to get down (GB) – Il fit signe aux hommes de partir : he waved the men away (GB).*

faire sortir (ou exfiltrer) (RENS) to get out (US), to exfiltrate (US). Ex : *Faire sortir clandestinement un agent d'un pays : to get an agent out of a country by clandestine means (US) ou to exfiltrate an agent (US).*

faire suivre (document) to forward.

faire surface (sous-marin) to surface (GB).

faire taire to silence (US, GB), to suppress (US). Ex: *Faire taire l'ennemi : to suppress the enemy (US) – Faire taire des positions d'artillerie ennemies : to silence enemy artillery positions (US) – Faire taire les canons (ou les armes) : to silence guns (US).*

faire tourner (unités / postes) to rotate (GB, US) (PREP : "between").

faire traverser (force) to move across (US), to ferry across (GB). Ex: *Faire traverser l'Atlantique à des unités : to move units across the Atlantic (US) – On a fait traverser le fleuve au régiment sur de petites embarcations : small boats ferried the battalion across the river (GB).*

faire un contrôle radio (TRANS) to carry out a radio check (GB), to establish communications (GB).

faire une enquête de sécurité sur (PERS) to vet (GB) (Voir aussi **enquête de sécurité**).

faire une pause (PERS) to break (GB). Ex: *Faire une pause pour le déjeuner : to break for lunch (GB).*

faire une percée (force) (TAC) to break through (GB), to make a breakthrough (GB). Ex: *L'ennemi a fait une percée près de Francfort : the enemy have broken through (ou have made a breakthrough) near Frankfurt (GB).*

faire une radio (SAN) to X-ray (GB). Ex: *Il nous faudra faire une radio de votre jambe : we will have to X-ray your leg (GB).*

faire usage de to make use of (US), to use (GB). Ex: *Faire usage des renseignements (service) : to make use of the intelligence (US) – Faire usage de la force armée : to use armed force (GB).*

faire venir (TAC) to call in (US). Ex: *Rommel fit venir une partie de ses blindés d'El Hamma : Rommel called in part of his armor from El Hamma (US).*

faire vite Ex: *Il faut faire vite : time is of essence (US).*

faisable (ou réalisable) feasible (US). Ex: *Lorsque c'est faisable : when feasible (US).*

faisabilité (projet) : feasability (GB) (VERB : "to demonstrate"). Ex: *Études de faisabilité : feasability studies.*

faisceau de particules particle beam (US).

faisceau hertzien microwave link (US). Ex: *Un autocommutateur relié à plusieurs centres nodaux par faisceaux hertziens : an automatic switchboard connected to several nodal centers by microwave links (US).*

faisceau laser laser beam.

faisceau radar radar beam (GB) (VERB : "to pass through").

fait (action) fact (US). Ex: *Le fait de grouper les régiments de manœuvre sous les trois PC de brigade en nombre et en type appropriés en fonction de la mission de chaque brigade constitue ce que l'on appelle "l'organisation pour le combat" : grouping the combat maneuver battalions under the three brigade headquarters in the number and type appropriate to the mission of each brigade is called "organization for combat" (US) – L'organisation de la division parachutiste est généralement identique à celle des autres divisions excepté le fait que ses 9 régiments sont fixés par TED (= Tableau d'Effectifs et de Dotations) : the organization of the Airborne Division is usually the same as that of the other divisions, except the fact that its 9 battalions are fixed by TOE (= Table of Organization and Equipment) (US).*

fait (analyse) fact (GB) (Terme dénombrable) (VERB : "to process(…into)").

fait d'armes feat of arms (US) (VERB : "to perform", "to accomplish", "to achieve") (Voir aussi **faits d'armes**).

473

fait pour (adapté) (matériel) tailormade (US). Ex : *Le char est fait pour ce travail : the tank is tailormade for this job (US).*

fait pour (emploi) (PERS) suitable for (GB). Ex : *Il n'est pas fait pour ce poste (PERS) : he is not suitable for this appointment (GB) – Il n'est pas fait pour ce poste : he is unsuitable for this office (GB).*

faites l'aperçu ! (procédure radio) acknowledge ! (US).

faites transmettre par... (procédure radio) relay through <u>ou</u> relay thru (US).

faits d'armes record. Ex : *Les faits d'armes d'une grande formation de combat : the record of a great fighting formation.*

faits de guerre combat (US). Ex : *Être proposé pour une médaille pour faits de guerre : to be nominated for a medal for combat (US).*

falaise (TOPO) cliff (US, GB).

falloir to take (US), to be about (+ verbe en ING) (OTAN). Ex : *Il faut deux ans pour former un soldat : it takes two years to get a soldier trained (US) – Il faut environ 1 minute pour que le groupe de combat mette le système d'armes en batterie : it takes about 1 minute for the squad to prepare the system for operation (US) – Le courage qu'il faut pour aborder l'ennemi (fantassins) : the courage it takes to close with the enemy (US) – Il ne s'agit pas seulement de dépenser davantage ; il faut aussi dépenser mieux (dépenses de défense) : this is not just a question of spending more — it is also about spending more wisely (OTAN).*

falsification (de document) (RENS) forgery (US).

falsifier (<u>ou</u> frelater <u>ou</u> altérer) to tamper with (UN).

FAMAS (Fusil d'Assaut de la Manufacture d'Armes de Saint-Étienne) 5.56 mm FAMAS automatic assault rifle, the (French-designed) FAMAS 5.56mm assault weapon (GB) – Équivalent GB : 5.56mm SA-80 Individual Weapon (IW) (Pluriel : "SA-80s") – Équivalent US : M16 A2 5.56mm rifle).

familial family (US). Ex : *Problèmes familiaux : family problems (US).*

familiariser to familiarize (US) (PREP : "with"). Ex : *Familiariser le soldat au tir à la mitrailleuse M60 : to familiarize the soldier with firing the M60 machine gun (US) – Familiariser les soldats avec la langue (pays étranger) : to familiarize soldiers with the language (US).*

famille (PERS et sens figuré) family (US, GB), team (US). Ex : *Familles de soldats (<u>ou</u> de militaires) : soldiers'families (GB) – Journée des familles (visite d'unité) : Family Day (US) – Les familles des personnels de l'armée de terre : Army families (US) – L'armée de terre est davantage axée sur la famille, avec moins d'affectations à l'étranger : the Army is more family-oriented with fewer overseas assignments (US) – Faire partie de la grande famille de l'armée de terre (PERS) : to be a part of the Army Team (US) – La Légion devient sa famille (légionnaire) : the Legion becomes his family (GB).*

famille (du soldat) dependents. Ex : *Séjour avec famille : accompanied tour (US, GB) – Séjour sans famille : unaccompanied tour (US, GB), hardship tour (US).*

famille (matériels) family (US, GB). Ex : *Famille de mines dispersables : family of scatterable mines (FASCAM) (US) – Famille de véhicules : family of vehicles (FOV) (US) – Une famille de ponts couvrant l'ensemble des besoins tactiques : a family of bridges across the tactical spectrum – Un véhicule de la même famille que : a vehicle of the same family as.*

famille de militaire service family (US, GB)

famille des nations family of nations (OTAN).

famille de systèmes family of systems (US).

famine starvation, famine. Ex : *Venir en aide aux Somaliens en proie à la famine : to help starving Somalis (OTAN).*

fana (toujours) (enthousiaste) (PERS) Wilco (GB) (Origine : abréviation radio : "Will comply" = aperçu !). Ex : *Un genre de type très fana : a very Wilco sort of chap (GB).*

"fana-mili" (armée de terre) Ex : Les "fana-milis" : the army-barmy (GB).

fanatique (nom) fanatic (GB).

fanatique fanatical (GB). Ex : *Des groupes de fanatiques : fanatical groups (GB).*

fanion pennant (US, GB).

fantassin infantryman (US, GB), infantry soldier (GB), rifleman (GB), infantry (sens pluriel) (GB, US) (Termes familiers US : "leg", "grunt", "doughboy", "dog soldier", "95B") (Termes familiers GB : "tom", "grunt") (Terme familier écossais : "jock") (PART : "mounted", "dismounted"). Ex : *Ce véhicule est conçu pour transporter des fantassins : this vehicle is designed to transport infantry (GB) – Fantassin mécanisé : mechanized infantryman (US) – Nos fantassins franchissent le cours d'eau en véhicules amphibies : our infantry crosses the stream in amphibious vehicles (US) – Fantassins : infantry personnel (US).*

fantassin à équipement et liaison intégrés (FELIN) the FELIN clothing and equipment ensemble, the FELIN outfit (Jane's), the FELIN series of personal equipment (GB), the FELIN soldier modernization system (Jane's), the FELIN future soldier system (Jane's) – Équivalent U.S. : Land Warrior (integrated fighting system) – Équivalents GB : Crusader 21 clothing system + Future Infantry Soldier Technology (FIST) (Voir aussi **système combattant (SC)**.

FAP voir **force aérienne de projection**.

FAR voir **force d'action rapide**.

fardeau burden (OTAN, GB). Ex : *Un énorme fardeau administratif : an enormous administrative burden (GB) – Au cours de la campagne aérienne, les États-Unis ont assumé une part disproportionnée du fardeau : during the air campaign, the United States bore a disproportionate share of the burden (OTAN).*

fardeau (mortier / matériel) assembly (US), load (GB).

fardier load carrying vehicle (GB) (Cf. Le "All Terrain Mobility Platform" (ATMP) (GB) (ADJ : "versatile", "lightweight").

farouchement (combat) tooth and nail (familier) (US), hammer and tongs (familier) (US). Ex : *Se battre farouchement (ou avec acharnement) : to fight tooth and nail ou to fight hammer and tongs (familier) (US).*

fatigué (PERS) tired (US, GB). Ex : *Être fatigué : to get tired (US).*

fausse alerte false alarm (OTAN, GB). Ex : *Taux constant de fausses alertes : constant false alarm rate (CFAR) (OTAN).*

fausse attaque feint (GB) (Pour tester les défenses de l'ennemi et le tromper sur nos intentions).

fausse identité (agent) (RENS) false identity (US), assumed identity (US) (VERB : "to build up", "to live under", "to adopt") (ADJ : "elaborate").

fausser to mislead (OTAN). Ex : *Fausser les évaluations faites par l'ennemi : to mislead enemy evaluation (OTAN).*

faute (discipline générale) (PERS) offense (US), offence (GB) (VERB : "to commit", "to deal with"). Ex : *Une faute / mineure / sans gravité : a minor / trivial offense (US), a lesser offence (GB) – La gravité de la faute : the severity (ou gravity) of the offense (US) – Faute grave : serious offence (GB).*

faute disciplinaire (PERS) disciplinary offence (GB).

faute professionnelle misconduct (US) (VERB : to be discharged for").

fautif (ou coupable) (nom) offender (US).

faux false (US, GB), phoney (OTAN), covert (US), decoy (GB), forged (US), fake (US). Ex : *De faux renseignements : false information (GB) – Un faux champ de mines : a phoney mine-field (OTAN) – Fausse identité (RENS) : covert identity (US) (Terme dénombrable ; terme familier US : "dead baby") – Faux chars (leurres) : decoy tanks (GB) – Faire un faux document (RENS) : to forge a document (US) – Fausse lettre / lettre truquée ou falsifiée (RENS) : fake letter / forged letter (US) (Contraire : "genuine") – Livrer de faux renseignements à l'ennemi (RENS) : to provide false information to the enemy (US) – Fausses communications (GE) : false communications (US).*

faux départ (TAC) false start (US).

faux drapeau (ruse du) (RENS) false flag (US).

Cf. : Approach by a hostile intelligence officer who misrepresents him or herself as a citizen of a friendly country or organization (US).

faux front (TAC) false front (GB).

faux nom (RENS) alias (GB). Ex : *Il se sert de Jean Dupont comme faux nom : he uses Jean Dupont as an alias.*

faux passeport (RENS) false passport (US) (VERB : "to have").

faux tranchant (sabre / poignard) false edge.

faveur favour (GB). Ex : *Le rapport des forces est en faveur de l'ennemi : the ratio of forces is in the enemy's favour (GB) – Un engagement en faveur de la paix : a commitment to peace (US) – Renverser une bataille en notre faveur : to turn a battle in our favour (GB) – Activités d'aide humanitaire menées en Albanie en faveur des réfugiés du Kosovo : relief efforts in Albania for refugees from Kosovo (OTAN).*

favorable favourable (GB), favorable (US), friendly (US), of advantage (OTAN). Ex : *La population est favorable : the population is friendly (US) (Contraire : "hostile") – Dans les conditions les plus favorables : under the most favourable conditions (GB) – Un rapport favorable : a favorable report (US) – Une position favorable par rapport à l'ennemi : a position of advantage in respect to the enemy (OTAN) (VERB : "to achieve") – Se déplacer d'une position favorable à la suivante (unité en progression) : to move from one favourable position to the next (US) – Terrain favorable : favorable terrain (US).*

favoriser to favour, to foster (OTAN, UEO, US), to contribute to (US), to aid. Ex : *Favoriser la résolution des problèmes : to foster problem-solving (OTAN) – Un meilleur accès à l'imagerie satellitaire devrait être favorisé : improved access to satellite imagery should be fostered (UEO) – Favoriser l'innovation : to foster innovation (US) – Favoriser l'interopérabilité : to contribute to interoperability (US) – Favoriser la flottabilité (véhicule) : to aid floatation.*

favoritisme favouritism (GB), favoritism (GB). Ex : *Absence de favoritisme (PERS) : absence of favoritism (US).*

fax (fac-similé) fax, facsimile, remote copying. Ex : *Fax chiffré : cifax (US).*

fayot boot licker (US).

fayotage boot licking (US) ("The act of fawning over a superior officer in order to gain special favours or prestige" (US).

fédéral federal (US). Ex : *Des organismes fédéraux (USA) : federal agencies (US).*

fédération federation (OTAN). Ex : *La Fédération de Bosnie-Herzégovine : the Federation of Bosnia and Herzegovina (OTAN).*

FEDN voir **fondation pour les études de défense nationale (FEDN)**.

feindre to fake (US). Ex : *Feindre de se rendre (ou la reddition) : to fake surrender (US).*

feinte feint (OTAN).

félicitations (ou témoignage de satisfaction) commendation (GB), commendations (US).
Ex : *J'ai reçu des félicitations pour avoir commandé la contre-attaque : I received a commendation for leading the counter-attack (GB).*

féliciter (officiellement) (unité / personnel) to commend (US) (PREP : "for"). Ex : *Je veux féliciter officiellement le 22ᵉ Régiment de SAS pour son exécution tout à fait exceptionnelle des opérations militaires lors de l'Opération Tempête du Désert : "I wish to officially commend the 22d SAS Regiment for their totally outstanding performan,ce of military operations during Operation Desert Storm" (US) – On l'a félicité pour sa bravoure : he was commended for his bravery (GB).*

FELIN voir **fantassin à équipement et liaison intégrés (FELIN)**.

féminin female (US), woman (GB). (Le terme "female" est un adjectif de sens neutre, n'ayant aucune connotation péjorative en anglais). Ex : *Les personnels féminins : servicewomen (GB), female personnel (GB) – Un caporal-chef féminin : a woman corporal (GB) – Aux côtés de leurs homologues féminins (personnels masculins) : alongside their female counterparts (US).*

féminisation (de l'armée de terre) (the) integration of women into the Army (US), increased female participation in the Army, increase of the number of women in the Army.

féminisé female (GB) (En épithète). Ex : *Un corps entièrement féminisé : an all female corps (GB).*

femme woman (US, GB), wife (US). Ex : *Une femme pilote (ALAT) : an AAC woman pilot (GB) – Une femme (ou épouse) de militaire (armée de terre) : an Army wife (US) – L'Alliance rend hommage aux hommes et aux femmes participant à l'opération Allied Force pour le courage et l'engagement dont ils ont fait preuve : the Alliance pays tribute the men and women of Operation Allied Force for the courage and commitment they have displayed (OTAN) – Les femmes dans l'armée (sujet de séminaire / titre de commission) : women in the military (US), women in the services (US) – La génération actuelle d'hommes et de femmes : today's generation of men and women (GB).*

femme militaire woman soldier (GB), female soldier (GB).

fendu cracked (CFE). Ex : *La coque du char est fendue : the tank hull is cracked (CFE).*

fenêtre (créneau de temps) window (US) (= a time period of opportunity").

fenêtre de chargement (fusil) loading gate.

fenêtre d'éjection (fusil automatique / mitrailleuse) ejection port.

fente à guidon (baïonnette) sight cut.

fer iron (US, GB). Ex : *Une discipline de fer : iron discipline (GB).*

fer de lance spearhead (US, GB) (Noter l'existence du verbe transitif "to spearhead" = être / constituer / le fer de lance de). Ex : *Composer le fer de lance d'une force (unité) : to spearhead a force – Le 2ᵉ REP était devenu le fer de lance de la 11ᵉ Division Parachutiste française : 2 REP had become the spearhead unit of the French 11th Paratroop Division (GB).*

fer de lance (matériel / technologie) cutting edge (CA). Ex : *Le fer de lance de la technologie : the cutting edge of technology (CA).*

ferme (PERS) firm (US).

ferme voir **défense ferme**.

ferme (commande) firm (Jane's). Ex : *Une commande ferme de 28 Rafale : a firm order for 28 Rafales (Jane's).*

fermé secured (CFE), buttoned up (US), closed down (GB). Ex : *Une écoutille fermée : a secured hatch (CFE) – Fermé (véhicule blindé) : buttoned up (US), closed down (GB).*

fermer to close (US), to shut down (US), to seal (US), to close down (GB). Ex : *Fermer une base : to close / to shut down (US) / a base – Fermer une frontière : to seal a border (US) – Le quartier Saint Georges n'a pas fermé : St George's Barracks has not closed down (GB) – Fermer un atelier (MAT) : to close down a workshop (GB).*

fermeté firmness.

fermeture closure (US, GB, <u>Jane's</u>), closing (US). Ex : *La fermeture / des bases / des arsenaux : the closure / of bases / of arsenals (GB) – Fermeture de bases militaires : military base closings (US), military base closures (OTAN) – Fermeture d'une installation de fabrication d'armes chimiques : closure of a chemical weapons production facility (UN) – Une restructuration qui verra la fermeture de plusieurs camps et la réduction de la présence américaine en Bosnie : a restructuring that will see several camps closed and the American presence in Bosnia reduced (US) – Fermetures d'usines : plant closures (<u>Jane's</u>).*

fermeture de culasse (fusil automatique / carabine) bolt.

ferroviaire railroad (En épithète) (CFE). Ex : *Une installation de chargement ferroviaire : a railroad loading facility (CFE).*

ferry(-boat) ferry (GB), ferry-boat (GB) (VERB : "to board") (ADJ : "cramped") (PREP : "by").

fêter to celebrate (US). Ex : *Fêter la victoire : to celebrate victory (US).*

FETTA voir **formation élémentaire toutes armes**.

FEXA voir **formation à l'exercice de l'autorité**.

feu light (OTAN). Ex : *Feu éclairant : illuminating light (OTAN).*

feu (tir) fire (OTAN, US) (EXPR : "in support of"). Ex : *Le feu et le mouvement : fire and movement (GB) – Détruire les émetteurs ennemis par le feu : to destroy enemy transmitters by fire – Par le feu et la manœuvre : through fire and maneuver (US) – Être pris sous le feu de l'ennemi : to come under enemy fire (US) – Feu (<u>ou</u> tir) continu : continuous fire (OTAN) (VERB : "to provide") – Une dernière attaque, dans laquelle une trentaine de chars furent engagés, fut clouée au sol par le feu de notre artillerie : a final attack in which about thirty tanks were engaged was pinned down by our artillery fire (US) (Voir aussi tir(s).*

feu (combat) combat (US), action (GB, US), firing line. Ex : *Être au feu : to be in combat (US) – Aller au feu : to go to the firing line – Être tué au feu : to be killed in action (KIA) (US) – Il a vu le feu (<u>ou</u> il a combattu) aux Malouines : he saw action in the Falklands (GB).*

feu (sens figuré) heat (US, GB). Ex : *Pendant le feu de l'action (<u>ou</u> dans le feu du combat) : during the heat of battle (US), in the heat of battle (GB).*

feu ! (ordre de tir) (position d'artillerie) fire ! (US).

feu de broussailles (guerre locale) brushfire war, bushfire war (GB).

feu de forêt forest fire (US). Ex : *Un énorme feu de forêt : a huge forest fire (US) (VERB : "to deal with").*

feu de couverture (<u>ou</u> de protection) covering fire (US) (VERB : "to provide").

feu du combat (dans le) (in the) heat of battle (GB).

feuillage (TOPO) foliage (US, GB) (VERB : "to insure") (ADJ : "year-round").

feuille de notes annuelle (officier) (annual) confidential report (GB), officer evaluation report (OER) (US), efficiency report (US) (VERB : "to prepare", "to write").

feuille de solde pay roll (US).

feuille de vœux (de mutation) Officer's Assignment Preference Statement (US) (Terme familier US : "dream sheet").

feuillées latrine(s) (GB, US) (VERB : "to dig", "to clean"). Ex : *Il surveille le creusement des feuillées : he is supervising the digging of the latrines (GB).*

feu ! (ordre) (fantassins) fire ! (GB).

feu vert green light (US), go-ahead (US). Ex : *Donner le feu vert à quelqu'un : to give somebody the green light / the go-ahead (US)* – *Le projet a reçu le feu vert : the project has been given the green light (US).*

feux (tirs) fire (OTAN), fires (US) (VERB : "to direct"). Ex : *Fournir des feux à une unité : to provide fire to a unit (OTAN)* – *Des feux directs et indirects : direct and indirect fires (US)* – *Renforcer les feux des régiment d'appui direct : to reinforce the fires of the DS (= direct support) battalions (US)* – *Feux rapprochés et dans la profondeur : close and deep fires (US)* – *Concentrer des feux antichar : to mass antiarmor fires (US) (Voir aussi **tirs**).*

feux (titre de sous- paragraphe) fire support (US), arty (GB).

feux (de saturation) dans la profondeur (composante artillerie) depth fire (GB).

feux (véhicules) lights (OTAN). Ex : *Feux de black-out / "yeux de chat" : black-out lights (OTAN) (VERB : "to use").*

feux croisés crossfire (GB). Ex : *Être pris entre des feux croisés : to be caught in a crossfire (GB).*

feux de forêt forest fires (US).

feux directs direct fires (US).

feux indirects indirect fires (US).

feux terrestres ground fires (US).

FFSA voir **forces françaises stationnées en Allemagne**.

fiabilité (matériel / renseignement / individu / article) reliability (OTAN, US) (VERB : "to determine") (COMP : "lower") (PART : "improved", "demonstrated", "increased"). Ex : *Un matériel qui a fait la preuve de sa fiabilité : a reliability-proven piece of equipment (GB)* – *La fiabilité (ou valeur) ne peut être appréciée : reliability cannot be judged (F) (US)* – *Fiabilité (ou valeur) de la source (RENS) : reliability of the source (OTAN)* – *Manque de fiabilité (PERS) : unreliability (US).*

fiable (ou sûr) (matériel / renseignement / individu) reliable, dependable. Ex : *Fiable (ou sûr) (RENS) : reliable (US) (4 niveaux : A = "completely reliable" = complètement sûr – B = "usually reliable" = ordinairement sûr – C = "fairly reliable" = assez sûr – D = "not usually reliable" = ordinairement pas sûr).*

fiasco fiasco (GB), disaster (US). Ex : *Les incursions françaises au Rwanda ont fait (ou tourné au) fiasco : French forays into Rwanda turned into fiascos (GB)* – *Redorer le blason de la CIA après le fiasco de la Baie des Cochons : to rebuild the CIA's image after the Bay of Pigs disaster (US).*

fiasco diplomatique diplomatic fiasco (OTAN).

fibre de verre glass fibre (GB), fiberglass (US). Ex : *Renforcé par de la fibre de verre : fiberglass reinforced (En épithète).*

fibre optique fiber optic (US), fibre optic (US) (En épithète: "fiber-optic").

ficelle trick (US, GB), craft (US). Ex : *Connaître les ficelles du métier (PERS) : to know (ou to be familiar with) the tricks of the trade (GB, US)* – *Ficelles du métier d'espion : tradecraft (US).*

ficelle (galon) stripe.

fiche sheet (US, GB).

fiche de renseignements sur l'objectif target information sheet (OTAN).

fiche descriptive de missions mission profile (OTAN).

fiche de travail work sheet (WS) (OTAN).

fiche d'identité de prisonniers de guerre prisoner of war (POW) personnel record (OTAN).

fiche d'informations fact sheet (GB) (PREP : "on") (ADJ : "relevant", "separate").

fiche médicale (SAN) medical card.

ficher par terre (faire échouer) to upset the applecart (US). Ex : *Ce mouvement tournant a tout fichu par terre : that turning movement sure upset the applecart (US).*

fichier file (OTAN). Ex : *Fichier commun des routages d'origine : common source route file (CSRF) (OTAN).*

fichier (informatique) file.

fichu (perdu ou foutu) (être) (PERS) to be sunk (US), to have had it (US), to be done for (US). Ex : *Si nous ne prenons pas la cote 395, nous sommes fichus : if we don't capture hill 395, we're sunk (US) – Une fois que l'on est pris dans une explosion nucléaire, on est fichu : if you are under an atomic burst, you've had it (familier) (US).*

fichu en l'air fouled up (familier). Ex : *Tous nos plans sont fichus en l'air : all our plans are fouled up (US).*

fictif (troupes / armement / situation / manœuvre) imaginary (troops / armament) (OTAN), fictional (US), simulated (US). Ex : *L'exercice Staffex '99 comportait un tremblement de terre fictif : Staffex '99 had a fictional earthquake (US) – Une manœuvre fictive : a simulated maneuver (US).*

fidélisation (personnels) retention (US).

fidélité loyalty (GB). Ex : *Fidélité envers un régiment : loyalty to a regiment (GB) – Tu es un volontaire servant la France avec honneur et fidélité (Code d'honneur) (Légion) : you are a volunteer serving France faithfully and with honour (GB).*

fier proud (GB, US), fine. Ex : *Être fier de son / patrimoine (héritage) / unité : to be proud of one's / heritage / unit (GB, US) – Les raisons pour lesquelles les soldats sont si fiers de leurs unités : the reasons that soldiers are so proud of their units (US) – Fier de ton état de légionnaire, tu le montres dans ta tenue toujours élégante, ton comportement toujours digne mais modeste, ton casernement toujours net (Code d'honneur) (Légion) : proud of your status as a legionnaire, you will display this pride, by your turnout, always impeccable, your behaviour, ever worthy, though modest, your living-quarters, always tidy (GB) – Les fières traditions se perpétueront : the fine traditions will continue.*

fierté pride (GB, US) (VERB : "to instill", "to build", "to establish"). Ex : *La fierté nationale : national pride (GB, US) – Fierté d'appartenir à un régiment (PERS) : pride in regiment.*

fièvre jaune (SAN) yellow fever (GB).

figé Ex : *Être figé dans un garde-à-vous impeccable : to stand rigidly to attention (GB).*

figure (personnalité) figure (GB). Ex : *Grandes figures militaires : important military figures (GB).*

figurer (représenter) to represent (US), to outline. Ex : *3 épées figurant l'armée de terre d'active, la composante "armée de terre" de la Garde Nationale et la Réserve de l'armée de terre (insigne) : 3 swords representing the Active Army, the Army National Guard and the Army Reserve (US) – Les symboles "Eni" sont figurés en double trait : the En symbols are outlined in double lines – Des simulateurs de char figurant des groupements à dominante blindée : tank simulators representing armor-heavy task forces (US).*

figurer to include (US), to be placed (CFE), to enter (US), to be (found) (US, GB). Ex : *Faire figurer à l'ordre du jour : to place on the agenda (CFE) – Parmi les grandes unités figu-*

rent la *1ère* Division d'Infanterie Mécanisée et la *3ᵉ* Division d'Infanterie Mécanisée : major units include the 1st Infantry Division (Mech.) and the 3d Infantry Division (Mech.) (US) – Figurer dans la panoplie des appareils militaires à la fin des années 90 : to enter the military inventory in the late 90s. (US) — Parmi les unités d'artillerie sol-air de l'armée de terre, on trouve figurent la *32ᵉ* Brigade de Défense Aérienne et la *108ᵉ* Brigade d'Artillerie Sol-Air : among the Army's ADA (= Air Defense Artillery) units are the 32nd Air Defense Brigade and the 108th Air Defense Artillery Brigade (US).

fil keeping (US). Ex : *Dans le droit fil de la tradition : in keeping with traditions (US).*

filaire wire (US). Ex : *Antenne filaire : wire antenna (US).*

filature (surveillance) (RENS) stakeout (US). Ex : *Prendre quelqu'un en filature : to put a tail on somebody.*

À noter : L'individu qui effectue la filature se nomme "a tail" ou "a stakeout" (Terme familier : "pavement artist" (= artiste du trottoir) (US).

fil barbelé barbed wire (VERB : "to neutralize").

fil de rupture (fil-piège ou fil de déclenchement ou fil déclencheur) (mine) tripwire (OTAN, UN) (VERB : "to disturb", "to strech (horizontally)").

fil de télécommande (bombe) command wire (GB).

filer (suivre ou filocher) (individu) (RENS) to tail (GB, US) (Verbe transitif direct). Ex : *Filer des officiers du KGB : to trail KGB officers (US).*

filet de camouflage camouflage net (US, GB), camouflage netting (GB, US), cam-net (GB).

"fileur" (RENS) tail (US), stakeout (US) (Terme familier : "pavement artist").

filiale (société) affiliate (US). Ex : *AV Technology, filiale de Lockeed Martin : AV Technology, an affiliate of Lockeed Martin (US).*

filière (établissement de formation) stream (GB), division (GB).

fille daughter (US, GB). Ex : *Fils et filles d'anciens combattants handicapés à 100% : sons and daughters of 100 per cent disabled veterans (US).*

fille à soldats slag (GB), camp follower.

filoguidé wire-guided (US). Ex : *Le missile TOW est filoguidé : the TOW missile system is wire-guided (ou guided by wire) (US).*

fils son (US, GB). Ex : *Fils et filles d'anciens combattants handicapés à 100% : sons and daughters of 100 per cent disabled veterans (US).*

fil téléphonique telephone wire (US) (EXPR : "to intercept signals from telephone wires").

fil tendu (STRAT) tripwire.

filtrage de l'information (destinée à un service de renseignement allié) (RENS) sanitization.

filtration filtration. Ex : *Système de filtration (char / NBC) : filtration system.*

filtre (masque à gaz) filter (US).

filtrer (passage d'unité) to filter.

filtrer (eau) to filter (US).

filtrer (information destinée à un service de renseignement allié) (RENS) to sanitize (US).

Cf. : To delete specific material or revise a report or other document to prevent the identification of intelligence sources and collection methods (US).

fin (terme) end (GB, US), close (US), ending (GB), conclusion (OTAN), cessation (US). Ex : *En fin d'action : at the end of the engagement – En fin de nuit : at the end of the night – Mettre fin / à un conflit / à une guerre : to end / a conflict / a war (GB, US) – À la fin du* *mois de juillet 1991 : in late July 1991 (GB) – Un processus sans fin : a never-ending process (US) – Vers la fin de la guerre du Vietnam : toward the close of the Vietnam war (US) – La fin du Service National : the ending of National Service (GB) – La fin de toute violence (après un conflit) : an end to all violence (OTAN) – Le sytème de commandement et de contrôle était dégradé mais fonctionnait encore à la fin de la campagne : the command and control system was degraded but was still functional at the campaign's conclusion (OTAN) – La fin de la guerre froide : the ending of the Cold War (GB) – La fin des hostilités : the cessation of hostilities (US) – Annoncer la fin de la conscription (ou du service militaire obligatoire) : to announce an end to conscription (Jane's).*

fin (but) purpose (US, GB). Ex : *À des fins stratégiques : for strategic purposes (US) – À des fins militaires : for military purposes (GB) – Utilisation (ou emploi) à des fins militaires : military use (UN) – À des fins pacifiques : for peaceful purposes (UN) – Aux fins de gestion : for management purposes (US) – À des fins de déception : for the purpose of deception (US).*

final final (GB, CA), terminal (OTAN). Ex : *La phase finale de l'offensive : the final phase of the offensive (GB) – Prendre la décision finale (ou définitive) : to make the final decision (GB) – Portion finale d'une trajectoire : terminal portion of a trajectory (OTAN) – Son apport à la victoire finale, joint aux efforts de la marine et de l'armée de l'air : its contribution to the final victory, together with the efforts of the Navy and the Air Force (CA).*

financement (programmes) funding (GB, US) (VERB : "to make available", "to provide") (ADJ : additional").

financier (adjectif) financial. Ex : *Gestion financière : financial management (GB) – Sécurité financière : financial security (US).*

fin de combustion (missile) burnout (OTAN) (PREP : "at").

fin de la guerre (processus) war termination (US).

fin de l'exercice (FINEX) end of (the) exercise (ENDEX).

fin de mission end of mission (US) (Aussi en épithète : "end-of-mission").

fin de trimestre (grande école militaire) term-end (US).

fini over (US, GB), finished (US). Ex : *La guerre est finie : (the) war is over (GB, US) – Renseignement fini (traité) : finished intelligence (US).*

finir to culminate (US), to end, to cease. Ex : *La guerre finit véritablement lorsque... : the war really culminated when... (US) (Voir aussi se terminer).*

finir avec (en) to polish off (US). Ex : *La mission de cette unité est d'en finir avec les résistances résiduelles : the mission of this unit is to polish off remaining resistance (US).*

finir de to complete (+ verbe en ING) (US). Ex : *L'Algérie a presque fini de construire un réacteur nucléaire acheté à la Chine : Algeria has almost completed building a nuclear reactor bought from China (US).*

finition Ex : *La phase de finition (projet d'armement) : the final phase (ou stage) (US) (VERB : "to enter").*

fins et les moyens (les) ends and means (US).

fins pacifiques (à des) peaceful (OTAN). Ex : *Explosion(s) nucléaire(s) à des fins pacifiques : peaceful nuclear explosion(s) (PNE) (OTAN).*

fissible (ou fissile) (matière nucléaire) fissionable (OTAN), fissile (OTAN). Ex : *Transfert de matières fissiles : fissile material cut-off (OTAN).*

fission fission (OTAN).

fixation (action de) holding attack (OTAN).

fixation (système de) (palette / conteneur) binding (OTAN).

fixation (charge) attachment (OTAN).

fixe fixed (US, OTAN), static (GB), stationary (US). Ex : *Les EOD (= Eléments Organiques de Division) sont fixes (organisation) : the divisional base is fixed (US) – Support fixe ou mobile d'un canon : fixed or mobile support for a gun (OTAN) – La protection des sites fixes contre les attaques aériennes à basse altitude : the protection of static locations against low-level air atack (GB) – Cible fixe : stationary target (US) (PREP : "against") – Réseau du service fixe de télécommunications : fixed telecommunication network (OTAN) – Troupe fixe : stationary force (US).*

fixe (état-major / quartier général) static (OTAN).

fixé assigned, arranged. Ex : *Atteindre le but fixé : to reach (ou to attain) the assigned objective – Fixé à l'avance (action / tirs) : prearranged (OTAN).*

fixé au sol (missile) ground mounted.

fixer (TAC) to fix (in place) (US, GB), to hold (GB, OTAN), to pin down (US, GB).

Comp. :

- To fix : Actions taken to prevent the enemy from moving any part of his forces from a specific location and / or for a specific period of time by holding or surrounding them to prevent their withdrawal for use elsewhere (US).

- Au cours d'une attaque, exercer une pression suffisante pour empêcher les mouvements ou le redéploiement des forces ennemies (OTAN).

fixer (assigner / déterminer) to assign (OTAN), to set (US), to fix (US), to lay down (Jane's). Ex : *Fixer une direction à une unité : to assign a direction to a unit – Fixer / une mission / des tâches / à : to assign / a mission / duties to (OTAN) – Fixer des objectifs clairs (ou précis) : to set clear objectives (US) – Fixer un objectif : to set a goal (US) – Le nombre et les types de régiments de combat ne sont pas fixés par un tableau d'effectifs et de dotations (TED) : the number and types of combat battalions are not fixed by a table of organization and equipment (TOE) (US) – Ses 9 régiments sont fixés par TED (= Tableau d'Effectifs et de Dotations) (division parachutiste) : its 9 battalions are fixed by TOE (= Table of Organization and Equipment) (US) – Les missions fixées pour l'armée française par le Livre Blanc de 1994 : the missions laid down for the French armed forces in the 1994 White Paper (Jane's).*

fixer (composant sur un matériel) to attach (to) (OTAN), to fit (to), to affix (on) (US). Ex : *Les sangles d'ouverture automatique sont fixées à un câble : the parachute static lines are attached to a cable (OTAN) – La douille est fixée au projectile (munition) : the cartridge case is attached to the projectile (OTAN) – Fixer une charge explosive sur : to affix a charge on (US).*

fixer pour priorité to set as a priority (US). Ex : *La doctrine fixe pour priorité la défense de l'Europe : the doctrine sets as its priority the defense of Europe (US).*

flamme(s) flame(s) (US) (VERB : "to use"). Ex : *Un char en flammes : a burning tank (US) – Les flammes sont utilisées au combat pour exploiter la peur du feu naturelle de l'homme : flame is used in combat to exploit man's natural fear of fire (US).*

flagrant délit (prendre en) (GEND) in the act (GB). Ex : *Nous les avons pris en flagrant délit alors qu'ils posaient la bombe : we caught them in the act of planting the bomb (GB).*

flambée (violence) eruption, outbreak.

flanc (TAC) flank (OTAN), side (GB) (VERB : "to protect", "to screen") (ADJ & PART : "exposed", "secure") (PREP : "on", "in", "to", "against"). Ex : *Sur les flancs : on the flanks (GB) – Protéger les flancs (unité) : to flank (US) – Attaquer le flanc sud des forces Orange : to attack the Orange southern flank (GB) – Prendre le premier échelon ennemi* *sur les flancs et les arrières : to take the enemy's first echelon in the flanks and rear (GB) – Une opération montée par une concentration blindée contre les flancs d'éléments ennemis : an operation mounted by concentrated armoured troops against the flanks of enemy forces (GB) – Les Mexicains se séparèrent en deux escadrons pour attaquer les légionnaires depuis les flancs opposés (cavalerie) (Hist.) : the Mexicans divided into two squadrons, to attack the legionnaires from opposite sides (GB) – Jalonner de l'avant et vers les flancs : to screen forward and to the flanks (US).*

flanc-garde (TAC) flank guard (US, OTAN) (<u>Fixe</u> : stationary – <u>Mobile</u> : mobile).

<u>Comp.</u> :

- A security element operating to the flank of a moving or stationary force (US).

- Élément de sûreté rapproché, fixe ou mobile, qu'une unité non encadrée, en marche ou en station, détache sur ses flancs pour le renseigner et le couvrir (OTAN).

flanc-garder (TAC) to flank-guard.

flanqué de flanked by (GB). Ex : *Le président, flanqué de plusieurs officiers : the president, flanked by several officers (GB).*

flanquer (TAC) to flank (GB). Ex : *La 5ᵉ Brigade nous flanque sur la droite : 5 Brigade is flanking us on the right (GB).*

flanquer (infliger) Ex : *Flanquer une correction à l'ennemi : to dish it out to the enemy (familier) (US).*

flanqueur (PERS) flanker (GB).

flash (transmission radio) flash.

flasque de pointage (mortier) sight bracket.

fléau evil (OTAN). Ex : *Les fléaux de l'intolérance et de la répression : the evils of intolerance and repression (OTAN).*

flèche (obus flèche) penetrator (US). Ex : *Posséder une flèche en uranium appauvri (obus) : to have a depleted uranium penetrator (US).*

flèche (ART) maximum ordinate (US, OTAN).

flèche d'affût (ART) trail (GB).

fléchage (itinéraire) roadsigning (US), signposting.

fléché (itinéraire) signed.

flécher (itinéraire) to signpost (a route).

fléchette flechette (US).

fleuve river (OTAN, CA) (<u>Attention</u> à l'usage américain (the Mississipi River) qui diffère de l'usage britannique (the River Thames). De plus, dans ce cas, le mot <u>River</u> prend une majuscule). Ex : *Dégager le corridor entre le Rhin et la Maas ("fleuves" sous-entendu) : to clear the corridor between the Rhine and Maas rivers (CA).*

flexibilité (souplesse d'emploi) (système / personnel(s) flexibility (VERB : "to maximize").

flic (policier) cop (US, GB).

flingue (terme familier) gun.

flot stream (US), flow (US). Ex : *Produire un flot crédible de renseignements (RENS) : to produce a credible stream of intelligence (US) (Voir aussi flux).*

flot de données data flow (US).

flot logistique logistics flow (US).

flottabilité floatation (GB) (VERB : "to aid" = favoriser).

flottaison buoyancy (US). Ex: *Conférer au véhicule une flottaison supplémentaire lors des franchissements: to give the vehicle additional buoyancy when crossing waterways (US).*

flotte fleet (US, GB). Ex: *Une flotte d'hélicoptères: a helicopter fleet (GB, US) – La flotte aérienne de l'ALAT: French Army Aviation's fleet of aircraft (US).*

flotteur (obusier) float.

flotteur (véhicule / engin de franchissement) float (US, <u>Jane's</u>).

flou (situation) imprecise (US), not clear.

fluide (environnement / situation tactique / opérations) fluid (US).

fluidité (TAC) fluidity (US), fluid nature (US) (ADJ: "great"). Ex: *La fluidité des combats: the fluid nature of battle (US).*

fluorescent fluorescent (GB).

flux flow (US). Ex: *Soutien logistique à flux tendu (mission opérationnelle) (USA): focused logistics (US) – Le flux des forces pénétrant sur le théâtre: the flow of forces into the theater (US).*

flux de déploiement deployment flow (US).

flux d'informations flow of information (US, GB), information flow (US, GB) (ADJ: "decentralized", "nonhierarchical", "vertical", "horizontal"). Ex: *Un flux ininterrompu d'informations: an uninterrupted flow of information (US).*

flux d'opérations flow of operations (US) (ADJ: "logical").

FNI à plus longue portée longer-range intermediate nuclear forces (LRINF) (OTAN).

focalisation rapprochée (de) (fonction de satellite) keyhole (US) (En épithète).

focalisé focused (OTAN). Ex: *Un soutien ciblé et focalisé: targeted and focused support (OTAN).*

fois time (US), occasion (CA). Ex: *Pour la première fois dans l'histoire militaire: for the first time in military history (US) – Posséder une puissance de feu de deux à quatre fois supérieure à celle des systèmes sol-air actuels (missile sol-air): to have two to four times the fire power of current air defense systems (US) – On accorda encore une fois la priorité aux forces conventionnelles: conventional forces were once again given priority (CA) – Les Canadiens ont été contraints de prendre les armes pour une troisième et dernière fois: Canadians were compelled to take up arms on a third and last occasion (CA) – Voler à trois fois la vitesse du son (Mach 3) (aéronef): to fly at three times the speed of sound (US).*

folie folly (GB). Ex: *Attaquer maintenant serait une pure folie: to attack now would just be folly (GB).*

fomenter to foment (US), to plot (GB). Ex: *Fomenter une révolte communiste: to foment a communist revolt (US) – Fomenter un coup d'État: to plot a coup (GB).*

foncer to rush (GB), to dash (GB), to make a dash (GB). Ex: *Les légionnaires foncèrent se mettre à l'abri dans une hacienda située en bord de route: the legionnaires made a dash for cover in a roadside hacienda (GB) – Ils foncèrent vers les véhicules: they rushed towards the vehicles (GB).*

fonceur (PERS) gung-ho (US, GB). Ex: *Le général est du type très fonceur: the general is a very gung-ho type (GB).*

fonction function (US, OTAN), role, duty (OTAN) (VERB: "to perform", "to carry out", "to accomplish"). Ex: *Les fonctions de la logistique: functions of logistics (= " supply, transport, maintenance, medical, and the smaller functions of catering, post and labour") – Exercer ses fonctions (organisme): to function (OTAN) – Assurer certaines fonctions de commandement: to provide certain command functions (OTAN) – Remplir une fonction* *(dispositif technique): to serve a function (OTAN) – Fonction logistique: logistic function – Zone destinée à l'exécution de fonctions de soutien: area provided for the performance of combat service support functions (OTAN) – La fonction d'une unité: the role of a unit (US) – La fonction essentielle de l'hélicoptère Kiowa Warrior OH-58 D est la reconnaissance: the OH-58 D Kiowa Warrior functions primarily as a scout helicopter (US).*

fonction (PERS) office (GB), tenure (US), duty (OTAN), function (OTAN). Ex: *Il ne convient pas (ou il n'est pas fait) pour cette fonction: he is unsuitable for this office (GB) – Pendant qu'il est en fonction en qualité de chef d'état-major (PERS): during his tenure as chief of staff (US) – Confier des fonctions particulières à des individus: to detail individuals to specific duties or functions (OTAN).*

fonction (en) (PERS) on duty (GB). Ex: *Les sous-officiers en fonctions dans les garnisons britanniques: the NCOs on duty in garrisons in Britain (GB).*

fonction (mission) (d'un véhicule / matériel) role (Jane's) (VERB: "to take on").

fonction (mission d'une armée) (military) task (GB). Ex: *Les fonctions de prévention et de projection des forces: the tasks of prevention and force projection.*

fonction d'appui feu fire support function (US).

fonction de (en) depending on (GB), according to (GB, US), based on (US), commensurate with (US), in light of (OTAN), as + SUJET + "to dictate". Ex: *En fonction de l'ennemi: depending on the enemy, as the enemy dictates – En fonction de la situation tactique: depending on the tactical situation (GB) – En fonction de la mission: according to task (GB), depending upon the task, according to the mission (US) – Evaluer les résultats en fonction des objectifs: to evaluate results based on the objectives (US) – En fonction du grade et de l'expérience: commensurate with grade and experience (US) – En fonction des ordres du chef de corps: as directed by the commanding officer (US) – En fonction des impératifs de sécurité: in light of safety requirements (OTAN) – La durée du stage varie en fonction de la spécialité: the length of the course varies according to MOS (= Military Occupational Training) (US) – La taille de la force à employer peut varier de celle d'une petite formation à celle d'une division légère grâce à un système modulaire adapté en fonction de la mission: the size of the force to be used may vary from a small formation to a light division, using a modular system that can be adapted to the mission (UEO) – Le fait de grouper les régiments de manœuvre sous les trois PC de brigade en nombre et en type appropriés en fonction de la mission de chaque brigade: grouping the combat maneuver battalions under the three brigade headquarters in the number and type appropriate to the mission of each brigade (US) – L'organisation (ou articulation) d'un corps d'armée est ajustée en fonction du théâtre d'opérations et de la mission: the organization of a corps is tailored based on theater and mission (US).*

fonction de (être) to be dependent on.

fonction de catalyseur forcing function (US).

fonction de combat combat function (US) (VERB: "to integrate", "to coordinate").

fonction de commandement command function (OTAN). Ex: *Fonction essentielle de commandement: essential command function (ECF) (OTAN).*

fonction de combat (échelon de commandement) tactical function (US) (VERB: "to perform").

fonction de police (armée) policing function (Jane's).

fonction intégratrice clé key integrating function (US).

fonctionnaire government employee (US).

fonctionne correctement (système) "go" (OTAN).

fonctionnel functional (US, OTAN). Ex : *Domaine fonctionnel (division d'état-major) : functional area (OTAN) – Un concept fonctionnel : a functional concept (US).*

fonctionnement (arme / système) function (US), operation (arme) (GB). Ex : *Vérification de bon fonctionnement (arme) : function check (US) (VERB : "to perform") – Mauvais fonctionnement : malfunction (US) (VERB : "to have", "to correct") – En fonctionnement (système de transmissions) : in operation (GB).*

fonctionnement (aéroport) operation (OTAN). Ex : *Les forces armées de l'OTAN ont directement pris en charge le fonctionnement de l'aérodrome de Tirana : NATO military forces took over direct operation of the airfield at Tirana (OTAN).*

fonctionnement (institution) functioning (OTAN). Ex : *Compromettre le fonctionnement interne des institutions : to compromise the internal functioning of the institutions (OTAN).*

fonctionner (arme / matériel / système) to function (US), to operate (US), to be functional (OTAN), to work. Ex : *Le fusil fonctionne correctement : the rifle is functioning properly (US) – En état de fonctionner : in operating order (US) – Fonctionne correctement / ne fonctionne pas correctement (composant / système) : "go" / "no go" (OTAN) – Le missile peut fonctionner de jour comme de nuit : the missile system has day and night operating capability (US) – Le sytème de commandement et de contrôle était dégradé mais fonctionnait encore à la fin de la campagne : the command and control system was degraded but was still functional at the campaign's conclusion (OTAN) – Le canon fonctionne soit de manière autonome soit relié au dispositif de conduite de tir : the gun works either autonomously or in conjunction with the fire control unit.*

fonctionner (institution) to function (OTAN). Ex : *Des institutions civiles qui fonctionnent : functioning civil institutions (OTAN).*

fonctionner correctement (équipement) to operate (GB). Ex : *Le mécanisme n'a pas fonctionné correctement : the mechanism failed to operate (GB).*

fonction opérationelle (arme) branch (US, GB).

fonction opérationnelle (force opérationnelle sur un théâtre / échelon de commandement) operational function (US) (VERB : "to perform").

fonctions (PERS) functions (OTAN), assignment (OTAN), duties (GB), position (OTAN). Ex : *M. Robertson prendra ses fonctions de Secrétaire général à une date qui reste à déterminer : M. Robertson will assume his functions as Secretary General at a date to be determined (OTAN) – Décharger le général X de ses fonctions de Commandant suprême des forces alliées en Europe) : to release General X from his assignment as Supreme Allied Commander, Europe (OTAN) – Le Président des États-Unis a soumis le nom du général X comme successeur du général Y, avec les mêmes pouvoirs et les mêmes fonctions : the President of the United States nominated General X for consideration as successor to General Y, with the same powers and functions (OTAN) – Des états-majors capables de remplir les fonctions d'état-major d'opération ou de force : HQs (= Headquarters) capable of serving as Operation or Force HQs (UEO) – Prendre les fonctions de Secrétaire général (OTAN) : to take up the position of Secretary General (OTAN) – Il a exercé ses fonctions de manière satisfaisante : he has discharged his duties satisfactorily (GB) – Cela ne fait pas partie de mes fonctions : that is not part of my duties (GB) – Confier à un chef le mandat d'exercer les fonctions de ... : to charter a commander to serve as (US).*

fonctions d'appui (TAC) combat support (CS) functions (US, GB).

fonctions de combat (TAC) combat functions (US, GB).

fonctions de ravitaillement supply functions (US).

fonctions de soutien (TAC) combat service support (CSS) functions (US, GB).

fond base (OTAN). Ex : *Une carte utilisée comme fond : a map used as a base (OTAN).*

fondamental basic (US), fundamental (US), key (US), vital (US, GB), core (US). Ex : *La mission fondamentale de l'armée de terre : the Army's basic mission (US) – Des savoir-faire fondamentaux : fundamental skills (US) – Les fonctions logistiques suivantes sont fondamentales pour les opérations de paix : the following logistics functions are key to peace operations (US) – Nos (= armée de terre) compétences fondamentales : our core competencies (US) – Intérêts fondamentaux (pays) : vital interests (US, GB).*

fondamentaux (principes fondamentaux) fundamentals (US) (VERB : "to address") (ADJ : "time-tested"). Ex : *Fondamentaux de l'action offensive : fundamentals of the offense (US).*

fondateur founder (GB). Ex : *Le fondateur du régiment : the regiment's founder (GB).*

fondation (création) founding (US, OTAN), establishment (US). Ex : *Depuis la fondation de l'Académie Militaire : since the founding (ou establishment) of the Military Academy (US) – La fondation et les premières années d'existence de l'Alliance : the founding and early life of the Alliance (OTAN).*

fondation pour les études de défense nationale (FEDN) (Traduction rencontrée) Foundation for the Studies of National Defense (US).

fondations foundations (OTAN). Ex : *L'OTAN repose sur des fondations de granite : NATO's foundations are rock solid (OTAN).*

fond de la mer seafloor (US). Ex : *Un système de détection acoustique installé au fond de la mer : a seafloor acoustic detection system (US).*

fondement foundation (US) (Terme dénombrable). Ex : *Les allégations publiées aujourd'hui par le Daily Telegraph sous la plume de son correspondant à Washington sont sans fondement : the allegations from its Washington correspondent published today by The Daily Telegraph are unfounded (OTAN) – La projection de forces constitue le fondement de la doctrine de l'armée de terre : force projection is fundamental to Army doctrine (US).*

fonder (institution) to found (US), to establish (US).

fonder sur to base on (US). Ex : *Le chef fonde sa décision sur... : the commander bases his decision on... (US).*

fondé sur based (up)on (US), grounded in (US), using (GB). Ex : *Un système de formation fondé sur... : a training system based upon... (US) – La doctrine était fondée sur l'idée / de / que : the doctrine was based on the idea / of / that (GB) – Un programme d'instruction fondé sur la simulation : a simulation based training program (US) – Mon objectif fondé sur une vision de l'avenir (chef d'état-major d'armée) : my objective grounded in a vision of the future (US) – Cet exercice conjoint UEO / OTAN est fondé sur un scénario de mission de Petersberg : this joint WEU / NATO exercise is based on a Petersberg mission scenario (UEO) – L'instruction des stagiaires fondée sur l'EAO (= Enseignement Assisté par Ordinateur) : the instruction of the students using computer-based learning (GB).*

fond d'étui (cartouche) case head.

fondre to distil (GB), to distill (US). Ex : *Fondre des unités dans d'autres unités : to distil (GB) (ou distill (US) units down into other units (GB).*

fonds funding (CA), budget (CA). Ex : *400 millions de dollars en fonds nouveaux pour l'exercice 2000-2001 : $ 400 million in new funding in fiscal year 2000-2001 (CA) – L'augmentation des fonds affectés à la Défense : the budget increase for Defence (CA).*

fonds secrets (services de renseignement) (RENS) special funds (US).

FORAD (force adverse) (exercice) OPFOR (opposing force) (US).

forage de puits well(-)drilling (GB, US).

force (groupe militaire) (military) force (US, GB) (Terme générique dénombrable) (VERB :
"to maintain", "to tailor", "to create", "to identify", "to train" = entraîner, "to exercise",
"to commit", "to form", "to encounter", "to organize", "to employ", "to compose", "to
constitute", "to train", "to aid", "to assist", "to protect", "to support", "to put at risk", "to
sequence", "to station", "to control", "to man", "to equip", "to replenish", "to modernize", "to call up", "to mobilize", "to prepare", "to deploy", "to utilize", "to sustain", "to
field", "to direct", "to coordinate", "to engage", "to destroy", "to disrupt", "to design",
"to recruit", "to reshape", "to provide", "to set up", "to concentrate", "to reinforce", "to
select" = sélectionner, "to educate" = former, "to use", "to upgrade", "to place... at", "to
serve with", "to manœuvre around", "to regenerate", "to reconstitute", "to contribute",
"to supply") (ADJ & PART : "own", "allied", "friendly", "incoming", "outgoing", "military", "paramilitary", "specific", "supporting", "supported", "airmobile", "airborne", "air
transported", "amphibious", "combined", "assault", "striking", "augmentation",
"advance", "covering", "landing", "reinforcing", "in-place", "task", "assigned", "allocated", "earmarked", "powerful", "mission-ready", "unique", "sophisticated", "flexible",
"agile", "well-equipped", "well-trained", "sustainable", "survivable", "responsive",
"deployable", "suitably equipped", "available", "appropriate", "raiding", "ambushing",
"combat-ready", "permanent", "professional", "composed of", "additional", "versatile",
"lethal", "dominant", "prototype", "total", "stationary") (NOM ASS. : "readiness", "sustainability", "structure", "modernization", "infrastructure", "provision", "concentration")
(EXPR : "in motion" = en mouvement). Ex : *Forces du deuxième échelon (stratégique) :
follow-on forces, second-echelon forces – Une force de déploiement (ou d'action) rapide :
a rapid deployment force (US, GB) – Une force de frappe nucléaire : a nuclear strike
force – Une force navale : a naval force – Une force aérienne : an air force – Une force
terrestre : a land force, a surface force – Une force alliée : an allied force – Forces de
représailles : retaliation forces – Forces spéciales : Special Forces (US, GB) – Force de
l'armée de terre : Army force (ARFOR) (US) – Les forces françaises en Afrique : French
forces in Africa (Jane's) – Force / en marche / en station : moving / stationary / force
(OTAN) – La mise à disposition de forces bien entraînées : the provision of well-trained
forces (GB) – Déployer tous types de forces : to deploy forces of all types (US) – Ces
forces peuvent être disposées dans des endroits clés : these forces can be placed at key
locations (US) (Voir aussi* **forces***).*

Attention : Le mot "force" peut désigner chez les Américains une armée (une des 3 armées) et
pour ce qui nous concerne, en contexte, l'armée de terre.

force (puissance physique) force (US), strength (OTAN, GB) (VERB : "to use", "to threaten",
"to weaken", "to apply") (ADJ : "minimal", "reasonable", "deadly", "appropriate",
"minimum", "nondeadly"). Ex : *L'emploi de la force : the use of force (CFE) – Par la
force des armes : by force of arms (US, GB) – La séparation par la force des belligérants :
the forcible separation of belligerents (US) – Éprouver la force de l'ennemi : to test the
enemy's strength (OTAN) – Respectueux des traditions, attaché à tes chefs, la discipline
et la camaraderie sont ta force, le courage et la loyauté tes vertus (Code d'honneur)
(Légion) : respectful of the (Legion's) traditions, honouring your superiors, discipline and
comradeship are your strength, courage and loyalty your virtues (GB).*

force (ou point fort) strength (US) (VERB : "to exploit") (Contraire : "weakness" = point
faible).

force (en) voir **en force**.

forcé forced (US, GB). Ex : *Marche forcée : forced march (US, GB).*

force ad hoc task force (US). Ex : *Force ad hoc Freedom (Opération Tempête du Désert) : Task Force Freedom (US).*

force adverse (FORAD) (exercice) opposing force (OPFOR) (US) (ADJ : "world-class") (PREP : "against").

force aérienne air force (AF) (OTAN) (Terme dénombrable : "air forces" = forces aériennes). Ex : *Force(s) aérienne(s) alliée(s) : allied air force(s) (AAF) (OTAN).*

force aérienne de combat tactical air force (US).

force aérienne de combat (FAC) voir **commandement de la force aérienne de combat (CFAC).**

force aérienne de projection (FAP) voir **commandement de la force aérienne de projection (CFAP) (ex-COTAM).**

force aérienne tactique tactical air force (US).

force aérienne tactique alliée (FATA) allied tactical air force (ATAF) (OTAN).

force aéromobile airmobile force (OTAN).

force aéroportée de détection lointaine de l'OTAN NATO Airborne Early Warning Force (NAEWF) (OTAN) (Basée à Geilenkirchen, Allemagne).

force amphibie amphibious force (AF) (GB).

force anti-terroriste anti-terrorist force (GB), counterterrorist force (US).

force armée (ensemble de forces) armed force (GB) (PART : "professionalised").

force assaillante attacking force (US).

force blindée tank force (GB), armoured force (GB). Ex : *Les forces blindées israéliennes : Israeli armour (GB) / armor (US).*

force blindée (armée de terre 2015) armoured force (Jane's).

force civile civil force (OTAN). Ex : *Une force civile a été créée pour la situation d'urgence : a civil emergency force has been created (OTAN).*

force classique conventional force.

force combattante (ou de combat) fighting force (US, GB), combat force (US) (ADJ : "tough").

force d'action rapide (FAR) rapid deployment force (RDF) (US, GB), rapid action force, rapid reaction corps (UN) (VERB : "to dispatch"). Ex : *La force d'action rapide inter-armées britannique : the Joint Rapid Deployment Force (JRDF) (GB) (Mise sur pied en août 1996 ; articulée autour de la 5ᵉ Brigade Parachutiste (5 Airborne Brigade) et de la 3ᵉ Brigade de Commandos (3 Commando Brigade) de la Royal Navy ; sous les ordres du "Chief of the Joint Rapid Deployment Force" (CJRDFO) responsable devant le " Chief of Joint Operations" (CJO) à l'État-Major Inter-armées Permanent (Permanent Joint Headquarters, ou PJHQ) de Northwood, dans le Middlesex).*

force d'appoint (ou de renfort) augmentation force (AF) (OTAN).

force d'appui combat support (CS) force (US).

force d'arrêt arresting force (US).

force d'assaut assault force (US, GB) (VERB : "to act as"). Ex : *Force d'assaut d'hélicoptères : helicopter assault force (OTAN).*

force de caractère (PERS) strength of character (GB), mental toughness (US).

force de choc (USA) strike force (US).

force de combat fighting force (CA, GB), combat force (US) (ADJ : "tough"). Ex : *La meilleure force de combat terrestre du monde : the best ground combat force (US) (VERB : "to* *become")* – *Une force de combat capable d'éxécuter les tâches (ou missions) les plus difficiles : a fighting force capable of taking on the most demanding of tasks (CA).*

force de couverture (ou de sûreté) covering force (US, OTAN) (VERB : "to establish").
Cf. : A combined arms force with a mission to cover. It accomplishes all the tasks of screening and guard forces. Additionally, it operates apart from the main body to develop the situation early and deceives, disorganizes, and destroys enemy forces (US).

force de débarquement landing force (OTAN).

force de débarquement interalliée combined landing forces (OTAN).

force de défense defense force (US).

force de défense principale main defence force (MDF) (GB).

force de déploiement initial (opération) early entry force (US).

force de déploiement rapide rapid deployment force (RDF) (OTAN).

force de destruction destructive force (US).

force de dissuasion deterrent (GB, OTAN) (VERB : "to act as") (ADJ : "effective"). Ex : *La force de dissuasion nucléaire indépendante de la France : France's independent nuclear deterrent (Jane's).*

force défensive (ou en défensive) defending force (US).

force de frappe (ou de choc) (force d'intervention) strike force (US), striking force (US). Ex : *Un PC de force de frappe : a strike force HQ (Jane's) (Voir aussi force d'intervention rapide).*

force de frappe (puissance d'une force) striking power (US).

force de freinage delaying force (GB).

force de l'avenir future force (US).

force d'élite elite force (US, GB) (VERB : "to serve in").

force de maintien de la paix peacekeeping force (US), (GB). Ex : *La force de maintien de la paix des Nations-Unies à Chypre : the UN Peacekeeping Force in Cyprus (GB).*

force de manœuvre maneuver force (US) (VERB : "to support").

force de mêlée (combat) maneuver force (US), combat force (US).

force de mise en œuvre (de la paix) implementation force (IFOR) (OTAN,US) (Surnom humoristique US : "Incarcerated Forces").

force d'emploi spécial special-purpose force (SPF) (OTAN).

force de paix (opérations de paix) peace operation(s) force (US).

force de paix internationale international peace force (OTAN).

force de police police force (US) (VERB : "to establish").

force de police internationale international police task force (IPTF).

force de présence (États signataires d'accords bilatéraux avec la France) force of presence.

force de projection de puissance power projection force (US).

force de protection des Nations-Unies (FORPRONU) United Nations Protection Force (UNPROFOR).

force de réaction reaction force (US, OTAN) (À noter : Dans l'OTAN, on distingue entre "immediate reaction" et, venant plus tard, "rapid reaction") (VERB : "to dispatch"). Ex : *Force de réaction rapide : quick reaction force (QRF) (US).*

force de réaction aux crises : crisis response force (US).

force de réaction aux urgences (crises) nationales (catastrophes / feux de forêt / inondations / ouragans) domestic emergency response force (US).

force de réaction du CAE (Commandement Allié en Europe) ACE (= Allied Command Europe) reaction force (ARF) (OTAN).

force de réaction initiale initial response force (US).

force de relève relief force (GB).

force de renfort reinforcing force (OTAN) (ADJ: "regional", "external").

force des Nations-Unies United Nations force (US).

force de soutien combat service support (CSS) force.

force de souveraineté (DOM — TOM) sovereignty force.

force de stabilisation stabilisation (ou stabilization) force (SFOR) (OTAN, US). Ex: *La Force de Stabilisation de l'OTAN: the NATO Stabilization Force (SFOR) (US) – La SFOR peut prendre des mesures militaires: SFOR can take military action (CA) (Noter l'absence d'article défini devant "SFOR").*

force destructrice (ou de destruction) destructive force (US). Ex: *La force destructrice de l'individu sur le champ de bataille: the individual 's destructive force on the battlefield (US).*

force de sûreté (ou de couverture) covering force (US, GB).

force de suivi follow-on force (US). Ex: *La Force de Stabilisation de l'OTAN fut remplacée par une force de suivi plus réduite: the NATO Stabilization Force was replaced by a smaller follow-on force (US).*

force d'exploitation exploitation force (US).

force d'extraction extraction force (CA, Jane's). Ex: *Force d'Extraction de l'OTAN: NATO Extraction Force (Jane's).*

force d'infanterie d'assaut (armée de terre 2015) infantry assault force (Jane's).

force d'interposition interpositional force (US).

force d'intervention task force (Volume: brigade) (GB, US), intervention force (US, GB), contingency force (US), strike force (US) (ADJ: "light"). Ex: *Une force d'intervention spécialisée (Légion): a force of specialist intervention (GB).*

force d'intervention (porte-avions) striking force (OTAN).

force d'intervention blindée rapide (armée de terre 2015) rapid armoured intervention force (Jane's).

force d'intervention amphibie amphibious task force (OTAN).

force d'intervention interarmées joint task force (JTF).

force d'intervention rapide (ou force de frappe) (USA) strike force (US) (3000 / 5000 hommes) (Q.G. à Fort Polk, Louisiana) (1999).

force d'invasion invading force (GB), invasion force (GB).

force d'observation observer force (US).

force d'occupation occupation force (GB).

force d'opérations spéciales special operations force (SOF) (GB).

force en attaque attacking force (US).

force en défensive defending force (US) (PART: "outnumbered").

force en déploiement deploying force (US).

force ennemie voir **forces ennemies**.

force expéditionnaire expeditionary force (US, GB). Ex: *Une force expéditionnaire conçue essentiellement pour la projection de forces: an expeditionary force intended primarily for force projection (GB) – Projeter (ou déployer à distance) une force expéditionnaire interarmées pouvant aller jusqu'à 50 000 hommes: to deploy a joint-service expeditio-*

nary force of up to 50,000 personnel (GB) – Envoyer une force expéditionnaire de 3000 hommes : *to send an expeditionary force of 3,000 (GB).*

force expéditionnaire (navale) task force (GB) (VERB : "to assemble", "to set sail").

force expéditionnaire du corps des Marines Marine Corps Expeditionary Force (MCEF) (OTAN, US).

force expérimentale experimental force (EXFOR) (US) (PART : "designated").

force explosive (charge) explosive force (OTAN) (VERB : "to concentrate").

force interarmées joint force (GB, US) (PART : "nominated"). Ex : *Commandant de force interarmées : joint force commander (GB)* – *Déplacer la force interarmées : to move the joint force (US).*

Cf. : A force composed of significant elements of two or more Services operating under a single commander authorised to exercise operational command or control over a joint force (GB).

force intérimaire interim force (UN). Ex : *Force Intérimaire des Nations-Unies au Liban (FINUL) : United Nations Interim Force in Lebanon (UNIFIL) (UN).*

force internationale international force (UN). Ex : *Force internationale pour le Timor oriental : International Force for East Timor (INTERFET) (UN).*

force logistique logistic force (OTAN). Ex : *Une force logistique multinationale : a multinational logistic force (OTAN).*

force maritime maritime force (OTAN, GB). Ex : *Force maritime multinationale : multinational maritime force (MNMF) (GB).*

force mécanisée (armée de terre 2015) mechanised force (Jane's).

forcément necessarily (US). Ex : *Des activités militaires qui n'impliquent pas forcément des affrontements armés : military activities that do not necessarily involve armed clashes (US).*

force militaire (armée) military (CA). Ex : *Une force militaire moderne : a modern military (CA).*

force militaire (la) military force (US).

force mixte composite force (OTAN). Ex : *Force mixte de l'OTAN : NATO composite force (NCF) (OTAN).*

force mobile (terre) du Commandement Allié en Europe (CAE) ACE (= Allied Command Europe) Mobile Force, Land (AMF(L)) (Basée à Heidelberg, Allemagne).

force multilatérale multilateral force (MLF) (OTAN).

force multinationale multinational force (MNF) (OTAN).

force multinationale permanente standing multinational force.

force navale permanente de la Méditerranée Standing Naval Force Mediterranean (STA-NAVFORMED) (OTAN).

force nucléaire à courte portée short-range nuclear force (SNF) (UN).

force occasionnelle task force (OTAN).

force occasionnelle interalliée combined task force (CTF) (OTAN).

force occasionnelle multinationale combined task force (CTF) (OTAN).

force opérationnelle task force (US, OTAN) (= The temporary combination of assets under a single commander in order to carry out a specific mission (US) (PART : "expanded"). Ex : *Force opérationnelle interarmées : joint task force (GB).*

force opérationnelle amphibie interarmées (ou interforces) joint amphibious task force (OTAN).

force opérationnelle de l'armée de terre (ou terrestre) Army task force (US).

force opérationnelle interalliée combined task force (CTF) (OTAN).

force opérationnelle interarmées joint task force (US).

force opérationnelle multinationale combined task force (CTF) (OTAN).

force opérationnelle OTAN élargie NATO expanded task force (NETF) (OTAN).

force parachutiste parachute force (US).

force physique physical strength (US).

force portante Ex : *Indice de force portante : load classification number (LCN) (OTAN).*

force prépositionnée pre-positioned force, forward-deployed force (US).

force principale main force (US) (VERB : "to call in").

force projetable projectable force, deployable force.

forcer (le passage) to force one's way. Ex : *Les AVG (avant-gardes) pourraient chercher à forcer le passage à travers les lignes : the advance guard might attempt to force its way through the lines.*

forcer (point de contrôle) to force one's way through (a checkpoint) (OTAN).

force (serrure / fenêtre) to force (GB).

force retardatrice delaying force (GB).

forces (ou points forts) strengths (GB) (Contraire : "weaknesses" = faiblesses, points faibles) (VERB : "to build on").

forces forces (US, GB, OTAN), troops (OTAN) (VERB : "to contribute… to (an operation)", "to designate… for", "to assign… to", "to involve", "to allocate… to", "to be composed of", "to send… to", "to direct", "to dispose", "to structure", "to equip", "to coordinate", "to control") (ADJ & PART : "(highly) mobile", "(highly) capable", "national", "multinational", "land", "air", "maritime", "own", "allied", "friendly", "enemy", "non-allocated", "military", "available", "deploying", "interoperable", "defending" = en défensive, "delaying" = retardatrices, "attacking", "raiding", "exploiting" = en exploitation, "retreating" = en retraite, "striking", "fleeing" = en fuite, "encircling", "executing", "assisting", "relieving", "passing" = en dépassement) (NOM ASS. : "reorganisation", "redirection", "sending", "component", "size", "deployment", "provision"). Ex : *Envoyer des forces au Kosovo pour y contribuer au maintien de la paix : to send troops to Kosovo to help keep the peace (OTAN) (Voir aussi* **force***).*

forces à caractère excessif excess forces (OTAN).

forces adverses (plastron) (exercice) opposing force (OPFOR) (US).

forces aériennes air forces (US, OTAN), air (VERB : "to detect", "to identify", "to intercept", "to destroy") (PART : allied"). Ex : *Les forces aériennes bleues (dans un exercice) : Blue air – Forces aériennes alliées des approches de la Baltique : allied air forces, Baltic approaches (AIRBALTAP) (OTAN) – Des forces navales, aériennes et terrestres provenant de 35 pays furent rassemblées : naval, air and military forces from 35 countries were mustered (GB).*

forces aériennes alliées (OTAN) Allied Air Forces (OTAN). Ex : *Forces aériennes alliées du Nord-Ouest Europe : Allied Air Forces Northwest Europe (AIRNORTHJWEST) – Forces aériennes alliées du Centre-Europe : Allied Air Forces Central Europe (AIRCENT) – Forces aériennes alliées du Sud-Europe : Allied Air Forces Southern Europe (AIRSOUTH).*

forces aériennes d'appui supporting aerial forces (US).

forces aéronavales naval air forces (OTAN). Ex : *Forces aéronavales du secteur oriental de l'Atlantique : naval air forces, east Atlantic area (AIREASTLANT) (OTAN).*

forces alliées des approches de la Baltique Allied Forces Baltic Approaches (BALTAP) (OTAN).

forces alliées du Centre-Europe Allied Forces Central Europe (AFCENT) (OTAN).

forces alliées du Nord-Ouest Europe Allied Forces North West Europe (AFNORTHWEST) (OTAN).

forces alliées du Sud-Europe Allied Forces Southern Europe (AFSOUTH) (OTAN).

forces amies friendly forces (US, GB), our side (GB).

forces armées (the) armed forces / Armed Forces (GB), the military (CA), military forces (OTAN) (VERB: "to maintain", "to officer") (ADJ: "(democratically) accountable") (NOM ASS.: "development"). Ex: *Nos forces armées d'active: our Regular Armed Forces (GB) – Les forces armées de l'Alliance: the Alliance's military forces (OTAN) – L'étude de la relation entre les forces armées et la société (sociologie militaire): the study of the relationship between armed forces and society (US) – Des forces armées potentiellement hostiles: potentially hostile armed forces (GB) – Les forces armées du Royaume-Uni: the armed forces of the United Kingdom (GB) – Les pressions intenses exercées sur les forces armées pour qu'elles s'acquittent de nombreuses missions à l'étranger: the intense pressure on the military to respond to numerous overseas missions (CA) – Assigner des missions à des forces armées: to assign missions to military forces (OTAN).*

forces armées (3 armées + Gendarmerie) the military.

forces armées conventionnelles en Europe Conventional Armed Forces in Europe (CFE).

forces à tir direct direct fire forces (US).

forces avancées forward forces (US).

forces belligérantes belligerent forces (US).

forces bleues (forces amies <u>ou</u> forces alliées dans exercice OTAN) blue forces (OTAN, GB).

forces blindées armored forces (US), armor forces (US), armor (US), armour (GB).

forces blindées et mécanisées heavy forces (US).

forces collectives de maintien et de rétablissement de la paix (de la CEI) collective peacekeeping / peacemaking forces (of the CIS) (CPF) (OTAN).

forces combattantes combat forces (OTAN, US), fighting forces (US).

forces conventionnelles (<u>ou</u> classiques) conventional forces (GB, CA) (VERB & NOM ASS.: "to decline" / "decline", "to shrink" / "shrinkage"). Ex: *On accorda encore une fois la priorité aux forces conventionnelles: conventional forces were once again given priority (CA).*

forces conventionnelles en Europe conventional forces in Europe (CFE) (OTAN).

forces d'action psychologique Psychological Operations forces, PSYOP forces (US).

forces d'action rapide rapid reaction deployment forces (GB).

forces d'active regular forces (US), active component forces (US).

forces d'appoint augmentation forces (AF) (OTAN, GB).

forces d'appui combat support (CS) forces (US), supporting forces (OTAN).

forces d'assaut amphibie amphibious asault forces (US).

forces débarquées dismounted forces (US).

forces de circonstance contingency forces (CF) (GB, US) (ADJ: "light").

forces de combat combat forces (US) (VERB: "to deploy", "to train", "to mobilize", "to sustain", "to fight (as)"). Ex: *Des forces de combat capables de réagir rapidement à des* *crises sur toute la planète : combat forces capable of responding rapidly to crises world-wide (US)* – Forces de combat d'active : *active component combat forces (US)* – Forces de réserve : *reserve component combat forces (US).*

forces de contre-attaque counterattack forces (US).

forces de défense defending forces (GB). Ex : *L'essentiel des forces de défense ne sera pas concentré à l'avant : the bulk of the defending forces will not be concentrated forward (GB).*

forces de défense aérienne air defence forces (OTAN) (VERB & NOM ASS. : "to select" / "selection" = sélectionner / sélection, "to educate" / "education" = former / formation, "to train" / "training = entraîner / entraînement).

force(s) de défense principale(s) main defence force(s) (MDF) (OTAN, GB).

forces de défense territoriale territorial defence forces (TDF) (OTAN).

forces de guérilla guerrilla forces (US).

forces de l'alliance (OTAN) alliance forces (OTAN).

forces de l'armée de terre (ou forces terrestres) Army forces (ARFOR) (US).

forces de l'avant forward forces (US).

forces de la zone arrière rear area forces (US).

forces de l'ordre (manifestation) riot police (GB), police (GB), forces of law and order (GB), security forces (GB).

forces de l'OTAN NATO forces (OTAN).

forces de maintien de la paix peacekeeping forces (US), peacekeepers (UN) (VERB : "to evacuate").

forces de manœuvre maneuver forces (US), manœuvre forces (OTAN). Ex : *Forces de manœuvre terrestres : ground maneuver forces (US).*

forces de manœuvre interarmées maneuver joint forces (US).

forces de manœuvre prêtes à l'action ready manœuvre forces (RMF) (OTAN).

forces de police police forces (OTAN, US). Ex : *Respect total des limites imposées aux forces de police spéciales serbes : full observance of limits on the Serb special police forces (OTAN)* – Le retrait complet du Kosovo des forces militaires, paramilitaires et de police de la RFY : *the complete withdrawal of FRY military, police and para-military forces from Kosovo (OTAN).*

forces de première ligne frontline forces (US).

forces de présence (outre-mer) forward-presence forces (US), forward-deployed forces (US), overseas garrisons (GB).

forces de projection projection forces (Jane's).

force(s) de réaction reaction force(s) (RF) (OTAN). Ex : *Les dirigeants politiques de l'Alliance ont ordonné l'activation des forces de réaction de l'OTAN : the Alliance's political leaders ordered its reaction forces into action (OTAN).*

Cf. : Highly mobile and capable multinational land, air, maritime forces allocated to major NATO commands and available at short notice, in order to provide an early military response to a crisis and demonstrate NATO's cohesion and resolve and, if required, facilitate the timely build-up of forces in the crisis area. They are composed of smaller Immediate Reaction Forces and more capable Rapid Reaction Forces, both with maritime, ground and air components (OTAN).

forces de réaction aux crises crisis reaction forces (Jane's), crisis response forces (US).

forces de réaction immédiate immediate reaction forces (IRF) (OTAN, GB) (ADJ : "small") (Voir **forces de réaction** et **forces de réaction rapide**).

forces de réaction rapide rapid reaction forces (OTAN, GB). Ex : *Forces de réaction rapide interarmées : Joint Rapid Reaction Forces (JRRF) (GB).*

Cf. : NATO reaction forces at longer readiness than Immediate Reaction Forces (IRF) and avail-bable to respond to a crisis which exceeds the capacity for IRF to deter or counter (GB).

forces de répression forces of repression (OTAN).

forces de réserve reserve forces (GB), reserves (CA). Ex : *Une armée de terre appuyée par des forces de réserve efficaces : an Army backed up by effective reserves (CA).*

forces de réserve (personnels de réserve) reserve component forces (US).

forces de réserve nationales national reserve forces (OTAN).

forces de résistance resistance forces (US) (VERB : "to train", "to equip", "to organize", "to advise").

forces de sécurité security forces (GB, OTAN) (VERB : "to alert"). Ex : *L'action brutale des forces de sécurité serbes : the brutality of Serb security forces (OTAN).*

forces des États-Unis en Europe (commandement des) United States European Command (EUCOM) (OTAN).

forces des Nations-Unies United Nations forces (US).

forces de surface surface forces (OTAN).

forces de surveillance (TAC) screening forces (OTAN).

forces de surveillance des trêves truce supervisory forces (US).

forces de tête lead forces (US).

forces d'exploitation et de remplacement follow-on forces (UN).

forces d'imposition de la paix peace-enforcers (UN).

forces d'intervention intervention forces (US, GB, Jane's) (ADJ : "home-based" = basées en métropole), strike forces (OTAN).

forces d'invasion (littoral) invading forces (GB).

forces d'occupation occupying forces (GB), forces of occupation (GB).

forces données en renforcement supporting forces (US).

forces d'opérations spéciales special operations forces (SOF) (US) (Ensemble des forces dis-ponibles pour les opérations spéciales, y compris l'aviation ; elles englobent les forces spéciales (Special Forces) ; elles sont chargées d'une large palette de missions en deçà du seuil du conflit ouvert, en appui et en complément de la politique étrangère des États-Unis (Par exemple : lutte contre la drogue en Amérique Latine).

forces d'opérations spéciales de l'armée de terre Army Special Operations Forces (ARSOF) (US) (Elles comprennent : "Special Forces, Ranger, Special Operations Aviation, Psychological Operations, Civil Affairs, Signal and Combat Service Support units").

forces d'opposition (plastron dans exercice OTAN) opposing forces (OTAN).

forces en campagne field forces (OTAN).

forces ennemies enemy forces (US), threat forces (US), the threat (GB) (VERB : "to close with", "to destroy", "to deceive", "to disorganize", "to detect", "to identify", "to sup-press", "to isolate", "to block", "to capture", "to force the withdrawal of", "to interfere with", "to be involved in", "to render useless") (ADJ : "stationary", "in motion" = en mouvement) (NOM ASS. : "destruction", "disruption", "delay").

forces en place in-place forces (US, GB).

497

forces en place du pays hôte host nation in-place (HNIP) forces (US, GB, OTAN).

forces en présence (les) (affrontement) opposing forces (US).

forces et faiblesses strengths and weaknesses (GB).

forces étrangères foreign forces (OTAN).

forces extérieures external forces (EF) (OTAN).

forces françaises en Allemagne (FFA) (Hist.) (the) French forces in Germany (US).

forces françaises stationnées en Allemagne (FFSA) (Traductions proposées) French Forces Germany, French (ground) forces stationed in Germany (Cf. les forces britanniques stationnées en Allemagne : "British Forces Germany" (BFG) – (Traduction rencontrée) France's force stationed in Germany (Jane's).

forces gouvernementales government forces (GB).

forces hors du teritoire national out of national territory (ONT) forces (OTAN).

forces légères light forces (US).

forces lourdes (ou à dominante blindée) heavy forces (US) (= blindées et mécanisées).

forces maritimes maritime forces (OTAN).

forces militaires (= terrestres) military forces (OTAN, US) (ADJ : "mobile", "flexible", "sustainable") (NOM ASS : "size", "composition", "disposition", "movements", "use"). Ex : *Le retrait complet du Kosovo des forces militaires, paramilitaires et de police de la RFY : the complete withdrawal of FRY military, police and para-military forces from Kosovo (OTAN) – Les forces militaires américaines, opérant avec les alliés de l'OTAN : United States military forces, acting with NATO allies (US).*

forces militaires non conventionnelles unconventional military forces (UMF) (OTAN).

forces mixtes d'intervention rapide (USA) rapid deployment joint task force (RDJTF).

force(s) multinationale(s) de zone de l'OTAN NATO multinational area force(s) (NMAF) (OTAN).

forces nationales national forces (OTAN). Ex : *Forces nationales pour la défense de la zone OTAN : national forces for the defence of the NATO area (OTAN).*

forces navales naval forces (GB, US). Ex : *Des forces navales, aériennes et terrestres provenant de 35 pays furent rassemblées : naval, air and military forces from 35 countries were mustered (GB).*

forces nucléaires à courte portée Short-Range Nuclear Forces (SNF) (OTAN).

forces nucléaires (de portée) intermédiaire(s) (FNI) Intermediate(-Range) Nuclear Forces (INF) (OTAN).

forces nucléaires de théâtre Theatre Nuclear Forces (TNF) (OTAN).

forces nucléaires de théâtre à longue portée Long-Range Theatre Nuclear Forces (LRTNF) (OTAN).

forces nucléaires intermédiaires à plus longue portée longer-range intermediate nuclear forces (LRINF) (OTAN).

forces orange (ennemi dans exercice OTAN) orange forces (US, OTAN).

forces organiques organic forces (US).

forces paramilitaires para-military forces (OTAN). Ex : *Le retrait complet du Kosovo des forces militaires, paramilitaires et de police de la RFY : the complete withdrawal of FRY military, police and para-military forces from Kosovo (OTAN).*

forces permanentes standing forces (OTAN). Ex : *Les membres européens de l'OTAN alignent des forces permanentes comptant 2,4 millions d'hommes : NATO's European members field standing forces of 2.4 million (OTAN).*

forces polyvalentes general purpose forces (GPF) (OTAN).

forces pourpre (opposées aux forces bleues et orange dans exercice OTAN) purple forces (US, OTAN) (sous-marins et aéronefs).

forces prépositionnées (outre-mer) forward-deployed forces (US), overseas garrisons (GB).

forces professionnelles professional forces (GB).

forces rebelles rebel forces (GB).

forces régulières regular forces (US).

forces relevant de l'UEO (Union de l'Europe Occidentale) (FRUEO) Forces Answerable to WEU (= Western European Union) (FAWEU) (UEO). Ex : *Pour mieux prendre en compte la question des capacités des forces relevant de l'UEO : to achieve better coverage of the issue of the capabilities of forces answerable to WEU (UEO).*

forces sous commandement OTAN NATO command forces (OTAN) (VERB : "to place under (the command of)").

forces sous-marines subsurface forces (US).

force spéciale special force (CA) (VERB : "to contribute").

forces spéciales special forces (GB, US). Ex : *Les forces spéciales américaines : Special Forces (SF) (US) (Personnels des forces terrestres, connus sous le nom de "Green Berets" (Bérets verts), inclus dans les "Special Operations Forces" (SOF) (À noter : Les Forces Spéciales américaines sont organisées en "Groups" d'environ 1400 hommes chacun).*

Missions des forces spéciales : to deal with special combat situations, to conduct counterinsurgency and unconventional warfare operations, to be used in the areas of foreign, internal defense and nation building, to help nations train and build their armed forces, to train in jungle, desert and arctic environments (US).

Cf. : Troops who are selected, trained and organised to special levels and are usually employed in pursuit of strategic objectives (GB).

forces spéciales de la Marine (USA) SEALs (= Sea, Air, Land).

forces spéciales de police special police (forces) (OTAN).

forces spécialisées specialist forces (GB).

forces terrestres land forces (US, GB), ground forces (US), military forces (GB), the Army (OTAN), Army forces (ARFOR) (US), surface forces (US) (VERB : "to engage"). Ex : *Opérations de forces terrestres : land force operations (US) – Des forces navales, aériennes et terrestres provenant de 35 pays furent rassemblées : naval, air and military forces from 35 countries were mustered (GB) – Interprétation de photographies des forces terrestres : Army photo interpretation (OTAN) – Commandant des forces terrestres alliées du Centre-Sud Europe : Commander Allied Land Forces, South Central Europe (COMLANDSOUTHCENT) (OTAN) (Voir aussi forces militaires).*

forces terrestres alliées du Centre-Europe Allied Land Forces Central Europe (LANDCENT) (OTAN).

forces terrestres alliées du Centre-Sud Europe Allied Land Forces South Central Europe (LANDSOUTHCENT) (OTAN).

forces terrestres alliées du Sud-Europe Allied Land Forces Southern Europe (LANDSOUTH) (OTAN).

forces terrestres alliées du Sud-Est Europe Allied Land Forces South Eastern Europe (LANDSOUTHEAST) (OTAN).

forces terrestres américaines en Europe US Army Europe (OTAN, US).

forces territoriales territorial forces (US).

forces unifiées (sous commandement d'un seul chef / de divers pays ou armées) unified forces (GB).

force tactique alliée allied tactical force (ATF) (OTAN).

force temporaire (États signataires d'accords bilatéraux avec la France) temporary force.

force terrestre (armée de terre) land force (US), ground force (US) (VERB : "to rely on") (ADJ : "preeminent", "warfighting", "feared") (Voir aussi **forces terrestres**).

forêt (TOPO) forest (US, GB) (ADJ : "dense"). Ex : *Zone de forêt dense : thickly forested area (US) – Un incendie de forêt : a forest fire (GB) – Pour certains, les arbres cachent la forêt : some don't see the forest for the trees (familier) (US) – À la forêt de Huerten : at the Huertgen Forest (US).*

forêt équatoriale tropical forest (GB), equatorial forest (GB). Ex : *Le programme d'entraînement au combat en forêt équatoriale de la Légion : the Legion's jungle warfare training programme (GB) (Voir aussi **jungle**).*

forêt tropicale tropical forest (GB) (ADJ : "dense").

forfait journalier (hôpital) daily subsistence charge (US).

forger to build (US). Ex : *Forger une paix durable : to build a lasting peace (US).*

format (force / armée) size (US). Ex : *Passer à un format supérieur de 252 soldats : to increase to a size of 252 soldiers (US) – L'armée de terre a réduit son format : the Army has grown smaller (US) (Voir aussi **réduction de format (armée)**).*

format (carte) format (OTAN).

formaté (message) formatted.

formater (message) to format (US).

formateur trainer (US, GB). Ex : *Former les formateurs : to train the trainers (GB).*

formation (unité) formation (US, OTAN, GB, UEO) (Abréviation : "fmn"), unit (US, GB), organisation / organization (OTAN, US), force (Terme familier US : "outfit") (Attention : Pour les Britanniques, le terme "formation" signifie également "grande unité" = brigade, division, corps d'armée ou armée) (ADJ : "large", "war-fighting"). Ex : *Une formation blindée ennemie : an enemy / armored (US) ou armoured (GB) / formation – Les formations de combat de l'armée de terre : combat organizations of the Army (US) – Formations de chars : tank formations (UN) – Formation médicale : medical treatment facility (OTAN) – La taille de la force à employer peut varier de celle d'une petite formation à celle d'une division légère : the size of the force to be used may vary from a small formation to a light division (UEO) (Voir aussi **unité**).*

formation (disposition de troupes / véhicules) formation (US, GB) (VERB : "to move into", "to deploy into") (ADJ : "close", "tight"). Ex : *Formation en colonne : column formation – Formation en fer de lance : spearhead formation – Formation en V : vee formation – Formation en coin (ou en triangle) : wedge formation (US) – Formation en file : file formation – En formation tactique : in tactical formation (OTAN) – Mise en place de forces en formation de combat : positioning of forces into a formation for battle (OTAN) – Formation en ligne de file (véhicules) : column formation (OTAN) – Un groupe de véhicules en formation de combat : a group of vehicles in battle formation (OTAN) – Des soldats en formation : troops in formation (US) – Se mettre en formation (chars) : to move into formation (GB) – Se déployer en formations d'assaut (force) : to deploy into assault formations (GB) – Formation en triangle pointe en avant (section) : (platoon) wedge formation (US) – Formation en triangle base en avant (section) : (platoon) vee formation*

(US) – Formation par groupes accolés (section): platoon-line formation (US) – Formation par groupes successifs (section): (platoon) column formation (US).

formation (instruction / entraînement) training (US, GB), instruction (Jane's), education, building (US) (VERB: "to carry out", "to do", "to undergo", "to have", "to provide... to", "to go through") (ADJ: "comprehensive", "top-notch", "high-tech", "basic", "advanced", "individual", "initial"). Ex: *La formation des officiers: officer training (GB) – La formation initiale: initial training – La formation militaire: military training, military education (OTAN) – Personnels en cours de formation: personnel in training (GB) – Formation sur le tas: on-the-job training (OJT) – Formation au commandement: leadership training – Formation du caractère (PERS): character building (US). Le stage procure une bonne formation à la tactique interarmes: the course provides sound background in combined arms tactics (US) – Les officiers reçoivent une formation permanente: officers receive continuing education (US) – Formation spécialisée: specialized training (US) – Formation aux systèmes d'information: training in information systems (US) – Toute la formation fut centralisée: all training was centralized (US) – Formation médicale: medical training (US) – Formation complémentaire: additional training (US) – La formation du jeune officier: a young officer's education (GB) — Emplois d'officier nécessitant une formation de niveau Licence: officer assignments requiring graduate-level training (US) – La formation et l'entraînement des forces de défense aérienne (thème de séminaire OTAN): Education and Training of Air Defence Forces (OTAN) – Formation en matière de sensibilisation aux mines: mine awareness training (CA) – Suivre les deux semaines de formation: to attend the two weeks of training (US) (Voir aussi* **entraînement** *et* **instruction**).

formation (création) formation (Jane's, GB). Ex: *La formation d'une sixième brigade "lourde" (blindée / mécanisée): the formation of a sixth heavy brigade (Jane's) – Document original de Louis-Philippe autorisant la formation de la Légion Étrangère: Louis Philippe's original document authorizing the formation of the Foreign Legion (GB).*

formation académique (grande école militaire) academic training (US) (Westpoint), academic instruction (GB) (Sandhurst).

formation à l'exercice de l'autorité (FEXA) (obsolète: formation militaire générale) leadership development (US), leadership training (GB).

formation au combat en zones désertiques desert warfare instruction (Jane's).

formation au renseignement (PERS) intelligence training (US).

formation au sol (TAP) ground training (US).

formation continue continuing education (US), continuous education and training (US) (VERB: "to make available..to"). Ex: *Système (chaîne ou dispositif) de formation continue de l'armée de terre: Army continuing education system (ACES) (US).*

formation d'alliances formation of alliances (US).

formation d'appui (unité) combat support (CS) unit (US).

formation d'assaut assault formation (US) (VERB: "to commit").

formation d'attaque (ensemble de forces) force package (US) (PART: "tailored" = sur mesure).

formation de base (au pilotage) "hélicoptère" (ALAT) rotary wing elementary flying training (GB).

formation de combat (unité) combat unit (US), tactical formation (US).

formation de combat (dispositif de bataille) formation for battle (OTAN). Ex : *Mise en place de forces en formation de combat : positioning of forces into a formation for battle (OTAN).*

formation de convoi(s) convoy assembly (US).

formation des chefs leader development (US).

formation des élèves-officiers officer cadet training (GB).

formation de soutien (unité) combat service support (CSS) unit (US).

formation de spécialité (SAN) specialty training (US).

formation de spécialité (militaire) (military) specialty training / MOS (= Military Occupational Specialty) training (US), skill training (US) (VERB : "to guarantee", "to receive").

formation élémentaire (PERS) basic training (US, GB). Ex : *Soldats en formation élémentaire : basic training soldiers (US) – Ce qu'ils apprennent lors de la formation élémentaire (soldats) : what they learn at basic training (US).*

formation élémentaire toutes armes (FETTA) Basic Recruit training (ou Phase 1 training) (GB), common military syllabus (GB), Basic Combat Training (BCT) (US).

formation en cours d'emploi on-the-job training (GB, US, OTAN) (Abréviation US / OTAN : "OJT") (VERB : "to provide") (ADJ : "continuing").

formation et entraînement training (OTAN).

formation individuelle (des soldats) individual training (GB, US).

formation initiale (PERS) initial training (US). Ex : *Parachever la formation initiale du soldat : to round out the soldier's initial training (US).*

formation initiale des élèves-officiers (Écoles de Coëtquidan) Équivalent GB : Standard Military Course (Royal Military Academy, Sandhurst) (GB).

formation juridique (PERS) legal training (US).

formation médicale medical training (US).

formation militaire (grande école militaire / personnels) military training (US).

formation militaire élémentaire des élèves-officiers (grande école militaire) basic cadet training (US).

formation militaire générale (ex-FEXA) leadership development (US), leadership training (GB).

formation permanente continuing education (US). Ex : *Unité de formation permanente : continuing education unit (CEU) (US).*

formation pratique hands-on training (US) (PART : "performance-oriented").

formation professionnelle (enseignement) professional education (US). Ex : *Proposer (ou offrir) une formation professionnelle pour les soldats : to make available professional education to soldiers (US).*

formation professionnelle (individuelle) (PERS) professional development (US).

formation sanitaire (installation) (SAN) medical treatment facility (OTAN), medical facility (OTAN), medical establishment (OTAN). Ex : *Formation sanitaire / de départ / de transit / de destination : originating / in-transit / destination / medical facility (ou medical establishment) (OTAN) – Formation sanitaire — Échelon 1 (soins d'urgence / préparation à l'évacuation) : medical treatment facility — role 1 (OTAN) – Formation sanitaire — Échelon 2 (réception et triage) : medical treatment facility — role 2 (OTAN) – Formation sanitaire — Échelon 3 (réception des patients de l'échelon 2 / triage final avant évcacuation vers échelon 4) : medical treatment facility — role 3 (OTAN) –*

Formation sanitaire — Échelon 4 (réception des malades de l'échelon 3 et traitement) : medical treatment facility — role 4 (OTAN). —

formation spécialisée specialized training (US).

formation spécifique d'arme "Special to Arm " training (<u>ou</u> : Phase 2 training) (GB).

formation spécifique de théâtre "Special to Theatre" training (GB).

formation sur le tas on-the-job training (GB, US, OTAN) (Abréviation US / OTAN : "OJT") (VERB : "to provide") (ADJ : "continuing").

formation technique technical training (US).

forme form (US, OTAN), type (OTAN), variation (OTAN). Ex : *Mener de nombreuses formes de guerre : to wage many forms of war (US) – Sous la forme de : in the form of (US) – Une forme d'appui : a form of support (OTAN) – Forme d'opération : type of operation (OTAN) – Toutes les formes d'appui-feu : all forms of fire support (OTAN) – Dans cette forme de bataille dans la profondeur : in this form of deep battle (US) – Une forme de règlement pacifique : a form of peaceful settlement (US) – Une forme abrégée d'ordre d'opération : an abbreviated form of operation order (GB) – Forme de manœuvre d'enveloppement (définition de terme tactique) : a variation of an envelopment (OTAN) – Les deux compagnies ont fait part de leur intention de fusionner leurs activités dans le domaine des moteurs-fusées sous la forme d'une nouvelle société : the two companies have stated their intention to merge their activities in the field of rocket motors into a new company (Jane's) – Une forme de terrorisme : a form of terrorism (US) – Exister sous forme expérimentale : to exist in experimental form (US).*

formé (charge explosive) shaped (US, GB, OTAN), hollow. Ex : *Charge formée : shaped charge (US, GB, OTAN), hollow charge.*

forme d'attaque attack form (US).

forme de guerre form of war (US).

forme de manœuvre form of maneuver (US). Ex : *Alterner différentes formes de manœuvre (TAC) : to alternate different forms of maneuver (US).*

forme de guerre form of warfare (Jane's).

forme physique (physical) fitness (GB) (VERB : "to bring (somebody) to") (ADJ : "peak"). Ex : *L'importance de la forme physique (PERS) : the value of physical fitness (GB) – Le niveau de forme physique : the fitness level (GB) (VERB : "to top up") – Soldat d'élite, tu t'entraînes avec rigueur, tu entretiens ton arme comme ton bien le plus précieux, tu as le souci constant de ta forme physique (Code d'honneur) (Légion) : an elite soldier, you will train vigorously, you will maintain your weapons as if they were your most precious possession, you will keep your body in the peak of condition, always fit (GB) – Être en bonne forme physique : to be physically fit (GB).*

former (composer / constituer) to form (US), to be formed into (GB), to assemble, to make (up) (US). Ex : *Les personnels qui forment (<u>ou</u> composent) l'unité : the personnel who form the unit (US) – Les groupements formés à partir de deux régiments de chars Challenger : the battlegroups formed from two regiments of Challengers (GB) – Les unités formeront une seule division : the units will be formed into a single division (GB) – Former un convoi : to assemble a convoy – Former les rangs : to fall in (US) – Ces trois composantes (= "the Regular Army, the Army National Guard, "the Army Reserve") forment ensemble un ensemble intégré et cohésif qui est le cœur de la défense du pays (USA) : these three components together form an integrated, cohesive team that is the heart of the nation's defense (US) – Des modules flottants qui peuvent être amarrés à d'autres pour former un pont : floating modules which can be anchored together to form* *a bridge – Trois ou quatre sections constituent une compagnie : three or four platoons make (up) a company (US).*

former (entraîner / instruire) to train (US), to educate (US), to school (<u>Jane's</u>) (PREP : "in", "to"). Ex : *L'école forme environ 24 000 hommes et femmes chaque année : the school trains about 24,000 men and women annually (US) – Former les formateurs : to train the trainers (US) – Les officiers-élèves sont formés aux systèmes d'armes sol-air : student officers are trained in air defense systems (US) – Former un soldat : to get a soldier trained (US) – Être formé en tant que mécanicien (PERS) : to be trained as a mechanic (US) – Former / un chef (<u>ou</u> un dirigeant) / une force : to educate / a leader / a force (OTAN) – Former les administrateurs-réseaux des systèmes d'information de l'armée de terre : to educate network administrators for Army information systems (US) – Nos officiers et sous-officiers doivent être formés à évaluer une situation : our officers and NCOs (= Non-Commissioned Officers) have to be schooled to assess a situation (<u>Jane's</u>).*

former (<u>ou</u> façonner) (PERS) to mould (GB), to mold (US). Ex : *Être formé pour devenir un légionnaire : to be moulded into a legionnaire (GB) – Façonner le caractère de ces jeunes hommes et femmes (sergents instructeurs) : to mold (<u>ou</u> mould) these young men and women (US).*

former (dispositif de force / colonne) to form (GB). Ex : *Formez des colonnes par quatre : form columns of four (GB).*

formez les rangs ! fall in ! (US).

formidable enormous (OTAN). Ex : *Faire face à de formidables défis : to face enormous challenges (OTAN).*

formulaire (administratif) form (US, GB) (VERB : "to hand in", "to complete" = remplir) (NOM ASS. : "completion"). Ex : *Les demandes sont faites sur formulaire Armée de Terre n° 2028 : requests are made on DA (= Department of the Army) Form 2028 (US) – Formulaire de candidature : application form (GB) – Formulaire de recensement (service national) : registration form (US) – Formulaire de sécurité (RENS) : security form (US).*

formuler (besoin / concept) to formulate (US, GB). Ex : *Formuler des besoins opérationnels (armement) : to formulate operational requirements (GB) – Expériences militaires portant sur des concepts opérationnels formulés avec soin : service experiments involving carefully formulated operational concepts (US).*

fort fort (US).

<u>Cf.</u> : A permanent year-round military installation (US).

fort (point culminant) height (GB), peak (OTAN), brunt (GB). Ex : *Au plus fort de la bataille (<u>ou</u> des combats) : at the height of battle (GB) – Au plus fort de la crise des réfugiés : during the peak of the refugee crisis (OTAN) – La Division essuya (<u>ou</u> soutint) le plus fort des attaques de Napoléon à Waterloo : the Division bore the brunt of Napoleon's attacks at Waterloo (GB).*

fort heavy (US), strong (GB), hard (US). Ex : *Une forte résistance : heavy resistance – La force Orange est plus forte : Orange is stronger (GB) – L'armée de terre britannique est capable de frapper deux fois plus fort (<u>ou</u> est deux fois plus forte) : the British Army packs double punch (<u>Jane's</u>) – Rendre une unité militairement forte pour le combat (en état de préparation opérationnelle) : to render a unit battleworthy (GB) – Frapper vite, frapper fort : to strike fast, hit hard (US) – Pluie forte : heavy rain (US).*

fort (instruction radio) loud. Ex : *Fort et clair : loud and clear (LC) (US).*

fort de strong (US, GB, <u>Jane's</u>). Ex : *Une unité forte de 20 000 hommes : a 20,000(-)strong unit – Certaines unités, fortes de 800 hommes, ont continué à être stationnées en Allemagne : Some units, 800 strong, continued to be stationed in Germany (GB) – Une brigade forte* *de 5 800 hommes : a 5,800-strong brigade (Jane's) – Le contingent de la Légion fort de 2000 hommes : the 2,000-strong Legion contingent (GB).*

fortement highly (US), heavily (OTAN), sharply. Ex : *De petites unités fortement entraînées : highly trained small units (US) – Une position défensive fortement équipée d'armes automatiques : a defensive position heavily armed with automatic weapons (OTAN) – La tension a fortement augmenté (situation de crise) : there has been a sharp increase in tension (OTAN) – Mettre fortement l'accent sur l'entraînement de la section de mortiers lourds : to place heavy emphasis on the training of the heavy mortar platoon (US).*

forteresse fortress (GB) (VERB : "to penetrate", "to put... under siege") (ADJ & PART : "stockaded"). Ex : *Une forteresse surplomblant le Rhin : a fortress overlooking the Rhine (GB).*

fortification (ouvrage défensif) fortification (GB) (Trois types existent : "permanent", "semi-permanent", "field fortifications") (Terme dénombrable) (VERB : "to build", "to break through", "to secure a passage through").

fortification (action de fortifier) fortification (GB, US). Ex : *La fortification de la ville : the fortification of the town (GB) – La fortification des positions de combat : fortification of battle positions (US).*

fortification(s) de campagne field fortification(s) (US, OTAN, GB).

fortifié fortified (US,GB). Ex : *Une position fortifiée : a fortified position (GB, US) (VERB : "to occupy") – Une ville fortifiée (ou place forte) : a fortified town (GB).*

fortifier to fortify (GB). Ex : *Fortifier le terrain : to fortify the ground (US).*

fortune (de) (ou improvisé) (matériel / construction / arme) field(-)expedient (En épithète) (US). Ex : *Un moyen de fortune (sur le terrain) : a field expedient (US) – Un camp de réfugiés de fortune : a makeshift refugee camp (OTAN) – Une antenne de fortune (TRANS) : a field expedient antenna (US).*

forum (conférence) forum (UN, OTAN) (PREP : "for"). Ex : *Forum de la CSCE pour la coopération en matière de sécurité : CSCE forum for security cooperation (CSCE / FSC) (OTAN).*

Forum consultatif Consultative Forum (OTAN).

forum stratégique strategic forum (US).

fosse pit (GB) (VERB : "to dig").

fossé ditch (US) (VERB : "to fill", "to cross"). Ex : *Franchir des fossés d'1,60 m de large (véhicule) : to cross 1.60 m wide ditches (US).*

fossé (sens figuré) gap (OTAN, Jane's). Ex : *Fossé culturel : cultural gap (OTAN) – Réduire le fossé entre forces lourdes et forces légères : to narrow the gap between heavy and light forces (Jane's).*

fosse à grenades grenade sump (US).

fossé antichar antitank ditch (US, GB) (VERB : "to fill in", "to create", "to span", "to dig").

fossé de drainage dyke (GB), dike (GB).

fossé technologique technology gap (Jane's). Ex : *Le fossé technologique entre les États-Unis et l'Europe : the technology gap between the USA and Europe (Jane's).*

fou crazy (US), wild (US). Ex : *L'opération a réussi au-delà de nos rêves les plus fous : the operation succeeded beyond our wildest dreams (US).*

foudroyant (effet) overwhelming (US).

fouet (subir de plein) to bear the brunt (OTAN). Ex : *Les civils ont subi de plein fouet les nouvelles pratiques de la guerre : civilians have borne the brunt of the new practices of war (OTAN).*

fougasse fougasse (US).

fougue (énergie) (PERS) spirit (US) (VERB: "to demonstrate") (ADJ: "great").

fouille (habitation / zone / individu) search (GB) (VERB: "to perform") (ADJ: "minute", "physical").

fouille corporelle body search (GB).

fouille de véhicule vehicle search (GB).

fouille d'habitation(s) house search (GB, OTAN) (Terme familier GB: "lift").

fouiller to search (GB). Ex: *Fouiller une maison: to search a house – Fouiller des prisonniers à la recherche d'armes: to search prisoners for weapons (GB).*

foule crowd (US, GB) (Terme dénombrable) (VERB: "to neutralise", "to control", to disperse", "to negotiate with") (NOM: "control", "dispersal") Ex: *Des foules hostiles: hostile crowds (Jane's).*

foulée (dans la) voir **franchissement dans la foulée.**

fourchette (ART) fork.

fourgonnette van (GB).

fournée (recrues) batch (GB). Ex: *Une fournée de nouvelles recrues arriva à la caserne: a batch of new recruits arrived at the barracks (GB).*

fourniment kit (GB). Ex: *La Légion était le parent pauvre du point de vue du fourniment et de l'armement: the Legion was the Cinderella in terms of kit and weaponry (GB).*

fourni par l'acheteur (matériel) purchaser-furnished (OTAN) (En épithète). Ex: *Matériel fourni par l'acheteur: purchaser-furnished equipment (PFE) (OTAN).*

fournir to provide (US), to give (US), to furnish (US), to render (US), to afford (US), to contribute (Jane's), to supply (GB), to issue. Ex: *Fournir un appui à: to provide support to (ou for), to give support to (ou for) (US) – La protection fournie par d'autres troupes: the protection furnished by other forces (US) – Fournir assistance à: to render assistance to (US) – Fournir des moyens: to provide resources (ou means ou assets) – Fournir un appui feu direct sur l'objectif: to provide direct fire support onto the objective (GB) – Fournir un appui feu aux opérations d'infanterie: to provide fire support for infantry operations (GB) – Fournir un (ou des) logement(s) (à): to provide housing (+ préposition "for") – Fournir des personnels à: to furnish personnel to (US), to staff (US) – Fournir un appui logistique (à): to provide logistic support (to) (OTAN) – Fournir des tirs d'appui à une unité: to provide (artillery) supporting fire to a unit (OTAN) – Fournir des informations nouvelles ou plus récentes: to provide new or updated information (OTAN) – La mobilité fournie par ces hélicoptères: the mobility afforded by these helicopters (US) – Les hélicoptères fournissent à la division la mobilité requise pour franchir les obstacles naturels: the helicopters provide the division the mobility to cross natural barriers (US) – La France est disposée à fournir des troupes (ou soldats): France is willing to contribute troops (Jane's) – L'assistance à fournir aux populations civiles: the provision of aid to the civilian population (UEO) – Une catégorie de renseignement découlant de renseignements bruts recueillis et fournis par une source humaine: a category of intelligence derived from information collected and provided by human sources (OTAN) – Fournir des renseignements extrêmement précieux (agent) (RENS): to provide extremely valuable information (US) – Fournir l'état-major du régiment: to provide staff for the battalion (US) – On nous a fourni des tenues NBC: we were supplied with NBC suits (GB) – Fournir un véhicule à une unité (dotation): to issue a vehicle to a unit.*

fournisseur contributor (US), provider (US, GB). Ex: *Un fournisseur important de renseignements au profit du chef (unité): a significant contributor of intelligence information to the commander.*

fournisseur (ARMT) contractor (Jane's).

fourniture provision (US), supply (US). Ex : *La fourniture / d'aide humanitaire / de moyens logistiques : the provision / of humanitarian assistance / of logistics resources (US) – La fourniture de pièces de rechange : the supply of repair parts (US) – Fourniture d'armement (fonction LOG) : arming (US) – Fourniture de carburant (fonction LOG) : fueling (US) – Fourniture de personnels (fonction LOG) : manning (US) – La fourniture de renseignements à un chef : the provision of intelligence to a commander (US) – La fourniture d'environ 10 000 munitions d'exercice : the supply of about 10,000 training rounds (Jane's).*

fourragère fourragere ou fourraggere (US), shoulder cord (US).

fourreau (poignard / sabre) sheath, scabbard.

fourreau (ou étui) (baïonnette) scabbard (US).

fourreaux d'épaules (uniforme) shoulder loops (US).

fourré (effet d'habillement) insulated (US).

fourrés bushes.

foutre le camp (décamper) (position / endroit) to bug out (GB, US).

foyer (maison) home (US, GB). Ex : *Quelque 60 000 foyers endommagés (catastrophe) : some 60,000 damaged homes (US) – Transmettre des combats en direct vers des millions de foyers : to transmit action live into the homes of millions of people (US).*

foyer de tension(s) flash point (OTAN).

foyer du soldat (militaires du rang / gradés) junior ranks ' club (GB).

fraction (temps) fraction (GB). Ex : *En une fraction de seconde : in a fraction of a second (GB).*

fraction (de force) fraction (US), element (US).

fracture (SAN) fracture (Peut être "open" ou "closed"). Ex : *Fracture de la jambe : leg fracture (US).*

fracturé (SAN) fractured.

fracturer to fracture (GB). Ex : *Se fracturer le crâne : to fracture one's skull (GB).*

fragile (zone) weak (US).

fragment (munitions) fragment (US), remnant (UN). Ex : *Fragments de munitions : remnants of munitions (UN) – Fragments d'obus d'artillerie : artillery shell fragments (US).*

fragmentaire fragmentary (US). Ex : *Renseignements fragmentaires (RENS) : fragmentary intelligence (US).*

fragmentation fragmentation (GB). Ex : *Une ogive à fragmentation : a fragmentation warhead (GB).*

fraîchement newly (GB). Ex : *Des officiers fraîchement promus : newly promoted officers (GB).*

"frais" (renseignement) fresh (GB).

frais (coût) cost (GB). Ex : *Vaincre l'ennemi rapidement, à peu de frais : to defeat the enemy swiftly at minimal cost (GB).*

frais de mission (PERS) per diem (US).

frais de déplacement travel expenses (US) (VERB : "to reimburse").

frais émoulu (PERS) fresh (GB), straight (GB). Ex : *Un chef de section frais émoulu de Sandhurst : a platoon commander fresh from Sandhurst (GB) – Un jeune subalterne frais émoulu de Sandhurst : a young subaltern straight out of Sandhurst (GB).*

frais généraux overhead costs (OTAN) (VERB : "to reduce").

franc (devise) franc (Jane's). Ex : *En francs de 1990 : in 1990 francs (Jane's).*

Français (les) the French (US). Ex: *À part des escarmouches à Fondouk où les Français conservèrent le terrain: but for skirmishes at Fondouk where the French held their ground (US)*.

français French (US, GB), France's (Jane's). Ex: *Organiser un maquis à la française dans la jungle d'Indochine: to organize a French-style underground in the jungles of Indochina (US) – Les forces armées françaises: France's armed forces (Jane's) – L'armée de terre française: the French Army, France's Army*.

Français Libre (Hist.) Free Frenchmen (US). Ex: *Le chef de tous les Français Libres (général de Gaulle): the leader of all Free Frenchmen (US)*.

France (la) France (Lettres distinctives de nationalité OTAN: "FR"). Ex: *La France a son propre ambassadeur au Conseil de l'Atlantique Nord: France has her own ambassador on the North Atlantic Council (US) – La France n'est pas représentée au Comité des Plans de Défense (OTAN): France is not represented on the Defense Planning Committee (US)*.

France Libre (la) (Hist.) the Free French (US). Ex: *Le mouvement de la France Libre: the Free French movement (US)*.

France métropolitaine metropolitan France (US) (PREP: "outside" = hors).

France métropolitaine (la) the French homeland (US).

franchement (ou avec franchise) candidly (US).

franchir (coupure / champ de mines) (force / véhicules) to cross (OTAN). Ex: *La division franchit le fleuve: the division crossed the river (GB)*.

franchir (coupure) (GEN) to span (a gap).

franchir (coupure humide) (véhicule) to swim across (a wet gap / a water obstacle).

franchir (ligne / mur) to cross (a line / a wall) (US).

franchir (obstacle) to overcome(GB), to negotiate (OTAN), to ford (GB), to cross (US), to swim (US), to clear (OTAN). Ex: *Franchir un obstacle aquatique (véhicule): to negotiate a water obstacle (OTAN) – Franchir un obstacle (aéronef): to clear an obstacle (OTAN) – Franchir un gué de 0,90 m de profondeur (véhicule blindé): to ford 3 feet of water (GB) – Franchir des fossés d'1,60 m de large (véhicule): to cross 1.60 m wide ditches (US) – Franchir un cours d'eau en submersion: to swim a stream (US) – Franchir des obstacles verticaux de 0,65 m: to cross.65m high vertical obstacles (US) – Les ponts franchissant le canal: the bridges across the canal*.

franchir à gué to ford (GB).

franchise (PERS) frankness (US), candor (US) (VERB: "to encourage").

franchise (STRAT) openness (UN).

"franchise (postale) militaire" (mention sur enveloppe) free (US).

franchissement (coupure) (TAC) river crossing (operation) (US) (VERB: "to conduct"). Ex: *Un franchissement offensif: an offensive river crossing (US) – Maintenir des points de franchissement permanents sur la Nidda: to maintain permanent bridges over the Nidda River (US) – Franchissement amphibie: amphibious river crossing – Le franchissement de l'estuaire du fleuve Han: the HRE (= Han River Estuary) crossing (US) – Conférer au véhicule une flottaison supplémentaire lors des franchissements: to give the vehicle additional buoyancy when crossing waterways (US)*.

Comp.:

- River crossing: An operation conducted as part of and in conjunction with other operations to overcome a water obstacle rapidly (US).

- Opération généralement interarmes qui a pour but de faire passer de l'autre côté d'une coupure un ensemble de forces capable de poursuivre l'exécution d'une mission. On distingue les franchissements autonomes et les franchissements par moyens discontinus et continus (pont d'équipage ou de circonstance) (F).

franchissement (continu) (fonction d'unité) bridging.

franchissement accéléré hasty crossing (OTAN).

franchissement à gué fording (US, GB, OTAN).

franchissement à gué peu profond shallow fording (US, OTAN).

franchissement à gué profond deep fording (US, OTAN).

franchissement dans la foulée hasty river crossing (US).

<u>Cf.</u>: The crossing of a water obstacle using crossing means at hand or readily available without pausing to make elaborate preparations (US).

franchissement d'assaut assault (river) crossing (US) (VERB: "to participate in").

franchissement de champs de mines minefield breaching (UN).

franchissement de coupures en submersion (<u>ou</u> en plongée) submerged crossing (UN). Ex: *Le franchissement en submersion d'une coupure humide: the swimming of a water obstacle (US).*

franchissement de cours d'eau stream crossing (US).

franchissement défensif forced crossing (US).

<u>Cf.</u>: The fording or swimming of a water obstacle while under enemy fire (US).

franchissement de fossés (capacité de) (véhicule) ditch-crossing (capability) (US).

franchissement de frontières border crossing (OTAN). Ex: *Autorité pour le franchissement de frontières: border crossing authority (BCA) (OTAN).*

franchissement de (<u>ou</u> à) gué (capacité de) (véhicule) fording (capability) (US).

franchissement de l'avant transport across waterways (<u>Jane's</u>). Ex: *L'EFA est destiné à permettre les franchissements de l'avant aux vehicules jusqu'à 70 t.: the EFA floating bridge / ferry is designed to transport 70 tonne vehicles across waterways (<u>Jane's</u>).*

franchissement de lignes passage of lines (US) (ADJ: "night").

franchissement discontinu rafting.

franchissement d'obstacles (opération) obstacle crossing (GB).

franchissement d'obstacles (caractéristique de véhicule) obstacle.

franchissement en immersion snorkelling (UN).

franchissement préparé deliberate crossing (OTAN).

franco- French- (US), Franco-. Ex: *Le conflit franco-algérien: the French-Algerian conflict (US) – La société franco-allemande Eurocopter: the French-German company Eurocopter (<u>Jane's</u>) – La Brigade Franco-Allemande (BFA): the Franco-German Brigade.*

francophone French-speaking (OTAN), francophone. Ex: *En Afrique francophone: in francophone Africa (<u>Jane's</u>) – Pays francophone: French-speaking nation (FSN) (OTAN).*

francophonie French-speaking communities.

franc-tireur irregular (GB).

frange avant de la zone des combats forward edge of the battle area (FEBA).

frappe strike (US, OTAN, UN) (VERB: "to launch"). Ex: *Une frappe nucléaire: a nuclear strike – Une frappe anti-cités (STRAT): a countercity strike – Une frappe / en premier / en second (première frappe / seconde frappe) (STRAT): a first strike / a second strike – Frappe anti-forces (STRAT): counterforce strike – Frappe limitée: limited strike (UN) – Frappe balistique: missile strike (UN) – Les forces serbes se trouvaient très exposées à des frappes de l'OTAN: Serb forces greatly risked NATO strikes (OTAN) – Frappe à distance très précise: extremely precise stand-off strike (<u>Jane's</u>) – Lancer des frappes mas-*

sives contre les positions israéliennes de la ligne Bar-Lev : to launch massive strikes against Israeli postions in the Bar Lev Line (US).

frappe aérienne air strike ou airstrike (US, GB, OTAN, Jane's) (PREP : "against", "on") (VERB : "to conduct", "to carry out", "to launch", "to use... against", "to call in") (EXPR : "a method of air strike"). Ex : *Mission de frappe aérienne : (air) strike mission (OTAN) – Le Conseil des Nations-Unies a autorisé des frappes aériennes contre les positions d'artillerie de la zone démilitarisée : the UN Council has authorized airstrikes on the gun positions in the demilitarized zone (GB).*

frappe chirurgicale surgical strike (US).

frappe dans la profondeur du champ de bataille (système de forces) (ARMT) strike into the depth of battlefield (Jane's).

frappe d'artillerie artillery strike (US) (VERB : "to launch").

frappe de précision (ou menée avec précision) (mission opérationnelle) (USA) precision strike (US, Jane's) (VERB : "to conduct", "to execute").

frapper (sens figuré) to punish (OTAN). Ex : *Frapper des innocents : to punish the innocent (OTAN).*

frapper (ennemi / cible) (TAC) to strike (US) (PREP : "at"). Ex : *L'armée de terre britanniques est capable de frapper deux fois plus fort : the British Army packs double punch (Jane's) – Frapper les troupes au sol : to strike forces on the ground – Frapper les grandes unités de la Garde Républicaine (Irak) : to strike at Republican Guard formations (GB) – La Russie peut encore frapper les États-Unis au moyen de l'arme nucléaire : Russia can still strike the United States with nuclear weapons (US) – Frapper vite, frapper fort : to strike fast, hit hard (US) – Frapper sur la profondeur des arrières de l'ennemi : to strike deep into the enemy's rear areas (US).*

frapper (toucher / atteindre) to strike (GB), to hit (GB). Ex : *Il fut frappé de 19 balles : he was struck (ou hit) with 19 bullets (GB).*

frapper (PERS) to strike (GB). Ex : *Il fut arrêté pour avoir frappé un officier : he was arrested for striking an officer (GB).*

frapper fort (TAC) to hit hard (GB).

frappes à distances très précises extremely precise stand-off strikes (US).

frappes chirurgicales (mission) precision force (OTAN). Ex : *Les munitions à guidage de précision pour les frappes chirurgicales : precision-guided munitions for precision force (OTAN).*

fraternité d'armes comradeship in arms (GB).

fraterniser to fraternize (GB). Ex : *Fraterniser avec l'ennemi : to fraternize with the enemy (GB).*

fratricides (tirs) (ou fratricide) friendly fire (US), fratricide (US) (Terme familier GB : "blue-on-blue") (VERB & NOM : "to avoid" / "avoidance", "to fight") (Voir aussi **tirs fratricides**).

Cf. : Fratricide : the accidental destruction of own, allied or friendly forces. A result of what is colloquially known as a "blue on blue" engagement (GB).

fraude cheating (UN).

frauduleux fraudulent (US). Ex : *Utilisation frauduleuse : fraudulent use (US).*

frégate frigate (OTAN).

frein Ex : *Mettre un frein à la course aux armements : to curb the arms race (UN).*

freinage (TAC) delay (US, GB), delaying action (US, GB), delaying operation (US) (VERB : "to conduct", "to organize", "to conitune", "to end"). Ex : *La force en freinage : the delaying force (US) – Le freinage est de courte durée : the delay is of short duration (US).*
Cf. : Delaying operation : An operation usually conducted when the commander needs time to concentrate or withdraw forces, to establish defenses in greater depth, to economize in one area, or to complete offensive operations elsewhere. In the delay, the destruction of the enemy force is secondary to slowing his advance to gain time. Delay missions are : delay in sector and delay forward of a specified line for a specified time or specified event (US).

freinage offensif (TAC) aggressive delay (GB) (Petites unités).

frein de bouche (canon de char) muzzle brake (US) (PART : "multi-slotted").

frein de direction steering brake (US).

frein de tir buffer (US).

freiner (TAC) to delay (US), to fight the delaying battle. Ex : *Freiner l'avance ennemie : to delay enemy advance – Freiner à partir de positions successives : to delay from successive postions (US).*

freins (véhicule) brakes (US) (ADJ & PART : "multidisc", "oil cooled").

fréquence (TRANS) frequency (US, GB, OTAN) (Abréviation US : "freq") (Cf. : HF = High Frequency, VHF = Very High Frequency, UHF = Ultra High Frequency, SHF = Super High Frequency, VLF = Very Low Frequency) (VERB : "to use") (ADJ : "common", "usable") (PREP : "on") (PART : "pre-selected"). Ex : *Une fréquence gardée : a guarded frequency (OTAN) – Une fréquence protégée : a protected frequency (OTAN) – Une fréquence taboue : a taboo frequency (OTAN, US) – Une fréquence radio : a radio frequency (RF) (US) – Fréquence de dégagement : alternate frequency – Fréquence de travail : operating frequency – Évasion (ou saut) de fréquence : frequency hopping – Émettre sur une fréquence : to transmit on a frequency (US).*

fréquence audio audio frequency (AF) (OTAN).

fréquence de fonctionnement operating frequency (OTAN). Ex : *Fréquence de fonctionnement variable : variable operating frequency (VOF) (OTAN).*

fréquence extrêmement basse extremely low frequency (ELF) (OTAN).

fréquence internationale international frequency (OTAN).

fréquence la moins brouillée least-jammed frequency (LJF) (OTAN).

fréquence radar radar frequency (RADFREQ) (OTAN).

fréquence téléphonique voice frequency (VF) (OTAN).

fréquence vocale (phonie) voice frequency (VF) (OTAN).

fréquence vidéo video frequency (VF) (OTAN).

fréquentation (établissement) attendance (US) (PREP : "at").

fréquenter (organisme de formation) to attend (a school) (US). Ex : *Fréquenter une école de l'armée de terre d'active : to attend an active Army school (US).*

frère d'armes comrade in arms (GB), brother-at-arms (GB). Ex : *Des frères d'armes : brothers in arms (GB) – Chaque légionnaire est ton frère d'armes (Code d'honneur) (Légion) : each Legionnaire is your brother-at-arms (GB).*

frêt freight (GB), cargo (OTAN) (VERB : "to handle", "to unload"). Ex : *Frêt aérien : air cargo – Frêt d'accompagnement (ou embarqué avec l'unité) : accompanying cargo – 19686 kg de frêt : 19,686 kgs of freight (GB) – Frêt par voie ferrée, routière, maritime et aérienne : freight by rail, road, sea and air (GB).*

froid cold (US, GB). Ex: *S'entraîner dans le froid: to train in cold (ou in the cold) (US) – Par temps froid: in cold weather (US) – Avoir froid (PERS): to get cold (US).*

front (TAC) front (US, GB) (NOM ASS.: "defeat") (PREP: "on"). Ex: *Sur le front (de l') ouest: on the western front (US) – Sur tous les fronts: on all fronts (GB) – Le front des forces adverses: the front of the enemy forces (OTAN) – Forces du front (par opposition aux forces de défense du territoire): frontal forces (UN) – Le front (avant d'une formation): the front (OTAN) (VERB: "to protect") – Le scénario (= de l'exercice) prévoyait un front initial tenu par deux divisions: the scenario called for an initial two-division front (US) – Sur le front centre de l'OTAN: on NATO's Central Front (CA) – Partir pour le front: to move up to the front (GB) – Se battre sur deux fronts: to fight on two fronts (GB) – Être envoyé au front (PERS): to be sent to the front (GB) – Attaquer l'ennemi sur un large front: to attack the enemy along a wide front (GB) – Déplacer des unités vers le front du Sinaï: to shift units to the Sinai front (US).*

Cf.: 1. The lateral space occupied by an element measured from the extremity of one flank to the extremity of the other flank. 2. The line of contact of two opposing forces (US).

front (largeur de front) (TAC) frontage (US) (Terme dénombrable) (VERB: "to hold") (ADJ: "broad").

front (partie du visage) (PERS) forehead (GB). Ex: *Le lieutenant Vilain reçut une balle en plein front et mourut sur le coup: Lieutenant Vilain took a bullet in the forehead and died instantly (GB).*

front (de) head on (GB). Ex: *Heurter de front des positions défensives (formation): to hit defensive positions head on (GB).*

frontal (ou de front) (attaque) frontal (GB).

frontalier (individu) border crosser (US, OTAN).

frontalier (adjectif) border (GB), frontier (CA) (En épithète). Ex: *Une région frontalière: a border region (GB) – Assurer le transport de personnes à l'écart des zones frontalières: to transport people away from the border areas (OTAN) – Défense frontalière: frontier defence (CA).*

frontière border (US, GB, OTAN), frontier (CA, OTAN) (VERB: "to secure", "to patrol", "to defend", "to approach" = s'approcher de, "to violate", "to transcend" = dépasser, "to protect") (PREP: "on", "along"). Ex: *Une frontière internationale factice de quelque 90 kilomètres de long (exercice): a simulated international border some 90 kilometers long (US) – La frontière irako-iranienne: the border (ou frontier) between Iraq and Iran – Opérations sur la frontière (ou frontalières): border operations (GB) – Frontières nationales: national borders (US) – Conflit de frontière: border dispute (UN) – À l'intérieur des frontières de la République Fédérale de Yougoslavie: within the frontiers of the Federal Republic of Yougoslavia (OTAN) – Déployées sur la frontière entre l'Albanie et le Kosovo (troupes): deployed along Albania's border with Kosovo (Jane's) – Dissuader les barons de la drogue de faire le trafic des drogues illégales à travers la frontière sud du pays: to deter drug lords from trafficking illegal drugs across the nation's Southern border (US) – Monter la garde sur la frontière serbe: to keep watch on the Serbian border (US) – Défense des frontières: frontier defence (CA) – Protection des frontières maritimes et terrestres du pays: protection of the state's land and maritime borders (US) – La défense des frontières françaises: the defense of France's borders (US).*

frontière technologique technological frontier (US) (Terme dénombrable) (VERB: "to push").

frottements (TAC) friction (US) (VERB: "to eliminate", "to reduce", "to create").

fuel lourd thickened fuel (US) (VERB : "to project"). Ex : *Du fuel lourd peut être projeté par un lance-flammes : thickened fuel can be projected from a flame-thrower (US).*

fugace (NBC) non persistent.

fugitif (cible) fleeting (US). Ex : *Cible fugitive (ou éphémère) : fleeting target (US).*

fuir to flee (US, GB) (PREP : "from"). Ex : *Fuir la famine et la guerre civile : to flee from famine and civil war (GB)* – *L'ennemi fuit le champ de bataille : the enemy is fleeing the battle-field (US).*

fuite flight (GB), escape (TAC) (US). Ex : *La fuite du gouvernement civil : the flight of the civil government (GB)* – *Interdire à l'ennemi toute possibilité de fuite : to deny the enemy any chance of escape (US).*

fuite (d'informations) leakage (of information) (OTAN), leak (US).

fuite (en) (unité) fleeing (US). Ex : *Des unités ennemies en fuite : fleeing enemy units (US).*

fulgurante (grenade) stun (grenade).

fumée smoke (US, GB). Ex : *Un écran de fumée : a cloud of smoke (GB).*

fumer to smoke (GB). Ex : *Le char incendié continue à fumer : the burnt-out tank is still smoking (GB).*

fumigène (écran) smoke (screen) (Abréviation GB : "smk") (VERB : "to employ", "to produce", "to dissipate", "to fire off") (ADJ : "multispectral") (PART : "exhaust generated"). Ex : *Mettre en place un écran fumigène (ou des fumigènes) : to lay down smoke.*

fumigène (adjectif) smoke (En épithète).

fumigènes (les) smoke (US) (VERB : "to use" = utiliser).

funérailles funeral (*VERB* : "to attend"). Ex : *Funérailles militaires : military funeral (US, GB)* – *Funérailles nationales : state funeral (GB).*

furtif stealth (En épithète). Ex : *Un bombardier furtif : a stealth bomber.*

furtivité stealth ou stealthiness (UN). Ex : *Techniques de furtivité : stealth techniques (UN).*

fusant (ART) air (OTAN).

fuseau horaire time zone (US). Ex : *Fuseau horaire utilisé pour l'ensemble de l'ordre : time zone used throughout the order (GB, US)* – *Système des fuseaux horaires : time zone system (US).*

fusée rocket (US, GB) (*VERB* : "to fire"). Ex : *Une fusée à deux étages : a two-stage rocket.*

fusée (cartouche) nose.

fusée (poignard) grip, scale.

fusée (mortier) fuze (US).

fusée (dispositif de mise à feu) fuze (OTAN) (ADJ : "base-detonating"). Ex : *Fusée / à obturateur / à sûreté de trajet dans l'âme / à temps / autodestructrice / de culot / de proximité / percutante : shuttered / boresafe / time / self-destroying / base / proximity / impact action / fuze (OTAN).*

fusée de détresse distress flare (GB).

fusée de proximité proximity fuze (US, OTAN), variable-time fuze (VT) (GB).

fusée de signalisation flare (US, GB).

fusée éclairante flare (US, GB) (VERB : "to drop... over").

fusée percutante impact fuse.

fuselage (aéronef) fuselage (CFE).

fusil rifle (Terme familier GB : "gat") (US, GB), shotgun (VERB : "to clean", "to fire", "to aim", "to carry"). Ex : *Le fusil de 5,56 mm : the 5.56mm rifle.*

fusil à canon scié sawn-off shotgun (GB).

fusil à lunette telescope mounted rifle.

fusil anti-émeutes riot gun (US).

fusil à pompe pump-action shotgun (GB) (NOM ASS: "calibre", "weight", "ammunition types", "magazine capacity", "round") (EXPR: "to be used for removing doors", "to be ideal for counter-terrorist and security work").

fusil à répétition clip-fed rifle (US).

fusil automatique automatic rifle (AR) (US).

fusil d'assaut assault rifle (GB, US), carbine (US) (VERB: "to be in service with", "to make", "to use", "to develop", "to introduce", "to design", "to adopt") (ADJ: "current", "short", "accurate", "robust", "standard", "modern style") (NOM ASS.: "calibre", "weight", "muzzle velocity", "magazine capacity", "rate of fire", "overall legnth") (EXPR: "to be of a bullpup design", "to be (well) designed for urban combat / for close-range combat", "to be equipped with an optical sight", "to have a number of faults", "to be easy to use", "to be in use with many armies", "to manufacture a version", "to be easy to mend", "to have a fully automatic capacity", "to be the standard infantry weapon", "to use a small calibre round", "to use in combat", "to fire small ammunition").

À noter: Le nouveau fusil d'assaut américain, le "M-4 Carbine", qui remplace le "M-16A2".

fusil d'assaut à chargement automatique self-loading rifle (SLR) (GB).

fusil de chasse shotgun (GB), sporting gun (US), sporting rifle (US).

fusil de combat combat rifle (GB) (SA-80).

fusil de précision (ou de tireur d'élite) sniper rifle (GB) (VERB: "to design", "to manufacture") (ADJ: "bolt-action") (NOM ASS.: "calibre", "weight", "muzzle velocity", "magazine capacity", "sight", "version", "bipod", "(retractable) spike", "butt", "silencing suppressor") (EXPR: "the current favoured sniper rifle of the SAS", "to have a reputation for great accuracy in any conditions", "to achieve head shots", "to be fitted with different sights", "to use in artic conditions", "to have a stainless steel barrel", "to be very comfortable to fire", "to be available in a covert model", "to fire rounds").

Fusilier (Hist.) Fusilier (GB).

fusilier fusilier (GB) (Terme collectif familier GB: "budgies").

fusiliers marins commandos (the) Royal Marines (RM) (GB).

fusillade weapons shoot (GB), shoot-out (GB), fusillade (action prolongée) (GB) (PREP: "during").

fusil lance-grenade grenade rifle (US).

fusil-mitrailleur (FM) light machine gun (GB), automatic rifle (US), machine rifle (UN).

fusil semi-automatique semi-automatic rifle (GB).

fusion (NUC) fusion (US, GB). Ex: *La fusion de noyaux légers (fission nucléaire): the fusion of light nuclei (OTAN).*

fusion (d'unités / de services) amalgamation, merger (GB) (VERB: "to take place").

fusion (ou fusionnement) fusion (OTAN).

fusion (des données) fusion (OTAN).

fusion de l'information information fusion (US) (VERB: "to provide" = assurer).

fusionnement (RENS) fusion (OTAN).

fusionner to amalgamate, to merge (+ préposition "with") (GB), to be merged (GB, US). Ex: *Les 2 unités fusionneront: the 2 units will amalgamate (ou will merge) – Les 2 unités ont fusionné en 1993 pour former un seul régiment: the 2 units were merged into one batta-*

lion in 1993 (GB) – Les deux commandements sont en train de fusionner : the two commands are being merged (US).

fusionner (ARMT) to merge (Jane's). Ex : *Les deux compagnies ont fait part de leur intention de fusionner leurs activités dans le domaine des moteurs-fusées sous la forme d'une nouvelle société : the two companies have stated their intention to merge their activities in the field of rocket motors into a new company (Jane's).*

fût (fusil automatique / fusil) stock, stockbutt.

fût (ou garde-main) (fusil automatique) handguard.

futur (avenir) future (US, OTAN) (ADJ : "uncertain"). Ex : *Un futur radieux : a bright future (US) – Le soldat du futur : the soldier of the future (US).*

futur (emploi du temps grammatical "futur") Dans les ordres militaires, le futur s'emploie avec l'auxiliaire "WILL" (tout autre auxiliaire étant exclu). Ex : *Le régiment attaquera à l'aube : the regiment will attack at dawn (GB).*

futur (adjectif) future (US, GB), contemplated, projected. Ex : *La position future de l'ennemi : the enemy's future (ou contemplated ou projected) position.*

futuriste (projet / armement) futuristic, visionary.

futur remplaçant (PERS) understudy (US). Ex : *Le Lieutenant Smith est mon futur remplaçant (ou se prépare à me remplacer) : 1Lt Smith is my undertudy (US).*

futur véhicule de combat (USA) Future Combat Vehicle (FCV) (US) (Destiné à remplacer les chars Abrams à l'horizon 2025-2030).

futur véhicule d'infanterie (USA) Future Infantry Vehicle (FIV) (US) (Destiné à remplacer les véhicules Bradley M2A2 et M2A3).

G

(GOLF)

gabarit d'implantation situational template (US).

Cf. : A series of projections that portray, based on enemy doctrine, the most probable disposition and location of enemy forces within constraints imposed by weather and terrain (US).

gâchette facile (avoir la) (PERS) trigger-happy (US).

GAE voir **groupement d'action d'ensemble.**

gageure (mission / tâche) challenge (GB), challenging task (GB).

gagnant winner (US). Ex : *Ce système (= de formation) produit des gagnants : this system produces winners (US) (Contraire : "losers" = perdants).*

gagner (temps / délais) to gain (time) (US), to save (time). Ex : *Au cours des séances de briefings, les cartes et les graphiques font gagner beaucoup de temps : during briefing sessions, charts and graphs are great time savers (US).*

gagner (du terrain) (TAC) to gain ground.

gagner (guerre / bataille) to win (a war / a battle) (US, GB) (ADV : "decisively").

gagner (argent / confiance) to gain (US), to earn (argent). Ex : Gagner la confiance de la population civile : to gain the confidence / trust of the civilian population (US) – Un jeune sergent gagnant 15000 £ par an : a young sergeant on £15,000 a year (GB).

gagner du terrain (force) (TAC) to gain ground (GB).

gagner en puissance (forces) to strengthen (OTAN).

gagner la paix to win peace (OTAN).

gain (TAC) gain (US, OTAN) (VERB : "to consolidate"). Ex : *Développer des gains initiaux : to follow up initial gains (OTAN) – Consommer une quantité de munitions disproportionnée par rapport aux gains et avantages obtenus (TAC) : to expend ammunition with no commensurate gain or advantage (US).*

gaine (munition) casing (UN).

gaine (largage de matériel) (TAP) container (US, GB).

gaine (TAP) bag (US).

gaine de jambe (TAP) leg bag (US, GB).

gain territorial (TAC) territorial gain (GB).

galerie (tunnel) (GEN) gallery (US), tunnel (GB). Ex : *Un réseau de galeries souterraines : a system of tunnels (GB).*

galet de roulement road wheel (CFE, US, Jane's), tracker roller.

galon stripe (VERB : "to award"). Ex : *Gagner ses galons : to get one's stripes, to earn one's stripes (US) – Le galon fixe la préséance : rank has its privileges (RHIP) (US, GB).*

galon (en forme d'étoile ou de losange) pip (GB).

galon d'officier (sur pantalon) officer's braid.

galon doré (ornement) gold braid (US).

galons de grade (sur avant-bras) rank insignia.

GAM voir **groupement aéromobile.**

gamelle mess tin (GB), mess kit (US).

gamma gamma (US). Ex : *Le rayonnement gamma : gamma radiation (US).*

gamme range (US, GB), spectrum (GB, OTAN, US), array (US), variety (US). Ex : *Contre toute une gamme de forces ennemies : against a (wide) variety of enemy forces (US) – La gamme des opérations militaires : the spectrum of military operations (GB) – Une large gamme de carrières : an extensive range of careers (US) – Une large gamme d'opérations militaires : a broad range of military operations (US) – Une gamme / croissante / étendue / de missions : an expanding / extended array / range of missions (US) – Dans toute la gamme des opérations militaires : across the full range of military operations (US) – Sur toute la gamme (éventail) des conflits : across the whole spectrum of conflict (GB) – Permettre à l'Alliance de continuer d'assumer la gamme complète de ses missions : to enable the Alliance to continue to fulfil the full range of its missions (OTAN) – Il existe un éventail de missions possibles : a spectrum of possible missions exists (US) – Une large gamme de scénarios conflictuels régionaux : a wide spectrum of regional conflict scenarios (OTAN).*

gamme (armes / matériels) family (UN).

gamme de fréquences (TRANS) frequency range (GB). Ex : *Gamme de fréquences (descriptif d'émetteur-recepteur) : operating frequency (US).*

gamme de missions range of missions (OTAN) (VERB : "to execute") (ADJ : "wide" = large).

gangrène (SAN) gangrene (GB).

gants de combat combat gloves (GB).

garantie assurance (UN), guarantee (US). Ex : *Garantie de sécurité (désarmement) : security assurance (UN) (Terme dénombrable).*

garantie de mouvement guarantee of movement (US).

garantir to guarantee (US), to ensure (US), to protect (GB). Ex : *Garantir le mouvement : to guarantee movement (US) – Garantir la sécurité d'un régime (politique) : to guarantee the security of a regime (US) – Garantir un environnement de sécurité : to ensure a secure environment (US) – Le droit de porter les armes est garanti par la constitution : the right to bear arms is protected by the constitution (GB) – Garantir la victoire : to guarantee victory (US).*

garde (individu / groupe d'individus) guard (GB) (VERB : "to post"). Ex : *Garde en armes : armed guard (OTAN) – Relever la garde : to change the guard (GB).*

garde au drapeau color guard (US).

garde (action / mission de garder) guard (duty) (US) (VERB : "to do", "to stand"). Ex : *Monter la garde (ou être de garde) : to keep / stand / mount / guard (GB) – Ils (= soldats) ne devraient pas faire plus de 3 gardes de 24 heures par semaine : they should do no more than three 24-hour guards in a week (GB) – Un soldat américain qui montait la garde à une base militaire de l'OTAN : an American soldier who was standing guard at a NATO military base (OTAN).*

garde (poignard) guard.

garde (de) (ou de service) on duty (GB). Ex : *Être de garde : to be on duty (GB).*

garde au sol (véhicule blindé) ground clearance (Jane's, US) (VERB : "to adjust"). Ex : *Une garde au sol d'environ 48 cm : a ground clearance of about 19 inches (US).*

garde-à-vous ! (commandement) attention ! (US, GB) (Prononcé en 2 parties : "at-tention").

garde-à-vous (position immobile du soldat) position of attention (US, GB). Ex : *Les soldats sont au garde-à-vous : the soldiers are at the position of attention, the soldiers are standing at attention (US, GB) – Mettre au garde-à-vous (soldats) : to bring to attention*

(US) – Se mettre au garde-à-vous : to stand to attention (US, GB), to come to attention (US) – Être assis au garde-à-vous : to sit at attention (US) – Être figé dans un garde-à-vous impeccable : to stand rigidly to attention (GB).

garde-boue (char) mud shield.

Garde-Côtes (USA) U.S. Coast Guard (USCG) (US) (Missions de sécurité de la navigation et de lutte contre la contrebande) (Ses membres sont surnommés "Coasties"). Ex : *Un garde-côtes (PERS) : a coastguard (US).*

garde descendante old guard.

garde d'honneur (troupe) guard of honor (US), honour guard (GB). Ex : *Les trois Premiers Ministres passent en revue la garde d'honneur du SHAPE : the three Prime Ministers inspect the SHAPE Guard of Honour (OTAN).*

garde d'honneur (soldat) honor guard (US).

garde du corps (mission) body-guarding (GB).

garde du corps (protection rapprochée / RENS) (PERS) bodyguard (GB, US) (Terme familier RENS US : "babysitter") (VERB : "to provide"). Ex : *Servir de garde du corps à un chef d'État (PERS) : to bodyguard a head of state (US).*

garde-frontière border guard (US).

garde-main (fusil automatique) handguard.

garde-mites store-keeper.

garde montante relief guard.

garde nationale (armée de terre des États-Unis) Army National Guard (ANG ou ARNG). Ex : *La Garde Nationale de (l'État de) Louisiane : the Louisiana National Guard (US).* Cf.: The Army component of the militia of the United States and its various districts (US).

garde personnelle (haute personnalité) personal guard (US).

garde présidentielle Presidential Guard (GB).

Garde Républicaine (la) (GEND) the Republican Guard (GB) ("French ceremonial troops").

garder (protéger) to guard (GB), to keep watch (US). Ex : *Garder des installations sensibles : to guard vital installations (GB) – La sentinelle garde son poste : the sentinel guards his post (US) – Garder (ou monter la garde sur) la frontière serbe : to keep watch on the Serbian border (US).*

garder (maintenir) to keep (GB). Ex : *Garder la légion occupée : to keep the Legion occupied (GB).*

garder en captivité to hold (somebody) prisoner (GB).

garder en prison (PERS) to keep in prison (US).

garder le contact avec l'ennemi to maintain contact with the enemy (US).

garder secret (RENS) to keep secret (US).

gardien (prisonniers) guard (GB).

gardien (sens figuré) guardian (US). Ex : *"Gardien de la Liberté" (devise du FORSCOM = Forces Command = Commandement des Forces Terrestres américain) : "Freedom's Guardian" (US).*

gare (ferroviaire) railway station (GB), train station (US). Ex : *Gare de triage : marshalling yard, sorting yard (US).*

garer (véhicule) to park (a vehicle).

garnison garrison (GB), post (US), (home) station (US), fort (US) (VERB : "to hold") (ADJ & PART : "large", "isolated"). Ex : *En garnison à (unité) : garrisoned at, based at – La vie de garnison : garrison life (GB) – Le 1ᵉʳ Régiment d'Infanterie Légère, en garnison à*

Munster : Munster-based 1 Light Infantry (GB) – Garnison d'origine : home station (US) – Le 82ᵉ régiment de tradition de l'ALAT, en garnison à Fort Bragg (Caroline du Nord) : the Fort Bragg, N.C.-based 82nd Avn. Regt. (US) – La 10ᵉ Division d'Infanterie de Montagne, en garnison à Fort Drum (État de New York) : the 10th Mountain Division, based at Fort Drum, N.Y. (US).

garrot (SAN) tourniquet (US). Ex : *Poser un garrot : to apply (ou to put on) a tourniquet (US).*

gaspillage waste (GB). Ex : *Un gaspillage de munitions : a waste of ammunition (GB).*

gaspillage (LOG) waste (US) (VERB : "to reduce").

gaspiller to waste (GB). Ex : *Vous gaspillez les munitions : you are wasting ammunition (GB)* – *Vous gaspillez le carburant en roulant à une vitesse si basse : you are wasting fuel by driving in such a low gear (GB).*

gaspiller (TAC) to fritter away (familier) (US). Ex : *Une attaque mal coordonnée peut vous amener à gaspiller votre avantage (TAC) : an uncoordinated attack may cause you to fritter away your advantage (US).*

gauche (nom) left (US, GB). Ex : *Sa (= chef) première poussée, utilisant les chars et l'infanterie, était dirigée contre notre gauche : his first thrust with tanks and infantry was directed against our left (US).*

gauche (ou de gauche ou à gauche) (adjectif) left (US, GB), left-hand (US). Ex : *Le régiment de gauche : the left-hand battalion (US) – Le 1ᵉʳ Groupe à l'avant gauche (INF) : 1 Section forward left (GB) – Les deux tranchées à gauche (ou de gauche) : the two left-hand trenches (GB).*

gaucher (PERS) left-handed.

gaz gas (US, GB, UN) (Terme générique), vapor (US), agent, exhaust (US) (VERB : "to use"). Ex : *Gaz de combat : war gas (UN), combat gas – Gaz neurotoxique / neuroplégique : nerve gas / nerve agent – Gaz suffocant : choking gas – Gaz moutard (ou ypérite) : mustard gas (US, UN) – Gaz lacrymogène : tear gas (GB, UN) – Gaz vésicant : blister gas – Gaz de propulsion (arme à feu) : propellant gases (OTAN) – Gaz asphyxiant : asphyxiating gas (UN) – Gaz hémotoxique : blood gas (UN) – Gaz incapacitant : damper gas (UN), stun gas (UN) – Gaz toxique : poisonous gas (UN) – Réduire la signature thermique des gaz d'échappement : to reduce the infrared signature of the engine exhaust (US) – Employer les gaz contre les forces rebelles : to use gas against rebel forces (US) – Des munitions explosives conçues pour produire le maximum de gaz ou d'aérosol (attaque chimique) : bursting-type munitions designed to produce the optimum vapor or aerosol (US).*

GAZELLE (hélicoptère) (Traductions rencontrées) Gazelle general purpose helicopter (GB), Gazelle observation and reconnaissance helicopter, Gazelle reconnaissance helicopter (GB) (Équivalent US : Kiowa Warrior OH-58 D). Ex : *Gazelle-HOT : HOT-equipped Gazelle (general purpose) helicopter.*

gazer (PERS) to gas (GB). Ex : *Il a été gazé pendant la guerre : he was gassed during the war (GB).*

gazeux Ex : *L'agent chimique toxique est répandu sous forme gazeuse ou en aérosol : the toxical chemical agent is disseminated as a vapor or an aerosol (US).*

gazoduc gas pipeline (US) (VERB : "to operate").

gazole (carburant) diesel fuel (US).

GC voir **groupe de chasseurs**.

GE (guerre électronique) EW (electronic warfare).

gel (armement) (STRAT) freeze (UN) (+ préposition "on"). Ex : *Gel général des armements nucléaires : comprehensive nuclear-arms freeze (UN).*

gel (ou gelée) frost.

gel nucléaire nuclear freeze.

gelure frostbite (US).

gelure des tranchées trench foot (GB).

gendarme (sens propre) (GEND) gendarme.

gendarme (sens figuré) policeman, gendarme. Ex : *Le gendarme du monde : the world's policeman (National Defense)* – *La mission traditionnelle de la France de gendarme de l'Afrique : France's traditional role as the gendarme of Africa (Jane's).*

gendarmerie (nationale) (GN) (GEND) (National) Gendarmerie (Comme l'indique le STANAG 2019 (OTAN), s'agissant d'une "branch unique to certain of the Allies" (France et Belgique), il convient de traduire par "gendarmerie").

gendarmerie maritime (GEND) (the) naval Gendarmerie (Traduction de Jane's : the French Naval Police).

gêner (TAC) to hinder (OTAN), to interfere with (US), to restrict (US), to constrict (US), to impede (US). Ex : *Gêner l'attaque principale : to hinder the main attack (OTAN)* – *Gêner les opérations miltares (action des média) : to interfere with military operations (US)* – *Sans être gêné par la défense sol-air ennemie : without interference from enemy air defenses (US)* – *Des terrains qui gênent les mouvements terrestres : terrain that restricts gound movement (US)* – *Gêner l'audace au combat : to constrict audacity in combat (US)* – *Sans être gêné par les forces aériennes ennemies : without interference from enemy air forces (US)* – *Gêner la manœuvre des forces aéromobiles : to impede the maneuver of air assault forces (US) (Voir aussi entraver).*

gêner (entraver) (PERS) to obstruct (GB). Ex : *On l'a accusé d'avoir gêné le sergent dans l'exercice de ses fonctions : he was accused of obstructing the sergeant in the discharge of his duty (GB).*

général (officier) general (Abréviation US : "GEN") (VERB : "to be stationed") (PART : "dual-hatted (as)"). Ex : *Le général commandant la 1ère DI : the Commanding General, 1 st Infantry Division (US), the General Officer Commanding (GOC), 1 Infantry Division (GB)* – *Le général Dupont : General Dupont (Absence d'article défini)* – *Un général de l'ABC / de l'artillerie : a cavalry general / a gunner general ou an artillery general (GB)* – *Le Général d'armée en retraite Frederick M. Franks Jr. : Retired General Frederick M. Franks Jr. (US)* – *Le Général d'armée commandant l'armée de terre des États-Unis en Europe : the USAREUR (= U.S. Army, Europe) commanding general (US) (Voir aussi étoile (insigne d'officier général).*

général overall (OTAN, US), general (CA), broad (CA), comprehensive. Ex : *Défense générale de la zone OTAN : overall defence of the NATO area (OTAN)* – *Plan général de désarmement : comprehensive disarmament plan (CDP)* – *Faire respecter l'accord-cadre général pour la paix : to ensure compliance with the General Framework Agreement for Peace (CA)* – *Assurer le succès maximal à la mission générale de la compagnie (TAC) : to insure maximum success of the overall company mission (US)* – *Un concept général : a broad concept (US)* – *Du général au particulier : from the general to the specific (US)* – *Comment l'emploi de la force militaire s'insère dans la stratégie militaire nationale générale : how the use of military force fitrs into the overall national security strategy (US).*

général adjoint (au général commandant une division) assistant division commander (US).

général commandant commanding general (CG) (US) (Pour une division, par exemple).

général d'armée (cinq étoiles) General (GB,US) (Abréviation GB : "Gen") (Abréviation US : "GEN") ("A four-star general").

général de brigade (deux étoiles) Brigadier (GB), Brigadier-General (US) (Abréviation GB : "Brig") (Abréviation US : "BG") ("A one-star general") (Le "Brigadier-General" américain se fait appeler "General").

général de corps d'armée (quatre étoiles) Lieutenant-General (GB), Lieutenant General (US) (Abréviations US : "LTG", "Lt Gen") (Abréviation GB : "Lt-Gen") ("A three-star general") (Le "Lieutenant-General" américain se fait appeler "General").

général de division (trois étoiles) Major-General (GB), Major General (US) (Abréviation GB : "Maj-Gen") (Abréviations US : "MG", "Maj Gen") ("A two-star general") (Le "Major-General" américain se fait appeler "General").

généralement usually (US). Ex : *Une formation comprenant généralement deux divisions : a formation that usually consists of two divisions (OTAN) – L'organisation de la division parachutiste est généralement identique à celle des autres divisions : the organization of the Airborne Division is usually the same as that of the other divisions (US) – Le chef est généralement un lieutenant (section) : the leader is usually a lieutenant (US).*

général inspecteur inspector-general (GB), inspector general (IG) (US).

généralisé (riposte / guerre) general (US, OTAN). Ex : *guerre généralisée : general war (US) – Riposte nucléaire généralisée : general nuclear response (GNR) (OTAN).*

généralissime (coalition) Commander-in-Chief (CINC) (US).

généraliste (contraire de spécialiste) generalist (US).

généralités (introduction d'un document) general (Abréviation : "gen").

générateur auxiliaire auxiliary power unit (APU) (US).

génération generation (US, GB), era (US) (ADJ : "next"). Ex : *Un char / une arme / de (la) troisième génération : a third generation / MBT (= Main Battle Tank) (Jane's) / weapon (GB) – De dernière génération (matériel) : advanced (UN) – Des systèmes d'armes de nouvelle génération : new generation weapons systems (GB) – Investir dans la nouvelle génération de systèmes de combat : to invest in the new era of combat systems (US) – Un VAB (de) nouvelle génération (NG) : a "new generation" VAB armoured personnel carrier (Jane's) – L'arme individuelle de prochaine génération : the next-generation individual weapon (US) – La fougue, le courage et le dévouement ont été transmis de génération en génération : the spirit, courage and dedication have passed from generation to generation (US) – Le soldat de 2ᵉ génération : the generation II soldier (US) – La génération actuelle d'hommes et de femmes : today's generation of men and women (GB).*

génération de forces force generation (UEO). Ex : *Procédures de génération de forces : force generation procedures (UEO).*

générations à venir (ou futures) (les) the generations to come (OTAN).

générer (succès) (TAC) to engender (US).

générique generic (OTAN, US). Ex : *Plan générique du renseignement : generic intelligence plan (GIP) (OTAN) – Une mission générique : a generic mission (US).*

Génie (arme) Engineers (Terme générique) (Abréviation GB : "engr"). Ex : *Le Génie britannique : the Corps of Royal Engineers (RE) (Devise : "Ubique") – Le Génie américain : the U.S. Army Corps of Engineers (USACE) – Un capitaine du Génie : a sapper captain (GB) – Un officier du Génie : an engineer officer (US) – Un soldat du Génie : an engineer soldier (US), a sapper (GB) – Le Génie blindé : Armoured Engineers (GB) – Le Génie amphibie : Amphibious Engineers (GB) – Le Génie parachutiste : Parachute Engineers (GB) – Matériels (ou équipements) du Génie : engineer equipment (US) – Le Génie* *construisait une route : the engineers were building a road (GB) – Le Génie est à la fois une arme et un service : the Corps of Engineers is both a branch and a service (US).*

Missions du Génie : to operate as an integral member of the combined arms team, to provide a full range of engineering capabilities, to execute mobility, countermobility and survivability missions, to provide sustainment engineering for support forces, to provide terrain analysis and map products, to support maneuver by breaching and crossing obstacles, to assist in the assault of fortified positions, to emplace obstacles to protect the flanks of friendly attacking forces, to reinforce the terrain to anchor the defense in critical areas, to maximize the effects of defenders'fires, to provide maximum protection to friendly fighting positions, to facilitate the movement of counterattack forces, to advise the maneuver commander on the effective use of terrain, to construct, improve and maintain routes, bridges, airfields and other facilities, to reorganize to fight as infantry when required, to build roads, bridges, gun emplacements and airfields, to pave the way for advancing infantry, armor and artillery units, to harass the enemy with strategically-placed minefields, man-made obstacles and the precision destruction of bridge spans, to be expert in the use of camouflage, hand and power tools and explosives (US).

Verbes applicables aux missions du Génie : "to supervise", "to design", "to construct", "to administer", "to develop", "to produce", "to reproduce", "to survey", "to study", "to classify", "to map", "to process", "to exploit", "to reinforce", "to test", "to evaluate", "to plan", "to repair", "to rehabilitate", "to build", "to demolish", "to improve", "to operate", "to maintain", "to manage", "to breach", "to emplace", "to reduce", "to create".

génie (titre de sous-paragraphe) Engineer (Engr.) (GB), engineer support (US).

génie amphibie amphibious engineers (GB).

génie civil civil engineering (US). Ex : *Travaux de génie civil : civil works (CIWO) (OTAN).*

génie "combat" (arme) combat engineers (En épithète : "combat engineer") (GB, US).

génie "combat" (spécialité) (PERS) combat engineering (US).

génie de l'air airfield engineers (À noter : Le génie de l'air relève de l'armée de l'air française, mais ses personnels sont fournis par l'armée de terre).

génie électrique (discipline) electrical engineering (US).

génie en campagne combat engineer(s) (OTAN).

génie mécanique (discipline) mechanical engineering (US).

génie militaire (art des fortifications) military engineering (GB, US).

génie systèmes (discipline) systems engineering (US).

génie topographique topographical engineers (US).

génie "travaux" pioneers (GB) (En épithète : "pioneer") (Le "RPC" (Royal Pioneer Corps) a été intégré au "RLC" (Royal Logistic Corps) (Surnom de ses membres : "chunkies").

génocide genocide (GB, OTAN) (ADJ ASS. : "genocidal"). Ex : *Des cas de génocide caractérisé : genuine cases of genocide (OTAN) – La Convention sur le génocide : the Genocide Convention (OTAN) – Génocide réciproque : reciprocal genocide (OTAN).*

genouillère (tenue du fantassin) knee pad (US).

gens people. Ex : *Des milliers de gens furent massacrés : thousands were massacred (GB).*

géodésie geodesy (US).

géographe geographer (US).

géographie (discipline) geography (US).

géographie (facteur tactique) geography (US). Ex : *La géographie du théâtre : the geography of the theater (US).*

géographie militaire military geography (OTAN).

géographique geographical (US, GB), geographic (US). Ex : *Un secteur / une zone / géographique : a geographical / sector / area (US) – Dans les limites de leurs zones géographiques de responsabilité : within their geographic areas of responsibility (US) – Un environnement géographique : a geographical environment (GB).*

géolocation (ou géolocalisation) global positioning (US).

géométrie (aéronef) geometry (UN). Ex : *Avion à géométrie variable : variable geometry wing aircraft (UN).*

géopolitique (adjectif) geopolitical (US). Ex : *La situation géopolitique : the geopolitical situation (US) – Facteurs géopolitiques : geopolitical factors (US).*

géopolitique (nom) geopolitics.

géoref georef (US, OTAN).

géostationnaire geostationary (OTAN), geosynchronous (US). Ex : *Des satellites en orbite géostationnaire : satellites in geosynchronous orbit (US) – Orbite géostationnaire : geostationary orbit (GEO) (OTAN).*

géostratégique geostrategic (US). Ex : *L'environnement géostratégique : the geostrategic environment (US).*

gérant de cercle club manager (US) (L'officier responsable d'un mess s'appelle "Mess Officer" (US).

gerbage (LOG) vertical loading, vertical storage.

gerbe (ou couronne) wreath (GB). Ex : *Déposer une gerbe : to lay a wreath – Dépôt de gerbe(s) : wreath-laying.*

gérer to manage (US, GB, OTAN), to operate (US). Ex : *Gérer une carrière d'officier (administration) : to manage an officer's career (US) – Gérer une crise : to manage a crisis (OTAN) – Gérer des situations d'urgence : to manage emergencies (OTAN) – Gérer des installations et des équipements de qualité : to operate quality installations and facilities (US) – Trouver de meilleures façons de gérer nos moyens : to find better ways to manage our resources (US) – Gérer le champ de bataille : to manage the battlefield (OTAN) – Gérer le transport aérien des secours (HUM) : to manage the airlift of relief supplies (OTAN).*

gérer (armée) to run (GB). Ex : *S'assurer que les trois armées soient gérées de manière efficace : to ensure that the three services are run efficiently (GB).*

gésir to lie (US, GB). Ex : *Un Somalien gisait mort : a Somali lay dead (GB) – Les cadavres des morts gisaient nus dans un fossé : the bodies of the dead lay naked in a ditch (GB).*

gestion management (Terme générique), operation (US). Ex : *Gestion des personnels officiers : officer personnel management (US) – Gestion administrative : administrative management (US) – Gestion des systèmes administratifs : administrative systems management (US) – Gestion des ressources (ou moyens) : resource management (US) – Gestion des matériels : materiel management (US) – Gestion de la maintenance : maintenance management (US) – Gestion des approvisionnements : supply management (US) – Gestion des subsistances : subsistence management (US) – Gestion des essences : petroleum management (US) – Gestion financière : financial management (US) – Gestion des ports et aérodromes : operation of ports and airfields (US) – Gestion de la restauration (Commissariat) : catering management (GB).*

gestion (texte de message) handling (OTAN). Ex : *Gestion / automatique / manuelle (texte de message) : automated / manual / handling (OTAN).*

gestion (information / renseignement) management (UEO). Ex : *En ce qui concerne la collecte et la gestion de l'information et du renseignement : with respect to the gathering and management of information and intelligence (UEO).*

gestion de carrière career management (US).

gestion de crise (ou des crises) crisis management (OTAN, UEO). Ex : *Exercice conjoint de gestion de crise UEO / OTAN : joint WEU / NATO crisis management exercise (UEO) – L'objectif est d'éprouver les mécanismes et procédures de gestion de crise de l'UEO (exercice) : the aim is to test WEU crisis management mechanisms and procedures (UEO).*

gestion de la distribution (LOG) distribution management (US).

gestion de la logistique dans un théâtre interarmées joint theater logistics management (US).

gestion de la recherche (RENS) collection management (OTAN).

gestion de la recherche, de la coordination et des besoins du renseignement collection, coordination and intelligence requirements management (GCIRM) (OTAN).

gestion de l'environnement aéroterrestre management of the air-land environment (Jane's).

gestion de l'espace aérien airspace management (US).

gestion de l'information information management (US).

gestion de l'interopérabilité interoperability management (OTAN). Ex : *Plan OTAN de gestion de l'interopérabilité : NATO interoperability management plan (NIMP) (OTAN).*

gestion de projet project management (CA).

gestion de réseau (TRANS) network management (US).

gestion des approvisionnements supply management (GB).

gestion des besoins de renseignement (RENS) requirements management (OTAN).

gestion des carrières (PERS) career management (GB). Ex : *Gestion des carrières d'officiers : officer career management (GB).*

gestion des catastrophes disaster management (US).

gestion des conflits conflict management (OTAN).

gestion des crises au niveau européen European crisis management (OTAN).

gestion des crises au niveau régional regional crisis management (OTAN).

gestion des feux (ART) artillery control.

gestion des matériels materiel management (OTAN, US). Ex : *Gestion intégrée des matériels : integrated materiel management (IMM) (OTAN).*

gestion des messages message management (OTAN). Ex : *Système de gestion automatique des messages : automatic message management system (AMMS) (OTAN).*

gestion des mouvements movement control (US).

gestion des personnels non-officiers (engagés) Enlisted Management (US).

gestion des personnels officiers Officer Management (US).

gestion des pertes (au combat) casualty management (US).

gestion du champ de bataille battlefield management (OTAN).

gestion du matériel equipment management (GB).

gestion du personnel (ou des ressources humaines) manpower management (OTAN), man management (GB), human resource management (US), personnel management

(US). Ex : *Politique et procédures de gestion du personnel : manpower policies and procedures (OTAN).*

gestion du recueil du renseignement intelligence collection management (US).

gestion du renseignement intelligence management (US).

gestionnaire manager (US).

gestionnaire de réseau(x) (informatique) network manager (US).

GFIM voir **groupe de forces interarmées multinationales.**

GIFAS the aerospace trade association GIFAS (<u>Jane's</u>).

gigantesque massive (US). Ex : *Une gigantesque chasse à l'homme à la recherche du dirigeant panaméen : a massive manhunt for the Panamanian leader (US).*

GIGN voir **groupement d'intervention de la Gendarmerie Nationale.**

gilet de combat combat jacket (GB).

gilet de harnachement (fantassin) individual integrated fighting system tactical load bearing vest (IIFSTLBV) (US).

gilet de sauvetage life vest (US, GB).

gilet pare-balles combat body armour (CBA) (GB), flak jacket (GB), body armor (US), body armour (GB), bulletproof vest (GB), ballistic vest (US) (VERB : "to wear", "to design") (ADJ : "lightweight", "light", "tough") (EXPR : "ballistic protection", "ballistic collar", "flame-resistant fabric", "radio pouch", "magazine carrier", "utility pouch", "ceramic plate").

gisement grid bearing (OTAN).

gisement (ART) bearing (OTAN). Ex : *Pointer un canon en gisement (<u>ou</u> en direction) : to traverse a gun.*

gisement (en) in azimuth (US). Ex : *Stabilisation de la tourelle en gisement : stabilization of the turret in azimuth (US).*

gisement d'observation direction (OTAN, GB).

givrage icing (US).

givrer (aéronef) to ice up (GB). Ex : *La verrière a givré : the canopy has iced up (GB).*

glacial (pluie) freezing (US).

glacier (TOPO) glacier (US).

glacis forward slope (GB, OTAN). Ex : *Glacis frontal : front glacis (UN).*

glaive (le) (sens figuré) (the) sword (US).

glissade (TAP) slip (US).

glissière (pistolet) slide.

glissoire de recul (obusier) recoil sleigh.

global overall (US), total (US), aggregate (CFE), comprehensive (UN). Ex : *Une mission globale : an overall (<u>ou</u> a total) mission (US) – Les quantités globales (matériels / contrôle des armements) : the aggregate numbers (CFE) – Effectif global (unité) : overall strength (GB) – Programme global de désarmement : comprehensive programme of disarmament (UN) – L'effectif global est de 680 hommes (régiment d'infanterie) : total strength is 680 men (GB) – La capacité de défense globale de la Grande-Bretagne : Britain's overall defence capability (GB) – L'armée de terre globale (<u>ou</u> intégrée) (active, réserve et garde nationale = "the Regular Army", "the Army Reserve" et "the Army National Guard") (USA) : America's Army (US) (Avant 1994, le terme employé était : "the Total Army") – En 1997, la Légion alignait un effectif global de 9500 hommes : in 1997, the Legion fielded a total force of 9, 500 men (GB) – Processus global : overall process (US).*

global (effectif) all-up (GB).

globe world. Ex : *Se déployer en tout point du globe (force) : to deploy worldwide (US).*

gloire glory (US, GB). Ex : *La gloire dont s'est couverte la division : the glory which the division gained.*

glossaire (ou lexique) glossary (US, GB) (ADJ : "specialized", "joint"). Ex : *Glossaire de termes et définitions : glossary of terms and definitions (GB).*

gnouf (prison) choky (GB), stockade (US), guardhouse (US), nick (GB), the crowbar hotel (US).

golfe gulf (US). Ex : *Dans la région du golfe Persique : in the Persian Gulf region (US) – Golfe de Gascogne : Bay of Biscay (OTAN).*

gonflable inflatable.

gonflage centralisé (véhicule blindé) central tyre inflation system (US), central tyre pressure regulation system (Jane's).

gonfleur (véhicule blindé) air inflator.

gonfleur d'hélices (aviateur) crab (GB).

goniomètre direction finder (US).

goniométrie direction finding (US).

gorge (PERS) throat (US, GB). Ex : *Danjou fut atteint d'une balle dans la gorge : Danjou was shot, a bullet in the throat (GB).*

gorge (défilé) (TOPO) gorge (GB).

goudron (route) tarmac (GB), asphalt (US).

goudronné (route) paved (US). Ex : *La route est goudronnée : the road is paved (US) – Sur une chaussée goudronnée : on a paved roadway (US).*

goulet (goulot) d'étranglement bottleneck.

goupille (grenade) safety pin.

goupille de sécurité (fusée) arming pin (OTAN), safety pin (OTAN).

gourbi foxhole (US) (PART : "muddied").

gourde canteen (US, GB) (Cf. L'expression : "to drink from a canteen").

goutte drop (GB). Ex : *Une goutte de sang : a drop of blood (GB).*

gouttelette droplet (GB).

gouttière (sabre / poignard) fuller, groove, blood groove.

gouverne (missile) rudder.

gouvernement government (US, GB). Ex : *Rétablir un gouvernement légitime : to reestablish a legitimate government (US).*

gouvernemental government (US, OTAN) (En épithète). Ex : *Soldats gouvernementaux : government troops (US) – Au niveau gouvernemental : at government level (OTAN) – Haut fonctionnaire gouvernemental : senior Administration official (OTAN).*

gouvernement hôte host government (US).

gouvernement local local government (US).

gouvernement militaire military government (US). Ex : *Elles peuvent également assurer temporairement un gouvernement militaire (actions civilo-militaires) : they may also engage in the temporary operation of military government (US).*

gouvernement régional regional government (US).

gouverneur militaire military governor (US, OTAN).

GPS GPS (Global Positioning System = Système mondial de détermination de la position) (OTAN, US). Ex : *Artillerie guidée par (le) GPS : GPS-guided ordnance (OTAN) – Un récepteur GPS : a GPS receiver (ou system) (US).*

grabuge aggro (GB). Ex : *Ce soir, on s'attend à du grabuge : we're expecting aggro tonight (GB).*

grâce à using (UEO). Ex : *La taille de la force à employer peut varier de celle d'une petite formation à celle d'une division légère grâce à un système modulaire adapté en fonction de la mission : the size of the force to be used may vary from a small formation to a light division, using a modular system that can be adapted to the mission (UEO).*

grade (hiérarchie) rank (US, GB), grade (US) (VERB : "to hold"). Ex : *Avoir le grade de capitaine : to hold the rank of captain – Tous grades confondus : all ranks (GB) – Un officier général de grade supérieur à général de division et inférieur à maréchal : a general officer ranking above lieutenant general and below field marshal (GB) – Officier de grade intermédiaire : middle-ranking officer (GB) – Au grade de sous-lieutenant : in the grade of second lieutenant (US) – Si l'officier est de grade inférieur / supérieur au vôtre : if the officer is junior / senior in grade to yourself (US) – Les militaires de tous grades : service members of all grades (US) – Un officier de grade supérieur (au vôtre) : a superior officer (US) – De grade supérieur à : senior to (US) – Avoir deux grades de plus que : to be two grades higher than (US) – Officiers au grade de sous-lieutenant : officers with rank of second lieutenant (US) – Se voir accorder un grade militaire (PERS) : to be given military rank (US) – Des officiers dont les grades vont de lieutenant à général de division : officers ranging in rank from lieutenant to major-general (GB) – Grade dans la réserve : reserve rank (US) – Recevoir le grade d'officier : to be commissioned (Eventuellement : + as + grade) – 57 soldats du grade de général de brigade à celui de deuxième classe : 57 soldiers ranked from Brigadier to Private (GB) – Les carrières militaires féminines ont tendance à plafonner aux grades intermédiaires : women's military careers tend to top out at the middle ranks (US) – Des officiers nommés au grade de général de brigade ou au-dessus : officers appointed to the rank of Brigadier or above (OTAN) – Avoir le grade de commandant dans la réserve de l'armée de terre (PERS) : to be a major in the Army Reserve (US) – Des officiers de l'armée de terre, du grade de capitaine et au-dessus : military officers of captain's rank and above (Jane's) – Bon nombre d'autres officiers de mon grade : many other officers of my rank (US) – Le caporal Maine, qui avait quitté l'armée d'active au grade de sergent-major (Hist.) : Corporal Maine, who had left the regular army at the rank of sergeant-major (GB).*

grade (TOPO) grade.

grade de sous-officier ou militaire du rang non-commissioned rank (GB).

grade d'officier commissioned rank (GB).

grade d'officier général officer general rank (GB).

grade d'officier supérieur field rank (GB).

gradué (riposte / réaction) measured (US), flexible (US).

graisser to lubricate, to oil.

grand major (US) high (UN), large (US), great (CA), main (OTAN), further (US). Ex : *Une grande offensive : a major offensive (US) – Un grand chef militaire : a major military leader (US) – Grande vitesse initiale : high muzzle velocity (UN) – Le plus grand exercice REFORGER jamais conduit : the largest REFORGER exercise ever conducted (US) – Conflit de grande envergure : large-scale conflict (OTAN) – Une grande réorganisation (ou grand remaniement) dans le domaine de la Défense : a defence shake-up (GB) – Une unité de combat plus grande qu'une brigade et plus petite qu'un corps d'armée : a tactical unit larger than a brigade and smaller than a corps (OTAN) – Permettre une plus*

*grande autonomie pour le Kosovo : to allow for greater autonomy for Kosovo (CA) –
Assurer la tenue et le maintien en puissance d'opérations de grande envergure, de longue
durée ou de grande intensité : to conduct and sustain large scale, long term, or high
intensity operations (CA) – La Grande guerre (Hist.) : the Great War (US) – Ses grandes
priorités à son entrée en fonctions (Secrétaire général) : his main priorities at the start of
his tenure (OTAN) – Des résultats qui nous vaudront une plus grande estime auprès de
nos alliés les plus proches : results that will foster further goodwill with our closest allies
(US) – Mobilité plus grande : increased mobility.*

grand (organisme) supreme (GB, OTAN). Ex : *Grand quartier général des puissances alliées
en Europe (OTAN) : Supreme Headquarters Allied Powers Europe (SHAPE).*

grand aéroport major airport (US).

grand chef senior commander (US), senior leader (US). Ex : *Les grands chefs militaires du
pays : the nation's senior military commanders (US) – Les grands chefs de l'armée de
terre : senior Army leaders (US).*

grand chef militaire senior military leader (US).

grand commandant major commander (OTAN).

grand commandement de l'armée de terre major Army command (US). Ex : *Le grand
commandement le plus important de l'armée de terre : the Army's largest major command
(US).*

grand commandement de l'OTAN Major NATO Command (MNC) (OTAN).

grand commandement interarmées (USA) unified command (US).

grand (ou haut) commandement subordonné (OTAN) Major Subordinate Command
(MSC) (OTAN).

grand conflit régional major regional conflict (MRC) (US). Ex : *Réagir à deux grand conflits
régionaux quasi simultanés : to respond to two "near simultaneous" major regional
conflicts (US).*

grand courage (au combat) valour (GB), valor (US). Ex : *Un acte de grand courage : an act
of epic valour (GB).*

grande armée (armée de masse) mass army (OTAN). Ex : *Le passage des grandes armées à
des forces professionnelles de plus petite taille : the shift from mass armies to smaller professional forces (OTAN).*

grande bataille major battle (US).

grande crise régionale major regional contingency (US) (VERB : "to respond to").

grande école institution of higher learning (US), college-level school (US).

grande famille team (US). Ex : *Faire partie de la grande famille de l'armée de terre (PERS) :
to be a part of the Army Team (US).*

grande fonction opérationnelle major operational function.

Grande guerre (la) (1914-1918) the Great War (US).

grande menace major threat (US, GB).

grande mobilité (à) (véhicule) high mobility (US, GB) (En épithète).

Grande Muette (la) (armée) mute giant (GB). Ex : *Le SAS (= Special Air Service), à l'instar
de l'armée française au dix-neuvième siècle, devint "la Grande Muette" : the SAS, like
France's army in the nineteenth century, became "la Grande Muette", the mute giant
(GB).*

grande offensive major offensive (US), great offensive (GB) (VERB : "to launch").

grande opération major operation (<u>Jane's</u>, US) (VERB : "to conduct").

grande précision (de) (système d'arme) highly accurate (US, GB).

grande puissance (État) major power.

grande puissance (de) (matériel) high-power (OTAN) (En épithète). Ex : *Amplificateur de grande puissance : high-power amplifier (HPA) (OTAN).*

grande puissance nucléaire major nuclear power (US, OTAN).

grandes écoles militaires armed forces service academies (US).

grandes lignes outline (US). Ex : *Donner les grandes lignes d'un processus : to outline a process (US).*

grandes manœuvres major exercises (Jane's).

grande unité major unit (US), formation (GB, Jane's) (VERB : "to be assigned to") (ADJ : "fast-moving", "operational"). Ex : *Une grande unité combattante : a fighting formation (GB) (ADJ : "main") – Une grande unité d'appui : a major combat support unit (US) – Grande unité / de manœuvre / aéromobile : manœuvre / airmobile / formation (Jane's).*

grande unité interarmes all-arms formation, major combined arms unit.

grande unité subordonnée major subordinate unit (US).

grande ville (major) city (US, GB).

grande vitesse high speed (US). Ex : *Les hélicoptères de combat sont capables de se déplacer à grande vitesse : attack helicopters are capable of moving at high speed (US).*

grande vitesse (à) (missile) high-speed (OTAN) (En épithète). Ex : *Missile antirayonnement à grande vitesse : high-speed anti-radiation missile (HARM) (OTAN).*

grande vitesse initiale (canon) high-velocity (US, GB) (Également en épithète).

grand frère big friend (Jane's). Ex : *Notre grand frère américain : our big American friend (Jane's).*

grand groupe de systèmes constellation of systems (OTAN).

grandissant escalating (OTAN), growing (OTAN). Ex : *Une répression grandissante contre les Albanais du Kosovo : escalating repression against the Kosovar Albanians (OTAN) – La sensibilisation grandissante à la sécurité humaine : growing appreciation of human security (OTAN).*

grand pays major nation (US). Ex : *Diriger le service de renseignement d'un grand pays : to head a major nation's intelligence service (US).*

grand pétard (pyrotechnie) thunderflash (GB).

grand public (le) the general public (GB). Ex : *La base militaire n'est pas ouverte au grand public : the military base is not open to the general public (GB).*

grand quartier général des puissances alliées en Europe (OTAN) Supreme Headquarters Allied Powers Europe (SHAPE) (Basé à Casteau, près de Mons, en Belgique).

grands chefs (les) (armée) (the) senior leadership (US). Ex : *Les grands chefs de l'armée de terre française : the French Army's senior leadership (GB).*

grand service de renseignement (RENS) major intelligence agency (US).

grands principes de la guerre (les) the principles of war (US).

grand théâtre de guerre major war theater (MWT) (US).

grand U (Saint-Cyr) St.Cyr (Military Academy) cadet's full dress uniform.

grand uniforme (GU) full dress uniform (GB).

grand vent (coup de vent) gale (GB).

granulé pellet (UN). Ex : *Granulés d'explosion (ou explosifs) : booster pellets (UN).*

graphique (document) chart (CFE), graphic (OTAN).

graphique (ordre) graphic (order).

grappe (mines / bombes / parachutes) cluster (US, OTAN).

grappin grappling hook (US).

gratifiant rewarding (US).

gratitude gratitude (OTAN), appreciation (OTAN) (VERB: "to express") (ADJ "sincere") (PREP: "for"). Ex: *Le Comité a exprimé au général X toute sa gratitude pour ses éminents services: the Committee expressed to General X lasting gratitude for his distinguished service (OTAN).*

gravats rubble.

grave (blessure / dégât / incident / crise) severe ou serious (blessure, dégât) (US), serious (incident), grave (crise, situation, menace) (OTAN, GB). Ex: *Faire face à une grave crise humanitaire: to address a grave humanitarian crisis (OTAN) – La situation est très grave: the situation is extremely grave (GB) – Une blessure grave: a severe injury (US).*

gravement badly (GB). Ex: *Plusieurs d'entre eux étaient si gravement blessés qu'il survécurent pas longtemps: several of them were so badly wounded they did not survive long (GB).*

gravir to climb (US, GB), to negotiate (US). Ex: *Gravir une pente à 60° (véhicule blindé): to negotiate a 60 per cent grade (US) – Gravir des pentes de (près de) 60% (véhicule): to climb gradients of (almost) 60 per cent, to climb 60% gradients (US) – Les commandos ont dû gravir une falaise de 15 mètres: the commandos had to climb a 50ft cliff (GB).*

gravité (degré de blessure) seriousness (OTAN).

gravité (degré de) (maladie) severity (OTAN).

GRCA (groupement de reconnaissance de corps d'armée) (Traduction proposée) Corps reconnaissance force, Corps screen force, Corps covering force.

Grèce Greece (Lettres-code OTAN: "GR").

gréement (parachute) rigging (GB).

grenade grenade (ou hand-grenade) (Terme générique) (US, GB, UN) (VERB: "to throw", "to toss", "to retaliate with", "to booby-trap" = piéger, "to use") (ADJ: "shrapnel"). Ex: *Lancer une grenade dans un abri fortifié (fantassin): to toss (ou to fling ou to throw) a grenade into a bunker (US).*

grenade à fragmentation fragmentation grenade (GB, US).

grenade à fusil rifle grenade (GB, US).

grenade à main hand-grenade (GB).

grenade assourdissante deafening grenade.

grenade au phosphore phosphorous grenade (GB) (Surnom GB: "gold top").

grenade aveuglante blinding grenade (UN), light-flash grenade (UN).

grenade d'éclairement du terrain light grenade (UN).

grenade défensive defensive grenade (GB).

grenade d'entraînement practice grenade (GB).

grenade d'exercice practice grenade.

grenade éclairante light grenade (UN).

grenade explosive sans éclats flash hand grenade.

grenade fulgurante stun grenade (GB) (VERB: "to detonate", "to use") (EXPR: "to produce loud noise", "to stun anyone in close proximity", "to be an effective item in the anti-terrorist armoury").

grenade fumigène smoke grenade (US).

grenade incendiaire incendiary grenade (US, GB).

grenade lacrymogène tear-gas grenade (GB) (NOM ASS.: "volley").

grenade offensive offensive grenade (GB).

grenade percutante concussion grenade (GB).

grenade piégée trip grenade (UN).

grenadier (INF) (PERS) grenadier (US).

Grenadier (PERS) (Hist.) Grenadier (GB). Ex: *Un poste tenu par la Compagnie de Grenadiers (Hist.): a post held by the Grenadier Company (GB).*

grenadier-voltigeur (GV) (ou fantassin) rifleman (GB, US) (Abréviation GB: "Rfn").

grièvement serioulsy (US). Ex: *Grièvement blessé: seriously wounded (US).*

grillé (agent / installation / activité clandestine) (RENS) blown.

grille (carroyage) grid (US, GB, OTAN). Ex: *Unité de référence de grille (UREF): grid reference unit (GRU) (OTAN).*

grille grid (GB). Ex: *L'entrée du tunnel était protégée par une grille métallique: the entrance to the tunnel was protected by a metal grid (GB).*

grille de désignation des points point designation grid (US, OTAN).

grille de Mercator transverse universelle universal transverse Mercator (UTM) grid (US, OTAN).

grille d'objectifs target grid (US, OTAN).

griller (RENS) to burn (US). Ex: *Griller un agent: to burn an agent (US).*

Cf.: To burn: to expose the identity of an undercover agent (US).

grilles de transmission (char) transmission louvers.

grilles de ventilation du moteur (char) engine louvers.

grimper (verbe) to climb (US), to clamber (GB), to mount (US). Ex: *Grimper à une corde: to climb a rope (US) – Ils grimpèrent sur les véhicules (légionnaires): they clambered over the vehicles (GB) – Les pertes ennemies grimpent rapidement: enemy losses mount rapidly (US).*

grimper (à la corde) (type d'épreuve) rope-climbing (US, GB).

grimper (à la corde) climb (US), rope-climb (US). Ex: *Le lieutenant Fegely effectue un grimper: First Lt. Fegely executes a climb (US).*

gros (adjectif) large (UN, US, GB, Jane's). Ex: *Système d'artillerie de gros calibre: large calibre artillery system (UN) – Des pneu(matique)s plus gros: larger tyres (Jane's) – Canon à gros calibre: large-caliber gun (US) – Gros hélicoptère: large helicopter (US, GB).*

gros (les) (force) (TAC) the main body (OTAN, US), the main force (GB).

gros (nom) bulk (GB, US, OTAN). Ex: *Le gros de la division (TAC): the bulk of the division (GB) – Former le gros des effectifs (pays participant à une opération multinationale): to contribute (ou to make up) the bulk of the manpower – Libérer le gros des effectifs de l'armée de terre: to discharge the bulk of the Army (US) – Le gros des forces défensives est réparti entre les points d'appui établis dans la zone où la bataille doit être livrée: the bulk of the defending force(s) is disposed in selected tactical localities where the decisive battle is to be fought (OTAN) – Le gros de la mission: the bulk of the mission (US).*

gros (action / bataille) burden. Ex: *Le gros de la bataille incombait à la 1ère Brigade: the heaviest burden of fighting fell on the 1 st Brigade.*

gros (jour d'arrêt de rigueur) day under close arrest.

gros bosseur (ou travailleur) (PERS) workhorse (familier) (US).

gros calibre (de) heavy (GB). Ex: *L'artillerie de gros calibre: heavy artillery (GB).*

gros consommateur (de) large user (of) (US), big customer (for) (familier) (US). Ex: *L'artillerie divisionnaire est grosse consommatrice d'obus de 90 mm : Division Artillery is the big customer for 90mm shells (US).*

gros-porteur large transport aircraft (OTAN).

grossissement (optique) magnification. Ex: *Viseur à grossissement : magnification sight (GB) – Un viseur à double grossissement : a sight with dual magnification – Une lentille à triple grossissement : a 3 x magnifying lens (US) – Grossissement 12 fois : 12 X magnification – Viseur avec grossissement de 13 : 13 X power sight.*

grosso modo roughly.

gros travailleur (PERS) hard worker (US) (Terme familier US : "workhorse").

gros transporteur de pétrole brut very large crude-oil carrier (VLCC) (OTAN).

grotte (TOPO) cave (US, GB) (VERB : "to hide in").

groupe group (US), panel (UN), party (GB). Ex: *Un groupe de soldats : a group of soldiers (US) – Méthode d'instruction par petits groupes : small group instruction method (US) – Groupe d'armes : group of weapons (OTAN) – Groupe spécial d'experts : ad hoc group of experts (UN) – Groupe de coordination : co-ordinating group (UN) – Groupe d'états : group of states (UN) – Groupe d'experts : group (ou panel) of experts (UN), expert group (UN) – Groupe de contrôle : monitoring group (UN) – Groupe de travail : working group (UN) – Un groupe extrémiste : an extremist group (US) – Un groupe de journalistes : a group of journalists (Terme familier GB : "hackpack") – Un groupe d'anciens combattants visite la base : a party of vets is visiting the base (GB) – Opérer par groupes de 2 à 30 membres (RENS) : to operate in groups of between 2 and 30 members (US).*

groupe (unité militaire) squad (US), section (US, GB), team (GB), group (US). Ex: *Un groupe d'infanterie : a squad ou section (US), a section (GB) – Un groupe / équipe du génie : an engineer team (GB) – Groupe d'observateurs militaires : military observer group (US) – Combat au corps-à-corps entre groupes d'infanterie (entraînement) : inter-squad hand-to hand combat (US).*

groupe (section de mortiers lourds / SML) section (US). Ex: *Son articulation en deux groupes (SML) : its two-section breakdown (US) – La section de mortiers lourds comprend deux groupes de cinq véhicules chacun : the heavy mortar platoon has two sections with five vehicles each (US).*

groupe (journalistes) pool (OTAN) (VERB : "to cover") (ADJ : "restricted" = restreint).

groupe ad hoc ad hoc group (AHG) (OTAN).

groupe aéronaval (GAN) aircraft carrier battle group (CVBG) (OTAN), carrier (vessel) battle group (CVBG) (GB). Ex: *Le groupe aéronaval autour du porte-avions américain Enterprise : the USS (= United States Ship) Enterprise carrier group (Jane's) (VERB : "to be positioned").*

groupe amphibie amphibious group (OTAN).

groupe auxiliaire de puissance auxiliary power unit (APU) (US).

groupe cible (action psychologique) target group (Time). Ex: *Diviser la population en groupes cibles (largage de prospectus) : to divide the population into target groups (Time).*

groupe cible (RENS) target group (US).

groupe consultatif advisory group (OTAN, CA). Ex: *Groupe consultatif pour la recherche et les réalisations aérospatiales : advisory group for aerospace research and development (AGARD) (OTAN).*

groupe consultatif industriel de l'OTAN NATO Industrial Advisory Group (NIAG).

groupe d'action d'hélicoptères helicopter action group (HAG) (OTAN).

groupe d'armées army group (AG) (OTAN).

groupe d'armées Centre, Centre-Europe Central Army Group, Central Europe (CENTAG) (OTAN).

groupe d'armées nord Northern Army Group (NORTHAG) (OTAN). Ex : *Commandant du groupes d'armées nord : Commander, Northern Army Group (COMNORTHAG) (OTAN).*

groupe date-heure (GDH) date-time group (DTG) (Exemple de GDH : "Le 20 avril 1991 à 10 H 30 GMT" se transcrira : "201030Z APR 91"). Ex : *La 54ᵉ Division d'Infanterie attaquera le 9 octobre à 06 H 15 (ordre d'opérations) : 54th Inf Div atk 090615 Oct (US).*

groupe de chasseurs (GC) (INF) mechanized infantry battalion (Se rencontre sous la forme écrite : Infantry Battalion (Mech) (US, GB).

groupe de combat (INF) (rifle) section (GB), (rifle) squad (US). Ex : *Un groupe de combat de 9 hommes : a nine-man infantry squad (US), a 9-man (rifle) section (GB) / squad (US), a rifle squad of 9 men (US), a squad of nine (US).*

groupe de combat d'hélicoptères helicopter action group (HAG) (OTAN).

groupe de contact (OTAN) Contact Group (NATO). Ex : *Le Groupe de Contact international pour l'ancienne Yougoslavie : the international Contact Group on the former Yugoslavia (Jane's).*

groupe de débarquement de bataillon battalion landing team (BLT) (OTAN).

groupe de déminage mine clearing party.

groupe de destruction (GEN) (demolition) firing party (GB) (Terminologie OTAN : "équipe de mise à feu du dispositif de destruction").

groupe de forces task force (OTAN), group of forces (OTAN). Ex : *Groupe de forces ouest (GFO) : Western Group of Forces (WGF) (OTAN).*

groupe de forces interarmées multinationales (GFIM) (OTAN) Combined Joint Task Force (CJTF) (OTAN) (Pluriel de l'abréviation : "CJTFs" (OTAN).

groupe de haut niveau high level group (HLG) (OTAN).

groupe de journalistes group of journalists (GB), pool (OTAN) (Terme familier GB pour un groupe accompagné par un officier de presse : "hackpack").

groupe de pays group of nations (US).

groupe de pression militaire military lobby (US).

groupe de réparation mobilité (GRM) (MAT) main repair group (MRG) (Dans une "Close Support Company" du "Royal Electrical and Mechanical Engineers" (REME) (GB) (Réparations profondes).

groupe de résistance (à un gouvernement) resistance group (US) (VERB : "to support", "to assist", "to operate") (ADJ : "local").

groupe de réflexion think-tank (OTAN).

groupe de saut (TAP) stick (US, OTAN, GB).

groupe d'escadrons (GE) (ABC) squadron group (Jane's).

groupe de soutien de l'AFCENT (Allied Forces Central Europe) AFCENT support group (ASG) (OTAN).

groupe des plans nucléaires (OTAN) Nuclear Planning Group (NPG) (OTAN).

groupe de travail working group (WG) (OTAN, US), working party (WP) (OTAN) (VERB : "to establish" = mettre sur pied). Ex : *Groupe de travail ad hoc : ad hoc working group (AHWG) (OTAN).*

groupe d'étude study group (US) (VERB : "to form").

groupe d'infiltration infiltrating group (US). Ex : *Se frotter à des groupes d'infiltration (patrouille) : to tangle with infiltrating groups (US).*

groupe d'insurgés insurgent group (US) (VERB : "to support").

groupe d'objectifs group of targets (OTAN).

groupe d'observateurs militaires military observer group (UN, US). Ex : *Groupe d'observateurs militaires des Nations-Unies pour l'Iran et l'Irak (GOMNUII) : United Nations Iran / Iraq Military Observer Group (UNIIMOG) (UN).*

groupe électrogène power unit, generator (US, GB), generator (set) (ou "genset"). Ex : *Groupe électrogène de secours (ou générateur auxiliaire de bord) : auxiliary power unit (APU) (US).*

groupe ethnique ethnic group (GB, OTAN).

groupe géographique topographic section (GB).

groupe indicateur d'adresses address indicator group (AIG) (OTAN).

groupement (regroupement d'unités) grouping (US, GB). Ex : *Un groupement d'unités : a grouping of units (US).*

groupement (ALAT) pas d'équivalent US ou GB.

groupement (tactique) (battalion) task force (TF) (US), battlegroup (BG) (GB) (Volume : régiment). Ex : *Groupement du volume d'une brigade : brigade task force (US).*

Comp. :

- Battalion task force : a force generally organized by combining tanks and mechanized infantry elements under a single battalion commander to conduct specific operations. A battalion task force may be tank-heavy, mechanized infantry-heavy, or balanced, depending on the concept and plan of operation (US).

- Battlegroup : a tactical grouping, usually with armour and infantry under command, based on the HQ of an armoured regiment or infantry battalion, normally armoured or mechanized, or possibly an armoured reconnaissance regiment (GB).

- Système de forces créé temporairement, le groupement peut être de nature et de volume très divers (..., groupement interarmes de l'armée de terre,...) (F).

groupement (tir) shot group (US).

groupement (impacts de balles) (tir) grouping (GB).

groupement aéromobile (GAM) airmobile task force.

groupement aéroporté airborne battlegroup (GB).

groupement blindé armoured battlegroup (GB)

Cf. : "A typical battlegroup fighting a defensive battle on the FEBA and based on an organisation of one armoured squadron and two mechanised companies could contain about 600 men, 16 tanks and about 80 armoured personnel carriers" (GB).

groupement d'action d'ensemble general support (GS) artillery group.

groupement d'artillerie artillery group (US, GB).

groupement d'assaut par air air assault task force (US).

groupement de combat combat group.

groupement de commandos parachutistes (GCP) (DP/COS) (ex-Groupement CRAP) (Traduction proposée) (Airborne Brigade) para-commando (ou pathfinder) squadron (Cf. Les 4 ou 5 "squadrons" des "SAS Regiments" britanniques, composés chacun d'une centaine d'hommes).

groupement de forces force package (US, UEO) (Abréviation US : "FP").

534

groupement de reconnaissance de corps d'armée voir **GRCA.**

groupement de régiments group (US) (= " two battalions or more"). Ex : *Groupement (de régiments) des Forces Spéciales (US) : Special Forces group (US).*

groupement de renseignement military intelligence (MI) group (US) (Corps d'armée).

groupement des contrôles radioélectriques (GCR) (DGSE) Équivalent GB : Government Communications Headquarters (GCHQ) (Basé à Cheltenham, Gloucestershire).

groupement de tirs d'appui fire support group (FSG) (GB, OTAN).

groupement d'intervention de la Gendarmerie Nationale (GIGN) the Gendarmerie elite force (Traduction rencontrée dans D. Porch, The French Secret Services), the French GIGN counterterrorist unit (US).

groupement du génie engineer group (US).

groupement interarmées joint task force (JTF) (US). Ex : *Le groupement interarmées Bravo (ou Le 2ᵉ groupement interarmées) : Joint Task Force Bravo (Pas d'article défini).*

groupement interarmes combined arms team (US), combined arms task force (US) (VERB : "to form").

groupement logistique (ou de soutien logistique) combat service support group (GB), logistics support group (US).

groupement médical medical group (US).

groupement santé (DB) field ambulance (GB).

groupement spécial autonome (GSA) (RPIMa + CES + DAOS) (armée de terre 2002) (Traduction proposée) special operations independent task force.

groupement tactique parachutiste de premier échelon (opération aéroportée) leading parachute battalion group (LPBG) (GB) (Valeur : bataillon renforcé).

groupe minoritaire minority group (OTAN).

groupe motopropulseur (ou groupe moteur) (GMP) (véhicule blindé) powerpack (Jane's), power plant (US), power train (US) (VERB : "to install", "to remove") (ADJ & PART : "improved", "reliable").

groupe opérationnel task group (OTAN). Ex : *Groupement opérationnel amphibie : amphibious task group (ATG) (OTAN).*

groupe politique political group (GB).

grouper to group (US), to involve (OTAN). Ex : *Des positions groupées autour d'un centre de résistance : positions grouped around a strong point (OTAN) – Explosion groupée : group explosion (UN) – Le fait de grouper les régiments de manœuvre sous les trois PC de brigade en nombre et en type appropriés en fonction de la mission de chaque brigade constitue ce que l'on appelle "l'organisation pour le combat" : grouping the combat maneuver battalions under the three brigade headquarters in the number and type appropriate to the mission of each brigade is called "organization for combat" (US) – Exercice combiné groupant des éléments de plusieurs forces armées d'un même pays : joint exercise involving forces of more than one service of the same nation (JOINTEX) (OTAN).*

groupe sectaire (ou secte) sect (US).

groupe terroriste terrorist group (US) (VERB : "to support") (NOM ASS. : "member").

grue (GEN) crane (Jane's). Ex : *Grue hydraulique : hydraulic crane (Jane's) – Une grue d'une capacité de 3,5 tonnes : a crane capable of lifting 3.5 tonnes (GB), a 3,5 Tm capacity crane (US).*

grutier crane operator (US).

gué ford, fording site (GB). Ex : *Passer une rivière à gué : to ford a river – Aménager un gué : to prepare a fording site (GB).*

gué (passage à) (action) fording.

guéable fordable (US) (Contraire : "unfordable").

guérilla (type de guerre) guerrilla warfare (OTAN). Ex : *Opérations de lutte anti-guérilla : anti-guerrilla operations (GB) (Voir aussi **lutte anti-guérilla**).*

guérilla (ensemble de forces) guerrilla forces (US).

guerillero guerrilla (OTAN), guerrilla fighter (GB).

guérir (soigner) (SAN) to cure.

guérir (ou se remettre ou retrouver la santé) to recover (+ préposition "from").

guérison des blessures (SAN) wound healing (US).

guérite sentry box (US, GB).

guerre (conflit réel / conflit en général) war (US, GB, UN, OTAN) (VERB : "to fight", "to win", "to occur", "to execute", "to conduct", "to break out", "to prevent", "to deter", "to end", "to wage", "to stop", "to drag on" = s'éterniser) (ADJ : "major", "future", "real", "high-tech", "limited", "unlimited", "controllable", "come-as-you-are", "past", "tough", uncompromising", "unforgiving") (NOM ASS. : "lessons") (EXPR : "in the aftermath of war" = dans l'après-guerre). Ex : *Une guerre limitée : a limited war (US) – Une guerre généralisée : a general war (US) – Une guerre totale : an all-out war – Les 2 pays sont en guerre : the 2 countries are at war (GB) – guerre de moindre envergure : minor war (UN) – La guerre du Golfe : the Gulf War (GB) – Prévenir la guerre en Europe : to prevent war in Europe (OTAN) – Le Traité de Paris a officiellement mis fin à la guerre (Hist.) : the Treaty of Paris formally ended the war (US) – guerre asymétrique : asymmetric war (US) – Poste de commandement de guerre : war headquarters (OTAN) – Depuis que la guerre existe : since wars began (GB) – Les pays en guerre : the warring countries – Le pays est ravagé par la guerre depuis 20 ans : the coutry has been ravaged by war for 20 years (GB) – Une guerre d'usure : a war of attrition (GB).*

guerre (type / mode de conflit) warfare (VERB : "to develop", "to conduct", "to do") (ADJ : "modern") (PART : "manned", "unmanned").

guerre (sens abstrait) battlefield (US). Ex : *Un soldat qui, intellectuellement, accepte la guerre : a soldier who mentally accepts the battlefield (GB).*

guerre (de) war (En épithète).

guerre accidentelle (STRAT) accidental war.

guerre aérienne air war.

guerre aérienne stratégique (type de guerre) strategic air warfare (US, GB).

guerre alliée (ou interalliée) (type de guerre) combined warfare (US).

guerre amphibie amphibious warfare (AW) (OTAN).

guerre antiaérienne (type de guerre) anti-air warfare (AAW) (GB).

guerre anti-sous-marins anti-submarine warfare (ASW) (OTAN).

guerre biologique biological warfare (BW), biowar ou bio-war (Jane's, US).

guerre biologique et chimique chemical and biological warfare (CBW) (OTAN).

guerre catalytique (STRAT) catalytic war.

guerre centrale (STRAT) central war.

guerre chimique chemical warfare (GB, UN) (Abréviation GB / UN : "CW").

guerre chimique et biologique chemical and biological warfare (CBW) (GB).

guerre civile civil war (GB) (VERB : "to erupt into", "to rage", "to trigger") (ADJ : "savage", "bloody") (PREP : "in"). Ex : *Un état de guerre civile : a state of civil war (GB).*

Cf. : War conducted largely within the boundaries of a state in which a significant part of the population is associated with opposing sides. One or both sides may have external help (GB).

guerre classique (ou conventionnelle) (STRAT) conventional war.

guerre coloniale colonial war (US).

guerre contre-révolutionnaire (type de guerre) counter-revolutionary warfare (GB).

guerre côtière coastal warfare (OTAN).

guerre courte short war (US).

guerre cybernétique cyberwar (US).

guerre d'agression (ou offensive) war of aggression.

guerre de coalition (ou guerre en coalition) (type de guerre) coalition warfare (US).

guerre de conquête war of conquest.

guerre défensive defensive war.

guerre de frontières border war (US).

guerre de guérilla guerrilla war.

guerre de guérilla (type de guerre) guerrilla warfare (US) (VERB : "to wage").

guerre de haute intensité high-intensity warfare (US).

guerre de haute technologie high-tech war (GB).

guerre de la connaissance knowledge-based warfare (Jane's).

guerre de l'information (info-guerre ou guerre informationnelle) (type de guerre) information warfare (IW) (US, GB).

Cf. : The gaining of unauthorised electronic access to information systems in order to exploit them for intelligence purposes or to disrupt their operation (GB).

guerre de l'information (conflit réel) information war (US). Ex : *Gagner des guerres d'information opérationnelle : to win battlefield information wars (US).*

guerre de l'ombre (RENS) clandestine warfare (US) (VERB : "to engage in").

guerre de mouvement mobile warfare (US), manoeuvre warfare (GB), maneuver warfare (US).

guerre de position positional warfare (GB).

guerre des blindés armoured warfare.

guerre des C2 command and control warfare (C2W) (OTAN).

guerre des étoiles (terme médiatique) "Star Wars" (UN) (Strategic Defense Initiative, ou SDI) (Voir aussi **initiative de défense stratégique (IDS)**.

guerre des gaz gas warfare (UN).

guerre des mines mine warfare (US).

guerre des mines sur terre land mine warfare (OTAN).

guerre des nerfs war of nerves (US, GB).

guerre de tranchées trench warfare (US, GB). Ex : *La guerre de tranchées de la 1ère Guerre mondiale : the trench warfare of World War I (US).*

guerre d'extermination war of extermination (GB).

guerre du commandement command and control warfare (C2W) (US, GB).

Cf. : The integrated use of operations security, military deception, psychological operations, electronic warfare, and physical destruction mutually supported by intelligence to deny information to, to influence, or to degrade adversary C2 capabilities while protecting C2 capabilities against such actions; C2W applies across the full range of military operations and all levels of war (US).

guerre du futur (ou future) future warfare (US).

guerre du Golfe (la) (1991) the Gulf War (GB) (En abrégé: "the Gulf"). Ex: *J'ai fait la guerre du Golfe: I was in the Gulf (GB), I served in the Gulf (GB).*

guerre du renseignement intelligence war (GB).

guerre d'usure (type de guerre) attritional warfare (GB).

guerre éclair blitzkrieg (GB) (Pluriel: "blitzkriegs").

guerre économique economic war.

guerre électronique (titre de sous-paragraphe) electronic warfare (EW) (GB).

guerre électronique electronic warfare (EW) (OTAN, US, GB) (Autre abréviation rencontrée: "ELW") (ADJ: "offensive").

Comp.:

- The use of electromagnetic energy to determine, exploit, reduce, or prevent hostile use of the electromagnetic spectrum and to ensure friendly use thereof (US).

- Ensemble des actions menées dans le domaine des émissions radio-électriques pour tirer parti des émissions de l'adversaire (interception, écoutes, analyse, localisation), lui interdire l'utilisation des ondes électromagnétiques (brouillage, intrusion, leurrage), tout en étant soi-même capable d'utiliser efficacement ces mêmes ondes électomagnétiques (F).

guerre électronique défensive defensive electronic warfare (DEW) (OTAN).

guerre électronique offensive offensive electronic warfare (OEW) (OTAN).

guerre en (ou de) coalition coalition warfare (US).

guerre en surface above water warfare (OTAN).

guerre en vertu de la législation du pays law-of-land warfare (US).

guerre expéditionnaire (type de guerre) expeditionary warfare (Jane's).

guerre fixe static war (UN).

guerre froide (the) Cold War (US, GB) (VERB: "to fight", "to begin", "to fade"). Ex: *Dans le monde d'après la guerre froide: in the post-Cold War world (GB) – La guerre froide était finie: the Cold War was over (US) – Dans l'Europe de la guerre froide: in Cold War Europe (US).*

guerre généralisée (STRAT) general war (US).

guerre high-tech high-tech war (US).

guerre hivernale winter warfare (UN).

guerre informationnelle information warfare (US). Ex: *guerre informationnelle défensive: defensive information warfare (US).*

guerre insurrectionnelle insurgency war, insurgent war (US).

guerre juste "just war" (OTAN). Ex: *Certains principes de la doctrine de la guerre juste: some principles of "just war" doctrine (OTAN).*

guerre limitée (STRAT) limited war.

guerre locale local war.

guerre médiatique (ou des média) media war (US).

Guerre mondiale world war (US, GB) (En abrégé: "WW". Ex: *La Deuxième Guerre mondiale: the Second World War, World War II (WW2) – La Troisième guerre mondiale: the Third World War (GB) (Surnom humoristique GB: "the next fixture") – Pendant la 2ᵉ Guerre mondiale: during World War II (US) – La Division se distingua (au combat) lors des deux guerres mondiales: the Division fought with distinction in both World Wars (GB).*

538

guerre non conventionnelle unconventional warfare (UW) (US) (VERB : "to conduct"). Ex : *Zone d'opérations de guerre non conventionnelle : Unconventional Warfare Operations Area (UWOA) (US).*

Cf. : A broad spectrum of military and paramilitary operations conducted in enemy-held, enemy-controlled, or politically sensitive territory. UW includes guerrilla warfare, evasion and escape (E & E), subversion, sabotage, direct action missions, and other operations of a low visibility, covert or clandestine nature (US).

guerre nucléaire (type de guerre) nuclear warfare (NW) (OTAN), nuclear war (GB) (ADJ : "controllable", "graduated").

guerre nucléaire, bactériologique et chimique (NBC) nuclear, biological and chemical (NBC) warfare (US).

guerre nucléaire limitée (STRAT) limited nuclear war.

guerre numérique (type de guerre) digital warfare (US). Ex : *Le Longbow (=hélicoptère) est conçu pour la guerre numérique : the Longbow is designed for digital warfare (US).*

guerre physique (par rapport à guerre électronique) physical warfare (US).

guerre planétaire global war (US).

guerre politique political warfare.

guerre presse-boutons push-button war(fare) (GB).

guerre préventive preventive war.

guerre psychologique psychological warfare (PSYWAR) (US).

guerre radiologique radiological warfare (RW) (OTAN, UN).

guerre révolutionnaire revolutionary war (GB).

guerre secrète (RENS) clandestine warfare (US), "cloak-and-dagger" warfare (US) (VERB : "to wage").

guerre spatiale space warfare (US).

guerre sur terre war on land.

guerre (combat) terrestre land warfare (US) (ADJ : "conventional").

guerre totale total war, all-out war (US).

guerre zéro mort zero-casualty war (Jane's) (Voir aussi **zéro mort**).

guerrier (nom) warrior (US) (ADJ : "ultimate").

guerrier (adjectif) warlike (pays, comportement), war (chants, exploits). Ex : *Des batailles qui jonchent le passé guerrier de la Légion : battles which litter the Legions' record of combat (GB).*

guerrier de l'information information warrior (US).

guet watch, picket (OTAN). Ex : *Faire le guet : to keep watch – Avion radar de guet : radar picket aircraft (OTAN).*

guet-apens ambush. Ex : *Tomber dans un guet-apens : to be caught in an ambush.*

guetter to watch, to be on the look-out (US). Ex : *Le groupement guettait une formation irakienne de 20 chars : the task force was on the lookout for a 20-tank Iraqi formation (US).*

guetteur (soldat) lookout (US), watcher (US).

guetteur (RENS) watcher (US).

guetteurs (les) (poste d'observation) the OP (GB). Ex : *Tous les guetteurs ont été faits prisonnier : all of the OP were captured (GB).*

guidage (appui aérien / technologie missile) guidance (US, GB, OTAN). Ex : *Missile / munitions / à guidage de précision : precision-guided / missile / munitions (PGM) (UN, US).*

guidage actif active homing guidance (US, OTAN).

guidage à mi-parcours midcourse guidance (UN, OTAN), in-flight guidance.

guidage autonome fire and forget (US, GB) (Également en épithète), autonomous guidance (GB).

guidage de collision homing guidance (OTAN).

guidage de fin de trajectoire (missile) terminal guidance (US, GB).

guidage de missiles missile guidance (US). Ex : Ex : *Intercepter les signaux émanant de radars et de systèmes de guidage de missiles (RENS) : to intercept signals emanating from radar and missile guidance systems (US).*

guidage de précision (à) precision-guided (UN, US).

guidage en vol midcourse guidance (UN, OTAN), in-flight guidance.

guidage final terminal guidance (UN, OTAN).

guidage terminal final (à) terminally guided (UN) (En épithète).

guidage inertiel inertial guidance.

guidage intelligent (à) smart-guided (US) (En épithète).

guidage jusqu'à mi-course guidance through mid-course (US).

guidage laser laser guidance.

guidage laser (à) laser-guided (OTAN). Ex : *Bombe à guidage laser : laser-guided bomb (LGB) (OTAN).*

guidage par alignement sur la ligne de visée CLOS (command-to-line-of-sight) guidance.

guidage par fibre optique Ex : *Missile à guidage par fibre optique : fiberoptic-guided missile (FOG-M) (US).*

guidage par inertie inertial guidance.

guidage par itération iterative guidance.

guidage par (rayon) laser laser guidance (OTAN, UN), laser guiding (UN).

guidage passif passive homing (guidance) (US, OTAN).

guidage radar (à) radar-guided (GB).

guidage semi-actif semi-active homing guidance (OTAN).

guidage semi-automatique par alignement sur la ligne de visée semi-automatic command-to-line-of-sight (SACLOS) guidance (GB).

guidage télécommandé command guidance (OTAN).

guidage terminal terminal guidance (US, OTAN). Ex :

guidage terminal (à) terminally(-)guided (US, OTAN), terminal guidance (En épithète) (US).

guidage TV (à) television-guided (OTAN). Ex : *Missile à guidage TV : television-guided missile (TGM) (OTAN).*

guide (manuel) guidebook (US), guide (GB) (VERB & NOM : "to browse through", "to use" / "user") (ADJ : "handy") (NOM ASS. : "development"). Ex : *Le guide du soldat : the soldier's guidebook (US).*

guide (accompagnateur de groupe) guide (GB) (ADJ : "local").

guide (véhicule de tête de colonne) pace setter (OTAN).

guidé (arme) guided (OTAN).

guide à gauche / à droite ! guide left / right ! (US).

guide de planification interarmées (documents) joint planning guide (GB).

guide d'évaluation evaluation guide (US).

guide du ressort récupérateur (pistolet automatique) recoil spring guide.

guidé du sol (approche) ground-controlled (OTAN). Ex : *Approche guidée du sol : ground-controlled appraoch (GCA) (OTAN).*

guidé par laser (ou à guidage laser) laser-guided.

guidé par liaison de télécommande filaire wire command-link guided.

guidé par radar radar-guided (GB).

guidé sur faisceau (missile) beam rider (OTAN) (En épithète : "beam-riding").

guider to guide (US), to steer (US). Ex : *Guider une unité : to guide a unit – Guider le missile jusqu'à (ou vers ou sur) sa cible : to guide the missile to its target (US) – Guider une bombe jusqu'à l'impact : to steer a bomb to impact (US) – Trouver des autochtones qui puissent les guider dans le désert : to find local men to guide them across the desert (GB).*

guidon (arme automatique / arme de poing / pistolet automatique / carabine / bazooka) front sight.

guidon (fusil) front bead.

guidon (étendard de cavalerie) guidon (GB, US). Ex : *Le guidon de l'unité : the unit's guidon (US).*

guitoune (tente) tent (US, GB).

guitoune (abri sommaire) dugout, funkhole.

Guyane française (la) French Guyana (GB).

gymnase gymnasium (US, GB) (En abrégé : "gym"). Ex : *Le bataillon se rassembla dans le gymnase : the battalion assembled in the gymnasium (GB).*

gyroscope gyroscope, rate gyro. Ex : *Gyroscope (à) laser : laser gyroscope (UN).*

gyroscopique gyroscopic (OTAN). Ex : *Action gyroscopique : gyroscopic action (OTAN).*

gyrostabilisé gyrostabilized.

H

(HOTEL)

H (heure militaire) H (US, GB). Ex : *À compter de H — 10 (H moins 10) : commencing H — 10 (H-minus-ten) (US, GB).*

HA voir **hélicoptère antichar.**

habileté skill. Ex : *De nombreuses habiletés tactiques et techniques : many tactical and technical skills.*

habileté au maniement d'armes skill at arms (SAA) (GB).

habileté logistique logistic skill (GB).

habilitation (procédure RENS) vetting (US).

habilitation de sécurité (PERS) (RENS) clearance (OTAN, US) <u>ou</u> vetting (GB), security clearance (US) <u>ou</u> positive vetting (GB) (VERB : "to request... on", "to revoke", "to receive", "to hold", "to deny", "to apply for", "to grant", "to establish", "to give... to" = délivrer) (PREP : "for") (EXPR : "to be valid for access to", "to be necessary for access to") (Les habilitations britanniques sont classées en différents niveaux. Ex : PV-C = Positive Vetting — Confidential, PV-S = Positive Vetting — Secret, PV-TS = Positive Vetting — Top Secret). Ex : *Tous les membres font l'objet d'une enquête d'habilitation (ou de sécurité) : every member undergoes positive vetting (GB) – Enquête d'habilitation de sécurité (accès aux documents classés "Secret" et "Top Secret") : Special Background Investigation (SBI) (US) – Refus d'habilitation (de la part d'une autorité) : clearance denial (US) – Une habilitation Confidentiel Défense : a Confidential clearance (US) – Une habilitation Secret Défense (SD) : a Secret clearance (US) – Une habilitation Très Secret Défense (TSD) : a Top Secret clearance / a TS clearance (US).*

Cf. : <u>Security clearance</u> : An administrative determination by competent national authority that an individual is eligible, from a security standpoint, for access to classified information (OTAN).

habilité par délégation à (chef) Ex : *Un chef qui a été habilité par délégation à... : a commander who has been delegated authority to... (US, GB).*

habiliter Ex : *Une autorité habilitée : (an) appropriate / (a) proper authority (OTAN) – Être habilité par délégation à : to be delegated authority to (OTAN).*

habillé (PERS) clothed (US). Ex : *Une nage sur 100 mètres tout habillé : a 100-meter swim while fully clothed (US).*

habillement (fonction du Commissariat) clothing.

habillement individuel (du soldat) personal clothing (GB, US). Ex : *Distribution de l'habillement individuel : issue of personal clothing (US).*

habitacle (véhicule blindé) cabin, personnel compartment (GB), crew compartment (US).

habitant inhabitant (GB) (ADJ : "original").

habiter (PERS) to live (GB, US). Ex : *Habiter à l'extérieur d'un camp (militaire) : to live out of camp (GB).*

habits (<u>ou</u> habillement) clothing (US, GB) (VERB : "to provide... for").

habituel (régulier) routine (En épithète) (CFE).

habituellement (régulièrement) routinely (CFE).

hache axe (GB), ax (US) (VERB : "to wield").

haché (transmission radio) distorted.

haie d'accueil (réception officielle) receiving line (US) (VERB : "to form", "to go down").

haie d'honneur cordon (US).

haie vive hedge ou hedgerow (GB).

haine (PERS) hatred (US, GB). Ex : *Au combat, tu agis sans passion et sans haine, tu respectes les ennemis vaincus, tu n'abandonnes jamais ni tes morts, ni tes blessés, ni tes armes (Code d'honneur) (Légion) : in combat, you will act without relish of your tasks, or hatred; you will respect the vanquished enemy and will never abandon neither your wounded nor your dead, nor will you under any circumstances surrender your arms (GB).*

halage hauling. Ex : *Opérations de halage : hauling operations.*

hall lobby (OTAN). Ex : *Dans le hall du bâtiment Manfred Wörner : in the lobby of the Manfred Wörner building (OTAN).*

halte (TAC) halt (OTAN) (VERB : "to order").

halte ! (commandement) halt ! (GB), stop ! (GB). Ex : *Halte ou je fais feu ! : Halt, or I fire ! (GB), stop, or I will shoot ! (GB) – Halte ! Qui va là ? (sommation) : Halt ! Who goes there ? (GB).*

halte ! (ART) stand fast ! (OTAN).

halte au feu ! (défense aérienne) hold fire ! (US, OTAN).

halte au tir ! (ART) check firing ! (OTAN).

halte-garderie voir **crèche**.

hamac hammock (GB).

hameau (TOPO) hamlet (GB).

handicap 1. sens **propre** (PERS) : handicap (Terme dénombrable), disability (Terme dénombrable et indénombrable). Ex : *Avec un handicap physique de 100 % : with 100 per cent physical disability (US)* – 2. sens **figuré** : handicap. (ADJ : "severe") (VERB : "to face").

handicapé (PERS) (participe passé) disabled (US), handicapped (US). Ex : *Prise en charge des enfants handicapés (services sociaux / SAN) : care of handicapped children (US) – Fils et filles d'anciens combattants handicapés à 100 % : sons and daughters of 100 per cent disabled veterans (US).*

hangar (aéronefs) hangar (US, GB).

HAP voir **hélicoptère d'appui-protection**.

harcèlement (TAC) harassment (US) (Attention : Terme indénombrable en anglais). Ex : *Opération de harcèlement : harassing operation (ou action), area interdiction operation (OTAN) – Tactique de harcèlement : hit-and-run tactics (UN).*

Cf. : An operation designed to disturb or disrupt the enemy rather than to inflict serious damage (US).

harcèlement (PERS) harassment (US). Ex : *Harcèlement sexuel : sexual harassment (US) – Une victime de harcèlement sexuel : a sexual harassment victim (US).*

harcèlement (tir de) harassing fire (GB, OTAN).

harceler (TAC) to harass (US, GB), to harry.

harceler (importuner) (PERS) to harass (US, GB).

harkis (les) loyal Muslim harki auxiliaries.

harmonieusement harmoniously (US).

harmonisation harmonisation (US). Ex : *L'harmonisation des processus de planification de la défense : the harmonisation of defence planning processes (OTAN).*

harmoniser to standardize (GB), to harmonise (OTAN, GB). Ex : *Code harmonisé de justice militaire : Uniform Code of Military Justice (UCMJ) (US) – Harmoniser les uniformes : to standardize uniforms (GB) – Harmoniser les plans de défense de l'Europe : to harmonise European defence planning (OTAN).*

harnachement (du fantassin) all-purpose lightweight individual carrying equipment (ALICE) (US) (VERB : "to adopt", "to be outfitted with") (ADJ : "standard").

harnais (de parachute) (TAP) harness (US, GB) (VERB : "to release").

hâte (à la) hastily (OTAN). Ex : *Les camps de réfugiés construits à la hâte : hastily constructed refugee camps (OTAN).*

hâtif (irréfléchi) (action) precipitous (US).

hausse (augmentation) (solde) hike (CA). Ex : *Une hausse de la solde des militaires : a military pay hike (CA).*

hausse (arme automatique / fusil automatique / bazooka) rear sight.

hausse (canon) elevation.

hausse (fusil) rear bead.

hausse réglable (carabine) open rear sight.

haut (nom) higher end (UEO), high (GB). Ex : *Pour des opérations du haut du spectre des missions de Petersberg : for operations at the higher end of the Petersberg task spectrum (UEO) – L'ordre arriva d'en haut : the order came down from on high (+ that) (GB).*

haut (véhicule) (nom) top (US).

haut (adjectif) high (US), senior (US), supreme (US). Ex : *Point haut du terrain : high point (US) – Le haut commandement de l'armée de terre (=chefs) : the Army's senior leadership (US) – À haut risque (opération) : highly risky (US) – Cette opération est de la plus haute importance : this operation is of supreme importance (US).*

haut commandement (armée d'un pays) High Command (US, GB), senior leadership (US), (the) senior leaders (US). Ex : *Faire croire au Haut Commandement allemand que les Alliés débarqueraient dans les Balkans : to make the German High Command believe that the Allies would invade the Balkans (US) – Le haut commandement de l'armée de terre française : the French Army's senior leadership (GB) – Le haut commandement israélien : the Israeli High Command (US).*

haut commandement militaire de l'OTAN Major NATO Commander (OTAN).

haut commandement national (HCN) national high command.

haut commandement subordonné (OTAN) Major Subordinate Command (MSC) (OTAN).

haut commissaire high commissioner (UN) (PREP : "on", "for").

haut commissariat des Nations Unies pour les réfugiés (HCR) (the) United Nations High Commissioner for Refugees (UNHCR) (Noter l'emploi de l'article défini "the").

haut conseiller (Président) top adviser (US).

haute altitude (à) high-level (OTAN) (En épithète). Ex : *Opérations de bombardement à haute altitude : high-level bombing raids (OTAN).*

haute altitude (défense aérienne à) high level air defence.

haute altitude (montagne) high altitude (US). Ex : *Combat en haute altitude : high-altitude warfare (US).*

haute autorité de (sous la) under the overall authority of (OTAN).

haute direction (commandement) senior leadership (US).

haute fréquence (TRANS) high frequency (HF) (US, OTAN).

hautement highly (GB). Ex: *Hautement qualifié (PERS): highly skilled (GB).*

hautement qualifié (PERS) high-quality (US). Ex: *Des personnes hautement qualifiées: high-quality people (US).*

haute mer high seas (US). Ex: *En haute mer: on the high seas (US).*

haute montagne high mountain (GB). Ex: *Un col de haute montange: a high mountain pass (GB), a col (GB).*

haute précision (de) highly accurate (GB).

hautes sphères (milieu) establishment (US). Ex: *Pénétrer les hautes sphères du renseignement britannique (agent ennemi): to penetrate the British intelligence establishment (US).*

haute technologie high technology (US) (Peut s'employer en épithète = de haute technologie, ainsi que le diminutif "high-tech". Ex: *Industries de haute technologie: high-tech industries (GB) (Voir aussi **pointe**).*

hauteur (matériel) height. Ex: *Le M1 (=char) a une hauteur de 2,36 m: the M1 is 93.5 inches high (US).*

hauteur (point haut de terrain) elevation (GB). Ex: *L'ennemi est retranché sur cette hauteur: the enemy is dug in on that elevation (GB).*

hauteur height (UN, OTAN), elevation, Ex: *Hauteur d'éclatement: burst height (UN) – Hauteur de bombardement: bombing height (OTAN) – Voler à une hauteur de (aéronef): to fly at a height of (OTAN) – Hauteur de largage: drop height (OTAN) – Hauteur d'ouverture de parachute: parachute deployment height (OTAN) – En hauteur (débattement): in elevation – À hauteur variable (équipement): variable-height (En épithète).*

hauteur (à la) up to (US, OTAN), on the ball (US), equal (US). Ex: *L'unité ne sera pas à la hauteur de sa mission: the unit will fall short of its mission (US) – Être à la hauteur d'une image de force d'élite (unité): to live up to an élite image (GB) – L'officier Opérations est toujours à la hauteur de la situation (état-major de grande unité): the G3 is always on the ball (US) – Être à la hauteur de la mission (PERS): to be equal to the task (US) – Être à la hauteur du niveau exigé par l'armée de terre (PERS) (recrutement): to measure up to Army standards (US) – L'Alliance s'est montrée pleinement à la hauteur des défis les plus redoutables: the Alliance has proved it is fully up to the most demanding challenges (OTAN).*

hauteur au toit de tourelle (char) height to turret roof (GB).

hauteur de (à) in the vicinity of (VIC) (US), along (side), abreast of, deep (US). Ex: *À hauteur d'une ville: in the vicinity of a town (Abréviation US: "VIC") – À hauteur / d'une coupure humide / d'un itinéraire: along (side) / a water obstacle / a route – Arriver à hauteur d'une troupe: to come abreast of a force – Arriver à hauteur d'une ligne: to arrive at a line – Traverser à gué, à hauteur de poitrine: to wade in chest deep (US).*

hauteur d'éclatement (ART) height of burst (OTAN).

hauteur d'éclatement de sécurité (NUC) safe burst height (US, GB).

hauteur d'ouverture (opération aéroportée) (TAP) opening altitude.

hauteurs (TAC) high ground (US, GB), hills, hilltops (VERB: "to capture", "to seize"). Ex: *Sur les hauteurs Nord: on the northern hills – Les hauteurs 298-305: hills 298-305 – Progresser vers les hauteurs: to advance to high ground (GB) – S'emparer des hauteurs: to seize high ground (US) – Sa (= chef) première poussée, utilisant les chars et l'infanterie, était dirigée contre notre gauche dans l'intention de s'emparer des hauteurs donnant sur la ligne Mareth: his first thrust with tanks and infantry was directed against our left*

with the object of capturing some high ground fronting the Mareth Line (US) (Voir aussi
hauteur (point haut de terrain).

haut fonctionnaire senior official (UN).

haut fonctionnaire de défense Defense senior civil servant (US), (Traduction proposée) Defence senior Administration (ou Government) official.

haut fonctionnaire gouvernemental senior Administration official (US).

haut niveau (de) senior (OTAN). Ex : *Le Comité OTAN de Défense Aérienne est l'organe consultatif de haut niveau chargé de donner des avis au Conseil de l'Atlantique Nord sur toutes les questions de défense aérienne : the NATO Air Defence Committee (NADC) is the senior advisory body advising the North Atlantic Council on all air defence matters (OTAN) – Des représentants de haut niveau des pays du PPP (= Partenariat pour la Paix) : senior Representatives from PfP (= Partnership for Peace) Nations (OTAN).*

haut-parleur (action psychologique) loudspeaker. Ex : *Système de haut-parleurs : loud-speaker system (US).*

haut pouvoir de destruction (à) high-kill. Ex : *Mine antichar à haut pouvoir de destruction (HPD) : high-kill antitank mine.*

Haut Représentant High Representative (OTAN).

Haut Représentant de l'Union européenne pour la Politique étrangère et de sécurité commune (le) the EU's High Representative for the Common Foreign and Security Policy (OTAN).

haut responsable senior official (OTAN, Jane's), high-ranking official (US). Ex : *Un haut responsable britannnique : a senior British official (OTAN) – Les hauts responsables politiques : high-ranking political officials (US).*

haut risque (à) (opération) highly risky (US).

hauts gradés (les) (the) top brass (US).

HAWK amélioré (missile sol-air) improved HAWK surface-to-air missile (US) (HAWK = Homing All the Way Killer).

hebdomadaire weekly (US). Ex : *Une inspection hebdomadaire : a weekly inspection (US).*

hébergement accomodation (GB) (Abréviation GB : "accn").

héberger (troupes) to quarter (GB). Ex : *Il a été hébergé chez le prêtre : he was quartered on the priest (GB).*

hectométrique medium (OTAN). Ex : *Ondes hectométriques : medium frequency (MF) (OTAN).*

hélice (aéronef) propeller (US).

"hélico" chopper (US).

hélicoptère helicopter (US, GB) (Terme générique), rotary-wing aircraft (UN) (Abréviations de "helicopter" GB : "hel" ; OTAN : "helo") (Termes familiers US : "chopper" = "hélico", "egg-beater") (VERB : "to power", "to operate", "to fly", "to crash", "to send for", "to supply… for", "to utilize", "to land", "to lose") (ADJ : "low silhouette", "single-rotor", "twin-engine", "advanced", "versatile", "fine (st)") (PART : "specialized") (NOM ASS. : "fleet", "range", "length", "height", "weight", "speed", "rotor blade", "maximum speed", "crew", "passengers", "payload", "armaments") (EXPR : "to take its first flight", "to upgrade the design", "to incorporate an increased payload", "to reduce fuel consumption", "to improve reliability", "to have an airborne radar for over-the-horizon cover", "to carry troops", "to transport fully-equipped soldiers", "to carry underslung loads", "to bring in troops", "to make a circuit", "to plummet into the sea", "to use a helicopter for search and rescue", to use a helicopter as a general purpose transporter", "to first see service", "to be in the process of being phased out"). Ex : *Le Longbow est sans aucun doute* *le meilleur hélicoptère du monde : the Longbow is, without any doubt, the finest helicopter in the world (US) – L'ALAT française se transforme en une force constituée uniquement d'hélicoptères : French Army Aviation is being converted into an all-helicopter force (US) – Un hélicoptère rapide et puissamment armé : a heavily armed, high speed helicopter (US).*

hélicoptère antichar (HA / HAC) anti-tank / antitank / helicopter (OTAN), antiarmour helicopter (OTAN), tank buster (UN).

hélicoptère armé armed helicopter (GB, OTAN, US), (helicopter) gunship (US) (VERB : "to be equipped with", "to hover").

Cf. : Helicopter gunship : heavily armed helicopter used for ground attack (GB).

hélicoptère armé de reconnaissance armed reconnaissance (ou scout) helicopter (US).

hélicoptère d'appui support helicopter (SH) (GB, OTAN).

hélicoptère d'appui au combat combat support helicopter (CSH) (CFE, UN, OTAN).

hélicoptère d'appui-protection (HAP) close support helicopter (Jane's), close-air support helicopter (Jane's), escort and close support helicopter, support and protection helicopter.

hélicoptère d'assaut assault helicopter (US) (Dans la brigade d'ALAT d'une "Infantry Division" (Light) US).

hélicoptère d'attaque voir **hélicoptère de combat**.

hélicoptère de combat (HC) attack helicopter (AH) (US, GB, OTAN), combat helicopter (CFE) (VERB : "to build", "to move") (ADJ & PART : "advanced", "refurbished", "upgraded") (NOM ASS. : "model", "(main) armament(s)", "cannon", "rocket", "antiarmor laser guided missile", "maximum speed", "gross weight", "vertical rate of climb", "cruise speed", "maximum range", "weapon capability", "engine", "surveillance / target acquisition", "operation envelope", "manufacture", "delivery") (EXPR : "to have a mission fuel endurance of X hours", "to fly and attack at night and in poor weather", "to be configured for the attack / scout helicopter / mission", "to be fitted with a mast mounted fire control radar", "to provide a major enhancement in operational capability", "to have an all weather day or night capability", "to detect, classify and prioritise X potential targets at a time", "to gain operational fame", "a chain gun", "a chin-mounted automatic cannon", "a laser antiarmor missile", "to have a (maximum level cruising) speed of approximately X miles per hour", "to use internal fuel tanks", "to be fitted with external fuel tanks extending its range by X miles"). Ex : *Les hélicoptères de combat sont capables de se déplacer à grande vitesse : attack helicopters are capable of moving at high speed (US).*

hélicoptère de combat léger light attack helicopter (US).

hélicoptère de manœuvre (HM) (ou polyvalent) utility helicopter (UH) (US), tactical helicopter, general purpose (battlefield) helicopter (GB).

hélicoptère de recherche et sauvetage au combat combat search and rescue (CSAR) helicopter.

hélicoptère de reconnaissance reconnaissance helicopter (US), scout helicopter (US).

hélicoptère de secours (ou de sauvetage) rescue helicopter (GB).

hélicoptère de surveillance du champ de bataille battlefield surveillance helicopter.

hélicoptère de transport cargo helicopter (CH) (US), transport helicopter (TH) (GB, OTAN) (VERB : "to produce") (ADJ : "medium-lift") (NOM ASS. : "length", "height", "weight", "speed") (EXPR : "to be produced in cooperation with").

hélicoptère de transport de charges lourdes heavy-lift helicopter (US), heavy transport helicopter (GB).

hélicoptère de transport tactique tactical transport helicopter (Jane's), troop transport helicopter (Jane's).

hélicoptère d'évacuation sanitaire medical evacuation helicopter (US), medevac helicopter (US) (Termes familiers US : "dustoff", "medevac", "evac") (VERB : "to land").

hélicoptère de guerre électronique (ou de renseignement électronique) electronic helicopter (EH) (US).

hélicoptère de soutien au combat combat support helicopter (CSH) (OTAN).

hélicoptère d'observation observation helicopter (OH) (US, OTAN).

hélicoptère d'observation du sol ground observation helicopter.

hélicoptère hybride compound helicopter (OTAN).

hélicoptère léger (HL) d'observation (HLO) light observation helicopter (LOH) (UN).

hélicoptère léger du champ de bataille (ou tactique) light battlefield helicopter (LBH) (GB).

hélicoptère léger polyvalent multipurpose light helicopter (MPLH) (US).

hélicoptère polyvalent general purpose helicopter (GB).

héliport heliport (GB, OTAN).

héliportable (matériel) helicopter-transportable (US).

héliportage (mode de transport) helitransport.

héliportage (opération) heliborne operation, heliborne landing.

Cf. : Mouvement par hélicoptères d'éléments destinés à être engagés dès la mise à terre. L'ensemble de l'opération tactique comportant un héliportage est qualifié d'opération héliportée. Elle s'inscrit le plus souvent dans le cadre d'une opération aéromobile ou du soutien aéromobile (F).

héliportage (par) (force aéroportée) by air landing (US).

héliportage d'assaut helicopter borne assault (OTAN).

héliporté heliborne, helicopter borne. Ex : *Un assaut héliporté : a heliborne assault – Opération héliportée (OHP) : airmobile operation (US).*

hélistation helipad (GB).

hélitreuillage (frêt) slingloading.

hélitreuiller (PERS) to winch (GB). Ex : *Des soldats sont hélitreuillés à bord d'un (hélicoptère) UH-60 : soldiers are winched aboard a UH-60 (US).*

hélitreuiller (personne /victime de catastrophe) to winch by helicopter (OTAN).

hélitreuiller (matériel) to slingload ou to sling load (US). Ex : *Le véhicule peut être hélitreuillé : the vehicle can be underslung from a helicopter (GB) – Un (hélicoptère) Chinook CH-47 hélitreuille des véhicules du 2ᵉ régiment du 5ᵉ d'Infanterie : a CH-47 Chinook sling loads (ou slingloads) vehicles of 2nd Bn., 5 th Inf. (US).*

hémisphère hemisphere (GB). Ex : *L'hémisphère nord (ou boréal) : the Northern Hemisphere (GB) – L'hémisphère sud (ou austral) : the Southern Hemisphere (GB).*

hémorragie (SAN) haemorrhage (GB), hemorrhage (US). Ex : *Souffrir d'une hémorragie : to haemorrhage (GB), to hemorrhage (US).*

hémotoxique blood agent (OTAN, UN).

héraldique (science) heraldry (US) (L'armée de terre américaine comprend un organisme chargé de l'héraldique, "the Institute of Heraldry", au sein de l'Adjutant General's Corps (AGC).

héraldique heraldic (US). Ex : *Ses symboles héraldiques (insigne) : its heraldic symbols (US).*

hérisson voir **défense en hérisson**.

héritage heritage (US, OTAN), legacy (GB). Ex : *Un héritage commun (communauté atlantique) : a common heritage (OTAN)* – *Perpétuer le fier héritage de l'armée de terre : to continue the Army's proud heritage (US)* – *Un héritage transmis par des générations de soldats : a legacy passed down through generations of soldiers (GB).*

hérité de inherited from (OTAN). Ex : *Des structures de forces héritées de la guerre froide : force structures inherited from the Cold War (OTAN).*

hermétique airtight (GB). Ex : *Cet équipement doit être stocké dans un conteneur hermétique : this equipment must be stored in an airtight container (GB).*

héro (homme de grand courage) hero (US, GB) (Pluriel : "heroes") (VERB : "to salute", "to remember") (ADJ : "military", "war", "great") (EXPR : "to call somebody a hero"). Ex : *Un héro de guerre : a war hero (GB)* – *Le grand héro militaire français de la Première Guerre mondiale, le Maréchal Ferdinand Foch : France's great military hero of World War I, Marshal Ferdinand Foch (GB)* – *Se souvenir avec respect des héros de ces conflits : to remember with respect the heroes of these conflicts (GB)* – *À leur retour, ils furent accueillis en héros : they were welcomed back as heroes (US)* – *Être le héros de la bataille : to be the hero of the battle (GB).*

héroïne (femme de grand courage) heroin (GB).

héroïque (adjectif) heroic (GB).

héroïsme heroism (US) (ADJ : "extraordinary"). Ex : *Héroïsme au combat : combat heroism (US), heroism in combat (US).*

hertz hertz (Pluriel : "hertz").

hertzien Ex : *Liaison hertzienne : radio relay link (RRL) (OTAN).*

hésitation hesitation (US). Ex : *Agir sans la moindre hésitation (TAC) : to act without hesitation (US).*

hésiter to be on the fence (familier) (US). Ex : *Le général hésite entre les deux modes d'action : the General is on the fence about the two courses of action (familier) (US).*

heure (mesure de temps) hour (US, GB) (Abréviation : "hrs", accolé directement après l'heure en chiffres). Ex : *24 heures sur 24 : 24 hours a day (US), round-the-clock (En épithète), twenty four hour (En épithète), 24-hour-a-day (US) (En épithète), 24 hour basis (GB)* – *Travailler 24 heures sur 24 : to work round the clock (GB), around the clock (US)* – *Opérations 24 heures sur 24 : around-the-clock operations (US)* – *Sipovo est à une heure de route de Kupres : Sipovo is one hour's drive from Kupres (GB)* – *Arriver à l'heure : to arrive on time (US)* – *Après les heures de service : after duty hours (US)* – *Heures d'entraînement : training hours (US)* – *La campagne de 100 heures : the hundred-hour campaign (GB)* – *27 000 heures de vol : 27,000 flight hours (US)* (VERB : "to log" = totaliser) – *48 heures sur le champ de bataille : a 48-hour battlefield day (GB)* – *Bénéficier d'autorisations d'absence de service de 48 heures : to be granted 48 hour passes (GB)* – *Les 7 heures qui suivirent furent utilisées à la poursuite du pilonnage des positions ennemies : the next 7 hours were used in continuing to pound the enemy positions (US)* – *La réunion fut programmée pour 16 h 00 : the meeting was appointed for 1 600 hours (GB)* – *L'Heure H est 05 h 00 : H-Hour is 0500hrs (GB).*

<u>Diverses heures militaires :</u>

G hour (déploiement d'une unité) – H hour (début des hostilités ou d'une opération) – K hour (convoi sur itinéraire donné) – L hour (première vague d'assaut héliporté sur la zone de saut dans des opérations amphibies ou aéromobiles) – N hour (première explosion d'une série d'armes nucléaires tactiques dans des opérations terrestres ou une frappe unique) – P hour (largage du premier groupe de saut dans une opération aéroportée) – R hour (R-HOUR) (heure à laquelle la riposte est autorisée) (OTAN) – T hour (transfert de pouvoirs)

– Y hour (opération aéronavale : le premier hélicoptère de la première vague quitte le point d'enlèvement) (GB).

heure (temps) time (US, GB). Ex : *L'heure militaire : Military Time (US, GB), military timings (GB) – Heure zulu : zulu time (OTAN) – Quand arrive l'heure du combat (ou l'heure de passer à l'action) : when the time for action comes (US).*

Système d'heure militaire :

1.   - Les heures militaires ("Military Time") (GB, US) sont exprimées de 00 h 00 à 24 h 00 ("the twenty-four hour clock"). Ex : *01 h 00 (ou 1 heure du matin) : 0100 (au lieu de "1am") – 08 h 45 (ou 8 heures 15 du matin) : 0815 (au lieu de "8.15am").*

2.   - À l'oral, on prononce comme suit : 1 400 = fourteen hundred, 1 435 = fourteen thirty-five, 1 528 = fifteeen twenty-eight.

3.   - Le "zéro" du début ou du milieu est prononcé "zero". Ex : *0800 = zero eight hundred, 0605 = zero six zero five.*

4.   - Le "zéro" de la fin ne suit pas la règle précédente. Ex : *1 110 = eleven ten – 1 620 = sixteen twenty.*

5.   - "Minuit" ("midnight") se rend de diverses façons. Ex : *2 400 = twenty-four hundred – 2 359 = twenty-three fifty-nine – 0001 = zero zero zero one.*

6.   - Les heures entre minuit et 1 heure du matin se rendent ainsi : 0015 = zero zero fifteen – 0035 = zero zero thirty-five.

7.   - On ajoute en principe le mot "hours" à la fin (abrégé à l'écrit en "hrs"), pour montrer qu'il s'agit bien d'une heure. Ex : *0300hrs = zero three hundred hours – 1210hrs = twelve ten hours.*

8.   - En opérations, les forces OTAN utilisent le temps moyen de Greenwich (Greenwich Mean Time ou GMT), appelée "Zulu time" (heure zulu), quel que soit le pays dans lequel elles opèrent. Ex : *1010Z = ten ten hours Zulu time.*

heure (direction) Ex : *Attention à vos six heures ! (aéronef attaqué par l'arrière) : check your six !*

heure civile civilian time (US).

heure code du jour time of day (TOD) (OTAN).

heure d'arrivée time of arrival (OTAN).

heure d'arrivée prévue estimated time of arrival (ETA) (OTAN).

heure d'arrivée sur l'objectif (HSO) time on target (TOT) (OTAN).

heure de départ time of departure (OTAN).

heure probable de départ prévue (ou probable) estimated time of departure (ETD) (OTAN).

heure de fin de chargement (transport par air) station time (US, OTAN).

heure de Greenwich Greenwich Mean Time (GMT) (= Zulu Time) (US).

heure de largage (opération aéroportée) (TAP) P-hour (= parachute hour).

heure de l'explosion time of detonation (TOD) (OTAN).

heure de l'incident (ou de l'événement) time of occurrrence (TOC) (OTAN).

heure de livraison time of delivery (TOD) (OTAN).

heure de poser (TAP) L-hour (= landing hour).

heure du jour time of day (TOD) (OTAN).

heure du réveil (troupes) reveille (GB). Ex : *L'heure du réveil est à 6 heures : reveille is at 0600hrs (GB).*

Heure H H-Hour (GB). Ex : *L'Heure H est 05 h 00 : H-Hour is 0500hrs (GB).*

heure locale local time (LT) (OTAN, GB). Ex : *Arriver à 15h30 heure locale : to arrive at 1530hrs local time (GB).*

heure militaire (0 h 00-24 h 00) Military Time (US, GB).

heure militaire (0 h 00-24 h 00) (armée de terre) Army time (US).

heure (ou horaire) prévu(e) estimated time (OTAN). Ex : *Heure prévue de fin d'action : estimated time of completion (ETC).*

heure probable (ou prévue) estimated time (OTAN).

heure probable (ou prévue) d'arrivée (HPA) estimated time of arrival (ETA) (OTAN).

heure probable (ou prévue) de départ (HPD) estimated time of departure (ETD) (OTAN).

heure réelle actual time (OTAN).

heure réelle d'arrivée actual time of arrival (ATA) (OTAN).

heure réelle de départ actual time of departure (ATD) (OTAN).

heures de bureau office hours (US). Ex : *En dehors des heures de bureau : outside of office hours (US).*

heures de service duty hours (US).

heures supplémentaires overtime (GB) (VERB : "to work" = faire). Ex : *10 heures supplémentaires : 10 hours' overtime (GB).*

heure sur l'objectif (HSO) time on target (TOT) (OTAN).

heure zulu zulu time (OTAN).

heurter (TAC) to hit (GB). Ex : *Heurter de front des positions défensives (formation) : to hit defensive positions head on (GB).*

heurter à (se) to run into (OTAN). Ex : *Se heurter à une intense résistance ennemie (ou opposition ennemie) : to run into heavy enemy resistance (ou enemy opposition) (OTAN) (Voir aussi se heurter à).*

HF (TRANS) HF (GB). Ex : *Radio HF : HF radio (GB).*

hier yesterday (US, GB). Ex : *L'armée de terre d'hier (ou de jadis) : the Army of yesterday (US).*

hiérarchie (commandement) hierarchy (GB, US), leadership (US) (ADJ : "vertical"). Ex : *La hiérarchie de la Gendarmerie Royale d'Ulster : the RUC (= Royal Ulster Constabulary) hierarchy (GB) (Terme repris par le pronom personnel pluriel "they") – La hiérarchie des grades : the rank hierarchy (GB) – Atteindre les échelons les plus élevés de la hiérarchie (PERS) : to reach the highest rungs of leadership (US) – Au sommet de la hiérarchie du renseignement : at the top of the intelligence hierarchy (US).*

hiérarchie de concepts concept hierarchy (US).

hiérarchique hierarchical (GB, US). Ex : *Voie hiérarchique : chain of command (US) – Par la voie hiérarchique (demande) : through channels (US), through the chain of command (US) – Le système hiérarchique : the hierarchical system (GB).*

"hirondelle" (RENS) swallow (US).

hisser to hoist (US, OTAN), to raise (OTAN). Ex : *Hisser le drapeau (ou les couleurs) au sommet du mât : to hoist the flag to the top of the staff (US) – Hisser (charge) : to hoist (OTAN) – Hisser les couleurs d'un pays : to raise the flag of a country (OTAN).*

histoire history (US, GB, CA). Ex : *Au cours de l'histoire : throughout history (US) – La plus profonde modernisation des matériels et de la doctrine de toute l'histoire de l'armée de terre : the most pervasive modernization of equipment and doctrine in Army history (US) – Une histoire faite de passion, de sacrifice et de dévouement (histoire de l'armée de terre) : a history of excitement, sacrifice and dedication (US) – Le conflit outre-mer le plus coûteux de l'histoire du Canada : the most costly overseas conflict in Canada's his-*

tory (CA) – La bataille la plus célèbre de l'histoire de la Légion : the most famous battle in the Legion history (GB) – À travers l'histoire de l'armée de terre américaine : throughout the US Army's history (US).

histoire (discipline) history (US).

histoire militaire (discipline) military history (US). Ex : *Un livre d'histoire militaire : a military history book (US).*

historien historian (GB) (PART : accredited). Ex : *L'historien de la Légion, Erwan Bergot : Legion historian Erwan Bergot (GB).*

historique (nom) history (US, GB). Ex : *L'historique de la division : the Division history (US) – Bref historique de la 3ᵉ Division britannique (document de présentation) : a short history of the 3rd (United Kingdom) Division (GB).*

historique (adjectif) historical (US). Ex : *Obtenir des renseignements historiques sur l'armée de terre : to obtain historical information about the Army (US) – D'un point de vue historique : historically (US).*

hiver winter (US, GB). Ex : *Pendant les mois d'hiver : during the winter months (GB).*

hivernal winter (UN) (En épithète). Ex : *Formation (ou entraînement) à la guerre hivernale : winter training (UN) – guerre hivernale : winter warfare (UN).*

holding (ARMT) holding company (<u>Jane's</u>). Ex : *CELERG International jouera donc le rôle d'un holding vis-à-vis de CELERG Deutschland : CELERG International will therefore act as the holding company for CELERG Deutschland (<u>Jane's</u>).*

hommage voir **rendre hommage à.**

homme (soldat) man (US, GB), personnel (US) (Terme invariable), troop (OTAN), combat troop (US), person (US) (VERB : "to be stationed", "to ferry… across", "to need") (ADJ : "alert", "young", "enthusiastic"). Ex : *Une force de 320 000 hommes : a force of 320,000 (US) – Une armée de près de 80 000 hommes : an army of nearly 80,000 men – Un groupe de 9 hommes (INF) : a 9-man squad (US) – Un contact d'homme à homme : a person-to-person contact (US) – L'hélicoptère peut transporter 33 hommes équipés : the helicopter is capable of transporting 33 fully equipped combat troops (US) – L'OTAN peut réduire d'un tiers ses effectifs en Bosnie, en les ramenant à 20 000 hommes environ : NATO is able to reduce the number of its troops in Bosnia by one-third, to about 20,000 (OTAN) – La génération actuelle d'hommes et de femmes : today's generation of men and women (GB) – Les membres européens de l'OTAN alignent des forces permanentes comptant 2,4 millions d'hommes : NATO's European members field standing forces of 2.4 million (OTAN).*

homme armé (terroriste / criminel) gunman (GB).

homme d'action man of action.

homme de base (formation) marker (GB, US).

homme du rang soldier (US).

homme-grenouille frogman.

homme-machine man-machine (MAMA) (US). Ex : *L'interface homme-machine (IHM) : man-machine interface (US), human machine interface (HMI) (GB).*

homme politique politician (US).

"homo" (opération) (RENS) executive action (US), executive operation (US).

homogène (unité / corps / force) homogeneous (GB, US), seamless (US). Ex : *Une force homogène : a seamless force (US).*

homologation certification (UN), acceptance (UN). Ex : *Homologation nucléaire (unités / vecteurs) : nuclear certification – Homologation (usine) : acceptance (UN) – Homologation (laboratoire) : certification (UN).*

homologue counterpart (US), opposite number (US). Ex : *Ils remplissent la même mission que leurs homologues de la division blindée (unité) : they perform the same mission as their armored division counterparts (US) – Leurs homologues dans les autres armées (officiers) : their opposite numbers in the other services (US).*

homosexuel (nom) homosexual (GB), gay (US). Ex : *Politique (ou ligne de conduite) envers les homosexuels (dans l'armée) : homosexual policy (US) – La politique du ministère de la Défense à propos des homosexuels dans l'armée : the Defense Department's policy on gays in the military (US) – Exclure les homosexuels des armées : to exclude homosexuals from the Services (GB).*

honnêteté (PERS) honesty (US).

honneur honor (US), honour (GB) (VERB : "to give"). Ex : *C'est un honneur que de servir dans les forces armées : it is an honor to serve in the armed forces (US) – En l'honneur de : in honor of (US) – Un esprit de bravoure qui leur fera toujours honneur : a spirit of bravery which will ever do honor to them (US) – Défendre l'honneur du régiment : to defend the honour of the regiment (GB) – L'honneur national : national honor (US) – En signe d'honneur : as a mark of honour (OTAN) – Avoir l'honneur de : to be honored to (US), to have the privilege of (+ verbe en ING) (GB) – Tu es un volontaire servant la France avec honneur et fidélité (Code d'honneur) (Légion) : you are a volunteer serving France faithfully and with honour (GB).*

honneurs militaires military honours (GB) (VERB : "to extend… to", "to render", "to receive", "to win") (ADJ : "top"). Ex : *Rendre les honneurs à ceux tombés au combat : to render honors for those who died in combat (US) – Être enterré avec les honneurs militaires : to be buried with full military honours (GB).*

honorable honourable (GB), honorable (US). Ex : *Accepter une reddition honorable : to accept an honourable surrender (GB).*

honorable correspondant (HC) (RENS) one-time agent (US) (CIA), honorary agent (US), "honorable correspondent" (US), unpaid informer.

honoraire (adjectif) (PERS) honorary (US, GB). Ex : *Être fait sergent instructeur honoraire : to be made honorary drill sergeant (US).*

honorer (poste) to fill (US, GB). Ex : *Honorer un poste par rotation : to fill a post on a rotational bais (US, GB).*

honorer (PERS) to honour (GB).

hôpital hospital (US, GB), medical center (US) (Terme générique) (VERB : "to be manned by", "to refurbish") (ADJ & PART : "fixed", "fully equipped", "civilian"). Ex : *Un hôpital de 400 lits : a 400-bed hospital (US) – Hôpital de l'arrière : base hospital (US) – Hôpital de l'avant : forward hospital (US).*

Cf. : Divers types d'hôpitaux militaires américains : Combat Support Hospital, Field Hospital, Mobile Army Surgical Hospital (MASH), Evacuation Hospital, General Hospital.

hôpital de garnison station hospital (US).

hôpital de l'armée de terre Army hospital (US), Army medical center (US).

hôpital de transit "air" aeromedical staging unit (OTAN).

hôpital d'évacuation evacuation hospital (US).

hôpital d'infrastructure base hospital.

hôpital d'instruction training hospital, teaching hospital (US).

hôpital général general hospital (US).

hôpital militaire (ou des armées) military hospital (GB, <u>Jane's</u>) (ADJ : "static", "mobile").
Ex : *Hôpital militaire britannique : British Military Hospital (BMH) (GB).*

hôpital mobile de campagne (HMC) field hospital (GB, US, OTAN) (Capacité de 200 lits ;
peut être soit "regular", soit "TA") (VERB : "to constitute", "to set up") (ADJ : "temporary"). Ex : *Hôpital mobile de campagne modulaire (ou Equipements techniques modulaires / ETM) : Deployable Medical Systems (DEP-MEDS) (US) – Les hôpitaux mobiles
de campagne contiennent entre 150 et 200 lits : field hospitals contain about 150-200
beds (GB).*

hôpital mobile de l'avant (zone des combats) Mobile Army Surgical Hospital (MASH)
(US).

horaire schedule, timetable, timing (GB). Ex : *Horaire d'une opération : timing (of an operation)
– Horaire / d'approche / de débarquement (opération amphibie) : approach / debarkation
ou disembarkation / schedule (OTAN) – Tous les horaires ont été changés au dernier
moment : all the timings were changed at the last moment (GB).*

horde horde (US, GB).

horizon (sens propre) horizon, skyline (ADJ avec "horizon" : "apparent" = apparent, "artificial" = artificiel, "radar" = radar, "true" = théorique, vrai). Ex : *Radar trans-horizon :
over-the-horizon (OTH) radar – Quelque mille soldats mexicains apparurent à l'horizon : some 1,000 Mexicans soldiers appeared on the horizon (GB).*

horizon (sens figuré) background (US), year. Ex : *Venir d'horizons très différents (soldats) : to
be from a wide variety of backgrounds (US) – À l'horizon 2005 (temporel) : by 2005, by
the year 2005 – Pour l'horizon 2025 (temporel) : for 2025, for the year 2025.*

HORIZON (Hélicoptère d'Observation Radar et d'Interprétation des ZONes) the
HORIZON airborne radar system (<u>Jane's</u>).

horizontal (ou transverse) horizontal (US). Ex : *Le plan horizontal : the horizontal plane (US)
– Intégration horizontale : horizontal integration (US).*

horizontalement horizontally (US).

horloge clock. Ex : *L'attaque se déroula avec la précision d'une horloge : the attack went like
clockwork.*

hormis save for (GB). Ex : *Hormis une brigade de la 3ᵉ division blindée : save for one brigade of
3rd Armoured Division (GB).*

horreur horror (GB, US) (Terme dénombrable) (VERB : "to be exposed to") (ADJ : "real-life").
Ex : *Les horreurs de la guerre : the horrors of war (US).*

hors out of (GB), outside (US, OTAN), extra- (US). Ex : *Hors de portée de : out of range of –
Hors d'état (matériel) : unserviceable – Hors de combat : out of action – Mettre hors de
combat une force ennemie : to defeat an enemy force (US) (Voir également **mettre hors
de combat**) – Hors d' / à l'extérieur de l'Europe : outside Europe (US) – Hors de la
zone : outside the area (OTAN) – Avant qu'ils ne soient évacués de la zone des combats
(prisonniers de guerre) : prior to their being evacuated out of the Combat Zone (GB) –
Crises hors d'Europe (ou en dehors de l'Europe) : extra-European crises (US).*

hors combat out of action (OA) (OTAN).

hors connexion (TRANS / informatique) off line (US, GB) (En épithète : "off-line")
(Contraire : "on line" = en ligne).

hors de combat (matériel) disabled (equipment) (OTAN).

hors de portée (tir) out of range (GB). Ex : *Ce char est hors de portée : that tank is out of range (GB) – Des forces hors de portée des systèmes de tir direct : forces out of range of direct-fire systems (US).*

hors de portée d'une riposte ennemie (ou à distance de sécurité) (système d'arme) stand-off (US, GB) (En épithète).

hors de proportion (ou disporportionné) out of proportion (US) (PREP : with").

hors d'état (matériel) unserviceable (US).

hors d'Europe outside Europe.

hors d'usage out of order, out of service, beyond repair, unserviceable.

hors du territoire national (forces) out of national territory (ONT) (OTAN) (En épithète).

hors gabarit (charge) outsized.

hors-la-loi outlaw (US). Ex : *Un État hors-la-loi : an outlaw state (US).*

hors métropole (ou hors du territoire métropolitain) out of national territory (ONT) (OTAN), overseas (US, GB), outside (US). Ex : *Tous les militaires servant hors métropole : all military on duty outside the United States (US) – Forces hors métropole : out of national territory (ONT) forces (OTAN) – Dispositif hors métropole : overseas garrisons (GB).*

hors-service (matériel) unserviceable (US, GB) (Abréviation GB : "U/S"), no go (US), wasted (US). Ex : *Notre radio était hors-service : our radio was wasted (US) (Terme familier).*

hors-tout overall (US). Ex : *Longueur hors-tout : overall length (US).*

hors zone out of area (OOA) (GB, OTAN). Ex : *Opérations hors zone OTAN : out of NATO area operations (GB).*

hors zone continentale des États-Unis (USA) OCONUS (= Outside the CONtinental United States) (US).

HORUS (satellite militaire) the HORUS military observation radar satellite (Jane's).

hospitalisation hospitalization (US) (Terme indénombrable).

hospitalité (PERS) hospitality (US).

hostile (adjectif) (TAC) hostile (US) (Fait référence à un état autre que la guerre. Pour un état de guerre, le terme "enemy" est utilisé) (Peut aussi se rencontrer sous la forme de nom. Ex : *Un groupe d'éléments hostiles : a party of hostiles (GB) (ADV : "potentially"). Ex : Des forces hostiles : hostile forces (US).*

hostile (inamical) hostile (GB). Ex : *Il a été extrêmement hostile envers moi : he was extremely hostile towards me (GB).*

hostilité (TAC) hostility (GB).

hostilité (animosité) hostility (GB), animosity (GB) (VERB : "to dispel"). Ex : *Il y avait beaucoup d'hostilité à notre encontre (légionnaires) : there was a good deal of animosity toward us (GB).*

hostilités hostilities (OTAN, GB) (VERB + NOMS : "to initiate" / "initiation", "to engage in", "to bring an end to", "to provoke") (ADJ : "armed") (NOMS ASS. : "suspension", "cessation", "end") (PREP : "during"). Ex : *Le déclenchement des hostilités : the initiation of hostilities (OTAN), the outbreak of hostilities (US) – Dès l'ouverture des hostilités (contexte passé) : by the opening of hostilities (GB) – Lancer les travaux préparatoires à un arrêt complet des hostilités : to set in motion the groundwork for a total cessation of hostilities (GB) – Apprendre le début des hostilités : to learn the outbreak of war (CA) – État d'hostilités (conflit armé) : state of hostilities (GB) (guerre non déclarée officiellement).*

HOT (Haut subsonique Optiquement Téléguidé) (système d'arme antichar à longue portée) HOT (long-range) antitank weapon system (Équivalent US : TOW weapon system (TOW = Tube-launched, Optically-tracked, Wire command-link guided). Ex : *Un VAB HOT : a HOT-equipped VAB wheeled armoured vehicle.*

hôte (pays) host (OTAN). Ex : *Pays hôte : host nation (HN) (OTAN).*

hôte de marque distinguished visitor (US).

hôtellerie (militaire) guest house (US).

housse à parachute (TAP) parachute bag.

housse de casque helmet cover (US).

HPD voir **haut pouvoir de destruction (à)**.

HS (hors service) unserviceable (US, GB) (Abréviation GB : "U/S"), no go (US).

hublot (véhicule blindé) side window.

huiles (les) (gradés de haut rang) the brass (US) (Terme familier).

humain (nom) human (US). Ex : *Occasioner des maladies chez des humains ou des animaux qui y sont sensibles (agents NBC) : to cause diseases in susceptible humans and animals (US).*

humain human (OTAN, GB). Ex : *Prévenir de nouvelles souffrances humaines (conflit) : to prevent more human suffering (OTAN) – Etablir le contact humain avec la population civile : to establish the human contact with the civilian population (GB).*

humanitaire (aide / assistance) humanitarian (Abréviation US : "HA"). Ex : *Une mission à caractère humanitaire : a humanitarian (assistance) mission (US) (VERB : "to begin") – Une opération de nature humanitaire : an operation of a humanitarian nature (US) – Contribuer à empêcher une catastrophe humanitaire : to help prevent a humanitarian catastrophe (OTAN) – Contribuer aux efforts humanitaires : to help with humanitarian efforts (OTAN) – Commencer une nouvelle mission humanitaire : to begin a new humanitarian mission (US) (Voir aussi* **aide humanitaire**, **catastrophe humanitaire**, **organisation humanitaire** *et* **tragédie humanitaire**).

humanité Ex : *Traitez tous les civils avec humanité : treat all civilians humanely (US).*

humide wet (US). Ex : *Terrain humide et marécageux : wet and marshy land (US).*

humidité moisture (US).

humiliation humiliation (GB). Ex : *Accepter l'humiliation de la retraite : to accept the humiliation of retreat (GB).*

humilier to humiliate (GB). Ex : *Quelques mois plus tard, la France capitula, humiliée par les armées prussiennes supérieures : a few months later, France capitulated, humiliated by the superior Prussian armies (GB).*

hussards (cavalerie légère) (appellation de tradition) Hussars (GB) (Voir aussi **régiment de hussards**).

hybride hybrid (GB). Ex : *Un véhicule hybride : a hybrid vehicle (GB).*

hydraulique hydraulically-operated (GB). Ex : *Grue / treuil / hydraulique : hydraulically-operated / crane / winch (GB) – Circuit hydraulique : hydraulics.*

hydravion seaplane (GB).

hydrogène hydrogen. Ex : *Bombe à hydrogène : hydrogen bomb (OTAN).*

hydrojet (char) water-jet (Jane's) (VERB : "to mount").

hydrographie hydrography. Ex : *Publication interalliée sur l'hydrographie : allied hydrographic publication (AHP) (OTAN).*

hydrographique (adjectif) hydrographic (OTAN).

hydrologie hydrology (US).

hygiène hygiene (US), sanitation (US). Ex: *Dans de bonnes conditions d'hygiène : under suitable conditions of sanitation (US) – Hygiène alimentaire : food hygiene (US).*

hymne anthem (US, OTAN). Ex: *L'hymne national : the National Anthem (US) (VERB : "to play") – Ex : Les hymnes nationaux sont interprétés pendant le lever des couleurs des trois nouveaux pays membres : national anthems are played while the flags of the three new member countries are raised (OTAN).*

hyperfréquence (TRANS) microwave frequency (MF) (OTAN). Ex: *Liaisons hyperfréquences (TRANS) : microwave links (US) (VERB : "to establish").*

hyper-rapide hyper-velocity (UN) (En épithète).

hypervéloce (missile) hyper velocity (GB) (En épithète) (cf. Le "Hyper Velocity Missile" (HVM) (GB).

hypervélocité (vitesses supérieures à Mach 5) hypervelocity (US).

hypothermie hypothermia (US, GB).

hypothèse event (GB). Ex: *Dans l'hypothèse d'une attaque du Pacte de Varsovie : in the event of a Warsaw Pact attack (GB).*

hypothèse (TAC / plan) assumption (OTAN, US) (VERB : "to state") (ADJ : "underlying"). Ex: *Hypothèses sur les intentions de l'ennemi : assumptions about the enemy's intentions (US).*

hypothèse d'emploi des forces force deployment scenario, force commitment scenario.

hypothèse d'engagement force engagement scenario.

hypothèse de planification planning assumption (GB).

hypothèses sur l'ennemi (titre de paragraphe) assumptions (US).

hypothétique hypothetical (US).

hypsométrique hypsometric (OTAN). Ex: *Coloriage hypsométrique (cartes) : hypsometric tinting (OTAN).*

/

(INDIA)

ibérique Iberian (OTAN). Ex : *Secteur ibérique de l'Altantique : Iberian Atlantic area (IBL) (OTAN).*

ici... (procédure radio) this is... (US), from.

idéal (terrain / matériel) ideal (US). Ex : *Terrain idéal : ideal terrain (US).*

idéal (nom) ideal (US). Ex : *L'armée de terre incarne les idéaux les plus élevés du pays : the Army reflects the highest ideals of the nation (US).*

idée de manœuvre (intention) concept of operations (US, OTAN, GB), general outline (GB).

idem (mission) ditto, same mission.

identifiable identifiable (US, OTAN), found (US). Ex : *Un point (du terrain) facilement identifiable : an easily identifiable point (on the terrain) (US, OTAN) – Facilement identifiable (point du terrain) : easily found (US).*

identifiant designator (US). Ex : *Un identifiant alphanumérique à cinq caractères (code d'unité) : a five-character alphanumeric designator (US).*

identification identification (GB, OTAN). Ex : *L'identification / de points du terrain / de munitions explosives non explosées : the identification / of ground locations (OTAN) / of unexploded explosive ordnance (OTAN) – Identification certaine : positive identification (UN) – Identification à vue : visual identification (OTAN) – Identification de la cible : target identification (US) – Identification des menaces du terrorisme international : identifying threats from international terrorism (OTAN).*

identification (médecine légale) identification (US). Ex : *Identification des restes humains : identification of remains (US).*

identification ami-ennemi identification, friend or foe (IFF) (US, OTAN), friend-or-foe identification (US). Ex : *Interrogateur / émetteur-récepteur / IFF : IFF / interrogator / transceiver (US).*

identification ami-ennemi sur le champ de bataille battlefield identification friend or foe (BIFF) (OTAN). Ex : *Système d'identification ami / ennemi sur le champ de bataille : battlefield combat identification system (BCIS) (US).*

identification au combat (battlefield) combat identification (US) (En abrégé : "combat ID" (US) (ADJ : "interoperable").

identification (ou reconnaissance) (des matériels) recognition (GB, OTAN).

identification d'article (LOG) item identification (OTAN).

identification de cible target identification (TI).

identification de l'observateur (ART) observer identification (OTAN).

identification des forces (ou de combat) (contre tirs fratricides) combat ID (= identification) (US), battlefield identification (US).

identification du champ de bataille battle-space awareness (OTAN) (PART : "enhanced" = meilleur).

identification d'unité unit identification (OTAN).

identification radioélectrique radio recognition (OTAN).

identifier (aéronef / véhicule / individu / force) to identify (US, GB), to recognize (US) (Verbe transitif direct, employé avec la préposition "as"). Ex : *Identifier des avions comme (étant) hostiles : to identify aircraft as hostile (US) – Identifier un véhicule comme étant ami ou ennemi : to recognize a vehicle as friendly or threat (US) – Korisa (= village) a été identifié par l'OTAN comme étant un camp militaire et un poste de commandement : NATO identified Korisa as a military camp and command post (OTAN) – Identifier des types d'aéronefs : to recognize aircraft types (US) – Identifier un mort : to identify a dead man (GB).*

identique identical (US), the same (US), similar (Jane's) (PREP : "to" = à, "in", "as"). Ex : *Un char identique à un autre char : a tank similar to another tank (Jane's) – Les régiments du génie ont une composition identique : engineer battalions are identical in organization (US) – Les soldats s'entraîneront suivant des normes qui sont identiques pour tous : soldiers will train to standards that are the same for all (US) – L'organisation de la division parachutiste est généralement identique à celle des autres divisions : the organization of the Airborne Division is usually the same as that of the other divisions (US).*

identité identity (GB, US), commonality (OTAN) (ADJ : "strong"). Ex : *L'identité régimentaire : regimental identity (GB) – Contrôler (ou vérifier) les identités (ou pièces d'identité) : to check identifications (GB) – Renforcer l'identité collective : to strengthen the collective identity (GB) – Perdre son identité (corps / unité) : to lose one's identity (GB) – Identité de groupe : group identity (GB) – Identité (individus / organisations / nations utilisant des doctrines, procédures ou équipements communs) : commonality (OTAN) – Dévoiler l'identité d'un agent clandestin : to expose the identity of an undercover agent (US) – Fausse identité (agent) (RENS) : false identity (US) (VERB : "to build up") – Garder secrète l'identité de ses officiers (service) (RENS) : to keep its officers'identities secret (US) – Protéger l'identité d'un agent (RENS) : to protect the identity of an agent (US) – Révéler son identité (agent) (RENS) : to reveal one's identity (US) – Prendre l'identité d'une personne décédée : to assume the identity of a person who has died (US).*

identité culturelle (pays) cultural identity (US).

identité de défense defence identity (OTAN).

identité européenne de sécurité et de défense (IESD) (the) European Security and Defence Identity (ESDI) (OTAN) (VERB & NOM : "to reflect", "to build", "to develop" / "development" = construction) (ADJ : "emerging").

idéologie ideology (US) (VERB : "to spread", "to be motivated by") (ADJ : "violent"). Ex : *L'idéologie demeure un facteur dans le recrutement des agents (RENS) : ideology remains a factor in the recruitment of agents (US).*

idyllique rosy (US). Ex : *Le général a tendance à brosser un tableau idyllique de la situation : the General tends to paint a rosy picture of the situation (US).*

IESD voir **identité européenne de sécurité et de défense**.

igloo igloo (US) (VERB : "to build").

ignifugé (effet d'habillement) fire-resistant (US).

IHEDN voir **Institut des Hautes Etudes de Défense Nationale**.

île (TOPO) island (US, GB) (VERB : "to annex") (PREP : "on"). Ex : *Sur l'île d'Oahu : on the island of Oahu (US) – Les Japonais prirent l'île de Singapour aux Britanniques en 1942 : the Japanese captured Singapore island from the British in 1942 (US) – L'île principale est Tahiti et son chef-lieu est Papeete : the principal island is Tahiti and its chief town is Papeete (GB) – L'île du Diable (Guyane) : Devil's Island (GB).*

illégal illegal (US), unlawful (OTAN), non-official (US). Ex : *Un ordre illégal : an illegal order (US) – Emploi illégal de la force : unlawful use of force (OTAN) – Un agent illégal (sans*

protection diplomatique) (RENS) : an illegal (US), an NOC (= Non-Official Cover) (US)
– Opérations illégales (RENS) : illegal operations (US).

illégal (agent) (nom) (RENS) illegal (US), illegal agent (US) (VERB : "to operate") (ADJ & PART : "transiting").

illicite unauthorized (US).

illimité (moyens) unlimited (US).

illisible (transmission radio) unreadable.

illuminateur laser (de surveillance) laser illuminator (OTAN).

illumination illumination (US) (Abéviation US : "illum").

illuminer (zone) (TAC) to illuminate (US, GB), to light up (GB).

illuminer au laser (cible) to lase (US), to paint (US).

illustrer to demonstrate (OTAN, UEO), to exemplify (US). Ex : *Cet exercice illustrera la culture d'étroite coopération développée entre les deux organisations (OTAN / UEO) : this exercise will demonstrate the culture of close co-operation developed between the two organisations (UEO) – La guerre du Kippour illustre la relation entre actions offensives et actions défensives : the Kippur War exemplifies the relationship between offensive and defensive actions (US).*

îlot de réception des matériels à évacuer pour réparation maintenance collecting point (US) (VERB : "to operate").

îlot de réception des matériels hors-service pour récupération salvage collecting point (US) (VERB : "to operate").

îlot de résistance pocket of resistance.

îlot munitions (secteur des transbordements) ammunition transfer point (ATP) (US) (VERB : "to operate").

image (interprétation photo / radar / télévision) image (US) (VERB : "to analyze", "to interpret", "to obtain"). Ex : *Image radar : radar image – Images à haute résolution : high resolution images (UN).*

image picture (US, OTAN). Ex : *Fournir une image précise du champ de bataille (RENS) : to provide an accurate picture of the battlefield (US) – Les images ont plus de poids que les mots : pictures are more powerful than words (OTAN).*

image (de la situation / des opérations) image (US). Ex : *Fournir une image commune (des opérations) : to provide a common operational picture (US).*

image (de marque) image (VERB : "to establish", "to build", "to construct", "to fashion") (ADJ : "sound", "good"). Ex : *L'image (de marque) de l'armée de terre dans l'opinion publique : the Army's public image (GB) – L'image de marque du régiment : the regiment's image (GB) – L'image de l'officier : the officer image (US) – Ternir une image : to tarnish an image (US) – Être à la hauteur d'une image de force d'élite (unité) : to live up to an élite image (GB).*

image aérienne (situation) air image (US) (ADJ : "single" = unique, "integrated" = intégrée).

image à haute définition (satellite) high-definition image (US) (VERB : "to beam", "to take").

image à haute résolution high-resolution image (US). Ex : *Les satellites modernes renvoient des images à haute résolution : modern satellites send back high-resolution images (US).*

image du champ de bataille (situation sur le champ de bataille) (TAC) picture of the battlefield (US).

imagerie imagery (OTAN, UN), imaging (UN) (VERB : "to acquire... from", "to pull down", "to provide") (ADJ : "multi-spectral", "high-resolution"). Ex : *Imagerie satellitaire : satellite imaging (UN).*

imagerie satellitaire satellite imagery (UEO) (ADJ : "military", "commercial") (NOM ASS. : "access to"). Ex : *Imagerie satellitaire à haute résolution : high resolution satellite imagery (UEO).*

imagerie thermique thermal imagery (US,OTAN).

image satellite (ou image satellitaire) satellite image (US) (EXPR : "to release for public use").

image thermique thermal image (TI) (GB).

imageur (ou dispositif de formation d'images) imaging device (UN).

imageur thermique thermal imager (TI) (US, GB).

imagination (PERS) imagination (US).

imaginer to devise (US), to think (US). Ex : *Le meilleur entraînement (ou la meilleure formation) que nous puissions imaginer : the best training we can devise (US) – Imaginer la situation future (TAC) : to think ahead (US).*

imbrication intermingling (US) (ADJ : "low", "high"). Ex : *L'imbrication des deux dispositifs adverses : the intermingling of the two enemy dispositions – Le degré d'imbrication de la population civile avec les belligérants : the degree of intermingling of the civilian population with the belligerent parties (US).*

imbriquer to intertwine (US). Ex : *La manœuvre et la puissance de feux sont (étroitement) imbriquées : maneuver and firepower are intertwined (US).*

imiter to imitate (OTAN). Ex : *Imiter les émissions de l'ennemi (GE) : to imitate the enemy's emissions (OTAN).*

immatriculation (véhicule) registration (GB). Ex : *Numéro d'immatriculation (véhicule) : registration number (GB), vehicle registration (GB).*

immatriculé (recensement du service national) registrant (US).

immédiat immediate (US, OTAN). Ex : *Supérieur immédiat : immediate superior (US) – Dans l'immédiat : immediately (OTAN) (Contraire : "later" = dans l'avenir) – Les époques où notre armée de terre a connu les plus grands changements ont été celles d'immédiates après-guerres : the periods of greatest change for our Army have been those immediately following wars (US) – Pour diffusion immédiate (communiqué de presse) : for immediate release (OTAN).*

immédiat (opération / effet) immediate (US).

immédiat (traitement de blessés) (SAN) immediate (OTAN).

immédiat (transmission radio) immediate.

immédiat (spatial) immediate (US). Ex : *À proximité immédiate de : in the immediate vicinity of (US) – Des forces au contact immédiat de l'ennemi : forces in immediate contact with the enemy (US).*

immédiat (ou d'urgence) (temporel) immediate (US). Ex : *Une sortie d'appui aérien rapproché immédiat : an immediate close air suppport (CAS) sortie (US).*

Cf. : Immediate air support : air support to meet specific requests which arise during the course of a battle and which by their nature cannot be planned in advance (OTAN).

immédiatement next (US), readily (US). Ex : *L'unité immédiatement supérieure : the next higher unit (US) – Procurer au chef des moyens immédiatement disponibles en vue d'influer sur la bataille : to provide the commander with readily available means of influencing the battle (US).*

immédiateté immediacy (US).

immergé underwater (OTAN). Ex : *Munitions immergées : underwater munitions (OTAN).*

immérité (décoration / récompense) undeserved (US).

immersion immersion (OTAN). Ex : *L'immersion dans la culture OTAN : immersion in NATO culture (OTAN).*

immeuble (bâtiment) building (US) (VERB : "to clear").

imminence imminence (US, GB). Ex : *L'imminence d'une action ennemie : the imminence of enemy action (US) – L'imminence / du départ pour la bataille / des combats : the imminence of going into battle / of battle (GB).*

imminent imminent (US), impending (US), upcoming (US). Ex : *Une attaque aérienne imminente : an imminent air attack (US) – Lorsque la guerre est imminente : when war is imminent (US) – Attaque imminente : imminent (ou impending) attack (OTAN) – Une opération imminente : an upcoming operation (US) – Avertir des unités d'une mission imminente : to alert units of an impending mission (US) – Des opérations de contre-guérilla imminentes : impending counterguerrilla operations (US).*

immixtion interference (US). Ex : Réduire l'immixtion des populations civiles (dans les opérations militaires) : to reduce civilian interference (US).

immobile (véhicule) stationary (GB).

immobilisé (véhicule) immobilized (US), stranded (GB) (VERB : "to become"). Ex : *Permettre aux chars de ne pas être immobilisés : to keep tanks on the move (OTAN).*

immobiliser (TAC) to tie down (US), to pin down (OTAN). Ex : *Immobiliser l'ennemi : to tie down (US) (ou to pin down (OTAN) the enemy – Une compagnie immobilisée par le feu de l'artillerie lourde et des mortiers : a company pinned down by heavy artillery and mortar fire (US).*

immobiliser (véhicule / blessé) to immobilize (US, GB). Ex : *L'un des véhicules est immobilisé : one of the vehicles is immobilised (GB) (ou stranded (GB) – Immobiliser / un blessé / un char : to immobilize / a casualty (US) / a tank (OTAN).*

immobiliser (charge) to secure (a load) (OTAN).

immuable immutable (US).

immunologie (SAN) immunology (US).

immunité immunity (US). Ex : *Immunité des documents, véhicules et personnels de la force contre la fouille, la saisie ou l'inspection : immunity from search, seizure or inspection of force documents, personnel, and vehicles (US) – Opérer sous immunité dans un pays étranger (agent) (RENS) : to operate with immunity in a foreign country (US).*

immunité diplomatique (attaché de défense) diplomatic immunity (US). Ex : *Se voir accorder l'immunité diplomatique : to be accorded diplomatic immunity (US) – Être juridiquement protégé par l'immunité diplomatique (agent) (RENS) : to be legally protected by diplomatic immunity (agent) (RENS) : to operate without diplomatic immunity (US).*

impact (trou) (balle) bullet (-) hole (GB) (NOM ASS. : "group"). Ex : *La porte était criblée d'impacts de balles : the door was riddled with bullet holes (GB).*

impact (influence) impact (US) (PREP : "on"). Ex : *L'impact psychologique de la cavalerie : the psychological impact of cavalry (US) – Avoir un impact / considérable / durable / sur : to have a significant / lasting / impact on (US) – Avoir un impact majeur sur l'armée de terre de demain (technologie) : to have a major impact on the Army of the future (US).*

impact (collision) impact (US). Ex : *Un missile qui explose à l'impact : a missile which explodes on impact – Jusqu'à l'impact (temporel) : until impact (US).*

impact des média media impact (US).

impact psychologique psychological impact.

impact sur (avoir un) to impact (+ COD) (US), to impact on. Ex : *Avoir un impact sur tous les aspects de l'armée de terre : to impact all aspects of the Army (US).*

impartie required (US). Ex : *Dans les délais impartis : within the required time (US).*

impartial (PERS) impartial (US).

impartialité impartiality (US), nonpartisanship (US) (VERB : "to maintain", "to prejudice"). Ex : *Degré d'impartialité : degree of impartiality (US).*

impasse (conflit) stalemate (US) (VERB : "to reach").

impasse blind alley (familier) (US). Ex : *Vous avez atteint une impasse, nous n'aurons pas de camions supplémentaires pour (effectuer) ce mouvement : you're down a blind alley, we won't get extra trucks for this movement (US).*

impeccable rigidly (GB). Ex : *Être figé dans un garde-à-vous impeccable : to stand rigidly to attention (GB).*

impénétrable secretive (US). Ex : *La NSA (= National Security Agency) est l'un des membres les plus secrets et les plus impénétrables de la communauté américaine du renseignement : the NSA is one of the most secret and secretive members of the U.S. intelligence community (US).*

impératif dictate (US), imperative (US), requirement (OTAN). Ex : *Les impératifs de l'ère nucléaire : the dictates of the nuclear age (US) – L'impératif humanitaire : the humanitarian imperative (OTAN).*

impératif de défense (pays) defense requirement (US).

impératif de planification planning imperative (US).

impératif d'essai test requirement (OTAN). Ex : *Spécification des impératifs d'essai : test requirement specification (TRS) (OTAN).*

impératif opérationnel operational imperative (US) (VERB : "to identify").

impératifs de sécurité safety requirements (OTAN).

imperfection deficiency (US). Ex : *Des imperfections dans les matériels en dotation : deficiencies in fielded equipment (US).*

imperméabilisation (textile) waterproofing (US, GB).

imperméable (vêtement) raincoat ou rain suit (US) (VERB : "to wear") (ADJ : "standard").

imperméable (adjectif) impermeable (terrain), waterproof (revêtement, tissu), sealed (frontière) (GB). Ex : *Garder la frontière imperméable par tous les moyens : to keep the frontier sealed by whatever means (GB).*

impétueux impetuous (US). Ex : *Le caractère impétueux de ses chefs (Cavalerie) : the impetuous character of its leaders (US).*

impétuosité (ou élan) (unité / arme) élan (GB). Ex : *La cavalerie s'enorgueillit de son impétuosité : the cavalry prides itself on its élan (GB).*

impitoyablement ruthlessly (US).

implacable unrelenting (US). Ex : *Une application implacable des effets requis : unrelenting application of the required effects (US).*

implantation (localisation) location. Ex : *Implantation outre-mer des formations de l'armée de terre (ou dispositif outre-mer des unités de l'armée de terre) (légende de carte du monde) : Army world deployments (GB).*

implantation (établissement) establishment (GB). Ex : *L'opération comporte l'implantation d'une force sur une côte ennemie : the operation involves establishing a force on a hostile shore (OTAN).*

implantation (site) site (US, GB).

implanter to locate (US), to establish (OTAN), to install. Ex: *Implanter un site: to locate a site – Implanter sur le même lieu: to co-locate (CFE) – Des unités subordonnées implantées en Franconie: subordinate units located in Franconia (US) – Implanter une force sur une côte ennemie: to establish a force on a hostile shore (OTAN) – Implanter un centre nodal (RITA): to install a nodal centre.*

implication implication (US, GB), involvement (US) (ADJ: "far-reaching"). Ex: *Des implications étendues (ou très larges): extensive implications (US) – Etudier les implications d'un conflit: to study the implications of a conflict (GB) – Avoir des implications pour: to have implications for (US) – De telle sorte que l'implication du gouvernement américain ne soit pas apparente (action clandestine): so that the involvement of the U.S. government is not apparent (US) – Les implications ne seront plus claires (évidentes) que lorsque ce travail aura été achevé: the implications will not become clear until that work has been completed (GB).*

implicite implied (US).

impliquer to involve (US, GB), to engage (OTAN). Ex: *L'opération a impliqué (ou mobilisé) plus de 27 000 personnels: the operation involved more than 27,000 personnel (US) – Des accidents ou incidents impliquant des munitions NBC: accidents or incidents involving NBC ammunition (US) – Le soutien d'opérations européennes n'impliquant pas l'ensemble de l'Alliance: the support of European operations where the Alliance as a whole is not engaged (OTAN) – Les parties impliquées dans le conflit: the parties involved in the conflict (CA) – Toute crise impliquant les pays de l'OTAN: any crisis involving NATO countries (GB) – La CIA fut impliquée dans des complots: the CIA was involved in plots (US).*

imploser to implode (GB).

implosion (sens propre et figuré) implosion (OTAN, Jane's). Ex: *Arme à implosion: implosion weapon (OTAN) – L'implosion de l'État: the implosion of the state (Jane's).*

importance importance (US), extent (UN, OTAN), strength (US), leveraging (US), premium (US) (VERGB: "to increase", "to place... on", "to recognise"). Ex: *Un objectif d'importance stratégique: a target of strategic importance (GB) – Tous les ponts d'importance stratégique sont détruits: all the bridges of strategic importance are destroyed (US) – L'importance militaire / relative / d'un objectif: the military / relative / importance of a target (OTAN) – L'importance d'un exercice militaire: the extent of a military exercise (UN, OTAN) – Une grande importance est accordée au maintien de bonnes relations avec les forces de police alliées: much importance is placed on maintaining good relations with Allied police forces (GB) – L'importance du soldat: the importance of the soldier (US) – Reconnaître l'importance de cela: to recognise the importance of this (GB) – Cette opération est de la plus haute importance: this operation is of supreme importance (US) – L'importance des défenses adverses: the strength of hostile defenses (US) – Revêtir une importance particulière: to be of particular importance (OTAN) – D'importance primordiale: critical (OTAN) – Déterminer avec nos alliés l'importance des ressources consacrées à l'expérimentation interarmées: to determine the degree of leveraging of the assets devoted to joint experimentation (US) – L'importance de la logistique: the importance of logistics (US) – Ceci donne beaucoup d'importance au travail d'équipe: this places a premium on teamwork (US) (Voir la mise en garde d'emploi à important).*

importance numérique (force / armée) size (OTAN).

important extensive (US), large (US, GB), important (US, OTAN), major (US, OTAN), considerable (GB), significant (US), serious (CA). Ex: *L'opération nécessite une planification* *importante : the operation requires extensive planning – Une force plus importante : a larger force (US), an enlarged force – Jouer un rôle important : to play an / important (ou major) role (US) – À Chypre, les Britanniques ont une infrastructure militaire (très) importante : the British have a considerable military infrastructure in Cyprus (GB) – Aux Malouines, les unités les plus importantes appartiennent à l'armée de terre : the largest units in the Falklands are from the Army (GB) – Nous avons ouvert d'importants débouchés pour les personnels féminins ou issus des minorités : we created significant opportunities for women and minority soldiers (US) – Le grand commandement le plus important de l'armée de terre : the Army's largest major command (US) – Adopter une série de décisions importantes : to take a series of important decisions (OTAN) – Déplacer des forces importantes (pour faire face à la menace) : to divert major forces (to meet the threat) (OTAN) – L'affrontement le plus important eut lieu le 2 juin 1866 : the most serious action occurred on 2 June 1866 (CA) – Accumuler d'importantes concentrations de forces : to develop large concentrations of forces (GB) – D'importantes mesures de sécurité : extensive security measures (US) – Un point de convergence important entre l'armée de terre et l'armée de l'air : a major focus between the Army and the Air Force (US).*

Attention : Le terme "important" en anglais a **seulement** le sens de **"qui a de l'effet ou de l'influence"**, alors qu'en français, il signifie également "élevé, grand, dont la mesure est grande". Pour ce deuxième sens, on aura recours, suivant la situation, à des adjectifs comme "extensive", "considerable", "sizeable", "large", "high", etc.

importer (armement) to import (US).

imposer to impose (GB, US), to dictate (GB, OTAN), to compel (OTAN), to enforce (OTAN, US), to assign (OTAN), to force (OTAN). Ex : *Comme la situation l'impose : as the situation dictates (GB) – Imposer le silence radio : to impose radio silence – Imposer un accord : to compel agreement (OTAN) – La mission imposée : the assigned mission (OTAN) – Respect total des limites imposées aux forces de police spéciales serbes : full observance of limits on the Serb special police forces (OTAN) – Chaque camp cherchant à imposer sa volonté à l'autre (conflit armé) : each side seeking to impose its will on the other (GB) – Imposer les conditions précisées dans le mandat : to enforce the terms specified in the mandate (OTAN) – L'OTAN a imposé la loi sur le terrain : NATO dictated events on the ground (OTAN) – La décontamination impose à l'ennemi une charge logistique supplémentaire : decontamination imposes an additional logistical burden on the enemy (US) – Exode imposé : forced exodus (OTAN).*

imposer (paix) to impose (US), to enforce (US). Ex : *Imposer la paix : to enforce peace – Imposer la paix au sein des factions ex-belligérentes : to enforce peace among the former warring factions (US).*

imposer (cadence opérationnelle) to set (the tempo) (US).

imposition (loi martiale) crackdown (US). Ex : *L'imposition de la loi martiale à l'encontre du syndicat Solidarité : the martial law crackdown on the Solidarity trade union (US).*

imposition de la paix peace-enforcement (UN, UEO), peace enforcement (PE) (OTAN). Ex : *Forces d'imposition de la paix : peace-enforcers (UN).*

Cf. : Peace Enforcement (PE) operations are coercive in nature and undertaken under Chapter VII of the UN Charter when the consent of any of the major parties to the conflict is uncertain. They are designed to maintain and re-establish peace or enforce the terms specified in the mandate (OTAN).

impossible (opération) not possible (US).

impossible (à exécuter / à mettre en œuvre) (plan) inoperable (GB).

impossible à obtenir (par radio) (TRANS) unobtainable (GB). Ex: *La 3ᵉ Compagnie est impossible à obtenir actuellement: C Company is unobtainable at the moment (GB).*

impraticable impassable, untrafficable, no go (US). Ex: *Impraticable pour les chars: impassable to tanks (GB)* – *Une route impraticable: an untrafficable road (US).*

imprenable impregnable (GB).

impréparation (opérationnelle) (état d') (militaire / stratégique) unreadiness (US).

impression impression (US). Ex: *Créer une impression positive de l'unité: to create a positive impression of the unit (US).*

impression (documents / ouvrages) printing (US) (ADJ: "field").

impressionnant impressive (US). Ex: *Un ensemble impressionnant d'armes d'artillerie: an impressive array of artillery weapons (US).*

impression sur l'ennemi (titre de paragraphe / décision initiale) enemy estimate.

imprévisible unpredictable (GB, US). Ex: *Être prêt à des lendemains imprévisibles: to be ready for an unpredictable tomorrow (OTAN).*

imprévu (non programmé) unscheduled (US), unexpected (US, GB), unforeseen (US). Ex: *Un arrêt imprévu: an unscheduled halt (US)* – *Exploiter l'imprévu: to exploit the unexpected (GB)* – *Des circonstances imprévues: unforeseen circumstances (US)* – *Des difficultés imprévues (TAC): unexpected difficulties (US).*

imprimante (ordinateur) printer.

imprimer to print. Ex: *Imprimés en surcharge (renseignements sur une carte): overprinted (OTAN).*

imprimeur (PERS) printer (GB).

improbable improbable (US). Ex: *Une attaque conduite par des aéronefs ennemis est improbable: an attack by enemy aircraft is improbable (US).*

improvisation (TAC) improvisation (GB, US) (Terme dénombrable et indénombrable).

improvisé (ou dans la foulée ou rapide) (TAC) hasty (OTAN), improvised (US). Ex: *Défense improvisée: hasty defense (US)* – *Attaque improvisée: improvised attack (US).*

improvisé (de fortune) improvised (US), expedient (US). Ex: *Un brancard improvisé: an improvised litter (US).*

improvisé (dispositif explosif) improvised (explosive device) (IED) (GB, OTAN).

improviser to improvise (GB). Ex: *Improviser un abri au moyen de branchages: to improvise a shelter out of branches (GB).*

impulsion électromagnétique (IEM) electromagnetic pulse (EMP) (GB) (EXPR: "to cause electric equipment to stop working").

impunité impunity (OTAN).

imputable à attributable to (US). Ex: *Un officier dont le décès est imputable au service: an officer whose death is attributable to (military) service (US).*

imputer à to ascribe to (US). Ex: *Le décès a été imputé à une crise cardiaque: the death was ascribed to a heart attack (US).*

inaccessible inaccessible (US), unavailable (US), impassable (US, GB) (PREP: "to"). Ex: *Une zone inaccessible: an inaccessible area (US)* – *Des emplois inaccessibles aux femmes: posts unavailable to women (US)* – *Un tel carburant brûle sur l'objectif, sur l'eau, s'accroche à l'objectif et dans certains cas on peut le faire ricocher dans un coin sur un objectif autrement inaccessible (emploi du lance-flammes): such a fuel burns on the target, burns on water, clings to the target, and in some instances can be ricocheted around a corner into an otherwise inaccessible target (US)* – *Des terrains inaccessibles aux véhicules à roues: terrain inaccessible to wheeled vehicles (US)* – *Le village est inaccessible: the village is inaccessible (GB).*

inactif (soldat) unemployed.

inaction (TAC) inaction (US).

inactivité inactivity (GB,US). Ex : *Une période d'inactivité : a period of inactivity (US).*

inadapté à unsuited for (US). Ex : *Le terrain était inadapté aux véhicules blindés : the terrain was unsuited for armored vehicles (US)* – *Inadapté aux forces blindées et mécanisées : unsuited for heavy forces (US).*

inapte (au service) (PERS) unfit for service.

inapte (médicalement) (PERS) medically unfit.

inapte au combat (PERS) combat ineffective (US) (Contraire : "combat effective"). Ex : *Être jugé inapte au combat (soldat dans un exercice) : to be rated combat ineffective (US).*

inattendu unexpected (OTAN). Ex : *À un moment / endroit / inattendu : at an unexpected / time / place (OTAN).*

inaudible (transmission radio) nothing heard.

inauguration (bâtiment) inauguration (GB).

inauguration unveiling (OTAN), ribbon cutting (OTAN). Ex : *L'inauguration d'une plaque commémorative : the unveiling of a commemorative plaque (OTAN)* – *Cérémonie d'inauguration (bâtiment / installation) : ribbon cutting ceremony (OTAN).*

inaugurer to inaugurate (a monument) (US), to unveil (a plaque) (OTAN). Ex : *Inaugurer les nouvelles archives de l'OTAN : to inaugurate the new NATO Archives (OTAN).*

inaugurer (marquer le début de) to usher in (US). Ex : *La fin de la guerre froide a inauguré une ère nouvelle : the end of the Cold War has ushered in a new era (US).*

incapable (TAC) incapable (US). Ex : *L'aviation irakienne était incapable d'agir : the Iraqi air force was incapable of operations (US).*

incapacitant incapacitating agent, incapacitant (UN). Ex : *Incapacitant physique : physical incapacitant (UN).*

incapacité inability (UN). Ex : *Incapacité d'attaquer : inability to attack (UN)* – *Provoquer la mort ou l'incapacité du personnel dans les zones de combat (agents NBC) : to produce lethal or incapacitated casualties in combat areas (US).*

incarner to embody (US). Ex : *La volonté incarnée par le chef : the will embodied in the commander (US).*

incendiaire (adjectif) incendiary (OTAN, US), fire (UN), flame (UN). Ex : *Obus incendiaire (obus) : high explosive incendiary (HEI) (shell). Ex : Bombe incendiaire : fire bomb (UN)* – *Arme incendiaire : flame weapon (UN)* – *Liquide incendiaire (lance-flammes) : incendiary fuel (OTAN)* – *Produire un effet incendiaire intense : to produce an intense incendiary effect (US).*

incendie fire (US, GB) (Terme dénombrable, variable) (VERB : "to put out", "to extinguish", "to contain" = circonscrire). Ex : *Un véhicule de lutte contre l'incendie : a fire fighting vehicle (CFE)* – *Réduire le danger d'incendie : to reduce the fire hazard (US)* – *Incendies de forêt : forest fires (US)* – *Incendie dévastateur par bombes incendiaires : fire-storm (GB).*

incendier to burn down, to burn out (GB), to torch (GB). Ex : *Incendier un bâtiment : to burn down a building* – *Village incendié : burnt-out village (GB)* – *Maison incendiée : torched house (GB)* – *Ils ont incendié le village : they torched the village (GB).*

incertain (avenir) uncertain (US).

incertitude uncertainty (US) (VERB : "to prevail"). Ex : *Les incertitudes / du nouvel ordre mondial / des opérations de paix : the uncertainties of / the new world order / peace operations (GB, US).*

incessant (24 heures sur 24) continuous (OTAN). Ex : *Opérations incessantes : continuous operations (OTAN).*

inchangé unaltered, no change (from = par rapport à), unchanged. Ex : *Les objectifs de l'armée de terre demeurent inchangés : the objectives of the Army remain unchanged (US).*

incidence implication (OTAN).

incidence sur (avoir une) to affect (GB), to influence (US), to have an effect (on) (OTAN), to have implications (OTAN). Ex : *Cela pourrait avoir une incidence sur l'accomplissement de la mission : it could affect the accomplishment of the mission (GB) – Les mortiers peuvent avoir une incidence sur les combats jusqu'à (une portée de) 6 900 mètres : the mortars can influence the battle out to 6,900 meters (US) – Avoir des incidences sur la paix et sur la sécurité : to have peace and security implications (OTAN).*

incidence obliquity (US). Ex : *Percer 2,5 cm d'acier sous une incidence de 60 degrés : to penetrate one inch of armor at 60 degree obliquity (US).*

incident incident (US, UN, OTAN) (VERB : "to counter", "to investigate", "to report" = signaler) (ADJ : "potential") (PREP : "in"). Ex : *Un grave incident sur la frontière : a serious incident along the border – Incident de neutralisation de munition explosive : EOD (= explosive ordnance disposal) incident (OTAN) – Incident en cours d'exercice : exercise incident (OTAN) – Incident nucléaire : nuclear incident (OTAN) – Sans incident (ou sans heurt) (opération / action) : smooth (US) – Des incidents provoqués par les forces de sécurité : incidents created by security forces (OTAN) – Déclaration du porte-parole de l'OTAN sur l'incident de Korisa : statement by the NATO spokesman on the Korisa incident (OTAN) – Très peu d'incidents ont été signalés : very few incidents were reported (OTAN) – D'autres (ou de nouveaux) incidents : further incidents (GB).*

incident de tir (raté) misfire (GB, US), stoppage (armes automatiques ou semi-automatiques) (GB). Ex : *Signaler un grand nombre d'incidents de tir : to report a large number of misfires (GB).*

incitation (financière) (recrutement) inducement (US).

inciter à to incite to (GB). Ex : *Inciter la foule à s'en prendre à la police : to incite the crowd to attack the police (GB).*

inclinaison (pente) gradient (GB).

incliné (côté de véhicule) sloping (US).

inclure to include (US). Ex : *Des éléments d'appui sont inclus dans chaque division : combat support elements are included in each division (US).*

inclus included. Ex : *Ces deux points inclus : these two points included.*

incolore (agent neurotoxique) colorless (US).

incomber à to be alloted to (US), to fall to (GB), to fall on. Ex : *Parmi les missions qui incombent à l'aviation légère de l'armée de terre : among the missions alloted to Army Aviation (US) – Une mission qui incomba de plus en plus à la Légion : a role that increasingly fell to the Légion (GB) – Le gros de la bataille incombait à la 1ère Brigade : the heaviest burden of fighting fell on the 1st Brigade.*

incompatibilité (équipement / transmissions) incompatibility (US) (VERB : "to overcome"). Ex : *Des incompatibilités entre les systèmes : incompatibilities among systems (US).*

incompétence (PERS) incapacity (US) (VERB : "to be discharged for").

incompétent (PERS) incompetent (GB).

incomplet incomplete (US). Ex : *Un rapport (ou compte-rendu) incomplet : an incomplete report (US).*

inconnu not known (NK). Ex: La position exacte de l'ennemi est inconnue (<u>ou</u> n'est pas connue): the exact enemy location is not known (<u>ou</u> unknown).

inconnue (nom) unknown (US) (Terme dénombrable) (VERB: "to eliminate", "to reduce"). Ex: *Les inconnues du terrain et de l'ennemi: the terrain and enemy unknowns.*

inconscient (<u>ou</u> sans connaisssance) (SAN) unconscious (US, GB).

incontesté unchallenged (US). Ex: *Maîtrise incontestée des mers: unchallenged sea control (US).*

incontrôlable uncontrollable (US).

incontrôlé uncontrolled (US).

inconvénient (matériels) drawback (US) (ADJ: "potential").

inconvénient disadvantage (US). Ex: *Les inconvénients de l'infériorité numérique: the disadvantages of numerical inferiority (US).*

incorporation induction (into the military) (US, GB) (Terme dénombrable). Ex: *Des soldats dont l'âge moyen, lors de l'incorporation, est de 18 ans: troops, whose average age at induction, is eighteen (US) – Nombre d'incorporations: number of inductions (US) – Se présenter pour l'incorporation: to report for induction into the military (US).*

incorporé (matériel) built-in, embedded (US).

incorporer (PERS) to induct (US), to conscript (US). Ex: *Être incorporé (dans l'armée de terre) (PERS): to be inducted (into the Army) – Toutes les personnes incorporées dans l'armée de terre: all persons conscripted into the Army (US) – Soldat incorporé: inductee (US) (Voir aussi **intégrer**).*

inculquer to instil (OTAN), to instill (US). Ex: *Inculquer les connaissances aux participants du stage: to instil the knowledge in the course participants (OTAN) – Les sergents instructeurs doivent inculquer la discipline chez les recrues: drill sergeants must instill discipline in recruits (US).*

incursion incursion (OTAN, GB), foray (GB), penetration (US) (VERB: "to make", "to prevent", "to block", "to guard against", "to stop", "to provide warning of") (ADJ: "enemy") (PREP: "into", "from"). Ex: *Incursion armée: manned incursion (UN) – Une incursion rapide en territoire ennemi: a swift penetration of hostile territory (OTAN) – Incursions françaises au Rwanda: French forays into Rwanda (GB) – Empêcher de nouvelles invasions irakiennes: to prevent further Iraqi incursion (GB) – Faire une incursion derrière les lignes ennemies: to make a foray behind the enemy lines (GB) – Une rapide incursion en territoire ennemi: a swift penetration of hostile territory (US).*

incursion frontalière border incursion (GB).

indéchiffrable (code) (RENS) unbreakable (US).

indécis (bataille / victoire) indecisive (GB).

indécis (PERS) indecisive (GB).

indéfendable indefensible (US, GB), untenable (GB). Ex: *Notre position est indéfendable: our position is untenable (GB).*

indéfini indefinite (CA). Ex: *Le mandat est d'une durée indéfinie: the mandate is of indefinite duration (CA).*

indéfiniment indefinitely (GB).

indemnité allowance (US) (Terme générique).

indemnité de décès death gratuity (US).

indemnité de déménagement moving allowance (US).

indemnité de déplacement (<u>ou</u> de transport) travel allowance (US).

indemnité de logement basic allowance for quarters (BAQ) (US), housing allowance (US) (ADJ: "variable"). Ex: *Indemnité de logement à l'étranger (ou outre-mer): Overseas Housing Allowance (OHA) (US).*

indemnité de résidence (en fonction du coût de la vie) (séjour à l'étranger) cost of living allowance (COLA) (US).

indemnité de subsistance (PERS) basic allowance for subsistence (BAS) (US), food and incidentals allowance (GB).

indemnité de tenue uniform allowance (GB, US).

indépendance (État / armée) independence (US, GB, CA) (VERB: "to gain", "to regain", "to establish", "to strive... for", "to declare", "to give", "to grant") (PREP: "from"). Ex: *La Slovénie et la Croatie ont décidé de proclamer leur indépendance de la Yougoslavie: Slovenia and Croatia decided to declare their independence from Yugoslavia (CA) – Le pays a obtenu son indépendance en 1960: the country gained its independence in 1960 (GB) – La France a acordé l'indépendance au Tchad en août 1960: France gave Chad its independence in August 1960 (GB) – Accorder l'indépendance à l'Algérie: to grant Algeria independence (US).*

indépendance (liberté) independence (US). Ex: *Le besoin pour la France d'affirmer son indépendance vis-à-vis de l'OTAN: the French requirement to assert independence from NATO (US).*

indépendance d'action (Europe) independence of action (OTAN).

indépendance stratégique strategic independence (OTAN). Ex: *L'indépendance stratégique de l'Europe est faisable (ou possible): European strategic independence is feasible (OTAN).*

indépendant independent (US, GB), separate (US) (PREP: "from"). Ex: *L'Inde est devenue indépendante en 1947: India became independent in 1947 (GB) – Un organisme / une commission / indépendant(e): an independent agency (US) / commission (UN) – La force de dissuasion nucléaire indépendante de la France: France's independent nuclear deterrent (Jane's) – Propulsion indépendante de l'air (extérieur): air independent propulsion (AIP) (OTAN) – Un organisme de renseignement indépendant des armées: an intelligence organization separate from the military services (US).*

indépendante (unité) voir **autonome**.

indépendamment de independently of (US). Ex: *Agir indépendamment du gros (des troupes): to operate independently of the main body (US) – Indépendamment de toute considération tactique: without regard to tactical considerations (OTAN).*

indétectabilité stealth (US).

indétectable undetectable (US).

indéterminé indefinite (GB). Ex: *Soutenir une opération pour une durée indéterminée: to sustain an operation indefinitely (GB).*

indicateur indicator, check. Ex: *Groupe indicateur d'adresses: address indicator group (AIG) (OTAN) – Indicateur de niveau de lubrifiant (char): lubricant level check.*

indicateur marker (US). Ex: *Être un indicateur de l'intégration des technologies (doctrine): to be a marker of the integration of technologies (US).*

indicateur (aéronef) indicator (OTAN) (Terme générique).

indicatif d'appel (TRANS) call sign (OTAN) (ADJ: "collective" = collectif, "indefinite" = indéfini, "international" = international, "voice" = phonie, "tactical" = tactique, "visual" = visuel).

indicatif d'appel de réseau net call sign (US, OTAN).

indicatif d'appel radio international international radio call sign (IRCS) (OTAN).

indication de la radioactivité radioactivity indication (OTAN).

indications (ou indicateurs ou indices) (RENS) indications, indicators (Baud, OTAN).

indice (RENS) indicator (OTAN).

indice de force portante load classification number (LCN) (OTAN).

indicible untold (OTAN). Ex : *Cet exode a plongé les Kosovars dans une détresse et des souffrances indicibles : this exodus resulted in untold hardship and suffering for the people of Kosovo (OTAN).*

indien (ou pim) (officer) driving a desk (GB).

indifférenciable de indistinguishable (US). Ex : *De l'extérieur, le véhicule de combat de cavalerie M3 est indifférenciable du véhicule de combat d'infanterie M2 : the M3 CFV (= Cavalry Fighting Vehicle) is externally indistinguishable from the M2 IFV (= Infantry Fighting Vehicle) (US).*

indigène native, local (US, GB), indigenous (US, GB). Ex : *Troupes indigènes : native troops – La population indigène : the local / indigenous population (GB, US).*

indigne de unbecoming (US). Ex : *Conduite (ou comportement) indigne d'un officier (faute) : conduct unbecoming an officer (US).*

indiquer to indicate (GB), to give (OTAN), to denote (US). Ex : *Les insignes indiquent le grade, l'arme ou la formation : insignia denote grade, branch or organization (US) – L'OTAN ne peut confirmer le nombre des victimes indiqué par les autorités serbes, ni les raisons pour lesquelles des civils se trouvaient là au moment de l'attaque : NATO cannot confirm the casualty figures given by the Serbian authorities, nor the reasons why civilians were at this location at the time of the attack (OTAN) – Le camion a indiqué son intention de tourner à droite : the truck indicated right (GB).*

indiquer (échelle de carte) to state (US, GB).

indirect (dommage) collateral. Ex : *Dommages indirects : collateral damage.*

indirect (tir) indirect (fire).

indirectement indirectly (US). Ex : *Contribuer indirectement à l'efficacité des opérations : to contribute indirectly to the effectiveness of operations (US).*

indiscipline indiscipline (GB). Ex : *Un accès d'indiscipline : an outburst of indiscipline (GB).*

indiscipliné (personnel / organisation) undisciplined (US).

indiscrétion (RENS) indiscretion (US) (Terme dénombrable) (ADJ : "accidental").

indispensable vital (OTAN GB), indispensable (OTAN), much needed (US). Ex : *Ravitaillement indispensable aux opérations : supplies vital to the support of operations (OTAN) – Elle (= l'OTAN) a joué un rôle indispensable pour mettre un terme à la confrontation Est-Ouest d'une manière pacifique : it played an indispensable role in bringing East-West confrontation to a peaceful end (OTAN) – Les soldats des Transmissions remplissent des missions indispensables : Royal Signals soldiers perform vital tasks (GB) – Ce véhicule pourrait procurer la mobilité indispensable aux opérations débarquées : this vehicle could provide much needed mobility for dismounted operations (US) – Ces unités sont indispensables pour les opérations : these units are indispensable to operations (US).*

indispensable à la mission mission-essential (OTAN).

indisponible (véhicule) (vehicle) off the road (VOR) (UN).

indisponible (résultats / moyens) unavailable (Jane's, US).

individu individual (US, GB, OTAN) (VERB : "to promote"). Ex : *Un individu armé : an armed individual (US) – Renseignement sur la nature, les possibilités et les intentions d'organi-*

sations ou d'individus hostiles : intelligence on the identity, capabilities and intentions of hostile organizations or individuals (OTAN).

individualiste (nom) individualist (GB).

individu à risque (sécurité d'un pays) (RENS) security risk (US).

individu cible (RENS) target individual (US) (PART : "chosen").

individuel individual (US). Ex : *Position de combat individuelle : individual fighting position (US) – Entraînement (ou formation) individuel (le) : individual training (US) – Du niveau individuel jusqu'au niveau du théâtre : from individual to theater level (US).*

indivisibilité indivisibility (OTAN). Ex : *L'indivisibilité de la sécurité transatlantique : the indivisibility of transatlantic security (OTAN).*

induire en erreur to mislead (US), to deceive (US). Ex : *Induire l'ennemi en erreur : to mislead the enemy (US) – Induire les Allemands en erreur sur les plans des Alliés (Hist.) : to deceive the Germans about Allied plans (US).*

industrie industry (UN, US) (Terme dénombrable). Ex : *Industrie de l'armement : armament / arms industry (UN) – Industrie d'armement (ou de défense) : defence industry (UN) – La restructuration des industries de défense : restructuring of defence industries (OTAN) – Désorganiser l'industrie d'un pays hostile : to disrupt a hostile country's industry (US).*

industrie d'armement arms industry (US). Ex : *L'analyse du renseignement de source ouverte sur les armées étrangères et les industries d'armement : analysis of open source intelligence on foreign armies and arms industries (US).*

industrie de défense defense industry (US, GB). Ex : *Les dirigeants de l'industrie de défense : the leaders of the defense industry (US) – La rationalisation des industries de défense européennes : the rationalisation of European defence indsutries (GB) – Les professionnels de l'industrie de défense : the Defense industry professionals (US).*

industrie militaire military industry (Jane's).

industriel industrial (GB). Ex : *Le tissu industriel de défense européen : the European defence industrial base (GB).*

industriel de défense defence company (GB). Ex : *Un industriel de défense majeur : a major defence company (GB).*

industriels (les) Industry (GB). *Ex : Le MINDEF (= ministère de la Défense) et les industriels : MOD and Industry (GB).*

inefficace (personnel / matériel / action tactique / force) ineffective (US, GB). Ex : *L'infanterie traditionnelle s'est révélée inefficace : conventional infantry proved ineffective (US) – Près de 50 % du matériel de l'armée de terre américaine était inefficace : up to 50 % of US Army equipment was ineffective (GB).*

inégalé unmatched, unparalleled, unsurpassed (US).

inerte (tête) practice (head).

inerte (mine) inert (OTAN), dead (OTAN).

inertie inertia (GB). Ex : *La puissance de l'inertie : the power of inertia (GB).*

inertiel (ou à inertie) inertial (GB). Ex : *Navigation inertielle : inertial navigation (GB).*

inestimable yeoman (US). Ex : *Ces petits aéronefs ont rendus d'inestimables services sur tous les théâtres d'opérations : these little aircraft did yeoman service in all theaters (US).*

inévitable inevitable (UEO). Ex : *Même pour le cas où un recours à des moyens civils serait inévitable : even for cases where recourse to civilian assets may be inevitable (UEO).*

inexact negative (GB). Ex : *Cela est inexact : that is negative (GB).*

inexpérimenté (soldat / recrue) raw, green (GB), fresh (US), inexperienced (GB).

inexpugnable impregnable (GB).

infanterie (arme) infantry (US, GB) (Peut se trouver avec ou sans l'article défini "the") ("I" majuscule pour désigner l'arme : "Infantry") (Appellations historiques GB : "Foot", "the foot", "foot soldiers") (Surnom US : "the ultimate weapon") (ADJ : "regular", "light", "airborne", "air assault", "ranger", "mechanized"). Ex : *L'Infanterie britannique : the British Infantry (Terme argotique : Poor Bloody Infantry (PBI) – L'infanterie, reine des batailles : Infantry, / queen of battle / the Queen of Battle (US) – L'infanterie débarquée : dismounted infantry – L'infanterie embarquée : mounted infantry – Un commandant de l'infanterie : an infantry major (GB) – Une force composite d'infanterie d'active et de milice du Kentucky : a mixed force of Regular infantry and Kentucky militia (US) – Quand l'on ne peut pas employer l'infanterie traditionnelle (ou classique) : when conventional infantry cannot be used (US) – La maison-mère de l'Infanterie : the Home of the Infantry (US) – Régiments n'appartenant pas à l'infanterie : noninfantry regiments (US).*

Emploi : Le terme "infantry", au sens de "les fantassins", est souvent suivi d'un verbe au pluriel. Ex : *L'infanterie (= les fantassins) traversent le pont : the infantry are crossing the bridge (GB) – La gamme de tâches (ou missions) que l'on attend de l'infanterie : the Infantry are expected to perform a range of tasks (GB).*

Missions de l'Infanterie : to fight on foot, to gain ground, to move on foot, to move by APC (= armored personnel carrier) / helicopter / assault boat, to move in small groups, to charge, to close with the enemy (by means of fire and maneuver), to destroy the enemy, to patrol, to control land areas, to conduct independent (combat) operations, to kill enemy armored vehicles, to deploy rapidly, to capture the enemy, to repel enemy assault by fire / close combat / counterattack, to operate offensively and defensively in rugged terrain, to fight mounted and dismounted, to hold terrain (US).

infanterie aéromobile airmobile infantry (GB), air assault infantry (US).

Missions de l'Infanterie Aéromobile : to combine strategic mobility with tactical mobility, to conduct combat operations, to strike over extended distances, to attack the enemy deep, fast and often, to move troops from one secure area to another, to conduct insertions and extractions under hostile conditions, to fight across the range of military operations, to train and fight as a team in combination with air assault artillery, to deploy early, to penetrate deep into enemy territory, to cut lines of communication, to seize airfields, to destroy C2 (= command and control) nodes, to block reinforcing units, to seize key terrain, to conduct covering force operations (US).

infanterie aérotransportable air-portable infantry (GB).

infanterie blindée armoured infantry (GB).

infanterie classique conventional infantry (US).

infanterie d'assaut assault infantry.

infanterie d'assaut vertical air assault infantry (US).

infanterie débarquée dismounted infantry (US).

infanterie de ligne (Hist.) line infantry (GB) (Désigne aujourd'hui les régiments qui n'appartiennent pas aux Foot Guards).

infanterie de marine Marine infantry, naval infantry (OTAN). Ex : *Une division d'infanterie de marine : a marine infantry division (Jane's) – Brigade d'infanterie de marine : naval infantry brigade (NIB) (OTAN).*

infanterie embarquée mounted infantry (US).

infanterie légère infantry (light) (US), light role infantry (GB), (the) Light Infantry (LI) (GB).

Missions de l'Infanterie Légère : to close with and destroy the enemy, to control land areas, to make optimum use of offensive, decentralized, irregular-type operations, to conduct independent operations, to conduct urban warfare, jungle warfare and infiltration operations, to kill enemy armored vehicles, to exploit the advantages of restricted terrain and limited visibility, to operate effectively in most terrain and weather, to conduct fast-breaking operations, to wrest the initiative early, to seize ground, to hold ground, to mass fires, to stop the enemy in restrictive terrain, to infiltrate, to move rapidly to the enemy rear, to use helicopter support and tactical airlift, to be capable of rapid deployment, to operate throughout the battlefield, to conduct operations in difficult terrain and urbanized areas, to operate at night or during periods of limited visibility, to achieve decisive results (US).

infanterie mécanisée mechanized infantry (US) (sur VCI Bradley), armoured infantry (GB) (Sur véhicule de combat de l'infanterie blindée Warrior) (cf. Le surnom : "the poor bloody armoured infantry" (PBAI).

Missions de l'Infanterie Mécanisée : to conduct mobile warfare, to make rapid changes in location, to fight mounted and dismounted, to be employed in dynamic defense, exploitation, pursuit and counterattack operations, to hold terrain, to operate in difficult terrain and in adverse weather, to move by aircraft, to breach enemy fixed defenses, to defeat enemy armored forces, to accompany tanks in mounted assaults, to act as fixing forces, to act as pivot points for maneuvering tank-heavy forces (US).

infanterie motorisée motorized infantry (Terme générique), mechanised infantry (GB) (Sur véhicule Saxon, "a wheeled APC").

infanterie parachutiste airborne infantry (US), parachute infantry (GB).

Missions de l'Infanterie Parachutiste : to deploy anywhere in the world, to conduct combined arms parachute assault to seize and secure vital objectives, to rescue nationals besieged overseas, to reinforce forward deployed forces, to serve as a strategic or theater reserve, to conduct large scale tactical raids, to occupy areas, to reinforce allied / friendly units beyond the immediate reach of ground forces, to capture the staging bases or forward operating bases for air and ground operations, to conduct airborne assault in the enemy's rear, to seize / secure airfields, to achieve surprise, to conduct large-scale force-projection operations, to rapidly deploy over great distances, to conduct combined arms combat parachute or air landing assaults, to be projected to virtually any objective area under almost any weather condition (US).

infanterie spéciale (Traduction proposée) special operations (SO) infantry. Équivalent US : ranger infantry.

Missions de l'infanterie spéciale : to plan and conduct special military operations, to support conventional military operations, to conduct operations independently, to be employed in any environment (US).

infanterie traditionnelle conventional infantry (US).

infecté (SAN) infected, septic (VERB : "to become").

infecter (SAN / informatique) to infect (GB, US). Ex : *Infecter de virus les systèmes informatiques ennemis : to infect enemy computer systems with viruses (US).*

infectieux (SAN) infectious. Ex : *Maladie infectieuse : infectious disease (US).*

infection (SAN) infection.

inférieur à inferior to (GB), smaller than (OTAN), below (OTAN), outnumbered by (US, GB), less than (US), lower (US). Ex : *Une puissance inférieure à une kilotonne : a yield below one kiloton (OTAN) – Être largement inférieur en nombre par rapport à l'ennemi : to be heavily outnumbered by the enemy (US, GB) – Une formation inférieure à une armée : a formation smaller than an army (OTAN) – Le temps de rechargement est inférieur à*

3 minutes: reload time is less than 3 minutes (US) – Un caporal est inférieur à un sergent: a corporal is inferior to a sergeant (GB) – Une cadence de feu inférieure à celle de nos canons: an inferior rate of fire to our guns (GB) – Aux échelons tactiques inférieurs: at the lower tactical levels (US).

infériorité inferiority (GB) (ADJ: "overwhelming").

infériorité militaire military inferiority (GB).

infériorité numérique numerical inferiority (US).

infiltration (TAC) infiltration (US, GB), infiltration operation (US) (VERB: "to use").

Comp.:

- The undetected movement of a small force or individuals through enemy-held territory (US).

- Procédé de combat ayant pour but d'introduire, si possible en secret, au sein du dispositif ennemi, un certain volume de forces en vue d'une action déterminée (F).

infiltration (TAP / forces spéciales) insertion (US) (VERB: "to conduct").

infiltration (RENS) infiltration (US).

infiltrer (RENS / terrorisme) to infiltrate (GB). Ex: *Infiltrer (ou noyauter) (une organisation) (RENS): to infiltrate (an organization) – Les tentatives de l'IRA (= Irish Republican Army) en vue d'infiltrer l'armée de terre: IRA attempts to infiltrate the Army (GB).*

infiltrer (s') to infiltrate (GB) (S'emploie avec la postposition "into"). Ex: *S'infiltrer en territoire ennemi (force): to infiltrate into enemy territory.*

infirme (adjectif) disabled, crippled (GB).

infirmerie sick bay (US, GB), infirmary (US) (VERB: "to work in").

infirmier (ou infirmière) (nom) nurse (OTAN, US, GB) aid man (= "an enlisted soldier") (US), (Suivant le sexe: male nurse = infirmier / female nurse = infirmière) (GB). Ex: *Infirmier-en-chef: nursing officer – Le corps des personnels infirmiers de l'armée de terre britannique / américaine: the Queen Alexandra 's Royal Army Nursing Corps (QARANC) (Surnom de ses membres: "the QAs") (GB) / the Army Nurse Corps (US) (Voir aussi **aide-infirmier**).*

infirmier (adjectif) nursing (US, GB). Ex: *Soins infirmiers: nursing care (US) – Appui infirmier: nursing support (GB) (VERB: "to provide") – Services infirmiers: nursing services (US).*

inflammable flammable (US, GB), inflammable (GB). Ex: *Matériaux inflammables: flammable materials (US).*

infliger to inflict (US, GB), to mete out (GB), to whale the tar (familier) (US), to whip (familier) (US) (PREP: "on", "upon"). Ex: *Infliger à l'ennemi / le plus de pertes possibles / de lourdes pertes: to inflict / maximum losses / heavy losses / on the enemy (US) – Infliger à l'ennemi des pertes élevées: to inflict high losses on the enemy (US) – Infliger des dégâts aux forces ennemies: to inflict damage on enemy forces (US) – Infliger (ou faire subir) une défaite à l'ennemi: to inflict a defeat on the enemy (US) – Infliger (ou donner) une punition à quelqu'un: to mete out a punishment to somebody (US) – Le désastre infligé aux forces du général Braddock sur la rivière Monongahela: the disaster inflicted on General Braddock's forces at the Monongahela River (CA) – Infliger une sévère défaite (ou correction) à l'ennemi: to whale the tar out of (ou to whip) the enemy (familier) (US).*

infliger la défaite à (ennemi) to defeat (US).

influence influence (US), leverage (US) (PREP: "over" ou "on" = sur) (VERB: "to exert", "to wield", "to neutralize") (ADJ: "decisive", "immense"). Ex: *Prévoir l'influence du terrain sur les opérations militaires: to predict the effect of the terrain on military operations (OTAN) – Réduire l'influence du parti communiste (RENS): to reduce the influence* *of the Communist Party (US) – Comment les grands problèmes (questions) auront une influence sur l'armée de terre : how major issues will influence the Army (GB) – Influence étrangère (sur un individu) (RENS) : foreign influence (US) – Exercer une influence sur la coopération : to exert leverage over cooperation (US).*

influence (sur une mine) influence (OTAN).

influencer to influence (GB, OTAN). Ex : *Influencer des attitudes ou des comportements (action psychologique) : to influence attitudes or behaviour (OTAN) – Influencer le déroulement du combat par des moyens logistiques : to influence the battle logistically (OTAN).*

influent influential (US). Ex : *Un participant influent (conflit) : an influential participant (US).*

influer sur to influence (US), to leverage (US), to affect (US). Ex : *Influer sur une opération : to influence an operation (US) – Des choix qui influent sur une carrière : choices that influence a career (US) – Influer sur l'issue de la bataille : to affect (ou to influence) the outcome(s) of battle (US) – Les facteurs influant sur la situation militaire : the circumstances affecting the military situation (OTAN) – Influer sur les activités d'un organisme de renseignement (RENS) : to influence the activities of an intelligence organization (US) – Procurer au chef des moyens immédiatement disponibles en vue d'influer sur la bataille : to provide the commander with readily available means of influencing the battle (US) – Influer sur les initiatives des États-Unis : to leverage US initiatives (US) – Influer sur les capacités multinationales : to leverage multinational capabilities (US) – Les facteurs qui influent sur ces choix : the considerations that affect those choices (US).*

info-carrières career information (GB).

info-guerre information warfare (US), infowar (US). Ex : *L'info-guerre : infowar (US) (Pas d'article défini).*

info-guerrier (PERS) info warrior (US).

informateur (RENS) informant (US), informer (US). Ex : *Un réseau d'informateurs : a network of informants (US).*

information information (US, UN, OTAN) (Terme générique, indénombrable, invariable ; particularisable par des structures de type "a piece of" ou "an item of") (+ préposition "on") (VERB : "to obtain", "to safeguard", "to develop", "to acquire", "to organize", "to process", "to transmit", "to use", "to integrate", "to retain", "to retrieve", "to manage", "to gather", "to disseminate", "to analyze", "to synthesize", "to release... to", "to specify", "to issue", "to collect", "to evaluate", "to interpret", "to convey... to", "to release", "to publish", "to provide... for (ou to)", "to produce", "to supply", "to withhold", "to restate", "to bring together", "to contain", "to steal", "to check") (ADJ : "relevant", "vital", "important", "available", "complete", "accurate", "timely", "selected", "new", "updated", "integrated", "real-time", "synchronized", "detailed", "perishable", "time-sensitive", "key", "practical", "correct", "latest", "critical", "current", "valuable", "technological", "classified", "proprietary" "sensitive compartmented", "top secret", "secret", confidential", "unclassified", "unreliable") (NOM ASS. : "acquisition", "organization", "development", "processing", "transmission", "use", "integration", "retention", "retrieval", "management", "collection", "analysis", "distribution", "presentation", "quantity", "quality", "usability"). Ex : *Pour votre information : for your information (FYI) – Information publique (ou du public) : public information (OTAN) – Informations fondamentales : fundamental information (OTAN) – L'information confidentielle : confidential information (UN) (VERB : "to handle") – La divulgation d'informations : the disclosure of information (US) – Pour de plus amples informations, prière de s'adresser au Service de Presse et des média de l'OTAN : for further information, please contact the NATO*

Press and Media Service (OTAN) – *Transmettre des informations par radio à : to radio information to (US) (Voir aussi renseignement).*

information (ou renseignement brut) information (OTAN).

information concernant la défense defence information (OTAN GB).

information de commandement et de contrôle command and control information (OTAN). Ex : *Système tactique d'information de commandement et de contrôle de l'armée de terre : Army tactical command and control information system (ATCCIS) (OTAN).*

information dominante (ou supériorité de l'information) (info-guerre) (USA) information dominance (US).

information du public voir **information publique**.

information et relations publiques (ou et communication) (armée / ministère) Public Affairs (US), Public Relations (GB).

informationnel informational (US).

information opérationnelle (ou opérations d'information) information operations (IO) (US) (VERB : "to conduct"). Ex : *Gagner des guerres d'information opérationnelle : to win battlefield information wars (US).*

information pertinente relevant information (US). Ex : *Obtenir et diffuser de l'information pertinente : to acquire and disseminate relevant information (US).*

information publique (ou du public ou de l'opinon publique) public information (PI ou P INFO) (OTAN, GB).

informations information (OTAN), material (GB). Ex : *Ces informations sont classées "secrètes" : this material is classified secret (GB).*

informations amies friendly information (OTAN).

informations de défense aérienne air defence data (OTAN).

informations de presse press information (OTAN).

informations du champ de bataille battlefield information (OTAN).

information(s) géographique(s) numérique(s) digital geographic information (DGI) (OTAN).

informations météo (rologiques) met information (GB), weather information (OTAN, US).

informations océanographiques oceanographic information (OTAN).

informations provenant de la reconnaissance tactique tactical reconnaissance information (OTAN). Ex : *Station au sol d'informations provenant de la reconnaissance tactique : tactical reconnaissance information ground station (TRIGS) (OTAN).*

informations tactiques tactical information (OTAN, US), battlefield information (US) (VERB : "to synthesize", "to obtain") (ADJ : "real-time") (NOM ASS. : "source"). Ex : *Système interarmées de diffusion des informations tactiques : joint tactical information distribution system (JTIDS) (OTAN).*

informations topographiques survey information (GB).

informations utiles relevant information and intelligence (RII) (US).

informatique (nom) data-processing ou dataprocessing (DP), automated data-processing (ADP) (GB, US), automatic data processing (ADP) (OTAN), computing (GB), computer science. Ex : *Une unité informatique (armée de terre américaine) : a data-processing unit (DPU)* – *Equipement (ou matériel) informatique : automated data processing equipment (ADPE) (US).*

informatique (discipline) computer science (US).

577

informatique (adjectif) automated data processing (GB) (En épithète). Ex : *Matériel (ou équi-pement) informatique : automated data processing equipment (ADPE) (GB).*

informatisé computerised (GB, <u>Jane's</u>), computerized (US). Ex : *Conduite de tir informatisée : computerised fire control system (<u>Jane's</u>).*

informel informal (UEO). Ex : *Les ministres de l'UEO ont souhaité qu'une réflexion informelle soit engagée à l'UEO sur l'Europe de la sécurité et de la défense : WEU ministers expres-sed the wish that a process of informal reflection be initiated at WEU on the question of Europe's security and defence (UEO).*

informer to inform (OTAN), to advise (GB). Ex : *Informer le public : to inform the public (OTAN) – On l'informa que la situation ne s'améliorerait pas : he was advised that the situation would not improve (GB).*

informer de to inform of (GB), to brief on (OTAN), to advise of (US). Ex : *Informer la position de mortiers par radio de la localisation de la cible : to inform the mortar position by radio of the location of the target (GB) – Informer quelqu'un de quelque chose : to inform somebody of something – Le chef est informé des effets probables de l'exposition à un tel risque par l'officer NBC et le médecin (emploi d'agents chimiques) : the commander is advised of the probable effects of exposure to this hazard by the chemical officer and the medical officer (US) – Être informé de la situation dans les Balkans (responsable mili-taire) : to be briefed on the situation in the Balkans (OTAN) – Se tenir informé de (chef) : to stay informed of (US).*

informer sur to inform about (US). Ex : *Informer les soldats sur le métier qu'il ont choisi : to inform soldiers about their chosen profession (US).*

infosphère datasphere (US).

infraction (violation / dérogation) breach (OTAN), contravention (GB). Ex : *Infraction aux règles de la circulation : breach of traffic control regulations (OTAN) – Toute infraction à ce code : any breach of that code (OTAN).*

infranchissable (coupure) impassable (US), unbridgeable (US).

infrarouge infra-red <u>ou</u> infrared (OTAN, UN, GB, US) (Abréviation US et GB : "IR"). Ex : *Système de détection infrarouge : infrared detection system (IDS) (GB) – Renseignement infrarouge (capteurs infrarouge) : infrared intelligence (IRINT) (US).*

infrastructure infrastructure (US, OTAN) (Terme dénombrable), facilities (US, OTAN) (VERB : "to rebuild", "to use", "to disable", "to provide", "to finance") (ADJ : "conside-rable", "devastated", "existing", "traditional", "physical", "bilateral", "common", "natio-nal", "unprepared for"). Ex : *L'infrastructure militaire : the military infrastructure – Créer une infrastructure NBC : to create an NBC infrastructure (US) – La base dispose de l'infrastructure nécessaire minimale : the base has minimum essential facilities (OTAN) – Programme d'infrastructure : infrastructure programme (OTAN) (ADJ : "long-term" = à long terme) – Reconstruire des infrastructures : to rebuild infrastructures (US) – Améliorer l'infrastructure du pays : to improve the country's infrastructure (GB) – Infrastructure pédagogique : classroom facilities (US) (Voir aussi **installation**).*

Cf. : <u>Infrastructure :</u> A term generally applicable for all fixed and permanent installations, fabrica-tions, or facilities for the support and control of military forces (OTAN).

infrastructure de communications communications infrastructure (US).

infrastructure de théâtre theater infrastructure (US).

infrastructure de transmissions communications infrastructure (US).

infrastructure électronique ground environment (GE) (OTAN).

infrastructure électronique de la défense aérienne de l'OTAN NATO Air Defence Ground Environment (NADGE) (OTAN).

infrastructure informationnelle intégrée (USA) integrated information infrastructure (III) (US).

infrastructure nationale base (US). Ex : *Formations logistiques de l'infrastructure nationale : base logistic units (US).*

infrastructures logistiques logistical infrastructures (US).

infrastructure sur le théâtre in-theater infrastructure (US).

infrastructure vie (PERS) living quarters.

infructueux unsuccessful (GB). Ex : *Une expédition infructueuse : an unsuccessful expedition (GB).*

ingénierie engineering (OTAN).

ingénieur de l'armement (IA) (ARMT) (Traduction DGA) Armament Engineer.

ingénieur des études et techniques de l'armement (IETA) (ARMT) (Traduction DGA) Armament Design and Techniques Engineer.

ingénieur en chef des études et techniques de l'armement (ICETA) (ARMT) (Traduction DGA) Armament Design and Techniques Senior Engineer.

ingénieur général de l'armement (IGA) (ARMT) (Traduction DGA) Armament General Engineer.

ingénieur principal de l'armement (IPA) (ARMT) (Traduction DGA) Principal Armament Engineer.

inhabité (drone / engin aérien / installation) unmanned (US) (Contraire : "manned" = habité(e), avec personnel(s).

inhabité (lieu) uninhabited (GB). Ex : *Le village est inhabité : the village is uninhabited (GB).*

inhabituel (circonstances) unusual (US).

inhalation inhalation (US). Ex : *Inhalation accidentelle d'un gaz mortel : accidental inhalation of a lethal gas (US).*

inhérent (risque) inherent (GB).

inhumation burial (OTAN). Ex : *Inhumation de restes humains : burial of remains (OTAN) – Inhumation d'urgence (ou de fortune) : emergency burial (OTAN).*

inimaginable undreamed of (US). Ex : *Des progrès techniques inimaginables seulement quelques années auparavant : technological advances undreamed of only a few years before (US).*

inintelligible (message) unintelligible (US).

ininterrompu uninterrupted (US). Ex : *Permettre une traversée rapide et ininterrompue (itinéraire) : to permit a speedy and an uninterupted crossing (US).*

initial (décision, ordre) initial (decision).

initial initial (US). Ex : *Supériorité aérienne initiale : initial air superiority (US) – Recrutement initial : initial recruitment (US).*

initialement initially (US).

initiative (TAC) initiative (US, GB) (VERB : "to show", "to use", "to seize", "to hold", "to lose", "to exercise", "to secure", "to exercise", "to gain", "to retain", "to wrest"). Ex : *Prendre l'initiative : to seize the initiative (US) – Conserver l'initiative (TAC) : to retain (the) initiative (US, GB) – Exploiter l'initiative : to exploit the initiative (US) – Perdre l'initiative (TAC) : to lose the initiative (GB) – Reprendre l'initiative (TAC) : to regain the initiative (GB).*

initiative (<u>ou</u> sens de l'initiative) (PERS) initiative (GB, US). Ex : *Il manque d'initiative (<u>ou</u> il n'a pas le sens de l'initiative) : he lacks initiative (GB)* – *Agir de sa propre initiative (PERS) : to act (up) on one's own initiative (US, GB).*

initiative (proposition / programme) initiative (US, GB, OTAN), move (OTAN) (VERB : "to support"). Ex : *Si l'ALK (= Armée de Libération du Kosovo) rejette l'initiative de paix : if the KLA (= Kosovo Liberation Army) spurns the peace intitiative (Jane's)* – *Initiative sur les capacités de défense (OTAN) : Defence Capabilities Initiative (OTAN)* – *Une initiative diplomatique : a diplomatic initiative (GB)* – *Des initiatives prises récemment dans le sens d'une politique commune de l'Europe en matière de défense et de sécurité : recent moves towards a common European defence and security policy (OTAN).*

initiative de (à l') at the initiative of (US).

Initiative de Défense Stratégique (IDS) (Hist.) Strategic Defense Initiative (SDI) (US) (Surnom médiatique : "Star Wars") (Appellation actuelle : "Ballistic Missile Defense Organization" (BMDO).

initiative de paix peace initiative (GB). Ex : *L'initiative de paix de Dayton : the Dayton Peace Initiative (GB).*

Initiative sur les capacités de défense (l') the Defence Capabilities Initiative (DCI) (OTAN).

initier à to train. Ex : *Initier à l'emploi d'un mortier : to train in the use of a mortar.*

injection addition (CA). Ex : *Annoncer l'injection de 1,7 milliards de dollars supplémentaires dans le budget de la Défense : to announce an additional $ 1.7 billion for National Defence (CA).*

injuste unjust. Ex : *Une guerre injuste : an unjust war.*

innombrable myriad (US), countless (GB, US). Ex : *Relever d'innombrables défis : to meet myriad challenges (US)* – *Ce matériel a sauvé d'innombrables vies : this piece of equipment has saved countless lives (GB)* – *D'innombrables missions : countless missions (US).*

innovant innovative (US).

innovateur innovative (US).

innovation innovation (Terme dénombrable) (US) (VERB : "to develop", "to come out") (ADJ : "significant"). Ex : *Des innovations dans les domaines de l'attaque, du freinage et de la destruction de l'ennemi : innovations in the business of attacking, delaying and destroying the threat (US)* – *Des innovations en matière d'équipement : innovations in equipment (US).*

innovation (l') innovation (US, GB).

innovation technologique technological innovation (US) (VERB : "to apply").

inoccupé (position / terrain) unoccupied (US).

inodore (agent neurotoxique / explosif) odorless (US), odourless (GB).

inoffensif (mine) inoperative (OTAN). Ex : *Rendre une mine inoffensive : to render a mine inoperative (OTAN).*

inoffensif harmless (GB).

inondations flooding (Terme indénombrable, invariable), floods (US) (VERB : "to respond to", "to be affected by" = être touché par). Ex : *Des inondations se sont produites : flooding occurred.*

inondé de (informations) inundated with (US), awash with (US). Ex : *Être inondé d'informations / données (chefs) : to be inundated with information / to be awash with data (US).*

inonder (itinéraire / territoire) to flood (GB). Ex : *Inonder un itinéraire d'approvisionnement : to flood a supply route (GB) – Tranchées inondées : flooded trenches.*

inopérant (hors-service) (équipement) inoperative (GB) (VERB : "to make"). Ex : *Tous nos équipements de transmissions ont été rendus inopérants par l'explosion : all our communications equipment was made inoperative by the explosion (GB).*

inopiné (objectif) (target) of opportunity (US, GB), impromptu (target) (US).

inopiné (imprévu) unexpected (US).

inopinément unexpectedly (US). Ex : *Frapper l'ennemi inopinément : to strike the enemy unexpectedly (US).*

inopportun (moment / heure) inopportune (US).

insaisissable elusive (GB). Ex : *Un ennemi insaisissable : an elusive enemy (GB).*

insalubre (zone / région) unhealthy (GB).

insatisfaction (PERS) dissatisfaction (US).

inscription (à un stage) enrolling (US), enrolment. Ex : *Dans les 60 jours qui suivent l'inscription à un stage de formation militaire : within 60 days after enrolling in a military training course (US).*

insécurité insecurity.

insensibiliser (mine) to sterilize (a mine) (OTAN).

insensible (mine) dormant (OTAN).

insensible aux contre-mesures électroniques (système) (TRANS) ECM-resistant (OTAN) (ECM = Electronic Counter-Measures).

insérer (troupes par hélicoptère) to lift in, to insert (troops by helicopter).

insérer (munition dans une arme) to insert (a round) (US).

insertion (ou mise en place) de troupes par hélicoptères helicopter insertion (US).

insertion en profondeur (TAC) deep insertion (US).

insert optique (masque à gaz) optical insert (US).

insigne (suivant arme / forme) insignia (US) (Terme invariable) (+ verbe au singulier), badge (GB), tab (VERB : "to authorize", "to wear"). Ex : *Les couleurs de l'insigne sont le bleu, le blanc et le rouge : the insignia's colors are blue, white and red (US).*

insigne américain (USA) "U.S." insignia (US).

insigne d'arme arm badge (GB), branch badge (GB), insignia of branch ou branch insignia (US).

insigne de béret capbadge (GB) (Par extension, ce terme désigne également chez les Britanniques une arme, un service, une unité, un corps d'appartenance).

insigne de coiffe headdress badge (GB), headgear insignia (US).

insigne de collet collar patch (GB), collar insignia (US).

insigne de combat combat badge (US).

insigne de commando (infanterie) (USA) Ranger tab (US).

insigne de corps branch badge (GB).

insigne de division divisional insignia (GB).

insigne de fonction badge of appointment (GB), appointment insignia.

insigne de grade rank insignia (Forme pluriel identique : "insignia"), rank badge, badge of rank (GB), insignia of grade ou grade insignia (US). Ex : *Insigne de grade sur l'épaule : shoulder rank.*

insigne de manche (uniforme) sleeve insignia (US).

insigne de parachutiste wings (GB) (Aussi utilisé pour les pilotes de l'ALAT), parachutist badge (US), airborne insignia ou airborne badge (US).

insigne de régiment regimental insignia (GB), regimental badge (GB).

insigne des forces spéciales (US) Special Forces tab (US).

insigne de spécialité (special skill) badge (US).

insigne de tireur d'élite marksmanship badge (US).

insigne d'unité (béret / veste d'uniforme) unit crest (US) (ADJ : "distinctive").

insigne étranger foreign badge (US).

insignes (Légion d'honneur) insignia (OTAN) (VERB : "to bestow"). Ex : *Le président Chirac remettra au Secrétaire général (= de l'OTAN) les insignes de Comandeur dans l'Ordre de la Légion d'honneur : President Chirac will bestow on the Secretary General the insignia of Commander in the Order of the Legion of Honour (OTAN).*

insister to insist (OTAN), to lay emphasis (GB). Ex : *L'OTAN insiste sur l'obligation, pour toutes les parties, de se conformer pleinement aux résolutions pertinentes du Conseil de Sécurité de l'ONU : NATO insists that all parties must fully comply with the relevant UNSCRs (= United Nations Security Council Resolutions) (OTAN) – On insiste tellement sur : so much emphasis is laid (up) on (GB).*

insolite (comportement) unusual (GB, US).

insoumis (service militaire) defaulter (GB).

insoumission (service militaire) defaulting (GB).

inspectant (ou inspecteur) (État / partie) inspecting (state / party) (UN).

inspecter (ou faire l'inspection de) (troupes) to inspect (GB). Ex : *Inspecter des troupes : to inspect troops (GB).*

inspecter (pièce) to check (GB). Ex : *Il inspecta la pièce à la recherche de pièges : he checked the room for booby-traps (GB).*

inspecteur inspector (CFE, UN).

inspecteur général (armée de terre) inspector-general (GB), inspector general (IG) (US).

inspection inspection (CFE, OTAN) (Terme dénombrable) (VERB : "to conduct", "to carry out", "to coordinate", "to provide", "to perform") (ADJ : "frequent", "routine"). Ex : *Inspection par défiance : challenge inspection (CFE) – Faire une inspection complète : to make a complete inspection (US) – Inspection des pieds (soldats) : foot inspection (US) – Inspection ad hoc : ad hoc inspection (UN) – Inspection de confirmation : confirmatory inspection (UN) – Inspection des armements : arms inspection (UN) – Inspection de départ (ou de référence ou initiale) : baseline inspection (UN) – Inspection par défi (ou sur mise en demeure ou par défiance) : challenge inspection (UN), inspection on challenge (UN) – Inspection sur invitation : inspection by invitation (UN) – Inspection sur demande : inspection on request (UN) – Inspection par étapes (ou par phases successives) : layered inspection (UN) – Inspection expérimentale : trial inspection (UN) – Inspection à distance : off-site inspection (UN) – Inspection sur place : on-site inspection (GB) – Exercice d'inspection : practice inspection (UN) – Inspection sélective aléatoire sur place : random selective inspection (RSI) – Inspection sélective aléatoire sur place : random on-site inspection (UN) – Inspection à bref délai (ou à court délai de préavis) : short-notice inspection (UN) – Inspection ponctuelle (ou par sondage) : spot-check inspection (UN) – Inspection inopinée : unannounced ou unscheduled inspection (UN) – Inspection visuelle : visual inspection (UN) – Inspection des armements : weapons inspection (UN) – Inspection des matériels : equipment inspection (UN) – Inspection des parachutes (TAP) : parachute inspection (US).*

inspection (corps de l'armée de terre) inspectorate. Ex : *Inspection / de la logistique / des armes : Logistics / Arms / Inspectorate (Jane's).*

inspection des chambr (é) es room inspection (US) (VERB : "to pass").

inspection de sécurité nucléaire nuclear safety (ou security) inspection (NSI) (OTAN).

inspection des troupes (ou revue des troupes) inspection of troops (GB).

inspection générale (armée de terre) (the) Inspector General (Office) (US).

Cf. : Those personnel assigned the responsibility for inquiring into the performance of mission and state of readiness, economy, efficiency, discipline and morale of a command (US).

inspection sur le terrain on-site inspection (OSI) (OTAN).

inspection sur place on-site inspection (OSI) (OTAN).

inspectorat inspectorate (UN).

instabilité (politique) (political) instability (US) (ADJ : "growing"). Ex : *Des poussées d'instabilité : outbreaks of instability (US).*

instable (monde) unstable (US). Ex : *Un monde instable : an unstable world (US).*

instable (pointage d'arme) unsteady (GB). Ex : *Son pointage était instable : his aim was unsteady (GB).*

installation installation (OTAN, US), facility (US, GB) (Termes dénombrables) (VERB : "to set up", "to add", "to secure", "to run", "to operate", "to establish", "to enter", "to exit", "to provide", "to construct", "to improve", "to maintain", "to tour", "to visit") (ADJ & PART : "critical", "fixed", "permanent", "extra", "(lightly) manned") (ADJ avec "facilities" : "classroom", "billeting", "messing") (NOM ASS. : "acquisition", "construction", "maintenance", "operation", "disposition", "(authorised / unauthorised) access to", "availability"). Ex : *Protéger les installations : to protect the facilities (ou installations) (US) – Une installation médicale : a medical facility – Installations portuaires et ferroviaires : port and rail installations (US) (ou facilities (GB) – Dans des installations militaires : on military (ou defence) installations (US, OTAN, UN) – Installations de loisirs (ou de jeux) : recreational facilities (US) – Installations sportives : athletic facilities (US) – Installation de stockage (MAT) : storage facility (US) – Installation médicale : medical facility (US) – Installation logistique : supply installation (OTAN), logistics facilities (US) – Installations logistiques de l'avant (ou avancées) : forward logistical facilities (US) – Installation de fabrication d'armes chimiques : chemical weapons production facility (UN) – Installation de destruction (armement) : destruction facility (UN) – Installation fixe du service de santé : fixed medical treatment facility (OTAN) – Installations dédiées : dedicated facilities (US) – Gérer des installations et des équipements de qualité : to operate quality installations and facilities (US) – Installations et stocks de produits pétroliers : oil and petrol facilities and stocks (OTAN) – Installations de stockage de produits pétroliers : petroleum sorage facilities (OTAN) – Garder les installations nucléaires françaises autour de l'atoll de Mururoa : to guard the French nuclear installations around Mururoa atoll (GB) – Installation de formation aux tactiques de guerre électronique des équipages : aircrew electronic warfare tactics facility (AEWTF) (OTAN) – Installation de carburants en vrac : bulk fuel installation (BFI) (OTAN).*

installation (d'une tête de pont dans une zone) (force aéroportée) (TAC) lodgment ou lodgement (US).

installation (action) installation (GB). Ex : *L'installation d'un canon (sur un véhicule) : the installation of a gun (GB).*

installation de commandement C^2 facility (US) (C^2 = Command and Control).

installation de stockage storage facility (US).

installation fixe du service de santé fixed medical treatment facility (OTAN).

installation logistique logistical installation (US), logistics facility (US).

installation militaire military installation (US) (ADJ : "sensitive" = sensible).

installation nucléaire nuclear facility (US).

installation radar radar installation (GB).

installations à terre ground installations (US, GB).

installation sensible sensitive installation (US). Ex : *Protection des installations sensibles : protection of sensitive installations (US).*

installations industrielles industrial facilities (US).

installé (force) deployed, based (GB), established (GB). Ex : *La DB est installée en ZDA : the Armoured Division is deployed in its staging area – L'ennemi est désormais bien installé sur la rive est du fleuve : the enemy is now established on the east bank of the river (GB) – Le régiment de cavalerie à cheval installé au quartier Knightsbridge : the Cavalry Mounted Regiment based at Knighstbridge Barracks (GB).*

installé (matériel) fitted (Jane's), mounted (US). Ex : *Installé sur (matériel sur hélicoptère) : fitted to – Installé sur un véhicule (matériel) : mounted in a vehicle (US) – Un canon installé sur un char : a gun fitted to a tank (Jane's).*

installé (embarqué) (à bord d'un aéronef) airborne (OTAN).

installer to install (US), to site, to prepare (US), to establish (US), to put (US), to fit (US), to place (US), to deploy (US), to set up (GB), to put in (US). Ex : *Installer / un véhicule en position de défilement / une antenne : to site / a vehicle in a defilade position / an antenna – Installer un (site de) franchissement : to prepare a crossing site, to establish a crossing (over a river) (GB) – Installer un système de transmissions : to install a communications system (US) – Installer un blindage réactif sur un char : to put reactive armor on a tank (US), to install Explosive Reactive Armour (ERA) on an MBT (= Main Battle Tank), to fit ERA on (ou to) an MBT (Jane's) – Installer un canon sur un char : to fit a gun to a tank – Le (radar) MSTAR est le plus souvent susceptible d'être installé à bord des véhicules d'observation de l'artillerie Warrior : MSTAR is likely to be most often deployed aboard Warrior artillery observation vehicles (US) – Installer un réseau de transmissions : to set up a communications network (GB) – La compagnie du génie va en voir de dures pour installer le pont : the Engineer Company is going to have a tough time putting in the bridge (US) – Installler un canon sur un véhicule : to place a gun on a vehicle (US).*

installer (gouvernement) to install (US). Ex : *Installer un gouvernement démocratique : to install a democratic governement (US).*

instance agency (OTAN), forum (US). Ex : *Instance gouvernementale : government agency (OTAN) – Instance de négociation : negotiating forum (UN).*

instance de départ (en) awaiting departure (AWD) (OTAN).

instant moment (US), time (US, GB). Ex : *Pendant un court instant : for a brief moment (US) – À l'instant de l'explosion : at the time of the explosion (US, GB).*

instantanément instantaneously (US).

instant décisif (TAC) decisive moment (US).

instant T (à l') at a specific time (US, GB).

instauration establishment (OTAN), implementation (OTAN). Ex : *L'instauration de l'ordre public : the establishment of law and order (OTAN) – L'instauration de la paix : the implementation of peace (OTAN) – L'instauration d'une société démocratique : the establishment of a democratic society (OTAN).*

instaurer to establish (US), to win (paix) (OTAN) Ex: *L'armée de terre est l'armée la plus ancienne et la plus importante instaurée par la Constitution en vue de protéger les États-Unis: the Army is the senior and the largest military service established by the Constitution to protect the United States (US) – Instaurer une paix permanente dans la région: to win permanent peace in the region (OTAN).*

instinct instinct (US, GB). Ex: *Un instinct agressif: an aggressive instinct (GB) (VERB: "to develop") – Un soldat agit par (ou à l') instinct: a soldier operates on instinct (US).*

institut institute (US, GB) (PREP: "for"). Ex: *Institut international d'études stratégiques: International Institute of Strategic Studies (IISS) (Londres).*

Institut des Hautes Etudes de Défense Nationale (IHEDN) Équivalent GB: Royal College of Defence Studies (RCDS) (Londres) – Équivalent US: Cursus en plusieurs étapes: 1. "National Defense University" (NDU) ("CAPSTONE" Course), 2. Brigadier General transition, 3. Army Force Management GO/SES Course, 4. Leadership Development Program, 5. Division / Assistant Commander Course (Fort Leavenworth), 6. Joint Warfighting Course (Army War College et Air War College, Maxwell Air Force Base).

institution institution (US, OTAN), establishment (GB) (VERB: "to build", "to develop") (ADJ: "solid") (PART: "esteemed"). Ex: *Des traditionnalistes de l'institution militaire: traditionalists in the military establishment (GB) – Des institutions démocratiques: democratic institutions (US).*

institution de formation educational institution (OTAN) (VERB: "to found").

institutionnaliser to institutionalize (US).

institutionnel institutional (OTAN). Ex: *Changements institutionnels: institutional changes (OTAN).*

institutions civiles civil institutions (OTAN). Ex: *Rétablissement des institutions civiles (après un conflit): re-establishment of civil institutions (OTAN).*

institutions de défense (pays) defence establishment (OTAN).

institutions démocratiques democratic institutions (OTAN).

instructeur instructor (GB, US), trainer (US), master (GB) (PREP: "on"). Ex: *Sous-officier instructeur: NCO (= Non-Commissioned Officer) trainer (US) – Instructeur de tir: weapons instructor (GB) – Instructeur de tir à la baïonnette: bayonet instructor (GB) – Instructeur d'équitation: riding master (GB) – Instructeur de saut (TAP): jump instructor (GB) – Instructeur / civil / militaire: civilian / military / instructor (US) – Instructeur militaire de langues étrangères: military language instructor (US) – Il devint instructeur à l'École d'Application de l'Artillerie Sol-Sol de Fort Sill dans l'Oklahoma (fiche biographique d'officier): he became an instructor at the Field Artillery School, Fort Sill, Okla. (US) – Il avait toutes les qualifications d'instructeur en munitions et explosifs: he had all the qualifications as an instructor on ammunition and explosives (GB) – Instructeur de stage: course instructor (US).*

instructeur de vol flying instructor (GB).

instruction (formation) instruction (CFE, US), training (US, GB) (VERB: "to receive", "to present") (ADJ: "effective", "meticulous", "gender-integrated", "basic", "military") (PREP: "in", "on"). Ex: *L'instruction / des recrues / des réserves: recruit training / reserve training (US) – À des fins d'instruction: for instructional purposes (CFE) – Instruction (ou entraînement) parachutiste: airborne training (US) – Au cours de l'instruction: during instruction (US) – Instruction élémentaire (ou de base) (PERS): basic training (GB) – Recevoir une instruction militaire: to receive military instruction (US) – Instruction sur l'emploi tactique des batteries d'artillerie sol-air: instruction in the tac-*

*tical employment of ADA (= Air Defense Artillery) batteries (US) – Instruction sur le renseignement : intelligence instruction (US) – Méthode d'instruction par petits groupes : small group instruction method (US) – Instruction préliminaire sur les matériels : preliminary instruction on the equipment (US) – Instruction sur simulateur : simulator training (US) – Instruction de vol : flight training (US), flying training (GB) – Des fantassins à l'instruction : infantrymen on training (GB) – Être à l'instruction (PERS) : to be in training (US) – Une équipe de quatre hommes n'ayant pas ou peu d'instruction génie : a four-man team with little or no engineer training (US) (Voir aussi **entraînement**).*

instruction (consigne / ordre) instruction (VERB : "to follow", "to give", "to issue", "to receive", "to formulate"). Ex : *Recevoir ses instructions de quelqu'un : to receive one's instructions from somebody (GB) – Donner des instructions à un soldat : to brief a soldier (US) – Donner des instructions / détaillées / particulières : to give / detailed / specific instructions (US) – Suivre des instructions : to follow instructions (US).*

instruction de conduite (véhicules) driver training (<u>Jane's</u>, GB).

instruction des personnels personnel training (US).

instruction de survie survival training.

instruction élémentaire (PERS) basic training (US, GB).

instruction élémentaire de vol (ALAT) basic flying training (GB).

instructions (réunion) briefing (US, GB), brief (GB). Ex : *Donner des instructions à quelqu'un sur : to brief somebody on (GB).*

instructions (ordres) instructions (GB), brief (GB) (ADJ avec "instructions" : "detailed"). Ex : *Cela ne fait pas partie de nos instructions : that is not part of our brief (GB) – Il a donné ses instructions à la section en vue de l'attaque : he briefed his platoon for the attack (GB) – Exécuter des instructions : to carry out instructions (GB).*

instruction (sur le) renseignement (RENS) intelligence training (US).

instruction sur les armes à feu firearms training (US).

instruction sur le tir (IST) (instruction de tir) weapons instruction (GB).

instructions de coordination (titre de sous-paragraphe) Coordinating instructions (US,GB).

instructions d'exploitation des moyens électroniques et de télécommunications communications & electronics operating instructions (CEOI) (OTAN).

instructions permanentes standing operating procedure (SOP) (GB, OTAN), standard operating procedure (US) (EXPR : "in accordance with" (IAW).
<u>Cf.</u> : A set of instructions covering those features of operations which lend themselves to a definite or standardized procedure without loss of effectiveness (OTAN).

instructions pour les télécommunications et l'électronique communications-electronics instructions (CEI) (OTAN).

instruction technique (notice) technical order (TO) (OTAN).

instruire (PERS) to train (OTAN), to instruct (GB) (PREP : "in"). Ex : *Instruire des soldats sur l'utilisation de la baïonnette : to instruct soldiers in the use of the bayonet (GB).*

instrument (sens propre et figuré) instrument (US, GB). Ex : *Un instrument / politique / militaire : a / political / military instrument (US) – Instruments d'aéronefs : aircraft instruments (OTAN) – Un instrument de guerre : an instrument of war (GB) – L'action secrète est apparue comme un instrument de la politique extérieure des États-Unis : covert action emerged as an instrument of U.S. policy (US) – Des instruments de vision et de pointage très élaborés (véhicule blindé) : comprehensive sighting and vision instruments (US).*

instrumentaliser to use (US). Ex : *Être instrumentalisé par les belligérants : to be used by the belligerents (US).*

instrumentation instrumentation (OTAN). Ex : *Instrumentation de suivi de la manœuvre de combat aérien : air combat manoeuvring instrumentation (ACMI) (OTAN).*

instrument de musique musical instrument (GB).

instrument de puissance instrument of power (US).

instrument de terreur instrument of terror (US).

instrument de vision nocturne night vision device (GB), night-viewing device (GB), night-observation device (GB).

instrumenté (champ de tir) instrumented (US).

insu without the knowledge (OTAN), without the knowing (OTAN). Ex : *À l'insu de l'ennemi : without the enemy's knowledge / knowing, without the knowledge of the enemy (OTAN).*

insubordination (PERS) insubordination (GB) (ADJ : "gross").

insubordonné (PERS) insubordinate (GB).

insuffisance insufficiency (OTAN), shortfall (US, deficiency (UEO). Ex : *Une insuffisance du recrutement (armée) : a recruiting shortfall (US) – Identifier un certain nombre de lacunes et insuffisances : to identify a number of gaps and deficiencies (UEO) – Une insuffisance générale de ses dépenses de défense (Europe) : an insufficiency of overall defence spending (OTAN).*

insuffisance (ou faiblesse) en matière de sécurité security deficiency (OTAN) (Terme dénombrable).

insuffisance logistique logistic deficiency (LOGDEFICIENCY) (OTAN).

insuffler to inspire (US) (PREP : "with"). Ex : *Les chefs insufflent la volonté de gagner chez les soldats : leaders inspire soldiers with the will to win (US).*

insulaire island (CFE) (En épithète). Ex : *Un territoire insulaire : an island territory (CFE).*

insulter to insult (GB). Ex : *Être insulté par la population locale (soldats) : to be insulted by the local population (GB).*

insurgé insurgent (US). Ex : *Groupe d'insurgés : insurgent group (US).*

insurrection insurgency (OTAN), insurrection (GB) (VERB : "to defeat", "to drag on", "to start off"). Ex : *Réprimer une insurrection : to put down an insurrection (GB).*

insurrection armée armed insurrection (GB).

intact intact (US, GB), undamaged, unhurt (US). Ex : *Un front intact : an intact front – Un pont intact : an undamaged bridge – Un véhicule intact : an unhurt vehicle (US) – Les ponts ont été pris intacts : the bridges were secured (ou captured) intact (GB, US) – Les traditions demeurent intactes : traditions remain intact (US) – Nous avons l'intention de nous emparer du pont intact : we aim to capture the bridge intact (GB).*

intégral full (OTAN). Ex : *Commandement intégral : full command (OTAN).*

intégrante integral (US). Ex : *Le Génie fait partie intégrante de l'armée de terre américaine : the Corps of Engineers is an integral part of the U.S. Army (US).*

intégrateur integrating (US). Ex : *Fonction intégratrice clé : key integrating function (US).*

intégration integration (US, OTAN) (ADJ : "detailed") (PREP : "with"). Ex : *Intégration totale (ou globale) des systèmes d'information sur le champ de bataille : total information systems integration on the battlefield (US) – Intégration détaillée de chaque mission aérienne avec le feu et le mouvement des forces amies : detailed integration of each air mission with the fire and movement of friendly forces (OTAN) – Intégration dans l'OTAN : NATO integration (OTAN) – L'intégration progressive des femmes dans l'ultime bastion masculin (= l'armée) : the gradual integration of women into the ultimate male bastion (US) – Une nouvelle Europe à l'intégration accrue se fait jour : a new Europe of greater integration is emerging (OTAN) – Intégration interarmées (interarmisation) : interservice* *integration (US)* – *L'intégration horizontale (ou transverse) des nouvelles armes : the horizontal integration of new weapons (US).*

intégration des radars radar integration (OTAN). Ex : *Système d'intégration des radars : radar integration system (RIS) (OTAN).*

intégration des résultats (expérimentation tactique) integration of results (US).

intégration européenne (l') European integration (OTAN). Ex : *Le processus de l'intégration européenne : the European integration process (OTAN).*

intégré integrated (US, GB, OTAN) (PREP : "with", "into"). Ex : *Les forces britanniques sont intégrées à celles de l'OTAN : British forces are integrated with NATO forces (GB) – Réseau intégré de systèmes de communications de commandement : integrated network of command communications systems (US) – Les filles sont parfaitement intégrées (stage) : the girls are completely integrated (GB) – Le radar sera intégré dans le système : the radar will be integrated into the system (US) – L'armée de terre intégrée (active, réserve et garde nationale = "the Regular Army", "the Army Reserve" et "the Army National Guard") (USA) : America's Army (US) (Avant 1994, le terme employé était : "the Total Army") – Défense aérienne intégrée : integrated air defence (OTAN).*

intégré (encastré / incorporé) (matériel) built-in (US), mounted (US), embedded. Ex : *Afficheur intégré à un casque : helmet-mounted display (US).*

intégré (canon / armement principal) integral (cannon / main armament) (UN).

intégrer to integrate (US), to incorporate (GB), to place (in) (OTAN) (PREP : "in", "into", "with"). Ex : *Pour mieux intégrer nos procédures avec celles de l'armée de terre : to better integrate our processes with those of the Army (US) – Un système qui intègre les technologies les plus récentes : a system that incorporates the latest technology (GB) – Conduite de tir mieux intégrée (char) : better integrated fire control (US) – Intégrer du personnel à un organisme : to place personnel in an organization (OTAN) – Chaque division intégrera des unités d'artillerie organiques : each division will incorporate organic artillery units (Jane's) – Intégrer l'ensemble des appuis-feux dont dispose le chef : to integrate all the fire support available to the commander (US) – Intégrer la réserve dans l'armée d'active : to integrate the reserves into the active army (US) – Intégrer les effets de précision : to integrate precision effects (US) – Intégrer l'appui feu dans les opérations : to integrate fire support into operations (US) – Intégrer la technologie dans la doctrine : to integrate technology into doctrine (US).*

intégrer (école) to get into, to join, to enter (US). Ex : *Intégrer (l'école militaire de) Westpoint : to enter Westpoint (US).*

intégrisme (religieux) (religious) fundamentalism (US). Ex : *Les forces du nationalisme et de l'intégrisme religieux : the forces of nationalism and religious fundamentalism (US).*

intégrité (PERS) integrity (US). Ex : *Manque d'intégrité (PERS) : lack of integrity (US).*

intégrité (force) integrity (US). Ex : *Préserver l'intégrité de la force : to preserve the integrity of the force (US).*

intégrité territoriale (État) territorial integrity (CFE, OTAN) (VERB : "to restore").

intellectuel mental (US). Ex : *Aptitudes intellectuelles et physiques (PERS) : mental and physical skills (US).*

intellectuellement mentally (GB). Ex : *Un soldat qui, intellectuellement, accepte la guerre : a soldier who mentally accepts the battlefield (GB).*

intelligence artificielle artificial intelligence (AI) (US).

intelligence des situations (ou de la situation) (TAC) situational awareness (US, OTAN, GB) (VERB : "to maintain") (ADJ & PART : "common", "unsurpassed") (NOM ASS. : "capabilities").

intelligence économique (ou renseignement des affaires ou renseignement industriel) business intelligence, industrial espionage (US).

intelligent (matériels / systèmes d'arme / individus) intelligent (US, GB), smart (US, OTAN), brilliant (US). Ex : *Client / décideur / intelligent : intelligent / customer / decision maker (GB)* – *Bombe intelligente : smart bomb (OTAN)*.

intenable (position / forteresse) untenable (US).

Intendance (ou Commissariat) (service) Quartermaster (QM) (US, GB). Ex : *Le directeur central de l'Intendance (ou du Commissariat) : the Quartermaster General (GB)*.

intense (combats / pression) intense (GB, CA), heavy (GB). Ex : *Des combats intenses : intense (ou heavy) fighting (GB)* – *Les pressions intenses exercées sur les forces armées pour qu'elles s'acquittent de nombreuses missions à l'étranger : the intense pressure on the military to respond to numerous overseas missions (CA)*.

intense (nourri) (tir) heavy (GB). Ex : *Être pris sous un tir intense : to be (ou to come) under heavy fire*.

intensif (entraînement / préparatifs) intensive (training / preparations), crash. Ex : *Stage intensif : crash course (GB)*.

intensificateur (ou amplificateur) d'image image intensifier (I2 ou II) (GB, US).

intensification de lumière light intensification. Ex : *Dispositif d'intensification de lumière : light-intensifier device (US)*.

intensification d'image image intensification (II) (US, GB).

intensifier to escalate (US). Ex : *Intensifier le niveau global de violence : to escalate the overall level of violence (US)*.

intensité (de conflit / d'opérations) (conflict) intensity (US) (cf. : "low-intensity conflict" (LIC), "mid-intensity conflict", "high-intensity conflict"). Ex : *Prendre de l'intensité (campagne) : to grow in intensity (OTAN)* – *Assurer la tenue et le maintien en puissance d'opérations de grande envergure, de longue durée ou de grande intensité : to conduct and sustain large scale, long term, or high intensity operations (CA)*.

intensité du combat intensity of combat (GB) (NOM ASS. : "increase (in)").

intensité moyenne (combat) medium intensity (Jane's).

intention intent (GB), intention (US, OTAN), aim (GB). Ex : *Intention hostile : hostile intent (US) (VERB : "to demonstrate", "to determine", "to evidence")* – *Les intentions de l'ennemi : enemy intentions (US), the enemy's purpose (US) (VERB : "to attain", "to fulfill")* – *Les intentions de la force : the force's intentions (US)* – *L'intention n'était pas de porter atteinte à des civils (attaque contre un pont) : there was no intention to harm civilians (OTAN)* – *Renseignement sur la nature, les possibilités et les intentions d'organisations ou d'individus hostiles : intelligence on the identity, capabilities and intentions of hostile organizations or individuals (OTAN)* – *Leur intention était de désorganiser nos transmissions : their aim was to disrupt our communications (GB)* – *Nous avons l'intention de nous emparer du pont intact : we aim to capture the bridge intact (GB)*.

intention (titre de paragraphe) Concept of operations (CONOPS) (US) (Peut se rencontrer sans le "s" final).

intention du chef commander's intent (US) (VERB : "to fulfill", "to state"). Ex : *Le chef veut que : the commander's intent is to (GB) / intends to*.

Cf. : Commander's vision of the battle - how he expects to fight and what he expects to accomplish (US).

intentions (ennemi) (TAC) intentions (US, GB). Ex : *Connaître les intentions de l'ennemi : to know the enemy's intentions (GB).*

interactif interactive (GB, US). Ex : *Simulation interactive : interactive simulation (US).*

interaction interaction (US, UEO, OTAN) (PREP : "with", "between"). Ex : *L'interaction entre matériel militaire et opérations militaires / la force militaire et les autorités civiles : the interaction / between military materiel and operations / between the military force and civilian authorities (US) – L'interaction des actions civilo-militaires et de l'action psychologique : interaction of civil affairs and psychological operations (US) – Interaction civilo-militaire : civil-military interaction (OTAN) – L'interaction avec les structures politico-militaires : interaction with politico-military structures (UEO) – L'interaction entre le siège de chaque organisation (= UEO et OTAN) et les pays UEO / OTAN : the interaction between each organisation's headquarters and WEU / NATO nations (UEO).*

interagir to interact (GB, US).

interallié allied OTAN), combined (= impliquant les forces de 2 (ou plus) nations alliées) (US, GB, OTAN). Ex : *Bureau interallié de météorologie : allied meteorological office (AMO) (OTAN) – Confédération interalliée des officiers de réserve (CIOR) : Interallied Confederation of Reserve Officers – Dans un cadre interallié (opérations d'une force) : as part of a combined team (US).*

interarmées (adjectif) joint (US, GB, OTAN) (Abréviation US : "J") (ADV : "potentially"), inter-service (GB), interservice (US), joint-service (GB), multiservice (OTAN), tri-service (= des 3 armées, terre, air, mer) (GB) (Terme familier GB : "purple"). Ex : *Affectation interarmées (PERS) : joint duty assignment (JDA) (US) – Un régiment de défense NBC interarmées armée de terre / armée de l'air (armée de terre britannique) : a joint Army – Royal Air Force NBC defence regiment (Jane's) – Opérations interarmées : joint-service operations (GB) – Agir dans un cadre interarmées (force) : to operate as a joint force with the other services (ou as part of a joint team) (US) – Un groupe de forces multinationales et interarmées : a multinational (combined) and multiservice (joint) task force (OTAN) – Dans un cadre (de force) interarmées (opérations d'une force) : as part of a joint team (US), as part of a joint force (US).*

Cf. : Joint : Connotes activities, operations, organizations, etc., in which elements of more than one service of the same nation participate (When all services are not involved, the participating services shall be identified, e.g., Joint Army - Navy).

interarmées (l') (nom) (concept) jointness (US), jointry (Jane's), jointery (GB) (= "the application of a Joint-Service approach"). Ex : *Opérer en interarmées (armée) : to operate jointly (US).*

interarméité voir **interarmées (l')** et **interarmisation**.

interarmes all arms (GB), combined arms (US) (En épithète). Ex : *L'interarmes (concept) : the combined arms concept (US) – Les forces terrestres préfèrent combattre en interarmes : Army forces prefer to fight as a combined arms team (US) – Elle combattent en interarmes avec l'artillerie (troupes d'infanterie aéromobile) : they fight as a team in combination with the artillery (US).*

interarmisation jointness (US), interservice integration (US), joint teamwork (GB) (Terme familier GB : "jointery") (VERB : "to improve") (ADJ : "operational"). Ex : *Dans un cadre d'interarmisation avec les autres armées américaines : as part of a joint team with the other U.S. military services (US).*

interarmisation du commandement joint command and control (US).

intercepter (force) (TAC) to intercept (GB). Ex : *Nous avons l'intention de les intercepter à proximité du fleuve : we intend to intercept them near the river (GB).*

intercepter (GE) to intercept (US, GB), to monitor. Ex : *Intercepter un grand nombre de / communications / des communications radio : to intercept a wide variety of / communications / radio communications (US) – Intercepter un message : to intercept a message (GB).*

intercepter (aéronef / embarcation / missile) to intercept (GB). Ex : *Intercepter des embarcations suspectes : to intercept suspect craft (GB).*

intercepteur (aéronef) interceptor (OTAN) interceptor aircraft, fighter interceptor. Ex : *Intercepteur de défense aérienne : air defence interceptor (ADI) (OTAN).*

intercepteur miniature (défense antimissile) miniature interceptor (US).

interception (missiles / avions de chasse) interception (UN, OTAN, US). Ex : *Interception dans la phase de mi-parcours (ou balistique) : midcourse interception (UN) – Interception aérienne : air interception (OTAN) – Missile d'interception aérienne : air intercept missile (AIM) (OTAN).*

interception (radioélectrique) (GE / RENS) interception (US, GB), intercept (GB, OTAN), monitoring. Ex : *Interception / de communications / de transmissions : interception of communications / of signals (GB, US) – Une interception électronique : an electronic intercept (US) – Activités d'interception de transmissions satellitaires : satellite communications intercept activities (US) – L'interception et l'analyse des émissions électroniques : the interception and analysis of electronic emissions (US) – Interception de communications orales (mise en place d'un dispositif d'écoute clandestine) (RENS) : interception of oral communication (US) – Système d'interception de guerre électronique : Electronic Warfare intercept system (GB) – Interception radio : radio intercept (US).*

interception (défense aérienne) engagement (OTAN).

interception contrôlée du sol ground-controlled intercept (GCI) (OTAN).

interception de courrier (ou de correspondance) (RENS) letter interception (US).

interception en vol airborne intercept (OTAN).

interchangeabilité (LOG) interchangeability (OTAN, US, GB) (ADJ: "operational"). Ex : *Interchangeabilité des pièces principales (camion) : interchangeability of major parts (US).*

interchangeable (article logistique / obus / force) interchangeable (OTAN, US, GB). Ex : *Caractère interchangeable (ou interchangeabilité) : interchangeability (GB).*

intercommunication intercommunication (US).

interconnecté (réseaux) interconnected (US).

interconnecter to network (US).

interconnexion (TRANS) interconnection (+ préposition "with") (US) (VERB : "to provide").

interconnexion (des forces militaires) internnetting (US).

intercontinental (missile) intercontinental (OTAN).

interdépendance interdependence (US). Ex : *Interdépendance entre (les) armées : service interdependence (US).*

interdépendant interdependent (US).

interdiction (TAC) denial (espace terrestre) (US), interdiction (espace aérien) (US). Ex : *Garantie et interdiction de mouvement : guarantee and denial of movement (US) – Les forces d'interdiction aérienne ennemies : enemy air interdictive forces (US).*

interdiction (proscription) ban (UN, OTAN), prohibition (UN). Ex : *Interdiction des armes nucléaires : prohibition of nuclear weapons (UN) – Interdiction de produire des matières fissibles : ban on the production of fissionable material (UN) – Interdiction complète des*

*essais nucléaires : comprehensive (nuclear) test ban (CBT) (UN, OTAN) – Nous récla-
mons l'interdiction des armes biologiques : we want a ban on biological weapons (GB).*

interdiction (manœuvre d') denial operation (US).

Cf. : An operation designed to prevent or hinder enemy occupation of, or benefit from, areas or
objects having tactical or strategic value (US).

interdiction (munitions d') (ART) area denial artillery munitions.

interdiction aérienne (mission) air interdiction (AI) (US, OTAN).

Cf. : Air operations conducted to destroy, neutralize, or delay the enemy's military potential before
it can be brought to bear effectively against friendly forces (US).

interdiction aérienne du champ de bataille battlefield air interdiction (BAI) (OTAN).

interdiction d'accès denial (UN).

interdiction d'effectuer des essais nucléaires nuclear test ban (NTB) (OTAN).

interdiction de l'espace maritime sea denial.

interdiction de mouvement denial of movement (US).

interdiction de précision precision interdiction (OTAN). Ex : *Concept d'interdiction de précision interarmées : joint precision interdiction concept (JPIC) (OTAN).*

interdiction des essais (NUC) test ban (OTAN).

interdiction d'itinéraire route denial.

interdiction de (ou sur) zone area denial (UN).

interdire (TAC) to deny (GB, US), to interdict (OTAN), to block (US), to prohibit (GB), to prevent
(GB). Ex : *Interdire à l'ennemi l'accès à une zone donnée : to deny to the enemy access to a
given area (US) – Interdire à l'ennemi l'usage de ses moyens de communication : to deny the
enemy the use of its communications means (US) – Interdire le terrain : to deny the ground
(GB) – Interdire le franchissement de L1 : to deny the crossing of phase line (PL) 1 – Interdire
les mouvements aériens : to deny aerial movement (US) – Cette ligne interdit tous les app-
puis feu : this line prohibits all fire support (GB) – Interdire toute reconnaissance aérienne :
to prevent any aerial reconnaissance (GB) – Interdire l'utilisation d'un axe d'approvisionnement essentiel nord-sud par les forces armées de la RFY (= République Fédérale de
Yougoslavie) : to interdict a key north-south supply route for FRY military (OTAN) – Interdire
la liberté d'action à l'ennemi : to deny the enemy freedom of action (GB) – Interdire les itinéraires de repli : to block avenues of escape (US) – Le terrain limite ou interdit l'occupation
par des forces terrestres : the terrain restrains or prohibits ground-force occupation (US).*

Comp. :

- To interdict : 1. To isolate or seal off an area by any means ; to deny use of a route or approach. 2.
To prevent, hinder, or delay the use of an area or route by enemy forces (US).

- Empêcher l'ennemi d'avoir accès à telle portion de terrain ou d'utiliser tel personnel ou telle installation (F).

À noter : Le verbe "to deny" se construit seulement de 2 façons :

1. to deny somebody something.

2. to deny something to somebody.

interdire (prohiber) to ban (UN, US, GB), to bar (Jane's). Ex : *Le traité interdisant les essais
d'armes nucléaires : the treaty banning nuclear weapon tests (UN) – Les femmes sont
interdites sur les destroyers de la Marine nationale : women are banned from Navy destroyers (US) – Interdire l'utilisation des mines antipersonnel : to ban the use of anti-personnel mines (GB) – Interdire aux appelés de servir à l'étranger : to bar conscritps from
serving abroad (Jane's).*

interdire (route) (police) to block off (a road) (GB).

interdire de vol (<u>ou</u> clouer au sol) (aéronef) to ground (an aircraft) (US).

interdisciplinaire (études) interdisciplinary (US).

interdit (accès / personnel) off limits (US), out of bounds (GB), barred (GB). Ex : *Certains quartiers (de la ville) sont interdits : certain districts are out of bounds (GB) – Les soldats étaient interdits dans tous les débits de boisson de la ville : soldiers were barred from all the pubs in the town (GB).*

interdit aux étrangers (classification de document) (RENS) NOFORN (US) (= no foreign).

interdit de vol (PERS) grounded (GB).

intéressant (concernant) pertaining to (US). Ex : *Les domaines intéressant l'ennemi, la météo et le terrain : matters pertaining to enemy, weather and terrain (US).*

intéressé concerned (US), involved (OTAN). Ex : *Déployer les unités intéressées : to deploy (the) units concerned (US) / involved (OTAN) – Le commandant national intéressé : the national commander involved (OTAN).*

intéresser to involve (OTAN). Ex : *Des activités intéressant plusieurs pays : activities involving two or more countries (OTAN).*

intérêt interest (US, GB, OTAN) (Terme dénombrable) (VERB : "to safeguard", "to threaten") (ADJ : "vital" = fondamental, "joint", "national"). Ex : *Menacer les intérêts vitaux (<u>ou</u> fondamentaux) de la Grande-Bretagne : to threaten Britain's vital interests (GB) – Dans l'intérêt de : in the interest of (US) – Dans l'intérêt du service : for the good of the service (US) – L'interêt des média ou du public : media / public interest (OTAN) – Intérêt militaire : military significance (UN) – Intérêts de sécurité : security interests (UN) – Réaliser des intérêts nationaux : to achieve national interests (US) – Susceptible d'avoir un intérêt militaire : of potential military significance (OTAN) – Protéger les intérêts nationaux : to protect national interests (US) – Leurs intérêts vitaux nationaux sont en jeu : their vital national interests are at stake (GB) – Intérêts de sécurité nationale : national security interests (US) (VERB : "to protect") – Zone d'intérêt commun : area of joint interest (AJI) (OTAN) – Le regain d'intérêt récent pour la technique des ponts militaires : the recent upsurge of interest in new bridging technology.*

inter-étatique interstate (US, OTAN).

inter-États interstate (OTAN). Ex : *Les menaces traditionnelles d'agressions inter-États : the traditional threats of interstate aggression (OTAN).*

inter-ethnique ethnic (OTAN), inter-ethnic (OTAN). Ex : *Des violences inter-ethniques : ethnic violence (OTAN) – Des tensions inter-ethniques : inter-ethnic tensions (OTAN).*

intérêt national (<u>ou</u> interêt du pays) national interest (US) (Terme dénombrable) (VERB : "to be detrimental to", "to preserve", "to protect", "to advance") (ADJ : "vital" = fondamental) (EXPR : "according to" = en fonction de).

intérêts communs (pays / alliés) shared interests (OTAN).

intérêts pétroliers (pays) oil interests (GB).

intérêts vitaux (<u>ou</u> fondamentaux) (pays) vital interets (<u>Jane's</u>).

interface interface (US, GB, OTAN) (VERB : "to control", "to incorporate", "to set up") (PREP : "between", "to", "with"). Ex : *Faire l'interface avec : to interface with (US) – À l'interface entre : at the interface between (US).*

interface de commandement command interface (US) (VERB : "to promote") (PREP : "between").

interface homme-machine (IHM) man-machine interface (US), human machine interface (HMI) (GB).

interface institutionnelle institutional interface (OTAN) (Terme dénombrable) (VERB : "to set up "= créer).

interférence interference (OTAN). Ex : *Avec interférences (transmission radio) : with interference – Interférence électromagnétique : electromagnetic interference (EMI) (OTAN).*

interférence (ou interférence radar) radar clutter (OTAN, US).

interférences (entre forces amies) (TAC) interference (US, GB).

interfonctionnement interoperability (OTAN, US).

interforces joint (OTAN).

intergouvernemental intergovernmental (OTAN).

intérieur (adjectif) internal (CFE, US), inland (OTAN). Ex : *Sécurité intérieure : internal security (IS) (CFE) – Protéger la sécurité intérieure et extérieure des États-Unis : to protect the internal ans external security of the United States (US) – Transports intérieurs : inland transport (OTAN).*

intérieur (nom) inside (CFE, US, GB), within (US, OTAN, Jane's). Ex : *Tirer depuis l'intérieur du véhicule : to deliver fire (ou to fire) from inside the vehicle (CFE) – Une grenade explose à l'intérieur, tuant le tireur embusqué : a grenade explodes inside killing the sniper (US) – À l'intérieur d'un commandement militaire / de l'Alliance : within / a military command / the Alliance (OTAN) – Le véhicule de combat d'infanterie est doté de trappes permettant aux fantassins de tirer de l'intérieur aux armes individuelles : the infantry fighting vehicle (IFV) is fitted with firing ports to allow infantry to use their small arms from within the vehicle (Jane's) – À l'intérieur des États plutôt qu'entre États (conflits) : within states rather than between states (OTAN) – Les 517 hommes à l'intérieur du fort (siège) : the 517 men inside the fort (GB) – Offrir une meilleure vision depuis l'intérieur (véhicule) : to offer better vision from within (US).*

intérieur (du pays) inland (GB). Ex : *Les forces ennemies se dirigent vers l'intérieur : enemy forces are moving inland (GB).*

intérim Ex : *Assurer l'intérim de quelqu'un : to deputize for somebody (GB).*

intérim (par) (intérimaire) acting (En épithète) (OTAN), interim (EU). Ex : *Le commandant par intérim : the interim commander – Force intérimaire : interim force – Le Président par intérim (commission) : the acting Chairman (OTAN) – Force Intérimaire des Nations Unies au Liban : United Nations Interim Force in Lebanon (UNIFIL) – Accord intérimaire (déploiement de missiles) : interim agreement (EU).*

interlocuteur interlocutor (US). Ex : *Des interlocuteurs de (la) paix efficaces : effective interlocutors of peace (US).*

interlocuteur (responsable à contacter) point of contact (POC) (OTAN).

intermédiaire (adjectif) intermediate (UN), in-between (US), middle (GB) Ex : *Un objectif intermédiaire : an intermediate objective – Des affectations intermédiaires (PERS) : in-between assignments (US) – Officiers de grade (ou rang) intermédiaire : middle-ranking officers (GB) – Puissance nucléaire intermédiaire : intermediate nuclear power (UN) – Portée intermédiaire : intermediate range (UN) (En épithète : "intermediate-range") – Missile / forces nucléaires / à portée intermédiaire : intermediate-range / missile (UN) / nuclear forces (UN).*

intermédiaire (nom) intermediary (US). Ex : *Une tierce partie doit servir d'intermédiaire : a third party has to act as an intermediary / to mediate (US) (+ préposition "between") – Par l'intermédiaire d'un chef : through a commander (OTAN).*

intermédiaire (entre agent et officier traitant) (RENS) cut-out (US).

interministériel interdepartmental (US). Ex : *Accord interministériel : interagency agreement (US) – Comité interministériel du renseignement : (the) Joint Intelligence Committee (JIC) (GB).*

interne (réservoir de carburant) internal (US).

internement internment (OTAN). Ex : *L'internement des prisonniers de guerre : the internment of prisoners of war (OTAN).*

Internet (réseau informatique mondial) the Internet (US, GB) (VERB : "to surf").

Internet combattant the appliqué program (US).

interopérabilité interoperability (OTAN, US) (VERB : "to achieve", "to enhance", "to improve" = accroître, améliorer, "to promote") (ADJ : "optimum", "extensive" = large, "focused" = ciblée) (PREP : "between"). Ex : *Interopérabilité des matériels : equipment interoperability (US) – Entraînement à (ou instruction sur) l'interopérabilité : interoperability training (US) – En ce qui concerne l'interopérabilité des forces : with regard to interoperability of forces (UEO) – Améliorer l'interopérabilité entre leur forces en recourant à tous les mécanismes appropriés (pays de l'UEO) : to improve interoperability between their forces, making use of all appropriate mechanisms (UEO) – Interopérabilité des systèmes de données : data systems interoperability (OTAN) – Renforcer les capacités de défense et l'interopérabilité : to boost defence capabilities and interoperability (OTAN) – Promouvoir l'interopérabilité entre les armées de plusieurs pays : to promote interoperability among the armies of several nations (US).*

Comp. :

- The ability of systems, units or forces to provide services to and accept services from other systems, units or forces and to use the services so exchanged to enable them to operate effectively together (OTAN).

- L'interopérabilité est la possibilité de mener des opérations en commun avec d'autres armées, d'autres pays. L'interopérabilité est le souci majeur de l'OTAN. Elle impose le respect de procédures tactiques et de normes de construction et d'exploitation notamment pour les matériels de transmissions, les systèmes de commandement et les moyens d'identification (F).

interopérabilité interarmées joint interoperability (US).

interopérabilité linguistique (ou en matière de langues) language interoperability (US).

interopérable interoperable (US) (ADV : "fully") (PREP : "with" = avec, "among" = entre). Ex : *Ces systèmes doivent être interopérables entre les différentes forces : these systems must be interoperable among services and militaries (OTAN).*

interopérer avec to interoperate with (US).

interordinateurs computer-to-computer (UN) (En épithète).

interphone (VTT / char) intercom (GB).

interphonie (véhicule blindé) intercom system (US).

interposer (force) to interposition (US), to interpose. Ex : *Interposer des patrouilles entre des factions : to interpose patrols between factions – Interposer la force entre les belligérants : to interposition the force between belligerent parties (US).*

interposition interposition (US), separation (US). Ex : *Force d'interposition : interpositional force (US) – L'interposition d'observateurs passifs et non armés en petit nombre : the interposition of small numbers of passive, unarmed observers (US) – Des missions d'interposition pour la paix : peace interposition missions (US) – Un contingent d'interposition : an interposition contingent (US).*

interprétateur (imagerie) (imagery) interpreter (OTAN).

interprétateur photo air photographer (US), photo interpreter (US), photographic interpretation specialist (US) (Terme familier US: "air spy").

Cf. : Air photographer: Soldier trained to interpret air reconnaissance photography and assemble the photographs into mosaics and maps (US).

interprétation (RENS) interpretation (US, OTAN, GB) (ADJ: "subsequent").

interprétation (ordres) interpretation (US). Ex: *Les jacasseries du sergent ont été une cause de malentendus dans l'interprétation des ordres: the sergeant's yak yak caused misunderstanding in the interpretation of orders (US).*

interprétation de photographie aérienne air photo interpretation (API) (OTAN).

interprétation de photographies des forces terrestres Army photo interpretation (OTAN).

interprétation d'imagerie (ou de représentation) imagery interpretation (OTAN).

interprétation photo (graphique) photographic interpretation (US), imagery interpretation (OTAN) (Terme familier US: "squint"). Ex: *Centre national d'interprétation photographique (USA): National Photographic Interpretation Center (NPIC) (Aboli; absorbé par la "National Imagery and Mapping Agency" (NIMA) – Un spécialiste de l'interprétation photo: a photographic interpretation specialist (US), a photo specialist (US).*

interprète (traducteur) interpreter (US). Ex: *Interprète en simultanée / en consécutive: simultaneous / consecutive / interpreter (US) – Des emplois d'interprètes-traducteurs en langues étrangères: foreign language interpreter / translator positions (US) (PART: "authorized") – Personnels interprètes-traducteurs: interpreter / translator personnel (US) – Être accompagné d'interprètes: to be accompanied by interpreters (US).*

interpréter (photo aérienne) to interpret (an aerial photograph) (US).

interpréter (musique) to play (OTAN). Ex: Ex: *Les hymnes nationaux sont interprétés pendant le lever des couleurs: national anthems are played while the flags are raised (OTAN).*

inter-régiments inter-regimental.

interrégional interregional (OTAN).

interrelation(s) interrelationship(s) (OTAN).

interrogateur interrogator (US).

interrogateur IFF IFF (= Identification Friend or Foe) interrogation system (US), IFF interrogator (US).

interrogation (de renseignement) debriefing (UN).

interrogation des prisonniers de guerre (IPG) prisoner of war interrogation (PWI), interrogation of POWs (= Prisoners of War) (US) (VERB: "to undergo").

interrogatoire (action) questioning (US).

interrogatoire approfondi (tranfuges) (RENS) debriefing (UN).

interrogatoires (de personnel) (RENS militaire) intelligence questioning (US). Ex: *S'emparer de personnels en vue d'interrogatoires de renseignement: to capture personnel for intelligence questioning (US).*

interroger to question (US), to interrogate (US). Ex: *Interrogez chaque soldat sur son affectation: question each soldier about his duty assignment (US) – Interroger des prisonniers de guerre: to interrogate prisoners of war (US).*

interrompre to halt (US), to stop (GB), to abort (US, OTAN) Ex: *Interrompre (ou annuler) une mission: to abort a mission (US) – Décollage interrompu (aéronef): aborted take-off (OTAN) – L'Argentine a interrompu certaines ventes d'armes à l'Iran: Argentina halted certain arms sales to Iran (US) – La campagne aérienne a été interrompue: the air cam-*

paign was halted (CA) – Il conseilla au général d'interrompre l'attaque : he advised the general to stop the attack (GB).

interrompre (communications) to interrupt (US).

interrompre (décollage d'aéronef / lancement de missile) to abort (OTAN).

interrompu (élan) (TAC) interrupted (US).

inter-théâtre inter-theater (US) (En épithète).

inter-urbain (TRANS) trunk (GB). Ex : *Communications inter-urbaines (TRANS) : trunk communications (GB).*

intervalle (TAC) gap (GB) (ADJ : "large") (PREP : "between"). Ex : *Les intervalles entre les positions ennemies : the gaps between the enemy positions – La capacité des forces à contrôler les intervalles qui les séparent : the ability of the forces to control the terrain between them (OTAN).*

intervalle (entre individus / véhicules / unités / tirs / mines / attaques) (temps / espace) interval (OTAN), distance (OTAN). Ex : *Intervalle entre véhicules (circulation) : distance between vehicles (OTAN) – Tirer des projectiles à intervalles irréguliers : to fire projectiles at irregular intervals (OTAN) – À des intervalles de cinq secondes : at five second intervals (OTAN) – Des rangées de mines posées à six mètres d'intervalle : mine rows laid six metres apart (OTAN) – Intervalles entre attaques successives : intervals of reattack (OTAN).*

intervalle éclair-son flash-to-bang time (US, OTAN).

intervenant (simulation) player (US).

intervenir (TAC) to intervene (US), to get involved (GB), to strike (US), to move (US), to act (OTAN) (Forces aériennes : "to interfere" (OTAN). Ex : *Intervenir militairement : to intervene militarily – Intervenir dans un conflit : to intervene in a conflict (US) – La gendarmerie intervenait toujours et il y avait une enquête : the gendarmerie always got involved and there was an inquiry (GB) – Intervenir sur les arrières de l'ennemi (s'avancer sur) : to move into the enemys'rear areas (US) – Intervenir sur le théâtre européen : to intervene in the European theater (US) – Intervenir dans le monde entier (forces) : to strike worldwide (US) – Intervenir dans un conflit : to intervene in a conflict (US) – L'Allemagne avait les moyens et la volonté d'intervenir : Germany had the means and the determination to act (OTAN).*

intervenir (se produire) to occur (GB), to be (GB). Ex : *Des changements interviendront : some changes will occur (GB) – Des modifications énormes sont intervenues dans la manière de combattre des trois armées : there have been enormous changes in the way wars are fought by all three Services (GB).*

intervenir (faire) voir **faire intervenir**.

intervention (TAC) intervention (US, GB, OTAN), strike (US), action (OTAN), contingency (US) (VERB : "to support") (ADJ & PART : "heavy-handed", "armed", "military", "security") (PREP : "against"). Ex : *Une intervention armée : an armed intervention (US) – Intervention aérienne contre des objectifs autres que les forces ennemies : air action against objectives other than enemy forces (OTAN) – Forces d'intervention : intervention forces (GB) – Intervention éventuelle (forces) : contingency (US) – Une intervention militaire : a military intervention (GB) – Intervention de sécurité : security intervention (OTAN) – Les paras furent mis sur pied d'intervention : the paras were placed on standby (GB).*

intervention (SAN) operation (GB). Ex : *Nous devrons pratiquer une intervention : we will have to operate (GB).*

intervention d'urgence emergency action (OTAN).

intervention d'urgence (d') contingency (US) (En épithète).

intervention extérieure overseas intervention (US). Ex : *Capacités d'intervention extérieure : overseas intervention capabilities (US).*

intervention humanitaire humanitarian intervention (GB).

interventions de maîtrise de la violence operations other than war (OOTW) (US).

intervisibilité intervisibility (US).

intestine (interne) internecine (US). Ex : *L'éruption de luttes intestines au Kosovo : the outbreak of internecine fighting in Kosovo (US).*

intimidation intimidation (US). Ex : *Par l'intimidation : through (ou by) intimidation (US).*

intituler to title (US) (document), to entitle (US) (projet).

intoxication (RENS) confusion (US).

intoxication alimentaire food poisoning (US).

intoxiquer (RENS) to confuse (US).

intra-batterie intra battery (US).

intra-étatique intra-state (US). Ex : *Prévention des conflits intra-étatiques : intra-state conflict prevention (US).*

intranet (informatique) intranet (US). Ex : *Transférer une image vers l'intranet de la brigade : to upload an image into the brigade's intranet (US).*

intranet de bataille (USA) appliqué (US).

intrarégional intraregional (GB). Ex : *Mobilité intrarégionale : intraregional mobility (GB).*

intra-théâtre intra-theater (US) (En épithète).

intraveineuse (injection) (SAN) intravenous (injection) (En abrégé : "an IV") (US).

intrépide (soldat) fearless (GB).

intrigues intrigues (US). Ex : *Les intrigues de la guerre froide : the intrigues of the Cold War (US).*

intrinsèque inherent (GB, US), intrinsic (US). Ex : *Risque intrinsèque : inherent risk (GB) – Les risques sont intrinsèques à la guerre : risk is inherent in war (US).*

intrinsèquement inherently (US).

introduction (dans les unités) (matériel) fielding (US). Ex : *L'introduction dans les unités du (char) M1 : the fielding of the M1 (US).*

introduire (munition) to load (OTAN). Ex : *Le projectile et la charge sont introduits séparément dans le canon : the projectile and charge are loaded into the gun separately (OTAN).*

introuvable Ex : *L'ennemi est introuvable : there is no sign of the enemy (GB).*

introverti (PERS) introverted (US).

intrus (personnel / unité / système d'armes dans une zone d'opérations ou de manœuvre) intruder (OTAN).

intrusif (ou indiscret) intrusive (UN). Ex : *Inspection intrusive (ou inquisitoriale) : intrusive inspection (UN).*

intrusion intrusion (UN, US), spoofery (UN). Ex : *Détection d'intrusion (sabotage / vol / vandalisme) : intrusion detection (UN) – Intrusion malveillante (duperie ou stratagème électronique (GE) : spoofery (UN) – Faire intrusion / dans l'espace aérien / dans les eaux territoriales : to intrude / into airspace / into territorial seas (US).*

intrusion (TRANS) intrusion (US, OTAN). Ex : *Système de détection des intrusions : intrusion detection system (IDS) (OTAN).*

intuition (chef) (TAC) intuition (US), feel (US).

inutile unnecessary (US), useless (US, OTAN), undue (US). Ex : *Un risque inutile : an unneces-sary risk (US) – Les six bazookas se sont révélés inutiles contre les vieux chars T-34 : the six bazookas proved useless against the old T-34 tanks (US) – Pertes inutiles (PERS) : needless casualties (OTAN) (VERB : "to avoid" = éviter) – Éviter des pertes inutiles : to avoid undue casualties (US).*

inutilisable (matériel) inoperable, unserviceable (US, GB), inoperative (CFE). Ex : *Rendre quelque chose inutilisable : to render something inoperative (CFE).*

invalide (adjectif) (SAN) disabled, crippled (GB).

invalide de guerre (SAN) invalid soldier, disabled ex-serviceman.

invasion invasion (US) (VERB : "to execute", "to plan", "to prepare", "to repel") (ADJ : "sur-prise"). Ex : *Invasion à grande échelle : full-scale invasion (GB) – En cas d'invasion de l'Europe occidentale par les Russes : in the event of a Russian invasion of western Europe (US) – L'invasion du Koweït par l'Irak : the Iraqi invasion of Kuwait (GB, US) – Une invasion du Pacte de Varsovie : a Warsaw Pact invasion (Jane's) – Une invasion par voie terrestre : a land invasion.*

invasion massive mass invasion (OTAN).

invasion terrestre (menace) land invasion (Jane's).

inventaire audit (OTAN, UEO). Ex : *Dresser un inventaire UEO des moyens et capacités dispo-nibles pour des opérations de gestion de crise à mener par les Européens : to conduct a WEU audit of assets and capabilities for European crisis management operations (UEO).*

inventorier to inventory (US).

inverser to reverse (UN). Ex : *Inverser la course aux armements : to reverse the arms race (UN).*

inverseur (rapport arrière) (mécanique) reverse gear (Jane's).

investigation (TAC) surveillance (US).

investir (encercler) (TAC) to invest (GB), to surround (with troops) (GB), to encircle.

investir (de pouvoirs) (PERS) to vest (US). Ex : *Être investi de pouvoirs (officiers) : to be vested with powers (US).*

investissement (encerclement) (TAC) investment (GB) (Interdire les mouvements d'entrée et de sortie).

investissement investment (US) (VERB : "to make"). Ex : *L'armée de terre a fait des investis-sements considérables dans la mise au point de nouveaux matériels : the Army has made considerable investments in developing new equipment (US).*

invincibilité invincibility (GB). Ex : *L'attente d'une invincibilité militaire : the expectation of military invincibility (GB).*

invincible invincible (GB). Ex : *Se sentir invincible (PERS) : to feel invincible (GB).*

inviolable inviolable (CFE, UN). Ex : *Inviolable (appareil) : tamper-proof (UN).*

invisible stealth, covert (US). Ex : *Technologie invisible (furtive) : stealth technology – L'action invisible (RENS) : covert action (US).*

invitation invitation (OTAN, US). Ex : *À l'invitation de : at the invitation of (US).*

invité d'honneur (réception / soirée dansante) guest of honor (US).

inviter to ask (OTAN), to invite (UEO). Ex : *Le président des États-Unis d'Amérique a été invité à désigner un officier des forces armées de son pays pour succéder au général X au poste de Commandant suprême des forces alliées en Europe : the president of the United States of America was asked to nominate an officer of the United States for appointment as Supreme Allied Commander, Europe to succeed General X (OTAN) – Les 30 pays UEO et OTAN ont été invités à participer à CMX / CRISEX 2000 (= exercice de gestion de crise) : all 30 WEU and NATO nations have been invited to take part in CMX / CRISEX 2000 (UEO).*

involontaire unintentional (US), unintended (US).

invulnérable invulnerable (US). Ex : *Le char n'est pas invulnérable : the tank is not invulnerable (US).*

ionisant ionizing (OTAN). Ex : *Radiations ionisantes : ionizing radiation (OTAN).*

ionosphère ionosphere (AUST).

ironie irony. Ex : *L'ironie de la chose, c'est que... : ironically,... (OTAN)*

irradiation radiation exposure (OTAN).

irrécupérable (données) irretrievable (GB).

irrégulier (troupe / soldat) (nom et adjectif) irregular (US, GB) Ex : *Des troupes irrégulières : irregular forces (US) – Un irrégulier (ou soldat irrégulier ou franc-tireur) : an irregular (US, GB), an irregular soldier (GB).*

irrégulier (frauduleux) (utilisation) fraudulent (OTAN).

irrégulièrement in an irregular manner (OTAN). Ex : *Bandes minées disposées irrégulièrement : mine strips laid in an irregular manner (OTAN).*

irrémédiable (dégâts) irreparable (US). Ex : *Provoquer des dégâts irrémédiables (à) : to cause irreparable damage (to) (GB).*

irrémédiable (situation) (TAC) irretrievable (US).

irréparable (matériel) beyond repair (US). Ex : *Irréparable localement : beyond local repair (US).*

irréparable (dégâts) irreparable (US). Ex : *Provoquer des dégâts irréparables (à) : to cause irreparable damage (to) (GB).*

irrésistible (attaque) unstoppable (US).

irresponsabilité (PERS) irresponsibility (GB).

irresponsable (comportement) irresponsible (GB).

irréversible beyond salvaging (OTAN). Ex : *La situation s'était dégradée de façon pratiquement irréversible : the situation had deteriorated nearly beyong salvaging (OTAN).*

irrévocable (ordre) irrevocable (GB).

irritant (agent chimique) (NBC) irritant (US, UN). Ex : *Les agents chmiques irritants : irritant chemical agents (US) – Un irritant pour les yeux : an eye irritant (GB).*

irriter (PERS / SAN) to irritate (GB). Ex : *Je suis irrité par votre comportement : I am irritated by your behaviour (GB) – Cet agent chimique irrite les yeux : this chemical agent irritates the eyes (GB).*

isolé isolated (GB, OTAN), lone (US). Ex : *Opérations isolées (= coupées de la source de réapprovisionnement) : isolated operations – Détachement isolé : isolated detachment (En abrégé : "isodet") (GB) – Véhicule isolé (sur le champ de bataille) : lone vehicle (US) / (sur itinéraire) isolated vehicle (OTAN).*

isolé (personnel) straggler (US, OTAN) (VERB : "to round up").

isolé (zone / lieu) isolated (zone / lieu) (US, OTAN), cut off (GB), remote (GB). Ex : *Une portion de désert isolée de 1 600 km² : an isolated, 1 600 km² section of desert (US) – Un village isolé par la neige : a village cut off by snow (GB) – Le village est très isolé : the village is very remote (GB).*

isolé (personne / force) isolated (person / force) (US). Ex : *Être isolé de : to be isolated from (US).*

isolement (détention) (PERS) solitary confinement (US).

isoler (TAC) to isolate (GB, US), to cut off (GB, OTAN). Ex : *Isoler / le champ de bataille / un objectif : to isolate / the battlefield / an objective (US) – Isoler les résistances dépassées :*

to isolate the bypassed resistance (ou defences) – Isoler un élément adverse : to cut off a hostile force (GB, OTAN) – Isoler des troupes ennemies : to isolate enemy forces (US) – Isoler l'espace de bataille : to isolate the battlespace (US).

Cf. : To isolate : A tactical task given to unit to seal off, both physically and psychologically, an enemy from his sources of support deny him freedom of movement, and prevent his unit from having contact with other enemy forces. An enemy must not be allowed sanctuary within his present position (GB).

isoler (lieu / village) to cut off (GB). Ex : *Le village était isolé par la neige : the village was cut off by snow (GB).*

isoler (singulariser) to single out (UN), to singularize (UN).

isotope isotope (US, GB).

isotrope isotropic (OTAN). Ex : *Puissance isotrope : isotropic power (OTAN).*

issu de (matériel) derived from (US, GB). Ex : *Être issu de : to be a development of (US).*

issue outcome (US). Ex : *L'issue d'un engagement : the outcome of an engagement (US) – À l'issue de la guerre froide : after the Cold War (GB).*

issue des combats battle outcome (US).

isthme (TOPO) isthmus (GB). Ex : *L'isthme de Panama : the Isthmus of Panama (US).*

Italie Italy (Lettres distinctives de nationalité OTAN : "IT").

itératif iterative (US).

itinéraire route (US, GB) (Terme générique), avenue (US) (VERB : "to patrol", "to assign… to", "to use", "to open", "to allocate… to", "to supervise", "to develop", "to deny", "to secure", "to seal", "to clear (of)", "to keep clear", to share… with") (ADJ : "key", "secure", "alternate", "specific") (PART : "cleared", "preselected") (PREP : "along"). Ex : *Sur l'itinéraire Korti-Metemma : on the route from Korti to Metemma (GB) – Suivre un itinéraire : to follow a route (US) – Suivre des itinéraires choisis d'avance : to follow preselected routes (US).*

itinéraire à accès réglementé limited access route (OTAN).

itinéraire à double courant double flow route (OTAN).

itinéraire à simple courant single flow route (OTAN).

itinéraire d'accès (ou voie de cheminement) avenue of approach (US), avenue (GB) (VERB : "to cover") (ADJ : "likely").

itinéraire d'accès d'hélicoptères helicopter approach route (OTAN)

itinéraire de combat combat route (US) (VERB : "to prepare", "to maintain")

itinéraire de convoi convoy route (OTAN).

itinéraire de manœuvre maneuver route (US), manœuvre route (GB).

itinéraire de progression route of advance (US).

itinéraire de raccordement connecting route (OTAN).

itinéraire de ravitaillement supply route (US) (VERB : "to disrupt", "to interdict").

itinéraire de remplacement alternate route (US).

itinéraire de repli avenue of escape (US), escape route (US), route of withdrawal (US) (VERB : "to block" = interdire).

itinéraire de sortie d'hélicoptères helicopter retirement route (OTAN)

itinéraire de transit transit route (GB).

itinéraire d'évacuation terrestre ground evacuation route (US).

itinéraire d'exfiltration exfiltration route (US).

itinéraire d'infiltration infiltration route (US).

itinéraire gardé despatch route (US, GB).

itinéraire libre open route (US, OTAN).

itinéraire opérationnel operational route (OTAN).

itinéraire parallèle parallel lane (GB). Ex : *La brigade progressait sur trois itinéraires parallèles : the brigade advanced along three parallel lanes (GB).*

itinéraire principal de ravitaillement main supply route (MSR) (US) (VERB : "to disrupt", "to interdict"). Ex : *Les convois roulant sur l'itinéraire principal de ravitaillement qui va de Al Jubail à la frontière du Koweit : the convoys rolling up the main supply route from Al Jubail towards the Kuwaiti border (GB).*

Cf. : The route or routes designated within an area of operations on which the bulk of traffic flows in support of military operations (US).

itinéraire réglementé controlled route (OTAN).

itinéraire réservé reserved route (OTAN).

itinéraire surveillé supervised route (OTAN).

itinéraire terrestre land route (OTAN).

J

(JULIET)

J (jour militaire) D (US, GB). Ex : *A J-1 : at D-1 (ou D-minus-one) (US, GB), on D-1 (US).*

jacasser to yak (familier) (US).

jacasseries yak yak (familier) (US). Ex : *Les jacasseries du sergent ont été une cause de malentendus dans l'interprétation des ordres : the sergeant's yak yak caused misunderstanding in the interpretation of orders (US).*

Jaguar (aéronef) Jaguar fighter-bomber (US). Ex : *Un Jaguar de l'armée de l'air française fut abattu : a French Air Force Jaguar was shot down (GB).*

j'ai retransmis (procédure radio) message passed (US).

jalon (tir) aiming post (US), stake (US).

jalonnement (TAC) screening (operations) (US), covering force action. Ex : *L'éclairage et le jalonnement sont du ressort des blindés légers : scouting and screening are the province of light armor (US) – Elément de jalonnement : screening force (US), screen (OTAN).*

Comp.

- A screening force maintains surveillance, provides early warning to the main body, impedes and harasses the enemy with supporting indirect fires, and destroys enemy reconnaissance elements within its capability (US).

- Action de combat qui consiste à renseigner en permanence sur la progression d'un ennemi en marche en maintenant devant lui des éléments mobiles. Sans se laisser identifier ni accrocher, ces éléments mobiles saisissent toute occasion de préciser le renseignement et de contribuer ainsi à causer des pertes à l'adversaire (F).

jalonner (TAC) to screen (US). Ex : *Jalonner l'avance ennemie : to screen enemy advance – Jalonner un flanc : to screen a flank (US) – Jalonner vers l'avant et vers les flancs : to screen forward and to the flanks (US).*

jalonneur (Circulation) marker.

jamais ever (US, GB), never (US, GB). Ex : *Le plus grand exercice REFORGER jamais conduit : the largest REFORGER exercise ever conducted (US) – Au combat, tu agis sans passion et sans haine, tu respectes les ennemis vaincus, tu n'abandonnes jamais ni tes morts, ni tes blessés, ni tes armes (Code d'honneur) (Légion) : in combat, you will act without relish of your tasks, or hatred; you will respect the vanquished enemy and will never abandon neither your wounded nor your dead, nor will you under any circumstances surrender your arms (GB) – Le premier agent du FBI à avoir jamais été reconnu coupable d'espionnage au profit de l'Union soviétique : the first FBI agent ever convicted of spying for the Soviet Union (US).*

jambe (bipied / trépied) leg (US).

jambe de pantalon (uniforme) shoulder leg (US).

jambières (Hist.) leggings (GB).

jante (roue) rim.

JANUS the JANUS constructive simulation system (Jane's).

jargon jargon (US). Ex : *En jargon militaire : in military jargon (US).*

je collationne (procédure radio) I read back (US).

je corrige (et retransmets le bon message) (procédure radio) correction (US).

j'épelle (procédure radio) I spell (US).

j'épelle les nombres (procédure radio) figures (US).

je répète (procédure radio) I say again (US).

jerricane jerrycan (GB).

jetable (tube conteneur) disposable (US), throwaway (US).

jetée (pontage) pier.

jeter (sens figuré) Ex: *Jeter le discrédit sur l'armée de terre: to bring discredit upon the Army (US) – Jeter les bases d'un avenir politique (après un conflit): to set the stage for a political future (OTAN).*

jeter (forces) (TAC) to throw (OTAN, US), to contribute (CA), to go all out (familier) (US). Ex: *Le chef jette tout le poids de la puissance offensive dont il dispose: the commander throws the full weight of the offensive power at his disposal (OTAN) – Il faut jeter toutes nos forces dans la bataille pour s'emparer de cette position ennemie: it is necessary to go all out to capture this enemy position (US) (Expression familière) – Le Canada jeta dans la bataille une force spéciale commandée par le général de brigade J.M. Rockingham: Canada contributed a special force under Brigadier J.M. Rockingham (CA) – Les Allemands jetèrent les chars et l'infanterie dans le combat: the Germans threw the tanks and infantry into the fight (US).*

jeter un pont sur (cours d'eau) to bridge (US, GB). Ex: *Jeter un pont sur (ou équiper) une coupure: to bridge a gap (US) – L'ennemi a jeté un pont sur le fleuve: the enemy have bridged the river (GB).*

jeu (en) at stake (GB). Ex: *Leurs intérêts vitaux nationaux sont en jeu: their vital national interests are at stake (GB).*

jeu (série) de cartes map series (US, OTAN).

jeu de guerre wargame (US, OTAN). Ex: *Système de jeu de guerre réparti: distributed wargaming system (DWS) (OTAN) (Voir **jeu de stratégie militaire**).*

jeu de rôle (formation) role-play (US), role playing (GB, US) (VERB "to provide... for") (ADJ "telephonic"). Ex: *Acteur d'un jeu de rôle: roleplayer (US).*

jeu de simulation de crise crisis simulation game (US).

jeu de stratégie militaire war (-) game ou wargame (US, OTAN) (= an activity in which soldiers fight an imaginary battle in order to test military plans) (PART: "computer-based") À noter: On trouve également le verbe "to wargame" = intégrer dans un jeu de stratégie. Ex: *Intégrer un mode d'action ennemi dans un jeu de stratégie: to wargame a threat COA (= Course of Action) (US).*

jeu d'info-guerre infowar game (Time).

jeu fictif paper play (PP) (OTAN).

jeune new (US). Ex: *L'ALAT est une des armes d'appui les plus jeunes (ou récentes): the Aviation Branch is one of the newest combat arms (US).*

je veux (intention du chef) I intend to, the intent is to (GB), my intent is to (US) (Voir aussi **intention du chef**).

joncher to litter (GB). Ex: *Des batailles qui jonchent le passé guerrier de la Légion : battles which litter the Legions' record of combat (GB).*

joindre to combine (US). Ex: *Joindre des forces aériennes et terrestres (opération) : to combine air and ground forces (US) – Son apport à la victoire finale, joint aux efforts de la marine* *et de l'armée de l'air : its contribution to the final victory, together with the efforts of the Navy and the Air Force (CA).*

jonché de (lieu) littered with (GB). Ex : *Jonché(e) de cadavres (champ de bataille / ville) : littered with (<u>ou</u> strewn with) bodies (GB).*

jonction (avec une force / des soldats) (TAC) linkup (US), link-up operation (US) (S'emploie avec le verbe "to conduct". <u>Noter</u> aussi l'existence du verbe "to link up (with)" = établir / effectuer / opérer la jonction avec). Ex : *Opérations de jonction : linkup operations (US).*

jouable (option) workable (US).

jouer to play (US, GB), to sound (GB), to fulfil (CA), to act (<u>Jane's</u>), to be used (OTAN). Ex : *Jouer de la trompette / du clairon : to sound / the trumpet / the bugle (GB) – Jouer le rôle de (simulation) : to play the role / part of (US), to role-play (US) – Jouer la sonnerie aux morts : to play taps (US) – Des forces jouant le rôle de l'ennemi au cours d'un exercice : forces used in an enemy role during an exercise (OTAN) – L'armée de terre joue ce rôle lorsqu'elle maintient un potentiel de dissuasion militaire crédible et visible en temps de paix : the Army fulfils this function when it maintains a military deterrence capability which is credible and visible in peacetime (CA) – CELERG International jouera donc le rôle d'un holding vis-à-vis de CELERG Deutschland : CELERG International will therefore act as the holding company for CELERG Deutschland (<u>Jane's</u>) – Jouer le rôle de bac (véhicule amphibie) : to act as a ferry – Jouer un rôle plus marqué dans la préservation de la paix et de la sécurité : to play a stronger role in preserving peace and security (OTAN) – Jouer pleinement son rôle : to play one's full part (in + verbe en ING) (OTAN) – Jouer le rôle de l'ennemi (jeu de rôles) : to role-play the enemy (US).*

jouir de to enjoy (US, OTAN). Ex : *Jouir d'un avantage quantitatif en chars et en artillerie : to enjoy a quantitative advantage in tanks and artillery (US) – Jouir des libertés universelles : to enjoy universal freedoms (OTAN).*

jour (sens propre) day (US, GB, OTAN) (VERB : "to celebrate"). Ex : *Le jour J : on D-day – Nous savions que c'était le jour J : we knew it was D-Day (US) – Le jour E (date de début d'exercice OTAN) : E-day (US, OTAN) – Le jour M (mobilisation en vue d'une opération) : M-day (US, OTAN) – De jour comme de nuit : by day and by night, by day or night (<u>Jane's</u>), day / night (En épithète) (<u>Jane's</u>) – Le système est en mesure de fonctionner de jour comme de nuit : the system is capable of operating day or night (US) – En plein jour : in daylight (US) – Soins de jour (SAN) : outpatient care (US) – Dans les 60 jours qui suivent l'inscription à un stage de formation militaire : within 60 days after enrolling in a military training course (US) – Un jour de combat : one day of combat (OTAN) – Un jour de combat de 24 heures (<u>ou</u> 24 heures sur le champ de bataille) : a 24-hour combat day (US) – Un jour d'approvisionnement standard : one standard day of supply (OTAN) – Au 21ᵉjour de la guerre : on day 21 of the war (GB) – Au deuxième jour de l'offensive : on the second day of the offensive (GB) – À ce jour : to date (US) – En 49 jours de combat : in 49 days of combat (US) – On était au troisième jour de la campagne terrestre de l'Opération Tempête du Désert : it was three days into the Operation Desert Storm ground war (US) – Tout ce que vous faites au jour le jour : all you do on a daily basis (US) – Les unités de la Réserve ne peuvent pas servir plus de 270 jours : Reserve units can serve no more than 270 days (US) – Les soldats en sont à leur troisième jour d'entraînement : the soldiers are in their third day of training (US) – Jour après jour : day by day (OTAN), with each passing day (OTAN) – Le jour où l'avion fut abattu : on the day the plane was brought down (GB) – Jour de célébration (bataille) : day of celebration (GB) – Le combat s'apaisa pendant près de 15 jours : the fight died down for nearly a* *fortnight (US) – Au jour du combat: on the day of battle (US) – 60 jours d'approvisionnements: 60 days of supplies (US).*

jour (se faire) to emerge (OTAN). Ex: *Une nouvelle Europe à l'intégration accrue se fait jour a new Europe of greater integration is emerging (OTAN).*

jour artificiel (lumière) artificial daylight (OTAN).

jour d'arrêt day of detention (VERB "to give").

jour de ravitaillement one day's supply (OTAN).

jour férié holiday (US).

Jour J D-Day (GB).

jour le jour (au) day-to-day (En épithète) (US).

jour moyen average day (US, GB).

journaliste journalist (US), reporter (US) (Surnom péjoratif US: "scribbler" (presse écrite). Ex: *Journaliste de télévision: television reporter (US) – Un groupe de journalistes: a group of journalists (Terme familier GB "hackpack") – Journaliste d'investigation: investigative reporter (US).*

journée day (US, GB). Ex: *Une journée de solde: one day's pay (US, GB) – La journée de travail the working day (GB) – Pendant la journée du 27 février: during the day of 27 February (US).*

journée des familles (visite d'unité) Family Day (US).

journée des sports sports day (GB).

journée d'indisponibilité (véhicule) vehicle off the road day (VOR day) (UN).

journée du souvenir Remembrance Day (GB).

journée portes ouvertes open day (GB), open house (US). Ex: *La journée "portes ouvertes" du régiment: the regiment's open day (GB) – Tenir une journée "portes ouvertes" (unité): to conduct an Open House (US), to hold an Open Day (GB) – Lors d'une journée "portes ouvertes" à l'occasion de la fête des forces armées: during an Armed Forces Day open house (US).*

jour standard d'approvisionnement standard day of supply (OTAN).

judiciaire (système) legal (US). Ex: *Le système judiciaire applicable aux militaires en service actif: the legal system applicable to soldiers on active duty (US).*

judicieux judicious (US). Ex: *L'emploi judicieux des moyens disponibles: the judicious use of available means (US).*

jugement (trait de caractère) (PERS) judgment (US) (VERB: "to exercise") (ADJ: "great").

juge militaire military judge (US). Ex: *Devant le Colonel John Doe, juge militaire (procès): before military judge, Col. John Doe (US).*

juger to judge (GB), to deem (OTAN), to rate (US). Ex: *Être jugé sur des critères autres que les compétences tactiques: to be judged on criteria other than tactical skills (GB) – Comme on le juge nécessaire as may be deemed necessary (OTAN) – Être jugé apte au combat (soldat dans un exercice): to be rated combat effective (US) (Contraire: "combat-ineffective").*

juger (en justice) to try (US, GB). Ex: *Être jugé pour espionnage: to be tried for espionage (US).*

jugulaire chin-strap (GB).

juguler to put down (GB). Ex: *Juguler une insurrection: to put down an insurrection (GB).*

jumelage (unités) affiliation (of units), unit partnership (US).

jumelé (matériel) coupled. Ex: *Mitrailleuse jumelée au canon : machine gun coupled with the gun.*

jumeler (unités) to affiliate (units).

jumelle (adjectif) sister (US). Ex: *Unité jumelle : sister unit (US).*

jumelles binoculars (US, GB) (En abrégé: "binos" (US), field-glasses (GB).

jumelles de vision nocturne (JVN) (<u>ou</u> à intensification de lumière) 1 . (INFANTE-RIE) night-vision goggle(s) (NVG) (US) – 2. (ALAT) (aviator's) night-vision imaging system (US) (= "a third-generation night-vision goggle").

jungle (<u>ou</u> forêt équatoriale) jungle (US, GB) (ADJ: "thick", "insecure"). Ex: *Combat de jungle (<u>ou</u> en forêt équatoriale) : jungle warfare, jungle operations (GB) – Centre d'entraînement au combat de jungle (<u>ou</u> en forêt équatoriale) : Jungle Operations Training Center (JOTC ; Basé à Fort Clayton, Panama) (US) – Entraînement au combat de jungle (<u>ou</u> en forêt équatoriale) : jungle training (US, GB).*

<u>Cf.</u> :

- <u>Primary jungle</u>: jungle where the trees have grown to a considerable height, and there is little ground vegetation (GB).

- <u>Secondary jungle</u>: jungle where the original trees have been cleared (by man or by fire) and replaced by a dense growth of bushes and young trees (GB).

junte junta (US).

jupe (vêtement féminin) skirt (US).

jupe (missile) rear skirt.

juridiction militaire (sous) (zone) under military jurisdiction (US, GB).

juridiques (services) (armée de terre) Army Legal Services (ALS) (Un des quatre départements de l'Adjutant General's Corps (AGC) britannique = Chancellerie), Judge Advocate General's Corps (JAGC) (Dirigé par le Judge Advocate General (JAG) (US), Legal Services (US).

juriste Ex: *Officier juriste conseil : legal assistance officer (US).*

jupe (uniforme féminin) skirt (US).

jupe de flottaison (char) floatation barrier (US) (VERB: "to erect" = mettre en place, "to recess").

jurer to swear (US). Ex: *Les personnels de l'armée de terre jurent de défendre la Constitution : members of the Army swear to defend the Constitution (US).*

juriste (homme de loi) lawyer (US).

jury (tribunal militaire) jury (US).

jus (au) (jours de service restant à accomplir) to do (GB). Ex: *8 au jus : 8 days to do ! (GB) (Le tableau où l'on raye les jours (= to tick off the days to do") s'appelle familièrement "chuff-chart" (GB).*

jusqu'à (quantité) up to (US, GB). Ex: *L'état-major peut commander jusqu'à 5 divisions : the headquarters is capable of commanding up to 5 divisions (US) – L'embarcation d'assaut est prévue (<u>ou</u> conçue) pour transporter jusqu'à 20 soldats : the assault boat is designed to carry up to 20 troops (GB) – Déployer à distance une force expéditionnaire interarmées pouvant aller jusqu'à 50 000 hommes : to deploy a joint-service expeditionary force of up to 50,000 personnel (GB).*

jusqu'à (spatial) to, as far as, up to (GB), out to (GB), down to, all the way to. Ex: *Jusqu'à Lima 2 : up to Phase Line (PL) 2 – Le mortier peut tirer un obus jusqu'à (une distance de) 300 mètres : the mortar can fire a shell up to 300 metres / (out) to a maximum range of 300 metres (GB).*

jusqu'à (temporel) until (US), till, up to, through (US), to (GB). Ex : *Jusqu'à J + 1, 12.00 Z (ordre d'opérations) : until D + 1, 1200 Z – Jusqu'à l'an 2010 : through the year 2010 (US) – Jusqu'à la retraite (PERS) : through retirement (US) – Jusqu'au mois d'octobre 1981 : until October of 1981 (US) – Jusqu'à l'impact : until impact (US) – Jusqu'au 13 avril à 6 heures (ordre d'opérations) : until 130600 Apr (US) – La mission est sacrée, tu l'exécutes jusqu'au bout, à tout prix (Code d'honneur) (Légion) : a mission once given to you becomes sacred to you, you will accomplish it to the end and at all costs (GB).*

jusqu'à nouvel ordre until further notice.

jusqu'au-boutiste (nom) diehard (US).

juste (cause / guerre) just (US, OTAN). Ex : *Certains principes de la doctrine de la guerre juste : some principles of "just war" doctrine (OTAN) – Une cause juste : a just cause (OTAN).*

justesse (doctrine) soundness (US).

justesse du tir accuracy of fire (OTAN), firing accuracy.

justice justice (OTAN). Ex : *Être traduit en justice (criminel de guerre) : to be brought to justice (OTAN) – Rétablir la justice en Bosnie : to restore justice in Bosnia (OTAN).*

justice militaire (corps) Judge Advocate General's Corps (JAGC) (US).

justice militaire (fonction) military justice (US).

justifier to justify (US), to warrant (US). Ex : *Ce besoin est justifié par : this requirement is justified by (US) – Lorsque c'est justifié : when warranted (US).*

juteux voir **adjudant (ADJ) (grade)**.

(KILO)

kaki (couleur militaire) khaki (GB), olive drab (US). Ex : *Des fourgonnettes kaki : khaki vans (GB) – En kaki : in khaki (GB).*

kébour flying saucer (familier) (US) (Voir aussi **képi**).

képi service cap (US) (VERB : "to put on").

kérosène kerosene (OTAN).

Kevlar (marque déposée) (para-aramide / aramide) Kevlar (aramid fiber armor) (Jane's). Ex : *Casque en Kevlar : Kevlar helmet (US).*

KGB (le) (RENS) the KGB (US, GB). Ex : *Un officier du KGB : a KGB officer (US).*

kidnapper to kidnap (US).

kilohertz kilohertz (GB) (Abréviation : "Khz").

kilométrage mileage.

kilomètre kilometre (GB), kilometer (US) (Termes familiers US : "kilo", "klick", "click" = borne). Ex : *265 km / h (kilomètres à l'heure) : 265 kph (kilometres per hour) (GB) – Construire 2000 kilomètres de routes : to construct 2,000 kilometers of roads (US) – Une zone de près de 50 000 kilomètres carrés : a nearly 50,000 square kilometer area (US) – Une zone de combat de 50 X 75 kilomètres : a 50-by-75-kilometer combat area (US) – La mission du corps d'armée est de défendre un secteur de quelque soixante-cinq kilomètres de large à l'est de Hanovre : the Corps 'mission is to defend a sector some sixty-five kilometres wide to the east of Hannover (GB) – À 80 km de la frontière irakienne (postion défensive) : 80 km from the Iraqi border (GB) – Céder plusieurs kilomètres de territoire : to give up several kilometres of territory (GB) – Le village se trouve trois kilomètres après le fleuve : the village is 3Ks beyond the river (usage <u>oral</u>) (GB).*

kilotonne kiloton (US). Ex : *Produire plus de 50 kilotonnes d'énergie de choc (<u>ou</u> de souffle) (explosion nucléaire) : to generate over 50 kilotons of blast energy (US).*

kilotonnique kiloton (KT) (En épithète) (OTAN). Ex : *Arme kilotonnique : kiloton weapon (OTAN).*

kinésithérapeute (SAN) physiotherapist (GB), physical therapist (US).

kit kit (Jane's). Ex : *Kit basique de contre-mesures (KBCM) : basic countermeasures kit (Jane's).*

kit de décontamination individuel individual decontamination kit (US).

kit de déguisement (RENS) (intelligence) disguise kit (US).

kit (<u>ou</u> matériel) de nettoyage (fusil) cleaning equipment (US).

KFOR KKOR (OTAN) (Kosovo FORce). Ex : *Un soldat (<u>ou</u> militaire) français de la KFOR : a KFOR French soldier (OTAN).*

L

(LIMA)

là at this location (OTAN). Ex : *L'OTAN ne peut confirmer le nombre des victimes indiqué par les autorités serbes, ni les raisons pour lesquelles des civils se trouvaient là au moment de l'attaque : NATO cannot confirm the casualty figures given by the Serbian authorities, nor the reasons why civilians were at this location at the time of the attack (OTAN).*

laboratoire laboratory (US, GB, Jane's) (Forme abrégée : "lab") (ADJ : "(fully) functional", "training"). Ex : *Laboratoire dentaire : dental laboratory (US) – Laboratoire médical : medical laboratory (US) – Laboratoires d'armement : weapons laboratories (UN) – Laboratoire informatique : computer lab (US) – Le Laboratoire de l'Infanterie de l'armée de terre française de Nîmes : the French Army's Infantry Laboratory in Nîmes (Jane's).*

laboratoire de bataille battle lab (US), warfighting laboratory (Corps des Marines) (US) (VERB : "to organize").

laboratoire de bataille interarmées joint battlelab (US).

laboratoire de combat combat lab (US).

laboratoire de langues language laboratory (US).

laboratoire de prospective (armée de terre) futures lab (US).

laboratoire de recherche research laboratory (En abrégé US : "research lab") (US, UN). Ex : *Laboratoire de recherche de l'armée de terre : Army Research Laboratory (US).*

lacet (projectile) yaw (US, GB).

lâche (adjectif) (PERS / action) cowardly (GB) (Contraire : "brave").

lâche (nom) (PERS) coward (GB).

lâcher to drop, to release (GB). Ex : *Lâcher une bombe sur (aéronef) : to drop a bomb on – Le missile a lâché un agent chimique au-dessus de notre position : the missile released a chemical agent over our position (GB).*

lâcheté cowardice (US, GB) (Contraire : "bravery"). Ex : *Il a été fusillé pour lâcheté devant l'ennemi : he was shot for cowardice (GB).*

lacrymogène tear (GB, UN), CS (US) (En épithète). Ex : *Gaz lacrymogène : tear gas (GB, UN) – Obus lacrymogène : CS round (US).*

lacune gap (GB, UEO), limitation (US). Ex : *Le conflit des Malouines a révélé des lacunes majeures : the Falklands conflict revealed some key gaps (GB) – Identifier un certain nombre de lacunes et insuffisances : to identify a number of gaps and deficiencies (UEO) – Les lacunes empêchent de déterminer les points faibles de l'ennemi : limitations detract from the determination of enemy vulnerabilities (US).*

ladar ladar (laser detection and ranging).

laisser to leave (OTAN). Ex : *Un élément laissé en position : a force left in position (OTAN).*

laisser en place (matériel) to leave in place (US).

laisser en position (élément) (TAC) to leave in position (US).

laisser prévoir voir **prévoir**.

laissez-passer safe conduct (US), pass (GB).

lame (sabre / poignard) blade. Ex : *Lame de couteau : knife blade (US).*

lame bouteur dozer blade (US).

lame chargeur ammunition clip, clip of ammunition.

lame de déblaiement (obstacle) clearing blade (Jane's).

lame tranchante cutting blade (US) (VERB : "to raise", "to lower", "to tilt").

lampe (ou feu) (véhicule) light (US, GB).

lampe à souder (avion à réaction) jet plane, jet fighter (GB), jet aircraft (GB).

lampe électrique torch (GB), flashlight (US).

lancé à l'épaule shoulder-launched.

lancé depuis un porteur aérien (missile) air (-) launched. Ex : *Missile de croisière lancé depuis un porteur aérien : air launched cruise missile (ALCM).*

lance-flammes flame-thrower (OTAN, US) (Terme familier US / Vietnam : "Zippo") (VERB : "to handle", "to incinerate").

lance-grenades grenade launcher (GL) (US), grenade discharger (VERB : "to design", "to manufacture", "to (widely) use", "to fire", "to be in use", "to remain in service") (ADJ : "accurate", "single shot", "breech-loading") (NOM ASS. : "calibre", "weight", "muzzle velocity", "range", "version") (EXPR : "to fit to a rifle", "to prove its worth", "to have a high trajectory", "to see extensive service with forces").

lance-grenades automatique automatic grenade launcher (GB), grenade machine gun (US) (VERB : "to use") (ADJ & PART : "self-powered, "air-cooled", "belt-fed", "mounted", "blow-back operated") (NOM ASS. : "calibre", "weight", "muzzle velocity", "range", "rate of fire", "versatility", "reliability", "round", "link") (EXPR : "to provide a source of heavy firepower", "to use it with day, night and laser sights", "it can be used mounted on vehicles", "to be mounted on a vehicle", "to have a maximum range against point targets of X meters", "a cyclic rate of fire of X rounds per minute (rpm)", "a rapid rate of fire", "to be mounted on a gun cradle", "to be fired from a tripod", "to deliver accurate, intense and decisive firepower against enemy personnel and light armored vehicles", "the primary suppressive weapon for combat support and combat service support units"). Ex : *Le lance-grenade automatique de 40 mm modèle 19 : the Mark 19 40-mm automatic grenade launcher (GB) (Voir aussi **lance-grenades**).*

lancement (missiles) launch (US, GB). Ex : *Avant le lancement : before launch (US)* – *Des cibles mobiles aériennes et terrestres avant et après leur lancement : mobile air and land targets in both pre- and post-launch status (US).*

lancement (opération) launch (US). Ex : *Le lancement de l'opération Tempête du Désert : the launch of Operation Desert Storm (US).*

lancement de pont (GEN) bridge launching (GB). Ex : *Système de lancement de pont automatisé : automated bridge launching equipment (ABLE) (GB).*

lancé par sous-marin (missile) submarine-launched (Jane's). Ex : Ex : *Le missile de croisière lancé par sous-marin Tomahawk : the Tomahawk submarine-launched cruise missile (Jane's).*

lancé par tube tube-launched.

lance-patates rocket launcher, bazooka.

lance-pot fumigène smoke grenade discharger (Jane's), smoke grenade launcher (SGL) (US), smoke discharger (GB) (PART : "electrically operated").

lancer to set in motion (OTAN, GB), to issue (GB). Ex : *La communauté internationale a lancé une vaste action de secours (aide aux réfugiés) : the international community set in motion a major relief effort (OTAN) – Lancer les travaux préparatoires à un arrêt complet des hostilités : to set in motion the groundwork for a total cessation of hostilities (GB)*

– Le commandement de la Légion lança un sévère avertissement (ou une sévère mise en garde) aux deux camps: Legion commanders issued a stern warning to both sides (GB).

lancer (armes / bombes) to launch (US, GB), to drop (GB), to throw (US). Ex: *Lancer des armes nucléaires sur des objectifs donnés: to deliver nuclear weapons against specific targets (OTAN).- Lancé (à partir) d'un aéronef (ou d'une plate-forme aérienne): air-launched (UN,OTAN) – Lancé de (ou à partir de) la surface: surface-launched (OTAN) – Lancer des bombes incendiaires sur le centre-ville: to drop fire-bombs on (ou to fire-bomb) the centre of the town (GB) – Lancer un projectile: to throw a projectile (US).*

lancer (grenade) to throw (US,GB), to chuck (GB), to fling (GB). Ex: *Il lança une grenade dans la tranchée-abri: he chucked (ou flung) a grenade into the dugout (GB).*

lancer (opération) (TAC) to launch (US), to initiate (OTAN), to put in motion (US), to project (OTAN), to conduct (US). Ex: *Lancer des opérations aériennes: to initiate air operations (OTAN) – Lancer / une attaque / un raid blindé / une offensive: to launch / an attack / an armored raid (US) / an offensive – Lancer un assaut dans la zone d'opérations: to conduct an assault into the area of operations (US) – Lancer des opérations (à partir d'une région): to project operations (from a locality) (OTAN) – L'OTAN lança l'opération Force Alliée en mars: NATO initiated Operation Allied Force in March (US) – Une dure contre-attaque fut lancée sur les limites entre les deux régiments: a harsh counterattack developed (ou was launched) along the boundaries between the two battalions (US) – Lancer une opération: to put an operation in motion (US).*

lancer (forces) to throw (GB) (PREP: "against"). Ex: *Lancer la 5ᵉ Brigade Parachutiste contre les divisions blindées irakiennes: to throw 5 th Airborne Brigade in against Iraqi armoured divisions (GB).*

lancer (pont) to launch (GB).

lancer de grenades grenade throw (US), grenade throwing (GB).

lance-pierres catapult (GB), sling shot (US).

lance-roquettes rocket launcher (R/L) (US, GB, OTAN) (VERB: "to use") (ADJ: "recoilless") (NOM ASS.: "launcher", "launcher length", "weight", "launcher weight", "rocket weight", "effective range", "aluminium tube", "outer casing") (EXPR: "to be designed for destroying tanks").

lance-roquettes antichar (LRAC) antitank rocket launcher (US) (Équivalent GB: LAW 80 (LAW = Light Antitank Weapon); sera remplacé par le NLAW d'ici 2004) (VERB: "to fire", "to be designed for use against", "to weigh", "to extend") (ADJ "(extremely) effective", "rugged", "reliable", "lightweight") (NOM ASS.: "launcher length", "weight", "warhead diameter", "warhead type", "effective range", "range", "velocity", "rocket", "outer tube", "front cover", "rear cover", "(spring-loaded) sights", "back-blast danger area", "launcher tube") (EXPR: "to penetrate armour", "to require (no) maintenance", "to remove from the packaging", "to prepare for firing").

lance-roquettes multiple (LRM) multiple launch rocket system (MLRS) (US, GB, OTAN), multiple rocket launcher (MRL) (OTAN), the LRM fire-support system (US).

lance-roquettes multirampes portatif portable multiple rocket launcher.

lancer sur orbite (satellite) to launch into orbit (US).

lancé sur rail (pont) rail launched.

lanceur (missile) launcher (UN, US, OTAN) (VERB: "to elevate") (ADJ: "wheeled", "mobile"). Ex: *Lanceur ABM (de missiles anti-balistiques): ABM (= anti-ballistic missile) launcher (UN) – Lanceur (véhicule) (ou semi-remorque lanceur): launch vehicle (UN) – Lanceur de missiles antichar TOW à deux tubes: dual-tube (ou two-tube) TOW anti-tank missile launcher (US) (VERB: "to house") – Mettre hors service des lanceurs* *de missiles sol-air et des radars : to knock out surface-to-air missile launchers and radars (OTAN).*

lanceur (disperseur de mines) launcher rack (US, GB).

lanceur (tube) (roquette antichar) launch tube.

lanceur de mines mine-thrower (UN).

lanceur d'engins ballistic missile (OTAN) (En épithète). Ex : *Sous-marin nucléaire lanceur d'engins (SNLE) : nuclear-powered ballistic missile submarine (SSBN) (OTAN).*

lanceur de pont bridge layer (GB, Jane's).

lanceur LRM (lance-roquettes multiple) MLRS (= Multiple Launch Rocket System) launcher (US) (PART : "fully-loaded"). Ex : *Une batterie de neuf lanceurs LRM : a battery of nine MLRS launchers (GB).*

lanceur terrestre ground launcher.

lanceur terrestre (à) ground-launched (OTAN). Ex : *Missile de croisière à lanceur terrestre : ground-launched cruise missile (GLCM) (OTAN).*

lancier (PERS) (Hist.) lancer (GB).

Lanciers (appellation de tradition) Lancers (GB). Ex : *Le 9ᵉ / 12ᵉ (Régiment de) Lanciers : the 9th / 12th Lancers (GB).*

lande (TOPO) moor (GB), moorland (GB).

langage language (US, OTAN). Ex : *Dans un langage clair ou secret : in a plain or secret language (OTAN).*

langage clair plain language (OTAN). Ex : *Destinataire en langage clair : plain language addressee (PLA) (OTAN).*

langage de programmation programming language (OTAN). Ex : *Langage de programmation commun : common programming language (CPL) (OTAN).*

langage militaire (le) military parlance (GB).

langue du pays (ou de la région) local language (US).

langue étrangère foreign language (US). Ex : *Communiquer dans une langue indigène : to communicate in a native language (US) – Leur compétence dans la langue cible : their proficiency in the target language (US) – Compétences en langues étrangères : foreign language skills (US) (VERB : "to enhance", "to maintain") – Le programme de l'armée de terre en matière de langues étrangères : the Army's Foreign Language Program (AFLP) (US) – Le programme des armées en matière de langues étrangères : the Defense Foreign Language Program (DFLP) (US) – Matériels pédagogiques pour les langues : language training materials (US) – Prime de spécialité en langues étrangères (solde) : foreign language proficiency pay (FLPP) (US) – Parler une langue étrangère : to speak a foreign language (US) – Le besoin total en langues de l'armée : the total language requirement of the force (US) – Intégrer le facteur "langues étrangères" dans nos exercices : to integrate the factor of foreign languages into our exercises (US) – Intégrer les langues étrangères dans les exercices de l'armée de terre : to integrate foreign languages into Army exercises (US) – Instruction en langues : language instruction (US) – Gestion des langues : language management (US) – Formation en langues (étrangères) : (foreign) language training (US) (VERB : "to enhance") – Stage de langues : language course (US) – De nouvelles méthodologies d'enseignement des langues : new language instructional methodologies (US) – Exploitation des langues : language exploitation (US) – Le programme de formation en langues de la Réserve : the Reserve language training program (US) – Des emplois d'interprètes-traducteurs en langues étrangères : foreign language interpreter / translator positions (US) – Appui en langues étrangères (opérations) :*

foreign language support (US) – Connaître une langue : to know a language (US) – Apprentissage des langues : language learning (US) – La communauté militaire américaine des langues : the U.S. military language community (US) – Traduire rapidement un document ou message en langue étrangère reçu d'un allié : to translate quickly a document or message received in a foreign language from an ally (US) – Personnels ayant une compétence en langues étrangères adaptée : personnel with adequate foreign language competence (US) – Département des langues étrangères (grande école militaire) : Department of Foreign Languages (US) – Parler plusieurs langues (PERS) : to be multilingual (US).

langue opérationnelle operational language (Jane's). Ex : *La langue opérationnelle est désormais l'anglais : the operational language is now English (Jane's).*

laps de temps length of time (OTAN) (+ préposition "between").

largable (véhicule) (air-) droppable (US).

largage (action du largueur) (TAP) dispatching (US, GB).

largage (personnels / matériel) airdrop (US, OTAN), aerial delivery, drop (GB) (ADJ : "low velocity", "high velocity"). Ex : *Faire un largage d'approvisionnements : to make a supply drop (US) – Largage manuel (fardeau) (TAP) : manual ejection (OTAN) – Faire un largage de munitions : to make an ammunition drop (GB).*

Comp. :
- Airdrop : The unloading of personnel or materiel from aircraft in flight (US).
- Sortie hors d'un aéronef en vol des personnels ou des charges transportées (OTAN).

largage (bombe) (weapon) release (OTAN). Ex : *Malheureusement, un autobus a franchi le pont après le largage de l'arme : unfortunately, after weapon release, a bus crossed the bridge (OTAN).*

largage à faible vitesse de descente low velocity drop (US, OTAN).

largage à très faible hauteur (TFH) (livraison par air) low altitude parachute extraction (US), ultra low level aerial delivery (ULLA). Ex : *Système de largage à très faible hauteur : low altitude parachute extraction system (LAPES) (US).*

largage à vitesse de descente élevée high velocity drop (US, OTAN).

largage d'armes weapons delivery.

largage de charge (livraison par air) airdrop (ADJ : "high-velocity" = sous parachute stabilisateur, "low-velocity" = sous parachute de charge, "HALO" = à haute altitude).

largage en chute libre (matériels) free drop (US, OTAN).

largage par parachute (matériel) parachute (-) delivery (US).

large (sens propre spatial) wide (US), broad (GB, US). Ex : *Sur un large front : over a broad front (GB, US), across a wide front (US) – La mission du corps d'armée est de défendre un secteur de quelque soixante-cinq kilomètres de large à l'est de Hanovre : the Corps'mission is to defend a sector some sixty-five kilometres wide to the east of Hannover (GB) – Franchir des fossés d'1,60 m de large (véhicule) : to cross 1.60 m wide ditches (US).*

large (sens figuré) broad (GB), extensive (OTAN), wide (GB). Ex : *Un large éventail de missions : a broad range of missions (US), a wide range of duties (GB) – Un large impact sur : a broad impact on (US) – Dans une large mesure : largely (OTAN) – Une interopérabilité plus large et plus ciblée à l'appui des opérations multinationales : more extensive and focused interoperability to underpin multinational operations (OTAN) – Susciter une large coopération entre les ONG, les pays donateurs et les pays voisins : to bring about a* *high level of cooperation among NGOs (= non-governemental organisations), donor nations and neighbouring countries (OTAN).*

large bande (à) broadband (UN) (En épithète).

large de (au) off (US). Ex : *Au large de la péninsule de Kola : off the Kola Peninsula (US).*

largement heavily, greater (UEO), wider (UEO). Ex : *Être largement inférieur en nombre à l'ennemi : to be heavily outnumbered by the enemy – Il peut être utile de recourir plus largement au partage des tâches entre les pays afin d'améliorer les capacités logistiques et le réapprovisionnement : it may be beneficial (<u>ou</u> useful) to make greater (<u>ou</u> wider) use of task-sharing between nations in order to improve logistics and resupply capabilities (UEO).*

largeur (pont / matériel / itinéraire / char / zone) width (US, GB), breadth (GB, US). Ex : *La largeur de la pénétration ennemie : the breadth of enemy penetration (GB) – La largeur du front : the width of the frontage (GB) – Sur toute la largeur de la ZA : on the broad front of the zone of action – La largeur du champ de bataille : the width of the battlefield (US) – La largeur de la cible : the width of the target (US) – Largeur minimale (itinéraire) : minimum width (US) – La longueur et la largeur de la zone d'opérations : the length and breadth of the AO (= Area of Operations) (US) – L'espace occupé en largeur par une troupe : the lateral space occupied by a force (US).*

largeur de front frontage (GB). Ex : *La brigade progressait sur une grande largeur de front : the brigade advanced on a wide frontage (GB).*

largué delivered (OTAN). Ex : *Larguée par / aéronef / projectile d'artillerie / missile / distributeur de mines (mine) : delivered by / aircraft / artillery / misile / ground dispenser (OTAN).*

larguer to deliver (US), to drop (US), to airdrop (<u>Jane's</u>), to release (US). Ex : *Larguer des unités sur leur zone de saut : to deliver units to (<u>ou</u> into) their drop zones (US) – Larguer une division parachutiste sur une zone d'objectifs : to deliver an airborne division into an objective area (US) – Presque tous les matériels de combat peuvent être largués sur le champ de bataille par parachute : almost every piece of combat equipment can be dropped by parachute onto the field of battle (US) – Un char largué par un avion de transport : a tank airdropped from a transport aircraft (<u>Jane's</u>) – Larguer / une bombe / une charge : to release / a bomb / a load (US).*

largueur (TAP) dispatcher (US, GB).

laser laser (= Light Amplification by Stimulated Emission of Radiation). Ex : *Une arme guidée par laser (<u>ou</u> à guidage laser) : a laser-guided weapon (US, OTAN) – Un télémètre (à) laser : a laser range-finder (OTAN) – Un marqueur laser : a laser designator, a laser target marker (OTAN) – Le guidage par laser : laser guidance (OTAN) – Un illuminateur laser de surveillance : a laser illuminator (OTAN) – Un chercheur (<u>ou</u> appareil de poursuite) laser : a laser seeker (OTAN) – Illuminer une cible par laser : to lase (<u>ou</u> to "paint") a target (US).*

laser à rayons X X-ray laser (UN).

laser chimique chemical laser (UN, US).

laser de combat laser weapon (UN).

laser à énergie élevée (<u>ou</u> à haute énergie) high-energy laser (HEL) (OTAN).

laser à sécurité oculaire eye-safe laser.

latéral lateral, side (En épithète). Ex : *Périscope latéral : side periscope.*

latéralement laterally (US).

latitude (navigation) latitude.

latitude (liberté) latitude (US), limited ability (US) (VERB : "to enjoy", "to exercise", "to have", "to leave") (Avec le terme "latitude" : prépositions "in" et verbe en ING, "as to" et nom) (ADJ : "considerable"). Ex : *Offrir une certaine latitude à l'expérimentation : to provide some limited ability for experimentation (US) – La doctrine offensive laisse toute latitude au chef : offensive doctrine leaves the commander wide latitude (US).*

latrines latrine(s) (US) (VERB : "to clean"). Ex : *Latrines de fortune (ou de campagne) (terrain) : field-expedient latrine (US) (Terme familier US : "straddle trench").*

lavage de cerveau (RENS) brainwashing (US).

laxisme laxity (US). Ex : *Il existe un certain laxisme à cet égard depuis les 30 dernières années (discipline) : there has been a laxity in this in the past 30 years (US).*

le (marqueur de date) on (US, GB). Ex : *Le 10 novembre 1999 : on November 10, 1999, on November 10th, 1999, on 10 November 1999 (Prononciation à l'oral : on November the tenth / on the tenth of November / on November ten (US) – À 8 H 00 le 28 : at 0800 hours on the 28th (US).*

LECLERC (char) LECLERC main battle tank (MBT) (Équivalent GB : Challenger 2 - Équivalent US : Abrams M1-A2). Ex : *Le char Leclerc : the Leclerc main battle tank (GB).*

leçon lesson (US) (VERB : "to learn") (ADJ : "valuable", "hard") (Voir aussi **enseignements**).

leçons de l'expérience (TAC) lessons learned (LL) (US).

lecteur de micropoints (RENS) microdot reader (US), microdot viewer (US).

lecture (documents déclassifiés) disclosure (OTAN). Ex : *Leur mise en lecture publique a été approuvée : they have been approved for public disclosure (OTAN).*

lecture de carte map reading.

lecture des droits (arrestation) (GEND / AT) reading of rights (Jane's).

légal (agent) (nom) (RENS) legal (US).

légal lawful (US). Ex : *Obéir aux ordres légaux de leurs supérieurs (PERS) : to obey the lawful orders of their superiors (US).*

légendaire legendary (US).

légende (de carte) legend (US, OTAN).

légende (image radar / électro-optique / photo) data block (OTAN).

légende (agent) (RENS) legend (US), persona (US), cover story (US) (VERB : "to build up", "to operate under", "to prepare", "to (closely) scrutinize", "to use", "to live", "to need", "to create", "to establish", "to construct") (ADJ : "flawless", "perfect", "convincing"). Ex : *Bâtir une légende autour d'un agent (RENS) : to develop a persona for an agent (US).*

léger (matériel / armes) light, lightweight (= léger en poids) (OTAN) (equipment / weapons). Ex : *Support léger dans lequel un projectile de calibre plus petit est centré (sabot) : lightweight carrier in which a subcalibre projectile is centred (OTAN).*

léger (force) light (GB, UEO, US). Ex : *Des forces plus légères : lighter forces (GB) – La taille de la force à employer peut varier de celle d'une petite formation à celle d'une division légère : the size of the force to be used may vary from a small formation to a light division (UEO).*

léger (mineur) minor. Ex : *Légère modification (armement) : minor modification.*

légèreté (tactique) agility.

légèreté (véhicule) lightness.

légion (Rome) legion (GB) (Division de l'armée romaine d'environ 5 000 hommes).

Légion d'honneur (France) (Traduction rencontrée) (the) Legion of Honor (US) (VERB : "to award") (NOM ASS. : "Officer", "Grand Officer", "Commander"). Ex : *Le Président Chirac remettra au Secrétaire général (= de l'OTAN) les insignes de Commandeur dans l'Ordre de la Légion d'honneur* : President Chirac will bestow on the Secretary General the insignia of Commander in the Order of the Legion of Honour (OTAN) – *On lui avait conféré la Légion d'honneur et la Croix de guerre avec sept palmes* : he had been awarded the *Légion d'honneur* and the *Croix de guerre* with seven palms (GB) – *On lui conféra les insignes de Grand Officier de la Légion d'honneur* : he was awarded the Grand Officer of the Legion of Honor (US) – *Décerner la médaille de la Légion d'honneur à titre posthume à* : to give a posthumous Legion of Honor medal to (US).

Légion Étrangère (la) (LE) the (French) Foreign Legion (GB) (Devise : "Legio Patria Nostra" = The Legion is Our Fatherland") (VERB : "to join", "to volunteer for", "to come into existence", "to call upon... to"). Ex : *Des hommes qui ont servi entre cinq et vingt ans dans la Légion* : men who have served between five and twenty years in the Legion (GB).

À noter : L'emploi en épithète du terme "Légion". Ex : *Le bureau de recrutement de la Légion* : the Legion recruiting office (GB).

légionnaire (armée romaine) legionary (GB).

légionnaire (Légion Étrangère) legionnaire (GB) (ADJ : "would-be"). Ex : *Le légionnaire Lai* : Legionnaire Lai (GB).

législation du pays law of land (US).

légitime legitimate (UN, US, OTAN). Ex : *Besoin légitime* : legitimate need (UN) – *Un gouvernement légitime* : a legitimate government (US) – *Il s'agissait d'une cible militaire légitime (frappe aérienne)* : this was a legitimate military target (OTAN).

légitime défense self defence (GB, UN), self defense (US) (VERB : "to act"). Ex : *En état de légitime défense* : in self defence – *Droit de légitime défense* : right of self defense (US).

légitimer to legitimize (US).

légitimité (opérations / objectifs / gouvernement) legitimacy (US) (VERB : "to build"). Ex : *La légitimité d'une opération* : the legitimacy of an operation (US).

le long de (axe / itinéraire) along (US, GB, OTAN). Ex : *Le long / d'un itinéraire / d'une ligne de communications / d'une crête* : along / a route (OTAN) / a line of communications (OTAN) / a ridge (US).

le mot après (procédure radio) word after (US).

le mot avant (procédure radio) word before (US).

lendemain next day (US), tomorrow (OTAN). Ex : *Être prêt à des lendemains imprévisibles* : to be ready for an unpredictable tomorrow (OTAN) – *Le lendemain* : the next day (US).

lent (aéronef) slow (US).

lentille d'objectif (lunette de visée) objective lens.

lentille oculaire (lunette de visée) ocular lens.

lésion permanente (SAN) permanent injury (US, GB).

lessive (lavage des effets) laundry (GB), washing (GB) (Terme familier GB : "dhobi").

lessive en poudre (détergent) washing powder (GB) (Terme familier GB : "dhobi dust").

létal (ou meurtrier) lethal (US) (PREP : "to"). Ex : *Une arme létale* : a lethal weapon (US) – *Le (missile) TOW est létal contre tout véhicule blindé ennemi* : the TOW is lethal to any enemy armored vehicle (US).

létalité lethality (US) (VERB : "to increase", "to enhance", "to prove", "to overwhelm") (PART : "increased", "proven"). Ex : *La létalité de l'armement moderne* : the lethality of modern *weaponry (US)* – *La létalité des systèmes d'arme: weapon system lethality (US)* – *La létalité des forces de déploiement initial: the lethality of early entry forces (US).*

létalité des armes (ou des armements) weapon lethality (US).

lettre letter (US, GB) (VERB: "to open", "to read", "to reseal", "to encrypt", "to decrypt", "to check", "to tamper with"). Ex: *Lettre de bienvenue: letter of welcome (US)* – *Lettre de félicitations: letter of congratulation(s) (US)* – *Lettre de condoléances: letter of condolence (US)* – *Lettre militaire par avion: forces airmail letter (GB) (Surnom: "bluey")* – *Lettre / truquée / falsifiée (RENS): fake / forged / letter (US) (Contraire: "genuine")* – *Ouverture (illicite) / des lettres / du courrier (activité) (RENS): letter-opening (US), mail tampering (US)* – *Une lettre d'aspect anodin (RENS): an innocent-looking letter (US).*

lettre (à la) literally (GB), to the letter (US). Ex: *Interpréter un concept de défense trop à la lettre: to interpret a defence concept overliterally (GB)* – *La campagne terrestre de la guerre du Golfe s'est conformée pratiquement à la lettre aux principes de la Bataille Aéroterrestre: the Gulf War ground campaign followed the Airland Battle principles almost to the letter (US).*

lettre de candidature (PERS) letter of application (US).

lettre de félicitations (unité) letter of commendation (US) (PREP: "for").

lettre d'intention (ARMT) agreement in principle (Jane's). Ex: *Signer une lettre d'intention afin de créer une société commune de propulsion: to sign an agreement in principle to set up a joint propulsion company (Jane's).*

leurrage decoying.

leurre decoy (OTAN), dummy (OTAN, UN), chaff (paillettes) (OTAN), decoy flare. Ex: *Chars leurres (ou faux chars): decoy tanks (GB)* – *Leurres / infra-rouge / thermiques (véhicule blindé): infrared / thermal / decoy flares* – *Leurres radar (paillettes): chaff (OTAN)* – *Leurres thermiques: flares.*

leurrer to decoy (US, GB), to lure (US) (ADJ: "easily"). Ex: *Leurrer l'ennemi: to lure the enemy (US)* – *Leurrer des missiles ennemis: to decoy enemy missiles (GB).*

levage hoisting (US). Ex: *Opérations de levage: hoisting operations (US).*

levé (relèvement) (TOPO) survey (GB). Ex: *Opérations de levé: survey operations (CA).*

levée (troupes) raising (GB). Ex: *La levée de forces supplémentaires: the raising of additional forces (GB).*

levée en masse mass mobilization (US).

lever to raise (GB). Ex: *Lever / une armée / des troupes / une force: to raise an army / troops / a force (GB).*

lever (siège / blocus / embargo / silence radio) to raise (GB), to lift (US, GB). Ex: *Lever un siège: to raise a siege (GB)* – *Lever / un blocus / un embargo: to lift / a blockade / an embargo* – *Lever le silence radio: to lift radio silence (US, GB).*

lever (tir) (ART) to lift (fire) (OTAN).

lever (zone) (TOPO) to survey.

lever des couleurs (cérémonie) flag-raising ceremony (OTAN). Ex: *Les hymnes nationaux sont interprétés pendant le lever des couleurs des trois nouveaux pays membres: national anthems are played while the flags of the three new member countries are raised (OTAN).*

lever les tirs to cease fire (US, GB).

lever du jour (au) at dawn, at daybreak.

levier lever (Terme générique).

levier (plan) thrust (US).

levier d'armement (arme automatique) cocking handle.

levier d'armement (carabine) bolt handle.

levier d'armement (fusil) extractor.

levier d'armement (canon sans recul) cocking lever.

levier de fixation de venturi (canon sans recul) venturi fastening lever.

levier de manœuvre de la culasse (obusier) breechblock operating lever assembly.

levier d'ouverture du magasin (carabine) magazine release.

liaison (contact / communications permanents) liaison (US, OTAN) (Sens collectif: la liaison / les liaisons) (VERB: "to enhance", "to facilitate", "to provide... with", "to maintain... with", "to authorize") (ADJ: "direct") (PREP: "between") (Noter l'existence du verbe "to liaise with" = assurer ou faire la liaison avec, se tenir en liaison avec). Ex: *Son travail est d'assurer la liaison avec les autres autorités : his job is to liaise with other authorities (GB) – Un officier de liaison : a liaison officer (LO) (Parfois : "LNO" (US) (US, GB) – Équipe de liaison : liaison team (US) – Assurer la liaison avec les unités aériennes (officier de liaison de l'armée de terre) : to provide liaison to air force units (OTAN) – Une liaison entre le SDECE et la CIA : a liaison between the SDECE and the CIA (US) – Les liaisons avec les unités voisines furent coupées (TAC) : liaison with adjacent units was cut off (US) – Assurer la liaison entre les autorités militaires et civiles (affaires civiles) : to provide a liaison between military and civilian authorities (US).*

Cf. : That contact or intercommunication maintained between elements of military forces to ensure mutual understanding and unity of purpose and action (US).

liaison (TRANS / informatique) link (US, OTAN), connection (US). Ex: *Établir des liaisons à grande distance : to set up long distance links – Liaisons radio et informatiques intégrées : integrated radio and computer connections (US).*

liaison automatique de transmission de données automatic data link (ADL) (OTAN).

liaison avec (en) in conjunction with (OTAN). Ex: *En liaison avec les forces ouest-allemandes : in conjunction with West-German forces – En liaison avec le centre de contrôle des mouvements (organisme) : in conjunction with the movement control centre (OTAN) – Se tenir en liaison avec (organisme) : to liaise with (OTAN).*

liaison de commandement command link (US) (VERB: "to maintain") (ADJ: "positive").

liaison de commandement (TRANS) C^2 link (US) (C^2 = Command and Control) (ADJ: "flexible").

liaison de desserte (RITA) secondary link.

liaison de données (ou de transmission de données) data link (US, OTAN). Ex: *Liaison automatique de transmission de données : automatic data link (ADL) (OTAN).*

liaison de maillage (RITA) main link.

liaison de télécommande filaire wire command-link.

liaison de télécommunications communications link (COMLINK) (OTAN).

liaison de transmissions (TRANS) communication link (GB) (VERB: "to provide") (ADJ: "high quality").

liaison descendante (TRANS) downlink.

liaison extra-conjugale (RENS) extra-marital affair (US).

liaison hertzienne radio relay link (RRL) (OTAN).

liaison montante (TRANS) uplink.

liaison radio radio link. (US) (VERB: "to use").

liaisons radio (véhicule) radio communications (US, GB).

libération (pays) liberation (US, OTAN). Ex : *guerre de libération : war of liberation – Après la Libération (Hist.) : after liberation (US) – La libération de l'Europe commença par le débarquement de Normandie : the liberation of Europe began with the Normandy landings (GB).*

libération (ou élargissement) (prisonniers) release (US, GB).

libération (renvoi dans ses foyers / retour à la vie civile) (PERS) discharge (US) (ADJ : "undesirable", "honorable", "dishonourable").

libération d'énergie release of energy (OTAN).

libération d'otages (opération) hostage rescue (US). Ex : *Mission de libération d'otages : hostage rescue mission (US) – Opération de libération d'otages : hostage rescue operation (US).*

libération pour faute grave (PERS) dishonourable discharge (GB).

libérer (ou rendre à la vie civile) (PERS) to discharge (GB). Ex : *Il a été libéré de l'armée : he was discharged from the army (GB).*

libérer (ou élargir) (prisonniers) to release.

libérer (otages) to free (GB), to rescue (US, GB), to save (GB). Ex : *Les otages ont été libérés par le SAS : the hostages were saved by the SAS (= Special Air Service) (GB).*

libérer (territoire / pays) to liberate (US, GB). Ex : *Territoire libéré : liberated territory (US) – Paris fut libéré en 1944 : Paris was liberated in 1944 (GB).*

libérer (décharger) to free (GB) (PREP : "for"). Ex : *Libérer l'état-major pour d'autres missions : to free the staff for other missions (GB).*

libérer (energie) to release (OTAN, US). Ex : *L'énergie libérée par une explosion nucléaire : the energy released by a nuclear burst (US).*

libérer (se) (unité) to free oneself (US).

libérer sur parole (prisonnier) to parole (GB), to release on parole (GB).

liberté (régime radio) commander's discretion, unrestricted.

liberté (la) liberty (GB), freedom (GB).

liberté freedom (US) (Terme dénombrable) (VERB : "to preserve"). Ex : *Priver l'ennemi de la liberté d'effectuer des opérations offensives : to deny the enemy the freedom to carry out offensive operations (US) – L'OTAN a réussi à assurer la liberté de ses membres : NATO has successfully ensured the freedom of its members (OTAN) – Rester en liberté (accusé) : to be still at large (OTAN) – Jouir des libertés universelles : to enjoy universal freedoms (OTAN).*

liberté d'action (TAC) freedom of action (US, GB) (VERB : "to derive... from", "to maintain", "to restrict", "to enhance", "to generate", "to preserve", "to retain", "to guard", "to gain", "to maintain") (ADJ : "friendly", "enemy", "maximum" = maximale) (PREP : "with"). Ex : *Interdire la liberté d'action à l'ennemi : to deny the enemy freedom of action (GB).*

liberté d'expression fredoom of speech (US, GB), freedom of expression.

liberté de manœuvre (TAC) freedom of maneuver (US) (ou of manœuvre (GB, OTAN) (VERB : "to ensure", "to allow").

liberté de mouvement freedom of movement (FOM) (US, OTAN) (VERB : "to maintain", "to improve") (ADJ : "complete"). Ex : *Interdire à l'ennemi la liberté de mouvement : to deny the enemy freedom of movement (GB).*

liberté de navigation (navires) freedom of navigation (US).

liberté de pensée freedom of thought (US).

liberté opérationnelle operational freedom (OTAN).

libertés individuelles (les) individual liberty (OTAN). Ex : *Les principes de la démocratie, les libertés individuelles et le règne du droit (valeurs de l'OTAN) : the principles of democracy, individual liberty and the rule of law (OTAN).*

libertés publiques civil liberties (US) (VERB : "to be abused").

liberté tactique tactical freedom (US).

libre free (US, GB, OTAN). Ex : *Le monde libre : the free world (US) – Accès libre : unimpeded access (UN) – La patrouille n'est pas libre de manœuvrer sans autorisation : the patrol is not free to manœuvre without permission (OTAN) – La libre circulation de l'information : the free flow of information (US) – Je suis libre à présent (dégagé de toute activité) : I am free at the moment (GB) – Les otages sont libres : the hostages are free (GB).*

libre (réseau) (TRANS) free (net).

libre (itinéraire) clear (US).

libre d'obstacles free of obstacles, clear (GB). Ex : *Une zone libre d'obstacles : an area free of obstacles – La route est libre d'obstacles : the road is clear (GB).*

lice fray (US). Ex : *Entrer en lice (force) : to join the fray (US).*

licence (matériel) licence (GB), license (US) (PREP : "under"). Ex : *Être fabriqué sous licence de (matériel) : to be manufactured / made under licence from (+ nom de société) – Sous licence : licensed (US) (En épithète).*

licence (diplôme universitaire) bachelor's degree (US). Ex : *Être titulaire d'une licence : to hold / to possess a bachelor's degree (US) – (Diplôme de) Licence de lettres / de sciences : Bachelor of Arts / Science / degree (US) – Emplois d'officier nécessitant une formation de niveau Licence : officer assignments requiring graduate-level training (US).*

lidar lidar (light detection and ranging).

lié connected (OTAN), related. Ex : *Des opérations liées : connected operations (OTAN).*

lié à associated with (OTAN), tied to (OTAN). Ex : *Les nouvelles technologies militaires liées à la RAM (= Révolution dans les Affaires Militaires) : new military technologies associated with the RMA (= Revolution in Military Affairs) (OTAN) – Un processus lié à l'Alliance atlantique : a process tied to the Atlantic alliance (OTAN).*

lié au service service-connected (US).

lien link (OTAN), bond (US), tie (GB, US), connection (US). Ex : *Les liens de camaraderie : the bonds of comradeship (US) – Avoir / conserver / des liens étroits avec : to have / to retain / close ties with (GB) – Un lien personnel entre le soldat et le chef : a personal bond between the soldier and the commander (US) – Des liens avec diverses associations éducatives : ties with various educational associations (US) (VERB : "to initiate") – Le lien transatlantique : the transatlantic link (OTAN) – Visualiser les liens qui existent entre les concepts : to see how concepts relate (US) – Des engagements sans aucun lien entre eux (TAC) : disconnected engagements (US) (Contraire : "related") – Le MI6 n'a aucun lien avec l'armée : MI6 has no military connection (US).*

lien armée-nation voir **armée-nation (lien).**

lier to connect (US), to relate (US). Ex : *Un décès lié au service (PERS) : a service-connected (ou service-related) death (US) – Un diplôme dans une discipline liée à la spécialité (d'emploi) : a degree in an MOS-related discipline (US) (MOS = Military Occupational Specialty) – Des domaines liés au renseignement : intelligence-related areas (US) – Des engagements liés entre eux (TAC) : related engagements (US) (Contraire : "disconnected").*

lieu location (CFE, US), scene (US), site (US), place (GB) (PREP: "at"). Ex: *Sur les lieux d'un incident potentiel: at the scene of a potential incident (US) – Sur le lieu de l'assassinat: at the site of the assassination (US) – Choisir le moment et le lieu le plus appropriés pour la contre-attaque: to determine the best time and place for a counter-attack (GB) – Le lieu des combats: the battle scene (GB) (VERB: "to come across", "to clear up") – Lieu isolé: isolated location (US).*

lieu (TAC) location (US, GB), locality (OTAN).

lieu d'affectation (PERS) duty station (US), duty assignment (US), place of duty (US) (VERB: "to depart", "to arrive at").

lieu de bataille battle site (GB), battle scene (GB) (VERB: "to come across", "to clear up") (PREP: "at").

lieu de culte place of worship (US), house of worship (US).

lieu de l'action (zone de contact) scene of action (OTAN).

lieu de prédilection (sens figuré) province (US). Ex: *La guerre est le lieu de prédilection de l'incertitude: war is the province of uncertainty (US).*

lieu de stockage storage site.

lieute voir **lieutenant (LTN)**.

lieutenance (ou charge de lieutenant) lieutenancy (GB).

lieutenant (LTN) Lieutenant (Lt) (GB), First Lieutenant (1LT) (US) (Un "First Lieutenant" américain se fait appeler "Lieutenant").

lieutenant-colonel (LCL) Lieutenant-Colonel (Lt-Col) (GB), Lieutenant Colonel (LTC ou Lt Col) (US) (Terme familier GB: "half colonel" – Terme familier US: "light colonel") (Le "Lieutenant-General" américain se fait appeler "Colonel").

lieutenant de tir gun position officer (GPO) (US).

ligne (TAC) line (US, GB) (Terme générique dénombrable) (VERB: "to establish", "to designate", "to infiltrate"). Ex: *La ligne Strausberg-Waldort: (the) line Strausberg-Waldort – Sur la ligne Guilford-Andover: along (the) line Guilford to Andover, along (the) line Guilford-Andover (GB) – Derrière les lignes ennemies: behind enemy lines (GB) – La ligne Alamein (Hist.): the Alamein Line (GB) – Régiment / infanterie / cavalerie de ligne (Hist.): line regiment / infantry / cavalry (GB) ("Line infantry" désigne aujourd'hui les régiments qui n'appartiennent pas aux Foot Guards) – Ligne caractéristique du terrain: line of a ground feature (OTAN) – Le calme régnait dans les lignes ennemies: all was quiet in the enemy lines – La ligne Maginot (Hist.): the Maginot line (US) – Dans l'intention de s'emparer des hauteurs donnant sur la ligne Mareth: with the object of capturing some high ground fronting the Mareth Line (US) – Les positions israéliennes sur la ligne Bar-Lev: the Israeli postions in the Bar-Lev Line (US).*

ligne (échelon de soutien) line (First line: soutien fourni par les ressources de l'unité – Second line: soutien fourni par la brigade et / ou la division – Third line: soutien fourni par le corps d'armée – Fourth line: soutien du niveau théâtre d'opérations et / ou national).

ligne (de) (infanterie / cavalerie) (obsolète) (infantry / cavalry) of the line, line (infantry / cavalry) (GB).

ligne à haute tension high voltage line, high-tension line, power line (GB).

ligne avant des forces amies forward line of own troops (FLOT) (US, GB, OTAN). Comp.:

- A line that indicates the most forward positions of friendly forces in any kind of military operation at a specific time. The FLOT may be at, beyond, and short of the FEBA, depicting the nonlinear battle (US).

- Ligne matérialisant l'ensemble des positions les plus en avant des forces amies à un moment donné (OTAN).

ligne avant des forces ennemies forward line of enemy troops (FLET).

ligne d'action militaire mlitary policy (US).

ligne d'affrontement confrontation line (UN).

ligne d'approvisionnement supply line (US, GB) (VERB : "to disrupt", "to establish", "to secure", "to safeguard"). Ex : *Protéger les lignes d'approvisionnement françaises qui traversaient des marécages tropicaux sur 120 km : to safeguard French supply lines which treavelled through 120 km of tropical swamplands (GB).*

ligne de bond (de coordination ou de phase) phase line (PL) (OTAN).

ligne de cessez-le-feu ceasefire line (CFL) (US).

ligne de chemin de fer railroad line (US), railway line (GB, OTAN) (EXPR : "an attack on a railway line").

ligne d'éclairage réduit (véhicules) light line (OTAN).

ligne de communication line of communication (LOC) (US) (VERB : "to cut").

ligne de compte-rendu report line (GB, US, OTAN).

ligne de conduite (organisme) policy (OTAN).

ligne de contact (TAC) forward edge of the battle area (FEBA) (US, GB, OTAN). Ex : *Des objectifs à proximité de la ligne de contact : targets within close range of the FEBA (= Forward Edge of the Battle Area) (US).*

ligne de contrôle control measure (US).

ligne de coordination des feux (d'appui) (LCFA) fire support coordination line (FSCL) (US, OTAN).

Comp. :

- A line established by the appropriate ground commander to ensure coordination of fire not under his control but which may affect current tactical operations. The FSCL is used to coordinate fires of air, ground, or sea weapons using any type of ammunition against surface targets (US).

- Ligne déterminée par le commandant des troupes au sol approprié en vue d'assurer la coordination des feux dont il n'a pas le commandement mais qui sont susceptibles d'affecter les opérations tactiques en cours (OTAN).

ligne de coordination des observations (ART) O-O line (OTAN).

ligne de crête ridge line (US).

ligne de débouché (ligne de départ, OTAN) (TAC) line of departure (Abréviation US : "LD" ; Abréviation GB : "LOD"), start line (GB, US), jump off line (US) (VERB : "to cross" = franchir, "to secure" = s'assurer de).

Comp. :

- A line designated to coordinate the commitment of attacking units or scouting elements at a specified time (US).

- En opérations terrestres, ligne servant à coordonner le départ des éléments d'attaque (OTAN).

ligne de défense (ou défensive) defensive line (GB) (VERB : "to establish", "to man"). Ex : *Le groupe du sergent tient (ou occupe) une ligne de défense : the sergeant's squad is manning a defensive line (US).*

ligne de défense principale main defensive line (GB) (VERB : "to prepare", "to strengthen").

ligne de démarcation demarcation line (US).

ligne de départ line of departure (LD) (OTAN, US) (S'applique aussi pour les opérations amphibies) (Voir **ligne de débouché**).

ligne de division (continent européen) dividing line (OTAN). Ex : *Supprimer les lignes de division : to erase dividing lines (OTAN).*

ligne défensive voir **ligne de défense**.

ligne de feu line of fire (GB).

ligne de fortifications line of fortifications (GB) (ADJ : "strong").

ligne de front front line (US, GB) (ADJ & PART : "clear-cut", "established") (PREP : "on", "in"). Ex : *Le remplacement des unités de la ligne de front par celles en réserve : the rotation of units in the front line with those in reserve (OTAN).*

ligne de hauteurs ridge (OTAN).

ligne de mire (ou de tir) (arme à feu) line of sight (LOS) (US).

ligne de partage dividing line (US).

ligne de planification planning line (GB).

ligne de position positional line (OTAN).

ligne de recueil (LRCL) handover line (US), hand-over line (GB, OTAN).

Comp. :

- A control measure (usually a phase line) preferably following easily defined terrain features, at which responsibility for the conduct of combat operations is passed from one force to another (US).

- Ligne de contrôle suivant de préférence des points marquants du terrain et sur laquelle la responsabilité pour la conduite du combat est transmise d'une formation à l'autre (OTAN).

ligne de résistance line of resistance (US).

ligne des contacts line of contact (US). Ex : *Sur la ligne des contacts : on the line of contact (US).*

ligne de sécurité (ART) no-fire line (NFL) (US, OTAN).

ligne de sécurité nucléaire nuclear safety line (OTAN).

ligne d'évacuation sanitaire casualty evacuation line (GB).

ligne de visée (axe optique) line of sight / line-of-sight (LOS) (US, GB).

ligne de vol (missile) flight path (OTAN) (VERB : "to maintain").

ligne d'horizon horizon (OTAN).

ligne d'identification et d'accueil recognition and reception line.

ligne d'objectif(s) intermédiaire(s) phase line (PL) (US, GB, OTAN). Cf. : A line used for control and coordination of military operations (US).

ligne d'observation (ART) spotting line (OTAN) (PREP : "on").

ligne d'obstacles obstacle line (US) (VERB : "to defend... against").

ligne d'opération line of operation (GB) (ADJ : "physical").

ligne droite straight line (US).

ligne droite (sens figuré) home stretch (US). Ex : *Nous arriverons dans la dernière ligne droite de la Phase 1 dans deux semaines : we'll be going down the home stretch in Phase I in two weeks (US).*

lignée lineage (US). Ex : *Dans la fière lignée de... : in the proud lineage of (US).*

ligne électrique electric line (US) (Souvent pluriel : "electric lines") (VERB : "to knock out").

ligne fortifiée fortified line (US).

ligne internationale de changement de date International Date Line (US, OTAN).

ligne principale (destruction) main detonating line (OTAN).

lignes de communication lines of communication (LOC) (US, OTAN, GB) (Abréviation GB : "L of C") (VERB : "to select", "to improve", "to defend", "to interdict", "to cut", "to protect", "to secure") (ADJ : "extended", "enemy", "multiple") (PREP : "along"). Ex : *Surveillance des lignes de communication : lines-of-communication surveillance (US).*

Cf. : All the routes (land, water, air) that connect an operating military force with one or more bases of operations and along which supplies and military forces move (US).

lignes de communication aériennes air lines of communication (ALOC) (US).

lignes de communication logistiques logistics lines of communication (US).

lignes de communication stratégiques strategic lines of communication (US).

lignes de communication terrestres ground lines of communication (US).

lignes directrices (plan) policy (US).

lignes ennemies enemy lines (US) (VERB : "to infiltrate") (PREP : "behind").

lignes intérieures (TAC) interior lines (GB) (VERB : "to take advantage of").

ligne téléphonique telephone line (US) (VERB : "to monitor", "to knock out"). Ex : *La ligne téléphonique est coupée : the telephone line is cut – Des lignes téléphoniques directes entre les chefs militaires : direct telephone lines between military commanders (US).*

ligne terrestre (circuit filaire) (téléphone) land-line (GB). Ex : *Appeler sur la ligne terrestre : to call on land-line (GB).*

"lima" (ligne de la manœuvre matérialisée par "L") phase line (PL) (US, GB) (À l'oral, commencer par employer le terme "phase line", puis passer simplement au terme "line" qui est suffisant . Ex : *Lima 2 : line 2).*

liminaire opening (OTAN). Ex : *Allocution liminaire du Secrétaire général (OTAN) : opening remarks by the Secretary General (OTAN).*

limitation (ou restriction) limitation (US) (VERB : "to place… on", "to delineate").

limitation des armements arms limitation (UN).

limitation des armements stratégiques strategic arms limitation (OTAN).

limitation de vitesse speed limit.

limité limited (US), small (US), finite (GB), tight (US). Ex : *Un objectif limité : a limited objective (US) – guerre limitée (ou petite guerre) : small (ou limited) war (US) – Attaque (ou frappe) limitée : limited strike (UN) – Un budget de la Défense limité : a finite Defence budget (GB) – Les fonds destinés à la modernisation sont limités : money for modernization is tight (US) – Des moyens limités (pour l'armée de terre) : limited resources (US).*

limité (accès) restricted (GB) (PREP : "to"). Ex : *L'accès est limité à certains personnels seulement : access is limited to certain personnel only (GB).*

limité (champ de bataille) constrained (US).

limite (poids / mandat ou disposition / champ de mines / heure ou date) limit (US), extent (OTAN), limitation (OTAN). Ex : *Dans une limite de poids imposée : within a prescribed weight limit (US) – Dans des limites prescrites : within prescribed limits (OTAN) – Dans les limites de son mandat (force) : within its mandate (US) – Les limites d'un mandat : the limits of a mandate (US) – Les limites d'un champ de mines : the extent of a minefield (OTAN) (VERB : "to indicate") – Les limites dans lesquelles les forces pourront entreprendre le combat : the limitations under which forces will initiate combat engagement (OTAN) – Heure limite (ou date butoir) : deadline (US) – Dans les limites du mandat (force) : within the limits of the mandate (US).*

limite (PERS) limit (US). Ex : *Pousser les soldats aux limites de leur résistance : to push soldiers to the limits of their endurance (US).*

limite (spatiale / géographique) confine (US), boundary (OTAN). Ex : *Les combats sont contenus dans les limites d'une zone géographique donnée : the fighting is contained within a specific geographical area (GB) – Dans les limites d'une garnison : within the confines of a station (US) – À l'intérieur de limites géographiques données : within a specified geographical area (OTAN) – Assurer la sécurité des frontières et des limites internes : to provide security at borders and internal boundaries (OTAN).*

limite (entre zones de responsabilité) (TAC) boundary (US, OTAN) (VERB : "to be defined by") (PART : "designated") (PREP : "along"). Ex : *Limite latérale : lateral boundary (US) – Limite arrière : rear boundary (US) – La limite arrière du corps d'armée : the corps rear boundary (GB) – Limite territoriale de grande unité : boundary (GB) – Mouvements dans des limites définies : movement within assigned boundaries (OTAN) – Limite (zone protégée ONU) : border (UN) – Limite entre les divisions : inter-divisional boundary (GB) – Une dure contre-attaque fut lancée sur les limites entre les deux régiments : a harsh counterattack developed (ou was launched) along the boundaries between the two battalions (US).*

limite (numérique) (numerical) limitation (CFE).

limite arrière (zone) (TAC) rear boundary (US).

limite avant (zone) (TAC) forward boundary (US).

limite avant (ou avancée) de la zone de bataille (ou limite avant) (TAC) forward edge of the battle area (FEBA) (US, GB, OTAN) (VERB : "to restore").

Comp. :

- The forward limit of the main battle area (US).
- Limite extrême avant d'un ensemble de zones où les unités terrestres sont déployées, ne comprenant pas celles où opèrent les forces de couverture ou de surveillance. Elle est destinée à permettre la coordination de l'appui feu, de la mise en place des forces ou des mouvements d'unités (OTAN).

limite d'action (TAC) limit of advance (US), limit of exploitation (GB).

limite d'âge age limit (GB, US). Ex : *Atteindre la limite d'âge légale : to attain the statutory age limit (US) – La limite d'âge fixée pour leur grade (PERS) : the age set for their rank (GB).*

limite de bond phase line (PL) (US, GB, OTAN), report line (GB).

limite de l'appui-feu et renseignement reconnaissance and interdiction planning line (RIPL) (OTAN).

limite de progression limit of advance.

limite de région Terre Military District boundary (GB).

limite de tête de pont bridgehead line (OTAN).

limite de tir (ART) limit of fire (OTAN).

limite d'exploitation (ou limite d'action) limit of exploitation (GB).

limite financière financial limit (OTAN). Ex : *Limites financières établies : established financial limits (EFL) (OTAN).*

limite inter-entités inter-entity boundary line (IEBL).

limite latérale (zone) (TAC) lateral boundary (US).

limité par le traité (équipement) treaty-limited (OTAN).

limiter to limit (US, GB), to minimize (GB), to restrict (OTAN), to restrain (US). Ex : *Des missions limitées dans le temps et dans l'espace : missions limited by time and space (US) – Limiter les dommages (ou dégâts) : to minimize damage (GB) – Limiter le mouvement des véhicules ennemis le long d'un itinéraire : to limit the movement of hostile vehicles along a route (OTAN) – L'altitude du mouvement de terrain limite le tir ou l'observation : the* *altitude of the terrain feature restricts fire or observation (OTAN) – Limiter la largeur de la tête de pont : to limit the width of the bridgehead (GB) – Un terrain qui limite le mouvement terrestre : terrain that restricts ground movement (US) – Limiter ses (= ennemi) possibilités d'utilisation d'appareils de reconnaissance aérienne : to limit his ability to use aerial reconnaissance aircraft (US) – L'eau a été limitée (ou rationnée) à hauteur d'un litre par homme : water has been limited to one litre per man (GB) – Limiter les options de l'ennemi (TAC) : to restrain enemy options (US) – Le terrain limite ou interdit l'occupation par des forces terrestres : the terrain restrains or prohibits ground-force occupation (US).*

limiteur de rafale burst-control device (US). Ex : *Limiteur de rafale (3 coups) : three-round burst control device (US).*

limitrophe adjacent (OTAN), rim (US). Ex : *Un pays limitrophe : a rim country (US) – Secteur limitrophe (TAC) : adjacent sector (OTAN) – Apporter une assistance humanitaire aux pays partenaires limitrophes de la Yougoslavie : to provide humanitarian assistance to Partner countries bordering Yugoslavia (OTAN).*

limoger to dismiss (US).

linéaire (action / champ de bataille) linear (US) (Contraire : "nonlinear" = non-linéaire). Ex : *Une action linéaire sur le champ de bataille : a linear action on the battlefield (US).*

linéarité linearity (US). Ex : *Linéarité du champ de bataille (ou tactique) : battlefield linearity (US).*

linge (traitement de) voir **unité de traitement de linge en campagne (UTLC)**.

linguiste linguist (US, GB) (Le "Defense Language Institute" (DLI) américain de Monterey définit quatre niveaux de linguistes, par ordre croissant de qualification : "Novice", "Basic", "Intermediate", "Advanced") (VERB : "to manage", "to train", "to provide… for", "to retain", "to have", "to integrate… into", "to obtain", "to employ") (ADJ & PART : "fully-qualified", "professional", "first-term", "active-duty", "(highly-) skilled", "qualified", "quality", "trained", "host-nation (HN)"). Ex : *Un linguiste opérationnel : an operational linguist (US) – Un linguiste militaire : a military linguist (US) – Opérateur et linguiste d'écoute : telecom operator (linguist) (GB) – Linguiste d'écoute : SIGINT (= Signals Intelligence) linguist (US) – Un linguiste du Renseignement de l'armée de terre : an MI (= Military Intelligence) linguist (US) – La communauté des linguistes : the linguist community (US) – Besoins en linguistes : linguist requirements (US) (VERB : "to fill", "to determine") – Le besoin total en linguistes de l'armée de terre : the total Army linguist requirement (US) – Moyens en linguistes du Renseignement de l'armée de terre) : MI (= Military Intelligence) linguist assets (US) (ADJ : "critical") – Les moyens en linguistes d'une unité de renseignement de l'armée de terre : the linguist assets of an MI (= Military Intelligence) unit (US) – Formation des linguistes : linguist training (US) – Ressources (ou moyens) en linguistes : linguist resources (US) (VERB : "to have", "to maintain", "to enhance", "to share", "to obtain") – Gestion des linguistes : linguist management (US) – Un programme de linguistes (au niveau de l'armée de terre) : a linguist program (US) – Schéma directeur en matière de linguistes (au niveau de l'armée de terre) : linguist master plan (US) (VERB : "to develop", "to create") – Le potentiel en linguistes de l'armée de terre américaine : the linguist capabilities of the U.S. Army (US) – Gestionnaire de linguistes (PERS) : linguist manager (US) – Un linguiste de réserve : a Reserve linguist (US) – Maintien dans l'armée des linguistes : linguist retention (US) – Aucune politique en matière de linguistes n'existe : no linguist policy exists (US) – Former (ou mettre en place) un réservoir de linguistes : to develop a linguist pool (US) – Des demandes en linguistes : requests for linguists (US) – Une unité de linguistes mili-*

taires: a military linguist unit (US) – Un régiment de linguistes: a linguist battalion (US) – Un emploi de linguiste: a linguist position (US) – Certificat de linguiste: Linguist Certificate (US) (VERB: "to award").

linguiste d'écoute telecom operator (linguist) (GB).

linguistique linguistic (US), language (En épithète) (GB). Ex: *Formation linguistique / en langues: language training (GB) – Appui (ou soutien) linguistique (RENS): linguistic support (US) – Qualifications linguistiques: language qualifications (US) – Interopérabilité linguistique (ou en maière de langues): language interoperability (US) – Les besoins linguistiques de l'armée de terre américaine: the linguistic needs of the U.S. Army (US).*

liquide fluid (US, GB), fuel (OTAN). Ex: *Projeter un liquide incendiaire (lance-flammes): to project incendiary fuel (OTAN) – Liquide de frein: brake fluid (US, GB).*

liquide de refroidissement (moteur) coolant (OTAN, US).

liquider (RENS) to liquidate (US). Ex: *Liquider des adversaires politiques: to liquidate political enemies (US).*

lire to read (US, GB). Ex: *Lire / une boussole / une carte: to read / a compass / a map (US, GB).*

lisibilité (transmission radio) readability.

lisible (transmission radio) readable.

lisse (ou à âme lisse) smoothbore (En épithète). Ex: *Un canon de 120 mm (à âme) lisse: a 120mm smoothbore gun (US, GB).*

lisière (TAC) edge (bois, ville) (US, GB), fringe (ville) (US), outskirt (ville) (GB) (PREP: "on"). Ex: *Les lisières des bois et des villages: the edges of woods and villages (GB) – À la lisière sud de la ville: on the southern fringe of the town (GB) – Les éléments approchaient des lisières du village de Binh Anh: the elements approached the fringes (ou edges) of the village of Binh Anh (US) – À la lisière du village: on the edge of the village (GB) – Sur les lisières de Port Stanley: on the outskirts of Port Stanley (GB).*

liste list (GB, US), roster (GB). Ex: *Établir une liste ou lister: to list (US) – Liste d'objectifs: target list (GB) – Liste d'invitations: invitation list (US) – La liste des priorités: the list of priorities (US) – Liste des officiers généraux de l'armée de terre: Army General Officers Roster (GB).*

liste d'articles (LOG) item list (OTAN). Ex: *Liste des articles non détenus en stock: non-stocked item list (NSL) (OTAN).*

liste d'attente waiting list (US, GB). Ex: *On peut se mettre sur des listes d'attente: you may place your name on waiting lists (US).*

liste de contrôle checklist ou check-list (US, GB).

liste de pièces de rechange (LOG) spare parts list (OTAN). Ex: *Liste des pièces de rechange recommandées: recommended spare parts list (RSPL) (OTAN).*

liste des fréquences (TRANS) frequency list (GB) (ADJ: "restricted"). Ex: *Liste principale des fréquences radio: master radio frequency list (MRFL) (OTAN).*

liste des installations (OTAN) installation list (OTAN).

liste des personnels / matériels transportés (LOG) manifest (US).

liste des pertes (humaines) voir **état des pertes**.

liste des tâches essentielles à la mission mission essential task list (METL) (US).

liste de vérification check list (US, GB).

liste d'individus à surveiller (RENS) watch list (US) (Individus ayant un intérêt pour un service).

liste d'objectifs target list (OTAN, GB), list of targets (GB) (VERB: "to approve", "to maintain") (PART: "prioritised", "integrated", "consolidated", "joint").

lit bed (GB) (Termes familiers GB: "pit", "scratcher") (VERB: "to occupy").

lit de camp camp (-) bed (GB), cot (US).

lit de rivière river bed (US) (ADJ: "soft", "firm").

lit d'hôpital (SAN) hospital bed (OTAN).

lit disponible (SAN) bed available (OTAN), available bed (OTAN).

lithium lithium (US). Ex: *Une batterie au lithium (radar): a lithium battery (US).*

litige dispute (US, GB) (VERB: "to prevent", "to arise", "to escalate into") (PART: "existing").

lit occupé (SAN) bed occupied (OTAN), occupied bed (OTAN).

lit opérationnel (SAN) bed operational (OTAN, operational bed (OTAN).

lits superposés bunk beds (GB, US).

littoral (nom) coast (OTAN), coastline (OTAN, US, GB) (VERB: "to evacuate") (PART: "(severely) threatened"). Ex: *Des assauts amphibies sur le littoral écossais: amphibious assaults on the Scottish coastline (GB) – Littoral gravement menacé: severely threatened coastline (US, GB).*

littoral (adjectif) littoral (GB). Ex: *Région littorale: littoral region (GB).*

livraison delivery (US, GB) (Terme dénombrable) (VERB: "to commence") (ADJ: "final"). Ex: *Prendre livraison de (ou percevoir) (nouveaux matériels): to take delivery of, to take receipt of (GB).*

livraison (de renseignements) (par un agent) (RENS) batch (US).

livraison par air (LPA) air despatch (ou air dispatch) (AD) (GB), aerial delivery (US), air delivery (US), despatch by air (GB), airdrop delivery. Ex: *Compagnie de livraison par air: air despatch squadron (GB) – Opérations de livraison par air: airdrop (ou aerial) delivery operations.*

livre blanc White Paper (GB). Ex: *Livre blanc sur la défense: Defence White Paper (GB).*

livre blanc annuel (politique et plans de défense) Statement on the Defence Estimates (SED) (GB).

livre de code (chiffrement) (RENS) code book (US).

livrer (bataille / combat) to fight (US), to do. Ex: *Livrer les batailles de demain: to fight the battles of the future (US) – Livrer son dernier combat (unité): to do one's last fighting.*

livrer (fournir) to provide (US), to deliver (US), to give (US), to supply (US). Ex: *Livrer deux sites de franchissement: to provide two crossing areas (US) – Livrer (matériel): to deliver – Les équipements à livrer (LOG): the equipment due out (OTAN) – Les premiers chars ont été livrés à l'armée de terre des États-Unis en Europe en septembre 1983: the first tanks were delivered to U.S. Army Europe in September 1983 (US) – Livrer de précieux renseignements sur les activités d'espionnage soviétiques: to give valuable information on Soviet espionage activities (US) – Livrer des renseignements à la CIA: to supply information to the CIA (US).*

livrer (personne accusée) to surrender (OTAN).

livrer à (ligne) to hand over (a line) to.

livret de solde pay book.

livret d'informations booklet of information (US).

local local (US, GB). Ex: *Les autorités locales: local authorities (GB, US) (VERB: "to aid") – Une opération locale: a local operation (US).*

localement (ou au niveau local) locally (US, GB). Ex: *Une force recrutée localement : a locally recruited force (GB).*

localisation (action de localiser) locating (US).

localisation (emplacement) location (GB, OTAN) (VERB: "to compute", "to permit", "to plot") (ADJ: "precision"). Ex: *Localisation de PC : CP location – Localisation d'objectif(s) (ou de cible(s) : target location (OTAN, US), location of targets (US) – Localisation de position : position locating (US).*

localisation d'échos echo ranging (OTAN). Ex: *Localisation d'échos par charge explosive : explosive echo ranging (EER) (OTAN).*

localisation radiogoniométrique radio fix (OTAN).

localiser to locate (US, GB, OTAN), to pinpoint (US, GB, OTAN), to zero in (US), to produce the location of (GB). Ex: *Localiser / un objectif / des forces ennemies : to locate (ou to pinpoint) / a target / enemy forces (US, GB, OTAN) – Localiser avec précision les positions d'artillerie ennemies : to zero in (ou to locate accurately) the enemy artillery positions (US) – Localiser les moyens d'artillerie adverse (radar de contre-batterie) : to produce the locations of enemy artillery (GB).*

localisé local (OTAN). Ex: *Une attaque ennemie localisée : a local enemy attack (OTAN).*

localiseur locator (GB).

localité (TAC) built-up area (GB, US) (VERB & NOM ASS.: "to isolate" / "isolation", "to by-pass" / "by-passing"). Ex: *Une unité qui a vocation à combattre en localité(s) : a unit that is designed to fight in the city (US) (Voir aussi* **combat en localités (COLOC) / en zone urbaine / combat urbain***).*

locaux premises (CFE).

locaux disciplinaires detention barracks, detention center (US).

locomotive locomotive (US). Ex: *Locomotive électrique : electric locomotive (US).*

logement (hébergement) accomodation (GB) (Abréviation GB: "accn").

logement(s) (PERS) quarter(s) (US, GB) (Abréviation US: QTRS), housing (US, CA), accomodation (GB) (VERB: "to provide (...for)", "to assign", "to inspect", "to improve", "to demolish") (ADJ avec "housing": "high-quality") (PART: "unneeded"). Ex: *Un logement : a quarter (GB) – Des logements (ou quartiers) : living facilities (US) (ADJ: "safe", "secure", "separate") – Logement(s) pour officiers célibataires : bachelor officer (s') quarters (BOQ) (US) – Bureau du Logement (unité) : Housing Office (US) – Le logement qui vous est affecté : your quarters assignment (US) – Logement permanent : permanent housing (US) – Logements à l'intérieur / à l'extérieur / de la garnison : on-post / off-post / housing (US) – Des logements sont disponibles : housing is available (US) – Logement pour couple marié : married quarter (GB) – Le logement des familles dans l'armée de terre : Army family housing (US) – Les soldats habitant des logements (militaires) : soldiers living in quarters (US) – L'amélioration des logements : imporved housing (CA) – Inspecter le logement des soldats : to inspect the soldiers'accomodation (GB) – Nous avons un logement agréable : we've got a lovely quarter (GB).*

loger (PERS) to quarter (GB), to billet (US). Ex: *Les soldats sont logés à proximité de la base : the soldiers are quartered next to the base (GB) – Être logé : to be billeted (US) – Les militaires masculins et féminins seront logés à part (ou séparément) : male and female soldiers will be billeted separately (US).*

loger (matériel) to house.

logiciel (informatique) software (OTAN, US) (Terme indénombrable) (VERB : "to test", "to evaluate", "to install", "to download" = télécharger) (Contraire : "hardware" = matériel). Ex : *Logiciel de défense aérienne : air defence software (OTAN).*

logiciel (d'emploi) opérationnel de l'armée de terre land forces commitment doctrine.

logique logic (US, GB), rationale. Ex : *La logique des restructurations (de l'armée de terre) (raisonnement sous-jacent) : the rationale of the restructuring – La logique militaire : military logic (GB) – Suivant la logique des Nations-Unies : according to U.N. logic (US).*

logisticien logistician (US) (Appellation familière des logisticiens GB : "loggies").

logistique (art militaire) logistics (US, GB, OTAN) (Attention : Terme indénombrable en anglais, suivi d'un verbe au singulier. Il s'emploie très couramment en épithète.) (VERB : "to direct", "to tailor") (ADJ : "cooperative", "tailorable", "flexible") (PART : "split-based", "focused", "contracted", "extended"). Ex : *La logistique est beaucoup plus complexe pour les opérations de maintien de la paix : logistics is far more difficult in peacekeeping operations (US) – Contrôler toute la logistique d'une opération : to control all the logistics for an operation (US) – Logistique sanitaire : medical logistics (US) – La logistique des opérations extérieures : the logistics of overseas operations (US) – Logistique de consommation : consumer logistics (OTAN) – Logistique multinationale : multinational logistics (US) – Une logistique coupée de sa (ou ses) base(s) : split-based logistics (US).*

Cf. : The planning and carrying out of the movement and the maintenance of forces (US).

logistique (arme / service) Logistic Corps (GB). Ex : *La logistique britannique (arme de soutien) : the Royal Logistic Corps (RLC) (Depuis 1993, le RLC intègre les corps et services suivants : the Royal Corps of Transport (RCT = le Train), the Royal Army Ordnance Corps (RAOC = le Matériel / fournitures), the Army Catering Corps (ACC = la fonction "Restauration" du Commissariat), le Royal Pioneer Corps (RPC = le Génie "travaux"), ainsi que des éléments des "Royal Engineers" (RE = Génie) (Notamment "Postal and courier services") (Devise du RLC : "We sustain") (GB).*

logistique (adjectif) logistic (US, GB), logistical (US,GB) (Abréviation GB : "log") logistics (En épithète) (US). Ex : *Assistance logistique : logistical assistance (US) – Soutien logistique : logistic support (GB) – Soutien logistique à flux tendu (mission opérationnelle) (USA) : focused logistics (US) – Soutenir des opérations au plan logistique : to logistically support operations (OTAN) – La décontamination impose à l'ennemi une charge logistique supplémentaire : decontamination imposes an additional logistical burden on the enemy (US).*

À noter : En anglais britannique, on traduira parfois "logistique" par "administrative", qui fait référence au terme "administration" = gestion des affaires militaires en matière de logistique et d'aministration du personnel.

logistique (titre de paragraphe) service support (GB), administration and logistics (US).

logistique à flux tendu (logistique sur mesure ou logistique dirigée) (concept US) focused logistics (US).

logistique au moyen de l'espace logistics via space (US).

logistique commune joint logistics.

logistique de production production logistics (GB).

logistique de projection de puissance power-projection logistics (US).

logistique interalliée combined logistics (US).

logistique interarmées joint logistics (US).

logistique multinationale multinational logistics (OTAN, GB, US).

logistique non spécifique non specific logistics.

logistique opérative operational logistics (US).

logistique régimentaire (ou au niveau régiment) Q-matters (GB).

logistique spécifique specific logistics.

logistique stratégique strategic logistics (US).

logistique tactique tactical logistics (US).

logo logo. Ex : *Le nouveau logo de l'armée de terre : the new Army logo.*

loi (sens propre) act (US, GB), law (OTAN) (VERB : "to enforce"). Ex : *Loi sur les Réserves : Reserve Forces Act (GB) – La loi sur la sécurité nationale de 1947 : the National Security Act of 1947 (US) – Les militaires sont soumis à un ensemble particulier de lois appelé "Code normalisé de justice militaire" (USA) : soldiers are subject to a specific set of laws called the Uniform Code of Military Justice (US) – Loi sur les services de renseignement : Security Services Act (1989) (GB), Intelligence Services Act (1994) (GB), National Intelligence Act (1980) (US) – Loi sur le service militaire sélectif (appelés) : the Military Selective Service Act (US) – Violations des lois et des usages de la guerre : violations of the laws and customs of war (OTAN).*

loi (sens figuré) events (OTAN). Ex : *L'OTAN a imposé la loi sur le terrain : NATO dictated events on the ground (OTAN).*

loi de programmation militaire (LPM) (France) defence (ou military) spending plan (Jane's), defence planning law (Jane's), military programme law (Jane's), military programming law (Jane's), military spending programme (Jane's), military planning law (GB) (VERB : "to adopt", "to enact") (ADJ : "current", "six-year"). Ex : *La loi de programmation militaire 1997-2002 : the 1997-2002 defence (ou military) spending plan (Jane's) – La nouvelle loi quinquennale de programmation militaire : the new, five-year Military Programme Law (Jane's) – Une loi de programmmation militaire pour la période 1995-2000 : a framework military planning law for the period 1995-2000 (GB) – La loi de programmation militaire 1997-2000 : the 1997-2000 military (ou defence) programming law (Jane's).*

Loi Informatique et Libertés (1978) Équivalent US : the Privacy Act (1974) – Équivalent GB : the Data Protection Act.

loi martiale martial law (US) (VERB : "to impose"). Ex : *L'imposition de la loi martiale à l'encontre du syndicat Solidarité : the martial law crackdown on the Solidarity trade union (US).*

loin far (US), (over) long distances (US). Ex : *Loin derrière les lignes ennemies : deep behind enemy lines (GB) – Loin derrière les lignes irakiennes : far behind Iraqi lines (US) – On est loin des débuts du Commissariat (ou de l'Intendance) en 1775 : it's a far cry from the beginnings of the Quartermaster Corps in 1775 (US) – Mettre en place des unités aussi loin que possible à l'avant : to position units as far forward as possible (US) – Être engagée vite et loin (unité) : to be deployed rapidly (ou fast) and far from home – Se projeter loin : to deploy long distances (US), to deploy over great distances (US) – Opérer très loin l'une de l'autre (forces) : to opzerate at great distances from one another (US).*

lointain remote, distant (GB). Ex : *Un lointain théâtre d'opérations : a distant theatre (GB) – Une cible lointaine : a distant target (GB).*

loi portant organisation de la réserve militaire (22 octobre 1999) (the) Reserve Forces Act 1996 (GB).

lois de la guerre laws of war (US).

loisirs (PERS) recreation and welfare (R&W).

long long (Jane's, GB, CA). Ex : *Capacité de transport aérien à longue distance : long-haul airlift capability (Jane's) – Une vision cohérente et à long terme de la Défense britannique : a coherent and long term vision for Britain's defence (GB) – Assurer la tenue et le maintien en puissance d'opérations de grande envergure, de longue durée ou de grande intensité : to conduct and sustain large scale, long term, or high intensity operations (CA).*

long (ART) over (OTAN). Ex : *Le coup est soit long soit court de 50 à 100 mètres : the round is either over or short by 50 to 100 meters (US).*

long de (le) along (OTAN). Ex : *Le long d'un itinéraire : along a route (OTAN).*

long feu (dispositif de mise à feu) hangfire (US), hang fire (OTAN).

longitude (navigation) longitude.

long rayon d'action (à) long-range (LR) (OTAN).

longtemps long (GB, US). Ex : *Plusieurs d'entre eux étaient si gravement blessés qu'il ne survécurent pas longtemps : several of them were so badly woulded they did not survive long (GB) – Aussi longtemps qu'il est nécessaire : as long as necessary (US).*

long terme long term (OTAN), far term (US).

long terme (à) long-term (OTAN), far-term (US) (En épithète). Ex : *Stabilité à long terme : long-term stability (OTAN) – Plans de défense à long terme : defence long-term planning (DLTP) (OTAN).*

longue distance long-haul (UEO) (En épithète). Ex : *Évacuation sanitaire à longue distance : long-haul medical evacuation (UEO).*

longue durée (de) lengthy (US). Ex : *Opération / vol / de longue durée : lengthy / operation / flight (US).*

longue portée (à) long-range (LR) (OTAN, US) (En épithète). Ex : *Système de missile à longue portée : long-range missile system (LRMS) (US, OTAN).*

longuesse (fusil) forearm, fore-end, slide handle.

longueur (hors-tout) (matériel) (overall) length (US). Ex : *Longueur du fuselage (hélicoptère) : fuselage length (GB) – Longueur du tube (fusil automatique / mortier) : length of barrel, barrel length (GB) – Le pont a une longueur de 11, 30 mètres : the bridge is 11.3m long (GB) – Longueur hors tout (char) : length gun forward (GB), length with gun (Jane's) – Longueur du missile / de la roquette : missile / rocket / length (GB, US).*

longueur (zone) length (US). Ex : *La longueur et la largeur de la zone d'opérations : the length and breadth of the AO (= Area of Operations) (US).*

longueur châssis (véhicule blindé) hull length (Jane's).

longueur de colonne (itinéraire) road space (OTAN).

longueur d'encombrement column length (OTAN).

longueur d'ondes (TRANS) wavelength.

longueur sans le canon (char) hull length (GB).

lors de upon (US), in (US). Ex : *Lors de la mutation : upon permanent change of station (PCS) (US) – Lors d'une cérémonie à Sarajevo, le 18 octobre, le Général d'armée Meigs passa le commandement de la SFOR (= Stabilization Force = Force de Stabilisation) au général de Division Adams : in an Oct. 18 ceremony in Sarajevo, GEN Meigs handed over command of SFOR to LTG Adams (US).*

lot (de matériels) batch (GB), lot (US). Ex : *Un lot de 655 véhicules : a lot of 655 vehicles (US).*

lot (munitions) lot (US), batch (sur râtelier de char) (US).

lot (de renseignements) package ou batch (of information) (US) (VERB : "to receive").

lot complet de destruction demolition kit (OTAN).

lot de destruction demolition tool kit (OTAN).

lot de rattrapage retrofit kit (US, GB).

lot de rechange (LOG) spares kit (OTAN). Ex : *Lots de rechange de réserve de guerre :* war reserve spares kit (WRSK) (OTAN).

lot de réparation (pièces) repair kit (US, GB).

lot d'unité (matériel de dotation) unit set (OTAN, US).

lot unitaire (matériel de dotation) unit set (OTAN, US).

louanges voir **éloges.**

loupe magnifier (OTAN).

lourd Ex : *Le président Milosevic était prêt à encaisser de lourdes sanctions : President Milosevic was willing to absorb a high degree of punishment (OTAN).*

lourd (tâche / responsabilité) heavy (task / responsibility) (US).

lourd (matériel / arme) heavy (equipment / weapon) (Abréviation GB : "Hy"). Ex : *Bombardier lourd : heavy bomber (US) – Nécessiter du matériel lourd : to require heavy equipment (US).*

lourd (pertes) heavy (losses).

lourd (à dominante blindée) (unité) heavy (US).

lourdement heavily (GB). Ex : *Lourdement armé (matériel / véhicule) : heavily armed (GB).*

loyauté (PERS) loyalty (GB, US) (PREP : "to" = envers) (VERB : "to seek", "to earn", "to determine"). Ex : *Loyauté (ou fidélité) envers un régiment : loyalty to a regiment (GB) – Loyauté (ou fidélité) (PERS) (RENS) : trustworthiness (US) – Respectueux des traditions, attaché à tes chefs, la discipline et la camaraderie sont ta force, le courage et la loyauté tes vertus (Code d'honneur) (Légion) : respectful of the (Legion's) traditions, honouring your superiors, discipline and comradeship are your strength, courage and loyalty your virtues (GB).*

LRAC voir **lance-roquettes antichar.**

LRCL voir **ligne de recueil.**

LRM voir **lance-roquettes multiple.**

LRM-NG (Lance-Roquettes Multiple de Nouvelle Génération) LRM-NG new generation bomblet rocket for MLRS (<u>Jane's</u>).

lubrifiant lubricant.

lubrifier to lubricate (US).

lucarne du conducteur (char) driver's observation window.

lucarne du tireur (char) gunner's sight.

lucide (PERS) clear-headed (GB). Ex : *Rester lucide dans une situation tendue : to remain clear-headed under stress (GB).*

lucratif (TAC) high-value (US), lucrative (US). Ex : *Objectif lucratif : high-value target (US), lucrative target (US).*

lueur light. Ex : *À la première lueur : at first light – À la dernière lueur : at last light.*

lumière light (US, GB) (ADJ : "natural", "artificial").

lumière artificielle artificial light (GB).

lumière blanche white light (US). Ex : *Le projecteur à la lumière blanche : the white light searchlight (US).*

lumière infrarouge infrared light (GB).

luminosité light (US). Ex : *Conditions de luminosité : light conditions (US).*

lune moon. Ex : *Pleine lune : full moon (OTAN).*

lunette (obusier) towing eye.

lunette de tir (fusil) (telescopic) sight (GB) (ADJ : "optical", "night").

lunette de tir de jour day sight (GB).

lunette de tir de nuit night sight (ADJ : "thermal-imaging" = à imagerie thermique, "passive").

lunette (ou optique) de visée sight (US) (VERB & NOM ASS. : "to adjust" / "adjustment").

lunette d'observation et de conduite de nuit night-vision goggles (NVG) (US).

lunette d'observation panoramique (véhicule blindé) panoramic sight (Jane's) (PART : "roof-mounted", "stabilised").

lunette optique (fusil) optical sight (GB).

lunette périscopique periscopic telescope.

lunettes de natation swimming goggles (GB).

lunettes de protection (pluie / vent / poussière) goggles (GB).

lunettes de saut (TAP) goggles.

lunette téléscopique (fusil) telescopic sight.

lunette thermique thermal imager.

lunette thermique (fusil de tireur d'élite) sniperscope (US).

lutte fight (OTAN), combating (OTAN). Ex : *Lutte contre le terrorisme : combating terrorism (US) ("Includes antiterrorism - defensive measures taken to reduce vulnerability to terrorist acts - and counterterrorism - offensive measures taken to prevent, deter, and respond to terrorism") – La lutte contre le trafic des armes de petit calibre : combating the illegal flow of small-arms (OTAN) – La lutte contre la corruption et le crime organisé : the fight against corruption and organised crime (OTAN) (Voir aussi **luttes**).*

lutte (affrontement) contest (GB). Ex : *Une lutte entre deux camps opposés : a contest between two opposing sides (GB).*

lutte (type de guerre) warfare (OTAN).

lutte aérienne air-to-air warfare (AAW) (OTAN).

lutte antiaérienne anti-air warfare (AAW) (OTAN).

lutte antiémeute riot control (US, GB). Ex : *Agent de lutte antiémeute (ou produit actif utilisé pour le maintien de l'ordre) : riot control agent (UN).*

lutte antiguérilla counter-guerrilla warfare (OTAN).

lutte anti-porte-avions anti carrier warfare (ACW) (OTAN).

lutte antiterroriste combating terrorism (US). Ex : *Environ un/le quart des moyens de la DST serai (en) t consacré(s) à la lutte antiterroriste en France : about one-fourth of the DST's resources are said to be devoted to combating terrorism in France (US).*

lutte armée armed struggle.

lutte contre la criminalité combating crime (US).

lutte contre la criminalité cybernétique fighting cybercrime (US).

lutte contre la délinquance crime control (OTAN).

lutte contre la drogue war on drugs (US). Ex : *La lutte nationale contre la drogue : the nation's war on drugs (US) (VERB : "to support").*

lutte contre le piratage informatique hacker warfare (Time).

lutte contre les mines mine countermeasures (OTAN). Ex : *Opérations de lutte contre les mines à l'aide d'hélicoptères : helicopter mine countermeasures (OTAN).*

lutte contre les moyens de guerre électronique counter-electronic warfare (CEW) (OTAN).

lutte contre le terrorisme counterterrorism (US) (ADJ : "homeland" = sur le territoire national).

lutte contre le terrorisme intérieur (mission de service de renseignement) (RENS) domestic counter-terrorism (US).

lutte contre le terrorisme international (mission de service de renseignement) (RENS) international counter-terrorism (US).

lutte contre l'incendie fire-fighting (US).

lutte non conventionnelle unconventional warfare (UW) (OTAN).

lutter contre : to battle against (US), to make a stand against (GB), to contend with (US). Ex : *Lutter avec résolution (ou détermination) contre les menaces armées : to make a determined stand against armed threats (GB) – Lutter contre des espions ennemis (RENS) : to contend with enemy spies (US).*

luttes fighting (US), strife (OTAN). Ex : *L'éruption de luttes intestines au Kosovo : the outbreak of internecine fighting in Kosovo (US) – Luttes ethniques : ethnic strife (OTAN).*

luttes coordonnées composite warfare (OTAN). Ex : *Commandant des luttes coordonnées : composite warfare commander (CWC) (OTAN).*

lyophilisé (nourriture) dehydrated (GB).

(MIKE)

M3 M3 (4 X 4) armoured personnel carrier (<u>Jane's</u>).

machette machete (<u>À noter</u>: 1 seul "t" en anglais).

machin (<u>ou</u> truc <u>ou</u> bidule) whatchamacallit (US). Ex: *Donnez-moi ce machin: give me that whatchamacallit (US).*

machine à chiffrer voir **machine de chiffrement**.

"machine à penser" (organisme de réflexion) "think tank" (US).

machine de chiffrement (équipement de chiffrement) (RENS) cipher machine (US) (VERB: "to break", "to crack", "to design", "to use", "to adopt") (ADJ: "electromechanical", "unbreakable", "complex", "compact", "portable"). Ex: *La machine de chiffrement Enigma: the Enigma cipher machine (US).*

machine de guerre war machine (US), fighting machine (GB). Ex: *La machine de guerre américaine: the U.S. war machine (US).*

machisme machismo (GB) (VERB: "to exert").

magasin (fusil) magazine tube.

magasin de l'économat post exchange (PX) (US).

magasin (pièces détachées / approvisionnements) (MAT) magazine (GB).

magasin d'habillement clothing store (GB), equipment warehouse (US).

magasinier store-keeper.

magnétophone (RENS) tape recorder (US) (ADJ: "miniature", "low-speed", "reel-to-reel", "underarm").

magnitude (catastrophe naturelle) magnitude (US). Ex: *La magnitude du cyclone tropical Andrew: the magnitude of Hurricane Andrew (US).*

maillage antichar antitank barrier ("barrier" constituant un ensemble d'obstacles). <u>Cf.</u>: Dispositif combinant l'action des différents moyens pour mener un combat antichar dans la profondeur de la zone d'action (F).

maillage des capteurs sensor grid.

maillé (TRANS) grid. Ex: *Réseau maillé: grid network.*

maillon link (US). Ex: *Le sous-officier est un maillon essentiel de la chaîne de commandement: the NCO (= non-commissioned officer) is a vital link in the chain of command (US).*

maillon (arme automatique) link (GB). Ex: *Bande à maillons détachables: disintegrating-link belt (US) – Nous avons besoin de 10,000 munitions de 7,62 mm montées sur bande à maillons: we need 10,000 rounds of 7.62mm link (GB).*

maillot de corps undershirt.

main hand (US, GB). Ex: *Une grenade lancée à la main: a grenade thrown by hand (GB) – Les mains en l'air!: hands up! – Sortir les mains en l'air (soldats ennemis): to come out with their hands up (US) – Les Allemands avaient repris les points d'appui qui se trouvaient entre nos mains: the Germans had recaptured the strongholds which were in our hands (US) – Powers était aux mains des Soviétiques (<u>ou</u> entre les mains des Soviétiques): Powers was in Soviet hands (US).*

main-d'œuvre labor (US). Ex : *Main-d'œuvre civile : civilian labor (US).*

mains libres (à) (TRANS) hands-free (US) (En épithète).

maintenabilité maintenability (OTAN).

maintenance (matériel / force / installation) maintenance (OTAN) (VERB : "to carry out") (ADJ : "mechanical", "electronic", "aircraft") (PART : "reduced"). Ex : *Automatisation de la maintenance : maintenance automation (US) – Maintenance / corrective / en service : corrective / deferred maintenance (OTAN) – Opération de maintenance : maintenance action (OTAN) (VERB : "to carry out") – D'une maintenance facile (hélicoptère) : easy to maintain (US) – Maintenance des systèmes de défense aérienne (*ou* sol-air) : air defense system maintenance (US) – Maintenance des matériels des transmissions : signals maintenance (US) – Normes de maintenance : maintenance standards (US).*

maintenance de contact unit-level maintenance (US).

maintenance de proximité direct support (DS) maintenance (US).

maintenance de théâtre(s) general support (GS) maintenance (US).

maintenance préventive preventive maintenance (PM) (US, OTAN).

maintenir to maintain (US), to hold (US, OTAN), to keep (OTAN). Ex : *Maintenir l'élan de l'attaque : to maintain the momentum of the attack (US) – Maintenir l'ennemi en (*ou* sur) place : to hold the enemy in position (US, OTAN) – Maintenir le contact (avec) : to maintain contact (with) – Maintenir (en état) les itinéraires : to maintain routes (GB) – Maintenir la praticabilité des itinéraires : to keep routes open – Maintenir ouvertes les voies d'approvisionnement : to keep supply routes open (OTAN) – Maintenir des bases militaires en Afrique : to maintain military bases in Africa – Maintenir des traditions : to maintain traditions (GB) – Maintenir la paix : to maintain the peace (US), to keep the peace (OTAN) – Maintenir la pression sur des subordonnés : to keep pressure on subordinates (US) – Maintenir du matériel en (bon) état : to keep equipment fit (GB) – Maintenir une présence militaire (à l'étranger) : to keep a military presence (abroad) (GB) – Maintenir en service : to retain (UN) – Maintenir l'ordre : to maintain order (US) – Maintenir le matériel en bonne condition d'utilisation (*ou* en état) : to maintain the equipment in (a) serviceable condition (UN, US) – Maintenir une arme correctement pointée sur un objectif mobile : to keep a gun properly aimed at a moving target (OTAN) – Maintenir une force à un niveau élevé d'opérationnalité : to keep a force at high readiness (*Jane's*) – Maintenir une division en arrière de la limite avant de la zone de bataille : to hold a division behind the FEBA (= Forward Edge of the Battle Area) (GB) – 52 Américains sont toujours maintenus en captivité : 52 Americans are still held captive (US) – Maintenir un contact permanent (entre organismes) : to maintain permanent contact (OTAN) (PREP : with") – Maintenir une communauté atlantique dynamique : to maintain a dynamic Atlantic community (OTAN) – Maintenir l'efficacité au combat des forces engagées dans une opération : to maintain the fighting effectiveness of the forces engaged in an operation (GB) – Maintenir des forces sur le théâtre d'opérations pendant une période longue : to sustain forces in the theatre of operations over a long period (UEO) – Maintenir une présence à Chypre après 33 ans : to keep a presence in Cyprus after 33 years (CA) – L'armée de terre joue ce rôle lorsqu'elle maintient un potentiel de dissuasion militaire crédible et visible en temps de paix : the Army fulfils this function when it maintains a military deterrence capability which is credible and visible in peacetime (CA) – Maintenir des pertes bien au-dessous d'un niveau acceptable : to keep losses well under an acceptable rate (US).*

maintenir en déséquilibre (ennemi) to keep off balance (US).

maintenir en mouvement (forces) to keep on the move (US).

maintenir en puissance (opérations) to sustain (US, CA).

maintenir le contact (TAC) to maintain contact with the enemy (US).

maintenir ouvert (voie / itinéraire) to keep open (US, GB). Ex: *Maintenir ouvertes les voies d'approvisionnement : to keep supply routes open (US, GB)*.

maintenir sous pression (ennemi) to keep under pressure (US).

maintien maintenance (GB), retention (US, GB). Ex: *Le maintien de 24 000 soldats en Allemagne : the maintenance of 24,000 troops in Germany (GB) – Maintien (rétention, conservation ou fidélisation) des personnels : personnel retention (US, GB)*.

maintien de la paix peacekeeping (PK) (US, OTAN, UN) (ADJ: "traditional", "wider"). Ex: *Un soldat (chargé) du maintien de la paix : a peacekeeper – Force de maintien de la paix : peace-keeping force (UN) – Envoyer des forces au Kosovo pour y contribuer au maintien de la paix : to send troops to Kosovo to help keep the peace (OTAN)*.

Cf. : Peacekeeping : military or paramilitry operations that are undertaken with the consent of all major belligerents; designed to monitor and facilitate implementation of an existing truce and support diplomatic efforts to reach long-term political settlement (US).

maintien de l'ordre maintenance of law and order (US), policing (US), maintenance of public order (GB). Ex: *Opérations de maintien de l'ordre : law and order (LO) operations (US), internal security (IS) operations, riot control (OTAN, UN) (VERB : "to perform") – Le maintien de l'ordre et de la sécurité publics : the maintenance of public order and security (GB) – Missions de maintien de l'ordre : law-and-order missions (US)*.

Cf. : Law and order (LO) operations : A military police mission that includes law enforcement, criminal investigation, and the confinement of US military prisoners (US).

maintien en condition (MEC) (fonction) maintenance (MAINT) (US) (VERB : "to carry out"), equipment support (GB), fixing (US), repair (GB).

maintien en condition des personnels personnel support (Voir aussi **soutien de l'homme**).

maintien en puissance (opérations) sustainment (CA). Ex: *Assurer la tenue et le maintien en puissance d'opérations de grande envergure, de longue durée ou de grande intensité : to conduct and sustain large scale, long term, or high intensity operations (CA)*.

maintien en puissance (armée) (effectifs) sustainment (CA).

maintien en service (ou fidélisation) (PERS) retention (UN).

maison home (OTAN). Ex: *Reconstruire leurs maisons et leur vie (réfugiés) : to rebuild their homes and life (OTAN)*.

maison mère (arme / corps) home (headquarters) (US), corps / branch headquarters (GB).

maître-chien (ou maître de chien) (AT / GEND) dog handler (GB).

maître d'armes master-at-arms (GB).

maître d'équitation riding master (GB).

maître d'hôtel (mess / général) mess steward (GB).

maître d'œuvre (programme de défense) (defence) prime contractor (UN, GB, Jane's) (ADJ: "potential"). Ex: *La société Short Brothers, de Belfast, est le maître d'œuvre du (projet de) missile hypervéloce Starstreak : Short Brothers of Belfast are the prime contractors for the Starstreak HVM (= Hyper-Velocity Missile) (GB)*.

maître espion (RENS) spymaster (US).

maitre mot keyword (US).

maître-tailleur military tailor (US).

maîtrise mastery (US), control, management. Ex : *La maîtrise de la technologie : the mastery of technology (US) – Maîtrise d'une compétence (ou d'un savoir-faire) : mastery of a skill (US) – Maîtrise des rapports temps-espace-objectif (TAC) : mastery of time-space-purpose relationships (US).*

maîtrise (diplôme universitaire) master's degree (US). Ex : *Être titulaire d'une maîtrise : to hold / to possess a master's degree (US).*

maîtrise de l'action coercitive warfighting (US).

maîtrise de l'air air supremacy (OTAN).

maîtrise de la violence violence control.

maîtrise de la violence (mode opératoire) operations other than war (OOTW) (US).

maîtrise de l'information mastery of information (US), information management.

maîtrise des airs control of the air (US).

maîtrise des armements arms control (CFE, UN).

maîtrise des crises crisis control.

maîtrise des (mouvements de) populations population control (US).

maîtrise de soi (PERS) self-control (GB).

maîtrise des mers control of the sea (US), sea control (US) (ADJ : "unchallenged" = incontestée). Ex : *Contester la maîtrise des mers : to challenge control of the sea (US).*

maîtrise des théâtres d'opérations battle-space control (OTAN) (ADJ : "increased" = plus large).

maîtrise du milieu aéromaritime (système de forces) (ARMT) management of air-sea environment (Jane's).

maîtrise du milieu aérospatial (système de forces) (ARMT) management of spatial environment (Jane's).

maîtrise du milieu aéroterrestre (système de forces) (ARMT) management of air-land environment (Jane's).

maîtriser to master (US), to have under control (US). Ex : *La situation est maîtrisée : the situation is under control (US) – Maîtriser des savoir-faire difficiles (soldat) : to master difficult skills (US).*

major (grade) Command Sergeant Major (CSM) ou Sergeant Major (SGM) (US) (E9) (Le "Sergeant Major" américain se fait appeler "Sergeant Major") (À noter : Il existe un grade sous-officier supérieur à SCM / SGM porté par un seul individu dans toute l'armée de terre US, le "Sergeant Major of the Army" (SMA) (US). Il fait fonction de conseiller et de consultant auprès du Chef d'État-Major de l'armée de terre (Chief of Staff of the Army) pour ce qui touche aux personnels engagés).

Nota : Le grade de major est sans équivalent dans l'armée de terre britannique.

major (premier) (promotion d'élèves-officiers) head (US), first (OTAN) Ex : *Être major de sa promo (tion) (école militaire) : to be head of one's class (US) – Le général Clark est sorti major de sa promotion : General Clark graduated first in his class (OTAN).*

major général de l'armée de terre (MGAT) the Vice Army Chief of Staff (US), the Army's Vice Chief of Staff (US), the Assistant Chief of the General Staff (GB), the Army number two (Jane's), the Deputy Chief of the Army Staff (Jane's), the Army Deputy Chief of Staff (Jane's).

majorité majority (US) (Également en épithète). Ex : *La grande majorité du peuple coréen : the vast majority of the Korean people (US) (+ verbe au pluriel) – Une main d'œuvre en majorité civile : a predominantly civilian work force (US) – La majorité albanaise du Kosovo : Kosovo's majority ethnic Albanians (Jane's) (Voir aussi **plupart**).*

mal + participe passé ill-, poorly (<u>Jane's</u>), badly (US). Ex : *Mal équipée (force) : ill-equipped – Un ennemi mal dirigé (<u>ou</u> mal commandé) : a poorly-led enemy (<u>Jane's</u>) – Mal conçue (mission) : ill-conceived (US) – Mal exécutée (mission) : badly executed (US).*

mal à (avoir du) to have difficulty (+ verbe en ING) (US, GB). Ex : *Les soldats ont du mal à accomplir les tâches même les plus simples : soldiers have difficulty performing even very simple tasks (US) – Les fusiliers marins avaient du mal à pénétrer dans la forteresse : the marines were having difficulty penetrating the fortress (GB).*

malade (nom) (SAN) patient (OTAN). Ex : *Les malades et les blessés : the sick and wounded (GB).*

malade (adjectif) sick, ill (OTAN) (ADV avec "ill" : "(very) seriously"). Ex : *Malade dans ses foyers : sick on leave – Se faire porter malade (<u>ou</u> être consultant) : to report sick (US).*

malade ambulatoire (<u>ou</u> non couché) walking patient (OTAN).

malades et blessés (les) the sick and wounded (GB).

maladie illness (OTAN), disease (GB), sickness (GB) (VERB : "to catch", "to cause") (ADJ & NOM ASS. : "severe" / "severity", "life-threatening"). Ex : *Maladies contractées lors de la guerre du Golfe : Gulf War illnesses (US) – La maladie (= les maladies) : sickness (GB), disease (GB) – La maladie avait fait énormément de victimes parmi les effectifs de la Légion : sickness had taken a huge toll on the Legion's strength (GB) – Occasioner des maladies chez des humains ou des animaux qui y sont sensibles (agents NBC) : to cause diseases in susceptible humans and animals (US).*

maladie des rayons radiation sickness (OTAN).

maladie sexuellement transmissible (MST) (SAN) sexually transmitted disease (STD).

maladie vénérienne venereal disease (VD) (GB) (Par ex. : "gonorrhoea", "syphilis"). Ex : *Le taux de maladies vénériennes : the VD rate (GB).*

malaisé awkward (GB). Ex : *D'un emploi malaisé (arme) : awkward to use (GB).*

mal coordonné (attaque / action / réaction) uncoordinated (US).

mal de tête (<u>ou</u> céphalée) (SAN) headache (US).

mal du pays (PERS) homesickness (US). Ex : *Avoir le mal du pays : to be homesick.*

malentendu misunderstanding (US, OTAN) (Terme dénombrable) (VERB : "to arise from"). Ex : *guerre par malentendu : inadvertent war (UN) – Les jacasseries du sergent ont été une cause de malentendus dans l'interprétation des ordres : the sergeant's yak yak caused misunderstanding in the interpretation of orders (US).*

mal fonctionner (<u>ou</u> ne pas fonctionner correctement) (équipement) to malfunction (GB).

malhonnêteté (PERS) dishonesty (US) (VERB : "to show").

malin smart (US). Ex : *Se montrer plus malin que l'ennemi : to outsmart the enemy (US).*

mal informé ill-informed (GB). Ex : *Le candidat mal informé : the ill-informed applicant (GB).*

malle de transport (pour individu) (RENS) human transportation trunk (US) (Exfiltration).

malmener (TAC) to handle roughly (US). Ex : *L'ennemi fut sérieusement malmené par notre aviation : the enemy was roughly handled by our aviation (US).*

mal préparé (force) ill-prepared (US). Ex : *L'armée de terre était mal préparée dans l'ensemble des domaines du renseignement militaire : the Army was ill-prepared in all fields of military intelligence (US).*

maltraiter to mistreat (US). Ex : *Un sergent instructeur a été condamné à 5 ans de prison pour avoir maltraité 20 femmes qui se trouvaient sous ses ordres : a drill sergeant was sentenced to 5 years in prison for mistreating 20 women under his command (US).*

mamelon (TOPO) knoll, hillock.

manche (uniforme) sleeve (US).

Manche (la) the Channel (GB), the English Channel (GB). Ex : *Comité de la Manche : Channel Committee (CHANCOM) (OTAN).*

manche à air windsock (GB), wind cone.

manche de pioche pick helve (GB).

manche de refroidissement (arme automatique) forearm.

manchon de culasse (obusier) sliding breech.

manchon de refroidissement (fusil automatique) barrel jacket.

manchon extracteur de gaz (canon de char) bore evacuator, fume extractor.

mandat mandate (US, GB, CA) (VERB : "to change", "to prepare", "to enforce", "to uphold", "to set out" = énoncer) (ADJ : "clear", "detailed", "flexible", "enforceable"). Ex : *Les forces britanniques agissent sous mandat des Nations-Unies : British forces operate under a UN mandate (GB) – Mandat d'inspection : inspection mandate (UN) – Mandat de négociation : negotiating (ou negotiation) mandate (UN) – Exécuter des mandats sous l'égide des Nations-Unies : to execute mandates sponsored by the UN (US) – Remplir un mandat de maintien de la paix : to fulfill (ou to carry out) a peacekeeping mandate (OTAN) – Une zone d'exclusion établie par mandat international : an exclusion zone established by international mandate (GB).*

mandat (confier le) (pouvoir) (PERS) to charter (US). Ex : *Confier à un chef le mandat d'exercer les fonctions de... : to charter a commander to serve as (US).*

mandat (attributions) terms of reference (TOR) (OTAN).

mandat d'arrêt (GEND) arrest warrant (GB) (VERB : "to issue" = délivrer).

mandat de perquisition (GEND / AT) search warrant (GB).

mandater à titre de (PERS) to charter (somebody) as (US).

maniabilité (véhicule) agility (US).

maniable (aéronef) manoeuvrable (OTAN).

maniable (véhicule) agile (US), maneuverable (US).

maniable (système d'armes / missile) easy to handle (US).

maniement d'armes weapon handling, skill (-) at (-) arms (GB), weapon training (GB).

manier (arme) to handle. Ex : *Manier une arme : to handle a weapon.*

manière way (US, GB), manner (US, GB, OTAN). Ex : *La manière dont l'armée de terre accomplit ses missions : the way the Army accomplishes its missions (US) – La manière d'accomplir la mission : the manner of accomplishing the mission (US) – Remplir ses nombreuses autres missions de manière cohérente et équilibrée (armée de terre) : to fulfil its many other tasks in a coherent and balanced way (GB) – L'armée de terre recherche la meilleure manière d'accomplir ces missions stratégiques : the Army is searching for the best way to accomplish these strategic missions (US) – Nous avons mené la campagne aérienne de manière efficace : we prosecuted the air campaign in an effective manner (OTAN) – Des modifications considérables sont intervenues dans la manière de combattre des trois armées : there have been enormous changes in the way wars are fought by all three Services (GB) – La manière américaine de faire la guerre : the American way of war (US).*

manière décisive (de) decisively (US).

manifestant demonstrator (GB).

manifestation (protestation) demonstration (US, GB), protest (PREP : "against"). Ex : *Une violente manifestation anti-américaine : a violent anti-American protest (US).*

manifeste de transport par voie aérienne flight manifest.

manifester to evidence (US), to demonstrate (GB), to show (US). Ex : *Des forces adverses qui manifestent une intention hostile : opposing forces which evidence a hostile intent (US) – Tu le lui manifestes toujours par la solidarité étroite qui doit unir les membres d'une famille (Code d'honneur) (Légion) : you will demonstrate this by an unwavering and straightforward solidarity which must always bind together members of the same family (GB) – Les récentes attaques aériennes ennemies manifestent une activité aérienne normale : the recent enemy air attacks show run of the mill air activity (US).*

manifester (protester contre) to demonstrate (GB) (PREP : "against").

manipulation d'explosifs explosives-handling (US).

manipule (compagnie d'infanterie) (hist.) (Rome) maniple (US).

manipuler to manipulate (GB), to handle (OTAN). Ex : *Manipuler des statistiques : to manipulate statistics (GB) – Manipuler une mine : to handle (and transport) a mine (OTAN).*

manivelle de pointage en direction (mortier) traversing handle.

manivelle de pointage en hauteur (obusier) right elevating handwheel.

manivelle de pointage en hauteur (mortier) elevating handle.

mannequin (entraînement / simulation) mannequin (US), dummy (US). Ex : *Mannequin à éclipse (tir) : pop-up dummy (US).*

mannequin de voiture (RENS) jack in the box (US) (Peut être gonflable = "inflatable").

manœuvrabilité (hélicoptère / missile) maneuverability (US) (ADJ : "high").

manœuvrable manœuvreable (OTAN, UN). Ex : *Corps (ou vecteur) de rentrée manœuvrable : manœuvrable re-entry vehicle (MARV) (OTAN, UN).*

manœuvre (principe de guerre) maneuver (US), manœuvre (GB).

manœuvre (TAC) manœuvre (GB), maneuver (US) (VERB : "to restrict", "to cancel", "to utilize", "to plan", "to direct …(towards)") (ADJ : "fast", "effective"). Ex : *Manœuvre de combat : combat maneuver (US), battle maneuver (Time) – Manœuvres sur le terrain : field maneuvers (US) – L'unité part en manœuvres : the unit goes on maneuvers (US) – La manœuvre (principe tactique) : maneuver (US) – La manœuvre opérationnelle et tactique : operational and tactical maneuver (US) – Une manœuvre offensive : an offensive manœuvre (OTAN) – Manœuvres militaires de grande envergure (ou majeures) : major military manœuvres (UN) – La manœuvre terrestre et aérienne : ground and aerial maneuver (US) – Une manœuvre ennemie menaçante : a threatening enemy maneuver (US) – Une manœuvre offensive destinée à encercler l'ennemi : an offensive maneuver to encircle the enemy (US) – Domination dans la manœuvre (mission opérationnelle) (concept US) : dominant maneuver (US).*

manœuvre (hélicoptère) manœuvre (GB). Ex : *Des manœuvres compliquées : complicated manœuvres (GB).*

manœuvre (de) (unité) maneuver (US) (En épithète). Ex : *Une brigade de manœuvre : a maneuver brigade (US).*

manœuvre aérienne tactique tactical air operation (OTAN).

manœuvre avec troupes field training exercise (FTX) (OTAN).

manœuvre d'arrêt denial operation (US).

Cf. : An operation designed to prevent or hinder enemy occupation of, or benefit from, areas or objects having tactical or strategic value (US).

manœuvre de combat combat manœuvre (OTAN). Ex : *Manœuvre de combat aérien : air combat manœuvre (ACM) (OTAN).*

manœuvre de désinformation (contre pays ennemi) (RENS) deception operation (US).

manœuvre de flanc (TAC) flanking movement (GB).

manœuvre d'enveloppement envelopment (OTAN).

manœuvre dominante (concept) (USA) dominant maneuver (US).

manœuvre ennemie (la) enemy maneuver (US) (VERB : "to hinder" = entraver).

manœuvre en retraite retrograde (operation) (US).

manœuvre en tenailles (TAC) pincer movement (GB).

manœuvre offensive offensive operation (US).

manœuvre opérative operational maneuver (US).

manœuvrer (force / véhicule / hélicoptère) to maneuver (US), to manœuvre (GB) (PREP : "around"). Ex : *Manœuvrer les forces interarmées : to maneuver joint forces (US).*

manœuvre retardatrice (ou opération retardatrice) delaying operation (US, GB, OTAN).

Comp. :

- An operation in which a force under pressure trades space for time by slowing enemy momentum and inflicting maximum damage on the enemy without, in principle, becoming decisively engaged (GB, OTAN).

- Opération au cours de laquelle, sous la pression de l'ennemi, une force échange du terrain contre des délais en ralentissant l'ennemi tout en lui infligeant le maximum de pertes sans, en principe, se laisser engager de manière décisive (OTAN).

manœuvres de combat battle maneuvers (US) (VERB : "to plan").

manœuvres de dérobement voir **manœuvres dilatoires**.

manœuvres d'évitement voir **manœuvres dilatoires**.

manœuvres dilatoires evasive action (GB). Ex : *Nous fûmes contraints d'user de manœuvres dilatoires : we were forced to take evasive action (GB).*

manœuvre tactique tactical manœuvre (GB, OTAN), tactical maneuver (US).

manœuvre terrestre ground maneuver (US) (ADJ : "large-scale").

manœuvre vectorielle (la) vectoral manœuvre (Jane's).

manœuvrier (force) maneuvering (US).

manquant (réservoir) ullage (US).

manquant (absent) missing (GB). Ex : *À la recherche de la compagnie manquante : in search of the missing company (GB).*

manque loss (US), lack (US), shortage(s) (GB). Ex : *Manque de sommeil : sleep loss (US) – Manque d'appétit (SAN) : loss of appetite (US) – Manque de respect : lack of respect (US) – Manque de crédits : lack of funds (US) – Manque de personnel(s) (unités) : undermanning (GB), manpower shortages (GB) – Manque d'entraînement : lack of training (US) – Manque d'intégrité (PERS) : lack of integrity (US) – Manque de fiabilité (PERS) : unreliability (US).*

manqué (opération) abortive (US) Ex : *L'invasion manquée de la Baie des Cochons : the abortive Bay of Pigs landing (US).*

manque de discipline (unité) lack of discipline (GB) (VERB : "to confront").

manque de moyens lack of resources (US).

manque de précautions (ou manque de soin ou négligence) (PERS) negligence (GB).

manque de temps lack of time (US).

manquement à la discipline breach of discipline (GB).

manquement à la sécurité security violation, breach of security (GB).

manquement au devoir (PERS) dereliction of duty (GB).

manquement aux obligations non-compliance (UN).

manquer (cible) to miss (US, GB). Ex : *Manquer une cible (ART) : to miss a target (US).*

manquer (réunion / rendez-vous) to miss (GB). Ex : *Il a manqué le briefing : he missed the briefing (GB).*

manquer de to lack (US), to be short of (<u>ou</u> on) (GB, US), to run out of. Ex : *Une fois au sol, ils (= les parachutistes) manquent de mobilité et de puissance de feu : once on the ground, they lack mobility and firepower (US) – Le régiment manque d'hommes : the battalion is short of men (GB) – Certains régiments manquent de capitaines : some regiments are short on captains (GB) – Manquer d'eau / de munitions : to run out of water / munitions – L'armée de terre manque d'environ 6 300 recrues : the Army is about 6,300 recruits short (US) – Une armée manquant de recrues : a recruit-starved military (US).*

manuel (guide) manual (US, UEO) (VERB : "to produce" = développer) (ADJ : "single", "consolidated", "field"). Ex : *Un manuel unique et consolidé de gestion de crise : a single, consolidated crisis management manual (UEO).*

manuel d'inspection inspection manual (UN).

manuellement manually (US), by hand (US, OTAN). Ex : *Posée manuellement (mine) : delivered by hand (OTAN).*

manuel technique technical manual (TM) (US).

Manurhin (le) the 7.65 Manurhin pistol (US).

manutention handling (OTAN). Ex : *Matériel de manutention : handling equipment.*

manutention des matériels materiel (<u>ou</u> equipment) handling (OTAN), materials handling (OTAN).

maquette (matériel / arme / machine / appareil) (grandeur nature) mock-up (OTAN, US) (Pour études, tests, instruction, etc).

maquette de porte (entraînement TAP) mock-up door.

maquette de terrain terrain model (US).

maquis (résistance clandestine) underground (US), guerrilla units (US). Ex : *Organiser un maquis à la française dans la jungle d'Indochine : to organize a French-style underground in the jungles of Indochina (US) – Le Maquis (Hist.) : the Maquis (GB) – Les unités du Maquis (Hist.) : the Maquis units (US).*

<u>Cf.</u> : A covert paramilitary network designed to operate in areas denied to guerrilla forces (US).

marab (aumônier) padre (GB), sky-pilot (GB).

marais marsh, swamp, bog (GB).

marathon (course) marathon race (US).

marchand d'armes arms dealer (UN).

marchandises goods, commodities (OTAN). Ex : *Marchandises en transit : commodities in transit (OTAN).*

marche hike (GB), march (VERB avec "march" : "to make") (ADJ : "grinding", "gruelling"). Ex : *Une marche de 40 kilomètres : a 40-kilometre hike – Une marche de nuit : a night march, a nighttime march (US) – Marche forcée : forced march (US).*

marche (musique militaire) march (GB) (ADJ : "quick", "slow"). Ex : *La marche du régiment : the regimental march (GB).*

marche (fonctionnement) (unité) functioning (US). Ex : *Les sous-officiers assurent la bonne marche de l'unité : the NCOs (= non-commissioned officers) assure the smooth functioning of the unit (US).*

marche (progression) (unité) advance (GB). Ex : *La marche sur Tripoli : the advance on Tripoli (GB).*

marche (en) while in motion (US), on the move, moving (OTAN). Ex : *Une troupe en marche : a moving (ground) force (OTAN).*

marché market (Jane's, OTAN), marketplace (US) (VERB : "to change"). Ex : *600 véhicules ont été construits pour les marchés intérieurs et étrangers (ou à l'exportation) : 600 vehicles have been built for the home and export markets (Jane's)* – *Marché mondial des munitions (ART) : world ammunition market (Jane's)* – *Le marché mondial des munitions d'artillerie : the world market for artillery ammunition (Jane's)* – *Un concurrent sérieux sur le marché des chars poseurs de ponts : a strong competitor on the armoured bridge layer market* – *La Corée du Nord pourrait mettre sa technologie sur le marché international : North Korea could put its technology into the international marketplace (US)* – *Les marchés mondiaux : global markets (OTAN).*

marche au pas cadencé quick march (GB).

marche au pas de parade (ou redoublé) slow march (GB).

marche à l'ennemi (TAC) movement to contact (US), advance to contact (GB, OTAN) (VERB : "to execute", "to conduct"). Ex : *2 DFM en marche à l'ennemi : 2 MRDs advancing (ou moving) to contact.*

Comp. :

- An offensive operation designed to gain initial ground contact with the enemy or to regain lost contact (US).

- Manœuvre offensive consistant à établir ou rétablir le contact avec l'ennemi (OTAN).

marche commando raid march (GB) – Équivalent GB le plus proche (7-8 km) : Combat Fitness Test (CFT).

marche course Équivalent GB le plus proche (3 km seulement) : Battle Fitness Test (BFT).

marche d'approche approach march (GB, OTAN) (VERB : "to conduct").

Cf. : Advance of a combat unit when direct contact with the enmy is imminent. Troops are fully or partially deployed. The approach march ends when ground contact with the enemy is made or when the attack position is occupied (OTAN).

marche d'entraînement (physique) (longue distance) route march (GB).

marche du progrès (la) the pace of change (US).

marche forcée forced march (US, GB) (VERB : "to endure") (ADJ : "arduous", "fast").

marché noir black market (US) (VERB : "to prevent") (cf. le nom "black marketeer" = individu se livrant au marché noir).

marcher (PERS) to walk (GB), to go on foot (GB), to tread (GB), to step (US), to march. Ex : *Marcher sur une mine : to tread on a mine (GB), to step on a mine (US)* – *Marcher (au pas) : to march.*

marcher (fonctionner) to work (US). Ex : *Comment marche l'armée de terre : how the Army works (US).*

marcher à l'ennemi to advance (GB), to advance to contact (GB).

marchés (acquisitions) contracting (OTAN). Ex : *Achats et marchés : purchasing and contracting (P&C) (OTAN).*

marchfeld parade ground (GB), parade field (US) (VERB : "to stand on").

marécage swamp (land) (GB), marsh, bog (GB). Ex : *Protéger les lignes d'approvisionnement françaises qui traversaient des marécages tropicaux sur 120 km : to safeguard French supply lines which treavelled through 120 km of tropical swamplands (GB).*

marécageux swampy (US), marshy (US). Ex : *En terrain marécageux : in swampy terrain (US, Jane's) – Zone marécageuse : marshland – Terrain humide et marécageux : wet and marshy land (US).*

Maréchal de France (dignité) General of the Army (US), Field Marshal (FM) (GB) (= a five-star general).

maréchal des logis (grade) voir **sergent**.

maréchal des logis chef (grade) voir **sergent-chef**.

marée basse low tide (GB) (PREP : "at").

marée descendante (reflux) ebbtide (GB).

marée haute high tide (GB) (PREP : "at").

marée noire oil spill (Jane's).

marge de (en) in conjunction with (OTAN). Ex : *Une opération exécutée en marge d'une attaque principale : an operation carried out in conjunction with a main attack (OTAN).*

marge de manœuvre flexibility (US), freedom of action (US), freedom of maneuver (US) (ADJ & PART : "great", "increased").

marge d'erreur room for error (AUST), margin for error (US). Ex : *Ne laisser aucune marge d'erreur : to leave no margin for error (US).*

marge d'erreur (TOPO) tolerance (US), error (US). Ex : *Avec une marge d'erreur de 100 mètres : with a 100-meter tolerance (US) – Avec une marge d'erreur inférieure à (ou ne dépassant pas) 10 % (calcul de distance) : with no more than 10 per cent error (US).*

marginaliser to marginalise (OTAN).

margis voir **maréchal des logis**.

margis-chef voir **maréchal des logis chef**.

mariage wedding (US, GB). Ex : *Un mariage militaire : a military wedding (US).*

marié (PERS) married (Termes familiers GB pour les militaires mariés : "the marrieds", "the pads"). Ex : *Un officier marié : a married officer (US) – Être marié avec (ou à) un autre militaire : to be married to another service member (US).*

marine marchande merchant navy (GB).

Marine nationale (France) the French Navy (cf. : "the U.S. Navy" (US), "the Royal Navy" (GB).

Marines (Corps des) (USA) (the) United States Marine Corps (USMC) (Surnom familier : "Leathernecks").

maritime maritime (OTAN). Ex : *Opérations maritimes : maritime operations (OTAN) – Forces maritimes : maritime forces (OTAN).*

marquage (itinéraire / champ de mines / munitions / aérodrome) marking (OTAN). Ex : *Le marquage d'un itinéraire : the marking of a route (OTAN) – Marquage des champs de mine : minefield marking (OTAN) – Marquage de sécurité (guerre des mines) : safety line (OTAN) – Le marquage de munitions explosives non explosées : the marking of unexploded explosive ordnance (OTAN) – Marquage et balisage d'aérodrome : aerodrome marking and lighting (AML) (OTAN).*

marquage des mines mine marking (CA). Ex : *Opérations de marquage : marking operations (CA).*

marquage d'objectif à laser laser target marking (OTAN), laser target designation (US), laser painting.

marquant (point) easily defined (US). Ex : *Des points marquants du terrain : easily defined terrrain features (US).*

marque (signe) hallmark (US). Ex : *L'entraînement sur le terrain a toujours été la marque de l'armée de terre : field training has always been the hallmark of the Army (US) – Les qualités d'audace et de courage ont toujours été la marque des armées victorieuses : the qualities of boldness and courage have always marked successful armies (US).*

marque (de véhicule) (vehicle) make.

marqué strong (OTAN). Ex : *Jouer un rôle plus marqué dans la préservation de la paix et de la sécurité : to play a stronger role in preserving peace and security (OTAN).*

marque de respect courtesy (US, GB) (Pluriel : "courtesies"), mark of respect (GB) (VERB : "to exchange") (PREP : "towards"). Ex : *Le salut est une marque de respect : the salute is a mark of respect (GB).*

marqué par laser (cible) laser marked (target) (OTAN).

marquer (cible) to designate (GB).

marquer (champ de mines) to mark (US).

marquer to mark (US), to signal (US), to usher in (US). Ex : *Cette ligne marque la limite extérieure de la zone d'action : this line marks the outside limit of the zone of action (US) – La troupe marque un temps d'arrêt : the force comes to a halt – La chute du Mur de Berlin a marqué la fin de la guerre froide : the fall of the Berlin Wall signaled an end to the Cold War (US) – La cérémonie marqua le début d'une époque nouvelle : the ceremony marked the beginning of a new era (US) – Marquer un champ de mines : to mark a minefield – Marquer un objectif (ART) : to mark (OTAN) – Ce changement a marqué la fin de l'Opération Joint Guard : this change marked the end of Operation Joint Guard (US) – La fin de la guerre froide a marqué le début d'une ère nouvelle : the end of the Cold War has ushered in a new era (US).*

marques extérieures de respect military courtesies (US).

marqueur (guerre des mines) marker (OTAN) (VERB : "to install" = mettre en place).

marqueur de cheminement (guerre des mines) lane marker (OTAN).

marqueur d'extrémité de couloir (guerre des mines) gap marker (OTAN).

marqueur d'extrémité de rangée (guerre des mines) row marker (OTAN), double strip marker (OTAN).

marqueur intermédiaire intermediate marker (US, OTAN).

marqueur laser laser designator (US, OTAN), laser target marker (OTAN), laser target designator (GB) (VERB : "to employ", "to use", "to carry") (ADJ "lightweight") (NOM ASS. : "weight", "range", "field view", "magnification", "degree", "(very high) accuracy") (EXPR : "to deliver ordnance on to ground targets", "to paint a target", "to designate a target").

Cf. : A device that emits a beam of laser energy which is used to mark a specific place or object (OTAN).

marsouin (soldat de l'infanterie de marine) Marine infantryman.

mascotte mascot (GB). Ex : *La mascotte du régiment : the regimental mascot (GB).*

masculin male (US, GB). Ex : *Aux côtés de leurs homologues masculins (personnels féminins) : alongside their male counterparts (US) – Une baisse de 50 % de la population de sexe masculin : a 50 per cent decline in male population (US).*

masque (NBC) mask (US). Ex : *Empêcher les troupes ennemies de mettre leurs masques (NBC) : to interfere with the masking of enemy troops (US).*

masque (tourelle) mantlet (US).

masque (caractéristique du terrain) crest (US, OTAN).

masqué (ART) crested (OTAN).

masque à gaz gas mask (US), respirator (GB) (VERB : "to develop", "to be in service with") (NOM ASS. : "face-piece", "speech transmitter", "eyepieces", "canister mount", "adapter", "microphone", "air bottle", "voice protection unit") (EXPR : "to be fitted with a filter canister", "to provide protection against CS, CR and other irritant gases and aerosols").

masque à oxygène (aéronef / parachutiste) oxygen mask (US).

masque de protection (NBC) protective mask (US), respirator (GB) (VERB : "to wear") (EXPR : "to protect soldiers against NBC threats", "to filter air through an externally mounted filter canister") (Voir aussi **masque à gaz**).

masquer (cacher à la vue) to mask (US, GB), to shroud (CFE), to obscure (GB). Ex : *On peut utiliser des fumigènes pour masquer les mouvements latéraux : smoke may be used to mask lateral movements (US) – Masquer des matériels sensibles (lors d'une inspection) : to shroud sensitive items of equipment (CFE) – La haie masquera notre repli : the hedge will mask our withdrawal (GB) – L'objectif était masqué par des fumigènes : the objective was obscured by smoke (GB) – Masquer des mouvements de troupes : to mask troop movements (US).*

masques (du terrain) (terrain) masking (US) (VERB : "to take (maximum) advantage of").

masques et couvert cover and concealment (US).

massacre massacre (US), mass slaughter (US). Ex : *Le massacre de Katyn : the Katyn massacre (US).*

massacrer to massacre (GB). Ex : *Des milliers de gens furent massacrés : thousands were massacred (GB).*

massage cardiaque (SAN) cardiac massage (US).

masse bulk (US). Ex : *La grande masse des officiers (ou les officiers dans leur grande majorité) : the great bulk of officers (US).*

masse au combat (canon automoteur) combat weight (US).

masse au décollage take-off weight (TOW) (OTAN).

masse au décollage (hélicoptère) maximum gross weight (US).

masse à vide (hélicoptère / véhicule blindé) empty weight (US).

masse en charge (véhicule blindé) laden weight.

masse en ordre de combat (char) combat weight (Jane's).

masse en ordre de combat (hélicoptère) mission weight (US).

masse en ordre de combat (fusil) weight (GB).

masser (troupes / force) to mass (US, GB). Ex : *Masser des troupes sur la frontière : to mass troops along the border – Masser une force suffisante : to mass sufficient force (US).*

masse totale en batterie (mortier) in action weight (GB).

massif (adjectif) mass (OTAN, US), massive (UN, US). Ex : *Des pertes massives : mass casualties (US, OTAN) – Accumulation massive : massive accumulation (UN) – Forces massives : massive forces (US) – Les États-Unis ont recueilli une quantité massive de renseignements sur (ou au sujet de) l'Irak : the US collected a massive quantity of intelligence about Iraq (US) – L'expulsion massive de réfugiés du Kosovo par les forces you-*

goslaves: *the mass expulsion of refugees from Kosovo by Yugoslav forces (OTAN)* – La Corée du Nord possède des quantités massives d'armes conventionnelles: *North Korea has massive numbers of conventional weapons (US)* – Des migrations massives: *mass migrations (OTAN)* – L'emploi massif de moyens de franchissement spécialisés: *the mass employment of specialized river crossing means (US)* – Lancer des frappes massives: *to launch massive strikes (US).*

mât (drapeau) flagpole (GB), staff (US), flagstaff (US). Ex: *Hisser le drapeau au sommet du mât: to hoist the flag to the top of the staff (US).*

mataf (marin) sailor (US).

matérialiser (ligne) to indicate.

matériau (x) (LOG) material(s) (US) (VERB: "to acquire", "to receive", "to store", "to transport", "to provide"). Ex: L'utilisation de matériaux naturels ou artificiels: *the use of natural or artificial material (OTAN)* – Matériaux de construction: *construction materials (US)* – Matériaux absorbant les ondes radar: *radar absorbent materials (RAM)* – Ensembles, composants, pièces de rechange et matériaux: *assemblies, components, spare parts and materials (ACSM) (OTAN).*

matériau composite composite (GB).

matériaux (ouvrages / documents) material (OTAN) (VERB: "to safeguard… against") (NOM ASS.: "(authorised / unauthorised) access to").

Matériel (arme) 1. chez les Britanniques: Pas d'équivalent unique, mais deux corps qui recouvrent les fonctions du Matériel français: le "REME" (Royal Electrical and Mechanical Engineers) qui assure la récupération et la réparation ("recovery and repair") des matériels (Surnom de ses membres: "nut stranglers"), et le "RAOC" (Royal Army Ordnance Corps) pour la fonction "approvisionnement" ("supply"), intégré depuis 1993 dans le "RLC" (Royal Logistic Corps) (Surnom d'un de ses membres: "blanket stacker") – 2. chez les Américains: C'est l'"Ordnance Corps" qui assure le soutien du matériel, la gestion et le ravitaillement en munitions, les études et la fabrication d'armement (Devise: "Armament for Peace"). Le "Quartermaster Corps", pour sa part, assure les approvisionnements ("supply") (Acquisition, inventaire, stockage, catalogage, distribution, récupération, élimination de: matériels informatiques, TAP, et des transmissions, moyens de transport, habillement, subsistances, sépultures, eau, essences, etc) (Voir aussi **régiment du matériel**).

Cf.: The Ordnance Corps (US): "Its mission is to develop, produce, acquire and support weapons systems, ammunition, missiles, and ground mobility materiel during peace and war in order to provide combat power for the U.S. Army".

matériel (fonction) supply and maintenance (US).

matériel (équipement) equipment (US, GB) (Abréviation GB: "eqpt"), materiel (US), supplies (OTAN), hardware (US), material (OTAN), kit (GB), plant (GB) (À noter: Le terme "equipment" est normalement indénombrable, mais on peut le rencontrer (plus rarement) avec un "s" final: "equipments"; il peut être repris par un verbe au pluriel) (VERB: "to develop", "to test", "to put to the test", "to evaluate", "to procure", "to distribute", "to maintain", "to dispose of", "to manage", "to field", "to funnel… to", "to fuel", "to fix", "to move", "to man", "to sustain", "to design", "to acquire", "to store", "to evacuate", "to assemble", "to organize", "to return to service", "to possess", "to take control of", "to quantify", "to fund", "to integrate", "to protect", "to extract", "to recondition", "to damage" = endommager, "to discard" = mettre au rebut, "to condemn" = condamner, "to abandon" = abandonner, "to explore") (ADJ: "allied", "enemy", "state-of-the-art", "sophisticated", "effective", "advanced", "proper", "operational", "unserviceable", "serviceable", "prepositioned", "tough", "reliable", "cost-effective", "technically advanced", "worn", "damaged", "obsolete", "off-the-shelf", "existing", "new", "fit", "repairable", "government funded") (NOM ASS.: "design", "development", "acquisition", "movement", "distribution", "maintenance", "evacuation", "disposition", "receipt", "storage", "issue", "management", "inspection", "testing", "servicing", "classification as to serviceability", "repair", "rebuilding", "reclamation", "availability", "maintainability", "serviceability") Ex : *La réception, le stockage et la distribution des matériels : the receipt, storage and issue of materiel (US) – Le matériel le plus perfectionné du monde au plan technologique : the most technologically advanced equipment in the world (US) – Tout le matériel de la section a été laissé sur le camion : all the platoon's kit has been left on the truck (GB) (Voir aussi* **équipement** *et* **matériels**).

Particularisation ("un matériel") : Elle se fait par l'emploi d'une structure partitive de type "a piece of" ou "an item of" ou tout simplement par "an item". Ex : *Le char M1 est un matériel extrêmement performant : the M1 tank is a highly capable piece of equipment (ou item of equipment ou item of materiel (US) – Un matériel défectueux : a defective item (OTAN) – Un matériel de classe II : an item of class II materiel (US).*

Noms de matériels (dénominations) (emploi) : **1.** Le nom de matériel (par ex. "Leclerc") précède le type de matériel (par ex. "MBT" = Main Battle Tank = char de bataille). "Le char Leclerc" se rendra donc par "the Leclerc MBT" (Voir aussi **pluriel des noms de matériels**) – **2.** À l'oral, si le matériel comporte des chiffres, on les lira l'un après l'autre. Ex : Le véhicule américain de transport de troupes M113 se lira : "m - one - one - three". Pour les aéronefs comme l'Hercules C-130, on lira : "c - one - thirty".

matériel (informatique) hardware (Contraire : "software" = logiciel).

matériel complet end item (OTAN).

matériel concernant la défense defence equipment (GB, OTAN).

matériel cryptographique crypto-equipment (OTAN). Ex : *Matériel cryptographique pour télégraphie à faible vitesse de modulation : crypto-equipment for low-speed telegraphy (CELT) (OTAN).*

matériel d'appui (ou de soutien) (forces) supporting equipment (US) (VERB : "to have").

matériel de chiffrement crypto-equipment (OTAN). Ex : *Matériel de chiffrement pour la commutation par paquets : crypto-equipment for packet switching (CEPAS) (OTAN).*

matériel de construction construction equipment (US).

matériel de cryptographie cryptomaterial (US, OTAN).

matériel de cryptophonie secure voice equipment (OTAN). Ex : *Matériel de cryptophonie à bande étroite : narrow-band secure voice equipment (NBSVE) (OTAN).*

matériel de cuisine kitchen equipment (VERB : "to set up", "to prepare", "to check").

matériel de dotation organique organisational materiel (OTAN) (VERB : "to preposition").

matériel (ou matériels) de défense Defence equipment (GB).

matériel de défense NBC NBC defensive equipment (US).

matériel défensif defence stores (GB) (Par ex : barbelé, tôle ondulée, sacs de sable, etc).

matériel de franchissement river-crossing equipment, gap-crossing equipment.

matériel (ou matériels) de livraison par air aerial delivery equipment (US).

matériel de manutention (materiel) handling equipment (MHE).

matériel d'entraînement training equipment (TE) (OTAN).

matériel d'entretien maintenance equipment.

matériel de renseignement intelligence equipment (US).

matériel de servitude au sol ground support equipment (GSE) (OTAN).

matériel d'espionnage spy equipment (US), espionage equipment (US), spook equipment (familier) (US).

matériel d'essai test equipment (OTAN, US), testing equipment (US). Ex : *Matériel d'essai automatique : automatic test equipment (ATE) (OTAN).*

matériel de surveillance surveillance equipment (GB). Ex : *Le VTT blindé a été adapté en vue d'emporter du matériel de surveillance : the APC (= Armoured Personnel Carrier) has been adapted to carry surveillance equipment (GB).*

matériel de terrassement (GEN) earthmoving plant (GB).

matériel de traitement de données data handling equipment (DHE) (OTAN).

matériel d'évaluation test equipment (US), testing equipment (US).

matériel didactique training equipment (TE) (OTAN).

matériel d'instruction training equipment (TE) (OTAN).

matériel (ou matériels) du Génie engineer equipment (US), engineer support equipment (GB).

matériel (du Service) des Essences POL (= Petrol, Oil and Lubricants) equipment (UN).

matériel et approvisionnements materiel (US, GB) (Par opposition à "personnel").

matériel flottant floating equipment (US, GB).

matériel informatique automated data processing equipment (ADPE) (US, GB), computer equipment.

matériel léger (infanterie légère) light equipment (US).

matériel lourd heavy equipment (HET) (OTAN).

matériel militaire military equipment (OTAN, Jane's). Ex : *Du matériel militaire comprenant un véhicule blindé de transport de troupes et plus de dix pièces d'artillerie a été observé à cet endroit : military equipment including an armoured personnel carrrier and more than ten pieces of artillery were observed at this location (OTAN).*

matériel militaire (lourd) military hardware (GB) (= big guns, tanks, and other heavy fighting equipment).

matériel non consommable durable materiel (US, OTAN).

matériel organique (unité) organic equipment (US).

matériel pédagogique class material (US).

matériel radar radar equipment (UN).

matériel radio radio equipment

matériel récupéré salvage (OTAN).

matériels materiel (US), equipment (GB), material (US) (VERB : "to provide... with", "to develop", "to integrate", "to acquire", "to extract", "to protect") (NOM ASS. : "design", "development", acquisition", "movement", "storage"). Ex : *Des matériels se situant au meilleur niveau mondial (ou de classe mondiale) : world class equipment (GB) – La grande majorité des matériels : the vast majority of the materiel (US).*

matériels connnexes related equipment (OTAN).

matériels de télécommunications communications equipment (OTAN).

matériels de défense (armement) defence equipment (GB). Ex : *Des matériels de défense d'origine nationale : defence equipment from national sources (GB).*

matériels de guerre war materiel (US), war material (GB), war equipment (UN).

matériels d'instruction training devices (OTAN).

matériels sur étagère off-the-shelf equipment.

matériels terrestres land equipment (GB).

matériel topographique survey equipment (US).

mathématiques (discipline) mathematics (US).

matière material (US, OTAN). Ex : *Matière fissible : fissionable material (OTAN) – Matières radio-actives : radioactive material (OTAN) – Matières dangereuses : hazardous materials (US).*

matière (domaine) area (UEO). Ex : *Coopération en matière de maintien de la paix : cooperation in peacekeeping (OTAN) – En matière d'opérations offensives : in the area of offensive operations (UEO) – Une vraie capacité de combat en la matière (= recherche et sauvetage) devrait être créée : real combat capability should be created in this area (UEO) – Le renforcement de la politique européenne commune en matière de sécurité et de défense : the strengthening of the common European policy on security and defence (UEO) – Une politique en matière de droits de l'homme : a human rights policy (OTAN).*

matière facultative (enseignement) (grande école militaire) elective (US).

matière (ou discipline) militaire (instruction) military subject (GB). Ex : *Tout un éventail de matières militaires, depuis le maniement d'armes jusqu'au secourisme : a whole range of military subjects, from weapon handling to first aid (GB).*

matière principale (enseignement) (grande école militaire) major (US).

matières dangereuses (LOG) hazardous cargo.

matières premières raw materials (OTAN).

matin morning (US) (PREP : "in", "on"). Ex : *Au petit matin du 25 octobre : in the early morning hours of 25 October (US) – Au matin du 23 avril : on the morning of April 23rd (US).*

matraque baton (US, GB), truncheon (GB) (VERB : "to carry").

matricule service number (US), serial number (US). Ex : *Il déclina ses nom, âge et matricule : he stated his name, rank and number (GB).*

maturité (PERS) maturity (GB). Ex : *Ils possédaient une maturité bien au-delà de leur moyenne d'âge (légionnaires) : they were possessed by a maturity beyond their average age (GB).*

mauvais (nom) (familier) poor performer (US), half-stepper (familier) (US) Ex : *Dans l'armée de terre, il n'y pas de place pour les mauvais : no room exists for poor performers, or "half-steppers", in the Army (US).*

mauvais (adjectif) bad (US), poor (US), improper (US), foul (US)., mal- (GB). Ex : *Mauvaise utilisation du camouflage : improper use of camouflage (US) – Mauvais calcul : miscalculation (US) (Terme dénombrable) – La nourriture est mauvaise / médiocre : the food is bad / poor (US) – Être un mauvais point / désavantage pour la carrière (affectation) : to be a career disadvantage (GB) – Mauvais dispositif (ou déploiement) (de forces) (TAC) : mal-deployment (GB) – Par très mauvais temps : in foul weather (US).*

mauvais (conditions météo) adverse (GB). Ex : *En raison de mauvaises conditions météo : because of adverse weather conditions (GB).*

mauvaise communication (relations publiques / PERS) miscommunication (US).

mauvaise conduite (PERS) bad conduct (US), misconduct (US) (VERB : "intentional").

mauvaise gestion maladministration (US). Ex : *Mauvaise gestion des crédits : maladministration of funds (US).*

mauvaise utilisation (ou emploi) misuse (GB). Ex : *Beaucoup sont morts du fait d'une mauvaise utilisation de leurs propres armes (soldats ennemis) : many died from misuse of their own weapons (GB).*

mauvais fonctionnement (arme / munition / équipement) malfunction (US, GB) (VERB : "to have", "to correct", "to report"). Ex : *L'accident était dû à un mauvais fonc-*

tionnement du système de direction : the accident was due to a malfunction in the steering system (GB).

mauvais temps adverse weather, poor weather, bad weather (US) (PREP : "in"). Ex : *Par très mauvais temps : in foul weather (US).*

maximal maximum (US, GB), top (GB, US). Ex : *Vitesse maximale sur route (véhicule) : maximum road speed (US, GB) – Vitesse maximale (véhicule) : top speed (GB) – Efficacité maximale (PERS) : maximum efficiency (US) – Une vitesse maximale de 73 km/h : a top speed of 73 kmh (US).*

maximum (nom) optimum (= adjectif) (US). Ex : *Des munitions explosives conçues pour produire le maximum de gaz ou d'aérosol (attaque chimique) : bursting-type munitions designed to produce the optimum vapor or aerosol (US).*

maximum (au) to the fullest (US), for as long as possible. Ex : *Retarder au maximum l'arrivée de la division ennemie : to delay the enemy division's arrival for as long as possible – Exploiter au maximum l'impact psychologique de la cavalerie : to exploit the psychological impact of cavalry to the fullest (US).*

MCMM (Multi-Capteurs Multi-Missions) (drone) the MCMM tactical drone (Jane's).

ME voir **mode d'action ennemi**.

mécanicien mechanic (US, GB), artificer (GB). Ex : *Mécanicien de combat : combat mechanic (GB).*

mécanicien navigant (hélicoptère) flight engineer.

mécanicien-réparateur fitter (GB).

mécanique (adjectif) mechanical (GB, US). Ex : *Système de construction mécanique (pont) : mechanical building system.*

mécaniquement mechanically (GB). Ex : *Poser une mine mécaniquement : to lay a mine mechanically (GB).*

mécanisation (forces) mechanization (US) (Terme dénombrable) (VERB : "to undergo").

mécanisé (force) mechanized (US), mecanised (GB) (Abréviation GB / US : "mech"). Ex : *Les "mécas" (= troupes mécanisées) : mech (GB) – Un régiment d'infanterie mécanisée : a mechanized battalion (US).*

mécanisé (force) (ENI générique) motor-rifle (GB). Ex : *Un régiment mécanisé (ENI) : a motor-rifle regiment (GB).*

mécanisme (sens propre et figuré) mechanism (OTAN, UEO, US) (VERB : "to set... into position", to test") (ADJ : "flexible" = souple). Ex : *Mécanismes de pointage en hauteur et en direction (canon) : elevating and traversing mechanisms (OTAN) – Des mécanismes tels que le Partenariat pour la Paix (PPP) et le Conseil de Partenariat euro-atlantique : mechanisms such as the Partnership for Peace (PfP) and the Euro-Atlantic Partnership Council (OTAN) – Des mécanismes de consultation (entre organismes) : consultative mechanisms (US) – Améliorer l'interopérabilité entre leur forces en recourant à tous les mécanismes appropriés (pays de l'UEO) : to improve interoperability between their forces, making use of all appropriate mechanisms (UEO) – L'objectif est d'éprouver les mécanismes et procédures de gestion de crise de l'UEO (exercice) : the aim is to test WEU crisis management mechanisms and procedures (UEO).*

mécanisme d'assistance de la culasse (fusil automatique) bolt assist mechanism.

mécanisme d'auto-destruction (mine) self-destruct mechanism (GB).

mécanisme de commandement command and control mechanism (US).

mécanisme de détente (lance-roquettes) trigger mechanism.

mécanisme de tir (canon sans recul) firing mechanism.

mécanisme de mise de feu firing mechanism (OTAN).

mécanisme de pointage en hauteur (ou en site) (mortier) elevating gear.

mécanisme de pointage en direction (ou en gisement) (mortier) traversing gear.

mécanisme logistique logistics mechanism (OTAN).

mécanisme récupérateur (canon automoteur) recoil mechanism (US).

Mécas (les) (infanterie mécanisée) Mech (US).

mèche (cocktail Molotov) wick.

mèche lente safety fuze (OTAN), time fuse (US).

mécontentement disaffection (US). Ex: *Mécontentement au sein de la population : disaffection within the population (US).*

médaille medal (US, GB) (Terme familier GB: "gong") (VERB: "to win", "to issue", "to confer... on", "to award", "to be awarded", "to receive... for (+ verbe en ING)", "to total") (ADJ: "campaign") (NOM ASS.: "collection", "recipient" = récipiendaire). Ex: *Bureau des médailles de l'armée de terre britannique : the Army Medal Office (GB) – Être titulaire d'une médaille : to hold a medal (US) – Médaille miniature : miniature medal (US) – Recevoir une médaille pour un acte héroïque : to receive a medal for an act of heroism (US) – La Médaille militaire : the Military Medal (GB) – Remise de médailles (cérémonie) : medals presentation (GB).*

médecin doctor (En abrégé: "doc") (US), physician (US, OTAN), medical officer (US). Ex: *Médecin militaire : medical officer (US), military physician (US) – Médecin de l'armée de terre : Army physician (US) – Le chef est informé des effets probables de l'exposition à un tel risque par l'officier NBC et le médecin (emploi d'agents chimiques) : the commander is advised of the probable effects of exposure to this hazard by the chemical officer and the medical officer (US).*

médecin capitaine surgeon captain (OTAN).

médecin-chef chief medical officer (CMO). Ex: *Le médecin-chef (corps de troupe) : the Regimental Medical Officer (RMO) (GB).*

médecin de l'air flight surgeon (OTAN).

médecin d'état-major staff surgeon (OTAN).

médecin du commandement command surgeon (OTAN).

médecine comparative comparative medicine (US).

médecine d'urgence emergency medicine (OTAN).

médecine du travail occupational medicine (GB).

médecine interne internal medicine (OTAN), medicine (OTAN).

médecine légale forensic medicine (GB), forensic science (GB).

médecine militaire military medicine (OTAN, US).

médecine préventive preventive medicine (US).

médecine vétérinaire (ou animale) animal medicine (US).

médecin légiste forensic surgeon, medical examiner (US).

médecin militaire medical officer (OTAN, US).

média (moyens de communication) (the) media (US), news media (US) (Usage: Peut être suivi d'un verbe au singulier ou au pluriel. Ex: *The media is / are*). Ex: *Un média : a medium – Les représentants des média : (news) media representatives (US, OTAN) – Fournir des informations aux média : to provide information to the media (US) – Ouvert aux média (événement) : open to media participation (OTAN) – Opérations à destination des média : media operations (GB) – Les représentants accrédités de la presse et des* *média : accredited press and media (OTAN) – La présence des média : the presence of news media (US).*

média électroniques electronic media (US).

médiateur (conflit) mediator (US).

médiation mediation (US, GB) (<u>Noter</u> le verbe "to mediate" + préposition "between") (ADJ : "international") (NOM : "provision"). Ex : *Toutes les tentatives de médiation avaient échoué : all mediation efforts had failed (GB).*

médiatique media (En épithète). Ex : *Couverture médiatique : media coverage (VERB : "to get")* – *événement médiatique : media event.*

médiatisation media coverage (VERB : "to get") (ADJ : "massive", "heavy") (Au sens <u>péjoratif</u>, on peut également se servir de l'expression "media hype" = médiatisation excessive, injustifiée).

médiatisé Ex : *La guerre du Golfe a été largement médiatisée : the Gulf war got massive / heavy media coverage.*

médicament (SAN) medicine, drug (US).

médiocre (adjectif) (PERS) mediocre (US).

médiocre poor (US). Ex : *La qualité de ses photographies était médiocre (satellite) : the quality of its photography was poor (US).*

médiocre (nom) poor performer (US), half-stepper (familier) (US). Ex : *Dans l'armée de terre, il n'y pas de place pour les médiocres : no room exists for poor performers, or "half-steppers", in the Army (US).*

médiocre (<u>ou</u> au-dessous des normes) (unité) substandard (US).

Méditerranée (Mer) (the) Mediterranean (Sea) (OTAN). Ex : *Secteur central de la Méditerranée : Central Mediterranean Area (MEDCENT) (OTAN) – Secteur oriental de la Méditerranée : Eastern Mediterranean Area (MEDEAST) (OTAN) – Secteur occidental de la Méditerranée : Western Mediterranean Area (MEDOC) (OTAN) – Secteur sud-est de la Méditerranée : Southeastern Mediterranean Area (MEDSOUEAST) (OTAN) – Secteur nord-est de la Méditerranée : Northeastern Mediterranean Area (MEDNOREAST) (OTAN).*

mégahertz megahertz (Abréviation US : "MHz").

mégamorts (millions de morts) mega-deaths (m-d) (UN)

mégatonne megaton (US, GB).

mégatonnique megaton (En épithète). Ex : *Arme mégatonnique : megaton weapon (OTAN, UN).*

méharistes (corps des) (Hist.) the Camel Corps.

meilleur finest (US), world-class, improved (UEO). Ex : *Matériels parmi les meilleurs du monde : world-class equipment – Le meilleur système d'arme de sa catégorie : the finest weapon system of its type (US) – La meilleure armée de terre du monde : the finest Army in the world (US) – Le Longbow est sans aucun doute le meilleur hélicoptère du monde : the Longbow is, without any doubt, the finest helicopter in the world (US) – Atteindre un meilleur niveau d'efficacité opérationnelle dans la gestion des crises : to attain a higher level of operational effectiveness in crisis management (UEO) – Un meilleur accès à l'imagerie satellitaire devrait être favorisé : improved access to satellite imagery should be fostered (UEO).*

mélange mix, combination (US). Ex : *Un mélange d'infanterie légère et d'infanterie motorisée : a combination of light infantry and motorized infantry (US).*

mêlée (combat) maneuver (US), combat (US, GB). Ex : *Les forces de mêlée : (combat) maneuver forces (US) – Une arme de mêlée : a combat arm (US, GB) – Une unité de mêlée : a combat unit.*

membrane phonique (masque à gaz) voicemitter (US).

membre member (US, GB), man (US), personnel (US) (ADJ : "key"). Ex : *Les membres des forces armées : members of the armed forces (US) – Membres de la famille : family members (US) – Les membres d'un régiment / d'une unité : the members / of a regiment (GB) / of a unit (US) – Membre d'équipage (véhicule blindé) : crewman (US) – Membre d'équipage (hélicoptère) : aircrew member (US) – 300 membres de la Compagnie de Commandement de la 49ᵉ Division Blindée : 300 members of Headquarters and Headquarters Company, 49th Armored Division (US) – On estime que le KGB comptait plus de 400 000 membres : the KGB was estimated to number more than 400,000 personnel (US).*

membre à part entière (organisation) full member (OTAN).

membre associé (UEO) associate member (UEO).

membre d'équipage (navire / aéronef / véhicule) crewman (GB, US), crewmember (US).

membre du personnel d'assistance (HUM) aid worker (OTAN).

membre signataire (alliance) signatory member (US) (VERB : "to remain").

même same (US, GB), single (OTAN), one (OTAN), similar (US). Ex : *Même mission : same mission, ditto – Au cours de cette même période : during this same period (US) – Être aux ordres d'un même chef : to be placed under a single commander (OTAN) / under one commander (OTAN) – Opérations conduites en même temps : concurrent operations (OTAN) – Au cours du même mois : in the same month (CA) – Être doté du même armement que le M551 (char) : to incorporate armement similar to that of the M551 (US) – La FAR (= Force d'Action Rapide) était sur le même pied (ou au même niveau) que la 1ᵉʳᵉ Armée française : the FAR was co-equal with the French 1st Army (US).*

mêmes éléments (ART) repeat (OTAN).

mémorandum d'entente (ou d'accord) memorandum of understanding (MOU) (OTAN, US, GB, UN) (PREP : "on").

menaçant (objet) threatening (US) (object) (Contraire : "non-threatening").

menace threat (US, GB, OTAN) (Ce terme traduit aussi "l'ennemi potentiel / l'ennemi générique") (PREP : "to" = pour, "from" = (provenant) de) (VERB : "to present", "to meet", "to analyse", "to loom large", "to cope with", "to assess", "to emerge", "to recede", "to identify", "to counteract", "to decrease", "to pose", "to endure", "to deal with", "to overcome", "to deter", "to neutralize", "to destroy", "to constitute", "to defeat", "to address", "to counter", "to kill", "to overmatch", "to uncover", "to be faced with", "to remove") (ADJ & PART : "growing", "increasing", "potential", "current", "future", "real", "continuing", "new", "old", "relentless", "acute", "perceived", "powerful", "probable", "direct", "immediate", "serious", "nontraditional", "postulated", "particular", "large", "unconventional", "single", "all-embracing", "wide", "clear", "credible", "full-blown", "major") (NOM ASS. : "clarity") (PREP : "to", "from"). Ex : *Une menace nucléaire : a nuclear threat – La menace des armes nucléaires : the nuclear weapons threat (US) – La menace terroriste en Irlande du Nord : the terrorist threat in Northern Ireland (GB) – Des menaces visant les intérêts américains : threats to U.S. interests (US) – Une menace pour la paix : a threat to peace (US) – La menace provenant / d'armes de plus gros calibre / des armes chimiques : the threat from / larger caliber weapons / chemical weapons (US) – Menace non-nucléaire : non-nuclear threat (GB) – Menace psychologique : psychological threat (OTAN) – Les menaces émanant des tireurs embusqués : sniper threats (US) – Une menace contre la sécurité : a threat to security (OTAN) – Menace d'emploi des* *armes nucléaires : threat of use of nuclear weapons (UN) – La menace de la force : the threat of force (UN) – Sous la menace permanente de : under constant threat of (US) – La menace vient de... : the threat comes from... (GB) – Axé sur (déterminé en fonction de, conçu en fonction de ou proportionnel à) la menace : threat-oriented (UN) – La menace visant l'Europe occidentale : the threat directed against Western Europe (US) – Constituer la menace la plus immédiate et la plus sérieuse pour l'unité soutenue : to present the most immediate and serious threat to the supported unit (OTAN) – Répondre à une menace aérienne évoluant à basse altitude : to counter a low-altitude air threat (US) – Saddam ne représente aucune menace immédiate pour ses voisins : Saddam presents no immediate threat to his neighbors (US) – La suppression d'une menace importante (ou majeure) : the removal of a major threat (GB) – Maintenant que la menace de la guerre froide a disparu : now that the Cold War threat has lifted (GB) – Contrer la menace militaire venant du sud : to meet the military threat from the south (CA) – Des zones où la menace terroriste est élevée : areas of high terrorist threat (GB) – Une menace de débarquement amphibie : a threatened amphibious landing (US).*

menacé (secteur / zone) threatened (US).

menacé (vie) in danger (US).

menace asymétrique asymmetric threat (US).

menace blindée tank threat (GB), armour threat. Ex : *Contrer la menace blindée : to counter the tank threat (GB) – La réduction globale de la menace blindée : the overall reduction in the armour threat.*

menace d'attaque threat of attack (US).

menace d'attaque nucléaire threat of a nuclear attack (US, GB) (PREP : "under").

menace de l'ennemi enemy threat (US) (VERB : "to identify", "to defeat" = éliminer).

menace d'emploi (armes de destruction massive) threat of use (US).

meance d'emploi de la force threat of force (US).

menace émergente (ou naissante) emerging threat (US) (VERB : "to confront").

menace liée aux missiles missile threat (US).

menace majeure major threat (US).

menacer to threaten (US, GB, OTAN) (Se construit avec un complément d'objet direct ou avec "to" + infinitif). Ex : *Ces objectifs menacent directement les opérations terrestres : these targets directly threaten land operations (GB) – Une force menace d'attaquer : a force threatens to attack (OTAN) – Un secteur menacé de la zone de responsabilité : a threatened sector in the AOR (= Area of Responsibility) (OTAN) – L'ennemi menace notre flanc droit : the enemy is threatening our right flank (GB) – L'ennemi menace de recourir à l'arme nucléaire : the enemy are threatening to use nuclear weapons (GB) – Les ressortissants américains dont la vie est menacée : the US citizens whose lives are in danger (US).*

menace régionale regional threat (US).

ménage (faire le) to clean up (US). Ex : *Faire le ménage au sein du SDECE (Directeur Général) : to clean up the SDECE (US).*

menées insurrectionnelles insurgency (OTAN) (VERB : "to defeat").

mener (exécuter / accomplir) (action / opération) to conduct (US, GB), to carry out (GB, OTAN), to prosecute (OTAN), to fight (GB), to wage (GB), to deliver, to be engaged in (OTAN). Ex : *Mener une attaque : to conduct an attack – Mener un combat de défense mobile : to conduct mobile defense (operations) – Mener un combat défensif : to fight a defensive battle (GB) – Mener une campagne : to wage a campaign (GB) – Mener des opérations (force) : to operate, to conduct operations (US) – Mener des opérations au* *contact: to fight close operations (US) – Une unité menant une action défensive: a unit engaged in a defensive action (OTAN) – Mener des actions embarquées ou débarquées (INF): to conduct mounted or dismounted action (GB) – L'apogée de la campagne de violence et de destruction menée par l'armée (de terre) yougoslave: the climax of the campaign of violence and destruction carried out by Yugoslav Army forces (OTAN) – Nous avons mené la campagne aérienne de manière efficace: we prosecuted the air campaign in an effective manner (OTAN) – Les essais menés en novembre 1998 (programme d'armement): trials carried out during November 1998 (GB) – L'UEO et l'OTAN mèneront leur premier exercice conjoint de gestion de crise UEO / OTAN: WEU and NATO will conduct the first ever joint WEU / NATO crisis management exercise (UEO) – Détruire la possibilité pour l'ennemi de mener des opérations efficaces au cours de la nuit: to destroy the enemy's capability for effective operations during the night (US) – Mener des opérations militaires: to prosecute military operations (OTAN) – Ceux qui mènent la guerre: warfighters (US) – Mener des assauts répétés: to deliver successive assaults.*

mener (être à la tête de / diriger) to lead (US, GB). Ex: *Mener une attaque: to lead an attack (US) – Mener des soldats au combat: to lead troops in (to) battle (ou into action) (US, GB) – Une coalition de pays menée par les États-Unis: a coalition of countries under the leadership of the United States (GB).*

mener (sens figuré) Ex: *Mener la vie dure à l'ennemi: to make life miserable for the enemy (US).*

mener à bien (mission / opération) to carry out (OTAN), to achieve (GB), to complete, to prosecute (OTAN), to fulfil (OTAN). Ex: *Mener à bien une mission: to carry out (ou to achieve) a mission (OTAN, GB) – Cette opération ne sera pas totalement menée à bien sans le retour des réfugiés: this operation will not be complete without the return of the refugees (OTAN).*

mener à terme to bring (something) to completion, to carry (something) through (to completion).

mener à son terme (attaque) to follow through (GB). Ex: *L'attaque n'a pas été menée à son terme: the attack was not followed through (GB).*

méningite (SAN) meningitis.

menottes (AT / GEND) handcuffs (GB). Ex: *Passer les menottes à quelqu'un: to put handcuffs on someone (GB).*

mentalité mentality (GB), attitude (GB, US), mind set (US) (VERB: "to develop", "to influence"). Ex: *Des changements (ou évolutions) dans les mentalités: changes in attitudes (GB) – Une mentalité tournée vers l'argent (PERS): a monetary mentality (GB) – Les unités d'action psychologiques sont utilisées pour influencer les mentalités et les comportements d'audiences étrangères: Psychological Operations (PSYOP) units are employed to influence the attitudes and behaviors of foreign audiences (US).*

mention de protection (document) (RENS) security classification (US) (ADJ: "low").

mentir to lie (US, GB) (ADV: "purposely").

mentonnet ricasso.

mentonnière de casque chin strap.

menuisier (PERS) carpenter (GB).

méprise (malentendu) (TAC) misunderstanding (US).

mer sea (US, GB). Ex: *En mer et à terre (matériels): afloat and ashore (US) – Sur terre, sur mer et dans les airs: on land, at sea and in the air (US).*

mercenaire mercenary (GB), soldier of fortune (GB). Ex : *Une force de mercenaires : a mercenary force (GB).*

merci (sans) unmerciful (US), merciless (US). Ex : *Le pilonnage sans merci se poursuivit toute la nuit : the unmerciful (ou merciless) pounding continued through the night (US).*

mercure temperature(s) (CA). Ex : *Le mercure atteignait 30 degrés centigrade : temperatures hovered around 30 degrees Celsius (CA).*

mère (d'appartenance ou d'origine) (unité) parent (unit).

méridien meridian (OTAN).

méridional (ou du sud) (adjectif) southern (US, OTAN). Ex : *Dans la province méridionale du Kosovo : in the southern province of Kosovo (US) – Norvège méridionale : Southern Norway (SONOR) (OTAN).*

méritant (PERS) deserving (US).

mérite (PERS) merit (US). Ex : *Au mérite (avancement) : on merit (US) – L'avancement se fait au mérite : promotion is on merit (GB), promotion depends on merit (GB).*

mérité deserved (US). Ex : *Une promotion (ou un avancement) mérité(e) : a deserved promotion (US).*

Mérite (Ordre du) (the) Order of Merit.

merlon earthwork (Terme dénombrable).

mer-terre ship-to-shore (OTAN). Ex : *Système de diffusion et liaison mer-terre : broadcast and ship-to shore system (BRASS) (OTAN).*

merveille de technologie (équipement) marvel of technology (US) (VERB : "to be seen as").

mes respects Ex : mes respects, mon Colonel ! : good morning (ou afternoon ou evening), Sir ! (GB).

mess (ou cercle) mess (US, GB) (ADJ : "military"). Ex : *Mess des sous-officiers : sergeants'mess (GB) – Compenser les frais d'alimentation pour ceux qui ne mangent pas régulièrement dans un mess militaire : to offset the cost of food for those not regularly eating at a military mess (US) (Voir aussi **cercle**).*

message message (GB). Ex : *Message du ministre de la Défense (document officiel) : a message from the Secretary of State for Defence (GB).*

message (TRANS) message (US, OTAN), communication (GB) (VERB : "to send... to", "to break down... into", "to encode", "to decipher", "to route", "to reroute", "to encipher", "to disguise", "to hide", "to code", "to scramble", "to handle" = traiter) (ADJ & PART : "high-priority", "incoming", "(electronically) transmitted", "brief", "unformatted", "encrypted", "clandestine") (NOM ASS. : "design", "production", "delivery"). Ex : *Un message écrit ou oral : an oral or written message (US) – Envoyer un message radio : to send a radio message (US) – Prenez message (procédure radio) : message ou message follows – Des messages / en phonie / par fax / informatisés : voice / fax / data /0 messages (GB) – Système automatisé de traitement des messages : automated message handling system (AMHS) (OTAN) – Système de gestion automatique des messages : automatic message management system (AMMS) (OTAN) – Avez-vous reçu mon message ? : have you received my communication ? (GB).*

message (RENS) message (US) (VERB : "to encode", "to encipher", "to put into code", "to write", "to decode", "to decipher", "to hide", "to conceal", "to send", "to intercept", "to capture", "to decode", "to receive", "to understand", "to discover", "to write", "to encrypt", "to reduce in size") (ADJ : "urgent", "important"). Ex : *Message secret (RENS) : secret message (US) – Message invisible (RENS) : invisible message (US).*

message de données data message (US, GB) (ADJ : "standard" = normalisé).

message de préavis warning message (OTAN). Ex : *Message de préavis de simulation d'émetteurs : emitter simulation warning message (EMSIWARN) (OTAN).*

message de propagande propaganda message (US).

message de volume dummy message (OTAN).

message électronique electronic message (US) (VERB : to develop").

message intercepté intercept (GB).

message prioritaire flash message (GB), flash signal (GB).

messager (ou courrier) courier (GB).

message radio message by radio (GB) (VERB : "to send"). Ex : *Il a envoyé un message radio au PC pour demander un appui feu : he signalled HQ to request air support (GB).*

message-type standard message (OTAN).

messe (cérémonie religieuse) service (US, GB).

messe du souvenir memorial service (US) (VERB : "to attend" = assister à).

messe en plein air (sur le terrain ou la place d'armes) drumhead service (GB).

mesurable (résultat / menace) measurable (US).

mesuré (réaction) measured (US).

mesure proportion (US). Ex : *Dans (toute) la mesure du possible : whenever possible (OTAN, UEO) – Avoir le sens de la mesure (opérations de paix) (PERS) : to have a sense of proportion (US) – Dans une large mesure : largely (OTAN).*

mesure (dimension) Ex : *Prendre la mesure de la tâche / la mission : to size up the task (US) – À la mesure des changements qui remodelaient l'Europe : commensurate with the changes that were reshaping Europe (OTAN).*

mesure (action) measure (US, GB, UN), step (US, GB), action (sens singulier et pluriel) (US, OTAN) (VERB : "to apply", "to take") (ADJ : "defensive", "offensive"). Ex : *Prendre des mesures : to take actions (US, OTAN) – Prendre une mesure punitive : to take a measure of punishment (US) – Mesure de sécurité (TRANS) : security measure (OTAN) – Mesures dissuasives : deterrent measures (US) – Mesures / actives / passives : active / passive / measures (OTAN) – Mesures de confiance et de sécurité : confidence- and security-building measures (CSBMs) (UN) – Mesures de coopération : cooperative measures (UN) – Mesure d'application (ou de mise en œuvre) : implementation measure (UN) – Mesure de paix (ou de consolidation de la paix) : peace-building measure (UN) – Une mesure d'économie : a measure of economy (GB) – Prendre toutes les mesures nécessaires et adaptées pour protéger une force : to take all necessary and appropriate action to protect a force (US) – Tout refus de répondre à ces exigences conduirait l'OTAN à prendre les mesures nécessaires, quelles qu'elles soient, pour éviter une catastrophe humanitaire : failure to meet these demands would lead NATO to take whatever measures were necessary to avert a humanitarian catastrophe (OTAN) – Compte-rendu d'exécution des mesures d'alerte : alert implementation report (ALIMPREP) (OTAN).*

mesure (évaluation) measurement (OTAN). Ex : *Mesure des rayonnements : measurement of radiation (OTAN).*

mesure anti-insurrectionnelle counter-insurgency (OTAN, GB) (VERB : "to perform").

mesure (de) (en) voir **en mesure de**.

mesure de confiance confidence building measure (CBM) (OTAN).

mesure de distance par détection d'ondes lumineuses light detection and ranging (LIDAR) (OTAN).

mesure défensive defensive measure (US).

mesure de précaution precautionary measure (GB), precaution (OTAN). Ex : *L'OTAN prend toutes les mesures de précaution possibles pour éviter des pertes civiles au cours de ses opérations : NATO takes every precaution to avoid civilian casualties during its operations (OTAN).*

mesure de sécurité security measure (GB, US).

mesure d'interdiction denial measure (US, OTAN).

mesure d'urgence emergency action (EA) (OTAN).

mesurer to measure (US), to gauge (US). Ex : *Mesurer la distance sur une carte : to measure distance on a map (US) – Mesurer la direction et la force du vent : to gauge wind direction and strength (US).*

mesures actives (RENS) active measures (US).

mesures actives active measures.

mesures correctives remedial action (OTAN). Ex : *Programme de mesures correctives de l'exercice : exercise remedial action programme (EXRAP) (OTAN).*

mesures d'appui électroniques electronic support measures (ESM) (Baud).

mesures de confiance et de sécurité confidence and security building measures (CSBM) (OTAN).

mesures de coordination (TAC) control measures (US, GB).

mesure de défense NBC NBC defense measures (US).

mesures défensives (TAC) defensive measures (US).

mesures de protection (explosion nucléaire / NBC) protective measures (US, GB) (VERB : "to require", "to take") (ADJ : "maximum", "individual", "collective", "casualty", "appropriate"). Ex : *Le chef est responsable de la mise en place de mesures de protection appropriées pour assurer la sécurité des troupes amies (NBC) : the commander is responsible that appropriate protective measures are taken to ensure the safety of friendly troops (US).*

mesure(s) de protection électronique (MPE) electronic protective measure(s) (EPM) (OTAN).

mesures de protection électronique (subdivision de la guerre électronique) electronic protection (US).

mesure(s) de soutien de guerre électronique (ou d'appui électronique) (MSE) electronic warfare support measure(s) (ESM) (OTAN).

mesures de soutien électronique (subdivision de la guerre électronique) electronic warfare support (US).

mesure(s) disciplinaire(s) (PERS) disciplinary action (GB) (VERB : "to face", "to take").

mesures militaires military action (CA). Ex : *La SFOR (= Stabilization Force) peut prendre des mesures militaires : SFOR can take military action (CA).*

mesures offensives (TAC) offensive measures (US).

mesures offensives anti-mines offensive mine countermeasures (OTAN).

mesures passives passive measures.

mesures préventives (TAC) preventive measures (US).

Météo-France Équivalent GB : Meteorological Office (Met Office) – Équivalent US : the National Weather Service.

météo (rologie) meteorology (US), weather. Ex : *La section météo : the met troop, the AMETS troop (artillerie) (GB), artillery meteorological team (ARTYMET) (US) – Bonnes / médiocres / conditions météo : fair / poor / weather – La météorologie nationale : voir Météo-France – Bureau (inter) allié de météorologie : allied meteorological office (AMO) (OTAN).*

météorologique weather (En épithète) (OTAN), meteorological (OTAN). Ex : *Par toutes conditions météorologiques : in all weather conditions (OTAN) – Service météorologique : meteorological service (OTAN) – Système météorologique de l'armée de terre : Army meteorological system (AMS) (OTAN) – Informations météorologiques : weather information (OTAN) – Comité météorologique du SHAPE : SHAPE meteorological committee (SMC) (OTAN).*

météorologue (ou météorologiste) meteorologist (GB).

méthode method (US, GB, OTAN), technique (OTAN) (VERB : "to implement", "to use", "to revamp", "to expand", "to adopt") (ADJ : "efficient", "new", "innovative", "proven"). Ex : *Méthode (ou mode) de détection : detection method (US) – Méthode de gestion : method of management (US) – Méthode d'enseignement (ou d'instruction) par petits groupes : small group instruction method (US) – Méthode de bombardement : bombing technique (OTAN) – Méthode d'essai : test method (GB) – Méthode d'instruction (ou d'entraînement) : training method (GB) – Méthode de réglage de tir : method of adjusting fire (OTAN).*

méthode d'appréciation de la situation militaire (MASM) military situation assessment process.

méthode de combat method of fighting (GB) (Terme dénombrable).

méthode de consultation method of consultation (OTAN).

méthode de formation (instruction) training method (GB).

méthode d'élaboration des ordres (échelon : section / compagnie) troop-leading procedure (US).

méthode d'entraînement (ou d'instruction) training method (GB) (ADJ : "harsh").

méthode de raisonnement tactique (MRT) the Military Decisionmaking Process (MDMP) (US), the Estimate Process (GB), the estimate procedure (US), appreciation (GB) (VERB avec "appreciation" : "to make").

méthode de reconnaissance method of reconnaissance (US, GB).

méthode de recueil (du renseignement) (RENS) collection method (US).

méthode de sabotage (RENS) sabotage method (US) (VERB : "to be trained in").

méthode de travail working method (CFE, GB).

méthode (ou mode) d'exécution (mission) method of execution (GB).

méthode d'expérimentation experimentation method (US).

méthode d'instruction method of instruction (US).

méthodologie methodology (US) (Terme dénombrable) (VERB : "to tailor", "to apply", "to change"). Ex : *Méthodologie de la bataille (ou tactique) : battle methodology (US) – Méthodologie d'entraînement : training methodology (US).*

métier trade (GB), profession (US), craft (US). Ex : *Les métiers de l'armée de terre : the trades of the Army (GB) – Métiers du bâtiment : building trades (GB) – Métiers spécialisés : specialists trades (GB) – Informer les soldats sur le métier qu'il ont choisi : to inform soldiers about their chosen profession (US) – Le métier du renseignement (RENS) : the intelligence profession (US), the craft of intelligence (US) – Être formé aux différents aspects du métier d'espion (RENS) : to be trained in various aspects of spy tradecraft (US) – Ficelles du métier d'espion : tradecraft (US).*

métier (force / unité) role (US), function (US), duty (US). Ex : *Changer de métier (unité) : to be re-roled (+ éventuellement "as") (GB) – Une brigade de métier : a functionally oriented brigade.*

métier (armée de) professional army, career army, career military (<u>Jane's Defence Weekly</u>).

métier de soldat (ou des armes) soldiering (GB), the profession of arms (US). Ex: *Les rudiments du métier de soldat: the fundamentals of soldiering (GB) – Un soldat n'est heureux que lorsqu'il fait son métier de soldat: a soldier is only happy when he is soldiering (GB).*

métier militaire (le) the military profession (US), soldiering (GB), military service (Jane's). Ex: *Le métier militaire: the military profession (US) – Les servitudes du métier militaire: the exigencies of military service (Jane's), the X-factor (GB).*

mettre to put (US), to put on (US), to set (GB), to be dressed in (GB). Ex: *Mettre / un masque de protection / un casque: to put on / a protective mask / a helmet (US) – Mettre en lieu sûr des documents classifiés: to safeguard classified documents (US) – Mettre un masque (soldat): to mask (OTAN) – Une grenade mit le feu à un (véhicule) Warrior: a grenade set a Warrior on fire (GB) – La Corée du Nord pourrait mettre sa technologie sur le marché international: North Korea could put its technology into the international marketplace (US) – Pour les opérations hivernales, les soldats mettent des tenues blanches: for operations in winter, the troops are dressed in white uniforms (GB).*

mettre à découvert (TAC) to expose (US). Ex: *Les opérations offensives mettent à découvert l'assaillant: offensive operations expose the attacker (US).*

mettre à disposition to make available (OTAN, US), to provide (UEO) (PREP: "to"). Ex: *Mettre des renseignements à la disposition / des responsables politiques ou décideurs / des utilisateurs: to make information available / to policy makers (US) / to users (OTAN) – Mettre à disposition des unités spécialisées: to provide specialised units (UEO) – Mettre une force à disposition de l'UEO: to make a force available to WEU (UEO) – Mettre le territoire français à la disposition de l'Alliance: to make French territory available to the Alliance (GB).*

mettre à disposition de (force) to commit (a force) to (GB).

mettre à exécution (plan) to put into execution (GB). Ex: *Mettre un plan à exécution: to put a plan into execution (GB).*

mettre à feu (charge explosive) to detonate (an explosive charge) (CFE).

mettre à jour (document / informations / doctrine) to update (US).

mettre à jour (exposer) (TAC) to uncover (US). Ex: *Mettre à jour des points faibles ennemis: to uncover enemy vulnerabilities (US).*

mettre à l'abri (se) (unité / PERS) to take cover (US).

mettre à la retraite (d'office) (punition) Ex: *Le chef-d'état-major de l'armée de terre ordonna que le général Doe fût mis à la retraite d'office avec le grade de colonel: the Chief of Staff of the Army directed that General Doe be retired in the grade of Colonel (US).*

mettre à l'eau (véhicule) to launch (OTAN). Ex: *Mettre à l'eau des véhicules amphibies: to launch amphibious vehicles (OTAN).*

mettre à l'épreuve (force / hommes) to put to the test (US), to test (US), to put (someone) through his paces (familier) (GB). Ex: *L'armée de terre avait été sévèrement (ou rudement) mise à l'épreuve (ou éprouvée) pendant 6 années de guerre: the Army had severely been tested for 6 years of war (US) – Au plan physique, vous serez mis à l'épreuve (ou vous montrerez ce dont vous êtes capable) (instruction): physically you will be put through your paces (GB).*

mettre à l'essai to test (US). Ex: *Une technique ayant pour objet de mettre à l'essai une représentation d'un système: a technique for testing a representation of a system (US).*

mettre à niveau (personnels en formation) to bring (somebody) up to date (US).

mettre à niveau (équipement) to upgrade (equipment) (CA).

mettre à nu (véhicule) to strip down (a vehicle) (GB).

mettre à profit to build on (OTAN), to bring to bear (OTAN). Ex : *Deux des secteurs dans lesquels les compétences techniques de l'OTAN peuvent être utilement mises à profit : two areas where NATO's expertise can usefully be brought to bear (OTAN).*

mettre à terre (troupes) to land (OTAN), to insert (US), to bring ashore (US). Ex : *Les troupes sont mises à terre sur la zone de saut par des hélicoptères de transport : troops are inserted by cargo helicopters into the landing zone (US) – Mettre à terre des échelons d'assaut / des troupes (opération amphibie) : to land assault echelons (OTAN) / to bring troops ashore (US).*

mettre au courant de to bring (somebody) up to date (on) (US). Ex : *Mettez moi au courant de ce qui s'est passé au cours des quatre dernières heures : bring me up to date on what has happened in the last four hours (US).*

mettre au défi de to dare to (GB). Ex : *Il a mis ses hommes au défi de le suivre : he dared his men to follow him (GB).*

mettre au garde-à-vous to call to attention (US). Ex : *Mettre le régiment au garde-à-vous : to call the battalion to attention (US).*

mettre au point (plan / armement) to develop (GB, Jane's), to finalize (US). Ex : *Mettre au point un plan : to develop a plan (GB) – Mettre au point un système d'armes (à partir d'un autre système d'armes) : to develop a weapons system (from another weapons system) (Jane's) – Mettre au point les derniers détails d'un plan : to finalize a plan (US).*

mettre au point (concept) to refine (US).

mettre au rebut (matériel) to discard (materiel) (OTAN).

mettre au repos (forces) to rest (US).

mettre aux ordres de (unité) to attach (a unit) to (Mise aux ordres temporaire).

mettre en alerte (unité) to alert (US). Ex : *La Division fut mise en alerte à trois reprises : the Division was alerted three times (US).*

mettre en application (plan / concept) to implement (a plan / a concept) (OTAN, US).

mettre en appui de (unité) to place in support of (US).

mettre en batterie to emplace (US), to set up for firing (US), to prepare for use (US), to prepare for operation (US), to prepare for firing (US). Ex : *Mettre le canon en batterie : to emplace the gun (US), to set up the gun (ou piece) for firing (US) – Mettre le missile en batterie : to prepare the missile system for use (ou for operation (US), to prepare the missile for firing (GB).*

mettre en branle (opération) to put in motion (US).

mettre en danger to jeopardize (ou jeopardise) (GB, US), to endanger (GB), to put in danger (GB), to put at risk (US), to threaten (US), to put in harm's way (US). Ex : *Mettre en danger la liberté de manœuvre : to jeopardize the freedom of manœuvre (GB) – Mettre quelqu'un en danger : to put somebody in danger (GB), to put somebody at risk (US), to put somebody in harm's way (US) – Mettre en danger la vie de quelqu'un : to endanger somebody's life (GB) – Mettre une force en danger : to put a force at risk (US), to endanger a force (US) – Mettre en danger la vie humaine : to threaten human life (US) (Voir aussi **mettre en péril**).*

mettre en demeure (inspection) to challenge (UN).

mettre en déroute to rout (GB), to turn back (CA). Ex : *Mettre en déroute une colonne de 3000 Américains avançant sur Montréal (Hist.) : to turn back a 3,000-strong American column advancing on Montreal (CA) – Les envahisseurs ont été mis en déroute : the invaders were routed (GB).*

mettre en disposition de combat (arme) to make safe (GB).

mettre en dotation (dans une unité) (matériel) to field (ou to issue) (equipment) to a unit (US, GB).

mettre en échec to foil (OTAN). Ex : *Mettre en échec les efforts de Milosevic visant à déstabiliser les voisins de la Yougoslavie : to foil Milosevic's attempts to destabilise Yugoslavia's neighbours (OTAN).*

mettre en état d'arrestation (AT / GEND) to take (somebody) into custody (GB).

mettre en garde to warn (US). Ex : *Mettre quelqu'un en garde : to warn somebody (US).*

mettre en garnison (ville / troupes) to garrison (GB) (PREP : "with").

mettre en lumière to illustrate (OTAN), to highlight (OTAN).

mettre en marche (appareil) to put into operation (US), to bring into action. Ex : *Mettre en marche un détecteur de mines : to bring into action a mine-detector.*

mettre en œuvre (troupes / structure de commandement) to involve (OTAN). Ex : *Un exercice mettant en œuvre le commandant, son état-major et les tranmissions : an exercise involving the commander, his staff and communications (OTAN).*

mettre en œuvre (destruction) to execute (a demolition) (OTAN).

mettre en œuvre (quantité de feu) (unité) to deliver (an amount of fire) (OTAN).

mettre en œuvre (matériel) to operate (a piece of equipment) (US, GB). Ex : *Cet hélicoptère peut être mis en œuvre par un seul homme : this helicopter can be operated by a single pilot (US).*

mettre en œuvre (plan / conclusions / concept) to put into effect (OTAN), to implement (GB, OTAN). Ex : *Mettre en œuvre un plan : to put a plan into effect (OTAN) – Pour mettre en œuvre nos conclusions (rapport) : to implement our conclusions (GB) – Mettre en œuvre le concept de groupes de forces interarmées multinationales : to implement the Combined Joint Task Force concept (OTAN).*

mettre en œuvre (politique) to implement (OTAN).

mettre en œuvre (source) (RENS) to exploit (a source) (OTAN).

mettre en œuvre (unité) to operate (a unit).

mettre en œuvre (vision / perspective conceptuelle) to operationalize (US).

mettre en péril to imperil (US). Ex : *Mettre en péril la paix et la sécurité des États-Unis : to imperil the peace and security of the United States (US) (Voir aussi **mettre en danger**).*

mettre en place (troupes / unité) to position (US), to place (US), to establish (US), to insert (US), to deploy (US). Ex : *Mettre en place une troupe sur le champ de bataille : to position (ou to place ou to establish) a force on the battlefield (US) – Mettre en place des troupes par hélicoptère sur le champ de bataille (opération aéromobile) : to insert troops by helicopter on the battlefield – La division la plus puissante que le Royaume-Uni ait jamais mise en place sur le terrain : the most powerful division the United Kingdom has ever placed in the field (GB) – Mettre en place une unité en Europe : to deploy a unit to Europe (US) – Mettre en place des forces dans un pays africain ami : to insert forces into a friendly African nation (US) – Mettre en place d'importantes forces terrestres sur le théâtre : to place large ground forces in the theater (US).*

mettre en place (fumigènes) to lay down (US). Ex : *Mettre en place un écran fumigène : to lay down smoke (US).*

mettre en place (mine / champ de mines) to emplace (US), to deliver (UN), to lay (OTAN). Ex : *Mettre en place une mine : to emplace a mine (US) – Mine mise en place à distance : remotely delivered mine (UN) – Mettre en place un champ de mines : to lay a minefield (OTAN).*

mettre en place (obstacle) to erect (US), to install (US). Ex : *Mettre en place un obstacle : to erect an obstacle (ou an obstruction) (US).*

mettre en place (tir(s) to place (OTAN). Ex : *Tir mis en place sur une zone : fire placed on an area (OTAN).*

mettre en place (organisation tactique / structure de commandement) to establish (UEO, GB). Ex : *Mettre en place des chaînes d'approvisionnement : to establish supply lines (UEO).*

mettre en place (agent) (RENS) to plant (US). Ex : *Mettre en place un agent dans une organisation adverse : to plant an agent in a hostile organization (US).*

mettre en place (nouveau type d'armée) to introduce (US), to field (US). Ex : *Lorsque l'armée professionnelle a été mise en place en 1973 : when the all-volunteer military was introduced in 1973 (US) – Nous avons mis en place avec succès une armée professionnelle : we have successfully fielded an all-volunteer force (US).*

mettre en place (dotation de matériel) to field (GB, to deploy (GB), to issue (GB). Ex : *Mettre en place un matériel dans des unités : to field (ou to issue) a piece of equipment to units, to deploy a piece of equipment with units (GB).*

mettre en place (matériel) to erect (US). Ex : *Mettre en place une jupe de flottaison (char) : to erect a floatation barrier (US).*

mettre en place (personnels) to put (OTAN). Ex : *Mettre en place des personnels à bord de navires ou d'aéronefs : to put personnel into ships or aircraft (OTAN) – Le nombre de soldats que nous pouvons mettre en place sur le terrain : the number of troops we can put in the field (Jane's) (Voir aussi* **déployer***) .*

mettre en place (politique / ligne d'action) to set up (UEO). Ex : *Mettre en place une politique de mise en commun et de gestion de l'information et du renseignement stratégique plus cohérente : to set up a a more coherent strategic intelligence and information pooling and management policy (UEO).*

mettre en place (camp) to organize (Jane's).

mettre en place (pont) to place, to put in (US).

mettre en place (processus) to put into place (US).

mettre en place (préalablement ou à l'avance) (unités / matériels / approvisionements) to pre-position (OTAN).

mettre en place (se) (soldat) to position oneself (US).

mettre en position de faiblesse (ennemi) to put at a disadvantage (US).

mettre en pratique (doctrine / compétence) to apply (US).

mettre en réseau (matériels / informatique) to net (together) (US), to network (US). Ex : *Plusieurs radars sont mis en réseau : several radars are netted together (US).*

mettre en route (surveillance / inspection / installation) to activate (UN).

mettre en route (processus) to set in train (a process) (OTAN).

mettre en sécurité to secure (OTAN). Ex : *Mettre un aéronef en sécurité : to secure an aircraft (OTAN).*

mettre en service (matériel / armements) to bring into service (GB), to take into service (GB), to introduce (GB), to field (OTAN). Ex : *Le véhicule de reconnaissance sera mis en service dans les régiments d'infanterie mécanisée : the scout vehicle will be fielded to mechanized infantry battalions (US).*

mettre en service (ou admettre au service actif) (navire) to commission (US) (Contraire : "to decommission" = retirer du service actif ou de la circulation).

mettre en sommeil (unité) to place a unit in (to) suspended animation (GB), to inactivate (US).

mettre en station (système de transmissions) to set up (US).

mettre en sûreté (documents / armes) to secure (UN).

mettre en valeur (concept) to advance (US).

mettre fin à to end (GB), to halt (US), to terminate (US), to bring an end to (US), to abandon. Ex : *La capitulation mit fin à la guerre : the capitulation ended the war (GB) – Mettre fin aux hostilités : to end hostilities (GB), to halt hostilities (US) – Mettre fin à un conflit : to terminate a conflict (US) (Nom associé : "termination") – Il est mis fin à l'action au moyen d'un signal convenu d'avance dès que la risposte commence à se dessiner (guerre guérilla) : action is terminated by a prearranged signal as counteraction begins to form (US) – Mettre fin à la guerre : to bring an end to the war (US) – Mettre fin à une attaque : to abandon an attack.*

mettre hors de combat (force / personnels) to defeat (US), to put out of action, to render combat ineffective (US), to disable (UN, US). Ex : *Mettre une cible hors de combat : to disable a target (US) – Des hommes / des matériels / mis hors de combat : men / equipment / rendered combat ineffective (US) – Mettre temporairement l'ennemi hors de combat : to render the enemy temporarily ineffective (GB) – Mettre hors de combat les personnels : to disable personnel (US).*

Cf. : To defeat: to disrupt / nullify the enemy's plan and / or subdue his will to fight so he is either unwilling to or unable to pursue his mission. May or may not entail the destruction of any part of the enemy force. "Psychological over physical" (US).

mettre hors d'état (équipement) to disable (GB). Ex : *La mine a mis hors d'état la direction (ou le système de direction) du char : the mine disabled the tank's steering system (GB).*

mettre hors service to knock out (OTAN). Ex : *Mettre hors service des lanceurs de missiles sol-air et des radars : to knock out surface-to-air missile launchers and radars (OTAN).*

mettre hors service (usine) to decommission (a plant) (UN).

mettre l'accent sur to emphasize (US), to stress (US), to place emphasis on (US). Ex : *La doctrine mettait l'accent sur l'emploi des hélicoptères : doctrine emphasized the use of helicopters (US) – Un concept opérationnel qui met l'accent sur la reconnaissance : an operational concept that stresses reconnaissance (US) – Mettre fortement l'accent sur l'entraînement de la section de mortiers lourds : to place heavy emphasis on the training of the heavy mortar platoon (US).*

mettre la dernière main à (plan) (TAC) to finalize (a plan) (US).

mettre l'arme canon bas (funérailles) to reverse arms (GB).

mettre l'arme oblique to port arms (GB).

mettre l'arme sur l'épaule to shoulder arms (GB).

mettre le feu à to torch (GB). Ex : *Ils ont mis le feu au village : they torched the village (GB).*

mettre sous le commandement / sous le contrôle / de (force) to place / under the command / under the control / of (OTAN).

mettre sur demande prioritaire to place at priority call. Ex : *Mettre une unité d'artillerie sur demande prioritaire au profit d'une autre unité : to place an artillery unit at priority call to another unit.*

mettre sur écoute (téléphone) to tap (a telephone) (US).

mettre sur le marché (ou lancer sur le marché) (matériel) to market (US).

mettre sur pied to build (US), to set up (OTAN, US), to establish (OTAN, US), to schedule (OTAN), to mount (GB). Ex : *Mettre sur pied une base de données : to build a data base*

(US) – Mettre sur pied / un état-major / une force: to set up / a headquarters (OTAN) / a force (International Defence Review, US) – Mettre sur pied un organisme (ou installation): to establish a facility (OTAN) – Mettre sur pied une brigade aéromobile: to set up an air-mobile brigade (GB) – Mettre sur pied une équipe: to establish a team (UN) – Mettre sur pied un exercice: to schedule an exercise (OTAN) – Mettre sur pied un groupe de travail: to establish a working group (US) – Mettre sur pied des opérations: to mount operations (GB).

mettre sur pied (unité) to activate (a unit) (US) (Nom correspondant: "activation").

mettre sur pied (organiser) (exercice) to schedule (OTAN).

mettre sur pied d'intervention (force) to place on standby (GB). Ex: *La Légion fut mise sur pied d'intervention: the Legion was placed on standby (GB).*

mettre un terme à to bring to an end (OTAN), to bring a halt to (OTAN), to bring to a conclusion (US), to wind up (familier) (US). Ex: *Elle (= l'OTAN) a joué un rôle indispensable pour mettre un terme à la confrontation Est-Ouest d'une manière pacifique: it played an indispensable role in bringing East-West confrontation to a peaceful end (OTAN) – Mettre un terme à la brutale campagne de répression et d'épuration ethnique: to bring to an end the brutal campaign of repression and ethnic cleansing (OTAN) – Mettre un terme à l'agression des forces yougoslaves: to bring a halt to the Yugoslav aggression (OTAN) – Cette poursuite jusqu'au Rhin mettra un terme à l'opération: this pursuit to the Rhine will wind up the operation (familier) (US) – Mettre rapidement un terme aux conflits: to bring conflicts to a rapid conclusion (US).*

mètre (unité de mesure) metre (GB), meter (US) (Abréviation: "m"). Ex: *Une zone d'environ 125 mètres X 1150 mètres: an area approximately 125 by 1,150 meters (US) – Ils peuvent traverser un gué atteignant 0,80 m de profondeur: they can ford to a depth of .80m (US) – Le coup est soit long soit court de 50 à 100 mètres: the round is either over or short by 50 to 100 meters (US).*

métrique (ondes) metric (OTAN).

métro subway (US), underground (railway) (GB).

métropole home (GB) (Contraire: "overseas", "abroad"). Ex: *Un division blindée en Allemagne et une en métropole: one armoured division in Germany and one at home (GB) – Les forces en métropole: the metropolitan forces (US).*

métropolitain home (En épithète), metropolitan (US). Ex: *La France métropolitaine: metropolitan France (US).*

meurtrier lethal (US), deadly (US). Ex: *Une arme meurtrière: a lethal weapon (US) – La présence meurtrière du char du plastron: the deadly presence of the OPFOR (= Opposing Force) tank (US) – Caractère meurtrier des armes: lethality of weapons (US).*

MI5 (le) (Military Intelligence, Department 5) (service de contre-espionnage britannique) MI5 (= the Security Service) (US). Ex: *Contrôler un réseau de 3 agents doubles au profit du MI5: to run a network of 3 double agents for MI5 (US).*

MI6 (le) (Military Intelligence, Department 6) (service d'espionnage britannique) MI6 (= the Secret Intelligence Service ou SIS) (US). Ex: *Être exfiltré d'Union Soviétique par le MI6: to be smuggled out of the Soviet Union by MI6 (US).*

mi-chemin halfway (US). Ex: *Être à mi-chemin entre (2 points): to be halfway between (2 points) (US).*

micro voir **micro (phone)**.

microbiologie (SAN) microbiology (US).

microcopie (ou micropoint) (RENS) microdot (US).

micro-engin aérien (ou micro-drone) micro air vehicle (MAV) (GB).

microfilm (RENS) microfilm (US). Ex : *Acheminer (ou transporter) un secret sur microfilm (agent) : to carry a secret on microfilm (US).*

micro-ondes (arme à) microwave(s) weapon.

micro miniaturisé (ou caché) (ou mouchard) (écoute clandestine) (RENS) bug (GB) (VERB : "to search for"). Ex : *Placer des micros miniaturisés dans une pièce (écoute clandestine) : to bug a room – Enlever les micros miniaturisés cachés dans une pièce : to debug a room.*

micro (phone) microphone (Diminutif : "mike") (US, GB) (Également pour masque à gaz) (VERB : "to install") (ADJ : "eavesdropping", "tiny", "belt-buckle").

microphone (téléphone) mouthpiece (US) (PART : "bugged").

micro (phone) stylo (RENS) pen microphone (US).

microphotographie microphotography (US).

micropoint (RENS) microdot (US) (Terme dénombrable) (VERB : "to incorporate... into", "to use", "to send", "to prepare", "to produce", "to conceal", "to read", "to view", "to make") (NOM ASS. : "preparation", "equipment", "device", "mikrat") (EXPR : "to hide a miniaturized microdot camera"). Ex : *Des renseignements peuvent être réduits sur micropoints : information may be reduced to microdots (US) – À cette époque, la taille des micropoints était de 70 millimètres et contenaient 300 000 caractères : microdots at that time were 70 millimeters in size and contained 300,000 characters (US) – Appareil de prise de vues à micropoints : microdot camera (US).*

Cf. : An optical reduction of a photographic negative to a size that is illegible without magnification. In practice, a microdot is considered to be 1mm or smaller in size (US).

microprocesseur (informatique) microprocessor (US) (Terme familier : "chip" = puce) (ADJ : "built-in").

microrobot microbot (US).

midi midday, noon (US). Ex : *Avant midi : before noon (US).*

midi (sur) (tout droit) (méthode de l'horloge) at 12 o'clock (= straight ahead) ("the clock method").

mieux optimum (US), better (US, GB), best (US), more wisely (OTAN), greatest (OTAN). Ex : *Utiliser au mieux le terrain : to make optimum use of terrain (US) – Pour mieux se préparer à cela : to better prepare for this (US) – L'exécution de la mission au mieux de ses capacités : the performance of duty to the best of one's ability (US) – Une armée de terre mieux équipée : a better-equipped Army (GB) – L'officier le mieux qualifié : the best (-) qualified officer (US) – Employer au mieux de ses possibilités (force / élément de commandement) : to use (ou to utilize) to the greatest advantage (OTAN) – L'armée de terre s'organise pour accomplir au mieux ses missions : the Army organizes itself to best accomplish its missions (US) – Les soldats de notre pays méritent ce qu'il y a de mieux : our nation's soldiers derserve the best (US) – Il ne s'agit pas seulement de dépenser davantage; il faut aussi dépenser mieux (dépenses de défense) : this is not just a question of spending more - it is also about spending more wisely (OTAN).*

mieux-équipé (armée) better-equipped (US).

migration migration (OTAN). Ex : *Des migrations massives : mass migrations (OTAN).*

mikrat (RENS) mikrat (US) (VERB : "to employ").

MILAN (missile antichar moyenne portée) (Traductions rencontrées) MILAN (medium range) ATGW (= anti-tank guided weapon), MILAN (medium range) anti-tank weapon (system) (GB), MILAN medium range antitank missile, MILAN antitank missile launcher, MILAN portable antitank guided weapon (GB), MILAN anti-tank guided missile (Jane's), MILAN wire-guided anti-armour missile (GB), MILAN wire-guided anti-tank missile (ATGW) (GB) (Équivalent US du MILAN 2 : Javelin man-portable antitank system – Équivalent GB : Trigat MR (Medium Range) (VERB : "to build", "to use", "to fire", "to mount... on") (NOM ASS. : "launcher length", "launcher weight", "missile length", "missile weight", "warhead", "range", "missile", "launcher", "main rocket motor", "optical sight", "maximum / minimum range", "diameter", "wing span", "explosive content", "firing post", "armour penetration", "time of flight to maximum range", "missile speed", "guidance") (EXPR : "a second generation anti-tank weapon", "to be the result of a joint development between France and West Germany", "to be built under licence in the UK", "to be in service with the Army", "to be one of the world's leading anti-tank weapons", "to be simple to fire", "to have a high accuracy rate", "to be attached to a vehicle", "to keep it on target", "to keep the aiming mark on the target", "the Semi Automatic Command to Line of Sight (SACLOS) system"). Ex : *Un poste de tir MILAN : a MILAN firing post (GB).*

milice militia (US, Jane's) (VERB : "to retain") (PART : "(heavily) armed"). Ex : *Milices locales : local militias (US) – Un ennemi de type milice : a militia-type enemy (Jane's) – Une force composite d'infanterie d'active et de milice du Kentucky : a mixed force of Regular infantry and Kentucky militia (US) – Une milice privée : a private militia (US).*

milicien militiaman.

milieu (moitié) middle, midst (US), mid- (US, GB, OTAN), midway (US). Ex : *Des officiers en milieu de carrière : mid-career officers (US) – Jusqu'au milieu du mois de juillet 1997 : until mid-July 1997 (GB) – Au milieu des années (19) 80 : in the mid-1980s (US) – Dès le milieu de la matinée (contexte passé) : by mid-morning (US) – Au milieu d'une crise : in the midst of a crisis (US) – Structures de forces de l'OTAN pour le milieu des années 1990 : NATO force structure for the mid 1990s (OTAN) – Ceux qui étaient pris au milieu des combats : those caught up in the fighting (GB) – Au milieu d'un stage de formation : midway through a training course (US).*

milieu (environnement) (TAC) environment (US, GB, OTAN). Ex : *Un milieu hostile : a hostile environment – En milieu désertique : in a desert environment (US) – Opérations en milieu / urbain / rural : urban / rural / operations (GB) – Milieu ambiant : physical environment (OTAN) – Survivre et opérer en milieu NBC (PERS) : to survive and operate in an NBC environment (GB) (Voir aussi **environnement**).*

milieu (monde) circles (US). Ex : *Dans le milieu de l'espionnage (ou du renseignement) : in intelligence circles (US).*

milieu de carrière (en) (PERS) mid-career (US) (En épithète). Ex : *Un sous-officier en milieu de carrière : a mid-career non-commissioned officer (US).*

milieu d'information collective collaborative information environment (US).

milieu humain human environment.

milieu militaire (le) the military environment (GB).

milieu physique physical environment.

milieu sous-marin undersea (US).

milieu universitaire academic background (US). Ex : *Être recruté dans le milieu universitaire (agent) (RENS) : to be recruited from an academic background (US).*

militaire (nom) serviceman ou servicewoman (= un homme / une femme qui appartient à un "service" = une armée), service member ou servicemember (US) (Terme neutre, non-dénoté sexuellement, "politiquement correct"), soldier (US), member of the military (US), military personnel (UEO), troop (CA) (Attention : "the military" = l'armée d'un pays, en particulier ses grands chefs. Il ne doit s'employer que pour désigner l'ensemble des militaires dans une situation donnée. Ex : *Tous les militaires servant hors métropole sont autorisés à... : all military on duty outside the United States are allowed to... (US).* Ex : *Les militaires (= l'ensemble des militaires) : the military people (GB) – Un militaire d'active : a regular (GB) – Un militaire de carrière : a career soldier (Jane's) – Militaires féminins : woman (ou female) soldiers (GB, US) (Surnom péjoratif : lumpies") – Le système judiciaire applicable aux militaires en service actif : the legal system applicable to soldiers on active duty (US) – La qualité de vie des militaires : soldier quality of life (US) – Les militaires sont différents des civils : soldiers are different from civilians (US) – Environ 1050 militaires du Canada, de l'Autriche et du Japon sont déployés : about 1,050 troops from Canada, Austria and Japan are deployed (CA) – Avec la participation de 8000 militaires des quatre pays d'EUROFOR (exercice) : with the participation of 8000 military personnel from the four EUROFOR nations (UEO) – Assurer le maintien en puissance de quelque 3000 militaires (opération extérieure) : to sustain some 3,000 troops (CA) – Réduire le nombre de militaires présents dans les Balkans : to reduce the number of troops in the Balkans (CA).*

militaire (adjectif) military (US, GB) (Abréviation : "Mil"). Ex : *Recourir à l'action militaire : to take military action (OTAN) – Forces militaires : military forces (OTAN).*

militaire (ou soldat) d'active regular (GB), regular troop (Jane's).

militaire de carrière career soldier (US) (Terme familier US : "lifer").

militaire de réserve reserve-component soldier (US).

militaire du rang (MDR) soldier (US).

militaire féminin woman soldier (GB), military woman (US) (Terme familier collectif péjoratif GB : "lumpies").

militairement militarily. Ex : *Intervenir militairement : to intervene militarily – Militairement significatif (ou présentant un intérêt militaire) : militarily significant (UN) – Être engagée militairement (alliance) : to be engaged militarily (OTAN).*

militaires du rang (les) (MDR) ordinary ranks (GB).

militant (politique) (political) activist (US) (VERB : "to monitor").

militarisation militarization (UN). Ex : *Militarisation de l'espace : militarization of space (UN).*

militarisé (équipement) militarized (US).

militariser (équipement) to militarize (US).

militarisme militarism (US).

militariste (nom) militarist (GB).

militariste (adjectif) militaristic (GB).

militaro-diplomatique military-diplomatic (US).

militaro-stratégique military-strategic (GB, US).

militer en faveur de to champion (OTAN).

mille (centre de la cible) bull's-eye (GB).

mille (mesure de distance terrestre) mile (= 1609 mètres) (US, GB) (Abréviation : "m").

millénaire millenium (GB, US). Ex : *À la veille du troisième millénaire : on the eve of the third millenium (US).*

milliard billion (US, GB, CA). Ex : *Le ministère de la Défense Nationale recevra 1,7 milliards de dollars sur trois ans : DND (= the Department of National Defence) will receive $ 1.7 billion over three years (CA).*

millième (TOPO) mil (GB). Ex : *L'église est sur un azimut de 1825 millièmes : the church is on a bearing of 1825 mils (GB).*

millier thousand (US, GB). Ex : *Les milliers de parachutistes anonymes : the thousands of unnamed paratroopers (US) – Assurer le retour de centaines de milliers de réfugiés : to secure the return of hundreds of thousands of refugees (US) – Des milliers de gens furent massacrés : thousands were massacred (GB).*

millimétrique (ondes) millimetric (OTAN).

minage minelaying.

mine mine (US, GB, OTAN, UN) (Terme générique) (VERB : "to lay", "to deliver", "to detonate", "to actuate", "to control", "to make safe", "to disarm", "to arm", "to rearm", "to render inoperative", "to scatter", "to neutralize", "to sterilize", "to render safe", "to detect", "to remove", "to destroy", "to dispense", "to emplace", "to attach... to", "to position", "to place", "to be vulnerable to", "to trigger", "to lift", "to bury", "to dispense") (ADJ & PART : "recorded", "unrecorded", "disc-shaped", "electrically-operated", "self-destruct"). Ex : *La guerre des mines : mine warfare – Emploi défensif des mines : mine defence (UN).*

mine à action horizontale (ou à effet horizontal) horizontal action mine (GB, OTAN), off-route antitank mine (US).

mine à charge atomique (ou à charge nucléaire statique) atomic demolition munition (OTAN).

mine à contact contact mine (OTAN).

mine à dispositif actif active mine (OTAN).

mine à effet dirigé Claymore mine.

mine à influence influence mine.

mine antichar anti-tank mine (GB) (ADJ : "self-arming") (EXPR : "to damage or destroy an an armoured vehicle") .

mine antichar à action horizontale (MIACAH) horizontal action anti-tank mine (GB).

mine antichar dispersable (MI AC DIS) scatterable antitank mine.

mine antichar HPD (ou à haut pouvoir de destruction) high-kill antitank mine.

mine anti-personnel antipersonnel mine (UN), anti-personnel mine (GB) (VERB : "to use") (EXPR : "to use as a form of protection", "to set out as a perimeter defensive measure", "to collect before departing from the location", "to remain a favourite for ambush and perimeter defence").

mine anti-véhicule antivehciular mine (US).

mine à pression pressure mine (US, OTAN).

mine armée armed mine (OTAN).

mine autonome independent mine (OTAN).

mine bondissante bounding mine (UN).

mine chimique chemical mine (UN).

mine combinée combination influence mine (OTAN), combined influence mine (OTAN).

mine commandée à distance (ou contrôlée) controlled mine (US), command-detonated mine.

mine d'entraînement (ou d'exercice) practice mine (OTAN).

mine désarmée disarmed mine (OTAN).

mine dispersable scatterable mine. Ex : *Famille des mines dispersables : family of scatterable mines (FASCAM) (US) .*

mine enterrée buried mine (OTAN).

mine inerte inert mine (OTAN), dead mine (OTAN).

mine magnétique magnetic mine (OTAN).

mine mise en place à distance remotely delivered mine (UN).

mine passive passive mine (OTAN).

miner (zone / route) to mine (an area / a road) (GB).

miner (moral) to undermine (OTAN). Ex : *Miner le moral et la loyauté des citoyens : to undermine the morale and loyalty of citizens (OTAN).*

minerai stratégique strategic ore (US).

mines du contour irrégulier irregular outer edge (OTAN) (VERB : "to use").

mine télécommandée command detonated mine (OTAN).

mine terrestre land mine (Jane's).

mine terrestre anti-personnel anti-personnel landmine (APL) (US, OTAN), land mine (CA). Ex : *De 6 à 10 millions de mines terrestres ont été posées un peu partout dans la campagne cambdodgienne : between 6 to 10 million land mines have been planted throughout the Cambodian countryside (CA) – Les avantages des mines terrestres antipersonnel au plan de la sécurité : the security benefits of anti-personnel landmines (OTAN).*

mine-ventouse limpet mine (US).

miniature miniature (OTAN, US). Ex : *Intercepteur miniature (défense antimissile) : miniature interceptor (US) – Véhicule miniature à lanceur aérien : air-launched miniature vehicle (ALMV) (OTAN).*

miniaturisation miniaturisation (GB). Ex : *La miniaturisation progressive des postes radio (RENS) : the progressive miniaturization of radios (US).*

miniaturiser to miniaturize (US).

mini-bombes nucléaires (ou armes nucléaires miniaturisées) mini-nukes (UN).

minimal minimum (US, GB). Ex : *Nécessiter l'emploi minimal de la force (opérations) : to require a minimum use of force (Jane's) (Voir aussi minimum).*

minimal (traitement de blessés) (SAN) minimal (OTAN).

MINIMI (mitrailleuse légère) (Traduction proposée) MINIMI light machine gun (LMG) (Équivalent GB : 5,56mm Light Support Weapon (LSW) (VERB : "to make", "to adopt") (PART : "gas-operated") (NOM ASS. : "calibre", "weight", "muzzle velocity", "effective range", "magazine capacity", "disintegrating link belt", "round", "box", "firepower", "range capabilities") (EXPR : "to be chosen as the squad support weapon for forces", "to prove its worth").

minimiser to minimize (OTAN), to play down (GB). Ex : *Minimiser le rôle de l'ALAT au combat : to play down the Army Air Corps'combat role (GB) – Minimiser la détection des émissions par l'ennemi : to minimize the enemy's detection of emissions (OTAN).*

minimum minimum (GB, US), at least. Ex : *Jusqu'à 12.00 Z minimum : until at least 1200 Z – Remporter une victoire rapide avec le minimum de pertes : to win swiftly with minimum casualties (US) – Le regroupement et les ordres de mouvement sont réduits à un minimum (unités) : re-grouping and orders for movement are kept to a minimum (GB) – Réduire à un minimum les dommages collatéraux : to minimise collateral damage (OTAN) – Transporter le minimum de matériels (soldats) : to carry the minimum of equipment (GB) – La portée est de 300 mètres minimum : the range is 300 meters minimum (US).*

mini-obusier midget howitzer.

ministère (aumônier) ministry (+ préposition "to" = auprès de) (US) (VERB : "to perform").

ministère (gouvernement) department (US), ministry (GB). Ex : *Un porte-parole du ministère de la Défense américain : a spokesman for the US Department of Defense (GB).*

ministère de la Défense (MINDEF) (the) Department of Defense (DOD) (the Defense Department) (US) (Surnom: "the Pentagon"), (the) Ministry of Defence (MOD) (GB), (the) Department of National Defence (DND) (CA) (Surnom GB, daté: "the War Box"). Ex: *Le ministère de la Défense Nationale recevra 1,7 milliards de dollars sur trois ans: DND (= the Department of National Defence) will receive $ 1.7 billion over three years (CA).*

ministère de la Défense Nationale (the) Ministry of Defence (MOD) (OTAN), (the) Department of National Defence (DND) (CA).

ministère de la guerre (Hist.) (the) War Ministry (US).

ministère de l'Intérieur (the French) Ministry of the Interior (US).

ministre minister (GB, AUS), secretary (US, GB). Ex: *Les ministres de l'UEO: WEU ministers (UEO).*

ministre de la Défense the Secretary of Defense (SECDEF) (US), the Secretary of State for Defence (GB; En abrégé: "the Defence Secretary"), Secretary of Defence (SECDEF) (OTAN), the Minister for Defence (Australie) (À noter: L'armée de terre américaine est administrée par un secrétaire d'État à l'armée de terre, "the Secretary of the Army", lui-même assisté par "the Undersecretary of the Army"), (ADJ: "outgoing", "incoming"). Ex: *M. George Robertson, actuellement ministre de la Défense du Royaume-Uni: Mr George Robertson, currently UK Secretary of State for Defence (OTAN) – Le ministre de la Défense Alain Richard: Defence Minister Alain Richard (Jane's).*

ministre de la guerre (Hist.) Secretary of State (GB) (XIXe siècle), Secretary of State for War (XXe siècle) (GB), Minister of War (US).

minorité (ethnique) (ethnic) minority (US, GB) (PART: "threatened"). Ex: *Minorités nationales: national minorities (UN) – Nous avons ouvert d'importants débouchés pour les personnels féminins ou issus des minorités: we created significant opportunities for women and minority soldiers (US).*

MINOTAUR (minage autonome rapide) (disperseur de mines terrestres) Équivalent US: M139 Volcano multiple delivery mine system.

minuit midnight (GB) (En heure militaire: 2400 = twenty-four hundred ou 2 359 = twenty-three fifty-nine ou 0001 = zero zero zero one).

minutage (opération) timing (US, GB) (Peut prendre le "s" du pluriel) (VERB: "to require"). Ex: *De telles opérations nécessitent un minutage à la seconde près: such operations require split-second timing (US).*

minute minute (US, OTAN, GB) (ADJ: "last"). Ex: *Un changement de dernière minute: a last-minute change (US) – Le programme (de la visite) est sujet à modification de dernière minute: the programme is subject to last minute changes (OTAN) – Le tir, commandé électriquement, permet une cadence de 8 coups / minute (char): firing is electrically controlled and the rate of fire is up to 8 rounds per minute (US).*

minute (procédure radio) figure (GB). Ex: *Je serai avec vous dans cinq minutes: I will be with you in figures five (GB).*

minuter to time (US, GB).

minuteur timer.

minutieux minute (GB), careful (US), thorough (US). Ex: *Une fouille minutieuse: a minute search (GB) – Planification minutieuse: careful (ou thorough) planning (US).*

MIRA (lunette thermique) (Traductions rencontrées) MIRA thermal imaging sight, MIRA night sight (GB) (ADJ: "powerful") (EXPR: "to clamp to the top of the MILAN missile").

mirador watch tower (US).

Mirage (aéronef) (the) Mirage nuclear bomber (GB). Ex : *Dissuader une aviation lybienne qui elle-même volait sur des bombardiers Mirage français : to deter a Lybian air force which itself was flying French Mirage bombers (GB).*

Mirage 2000D (the French Dassault) Mirage 2000D fighter aircraft (Jane's).

Mirage IV A Mirage IV A nuclear bomber (US).

Mirage F1-C Mirage F1-C interceptor (US).

Mirage F1-CR Mirage F1-CR photographic reconnaissance aircraft (US).

miroir de combat (guerre spatiale) fighting mirror.

mis à disposition de (force) made available to (US, GB).

mise à disposition (forces) provision (GB). Ex : *La mise à disposition de forces bien entraînées : the provision of well-trained forces (GB).*

mise à feu firing (UN), ignition (OTAN), detonation (UN). Ex : *Mise à feu (charge explosive) : ignition (OTAN) – Mise à feu (explosif) : detonation (ou firing) (of an explosive) (UN).*

mise à jour update (US) (VERB : "to provide... to").

mise à jour (ou actualisation) (RENS) (intelligence) update (US, GB) (ADJ : "latest") (PREP : "on").

mise à niveau (matériel) upgrade (US, GB, AUST).

mise à terre (opération amphibie ou aéroportée) landing (US, OTAN). Ex : *Mise à terre par aérolargage (opération aéroportée) : parachute operations – Mise à terre par aéro-transport (opération aéroportée) : airland operations.*

mise au point (ou élaboration) (doctrine) development (OTAN). Ex : *Mise au point d'une doctrine tactique : development of a tactical doctrine (OTAN).*

mise au point (développement) (matériel / force) development (US) (VERB : "to guide") (ADJ : "ongoing"). Ex : *En cours de mise au point : under development (GB) – La mise au point des matériels militaires : the development of military materiel (US).*

mise au rebut (matériel) scrapping (US, GB).

mise de feu (mine) firing (mechanism) (OTAN), (mine) circuit (OTAN) (VERB : "to actuate"). Ex : *Mise de feu / à gradient / à impulsion unique / à intégration / à intensité / à séquence : gradient / one-look / integrating / intensity / sequence / (mine) circuit (OTAN).*

mise de feu à séquence (guerre des mines) sequence circuit (US, OTAN).

mise en alerte (forces) alert (Jane's) (Voir aussi **mettre en alerte**).

mise en batterie (canon / missile) emplacement (US, GB, OTAN), deployment (GB) (VERB : "rapid"). Ex : *Le temps de mise en batterie est d'environ 2 minutes (missile sol-air) : emplacement time is about 2 minutes (US) – Mise en batterie rapide (missile sol-air) : rapid deployment in action (GB).*

Cf. : The act of fixing a gun in a prepared position so that it may be fired (US).

mise en commun (capacités / moyens) pooling (UEO, OTAN). Ex : *Mettre en place une politique de mise en commun et de gestion de l'information et du renseignement straté-gique plus cohérente : to set up a a more coherent strategic intelligence and information pooling and management policy (UEO) – Mise en commun (ou mutualisation) : pooling key capabilities (OTAN) – Mise en commun de moyens : pooling assets (OTAN).*

mise en demeure (inspection / vérification) challenge (UN).

mise en dotation (matériel) fielding.

mise en garde warning (US, GB) (VERB : "to issue", "to ignore", "to disbelieve") (ADJ : "verbal") (PREP : "to").

mise en œuvre (paix / trève / accord / concept / programme d'armement) implementation (US, OTAN) (VERB : "to monitor", "to facilitate"). Ex : *Force de mise en œuvre (de la paix) : Implementation Force (IFOR) (OTAN) – Dans le cadre de la mise en œuvre de la Charte OTAN - Ukraine : in the context of the implementation of the NATO – Ukraine Charter (OTAN) – Surveiller (ou contrôler) et faciliter la mise en œuvre d'un accord de paix : to monitor and facilitate the implementation of a peace agreement (OTAN).*

mise en œuvre (matériel / système d'armes) operation (UN, US) (ADJ : "cost-effective"). Ex : *D'une mise en œuvre efficace (hélicoptère) : efficient to operate (US).*

mise en œuvre de la paix peace implementation (US). Ex : *Le stade actuel de mise en œuvre de la paix en Bosnie : the current status of peace implementation in Bosnia (US).*

mise en place (mines / obstacles) erection (OTAN), installation (US), emplacement (US). Ex : *Mines à mise en place rapide : rapidly emplaced mines (US) – Mise en place d'obstacles : erection of obstructions (OTAN), obstacle installation (US).*

mise en places (mesures) Ex : *Le chef est responsable de la mise en place de mesures de protection appropriées pour assurer la sécurité des troupes amies (NBC) : the commander is responsible that appropriate protective measures are taken to ensure the safety of friendly troops (US).*

mise en place (d'agent(s) dans un organisme cible) (RENS) planting (US). Ex : *La mise en place d'agents au sein d'un organisme cible : the planting of agents within a target organization (US).*

mise en place (MEP) (forces) (TAC) deployment, positioning (of forces) (OTAN), setting up (International Defence Review) (VERB : "to complete"). Ex : *La mise en place de l'IFOR (= Implementation Force = force de mise en œuvre de la paix) : the setting up of IFOR (International Defence Review) – La mise en place d'une division sur une zone d'opérations : the deployment of a division into an area of operations (US).*

mise en place (mine) (action) laying (OTAN).

mise en place (dans les unités) (matériel) fielding (US, GB) (PREP : "to").

mise en place (par hélicoptères) (troupes et matériel) insertion (US) (Contraire : "extraction").

Cf. : Insertion : Placement of troops and equipment into an operational area in air assault operations (US)

mise en place des armes weapons positioning.

mise en place des forces (théâtre) force placement (US).

mise en place des institutions (après un conflit) institution-building (OTAN).

mise en place préalable (ou prépositionnement) (matériel / personnels) prepositioning (UN, US). Ex : *Mise en place préalable de matériel de dotation organique en lots d'unité : prepositioning of organizational material configured in unit sets (POMCUS) (Terme obsolète) (US, UN).*

mise en pratique (doctrine / compétence) application (US).

mise en réseau (TRANS / informatique) netting, networking (US).

mise en service (matériel) fielding (US, GB), introduction (GB). Ex : *La mise en service du lance-roquettes multiple (LRM) : the introduction of the multiple launch rocket system (MLRS) (GB) – La mise en service de l'AGS (= Armored Gun System = canon automoteur blindé) est prévue pour fin 1997 : fielding of the AGS is scheduled for late 1997 (US).*

mise en sommeil (unité) inactivation (US).

mise en sûreté (document / armes) securing (UN).

mise hors de combat incapacitation (US). Ex: *Mise hors de combat de l'ennemi: enemy incapacitation (US).*

mise hors de combat des moyens de défense aérienne ennemis suppression of enemy air defences (SEAD) (US, GB, OTAN).

<u>Cf.</u>: That activity that neutralizes, destroys, or temporarily degrades enemy air defense systems in a specific area by physical attack and / or electronic warfare (EW) to enable tactical operations to be successfully conducted (US).

mise hors service (usine) decommissioning (of a plant) (UN).

miser sur to bank on (OTAN). Ex: *Miser sur un effritement de l'Alliance: to bank on the crumbling of the Alliance (OTAN).*

mise sur écoute de téléphone(s) telephone tapping (US).

mise sur pied upgrading of operational readiness.

mise sur pied (force) setting up (<u>International Defence Review</u>), buildup (US).

mise sur pied (organisation) (exercice) scheduling (OTAN), staging (US). Ex: *La mise sur pied de (l'exercice) Kecker Spatz: the staging of Kecker Spatz (US).*

missile (guided) <u>missile</u>, missile system (US) (Terme générique) (Abréviation GB: "msl") (VERB: "to guide", "to control", "to develop", "to launch", "to fire", "to counter", "to render safe", "to explode", "to defeat", "to carry", "to fly", "to target... against", "to test-launch") (ADJ & PART: "long-range", "short-range", "medium-range", "fast-flying", "operational", "multi-mission", "modular", "nuclear-armed", "intermediate-range", "ballistic", "advanced" = perfectionné) (NOM ASS.: "force"). Ex: *Menaces liées aux missiles: missile threats (US).*

missile à cellule tournante ram missile (UN, OTAN).

missile à distance de sécurité stand-off missile (UN).

missile à énergie cinétique kinetic energy missile (KEM) (US).

missile à guidage de précision precision-guided missile (PGM) (UN).

missile à guidage laser laser-guided missile (US).

missile à guidage TV television-guided missile (TGM) (US).

missile air-air air-to-air missile (AAM) (OTAN, GB), air-to-air guided missile (OTAN), air intercept missile (AIM) (GB).

missile air-air perfectionné à courte portée advanced short-range air-to-air missile (ASRAAM) (OTAN).

missile air-sol air-to-ground missile (AGM) (OTAN), air-to-surface missile.

missile air-surface air-to-surface (guided) missile (OTAN).

missile à lanceur terrestre ground-launched missile, land-based missile.

missile à longue portée long-range missile (OTAN).Ex: *Système de missile à longue portée: long-range missile system (LRMS) (OTAN).*

missile anti-balistique antiballistic missile (ABM), anti-ballistic missile system (ABMS) (GB).

missile antiaérien anti-aircraft missile.

missile antichar antitank missile (ATM), anti-tank guided weapon (ATGW) (GB), antiarmor missile (US), antitank guided missile (ATGM) (US), antitank missile system (US) (ADJ: "heavy", "long range") (NOM ASS.: "thermal sight", "round", "launch tube", "tripod") (EXPR: "to be found at battalion level", "to be mounted on a fighting vehicle", "to be dismounted", "to be fired from a (lightweight) tripod", "to be lethal to any enemy armored vehicle", "to have a minimum / maximum range of X meters", "to use a shaped-charge warhead", "to employ a command-to-line-of-sight guidance system", "to consist of two main items (<u>ou</u> two components): a reusable tracker and a disposable round <u>ou</u> the round and the reusable command and launch unit (CLU)", "to be upgraded to a X configuration", "to provide target engagement capability in adverse weather and in the presence of countermeasures", "a lightweight expendable launch tube", "to contain a focal plane array, second generation forward looking infrared system", "an integrated day / night sight", "to have an engagement range of X meters", "to be command guided through a wire link", "digital fire-and-forget technology", "to attack the top of a vehicle", "to select a direct-fire mode for targets under cover", "to have a soft launch feature", "to safely fire the missile from enclosures and covered fighting positions") (Voir aussi **MILAN (missile antichar moyenne portée).**

missile à fibre optique (MFO) (ex-POLYPHEM) fiber-optic missile (Jane's).

missile antichar de troisième génération third-generation anti-tank missile (TRIGAT) (OTAN).

missile antimissile antimissile missile (AMM) (OTAN), antiballistic missile (ABM), anti-ballistic missile system (ABMS) (GB).

missile antimissile ballistique anti-ballistic missile (ABM) (OTAN).

missile antimissile ballistique tactique anti-tactical ballistic missile (ATBM) (OTAN).

missile anti-missile stabilisé par rotation ram missile (UN, OTAN).

missile antinavire anti-ship missile.

missile anti-radar anti-radar missile (ARM) (UN, GB) (EXP : "to home in on an enemy's radar transmissions").

missile antiradar à lanceur aérien air-launched anti-radar missile (ALARM) (OTAN).

missile antiradiations antiradiation missile (ARM) (OTAN).

missile antirayonnement antiradiation missile (ARM) (OTAN), anti-radiation missile (UN).

missile antirayonnement à grande vitesse high-speed anti-radiation missile (HARM) (OTAN).

missile anti-sous-marin surface to subsurface missile.

missile à ogives multiples multi-warhead (ed) missile (UN).

missile à guidage infrarouge infra-red homing system (UN).

missile à roulettes road-mobile missile (UN).

missile à tête chercheuse à infrarouge infra-red homing system (UN).

missile à tête chercheuse thermique heat-seeking missile (UN).

missile autodirecteur infrarouge infra-red homing system (UN).

missile autoguidé self-guided missile.

missile balistique ballistic missile (US, OTAN).

missile balistique à courte portée short-range ballistic missile (SRBM) (UN) (Jusqu'à 600 miles).

missile balistique à longue portée long-range ballistic missile (plus de 1500 miles).

missile balistique à moyenne portée medium-range ballistic missile (de 600 à 1500 miles).

missile balistique de théâtre theatre ballistic missile (TBM) (GB).

missile balistique intercontinental intercontinental ballistic missile (ICBM) (US).

missile balistique de théâtre theater ballistic missile (TBM) (US).

missile basé à terre ground-launched missile, land-based missile.

missile d'attaque attack missile.

missile d'attaque à courte portée short-range attack missile (SRAM) (UN).

missile de croisière cruise missile (CM) (OTAN). Ex : *Le missile de croisière lancé par sous-marin Tomahawk : the Tomahawk submarine-launched cruise missile (Jane's).*

missile de croisière à courte portée short-range cruise missile (SRCM) (UN).

missile de croisière à lanceur aérien air-launched cruise missile (ALCM) (OTAN).

missile de croisière conventionnel à lanceur aérien conventional air-launched cruise missile (CALCM) (Pluriel de l'abréviation : "CALCMs") (OTAN).

missile d'interception interceptor missile (IM) (OTAN, UN).

missile d'interception aérienne air intercept missile (AIM) (OTAN).

missile guidé antichar antitank guided missile (ATGM) (OTAN).

missile guidé à fibres optiques amélioré enhanced fiber optic guided missile (EFOGM) (US).

missile guidé par faisceau beam rider (US).

missile guidé par faisceau laser laser beam riding missile (Jane's).

missile guidé par infrarouge heat-seeking missile (UN).

missile guidé par laser laser-guided missile (LGM) (US, GB).

missile lancé à distance de sécurité stand-off missile (UN).

missile mirvé mirved missile.

missile mobile sur camions road-mobile missile (UN).

missile monté sur convoi ferré rail-mobile missile (UN).

missile monté sur véhicule routier road-mobile missile (UN).

missile nucléaire nuclear missile.

missile nucléaire tactique tactical nuclear missile.

missile sol-air ground-to-air missile (system) (US), surface-to-air missile (SAM) (OTAN), air defence (guided) missile (GB), anti-aircraft missile (US) (VERB : "to employ", "to fire") (ADJ & PART : "shoulder-fired", "portable", "infrared (IR) homing", "heat seeking", "forward area", "fire-and-forget", "man-portable", "infrared-seeking") (NOM ASS. : "weight", "diameter", "length", "range", "guidance", "navigation", "speed", "missile", "launcher", "engagement capabilities", "kill effectiveness") (EXPR : "to be designed to counter high-speed, low-level, ground attack aircraft", "it provides a defense against low-altitude hostile aircraft", "to become operational", "to have advanced electro-optical seekers", "to possess the Target Adaptive Guidance technique", "kinetic energy generated by speeds of up to Mach X", "to be proven in combat", "to down aircraft", "to help to stop air assault operations", "to require no ground guidance once fired", "to engage aircraft at ranges in excess of X kilometers").

missile sol-air de corps d'armée Corps surface-to-air missile (Corps SAM) (US).

missile sol-sol ground-to-ground missile.

missile sol-sol balistique stratégique (SSBS) ground-to-ground silo-launched ballistic missile.

missile surface-air surface-to-air missile (OTAN).

missile surface-surface surface-to-surface missile (OTAN).

missile sur rails rail-mobile missile (UN).

missile tactique tactical missile (TM) (OTAN).

missile tactique de l'armée de terre (type SCUD) Army tactical missile system (Army TACMS ou ATACMS).

missile thermoguidé heat-seeking missile (UN).

missile "tire-et-oublie" fire-and-forget weapon (GB).

mission mission (US, GB), task, assignment (US), role (GB), duty (VERB : "to carry out", "to accomplish", "to perform", "to fulfil", "to achieve", "to accept", "to direct", "to receive", "to assign... to", "to discharge", "to address", "to undertake", "to fly", "to delineate", "to regain", "to retain", "to participate in", "to reinforce", "to establish", "to embark on", "to assume", "to conduct", "to preclude", "to impede", "to decide", "to complete", "to hand... to", "to start", "to hold", "to assess", "to contribute to", "to meet", "to embrace", "to abort", "to call off", "to pull" = effectuer, "to take on" = accepter, se charger de, "to set out", "to list") (ADJ: "primary", "challenging", "expanded", "specialized", "secret", "clearly defined", "clear", "assigned", "broad", "continuing", "destructive", "harassing", "mopping up", "security", "preassigned", "new", "enhanced", "critical", "impending", "specific", "frequent", "live-fire", "weekend", "worthwhile", "potential", "unit-type", "arduous", "vital", "sensitive") (PART: "given") (NOM ASS.: "range") (3 niveaux de priorité ou de "precedence" pour une demande de mission, par ordre croissant: 1. "<u>ordinary priority</u>" – 2. "<u>urgent priority</u>" – 3. "<u>emergency priority</u>"). Ex: *La mission de la 5ᵉ Section est de s'emparer de la position ennemie: 5 Platoon's mission is to capture the enemy position (GB) – Avec la (<u>ou</u> pour) mission de couvrir l'unité: with a mission to cover the unit (US) – Une mission de reconnaissance: a reconnaissance mission (US) – La mission principale des chars est de protéger l'infanterie: the primary role of tanks is to protect the infantry (GB) – Confier à quelqu'un la mission de: to assign somebody the mission to, to task somebody to – La mission du nouveau régiment est de maintenir la paix: the role of the new regiment is to keep the peace (GB) – La mission de l'armée de terre: the Army role, the Army mission (US) – Mission prioritaire: priority mission (US) – Les missions du temps de guerre de l'unité: the unit's wartime missions (US) – J'ai pour mission de: my mission is to – Avoir la (<u>ou</u> pour) mission de: to have the mission of (+ verbe en ING) (US) – Une mission dangereuse: a hazardous duty (US) – Mission de sauvetage d'otages: hostage rescue mission (US) – Les unités de cavalerie furent employées dans la mission traditionnelle de reconnaissance: cavalry units were employed in the classic reconnaissance role (US) – Des missions spécialisées dans le domaine de la guerre électronique: specialized duties in the electronic warfare field (US) – Mission aérienne: air mission (OTAN) – La mission de maintien de la paix des soldats: the peacekeeping role of soldiers (GB) – Missions de maintien de la paix: peacekeeping duties (<u>International Defence Review</u>) – Les missions classiques de police militaire: the conventional military police duties (GB) – Une unité ayant une mission de reconnaissance: a unit in a reconnaissance role (GB) – Changer de mission(s) (unité): to be re-roled (GB) – Missions de maintien de l'ordre: law-and-order missions (US) – Missions / emplois tactiques (véhicule): battlefield roles – Remplir sa mission à 100 % (matériel): to fulfill 100 % of one's assignment (US) – La mission de la cavalerie: the cavalry mission (US) – Notre mission est essentielle: our role is vital (GB) – L'hélicoptère décolle pour une mission de nuit: the helicopter takes off on a night mission (US) – Mission de combat d'une unité: a unit's combat mission (US) – Mission autre que le combat (unité): nontactical mission (US) – La mission est sacrée, tu l'exécutes jusqu'au bout, à tout prix (Code d'honneur) (Légion): a mission once given to you becomes sacred to you, you will accomplish it to the end and at all costs (GB) – Outre sa mission dans le cadre des opérations de crise (<u>ou</u> de circonstance <u>ou</u> d'urgence) nationale (3ᵉ Division britannique): in addition to its role for National Contingency operations (GB) – Les missions de l'ALAT: roles of Army Aviation (GB) – Être en mission (PERS): to be on assignment (US).*

mission (facteur déterminant) mission (US).

mission (fonction) (d'un véhicule / matériel) role (<u>Jane's</u>) (VERB: "to take on").

mission (groupe) mission (US, UN) (PREP: "to" = auprès de) (VERB: "to maintain"). Ex: *Mission d'assistance: assistance mission (US) – Mission d'observation: observer mis-*

sion – Mission de vérification : verification mission (US) – Mission de reconnaissance (ou exploratoire) : exploratory mission (UN) – Mission de liaison militaire : military liaison mission (UN) – Echange systématique de missions militaires : systematic exchange of military missions (US).

mission (ou grande mission) (d'une armée) function (US).

mission (titre de paragraphe) Mission.

mission accomplie mission accomplished (US, GB).

mission autre que le combat nontactical mission (US).

mission clandestine clandestine operation (OTAN).

mission de (avoir pour) to be tasked to (do something), to be tasked with (doing something), to be assigned the mission (to do something), to be given the mission (to do something).

mission de base (arme de l'armée de terre) basic mission (US).

mission de bons offices good offices mission (UN).

Mission de Bons Offices des Nations-Unies en Afghanistan et au Pakistan United Nations Good Offices Mission in Afghanistan and Pakistan (UNGOMAP) (UN).

mission de combat tactical task (GB).

mission d'économie des forces (unité) economy-of-force role (ou mission) (US).

mission de contrebatterie (ART) counter battery mission (GB).

mission de courte durée (MCD) temporary duty (TDY) (US).

mission de destruction (ART) destruction fire mission (OTAN).

mission défensive defensive mission (US).

mission de frappe aérienne (air) strike mission (OTAN).

mission de liaison militaire Military Liaison Mission (OTAN).

mission de Petersberg (1992) Petersberg mission (UEO).

mission de police (forces) police duty (Jane's) (Terme dénombrable) (VERB : "to carry out").

mission de reconnaissance (agent) (RENS) reconnaissance mission (US).

mission de recueil (du renseignement) (RENS) intelligence collection mission (US).

mission de renseignement intelligence mission (US).

mission de service public (AT / GEND) public service task (Jane's). Ex : *Remplir des missions de service public : to carry out public service tasks (Jane's).*

Mission des Nations-Unies au Kosovo (MINUK) (the) United Nations Mission in Kosovo (UNMIK) (OTAN).

mission d'espionnage (aéronef) spy mission (US).

mission des unités subordonnées (titre de sous-paragraphe) Missions for assigned (ou attached) units (US), sub-unit tasks (GB), missions / tasks (GB), detailed tasks (GB).

mission de tir (ART) fire mission (OTAN, GB).

mission d'évacuation de ressortissants rescue mission (UEO).

mission d'évacuation sanitaire (ou d'EVASAN) medical evacuation mission (US) (VERB : "to perform") (ADJ : "lifesaving").

mission de vérification verification mission (UN). Ex : *Mission de Vérification des Nations-Unies en Angola : United Nations Angola Verification Mission (UNAVEM) (UN) – Mission de vérification au Kosovo : Kosovo verification mission (KVM) (OTAN).*

mission de vérification aérienne air verification mission (OTAN).

mission d'interdiction (ART) interdiction mission (GB).

mission d'interdiction aérienne air interdiction (AI) (OTAN).

mission d'observation (des Nations-Unies) (United Nations) observation mission. Ex : *Mission d'Observation des Nations-Unies pour l'Irak et le Koweït (MONUIK) : United Nations Irak / Kuwait Observation Mission (UNIKOM).*

mission d'unité (ou métier) unit role (US).

mission du temps de paix peacetime duty (US).

mission encadrante simultaneous mission.

mission générale (unité) overall mission (US). Ex : *Assurer le succès maximal à la mission générale de la compagnie (TAC) : to insure maximum success of the overall company mission (US).*

mission globale total mission (US) (NOM ASS. : "awareness").

mission humanitaire humanitarian task (UEO).

mission majeure (d'une force) primary role ou primary mission, basic mission (US).

mission militaire française (MMF) French military mission (FMM) (OTAN).

mission offensive offensive mission (US).

mission opérationnelle (unité) operational role (GB).

mission principale (TAC) primary mission (US, GB). Ex : *Recevoir comme mission principale de lutter contre les forces de guérilla : to be assigned the primary mission of combating guerrilla forces (US, GB).*

missions autonomes autonomous missions (US).

missions d'action directe direct-action missions (US).

missions d'appui aérien rapproché CAS missions (US) (CAS = Close Air Support).

missions de (la) brigade brigade missions (US).

missions de combat combat missions (US).

missions de contre-mobilité (GEN) countermobility missions (US).

missions de corps expéditionnaire expeditionary tasks (US).

missions de (la) division division missions (US).

missions de maintien de l'ordre law and order missions (Jane's).

missions de mobilité (GEN) mobility missions (US).

missions de police (police militaire / GEND) police duties (US).

missions de reconnaissance spéciale (RDP) special reconnaissance missions (US).

missions de supériorité aérienne défensive defensive counterair missions (US).

missions de supériorité aérienne offensive offensive counterair missions (US).

missions de surviabilité (GEN) survivability missions (US).

missions de théâtre theater missions (US).

missions d'interdiction aérienne AI missions (US) (AI = Air Interdiction).

mission secrète (agent) (RENS) undercover mission (US).

missions extérieures overseas missions (CA). Ex : *Les pressions intenses exercées sur les forces armées pour qu'elles s'acquittent de nombreuses missions extérieures : the intense pressure on the military to respond to numerous overseas missions (CA).*

missions habituelles routine (GB). Ex : *Cela ne fait pas partie de nos missions habituelles : that is not part of our routine (GB).*

missions non spécialisées non-specialist tasks (Jane's).

mission spéciale special assignment (SA) (OTAN).

mission spéciale (forces spéciales) special mission (US) (NOM ASS. : "conduct").

mission spécialisée (unité / corps / arme) specialist role (GB).

mission sur demande urgente (appui aérien) call mission (OTAN).

MISTRAL (missile sol-air très courte portée) MISTRAL SATCP very-short-range ground-to-air missile (Jane's).

mitraillage au sol strafing (US).

mitrailler au sol to strafe (US, GB) (Verbe transitif direct).

mitraillette sub-machine gun (SMG) (GB) (VERB: "to develop", "to fire", "to produce", "to use", "to phase out") (ADJ: "popular") (NOM ASS.: "calibre", "weight", "muzzle velocity", "magazine capacity", "sight", "round", "box", "safety", "accuracy", "drum", "durability", "light recoil").

mitrailleur machine gunner (GB).

mitrailleuse machine gun <u>ou</u> machine-gun (MG) (US, GB) (VERB: "to fire", "to emplace", "to traverse", "to aim", "to fire", "to mount", "to produce") (ADJ: "flexible", "semi-automatic") (PART: "pintle-mounted", "externally mounted", "rail-mounted", "bow-mounted", "belt-fed") (NOM ASS.: "calibre", "weight", "muzzle velocity", "magazine capacity", "tripod", "bipod", "barrel") (EXPR: "to be in service with the Army", "to have problems", "to be awkward to use"). Ex: *Mitrailleuse de 7,62: 7.62mm machine gun (Jane's)* – *Des mitrailleuses semi-automatiques de 5,56 mm: semi-automatic 5.56mm machine-guns (GB)*.

mitrailleuse antiaérienne anti-aircraft machine-gun (AAMG) (OTAN).

mitrailleuse co-axiale co-axial machine gun (US, GB), coax (GB) (Abréviation US: "COAX").

mitrailleuse frontale (char) hull machine gun.

mitrailleuse légère light machine gun (US), light machine-gun (LMG) (OTAN,GB).

mitrailleuse lourde heavy machine gun (GB, US) (PART: "belt-fed") (NOM ASS.: "calibre", "weight", "muzzle velocity", "magazine capacity", "tripod"). Ex: *Tir(s) de mitrailleuse lourde: heavy machine gun fire (US)*.

<u>Cf.:</u> Automatic guns .30 caliber and larger (US).

mitrailleuse lourde de gros calibre cannon (GB).

mitrailleuse polyvalente general purpose machine gun (GPMG) (GB) (Terme familier GB: "Gimpy").

mi-vie (à) half-life (OTAN) (En épithète). Ex: *Modernisation à mi-vie: mid-life update (MLU) (OTAN), mid-life upgrade (MLU) (OTAN)*.

mixage d'unités élémentaires cross-attachment (of basic tactical units).

<u>Cf.:</u> The exchange of subordinate units between units for a temporary period (US).

mixte (hommes-femmes) gender-integrated (US). Ex: *Instruction élémentaire mixte: gender-integrated basic training (US)*.

mixte (force) composite (OTAN). Ex: *Force mixte de l'OTAN: NATO composite force (NCF) (OTAN)*.

mixte (plan) composite (OTAN). Ex: *Plan mixte d'ordre de succession des lancements: composite launch sequence plan (CLSP) (OTAN)*.

mixte (comité / groupe de travail) joint (OTAN). Ex: *Groupe de travail mixte: joint working group (JWG) (OTAN)*.

mnémotechnique (procédé) memory aid (US).

mobile (force / cible) mobile (OTAN), moving (US), field (pour une unité; US) (ADV avec "mobile": "highly"). Ex: *Une cible mobile: a moving target (US) – Une unité extrêmement mobile: a unit with high mobility, a highly mobile unit – Unité médicale mobile: field medical unit (US) – Une troupe mobile: a moving force (US)*.

mobile (commandement) on the move (US). Ex : *Commandement mobile : command on the move (US).*

mobile (état-major / QG) mobile (OTAN). Ex : *Quartier général de guerre mobile (QGGM) : mobile war headquarters (MWHQ) (OTAN).*

mobilier administratif (de dotation) (armée de terre) Army-issue furniture (GB).

mobilier de bureau office furniture (US).

mobilisable mobilisable (OTAN), draftable (US). Ex : *Réserves mobilisables : mobilisable reserves (OTAN) – Il n'est pas mobilisable (PERS) : he cannot be called up.*

mobilisation mobilization (OTAN, US), mobilisation (GB) (Également en épithète) (ADJ : "economic", "full", "partial", "wartime", "selective", "total", "timely") (NOM ASS. : "pace", "extent"). Ex : *À la mobilisation : on mobilization (Variante orthographique GB : "mobilisation") – Mobilisation de la réserve (ou des réserves) : reserve mobilization (US) – Mobilisation industrielle : industrial mobilization (US) – Mobilisation obligatoire (réservistes) : compulsory mobilisation (GB) – Décréter la mobilisation générale : to order a general mobilisation (GB) – Mobilisation militaire : military mobilization (US).*

mobiliser (armée / personnels) to mobilize (US), to mobilise (GB), to raise (UN), to call up (GB). Ex : *Mobiliser une armée : to raise an army (UN), to mobilize (ou mobilise) an army (GB) (Contraire : "to demobilize") – Il fut mobilisé au sein du 2ᵉ Bataillon du 133ᵉ Régiment d'Infanterie Mécanisée (fiche biographique) : he was mobilized in the 2nd Battalion, 133rd Infantry (Mech) (US) – Tous les hommes jeunes ont été mobilisés : all the young men have been called up (GB).*

mobilité (TAC) mobility (US, GB, UN, UEO) (VERB : "to furnish", "to lack", "to improve", "to use", "to sustain", "to restrict", "to counter", "to have", "to add… to", "to provide", "to gain", "to integrate") (ADJ : "(greatly) increased", "great", "high", "vehicular", "fast", "protected", "rapid", "fast"). Ex : *Aide à la mobilité (GEN) : mobility aid, mobility operations, mobility support – Mobilité sur le champ de bataille (ou tactique ou tout terrain) : battlefield mobility (GB) – Mobilité terrestre (ou au sol) : ground mobility (US) (VERB : "to lose") – Mobilité tout-terrain : cross-country mobility (UN) – Mobilité des forces : force mobility (US) – La mobilité des forces blindées et mécanisées : heavy force mobility (US) – Mobilité opératoire : operational mobility (US) – Ces unités possèdent une grande mobilité : these units have great mobility (US) – La mobilité, en particulier la capacité de transport par hélicoptère en théâtre, devrait être améliorée : mobility, particularly in-theatre helicopter transport capability, should be improved (UEO) – La disparité en termes de mobilité entre le char Leclerc et ses véhicules d'accompagnement : the mobility mismatch between the Leclerc tank and its accompanying vehicles (Jane's).*

mobilité des forces (la) force mobility (OTAN).

mobilité en (tout-) terrain (véhicule blindé) cross-country mobility (Jane's, US) (VERB : "to have", "to give") (ADJ : "great").

mobilité intrarégionale intraregional mobility (GB).

mobilité logistique logistics mobility (US).

mobilité opérative operational mobility, operational-level mobility (US).

mobilité stratégique strategic mobility (US).

mobilité stratégique et tactique (système de forces) (ARMT) strategic and tactical mobility (Jane's).

mobilité tactique (véhicule blindé) battlefield mobility (GB) (VERB : "to have") (ADJ : "excellent").

mobilité tactique tactical mobility.

mobilité terrestre ground mobility (US).

mode mode. Ex : *En mode actif ou passif : in the active or passive mode (GB) – Choisir un mode de tir direct (missile antichar) : to select a direct-fire mode (US).*

mode automatique (fusil) automatic capability (GB). Ex : *Le fusil peut être utilisé en mode automatique : the rifle has an automatic capability (GB).*

mode d'action method (OTAN). Ex : *La reconnaissance, l'attaque ou la défense ou une combinaison de ces modes d'action : reconnaissance, attack or defence or a combination of these methods (OTAN).*

mode d'action (force) (TAC) course of action (US, GB) (Abréviation US : "COA" ; Abréviation GB : "CoA") (Terme dénombrable) (VERB : "to adopt" = adopter, "to take", "to plan", "to choose", "to determine", "to reject" = rejeter, "to select", "to develop", "to evaluate", "to deny (the enemy)") (ADJ : "standard", "detailed", "advantageous", "available to"). Ex : *Mode d'action ami : friendly course of action – Mode d'action ennemi (ME) : Enemy probable (ou likely) course of action (US), probable course of enemy action (GB), threat course of action (US).*

mode d'attaque mode of attack (US) (ADJ : "multiple").

mode de contrôle control mode (OTAN).

mode de détection detection method (US).

mode de guerre (façon de faire la guerre) way of war (US). Ex : *Le mode de guerre britannique : the British way of war (US).*

mode de guidage mode of guidance (US).

mode de lancement (missile) launch mode (GB).

mode d'engagement (missile) mode of fire (US), method of engagement (US) (VERB : "to select").

mode de recueil (du renseignement) (RENS) collection method (US).

mode de transport (terre / air / mer) mode of transport (ation) (US).

mode de vie way of life (US) (VERB : "to guard" = défendre, protéger).

mode d'opération (TAC) method of operation (US).

modèle (relations / opérations) pattern (CFE, UN), model (US), prototype (US). Ex : *Un modèle de relations de sécurité : a pattern of security relations (CFE, UN) – L'invasion de La Grenade a été un modèle pour les opérations à venir : the invasion of Grenada has been a model for future operations (US).*

modèle (aéronef / équipement) model (US, CFE), design (GB), pattern (GB), configuration. Ex : *Commander 27 monoplaces et 63 du modèle reconnaissance : to order 27 single-seat models and 63 of the reconnaissance model (US) – Un vieux modèle (matériel) : an old model (US) – Modèle de série (char) : production model (Jane's) – Le modèle M2A2 du véhicule de combat d'infanterie Bradley : the M2A2 model of the Bradley IFV (= Infantry Fighting Vehicle) (US) – Un modèle innovant (pont) : an innovative design (GB) – Le dernier modèle de brodequin : the latest pattern of combat boot (GB) – Trois modèles de véhicule pour le (missile) TOW : three vehicle configurations for the TOW – Le modèle de Division Lourde du XXIᵉ siècle : the Heavy Division XXI design (US).*

modèle (matériel) Mark (Mk.) (GB). Ex : *Grenade à fragmentation modèle 2 : Mark II (ou Mk. II) fragmentation grenade (GB) – Premier modèle : Mark I (GB) (Peut se mettre en épithète dans une dénomination de matériel) – Le FV-432 a été produit en série en quatre modèles : the FV-432 was produced in four Marks (GB).*

modèle (unité) model (US). Ex : *Modèle expérimental (d'unité) : prototype, model (US) (En épithète) (Voir exemples à prototype).*

modèle (adjectif) model (US). Ex : *Unité modèle : model unit (US)* – *Créer une section modèle en défensive (INF) : to create a model platoon in the defense (US)*.

modèle conceptuel (d'armée) conceptual template (US), vision (US).

modèle d'armée model armed forces, model army (GB), armed forces configuration (Jane's). Ex : *Le modèle d'armée 2015 : new model armed forces 2015* – *Une nouveau modèle d'armée : a new model army (GB)*.

modèle de force force model (US).

modèle doctrinal doctrinal model (US).

modèle d'opérations pattern of operations (US).

modèle d'origine (véhicule) original model (US).

modeler (champ de bataille / doctrine / armée / environnement / force) to shape (US). Ex : *Modeler l'environnement stratégique : to shape the strategic environment (OTAN)*.

modèle type pour exercice exercise forms (FORMEX) (OTAN).

modélisation modeling (US). Ex : *Simulation et modélisation : simulation and modeling (US)*.

mode opératoire (armée) operation mode (Jane's), operating mode (Jane's).

mode opératoire (service) (RENS) mode of operations (US).

modes d'action (procédés tactiques) tactics.

modes d'action du type "maîtrise de la violence" operations other than war (OOTW) (Jane's).

modération (retenue) (PERS) self-restraint (UN), restraint (OTAN) (VERB : "to exercise" = faire preuve de).

modéré (risque) moderate (risk).

moderne modern (US, GB). Ex : *La guerre moderne : modern warfare* – *Le fantassin moderne : the modern infantryman (US)* – *L'arme d'assaut la plus moderne : the most modern assault weapon (US)* – *L'armée de terre britannique moderne : Britain's modern Army (GB)*.

modernisation modernization (US, GB, OTAN), upgrading (UN). Ex : *La modernisation de la doctrine et des matériels : modernization of doctrine and equipment (US)* – *Un programme de modernisation : a modernization programme (GB)* – *Modernisation (matériels) : upgrading (UN)* – *La modernisation de l'armée de terre : Army modernization (US)* – *La modernisation en matière de défense (ou dans le domaine de la défense) : defense modernization (US)* – *La plus profonde modernisation des matériels et de la doctrine de toute l'histoire de l'armée de terre : the most pervasive modernization of equipment and doctrine in Army history (US)* – *Programme de modernisation de la défense aérienne : air defence modernization plan (ADMP) (OTAN)*.

modernisation (matériel) upgrade (OTAN). Ex : *Modernisation à mi-vie : mid-life update (MLU) (OTAN), mid-life upgrade (MLU) (OTAN)*.

modernisé (matériel) modernised, retrofitted, upgraded. Ex : *Un (hélicoptère) Huey modernisé : a modernized Huey (US)*.

moderniser (ou monter en rattrapage) (matériel) to modernise, to retrofit, to upgrade (GB). Ex : *Ces véhicules seront modernisés par l'ajout du missile TOW 2 valorisé : these vehicles will be retrofitted with the improved TOW 2 missile system (US)*.

modeste modest (GB). Ex : *Fier de ton état de légionnaire, tu le montres dans ta tenue toujours élégante, ton comportement toujours digne mais modeste, ton casernement toujours net (Code d'honneur) (Légion) : proud of your status as a legionnaire, you will display this pride, by your turnout, always impeccable, your behaviour, ever worthy, though modest, your living-quarters, always tidy (GB)*.

modification change (OTAN, GB). Ex : *Le programme (de la visite) est sujet à modification de dernière minute : the programme is subject to last minute changes (OTAN) – Une modification apportée à l'articulation des forces en vue d'une opération particulière : a change to the task organisation for a particular operation (GB) – Des modifications spectaculaires de la doctrine militaire : dramatic changes in military doctrine (OTAN).*

modification (armement) modification (US, Jane's) (+ préposition "to"), (minor / major) alteration (VERB : "to apply... to", "to standardize"). Ex : *Apporter des modifications à un véhicule : to carry out modifications to a vehicle (Jane's).*

modification (apportée à un matériel) fix (US, GB).

modification (ART) modify (OTAN).

modification *a posteriori* (matériel) retrofit.

modifié (armement / matériel) modified (GB,US), upgraded (GB). Ex : *Un char modifié au standard A5 : a tank upgraded to standard A5 (GB) – Modifié (véhicule) : modified (US) – Modifié (TED) : modified (TOE = Table of Organization and Equipment) (US) – Un VTT (= Véhicule de Transport de Troupes) blindé M113A3 modifié : a modified M113A3 APC (= Armored Personnel Carrier) (US) – Une mitrailleuse modifiée à partir de la FN-MAG de conception belge : a machine-gun modified from the Belgian-designed FN-MAG (GB).*

modifier to change (US), to make modifications to (OTAN), to amend (OTAN). Ex : *Sa mission (= arme) a été modifiée, passant du soutien à l'appui : its mission was changed from combat service support to combat support (US) – Modifier l'organisation interne des unités : to change the internal organization of units (US) – Modifier un plan de feu (ART) : to make modications to a fire plan (OTAN) – Modifier un ordre : to amend an order (OTAN) – Un aéronef spécialement modifié en vue de : an aircraft specifically modified to (US).*

modifier (armement) to modify (US).

modifier (concept) to modify (US).

modifier (ordre) to alter (GB), to amend (US).

modifier (plan) to alter (GB). Ex : *Il est trop tard pour modifier le plan de feux : it is too late to alter the fireplan (GB).*

modifier (effets) to alter (US).

modifier (hauteur) to vary (US). Ex : *La hauteur du véhicule peut être modifiée en cours de marche : the height of the vehicle can be varied while moving (US).*

modifier *a posteriori* (matériel) to retrofit.

modulable (force) tailorable (US). Ex : *Des ensembles de forces modulables : tailorable force packages (US).*

modulaire modular (US, GB). Ex : *Une conception modulaire : a modular design (GB) – De conception modulaire : modular in design (US), modular design (En épithète) (US) – Un pont modulaire : a modular bridge (GB) – De façon modulaire : modularly (US) – La taille de la force à employer peut varier de celle d'une petite formation à celle d'une division légère grâce à un système modulaire adapté en fonction de la mission : the size of the force to be used may vary from a small formation to a light division, using a modular system that can be adapted to the mission (UEO).*

modulaire (arme) modular (OTAN). Ex : *Arme modulaire tirée à distance de sécurité : modular stand-off weapon (MSOW) (OTAN).*

modularité modularity (US, Jane's) (forces), modular design.

Cf. : Modularity : A force design methodology that establishes a means to provide interchangeable, expandable, and tailorable force elements (US).

modulation d'amplitude (TRANS) amplitude modulation (AM) (US).

modulation de fréquence (TRANS) frequency modulation (FM) (US).

modulation par étalement du spectre (MES) spread-spectrum modulation (SSM) (OTAN).

module module (US).

module de commandement command module (GB).

module de formation (instruction) training module (GB).

module d'oxygénation (TAP) oxygen supply system.

module flottant (pontage) floating module. Ex : *Des modules flottants qui peuvent être amarrés à d'autres pour former un pont : floating modules which can be anchored together to form a bridge.*

moindre lesser (OTAN). Ex : *Un moindre degré d'autorité : a lesser degree of authority (OTAN).*

moins less (GB), minus. Ex : *La brigade d'infanterie, moins un régiment : the infantry brigade, less one battalion (GB).*

moins (le) least (OTAN). Ex : *Fréquence la moins brouillée : least-jammed frequency (LJF) (OTAN).*

moins (au) a minimum of, at least.

moins de under (GB), less than (US, GB), within (US), fewer. Ex : *En moins de 10 secondes : in under 10 seconds (GB) – En moins de 120 heures : in less than (ou in under) 120 hours (US, GB) – Le char doit se trouver à moins de 20 mètres du véhicule de ravitaillement : the tank must be within 20 meters of the resupply vehicle (US) – Subir moins de pertes que l'ennemi : to suffer fewer casualties than the enemy.*

moins gradé lower ranking (US).

mois month (US, GB, CA) (PREP : "in", "during"). Ex : *Pendant un entraînement au cours du mois de septembre au Quartier Schofield : during September training at Schofield Barracks (US) – Les premiers mois de la guerre de 1812 furent désastreux pour les forces terrestres américaines (Hist.) : the first months of the War of 1812 were disastrous for U.S. land forces (US) – Au cours du même mois : in the same month (CA).*

moitié half (US, GB), part (CA). Ex : *Dans la seconde moitié de la nuit : during the second half of the night – Avec la moitié des moyens : employing half of the assets (ou with half of the assets ou with 50 % of the assets) – Réduire de moitié les forces de l'armée de terre en Europe : to reduce Army forces in Europe by one-half (US) – Environ la moitié des 7058 M1 (= chars de bataille) : roughly half of the 7,058 M1s (US) – Dans la moitié sud du pays : in the southern half of the country (GB) – La dernière moitié du 18ᵉ siècle : the latter part of the 18th century (CA).*

moment time (US, GB, OTAN), instant (US), point (US), turning point (Jane's). Ex : *À un moment donné : at a specific (ou specified) time (US), at a particular time (OTAN) – Au bon moment : at the right time (US) – Au moment voulu : at the instant needed (US) – À un moment prédéterminé : at a predetermined time (US, GB) – À un moment de sa carrière (PERS) : at a point in one's career (US) – Au moment où l'ennemi est en train de se rassembler en vue d'une attaque : while the enemy is in the process of assembling for an attack (OTAN) – La situation tactique du moment : the current tactical picture (OTAN) – Une mission décidée sur le moment : a mission decided at the time (OTAN) – Au moment du rengagement (PERS) : at reenlistment time (US) – Choisir le moment critique pour agir : to select the critical time to act (US) – Choisir le moment et le lieu les plus appro-*

priés pour la contre-attaque : to determine the best time and place for a counter-attack (GB) – Nous sommes à un moment décisif de la crise du Kosovo : we are at a critical turning point in the Kosovo crisis (Jane's) – L'OTAN ne peut confirmer le nombre des victimes indiqué par les autorités serbes, ni les raisons pour lesquelles des civils se trouvaient là au moment de l'attaque : NATO cannot confirm the casualty figures given by the Serbian authorities, nor the reasons why civilians were there at the time of the attack (OTAN) – Ce fut à ce moment précis qu'il décida de se replier : it was at this point that he decided to withdraw (GB).

moment (du) current (GB). Ex : *L'officier de presse a fait un point sur la situation du moment devant les journalistes : the press officier gave a briefing on the current situation to reporters (GB).*

momentanément momentarily (US).

moment clé key time (US).

moment critique (ou crucial) zero hour (familier) (US). Ex : *Le moment critique pour cette attaque se produira à 1 H 30 : the zero hour for this attack will be at 0130 hours (US).*

moment décisif (TAC) decisive moment (US).

Mon (Monsieur) (adresse verbale) Ex : *Mon général (= d'armée / de corps d'armée / de division) : General (GB) ou Sir – Mon Colonel (également pour un Lieutenant-Colonel) : Colonel (GB) ou Sir.*

mondanités (social) functions (US) (VERB : "to attend").

monde (planète) world (US, GB), globe (OTAN). Ex : *Le régiment a servi dans le monde entier : the regiment served worldwide (ou across the world) (Le terme "worldwide" peut s'employer en épithète. Ex : "worldwide missions") – Dans le monde d'aujourd'hui (ou actuel) : in the present-day world (US) – Dans le monde d'après la guerre froide : in the post-Cold War world (GB, OTAN) (ADJ : "fluid", "unpredictable") – Autour du monde / dans le monde entier : around the world / worldwide (US) – Projeter de la puissance sur toute la planète (ou dans le monde entier) : to project power globally (US) – Le Longbow est sans aucun doute le meilleur hélicoptère du monde : the Longbow is, without any doubt, the finest helicopter in the world (US) – Envoyer des troupes au combat dans tous les coins du monde (grande unité) : to send troops for operations in all parts of the world (GB) – Dans toutes les régions du monde : in very region of the globe (OTAN).*

monde (milieu / univers) scene (GB), world (US), circles. Ex : *Peu d'observateurs du monde militaire : few observers of the military scene (GB) – Dans les mondes virtuel et réel : in the virtual and real worlds (US).*

monde universitaire (l'Université) academia (US). Ex : *Le monde universitaire et l'industrie : academia and industry (US).*

mondial (planétaire) global (US), world (GB). Ex : *La menace d'un conflit mondial (ou à l'échelle de la planète) : the threat of global conflict (US) – Désarmement mondial : global disarmament (UN) – À l'échelle mondiale : on a global scale (US) – De classe mondiale (matériels) : world class (GB) (En épithète) – Responsabilités à l'échelle mondiale (USA) : global responsibilities (OTAN).*

mondial (système de commandement) worldwide (WW) (OTAN). Ex : *Système militaire mondial de commandement et de contrôle : worldwide military command & control system (WWMCCS).*

mondialisation globalization (UN), globalisation (OTAN). Ex : *Une mondialisation qui va s'accélérant : accelerating globalisation (OTAN) – L'inévitable mondialisation de la défense : the inevitable globalisation of defence (GB).*

moniteur (écran de contrôle) (TV) monitor.

moniteur d'EPS (entraînement physique et sportif) PT (physical training) instructor (GB).

moniteur de saut (TAP) jumpmaster (US).

moniteur de ski ski instructor.

moniteur de sport sports instructor (GB).

moniteur-largueur (TAP) assistant jumpmaster (US), despatcher (US).

monomoteur (aéronef) single-engine aircraft (US).

monoplace (aéronef) single seat aircraft (GB). Ex : *Commander 27 monoplaces : to order 27 single-seat models (US).*

monoplace (tourelle) one-man (turret).

monopoliser to comprise (CA). Ex : *Les dépenses afférentes à la défense monopolisent presque 25 pour cent du budget national : defence expenditures comprise close to 25 per cent of the national budget (CA).*

monsieur Mr. (US). Ex : *Monsieur le Ministre (adresse verbale) : Mr. Secretary (US).*

mont (TOPO) mount. Ex : *Le Mont Igman : Mount Igman (GB) (À noter : Majuscule à "Mount" et absence d'article défini) (VERB : "to assault", "to capture").*

montagne (TOPO) mountain (US, GB) (EXPR : "thinly inhabited", "thickly forested"). Ex : *Troupes de montagne : mountain troops (US) – Combat en montagne : mountain warfare (US) – Division d'infanterie de montagne (DIM) : Mountain Division (US) – Des zones allant des montagnes aux plaines et aux deltas : areas which vary from mountains to plains ans deltas (US) – Une chaîne de montagnes : a mountain chain (GB), a range (GB) – S'écraser dans les montagnes (avion) : to crash in the mountains (GB).*

montagneux mountainous (GB, US). Ex : *Terrain montagneux : mountainous terrain (GB, US).*

montant worth (Jane's). Ex : *Attribuer à Thomson-CSF un contrat d'un montant d'1,7 milliards de francs : to award Thomson-CSF a contract worth FFr 1.7 billion (Jane's).*

montant (ou relevant) (unité) (relève) incoming (unit) (US). Ex : *Garde montante : relief guard.*

montée rising tide (OTAN), rise (US). Ex : *En cas de montée de la tension, cette division serait acheminée en Allemagne : should tension mount, this division would be moved to Germany (GB) – Endiguer la montée de la répression brutale : to stem the rising tide of violent repression (OTAN) – Empêcher la montée du communisme : to prevent the rise of communism (US) – La montée de la vague d'oppression et de violence au Kosovo : the rising tide of oppression and violence in Kosovo (OTAN).*

montée (TOPO) slope (US).

montée aux extrêmes (escalade) (STRAT) escalation (US).

montée en puissance buildup (US), build-up (forces / état-major) (OTAN, UEO, GB), activation (état-major) (VERB : "to achieve", "to facilitate") (ADJ : "slow", "prolonged", "progressive", "timely") (Contraire : "build-down" = croissance dégressive, réduction progressive (UN). Ex : *La montée en puissance des troupes ennemies : the buildup of enemy forces (US) – Un état-major de montée en puissance : an activation staff – La montée en puissance des forces dans le Golfe se poursuivait rapidement : the build-up of forces in the Gulf was proceeding rapidly (GB) – Délais de montée en puissance des forces : force build-up times (UEO) – Contraintes temporelles dans la montée en puissance des états-majors de force : time constraints in the build-up of Force HQs (UEO).*

montée en puissance des forces force buildup (US), buildup of forces (US) (VERB : "to take place").

montée en puissance logistique logistical buildup (US).

monter (opération) to mount (GB, US), to stage. Ex: *Monter une attaque: to mount (ou to stage) an attack – Monter la garde: to mount (ou to keep) guard (GB) – Être en mesure de monter simultanément deux opérations du volume d'une brigade: to be able to mount two brigade-sized operations concurrently (GB) – La plus grande opération qui ait jamais été montée: the biggest operation which has ever been mounted (GB).*

monter (charge) to raise (OTAN). Ex: *Monter des charges extérieures (treuil): to raise external loads (OTAN).*

monter (embarquer) (aéronef / véhicule) to board (US), to mount (GB). Ex: *Monter à bord d'un aéronef: to board an aircraft (US) – Monter (ou embarquer) dans un char: to mount a tank (GB).*

monter (installer) (matériel) to mount (OTAN, US), to install (OTAN) (PREP: "on"). Ex: *L'appareil photographique peut être monté verticalement ou obliquement: the camera may be mounted vertically or obliquely (OTAN) – Monter des pièces sur un matériel: to install parts on an item of equipment (OTAN) – Un hélicoptère sur lequel sont montés des systèmes d'armes: a helicopter fitted with weapon systems (OTAN) – Monter un canon sur...: to mount a gun on... (US).*

monter (s'élever) to mount (Jane's). Ex: *La pression monte en vue d'une action (militaire) au Kosovo (titre d'article): pressure mounts for Kosovo action (Jane's).*

monter à cheval to ride (GB).

monter en grade (PERS) to be promoted.

monter en rattrapage (ou rétrospectivement) (matériel) to retrofit (US) (PREP: "to"). Ex: *Un système d'acquisition des objectifs monté en rattrapage sur tous les (chars) Challenger 1: a target acquisition system retrofitted to all Challenger 1's (US).*

monter la garde to mount guard (GB), to keep guard (GB), to keep watch (US), to stand guard (US). Ex: *Monter la garde sur la frontière serbe: to keep watch on the Serbian border (US) – Un soldat américain qui montait la garde dans une base militaire de l'OTAN: an American soldier who was standing guard at a NATO military base (OTAN).*

monté sur mounted in (ou on) (GB), -mounted (après le nom de matériel) (US). Ex: *Un RIMECA (monté) sur VCI "Warrior": an armoured infantry battalion mounted in Warrior AIFVs. (GB) – Monté sur BMP: BMP-mounted – Une mitrailleuse montée sur un trépied: a machine gun mounted on a tripod (GB) – Monté sur véhicule (matériel): vehicle mounted, vehicle borne, mounted in vehicles (US) – Monté sur casque: helmet-mounted (US) – Monté sur tourelle (canon): turret-mounted (US).*

monticule (TOPO) hillock (GB).

montre de plongée dive watch (US).

montre-micro (RENS) wristwatch microphone (US).

montrer to indicate (GB), to display (GB), to lead (US). Ex: *La Cavalerie a montré le chemin: the Cavalry led the way (US) – Des tests ont montré que: tests have indicated that (GB) – Fier de ton état de légionnaire, tu le montres dans ta tenue toujours élégante, ton comportement toujours digne mais modeste, ton casernement toujours net (Code d'honneur) (Légion): proud of your status as a legionnaire, you will display this pride, by your turnout, always impeccable, your behaviour, ever worthy, though modest, your living-quarters, always tidy (GB) – Au plan physique, vous montrerez ce dont vous êtes capable (instruction): physically you will be put through your paces (GB).*

monument aux morts war memorial.

moral morale (GB, US) (VERB: "to maintain", "to stimulate", "to enhance", "to contribute to", "to improve", "to lower", "to build", "to require") (ADJ: "high", "poor"). Ex: *Stimuler* *le moral des troupes : to boost troop morale (US) – Le moral est bas / au plus haut : (the) morale is / poor / high (US) – Moral, bien-être et loisirs (PERS) : morale, welfare and recreation (MWR) (US) – Saper le moral : to undermine morale (US).*

moral des troupes (le) troop morale (US) (VERB : "to devastate", "to boost").

moratoire moratorium (UN) (PREP : "on").

mordant (PERS) aggressiveness, fight.

morgue mortuary (US) (Terme familier US : "body shop").

morphine (SAN) morphine (GB) (Le terme "morphia" est obsolète).

morse Morse code (GB) (VERB : "to broadcast... in") (ADJ : "unenciphered", "plain"). Ex : *Envoyer un message en morse : to send a message in Morse (GB) – Emettre et recevoir des messages en morse (RENS) : to transmit and receive Morse code messages (US)* (Voir aussi **code morse international**).

morsure de serpent (PERS) snake bite (OTAN).

mort (état) (nom) death (US, GB) (VERB : "to cause"). Ex : *La mort au combat : battle death (US) – Danger de mort imminente (malade) (SAN) : imminent danger to life (OTAN) – Combattre jusqu'à la mort (fantassins) : to fight unto death (GB) – Provoquer la mort ou l'incapacité du personnel dans les zones de combat (agents NBC) : to produce lethal or incapacitated casualties in combat areas (US) – Mort aux espions ! : death to spies ! (US).*

mort (individu) (nom) killed casualty (US), dead (US, GB), life (US). Ex : *Parmi les pertes, on comptait quatre morts : casualties comprised four killed (GB) – 850 pertes au combat dont 195 morts : 850 casualties to include 195 dead (US) – Jusqu'à présent, l'avalanche a fait plus de 30 morts : the avalanche has so far claimed more than 30 lives (US) – Les morts au champ d'honneur : the fallen – Au combat, tu agis sans passion et sans haine, tu respectes les ennemis vaincus, tu n'abandonnes jamais ni tes morts, ni tes blessés, ni tes armes (Code d'honneur) (Légion) : in combat, you will act without relish of your tasks, or hatred ; you will respect the vanquished enemy and will never abandon neither your wounded nor your dead, nor will you under any circumstances surrender your arms (GB) – Enterrer les morts suivant l'usage de la Légion : to bury the dead according to Legion convention (GB).*

mort (idéologie) demise (US). Ex : *La mort du communisme en Europe de l'Est : the demise of communism in Eastern Europe (US).*

mort (adjectif) dead (US, GB). Ex : *Mort de ses blessures : died of wounds (DOW) – Mort au combat (PERS) : voir* **tué au combat** *– Ceux qui sont morts à la guerre (<u>ou</u> sont tombés au champ d'honneur) : the fallen – Beaucoup sont morts du fait d'une mauvaise utilisation de leurs propres armes (soldats ennemis) : many died from misuse of their own weapons (GB).*

mort à l'arrivée (SAN) dead on arrival (DOA) (GB).

mortel lethal (US), mortal (GB). Ex : *Un poison mortel (RENS) : a lethal poison (US) – Une blessure mortelle : a mortal wound (GB).*

mortellement mortally (US, GB), fatally (US). Ex : *Être mortellement blessé : to be mortally wounded (GB, US), to be fatally injured (US).*

mort en opérations (<u>ou</u> mort au combat) (PERS) killed in action (KIA) (US).

mortier <u>mortar</u> (system) (US, GB) (VERB : "to fire", "to transport", "to disassemble", "to tow", "to mount... on", "to carry", "to use", "to traverse", "to locate", "to track", "to perform (well)", "to be transported by", "to weigh") (ADJ : "smoothbore", "muzzle-loading", "study", "portable") (NOM ASS. : "calibre", "barrel", "barrel length <u>ou</u> length of barrel", "weight", "in action weight", "weight of bomb <u>ou</u> bomb weight", "types of bomb", "(maximum / minimum) range", "muzzle velocity", "rate of fire", "tube", "baseplate", "bipod", "ammunition available") (EXPR : "the standard infantry mortar", "to have a good rate of sustained fire", "to provide fire support", "a main support weapon", "to increase the range", "to be a commander's indirect-fire weapon", "to give commanders the capability of responding rapidly with high rates of indirect fire", "to be fielded in X configurations", "a carrier vehicle", "a mortar carrier", to be capable of firing at a rate of fire of X rounds per minute (rpm)", "to have a maximum / sustained rate of fire of X rounds per minute (rpm)", "to have a minimum / maximum range of X meters", "to carry a mortar on a specially designed mount", "to take the mortar off the carrier", "to provide HE, smoke and illuminating rounds out to a maximum range of Xm", "to be fired / from inside a vehicle / from a ground-mounted position", "to). Ex : *Le mortier britannique de 81 mm : the British 81mm mortar (GB) – Un mortier léger : a light mortar (GB), a lightweight mortar (US) – Mortier de 120 (mm) : 120mm mortar – Mortier léger de 60 mm : 60mm lightweight mortar (US) – Mortier léger de 51 mm : 51mm light mortar (GB) – Mortier / à âme lisse / rayé / tracté : smoothbore / rifled / towed / mortar (US) – Bombarder aux mortiers : to mortar (US).*

Cf. : Muzzle-loading weapon with a short barrel and relatively wide bore which fires low velocity bombs in high trajectories (GB).

morts (les) (the) dead (US, GB) (Adjectif substantivé invariable). Ex : *Les morts à la guerre : the war dead (US, GB) – Les Mexicains reculèrent, abandonnant leurs morts là où ils étaient tombés : the Mexicans drew back, leaving their dead where they had fallen (GB).*

morts et blessés (pertes au combat) casualties (OTAN), dead and wounded (US). Ex : *10 000 morts et blessés : 10,000 casualties (OTAN) – Subir 30 % de morts et de blessés : to suffer 30 per cent dead and wounded (US).*

mortuaire mortuary (US). Ex : *Affaires mortuaires : mortuary affairs (US).*

mosaïque (photographie) mosaic (OTAN) (PART : "controlled", "semi-controlled", "uncontrolled").

Mossad (le) (service de renseignement extérieur israélien) (the) Mossad (US) (Souvent utilisé sans l'article défini) ("the Institute for Intelligence and Special Operations"). Ex : *Le Mossad, le service israélien : the Israeli agency, Mossad (US).*

mot clé (TRANS) key word (US).

mot-code code word (US, OTAN) (VERB : "to use") (PART : "standardized"). Ex : *Exercice de mots-codes : codeword exercise (CODEX) (OTAN).*

mot de passe password (US,OTAN) (Également terme RENS) (ADJ : "correct", "incorrect"). Ex : *Donner le bon mot de passe : to give the correct password (GB).*

mot (ou terme) de procédure (TRANS) proword (US, OTAN).

moteur (véhicule) engine (US, GB) (VERB : "to roar") (ADJ : "efficient", "well-proven", "powerful") (PART : "up-rated", "front-mounted"). Ex : *Véhicule avec moteur à l'arrière : rear-engined vehicle (CFE) – Un moteur / diesel / à essence : a diesel / petrol / engine – Moteur installé à l'avant (véhicule blindé) : front-mounted engine (US) – Un moteur associé à une transmission automatique : an engine coupled to an automatic transmission (Jane's), an engine driving through an automatic transmission (US) – Le moteur T55 valorisé : the upgraded T55 engine (US).*

moteur (ou groupe moto-propulseur) (char) powerpack (Jane's).

moteur (adjectif) drive, driving. Ex : *Quatre roues motrices : four-wheel drive (Peut se mettre en épithète) – Roue motrice : driving wheel.*

moteur à essence petrol engine (GB).

moteur de changement engine of change (US).

moteur de recherche (Internet) search engine (US).

moteur diesel diesel engine (US) (VERB "to have").

moteur-fusée rocket motor (Jane's).

motif motivation, cause (OTAN). Ex : *Motif d'inquiétude (santé d'un malade) (SAN) : cause for (immediate) concern (OTAN) – Violences exercées pour des motifs ethniques : ethnically motivated violence (OTAN).*

"motif" punishment (GB, US) (VERB : "to mete out" = infliger).

motif de camouflage (dessin) camouflage pattern (US).

motivation motivation (GB, US). Ex : *Sa motivation pour l'espionnage : his motivation for spying (US).*

motivations d'espionnage (transfuges / agents clandestins) (RENS) Money, Ideology, Compromise, Ego (MICE) (US) (= argent / idéologie ou convictions politiques / chantage / ego de l'individu).

motivé (PERS) motivated (US, GB). Ex : *Des soldats fortement motivés : highly motivated soldiers (US) – Bien motivé : well motivated (GB).*

motiver (soldats) to motivate (US), to inspire (US). Ex : *Ce qui motive vos soldats : what motivates your soldiers (US) – Motiver des soldats pour le combat : to motivate soldiers into action (US).*

moto (cyclette) motorcycle (US, GB). Ex : *La motocyclette Harley Davidson (armée de terre britannique) : the Harley Davidson motorcycle (GB)*

motorisé (force) motorized (OTAN, US). Ex : *La 9e Division d'Infanterie Motorisée : the 9th Infantry Division (Motorized) (US).*

motorisé (appareil) power-driven (OTAN).

mou (sol / terrain) soft.

mouchard (microphone caché) (RENS) bug (US) (VERB : "to use", "to detect", "to (remotely) switch off", "to remove", "to spot", "to transmit", "to plant", "to install", "to locate") (PART : "remote-controlled", "multi-purpose", "small", "miniaturized"). Ex : *Fouiller un lieu à la recherche de mouchards (RENS) : to investigate a site for bugs (US) – Appareil (ou dispositif) anti-mouchards : anti-bugging device (US) (Voir aussi **micro miniaturisé / caché (mouchard) (écoute clandestine).***

mouche (faire) (tir sur une cible de tir) to hit the bull's-eye (GB). Ex : *Arme faisant mouche à tous les coups : one shot-one kill weapon (UN).*

mouillage (port) anchorage (OTAN). Ex : *Terminal de mouillage pour porte-conteneurs : container anchorage terminal (CAT) (OTAN).*

mourant (nom) dying (GB). Ex : *La prise en charge spirituelle des blessés et des mourants : the spiritual care of the wouded and dying (US).*

mourir (PERS) to die (GB, US). Ex : *Mourir de ses blessures : to die of one's wounds (GB) – Mourir en service : to die while serving (US) – Ceux qui sont morts au combat : those who died in combat (US) – Mourir au combat : to die in battle (GB), to die fighting (US) – Plusieurs officiers sont morts dans l'explosion : the explosion killed several officers, several officers were killed in the explosion, the explosion claimed the lives of several officers – Mourir pour la France : to die for France (GB) – Le lieutenant Vilain reçut une balle en plein front et mourut sur le coup : Lieutenant Vilain took a bullet in the forehead and died instantly (GB) – Des milliers de soldats sont morts dans les tranchées : thousands of soldiers died in the trenches (GB) (Voir aussi **perdre la vie** et **périr**).*

mousquet (Hist.) musket (GB).

mousqueton snap link (US).

mousqueton d'accrochage (TAP) snap hook.

mousse rigide foam (US). Ex: *Mousse rigide en polyuréthane: polyurethane foam (US) – Rempli de mousse rigide: foam-filled (En épithète).*

mousson monsoon (GB).

mouvement move (US), movement (US, GB) (Termes dénombrables) (VERB: "to make" (a move), "to conduct", "to guarantee", "to deny", "to plan" "to execute", "to facilitate", "to prepare", "to accomplish", "to impede", "to block", "to effect", "to track") (ADJ: "ad hoc", "fully planned", "partially planned", "rapid", "turning") (NOM: "planning", "routing", "scheduling", "control") (PREP: "to" = vers, en direction de). Ex: *Le mouvement (principe tactique): movement (US) – Le mouvement des troupes: the movement of troops (US) – Mouvement(s) de troupes: troop movement(s) (GB, US) – Les blindés en mouvement (ou déplacement): armour on the move (GB) – Mouvement de diversion: diversionary move (GB) – Mouvement vers l'avant: move forward (GB) – Le feu et le mouvement: fire and movement – Pendant le mouvement: during the move – Mouvement de réfugiés vers Soissons: refugees are moving towards Soissons – Effectuer un mouvement d'encerclement: to conduct an encircling movement (GB) – Garantie et interdiction de mouvement: guarantee and denial of movement (US) – Mouvement en avant (véhicules): onward movement (OTAN) – Le mouvement des projectiles (balistique): the motion of missiles (OTAN) – Mouvement navire-terre (ou mer-terre): ship-to-shore movement (UN) – Entraver le mouvement ennemi: to block enemy movement (US) – Une force effectuant un mouvement vers les arrières: a force effecting a movement to the rear (GB).*

mouvement (guerre de) (type de guerre) mobile warfare (US).

mouvement (organisation) movement (GB). Ex: *Les mouvements pacifistes et écologistes: the pacifist and environmental movements (GB).*

mouvement de libération liberation movement (US) (NOM ASS.: "leader").

mouvement de panique (foule) wave of panic.

mouvement de résistance resistance movement (US) (NOM ASS.: "assistance (to)"). Ex: *Un mouvement de résistance clandestin: an underground resistance movement (US).*

mouvement d'indépendance independence movement (GB).

mouvement des véhicules vehicle movement (GB).

mouvement de terrain terrain feature (OTAN) (VERB: "to occupy", "to hold") (ADJ: "free of enemy occupation / of enemy use").

mouvement d'insurrection insurgent movement (US).

mouvement d'unité unit movement (US) (Terme dénombrable) (VERB: "to facilitate") (ADJ: "large").

mouvement en tenailles (TAC) pincer movement (GB).

mouvement ferroviaire (circulation ferroviaire) railway traffic.

mouvement navire-rivage ship to shore movement (OTAN).

mouvement(s) par voie aérienne air movement (OTAN).

mouvement par voie routière road movement (US).

mouvement par voie terrestre ground movement (US). Ex: *Un terrain qui limite le mouvement par voie terrestre: terrain that restricts ground movement (US).*

mouvements (guerre terrestre) movement (OTAN) (ADJ: "planned", "achieved").

mouvements aériens air movements.

mouvements de troupes troop movements (US, GB) (VERB : "to carry out").
mouvements ennemis enemy movement (US), enemy movements (US) (VERB : "to block", "to observe").
mouvements et transports movement control (OTAN).
mouvements logistiques logistic movement (US).
mouvements terrestres (sur itinéraire) road movements (US, GB).
mouvement tactique tactical movement (US) (ADJ : "ground" = terrestre).
mouvement tournant (TAC) turning movement (US, OTAN).
Cf. : A variation of an envelopment in which the attacking force passes around or over the enemy's principal defensive positions to secure objectives that are deep in the enemy's rear. In doing so, it forces the enemy to abandon his positions, to divert major forces to meet the threat, and to fight in two directions simultaneously (US).
mouvement vers l'avant forward movement (US).
moyen (ressource) means (US, UN), asset (US), resource (US, OTAN), capability (US), equipment, power (OTAN) (VERB : "to provide… to", "to allocate… to", "to secure", "to use", "to control", "to prioritize", "to identify", "to coordinate", "to prioritize") (ADJ : "critical", "complementary", "adequate"). Ex : *Moyens de transport aérien : airlift assets (US) – L'unité utilise ses propres moyens de transport : the unit uses its own transportation (US) – Les moyens (du) génie : engineer assets (US), engineer resources (OTAN) – Les moyens d'appui aérien rapproché : CAS (= close air support) resources – Les moyens d'appui feu : means of fire support, fire support means (US) – Les moyens de recueil du renseignement : intelligence collection means (ou resources) (US) – Les moyens de reconnaissance : recce assets (GB) – Des moyens de franchissement : river-crossing equipment – Avec 1/4 des moyens : employing 1/4 (= one-fourth) / 25 % of the assets – Avec la totalité des moyens : with all the assets available – Moyens en hommes (facteur de la décision) : troops (US) – Des moyens significatifs de surveillance et de communication : significant surveillance and communication capabilities (US) – Moyens de combat (temps de guerre) : warfighting capabilities (US) – Moyens conventionnels (ou classiques) : conventional means (US) – Fournir à chaque division ses propres moyens de reconnaissance et de décontamination NBC : to provide each division with its own assets for NBC reconnaissance and decontamination (US) – Un moyen de communication : a means of communication (US) – Moyens techniques de vérification : technical means of verification (UN) – L'emploi des moyens aériens : the employment of air power (OTAN) – Moyens de transport motorisés : motor transportation (OTAN) – Moyens d'instruction (ou d'entraînement ou de formation) : training resources (US) – Les renseignements pourraient être recueillis par des moyens techniques : the information might be collected by technical means (US) – Moyens de collecte (ou de recueil) et d'analyse (RENS) : collection and analytical resources (US) – Appliquer à l'ennemi tout moyen possible d'usure (ou d'attrition) : to bring every possible means of attrition to bear on enemy forces (US).*
moyen (façon) mean (GB) (PREP : "by"). Ex : *Garder la frontière imperméable par tous les moyens : to keep the frontier sealed by whatever means (GB).*
moyen (humain / technique / autre) (RENS) asset (US) (Désigne le plus souvent un individu).
moyen (adjectif) average (US), medium (US, OTAN), mean (OTAN). Ex : *L'effectif moyen de chaque groupe était de 6,75 hommes : the average strength of each squad was 6.75 men (US) – À courte et moyenne distance (transport par avion) : over short and medium distances (OTAN) – La charge utile moyenne des véhicules : the average payload of vehicles (OTAN) – le point moyen des impacts (ART) : the mean point of impact (OTAN) – À moyen terme : in the medium term (OTAN) – Un char moyen : a medium tank (US).*

moyen calibre (ART) medium-calibre (Jane's).

moyen (ou aide) pédagogique training aid (US).

moyen d'aide à la traficabilité des sols (MATS) MATS folding roadway system.

moyen d'appui feu means of fire support (US) (VERB : "to integrate").

moyen de (au) by (GB), using Ex : Ex : *Les premiers échelons ennemis seront stoppés et désorganisés au moyen de contre-attaques : the attacker's first echelons will be halted and disrupted by counter-attacks (GB)*.

moyen de coercition (RENS) means of coercion (US).

moyen de communication means of communication (GB, US).

moyen de fortune (terrain) field expedient (US).

moyen de recueil (RENS) collection means (US).

moyen de transport transportation means (CFE), means of transportation (US), means of conveyance (OTAN, GB).

moyen de transport à moteur motor transport (MT) (OTAN).

moyen de transport sur le champ de bataille (engin blindé) battlefield taxi (GB).

moyen facilitant enabler (OTAN, US).

moyen facilitant l'interopérabilité interoperability enabler (OTAN).

moyenne average (US, GB). Ex : *Au-dessus de la moyenne : above the average (US)*.

moyenne fréquence medium frequency (MF) (OTAN).

moyenne portée medium range (US) (En épithète : "medium-range"), medium (US). Ex : *Missile antichar (à) moyenne portée : medium-range antitank weapon (US) – Arme antichar à moyenne portée : medium antitank weapon (US)*.

Moyen-Orient (le) the Middle East (GB) ("Arab countries such as Egypt, Iran, Iraq, Saudi Arabia, the United Arab Emirates").

moyen polyvalent du génie (MPG) multipurpose engineer vehicle (OTAN), multi-purpose engineer tractor (US).

moyens (RENS) assets.

moyens (hommes) troops (US).

moyens (ou capacités) d'information information capabilities (US).

moyens Ex : *Une alliance avec plus de moyens : a more capable alliance (OTAN)*.

moyens aériens air assets (GB), air resources (OTAN), air power (US, GB) (VERB : "to be assigned to"). Ex : *L'emploi de moyens aériens : the use of air power (US, GB)*.

moyens amis et ennemis (facteurs déterminants) troops (US).

moyens appartenant à un corps (soutien) unit trains (US).

moyens audiovisuels (action psychologique) audiovisual capabilities (US).

moyens clé (chef) key assets (US).

moyens critiques (TAC) critical assets (US).

moyens d'aménagement du terrain (GEN) engineer works.

moyens d'artillerie artillery assets (US).

moyens de combat ALAT (Aviation Légère de l'Armée de Terre) Army combat Aviation assets (US).

moyens de communications (ou de transmissions) communications means (US) (ADJ : "home station", "en route", "in-theater", "secure", "reliable", "timely").

moyens de contrôle de l'espace aérien airspace control means (ACM) (OTAN).

moyens de défense means of defence (OTAN), defences (OTAN) (ADJ: "effective"). Ex: *Moyens de défense ennemis: enemy defences – Mise hors de combat des moyens de défense aérienne ennemis: suppression of enemy air defences (SEAD) (OTAN).*

moyens de détection means of detection (US) (La forme singulier est identique) (VERB: "to employ").

moyens de diffusion radiophonique radio broadcasting capabilities (US).

moyens de diffusion télévisuelle TV broadcasting capabilities (US).

moyens de feux fire assets (US), fire resources (US).

moyens de formation (instruction) training media (GB).

moyens de franchissement river crossing means (US). Ex: *L'emploi massif de moyens de franchissement spécialisés: the mass employment of specialized river crossing means (US).*

moyens de guerre methods of warfare (UN).

moyens de guerre électronique EW assets (US) (EW = Electronic Warfare).

moyens de liaison means of communication (OTAN).

moyens de manœuvre maneuver assets (US).

moyens de mobilité tactique (INF) means of tactical mobility (US).

moyens de puissance de feux firepower assets (US).

moyens de reconnaissance par hélicoptère air scout assets (US).

moyens de recueil (du renseignement) (RENS) collection means (US), intelligence-gathering capabilities (US).

moyens de renseignement (force) intelligence assets (US).

moyens de transmissions means of communication(s) (US).

moyens de transport transportation (US), transportation assets (US). Ex: *Moyens de transport de surface: surface transportation (US).*

moyens de transport aérien air transport assets (UEO, OTAN) (VERB: "to reinforce", "to pool" = mettre en commun, "to complement") (ADJ: "military").

moyens de transport commerciaux (LOG / opérations extérieures) commercial transport (GB).

moyens de transport maritime sea transport assets (UEO) (VERB: "to reinforce").

moyens de transport militaires (LOG / opérations extérieures) service transport (GB).

moyens de transport stratégique strategic transport capacities (OTAN).

moyens d'impression print capabilities (US).

moyens diplomatiques (par) (by) diplomatic means (GB).

moyens en personnel(s) personnel resources (US).

moyens généraux general support (US).

moyens logistiques logistical capabilities (US), logistics assets (US).

moyens lourds heavy assets (Jane's).

moyens militaires (d'une organisation) military capability (OTAN) (VERB: "to enhance" = renforcer).

moyens nécessaires (forces) (en vue de remplir une mission) required military force (US, GB).

moyens non conventionnels (opérations spéciales) unconventional means (US).

moyens réservés (PC) alternate (command post (CP) (US).

moyens physiques physical means (US).

moyens psychologiques (action psychologique) psychological media (OTAN).
moyens spatiaux space assets (US) (VERB : "to use").
moyen(s) technique(s) technological means (CFE), technical means (US).

moyens techniques nationaux (vérification en matière de maîtrise des armements) national technical means (NTM) (US) (Sont inclus : "aircraft photography, satellite photography, the seafloor sound surveillance system and other means of reconnaissance").

moyen terme mid term (US) (En épithète : "mid-term").

moyen terme (à) medium-term (OTAN) (En épithète). Ex : *Plan des ressources à moyen terme (PRMT) : medium-term resource plan (MTRP) (OTAN)*.

moyeu (hélicoptère) (rotor) hub (US).

M. PESC Mr. CSFP.

MRT voir **méthode de raisonnement tactique**.

mû (véhicule) powered (US). Ex : *Mû par un moteur de 430 CV : powered by a 430-horsepower engine (US)*.

Muette (la Grande) (armée) mute (GB). Ex : Ex : *Le SAS (= Special Air Service), à l'instar de l'armée française au dix-neuvième siècle, devint "la Grande Muette" : the SAS, like France's army in the nineteenth century, became "la Grande Muette", the mute giant (GB)*.

multi- (ou pluri-) (suffixes) (+ adjectif) multi (US) (En langue américaine, la tendance est à l'absence de trait d'union). Ex : *Multiracial : multiracial (US) – Pluriethnique : multiethnic (US)*.

multiculturel (forces) multicultural (US).

multidimensionnel (ou pluridimensionnel) multidimensional (US). Ex : *Espace de bataille multidimensionnel : multidimensional battlespace (US)*.

multidisciplinaire (ou pluridisciplinaire) multidisciplinary (GB), multi-disciplined (GB). Ex : *Une équipe multidisciplinaire (recherche) : a multi-disciplined team (GB)*.

multiethnique (ou pluriethnique) multi-ethnic (OTAN).

multifonction(s) (matériel / système) multifunction (US) multifunctional OTAN) (En épithète), multipurpose (équipement du Génie) (US). Ex : *Système multifonction de diffusion de l'information : multifunctional information distribution system (MIDS) (OTAN)*.

multifonctionnel multi-functional (US).

multilatéral multilateral (US, OTAN). Ex : *Coopération multilatérale : multilateral cooperation (US, OTAN) – Force multilatérale : multilateral force (MLF) (OTAN) – Accord multilatéral : multilateral agreement (US) (+ préposition "between")*.

multilatéralement multilaterally (OTAN).

multilingue multilingual (US). Ex : *Une force multilingue : a multilingual force (US)*.

multimédia (le) multimedia (US, GB).

multimédia (adjectif) multimedia (US, GB).

multimissions multimission (US) (En épithète).

multi-modes (transport) multi-modal (OTAN).

multinational multinational (OTAN), combined (OTAN, UEO), multination (OTAN) (NOM ASS. à "multinational" : "activities", "operations", "organisations"). Ex : *La division multinationale centre-Europe : the Multinational Division (Central) (MND (C) (Au sein du Corps de Réaction Rapide du Commandement Allié en Europe, ou "ARRC" (Allied Command Europe Rapid Reaction Corps) – Force multinationale : multinational force – Groupe de forces interarmées multinationales (GFIM) : Combined Joint Task Force*

(CJTF) (OTAN) – Séminaire du NADC (= NATO Air Defence Committee = Comité OTAN de défense aérienne) sur l'entraînement et les exercices de défense aérienne multisystème et multinationale : NADC seminar on multination, multi-system air defence training and exercises (OTAN) – Les ressources logistiques sont coordonnées au niveau multinational : logistic resources are coordinated multinationally (OTAN) – Caractère multinational (opération) : multinationality (OTAN) – Les états-majors nationaux et multinationaux devraient être capables d'opérer en configuration interarmées et / ou multinationale : the national and multinational HQs should be capable of operating in joint and / or combined configurations (UEO).

multinationalité (ou caractère multinational) multinationality (OTAN). Ex : *Une plus grande multinationalité du soutien logistique : greater multinationality in logistic support (OTAN) – La multinationalité croissante des forces et des opérations de l'Alliance : the increasing multinationality of alliance forces and operations (OTAN).*

multiple multiple (US, UN, OTAN). Ex : *Des menaces multiples : multiple threats (US) – Accomplir de multiples missions : to perform multiple missions (US) – Tirs multiples (ou série de tirs) : multiple shots (UN) – Objectifs multiples : multiple targets (UN) – Tête multiple (ou mirvée) : multiple warhead (UN) – Accès multiple par étalement du spectre (AMES) : spread-spectrum multiple access (SSMA) (OTAN).*

multiplexage multiplexing (OTAN).

multiplexage à répartition en fréquences frequency division multiplexing (FDM) (OTAN).

multiplicateur d'efficacité multiplier (US).

multiplicateur d'efficacité opérationnelle combat multiplier (US).

multiplicateur de force force multiplier (US).

multiplication burgeoning. Ex : *La multiplication des opérations humanitaires dans les Balkans : the burgeoning of humanitarian operations in the Balkans.*

multiplicité multiplicity (US). Ex : *La multiplicité des menaces : the multiplicity of the threats (US).*

multiplier (signal) (TRANS) to multiply (OTAN).

multiplier to multiply (US, GB). Ex : *Le nombre d'exercices interarmées a été multiplié par trois : joint exercises have gone up by a factor of three (Jane's).*

multipolaire multi-polar (Jane's). Ex : *Un monde multipolaire : a multi-polar world (Jane's).*

multipolarité multipolarity (OTAN).

multirôle (aéronef) multirole (GB).

multispectral multi-spectral (US). Ex : *Appareil multispectral : multispectrum device (UN).*

multisystème (défense aérienne) multi-system (OTAN). Ex : *Séminaire du NADC (= NATO Air Defence Committee = Comité OTAN de défense aérienne) sur l'entraînement et les exercices de défense aérienne multisystème et multinationale : NADC seminar on multination, multi-system air defence training and exercises (OTAN).*

multi-travées multi span.

multitubes multibarrel (UN), multiple-barreled (US) (En épithète). Ex : *Canon multitubes : multibarrel gun (UN).*

multitude host (US), multitude (OTAN). Ex : *Une multitude d'activités et de responsabilités : a host of activities and responsibilities (US) – Être confronté à une multitude de nouveaux risques et défis : to be faced with a multitude of new risks and challenges (OTAN).*

muni de (véhicule) fitted with (US). Ex: *Le véhicule est muni d'une tourelle : the vehicle is fitted with a turret (US) – La tourelle est munie de 2 rangées de lance-grenades fumigènes : the turret is fitted with two banks of smoke grenade dischargers.*

munition ammunition (OTAN), munition (OTAN), round (of ammunition) (US), (VERB : "to activate", "to use") (ADJ & PART : "multi-agent", "modified", "binary chemical", "semi-fixed", "separate loading", "effective", "fast", "accurate", "armor-defeating", "specialist") (EXPR : "to develop a number of different rounds", "types of rounds", "accelerated energy transfer (AET) rounds", "frangible rounds"). Ex : *Utiliser la munition de 7,62 mm (force) : to use the 7.62mm ammunition (GB) – La consommation de munitions au sein du SAS est très élevée : ammunition expenditure in the SAS is extremely high (GB) (Voir aussi **munitions**).*

munition à charge séparée separate loading ammunition (OTAN).

munition à douille séparée (ou semi-encartouchée) semi-fixed ammunition (US, OTAN).

munition à fragmentation fragmentation charge (US, GB).

munition à guidage de précision precision guided munition (PGM) (GB, Janes').

munition à guidage terminal terminally-guided munition (TGM) (OTAN).

munition biologique biological ammunition (OTAN).

munition chimique chemical ammunition (OTAN).

munition classique conventional round (Jane's), conventional munition (GB). Ex : *Munition classique améliorée : improved conventional munition (ICM) (GB).*

munition complète (tube et missile) round (US).

munition de précision precision munition (US).

munition d'exercice drill round (GB).

munition encartouchée fixed ammunition (US, OTAN).

munition en grappe cluster munition (UN).

munition explosive (canon automoteur) high explosive round.

munition(s) explosive(s) explosive ordnance (OTAN) (PART : "suspected") (NOM ASS. : "investigation", "detection", "marking", "(initial) identification", "reporting").

munition(s) explosive(s) non explosée (s) unexploded explosive ordnance (OTAN).

munition flèche voir **obus flèche**.

munition fumigène (canon automoteur) smoke round.

munition incendiaire incendiary (US).

munitions ammunition (OTAN, US, Jane's) (En abrégé : "ammo"), munitions (Jane's), ordnance, projectiles (OTAN) (Attention : Le terme "ammunition" est invariable. On particularisera avec "a piece of") (VERB : "to fire", "to remove", "to dispose of", "to identify", "to locate", "to render safe", "to handle", "to salvage", "to make", "to store", "to pile", "to care for", "to clean", "to inspect", "to inventory", "to check", "to issue", "to turn in", "to maintain", "to deliver", "to arm", "to fuse", "to prime", "to drop", "to launch", "to project", "to dispense", "to expend", "to use", "to run low on") (ADJ & PART : "(increasingly) sophisticated", "excess", "surplus", "unexploded", "guided", "stabilised", "armed", "smart", "antiarmor", "standard", "conventional", "improved", "expensive") (NOM ASS. : "storing", "storage", "maintenance", "maintaining", "accounting", "protection", "stack", "handling", "delivery", "disposal"). Ex : *Une boîte de munitions : an ammunition box – Un véhicule de munitions : an ammunition carrier – La consommation de munitions : ammunition expenditure – Un abri de munitions : an ammunition shelter – Des munitions OTAN de 155 mm (canon automoteur) : 155mm NATO projectiles (GB) – Stockage de munitions de gros calibre : storage of large caliber* *ammunition (US) – Leurs munitions diminuaient (fantassins) : they were running low on ammunition (GB) – Niveau des munitions (unité) : ammunition state (GB) (Voir aussi munition).*

munitions à blanc blank ammunition (US).

munitions à bord (caractéristique de véhicule) ammunition carried (GB), ammunition capacity (GB).

munitions à diminution de traînée de culot base bleed ammunition.

munitions à guidage de précision precision-guided munitions (OTAN) (Surnom médiatique : "smart bomb").

munitions à paroi épaisse heavy-walled munitions (UN).

munitions classiques conventional munitions (US).

munitions classiques améliorées improved conventional munitions (ICM) (OTAN).

munitions conventionnelles conventional munitions (US, OTAN).

munitions conventionnelles améliorées improved conventional munitions (ICM) (OTAN).

munitions d'armes de petit calibre small arms ammunition (SAA) (OTAN).

munitions d'artillerie ordnance (UN), artillery ammunition (Jane's).

munitions d'entraînement training ammunition (US) (VERB : "to allocate").

munitions de petit calibre small arms ammunition (US).

munitions de précision precision munitions (US).

munitions d'obstacles barrier ammunition (OTAN).

munitions embarquées (canon automoteur / char) ammunition carried (GB), ammunition capacity (GB).

munitions épuisées out of ammunition (GB).

munitions explosives bursting-type munitions (US). Ex : *L'agent chimique est envoyé sur l'objectif par des munitions explosives : the chemical agent is delivered to the target by bursting-type munitions (US).*

munitions guidées avec (ou de) précision precision-guided munitions (UN, UEO) (Surnom médiatique : "smart bomb"). Ex : *Les opérations aériennes ayant recours à des munitions guidées de précision : air operations using precision-guided munitions (UEO).*

munitions immergées underwater munitions (OTAN).

munitions intelligentes smart munitions (US).

munitions larguées à distance remotely delivered munitions (RDM) (GB).

munitions non explosées unexploded explosive ordnance (OTAN), live ammunition (GB) (ADJ : "hazardous") (NOM ASS. : "detection", "identification", "on-site evaluation", "rendering safe", "recovery", "(final) disposal").

munitions non explosées classiques, chimiques et nucléaires unexploded conventional, chemical and nuclear munitions (US).

munitions spéciales special ammunition (OTAN).

munition traçante tracer round (US).

mur wall (US, GB) (VERB : "to breach", "to run into", "to negotiate"). Ex : *Mur de protection : protective wall (GB) – Nous nous sommes heurtés à un mur (en béton) quand nous avons atteint cette position fortifiée : we ran into a stone wall when we got to that fortified position (familier) (US) – Franchir un mur : to negotiate a wall (US) – Ecouter à travers les murs : to listen through walls (US).*

mur de feu wall of fire (US) (VERB : "to lay down").

Mur de l'Atlantique (Hist.) (the) Atlantic Wall (GB, US) (VERB: "to assault") ("The German defense complex along the French coast").

mur du son sound barrier (US). Ex: *Franchir le mur du son: to go through the sound barrier (US).*

Mururoa (atoll de) Mururoa atoll (GB). Ex: *Le site d'expérimentations nucléaires de l'atoll de Mururoa, en Polynésie française: the French Polynesian nuclear test site at Mururoa atoll (GB) – Garder les installations nucléaires françaises autour de l'atoll de Mururoa: to guard the French nuclear installations around Mururoa atoll (GB) (Voir aussi atoll).*

musée (militaire) de tradition military museum (GB). Ex: *Musée national de l'armée de terre: National Army Museum (US).*

musette haversack.

musicien bandsman (GB), musician (GB).

musique (fanfare) band (US, GB). Ex: *Un chef de musique: a bandmaster – La musique du régiment: the regimental band (GB).*

musique militaire military music (GB) (ADJ: "stirring", "rousing").

musulman (nom et adjectif) Muslim (GB). Ex: *Une enclave musulmane: a Muslim enclave (GB) – Un musulman: a Muslim.*

mutation (évolution) change (US, GB), transformation (OTAN). Ex: *La mutation géostratégique: the changing geostrategic situation – Une mutation spectaculaire de l'environnement stratégique: a dramatic transformation of the strategic environment (OTAN).*

mutation (changement d'affectation) (PERS) permanent change of station (PCS) (US), change of station (US), posting (GB), reassignment (US), (PCS) move (US) (À l'oral, on emploie même l'expression "to be PCSed" = être muté et le processus global de mutation – préparation, déménagement, aménagement – se nomme "PCSing") (VERB: "to come (about)", "to occur"). Ex: *Les mutations surviennent tous les 3 ans: posting comes every three years, moves come about very three years (US) – Ordre de mutation: permanent change of station order (US), posting order (GB) (VERB: "to receive") – Lors de (ou au moment de) la mutation: upon permanent change of station (US).*

mutation géopolitique geopolitical development (OTAN) (ADJ: "momentous" = profonde).

muté (PERS) posted (GB), assigned (US), PCSed / PCS'ed (US), transferred (GB). Ex: *Être muté: to be posted (GB), to be assigned, to be PCS'ed (À utiliser à l'oral; US) – Être muté dans un autre régiment (pour insuffisance ou faute) (PERS): to transfer to another regiment (GB) – Se préparer à être muté: to prepare to move (US).*

muter (PERS) to transfer (US) (PREP: "to").

mutilation volontaire self-inflicted wound (GB).

mutiler (ou estropier) to maim, to mutilate (GB). Ex: *Les cadvres avaient été mutilés: the dead bodies had been mutilated (GB) – Son visage était mutilé par des éclats d'obus: his face was mutilated by shrapnel (GB).*

mutin (adjectif) mutinous.

mutin (nom) mutineer.

mutinerie mutiny.

mutualisation (mise en commun de capacités) pooling key capabilities (OTAN).

mutuel mutual (US, OTAN), common (OTAN). Ex: *Confiance et respect mutuels: mutual trust and respect (US) – Contribuer à une compréhension mutuelle des questions relatives à l'entraînement et aux exercices en matière de défense aérienne: to contribute to a common understanding on issues related to air defence training and exercises (OTAN) – Destruction mutuelle assurée (Hist.): mutual assured destruction (MAD) (OTAN) –*

Réductions mutuelles et équilibrées des forces : mutual and balanced force reductions *(MBFR) (OTAN).*

mutuellement each other (OTAN). Ex : *Appui que des unités se donnent mutuellement :* support which units render each other *(OTAN).*

myriamétrique (ondes) very low (OTAN).

mystification mystification (GB).

mythe myth (GB). Ex : *Les mythes et les traditions :* the myths and the traditions *(GB).*

(NOVEMBER)

N. (route nationale) A-road, trunk road (GB), state highway (US).

nacelle (ou container modulable) (aéronef) pod (OTAN).

nage (nageurs de combat) swim (US). Ex: *Nage en surface: surface swim (US)* – *Nage de combat: combat swim (US)* – *Nage sous la surface: sub-surface swim (US)*.

nageurs de combat 1. en surface: combat swimmers, scout swimmers (Marines) (US). 2. sub-aquatiques: combat divers (Special Forces) (US), Army divers (GB), naval frogmen (GB) (cf. également les équipes de destruction sous-marine: underwater demolition teams (OTAN).

naissance (unité) birth (of a unit) (US). Ex: *Depuis la naissance de la Légion: since the Legion came into existence (GB)*.

naissant (technologies / menace) emerging (OTAN). Ex: *Technologies naissantes: emerging technologies (ET) (OTAN)* – *Une menace naissante: an emerging threat (OTAN)*.

naître (unité / corps) to come into being (GB, US), to come into existence (GB). Ex: *L'ALAT est née le 12 avril 1983: the Aviation Branch came into being on 12 April 1983 (US)*.

napalm napalm (US, GB) (Terme familier US / Vietnam: "nape") (VERB: "to drop... on").

napoléonien Napoleonic (GB). Ex: *Les guerres napoléoniennes: the Napoleonic Wars (GB)*.

natation swimming.

nation nation (US, OTAN). Ex: *Le résultat de l'exploitation des renseignements bruts concernant les nations étrangères: the product resulting from the processing of information concerning foreign nations (OTAN)*.

national national (US, GB). Ex: *Forces en national: forces under national command (US)*.

nationalisé state-owned (Jane's). Ex: *Les sociétés nationalisées SNPE et Aérospatiale (ARMT): the state-owned SNPE and Aérospatiale (Jane's)*.

nationalisme nationalism (US). Ex: *Les forces du nationalisme et de l'intégrisme religieux: the forces of nationalism and religious fundamentalism (US)*.

nationaliste (nom et adjectif) nationalist (GB). Ex: *Un mouvement nationaliste: a nationalist movement (GB)*.

nationalité nationality (US, GB). Ex: *Un grand nombre de volontaires français s'engageaient sous de fausses nationalités (Légion): a large number of French volunteers enlisted under false nationalities (GB)* – *Chaque légionnaire est ton frère d'armes, quelles que soient sa nationalité, sa race, sa religion (Code d'honneur) (Légion): each Legionnaire is your brother-at-arms, irrespective of his nationality, race or creed (GB)* – *Il est de nationalité française: his nationality is French (GB)*.

nation-cadre (opération) framework nation (UEO). Ex: *Il peut être utile de recourir plus largement au concept de nation-cadre: it may be useful to make wider use of the framework nation concept (UEO)*.

nation contributrice contributing nation (US).

nation du tiers-monde third world nation (US).

nation en armes (la) (concept) the "nation in arms" (US).

nation-hôte (soutien fourni par la) host nation support (HNS), host nation assistance (OTAN).

Cf. : Civil and military assistance rendered in peace and war by a host nation to allied forces and NATO organizations which are located on or in transit through the host nation's territory (OTAN).

nation pilote (force multinationale) lead nation (OTAN, GB).

nature nature (US), description (OTAN), identity (OTAN). Ex : *La nature / des opérations / du conflit : the nature / of (the) operations / of the conflict (US) – La nature de la mission : the nature of the mission (US) – Une opération de nature humanitaire : an operation of a humanitarian nature (US) – La complexité des systèmes d'armes continue de faire évoluer la nature de la guerre terrestre : sophisticated weapon systems continue to change the nature of ground warfare (US) – Les opérations d'imposition de la paix sont de nature coercitives : peace enforcement (PE) operations are coercive in nature (OTAN) – Donnée non traitée de toute nature qui peut être utilisée pour l'élaboration du renseignement : unprocessed data of every description which may be used in the production of intelligence (OTAN) – Renseignement sur la nature, les possibilités et les intentions d'organisations ou d'individus hostiles : intelligence on the identity, capabilities and intentions of hostile organizations or individuals (OTAN).*

nature (en) in kind (US).

nature de la guerre (la) (the) nature of warfare (US) (VERB : "to change").

naturel (GEN) natural . Ex : *Un obstacle naturel : a natural obstacle (US) (Contraire : "man-made" = artificiel).*

naufrage wreck (GB).

nausée (SAN) nausea (US).

naval naval (OTAN). Ex : *Contrôle naval : naval control (OTAN).*

navette shuttle (GB). Ex : *Faire la navette (hélicoptères / aéronefs) : to shuttle (in) (GB).*

navette spatiale space shuttle (OTAN). Ex : *Navette spatiale orbitale : space shuttle orbiter (SSO) (OTAN).*

navigable navigable (GB).

navigateur (ou butineur ou logiciel de navigation) (Internet) browser (US, GB).

navigateur aérien airman (OTAN). Ex : *Avis aux navigateurs aériens : notice to airmen (NOTAN) (OTAN).*

navigateur terrestre (véhicule blindé) land navigation system (US, Jane's).

navigateur terrestre (canon automoteur) autonomous navigation and gun laying system (AGLS) (GB).

navigation (aéronef) Ex : *Assurer la navigation d'un appareil (aéronef) : to navigate an aircraft (GB).*

navigation (sur cours d'eau) watermanship (= art de conduire des embarcations).

navigation (système de) navigation system.

navigation aérienne air navigation (OTAN).

navigation à vue visual navigation (OTAN).

navigation inertielle inertial navigation (IN) (OTAN).

navigation par inertie inertial navigation (IN) (OTAN).

navigation terrestre land navigation (US).

navire de commerce merchant ship (US, GB).

navire de guerre warship (US, UN).

navire d'écoutes radioélectriques (RENS) (electronic) intelligence collection ship (US).

navire (ou bâtiment) de l'armée de terre Army vessel (US) (ADJ: "non-combatant"). .

navire espion (navire de collecte du renseignement) (RENS) intelligence collection ship (US)

navire hôpital (SAN) hospital ship (US, OTAN).

navire marchand merchant ship (OTAN).

navire pour le traitement des blessés casualty treatment ship (OTAN).

navire pour le transport des blessés casualty transport ship (OTAN).

navires de commerce réquisitionnés ships taken up from trade (STUFT) (OTAN).

navire-terre ship-shore (OTAN).

N.B.C. (nucléaire, biologique et chimique) NBC (= Nuclear, Biological, Chemical) (GB, US). Ex: *Opérations NBC: chemical operations (US).*

N.B.C. (spécialité) (PERS) chemical (US).

né born (US, GB), natural (GB). Ex: *Il est né pour commander (ou il a le commandement dans le sang): he is a natural leader (GB).*

nécessaire (adjectif) necessary (CA), required (OTAN), requisite (US). Ex: *Les hautes températures nécessaires (fission nucléaire): the required high temperatures (OTAN) – Les unités nécessaires à la conduite d'une opération aéromobile: the units required to conduct an airmobile operation (OTAN) – Espace de manœuvre nécessaire à la poursuite des opérations: manœuvre space requisite for subsequent operations (OTAN) – Contribuer à établir le climat de sécurité nécessaire au renforcement de la paix: to contribute to the secure environment necessary for further consolidation of peace (CA) – Renseignement sur l'ennemi, les conditions atmosphériques et géographique nécessaire au commandement pour la préparation et la conduite des opérations de combat: the knowledge of the enemy, weather and geographic features required by a commander for the planning and conduct of tactical operations (OTAN) – L'autorité necéssaire pour diriger des forces: the requisite authority to direct forces (US).*

nécessaire de couture (soldat) sewing kit (GB) (Terme familier GB: "housewife").

nécessaire de nettoyage (mitrailleuse) cleaning kit (US).

nécessité need (US), must (US), necessity (US), exigency (GB) (PREP: "for"). Ex: *Une nécessité absolue: a must (US) – Une nécessité tactique: a tactical necessity (US) – Les nécessités du service: the exigencies of the Service (GB) – Pour nécessité de service: for service (ou Service) reasons (GB) – Des secours humanitaires de toute première nécessité: badly needed humanitarian aid (OTAN) – La nécessité du secret doit être soulignée (opérations de guérilla): the need for secrecy must be emphasized (US).*

necessité militaire military necessity (US, OTAN).

nécessités de service (PERS) exigencies of the Service (GB), Service (ou service) reasons (GB) (PREP: "for"). Ex: *Pour nécessités de service: due to service reasons (GB).*

nécessiter to require (US), to call (GB). Ex: *Cet emploi nécessite une connaissance générale des armes de mêlée: this position requires a general knowledge of combat arms (US) – Les régiments d'infanterie mécanisée nécessitent davantage de soutien que les autres types de régiments d'infanterie: mechanized infantry battalions require more combat service support than other types of infantry battalions (US) – L'hypothèse sous-jacente du plan nécessite que nous soyons en mesure de projeter rapidement une brigade: the underlying assumption in the plan calls for us to be able to deploy a brigade quickly (GB) – Nécessiter l'évacuation des personnels et des mesures de protection maximales (explo-*

708

sion nucléaire) : to require evacuation of personnel and maximum protective measures (US).

ne fonctionne pas correctement (système) "no-go" (OTAN).

négatif negative (US), minus (US), down (US). Ex : *Les aspects négatifs : the negative aspects (US) – Du côté des aspect négatifs (bilan) : on the minus side (US), on the down side (US) (EXPR : "to score high on") (Contraire : "on the plus side" = du côté des aspects négatifs).*

négatif! (non) negative!

négatif (non) (procédure radio) negative (US). Ex : *Négatif, parlez! : negative, over! (GB).*

négatif (photographique) (photographic) negative (US) (VERB : "to reduce in size").

négligeable (risque) negligible (risk).

négligence (ou manque de précautions ou manque de soin) (PERS) negligence (GB).

négligence dans le service (PERS) dereliction of duty (GB).

négligent (PERS) derelict (GB), negligent (GB) (EXPR : "to be derelict in one's duty" = être négligent dans le service).

négliger to neglect (US). Ex : *Négliger ses responsabilités : to neglect one's responsibilities (US).*

négociateur negotiator (US) (ADJ : "firm", "polite", "fair", "tactful", "resourceful", "objective", "impartial", "patient", "courteous").

négociation negotiation (US), talk (OTAN) (Termes dénombrables) (VERB : "to undertake", "to complete", "to carry out", "to facilitate", "to take place") (ADJ : "successful"). Ex : *Equipe de négociation (ou de négociateurs) : negotiation team (US) – Négociations commerciales : trade negotiations (US) – Négociations sur la limitation des armements stratégiques (Hist.) : strategic arms limitation talks (SALT) (OTAN) – Négociations diplomatiques : diplomatic negotiations (US).*

négocié negotiated (OTAN). Ex : *Parvenir à une solution politique négociée à la crise du Kosovo : to achieve a negotiated, political solution to the Kosovo crisis (OTAN).*

négocier to negotiate (US, GB, OTAN). Ex : *Négocier un obstacle : to negotiate an obstacle (US) – Négocier un contrat (armement) : to negotiate a contract (GB) – L'acceptation du règlement politique provisoire négocié à Rambouillet : acceptance of the interim political settlement which has been negotiated at Rambouillet (OTAN).*

neige snow (US, GB) (Attention : Emploi indénombrable, article indéfini "a" impossible. Ex : *Une neige fine tombait : thin snow was falling (ADJ : "excessive"). Ex : Neige fondue : (pluie) sleet, (par terre) slush – Dans la neige : through snow (US) – Lui permettre d'opérer dans la boue et dans la neige (véhicule) : to give it a mud and snow capability (US) – La plupart des routes de montagne étaient bloquées par la neige : most of the mountain roads were blocked by snow (GB) – Mobilité dans la neige épaisse : mobility over deep snow.*

neiger to snow (GB). Ex : *Il neigeait beaucoup : it was snowing hard (GB).*

ne pas recharger (ART) cease loading (OTAN).

ne... que only (GB). Ex : *Ne tirez que sur ordre! (fantassins) : fire only on orders! (GB).*

nervosité (blessé) (SAN) nervousness (US).

ne suis pas en mesure d'observer (ART) cannot observe (OTAN).

net tidy (GB). Ex : *Fier de ton état de légionnaire, tu le montres dans ta tenue toujours élégante, ton comportement toujours digne mais modeste, ton casernement toujours net (Code d'honneur) (Légion) : proud of your status as a legionnaire, you will display this pride, by your turnout, always impeccable, your behaviour, ever worthy, though modest, your living-quarters, always tidy (GB).*

nettement greatly (US). Ex: *Le véhicule offre une protection nettement améliorée: the vehicle has greatly improved protection (US).*

nettoyage (TAC) mopping-up (OTAN). Ex: *Opérations de nettoyage (TAC): mopping-up operations (US, GB).*

Cf. : The liquidation of remnants of enemy resistance in an area that has been surrounded or isolated, or through which other units have passed without eliminating all active resistance (OTAN).

nettoyage (arme individuelle) cleaning (US).

nettoyage d'habitations house clearing.

nettoyage ethnique ethnic cleansing (OTAN) (NOM ASS.: "campaign").

nettoyer (TAC) to mop up (US, GB), to clear (US). Ex: *La brigade continue de nettoyer dans les villages du sud de la ville: the brigade is still mopping up in the villages to the south of the village (GB).*

nettoyer (arme) to clean (a weapon) (GB, US).

nettoyer (dégager) (bâtiment / autobus / ville) to clear (a building / a bus / a city) (US). Ex: *Nettoyer une ville rue par rue: to clear a city street by street (GB).*

nettoyer l'ennemi sur zone to clear the enemy in zone (US).

Cf.: A requirement to eliminate organized resistance in an assigned zone by destroying, capturing, or forcing the withdrawal of enemy forces that could interfere with the unit's ability to accomplish its mission (US).

neurotoxique (gaz) nerve (gas).

neutralisant (ou de neutralisation) (attaque / frappe) disarming (attack / strike) (UN).

neutralisation (mine) neutralization (OTAN).

neutralisation (TAC) suppression (GB), neutralization (US, OTAN).

neutralisation (TRANS / guerre électronique) suppression (US). Ex: *La neutralisation intentionnelle des émissions électromagnétiques amies: the intentional suppression of friendly electromagnetic emissions (US) – Contre-mesures électroniques de neutralisation: supressive electronic countermeasures (UEO).*

neutralisation (suppression) (tir de) neutralization fire (US, OTAN), suppression fire.

neutralisation et destruction des explosifs (NEDEX) explosive ordnance disposal (EOD) (GB, OTAN) (Le Génie britannique (Royal Engineers, RE) dispose d'un "Explosive Ordnance Disposal (EOD) Regiment", basé au Royaume-Uni).

Cf. : Explosive ordnance disposal (= neutralisation des explosifs et munitions): the detection, identification, on-site evaluation, rendering safe, recovery and final disposal of unexploded explosives ordance which has become hazardous by damage or deterioration (OTAN).

neutraliser (forces / feux / menace) (TAC) to neutralize (US), to suppress (US), to counteract (OTAN). Ex: *Neutraliser le potentiel ennemi: to neutralize the enemy's potential (US) – Neutraliser les feux ennemis: to neutralize enemy fire (US) – Neutraliser une menace: to counteract a threat (OTAN) – Neutraliser l'ennemi: to neutralize (US) (ou to neutralise (GB) the enemy – Neutraliser des troupes ennemies: to suppress enemy forces (US).*

Cf. : To neutralise: to render the enemy temporarily ineffective (GB).

neutraliser (armes / mine / explosif / obstacles) to counteract (OTAN), to neutralize (OTAN), to render safe (OTAN), to suppress (GB). Ex: *Neutraliser / une mine / un système d'obstacles: to counteract (ou to neutralize (OTAN) / a mine / an obstacle system (US) – Neutraliser un explosif: to neutralise (GB) (ou to render safe (OTAN) an explo-*

sive – Neutraliser les armes antichar ennemies : to suppress enemy anti-tank weapons (GB).

neutralité neutrality (US, GB) (VERB : "to maintain", "to express... to").

neutralité armée armed neutrality (GB).

neutre (nom) neutral (US). Ex : *Reconnaître amis, ennemis et neutres : to distinguish friend from foe from neutral (US).*

neutre (pays / force) neutral (OTAN, US). Ex : *Rester neutre : to remain neutral (GB) – Pays neutre : neutral country (OTAN, US) – Force neutre : neutral force (US) – Pays neutres et non-alignés : neutral and non-aligned countries (NNAS) (OTAN).*

neutron neutron. Ex : *Bombe à neutrons : neutron bomb (NB) (UN).*

neutronique neutron (UN) (En épithète).

névralgique nerve (US), sensitive (UN). Ex : *Centre névralgique : nerve center (US) – Techniques (ou technologies) névralgiques : sensitive technologies (UN).*

névrose de guerre war neurosis.

nez (hélicoptère) nose (US).

nez (missile) nose.

NH-90 (hélicoptère) the NH-90 troop transport helicopter (Jane's).

ni neither... nor (GB). Ex : *L'OTAN ne peut confirmer le nombre des victimes indiqué par les autorités serbes, ni les raisons pour lesquelles des civils se trouvaient là au moment de l'attaque : NATO cannot confirm the casualty figures given by the Serbian authorities, nor the reasons why civilians were there at the time of the attack (OTAN) – Au combat, tu agis sans passion et sans haine, tu respectes les ennemis vaincus, tu n'abandonnes jamais ni tes morts, ni tes blessés, ni tes armes (Code d'honneur) (Légion) : in combat, you will act without relish of your tasks, or hatred; you will respect the vanquished enemy and will never abandon neither your wounded nor your dead, nor will you under any circumstances surrender your arms (GB).*

niche (chien) kennel (GB).

nid de mitrailleuses machine-gun nest (OTAN, GB) (VERB : "to take out").

nid d'espions (ville) spy city (US).

n-ième pays (armes atomiques) (STRAT) n-th country.

n-ième pièce reprend le tir (incident de tir) (ART) number... in (out) (OTAN).

n'importe où anywhere (GB, US). Ex : *N'importe où dans le monde (ou en tout endroit du monde) : anywhere in the world (US), in any part of the world (GB).*

niveau level (US, GB, OTAN), tier (US), posture (US), layer (US), standard (GB), ebb (US), standard (ADJ avec "standard" : "declining") (VERB : "to maintain", "to attain") (PART : "prescribed"). Ex : *Au niveau / compagnie / division : at company / division / level (US, GB) – Au niveau brigade et en-dessous : at brigade (level) and below (US) – Du niveau régiment au niveau division : at battalion through division level (US) – À tous les niveaux : at all levels – Un niveau de commandement : a level of command (US) – Il a commandé des unités du train à tous les niveaux (fiche biographique d'officier) : he commanded transportation units at all levels (US) – Un niveau de protection NBC : a mission-oriented protective posture (MOPP) (US) (Au nombre de 5 dans l'armée de terre américaine) – À un quelconque niveau : at any level (GB) – À plusieurs niveaux (système de défense) : multilayered (US) – Être entraîné au plus haut niveau : to be trained to the highest standards (GB) – Un haut niveau d'entraînement : a high standard (ou level) of training, a high training level (GB, US) – Du niveau "section" au niveau "division" : from platoon through division level (US) – Un système défensif à deux niveaux : a two-tier*

711

*defense system (US) – Du niveau "brigade" : brigade-level (US) (En épithète) – Sur le plan de la tactique : at the tactical level (US) – Au niveau voulu (ou requis) (entraîne-ment) : to standard (US) – Être du niveau (requis) (PERS) : to be up to standard (US) – Un niveau de forme physique : a level of physical fitness (US) (VERB : "to maintain") – Le niveau de protection requis (en matière de blindage) : the required level of protection (US) – Un niveau très bas d'efficacité (unité) : a very low ebb of efficiency (US) – Aux niveaux les plus élevés de l'armée de terre : at the highest levels of the Army (US) – Des emplois de commandement de plus haut niveau : higher-level command positions (US) – Niveaux en effectifs : strength of units (OTAN) – Niveaux en matériels, approvisionne-ments et ravitaillement : levels of equipment, stores and supplies (OTAN) – À un niveau de forces moins élevé : at a lower military level (UN) – Amener des hommes au niveau des soldats d'active : to bring men to the standard of regular soldiers (GB) – Niveau de stoc-kage : stockage level (US) – Conserver (ou remettre) le matériel à un niveau défini : to retain materiel in (ou to restore materiel to) a specified condition (OTAN) – Niveau de contamination radioactive : level of radioactive contamination (OTAN) – Niveau d'état de préparation (opérationnalité) (force) : level of readiness (GB) (VERB : "to meet") – S'entraîner contre un plastron de niveau international (force) : to train against a world class opposing force (= OPFOR) (US) – Les ressources logistiques sont coordonnées au niveau multinational : logistic resources are coordinated multinationally (OTAN) – Permettre une analyse affinée et approfondie sur le plan stratégique : to allow a careful in-depth analysis at strategic level to be made (UEO) – Ses effectifs étant remis à niveau par l'apport de jeunes appelés (Légion) : its strength being topped up with young conscripts (GB) – Un concept de commandement à deux niveaux : a two-tiered command and control concept (US) – Une structure de commandement à trois niveaux : a three-tier command structure (Voir aussi **haut niveau (de)**.*

niveau (source) (RENS) level (US). Ex : *Le niveau élévé de la source : the high level of the source (US).*

niveau d'acquisition (matériels) procurement level (US).

niveau de bruit noise level (UN).

niveau de commandement level of command (OTAN), command level (GB) (ADJ : "appro-priate").

niveau de compatibilité level of compatibility (US, GB) (VERB : "to achieve", "to maintain").

niveau de compétence (PERS) skill level (SL) (US).

niveau de conflit level of conflict (GB).

niveau de constitution d'une force force generation level (FCL) (OTAN).

niveau d'effectif (force) manpower level (US) (Terme dénombrable) (NOM ASS. : "increase").

niveau de force (quantitatif) (en termes de personnel et de matériels) force level (GB).

niveau de guerre level of war (1. stratégique : strategic – 2. opératif : operational – 3. tactique : tactical), level of warfare (GB). Ex : *Au niveau de guerre opératif : at the operational level of war (GB).*

Cf. : Levels of warfare (war) : the recognised levels of warfare, from which the levels for the plan-ning and command of operations are derived. They are grand strategic, military strategic, operational and tactical (GB).

- grand strategic level (of conflict) : the application of national resources to achieve national policy objectives (including alliance or coalition objectives). This will invariably include diplo-matic and economic resources as well as military (GB).

- military strategic level (of conflict): the level of command and planning for armed conflict (level of war) at which military resources are applied to achieve policy objectives (GB).

- operational level of war: the level of war at which campaign and major operations are planned, conducted and sustained to accomplish strategic objectives within theatres or areas of operations (GB).

- tactical level of war: the level of war at which battles and engagements are planned and executed to accomplish military objectives assigned to tactical formations and units (GB).

niveau de la mer sea level (SL) (US, GB, OTAN) (ADV : "above" = au-dessus de, "below" = au-dessous de). Ex : *900 mètres au-dessus du niveau de la mer : 900 metres (ou 900m) above sea level – Niveau moyen de la mer : mean sea level (MSL) (OTAN).*

niveau d'engagement (force) level of commitment (US).

niveau de performance (combattant individuel) level of performance (GB).

niveau de pourcentage level of percentage (GB).

niveau de préparation (opérationnelle) (forces) readiness (GB). Ex : *À un niveau de préparation (opérationnelle) suffisant : at sufficient readiness (GB).*

niveau de protection NBC (soldat) mission-oriented protective posture (MOPP) (US). Ex : *Niveau 3 de protection NBC en vigueur : MOPP level 3 in effect (US) – En mesure de passer au niveau 4 de protection NBC : be prepared to move to MOPP 4 (US).* Cf. : A flexible system for protection against a chemical attack devised to maximize the unit's ability to accomplish its mission in a toxic environment. This posture requires personnel to wear individual protective clothing and equipment consistent with the chemical threat, work rate imposed by their mission, temperature, and humidity without excessive mission degradation (US).

niveau de qualification (spécialité) skill level (US).

niveau de qualité quality level (OTAN). Ex : *Niveau de qualité acceptable : acceptable quality level (AQL) (OTAN).*

niveau d'équipement en personnel(s) (unité / force / armée) manning level (US).

niveau de risque (NUC) degree of risk (UN).

niveau des approvisionnements level of supply (OTAN).

niveau de soutien (LOG) level of support (US).

niveau de violence level of violence (Jane's).

niveau d'habilitation (de sécurité) (RENS) security clearance level (US). Ex : *Ces renseignements sont accessibles aux seules personnes ayant besoin d'en connaître, quel que soit le niveau d'habilitation qu'elles détiennent : this intelligence is available only to persons with a need to know regardless of the level of security clearance that they hold (US).*

niveau élevé (au) (comité) senior (OTAN). Ex : *Comité politique au niveau élevé : senior political committee (SPC) (OTAN).*

niveau inférieur (de) (concept) lower-order (US) (En épithète).

niveau mondial (classe mondiale) (matériels) world-class (GB). Ex : *Des matériels se situant au meilleur niveau mondial (ou de classe mondiale) : world class equipment (GB).*

niveau opératif (guerre) operational level (US, GB) (PREP : "at").

niveau stratégique (guerre) strategic level (US, GB) (PREP : "at").

niveau supérieur (de) (concept) higher-order (US) (En épithète).

niveau tactique (guerre) tactical level (US, GB) (PREP : "at").

niveau technique d'intervention (NTI) (MAT) maintenance level (US).

niveaux d'armement nucléaire levels of nuclear armaments (UN).

niveaux de forces force levels (GB, UEO, OTAN) (VERB: "to review", "to have") (ADJ: "available").

niveler (berge / gué) to grade (a bank / a ford).

niveler (zone de terrain) to level (GB).

niveleur (véhicule) grader.

noblesse de cœur (PERS) nobility of heart.

nocif (produit chimique) harmful (UN).

nocturne night (US) (En épithète), at night, by night, nighttime. Ex: *Une attaque nocturne (ou de nuit): a night attack (US) – Les opérations nocturnes: operations at night (ou by night) – Vision nocturne: night vision, night viewing – Une marche de nuit: a night march, a nighttime march.*

nœud (corde) knot (US) (VERB: "to tie") (NOM ASS.: "knot-tying" (entraînement).

nœud (unité de mesure de vitesse) knot (GB) (Abréviation: "k") (= environ 1852 mètres / heure) (EXPR: "to travel at X knots", "to do X knots" (embarcation).

nœud (TRANS) node (US, GB).

nœud de communications communications node (US).

nœud papillon bow tie (US).

nom name (US, GB) (PREP: "for"). Ex: *La nouvelle force prendra le nom de SFOR: the new force will be known as SFOR (GB) – Au nom / du président des États-Unis / de son pays: in the name of the President of the United States (US) / on behalf of one's country (OTAN) – Le président des États-Unis a soumis le nom du général X comme successeur du général Y, avec les mêmes pouvoirs et les les mêmes fonctions: the President of the United States nominated General X for consideration as successor to General Y, with the same powers and functions (OTAN) – Dans le cadre d'un engagement portant le nom d'Opération Manta: under a deployment known as Operation Manta (GB) – Un sergent polonais du nom de Morzycki: a Polish sergeant named Morzycki (GB) – Nom officieux du chasseur bombardier F-111: unofficial name for the F-111 fighter bomber (GB).*

nom (de matériel) designation (GB). Ex: *Sous le nom de Mk 11/2 (char): designated Mk 11/2 (GB).*

nomade roving (US). Ex: *Pièce nomade: roving gun (US).*

nomadisation (entraînement au combat en milieu désertique) desert warfare training.

no man's land (terrain neutre) no-man's-land (GB). Ex: *Envoyer une patrouille dans le no man's land: to send out a patrol into no-man's-land (GB).*

nombre number (US, GB), figure (GB, OTAN), variety (US). Ex: *Des forces inférieures en nombre: numerically inferior forces (US) – L'ennemi était supérieur en nombre: the enemy was superior in numbers (US) – Le nombre croissant d'officiers dans le domaine du renseignement: the increasing number of officers in the intelligence field (US) – Le nombre de coups tirés par arme par minute: the number of rounds fired per weapon per minute (OTAN) – Nombre de mines relevées par mètre de front: number of mines per meter of minefield front (OTAN) – Le nombre de pertes: the casualty figure (GB) – Intercepter un grand nombre de communications: to intercept a wide variety of communications (US) – Un nombre croissant de pays européens: an increasing number of European countries (UEO) – L'OTAN ne peut confirmer le nombre des victimes indiqué par les autorités serbes, ni les raisons pour lesquelles des civils se trouvaient là au moment de l'attaque: NATO cannot confirm the casualty figures given by the Serbian authorities, nor the reasons why civilians were at this location at the time of the attack (OTAN) – L'armée de terre est appelée à participer à un certain nombre de nouvelles*

opérations de soutien de la paix : the Army is committed to a number of new peace sup-
port operations (CA) – Le nombre d'unités alliées au sein de la DMN (N) (= Division
Multinationale (Nord) sera réduit : the number of allied units in MND (N) (=
Multinational Division (North) will be reduced (US) – Le nombre et les types de régi-
ments de combat ne sont pas fixés par un tableau d'effectifs et de dotations (TED) : the
number and types of combat battalions are not fixed by a table of organization and equip-
ment (TOE) (US) – Le fait de grouper les régiments de manœuvre sous les trois PC de bri-
gade en nombre et en type appropriés en fonction de la mission de chaque brigade :
grouping the combat maneuver battalions under the three brigade headquarters in the
*number and type appropriate to the mission of each brigade (US) (Voir aussi **en***
***nombre**).*

nombre de soldats tués (ENI) body-count (GB). Ex : *Cette compagnie a le plus grand*
nombre de soldats ennemis tués du régiment : this company has the highest body-count in
the battalion (GB).

nombres (radio) figures. Ex : *J'épelle les nombres (procédure radio) : figures.*

nombreux numerous, a wide variety of (US), a large variety of (US), considerable (UEO), extensive (OTAN), many (US). Ex : *Tirer de nombreux types d'obus (canon) : to fire a (wide /*
large) variety of shells (US) – Une armée de terre moins nombreuse : a smaller Army
(US) – De nombreux efforts restent à accomplir pour... : considerable efforts are still
needed to... (UEO) – De nombreuses (ou une série d') attaques contre / visant ... : exten-
sive attacks against ...(OTAN) – Les nombreuses réorganisations d'unités au fil des
années : the many reorganizations of units over the years (US).

nom conventionnel nickname (OTAN).

nom de baptême (opération) nickname (Attention à l'ordre des mots : "Operation" + nom de
l'opération". Ex : *L'Opération "Tempête du désert" : Operation Desert Storm (US).*

nom de code (opération / TAC / RENS) code name (US) (ADJ : "overall"). Ex : *Une opé-*
ration portant le nom de code "Juste Cause" : an operation code-named (ou codenamed)
"Just Cause" (US).

À noter : Pour faire référence à une opération classifiée et lui assurer une couverture de sécurité,
les Britanniques utilisent un terme en un seul mot (codeword). À titre d'exemple, le
"codeword" attribué aux opérations britanniques dans le Golfe en 1991 était "Granby".

nom de mission (satellite) mission designation (US) (VERB : "to be given").

nom d'emprunt (légionnaire) assumed name (VERB : "to go under" = se servir de).

nomination appointment (US, GB, OTAN) (VERB : "to seek", "to win", "to obtain", "to make",
"to award", "to occur", "to oversee", "to oppose" = s'opposer à, "to become effective" =
prendre effet, "to be responsible for"). Ex : *Nomination en tant qu'(ou en qualité d') offi-*
cier de l'armée de terre : appointment as an Army officer (US) – La nomination d'un
commandant de brigade venant des Transmissions : the appointment of a brigade com-
mander from the Royal Signals (GB) – Peu de temps après sa nomination au poste de chef
d'état-major de l'armée de terre : shortly after becoming Army Chief of Staff (US) –
Nomination du général X comme successeur du général Y au poste de Commandant
suprême des forces alliées en Europe : appointment of General X to succeed General Y as
Supreme Allied Commander, Europe (OTAN).

nommer (PERS) to appoint (US, GB), to assign (US), to commission (US), to name (US)
(PREP : "as"). Ex : *Il a été nommé commandant-en-chef : he was appointed commander-*
in-chief (GB) – Il a été nommé sous-officier adjoint de la section : he was appointed as
platoon sergeant (GB) – Être nommé officier : to be commissioned (Eventuellement :
+ "as" + grade) (US) – Des officiers nommés au grade de général de Brigade ou au-

dessus: officers appointed to the rank of Brigadier or above (OTAN) – Il fut nommé sous-chef (d'état-major) opérations-plans à l'EMAT (= État-Major de l'Armée de Terre) (fiche biographique d'officier): he was assigned as the Army's deputy chief staff for operations and plans (US) – Un colonel fut nommé commandant-en-chef de toutes les forces améri-caines (Hist.): a colonel was named commander in chief of all American forces (US) – Nommer M. Robertson au poste de Secrétaire général de l'OTAN: to appoint Mr Robertson as Secretary General of NATO (OTAN).

nommer officier to commission (GB). Ex: *Il fut nommé officier en 1990: he was commissio-ned in 1990 (GB).*

non (procédure radio) negative.

non accrédité (journaliste) uncredentialed (US).

non aguerri (PERS) raw (US).

non aligné non-aligned (US, OTAN). Ex: *Pays non aligné: non-aligned country (US).*

non aménagé (zone de terrain / berge) unprepared (GB, US).

non anglophone non-English-speaking (US).

non-appartenance (organisation) non-membership (OTAN). Ex: *Non-appartenance à l'OTAN: non-membership of NATO (OTAN).*

non armé unarmed (CFE, GB). Ex: *Des civils non armés: unarmed civilians (US) – Un héli-coptère / un véhicule / non armé: an unarmed / helicopter / vehicle (US, Jane's).*

non au contact (de l'ennemi) (force) out of contact (US, GB).

non autorisé unauthorized (OTAN, GB). Ex: *Divulgation non autorisée: unauthorized disclo-sure (OTAN) – Personne non autorisée (RENS): unauthorized person (OTAN) – L'entrée non autorisée est interdite: unauthorized entry is forbidden (GB).*

non-belligérance non-belligerency (US).

non blindé (engin / véhicule) soft-skinned (GB), unarmoured (GB), unarmored (US).

non cinétique (arme) nonkinetic (US).

non classifié (ou sans classification) unclassified (OTAN, GB) (Abréviation GB: "UNCLASS"). Ex: *Ces informations sont non classifiées: this information is unclassified (GB).*

non-combattant (adjectif et nom) non-combatant (US, GB) (Terme à la fois adjectif et nom).

non compris not including. Ex: *Le coût unitaire (= par char), non compris les coûts de recherche-développement: the cost per tank, not including R&D funds (US) (R&D = Research and Development).*

non connu unknown, not known.

non consommable (matériel) non (-) expendable (supplies and material) (US, OTAN), durable (materiel) (OTAN).

non contaminé uncontaminated (US).

non contigu (formations) noncontiguous (US).

non contrôlé (tir) unobserved (US, GB).

non conventionnel (forces) unconventional (OTAN). Ex: *Forces militaires non convention-nelles: unconventional military forces (UMF) (OTAN).*

non couché (malade) (SAN) walking (OTAN).

non décisif (endroit / bataille) indecisive (location / battle) (OTAN, CA).

non défendu undefended (US). Ex: *Un bâtiment non défendu: an undefended building (US).*

non désiré (effet) unwanted (US).

non détectable non-detectable (UN).

non détenu en stock (article) (LOG) non-stocked (OTAN).

non disponible not available, unavailable.

non dit (motifs) unstated (US).

non durcie (base de lancement pour missiles) soft (missile base) (OTAN) (Contraire : "hard").

non durci (cible) unhardened (Jane's).

non emploi en premier (armes nucléaires) non-first use (of nuclear weapons) (UN).

non endivisionné (ou indépendant) (brigade) separate (US).

non endivisionné (unité) nondivisional (US).

non engagées (forces) uncommitted (forces) (US).

non entraîné (ou non formé) (PERS) untrained (GB).

non étatique non-state (US). Ex : *Des acteurs non étatiques (conflit) : non-state actors (US).*

non existant nonexistent (US).

non explosé (munition / bombe) unexploded (US, GB), live (GB). Ex : *Bombe non explosée : unexploded bomb (UXB) (US) – Munitions non explosées : live ammunition (GB).*

non exprimé (motifs) unstated (US).

non fabrication (armes chimiques) non-production (of chemical weapons) (UN)

non fiable (ou pas sûr) (RENS) unreliable (US).

non formaté (message) unformatted.

non formé (personnel) untrained (GB).

non gardé unguarded (US).

non guéable (coupure) unfordable (US) (Contraire : "fordable" = guéable).

non guidé unguided (UN). Ex : *Roquettes non guidées : unguided rockets (UN).*

non habité unmanned (UN). Ex : *Véhicule (ou engin) non habité : unmanned vehicle (UN).*

non hiérarchique non hierarchical ou nonhierarchical (US).

non hostile nonhostile (US).

non identifiable unidentifiable.

non identifié unidentified (UI) (US).

non inflammable nonflammable (US). Ex : *Liquide non inflammable : nonflammable liquid (US).*

non ingérence non-interference (UN, GB).

non initié (ou profane) uninitiated (US). Ex : *Pour les non initiés : to the uninitiated (US).*

non létal non-lethal (UN, Jane's) (Voir aussi **arme non létale (ANL)**.

non létalité (des moyens) non-lethality (US), nonlethality (Jane's).

non levé (zone) (TOPO) unsurveyed (US, GB).

non linéaire nonlinear (US).

non mécanisé (unité) nonmechanized (US). Ex : *Une brigade non mécanisée : a non mechanised brigade (GB).*

non membre (organisation) non-member (OTAN).

non menacé par l'ennemi (zone) safe from enemy attack (US, GB).

non militaire non-military (GB, US, UEO). Ex : *Des organismes non militaires : non-military agencies (US) – Personnel(s) non militaire(s) : nonmilitary personnel (US) – Des domaines de coopération non militaires : non-military areas of cooperation (US) – Outils non militaires pour la gestion des crises : non-military tools for crisis management (UEO).*

non miné unmined (OTAN).

non nécessaire (force) not required (US, GB).

non observé / non vu (ART) doubtful (OTAN), lost (US, OTAN).

nonobstant notwithstanding (OTAN).

non occupé unoccupied (US). Ex : *Dans la France non occupée : in unoccupied France (US).*

non officiel (officieux) unofficial (GB).

non organique nonorganic (US).

non périssable (denrée) nonperishable (US).

non persistant (NBC) non persistent, nonpersistent (US). Ex : *Une attaque chimique à effet non persistant : a chemical attack for nonpersistent effect (US).*

non planifié (convoi) unscheduled (OTAN).

non préparé (force) unprepared (US).

non pressurisé (aéronef) unpressurized (US).

non prêt (à l'action) (force) unready (US).

non-prolifération non-proliferation (OTAN, UN). Ex : *Traité sur la non-prolifération des armes nucléaires (TNP) : Nuclear Non-Proliferation Treaty (NPT), Treaty on the Non-Proliferation of Nuclear Weapons (1968).*

non promu (officier) passed over (US, GB). Ex : *Les officiers non promus deux fois (de suite) : the officers twice passed over (for promotion) (US), the twice-passed-over officers (US) – Un commandant non promu : a passed-over major (GB).*

non protégé (document) (RENS) unclassified (UNCLAS) (U) (US).

non protégé (équipement) unshielded (US).

non protégé (TRANS) non-secure, insecure.

non protégé (base de lancement pour missiles) soft (missile base) (OTAN) (Contraire : "hard").

non provocant (défense) non-provocative (UN).

non-recours à la force (ou non-emploi de la force) non-use of force (UN).

non-recours en premier lieu à l'arme nucléaire no first use of nuclear weapons (NOFUN) (OTAN).

non remarié (PERS) unremarried (US).

non renforcé (cible) soft.

non réparable (pièce / véhicule) expendable (OTAN), nonrepairable (US). Ex : *Véhicule non réparable : nonrepairable vehicle (US).*

non réparable sur zone (matériel) beyond local repair (US).

non spécialisé (mission) non-specialist (Jane's).

non statique non-static (UEO). Ex : *La structure des forces terrestres devrait davantage s'adapter à pouvoir opérer dans un environnement non statique : the structure of land forces should be further adapted to allow operations in a non-static environment (UEO).*

non stratégique non-strategic (UN).

non surveillé (abandonné) (capteur) unattended (OTAN). Ex : *Capteur au sol non surveillé : unattended ground sensor (UGS) (OTAN).*

non tactique (ou sans caractère tactique) (opération) non tactical (OTAN).

non traité (donnée) unprocessed (OTAN). Ex : *Donnée non traitée de toute nature qui peut être utilisée pour l'élaboration du renseignement : unprocessed data of every description which may be used in the production of intelligence (OTAN).*

non transportable (blessé) (SAN) unevacuable, not transportable.

non-usage en premier lieu des armes nucléaires no first use of nuclear weapons (NOFUN) (OTAN).

non utilisable (matériel) out of use (UN).

non-utilisation (armes nucléaires) non-use (UN).

non-violent nonviolent (US).

non vital (TAC) nonvital (US). Ex : *Tromper l'ennemi en attirant son attention sur des zones non vitales : to deceive the enemy by drawing its attention to nonvital areas (US).*

non volatil (agent) non-volatile (agent) (UN).

nord north (US, GB). Ex : *L'ennemi fait mouvement vers le nord : the enemy is moving north (ou northward ou northwards) (GB) – Le 1ᵉʳ régiment mécanisé se déplaçant vers le nord : 1st Bn (Mech), moving north (US) – Un convoi (se déplaçant) en direction du nord : a northbound convoy (GB) – Un vent du nord : a north wind (GB), an northerly wind (GB) – Faire mouvement vers le nord : to move in an northerly direction (GB), to move towards the north (GB), to move northward (US), to move northwards (GB) – Au nord : in the north, to the north – Paris est à 800 km au nord de Marseille : Paris is 800km north of Marseilles – Le nord du pays : the northern part of the country (GB) – Déplacer les troupes d'envrion 95 kilomètres vers le nord : to shift forces sixty miles to the north (GB) – Nord de la Norvège : North Norway (OTAN) – Nord-Ouest Europe : North-Western Europe (OTAN) – L'unité responsable du secteur allant de Tuzla au nord à Olovo au sud : the unit responsible for the sector from Tuzla in the north to Olovo in the south (US) – Traité de l'Atlantique Nord : North Atlantic Treaty (GB) (Voir aussi* **points cardinaux***).*

nord (du) (ou septentrional) northern (US, GB). Ex : *L'Europe du nord : Northern Europe (GB).*

nord-américain North American (OTAN). Ex : *Eviter toute désunion entre Alliés européens et nord-américains : to avoid any estrangement between the European and North American allies (OTAN).*

nord de la grille grid north (US, OTAN).

nord-est northeastern (OTAN, US) (En épithète). Ex : *Secteur nord-est de la Méditerranée : Northeastern Mediterranean Area (MEDNOREAST) (OTAN) – Au nord-est de la France : in northeastern France (US).*

Nord Europe Northern Europe (OTAN).

nord géographique (ou nord vrai) true north (US, OTAN).

nord magnétique magnetic north (US, OTAN).

Nord-Ouest Europe Northwestern Europe (OTAN).

normal (ou aux normes ou classique) standard (GB), normal (US), sustained (OTAN). Ex : *Une section d'infanterie normale (ou classique) : a standard infantry platoon (GB) – Dans des conditions normales : under standard (ou normal) conditions (US) – Cadence normale de tir : sustained rate of fire (OTAN) – En terrain normal : in normal terrain (US).*

normalement normally (US). Ex : *Un secteur de responsabilité affecté à une unité de combat, normalement au cours d'une opération offensive : a sector of responsibility assigned to a tactical unit, normally during an offensive operation (US) – Normalement, un régiment de 155 (mm) est placé en appui direct de chaque brigade engagée (ART) : normally, one 155-mm battalion is placed in direct support of each committed brigade (US) – La traversée d'un terrain contaminé par des troupes à pied ralentit normalement leur vitesse de* *progression : traversal of contaminated terrain by troops on foot normally slows down their rate of advance (US).*

normalisation standardization (OTAN), normalization (US). Ex : *Un accord de normalisation : a standardization agreement (OTAN) – Normalisation des unités d'artillerie sol-sol : standardisation of field artillery units (Jane's) – Une normalisation des relations : a normalization in relations (US).*

normalisation des équipements equipment standardisation (OTAN).

normalisé standardized (OTAN, US), standard (OTAN). Ex : *Un compte-rendu normalisé : a standardized report (OTAN) – Procédure(s) normalisée(s) de fonctionnement : standard operating procedure(s) (SOP) (OTAN).*

normaliser to standardize (US). Ex : *Normaliser des procédures : to standardize procedures (US).*

normalité normalcy (CA). Ex : *Faciliter le retour à la normalité dans la région : to facilitate the return to normalcy in the region (CA).*

norme standard (OTAN, US), norm (OTAN) (VERB : "to set", "to establish", "to meet") (ADJ : "standard") (PREP : "to"). Ex : *Être conforme aux normes de sécurité : to meet safety standards (US) – Faire du (système) MILES la nouvelle norme en matière de simulation d'engagement tactique : to make MILES the new standard for tactical engagement simulation (US) – Les normes et les procédures de l'OTAN : NATO standards and procedures (OTAN) – Les soldats s'entraîneront suivant des normes identiques pour tous : soldiers will train to standards that are the same for all (US) – S'entraîner en fonction de normes élevées : to train to high standards (US) – Normes de sélection (ou d'admission) (PERS) : selection standards (US).*

norme comptable accounting standard (OTAN). Ex : *Norme comptable internationale : international accounting standard (IAS) (OTAN).*

norme de consommation standard standard consumption norm (SCN) (OTAN).

norme de message message standard (OTAN). Ex : *Norme de message provisoire JTDIS : Interim JTDIS message standard (IJMS) (OTAN).*

norme militaire military standard (MILSTAND) (OTAN) (Aussi appelé "MIL-STD" ou "MS").

normes de construction (GEN) construction standards (US).

norme(s) de force(s) forces standard(s) (OTAN).

normes d'entraînement training standards (GB).

normes d'environnement (descriptif de matériel radio) environmental standards (US).

normes physiques physical standards (US).

normes sanitaires health standards (US).

notamment to include (US), including. Ex : *Il a commandé 3 compagnies, et notamment 1 compagnie d'infanterie mécanisée au Vietnam : he commanded 3 companies, to include a mechanized infantry company in Vietnam (US).*

notation (PERS) rating (US), evaluation (US) (Termes dénombrables) (ADJ : "periodic"). Ex : *Chaîne de notation (hiérarchie) : rating chain (US) – Compte-rendu de notation (périodique) (officier) : evaluation report (US), efficiency report (US), officer evaluation report (OER) (US).*

noté (ART) recorded (OTAN).

note aux média media advisory (OTAN).

note de recherche (RENS) collection order.

note du mess (facture) mess bill (GB).

noter to rate (US), to mark (GB). Ex: *Noter un officier : to rate an officer (US)* – *Chaque stagiaire est noté : each student is marked (GB)*.

notes (avancement) ratings (US).

notes notes (US). Ex: *Prendre des notes : to make notes (US)*.

noteur (officier) (avancement) rating officer (US).

notification notification (OTAN, US). Ex: *Notification préalable de manœuvres militaires : prior notification of military maneuvers (US)*.

notification (contrôle des armements) notification (CFE).

notion notion (US), conception (OTAN). Ex: *La notion de contre-ingérence : the notion of counterintelligence (US)* – *Les notions de paix et de sécurité mondiales : conceptions of global peace and security (OTAN)*.

nourri (feu / tir) sustained, heavy (GB), intense (GB).

nourrir to feed (US). Ex: *Nourrir les populations locales : to feed the local population (US)*.

nourriture (ou vivres) food (GB) (VERB: "to prepare") (ADJ: "decent").

nouveau new (US), further (US, UN), more (OTAN), renewed (OTAN). Ex: *Le nouveau chef : the new commander (US)* – *L'ALAT connut de nouvelles évolutions : Army Aviation underwent further changes (US)* – *Nouvelles réductions des armements stratégiques : further reduction of strategic arms (UN)* – *La toute nouvelle arme antichar des forces armées américaines : the newest anti-armour weapon of the U.S. armed forces (US)* – *Prévenir de nouvelles souffrances humaines (conflit) : to prevent more human suffering (OTAN)* – *Subir un nouvel examen de ses missions stratégiques (armée de terre) : to undergo a reexamination of its strategic missions (US)* – *De nouveaux renforts furent envoyés : further reinforcements were sent (GB)* – *L'armée de terre est appelée à participer à un certain nombre de nouvelles opérations de soutien de la paix : the Army is committed to a number of new peace support operations (CA)* – *Encaisser de nouvelles pertes très élevées (unité) : to take further hefty losses (GB)* – *Une nouvelle OTAN : a renewed NATO (OTAN)* – *Empêcher toute nouvelle agression irakienne : to prevent further Iraqi aggression (US)*.

nouveau (troupes au combat) fresh (US).

nouveau concept emerging concept (US).

nouveauté new (US). Ex: *Les opérations de maîtrise de la violence ne sont pas une nouveauté pour l'armée de terre : operations other than war (OOTW) are not new to the Army (US)*.

nouvel arrivant (PERS) newcomer (GB), entrant (GB), new arrival (GB, US) (Termes familiers US: "newbie", "newby", "newfer").

nouvelle donne new deal (US).

nouvelle génération (de) (matériel) new-generation (Jane's) (En épithète).

nouvellement newly (US, GB). Ex: *La Force Delta récemment nouvellement créée : the newly-formed Delta Force (US)* – *Des officiers nouvellement promus : newly promoted officers (GB)* – *Les positions syriennes nouvellement conquises : the newly won Syrian positions (US)*.

nouvelle peu vraisemblable (cotation) (RENS) improbable (US).

nouvelles technologies new technologies (US) (VERB: "to accommodate"). Ex: *À mesure que l'armée américaine adopte de nouvelles technologies : as the US military incorporates new technologies (US)*.

novateur innovative (US, OTAN). Ex: *Des pratiques novatrices : innovative practices (US)*.

novice (premier contrat) (engagé) first-termer (US).

noyau core (US), nucleus (OTAN, US) (Pluriel: "nuclei"). Ex: *Les soldats forment le noyau de l'armée de terre: soldiers are the core of the Army (US) – Noyaux de QG: HQ nuclei (OTAN) – Le noyau de la nouvelle division: the core of the new division (US) – Constituer le noyau d'une force (unité): to form the nucleus of a force (US) – Former le noyau d'un nouveau régiment (unité de l'ABC): to form the core of a new regiment (GB) – Maintenir le noyau professionnel de l'armée de terre: to maintain the professional core of the Army (US) – Ces personnels de l'Eurocorps forment le noyau d'un PC de la KFOR: these Eurocorps personnel form the core of a KFOR Headquarters.*

noyau (fission nucléaire) nucleus (OTAN) (Pluriel: "nuclei").

noyau-clé d'état-major key nucleus staff.

noyauter (organisation terroriste) (RENS) to infiltrate (a terrorist organization).

noyé (moteur) flooded (GB).

NSA (RENS) (USA) voir **renseignement d'origine électromagnétique (ROEM)**.

nu naked (US, GB), basic. Ex: *À l'œil nu: with the naked eye (US) – L'arme nue: the basic weapon – Les cadavres des morts gisaient nus dans un fossé: the bodies of the dead lay naked in a ditch (GB).*

nuage nucléaire nuclear cloud (OTAN).

nuage radioactif radioactive cloud (US) (PREP: "over" = au-dessus de).

nuageux cloud (OTAN) (En épithète). Ex: *Couverture nuageuse: cloud amount (OTAN), cloud cover (OTAN).*

nucléaire nuclear (US, GB). Ex: *Emploi nucléaire: use of nuclear strikes – Une arme nucléaire: a nuclear weapon (ou: a nuke; terme familier, fréquemment utilisé par la presse) – Une attaque nucléaire: a nuclear attack.*

nucléaire (sous-marin) nuclear-powered (OTAN).

nucléarisation nuclearization (US). Ex: *La nucléarisation de l'océan Pacifique: the nuclearization of the Pacific Ocean (US).*

nuée swarm (GB). Ex: *Une nuée de cavaliers mexicains: a swarm of Mexican cavalry (GB).*

nuisance (pouvoir de) nuisance (value) (US). Ex: *Les tireurs embusqués ont toujours été considérés comme une arme psychologique ayant plus de pouvoir de nuisance que tout autre chose: urban snipers have always been considered a psychological weapon with more nuisance value than anything else (US).*

nuisible harmful (GB).

nuit night (US, GB, OTAN), darkness (US) (Abréviation GB de "night": "ni") (PREP: "during", "on", "at"). Ex: *Dans la nuit du 22 au 23 octobre: during the night of 22 October, during the night of 22 to 23 October – Effectuer son premier raid pendant la nuit du 22 (au 23) juin (commando): to carry out its first raid on the night of 22 June (GB) – Pendant (ou durant) la nuit: overnight (GB) – De nuit: at night (US) – Depuis la nuit des temps: from the dawn of time (US) – Par nuit claire: on a clear night (OTAN) – Missions de nuit: nighttime missions (US) – Opérations de nuit: operations at night (US) – Combat de nuit: night fighting (US), night operations (US) – À la faveur de la nuit: under cover of darkness (US) – L'hélicoptère décolle pour une mission de nuit: the helicopter takes off on a night mission (US).*

numérateur (cotation) (RENS) number (US), numeral (US).

numérique (norme technique) digital, numerical.

numérique (en nombre) numerical (US, GB). Ex: *Un avantage numérique: a numerical advantage (US) – Infériorité numérique: numerical inferiority (US).*

numériquement numerically (US). Ex: *Numériquement / supérieur / inférieur / à : numerically / superior / inferior / to (US) – Être numériquement supérieur à l'ennemi : to outnumber the enemy – Être numériquement inférieur à l'ennemi : to be outnumbered by the enemy – Un ennemi numériquement / supérieur / inférieur : a numerically / superior / inferior enemy (US) – Des forces numériquement moins importantes : smaller forces (OTAN).*

numérisation digitization (GB, US), digitisation (GB), digitalisation. Ex: *Vitesse de numérisation (données) : digitization rate (UN) – L'armée de terre américaine continue (ou poursuit) résolument ses efforts de numérisation du champ de bataille : the U.S. Army is pressing ahaead with its battlefield digitisation efforts (Jane's).*

numérisation de l'espace de bataille battlespace digitization (US), battlespace digitisation (GB).

numérisation du champ de bataille digitization of the battlefield (GB, US, Jane's).

numérisé digitized (US). Ex: *Mettre en place une division entièrement numérisée : to field a fully-digitised division (Jane's).*

numériser to digitize (US). Ex: *Numériser le champ de bataille : to digitize the battlefield (US).*

numéro number (UN, OTAN). Ex: *Numéro / de châssis / de moteur : chassis / engine / number (UN) – Numéro caractéristique (SAN) : role number (OTAN) – Numéro de code OTAN (article) : NATO code number (OTAN) – Numéro de référence de l'objectif : target number (OTAN) – Numéro-repère (chargement) : chalk number (OTAN).*

numéro caractéristique (échelon) (formation sanitaire) role number (OTAN).

numéro de classification de charge load classification number (LCN) (OTAN).

numéro de code (produit) code number (US, GB).

numéro d'édition (carte) edition number (OTAN).

numéro de feuille (carte) sheet number (OTAN).

numéro de lot (munitions) lot number (US).

numéro de nomenclature (LOG) stock number (OTAN). Ex: *Numéro de nomenclature OTAN (NNO) : NATO stock number (NSN) (OTAN).*

numéro d'équilibrisme balancing act (OTAN).

numéro de référence (ordre) reference number

numéro de série (matériel / convoi) serial number (CFE, US, OTAN). Ex: *Numéro de série d'une arme : weapon serial number (US).*

numéro de sortie (photographie) sortie number (US, GB).

numéro d'immatriculation (véhicule) registration number (GB), vehicle registration (GB).

numéroté numbered (OTAN). Ex: *Position de reférence numérotée : numbered reference position (OTAN).*

numéroter (matériel / installation) to number (OTAN). Ex: *Installer des sites radar numérotés 15, 16 et 17 : to establish radar sites numbered 15, 16 and 17 (US).*

numéro un number one (CA) (En épithète). Ex: *Cela constitue notre priorité numéro un en matière d'acquisitions : that is the number one procurement priority (CA).*

nuque de tourelle turret bustle.

nutrition (PERS) nutrition (US, GB, AUST). Ex: *Nutrition du combattant : combatant nutrition (AUST).*

nutritionnel nutritional (GB). Ex: *Contrôle de la qualité nutritionnelle : nutritional quality control (US).*

nitroglycérine nitroglycerine (GB).

O

(OSCAR)

OAL voir **ordre administratif et logistique.**

OAS (l') (Hist.) the Secret Army Organization.

oasis oasis (GB) (Pluriel: "oases"). Ex: *Les rebelles avaient récemment repris l'oasis de Faya-Largeau: the rebels had recently recaptured the oasis of Faya-Largeau (GB).*

obéir to obey (Verbe transitif direct), to comply with (US). Ex: *Obéir à un ordre: to obey (ou to comply with) an order (US) – Obéir aux ordres légaux de leurs supérieurs (PERS): to obey the lawful orders of their superiors (US).*

obéissance obedience (US, GB) (VERB: "to enforce", "to instill", "to exact... from") (ADJ: "thoughtless", "total"). Ex: *Obéissance aux ordres: obedience to (ou compliance with) orders (US) – La Légion exigeait une obéissance absolue de ses volontaires: the Legion exacted total obedience from its volunteers (GB).*

objecteur de conscience conscientious objector (GB, US) (Terme argotique péjoratif GB: "conchie") (VERB: "to be classified as"). Ex: *Service des objecteurs de conscience: the Alternative Service Program (US) ("It would provide public service work assignments in America's communities in lieu of military service").*

objection de conscience conscientious objection (US, GB).

objectif (but) objective (US, GB), goal (US), aim (UEO), focus (US) (VERB: "to attain", "to implement", "to consolidate", "to achieve", "to meet") (ADJ & PART: "broad", "long-term", "military", "political", "economic", "psychological", "established", "initial", "clear", "defined", "specific", "unattainable", "limited", "overarching") (EXPR: "in support of"). Ex: *Un objectif politique: a political objective (US) – Objectifs d'entraînement: training objectives (US) – Objectif(s) de forces: force goal(s) (UN) – L'objectif est de: the aim is to (US) – Réaliser des objectifs nationaux: to achieve national objectives (US) – L'action secrète de la CIA avait deux objectifs: CIA (= Central Intelligence Agency) covert action had two objectives (US) – Les objectifs de l'OTAN n'ont pas changé: NATO's objectives are unchanged (OTAN) – Mettre en œuvre les objectifs du programme Vision Interarmées 2010: to implement the goals of Joint Vision 2010 (US) – Dans l'objectif de (ou en vue de) tromper l'ennemi: with the object of deceiving the enemy (OTAN) – Identifier des objectifs communs: to identify common goals (UEO) – L'objectif est d'éprouver les mécanismes et procédures de gestion de crise de l'UEO (exercice): the aim is to test WEU crisis management mechanisms and procedures (UEO) – L'objectif principal de l'armée de terre est la conduite de la guerre: the prime focus of the Army is warfighting (US).*

objectif (but d'une opération / zone de terrain à conquérir) (TAC) objective, target, aim (US, GB, OTAN), object (GB) (Abréviation du terme "target" GB: "tgt") (VERB avec "objective": "to seize", "to destroy", "to designate", "to reach", "to secure") (ADJ avec "objective": "key") (NOM avec "objective": "occupation") (VERB & NOM avec "target": "to acquire" / "acquisition", "to detect" / "detection", "to identify" / "identification", "to locate" / "location", "to examine" / "examination", "to seize") (ADJ avec "target": "valuable", "confirmed", "suspected", "scheduled", "important", "selected", "approved", "unapproved") (VERB avec "aim" : "to further"). Traduire selon le contexte, en fonction des définitions ci-après. Ex : *L'objectif BLEU : Objective BLUE (US) – Infliger des dégâts à un objectif : to inflict damage on an objective (OTAN) – Objectif possible : potential target (OTAN) – L'objectif principal de la campagne ou de la bataille : the chief objective of the campaign or battle (OTAN) – Objectif de dimensions réduites : small target (OTAN) – Objectif précis : pin-point target (OTAN) – Objectif au sol (ou de surface) : surface target (UN) – Contre des objectifs multiples : against multiple objectives (GB) – Objectif / fixe / mobile : stationary / moving / target (US) – À proximité de l'objectif ROUGE (ordre d'opérations) : vic (= in the vicinity of) OBJ RED (US) – Atteindre ses objectifs tout en ne subissant que de faibles pertes (force) : to achieve one's objectives with few casualties to oneself (GB) – Objectifs opérationnels : operational objectives (ou aims) (GB) – Un objectif sur lequel aucun tir n'a été prévu (ART) : a target against which fire has not been scheduled (OTAN) – Les frappes aériennes avaient pour objectif de dégrader le potentiel offensif du pays : the object of the airstrikes was to degrade the country's offensive capability (GB) – L'objectif de la compagnie : the company objective (GB).*

Comp. :

    - Objective : the physical object of the action taken (for example, a definite terrain feature, the seizure and / or holding of which is essential to the commander's plan, or, the destruction of an enemy force without regard to terrain features) (US).

- Target : 1. a geographical area, complex, or installation planned for capture or destruction by military forces. 2. an area designated and numbered for future firing (Signifie aussi "cible" en terminologie radar).

objectif (ART) target (US, GB). Ex : *Déterminer les écarts de tir par rapport à l'objectif : to determine deviations of ordnance from the target (US, GB).*

objectif (cible) (RENS) (intelligence) target (US) (= individu, organisme, installation, zone, pays) (La zone est désignée comme "target area" (US).

objectif (opération militaire) aim (GB), object (GB).

Cf. : A single unambiguous military purpose that must be established before a plan can be developed at any level of command for a military operation (GB).

objectif à battre à l'horaire (ART) scheduled target (OTAN).

objectif à la demande on-call target (OTAN).

objectif commun (pays coalisés) common purpose (US).

objectif d'acquisition (ARMT) acquisition target (Jane's). Ex : *L'objectif d'acquisition français est de 7 000 roquettes : the French acquisition target is 7,000 rockets (Jane's).*

objectif d'alliance alliance objective (US).

objectif dans la profondeur deep objective (US).

objectif de carrière career goal (US).

objectif de coalition coalition objective (US).

objectif de combat combat objective (US).

objectif de forces force goal (FG) (OTAN).

objectif de théâtre (opérations) (TAC) theater aim (US) (VERB : "to achieve").

objectif d'opportunité fleeting target (OTAN) (VERB : "to detect").

objectif du haut commandement (ARMT) high command objective (Jane's).

objectif économique (TAC) economic target (US).

objectif final (ou état final) end state (US).

objectif fondamental (forces) key objective (OTAN).

objectif individuel (ART) individual target (US, GB).

objectif inopiné target of opportunity (US, OTAN), opportunity target (OTAN) (VERB : "to put fire on").

objectif militaire military objective.

objectif national (forces / pays) national objective (US), national goal (US).

objectif non ponctuel area target (OTAN, US). Cf. : A target consisting of an area rather than a single point (OTAN).

objectif opératif operational target (GB).

objectif politique political objective (GB), political aim (US).

objectif ponctuel point target (OTAN, US) (En artillerie : pin-point target (US, GB, OTAN). Cf. : A target which requires the accurate placement of bombs or fire (OTAN).

objectif prévu (ART) planned target (OTAN).

objectif recherché desired objective (US).

objectifs de forces force goals (OTAN).

objectifs de recrutement (personnel d'une armée) personnel targets (GB) (VERB : "to meet").

objectif stratégique strategic objective (US), strategic target (GB, OTAN) (VERB : "to secure", "to attain"). Ex : *État-major interarmées de planification des objectifs stratégiques : joint strategic target planning staff (JSTPS) (OTAN).*

objectif stratégique (but de forces) strategic aim (US), strategic goal (US).

objectif terrestre mobile mobile land battle target (MLBT) (OTAN).

objectivité objectivity (GB).

objet (opération) purpose (US). Ex : *L'objet d'une opération : the purpose of an operation (US).*

objet de dissimulation (RENS) concealment (US).

objet de vérification (ODV) object of verification (OOV) (OTAN, UN).

objets personnels personal items (US).

objet volant non identifié (OVNI) Unidentified Flying Object (UFO) (GB, US).

obligation obligation (US, GB), liability (GB), requirement (US). Ex : *Nos obligations envers nos alliés : our obligations to our allies (US) – S'acquitter de ses obligations sociales : to fulfil one's social obligations (US) – Obligations militaires : liability for military service – Les anciens soldats d'active n'ont pas l'obligation de s'entraîner : ex-Regular soldiers have no training liability (GB) – Avoir une obligation de service actif de 5 ans : to have a service obligation of 5 years active duty (US) – Rétablir l'obligation de se faire recenser (ou de recensement) (service national) : to reinstate the registration requirement (US) – L'obligation pour un homme de se faire recenser : the obligation of a man to register (US) – Avoir l'obligation de s'entraîner deux semaines par an (réserviste) : to have an obligation to train for two weeks a year (GB).*

obligation de recensement (ou de se faire recenser) (service national) registration requirement (US) (VERB : "to suspend", "to resume", "to continue").

obligation de réduction (maîtrise des armements) reduction liability (CFE, UN).

oligations militaires (ou obligations du service militaire) (service national) military liability call-up (GB), liability for the draft (US) (VERB : "to restore").

obligatoire mandatory (US), compulsory (US, GB). Ex : *Une formation obligatoire : a mandatory course of instruction (US) – Date obligatoire de départ en retraite : date of compul-*

sory retirement (US) – Mobilisation obligatoire *(réservistes)*: compulsory mobilisation *(GB)*.

obligatoire (concept) overarching (US).

obliger to compel (GB), to force (somebody to do something), to cause (OTAN). Ex: *Obliger l'ennemi à se retirer*: to compel the enemy to withdraw *(GB)* – Obliger l'ennemi à centrer son activité sur un front donné: to cause the enemy to centre his activity on a given front *(OTAN)*.

obscurcissant (TAC) obscurant (OTAN).

obscurcissements obscuration (VERB: "to create") (ADJ: "local").

obscurité darkness (US, GB) (VERB: "to fall"). Ex: *Dans l'obscurité: in darkness (US, GB)* – Priver l'ennemi de la protection de l'obscurité: to rob the enemy of the protection of darkness *(US)* – Sous le couvert de (*ou* à la faveur de) l'obscurité: under the cover of darkness *(US)* – Voir dans l'obscurité: to see in the dark *(US)*.

obsèques funeral (US) (VERB: "to attend") (Voir aussi **funérailles**).

observateur observer, monitor (US) (VERB: "to send"). Ex: *Observateur militaire: military observer (US)* – Peu d'observateurs du monde militaire: few observers of the military scene *(GB)*.

observateur (UEO) observer (UEO).

observateur (ART) observer (US, GB), spotter (OTAN).

observateur au mortier mortar fire controller (MFC) (GB).

observateur avancé (ART) (artillery) forward observer (FO) (US, OTAN).

observateur-contrôleur (simulation / exercice) observer / controller (OC) (US).

observateur d'artillerie artillery observer (GB).

observateur terrestre (défense aérienne) ground observer (US, OTAN).

observation (TAC) observation (US, GB, OTAN) (Terme dénombrable) (VERB: "to carry out", "to prevent"). Ex: *Dispositif d'observation nocturne: night observation device (US)* – Observation des tirs de l'artillerie sol-sol: field artillery observation *(OTAN)* – Par l'observation visuelle: by visual observation *(US)*.

observation (RENS) observation (US). Ex: *Observation directe par des agents: direct observation by agents (US)*.

observation aérienne aerial observation (US), air observation (OTAN).

observation aérienne tactique tactical air observation (TAO) (OTAN).

observation du tir (ART) spotting (US, OTAN), observation of fire (US).

observation spatiale (RENS) space surveillance (US), space reconnaissance (US). Ex: *Activités d'observation spatiale: space surveillance activities (US)* – Satellite d'observation spatiale: space reconnaisance satellite (US)* – Réseau d'observation spatiale (USA): (the) Space Surveillance Network (SSN) (US)*.

observatoire (*ou* poste d'observation) observation post (OP) (US) (VERB: "to man") (ADJ: "temporary") (Voir **poste d'observation**).

observer (TAC) to observe (OTAN), to watch (GB). Ex: *Du matériel militaire comprenant un véhicule blindé de transport de troupes et plus de dix pièces d'artillerie ont été observés à cet endroit: military equipment including an armoured personnel carrrier and more than ten pieces of artillery were observed at this location (OTAN)* – L'aviation a observé sur la cible des positions militaires retranchées avant d'exécuter l'attaque (frappe aérienne): the aircraft observed dug-in military positions at the target before executing the attack (OTAN)* – Nous observions l'ennemi (en train de) franchir le fleuve: we watched the enemy as they were crossing the river (GB)*.

observer (processus de réduction d'armements) to monitor (CFE).

observer (respecter) to observe (US, OTAN). Ex : *Observer le silence radio : to observe (radio silence) – Observer toutes les précautions de sécurité : to observe all safety precautions (US) – Observer un cessez-le-feu : to observe a ceasefire (OTAN).*

observer (ART) to spot (OTAN, GB). Ex : *Il observait depuis un hélicoptère : he was spotting from a helicopter (GB).*

obsolète (matériel / technologie) obsolescent (GB), obsolete (US), outdated (US).

obstacle obstacle (US, OTAN), obstruction (US) (VERB: "to negotiate", "to pass over", "to emplace", "to reduce", "to create", "to overcome", "to use", "to cross", "to clear", "to remove", "to enhance", "to bypass", "to climb", "to observe", "to break through", "to secure a passage through", "to manoeuvre around") (ADJ: "existing", "reinforcing", "explosive", "nonexplosive") (NOM: "series", "analysis", "reconnaissance", "bypassing", "breaching", "reduction", "crossing", "elimination", "creation") (PREP: "to"). Ex : *Réaliser des obstacles : to construct (ou to erect) obstacles (US) – Un système d'obstacles : a barrier (OTAN) – Obstacles au trafic : obstructions to traffic flow (OTAN) – Obstacles contre la manœuvre ennemie : obstacles to enemy maneuver (US) – Un obstacle au mouvement des véhicules sur roues : an obstacle to the movement of wheeled vehicles (US).*

obstacle aquatique water obstacle (OTAN).

obstacle antichar antiarmor obstacle (US) (VERB: "to construct").

obstacle artificiel man-made (ou manmade) obstacle (US, GB), cultural obstacle (US).

obstacle au trafic (itinéraire) obstruction to traffic flow (US, GB).

obstacle naturel natural obstacle (US), natural barrier (= coupure) (US), natural impediment (US) (VERB: "to cross").

obstacle renforcé reinforced obstacle (GB).

obstacles de manœuvre reserved demolition targets.

obstacles du terrain terrain obstacles (US).

obstacle sub-aquatique underwater obstacle (US).

obstacle vertical (caractéristique de franchissement) (en mètres) vertical obstacle (Jane's, US) (VERB: "to surmount", "to cross"). Ex : *Franchir des obstacles verticaux de 0,65 m : to cross .65m high vertical obstacles (US).*

obstacle visuel (champ de bataille) (brume / fumée / poussière) visual obstruction (US) (= haze / smoke / dust) (NOM ASS. : "intensity").

obstétrique (SAN) obstetrics (US).

obstiné (PERS / ennemi) stubborn (US).

obstinément (TAC) tenaciously (US).

obstruction (GEN) obstacle (GB) (VERB: "to clear" = dégager).

obstruction des voies aériennes (SAN) airway obstruction (US).

obstruction (dans l'accomplissement d'une tâche) obstruction (GB).

obstrué (tuyau / canalisation) clogged (GB) (PREP: with").

obstruer (itinéraire) to block, to obstruct (GB). Ex : *La route était obstruée par un char en flammes : the road was obstructed by a burning tank (GB).*

obtempérer à (ordre) to comply with (an order).

obtenir (résultats / effets) to achieve (US, GB), to obtain (OTAN, US), to get (US), to secure (GB), to gain (US). Ex : *Obtenir des résultats décisifs : to achieve decisive results (US) – Obtenir des résultats : to get results (US) – Obtenir des hautes températures par fission* *(nucléaire)* : to obtain high temperatures by means of fission *(OTAN)* – On obtiendra l'effet maximum si.. *(TAC)* : maximum effect will be achieved *(ou gained)* if... *(GB)* – Obtenir des résultats *(TAC)* : to obtain results *(US)* – Obtenir la libération des otages : to secure the liberation of the hostages *(GB)*.

obtenir (qualification / diplôme / décoration) to win *(GB)*, to earn *(US)*, to obtain *(GB)*. Ex : *Obtenir une décoration : to win a decoration (GB) – Obtenir un brevet (qualification) : to earn a badge (US) – Il a obtenu une maîtrise en sciences politiques de l'université d'État de Pennsylvanie : he earned a Master's Degree in political science from Pennsylvania State University (US) – Obtenir un DEUG en 2 ans : to earn a two-year associate's degree (US) – Obtenir une qualification : to obtain a qualification (GB)*.

obtenir (renseignements) (RENS) to obtain *(GB, US, OTAN)*, to get *(US)*, to gain *(US)*, to elicit (...from) *(GB)*. Ex : *Obtenir des renseignements de la part de (individu ou groupe) (de manière non avouée) (RENS) : to elicit information from (GB) – Obtenir des renseignements d'un agent (officer traitant) : to get information from an agent (US). Obtenir des informations (ou renseignements) sur : to gain (ou to obtain) information about (ou on) (US)*.

obtenir (TAC) to achieve *(OTAN, CA)*. Ex : *Obtenir le retrait des forces de sécurité de la RFY (= République Fédérale de Yougoslavie) : to achieve the withdrawal of the security forces of the FRY (= Federal Republic of Yugoslavia) (OTAN) – Au plan militaire, les raids ont obtenu peu de succès : militarily, the raids achieved little (CA)*.

obtenir (indépendance / soutien) to gain *(GB)*, to win *(US)*. Ex : *Le pays a obtenu son indépendance en 1960 : the country gained its independence in 1960 (GB) – Obtenir l'indépendance (pays) : to win independence (US) – Obtenir le soutien de pays amis : to gain the support of friendly countries (OTAN)*.

obtention achieving *(OTAN)*, elicitation *(US)*. Ex : *L'OTAN a joué un rôle décisif dans l'obtention de ce résultat (issue d'un conflit) : NATO has played a vital role in achieving this outcome (OTAN) – Obtention de renseignements (de la part d'un individu ou d'un groupe) (de manière non avouée) (RENS) : elicitation (US)*.

obtention du soutien des populations (opérations d') (HUM / maintien de la paix) hearts and minds operations *(GB)*.

obturateur de culasse (fusil) breechblock.

obturer to fill *(OTAN)*. Ex : *Le support obture l'âme de l'arme : the carrier fills the bore of the weapon (OTAN)*.

obus shell *(OTAN, US, GB)*, round *(US, GB)*, projectile *(US, GB)* (VERB : "to fire", "to assemble", "to fuze", "to track", "to detect", "to load... into", "to swish", "to go off") (PART : "damaged", "dented", "scratched") (ADJ avec "round" : "interchangeable", "interoperable"). Ex : *Le 2ᵉ classe Steve charge des obus de 25 mm dans le canon principal de son Bradley : Pvt. Steve loads 25mm rounds into his Bradley's main gun (US)*.

obus à balles (Hist.) shrapnel *(GB)*.

obus à éjection par le culot base ejection shell *(OTAN)*.

obus à énergie cinétique KE round (Jane's) (KE = Kinetic Energy).

obus à fragmentation (high explosive) fragmentation round (Jane's).

obus à guidage laser laser-guided shell.

obus antichar à énergie cinétique kinetic energy (KE) antiarmor round *(US)*.

obus antipersonnel antipersonnel (APERS) round *(US)*.

obus à réduction de traînée de culot base-bleed shell, base-burn shell.

obus assisté (ou projectile à fusée) (canon automoteur) rocket assisted projectile (RAP) (GB, US).

obus à (tête d') écrasement HESH (high explosive squash head) shell (US).

obus brisant à ogive plastique high explosive squashhead (HESH).

obus chimique chemical round (GB), chemical shell (GB) (VERB : "to fire").

obus d'artillerie artillery round.

obus de char tank round (UN), tank ammunition (US).

obus de gros calibre large-caliber round (US).

obus de mortier mortar round, mortar projectile (US).

obus de mortier à fibre optique Fiber Optic Mortar Projectile (FOMP) (US).

obus d'entraînement training round (US).

obus d'exercice practice shell.

obus d'instruction training round (US).

obus éclairant illumination round (US, GB) (Abréviation : "Illum"), star shell (GB).

obus explosif (OE) HE shell (GB, US), HE ammunition (Jane's) (HE = High Explosive).

obus explosif (OE) antichar high explosive antitank (HEAT) (shell).

obus-flèche (ou munition flèche) armour-piercing, discarding sabot, (fin-stabilized) (APDS (FS) shell, APFSDS projectile (Jane's), APDS ammunition (Jane's), long-rod penetrator (GB) (Traduction de "APDSFS" : obus perforant, à sabot détachable, stabilisé par ailettes) (VERB : "to fire").

obus fumigène smoke shell, smoke round (US).

obusier howitzer (US, GB) (VERB : "to traverse"). Ex : *Obusier léger : light howitzer (US) – Obusier compact léger : pack howitzer (US).*
Cf.: A cannon capable of high-angle fire (US).

obus incendiaire au phosphore white phosphorus (WP ou PWP) shell (ou round) (US).

obus normal (canon automoteur) unassisted projectile (GB).

obus nucléaire nuclear round (GB, US) (VERB : "to fire").

obus polyvalent general purpose round-tracer (GPR-T).

obus sous-calibré voir **obus flèche**.

occasion occasion (US), opportunity (US). Ex : *À de rares occasions : on rare occasions (US) – Rechercher toutes les occasions de mener des opérations offensives (TAC) : to seek every opportunity to conduct offensive operations (US).*

occasionnel (force) task (OTAN). Ex : *Force occasionnelle : task force (OTAN).*

occasionner to cause (US). Ex : *Occasioner des maladies chez des humains ou des animaux qui y sont sensibles (agents NBC) : to cause diseases in susceptible humans and animals (US) – Occasionner des pertes inutiles (PERS) : to cause unnecessary casualties (US).*

Occident (l') the West (GB).

occidental Western (OTAN, Jane's). Ex : *Le nombre de pièces d'artillerie détenues (ou possédées) par les armées occidentales : the number of artillery pieces held by Western armies (Jane's) – Secteur occidental de la Méditerranée : Western Mediterranean Area (MEDOC) (OTAN).*

occultation (lumière) blackout (US, GB).

occupant (véhicule) occupant (US, Jane's).

occupation (TAC) occupation (GB, US) (VERB : "to restrain", "to prohibit", "to continue").
Ex : *Armée d'occupation : army of occupation (US) – Forces d'occupation : forces of occupation (GB) – Les forces d'occupation en Allemagne : the occupying forces in*

Germany (US) – Occupation du terrain par l'ennemi : occupation of (the) ground by the enemy (OTAN) – Occupation militaire (d'une zone) : military occupation (of an area) (US) – Occupation d'une position : occupation of (a) position (OTAN) – Occupation étrangère : foreign occupation (GB) – Le terrain limite ou interdit l'occupation par des forces terrestres : the terrain restrains or prohibits ground-force occupation (US) – Occupation d'une position-clé : occupation of key terrain (US).

occupations (activités) occupations (GB), routines (US). Ex : *Les familles (= des soldats au front) ont poursuivi leurs occupations journalières : the families kept up their daily routines (US) – Les soldats sont retournés à leurs occupations du temps de paix : the troops returned to their peacetime occupations (GB).*

occupé (TAC) occupied (US), held (OTAN). Ex : *Un territoire occupé : an occupied territory (US) – Zone occupée par l'ennemi : enemy-held area (OTAN).*

occupé (PERS) busy (US, GB), tied up (familier) (US). Ex : *Vous ne pouvez pas voir le colonel, il est occupé (ou pris) : you can't see the colonel, he's tied up (US).*

occupé à engaged on (+ verbe en ING) (GB). Ex : *210 soldats d'active occupés à construire la forteresse : 210 regular soldiers engaged on building the fortress (GB).*

occuper (TAC) to occupy (GB), to man (US). Ex : *Occuper une position (TAC) : to occupy a position (US) – Occuper le terrain : to occupy the ground (US) – Occuper une ville : to occupy a city (GB) – Occuper une ligne : to occupy a line (GB) – Le groupe du sergent occupe une ligne de défense : the sergeant's squad is manning a defensive line (US) – Occuper un territoire : to occupy a territory (GB).*

Cf. : To occupy : to gain possession of and maintain control over a place or region by military action (GB).

occuper (poste / emploi / surface / place) to fill (GB), to occupy (US), to hold (GB, US). Ex : *Occuper un poste dans un régiment : to fill a post in a regiment (GB) – Occuper (une superficie) (installation militaire) : to occupy (+ superficie) (US) – Occuper un emploi (PERS) : to fill a position (US) – Occuper une place particulière (sens figuré) : to occupy a special place (US) – Occuper un poste-clé (PERS) : to hold a key appointment (GB) – Il a occupé un certain nombre d'emplois en état-major (fiche biographique) : he held a variety of staff positions (US).*

océan ocean (US, GB). Ex : *Projeter de la puissance militaire sur (ou à travers) les grands océans du globe (ou du monde) : to project military power across the world's major oceans (US).*

océanographie militaire military oceanography (MILOC) (OTAN).

océanographique oceanographic (OTAN). Ex : *Informations océanographiques : oceanographic information (OTAN).*

oculaire eyepiece.

odeur smell (US). Ex : *L'odeur du gazole et de la cordite : the smell of diesel and cordite (US).*

œil (sens propre et figuré) eye (US, GB). Ex : *À l'œil nu : with the naked eye (US) – Protéger les yeux des (ou contre les) effets laser : to protect the eyes against laser effects (Jane's) – Cet oiseau de proie a également l'œil perçant (hélicoptère) : this bird of prey has keen eyes as well (US).*

œilleton rear sight (GB).

œuf egg (US). Ex : *Ne mettez pas tous vos œufs dans le même panier : don't put all your eggs in one basket (familier) (US).*

œuvre accomplishments (US), work (US). Ex : *L'œuvre accomplie (ou le travail réalisé) par l'armée de terre au cours de l'année écoulée : the Army's accomplishments during the* *past year (US)* – *Le torpillage du navire fut l'œuvre de la DGSE, le service de sécurité extérieure français : the sinking of the ship was the work of the DGSE, the French external security service (US).*

œuvrer to work (OTAN). Ex : *Œuvrer ensemble : to work together (OTAN).*

offensif (adjectif) offensive (US, OTAN, GB), aggressive (GB). Ex : *Une manœuvre offensive : an offensive manœuvre (OTAN, US)* – *Puissance offensive : offensive power (OTAN)* – *De manière offensive : offensively (US)* – *Exercice aérien offensif : air offensive exercise (AIROFEX) (OTAN)* – *Patrouille offensive (mission) : aggressive patrolling (GB).*

offensive (principe de guerre) offense (US), offence (GB), offensive (US, GB). Ex : *En offensive : in the offense (US)* – *Prendre l'offensive : to seize the offensive (US)* – *Passer à l'offensive (force) : to move to the offensive (GB)* – *Reprendre l'offensive : to resume offensive operations (US).*

offensive (opération) (TAC) offensive (US, GB, CA) (VERB : "to launch") (ADJ : "imminent", "full-scale"). Ex : *Une offensive ennemie : an enemy offensive* – *Une offensive terrestre : a ground offensive (GB)* – *Une grande offensive : a major offensive (US)* – *L'offensive de la Vallée de la Liri qui a abouti à la prise de Rome : the Liri Valley offensive which led to the capture of Rome (CA)* – *La grande offensive de mars 1918 : the great offensive of March 1918 (US).*

offensive opérative operational offensive (US).

offensive stratégique strategic offensive (US).

offensive terrestre land offensive (US), ground offensive (US, GB) (ADJ : "all-out").

office (ou service) religieux (religious) service (US) (VERB : "to conduct").

officiel official (US). Ex : *La langue officielle de la coalition : the official coalition language (US).*

officiellement formally (US), officially (US). Ex : *Le Commandement des Opérations Spéciales de l'armée de terre américaine a été mis sur pied (ou créé) officiellement le 1ᵉʳ décembre 1989 : the U.S. Army Special Operations Command (USASOC) was formally established on 1 December 1989 (US)* – *Le Traité de Paris a officiellement mis fin à la guerre (Hist.) : the Treaty of Paris formally ended the war (US)* – *Je veux féliciter officiellement le 22ᵉ Régiment de SAS pour son exécution tout à fait exceptionnelle des opérations militaires lors de l'Opération Tempête du Désert : "I wish to officially commend the 22nd SAS Regiment for their totally outstanding performance of military operations during Operation Desert Storm" (US).*

officier (distinction) Officer. Ex : *Officier / Grand Officier / de la Légion d'honneur : Officer / Grand Officer / of the Legion of Honour.*

officier (personnel militaire) (commissioned) officer (US) (À noter : Le terme "officer" américain inclut les 2 catégories de "commissioned officers" et "warrant officers" (= officier-techniciens) (VERB : "to assign", "to suspend", "to reassign") (Terme péjoratif britannique pour un officier mal considéré ou prétentieux : "Rupert"). Ex : *Devenir (ou passer) officier : to be commissioned (US)* – *Un officier subalterne : a junior officer* – *Un officier supérieur : a senior officer* – *Un officier général : a general officer* – *Un officier d'état-major : a staff officer* – *Officier du grade le plus élevé (dans un groupe d'officiers) : ranking officer (US)* – *Officier de haut rang : high ranking officer (US)* – *Un officier de carrière : a career officer (US)* – *Être promu officier : to be commissioned* – *Les officiers de l'armée de terre : the Army's officers (US)* – *Officier chargé du logement (garnison) : housing officer (US)* – *Officier responsable des transports (garnison) : transportation officer (US)* – *Officier en état-major / en régiment : staff officer / regimental officer (GB)* – *Officier juriste conseil : legal assistance officer (US)* – *Officier / d'infanterie / du* *génie / du commissariat : Infantry / Engineer / Quartermaster / officer (US) – Un officier du grade de lieutenant : an officer in the grade of lieutenant (US) – Officier des transmissions : Signal (Corps) officer (US) – Officier des services postaux : postal officer (US) – Officier des services administratifs : administrative officer (US) – Officier chargé de la gestion des effectifs : strength management officer (US) – Officier chargé du recrutement et de l'incorporation : recruiting and induction officer (US) – Un officier de la Légion : a Legion officer (GB).*

officier accompagnateur escort officer (US), conducting officer (GB).

officier-adjoint (corps de troupe) executive officer (XO) (US) (Niveau : "battalion"). Ex : *Officier-adjoint de régiment : battalion executive officer (US).*

Cf. : The second-in-charge of a command; the officer routinely charged with the execution of the commander's decisions (US).

officier-adjoint du régiment Battalion Adjutant (GB) (Chargé de la discipline et de l'administration).

officier affaires civiles (ou actions civilo-militaires) (EM) civil affairs officer ou S5 (jusqu'au niveau "battalion"), G5 (au-dessus du niveau "battalion", "Assistant Chief of Staff for Civil Affairs") (US).

officier approvisionnement (unité / garnison) supply officer (US).

officier archives (unité / garnison) records management officer (US).

officier assurant le commandement tactique officer in tactical command (OTC) (OTAN).

officier auto motor (transport) officer (US).

officier chargé de la mise sur pied d'un exercice officer scheduling the exercise (OSE) (OTAN).

officier chargé du contrôle des mouvements movement control officer (OTAN).

officier comptable des biens property accounting officer (PAO) (OTAN).

officier communication et information (OCI) public relations officer (PRO) (GB), Public Affairs officer (PAO) (US).

officier-conseil (carrière) (Army) career counselor (US) (VERB : "to consult (with)").

officier d'active active duty officer (US).

officier d'alerte (ou de veille) (renseignement militaire) watch officer (US).

officier de cavalerie cavalry officer (GB) (Terme familier humoristique GB : "donkey-walloper").

officier d'échange (ou de liaison) (entre pays) exchange officer (US, GB).

officier de cohérence opérationnelle (ARMT) operational coherence officer (Jane's), operational consistency officer (Jane's).

officier de grade intermédiaire middle-ranking officer (GB).

officier de grade supérieur senior ranking officer (SRO) (US).

officier de guidage Terre (OGT) forward air controller (FAC).

officier de liaison (OLI) liaison officer (LO ou LNO) (US). Ex : *L'officier de liaison de la SFOR (= Force de Stabilisation) : the Liaison Officer for SFOR (= Stabilization Force), the SFOR Liaison Officer (OTAN) – Officier de liaison du renseignement militaire : defence intelligence liaison officer (GB) – Officier de liaison du renseignement de l'armée de terre : military intelligence liaison officer (MILO) (GB) – Des officiers de liaison italiens ont été affectés à des états-majors de division au début de 1994 : Italian liaison officers were posted to divisional headquarters in early 1994 (GB).*

officier de liaison (RENS) liaison officer (US). Ex: *Un officier de liaison auprès de la CIA (service étranger): a liaison officer to the CIA (US).*

officier de liaison Air air liaison officer (ALO) (OTAN).

officier de liaison de l'armée de terre ground liaison officer (GLO) (OTAN).

officier de liaison des forces aériennes voir **OLFA**.

officier de liaison des forces aéroportées airborne liaison officer (OTAN).

officier de liaison de transport par air air transport liaison officer (OTAN).

officier de liaison français (OLF) French liaison officer (FLO) (OTAN).

officier de marque (projet d'armement / de matériel) product manager (US).

officier d'embarquement (LOG) loading control officer.

officier d'embarquement (aéronef) unit emplaning officer (US, GB).

officier démineur EOD (= Explosive Ordnance Disposal) officer (US).

officier de permanence (OP) duty officer (DO) (US, GB), staff duty officer (SDO) (US), orderly officer, officer of the day (GB), picket officer (GB).

officier de police militaire RMP officer (GB) (RMP = Royal Military Police).

officier de presse press (and information) officer, press information officer (PIO) (GB).

officier de renseignement (armée) intelligence officer (IO) (GB).

officier de renseignement (RENS) intelligence officer (US) (ADJ: "hostile", "experienced", "trusted") (EXPR: "under the direction of"). Ex: *Officiers de renseignement opérant secrètement dans les ambassades: special reporting facility (SRF) (CIA) (US).*

officier de réserve reserve officer, reserve component officer (US).

officer de réserve du service d'état-major voir **ORSEM**.

officier de réserve en situation d'activité voir **ORSA**.

officier des armes combat arm officer (GB).

officier de sécurité (PSD) security officer (US).

officier de sécurité de champ de tir range safety officer (RSO) (US).

officier de sécurité de zone de largage (TAP) drop zone safety officer (DZSO) (US).

officier de sécurité du tir (sur champ de tir) range safety officer.

officier de sécurité informatique automated data processing security officer (ADPSO) (GB).

officier d'état-major (OEM) (au-dessous de l'échelon de la brigade) staff officer (SO) (GB, OTAN).

officier d'état-major (échelon de la brigade et au-dessus) General Staff Officer (GSO) (GB) (3 catégories qui dépendent du grade: General Staff Officer 1st grade (GSO 1) = Lieutenant-Colonel / Colonel, General Staff Officer 2nd grade (GSO 2) = Major, General Staff Officer 3rd grade (GSO 3) = Captain).

officier de tir (ART) fire direction officer (FDO) (US), battery captain (BK) (GB).

officier de tir (garnison / unité) range officer-in-charge (OIC) (US).

officier d'infanterie infantry officer (GB).

officier d'info-guerre infowar officer (US).

officier directeur de l'exercice officer conducting the exercise (OCE) (OTAN).

officier d'ordinaire messing officer.

officier-élève (formation / stage / grande école) student officer (US).

officier en retraite retired officer (RO) (US, GB). Ex: *Les officiers en retraite: the ROs (GB).*

officier exerçant le commandement tactique officer in tactical command (OTC) (OTAN).

officier féminin female officer (US, Jane's) (L'officier féminin américain se fait appeler "Ma'am"). Ex : *Un officier féminin de l'armée de terre : a female Army officer (US).*

officier général general officer (US, GB) (Abréviation US : "GO"). Ex : *Formation des officiers généraux : general officer training (US).*

officier général commandant (OGC) General Officer Commanding (GOC).

officier juriste conseil Legal Assistance Officer (LAO), Legal Officer (GB).

officier logistique (unité) logistics officer (GB).

officier logistique (EM) supply officer <u>ou</u> S4 (jusqu'au niveau "battalion"), G4 (au-dessus du niveau "battalion", "Assistant Chief of Staff for Logistics") (US).

officier masculin male officer (US) (L'officier masculin américain se fait appeler "Sir"). Ex : *Un officier masculin de l'armée de terre : a male Army officer (US).*

officier mécanicien / maintien en condition (garnison / unité) motor / maintenance officer (US).

officier NBC (garnison / unité) chemical officer (US), NBC officer (US).

officier observateur observer officer (OTAN).

officer opérations operations officer (GB) (En abrégé : "ops officer").

officier opérations-instruction (EM) training and / or operations officer <u>ou</u> S3 (jusqu'au niveau "battalion"), G3 (au-dessus du niveau "battalion", "Assistant Chief of Staff for Operations / Plans") (US), operations officer ("the ops officer") (GB). Ex : *L'officier opérations de la brigade : the brigade operations officer (US) – L'officier opérations de corps d'armée nous a fait un bref récapitulatif des opérations de corps d'armée : the Corps G3 gave us a brief summary of Corps Operations (US).*

officier organisateur de l'exercice officer scheduling the exercise (OSE) (OTAN).

officier personnel (EM) adjutant <u>ou</u> S1 (jusqu'au niveau "battalion"), G1 (au-dessus du niveau "battalion", "Assistant Chief of Staff for Personnel) (US). Ex : *L'officier personnel a travaillé 24 heures sur 24 : S1 (= régiment) / G1 (= brigade et plus) has been working round the clock (US).*

officier pilote (ALAT) officer pilot (GB).

officier prescrivant l'exercice exercise sponsor (OTAN).

officier rang officer commissioned from the ranks (GB), late entry officer (GB).

officier recruteur (armée de terre) Army recruiter (GB).

officier régulateur de plage beach-master (GB).

officier régulateur d'évacuations sanitaires aériennes aeromedical evacuation co-ordinating officer (OTAN).

officier renseignement (EM) intelligence officer (Abréviation GB : IO) <u>ou</u> S2 (jusqu'au niveau "battalion"), G2 (au-dessus du niveau "battalion", "Assistant Chief of Staff for Intelligence") (US). Ex : *L'ennemi essaie de nous déborder, comme l'officier renseignement l'avait prévu : the enemy is trying to envelop us, as S2 (= régiment) / G2 (= brigade et plus) predicted (US).*

officier ressources humaines (ORH) (garnison) the Adjutant (US).

officier responsable officer in charge (OIC) (US, GB).

officier responsable des opérations d'évacuation sanitaire aérienne aeromedical evacuation operations officer (OTAN).

officier responsable d'une phase de l'exercice officer conducting the serial (OTAN).

officier sous contrat short-service officer (GB) (Contrat maximal de 8 ans), contracted officer.

officier subalterne company grade officer (US) ("lieutenants and captains"), subaltern officer (GB).

officier supérieur field grade officer (US), field officer (GB), senior military officer (CA). Ex : *Atteindre un grade d'officer supérieur : to reach field grade (US) – Dix officiers supérieurs participent à la mission par rotation : ten senior military officers participate in the mission on a rotational basis (CA).*

officier supérieur adjoint (OSA) (corps de troupe) Adjutant (GB) (Abréviation : "Adj").

officier-technicien (armée de terre US) Warrant Officer (WO). Il existe 5 grades : 1. Warrant Officer (WO1) – 2. Chief Warrant Officer (WO2) – 3. Chief Warrant Officer (WO3) – 4. Chief Warrant Officer (WO4) – 5. Chief Warrant Officer (WO5) (<u>Officiers</u> à statut spécial, servant des postes nécessitant des connaissances techniques, par ex. pilote d'hélicoptère, ou dans le commissariat, la logistique, etc. Ils jouissent des mêmes privilèges que les autres officiers) (Officiellement, l'officier technicien américain se fait appeler "Mister" ou "Miss (Mrs)", et de manière moins solennelle "Chief").

officier traitant (OT) (RENS) case officer (CIA) (US), handler (US), handling agent (FBI) (US), agent-handler (GB) (Terme familier GB : "gamekeeper") (VERB : "to meet", "to act as") (ADJ : "friendly", "likeable", "affable", "(socially) adaptable"). Ex : *Un officier traitant féminin : a female case officer (US).*

officier transmissions (corps de troupe) regimental signals officer (RSO) (GB).

officier vaguemestre (unité / garnison) postal officer (US).

officieux unofficial (GB).

offre d'emploi (reconversion) job offer (US) (VERB : "to evaluate").

offrir (procurer) to offer (US, to provide (US), to afford (US), to have (US). Ex : *Le char M1 offrait une protection blindée accrue : the M1 tank offered increased armor protection (US) – Offrir à l'équipage une protection contre les tirs d'armes individuelles : to provide the crew with protection from small arms fire (US) – La mobilité offerte par ces hélicoptères : the mobility afforded by these helicopters (US) – Le véhicule offre une protection nettement améliorée : the vehicle has greatly improved protection (US).*

offrir (services) (RENS) to offer (US), to volunteer (US). Ex : *Offrir ses services à un pays (agent) : to offer (<u>ou</u> to volunteer) one's services to a country (US) – Offrir ses services en échange d'une rétribution financière (agent) : to offer one's services in return for financial reward (US).*

offrir (donner) to present (US, GB). Ex : *Se voir offrir des statuettes par la section (fantassins) : to be presented with statuettes by the platoon (US).*

ogive (tête militaire) warhead (US, UN, GB) (VERB : "to explode") (ADJ : "chemical", "biological"). Ex : *L'ogive traverse le niveau final de béton avant d'exploser : the warhead passes through the final level of concrete before detonating (US).*

ogive (missile) nose cone.

ogive à charge creuse (<u>ou</u> à charge formée) shaped-charge warhead (GB).

ogive à explosif brisant antichar high explosive anti-tank (HEAT).

ogive chimique (<u>ou</u> tête à charge chimique) chemical warhead (UN, GB).

ogive de missile missile warhead (UN).

ogive nucléaire (<u>ou</u> tête nucléaire) nuclear warhead.

oiseau (sens propre et figuré) bird (US). Ex : *Cet oiseau de proie a également la vue perçante (hélicoptère) : this bird of prey has keen eyes as well (US).*

oléoduc (oil) pipeline (US) (VERB : "to operate", "to own", "to build"). Ex : *L'oléoduc qui va du port de Saint-Nazaire à Metz : the pipeline extending from the port of Saint-Nazaire to Metz (US).*

oléopneumatique hydro-pneumatic (Jane's). Ex : *Suspension oléopneumatique (char) : hydropneumatic suspension (system) (Jane's).*

OLFA (**officier de liaison des forces aériennes**) air liaison officer (ALO). Comp. :

- The senior Air Force officer at each tactical air control party (TACP). Advises the Army commander and staff on the capabilities, limitations, and employment of tactical air operations (US).

- Officier des forces aériennes détaché dans les forces terrestres et chargé de la coordination de l'appui aérien (feu, renseignement, transport) (F).

ombre (**l'**) (**RENS**) the secret world (US). Ex : *Les nombreux hommes de l'ombre (RENS) : the many people of the secret world (US) – L'univers de l'ombre : the secret world (US).*

omnidirectionnel (**matériel**) omnidirectional (OTAN). Ex : *Radiophare omnidirectionnel (RPO) : radio beacon omnidirectional (RBO) (OTAN).*

omnipraticien (**SAN**) general practicioner (OTAN).

onde wave (Terme générique). Ex : *Onde acoustique : acoustic wave (UN).*

onde (**TRANS**) wave (OTAN, US, GB). Ex : *Transmissions sur ondes courtes : microwave communications (US).*

onde centimétrique (**O.CM.**) super high frequency (SHF) (OTAN).

onde de choc blast wave (OTAN, explosion nucléaire), shockwave ou shock wave (US) (attentat terroriste), aftershock (explosion nucléaire) (UN) (VERB : "to arrive", "to knock down").

onde de souffle blast wave (OTAN).

onde millimétrique millimeter wave (US), millimetric wave (OTAN). Ex : *Un radar à ondes millimétriques : a millimeter-wave radar (US).*

onde porteuse carrier wave (GB).

ondes hectométriques medium frequency (MF) (OTAN).

ondes hertziennes air waves (GB). Ex : *Balayer les ondes hertziennes : to scan the air waves (GB).*

ondes kilométriques low frequency (LF) (OTAN).

ondes lumineuses light (OTAN). Ex : *Détection d'ondes lumineuses : light detection (OTAN).*

ondes millimétriques extremely high frequency (EHF) (millimetric waves) (OTAN).

ondes radio air waves (GB). Ex : *Balayer les ondes radio : to scan the air waves (GB).*

onéreux (**matériel**) expensive (UN), costly.

ONG voir **organisation non-gouvernementale**.

OP voir **officier de permanence**.

opérabilité operability (VERB : "to enhance").

opérateur (**système**) operaror (GB). Ex : *L'opérateur humain dans les systèmes militaires : the human operator in military systems (GB).*

opérateur (**informatique**) computer operator (GB).

opérateur d'écoute (**TRANS**) airwave listener (GB). Ex : *Opérateur d'écoute et linguiste : telecom operator (linguist) (GB).*

opérateur logistique logistics operator (US).

opérateur radar radar operator (US, GB, Jane's).

opérateur radio (ou radio) radio telephone operator (RATELO) (US), radio operator (GB, Jane's).

opérateur radio clandestin (RENS) clandestine radio operator (US) (Terme familier US : "pianist").

opérateur tourelle gunner.

opération operation (US, GB, OTAN) (Abréviation: "op"), combat (sens pluriel) (OTAN) (VERB: "to carry out", "to conduct", "to execute", "to undertake", "to mount", "to stage", "to coordinate", "to direct", "to participate in", "to take part in", "to supervise", "to direct", "to oversee", "to project", "to plan", "to unfold", "to decentralize", "to accomplish", "to impede", "to facilitate", "to affect", "to launch", "to enhance", "to prosecute", "to order", "to terminate", "to sustain", "to review", "to kick off" = démarrer, "to return from", "to proceed", "to involve", "to support", "to continue", "to combine... with", "to run", "to assign... to", "to initiate" = lancer, "to reveal" = divulguer, "to shut down" = arrêter, "to conceive", "to be tasked with", "to enhance") (ADJ: "actual", "military", "paramilitary", "current", "future", "synchronized", "decentralized", "close", "deep", "sensitive", "overt", "covert", "long running", "sustained", "continuous", "specific", "advance", "precursor", "advance force", "joint", "potentially joint", "multinational", "difficult", "costly", "time-consuming", "symbolic", "coercive", "multi-functional", "big", "complicated", "frequent", "well-conceived", "well-managed", "cost-effective", "justifiable", "complex", "demanding", "top secret", "classified", "pussyfoot", "complementary", "mutually supportive", "fast-breaking") (PART: "mounted", "dismounted", "planned", "(properly) supported") (NOM ASS: "capabilities", "limitations", "employment", "outcome", "participation (in)", "conduct") (PREP: "during", "on") ("Operations" s'abrège en "OPS") (À noter: L'adjectif "postoperations" (US). Ex: *Lors de l'opération "Grapple": on Operation Grapple (GB) – Dans le cadre d'un engagement portant le nom d'Opération Manta: under a deployment known as Operation Manta (GB) – Les opérations spéciales: special operations (SO) (US) – Une opération aéroportée (OAP): an airborne (ABN) operation (US) – Une opération aérienne: an air operation (US) – Une opération amphibie: an amphibious operation (US, OTAN) – Une opération interalliée: a combined operation (US) – Une opération interarmées: a joint operation (US) – Opérations militaires en zone urbanisée (ou combat en localité): military operations on urban (ized) terrain (MOUT) (US) – Opérations psychologiques (ou action psychologique): psychological operations (PSY OPS) (US) – Opérations d'évacuation de matériels endommagés: recovery operations (US) – Opérations aéromobiles: airmobile operations (OTAN) – Opération de saisir et tenir: seize and hold operation (OTAN) – Opération d'interdiction de zone: area interdiction operation (OTAN) – Opérations de transport aérien tactique: tactical air transport operations (US, OTAN) – Opération d'évacuation des non-combattants: non-combatant evacuation operation (NEO) (US) – Opération de ravitaillement: supply operation – Opération de transbordement: trans-shipment operation – Opération de combat sur les arrières: rear area combat operation (RACO) (US) – Opération dictée par les circonstances: contingency operation (OTAN) – Une opération de commando: a commando operation – Une unité d'opérations spéciales: a Special Operations unit – Opération d'urgence: emergency operation – L'armée de terre en opérations: the Army in the field (US) – Opérations civilo-militaires: civil-military operations (US) – Passer six mois en opérations: to spend six months on operations (GB) – Opérations anti-terroristes: counter terrorist operations (GB) – Opérations côtières: coastal operations (OTAN) – Opérations de guerre des mines: mine warfare operations (OTAN) – Opérations aériennes tactiques: tactical air operations (OTAN) – Opérations de relève* *sur place : relief-in-place operations (US) – Opérations multinationales : multinational operations (GB) – Opérations en milieu / urbain / rural : urban / rural / operations (GB) – Opération offensive contre le potentiel aérien : offensive counter air operation (OCA) (UN) – Opération héliportée (OHP) : heliborne operation, airmobile opération (OTAN) – Conduire des opérations de combat : to conduct combat operations (US) – Une force en opération : an operating force (OTAN) – Opération de maintenance : maintenance action (OTAN) (VERB : "to carry out") – Une opération de combat (ou de guerre) : a warfighting operation (Jane's) – Être en mesure de monter simultanément deux opérations du volume d'une brigade : to be able to mount two brigade-sized operations concurrently (GB) – De telles opérations prennent beaucoup de temps (ou sont consommatrices de temps) : such operations are time-consuming (US) – Opérations conduites en même temps (ou concomitantes) : concurrent operations (OTAN) – Le général Norman Schwarzkopf, commandant de l'Opération Tempête du Désert : Desert Storm commander General Norman Schwarzkopf (GB) – Assurer la tenue et le maintien en puissance d'opérations de grande envergure, de longue durée ou de grande intensité : to conduct and sustain large scale, long term, or high intensity operations (CA) – Un objectif qui se révèle en cours d'opérations : a target which appears during combat (OTAN) – Une force en opération : an operating force (OTAN).*

opération à découvert (RENS) overt operation (US) (Contraire : "covert operation" = opération secrète).

opération aérienne air operation (GB, Jane's). Ex : *Des opérations aériennes de l'OTAN au-dessus de la Bosnie : NATO air operations over Bosnia (Jane's).*

opération aéromobile air mobile operation, air assault (US).

opération aéroportée (OAP) airborne operation.

opération amphibie amphibious operation (GB).

opération autonome autonomous operation (OTAN).

opération avant l'assaut preassault operation (US, OTAN).

opération biologique biological operation (OTAN).

opération chimique chemical operation (OTAN, UN).

opération chimique, biologique et nucléaire chemical, biological and radiological operation (OTAN).

opération clandestine (ou secrète) (RENS / TAC) clandestine operation (US) (= action dont le déroulement est dissimulé aux observateurs extérieurs, à caractère souvent illégal, sans "signature").

Cf. : An intelligence or operational mission, the existence of which is concealed (US).

opération coordonnée co-ordinated operation.

opération de circonstance (ou de contingence ou dictée par les circonstances) contingency operation (US, OTAN) (VERB : "to execute", "to facilitate"). Ex : *Un groupe de forces organisé pour des opérations de circonstance spécifiques : a task force organised for specific contingency operations (OTAN).*

opération de coalition coalition operation (GB).

opération de combat tactical operation (OTAN).

opération d'économie des forces economy of force operation (GB).

opération de consolidation de la paix peace-building operation.

opération d'écoute clandestine (RENS) eavesdropping operation (US).

opération défensive (ou de défense) defensive operation (GB).

opération de frappe de précision de théâtre theater precision strike operation (TPSO) (US).

opération de guerre operation of war (GB), warfighting operation (<u>Jane's</u>) (VERB: "to link") (ADJ: "primary"). Ex: *Passer d'une opération de guerre à une autre : to transition from one operation of war to another (GB).*

opération de harcèlement (<u>ou</u> d'interdiction) area interdiction operation (OTAN).

opération de maintien de la paix peace-keeping operation (PKO) (UN).

opération de paix peace operation (GB) (VERB: "to support") (ADJ: "long running").

opération de propagande (RENS) propaganda operation (US).

opération de provocation (RENS) provocation operation (US).

opération de recueil (du renseignement) (RENS) intelligence-gathering operation (US) (VERB: "to run").

opération (<u>ou</u> action) de renseignement (RENS) intelligence operation (US), case (US) (= opération dans sa totalité) (VERB: "to compromise", "to set up" = monter) (EXPR: "under the cover name of"). Ex: *Opération de renseignement de source humaine : HUMINT (= Human Intelligence) operation (US).*

opération de restauration de la paix peace restoration operation.

opération de sabotage sabotage operation (US) (VERB: "to conduct").

opération de secours d'urgence emergency rescue operation.

opération de sécurité (évacuation de ressortissants / préservation de zone sensible) safety operation.

opération de soutien à la diplomatie préventive operation in support of preventive diplomacy.

opération de soutien à (<u>ou</u> en faveur de) la paix peace support operation (PSO).

opération d'espionnage spy operation (US), spying operation (US) (Terme familier: "cloak and dagger") (ADJ: "famous").

opération d'évacuation evacuation operation (US), evacuation (Terme dénombrable) (US).

opération d'évacuation des non-combattants non-combatant evacuation operation (NEO) (OTAN, US).

opération d'imposition de la paix peace enforcement operation.

opération d'interception de correspondance (RENS) mail-interception operation (US) (VERB: "to establish").

opération héliportée (OHP) airmobile operation (OTAN, US), heliborne operation (GB).

opération "homo" (homicide) (assassinat) (RENS) executive action (US), executive operation (US), wet job (US), wet affair (US), special assassination mission (US) (VERB: "to take place") (ADJ: "discreet", "quiet", untraceable").

opération hors-zone out of area operation (GB).

opération interalliée combined operation (OTAN), allied operation.

opération interarmées interalliée combined joint operation.

opération interarmées multinationale multinational joint operation.

opération linéaire linear operation (GB).

<u>Cf.</u> : Operation planned to proceed along a physical line of operation (GB).

opération majeure major operation (<u>Jane's</u>, US) (VERB: "to conduct"). Ex: *Une opération majeure dans le cadre de l'Alliance : a major NATO-led operation (<u>Jane's</u>).*

opération multinationale multinational operation (GB, OTAN) (ADJ: "integrated").

opérationnalité (combat) readiness (US, GB), operational capability (US) (VERB: "to enhance", "to maintain", "to keep"). Ex: *Opérationnalité d'une unité : combat readiness of a unit (US) – Maintenir une force à un niveau élevé (<u>ou</u> à un haut niveau) d'opérationnalité : to keep a force at high readiness (<u>Jane's</u>) – Atteindre un niveau d'opération-*

nalité (force) : to meet a level of readiness (GB) – La division est maintenue au niveau d'opérationnalité maximale : the division is maintained at the maximum combat readiness (GB).

opérationnel (<u>ou</u> prêt à l'action) operational (GB, US, UEO), ready (unité) (GB, US, UEO), up (-) to (-) speed (US) (Le terme "operational" s'applique également à un matériel. Ex : *"in operational service"* (GB), (ADV : "fully"). Ex : *Du (<u>ou</u> d'un) point de vue opérationnel : operationally (GB) – Recherche opérationnelle : operational research (GB) – Analyse opérationnelle : operational analysis (GB) – Devenir opérationnel (matériel) : to become operational (GB) – Formation linguistique en anglais opérationnel : language training in operational English (Jane's) – Une division opérationnelle (GB) : a ready division (GB) (Contraire : "regenerative" = de reconstitution) – EUROFOR a été déclarée opérationnelle en 1998 : EUROFOR was declared operational in 1998 (UEO) – La force était opérationnelle en matière de combat interarmes : the force as up-to-speed in the matter of combined arms warfare (US).*

opérationnel (au plan) operationally (US).

opération offensive offensive operation (US) (PREP : "during").

opération offensive contre le potentiel aérien offensive counter air (OCA) (operation) (US, OTAN).

opération préalable advance operation (GB).
<u>Cf.</u> : Operation in advance of a main force. Advance operations include precursor operations and advance force operations (GB).

opération psychologique psychological operation (OTAN).

opération radiologique radiological operation (OTAN).

opérations (les) (combat / bataille) battle (OTAN). Ex : *Les données peuvent être immédiatement utilisées pour les opérations : the data may be immediately used in battle (OTAN).*

opérations à cadence élevée high-tempo operations (US).

opérations à destination des média media operations (GB).

opérations aériennes air operations (OTAN, GB, US) (VERB : "to initiate" = lancer, "to halt") (ADJ : "composite") (PREP : "against").

opérations aéroportées airborne operations (OTAN), parachute operations (GB).

opérations aéroterrestres air and ground operations (US), air-land operations.

opérations air-sol air-ground operations (OTAN).

opérations à long terme long-term operations (US).

opérations antichar anti-tank operations (GB).

opérations antiaériennes counter air operations (US).

opérations antiaériennes défensives defensive counter air operations (US).

opérations antiaériennes offensives offensive counter air operations (US).

opérations anti-terroristes counter terrorist operations (GB), anti-terrorist operations (GB), antiterrorism operations (action préventive) (US), counterterrorism operations (action offensive) (US) (VERB : "to conduct" = mener).

opérations au contact (<u>ou</u> rapprochées) close operations (US).

opérations au sol ground operations (US), operations on the ground (OTAN).

opérations autonomes independent operations (US).

opérations autres que la guerre (<u>ou</u> de maîtrise de la violence) operations other than war (OOTW) (US) (Type d'opérations couvertes : "support to US, state, local government, disaster relief, nation assistance, counterdrug operations, peacekeeping, support for insurgencies and counterinsurgencies, noncombatatant evacuation, peace enforcement, arms control, humanitarian assistance, antiterrorism, counterterrorism, etc." (FM 100-5, Operations).

opérations autres que le combat non-combat (ou noncombat) operations (US, GB).

opérations biocentriques bio-centric operations (US).

opérations blindées armor operations (US). Ex : *Conduire des opérations blindées classiques : to conduct standard armor operations (US).*

opérations civilo-militaires civil-military operations (CMO) (US, OTAN) (ADJ : "multinational").

opérations collatérales collateral operations (US).

opérations conjointes (alliés) combined operations (OTAN).

opérations coordonnées de défense aérienne coordinated air defence operations (CADO) (OTAN).

opérations d'aide humanitaire humanitarian-aid operations (US), humanitarian-relief operations (US).

opérations dans la neige (guerre hivernale) winter warfare.

opérations dans la profondeur deep operations (GB, US), operations in depth (US), in-depth operations (US).

opérations dans l'espace space operations (US).

opérations d'appui (opération amphibie) supporting operations (OTAN).

opérations d'appui aérien air support operations (US, OTAN).

opérations d'après (le) conflit postconflict operations (US).

opérations d'attaque attack operations (US). Ex : *Opérations d'attaque contre des objectifs mobiles cruciaux : attack operations against critical mobile targets (US).*

opérations de barrage barrier operations (BAROPS) (OTAN).

opérations de bombardement à haute altitude high-level bombing raids (OTAN).

opérations de circonstance contingency operations (CONOPS) (US) (VERB : "to plan for").

opérations de circonstance d'envergure limitée small-scale contingencies (SSC) (US).

opérations décisives decisive operations (US).

opérations de coalition (ou de la coalition) (ou actions / opérations militaires menées en coalition) coalition operations (US) (VERB : "to facilitate").

opérations de combat combat operations (US, GB, OTAN), tactical operations (GB, OTAN, US) (VERB & PART : "to sustain" / "sustained", "to support", "to take part in") (ADJ : "short-term", "full-on"). Ex : *Renseignement sur l'ennemi, les conditions atmosphériques et géographiques nécessaires au commandement pour la préparation et la conduite des opérations de combat : the knowledge of the enemy, weather and geographic features required by a commander for the planning and conduct of tactical operations (OTAN) – Opérations de combat sur le plan tactique : tactical combat operations (US).*

opérations de conquête des "cœurs et des esprits" (humanitaire / maintien de la paix) hearts and minds operations (GB) (Obtention du soutien des populations).

opérations de consolidation consolidation operations (US).

opérations de contre-guérilla counterguerrilla operations (US) (VERB : "to be required").

opérations de contre-mobilité (GEN) countermobility operations (US).

opérations de crise crisis operations (GB).

opérations de déception deception operations (US).

opérations de défense aérienne air defence operations (OTAN, US) (VERB : "to perform").

opérations de dépannage tactiques (ou sur le champ de bataille) battlefield recovery operations (US).

opérations de déploiement initial (théâtre) early entry operations (US). Cf.: Operations involving the initial deploying forces; they occur whenever the missions require the projection of U.S. forces from CONUS or elsewhere (US).

opérations de dépollution mine-clearance operations (Jane's).

opérations de destruction destructive operations (US).

opérations défensives defensive operations (US) (PART: "maneuver-oriented").

opérations de force d'intervention contingency force operations (US).

opérations de force principale main force operations (US).

opérations de forces terrestres land force operations (US), ground force operations (GB, US).

opérations de gestion de crise crisis management operations (UEO) (NOM ASS.: "preparation", "planning"). Ex: *Inventaire des moyens et capacités disponibles pour des opérations de gestion de crise à mener par les Européens: audit of assets and capabilities for European crisis management operations (UEO).*

opérations de guerre war operations (US).

opérations de guerre électronique EW operations (US) (EW = Electronic Warfare).

opérations de haute (ou forte) intensité high (-) intensity operations (Jane's, GB) (VERB: "to carry out").

opérations de jonction (forces amies en territoire contrôlé par l'ennemi) link (-) up operations (GB).

opérations de levé (TOPO) survey operations (CA).

opérations de lutte contre les mines à l'aide d'hélicoptères helicopter mine countermeasures (OTAN).

opérations de lutte contre le trafic de stupéfiants counterdrug operations (US).

opérations de maintien de la paix peacekeeping operations (US) (VERB: "to authorize").

opérations de maintien de l'ordre (public) public order operations (GB).

opérations de maîtrise de la violence operations other than war (OOTW) (US).

opérations de marche à l'ennemi movement-to-contact operations (US).

opérations de marquage (mines) marking operations (CA).

opérations de mobilité (GEN) mobility operations (US).

opérations de nettoyage (ou d'épuration) ethnique ethnic cleansing operations (OTAN).

opérations d'enlèvement des mines mine clearance operations (CA).

opérations de paix (ou opérations menées au service de la paix) peace operations (US) (Trois types de "peace operations": "support to diplomacy", "peacekeeping", "peace enforcement") (ADJ: "multilateral").

opérations de plongée diving (US, GB), dive operations (US).

opérations de projection de forces force (-) projection operations (GB, US).

opérations de propagande propaganda operations (US).

opérations de recueil (RENS) collection operations (US).

opérations de renseignement (RENS) intelligence operations (US) (Terme familier US: "spook operations") (VERB: "to understand", "to neutralize", "to mount", "to run") (ADJ: "ambitious", "successful", "disastrous", "covert").

opérations de réponse aux crises crisis response operations (OTAN).

opérations de retraite retrograde operations (US).

opérations d'espionnage spook operations (US) (Terme familier).

opérations de soutien de (ou en faveur de) la paix peace support operations (OTAN).

opérations de secteur sector operations (OTAN). Ex : *Centre d'opérations de secteur : sector operations centre (SOC) (OTAN).*

opérations de sécurité security operations (US) (VERB : "to conduct" = mener).

opérations de stabilité (= maintien de l'ordre) stability operations (US).

opérations de supériorité aérienne counterair operations (US).

opérations de sûreté security operations (US).

opérations de surveillance surveillance operations (US).

opérations de surviabilité survivability operations (US).

opérations de transport transport operations (OTAN).

opérations de transport maritime sealift operations (US).

opérations d'expérimentation experiment operations (US).

opérations dictées par les circonstances contingency operations (OTAN).

opérations d'imposition de la paix peace (-) enforcement (PE) operations (OTAN) (Voir définition à **imposition de la paix**).

opérations d'infanterie infantry operations (GB).

opérations d'information (ou information opérationnelle) information operations (US, GB) (Abréviation US : "IO") (Abréviation GB et OTAN : "INFO OPS"). Cf. : Actions taken to influence decision makers in support of political and military objectives by affecting others'information and/or information systems. There are two major categories of INFO OPS : offensive and defensive, depending on the nature of the operations involved (GB).

opérations d'intervention strike operations (US), intervention operations (GB).

opérations d'intervention limitée (ou ponctuelle) limited intervention operations (GB) (= dont les objectifs sont ponctuels : "rescue of hostages, security of non-combatants or re-establishment of law and order").

opérations dirigées par les Européens European-led operations (OTAN).

opérations d'ordre public (ou de maintien de l'ordre) law and order operations (CA).

opérations du génie engineer operations (OTAN) (VERB : "to supervise", "to propose", "to command").

opérations du temps de guerre wartime operations (US).

opérations du temps de paix peacetime operations (US).

opération secrète (RENS) covert operation (US) (= Opération dont la nationalité des opérateurs est dissimulée) (Contraire : "overt operation" = opération à découvert), secret operation (US) (VERB : "to be engaged in", "to run").

opérations électroniques electronic operations (UEO). Ex : *La capacité de mener des opérations électroniques : the capacity to conduct electronic operations (UEO).*

opérations en forêt équatoriale jungle operations (US).

opérations en situation réelle real world operations (US).

opérations entre organismes interagency operations (US).

opérations en zone(s) désertique(s) desert operations (US).

opérations en zone(s) montagneuse(s) mountain operations (US).

opérations en zone urbaine urban operations (US).

opérations expéditionnaires expeditionary operations (GB).

opérations extérieures (OPEX) (ou actions extérieures) overseas operations (GB, US).

opérations hors-métropole (France) operations outside France.

opérations illégales illegal operations (US).

opérations informationnelles information operations (IO) (US).

opérations intégrées (3 armées) integrated operations (US).

opérations interalliées combined operations (US).

opérations interarmées joint operations (GB), joint-service operations (GB) (NOM ASS.: "prosecution").

opérations interarmes combined arms operations (US, GB) (En abrégé: "combined ops").

opérations logistiques logistical operations (US), logistics operations (US) (ADJ: "split-based"). Ex: *Opérations logistiques multinationales: multinational logistics operations (US).*

opérations maritimes sea operations (US).

opérations médiatiques (ou en direction des média) media operations (US).

opérations menées au service de la paix peace operations (OTAN).

opérations menées conjointement (alliés) combined operations (OTAN).

opérations militaires military operations (OTAN, US, UEO), war-fighting (OTAN) (VERB: "to support") (ADJ: "recent") (NOM ASS.: "control", "co-ordination", "cessation").

opérations militaires autres que (la) guerre military operations other than war (MOOTW) (US), noncombat operations (US).

opérations militaires autres que le combat noncombat military operations (US).

opérations multinationales multinational operations (US).
Cf.: A collective term to describe military actions conducted by forces of two or more nations typically organized within the structure of a coalition or alliance (US).

opérations NBC NBC operations (GB) (PREP: "in").

opérations nucléaires nuclear operations (OTAN). Ex: *Procédures d'opérations nucléaires: nuclear operations procedures (NOP) (OTAN).*

opérations offensives offensive operations (US, GB, UEO) (ADJ: "tactical"). Ex: *En matière d'opérations offensives: in the area of offensive operations (UEO).*
Cf.: Operations in which forces seek out the enemy in order to attack him (GB).

opérations par temps froid cold weather operations (US).

opérations prolongées (ou de longue durée) protracted operations (US).

opérations psychologiques (ou de guerre psychologique) (action psychologique ou actions dans les champs psychologiques) psychological operations (PSYOP) (On trouve également PSYOPS) (OTAN, US).
Cf.: A planned psychological activity in peace and war directed towards enemy, friendly, and neutral audiences, in order to create attitudes and behavior favorable to the achievement of political and military objectives (US).
- The mission of Psychological Operations is to disseminate truthful information to foreign audiences in support of US goals and objectives. PSYOP units accomplish their missions by disseminating messages in the form of leaflets, posters, broadcasts and audiovisual tapes. Each unit has its own intelligence and audiovisual specialists (US).

opérations rapprochées (ou au contact) close operations (GB) (VERB: "to be engaged in").

opérations secrètes (RENS) secret operations (US) (VERB: "to carry out").

opérations semi-autonomes semi-independent operations (US).

opérations séquentielles (ou successives) sequential operations (US).

opérations simultanées simultaneous operations (US).

opérations spatiales (ou dans l'espace) space operations (US).

opérations spéciales special operations (SO) (US) (Abréviation: "op spec") (VERB: "to execute"). Ex: *Le commandement des opérations spéciales: the Special Operations Command (SOCOM) (US).*

Cf. : Military operations conducted by specially trained, equipped, and organized DOD forces against strategic or tactical targets in pursuit of national military, political, economic, or psychological objectives. They may support conventional military operations, or they may be prosecuted independently when the use of conventional forces is either inappropriate or infeasible. Sensitive peacetime operations, except for training, are normally authorized by the National Command Authority (NCA) and conducted under the direction of the NCA or designated commander. Special operations may include unconventional warfare (UW), counter-terrorist operations, collective security, PSYOPS, and civil affairs measures (US).

opérations sur les arrières rear operations (US).

opérations synchronisées synchronized operations (US).

opérations terrestres land operations (OTAN, GB), operations on land (US), land combat operations (US), ground operations (US) (ADJ: "sustained", "prompt").

opérations toutes dimensions (air - terre - mer - espace - temps) five dimensional operations (US) (air - land - sea- space -time).

opération terrestre ground operation (OTAN). Ex: *L'opération terrestre en cours au Kosovo: the ground operation now deployed in Kosovo (OTAN).*

opérer (agir / fonctionner) (force / agent / état-major) to operate (US, GB, UEO) (ADV: "independently"). Ex: *Des éléments opérant dans une zone géographique donnée: elements operating in a specific geographical area (OTAN) – Opérer sans protection diplomatique (agent de renseignement): to operate without diplomatic protection (US) – Opérer avec succès (RENS): to operate successfully – Les états-majors nationaux et multinationaux devraient être capables d'opérer en configuration interarmées et / ou multinationale: the national and multinational HQs should be capable of operating in joint and / or combined configurations (UEO) – La structure des forces terrestres devrait davantage s'adapter à pouvoir opérer dans un environnement non statique: the structure of land forces should be further adapted to allow operations in a non-static environment (UEO) – Opérer de nuit (INF): to operate at night (US).*

opérer (service) (RENS) to operate (US).

opérer Ex: *Opérer la jonction avec (une unité) (TAC): to link up with (a unit).*

opérer (intervenir) (SAN) to operate (GB).

OPEX voir **opérations extérieures (ou actions extérieures)**.

opiniâtre (acharné) stubborn (GB). Ex: *L'ennemi opposa une résistance opiniâtre (attaque): the enemy put up a stubborn defence (ou resistance) (GB).*

opinion publique (l') public opinion (GB, US) (VERB: "to influence"). Ex: *Polariser (ou braquer) l'opinion publique contre une opération: to polarize public opinion against an operation (US).*

opportunité opportunity (US, GB) (VERB: "to have", "to provide... with", "to present", "to offer", "to seize", "to exploit") (ADJ: "real", "numerous", "tremendous", "unlimited", "fleeting"). Ex: *Opportunités de carrière dans le Matériel: Ordnance career possibilities (US) – Exploiter une opportunité (TAC): to exploit an opportunity (OTAN) –*

Opportunités de carrière : career opportunities *(GB) – Opportunités tactiques : tactical opportunities (US).*

opposant (politique) (political) opponent (US) (VERB : "to arrest", "to imprison", "to execute"). Ex : *Des opposants politiques au régime : political opponents of the regime (US).*

opposé opposite (US), opposing (OTAN, GB), opposed (US). Ex : *Dans la direction opposée : in the opposite direction (US) – Deux forces opposées : two opposing forces (OTAN) – Deux principaux cheminements ennemis situés sur les flancs opposés du 7ᵉ Corps d'Armée : two major threat avenues of approach located on opposite flanks of the VII Corps (US) – Appellation OTAN de troupes opposées à des forces ennemies : NATO designation for forces opposed to enemy forces (US) – Une lutte (ou un combat) entre deux camps opposés : a contest between two opposing sides (GB).*

opposé (ou adverse) (force) opposing (GB), opposed (US).

opposé à opposed to (GB), against (OTAN). Ex : *La communauté internationale est totalement opposée à la partition du Kosovo : the international community is absolutely against the partition of Kosovo – Le général est opposé à notre plan : the general is opposed to our plan (GB).*

opposer between (GB). Ex : *Une bataille opposant l'armée de terre tchadienne et les rebelles soutenus par la Lybie : a battle between the Chadian Army and the Lybian-backed rebels (GB).*

opposer (résistance) to put up (GB). Ex : *L'ennemi opposa une résistance opiniâtre (attaque) : the enemy put up a stubborn defence (GB).*

opposition (ou résistance) opposition (OTAN) (VERB : "to clear away", "to meet"). Ex : *Se heurter à une opposition ennemie : to run into enemy opposition (OTAN) – Une faible / forte / opposition (ennemi) : minor / major / opposition (OTAN) – Par opposition à : as opposed to (OTAN).*

oppression oppression (OTAN). Ex : *Oppression politique : political oppression (OTAN).*

optimal optimum (US, UEO). Ex : *Des portées optimales : optimum ranges (US) – Un niveau optimal : an optimum level (US) – La coordination pour une utilisation optimale des moyens et capacités existants : coordination designed to make optimum use of existing assets and capabilities (UEO).*

optimisé optimized (US).

optimiser (performances / plans) to maximize (US), to maximise (GB), to optimize (US), to optimise (OTAN). Ex : *Optimiser les performances (matériel) : to optimize the capabilities (US).*

optimiste best-case (US). Ex : *Le scénario le plus optimiste : the best-case scenario (US).*

option option (US, GB) (VERB : "to direct", "to develop") (ADJ : "organizational"). Ex : *En option (matériel) : optional – Options d'armement (ou armements en option) (matériel) : armament options (Jane's) – Option prioritaire : priority option (GB).*

option (TAC) option (US) (VERB : "to increase", "to limit", "to run out of", "to deplete"). Ex : *Un éventail d'options tactiques : a range of tactical options (US) – Passer en revue les options militaires (crise) : to review military options (Jane's) – Options en matière de gestion de crises : crisis management options (GB) – Un plus large éventail d'options : a wider range of options (US) – Les options de l'ennemi : the enemy's options (US).*

option de déploiement (ou d'engagement) deployment option (GB, US).

option d'emploi (force) employment option (US).

option de remplacement (ou de rechange) alternative option (US).

option de riposte (ou de réaction) response option (US).

option militaire military option.

options militaires autres que (la) guerre (USA) military options other than war (MOOTW) (US).

option nucléaire nuclear option (OTAN). Ex : *Option nucléaire limitée : limited nuclear option (LNO) (OTAN).*

option opérative operational option (US).

option stratégique strategic option (US).

option tactique tactical option (US).

option zéro (STRAT) zero option (UN).

optique (équipement optique) optics (GB) (+ verbe au pluriel). Ex : *L'optique du char a été endommagée par les tirs d'artillerie : the tank's optics were damaged by artillery fire (GB).*

optique (adjectif) optical (GB). Ex : *Électro-optique : electro-optical – À poursuite optique (missile) : optically-tracked.*

optique (de pointage) sight.

optique de précision precision optics (US). Ex : *Une société d'optique de précision a expédié pour des milllions de dollars de pièces défectueuses à l'armée : a precision-optics company shipped millions of dollars worth of defective parts to the military (US).*

optique de visée optical sight (US).

optoélectronique electro-optics (EO) (OTAN).

optométrie (SAN) optometry (US).

optométriste (SAN) optometrist (US).

optronique (nom) optronics, electro-optics (EO) (OTAN).

optronique (adjectif) electro-optical (GB). Ex : *Capteur optronique : electro-optical sensor (GB).*

orage storm (GB).

oral (ajectif) verbal (GB). Ex : *Toutes les demandes orales doivent être confirmées par écrit : all verbalo requests should be confirmed in writing (GB).*

oralement orally (US), verbally (GB). Ex : *Donner un ordre oralement : to give an order orally (US).*

orbital orbital (OTAN). Ex : *Bombardement multiple orbital : multiple orbital bombardment (OTAN).*

orbite orbit (US, OTAN). Ex : *Placer un satellite en orbite polaire : to place a satellite in a polar orbit (US) – Depuis son orbite située à 322 km de la surface de la terre : from its orbit 322 km above the Earth (US) – Un satellite en orbite terrestre : a satellite in Earth orbit (US).*

orbite basse low earth orbit (LEO) (OTAN).

orbite géostationnaire geosynchronous orbit (US), geostationary orbit (GEO) (OTAN), geosynchronous earth orbit (GEO).

orbite moyenne middle earth orbit (MEO).

orbiter to orbit.

orchestré (opération / campagne) orchestrated (GB). Ex : *Une campagne bien orchestrée : a well-orchestrated campaign (GB).*

orchestrer (opérations / activités / efforts) to orchestrate (OTAN, US). Ex : *Orchestrer les activités de l'OTAN : to orchestrate NATO activities (OTAN).*

Orchestre Rouge (Hist.) (RENS) (the) Red Orchestra (US).

Orchidée (radar Doppler sur hélicoptère Super-Puma) (the) Orchidée airborne battle-field surveillance sytem (US).

ordinaire (adjectif) standard (US, GB), routine (OTAN). Ex : *Des piles ordinaires : standard batteries (US) – Des exercices d'entraînement ordinaires : routine training exercises (OTAN) – Un régiment ordinaire : a standard regiment (GB).*

ordinaire soldiers'mess (US), soldiers'dining facility (US), canteen (regimental restaurant) (GB).

ordinairement (cotation) (RENS) usually (US). Ex : *Ordinairement sûr : usually reliable (US) – Ordinairement pas sûr : not usually reliable (US).*

ordinateur computer (US, GB) (VERB : "to programme" (GB) / "to program" (US), "to disrupt", "to tap"). Ex : *Ordinateur portable : lap-top computer – Ordinateur de bureau : desk-top computer – Ordinateur individuel : personal computer (PC) – Paralyser les ordinateurs ennemis (cyberguerre) : to cripple enemy computers (Time).*

ordonnance batman (GB).
Cf. : An officer's personal servant (GB).

ordonnance (SAN) (written) prescription (US).

ordonné ordered (OTAN).

ordonnée (carte) northing (Exemple d'emploi : *On 30 northing (GB).*
Cf. : The vertical co-ordinate used to express the distance northwards from a reference line running east-west on a gridded plan. Used in conjunction with the horizontal co-ordinate, called easting, it defines the location of a point.

ordonner to order (US), to direct (US, OTAN), to command (GB), to call (US, GB). Ex : *Le général ordonna à la DB de détruire les unités ennemies : the general ordered the armoured division to destroy enemy units – Ordonner des feux : to direct fire(s) (US, OTAN) – Ordonner l'arrestation ou la consigne au quartier d'engagés : to order enlisted soldiers into arrest or confinement (US) – Ordonner une mission : to direct a mission (US) – Le Président ordonna l'envoi des premières divisions au Vietnam : the President ordered the deployment of the first divisions to Vietnam (US) – Le commandant (ou chef) ordonna un cessez-le-feu immédiat : the commander called an immediate cease fire (US) – Il (= chef) ordonna que l'on s'arrête : he called a halt (GB) – Je vous ordonne d'arrêter cet homme : I command you to arrest that man (GB) – Ordonner / l'arrêt des hostilités / une trêve : to call / a cessation of hostilities / a truce (US).*

ORDOPE (ordre d'opération) OPORD (US), opO (GB) (operation order).

ordre (commandement) order(s) (OTAN, US, GB), command (GB) (VERB : "to direct", "to accept", "to issue", "to annul", "to alter", "to execute", "to give", "to disseminate", "to obey", "to expect", "to bark") (ADJ : "lawful", "routine"). Ex : *Obéir aux ordres : to obey orders – Donner l'ordre à quelqu'un de faire quelque chose : to give somebody orders (ou to order somebody) to do something – Donner l'ordre de : to give the order to (US) – Être aux ordres de : to be under the orders of – Recevoir ses ordres de : to take orders from (US) – Sur l'ordre de : on the orders of (GB) – Avoir (pour) ordre de : to be under orders to – Servir sous les ordres de quelqu'un : to serve under somebody – Il a 20 hommes sous ses ordres : he has 20 men under him – Être aux ordres d'un même chef (éléments divers) : to be placed under a single commander (OTAN) – L'ordre arriva d'en haut : the order came down from on high (+ that) (GB) – Ouvrir le feu sur ordre (tireur isolé) : to open fire on command (GB) – Donner des ordres à des forces affectées (chef) : to direct forces assigned (OTAN) – Il donna l'ordre d'ouvrir le feu : he gave the command to open fire (GB).*

ordre (organisation) order (US). Ex: *Le nouvel ordre mondial: the new world order (US) – Un ordre de paix durable fondé sur les droits de l'homme, la liberté et la démocratie: a lasting order of peace based on human rights, freedom and democracy (OTAN) – Les contours d'un nouvel ordre de sécurité commencent à se dessiner clairement: the contours of a new security order become clearly discernible (OTAN).*

ordre (logique) order (US, GB). Ex: *Dans l'ordre (logique): in order (US) – Par ordre de préférence: in order of preference (US) – Par ordre d'ancienneté: in order of seniority (US) – Déplacement en bon ordre (convoi): orderly movement (OTAN) – Dans cet ordre-là (odre d'opérations): in that order (US) – Évacuation en bon ordre: orderly evacuation (GB) – Arriver dans l'ordre prévu (forces sur un théâtre): to arrive in the anticipated order (US).*

ordre (série de tirs) (ART) sequence (US, GB). Ex: *Dans un ordre défini: in a definite sequence (US, GB).*

ordre (nature) Ex: *Des responsabilités d'ordre logistique: responsibility for logistics (OTAN).*

ordre (public) order (US) (VERB: "to preserve") (Voir aussi **maintien de l'ordre** et **ordre public**).

ordre (distinction) Order (OTAN). Ex: *Le président Chirac remettra au Secrétaire général (= de l'OTAN) les insignes de Commandeur dans l'Ordre de la Légion d'honneur: President Chirac will bestow on the Secretary General the insignia of Commander in the Order of the Legion of Honour (OTAN).*

ordre (de recherche) (RENS) (collection) order (US) (VERB & NOM ASS.: "to issue" = envoyer / "issuance" = envoi)

ordre (sur) voir **sur ordre**.

ordre administratif et logistique (OAL) administrative order (GB, OTAN) (Abréviation GB: "admin O").

ordre au génie engineer annex to OPORD.

ordre d'achat purchase order (PO).

ordre d'activation activation order (ACTORD) (OTAN) (VERB: "to issue" = lancer).

ordre d'arrivée first-come, first-served (OTAN). Ex: *Suivant l'ordre d'arrivée (placement / admission): on a first-come, first-served basis (OTAN).*

ordre d'attaque attack orders (US).

ordre d'avertissement (ou ordre préparatoire) warning order (OTAN).

ordre de (de l') in the region of (GB), in the area of (GB). Ex: *L'effectif de l'unité sera de l'ordre de 350 soldats: the unit strength will be in the region of 350 troops (GB) – Le coût moyen d'une radio est de l'ordre de 8 000 £: the average cost of a radio is in the area of £ 8,000 (GB).*

ordre de bataille (OdB) order of battle (US, GB, OTAN) (Abréviation GB: "ORBAT" – Abréviation US: "OB"). Ex: *Ordre de bataille électronique: electronic order of battle (EOB) (GB) – Nos ordres de bataille des forces d'active et de réserve: our Regular and Reserve orbats (GB).*

<u>Cf.</u>: Intelligence pertaining to identification, strength, command structure, and disposition of personnel, units, and equipment of any military force (US).

ordre de bataille air air order of battle (US).

ordre de bataille ennemi enemy order of battle (EOB) (GB).

ordre de bataille terre ground order of battle (GROBAT <u>ou</u> GRORBAT) (OTAN).

ordre de cessez-le-feu ceasefire order (GB). Ex: *La division reçut l'ordre de cessez-le-feu: the division received the ceasefire order (GB).*

ordre de combat (en) (matériel) combat-loaded (US), in combat configuration. Ex : *Le M60A3 pèse environ 52 tonnes en ordre de combat : the M60A3 weighs 57,3 tons combat loaded (US) – Poids en ordre de combat (canon automoteur) : combat-loaded weight (US).*

ordre de conduite (<u>ou</u> ordre simplifié (OTAN) fragmentary order (Abréviation US : "FRAGO" ou "frag" – Abréviation GB : "Frag O").

<u>Cf.</u> : An abbreviated form of operation order issued as required, that eliminates the need for resta-ting information contained in a basic operation order. It may be issued in sections (GB).

ordre de conduite de tir fire control order (OTAN).

ordre de contrôle de l'espace aérien airspace control order (ACO) (GB, OTAN).

ordre de coordination de l'espace aérien airspace coordination order (ACO) (OTAN).

ordre de décollage immédiat (aéronefs) aircraft scrambling (OTAN).

ordre de guidage (missile) guidance command (OTAN) (VERB : "to provide... to").

ordre de marche (<u>ou</u> de mouvement) (à pied ou en véhicule) order of march (OOM) (GB), order of (<u>ou</u> for) movement (GB), movement order (GB) (Abréviation GB : "MovO"). Ex : *Le regroupement et les ordres de mouvement sont réduits à un minimum (unités) : re-grouping and orders for movement are kept to a minimum (GB).*

ordre de marche (en) (système d'armes) in operation (GB).

ordre d'embarquement (troupes et matériel) embarkation order (OTAN).

ordre de mise en état d'alerte (forces) alert order (US).

ordre de mise en place des troupes dispositions (GB).

ordre de mutation (PERS) posting order (GB), permanent change of station (PCS) order (US), order for change of station (US) (VERB : "to receive") (Voir aussi **mutation**).

ordre de paix order of peace (OTAN).

ordre de préséance order of precedence (US). Ex : *Par ordre de préséance : in order of prece-dence (US).*

ordre de route marching orders (GB). Ex : *Recevoir son ordre de route : to receive (<u>ou</u> to be given) one's marching orders (GB).*

ordre de sécurité security order (OTAN).

ordre de succession sequence (OTAN). Ex : *Ordre de succession des lancements : launch sequence (OTAN).*

ordre de tir (ART) fire order (US, GB).

ordre d'exercice exercise order (EXORDER) (OTAN).

ordre d'incorporation (service national) induction order (US) (VERB : "to receive").

ordre d'opération operation order (OPORD <u>ou</u> OPORDER) (US, OTAN, GB) (Abréviation britannique : "opO" <u>ou</u> "OPORD") (VERB : "to prepare").

ordre d'opération d'exercice exercise operation order (EXOPORD) (OTAN).

ordre du jour (militaire) order of the day (GB), daily orders, detail (GB), orders (GB). Ex : *Lire l'ordre du jour de la compagnie : to read the company detail (GB) – L'ordre du jour du régiment : battalion orders (GB).*

ordre du jour (organisme officiel) agenda (CFE).

ordre du Mérite (the) Order of Merit.

ordre initial (<u>ou</u> décision initiale) initial decision, initial order.

ordre initial d'opération interarmées (France) initial joint operation order.

ordre graphique graphic order.

ordre mondial world order (US) (ADJ : "unpredictable", "unstable").

ordre permanent standing order (US, OTAN, GB) (VERB : "to employ", "to give").

ordre pour les transmissions communications electronic operating instruction (CEOI) (US), communication electronic instruction (CEI) (GB).

ordre préparatoire warning order (US).

<u>Comp.</u> :

- A preliminary notice of an action or order that is to follow. Usually issued as a brief oral or written message, it is designed to give subordinates time to make necessary plans and preparations (US).

- Notice préalable à l'envoi d'un ordre à venir ou d'une action à entreprendre (OTAN).

ordre public (public) order (GB, US), law and order (GB, CA), public law and order (OTAN), civil order (US) (VERB : "to maintain", "to ensure", "to preserve", "to restore") (ADJ : "prejudicial... to") (NOM ASS. : "maintenance", "restoration"). Ex : *Opérations de maintien de l'ordre (public) : public order operations (GB) – Le rétablissement de l'ordre public : the restoration of public order (ou of civil order) (US) (Voir aussi **maintien de l'ordre**).*

ordres (aux) voir **aux ordres de**.

ordres de mobilisation orders for mobilisation (GB) (VERB : "to issue").

ordre serré (OS) close-order drill (US).

ordre simplifié fragmentary order (OTAN) (Voir aussi **ordre de conduite**).

ordre technique technical order (TO) (OTAN).

ordures trash (US), garbage (US) (VERB : "to dispose of ").

orêt (forêt / bois) (TOPO) edge (PREP : "on").

organe body (OTAN), organ (US). Ex : *Le Comité OTAN de Défense Aérienne est l'organe consultatif de haut niveau chargé de donner des avis au Conseil de l'Atlantique Nord sur toutes les questions de défense aérienne : the NATO Air Defence Committee (NADC) is the senior advisory body advising the North Atlantic Council on all air defence matters (OTAN) – Un organe de renseignement et de sécurité : an intelligence and security organ (US) – Un organe de sécurité étatique (RENS) : a state security organ (US).*

organe central (RENS) central body (US).

organe de décision decisionmaking body (US).

organe de presse newspaper (US, GB).

organe de recherche (RENS) collection agency (OTAN), collection entity (US).

organe de renseignement (RENS) intelligence agency (US).

organe de sécurité (RENS) security organ (US).

organes vitaux (individu) vital organs (US) (VERB : "to attack").

organigramme 1. (<u>sens propre = schéma</u>) wiring diagram, organization chart (US), organigram (GB) – 2 (<u>sens figuré = organisation</u>) task organization.

organique organic (+ préposition "to") (US). Ex : *Des unités et des personnels organiques à un commandement : units and personnel organic to a command (US) – Le régiment avait sous son contrôle six unités organiques ou rattachées, de la valeur d'une compagnie : the battalion was controlling six organic or attached company-size units (US).*

organiquement organically (US). Ex : *Cette unité appartient organiquement à : this unit organically belongs to (US).*

organisation (structure) organization (US) (ADJ : "quality") Ex : *L'armée de terre est une organisation importante et complexe : the Army is a large, complex organization (US).*

organisation (manière d'organiser) organization (US), organisation (GB) (Terme générique), structure (US) (ADJ: "flexible", "possible", "identical"). Ex: *Une bonne organisation est essentielle: good organization is vital (GB) – Organisation (ou articulation) interne (unité): interior organization (US) – L'organisation des forces de l'armée de terre: the Army's force structure (US) – Organisation du commandement: command organization (GB) – Organisation des unités: organization of units (US) – Organisation interne de l'armée de terre: internal Army organization (US) – L'organisation de l'artillerie divisionnaire est basée sur l'organisation de la division qu'elle appuie: the organization of the division artillery (DIVARTY) is based on the organization of the division it supports (US) – Organisation en vue d'opérations militaires: organization for military operations (US) – Organisation pour (ou en vue de) / la guerre / l'entraînement (armée de terre): organisation / for war / for training (GB).*

organisation (d'une position conquise) (TAC) reorganization (on the objective) (US, GB).

organisation (ou agencement) (véhicule blindé) layout (US). Ex: *Le cloisonnement est une caractéristique essentielle de l'organisation du M1 (=char): compartmentalization is a major feature of the M1 layout (US).*

organisation civile (aide humanitaire) civilian organisation (GB) (ADJ: "specialised").

organisation clandestine clandestine organization (GB) (EXPR: "to collect information on").

organisation d'aide humanitaire humanitarian aid organisation (OTAN). Ex: *La possibilité, pour les organisations d'aide humanitaire, d'accéder sans entraves aux réfugiés et personnes déplacées: unhindered access to refugees and displaced persons by humanitarian aid organisations (OTAN).*

organisation de défense (États) defence organisation (OTAN).

organisation de l'aviation civile internationale (OACI) international civil aviation organisation (ICAO) (OTAN).

organisation de l'unité africaine (OUA) (the) Organization of African Unity (OAU) (US, GB).

organisation d'émigrés emigré organization (US).

organisation de résistance resistance organization (US) (ADJ: "local").

organisation de sécurité (États) security organisation.

organisation de sécurité d'une zone (contrôle des dégâts) area damage control (OTAN).

organisation des États américains (the) Organization of American States (US).

organisation des forces (armée) force structure (US). Ex: *En plus des changements survenus dans l'organisation de nos forces depuis 1973: in addition to changes in our force structure since 1973 (US).*

organisation des mouvements et transports movement control (OTAN).

organisation d'une position conquise consolidation of position (OTAN), reorganization (GB) (PREP: "during").

organisation du terrain organization of the ground (US, OTAN).

organisation du théâtre theater organization (US).

organisation du traité (de défense collective) de l'Asie du Sud-Est (OTASE) South-East Asia Treaty Organization (SEATO) (UN).

organisation du traité de l'Atlantique Nord (OTAN) (the) North Atlantic Treaty Organisation (NATO) ("NATO" s'emploie comme épithète et sans article défini. Ex: *Un pays membre de l'OTAN: a NATO member nation*) (VERB: "to strengthen") (ADJ: "strong", "flexible").

753

organisation du traité de Varsovie (pacte de Varsovie) (disssoute en juillet 1991) Warsaw Treaty Organization (WTO) (UN).

organisation écologique environmental organization (US). Ex : *L'organisation écologique Greenpeace : the environmental organization Greenpeace (US).*

organisation gouvernementale governmental organization (GO).

organisation humanitaire humanitarian organization (US), humanitarian organisation (OTAN), relief agency (GB) (ADJ : "relevant" = compétente) (EXPR : "in cooperation with", "in coordination with") (Voir aussi **organisation d'aide humanitaire**).

organisation internationale international organization (IO) (US). Ex : *L'armée de terre peut parfois agir conjointement avec les alliés étrangers ou les organisations internationales : at times the Army may also operate in conjunction with foreign allies and international organizations (US).*

organisationnel organisational (GB), organizational (US). Ex : *Structures organisationnelles : organizational structures (US).*

organisation mondiale de la santé (OMS) world health organisation (WHO) (GB).

organisation non-gouvernementale (ONG) nongovernment organization (NGO) (US), non-governmental organisation (OTAN) (Pluriel de l'abréviation : "NGOs").

organisation pétrolière OTAN du temps de guerre NATO wartime oil organization (NWOO) (OTAN).

organisation pour le combat (TAC) organization for combat (US). Ex : *Le fait de grouper les régiments de manœuvre sous les trois PC de brigade en nombre et en type appropriés en fonction de la mission de chaque brigade constitue ce que l'on appelle "l'organisation pour le combat" : grouping the combat maneuver battalions under the three brigade headquarters in the number and type appropriate to the mission of each brigade is called "organization for combat" (US).*

organisation régionale regional organization (US). Ex : *Par l'intermédiaire de tiers comme les Nations-Unies, les organisations régionales ou les autres États : through third parties such as the UN, regional organizations or other states (US).*

organisation sécurité damage control (US).

organisation sur la sécurité et la coopération en Europe (OSCE) (Ex-CSCE) Organisation on Security and Cooperation in Europe (OSCE).

organisation terroriste terrorist organization (US).

organisation volontaire privée private voluntary organization (PVO).

organisé (attaque) ordered (OTAN). Ex : *Une attaque soigneusement organisée : a well-ordered attack (OTAN).*

organisé (exercice) arranged (OTAN). Ex : *Exercice organisé avec des forces de passage : exercise arranged with forces on passage (PASSEX) (OTAN).*

organisé (résistance) organized (US).

organisé pour organised for (OTAN). Ex : *Un groupe de forces organisé pour des opérations de circonstance spécifiques : a task force organised for specific contingency operations (OTAN).*

organiser to organize (US), to organise (GB), to plan (US), to configure (GB), to conduct (US), to order (OTAN), to consolidate (OTAN), to hold (US), to give (OTAN), to host (OTAN). Ex : *Organiser une attaque : to plan an attack (US) – Organiser une zone : to organize an area (US) – Ce régiment est organisé comme suit : this regiment is configured as follows (GB) – Le stage organisé par l'École d'Infanterie : the course conducted by the School of Infantry (US) – Une attaque soigneusement organisée : a well-ordered attack (OTAN) –*

Défense bien organisée: well-organized defense (US) – Organiser des forces de sécurité locales: to organize local security forces (US) – Organiser une position conquise: to consolidate a position (OTAN) – Organiser des élections démocratiques: to hold democratic elections (US) – Organiser un point de presse: to give a press briefing (ou background briefing) (OTAN) – L'Italie organisera le prochain séminaire sur le sujet "Emploi, entraînement et évaluation des unités de défense aérienne en opérations de soutien de la paix": Italy will host the next seminar on the topic "Air Defence Units Employment, Training and Evaluation for Peace Support Operations" (OTAN) – L'armée de terre est organisée en brigades et en divisions: the Army is organised in Brigades and Divisions (GB).

organiser (mettre sur pied) (exercice) to stage (US), to schedule (US).

organiser (stage) to run (a course) (GB).

organiser (terrain) to organize (US).

organiser une position conquise (TAC) to reorganize on the objective (GB).

organisme agency (US, OTAN), body (OTAN), organization (VERB: "to direct", "to supervise"). Ex: *Organismes de l'armée de terre et du ministère de la Défense: Army and DOD (= Department of Defense) agencies (US) – Un organisme militaire: a military organization (US) – Un organisme de l'EMAT: a HQDA (= Headquarters, Department of the Army) organization (US) – Organisme / humanitaire / civil: humanitarian / civilian / agency (US) – Organismes militaires et civils associés (OTAN): associated military and civilian agencies (OTAN) – Renseignement établi en utilisant l'ensemble des sources et organismes disponibles: intelligence produced using all available sources and agencies (OTAN) – Les organismes officiels de l'UEO: the Weu's official bodies (OTAN).*

organisme (personnel et matériel) establishment (OTAN).

organisme cible (RENS) target organization (US). Ex: *La mise en place d'agents au sein d'un organisme cible: the planting of agents within a target organization (US).*

organisme central central agency (US) (ADJ: "allied", "coalition").

organisme central de renseignement(s) (USA) Central Intelligence Agency (CIA) (US) (Surnoms: "the Company", "the Firm", "the Tea and Biscuit Company", "the Agency", "Langley") (Terme utilisé par les Britanniques à propos de la CIA: "Cousins").

organisme d'analyse (RENS) analysis organization (US).

organisme d'appui (au combat) combat support agency (US).

organisme d'appui ou de soutien facility (OTAN).

organisme de contre-espionnage counterespionage agency (US), counterspy organization (US).

organisme de formation (armée) school (US, GB), training establishment (Jane's).

organisme de police police agency (US).

organisme de recueil (RENS) collection organization (US), collection agency (GB), intelligence-gathering organization (US). Ex: *Organisme de recueil du renseignement extérieur: foreign intelligence-gathering organization (US).*

organisme de renseignement intelligence agency (OTAN), intelligence organization (US) (Terme familier US: "spook agency") (VERB: "to run" = diriger, "to establish", "to found", "to dissolve", "to create", "to develop") (ADJ: "peacetime", "wartime") (PART: "established"). Ex: *Organisme de renseignement du ministère de la Défense: Department of Defense intelligence organization (US) – Organisme de renseignement du niveau (ou d'emploi) gouvernemental: national intelligence organization (US) – Organisme de renseignement d'armée: military service intelligence organization (US) – Organisme de ren-*

755

seignement civil : civilian intelligence organization (US) – Organisme de renseignement militaire : military intelligence agency (US) – Un organisme de renseignement indépendant des armées : an intelligence organization separate from the military services (US).

organisme de secours (aide humanitaire) relief agency (OTAN).

organisme de sécurité (RENS) security organization (US), security agency (US). Ex : *Organisme de sécurité intérieure : internal security agency (US).*

organisme d'espionnage spook agency (US) (Terme familier).

organisme de tutelle parent organization (US).

organisme d'exploitation (RENS) processing unit (OTAN).

organisme humanitaire humanitarian agency (US).

organisme international international agency (US).

organisme non-gouvernemental nongovernment agency (US).

organismes de la Défense Defense agencies (US).

orgueil pride (US, GB). Ex : *L'orgueil national : national pride (GB).*

Orient (l') the East (GB).

oriental eastern (OTAN), east (GB, OTAN). Ex : *Secteur oriental de la Méditerranée : Eastern Mediterranean Area (MEDEAST) (OTAN) – Les anciennes colonies françaises d'Afrique centrale et orientale : the former French colonies of Central and East Africa (GB) – Forces aéronavales du secteur oriental de l'Atlantique : naval air forces, east Atlantic area (AIREASTLANT) (OTAN).*

orientation (points cardinaux) (land) navigation (GB). Ex : *Orientation en zone (ou milieu) désertique : desert navigation (US).*

orientation (sens figuré) direction (US), orientation (US). Ex : *Prendre une nouvelle orientation (ou direction) : to take a new direction (US) – Une orientation essentiellement défensive : an essentially defensive orientation (US) – L'orientation de la force : the orientation of the force (US) – L'orientation de la RAM (= Révolution dans les Affaires Militaires) : the direction of the RMA (= Revolution in Military Affairs) (US).*

orientation (guidage) (PERS) orientation (US). Ex : *Orientation des nouveaux arrivants (unité) : orientation of new arrivals (US).*

orientation (ligne d'action) policy (OTAN).

orientation (plan) guidance (US).

orientation (ART) direction (OTAN).

orientation (canon) orientation (US) (ADJ : "hydraulic").

orientation (carte / boussole) orientation (GB).

orientation (de la recherche) (RENS) direction (OTAN).

orienté oriented (US). Ex : *L'unité reste orientée sur l'axe : the unit remains oriented on the axis (US).*

orienter to orient (US), to orientate (GB). Ex : *Orienter une carte / une boussole : to orient (US) (ou to orientate (GB) / a map / a compass – Orienter quelqu'un vers une carrière : to orient somebody towards a career (US).*

orienter (opération) (TAC) to direct (US). Ex : *Orienter une opération militaire en direction d'un objectif bien défini et réalisable : to direct a military operation toward a clearly defined and attainable objective (US).*

orienter (efforts) to guide (US).

orienteur-marqueur-baliseur (OMB) pathfinder (US).

origine (rayonnement électromagnétique) source (OTAN) (VERB : "to locate").

origine (unité d') parent unit (US).

origine (d') (version de matériel) original (US).

origine ethnique ethnic background (OTAN) (EXPR : "irrespective of").

ornements (uniforme) ornamentation (US).

ornière rut (GB). Ex : *Le camion s'est enlisé dans une ornière profonde : the lorry got stuck in a deep rut (GB) – Le chemin est plein d'ornières : the track is badly rutted (GB).*

orphelin orphan (US). Ex : *Aider les veuves et orphelins de personnels de l'armée de terre d'active : to assist the widows and orphans of Regular Army personnel (US).*

ORSA (officier de réserve en situation d'activité) reserve officer on active duty (ou on active status (US).

ORSEM (officier de réserve du service d'état-major) Staff Specialist Corps officer (Dans l'armée de terre américaine, le "Staff Specialist Corps" est un service appartenant à la réserve et qui fournit les personnels des états-majors d'unités).

OS voir **ordre serré**.

osciller (antenne) to oscillate (US, GB).

ossature (sens figuré) mainstay. Ex : *Constituer l'ossature principale d'une unité (matériel) : to be the mainstay of a unit.*

otage hostage (US, GB). Ex : *Prendre quelqu'un en otage : to take somebody hostage – L'armée des Serbes de Bosnie a pris en otage plus de 350 soldats des Nations-Unies : the Bosnian Serb army took hostage over 350 UN troops (GB).*

OTAN (l') NATO (OTAN) (Absence d'article défini) (S'emploie fréquemment en épithète) (Voir aussi **organisation du traité de l'Atlantique Nord (OTAN)**.

OTAN confidentiel (classification) NATO Confidential (NC) (OTAN).

OTAN diffusion restreinte (classification) NATO Restricted (NR) (OTAN).

OTAN sans classification (classification) NATO Unclassified (NU) (OTAN).

OTAN secret (classification) NATO Secret (NS) (OTAN).

ôter to remove (US), to take off (US). Ex : *Ôter un masque de protection : to remove a protective mask (US) – Ôter des lunettes : to take off glasses (US) – Oter son képi : to remove one's cap (US) – Ôter sa coiffure (ou se découvrir) (PERS) : to remove one's headgear (US), to uncover (familier) US).*

où (d') from which (OTAN). Ex : *Le support obture l'âme de l'arme d'où le projectile est tiré : the carrier fills the bore of the weapon from which the projectile is fired (OTAN).*

oued (TOPO) wadi (UN, GB).

ouest west (US, GB). Ex : *L'ennemi fait mouvement vers l'ouest : the enemy is moving west (GB) – Le 1ᵉʳ régiment mécanisé se déplaçant vers l'ouest : 1st Bn (Mech), moving west (US) – Un convoi (se déplaçant) en direction de l'ouest : a westbound convoy (GB) – Un vent d'ouest : a west wind (GB), an westerly wind (GB) – Faire mouvement vers l'ouest : to move in an westerly direction (GB), to move towards the west (GB), to move westward (US), to move westwards (GB) – À l'ouest : in the west, to the west – Paris est à 400 km à l'ouest de Strasbourg : Paris is 400km west of Strasbourg – L'ouest du pays : the western part of the country (GB) – Bloquer les tentatives anglo-américaines d'expansion vers l'ouest (Hist.) : to contain Anglo-Américan attempts at westward expansion (CA) (Voir aussi points cardinaux).*

ouest de (l') western (US, GB). Ex : *L'Europe de l'ouest (ou occidentale) : Western Europe (GB).*

Ouest (l') (pays occidentaux) the West (OTAN).

oui (procédure radio) affirmative.

ouragan hurricane (US) (VERB : "to respond to", "to deal with"). Ex : *Les dégâts provoqués par l'ouragan Mitch : the damage caused by Hurricane Mitch (US).*

Oural (l') the Urals (OTAN). Ex : *De l'Atlantique à l'Oural (zone) : from Atllantic to the Urals (ATTU) (OTAN).*

outil (sens propre et figuré) tool (US, GB), enabler (US) (VERB : "to serve as") (ADJ : "key", "valuable"). Ex : *Outil de gestion : management tool (US) – Un outil de recrutement : a tool for recruiting (GB) – Un bon outil d'entraînement (ou de formation) : a good training tool (US) – Un outil militaire : a military tool (Jane's) – Un outil de guerre (ou de combat) : a tool of warfare (US) – Outils non-militaires pour la gestion des crises : non-military tools for crisis management (UEO).*

outil clé key enabler (US). Ex : *La supériorité (au niveau) de l'information est l'outil clé : information superiority is the key enabler (US).*

outil d'aide à la décision decision support tool (US).

outil de commandement command and control tool (US).

outil de contrôle des crises tool for crisis control (Jane's).

outil de (ou pour la) gestion des crises tool for crisis management (OTAN).

outil de planification planning tool (US).

outil de référence (guide / manuel) reference tool (US).

outil individuel (soldat) personal entrenching tool (GB), entrenching tool (E-tool) (US), digging tool (GB) (Creusement de tranchées).

outil logiciel software tool (US).

outrance all-out (GB). Ex : *guerre à outrance : all-out war (GB).*

outre in addition to (US, GB). Ex : *Outre son armement principal (véhicule blindé) : in addition to its main armament (US) – Outre sa mission dans le cadre des opérations de crise (ou de circonstance ou d'urgence) nationale (3ᵉ Division britannique) : in addition to its role for National Contingency operations (GB).*

outre-mer overseas (US, GB) (Peut se mettre en épithète) ("overseas" a, en anglais, un sens plus large que "outre-mer". Il désigne tout ce qui est à l'extérieur du pays, à l'étranger).

outrepasser to exceed (US). Ex : *Outrepasser les limites d'un mandat (force) : to exceed the limits of a mandate (US).*

ouvert open (GB, US, OTAN) (PREP : "to") (+ éventuellement verbe en ING). Ex : *Les emplois ouverts aux femmes (ou auxquels les femmes peuvent postuler) : the jobs open to women (GB) – Dans l'artillerie sol-sol, nombre de nos spécialités ne sont pas ouvertes aux femmes : many of our specialties in the field artillery are not open to women (US) – Maintenir ouvertes les voies d'approvisionnement : to keep supply routes open (OTAN) – Ouvert aux média (événement) : open to media participation (OTAN) – L'OTAN doit rester ouverte à un approfondissement de la coopération avec ses partenaires : NATO must remain open to deepening cooperation with its Partners (OTAN) – La libre diffusion de l'information dans les sociétés ouvertes : the free flow of broadcast information in open societies (OTAN).*

ouvert (non secret) (RENS) open, overt (UN). Ex : *Source ouverte (RENS) : open source – Tentative ouverte : overt attempt (UN) (Contraire : "covert") – Renseignement ouvert : open source intelligence (OSINT).*

ouvert (terrain / combat) open (GB, US). Ex : *Traverser 300 m de terrain ouvert : to traverse 300m of open field (GB) – Combat ouvert : open combat (US).*

ouverture opening (GB, OTAN), outbreak (OTAN). Ex : *Dès l'ouverture des hostilités (contexte passé) : by the opening of hostilities (GB) – Ouverture des hostilités : outbreak of war*

(OTAN) – Cérémonie d'ouverture des archives de l'OTAN : opening of NATO Archives (OTAN).

ouverture (rapprochement avec des pays) openness (OTAN). Ex : *Un signe important de l'attachement de l'Alliance à la transparence et à l'ouverture : an important signal of the Alliance's commitment to transparency and openness (OTAN).*

ouverture (radar) aperture (US).

ouverture (parachute) (TAP) opening (US). Ex : *Ouverture / basse / haute : low / high / opening (US).*

ouverture clandestine de courrier (ou de correspondance) (RENS) secret opening of mail (US), letter interception (US) (À noter : Cette ouverture, ou "opening", peut être qualifiée en épithète des termes "dry" = à sec, "wet" = humide et "steam" = à la vapeur), "flaps and seals" work (US). Ex : *Des experts en ouverture clandestine de courrier (RENS) : "flaps and seals" experts (US).*

ouverture de brèche(s) (champ de mines / ouvrages défensifs) breaching (OTAN) (ADJ : "deliberate" = méthodique, "hasty" = rapide). Ex : *Ouverture d'un champ de mines : minefield breaching (OTAN).*

ouverture de chargement (arme de poing) loading gate.

ouverture de magasin (carabine) magazine floor plate.

ouverture des hostilités (conflit) outbreak of war (US, GB).

ouverture synthétique (radar) synthetic aperture (OTAN). Ex : *Radar à ouverture synthétique : synthetic aperture radar (SAR) (OTAN).*

ouvrage à destruction préliminaire preliminary demolition target (OTAN).

ouvrage à destruction préparée uncharged demolition target (OTAN).

ouvrage à destruction réservée reserved demolition target (US).

ouvrage défensif defence (GB), defense (US) (Termes dénombrables), defence works (VERB : "to breach", "to attack", "to bypass", "to break through", "to secure a passge through") (ADJ : "fixed", "elaborate", "coastal", "frontal").

ouvrage de terre earthwork (GB).

ouvre-boîtes can opener (US).

ouvrir (TAC) to open (US, OTAN), to open up (US), to begin (US), to commence (US), to punch (GB). Ex : *Ouvrir un itinéraire : to open a route (US) – Ouvrir le feu : to open fire (US), to open up (US), to begin / commence firing (US), to discharge a weapon (OTAN) – Ouvrir un couloir aux blindés : to open a corridor for armour – Ouvrir des brèches : to punch gaps (GB) – Ouvrir une brèche dans : to breach (US) – Ouvrir un pont à la circulation : to open a bridge to traffic (OTAN).*

ouvrir (SAN) to open (US). Ex : *Ouvrir une blessure (SAN) : to open a wound (US).*

ouvrir (TRANS) to open. Ex : *Ouvrir le réseau (radio) : to open the net.*

ouvrir (poste / emploi) to authorize (US), to open (US). Ex : *Ouvrir un poste (emploi) : to authorize a post (OTAN), to open a post (US).*

ouvrir (sens figuré) to open (OTAN). Ex : *Ouvrir l'Alliance à de nouveaux pays : to open the Alliance to new countries (OTAN).*

ouvrir (correspondance) (RENS) to open (US). Ex : *Ouvrir (clandestinement) / une enveloppe / un paquet ou colis : to open / an envelope / a package (US) (Voir aussi ouverture clandestine de courrier / correspondance).*

ouvrir à (PERS) to open up to (Jane's). Ex : *Ouvrir tous les armes (= de l'armée de terre) aux personnels féminins : to open up every branch to female soldiers (Jane's).*

ouvrir droit à to qualitfy for (GB), to authorize (US). Ex: *Des individus qui ont accompli 20 ans de service ouvrant droit à la retraite: individuals who have completed 20 years of qualifying service for retirement (US) – Ouvrir droit à des emplois (gestion des personnels): to authorize positions (US).*

ouvrir la voie à to set the stage for (US), to open the way to (GB), to pioneer (US). Ex: *Ouvrir la voie aux opérations aériennes: to set the stage for air operations (US) – Ouvrir la voie à la prise de Seringapatam: to open the way to the capture of Seringapatam (US) – Le Commissariat ouvrit la voie dans le domaine du ravitaillement par air: the Quartermaster Corps pioneered in the field of air supply (US).*

ouvrir le feu to open fire (GB), to open up (GB) (PREP: "on"). Ex: *Des mitrailleurs paniqués ouvrant le feu sur leurs propres troupes: machine-gunners opening up in panic on their own troops (GB) – Les guérilléros ont ouvert le feu sur notre section: the guerrillas opened fire on our platoon (GB).*

OVNI voir **objet volant non identifié**.

(PAPA)

P (priorité) priority. Ex : *P1 : priority 1.*

P4 (véhicule de liaison tout-terrain PEUGEOT) P4 four-wheel drive tactical vehicle, P4 tactical light car, P4 4 X 4 utility vehicle, P4 light tactical vehicle, P4 all-terrain vehicle, P4 light cross-country vehcicle – <u>Équivalent US :</u> HMMWV (High-Mobility Multipurpose Wheeled Vehicle) (Surnoms "Humvee", "Hummer") – <u>Équivalent GB :</u> Land Rover Defender Truck Utility Light / Medium (TUL / TUM) (Defender 90 et Defender 110) (Les soldats britanniques désignent plus simplement le véhicule sous le terme de "Landrover").

pacificateur (nom) peace-maker (US).

pacifier to pacify (GB).

pacifique peaceful (OTAN, CFE). Ex : *La coopération pacifique : peaceful cooperation (CFE) – Elle (= l'OTAN) a joué un rôle indispensable pour mettre un terme à la confrontation Est-Ouest d'une manière pacifique : it played an indispensable role in bringing East-West confrontation to a peaceful end (OTAN) – Explosion(s) nucléaire(s) à des fins pacifiques : peaceful nuclear explosion(s) (PNE) (OTAN).*

pacifisme pacifism (GB).

pacifiste (nom et adjectif) pacifist (GB).

paco voir **paquetage**.

pacte pact (US, OTAN). Ex : *La dislocation (ou le démembrement) du Pacte de Varsovie : the breakup of the Warsaw Pact (US) – Pacte de stabilité (OTAN) : Stability Pact (OTAN).*

pacte de Varsovie (le) (Hist.) the Warsaw Pact (US) (Voir aussi **organisation du traité de Varsovie**).

pagaille (désordre) (TAC) clutter (US).

paiement (fonction de la Trésorerie aux armées) disbursing (US).

paiement payment (US). Ex : *Assurer le paiement de tous les soldats gérés par le service financier : to ensure the payment of all soldiers served by the military pay section (US) – Cet argent servira au paiement des opérations au Kosovo : this money will be used for paying for operations in Kosovo (CA).*

paillettes (contre-mesure radar) chaff (US, OTAN), window (OTAN) (VERB : "to drop", "to expel").

pain (terme familier) day of detention (VERB : "to give").

paire (chaussures) pair (US, GB). Ex : *Une paire de brodequins (ou de rangers) : a pair of boots (US).*

paix peace (US, GB, OTAN, UN) (VERB : "to make", "to keep", "to maintain", "to impose", "to conclude", "to preserve", "to restore", "to secure", "to enjoy", "to jeopardize", "to build", "to rebuild", "to re-establish") (ADJ : "elusive", "stable") (NOM ASS. : "outbreak"). Ex : *Un traité / accord / de paix : a peace / treaty / agreement – Être en paix avec : to be at peace with – Paix stable et durable : firm and lasting peace (UN) – Des négociations / pourparlers / de paix : peace / negotiations / talks – Une paix négociée : a negotiated* *peace – Temps / de paix / de guerre : peacetime / wartime (Peuvent s'employer en épithète) – Promouvoir la paix par notre présence : to promote peace through our presence (US) – Menacer la paix internationale : to threaten international peace (GB) – Maintenir la paix et la sécurité : to maintain peace and security (US) – Une paix autoentretenue : self-sustaining peace (OTAN).*

pale (hélicoptère) blade (US) (VERB : "to pop") (Voir aussi **quadripale**).

palette pallet (GB, OTAN, US) (VERB : "to accomodate") (ADJ : "standard"). Ex : *Chargement sur palette : binding (UN).*

palettiser to palletize.

pâleur (SAN) paleness (US). Ex : *Pâleur de la peau : paleness of skin (US).*

palissade pallisade (GB).

pallier (remédier à) to remedy (US). Ex : *Pallier une situation : to remedy a situation (US).*

palme (plongeur) flipper (US).

paludisme (SAN) malaria (US, GB).

panachage (dosage / combinaison) mix (US, GB). Ex : *Un panachage d'infanterie et de blindés : a mix of infantry and armour – Un panachage de moyens de formation : a mix of training media (GB) – Le bon (ou juste) panachage de forces : the right force mix (US).*

panache panache (GB) (ADJ : "great") (PREP : "with"). Ex : *Conférer un certain panache à : to lend a certain panache to (GB) – Porter l'uniforme avec panache : to wear the uniform with panache.*

panaché (ART) mixed (US, OTAN). Ex : *Panaché fusant (ART) : mixed air (OTAN) – Panaché percutant (ART) : mixed graze (OTAN).*

panaché (lieutenant-colonel) (terme familier) half colonel (GB).

pandore (terme familier) gendarme.

panier basket (US). Ex : *Ne pas mettez tous vos œufs dans le même panier : don't put all your eggs in one basket (familier) (US).*

panier lanceur (missiles) bin (US, GB).

panier lanceur (LRM) rocket pod (US), rocket pod container (GB), launch pod container (US).

panique (affolement) panic (GB). Ex : *La population civile fuyait dans un état de panique : the civilian population fled in panic (GB).*

panne (véhicule / transmissions) breakdown (US, GB). Ex : *Tomber en panne d'essence : to run out of gas (US) (ou petrol (GB) – Une panne de transmissions : a breakdown in communications (GB).*

panne (matériel / système) failure (OTAN, US). Ex : *Une panne mécanique : a mechanical failure (GB).*

panneau (communications visuelles) marking panel (US, OTAN). Ex : *Code de panneaux : panel code (OTAN).*

Cf.: A sheet of material displayed for visual communication usually between friendly units (OTAN).

panneau d'affichage (enceinte militaire) noticeboard (GB).

panneau de commande control panel (UN).

panneau de danger (routier) road hazard sign (US, GB).

panneau de signalisation (circulation) regulatory sign (OTAN), marking panel (US).

panoplie (ou parc) (de matériels) inventory (US). Ex : *Faire son apparition dans la panoplie des appareils militaires à la fin des années 90 : to enter the military inventory in the late 90s. (US) (Voir aussi **parc de matériels**).*

panoplie (STRAT) panoply.

panoplie des forces spectrum of forces (UN).

panoramique (adjectif) panoramic (OTAN). Ex : *Lunette d'observation panoramique : panoramic sight (Jane's).*

pansement (SAN) dressing (GB, OTAN, US) (VERB : "to put on", "to apply"). Ex : *Mettre un pansement sur une blessure : to bandage a wound (US).*

panser (blessure) (SAN) to dress (US, GB), to bandage (GB). Ex : *Se faire panser une plaie : to have one's wound dressed (GB).*

pantalon trousers (US, GB). Ex : *Pantalon de cérémonie : dress trousers – Pantalon de treillis : fatigue pants – Pantalon de laine : wool trousers (US) (ADJ : "olive green").*

papa Dad (GB). Ex : *L'armée (de terre) de papa : Dad's Army (GB).*

paperasserie paperwork (US, GB), red tape (US). Ex : *Problèmes de paperasserie : problems of paperwork (GB) – Réduire la paperasserie bureaucratique tatillonne : to reduce bureaucratic red tape (US).*

paperasses bumf (GB) (VERB : "to read").

papier paper (US, GB). Ex : *Sur le papier : on paper (US).*

papier de détection NBC detector paper (US).

papiers (sans) undocumented (US). Ex : *Des immigrés sans papiers : undocumented immigrants (US).*

papiers d'identité identity papers (US).

PAPOP (polyarmes-polyprojectiles) the PAPOP dual caliber demonstrator program (Jane's).

paquet (TRANS) packet (OTAN). Ex : *Commutation par paquets : packet switching (OTAN).*

paquetage (PERS) kit (GB), pack (GB). Ex : *Avec leur paquetage pesant plus de 30 kg (légionnaires) : with their packs weighing more than 70lb (GB).*

paquet de capacités d'infrastructure infrastructure capability package (ICP) (OTAN).

par (à travers) through (US), via (Jane's). Ex : *Un soldat lance une grenade par la fenêtre : a soldier throws a grenade through the window (US) – Sortir d'un véhicule blindé par une grande porte : to leave an armoured vehicle via a large door (Jane's) – Des hélicoptères vus par l'optique de pointage du canon d'un VTT russe : helicopters seen through the gunsight of a Russian APC (= Armoured Personnel Carrier) (US) (Voir aussi **temps (météorologique)**.*

par (cause / origine) by (US). Ex : *Être blessé par des tirs fratricides : to be wounded by friendly fire (US).*

par (classement) by (US). Ex : *Par grade (classement) : by rank (US) – Organisation / par arme / unités : organization by branch / by units (US).*

par (au moyen de) via (GB), by (GB), through (US), by means of (US). Ex : *Par satellite : via satellite (GB) – Par (= au moyen de) la manœuvre : by manoeuvre (GB) – Par le feu et la manœuvre : through (ou by means of) fire and maneuver (US).- Par hélicoptère : by helicopter (US) – L'évacuation sanitaire se fait par véhicules sanitaires blindés ou à roues : Casualty Evacuation (CASEVAC) is by armoured or wheeled vehicles (GB) – Obtenir des hautes températures par fission : to obtain high temperatures by means of fission (OTAN) – Obtenir un accord par la discussion : to obtain agreement by discussion (OTAN) – Par radio : by radio (OTAN) – Transport par avion-cargo : transport by cargo aircraft*

(OTAN) – Par l'emploi de la force : through use of force (OTAN) – Obtenir des rensei-gnements par l'observation et l'analyse : to obtain information through observation and analysis (US) – Promouvoir la paix par notre présence : to promote peace through our presence (US) – Dégrader les systèmes de défense aérienne ennemis par des attaques physiques : to degrade enemy air defence systems by physical attack (US) – Envoyer des micropoints par pigeon voyageur (RENS) : to send microdots by pigeon post (US)

par (occasion) on (OTAN). Ex : *Par nuit claire : on a clear night (OTAN).*

par (proportion / ratio) per (US, OTAN). Ex : *Par jour : per day – 1 détachement par régi-ment : 1 party per regiment – 2 mortiers par compagnie de combat : 2 mortars per rifle company (US) – Le nombre de coups tirés par arme par minute : the number of rounds fired per weapon per minute (OTAN).*

par (spatial) through (US, GB), over, by (US), from (GB). Ex : *Se retirer par des défilés dans les collines (ennemi) : to retire through defiles in the hills (US) – Par 2 itinéraires : over 2 routes – L'évacuation de la force par Dunkerque : the evacuation of the force through Dunkirk (GB) – Par voie terrestre, maritime ou aérienne : by land, by sea or by air (US) – L'ennemi approche par l'est : the enemy are approaching from the east (GB).*

para para (GB) (ADJ : "incoming"). Ex : *Les paras : the paras (ou Paras) (GB),* Airborne forces (US), (the) Airborne (US) (Portent le béret bordeaux ou "maroon beret") – *J'aime les Paras : I love (the) airborne (US) – Une unité de paras : a para unit (GB) – Les paras de la Légion : the Legion paras (GB).*

para-aramide kevlar ou Kevlar (US) (Marque déposée).

parabole satellite satellite dish (GB, US) (ADJ : "imposing").

parachever to round out (GB). Ex : *Parachever la formation initiale du soldat : to round out the soldier's initial training (US).*

parachutage (hommes / matériels) paradrop (OTAN), airdrop (UN), airdrop operation (OTAN).

parachutage (matériel) parachute-delivery (US).

parachutage d'assaut parachute assault (OTAN).

parachute (TAP) parachute (US, OTAN) (Familièrement : "chute") (VERB : "to glide", "to don", "to be (fully) deployed") (ADJ : "maneuverable", "double-canopy", "main") (NOM ASS. : "deployment").

parachute aile ram air parachute

parachute à matériel cargo parachute (US).

parachute à ouverture automatique self-opening parachute (US).

parachute à ouverture commandée retardée controlled opening parachute.

parachute biplace tandem parachute.

parachute de charge (livraison par air) cargo parachute.

parachute de secours reserve parachute (US).

parachute dorsal back (-pack) parachute.

parachuter (véhicule / personnels / matériel) to parachute (GB), to drop by parachute (PREP : "into"). Ex : *Parachuter des troupes derrière les lignes ennemies : to parachute troops behind enemy lines (US) – Parachuter des agents en territoire tenu par l'ennemi (RENS) : to parachute agents into enemy-held territory (US) – Parachuter des ravitaille-ments sur le village : to parachute supplies into the village (GB).*

parachute extracteur extraction parachute (OTAN)

parachute extracteur (livraison par air) pilot parachute.

parachute stabilisateur (livraison par air) stabilizing parachute.

parachute ventral chest (-pack) parachute.

parachutisme parachuting (US).

parachutiste (individu) parachutist (GB), paratrooper (zone de guerre) (US, GB), paratroop (GB), trooper (US) (Terme familier GB : "dangler" – Terme (très) argotique GB : "birdshit") (VERB : "to become") (ADJ : "proficient"). Ex : *Un parachutiste de la Légion : a Legion paratrooper (GB) – Les parachutistes ennemis ont atterri près du village : enemy paratroops landed near the village (GB).*

parachutiste (adjectif) parachute (GB), airborne (US). Ex : *Avoir reçu un entraînement parachutiste (PERS) : to be para-trained (GB) – Entraînement parachutiste : para training (GB).*

parade (riposte) (TAC) counter (UN, US) (PREP : "to"). Ex : *Les forces de l'OTAN qui servaient de parade à une invasion de l'Occident : the NATO forces which stood as a counter to any invasion of the West (GB).*

parados (arrière d'une tranchée) parados (GB).

paragraphe paragraph (PARA).

paragraphe d'ordre orders paragraph (Jane's) (VERB : "to prepare").

parallèle (géographie) parallel (US) (ADV : "below"). Ex : *Le 36ᵉ parallèle : the 36th parallel (US) – Des aéronefs hostiles volant au nord du 36ᵉ parallèle : hostile aircraft flying north of the 36th parallel (US).*

parallèle à parallel to. Ex : *Tir parallèle au sol : fire parallel to the ground (OTAN).*

paralysant paralyzing (US). Ex : *Avoir un effet paralysant sur l'ennemi : to have a paralyzing effect on the enemy (US).*

paralyser to paralyze (US), to disrupt, to cripple (Time), to stun (forces) (US). Ex : *Paralyser les transmissions ennemies : to disrupt (ou to suppress) enemy communications – Paralyser les ordinateurs ennemis (cyberguerre) : to cripple enemy computers (Time) – Paralyser la capacité de riposte ennemie : to paralyze the enemy's response capability (US) – Paralyser l'initiative ennemie : to paralyze the enemy's initiative (US).*

paralysie (SAN) paralysis (US).

paramètre parameter (UN, US, OTAN) (VERB : "to determine", "to exceed", "to set") (PART : "specified") (PREP : "within"). Ex : *Paramètres de la situation réelle : real world parameters (RWP) (OTAN) – Les paramètres de l'action défensive : the parameters of defense (US).*

paramilitaire (adjectif et nom) paramilitary (US, GB, OTAN). Ex : *Un membre d'une force paramilitaire : a paramilitary (GB) – Groupe paramilitaire : paramilitary group (US, GB) – Force(s) paramilitaire(s) : paramilitary force(s) (US), para-military force(s) (OTAN) (VERB : "to train", "to direct", "to fund") – Une organisation paramilitaire structurée (armée de libération) : a structured para-military organisation (OTAN) – Un féroce paramilitaire (soldat) : a ferocious paramilitary (OTAN).*

paranoïaque paranoid (GB). Ex : *Une mentalité paranoïaque : a paranoid mentality (GB).*

parapet breastwork (US, GB), parapet (avant d'une tranchée) (GB).

parapluie umbrella (US, OTAN). Ex : *Parapluie nucléaire : nuclear umbrella – Sous le parapluie de l'OTAN : under the NATO umbrella (GB) (Contraire : "outside") – Le parapluie défensif américain : the US defensive umbrella (US).*

parapluie bulgare (le) (RENS) the Bulgarian umbrella (US).

parapluie nucléaire nuclear umbrella (OTAN).

parasitaire (ou parasite) parasite (GB).

parasite (SAN) parasite (GB).

parasitologie (SAN) parasitology (US).

paravent (RENS) cover (US). Ex : *Sous le paravent d'une société : under the cover of a company (US).*

parc (fonction) parking (US).

parc space (OTAN). Ex : *Parc en plein air pour munitions et matières toxiques : ammunition and toxic material open space (OTAN).*

parc à chars tank park (GB).

parc à munitions ammunition compound (GB).

parc à véhicules (MAT) vehicle park (GB).

parc de matériels (panoplie) inventory (VERB : "to expand", "to be integrated into"). Ex : *Le parc de l'ALAT est de 350 hélicoptères : the AAC (Army Air Corps) has 350 helicopters in its inventory (GB) – Renouveler le parc de chars vieillissant : to renew the ageing tank fleet (GB) – Le parc de l'armée de terre compte environ 26 000 véhicules : the Army fleet numbers about 26,000 vehicles (US) – Dans le parc de matériels de l'armée de terre : in the Army inventory (US).*

par contre rather (US).

parcourir (personnel / force / aéronef) to cover (US), to travel (US), to range (US), to move (GB, US), to fly (US). Ex : *Parcourir une distance : to cover a distance (US) – Parcourir des kilomètres : to travel kilometers (US) – Parcourir à pied de longues distances : to range over long distances, to walk long distances – Parcourir de courtes distances sur le champ de bataille : to move short distances on the battlefield (GB) – La patrouille a parcouru 40 km par jour : the patrol covered forty kilometres a day (GB) – L'unité a parcouru les 25 premiers kilomètres en moins d'une heure : the unit covered the first 25 kilometres in under an hour (GB) – Parcourir une distance de 3 500 kilomètres en quatre jours (aéronef) : to cover a distance of 3,500 kilometers in four days (US) – Les hélicoptères ont parcouru quelque 2 000 kilomètres en 4 jours : the helicopters flew some 2,000 kiometers during 4 days (US) – La 1ère Division a parcouru près de 200 kilomètres en 24 heures : the 1st Division moved almost 200 kilometers in 24 hours (US) – Parcourir (à pied) 60 km (fantassin) : to cover 60 km (US).*

parcourir (projectile) to travel (US). Ex : *Parcourir 1000 mètres en 0, 76 seconde : to travel 1,000 meters in .76 seconds (US).*

parcours (missile) travel Ex : *Le missile pendant son parcours sur la catapulte : the missile during its travel on the catapult (OTAN).*

parcours de carrière (PERS) career path (US). Ex : *Suivre le bon parcours de carrière (ou faire les bons choix de carrière) (officiers désireux d'atteindre le sommet de la hiérarchie) : to clock up the right appointments and experience (GB) (Terme familier GB : "to get the right ticks").*

parcours d'obstacles (PO) obstacle course (US).

parcours du combattant assault course (GB).

parcours santé fitness trail (US).

parcouru (distance) travelled (GB). Ex : *Total des kilomètres parcourus : total kms travelled (GB).*

par dessus over (GB). Ex : *Porter un gilet pare-balles par dessus son uniforme de service : to wear a flak jacket over one's service dress (GB).*

par deux (formation) two-up (OTAN).

paré à combattre (situation) (force) immediate operational readiness (OTAN).

paré à faire feu (arme) made ready (GB).

pare-balles (vitres) bullet-proof (windows) (US).

pare-brise (véhicule) windshield (US), windscreen (GB).

pare-chocs bumper (GB), fender (US).

pare-éclats (de tranchée) traverse (GB).

par écrit in writing (GB).

pare-feu (informatique) firewall (US) (VERB : "to install", "to operate", "to maintain").

pare-flamme (arme automatique) flash suppressor.

parent (PERS) relative (US). Ex : *Le plus proche parent : the nearest relative (US).*

parent pauvre Cinderella (GB). Ex : *La Légion était le parent pauvre du point de vue du four-niment et de l'armement : the Legion was the Cinderella (ou the poor relation) in terms of kit and weaponry (GB).*

parer (coup) (TAC) to counter (US). Ex : *Parer le coup de l'assaillant : to counter the attac-ker's blow (US).*

par excellence par excellence (GB). Ex : *Tous les facteurs qui ont fait de la Légion la force de combat par excellence : all the factors that have made the Legion the fighting force par excellence (GB).*

par exemple for example, e.g. (= exempli gratia) (OTAN), for instance.

parfait prime (GB). Ex : *Être en parfaite condition intellectuelle et physique (PERS) : to be in prime mental and physical condition (GB).*

par hasard by accident (GB), by chance (GB). Ex : *Il se trouvait là purement par hasard : he was there purely by accident (GB).*

pari (TAC) gamble (US).

par intérim acting (GB, OTAN) (En épithète). Ex : *Le Président par intérim (commission) : the acting Chairman (OTAN) – Il est actuellement sous-officier adjoint de la section par inté-rim : he is the acting platoon sergeant at the moment (GB).*

par intermittence on and off (US).

parité (TAC / STRAT) parity (US). Ex : *Parité (ou équilibre) nucléaire : nuclear parity – Parité aérienne (TAC) : air parity (US).*

parka parka (GB, US) (ADJ : "arctic").

parking car park (GB).

par la force forcibly (US). Ex : *Séparer les parties belligérantes par la force : to forcibly sepa-rate belligerent parties (US).*

par la suite subsequently (GB, US). Ex : Ex : *Par la suite, il prit le commandement du 1ᵉʳ Bataillon du 27ᵉ Régiment d'Artillerie de la 4ᵉ Division (fiche biographique d'officier) : he was subsequently assigned as commander of the 4th Division's 1st Battalion, 27th Artillery (US).*

par le biais de through (US). Ex : *Passer officier par le biais de l'EMIA (= École Militaire Interarmes) : to be commissioned through the Officer Candidate School (US) – Occuper des postes vacants dans les armées qui ne pouvaient trouver preneur par le biais du volontariat : to fill vacancies in the armed forces which could not be filled through volun-tary means (US).*

par le feu by fire (GB).

parler to speak (US, GB). Ex : *Parlez plus lentement (procédure radio) : speak slower – Parler l'anglais couramment : to speak fluent English (US) – Parler la langue de (armée étrangère) : to speak the language of (US).*

parlez ! (procédure radio) over ! (US).

parlez lentement ! (procédure radio) speak slower ! (US).

par l'intermédiaire de (organisme / personne) through (US, GB). Ex : *Par l'intermédiaire de tiers comme les Nations-Unies, les organisations régionales ou les autres États : through third parties such as the UN, regional organizations or other states (US).*

parmi among (US, GB), from (US, GB). Ex : *Il a été sélectionné parmi des milliers de volontaires (engagé) : he was selected from thousands of volunteers (US) – Parmi les unités d'artillerie sol-air de l'armée de terre, on trouve (ou figurent) la 32ᵉ Brigade de Défense Aérienne et la 108ᵉ Brigade d'Artillerie Sol-Air : among the Army's ADA (= Air Defense Artillery) units are the 32nd Air Defense Brigade and the 108th Air Defense Artillery Brigade (US).*

paroi (munition) wall (GB). Ex : *Munition à paroi fine : thin-walled munition (GB).*

parole word (US), statement (sens pluriel) (OTAN). Ex : *La parole d'un officier : an officer's word (US) – Paroles de bienvenue adressées par le Conseil de l'Atlantique Nord aux trois nouveaux Alliés : welcoming statement by the North Atlantic Council to the three new members (OTAN).*

paroxysme (crise) height (VERB : "to reach").

par pièce (nombre de) coups (ART) number of (rounds) (OTAN).

par pièce, un coup à gauche (ou à droite) (ART) battery left (or right) (OTAN).

parrain (PERS) sponsor (US).

parrainage (PERS) sponsorship (US, OTAN). Ex : *Parrainage d'experts des pays partenaires : sponsorship of experts from Partner countries (OTAN).*

parrainer to sponsor (US). Ex : *Parrainer une opération : to sponsor an operation (US).*

par rapport à from (US, GB), on, with respect to (US), over (US), in relation to (US, OTAN), compared with (US). Ex : *Une amélioration par rapport à (matériel) : an improvement on – Une position plus avantageuse par rapport à l'ennemi : a more advantageous position with respect to the enemy (US) – Par rapport à l'obusier actuel (comparaison) : over the current howitzer (US) – Un progrès important par rapport à : a significant advance over (US) – Sa (= régiment) localisation par rapport à son unité d'appartenance : its location in relation to its parent unit (US) – Quelque 18 % des officiers féminins de l'armée de terre sont des sous-lieutenants, par rapport à 11 % d'officiers masculins : some 18 % of female Army officers are second lieutenants, compared with 11 % of male officers (US) – Le Service de Sécurité de la Défense (= équivalent US de la DPSD) a connu une évolution spectaculaire par rapport à ses débuts : DSS (= Defense Security Service) has undergone a dramatic evolution from its initial days (US) – Déterminer les écarts de tir par rapport à l'objectif : to determine deviations of ordnance from the target (US, GB) – Le statut de la Turquie par rapport à la défense européenne : the status of Turkey in relation to European defence (OTAN).*

par rotation (affectation de personnels) on a rotational basis (CA).

par satellite satellite (OTAN) (En épihète). Ex : *Télécommunications par satellite : satellite communications (SATCOM) (OTAN).*

parsemé studded (US). Ex : *Des terrains parsemés d'obstacles (TOPO) : obstacle-studded terrain (US).*

par soldat (dépenses) per soldier (OTAN).

par suite de as a result of (OTAN).

par surprise (TAC) by surprise (US).

part (proportion) proportion (GB), share (OTAN). Ex : *La part des dépenses de défense affectée à la recherche : the proportion of defence expenditure allocated to research (GB) (VERB : "to rise") – Au cours de la campagne aérienne, les États-Unis ont assumé une* *part disproportionnée du fardeau : during the air campaign, the United States bore a disproportionate share of the burden (OTAN).*

partage des charges (pays / alliés) burden-sharing (OTAN).

partage des risques risk-sharing (US).

partage des tâches (pays / alliés) task-sharing (UEO). Ex : *Il peut être utile de recourir plus largement au partage des tâches entre les pays afin d'améliorer les capacités logistiques et le réapprovisionnement : it may be beneficial to make greater use of task-sharing between nations in order to improve logistics and resupply capabilities (UEO).*

partage de renseignement(s) intelligence (and information) sharing (US). Ex : *Accord de partage de renseignements (avec un autre pays) : intelligence sharing arrangement (US).*

partager to share (US), to divide (OTAN) (PREP : "with"). Ex : *Responsabilité partagée : shared responsibility (US) – Partager des itinéraires : to share routes (US) – Partager des renseignements (ou des informations) avec des alliés : to share information with allies (US) – Toutes les informations sur les opérations aériennes sont partagées sans exception entre tous les alliés : information on air operations is shared without restriction between all Allies (OTAN) – Partager de nombreux composants avec d'autres véhicules (véhicule blindé) : to share many components with other vehicles (Jane's) – Ces responsabilités peuvent être partagées par deux individus : these responsabilities may be divided between two individuals (OTAN).*

partance pour (en) bound for (GB). Ex : *Être en partance pour la Bosnie (PERS) : to be bound for Bosnia (GB).*

partant departing (US), outgoing (US, GB) Ex : *Officier partant : departing officer (US) (Contraire : "arriving officer") (On peut aussi utiliser le couple : "incoming" / "outgoing" (US) – Le chef d'état-major de l'armée de terre partant : the outgoing Chief of the General Staff (GB).*

part de (de la) on the part of (US). Ex : *Cela demande du tact de la part de l'officier d'état-major : it requires tact on the part of the staff officer (US).*

partenaire partner (US) (ADJ : "junior", "senior"). Ex : *Un partenaire multinational : a multinational partner (US).*

partenaire d'alliance allied partner (US).

partenaire de coalition coalition partner (US).

partenaire régional regional partner (US).

partenariat partnership (OTAN, US, CA) (ADJ : "unique", "enduring") (PREP : "between"). Ex : *En partenariat avec : in partnership with (US) – Accord de partenariat (avec un pays) : partnership arrangement (CA) (PREP : "with") – Des partenariats toujours plus poussés : ever-deepening partnerships (OTAN).*

partenariat de sécurité security partnership (US).

partenariat euro-atlantique Euro-Atlantic Partnership (OTAN).

partenariat interarmées joint partnership (US). Ex : *Expérience de partenariat interarmées : joint partnership experiment (US).*

partenariat pour la paix (PPP) (OTAN) Partnership for Peace (PfP) (OTAN). Ex : *Un pays membre du Partenariat pour la Paix : a PfP country (US) – Des représentants de haut niveau des pays du PPP (= Partenariat pour la Paix) : senior Representatives from PfP (= Partnership for Peace) Nations (OTAN) – Douze pays du Partenariat pour la Paix : twelve Partnership for Peace nations.*

partenariat public-privé (programme de) (fourniture d'armements / de services) (GB) the Private Finance Initiative (PFI) (GB).

partenariat transatlantique (le) the transatlantic partnership (OTAN).

part entière (à) full (OTAN). Ex : *Devenir membre à part entière de l'OTAN : to become a full member of NATO – Membres à part entière de l'Alliance : full Allies (OTAN).*

parti (politique) (political) party (US) (VERB : "to penetrate").

partialité (PERS) partiality (US) (VERB : "to display").

participant (exercice / opération / stage) (PERS) participant (US, OTAN). Ex : *Inculquer les connaissances aux participants du stage : to instil the knowledge in the course participants (OTAN).*

participant (jeu de guerre) player (US).

participant (participe présent) participating (OTAN, US). Ex : *Les nations participantes (à une force) : the participating nations (OTAN) – Unité participante (exercice) : participating unit (OTAN, US).*

participation participation (US, UEO, OTAN) (ADJ : "full" = pleine) (PREP : "in", "by", "of"). Ex : *La participation des États-Unis aux opérations en Somalie en 1992 : US participation in operations in Somalia in 1992 (US) – Participation à une opération militaire donnée : participation in a given military operation (US) – Participation à des sauts (TAP) : participation in jumps (US) – Avec la participation de 8000 militaires des quatre pays d'EUROFOR (exercice) : with the participation of 8000 military personnel from the four EUROFOR nations (UEO) – Sans la participation des troupes (exercice) : without troop participation (US) – Empêcher la pleine participation de la France à la structure de commandement intégrée de l'OTAN : to prevent the full participation of France in NATO's integrated command structure (OTAN) – La participation des autres armées (opérations) : the participation by other services (US).*

participer à to take part in (UEO), to participate in (US), to be involved in (OTAN), to attend (US), to contribute to (CA), to be committed in. Ex : *Participer à la destruction de la 75ᵉ Division blindée (ennemi générique) : to take part in the destruction of the 75th Tank Division – Participer à des opérations (unité) : to participate in operations (US) – L'armée de terre américaine participa à l'opération "Rendre l'espoir" : the U.S. Army participated in Operation Restore Hope (US) – Participer à une cérémonie : to participate in a ceremony (US) – Participer à une période d'instruction (réserve) : to attend a drill (US) – Les acteurs civils et militaires participant à des opérations de maintien de la paix : civil and military actors involved in peace-keeping operations (OTAN) – Les soldats de l'artillerie sol-sol venant participer à l'exercice REFORGER 82 : the field artillery soldiers coming into Exercise REFORGER 82 (US) – L'Alliance rend hommage aux hommes et aux femmes participant à l'opération Allied Force pour le courage et l'engagement dont ils ont fait preuve : the Alliance pays tribute the men and women of Operation Allied Force for the courage and commitment they have displayed (OTAN) – Participer au combat (force) : to participate in combat (GB) – Le Canada participe à 4 missions distinctes : Canada contributes to 4 separate missions (CA) – L'armée de terre est appelée à participer à un certain nombre de nouvelles opérations de soutien de la paix : the Army is committed to a number of new peace support operations (CA) – Les 30 pays UEO et OTAN ont été invités à participer à CMX / CRISEX 2000 (= exercice de gestion de crise) : all 30 WEU and NATO nations have been invited to take part in CMX / CRISEX 2000 (UEO) – La division participa à la bataille de Festubert : the division was committed in the battle of Festubert.*

particularité du terrain terrain feature (US), feature (GB) (ADJ : "man-made", "natural").

particule particle (OTAN) (VERB : "to emit").

particulier specific (US, GB, UEO), unique (CA), particular (US). Ex : *Une mission particulière : a specific mission (US, GB) – L'armée de terre constitue une couche particulière de la société : the Army's members constitute a unique subset of society (CA) – EWK (= société) s'est également créé un créneau en mettant au point des ponts répondant à des besoins particuliers : EWK has also created a niche for developing bridges to meet unique requirements – Pour des opérations particulières : for specific operations (UEO) – La détermination du nombre, du type et de la proportion des régiments de combat dans une division particulière : the determination of the number, type and proportion of combat battalions in a particular division (US).*

particulier (en) specifically (US) (À placer en début de phrase, suivi d'une virgule).

partie (temporel) part. Ex : *À partir de la seconde partie de la nuit : from the second part of the night – Pendant une bonne partie du siècle prochain : well into the next century (OTAN).*

partie (spatial) portion (US), part (GB, US) (VERB : "to allocate... to"). Ex : *La partie nord d'une zone : the northern portion (ou part) of an area (US) – Le secteur français couvrait la partie sud du pays : the French sector covered the southern part of the country (GB) – La zone des communications constitue la partie arrière d'un théâtre d'opérations : the COMMZ (= Communications Zone) constitutes the rear portion of a theater of operations (US).*

partie (matériel) portion (US). Ex : *La partie avant droite de la caisse (véhicule blindé) : the front right of the hull (GB) – Les parties les plus vulnérables d'un char : the most vulnerable portions of a tank (US).*

partie (exercice / stage) phase (US), portion (US), serial (exercice) (US). Ex : *Le stage s'effectue en trois parties : the course is conducted in three phases (US) – Partie (d'un exercice) : portion (US), phase (US), serial (OTAN).*

partie (force / unité / population) part (OTAN, US, GB), bulk (GB). Ex : *Une partie d'unité : a part of a unit (OTAN) – Tout ou partie d'une force défensive : a part or all of a defending force (US) – La plus grande partie des forces de combat britanniques sur le continent européen : the bulk of British combat troops on the Continent (GB) – Le gouvernement britannique entretient une très grande partie de son aviation sur cinq bases aériennes en Allemagne : the British government stations (ou maintains) a considerable part of its Air Force at five airbases in the FRG (= Federal Republic of Germany) (GB) – Une partie importante de la population : a significant part of the population (GB) – Rommel fit venir une partie de ses blindés d'El Hamma : Rommel called in part of his armor from El Hamma (US).*

partie au conflit party to the conflict (US), conflicting party (UN), warring party (ADJ : "major"). Ex : *Parties au conflit : conflicting parties (UN) – L'ensemble des parties au conflit : all the parties to the conflict (US) – Les parties impliquées dans le conflit : the parties involved in the conflict (CA).*

partie belligérante belligerent party (US).

partie centrale (zone / secteur) center (US).

partie écrite (ou renseignée) (ordre graphique) written portion (of a graphic order) (US).

partie en litige disputing party (US).

partie faible (ennemi) vulnerability (US).

partie intégrante integral part (OTAN), integral member (US). Ex : *Former partie intégrante de : to form an integral part of (OTAN) – Les unités du génie opèrent comme partie intégrante de l'ensemble de forces interarmes : engineer units operate as integral members of the combined arms team (US).*

partiel partial (GB), limited (OTAN, UN). Ex : *Interdiction partielle des essais (nucléaires) : limited test ban (UN, OTAN) – Un retrait partiel d'Allemagne : a partial withdrawal from Germany (GB).*

partir to depart (US, GB), to go (US), to deploy (US), to take off (familier) (US). Ex : *La patrouille part pour une mission : the patrol departs on a mission (US) – L'unité part en manœuvres : the unit goes on maneuvers (US) – Partir d '(ou quitter) une unité (PERS) : to depart from a unit (US) – Partir à l'étranger (ou outre-mer) : to go overseas (US) – Partir en patrouille : to go on patrol (US) – Partir sur le terrain : to go to the field (US) – Partir en campagne : to take to the field (GB) – Tous les soldats partant en opérations de maintien de la paix : all soldiers deploying to peacekeeping operations (US) – Partir à la guerre : to go to war (US) – Partir sur le terrain : to go to the field (US) – Partir au combat (troupe) : to go into combat (US) – Personne ne partira avant que nous n'ayons terminé l'inspection : nobody is to take off until we finish the inspection (familier) (US) – La 4ᵉ Brigade Blindée est partie pour le Golfe en septembre : 4 Armoured Brigade deployed to the Gulf in September (GB).*

partir inopinément (coup) (auto-allumage de l'amorce) to cook off (GB).

partir pour (unité) to deploy (US), to move (GB) (PREP : "to"). Ex : *Un second régiment se prépare à partir pour la Bosnie pour relever le premier : a second battalion is preparing to deploy to Bosnia to replace the first (US) – Partir pour le front (unité) : to move forward (GB), to move up to the front (GB).*

partir en retraite (PERS) to retire.

partisan (irrégulier) partisan (US, GB).

partition (État / région / province) partition (VERB : "to accept"). Ex : *La communauté internationale est totalement opposée à la partition du Kosovo : the international community is absolutely against the partition of Kosovo.*

partout throughout (CA). Ex : *Assurer une présence partout au Kosovo (forces) : to establish a presence throughout Kosovo (CA) – De 6 à 10 millions de mines terrestres ont été posées un peu partout dans la campagne cambdodgienne : between 6 to 10 million land mines have been planted throughout the Cambodian countryside (CA).*

parvenir à to arrive at (US), to achieve (US), to attain (US), to reach (US). Ex : *Parvenir à une solution acceptable : to arrive at an acceptable solution (US) – Seuls quelques-uns parviendront au grade de général : only a few will achieve (ou attain) the grade of general (US) – Parvenir à une décision : to reach (ou to arrive at) a decision (US) – Parvenir à un niveau d'entraînement : to attain a training level (US) – Parvenir à un résultat : to attain a result (US) – Parvenir à une solution politique négociée à la crise du Kosovo : to achieve a negotiated, political solution to the Kosovo crisis (OTAN).*

par voie aérienne by air (US, GB). Ex : *Le régiment s'est déployé par voie aérienne : the battalion deployed by air (GB).*

par voie maritime by sea (US, GB).

par voie terrestre by land (US, GB).

pas (mouvement du pied) pace (OTAN, GB). Ex : *120 pas à la minute : 120 paces to the minute (GB) – Marcher au pas : to march – Le groupe fit deux pas en avant : the squad took two paces forward (GB).*

pas (progrès) step (OTAN). Ex : *Un grand pas en avant : a major step forward (OTAN), a big step in the right direction (OTAN).*

pas accéléré quick time (GB).

pas à pas step-by-step (US).

pas avant not before, not sooner than (NST) (US).

pas cadencé quick march.

pas de course (au) on the double (US) (familier).

pas de géant giant step (US). Ex : *Faire un pas de géant vers la victoire : to take a giant step toward victory (US).*

pas de gymnastique double time (US).

pas de l'oie goose step (GB).Ex : *Défiler au pas de l'oie devant la tombe du Président : to goose-step past the President's tomb (GB).*

pas de tir (ou polygone de tir) (OTAN) firing range (CSCE, UN)

pas en avant step in the right direction (OTAN) (ADJ : "big" = grand).

pas encore connu not yet known (NYK) (GB).

pas plus tard que (ou au plus tard) not later than (NLT).

passage (action de passer) pass (US, GB), run (OTAN), crossing (US), passage (OTAN). Ex : *Effectuer (ou faire) un passage sur une zone (aéronef) : to make a pass (GB, US) (ou a run (OTAN) over an area – Passage de frontière : border crossing (US) – Permettre le passage d'une colonne de véhicules : to allow the passage of a column of vehicles (OTAN) – Au passage d'un objectif : on passage of a target (OTAN).*

passage (voie) lane (GB, US, OTAN). Ex : *Passage à travers un champ de mines : minefield lane (GB, US, OTAN).*

passage (mutation) transition (US, OTAN), transfer (US), shift (OTAN). Ex : *Le passage à la régionalisation : the transition to regionalization (US) – Passage (d'une arme à une autre) : transfer (US) – Passage dans la réserve (PERS) : transfer to the reserve – Le passage à la nouvelle structure de commandement : the transition to the new command structure (OTAN) – Le passage d'une armée de conscription à une armée de métier : the transition from conscript to professional army (OTAN) – Le passage du temps de paix au temps de guerre : the transition from peacetime to wartime (US) – Le passage à la démocratie : the transition to democracy (US) (VERB : "to support") – Passage à la guerre : transition to war (TTW) (GB) – Le passage des grandes armées à des forces professionnelles de plus petite taille : the shift from mass armies to smaller professional forces (OTAN).*

passage (de) (PERS / troupes / forces) transient (US), visiting (US), on passage (OTAN). Ex : *Logement pour officiers de passage : visiting officers quarters (VOQ) (US) – Forces de passage (exercice) : forces on passage (OTAN).*

passage (forcer le) (au travers de) to force one's way (through).

passage à gué wading crossing (OTAN), fording (US, GB). Ex : *Effectuer des passages à gué de 0,60 m : to cross water obstacles 0,6m deep.*

passage à l'état de guerre transition to war (TTW) (OTAN).

passage à tabac beating (GB). Ex : *Les passages à tabac et les dures réalités de la vie à la Légion : the beatings and the harsh realitites of Legion life (GB).*

passage de bombardement bombing run (OTAN).

passage de gué (hauteur) (char) fording depth (GB).

passage de lignes passage of lines (OTAN).

passage obligé (point de) choke point.

passager passenger (Abréviation US / GB : "pax").

passage secret (RENS) secret passageway (US) (VERB : "to build").

passage souterrain (sous une route) subway (GB).

passation de commandement change of command (US) (cérémonie), transfer of command (US), changeover (US). Ex : *Lors d'une passation de commandement divisionnaire : at a division change of command (US) – La passation de commandement d'un officier à l'autre : the change of command from one officer to the next (US).*

passation de pouvoirs (d'une force à l'autre) transfer of authority (International Defence Review) (VERB : "to effect") (PREP : "from... to").

passation de pouvoirs (politique) transition of power (CA).

passe (sécurité) pass (GB).

passé past, record (GB). Ex : *Des batailles qui jonchent le passé guerrier de la Légion : battles which litter the Legions 'record of combat (GB).*

passé (participe passé) past (US). Ex : *Dans les années passées : in past years (US).*

passe d'armes heated exchange, passage of arms, passage at arms.

passe-montagne balaclava (US).

passeport passport (US) (VERB : "to obtain", "to issue... to", "to grant", "to apply for", "to carry"). Ex : *Passeport diplomatique : diplomatic passport (US) – Ils avaient sur eux des passeports suisses établis au nom de Alain et Sophie Turenge (RENS) : they carried Swiss passports identifying them as Alain and Sophie Turenge (US).*

passer (TAC) to become (US), to move (GB), to pass (GB, US), to go through, to hand over, to convert (GB), to be reduced (GB), to switch (GB), to transfer (US), to transition (US). Ex : *Passer en réserve du corps d'armée (force) : to become corps reserve (US) – Passer par une zone de rassemblement : to move through an assembly area (GB) – L'ennemi passe (à côté de vous) sans vous remarquer : the enemy pass by without noticing you (GB) – Le bruit des obus passant au dessus des têtes : the sounds of shells passing overhead (US) – Passer un point de contrôle : to go through a checkpoint – Passer le commande-ment (d'une unité) à : to hand over command to (GB) – Le troisième régiment d'infante-rie mécanisée doit passer au (véhicule) Warrior (nouveau matériel) : the third armoured infantry battalion is to convert to the Warrior (GB) – La brigade devait passer de 5 à 4 régiments : the brigade was to be reduced from five to four battalions (GB) – Passer d'une mission à une autre (force) : to move from one mission to another (US) – Passer au travers d'une zone (force) : to pass through an area (OTAN) – Passer en poursuite manuelle (missile sol-air) : to switch to manual tracking (GB) – Ces responsabilités (ou attributions) sont passées à un nouveau commandement : these responsibilities transfer-red to a new command (US) – Permettre à la division de passer à l'est de la zone des combats : to permit the division to pass east of the battle area (US) – Les forces passent immédiatement / à la poursuite ou à l'attaque / à des opérations offensives : forces tran-sition immediately / to pursuit or attack / to offensive operations (US).*

passer (PERS) to pass through (GB), to be promoted to (GB), to transfer (US). Ex : *Passer / par une école / un centre d'instruction : to pass through / a school / a training centre (GB) – Passer (ou être promu) Capitaine : to be promoted to Captain (GB) (Voir aussi **promou-voir (au garde de)** – Passer d'une arme à une autre / changer d'arme : to transfer branches (US) – Il est passé dans l'infanterie (changement d'arme) : he transferred to the Infantry (US) – Passer (ou devenir) officier : to be commissioned (US) – Passer (= être versé) dans la réserve (individu) : to transfer to the Reserve (US).*

passer (sens temporel) to spend (US, Jane's), to complete (US). Ex : *Passer la nuit sur le ter-rain, sous une tente : to spend the night in a tent, in the field (US) – Passer X mois dans un grade : to complete X months in a grade (US) – Passer un an en Allemagne à com-mander une section d'infanterie : to spend a year in Germany commanding an infantry platoon (US) – Il a passé une grande partie de sa carrière à la 82ᵉ Division aéroportée* *(fiche biographique d'officier)*: he spent much of his career with the 82nd Airborne Division (US) – *Passer jusqu'à 4 ou 5 ans dans un poste / emploi (PERS)*: to spend up to 4 or 5 years in a post *(Jane's)*.

passer (être promu) voir **promouvoir (au grade de)** ou **passer (PERS)**.

passer (ordre de préséance) to take precedence. Ex: *Passer après (ordre de préséance)*: to take precedence below.

passer (subir) to undergo, to take (GB). Ex: *Passer un examen médical*: to undergo (a medical examination) – *Passer des épreuves de sélection*: to take selection tests (GB).

passer (être reçu / parvenir à) (communication / transmission) to get through (US). Ex: *Le message n'est pas passé en raison d'une rupture des communications*: the message did not get through because of communications breakdown (US).

passer (transmettre) (RENS) to pass (US). Ex: *Passer des renseignements à Israël sur les forces armées syriennes*: to pass information about the Syrian armed forces to Israel (US).

passer (donner) to pass (GB). Ex: *Passez-moi cette carte, s'il vous plaît*: pass me that map, please (GB).

passer (agent) (pays adverse) (RENS) to defect (US) (PREP: "to"). Ex: *Passer en Allemagne de l'Ouest*: to defect to West Germany (US).

passer à to pass to (US), to transition to (US), to convert to (US). Ex: *Passer de l'ère industrielle à l'ère de l'information*: to transition from the industrial age to the information age (US) – *En 1973, les États-Unis sont passés à une armée professionnelle*: in 1973, the United States converted to an All-Volunteer military (US) – *Les régiments de chars doivent passer au Challenger 2*: the armoured regiments are to convert to the Challenger 2 (GB) – *L'initiative passe au défenseur (TAC)*: the initiative passes to the defender (US).

passer à gué to ford (GB). Ex: *Apte à passer à gué 90 cm d'eau (véhicule blindé)*: capable of fording 3 feet of water (GB).

passer à la baïonnette to bayonet (GB) (EXPR: to bayonet somebody to death").

passer à l'action Ex: *Passons à l'action (troupe en attente du combat)*: let's get the show on the road (US).

passer à l'action (agir) (forces de l'OTAN) to take action (OTAN).

passer à l'ennemi (agent) (RENS) to defect (US) (PREP: "to").

passer à l'ennemi (TAC) to defect to the enemy (GB), to go over to the enemy (GB), to join the ranks of the enemy (GB).

passer à l'offensive (force) to move to (ou onto) the offensive (GB), to go onto the offensive (GB), to shift to the offensive (US), to transition to the offensive (US).

passer au crible (recrues) (RENS) to sift (US).

passer au service de (autre puissance) (agent) (RENS) to defect to (US).

passer commande de (matériel) to place an order for (GB, Jane's).

passer de... à (changement d'activité) to turn from... to (US), to transition from... to (US), to move from... to (US). Ex: *Passer de la poursuite à l'attaque*: to turn from pursuit to attack (US), to transition from pursuit to attack (US) – *Passer rapidement d'une mission à une autre*: to move from one mission to another rapidly (US).

passer de... à (dimunition) to drop from... to (US). Ex: *Le Corps des Marines passera de 4 à 3 divisions (diminution)*: the Marine Corps will drop from 4 to 3 divisions (US).

passer de... à (munitions) to switch from... to (US). Ex: *Passer d'un type de munitions à un autre (canon)*: to switch from one type of ammunition to another (US).

passerelle (pont piéton) foot bridge <u>ou</u> footbridge (GB) (VERB : "to carry", "to operate", "to assemble") (EXPR : to take take three fully equipped infantrymen at a time, to carry on the back of a truck, to allow a company of soldiers to cross a gap quickly). Ex : *Passerelle d'infanterie : infantry foot bridge (GB).*

passerelle (sens figuré) bridge (OTAN). Ex : *L'UEO devait servir de passerelle entre l'UE et l'OTAN : the WEU was to serve as a bridge between the EU and NATO (OTAN).*

passer en compte to turn over (US). Ex : *Passer en compte une zone à une autre unité : to turn a zone over to another unit (US).*

passer en revue (troupes) to review (troops) (GB), to take the salute (GB), to inspect (OTAN). Ex : *Les trois Premiers ministres passent en revue la garde d'honneur du SHAPE : the three Prime Ministers inspect the SHAPE Guard of Honour (OTAN).*

passer en revue (examiner attentivement) to review (<u>Jane's</u>), to conduct a review of (OTAN). Ex : *Passer en revue les options militaires (crise) : to review military options (<u>Jane's</u>) – L'OTAN a, durant toute la nuit, passé en revue de façon attentive ses opérations menées dans le secteur : NATO has conducted an extensive review throughout the night of its operations in that area (OTAN).*

passer le commandement (d'une unité à) to hand over command (US). Ex : *Lors d'une cérémonie à Sarajevo, le 18 octobre, le Général d'armée Meigs passa le commandement de la SFOR (= Stabilization Force = Force de Stabilisation) au général de Division Adams : in an Oct. 18 ceremony in Sarajevo, GEN Meigs handed over command of SFOR to LTG Adams (US).*

passer pour to be credited with (+ verbe en ING) (GB). Ex : *Un contingent du 2ᵉ REP passe pour avoir levé le siège de Sarajevo, dévastée (<u>ou</u> anéantie) par les bombes : a contingent from 2REP is credited with relieving the siege of bomb-shattered Sarajevo (GB).*

passer sous contrôle de to be turned over to the control of (OTAN). Ex : *Passer sous contrôle des ONG (camp de réfugiés) : to be turned over to the control of NGOs (OTAN).*

passer sous silence (risques) to ignore (OTAN).

passible de punishable by (US). Ex : *Un délit passible de la peine de mort : an offence (GB) (<u>ou</u> offense (US) punishable by death (US).*

passible d'arrestation (délit) arrestable (GB). Ex : *Un délit passible d'arrestation : an arrestable offence (GB).*

passible de la peine de mort capital (GB). Ex : *La trahison est un crime passible de la peine de mort : treason is a capital offence (GB).*

passif passive (GB) (Surveillance, mine, mode de guidage, vision nocturne, etc.). Ex : *Défense côtière passive : passive coastal defence (OTAN).*

passion excitement (US), relish (GB). Ex : *Une histoire faite de passion, de sacrifice et de dévouement (histoire de l'armée de terre) : a history of excitement, sacrifice and dedication (US) – Au combat, tu agis sans passion et sans haine, tu respectes les ennemis vaincus, tu n'abandonnes jamais ni tes morts, ni tes blessés, ni tes armes (Code d'honneur) (Légion) : in combat, you will act without relish of your tasks, or hatred; you will respect the vanquished enemy and will never abandon neither your wounded nor your dead, nor will you under any circumstances surrender your arms (GB).*

pas sûr (cotation) (RENS) unreliable (US).

pathologie (SAN) pathology (US).

PATC voir **permission à titre de convalescence.**

patience (PERS) patience (US).

patient (SAN) patient (US, GB, OTAN) (VERB: "to administer", "to attend" = soigner) (ADJ & PART: "seriously ill", "very seriously ill", "walking" = ambulatoire) (NOM ASS.: "administration", "reception", "processing", "transportation", "feeding", "care").

patient assis (SAN) sitting patient (OTAN).

patient couché (SAN) stretcher patient (OTAN), strecher-case (GB).

patins de chenille (char) track links, track shoes.

pat nucléaire (STRAT) nuclear stalemate.

patrie country (US, GB), homeland (US), motherland (US). Ex: *Placer la patrie au-dessus de l'intérêt personnel: to place country above self (US) – Amour de la patrie: love of country – Se sacrifier (ou donner sa vie) pour sa patrie: to give one's life for one's country (US) – Dans la défense de votre patrie (PERS): in defense of your homeland (US) – Traître à la mère-patrie: betrayer of the Motherland (US) – Pour la Reine et la patrie: for Queen and Country (GB).*

patrimoine (immobilier) estate (GB), real property (US), real estate (US) (VERB: "to acquire", "to dispose of") Ex: *Le patrimoine immobilier de l'armée de terre: Army real property (ou real estate) (US) – Le patrimoine immobilier (du ministère) de la Défense: the Defence Estate (GB).*

patriote patriot (US, GB).

patriotique patriotic (US, GB) (Contraire: "unpatriotic" (US).

patriotisme patriotism (US, GB) (ADJ: "lofty").

"patron" (chef) boss (US), top man (US), top woman (US). Ex: *Le LCL Brown est le patron de ce régiment: Lt Col Brown is the top man in this battalion (US) (Expression féminine: "top woman").*

patrouille patrol (US, GB, OTAN) (VERB: "to carry out", "to establish", "to run", "to be out on", "to send out", "to mount", "to ambush") (ADJ: "mobile", "top secret", "deep" = dans la profondeur, "rotational", "large", "well-armed") (NOM ASS.: "base"). Ex: *Effectuer une patrouille: to conduct a patrol – Partir en patrouille: to go (out) on patrol (US, GB) – Fantassins en patrouille: infantrymen on patrol (GB) – Une patrouille de deux hommes: a two-man patrol (GB) – Être tué lors d'une patrouille: to be killed on a patrol (GB).*

patrouille (action de patrouiller) patrolling (GB) (VERB: "to conduct").

patrouille (mission) ground patrol (US).

patrouille (ALAT) section (US) (Pas d'équivalent dans l'ALAT britannique).

patrouille (ABC) tank section (US) (Pas d'équivalent GB).

patrouille aérienne de combat combat air patrol (CAP) (GB).

patrouille aéromobile airmobile combat patrol (US).

patrouille à pied foot patrol (GB).

patrouille au sol ground patrol (US).

patrouille de circulation road traffic patrol.

patrouille de combat fighting patrol (GB, OTAN), combat patrol (OTAN) (Opération offensive).

patrouille d'embuscade ambush patrol (GB) (Unité fortement armée ayant pour mission de tendre une embuscade).

patrouille de reconnaissance reconnaissance patrol (OTAN), recce patrol (GB) (Renseignement ou reconnaissance de terrain).

patrouille de rues street patrol (GB).

patrouille en attente standing patrol (GB, OTAN) ("Tasked to give early notice of enemy activity" (GB).

patrouille fixe standing patrol (GB) (En terrain neutre, alerte sur l'activité ennemie).

patrouille fluviale river patrol (GB).

patrouille frontalière border patrol (GB) (Alerter sur ou prévenir des incursions frontalières).

patrouiller to patrol (US, GB) (Ce verbe est également transitif. Ex : *Patrouiller dans les rues : to patrol the streets – Patrouiller le long de (ou sur) la frontière : to patrol the border (GB)*.

patrouille statique standing patrol (GB) (En terrain neutre, alerte sur l'activité ennemie).

patte d'épaule shoulder strap, shoulder loop (US).

pause (arrêt) lull (US), pause (US). Ex : *Une pause dans les combats : a lull in the fighting (US), a pause in combat (US) – Une pause dans les bombardements : a bombing pause.*

pause (arrêt d'activité) (PERS) break (GB). Ex : *Faire une pause pour le déjeuner : to break for lunch (GB).*

pause (STRAT) pause.

pause café NAAFI break (GB).

pavé (revêtement de route) cobble (GB), cobblestone (GB).

pavé (participé passé) (route) cobbled (GB).

payant (rentable) (TAC) lucrative (US), high payoff, to pay off (GB). Ex : *Un objectif payant : a lucrative target (US) – Cette tactique peut être payante : this tactic can pay off (GB).*

payer to put through (US), to pay off (GB). Ex : *Payer les études d'un soldat : to put a soldier through a school (US) – Les tactiques de Bugeaud commencèrent à payer : the Bugeaud tactics began to pay off (GB).*

payer cher (le) to pay dearly for it (US). Ex : *Nous le paierons cher en vies humaines : we will pay dearly for it in lives (US).*

pays country (US, OTAN), nation (US, OTAN) (ADJ : "wavering", "sending", "neutral", "hostile"). Ex : *Dans le pays (escorte / période) : in-country (UN) (En épithète) – Servir son pays (ou sa patrie) : to serve one's country (US) – L'exercice mobiliserait plus de 73 000 soldats venant de 6 pays : the exercise would involve more than 73,000 soldiers from 6 nations (US) – Contraindre des pays tels que Haïti et la Bosnie à rechercher la démocratie : to compel nations such as Haiti and Bosnia to seek democracy (US) – Pays extérieurs à l'Alliance : nations outside the Alliance (OTAN) – Les pays avancés : advanced nations (GB) – Des représentants de haut niveau des pays du PPP (= Partenariat pour la Paix) : senior Representatives from PfP (= Partnership for Peace) Nations (OTAN) – Douze pays du Partenariat pour la Paix : twelve Partnership for Peace nations – Pays n'appartenant pas à l'OTAN (ou non membre) de l'OTAN : non-NATO nation (OTAN) – Les pays de l'UEO : WEU nations (UEO) – Au pays : at home (CA) (Contraire : "abroad", "overseas") – Les forces qui défendent mon pays (code du soldat) : the forces that guard my country (US) – Pays classé hostile (RENS) : designated country (US).*

paysage (sens propre et figuré) landscape (US) (ADJ : "austere"). Ex : *Le paysage géostratégique : the geopolitical landscape (US) – Le paysage sécuritaire : the security landscape (OTAN) (VERB : "to change") – Les changements spectaculaires apportés au paysage stratégique euro-atlantique par la fin de la guerre froide : the dramatic changes in the Euro-Atlantic strategic landscape brought by the end of the Cold War (OTAN) – La coopération va devenir un élément majeur du paysage de l'acquisition des matériels (armement) : cooperation will become a major feature of the procurement landscape (GB).*

paysage institutionnel institutional landscape (OTAN).

paysage politique political landscape (US) (VERB : "to understand").

pays allié allied nation (US).

pays ami friendly country (US). Ex : *Fournir une aide aux pays amis : to provide assistance to friendly countries (US) – Approche conduite par un officier de renseignement se faisant passer pour un ressortissant d'un pays ou organisme ami (RENS) : approach by a hostile intelligence officer who misrepresents him or herself as a citizen of a friendly country or organization (US).*

pays anglophone English-speaking nation (ESN) (OTAN).

pays belligérant belligerent nation (US).

pays candidat (à l'entrée dans l'OTAN) aspirant country (OTAN).

pays cible (RENS) target country (US).

pays contributeur contributing nation (US).

pays contributeur de troupes troop contributing nation (TCN) (GB, OTAN).

pays de l'UEO WEU nation (UEO).

pays de l'Alliance alliance nation (US).

pays destinataire (cargaison) consignee country (OTAN).

pays donateur (OTAN) donor nation (OTAN).

pays d'origine country of origin.

pays ennemi enemy nation (US).

pays étranger overseas country (Jane's), foreign nation (US).

pays francophone French-speaking nation (FSN) (OTAN).

pays hôte host nation (HN) (OTAN, US).

pays industrialisé industrialized nation (US).

pays membre de l'OTAN NATO member country (OTAN) (À noter : Chaque pays est affecté d'un code de 2 lettres ("national distinguishing letters") : Belgique (BE), Canada (CA), Danemark (DA), France (FR), République Fédérale d'Allemagne (GE), Grèce (GR), Islande (IC), Italie (IT), Luxembourg (LU), Pays-Bas (NL), Norvège (NO), Portugal (PO), Espagne (SP), Turquie (TU), Royaume-Uni (UK), États-Unis d'Amérique (US), Hongrie (HU), Pologne (PL), République Tchèque (CZ). Ex : *La 5ᵉ Division Blindée française : 5 th (FR) Armored Division.* (Référence : STANAG 1059).

pays neutre neutral country (US).

pays neutre et non aligné neutral and non-aligned country (NNA) (US).

pays non aligné non-aligned country (US).

pays non-OTAN non-NATO nation (OTAN).

pays occidental Western nation (Jane's, OTAN).

pays partenaire (OTAN) partner (OTAN), partner country ou Partner country (OTAN). Ex : *Apporter une assistance humanitaire aux pays partenaires limitrophes de la Yougoslavie : to provide humanitarian assistance to Partner countries bordering Yugoslavia (OTAN).*

pays participant (coalition) participant nation (US), participating nation (US).

pays signataire (traité) signatory nation (US). Ex : *Les pays signataires du traité de Bruxelles : the signatory nations to the Brussels Treaty (GB).*

pays tiers third nation (US), third country (US).

pays voisin neighbouring country (OTAN, US).

PC command post (CP) (US, GB), headquarters (HQ) (US, GB). Ex : *Avoir son PC à (+ lieu d'implantation géographique) : to be headquartered at (GB) – La 2ᵉ Division, dont le PC est* *à York: the 2nd Division, with its Headquarters at York (GB)* (Voir aussi **poste de commandement** et **état-major**).

PC aéroporté airborne command post (ACP) (GB, OTAN).

PC arrière rear CP (US), rear headquarters (En abrégé: "Rear") (GB).

PC artillerie (version de véhicule blindé) artillery command vehicle (GB).

PC avant forward CP, tactical CP (US).

PC d'artillerie de corps d'armée Corps artillery headquarters (US).

PC de batterie battery command post (US).

PC de brigade brigade headquarters (US). Ex: *Le fait de grouper les régiments de manœuvre sous les trois PC de brigade en nombre et en type appropriés en fonction de la mission de chaque brigade constitue ce que l'on appelle "l'organisation pour le combat": grouping the combat maneuver battalions under the three brigade headquarters in the number and type appropriate to the mission of each brigade is called "organization for combat" (US).*

PC de brigade blindée (armée de terre 2002) armoured brigade headquarters (GB) (Abréviation: "Armd Bde HQ").

PC de brigade interarmes (armée de terre 2002) maneuver brigade HQ (= headquarters) (<u>Jane's</u>).

PC de commandement de composante terrestre (PCCCT) (armée de terre 2002) land component command headquarters (<u>ou</u> HQ).

PC de commandement spécialisé (armée de terre 2002) specialist command headquarters (<u>ou</u> HQ).

PC de coordination du sauvetage rescue coodination centre (RCC) (OTAN).

PC de corps d'armée (armée de terre 2002) Corps Headquarters (GB). Ex: *PC de corps d'armée de classe OTAN: NATO-class corps headquarters (<u>ou</u> HQ).*

PC de division (armée de terre 2002) Divisional Headquarters (GB). Ex: *PC de division de type OTAN: NATO-type divisional headquarters (<u>ou</u> HQ).*

PC de groupement logistique logistics support group headquarters (<u>ou</u> HQ).

PC de groupement tactique battlegroup headquarters (BGHQ) (GB).

PC d'ensemble interarmes de manœuvre (PCEIAM) (armée de terre 2002) maneuver combined arms team headquarters (<u>ou</u> HQ).

PC de rechange step up HQ (US).

PC de théâtre (multinational) (armée de terre 2002) (multinational) theatre headquarters (GB).

PC de zone logistique de théâtre theater logistics area headquarters (<u>ou</u> HQ).

PC génie (version de véhicule blindé) engineer command vehicle (GB).

PCIAT (armée de terre 2015) voir **poste de commandement interarmées de théâtre**.

PC interarmées multinational de théâtre (PCIAMT) (armée de terre 2002) theatre multinational joint headquarters (<u>ou</u> HQ).

PC moyens réservés (secondaire) alternate CP.

PC opérations de division division tactical operations center (DTOC) (US).

PC OPS Operations Centre (OTAN) (ADJ: "regional").

PC principal main CP (US), main HQ (= Headquarters) (En abrégé: "Main". Ex: *Main is located at grid 786895 (GB).*

PC projetable deployable headquarters (GB).

PC tactique tactical CP (US).

PC tir fire direction centre (FDC) (US).

PC transmissions signal command post (Sig CP).

PC volant airborne command post (ACP) (GB, OTAN).

peau skin (US). Ex : *Couvrir la peau exposée (ou à nu) (attaque NBC) : to cover exposed skin (US).*

pêche (la) (ou allant) (terme familier) dash (GB), get-up-and-go (US).

pécule (d'incitation au départ) (PERS) voluntary separation incentive (US), special separation bonus (US).

pédagogie teaching (skills), educational skills.

pédagogique educational (US). Ex : *Programme pédagogique : educational program (US) – Assistance pédagogique : educational assistance (US).*

pédiatre (SAN) pediatrician (US). Ex : *Un pédiatre du 24e Groupement Médical : a pediatrician from the 24th Medical Group (US).*

pédiatrie (SAN) pediatrics (US).

peigne fin fine tooth comb (US). Ex : *Fouillez ce bureau au peigne fin pour trouver les rapports manquants : search this office with a fine tooth comb for the missing reports (familier) (US).*

peindre to paint (US, GB). Ex : *Un hélicoptère peint en noir pour les opérations de nuit : a helicopter painted black for night operations (US) – Peindre les véhicules en blanc : to paint the vehicles white (GB).*

peine capitale (peine de mort) capital punishment (GB). Ex : *Prononcer une condamnation à la peine capitale (juge militaire) : to pass the death sentence (GB).*

peintre (PERS) painter (GB). Ex : *Peintre auto : car painter (GB).*

peinture (matériel) paint (US) (ADJ : "low-reflective").

pékin (civil) civvy (GB).

pelle (outil individuel) shovel (GB).

pelle (véhicule GEN) excavator.

peloton : 1. **(ABC)** platoon (US), troop (GB) – 2. **(Train)** platoon (US), troop (GB) – 3.. **(ALAT)** platoon (Aeroscout platoon (Air Cav); attack helicopter platoon (Attack Hel. Bn) (US), flight (= 5 LBH Lynx) / aviation recce patrol (2 Gazelle + 1 Lynx TOW) (GB).

peloton des élèves gradés (PEG) Équivalent US : Primary Leadership Development Course (PLDC), puis Primary NCO (= Non-Commisioned Officer) Course.

peloton des élèves sous-officiers Équivalent US : Basic NCO (= Non-Commissioned Officer) Course.

peloton d'exécution firing party, firing squad.

pencher (faire) to tip (GB)/ Ex : *Faire pencher la balance en faveur de : to tip the balance in favour of (GB).*

pendant during (US, GB), throughout (US), over (UEO). Ex : *Pendant toute (ou la totalité de) la guerre de Sécession : throughout the Civil War (US) – Pendant une guerre : during a war (US) – Pendant la guerre du Golfe : during the Gulf War (GB) – Pendant l'entraînement : during training (US) – Pendant son service militaire (PERS) : during his military service (GB) (À noter : Ne surtout pas employer la préposition "in") – Pendant sa carrière (PERS) : during his career (US) – Pendant un deuxième séjour au Vietnam : during a second Vietnam tour (US) – Les hymnes nationaux sont interprétés pendant le lever des couleurs : national anthems are played while the flags are raised (OTAN) – Maintenir des forces sur le théâtre d'opérations pendant une période longue : to sustain forces in the theatre of operations over a long period (UEO).*

pénétrante axial road, axial route (OTAN).

pénétration (TAC) penetration (US, GB) (VERB: "to make", "to contain") (ADJ: "fast").
Ex: *Arrêter une pénétration: to check a penetration (GB)* – *Contenir une pénétration: to contain a penetration (GB)* – *Détruire les pénétrations ennemies: to destroy enemy penetrations* – *Pénétration rapide du (ou en) territoire ennemi: swift penetration of hostile territory (OTAN).*
Cf.: A form of offensive maneuver that seeks to break through the enemy's defensive position, widen the gap created, and destroy the continuity of his positions (US).

pénétration (d'une zone par une force) entry (US).

pénétration (d'un organisme cible) (RENS) penetration (US) (VERB: "to support") (ADJ: "difficult"). Ex: *La pénétration de certains groupes terroristes: penetration of some terrorist groups (US)* – *La pénétration du SDECE conduite par des communistes français formés par les Soviétiques: the penetration of the SDECE by Soviet-trained French communists (US).*

pénétration (marché) penetration (of a market).

pénétration en (ou dans la) profondeur (mission) (forces spéciales) deep penetration (US). Ex: *Forces de pénétration en profondeur: deep-penetration forces (US).*

pénétrer to enter (US) (Attention: Verbe transitif direct), to move into (US), to penetrate into (US), to run into (OTAN). Ex: *Pénétrer / dans une zone / un secteur (force): to move into (ou to enter) an area / a sector (US)* – *Pénétrer en territoire ennemi: to penetrate into enemy territory (US)* – *Pénétrer l'espace aérien ami: to penetrate friendly airspace (US)* – *Un itinéraire pénétrant dans la zone avant: a route running into the forward area (OTAN)* – *Les saboteurs pénétrèrent dans le port dans des canoës pliants: the raiders entered the harbor in folding canoes (US)* – *Nous pénétrons actuellement dans l'espace aérien ennemi: we are now entering enemy airspace (GB).*

pénétrer (RENS) to penetrate (US). Ex: *Des pays difficiles à pénétrer: hard-to-penetrate countries (US)* – *Les réseaux de la CIA étaient fortement pénétrés par les services de sécurité de ces pays: the CIA (= Central Intelligence Agency) networks were heavily penetrated by the security services of those nations (US)* – *Pénétrer un organisme de renseignement: to penetrate an intelligence agency (US).*

pénible arduous (OTAN). Ex: *Unités ou individus retirés d'un service pénible: units or individuals withdrawn from arduous duty (OTAN).*

péniche barge (GB).

péninsule peninsula (US, GB) (VERB: "to advance along"). Ex: *Sur la péninsule de Kola: on the Kola Peninsula (US).*

pensée (réflexion) thinking (US, GB) (VERB: "to adapt"). Ex: *Une influence déterminante sur la pensée militaire britannique: a decisive influence on British military thinking (GB).*

pensée doctrinale doctrinal thinking (US).

pensée militaire military thinking (GB).

pension (de retraite) (retirement) pension (GB) (VERB: "to qualify for", "to be entitled to") (ADJ: "decent", "payable").

pension de guerre war pension.

pensions des personnels militaires (chapitre budgétaire) Forces Pensions (GB).

Pentagone (le) (USA) the Pentagon (US). Ex: *Le bâtiment du Pentagone: the Pentagon Building (US) (Surnom US: "the Puzzle Palace") (Situé à Arlington, en Virginie).*

pente (TOPO) slope (OTAN), gradient (US), incline (GB) (VERB: "to descend") (ADJ: "(excessively) steep").

pente (franchissement) (char / véhicule) slope (US), grade (US), gradient (GB).
Ex : *Franchir (ou gravir) une pente à 60 % : to negotiate a 60 per cent grade (ou slope)
(US) – Gravir des pentes de 60 % : to climb 60 % gradients (US) – Mobilité dans les
pentes abruptes : mobility on steep grades.*

pente maximale franchissable (caractéristique de véhicule blindé) maximum fording
gradient.

pénurie shortage (US, GB, Jane's), shortfall (GB) (VERB : "to face") (ADJ : "acute", "serious").
Ex : *Pénurie de personnel : manpower shortage (GB) – Une pénurie de 5000 recrues dans
l'ensemble de l'armée de terre : an Army-wide shortfall of 5,000 recruits (GB) – La pénurie de logements pour les familles : the shortage of family housing (US) – Une grave
pénurie d'officiers : a serious officer shortage (GB) – La pénurie actuelle de 4 500
hommes (ou personnels) : the existing 4,500 shortage (Jane's).*

percée (TAC) breakthrough (US, GB), penetration (VERB : "to exploit").
Cf. : Breakthrough : a rupturing of the enemy's forward defenses that occurs as a result of a penetration. A breakthrough permits the passage of an exploitation force (US).

perception (image) perception (GB). Ex : *La perception de l'armée de terre dans l'opinion
publique : the public's perception of the Army (GB).*

perception (dotation) (matériel) issue.

percer (TAC) to break through (US), to breach (GB), to penetrate (US, GB). Ex : *Percer une
ligne de défense ennemie : to break through an enemy defensive line (US) – Percer les
positions avancées : to penetrate forward positions (GB) – Percer (ou enfoncer) le dispositif : to break in (GB) – Percer le dispositif défensif ennemi : to break through enemy
defenses (US) – Percer une ligne de défense ennemie : to breach an enemy's line of
defence (GB).*

percevoir (appréhender) to perceive (GB, US). Ex : *Le bloc soviétique, longtemps perçu
comme la menace majeure à l'encontre du mode de vie occidental : the Soviet bloc, long
perceived as the main threat to the Western way of life (GB) – Percevoir des modifications
dans l'environnement : to perceive changes to the environment (US).*

percevoir (solde / rations / uniforme) to draw (US, GB), to be issued with (US). Ex :
*Percevoir la solde : to draw pay (US) – L'uniforme de la cavalerie à cheval qu'il a perçu
en 1937 : the horse cavalry uniform he was issued in 1937 (US) – Percevoir les rations à
16 h 00 : to draw rations at 1600hrs (GB, US).*

percevoir (nouveau matériel) to take receipt of, to receive, to be issued with (GB), to take
delivery of (GB, Jane's), to be supplied with.

percutant (ART) graze (OTAN).

percuter (véhicule) to smash into, to crash into.

percuter (comprendre rapidement) (familier) to catch on quickly, to twig (GB).

percuteur (grenade à main) striker.

percuteur (mortier / arme de poing) firing pin (GB).

perdre to lose (US, GB). Ex : *Perdre le contact radio avec : to lose radio contact with (GB) –
Perdre du terrain : to lose ground – Perdre le contrôle de : to lose control of (US) –
Perdre une guerre : to lose a war – Terrain perdu : lost ground (OTAN) – Perdre une
jambe du fait d'une bombe (PERS) : to lose a leg from a bomb (GB) – Perdre son identité
(corps / unité) : to lose one's identity (GB).*

perdre (hommes) to lose (GB), to suffer (casualties). Ex : *Hier, nous avons perdu deux
hommes : we lost two men yesterday (GB) – La division perdit 2000 hommes : the division
suffered (ou had) 2,000 casualties.*

perdre (matériel au combat) to lose (GB). Ex: *Deux autres hélicoptères Wessex ont été perdus lors de cette même mission: two other Wessex helicopters were lost on the same mission (GB) – Nous devons considérer 25 % des chars ayant participé à l'attaque comme perdus: we must write off as lost 25 per cent of the tanks which took part in the attack (familier) (US)*.

perdre de vue to lose sight (of) (US) Ex: *L'armée de terre ne doit jamais perdre de vue ses soldats: the Army must never lose sight of its soldiers (US)*.

perdre la vie (PERS) to lose one's life (US, OTAN). Ex: *La cérémonie rendait hommage aux Américains qui ont perdu la vie au cours de l'Opération Tempête du Désert: the ceremony paid tribute to the Americans who lost their lives in Operation Desert Storm (US) – L'OTAN n'est pas en mesure de confirmer que des civils ont perdu la vie (au cours d'une attaque): NATO is not in a position to confirm civilian loss of life (OTAN)*.

perdre le contact (TAC) to lose contact with the enemy (US).

perdre le contrôle de (véhicule) to lose control of (a vehicle) (GB).

perdre le moral (force) to become demoralized (US).

perdu (balle / munition) stray (GB).

perdu (terrain / position) lost (US).

perdu d'avance (bataille / combat) losing (GB). Ex: *Mener un combat perdu d'avance: to fight a losing battle (GB)*.

perfectionné (matériel / système) advanced (UN, OTAN), sophisticated (UN), enhanced (US). Ex: *Un système électronique extrêmement perfectionné: a highly sophisticated electronic system – Armements perfectionnés: sophisticated armaments (UN) – Système perfectionné d'aide à l'établissement des plans de mission: advanced mission planning aid (AMPA) (OTAN)*.

perfectionnement (formation) proficiency training.

perfectionnement (armes) refinement (UN). Ex: *Perfectionnement des armes de toutes sortes: qualitative refinement of weapons of all kinds (UN)*.

perforant armour-piercing (AP) (GB) (En épithète).

perforation (pouvoir de) (blindage) armour (<u>ou</u> armor (US) penetration (GB) (VERB: "to increase").

perforer (blindage / cible) to pierce, to penetrate (armour / a target) (US). Ex: *Perforer 75 mm d'acier: to penetrate 75mm of steel (US) – Perforer plus de 650 mm de blindage: to penetrate armour in excess of 650mm (GB), to penetrate over 650mm of armor (US)*.

performance(s) (matériel) performance (US, GB, OTAN), capabilities (GB) (VERB: "to ensure", "to lessen", "to increase", "to improve") (ADJ: "superior", "marginal", "better", "exceptional") (NOM ASS.: "improvement"). Ex: *Améliorer la performance des capteurs amis: to improve the performance of friendly sensors (OTAN) – Les performances des matériels étrangers: the performance of foreign materiel (OTAN) – Ce contrat augmentera les performances du Ptarmigan (= système de transmissions): this contract will extend the capabilities of the Ptarmigan (GB)*.

performances (individu) performance (US, GB) (VERB: "to improve", "to enhance", "to be recognized for") (ADJ: "outstanding"). Ex: *Les performances, la surviabilité et l'efficacité opérationnelle du combattant à pied: the performance, survivability and operational effectiveness of the dismounted soldier (GB) – Améliorer les performances individuelles et collectives (fantassins): to enhance individual soldier and collective performance (GB)*.

performances humaines human performance (US). Ex : *Intensification des performances humaines : human performance enhancement (HPE) (US).*

performant (matériel) high performance (En épithète) (GB), capable.

performant (unité / force) capable (GB). Ex : *L'unité est performante au plan opérationnel : the unit is operationally capable (GB).*

péril risk (US, GB), peril (US), hazard. Ex : *Au péril de sa vie : at the risk of one's life (GB, US) – Mettre en péril la paix et la sécurité des États-Unis : to imperil the peace and security of the United States (US).*

périlleux (opération / situation) hazardous (US). Ex : *Dans des situations périlleuses : in hazardous situations (GB).*

périmé (RENS) shopworn (familier) (US). Ex : *Renseignements périmés (fournis par un transfuge) : shopworn goods (US) (Terme familier).*

périmètre perimeter (US, GB) (Désigne aussi le périmètre d'un site d'inspection (UN) (VERB : "to guard", "to break through") (PREP : "within", "on"). Ex : *Dans un périmètre de 1 kilomètre carré : within a square kilometre (GB) – Périmètre défensif : defensive perimeter (US) – L'armée belge était déjà en place sur le périmètre de la zone d'action : the Belgian army was already in position on the perimeter of the action area (GB).*

période (de temps) period (of time) (US, GB), time frame (US), time (OTAN), era (US), years (CA) (Terme générique) (PART : "extended") (PREP : "for" = pendant, sur). Ex : *Pendant une période de captivité : during a period of captivity (US) – Une période de paix et de prospérité : a period of peace and prosperity (US) – Sur une période / de six mois / de trois jours : over a period of six months (US), over a three-day period (US) – La période du 17 juillet au 10 août 1997 : the period 17 July / 10 August 1997 (GB) – Période d'inspection : inspection period (UN) – En période d'urgence : in time of emergency (OTAN) – La période de juin à octobre 1989 : the June-October 1989 time frame (US) – Pendant la période du 12 au 16 avril (ordre d'opérations) : during the period 12-16 Apr (US) – Maintenir des forces sur le théâtre d'opérations pendant une période longue : to sustain forces in the theatre of operations over a long period (UEO) – Pendant la période de la guerre froide : during the Cold War era (US) – Sur la période 1995-2000 : in the 1995-2000 time frame (US) – Le budget avait subi des coupes de l'ordre de 23 % au cours de la période de compressions des années 90 : the budget had been cut by some 23 % during the downsizing years of the nineties (CA) – Une période critique : a critical period (US).*

période d'affectation (à l'étranger) (PERS) tour of duty (CA).

période de conflit time of conflict (US) (PREP : "in").

période de crise emergency (OTAN), crisis. Ex : *Tableau d'effectis en période de crise : emergency establishment (EE) (OTAN) – En période de crise : during crisis (US).*

periode de guerre war (US). Ex : *En période de guerre : during war (US).*

période de repos (PERS) break (GB).

période de scolarité (PERS) schooling period (US).

période de service (affectation) tour of duty (US) (ADJ : "accompanied", "unaccompanied").

période d'essai (ou période probatoire) (PERS) probationary period (US).

période de tension tension (US). Ex : *En période de tension : during tension (US).*

période de tension ou temps de guerre (PTG) period of tension or war (TTW) (OTAN).

période d'instruction (PERS) training period (GB).

période d'instruction (ou d'activité) (réserviste) training period (GB, US), period of reserve service (GB), (reserve) drill (US), drill period (US) (VERB : "to undergo", "to attend", "to develop", "to miss", "to take place") (ADJ : "successful").

périodique (adjectif) periodic (UN, OTAN), scheduled (US). Ex : *Entretien périodique : periodic maintenance (UN), scheduled maintenance (US).*

périodiquement periodically (US, CA). Ex : *La mission sera évaluée périodiquement : the mission will be assessed periodically (US) – Ce contingent s'accroît périodiquement : this contingent is periodically augmented (CA).*

périphérie periphery (OTAN), outskirts (OTAN). Ex : *À la périphérie / de l'OTAN / de l'Alliance : on NATO's periphery (Jane's), on the Alliance's periphery (OTAN) – Dans la périphérie de Madrid : on the outskirts of Madrid (OTAN) – À l'intérieur de l'Europe et à sa périphérie : inside and along the periphery of Europe (OTAN).*

périphérique (adjectif) peripheral (GB), perimeter (US). Ex : *Défense périphérique : perimeter defense (US) – Dommages périphériques : peripheral damage (GB).*

périphérique (informatique) peripheral (US).

périphérique (rocade) ring road (GB), circular route (US).

périr (mourir) to perish (GB).

périscope (du mitrailleur avant) (front gunner's) periscope.

périssable (denrée / renseignement) perishable (US).

perle (terme familier) day of detention (VERB : "to give").

permanence permanence (US). Ex : *La permanance des forces terrestres : the permanence of ground forces (US).*

permanence (en) at any one time (GB), at all times (GB).

permanence (officier de) duty officer (Voir aussi **officier de permanence**).

permanent (ou à demeure) (unité à l'étranger) resident (unit) (US, GB).

permanent permanent (GB, OTAN), continuing (US, GB), standing (UN, OTAN), substantive (GB). Ex : *État-major permanent : permanent staff (GB) – L'insigne peut être porté sur l'uniforme de manière permanente : the badge may be worn as a permanent part of the uniform (US) – Recevoir une formation permanente (PERS) : to receive continuing education (US) – Une unité affectée de manière permanente à la brigade : a unit permanently attached to the brigade (US) – Comité / groupe / arrangement / commission permanent(e) : standing committee / group / arrangement / commission (UN) – Permanent/e (consigne / ordre) : standing (US) – Dialogue permanent avec les employeurs (réserve) : continuing dialogue with employers (GB) – Une unité permanente : a standing unit (Jane's) – Seule l'armée de terre a le pouvoir d'exercer le contrôle direct, permanent et complet sur la terre, sur ses ressources et sa population : only the Army has the power to exercise direct, continuing, and comprehensive control over land, its resources and its people (US) – Une actualisation (ou mise à jour) permanente du programme (d'entraînement) : a continuing upgrade of the programme (US) – Accord permanent quadripartite : quadripartite standing agreement (QSTAG) (GB) – Instaurer une paix permanente dans la région : to win permanent peace in the region (OTAN) – Il a le grade permanent de colonel : he has the substantive rank of colonel (GB).*

perme voir **permission(s) (PERS)**.

permettre to enable (US), to allow (GB), to permit (US, OTAN), to accommodate (US), to afford (US). Ex : *Permettre à une troupe de traverser un champ de mines : to enable a force to pass through a minefield (US) – Pour permettre la conduite victorieuse des opérations tactiques : to enable tactical operations to be successfully conducted (US) – Permettre à la 3ᵉ brigade blindée de préparer une nouvelle position défensive : to allow 3rd Armoured Brigade to prepare a new defensive position (GB) – Si la situation le permet : if the situation permits (US) – Si le terrain le permet : terrain permitting (US) –*

Établir une tête de pont pour permettre le passage de toutes les unités : to secure a bridgehead to accomodate the passage of all units *(US) – Aussi loin à l'avant que la situation tactique le permet :* as far forward as the tactical situation allows *(GB) – Permettre aux unités de remplir leurs missions :* to enable units to carry out their tasks *(GB) – Ce véhicule permet à un groupe d'infanterie de se porter jusqu'à l'objectif en combattant :* this vehicle enables an infantry squad to fight through to the objective *(US) – Permettre à l'assaillant d'échapper aux effets de ses propres bombes :* to allow the attacker to escape the effects of his own bombs *(OTAN) – Dès (ou aussitôt) que les circonstances le permettent :* as soon as circumstances permit *(OTAN) – Permettre un tir plus précis (fusil) :* to enable more accurate fire *(US) – Permettre le tir du projectile dans une arme de calibre plus grand :* to permit firing the projectile in a larger calibre weapon *(OTAN) – Le tir, commandé électriquement, permet une cadence de 8 coups/minute (char) :* firing is electrically controlled and the rate of fire is up to 8 rounds per minute *(US) – Ce laissez-passer permet à deux personnes de visiter le PC :* this pass permits two people to visit the HQ *(GB) – La mobilité permise (ou autorisée) par ces hélicoptères :* the mobility afforded by these helicopters *(US).*

permis permit (GB). Ex : *Il nous faudra un permis pour entrer dans le camp :* we will need a permit to get into the camp *(GB).*

permission (document) leave pass (GB).

permission (PERS) <u>leave</u> (US, GB) (Terme <u>indénombrable</u>), furlough (US) (Terme <u>dénombrable</u> et <u>indénombrable</u>) (<u>À distinguer de</u> "pass" qui désigne une autorisation d'absence du service) (VERB : "to earn", "to request", "to grant" = accorder, "to give… to", "to be entitled to", "to postpone", "to stop", "to approve", "to accrue" = cumuler) (ADJ : "chargeable" = imputable sur droits à permission, "nonchargeable" = venant en complément des droits à permission, "further" = supplémentaire). Ex : *Être en permission :* to be on leave, to be on furlough *(US) – Demande de permission :* leave request *(US) (VERB : "to approve") – Demander une permission :* to request a leave *(US) – Prolongation de permission :* extension of leave *(US) – Une permission d'une semaine :* a week's leave *(GB) – Les droits à permission annuelle de base (PERS) :* the basic Annual Leave allowance *(GB) (ou leave account) (VERB : "to take") – Trente jours de permissions annuelles :* thrity days of annual leave *(US) – Permissions déduites des droits annuels du militaire :* leave deducted from a soldier's annual leave account *(US) – Avance sur permissions :* advance leave *(US) – Plafond de permissions :* ceiling *(US).*

permission à caractère particulier special leave (GB).

permission annuelle annual leave (GB, US) (VERB : "to commence"). Ex : *Prendre ses permissions annuelles :* to take one's annual leave *(GB).*

permission annuelle (avec solde) annual leave (with pay) (US).

permission à titre de convalescence (PATC) convalescent leave (US).

permission de 48 heures (week-end) weekend pass (US).

permission de fin de service (fin de contrat d'engagement) terminal leave (GB).

permission de fin de scolarité (grande école militaire) graduation leave (US).

permission d'éloignement (service outre-mer) embarkation / disembarkation leave (GB).

permission de maladie (congés maladie) sick leave (GB).

permission de maternité (personnels féminins) maternity leave (GB).

permission de Noël Christmas leave (US).

permission de prolongation de séjour à l'étranger special leave (US).

permission exceptionnelle emergency leave (US).

permissionnaire soldier on leave.

permission normale(s) ordinary leave (US).

permission postnatale (personnels féminins) postpartum leave (US).

permission pour événements familiaux compassionate leave (GB) (mort ou maladie des proches).

permission prénatale (personnels féminins) prenatal leave (US).

permissions (les) (concept général) leave (GB).

permissions cumulées accrued leave (US).

permission sans solde unpaid leave (GB).

perpétrer (crime / horreurs) to perpetrate (GB).

perpétuel continual (US). Ex : *L'Arme Blindée Cavalerie est en perpétuelle évolution : Armor is continually evolving (US).*

perpétuer to continue (GB). Ex : *Perpétuer une tradition : to continue a tradition (GB) – Perpétuer le fier héritage de l'armée de terre : to continue the Army's proud heritage (US).*

perroquet (progression en) (TAC) alternate bounds (GB), leapfrogging (GB). Ex : *Se déplacer en perroquet (force) : to leapfrog (GB), to move in alternate bounds (GB).*

persécution (la) victimization (OTAN).

persévérance perseverance (US).

persévérer to persevere (US). Ex : *Persévérer malgré toutes les difficultés : to persevere in the face of all difficulties (US).*

persistance (NBC) persistency (OTAN).

persistant (NBC) persistent (GB). Ex : *Des produits (ou agents) persistants : persistent agents.*

persister to continue. Ex : *Les tensions qui persistent : continued tensions (OTAN).*

persona non grata persona non grata (PNG) (US). Ex : *L'attaché de défense fut déclaré persona non grata : the defense attaché was declared persona non grata (ou was PNG'd) (US).*

personnalité Very Important Person (VIP) (Pluriel de l'abréviation : "VIPs") (GB), dignitary (US) (PART : "visiting"). Ex : *Les hautes personnalités civiles et militaires : high military and civilian dignitaries (US) – La protection des personnalités : the protection of VIPs (= Very Important Persons) (GB).*

personnalité (trait de caractère) (PERS) personality (GB), character (GB) (VERB : "to assess", "to develop"). Ex : *Il a une forte personnalité : he has a strong character (GB).*

personne person (US), individual (OTAN) (VERB : "to detain") (ADJ : "transient", "resident"). Ex : *Assurer le transport de personnes à l'écart des zones frontalières : to transport people away from the border areas (OTAN) – La sûreté des personnes : the safety of the individual (OTAN), the safety of individuals (OTAN) – Ces renseignements sont accessibles aux seules personnes ayant besoin d'en connaître, quel que soit le niveau d'habilitation qu'elles détiennent : this intelligence is available only to persons with a need to know regardless of the level of security clearance that they hold (US).*

personne à charge (PERS) dependent (US). Ex : *Les personnels de l'armée de terre et leurs personnes à charge : Army personnel and their dependents (US).*

personne accusée de crimes de guerre indicted war criminal (OTAN). Ex : *Traduire en justice les personnes accusées de crimes de guerre : to bring indicted war criminals to justice (OTAN).*

personne âgée elderly citizen (US).

personne déplacée (réfugié) displaced person (DP) (US, OTAN). Ex : *La possibilité, pour les organisations d'aide humanitaire, d'accéder sans entraves aux réfugiés et personnes déplacées : unhindered access to refugees and displaced persons by humanitarian aid organisations (OTAN).*

personne déplacée de l'intérieur internally displaced person (IDP) (OTAN).

personne isolée isolated person.

personnel(s) personnel (US, GB, OTAN) (Terme générique invariable), staff (GB), people (US), manpower (GB, OTAN) (VERB : "to stop", "to search", "to use", "to move", "to evacuate", "to hospitalize", "to assemble", "to organize", "to search for", "to rescue", "to provide", "to employ", "to be in charge of", "to kill", "to redistribute", "to safeguard", "to protect", "to extract", "to deploy") (ADJ : "adequate", "well-trained", "(well-) qualified", "competent", "excellent", "critical", "existing", "dedicated") (NOM ASS. : "search", "protection", "absence", "death", "capture", "escape"). Ex : *Equiper (ou fournir) en personnel (unité / poste d'observation ou de contrôle) : to man (US, GB) – Nous avons ouvert d'importants débouchés pour les personnels féminins ou issus des minorités : we created significant opportunities for women and minority soldiers (US) – Bien s'occuper des personnels : to care for people (US) – Avec personnel(s) (installation) : manned (US, GB) (Contraire : "unmanned" = inhabité) – Gestion du (ou des) personnel(s) : manpower management (OTAN).*

À noter : En anglais, le termes "personnel" et "staff" sont des termes pluriels, invariables, suivis d'un verbe au pluriel ; il peuvent être précédés d'un nombre. Ex : *5,000 personnel / 20 staff).*

personnel accrédité accredited personnel (AP) (OTAN);

personnel(s) administratif(s) clerical staff (GB).

personnel(s) au sol (ou non-navigant) (ALAT / armée de l'air) ground personnel (GB), ground staff (GB), ground crews (GB).

personnel(s) civil(s) (du ministère) de la Défense civilian personnel (US), DOD civilian employees (US), MOD civilians (GB), civilian workforce (Jane's). Ex : *32 000 personnels civils : 32, 000 civilian personnel (ou staff) – L'armée de terre d'active, la réserve et le personnel civil : the Regular Army, the reserve components and the civilian force (US) – Conduire des enquêtes de sécurité sur les personnels civils de la Défense : to conduct security investigations of Department of Defense civilian employees (US) – Un personnel civil permanent de 34 000 agents : a 34,000-strong permanent civilian workforce (Jane's).*

personnel(s) civil(s) de l'armée de terre DA (= Department of the Army) civilians (US), Army civililans (US).

personnel(s) d'active active duty personnel (US).

personnel(s) de l'armée de l'air air-force personnel (GB).

personnel(s) de l'armée de terre Army personnel (GB) (Surnom GB : "brown jobs", par opposition à ceux de l'armée de l'air et de la marine).

personnel(s) de l'armée de terre d'active Regular Army personnel (US).

personnel(s) de liaison liaison personnel (US).

personnel(s) de relève replacement personnel (US).

personnel(s) de réserve reserve component personnel (US), reserve personnel (US).

personnel(s) de soutien (RENS) backup personnel (US) (VERB : "to provide").

personnel(s) de soutien logistique logistics support personnel (US). Ex : *Des personnel(s) de soutien logistique du 18ᵉ Corps Aéroporté : logistics support personnel from XVIII Airborne Corps (US).*

personnel(s) d'état-major staff personnel (US).

personnel(s) du renseignement (RENS) intelligence personnel (US) (VERB : "to train").

personnel(s) en activité serving personnel (GB).

personnel(s) en retraite retired personnel (US).

personnel(s) en transit transient personnel (US, GB).

personnel exposé (SAN) personnel at risk (OTAN).

personnel(s) et administration (fonction) personnel and administration (PANDA) (GB).

personnel(s) féminin(s) female personnel (GB, US), women soldiers (US).

personnel(s) infirmier(s) nursing personnel (US).

personnel(s) interprètes-traducteurs interpreter / translator personnel (US).

personnel(s) linguistes language personnel (US) (ADJ : "skilled").

personnel(s) militaire(s) (ou des forces armées) service personnel (GB) (Par opposition à "personnel civil" = civilian personnel), military personnel (MILPER) (US).

personnel(s) NBC NBC personnel (GB). Ex : *Protection des personnels NBC : NBC personnel protection (GB).*

personnel(s) officier(s) officer personnel (US).

personnels sanitaires de l'armée de terre Army medical personnel (US).

personnel(s) sous contrat contractor personnel (US).

perspective prospect (GB, US, OTAN), perspective (US), insight (US), opportunity (GB). Ex : *Perpective d'avancement : prospect of (further) promotion (GB) – Offrir la meilleure perspective à long terme : to offer the best long-term prospect (US) – Perspective historique : historical perspective (US) – Perspectives de ventes (armement) : sales prospects – Aux dangers de la guerre froide ont succédé des perspectives plus prometteuses : the dangers of the Cold War have given way to more promising prospects (OTAN) – Fournir (ou ouvrir) (à quelqu'un) des perspectives précieuses sur la vie dans l'armée de terre : to provide (somebody with) valuable insights into Army life (US) – Dans une perspective de combat (ou de guerre) : from a warfighting perspective (US) – Dans une perspective interarmées : under a joint perspective (US) – Perspectives de carrière : career opportunities (GB).*

perspective (armée / interarmées) (étude prospective) vision (US). Ex : *Perspective Armée de Terre 2010 : Army Vision 2010 (US) – Perspective Interarmées 2010 : Joint Vision 2010 (US).*

perspective opérationnelle commune common operational picture (US).

persuader to talk (someone) into (US). Ex : *Je veux le persuader de conduire un dépassement : I want to talk him into a passage of lines (US).*

persuader par la ruse (RENS) to lure (US). Ex : *Être persuadé par la ruse d'espionner au profit de l'Occident : to be lured into spying for the West (US).*

persuasion persuasion (US). Ex : *Par la persuasion plutôt que par l'intimidation : through persuasion rather than intimidation (US).*

perte (qualité) loss (OTAN). Ex : *Perte d'efficacité : loss of effectiveness (OTAN).*

perte (individu) (décès / blessure / maladie / détention / capture / disparition) casualty (OTAN).

perte (hommes / matériels / communications) loss (US, GB), casualty (GB) (Pluriel : "losses", "casualties") (VERB : "to inflict... on", "to suffer", "to sustain", "to take", "to result in", "to prevent", "to outweigh", "to reach") (ADJ : "minimal", "heavy", "hefty"). Ex : *Infliger des pertes à l'ennemi : to inflict losses on the enemy (US) – La perte d'hommes et de matériel : loss of personnel and materiel (US) – Sans perdre un seul homme au combat : without the loss of a single man in action (GB) – Pertes en matériels :*

equipment losses (US) – Nous subissons (ou encaissons) de lourdes pertes : we take heavy losses (US) – Des pertes en personnel, en matériel et en temps : losses in personnel, equipment and time (OTAN) – Pertes en vies humaines : loss of life (US) (VERB : "to result in") – Aider les autorités civiles à prévenir les pertes en vies humaines : to help civilian authorities prevent loss of lives (US) – Les pertes civiles dépassent les pertes militaires : civilian casualties outweigh military casualties (GB) – Les Mexicains, dont les propres pertes atteignaient maintenant le nombre de 280 : the Mexicans, whose own casualties now reached 280 (GB) – Encaisser de nouvelles pertes très élevées (unité) : to take further hefty losses (GB) – Il n'a pas signalé la perte de son fusil : he did not report the loss of his rifle (GB) – Perte des communications radio : loss of radio communications (US).

perte (SAN) loss (US). Ex : *Perte de sang : loss of blood (US) – Perte de mémoire ou de conscience : loss of memory or consciousness (US).*

perte (au combat) (PERS) battle casualty (OTAN) (Abréviation GB : "cas") (VERB : "to cause", "to lose", "to care for", "to manage", "to locate", "to treat") (ADJ : "light", "heavy") (PREP : "from"). Ex : *Les pertes au combat britanniques dans la campagne furent de 118 morts et 245 blessés : British casualties in the campaign were 118 killed and 245 wounded (GB) – Les pertes infligées par une attaque : the casualties inflicted by an attack (GB) – Les pertes dues aux tirs fratricides : casualties from friendly fire (GB) – Des pertes massives : mass casualties (US, OTAN) – Pertes humaines : casualties (US) – Pertes civiles : civilian casualties (US) – Pertes minimales : minimal casualties (US).*

perte d'efficacité loss of effectiveness (US, GB).

perte de sang (SAN) loss of blood (GB).

perte de sens (traduction) loss of meaning (US) (ADJ : "high").

perte de solde (sanction) (PERS) forfeiture of pay (US).

perte de temps loss of time (US) (PREP : "without").

pertes (SAN) casualties (OTAN).

pertes au combat battle casualties (OTAN). Ex : *Les pertes au combat de la Légion furent les plus basses (ou les moins élevées) de toute l'armée française : Legion casualties in action were the lowest in the whole French army (GB).*

pertes biologiques biological casualties (OTAN).

pertes chimiques chemical casualties (OTAN).

pertes civiles civilian casualties (OTAN, GB). Ex : *L'OTAN prend toutes les mesures de précaution possibles pour éviter des pertes civiles au cours de ses opérations : NATO takes every precaution to avoid civilian casualties during its operations (OTAN) – Faire état de pertes civiles (média) : to report civilian casualties (GB).*

pertes classiques conventional casualties (OTAN).

pertes collatérales collateral casualties (GB) (VERB : "to reduce").

pertes du fait de maladies ou blessures non imputables au combat disease non-battle injury (DNBI) casualties (OTAN).

pertes en hélicoptères helicopter losses (US).

pertes en matériels materiel losses (US).

pertes en personnel(s) personnel casualties (US), personnel losses (US). Ex : *Causer des pertes en personnel(s) dans des endroits clos : to cause personnel casualties in inclosed (ou enclosed) places (US).*

pertes hors combat non-battle casualties (OTAN).

pertes médicales medical casualties (OTAN).

pertes massives mass casualties.

pertes mixtes mixed casualties (OTAN).

pertes nucléaires nuclear casualties (OTAN).

pertes psychiatriques psychiatric casualties (US).

pertinent relevant (US, OTAN). Ex : *Se conformer pleinement aux résolutions pertinentes du Conseil de Sécurité de l'ONU : to fully comply with the relevant UNSCRs (= United Nations Security Council Resolutions) (OTAN) – Obtenir et diffuser de l'information pertinente : to acquire and disseminate relevant information (US).*

perturbateur disruptive (OTAN). Ex : *Activité perturbatrice : disruptive activity (OTAN).*

perturbation (mise à feu) disturbance (OTAN).

pesant d'or (PERS) weight in gold (US). Ex : *Ces officiers valent leur pesant d'or : these officers are worth their (own) weight in gold (US).*

peser (sens propre et figuré) to weigh (US). Ex : *Le (char) M1 pèse 54,5 tonnes en ordre de combat : the tank weighs 60 tons combat-loaded (US) – Peser (ou soupeser) des riques : to weigh risks (US).*

pessimiste (le plus) (scénario de conflit) worst-case (Jane's). Ex : *Le scénario le plus pessimiste : the worst-case scenario (Jane's).*

pétard (familier) pistol (US, GB).

Petersberg (missions de) (UEO) Petersberg tasks (UEO). Ex : *Sur tout l'éventail des missions de Petersberg : over the whole range of Petersberg tasks (UEO).*

petit (jour d'arrêt simple) day under open arrest.

petit small (US, OTAN), low (US), short (OTAN). Ex : *Petite guerre (ou guerre limitée) : small war (US) – Petite unité (section / compagnie) : small unit (US) – La plus petite arme de l'armée de terre : the Army's smallest branch (US) – Petite bombe : bomblet (UN) – Le plus petit chef sur le terrain : the lowest commander in the field (US) – Petit historique de l'Alliance : a short history of the Alliance (OTAN) – Une unité de combat plus grande qu'une brigade et plus petite qu'un corps d'armée : a tactical unit larger than a brigade and smaller than a corps (OTAN) – Les forces serbes se sont éparpillées en petites unités : Serb forces dispersed into smaller units (OTAN) – Des forces de plus petite taille : smaller forces (OTAN).*

petite unité small unit (US). Ex : *À l'échelon des petites unités : at the small-unit level (US).*

petit matin early morning hours (US). Ex : *Au petit matin du 2 août 1990 : in the early morning hours of 2 August 1990 (US).*

pétrin bad fix (US). Ex : *Lorsque l'essieu de la jeep s'est cassé, nous étions vraiment dans le pétrin : when the jeep axle broke, we were really in a bad fix (US).*

pétrole brut crude oil (OTAN).

peu après shortly after (US, GB), following (CA). Ex : *Peu après le décollage : shortly after take-off (GB) – Peu de temps après sa nomination au poste de chef d'état-major de l'armée de terre : shortly after becoming Army Chief of Staff (US) – Peu après la défaite allemande en mai 1945 : following Germany's defeat in May 1945 (CA).*

peu coûteux (matériel) inexpensive (US), low-cost (En épithète) (US).

peu de little (US, CA), low (US). Ex : *Rencontrer peu de résistance (force) : to encounter little resistance (US) – Au plan militaire, les raids ont obtenu peu de succès : militarily, the raids achieved little (CA) – Traverser à pied avec fort peu de risques des zones contaminées : to traverse contaminated areas with moderately low risk (US).*

peu familier (terrain) unfamiliar (terrain) (US).

peuplé de (X habitants) with a population of (GB). Ex : *Une île peuplée de 1 000 habitants : an island with a population of 1,000 (GB).*

peupler de to populate with (US). Ex : *Peupler l'armée de terre de personnels de qualité : to populate the Army with quality people (US).*

peu profond shallow (US). Ex : *Un fossé peu profond : a shallow ditch (US) – Une zone peu profonde (TAC) : a shallow area (US).*

peur fear (US, GB) (VERB : "to be frozen by"). Ex : *Sa (= soldat) peur de l'ennemi : his fear of the enemy (GB) – Les flammes sont utilisées au combat pour exploiter la peur du feu naturelle de l'homme : flame is used in combat to exploit man's natural fear of fire (US).*

peu vraisemblable (cotation) (RENS) improbable (US). Ex : *Nouvelle peu vraisemblable : improbable (US).*

PFM voir **pont flottant motorisé.**

phalange (Hist.) (Grèce) phalanx (US).

phare (char) headlight.

phare (balise visible) beacon (US, GB).

phare (véhicule) light. Ex : *Tous les véhicules rouleront (avec) les phares éteints ce soir : all vehicles will be blacked out tonight (US).*

phare (sens figuré) spearhead (GB). Ex : *Le 2ᵉ REP était devenu l'unité phare de la 11ᵉ Division Parachutiste française : 2 REP had become the spearhead unit of the French 11th Paratroop Division (GB).*

pharmacien (SAN) pharmacist (GB, US).

phase (TAC) phase (US, GB) (VERB : "to time-sequence") (ADJ : "subsequent", "separate", "primary"). Ex : *Une opération en cinq phases : a five-phase operation (GB) – La phase d'assaut de la manœuvre : the assault phase of the maneuver (US) – Phase d'exécution : execution phase (US) – Pendant les premières phases de la guerre : in the early stages of the war (US) – Soutenir les premières phases d'un conflit : to sustain the early stages of a conflict (US) – Phase / logistique / opérationnelle (campagne) : logistics / operational / phase (US) – La guerre est entrée dans une phase finale : the war has entered a final phase (US) – On était au troisième jour de la phase terrestre de l'Opération Tempête du Désert : it was three days into the Operation Desert Storm ground war (US).*

Cf. : A specific part of an operation that is different from those that precede or follow (US).

phase (processus / expérimentation) round (OTAN), stage (Jane's). Ex : *La prochaine phase de l'élargissement : the next round of enlargement (OTAN) – La deuxième phase d'expérimentation est en cours (concept opérationnel) : the second stage of trials is underway (Jane's).*

phase d'assaut (opération amphibie ou aéroportée) assault phase (OTAN).

phase de déchargement (opération amphibie) unloading period (OTAN). Ex : *Phase de déchargement général / initial : general / initial unloading period (OTAN).*

phase de déploiement (opération) deployment phase (US).

phase de l'exercice serial (OTAN) (VERB : "to conduct"). Ex : *Officier responsable d'une phase de l'exercice : officer conducting the serial (OCS) (OTAN).*

phase de mise au point (ARMT) development phase (Jane's).

phase de propulsion boost phase (UN).

phase de recherche (matériel) research phase (OTAN).

phase des convois non planifiés : unscheduled convoy phase (OTAN).

phase d'exécution (attaque) execution phase (GB).

phase d'exploitation (RENS) processing phase (OTAN).

phase finale (opération) final phase (US).

phase préparatoire (opération) (TAC) preliminary phase, preparatory phase (US).

phase transitoire (entre opérations de guerre) (TAC) transitional phase (GB).

phénoménal phenomenal (US). Ex : *À une allure phénoménale : at a phenomenal rate (US).*

phénomène phenomenon (OTAN) (Pluriel : "phenomena"). Ex : *Des phénomènes transnationaux : transnational phenomena (OTAN) – Renseignement provenant de la recherche et de l'exploitation de phénomènes acoustiques : intelligence derived from the collection and processing of acoustic phenomena (OTAN).*

phonie voice (US, UN, OTAN) (En épithète). Ex : *Des communications en phonie : voice communications (US) – En phonie protégée (ou en cryptophonie) : secure voice (UN).*

phonie protégée secure voice (OTAN). Ex : *Equipement en phonie protégée : secure voice equipment (SVE) (OTAN).*

phosphore white phosphorous (WP) (US) (Également dénommé "willie peter").

photo photo (US). Ex : *Une photo vue du ciel d'une division de la garde nationale irakienne : an overhead photo of an Iraqi Republican Guard Division (US).*

photocarte photomap (OTAN).

photogrammétrie photogrammetry (US, OTAN).

photogrammétrique photogrammetric (OTAN).

photographe (PERS) photographer (GB) (Également utilisé pour un photographe du renseignement, surnommé "smudger" (US).

photographie (technique) photography (OTAN). Ex : *Photographie de nuit à basse altitude : low altitude night photography (OTAN) – Photographie obtenue par moyens aériens (RENS) : aircraft photography (US) – Photographie obtenue par moyens satellitaires (RENS) : satellite photography (US).*

photo (graphie) (cliché) photograph (OTAN, US) (VERB : "to take", "to provide", "to make... available") (ADJ : "overhead" = vue du ciel, "high-resolution" = à haute résolution, "clandestine"). Ex : *Bande de photographies : photographic strip (OTAN) – Des photographies successives qui se recouvrent : successive overlapping photographs (OTAN) – Photo de groupe : group photograph (GB) – L'extraction de renseignements à partir de photographies de la zone cible (RENS) : the extraction of intelligence from photography of the target area (US) – Photographies prises par périscope (sous-marin) : periscope photography (US) – Photographies prises par sous-marin : submarine photography (US).*

photo (graphie) aérienne (technique) air photography (GB, OTAN), aerial photography (GB, OTAN).

photo (graphie) aérienne (cliché) air photograph (GB, OTAN), aerial photograph (US). Ex : *Interpréter une photo aérienne : to interpret an aerial photograph (US) (ou air photograph (OTAN, GB).*

photographie de documents (RENS) document photography (US).

photographier to photograph (US), to take pictures of (US). Ex : *Photographier les mouvements de troupes : to take pictures of troop movements (US) – Photographier des installations militaires : to photograph military installations (US).*

photo satellite (cliché) satellite photo (graph) (US, GB) (ADJ : "classified"). Ex : *La publication de photos satellite : the release of satellite photos (US).*

physiologique physiological (US). Ex : *Les différences physiologiques entre hommes et femmes : the physiological differences between men and women (US).*

physiologiste (SAN) physiologist (US).

physionomie picture. Ex: *Changer la physionomie du champ de bataille : to change the combat picture.*

physique (discipline) physics (US).

physique (adjectif) physical (UN, US, GB). Ex: *Protection / destruction / physique : physical protection / destruction (UN) – Dégrader les systèmes de défense aérienne ennemis par des attaques physiques : to degrade enemy air defence systems by physical attack (US) – Viser la destruction physique de l'ennemi : to aim at the physical destruction of the enemy (GB).*

physiquement physically (US, GB). Ex: *Occuper physiquement le terrain : to physically occupy (the) ground (US, GB).*

"pianiste" (opérateur radio clandestin) (RENS) pianist (US).

"piano" (poste radio clandestin) (RENS) piano (US).

piaule (familier) barrack room.

pic (outil) pick (GB).

pièce (unité) (ART) gun section (US), gun detachment (GB).

pièce (LOG) part (OTAN, GB) (VERB : "to remove", "to take... from", "to install") (ADJ : "serviceable", "spare", "repairable") (PART : "damaged").

pièce (musée militaire) item (US) (VERB : "to display").

pièce d'armement (fusil automatique) cocking piece.

pièce d'artillerie piece of artillery (CFE, GB, UN, Jane's), artillery piece (CFE, GB, UN, Jane's), (artillery) gun, piece (US). Ex: *Une pièce de gros calibre : a heavy calibre gun – Une pièce d'artillerie de 155 mm : a 155mm artillery piece (GB) – Des réductions spectaculaires dans le nombre de pièces d'artillerie détenues (ou possédées) par les armées occidentales : dramatic reductions in the number of artillery pieces held by Western armies (Jane's) – Du matériel militaire comprenant un véhicule blindé de transport de troupes et plus de dix pièces d'artillerie ont été observés à cet endroit : military equipment including an armoured personnel carrier and more than ten pieces of artillery were observed at this location (OTAN).*

pièce de base (ou directrice) (ART) battery centre (OTAN).

pièce de rechange (LOG) spare (US, OTAN, GB), spare part (GB) (VERB : "to distribute"). Ex: *Ensembles, composants, pièces de rechange et matériaux : assemblies, components, spare parts and materials (ACSM) (OTAN).*

pièce d'identité identification (ID) (GB) (VERB : "to check"). Ex: *Avez-vous une pièce d'identité ? : do you have you any ID ? (GB).*

pièce jointe (PJ) enclosure (ENCL).

pièce jointe (courrier électronique) (Internet) attachment.

pièce maîtresse centerpiece (US). Ex: *Le système ATACMS (= missile tactique de l'armée de terre) est la pièce maîtresse du programme de modernisation de l'armée de terre : the ATACMS system is the centerpiece of the Army's modernization effort (US).*

pièces (matériel) (component) parts (US). Ex : *Une société d'optique de précision a expédié pour des milllions de dollars de pièces défectueuses à l'armée : a precision-optics company shipped millions of dollars worth of defective parts to the military (US).*

pièces détachées repair parts (US), spare parts (GB) (VERB & NOM ASS. : "to supply" / "supply", "to develop" / "development", "to field" / "fielding", "to provide", "to exchange", "to despatch") (ADJ: "available").

pied (sens figuré) standby (GB), co-equal (US). Ex: *La Légion fut mise sur pied d'intervention : the Legion was placed on standby (GB) – La FAR (= Force d'Action Rapide) était* *sur le même pied que la 1ᵉʳᵉ armée française : the FAR was co-equal with the French 1st Army (US).*

pied (à) on foot (US), dismounted, foot (GB), footmobile (US). Ex : *Se déplacer à pied : to move on foot (US) – Des soldats à pied : dismounted troops – Une patrouille à pied : a foot patrol (GB) – Combattre à pied (fantassin) : to fight on foot (Jane's) – Les régiments de mêlée se déplacent essentiellement à pied (INF) : the maneuver battalions are basically footmobile (US).*

pied (prendre) (TAC) to establish a foothold.

pied à terre (mettre) (INF) to dismount.

pied de guerre war footing (GB), state of readiness for war (OTAN). Ex : *Être sur le pied de guerre : to be on a war footing (GB) – Les forces armées sont mises sur pied de guerre : the armed forces are brought to a state of readiness for war (OTAN).*

pied d'œuvre (amener à) (force) to deliver (US).

pieds gelés (ou gelure des tranchées) (SAN) trench-foot (GB).

piège trap (GB) (VERB : "to walk into"). Ex : *Evacuer des centaines d'étrangers pris au piège : to evacuate hundreds of trapped foreigners (GB) – La 3ᵉ Compagnie a été prise au piège par l'encerclement ennemi : C Company has been trapped by the enemy encirclement (GB).*

piège (dispositif explosif) booby trap (US, OTAN) (VERB : "to disarm").

Cf. : A device designed to kill or maim an unsuspecting person who disturbs an apparently harmless object or performs a normally safe act (US).

piégé (ennemi) (TAC) trapped (US).

piégé (dispositif explosif) booby-trapped (US). Ex : *La maison pourrait être piégée : the house could be booby-trapped (US).*

piégeage (dispositif de) (mine) antilift device (US, OTAN).

piégeage de microprocesseurs (info-guerre) chipping (Time).

piège latéral à effet dirigé roadside bomb.

piéger (force) (TAC) to trap (GB).

piéger (RENS) to trap (US), to set up (US), to entrap (US). Ex : *L'emploi du sexe pour piéger ou faire chanter un individu est une pratique courante dans les opérations d'espionnage : the use of sex to trap or blackmail an individual is standard practice in intelligence operations (US) – Piéger quelqu'un dans une situation gênante : to set somebody up in an embarassing situation (US).*

piéger (à l'explosif) (objet / équipement) to booby-trap (GB), to trap (GB). Ex : *Piéger une grenade : to booby-trap a grenade (GB) – La plupart des habitations avaient été piégées : most of the houses had been trapped (GB).*

piège sexuel (RENS) honey trap (US).

pierre angulaire (sens propre et figuré) cornerstone (US, OTAN).

PIF / PAF voir **pilotage (missile).**

pigeon (personne surveillée ou filée) (RENS) pigeon (US).

pigeon voyageur carrier pigeon (US), pigeon post (US). Ex : *Envoyer des micropoints par pigeon voyageur (RENS) : to send microdots by pigeon post (US).*

piger (comprendre) (familier) to savvy (US). Ex : *Maintenant je pige la situation : now I savvy the situation (familier) (US).*

pile (missile) battery.

pile à combustible fuel cell (GB).

pile thermique thermal battery.

pilier (sens propre et figuré) pillar (US, OTAN, UEO) (VERB : "to reinforce"). Ex : *Le pilier européen de l'Alliance : the European pillar of the Alliance (OTAN, UEO) – Un pilier de défense : a defense pillar (US).*

pillages looting (GB) (Terme collectif invariable) (ADJ : "widespread"). Ex : *Se livrer à des destructions et des pillages (manifestants) : to go on a rampage of destruction and looting (GB).*

pillard looter (US, GB) (VERB : "to discourage").

piller to loot (US, GB).

pilonnage pounding (US, GB) (VERB : "to take"). Ex : *La ville subissait un pilonnage : the city was taking a pounding (GB) – Les 7 heures qui suivirent furent utilisées à la poursuite du pilonnage des positions ennemies : the next 7 hours were used in continuing to pound the enemy positions (US) – Le pilonnage sans merci se poursuivit toute la nuit : the unmerciful (ou merciless) pounding continued through the night (US).*

pilonnage d'artillerie artillery bombardment, shelling (Terme indénombrable) (US) (ADJ : "heavy").

pilonner to pound (US, GB). Ex : *Les forces ennemies pilonnent la ville depuis plus de deux mois : enemy forces have been pounding the city for over two months (GB).*

pilotage flying (US, GB). Ex : *Entraînement au pilotage : flying training (UN), pilot training (GB).*

pilotage (missile) control. Ex : *Pilotage aérodynamique (PAF = pilotage aérodynamique fort) : aerodynamic control – Pilotage en force (PIF = pilotage inertiel en force) : direct force control.*

pilotage (mode de gestion) management (Jane's).

pilotage aux instruments (ALAT) instrument flight (US).

pilotage de nuit (véhicule blindé) night driving (US) (VERB : "to permit").

pilote (aéronef) pilot (US, GB). Ex : *Un engin sans pilote : a pilotless vehicle (US).*

pilote pilot (US), lead (OTAN). Ex : *Site pilote : pilot site (US) – Nation pilote : lead nation (OTAN) – Programme pilote (formation / instruction) : pilot program (US).*

pilote automatique (aéronef) autopilot (OTAN, GB) (Terme dénombrable).

pilote de char tank driver.

pilote de chasse fighter pilot (GB).

pilote d'essais test pilot (GB).

pilote d'hélicoptère (ALAT) : helicopter pilot (US, GB) ("the P1 pilot" (GB) (Terme familier GB : "rotor head").

piloter to pilot (US), to fly (US), to drive (US). Ex : *Piloter un hélicoptère : to pilot (ou to fly) a helicopter (US) – Piloter un char : to drive a tank (US).*

pilote-radio driver/signaller.

pim (ou indien) (familier) (officer) driving a desk (GB).

pinces coupantes wire cutters (GB) (EXPR : "to cut through barbed wire").

pioche pick (GB).

pionnier pioneer (US, GB). Ex : *L'OTAN a fait œuvre de pionnière dans cette stratégie : NATO pioneered this strategy (OTAN).*

pionnier (soldat du génie) pioneer (GB) (Travaux du génie).

piou-piou (familier) squaddy ou squaddie (GB), G.I. (= Government Issue) (US).

pipeau! (terme familier) rubbish! (GB). Ex: *C'est du pipeau!: that's a load of (old) rubbish! (GB).*

pipeline pipeline (US) (VERB: "to operate").

pipeline centre Europe Central Europe pipeline (CEP) (OTAN).

piqué (descendre en) (piquer) to swoop (US), to dive (GB). Ex: *Les hélicoptères descendant en piqué: helicopters swooping (US).*

pique-boyaux (escrime) (familier) fencing.

piquer (aéronef) to dive (GB).

piquet picket (GB). Ex: *Mettre en place des piquets sur un itinéraire: to place pickets along a route (GB), to picket a route (GB).*

piquet d'incendie fire-fighting picket (GB), fire picket (US).

piquet radar radar picket (US, OTAN).

piqûre (ou injection) (SAN) injection. Ex: *Faire une piqûre d'atropine: to administer an atropine injection (US).*

piratage informatique (intrusion) (computer) hacking (US). Ex: *Lutte contre le piratage informatique: hacker warfare (Time).*

pirate de l'air (aircraft) hijacker (GB, US).

pirate informatique hacker (US).

pire (scénario de conflit) worst-case (Jane's). Ex: *Le pire scénario: the worst-case scenario (Jane's).*

piscine swimming pool.

Piscine (la) (surnom médiatique des services secrets français) voir **SDECE (Service de Documentation Extérieure et de Contre-Espionnage) (Hist.)** et **DGSE.**

pisse-en-l'air (artilleur sol-air) (familier) duck hunter (US).

piste (chemin) track, trail (US, GB).

piste (marques au sol) trail (GB). Ex: *Nous avons suivi la piste laissée par l'ennemi: we followed the trail left by the enemy (GB).*

piste (aéronef / missile) (défense aérienne) track (US, GB, OTAN).

piste (aérodrome) runway (OTAN). Ex: *Réparation rapide des pistes: rapid runway repair (RRR) (OTAN).*

piste d'atterrissage airstrip, landing strip.

piste de roulement taxiway.

piste de ski ski run.

piste du risque assault course (GB).

piste opérationnelle minimale (aéronefs) minimum operating strip (OTAN).

piste pliable (véhicules chenillés) trackway (GB) (VERB: "to carry") (NOM ASS.: "roll"). Ex: *Piste pliable de classe 60: Class 60 trackway (GB).*

pistolet pistol (US, GB), side arm (GB) (VERB: "to fire", "to carry", "to make", "to be designed for use by", "to use", "to conceal", "to load", "to issue… to", "to design") (ADJ: "small-calibre", "semi-automatic", "accurate", "quiet") (NOM ASS.: "holster", "calibre", "weight", "muzzle velocity", "magazine capacity", "round") (EXPR: "easy to conceal", "fairly reliable", "to be in use with many armed and police forces", "a personal protection weapon"). Ex: *Pistolet de 9 mm: 9mm Personal Defense Weapon (US).*

pistolet automatique automatic pistol.

pistolet-mitrailleur (PM) sub machine-gun (SMG) (GB).

pistolet semi-automatique semi-automatic pistol (GB) (VERB: "to develop") (ADJ: "effective") (NOM ASS.: "calibre", "weight", "muzzle velocity", "magazine capacity", "round", "box") (EXPR: "to pass every required specification") (Voir aussi **pistolet**).

piston (appui / recommandation / protection) string-pulling, wire-pulling (US), pull (GB). Ex: *Avoir du piston: to have friends in the right places, to have friends in high places (GB)* – *Il a eu le poste par piston: he got the job thanks to a bit of string-pulling* – *Il a dû faire marcher le piston pour qu'ils me donnent le poste: he had to pull a few strings to get them to give me the job (GB).*

pitaine (capitaine) (familier) Cap.

pivot (mortier) swivel, pivot. Ex: *Mitrailleuse en pivot: swivel-mounted machine gun.*

pivot (ou pilier) (sens figuré) backbone, mainstay.

pivotant revolving, rotating (US). Ex: *Tourelle pivotante (char): revolving turret* – *Une structure pivotante au sommet d'un char: a rotating structure atop a tank (US).*

pivoter (tourelle) to revolve. Ex: *Une tourelle pouvant pivoter à 360 degrés: a 360-degree turret (US).*

place place (US, GB), room (US), redundant (GB). Ex: *La place d'honneur: the place of honor (US)* – *Remplir les conditions nécessaires pour une place à l'école d'état-major: to qualify for a place at the Staff College (GB)* – *Obtenir une place à l'école d'état-major: to be given (ou to be awarded ou to win) a place at the Staff College (ou a Staff College place) (GB)* – *Le racisme n'a pas sa place dans l'armée de terre: racism has no place in the Army (US)* – *Dans l'armée de terre, il n'y a pas de place pour les mauvais exécutants: no room exists for poor performers, or "half-steppers", in the Army (US)* – *Le char n'a plus sa place sur le champ de bataille moderne: the tank is redundant on the modern battlefield (GB).*

place (arme) spot (GB). Ex: *C'est une bonne place pour les mortiers: this is a good spot for the mortars (GB).*

place (crèche / halte-garderie) space (US).

place (en) in position, in location, in place (US), posted. Ex: *La goupille de sécurité est en place: the safety pin is in place (US)* – *Les soldats sont en place: the soldiers are posted.*

place (sur) (inspection / contrôle) on site (UN) (En épithète: "on-site").

place d'armes parade ground (GB).

place forte (ou place fortifiée ou place) fortified town.

place forte (par extension: ville de garnison) garrison town (GB).

placer (force / personnel / organisme) to place (US, GB). Ex: *Placer un régiment en appui d'une brigade: to place a battalion in support of a brigade (US)* – *Être placé en appui d'une unité: to be placed in support of a unit (GB)* – *Placer un organisme sous la direction de: to place an agency under the direction of (US)* – *Des forces placées sous son autorité (chef): forces placed under his control (US)* – *Unité placée aux ordres d'un chef: unit under the command of a commander (OTAN)* – *Normalement, un régiment de 155 (mm) est placé en appui direct de chaque brigade engagée (ART): normally, one 155-mm battalion is placed in direct support of each committed brigade (US)* – *Placer des officiers sous son autorité immédiate (général): to place officers under his immediate direction and control (US)* – *Place des forces sous le contrôle opérationnel de: to place forces under OPCON (= Operational Control) of (US).*

placer (installer) (arme) to site (GB). Ex: *Où avez-vous placé la mitrailleuse?: where have you sited the machine-gun? (GB).*

placer sous surveillance (agent) (RENS) to place under watch (US).

plafond (missile / aéronef) ceiling (US, OTAN). Ex: *Plafond pratique (hélicoptère) : service ceiling (US) – Plafond de vol stationnaire (hélicoptère) : hovering ceiling (OTAN).*

plafond (drône) maximum altitude (GB). Ex: *La plafond du drône Phoenix est de 2700 m : the maximum altitude of the Phoenix unmanned air vehicle (UAV) is 2700 m (GB).*

plafond (effectifs) ceiling (Jane's) (VERB: "to put").

plafond en personnel(s) (armée) personnel ceiling (Jane's).

plafonnement (équipements militaires / armements) ceiling (UN).

plafonner (carrière) to top out (US). Ex: *Les carrières militaires féminines ont tendance à plafonner aux grades intermédiaires : women's military careers tend to top out at the middle ranks (US).*

plage beach (OTAN, US). Ex: *Obstacles sur les plages : beach obstacles (OTAN) – Les plages de débarquement : the invasion beaches (US).*

plageage beaching (UN).

plage de débarquement landing beach (OTAN).

plaider (justice) to plead (US). Ex: *Un soldat de 2ᵉ classe de l'armée de terre a plaidé innocent : an Army private has pleaded innocent (US).*

plaie wound (OTAN).

plaine (TOPO) plain (GB) (Terme dénombrable) (VERB: "to reach", "to advance across") (ADJ: "humid"). Ex: *Des zones allant des montagnes aux plaines et aux deltas : areas which vary from mountains to plains and deltas (US) – La plaine de Damas : the Damascus Plain (US).*

plaine côtière (ou littorale) coastal plain.

plainte complaint (US) (VERB: "to state", "to make", "to resolve", "to investigate").

plan (projet / TAC) plan (US, GB, OTAN) (Terme générique) (VERB: "to make", "to execute", "to supervise", "to prepare", "to implement", "to formulate", "to form", "to establish", "to call for", "to propose") (ADJ & PART: "comprehensive", "well thought", "well organized", "simple", "agreed", "additional", "wide-ranging", "strategic", tactical", "campaign", "new") (NOM ASS: "formulation"). Ex: *Faire un plan : to make a plan (GB) – Dans le cadre du plan d'un commandant supérieur : as part of a superior commander's plan (GB).*

plan (niveau) level (US, OTAN), regard (UEO), key (OTAN). Ex: *Sur le plan des forces et des capacités opérationnelles, les efforts les plus urgents devraient porter sur les domaines suivants : with regard to forces and operational capabilities, the most urgent efforts should be focused on the following areas (UEO) – Au plan militaire, les raids ont obtenu peu de succès : militarily, the raids achieved little (CA) – Sur le plan militaire : at the military level (OTAN) – Des acteurs de premier plan (partenaires de l'OTAN) : key players (OTAN) – Il ne comprend pas en soi d'autorité sur le plan administratif (nature d'un commandement) : it does not include of itself responsibility for administration (OTAN) – Au plan tactique : at the tactical level (US).*

plan (représentation spatiale) plane (US). Ex: *Le plan horizontal : the horizontal plane (US).*

plan administratif et logistique administrative plan (OTAN).

plan aérien air plan (GB) (ADJ: "master").

plancher (véhicule blindé) (tourelle / caisse) (turret / hull) floor (US).

plan d'action (politique) action plan (UN, OTAN) (VERB: "to endorse" = entériner).

plan d'action (ou mode d'action) (force) course of action (COA) (US). Ex: *Éliminer les plans d'action de l'ennemi : to eliminate enemy COAs (US).*

plan d'attaque (NUC) strike plan (OTAN). Ex : *Plan général d'attaque nucléaire : general strike plan (GSP) (OTAN).*

plan d'attaque aérienne air attack plan (GB) (ADJ : "master").

plan d'attaque de l'OTAN NATO strike plan (NSP) (OTAN).

plan d'attaque nucléaire nuclear strike plan (NSP) (OTAN).

plan de bataille battle plan (US) (ADJ : "offensive").

plan de campagne campaign plan (US) (VERB : "to initiate", "to draft"). Ex : *Plan de campagne de théâtre : theater campaign plan (US).*

plan de carrière (PERS) career plan (US).

plan de chargement loading plan (US, OTAN).

plan de circonstance (ou de contingence ou dicté par les circonstances) contingency plan (OTAN) (VERB : "to develop", "to prepare") (ADJ : "deliberate"). Ex : *Plan de circonstance interarmées : joint contingency plan (GB) – Plan de circonstance civil (établi par le représentant consulaire pour l'évacuation des personnels nationaux) : civil contingency plan (GB).*

plan de contre-attaque counterattack plan (US).

plan de contrôle de l'espace aérien airspace control plan (ACP) (GB, OTAN).

plan de cours (pédagogie) lesson plan (US).

plan de déception (RENS / TAC) deception plan (US) (ADJ : "secret").

plan de feu fire (OTAN). Ex : *Obstacle habituellement couvert par un plan de feu (barrage routier) : a barrier or obstacle, usually covered by fire (OTAN).*

plan de feux (ART) fire plan (US, GB), fire support plan (US).

plan de feux d'artillerie artillery fire plan table (OTAN).

plan de frappe de l'OTAN NATO strike plan (NSP) (OTAN).

plan de fréquences (TRANS) frequency plan.

plan de guerre war plan (GB, US) (VERB : "to obstruct", "to delay", "to develop", "to obtain", "to foretell").

plan de manœuvre manœuvre plan (GB), maneuver plan (US), scheme of maneuver (US). Ex : *Le plan de manœuvre de l'unité : the unit's scheme of maneuver (US).*

plan de mission mission plan (GB).

plan de mobilisation mobilization plan (US, CA) (VERB : "to prepare", "to develop" = élaborer) (PART : "integrated"). Ex : *Conformément aux plans de mobilisation : in accordance with mobilization plans (US) – Des plans de mobilisation appropriés : sound mobilization plans (CA).*

plan de modernisation (armée) modernization plan (US). Ex : *Plan de modernisation de l'armée de terre : Army Modernization Plan (AMP) (US).*

plan de mouvement movement plan.

plan de mouvements interarmées (ou mixte) joint movements plan (JMP) (OTAN).

plan d'emploi des feux fire plan (US, GB, OTAN). Ex : *Un plan d'emploi des feux antichar : an anti-armour fire plan (GB).*

plan d'emploi des forces force commitment plan, force deployment plan.

plan d'entraînement (forces / unité) training plan (US) (VERB : "to develop" = mettre au point, "to adjust" = adapter).

plan de numérotage interarmées (PNIA) (TRANS) Equivalent US : DSN (Defense Switched Network) – Équivalent GB : Defence Fixed Telecom Service (DFTS).

plan de paix peace plan (US).

plan de pose (mines) pattern (OTAN), minefield record (US) (ADJ : "standard" = réglementaire).

plan de recherche (RENS) collection plan (US, OTAN), collection effort (OTAN) (VERB : "to prepare").

plan de recrutement (armée) recruiting plan (US).

plan de réexamen des capacités de défense (pays) defence review (GB, US). Ex : *Plan quadriennal de réexamen des capacités de défense : Quadriennal Defense Review (QDR) (US).*

plan de répartition (forces) distribution plan (US). Ex : *Plan de répartition sur le théâtre : theater distribution plan (US).*

plan de repérage (champ de mines) minefield record (OTAN).

plan de restructuration (armée) restructuring plan (Jane's) (ADJ : "final") Ex : *Annoncer un plan de restructuration : to announce a restructuring plan (Jane's).*

plan des effectifs manpower plan (OTAN).

plan de sous-traitance (armement) subcontracting plan (US).

plan de soutien logistique logistic support plan (LSP) (OTAN).

plan de synchronisation (TAC) synchronization plan (US).

plan de tir restrictif restrictive fire plan (OTAN).

plan de tirs repérés target data (US, GB).

plan de transmissions communications plan (COMPLAN) (OTAN).

plan d'évacuation evacuation plan (US) (VERB : "to rehearse", "to prepare").

plan de valorisation (matériel) improvement plan (US). Ex : *Le plan de valorisation du Longbow Hellfire : the improvement plan for Longbow Hellfire (US).*

plan de vol flight plan (OTAN).

plan d'infrastructure infrastructure plan (OTAN).

plan directeur (mise en œuvre d'un modèle d'armée) master plan (US).

plan d'inspection inspection plan (UN).

plan directeur (projet) master plan (US). Ex : *Plan directeur de numérisation : digitization master plan (US) – Plan directeur de l'armée de terre en matière de sciences et technologies : Army science and technology master plan (US).*

plan (ou schéma) directeur (programme d'armement) master plan (US).

plan d'obstacles obstacle plan (US, GB).

plan doctrinal (au) doctrinally (US).

plan d'opération operation plan (OPLAN) (US, GB, OTAN) (VERB : "to put into effect").

Cf. : A plan for military operations. It covers a single operation or a series of connected operations to be carried out simultaneously or in succession. It implements operations derived from the campaign plan. When the time and / or conditions under which the plan is to be placed in effect occur, the plan becomes an operation order (OPORD) (US).

plan d'opération de circonstance contingency operation plan (COP) (GB, OTAN).

plan d'opérations (STRAT) plan of campaign (US, GB).

plane plane (OTAN). Ex : *Sur une surface plane : on a plane surface (OTAN).*

planer (sens figuré) to loom (US). Ex : *Le spectre d'une deuxième crise majeure planait sur le Pentagone : the specter of a second major crisis loomed over the Pentagon (US).*

planétaire (mondial) global (US). Ex : *Sécurité planétaire : global security (US) – La portée planétaire de la stratégie nationale des États-Unis : the global range of US national strategy (US).*

planète planet (US), globe (US), worldwide (US). Ex : *Vers les quatre coins de la planète : to all corners of the globe (US) – Des forces de combat capables de réagir rapidement à des crises sur toute la planète : combat forces capable of responding rapidly to crises worldwide (US) – Projeter de la puissance sur toute la planète (ou dans le monde entier) : to project power globally (US) – La terre est une planète très dangereuse et instable : Earth is a very dangerous, unstable planet (US).*

planeur (militaire) (military) glider (US, GB).

plan final final plan (OTAN).

plan focal focal plane (OTAN).

plan général de défense (PGD) general defence plan (GDP) (OTAN).

plan général de débarquement (opération amphibie) plan for landing (OTAN).

plan général d'emploi des forces overall force deployment plan, overall force commitment plan.

plan générique du renseignement generic intelligence plan (GIP) (OTAN).

planificateur (PERS) planner (US, OTAN). Ex : *Planificateur de théâtre : theater planner (US).*

planificateur d'exercice exercise planner (OTAN).

planification planning (OTAN, US, GB). (VERB : "to furnish", "to require", "to decentralize") (ADJ : "thorough", "preliminary", "timely", "extensive", "prior", "centralized", "deliberate"). Ex : *Planification et exécution de la manœuvre : maneuver planning and execution (US) – Planification et conduite des opérations : planning and conduct of operations (US).*

planification à long terme long range planning (US), extended planning (US).

planification de campagne campaign planning (US).

planification de circonstance (ou d'urgence) contingency planning (GB) (PART : "integrated").

planification de déploiement deployment planning (US).

planification de (la) défense defence planning (UEO, OTAN, US, UN) (ADJ : "coherent"). Ex : *L'harmonisation des processus de planification de la défense : the harmonisation of defence planning processes (OTAN).*

planification de la mission (ou des missions) mission planning (US).

planification de l'appui feu fire support planning (US).

planification des actions de crise crisis action planning (GB).

planification des armements armaments planning (OTAN).

planification des objectifs stratégiques strategic target planning (OTAN). Ex : *État-major interarmées de planification des objectifs stratégiques : joint strategic target planning staff (JSTPS) (OTAN).*

planification des missions mission planning (OTAN). Ex : *Système de planification des missions de théâtre : theatre mission planning system (TMPS) (OTAN).*

planification de stocks stockpile planning (OTAN).

planification des transmissions signal planning (US).

planification d'état-major staff planning (US).

planification d'exercice(s) exercise planning (OTAN).

planification en collaboration collaborative planning (US).

planification en matière de sécurité nationale national security planning (US).

planification financière financial planning (Trésor) (US).

planification interarmées joint planning (US).

planification logistique logistics planning (US), logistic planning (GB).

planification opérationnelle operational planning (US).

planification opérative operational planning (US).

planification renseignement intelligence planning.

planification ressources humaines (état-major d'armée) human resources and recruitment (Jane's).

planification stratégique strategic planning (UEO).

planification tactique tactical planning (US).

planifié planned (OTAN) (ADV : "fully", "partially").

planifié à l'avance (opération) preplanned (US).

planifier (opération / activités) to plan (an operation / activities) (US, OTAN). Ex : *Planifier n'est pas combattre : planning is not fighting (US).*

planifier (convoi) to schedule (a convoy) (OTAN).

planimétrie planimetry.

plan initial (opérations) basic plan (US) (VERB : "to alter").

plan logistique logistical plan (US) (VERB : "to prepare").

plan ORSEC national disaster contingency plan (ou civil emergencies scheme).

plan ORSEC-Rad nuclear disaster contigency plan.

plan préliminaire tentative plan.

planque (d'un service de renseignement) (RENS) safe house (US) (VERB : "to maintain").

Cf. : A house or apartment that is thought to be unknownwn to foreign intelligence or counterintelligence and is considered temporarily safe for clandestine meetings (US).

planque (action d'échapper aux exercices et corvées) skive (GB), shirk (GB), excuse from duty (GB).

planqué shirker (GB), skiver (GB), lurker (GB).

planqué (soldat qui ne sert pas sur le front) remf (GB).

plans civils d'urgence (PCU) civil emergency planning (CEP) (OTAN, GB). Ex : *Direction des plans civils d'urgence (OTAN) : (NATO) Civil Emergency Planning Directorate (OTAN).*

plans de défense defence planning (UN, OTAN) (ADJ : "coherent").

plans de mise en œuvre (opérations) implementation plans (GB).

plans de mission mission planning (OTAN). Ex : *Système perfectionné d'aide à l'établissement des plans de mission : advanced mission planning aid (AMPA) (OTAN).*

plans de mobilisation mobilization planning (US).

plans de théâtre interarmées joint theatre plans (JTP) (GB).

plans et politique de défense defence planning and policy (DPP) (OTAN).

plans logistiques logistics planning (US).

plan subordonné subordinate plan (US).

plan tactique tactical plan (US).

plan tactique (sur le) tactically (US).

planter to set (US). Ex : *Planter le décor (d'un exercice) : to set the stage (of an exercise) (US).*

planton (ou ordonnance) (PERS) orderly.

plaque (commémorative) (commemorative) plaque (OTAN). Ex : *L'inauguration d'une plaque commémorative : the unveiling of a commemorative plaque (OTAN).*

plaque (de blindage) armor plate (US). Ex : *La caisse est réalisée en plaques d'aluminium soudées (char) : the hull is of welded aluminum armor plate (US).*

plaque de base (mortier) baseplate (US), bedplate (ADJ : "conventional", "standard").

plaque de blindage armour plate.

plaque de couche (fusil automatique) butt plate.

plaque de couche anti-recul (carabine) recoil pad.

plaque de crosse (arme de poing) backstrap.

plaque de crosse (fusil) butt plate.

plaque d'identité (portée autour du cou) (PERS) (US / GB) identity disc (GB), ID disc (GB) (Surnom : "dog tag").

plaque latérale (arme de poing) side plate.

plaque patronymique (ou nominative) nameplate (US) (VERB : "to center") (ADJ : "parallel to").

plaque supérieure (arme de poing) top strap.

plaquettes de brouillage chaff (US).

plastic (explosif) plastic explosive (GB), high explosive plastic (HEP) (VERB : "to manufacture", "to trace (forensically)", "to use") (ADJ : "odourless", "detectable") (NOM ASS. : "detonating velocity", "stocks") (EXPR : "difficult to detect", "to introduce a trace element", "to obtain considerable quantities (of)").

plastique (matière) plastic.

plastique plastic (OTAN). Ex : *Explosif brisant plastique : high-explosive plastic (HEP) (OTAN).*

plastron skeleton enemy, opposing force (OPFOR) (US), aggressor forces (OTAN) (ADJ : "resident") (PART : "well-trained") (PREP : "against"). Ex : *Servir de plastron : to act as enemy – S'entraîner contre un plastron de niveau international (force) : to train against a world class opposing force (US).*

plastron d'arme neck scarf.

plastronner to act as opposing force (OPFOR), to act as enemy.

plat (terrain) flat (terrain).

plat (à) (usé) to run out (GB). Ex : *La batterie est à plat : the battery has run out (GB).*

plateau (TOPO) plateau (GB) (ADJ : "marshy", "coastal"). Ex : *Le plateau du Golan : the Golan Plateau (US).*

Plateau d'Albion (le) the Albion Plateau (GB). Ex : *Garder les silos à missiles sur le Plateau d'Albion : to guard the missile silos on the Albion Plateau (GB).*

plateau déposable (LOG) flat rack (GB).

plate-forme platform (US, GB) (ADJ : "ground", "air-based"). Ex : *Une plate-forme aérienne extrêmement mobile (= hélicoptère) : a highly mobile aerial platform (US) – Plate-forme aéroportée : airborne platform (GB).*

plate-forme armée (hélicoptère) weapon platform (US).

plate-forme d'armes weapon platform (US).

plate-forme de commandement command platform (US).

plate-forme (ou aire) de lancement launch pad (UN), launching pad (UN).

plate-forme de largage airdrop platform (OTAN).

plate-forme de poser d'hélicoptères (hélistation) helipad (GB).

plate-forme d'observation (ballon / aérostat) observation platform (US).

plate-forme militaire (homme / matériel) military platform (GB).

Plate-forme pour la sécurité coopérative (the) Platform for Co-operative Security (OTAN).

plat ventre (à) prone (US). Ex : *Se coucher à plat ventre (attaque NBC) : to get prone (US).*

plébiscite plebiscite (US).

plein (trait) (graphisme) solid (line) (US).

plein (adjectif) full (GB, OTAN), broad (US). Ex : *Service dans la réserve à temps plein : full time reserve service (GB) – En plein jour : in (broad) daylight (US) – Empêcher la pleine participation de la France à la structure de commandement intégrée de l'OTAN : to prevent the full participation of France in NATO's integrated command structure (OTAN).*

plein (de carburant) Ex : *Un aéronef dont les pleins sont faits : an aircraft which is fuelled (OTAN).*

plein air open air (US). Ex : *Un cours (ou une séance d'instruction) en plein air : an open air class (US).*

pleinement fully (OTAN), full (OTAN). Ex : *Pleinement opérationnel : fully operational (OTAN) – Nous sommes déterminés à jouer pleinement notre rôle : we are resolved to play our full part (OTAN) – L'Alliance s'est montrée pleinement à la hauteur des défis les plus redoutables : the Alliance has proved it is fully up to the most demanding challenges (OTAN).*

pleuvoir to rain (US, GB) (ADV : "heavily" = beaucoup).

pli (chemise) crease (GB) (VERB : "to iron" = repasser).

pliage de parachutes (TAP) parachute rigging (US).

pliant (matériel) folding.

plier (parachute) to pack, to rig (a parachute) (US).

plier (pont) to fold up (US). Ex : *Le pont serait transporté plié sur un camion de l'armée de terre de type courant : the bridge would be transported folded up on a standard Army truck (US).*

plieur de parachutes parachute rigger (US).

plomb (fusil) pellet.

"plombier" (RENS) plumber (US).

plombs (fusil) shot (GB) (Terme pluriel).

plongée (action ponctuelle) dive (GB).

plongée (activité) diving (GB). Ex : *Opérations de plongée : diving operations (GB) – Plongée sous-marine : scuba-diving (GB) (Scuba = self-contained underwater breathing apparatus).*

plonger (sens propre) to immerse (US), to shoot down (US), to dive (US, GB). Ex : *Plonger le blessé dans de l'eau fraîche : to immerse the casualty in cool water (US) – Plonger sur la cible (missile) : to shoot down into the target (US) – Plonger à 20 mètres (sous-marin) : to dive to 20 meters (US) – Plonger (sous-marin) : to dive (GB).*

plonger (sens figuré) to result in (OTAN). Ex : *Cet exode a plongé les Kosovars dans une détresse et des souffrances indicibles : this exodus resulted in untold hardship and suffering for the people of Kosovo (OTAN).*

plongeur diver (US, GB). Ex : *Plongeur autonome : scuba diver (US) (scuba = self-contained underwater breathing apparatus) – Equipe de plongeurs (GEN) : diving team (GB) – Plongeurs de combat : combat divers (US).*

plongeur de l'armée de terre Army diver (GB).

plot plotting board (OTAN).

plot (point) point (US).

plot ravitaillement forward arming and refuelling point (FARP) (US).

pluches (corvée de) (familier) potato-peeling duty, spud-bashing duty (GB). Ex : *Être de (corvée de) pluches : to be on potato-peeling duty, to be on spud-bashing duty (GB) (Voir aussi corvée de cuisine).*

pluie rain (US, GB), rainout (OTAN), hail (GB) (ADJ : "heavy"). Ex : *S'entraîner sous la pluie : to train in rain (US) – Pluie jaune : yellow rain (UN) – Pluie radioactive : rainout (OTAN) – Pluies torrentielles : torrential rains (GB, US) – Une pluie (ou grêle) de balles : a hail of bullets (GB) – Après une journée de forte pluie : after a day of heavy rain (US).*

plumet (de casque) plume(s) (GB), hackle (GB).

plupart most (US), the majority of (US). Ex : *La plupart des officiers du Train est / sont.. : most (ou the majority of) Transportation Corps officers are... (US) – Sur la plupart des terrains : in most terrain (US).*

pluri- (préfixe) voir **multi-**.

pluri-annuel multiyear (US) (En épithète). Ex : *Des commandes pluri-annuelles (armement) : multi-year orders (Jane's).*

pluridimensionnel (champ de bataille) multidimensional (US).

pluriel des noms de matériels Ex : *Quatre Bradley M2A3 : four M2A3 Bradleys (US) – Jusqu'à 20 (hélicoptères) Apache supplémentaires : up to 20 additional Apaches (Jane's).*

"plus" added value (OTAN). Ex : *Des domaines où l'OTAN peut apporter un "plus" : areas where NATO can bring added value (OTAN).*

plus (spatial) further (US). Ex : *Plus au sud : further to the south (US).*

plus (ajout) plus (Jane's). Ex : *Un groupe de combat d'infanterie de 11 hommes plus trois membres d'équipage : an 11-man infantry squad plus three crew members (Jane's).*

plus bas (ART) down (OTAN).

plus de more than (OTAN), in excess of (US, GB), over (US), -plus (US). Ex : *Actuellement, il y a plus de 50 types d'unités différents : curently, there are in excess of 50 different types of units (US) – Perforer plus de 650 mm de blindage : to penetrate over 650mm of armor (US) / armour in excess of 650mm (GB) – Outre son rayon d'action de plus de 150 kilomètres (drone) : in addition to its 150-kilometer-plus operating radius (US) – Du matériel militaire comprenant un véhicule blindé de transport de troupes et plus de dix pièces d'artillerie ont été observés à cet endroit : military equipment including an armoured personnel carrrier and more than ten pieces of artillery were observed at this location (OTAN).*

plus gradé (PERS) senior (GB).

plus haut (ART) up (OTAN).

plusieurs two or more (OTAN), one or more (OTAN). Ex : *Plusieurs pays : two or more countries (OTAN) – Un ensemble de une ou plusieurs armes : a combination of one or more weapons (OTAN).*

plus loin (ART) add (OTAN).

plus longue portée (à) longer-range (OTAN) (En épithète). Ex : *Forces nucléaires intermédiaires à plus longue portée : longer-range intermediate nuclear forces (LRINF) (OTAN).*

plus près (ART) drop (OTAN). Ex : *Plus près de 20 mètres : drop 20 ! (GB).*

PLUTON (missile sol-sol) (obsolète) PLUTON surface-to-surface missile (US).

plutonium plutonium (OTAN). Ex : *Les stocks actuels sont de 7,6 tonnes de plutonium : current stocks are 7.6 tonnes of plutonium.*

p.m. (pour mémoire) omitted.

pneu (matique) tyre (GB), tire (US) (VERB : "to take off"). Ex : *Sur pneumatiques (engin du Génie) : rubber-tired (US) (En épithète).*

PNIA voir **plan de numérotage interarmées.**

poche (TAC) pocket (US). Ex : *Dans la poche de Bihac : in the Bihac pocket (US)* – *Être pris dans une poche de résistance : to get caught in a pocket of resistance (US).*

poche (uniforme) pocket (US). Ex : *Rabat de poche : pocket flap (US).*

poche arrière de tourelle bustle. Ex : *Chargement automatique en poche arrière de tourelle : bustle-mounted automatic loader (Jane's).*

podologie (SAN) podiatry (US).

podologue (SAN) podiatrist (US).

poids (matériel / etc.) weight (US, GB) (VERB : "to grow", "to reach", "to reduce"). Ex : *Le simple poids de l'autorité : the sheer weight of authority (GB)* – *D'un (ou avec son) poids de 7037 kg, le (canon) M198 est encore assez léger pour être transporté par un hélicoptère CH-47 : at 15,500 pounds, the M198 is still light enough for tranport by CH-47 helicopter (US)* – *Avoir (ou faire) un poids à vide de 21 tonnes (matériel) : to have an unladen weight of 21 tonnes (GB)* – *Le M113 a une coque en aluminium, ce qui réduit considérablement le poids du véhicule : the M113 has an aluminum (ou aluminium / GB) hull, which greatly reduces vehicle weight (US).*

poids (sens figuré) powerful (OTAN), standards (US). Ex : *Les images ont plus de poids que les mots : pictures are more powerful than words (OTAN)* – *Deux poids, deux mesures : double standards (US).*

poids à vide unladen weight (CFE).

poids en charge (véhicule blindé) weight loaded (GB), loaded weight (US).

poids en ordre de combat combat weight (GB).

poids lourd truck (GB, US) (Plusieurs catégories : "light truck", "medium truck", "heavy truck" (US).

poids maximal à l'atterrissage (aéronef) maximum landing weight (OTAN).

poids maximal de décollage (aéronef) maximum take-off weight (OTAN).

poids net à vide (véhicule / conteneur / palette) net weight (OTAN).

poids total en charge (PTC) gross weight (US, OTAN).

poignard knife, dagger (VERB : "to make", "to issue... to", "to use").

poignard de combat (forces spéciales / troupes d'élite) fighting (-) knife (US, GB).

poignarder to knife (GB), to stab. Ex : *Il a été poignardé dans son sommeil : he was knifed while he slept (GB).*

poignée (sens figuré) handful (US), few (GB). Ex : *Une poignée / d'hommes / de soldats : a handful / of men / of troops (US)* – *Pendant trois semaines, la poignée de légionnaires repoussa toute une série d'attaques : for three weeks, the Legion's few fought off repeated attacks (GB).*

poignée (arme de poing) handle, grip. Ex : *Poignée de pistolet : pistol grip.*

poignée (lance-roquettes) handgrip.

poignée (sabre / poignard) hilt, handle (poignard).

poignée avant (bazooka / canon sans recul) front grip.

poignée de soulèvement (obusier) lifting handle.

poignée de transport (arme automatique / fusil automatique) carrying handle, upper receiver.

poignée de transport (mine / arme automatique / mitrailleuse) carrying handle (US) (ADJ : "folding").

poignée d'ouverture automatique (TAP) rip (-) cord (US, GB) (VERB : "to pull").

poignée pistolet (fusil automatique / mitrailleuse) pistol grip (US).

poignées (arme automatique) grips.

poing fist (US). Ex : *Frapper l'ennemi le poing fermé : to hit the enemy with a closed fist (US).*

point (spatial / géographique) (endroit) (TAC) point (US, OTAN, GB) (Terme générique), feature, locality (OTAN). Ex : *En n'importe quel point du champ de bataille : anywhere on the battlefield (US) – Points (caractéristiques) du terrain : terrain features – Un point sur une carte : a point on a map (OTAN) – Le point moyen des impacts ou des éclatements (ART) : the mean point of impact or burst (OTAN) – Points bien définis (du terrain) : specific localities (OTAN) – Se déployer en tout point du globe (force) : to deploy worldwide (US) – Danjou disposa ses hommes à des points stratégiques dans les bâtiments : Danjou deployed his men at strategic points in the buildings (GB) – Le point où le contact initial avait été établi : the point where the initial contact was made (US).*

point (ordre du jour) item (of an agenda) (UN).

point (compte-rendu / briefing) briefing (GB), update (OTAN) (VERB : "to give"). Ex : *Le point sur la crise au Kosovo : updates on the crisis in Kosovo (OTAN) – Faire le point à l'intention des ministres sur les activités de la MINUK au Kosovo : to brief Ministers on UNMIK activities in Kosovo (OTAN) – L'officier de presse a fait un point sur la situation du moment devant les journalistes : the press officier gave a briefing on the current situation to reporters (GB).*

point (évaluation) point (US). Ex : *L'avancement au grade de sergent est fondé sur un système de points : promotion to sergeant is based on a point system (US).*

point (accord) point (US). Ex : *Un accord en 34 points : a 34-point agreement (US).*

point (code Morse) dot (GB).

pointage aiming, aim (GB), laying (canon de char) (OTAN). Ex : *Corrections de pointage : laying adjustments – Son pointage était instable : his aim was unsteady (GB).*

pointage à vue direct laying (US, OTAN).

pointage du canon gun laying (GB).

pointage en direction (fusil / mitrailleuse) windage (US).

pointage en direction / gisement (canon) traverse, traversing.

pointage en hauteur (<u>ou</u> en site) elevation.

pointage indirect indirect laying (US, OTAN).

pointage par le canon boresighting (US).

point avancé de ravitaillement en carburant et munitions forward arming and refueling point (FARP) (US).

point central (attaque) focal point (US).

point chaud (conflit) trouble spot (US), hot spot (CA).

point chaud (zone contaminée) hot spot (OTAN).

point commun (entre matériels) commonality (OTAN).

point coté (carte) spot elevation (OTAN), triangulation point (GB) (En abrégé : "trig point").

point critique (itinéraire) critical point (GB).

point culminant (TAC) culminating point (US), peak (US), climax (US), culmination (US). Ex : *Le point culminant d'une attaque : the climax of an attack (OTAN) – Au point culminant de l'opération : at the peak (<u>ou</u> climax) of the operation (US).*

Cf. : When the strength of the attacker no longer exceeds that of the defender and beyond which continued offensive operations risk overextension, counterattack and defeat (US).

point culminant (concept) capstone (US).

point d'approvisionnement en carburant (véhicules) POL point (GB) (POL = Petrol, Oil and Lubricants).

point d'approvisionnement en eau water point (GB) (VERB : "to construct").

point d'appui (TAC) bastion (GB), (company) strong point (US, GB), tactical locality (OTAN) (Dans le combat en localités (FIBUA), pour les Britanniques, le terme "defended locality" est employé).

Cf. : Bastion : a defended location normally held by a company, which is denied to the enemy (GB).

point d'appui (base extérieure) base of operations, forward base (US).

point d'arrimage (véhicule) lashing point (OTAN), tie down point (OTAN).

point d'arrivée (itinéraire) destination (OTAN).

point d'atterrissage (hélicoptères) touch-down point (OTAN).

point d'atterrissage (parachutistes / colis largué) point of impact (OTAN).

point de chargement (LOG / aéronef) loading point.

point d'eau (potable) water point.

point de cabré (aéronef) pull-up point (OTAN).

point d'échange d'habillement et de douches clothing exchange and bath point (US).

point d'éclat point of burst (US).

point d'éclatement moyen mean point of burst (OTAN).

point de chargement loading point (OTAN).

point de cheminement (projet) waypoint (US).

point de chute (projectile) (bombardement) point of impact (OTAN) (VERB : "to hit").

point décisif (TAC) decisive point (US) (VERB : "to secure", "to identify", "to use", "to analyze", "to designate", "to control").

point de cohérence (TAC) coherent point.

point de compression pressure point.

point de contact (physique) junction point (GB), contact point (US).

point de contrôle (ou poste de contrôle (de la circulation) (véhicules et piétons) checkpoint (UN, GB, US) (Voir aussi **poste de contrôle**).

point de contrôle de contamination contamination control point (OTAN).

point de contrôle des mouvements movement control point (US, GB) (VERB : "to establish").

point de contrôle des véhicules vehicle check-point (VCP) (GB) (VERB : "to set up").

point de convergence focus (US), focal point (US). Ex : *Un point de convergence important entre l'armée de terre et l'armée de l'air : a major focus between the Army and the Air Force (US).*

point de coordination (entre unités) coordinating point (OTAN).

point d'éclatement (ou de dislocation) release point (US, GB, OTAN).

point de débarquement debussing point (GB), dismount point (GB).

point de décision decision point (OTAN).

point de départ (itinéraire) point of origin (OTAN).

point de départ (sens figuré) starting point (US).

point de dislocation (mouvement terrestre) release point (OTAN).

point de dispersion (ou de desserrement) dispersion point (GB) (Petites unités).

point de distribution (matériels / approvisionnements / munitions) distribution point (GB, OTAN).

point de distribution (ou de ravitaillement) supply point (SUPPT ou SP) (OTAN).

point de distribution de carburant fuel distribution point (GB).

point de distribution des vivres food distribution point (US).

point d'effort principal (TAC) point of main effort (GB, US) (VERB : "to designate", "to shift").

point de franchissement (pont / passage à gué) crossing point, crossing site, crossing (X) (GB) (VERB : "to establish"). Ex : *S'emparer de points de franchissement sur le canal de l'Avon : to seize (ou to capture) crossings (Xs) over the Avon canal (GB).*

point de jonction (entre unités) contact point (GB, OTAN) (Également : "linkup point" (US).
Cf. : In land warfare, a point on the terrrain, easily identifiable, where two or more units are required to make contact (OTAN).

point de jonction (lignes de commmunication) juncture (US).

point de largage release point (OTAN).

point de largage d'arme(s) weapon (delivery) release point (OTAN).

point de largage de bombes bomb release point (OTAN).

point de liaison contact point (US), junction point (GB), contact point (US). Ex : *Aux points de liaison 1 et 2 : at contact points 1 and 2 (US).*

point de l'ordre du jour agenda item.

point d'embarquement embarkation point (OTAN).

point d'enlèvement (personnel / matériel) pick-up point (PUP) (GB).

point d'entrée (territoire) point of entry (CFE).

point de passage crossing point.

point de passage frontalier border crossing point (CFE, GB).

point de passage obligé (ou obligatoire) choke point (UN), defile (GB).

point de pénétration point of penetration (US).

point de presse (OTAN) press briefing (OTAN), news briefing (US), news conference (UEO), background briefing (OTAN) (VERB : "to give" = organiser) (PREP : "by").

point de ramassage (ou de rassemblement) des blessés (SAN) casualty collecting post (CCP) (GB).

point de rassemblement rendezvous ou rendez-vous (R/V ou RDV) (GB, OTAN).
Cf. : A pre-arranged meeting at a given time and location from which to begin an action or phase of an operation, or to which to return after an operation (OTAN).

point de rassemblement des véhicules vehicle collecting point.

point de rassemblement d'urgence emergency rendezvous (ERV) (GB).

point de rassemblement pour prisonniers de guerre prisoner of war (POW) collecting point (OTAN).

point de ravitaillement supply point (SUPPT ou SP) (OTAN).

point de ravitaillement en munitions ammunition supply point (ASP) (US).

point de récupération (matériel) back loading point (GB).

point de référence check point (OTAN).

point de référence du terrain reference point (GB, OTAN).

point de réglage (ART) registration point (OTAN).

point de regroupement (après opération) rally point (US), rendezvous <u>ou</u> rendez-vous (R/V <u>ou</u> RDV) (GB, OTAN).

<u>Cf.</u> : <u>Rally point</u>: An easily identifiable point on the ground at which units can reassemble / reorganize if they become disbursed (US).

point de regroupement (évacuation de réfugiés) collecting point.

point de regroupement des blessés casualty collecting point (CCP) (US).

point de regroupement d'urgence (après opération) emergency rendezvous (ERV) (GB).

point de réintégration des matériels TAP parachute turn-in point, parachute collection point.

point de régulation (Circulation) traffic control point (TCP) (US), traffic control post (TCP) (GB).

point de repère (TOPO) landmark (US).

point de séparation break-off position (BO) (OTAN).

point de sortie (territoire) point of exit (CFE).

point de traitement (SAN) point of treatment (OTAN) (ADJ: "initial", "subsequent").

point de transbordement transhipment point (US, OTAN).

point d'évacuation (tête de pont aérienne / port / plage) evacuation point (EP) (GB).

point de visée aiming point (US).

point de vol stationnaire (hélicoptères) hover point (OTAN).

point de vue view (US), viewpoint (US, GB), rationale (OTAN), standpoint (US), point of view (US), perspective (OTAN, US) (VERB: "to obtain", "to take into account") (ADJ: "conflicting"). Ex: *Le point de vue officiel est quelque peu simpliste: the official ratio-nale is overly simplistic (OTAN) – Du point de vue de l'ennemi: from the enemy's view-point (GB) – Analayser le terrain du point de vue de l'ennemi: to consider the terrain from the enemy's perspective (US) – Du point de vue de la sécurité: from a security stand-point (US) – Du point de vue pratique / tactique: from a / practical / tactical / point of view (US) – D'un point de vue / historique / opérationnel: historically / operationally (GB) – Du point de vue politico-militaire: from a political-military perspective (OTAN) – Analyser les causes du conflit du point de vue de l'ensemble des belligérants: to ana-lyze the causes of the conflict from the perspective of all belligerent parties (US) – Surpasser toute autre technologie existante du point de vue des performances: to surpass any other existing technology in performance (US) – Du point de vue opérationnel: from an operational standpoint (US).*

point d'honneur point of honour (GB). Ex: *Les missions militaires se faisaient (<u>ou</u> mettaient) toujours un point d'honneur d'(<u>ou</u> à) essayer de semer ceux qui les filaient: it was always a point of honour among military missions to try to shake off those who were tailing them (GB).*

point d'impact (projectile / bombe / véhicule de rentrée) point of impact (US, OTAN) (ADJ: "low", "centered").

point d'inflexion (guerre des mines) turning point (US, OTAN).

point d'information (informations générales / comptes-rendus / conférences de presse) (OTAN) background information (OTAN).

point d'interface interface point (PREP: "between" = entre) (US).

point d'orientation (opérations aéroportées / aérotransport) initial point (OTAN), target approach point (OTAN).

point d'origine (opération amphibie) departure point (OTAN).

point du jour first light (US, GB), daybreak (GB). Ex : *La progression commencera au point du jour : the advance will begin at first light (GB).*

point du terrain ground location (OTAN) (ADJ : "to identify").

pointe (fusil) toe.

pointe (poignard) point, tip.

pointe (de) leading edge (US), advanced, state-of-the-art (UN), high-tech (GB), cutting edge (US), forefront (US). Ex : *Technologie de pointe : leading edge technology (US), high technology (En abrégé : "high tech" ; en épithète : "high-tech"), advanced technology, state-of-the-art technology (UN) – Industries de pointe : high-tech industries (GB) – Être à la pointe des innovations techniques : to be on the cutting edge of technical innovations (US) – Demeurer à la pointe de la technologie dans tous les domaines : to continue to be at the leading edge of technology in all areas (GB) – Des technologies de pointe : advanced technologies (OTAN) – À la pointe de la haute technologie : in the forefront of high technology (US).*

pointe de flèche arrowhead (Peut être "single" ou "double" selon le trait) (Noter aussi qu'une formation en pointe de flèche se rend par "arrowhead formation").

pointer (arme) to aim, to point (US, GB), to lay (OTAN, Jane's) (PREP : "at"). Ex : *Pointer une arme sur une cible : to aim a weapon at a target – Pointer un fusil dans une direction : to point a rifle in a direction (US) – Pointer un canon : to lay a gun (Jane's) – Quand l'arme (= canon) est pointée : when the weapon is laid (OTAN) – Pointer (un canon) sur un char : to lay on to a tank (GB) – Maintenir une arme correctement pointée sur un objectif mobile : to keep a gun properly aimed at a moving target (OTAN) – Il pointa son arme sur l'officier : he pointed his gun at the officer (GB).*

pointer en direction (ou en gisement) to traverse (OTAN, US), to slew (US). Ex : *Pointer un canon en direction sur 360° : to traverse a cannon 360° in azimuth (US).*

pointer en hauteur (ou en site) (canon / mortier) to elevate (US, GB). Ex : *Pointer un canon en site entre - 5° et + 80° : to elevate a cannon between - 5° and + 80° (US).*

pointeur (canon) (ART) layer (GB), aimer (OTAN).

pointeur (canon automoteur) gunner (US).

point faible (force) weakness (US), vulnerability (US), soft spot (US) (VERB : "to determine", "to seek"). Ex : *Les lacunes empêchent de déterminer les points faibles de l'ennemi : limitations detract from the determination of enemy vulnerabilities (US).*

point fort (force) strength (US) (Terme dénombrable) (VERB : "to determine").

point géodésique triangulation point (GB) (En abrégé : "trig point").

point géographique point (US, GB).

point haut (du terrain) prominent feature (US).

pointillé (en) dotted (GB). Ex : *Lignes en pointillés (organigramme) : dotted lines (GB).*

point initial (circulation) start point (US, OTAN).

point marquant du terrain terrain feature (OTAN).

point moyen des impacts (ART) mean point of impact (OTAN).

point négatif minus (US).

point origine de tir firing point (GB).

point positif plus (US). Ex : *Du côté (ou pour ce qui est) des points positifs (bilan) : on the plus side (US).*

points cardinaux (est / sud / nord / ouest) cardinal directions (US) (east / south / north / west) (Noter l'absence de majuscule). Ex : *Poursuivre l'attaque à l'est (ou par l'est) (force) : to continue the attack to the east (US) – La 1ère Brigade menant l'attaque princi-*

pale au nord : 1st Bde making the main attack in the north (US) – La 79ᵉ Division de Fusiliers Motorisés à l'est : 79 MRD (= Motorized Rifle Division) west (GB) – La 37ᵉ Division Blindée est toujours située au nord de la Tamise : 37 TD (= Tank Division) is still located north of the River Thames (GB) – Le Corps de Réaction Rapide du Commandement Allié en Europe doit attaquer au nord : the ARRC (= Allied Command Europe Rapid Reaction Corps) is to attack north (GB) – À partir de l'ouest (attaque) : from the west (GB) – Le front ouest : the western front (US) – Sur la côte sud-ouest : on the southwest coast (US) – La bataille dans le profondeur se déplace au nord de lima JAUNE : deep battle shifts north of PL (= Phase Line) YELLOW (US) – Interdire les lignes de communication nord-sud : to interdict north-south LOCs (= Lines of Communication) (US) – La 23ᵉ Division Blindée au nord : the 23d Armd Div in the north (US) – Un secteur de quelque soixante-cinq kilomètres de large à l'est de Hanovre : a sector some sixty-five kilometres wide to the east of Hannover (GB) – Interdire l'utilisation d'un axe d'approvisionnement essentiel nord-sud par les force armées de la RFY (= République Fédérale de Yougoslavie) : to interdict a key north-south supply route for FRY military (OTAN) – Limite est du corps d'armée : corps east boundary (US).

<u>Emploi des points cardinaux :</u>

1. pour situer une entité à l'intérieur d'une entité plus grande : in / to the east / west / north / south of. Ex : *L'ennemi se trouve dans l'est de notre zone d'action : the enemy is in (<u>ou</u> to) the east of our zone of action.*

2. pour situer une entité par rapport à et indépendante d'une autre entité : east / west / north / south of. Ex : *La position ennemie est située au nord de l'autoroute : the enemy position is located north of the motorway – Fort Irwin est situé à environ 60 kilomètres au nord-est de Barstow, en Californie : Fort Irwin is located about thirty-seven miles northeast of Barstow, California (US).*

<u>Traduction de "vers" :</u> Pour traduire "vers l'est", "vers l'ouest", "vers le nord", "vers le sud", utiliser les adverbes "eastwards", "westwards", "northwards" et "southwards". Ex : *L'ennemi progresse vers l'est : the enemy is advancing eastwards.*

points élevés (TOPO) high ground (US, GB).

point sensible (TAC) (site / installation) key point (GB, OTAN). Ex : *Défense des points sensibles (mission) : guarding key points (<u>Jane's</u>).*

point sensible (itinéraire) sensitive point (SP) (OTAN).

points faibles vulnerabilities, weaknesses.

points marquants du terrain terrain features.

point topographique d'artillerie artillery survey control point (OTAN).

point zéro (NUC) ground zero (OTAN) (ADJ : "desired" = désiré, "actual" = réel). Ex : *La zone qui entoure le point zéro d'une explosion nucléaire : the area surrounding ground zero of a nuclear burst (US).*

point zéro désiré desired ground zero (DGZ) (OTAN).

point zéro réel actual ground zero (AGZ) (OTAN).

poireau (terme familier) (commanding) general.

poireauter (rester dans les parages) (PERS) to stick around (US).

poitrine chest (GB). Ex : *Les Mexicains nous encerclaient et tenaient leurs baïonnettes sur notre poitrine : the Mexicans encircled us and held their bayonets to our chests (GB).*

polaire (froid extrême) (région / guerre / vêtements) arctic (US, GB) (EXPR : "arctic clothing", "arctic warfare"). Ex : *Abri destiné à être utilisé en régions polaires : shelter for use in arctic regions (US).*

polariser (ou braquer) to polarize (US) (PREP: "against"). Ex: *Polariser l'opinion publique contre une opération militaire: to polarize public opinion against a military operation (US).*

polémologie war studies (GB).

poli (PERS) polite (US).

police police (US, GB). Ex: *Police municipale: municipal police (US) – Police nationale: state police (US) – Police des frontières: border police (US) – Police secrète: secret police (US) – Respect total des limites imposées aux forces de police spéciales serbes: full observance of limits on the Serb special police forces (OTAN) – Des affrontements entre les manifestants et la police (ou les forces de l'ordre): clashes between protesters and police (GB).*

police de circulation traffic control police (OTAN).

"police de la pensée" (pays totalitaire) "thought police" (US).

police internationale civile civilian international police (OTAN).

police judiciaire (mission) (GEND) criminal investigation, special investigation (GB) (cf. la "Special Investigation Branch" de la Police Militaire britannique).

police militaire military police (MP) (US, GB). Ex: *La police militaire britannique: the Royal Military Police (RMP) (Surnoms de ses membres: "Redcaps", "monkeys". Ex: Un groupe de policiers militaires: a group of Redcaps (GB) (Devise: "Exemplo Ducemus" = We lead by example") – La police militaire américaine: the Military Police (MP) Corps (Devise US: "Of the troops and for the troops") – Les soldats de la police militaire: military police (MPs) (+ verbe au pluriel) (US) – Une unité de police militaire: a military police unit (US).*

police secrète secret police (US) (VERB: "to create"). Ex: *Le chef de la police secrète: the secret police chief (US).*

politesses (ou marques de respect) courtesies (US) (VERB: "to extend... to", "to observe").

politico-militaire politico-military (US, UEO), political-military (US, OTAN). Ex: *Questions politico-militaires: political-military issues (US) – L'interaction avec les structures politico-militaires: interaction with politico-military structures (UEO) – Suite à donner au cadre politico-militaire pour des opérations du PPP (= Partenariat pour la Paix) dirigées par l'OTAN: follow-up on the Political-Military Framework for NATO-led PFP (= Partnership For Peace) operations (OTAN).*

politique (ligne d'action dans un domaine particulier) policy (US, GB, UEO), policies (US) (VERB: "to implement", "to operate", "to follow", "to develop", "to formulate", "to establish", "to revamp", "to strengthen", "to set out") (ADJ: "consistent") (PREP: "on"). Ex: *La politique de défense de la France: France's defence policy – La politique de l'armée de terre est de: it is Army policy to (US) – La politique africaine de la France: France's Africa policy (GB) – Soutenir la politique de la nation (mission de l'armée de terre): to support national policies (US) – Un réexamen de la politique nationale de sécurité américaine: a review of U.S. national security policy (US) – Politique des personnels (ou en matière de personnel) (armée de terre): personnel policy (US) – Le renforcement de la politique européenne commune en matière de sécurité et de défense: the strengthening of the common European policy on security and defence (UEO) – Une politique en matière de droits de l'homme: a human rights policy (OTAN).*

politique (art de gouverner / vie politique) politics (US, GB). Ex: *La (vie) politique française: French politics.*

politique (le) (pouvoir politique) the political (GB). Ex : *Les activités militaires seront vraisemblablement surbordonnées au politique : military activities are likely to be subordinated to the political (GB).*

politique (STRAT) policy. Ex : *Politique réelle (STRAT) : action policy – Politique annoncée / déclarée (STRAT) : declaratory policy.*

politique (adjectif) political (OTAN). Ex : *Parvenir à une solution politique négociée à la crise du Kosovo : to achieve a negotiated, political solution to the Kosovo crisis (OTAN) – L'acceptation du règlement politique provisoire négocié à Rambouillet : acceptance of the interim political settlement which has been negotiated at Rambouillet (OTAN).*

politique d'acquisition (équipement) procurement policy (OTAN).

politique de défense (pays) defence policy (OTAN) (VERB : "to consolidate").

politique de défense et de sécurité commune (ou politique commune en matière de défense et de sécurité) (Europe) common defence and security policy (OTAN). Ex : *Des initiatives prises récemment dans le sens d'une politique commune de l'Europe en matière de défense et de sécurité : recent moves towards a common European defence and security policy (OTAN).*

politique de défense européenne commune joint European defence policy (Jane's).

politique de la canonnière gunboat diplomacy (GB).

politique de la terre brûlée scorched earth policy (GB).

politique de recrutement (armée) recruitment policy (GB) (VERB : "to change").

politique de sécurité (pays / alliance) security policy (US, OTAN). Ex : *Politique de sécurité à moyen et long terme : mid- and long-term security policy (OTAN).*

politique d'expansion (union / alliance) policy of expansion (OTAN).

politique en matière de contre-ingérence counter-intelligence policy (OTAN). Ex : *Politique du CAE en matière de contre-ingérence : counter-intelligence policy, CAE (CIPACE) (OTAN).*

politique extérieure (pays) policy (US). Ex : *L'action secrète est apparue comme un instrument de la politique extérieure des États-Unis : covert action emerged as an instrument of U.S. policy (US).*

politique internationale (discipline) international politics (US).

politique militaire (pays) military policy (US). Ex : *La politique militaire des États-Unis : US military policy (US).*

polyarmes-polyprojectiles (PAPOP) the PAPOP dual caliber demonstrator program (Jane's).

polycarburant (moteur) multifuel (US) (En épithète).

polycopié (pédagogie) (student) handout (US) (Terme dénombrable).

polyéthylène polyethylene.

polygone (de tir) (target) range (OTAN), firing range (UN).

polygone acoustique acoustic range (OTAN). Ex : *Polygone acoustique fixe des Açores : Azores fixed acoustic range (AFAR) (OTAN).*

polygone de guerre électronique electronic warfare range (EWR) (OTAN).

polygone d'entraînement manoeuvring range (OTAN). Ex : *Polygone d'entraînement à la manœuvre de combat aérien : air combat manoeuvring range (ACMR) (OTAN).*

polygone d'essai test range (UN), proving ground (PG) (OTAN).

polygone d'essai(s) (guerre des mines) testing range (OTAN). Ex : *Polygone d'essais de guerre des mines : mine warfare testing range (MWTR) (OTAN).*

polygone de tir d'engins (ou de missiles) (OTAN) missile firing installation (OTAN).

Polynésie Polynesia (US). Ex: *La Polynésie française: French Polynesia (US).*

POLYPHEM (missile à fibre optique / MFO) the POLYPHEM fiber-optic guided missile system.

polyvalence (des forces) (TAC) versatility (US).

polyvalent (matériel / installation) multipurpose (US), multi-role (UN), versatile (GB), general purpose (GB). Ex: *Une mitrailleuse polyvalente: a general purpose machine gun (GPMG) (GB)* – *Un hélicoptère léger polyvalent: a multipurpose light helicopter (MPLH) (US)* – *Un avion de combat (ou chasseur) polyvalent: a multi-role combat aircraft (MRCA) (UN)* – *Un véhicule polyvalent: a multirole vehicle (GB)* – *Hélicoptère polyvalent: multi-purpose helicopter (UN, OTAN)* – *Installation polyvalente: multi-purpose facility (UN)* – *Un engin léger et polyvalent: a versatile, lightweight vehicle (GB)* – *Une arme d'assaut polyvalente: a multipurpose assault weapon (US).*

polyvalent (force) versatile, general (-) purpose (OTAN, US). Ex: *Une force polyvalente (ou souple d'emploi): a versatile force* – *Forces polyvalentes: general purpose forces (GPF) (OTAN)* – *Les forces d'opérations spéciales peuvent remplacer l'engagement de forces militaires polyvalentes: special operations forces may substitute for the commitment of general-purpose military forces (US).*

polyvalent (opérations) multifunctional (OTAN). Ex: *Opérations polyvalentes de maintien de la paix: multifunctional peace-keeping operations (OTAN).*

pommeau pommel.

"pompe" (flexion-extension) (EPS) push-up (US), press-up (GB).

pompe (la) (les études) classroom instruction (GB) (Terme familier: "talk and chalk").

pompe à essence gas (oline) station (US), petrol station (GB).

pompier fire-fighter ou firefighter (US).

ponceau (GEN) culvert (US) (VERB: "to construct", "to repair").

poncho poncho (US). Ex: *Poncho imperméable: rain poncho.*

ponctuel limited, point (En épithète), selective. Ex: *Défense ponctuelle: point defence* – *Objectif ponctuel: point target* – *Les unités de l'armée territoriale (= réserve de l'armée de terre britannique) seront mobilisées de manière ponctuelle: TA (= Territorial Army) units will be selectively mobilised (Jane's).*

ponctué par punctuated with (US).

pont bridge (US, GB, OTAN), bridging system (GB) (VERB: "to construct", "to launch", "to build", "to assemble", "to winch", "to carry", "to transport", "to repair", "to lay", "to recover", "to launch", "to deploy", "to retrieve", "to blow (up)", "to form", "to rebuild", "to secure", "to capture", "to cross", "to improve", "to maintain") (ADJ: "fixed", "portable", "airportable", "modular", "existing", "floating", "military", "tank launched", "amphibious") (NOM ASS.: "weight", "length", "gap"). Ex: *Un pont de 32 mètres: a 32m bridge (GB)* – *Un pont à poutrelles moyennes: a medium girder bridge (MGB) (GB)* – *Pont sur brèche sèche: dry gap bridge (US, OTAN)* – *Un pont sur le Tage: a bridge over the River Tagus (GB)* – *Un pont d'assaut: an assault bridge (US)* – *Pont-ruban: ribbon bridge (US)* – *Jeter / poser / un pont (sur une coupure): to throw / to lay / a bridge (across a gap)* – *Pont de 50 tonnes: class 50 bridge* – *Pont de cordes: rope bridge (US)* – *Longueur / largeur / de pont: bridge length / width (GB)* – *Un pont d'une longueur maximale de 44 mètres: a bridge of up to 44 metres in length (GB)* – *Compagnie de ponts: bridge company (US)* – *Un pont à deux travées: a two span bridge (GB)* – *Ouvrir un pont à la circulation: to open a bridge to traffic (OTAN)* – *Dans l'après-midi du 1er mai, un avion de l'OTAN a effectué une attaque contre le pont de Luzan: in the afternoon* *of 1 May, a NATO aircraft carried out an attack against the Luzan bridge (OTAN) – Malheureusement, un autobus a franchi le pont après le largage de l'arme : unfortunately, after weapon release, a bus crossed the bridge (OTAN) – L'ennemi a jeté un pont sur le fleuve : the enemy have bridged the river (GB).*

pont (ou passerelle) (sens figuré) bridge (OTAN). Ex : *Établir des ponts entre les communautés : to build bridges between communities (OTAN).*

pont (porte-avions) deck (US). Ex : *Décoller d'un pont (aéronef) : to take off from a deck (US).*

pont à courte portée short-span bridge.

pont aérien airlift (GB), air bridge (GB). Ex : *Le gouvernement autorisa un pont aérien massif de céréales vers la zone sinistrée : the government authorized a massive airlift of grain to the disaster area (GB).*

pontage (GEN) bridging (GB). Ex : *Matériel de pontage : bridging equipment – Système de pontage : bridge system (GB), bridging system (GB).*

pontage d'appui support bridging.

pontage d'assaut assault bridging (US).

pont amphibie (véhicule) amphibian (VERB : "to anchor… together with").

pont "à sec" dry bridge.

pont autoroutier highway bridge (OTAN).

pont-ciseau scissors bridge.

pont "dans l'eau" wet bridge.

pont d'appui rapproché close support bridge (system) (GB).

pont d'appui général general support bridge (system) (GB).

pont d'assaut armored vehicle launched bridge (AVLB) (US), armoured vehicle launcher bridge (AVLB) (GB), assault bridge (US).

pont d'assaut d'infanterie infantry assault bridge.

pont d'assaut mobile mobile assault bridge (MAB) (US).

pont de bateaux pontoon bridge (GB).

pont d'équipage pontoon bridge (US, GB).

pontet (fusil automatique / arme de poing / fusil) trigger guard.

pont flottant pontoon bridge (GB), float bridge (US), floating bridge (US).

pont flottant motorisé (PFM) PFM ribbon brige. Équivalent US : mobile assault bridge (MAB) – Équivalent GB : M3 amphibious rig (GB).

pont gonflable inflatable bridge (US) (VERB : "to be made of").

pont logistique logistic bridge.

pont militaire military bridge. Ex : *Le regain d'intérêt récent pour la technique des ponts militaires : the recent upsurge of interest in new bridging technology.*

pont modulaire modular bridge (system) (GB) (VERB : "to construct").

ponton pontoon (GB) (VERB : "to join together").

pont pliant folding bridge (GB).

pont "ruban" ribbon bridge.

pont tactique tactical bridge.

pool de journalistes news media pool (US).

"popote" mess (US, GB), canteen (GB).

"popotier" youngest mess officer, youngest canteen manager.

population (titre de sous-paragraphe) population.

population population (US, GB), people (OTAN) (Terme dénombrable) (ADJ : "civil", "civilian", "local", "friendly"). Ex : *La population locale (ou les autochtones) : the local population (US) – La population est favorable : the population is friendly – La répression de la population albanaise du Kosovo : the repression of Kosovo's Albanian population (Jane's) – Seule l'armée de terre a le pouvoir d'exercer le contrôle direct, permanent et complet sur la terre, sur ses ressources et sa population : only the Army has the power to exercise direct, continuing, and comprehensive control over land, its resources and its people (US) – Une partie importante de la population : a significant part of the population (GB) – Population de réfugiés : refugee population (OTAN) (ADJ : "large") – La diffusion de la propagande auprès des populations locales : the spread of propaganda to local populations (US).*

population civile civil population (OTAN, GB) (Terme dénombrable), civilian population (US). Ex : *Prendre pour cible les populations civiles : to target civilian populations (US) – Etablir le contact humain avec la population civile : to establish the human contact with the civilian population (ou the civil population) (GB) – L'assistance à fournir aux populations civiles : the provision of aid to the civilian population (UEO).*

population locale (la) local population (US) (VERB : "to feed").

populations locales (les) local populations (US).

port (maritime) harbour (GB), harbor (US), seaport, port (OTAN) (VERB : "to enter") (ADJ avec "port" : "controlled" = contrôlé, "minor" = mineur, "major" = principal, "secondary" = secondaire). Ex : *Port d'attache (navire) : homeport (US) – Le port de Beyrouth : Beirut harbour (GB) – Le port de Bordeaux : the harbor of Bordeaux (US), Bordeaux harbor (US).*

port wearing (US, GB) (ADJ : "proper"). Ex : *Le port d'une épaulette sur l'épaule droite : the wearing of an epaulette on the right shoulder (GB) – Le port de décorations : the wearing of decorations (US).*

portable (matériel individuel / missile) man portable (OTAN), manportable (US), manpack (US) (ADV : "totally"). Ex : *Poste radio portable : manpack radio (US) – Systèmes anti-aériens portables : man-portable air-defense systems (MANPADS) (US).*

portance (missile) lift (OTAN) (VERB : "to produce").

portatif (arme) small (OTAN). Ex : *Armes portatives : small arms (OTAN).*

portatif (ou portable) (matériel) manpack, man-portable, handheld (US), mobile (GB) (ADV : "totally"). Ex : *Terminal radio / recepteur GPS / portatif : handheld / radio terminal / GPS receiver (US) – Téléphone portable : mobile (tele) phone (GB) (Voir aussi portable).*

port d'arrivée (ou de débarquement) (troupes) sea port of debarkation (SPOD) (US).

port de départ (ou d'embarquement) (troupes) sea port of embarkation (SPOE) (US).

porte (véhicule) door (US, Jane's) (VERB : "to hinge") (ADJ : "twin", "sliding", "rear", "blast-resistant", "armored") (PREP : "via"). Ex : *Portes à doubles battants à gonds latéraux : double, side-hinged doors (GB) – Porte arrière : rear door (US) – Porte avant : front door (US).*

porte (sous-marin) hatch (US) (VERB : "to open").

porte (portail) (caserne) gate (GB). Ex : *La porte (ou le portail) de la caserne : the barrack gate (GB).*

porté (signalé) reported (US, GB). Ex : *Porté disparu (au combat) : missing in action (MIA) (VERB : "to be reported").*

porté (unité) motorized (US).

porte-avions (ou porte-aéronefs) aircraft carrier (OTAN, GB, US) (Abréviation : "CV" = Carrier Vessel) (VERB : "to build", "to outfit", "to build", "to commission "= admettre au service actif, mettre en service, "to decommission" = retirer du service actif, "to hold in reserve") (ADJ : "experimental", "CTO/L" = Conventional Take-Off / Landing, "backup"). Ex : *Porte-avions nucléaire : nuclear-powered aircraft carrier, aircraft carrier nuclear (Abréviation : "CVN") – Le porte-avions américain Ranger : the aircraft carrier USS (= United States Ship) Ranger (US) – Le porte-avions britannique Illustrious : the aircraft carrier HMS (= His / Her Majesty's Ship) Illustrious (GB) – Son (= France) porte-avions (à propulsion) nucléaire Charles de Gaulle : its nuclear-powered carrier Charles de Gaulle (Jane's) – Le porte-avions Charles de Gaulle : the Charles de Gaulle aircraft carrier (US) – Les essais en mer d'un porte-avions : the sea trials of an aircraft carrier (US).*

porte-chars (ou porte-blindés) (ensemble) tank transporter (GB), heavy equipment transporter system (HETS) (pour char Abrams) (US), tank carrier.

porte-conteneurs container (OTAN). Ex : *Terminal de mouillage pour porte-conteneurs : container anchorage terminal (CAT) (OTAN).*

porte-drapeau color bearer (US).

porté à dos d'homme (matériel) man-packed.

portée (arme / radar) range (US, GB, UN), shot (VERB : "to determine", "to increase") (ADJ : "correct", "extreme", "minimum", "maximum", "long", "short", "medium", "planned"). Ex : *À courte / longue / portée : at short / long / range – Portée moyenne : medium range – Avec une portée d'environ 17 km : with a range of approximately 17 km (GB) – À portée de fusil : within rifle range (ou rifle shot) – La portée jusqu'à la cible : the range to the target (US) – Portée accrue (ou étendue) : extended range (UN) – À plus longue / à plus courte / portée : longer-range / shorter-range (UN) (En épithète) – À portée de tir de : within (the) range of (UN) – À une portée de 5 100 mètres : at 5,100 metres range (GB) – La portée de la détection radar : the radar detection range (OTAN) – Portée (efficace) maximale : maximum (effective) range (OTAN) – Le missile antichar TOW d'une portée de 3 750 m : the 3,750m range TOW ATGM (= Anti-Tank Guided Missile) (Jane's).*

portée (drone) flight radius (GB), operating radius (US).

portée (effet / envergure) scope (Jane's), range (US). Ex : *Des implications d'une portée considérable : far-reaching implications (US) – Ces interventions (militaires) ont généralement été de courte durée et de portée limitée : such interventions have generally been of short duration and limited scope (Jane's) – La portée planétaire de la stratégie nationale des États-Unis : the global range of US national strategy (US).*

portée (pont) span (US, GB) (VERB : "to lengthen") (ADJ : "single" = unique). Ex : *Une portée de 32 mètres : a 32 metre span (GB).*

portée (traité) scope (UN).

portée de (à) within range of (OTAN). Ex : *Des troupes se trouvent à portée des armes portatives de l'ennemi : troops are within range of enemy small arms (OTAN).*

portée de détection (radar) detection range (US) (VERB : "to increase from... to").

portée de tir (canon) firing range (US).

portée de viseur sight range.

portée de vue sight (GB). Ex : *À portée de vue : in sight (GB) – Hors de portée de vue : out of sight (GB).*

portée efficace (ou pratique) effective range (US, OTAN). Ex : *Portée efficace maximale (missile) : maximum effective range (MER) (US, OTAN).*

portée intermédiaire (de) (forces / missile) intermediate-range (OTAN). Ex : *Forces nucléaires de portée intermédiaire (FNI) : intermediate-range nuclear forces (INF) (OTAN) – Missile balistique de portée intermédiaire : intermediate-range ballistic missile (IRBM) (OTAN).*

portée maximale maximum range (US, OTAN).

portée minimale minimum range (US, OTAN).

portée moyenne medium-range (MR) (OTAN) (Également en épithète).

portée optique (à) line-of-sight (LOS) (UN) (En épithète), visual range (OTAN). Ex : *Au-delà de la portée optique : beyond line of sight (BLOS) (OTAN), beyond visual range (BVR) (OTAN).*

portée pratique (fusil) effective range (GB).

portée radio radio range (ADJ : "medium").

porte-étendard standard-bearer (US).

portée utile (fusil d'assaut / système antichar) effective range (GB, US).

porte-hélicoptères helicopter-carrier (ship) (VERB : "to commission" = admettre au service actif, mettre en service, "to decommission" = retirer du service actif). Ex : *Le porte-hélicoptères bâtiment école Jeanne d'Arc : the Jeanne d'Arc training / helicopter cruiser (US).*

porte latérale (TAP) paratroop door.

porte-mortiers mortar carrier (US, Jane's).

porte-parole spokesman (OTAN), spokesperson (US) (Terme neutre du point de vue du genre). Ex : *Déclaration du porte-parole de l'OTAN sur l'incident de Korisa : statement by the NATO spokesman on the Korisa incident (OTAN).*

porter to conduct, to carry (US), to take (US), to wear (US), to bear (US), to deliver (GB). Ex : *Porter un coup d'arrêt : to conduct a blocking action – Porter la bataille sur les arrières de l'ennemi : to carry the battle into the enemy rear (US), to take the battle to the enemy's rear (US) – Porter / une arme / un fusil (soldat) : to carry / a weapon / a rifle (US, GB) – Porter l'uniforme : to wear the uniform (US) – Porter le cercueil : to be a pallbearer (US) – Porter les armes : to bear arms (US) – L'objectif portant le nom de code "Zinc" : the objective codenamed "Zinc" (GB) – Porter / une signature / un cachet (document) : to bear a signature / a seal (OTAN) – Porter du matériel (soldat) : to carry equipment (OTAN) – Porter le coup décisif (TAC) : to deliver the decisive punch (GB).*

porter (arme) to carry (GB, US), to bear (US, GB). Ex : *Il portait un fusil : he was carrying a rifle (GB).*

porter (distance) to carry (GB), to have a range. Ex : *Ce canon peut porter jusqu'à 5 kilomètres : this gun can carry up to 5 kilometres (GB) – Les obus portent à 13 km : the shells have a 13,000m-range.*

porter (combat) to carry (US). Ex : *Porter le combat dans la profondeur du dispositif défensif ennemi : to carry the fight into the depth of the enemy's defenses (US) – Poter le combat loin sur les arrières de l'ennemi : to carry the battle deep into the enemy's rear (US).*

porter (coup) to strike (US). Ex : *Porter un coup décisif : to strike a decisive blow (US).*

porter assistance à to aid (US). Ex : *Porter assistance aux autorités locales (catastrophes) : to aid local authorities (US).*

porter atteinte à to harm (OTAN), to damage (US). Ex : *L'intention n'était pas de porter atteinte à des civils (attaque contre un pont) : there was no intention to harm civilians (OTAN) – Porter atteinte au moral de l'attaquant : to damage the attacker's morale (US).*

porter les armes (PERS) to bear arms (GB). Ex : *Le droit de porter les armes est garanti par la constitution : the right to bear arms is protected by the constitution (GB).*

porter secours à to rescue (GB). Ex : *Porter secours à un certain nombre de ressortissants français (parachutistes) : to rescue a number of French nationals (GB).*

porter sur to focus on (UEO), to involve (US). Ex : *Le séminaire porte sur le thème de "l'entraînement et des exercices de défense aérienne multisystème et multinationale" : the theme of the seminar is "Multination, Multi-system Air Defence Training And Exercises" (OTAN) – Sur le plan des forces et des capacités opérationnelles, les efforts les plus urgents devraient porter sur les domaines suivants : with regard to forces and operational capabilities, the most urgent efforts should be focused on the following areas (UEO) – Expériences militaires portant sur des concepts opérationnels formulés avec soin : service experiments involving carefully formulated operational concepts (US).*

porter sur (marquer) to mark (GB). Ex : *Toutes les positions ennemies étaient portées sur la carte : the map was marked with all the enemy positions (GB).*

porte-shelter shelter carrier (US).

"portes ouvertes" (journée) Open House (US), Open Day (GB) (VERB : " to conduct", "to hold").

porteur (véhicule) carrier (US) (ADJ : "full-tracked").

porteur Ex : *Des perspectives porteuses de défis : challenging prospects (OTAN).*

porteur d'armes / vecteur (aérien / de surface) weapon carrier (OTAN).

porteur de cercueil pallbearer (US).

port flottant floating harbour (GB) (cf. Le "Mulberry harbour" utilisé lors du débarquement de Normandie).

portière (GEN) raft (US).

portion portion (OTAN), section (US). Ex : *La portion finale d'une trajectoire : the terminal portion of a trajectory (OTAN) – Une portion de désert isolée de 1600 km² : an isolated, 1 600 km² section of desert (US).*

portion (itinéraire) leg.

portion de terrain piece of terrain (US), area of land (US).

port maritime seaport (CFE). Ex : *Port d'arrivée : arrival port (ARRP).*

port militaire (ou base portuaire) military port (GB). Ex : *Le port militaire de Marchwood (Siège du "17th Port and Maritime Regiment" du "Royal Logistic Corps" britannique) : Marchwood military port (GB).*

portrait-robot (personne recherchée) (GEND) composite sketch (US).

pose (de mines) laying, deployment, mining (UN). Ex : *Pose dispersée : scatter-mining (UN) – Champs de mines en pose dispersée : scatter-sown minefields (UN) – Pose de mines / sans schéma / suivant schéma : random / pattern / minelaying (OTAN) – Cela permet la pose rapide de champs de mines antichar : it permits rapid deployment of antitank minefields.*

posé (par aéronef / hélicoptère) airlanded (US, OTAN).

pose à distance (guerre des mines) remote delivery (OTAN).

pose de barbelés wiring (GB). Ex : *Détachement de pose de barbelés : wiring party (GB).*

pose de câbles cable laying.

pose de ponts bridge-laying (GB).

poser (nom) air landing (OTAN). Ex : *Zone de poser (pour hélicoptères) : landing zone (OTAN).*

poser (bombe) to plant (GB). Ex: *Poser une bombe dans une gare (terrorisme): to plant a bomb at a railway station (GB).*

poser (micros) (RENS) to plant (US), to bug. Ex: *Poser des micros dans (ou "sonoriser") une pièce (écoute clandestine): to bug a room – Poser un micro (phone) au Consulat soviétique: to plant a microphone in the Soviet Consulate (US).*

poser (mines / champ de mines) to lay (US), to emplace (US), to plant (CA). Ex: *Poser un champ de mines: to emplace (ou to lay) a minefield (US) – De 6 à 10 millions de mines terrestres ont été posées un peu partout dans la campagne cambdodgienne: between 6 to 10 million land mines have been planted throughout the Cambodian countryside (CA).*

poser (pont) to lay (US, GB). Ex: *Poser un pont: to lay a bridge (US, GB).*

poser (candidature) (organisation) to apply for membership (OTAN). Ex: *Admettre la Turquie à poser sa candidature à l'UE: to make Turkey eligible to apply for EU membership (OTAN).*

poser comme postulat to posit (Jane's).

poser d'assaut assault landing, airland assault, tactical airland operation (TALO) (GB).

poser par air to airland (US).

poseur de bombes (terroriste) bomber (GB) (VERB: "to arrest").

poseur de bretelles (RENS) wiretapper (US).

poseur de mines minelayer (GB).

positif positive (US), plus (US). Ex: *Mettre l'accent sur le positif (ou sur les aspects positifs): to accentuate the positive (US) – Du côté des aspect positifs, il y avait le niveau d'expérience des commandants de la brigade: on the plus side, there was the experience level of the brigade's commanders (US) (Contraire: "on the minus side" = du côté des aspects négatifs).*

positif (identification au combat) positive (US). Ex: *Identification positive des forces amies: positive identification of friendly forces (US).*

position position (GB, US). Ex: *Être en position de force: to be in a strong position (GB) – En position de tir (canon): in (the) firing position (US, GB) – Occuper une position stratégique centrale dans les forces de défense de l'OTAN: to occupy a strategic center position in the NATO defense forces (US) – Les éléments ennemis sont en position de déséquilibre: the enemy forces are off balance (GB).*

position (emplacement) (TAC) position (US, GB, OTAN), terrain (US, GB, OTAN) (VERB: "to identify", "to gain possession of", "to advance on", "to defend", "to site", "to attack from", "to manoeuvre around", "to be under attack", "to eliminate", "to consolidate") (ADJ & PART: "favourable", "alloted", "(mutually) supporting", "concealed", "(heavily) defended", "hostile") (NOM ASS.: "siting"). Ex: *Position principale: primary position – Position secondaire: secondary position – Organiser une position: to organize a position (US) – Préparer une position: to prepare a position (GB) – Renforcer une position: to strengthen a position (US) – Conserver une position: to retain a position (US) – Prendre position: to take a position (US), to take up a position (GB) – Position clef: key terrain (US, GB, OTAN) – Une position de combat: a / fighting position (US) / battle position (OTAN) (VERB: "to construct", "to occupy") – Une position de rechange: an alternate (ou alternative) position (US, GB) – Une position de mortiers: a mortar position (GB, US) – Position défensive (ou de défense: defensive position (US, GB, OTAN) (VERB: "to improve", "to dismantle", "to restore") – Position individuelle: individual position (US) – Une position d'artillerie: an artillery position (GB) / a gun position (GB) – Une position protégée: a protected position (US) – Les positions les plus en avant (ou avancées): the most forward positions (OTAN) – Position d'attaque: attack* *position (OTAN) (VERB : to occupy) – Percer les positions avancées : to penetrate forward positions (GB) – Un assaut contre des positions ennemies : an assault against enemy positions (US) – Les Allemands sondaient les positions alliées : the Germans were probing the Allied positions (US) – Se déplacer d'une position favorable à la suivante (unité en progression) : to move from one favourable position to the next (US) – Se déplacer d'une position à l'autre : to move from position to position (US) (Voir aussi **position militaire**).*

position (posture physique du soldat) position (VERB : "to assume"). Ex : *Position (couché) sur le ventre (ou face contre terre ou du tireur couché) : prone position (US) – Position à genoux (ou agenouillée) : kneeling position (US) – Position debout : standing position (US) – Position enterrée (trou individuel) : foxhole position (US) – Position assise : sitting position (US) – Position accroupie : squatting position (US).*

position (localisation) location (US) (ADJ : "friendly", "enemy", "neutral", "noncombatant"). Ex : *Quelle est votre position ? : what is your location ? – Déterminer la position d'un aéronef : to determine the position of an aircraft (OTAN) – Disposer de renseignements précis et en temps réel sur les positions ennemies : to have accurate and real-time information of enemy locations (US) – Connaître sa position : to know one's location (US).*

position avancée forward position (GB).

position clé key terrain (US).

position d'arrêt blocking position (US, GB, OTAN) (VERB : "to occupy").

Cf. : A defensive position so sited as to deny the enemy access to a given area or to prevent his advance in a given direction (US).

position d'artillerie artillery position (OTAN, US), gun position (GB) (VERB : "to strike", "to attack"). Ex : *Le Conseil des Nations-Unies a autorisé des frappes aériennes contre les positions d'artillerie de la zone démilitarisée : the UN Council has authorized airstrikes on the gun positions in the demilitarized zone (GB).*

position d'attaque attack position (OTAN, US).

position d'attente (opération héliportée) ready position (OTAN).

position de combat fighting position (US, GB), battle position (GB) (VERB : "to prepare", "to move into") (ADJ : "alternate") (PART : "covered").

position défensive defensive position (US, GB) (VERB : "to site", "to cover"). Ex : *Les positions défensives principales de l'ennemi : the enemy's main defensive positions (OTAN).*

position dominante (TAC) dominating position (GB), overwatch position (US).

position dominante (pays) dominant position (OTAN).

position de freinage delaying position (GB, US), delay position (US) (VERB : "to organize", "to occupy") (ADJ : "initial", "second"). Ex : *En combat défensif caractérisé par une succession de positions de freinage : in defensive operations characterized by successive delaying positions (US) – Sur la position de freinage suivante : at the next delay position (US).*

position de mortier mortar position (US) (VERB : "to attack") (ADJ : "enemy").

position de rechange (TAC) alternate position (US, GB).

position désavantageuse (force) (TAC) disadvantage (US). Ex : *L'ennemi est dans une position nettement désavantageuse : the enemy is at a clear disadvantage (US).*

position des véhicules vehicle status (UN).

position de tir firing position (US), fire position (GB) (VERB : "to occupy", "to find", "to take up") (ADJ : "good"). Ex : *Les chars lourds détruisent les chars ennemis depuis des posi-*

tions de tir favorables : heavy tanks knock out attacking tanks from favourable fire positions (GB).

position de tir (ART) (artillery) firing position (US) (VERB : "to take up", "to select").

position de tireur embusqué (ou isolé) sniper position (US), sniper location (US) (VERB & NOM ASS. : "to clear" / "clearing", "to deny" / "denial", "to retain" / "retention", "to monitor" / "monitoring") (ADJ : "likely").

position estimée assumed position (AP) (OTAN).

position future (TAC) future position, planned position, contemplated position.

position latérale de sécurité (PLS) (SAN) (the) coma position.

position militaire (TAC) military position (OTAN). Ex : *L'aviation a observé sur la cible des positions militaires retranchées avant d'exécuter l'attaque : the aircraft observed dug-in military positions at the target before executing the attack (OTAN).*

positionnement positioning (US, OTAN). Ex : *Système de positionnement de haute précision : precise positioning system (PPS) (OTAN).*

positionnement (mise en place sur le terrain) (forces) positioning (US).

positionnement planétaire global positioning (US).

positionner (unité / forces) to position (US).

position probable (ou estimée) estimated position (EP) (OTAN).

position stratégique (pays) strategic position (OTAN).

posséder (PERS) to possess (US). Ex : *Posséder une qualification : to possess a qualification (US).*

posséder (unité / armée) to have (US), to possess (US), to hold (Jane's), to contain (US). Ex : *Chaque brigade possède son propre régiment de transmissions organique : each brigade has its own organic Signal battalion (US) – Posséder une puissance de feu suffisante : to possess sufficient firepower (US) – Des unités qui possèdent des chars M60 : units which have M60 tanks (US) – Ces régiments ne posséderont que 30 chars de bataille : these regiments will only hold 30 MBTs (= main battle tanks) (Jane's) – Des réductions spectaculaires dans le nombre de pièces d'artillerie possédées par les armées occidentales : dramatic reductions in the number of artillery pieces held by Western armies (Jane's) – La Division possédait 101 appareils (= aéronefs) : the Division contained 101 aircraft (US) – L'ennemi possède des armes de destruction massive : the enemy possesses weapons of mass destruction (US).*

posséder (matériel) to be provided with (US), to have (US), to mount (US). Ex : *Le canon possède un mécanisme de chargement automatique : the gun is provided with an automatic loading mechanism (US) – Le système de conduite de tir ne possède pas de télémètre : the fire control system does not have a rangefinder (US) – Le véhicule possède un canon automatique de 20 mm : the vehicle mounts a 20mm automatic gun (US).*

possession possession (US). Ex : *Possession de documents classifiés : possession of classified material (US) – Être trouvé en possession d'une arme : to be found in possession of a weapon (US).*

possession illégale d'armes illegal possession of weapons (OTAN).

possibilité possibility (US), capability (OTAN), strength (OTAN), option (GB), opportunity (US). Ex : *Possibilité d'action héliportée dans la profondeur (ordre d'opération) : possible heliborne operation in depth – Possibilités Eni : voir **ME (mode d'action ennemi)** – Possibilité d'interprétation (imagerie) : interpretability (US, OTAN) – Possibiliés d'affectation (PERS) : assignment possibilities (US) – Employer au mieux de ses possibilités (force / élément de commandement) : to use (ou to utilize) one's capabilities to the* *greatest advantage (OTAN) – Les possibilités défensives naturelles du terrain : the natural defensive strength of the terrain (OTAN) – Possibilités logistiques (unité) : logistic capabilities (OTAN) – Les possibilités (ou performances) opérationnelles des matériels étrangers : the operational capabilities of foreign materiel (OTAN) – La contre-attaque latérale est une possibilité en défensive : a counterstroke is an option for the defence (GB) – La possibilité de recourir aux moyens et capacités de l'Alliance : the possibility of using Alliance assets and capabilities (UEO) – Détruire la possibilité pour l'ennemi de mener des opérations efficaces au cours de la nuit : to destroy the enemy's capability for effective operations during the night (US) – Ne laisser à l'ennemi aucune possibilité de réaction : to give the enemy no opportunity to respond (US).*

possibilité de manœuvre (TAC) course of action (COA) (US).

possibilités capabilities (OTAN), ability (US). Ex : *Renseignement sur la nature, les possibilités et les intentions d'organisations ou d'individus hostiles : intelligence on the identity, capabilities and intentions of hostile organizations or individuals (OTAN) – Limiter ses (= ennemi) possibilités d'utilisation d'appareils de reconnaissance aérienne : to limit his ability to use aerial reconnaissance aircraft (US).*

possibilités de déplacement (force) movement capabilities (US).

possibilités de tir (véhicule) firing capabilities (US).

possible possible (US), feasible (OTAN, GB). Ex : *Dès que possible (DQP) : as soon as possible (ASAP) – Quand c'est possible : where possible (US) – Lorsque c'est possible (ou faisable) : when feasible (OTAN) – Dans la mesure du possible : whenever possible (OTAN) – Exactitude possible (cotation) (RENS) : possibly true (US) – Ce qui est techniquement possible (conception de matériel) : what is technically feasible (GB) – De la manière la plus efficace possible : in the most effective way possible (US).*

postcombustion afterburning (OTAN).

postconflit post-conflict (US, GB) (En épithète).

poste (emploi) post (GB), position (US, OTAN), appointment (GB), office (GB) (VERB : "to hold", "to fill", "to authorize") (ADJ : "sensitive"). Ex : *Le Général d'armée Smith doit remplacer le Maréchal Jones au poste de CEMA : General Smith is to replace Field Marshal Jones in the post of CDS (= Chief of the Defence Staff) (GB) – Un poste en état-major : a staff appointment (GB), a staff post (GB) – Poste (ou emploi) vacant : vacancy (US) – Servir à un poste : to serve in a position (US) – Peu de temps après sa nomination au poste de chef d'état-major de l'armée de terre : shortly after becoming Army Chief of Staff (US) – Dans ce poste, il a servi en qualité de... : in this position, he served as... (US) – Nommer M. Robertson au poste de Secrétaire général de l'OTAN : to appoint Mr Robertson as Secretary General of NATO (OTAN) – Détenir un poste sensible au sein du ministère de la Défense : to hold a sensitive position within DoD (= Department of Defense) (US) – Être choisi pour un poste : to be selected for a position (OTAN) – Il n'est pas fait pour ce poste (PERS) : he is not suitable for this appointment (GB), he is unsuitable for this office (GB).*

poste (TAC) post (GB). Ex : *Un poste tenu par la Compagnie de Grenadiers (Hist.) : a post held by the Grenadier Company (GB) – Le garde a été puni pour s'être endormi à son poste : the guard was punished for falling asleep at his post (GB).*

poste (emplacement) (véhicule) station (GB) (PREP : "at"). Ex : *Le poste du chef de char : the commander's station (GB).*

poste (téléphone) extension. Ex : *Le poste 862 : extension (EXT) 862.*

posté Ex : *Être posté en embuscade : to lie in ambush (GB), to wait in ambush (GB).*

Poste aux Armées 1. <u>Terme général :</u> Defense Postal and Courier Services (GB) – 2. <u>Terme spécifique armée de terre :</u> the Army Postal Service (US), Army Postal and Courier Services (GB).

poste central de tir fire direction centre (FDC) (OTAN, UN).

<u>Cf.</u> : That element of a command post, consisting of gunnery and communication personnel and equipment, by means of which the commander exercises fire direction and / or fire control. The fire direction centre receives target intelligence and requests for fire, and translates them into appropriate fire direction (OTAN).

poste clé key appointment (GB), key post (GB).

poste de chargement des camions truck loading point (TLP) (OTAN).

poste de combat (position) fighting position (US, GB) (PART : "covered").

poste de commandement (PC) command post (CP), headquarters (OTAN) (VERB : "to deploy") (ADJ : "airborne" = volant) (PART : "hardened"). Ex : *Poste de commandement de l'avant : advanced command post (ACP) (OTAN).*

<u>Cf.</u> : <u>Command-post:</u> the principal facility employed by the commander to command and control (C2) combat operations. A CP consists of those coordinating and special staff activities and representatives from other Army elements and other services that may be necessary to carry out operations. Corps and division HQs are particularly adaptable to organization by echelon into a tactical CP, a main CP, and a rear CP (US).

poste de commandement (char) commander's seat.

poste de commandement de défense aérienne (PCDA) air defence control centre (ADCC) (OTAN).

poste de commandement de force interarmées interalliée joint task force command post, multinational joint task force headquarters (cadre multinational).

poste de commandement de guerre war headquarters (OTAN).

poste de commandement interarmées (PCIA) joint command post.

poste de commandement interarmées de théâtre (PCIAT) (armée de terre 2002) joint theatre headquarters (<u>ou</u> HQ).

poste de commandement interarmées outre-mer overseas joint command post.

poste de conduite (véhicule) driving position (US) (VERB : "to be located" = être situé).

poste de contrôle (écoulement du trafic) control point (OTAN).

poste de contrôle (de la circulation) checkpoint <u>ou</u> check-point (US, GB, OTAN) (VERB : "to establish", "to dismantle", "to man", "to hold", "to staff", "to activate", "to deploy", "to control", "to force one's way through") (ADJ : "vulnerable", "temporary", "official") (EXPR : "to give entry and exit to"). Ex : *Poste de contrôle des véhicules : vehicle check point (GB).*

poste de contrôle des mouvements movement control point (OTAN).

poste de contrôle des véhicules vehicle check-point (VCP) (GB) (VERB : "to set up") (Désigne aussi les personnels qui le tiennent : "the VCP was attacked by partisans").

poste d'écoute listening post (US, GB).

poste de garde (installation militaire) voir **poste de sécurité.**

poste de guetteur observation post (US, GB) (Niveau section).

poste de mouillage (navire) anchorage (US, GB).

poste de pilotage (char) driver's seat.

poste de pilotage (hélicoptère) flight deck.

poste de pilotage (à distance) (engin de franchissement) remote-control unit (<u>Jane's</u>).

poste de premiers soins dressing station (GB).

poste de secours (SAN) aid post (OTAN), (company) aid post (US), aid station (US), dressing station (GB). Ex : *Le poste de secours régimentaire : the Regimental Aid Post (RAP) (GB,* *régiment de chars), the battalion aid station (US) – Poste de secours avancé (triage et premiers soins) : advanced dressing station (GB).*

poste de sécurité (installation militaire) guardroom (GB), guard house (US) (Surnom GB : "the corner shop").

poste de surveillance surveillance post (GB).

poste de tir (missile) firing post (GB), fire unit (GB), command and launch unit (US). Ex : *Un poste de tir Milan : a Milan firing post – Un poste de tir Javelin (missile sol-air) : a Javelin fire unit (GB) – Poste de tir Javelin (missile antichar américain) : command and launch unit (CLU) (US).*

poste de transformation électrique (cible) power transformer yard (OTAN) (VERB : "to strike").

poste de travail (informatique) workstation.

poste de triage des blessés (SAN) casualty clearing station (CCS) (GB), clearing station (US).

poste de triage divisionnaire (SAN) division clearing station (US).

poste d'observation observation point (OP) (US, GB) (VERB : "to man", "to set up", "to remain in", "to be located", "to build", "to maintain", "to establish") (NOM ASS. : "(concealed) entrance", "exit", "high ground", "waterproof sheeting", "ponchos", "camouflage nets", "natural materials") (EXPR : "to construct it from rural materials", "to blend with the surroundings", "to place it in an urban area", "to afford a good view of the target position", "to construct it under cover of night", "to be built in a rectangular shape or in a star shape").

poste frontière border crossing point, border post (OTAN), frontier post (GB). Ex : *Ordonner au chauffeur de faire route vers le poste frontière : to order the driver to head towards the frontier post (GB).*

poste militaire (organisation) military post (US, GB) (PART : "temporarily filled" = temporaire).

poste mobile d'abonné (TRANS) subscriber terminal equipment (STE) (GB) (Wavell).

poster to station (GB), to position (US). Ex : *Poster un régiment de Gurkhas à Bélize : to station a Gurkha battalion in Belize (GB) – Poster des armes antichar : to position antitank weapons (US).*

poster (sentinelle) to post (GB).

poste radio radio (set) (US, GB), radio system (US) (ADJ : "low power", "small", "powerful"). Ex : *Un poste radio portatif : a manpack radio (GB) – Poste radio (char) : radio system (US) (Voir aussi radio).*

poste radio clandestin (RENS) clandestine radio (US) (Terme familier US : "piano").

poste radio de 4ᵉ génération (PRG4) (Traduction proposée) 4th / fourth / generation tactical radio. Équivalent GB : Clansman (tactical radio) (Doit être remplacé par le Bowman).

postérieur à l'exercice post-exercise (OTAN) (En épithète). Ex : *Compte-rendu postérieur à l'exercice : post-exercise report (PXR) (OTAN).*

poste téléphonique telephone unit (OTAN). Ex : *Poste téléphonique protégé : secure telephone unit (STU) (OTAN).*

poste tournant (PERS) rotational post (US, GB).

poste vacant (armée) vacancy (US). Ex : *Occuper des postes vacants dans les armées qui ne pouvaient trouver preneur par le biais du volontariat : to fill vacancies in the armed forces which could not be filled through voluntary means (US).*

poste véhicule (radio) vehicular radio (US).

posthume posthumous (US). Ex : *Récompense / médaille / à titre posthume : posthumous / award / medal (US).*

postmobilisation postmobilization (US).

postpropulsion postboost (UN).

postulant applicant (US, GB) (VERB : "to turn away").

postulat postulate (US). Ex : *De nouveaux modes opératoires sont actuellement posés comme postulats : new operating modes are being posited (Jane's).*

postuler (emploi) to apply for (a job / a position) (US, GB). Ex : *Les emplois auxquels les femmes peuvent postuler : the jobs open to women (GB).*

posture (forces) posture (US). Ex : *Maintenir une posture équilibrée : to maintain a balanced posture (US) – Adopter une posture : to adopt a posture (US).*

posture de défense defense posture (US) (VERB : "to adopt", "to assume") (ADJ : "forward") (NOM ASS. : "assumption"). Ex : *Adopter une posture de défense autonome au sein de l'Alliance : to assume an autonomous defense posture within the Alliance (US).*

posture permanente de sûreté (France) permanent security posture (PPS).

potable (eau) drinking, potable (US) (Contraire : "non-drinking" = non potable).

poteau indicateur signpost (GB) (VERB : "to position").

potentialités (accord / traité) potential (OTAN) (VERB : "to exploit") (ADJ : "full").

potentiel strength (OTAN, GB), combat effectiveness, combat strength, capability (US, GB), potential (GB, OTAN) (ADJ avec "capability" : "demonstrable"). Ex : *Le potentiel de combat ennemi : the enemy combat strength (US), the enemy combat capability (US) (VERB : "to eliminate", "to reduce") – Le potentiel militaire de l'ennemi : the enemy's military potential (GB, OTAN) (VERB : "to destroy", "to neutralize", "to delay", "to bring to bear") – Un potentiel militaire : a military capability (OTAN) – Deux régiments de fusiliers motorisés, à environ 60 % de leur potentiel : two MRRs (= Motorized Rifle Regiments), at approximately 60 % strength (GB) – On estime que les forces ennemies sont à 70 % de leur potentiel en hommes : enemy forces are estimated at 70 per cent strength in personnel (US) – À 100 % de son potentiel (unité) : at full strength (GB) – Potentiel d'une unité : unit strength – Un grand potentiel technologique : a considerable technological capability (US) – Potentiel de défense collective : collective defence capability (UN) – L'armée de terre cherche constamment à accroître son potentiel de combat : the Army continually seeks to increase its combat potential (US) – Le potentiel de l'armée de terre : the Army's capability (GB) (VERB : "to preserve", "to enhance") – Le potentiel aérien ennemi : the enemy's air strength (US) – C'est ce potentiel qui assure la sécurité des Canadiens : it is this capability which provides security to Canadians (CA).*

Cf. : Combat effectiveness : the ability of a unit / formation, ship, weapon system or equipment to perform assigned missions or functions. This should take account, as appropriate, of leadership, personal strength, equipment status, logistics, training and morale and may be expressed as a level of percentage (GB).

potentiel (unité) (effectifs / matériels / moyens logistiques) unit strength (US).

potentiel (PERS) potential (US, GB) (VERB : "to have", "to look for", "to develop (…to the full)"). Ex : *Avoir du potentiel (soldat) : to have potential (GB) – Une recrue à fort potentiel : a high potential recruit (US) – Faire preuve d'un grand potentiel de commandement (PERS) : to demonstrate a high potential in leadership (US) – Développer le plein potentiel d'un soldat : to develop the full potential of a soldier (GB) – Des officiers à fort potentiel : officers with high potential (US) – Potentiel d'avancement (carrière) : promotion potential (US).*

potentiel (adjectif) potential (US), prospective (GB). Ex : *Un adversaire / agresseur / potentiel : a potential adversary / aggressor (US) – Une recrue potentielle : a prospective recruit (GB), a potential recruit (US) – Une cible potentielle : a potential target (US).*

potentiel aérien air strength (US). Ex : *Des renseignements sur le potentiel aérien ennemi : intelligence on the enemy's air strength (US).*

potentiel de combat (armée) combat capability.

potentiel de combat (unité) fighting strength (GB) (Hommes et matériels destinés au combat).

potentiel de combat (d'une force) (liste d'effectifs et de matériels) force levels (GB). Ex : *Potentiel de combat de la 1ère Division Blindée britannique, au 1er avril 1996 (+ liste des effectifs et matériels) : force levels in 1 (UK) Armoured Division (1 April 1996) (GB).*

potentiel de combat (force) fighting potential (GB), fighting capability (US) (VERB : "to conserve").

potentiel de combat (véhicule) warfighting potential (Jane's).

potentiel de croissance growth potential (OTAN).

potentiel de dissuasion deterrence capability (CA). Ex : *L'armée de terre joue ce rôle lorsqu'elle maintient un potentiel de dissuasion militaire crédible et visible en temps de paix : the Army fulfils this function when it maintains a military deterrence capability which is credible and visible in peacetime (CA).*

potentiel de frappe strike potential (UN).

potentiel de guerre (force) war-making capacity (US, GB). Ex : *Désintégration du potentiel de guerre de l'ennemi : disintegration of the enemy's war-making capacity (US, GB).*

potentiel de létalité lethality (US).

potentiel de manœuvre maneuver capability (US).

potentiel d'opération capacity for operating (CA). Ex : *Cette force est axée sur l'établissement d'un potentiel d'opération dans l'Arctique : this force is focused on developing a capacity for operating in the Arctic (CA).*

potentiellement potentially (US, GB). Ex : *Une situation potentiellement dangereuse : a potentially dangerous situation (US) – Des forces armées potentiellement hostiles : potentially hostile armed forces (GB).*

potentiel militaire military potential (US) (VERB : "to delay", "to disrupt", "to destroy"). Ex : *Le potentiel militaire d'un ennemi : an enemy's military potential (US).*

potentiel opérationnel operational potential.

pot fumigène smoke canister (UN, GB), smoke grenade.

poudre powder (GB). Ex : *Poudre à canon : gunpowder (US).*

poudre (missile) solid propellant (US) (S'emploie aussi en épithète).

poudre de détection invisible (RENS) invisible detection powder (US).

poudreux (neige) powder (snow).

pouls (SAN) pulse (US) (VERB : "to check").

pour (temporel) not later than (NLT) (US, GB), by. Ex : *Mise en place terminée pour 17 heures : deployment completed not later than (NLT) 1700 hours – Au plus tard pour le 7 janvier, 18 heures : by 071800 Jan (uary) (at the) latest – Etablir une tête de pont pour J + 1 : to establish a bridgehead NLT (= Not Later Than) D + 1 (US).*

pour (destiné à) for (Jane's). Ex : *Le char de bataille a été mis au point (ou développé) par (la société) NORINCO pour l'armée de terre chinoise : the MBT (= Main Battle Tank) has been developed by NORINCO for the Chinese Army (Jane's).*

pour (montant) worth of (US, GB). Ex : *Une société d'optique de précision a expédié pour des milllions de dollars de pièces défectueuses à l'armée : a precision-optics company shipped millions of dollars worth of defective parts to the military (US) – Envoyer pour 25 millions de dollars de (gros) matériel militaire : to send $ 25 million worth of military hardware (GB).*

pour (au bénéfice de) for (GB). Ex : *Mourir au combat pour la Légion Étrangère : to die in battle for the Foreign Legion (GB).*

pour (concernant) to (OTAN, US). Ex : *Des menaces pour la sécurité : threats to security (OTAN) – Des pertes minimales pour ses propres troupes (ennemi) : minimum loses to their own troops (US).*

pour cent (%) per cent (US), per cent (Jane's). Ex : *Environ 30 % des officiers sont titulaires d'une maîtrise : approximately 30 per cent of all commissioned officers have master's degrees (US) – Equiper des unités de combat à 100 % de personnels : to man combat units to 100 % (US) – Elle (= nouvelle société) sera détenue à 100 % par la société sous contrôle français CELERG International (ARMT) : it will be owned 100 per cent by the French-controlled CELERG International (Jane's).*

pourcentage percentage (OTAN), rate (UN). Ex : *Pourcentage d'indisponibilité (véhicules) : VOR (= Vehicle Off the Road) rate (UN) – Pourcentage de déblaiement (guerre des mines) : percentage clearance (OTAN) – Dépenses militaires en pourcentage du PIB (= Produit Intérieur Brut) : defence expenditure as a percentage of (the) GDP (= Gross Domestic Product).*

Emploi des pourcentages : Ex : *Quelque 18 % des officiers féminins de l'armée de terre sont des sous-lieutenants : some 18 % of female Army officers are second lieutenants (US).*

pour emploi (force) for employment (OTAN).

pour engagement (force) for engagement (OTAN).

pour et le contre (le) pros and cons (US). Ex : *Discutons le pour et le contre de ce mode d'action : let's discuss the pros and cons of this course of action (US).*

pourparlers talks (UN, GB) (VERB : "to hold"). Ex : *Entamer des pourparlers de paix : to start peace talks (Jane's) – Entreprendre des pourparlers avec : to initiate talks with (US).*

poursuite (continuation) continuation (UEO), prosecution (OTAN). Ex : *Un produit essentiel à la poursuite de la guerre : a commodity essential for the prosecution of war (OTAN) – La poursuite d'efforts de défense soutenus et structurés : the continuation of sustained and structures defence efforts (UEO) – Les 7 heures qui suivirent furent utilisées à la poursuite du pilonnage des positions ennemies : the next 7 hours were used in continuing to pound the enemy positions (US).*

poursuite (TAC) pursuit (GB, US, OTAN) (Terme dénombrable) (VERB : "to accomplish"). Ex : *Poursuite d'un ennemi qui se désengage : pursuit of a withdrawing enemy (US).*

Comp :

- An offensive operation designed to catch or cut off a hostile force attempting to escape, with the aim of destroying it (GB, OTAN).

- An offensive operation against a retreating enemy force. It follows a successful attack or exploitation and is ordered when the enemy cannot conduct an organized defense and attempts to disengage. Its object is to maintain relentless pressure on the enemy and completely destroy him (US).

- Opération offensive conçue pour rattraper ou isoler un élément adverse cherchant à s'échapper, dans le but de le détruire (OTAN).

poursuite (objectif / missile) tracking (US) (VERB : "to switch to") (ADJ : "automatic", "quick reaction", "manual"). Ex : *Poursuite des satellites : satellite tracking (UN) – À poursuite optique : optically-tracked.*

poursuite des opérations continuation of operations.

poursuite optique (système de) optical tracker (GB).

poursuite radar radar tracking (OTAN).

poursuites (justice) prosecution (OTAN). Ex : *Les poursuites meneés contre les personnes accusées de crimes de guerre : the prosecution of war crimes (OTAN).*

poursuivre (objectif) to be directed at (OTAN). Ex : *La contre-attaque ne poursuit que des objectifs limités : the counter-attack is directed at limited objectives (OTAN).*

poursuivre (cible radar) to follow. Ex : *Poursuivre une cible radar (aéronef) : to follow a radar target (OTAN).*

poursuivre (continuer) to prosecute (GB), to continue (US), to carry on (US), to proceed with (US), to pursue (US, OTAN), to press ahead with (US). Ex : *Poursuivre la bataille dans la profondeur : to prosecute the depth battle (GB) – Poursuivre l'attaque dans la zone : to continue the attack in zone (US) – Poursuive l'attaque vers l'est : to press the attack east (US) – Poursuivre une mission : to carry on (ou to continue) (US) a mission – Poursuivre la mise au point de l'hélicoptère OH-58D : to proceed with development of the OH-58D (US) – Poursuivre un mouvement : to continue a movement (OTAN) – Poursuivre le combat (forces) : to continue combat engagement (OTAN) – Poursuivre les combats de nuit : to carry on the battle at night (US) – L'ennemi n'est pas en mesure de poursuivre sa mission : the enemy is unable to pursue his mission – L'armée de terre américaine poursuit résolument ses efforts de numérisation du champ de bataille : the U.S. Army is pressing ahead with its battlefield digitisation efforts (Jane's) – Le vaste programme que l'OTAN poursuit : the broad and important agenda NATO is pursuing (OTAN).*

poursuivre (TAC) to pursue (GB, US), to follow (GB). Ex : *Nous avons poursuivi la patrouille ennemie jusqu'à son campement : we followed the enemy patrol back to their camp (GB) – Poursuivre l'ennemi dans les montagnes : to follow (ou to pursue) the enemy into the mountains (GB) – Poursuivre par le feu : to pursue by fire (GB).*

poursuivre (cible / objectif) to track (US, GB). Ex : *Poursuivre un missile jusqu'à une distance d'environ 750 km : to track a missile out to some 750 km (US).*

poursuivre (se) to continue (GB). Ex : *La progression ennemie se poursuit : the enemy advance continues (GB).*

poursuivre jusqu'au bout (attaque) to follow through (GB). Ex : *L'attaque n'a pas été poursuivie jusqu'au bout : the attack was not followed through (GB).*

pourvoir au remplacement (pièces de rechange) to replace (US, GB).

pourvoyeur ammunition carrier.

poussé advanced (GB), ever-deepening (OTAN). Ex : *Formation poussée (ou supérieure) : advanced training (GB) – Des partenariats toujours plus poussés : ever-deepening partnerships (OTAN) – Une arme dont l'utilisation n'exige pas un entraînement poussé : a weapon that requires a minimum of training.*

pousse-cailloux (fantassin) grunt (Origine US, puis repris en GB), doughboy (US), 95 B (US), foot slogger.

poussée (éruption) outbreak (US). Ex : *Des poussées d'instabilité : outbreaks of instability (US).*

poussée (TAC) thrust (US), drive (GB), push (GB) (VERB : "to launch", "to direct... against", "to halt"). Ex : *Effectuer une poussée en direction d'Anvers : to push toward Antwerp*

(GB) – La poussée (ou avancée) communiste en direction du sud : the Communist south-ward drive (US) – Sa (= chef) première poussée, utilisant les chars et l'infanterie, était dirigée contre notre gauche : his first thrust with tanks and infantry was directed against our left (US) – La poussée ennemie en direction de la côte : the enemy's push towards the coast (GB).

poussée (propulsion) thrust (OTAN). Ex : *Source auxiliaire de poussée (missile) : auxiliary source of thrust (OTAN) – Poussée additionnelle : augmentation thrust (OTAN).*

pousseoir de sûreté (fusil / carabine) safety.

pousser (progresser / avancer) (TAC) to push on (GB), to thrust (US). Ex : *Pousser jusqu'à l'objectif principal (force) : to push on to the main objective (GB) – Pousser dans la profondeur du champ de bataille : to thrust deep into the battlefield (US).*

pousser (attaque) (TAC) to push, to press (US). Ex : *Pousser à fond une attaque : to push an attack home – Pousser l'attaque vers l'est : to press the attack east (US).*

pousser (contraindre) to compel (US). Ex : *Pousser des pays tels que Haïti et la Bosnie à rechercher la démocratie : to compel nations such as Haiti and Bosnia to seek democracy (US).*

pousser (véhicule) to push (GB), to give a push (GB). Ex : *La voiture est enlisée dans la boue, pouvez-vous nous pousser ? : the car's stuck in the mud, can you give us a push ? (GB).*

pousser (combat) (TAC) to press (US). Ex : *Pousser le combat : to press the fight (US).*

pousser à to drive on to (GB). Ex : *Il a poussé ses hommes à s'emparer de la position : he drove his men on to take the position (GB).*

pousser à fond (attaque) to drive home (US).

poussière dust (US, GB).

poussière radioactive radioactive dust (GB). Ex : *L'air est contaminé par de la poussière radioactive : the air is contaminated with radioactive dust (GB).*

poutre de lancement (pont) launching beam.

poutrelle métallique (pont) girder (GB).

pouvoir (PERS) power (US), authority (US, GB) (VERB : "to delegate", "to retain", "to limit", "to assign", "to grant", "to have") (ADJ : "organizational"). Ex : *En son pouvoir : within one's power (US) – Le pouvoir de punir : the power to punish (US) – Pouvoir de (prise de) décision : decision-making authority (US) – Avoir pouvoir de (organisme) : to be empowered to (OTAN) – Le pouvoir de donner des ordres : the authority to issue orders (US) – Les pouvoirs d'un commandant (ou chef) : the authority of a commander (OTAN) – Avoir le pouvoir de (armée de terre) : to have the power to (US) – Le pouvoir donné à un commandant (ou chef) de (+ verbe à l'infinitif) : the authority granted to a commander to (US) – Je n'ai pas le pouvoir de prendre cette décision : I do not have the authority to make that decision (GB).*

pouvoir (expression de la possibilité) may (OTAN), to be capable of (US), potentially (US), potential (US), to have a capability (GB). Ex : *L'appareil de prise de vues peut être monté verticalement : the camera may be mounted vertically (OTAN) – Le (canon automoteur) Paladin peut tirer toutes les munitions de 155 mm : the Paladin is capable of firing all 155-mm munitions (US) – L'hélicoptère peut transporter 33 hommes équipés : the helicopter is capable of transporting 33 fully equipped combat troops (US) – Les forces armées ennemies ou pouvant le devenir : hostile or potentially hostile forces or elements (OTAN) – Les zones où des opérations sont effectivement menées ou pourraient l'être : areas of actual or potential operations (OTAN) – La taille de la force à employer peut varier de celle d'une petite formation à celle d'une division légère : the size of the force* *to be used may vary from a small formation to a light division (UEO) – Le Harrier peut décoller verticalement : the Harrier has a vertical take-off capability (GB).*

pouvoir (expression de la probabilité) could be expected to, might be expected to, to be assumed to (GB), to be likely to (US). Ex : *L'ennemi pourrait atteindre le canal de Lorm d'ici la fin de la nuit : the enemy could (ou might) be expected to reach the Lorm canal by the end of the night – Les régiments de chars (= ennemi générique) pourraient se trouver au sud de Basingstoke : the tank regiments are assumed to be south of Basingstoke (GB) – Une des améliorations du char pourrait être... : one of the next improvements of the tanks is likely to be... (US).*

pouvoir (expression de la permission) permission to (GB), may (GB). Ex : *Puis-je continuer, mon colonel ? : permission to carry on, Sir ? (GB), may I have your leave to carry on, Sir ? (GB).*

pouvoir d'arrestation (GEND) arrest powers (US) (VERB : "to have").

pouvoir d'arrêt (champ de mines) stopping power (OTAN) (ADJ : "basic" = élémentaire, "general" = général).

pouvoir de décision authority, decision-making power, decision authority (US).

pouvoir de destruction (arme / force) lethality (US), kill. Ex : *Mine antichar à haut pouvoir de destruction (HPD) : high-kill antitank mine – Des forces ayant un grand pouvoir de destruction : highly lethal forces (OTAN).*

pouvoir de la force hard power (OTAN) (Pouvoir de coercition économique et militaire d'un pays).

pouvoir de nuisance nuisance value (US). Ex : *Les tireurs embusqués ont toujours été considérés comme une arme psychologique ayant plus de pouvoir de nuisance que tout autre chose : urban snipers have always been considered a psychological weapon with more nuisance value than anything else (US).*

pouvoir de pénétration (rayonnement) penetrating nature (US). Ex : *Le pouvoir de pénétration du rayonnement gamma : the penetrating nature of gamma radiation (US).*

pouvoir de perforation (blindage) armour penetration (GB), armor penetration (GB, US) (VERB : "to increase").

pouvoir de résistance staying power (US).

pouvoir des idées soft power (OTAN) (Attrait idéologique et culturel exercé par un pays).

pouvoir grossissant (ou grossissement) magnification.

pouvoir meurtrier (arme) lethality (UN).

pouvoir perforant (ou de perforation) (munition) armour-piercing capability (Jane's).

pouvoir politique (le) political authority (US). Ex : *La subordination au pouvoir politique : subordination to political authority (US).*

pouvoirs (PERS) powers (OTAN). Ex : *Le président des États-Unis a soumis le nom du général X comme successeur du général Y, avec les mêmes pouvoirs et les les mêmes fonctions : the President of the United States nominated General X for consideration as successor to General Y, with the same powers and functions (OTAN).*

pouvoirs de réaffectation (forces multinationales) reallocation authority (US, OTAN, GB).

PP30 (plan prospectif à 30 ans) 30-year future program plan (Jane's).

PR4G (Poste Radio de 4ᵉ Génération) the PR4G combat radio (Jane's).

pragmatique pragmatic (US, GB). Ex : *De façon pragmatique : pragmatically (OTAN).*

praticabilité (des itinéraires) (route) trafficability.

praticable practicable, passable (GB), trafficable (US) (PREP : "to"). Ex : *Peu praticable : barely practicable – Terrain praticable : trafficable (US) / passable (GB) / ground – Le sentier de montagne n'est pas praticable en hiver : the mountain path is not passable (ou is impassable) in winter (GB).*

praticien (SAN) practicioner (GB).

pratique (nom) practice (US, GB, OTAN) (Terme dénombrable). Ex : *Améliorer les performances par la pratique : to improve performance through practice (US) – La pratique du commandement : the practice of command (US) – En pratique : in practice (GB) – Mettre en pratique leur formation : to put their training into practice (GB) – Pratiques humanitaires : humanitarian practices (US) – L'emploi du sexe pour piéger ou faire chanter un individu est une pratique courante dans les opérations d'espionnage : the use of sex to trap or blackmail an individual is standard practice in intelligence operations (US) – Les civils ont subi de plein fouet les nouvelles pratiques de la guerre : civilians have borne the brunt of the new practices of war (OTAN).*

pratique (adjectif) hands-on (US). Ex : *Formation pratique (PERS) : hands-on training (US) (PART : "performance-oriented").*

pratique (portée) effective (range).

pratiquement virtually (US), nearly (OTAN), almost (US). Ex : *Le système est pratiquement indétectable : the system is virtually undetectable (US) – La situation s'était dégradée de façon pratiquement irréversible : the situation had deteriorated nearly beyong salvaging (OTAN) – La campagne terrestre de la guerre du Golfe s'est conformée pratiquement à la lettre aux principes de la Bataille Aéroterrestre : the Gulf War ground campaign followed the Airland Battle principles almost to the letter (US) – Pratiquement détruite (force) : virtually destroyed (US).*

pratiquer (SAN) to practice (US). Ex : *Pratiquer une médecine préventive : to practice preventive medicine (US).*

pratiquer to practice (OTAN). Ex : *Pratiquer la violence : to practice violence (OTAN).*

préalable prior (US), advance (US, UN), in advance (OTAN). Ex : *Donner des instructions préalables : to give instructions in advance (OTAN) – Notification préalable (désarmement) : advance notification (UN) – Notification préalable de manœuvres militaires : prior notification of military maneuvers (US) – Mise en place préalable des armes : advance siting of weapons (US).*

préalablement à in advance of (US), prior to.

préalerte early warning (EW) (OTAN).

préalerter (chef) to provide early warning (of) (US), to forewarn (US). Ex : *Préalerter le chef sur les intentions de l'ennemi : to provide the commander with early warning of enemy intentions (US).*

préambule (ordre / traité) preamble (OTAN). Ex : *Préambule du Traité de l'Atlantique Nord : Preamble to the North Atlantic Treaty (OTAN).*

préamplificateur (antenne) preamplifier (US).

préavis d'attaque nucléaire nuclear strike warning (OTAN).

préavis (de mise en route) notice to move (GB).

préavis (TAC) notice to move (NTM) (GB), notification (US), warning (US). Ex : *Sur préavis de 30' : on 30'notice to move – Sur préavis de 10 minutes : at 10 minutes notice (GB), on ten minutes'notice to move (GB) – Sur préavis de 2 heures : on 2 hours notice (US) – Sur court préavis : on short notice (US) – La 82ᵉ Division Aéroportée doit commencer à se projeter vers n'importe quel point du globe 18 heures après préavis : the 82nd Airborne*

Division must begin to deploy anywhere in the world 18 hours after notification (US) –
Sans préavis: without warning (US) – Un régiment sera engagé sur préavis de
30 minutes: one battalion will have a 30 minute notice (US) – Se projeter à court préavis
(forces): to deploy at short notice (GB) – Sur préavis de 96 heures (intervention d'une
force de projection): within 96 hours of notice (Jane's).

préavis advance warning (GB). Ex: *Nous aurons besoin d'un préavis pour toutes les demandes*
de munitions: we will need advance warning for any ammunition requests (GB).

préavis d'alerte early warning notice (UN).

préblindage armo (u) red plate.

pré carré (ou domaine réservé) preserve (US).

précaution precaution (US, GB) (VERB: "to take") (ADJ: "suitable", "correct"). Ex:
Nécessiter des précautions supplémentaires: to require extra precautions (OTAN) –
L'OTAN prend toutes les mesures de précaution possibles pour éviter des pertes civiles
au cours de ses opérations: NATO takes very precaution to avoid civilian casualties
during its operations (OTAN) – Porter le casque par précaution: to wear one's helmet as
a precaution (GB).

précaution (de) precautionary (GB). Ex: *C'est une simple mesure de précaution: this is just a*
precautionary measure (GB).

précédent forerunner (US). Ex: *La nouvelle version cde l'AMX 10 P diffère de la précédente:*
the new version of the AMX 10 P differs from its forerunner (US).

précéder to precede (OTAN), to be prior to (OTAN). Ex: *Précéder le gros de la force dans la*
zone de l'objectif: to precede the main body to the objective area (OTAN) – Une opéra-
tion qui précède l'assaut: an operation prior to the assault (OTAN) – Précédé de: pre-
ceded by.

précepte (TAC) tenet (US) (ADJ: "basic") (EXPR: "in accordance with"). Ex: *Les préceptes*
du combat terrestre: the tenets of Army operations (US).

préchargé (arme) pre-loaded.

précieux valuable (US), precious (US), welcome (US). Ex: *Une précieuse leçon (ou un précieux*
enseignement): a valuable lesson (US) – Un moyen précieux: a valuable asset (US) –
L'atout le plus précieux de l'armée de terre: nos soldats: the Army's most precious asset
- our soldiers (US) – Soldat d'élite, tu t'entraînes avec rigueur, tu entretiens ton arme
comme ton bien le plus précieux, tu as le souci constant de ta forme physique (Code
d'honneur) (Légion): an elite soldier, you will train vigorously, you will maintain your
weapons as if they were your most precious possession, you will keep your body in the
peak of condition, always fit (GB) – Fournir des renseignements extrêmement précieux
(agent) (RENS): to provide extremely valuable information (US) – L'ALAT est un auxi-
liaire précieux du chef pour la recherche du renseignement: Army Aviation is a welcome
addition to the commander's intelligence collection effort (US).

précipitamment precipitately (GB). Ex: *L'ennemi s'est retiré précipitamment: the enemy with-*
*drew precipitately (GB) (Voir aussi **d'urgence**).*

précipiter (une crise) to precipitate (a crisis) (US).

précis (munition / tir / système d'armes / localisation) accurate (US) (ADV: "extremely", "highly"). Ex: *Une localisation précise à 15 mètres: a location accurate to within*
15 meters (US).

précisément accurately (US). Ex: *Identifier les réserves ennemies aussi précisément que pos-*
sible: to identify enemy reserves as accurately as possible (US).

préciser to specify (CFE, US), to identify (OTAN). Ex : *Préciser les nations participantes (à une force) : to identify the participating nations (OTAN) – Ce règlement précise les mesures offensives que prendra l'armée de terre : this field manual specifies the offensive measures the Army will take (US).*

préciser (affiner les détails) to firm up (familier) (US). Ex : *Le général veut que nous précisions tous les plans d'ici 13 H 00 : the General wants us to firm up all plans by 1300 hours (US).*

préciser la situation (TAC) to develop the situation (US).

préciser le contact to identify contact.

précision accuracy (US, OTAN), precision (GB, US) (ADJ : "outstanding"). Ex : *Munitions de précision : precision munitions (US) – Avec une précision considérable (détermination d'une position / localisation) : with considerable accuracy (OTAN) – Tirer avec précision : to fire accurately (US) – La précision de la conduite de tir (char) : the accuracy of the fire control system (Jane's) – Précision d'un missile : missile accuracy (US) (VERB : "to increase") – Déterminer avec précision les positions des forces amies et ennemies : to precisely plot locations of friendly and enemy forces (US) – Système de positionnement de haute précision : precise positioning system (PPS) (OTAN) – Munition à guidage de précision : precision guided munition (PGM) (GB) – Avec une précision chirugicale : with surgical precision (US).*

précision d'atterrissage (PA) (TAP) accuracy.

précoce early (US). Ex : *Arrivée précoce (force sur un théâtre d'opérations) : early entry (US).*

pré-cuit (repas) pre-cooked (meal).

précurseur (adjectif) advance (US, OTAN), quartering (US). Ex : *Un élément précurseur : an advance element (US) – Un détachement précurseur : an advance party, a quartering party (US) – Élément précurseur (d'une force) : advance element (OTAN).*

précurseur (nom) (sens figuré) forerunner (US), precursor (Jane's). Ex : *L'OSS (= Office of Strategic Services) fut le précurseur de la CIA : the OSS was the forerunner of the CIA (US) – L'ECAD est le précurseur du FELIN, futur système combattant de l'armée de terre française : the ECAD is the precursor to the French Army's FELIN future soldier system (Jane's).*

prédécesseur (véhicule / personnels / organisation) predecessor (GB, US). Ex : *Le (char) Challenger 1 et son prédécesseur, le Chieftain : the Challenger 1 and its predecessor Chieftain (GB) – Le prédécesseur direct du KGB : the direct predecessor of the KGB (US).*

prédéploiement predeployment (US). Ex : *Activités de prédéploiement : predeployment activities (US) (Voir aussi **pré-engagement**).*

prédéterminé predetermined (OTAN).

prédictif (connaissance) predictive (US).

prédilection (de) of choice (US).

prédit (portée) predicted (OTAN).

prédominance (à) -heavy (US). Ex : *Une unité à prédominance TOW : a TOW - heavy unit (US).*

prédominer to predominate (US).

pré-engagement predeployment (US) (Voir aussi **prédéploiement**).

pré-établi scheduled (OTAN). Ex : *Programme de frappe pré-établi : scheduled strike programmme (SSP) (OTAN).*

préfabriqué (adjectif et nom) prefabricated building (US), Portakabin (GB). Ex : *Un bâtiment préfabriqué (ou un préfabriqué) (aide humanitaire) : prefabricated building (US) – Un préfabriqué (abri temporaire / chantier de construction) : a Portakabin (GB).*

préférable preferable (US).

préférence preference (US). Ex : *Par ordre de préférence : in order of preference (US) – De préférence : preferably (OTAN) – Choisir une société de préférence à une autre (contrat d'armement) : to pick a company over another company (Jane's).*

préférence d'affectation (PERS) posting preference (GB).

préjudiciable à harmful to (US), prejudicial to (US), detrimental to (US). Ex : *Des actions préjudiciables aux intérêts américains : actions harmful to American interests (US) – Publier des renseignements préjudiciables à la sécurité de l'État (RENS) : to publish information prejudicial to the safety of the state (US) – Préjudiciable aux intérêts du pays : detrimental to national interests (US).*

préjugés prejudice (US) (ADJ : "(very) real"). Ex : *Les préjugés à l'encontre des femmes au sein de la CIA : the prejudice against women within the CIA (US).*

prélevée (unité) detached (sur = from) (Abréviation GB : "det").

prélèvement detachment. Ex : *Renforcements et prélèvements : attachments and detachments (Abréviation : "atts & dets").*

prélèvement (échantillons) collection (of samples) (UN). Ex : *Prélèvement d'atmosphère : air sampling (UN).*

prélever to detach (US), to draw (GB, OTAN) (PREP : "from"). Ex : *Prélever une unité sur une autre unité : to detach a unit from another unit – Des personnels prélevés dans tous les régiments d'infanterie de l'armée de terre : personnel drawn from all the infantry battalions of the Army (GB) – Prélever des éléments à une force : to draw elements from a force (OTAN) – Des unités sont prélevées sur le gros des troupes : units are detached from the main body (US).*

préliminaire draft (US). Ex : *Version préliminaire de livre blanc : draft white paper (US).*

préliminaire (phase) (TAC) preliminary (phase).

préliminaires preliminaries (US) (PREP : "to").

prélude prelude (US) (PREP : "to"). Ex : *Les préludes de l'action : preludes to action (US) – Le prélude à une contre-offensive : the prelude to a counteroffensive (US).*

prématuré premature (US).

prématurément prematurely (OTAN).

premier first (GB, UN), initial (US), early (US), one (GB), key (OTAN), front (GB). Ex : *Prodiguer les premiers soins (ou secours) à un blessé : to give first aid to an injured man (GB) – Premier temps (de la manœuvre) : phase one – En premier échelon : in first echelon – Les unités de première ligne : frontline units (US), line units (US) – Première affectation à Fort Bragg, dans la 82ᵉ Division Aéroportée : initial assignment at Fort Bragg, with the 82nd Airborne Division (US) – Les premières années de ce siècle : the early years of this century (US) – Le premier jour : on day one (GB) – Premier(s) renfort(s) / éléments de renforcement : early reinforcement (UN) – Usage en premier des armes nucléaires : first use of nuclear weapons (UN) – Les premiers véhicules de la série FV 600 : the earlier vehicles of the FV 600 series (GB) – Les premières phases d'un conflit : the early stages of a conflict (US) – La 1ᵉʳᵉ Armée américaine : First U.S. Army (US) (À noter : Pas d'article défini ici, mais on peut également l'employer) – La fondation et les premières années d'existence de l'Alliance : the founding and early life of the Alliance (OTAN) – Des secours humanitaires de toute première nécessité : badly needed humani-*

tarian aid (OTAN) – L'UEO et l'OTAN mèneront leur premier exercice conjoint de gestion de crise UEO / OTAN : WEU and NATO will conduct the first ever joint WEU / NATO crisis management exercise (UEO) – L'une des toutes premières priorités : a key priority (OTAN) – Des acteurs de premier plan (partenaires de l'OTAN) : key players (OTAN) – Un officier qui se trouvait au premier rang des soldats : an officer who was in the front rank of the soldiers (GB) – La Légion fut la première (à aller) au combat : the Legion was first in action (GB).

premier coup (du / au) first-shot, first-round (GB), single-shot (OTAN), single-round (OTAN) (Termes à utiliser en épithète). Ex : *Probabilité de destruction au premier coup : single-shot kill probability (SSKP) (OTAN) – Capacité de destruction au premier coup : single-round effectiveness (SRE) (OTAN).*

premier jus voir **première classe (grade)**.

première classe (grade) Private First Class (PFC) (E3). Pas d'équivalent dans l'armée de terre britannique, où le grade de "Lance Corporal" (LCpl) est en réalité le premier grade de sous-officier (Voir aussi **deuxième classe (soldat de)**.

première ligne front line (GB) (On peut se servir du terme "frontline / front-line" en épithète. Cf. : "frontline (US) / front-line (GB) troops" = soldats / troupes de première ligne). Ex : *Ces hommes vont directement en première ligne : these men are going straight to the front line (GB) – En première ligne : in (ou on) the front line (GB) – Régiment de première ligne : front-line battalion (US).*

premier lieu (en) first (OTAN). Ex : *Non-recours en premier lieu à l'arme nucléaire : no first use of nuclear weapons (NOFUN) (OTAN).*

premier ordre (de) voir **excellent**.

premier plan first (US), major (OTAN). Ex : *Mettre les soldats au premier plan (ou au premier rang) de nos préoccupations : to put soldiers first (US) – Le rôle de premier plan joué par l'OTAN : the major involvement of NATO (OTAN).*

premier renfort (de) follow-on (OTAN) (En épithète).

premiers ravitaillements early resupply (US, OTAN).

premiers soins (ou premiers secours) (SAN) first aid (OTAN, US) (VERB : "to give", "to apply", "to administer" = prodiguer, dispenser).

prémobilisation premobilization (US).

prenant effet à effective (En abrégé : "eff" / "EFF"), with effect from.

prendre (s'emparer de) (TAC) to take (GB), to capture (GB), to carry (GB), to secure. Ex : *Prendre le premier échelon ennemi sur les flancs et les arrières : to take the enemy's first echelon in the flanks and rear (GB) – Prendre (= s'emparer de) une ville : to capture a town (GB) – Prendre (= s'emparer de) un pont : to secure a bridge – Ils se sont emparés de la position ennemie : they carried the enemy position (GB) – Prendre (ou s'emparer de) Grozny (forces) : to take Grozny (US).*

prendre (intensité) to grow (OTAN) Ex : *Prendre de l'intensité (campagne) : to grow in intensity (OTAN).*

prendre (offensive) to seize (the offensive) (US).

prendre (occuper) to take up (GB). Ex : *Prendre (= occuper) une position : to take up a position (GB).*

prendre (poste / responsabilité) to assume (US), to take up (GB). Ex : *Prendre la responsabilité d'une opération : to assume responsibility for an operation (US) – Prendre un poste (emploi) de chef de corps : to take up a position as commanding officer (CO) (GB).*

prendre (décision / mesure / engagement / risque) to take (OTAN), to make (OTAN). Ex : *L'OTAN prend toutes les mesures de précaution possibles pour éviter des pertes civiles au cours de ses opérations : NATO takes very precaution to avoid civilian casualties during its operations (OTAN) – La décision de créer une Euroforce opérationnelle rapide a été prise à Lisbonne en mai 1995 : the decision to set up a a Rapid Deployment Euroforce was taken (ou made) in Lisbon in May 1995 (UEO) – Les engagements pris envers l'OTAN : the commitments to NATO (OTAN) – Prendre des risques : to take risks (US).*

prendre (saisir) to capture (US). Ex : *Les armes étaient prises à l'ennemi : weapons were captured from the enemy (US).*

prendre (être touché par) to take (GB). Ex : *Le lieutenant Vilain prit une balle en plein front et mourut sur le coup : Lieutenant Vilain took a bullet in the forehead and died instantly (GB).*

prendre (temporel) to take (GB). Ex : *Le chargement prend de 20 à 40 minutes : loading takes between 20 and 40 minutes (GB).*

prendre acte de to recognise (OTAN).

prendre à partie to engage (US, GB). Ex : *Prendre à partie les forces ennemies : to engage enemy forces (US).*

prendre à partie (objectif) (ART) to fire on (US, GB).

prendre au dépourvu to take unawares (GB), to catch off guard (US). Ex : *Prendre l'ennemi au dépourvu : to take the enemy unawares (GB), to catch the enemy off guard (US).*

prendre au piège (force / individus) to trap (GB). Ex : *À Kolwezi, plus de 2 500 Européens furent pris au piège : in Kolwezi, more than 2,500 Europeans were trapped (GB).*

prendre au piège (RENS) to entrap (US).

prendre congé to take leave (US).

prendre contact (TAC) to make contact with the enemy (US), to gain contact with the enemy (US). Ex : *Le contact avec l'ennemi est pris : (ground) contact with the enemy is made (OTAN).*

prendre contact (avec quelqu'un) to make contact (with somebody) (GB).

prendre d'assaut to assault (US, GB), to storm (GB), to take by storm (GB). Ex : *Prendre d'assaut une forteresse : to storm a fortress (GB) – Prendre d'assaut des fortifications : to assault fortifications (US) – Prendre d'assaut un bâtiment (fantassins) : to assault a building (US) – La 2ᵉ compagnie prendra le village d'assaut : B Company will assault the village (GB) – Prendre les positions ennemies d'assaut : to take enemy positions by storm (GB).*

prendre de flanc (TAC) to flank (GB).

prendre du temps to be time-consuming (US). Ex : *La décontamination prend beaucoup de temps : decontamination is time-consuming (US).*

prendre effet to become effective (OTAN), to take effect (GB). Ex : *Les modifications (ou changements) prendront effet à compter du 1ᵉʳ juillet 1993 : the changes will take effect from 1 July 1993 (GB) – Cette nomination (= d'un officier à un poste important) prendra effet en mai 2000 : this appointment will become effective in May 2000 (OTAN).*

prendre en charge to take over (OTAN, GB). Ex : *Les forces armées de l'OTAN ont directement pris en charge le fonctionnement de l'aérodrome de Tirana : NATO military forces took over direct operation of the airfield at Tirana (OTAN) – Les légionnaires ont pris en charge la défense de l'aéroport de Sarajevo : the legionnaires took over the defence of Sarajevo Airport (GB).*

prendre en charge (défense d'un pays) to assume (Jane's). Ex : *La France voulait prendre pleinement en charge sa propre défense : France wanted to fully assume its own defence (Jane's).*

prendre en charge (mission) to assume (a mission) (US).

prendre en charge (blessé) (SAN) to take care of (a casualty) (US).

prendre en compte to consider (US), to assume (US), to take account of (GB), to achieve coverage of (UEO), to take over (US, GB), to accommodate (US). Ex : *Prendre en compte d'autres facteurs : to consider other factors (US) – En mesure de prendre en compte la mission du sous-groupement FURY (ordre d'opérations) : be prepared to assume mission of TM (= Team) FURY (US) – Prendre en compte des facteurs : to take account of factors (GB) – Pour mieux prendre en compte la question des capacités des forces relevant de l'UEO : to achieve better coverage of the issue of the capabilities of forces answerable to WEU (UEO) – Prendre en compte une mission : to assume (ou to take over) a mission (US) – Prendre en compte une réalité : to accommodate a reality (US) – Prendre à son compte les missions des autres (soldat des forces spéciales) : to take over the tasks of the others (GB).*

prendre en considération to consider (OTAN). Ex : *Prendre en considération tous les facteurs influant sur la situation militaire : to consider all the circumstances affecting the military situation (OTAN).*

prendre en embuscade (troupes) to ambush (US, GB), to catch in an ambush (GB). Ex : *La patrouille fut prise en embuscade : the patrol was caught in an ambush (ou was ambushed) (GB).*

prendre en otage to take hostage (GB). Ex : *Après avoir pris en otage 30 casques bleus hollandais : after taking 30 Dutch UN soldiers hostage (GB).*

prendre et tenir (TAC) to secure.

prendre feu to catch fire (GB).

prendre feu (carburant) to ignite (OTAN).

prendre fin (guerre / conflit) to end (US), to come to an end, to cease. Ex : *Les hostilités prendront fin à 11 heures : hostilities will cease at 1100 hours (ou at 11 a.m.).*

prendre forme to take shape (GB). Ex : *Le nouveau système de corps d'armée multinationaux commence à prendre forme : the new system of multi-national corps begins to take shape (GB).*

prendre la défense de to stick up for (US). Ex : *Il importe qu'un chef prenne la défense de ses hommes : it is important for a commander to stick up for his men (US).*

prendre la direction (commandement) de to take charge (US). Ex : *Prendre la direction / le commandement (d'un groupe militaire à l'instruction) : to take charge (US).*

prendre la mesure de to size up (US). Ex : *Prendre la mesure de la tâche (ou mission) : to size up the task (US).*

prendre la place de (PERS) to replace (GB).

prendre la relève de (unité) to relieve.

prendre la retraite (PERS) to retire (US). Ex : *Prendre sa retraite après 20 ans de service : to retire after 20 years of service (US).*

prendre la tête (mission / unité) to take the lead (US, GB), to lead off (US). Ex : *Les soldats de la Division sont désignés pour prendre la tête de la mission de maintien de la paix dans les Balkans : the Division soldiers are slated to take the lead in the Balkan peacekeeping mission (US) – Prendre la tête (pour une unité) : to lead off (US) – La 2ᵉ Compagnie prendra la tête : B Company will take the lead (GB).*

prendre le commandement (de) to take command (of) (US, GB), to assume command (of) (US), to take over (US). Ex : *Il a pris le commandement de la 2ᵉ Compagnie : he has taken command of B Company (GB) – Par la suite, il prit le commandement du 1ᵉʳ Bataillon du 27ᵉ Régiment d'Artillerie de la 4ᵉ Division (fiche biographique d'officier) : he was subsequently assigned as commander of the 4th Division's 1st Battalion, 27th Artillery (US) – Il prit le commandement de l'Artillerie du 3ᵉ Corps d'Armée (fiche biographique d'officier) : he took command of III Corps Artillery (US), he assumed command of III Corps Artillery (US) – Maudet prit le commandement (après la mort du chef) : Maudet took command (GB) – Le colonel doit prendre le commandement du régiment aujourd'hui : the colonel is to take over the regiment today (US).*

prendre le contrôle de (moyens) (TAC) to assume control of (US). Ex : *Prendre le contrôle des moyens terrestres (ALAT) : to assume control of ground assets (US).*

prendre le contrôle opérationnel de (TAC) to receive (ou to assume) OPCON (= operational control) of (US).

prendre le relais to take over (OTAN). Ex : *Les organisations civiles sont en mesure de prendre le relais : civilian organisations are in a postion to take over (OTAN).*

prendre les armes (individu) to take up arms (CA, US). Ex : *Les Canadiens ont été contraints de prendre les armes pour une troisième et dernière fois : Canadians were compelled to take up arms on a third and last occasion (CA).*

prendre les fonctions de to assume duties as (US), to take up the position de (OTAN). Ex : *Il a pris les fonctions de directeur de la composante armée de terre de la Garde nationale (fiche biographique) : he assumed duties as director of the Army National Guard (US) – Le général d'armée Shinseki a pris ses fonctions de 34ᵉ chef d'état-major de l'armée de terre le 21 juin dernier : Gen. Shinseki assumed his duties as the Army's 34th chief of staff on June 21 (US) – Prendre les fonctions de Secrétaire général (OTAN) : to take up the position of Secretary General (OTAN).*

prendre livraison de (percevoir) (matériel) to take delivery of (equipment) (US).

prendre note de to note (OTAN).

prendre par la force to capture (GB). Ex : *Ils ont pris un dépôt d'approvisionnement ennemi par la force : they captured an enemy supply dump (GB).*

prendre par surprise (ennemi) to take by surprise (US).

prendre part à to take part in (OTAN), to join (US). Ex : *Un chef prenant part à une manœuvre : a commander taking part in a manoeuvre (OTAN) – Empêcher le deuxième échelon ennemi de prendre part à la bataille rapprochée : to prevent the enemy's second echelon from joining the close-in battle (US).*

prendre parti (conflit) to take sides (+ préposition "with") (US).

prendre pied (force) to gain a foothold (GB), to force a lodgement (US).

prendre position (s'installer) (force) to take position, to form up (OTAN). Ex : *L'ennemi est train de prendre position pour une attaque : the enemy is forming up for an attack (OTAN).*

prendre possession (position / point caractéristique du terrain) (TAC) to gain possession of (a position / terrain feature) (OTAN).

prendre pour cible (TAC) to target (US). Ex : *Prendre pour cible des objectifs (TAC) : to target objectives (US) – Prendre pour cible les populations civiles : to target civilian populations (US).*

prendre soin de to look after (CA). Ex : *Nous devons prendre soin de nos troupes : we must look after our troops (CA).*

prendre sous le feu (cible) to engage (a target). Ex: *Être pris sous le feu (installation / personnel / matériels) : to be taken under fire (OTAN), to come (ou to be) under fire (US) – Ils furent pris sous le feu d'unités de police : they came under fire from police units (US).*

prendre sur le fait (ou en flagrant délit) to catch in the act (GB). Ex: *Nous les avons pris sur le fait alors qu'ils posaient la bombe : we caught them in the act of planting the bomb (GB).*

preneur (trouver) to be filled (US). Ex: *Occuper des postes vacants dans les armées qui ne pouvaient trouver preneur par le biais du volontariat : to fill vacancies in the armed forces which could not be filled through voluntary means (US).*

preneur d'otages hostage-taker (US).

prenez message! (procédure radio) message! (US).

préoccupation concern (OTAN). Ex: *L'OTAN a fait clairement part de ses préoccupations au gouvernement de la République fédérale de Yougoslavie : NATO has made its concerns clear to the Government of the Federal Republic of Yugoslavia (OTAN) – Préoccupations humanitaires : humanitarian concerns (OTAN).*

"prépa" (classe prépararatoire à une grande école militaire) prep school (US) (Abrégé de: "preparatory school") (VERB: "to attend").

préparatifs (opération) preparations (US, GB), mounting (GB, OTAN), groundwork (US) (VERB: "to make" = effectuer, "to complete" = achever) (ADJ: "thorough", "elaborate", "detailed") (PREP: "for") (EXPR: "on schedule for completion"). Ex: *Préparatifs pour le combat : preparations for combat (US) – Centre de préparatifs en vue d'une opération aérienne : air mounting centre (AMC) (GB) – Effectuer les premiers préparatifs de l'opération à venir : to lay the groundwork for the next operation (familier) (US).*

préparatifs de guerre (pays) preparation for war (US).

préparatifs défensifs defensive preparations (US).

préparation preparation (US), preparedness (US, OTAN), planning (OTAN). Ex: *L'armée de terre est responsable de la préparation des forces terrestres : the Army is responsible for the preparation of land forces (US) – Préparation à la mobilisation : mobilization preparedness (US) – Préparation civile pour le temps de guerre : civilian preparedness for war (OTAN) – La préparation des opérations de combat : the planning of combat operations (OTAN).*

préparation (opération) (TAC) planning (OTAN), preparation (GB). Ex: *Renseignement sur l'ennemi, les conditions atmosphériques et géographiques nécessaires au commandement pour la préparation et la conduite des opérations de combat : the knowledge of the enemy, weather and geographic features required by a commander for the planning and conduct of tactical operations (OTAN) – L'opération a échoué en raison d'une mauvaise préparation : the operation failed because of poor preparation (GB).*

préparation (tir de) (ART) preparation fire (US).

préparation (franchissement) preparation (US, GB). Ex: *Sans préparation : no preparation (GB), without preparation (US) – Préparation de site (de franchissement) : site preparation (US).*

préparation au combat pre-readiness (OTAN), preparing for combat (US). Ex: *Exercice de préparation au combat : pre-readiness exercise (PREREADEX) (OTAN).*

préparation aux catastrophes disaster preparedness (OTAN), preparing for disasters (OTAN).

préparation d'artillerie artillery preparation (US, GB) (Abrégé: "arty prep" (US) (VERB: "to start" = débuter, "to fire"). Ex: *Une préparation d'artillerie de 30 minutes : a 30-minute artillery preparation (US).*

préparation de (en) in preparation for.

préparation des messages message preparation (OTAN) (ADJ : "rapid" = rapide).

préparation des troupes de combat warrior preparation (OTAN). Ex : *Centre de préparation des troupes de combat : warrior preparation centre (WPC) (OTAN).*

préparation et maintien des capacités opérationnelles (système de forces) (ARMT) preparedness and readiness of operational capabilities (Jane's).

préparation logistique logistics readiness (OTAN).

préparation logistique du théâtre d'opérations logistics-preparation-of-the-theater (LPT) (US) (ADJ : "critical").

préparation médicale (population civile) medical preparation (US);

préparation militaire (PM) Pas d'équivalent exact. Il existe au Royaume-Uni et aux États-Unis des systèmes de préparation militaire différents du nôtre, sur des périodes de temps plus longues, encourageant une carrière dans l'armée d'active. Aux États-Unis, on trouve "the ROTC (= Reserve Officers Training Corps) program" (US) (divisé en "Junior Division, ROTC" pour les élèves du secondaire et "Senior Division, ROTC" pour les étudiants des universités, organisé sous forme de stages et de période en camp) (Les membres sont appelés "cadets"). Au Royaume-Uni, au niveau de l'enseignement secondaire, on trouve les "Cadets" de la "Combined Cadet Force" (CCF) (organisation inter-armées au sein laquelle existe "the Army Cadet Force" (ACF) et au niveau universitaire, "the University Officer Training Corps" (OTC) et ses "Officer Cadet Training Units" (OCTUs), dont les volontaires sont encouragés à devenir élèves-officiers d'active.

préparation opérationnelle (unité / individu) operational readiness (OTAN), combat readiness (VERB : "to develop", "to maintain", "to improve").

préparation opérationnelle (fonction d'état-major) training development (Jane's).

préparation psychologique (au combat) (PERS) psychological preparation (GB).

préparation psychologique (population civile) psychological preparation (US).

préparation renseignement intelligence preparation (US).

préparation renseignement de l'espace de bataille intelligence preparation of the battlespace (IPB) (GB) (ADJ : "joint" = interarmées).

préparation renseignement du champ de bataille (PCRB) intelligence preparation of the battlefield (IPB) (US, GB) (VERB : "to conduct") (ADJ : "thorough").

Cf. : A systematic approach to analyzing the enemy, weather, and terrain in a specific geographic area. It integrates enemy doctrine with the weather and terrain as they relate to the mission and the specific battlefield environment. This is done to determine and evaluate enemy capabilities, vulnerabilities and probable courses of action (US).

préparation transitoire transition readiness (OTAN).

préparatoire preparatory (US). Ex : *Entraînement préparatoire : preparatory training (US) – Lancer les travaux préparatoires à un arrêt complet des hostilités : to set in motion the groundwork for a total cessation of hostilities (GB) – Activité préparatoire : preparatory activity (US).*

préparatoire (ordre) voir **ordre préparatoire**.

préparatoire (phase) preliminary (phase).

préparé prepared, uncharged, deliberate (OTAN). Ex : *Destruction préparée : prepared (ou uncharged) demolition – Opération préparée : deliberate operation (OTAN) (Contraire : "hasty operation") – L'infanterie défend le terrain favorable à partir de positions bien préparées en profondeur : infantry defends strong ground from well-prepared positions in depth (GB).*

préparer to prepare (US, GB), to plan (OTAN), to get ready (US), to ready (US) (PREP: "for"). Ex: *Préparer un plan de feu d'artillerie: to prepare an artillery fire plan (US) – Préparer les soldats aux champs de bataille de demain: to prepare soldiers for future battlefields (US) – Préparer son unité à (ou pour) la guerre: to prepare one's unit for war (US) – Préparer une arme pour le tir: to prepare a weapon for firing (US, GB) – Préparer quelqu'un à un emploi: to prepare somebody for a job (US) – Préparer un compte-rendu: to prepare a report (US) – Préparer les forces au combat: to prepare forces for combat (US) – Le stage prépare les officiers à commander à l'échelon de la batterie: the course prepares officers to command at the battery level (US) – Préparer une action offensive: to plan an offensive action (OTAN) – Préparer l'équipage à des missions de tir: to ready the crew for fire missions (US) – Préparer (ou aménager) des / berges / butées: to prepare / banks / abutments (US) – Préparez vos hommes! (avant opération): get your men ready! (US) – Préparer les recrues à la vie militaire: to prepare recruits for military life (US) – Préparez-vous à faire mouvement: prepare to move! (GB).*

préparer à (se) to prepare for (US). Ex: *Se préparer à des opérations futures: to prepare for future operations (US).*

préparer le terrain (sens figuré) to pave the way (for) (US). Ex: *Le Génie de l'armée de terre prépare le terrain pour les unités d'infanterie en progression: Army engineers pave the way for advancing infantry units (US).*

préplanifié (opération) preplanned (US).

préproduction (ARMT) preproduction (US).

prépondérant leading (GB), preponderant (OTAN). Ex: *Jouer un rôle prépondérant (unité dans des combats): to play a leading part (GB) – Puissance prépondérante: preponderant power (OTAN).*

prépositionné prepositioned (Souvent pour du matériel), forward deployed (Pour des forces à l'étranger) (US), deployed overseas (GB), forward stationed (US) (Les "forward deployed units" de l'armée de terre américaine se trouvent dans les pays suivants: Belgique (OTAN), Allemagne, Italie, Corée, Japon, Panama, Koweit). Ex: *Equipement (ou matériel) prépositionné: pre-positioned equipment (US).*

prépositionnement (forces / matériels) pre-positioning ou prepositioning (Souvent pour des matériels) (US), forward deployment (Pour des forces) (US, GB), forward stationing (of forces) (US). Ex: *Le prépositionnement à la fois des hommes et du matériel: the prepositioning of both men and equipment (Jane's).*

Cf. : Forward presence : strategic choice to maintain forces deployed at distance from the home base or stationed overseas to demonstrate national resolve, strengthen alliances, dissuade potential adversaries, and enhance the ability to respond quickly to contingencies (GB).

prépositionnement de matériel prepositioning of materiel (OTAN). Ex: *Prépositionnement de matériel de dotation organique en lots unitaires (ou d'unité): prepositioning of organisational materiel configured in unit sets (POMCUS) (OTAN, US).*

prépositionner to preposition (Souvent pour des matériels), to forward deploy (US).

préprogrammé (vol de drone) pre-programmed (GB).

préréglé (tir) prearranged (OTAN).

prérogative prerogative (US) (VERB: "to usurp"). Ex: *La réduction à un grade particulier est la prérogative des cours martiales: reduction to specific rank is prerogative of Courts Martial (US).*

prescrire (ordonner) to direct (OTAN), to assign (OTAN), to order (OTAN), to command (PREP: "to"). Ex: *Un ordre prescrivant aux unités d'arrêter la séquence de tir contre un objectif: an order directing units to stop the firing sequence against a target (OTAN) – La* *mission prescrite: the assigned task (OTAN) – Prescrire une opération: to order an operation (OTAN) – Prescrire à quelqu'un de: to order (ou to command) somebody to.*

prescrit (délais) required (time). Ex: *Dans les délais prescrits: within the required time.*

près (de) closely (OTAN). Ex: *L'OTAN suit de près l'évolution de la situation: NATO is monitoring the situation closely (OTAN).*

prescrit prescribed (US, GB). Ex: *Dans des limites prescrites: within prescribed limits (US, GB).*

près de (presque) nearly (US). Ex: *Une armée de près de 80 000 hommes: an army of nearly 80,000 men – Le combat s'apaisa pendant près de 15 jours: the fight died down for nearly a fortnight (US).*

près de (spatial) close to (GB, OTAN), near (GB), Ex: *Manœuvrer aussi près que possible de l'ennemi: to manoeuvre as close as possible to the enemy (GB) – Près de la frontière avec le Guatémala: near the Guatemalan border (GB) – Près de la frontière sud (ou méridionale): close to the southern border (GB) – Des objectifs situés suffisamment près des formations appuyées: objectives that are sufficiently near the supported forces (OTAN) – Le véhicule de transport de troupes blindé est utilisé pour transporter les fantassins aussi près que possible de leur objectif: the APC (= Armoured Personnel Carrier) is used to transport the infantry as close to their objective as possible (Jane's) – Un aéronef volant très près du sol: an aircraft flying close to the ground (OTAN).*

préséance precedence (US). Ex: *Ordre de préséance: order of precedence (US) – Avoir préseance sur: to take precedence over (US) – Préséance des récompenses, décorations et médailles: precedence of awards, decorations, and medals (US) – Le galon fixe la préséance: rank has its privileges (RHIP).*

présélection (PERS) pre-selection (US).

préselectionné preselected (US). Ex: *Suivre des itinéraires préselectionnés: to follow preselected routes (US).*

présence (PERS / force) presence (US, GB). Ex: *La présence de la force (opérations de paix): the presence of force (US) – En votre présence: in your presence (US) – Présence physique (chef): physical presence (GB) – Présence morale (chef): moral presence (US).*

présence (forces à l'étranger) presence (GB, US) (VERB: "to maintain", "to establish", "to reduce", "to augment") (ADJ: "deterrent"). Ex: *Maintenir / établir / une présence outre-mer (ou à l'étranger): to maintain / to establish a presence overseas (US) – Présence en avant (ou de l'avant): forward presence (UN, US) – La Serbie a rétabli une grande partie de sa présence militaire dans la région: Serbia has re-established much of its military presence in the region (Jane's) – Promouvoir la paix par notre présence: to promote peace through our presence (US) – Assurer une présence partout au Kosovo (forces): to establish a presence throughout Kosovo (CA) – Une restructuration qui verra la fermeture de plusieurs camps et la réduction de la présence américaine en Bosnie: a restructuring that will see several camps closed and the American presence in Bosnia reduced (US) – La présence britannique s'est accrue: the British presence has increased (GB).*

présence à l'étranger (ou outre-mer) (pays) overseas presence (US).

présence d'esprit quick thinking (US). Ex: *La présence d'esprit du sergent Duda sauva la vie d'éclaireurs américains égarés: Sgt. Duda's quick thinking saved the lives of U.S. disoriented scouts (US).*

présence maritime maritime presence (US). Ex: *Maintenir une présence maritime permanente dans l'océan Indien: to maintain a permanent military persence in the Indian Ocean (US).*

présence militaire military presence (US) (VERB: "to dwindle (steadily)").

présent on the ground (OTAN), on tap (familier) (US). Ex : *Les forces serbes présentes sur le terrain au Kosovo : Serb forces on the ground in Kosovo (OTAN) – Le général sera également présent : the General will also be on tap (US) (Expression familière).*

présentation presentation (GB). Ex : *La présentation des nouvelles couleurs : the presentation of new colours (GB).*

présentation (document) format (US). Ex : *Présentation réglementaire (résultats) : standard format (US).*

présentation (rencontre) introduction (US).

présentation publique (ou au public) (matériel) public showing (Jane's). Ex : *Le futur système combattant français avance (bien) dans les délais pour sa présentation publique en 2005 : the French future soldier system shapes up in time for 2005 public showing (Jane's).*

présentation statique (matériels) static display (CFE).

présentation tête haute head-up display (HUD) (US, OTAN).

présenter to present (US, GB), to show, to produce, to introduce (US), to pose (GB), to have (US). Ex : *Présenter les armes : to present arms (US, GB) – Présenter une carte d'identité : to show (ou to produce) an identity (ID) card – Présenter quelqu'un à quelqu'un d'autre : to introduce somebody to somebody else (US) – Je vous présente le colonel Brown : this is Colonel Brown (US), May I present Colonel Brown ? (US) – Présenter des risques : to be hazardous (OTAN) – Le nouvel arrivant sera présenté à ses futurs camarades : the new arival will be introduced to his future comrades (GB) – Le véhicule fut présenté pour la première fois au début des années (19) 80 : the vehicle was shown for the first time in the early 1980s (Jane's) – L'échelle des risques que présentent certains types de combat : the scale of hazard posed by certain kinds of warfare (GB) – Le M113 présente les caractéristiques suivantes (véhicule de transport de troupes) : the M113 has the following characteristics (US).*

présenter à (se) (nouvel arrivant) to report to (somebody).

présenter l'arme to present arms (GB).

présenter l'arme obliquement to port arms (GB).

présentez arme ! (commandement) present arms ! (US, GB).

présérie (matériels) preproduction (units) (VERB : "to produce").

préservation preservation (OTAN). Ex : *La préservation de la paix et de la sécurité : the preservation of peace and security (OTAN) – Jouer un rôle plus marqué dans la préservation de la paix et de la sécurité : to play a stronger role in preserving peace and security (OTAN).*

préserver to retain (GB), to preserve (US, Jane's), to maintain (OTAN). Ex : *L'arme a préservé son identité propre : the branch has retained its own identity (GB) – Préserver la dignité d'une partie (au conflit) : to preserve a party's dignity (US) – Préserver la paix et la sécurité (mission de l'armée de terre) : to preserve the peace and security (US) – Préserver notre sécurité (communauté atlantique) : to maintain our security (OTAN) – Préserver les intérêts vitaux (ou fondamentaux) de la France : to preserve the vital interests of France (Jane's) – Préserver la liberté de manœuvre des forces amies : to preserve the freedom of maneuver of friendly forces (US) – Préserver l'effet de surprise : to preserve surprise (US).*

président chairman (OTAN). Ex : *Le président du Comité militaire, le Genéral Klaus Naumann (OTAN) : the Chairman of the Military Committee, General Klaus Naumann (OTAN).*

président (tribunal militaire) (court) president (US, GB), president of the court (GB, US). Ex : *Président de cour martiale : president of courts martial (GB).*

président adjoint du Comité Militaire (OTAN) Deputy Chairman of the Military Committee (DCMC) (OTAN).

président des sous-officiers (PSO) regimental sergeant-major (RSM) (GB), sergeant major (SGM) (US).

président du Comité militaire (OTAN) Chairman of the Military Committee (CMC) (OTAN).

présidentiel presidential (US). Ex : *Service de sécurité présidentiel : presidential security service (US).*

présider à to govern (GB). Ex : *Les besoins de l'armée de terre britannique ont présidé à la conception du (véhicule) MCV 80 : the British Army requirements governed the design of MCV 80 (GB) – Les principes qui président aux GFIM (= Groupe de forces interarmées multinationales) : the principles for combined joint task forces (CJTF) (OTAN).*

presque almost (US), near (US). Ex : *Presque en temps réel (ou en temps quasi-réel) : in near real time (US) (En épithète : "near-real-time") – L'Algérie a presque fini de construire un réacteur nucléaire acheté à la Chine : Algeria has almost completed building a nuclear reactor bought from China (US).*

presse (la) (média) the press (US). Ex : *Les relations entre les forces militaires (l'armée) et la presse : the relations between the military forces and the press (US) – S'adresser à la presse dans la salle de presse au siège de l'Alliance (personnalités) : to brief the press in the press theatre at NATO Headquarters (OTAN) – Les représentants accrédités de la presse et des média : accredited press and media (OTAN).*

presse et information (ou presse-information) public information (PI) (OTAN).

pression pressure (US), strain (US) (VERB : "to put... on", "to exert", "to ease", "to bring... to bear") (ADJ : "heavy", "sufficient"). Ex : *Maintenir la pression sur / l'ennemi / les subordonnés : to maintain (ou to keep) pressure on / the enemy / subordinates (US) – Exercer une pression sur l'ennemi : to exert pressure on the enemy, to put pressure on the enemy (US), to bring pressure to bear on enemy forces (OTAN) – Pressions extérieures (au milieu militaire) : outside pressures (US) – Pression psychologique : psychological pressure (OTAN) – La pression des écologistes et des pacifistes : environmental and pacifist pressure (GB) – Faire pression en faveur du retrait de la totalité du contingent national : to pressure for the withdrawal of the entire national contingent (US) – Sous (la) pression (de l'ennemi) (force) : under (enemy) pressure (OTAN) – Augmenter la pression psychologique sur l'attaquant : to increase the psychological strain on the attacker (US) – Réduire la pression exercée sur l'ex-République yougoslave de Macédoine : to ease the pressure on the former Yugoslav Republic of Macedonia (OTAN).*

pression artérielle (ou sanguine) (SAN) blood pressure (US).

pression au sol (char) ground pressure (GB, Jane's) (ADJ : "light" = faible).

pression coercitive coercive pressure (US).

pression des gaz vers l'arrière (arme) blowback (OTAN).

pression des pneu (matique) s tyre pressure (Jane's) (VERB : "to adjust").

pression diplomatique diplomatic pressure (GB, US).

pression offensive offensive pressure (US).

pressurisation (système de) pressurization system (US).

pressurisé pressurized (US).

prestation (sociale / financière) benefit (US) (ADJ : "appropriate").

prestation (services) provision (GB).

prestige prestige (US) (VERB : "to bring… to "). Ex : *Le prestige national : national prestige (US) – Le poste de directeur de la CIA perdrait nettement de son prestige : the position of Director of the CIA would be sharply lowered in prestige (US) – Le corps jouit d'un grand prestige (Légion) : the corps enjoys great prestige.*

prestige (de) (mission / unité) ceremonial (GB). Ex : *Missions de prestige : ceremonial duties (GB).*

préstratégique sub-strategic (OTAN), prestrategic (US), tactical (UN). Ex : *Arme nucléaire préstratégique (France) : tactical nuclear weapon (TNW) (UN) – Armes nucléaires préstratégiques : prestrategic nuclear weapons (US).*

présumé alleged (UN). Ex : *Emploi présumé d'armes chimiques : alleged use of chemical weapons (UN).*

prêt ready, poised (GB), prepared (US, GB), willing (OTAN) (PREP : "for", "to"). Ex : *Prêt à : ready to – Une troupe prête pour le combat : a force ready for action (GB) – L'ennemi se tient prêt à attaquer : the enemy is poised to attack (GB) – Prêt (arme prête à tirer) : ready (US, OTAN) – Je suis prêt à prendre votre message (procédure radio) : send, send your message – Les chars ennemis sont prêts à attaquer : the enemy tanks are ready for the attack (US) – Être prêt / à se battre / à mourir (PERS) : to be prepared / to fight / to die (US, GB) – Prêt à l'emploi (armement) : ready to use (GB) (En épithète) – Se tenir prêt(e) (ou en attente) (force) : to stand by (US) – Le moteur T55 est prêt à entrer en service : the T55 engine is ready to enter service (US) – Être prêt pour la mission (force) : to be mission ready (US) – Le président Milosevic était prêt à encaisser de lourdes sanctions : President Milosevic was willing to absorb a high degree of punishment (OTAN).*

prêt (arme prête à tirer) ready (OTAN).

prêt à faire mouvement (unité) ready to move (GB).

prêt à l'action (force) ready (OTAN), ready for action (GB), combat-ready (US). Ex : *Forces de manœuvre prêtes à l'action : ready manœuvre forces (RMF) (OTAN).*

prêt à l'emploi (munition) (véhicule blindé) ready (US). Ex : *300 munitions prêtes à l'emploi pour le canon principal : 300 ready rounds for the main gun (US).*

prêt au combat (unité / matériel / personnels / aéronef) combat ready (US, GB, OTAN), ready for action (GB). Ex : *Une force prête au combat : a force ready for battle (Jane's).*

prêt au tir (missile / munitions) ready (-) to (-) fire (US, GB), ready (US). Ex : *Des missiles prêts au tir : ready-to-fire (US) / ready to fire (GB) / ready (US) missiles.*

prêt immobilier (services sociaux) home loan (US).

prétendu would-be (US). Ex : *Un prétendu agresseur : a would-be aggressor (US).*

prêter to loan (GB). Ex : *Prêter des personnels à une unité : to loan personnel to a unit (GB) – Prêter concours à (organisme / personnels) : to assist (OTAN).*

prêter serment to take oath (US), to swear an oath to (US). Ex : *Prêter serment de défendre la Constitution (PERS) : to swear an oath to defend the Constitution (US).*

preuve(s) evidence (US). Ex : *Lorsque la preuve manifeste d'une intention hostile existe : when clear evidence of hostile intent exists (US).*

preuves (faire ses) (au combat) (matériel / unité) to prove one's worth (GB), to prove oneself (in combat) (US, GB), to be proved in action (GB), battle (-) proven (GB, US), combat-proven (US), battle tested (US). Ex : *Le Warrior a fait ses preuves au combat dans le Golfe : Warrior has been proved in action in the Gulf (GB) – Matériel qui a fait ses preuves : proven equipment – Le char Challenger, qui a fait ses preuves au combat : the battle-proven Challenger tank (GB) – Un missile qui a fait ses preuves au combat : a* *combat-proven missile (US)* – *Une unité qui a fait ses preuves au combat : a battle tested unit (US)* – *Une fusée qui a fait ses preuves au combat : a battle proven rocket (US).*

preuves (ayant fait ses) (technologie) matured (US).

prévenir to prevent (CFE, OTAN, UN, US), to preempt (US). Ex : *Prévenir tout conflit armé en Europe : to prevent any military conflict in Europe (CFE)* – *Prévenir la guerre en Europe : to prevent war in Europe (OTAN)* – *Prévenir les pannes : to prevent breakdowns (UN)* – *Aider les autorités civiles à prévenir les pertes en vies humaines : to help civilian authorities prevent loss of lives (US)* – *Prévenir tout réajustement de la part de l'assaillant (TAC) : to preempt any adjustment by the attacker (US)* – *Prévenir la violence : to prevent violence (OTAN).*

prévenir (avertir) to warn, to forewarn (US), to notify (US). Ex : *Être prévenu des dangers : to be forwarned of dangers (US)* – *Prévenir les proches (ou la famille) (accident, décès) : to notify NOK (= next of kin) (US).*

préventif preventive (US), preventative (US), pre-emptive (GB). Ex : *Défense préventive : preventive defense (US)* – *Déploiement préventif (en vue d'éviter un conflit) : preventative deployment (US, GB)* – *Frappe préventive : pre-emptive strike (GB).*

prévention (SAN) prevention (US). Ex : *Prévention des maladies et des blessures : prevention of disease and injury (US).*

prévention prevention (US, GB, UN). Ex : *La prévention des pillages : the prevention of looting (GB)* – *Prévention de la guerre nucléaire : prevention of nuclear war (UN)* – *Prévention de la guerre : war-prevention (US)* – *Prévention totale de l'effet fratricide : total fratricide prevention (US).*

prévention de la criminalité (GEND) crime prevention (US, GB).

prévention de l'effet fratricide fratricide prevention (US).

prévention des conflits conflict prevention (US, UN, OTAN). Ex : *La prévention de la guerre : prevention of war (US)* – *Centre de prévention des conflits : conflict prevention centre (CPC) (OTAN).*

prévention des hostilités prevention of hostilities (US).

prévention du suicide suicide prevention (US).

prévention du terrorisme (temps de paix) antiterrorism (US).

prévisibilité predictability (UN, US, OTAN). Ex : *Un niveau élevé de prévisibilité : a high degree of predictability (US).*

prévisible predictable (US, UN), anticipated (OTAN), foreseeable (GB, OTAN). Ex : *Une crise prévisible : a predictable crisis (US, UN)* – *Besoins prévisibles en mouvements et transports militaires : anticipated military movements and transport requirements (OTAN)* – *Dans un (ou l') avenir prévisible : in the foreseeable future (GB, OTAN)* – *Menace prévisible : predictable threat (US).*

prévision de (en) in anticipation of (OTAN).

prévision d'effectifs (recrutement) manpower forecast (GB).

prévision des dommages damage expectancy (DE) (OTAN).

prévisionnel tentative, forecast (GB). Ex : *Plan prévisionnel d'obstacles : tentative obstacle plan* – *Effectifs prévisionnels : forecast strength (GB).*

prévisions budgétaires (équilibrage du budget) (Trésorerie) budgeting (US).

prévisons météo (rologiques) weather forecasts (US).

prévoir to anticipate (GB, US, OTAN), to predict (US, OTAN), to plan (OTAN), to call for (US), to schedule (OTAN, US), to envision (action tactique) (US). Ex : *Prévoir l'attaque ennemie : to anticipate the enemy attack* – *L'heure H prévue : the anticipated H hour (GB)* –

*On prévoit l'attaque principale ennemie dans le secteur de la 1ère Brigade : the enemy's main attack is anticipated in the sector of the 1st Brigade (US) – On prévoit que : it is anticipated that (US, GB) – Prévoir / les intentions de l'ennemi / l'influence du terrain : to predict enemy intentions (US) / the effect of the terrain (OTAN) – Prévoir à l'avance : to plan in advance (OTAN) – Prévoir les crises : to anticipate crises (GB) – Le scénario (= de l'exercice) prévoyait un front initial tenu par deux divisions : the scenario called for an initial two-division front (US) – Prévoir un danger (NUC) : to predict a hazard (OTAN) – Un objectif sur lequel aucun tir n'a été prévu (ART) : a target against which fire has not been scheduled (OTAN) – Il est prévu de commencer à remplacer le M113 par le MICV : the MICV is scheduled to begin replacing the M113 (US) – Prévoir les événements du champ de bataille : to anticipate events on the battlefield (US) – Prévoir les modes d'action ennnemis : to anticipate enemy courses of action (US) (Voir aussi **prévu**).*

prévoir (laisser) Ex : *Cela nous laisse prévoir que : this leads us to anticipate that.*

prévoté Provost (GB).

prévu planned (US), expected (US), anticipated (US, <u>Jane's</u>), scheduled (US), (according) to plan (US, GB). Ex : *La direction d'approche ennemie prévue : the expected (<u>ou</u> anticipated) direction of enemy approach (US) – Tout s'est passé comme prévu : all went (according) to plan (GB) – La mise en dotation (= matériel) est prévue pour l'année budgétaire 2000 : fielding is planned for FY (= fiscal year) 2000 (US) – Comme prévu : as planned (US) – Le train est prévu pour partir à 11h45 : the train is due to leave at 1145 (hours) (heure militaire) / 11.45 a.m. (heure civile) – Effectifs prévus au 1er avril 1997 : forecast strengths for 1 April 1997 (GB) – L'entraînement prévu : scheduled training (US) – Aux heures prévues : at scheduled times (OTAN) – Il est prévu que le premier de ces régiments devienne opérationnel en 1992 : the first of these regiments is scheduled to become operational in 1992 (GB).- La prochaine exposition des matériels de défense terrestres EUROSATORY, prévue du 19 au 22 juin de l'année 2000 : the next EUROSATORY exposition of land defense, scheduled for June 19 to 22 in the year 2000 (US) – Il était prévu que le régiment NBC soit fourni par l'armée territoriale (= Réserve de l'armée de terre britannique) : the NBC regiment was planned to be provided by the TA (= Territorial Army) (GB) – On a pratiqué des coupes claires dans les crédits prévus pour la défense : planned allocations for defence were drastically cut (CA) – La mise en service de l'AGS (= Armored Gun System = canon automoteur blindé) est prévue pour fin 1997 : fielding of the AGS is scheduled for late 1997 (US) – Les Super-Puma s'usent plus rapidement que prévu : the Super Pumas are wearing out faster than anticipated (<u>Jane's</u>).*

prévu (probable) (heure) estimated (OTAN). Ex : : *Heure d'arrivée prévue : estimated time of arrival (ETA) (OTAN).*

prévu pour (destiné à) designed to. Ex : *Un véhicule prévu pour transporter dix fantassins : a vehicle designed to carry ten infantrymen.*

prévu pour affectation (force) earmarked for assignment (OTAN).

PRG4 voir **poste radio de 4e génération**.

prière prayer (US, GB). Ex : *La prière du commando : the commando's prayer (US).*

prière de please (OTAN). Ex : *Pour de plus amples informations, prière de s'adresser au Service de Presse et des média de l'OTAN : for further information, please contact the NATO Press and Media Service (OTAN).*

primaire (évacuation) (SAN) forward (OTAN). Ex : *Évacuation sanitaire primaire (<u>ou</u> de l'avant) : forward aeromedical evacuation (OTAN).*

primauté du droit (la) (état de droit) the rule of law (OTAN).

prime prime ("L' " se lira "L prime").

prime (somme d'argent) incentive pay (US) (pour dangerosité, spécialisation), bonus (US, GB) (Pluriel: "bonuses"), bonus pay (US) (ADJ: "additional", "payable"). Ex: *Prime annuelle du réserviste britannique (Territorial Army): "the bounty" (GB) – Prime de spécialisation: proficiency pay (US) – Prime de risque (ou de dangerosité): hazardous duty pay (US) – Prime de rengagement: reenlistment bonus (US) (ADJ: "variable") – Percevoir une prime annuelle de 12 000 $: to earn $ 12,000-a-year in bonus pay (US).*

prime de fidélité (réservistes) bounty (GB).

primo one.

primordial vital (GB), crucial (OTAN), paramount (nécessité) (US). Ex: *Un facteur primordial: a vital factor (GB) – Des actions primordiales (alliance): crucial efforts (OTAN).*

principal (armement) main (US). Ex: *Armement principal (véhicule): main armament (US).*

principal (attaque / effort / voie d'approche) main (OTAN), critical (CA). Ex: *Attaque (ou effort) principal(e): main attack (OTAN) (VERB: "to make") – Bloquer les principales voies d'approche: to block critical approaches (CA).*

principal (caractéristique) key (US). Ex: *Principales caractéristiques (matériel): key characteristics (US).*

principal (état-major / quartier général) main (OTAN), primary (OTAN). Ex: *Quartier général de guerre principal: main war headquarters (MWHQ) (OTAN), primary war headquarters (PWHQ) (OTAN).*

principal (fabricant) leading (Jane's). Ex: *Quatre des principaux fabricants en Europe de propulseurs et de propergols destinés aux armes tactiques et aux missiles de croisière: four of Europe's leading manufacturers of rocket motors and propellants for tactical weapons and cruise missiles (Jane's).*

principal (liste de fréquences) master (OTAN). Ex: *Liste principale des fréquences radio: master radio frequency list (MRFL) (OTAN).*

principal (matériel / équipement) primary (US), major (US). Ex: *Le véhicule principal du régiment est le VCI Bradley: the primary vehicle of the battalion is the Bradley IFV (= Infantry Fighting Vehicle) (US) – Matériels principaux (unité): major items of equipment (US), major equipment items (US), major equipment (US).*

principal (mission) basic (US). Ex: *Missions principales (unité): basic tasks (US).*

principal (objectif) chief (US), primary (US). Ex: *L'objectif principal: the chief (ou primary) objective (US).*

principal (victime / cible) main (OTAN). Ex: *Les victimes et les cibles principales d'actes d'agression commandités par des États: the main victims and targets of state-sponsored aggression (OTAN).*

principalement primarily (OTAN). Ex: *Un hélicoptère utilisé principalement pour la reconnaissance: a helicopter used primarily for reconnaissance (OTAN).*

principe (doctrine) tenet (US), principle (GB, UN, OTAN, US) (VERB: "to govern") (ADJ: "valid"). Ex: *Un principe fondamental de la politique de sécurité nationale américaine: a fundamental tenet of US national security strategy (US) – Les principes de l'action humanitaire: the principles of humanitarian action (US) – Principes de base: basic principles (UN) – Promouvoir les principes du Traité (OTAN): to further the principles of the Treaty (OTAN) – La campagne terrestre de la guerre du Golfe s'est conformée aux principes de la bataille aéroterrestre: the Gulf War ground campaign followed the Airland Battle principles (US).*

principe de guerre principle of war (GB) (Terme dénombrable: "principles of war") (Ils sont au nombre de 10: "selection and maintenance of the aim, maintenance of morale, offensive action, surprise, concentration of force, economy of effort, security, flexibility, co-operation and administration"(GB).

principe fondamental fundamental principle (US), basic principle (US). Ex : *Les principes fondamentaux de la guerre : the basic principles of war (US).*

principe politique political principle (OTAN).

principes fondamentaux (ou essentiels ou de base) fundamentals (US).

principes humanitaires humanitarian principles (US).

principe stratégique strategic principle (OTAN).

prioritaire priority (US, GB, OTAN) (En épithète). Ex : *Une cible prioritaire : a priority target (US) – Mission prioritaire : priority task (GB) – Message prioritaire : priority message (US) – Besoins prioritaires : priority requirements (OTAN).*

priorité priority (US, GB, OTAN, CA) (Terme générique dénombrable) (VERB : "to establish", "to determine", "to define", "to communicate", "to accord... to") (ADJ : "top", "overwhelming", "main", "high", "low", "chief"). Ex : *Fixer (ou établir) une priorité : to set a priority (US) – La priorité des feux : priority of fires (US) – Attribuer une priorité à : to allocate a priority to (US) – Priorité d'engagement (= d'une unité) au profit de : priority of commitment to (US) – Classer par priorités : to prioritize (GB) – Priorités logistiques : logistics priorities (US) – Priorités d'équipement : equipment priorities (GB) – Priorités de défense : defence priorities (GB) – Définir de véritables priorités : to define true priorities (GB) – Priorités budgétaires : budget priorities (US) – Priorité de traitement et d'évacuation (blessés) (SAN) : priority for treatment and evacuation (OTAN) – Priorité en matière d'instruction : training priority (US) – Priorité d'attaque : priority of attack (US) – En priorité : in priority (US) – C'est une priorité : it is a priority (US) – Etablir des priorités : to prioritize (OTAN) – On accorda encore une fois la priorité aux forces conventionnelles : conventional forces were once again given priority (CA) – Ses grandes priorités à son entrée en fonctions (Secrétaire général) : his main priorities at the start of his tenure (OTAN) – L'une des toutes premières priorités : a key priority (OTAN) – Cela constitue notre priorité numéro un en matière d'acquisitions : that is the number one procurement priority (CA).*

priorité (message / demande de mission) precedence (OTAN, US) (3 niveaux de priorité ou de "precedence" pour une demande de mission, par ordre croissant : 1. "ordinary priority" – 2. "urgent priority" – 3. "emergency priority").

priorité d'appui priority of support (US).

priorité de mouvement movement priority (OTAN).

priorité des feux priority of fires (US), priority for fire support (GB). Ex : *Artillerie : priorité 124ᵉ RI : Artillery : priority of fires to 124 th Infantry Battalion (US) – La priorité des feux va initialement à la 201ᵉ brigade de CLB : priority of fires (will be) initially to 201st ACR (= Armored Cavalry Regiment) (US).*

priorités en matière d'équipement (armée) equipment priorities (Jane's).

priorités logistiques logistics priorities (US) (VERB : "to govern", "to shift").

pris à partie (unité) under fire (GB).

pris à revers (force) outflanked.

pris au piège (ressortissants / ennemi) trapped (US, GB). Ex : *Evacuer des centaines d'étrangers pris au piège : to evacuate hundreds of trapped foreigners (GB).*

pris de force (matériel) highjacked (item of equipment) (UN).

pris de panique (PERS) panic-stricken (US).

prise (ville / forteresse) capture (GB), seizing (GB). Ex: *La prise d'une forteresse: the capture (ou seizing) of a fortress (GB) – La prise de la Bastille (Hist.): the fall of the Bastille – L'offensive de la Vallée de la Liri qui a abouti à la prise de Rome: the Liri Valley offensive which led to the capture of Rome (CA).*

prise (ou saisie) (objectif / aérodrome) seizure (of an objective / of an airfield) (US) (VERB: "to assist in").

prise à partie (engagement) engagement (OTAN) (ADJ: "effective" = efficace). Ex: *Prise à partie d'objectifs: target engagement (UN), engagement of targets (OTAN) – Zone de prise à partie des missiles à basse altitude: low missile engagement zone (LOMEZ) (OTAN).*

prise casque headset socket (US).

prise d'antenne (poste radio) antenna socket (US).

prise d'armes (ceremonial) parade.

prise d'assaut (installation) storming, assault.

prise de commandement assumption of command (US).

prise de conscience awareness (US), realization (GB). Ex: *Une prise de conscience croissante de la nécessité (de posséder) de(s) forces spéciales: increasing awareness of the need for Special Forces (US) – Une prise de conscience croissante que... : a growing realization that... (GB).*

prise de contact avec l'ennemi engagement (US, GB).

prise de contrôle (ligne) securing (of a line) (US).

prise de décision(s) (ou des décisions) decision-making (UN), decision making (US) (En anglais, "prendre une décision" se dit "to make a decision") (PART: "distributed"). Ex: *Le processus de prise de décisions: the decision-making process – Faciliter une prise de décisions rapide et précise: to facilitate quick and accurate decision making (US).*

prise de décision(s) automatisée automated decision-making (US).

prise de pouvoir par l'armée (ou par les militaires) military takeover (US).

prise de terre earth socket (US).

prise d'otages hostage seizure (US) (Terme dénombrable).

prise en charge (d'une mission) assumption (of a mission).

prise en charge (SAN) care (GB). Ex: *La prise en charge des malades et des blessés: the care of the sick and wounded (GB).*

prise en compte consideration (US). Ex: *La prise en compte de la dimension tactique: consideration of the tactical dimension (US).*

pris en embuscade (force) ambushed.

prises avec (aux) in the throes of (Jane's). Ex: *L'armée de terre française est aux prises avec un bouleversement historique: the French Army is in the throes of an historic upheaval (Jane's).*

prison (lieu) prison (US), jail (GB). Ex: *Une prison pour prisonniers de guerre alliés: a prison for Allied prisoners of war (US) – La prison du régiment: the regimental jail (GB).*

prison (peine) prison (US). Ex: *Un sergent instructeur a été condamné à 5 ans de prison pour avoir maltraité 20 femmes qui se trouvaient sous ses ordres: a drill sergeant was sentenced to 5 years in prison for mistreating 20 women under his command (US) – Deux ans de prison (peine): two years' imprisonment (GB) – Prison à vie / réclusion à perpétuité: life imprisonment (GB).*

prison de haute sécurité maximum security prison (US).

prison militaire military jail, military prison (GB), detention center (US), military corrective training centre (GB) (Termes familiers: "choky" (GB), "nick" (GB), "stockade" (US), "guardhouse" (US).

prisonnier prisoner (GB), detainee (US) (VERB: "to hold", "to capture", "to detain", "to seize"). Ex: *Prisonnier militaire: military prisoner (US) – Faire quelqu'un prisonnier: to take somebody prisoner (GB) – Un prisonnier ennemi: an enemy prisoner (US).*

prisonnier de caught up in (GB). Ex: *Ceux qui étaient prisonniers (ou pris au milieu) des combats: those caught up in the fighting (GB).*

prisonnier de guerre prisoner of war (POW ou PW) (US, GB) (Abréviation GB invariable: "PW") (VERB: "to interrogate", "to escort", "to guard", "to capture", "to evacuate", "to deal with", "to disarm", "to search", "to document", "to escape", "to try to escape") (ADJ: "high-risk") (NOM ASS.: "interrogation", "handling"). Ex: *Prisonnier de guerre ennemi: enemy prisoner of war (EPW) (US) – Être fait prisonnier de guerre: to be captured as prisoner of war (US) – Une installation temporaire où sont regroupés les prisonniers de guerre: a temporary facility where PW are consolidated (GB).*

privation deprivation (US), loss (US). Ex: *Privation (ou manque) de sommeil: sleep deprivation (US), sleep loss (US) – Privation de nourriture: food deprivation (US).*

privatisation privatisation (OTAN). Ex: *Restructuration des industries de défense (y compris privatisation): restructuring of defence industries (including privatisation) (OTAN).*

privatiser (société) to privatise (Jane's).

privé private (OTAN). Ex: *Le rôle du secteur privé dans la défense: the role of the private sector in defence (OTAN).*

priver de to deprive of (US), to deny (US). Ex: *Priver l'ennemi de certains de ses moyens: to deprive the enemy of some of its resources (US) – Priver l'ennemi de son élan: to deprive the enemy of his momentum (US) – Priver l'ennemi de la liberté d'effectuer des opérations offensives: to deny the enemy the freedom to carry out offensive operations (US) – Les forces yougoslaves ont été privées de leurs moyens de connaître la situation de la campagne aérienne: the Yugoslav forces lost the ability to maintain situational awareness of the air campaign (OTAN) – Priver l'ennemi de renseignements en l'empêchant d'observer: to deny information to the enemy by preventing observation (US) – Priver l'ennemi de l'initiative: to deprive the enemy of the initiative (US).*

privilégier -oriented. Ex: *Un budget qui privilégie la défense: a defence-oriented budget.*

prix (sens propre) price (US). Ex: *Un prix unitaire de 246 000 $ (matériel): a unit price of $ 246,000 (US).*

prix (sens figuré) price (US), cost (US, GB). Ex: *Au prix de davantage de pertes américaines: at the price of more American casualties (US) – Au prix du sang: at the cost of blood (US) – La mission est sacrée, tu l'exécutes jusqu'au bout, à tout prix (Code d'honneur) (Légion): a mission once given to you becomes sacred to you, you will accomplish it to the end and at all costs (GB).*

pro- pro- (GB). Ex: *Les forces irakiennes pro-allemandes: pro-German Iraqi forces (GB).*

proactif (anticipatif / préventif) proactive (US).

probable probable (US). Ex: *Une attaque est probable: attack is probable (US) – Exactitude probable (cotation) (RENS): probably true (US).*

probable (cible / objectif) likely (US).

probable (prévu) (heure) estimated (OTAN). Ex: *Heure probable (ou prévue) d'arrivée (HPA): estimated time of arrival (ETA) (OTAN).*

probabilité probability (US), likelihood (US). Ex : *Selon toute probabilité : in all likelihood (US) – Réduire la probabilité de tirs fratricides : to reduce the probability of fratricide (US) – La probabilité est que... : the probabilities are that... (US) – La probabilité qu'un ennemi emploie des armes de destruction massive : the likelihood that an enemy will use mass destruction waepons (US) – Leur probabilité d'emploi (armes de destruction massive) : the probability of their employment (US).*

probabilité (analyse) probability (GB) (Terme dénombrable) (VERB : "to process (...into)").

probabilité d'attaque NBC ennemie NBC state (GB).

probabilité d'atteinte (tir) probability of hit (US), hit probability (UN, US) (PART : "reduced"). Ex : *Probabilité d'atteinte en un seul coup (missile) : SSK probability (SSK = Single Shot to Kill) (GB) – Réaliser une probabilité d'atteinte supérieure à 50 % : to achieve a probability of hit greater than 50 % (US) – Probabilité d'atteinte de la cible (tir au fusil) : target hit probability (US).*

probabilité d'atteinte au premier coup first round hit probability (Jane's) (VERB : "to give") (ADJ : "high").

probabilité de destruction probability of kill, kill probability (OTAN).

probabilité de destruction au premier coup single-shot kill probability (SSKP) (OTAN).

probabilité de réussite (ou de succès) (opération) probability of success (US) (VERB : "to maximize").

probabilité de survie likelihood of survival (OTAN) (patients), chance of survival (US) (VERB : "to reduce").

probabilité d'exactitude d'un renseignement accuracy of the information (US).

probant conclusive (US).

problème problem (US, GB), issue (US, OTAN) (VERB : "to tackle", "to solve", "to encounter", "to handle", "to state", "to bring", "to sort out", "to discuss", "to alleviate", "to define", "to preclude", "to resolve", "to confront", "to cause", "to understand", "to accept", "to face", "to resolve", "to arise", "to examine", "to address", "to examine") (ADJ : "new", "difficult", "current", "major"). Ex : *Un problème de discipline : a / disciplinary problem / problem of discipline (US) – Problèmes familiaux : family problems (US) – Un problème / de commandement / de gestion : a leadership / management / problem (GB) – Résoudre les problèmes qui ont conduit au conflit : to resolve the issues that led to conflict (US) – En raison de problèmes de moteur : due to engine problems (US) – Problèmes de carrière : career problems (GB) – Problèmes juridiques : legal issues (US) – Le problème des tirs fratricides : the fratricide problem (US) – Problèmes de réapprovisionnement : resupply problems (US) – Comprendre les grands problèmes : to understand major issues (GB) – Problèmes de paperasserie : problems of paperwork (GB) – Problèmes d'environnement liés à la défense : defense-related environmental issues (OTAN) – La zone fortifiée ennemie n'était pas un petit problème : the enemy fortified zone was a tough nut to crack (familier) (US) – Problème de déploiement (TAC) : deployment problem (US) – Problème de coordination : coordination problem (US).*

problème de réfugiés refugee crisis (OTAN) (VERB : "to witness" = être témoin de).

problème du recrutement (le) (armée) the recruitment problem (Jane's).

problème financier (PERS) financial problem (US) (VERB : "to cope with"). Ex : *Être confronté à des problèmes financiers : to be faced with financial problems (US).*

procédé process (OTAN). Ex : *Procédé de raisonnement logique : logical process of reasoning (OTAN) – Procédé d'identification (entre unités / individus) : challenge (OTAN).*

procédé de combat tactical method (US, GB).

procéder à to make (US). Ex: *Les mécaniciens procèdent à leurs dernières vérifications: the mechanics make their final checks (US)* – *Procéder à un échange de vues sur: to exchange views on (OTAN).*

procédure procedure (US, GB) (Terme dénombrable) (VERB: "to follow", "to standardize", "to implement", "to supervise", "to inspect", "to develop", "to practice" / "to practise", "to establish", "to promulgate", "to plan", "to organize", "to direct", "to gauge", "to stress", "to set up", "to clarify", "to harmonise... with", "to go through" = suivre) (ADJ: "effective", "correct", "well-established", "bureaucratic"). Ex: *Une procédure selon laquelle...: a procedure by which... (US, GB)* – *La procédure de sélection des officiers: the selection procedure of officers (US)* – *Procédure d'évaluation (personnels): evaluation procedure (US)* – *Procédure d'arrestation (police militaire): arrest procedure (GB)* – *Procédure(s) d'inspection: inspection procedure(s) (UN)* – *Procédure d'appel d'une condamnation (justice militaire): procedure for appeals against sentence (GB)* – *Procédures d'alerte: alert procedures (US)* – *Procédures logistiques normalisées: standardized logistics procedures (US)* – *La procédure d'avancement (PERS): the promotion procedure (US)* – *Une procédure de prise de décision beaucoup plus rationnalisée: a much more streamlined decision-making procedure (GB)* – *Procédures en matière d'artillerie: artillery procedures (OTAN).*

procédure d'essai test procedure (OTAN).

procédure habituelle drill (GB), routine procedure (GB). Ex: *La procédure habituelle de déchargement est destinée à prevenir les accidents: the unloading drill is designed to prevent accidents (GB).*

procédure opérationnelle permanente (instructions permanentes / OTAN) Standing Operating Procedure (SOP) (US, OTAN, GB) (VERB: "to use", "to practise") (Expression associée: "in accordance with" (IAW).

procédures administratives administrative procedures (OTAN).

procédures d'affectation (PERS) assignment procedures (US).

procédures d'analyse (RENS) analysis procedures (US) (VERB: "to modernize").

procédures d'autorisation d'emploi d'armes nucléaires nuclear weapon release procedures (NWRP) (OTAN).

procédures d'avancement promotion procedures (US).

procédures de coalition coalition procedures (US).

procédures de fonctionnement operating procedures (OTAN). Ex: *Procédures normalisées de fonctionnement (ou instructions permanentes): standard operating procedures (SOP) (OTAN).*

procédures de gestion de crise crisis management procedures (UEO). Ex: *L'objectif est d'éprouver les mécanismes et procédures de gestion de crise de l'UEO (exercice): the aim is to test WEU crisis management mechanisms and procedures (UEO).*

procédures de gestion des personnels personnel management procedures (US).

procédures d'emploi procedures for employing (US). Ex: *Procédures d'emploi de la FAR (= Force d'Action Rapide) en Centre-Europe: procedures for employing the FAR in Central Europe (US).*

procédures d'entretien maintenance procedures (US).

procédures de planification de la défense defence planning procedures (OTAN).

procédures de ravitaillement (ou d'approvisionnement) supply procedures (US).

procédures de recueil (RENS) collection procedures (US) (VERB: "to modernize").

procédures de réparation (MAT) repair procedures (US).

procédures de sécurité security procedures (GB). Ex : *Les procédures de sécurité de la CIA étaient étonnamment relâchées : the CIA's security procedures were surprisingly lax (US).*

procédures d'état-major staff procedures (OTAN).

procédures de stockage (munitions) storage procedures (US).

procédures de travail working procedures (US).

procédures d'opérations nucléaires nuclear operations procedures (NOP) (OTAN).

procédures financières financial procedures (OTAN).

procédures logistiques logistic procedures (OTAN).

procédures logistiques (normalisées) (standardized) logistics procedures (US).

procédures normalisées standardized procedures (US);

procédures opérationnelles operational procedures (OTAN), operating procedures (UEO). Ex : *Des procédures opérationnelles standardisées simples et claires devraient être développées : clear and straightforward standard operating procedures should be developed (UEO).*

procédure(s) radio radio procedure(s) (US) (VERB : "to use", "to follow").

procès (justice) trial (US). Ex : *Un procès (devant un tribunal) militaire : a military trial (US).*

procès d'espionnage espionage trial (US).

procès en cour martiale court-martial (US) (Voir aussi **cour martiale**).

processus process (US, GB) (Terme dénombrable) (VERB : "to review", "to evaluate", "to head up", "to initiate", "to deepen", "to widen", "to take place") (NOM ASS. : "development", "refinement") (ADJ : "orchestrated", "time-consuming", "meticulous", "successful", "entire") (EXPR : "as part of" = dans le cadre de). Ex : *Processus de prise de décision (ou décisionnel) : decision-making process (OTAN) – Processus de paix : peace process (US) – Processus de formation : training process (US) – Processus d'évaluation (personnels) : evaluation process (US) – Processus d'enquête : investigation process (UN) – Processus de sélection (PERS) : selection process (GB), process of selection (GB) – Processus de planification : planning process (US) – Subir un processus de sélection rigoureux (PERS) : to undergo a rigorous screening process (US) – Le processus de recueil (RENS) : the collection process (US) – Le processus de démilitarisation : the demilitarisation process (OTAN) – Les pays concernés tireront pleinement parti des mécanismes et processus de l'OTAN : the nations concerned will make full use of the NATO mechanisms ans processes (UEO) – Le processus d'enquête (sécurité) : the investigative process (US).*

processus constitutionnel constitutional process (OTAN).

processus d'armement (mine) arming procedure (OTAN) (VERB : "to reverse" = inverser).

processus décisionnel decision-making process (GB, US) (VERB : "to disrupt") (ADJ : "flexible").

processus d'élargissement (Alliance) enlargement process (OTAN).

processus d'expérimentation experimentation process (US).

processus de mise en application implementation process (US).

processus de mise en œuvre de la paix process of peace implementation (OTAN).

processus de paix peace process (US) (VERB : "to propose", "to block", "to move forward"). Ex : *Le processus de paix peut continuer à aller de l'avant : the peace process can continue to move forward (US).*

processus de planification planning process.

processus de planification et d'examen (OTAN) Planning and Review Process (PARP) (UEO).

processus de préparation (attaque) preparation process (US).

processus de réforme reform process (OTAN) (VERB : "to lead to" = déboucher sur) (ADJ : "essential").

processus d'étude et de réalisation (matériel) development process.

processus d'évaluation (TAC) estimate process (US) (ADJ : "continuous" = permanent).

processus d'intégration européen (le) the European integration process (OTAN).

prochain upcoming (US), next, coming (OTAN). Ex : *La prochaine opération : the upcoming operation (US) – Le siècle prochain : the coming century (OTAN);*

prochaine génération (de) (équipement) next-generation (US) (En épithète).

proche near (US, OTAN). Ex : *Dans un proche avenir : in the near future (US, OTAN).*

proche (allié) close (US). Ex : *Des résultats qui nous vaudront une plus grande estime auprès de nos alliés les plus proches : results that will foster further goodwill with our closest allies (US).*

proche de (espace) close to (US). Ex : *Une ligne proche de la position ennemie : a line close to the enemy position (US).*

Proche-Orient (le) the Near East (GB) ("Countries of the eastern Mediterranean such as Cyprus, Lebanon, Turkey").

proches (famille) next of kin (NOK) (US). Ex : *Information des proches (en cas de perte au combat) : notification of next-of-kin (US).*

proclamation proclamation (Terme dénombrable).

proclamer to proclaim (GB), to declare (US, CA). Ex : *Proclamer l'état d'urgence : to proclaim a state of emergency (GB), to declare an emergency (US) – Proclamer son indépendance : to proclaim one's independence (GB) – La Slovénie et la Croatie ont décidé de proclamer leur indépendance de la Yougoslavie : Slovenia and Croatia decided to declare their independence from Yugoslavia (CA).*

procurer to provide (US), to afford (US). Ex : *La mobilité que les véhicules de combat Bradley procurent aux fantassins mécanisés : the mobility that Bradley fighting vehicles provide to mechanized infantrymen (US) – La mobilité procurée par ces hélicoptères : the mobility afforded by these helicopters (US) – Procurer au chef des moyens immédiatement disponibles en vue d'influer sur la bataille : to provide the commander with readily available means of influencing the battle (US) – L'aéromobilité procure au chef le moyen de masser et déployer rapidement ses troupes : airmobility provides the commander with means of massing and deploying his troops rapidly (US) – Ce véhicule pourrait procurer la mobilité indispensable aux opérations débarquées : this vehicle could provide much needed mobility for dismounted operations (US).*

procureur prosecutor (OTAN). Ex : *Un procureur militaire : a military prosecutor (US) – Le CNE Doe, procureur : prosecutor Capt. Doe (US) – Le Procureur du Tribunal pénal pour l'ex-Yougoslavie : the ICTY prosecutor (OTAN).*

prodiffusion forward scatter (OTAN).

prodiguer to deliver (US), to provide, to administer. Ex : *Prodiguer des soins médicaux : to deliver health (ou medical) care (US) – Prodiguer les meilleurs soins infirmiers possibles au soldat et à sa famille : to provide the best possible nursing care to the soldier and his / her family (US).*

producteur de renseignement (organisme) (RENS) intelligence producer (US).

production (RENS) production (US). Ex : *La production de renseignement élaboré : the production of finished intelligence (US) – Centre National de Production du Renseignement Militaire (DIA) : National Military Intelligence Production Center (US).*

production (ARMT) production (VERB: "to enter") (ADJ: "full-rate", "low-rate", "initial").
Ex: *En cours de production: under production (US), in production (US).*

production d'armes (ou d'armements) weapon production (OTAN).

production en série (ARMT) mass production (GB, US), production (Jane's), series production (VERB: "to undertake", "to commence", "to continue", "to stop", "to be ready for") (ADJ: "full-scale").

productivité (organisme) productivity (GB, US) (VERB: "to maximise", "to check on").

produire to produce (OTAN, US). Ex: *Produire une explosion: to produce an explosion (OTAN) – Des munitions explosives conçues pour produire le maximum de gaz ou d'aérosol (attaque chimique): bursting-type munitions designed to produce the optimum vapor or aerosol (US).*

produire (armement / statistiques) to produce (US, GB).

produire (personnels) to produce (GB). Ex: *Un seul régiment de reconnaissance aérienne n'a jamais pu produire suffisamment de pilotes d'hélicoptères du niveau requis: a single air cavalry regiment (= US) could never produce enough heliopter pilots of the required standard (GB).*

produire (effet) (TAC) to generate (US), to produce (US). Ex: *Produire des effets de précision: to generate precision effects (US).*

produire en série (armement / matériel) to mass-produce (US).

produire un impact sur to impact on (US).

produit chimique (chemical) agent, chemical (UN, GB) (VERB: "to use") (ADJ: "dangerous").

produit (de renseignement) (RENS) voir **résultat**.

produit actif utilisé pour le maintien de l'ordre riot-control agent (US, GB).

produit en série (armement / matériel) mass-produced (GB).

produit intérieur brut (PIB) gross domestic product (GDP) (OTAN, GB).
Ex: *La Grande-Bretagne dépense 5,1 % de son produit intérieur brut pour la Défense: Britain spends 5,1 % of its GDP (= Gross Domestic Product) on defence (GB).*

produit national brut (PNB) gross national product (GNP) (OTAN).

produit normalisé standardized product (US, GB).

produits cartographiques map products (US).

produits pétroliers petroleum (products) (OTAN), POL (= Petroleum, Oil(s) and Lubricants) (OTAN, US). Ex : *Installations et stocks de produits pétroliers : oil and petrol facilities and stocks (OTAN) – Comité OTAN des produits pétroliers: NATO petroleum committee (NPC) (OTAN) – Matériel de manutention des produits pétroliers: POL-handling equipment (PHE) (OTAN) – Stockage de produits pétroliers: POL storage (OTAN).*

profane (nom) non-specialist (GB), uninitiated (US).

profession profession (US). Ex: *La profession médicale: the medical profession (US).*

professionnalisation professionalization (Jane's, US), professionalisation (GB). Ex: *La professionnalisation intégrale de l'armée actuellement en cours en France: the full professionalisation of the military currently under way in France (GB) – La professionnalisation des armées: the professionalisation of the armed forces (GB, US).*

professionalisé professionalized, (all-) professional (Jane's), all-volunteer (US). Ex: *Une force de combat entièrement professionnalisée de 350 000 hommes: an all-professional fighting force of 350,000 (Jane's).*

professionnaliser to professionalize, to professionalise (Jane's). Ex : *Professionnaliser les forces armées espagnoles : to professionalise Spain's armed forces (Jane's) – Un régiment sur quatre devrait être entièrement ou partiellement professionnalisé : one regiment in four should be wholly or partially professionalised (Jane's).*

professionnaliser (se) to become professionalized (<u>ou</u> professional), to professionalize.

professionnalisme professionalism (GB, US, OTAN) (ADJ : "solid"). Ex : *Un niveau élevé de professionnalisme (troupes) : a high level of professionalism (Jane's).*

professionnel professional (CA, US). Ex : *Compétences professionnelles (PERS) : professional abilities (CA) (VERB : "to display") – La campagne terrestre de la guerre du Golfe fut conduite de façon professionnelle : the Gulf War ground campaign was professionally executed (US).*

professionnel (de métier) professional, all-volunteer (US), volunteer (US). Ex : *Un soldat professionnel : a professional (GB), a professional soldier (GB) – L'effectif des forces armées françaises, fortes de 550 000 hommes, sera ramené à 260 000 soldats professionnels d'ici l'année 2002 : France's 550,000-strong armed forces will be cut to 260,000 professionals by the year 2002 (Jane's) – Lorsque l'armée professionnelle a été mise en place en 1973 : when the all-volunteer military was introduced in 1973 (US) – Armée professionnelle : all-volunteer Armed Forces (GB) – En 1973, les États-Unis sont passé à une armée professionnelle : in 1973, the United States converted to an All-Volunteer military (US) – Forces professionnelles : volunteer forces (US).*

professionnel (nom) professional (US) (ADJ : "experienced" = expérimenté). Ex : *Un professionnel : a professional (US, Jane's) (En abrégé : a "pro") – Un professionnel de la sécurité (RENS) : a security professional (US) – Des professionnels de la sécurité militaire et nationale : military and national security professionals (OTAN).*

professionnellement (<u>ou</u> au plan professionnel) professionally (US). Ex : *Professionnellement qualifié (PERS) : professionally qualified (US).*

profil (véhicule blindé) silhouette (US). Ex : *Un profil inférieur de 27 % à celui du M60A1 : a 27 per cent lower silhouette than the M60A1 (US).*

profil (biographie) (PERS) profile (OTAN). Ex : *Profil du Secrétaire général (OTAN) : profile of the Secretary General (OTAN).*

profil de carrière career profile (GB).

profilé (véhicule / silhouette) streamlined.

profilé sloped (US). Ex : *Blindage de caisse profilé : sloped hull armour (US).*

profil incliné (tourelle) slope (US).

profil linguistique normalisé standardized language profile (SLP) (OTAN).

profil psychologique psychological profile (US).

profit adavantage (US), use (US), support (US, GB). Ex : *Tirer profit de la situation ennemie : to take advantage of (<u>ou</u> to capitalize on) the enemy situation (US) – Au profit d'une autre unité : in support of another unit – Tirer le meilleur profit de : to make optimum use of (US) – Les délais de préparation sont réduits au profit de la rapidité : preparation time is traded for speed (OTAN) – Tirer le meilleur profit du champ de bataille : to make best use of the battlefield (US).*

profitable useful (OTAN).

profiter à to benefit (US). Ex : *L'interdiction aérienne peut considérablement profiter aux opérations conduites par l'armée de terre : air interdiction (AI) can greatly benefit Army operations (US).*

profiter de to leverage (US), to take advantage of (US, GB). Ex: *En profitant de l'obscurité (opération): under cover of darkness (GB) – Profiter d'activités en cours (TAC): to leverage existing events (US).*

profit tactique tactical gain (US).

profond deep (US), thorough (US), pervasive (US), major (US). Ex: *Réparations profondes (MAT): major repair (US) – La plus profonde modernisation des matériels et de la doctrine de toute l'histoire de l'armée de terre: the most pervasive modernization of equipment and doctrine in Army history (US) – Compréhension profonde: thorough understanding (US) – La bataille profonde (ou en profondeur) (20-80 km de la FLOT, Corps d'Armée): the deep battle (US).*

profondément deeply (OTAN). Ex: *L'OTAN regrette profondément que cette attaque ait fait, accidentellement, des victimes civiles: NATO deeply regrets accidental civilian casualties that were caused by this attack (OTAN).*

profondeur (TAC) depth (US, OTAN) (VERB: "to gain", "to deny... to", "to add... to", "to extend") (ADJ: "tactical", "operational"). Ex: *En (ou dans la) profondeur: in depth (US) – La bataille dans la profondeur: 1. (entre 5-20 Km de la FLOT, Division) the depth battle. 2. (entre 20-80 km de la FLOT, Corps d'armée) the deep battle – Dans la profondeur du champ de bataille: through the depth of the battlefield (US) – Dans toute la profondeur du champ de bataille: throughout the depth of the battlefield (US) – Dans la profondeur du territoire irakien: deep into Iraqi territory (GB) – Voir dans la profondeur: to see deep (US) – La profondeur de la cible: the depth of the target (US) – Un trou d'au moins un mètre de profondeur: a hole at least one meter deep (US) – Profondeur de sécurité: safe depth (UN) – Profondeur du champ de bataille (ou tactique): battlefield depth (US) – Donner de la profondeur (à la bataille) (force): to add depth (OTAN) – Opérations dans la profondeur: deep operations (US) – Frapper dans la profondeur du dispositif ennemi (force): to strike deep into the enemy (US) – Donner davantage de profondeur au combat (TAC): to add more depth to combat (US) – La profondeur du combat: the depth of the fight (US).*

profondeur (en) deep (US), substantial (OTAN). Ex: *Avancer en profondeur sur les arrières de l'ennemi: to move deep into the enemy's rear (US) – Frapper l'ennemi en profondeur: to strike deep into the enemy (US) – Une restructuration en profondeur de la force: a substantial restructuring of the force (OTAN).*

profondeur du champ de bataille depth of the battlefield (Jane's). Ex: *Attaquer dans la profondeur du champ de bataille: to strike into the depth of the battlefield (Jane's).*

programmation échelonnée des armements phased armaments programming (OTAN).

programme program (US), programme (GB) (Terme générique), schedule (US), plan (OTAN), agenda (OTAN) (VERB: "to develop", "to manage", "to take part in", "to formulate", "to slow", "to establish", "to authorize", "to oversee", "to undergo", "to pursue") (ADJ: "extensive", "broad", "important"). Ex: *Programmes de construction militaire et de travaux publics: Military Construction and Civil Works Programs (US) – Un programme établi avant les opérations: a programme planned in advance of operations (OTAN) – Programme de modernisation: modernization programme (GB) – Programme de sécurité: security program (US) – Programme annuel d'exercices ou de manœuvres (OTAN): exercise programme (OTAN) – Programme de coopération nucléaire: programme of nuclear co-operation (OTAN) – Programme d'activités (instruction militaire): schedule of activities (US) – Programme civil: civil programs (US) (VERB: "to re-establish") – Programme de modernisation de la défense aérienne: air defence modernization plan (ADMP) (OTAN) – Un grand programme de rééquipement et de réorganisation (armée):*

a major re-equipment and reorganisation programme (GB) – *Le vaste programme que l'OTAN poursuit: the broad and important agenda NATO is pursuing (OTAN).*

programme (réunion) programme (OTAN). Ex: *Programme provisoire: tentative programme (OTAN).*

programme (visite de personnalité) programme (OTAN). Ex: *Le programme (de la visite) est sujet à modification de dernière minute: the programme is subject to last minute changes (OTAN).*

programmé planned, programmed (OTAN). Ex: *Des objectifs de mission programmés: programmed mission objectives (OTAN).*

programme académique (grande école militaire) academic program (US), curriculum.

programme d'acquisition (armement / matériels) procurement program (US).

programme d'amélioration (armement / matériel) improvement programme (OTAN). Ex: *Programme d'amélioration du HAWK européen: European HAWK improvement programme (EHIP) (OTAN).*

programme d'armement armament programme (GB) (ou program (US), arms programme (Jane's) (VERB: "to approve", "to (fully) fund", "to move forward", "to manage") (ADJ: "complex").

programme d'assistance (à État) assistance programme (OTAN).

programme de collaboration (entre pays) cooperative program (US).

programme de coopération (avec pays ou organisme) cooperation programme (OTAN), cooperative programme (OTAN) (PREP: "with"). Ex: *Un programme de coopération en matière de sécurité: a security cooperation programme (US).*

programme de désinformation (RENS) disinformation program (US) (VERB: "to plan against").

programme de développement (de mise au point) (ARMT) development programme (Jane's).

programme de formation (école militaire) syllabus (GB), (academic) curriculum (US).

programme de frappe strike programme (OTAN). Ex: *Programme de frappe pré-établi: scheduled strike programmme (SSP) (OTAN).*

programme de matériel de défense defense program (Jane's).

programme de mise en œuvre (plan / modèle conceptuel) implementation program (US).

programme de modernisation (ou de valorisation) (matériel) improvement program (US).

programme d'entraînement (ou d'instruction ou de formation) (militaire) training program (US), training programme (GB), instructional program (US) (VERB: "to conduct", "to carry out") (ADJ: "complete", "lengthy"). Ex: *Le programme d'entraînement en forêt équatoriale de la Légion: the Legion's jungle warfare training programme (GB).*

programme de production d'armes (ou d'armements) weapon production programme (WPP) (OTAN).

programme de prospective futures program (US).

programme d'équipement (armée) equipment program (Jane's).

programme de recherche research program (US) (ou programme (GB) (VERB: "to maintain", "to place emphasis on", "to be aimed at (+ verbe en ING)") (ADJ: "thorough", "longer term").

programme de satellites satellite program (US) (VERB: "to develop") (NOM ASS.: "control"). Ex: *La France s'est lancée dans un programme ambitieux de satellites espions: France has embarked on an ambitious intelligence satellite program (US).*

programme de sécurité (le) the security agenda (OTAN).

programme d'essais nucléaires nuclear (-) testing programme (GB, US) (VERB: "to halt", "to scale down"). Ex : *Le programme d'essais nucléaires français : the French nuclear testing programme (GB).*

programme d'exercice (ou de manœuvre) exercise programme (EXPROG) (OTAN).

programme de tir à l'horaire (ART) schedule of targets (US, GB).

programme d'évacuation evacuation programme (OTAN). Ex : *Programme d'évacuation humanitaire : humanitarian evacuation programme (OTAN).*

programme de tir à l'horaire schedule of targets (OTAN).

programme de valorisation (ou d'amélioration) (matériel) improvement program (US), upgrade program (US) (VERB: "to embark on"). Ex : *Le programme de valorisation du (char) M1A2 : the M1A2 upgrade program (US).*

programme d'expérimentation program of experimentation (US).

programme d'infrastructure infrastructure programme (OTAN) (ADJ: "long-term" = à long terme).

programme d'instruction (organisme de formation) instructional program (US), program of instruction (US) (VERB: "to prepare", "to offer", "to conduct") (ADJ: "strong").

programme d'interopérabilité opérationnelle battlefield interoperability program (BIP).

programme d'investissement investment program (US).

programme immobilier real estate program (US).

programme militaire initial initial military programme (IMP) (OTAN).

programme nucléaire nuclear program (US). Ex : *Le programme nucléaire irakien : the Iraqi nuclear program (US).*

programme pilote (ARMT) pilot programme (Jane's).

programme pilote (formation / instruction) pilot program (US).

programme quadrilatéral d'interopérabilité quadrilateral interoperability program (QIP) (France, Allemagne, USA, Royaume-Uni, Canada, Italie).

programme secret (RENS) secret program (US) (PART: "code-named").

programme spatial space program (US) (VERB: "to drecrease"). Ex : *Le programme spatial russe : the Russian space program (US).*

programme spatial militaire military space program (US) (PART: "reduced").

programmer (production) (ARMT) to schedule (US). Ex : *La production en série du VCI Bradley est programmée pour le courant des années (19) 90 : production of the Bradley IFV (= Infantry Fighting Vehicle) is scheduled into the 1990s (US).*

programmer (heure d'une activité) to appoint (GB). Ex : *La réunion fut programmée pour 16 h 00 : the meeting was appointed for 1 600 hours (GB).*

programmer (mission) to schedule (US).

programmeur (informatique) programmer (GB).

progrès development (US), advance (US, GB), advancement (US), progress (GB) (VERB: "to be") (ADJ: "great"). Ex : *Chaque nouveau progrès en matière d'armement : each new development (ou advance) in weaponry (US) – Des progrès dans les matériels : materiel developments (US) – Un progrès technologique : a technological advancement (US), an advance in technology (US) – Peu de progrès avaient été réalisés en cinq ans : little progress had been made in five years (GB) – Le progrès de la technologie : the march of technology (US, GB) – Ces dernières années, il y a eu de grands progrès dans la mise au point des blindages : in recent years there have been great advances in the development of armour (GB).*

progrès intellectuel intellectual change (US).

progrès technique (<u>ou</u> technologique) technological progress (GB), technological advancement (VERB : "to exploit"). Ex : *Le progrès technique (notion générale) : technological progress (GB) – Des progrès (<u>ou</u> des avancées) techniques : technological advances (GB), technological advancements (GB) (Dénombrable).*

progresser (force) (TAC) to advance (US, GB) (ADV : "rapidly", "efficiently") (PREP : "(up) on" = en direction de). Ex : *Les éléments blindés ont parfois progressé de plus de 160 km en un seul jour : the armored elements sometimes advanced more than 100 miles in one day (US) – Progresser vers une position ennemie : to advance on an enemy position (US).*

progresser au même rythme (véhicule) to keep pace (GB). Ex : *Progresser au même rythme que les autres véhicules : to keep pace with the other vehicles (GB).*

progressif gradual (US), step-by-step (UN), progressive (GB). Ex : *La cavalerie a subi une mécanisation progressive : the cavalry underwent a gradual mechanization (US) – Négociations progressives : step-by-step negotiations (UN) – Une montée en puissance progressive (forces) : a progressive build-up (GB).*

progression (TAC) <u>advance</u> (US, GB), forward movement (UN). Ex : *Progression par bonds : advance by bounds (US), leap-frog (OTAN) – Progression par échelon : advance by echelon (US) – Force en progression : advancing force (OTAN) – Continuer une progression (force) : to march on (CA) – Pour résumer brièvement, notre progression s'est heurtée à de fortes résistances : to recap briefly, our advance has encountered stiff resistance (US) – La progression commencera dès l'aube : the advance will begin at first light (GB).*

Cf. : <u>Advance by bounds :</u> forward movement of an element in a point-to-point manner, i.e. from cover to cover (US) – <u>Advance by echelon :</u> forward movement by separate elements of a unit moving successively (US).

progression (axe de) axis of advance.

progression de carrière career progression (US). Ex : *Une progression de carrière sérieuse pour tous les linguistes : a meaningful career progression for all linguists (US).*

progression en perroquet (TAC) alternate bounds (GB).

progression par dépassement (<u>ou</u> par bonds (OTAN) leapfrogging, leapfrog movement, leap-frog (OTAN).

progressivement in increments (US). Ex : *Le reliquat de la force opérationnelle doit se déployer progressivement, du 17 au 24 février : the remainder of the task force is scheduled to deploy in increments between Feb. 17 and Feb. 24. (US).*

prohibé (matériel) prohibited (CA).

proie à (en) in the throes of (<u>Jane's</u>). Ex : *L'armée de terre française est en proie à un bouleversement historique : the French Army is in the throes of an historic upheaval (<u>Jane's</u>).*

projecteur (sur véhicule) 1. de <u>petite taille</u> : spotlight – 2. de <u>grande taille</u> : searchlight (sur char).

projectile projectile (US, OTAN, UN), jet (US), missile (OTAN) (VERB : "to propel", "to centre" = centrer, "to fire") (ADJ : "wheelbase", "conventional", "special", "standard", "hostile", "incoming", "outgoing", "subcalibre" = de calibre plus petit) (PART : "assisted", "unassisted", "laser-guided", "fuzed", "thin-walled"). Ex : *Le mouvement des projectiles (balistique) : the motion of missiles (OTAN).*

projectile (mortier) round (US), cartridge (US). Ex : *Projectile / explosif / éclairant / fumigène / d'exercice : high explosive (HE) / illuminating / smoke / practice / round <u>ou</u> cartridge (US).*

projectile à charge creuse hollow charge projectile (US), shaped charged projectile (US).

projectile à guidage laser laser-guided projectile (Jane's).

projectile antichar anti-tank projectile (GB).

projectile d'artillerie guidé cannon-launched guided projectile (CLGP) (UN).

projectile de calibre plus petit subcalibre projectile (US, GB).

projectile éclairant illuminating projectile (OTAN).

projectile de rupture high-explosive antitank projectile (HEAT) (UN).

projectile non nucléaire nonnuclear projectile (US).

projectile nucléaire nuclear projectile (VERB : "to fire").

projectile perforant armor-piercing projectile (US), high-explosive antitank projectile (HEAT) (UN).

projection (armée / forces) projection (US), deployment (US). Ex : *Capacités de projection (armée) : deployment capabilities (US) – Projection à court préavis : short-notice projection (US) (PREP : "to") – La projection des forces à partir d'un autre théâtre : the projection of forces from another theater (US).*

projection (cartographie) projection (OTAN).

projection de forces force projection (US). Ex : *Projection de forces terrestres : projection of land forces (US) – Opération de projection de forces : force-projection operation (US) – Les capacités pour assurer la projection des forces vers des théâtres d'opérations, même éloignés, devraient être améliorées : capabilities for projecting forces to theatres of operations, even distant ones, should be improved (UEO) – Une armée de terre organisée en vue de (ou pour) la projection de forces : a force-projection Army (US).*

Cf. : The movement of military forces from CONUS (= zone continentale des États-Unis) or a theater in response to requirements of war or operations other than war ; force-projection operations extend from mobilization and deployment of forces, to redeployment to CONUS or home theater, to subsequent demobilization (US).

projection de puissance power projection (US, GB) (VERB : "to permit") (À noter: Le concept américain de projection de puissance inclut non seulement la projection de forces mais aussi la projection de moyens de puissance économiques, politiques, culturels, etc.).

projection de puissance militaire projection of military power.

projection de puissance mondiale global power projection (US).

projection d'urgence (forces) emergency deployment (US).

projection extérieure external deployment (Jane's), overseas deployment (GB). Ex : *Capacité de projection extérieure rapide : rapid external deployment capability (Jane's).*

projection extérieure (hors du territoire national ou zones sous souveraineté nationale) out of area projection.

projection intérieure (armée de terre 2002) domestic projection (US).

projection logistique logistical projection (US).

projection stratégique strategic projection (UEO). Ex : *La capacité de projection stratégique dans des délais courts devrait être maintenue : the capability for strategic projection within short-time frames should be maintained (UEO).*

projet project (Terme générique) (US, GB), plan (VERB: "to establish", "to survey", "to map", "to carry out", "to initiate", "to begin", "to fund", "to accomplish", "to achieve", "to work on") (ADJ: "major", "far-reaching", "wide-ranging", "ambitious"). Ex : *Travailler sur un projet : to work on a project (US) – Projet de recherche-développement : research and development project (US) – Un grand projet en vue de... (+ Verbe à l'infinitif) est en cours : underway is a major project to... (US) – Projet de calendrier de mise en œuvre des GFIM (= Groupes de forces multinationales interarmées) : envisaged implementation* *timeline of CJTF (= Combined Joint Task Force) (OTAN) – Projet mené en coopération (armement / technologie) : collaborative project (GB) – Le projet ayant pour (ou portant le) nom de code Stargate (RENS) : the project code-named Stargate (US) – Le plan n'est encore qu'un projet (= est encore vague ou flou) : the plan is still up in the air (US) – Le projet FELIN (système combattant) : Project FELIN (Jane's) (Pas d'article défini) (Voir aussi **plan**).*

projet (d'armement) (armament) project (GB), arms project (Jane's) (ADJ : "collaborative").

projetable (force / personnel) (adjectif) deployable (US, GB), projectable (Jane's) (ADV : "readily", "rapidly", "strategically", "easily"). Ex : *Une force rapidement projetable : a rapidly deployable force (US).*

"projetable" (PERS) (nom) projectable soldier (Jane's).

projet de modernisation (des forces armées) modernization project (À noter : Les projets de modernisation de l'armée de terre américaine sont : "Army XXI", "Army Vision 2010" (dans le cadre du programme inter-armées Joint Vision 2010) et "Army After Next" (AAN) (= l'armée de terre d'après la prochaine ou les vingt prochaines années) (vers 2025).

projet de plan draft plan (OTAN) (VERB : "to implement", "to co-ordinate", "to agree… with", "to use") (ADJ & PART : "co-ordinated" = coordonné, "initial" = initial).

projet de recherche research project (US). Ex : *Un projet de recherche ultra-secret de la CIA (RENS) : a highly secret CIA research project (US).*

projeté (carte) projected (OTAN). Ex : *Carte projetée (par moyen optique) : projected map display (OTAN).*

projeter (substance) to project (US, OTAN) (PREP : "from"). Ex : *Projeter un agent biologique / un liquide incendiaire : to project / a biological agent (OTAN) / incendiary fuel (OTAN) (lance-flammes) – Du fuel lourd peut être projeté par un lance-flammes : thickened fuel can be projected from a flame-thrower (US).*

projeter (force / puissance / moyens) to project (US), to deploy (US) (ADV : "rapidly") (PREP : "from"). Ex : *Projeter des forces sur des théâtres lointains : to project forces in distant theaters (US) – Projeter une puissance militaire à l'étranger : to project military power abroad (US) – Projeter une puissance militaire crédible vers (ou dans) des zones d'intérêt vital : to project credible military power to areas of vital interest (US) – Nous avons pour mission de projecter rapidement une puisssance de combat : we are charged with projecting combat power rapidly (US) – Forces projetées depuis leur base de départ : forces projected from their home base (GB) – Projeter des moyens sur un théâtre d'opérations : to project capabilities into a theater of operations (US).*

projet pilote pilot project (OTAN). Ex : *Projet pilote de cryptophonie : pilot secure voice project (PSVP) (OTAN).*

prolifération proliferation (OTAN, UN), spread (UN) (VERB : "to curb" = enrayer, contenir). Ex : *La prolifération / des armes nucléaires / des armes de destruction massive (STRAT) : the proliferation / of nuclear weapons (GB) / of weapons of mass destruction (OTAN).*

prolifération urbaine urban sprawl (US). Ex : *La prolifération urbaine fait disparaître de plus en plus d'espace de manœuvre : urban sprawl does away with more and more maneuver room (US).*

proliférer (armes nucléaires ou de destruction massive) to proliferate (US).

prolongateur (parachute) strop (OTAN).

prolongation extension (US). Ex : *Prolongation de permission : extension of leave (US).*

prolongé(es) opération(s) sustained (US), protracted (US).

867

prolongement (conflit / opération) protraction (Jane's), extension (US). Ex : *Un prolongement du conflit au-delà de 78 jours : a protraction of the conflict past 78 days of operation (Jane's) – Le prolongement des opérations dans le temps et dans l'espace : the extension of operations in time and space (US) – L'encerclement est le prolongement d'une poursuite : an encirclement is an extension of a pursuit (US).*

prolonger (opération) to protract (US).

prolonger to extend (US), to prolong (US). Ex : *Prolonger la durée de vie des systèmes d'armes existants / actuels : to extend the life of existing weapon systems (US) – Prolonger une permission : to extend a leave (US) – Prolonger des négociations : to prolong negotiations (US) – Prolonger la durée opérationnelle d'un système : to extend the operational life of a system.*

prolonger (service national) to extend (Jane's). Ex : *Prolonger son service national : to extend one's national service (Jane's).*

prolonger dans un poste (PERS) to extend (US). Ex : *Hall s'est vu prolongé dans son poste pour une année : Hall was extended one year (US).*

promesse pledge (US). Ex : *Sa (= Chine) promesse de ne pas vendre de missiles M-11 au Pakistan : its pledge not to sell M-11 missiles to Pakistan (US).*

prometteur promising (US, OTAN). Ex : *Nouvelle technologie prometteuse : promising new technology (US) – Aux dangers de la guerre froide ont succédé des perspectives plus prometteuses : the dangers of the Cold War have given way to more promising prospects (OTAN).*

promontoire (TOPO) headland (US, GB), high ground.

promotion (droits) promotion (OTAN). Ex : *La promotion des droits de l'homme : the promotion of human rights (OTAN).*

promotion (avancement) (PERS) promotion (GB, US) (VERB : "to administer", "to be given", "to expect", "to hope for", "to oversee"). Ex : *Perspectives de promotion : promotion prospects (GB) – Une promotion : a promotion (GB).*

promotion (admis d'un concours / contingent de nouvelles recrues) intake (GB), class (US). Ex : *Le général Schwarzkopf, de la promotion 1956 (École militaire de Westpoint) : General Schwarzkopf, Class of 1956 (US) – Une promotion d'élèves-officiers : an officer cadet intake (GB).*

promouvable (PERS) promotable (P) (US), eligible for promotion (US).

promouvoir (au grade de) to promote to (the rank of) (GB, US), to advance (US). Ex : *Il a été promu au grade de capitaine (ou il est passé capitaine) : he has been promoted to Captain – Promouvoir des officiers aux grades les plus élevés : to advance officers to the highest grades (US) – Un individu qui n'a pas été promu : an individual who has been passed over for promotion (GB) – L'armée de terre l'a promue au grade de colonel avec deux ans d'avance : the Army promoted her to colonel two years ahead of schedule (US).*

promouvoir to promote (US), to further (OTAN). Ex : *Promouvoir la paix par notre présence : to promote peace through our presence (US) – Promouvoir les principes du Traité (OTAN) : to further the principles of the Treaty (OTAN).*

prôner to advocate (OTAN). Ex : *Prôner la violence : to advocate violence (OTAN).*

prononcer (peine judiciaire) to award (GB). Ex : *Prononcer une condamnation à la réclusion à perpétuité (justice militaire) : to award a sentence to life imprisonment (GB).*

propagande propaganda (US, OTAN) (ADJ : "black" = noire = source différente de la source réelle, "grey" = grise = échappant à l'identification, "white" = blanche = source connue ou identifiable (OTAN pour ces 3 adjectifs), "hostile") (VERB : "to emanate", "to organize", "to attribute..to", "to acknowledge", "to halt") (NOM ASS. : "originator").

propagande belliciste warmongering (GB). Ex : *Des années de propagande belliciste locale : years of local warmongering (GB).*

propagande ennemie enemy propaganda (GB) (VERB : "to listen to").

propager to propagate (OTAN). Ex : *Une onde de souffle propagée dans l'air : a blast wave propagated in the air (OTAN).*

propergol propellant (Jane's). Ex : *Propergol liquide : liquid propellant – Propergol solide : solid propellant – Quatre des principaux fabricants en Europe de propulseurs et de propergols destinés aux armes tactiques et aux missiles de croisière : four of Europe's leading manufacturers of rocket motors and propellants for tactical weapons and cruise missiles (Jane's).*

proportion proportion (US), ratio (US). Ex : *Les chars était supérieurs en nombre à ceux de l'ennemi, dans la proportion de (ou dans un rapport de) plus de cinq contre un : the tanks outnumbered the enemy's by over five to one (US) – Dans les bonnes proportions : in the right proportions (US) – Dans la proportion de 1 aumônier pour 700 soldats : in a ratio of 1 chaplain per 700 soldiers (US) – La détermination du nombre, du type et de la proportion des régiments de combat : the determination of the number, type and proportion of combat battalions (US).*

proportionné à commensurate with (US). Ex : *L'autorité conférée à un chef doit être proportionnée à la responsabilité attribuée : the authority vested in a commander must be commensurate with the responsibility assigned (US).*

proportionnel à proportional to (US). Ex : *L'emploi des systèmes d'armes doit être proportionnel à la menace : the use of weapons systems must be proportional to the threat (US).*

proportionnel à la menace (stock de munitions) (planification) threat-oriented (US, GB).

proposer to recommend, to offer (GB), to nominate (US). Ex : *Proposer quelqu'un pour l'avancement : to recommend somebody for promotion – Proposer un stage : to offer a course (GB) – Être proposé pour une médaille : to be nominated for a medal (US).*

proposition de forces force proposal (FP) (OTAN).

propre (exclusif) own (GB), of one's own (OTAN). Ex : *Nos propres forces : our own forces (GB) – L'Europe n'a aucun besoin d'une capacité de défense propre : Europe need not have any defence capability of its own (OTAN).*

propre (tenue / habillement) clean (US).

propreté cleanliness (US, GB). Ex : *Maintenir un niveau élevé de propreté : to maintain a high standard of cleanliness (US) – La propreté des armes : the cleanliness of weapons (GB).*

propriété (possession) property (US). Ex : *Les armes individuelles étaient la propriété du soldat : individual weapons were the property of the soldier (US).*

propriété (caractéristique) property (US). Ex : *Un blindage qui présente de meilleures propriétés contre les obus à énergie cinétique : armor which has better properties against kinetic energy (KE) rounds (US).*

propulsé par (véhicule) powered by (US).

propulser to power (US, GB), to propel (GB). Ex : *Un engin propulsé par un moteur de 25 CV : a vehicle powered by a 25 hp engine (GB) – Propulsé dans l'eau par mouvement des chenilles (véhicule blindé) : propelled in the water by its tracks (Jane's).*

propulseur (missile / roquette) rocket motor (Jane's). Ex : *Quatre des principaux fabricants en Europe de propulseurs et de propergols destinés aux armes tactiques et aux missiles* *de croisière : four of Europe's leading manufacturers of rocket motors and propellants for tactical weapons and cruise missiles (Jane's).*

propulseur d'appoint (aéronef / missile) booster (OTAN).

propulseur hydraulique (engin de franchissement) pumpjet.

propulsion propulsion (US, OTAN, UN). Ex : *Système de propulsion (missile) : propulsion sytem (US) – Gaz de propulsion (arme à feu) : propellant gases (OTAN) – Phase de propulsion : boost phase (UN) – À propulsion nucléaire (sous-marin) : nuclear-powered (UN) – Propulsion sur l'eau (ou aquatique) (véhicule blindé) : water propulsion – Signer une lettre d'intention afin de créer une société commune de propulsion : to sign an agreement in principle to set up a joint propulsion company (Jane's) – CELERG France a été constituée l'année dernière par le regroupement de SNPE et des activités de propulsion de missiles d'Aérospatiale SA : CELERG France was formed last year by the merger of SNPE and the missile propulsion activities of Aérospatiale SA (Jane's) – Propulsion indépendante de l'air (extérieur) : air independent propulsion (AIP) (OTAN) – Performances dans le domaine de la propulsion (canon automoteur) : automotive performance (US).*

propulsion (par roues motrices) (véhicule) drive (ADJ : "full-time" = en permanence, "selective" = au choix).

propulsion dans l'eau (véhicule) water propulsion (US);

propulsion diesel (à) (sous-marin) diesel-powered (OTAN). Ex : *Sous-marin d'attaque à propulsion diesel : diesel-powered attack submarine (SSK) (OTAN).*

propulsion nucléaire (à) (sous-marin) nuclear-powered (OTAN).

prospective (Défense) long range planning (GB), futures (US). Ex : *Programme de prospective : futures program (US).*

prospective (TAC) forecasting (US).

prospectus (action psychologique) leaflet (US). Ex : *Bombarder la population de prospectus : to bombard the population with leaflets (Time).*

prospérité prosperity (US). Ex : *La prospérité économique : economic prosperity (US) (VERB : "to enhance").*

protection (TAC) protection (OTAN, US, GB), proofing (UN), cover (US) (VERB : "to provide", "to give", "to offer", "to furnish", "to apply") (ADJ & PART : "extensive", "passive", "modular", "overhead", "enhanced") (PREP : "against", "from") (NOM ASS. : "component"). Ex : *Protection contre les attaques aériennes et les tirs fratricides : protection from aerial attack and fratricide (US) – Protection de l'aide humanitaire : protection of humanitarian assistance (US) – Protection contre des tirs d'armes individuelles : protection against small arms fire (GB) – Protection rapprochée (unité) : local close-in protection (OTAN) – La protection des personnalités : the protection of VIPs (= Very Important Persons) (GB) – Protection physique : physical protection (UN) – Protection contre les éclats : splinter proofing (UN) – Protection des forces : force protection (US) – Protection des convois contre les terroristes ou les groupes paramilitaires : protection of convoys from terrorists or paramilitary groups (US) – Protection contre l'observation et le feu ennemis : protection from hostile observation and fire (OTAN) – Protection contre l'observation : cover (US) – Se battre pour assurer sa propre protection (force) : to fight in self-protection (OTAN) – Améliorer de 45 % la protection de l'équipage : to improve crew protection by 45 per cent (US) – Nécessiter une protection maximale des personnels (explosion nucléaire) : to require maximum protection for personnel (US) – Protection des personnels NBC : NBC personnel protection (GB).*

Cf. : Toute mesure passive ou active prise pour protéger une unité, formation ou installation ou opération contre une action hostile, l'observation, le feu ou le sabotage (OTAN).

protection (personnel) (TAC) protection (US) (VERB: "to achieve", "to afford"). Ex: *Il est difficile de réaliser une protection totale des troupes en traversée de zone contaminée: complete protection is difficult to achieve when troops cross a contaminated area (US) – Une certaine protection est assurée en utilisant des VTT (= véhicules de transport de troupes) : some protection is afforded by the use of APCs (= armored personnel carriers) (US) – Se battre pour assurer sa propre protection : to fight in self-protection (US, GB).*

protection (pays) protection (GB). Ex: *Assurer la protection et la sécurité du Royaume-Uni (mission des armées): to ensure the protection and security of the United Kingdom (GB).*

protection (véhicule) protection (US, Jane's). Ex: *Offrir un niveau élevé / des niveaux élevés / de protection contre les mines (véhicule blindé): to provide a high degree / high levels / of protection from / against mines (Jane's) – Protection contre les tirs ennemis (char): protection from enemy fire (US).*

protection (RENS) protection (US), safeguard (US). Ex: *La protection scrupuleuse de toutes les informations: the scrupulous protection (ou safeguard) of all information (US).*

protection (de) protective (GB). Ex: *Tenue de protection: protective clothing (GB).*

protection balistique (fantassin) ballistic protection (Jane's) (ADJ: "great").

protection (blindée) (véhicule) armour (ed) protection (GB), armor (ed) protection (US) (VERB: "to be fitted with", "to incorporate") (VERB: "additional", "improved", "light") (PREP: "under"). Ex: *Le char M1 offrait une protection (blindée) accrue: the M1 tank offered increased armor protection (US).*

protection auriculaire (bouchon anti-bruit / BAB) ear protector (GB), ear defender (GB).

protection blindée (véhicule) armor protection (US).

protection civile civil defence (CD) (OTAN).

protection collective collective protection (COLPRO) (OTAN).

protection collective NBC (véhicule blindé) NBC collective protection.

protection complète (concept) (USA) full-dimensional protection (US).

protection contre toute menace threat protection (US).

protection de la force force protection (US, GB), protection of the force (US) (VERB: "to provide... for").

protection de l'aide humanitaire protection of humanitarian assistance (US).

protection de l'environnement environmental protection (GB).

protection des bases aériennes protection of air bases (US).

protection des forces force protection (US, GB), protection of forces (US) (VERB: "to provide... for").

protection des (hautes) personnalités VIP (= Very Important Person) protection (GB).

protection des minorités (critère de Copenhague) protection of minorities (OTAN).

protection des personnalités VIP protection (US) (VIP = Very Important Person), executive protection (US).

protection des personnels (RENS) personnel security (US).

protection des populations protection of the civilian population (GB).

protection diplomatique diplomatic protection (US). Ex: *Opérer sans protection diplomatique (agent de renseignement): to operate without diplomatic protection (US).*

protection du combattant combatant protection (AUST).

protection d'un document (RENS) classification (US).

protection du secret secrecy (UN). Ex: *Niveau de protection du secret: level of secrecy (UN).*

protection en matière de sécurité security protection (CFE).

protection généralisée (concept) (USA) full-dimensional protection (US).

protection globale (mission opérationnelle) (USA) full-dimensional protection (US).

protection intégrale (concept) (USA) full-dimensional protection (US) (VERB : "to provide" = assurer).

protection médicale de la force force medical protection (US).

protection NBC NBC protection (OTAN). Ex : *Le véhicule possède / dispose d'une protection NBC : the vehicle is NBC proof (GB) – Protection nucléaire, biologique et chimique / collective / individuelle : collective / individual / nuclear, biological and chemical protection (OTAN).*

protection oculaire eye-protection (GB) (VERB : "to wear").

protection rapprochée (personnalité) close protection (CP) (GB).

protection rapprochée (char) close-in protection (US).

protectorat protectorate (GB) (ADJ : "former", "existing"). Ex : *Le protectorat français au Maroc : the French protectorate over Morocco.*

protégé (TRANS) secure (OTAN, US), protected. Ex : *Protégées contre une interception ennemie (communications) : secure from interception by the enemy (US) – Poste téléphonique protégé : secure telephone unit (STU) (OTAN).*

protégé (contre les agents) NBC (véhicule blindé) NBC proof (US) (En épithète).

protège-coude (tenue du fantassin) elbow-pad (US).

protégé et alerté (NUC) warned protected (US, OTAN).

protège-guidon (fusil automatique) front sight housing.

protéger to protect (US), to shield (GB), to safeguard (GB), to guard (US) (PREP : "against", "from"). Ex : *Protéger le flanc ouest de la coalition : to protect the coalition's west flank – Protéger les arrières d'une colonne contre des forces ennemies : to protect the rear of a column from hostile forces (OTAN) – Protéger des installations : to protect facilities (ou installations) – Protéger une unité au combat : to protect a unit in combat (OTAN) – Protéger l'aide humanitaire en Bosnie : to protect humanitarian assistance in Bosnia (US) – Protéger des forces contre une menace : to protect forces against a threat (US) – Protéger des renseignements : to safeguard information (ou intelligence) (US, OTAN) – Protéger la manœuvre d'une autre force : to protect another force (OTAN) – Protéger un système de transmissions : to protect a communication system (OTAN) – Être protégé par l'immunité diplomatique : to be protected by diplomatic immunity (US) – Les Français durent protéger leurs forces des tirs de snipers continuels qui avaient causé tant de ravages dans la ville : the French had to protect their forces from the continuing sniper fire that had caused such havoc in the city (GB) – Protéger les lignes d'approvisionnement françaises qui traversaient des marécages tropicaux sur 120 km : to safeguard French supply lines which treavelled through 120 km of tropical swamplands (GB) – Nous avons été protégés de l'explosion par le camion : we were shielded from the blast by the truck (GB) – Protéger les forces, les systèmes et les installations : to protect forces, systems and installations (US) – Protéger une force contre l'observation ennemie : to protect a force from enemy observation (US) – Protéger des matériels contre la perte ou les dommages : to guard equipment against loss or damage (US).*

protéger de (se) to shield from (US). Ex : *Se protéger du feu ennemi : to shield from enemy fire (US).*

protège-tympans (protection auriculaire / bouchon anti-bruit ou BAB) ear defender (GB).

protocole (étiquette) protocol (US) (VERB : "to observe"). Ex : *Officier chargé du protocole : protocol officer (US).*

protocole (document) protocol (UN) (+ prépositions "on" ou "to") (VERB : "to sign"). Ex : *Protocole additionnel au traité : additional protocol to the treaty (UN) – Protocole d'accord (projet d'armement) : Memorandum of Understanding (MoU) (Jane's).*

protocole d'échange (informatique / Internet) transfer protocol (US).

protocole expérimental (expérimentation tactique) experiment design (US).

prototype (matériel / unité) prototype (US, GB) (S'emploie très souvent en épithète) (VERB : "to develop" = construire, mettre au point, "to complete"). Ex : *Un prototype (véhicule) : a prototype vehicle (Jane's) – Un prototype de régiment : a prototype regiment (GB) (S'emploie en épithète pour un prototype d'unité. Ex : Le prototype / modèle expérimental de 7ᵉ Division d'Infanterie Légère : the prototype 7th Light Infantry Division (US) – Un prototype de char poseur de ponts : a prototype bridge laying tank.*

provenance de (en) from (GB). Ex : *Des renseignements en provenance de sources américaines : information from American sources (GB).*

provenir de to come from (GB, to be issued by (OTAN), to be derived from (OTAN), to result from (US), to spring from (OTAN). Ex : *La plupart des officiers proviennent de la cavalerie : most of the officers come from the cavalry (GB) – Des directives provenant d'une autorité militaire compétente : directives issued by competent military authority (OTAN) – Des forces navales, aériennes et terrestres provenant de 35 pays furent rassemblées : naval, air and military forces from 35 countries were mustered (GB) – Renseignement provenant de la recherche et de l'exploitation de phénomènes acoustiques : intelligence derived from the collection and processing of acoustic phenomena (OTAN) – La contamination radioactive peut provenir de retombées : radioactive contamination can result from fallout (US) – Les nouveaux conflits proviennent de toute une série de facteurs : the new conflicts spring from a variety of factors (OTAN).*

province province (US, CA). Ex : *Dans la province méridionale du Kosovo : in the southern province of Kosovo (US) – L'escalade de la violence dans la province du Kosovo : increasing violence in the province of Kosovo (CA).*

provisoire temporary (OTAN), provisional (PROV) (US), interim (OTAN, UN, Jane's), tentative (US). Ex : *Des positions défensives provisoires : tentative defensive positions (US) – Camp provisoire : temporary camp (OTAN) – Directives provisoires : interim guidelines (UN) – L'acceptation du règlement politique provisoire négocié à Rambouillet : acceptance of the interim political settlement which has been negotiated at Rambouillet (OTAN) – Mesure provisoire : interim measure (Jane's) – Centre d'opérations provisoire : interim operations centre (OTAN).*

provisoire (modèle de matériel) interim (US).

provocation (acte) provocation (US, GB, OTAN) (VERB : "to avoid"). Ex : *Une provocation délibérée : a calculated provocation (GB) – Une forme de provocation : a form of provocation (US) (ADJ : "insulting") – Un cycle dangereux de provocation et de réaction : a dangerous cycle of provocation and response (OTAN).*

provocation (RENS) provocation (US). Ex : *Opération de provocation : provocation operation (US) (Voir aussi* **agent provocateur**).

provoquer (causer) to cause (US, GB), to inflict (OTAN), to induce (US), to create (OTAN), to wring (CA), to produce (US), to provoke (US). Ex : *Provoquer la mort, des blessures ou des dégâts : to cause death, injury or damage (GB, US) – Provoquer des pertes parmi ses propres troupes : to cause casualties among one's own troops (GB) – Provoquer des dégâts : to inflict damage (OTAN) – Provoquer le retrait (des troupes) soviétique(s)*

(Afghanistan) : to induce Soviet withdrawal (US) – Des incidents provoqués par les forces de sécurité : incidents created by security forces (OTAN) – Provoquer de lourdes pertes : to cause heavy losses (US) – L'ampleur de la dévastation provoquée les mines : the degree of devastation wrought by mines (CA) – Provoquer la mort ou l'incapacité du personnel dans les zones de combat (agents NBC) : to produce lethal or incapacitated casualties in combat areas (US) – Provoquer une crise : to provoke a crisis (US).

provoquer (acte de provocation) (PERS) to provoke (GB).

proximité (zone) closeness (US) (PREP : "to").

proximité de (à) in the vicinity of (VIC / vic) (US), near, within close range of (US), in proximity to (US). Ex : *À proximité d'un théâtre d'opérations : near a theatre of operations (OTAN) – Des objectifs à proximité de la ligne de contact : targets within close range of the FEBA (= Forward Edge of the Battle Area) (US) – Les forces sont à proximité immédiate les unes des autres : forces are in immediate proximity to one another (US).*

prudence caution (US). Ex : *Faire preuve d'une extrême prudence au cours de la procédure de déchargement (arme) : use extreme caution during unloading procedure (US) – Le commandement devrait faire preuve de prudence dans l'emploi des feux d'artillerie : commanders should be cautious in using artillery fires (US).*

prudent (PERS) cautious (GB). Ex : *Un chef prudent : a prudent commander (US), a cautious commander (GB, US).*

pruneau (balle) (familier) slug (US), bullet.

pruneau (obus) shell (OTAN), round.

pseudonyme (légionnaire) assumed name (VERB : "to go under" = se servir de).

psychiatre (SAN) (Army) psychiatrist (GB, OTAN) (Terme familier GB : "trick-cyclist").

psychiatrie (SAN) psychiatry (US).

psychologie (SAN) psychology (US).

psychologique psychological (OTAN). Ex : *Pression / menace / psychologique : psychological / pressure / threat (OTAN).*

psychologiquement psychologically (US). Ex : *Être prêt psychologiquement : to be psychologically prepared (US).*

psychose traumatique (du soldat) battle fatigue (GB), shell shock (GB), post-traumatic stress disorder (GB).

psychotechnique psychometric (GB). Ex : *Tests (ou épreuves) psychotechniques : psychometric tests (GB).*

public (le) the public (OTAN, US) (VERB : "to inform", "to keep… (fully) informed").

public (action psychologique) audience (OTAN).

public (adjectif) public (OTAN). Ex : *Leur mise en lecture publique (= documents déclassifiés) a été approuvée : they have been approved for public disclosure (OTAN).*

publication publication (US, GB, OTAN) (VERB : "to supersede" = remplacer, "to consult", "to endorse" = approuver, "to obtain") (ADJ : "obsolete", "allied" = alliée, interalliée, "geographic", "joint" = interarmées). Ex : *Publications officielles : official publications (US) – Publication gouvernementale : government publication (US) – Publication(s) administrative(s) interalliée(s) : allied administrative publication(s) (AAP) (OTAN) – Publication(s) interalliée(s) sur les données : allied data publication(s) (ADATP) (OTAN) – Publication sur la logistique : logistic publication (OTAN) – Publication médicale : medical publication (OTAN).*

publication alliée (ou interalliée) allied publication (AP) (OTAN, GB).

publication des ordres issue (ou issuance) of orders (US).

publication interalliée sur les procédures (OTAN) allied procedural publication (APP) (OTAN).

publication météorologique weather publication (OTAN).

publication sur les exercices exercise publication (OTAN).

publication sur les questions tactiques tactical publication (OTAN).

public cible (instruction) target audience (US).

publicitaire (adjectif) advertising (US). Ex: *Projet publicitaire: advertising project (US).*

publicité advertising (US, GB). Ex: *Le régiment s'est mis à faire de la publicité dans la revue "Soldier": the regiment has taken to advertising in Soldier magazine (GB) – L'agence de publicité de l'armée de terre: the Army's advertising agency (US).*

publier to publish (US), to put out the poop (familier) (US). Ex: *Publier un bulletin d'information(s): to publish a bulletin (US) – Je publierai les renseignements sur la situation générale périodiquement: I'll put out the poop on the overall picture periodically (familier) (US).*

publier (ordres) to issue (orders) (US).

pucelle (insigne) <u>regimental crest</u> (GB, US), regimental affiliation crest (US), unit crest (US) (VERB: "to center") (ADJ: "distinctive").

puissamment heavily (US). Ex: *Un hélicoptère rapide et puissamment armé: a heavily armed, high speed helicopter (US).*

puissance (transmission radio) signal strength.

puissance (État souverain) power (US, UN, GB). Ex: *Puissance belligérante: belligerent power (US) – Puissance nucléaire importante: major nuclear power (UN) – Les deux grandes puissances: the two major powers (UN) – Une puissance étrangère: a foreign power (US) – Puissance mondiale: world power (US) – Une puissance moyenne d'Europe: a medium-sized European power (GB) – Puissance prépondérante / dominante: preponderant / dominant / power (OTAN).*

puissance (force) power (US) (VERB: "to project") (ADJ: "irresistible"). Ex: *La puissance militaire*: military power (US), military strength (US) – Puissance / terrestre / aérienne / navale: landpower / air power / sea power (US) – Puissance offensive: offensive power (OTAN) – Puissance explosive: explosive power (UN) – Puissance informatique: computing power (US) – Projeter de la puissance sur toute la planète (<u>ou</u> dans le monde entier): to project power globally (US).

puissance (matériel) power (US) (VERB: "to give").

puissance (arme nucléaire) (nuclear) yield (OTAN, UN).

puissance (en CV) horsepower (HP) (US). Ex: *Le FIST, d'une puissance de 20 à 40 CV: the FIST, with 20 to 40 HP (US).*

puissance (en) potential (OTAN). Ex: *Un ennemi en puissance: a potential enemy (OTAN).*

puissance aérienne air power (OTAN) (VERB: "to destroy", "to disrupt", "to limit").

puissance au frein brake horse power (bhp).

puissance de choc (force) shock power (US).

puissance de destruction (<u>ou</u> meurtrière <u>ou</u> létale) lethality (US), destructive power (arme) (US), lethal power (US).

puissance de feu (x) firepower (US, GB) (VERB: "to deliver", "to develop", "to place", "to enhance", "to possess", "to provide", "to use", "to utilize", "to integrate... with", "to combine... with") (ADJ: "tremendous", "direct", "concentrated", "nuclear", "conventional", "sufficient", "selective", "devastating", "formidable", "massive", "high", "potential", "ample", "organic", "heavy", "indirect", "lethal", "effective", "space-based", "massed") (NOM ASS. : "volumes") (EXPR : "maximum firepower effects"). Ex : *La puissance de feu de l'artillerie : artillery firepower (US) – La puissance de feu d'une batterie de huit pièces : the firepower of an eight-gun battery (GB) – Un véhicule doté d'une grande puissance de feu : a vehicle capable of heavy firepower (CFE).*

puissance de frappe (force) striking power (US).

puissance de sortie (émetteur-récepteur) output power (US).

puissance d'occupation (pays) occupying power (GB, US).

puissance du moteur engine power (GB).

puissance étrangère foreign power (US).

puissance maritime (pays et force) sea power (GB).

puissance militaire military power (OTAN) (VERB : "to apply", "to develop").

puissance mondiale world power (US).

puissance nationale national power (US).

puissance nucléaire (État) nuclear power (OTAN) (ADJ : "major" = importante, "militaire" = militaire).

puissance opérationnelle (TAC) combat power (US, OTAN, GB) fighting power (GB) (VERB : "to harness", "to apply", "to concentrate", "to focus", "to produce", "to apply", "to expend", "to project", "to enhance", "to build, "to sustain", "to maximize", "to employ", "to allocate... to", "to mass", "to increase", "to achieve", "to defeat", "to attain", "to derive... from", "to direct", "to assemble", "to require", "to shift", "to create") (ADJ : "sustained", "superior", "substantial", "maximum", "decisive", "superior", "local", "minimum", "essential", "overwhelming", "friendly") (NOM ASS. : "application", "deployment", "enhancement", "dynamics", "advantage", "balance", "element", "preservation") (PREP : "against").

puissance régionale regional power (US).

puissance spatiale space power (US).

puissance terrestre (armée) landpower (US).

puissant (arme / force / moteur) potent, powerful, strong (US), mighty (US), high-powered (GB). Ex : *Une puissante armée : a mighty army (US) – Un moteur plus puissant : a more powerful engine (Jane's) – Des armes très puissantes : high-powered weapons (GB) – Ses (= l'Iran) forces armées sont les plus puissantes de la région du golfe Persique : its armed forces are the strongest in the Persian Gulf region (US).*

puits well (US) (VERB : "to drill").

pull-over jumper (GB), (pullover) sweater (US), pullover.

pulsion Ex : *Le convoi peut continuer par pulsion d'escouades : the convoy can go on squad by squad.*

pulvériser (ennemi) to smash (US).

PUMA (hélicoptère) PUMA support helicopter (GB), PUMA (all-weather day or night) tactical transport helicopter (GB), PUMA medium transport helicopter (US), PUMA transport helicopter (GB). (Équivalent US : Black Hawk UH-60) (VERB : "to produce", "to build", "to be used (extensively)") (EXPR : "to meet a requirement for a medium-lift transport helicopter", "to transport men and equipment", "to be used in a troop lift role", "to carry fully-equipped men or men in light order"). Ex : *700 Puma avaient été construits : 700 Pumas had been built (GB).*

punch (capacité de frappe ou muscle) punch (Jane's). Ex : *L'armée de terre britannique a deux fois plus de punch : the British Army packs double punch (Jane's).*

puni (homme puni) defaulter (GB).

punir to punish (US, GB), to discipline (GB) (PREP: "for"). Ex: *Le garde fut puni pour s'être endormi à son poste: the guard was punished for falling asleep at his post (GB) – Il a été puni en vertu de l'article 70 de la Loi portant règlement général de l'Armée de Terre de 1955: he was disciplined under section 70 of the Army Act 1955 (GB).*

punissable (faute / délit / infraction) (AT / GEND) punishable (US).

punitif punitive (GB), punishing (US). Ex: *Expédition punitive: punitive expedition (GB).*

punition punishment (US, GB) (Terme dénombrable) (VERB: "to award", "to mete out", "to administer") (ADJ: "harsh", "severe", "mild", "brutal") (PREP: "for"). Ex: *Punition collective: collective punishment (GB) – Infliger (ou donner) une punition à quelqu'un: to mete out a punishment to somebody (GB).*

pupitre (véhicule) panel (US). Ex: *Pupitre du tireur (char): gunner's panel (US).*

pupitre (de commande) (chef de char) (tank commander's) control panel.

pupitre de commande (système) console (OTAN).

pupitre de visualisation display panel.

purificateur d'air (véhicule blindé) air cleaner (US).

purification d'eau (ou de l'eau) water purification (US).

purification (ou épuration) ethnique ethnic cleansing (US, GB).

purifier to purify (US). Ex: *Purifier l'eau: to purify water (US).*

pylône (ligne électrique) pylon (GB).

pylône de radio radio mast (GB).

pyramide des grades (PERS) promotion pyramid (GB), grade structure (US).

pyromane incendiary (GB) (VERB: "to arrest").

pyrotechnique pyrotechnic (OTAN, GB). Ex: *Substance pyrotechnique: pyrotechnic (OTAN).*

(QUEBEC)

Q.G. (quartier général) HQ (= Headquarters). Ex: *Le QG du Corps de Réaction Rapide du Commandement Allié en Europe: HQ ARRC (Allied Command Europe Rapid Reaction Corps) – Le QG des forces britanniques à Chypre: Headquarters British Forces Cyprus (GB).*

quadrillage (ou carroyage) (carte) grid (US, GB).

quadrillage (fusil) checkering.

quadrilatère (géographique) four-sided area. Ex: *Le quadrilatère Weiserlbach-Rupertsbuch-Esslingen-Aha: the four-sided area delineated by Weiserlbach, Rupertsbuch, Esslingen and Aha.*

quadrilatéral (EX) quadrilateral (Jane's).

quadripale four-bladed (US), four-blade (US) (En épithète). Ex: *Rotor principal quadripale: four-bladed (ou four-blade) main rotor (US).*

quadripartite quadripartite, four-way (En épithète) (US).

quai wharf (US, GB).

qualification (militaire) skill (US), qualification (GB, US) (Termes dénombrables) (VERB: "to enhance", "to develop", "to have"). Ex: *Acquérir une qualification: to gain a qualification (GB) – Atteindre un niveau élevé de qualification dans certaines spécialités militaires: to attain a high standard of proficiency in certain military skills (US) – Donner à des volontaires une qualification en parachutisme militaire: to qualify volunteers in military parachuting (US) – Qualifications linguistiques: language qualifications (US) – Il avait toutes les qualifications d'instructeur en munitions et explosifs: he had all the qualifications as an instructor on ammunition and explosives (GB).*

qualification civile (PERS) civilian qualification (GB) (Terme dénombrable).

qualifications (PERS) qualifications (GB) (VERB: "to work towards") (ADJ: "valuable").

qualifié (PERS) skilled (US), qualified (US). Ex: *Hautement qualifié dans un domaine particulier (PERS): highly skilled (ou qualified) in a particular area (US) (ADV avec "qualified": "professionally", "fully", "suitably").*

qualifié (RENS) eligible (OTAN). Ex: *Être qualifié pour avoir accès à des matières classifiées (PERS): to be eligible for access to classified matter (OTAN).*

qualitatif qualitative (US, OTAN). Ex: *Une avance qualitative: a qualitative edge (US) – Besoin militaire qualitatif: qualitative military requirement (QMR) (OTAN).*

qualité quality (US, GB) (Terme dénombrable) (VERB: "to demonstrate") (ADJ: "demanding"). Ex: *Des soldats / des recrues / de qualité: quality / soldiers / recruits (US, GB) – Qualités individuelles de commandement: individual leadership qualities (US) – Servir en qualité de (PERS): to serve as (US) – De haute qualité: high-quality (En épithète) (US) – Les qualités militaires exigées d'un matériel: the military qualities required of an item of equipment (OTAN) – Des soldats de qualité supérieure: high-quality soldiers (US) – Déterminer les qualités requises d'un individu pour entrer dans l'armée: to determine an individual's suitability to enter the armed forces (US) – La qualité de ses photographies était médiocre (satellite): the quality of its photography was poor (US) – Qualité / intellectuelle / physique / morale (PERS): mental / physical / moral / quality (US).*

qualité de la source ou degré de confiance à accorder à la source (cotation) (RENS) reliability of the source (US).

qualité de (la) vie quality of life (US) (Peut s'utiliser en épithète : "quality-of-life") (VERB : "to improve", "to enjoy") (ADJ : "respectable") (NOM ASS. : "issue(s)"). Ex : *Maintenir la qualité de vie des militaires : to maintain soldier quality of life (US).*

qualités de commandement (PERS) leadership (OTAN).

quantitatif quantitative (US). Ex : *Un avantage quantitatif en chars et en artillerie : a quantitative advantage in tanks and artillery (US).*

quantitativement quantitatively (US). Ex : *Quantitativement supérieur (ennemi) : quantitatively superior (US).*

quantité quantity (US, GB), number (CFE), amount (US), volume (US). Ex : *Les quantités d'armements et équipements conventionnels : the numbers of conventional armaments and equipment (CFE) – Les quantités d'articles acquis et distribués (LOG) : the amounts of items procured and distributed (US) – Quantités totales autorisées (LOG) : total quantities authorized (US) – De grandes quantités d'armes et de munitions : large quantities of weapons and ammunition (GB) – Quantité totale d'approvisionnements requis : total amount of supplies required (OTAN) – D'énormes quantités de données : enormous volumes of data (US) – Les États-Unis ont recueilli une quantité massive de renseignements sur (ou au sujet de) l'Irak : the US collected a massive quantity of intelligence about Iraq (US) – La Corée du Nord possède des quantités massives d'armes conventionnelles : North Korea has massive numbers of conventional weapons (US) – L'énorme quantité de renseignements que les espions devaient transmettre : the great volume of information that spies had to transmit (US).*

quantité d'approvisionnement amount of supplies (US) (VERB : "to require").

quarantaine quarantine (CFE). Ex : *En quarantaine : in quarantine – Mettre en quarantaine : to quarantine.*

quart (proportion) fourth (US, GB). Ex : *Avec le quart des moyens : with (ou employing) one-fourth (25%) of the assets – Environ un (ou le) quart des moyens de la DST serai(en)t consacré(s) à la lutte antiterroriste en France : about one-fourth of the DST's resources are said to be devoted to combating terrorism in France (US).*

quart (service de veille) watch. Ex : *Être de quart : to keep the watch – Prendre le quart : to take the watch.*

quart (récipient) mug (GB), canteen cup (US).

quartier (caserne) barracks (US, GB) (VERB : "to improve"). Ex : *Le quartier Carlisle : Carlisle Barracks (US) – Quartier disciplinaire : disciplinary barracks (US) – Rester au quartier : to remain in barracks (US) – La vie au quartier (ou à la) caserne : barrack life (GB) – Un quartier : a barracks (+ verbe au singulier) – Rentrer au quartier (PERS) : to return to barracks (GB).*

quartier général (QG) headquarters (Abréviation : HQ) (ADJ : "deployable", multi-service", "multinational") (Attention : Terme suivi d'un verbe au singulier ou au pluriel : The headquarters is / are located). Ex : *Le 45ᵉ Groupement de Soutien, en quartier général au Quartier Schofield : the 45th Support Group, headquartered at Schofield Barracks (US) (Voir aussi **Q.G.** et **état-major**).*

Cf. : Headquarters : the building from which military operations are directed (GB).

quartier général de GFIM (groupe de forces interarmées multinationales) CJTF headquarters (OTAN). Ex : *Des opérations nécessitant un commandement et un contrôle exercés par un quartier général de GFIM : operations requiring command and control by a CJTF (= Combined Joint Task Force) headquarters (OTAN).*

quartier général de guerre de rechange (QGGR) alternate war headquarters (AWHQ) (OTAN).

quartier libre (QL) off duty period, rest and recreation (R & R) (US), rest and recuperation (R and R) (GB), time off (GB). Ex : *Avoir (ou être en) quartier libre : to be off duty (GB) – Des soldats en quartier libre : off-duty soldiers (GB) – Une demi-journée de quartier libre : a half-day off (GB).*

quartiers d'hiver winter quarters (GB).

quarto four.

quasi near (US). Ex : *En temps quasi-réel : in near real time – Deux grand conflits régionaux quasi-simultanés : two "near simultaneous" major regional conflicts (US).*

quasi-collision (aéronefs) near miss (OTAN).

quasi-hostilité (état) near-hostility (GB).

quasi instantané near-instantaneous (US).

quasi-parfait near-perfect (US).

quaternaire (structure d'unité) square (unit structure) (GB).

quatre roues motrices four-wheel drive (Peut se mettre en épithète).

quatre-voies (route) dual carriageway (GB).

quel...que irrespective of (GB). Ex : *Chaque légionnaire est ton frère d'armes, quelles que soient sa nationalité, sa race, sa religion (Code d'honneur) (Légion) : each Legionnaire is your brother-at-arms, irrespective of his nationality, race or creed (GB).*

quelque (approximation) some (UEO). Ex : *L'état-major permanent d'EUROFOR basé à Florence est composé de quelque 100 officiers et sous-officiers des quatre pays d'EUROFOR : the EUROFOR permanent headquarters based in Florence is staffed by some 100 officers and NCOs from the four EUROFOR nations (UEO).*

quelques (et) -odd (GB). Ex : *Une force de 7000 et quelques soldats : a 7,000-odd force (GB).*

querelle (entre clans) feud (GB) (VERB : "to re-emerge").

question question (US, GB) (VERB : "to answer"). Ex : *(Y a-t-il) des questions ? (briefing) : any questions ? (US) – Répondre à un certain nombre de questions de portée générale concernant l'armée de terre américaine : to answer a number of general questions about the U.S. Army (US).*

question (affaire) matter (US, OTAN), issue (US, GB, UN, OTAN), question (VERB : "to handle", "to settle", "to develop") (ADJ : "complex", "important", "intricate" = complexe, "specific"). Ex : *Conseiller auprès de X pour toutes les questions relatives à... : advisor to X on all matters pertaining to (ou concerning ou relating to)... (US) – Questions juridiques et d'organisation : legal and organizational issues (UN) – Questions militaires : military matters (UN) – Sur les questions de principe : on matters of principle (US) – Questions de défense : defense issues (US) (ADJ : "key") – Contribuer à une compréhension mutuelle des questions relatives à l'entraînement et aux exercices en matière de défense aérienne : to contribute to a common understanding on issues related to air defence training and exercises (OTAN) – Le Comité OTAN de Défense Aérienne est l'organe consultatif de haut niveau chargé de donner des avis au Conseil de l'Atlantique Nord sur toutes les questions de défense aérienne : the NATO Air Defence Committee (NADC) is the senior advisory body advising the North Atlantic Council on all air defence matters (OTAN) – Questions de sécurité : security issues (OTAN).*

question clé key issue (OTAN).

question difficile sticky point (familier) (US).

question litigieuse contentious issue (US).

questionnaire de sécurité (PERS) (RENS / DPSD) security questionnaire (US) (VERB : "to complete").

questions de défense defence issues (OTAN).

questions diverses any other business (AOB) (OTAN).

question sensible sensitive subject (OTAN).

questions internationales international issues (US).

quête d'innovation (la) the search for innovation (US).

queue (hélicoptère) tail.

queue (de) (TAC) trailing (US). Ex : *Un élément de queue : a trailing element (US).*

quillard soldier (who is) about to be demobbed, soldier who has just been demobbed.

quille (libération du service national) demob (GB).

quinquennal five-year (Jane's, US). Ex : *La nouvelle loi quinquennale de programmation militaire : the new, five-year Military Programme Law (Jane's).*

quinto five.

quitter (arrêter) (travail) to knock off (GB). Ex : *Ils quittent le travail à 16 H 30 : they knock off work at 4.30 (GB).*

quitter (TAC) to move (GB, US), to move out of (GB), to vacate (GB) (PREP : "out", "from"). Ex : *Quitter une position : to vacate a position (GB) – Quitter une zone (fantassin) : to move out of an area (GB) – La 23ᵉ DB quittte ses positions actuelles (ordre d'opérations) : 23rd Armored Division moves from present positions (US).*

quitter (armée / école / unité) (PERS) to leave (US, GB), to depart (US), to separate (US). Ex : *Quitter / l'armée de terre / la réserve de l'armée de terre : to leave / the Army (GB) / the Army Reserve (US) – Il a quitté Westpoint (= école de formation initiale des officiers de l'armée de terre US) en 1982 : he left Wespoint in 1982 (US) – Quitter (ou partir d') une unité (PERS) : to depart from a unit (US) – Quitter l'armée : to leave the service (US) – Quitter l'armée (engagé) : to separate (US) – Le Caporal Maine, qui avait quitté l'armée d'active au grade de sergent-major (Hist.) : Corporal Maine, who had left the regular army at the rank of sergeant-major (GB) – Après avoir quitté la DGSE (directeur) : after departing DGSE (US).*

qui va là ? (sommation) who is there ? (US).

quota quota (US). Ex : *En fonction de quotas : depending upon quotas (US).*

quota d'avancement (PERS) (the) promotion quota (US).

quota d'inspections inspection quota (CFE, UN).

quotidien daily (US), day-to-day (US). Ex : *La vie au quotidien des soldats américains : the day-to-day lives of U.S. soldiers (US) – La vie quotidienne du soldat : the daily life of the soldier (US) – Tout ce que vous faites au quotidien : all you do on a daily basis (US).*

R

(ROMEO)

ra (tambour) ruffle (US) (VERB: "to play").

RA voir **régiment d'artillerie.**

rab (supplément) extra (GB), buckshee (GB). Ex: *Est-ce qu'il y a du rab? : is there any extra (left)? – Il reste un rab de viande (ou il reste de la viande en rab): there is still (some) extra meat left (over) – Qui veut du rab? : anyone for seconds? – J'ai un sac de couchage en rab: I've got a buckshee sleeping-bag (GB).*

rab (supplément de temps) extra time, extra. Ex: *Un rab de 5 minutes (ou 5 minutes de rab) pour finir le devoir: 5 minutes' extra time (ou 5 minutes extra) to finish off the exercise.*

rab (supplément de travail) extra work. Ex: *Faire du rab: to do extra work, to work extra time.*

rab (supplément de temps de service) extra time. Ex: *Faire du rab: to do (ou to serve) extra time.*

rabat (de poche) (uniforme) (pocket) flap (US).

rabattre (TAC) to roll up (GB).

rabe voir **rab.**

rabiot voir **rab.**

raccord (pont) linkage.

raccord d'élingue suspension strop (OTAN).

raccordement (TRANS) connection.

raccorder (TRANS) voir **relier (TRANS / informatique).**

race race (GB). Ex: *Chaque légionnaire est ton frère d'armes, quelles que soient sa nationalité, sa race, sa religion (Code d'honneur) (Légion): each Legionnaire is your brother-at-arms, irrespective of his nationality, race or creed (GB).*

rachat (des armements) buy-back.

racine (conflit) root (US, CA) (VERB: "to trace"). Ex: *Les conflits ont des racines historiques profondes: conflicts have deep historical roots (US).*

racisme racism (US), sentiment (US). Ex: *Le racisme anti-homosexuel: anti-homosexual sentiment (US) – Le racisme n'a pas sa place dans l'armée de terre: racism has no place in the Army (US).*

rad rad (OTAN).

radar radar (= radio detection and ranging) (US, GB) (VERB: "to disrupt", "to deploy", "to knock out" = mettre hors service) (ADJ: "sophisticated", "lightweight", "heavyweight", "coherent", "solid-state"). Ex: *Site radar: radar site (US).*

radar à antenne active active-array radar (UN).

radar à antenne latérale side-looking airborne radar (SLAR) (OTAN).

radar à basse altitude low altitude radar (OTAN).

radar à cible focale focal plane array (FPA) radar

radar à courte portée (80-240 km) short-range radar (US).

radar à couverture latérale side-looking radar.

radar à éléments en phase phased array radar (OTAN).

radar aéroporté à antenne latérale side looking airborne radar (SLAR) (OTAN).

radar aéroporté à balayage latéral side-looking airborne radar (SLAR) (OTAN).

radar à moyenne portée (240-480 km) medium-range radar (US).

radar anti-mortiers mortar locating radar, anti-mortar radar, countermortar radar (US).

radar à ouverture synthétique synthetic aperture radar (SAR) (OTAN).

radar à réseau en plan focal focal plane array (FPA) radar

radar à très courte portée (jusqu'à 80 km) very-short range radar (US).

radar à très longue portée (+ de 965 km) very long range radar (US).

radar bouche-trou gap filler radar (GFR) (OTAN).

radar d'acquisition à impulsions pulse acquisition radar (PAR) (OTAN).

radar d'acquisition à impulsions amélioré improved pulse acquisition radar (IPAR) (OTAN).

radar d'acquisition à ondes entretenues continuous wave acquisition radar (CWAR).

radar d'acquisition basse couverture low-coverage acquisition radar (LCAR) (OTAN).

radar d'acquisition de faible puissance low-power acquisition radar (LOPAR) (OTAN).

radar d'acquisition de grande puissance high-power acquisition radar (HIPAR) (OTAN).

radar d'acquisition de périmètre perimeter acquisition radar (PAR) (UN)

radar d'acquisition des objectifs d'artillerie artillery locating radar (US).

radar d'acquisition local local acquisition radar (LAR) (OTAN).

radar d'alerte warning radar (OTAN). Ex : *Radar d'alerte côtier : coastal warning radar (CWR) (OTAN).*

radar d'altimétrie height-finding radar (OTAN).

radar d'approche de précision precision approach radar (PAR) (OTAN).

radar d'artillerie sol-sol field artillery radar (US).

radar de conduite de tir fire control radar (FCR) (US).

radar de contre-batterie counter-battery radar (COBRA) (OTAN).

radar de contrôle d'aérodrome airfield control radar (ACR) (OTAN).

radar de couverture (complémentaire) gap filler radar (GFR) (OTAN).

radar de détection lointaine early warning radar (EWR) (OTAN).

radar de mât (hélicoptère) mast-mounted radar (US).

radar de météorologie weather radar.

radar de navigation à très basse altitude terrain following radar (TFR) (OTAN).

radar de poursuite tracking radar (OTAN).

radar de poursuite de missiles missile tracking radar (MTR) (OTAN).

radar de site de missiles missile site radar (MSR) (UN).

radar de surveillance surveillance radar.

radar de surveillance aéroporté airborne surveillance radar.

radar de surveillance de zone area surveillance radar (ASR) (OTAN).

radar de surveillance rapprochée (ou à courte portée) (RASURA) (RASURA) close-range surveillance radar (OTAN).

radar de surveillance des intervalles (RASIT) (RASIT) gap-filling surveillance radar (OTAN).

radar de télémétrie range-only radar (ROR) (OTAN).

radar de télémétrie (d'objectif) target-ranging radar (TRR) (OTAN).

radar de tir fire-control radar (OTAN).

radar de tir d'artillerie de campagne (RATAC) (RATAC) field artillery fire-control radar (OTAN).

radar de trajectographie firefinder radar (US), mortar locating radar (GB).

radar de suivi du terrain terrain following radar (TFR) (OTAN).

radar de veille search radar (OTAN, US).

radar d'illumination d'objectif target illuminating radar (TIR) (OTAN).

radar d'illumination de grande puissance high-power illumination radar (HIPIR) (OTAN).

radar Doppler Doppler radar (GB, Jane's).

radar Doppler à impulsions pulse Doppler radar (GB).

radar embarqué (hélicoptère) on-board radar (US).

radar héliporté airborne radar (Jane's).

radar illuminateur à ondes entretenues continuous wave illuminator radar (CWIR).

radariste (PERS) radar operator.

radar millimétrique millimetre wave radar.

radar multizones multi-zonal radar (UN).

radars (les) radar (GB). Ex : *Eviter les radars ennemis : to avoid enemy radar (GB).*

radar secondaire de surveillance secondary surveillance radar (SSR) (OTAN).

radar tout temps all weather radar (GB).

radar transhorizon over-the-horizon radar (OTHR) (OTAN).

radar tri-dimensionnel à balayage électronique 3-D phased array radar (GB).

radar tri-dimensionnel à éléments en phase 3-D phased array radar (GB).

radar tri-dimensionnel à éléments en réseau phasé 3-D phased array radar (GB).

radeau raft.

radiac radiac (US, OTAN).

radiation(s) (NUC) radiation (US, OTAN) (Sens pluriel) Ex : *Exposition aux radiations ioni-santes : exposure to ionizing radiation (OTAN).*

radiations thermiques thermal radiations (US).

radio (individu) radio(-)operator (Jane's, US).

radio (poste radio) (tactical) radio (US, GB), radio set (GB) (Terme familier US / Vietnam : "horn") (VERB : "to provide", "to use", "to be suited to", "to conceal", "to transport", "to design", "to fit…into", "to hide", "to carry", "to invent") (ADJ : "robust", "(completetely) watertight", "vehicular", "hand held", "long range", "clandestine", "powerful", "bulky", "mains-operated", "small", "light", "specialized", "portable") (NOM ASS. : "use", "weight", "frequency range", "(in) stand-by mode", "burst message capability") (EXPR : "to have an internal modem", "to assess and to send messages quickly and securely", "to have a transmission power far in excess of any other radio set", "to have a detachable electronic message unit", "to have pre-set channels", "to be simple to operate", "to require little instruction"). Ex : *Par radio : by radio – Radio à hautes fréquences : high-frequency radio (US) – Une radio / cachée / clandestine (RENS) : a hidden / clandestine / radio (US).*

radio (station de) radio station (bâtiment et organisation). Ex : *Radio des forces armées britan-niques : British Forces Broadcasting Service (GB) – Service de renseignement sur les radios et télévisions étrangères (USA / CIA) : foreign broadcast information service (FBIS) (US).*

radioactif radioactive (OTAN, US). Ex: *Contamination radioactive: radioactive contamination (US).*

radioactivité radioactivity (US, UN) (VERB: "to monitor"). Ex: *Radioactivité atmosphérique: atmospheric radioactivity (UN).*

radio-altimètre radio altimeter (OTAN).

radiobalise beacon (OTAN, UN, GB), radio beacon. Ex: *Radiobalise / de repérage d'avion accidenté / de repérage de détresse / individuelle de repérage: crash locator / emergency locator / personal locator / beacon (OTAN).*

radio clandestine (RENS) clandestine radio (US).

radiocommande radio control (GB).

radiocommunications radio communications (UN).

radio de communications par satellite satellite communications (SATCOM) radio (US).

radio de réseau de combat combat net radio (CNR) (OTAN).

radiodiffusion braodcast (OTAN).

radioélectronique radio electronic (OTAN). Ex: *Appui au combat radioélectronique: radio electronic combat support (RECS) (OTAN).*

radiofréquence (ou fréquence radio-électrique) radio frequency (RF) (OTAN).

radiogoniomètre radio direction finder (RDF) ou direction finder (DF) (US). Ex: *Radiogoniomètre automatique: automatic direction-finder (ADF) (OTAN).*

radiogoniométrie radio direction-finding (RDF) ou direction(-)finding (DF) (US, OTAN) (ADJ: "high frequency (HF)"). Ex: *L'emploi de matériel de radiogoniométrie: the use of radio direction-finding equipment (US).*

radiographie (ou radio) (SAN) X-ray (GB). Ex: *Une radiographie pulmonaire (ou des poumons): a chest X-ray (GB).*

radiographier (ou faire une radio de) (SAN) to X-ray (GB).

radiolocalisation voir **radiogoniométrie**.

radiologique (NBC) radiological (US).

Cf.: Radioactive; concerning emission of nuclear radiation (US).

radiologue (SAN) radiologist.

radionavigation radio navigation (OTAN).

radiophare radio beacon (OTAN). Ex: *Radiophare omnidirectionnel (RPO): radio beacon omnidirectional (RBO) (OTAN).*

radioralliement (radio) homing. Ex: *Système de radioralliement embarqué (ou de bord): airborne homing system (AHS) (OTAN).*

radio repérage radio location (US).

radiosignal radio signal (UN).

radiotélégraphie radio telegraphy (OTAN).

radiotélémétrie radio range finding (OTAN).

radiotéléphonie radiotelephony (R/T) (OTAN).

radiotélétype radioteletype (RATT) (OTAN, GB). Ex: *Transmission radiotélétype: radioteletype transmission (OTAN).*

radome (ou radôme) radome (GB) ("A disc-like antenna") (VERB: "to mount...on").

rafale (arme) burst (US, GB) (ADJ: "short", "quick"). Ex: *Une rafale de tirs automatiques: a burst of automatic fire – Une rafale de coups de canon: a volley – Tirer une deuxième rafale avec une arme automatique: to fire a second burst from an automatic weapon (US) – Tirer une rafale de 3 coups en moins de 10 secondes (canon): to deliver a burst of 3* *rounds in under 10 seconds (GB) – Par (ou en) rafales de 100 coups : in bursts of 100 rounds (US), in 100 round bursts (US) – Une rafale d'une mitrailleuse allemande : a burst from a German machine-gun – Une rafale de mitrailleuse : a burst of machine-gun fire (GB).*

rafale (TRANS) burst (US). Ex : *Transmission par rafales : transmission by bursts (US).*

Rafale (le) (aéronef) the Rafale fighter (GB).

raffermir to strengthen (UN). Ex : *Raffermir la paix : to strengthen peace (UN).*

raffinerie refinery (GB). Ex : *Raffinerie de pétrole : oil refinery (GB).*

rafistoler to patch up (GB). Ex : *Rafistoler la chambre à air (pneu) : to patch up the inner tube (GB).*

raid raid (US, GB, OTAN) (PREP : "on", "by") (VERB : "to carry out", "to make", "to attempt", "to look out for") (ADJ : "ineffectual", "possible"). Ex : *Raid autonome : independent raid (GB) – Raid de diversion : diversionary raid (GB) – Mener un raid contre un dépôt de matériel : to raid a supply depot (GB).*

Cf. : An operation, usually small-scale, involving a swift penetration of hostile territory to secure information, to confuse the enemy, or to destroy his installations. It ends with a planned withdrawal upon completion of the assigned mission (US).

raid aérien (cible(s) au sol) air strike (US), aerial raid (US), air raid (GB) (VERB : "to take place") (ADJ : "devastating"). Ex : *Le raid aérien sur la Libye en 1986 : the 1986 air strike on Libya (US).*

raid aéroporté airborne raid (OTAN).

raid amphibie amphibious raid (OTAN, US).

raid aventure adventure training (GB), adventurous training (GB).

raid blindé armored raid (US), tank raid (Jane's).

raid commando commando raid (US) (VERB : "to mount").

raid d'artillerie artillery raid (GB).

raid de bombardement bombing raid (GB) (VERB : "to undertake") (PREP : "on").

raid de harcèlement harassment raid (GB).

rail rail (UN), track (OTAN). Ex : *Missile sur rails (ou monté sur convoi ferré).: rail-mobile missile (UN) – Remettre les relations OTAN-Russie sur les rails : to get NATO-Russia relations back on track (OTAN).*

rail(s) de lancement launch rail (CFE), launcher rail(s) (UN).

rail de lancement (pont) launch rail (GB) (VERB : "to use") (ADJ : "lightweight").

rainures (ou rayures) (arme de poing) grooves, rifling.

raison reason (GB, OTAN, US), ground (GB), scale (GB). Ex : *Pour raisons médicales : on medical grounds (GB) – Pour des raisons / de sécurité / tactiques / opérationnelles : for security / tactical / operational reasons (GB, OTAN) – À raison de deux par groupe d'infanterie (répartition de matériels) : on a scale of two per section (GB) – L'OTAN ne peut confirmer le nombre des victimes indiqué par les autorités serbes, ni les raisons pour lesquelles des civils se trouvaient là au moment de l'attaque : NATO cannot confirm the casualty figures given by the Serbian authorities, nor the reasons why civilians were at this location at the time of the attack (OTAN) – L'Iran représente une menace pour de nombreuses raisons : Iran is a threat for numerous reasons (US).*

raison de (en) due to (US). Ex : *En raison de problèmes de moteur : due to engine problems (US).*

raisonnement reasoning (OTAN). Ex : *Procédé de raisonnement logique : logical process of reasoning (OTAN).*

rajeunissement (organisation) rejuvenation.

ralentir (TAC) to slow (US), to slow down (US, OTAN, GB). Ex: *Ralentir l'ennemi: to slow the enemy (US), to delay the enemy (OTAN), to slow down enemy momentum (ou the enemy's momentum) (OTAN) – Ralentir une progression ennemie: to slow an enemy's advance (US) – La destruction des ponts a ralenti les mouvements de renforts vers le Kosovo: destroyed bridges slowed down reinforcements moving into Kosovo (OTAN) – La traversée d'un terrain contaminé par des troupes à pied ralentit normalement leur vitesse de progression: traversal of contaminated terrain by troops on foot normally slows down their rate of advance (US).*

ralentir to slow down (GB), to slow (GB). Ex: *Ralentir (véhicule): to slow down (GB) – Le programme de modernisation est sérieusement ralenti par des restrictions financières: the modernization programme is severely slowed by financial restrictions (GB).*

ralentissement downturn (UN). Ex: *Le ralentissement de la course aux armements nucléaires: the downturn of the nuclear arms race (UN).*

ralliement (processus de) homing (US, OTAN, UN).

ralliement et alerte radar radar homing and warning (RHAW) (OTAN).

ralliement sur brouillage home-on-jam (HOJ) (OTAN). Ex: *Capacité de ralliement sur brouillage: home-on-jam (HOJ) capability (OTAN).*

rallier to move to (OTAN), to link. Ex: *Les hélicoptères rallient une zone de poser: the helicopters move to a landing zone (OTAN) – Le chef de char peut rallier la tourelle sur sa visée: the tank commander can link the turret to his own sight.*

rallonge de tube (fusil automatique) barrel extension.

RAMa voir **régiment d'artillerie de marine**.

ramassage (des blessés) (SAN) casualty collection (GB). Ex: *Section de ramassage: collecting troop (GB) (Dans une "Field Ambulance") – Le ramassage des blessés: the collection of the wounded (GB).*

ramassage du courrier mail collection.

ramasser to pick up (GB), to collect (GB). Ex: *Ramasser des morceaux de cadavres: to collect corpse fragments (GB) – Ramasser des bombes non-explosées: to pick up unexploded bombs (GB).*

rame (véhicules) serial (US), packet (GB).

ramener (unité) (TAC) to bring back (US). Ex: *Rommel ramenait une division pour renforcer Von Arnhim: Rommel brought back one division to reinforce Von Arnhim (US).*

ramener à (réduire) to reduce to (GB), to cut to (US). Ex: *La réorganisation a ramené l'infanterie à cinquante régiments: the reorganization reduced the infantry to fifty regiments (GB) – L'OTAN peut réduire d'un tiers ses effectifs en Bosnie, en les ramenant à 20 000 hommes environ: NATO is able to reduce the number of its troops in Bosnia by one-third, to about 20,000 (OTAN) – Ramener les effectifs de l'armée de terre à 10 divisions: to cut the strength of the Army to 10 divisions (US).*

rameur (marin) (terme familier) sailor.

ramifications ramifications (GB).

rampe (char) ramp (US). Ex: *Rampe arrière: rear ramp (US) (VERB: "to lower").*

rampe (pont) ramp (GB).

rampe (hélicoptère / aéronef) ramp (US) (VERB: "to raise", "to lower").

rampe de chargement (ferroviaire) railway loading ramp (OTAN).

rampe de lancement launching ramp, launching platform (UN), launcher (fusée) (US, OTAN).

rampe de lancement (missile) (véhicule / dispositif) missile launcher (GB).

rampe de missile (véhicule / dispositif) missile launcher (GB).

rampement (technique de déplacement du fantassin) crawl (US) (2 catégories : "low crawl" avec tête baissée, et "high crawl" avec tête relevée).

ramper (PERS) to crawl (US, GB). Ex : *Il rampa jusqu'au bunker : he crawled to the bunker (GB).*

rampes articulées (engin de franchissement) jointed ramp (<u>Jane's</u>).

randonnée (raid aventure) trekking (GB).

rang (grade) rank (US, GB). Ex : *Officier de haut rang : high ranking officer (US) – Avoir rang de (PERS) : to hold the rank of – Le commandant de la Division, du rang de général de Division : the Division Commander, a Major General (US) (Voir aussi* **grade***).*

rang (disposition de troupes) rank (US, GB), order. Ex : *En rangs serrés : in close order, in close ranks – La violence dans les rangs de l'armée de terre : violence in Army ranks (GB) – Se mettre (<u>ou</u> s'aligner) sur deux rangs : to form up in two ranks (GB) – Ordonner à des soldats en formation d'espacer les rangs : to order troops in formation to stagger their ranks (US) – Espacez les rangs ! : uncover ! (US) – Un officier qui se trouvait au premier rang des soldats : an officer who was in the front rank of the soldiers (GB) – Formez trois rangs ! : form three ranks ! (GB) – Servir dans les rangs de la 82ᵉ Division Aéroportée : to serve in the ranks of the 82nd Airborne Division (US).*

rang (le) (simples soldats) the ranks (GB) (VERB : "to rise from").

rang de sortie (promotion de grande école militaire) class rank.

rangée bank. Ex : *La tourelle est munie de deux rangées de lance-grenades fumigènes : the turret is fitted with two banks of smoke grenade dischargers.*

rangée d'arbres treeline (GB).

rangée de mines (<u>ou</u> minée) mine row (OTAN) (VERB : "to lay" = disposer).

rangée double (<u>ou</u> doublée) (mines) mine strip (US, OTAN).

rangée élémentaire (mines) individual row (US, GB). Ex : *Les mines sont posées par rangée élémentaire : mines are laid by individual rows (US, GB).*

"rangers" (brodequins) combat boots (GB).

rangs ranks (US). Ex : *Des soldats renforçant temporairement les rangs de la Légion : soldiers temporarily bolstering the Legion's ranks (GB) – La violence dans les rangs de l'armée de terre : violence in Army ranks (GB) – Des traîtres dans les rangs de la CIA : traitors within CIA ranks (US).*

RA(O) voir **régiment d'acquisition (d'objectifs)**.

rapatriement repatriation (US) (individus), redeployment (force) (US), retrograde (matériels) (US). Ex : *Rapatriement vers les bases de métropole (forces) : redeployment to home stations (US) – Le rapatriement de matériels d'Europe : the retrograde of equipment from Europe (US).*

rapatrier to repatriate (US), to move back (US), to bring home (US), to return (<u>Jane's</u>), to redeploy (home) (US). Ex : *Rapatrier des réfugiés : to repatriate refugees (US), to move refugees back home (US) – Rapatrier environ la moitié des forces de l'armée de terre stationnées en Europe : to bring home about one-half of the Army forces stationed in Europe (US) – Un régiment est en train d'être rapatrié d'Allemagne : one regiment is being returned from Germany (<u>Jane's</u>) – Des unités stationnées à l'étranger ont été rapatriées : units overseas have been brought home (US) – Les forces rapatriées d'Algérie vers la France : the forces repatriated to France from Algeria (US).*

rapide (TAC) quick, fast (GB, OTAN), swift (OTAN), speedy (US). Ex : *Le rythme rapide de l'attaque : the quick (ou fast) tempo of the attack – Force de réaction rapide : quick reaction force (QRF) (US) – Pénétration rapide en territoire ennemi : swift penetration of hostile territory (OTAN) – Permettre une traversée rapide et ininterrompue (itinéraire) : to permit a speedy and an uninterrupted crossing (US).*

rapide (véhicule / aéronef / arme) fast, fast-moving (GB), high speed (US). Ex : *Un véhicule rapide : a fast vehicle – Un aéronef rapide : a fast aircraft (OTAN) – Une arme rapide : a fast weapon (GB) – Un hélicoptère rapide et puissamment armé : a heavily armed, high speed helicopter (US) – Le véhicule sera très rapide : the vehicle will have a high-speed capability (US).*

rapide (traitement) (SAN) prompt (US). Ex : *Subir un traitement rapide (SAN) : to receive prompt treatment (US).*

rapide (règlement de conflit) expeditious (UN). Ex : *Règlement rapide d'un différend : expeditious settlement of a dispute (UN).*

rapidement rapidly (US), fast (US), quickly (GB), speedily (GB), swiftly (GB). Ex : *Des forces de combat rapidement projetables : rapidly deployable combat forces (US) – Se déployer plus rapidement : to deploy faster (US) – La technologie évolue si rapidement : the technology changes so fast (US) – Projeter rapidement une brigade : to deploy a brigade quickly (GB) – Désorganiser rapidement les forces défensives engagées à l'avant : to speedily disrupt defending forces committed forward (GB) – Vaincre l'ennemi rapidement, à peu de frais : to defeat the enemy swiftly at minimal cost (GB) – Mettre rapidement fin aux hostilités : to bring a swift end to hostilities (US).*

rapidité (TAC) swiftness (US), speed (OTAN, US).

rapidité (TAC) agility (= "acting faster than the enemy") (US), quickness (US).

rappel (descente en) rappel (US), abseiling (GB) (VERB : "to use") (EXPR : "to descend a rock face", "to use abseiling as an entry-method in anti-terrorist work", "to be suspended for protracted periods of time").

Cf : Abseil equipment comprises an abseil harness, abseil ropes and karabiners (GB).

rappel (descendre en) to rappel (US). Ex : *Descendre d'un hélicoptère en rappel (ou effectuer une descente en rappel depuis un hélicoptère) (forces spéciales) : to rappel from a helicopter (US) – Descendre en rappel le long d'une façade de bâtiment : to rappel down a building side (US).*

rappel (réserves / unités de réserve) recall (GB), (Reserve) call-up (US) (VERB : "to be notified of") (ADJ : "heavy", "liable to"). Ex : *Le rappel des réservistes : the recall of reservists (GB) – Le rappel éventuel de 19 unités de la Réserve de l'armée de terre : the possible call-up of 19 Army Reserve units (US).*

rappeler (réserviste / unité) to recall (GB), to call back (GB), ta call up (US). Ex : *Rappeler des réservistes sous les drapeaux : to recall reservists to the Colours (GB) – Rappeler une unité (temps de guerre) : to call back a unit (for war) (GB) – Les unités de la Réserve rappelées pour participer à (l'Opération) Joint Forge : Reserve units called up to participate in Joint Forge (US).*

rappeler (remettre en mémoire) to remind (US). Ex : *Rappeler aux soldats l'importance de la sécurité : to remind soldiers of the importance of safety (US).*

rappeler au service actif (PERS) to recall to active duty (US).

rappeler au service actif (unité) to recall into active military service (US).

rapport (rassemblement du matin) muster parade (GB).

rapport (compte-rendu) report (US, GB), study (UN) (+ préposition "on" = sur) (VERB : "to write", "to render", "to prepare") (ADJ : "official") (EXPR : "according to"). Ex : *De telle sorte que leur rapport soit sur le bureau du général pour 7 H 30 le lendemain matin : so that their report is on the GOC's desk (= General Officer Commanding) by 7.30 the following morning (GB) – Rapport d'experts : expert study (UN) (Voir aussi* **compte-rendu***).*

rapport (vitesse) gear (GB), speed (US). Ex : *5 rapports avant : 5 forward gears (GB) – 4 rapports avant, 2 rapports arrière (descriptif technique de char) : 4 speed forward, 2 speed reverse (US).*

rapport (proportion) ratio. Ex : *Rapport signal-bruit : signal-to-noise ratio (UN).*

rapport (relation) relationship (US), relation (GB). Ex : *Les rapports humains : human relationships (US) – Les rapports entre les officiers et les soldats : relations between officers and soldiers (GB) (ADJ : "informal") – Des situations sans rapport avec la défense collective : situations not related to collective defence (OTAN) (Voir aussi* **relation***).*

rapport (au) (personnel se présentant pour une prise de fonctions) reporting for duty (US, GB) Ex : *Capitaine Jones au rapport : Captain Jones reporting for duty (US, GB).*

rapport avantages-coûts benefit-to-cost relationship (US).

rapport coût-efficacité cost effectiveness ratio (US) (A noter : L'adjectif "cost-effective" = d'un bon rapport coût-efficacité, et l'adverbe "cost-effectively" (US)).

rapport de (dans un) voir **proportion**.

rapport des forces ratio of forces, force ratio (US), correlation of forces. Ex : *Le rapport des forces est à l'avantage de l'ennemi : the ratio of forces is in the enemy's favour (GB).*

rapport de synthèse de renseignement stratégique strategic intelligence summary (SIS) (OTAN).

rapport d'évaluation assessment report (ASSESSREP) (OTAN).

rapport final final report (US) (VERB : "to write" = rédiger).

rapporteur (instrument de calcul) protractor (GB).

rapport puissance-poids (véhicule) power-to-weight ratio (Jane's) (ADJ : "high").

rapports sexuels (RENS) sexual intercourse (US), sexual acts (US) (VERB : "to have…with"). Ex : *Une photographie / montrant l'épouse d'un diplomate soviétique au cours de rapports sexuels avec un Canadien / montrant un ambassadeur au cours de rapports sexuels avec une domestique russe : a photograph / showing the wife of a Soviet diplomat having sexual intercourse with a Canadian / showing an ambassador engaged in sexual acts with a Russian maid (US).*

rapport sur l'état des forces status of forces report (SFR) (OTAN).

rapproché (appui aérien / sécurité / combat) close. Ex : *Appui aérien rapproché : close air support (CAS) – Sécurité rapprochée : close security – Le combat rapproché : close combat.*

rapproché (objectif / défense / brouillage) close-in (OTAN, US). Ex : *Un objectif rapproché : a close-in target (OTAN, US) – Défense rapprochée (véhicule blindé) : close-in defence – Brouillage rapproché : close-in jamming (CIJ) (OTAN).*

rapprocher to bring closer (GB). Ex : *Rapprocher les unités de réserve de (celles de) l'armée de terre d'active : to bring volunteer units closer to the Regular Army (GB).*

Rapsodie (radar) the Rapsodie surveillance and fire-control radar (Jane's).

raquette (marche sur la neige) snow shoe (US).

rare (ravitaillement) in short supply (suplies) (OTAN).

rare (article) (LOG) scarce (item) (OTAN).

rarement infrequently (US).

RAS (rien à signaler) NTR (nothing to report).

RASA voir **régiment d'artillerie sol-air.**

rasant (tir) grazing (fire) (US).

<u>Cf.</u> : Fire approximately parallel to the ground where the center of the cone of fire does not rise above 1 meter from the ground (US).

rase campagne open country (US), open ground (US) (VERB : "to reach") (PREP : "in").

raser (tête) (PERS) to shear.

RASIT voir **radar de surveillance des intervalles.**

rassemblement muster (GB), muster parade (rassemblement du matin) (GB).

rassemblement ! fall in ! (US).

rassembler (approvisionnements / équipement / coalition / troupes / prisonniers / unité / population) to assemble (OTAN, GB), to collect (OTAN), to rally (US), to muster (GB), to get together (GB). Ex : *Rassembler des approvisionnements et de l'équipement : to assemble supplies and equipment (OTAN) – Rassembler une coalition : to assemble a coalition (US) – Rassembler des prisonniers de guerre : to assemble (ou to collect) prisoners of war (OTAN) – Rassembler des troupes / une section : to assemble / troops (OTAN) / a platoon (US) – Lorsque son chef de section fut blessé, Charlton s'attribua le commandement et rassembla les hommes en vue d'un assaut contre des positions ennemies : when his platoon leader was wounded, Charlton assumed command and rallied the men for an assault against enemy positions (US) – Rassembler la population locale : to get the local population together (GB) – Rassembler des forces (en vue d'une opération) : to assemble forces (US) – Des forces navales, aériennes et terrestres provenant de 35 pays furent rassemblées : naval, air and military forces from 35 countries were mustered (GB) – Le sergent Jones rassembla la section : Sergeant Jones assembled (ou rallied) the platoon (GB) – Ils ont rassemblé toutes les forces disponibles : they mustered all available forces (GB).*

rassembler (renseignements) to collect (OTAN). Ex : *Rassembler des renseignements (bruts) : to collect information (OTAN).*

rassembler (concepts) to gather (US).

rassembler (prisonniers) to round up (prisoners) (GB).

rassembler (aligner) (moyens) to contain (GB). Ex : *Une grande unité qui rassemble 16 700 hommes, 250 chars, 1 350 véhicules chenillés, 35 hélicoptères et 52 pièces d'artillerie : a formation which contains 16,700 personnel, 250 MBTs (= Main Battle Tanks), 1,350 tracked vehicles, 35 helicopters and 52 artillery guns (GB).*

rassurer to reassure (US), to provide reassurance to (US). Ex : *Rassurer le blessé (SAN) : to reassure the casualty (US) – Rassurer les alliés : to reassure allies (US) – Rassurer les parties (au conflit) : to provide reassurance to the parties (US).*

RASURA voir **radar de surveillance rapprochée (<u>ou</u> à courte portée).**

rata (terme familier) grub, scoff (GB), scran (GB), chow (US).

RATAC voir **radar de tir d'artillerie de campagne.**

raté (défaut de mise à feu / incident de tir) (détonateur / charge propulsive / projectile) misfire (US, OTAN). Ex : *Signaler un grand nombre de ratés (<u>ou</u> d'incidents de tir) : to report a large number of misfires (GB).*

raté (charge explosive) dud (US, OTAN).

râtelier rack (US) (ADJ : "honeycomb", "ready", "semi-ready"). Ex : *Râtelier à matériel (char) : stowage rack – Râtelier à munitions (véhicule blindé) : ammunition rack.*

rater (cible) to miss (a target).

ratification ratification (OTAN).

ration ration (GB). Ex: *La ration en eau est de un litre par homme: the water ration is one litre per man (GB).*

ration de combat ration (GB), meal-ready-to-eat (MRE) (US), field ration (US), combat ration (US) (Terme familier US: "C-rat" = rasquette) (Terme familier collectif péjoratif GB: "meals rejected by Ethiopians") (VERB: "to issue", "to design", "to munch", "to draw" = percevoir) (ADJ: "military", "usable", "composite", "compo", "standard") (NOM ASS: "version", "pad", "consumption", "menu", "item") (EXPR: "to consume hot or cold"). Ex: *Maintenir deux jours de rations (ordre d'opérations): to maintain 2 days MRE (US) – Rations chaudes: hot rations (US) – Ration lyophilisée ou en boîte: composite ration (GB) (Abrégé: "compo") – Chaque ration contient environ 1 300 calories: each MRE contains approximately 1,300 calories (US).*

rationalisation rationalization (US), rationalisation (OTAN). Ex: *La rationnalisation des industries de défense européennes: the rationalisation of European defence industries (GB) – La rationalisation et la réduction de la base des industries de défense des deux côtés de l'Atlantique: the rationalisation and downsizing of the defence industrial base on both sides of the Atlantic (OTAN).*

ration individuelle individual ration (GB).

rationnaliser to rationalize (GB), to streamline. Ex: *Rationnaliser l'entraînement: to rationalize training (GB) – Une organisation rationnalisée: a streamlined organization.*

rationnalité rationality (US).

rationnel rational (US).

rationnement rationing (GB) (VERB: "to introduce"). Ex: *Le rationnement des munitions: the rationing of ammunition (GB) – Le rationnement en essence: petrol rationing (GB).*

rationner to ration (GB), to limit (GB) (PREP: "to"). Ex: *Je vais vous rationner à une cigarette par jour: I am going to ration you to a cigarette a day (GB) – L'eau a été rationnée à hauteur de un litre par homme: water has been limited to one litre per man (GB) – L'essence est rationnée: petrol is being rationed (GB).*

rations (les) rations (GB) (Terme familier: "rats").

ratissage (zone de terrain) search (of a land area) (US). Ex: *Opération de ratissage: search operation (US).*

ratisser (zone) to search (US), to sweep through (US).

rattaché (mis temporairement aux ordres de) (unité) attached (to) (US), tasked (to) (GB), under command of (GB). Ex: *La 5ᵉ Brigade Parachutiste est rattachée à la 3ᵉ Division britannique: 5 Airborne Brigade is under command of 3 (UK) Division (GB) – Le régiment est rattaché à la 3ᵉ DB: the regiment is tasked to the 3rd Armoured Division (GB) – Le régiment avait sous son contrôle six unités organiques ou rattachées, de la valeur d'une compagnie: the battalion was controlling six organic or attached company-size units (US).*

rattachement (temporaire d'une unité à une autre) attachment, attach (OTAN) (PREP: "to").

rattacher à to attach to (US), to task to (GB), to reinforce (GB). Ex: *Rattacher (temporairement) une unité à une autre unité: to attach a unit to another unit – Une unité rattachée à une autre (de manière permanente): a unit tasked to another (GB) – La 3ᵉ Division britannique pourrait également se voir rattacher une brigade blindée italienne: 3 (UK) Division could also be reinforced by an Italian Armoured Brigade (GB).*

rattrapage (ou soutien) remedial (US, GB). Ex : *Entraînement (ou formation) de rattrapage : remedial training (US, GB).*

rattrapage (en) (montage) (matériel) retrofit (UN). Ex : *Monter en rattrapage (ou a posteriori) : to retrofit (+ préposition "to ").*

rattraper (TAC) to catch (OTAN). Ex : *Rattraper un élément adverse : to catch a hostile force (OTAN).*

ravagé ravaged (OTAN), devastated (GB). Ex : *Une province ravagée : a ravaged province (OTAN).*

ravager to devastate (GB), to ravage (OTAN) (Voir aussi **dévaster (ravager)**).

ravages havoc (GB) (VERB : "to cause", "to wreak"). Ex : *Causer des ravages dans : to wreak havoc in (ou on), to make havoc of – Les Français durent protéger leurs forces des tirs de snipers continuels qui avaient causé tant de ravages dans la ville : the French had to protect their forces from the continuing sniper fire that had caused such havoc in the city (GB).*

ravin (TOPO) gully, ravine (US).

ravir to wrest (US). Ex : *Ravir l'initiative à l'ennemi : to wrest the initiative from the enemy (US).*

ravitaillement supply (GB) (Terme générique), resupply, refueling (US), replenishing (OTAN). Ex : *Le ravitaillement en carburant : refueling (US) – La chaîne "Ravitaillement" : the supply (and distribution) chain (GB) – Ravitaillement par hélicoptère : vertical resupply – Ravitaillement en carburant, munitions et vivres : fuel, ammunition and food supply – Ravitaillement en vol (carburant) : aerial refueling (US), in-flight refueling (US) – Ravitaillement par air des troupes au sol : air supply of ground troops (US) – Ravitaillement d'un aéronef : aircraft replenishing (OTAN).*

ravitaillement (fournitures/ approvisionnements) supplies (OTAN, GB) (VERB : "to receive") (PART : "incoming").

ravitaillement (zone géographique) resupply (US, GB). Ex : *Le ravitaillement de l'Europe : resupply of Europe (US, GB).*

ravitaillement de combat combat supplies (GB) (Abréviation GB : "c sups").

ravitaillement en carburant (TAC) refuelling ou refueling (US, GB).

ravitaillement en munitions ammunition supply (OTAN).

ravitaillement en vol (aéronef) in-flight refueling (US), in-flight refuelling (OTAN), air-to-air refueling (AAR) (GB, OTAN).

ravitaillement en vol d'hélicopères helicopter in-flight refueling (HIFR) (OTAN).

ravitaillement vertical (hélicoptère) vertical replenishment (US, GB).

ravitailler en carburant (véhicule / hélicoptère) to refuel.

ravitailler en munitions (véhicule / aéronef) to bomb up (GB), to resupply with ammunition (GB).

ravitailleur en vol (ou avion ravitailleur) airborne flying tanker (UN), air-to-air refueller (UN).

raviver to re-ignite (CA). Ex : *Raviver le conflit dans les Balkans : to re-ignite the Balkan conflict (CA).*

rayage (âme d'arme à feu) rifling (GB).

rayé (canon) rifled (gun / cannon) (US).

rayer (âme d'une arme à feu) to rifle (GB).

rayer des cadres (d'active) (PERS) to remove from the active list (US), to drop from rolls (US).

rayon radius (US, GB). Ex : *Dans un rayon de 120 kilomètres : within a 75 miles radius (US) – Dans un rayon de 800 mètres : in a half mile radius (GB).*

rayon d'action radius of action (R/A ou ROA) (US, GB, OTAN) (navire, aéronef, véhicule), range (aéronef) (OTAN), combat radius (US) (hélicoptère), operating radius (US) (drone). Ex : *À court / moyen / long / rayon d'action (aéronef) : short-range / medium-range / long-range / (aircraft) (OTAN).*

rayon d'action (véhicule blindé) cruising range (US).

rayon de dégâts (NUC) damage radius (US) (Pluriel : "radii").

rayon de destruction (guerre des mines) destruction radius (OTAN).

rayon de virage (véhicule blindé) turning radius (US).

rayon laser laser beam.

rayonné (puissance isotrope) radiated (OTAN).

rayonnement radiation (UN). Ex : *Rayonnement / interne / nucléaire : internal / nuclear radiation (OTAN).*

rayonnement gamma gamma radiation (US). Ex : *Le pouvoir de pénétration du rayonnement gamma : the penetrating nature of gamma radiation (US).*

rayonnement initial initial radiation (US, OTAN).

rayonnement résiduel residual radiation (US, OTAN).

rayonnement thermique (explosion nucléaire) thermal radiation (OTAN).

rayonnement thermique (cible) heat generated or reflected (from the target).

rayons X X-rays (UN, GB).

RBDI voir **régiment blindé de division d'infanterie.**

RC voir **régiment de cuirassiers) (ABC).**

RCC voir **régiment de chars de combat.**

RCh voir **régiment de chasseurs (ABC).**

R.Cir. voir **régiment de circulation.**

RCP voir **régiment de chasseurs parachutistes.**

RCS voir **régiment de commandement et de soutien.**

RD voir **régiment de dragons.**

RDP voir **régiment de dragons parachutistes.**

réacteur (sous-marin) reactor (US).

réacteur nucléaire nuclear reactor (US) (VERB : "to operate", "to build"). Ex : *L'Algérie a presque fini de construire un réacteur nucléaire acheté à la Chine : Algeria has almost completed building a nuclear reactor bought from China (US).*

réactif (blindage) reactive (armour) (OTAN). Ex : *Blindage réactif explosif : explosive reactive armour (ERA) (GB).*

Cf. : Le principe du mécanisme de fonctionnement du blindage réactif est simple. Le jet de charge creuse dirigé contre le char rencontre un sandwich, en forme de caisson ou de cassette, constitué d'une plaque d'explosif entre deux plaques métalliques. Il initie l'explosif par choc. En se soulevant, la plaque avant intercepte le jet de charge creuse en l'érodant, diminuant ainsi d'autant son pouvoir de pénétration (F).

réactif (force / système) responsive (US) (ADV : "highly", "strategically"). Ex : *La mise à disposition de forces réactives et bien entraînées : the provision of responsive, well-trained forces (GB).*

réaction reaction (US), response (+ préposition "to") (UN, GB, OTAN) (VERB : "to counter", "to provide") (ADJ : "graduated", "rapid", "limited", "early", "military"). Ex : *La réaction du soldat à une attaque nucléaire : the soldier's reaction to a nuclear attack (US) – Force de réaction rapide : quick reaction force (QRF) (US) – Une réaction de fission en* *chaîne (NUC) : a fission chain reaction (OTAN) (VERB : "to support") – Un cycle dangereux de provocation et de réaction : a dangerous cycle of provocation and response (OTAN) – Réactions (ou ripostes) asymétriques : asymmetric responses (GB) – L'effet de surprise retarde les réactions ennemies : surprise delays enemy reactions (US).*

réaction à la catastrophe disaster response (OTAN) (ADJ : "coordinated").

réaction au stress de combat combat stress reaction (CSR) (US).

réaction aux crises crisis response (US).

réaction aux urgences emergency response (US). Ex : *Force de réaction aux urgences nationales (catastrophes / feux de forêt / inondations / ouragans) : domestic emergency response force (US).*

réaction de combat (ou stress du combat) battle stress (BS).

réaction de fusion (NUC) fusion reaction (US).

réaction en chaîne (sens figuré) spill-out effect (US).

réaction immédiate (forces) immediate reaction (UEO). Ex : *Certaines de ces forces devraient être disponibles pour une réaction immédiate et pour une réaction rapide : certain of these forces should be available for immediate reaction and rapid reaction (UEO).*

réaction nucléaire nuclear reaction (US).

réaction rapide (forces) rapid reaction (UEO). Ex : *EUROFOR offre une capacité terrestre de réaction rapide : EUROFOR can provide a rapid-reaction land capability (UEO) (Voir aussi réaction immédiate).*

réactiver (unité) to reactivate (US), to recall to active duty (US), to re-raise (GB), to re-form (GB).

réactivité (matériel / force / structure de commandement) responsiveness (US) (VERB : "to increase", "to improve", "to provide") (ADJ : "strategic").

réactivité stratégique (armée) strategic responsiveness (US) (VERB : "to increase").

réadaptation (unités) retraining (OTAN). Ex : *La réadaptation des unités revenant d'une opération : the retraining of units returning from an operation (OTAN).*

réaffectation (PERS) reassignment (US), transfer (US).

réaffectation (forces) reallocation (GB).

réaffectation (ou réallocation) de moyens (ou ressources (logistiques)) reallocation of (logistic) resources (OTAN).

réaffecter (PERS) to reassign (US), to transfer (US).

réaffecter (forces) to reassign (US), to reallocate (GB). Ex : *Réaffecter des forces nationales à différents secteurs : to reallocate national forces to different sectors (GB).*

réaffecter (moyens logistiques) to reallocate (logistic resources) (OTAN).

réagir (TAC) to react (US). Ex : *Donner au chef du temps pour réagir : to give the commander time to react (US).*

réagir à to react to (US), to respond to (US). Ex : *Réagir à un mouvement de l'ennemi : to react to a movement of the enemy (OTAN) – Réagir à une initiative de l'ennemi : to respond to an enemy initiative (US) – Aptitude à réagir rapidement à des changements de situation : rapid response to changing situations (US) – Réagir à des situations : to respond to situations (US) – Des forces de combat capables de réagir rapidement à des crises sur toute la planète : combat forces capable of responding rapidly to crises worldwide (US) – Réagir à une crise : to respond to a crisis (OTAN).*

réaligner (forces) to realign (US).

réalisable achievable (mission) (US), attainable (objectif) (US).

réalisation attainment (US), accomplishment (US), development (OTAN). Ex : *La réalisation d'objectifs / militaires / politiques / diplomatiques : the achievement of military / political / diplomatic / objectives (ou goals) (US) – Les réalisations (de l'arme) du Train pendant la Deuxième Guerre mondiale : the accomplishments of the Transportation Corps during World War II (US) – Interdire à l'ennemi la réalisation de ses intentions : to deny to the enemy the attainment of his purpose (US) – Groupe consultatif pour la recherche et les réalisations aérospatiales : advisory group for aerospace research and development (AGARD) (OTAN) – Accélérer la réalisation d'opérations décisives : to speed the attainment of decisive operations (US) – Aboutir à la réalisation de canons automoteurs : to result in the development of self-propelled howitzers (US) – La réalisation d'objectifs stratégiques : the attainment of strategic objectives (US).*

réalisé (objectif tactique) achieved (US).

réaliser (objectif / interopérabilité / surprise) to achieve (US). Ex : *Réaliser un objectif : to achieve an objective (ou a goal) (US, OTAN) – Réaliser l'interopérabilité : to achieve interoperability (OTAN) – Réaliser la surprise (TAC) : to achieve surprise (US).*

réaliser (études) to do (US). Ex : *Des études réalisées par l'armée de terre américaine : studies done by the US Army (US).*

réaliser (positions ou emplacements de combat) to build (combat positions).

réaliser (progrès) to make (OTAN). Ex : *Réaliser des progrès tangibles au Kosovo : to make real progress in Kosovo (OTAN).*

réaliser (protection des forces) to achieve (US). Ex : *Il est difficile de réaliser une protection totale des troupes en traversée de zone contaminée : complete protection is difficult to achieve when troops cross a contaminated area (US).*

réaliser (obstacles) (GEN) to construct, to erect (obstacles).

réaliser (opérations) to achieve (operations) (US)

réalisme (entraînement) realism (US) (VERB : "to add"). Ex : *Réalisme tactique : tactical realism (US) – Le réalisme des grands exercices : the realism of the big exercices (GB) – Parvenir à (ou réaliser) un étonnant degré de réalisme : to achieve an astonishing degree of realism (GB).*

réaliste realistic (GB, US) (Contraire : "unrealistic") (ADV : "startlingly"). Ex : *Un entraînement réaliste : realistic training.*

réalité reality (US, GB) (Terme dénombrable), real life (US), real world (US). Ex : *Dans la réalité (simulation) : in real life (US) – Réalité virtuelle : virtual reality (US) – Les passages à tabac et les dures réalités de la vie à la Légion : the beatings and the harsh realities of Legion life (GB) – La réalité des opérations militaires : military operational reality (US) – La réalité du champ de bataille : reality on the battlefield (US) – Les réalités géopolitiques et sociales du monde moderne : the geopolitical and social realities of the modern world (US).*

réalités reality (US, GB), realities (US, Jane's). Ex : *L'action des forces terrestres au contact des réalités (titre d'ouvrage doctrinal) : the action of land forces when faced with reality (Jane's) – Refléter les réalités opérationnelles : to reflect operational realities (Jane's).*

réalité virtuelle virtual reality (US).

réanimation (SAN) resuscitation. Ex : *Une unité de réanimation (ou de soins intensifs) (hôpital) : an intensive care unit.*

réanimation cardio-pulmonaire cardiopulmonary resuscitation (CPR) (US).

réannexer to reannex (US).

réappréciation de situation militaire military situation reassessment process.

réapprovisionnement resupply (OTAN, US, UEO) (stocks), replenishment (VERB: "to establish"). Ex: *Réapprovisionnement par hélicoptère: vertical resupply (US), resupply by helicopter (GB) – Réapprovisionnement des troupes au contact: resupply of troops in contact (US) – Il peut être utile de recourir plus largement au partage des tâches entre les pays afin d'améliorer les capacités logistiques et le réapprovisionnement: it may be beneficial to make greater use of task-sharing between nations in order to improve logistics and resupply capabilities (UEO).*

réapprovisionner to resupply (US), to refuel (carburant) (US). Ex: *Réapprovisionner un char en carburant: to refuel a tank (US) – Réapprovisionner (ou recompléter) un canon automoteur en munitions: to resupply a self-propelled howitzer (US) – Réapprovisionner une unité: to resupply a unit (US).*

réarmement (arme / mine / système d'armes / hélicoptère) rearming (US) (ADJ: "direct").

réarmement (action d'équiper de nouvelles armes) rearmament (GB).

réarmer (mine / système d'armes / hélicoptère) to rearm (US, OTAN). Ex: *Réarmer une mine: to rearm a mine (OTAN).*

réarmer (équiper de nouvelles armes) to rearm (GB).

réassigner (forces) to reassign (forces) (US).

réattribuer to reallocate (US).

réattribution reallocation (US).

rebaptiser to retitle (GB), to redesignate (GB), to rename (US), to reflag (as) (US). Ex: *La division a été rebaptisée trois fois: the division has been retitled (ou redesignated ou renamed) three times (GB) – Le résultat final fut le (char) Challenger, plus tard rebaptisé Challenger 1: the end result was Challenger later redesignated as Challenger 1 (GB) – Le KGB fut rebaptisé SVR: the KGB was renamed the SVR (US).*

rebelle (nom et adjectif) rebel (GB) (VERB: "to back", "to capture") (ADJ: "local"). Ex: *Des rebelles anti-gouvernementaux se sont emparés de la station de radio: anti-gouvernement rebels seized the radio station – Des soldats rebelles: rebel soldiers – Des rebelles soutenus par l'armée lybienne du colonel Kaddafi: rebels backed by Colonel Gaddafi's Lybian army (GB) – Des cargaisons destinées au rebelles algériens (armes): cargoes bound for Algerian rebels (US).*

rebeller (se) to rebel (GB) (PREP: "against").

rébellion rebellion (GB) (VERB: "to back", "to lead", "to start out", "to degenerate into") (ADJ: "small") (PREP: "against"). Ex: *Ecraser une rébellion: to put down (ou to crush) a rebellion – La rébellion s'est étendue aux provinces voisines: the rebellion spread to neighbouring provinces (GB).*

rebords (TOPO) edges. Ex: *Les rebords ouest de la cuvette de Nordlingen: the western edges of the Nordlingen basin.*

rebut (mettre au) to discard (OTAN). Ex: *Mettre au rebut du matériel: to discard materiel (OTAN).*

REC voir **régiment étranger de cavalerie.**

recalé (épreuves de sélection) Ex: *Les recalés: the failures (GB).*

RECAMP voir **renforcement des capacités africaines de maintien de la paix.**

récapitulatif summary (US), recap (familier) (US). Ex: *L'officier opérations nous a fait un bref récapitulatif des opérations du corps d'armée: the S3 gave us a brief summary of Corps operations (US).*

récapituler to recapitulate (Terme familier US: "to recap").

récemment newly (US, GB), recently. Ex : *Pour les soldats britanniques récemment arrivés : for newly arrived British soldiers (GB) – La Force Delta récemment créée : the newly-formed Delta Force (US) – Des officiers récemment promus : newly promoted officers (GB).*

recensement (de population) census (Pluriel : "censuses") (US).

recensement (service national) registration (US) (VERB : "to reinstate" = rétablir). Ex : *Le recensement au titre du service militaire sélectif (USA) : the Selective Service registration process (US) – Obligation de recensement (service national) : registration requirement (US) – Au moment du recensement : at the time of registration (US).*

recenser (besoins) to establish (GB). Ex : *Recenser les besoins de tous les types de combattants à pied : to establish the needs of all types of dismounted infantry (GB).*

recenser (se faire) (service national) to register (US).

récent late (US), new (US), updated (OTAN), recent. Ex : *Les armes et les matériels les plus récents : the latest / newest weapons and equipment (US) – L'ALAT est une des armes d'appui les plus récentes / jeunes : the Aviation Branch is one of the newest combat arms (US) – Des informations plus récentes : updated information (OTAN) – Estimation de coût la plus récente : latest cost estimate (LCE) (OTAN).*

réceptacle (zone d'impact) impact area (US, OTAN).

récepteur (TRANS) receiver (US). Ex : *Un récepteur radio connecté à d'autres équipements électroniques : a radio receiver linked up with other electronic equipment (US).*

récepteur d'interception (TRANS) intercept receiver (OTAN).

récepteur GPS GPS receiver (US) (GPS = Global Positioning System) (ADJ : "lightweight", "precision", "digital").

réception receipt (US). Ex : *À réception des ordres : upon receipt of orders (US) – Dès réception des ordres : from the receipt of orders (US) – Réception des stocks : receipt of stocks (US).*

réception (signal) (TRANS) reception (GB) (VERB : "to acknowledge"). Ex : *Dans ce secteur, la réception est très mauvaise : reception is very poor in this area (GB).*

réception (réunion mondaine) reception (US), (social) function (US) (VERB : "to attend" = participer à, "to host" = donner). Ex : *Réception officielle : official reception (US) – Réception d'adieu : farewell reception (OTAN).*

réception (de matériels) receipt (of equipment) (US).

réceptionner (LOG) to receive (US).

réceptivité (audience-cible) (action psychologique) receptivity (OTAN).

réceptivité intermittente intermittent arming (US, OTAN).

recevoir to collect (US), to receive (US), to take over, to accommodate (US). Ex : *Recevoir une indemnité (de) : to collect an allowance (for) (US) – Recevoir des honneurs : to receive honors (US) – Recevoir des soins médicaux : to receive medical care (US) – Recevoir le commandement : to take over command – Recevoir une médaille pour un acte héroïque : to receive a medal for an act of heroism (US) – Recevoir un avancement mérité : to receive a deserved promotion (US) – Recevoir une formation (ou un entraînement) spécial(e) en (matière de) (PERS) : to receive special training in (US) – Recevoir une formation à la guerre en zones désertiques : to receive desert warfare training (US) – Recevoir une reddition : to receive a surrender (US) – L'école peut recevoir 800 stagiaires chaque année : the school can accommodate 800 students annually (US) – Il a reçu le baptême du feu au Vietnam : he received his baptism of fire (ou he first saw action) in Vietnam (GB).*

recevoir (argent) (budget) to receive (CA). Ex : *L'an dernier, la Défense a reçu 175 millions de dollars : last year, Defence received $ 175 million (CA) – Le ministère de la Défense* *nationale recevra 1,7 milliards de dollars sur trois ans : DND (= the Department of National Defence) will receive $ 1.7 billion over three years (CA).*

recevoir (être touché par) to take (GB). Ex : *Le lieutenant Vilain reçut une balle en plein front et mourut sur le coup : Lieutenant Vilain took a bullet in the forehead and died instantly (GB).*

recevoir (matériel / ravitaillement) (unité) to receive (Jane's), to be issued with (US, GB). Ex : *Les 9ᵉ et 11ᵉ Divisions devraient également recevoir de nouveaux véhicules blindés : the 9th and 11th Divisions should also receive new armoured vehicles (Jane's) – Recevoir des ravitaillements (force après des opérations) : to be issued with replacement supplies (US, GB).*

recevoir (TRANS) to receive (OTAN), to read, to copy (GB), to get through (US). Ex : *Recevoir du courrier / un message : to receive / mail (US) / a message (OTAN) – Je vous reçois (transmission radio) : I read you – Recevoir un signal (TRANS) : to receive a signal (OTAN) – Le message n'a pas été reçu : the message did not get through (US) – Vous me recevez ? : do you copy ? (GB).*

recevoir (ordre / mission / instructions) to receive (US), to get (US), to take, to be assigned (US, GB), to be given (GB). Ex : *Il reçoit ses ordres du général : he takes orders from the general – Recevoir ses ordres de (service de renseignement) : to get one's orders from (US) – Recevoir un ordre de mutation : to receive a permanent change of station order (US) – Recevoir la mission de : to be given the mission to – Les équipages reçoivent leurs instructions : the crews receive their instructions (US) – La mission reçue : the assigned mission (OTAN) – En fonction de la mission que la grande unité a reçue : according to the task the formation has been given (GB) – Recevoir comme mission principale de s'attaquer aux forces de guérilla : to be assigned the primary mission of combating guerrilla forces (US, GB) – Recevoir l'ordre de : to receive (ou to get) the order to, to be ordered to – Recevoir sa mission (PERS) : to receive one's mission, to be given one's mission.*

recevoir (commandement d'une unité) to be given (US, GB), to assume command from (US). Ex : *Recevoir le commandement d'une unité : to be given command of a unit (GB, US) – Le 4 août, la 10ᵉ Division d'Infanterie de Montagne a reçu de la 1ᵉʳᵉ Division de Cavalerie le commandement de la Division Multinationale (Nord) : on Aug. 4, the 10th Mountain Division assumed command of the Multinational Division (North) from the 1st Cavalry Div. (US).*

recevoir (commande de matériels) to receive (an equipment order).

recevoir (punition) to receive (punishment) (US).

recevoir (poids) to carry (GB). Ex : *Ce pont peut recevoir des chars : this bridge can carry tanks (GB).*

recevoir (tir) to receive (US). Ex : *Les éléments reçurent (ou essuyèrent) un tir d'armes automatiques : the elements received automatic weapons fire (US).*

rechange (de) alternate (OTAN), replacement. Ex : *Une position de rechange : an alternate position – Un véhicule de rechange : a replacement vehicle – Centre de contrôle opérationnel régional de rechange : alternate regional operational control centre (ALTROCCENT) (OTAN).*

rechange (de) (état-major / quartier général) alternate (OTAN).

rechanges spares (OTAN). Ex : *Rechanges d'avionique indispensables à la mission : mission-essential avionics spares (MEAS) (OTAN).*

rechargeable (armement) reloadable (GB).

rechargeable (batterie) rechargeable (US).

rechargement (missile) reload (GB) (VERB : "to carry out").

rechargement (munitions / missiles) reload(ing) (US) (VERB : "to accomplish"). Ex : *Le temps de rechargement est inférieur à 3 minutes : reload time is less than 3 minutes (US).*

recharger (munitions / missiles / fusil) to reload (GB, US). Ex : *Il (= soldat) recharge le chargeur de son fusil M16-A2 : he reloads his M16-A2 rifle magazine (US).*

recharger (batterie) to recharge (GB).

recherche search (OTAN), searching (GB), investigation (OTAN). Ex : *Recherche électromagnétique / acoustique : electro-magnetic / acoustic search (OTAN) – Recherche de bombes et de pièges (GEN) : searching for bombs and booby-traps (GB) – La recherche de munitions explosives non explosées : the investigation of unexploded explosive ordnance (OTAN).*

recherche (activité intellectuelle) research (US, GB) (VERB : "to carry out", "to conduct", "to do") (ADJ : "basic", "exploratory", "detailed") (PREP : "on", "into", "in"). Ex : *La recherche sur les technologies de défense anti-missiles : research into ballistic missile defense technology (US) – Recherche médicale / dentaire : medical / dental / research (US) – La recherche (ou les recherches) a / ont (dé)montré que : research has shown that (US) – Une application des résultats de la recherche universitaire : an application of the results of academic research (US).*

recherche (RENS) (intelligence) collection (OTAN), information seeking (GB). Ex : *Des missions de recherche du renseignement : information seeking missions (GB) – Renseignement provenant de la recherche et de l'exploitation de phénomènes acoustiques : intelligence derived from the collection and processing of acoustic phenomena (OTAN).*

recherché (poste) sought-after (GB). Ex : *Un poste recherché : a sought-after appointment (GB).*

recherché (effet /capacité) desired (US). Ex : *Atteindre les capacités opérationnelles recherchées : to achieve desired operational capabilities (US).*

recherché (personne / criminel) (AT / GEND) wanted (GB).

recherche amont (ARMT) corporate research (GB).

recherche appliquée (ARMT) applied research (GB).

recherche dans la profondeur (renseignement de l'armée de terre) long-range reconnaissance (US).

recherche de défense defence research (GB).

recherche de preuves (tribunal) search for evidence (OTAN).

recherche-développement (ou recherche et développement) research and development (R & D) (US, GB, OTAN) (VERB : "to perform"). Ex : *Les crédits disponibles chaque année pour la recherche et le développement : the money available each year for research and development (OTAN).*

recherche-développement de défense defence research and development (AUST).

recherche, développement et production (ou recherche, mise au point et production ou recherche, développement et essais) research, development and production (RD&P) (OTAN).

recherche, développement, essais et évaluation research, development, testing and evaluation (RDT&E) (OTAN).

recherche du renseignement intelligence collection (effort) (US). Ex : *L'ALAT est un auxiliaire précieux du chef pour la recherche du renseignement : Army Aviation is a welcome addition to the commander's intelligence collection effort (US).*

recherche et attaque search and attack (OTAN). Ex : *Unité de recherche et d'attaque : search and attack unit (SAU) (OTAN).*

recherche et exploitation des informations du champ de bataille battlefield information collection and exploitation (OTAN).

recherche et recueil du renseignement dans la profondeur long-range reconnaissance and patrolling (LRRP) (GB) (Ex : 13ᵉ RDP).

recherche et sauvetage (personnel) search and rescue (SAR) (OTAN) (NOM ASS. : "co-ordination").

Cf. : The use of aircraft, surface craft, submarines, specialized rescue teams and equipment to search for and rescue personnel in distress on land or at sea (OTAN).

recherche et sauvetage au combat (RESCO) combat search and rescue (CSAR) (OTAN).

recherche fermée (RENS) secret collection (US).

recherche humaine (RENS) human intelligence (HUMINT).

recherche opérationnelle operations research (US, GB).

recherche ouverte (RENS) open collection (US).

recherche pour la défense defence research (OTAN).

rechercher to seek (US, OTAN), to seek out (OTAN), to search for (OTAN). Ex : *Rechercher / le contact avec l'ennemi / une décision (TAC) : to seek / contact with the enemy (US) / a decision (OTAN) – Rechercher une force ennemie : to seek out an enemy force (OTAN) – Rechercher des personnels en détresse : to search for personnel in distress (OTAN) – L'armée de terre recherche la meilleure manière d'accomplir ces missions stratégiques : the Army is searching for the best way to accomplish these strategic missions (US) – Rechercher l'effet de surprise : to seek surprise (US) – Rechercher le combat (chef) : to seek battle (US).*

rechercher (signaux) (TRANS) to search for (signals) (OTAN).

recherche secrète (RENS) secret collection (US).

recherche, sûreté, investigation (RSI) armoured recce (GB), armored cavalry (US).

recherche sur zone (RENS) area search (US, OTAN).

récipiendaire (décoration) recipient (GB, US), person awarded (US). Ex : *Un récipiendaire de la Médaille d'Honneur (USA) : a Medal of Honor recipient (US) – Fils et filles de récipiendaires de la Médaille d'Honneur : sons and daughters of persons awarded the Medal of Honor (US).*

récipient container (UN).

réciprocité reciprocity (US). Ex : *Sur la base de la réciprocité : on the basis of reciprocity (US).*

réciproque (notification) (désarmement) reciprocal (notification) (UN).

réciproque (appui) mutual (support) (OTAN, US).

récit account (GB). Ex : *Les premiers récits de ses exploits (Légion) : the early accounts of its exploits (GB) – Le récit du combat de Camerone (Légion) : the account of the Battle of Camerone (GB).*

réclamation complaint (OTAN).

reclassement (matériel) recategorisation (CFE).

reclasser (matériel) to recategorise (CFE).

réclusion à perpétuité life imprisonment (GB).

"reco" (reconnaissance) recon (US) (Pluriel : "recons"), recce (GB) (VERB : "to do", "to conduct", "to carry out") (ADJ : "typical" = classique) (EXPR : "to conduct a recon"). Ex : *Faire une reco du pont : to carry out a recce of the bridge (GB).*

recommandation recommendation (US) (Terme dénombrable) (VERB : "to submit...to", "to initiate", "to review", "to make...to", "to pass on...to", "to present") (NOM ASS. : "implementation" = mise en œuvre). Ex : Sur (la) recommandation de : upon recommendation by (ou of) (US) – Les recommandations d'un groupe d'étude : the recommendations of a study group (US).

recommandé (pièce de rechange) recommended (OTAN).

recommencer to restart (GB), to repeat (US). Ex : *Recommencer la procédure : to repeat the procedure (US)* – *Les opérations militaires recommenceront : military operations will restart (GB).*

récompense reward (US), award (US) (VERB : "to give...to", "to grant...to").

récompenser to reward (US). Ex : *Récompenser quelque chose : to reward something (US)* – *Récompenser un soldat : to reward a soldier (+ préposition "for") (US).*

recomplètement replenishment (US, GB) (En abrégé : "replen") (armement, approvisionnements), resupply (munitions / réserves) (GB), regeneration (US) (VERB : "to request", "to move forward") (ADJ : "daily"). Ex : *Le recomplètement quotidien des approvisionnements de combat : the daily replenishment of combat supplies (GB)* – *Recomplètement en carburant et en munitions : fuel and ammunition resupply (US) (ou replenishment (GB))* – *Recomplètement par hélicoptère : vertical resupply (US), resupply by helicopter (GB)* – *Recomplètement de combat : combat resupply (US)* – *Il y aura un recomplètement en munitions à 17 H 00 : there will be a resupply of ammunition at 1700hrs (GB)* – *Le recomplètement des stocks logistiques : the regeneration of logistics stockpiles (US).*

recompléter to replenish, to resupply (OTAN) (PREP : "with").

reconcentrer (efforts) to re-focus (efforts) (US).

réconciliation après le conflit post-conflict reconciliation (OTAN).

réconciliation nationale national reconciliation (CA).

réconcilier (adversaires) to reconcile (US).

reconfigurer (force) to reconfigure (a force) (Jane's).

reconnaissable recognizable (US).

reconnaissance (TAC) reconnaissance (US, OTAN) (Formes abrégées : "recce" (GB, US) "recon" (US)) (Le terme "recce" est en principe dénombrable. On peut toutefois trouver "recces" au pluriel) (+ préposition "of") (VERB : "to make", "to carry out", "to conduct", "to perform", "to provide") (ADJ : "aggressive", "thorough"). Ex : *Faire (ou effectuer) une reconnaissance de la zone : to make a reconnaissance of the area (GB), to conduct a reconnaissance of the area (US)* – *Faire une reco(nnaissance) des positions ennemies : to conduct a recon of enemy postions (US)* – *Les reconnaissances ennemies : enemy reconnaissance forces* – *Une reconnaissance par satellite : a reconsat (US)* – *Reconnaissance aéroportée à basse altitude : airborne reconnaissance low (ARL) (US)* – *Après une reconnaissance détaillée du terrain : after thorough recce of the ground (GB).*

À noter : Le terme britannique "reconnaissance" englobe éclairage et reconnaissance, alors que l'armée de terre américaine distingue entre "scouting" et "reconnaissance" (Voir explications à **éclairage**).

Types de reconnaissance : combat reconnaissance, close reconnaissance, medium reconnaissance, long range reconnaissance (GB).

Comp. :

- A mission undertaken to obtain information by visual observation, or other detection methods, about the activities and resources of an enemy or potential enemy, or about the meteorologic, hydrographic, or geographic characteristics of a particular area (US).

- Mission entreprise en vue d'obtenir, par observation visuelle ou par d'autres mode de détection, des informations sur les activités et les possibilités d'un ennemi actuel ou en puissance ; ou d'acquérir des données concernant les caractéristiques météorologiques, hydrographiques ou géographiques d'une zone particulière (OTAN).

reconnaissance (gratitude / appréciation) recognition (US) (VERB : "to deserve", "to receive") (PREP : "for"). Ex : *Reconnaissance d'actes de bravoure : recognition for acts of valor (US) – Reconnaissance officielle : formal recognition (US) – Reconnaissance d'un travail bien fait : recognition for a job well done (US).*

reconnaissance (identification) recognition (OTAN), identification. Ex : *Reconnaisance de la menace : threat recognition (OTAN) – Reconnaissance des unités amies / ennemies sur le champ de bataille : battlefield identification friend or foe (BIFF).*

reconnaissance à distance de sécurité stand-off surveillance (and target acquisition) (OTAN).

reconnaissance aérienne air reconnaissance (OTAN), air recce (GB), aerial reconnaissance (OTAN, US, GB) (ADJ : "visual"). Ex : *Une demande de mission de reconnaissance aérienne : an air recce request – Reconnaissance aérienne photographique : air photographic reconnaissance (OTAN).*

reconnaissance aérienne (renseignement par hélicoptères) (fonction / arme) Air Cavalry (US).

reconnaissance aérienne et spatiale (renseignement de sources aériennes et spatiales) reconnaissance (US) (Aux USA, elle relevait du "National Reconnaissance Office" (NRO), aboli et absorbé par la "National Imagery and Mapping Agency" (NIMA)).

reconnaissance aéromobile air cavalry (US) (Terme familier : "Cav").

reconnaissance amphibie amphibious reconnaissance (OTAN).

reconnaissance armée armed reconnaissance (OTAN, US) (VERB : "to conduct").

reconnaissance chimique chemical survey (OTAN, UN), chemical reconnaissance (US).

reconnaissance-commando Recondo (AUST, GB) (Types d'actions : "small boat handling, amphibious raiding, climbing, abseiling, cross-country driving, deployment by parachute, river crossings, movement over different types of terrain"). Ex : *Stage de reconnaissance-commando : Recondo Course (GB) (VERB : "to undergo").*

reconnaissance de munition(s) explosive(s) explosive ordnance reconnaissance (OTAN).

reconnaissance de point point reconnaissance.

reconnaissance de (en) in recognition of (GB), in acknowledgment of (GB).

reconnaissance des objectifs target recognition (OTAN). Ex : *Reconnaissance automatique des objectifs : automatic target recognition (ATR) (OTAN).*

reconnaissance d'itinéraire route reconnaissance (US, OTAN), route recce (GB).

reconnaissance divisionnaire divisional cavalry (US) (En abrégé : "div-cav") (Conduite par les "(division-level) cavalry squadrons"), formation reconnaissance (GB) (Conduite, dans chaque division, par le "reconnaissance regiment").

reconnaissance d'objectifs (ou identification d'objectifs) target recognition (US).

reconnaissance électronique electronic reconnaissance (OTAN) (VERB : "to blind", "to deafen").

reconnaissance en force (ou offensive) reconnaissance in force (US, GB, OTAN). Cf. : An offensive operation designed to discover and / or test the enemy's strength or to obtain other information (OTAN).

reconnaissance en véhicule scout reconnaissance (OTAN).

reconnaissance génie engineer reconnaissance (OTAN, US) (VERB : "to perform").

reconnaissance héliportée (fonction) air cavalry (US).

reconnaissance lointaine (ou profonde ou en profondeur) long-range reconnaissance (LRR) (OTAN).

reconnaissance NBC NBC reconnaissance (US, OTAN).

reconnaissance océanique ocean reconnaissance (OTAN).

reconnaissance par le feu reconnaissance by fire (OTAN, US).

Cf. : A method of reconnaissance in which fire is placed on a suspected enemy position to cause the enemy to disclose his presence by movement or return of fire (OTAN).

reconnaissance photographique air photographic reconnaissance (OTAN), photographic reconnaissance (US) (VERB : "to conduct") (ADJ : "high-altitude"). Ex : *Reconnaissance photographique (par satellite) : photographic reconnaissance (UN, US) – La Chine a mis en orbite des engins spatiaux destinés à la reconnaissance photographique et au renseignement électronique : China has orbited spacecraft for photographic reconnaissance and electronic intelligence (US).*

reconnaissance professionnelle (PERS) professional recognition (US).

reconnaissance radar radar reconnaissance (OTAN).

reconnaissance radiologique radiological survey (OTAN).

reconnaissance rapprochée close reconnaissance (GB).

reconnaissance, renseignement, surveillance et acquisition d'objectif reconnaissance, intelligence, surveillance and target acquisition (RISTA) (US, OTAN).

reconnaissances (les) recce (GB), reconnaissance units (GB). Ex : *Les reconnaissances ennemies ont été aperçues à l'ouest de Francfort : enemy recce has been sighted to the west of Frankfurt (GB).*

reconnaissance secrète (commandos) clandestine reconnaissance (US).

reconnaissance sur itinéraire line search (US, OTAN).

reconnaissance, surveillance et acquisition des objectifs (drone) reconnaissance, surveillance and target acquisition (RSTA) (US).

reconnaissance tactique tactical reconnaissance (TR) (OTAN).

reconnaissance vocale voice recognition (US, GB).

reconnaître (TAC) to reconnoiter (US), to reconnoitre (GB), to recce (GB), to recon (US), to conduct reconnaissance of (US), to scout (GB). Ex : *Reconnaître le pont : to recce the bridge (GB) – La 5ᵉ Section reconnaît la position ennemie : 5 Platoon is scouting the enemy position (GB).*

reconnaître (distinguer) (cible / ennemi) to identify (a target / a foe) (US), to distinguish (from) (US), to recognize (as) (OTAN). Ex : *Reconnaître l'ami de l'ennemi : to identify friend from foe – Reconnaître amis, ennemis et neutres : to distinguish friend from foe from neutral (US) – Des objectifs reconnus comme hostiles : targets recognized as hostile (OTAN).*

reconnaître (admettre) to recognise (GB), to recognize (US), to agree (UN), to establish (OTAN). Ex : *Reconnaître l'indépendance d'un pays : to recognise the independence of a country (GB) – Frontière internationalement reconnue : internationally recognized border (IRB) – Besoin reconnu : established (ou agreed) need (OTAN) – Norme reconnue : agreed standard (UN) – Reconnaissez les réussites de vos soldats : recognize your soldiers' achievements (US) – Reconnaître un nouveau gouvernement : to recognize a new governement (GB).*

reconnaître (PERS / lieu) to recognize (US), to identify (GB). Ex : *Eviter d'être reconnu (agent de renseignement) : to avoid being recognized (US) – Il a reconnu le terroriste : he identified the terrorist (GB) – Il a reconnu le croisement : he recognized the crossroads.*

reconnaître coupable to convict (US), to find guilty (US) (PREP : "of"). Ex : *Il fut reconnu coupable d'espionnage (RENS) : he was convicted of espionage (US), he was found guilty of espionage (US).*

reconnu (TAC) reconnoitred (GB), reconnoitered (US), recced (GB). Ex : *Les itinéraires ont été reconnus sous le contrôle du directeur des opérations militaires : routes were recced under the supervision of the Director of Military Operations (GB) – Reconnu à l'avance : pre-reconnoitred (US).*

reconnu à l'avance pre-recced (GB), previously reconnoitered (US).

reconquérir to regain, to recapture (GB), to recover (US), to reconquer (GB). Ex : *Reconquérir du terrain : to regain ground, to recapture ground, to recover ground (US) – Reconquérir un territoire : to reconquer a territory (GB) – Reconquérir les Malouines : to recapture the Falklands Islands (GB).*

reconquête reconquest, recapture.

reconstituer to reconstitute (US, GB). Ex : *Reconstituer / des réserves / la réserve stratégique : to reconstitute / reserves (GB) / the strategic reserve (US) – Le régiment a été reconstitué en 1947 : the regiment was reconstituted in 1947 (GB) – Reconstituer des forces / un dispositif défensif : to reconstitute / forces / a defense (US).*

reconstituer (bataille / combats) to re-enact (US).

reconstitution (forces / unités / réserves) reconstitution (OTAN, US), regeneration (US). Ex : *La reconstitution des unités : the reconstitution of units (US) – Reconstitution des réserves : regeneration of reserves (US) – Unités de reconstitution : reconstitution units (US) – Division de reconstitution (en cas de conflit) : regenerative division (GB).*

reconstitution (bataille / combats) re-enactment (US). Ex : *Pendant une reconstitution de la guerre de Sécession : during a Civil War re-enactment (US) – Une reconstitution de la bataille de Antietam : a re-enactment of the Battle of Antietam (US).*

reconstitution (de) (ou de réserve ou de renfort) regenerative (GB). Ex : *Une division de reconstitution (ou de réserve) (C'est-à-dire "not ready" = non opérationelle) : a regenerative division (GB).*

reconstruction reconstruction (US, OTAN), rebuilding (US, GB). Ex : *La reconstruction économique (après un conflit) : economic reconstruction (US) (VERB : "to support") – Reconstruction de l'infrastructure : rebuilding of infrastructure (US) – La reconstruction de la paix après la guerre : the rebuilding of peace after war (GB) – La reconstruction de la route (GEN) : the reconstruction of the road (US) – La reconstruction après les conflits : post-conflict reconstruction (OTAN) – La reconstruction du Kosovo : the reconstruction of Kosovo (OTAN) – La reconstruction civile : civil reconstruction (OTAN).*

reconstruire to rebuild (US), to reconstruct (US). Ex : *Reconstruire une route / un observatoire / l'infrastructure civile / un pont : to rebuild / a road / an observation point / civil infrastructure / a bridge (US, GB, OTAN) – Reconstruire leurs maisons et leur vie (réfugiés) : to rebuild their homes and life (OTAN) – Reconstruire un pays (après un conflit) : to reconstruct a country (US) – Reconstruire des infrastructures : to rebuild infrastructures (US).*

reconversion (industrie) conversion (GB). Ex : *Reconversion de l'industrie de défense sur les marchés civils : defence conversion (GB).*

reconversion (professionnelle) (PERS) retraining (OTAN), second career (US). Ex : *Un stage / un programme / de reconversion : a retraining / course / programme – La reconversion du personnel militaire : the retraining of military personnel (OTAN) – Une reconversion : a second career (US) – Reconversion des officiers dégagés des cadres : retraining of retired military officers (OTAN).*

reconversion (la) (PERS) resettlement (GB).

reconvertir (se) to retrain. Ex : *Se reconvertir dans l'informatique : to retrain and go into computing.*

record (nom et adjectif) record (US). Ex : *Ils (= soldats) se sont déployés en un temps record : they deployed in record time (US) – Record mondial : world record (US).*

recoupement (d'informations) correlation (US, GB), cross-checking (of information). Ex : *Un recoupement aléatoire : a random cross-check (UN).*

recouper (informations / renseignements) to correlate (US, GB).

recourir à (avoir recours à) to resort to (US), to take (OTAN), to use (UEO), to make use of (UEO). Ex : *Recourir à la violence : to resort to violence (US) – Il n'y a plus d'autres solutions que de recourir à l'action militaire : no alternative is open but to take military action (OTAN) – La possibilité de recourir aux moyens et capacités de l'Alliance : the possibility of using Alliance assets and capabilities (UEO) – Il peut être utile de recourir plus largement au partage des tâches entre les pays afin d'améliorer les capacités logistiques et le réapprovisionnement : it may be beneficial (ou useful) to make greater (ou wider) use of task-sharing between nations in order to improve logistics and resupply capabilities (UEO) – Recourir à l'action défensive : to resort to the defense (US) – Recourir à la coercition : to use coercion (OTAN).*

recours resort (US, UN), recourse (UEO), use (UEO). Ex : *L'usage de la force en dernier recours : the use of force as a last resort (US) – Arme du dernier recours : weapon of (the) last resort (UN) – En dernier recours : in the last resort (US) – Même dans le cas où un recours à des moyens civils serait inévitable : even for cases where recourse to civilian assets may be inevitable (UEO) – Les opérations aériennes ayant recours à des munitions guidées de précision : air operations using precision-guided munitions (UEO).*

recours (gracieux) (service national) appeal (US).

recouvrement (photographies) overlap (OTAN), lap (US, GB, OTAN).

recouvrir to cover (US, GB), to encompass (US) (PREP : "with"). Ex : *Le cercueil du soldat est recouvert du drapeau américain : the casket of the soldier is covered with the American flag (US) – Les activités du Génie recouvrent à la fois le génie militaire et les travaux publics : the activities of the Corps of Engineers encompass both military engineering and civil works (US) – Le blindage qui recouvre l'avant de la tourelle : the armour covering the front of the turret (GB).*

recréer (unité / corps) to re-form (a unit) (GB), to reestablish (a corps) (US), to recreate (US).

recréer (à l'entraînement) to replicate (US). Ex : *Recréer des conditions de combat avec un réalisme remarquable : to recreate combat conditions with remarkable realism (GB).*

recrue (PERS) recruit (GB, US) (En abrégé : "Rct") (VERB : "to attract", "to retain", "to welcome", "to indoctrinate", "to turn away", "to aid") (ADJ : "new", "green", "potential" / "propective" = potentielle). Ex : *Une recrue / de qualité / de grande qualité : a quality (GB) / high-quality (US) / recruit – Une recrue à fort potentiel : a high potential recruit (US) – Une armée manquant de recrues : a recruit-starved military (US) – Attirer des recrues de haut niveau : to attract high-grade recruits (Jane's).*

recruté localement (opérations extérieures) (PERS civil) locally engaged, locally entered.

recrutement recruiting (US), recruitment (US, GB) (VERB : "to enhance", "to boost") (PART : "improved", "enhanced"). Ex : *Un centre de recrutement : a recruit selection centre (GB) – Recrutement direct (officiers) : direct entry (GB) – Objectif de recrutement : recruiting goal (US) – Moyens de recrutement : recruiting resources (US) – Les défis du recrutement militaire : the challenges of military recruiting (US) – Une insuffisance du recrutement (armée) : a recruiting shortfall (US) – Une campagne de recrutement : a recruitment drive (GB).*

recrutement (RENS) recruitment (US) (VERB: "to escape").

recrutement d'espions (RENS) spy recruiting (US).

recrutement direct (grande école militaire) (PERS) direct nomination (US).

recrutement semi-direct (officiers) late-entry commissions (GB).

recruter to recruit (OTAN), to enlist (US). Ex: *Recruter des soldats dans l'infanterie : to recruit soldiers from the infantry – Recruter / un agent / une source (RENS) : to recruit / an agent (OTAN) / a source (US) – Il fut recruté en tant qu'espion soviétique : he was recruited as a Soviet spy (US) – Recruter dix compagnies de fantassins (ou fusiliers) : to enlist ten companies of riflemen (US).*

recruteur recruiter (US, GB) (VERB: "to see") (ADJ: "local", "Army"). Ex: *Recruteur de l'armée de terre (EVAT) : Army recruiter (US).*

rectificatif (à un ordre) amendment.

recto (carte) face (of a map) (OTAN).

reçu (mission) assigned (US).

reçu ! (procédure radio) roger ! (US).

reçu ! (oral) roger that (US). Ex: *Reçu, mon Colonel : roger that, Sir ! (US).*

reçu jusque-là ! (procédure radio) roger so far ! (US).

reçu terminé ! (procédure radio) roger out ! (US).

recueil (TAC) rearward passage of lines (of a unit) (GB, US) (VERB: "to assist").
Cf.: Rearward passage of lines : in land operations, a force effecting a movement to the rear passes through the sector of a unit occupying a defensive position (GB).

recueil (du renseignement) (RENS) (intelligence) collection (US), (intelligence-) gathering (US) (VERB: "to anticipate", "to initiate", "to coordinate") (ADJ: "intense", "conventional") (NOM: "campaign"). Ex: *Recueil à partir de sources / ouvertes / secrètes / humaines / techniques : open source / clandestine / human source / technical / collection (US) – Moyens de recueil : intelligence-gathering means (US) (ADJ: "massive") – Centre National de Recueil du Renseignement Militaire (DIA) : National Military Intelligence Collection Center (US) – Empêcher (ou entraver) le recueil du renseignement par l'ennemi : to hinder the enemy's information gathering (US) – Le recueil de renseignement de source humaine : the gathering of human intelligence (HUMINT) (US) – De nouvelles méthodes de recueil ont été employées : new intelligence-gathering methods were used (US) – Le travail de recueil de l' "agent sur le terrain" : the intelligence-gathering work of the "agent on the ground" (US).*

recueil d'échantillons (NBC) sampling (CFE).

recueil et interprétation nucléaire nuclear collection (OTAN).

recueillir (unité) (TAC) to assist the rearward passage of lines of a unit (GB), to assist a unit in its rearward passage of lines (US). Ex: *Se faire recueillir par une unité : to pass through a unit (GB).*

recueillir (RENS) to gather (US), to collect (US). Ex: *Recueillir des renseignements sur : to gather / collect information about (US) – Les renseignements pourraient être recueillis par des sources humaines ou des moyens techniques : the information might be collected by human sources or by technical means (US).- Une catégorie de renseignement découlant de renseignements bruts recueillis et fournis par une source humaine : a category of intelligence derived from information collected and provided by human sources (OTAN) – Les renseignements (bruts) recueillis : collected information (US).*

recueil par moyens humains (RENS) HUMINT (= Human Intelligence) collection (US).

recul (arme) recoil (GB, US) (VERB: "to produce") (ADJ: "mild"). Ex: *Canon sans recul: recoilless rifle – Son arme n'avait quasiment pas de recul: his weapon had hardly any recoil (GB) – Recul léger: short recoil.*

reculer (arme) to recoil (GB).

reculer (menace) to recede (GB). Ex: *Alors que la menace nucléaire semble reculer: as the nuclear threat appears to recede (GB).*

reculer (TAC) to fall back (US), to draw back (GB), to retreat. Ex: *L' ennemi recule: the enemy retreats – Les Mexicains reculèrent: the Mexicans drew back (GB).*

récupération (de troupes sur le terrain) (opération aéromobile) extraction (US) (Contraire: "insertion" = mise en place de troupes sur le terrain) (Mission d'une "air assault division" US). Ex: *Missions de récupération de troupes: troop-extraction missions (GB).*

récupération (matériels sur le terrain) (en vue de dépannage) (equipment) recovery (US, GB).

récupération (matériels) (pour réparation à l'arrière et réutilisation) salvage (OTAN).

récupération (de commandos) recovery (US).

récupération et sauvetage au combat (récupération des personnels en territoire hostile) (RESCO) combat search and rescue (CSAR).

récupération de personnel (forces spéciales) recovery of personnel (US) (VERB: "to assist in").

récupérer to recover (US), to salvage (OTAN), to pick up (US). Ex: *Récupérer des personnels évadés: to recover escaped personnel (US) – Récupérer / des restes humains / une mine: to recover remains (US) / a mine (OTAN) – Récupérer du matériel (ami ou ennemi): to salvage materiel (OTAN) – Récupérer un agent (après une opération) (RENS): to pick up an agent (US).*

récurrent recurring (US).

recyclage (formation) refresher training (GB) (VERB: "to carry out").

recycler to recycle (US). Ex: *Recycler des forces de combat: to recycle combat forces (US).*

rédacteur (de doctrine) (doctrine) writer (US).

reddition surrender (US, GB). Ex: *Les mains en l'air en signe de reddition (soldats): their hands raised in surrender (GB) – L'armée de terre contraignit à la reddition le général britannique Cornwallis à Yorktown en octobre 1781: the Army forced the surrender of British General Cornwallis at Yorktown in October 1781 (US) – Recevoir une reddition: to receive a surrender (US) – Accepter une reddition honorable: to accept an honorable surrender (GB).*

reddition inconditionnelle (ou sans conditions) unconditional surrender (GB) (VERB: "to demand").

redécouvrir to rediscover (US).

redéfinir to redefine (US, OTAN). Ex: *Redéfinir la mission de l'officier technicien: to redefine the role of the Warrant Officer (US) – Redéfinir le partenariat transatlantique: to redefine the transatlantic partnership (OTAN).*

redéfinition redefinition (US). Ex: *Une redéfinition des missions générales de l'armée: a redefinition of general missions for the military (US).*

redéploiement redeployment (REDPL) (US), redisposition (GB), deployment (OTAN). Ex: *Empêcher le redéploiement des forces ennemies: to prevent redisposition of enemy forces (OTAN).*

redéployer (se) to redeploy (US).

rédiger to write (US, CFE). Ex : *Rédiger / un rapport / un plan : to write / a report (CFE) / a plan (US).*

redistribuer to exchange (OTAN). Ex : *Redistribuer des données à d'autres stations radar : to exchange data among other radar stations (OTAN).*

redistribution redistribution (US). Ex : *La redistribution des moyens logistiques : the redistribution of logistics resources (US).*

redonner vie à (engagement) to revitalise (a commitment) (OTAN).

redorer to rebuild (US). Ex : *Redorer le blason de la CIA après le fiasco de la Baie des Cochons : to rebuild the CIA's image after the Bay of Pigs disaster (US).*

redoubler de to grow in (OTAN). Ex : *Les attaques redoublaient de violence : the attacks grew in ferocity (OTAN).*

redoutable formidable (US, OTAN), demanding (OTAN). Ex : *Un / défi / ennemi redoutable : a formidable / challenge / enemy (US, OTAN) – L'Alliance s'est montrée pleinement à la hauteur des défis les plus redoutables : the Alliance has proved it is fully up to the most demanding challenges (OTAN).*

redoute redoubt (US) (= "a fortress or stronghold").

redouté feared (US). Ex : *La force terrestre la plus redoutée du monde : the most feared ground force in the world (US).*

redressement économique (après un conflit) economic rehabilitation (CA).

réduction (forces / effectifs / personnel / budget) reduction (OTAN), cut (GB, US, OTAN), cutback (VERB : "to undertake") (ADJ : "dramatic") (PREP : "in"). Ex : *Des réductions de forces : force reductions (OTAN) – Réductions de personnel : personnel cutbacks (US), personnel reductions (US) (VERB : "to make") – Des réductions de crédits pour le ministère de la Défense : reduced funding for the Department of Defense (US) – Jusqu'à ce que les réductions (= nombre d'unités) prennent effet : until the reductions take effect (GB) – Des réductions dans les dépenses de défense : reductions in defence spending (GB) – Des réductions radicales et vérifiables (armements) : deep and verifiable cuts (UN) – Réduction du risque nucléaire : nuclear risk reduction (UN) – Réductions de crédits : financial cutbacks – L'OTAN a annoncé une réduction de 10% des effectifs affectés au maintien de la paix en Bosnie : NATO announced a 10% reduction of peacekeeping troops in Bosnia (Jane's) – Des réductions spectaculaires dans le nombre de pièces d'artillerie détenues (ou possédées) par les armées occidentales : dramatic reductions in the number of artillery pieces held by Western armies (Jane's) – Une réduction de la taille des forces : a reduction in the scale of forces (OTAN) – Une restructuration qui verra la fermeture de plusieurs camps et la réduction de la présence américaine en Bosnie : a restructuring that will see several camps closed and the American presence in Bosnia reduced (US) – La réduction des effectifs militaires (armées occidentales) : the reduction in military manpower – Une réduction d'environ un tiers de ses effectifs actuels (force) : a reduction by about a third of its current strength (OTAN).*

réduction (forces armées) reduction (UN), paring-down (GB). Ex : *Réductions mutuelles et équilibrées des forces armées : mutual and balanced force reductions (MBFR) (UN) – Au début des années 1990, la Grande-Bretagne engagea une réduction de ses forces armées : in the early 1990s, Britain began a paring-down of her armed forces (GB).*

réduction (tissu industriel) downsizing (OTAN). Ex : *La rationalisation et la réduction de la base des industries de défense des deux côtés de l'Atlantique : the rationalisation and downsizing of the defence industrial base on both sides of the Atlantic (OTAN).*

réduction de format (ou d'effectifs) (armée) drawdown (US), downsizing (US), downscaling (Jane's). Ex : *La réduction de format de l'armée française : the downscaling of the French military (Jane's).*

réduction de grade reduction (US). Ex : *La réduction à un grade particulier est la prérogative des cours martiales : reduction to specific rank is prerogative of Courts Martial (US).*

réduction de la violence reduction in violence (OTAN).

réductions de personnel personnel reduction (OTAN, GB).

réductions d'équipement equipment reductions (OTAN).

réduction de(s) forces force reduction (OTAN). Ex : *Réductions mutuelles et équilibrées des forces : mutual and balanced force reductions (MBFR) (OTAN).*

réduction des armements arms reduction (UN).

réduction des armements stratégiques strategic arms reduction (OTAN) .

réduction des budgets militaires defence budget cuts (OTAN) (ADJ : "ongoing").

réduction des stocks d'armes (population / armées locales) reduction in arms holdings (OTAN).

réduction des stocks d'armes nucléaires reduction of nuclear arsenals (OTAN).

réduction du risque nucléaire nuclear risk reduction (OTAN).

réduction du rôle des armes nucléaires reduced salience of nuclear weapons (OTAN).

réductions d'effectifs reduced numbers of forces (OTAN) (VERB : "to compensate for").

réductions mutuelles et équilibrées des forces mutual and balanced force reductions (MBFR) (OTAN).

réduire (ennemi) (TAC) to render ineffective (US).

Comp :
- To put an enemy element out of action by destroying him, capturing him or driving him out (US).
- Mettre hors de combat un élément ennemi en le détruisant, en le capturant ou en le chassant.

réduire (TAC) to reduce (US), to degrade (US), to destroy, to eliminate (OTAN), to force (US), to render ineffective (US), to deplete (US), to keep (GB). Ex : *Réduire l'efficacité / d'une attaque / des systèmes d'armes ennemis : to reduce the effectiveness / of an attack / of enemy weapon systems (US) – Réduire la mobilité ennemie : to reduce (ou to degrade) enemy mobility (US) – Réduire les résistances ennemies dépassées : to destroy (ou to eliminate) the bypassed enemy resistance (ou defences) – Réduire une résistance : to force (ou to reduce ou to render ineffective) a resistance (US) – Réduire toute résistance active : to eliminate all active resistance (OTAN) – Réduire (ou épuiser) les moyens ennemis : to deplete enemy resources (US) – Le regroupement et les ordres de mouvement sont réduits à un minimum (unités) : re-grouping and orders for movement are kept to a minimum (GB).*

réduire (cadence / allure) to decrease (CA). Ex : *Réduire la cadence opérationnelle (TAC) : to decrease the operational tempo (CA).*

réduire (force / armée / format / effectifs) to reduce (in size) (US, OTAN), to pare down (US, GB), to downsize (US), to cut back (US), to scale down (CA), to scale back (CA). Ex : *Réduire / le format / les effectifs d'une force : to reduce (ou to pare down (US)) the size of (ou to downsize) a force (US), to reduce a force in size (US) – Réduire les effectifs en personnels (armée de terre) : to reduce personnel strength (US) – Réduire les effectifs de l'armée de terre : to cut back Army strength (US) – Réduire de moitié les forces de l'armée de terre en Europe : to reduce Army forces in Europe by one-half (US) – Les forces en Allemagne seront réduites : forces in Germany will be pared down (GB) – Le contingent a été réduit à 187 (personnels) : the contingent has been scaled down to 187 (CA) – L'armée de terre est en train de réduire son format : the Army is downsizing (US) –*

> *L'OTAN peut réduire d'un tiers ses effectifs en Bosnie, en les ramenant à 20 000 hommes environ : NATO is able to reduce the number of its troops in Bosnia by one-third, to about 20,000 (OTAN) – Nous devrons réduire notre échelon d'assaut car nous ne disposons pas de réserves suffisantes : we will have to scale down our assault echelon because we don't have sufficient reserves (US) – La contribution du Canada a été réduite à 5 observateurs militaires : Canada's contribution has been scaled back to 5 military observers (CA).*

réduire (temps / délais) to trade (OTAN) (PREP: "for"). Ex : *Réduire les délais de préparation au profit de la rapidité : to trade preparation time for speed (OTAN).*

réduire (budget) to cut (GB). Ex : *Réduire des budgets : to cut budgets (GB).*

réduire (poids) to reduce (US). Ex : *Réduire le poids de dix pour cent (matériel) : to reduce weight by ten per cent (US) – Le M113 a une coque en aluminium, ce qui réduit considérablement le poids du véhicule : the M113 has an aluminum (ou aluminium / GB) hull, which greatly reduces vehicle weight (US).*

réduire (danger / risque / pression / dommages) to reduce (US), to minimize ou to minimise (OTAN), to lessen (risques) (US), to ease (OTAN). Ex : *Réduire le danger d'incendie : to reduce the fire hazard (US) – Réduire les risques (sécurité) : to minimize risks (OTAN) – Réduire la pression exercée sur l'ex-République yougoslave de Macédoine : to ease the pressure on the former Yugoslav Republic of Macedonia (OTAN) – Réduire à un minimum les dommages collatéraux : to minimise collateral damage (OTAN).*

réduire (signature radar) to reduce (US). Ex : *Réduire la signature radar d'avions-espions : to reduce the radar signature of spyplanes (US).*

réduire au silence (PERS) to silence (US) (Verbe transitif direct).

réduire en grade (rétrograder) (PERS) to reduce (US). Ex : *Le général de Division John Doe a été réduit à deux grades inférieurs : Maj. Gen. John Doe was reduced two grades (US).*

réduire radicalement to slash (GB). Ex : *En 1992, la Belgique a réduit radicalement l'armée, la faisant passer à un effectif de 40 000 : Belgium slashed the military to 40,000 personnel in 1992 (GB).*

réduit (effectifs / armée) smaller (GB), reduced (GB). Ex : *Une armée de terre réduite (ou au format réduit) : a smaller (ou reduced) Army (GB) – Une force de suivi (plus) réduite : a smaller follow-on force (US) – Conflit(s) d'échelle réduite : smaller-scale conflict (GB) – L'armée de terre a des effectifs beaucoup plus réduits : the Army is far smaller in numbers (GB).*

réduit (portée) close (US). Ex : *À des portées aussi réduites que 300 mètres : at range as close as 300 meters (US).*

réduit (visibilité) reduced (US), limited (US). Ex : *Dans des conditions de visibilité réduite : in conditions of reduced (ou limited) visibility (US).*

réduit à (unité) reduced to. Ex : *La DB est réduite à 2 RI au contact : the Armoured Division is reduced to 2 Infantry Battalions in contact.*

réécrire to rewrite (US).

rééducation (SAN) rehabilitation (US).

réel actual (OTAN), live (OTAN), real-world (US). Ex : *Point zéro réel : actual ground zero (AGZ) (OTAN) – Exercice aérien réel : air live exercise (AIREX) (OTAN) – Heure réelle d'arrivée : actual time of arrival (ATA) (OTAN) – Situation réelle (= n'ayant pas trait à l'entraînement ou la simulation) : real-world situation (US).*

réel (munition / balle / tirs) live (US, GB). Ex : *Tirs à munitions réelles : live firing, live fire.*

réembarquer to reembark.

réémetteur rebroadcasting station (GB) (ADJ : "unmanned").

réémission (ondes électro-magnétiques) reradiation (US).

réengagement (forces) redeployment (US).

rééquilibrage re-balancing (OTAN). Ex : *Un rééquilibrage de la relation vitale entre les deux rives de l'Atlantique : a re-balancing of the vital transatlantic relationship (OTAN).*

rééquilibrage des armements counterarming (UN).

rééquilibrer to rebalance (OTAN). Ex : *Rééquilibrer l'OTAN pour un avenir fort : to rebalance NATO for a strong future (OTAN).*

rééquipement reequipment <u>ou</u> re-equipment (GB). Ex : *Le rééquipement du 1ᵉʳ Corps d'Armée britannique : the reequipment of I (BR) Corps (GB) – Un grand programme de rééquipement et de réorganisation (armée) : a major re-equipment and reorganisation programme (GB).*

réétudier to restudy (US).

réévaluation rethink (GB). Ex : *Une réévaluation systématique des concepts opérationnels : a systematic rethink on operational concepts (GB).*

réévaluer to re-evaluate <u>ou</u> to reevaluate (US). Ex : *Les États-Unis réévaluaient le rôle militaire qu'ils avaient joué en Asie du Sud-Ouest dans les années 60 : America was re-evaluating the military role it had played in Southeast Asia in the 1960s (US) – Réévaluer l'éventualité de menaces : to reevaluate the possibility of threats (US).*

réexamen re-examination (GB) (ADJ : "open"). Ex : *Un réexamen des besoins de la Grande-Bretagne en matière de défense : a re-examination of Britain's defence requirements (GB).*

réexamen des capacités de défense (pays) defense review (US), defence review (US) (VERB : "to launch", "to be commissioned").

réexamen du secteur des armements (le) the Armaments Review (OTAN).

refaire (erreur) to repeat (a mistake) (GB).

refaire surface (sous-marin) to resurface (US).

réfectoire (personnels non-officiers) mess hall (US) (Enlisted personnel).

référence reference, credentials (US). Ex : *Document de référence : reference document (US) – Nos références, ce sont nos soldats : "Soldiers are our credentials" (US).*

référendum referendum (US) (+ prépostion "on") (VERB : "to hold").

refermer to reseal (US). Ex : *Refermer (clandestinement) une enveloppe / un paquet <u>ou</u> colis (RENS) : to reseal / an envelope / a package (US).*

refiler to pass the buck (US). Ex : *Refiler la responsabilité à (<u>ou</u> faire porter le chapeau à <u>ou</u> refiler le bébé à (quelqu'un)) (familier) : to pass the buck to (US) (Substantif associé : "buck passing").*

réfléchir (énergie / rayonnement / ondes) to reflect (OTAN, GB). Ex : *L'énergie réfléchie par une cible marquée par laser : the reflected energy from a laser marked target (OTAN) – Des matériaux réfléchissant les rayons radar : radar reflecting materials (OTAN) – Des ondes sonores réfléchies par l'objet : sound waves reflected by the object (GB).*

réfléchir to think (US), to consider (US). Ex : *Réfléchir à un engagement dans l'armée de terre (PERS) : to consider joining the Army (US) – Réfléchir à l'avance : to think ahead (US) – Réfléchir en profondeur : to think in depth (US).*

réfléchissant reflecting. Ex : *Surface réfléchissante : reflecting surface.*

réflecteur reflector (US, OTAN). Ex : *Réflecteur polyédrique (<u>ou</u> à écho renforcé) : corner reflector (US, OTAN) – Réflecteur-ballon (GE) : balloon reflector (OTAN) – Réflecteur-brouilleur : confusion reflector (OTAN).*

réflexion thinking (US), consideration (US), reflection (UEO) (VERB: "to do") (ADJ: "innovative") (PREP: "about"). Ex: *Après mûre réflexion: after mature consideration (US)* – *Stimuler la réflexion des membres de l'Association de l'Armée de Terre des États-Unis: to stimulate the thinking of AUSA (= the Association of the United States Army) members (US)* – *Les ministres de l'UEO ont souhaité qu'une réflexion informelle soit engagée à l'UEO sur l'Europe de la sécurité et de la défense: WEU ministers expressed the wish that a process of informal reflection be initiated at WEU on the question of Europe's security and defence (UEO).*

réflexion en matière de sécurité security thinking (OTAN).

réflexion stratégique strategic thinking (US).

refondation (ou refonte) (armée de terre) reorganization, restructuring (US), reformation (Jane's), reconstruction (Jane's), redesigning (US) (VERB: "to undergo") (ADJ: "major"). Ex: *La récente refondation de l'armée de terre française: the latest restructuring of the French Army (Jane's)* – *Le travail de refondation de l'armée (= de terre) à tous les échelons: the work of redesigning of the force at all echelons (US)* – *Le processus de refondation est aux deux tiers achevé (armée de terre française): the reformation process is two-thirds complete (Jane's).*

réforme reform (GB, OTAN). Ex: *Les réformes dans le domaine de la défense: the defence reforms (GB)* – *Réforme interne (organisation): internal reform (OTAN)* – *La réforme opérée: the reform that has taken place (OTAN).*

réformé (matériel) condemned (item of equipment) (UN).

réforme de la police police reform (OTAN).

réforme du judiciaire judicial reform (OTAN).

réforme médicale (PERS) medical discharge.

réformer (PERS) 1. appelé: to declare (somebody) unfit for service – 2. soldat: to discharge (somebody) (GB), to invalid (somebody) out (GB).

réformer (matériel) to scrap.

reformuler to restate (US). Ex: *Reformuler leurs missions en leurs propres termes (subordonnés du chef): to restate their missions in their own words (US).*

refouler (ennemi) (TAC) to push back.

refouloir (ART) ramrod (GB).

réfractaire (service militaire) draft dodger (US).

Cf.: Draft dodger: someone who uses dishonest methods to avoid serving in the army.

réfraction lumineuse reflected light.

refroidi par air air-cooled (US, GB).

refroidi par eau water-cooled.

refroidissement cooling.

refroidissement intermédiaire (à) (moteur) inter-cooled.

refroidissement par air (à) air-cooled (US, GB).

refroidissement par eau (à) water-cooled.

refuge refuge (GB), shelter (US) (VERB: "to seek", "to find", "to take"). Ex: *Chercher refuge de l'autre côté de la frontière (soldats): to seek refuge across the border – Trouver refuge dans un véhicule (attaque NBC): to find shelter in a vehicle (US) – Les principaux hôtels de la ville où des centaines d'étrangers avaient trouvé refuge: the main hotels in the city where hundreds of foreigners had taken refuge (GB).*

refuge (forces) sanctuary (US). Ex: *Les forces américaines ont cherché refuge au Laos : US forces sought sanctuary in Laos (US).*

réfugié (nom) refugee (US, GB, OTAN) (VERB: "to control", "to process", "to rescue", "to pick up") (ADJ: "national", "international"). Ex: *Les secours aux réfugiés : refugee relief (OTAN) (VERB : "to engage in ") – Le retour sans conditions et dans un climat de sécurité de tous les réfugiés : the unconditional and safe return of all refugees (OTAN) – Subvenir aux besoins des réfugiés du Kosovo : to support the Kosovo refugees (US) – Problème de réfugiés : refugee crisis (OTAN) (VERB : "to witness" = être témoin de).*

refus refusal (US, OTAN), non-acceptance (UN), failure (OTAN), denial (US). Ex: *Refus d'obéir à un ordre : refusal to obey an order (US) – Refus d'exécuter un ordre : refusal to carry out an order (GB) – Le refus opposé par ce gouvernement aux exigences de la communauté internationale : this governement's refusal of the international community's demands (OTAN) – Tout refus de répondre à ces exigences conduirait l'OTAN à prendre les mesures nécessaires, quelles qu'elles soient, pour éviter une catastrophe humanitaire : failure to meet these demands would lead NATO to take whatever measures were necessary to avert a humanitarian catastrophe (OTAN) – Après les refus réitérés du président Milosevic de mettre un terme aux attaques visant les Albanais du Kosovo : after president Milosevic's repeated refusals to stop attacks on Kosovar Albanians (US) – Refus d'habilitation (de la part d'une autorité) : clearance denial (US) – Refus de coopérer (enquête) : refusal to cooperate (US).*

refuser to deny (CFE, OTAN), to refuse (US), to turn away (GB), to decline (US, GB). Ex: *Refuser la permission de : to deny permission to – Refuser l'accès à : to deny access to (CFE) – Refuser d'obéir à un ordre : to refuse to obey an order (US) – Refuser des candidats (sélection) : to turn away applicants (GB) – Refuser des opérations de combat : to deny combat operations (OTAN) – Refuser de servir dans son pays d'origine (légionnaire) : to decline service in one's country of birth (GB) – Refuser une habilitation de sécurité (autorité) (RENS) : to deny a security clearance (US) – Refuser le combat : to decline battle (US), to refuse battle (US).*

réfuter (accusation) to deny (GB).

regagner son foyer (réfugié) to return to one's home (OTAN).

regain upsurge. Ex: *Le regain d'intérêt récent pour la technique des ponts militaires : the recent upsurge of interest in new bridging technology.*

regarder to peer (US). Ex: *Il regarda dans l'optique du tireur de son char M1A1 Abrams : he peered into the gunner's sight of his M1A1 Abrams tank (US).*

régime (système) system (US), regime (OTAN). Ex: *Le régime de retraite qui s'applique à vous : the retirement system that applies to you (US) – Régime international de désarmement et de non-prolifération : international disarmament and no-proliferation regime (OTAN).*

régime (politique) regime (GB). Ex: *Renverser un régime (politique) : to overthrow a regime (US) – Le régime Bokassa commença à s'effondrer en janvier 1979 : Bokassa's regime began to fall apart in January 1979 (GB).*

régime (TRANS) policy (OTAN). Ex: *Régime des émissions électroniques : electronic emission policy (EEP) (OTAN).*

régime d'alerte alert status.

régime des émissions (ou d'émission) (TRANS) emission policy (EP) (OTAN).

régime des pensions militaires (3 armées) the Armed Forces Pension Scheme (AFPS) (GB).

régiment (unité) battalion (Abréviation GB: "bn") ou regiment (Abréviation GB: "Regt") (En fonction de l'arme concernée) (VERB: "to expand into", "to (fully) man", "to assign to", "to be posted to") (ADJ: "large", "reliable", "solid", "overcommitted", "standard" = ordinaire) – 1. **(INF)** infantry battalion (US, GB), rifle battalion (Dans l'armée de terre britannique, le terme "regiment" désigne une appellation de tradition regroupant les unités opérationnelles que sont les "battalions". Ces régiments sont à leur tour regroupés dans des structures administratives à base géographique appelées "divisions of infantry", que l'on ne doit pas confondre avec les unités opérationelles que sont les "divisions") – 2. **(ABC)** régiment de chars : tank battalion (US), armoured regiment (GB) – 3. **(ABC)** régiment de CLB : armored cavalry squadron (ACS) (US), armoured recce regiment (GB), armoured reconnaissance regiment (GB) – 4. **(ART)** artillery battalion (US), artillery regiment (GB) – 5. **(GEN)** engineer battalion (US), field engineer regiment (GB) – 6. **(TRANS)** signal battalion (US), signal regiment (GB) – 7. **(TRN)** transportation battalion (US), transport regiment (GB) – 8. **(ALAT)** régiment d'hélicoptères de combat (RHC) : attack helicopter battalion (ATKHB), air cavalry squadron (US), AAC (= Army Air Corps) regiment (GB). 9. **(LOG)** régiment de commandement et de soutien (RCS) : Pas d'équivalent. Traduire par "headquarters and CSS (= Combat Service Support) battalion <u>ou</u> regiment" ou "headquarters and logistics battalion <u>ou</u> regiment" – 10. **(MAT)** Voir explications à **régiment du matériel**. Ex : *Elle avait été réorganisée en cinq régiments à huit compagnies (Légion) : it had been revamped into five eight-company battalions (GB)*.

régimentaire regimental (US, GB). Ex : *Le système régimentaire / britannique / américain : the British regimental system / the Army Regimental System (US) – Dans le cadre du système régimentaire (de l'armée de terre américaine) : under the U.S. Army Regimental System (US) – L'uniforme régimentaire (<u>ou</u> du régiment) : the "regimentals" (GB)*.

- <u>Rappel historique (GB)</u> : C'est entre 1868 et 1874 qu' Edward CARDWELL, "Secretary of State" (Ministre de la guerre) du Premier Ministre Gladstone, réorganisa les régiments (qui, des siècles durant, avaient été levés par des membres éminents de la société pour le service du Roi) sur la base d'un système régimentaire (the Regimental System) fondé sur des zones territoriales spécifiques. Le pays fut divisé en 66 zones calquées sur les limites des comtés et des centres de population. Chaque zone disposa alors de son "Regiment", qui comprenait les éléments suivants : un "depot", deux "regular battalions" – l'un affecté au service en métropole et l'autre pour le service à l'étranger – et deux "militia battalions" ou unités de réserve. Les personnels, recrutés au niveau local, servaient tout au long de leur carrière, dans le même "Regiment". Globalement, ce système, qui favorise les liens locaux, l'attachement à l'unité et la fidélisation des personnels, est encore en vigueur aujourd'hui.

- <u>Army Regimental System (US)</u> : "The Army Regimental System is aimed at creating a climate of stability and continuity in line units whose combat arms-qualified members will be affiliated with their regiments throughout their careers. (...) There are a total of sixty-four regiments of combat arms (...). The regimental system is used only for manning and assignments. The tactical organization still is by brigades and divisions" (US).

régiment aéroporté airborne regiment (ABRGT) (OTAN).

régiment amphibie amphibious regiment (<u>Jane's</u>).

régiment autonome separate battalion (US).

régiment blindé (armée de terre 2015) tank battalion (US), armor battalion (US), armoured regiment (GB).

régiment blindé de division d'infanterie (RBDI) (Traduction proposée) Infantry Division(al) armoured regiment (GB) (<u>ou</u> tank battalion (US)).

régiment blindé de division parachutiste (Traduction proposée) Airborne division(al) armoured regiment (GB) (<u>ou</u> tank battalion (US)).

régiment blindé de recueil du renseignement (RBRR) armored cavalry squadron (US), armoured recce regiment (GB).

régiment blindé léger light armor battalion (US).

régiment CIMIC CIMIC battalion (Jane's) (CIMIC = civil-military cooperation).

régiment d'acquisition (d'objectifs) (RA(O)) (ART) target acquisition battalion (TAB) (US) (Existe au niveau "batterie" dans l'armée de terre britannique : "locating battery" (GB)).

régiment d'active regular battalion ou regular regiment (Suivant l'arme considérée).

régiment d'appui rapproché (ART) close support regiment (GB).

régiment d'appui spécialisé (ART / GEN / RENS / TRANS) specialist combat support battalion, specialist combat support regiment (Suivant l'arme considérée).

régiment d'artillerie (RA) artillery regiment (GB), artillery battalion (US) (Terme familier GB : "gunner regiment").

régiment d'artillerie à longue portée (ou de feux dans la profondeur) (LRM) depth fire regiment (GB) (MLRS = Multiple Launch Rocket System).

régiment d'artillerie de division blindée (Traduction proposée) Armoured divisional artillery regiment (GB), armored division artillery battalion (US).

régiment d'artillerie de division parachutiste (Traduction proposée) Airborne division(al) artillery regiment (GB) (ou battalion (US)).

régiment d'artillerie de feux dans la profondeur (à longue portée) (LRM) depth fire regiment (GB) .

régiment d'artillerie de marine (RAMa) Absence d'équivalent. Le TRADOC (Training & Doctrine Command) américain traduit par : «(French) Marine artillery battalion». La revue Jane's emploie "Marine Artillery Regiment".

régiment d'artillerie de montagne (Traduction proposée) mountain artillery regiment (GB) (ou battalion (US)).

régiment d'artillerie parachutiste (RAP) para(chute) artillery regiment (GB).

régiment d'artillerie sol-air (RASA) air defense artillery (ADA) battalion (US), air defence regiment (Equipé de missiles Rapier, Javelin ou HVM) (GB).

régiment de 155 (ART) 155-mm battalion (US). Ex : *Normalement, un régiment de 155 (mm) est placé en appui direct de chaque brigade engagée (ART) : normally, one 155-mm battalion is placed in direct support of each committed brigade (US).*

régiment de cavalerie cavalry regiment (GB).

régiment de cavalerie de réserve Yeomanry Regiment (Territorial Army, TA) (GB).

régiment de cavalerie légère blindée (CLB) armored cavalry squadron (ACS) (US), armoured recce regiment (GB), armoured reconnaissance regiment (GB).

régiment de chars (RC) armoured regiment (GB), tank battalion (US). Ex : *Régiment de chars à 50 chars : Type-50 armoured regiment ou armoured regiment type 50 (GB) – Un RC (= Régiment de Chars) à 38 chars Challenger : an Armoured Regiment with 38 Challenger MBTs (= Main Battle Tanks) (GB).*

régiment de chars (ennemi générique / plastron) tank regiment (TR) (OTAN, US).

régiment de chars de combat (RCC) armoured regiment (GB), tank battalion (US).

régiment de chasseurs (RCh) (ABC) 1. lourd : armoured regiment (GB), tank battalion (US) – 2. CLB (Cavalerie légère Blindée) : armoured reconnaissance regiment (GB), armoured cavalry squadron (US).

régiment de chasseurs parachutistes (RCP) parachute infantry battalion (GB; noté: "Infantry Battalion (Para)"), airborne infantry battalion (US; abrégé en: "Abn Inf Bn").

régiment de circulation (RCirc.) Absence d'équivalent. On peut essayer de le rendre par "traffic control battalion <u>ou</u> regiment". La mission de circulation ("traffic control") est du ressort (entre autres missions) de la "Military Police (MP) Company" (US) divisionnaire et de la "Provost Company" de la "Royal Military Police" (RMP) britannique.

régiment de combat combat battalion (US).

régiment de commandement et de soutien (RCS) Pas d'équivalent exact dans les armées de terre britannique et américaine. On peut traduire par: "headquarters and logistics battalion" <u>ou</u> "headquarters and CSS (= combat service support) battalion" <u>ou</u> "headquarters and logistic support battalion".

régiment de commandos Commando (Group) (GB) (Chez les "Royal Marines" britanniques), Ranger battalion (US). Ex: *Régiment de commandos d'infanterie (armée de terre américaine): Ranger battalion (US) – Le 40ᵉ Régiment de Commandos (fusiliers-marins commandos): 40 Commando (En Abrégé: "40 Cdo") (Royal Marines) (GB).*

régiment de cuirassiers (RC) (ABC) tank battalion (US), armoured regiment (GB).

régiment de défense NBC NBC Defence Regiment (GB).

régiment de dragons (RD) armoured regiment (GB), tank battalion (US) (<u>À noter</u>: L'appellation de tradition "Dragoons" existe encore au sein de l'armée de terre britannique. Ex: *The Light Dragoons / The Royal Scots Dragoon Guards*).

régiment de dragons parachutistes (RDP) (Traduction proposée) airborne (<u>ou</u> parachute) long-range surveillance battalion (Cf. Les "Long-range surveillance units" (LRSU) de l'armée de terre US), (airborne) long-range reconnaissance and patrolling (LRRP) battalion, Special Reconnaissance (SR) battalion.

<u>Special Reconnaissance (SR) (forces spéciales US)</u>: "Special Forces teams are infiltrated behind enemy lines to provide the theater commander with intelligence on the enemy or to gather information on the terrain, local populace, etc. of an area. Verify, through observation or other collection methods, information concerning enemy capabilities, intentions, and activities in support of strategic / operational objectives or conventional forces" (US).

régiment de fusiliers motorisés (RFM) (ENI) motorized rifle regiment (MRR) (US) (VERB: "to replicate").

régiment de génie "combat" combat engineer battalion (US).

régiment de guerre électronique (RGE) combat electronic warfare & intelligence battalion (CEWI) (US), electronic warfare (EW) regiment (GB).

régiment de guerre psychologique psychological warfare battalion (US).

régiment de hussards (RH) armored cavalry squadron (US), armoured recce regiment (GB) (<u>À noter</u>: L'appellation de tradition "Hussars" existe encore au sein de l'armée de terre britannique. Ex: *The King's / Queen's Royal Hussars*).

régiment de l'ALAT Aviation Regiment (GB), AAC (= Army Air Corps) regiment (GB).

régiment de (la) Légion Foreign Legion regiment (GB).

régiment de livraison par air (RLA) (Traduction proposée) air despatch regiment (GB) (<u>ou</u> battalion (US)) (Dans l'armée de terre <u>américaine</u>, fonction assurée par le "Quartermaster Detachment" d'un "Ordnance Battalion". Dans l'armée de terre <u>britannique</u>, présence d'un "Air Despatch Squadron" du "Royal Logistic Corps" au sein de la 5ᵉ Brigade Parachutiste (5 Airborne Brigade)).

régiment (de) logistique logistics battalion (GB).

régiment de maintenance (<u>ou du matériel</u>) maintenance battalion (US).

régiment de maintien de la paix peacekeeping battalion (US).

régiment de manœuvre (ou de mêlée) manoeuvre (GB) (ou maneuver (US)) battalion.

régiment de marche (Hist.) regiment of march (GB), marching regiment.

régiment de marche du Tchad (RMT) (appellation de tradition) armoured infantry battalion (GB), mechanized infantry battalion ou mechanized battalion (US).

régiment de missiles (ART) missile regiment (GB), missile battalion (US).

régiment de prestige (ou de cérémonie ou de services d'honneurs (ABC)) ceremonial regiment (GB).

régiment de quartier général (RQG) (armée de terre 2002) headquarters battalion, headquarters regiment (Suivant l'arme considérée).

régiment de renseignement military intelligence (MI) battalion (US).

régiment de renseignement aéromobile (RRA) air cavalry squadron (US).

régiment de réserve reserve battalion (Jane's), TA (Territorial Army) regiment (ou battalion) (GB), Reserve Component battalion (US).

régiment de spahis (RS) (CLB) armoured recce regiment (GB), armored cavalry squadron (US).

régiment de soutien (logistique) combat service support (= CSS) battalion (GB).

régiment de soutien aéromobile (RSAM) (division aéromobile) (Traductions proposées) airmobile CSS battalion, airmobile support battalion (Équivalent GB : 24 Airmobile Brigade Combat Service Support (CSS) Battalion – Équivalent US : Aviation Support Battalion).

régiment de soutien de l'avant (MAT) forward support battalion (FSB) (US).

régiment de soutien logistique (armée de terre **britannique**) logistic support regiment (GB) (2 types de régiments existent au sein du "Royal Logistic Corps" : 1 . Close Support Regiment (= dans une division, gère la chaîne "ravitaillement" au profit des brigades et des unités divisionnaires) – 2. General Support Regiment (= fournit essentiellement des munitions à l'artillerie au moyen de véhicules "DROPS" (= VTL) et des porte-chars (= "tank transporters")) – (armée de terre **américaine**) support battalion (US).

régiment de soutien spécialisé specialist combat service support battalion, specialist combat service support regiment.

régiment de tirailleurs (Rtir) mechanized infantry battalion ou mechanized battalion (US), armoured infantry battalion (GB).

régiment de tir dans la profondeur (LRM) (ART) depth fire regiment (GB) (MLRS).

régiment de transmissions (RT) signal battalion (US), signal regiment (GB).

régiment de transmissions (guerre électronique) signal regiment (electronic warfare) (GB).

régiment de transmissions de corps d'armée corps communications regiment (GB).

régiment de transport transport regiment (GB) (Au sein du "Royal Logistic Corps", ou RLC).

régiment de transport de corps d'armée (Traduction proposée) Corps transport(ation, US) regiment (GB) (ou battalion (US)).

régiment d'hélicoptères AAC Regiment (GB) (AAC = Army Air Corps).

régiment d'hélicoptères d'assaut helicopter assault regiment (HAR) (OTAN).

régiment d'hélicoptères de combat (RHC) attack helicopter battalion (ATKHB) (Au sein de la brigade d'ALAT US), AAC regiment (AAC = Army Air Corps = ALAT) (GB).

régiment d'hélicoptères de commandement et de manœuvre (RHCM) <u>Équivalent</u> <u>US</u> : General Support Aviation Battalion (GSAB) – <u>Équivalent GB</u> : C2 (Command and Control) and liaison AAC regiment (GB).

régiment d'infanterie (RI) infantry battalion (US, GB).

régiment d'infanterie alpine (RIA) mountain infantry battalion (US, GB).

régiment d'infanterie de marine (RIMa) Absence d'équivalent. Le TRADOC (Training & Doctrine Command) américain traduit par "(French) Marine infantry battalion". La revue <u>Jane's</u> utilise "Marine Infantry regiment".

régiment d'infanterie de réserve volunteer (V) (infantry) battalion (GB). Ex : *Le 3ᵉ régiment de réserve du régiment d'infanterie de tradition du Cheshire : 3rd (Volunteer) Battalion, the Cheshire Regiment (GB).*

régiment d'infanterie et de chars de marine (RICM) (Traductions proposées) marine armoured recce regiment, marine armored cavalry squadron.

régiment d'infanterie légère infantry battalion (light) (US), light role infantry battalion (GB), light infantry battalion (GB).

régiment d'infanterie mécanisée (RIMECA) armoured infantry battalion (GB), mechanized infantry battalion (US).

régiment d'infanterie parachutiste (RIP) parachute (infantry) battalion (GB), airborne infantry battalion (US).

régiment d'infanterie blindée sur VAB (Traduction proposée) VAB-mounted armoured infantry battalion (VAB = wheeled armoured vehicle <u>ou</u> light armoured personnel carrier (APC)) (<u>Équivalent GB</u> : mechanised infantry battalion ; sur véhicule à roues Saxon).

régiment d'instruction training regiment <u>ou</u> training battalion (GB). Ex : *Régiment d'instruction (infanterie) : training battalion (US).*

régiment d'opérations psychologiques (<u>ou</u> d'action psychologique) psychological operations (PSYOPS <u>ou</u> PSYOP) battalion (US).

régiment du génie (RG) engineer battalion (US), engineer regiment (GB), Royal Engineers (= RE) field regiment (GB).

régiment du génie blindé combat engineer battalion (US).

régiment du génie de corps d'armée (RGCA) (Traduction proposée) corps engineer battalion (US) (<u>ou</u> regiment (GB)) (<u>À noter</u> : Le corps d'armée américain dispose d''une brigade du génie (enginer brigade)).

régiment du génie de division blindée (RGDB) Armoured division(al) engineer regiment (GB).

régiment du génie de division parachutiste (Traduction proposée) Airborne division(al) engineer regiment (GB) (<u>ou</u> battalion (US)).

régiment du génie parachutiste (RGP) parachute engineer regiment (GB), airborne engineer battalion (US).

régiment du matériel (RMAT) Les armées de terre américaine et britannique distinguent la fonction **"ravitaillement"** (RAV) de la fonction **"maintien en condition"** (MEC) : 1. <u>armée de terre US</u> : Matériel / ravitaillement : supply and transportation battalion – Matériel / maintien en condition : maintenance support battalion (MSB) (On trouve aussi les régiments de l'avant ou "forward support battalions"(FSB)) – 2. <u>armée de terre GB</u> : Matériel / ravitaillement : close support regiment <u>ou</u> general support regiment ("Royal Logistic Corps", RLC) (Voir explications à **régiment de soutien logistique**) – Matériel / maintien en condition : equipment support battalion (REME) / REME support battalion (REME = Royal Electrical and Mechanical Engineers).

régiment du matériel (ou de maintenance) (ALAT) aviation maintenance battalion (US).

régiment du train (RT) transportation battalion (US), transport regiment (GB).

régiment du train parachutiste (RTP) (ex- BOMAP + RLA) (Traduction proposée) airborne transportation battalion (terminologie US), parachute (ou airborne) transport regiment (GB).

régiment étranger (Légion) foreign regiment (GB). Ex : *Le 4ᵉ Régiment Etranger de Castelnaudary : the 4th Foreign Regiment in Castelnaudary (GB).*

régiment étranger de cavalerie (REC) (Traduction proposée) (French) Foreign Legion armoured recce regiment (GB) (ou armored cavalry squadron (US)). Ex : *Ils furent rejoints par le 2ᵉ REC en garnison à Orange : they were joined by 2REC, based at Orange (GB).*

régiment étranger d'infanterie (REI) (French Foreign Legion) Infantry Regiment (Jane's). Ex : *En septembre 1990, il servait au 2ᵉ REI en garnison à Nîmes : in September 1990, he was serving with 2REI based in Nîmes (GB).*

régiment étranger de parachutistes (REP) (Traduction proposée) (French) Foreign Legion parachute infantry battalion (GB) (ou airborne infantry battalion (US)).

régiment étranger du génie (REG) (Traduction proposée) (French) Foreign Legion engineer battalion (US) (ou regiment (GB)).

régiment interarmes combined-arms battalion (US).

régiment inter-armes d'outre-mer (RIAOM) overseas combined-arms battalion.

régiment logistique logistic regiment (GB), logistics battalion (GB).

régiment LRM (lance-roquettes multiple) depth fire regiment (MLRS) (GB), heavy (MLRS) regiment (GB).

régiment mécanisé mechanized infantry battalion (US), armoured infantry battalion (GB).

régiment médical (RMED) medical battalion (US) (Au sein du DISCOM = Division Support Command = commandement logistique), field ambulance (GB) (Abréviation : "FD AMB ou Fd Amb") (Unité qui peut être "armoured", "airmobile" ou "parachute" et est divisée en "medical sections" de 9 hommes (1 médecin et 8 personnels sanitaires)) ("A battalion-sized medical unit, usually attached to a brigade").

régiment parachutiste parachute battalion (GB).

régiment parachutiste de choc (11ᵉ RPC) (dissous en 1993) (Traduction rencontrée) special operations parachute commando regiment (in D. Porch, The French Secret Services) (Équivalent GB : 22 SAS Regiment).

régiment parachutiste de commandement et de soutien (RPCS) (DP) (Traduction proposée) Airborne Division headquarters and logistics battalion (Équivalent GB : 5 Airborne Brigade Logistics Battalion).

régiment parachutiste d'infanterie de marine (RPIMa) Pas d'équivalent GB ou US. On peut proposer la traduction : "Airborne Marine Infantry Battalion".

régiment sol-air air defence regiment (GB).

régiment sol-sol (ART) field regiment (GB), Field Artillery Regiment (GB).

région area (US, OTAN), region (US, GB), locality (OTAN) (VERB : "to police") (ADJ : "particular"). Ex : *Dans la région de Poitiers : in the vicinity of Poitiers (ou vic) Poitiers – Dans la région de Saint-Louis : in the St. Louis area (US) – La région Asie-Pacifique : the Asia-Pacific region (US) – Une région (du monde) : a region – Dans la région du golfe Persique : in the Persian Gulf region (US) – Une région à partir de laquelle les opérations sont lancées : a locality from which operations are projected (OTAN) – La région euro-atlantique : the Euro-Atlantic area (OTAN) – Dans la région de l'Atlantique Nord : in the North Atlantic area (OTAN) – La région Europe-Moyen-Orient : the Euro-Middle East region (US) – Région de défense aérienne : air defence region (ADR) (OTAN).*

région à conflits trouble spot (OTAN).

région aérienne air district, air region (US).

régional regional (US, OTAN). Ex: *Grand conflit régional: major regional conflict (US) (VERB: "to respond to") – Centre d'entraînement (ou d'instruction) régional: regional training center (US) – Puissance régionale: regional power (US) – Centre de contrôle opérationnel régional de rechange: alternate regional operational control centre (ALTROCCENT) (OTAN) – Centre d'opérations régional: regional operations centre (OTAN).*

régionalisation regionalization (US). Ex: *Régionalisation des services (aux personnels): regionalization of services (US).*

région boisée (TOPO) woodland (GB).

région centre (Europe) Central Region (OTAN).

région de conflit region of conflict (US).

région de défense aérienne air defence area (OTAN).

région d'effort principal (TAC) main effort (OTAN). Ex: *Détourner la défense ennemie de la région d'effort principal: to draw enemy defences away from the main effort (OTAN).*

région de recherche et sauvetage (des personnels) search and rescue region (SRR) (GB).

région littorale littoral region (GB).

région maritime maritime district, maritime region (US).

région militaire military district (MD) (OTAN, US), military region (US). Ex: *Région militaire de Washington: Military District of Washington (MDW) (US).*

région militaire de défense (RMD) (Traduction proposée) Defence Region.

région montagneuse (TOPO) mountainous region (US).

région où vivent des minorités minority area (OTAN).

régions froides cold regions (US).

Région Terre (armée de terre 2002) military region (Jane's), regional (administrative) command (Jane's), Military District (GB). Ex: *Les cinq Régions Terre seront en place cet été: the five regional (administrative) commands will be in place this summer (Jane's).*

régir (accord / texte de loi / doctrine) to govern (UN, US). Ex: *La doctrine qui régit sa manière de combattre (armée): the doctrine that governs how it fights (US).*

registre register (UN). Ex: *Registre des armes classiques: register of conventional weapons (UN).*

réglable (cadence de tir) adjustable.

réglage (arme) adjustment (GB) (VERB: "to make"). Ex: *Il effectua plusieurs petits réglages sur l'optique de l'arme: he made several minor adjustments to the weapon sight (GB).*

réglage (ART) adjustment (Terme générique) (US, GB). Ex: *Calculer le réglage des armes d'artillerie pour compenser l'effet du vent: to calculate the artillery adjustment to compensate for the effect of wind (US) – Il nous faudra au moins quinze minutes pour le réglage: we will need at least fifteen minutes for adjustment (GB).*

réglage (ART) (ordre) adjust fire (OTAN).

réglage (tir de) registration fire (OTAN), adjusting fire (GB).

Cf.: Fire delivered to obtain accurate data for subsequent effective engagement of targets (OTAN).

réglage de la hauteur (arme automatique) height adjustment control.

réglage de tir par observation observed fire procedure (OTAN).

réglage du tir (ou réglage observé de tir) adjustment of fire (US, OTAN).

réglage percutant par encadrement sur la ligne d'observation bracketing (OTAN).

réglages (corrections) (ART) adjustment (GB). Ex : *Les canons étaient calés sur l'objectif après mes premiers réglages : the guns were on target after my first adjusment (GB).*

règle rule (US, GB, UN) (Terme générique) (ADJ : "applicable"). Ex : *Une règle de bon sens : a commonsense rule (US) – Règles de décompte (armements) : counting rules (UN) – Les règles du droit de la guerre : the rules of the law of war (US) – En règle générale : as a general rule (GB).*

règle de procédure rule of procedure (CFE).

règlement (TTA) (TAC) field manual (FM) (US), Army Regulation (AR) (US) (VERB : "to publish", "to distribute"). Ex : *Le Règlement 100-6, "Information Opérationnelle ou Opérations d'Information" : Field Manual (FM) 100-6, Information Operations (US) – Règlement de l'armée de terre : Army field manual (AFM) (GB) – Le règlement 27-1 : AR 27-1 (US).*

règlement (règles) regulation(s) (OTAN, US), rules (US). Ex : *Règlement du personnel civil (RPC) : civilian personnel regulations (CPR) (OTAN) – Le règlement est le même pour tous : the same rules apply to everybody (US) – Interdit par le règlement : prohibited by regulation (US).*

règlement (négocié) (conflit) settlement (US, UN, OTAN) (VERB : "to reach", "to achieve", "to negotiate", "to establish") (ADJ : "expeditious", "rapid" = rapide, "long-term", "political", "interim" = provisoire). Ex : *Parvenir à un règlement politique : to reach political settlement (US) – Règlement pacifique : peaceful settlement (US, GB) – Règlement des différends : settlement of disputes (UN) – Règlement de paix : peace settlement (US) (VERB : "to enforce") – L'acceptation du règlement politique provisoire négocié à Rambouillet : acceptance of the interim political settlement which has been negotiated at Rambouillet (OTAN).*

réglementaire issue (GB), regulation (US), standard (US). Ex : *Un casque réglementaire (ou en dotation) : an issue helmet (GB) – Une coupe de cheveux réglementaire : a regulation haircut (US) – De façon réglementaire (ou réglementairement) : in a regulation manner (GB) – Présentation réglementaire (résultats) : standard format (US).*

réglementation regulations (UN). Ex : *Réglementation des armements (STRAT) : arms regulations (UN).*

règlement de discipline (armée) disciplinary code (GB).

règlement de discipline générale dans les armées (RDGA) Les 2 équivalents suivants concernent uniquement l'armée de terre de 2 pays : Équivalent GB : Queen's Regulations for the Army 1975 (QRs) (En abrégé : "Queen's Regs") – Équivalent US : AR (= Army Regulation) 27-10 : Military Justice (À noter : Les délits passibles de cour martiale sont régis par les codes de droit militaire suivants : "the Manual of Military Law" (GB), "the Uniform Code of Military Justice" (UCMJ) (US)).

règlement des conflits conflict resolution (UN).

règlement des différends resolution of disputes (OTAN).

réglementé (itinéraire) controlled (OTAN).

réglementé (zone) restricted (US, GB).

règlement du mess (ou du cercle) mess rules (US, GB).

règlement militaire (armée de terre) regulations (US), rules (US), Army regulation(s) (AR) (Abrégé : "regs") (US) (VERB : "to follow"). Ex : *Règlements militaires : military regulations (En abrégé : "regs") (US) – Règlement de garnison : garrison regulations (US) – Dans la mesure où le règlement l'autorise : as regulations permit (US) – D'après le (ou en fonction du) règlement actuel : based on current rules (US).*

règlement politique (conflit) political settlement (US).

règlement sur les tenues (armée) dress regulations.

régler to adjust (GB), to key (US), to gear (US), to set (US), to arrange (US), to zero (GB), to tune (US). Ex : *Régler son mouvement en fonction du terrain : to key one's movement to terrain (US) – Notre progression doit être réglée sur celle des divisions voisines : our advance must be geared to that of the adjacent divisions (US) – Régler / le tir / la portée / la hausse du canon : to adjust / fire / range / gun elevation – Deux postes radio réglés sur la même fréquence : two radio sets set to the same frequency (US) – Régler ses affaires personnelles (lors de la mutation) : to arrange (for) (ou to adjust) one's personal affairs (US) – Régler une question : to settle a question (OTAN) – Régler la hausse d'un canon : to zero a gun (GB) – Régler l'étalonnage de fréquence des postes radio : to tune the frequency calibration of radio sets (US) – Il régla les sangles de son sac à dos : he adjusted the straps on his rucksack (GB) – Il a réglé les commandes en manuel : he set the controls to manual (GB).*

régler (le tir) to adjust (fire) (US, OTAN, GB), to zero (US). Ex : *Régler le tir d'un fusil : to zero a rifle (US) – L'artillerie ennemie règle son tir sur la position de la 2ᵉ compagnie : the enemy artillery is adjusting onto B Company's position (GB).*

régler (résoudre) (conflit / crise) to settle (GB), to resolve (US).

règles de comportement rules of behaviour.

règles d'engagement rules of engagement (ROE) (US, OTAN) (VERB & NOM : "to develop" / "development", "to disseminate" / "dissemination", "to execute" / "execution", "to wargame" / "wargaming") (ADJ : "appropriate"). Ex : *Règles d'engagement collectif : rules of collective engagement (US).*

règles de sécurité (PERS) safety regulations (OTAN), rules of security (GB).

règles financières financial rules (OTAN).

règne du droit (le) the rule of law (OTAN). Ex : *Les principes de la démocratie, les libertés individuelles et le règne du droit (valeurs de l'OTAN) : the principles of democracy, individual liberty and the rule of law (OTAN).*

régner (faire) to enforce (US), to bring (OTAN). Ex : *Faire régner la paix en Bosnie (forces) : to enforce peace in Bosnia (US) – Faire régner la paix et la sécurité dans la région Euro-Atlantique : to bring peace and security to the Euro-Atlantic region (OTAN).*

regret regret (OTAN). Ex : Ex : *Le Comité a accédé à grand regret à la demande de décharger le général X de ses fonctions : the Committee agreed with great regret to release General X from his assignment (OTAN).*

regrets seulement (invitation) Regrets Only (US).

regretter to regret (OTAN). Ex : *L'OTAN regrette profondément que cette attaque ait fait, accidentellement, des victimes civiles : NATO deeply regrets accidental civilian casualties that were caused by this attack (OTAN).*

regroupement (collation ou exploitation comparative) (RENS) collation (OTAN).

Cf. : In intelligence usage, a step in the processing phase of the intelligence cycle in which the grouping together of related items of information provides a record of events and facilitates further processing (OTAN).

regroupement (TAC) regrouping ou re-grouping (GB). Ex : *111ᵉ and 112ᵉ RC en cours de regroupement : 111 and 112 Armoured Regiments currently regrouping (GB).*

regroupement (après opération) (TAP) reorganization (US).

regroupement (administratif) consolidation (US). Ex : *Regroupement des dossiers des personnels dans un centre : consolidation of personnel records in a center (US).*

regroupement (installations / bases militaires) realignment (US).

regroupement (unités / forces) grouping (GB), regrouping (GB). Ex : *Le regroupement des unités Pluton : the grouping of the Pluton units (GB) – La dissolution et le regroupement des forces de combat étant réalisés en 1999 : the dissolution and regrouping of combat forces being achieved in 1999 (GB).*

regroupement (sociétés d'armement) merger (Jane's). Ex : *CELERG France a été constituée l'année dernière par le regroupement de SNPE et des activités de propulsion de missiles d'Aérospatiale SA : CELERG France was formed last year by the merger of SNPE and the missile propulsion activities of Aérospatiale SA (Jane's).*

regroupement administratif administrative grouping (GB).

regrouper (soldats / organisation / fonctions / entraînement) to group (US, GB, Jane's), to consolidate (US, GB) (PREP : "into", "with", "by", "in", "under"). Ex : *Regrouper une unité avec d'autres unités : to group a unit with other units (GB) – Les éléments aéroportés de la 5ᵉ Brigade Parachutiste seront regroupés avec la 24ᵉ Brigade Aéromobile pour former la 16ᵉ Brigade d'Assaut vertical : the airborne elements of 5 Airborne Brigade will be grouped with 24 Airmobile Brigade to form 16 Air Assault Brigade (Jane's) – Les symboles topographiques sont regroupés par catégories : topographic symbols are grouped by category (US) – Les fonctions de cartographie et de géodésie ont été regroupées au sein d'un seul organisme du ministère de la Défense : the mapping and geodesy functions were consolidated in a single DOD (= Department of Defense) agency (US) – L'entraînement a été regroupé à Winchester : training was consolidated in Winchester (GB) – Regrouper l'ensemble des hélicoptères tactiques des 3 armées en un Commandement Interarmées des Hélicoptères (ou des Forces Héliportées) : to group all battlefield helicopters from the 3 services into a Joint Helicopter Command (GB) – Une installation temporaire où sont regroupés les prisonniers de guerre : a temporary facility where PW are consolidated (GB) – Les recrues ont été regroupées par sections : the recruits were grouped into platoons (GB) – Regrouper des unités sous un commandement unique : to consolidate units under a single command (US) – Des régiments regroupés en brigades (INF) : battalions grouped into brigades – Regrouper des installations militaires : to consolidate military facilities (US) – Les régiments sont regroupés au sein de Divisions d'administration : regiments are grouped together within administrative Divisions (GB).*

regrouper (renseignements) (RENS) to assemble (OTAN).

regrouper (se) (TAC) to regroup (US), to reorganize.

régulateur de gaz (fusil) gas regulator (US).

régulateur de plage (officier) beachmaster (US).

régulateur de tension voltage regulator (OTAN).

régulation (circulation aérienne) regulation (of air traffic) (OTAN).

régulation (circulation) traffic control.

régulation des malades (SAN) patient regulating (OTAN).

régulier (force) regular (US). Ex : *Des forces régulières : regular forces (US).*

régulier routine (UN). Ex : *Inspection régulière : routine inspection (UN).*

réhabilitation (immobilier) revitalization (US). Ex : *Réhabilitation / des logements / des casernes : housing / barracks / revitalization (US).*

REI voir **régiment étranger d'infanterie.**

réimplantation relocation (OTAN). Ex : *Réimplantation de forces dans des zones d'opérations : relocation of forces to areas of operations (OTAN).*

réinsertion (dans le civil) (PERS) resettlement (GB), reestablishment (US). Ex : *La réinsertion dans une communauté civile (à la retraite) : reestablishment in a civilian community (US).*

réinstallation (nouvelle affectation) (PERS) resettlement (GB).

réinstallation (des populations) (après un conflit) relocation (OTAN), resettlement (OTAN, CA). Ex : *Réinstallation temporaire : temporary relocation (OTAN) – Réinstallation des personnes (après un conflit) : human resettlement (CA).*

réintégration des matériels TAP parachute turn-in, parachute collection.

réintégrer (revenir dans) to rejoin (US). Ex : *Réintégrer la structure militaire intégrée : to rejoin the integrated military structure (US).*

réintégrer dans to reintegrate into (GB). Ex : *Réintégrer la France dans le commandement militaire de l'OTAN : to reintegrate France into NATO's military command (GB).*

réintroduire (emploi d'une arme) to re-introduce (a weapon).

réitéré repeated (US). Ex : *Après les refus réitérés du président Milosevic de mettre un terme aux attaques visant les Albanais du Kosovo : after president Milosevic's repeated refusals to stop attacks on Kosovar Albanians (US).*

rejeter (sabot / projectile) to discard (US, GB, OTAN). Ex : *Il est normalement rejeté à une courte distance de la bouche du canon : it (= the sabot) is normally discarded a short distance from the muzzle (OTAN) – Rejeter le projectile à une courte distance de la bouche du canon : to discard the projectile a short distance from the muzzle (US, GB).*

rejoindre to join (US, GB), to enter (US), to go to (US). Ex : *L'élément précurseur est rejoint par l'élément de base : the advance element is joined by the base element (US) – Les élèves-officiers quittent l'école pour rejoindre leurs régiments : officer cadets leave the academy to join their regiments (GB) – Rejoindre son unité : to join one's unit (GB) – Rejoindre le corps des officiers : to enter the corps of officers (US) – La plupart des officiers rejoindront des affectations tactiques : most officers will go to tactical assignments (US) – Ils furent rejoints par le 2ᵉ REC en garnison à Orange : they were joined by 2REC, based at Orange (GB) – Rejoindre les rangs des rebelles (soldats gouvernementaux) : to join the ranks of the rebels (GB).*

rejoindre sa base (aéronef) to return to base (US).

relâchement (négligence) (PERS) laxness (US).

relâcher (prisonnier) to release (US).

relais (TRANS) relay (GB) (VERB : "to set up").

relais (procédure radio) through. Ex : Je fais relais : through (ou thru (US)) me.

relais de communications (ou de transmissions) communications relay (GB).

relais de données data relay (OTAN).

relais radio radio relay (RR) (US) (ADJ : "multichannel").

relatif relative (US). Ex : *La valeur relative de différents concepts : the relative merits of alternative concepts (US).*

relatif à relating to (OTAN), regarding (OTAN), related to (OTAN), for (UEO). Ex : *Renseignements relatifs à une situation : intelligence relating to a situation (OTAN) – Information relative à l'ennemi : (items of) information regarding the enemy (OTAN) – Contribuer à une compréhension mutuelle des questions relatives à l'entraînement et aux exercices en matière de défense aérienne : to contribute to a common understanding on issues related to air defence training and exercises (OTAN) – Les capacités relatives à la préparation des opérations de crise : capabilities for the preparation of crisis management operations (UEO).*

relation (rapport / contact) relationship (US, GB, OTAN), relation (US, OTAN, GB) (VERB : "to develop", "to establish", "to maintain", "to influence", "to exploit") (ADJ : "strained"). Ex : *La relation (<u>ou</u> le rapport) entre un chef et ses hommes : the relationship between a commander and his personnel (US) – Des relations entre armées (nationales) : army-to-army relations (US) – Relations de travail (entre armées) : working relationships (between military services) (US) – Les relations entre les officiers et les soldats : relations between officers and soldiers (GB) (ADJ : "informal") – Relations de commandement : command relationships (US) – Les relations entre les forces militaires et les autorités civiles : the relations between military forces and civilian authorities (US) – Relation de coordination : coordination relationship (US) – Établir une relation avec des soldats : to establish a relationship with soldiers (US) – Les relations entre l'armée et les media : military-media relations (US) – Les relations entre supérieurs et subordonnés : superior-subordinate relationships (US) – Relations civilo-militaires : civil-military relations (OTAN) – Un rééquilibrage de la relation vitale entre les deux rives de l'Atlantique : a re-balancing of the vital transatlantic relationship (OTAN) – L'étude de la relation entre les forces armées et la société (sociologie militaire) : the study of the relationship between armed forces and society (US) – Remettre les relations OTAN-Russie sur les rails : to get NATO-Russia relations back on track (OTAN).*

relations avec les média media relations (US).

relations de commandement command relationships (US).

relations de travail (entre organismes) working relationship (OTAN).

relations entre civils et militaires civil-military relations (OTAN).

relations interarmées joint relationships (US).

relations internationales (RI) (discipline) : international relations (US).

relations publiques public relations (PR) (GB, OTAN), public affairs (PA) (US). Ex : *Le Service d'Information et de Relations Publiques des Armées (SIRPA) : the Ministry of Defence Public Relations Department (GB), the Department of Defense Public Affairs Office (US) – Un officier de relations publiques (ORP) : a public relations officer (PRO) (GB), a public affairs officer (PAO) (US) – Relations publiques / presse-information : public relations / public information (PR/PI) (OTAN).*

relativement relatively (US), comparatively (OTAN). Ex : *Pendant un temps relativement court : for a comparatively short time (OTAN) – Sur des distances relativement courtes : over relatively short distances (US).*

relayer (TRANS) to relay (OTAN, US, GB). Ex : *Relayer des signaux entre plusieurs stations de télécommunications : to relay signals between communications stations (OTAN) – L'image est relayée vers le tireur : the image is relayed to the gunner (US).*

relayer (information / instructions) to relay (GB, US) (PREP : "to").

reléguer to relegate (US) (PREP : "to"). Ex : *La guerre des mines a été reléguée au second plan : mine warfare has been relegated to a lesser stature (<u>ou</u> to a role of secondary importance) (US) – Être relégué à des missions secondaires : to be relegated to secondary roles (US).*

relevable (force / PERS) relievable, requiring relief (<u>Jane's</u>). Ex : *Déployer à distance une force de 30 000 hommes tout en conservant la capacité de projeter une force en national de 5 000 hommes relevables tous les 4 mois : to project a 30,000-strong force and concurrently be able to project a separate 5,000-strong force requiring relief every 4 months (<u>Jane's</u>).*

relevante (unité) incoming (unit) (US).

relève (unité / force) (TAC) relief (GB). Ex : *Un engagement à plus long terme avec des relèves à chaque fois de 3 000 hommes (OPEX) : a longer-term rotating commitment of 3,000 soldiers at a time (GB) – Des structures de forces permettant de disposer d'unités de relève en cas de besoin : force structures capable of providing fresh units when required (OTAN) – Relève des troupes au combat : relief of troops in combat (GB).*

relève (changement d'équipe) (état-major) shift (US, GB). Ex : *Un système de relève toutes les huit heures : a shift system of eight hours (GB).*

relevée (unité) outgoing (unit) (US).

relève de la garde (la) (palais royal ou présidentiel) the Changing of the Guard (GB).

relève des blessés casualty evacuation (CASEVAC) (GB).

relèvement (TOPO) observation (OTAN).

relèvement bearing (OTAN). Ex : *Relèvement / magnétique / en transit / géographique / grille / vrai : magnetic / transit / true / grid / true / bearing (US, OTAN).*

relève offensive offensive relief (US).

relève par dépassement relief by overtaking.

relever to relieve (US, GB), to replace (US), to change (GB). Ex : *Relever sur place : to relieve in place – Un second régiment se prépare à partir pour la Bosnie pour relever le premier : a second battalion is preparing to deploy to Bosnia to replace the first (US) – Relever la garde : to change the guard (GB) – J'enverrai quelqu'un pour vous relever à 22 H 00 : I'll send someone to relieve you at 2200hrs (GB).*

relever de (dépendre de) to report to (OTAN), to be the responsibility of (US), to pertain to (US), to be answerable to (UEO), to fall under (US), to be under (US). Ex : *Des forces relevant d'un commandant en chef : forces reporting to a commander-in-chief (OTAN) – L'entraînement individuel relève de la responsabilité des sous-officiers instructeurs : individual training is the responsibility of the NCO (= Non-Commissioned Officer) trainers (US) – Les missions relevant de l'armée de terre : the missions pertaining to the Army (US) – Relevant du (ou couvert par le) secret-défense : classified (UN) – Forces relevant de l'UEO (Union de l'Europe Occidentale) (FRUEO) : Forces Answerable to WEU (= Western European Union) (FAWEU) (UEO) – La DST relève du ministère de l'Intérieur : the DST falls under the Ministry of the Interior (US) – Le SDECE relevait officiellement du ministère de la Défense : the SDECE was officially under the Ministry of Defense (US).*

relever de (mission / poste / commandement) to release from, to relieve of (GB). Ex : *Relever une unité d'une mission : to release a unit from a mission – Relever quelqu'un / d'une mission / d'un poste / d'un commandement : to relieve somebody of / duties / a post / a command (GB).*

relève sur place relief in place (RIP) (OTAN, US) (VERB : "to perform", "to conduct").

Cf. : A operation by which, by direction of higher authority, all or part of a unit is replaced in an area by the incoming unit. The responsibilities of the replaced elements for the mission and the assigned zone of operations are transferred to the incoming unit. The incoming unit continues the operation as ordered (OTAN).

relever (champ de mines) to clear (a minefield).

relever (boîte aux lettres morte) (RENS) to visit (a dead drop) (US).

relever (défi) to meet (US). Ex : *Relever les défis / du 21ᵉ siècle / de l'âge de l'information : to meet the challenges / of the 21st century / of the information age (US).*

relié à connected to (US).

relief (surface terrestre) relief (OTAN).

relief pour ombres portées shaded relief (US, GB).

relier (TRANS / informatique) to link (US, GB), to connect (US, GB) (PREP : "to"). Ex : *Le drone est relié à une station au sol par une liaison de données : the drone is datalinked to a ground station (GB) – Être relié par satellite : to be connected by satellite (GB) – Un autocommutateur relié à plusieurs centres nodaux par faisceaux hertziens : an automatic switchboard connected to several nodal centers by microwave links (US) – Nous étions reliés au PC de brigade : we were linked to Brigade HQ (GB).*

relier to connect (US), to attach (OTAN). Ex : *Un itinéraire qui relie des forces militaires : a route that connects military forces (US) – L'autoroute n° 8 qui relie Koweit-Ville à Bassorah : Highway 8 which connects Kuwait City and Basrah (US) – Les charges (explosives) reliées à un circuit de mise à feu : the charges connected to a firing circuit (OTAN) – Une ligne qui relie des points d'égale altitude (carte) : a line connecting points of equal elevation (OTAN) – Un dispositif relié à une mine : a device attached to a mine (OTAN).*

relier en réseau to network (US). Ex : *Être relié en réseau à : to be networked with (US).*

religieux religious (US) (NOM ASS. : "affiliation" (PERS)). Ex : *Soutien religieux (aumônerie) : religious support (US) – Intégrisme religieux : religious fundamentalism (US).*

religion (PERS) creed (GB). Ex : *Chaque légionnaire est ton frère d'armes, quelles que soient sa nationalité, sa race, sa religion (Code d'honneur) (Légion) : each Legionnaire is your brother-at-arms, irrespective of his nationality, race or creed (GB).*

reliquat (force / armée) remainder (US), remnants (GB). Ex : *Le reliquat du 1ᵉʳ échelon : the remainder of the first echelon (US) (Voir aussi **restes**).*

rémanent persisting (OTAN). Ex : *Effets rémanents d'armes chimiques : persisting effects of chemical weapons (OTAN).*

remanié (concept) revised (US).

remaniement shake-up (GB). Ex : *Un grand remaniement dans le domaine de la Défense : a defence shake-up (GB).*

remarquable outstanding (GB). Ex : *Avec une remarquable précision : with outstanding accuracy (GB).*

remarque (document officiel) remark (UEO). Ex : *Remarques finales : final remarks (UEO).*

rembarquement (unité amphibie) backloading (US).

remblai bank (OTAN), embankment (GB).

remboursement reimbursement (US) (VERB : "to obtain") (PREP : "for"). Ex : *Remboursement des frais de déplacement : reimbursement for travel expenses (US).*

remédier à to remedy (GB), to rectify (OTAN). Ex : *Remédier à nos faiblesses : to remedy our weaknesses (GB) – Remédier à un déséquilibre : to rectify an imbalance (OTAN).*

remettre to present (GB, US), to give (US), to turn over (US), to hand over (US), to bestow (OTAN), to pass (US). Ex : *Remettre une médaille à quelqu'un : to present somebody with a medal, to present a medal to somebody (GB) – Être remise à la disposition de la division (unité) : to revert to division control – Remettre des détenus à la police militaire : to give (ou to turn over) detainees to military police (US) – Remettre une récompense : to present an award (US) – Remettre le commandement à : to hand over command to (US) – Le président Chirac remettra au Secrétaire général (= de l'OTAN) les insignes de Commandeur dans l'Ordre de la Légion d'honneur : President Chirac will bestow on the Secretary General the insignia of Commander in the Order of the Legion of Honour (OTAN) – Remettre des documents à un officier traitant (agent) (RENS) : to pass material to a handler (US).*

remettre (personne recherchée aux autorités) (AT / GEND) to hand over (GB). Ex: *L'autre fut arrêté et remis aux autorités du Tribunal pénal : the other was arrested and handed over to the Criminal Tribunal authorities (GB).*

remettre à niveau (effectifs après pertes) to top up (GB). Ex: *Ses effectifs étant remis à niveau par l'apport de jeunes appelés (Légion) : its strength being topped up with young conscripts (GB).*

remettre à plus tard voir **reporter**.

remettre en état (matériel) to fix (US), to restore to a serviceable condition (US), to recondition (OTAN). Ex: *Les unités remettent en état le matériel : units recondition the equipment (OTAN).*

remettre en état (ou rénover) (installations / bâtiments) (GEN) to rehabilitate (US).

remettre en place (objet) to replace (GB). Ex: *Remettre en place le combiné : to replace the handset (GB).*

remettre en service (matériel endommagé) to return to service (US, OTAN). Ex: *Remettre en service le matériel endommagé ou hors de combat : to return damaged or disabled equipement to service (OTAN).*

remettre sur les rails to get back on track (OTAN). Ex: *Remettre les relations OTAN-Russie sur les rails : to get NATO-Russia relations back on track (OTAN).*

remettre sur pied (unité) to reactivate (US). Ex: *Remettre sur pied une unité : to reactivate a unit (US).*

remise (prisonniers) turnover (US) (PREP: "to").

remise (décorations / distinctions) award (OTAN). Ex: *La remise des insignes de Commandeur dans l'Ordre de la Légion d'honneur : the award of the insignia of Commander in the Order of the Legion of Honour (OTAN) (Voir aussi **remettre**).*

remise de médailles (cérémonie) medals presentation (GB).

remise de récompenses (cérémonie) awards ceremony (US).

remise en condition (matériels) refurbishment (GB), reconstitution (US). Ex: *EMD C.ATT après remise en condition : Be prepared to counter-attack after refurbishment (GB) (ou reconstitution (US)).*

remise en condition (unités) rehabilitation (OTAN), recuperation (Jane's).
Cf.: The processing, usually in a relatively quiet area, of units or individuals recently withdrawn from combat or arduous duty, during which units recondition equipment and are rested, furnished special facilties, filled up with replacements, issued replacement supplies and equipment, given training, and generally made ready for employment in future operations (OTAN).

remise en état (installation) rehabilitation (OTAN).

remodeler (armée / ensemble géographique / champ de bataille) to reshape (US, GB, OTAN). Ex: *Les changements qui remodelaient l'Europe : the changes that were reshaping Europe (OTAN) – Remoder le champ de bataille du point de vue opérationnel : to reshape the battlefield operationally (GB).*

remonter (information) to get up (US).

remonter (arme) to reassemble (a weapon) (US).

remonter (faire) to trace back (GB). Ex: *On peut faire remonter les origines du régiment au début de la Deuxième Guerre mondiale : the origins of the regiment can be traced back to the early days of the Second World War (GB) – La Réserve de l'armée de terre américaine fait remonter ses débuts aux premières années de ce siècle : the U.S. Army Reserve (USAR) traces its beginnings back to the early years of this century (US).*

remonter à to date back to (US), to trace from (US). Ex : *La tradition remonte à plus de deux cents ans : the tradition dates back more than two hundred years (US)* – *L'origine de ce corps remonte au mois de juillet 1775 : this Corps traces its beginning from July 1775 (US).*

remorquage towing (US) (Également pour des navires). Ex : *Opérations de remorquage : towing operations (US).*

remorque trailer (US, GB) (VERB : "to pull", "to tow"). Ex : *Remorque-citerne : tanker trailer* – *Remorque de lancement (missile nucléaire tactique) : launch trailer (GB).*

remorquer (ou être remorquable) to tow (Verbe à sens actif et passif).

remorqueur (construction de pont) tugboat.

rempart rampart (GB). Ex : *Il se jeta devant l'officier pour faire rempart de son corps : he threw himself in front of the officer to make a rampart with his body (GB).*

rempiler (engagé) to re-up (US) (Terme normal : "to reenlist" = se rengager).

remplaçant (individu / matériel) replacement (GB, Jane's). Ex : *Son remplaçant est le commandant Staples : his replacement is Major Staples (GB)* – *Le remplaçant du M551 Sheridan : the replacement for the M551 Sheridan (Jane's) (Voir aussi* **futur remplaçant (PERS)***).*

remplacement (matériel) replacement (Jane's), change. Ex : *Ce missile doit être remplacé vers la fin de la décennie : this missile is due for replacement towards the end of the decade (GB)* – *Le remplacement d'un moteur à essence par un moteur diesel (véhicule blindé) : the replacement of a petrol engine by a diesel engine (Jane's)* – *Canon à remplacement rapide : quick change barrel.*

remplacement (rotation) (unités) rotation (OTAN). Ex : *Le remplacement des unités de la ligne de front par celles en réserve : the rotation of units in the front line with those in reserve (OTAN).*

remplacement d'unités unit substitution (US).

remplacer (matériel) to replace (GB).

remplacer to replace (US, GB), to supersede (US), to cover for (GB), to substitute for (US). Ex : *Remplacer quelqu'un au poste de : to replace somebody in the post of (GB), to replace somebody as (US)* – *Le (missile) Nike-Hercules a été remplacé par le missile Patriot : the Nike-Hercules has been replaced by the Patriot missile system (US)* – *Rien ne remplace le fait d'être dans son char et de manœuvrer : there is no substitute for being in your tank and maneuvering (US)* – *Remplacer ses prédécesseurs (char) : to supersede its predecessors (US)* – *Le SDECE fut créé pour remplacer la DGER (RENS) : the SDECE was funded as a replacement for the DGER (US)* – *Je remplace le sergent Jones ce soir : I am covering for Sergent Jones tonight (GB)* – *Les forces d'opérations spéciales peuvent remplacer l'engagement de forces militaires polyvalentes : special operations forces may substitute for the commitment of general-purpose military forces (US)* – *Remplacer / une unité (sur le terrain) / un matériel (en dotation) : to replace / a unit / a piece of equipment (GB).*

remplacer (et annuler) (document, texte ou disposition antérieur(e)) to supersede (US, GB).

remplir (mission) to carry out, to perform, to fulfill (a mission / a task / a role / a duty).

remplir (mandat) (force) to carry out (OTAN), to fulfill (US). Ex : *Remplir un mandat particulier (force) : to fulfill a specific mandate (US).*

remplir (fonction) to perform (a function) (CFE), to serve as (UEO). Ex : *Des états-majors capables de remplir les fonctions d'état-major d'opération ou de force : HQs (= Headquarters) capable of serving as Operation or Force HQs (UEO).*

remplir (renseigner) to fill out (US), to complete (US, UN). Ex : *Remplir un formulaire : to fill out (US) (ou to complete (UN, US)) a form.*

remporter to win (US, GB), to achieve (US). Ex : *Remporter une victoire : to win a victory (GB) – Remporter la victoire : to achieve victory (US).*

remue-méninges brainstorming (US).

remuer Ex : *Remuez-vous ! (familier) : move it ! (US).*

rémunération (solde) (PERS) pay (US).

rémunération financial reward (US). Ex : *Livrer des documents secrets contre rémunération (RENS) : to sell secret documents (US).*

rémunérations (et charges sociales / RCS) (chapitre budgétaire) pay (GB, US). Ex : *Rémunérations des personnels militaires : Forces Pay and Allowances (GB) – Rémunérations des personnels civils : Civilian Pay (GB).*

rémunéré (être) to receive a payment (GB). Ex : *Les réservistes sont rémunérés : reservists receive a payment (GB).*

rencontre (RENS) meeting (US), meet (US) (VERB : "to take place", "to miss") (ADJ & PART : "alternate", "(regularly) scheduled", "face-to-face"). Ex : *Rencontre clandestine (ou secrète) : clandestine meeting (US), secret meeting (US).*

rencontre (accidentelle) (TAC) encounter (GB).

rencontrer (ennemi / résistance / obstacles) (TAC) to encounter (US), to meet (OTAN). Ex : *Rencontrer des résistances : to encounter resistance (GB) – Rencontrer une forte opposition (ennemi) : to meet major opposition (OTAN) – Ne rencontrer qu'une faible résistance : to encounter only light resistance (GB) – On ne rencontra aucune résistance : no resistance was encountered (GB) – Ne pas rencontrer de résistance (force) : to be unopposed – Rencontrer des obstacles (force) : to encounter obstacles (US).*

rencontrer (situation / problème) to encounter (a situation / a problem) (US).

rendez-vous appointment (US). Ex : *Obtenir un rendez-vous avec le chef de corps : to obtain an appointment with the commanding officer (US).*

rendez-vous (TAC) rendez-vous (R/V ou RDV) (OTAN).

rendez-vous (visites d'unités) rendezvous (OTAN).

rendre to render (US), to make (US), to do (US). Ex : *Rendre les honneurs à : to render honors for (US) – Rendre l'infrastructure militaire inutilisable : to render the military infrastructure unusable – Rendre des services inestimables (matériel) : to do yeoman service (US) – Rendre étanche (matériel) : to waterproof (OTAN) – Rendre des matériels inutilisables : to make equipment inoperable (US) – Rendre effectif un plan d'opération : to put into effect an operation plan (OTAN) – Rendre à la vie civile (PERS) : to discharge – Rendre vaines les actions ennemies : to render enemy actions ineffective (US) – Rendre impossible toute nouvelle résistance : to make further resistance impossible (US).*

rendre (salut / territoire) to return (CA). Ex : *Rendre un salut : to return a salute – Rendre le Kosovo aux autorités civiles : to return Kosovo to civil rule (CA).*

rendre (armes) to hand over (GB), to give up (GB), to lay down. Ex : *Les soldats ennemis ont rendu leurs armes sans résister : the enemy gave up their weapons without a fight (GB) – Rendre les armes : to lay down one's arms.*

rendre à la vie civile (libérer) (PERS) to discharge (US, GB). Ex : *Il a été rendu à la vie civile : he was discharged (from the army) (GB).*

rendre apte à to make ready for (US). Ex : *Rendre des forces aptes à être employées dans des opérations futures : to make forces ready for employment in future operations (US).*

rendre compte à to report to (US). Ex : *Ces officiers rendent compte directement au général commandant la Division : these officers report directly to the Commanding General (US).*

rendre compte de to report (US, GB, OTAN), to refer the matter (OTAN). Ex : *Rendre compte au PC par radio : to report to the CP by radio (US) – Il rendra compte à l'autorité appropriée : he shall refer the matter to the appropriate authority (OTAN) – Rendre compte des résultats d'une mission : to report the results of a mission (OTAN) – Rendre compte immédiatement de tout mouvement de troupes ennnemies (ordre d'opérations) : report immediately any movement of enemy forces (US).*

rendre hommage à to pay tribute to (US, OTAN). Ex : *La cérémonie rendait hommage aux Américains qui ont perdu la vie au cours de l' Opération Tempête du Désert : the ceremony paid tribute to the Americans who lost their lives in Operation Desert Storm (US) – L'Alliance rend hommage aux hommes et aux femmes participant à l'opération Allied Force pour le courage et l'engagement dont ils ont fait preuve : the Alliance pays tribute to the men and women of Operation Allied Force for the courage and commitment they have displayed (OTAN).*

rendre infirme to disable (GB). Ex : *Une balle l'a rendu infirme : he was disabled by a bullet (GB).*

rendre possible to enable (US). Ex : *La supériorité à tous points de vue sera rendue possible grâce à la supériorité (au niveau) de l'information : full spectrum dominance will be enabled by information superiority (US).*

rendre silencieux (arme à feu) to make silent (US).

rendre sourd (PERS) to deafen (GB). Ex : *L'explosion de l'obus l'a rendu sourd : the burst of the shell deafened him (GB).*

rendre visite à (chef / supérieur) to call upon (<u>ou</u> on) (US), to make a call upon (US).

rendre visite à (soldats) (autorités) to visit (US). Ex : *Le secrétaire d'État à l'armée de terre a rendu visite à des soldats américains au Koweit : the Secretary of the Army visited US soldiers in Kuwait (US).*

renégocier (contrat d'armement / traité) to renegotiate (a contract / a treaty) (GB, <u>Jane's</u>).

renfermer to contain (OTAN). Ex : *Un champ de mine ne renfermant pas de mines actives : a minefield containing no live mines (OTAN).*

renforcé (unité) reinforced (REINF) (US), plus (US), + (OTAN), enhanced (US). Ex : *Une compagnie renforcée : a reinforced company (US) – Une compagnie d'infanterie renforcée : a reinforced Infantry Company (GB) – Un régiment renforcé : one battalion plus (US) – Une grande unité de l'OTAN du volume d'une brigade renforcée : a Brigade + NATO formation (GB) – Brigade autonome renforcée : enhanced separate brigade (US).*

renforcé (à blindage) (char) up-armoured (GB), up-armored (US).

renforcé (alerte) reinforced (OTAN). Ex : *Alerte renforcée : reinforced alert (RA) (OTAN).*

renforcé de reinforced with (<u>ou</u> by) (GB), additional (GB) (ADV : "properly"). Ex : *La brigade d'infanterie, moins un régiment, mais renforcée d'équipes Milan : the infantry brigade, less one battalion, but with additional Milan teams (GB) – Être renforcé par (une unité) (force) : to be reinforced by (GB).*

renforcement (force d'appoint) augmentation force (US).

renforcement building (UN), build-up (UN), (further) consolidation (CA). Ex : *Renforcement de la confiance : confidence-building (UN) – Renforcement de l'appareil militaire : build-up of the military machine (UN) – Renforcement des forces militaires (accroissement / du potentiel militaire / de la puissance militaire) : military build-up (UN, EU) – Contribuer à établir le climat de sécurité nécessaire au renforcement de la paix : to contribute to the secure environment necessary for further consolidation of peace (CA).*

renforcement (force) reinforcement (GB), reinforcing (GB), strengthening (GB). Ex: *La bri-gade a connu un renforcement de ses capacités logistiques:* the brigade has undergone some strengthening of its logistics capabilities *(GB)* – *Notre flanc gauche a besoin d'un renforcement:* our left flanks needs reinforcing *(GB)* – *Avant renforcement, l'effectif de la brigade était descendu à 1 200 hommes:* before reinforcement, the brigade was down to 1,200 men *(GB)*.

renforcement (ART) reinforcing (OTAN).

renforcement (donné en) voir **donné en renforcement**.

renforcement de la paix consolidation of peace (CA).

renforcement des capacités africaines de maintien de la paix (RECAMP) (France's) African peacekeeping training initiative (Jane's), "improving preparedness for peacekeeping in Africa" (Jane's), the French RECAMP concept (Jane's).

renforcement opérationnel operational augmentation (US).

renforcements (ou forces d'appoint) augmentation forces (US).

renforcements et prélèvements (TAC) attachments and detachments (US) (Abréviation: "atts & dets"). Ex: *Le régiment de chars peut être employé sans renforcements:* the tank battalion can be employed without attachments *(US)*.

renforcer (TAC) to reinforce (US, OTAN, GB) (Terme générique), to strengthen, to beef up (familier) (US). Ex: *Renforcer des zones faiblement défendues:* to strengthen lightly defended areas – *Renforcer les flancs de l'OTAN:* to reinforce the flanks of NATO *(GB)* – *Renforcer une position (TAC):* to reinforce a position *(OTAN)* – *Renforcer l'effort principal au moyen d'appuis d'artillerie supplémentaires:* to beef up the main effort with extra artillery support *(US)* – *Rommel ramenait une division pour renforcer Von Arnhim:* Rommel brought back one division to reinforce Von Arnhim *(US)*.

renforcer (GEN) to strengthen (OTAN, US). Ex: *Renforcer / l'infrastructure civile / les défenses naturelles du terrain:* to strengthen / civil infrastructure *(US)* / the natural defences of the terrain *(OTAN)*.

renforcer (assistance) to step up (OTAN). Ex: *L'assistance humanitaire coordonnée apportée par l'OTAN a été renforcée devant l'aggravation de la crise due à l'afflux des réfugiés:* coordinated humanitarian assistance from NATO has been stepped up in response to the escalating refugee crisis *(OTAN)*.

renforcer (effectifs) to increase (GB). Ex: *Les effectifs de la gendarmerie furent renforcés:* the gendarmerie was increased in strength *(GB)*.

renforcer (ou robustifier) (matériel) to ruggedize. Ex: *Renforcer un matériel:* to ruggedize a piece of equipment.

renforcer (blindage de véhicule blindé) to uparmour (an armoured vehicle) (GB).

renforcer (place / position) to strengthen (US). Ex: *Renforcer la position américaine dans le Nord-Est asiatique:* to strengthen the US position in Northeast Asia *(US)*.

renforcer (potentiel / capacités militaires) to enhance (OTAN), to boost (OTAN). Ex: *Renforcer les capacités militaires de l'OTAN:* to enhance NATO's military capabilities *(OTAN)* – *Renforcer les capacités de défense et l'interopérabilité:* to boost defence capabilities and interoperability *(OTAN)*.

renforcer (rangs) to bolster (GB). Ex: *Des soldats renforçant temporairement les rangs de la Légion:* soldiers temporarily bolstering the Legion's ranks *(GB)*.

renforcer (sécurité / paix) to strengthen (CFE, UN), to enhance (UN), to beef up (US), to consolidate (CA). Ex: *Renforcer la sécurité en Europe:* to strengthen security in Europe *(CFE)* – *Renforcer la sécurité internationale:* to strengthen international security *(UN)*

– Mesures propres à renforcer la sécurité : security-enhancing measures (UN) – Sécurité renforcée : beefed-up security (US) – Renforcer la paix : to consolidate peace (CA).

renforcer (unité) to be attached to (US), to augment (US), to reinforce (US, GB), to back up (familier) (US). Ex : *L'unité sera renforcée par des moyens de la base divisionnaire de corps d'armée : the unit will be augmented by COSCOM (= Corps Support Command) assets (US) – La 67ᵉ brigade d'artillerie sol-sol renforce la 54ᵉ division mécanisée (ordre d'opérations) : 67th FA (= Field Artillery) Bde atch (= is attached to) 54th Mech Div (US) – Le 58ᵉ d'Infanterie (= régiment de tradition) sera renforcé par des appuis d'artillerie : the 58th Infantry will be backed up by supporting artillery (US) – Renforcer des unités d'artillerie sol-air divisionnaires : to reinforce divisional ADA (= Air Defense Artillery) units (US) – Renforcer une division : to reinforce a division (GB).*

renfort (appui) support (OTAN), backup (GB). Ex : *Force de renfort : reinforcing force (OTAN), augmentation force (US) – Renfort de transmissions : signals support (OTAN) – La 2ᵉ Compagnie peut fournir un renfort si nécessaire : B Company can provide backup if necessary (GB).*

renforts (forces) reinforcements (US, GB), additional forces, augmentation (forces) (US), reinforcing forces (REINF) (OTAN) (Terme familier US : "fresh blood") (Abréviation GB de "reinforcement" : "rft") (VERB : "to send", "to disrupt", "to carry", "to arrive"). Ex : *Donner (ou envoyer) des renforts à une unité : to reinforce a unit – Premier(s) renfort(s) (ou éléments de renforcement) : early reinforcement (UN) – De nouveaux renforts furent envoyés : further reinforcements were sent (GB) – L'arrivée de nos renforts : the arrival of our reinforcements (US) – Envoyer des renforts immédiats en Bosnie : to deploy immediate reinforcements to Bosnia (GB).*

renfort-soutien (opérations amphibies) follow-up (OTAN).

rengagement reenlistment (US), re-enlisting (US) (Terme familier US : "re-up").

renier to repudiate (US, OTAN). Ex : *Renier son pays (transfuge) : to repudiate one's country (OTAN, US).*

renifleur sniffer (GB). Ex : *Chien renifleur (explosifs) : sniffer dog (GB).*

renommé (unité) renowned (US), famed (US).

renoncer (abandonner le combat ou une opération) (force) to give up (GB).

renoncer à to forgo (US), to forego (US), to give up (GB), to renounce (OTAN, US). Ex : *Renoncer à l'emploi d'une arme : to forgo (ou to forego) the use of a weapon (US) – Le Caporal Berg, qui avait renoncé à une carrière d'officier dans l'armée d'active pour rejoindre la Légion : Corporal Berg, who had given up a career as an officer in the regular army to join the Legion (GB) – Renoncer à la violence : to renounce violence (OTAN) – Renoncer à l'utilisation des armes biologiques (pays) : to renounce the use of biological weapons (US).*

rénovation (GEN) rehabilitation (US).

rénové renewed (OTAN). Ex : *Une Alliance rénovée : a renewed Alliance (OTAN).*

rénover (ou remettre en état) (installations / bâtiments) (GEN) to rehabilitate (US).

renouveler to renew (US), to try a second time (GB). Ex : *La force sera peut-être dissuadée de renouveler sa tentative au même endroit (TAC) : the force may be deterred from trying a second time in the same place (GB) – Les Américains renouvelèrent leurs tentatives pour reprendre le col de Faid : the Americans renewed their attempts to retake the Faid pass (US).*

renouveler (un tir) (ART) to fire again (US, GB).

renouvellement (mandat) renewal (US) (ADJ : "periodic").

renouvellement (stocks) turnover (OTAN).

"rens" / RENS (abréviation de "renseignement") intel (US), int (GB).

renseigné (document / ordre / carte / croquis) annotated (US). Ex : *Une carte renseignée : an annotated map (US).*

renseigné (PERS) familiar (with) (US). Ex : *Être renseigné sur la RAM (= Révolution dans les Affaires Militaires) : to be familiar with the RMA (= Revolution in Military Affairs) (US).*

renseignement (RENS) 1. renseignement **brut** : information (OTAN). Ex : *Renseignements ayant trait à la sécurité nationale : national security information (US)* – 2. renseignement **traité (ou exploité ou élaboré)** intelligence (Abréviation US : "intel" / "INTEL"), finished intelligence (VERB : "to obtain", "to produce", "to plan", "to process", "to dis-seminate", "to collect", "to collate", "to evaluate", "to interpret", "to communicate", "to develop", "to analyse", "to assemble", "to convert into", "to distribute...to", "to derive...from" / "to be derived from" = provenir de, "to relay...to", "to record", "to require", "to appraise", "to acquire", "to render useless", "to distrust", "to believe", "to disbelieve", "to make use of", "to convey") (ADJ & PART : "timely", "complete", "sound", "good", "detailed", "accurate", "vital", "operational", "up-to-date", "critical", "fragmentary", "contradictory", "(fully) analyzed", "overtly obtained", "covertly obtai-ned", "poor", "available", "relating to", "compromised", "rendered useless", "fresh", "clear", "relevant", "brief") (NOM ASS. à "intelligence" : "planning", "appraisal", "col-lection", "processing", "production", "dissemination") (PREP : "on"). Ex : *L'appui ren-seignement : intelligence support – Besoins en renseignements : intelligence requirements – Des renseignements sur l'ennemi, les conditions météo et le terrain : information of the enemy, weather and terrain (US) – Renseignements très sensibles : extremely sensitive information (ESI) (US) – Publication sur le renseignement (OTAN) : intelligence publi-cation (OTAN) – Faire du (travail de) renseignement (unité / agent) : to perform intelli-gence work (US) (Voir aussi* **information** *pour d'autres exemples, verbes et ADJ).*

À noter : Les termes "information" et "intelligence" sont indénombrables et invariables. On parti-cularisera avec des structures de type "a piece of", "an item of" (US) = un renseignement.

renseignement (arme des armées de terre US et GB) military intelligence (MI) (US) (Les armées anglo-saxonnes considèrent le Renseignement comme une arme d'appui). Ex : *Un régiment de renseignement (armée de terre américaine) : a military intelligence (MI) bat-talion (US) – Le Renseignement (arme de l'armée de terre) : the Military Intelligence Corps (US) ("A combat support branch"), the Intelligence Corps (GB) (Devise de l'arme britannique : "Manui Dat Cognition Vires" ou "Knowledge gives strength to the arm").*

Missions du renseignement : to exploit signals, imagery, signatures, counterintelligence and human intelligence, to provide the commander with early warning of enemy intentions, intelli-gence-preparation-of-the-battlefield, situation development, target development, force projection and battle damage assessment, to direct EW (= electronic warfare) against enemy C2, fire direction and electronic guidance systems, to provide critical intelligence support to friendly command force protection programs, to contribute to the effectiveness of combined arms operations (US).

renseignement (ensemble des services de renseignement) intelligence (US, GB). Ex : *Le renseignement allié : allied intelligence (GB) – Les personnels (ou hommes) du Renseignement : intelligencers (GB) – Le renseignement militaire allemand : German military intelligence (US) (VERB : "to establish") – Le renseignement de la Marine : naval intelligence (US).*

renseignement (fonction) intelligence.

renseignement acoustique acoustic intelligence (ACINT ou ACOUSTINT) (OTAN, GB).

renseignement actif (espionnage) active intelligence (US).

renseignement aéromobile (AT) air cavalry (US).

renseignement aérien aerial reconnaissance (US).

renseignement au combat (opérationnel) combat intelligence, battlefield intelligence (Baud).

renseignement autre que transmissions electronic intelligence (ELINT) (US). <u>Cf.</u> : Evaluated information derived from noncommunications electromagnetic radiations (US).

renseignement biographique biographical intelligence (Baud).

renseignement brut (terme officiel) information (OTAN) (Voir aussi **renseignement (RENS)**).

renseignement brut (non élaboré) raw intelligence (US) (Contraire : "finished intelligence" = renseignement élaboré).

renseignement brut de combat combat information (OTAN).

renseignement classifié (confidentiel défense, secret, très secret) classified information (US), national security information (US).

renseignement concurrentiel competitive intelligence.

renseignement conjoncturel (<u>ou</u> de situation) current intelligence.

renseignement dans la profondeur (recherche et recueil du) long-range reconnaissance and patrolling (LRRP) (GB) (Ex : 13ᵉ RDP).

renseignement de base (<u>ou</u> de documentation) basic intelligence (OTAN).

renseignement de combat (<u>ou</u> opérationnel) <u>combat intelligence</u> (OTAN, US), tactical intelligence (US).

renseignement de contact combat intelligence (OTAN, US).

renseignement de défense (<u>ou</u> d'intérêt de Défense) national intelligence (US). <u>Cf.</u> : Information required for the actions or decisions at the highest level of government (US).

renseignement de documentation (<u>ou</u> de base) basic intelligence (OTAN).

renseignement de la marine Naval Intelligence (US) (Appartient à la "Defense Intelligence Community" (DIC)) (Voir **communauté du renseignement (US)**).

renseignement de l'armée de l'air Air Force Intelligence (US) (Appartient à la "Defense Intelligence Community" (DIC)) (Voir **communauté du renseignement (USA)**).

renseignement de l'armée de terre Army Intelligence (US) (Appartient à la "Defense Intelligence Community" (DIC)) (Voir **communauté du renseignement (USA)**).

renseignement de l'armée de terre (en tant qu'arme de l'armée de terre) military intelligence (MI) (US).

renseignement des affaires business intelligence (Baud).

renseignement de sécurité security intelligence (OTAN).

renseignement de sécurité extérieure foreign intelligence (US).

renseignement de sécurité intérieure domestic intelligence (US).

renseignement de situation (<u>ou</u> conjoncturel) current intelligence (OTAN).

renseignement de source humaine human intelligence (HUMINT) (US). Ex : *Moyens de renseignement de source humaine : human intelligence resources (US) – Recueil de renseignement de source humaine : HUMINT collection (US) (VERB : "to establish") – Système de renseignement de source humaine : human intelligence system (US) (VERB : "to establish").*

renseignement de source ouverte (<u>ou</u> ouvert) open source intelligence (OSINT).

renseignement de sources aériennes et spatiales reconnaissance (US) (Aux USA, elle relevait du "National Reconnaissance Office" (NRO), aboli et absorbé par la "National Imagery and Mapping Agency" (NIMA)).

renseignement des radiations radiation intelligence (Baud).

renseignement de télémétrie et signature measurement and signature intelligence (MASINT) (OTAN).

renseignement de toutes sources all-source intelligence (OTAN, US).

Cf. : Intelligence based on all available information, including open source data (US).

renseignement d'imagerie (ou d'image) imagery intelligence (IMINT) (Baud, OTAN).

Ex : *Renseignement d'imagerie radar : radar imagery intelligence (US).*

renseignement d'intérêt militaire defense intelligence (US), defence intelligence (GB), military-related intelligence (US).

renseignement d'objectif targeting intelligence (Baud).

renseignement d'origine électromagnétique (ROEM) signals intelligence (SIGINT) (US, GB, OTAN) (Englobe COMINT = Communications Intelligence = renseignement-transmissions + ELINT = Electronic Intelligence = renseignement électronique + TELINT = Telemetry Intelligence = renseignement télémétrique). Ex : *Service de ROEM :* **1.** **GB :** *Governement Communications Headquarters (GCHQ) (Cheltenham, Gloucestershire) (GB) –* **2.** **US :** *National Security Agency (NSA) (Fort Meade, Maryland) (Surnom : "SIGINT City", "No Such Agency", "Never Say Anything") (En principe, on parle de "NSA", et non pas de "the NSA") (US) (Cf. également le "Defence Signals Directorate" (DSD) australien et le "Government Communications Security Bureau" (GCSB) néo-zélandais) – Satellite de renseignement d'origine électromagnétique : signals intelligence satellite (US) – Assurer la couverture ROEM de la Chine continentale (station d'écoute) : to provide SIGINT coverage of mainland China (US).*

Cf. : The product resulting from the collection, evaluation, analysis, integration, and interpretation of all information derived from communications intelligence (COMINT), electronic intelligence (ELINT), and telemetry intelligence (US).

renseignement d'origine humaine (ROHUM) human intelligence (HUMINT).

renseignement d'origine image (ROIM) (ou renseignement imagerie) imagery intelligence (IMINT) (OTAN) (Comprend le renseignement issu d'images visuelles (VISINT), photographiques (PHOTINT), télévisées et vidéo (VIDINT), optroniques (OPTINT) et radar (RADINT) ; il est une des composantes du renseignement technique, ou "Technical Intelligence" (TECHINT)) (VERB : "to collect"). Ex : *Service de renseignement d'imagerie satellitaire et aérienne : Central Imagery Office (CIO) (US) (Aboli ; absorbé par la "National Imagery and Mapping Agency" (NIMA)).*

renseignement d'origine sismique seismic intelligence (OTAN).

renseignement du champ de bataille (brut) battlefield information (US) (VERB : "to distribute").

renseignement économique economic intelligence (US).

Cf. : Intelligence concerned with the structures and vulnerabilities of foreign economies, the distribution and availability of key resources, international trade patterns, and the domestic and foreign trade policies of foreign governments (US).

renseignement électromagnétique signals intelligence (SIGINT) (US, GB, OTAN) (Englobe COMINT = Communications Intelligence = renseignement-transmissions + ELINT = Electronic Intelligence = renseignement électronique + TELINT = Telemetry Intelligence = renseignement télémétrique).

renseignement électronique (sources radar) electronic intelligence (ELINT) (OTAN). Ex : *Recueil de renseignement électronique par satellite : electronic intelligence collection by satellites (US).*

Cf. : Evaluated information derived from noncommunications electromagnetic radiations (US).

renseignement électro-optique electro-optical intelligence (ELECTRO-OPINT) (US).

renseignement environnemental environmental intelligence (US).

renseignement et guerre électronique intelligence and electronic warfare (IEW) (US).

renseignement étranger foreign intelligence (US). Ex : *Comité consultatif du renseignement étranger (USA) : foreign intelligence advisory board (US).*

renseignement extérieur (documentation extérieure) foreign intelligence (US).

renseignement géographique geographic intelligence (GEO INT) (GB).

renseignement géographique militaire military geographic information (OTAN) (VERB : "to evaluate", "to process", "to summarize", "to publish").

renseignement gouvernemental national intelligence (US).

Cf. : Information required for the actions or decisions at the highest level of government (US).

renseignement humain human intelligence (HUMINT) (OTAN).

renseignement hydrographique hydrographic intelligence (HYDRO INT) (GB).

renseignement imagerie imagery intelligence (IMINT) (OTAN).

renseignement industriel (ou des affaires) business intelligence (Baud).

renseignement informatique computer intelligence (COMPINT).

renseignement infrarouge (capteurs infrarouge) infrared intelligence (IRINT) (US).

renseignement interarmées joint intelligence (US). Ex : *Centre de renseignement interarmées : joint intelligence center (JIC) (US).*

renseignement intérieur domestic intelligence (US).

renseignement interministériel (ou inter-organismes) interdepartmental intelligence (US).

renseignement interministériel de défense national intelligence (US).

Cf. : Information required for the actions or decisions at the highest level of government (US).

renseignement laser (composante du renseignement d'origine image) laser intelligence (LASINT) (US).

renseignement mesure et signature measurement & signature intelligence (MASINT) (OTAN).

renseignement météo(rologique) weather intelligence (US).

renseignement militaire military intelligence (US, OTAN). Ex : *Surveillance aérienne du combat pour le renseignement militaire : military intelligence combat aerial surveillance (MICAS) (OTAN).*

renseignement non-transmissions electronic intelligence (ELINT) (OTAN)

renseignement nucléaire nuclear intelligence (NUCINT).

renseignement océanographique oceanographic intelligence (OTAN).

renseignement opératif operational intelligence (US, GB) (Abréviation GB : "OPINTEL").

renseignement opérationnel combat intelligence (US), tactical intelligence (TACINTEL) (OTAN). Ex : *Fournir un appui en renseignement opérationnel aux commandants de corps d'armée : to provide tactical intelligence support to corps commanders (US).*

Cf. : The knowledge of the enemy, weather and geographic features required by a commander for the planning and conduct of tactical operations. The term TACTICAL INTELLIGENCE has essentially the same meaning, and the two terms are often used interchangeably (US).

renseignement optique optical intelligence (OPTINT).

renseignement ouvert open source intelligence (OSINT) (US), overt intelligence (US).

renseignement parapsychique (ou paranormal) psychic intelligence (US).

renseignement par hélicoptères (ou aéromobile) air cavalry (US).

renseignement par imagerie imagery intelligence (IMINT) (OTAN).

renseignement photographique photographic intelligence (PHOTINT) (US) (Sous-ensemble ou "subset" du renseignement d'origine image (ROIM) ou "imagery intelligence"). Ex : *Satellite de renseignement photographique : photographic intelligence satellite (US).*

renseignement politique (ou d'intérêt politique) political intelligence (US).

renseignement positif positive intelligence (US) (Interprété et pouvant être utilisé).

renseignement radar radar intelligence (RADINT) (US, OTAN).

renseignements (informations) details (GB), material (GB). Ex : *Il m'a donné des renseignements sur la situation tactique : he gave me some details on the tactical situation (GB) – Ces renseignements sont classés "secret" : this material is classified secret (GB).*

renseignements (informations) poop (familier) (US). Ex : *D'après les renseignements (ou informations), nous occuperons les positions d'arrêt : according to the poop, we'll occupy blocking positions (familier) (US).*

renseignement satellitaire satellite intelligence (US). Ex : *Service de renseignement satellitaire (USA) : National Reconnaissance Office (NRO) (US) (Aboli ; absorbé par la "National Imagery and Mapping Agency" (NIMA)) – Recueil de renseignement satellitaire : ferret (US).*

renseignement sanitaire (ou médical) medical intelligence (MEDINT).

renseignement scientifique et technique scientific and technical (S&T) intelligence (US).

renseignements et documentation géographiques militaires (RDGM) military geographic information and documentation (MGID) (OTAN).

renseignements généraux (RG) (les) (Traduction proposée) (the French) domestic intelligence service (ou agency).

renseignements météorologiques weather information (OTAN).

renseignements météo sur l'objectif target weather information (TARWI) (OTAN).

renseignement sociologique sociological intelligence (US).

renseignement spécial special intelligence (OTAN).

renseignement spatial space reconnaissance (US).

renseignements sur les opérations operational intelligence (US).

renseignement stratégique strategic intelligence (OTAN, US). Ex : *Rapport de synthèse de renseignement stratégique : strategic intelligence summary (SIS) (OTAN).*

renseignement sur les émissions électromagnétiques signals intelligence (OTAN).

renseignement sur les objectifs (ou sur l'objectif ou d'objectif) target intelligence (OTAN).

renseignement sur les trafics de drogues (ou de stupéfiants) narcotics intelligence (NARCINT) (US). Ex : *Service de renseignement sur les stupéfiants : National Drug Intelligence Center (NDIC) (US).*

renseignement sur le terrain terrain information (US).

renseignement tactique (ou opérationnel) tactical intelligence (TACINTEL) (OTAN).

renseignement technique technical intelligence (TECHINT) (OTAN).

renseignement technologique technological intelligence (Baud).

renseignement télémétrique (ou de télémétrie) telemetry intelligence (TELINT).

renseignement topographique cartographic intelligence (Baud). Ex : *Service de renseignement topographique et d'imagerie américain : National Imagery and Mapping Agency (NIMA) (US)*.

renseignement traité (ou élaboré ou exploité) intelligence (US, GB) (Voir aussi **renseignement (RENS)**).

renseignement transmissions communications intelligence (COMINT) (OTAN, US) (Également OTAN : "signals intelligence" (SIGINT)).

Cf. : Technical and intelligence infomation derived from foreign communications by other than the intended recipients (US).

renseigner (action d'une force) (TAC) to collect information (US, GB).

renseigner (quelqu'un / unité / chef) to report information to (somebody / a unit / a commander) (US), to provide information to, to keep (a commander) informed of (GB), to pass information to (GB), to feed somebody information on (familier) (US). Ex : *Renseigner sur les actions et mouvements de l'ennemi : to report the enemy's actions and movements (GB) – Renseigner sur l'ennemi : to report enemy information (US) – Renseigner une troupe en marche : to keep a moving force informed (OTAN) – Renseigner une organisation terroriste : to pass information to a terrorist organization (GB) – Renseigner le chef sur les mouvements de l'ennemi : to feed the commander information on movements of the enemy (familier) (US), to keep the commander informed of enemy movements (GB)*.

renseigner (carte) to annotate (a map) (US).

rentabilité (tactique) payoff (US).

rentabilité (bon rapport coût-efficacité) cost-effectiveness (US) (VERB : "to enhance" = augmenter).

rentable (bon rapport coût-efficacité) cost-effective (US).

rentable (objectif) high payoff (target).

rentable (de façon) cost-effectively (US).

rente de guerre war pension.

rentrer to return (US, GB), to reenter (OTAN). Ex : *Rentrer dans ses foyers : to return to one's home (US) – Rentrer de permission : to return from leave (GB) – Le régiment venait de rentrer de Belfast : the battalion had just returned from Belfast (GB) – Le régiment, rentré récemment de Hong-Kong : the regiment, recently returned from Hong-Kong (GB) – Rentrer dans l'atmosphère terrestre : to reenter the earth's atmosphere (OTAN) – Rentrer au pays (force) : to return home (US), to return (US) – Rentrer de mission (agent) (RENS) : to return from a mission (US)*.

rentrer (réfugiés) to return (OTAN).

rentrer à la base (force) to return to base (GB). Ex : *Les commandos sont rentrés à leur base complètement épuisés : the commandos have returned to base completely exhausted (GB)*.

rentrer chez eux (réfugiés) to return to their homes (OTAN).

renversement (gouvernement) overthrow (US, OTAN) (ADJ : "violent"). Ex : *Le renversement d'un gouvernement constitué : the overthrow of a constituted government (OTAN)*.

renverser (gouvernement) to overthrow (US, GB). Ex : *Des actions paramilitaires ou politiques destinées à renverser un régime : paramilitary or political actions designed to overthrow a regime (US) – En septembre 1979, Bokassa fut renversé par un coup d'État soutenu par la France : in September 1979, Bokassa was overthrown in a French-backed coup (GB)*.

renverser to reverse (GB). Ex : *Renverser la tendance qui a vu les effectifs en personnel d'active de l'armée de terre britannique chuter de près 30% depuis 1990 : to reverse the trend which has seen the British Army's regular strength fall by almost 30% since 1990 (GB)*.

renvoi dans ses foyers (libération) (PERS) discharge (US) (ADJ : "undesirable", "honorable").

renvoyé dans son unité (d'origine) (PERS) returned to unit (RTU) (GB).

renvoyer to dismiss (GB), to discharge (US), to return (GB), to send back (US), to drum out (familier) (GB). Ex : *Être renvoyé de l'armée (pour faute) (PERS) : to be dismissed the service (GB), to be discharged (US) – Renvoyer un soldat dans son unité : to return a troop to his unit (GB) (En abrégé : "to RTU". Ex : Un soldat renvoyé dans son unité : an RTUed soldier (US)) – Renvoyer un militaire dans ses foyers : to discharge a soldier – Les renseignements renvoyés par les agents doubles : the information sent back by the double agents (US) – Renvoyer quelqu'un de l'armée : to dismiss someone from the armed forces (GB), to drum someone out of the forces (familier) (GB).*

renvoyer (images) (satellite) to beam (US). Ex : *Renvoyer des images sous forme numérique à une station terrienne (ou au sol) : to beam images in digital form to a ground station (US).*

renvoyer par radio (informations) to radio back (US).

réoccupation re-occupation (GB).

réoccuper to reoccupy (GB).

réorganisation reorganization (US) (Terme dénombrable), reorganisation (GB) (Terme dénombrable), revamp (Jane's, GB), shake-up (GB) (VERB : "to undergo") (ADJ : "significant", "major", "temporary"). Ex : *Réorganisation d'une unité : unit reorganization (US) – La réorganisation des forces terrestres françaises : the reorganisation of French ground forces (Jane's) – Une grande réorganisation dans le domaine de la Défense : a defence shake-up (GB) – Un grand programme de rééquipement et de réorganisation (armée) : a major re-equipment and reorganisation programme (GB) – La réorganisation d'une armée dévastée par la guerre : the revamp of a war-ravaged army (GB) – La réorganisation des forces armées françaises : the reorganisation of France's armed forces (Jane's).*

réorganiser to reorganise (Jane's, GB), to revamp (GB) (ADV : "significantly"). Ex : *Réorganiser / un dispositif / une unité / une arme : to reorganize / a disposition / a unit / a branch (GB) – Réorganiser la force (= l'armée de terre) : to reshape the force (US) – Elle avait été réorganisée en cinq bataillons à huit compagnies (Légion) : it had been revamped into five eight-company battalions (GB).*

réorientation reorientation (US). Ex : *Une réorientation de l'effort principal (TAC) : a reorientation of the main effort (US).*

réorienter (dispositif défensif) to reorient (a defense) (US).

réouverture reopening (US). Ex : *La réouverture des écoles publiques (après un conflit) : the reopening of public schools (US).*

REP voir **régiment étranger de parachutistes**.

répandre (agent chimique) to disseminate (US). Ex : *L'agent chimique toxique est répandu sous forme gazeuse ou en aérosol : the toxical chemical agent is disseminated as a vapor or an aerosol (US).*

répandre (tracts) to scatter (GB). Ex : *Répandre des tracts au-dessus des lignes ennemies (action psychologique) : to scatter leaflets over enemy lines (GB).*

réparable (matériel / article) repairable (US).

réparation (opération technique) (matériel / pièces) repair (GB), fix (US) (VERB : "to undergo", "to carry out", "to do", "to perform") (ADJ : "on-the-spot"). Ex : *Réparation légère (ou peu profonde) : light repair (GB), corrective maintenance (US) – Réparations courantes : routine repairs (UN) – Réparation de ponts : bridge repair (US) – Réparations au niveau de l'unité : first-line repair (UN) – Effectuer des réparations* *mineures (ou de courte durée) : to do minor repairs (UN, US)* – *Réparations profondes (ou de longue durée) : major repair (US).*

réparation (pistes d'aérodrome) repair (OTAN). Ex : *Réparation rapide des pistes : rapid runway repair (RRR) (OTAN).*

réparation au combat battle damage repair (OTAN).

réparation des dégâts damage repair (OTAN). Ex : *Réparation des dégâts subis par un aérodrome : aerodrome damage repair (ADR) (OTAN).*

réparateur repairer (US).

réparer to repair (GB), to fix (US). Ex : *Réparer les routes (GEN) : to repair roads (GB).*

réparti (jeu de guerre) distributed (OTAN). Ex : *Système de jeu de guerre réparti : distributed wargaming system (DWS) (OTAN).*

répartir (personnel / forces) to spread (GB), to dispose (OTAN), to organize into (US). Ex : *Un grand nombre de soldats répartis sur une large zone : a large number of soldiers spread over a wide area (GB)* – *Le gros des forces défensives est réparti entre les points d'appui établis dans la zone où la bataille doit être livrée : the bulk of the defending force(s) is disposed in selected tactical localities where the decisive battle is to be fought (OTAN)* – *Des participants répartis en équipes (jeu de guerre) : players organized into teams (US).*

répartir (matériel / approvisionnement) to divide (GB), to distribute (US), to break down (OTAN), to organize into (US), to divvy up (familier) (US). Ex : *108 lanceurs répartis entre les 3 batteries de missiles : 108 launchers divided amongst the 3 missile batteries (GB)* – *Répartir des matériels (dans les unités) : to distribute equipment (US)* – *Les approvisionnements et munitions sont répartis pour être distribués aux unités subordonnées : supplies and ammunition are broken down for distribution to subordinate units (OTAN)* – *9 lanceurs répartis sur 3 sections (LRM) : 9 launchers organized into 3 platoons (US)* – *Le sergent chargé du ravitaillement répartira les rations pour chaque compagnie : the Supply Sergeant will divvy up the rations for each company (familier) (US).*

répartir (missions) to assign (OTAN). Ex : *Répartir les missions sanitaires entre les divers éléments : to assign medical missions to the various elements (OTAN).*

répartir (poids) to distribute (US). Ex : *Répartir également le poids : to distribute the weight evenly (US).*

répartir (tir) to distribute (US, GB). Ex : *Répartir le tir en profondeur (ART) : to distribute fire in depth (US, GB).*

répartition arrangement (OTAN), distribution (OTAN, GB). Ex : *Répartition du personnel (à l'embarquement) : arrangement of personnel (OTAN)* – *Obtenir une répartition suffisante du feu (défense aérienne) : to insure proper fire distribution (OTAN)* – *Répartition des éléments d'un commandement : distribution of the elements of a command (OTAN)* – *La répartition interne des personnels et des matériels dans une unité : the internal distribution of personnel and equipment in a unit (GB).*

répartition (budget) division (GB). Ex : *Répartition du budget de la Défense par titres : division of the Defence budget by principal headings (GB).*

répartition (LOG) distribution (US). Ex : *Répartition rapide : rapid distribution (US).*

répartition des feux distribution of fires (US).

répartition des forces distribution of forces (US).

répartition des missions (titre de sous-paragraphe) voir **mission des unités subordonnées.**

répartition des ressources (air) apportionment (US).

répartition en fréquences frequency division (OTAN).

repas meal (US, GB) (VERB: "to issue", "to prepare", "to deliver", "to serve", "to feed"). Ex: *Repas excédentaires (LOG): unsupported meals (US).*

repas chaud hot meal (US). Ex: *Nous devrons nous passer de repas chauds pendant deux ou trois jours: we will have to get along without hot meals for two or three days (US).*

repas d'adieu (partant) dining out (GB).

repas de bienvenue (nouvel arrivant) dining in (GB).

repas froid (individuel) packed lunch (GB), haversack ration (GB) (Termes familiers GB: "haver-bag", "horror-bag").

repas officiel formal dinner (GB).

repassé (effet d'habillement) pressed (US) (ADV: "neatly").

repasser to revert to (US). Ex: *Repasser sous contrôle de: to revert to control of – Repasser en réserve du corps d'armée: to revert to corps reserve (US).*

repenser to rethink (<u>Jane's</u>). Ex: *Repenser la doctrine (armée): to rethink doctrine (<u>Jane's</u>).*

repérage (munitions) location (OTAN). Ex: *Le repérage de munitions explosives non explosées: the location of unexploded explosive ordnance (OTAN).*

repérage (ART) locating (GB), ranging. Ex: *Un radar de repérage: a locating radar.*

repérage de détresse emergency locating (OTAN).

repérage d'objectifs targeting (UN).

repérage par la lueur (ART) flash ranging.

repérage par le son (ART) sound-ranging.

répercussion repercussion (US). Ex: *Avoir des répercussions sur: to have repercussions on (US).*

repère (tir) aiming post (US).

repère (objectif très petit) pin-point (OTAN).

repère (point lumineux) spot (US, GB).

repère du terrain terrain feature (OTAN) (ADJ: "natural", "artificial").

repère logistique logistics footprint (US).

repéré par le son (ART) sound ranged (US).

repérer to locate, to pinpoint, to spot (GB), to pick out (US), to find (US), to detect (US), to notice (US). Ex: *Un membre de votre patrouille a repéré l'ennemi: a member of your patrol has spotted the enemy (GB) – Repérer les sergents du futur: to spot the sergeants of the future (GB) – Repérer une cible (dans un viseur): to pick out a target (US) – Repérer l'ennemi: to find the enemy (US) – Repérer des projectiles ennemis en vol: to spot enemy projectiles in flight (US) – Repérer les mouvements ennemis (reconnaissance aérienne): to spot enemy movements (US) – Repérer une force: to detect a force (US) – Sans se faire repérer (soldat / troupe): without being detected (US), undetected (US), unnoticed (US).*

repérer (agent ennemi) (RENS) to detect (US). Ex: *Il travailla sans se faire repérer par le contre-espionnage britannique: he worked without detection by British counterintelligence (US).*

repérer (agent potentiel pour son propre service) (RENS) to spot (US).

repère terrestre landmark (OTAN).

"repéreur" (d'agents potentiels) (RENS) spotter (US), talent spotter (US).

répertoire analytique du renseignement intelligence subject code (OTAN).

répertorier to list (GB). Ex: *20 000 articles (logistiques) sont répertoriés: 20,000 items are listed (GB).*

répété persistent (GB), successive. Ex: *Des attaques répétées: persistent attacks (GB) – Mener des assauts répétés: to deliver successive assaults.*

répéter (procédure radio) to say again. Ex : *Répétez la totalité de votre message (procédure radio) : say again your message, say again all – Je répète (procédure radio) : I say again.*

répéter (opération) to rehearse (an operation) (US, GB).

répétez ! (procédure radio) say again ! (US, GB).

répéteur (satellite) transponder.

répétition (opération) rehearsal (GB, US), dummy run (GB) (Terme familier GB : "shake-out") (VERB : "to hold", "to carry out", "to conduct") (ADJ : "final").

répétition (de la séance) de saut pre-jump (US).

répétition finale (en tenue) dress rehearsal (GB).

répit let up (GB). Ex : *Il n'y avait pas de répit au plan de la discipline : there was no let up in the discipline (GB).*

repli (TAC) retirement (GB, OTAN), withdrawal (OTAN, US, GB) (VERB : "to prepare for", "to cover") (ADJ : "hasty"). Ex : *Force en repli : withdrawing force (OTAN) – Repli préparé : planned withdrawal (OTAN) – Repli amphibie : amphibious withdrawal (OTAN) – Un combat de repli : a battle of withdrawal (GB) – Emplacement de repli en cas d'urgence : emergency relocation site (ERS) (OTAN).*

Comp :

- An operation in which a force out of contact moves away from the enemy (OTAN).
- Mouvement de retrait effectué par une force sans contact avec l'ennemi (OTAN).

repli (opérations de) retrograde operations.

repliable (matériel) folding (US).

repli de terrain fold (US).

replié (bipied / trépied) folded (US).

replier (se) (TAC) to retire. Ex : *Se replier vers une position : to retire to a position (GB).*

réplique (médaille / œuvre d'art) replica (US).

réplique (ou riposte ou réaction) response (UN).

repli tactique tactical withdrawal (GB).

répondeur téléphonique answering machine, answerphone (GB).

répondre to meet (US), to counter. Ex : *Répondre aux besoins de l'armée de terre : to meet the Army's needs (US) – Répondre aux besoins du commandement : to meet the requirements of a commander (OTAN) – Répondre à des activités hostiles par l'emploi de la force : to meet hostile activities with the use of force (US) – Répondre à des attentes : to meet expectations (US) – Répondre à une exigence : to meet a demand (OTAN) – EWK (= société) s'est également créée un créneau en mettant au point des ponts répondant à des besoins particuliers : EWK has also created a niche for developing bridges to meet unique requirements – Répondre à une attaque : to counter an attack.*

réponse answer (US). Ex : *Apporter les réponses à de nombreuses questions : to provide answers to many questions (US).*

réponse (réaction) response (OTAN). Ex : *Cette tragédie humanitaire exige une réponse immédiate : this humanitarian tragedy requires an immediate response (OTAN).*

réponse (demande d'identification) reply (OTAN).

réponse aux crises crisis response (OTAN). Ex : *Opérations de réponse aux crises : crisis response operations (OTAN).*

réponse graduée (STRAT) flexible response (US).

réponse toute faite stock answer (US). Ex : *Il n'y a pas de réponse toute faite à cette question : there is no stock answer to such a question (US).*

reportage (télévision) story (US). Ex : *Equipe de reportage (média militaire) : news team – Une équipe de reportage d'une télévision étrangère : a foreign television news crew (US).*

reportage (équipe mobile de) (media de l'armée de terre) (Army) mobile news team (GB) (Voir **reportage**).

report (d'incorporation) (service national) deferment (US). Ex : *Faire une demande de report : to file a claim for deferment (US).*

reporter to print (OTAN), to outline (OTAN). Ex : *Des lignes de position reportées sur une carte : positional lines printed on a map (OTAN) – La zone couverte est reportée sur la carte : the area covered is outlined on the map (OTAN).*

reporter (remettre à plus tard) to defer (US), to postpone (GB). Ex : *Nous avons dû reporter la modernisation complète (= de l'armée de terre) au début du siècle prochain : we have had to defer complete modernization until the beginning of the next century (US) – L'heure H a été reportée à 16 H 30 : H-Hour has been postponed until 1630hrs (GB).*

reporter les tirs to lift fire (from one target to another) (GB), to shift fire (GB).

report supplémentaire (ou spécial) (pour études) (service national) student deferment (US). Ex : *Remplir les conditions d'un report supplémentaire (ou spécial) : to qualify for a student deferment (US).*

repos (PERS) rest (US, OTAN) (ADJ : "adequate", "well-earned") (VERB : "to take", "to have"). Ex : *Après une bonne nuit de repos : after a good night's rest – Les unités prennent du repos / sont mises en repos : units are rested (OTAN) – Repos des personnels : Rest and Recreation (R&R) (US).*

repos ! (ART) rest ! (US, OTAN).

repos ! (stand) at ease ! (US).

repos (prendre du) (force) to be rested (US, GB).

reposé (PERS) rested (US).

reposer l'arme to order arms (GB).

reposez arme ! (commandement) order arms ! (US, GB).

repositionnement (forces) repositioning (US).

repositionner (forces) to reposition (US).

repousser (attaque) to repel (US, GB), to repulse, to drive back (GB), to drive off (GB), to beat off, to beat back, to throw back, to fight off (GB). Ex : *Repousser un assaut ennemi par le feu et le combat rapproché : to repel an enemy assault by fire and close combat (US) – Pendant trois semaines, la poignée de légionnaires repoussa toute une série d'attaques : for three weeks, the Legion's few fought off repeated attacks (GB).*

repousser (rejeter) to spurn (Jane's). Ex : *Si l'ALK (= Armée de Libération du Kosovo) rejette l'initiative de paix : if the KLA (= Kosovo Liberation Army) spurns the peace initiative (Jane's).*

reprendre (recommencer) to resume (US), to restart (GB, OTAN), to reassume (US), to regain (US). Ex : *Reprendre la progression vers L2 : to resume the advance towards phase line (PL) 2 – Reprendre les opérations : to resume operations (US) – Reprendre le contact avec l'ennemi : to regain contact with the enemy (GB) – Reprendre les combats : to resume action (US) – Reprendre le commandement : to resume command – Reprendre la responsabilité de : to reassume responsibility for (US) – Reprendre l'alerte (défense aérienne) : to resume a state of readiness (OTAN) – Reprendre l'exécution d'un plan de feux (ART) : to restart a fire plan (OTAN) – Reprendre l'aide aux pays étrangers : to resume foreign aid (US) – Les opérations militaires recommenceront : military operations will restart (GB).*

reprendre (poste / emploi) to reassume (GB).

reprendre (projet / attributions) to take over (US). Ex : *Le projet a été repris par l'armée de terre britannique : the project was taken over by the British Army (GB) – Le SVR a repris les attributions du KGB en matière de renseignement extérieur : the SVR took over the foreign intelligence functions of the KGB (US).*

reprendre (reconquérir / s'emparer à nouveau de) (TAC) to retake (objectif / zone / col) (US, OTAN), to recapture (territoire / ville / position / prisonniers) (GB, US), to regain (OTAN). Ex : *Reprendre le terrain perdu : to regain lost ground (OTAN) – Zone reprise par les forces amies : area retaken by friendly forces (OTAN) – Les rebelles avaient récemment repris l'oasis de Faya-Largeau : the rebels had recently recaptured the oasis of Faya-Largeau (GB) – Les Allemands avaient repris les points d'appui : the Germans had recaptured the strongholds (US) – Les Américains renouvelèrent leurs tentatives pour reprendre le col de Faid : the Americans renewed their attempts to retake the Faid pass (US).*

reprendre du service (unité) to be reactivated. Ex : *La division a repris du service en temps de paix : the division is now reactivated as a peacetime formation.*

représailles retaliation (UN, GB), reprisal(s) (GB) (ADJ : "savage") (PREP : "to"). Ex : *Représailles massives (STRAT) : massive retaliation – User de (ou exercer des) représailles (contre / envers) : to retaliate (against), to take reprisals (against), to make reprisals against (GB) – Une capacité de représailles : a retaliatory capability (US) – Représailles sur le même mode : in-kind retaliation (UN) – La menace de représailles : the threat of retaliation (GB) – Raids de représailles : retaliatory raids (GB) – Par représailles : in retaliation, in reprisal (+ préposition "for") – De crainte de représailles : for fear of reprisal (GB) – 3 villageois furent fusillés par représailles après l'attaque du convoi : 3 villagers were shot as a reprisal for the attack on the convoy (GB).*

représentant representative (US, GB, OTAN). Ex : *Représentant spécial : special representative (US) (+ préposition "to" = auprès de) (Abréviation : "REP") – Les représentants des armées alliées : the representatives of allied armies (US) – Représentant des belligérants : belligerent representative (US) – Des représentants de 21 pays étrangers : representatives from 21 foreign countries (US) – Un représentant des média : a media representative (OTAN) – Des représentants de haut niveau des pays du PPP (= Partenariat pour la Paix) : senior Representatives from PfP (= Partnership for Peace) Nations (OTAN) – Un représentant de l'armée de terre américaine : a U.S. Army representative (US) (ADJ : "trained", "knowledgeable") – Représentant consulaire (pays) : consular representative (GB) – Représentant permanent : permanent representative (PERMREP) (GB) – Les représentants accrédités de la presse et des média : accredited press and media (OTAN) – Représentant du SACEUR : SACEUR representative (SACEUREP) (OTAN).*

représentant français (REPFRAN) (opération multinationale) French Representative (REPFRANCE).

représentant militaire military representative (MILREP) (GB).

représentant militaire national (RMN) national military representative (NMR) (OTAN).

représentation representation (OTAN, US). Ex : *Une représentation de la surface de la terre : a representation of the surface of the earth (OTAN) – Une représentation graphique : a graphic representation (OTAN) – Une technique ayant pour objet de mettre à l'essai une représentation d'un système : a technique for testing a representation of a system (US).*

représentation (imagerie) imagery (OTAN).

représentation à spectres multiples multi-spectral imagery (OTAN).

représentation des informations de défense aérienne air defence data display (OTAN).

représentation graphique (ordre graphique) graphic portrayal.

représenter to account for (GB), to represent (GB), to comprise (GB), to approximate (US), to present (OTAN), to constitute (GB), to show (OTAN), to depict (OTAN), to be (US). Ex: *La brigade de Gurkhas représente 7 439 hommes: the Brigade of Gurkhas accounts for 7,439 men (GB) – L'infanterie représente un quart des effectifs de l'armée de terre: the Infantry represents a quarter of the Army's strength (GB) – Les femmes représentaient 2,8 % des forces britanniques dans le Golfe: women comprised 2,8% of the British forces in the Gulf (GB) – Le nombre d'officiers en service actif représente environ 14% des effectifs globaux de l'armée de terre: the number of officers on active duty approximates 14 per cent of the total Army strength (US) – Représenter une menace psychologique: to present a psychological threat (OTAN) – Représenter une menace pour: to constitute a theat to (GB) – Représenter le relief sur les cartes: to show relief on maps (OTAN) – Représenter une situation concrète, réelle ou imaginaire (jeu de guerre): to depict an actual or assumed real life situation (OTAN) – Le Directeur Central du Renseignement représente la communauté du renseignement auprès du Président: the DCI (= Director of Central Intelligence) represents the intelligence community to the President (US) – Saddam ne représente aucune menace immédiate pour ses voisins: Saddam presents no immediate threat to his neighbors (US) – 3 épées représentant l'armée de terre d'active, la composante "armée de terre" de la Garde Nationale et la Réserve de l'armée de terre (insigne): 3 swords representing the Active Army, the Army National Guard and the Army Reserve (US) – Le Commandement des Forces Terrestres représente 85% de la puissance de combat de l'armée de terre: FORSCOM (= Forces Command) is 85% of the Army's combat power (US) – Représenter des intérêts nationaux au niveau opérationnel (commandant de contingent national): to represent national interests at the operational level (OTAN).*

représenter (mode graphique) to indicate (US), to depict (GB). Ex: *Le ROUGE (= couleur) représente des unités ennemies: RED indicates enemy units (US) – L'emblème divisionnaire représente le dragon gallois: the division emblem depicts the Welsh dragon (GB).*

répression repression (Jane's, OTAN), brutality (OTAN), suppression (GB). Ex: *La répression de la population albanaise du Kosovo: the repression of Kosovo's Albanian population (Jane's) – Mettre un terme à la brutale campagne de répression et d'épuration ethnique: to bring to an end the brutal campaign of repression and ethnic cleansing (OTAN) – Forces de répression: forces of repression (OTAN) – Une répression grandissante contre les Albanais du Kosovo: escalating repression against the Kosovar Albanians (OTAN) – Des forces de plus en plus affaiblies dans leur campagne de répression barbare: forces increasingly weakened in their campaign of brutality (OTAN) – La répression de la Commune (de Paris) (Hist.): the suppression of the Commune (GB).*

réprimer (émeute / rébellion) to suppress (US, to quell (US). Ex: *Réprimer la rébellion en Afrique: to quell the rebellion in Africa (US).*

reprise resumption (US), relapse (US) (VERB: "to lead to"). Ex: *Une reprise des hostilités: a resumption of hostilities (US), a relapse into conflict (UN) (VERB: "to avoid", "to prevent", "to deter") – La reprise de l'aide aux pays étrangers: the resumption of foreign aid (US) – Une reprise de l'offensive: a resumption of the offensive (US) – Une reprise des combats: a resumption of fighting (US).*

reprise économique economic recovery (US). Ex: *Un programme de reprise économique: an economic recovery program (US).*

reprises (à plusieurs) repeatedly (US). Ex: *Attaquer l'ennemi à plusieurs reprises: to strike the enemy repeatedly (US).*

reproduire (simulation) to duplicate (US). Ex: *Une zone de combat reproduisant une véritable zone de terrain: a combat zone duplicating a piece of real terrain (US).*

reprogrammable (microprocesseur) reprogrammable (microprocessor) (US).

République centrafricaine (RCA) the Central African Republic (GB).

République française (the) French Republic (US) (NOM ASS. : "establishment").

réputation (PERS / institution) reputation (US), good name (US) (VERB : "to improve", "to have"). Ex : *La réputation d'un officier : the reputation (ou good name) of an officer (US) – La réputation de la Légion se répandait : the Legion's reputation was spreading (GB) – Les Gurkhas ont la réputation d'être des soldats sanguinaires et intrépides : the Gurkhas have the reputation of being bloodthirsty fearless soldiers (GB) – Acquérir la réputation d'être...(force) : to gain a reputation for being...(GB).*

réputé (unité) renowned (US), famed (US).

réputé pour famous for (GB). Ex : *L'armée de terre britannique est réputée pour sa discipline : the British Army is famous for its discipline (GB).*

requis (nécessaire) required (OTAN). Ex : *Avoir les compétences requises (emploi dans l'armée de terre) (PERS) : to qualify (US) – Déterminer les qualités requises d'un individu pour entrer dans l'armée : to determine an individual's suitability to enter the armed forces (US).*

réquisition (demande d'approvisionnment) (LOG) requisition (US, OTAN).

réquisition (demande officielle par autorité militaire) requisition (GB).

réquisitionné (navire) taken up from trade (OTAN).

réquisitionner to requisition (GB), to commandeer (GB). Ex : *Réquisitionner des conducteurs et des véhicules : to requisition drivers and vehicles (GB) – Des DC-8 réquisitionnés : commandeered DC-8s (GB).*

RESCO voir **recherche et sauvetage au combat**.

rescousse (appeler à la) to call in (US). Ex : *L'armée de terre est appelée à la rescousse pour aider les victimes des inondations (titre d'article) : Army called in to help flood victims (US).*

réseau (transmissions / informatique / commandement) network (US, OTAN, GB) (Terme générique), net (VERB : "to operate", "to maintain", "to install", "to reconfigure", "to destroy", "to jam", "to saturate", "to establish") (ADJ : "sophisticated", "secure", "interlocking") (NOM ASS. : "management", "control", "establishment"). Ex : *Mettre en réseau (informatique) : to network (GB) – Mise en réseau (informatique) : networking (GB) – Le réseau international : (the) Internet (= international network) – Réseau de secours (TRANS) : back-up net – Réseau radio : radio net – Réseau de simulateurs informatiques de combat : simulation network (SIMNET) (US) – Être relié en réseau à : to be networked with (US) – Réseau du service fixe de télécommunications : fixed telecommunication network (OTAN).*

réseau (électrique) system (OTAN). Ex : *De nombreuses attaques visant le réseau de transmission d'électricité serbe : extensive attacks against the Serb electricity transmisssion system (OTAN).*

réseau (personnels) network (OTAN). Ex : *Edifier un réseau d'experts : to build a network of experts (OTAN).*

réseau (combattants) network (US) (VERB : "to operate") (ADJ : "covert", "paramilitary").

réseau (barbelés) entanglement (GB).

réseau (RENS) network (US), net (US). Ex : *Contrôler un réseau de 3 agents doubles au profit du MI5 : to run a network of 3 double agents for MI5 (US).*

réseau (en) networked (US). Ex : *Capteurs en réseau : networked sensors (US).*

réseau-centrique network-centric (US).

réseau commun (ou partagé) shared network (US).

réseau d'agents (RENS) agent net (US) (VERB : "to be supervised by") (Contrôlé par un agent principal, ou "principal agent"). Ex : *Un réseau d'(agents) illégaux : an illegal net (US).*

réseau d'agents dormants (RENS) stay behind (US) (Terme désignant aussi un agent dormant).

réseau d'alerte (TRANS) warning net (US).

réseau de barbelés barbed(-) wire entanglement (US, GB) (Terme dénombrable).

réseau de combat (TRANS) combat net (OTAN), combat (radio) net(work) (US). Ex : *Radio de réseau de combat : combat net radio (CNR) (OTAN).*

réseau de commandement (TRANS) command net (US, OTAN).

réseau de commandement, de contrôle et de communications command, control and communications (C3) network (US).

réseau de communications (ou de transmissions) communications network (US) (VERB : "to knock out", "to establish").

réseau d'écoute (TRANS) listening network (GB).

réseau de cryptophonie secure voice network (OTAN).

réseau de défense aérienne air defence ground environment (OTAN).

réseau de détection et de contrôle control and reporting system (CRS) (OTAN).

réseau de jeu de guerre réparti distributed wargaming system networking (DWSNET) (OTAN).

réseau de renseignement (RENS) intelligence network (GB, US) (VERB : "to establish", "to service", "to be supervised by", "to have", "to operate") (ADJ : "well-established", "foreign", "extensive"). Ex : *Réseau de renseignement de source humaine : human intelligence network (US) – Le réseau d'Europe de l'Ouest dirigé par Léopold Trepper : the West European network under Leopold Trepper (US).*

réseau de résistance resistance network (US).

réseau des attachés de défense (RENS) the Defense Attaché System (US) (VERB : "to manage").

réseau de simulation (de combat) simulation network (SIMNET) (US).

réseau d'espionnage (ou d'espions) (RENS) espionage network (US), spy ring (US), spy network (US), espionage ring (US), apparat (US) (VERB : "to set up", "to run", "to be nicknamed", "to head", "to be headed by", "to create", "to be discovered", "to break", "to maintain", "to control", "to flourish", "to betray") (ADJ : "major", "enormous", "large", "major") (NOM ASS. : "betrayal"). Ex : *Le réseau Saphir : the Sapphire Ring (GB) – Le réseau d'espionnage couvrait l'Europe occidentale : the spy network covered Western Europe (US) – Le chef du réseau d'espionnage : the head of the spy network (US).*

réseau de télécommunications communications network (OTAN, GB), communications net (US) (VERB : "to set up", "to establish").

réseau de tranchées trench system.

réseau de transmissions communications network (US, GB), communications net (OTAN) (VERB : "to set up" = installer, mettre en place, "to establish") (ADJ : "swift", "flexible", "sophisticated", "digital", "computer-controlled").

réseau de transmission de données data network (GB).

réseau de transport (pays) transportation net (US).

réseau d'évasion escape and evasion network (US) (VERB : "to develop").

réseau d'instruction (TRANS) training net (OTAN).

réseau ferré (ou ferroviaire) railway network (US), rail net (US).

réseau hydrographique (pays) drainage system (OTAN).

réseau informatique computer network (US).

réseau intégré de transmissions automatiques (RITA) Équivalent US : mobile subscriber equipment (MSE) – Équivalent GB : Ptarmigan communications system (GB).

réseau local (informatique / TRANS / simulation) local area network (LAN) (US).

réseau logistique (TRANS) logistic net (GB).

réseau mondial (informatique / TRANS / simulation) global area network (US).

réseau numérique automatique automatic digital network (AUTODIN) (GB).

réseau numérisé à intégration de services (RNIS) (Numéris) Integrated Services Digital Network (ISDN) (GB).

réseau radar radar netting (OTAN).

réseau radio radio net (GB) (VERB : "to operate" = mettre en œuvre, exploiter, "to open") (ADJ : "free" = libre, "directed" / "controlled" = dirigé).

réseau régimentaire (TRANS) battalion net (GB).

réseau régional de télécommunications regional telecommunications network (RTN) (OTAN).

réseau routier road network (US), road net (US) (VERB : "to improve"). Ex : *Réseau routier militaire (de base) : (basic) military route network (OTAN).*

réseau téléphonique commuté (RTC) voice switched network (OTAN).

réserve (force disponible non-engagée) reserve (US, GB, OTAN), reserve force (US) (VERB : "to shift", "to commit", "to use"). Ex : *1 compagnie en réserve : 1 company in reserve, 1 reserve company – Les groupements 3-5 et 3-81 sont en réserve de la division : TF (= task-force) 3-5 and T-F 3-81 are division reserve (US) – Une réserve stratégique ou de théâtre : a strategic or theater reserve (US) – Une division / une brigade de (ou en) réserve : a reserve division (GB) / a reserve brigade (US) – 2 régiments en réserve : 2 battalions in reserve (GB) – Engager ses réserves : to commit one's reserves (OTAN) – Division de réserve stratégique : strategic reserve division (GB) – Les réserves (= des forces) sont utilisées pour donner de la profondeur à la bataille, exécuter des coups d'arrêt et rétablir l'intégrité de la position par des contre-attaques : the reserve is used to add depth, to block, or restore the battle position by counterattack (OTAN) – Le remplacement des unités de la ligne de front par celles en réserve : the rotation of units in the front line with those in reserve (OTAN) – Nous devrons réduire notre échelon d'assaut car nous ne disposons pas de réserves suffisantes : we will have to scale down our assault echelon because we don't have sufficient reserves (US).*

réserve (portion de forces rappelable) reserve(s) (US, GB), reserve component(s) (RC) (US), reserve forces (GB) (VERB : "to join", "to remain in") (ADJ & PART : "strong", "steady", "sponsored", "high readiness", "auxiliary", "volunteer"). Ex : *La réserve (armée) : the Reserve (GB), the Reserve Components (RC) ou reserve components (US) – Un officier de réserve : a reserve officer – La Réserve de l'armée de terre d'active : the Regular Army Reserve (GB) – La réserve de l'armée de terre : the Army Reserve (US) – Un soldat de réserve : a reserve component (RC) soldier (US) – La réserve sélectionnée : the Selected Reserve (US) – L'avancement des officiers dans la Réserve de l'armée de terre : promotion of officers in the Reserve Components of the Army (US) – Réserve individuelle disponible : Individual Ready Reserve (IRR) (US) – L'avenir de la réserve : the future of the reserves (GB) – La contribution faite par la réserve : the contribution made by the Reserves (GB) – Le rôle important que peut jouer la réserve (les troupes de réserves) : the important role Reserve Forces can play (GB) – Service dans la réserve : reserve* *service (GB) – La réserve de l'armée de l'air : the Reserve Air Forces (GB) – La réserve de la marine nationale : the Royal Naval Reserve (GB) – Un militaire a l'obligation de servir 7 ans dans la réserve : a serviceman is liable for a further 7 years in the Reserve (GB) – Les forces déployées nécessitent la participation de la réserve : deployed forces need reserve component participation (US).*

- La Réserve de l'armée de terre britannique : the Army's Reserves (GB) (Elles comprennent 5 catégories : 1. the Territorial Army (TA) (volontaires) – 2. the Army Reserve (anciens militaires d'active n'ayant pas accompli la totalité des 22 ans de service) – 3. the Regular Army Reserve of Officers (RARO) (idem, mais officiers seulement) – 4. Regular soldiers (soldats d'active retraités, avec 22 ans accomplis, susceptibles d'être rappelés jusqu'à l'âge de 60 ans). 5 – Long-Term Reserve (LTR) (anciens militaires d'active masculins, de moins de 45 ans, n'entrant pas dans les catégories 2 et 4).

- La Réserve de l'armée de terre américaine : the Reserve Components (RC), the US Army Reserve (USAR) (US). Elle se compose de 3 catégories : 1. The Ready Reserve (Army National Guard ou ARNG / US Army Reserve) (Elle-même composée de : "the Selected Reserve", "the Individual Ready Reserve" (IRR) et "the Inactive Army National Guard" (ING)) – 2. The Standby Reserve (US Army Reserve) – 3. The Retired Reserve (US Army).

réserve (munitions / matériel) reserve (US, GB). Ex : *Une réserve de 600 coups stockés dans le compartiment arrière (véhicule blindé) : a reserve of 600 rounds stowed in the rear compartment (US) – Constituer une réserve de matériel et d'approvisionnements : to establish a reserve of equipment and supplies (US) – En réserve (matériel) : in reserve (GB).*

réservé (force) reserve (OTAN). Ex : *Troupes réservées à la disposition du commandant suprême : reserve of troops under the control of the overall commander (OTAN).*

réservé (itinéraire) reserved (US, GB).

réserve antichar (force) anti-tank force (GB).

réserve citoyenne (réservistes) (France) General Reserve (GB ou general reserve (US), Standby Reserve (US), citizens' reserve (of individual reinforcements) (Jane's).

réserve d'avant-garde mainguard (OTAN).

réserve de théâtre theatre reserve (TR) (OTAN).

réserve non débarquée (opération amphibie) floating reserve (OTAN).

réserve opérationnelle (en vue d'une opération) (force) operational reserve (OTAN). Ex : *Les forces conventionnelles françaises servent de réserve opérationnelle pour l'OTAN : French conventional forces act as a NATO operational reserve (US).*

réserve opérationnelle (réservistes) (France) Ready Reserve (GB, US), "operational reserve" (of part-time volunteers) (Jane's), selected reserve (US).

réservé pour affectation (force) earmarked (US, OTAN).

réserve régionale regional reserve (OTAN).

réserves voir **réserve (portion de forces rappelable)**.

réserves voir **réserve (force disponible non engagée)**.

réserves (ravitaillement) supplies (GB). Ex : *Nous disposions de réserves d'eau limitées : we had limited water supplies (GB).*

réserves de guerre (ou stocks de guerre) war reserves (WR) (US, OTAN, GB) (ADJ : "general purpose", "special purpose").

réserves de plage (opération amphibie) beach reserves (OTAN).

réserves tactiques tactical reserve (OTAN), tactical reserves (GB).

réserve stratégique 1. (à disposition du commandant suprême) general reserve (OTAN) – 2. (force de renfort extérieure non affectée à l'avance à un commandement majeur subordonné) strategic reserve (OTAN). Ex : *Réserve stratégique du SACEUR : SACEUR's strategic reserve (SSR) (OTAN)*.

réserve territoriale territorial reserve (Jane's).

réserviste reservist (US), reserve member (US), volunteer (V) (GB), reserve component individual (US) (VERB : "to activate", "to mobilize", "to call up", "to report") (ADJ : "part-time") (GB) (Surnoms du réserviste de la Territorial Army britannique : "terrier", "stab". Collectivement, ils sont appelés "the Territorials"). Ex : *Une association de réservistes : a Reserve association (GB)* – *Un réserviste de l'armée de terre : an Army reservist (US)*.

réservoir reservoir (ĜB), pool (US). Ex : *Un réservoir de main d'œuvre : a reservoir of manpower (GB) (ADJ : "diminishing")* – *Un réservoir accru (élargi) de personnels (réservistes) : an expanded pool of personnel (GB)*.

réservoir à (ou de) carburant (véhicule terrestre) fuel tank (GB, OTAN, Jane's) (ADJ : "external").

réservoir d'eau (véhicule blindé) water tank (GB). Ex : *Un réservoir d'eau de 100 litres : a 100 litre water tank (Jane's)*.

réservoir de carburant fuel tank (CFE, Jane's, US) (ADJ : "additional", "long-range", "add-on"). Ex : *Réservoir externe de carburant : external fuel tank (CFE)* – *Réservoir auxiliaire de carburant : auxiliary fuel tank (US)*.

réservoir de forces pool of forces (GB) (VERB : "to maintain" = entretenir).

réservoir de (forces de) réserve reserve pool (US).

réservoir d'unités reservoir of units (US) (VERB : "to provide").

résidence (officier général / commandant / ambassadeur) residence (GB). Ex : *La résidence de l'ambassadeur : the ambassador's residence (US)*.

résident (chef d'antenne en ambassade) (RENS) chief of station (COS) (US / CIA) (GB / MI6).

résiduel residual (CFE), ambient (US), remaining (US). Ex : *Niveau résiduel : residual level (CFE)* – *Utiliser la lumière résiduelle (vision nocturne) : to use ambient light (US)* – *La mission de cette unité est d'en finir avec les résistances résiduelles : the mission of this unit is to polish off remaining resistance (US)*.

résidus remnants, debris (OTAN, UN). Ex : *Des résidus de résistance ennemie : remnants of enemy resistance* – *Résidus radioactifs : radioactive (weapon) debris (OTAN, UN)*.

resigner (rempiler) to sign again (GB). Ex : *Une fois ses cinq ans de service achevés, il avait resigné pour cinq ans supplémentaires (légionnaire) : with five years' service completed, he had signed again for a further five (GB)*.

résistance resistance (GB, US, OTAN), opposition (US, GB), defence(s) (GB), stand (GB) (Le terme "resistance" a un sens pluriel : il traduit également "les résistances") (VERB : "to encounter", "to meet", "to eliminate", "to demolish", "to muster", "to mop up", "to be capable of", "to crush", "to overcome") (ADJ & PART : "strong", "heavy", "stiff", "low", "passive", "firm", "significant", "armed", "organized", "fierce", "local", "coordinated", "effective", "sudden", "disorganized") (EXPR : "to stall in the face of"). Ex : *Les résistances dépassées : the bypassed resistance (ou defences)* – *Se heurter à une résistance plus forte que prévue : to face heavier than anticipated opposition (GB)* – *La résistance des unités britanniques face à l'offensive allemande : the stand by British units against the German offensive (GB)* – *Les forces de débarquement n'ont rencontré aucune résistance : the landing forces were unopposed (GB)* – *Les défenseurs ont opposé une vive résistance : the defenders put up (ou offered) strong resistance (GB)* – *Mouvement de résistance : resistance movement (US)* – *Résistance à l'interrogatoire : resistance to interrogation (GB)* – *Eliminer les restes de la* *résistance ennemie : to liquidate remnants of enemy resistance (OTAN) – Résistance symbolique : token resistance (US) – Toute résistance significative avait été écrasée : all meaningful resistance had been crushed (US) – Surmonter une résistance étonnamment forte de la part des Cubains : to overcome surprisingly strong resistance from Cubans (US) – Ils vinrent très rapidement à bout des résistances : they overcame the resistance very quickly (GB) – Les dernières résistances ennemies : the last enemy resistance (US) – Pour résumer brièvement, notre progression s'est heurtée à de fortes résistances : to recap briefly, our advance has encountered stiff resistance (US) – L'ennemi opposa une résistance opiniâtre (attaque) : the enemy put up a stubborn defence (GB) – Résistance violente et déterminée : fierce and determined resistance (Voir aussi **rencontrer**).*

résistance (endurance) (force) staying power (US). Ex : *Nos forces légères manquent de résistance : our light forces lack staying power (US).*

résistance (lutte d'opposition à l'occupant) partisan struggle (GB), partisan conflict (GB).

résistance (organisation de lutte contre l'occupant) resistance (movement) (GB), underground (GB) (ADJ : "local"). Ex : *Il appartenait à la Résistance : he was in the (French) Resistance (GB) (Voir aussi **maquis**).*

Résistance (la) (Hist.) the (French) Resistance (US). Ex : *Aider les unités de la résistance française : to aid French Resistance units (US).*

résistance (avec) (arrivée d'une force sur le théâtre) opposed (entry) (US).

résistance (sans) (arrivée d'une force sur le théâtre) unopposed (entry) (US).

résistance (physique) (PERS) stamina (GB), (physical) toughness (US).

résistance (solidité) (blindage) strength (GB) (VERB : "to test").

résistance (GE) resistance (US) (PREP : "to"). Ex : *Résistance accrue aux contre-mesures électroniques : enhanced resistance to electronic counter-measures (US).*

résistance à l'écrasement (matériel) crashworthiness.

résistance à l'interrogation (PERS) resistance to interrogation (RTI) (US).

résistance stratégique (pays) strategic staying power (US).

résistant (mouvement de résistance) (nom) resistance fighter (US), partisan (US, GB).

résistant aux contre-mesures électroniques ECM (= electronic counter-measures) resistant.

résistant aux impacts balistiques (rotor) ballistically tolerant (US).

résister to fight back (GB), to resist (GB, OTAN), to make a stand (GB), to withstand (GB, US) (Verbe transitif direct. Ex : La ville a résisté à l'assaut ennemi pendant 2 semaines : the city resisted the enemy onslaught for 2 weeks (GB)). Ex : *Résister à l'ennemi : to make a stand against the enemy (GB), to withstand the enemy (US), to resist the enemy (US) – Résister à un siège de 6 mois : to withstand a six months' siege (GB) – Résister à toutes les formes d'agression : to resist all forms of aggression (OTAN) – La garnison a résisté avec force : the garrison fought back strongly (GB) – Les soldats ennemis ont rendu leurs armes sans résister : the enemy gave up their weapons without a fight (GB) – Résister à un assaut : to withstand an assault.*

résolution (détermination) (PERS) determination (US), resolve (OTAN) (VERB : "to display").

résolution (image / imagerie) resolution (US) (ADJ : "high"). Ex : *Haute résolution (d'image) : high resolution (US) – Images / à haute / à très haute résolution : high resolution / very fine resolution / images (UN) – Imagerie satellitaire à haute résolution : high resolution satellite imagery (UEO) – Une résolution d'environ soixante centimètres : a resolution of about two feet (US).*

résolution (des Nations Unies) (UN) resolution (US, OTAN) (VERB : "to pass"). Ex : *Conformément à la résolution 814 du Conseil de Sécurité des Nations Unies : in accordance (IAW) with (ou pur-*

suant to) UNSC (= United Nations Security Council) Resolution 814 (US) – Se conformer plei-
nement aux résolutions pertinentes du Conseil de Sécurité de l'ONU : to fully comply with the
relevant UNSCRs (= United Nations Security Council Resolutions) (OTAN) – La résolution 660
du Conseil de Sécurité des Nations Unies : UN Security Council Resolution 660 (US) – La réso-
lution 1244 du Conseil de sécurité des Nations Unies : UNSCR 1244 (OTAN).

résolution des conflits conflict resolution (US, GB), resolution of conflicts (US) (ADJ :
"quick"). Ex : *La résolution pacifique des litiges : the peaceful resolution of disputes – La*
résolution d'un conflit : the resolution of a conflict (US).

résolution des différends (ou des litiges) resolution of disputes (US).

résolution de(s) problèmes problem(-)solving (OTAN, US) (VERB : «to foster» = favoriser).

résonance magnétique nucléaire (RMN) nuclear magnetic resonance (NMR) (UN).

résoudre (problème) to solve (GB). Ex : *Aider les décideurs à résoudre des problèmes : to help*
decision makers to solve problems (GB).

résoudre (régler) (conflit) to settle (GB).

respect (PERS) respect (US, GB) (VERB : "to give...to", "to foster") (ADJ : "mutual"). Ex :
S'attirer le respect de l'ennemi : to earn the respect of the enemy (GB) – S'attirer le respect
des autres : to command the respect of others (US) – Traiter les soldats avec respect : to treat
soldiers with respect (US) – Le respect d'autrui : respect for others (GB) (VERB : "to teach")
– Se souvenir avec respect des héros de ces conflits : to remember with respect the heroes of
these conflits (GB) – Le respect de la dignité humaine : respect for human dignity (US).

respect (accord / dispositions / droit) respect (US), compliance, observance (UN, Jane's)
(VERB : "to compel"), (ADJ : "strict") (PREP : "for", "with") Ex : *Respect des droits de*
l'homme : respect for human rights (US) – Respect du traité : treaty compliance (UN) –
Respect des résolutions ou des sanctions : compliance with resolutions or sanctions (US)
– Respect total des limites imposées aux forces de police spéciales serbes : full obser-
vance of limits on the Serb special police forces (OTAN) – Le respect de la résolution
1199 (ONU) : compliance with Resolution 1199 (OTAN) – Le respect du droit internatio-
nal : the observance of international law (Jane's).

respect des droits de l'homme respect for human rights (OTAN).

respect de soi (PERS) self-respect (US) (VERB : "to develop").

respecter to respect (US, GB). Ex : *Respecter l'autorité de son chef : to respect the authority of*
one's commander (US) – Au combat, tu agis sans passion et sans haine, tu respectes les
ennemis vaincus, tu n'abandonnes jamais ni tes morts, ni tes blessés, ni tes armes (Code
d'honneur) (Légion) : in combat, you will act without relish of your tasks, or hatred ; you
will respect the vanquished enemy and will never abandon neither your wounded nor
your dead, nor will you under any circumstances surrender your arms (GB).

respecter (accord / cessez-le-feu / trêve / résolution / règle) to comply with, to abide by (US),
to obey, to observe (US). Ex : *Respecter des règles : to abide by rules (US) – Faire respecter*
l'accord-cadre général pour la paix : to ensure compliance with the General Framework
Agreement for Peace (CA) – Respecter un cessez-le-feu : to observe a ceasefire (US).

respecter (loi / règles d'engagement) to respect (US), to obey (US).

respecter (faire) to enforce (OTAN). Ex : *Faire respecter une zone d'exclusion aérienne : to*
enforce a no-fly zone (OTAN).

respectif respective (OTAN). Ex : *Les éléments reviennent sous l'autorité de leurs commande-*
ments respectifs : the elements return to the authority of their respective commanders
(OTAN) – Dans leurs zones de responsabilité respectives : in their respective AORs
(= Areas Of Responsibility) (OTAN).

respectivement (énumération) respectively (US) (Position en fin de phrase), in that order. Ex: *Les corps et les divisions peuvent employer respectivement des divisions et des brigades: corps and divisions may employ divisions and brigades respectively (US).*

respects (mes) Ex: *Mes respects, mon Colonel ! : good morning (ou afternoon ou evening), Sir ! (GB, US).*

respectueusement with all due respect (US). Ex: *Très respectueusement, mon colonel (oral): with all due respect, Sir (US).*

respectueux de respectful of (GB). Ex: *Respectueux des traditions, attaché à tes chefs, la discipline et la camaraderie sont ta force, le courage et la loyauté tes vertus (Code d'honneur) (Légion): respectful of the (Legion's) traditions, honouring your superiors, discipline and comradeship are your strength, courage and loyalty your virtues (GB).*

respiration (SAN) breathing. Ex: *Contrôler la respiration: to check for breathing (US).*

responsabilisation (organisation / individu) accountability.

responsabilité responsibility (US, GB, OTAN) (Terme dénombrable) (VERB: "to have", "to discharge", "to have...for", "to take...for", "to assume...for", "to accept...for", "to claim...for", "to delegate", "to neglect", "to shun", "to perform", "to transfer...to", "to fulfil", "to assign...to", "to delineate", "to yield", "to seek", "to pass") (ADJ: "heavy", "great", "prime", "wide", "exciting", "shared", "primary", "functional", "different", "specific") (PREP: "for", "under") (EXPR: "regarding"). Ex: *Avoir la responsabilité d'une zone: to have responsibility for an area (US) – La division est responsable de tout l'est de l'Angleterre: the division has responsibility for the whole of Eastern England (GB) – Être placé sous la responsabilité de: to be placed under the responsibilty of (CFE) – Des responsabilités de commandement (PERS): command responsibilities (GB) – Responsabilité partagée: shared responsibility (US) – Prendre la responsabilité des opérations: to assume responsibility for operations (US) – Prendre un poste de plus grande responsabilité: to assume a position of greater responsibility (US) – Être de la responsabilité de (quelqu'un): to be the responsibility of (somebody) (US) – Assumer de plus larges responsabilités: to take on wider responsibilities (US) – Les responsabilités étaient partagées entre X et Y: responsabilities were split between X and Y (US) – La responsabilité de la logistique: the responsibility for logistics (US) – Assumer l'entière responsabilité de (erreur): to take full responsibility for (US) – Se voir attribuer des responsabilités (chef): to be allocated responsibilities (OTAN) – Des responsabilités d'ordre logistique: responsibility for logistics (OTAN).*

responsabilité fonctionnelle functional responsibility (US).

responsabilités à l'échelle mondiale (USA) global responsibilities (OTAN).

responsable (adjectif) responsible (US). Ex: *Être responsable vis-à-vis d'un chef: to be responsible to a commander (+ préposition "for") (OTAN) – Sous les ordres d'un chef responsable unique: under one single responsible commander (US).*

responsable (nom) official (US, OTAN), head (OTAN). Ex: *Un responsable militaire de haut rang: a high-ranking military official (US, Jane's) – Un haut responsable (ministère): a senior official (US) – Hauts responsables gouvernementaux: high government officials (US) – Un ancien responsable du Pentagone: a former Pentagon official (US) – Le responsable de la mission de l'OSCE au Kosovo: the Head of the OSCE Mission in Kosovo (OTAN) – Un haut responsable britannnique: a senior British official (OTAN) – Un responsable de haut niveau (armée): a top-rank official (US).*

responsable (de) (PERS) in charge (IC ou i/c) (of) (GB), responsible (for) (+ éventuellement verbe en ING) (US), charged with (OTAN), saddled with (familier) (US). Ex: *Être responsable des problèmes du réfugié (officier): to be saddled with the problems of the refugee (familier) (US) – Le chef est responsable de la mise en place de mesures de protection*

appropriées pour assurer la sécurité des troupes amies (NBC): the commander is respon-
sible that appropriate protective measures are taken to ensure the safety of friendly troops
(US) – Il est responsable des rations: he is i/c rations (GB) – Le commandant responsable
de la zone: the commander responsible for the area (US) – Un organisme responsable du
contrôle des communications: an agency charged with the responsibility for controlling
communications traffic (OTAN) – L'unité responsable du secteur allant de Tuzla au nord
à Olovo au sud: the unit responsible for the sector from Tuzla in the north to Olovo in the
south (US) – Le chef est responsable de la conduite des opérations dans son secteur: the
commander is responsible for conducting operations within his sector (GB).

responsable à contacter point of contact (POC) (OTAN).

responsable civil civilian official (US).

responsable de la désignation des objectifs targeter (OTAN).

responsable de la logistique logisitician (OTAN).

responsable devant answerable to, responsible to.

responsable militaire military leader.

responsable politique policymaker (US).

ressembler à to look like (GB), to be like (US). Ex: *Avant d'envisager à quoi pourrait ressem-*
bler l'armée de terre britannique du 21ᵉ siècle: before considering what the British Army
of the twenty-first century might look like (GB) – Ce à quoi ressemble la vie dans l'armée
de terre: what life in the Army is like (US).

ressentir to feel (US). Ex: *Le Trésor a ressenti l'impact de l'automatisation: the Finance Corps*
has felt the impact of automation (US).

resserré (armée) smaller (US). Ex: *Une armée de terre resserrée: a smaller Army (US).*

resserré (itinéraire) constricted (route).

resserré (crédits) tight (Jane's).

resserrement Ex: *Resserrement des contacts et de la coopération: closer contacts and co-ope-*
ration (OTAN).

resserrer to close in (OTAN). Ex: *Les Alliés resserraient leur étau autour des forces serbes:*
Allied forces closed in on Serb forces (OTAN).

ressort (grenade à main / bazooka) spring.

ressort de (être du) to rest with (US), to be the business of (OTAN), to be the province of (US).
Ex: *La décision est du ressort du chef: the decision rests with the commander (US) – Le*
sujet de la maîtrise des armements est du ressort de l'OSCE: the topic of arms control is
the business of OSCE (OTAN) – L'éclairage et le jalonnement sont du ressort des blindés
légers: scouting and screening are the province of light armor (US).

ressort (en dernier) ultimately (US).

ressortissant national (CFE, GB), citizen (US) (ADJ: "disaffected"). Ex: *Un ressortissant français:*
a French national – Protéger des ressortissants américains et être en mesure de les évacuer
pour les mettre à l'abri du danger: to protect American citizens and be prepared to evacuate
them from danger (US) – Ressortissants français établis à l'étranger: French expatriates
(GB) – Un ressortissant étranger: a foreign citizen (US), a foreign national (GB).

ressource (ou débrouillardise) (PERS) resourcefulness (US).

ressource (la) (humaine ou en personnels) manpower (GB, Jane's) (VERB & NOM ASS.:
"to redistribute" / "redistribution", "to reduce") (ADJ: existing). Ex: *Réduire la res-*
source de moitié: to reduce manpower by half (Jane's).

ressources (moyens) resources (US) (VERB: "to allocate", "to prioritize", "to coordinate").
Ex: *Les ressources logistiques sont coordonnées au niveau multinational: logistic*

resources are coordinated multinationally (OTAN) – Malgré l'amenuisement des ressources (armée) : despite diminishing resources (CA).

ressources (pays) resources (US). Ex : *Seule l'armée de terre a le pouvoir d'exercer le contrôle direct, permanent et complet sur la terre, sur ses ressources et sa population : only the Army has the power to exercise direct, continuing, and comprehensive control over land, its resources and its people (US).*

ressources aériennes et spatiales air and space assets (US).

ressources en eau water resources (US).

ressources humaines (RH) manpower resources (GB), human resources (US).

ressources locales local resources (US).

ressources naturelles natural resources (GB). Ex : *Vivre des ressources naturelles (ou locales) (troupe) : to live off the land (GB).*

restant remaining (US). Ex : *Les appuis restants : remaining CS (= combat support) elements (US) – Les soldats restants : remaining soldiers (US).*

restauration (alimentation) (fonction du Commissariat) catering (Abréviation GB : "cat") (Fonction assurée par "the Army Catering Corps" (ACC) au sein du "Royal Logistic Corps" (RLC) dans l'armée de terre britannique), food service(s) (US).

restauration de plate-forme aéroportuaire (GEN) airfield damage repair (ADR).

restaurer (rétablir) to restore (OTAN). Ex : *Restaurer un environnement sûr (après une crise) : to restore a secure environment (OTAN).*

reste rest (GB, US), remainder (Jane's). Ex : *Le reste du régiment : the rest of the battalion (GB) – Le reste de l'équipage (char) : the remainder of the crew (Jane's) – Le reste de la brigade : the remainder of the brigade – Le reste du plan : the rest of the plan (US).*

reste du monde (REMONDE) (division fonctionnelle) rest of the world (ROW) (GB).

rester (demeurer) to stay (US), to remain (US, GB), to maintain (GB), to be still (OTAN). Ex : *Rester dans l'abri : to stay in the shelter (US) – Rester dans l'armée (de terre) ou la quitter : to stay (on) in the Army or leave (GB, US) – Rester en territoire étranger (force) : to remain on foreign territory (GB) – Rester en contact permanent avec (un organisme) : to maintain constant contact with (GB) – Les troupes resteront dans le golfe Persique : troops will remain in the Persian Gulf (US) – M. Robertson prendra ses fonctions de Secrétaire général à une date qui reste à déterminer : Mr Robertson will assume his functions as Secretary General at a date to be determined (OTAN) – Rester en liberté (accusé) : to be still at large (OTAN) – Les éléments restant au contact (TAC) : the elements remaining in contact (US).*

rester to have (something) left (GB). Ex : *Il leur reste assez de munitions pour 6 jours : they have enough ammunition left for 6 days (GB).*

rester à to be still (UEO). Ex : *De nombreux efforts restent à accomplir pour... : considerable efforts are still needed to...(UEO).*

rester en place (force) to stay in place (GB), to remain in place (US).

rester en place (agent) (RENS) to remain in place (US).

rester en service (matériel) to remain in service (GB).

rester en vigueur (ordre) to remain in force (US, GB).

rester sur ses gardes (être vigilant) to be alert (GB).

restes (force) remnants (US), remainder (US). Ex : *Eliminer les restes de la résistance ennemie : to liquidate the remnants of enemy resistance (OTAN) (Voir aussi **reliquat**).*

restes humains (dépouille mortelle) remains (US) (VERB : "to recover", "to evacuate", "to bury", "to process", "to identify", "to exhume", "to rebury", "to return") (PART : "just-discovered").

restez sur les éléments (appui d'artillerie) dwell at (<u>ou</u> on) (OTAN).

restituer (rendre) to release (US), to restore (GB) (PREP: "to"). Ex: *Restituer une unité à son unité d'origine: to release a unit to its parent unit (US) – Restituer un territoire à quelqu'un: to restore a territory to somebody (GB).*

restituer (reproduire) (entraînement) to replicate (US), to recreate (GB). Ex: *Restituer des conditions de combat avec un réalisme remarquable: to recreate combat conditions with remarkable realism (GB) – Il est impossible de restituer correctement les tirs d'artillerie lors des exercices: artillery fire cannot be properly replicated on exercises (GB).*

restitution (reproduction à l'entraînement) replication (US).

restitution (interprétation photo) restitution (US, OTAN).

restreindre (<u>ou</u> limiter) (mouvement / manœuvre) (TAC) to restrict (GB), to limit (US), to prevent (OTAN), to hinder (OTAN). Ex: *Restreindre le mouvement d'une force adverse: to restrict the movement of an opposing force (GB) – Terrain qui restreint l'emploi de véhicules chenillés: terrain that restricts the employment of tracked vehicles (US) – Restreindre la manœuvre: to restrict (<u>ou</u> to limit) maneuver (US) – Restreindre l'activité ennemie dans une zone: to prevent or hinder enemy operations in an area (OTAN) – Restreindre l'utilisation du terrain: to restrict the use of terrain (OTAN).*

restreint (terrain) restricted (terrain).

restriction restriction (GB, OTAN), restraint (US), limitation (US) (VERB: "to impose", "to be subject to"). Ex: *Des restrictions budgétaires et sur l'entraînement: budgetary and training restrictions (GB) – Restrictions à l'usage de la force: restraints on the use of force (US) – Restrictions de circulation ou de mouvement: traffic or movement restrictions (OTAN) – Restriction imposée à la circulation: movement restriction (OTAN) – Restrictions d'accès à des informations confidentielles de l'OTAN: restrictions of access to NATO confidential information (OTAN) – Les restrictions à la mobilité des chars sont imposées par...: restrictions to tank mobility are imposed by...(US) – Les règles d'engagement précisent les restrictions régissant la manière dont les forces peuvent prendre à partie l'ennemi: rules of engagement specify the limitations in which forces may engage the enemy (US).*

restrictions budgétaires budget restrictions (<u>Jane's</u>).

restructuration restructuring (US, GB, OTAN) (Terme en principe indénombrable; employer "some") (VERB: "to implement", "to undertake", "to do") (ADJ: "major", "radical", "continuing", "minor"). Ex: *L'Armée Territoriale (= armée de réserve britannique) est est cours de restructuration: the Territorial Army (TA) is restructuring (GB) – La restructuration des forces britanniques: the restructuring of British forces (GB) – La restructuration des industries de défense: (the) restructuring of defence industries (OTAN, GB) (VERB: "to achieve, "to seek") – Annoncer un plan de restructuration (armée): to announce a restructuring plan (<u>Jane's</u>) – Restructuration de forces: force restructuring (US) – Une restructuration qui verra la fermeture de plusieurs camps et la réduction de la présence américaine en Bosnie: a restructuring that will see several camps closed and the American presence in Bosnia reduced (US) – Les Alliés européens n'avancent pas assez vite dans la restructuration de leurs dispositifs militaires: European allies are not moving rapidly enough to restructure their militaries (OTAN) – Une restructuration en profondeur de la force: a substantial restructuring of the force (OTAN).*

restructuration de la défense shake-up in defence (<u>Jane's</u>).

restructurer to restructure (GB, OTAN). Ex: *Restructurer / une organisation / une unité / une force: to restructure / an organization / a unit / a force (GB, OTAN).*

résultat result (OTAN, GB, US), outcome (OTAN), product (OTAN), endproduct (US) (VERB: "to get", "to attain" / "to achieve" = atteindre) (ADJ: "attainable"). Ex: *Les résultats d'une mission: the results of a mission (OTAN) – Des chefs de corps voulant des résultats immé-*

diats: commanding officers wanting instant results (GB) – Atteindre le résultat final recher-
ché (opérations): to achieve the desired end state (US) – Le résultat final: the end result
(GB) – L'OTAN a joué un rôle décisif dans l'obtention de ce résultat (issue d'un conflit):
NATO has played a vital role in achieving this outcome (OTAN) – Le résultat de l'exploita-
tion des renseignements bruts concernant les nations étrangères: the product resulting from
the processing of information concerning foreign nations (OTAN) – Le résultat de cet(te)
entraînement (ou formation): the endproduct of this training (familier) (US) – Résultat opé-
rationnel: operational result (US) – Résultat à long terme (TAC): long-term outcome (US)
– Atteindre des résultats décisifs (TAC): to achieve decisive results (OTAN) – L'arme donne
de bons résultats sur n'importe quelle cible: the weapon gives good results on all targets.

résultat (de renseignement) (RENS) product (OTAN), intelligence product (US) (VERB &
NOM ASS.: "to prepare" / "preparation", "to produce") (ADJ: "significant").

résultats d'expérimentation experimental results (US).

résumé summary (US), resumé (US), recap (familier) (US). Ex: *Résumé de la situation ennemie*
(ordre): summary of enemy situation (US) – Compte-rendu résumé: summary report (OTAN).

résumé de situation (renseignement) (RENS) (intelligence) situation summary (SITSUM)
(OTAN).

résumer to summarize (US), to recap (US). Ex: *Pour résumer brièvement, notre progression*
s'est heurtée à de fortes résistances: to recap briefly, our advance has encountered stiff
resistance (US).

résurgence re-emergence (OTAN). Ex: *La résurgence soudaine de la défense européenne: the*
sudden re-emergence of European defence (OTAN).

rétablir to restore (US, GB, OTAN), to re-establish (GB, OTAN), to reestablish (US), to reopen (US). Ex:
Rétablir une position: to restore a position (US, GB, OTAN) – Rétablir le contact avec l'ennemi:
to re-establish contact with the enemy (GB, OTAN) – Rétablir la situation: to restore the situation
– Rétablir la mobilité: to restore mobility (GB) – Rétablir une frontière: to restore a border –
Rétablir / des services / des installations: to restore services / facilities – Rétablir la liaison: to rees-
tablish liaison – Rétablir l'ordre: to restore order (GB) (ou law and order (US)) – Rétablir l'auto-
rité civile (après un conflit): to restore civil authority (US) – Rétablir le commerce, les écoles et les
infrastructures médicales (après un conflit): to reestablish commerce, schools and medical facili-
ties (US) – Rétablir la paix: to restore the peace (US) – Rétablir l'intégrité territoriale: to restore
territorial integrity (GB, US) – Rétablir le réseau ferré: to reopen the railway network (US) –
Rétablir la capacité opérationnelle d'un aérodrome: to restore the operational capability of an
aérodrome (OTAN) – Les réserves (= des forces) sont utilisées pour donner de la profondeur à la
bataille, exécuter des coups d'arrêt et rétablir l'intégrité de la position par des contre-attaques: the
reserve is used to add depth, to block, or restore the battle position by counterattack (OTAN) –
Rétablir des conditions de vie acceptables au Kosovo: to restore tolerable living conditions in
Kosovo (OTAN) – Rétablir la stabilité: to restore stability (US) – Rétablir / l'eau / l'alimentation
électrique: to restore / water / power supplies (US) – Rétablir l'infrastructure: to restore the infras-
tructure (US) – Rétablir le dispositif défensif: to restablish the defense (US).

rétablir (ligne) (TAC) to restore (a line) (GB).

rétablir le contact (TAC) to regain contact with the enemy (US).

rétablissement (dispositif) reorganization.

rétablissement (PERS) (SAN) recovery (OTAN).

rétablissement (de la communication) (TRANS) restoration (OTAN).

rétablissement de la paix peacemaking (US, UN, OTAN, UEO).

Cf.: A process of diplomacy, mediation, negotiation, or other forms of peaceful settlement that
arranges ends to disputes and resolves issues that led to conflict (US).

rétablissement de la vie de la cité return to normalcy (US).

rétablissement de l'ordre (public) (type d'opération) re-establishment of law and order (GB).

rétablissement des institutions civiles re-establishment of civil institutions (OTAN).

retard delay (GB), behind (schedule) (US, GB) (Terme dénombrable). Ex : *Prendre du retard (ou rester à la traîne) (dans sa carrière) (PERS) : to fall behind (US) – Le programme a 6 ans de retard (armement) : the programme is 6 years behind schedule (GB) – Il n'était pas responsable du retard dans la mise en œuvre des frappes aériennes : he was not responsible for the delay in implementing the air strikes (GB).*

retard (ART) late (OTAN).

retardataire (unité sur un théâtre) late-arriving (US) (En épithète).

retardatrice (action / manœuvre) delaying operation. Ex : *La bataille retardatrice : the delaying battle (GB).*

retardé delayed.

retardement Ex : *Dispositif à retardement (bombe) : timer (GB).*

retarder to delay (GB), to retard (US). Ex : *Retarder l'ennemi : to delay the enemy (OTAN) – Le programme Phoenix (= drône) a été retardé : the Phoenix programme has been delayed (GB) – Retarder une attaque : to delay an attack (GB) – Retarder la progression ennemie : to retard the enemy's advance (US).*

retard technologique technological backwardness (OTAN).

retenir to dominate (OTAN), to command (OTAN). Ex : *Retenir prioritairement l'attention des media : to dominate media attention (OTAN) – Retenir l'attention (problèmes) : to command attention (OTAN).*

retenir (dans l'armée) (ou fidéliser) (PERS) to retain (US), to hold (on to) (GB).

rétention (ou fidélisation) (PERS) retention (US, GB). Ex : *Rétention des personnels officiers : officer personnel retention (US) (VERB : "to enhance") (Voir aussi* **conservation***).*

retentir to ring out (GB), to sound (US). Ex : *Un coup de feu retentit : a shot rang out (GB) – Lorsque l'alarme retentit : when the alarm sounds (US).*

retenue (PERS / force) restraint (US), self-restraint (OTAN) (VERB : "to show" = faire preuve de). Ex : *Faire usage de la force avec retenue : to exercise restraint in employing force (US) – Règles de retenue : rules of restraint (UN).*

retenue d'eau (TOPO) reservoir (GB).

réticule reticle (US, OTAN).

retirer to remove (CFE), to withdraw (US, OTAN, GB). Ex : *Retirer la tourelle d'un char : to remove the turret from a tank (CFE) – Retirer des troupes d'un territoire : to remove / to withdraw troops from a territory – Retirer une habilitation de sécurité (PERS) : to withdraw a security clearance (US) – Unités ou individus récemment retirés du combat ou d'un service pénible : units or individuals recently withdrawn from combat or arduous duty (OTAN) – Retirer une unité du combat : to withdraw a unit from combat (GB).*

retirer de la circulation (armes) to decommission (GB).

retirer du combat (unité) to withdraw from combat (US, GB).

retirer du service (matériel) to withdraw from service, to phase out (of service) (= retrait progressif) (GB, UN, Jane's) , to remove from service (CFE, US). Ex : *Être retiré du service (matériel) : to go out of the inventory (US).*

retirer du service actif (de la circulation) (navire) to decommission (US).

retombées (radioactives) (radioactive) fallout (OTAN, US) (Terme indénombrable). Ex : *La contamination radioactive peut provenir de retombées : radioactive contamination can result from fallout (US).*

rétorsion (ou représailles) retaliation (US, GB).

retour return (US, GB, OTAN). Ex : *Le retour à la vie civile : return to civilian life – Retour (d'un matériel) : return (CFE) – Au retour de l'exercice Packsaddle : on return from Exercise Packsaddle (GB) – Au retour de l'étranger (ou d'outre-mer) : upon returning from overseas (US) – De retour à Fort Drum : back at Fort Drum (US) – Le retour de la France dans l'OTAN : the return of France to NATO (Jane's) – À son retour d'Arabie saoudite (fiche biographique d'officier) : upon his return from Saudi Arabia (US) – Assurer le retour de centaines de milliers de réfugiés : to secure the return of hundreds of thousands of refugees (US) – Faciliter le retour à la normalité dans la région : to facilitate the return to normalcy in the region (CA) – Le 1ᵉʳ REC était de retour au Tchad : 1 REC was back in Chad (GB) – Heure probable de retour : estimated time of return (ETR) (OTAN) – Le retour à l'environnement du temps de paix : a return to the environment of peacetime (US).*

retour (réfugiés) return (OTAN) (ADJ : "safe"). Ex : *Le retour sans conditions et dans un climat de sécurité de tous les réfugiés : the unconditional and safe return of all refugees (OTAN) – Le retour des réfugiés en toute sécurité : the safe return of refugees (OTAN).*

retour à la normalité (ou à la vie de la cité) return to normalcy (US).

retour au foyer (soldat) homecoming (US, GB).

retour au pays (à la base) (après déploiement) homecoming (US, GB) (VERB : "to cheer"). Ex : *Cérémonie de retour (d'une unité après un déploiement) : unit welcome-home ceremony (US) – La France n'acclama pas le retour au pays de ses soldats, en provenance du Mexique : France did not cheer the homecoming of her troops from Mexico (GB).*

retour d'expérience (TAC) lessons learned (LL) (US) (PREP : "from").

retour d'information feedback (US). Ex : *La guerre du Golfe fournit un retour d'information précieux au Centre National d'Entraînement : the Gulf War is providing valuable feddback to the NTC (= National Training Center) (US).*

retour en métropole (forces) redeployment (US).

retournement (d'un agent) (RENS) turning (US) (VERB : "to accomplish").

retourner to return (US, GB), to go back (GB), to redeploy (US). Ex : *Retourner à la vie civile : to return to civilian life – Retourner (ou revenir) à / une position / un véhicule : to return to / a position / a vehicle (GB) – Le régiment est retourné en Allemagne : the battalion has gone back to Germany (GB) – La division est retournée (ou a été rapatriée) aux États-Unis : the division redeployed to the United States (US).*

retourner (agent) (RENS) to turn (US).

retourner à la base (aéronefs) to return to base (GB).

retourner la situation to turn tables (US). Ex : *Retourner la situation aux dépens de l'assaillant (TAC) : to turn tables on the attacker (US).*

retrait (TAC) retirement (OTAN) (VERB : "to cover"). Ex : *Effectuer un mouvement de retrait (force) : to move away.*

retrait (de forces) (TAC) withdrawal (GB, OTAN) (ADJ : "complete", "unconditional") (PREP : "from"). Ex : *Le retrait (des troupes) d'Allemagne : the withdrawal from Germany (GB) – Retrait de troupes : troop withdrawal (UN) (VERB : "to monitor") – Retrait partiel : partial withdrawal (GB) – Obtenir le retrait des forces de sécurité de la RFY (= République Fédérale de Yougoslavie) : to achieve the withdrawal of the security forces of the FRY (= Federal republic of Yugoslavia) (OTAN) – Le retrait complet du Kosovo des forces militaires, paramilitaires et de police de la RFY : the complete withdrawal of FRY military, police and para-military forces from Kosovo (OTAN).*

retrait (organisation) withdrawal (US). Ex : *Le retrait de la France de l'OTAN en 1966 : France's withdrawal from NATO in 1966 (US).*

retrait (engins de débarquement sur plage) retraction (OTAN).

retrait (en) deep (GB), back (GB). Ex : *Il (= le général) a choisi des zones plus en retrait dans le dispositif : he picked out somewhat deeper-lying areas (GB) – L'essentiel des forces de défense sera concentré plus en retrait pour la défense des positions favorables : the bulk of the defending forces will be concentrated further back for the defence of favourable positions (GB).*

retrait (progressif) du service (matériel) phasing out (UN), phaseout (US). Ex : *Date de retrait du service : phaseout date (US).*

retrait des combats (force) withdrawal from battle (US).

retrait de troupes troop withdrawal (US).

retraite (fin d'activité professionnelle) (PERS) retirement (US) (Emploi : from the Army, from the armed forces) (ADJ : "early", "voluntary", "involuntary"). Ex : *Prendre une retraite volontaire : to retire voluntarily (US) – Obtenir des points de retraite : to earn retirement points (US) – Retraite anticipée : early retirement (US) – Avoir droit (ou pouvoir faire valoir ses droits) à la retraite : to be eligible for a pension (GB) – Prendre sa retraite après 20 ans de service : to retire after twenty years' service (US) – Il prit sa retraite de (ou en qualité de) Directeur du service de santé de l'armée de terre : he retired as Surgeon General of the Army (US) – Des individus qui ont accompli 20 ans de service ouvrant droit à la retraite : individuals who have completed 20 years of qualifying service for retirement (US) – Le Général d'armée en retraite Frederick M. Franks Jr. : Retired General Frederick M. Franks Jr. (US) (Voir aussi ER (en retraite) (PERS)) – Le chef-d'état-major de l'armée de terre ordonna que le général Doe fût mis à la retraite d'office avec le grade de colonel : the Chief of Staff of the Army directed that General Doe be retired in the gade of Colonel (US).*

retraite (pension) retired pay (US), pension (GB). Ex : *Calcul de la retraite : computation of retired pay (US) – Retraites (des personnels) militaires (chapitre d'un budget) : forces pensions (GB).*

retraité (Army) pensioner (GB) (Armée de terre), retiree (US). Ex : *Retraité des armées : retired from the armed forces (US) (Participe passé).*

retraite (cérémonie) retreat (US) (= "evening flag-lowering ceremony and bugle call") (VERB : "to sound").

retraite (TAC) retreat (US, GB) (PREP : "in"). Ex : *Une troupe ennemie en retraite : a retreating enemy force (US), an enemy force in retreat (GB) – Les troupes irakiennes battaient en retraite dès le 26 février : the Iraqi troops were in retreat (ou were retreating) by 26 February (GB).*

retraite (en) (PERS) retired (Abréviation US : "Ret." = E.R.). Ex : *Personnels en retraite : retired personnel (US) (Voir aussi ER (en retraite) (PERS)).*

retraite (manœuvre en) retrograde operation, retrograde (US).

retraitement (NUC) reprocessing (UN).

retranché dug-in (OTAN) entrenched (GB). Ex : *L'aviation a observé sur la cible des positions militaires retranchées avant d'exécuter l'attaque : the aircraft observed dug-in military positions at the target before executing the attack (OTAN) – L'ennemi était bien retranché : the enemy was well-entrenched (GB).*

retranchement entrenchment.

retranchement (action de se retrancher) digging-in (US).

retrancher (se) to dig in (US), to dig oneself in. Ex : *Les soldats se sont retranchés : the soldiers dug in (ou dug themselves in) – Les formations blindées se heurtèrent à une infanterie bien retranchée : the armoured formations ran into well dug-in infantry (GB).*

retransmettre (TRANS) to retransmit (OTAN), to rebroadcast (GB). Ex : *J'ai retransmis (procédure radio) : message passed – Retransmettre des signaux (TRANS) : to retransmit signals (OTAN)*.

retransmission (TRANS) rebroadcast (GB) (En abrégé : "rebro").

rétrécir (secteur) to narrow (US).

rétribution (financière) (agent) (RENS) (financial) reward (US). Ex : *Offrir ses services en échange d'une rétribution financière (agent) : to offer one's services in return for financial reward (US)*.

rétrogradation reduction in rank (GB, US), demotion (GB).

rétrograder to reduce in rank (GB, US), to reduce in grade (US), to demote (GB), to strip of rank (GB) (Terme familier GB : "to bust". Ex : *He was busted from corporal). Ex : Le général de Division John Doe a été rétrogradé de deux grades : Maj. Gen. John Doe was reduced two grades (US)*.

retrouver (PERS) to locate (US). Ex : *Retrouver un ancien soldat de l'armée de terre (perdu de vue / en retraite) : to locate a former Army soldier (US)*.

réunion (force) (TAC) assembly (OTAN). Ex : *Réunion de forces : assembly of forces (OTAN)*.

réunion meeting (VERB : "to hold", "to have"). Ex : *Tenir une réunion extraordinaire du Conseil de l'Atlantique Nord : to hold an extraordinary meeting of the North Atlantic Council (OTAN)*.

réunion au sommet summit meeting (UN, OTAN) (PREP : "at").

réunion de coordination coordination meeting (US) (VERB : "to have") (ADJ : "periodic").

réunion de fin d'inspection debriefing (UN).

réunion d'information briefing (CFE, UN, US) (VERB : "to hold", "to attend") (ADJ : "in-depth") (PREP : "on").

réunion informelle informal meeting (OTAN).

réunion mondaine social gathering (US), function (US).

réunir to assemble (US), to muster (GB), to bring together (GB), to convene (US, GB). Ex : *Réunir / une commission (d'enquête) / une cour martiale : to convene / a board (of inquiry) (US, GB) / a court martial (GB) – Réunir une coalition : to assemble a coalition (US) – Des forces navales, aériennes et terrestres provenant de 35 pays furent réunies : naval, air and military forces from 35 countries were mustered (GB) – Réunir des éléments de forces terrestres et aériennes en un ensemble cohésif : to bring together elements of land and air forces into a cohesive whole (GB)*.

réussi successful (US). Ex : *Une opération réussie : a successful operation (US)*.

réussir (TAC) to succeed (US, GB) (Contraire : "to fail"). Ex : *Si l'opération réussit : if the operation succeeds (GB)*.

réussir (achever avec succès une formation ou un stage) to pass out (GB) (Verbe intransitif).

réussir (examen / entraînement / formation) to pass (GB, US) (Verbe transitif). Ex : *Réussir l'examen de sergent : to pass the sergeants' exam (GB) – Réussir le stage de qualification : to pass the qualification course (GB)*.

réussir à to succeed in (+ verbe en ING), to manage to (+ verbe à l'infinitif). Ex : *Le RFM (= Régiment de Fusiliers Motorisés) a réussi à franchir la Marne : the MRR (= Motorized Rifle Regiment) succeeded in crossing (ou managed to cross) the Marne (River) – L'OTAN a réussi à prévenir la guerre en Europe : NATO has successfully prevented war in Europe (OTAN)*.

réussite success (US, GB), achievement (US), winning (US) (VERB : "to seal", "to ensure", "to score") (ADJ : "smashing", "military", "major"). Ex : *Permettre la réussite des opéra-*

tions tactiques : to enable tactical operations to be successfully conducted (US), to ensure success in tactical operations (US) – Réussite (entraînement) : "P" (Pass) (US) – La réussite des opérations de paix : success in peace operations (US) – La réussite / d'une mission / d'une opération : the success / of a mission / of an operation (US) – La réussite d'un engagement dépend de : success of an engagement depends upon (US) – Reconnaissez les réussites de vos soldats : recognize your soldiers' achievements (US) – La réussite de l'opération Tempête du Désert : the winning of Operation Desert Storm (US) – La réussite de la mission : mission success (US) (Voir aussi **succès**).

réutilisable reusable (US). Ex : *Lanceur réutilisable : reusable launcher (US).*

réutilisation (matériel) reuse (OTAN).

réutilisation des compétences (armée / vie civile) (PERS) skill transferability (US) (ADJ : "high").

revalorisation (matériel) voir **valorisation**.

rêve dream (US, GB). Ex : *L'opération a réussi au-delà de nos rêves les plus fous : the operation succeeded beyond our wildest dreams (US).*

réveil (cérémonie) reveille (US) (= "morning flag-raising ceremony and bugle call") (VERB : "to sound").

réveiller to wake up (GB), to call (GB). Ex : *Réveille moi à 5 H 00 : call me at 0600 (GB).*

"réveiller" (agent dormant) (RENS) to activate (a sleeper) (US).

révéler to disclose (OTAN), to reveal (US). Ex : *Amener l'ennemi à révéler (ou trahir) sa présence : to cause the enemy to disclose his presence (OTAN) – Révéler un secret sur (RENS) : to reveal a secret about (US) – Révéler les secrets de la CIA aux Soviétiques contre 2,7 millions de dollars (agent) : to reveal CIA secrets to the Soviets in exchange for $ 2.7m (US).*

revendeur de drogue drug dealer (US).

revendiquer (zone / terrotoire) to claim (US). Ex : *Une zone revendiquée par les deux camps : an area claimed by both sides (US).*

revenir (retourner) to return (GB, OTAN) (PREP : "to"). Ex : Revenir à / une position / un véhicule : to return to a position / a vehicle (GB) – Revenir (ou rentrer) de permission : to return from leave (GB) – Revenir sous l'autorité d'un chef (force / élément) : to return to the authority of a commander (OTAN) – La réadaptation des unités revenant d'une opération : the retraining of units returning from an operation (OTAN) – Sur les 4000 légionnaires qui ont participé à cette campagne, seulement 500 sont revenus : of the 4,000 legionnaires who took part in this campaign, only 500 returned (GB).

revenir à to return to (US), to revert to (US). Ex : *Si les États-Unis revenaient à la conscription : if the United States returned to a draft (US) – Revenir à l'action défensive lorsque c'est nécessaire (TAC) : to revert to the defense when necessary (US).*

revenir à (incomber) to fall to (US, GB). Ex : *Une mission qui revint de plus en plus à la Légion : a role that increasingly fell to the Légion (GB).*

revenir sous l'autorité de (élément) to return under the authority of (US, GB).

revérifier (armes) to recheck (weapons) (US).

revers (TAC) reverse, setback (US) (VERB : "to suffer", "to receive") (ADJ : "severe", "unexpected").

revers (vareuse) lapel (US).

reversé (force) returned (OTAN). Ex : *Reversée sous contrôle national : returned to national control (RTNC) (OTAN).*

réversibilité reversibility.

réversible (mesures) reversible (US).

revêtement d'aérodrome(s) aerodrome pavement (OTAN).

revêtir Ex : *La réponse de l'OTAN a revêtu trois aspects : NATO's response has been threefold (OTAN)* – *Revêtir une importance particulière : to be of particular importance (OTAN)*.

revêtir (tranchées / fortifications) to revet (GB) (NOM ASS. : "revetting").

réviser (véhicule) to service (a vehicle) (GB).

révision (plan) revision (US). Ex : *Un plan en cours de révision : a plan under revision (US)*.

révision (de matériel) overhauling (of equipment) (US) / overhaul (GB).

revivre (bataille) to relive (US).

revoir (réexaminer) (question) to revisit (OTAN), to review (US, GB, OTAN).

révolte revolt (GB). Ex : *La révolte s'est étendue aux provinces voisines : the revolt has spread to the neighbouring provinces (GB)*.

révolver revolver (GB, US) (VERB : "to draw…from", "to use", "to issue…to", "to supply…to", "to develop", "to conceal", "to arm", "to be issued with") (ADJ : "bodyguard", "commando", "secret police", "service") (PART : "silenced") (NOM ASS. : "silencer" = silencieux, "hammer" = percuteur <u>ou</u> chien, "trigger" = gâchette, "trigger guard" = pontet, "muzzle" = bouche <u>ou</u> gueule, "foresight" = guidon <u>ou</u> bouton de mire, "cylinder" = barillet). Ex : *Révolver à 6 coups : 6-shot revolver (US)*.

révolu over (GB). Ex : *L'époque du char lourd est révolue : the day of the heavy tank is over (GB)* – *L'époque où …(+ phrase) est révolue : the days when …are over (GB)*.

révolution (sens propre et figuré) revolution (GB, US, OTAN). Ex : *Une révolution technologique : a technological revolution (US)* – *Produire une révolution dans l'entraînement : to produce a revolution in training (<u>ou</u> a training revolution) (US)* – *La révolution de la cyberguerre : the cyberwar revolution (US)* – *La révolution de l'information : the information revolution (OTAN)*.

révolution dans les affaires militaires (la) the revolution in military affairs (RMA) (US).

révolution dans la logistique militaire (la) the revolution in military logistics (RML) (US).

révolution dans les affaires commerciales (la) (acquisitions) the revolution in business affairs (RBA) (US).

révolution de l'information (la) the information revolution (<u>Jane's</u>).

révolution en matière de sécurité (<u>ou</u> sécuritaire) security revolution (US).

révolution informatique information revolution (OTAN). Ex : *La révolution informatique du secteur civil : the information revolution in the civilian sector (OTAN)*.

révolution militaire technique military technical revolution (MTR) (US).

révolutionnaire (nom) revolutionary (US, GB) (VERB : "to arrest") (ADJ : "leading").

révolutionnaire (matériel / groupe) revolutionary (<u>Jane's</u>, US).

révolutionner to revolutionize (US). Ex : *Révolutionner notre conception de la guerre : to revolutionize our concept of war (US)*.

révolution technologique technological revolution (US). Ex : *La révolution technologique dans le domaine de la guerre aérienne : the technological revolution in air warfare (US)*.

revue review (GB), inspection. Ex : *Revue de casernement : room inspection (GB, US)* – *Revue des troupes : review of troops (US)* – *Assister à une revue (défilé et inspection des troupes) : to attend a review (GB)*.

revue d'armement arms inspection.

revue de défense (réexamen des capacités de défense) defence review (GB), defense review (US).

revue de défense stratégique (la) (GB) the Strategic Defence Review (SDR) (GB) (1998).

revue des capacités de défense defence review (GB), defense review (US).

revue militaire (magazine) service magazine (US). Ex : *La revue "Soldier" : Soldier magazine (GB) – Dans une revue de l'armée de terre britannique : in a British Army magazine (GB) – La revue officielle de l'armée de terre américaine : the official U.S. Army magazine (US).*

RFM (ENI) voir **régiment de fusiliers motorisés (RFM) (ENI)**.

RG voir **régiment du génie**.

RG voir **renseignements généraux (les) (RG)**.

RGCA voir **régiment du génie de corps d'armée**.

RGDB voir **régiment du génie de division blindée**.

RGE voir **régiment de guerre électronique**.

RGP voir **régiment du génie parachutiste**.

RH voir **régiment de hussards**.

RHC voir **régiment d'hélicoptères de combat**.

rhésus sanguin (SAN) blood type (GB, US) (NOM ASS. : "shortage").

RI voir **régiment d'infanterie**.

RIA voir **régiment d'infanterie alpine**.

RIAOM voir **régiment inter-armes d'outre-mer**.

riche de rich in (US). Ex : *L'ABC est riche de traditions : Armor is rich in tradition (US).*

richesse richness (GB). Ex : *La richesse des traditions : the richness of traditions (GB).*

ricocher to ricochet (GB, US). Ex : *Un tel carburant brûle sur l'objectif, sur l'eau, s'accroche à l'objectif et dans certains cas on peut le faire ricocher dans un coin sur un objectif autrement inaccessible (emploi du lance-flammes) : such a fuel burns on the target, burns on water, clings to the target, and in some instances can be ricocheted around a corner into an otherwise inaccessible target (US) – La balle a ricoché autour de la pièce : the bullet ricochetted around the room (GB).*

ricochet ricochet (GB).

RIDB (régiment d'infanterie de division blindée) (Traduction proposée) Armo(u)red division(al) infantry battalion (US, GB).

Rideau de Fer (Hist.) (the) Iron Curtain (US) (VERB : "to slam down on", "to pierce", "to peer behind"). Ex : *Derrière le Rideau de Fer : behind the Iron Curtain (US).*

rideau de feu curtain of fire (US) (VERB : "to advance behind") (ADJ : "heavy").

rideau de fumée smoke screen (US).

rien Ex : *Prêt à tirer pour un rien (PERS) : trigger-happy (US).*

rien à signaler voir **RAS**.

rigoureux (entraînement) rigorous (US).

rigoureux (vérification) stringent (verification) (UN).

rigueur thoroughness (GB), vigour (GB). Ex : *La rigueur dans la planification : thoroughness of planning (GB) – Soldat d'élite, tu t'entraînes avec rigueur, tu entretiens ton arme comme ton bien le plus précieux, tu as le souci constant de ta forme physique (Code d'honneur) (Légion) : an elite soldier, you will train vigorously, you will maintain your weapons as if they were your most precious possession, you will keep your body in the peak of condition, always fit (GB).*

rigueurs rigors (US) (VERB : "to endure"). Ex : *Les rigueurs du combat (ou de la bataille) : the rigors of battle (US).*

RIMa voir **régiment d'infanterie de marine**.

RIMECA voir **régiment d'infanterie mécanisée**.

RIP voir **régiment d'infanterie parachutiste**.

ripage skid. Ex : *Direction par ripage des roues (véhicule blindé) : skid steering.*

riposte (TAC) response (US), return of fire (OTAN), counterthrust, retaliation (UN), counter (GB), counteraction (US), counterstroke (VERB: "to provide") (ADJ: "graduated", "rapid", "limited", "balanced", "across the board"). Ex: *Une riposte blindée: a counterstroke (VERB: "to execute", "to launch", "to mount" + préposition "against") – La doctrine de la riposte (réplique) graduée (ou à la mesure ou variable) (STRAT): the doctrine of flexible response (US) – Une riposte mesurée et efficace à toute forme d'agression: a measured and effective response to any form of aggression (US) – Riposte nucléaire limitée: limited nuclear retaliation (UN) – Une riposte aux avancées américaines en Europe: a counter to US advances in Europe (GB) – Riposte de même nature (STRAT): in-kind retaliation (UN) – Une riposte à des activités soviétiques de même nature (RENS): a counter to similar Soviet activities (US) – Engager une riposte: to respond (OTAN) – Il est mis fin à l'action au moyen d'un signal convenu d'avance dès que la risposte commence à se dessiner (guerre de guérilla): action is terminated by a prearranged signal as counteraction begins to form (US) – Riposte rapide: quick response (OTAN).*

riposte à (en) in response to (US).

riposte militaire military response (US).

riposte nucléaire nuclear response (OTAN, GB). Ex: *Riposte nucléaire généralisée: general nuclear response (GNR) (OTAN).*

riposte rapide (aéronef) quick reaction (OTAN).

riposter (tirs / attaque) to respond (US), to fire back, to return fire (US), to retaliate (UN) (+ préposition "with" = au moyen de) to return somebody's fire, to strike back (US), to deliver a counterblow (OTAN). Ex: *L'ennemi a riposté à nos tirs: the enemy returned our fire – Riposter au moyen de mortiers et de mitrailleuses: to return fire with mortars and machine-guns – Riposter à une attaque: to counter an attack (US, GB) – Les États-Unis ripostèrent par le déploiement de forces blindées et mécanisées: the United States responded with the deployment of heavy forces (US) – Riposter de manière efficace (guerre nucléaire): to deliver an effective counterblow (OTAN).*

risque risk (GB, US, OTAN), hazard (OTAN, US), probability (OTAN), chance (US) (VERB: "to detect", "to identify", "to warn", "to report", "to eliminate", "to present", "to lessen", "to avoid", "to accept") (ADJ: "necessary", "unnecessary", "real", "potential", "high", "special", "inherent", "minimal", "calculated") (PREP: "to"). Ex: *Cette tactique est à haut risque: this tactic is high risk (GB) – Risque (nucléaire) modéré: moderate (nuclear) risk (US, OTAN) – Risque (nucléaire) négligeable: negligible (nuclear) risk (US, OTAN) – Risque nucléaire exceptionnel: emergency nuclear risk (OTAN) – Risque biologique ou chimique: biological or chemical hazard (US) (VERB: "to recognize", "to react to") – Un risque réel ou potentiel pour les vies ou les biens: a real or potential hazard to life or property (OTAN) – Présenter des risques: to be hazardous (OTAN), to present hazards (US) – Le risque de tirs fratricides: the risk of fratricide (US) – Le risque de panne (matériel): the probability of failure (OTAN) (VERB: "to reduce") – Pourquoi prendre un risque ?: why take a chance ? (US) – Risques sécuritaires (ou pour la sécurité): security risks (GB) – Avec le minimum de risques: with minimal risk (GB) – L'échelle des risques que présentent certains types de combat: the scale of hazard posed by certain kinds of warfare (GB) – Réduire les risques (en matière de sécurité): to minimize risks (OTAN) – Evitement des risques (ou dangers) NBC: NBC hazard avoidance (GB) – Risques de contamination NBC: NBC contamination hazards (GB) – Une opération de très grande ampleur qui n'est pas exempte de risques: a huge operation that is not risk free (OTAN) – Risque de radiation électromagnétique: electromagnetic radiation hazard (RADHAZ) (GB) – Devenir un risque pour la sécurité (PERS) (RENS): to become a security risk (US) – À haut risque (opération): highly risky (US) – La décision du chef d'accepter un risque calculé dépend de l'urgence de la* *situation tactique: the commander's decision to accept a calculated risk is dependent upon the urgency of the tactical situation (US) – Le chef est informé des effets probables de l'exposition à un tel risque par l'officier NBC et le médecin (emploi d'agents chimiques): the commander is advised of the probable effects of exposure to this hazard by the chemical officer and the medical officer (US) – Traverser à pied avec fort peu de risques des zones contaminées: to traverse contaminated areas with moderatly low risk (US).*

risqué risky (GB).

risque de conflit(s) risk of conflict (GB) (VERB: "to remain").

risque de guerre war peril.

risque pour la sécurité security risk (OTAN).

risquer to face (Jane's), to risk (+ éventuellement verbe en ING) (US). Ex: *Les factions belligérantes risquent une (ou des) action(s) militaire(s) de l'OTAN: the warring factions face NATO military action (Jane's) – Ils risquaient d'être touchés par des tirs de tireurs embusqués: they risked being hit by sniper fire (US) – Ils risquaient d'être exécutés pour trahison en cas de capture (RENS): they risked execution as traitors if captured (US) – Les agents risquaient la torture et la mort (RENS): the operatives risked torture and death (US).*

RITA (réseau intégré de transmissions automatiques) (TRANS) Type de matériel: battlefield (ou tactical) communications systems, tactical communications network (Jane's) (VERB: "to operate") – Traduction rencontrée: the French Army Command and Control System (US) – Équivalent US: mobile suscriber equipment (MSE) – Équivalent GB: Ptarmigan.

rite d'initiation initiation rite (GB).

RITTER (réseau d'infrastructure des transmissions de l'armée de terre) (TRANS) Équivalent GB: Army Fixed Telecommunications System (AFTS) – Équivalent US: Defense Switched Network (DSN) (Successeur de «AUTOVON» = Automatic Voice Network).

rivage shore. Ex: *Sur le rivage / à terre: ashore (Ne peut pas s'employer en épithète).*

rivaliser to compete (GB), to compare (GB). Ex: *Le Lynx (= hélicoptère GB) ne peut pas rivaliser avec l'Apache (= hélicoptère US): the Lynx cannot compete with the Apache (GB) – Des unités qui pouvaient rivaliser avec le SAS (= Special Air service) (Légion): units which could compare with the SAS (GB).*

rivalité rivalry (GB, US), warfare (US). Ex: *Des rivalités d'armes (ou de corps ou de régiments): capbadge rivalries (GB) – Rivalité entre les armées: inter-service rivalry (GB) – Rivalités internes: internal rivalries (GB) – Rivalités internes entre services (RENS): internecine warfare between agencies (US) – La rivalité entre l'armée de l'air et la CIA: the rivalry between the Air Force and CIA (US) – La rivalité entre les superpuissances: superpower rivalry (US).*

rive (cours d'eau / océan) bank (GB) (VERB: "to prepare" = aménager, "to mine"). Ex: *La rive nord (d'un fleuve): the northern / bank / side (US) (of a river) – Un rééquilibrage de la relation vitale entre les deux rives de l'Atlantique: a re-balancing of the vital transatlantic relationship (OTAN) – La rive opposée du fleuve a été minée: the far bank of the river has been mined (GB).*

rivière stream (OTAN, GB), creek (US), river (CA). Ex: *Le désastre infligé aux forces du général Braddock sur la rivière Monongahela: the disaster inflicted on General Braddock's forces at the Monongahela River (CA).*

RMD voir **région militaire de défense (RMD)**.

RMT voir **régiment de marche du Tchad (RMT) (appellation de tradition)**.

RN (route nationale) voir **N. (route nationale)**.

robot robot (Jane's) (ADJ: "remotely-controlled", "ground"). Ex: *Robot pour le combat en localité: urban warfare robot (Jane's).*

robot de déminage unmanned ground vehicle (UGV) (US).

robot démineur télécommandé (ou robot mobile d'intervention) (GEN) MK8B Wheelbarrow remotely controlled vehicle (GB), Andros EOD (= explosive ordnance disposal) robot (US).

robot logiciel (RENS) software robot (US).

robotique robotics (US).

robuste (équipment) rugged (US).

robustesse (résistance physique) (PERS) (physical) toughness (US).

robustifier (matériel) to ruggedize.

rocade (TAC) lateral route (GB, US, OTAN), transversal route.

Cf. : Lateral route : a route generally parallel to the forward edge of the battle area , which crosses or feeds into axial routes (OTAN).

rocailleux rocky (GB).

roche rock (GB) (VERB : "to sap (in)").

rocher rock (GB) (VERB : "to roll down", "to block").

rocheux (terrain) rocky (US).

rodage (PERS) drills (US). Ex : *Le rodage des équipages (entraînement au tir) : crew drills (US).*

ROLAND (missile sol-air) ROLAND air defence missile system, ROLAND air-defence system (Jane's), the ROLAND short-range surface-to-air missile (SAM) (GB).

ROLAND 2 the Roland 2 upgrade (Jane's).

rôle role (US, GB, OTAN, CA), part, involvement (OTAN), function (CA) (VERB : "to expand") (ADJ : "important", "growing", "vital"). Ex : *Jouer un rôle important (ou déterminant) : to play an important / a crucial / a critical / role (US) (Emploi possible : + "in" + verbe en ING) – Le rôle militaire croissant des États-Unis : the expanding military role of the United States (US) – Dans un rôle antichar (unité) : in an antitank role (US, GB) – Le rôle de premier plan joué par l'OTAN : the major involvement of NATO (OTAN) – Le rôle du secteur privé dans la défense : the role of the private sector in defence (OTAN) – L'armée de terre joue ce rôle lorsqu'elle maintient un potentiel de dissuasion militaire crédible et visible en temps de paix : the Army fulfils this function when it maintains a military deterrence capability which is credible and visible in peacetime (CA) – CELERG International jouera donc le rôle d'un holding vis-à-vis de CELERG Deutschland : CELERG International will therefore act as the holding company for CELERG Deutschland (Jane's) – Jouer le rôle de bac (véhicule amphibie) : to act as a ferry – Jouer un rôle plus marqué dans la préservation de la paix et de la sécurité : to play a stronger role in preserving peace and security (OTAN) – Un des rôles essentiels de l'emploi des fumigènes : a primary role of smoke employment (US) – Remplir un rôle (armement) : to perform a role.*

rôle-clé (jouer un) to be instrumental (in + verbe en ING) (US). Ex : *Ces opérations jouent un rôle-clé pour l'identification de la composition des forces hostiles : these operations are instrumental in identifying the composition of hostile force (US).*

rôle stratégique (pays) strategic role (OTAN).

roméo (RENS) raven (US).

rompez les rangs ! fall out ! (US), dismiss ! (GB).

rompre to break (US). Ex : *Rompre le silence radio : to break radio silence – Rompre les rangs (ou faire rompre les rangs à) (troupe) : to dismiss – Rompre les rangs (troupe) : to fall out.*

rompre (les rangs) (se disperser / perdre son unité) (force) to break (GB). ex : *L'ennemi a rompu : the enemy has broken (GB).*

rompre le combat to disengage (GB).

rompre le contact (TAC) to break contact with the enemy (GB, US) (PREP : with"). Ex : *Rompre le contact avec l'ennemi (TAC) : to move out of contact with the enemy (OTAN).*

rompre les rangs (rassemblement / défilé) (troupe) to fall out (US, GB).

roquette rocket (US, OTAN, GB) (VERB : "to fire", "to utilize").

roquette antichar anti-tank rocket (GB) (ADJ : "hand-held").

roquette de bazooka bazooka rocket (US).

roquette libre free rocket (US, OTAN), free-flight rocket (US).

roquette percutante impact rocket (OTAN). Ex : *Roquette percutante à arme hydrostatique : hydrostatic impact rocket (HIR) (OTAN).*

rosette rosette (GB).

rotation rotation (US), roulement (GB), plot (GB), lift (GB) (VERB & NOM ASS. : "to complete" / "completion"). Ex : *Une rotation de personnels : a rotation of personnel (US) – Rotation des unités à l'étranger : roulement (GB) – Planifier des rotations d'unités : to plan rotations of units (US) – Système de rotation des unités blindées et d'infanterie (fin de séjour) : the Arms plot (GB) – De grandes rotations d'unités (ou de grandes "tournantes") : major unit rotations (US) – On peut transporter un régiment d'infanterie par 34 rotations de Puma : an infantry battalion can be moved using 34 Puma lifts (GB) – Rotation des forces : force rotation (OTAN) – Dix officiers supérieurs participent à la mission par rotation : ten senior military officers participate in the mission on a rotational basis (CA) – Il peut transporter deux compagnies de combat en une seule rotation (régiment d'ALAT) : it has a single-lift capability of two rifle companies (US) – Fournir des unités par rotation : to provide units on a rotational basis (GB) – Quatre rotations de régiments : four battalion rotations (US).*

Cf. :

- Roulement : The system of moving units and sub-units on six-month unaccompanied (i.e. without their families) tours, mostly to Northern Ireland, but also to Cyprus, Belize and the Falklands (GB).

- Arms plot : The British Army mechanism of moving infantry and armoured regiments en bloc at the end of every tour. Enginers, signals, transport, in fact most of the rest of the Army, "trickle-post" their personnel between their regiments which generally stay put. This gives them a mobility of labour both of officers and soldiers. Artillery regiments, although part of the arms plot, move less frequently, and the size of the Royal Regiment of Artillery allows it to cross-post individuals quite easily (GB).

rotation spin (OTAN), rotation (OTAN). Ex : *Rotation de l'antenne : rotation of the antenna (OTAN) – Un projectile en rotation : a spinning projectile (OTAN).*

rotation (chargement / déchargement / ravitaillement) (véhicules / aéronefs) turna-round (OTAN), rotation.

rotation (stocks) rotation (OTAN).

rotation (par) (poste) on a rotational basis (US, GB). Ex : *Honorer un poste par rotation : to fill a post on a rotational basis (US, GB).*

rotor de queue (ou arrière) (hélicoptère) tail rotor (US).

rotor principal main rotor (US) (PART : "(fully) articulated"). Ex : *Rotor principal quadripale : four-blade main rotor (system) (US).*

rotules (sur les) (épuisé) (PERS) whipped (familier) (US). Ex : *Je suis sur les rotules : I am whipped (US).*

roue wheel (GB) (VERB : "to take off") (ADJ : "independent"). Ex : *Véhicule à (ou sur) roues : wheel vehicle (US), wheeled vehicle (US) – Roues à suspensions indépendantes : independently sprung wheels (GB) – Les roues avant : the front wheels (GB).*

roue de secours spare wheel (Jane's).

roue motrice (char) drive wheel. Ex: *Quatre roues motrices: four-wheel drive – Un véhicule tout terrain à 4 roues motrices: a 4 X 4 cross-country vehicle – Un véhicule blindé à huit roues motrices: an eight wheeled armoured vehicle.*

roues (sur / à) wheeled (Abréviation GB: "wh").

rouille rust (GB). Ex: *Il y a de la rouille sur votre arme: there is rust on your weapon (GB).*

rouillé rusty (GB).

rouiller to rust (GB). Ex: *Votre arme va rouiller si vous ne la graissez pas: your weapon will rust if you don't oil it (GB).*

roulant (barrage) creeping (barrage).

roulante cooking trailer (US), field kitchen (US) (VERB: "to operate", "to run").

roulé-boulé (TAP) parachute landing fall (PLF) (VERB: "to perform", "to master").

roulement (aéronefs) run (OTAN).

rouler to roll (GB), to run (Jane's). Ex: *Les énormes convois roulant en direction du nord: the huge convoys rolling northwards (GB) – Rouler sur une mine (véhicule blindé): to run over a mine (Jane's).*

rouler (sac de couchage) to roll up (GB).

roulier (ou navire roulier de commerce) roll-on / roll-off (RO/RO) (OTAN).

roulis (aéronef) roll (OTAN).

routage (acheminement) routing (OTAN).

route road (US, GB), highway (US), drive (US) (VERB: "to construct", "to maintain", "to improve", "to keep", "to crater", "to build", "to repair") (ADJ: "vital", "major", "cross-country", "rough") (PART: "improved", "unimproved") (PREP: "on", "from…to"). Ex: *grande route: main road – Route secondaire: secondary road – Être à 1 heure de route de: to be an hour's drive from (US) – Après avoir atteint la route de Bassorah: after reaching the Basra road (GB) – La route est / ouverte / fermée: the road is / clear / closed (US) – Ordonner au chauffeur de faire route vers le poste-frontière: to order the driver to head towards the frontier post (GB) – La route Koweit Ville – Bassorah: the Kuwait City-Basrah road (US).*

route (en cours de) (ou en cours de trajet) en route (US).

route départementale (RD) voir **D. (route départementale)**.

route nationale (RN) voir **N. (route nationale)**.

route principale de ravitaillement main suply road (ou route) (MSR) (OTAN).

routine (transmission radio) routine.

routine (de) routine (OTAN) (En épithète).

rouvrir to reopen (US, OTAN). Ex: *Rouvrir des négociations: to reopen negotiations (US) – Rouvrir l'aéroport de Pristina au trafic commercial: to reopen Pristina Airport for commercial trafic (OTAN).*

Royale (la) (la marine nationale) (the) Navy (GB, US).

RPIMa voir **régiment parachutiste d'infanterie de marine**.

RSA/CA (régiment de surveillance et d'acquisition de corps d'armée) CEWI (combat electronic warfare intelligence) battalion (US).

RSI voir **recherche, sûreté, investigation**.

RSVP (répondez s'il vous plaît) R.S.V.P. (Reply please).

RT voir **régiment de transmissions** ou **régiment du train**.

ruban (décoration) (service) ribbon (GB, US) (VERB: "to award").

ruban (grenade à main) tape.

rubans (de décorations) (uniforme) (service) ribbons (US) (NOM ASS.: "row").

rubans et médailles (sur uniforme) fruit salad (US) (Terme familier).

rubrique (de l'ordre graphique) heading.

rude bitter (GB). Ex : *De rudes combats : bitter fighting (GB).*

rudimentaire (sommaire) (matériel) low-tech (US) (Contraire : "high-tech" = de pointe, perfectionné).

rudiments (entraînement) basics (US), fundamentals (US) (VERB : "to be proficient in"). Ex : *Les rudiments du combat : the combat basics (US) – Les rudiments du métier de soldat : the soldiering basics (US).*

rue street (US, GB, OTAN). Ex : *Nettoyer une ville rue par rue (TAC) : to clear a city street by street (GB) – Des cadavres de soldats américains traînés dans les rues : dead US soldiers dragged through the streets (OTAN).*

ruiner to ruin (US). Ex : *Ruiner une carrière : to ruin a career (US).*

ruines ruins (US). Ex : *La capitale est en ruines : the capital is in ruins (US).*

ruisseau brook (GB), creek (US), small stream (GB).

rumeur(s) rumor (US) ou rumour (GB) (+ prépositions "of" ou "about"). Ex : *La rumeur court selon laquelle... : there is a rumour going around that... (GB) – La rumeur dit que... : rumour has it that...(GB).*

rupture breakdown (US, GB), disruption (OTAN). Ex : *Le message n'est pas passé (ou n'a pas été reçu) en raison d'une rupture des communications : the message did not get through because of communications breakdown (US) – Une rupture de transmissions avec le quartier général : a breakdown in communications with headquarters (GB) – Des ruptures temporaires de la chaîne d'approvisionnement de la Yougoslavie : temporary disruptions in the Yugoslav supply chain (OTAN).*

rupture (TAC) rupture (US), breakthrough (US).

Comp. :

- Rupture : creating a gap in enemy defense positions quickly (US).

- Breakthrough : a rupturing of the enemy's forward defenses that occurs as a result of a penetration. A breakthrough permits the passage of an exploitation force (US).

rupture (changement) change (US, GB). Ex : *Rupture technologique : technological change (US).*

rupture du combat disengagement (GB).

ruse (TAC / RENS) ruse (US).

Cf. : A trick designed to deceive the enemy, thereby obtaining an advantage. It is characterized by deliberately exposing false information to the collection means of the enemy (US).

ruse cunning (US), guile (US), craftiness (US).

rusé (chef) crafty (US).

rusticité (matériel / entraînement) ruggedness (GB), sturdiness ou rusticity.

rustique (matériel / entraînement) rugged (US). Ex : *Rendre rustique (ou robustifier) un matériel : to ruggedize a piece of equipment.*

rythme (attaque) (TAC) tempo (US), pace (US) (VERB : "to maintain"). Ex : *Un rythme rapide d'opérations : a rapid tempo of operations (US) – Des opérations à rythme rapide : fast-paced operations (US) – Avancer au même rythme que (véhicules / force) : to keep up with (US), to keep pace with (US) – Rythme (ou tempo ou cadence) des opérations : operations tempo (OPTEMPO) (US).*

rythme (sens générique) pace (GB). Ex : *Le rythme (ou la marche) des évolutions technologiques : the pace of technological change (GB) (VERB : "to slow", "to accelerate").*

rythme de progression rate of advance (US) (VERB : "to maintain") (ADJ : "great").

S

(SIERRA)

S1 MAT Multi Arms Trainer (<u>Jane's</u>).

SA 330 / SA 342 (hélicoptères) Special Operations aircraft (SOA) (US) (Hélicoptères Black Hawk et Chinook modifiés).

SAAM / SAMP Theater High Altitude Area Defense (THAAD) (US).

s'abattre sur (obus) to fall on (GB).

sable sand (US) (NOM ASS. : "ton"). Ex : *Caisse à sable (exercices) : sand table (US).*

"sable" (couleur désert) desert (US), sand-coloured (GB). Ex : *Tenue de combat "sable" : desert BDU (= Battle Dress Uniform) (US) – Béret de couleur sable (SAS) : sand-coloured beret (GB).*

sables mouvants quicksands (GB).

sabord de tir (véhicule blindé) firing port (US) (VERB : "to block").

sabord pour tir au pistolet pistol port.

sabot (projectile) sabot (US, OTAN). Ex : *Sabot détachable (sur obus-flèche) : discarding sabot (DS) (US).*

sabotage sabotage (US, GB, OTAN) (<u>Attention</u> : Nom indénombrable en anglais. Ex : *Des sabotages : sabotage* <u>ou</u> *sabotage operations (US)*) (VERB : "to detect", "to counteract", "to be engaged in") (ADJ : "amphibious"). Ex : *Une mission de sabotage : a sabotage mission (US, GB) (VERB : "to practise") – Un (acte de) sabotage : an act of sabotage (US) – Une opération de sabotage : a sabotage operation (GB, US) (VERB : "to conduct", "to carry out") – Equipe de sabotage : sabotage team (US).*

saboter to sabotage. Ex : *Tous les avions de chasse avaient été sabotés : all the fighter aircraft had been sabotaged.*

saboteur saboteur (US) (VERB : "to hunt down", "to execute"). Ex : *Une équipe de saboteurs : a team of saboteurs (US).*

sabre sword ou sabre (GB) (VERB : "to carry", "to raise"). Ex : *D'un brusque mouvement de son sabre : with a sharp movement of his sabre (GB).*

sabretache sabretache (GB).

s'abriter (PERS) (TAC) to take cover (US), to shelter. Ex : *Les soldats cherchent à s'abriter (<u>ou</u> se mettre à couvert) : soldiers are seeking cover (US).*

sac à dos rucksack (US, GB) (Abréviation US : "ruck"), backpack (US), rucksack and load system (US) (VERB : "to develop", "to field", "to design", "to deliver to", "to test") (ADJ : "(higly) adaptable", "light", "comfortable") (Cf. Le sac à dos américain "MOLLE" = Modular Lightweight Load-Carrying Equipment (System)", surnommé "Molly", destiné à remplacer le sac à dos "ALICE" = All-purpose Lightweight Individual Carrying Equipment, à compter de 1999). Ex : *Porter un sac à dos de 25 kg : to carry a 25kg rucksack (US) – Sac à dos modulaire : modular rucksack (US).*

sac à feu (TAC) killing area (GB), killing ground (GB), killing zone (GB).

sac à main (personnels féminins) handbag (US).

s'accélérer to accelerate. Ex : *Une mondialisation qui va en s'accélérant : accelerating globalisation (OTAN).*

s'accélérer (tempo) (TAC) to accelerate (US).

s'acclimater (PERS) to acclimatise (GB), to acclimatize (US). Ex : *Les hommes auront au moins besoin de dix jours pour s'acclimater : the men will need at least ten days to acclimatise (GB).*

s'accompagner de to bring with it (OTAN). Ex : *Notre mission est esentielle et s'accompagne d'une influence considérable au sein de l'OTAN : our role is essential and brings with it considerable influence in NATO (GB).*

s'accrocher à to cling to (US). Ex : *Un tel carburant brûle sur l'objectif, sur l'eau, s'accroche à l'objectif et dans certains cas on peut le faire ricocher dans un coin sur un objectif autrement inaccessible (emploi du lance-flammes) : such a fuel burns on the target, burns on water, clings to the target, and in some instances can be ricocheted around a corner into an otherwise inaccessible target (US).*

s'accrocher à (TAC) to hold on to (US). Ex : *S'accrocher à un territoire nouvellement conquis (force blindée) : to hold on to newly gained territory (US).*

s'accroître to increase (US, Jane's), to be augmented (CA). Ex : *Ce contingent s'accroît périodiquement : this contingent is periodically augmented (CA) – La coopération entre le SDECE et la CIA s'accrût : cooperation between the SDECE and the CIA increased (US) – La menace s'accroît : the threat increases (Jane's).*

sac de couchage sleeping bag (GB), bedroll (US), sleeping bag system (US) (Termes familiers GB : "maggot", "green maggot") (ADJ : "modular", "cold-weather", "lightweight"). Ex : *Sac de couchage polaire : arctic sleeping bag (GB).*

sac de sable sandbag (GB, US). Ex : *Des tranchées protégées par des sacs de sable : sandbagged trenches (GB).*

sac de transport (masque à gaz) carrier (US).

sac de transport mortuaire bodybag (US), remains pouch (US).

SACEUR (commandant suprême des forces alliées en Europe) (OTAN) SACEUR (Supreme Allied Commander Europe) (OTAN). Ex : *Je viens de donner instruction au SACEUR, le général Clark, de lancer des opérations aériennes en Yougoslavie (secrétaire général de l'OTAN) : I have just directed SACEUR, General Clark, to initiate air operations in Yugoslavia (OTAN) (Emploi : Pas d'article défini "the") (Assisté d'un "Deputy SACEUR" (DSACEUR)).*

s'achever to end (GB), to conclude (US, GB), to culminate (US), to come to an end (GB). Ex : *La bataille s'acheva le 18 novembre : the battle ended on 18 November (GB) – La visite s'acheva par un dîner au mess des officiers : the visit concluded with a dinner in the Officers Mess (GB) – L'opération s'achève par un désengagement préparé : the operation ends with a planned withdrawal (OTAN) – La guerre s'acheva véritablement lorsque... : the war really culminated when...(US) – Les combats s'étaient achevés : the fighting had come to an end (GB) – Lorsque les opérations s'achèvent : when operations conclude (US) (Voir aussi **se terminer).**

s'acquérir to achieve. Ex : *S'acquérir une brillante réputation : to achieve a brilliant reputation.*

s'acquitter de to discharge (US), to fulfil (US), to observe (UN), to respond to (CA). Ex : *S'acquitter d'une mission : to discharge (a duty) (US) – S'acquitter de ses obligations sociales : to fulfil one's social obligations (US) – S'acquitter de ses obligations (traité) : to observe one's obligations (UN) – Les pressions intenses exercées sur les forces armées pour qu'elles s'acquittent de nombreuses missions à l'étranger : the intense pressure on the military to respond to numerous overseas missions (CA).*

sacré sacred (GB). Ex: *La mission est sacrée, tu l'exécutes jusqu'au bout, à tout prix (Code d'honneur) (Légion) : a mission once given to you becomes sacred to you, you will accomplish it to the end and at all costs (GB).*

sacrifice sacrifice (US) (Terme dénombrable) (VERB: "to recognize", "to face", "to make"). Ex: *Les sacrifices et les dangers que ce service envers notre pays implique : the sacrifices and the hazards this service to our nation involves (US) – Ils (= les soldats) ont fait de nombreux sacrifices : they have made many sacrifices (US).*

sacrifier to sacrifice (US). Ex: *L'espace de chargement n'a pas été sacrifié de façon sensible (véhicule de transport) : loading space has not been appreciably sacrificed (US).*

sacrifier (agent) (RENS) to discard (US) (en vue de protéger une source plus précieuse), to sacrifice (en sachant qu'il sera peut-être exécuté par l'ennemi) (US).

s'adapter (PERS) to adjust (US, GB), to be adaptable (US) (PREP: "to"). Ex: *S'adapter à des changements de situation (PERS) : to be adaptable to changing situations (US) – S'adapter à la vie civile : to adjust to civilian life (GB).*

s'adapter à to adapt to (GB), to suit (Jane's). Ex: *S'adapter au terrain traversé (véhicule blindé) : to suit the terrain being crossed (Jane's) – La structure des forces terrestres devrait davantage s'adapter à pouvoir opérer dans un environnement non statique : the structure of land forces should be further adapted to allow operations in a non-static environment (UEO) – Nous devons nous adapter à ces nouveaux procédés tactiques : we must adapt to these new tactics (GB) – S'adapter à la menace : to adapt to the threat (Jane's) – S'adapter à diverses missions (force) : to adapt to different missions (US) – Le SAS (= commandos-parachutistes britanniques) s'est rapidement adapté à sa mission antiterroriste : the SAS quickly adapted to its antiterrorist role (GB).*

s'adresser à to brief (OTAN), to address (US), to contact (OTAN), to be directed to (OTAN). Ex: *Des activités psychologiques s'adressant à des publics hostiles : psychological activities directed to enemy audiences (OTAN) – S'adresser à la presse dans la salle de presse au siège de l'Alliance (personnalités) : to brief the press in the press theatre at NATO Headquarters (OTAN) – Pour de plus amples informations, prière de s'adresser au service de presse et des média de l'OTAN : for further information, please contact the NATO Press and Media Service (OTAN) – S'adresser au pays à la télévision (Président) : to address the nation on television (GB).*

s'affronter (forces) to battle one another (US), to clash (US). Ex: *Les chars s'affrontaient au cours d'engagements massifs : tanks clashed in massive engagements (US).*

SAGAIE (véhicule blindé) ERC Sagaie (6x6) armoured car (Jane's).

sagesse wisdom (US) (VERB: "to reflect") (ADJ: "collective").

s'aggraver Ex: *Empêcher qu'une situation ne s'aggrave : to prevent a worse situation from occurring (US).*

s'agir de to be a question of (+ verbe en ING) (OTAN). Ex: *Il ne s'agit pas seulement de dépenser davantage ; il faut aussi dépenser mieux (dépenses de défense) : this is not just a question of spending more – it is also about spending more wisely (OTAN).*

saharien Saharan, deep-desert (GB). Ex: *Compagnies sahariennes portées (Hist.) : deep-desert patrol companies (GB).*

saignement (SAN) bleeding (US), loss of blood (US).

saigner (SAN) to bleed (US, GB). Ex: *La plaie saigne beaucoup : the wound is bleeding badly (GB).*

saillant (TOPO) salient .

Saint-Cyr (École Spéciale Militaire de) (ESM) the Saint-Cyr Military Academy (GB), the Military Academy of St. Cyr (in Coëtquidan, France) (US). Ex: *Un diplômé de l'ESM : a*

*St.Cyr graduate (Voir aussi **école militaire, école spéciale militaire (ESM) de Saint-Cyr, école spéciale**).*

saint-cyrien Saint-Cyr (Military Academy) cadet (GB) (Pendant son temps à l'école). Ex : Un ancien saint-cyrien (diplômé de Saint-Cyr) : a Saint-Cyr graduate, a graduate of the Saint-Cyr Military Academy.

Saint-Cyrienne (la) (association d'anciens élèves de Saint-Cyr) Équivalent US : the Association of Graduates, USMA (US).

saisie (objectif / document) seizure (US).

saisir (objectif) (TAC) to seize.

saisir (prisonnier) to capture (a prisoner).

saisir (biens / explosifs / drogue) to seize (GB), to take (GB). Ex : *Saisir une grande quantité d'explosifs : to seize a large quantity of explosives (GB) – Les effets saisis sur les prisonniers argentins furent catalogués : property taken from Argentine prisoners was catalogued (GB).*

saisir et tenir (TAC) (to) seize and hold (OTAN).

saison season (GB) (VERB : "to succeed"). Ex : *Saison d'entraînement : training season (GB) – La saison sèche de juin à novembre : the dry season from June to November (GB).*

saison des pluies rainy season (GB).

saison sèche dry season (GB).

s'alarmer Ex : *Il n'y a pas de raison de (ou de quoi) s'alarmer : there is no cause for alarm (GB).*

sale dirty (US). Ex : *Une sale guerre : a dirty war (US).*

s'aliéner to alienate (GB). Ex : *Les soldtats se sont aliénés tous les villageois : the soldiers alienated all the villagers (GB).*

salle commune (caserne) (loisirs) day room (US).

salle de briefing briefing room (GB).

salle de classe (ou de cours) classroom (GB, US) (ADJ : "responsive", "focused"). Ex : *Travail en (salle de) classe : classroom work (US) – Instruction en salle de cours : classroom instruction (GB) (Terme familier : "talk and chalk").*

salle de lecture (publique) (archives / bibliothèque) (public) reading room (OTAN).

salle de mess mess hall (US), mess room.

salle de presse (OTAN) press theatre (OTAN). Ex : *S'adresser à la presse dans la salle de presse au siège de l'Alliance (personnalités) : to brief the press in the press theatre at NATO Headquarters (OTAN).*

salle des machines (engin de franchissement) engine compartment (Jane's).

salle de(s) rapport(s) (unité) orderly room (US, GB).

salle de situation (ou salle des opérations) situation room (US), operations room (GB) (En abrégé : "the ops room" = la sit') (VERB : "to run").

salle de spectacle (garnison) theater (US).

salle des trophées trophy room (GB). Ex : *La salle des trophées de la Légion : the Legion's trophy room (GB).*

salle d'exercice drill hall (GB).

salle d'opérations (SAN) operating room (US).

salle du chiffre (ambassade) (RENS) code room (US).

s'allier à (pays) to ally oneself to (GB). Ex : *L'Allemagne s'est alliée à l'Italie : Germany allied itself to Italy (GB).*

s'allier à (société d'armement) to team up with (GB).

salon (exposition) (ARMT) exhibition (<u>Jane's</u>), show (<u>Jane's</u>). Ex: *Salon international des matériels de défense terrestre (EUROSATORY): international land defence equipment exhibition (<u>Jane's</u>) (voir aussi **EUROSATORY**) – Le salon du Bourget: the Paris Air Show (<u>Jane's</u>).*

salon de coiffure (unité) barber shop (US).

salubrité (SAN) sanitation.

saluer (PERS) to salute (US). Ex: *Saluer le drapeau: to salute the flag (US) – Les militaires du rang doivent saluer les officiers: ordinary ranks must salute officers (GB).*

saluer (sens figuré) to hail (US), to commend (OTAN). Ex: *Le (missile sol-air) Stinger fut salué comme étant le meilleur système d'arme de sa catégorie: the Stinger was hailed as the finest weapon system of its type (US) – Nous saluons les travaux entrepris par la MINUK (= Mission des Nations-Unies au Kosovo): we commend the work undertaken by UNMIK (= United Nations Mission in Kosovo) (OTAN).*

salut (militaire) salute (US) (VERB: "to give", "to render", "to use", "to execute", "to exchange...with ou between", "to acknowledge"). Ex: *Le salut militaire: the military salute (GB, US) – Le salut de la main: the hand salute (US).*

salut (action de saluer) saluting (US).

salut de la crosse butt salute (GB).

salve salvo (US, OTAN, GB), volley (US), ripple (US), salute (US) (VERB: "to fire"). Ex: *Une salve de 12 roquettes (LRM): a salvo of 12 rockets (GB), a 12 rocket ripple (US) – Les canons automoteurs M109 tirent une salve lors d'un exercice de tir de nuit: M109 self-propelled howitzers fire a volley during a night firing exercise (US) – Une salve de 21 coups de canon: a 21-gun salute (US).*

salve de (coups de) canon gun salute (GB).

salve d'honneur (funérailles) cannon salute (US) (VERB: "to render", "to fire"). Ex: *Peloton (tirant la salve) d'honneur: firing party (GB).*

s'améliorer (PERS) to improve oneself (US). Ex: *Chercher à s'améliorer: to seek self-improvement (US).*

s'améliorer (situation) to improve (GB). Ex: *On l'informa que la situation ne s'améliorerait pas: he was advised that the situation would not improve (GB).*

s'amorcer (dispositif de mise à feu) to prime oneself (GB).

SAMP/T (Sol-Air Moyenne Portée / Terre) the SAMP/T surface-to-air medium range missile (<u>Jane's</u>).

sanction sanction (US, GB), punishment (OTAN) (PREP: "on"). Ex: *Appliquer des sanctions: to enforce (ou to apply) sanctions (US) – Imposer des sanctions: to impose sanctions (US) – Sanctions commerciales: trade sanctions (US) – Le président Milosevic était prêt à encaisser de lourdes sanctions: President Milosevic was willing to absorb a high degree of punishment (OTAN) – Les sanctions visant les individus: sanctions targeted on individuals (OTAN).*

sanctionner to sanction (US). Ex: *Sanctionner un État: to sanction a state (US).*

sanctuaire (refuge) sanctuary (GB) (VERB: "to find").

sanctuaire (NUC) (territoire national et population) (nuclear) sanctuary (UN). Ex: *Le sanctuaire français: the French "sanctuary" (<u>Jane's</u>).*

sandwich (de construction) sandwich (En épithète).

sang blood (US, GB). Ex: *Au prix du sang: at the cost of blood (US).*

sang-froid calm, cool (GB), nerve (GB), sangfroid, cold-blood (US). Ex: *Garder / perdre / son sang-froid: to keep / lose / one's cool (GB) – Perdre son sang-froid (ou se dégonfler): to lose one's nerve (GB) – Être tué de sang-froid: to be killed in cold-blood (US).*

sangle (sac à dos) strap (GB). Ex : *Il régla les sangles de son sac à cos : he adjusted the straps on his rucksack (GB).*

sangle cuissarde (TAP) leg strap.

sangle de sauvetage rescue strop (OTAN).

sangle dorsale (TAP) back strap.

sangle d'ouverture automatique (SOA) (TAP) (parachute) static line (US, OTAN).

sangle fessière (TAP) saddle.

sangles (PERS) webbing (GB).

sanguinaire (<u>ou</u> assoiffé de sang) (soldat) bloodthirsty (GB).

sanitaire medical (Abréviation GB : "med"). Ex : *Évacuation sanitaire (EVASAN) : medical evacuation (MEDEVAC) (US), casualty evacuation (CASEVAC) (GB).*

sanitaires (les) (installations) sanitation (GB).

sans without (US, GB) un- (préfixe) (US, GB). Ex : *Sans protection : unprotected (En épithète) – Progresser sans se faire repérer : to advance undetected (US) – Sans délai : without delay (US) – Sans renforts (<u>ou</u> forces d'appoint) (unité) : unaugmented (US) – Sans l'appui de l'artillerie : unsupported by artillery (US), without artillery support (US) – Les allégations publiées aujourd'hui par le Daily Telegraph sous la plume de son correspondant à Washington sont sans fondement : the allegations from its Washington correspondent published today by The Daily Telegraph are unfounded (OTAN) – Cette opération ne sera pas totalement menée à bien sans le retour des réfugiés : this operation will not be complete without the return of the refugees (OTAN) – Au combat, tu agis sans passion et sans haine, tu respectes les ennemis vaincus, tu n'abandonnes jamais ni tes morts, ni tes blessés, ni tes armes (Code d'honneur) (Légion) : in combat, you will act without relish of your tasks, or hatred ; you will respect the vanquished enemy and will never abandon neither your wounded nor your dead, nor will you under any circumstances surrender your arms (GB) – Sans la participation des troupes (exercice) : without troop participation (US).*

sans arme(s) (<u>ou</u> non armé) (PERS) unarmed (GB).

sans autorisation unauthorized (GB). Ex : *L'entrée sans autorisation est interdite : unauthorized entry is forbidden (GB).*

sans changement (par rapport à) no change (from) (N/C).

sans classification (document) (RENS) unclassified (OTAN).

sans conditions unconditional (OTAN), unconditionally (US), without condition (US). Ex : *Le retour sans conditions et dans un climat de sécurité de tous les réfugiés : the unconditional and safe return of all refugees (OTAN) – Se retirer du Koweït sans conditions : to withdraw unconditionally from Kuwait (US).*

sans connaissance (PERS) (SAN) unconscious (GB).

sans danger safe (US). Ex : *Cet obus peut être tiré sans danger : this round is safe (<u>ou</u> OK) to fire (US), it is safe to fire this round (US).*

sans délai (immédiatement) without delay (GB).

sans effusion de sang (guerre) bloodless (US).

sans entrave(s) unhindered (OTAN). Ex : *La possibilité, pour les organisations d'aide humanitaire, d'accéder sans entraves aux réfugiés et personnes déplacées : unhindered access to refugees and displaced persons by humanitarian aid organisations (OTAN).*

sans équipage (véhicule) unmanned (OTAN).

sans importance (zone) (TAC) unimportant (US).

sans merci merciless (US), unmerciful (US). Ex : *Le pilonnage sans merci se poursuivit toute la nuit : the unmerciful (<u>ou</u> merciless) pounding continued through the night (US).*

sans objet not applicable (NA) (US).

sans obstacles (route) clear (GB).

sans pilote (engin / aéronef) unmanned (OTAN), pilotless (GB). Ex : *Aéronef sans pilote : pilotless aircraft (GB) – Avion sans pilote : unmanned aircraft (UMA) (OTAN).*

sans précédent unprecedented (OTAN). Ex : *Bien que l'environnement extérieur qui nous entoure continue d'évoluer à une allure sans précédent : although the external environment around us continues to change at an unprecedented rate (US) – L'afflux sans précédent de réfugiés dans l'ex-République yougoslave de Macédoine : the unprecedented influx of refugees into the former Yugoslav republic of Macedonia (OTAN).*

sans protection (soldats / force) unprotected (US).

sans rapport avec not related to (OTAN). Ex : *Des situations sans rapport avec la défense collective : situations not related to collective defence (OTAN).*

sans recul recoilless (US).

sans restrictions unrestricted (US).

sans solde (congé / permission) unpaid (GB).

santé (SAN) health (VERB : "to maintain", "to protect", "to preserve", "to promote"). Ex : *La chaîne "santé" : the medical system (US), the medical chain, the casualty transport and treatment chain – Le service de santé (armée de terre) : the Royal Medical Corps (GB), the Medical Department (US) – En / bonne / mauvaise / santé : in good / bad ou ill health – Santé publique : public health (US) – Santé mentale : psychiatric (ou mental) health (US).*

Santé (fonction) medical (US).

s'apaiser (ou s'estomper) (combat / conflit / violence) to die down (US). Ex : *Le combat s'apaisa pendant près de 15 jours : the fight died down for nearly a fortnight (US).*

saper (moral / loyauté / réussite) to undermine (OTAN), to sap (GB). Ex : *Saper la réussite des combats : to undermine the success of combat operations (US).*

sapeur (GEN) sapper, engineer, pioneer (Terme familier GB : "wedgehead").

sapeurs-pompiers (les) the fire department.

s'aplatir au sol (se mettre à l'abri) (PERS) to hit the deck (GB).

s'appliquer à to apply to (US), to be applied to (OTAN). Ex : *Le terme s'applique aussi à...(définition) : the term is also applied to...(OTAN) – La projection de forces s'applique à l'armée de terre tout entière : force projection applies to the entire Army (US).*

s'approcher de (sens spatial) to approach (US, GB), to near (US), to move to (ou to come ou to get) within (+ distance) of (US, GB). Ex : *S'approcher d' / une position / ligne ennemie (fantassin) : to approach / an enemy position / an enemy line (US, GB) – S'approcher à moins de 100 mètres de la position ennemie (fantassin) : to move to within 100 meters of the enemy position (US) – S'approcher de l'espace aérien irakien (aéronef) : to near Iraqi airspace (US) – S'approcher à moins de 5 kilomètres de Lille (force) : to get within 5 kilometres of Lille (GB) – L'assaillant s'approche de la force ennemie : the attacker nears the enemy force (US) (Voir aussi **approcher de (TAC)**).*

s'approcher de (sens figuré) to approximate (US). Ex : *S'approcher de la réalité (simulation) : to approximate reality (US).*

s'appuyer (appui réciproque) to support one another (US). Ex : *Deux armes s'appuyant mutuellement : two arms mutually supporting one another (US).*

s'appuyer sur to rely on (US), to be based on (OTAN), to leverage (US), to be supported by (US). Ex : *S'appuyer davantage sur la brigade d'artillerie sol-air de corps d'armée : to rely more heavily on the corps ADA (= Air Defense Artillery) brigade (US) – S'appuyer* *sur des moyens: to rely on assets (US) – L'établissement d'un accord-cadre politique s'appuyant sur les accords de Rambouillet: the establishment of a political framework agreement based on the Rambouillet accords (OTAN) – Un système combattant qui s'appuie sur la révolution technologique: a fighting system that leverages the technology revolution (US) – Un concept qui s'appuie sur une série d'autres concepts: a concept which is supported by a series of other concepts (US).*

sardine (galon) (terme familier) stripe (US, GB).

SARIGUE voir **Système Aéroporté de Recueil d'Informations de GUerre Electronique (DC8) (aéronef de SIGINT)**.

sarin (agent toxique) sarin (Abréviation: "GB") (UN, GB) .

s'arranger (ou s'améliorer) to improve (US, GB). Ex: *On l'informa que la situation ne s'arrangerait pas: he was advised that the situation would not improve (GB).*

s'arrêter (faire halte) (troupe) to halt, to come to a halt. Ex: *Il (= chef) ordonna que l'on s'arrête: he called a halt (GB).*

s'articuler autour de (unité) to be based around (GB). Ex: *La 3ᵉ Division britannique s'articule autour de deux brigades mécanisées: the 3rd (UK) Division is based around two mechanised brigades (GB).*

s'associer à to become associated in (UEO). Ex: *L'UEO a élaboré un cadre qui a permis à un nombre croissant de pays européens de s'associer à ses activités: WEU has developed a framework within which an increasing number of European countries have become associated in its activities (UEO).*

s'assurer de (point de terrain) (TAC) to secure (US, GB, OTAN).

Cf.: To gain possession of a position or terrain feature, with or without force, and to deploy in a manner which prevents its destruction or loss to enemy action (US).

s'assurer de to ascertain (OTAN). Ex: *S'assurer du caractère ami ou ennemi d'une unité: to ascertain the friendly or hostile character of a unit (OTAN).*

s'assurer que to ensure that (US), to assure oneself that (US).

SATCP / MISTRAL (missile sol-air très courte portée) MISTRAL very-short-range surface-to-air missile (Jane's).

satellitaire satellite (UN) (En épithète). Ex: *Imagerie satellitaire: satellite imaging (UN) – Activités d'interception de transmissions satellitaires: satellite communications intercept activities (US).*

satellite satellite (GB, US, UN, OTAN) (Terme générique) (Peut s'employer en épithète = satellitaire) (VERB: "to launch", "to carry", "to fly", "to use...to", "to orbit", "to place in orbit", "to service") (ADJ: "large", "photographic", "classified", "military", "nonintelligence" = à d'autres fins que le renseignement) (EXPR: "to provide real-time viewing of strips of the earth", "to have a useful orbital life of X years", "to be in orbit", "to provide detailed photography of a country", "to fly a mission") (NOM ASS.: "development"). Ex: *Par satellite: via satellite (GB) – Une série de satellites de reconnaissance: a series of reconnaissance satellites (US) – Un programme de satellites: a satellite program (US) – Le satellite français SPOT: the French SPOT satellite (US) – Les satellites de la série Keyhole: the Keyhole-series satellites (US).*

satellite (pays) satellite (GB). Ex: *L'Union soviétique et ses satellites: the Soviet Union and its satellites (GB).*

satellite-cible target satellite (UN).

satellite de communications communications satellite.

satellite d'écoute SIGINT (= Signals Intelligence) satellite (US).

satellite d'écoute électronique maritime ELINT (= electronic intelligence) ocean reconnaissance satellite (EORSAT) (US).

satellite de détection des lancements launch detection satellite (LDS) (OTAN).

satellite de focalisation rapprochée keyhole satellite (UN).

satellite d'essai test satellite (UN).

satellite de reconnaissance reconnaissance satellite (US).

satellite de reconnaissance photographique photographic reconnaissance satellite (US), photo-reconnaissance satellite (US).

satellite de recueil du renseignement intelligence collection satellite (US).

satellite de renseignement intelligence satellite (INTELSAT) (GB) (Voir aussi **satellite espion**).

satellite de renseignement électronique ELINT (= electronic intelligence) satellite (US).

satellite de surveillance maritime en orbite basse radar ocean reconnaissance satellite (RORSAT) (US) (ADJ : "nuclear-powered").

satellite d'étalonnage calibration satellite (CALSAT) (OTAN).

satellite de télécommunications (ou de transmissions) communications satellite (COMSAT) (OTAN, US) (ADJ : "active", "passive").

satellite de télécommunications à charge utile multiple multiple payload communication satellite (MPCS) (OTAN).

satellite d'imagerie imaging satellite (US).

satellite d'interception des télécommunications (RENS) telecommunications interception satellite (US).

satellite d'observation militaire military observation satellite (Jane's). Ex : *Le satellite d'observation militaire Hélios 2 : the Helios 2 military observation satellite (Jane's).*

satellite d'observation spatiale (RENS) space reconnaisance satellite (US).

satellite ELINT ELINT satellite (OTAN).

satellite ELINT de reconnaissance océanique (ou océanographique) ELINT ocean reconnaissance satellite (EORSAT) (OTAN).

satellite espion spy satellite (US), intelligence satellite (US, GB), reconnaissance satellite (US) (Abréviation GB : "INTELSAT") (ADJ : "cylindrical") (NOM ASS. : "ground receiving station" = station réceptrice terrestre, "launch" = lancement). Ex : *La France s'est lancée dans un programme ambitieux de satellites espions : France has embarked on an ambitious intelligence satellite program (US).*

satellite expérimental experimental satellite (US).

satellite météo(rologique) meteorological satellite (US).

satellite militaire military satellite (US, GB) (VERB : "to launch", "to enter service"). Ex : *La prolifération des satellites militaires : the proliferation of military sattellites (US).*

satellite photo(graphique) imagery satellite (IMSAT) (OTAN), photo(graphic) satellite (US).

satellite radar de reconnaissance océanique radar ocean reconnaissance satellite (RORSAT) (OTAN).

satellite relais relay satellite (RELSAT) (OTAN, US).

satellite tueur (ou de destruction ou chasseur de satellites) killer satellite (UN), hunter-killer satellite (UN).

satisfaction (besoin) fulfillment (US). Ex : *La satisfaction des besoins logistiques des forces américaines : the fulfillment of logistic requirements of U.S. forces (US).*

satisfaire to meet (US), to suit (GB), to pass (OTAN), to satisfy (US), to clear (OTAN). Ex : *Satisfaire les besoins de l'armée de terre / les besoins particuliers de l'Armée Territoriale (= Réserve) : to meet the Army's needs (US) / to suit the special requirements of the Territorial Army (GB) – Satisfaire à des critères : to meet criteria (US) – Satisfaire à une inspection : to pass an inspection (OTAN) – Satisfaire un besoin militaire / un besoin opérationnel : to meet a military requirement (OTAN) / an operational requirement – Satisfaire au besoin urgent de l'armée de terre en matière de : to satisfy the Army's urgent need for (US) – Satisfaire aux contrôles de sécurité (réunion internationale) : to clear the security checks (OTAN).*

satisfaisant satisfactory (US, GB). Ex : *Les personnels qui remplissent leur mission de manière satisfaisante : the personnel who satisfactorily perform duty (US) – Il a exercé ses fonctions de manière satisfaisante : he has discharged his duties satisfactorily (GB).*

satisfaisante (de manière) satisfactorily (US, GB) (Voir **satisfaisant**).

s'attaquer à to combat (US). Ex : *Recevoir comme mission principale de s'attaquer aux forces de guérilla : to be assigned the primary mission of combating guerrilla forces (US, GB).*

s'attendre à to anticipate (US, GB), to expect (GB). Ex : *On s'attend à ce que : it is anticipated that (US, GB) – On peut s'attendre à ce qu'une division comprenne jusqu'à 12 groupements : you could expect a division to have as many as 12 battlegroups (GB).*

s'atténuer (combat / conflit / violence) to die down (US). Ex : *Le combat s'atténua pendant près de 15 jours : the fight died down for nearly a fortnight (US).*

s'attribuer (commandement) to assume (US). Ex : *Lorsque son chef de section fut blessé, Charlton s'attribua le commandement et rassembla les hommes en vue d'un assaut contre des positions ennemies : when his platoon leader was wounded, Charlton assumed command and rallied the men for an assault against enemy positions (US).*

saturation saturation (US, UN) (S'emploie aussi en épithète). Ex : *Bombardement de (ou à) saturation : saturation bombing (UN) – Système (d'armes) de saturation de zone (Scud) : area saturation system (US).*

saturer to saturate (US). Ex : *Saturer une zone d'objectifs : to saturate a target area (US).*

sauf-conduit safe conduct (GB).

sauf contrordre *unless countermanded (GB), unless otherwise directed (US), unless ordered otherwise (OTAN).*

saumâtre (eau) brackish (GB).

saut (TAP) jump (US), leap (US). Ex : *Participer à un saut : to participate in a jump (US) – Saut de nuit : night jump (US), night drop (GB) – La technique de saut : jump technique (US).*

saut à basse altitude (TAP) low-altitude (parachute) jump (US).

saut à haute altitude (TAP) high-altitude (parachute) jump (US).

saut à ouverture automatique (TAP) static line jump.

saut à ouverture commandée retardée (SOCR) military free fall (MFF) (US).

saut à ouverture retardée skydiving (US).

saut (ou évasion) de fréquence (TRANS) frequency hopping (US) (En épithète : "frequency-hopping").

saut de brevet (TAP) qualifying jump.

saut d'entraînement (TAP) training jump (US).

saut de nuit night jump (US), night drop (GB).

saut en commandé (à ouverture retardée) free fall (OTAN), sky-diving (US).

saut en parachute parachute jump (US, GB) (VERB : "to make ").

saut en tandem tandem leap (US). Ex : *Pendant un saut en tandem à la verticale de l'aéroport de Boulder (Colorado) (TAP) : during a tandem leap over Boulder City Airport, Colo. (US).*

sauter (TAP) to jump (US, GB), to drop (GB, US) (PREP : "from", "on", "over", "into"). Ex : *Sauter d'un aéronef : to jump from an aircraft (GB, US) – Les parachutistes français ont sauté sur Kolwezi : French paratroopers dropped on Kolwezi (GB) – Après que les chuteurs ont sauté à la verticale du Camp d'Atterbury : after jumpers have exited over Camp Atterbury (US) – Sauter / sur Fort Bragg / sur Brazzaville : to jump / into Fort Bragg (US) / into Brazzaville (GB) – Sauter sur une zone : to jump into an area (GB) – Sauter en territoire ennemi : to parachute into enemy territory (US).*

sauter (d'un avion ou véhicule endommagé) to bale out <u>ou</u> to bail out (GB).

sauter (grade / échelon) to jump (GB), to leap-frog (GB). Ex : *Sauter un échelon de commandement : to jump an echelon of command (US) – Sauter un grade : to leap-frog a rank (GB).*

s'auto-détruire (mine / dispositif) to self-destruct (US).

s'autodiriger sur (missile) to home in on (GB).

saut opérationnel operational jump (US).

saut opérationnel (technique de) free-fall parachuting (GB), sky-diving (US).

saut opérationnel à grande hauteur (SOGH) (<4000m) (TAP) high altitude low opening (HALO) jump (US, GB) ou high altitude low opening parachute technique (HALO) (GB).

saut opérationnel à très grande hauteur (SOTGH) (>4000m) (TAP) high altitude high opening (HAHO) jump (US).

sauvegarde (TAC) protection (US), security (US).

sauvegarder to protect, to preserve (<u>Jane's</u>). Ex : *Sauvegarder les intérêts vitaux (<u>ou</u> fondamentaux) de la France : to preserve the vital interests of France (<u>Jane's</u>) – Sauvegarder ses intérêts nationaux en matière de sécurité (pays) : to safeguard its national security interests (US).*

sauver to save (US). Ex : *Sauver d'innombrables vies humaines : to save countless lives (US) – Des mesures qui sauvent la face (<u>ou</u> pour sauver la face) : face-saving measures (US) – Sauver la vie d'éclaireurs américains : to save the lives of US scouts (US).*

sauver la face to save face (US).

sauvetage rescue (US, OTAN). Ex : *Sauvetage d'otages : hostage rescue (US) – Centre (<u>ou</u> PC) de coordination du sauvetage : rescue coordination centre (RCC) (OTAN) – Sauvetage de pilote en territoire ennemi : pilot rescue from enemy territory (US).*

sauvetage aéromaritime (<u>ou</u> aérien en mer) air-sea rescue (GB).

sauvetage en montagne (GEND) mountain rescue (GB). Ex : *Equipe de sauvetage en montagne : mountain rescue team (MRT) (GB).*

s'avancer (TAC) to penetrate (US). Ex : *Nos troupes s'avancent en territoire ennemi : our troops penetrate into enemy territory (US).*

savoir (nom) knowledge (US). Ex : *Le savoir médical (<u>ou</u> les connaissances médicales) : medical knowledge (US).*

savoir to learn (US), to know (US) (PREP : "about"). Ex : *En savoir (<u>ou</u> en apprendre) davantage sur l'armée de terre et ses traditions : to learn more about the Army and its traditions (US) – On sait très peu de choses sur cette unité : very little is known about this unit (US).*

savoir (<u>ou</u> connaître) à l'avance to have a foreknowledge of (US). Ex : *Savoir (<u>ou</u> connaître) à l'avance les modes d'action d'un ennemi : to have a foreknowledge of the probable courses of action of an enemy (US).*

savoir-faire (spécialité) (PERS) skill (US) (VERB : "to measure"). Ex : *Un savoir-faire spécialisé : a specialist skill (US) – Des savoir-faire de survie : survival skills (US).*

savoir-faire (compétence) expertise (GB, US), know-how (US) (VERB : "to demonstrate", "to provide", "to preserve") (ADJ : "technical", "managerial").

savoir-faire de combat combat skill (US) (Terme dénombrable).

savoir-faire militaires de base (les) basic military skills (GB) (VERB : "to train in", "to undergo").

savonneux soapy (US). Ex : *Décontaminer avec de l'eau chaude savonneuse : decontaminate with hot soapy water (US).*

s'avouer vaincu (ou s'avouer battu) (force) to give in (GB).

scandale scandal (US) (VERB : "to become enmeshed in"). Ex : *Scandale sexuel : sex scandal (US) – Scandale d'espionnage : espionage scandal (US).*

scaphandre autonome scuba (= self-contained underwater breathing apparatus) (US).

sceller (victoire) to clinch (the victory) (US).

sceller (fermer hermétiquement un véhicule) (contamination) to seal off.

scène scene (US, GB). Ex : *Une scène de carnage : a scene of carnage (GB) – Sur la scène mondiale : on the world scene (US).*

scénario (exercice / entraînement) scenario (US, OTAN) (VERB : "to use", "to be based on") (ADJ : "convincing", "worst-case", "operational", "repetitive", "canned", "hypothetical", "fictitious", "geopolitical"). Ex : *Dans un scénario de combat en Europe / dans un scénario de guerre froide en Europe : in a European combat scenario / in a European Cold War scenario (US) – Scénario d'entraînement : training scenario (US) – Un scénario de crise : a contingency scenario (US) – Un scénario relatif à une opération dirigée par l'UEO : a scenario for a WEU-led operation (OTAN).*

scénario conflictuel (ou de conflit) conflict scenario (OTAN). Ex : *Une large gamme de scénarios conflictuels régionaux : a wide spectrum of regional conflict scenarios (OTAN).*

scénario d'entraînement training scenario (CA).

scénario de conflit (ou conflictuel) conflict scenario (US) (EXPR : "in the context of"). Ex : *Scénario de conflit futur éventuel : possible future conflict scenario (US).*

scénario de guerre war scenario (US).

scénario de mission mission scenario (UEO). Ex : *Cet exercice conjoint UEO / OTAN est fondé sur un scénario de mission de Petersberg : this joint WEU/NATO exercise is based on a Petersberg mission scenario (UEO).*

schéma pattern (US, OTAN), diagram (CFE, UN). Ex : *Un schéma de minage : a minefield pattern – Un schéma défensif : a defensive pattern – Schéma de dispersion (coups tirés d'une arme) : dispersion pattern (US, OTAN) – Schéma (d'un site militaire) : diagram (of a military site) (CFE), site diagram (UN) – Schéma de carrière : career pattern (US) – Des mines posées avec ou sans schéma : mines laid with or without a pattern (OTAN).*

schéma de pose (mines) pattern (OTAN) (ADJ : "calssical").

schéma directeur (plan) blueprint (US, OTAN).

schéma (ou plan) directeur (projet d'armement) master plan (US).

schéma directeur d'emploi des forces force deployment master plan, force commitment master plan.

schnorckel snorkel (Jane's, GB) (VERB : "to be fitted with").

scié (canon de fusil) sawn-off (GB).

science science (US). Ex : *La science de la planification : the science of planning (US).*

science de la défense defense science (AUSTR).

sciences sciences (US). Ex : *Sciences de l'environnement : environmental sciences (US).*

sciences du comportement (discipline) behavioral sciences (US).

sciences humaines (grande école militaire) humanities (US).

sciences mathématiques (discipline) mathematical sciences (US).

sciences politiques (discipline) political science (US).

sciences sociales (discipline) social sciences (US).

scinder (unité) to split (GB) (PREP : "into"). Ex : *La 1ère Brigade d'Artillerie est scindée en deux Groupements : 1st Artillery Brigade is split into two Groups (GB).*

scolarité schooling (US) (VERB : "to attend" = suivre) (ADJ : "appropriate"). Ex : *Après cette scolarité de base / initiale : after this basic schooling (US) – Scolarité intermédiaire (formation des officiers) (École d'État-major) : mid-level schooling (US) – Scolarité supérieure (formation des officiers) (enseignement militaire supérieur) : senior-level schooling (US) – Suivre une scolarité complémentaire dans une spécialité à dominante technique : to attend additional schooling in a technically oriented MOS (= Military Occupational Specialty) (US).*

score score (US) (VERB : "to improve"). Ex : *Atteindre / obtenir / un score de 290 (points) : to attain / to obtain / a score of 290 (US).*

SDECE (Service de Documentation Extérieure et de Contre-Espionnage) (Hist.) (the) SDECE (External Documentation and Counterespionage Service) (US) ("The SDECE was known as *la piscine*, "the swimming-pool" (US)).

séance session (US), briefing (= information) (OTAN). Ex : *Une séance d'entraînement physique et sportif : a physical training (PT) session (US) – Séance d'information sur les aspects militaires (personnalité) (durant un conflit) : military briefing (OTAN).*

séance de briefing briefing session (US) (PREP : "during").

seau pail (US).

se banaliser to become commonplace.

se barricader to barricade oneself (GB). Ex : *Ils s'étaient barricadés à l'intérieur (= de l'hôtel) en utilisant du mobilier : they had barricaded themselves in with furniture (GB).*

se battre (force / soldat) to fight (OTAN, GB, US), to battle (US) (PREP : "against"). Ex : *Le Vietnam s'est battu contre les États-Unis : Vietnam fought the US – Il s'est battu contre les Russes : he fought against the Russians – Se battre contre l'ennemi : to fight the enemy (US) (Emploi transitif direct) – Faire serment de se battre jusqu'à la mort (fantassins) : to take an oath to fight unto death (GB) – Se battre côte à côte (forces coalisées) : to fight alongside one another (US) – Se battre / contre l'ennemi / dans la profondeur / au contact : to fight / the enemy / deep / close (US).*

se blesser to injure oneself (GB).

se bloquer to become clogged (GB). Ex : *La chaîne de traitement (= du renseignement) s'est bloquée : the processing system became clogged (GB).*

sec dry (US, GB). Ex : *Traverser un canal à sec : to make a dry crossing of a canal.*

se cacher to hide, to be hidden (US). Ex : *Un agent de haut-niveau qui se cache au sein d'un gouvernement ou d'un organisme militaire (taupe) (RENS) : a high-level agent who is hidden within a government or military organization (US).*

se calmer (combat / conflit / violence) to die down (US). Ex : *Le combat se calma pendant près de 15 jours : the fight died down for nearly a fortnight (US).*

se camoufler (PERS) to camouflage oneself (US). Ex : *Se camoufler le visage : to apply camouflage to one's face (US).*

se caractériser par to be characterized by (US, OTAN) Ex : *Le combat se caractérise par... : operations are characterized by... (US) – La défense européenne se caractérise par une structure de forces à base trop territoriale : European defence is characterized by too much territorially based force structure (OTAN).*

s'écarter de to deviate from (US). Ex : *De nombreuses actions offensives s'écartent de ce schéma : many offensive operations deviate from that pattern (US).*

se casser (matériel) to break (US). Ex : *Lorsque l'essieu de la jeep s'est cassé, nous étions vraiment dans le pétrin : when the jeep axle broke, we were really in a bad fix (US).*

s'échapper (force) (TAC) to escape (OTAN).

s'éclaircir (situation) (TAC) to become clear (US).

se classer (catégories) to be classed (OTAN). Ex : *Les avions de transport peuvent se classer en fonction de leur rayon d'action : transport aircraft may be classed according to range (OTAN).*

se coaguler (sang) (SAN) to clot.

se concrétiser to materialize.

se conformer à to conform to (US), to comply with (US). Ex : *Se conformer à des instructions : to conform to instructions (US) – Se conformer aux dispositions du règlement 27-10 : to comply with the provisions of FM (= Field Manual) 27-10 (US).*

se compléter (opérations) to complement one another (US).

se comporter (ou se tenir) (matériel / force) to perform (US, GB), to function (US). Ex : *Le système d'armes s'est bien comporté sur le champ de bataille : the weapon system performed well on the battlefield (US) – Se comporter de manière efficace au combat (force) : to function effectively in combat (US) – L'artillerie s'est superbement comportée : the artillery performed magnificently (US) – Un régiment capable de bien se comporter sur le terrain : a regiment capable of performing well in the field (GB).*

se composer de to be comprised of (US), to consist of (US). Ex : *Le Service de la Sécurité de la Défense (= équivalent US de la DPSD) se compose de 2 500 personnels : the DSS (= Defense Security Service) is comprised of 2,500 personnel (US) – La base divisionnaire se compose de divers éléments : the division base consists of various elements (US).*

se concentrer (force / blindés) (TAC) to concentrate (GB). Ex : *Les blindés ennemis se concentrent au sud de Francfort : enemy armour is concentrating to the south of Frankfurt (GB) – La division se concentrera autour de Berlin : the division will concentrate around Berlin (GB).*

se concentrer sur to focus on (US).

second (ou adjoint) (compagnie / escadron / batterie) second-in-command (2IC) (GB).

secondaire (mineur) minor (US). Ex : *Alors que des combats secondaires se poursuivaient : while minor fighting continued (US).*

secondaire (attaque) (ou attaque d'appui / OTAN) supporting (attack) (US).

Cf. : Supporting attack : an offensive operation carried out in conjunction with a main attack and designed to achieve one or more of the following : a. deceive the enemy . b. destroy or pin down enemy forces which could interfere with the main attack. c. control ground whose occupation by the enemy will hinder the main attack or d. force the enemy to commit reserves prematurely or in an indecisive area (OTAN).

seconde (mesure de temps) second (US, GB). Ex : *Atteindre 50 km/h, départ arrêté, en 20 secondes : to accelerate from a complete stop to 30 mph (= miles per hour) in 20 seconds (US) – Les 5 dernières secondes de vol (missile) : the last 5 seconds of flight (GB) – Minutage à la seconde près (opération) : split-second timing (US).*

seconde (") (symbole) second (Ex : " L " " se lira "L second").

se conduire (ou se comporter) (PERS) to conduct oneself (US), to behave. Ex : *Comment l'officier doit-il se comporter avec et devant les personnels de l'unité* : how should the officer conduct himself with and before the unit personnel ? *(US)*.

se confondre avec (camouflage) to blend with (GB). Ex : *Le camouflage permet aux soldats de se confondre avec le milieu* : camouflage enables the soldiers to blend with the environment *(GB)*.

se conformer à to comply with (OTAN), to follow (US). Ex : *L'OTAN insiste sur l'obligation, pour toutes les parties, de se conformer pleinement aux résolutions pertinentes du Conseil de Sécurité de l'ONU* : NATO insists that all parties must fully comply with the relevant UNSCRs (= United Nations Security Council Resolutions) *(OTAN)* – *La campagne terrestre de la guerre du Golfe s'est conformée aux principes de la bataille aéroterrestre* : the Gulf War ground campaign followed the Airland Battle principles *(US)*.

se consacrer à to be engaged in (OTAN). Ex : *Les organismes qui se consacrent à cette activité (RENS)* : the organizations engaged in such activity *(OTAN)*.

se contracter (espace de bataille) to contract (US) (Contraire : "to expand").

secourir to rescue (OTAN). Ex : *Secourir des personnels en détresse* : to rescue personnel in distress *(OTAN)*.

secourisme first aid (GB). Ex : *Brevet de secourisme* : first aid qualification *(GB)*.

secours (sauvetage) rescue (US, GB). Ex : *Le chef des secours* : the commander of the rescue *(US)* – *Voilà les secours !* (hélicoptères) : there's the rescue ! *(US)* – *Ils crurent que leur propre régiment était venu à leur secours (soldats assiégés)* : they thought that their own regiment had come up to their rescue *(GB)*.

secours (SAN) aid.

secours (moyens de secours) relief supplies (OTAN). Ex : *L'entreposage des secours* : the storage of relief supplies *(OTAN)* – *Acheminer des secours d'urgence destinés aux réfugiés, de Sarajevo à Tirana* : to move urgently needed refugee relief supplies from Sarajevo to Tirana *(OTAN)*.

secours (humanitaire) relief (US, OTAN), relief effort(s) (OTAN), aid (OTAN) (VERB : "to organise"). Ex : *Opérations de secours : relief operations (US) (VERB : "to conduct", "to assist in")* – *Opération de secours humanitaire* : humanitarian relief operation *(US)* – *Secours d'urgence* : emergency relief *(US)* – *Les secours aux réfugiés* : refugee relief *(OTAN) (VERB : "to engage in")* – *La communauté internationale a lancé une vaste action de secours (aide aux réfugiés)* : the international community set in motion a major relief effort *(OTAN)* – *Organisme de secours* : relief agency *(OTAN)* – *Des secours humanitaires de toute première nécessité* : badly needed humanitarian aid *(OTAN)*.

secours (de) (auxiliaire) (équipement) back-up (En épithète).

secours (de) (communications) emergency (OTAN) (En épithète). Ex : *Communications de secours améliorées* : improved emergency communications *(OTAN)*.

secours en cas de catastrophe disaster relief (OTAN).

secours en montagne (GEND) mountain rescue (GB). Ex : *Equipe de secours en montagne* : mountain rescue team (MRT) *(GB)*.

secours humanitaires humanitarian relief (OTAN), humanitarian aid (OTAN).

se couvrir voir **couvrir (se)**.

s'écraser (au sol) (aéronef) to crash (GB). Ex : *L'aéronef s'écrasa (au sol) peu après le décollage* : the aircraft crashed shortly after take-off *(GB)*.

se crasher (s'écraser) (aéronef) (familier) to crash (US, GB).

secret (adjectif) covert (US, UN, GB), clandestine (US), secret, classified (OTAN). Ex: *Des opérations secrètes: covert / clandestine operations (US) (Les Américains font la différence entre "clandestine actions" (= dont le déroulement est caché) et " covert actions" (= dont l'instigateur est caché. Par ex: opérations de désinformation ou de sabotage)) – Agent secret: secret agent – Tentative secrète: covert attempt (UN) (Contraire: "overt") – Opérations secrètes de renseignement: covert intelligence operations (GB) (Terme familier GB: "sneaky-beaky") – Document / question / à caractère secret: classified document / matter (OTAN) – Les services secrets britanniques: the British Secret Services (GB) (Voir aussi* **service de renseignement (SR)***) – Garder une activité secrète: to keep an activity secret (US) – Police secrète: secret police (US) – Des informations classées secrètes (ou classifiées): classified information.*

secret (information cachée) secret (US, Jane's) (VERB: "to steal", "to acquire", "to gain access to", "to penetrate") (PART: "decrypted") (EXPR: "of the highest level", "a batch of secrets"). Ex: *Contrôler l'accès aux secrets militaires: to control access to military secrets (Jane's) – Un secret atomique: an atomic secret (US) – Recueillir des secrets sur (RENS): to garner secrets about (US) – Secret informatique: computer secret (US).*

secret (confidentialité) secrecy (US). Ex: *Engagement personnel de secret (ou de respect de la confidentialité): individual secrecy agreement (UN) – Faire serment de garder le secret: to be sworn to secrecy (US) – La NSA opérait dans le plus grand secret: NSA operated in deep secrecy (US) (ou in the closest possible secrecy (US)) – La nécessité du secret doit être soulignée (opérations de guérilla): the need for secrecy must be emphasized (US) – Le secret qui entoure le SAS: the secrecy that surrounds the SAS (US) – En grand secret: in great secrecy (US).*

secret (en) secretly (US), clandestinely (US) (Voir **secrètement**).

secrétaire (ou employé administratif) clerk (GB).

secrétaire d'État à la Défense (le) (GB / US) the Under Secretary of State for Defence (GB), the Deputy Secretary of Defense (US).

secrétaire d'État à l'armée de terre (le) (USA) the Secretary of the Army (US).

secrétaire général de la défense nationale (le) (SGDN) (Traductions proposées) the General Secretary of National Defence, the Prime Minister's National Security Secretary.

Secrétaire général de l'OTAN (le) the Secretary General of NATO (OTAN) (Abréviation US: "SYG") (ADJ: "outgoing", "incoming"). Ex: *Déclaration à la presse de M. Javier Solana, Secrétaire général de l'OTAN: press statement by Mr Javier Solana, Secretary General of NATO (OTAN).*

Secrétaire général des Nations Unies United Nations Secretary General (UNSG) (GB).

secrétariat d'État à l'armée de terre (le) (USA) the Department of the Army (DA) (US) (Dirigé par "the Secretary of the Army").

secrétariat général de la défense nationale (le) (SGDN) (Traductions rencontrées) the General Secretariat of National Defence, the SGDN crisis management and civil emergency planning independent agency (US) – (Traduction proposée) (the) Prime Minister's National Security Secretariat.

secret-défense (ou secret de défense) (notion) official secrets. Ex: *Couvert par le secret-défense: covered by the Official Secrets Act (GB) (Loi datant de 1899, modifiée en 1911, 1920 et 1939), classified (UN).*

secret-défense (SD) (degré de classification) secret (S) (US, GB) (Classification OTAN: NATO secret) (Classification UEO: WEU secret). Ex: *Une habilitation Secret Défense (SD): a Secret clearance (US).*

secret d'État state secret, official secret.

secrètement clandestinely (US), secretly (US). Ex : *Il travaillait secrètement pour le renseignement chinois : he secretly worked for Chinese intelligence (US).*

secret militaire (le) (discrétion) military secrecy (US) (ADJ : "strict", "utmost") (PREP : "in").

secret militaire (information) military secret (US) (VERB : "to acquire...from", "to obtain...from") (ADJ : "important").

s'écrouler to fall in (familier) (US). Ex : *Quand toutes les unités de défense sont encerclées, tout s'écroule : when all defense units are surrounded, the roof falls in (familier) (US).*

secte (ou groupe sectaire) sect (US, GB).

secteur (terre) (TAC) sector (US, OTAN, GB), zone (OTAN), area (OTAN) (VERB : "to defend", "to attack", "to establish", "to control"). Ex : *Affecter (ou assigner ou attribuer) un secteur de tir : to assign a sector of fire (US) – Secteur d'observation (NBC) : (NBC) zone of observation (OTAN) – Secteur de défense aérienne : air defence sector (OTAN) – Le secteur Francfort-Wiesbaden : the FRANKFURT-WIESBADEN sector (US) – Dans leurs secteurs respectifs (forces) : within their respective sectors (GB) – Dans le secteur de Fleurbaix : in the Fleurbaix sector – Au sud du secteur du corps d'armée : in the south of the corps sector (US) – L'OTAN a, durant toute la nuit, passé en revue de façon attentive ses opérations menées dans le secteur : NATO has conducted an extensive review throughout the night of its operations in that area (OTAN) – L'OTAN a divisé la Bosnie en trois secteurs principaux : NATO divided Bosnia into three main sectors (GB) – Le secteur français couvrait la partie sud du pays : the French sector covered the southern part of the country (GB).- Dans le secteur d'Anzac : in the Anzac sector (GB) – Secteur de responsabilité (soldat) : sector of responsibility (US) – Secteur de tir : sector of fire (US) – Secteur de défense (ou défensif) : sector of defense (US) – La mission du corps d'armée est de défendre un secteur de quelque soixante-cinq kilomètres de large à l'est de Hanovre : the Corps' mission is to defend a sector some sixty-five kilometres wide to the east of Hannover (GB) – Forces aéronavales du secteur oriental de l'Atlantique : naval air forces, east Atlantic area (AIREASTLANT) (OTAN) – L'unité responsable du secteur allant de Tuzla au nord à Olovo au sud : the unit responsible for the sector from Tuzla in the north to Olovo in the south (US).*

secteur (mer / océan) area (OTAN). Ex : *Secteur central de la Méditerranée : Central Mediterranean Area (MEDCENT) (OTAN) – Secteur central de l'Atlantique : Central Atlantic area (CENTLANT) (OTAN) – Secteur oriental de l'Atlantique : Eastern Atlantic Area (OTAN) – Secteur ibéro-atlantique : Iberian Atlantic Area (OTAN) – Secteur occidental de l'Atlantique : Western Atlantic Area (OTAN) – Secteur septentrional de l'Atlantique : Northern Atlantic Area (OTAN).*

secteur (économie) sector (US). Ex : *Dans le secteur civil : in the civilian sector (US) – Système de gestion de l'environnement dans le secteur militaire : environmental management systems in the military sector (OTAN) – Le rôle du secteur privé dans la défense : the role of the private sector in defence (OTAN).*

secteur (domaine) sector (GB), area (OTAN). Ex : *Le secteur de la défense (technologies) : the defence sector (GB) – Deux des secteurs dans lesquels les compétences techniques de l'OTAN peuvent être utilement mises à profit : two areas where NATO's expertise can usefully be brought to bear (OTAN).*

secteur ciblé focus area (US).

secteur civil civilian sector (OTAN). Ex : *La révolution informatique du secteur civil : the information revolution in the civilian sector (OTAN).*

secteur commercial (le) the commercial sector (US).

secteur de corps d'armée corps sector (US) (VERB : "to occupy", "to defend") (ADJ : "allied", "vacant").

secteur de défense aérienne air defence sector (OTAN).

secteur défensif defensive sector (US).

secteur de la défense (le) the defence sector (GB).

secteur de recrutement (unité) catchment area (GB).

secteur de responsabilité (TAC) sector of responsibility (US) (VERB : "to assign").

secteur de tir sector of fire (US).

secteur d'observation nucléaire, biologique et chimique nuclear, biological, chemical zone of observation (OTAN).

secteur opérationnel temporaire (France) temporary operational sector.

secteur prioritaire (domaine) (armée) priority area (CA). Ex : *Examiner les secteurs prioritaires (armée) : to look at priority areas (CA).*

secteur technologique technological area (GB). Ex : *Un secteur technologique clé : a key technological area (GB).*

section 1. **(infanterie)** platoon (US, GB) (Abréviation GB : "Pl"). Ex : *Une section d'infanterie : a platoon of infantry (GB), an infantry platoon (GB).* 2. **(artillerie)** section (MLRS) (US), troop (ASA / nucléaire) / section (SS / non nucléaire). 3. **(génie)** platoon (US), field troop (GB). 4. **(transmissions)** platoon (US), signal troop (GB). 5. **(compagnie médicale)** section (field ambulance) (GB).

section (branche d'état-major OTAN) section (OTAN).

section antichar (RIMECA) anti-tank platoon (GB) (Fire Support Company).

section d'aide au franchissement (SAF) (GEN) bridging troop (GB) (Dans un "Armoured Divisional Engineer Regiment").

section d'appui mortiers (SAM) (régiment d'infanterie parachutiste) heavy mortar platoon (US).

section d'assaut et d'obstacles (GEN) assault and obstacle platoon (US).

section de blanchisserie laundry platoon (GB).

section d'éclairage et de reconnaissance (SER) armoured recce troop (GB), ground cavalry troop (US).

section d'éclairage (régimentaire) (battalion) scout platoon (US).

section de combat (RIMECA) rifle platoon (Dans un "Mechanized Battalion") (US), platoon (Dans un "Armoured Infantry Battalion") (GB).

section de commandement (UCT) (Traduction proposée) headquarters (ou HQ) platoon.

section de décontamination / fumigènes smoke / decon(tamination) platoon (US) (Dans une "Chemical Company" de division parachutiste ou d'assaut par air).

section de défense sol-air air defence troop (GB), air defense platoon (US).

section de franchissement (GEN) bridging troop (GB).

section de liaison des forces terrestres ground liaison section (OTAN).

section de liaison de transport aérien air transport liaison section (OTAN).

section de mobilité-contre-mobilité (GEN) mobility / countermobility platoon (US) (Dans une "Engineer Combat Company").

section de mortiers lourds (SML) heavy mortar platoon (US) (VERB : "to train") (NOM ASS. : "training", "testing", "evaluation").

section de ramassage (SAN) collecting troop (GB) (Dans une "Field Ambulance").

section de reconnaissance recon platoon (GB).

section de pont (matériel) bridge section (VERB : "to move" = déplacer).

section de protection (compagnie de transmissions) (UCT) (Traduction proposée) security platoon.

section de tir (ART) firing platoon (US).

section de triage (SAN) clearing troop (GB) (Dans une "Field Ambulance").

section d'instruction (INF) training platoon (GB).

section radar (d'un véhicule) radar cross section (RCR).

section réparation mobilité (SRM) (MAT) forward repair group (FRG) (GB) (Réparations de durée limitée).

secundo two.

sécurisé (TRANS) secure.

sécuriser (site / camp) to secure (GB) (PREP : "against").

sécuritaire security (OTAN, GB) (En épithète). Ex : *Un environnement sécuritaire : a security environment (OTAN) – Risques sécuritaires / pour la sécurité : security risks (GB).*

sécurité security (US, GB, OTAN) (Abréviation : "SY") (VERB : "to maintain", "to enhance", "to preserve", "to provide", "to increase", "to jeopardize", "to compromise", "to achieve", "to manage", "to restore" = rétablir, "to shape.. for the better") (ADJ : "high", "tight") (PREP : "against"). Ex : *La sécurité nationale : national security (US) – La sécurité de la nation (ou du pays) : the nation's security (US) – Forces de sécurité : security forces (GB) – La sécurité des itinéraires principaux de ravitaillement : security of main supply routes (MSRs) (US) – Sécurité / des personnels / physique / des communications : personnel / physical / communications / security (US) – Missions de sécurité : security duties (GB) – Améliorer l'environnement de sécurité et de stabilité pour les pays de la zone Euro-Atlantique : to improve the security and stability environment for nations in the Euro-Atlantic area (OTAN) – La sécurité en Europe : European security (OTAN).*

sécurité (GEND) security (US) (VERB : "to be charged with").

sécurité (en matière de renseignement) (RENS) security (US). Ex : *Sensibilisation en matière de sécurité : security awareness (US) – Instruction et formation en matière de sécurité : security education and training (US).*

sécurité (ou sûreté) (physique) (PERS : individus) safety (US, OTAN) (VERB : "to ensure"). Ex : *Le retour des réfugiés en toute sécurité : the safe return of refugees (OTAN) – Le chef est responsable de la mise en place de mesures de protection appropriées pour assurer la sécurité des troupes amies (NBC) : the commander is responsible that appropriate protective measures are taken to ensure the safety of friendly troops (US) – En toute sécurité : safely (US).*

sécurité au niveau régional regional security (OTAN).

sécurité axée sur la défense defensive security (UN).

sécurité collective collective security (US, OTAN) (VERB : "to strengthen").

sécurité commune (OSCE) cooperative security (UN).

sécurité de la force security of the force (US) (VERB : "to ensure").

sécurité de la technologie (ou des technologies) technology security (US).

sécurité de la technologie (ou des technologies) de l'information information technology security (ITSEC) (OTAN).

sécurité de la zone arrière rear area security (US)

sécurité de l'emploi (PERS) tenure of position (US), job security (US).

sécurité de l'informatique computer security (COMPUSEC) (OTAN).

sécurité des aéroports airport security (US).

sécurité des ambassades (RENS) embassy security (US).

sécurité des armes weapon security (OTAN).

sécurité des bases (militaires) base security (US).

sécurité des documents document security (US).

sécurité des données (informatique) data security.

sécurité des émissions emission security (EMSEC) (OTAN, US).

sécurité des frontières security at borders (OTAN). Ex : *Assurer la securité des frontières et des limites internes : to provide security at borders and internal boundaries (OTAN).*

sécurité des installations security of installations (US).

sécurité des transmissions signal security (SIGSEC) (US) (Englobe "communications security" (COMSEC) et "electronic security" (ELSEC)), communications security (COMSEC) (OTAN) (VERB : "to provide").

sécurité des opérations operations security (OPSEC) (US, OTAN).

sécurité des systèmes informatiques computer security (COMPUSEC) (OTAN), computer system security (US).

sécurité (des) transmissions communications security (COMSEC) (OTAN).

sécurité de zone area security (US).

sécurité d'un point sensible security in a sensitive area.

sécurité du (ou des) personnel(s) personnel security (OTAN, US) (S'applique aussi au personnel du renseignement).

sécurité du temps de paix (mission des armées) peacetime security (GB).

sécurité électronique electronic security (ELSEC) (OTAN) (VERB : "to provide").

sécurité et évaluation des transmissions communications and security evaluation (OTAN).

sécurité extérieure (pays) external security (US) (VERB : "to protect"). Ex : *La sécurité extérieure d'un territoire d'outre-mer britannique : the external security of a British Overseas Territory (GB).*

sécurité financière financial security (US)

sécurité humaine (ou sécurité des personnes) human security (OTAN).

sécurité industrielle (RENS) industrial security (US).

sécurité informatique computer security (COMPUSEC) (US, GB, OTAN) (Au niveau gouvernemental, elle est du ressort de la "National Security Agency" (NSA) aux États-Unis et du "Government Communications Headquarters" (GCHQ) au Royaume-Uni).

sécurité intérieure (pays) internal security (US, GB) (VERB : "to protect"). Ex : *Un défi à la sécurité intérieure : a challenge to internal security (GB).*

Cf. : Any military role that involves primarily the maintenance or restoration of law and order and essential services in the face of civil disturbances and disobedience, using minimum force. It covers actions dealing with minor civil disorders, with no political undertones, as well as riots savouring of revolts and even the early stages of rebellion (GB).

sécurité intérieure (opérations de) (maintien de l'ordre) internal security (IS) operations.

sécurité internationale international security (US).

sécurité interne (d'un service) (RENS) internal security (US). Ex : *La sécurité interne du SDECE : the internal security of the SDECE (US).*

Sécurité militaire (obsolète) voir **direction de la protection et de la sécurité de la défense (DPSD)**.

sécurité militaire military security (OTAN). Ex : *Des professionnels de la sécurité militaire et nationale : military and national security professionals (OTAN) – Agence alliée de sécurité militaire : allied military security agency (AMSA) (OTAN).*

sécurité nationale national security (US) (VERB : "to secure", "to threaten").

sécurité nucléaire nuclear safety (UN).

sécurité physique physical security (OTAN).

sécurité portuaire port and harbor security (US), port security (OTAN).

sécurité publique public safety (US).

sécurité radio radio security (GB) (VERB : "to improve").

sécurité technologique technology security (US).

sécurité vérifiée (arme) (tir) made safe (GB).

se débander (force) to disband (US).

se débrouiller voir **débrouiller (se)**.

se débrouiller sans to get along without (US). Ex : *Nous devrons nous débrouiller sans repas chauds pendant deux ou trois jours : we will have to get along without hot meals for two or three days (US).*

se déclencher (conflit) to ignite (US).

se découper to be silhouetted (GB). Ex : *Le char se découpait contre la crête : the tank was silhouetted on the ridge (GB).*

se découvrir (la tête) (PERS) to uncover (US).

se défendre (contre) to defend (oneself) (against / from) (US), to fight back. Ex : *Bien se défendre (force) : to put up a strong fight (US) – Se défendre contre des attaques informatiques (cyberguerre) : to defend against computer attacks (Time).*

se défendre (résister) (force) to fight back (GB). Ex : *La garnison s'est défendue avec force : the garrison fought back strongly (GB).*

se définir Ex : *Un GFIM (= Groupe de forces interarmées multinationales) se définit comme un groupe de forces multinationales et interarmées : the definition of a CJTF (= Combined Joint Task Force) is a multinational (combined) and multiservice (joint) task force (OTAN).*

se dégager (force) (TAC) to disengage (US).

se dégonfler (perdre son sang-froid) to lose one's nerve (GB).

se dégrader (situation) to deteriorate (OTAN). Ex : *La situation s'était dégradée de façon pratiquement irréversible : the situation had deteriorated nearly beyong salvaging (OTAN).*

se démettre to resign. Ex : *Se démettre de son commandement : to resign one's command.*

se démobiliser (personnel / unité) to demobilize (US).

se déplacer (TAC) to move (US, GB, OTAN), to travel (GB), to shift (US) (ADJ : "quickly", "fast") (EXPR : "at high speed"). Ex : *La ligne ne se déplace jamais : the line never moves (GB) – Le chef se déplace dans son char : the commander travels in his tank (GB) – Des chars se déplaçant à environ 5 km / h : tanks traveling at approximately 5 kph (US) – Le P.C. se déplacera le long de la ligne : the headquarters will move along the line (OTAN) – Se déplacer d'un lieu à l'autre : to move from place to place (OTAN) – Le char se déplace très vite : the tank moves very fast (US) – Apte à se déplacer en terrain très accidenté (véhicule blindé à roues) : capable of travelling across very rough terrain (GB) – La bataille dans la profondeur se déplace au nord de lima JAUNE : the deep battle shifts north of PL (= Phase Line) YELLOW (US) – Les hélicoptères de combat sont capables de se déplacer à grande vitesse : attack helicopters are capable of moving at high speed (US)*

– Permettre à l'infanterie de se dépacer rapidement : to provide the infantry with increased mobility.

se déplacer par voie aérienne (ou par aéronefs) (INF) to move by aircraft (US).

se déployer (force) to deploy (US, GB) (PREP : "to" = vers). Ex : *Se déployer vers une base (unité) : to deploy to a base (OTAN) – Prêts à se déployer vers le Kosovo dans le cadre de la KFOR (fantassins) : ready to deploy to Kosovo as part of KFOR (OTAN).*

se déployer en éventail (force) (TAC) to fan out (US).

se dérober (TAC) to escape, to evade (GB). Ex : *L'ennemi tente de se dérober : the enemy tries to escape – Se dérober aux patrouilles ennemies : to evade enemy patrols (GB).*

se dérouler (événement / combats / exercice / opération) to take place, to run (GB), to go (US), to be conducted (UEO), to be held (UEO), to unfold (US). Ex : *L'attaque devrait se dérouler exactement comme prévu : the attack should take place exactly as planned (US) – La mission s'est bien déroulée : the mission has gone well (US) – L'exercice s'est déroulé sur des distances importantes : the exercise was conducted over extended distances – L'exercice Carbine Fortress s'est déroulé à hauteur de la ville de Wurzburg : the Carbine Fortress exercise took place in the vicinity of the city of Wurzburg (US) – Le premier exercice conjoint de gestion de crise UEO / OTAN se déroulera du 17 au 23 février 2000 : the first joint WEU / NATO crisis management exercise is to be held from 17 to 23 February 2000 (UEO) – L'exercice se déroulera aux sièges de l'UEO et de l'OTAN : the exercise will be conducted in WEU and NATO headquarters (UEO) – L'opération se déroule comme prévu : the operation is running according to plan (GB) – Au fur et à mesure que les opérations se déroulent : as operations unfold (US).*

se désagréger (force) to disintegrate (US).

se désintégrer (projectile / force) to disintegrate (GB, US).

se dessiner to become (clearly) discernible (OTAN), to form (US). Ex : *Les contours d'un nouvel ordre de sécurité commencent à se dessiner clairement : the contours of a new security order become clearly discernible (OTAN) – Il est mis fin à l'action au moyen d'un signal convenu d'avance dès que la risposte commence à se dessiner (guerre guérilla) : action is terminated by a prearranged signal as counteraction begins to form (US).*

se destiner à to head for (GB). Ex : *Il se destinait à une carrière militaire : he was heading for a military career (GB).*

se détacher de (matériel) to become dislodged (GB) (PREP : "from"). Ex : *Le canon s'est détaché de son affût : the gun became dislodged from its mounting (GB).*

se détériorer (situation) to deteriorate (OTAN). Ex : *La situation au Kosovo ne cesse de se détériorer : the situation in Kosovo continues to deteriorate further (OTAN).*

se développer to evolve (OTAN), to grow (OTAN). Ex : *Une structure de sécurité euro-atlantique se développe : a Euro-Atlantic security structure is evolving (OTAN) – La crise humanitaire se développait de façon exponentielle : the scale of the humanitarian crisis grew exponentially (OTAN).*

se diriger to move (US, OTAN). Ex : *Les unités se dirigent vers des camps provisoires : units move to temporary camps (OTAN) – Se diriger vers une zone (force) : to move toward an area (US).*

se discipliner (chef) to discipline oneself (US).

se disperser (force / soldats / foule) to disperse (GB, US), to scatter (GB). Ex : *Se disperser en petits groupes : to disperse into small groups (GB) – Les blindés irakiens se sont dispersés : Iraqi armour scattered (GB) – La foule se dispersa : the crowd dispersed (ou scattered) (GB).*

se disperser (perdre son unité / rompre) (force) to break (GB). Ex: *L'ennemi s'est dispersé: the enemy has broken (GB).*

se disperser (manifestation) to break up (GB). Ex: *La manifestation s'est dispersée quand des grenades lacrymogènes ont été tirées: the demonstration broke up when teargas grenades were fired (GB).*

se disperser (fumigène) to clear (US).

se disposer (force) to deploy (GB). Ex: *La section s'est disposée en ligne dispersée: the platoon deployed into extended line (GB).*

se dissimuler (véhicule / force) to conceal oneself (US, GB) (PREP: "against" = à l'abri de / derrière).

se dissiper (gaz) to disperse (GB).

se dissoudre (organisation) to dissolve (US).

se distinguer (PERS / unité) to distinguish oneself (GB, US), to fight with distinction (GB), to have the distinction (+ of + verbe en ING) (GB), to have a distinguished history. Ex: *Le régiment s'est distingué à la bataille de: the regiment distinguished itself at the battle of (GB) – Se distinguer (au combat) (PERS): to distinguish oneself (US) – La Division se distingua (au combat) lors des deux guerres mondiales: the Division fought with distinction in both World Wars (GB) – Les Transmissions se distinguent par le fait qu'elles soient la seule arme de l'armée de terre britannique à posséder une compagnie de SAS: the Royal Signal has the distinction of being the only regiment in the British Army which has its own SAS Squadron (GB) – La division s'est distinguée au cours des deux guerres mondiales: the division has a distinguished history through two World Wars.*

sédition sedition (US), insurgency (OTAN).

se diviser en to fall into (US). Ex: *Se diviser en trois catégories: to fall into three categories (US).*

se donner to render each other (OTAN). Ex: *Appui que des forces se donnent mutuellement: support which units render each other OTAN).*

séduction (RENS) seduction (US). Ex: *Faire usage de la séduction comme moyen de recruter des agents: to use seduction as a means of recruiting agents (US).*

séduire (RENS) to seduce (US). Ex: *Séduire une femme afin qu'elle livre des renseignements: to seduce a woman into providing information (US).*

séduisant attractive (OTAN). Ex: *Une idée séduisante: an attractive idea (OTAN).*

se faire to make (GB), to be carried out (GB). Ex: *Se faire rapidement des amis (nouvelle recrue): to make friends rapidly (GB) – Le transport de la brigade se fera par voie aérienne: the transport of the brigade will be carried out by aircraft (GB).*

se faire jour to emerge (OTAN). Ex: *Une nouvelle Europe à l'intégration accrue se fait jour: a new Europe of greater integration is emerging (OTAN).*

se faire l'ami de (cible) (RENS) to befriend (US).

se faire passer pour (RENS) to pose as (US), to pass oneself off as (US), to misrepresent oneself as (US). Ex: *Se faire passer pour un homme d'affaires (agent de renseignement): to pose as (ou to pass oneself off as) a businessman (US) – Approche conduite par un officier de renseignement se faisant passer pour un ressortissant d'un pays ou organisme ami (RENS): approach by a hostile intelligence officer who misrepresents him or herself as a citizen of a friendly country or organization (US).*

se faire recenser (service national) to register (US).

se fatiguer (PERS) to tire (US). Ex: *Les soldats se fatiguent: soldiers tire (US).*

se féliciter de to welcome (OTAN).

s'effondrer (sens propre et figuré) to collapse (US), to cave in (GB). Ex : *Le Mur de Berlin s'est effondré en 1989 : the Berlin Wall collapsed in 1989 (US) – La résistance ennemie s'effondre : enemy resistance collapses (US) – Au fur et à mesure que nous progressions, les résistances s'effondraient : as we advanced the opposition caved in (GB) – La tranchée s'est effondrée : the trench has caved in (GB).*

s'effondrer (cohésion) to break down (US).

s'efforcer de to strive to (US). Ex : *Pendant que nos troupes s'efforçaient d'élargir leur tête de pont : while our troops strove to extend (ou to widen) their bridgehead (US).*

se fixer to establish for oneself (US). Ex : *Se fixer des objectifs : to establish goals for oneself (US).*

se focaliser to concentrate (GB). Ex : *Les travaux initiaux se sont focalisés sur l'expression du besoin (programme de recherche) : initial work concentrated on establishing the need (GB).*

se fondre dans to blend with (US). Ex : *Utiliser des filets de camouflage qui se fondront dans le terrain environnant : use camouflage nets that will blend with the surrounding terrain (US).*

se fragmenter (force) to fragment (GB).

se frotter à to tangle with (US). Ex : *Se frotter à des groupes d'infiltration (patrouille) : to tangle with infiltrating groups (US).*

s'égarer (troupe) to get lost (US), to become disorientated (GB), to lose one's way (GB).

s'égarer (aéronef) to stray (US). Ex : *S'égarer dans l'espace aérien soviétique : to stray into Soviet airspace (US).*

se grouper to group together (OTAN). Ex : *Les unités se groupent : units group together (OTAN).*

se heurter à (ennemi / positions) to engage (the enemy) (OTAN), to run into (US), to run up against (GB), to encounter (US). Ex : *Les formations blindées se heurtèrent à une infanterie bien retranchée : the armoured formations ran into well dug-in infantry (GB) – L'attaque ennemie se heurte à des positions bien préparées : the enemy attack runs up against well-prepared positions (GB) – Se heurter à une patrouille (troupe) : to run into a patrol – Quand des forces se heurtent à un ennemi plus important : when forces run into a larger enemy (US) – Nous nous sommes heurtés à un mur (en béton) quand nous avons atteint cette position fortifiée : we ran into a stone wall when we got to that fortified position (familier) (US) – Se heurter à de fortes résistances : to encounter stiff resistance (US) (Voir aussi heurter à (se)).*

se hisser sur (PERS) to clamber over (GB). Ex : *Ils se hissèrent sur les véhicles (légionnaires) : they clambered over the vehicles (GB).*

seigneur de la guerre warlord (US).

sein de (au) within (US), with (OTAN), in (OTAN). Ex : *Au sein de la collectivité militaire : within the military community (US) – Un organisme au sein d'un état-major de corps d'armée : an agency collocated with a corps headquarters (OTAN) – Un chef militaire au sein d'une chaîne de commandement : a military commander in a chain of command (OTAN).*

séisme earthquake (UN).

s'éjecter (d'un aéronef) to eject (GB). Ex : *Le pilote s'est éjecté au-dessus de la mer : the pilot ejected over the sea (GB).*

se jeter to throw oneself (GB). Ex : *Il se jeta devant l'officier pour faire rempart de son corps : he threw himself in front of the officer to make a rampart with his body (GB).*

se joindre à to join (US, OTAN). Ex : *Le chef d'état-major de l'armée de terre se joint à des soldats de la 101e Division Aéroportée lors d'un exercice de dégagement de tranchées : the Army Chief of Staff joins 101st Abn. Div. soldiers during a trench-clearing exercise (US) – Se joindre à une alliance (pays) : to join an alliance (OTAN).*

séjour (unité / personnels) tour (GB, US), tour of duty (GB) (VERB: "to complete", "to serve", "to undertake") (ADJ: "short"). Ex: *Le régiment effectue un séjour de 6 mois en Irlande du Nord: the battalion is on a 6-month tour in Northern Ireland (GB)* – *Les unités de l'armée de terre effectuent des séjours de 2 ans: Army units serve on tours of two years (GB)* – *Effectuer de courts séjours à l'étranger / outre-mer (PERS): to spend short tours of foreign service / oversea tours (US)* – *Effectuer 10 séjours: to serve 10 tours (GB)* – *Il a effectué 2 séjours au Vietnam (fiche biographique d'officier): he served 2 tours in Vietnam (US)* – *Pendant un deuxième séjour au Vietnam: during a second Vietnam tour (US).*

se laisser to become (US, OTAN). Ex: *Se laisser engager (par l'ennemi) de manière décisive: to become decisively engaged (OTAN)* – *Se laisser entraîner dans des guerres (pays): to become embroiled in wars (US)* – *Notre effort principal a été si fort que nous avons encaissé sa (= ennemi) contre-attaque sans nous laisser démonter: our main effort was so strong we took his counterattack in stride (US).*

se lancer dans (programme) to embark (up)on (US). Ex: *La France s'est lancée dans un programme ambitieux de satellites espions: France has embarked on an ambitious intelligence satellite program (US).*

sélectif selective (OTAN). Ex: *Les unités de l'armée territoriale (= réserve de l'armée de terre britannique) seront mobilisées de manière sélective: TA (= Territorial Army) units will be selectively mobilised (Jane's).*

sélection (PERS) selection (US, GB), screening (GB, US) (VERB: "to undergo", "to fail") (ADJ: "basic", "tough", "rigorous"). Ex: *Sélection des officiers: officer selection (US, GB)* – *La procédure de sélection des officiers: the selection procedure of officers (US)* – *La sélection des candidats: the screening of candidates (GB)* – *Subir un processus rigoureux de sélection (PERS): to undergo a rigorous screening process (US)* – *Passer avec succès (ou réussir) la procédure de sélection to successfully complete the selection procedure (ou the selection process) (US).*

sélectionner (PERS) to select (US), to screen (US, GB). Ex: *Les candidats doivent être soigneusement sélectionnés: applicants have to be screened carefully (GB)* – *Personnels sélectionnés: selected personnel (UN)* – *Il a été sélectionné parmi des milliers de volontaires (engagé): he was selected from thousands of volunteers (US).*

sélectionner (unité) to select (US). Ex: *Sélectionner une unité pour des opérations de paix: to select a unit for peace operations (US).*

sélectionner (objectif) to select (a target) (OTAN).

sélection, recherche, acquisition et traitement d'objectifs (processus) (ART) targeting (US).

s'élever à (atteindre) (grade) to rise to (GB). Ex: *S'élever jusqu'au grade de commandant: to rise to the rank of Major (GB).*

s'élever à (effectif(s)) to stand at (US). Ex: *Le nombre (ou l'effectif) de soldats américains en Bosnie s'élevait à 6 973: the number of U.S. troops in Bosnia stood at 6,973 (US)* – *En juin 1950, les effectifs de l'armée de terre d'active s'élevaient à 593 000 hommes: in June 1950, active Army strength stood at 593,000 (US).*

se limiter à to be limited to (US). Ex: *Les armes collectives ne se limitent pas aux chars et aux pièces d'artillerie: crew-served weapons are not limited to tanks and artillery pieces (US).*

se livrer (accusé) to surrender (OTAN). Ex: *Se livrer à un tribunal: to surrender to a court (OTAN).*

se livrer (agent) (RENS) to turn oneself over (US). Ex: *Se livrer aux autorités australiennes: to turn oneself over to the Australian authorities (US).*

se livrer à to be engaged in (OTAN), to deal in (US), to go on (GB). Ex : *Des organisations ou des agents se livrant à l'espionnage : organizations or agents engaged in espionage (OTAN) – Se livrer à des activités secrètes illégales : to deal in illegal, clandestine activities (US) – Se livrer à des destructions et des pillages (manifestants) : to go on a rampage of destruction and looting (GB).*

s'éloigner (force) to move away (US). Ex : *S'éloigner d'une zone : to move away from an area (US).*

selon as (US), according to. Ex : *Selon les ordres du chef de corps : as directed by the commanding officer (US).*

semaine week (US, GB). Ex : *Des patrouilles d'une semaine (entière) : week-long patrols (GB) – Une semaine de permission : a week's leave (GB) – Officier de semaine : officer on duty, officer of the week – 5ᵉ semaine (stage) : week five (GB) – Suivre les deux semaines de formation (stagiaires) : to attend the two weeks of training (US).*

se maintenir (force) to maintain (OTAN). Ex : *Se maintenir sur ses positions (force) (TAC) : to maintain one's positions (OTAN).*

s'emballer (moteur) to rev (up) (US). Ex : *Les moteurs de char s'emballant : tank engines revving (US).*

s'embarquer dans (sens figuré) to embark upon (US).

semblable à similar to (US). Ex : *Ce régiment est organisé de manière semblable à celui de la division parachutiste : this battalion is organized similar to that in the airborne division (US).*

sembler to seem, indications are that. Ex : *L'ennemi semble exercer son effort sur la direction de Lille : the enemy seems to conduct / to make its main effort in the direction of Lille – Il semble que l'ennemi se replie : indications are that the enemy is retiring.*

s'embraser (conflit) to ignite (US) (PREP : "into").

s'embuer to mist up (GB). Ex : *Mon viseur n'arrête pas de s' embuer : my sight keeps misting up (GB).*

semelle de chargeur (pistolet) magazine base.

semer (ou se débarasser de) to shake off (GB). : Ex : *Les missions militaires essayaient de semer ceux qui les filaient : the military missions tried to shake off those who were taling them (GB).*

semer (confusion) to confuse (OTAN). Ex : *Semer la confusion chez l'adversaire : to confuse the enemy (OTAN).*

se mettre to achieve (OTAN), to get going (familier) (US). Ex : *Se mettre en position favorable par rapport à l'ennemi (TAC) : to achieve a position of advantage in respect to the enemy (OTAN) – Se mettre à l'abri (PERS) (TAC) : to take cover (US), to seek safety (US) – Sergent, mettez-vous à la rédaction du compte-rendu car j'en aurai besoin dans un quart d'heure : Sergeant, get going on the report because I will need it in fifteen minutes (familier) (US).*

se mettre à couvert (TAC) to take cover (US, GB).

se mettre à découvert (TAC) to break cover (US, GB).

se mettre au garde-à-vous to stand to attention (US, GB).

se mettre en place to get into position (GB), to move into position (GB). Ex : *Se mettre en place pour une attaque (force) : to get into position (ou to move into position) for an attack (GB).*

se mettre en route (troupe) to set off (GB).

semi-actif semi-active (US, OTAN) Ex : *Guidage semi-actif : semi-active homing guidance (US, OTAN).*

semi-automatique semiautomatic (US), semi-automatic (GB) (Abréviation US : "Semi"). Ex : *Chargement semi-automatique : semi-automatic loading – Des mitrailleuses semi-automatiques de 5,56 mm : semi-automatic 5.56mm machine-guns (GB).*

999

semi-autonome semi-independent (US), semiautonomous (US). Ex : *Des opérations semi-autonomes : semi-independent operations (US) – En mode semi-autonome (missile) : in semiautonomous fashion (US).*

semi-cartouche semi-cartridge.

semi-chenillé half-tracked, half-track.

semi-chenillé (véhicule) half-track (US).

semi-conducteur semiconductor (US).

semi-guidé (missile) semiguided (US).

séminaire (formation / réflexion) seminar (GB, OTAN) (VERB : "to host" = organiser, "to take place", "to be organised", "to participate in") (NOM ASS. : "series") (PREP : "on"). Ex : *Un séminaire co-présidé par : a seminar co-chaired by (OTAN) – Séminaire du NADC (= NATO Air Defence Committee = Comité OTAN de défense aérienne) sur l'entraînement et les exercices de défense aérienne multisystème et multinationale : NADC seminar on multination, multi-system air defence training and exercises (OTAN).*

semi-officiel semiofficial (US).

semi-permanent/e (installation / structure / groupement de forces) semi-permanent (OTAN).

semi-professionnel (<u>ou</u> semi-professionnalisé) (unité) semi-professional (GB).

semi-remorque semi-trailer (GB).

se mobiliser (force / armée) to mobilize (US).

se monter à (effectif) to stand at. Ex : *En juin 1950, les effectifs de l'armée de terre d'active se montaient à 593 000 hommes : in June 1950, active Army strength stood at 593,000 (US).*

se montrer to prove (OTAN). Ex : *L'Alliance s'est montrée pleinement à la hauteur des défis les plus redoutables : the Alliance has proved it is fully up to the most demanding challenges (OTAN).*

se mouiller (sens propre) (PERS) to get wet (US).

se mouvoir dans l'eau (véhicule) to propel oneself in water.

s'emparer de (TAC) to seize (US, GB, UN), to secure (OTAN), to capture (US, GB), to take (US, GB), to carry GB). Ex : *S'emparer d'une poche de résistance : to take a pocket of resistance (US) – S'emparer d'un territoire et l'occuper : to seize and hold (a) territory (UN) – S'emparer d'un objectif : to secure an objective (OTAN) – S'emparer d'une position ennemie : to capture an enemy position (US) – Sa (= chef) première poussée, utilisant les chars et l'infanterie, était dirigée contre notre gauche dans l'intention de s'emparer des hauteurs donnant sur la ligne Mareth : his first thrust with tanks and infantry was directed against our left with the object of capturing some high ground fronting the Mareth Line (US) – Nous avons l'intention de nous emparer du pont intact : we aim to capture the bridge intact (GB) – Ils se sont emparés de la position ennemie : they carried the enemy position (GB) – S'emparer de Grozny (forces) : to take Grozny (US)* (Voir aussi **emparer de (s')**).

Cf. : <u>To seize</u> : to clear a designated area and obtain control of it (US). / <u>Seize</u> : gain possession of a position or terrain normally by force (GB).

s'emparer de (personnels) to capture (US). Ex : *S'emparer de personnels en vue d'interrogatoires de renseignement (RENS militaire) : to capture personnel for intelligence questioning (US).*

s'employer (matériel) to be used (OTAN). Ex : *L'hélicoptère peut s'employer en missions de commandement ou d'évacuation sanitaire : the helicopter may be used in command and control or casualty evacuation roles (OTAN).*

Semtex (explosif) Semtex (GB) ("A plastic explosive") (EXPR : "very difficult to detect").

s'endormir (PERS) to fall asleep (GB). Ex : *Le garde fut puni pour s'être endormi à son poste : the guard was punished for falling alseep at his post (GB).*

s'endurcir (PERS) to be toughened up (GB). Ex : *Même si nous nous étions endurcis depuis notre engagement (Légion) : even though we had been toughened up since we joined (GB).*

s'enfermer to button up (US), to be buttoned up (US). Ex : *L'équipage du char doit s'enfermer lors du tir : during firing, the tank crew must be buttoned up (US).*

s'enfoncer to descend (Jane's), to fall (GB). Ex : *Le Kosovo s'enfonce dans le chaos : Kosovo descends into chaos (Jane's) – S'enforcer encore plus (profondément) dans une guerre de guérilla (forces d'un pays) : to fall even deeper into a guerrilla war (GB).*

s'enfuir to flee (US, GB). Ex : *L'ennemi s'enfuit : the enemy is fleeing – La population civile s'est enfuie dans les collines : the civilian population fled into the hills (GB).*

s'engager (dans une organisation militaire) (PERS) to enlist, to sign up (US), to join (US, GB), to begin military service (US) (PREP : "as"). Ex : *S'engager dans la réserve : to join the Reserves (GB) (ou the Reserve (US)) – S'engager comme / soldat / officier : to join / as a soldier / as an officer (GB) – Il s'engagea dans la Garde Nationale de l'Iowa en 1963 (fiche biographique d'officier) : he enlisted in the Iowa National Guard in 1963 (US) – Il s'engagea dans l'armée en qualité d'EVAT (= Engagé Volontaire de l'Armée de Terre) en 1961 (fiche biographique) : he began military service as an enlisted soldier in 1961 (US).*

s'engager (contre l'ennemi) to close (with the enemy) (US).

s'engager dans (mode d'action) to commit to (US). Ex : *Une fois que l'assaillant s'engage dans un mode d'action particulier : once the attacker commits to a particular course of action (US).*

s'engager dans (coalition / alliance) (pays) to enter into (an alliance / a coalition) (US).

s'enliser (sens propre et figuré) (véhicule / opération / progression) to get bogged down, to bog down (US). Ex : *S'enliser dans / le sable / la boue (véhicule) : to get stuck in / the sand / the mud (US) – L'attaque va s'enliser si n'obtenons pas d'appui-feu supplémentaire : the attack will bog down if we do not get more fire support (US).*

s'enorgueillir de to pride oneself on (+ verbe en ING ou nom) (GB). Ex : *Ils s'enorgueillissent de leur savoir-faire en matière de combat de rues : they pride themselves on their street-fighting expertise (GB).*

s'enrayer (arme) to jam (US).

s'enrôler (PERS) to enlist, to join (US, GB). Ex : *Envisager de s'enrôler dans l'armée de terre (PERS) : to consider joining the Army (US).*

sens sense (US) (VERB : "to display"). Ex : *Le sens de la discipline, de l'intégrité et de la loyauté : the sense of discipline, integrity and loyalty (US) – Avoir le sens de la mesure (opérations de paix) : to have a sense of proportion (US) – Le sens du travail en équipe : the sense of teamwork (US) (VERB : "to distill...into") – Sens du devoir : sense of duty (US).*

sens (direction) direction (OTAN). Ex : *Dans le même sens (circulation) : in the same direction (OTAN).*

sens des valeurs sense of values (US). Ex : *Avoir le sens des valeurs : to have a sense of values (US).*

sens du devoir (PERS) duty (US), sense of duty (US).

senseur (ou capteur) sensor (US, GB, OTAN) (Terme générique) (VERB : "to defeat", "to search", "to use") (ADJ & PART : "infrared" (IR), "multiple", "acoustic", "millimetre wave", "remotely employed"). Ex : *Mettre sur pied un réseau de senseurs : to establish a network of sensors (US) (Voir aussi **capteur**).*

sensibilisation sensitivity (US), awareness (CA), familiarisation (GB), appreciation (OTAN) (NOM ASS. : "training"). Ex : *Formation en matière de sensibilisation aux mines : mine* *awareness training (CA) – Sensibilisation en matière de sécurité (RENS) : security awareness (US) – Une visite de sensibilisation (dans une unité) : a familiarisation visit (GB) – La sensibilisation grandissante à la sécurité humaine : growing appreciation of human security (OTAN).*

sensibilisation à l'espace de bataille battlespace awareness (US).

sensibilisation aux mines mine awareness (CA).

sensibiliser à to familiarize with (US), to sensitize to (US). Ex : *Sensibiliser des soldats à : to familiarize soldiers with (US) – Sensibiliser les soldats à une culture particulière : to sensitize soldiers to a particular culture (US).*

sensibilité culturelle (pays) cultural sensitivity (US) (Terme dénombrable) (VERB : "to vary").

sensible (zone / point / matériel / information / document / poste) sensitive (US), vulnerable, critical, vital (US). Ex : *Installations / bases militaires / sensibles : vital military bases (US), sensitive installations (US) – Matériels sensibles : sensitive equipment (US) – Sensible (charge explosive) : sensitive (OTAN) – Information(s) / documents / sensible(s) : sensitive information / documents (UN, US) (VERB : "to give up") – Renseignements très sensibles : extremely sensitive information (ESI) (US) – Détenir un poste sensible au sein du ministère de la Défense : to hold a sensitive position within DoD (= Department of Defense) (US) – Affectation à des postes sensibles : assignment to sensitive duties (US).*

sensible à susceptible to (US). Ex : *Les soldats sont sensibles à l'action psychologique : troops are susceptible to Psyop (GB) – Occasioner des maladies chez des humains ou des animaux qui y sont sensibles (agents NBC) : to cause diseases in susceptible humans and animals (US).*

sens large (au) in a general sense (US).

sens pratique (PERS) practical sense (GB).

s'ensuivre to follow (OTAN). Ex : *Il s'ensuit que : it follows that (OTAN).*

sens unique (à) one way (OTAN) (En épithète). Ex : *Itinéraire à sens unique : one way route (OTAN).*

s'enterrer (ou se retrancher) (force) to dig in.

sentier (TOPO) path (GB) (PREP : "along"). Ex : *Un sentier de montagne : a mountain path (GB).*

sentiment sense (US), sentiment (GB), feeling (GB). Ex : *Sentiment du devoir (PERS) : sense of duty (US) – Un sentiment d'appartenance (corps / unité) : a sense of belonging (US) (VERB : "to foster", "to create") – Un violent sentiment (ou racisme) anti-français : a violent anti-French sentiment (GB) – Un sentiment partagé de camaraderie (PERS) : a shared feeling of camaraderie (GB).*

sentiment d'appartenance (à une armée) sense of belonging (GB).

sentinelle sentry (US), sentinel (US). Ex : *La sentinelle signala des cavaliers qui approchaient, venant de la direction qu'ils avaient suivie (troupe à pied) : the sentry reported approaching horsemen, heading from the direction they had marched (GB).*

sentinelle aérienne (défense aérienne) air sentry (GB).

s'en tirer (ne pas mourir) (PERS) to make it (US). Ex : *Il va s'en tirer (soldat blessé) : he is going to (ou familièrement : he's gonna) make it (US).*

s'entraider to aid each other (US). Ex : *Des membres du régiment d'instruction s'entraident lors de l'ascension d'un obstacle : members of the training battalion aid each other in climbing an obstacle (US).*

s'entraîner (force / PERS) to train (US, GB), to exercise (GB) (PREP: "in", "for") (ADV: "vigorously", "constantly", "regularly"). Ex: *Les soldats s'entraînent aux opérations en zone désertiques: soldiers train for desert warfare (US) – S'entraîner pour une mission: to train for a mission (ou a task) (US) – L'armée de terre doit s'entraîner: the Army needs to exercise (GB) – S'entraîner au combat embarqué (forces blindées et mécanisées): to train for mounted combat (US) – Soldat d'élite, tu t'entraînes avec rigueur, tu entretiens ton arme comme ton bien le plus précieux, tu as le souci constant de ta forme physique (Code d'honneur) (Légion): an elite soldier, you will train vigorously, you will maintain your weapons as if they were your most precious possession, you will keep your body in the peak of condition, always fit (GB) – S'entraîner pour la guerre: to train for war (Jane's) – S'entraîner en vue d'une nouvelle mission: to train for a new role (GB) – Entraînez-vous dans les conditions réelles du combat (mot d'ordre): train as you are going to fight (US) (Voir aussi **entraîner**).*

s'envoler (aéronef) to get into the air (GB). Ex: *Cinq avions s'envolèrent pour un voyage de 3 heures vers la zone d'assaut: five planes got into the air for a three-hour journey to the assault zone (GB).*

séparable separable (OTAN). Ex: *"Séparable mais non séparée" (identité européenne de défense et sécurité): "separable but not separate" (OTAN).*

séparation separation (US). Ex: *Séparation des belligérants par la force: forcible separation of belligerents (US) – Séparation de conjoints (ou éloignement familial): separation (US) – La séparation physique des unités dans le temps et dans l'espace: the physical separation of units in time and space (US).*

séparation break-off (OTAN). Ex: *Point de séparation: break-off position (BO) (OTAN).*

séparatiste (adjectif) breakaway (GB). Ex: *L'État séparatiste du Katanga: the breakaway state of Katanga (GB).*

séparé separate (OTAN). Ex: *"Séparable mais non séparée" (identité européenne de défense et sécurité): "separable but not separate" (OTAN).*

séparé (action / activité) (TAC) separated (US).

séparément apart (OTAN), separately (OTAN). Ex: *Une force opérant séparément de la force principale: a force operating apart from the main force (OTAN) – Le projectile et la charge sont introduits séparément dans le canon: the projectile and charge are loaded into the gun separately (OTAN) – Transmis séparément: passed separately (PASEP) (OTAN).*

séparer to divide (GB), to separate (par la force) (US), to segregate (GB). Ex: *La ligne verte qui sépare le nord de Chypre du sud de Chypre: the green line that divides Northern Cyprus from Southern Cyprus (GB) – Des positions séparées de plus de 320 kilomètres: locations more than 200 miles apart (US) – Séparer les belligérants: to separate belligerent parties (US) – Les officiers furent séparés des autres prisonniers: the officers were segregated from the other prisoners (GB) – Être séparé de 25 kilomètres du reste de la division (force): to be separated from the rest of the division by 25 kilometers (US).*

s'éparpiller (force) to disperse (OTAN). Ex: *Les forces serbes se sont éparpillées en petites unités: Serb forces dispersed into smaller units (OTAN).*

se passer de to do without (US), to get along without (US). Ex: *Dans l'armée de terre américaine, on ne peut pas se passer de linguistes qualifiés: we cannot do without skilled linguists in the U.S. Army (US) – Nous devrons nous passer de repas chauds pendant deux ou trois jours: we will have to get along without hot meals for two or three days (US).*

se perdre (orientation) (PERS) to get lost (US), to become disorientated (GB), to lose one's way (GB).

se perpétuer to endure (GB), to continue. Ex: *Ces traditions se sont perpétuées: these traditions have endured (GB) – Les fières traditions se perpétueront: the fine traditions will continue.*

se planter (échouer) (familier) (PERS) to fall down on the job (familier) (US). Ex: *Cette opération est de la plus haute importance. Personne ne doit se planter: This operation is of supreme importance. No one must fall down on the job (US).*

se plier à to conform with (US), to comply with (OTAN). Ex: *Se plier aux règlements de l'armée de terre: to conform with Army regulations (US) – Se plier à des exigences: to comply with demands (OTAN).*

se porter to move (GB). Ex: *Se porter en avant (troupe): to move forward (GB) – Se porter vers l'objectif en combattant: to fight through to the objective (US).*

se porter volontaire (pour) (PERS) to volunteer (to) (GB). Ex: *Se porter volontaire pour servir en Bosnie: to volunteer to serve in Bosnia – Le capitaine Danjou se porta volontaire pour commander la compagnie: Captain Danjou volunteered to lead the company (GB).*

se poser (aéronef / hélicoptère) to land (OTAN).

se poser (défi) to face (OTAN). Ex: *Le seul défi qui se pose à l'OTAN et à l'UE: the only challenge facing NATO and the EU (OTAN).*

se positionner (soldat) to position oneself (GB).

se poster to take up (a) position, to position oneself.

se poursuivre to continue (GB, US), to go on (US). Ex: *Les combats se sont poursuivis jusqu'au 4 mai: the fighting continued until 4 May (GB) – L'entraînement se poursuit tout au long de la carrière du soldat: training continues throughout a soldier's career (GB) – Les combats se poursuivent: fighting is going on (US) – Les combats se poursuivaient au Kosovo: fighting continued in Kosovo (Jane's) – Le pilonnage sans merci se poursuivit toute la nuit: the unmerciful (ou merciless) pounding continued through the night (US).*

se précipiter (force / individu) to make a dash (GB), to dash (GB) (PREP: "for" = vers, "to"). Ex: *Les légionnaires se précipitèrent vers une hacienda située en bord de route pour y trouver abri: the legionnaires made a dash for cover in a roadside hacienda (GB) – L'ennemi se précipita vers la côte: the enemy made a dash for the coast (GB) – Il se précipita vers les latrines: he dashed to the latrine (GB).*

se prémunir contre to guard against (OTAN). Ex: *Se prémunir contre une divulgation non autorisée (document classifié): to guard against unauthorized disclosure (OTAN).*

se préoccuper de to be concerned with (US). Ex: *Un chef efficace se préoccupe également du bien-être de ses soldats: an effective lader is also concerned with the welfare of his soldiers (US).*

se préparer to prepare (oneself) (US, GB, OTAN), to get ready (US) (PREP: "for"). Ex: *Se préparer à (ou pour) un examen: to prepare oneself for an examination (GB) – Se préparer à des missions (force): to prepare for missions (US) – Se préparer à la guerre: to prepare for war (OTAN) – Ils se préparaient à mener une opération contre la guérilla: they were getting ready to conduct an operation against the guerrillas (US) – Se préparer au combat (force): to prepare for combat (US) – L'armée de terre américaine se prépare à entrer dans le 21ᵉ siècle: America's Army prepares to enter the 21st Century (US) – Nous ne nous préparons pas bien aux missions à venir: we are not adequately preparing for future missions (US).*

se présenter to report (US), to introduce oneself (US), to turn up (GB), to sit (GB), to present oneself (GB). Ex: *Se présenter à (ou prendre) son poste: to report for duty (US) – Se présenter à quelqu'un: to introduce oneself to somebody (US) – Se présenter (pour une convocation): to turn up (GB) – Se présenter au concours d'entrée de Sandhurst: to sit for Sandhurst (GB) – Pour s'engager, un volontaire doit se présenter dans tout bureau de* *recrutement en France : to enlist, a volunteer must present himself at any recruiting office in France (GB).*

se présenter (situation) to present itself (US). Ex : *Lorsque la situation se présente : when the situation presents itself (US).*

se prêter (mutuellement) assistance to assist each other (<u>ou</u> one another) (OTAN), to aid each other (OTAN). Ex : *Des membres du régiment d'instruction se prêtent assistance lors de l'ascension d'un obstacle : members of the training battalion aid each other in climbing an obstacle (US).*

se produire (conflit / action de combat) to occur (OTAN), to take place (US). Ex : *La plupart des conflits se sont produits au cours des 15 dernières années : most conflicts occurred during the last 15 years (OTAN).*

se professionnaliser (armée) to turn itself to a professional force (<u>Jane's</u>).

se projeter (force) to deploy (US, GB) (PREP "to").

se protéger (soldat / force) to protect oneself (OTAN, US) (PREP : from"). Ex : *Se protéger contre les attaques aériennes : to protect oneself from air attack (US) – Se protéger du feu et de l'observation ennemis : to shield from enemy fire and observation (OTAN).*

se protéger to protect (US) (PREP : "against") Ex : *Se protéger contre l'espionnage (pays) : to protect against espionage (US).*

septentrional northern (OTAN). Ex : *Secteur septentrional de l'Atlantique : Northern Atlantic Area (OTAN).*

sépulture grave (US) (VERB : "to dig").

sépultures (fonction) graves registration (US) (Terme générique). Ex : *Service des sépultures : graves registration service (GRREG) (US).*

séquençage (opérations) sequencing (US).

séquence sequence (OTAN, US, GB) (VERB : "to complete", "to accomplish")). Ex : *La séquence armement-allumage-explosion (arme nucléaire) : the arming, fusing and firing sequence (OTAN) – La séquence de tir (contre un objectif) (artillerie sol-air) : the firing sequence (against a target) (OTAN) – Séquence de chargement (LRM) : loading sequence (GB) – Séquence de poursuite : tracking sequence (ADJ : "automatic") – Une séquence d'actions (TAC) : a sequence of actions (US).*

séquencé dans le temps time-phased (US).

séquencer (actions tactiques) to sequence (US).

séquentiel sequential (CFE, US, GB). Ex : *Campagne séquentielle : sequential campaign (GB) – De manière séquentielle : sequentially (US).*

s'équiper de to equip oneself with (US). Ex : *S'équiper d'un uniforme : to equip oneself with a uniform (US).*

SER voir **section d'éclairage et de reconnaissance**.

se rallier à to join. Ex : *Se rallier à l'Eurocorps (pays / armée) : to join the Eurocorps.*

se ranger to be classified (GB). Ex : *L'arme se range parmi les armes de mêlée de l'armée de terre (Transmissions) : the Corps is classified among the Army's combat arms (GB).*

se rapprocher de to come close to (US), to close in on (US), to move closer to (OTAN). Ex : *Se rapprocher aussi près que possible des conditions réelles du temps de guerre : to come as close as possible to the actual wartime conditions (US) – Se rapprocher de (fantassin) : to close in on (US) – Se rapprocher de la défaite (partie au conflit) : to move closer to defeat (OTAN).*

se rapprocher (pays) to move closer together (OTAN). Ex : *Les pays d'Europe se rapprochent les uns des autres pour dépasser enfin la division du continent : the countries of Europe are moving closer together to finally overcome the division of Europe (OTAN).*

se rassembler (force) to assemble (OTAN GB), to combine (GB), to come together. Ex : *Les unités se rassemblent : units assemble (OTAN) – Se rassembler en vue d'une attaque (force) : to assemble for an attack (OTAN) – Le bataillon se rassembla dans le gymnase : the battalion assembled in the gymnasium (GB) – Nous ne devons pas permettre que les deux forces ennemies se rassemblent : we must not allow the two enemy forces to combine (GB).*

se rassembler (après une période de confusion) (troupe) to rally (GB).

se rassembler (défilé / prise d'armes) (troupe) to fall in (GB).

se rassembler (troupe) to muster (GB). Ex : *La 2ᵉ Compagnie se rassemblera à 09H00 : B Company will muster at 0900hrs (GB).*

se ravitailler (en vol) (aéronef) to refuel (OTAN).

se ravitailler en carburant (véhicule) to refuel (US).

se rebeller to rebel (GB) (PREP : "against").

se reconcentrer sur (mission) to refocus on (US).

se reconstituer (ou se remettre en condition) (force après un conflit) to reconstitute (US).

se recouvrir (photographies / zones) to overlap (OTAN, US). Ex : *Des photographies qui se recouvrent : overlapping photographs (OTAN).*

se redéployer (force) to redeploy (US). Ex : *Se redéployer d'une zone à une autre : to redeploy from one area to another (US).*

se redisposer (troupe) to redeploy (GB). Ex : *Se redisposer en colonnes : to redeploy into columns (GB).*

se réduire to reduce (GB). Ex : *La présence de l'armée de terre britannique en Allemagne s'est considérablement réduite : the British Army presence in Germany has considerably reduced (GB).*

se réengager (force) to redeploy (US).

se réfugier to take refuge, to duck (familier) (US). Ex : *Allons nous réfugier dans le bâtiment le plus proche pour échapper au feu des tireurs embusqués : let's duck into the nearest building to get away from sniper fire (familier) (US).*

se regrouper (force) to regroup (GB), to reorganize, to consolidate (GB). Ex : *Le reliquat de la force s'est regroupé dans la zone d'Oosterbeek : the remainder of the force consolidated in the area of Oosterbeek (GB) – Le régiment eut pour ordre de se regrouper au nord de la ville : the battalion was ordered to regroup north of the town (GB).*

se réjouir de to welcome (OTAN).

se relâcher (faiblir) (PERS) to flag (GB).

se relever to get up (GB). Ex : *Il tomba, blessé à l'épaule, mais se releva immédiatement : he fell wounded in the shoulder but got up immediately (GB).*

se remettre (patient) (SAN) to convalesce (GB), to recover (GB). Ex : *Il se remet de ses blessures : he is recovering from his wounds (GB).*

se remettre (force après une défaite) to recover (GB, US) (PREP : "from"). Ex : *L'ennemi ne se remettra pas de cette défaite : the enemy will not recover from this defeat (GB) – Ne jamais permettre à l'ennemi de se remettre du choc initial de l'attaque : never allow the enemy to recover from the initial shock of the attack (US).*

se remettre en condition (force) to recuperate (Jane's) (Voir aussi **remise en condition** et **cycle d'entraînement**).

se rencontrer (point de rendez-vous) (force) to rendezvous (GB).

se rendre to surrender (GB) (à quelqu'un = to somebody). Ex : *Ne jamais se rendre (devise) : never surrender (GB).*

se rendre (se donner mutuellement) to render to each other (OTAN). Ex : *Se rendre un appui mutuellement (forces) : to render support to each other (OTAN).*

se rengager (PERS) to reenlist (US), to re-enlist (GB). Ex : *Je me suis rengagé pour 5 ans (de plus) : I re-enlisted for another 5 years (GB).*

se renverser (véhicule) to overturn (GB), to roll down (faire des tonneaux) (GB).

se réorganiser (armée / force) to reorganize (US, GB). Ex : *L'armée de terre s'est réorganisée : the Army has reorganized itself (GB) (ou has reorganized (US)) – La 2ᵉ Compagnie contre-attaqua alors que l'ennemi était en train de se réorganiser : B Company counterattacked while the enmy were reorganizing (GB).*

se réorienter (force) to reorientate (GB).

se replier (TAC) to retire.

se reporter à (autre partie de document) see (US), refer to (US).

se reposer to rest, to have a rest, to take a rest.

se reposer sur to rely on (US). Ex : *Se reposer sur ses hommes (chef) : to rely on one's men (US).*

se rétablir (force) to reorganize (US).

se retirer (force) (TAC) to withdraw (GB), to pull back (GB), to retire (US), to fall back (US), to disengage (US). Ex : *Se retirer du Koweït (armée) : to withdraw from (ou to pull back from ou to pull out of) Kuwait (GB) – Se retirer complètement d'Allemagne (forces) : to withdraw entirely from Germany (US) – Se retirer par des défilés dans les collines (ennemi) : to retire through defiles in the hills (US).*

se retirer (prendre sa retraite) (PERS) to retire (US, GB), to step down (Jane's). Ex : *L'amiral Lefebvre se retire le 1ᵉʳ mai : Admiral Lefebvre steps down on 1 May (Jane's).*

se retourner (TAC) to turn (US). Ex : *Contraindre l'ennemi à se retourner et à faire faire à la menace : to force the enemy to turn and face the threat (US).*

se retrancher (force) to dig in (GB).

se retrouver to find oneself to be (GB). Ex : *Il se retrouva le plus jeune sergent-major de la Légion Étrangère : he found himself to be the youngest sergeant major in the Foreign Legion (GB).*

se réunir to meet (OTAN). Ex : *Se réunir deux fois par an (organisme) : to meet twice a year (OTAN).*

se révéler to prove (to be) (US), to appear (OTAN). Ex : *L'infanterie traditionnelle s'est révélée inefficace : conventional infantry proved ineffective (US) – Le (missile sol-air) Stinger s'est révélé extrêmement populaire : the Stinger proved to be extremely popular (US) – Les six bazookas se sont révélés inutiles contre les vieux chars T-34 : the six bazookas proved useless against the old T-34 tanks (US) – Un objectif qui se révèle en cours d'opérations : a target which appears during combat (OTAN).*

se révolter to revolt (GB) (PREP : "against").

sergent (grade) Sergeant (US, GB) (Abréviation GB : "Sgt" – Abréviation US : "SGT" (E5)) (Apostrophe familière GB : "sarge").

sergent-chef (grade) 1. GB : Staff Sergeant (S/Sgt) (INF /ABC / ART), Colour Sergeant (C/Sgt) (INF) / – 2. US : Staff Sergeant (SSG) (E6).

sergent-fourrier Colour Sergeant (C/Sgt) (GB).

sergent-instructeur drill sergeant (US), sergeant instructor (GB).

sergent-major (Hist.) sergeant-major (GB). Ex: *Le caporal Maine, qui avait quitté l'armée d'active avec le grade de sergent-major (Hist.): Corporal Maine, who had left the regular army at the rank of sergeant-major (GB).*

sergent recruteur recruiting sergeant (GB).

série (matériel) series (US). Ex: *Les satellites de la série Keyhole: the Keyhole-series satellites (US).*

série (suite) series (US, GB), set (OTAN, US), string (OTAN), variety (OTAN). Ex: *Une série d'opérations: a series of operations (US) – Une série / d'obstacles / de véhicules: a series / of obstacles (US) / of vehicles (Jane's) – Une série d'actions (militaires): a series of (military) actions (US) – Une série d'épreuves: a series of tests (GB) – Une série d'instructions: a set of instructions (OTAN) – Une nouvelle série d'opérations fut entreprise (RENS): a new set of operations was undertaken (US) – Tirer une série de coups (ART): to fire a series of rounds (US) – Adopter une série de décisions importantes: to take a series of important decisions (OTAN) – Une série d' (ou de nombreuses) attaques contre (ou visant) ... : extensive attacks against ...(OTAN) – Une série de violations des accords: a string of broken agreements (OTAN) – Pendant trois semaines, la poignée de légionnaires repoussa toute une série d'attaques: for three weeks, the Legion's few fought off repeated attacks (GB) – Un concept qui s'appuie sur une série d'autres concepts: a concept which is supported by a series of other concepts (US) – Les nouveaux conflits proviennent de toute une série de facteurs: the new conflicts spring from a variety of factors (OTAN).*

série (fabrication) standard (GB, Jane's), production (Jane's), mass (GB), series. Ex: *Le fusil est équipé en série d'une lunette télescopique: the rifle is fitted with a telescopic sight as standard (GB) – Les premiers véhicules de série: the first production vehicles (Jane's) – Equipement de série (matériel): standard equipment (Jane's) (VERB: "to include") – Production en série: mass production (GB), series production (PREP: "in") – Installé (ou monté) en série (matériel): fitted as standard (Jane's) – Les vitres blindées sont de série: bullet-proof windows are standard (Jane's).*

série (gamme) range (OTAN). Ex: *Une série d'opérations aériennes: a range of air operations (OTAN).*

série de cartes map series (US, OTAN).

série d'exercices exercise series (US).

série d'objectifs (ART) series of targets (OTAN).

sérieux critical (OTAN), strong. Ex: *Une sérieuse aggravation dans le déroulement des opérations: a critical aggravation of combat operations (OTAN) – Un concurrent sérieux sur le marché des chars poseurs de ponts: a strong competitor on the armoured bridge layer market.*

sérieux (malade) (SAN) seriously ill (OTAN).

sérieux (au) seriously (GB). Ex: *Prendre une menace très au sérieux: to take a threat very seriously (GB).*

sérieux (nom) (PERS) reliability (US).

serment oath (US), pledge (US) (VERB: "to take", "to swear"). Ex: *Serment (écrit) de l'officier (au recrutement): Oath of Office (US) – Serment d'allégeance au drapeau: the Pledge to the Flag (US) – Faire serment de garder le secret: to be sworn to secrecy (US) – Prêter serment de défendre la Constitution (PERS): to swear an oath to defend the Constitution (US) – Faire serment de combattre jusqu'à la mort (fantassins): to take an oath to fight unto death (GB).*

serment d'allégeance (militaires au souverain) Oath of Allegiance (GB).

serré (rang) close. Ex: *En rangs serrés: in close order.*

serré (crédits) tight (Jane's).

serrepatte (familier) voir **sergent (grade)**.

serrure (RENS) lock (US) (VERB : "to pick" = crocheter, "to open") (ADJ : "pin-tumbler", "high-security") (EXPR : "a lock type").

se ruer to make a dash (GB). Ex : *Les légionnaires se ruèrent vers une hacienda située en bord de route pour y trouver abri : the legionnaires made a dash for cover in a roadside hacienda (GB).*

servant operator (US), crewman (US), crew member (US), crew (US). Ex : *Un servant de missile Lance : a Lance crew member (US) – Chaque pièce a sept servants : each gun has a crew of seven (GB) – Cinq servants (canon automoteur) : five crew (+ verbe au pluriel) – Servants (de pièces) d'artillerie : artillery crewmen (US) (ADJ : "exposed") – Deux servants mettent en œuvre le système de défense aérienne Stinger : a two-man crew operates the Avenger Air Defense System (US).*

servants (pièce d'artillerie) gun crew (GB).

serveur (mess) waiter (GB).

serveur (informatique) server.

serveuse (mess) waitress (GB)

service (PERS) service (US, GB, OTAN) (Terme générique), duty (ADJ : "honest", "faithful", "honorable", "satisfactory", "qualifying"). Ex : *Être en service actif : to be on active service, to be on active duty (US) – Après 22 ans de service : after 22 years' service – Service à l'étranger (ou outre-mer) : overseas service (US), foreign service (US), service overseas (GB) – Au cours de ses vingt-six ans de service : during his twenty-six years of service (US) – En service (PERS) : in service (US) – De (ou en) service (ou de garde ou de permanence) (PERS) : on duty (US) – Après les heures de service : after duty hours (US) – Au service de la paix : in the service of peace (GB) – D'ici là, ils auront effectué au moins six ans de service : by then, they will have seen at least six years' service (GB) – Service dans la réserve de l'armée de terre : Army reserve service (US) – Avoir entre 6 et 20 ans de service : to have between 6 and 20 years' service (US) – Appeler des unités de réserve de l'armée de terre au service actif : to call Army Reserve units to active duty (US) – Des individus qui ont accompli 20 ans de service ouvrant droit à la retraite : individuals who have completed 20 years of qualifying service for retirement (US) – Le légionnaire était presque arrivé au terme de ses quinze années de service : the legionnaire was coming up to the completion of fiteeen years service (GB) – Travailler au service de l'OTAN : to work in the service of NATO (OTAN) – Une fois ses cinq ans de service achevés, il avait resigné pour cinq ans supplémentaires (légionnaire) : with five years' service completed, he had signed again for a further five (GB).*

À noter : Le terme "service" en anglais désigne aussi une des 3 armées (terre, air, mer).

service (corps de soutien) service (GB). Ex : *Armes et services : arms and services (GB) – Le Génie est à la fois une arme et un service : the Corps of Engineers is both a branch and a service (US).*

Cf. : A service, as opposed to a combat arm, is a corps whose main role is logistic, medical, technical or training support (GB).

service (organisme) department (GB). Ex : *Dans quel service travaillez-vous ? : which department do you work in ? (GB).*

service (RENS) service (US), agency (US) (VERB : "to disrupt", "to neutralize", "to join") (ADJ : "hostile", "state") (NOM ASS. : "disruption"). Ex : *Les structures et les opérations des services étrangers : the structures and operations of foreign services (US) – Abandonner / trahir / son service (agent) : to abandon / to betray / one's agency (US).*

service Ex: *Réseau du service fixe de télécommunications: fixed telecommunication network (OTAN).*

service (religieux) (office) (religious) service (US) (VERB: "to conduct").

service (de) (ou de garde) (PERS) on duty (GB). Ex: *Être de service: to be on duty (GB).*

service (en) (matériel) in service (CFE, Jane's, US), fielded (US). Ex: *Ce matériel est en service dans l'armée de terre française: this item of equipment is in service with the French Army – Ce sac à dos est en service dans l'armée de terre américaine depuis 1973: this rucksack has been in US Army service since 1973 (Jane's) – Le véhicule de combat Bradley Stinger actuellement en service: the currently fielded Bradley Stinger fighting vehicle (BSFV) (US).*

service actif (en / au) (PERS) on active duty (US), on active service (GB). Ex: *Être appelé au service actif: to be called for active duty (US) – Des officiers ayant vingt ans de service actif: officers with twenty years' active service (US) – Arrivée au service actif: entrance on active duty (US).*

service Action (terme obsolète) (division Action) (RENS) (Traductions rencontrées) (Secret Intelligence Service) operational wing / section (GB), action section (GB), action service (US), intelligence support activity (ISA) (US). Ex: *Le Service Action du SDECE (Hist.): the SDECE('s) Action Service (US) (Voir aussi division Action (DGSE) (RENS)).*

service adverse (RENS) hostile agency (US).

service armé (ou service des armes) (le) military service.

service commandé (en) on duty (US), under orders, on an official assignment, in the line of duty (US) (Contraire de "on duty": "off duty"). Ex: *Être en service commandé (PERS): to be acting under orders, to be on an official assignment – Tué en service commandé: killed in the line of duty (US).*

service courant everyday routine.

service court (appelés / volontaires) short term (Jane's). Ex: *Volontaires service court: short term volunteers (Jane's).*

service dans la réserve (PERS) reserve service (GB). Ex: *Service dans la réserve à temps plein: full time reserve service (GB).*

service de contre-espionnage counterintelligence service (US).

service de défense (service national) civil defence national service.

service de garde guard duties (GB).

service de la presse et des média (OTAN) (NATO) Press and Media Service (OTAN). Ex: *Pour de plus amples informations, prière de s'adresser au service de la presse et des média de l'OTAN: for further information, please contact the NATO Press and Media Service (OTAN).*

service de protection des hautes personnalités (SPHP) Équivalent partiel US: the Secret Service" (US Secret Service ou USSS) (Ce service a des attributions essentiellement policières, en particulier la lutte contre la fausse monnaie et la protection rapprochée des personnalités. Il dépend du "Department of the Treasury").

service de renseignement (SR) intelligence service (US, GB) (VERB: "to establish", "to abolish", "to succeed", "to run", "to reorganize", "to set up", "to control", "to lead", "to be divided into", "to join", "to create", "to disband", "to form", "to divide into (branches ou sections)", "to serve with", "to expand (in size and power)") (ADJ: "post-war", "single", "centralized") (PART: "known (as)") (Plusieurs types: 1. Service de contre-espionnage et de sécurité intérieure** (type DST): security service (SS) (GB), internal security agency (US) (Équivalents : MI5 (Hist. : Military Intelligence, Department 5) (GB) dont l'appellation officielle est "the Security Service" (SS) / FBI (US)) – 2. Service de **renseignement(s) extérieur(s)** (type DGSE) : foreign intelligence agency (US) (Équivalents : MI6 (Hist. : Military Intelligence, Department 6) (GB) dont l'appellation officielle est "the Secret Intelligence Service" (SIS) (Dirigé par "C", appellation traditionnelle de son directeur ; ses membres sont surnommés "friends") / CIA (US) (Surnommée "the Company", "the Firm", "Langley" ou "the Tea and Biscuit Company") – 3. Service de **renseignement militaire** : military intelligence service (US), defense intelligence agency (US)). Ex : *Les services de renseignement occidentaux : Western intelligence (US) – Un grand service de renseignement : a major intelligence service (US) (Voir aussi DGSE, DRM et DST).*

service de renseignement ennemi (RENS) hostile intelligence service (HIS) (OTAN).

service de renseignement extérieur (RENS) external intelligence service (US).

service de restauration du Commissariat Army Catering Corps (ACC) (GB).

service de santé (armée de terre) Royal Army Medical Corps (RAMC), Army Medical Department (AMEDD) (US) (À noter : À la différence de la France où le service de santé (des armées) est commun aux trois armées, les armées de terre britannique et américaine disposent chacune de leur propre service de santé).

À noter :

1. **(GB)** Outre le RAMC, on trouve également le corps des personnels infirmiers (Queen Alexandra's Royal Army Nursing Corps, QARANC) et le corps des dentistes (Royal Army Dental Corps, RADC).

2. **(US)** L'Army Medical Department, dirigé par le Surgeon General, est composé de : Medical Corps (MC), Dental Corps (DC), Veterinary Corps (VC), Medical Service Corps (MS), Army Medical Specialist Corps (SP), Army Nurse Corps (AN).

service de santé des armées (SSA) (the) Defence Medical Services (DMS) (GB) (Traduction proposée, terminologie US : "the Defense Medical Department").

service de sécurité (RENS) security service (US). Ex : *Les réseaux de la CIA étaient fortement pénétrés par les services de sécurité de ces pays : the CIA (= Central Intelligence Agency) networks were heavily penetrated by the security services of those nations (US).*

service de sécurité de l'OTAN NATO Security (OTAN) (Absence d'article défini).

service des objecteurs de conscience the Alternative Service Program (US) ("It would provide public service work assignments in America's communities in lieu of military service").

service d'espionnage spy agency (US).

service d'état-major (mission) staff duty (US).

service d'état-major (corps) Staff Specialist Corps (US) (Dans l'armée de terre américaine, le "Staff Specialist Corps" est un service appartenant à la réserve et qui fournit les personnels des états-majors d'unités).

service d'information information service (OTAN). Ex : *Service d'information aéronautique : aeronautical information service (AIS) (OTAN) – Service d'information(s) de l'armée de terre (presse / media) : Army news service (US) – Service d'information d'EUROFOR : EUROFOR information service (UEO).*

service du travail obligatoire (STO) (Hist.) compulsory labour (GB) (VERB : "to escape").

service en campagne (PERS) active service (GB), service in a war zone (GB) (Pays officiellement en guerre ; sinon, pour les opérations de maintien de la paix et de contre-ingérence, on emploie le terme "operational service").

service en zone de guerre (temps de guerre) (PERS) active service (GB).

service étranger (de renseignement) (RENS) foreign intelligence service (US).

service féminin de l'armée de terre (GB) (obsolète) Women's Royal Army Corps (WRAC) (Surnom péjoratif d'un de ses membres : "Cadbury's Snack").

service général general duties.

service général (régiment de) general service battalion (GB).

service historique de l'armée de terre (SHAT) the Army Historical Branch (GB).

service long (appelés / volontaires) long term (Jane's). Ex : *Volontaires service long : long term volunteers (Jane's).*

service médical de santé (SAN) medical and health service (OTAN).

service météorologique meteorological service (OTAN).

service militaire (au sein d'une armée) (personnel d'active) military service (VERB : "to perform").

service militaire (appelés) military service (GB) (VERB : "to do"). Ex : *Tous les hommes ayant atteint l'âge de 18 ans doivent faire (ou effectuer) deux ans de service militaire : all men of 18 years and over are required to do two years' military service (GB) (Voir aussi* **Service National (SN)***).*

service militaire obligatoire (le) conscription (GB), the draft (US), compulsory military service (GB) (VERB : "to avoid").

service militaire sélectif (USA) Selective Service (US) (Obligation pour tout jeune de 18 ans de se faire recenser, pour le cas où un conflit nécessiterait une large mobilisation des ressources en hommes. L'appel sous les drapeaux se ferait sur la base du tirage au sort (ou "lottery")). Ex : *Se faire recenser au titre du service militaire sélectif : to register with Selective Service (US).*

Service National (SN) (service militaire obligatoire) (appelés) National Service ou national service (GB, Jane's), (compulsory) military service (GB), conscription (GB), the draft (US). Ex : *Le service militaire (système de conscription) : military service (GB), conscription (GB), the draft (US) – Faire son service national (ou militaire) : to do one's military (ou national) service – Pendant son service militaire (PERS) : during his military service (GB) (À noter : Ne surtout pas employer la préposition "in") – Le service national est obligatoire : national service is compulsory – J'ai fait deux ans de service national : I did two years national service – Service militaire obligatoire : compulsory military service (GB) – L'abandon du service national : the scrapping of national service (Jane's) – Soumis aux obligations du service national (PERS) : draft-eligible (US) – Accomplir une période de service national : to fulfill a period of national service (US).*

services (aides / prestations) service (US) (VERB : "to perform", "to provide") (NOM ASS. : "acquisition", "furnishing"). Ex : *Rendre des services inestimables (matériel) : to do yeoman service (US).*

services (individu) (organisation militaire) service (OTAN). Ex : *Le Comité a exprimé au général X toute sa gratitude pour ses éminents services : the Committee expressed to General X lasting gratitude for his distinguished service (OTAN).*

services (agent) (RENS) services (US). Ex : *Offrir ses services au renseignement britannique : to offer (ou to volunteer) one's services to British intelligence (US).*

services actifs active service (US). Ex : *Un capitaine de l'artillerie sol-sol, avec guère plus de cinq ans de services actifs : a field artillery captain, with little more than five years of active service (US).*

services de construction construction services (US).

services de sécurité (RENS) security services (US).

services d'honneur (AT / GEND) ceremonial duties (GB).

services du personnel personnel services (US) (VERB : "to provide" = assurer).

services d'urgence emergency services (OTAN).

service secret secret service (GB) (Terme générique) (VERB : "to establish") (Attention : Aux USA, le "Secret Service" (US Secret Service ou USSS) a des attributions essentiellement policières, en particulier la lutte contre la fausse monnaie et la protection rapprochée des personnalités. Il dépend du "Department of the Treasury". Il correspond en partie au SPHP (Service de Protection des Hautes Personnalités) français). Ex : *Les services secrets britanniques : the British Secret Services (GB) (Voir aussi **service de renseignement**) – Être à la tête d' (ou diriger) un service secret : to be at the head of a secret service (US), to be head of a secret service (US).*

service secret illégal illegal secret service (OTAN).

services financiers / administratifs financial / administrative services (US).

services financiers (corps des) (service) (USA) Finance Corps (US).

services frères (d'un même pays) (RENS) siblings (US).

services mutuels cross-servicing (OTAN, UN).

services publics utilities (US), public services (US) (VERB : "to reestablish", "to restore"). Ex : *Le rétablissement des services publics (après un conflit) : the restoration of utilities (US).*

services spéciaux (RENS) secret services, special services (US) (Voir aussi **DGSS**).

servir (défendre) to serve (US). Ex : *Servir la cause de la liberté : to serve the cause of freedom (US).*

servir (PERS / unité) to serve (US, OTAN) (PREP : "in", "with", "as"). Ex : *Servir dans l'armée de terre (PERS) : to serve in the Army (US) – Servir son pays : to serve one's country (US) – Servir dans une unité : to serve with (ou in) a unit (GB) – Il a servi en qualité de conseiller auprès des forces terrestres cambodgiennes : he served as an advisor for Cambodian Army Forces (US) – Servir pour la défense du pays : to serve in the defense of the nation (US) – Servir dans une arme : to serve in a branch (US, GB) – Servir dans une affectation : to serve an assignment (US) – Servir dans un emploi : to serve in a duty position (US), to serve in a post (US) – Servir en Allemagne : to serve in Germany (GB) – Il a servi pendant 20 ans au 22ᵉ Régiment du SAS (= Special Air Service) : he served 20 years with 22 SAS (GB) – Les unités de la Réserve ne peuvent pas servir plus de 270 jours : Reserve units can serve no more than 270 days (US) – Il servit en qualité d'officier-adjoint du 2ᵉ Régiment d'Artillerie (fiche biographique d'officier) : he served as executive officer of the 2nd Artillery Battalion (US) – Il a servi jusqu'en 1994 : he served until 1994 (US) – Se porter volontaire pour servir dans le SAS (= Special Air Service) : to volunteer for SAS service (GB) – Ne pas servir plus de 8 ans : to serve no more than 8 years (US).*

servir (matériel) to man (GB), to operate (GB), to attend (US), to employ (US), to serve, to have a crew (US). Ex : *Un matériel servi par deux hommes (ou par un binôme) : a piece of equipment operated by a two-man team (GB) – Un hélicoptère servi par 2 pilotes : a helicopter with a crew of two pilots (US), a helicopter operated by a crew of 2 (pilots) (US) – Servir / une pièce d'artillerie / une mitrailleuse : to man a gun (GB) / a machine-gun (US) – Arme portable servie par un seul homme : one-man portable weapon (GB), portable weapon employed by one soldier (US) – Des chars soviétiques T-34 servis par des Nord-Coréens : North Korean-manned Soviet T-34 tanks (US) – L'arme (= canon) est servie par 11 hommes : the weapon has an 11-man crew (US).*

servir (restauration) to serve (US). Ex : *Servir des rations chaudes : to serve hot rations (US).*

servir à to be used (for / to) (CA, US). Ex : *Cet argent servira à l'amélioration du matériel : this money will be used for upgrading equipment (CA) – Les jeux de guerre servent à analyser un environnement futur : wargames are used to explore a future environment (US).*

servir de (faire office de) to act as (GB), to double as (US). Ex : *Le bipied sert aussi de gardemain : the bipod also doubles as a hand guard (US) – Servir de plastron (force) : to act as enemy (GB).*

servir en situation d'activité (personnels de réserve) to serve on active duty (US).

servitude (de) (équipement) support (OTAN) (En épithète). Ex : *Matériel de servitude au sol : ground support equipment (GSE) (OTAN).*

servitudes exigencies (Jane's). Ex : *Les servitudes du métier militaire : the exigencies of military service (Jane's), the X-factor (GB).*

servocommandé servo-activated.

servocommande de pointage en direction (char) fully stabilized power traverse.

servodirection (véhicule) power steering.

servomoteur (missile) actuator.

se séparer (force) to divide (GB) (PREP : "into"). Ex : *Les Mexicains se séparèrent en deux escadrons pour attaquer les légionnaires depuis les flancs opposés (cavalerie) (Hist.) : the Mexicans divided into two squadrons, to attack the legionnaires from opposite sides (GB).*

se séparer de to break off from (OTAN). Ex : *Un convoi qui s'est séparé du convoi principal : a convoy which has broken off from the main convoy (OTAN).*

se situer to be situated (OTAN). Ex : *Des matériels se situant au meilleur niveau mondial (ou de classe mondiale) : world class equipment (GB) – Les archives se situent dans le bâtiment Manfred Wörner : the Archives are situated in the Manfred Wörner building (OTAN).*

se solder par to end in. Ex : *La bataille se solda par une grande victoire : the battle ended in a great victory.*

se sortir (situation dangereuse) (PERS) to escape (GB). Ex : *Il s'en est sorti avec des blessures légères : he escaped with minor injuries (GB).*

se soustraire à to evade (OTAN), to disengage from (OTAN). Ex : *Se soustraire à la vue de l'ennemi : to evade the enemy (OTAN) – Se soustraire à l'ennemi (force) : to disengage from the enemy (OTAN).*

se souvenir de to remember (GB). Ex : *Se souvenir avec respect des héros de ces conflits : to remember with respect the heroes of these conflicts (GB).*

se spécialiser to specialize ou to specialise (GB, US) (PREP : "in"). Ex : *Se spécialiser dans un domaine : to specialize (ou to specialise) in one area (GB) – Les officiers-élèves se spécialisent dans les missiles à moyenne portée : student officers specialize in medium-range missile systems (US) – Une unité qui se spécialise dans le déminage : a unit which specializes in bomb disposal (GB).*

s'esquiver to take evasive action.

session session (US, UN, OTAN). Ex : *Session d'entraînement : training session (US) – Session extraordinaire (assemblée) : special session (UN) – Comité militaire en session des chefs d'état-major : military committee in chiefs of staff session (MC/CS) (OTAN) – Comité militaire en session permanente : military committee in permanent session (MC/PS) (OTAN).*

se stabiliser to stabilize (US). Ex : *La situation s'est stabilisée : the situation has stabilized (US) – Se stabiliser (température) : to stabilize (US).*

se suicider (PERS) to commit suicide (US).

s'établir (TAC) to establish oneself (GB). Ex : *S'établir dans une position : to establish oneself in a position (GB) – S'établir dans une zone (unité) : to establish oneself in an area.*

s'établir (en creusant des tranchées) (force) to dig in (US, GB).

s'établir à (pertes) to total. Ex : *Les pertes s'établirent à 20 officiers et 238 hommes : the casualties totalled 20 officers and 238 other ranks.*

s'étaler (livraisons) to spread (Jane's). Ex : *Les livraisons s'étaleront de 2003 à 2010 : deliveries will spread from 2003 to 2010 (Jane's).*

s'étendre sur to include (US), to encompass (US), to cover (US). Ex : *La zone d'opérations de la force de l'armée de terre s'étendait sur plus de 33 789 km : the Army force (ARFOR) AO (= area of operations) included (ou encompassed ou covered) over 21,000 square miles (US) (Voir aussi* **couvrir (s'étendre sur))**.

se tenir voir **se comporter (matériel / force)**.

se tenir au courant (chef) to keep informed (US) (PREP : "of"). Ex : *Les commandants de compagnie se tiennent parfaitement au courant des activités de leurs sections : company commanders keep fully informed of the activities of their platoons (US).*

se tenir en alerte (attaque ennemie) (troupe) to stand to (GB).

se tenir en attente (unité) to hold back (OTAN), to be on stand-by (GB).

se tenir en liaison avec (organisme) to liaise with (OTAN).

se tenir prêt à to stand ready to (US), to be poised for (GB), to stand by to (GB). Ex : *Ces forces de réserve se tiennent prêtes à renforcer les forces d'active : these reserve forces stand ready to augment the active forces (US) – Les chars lourds se tiennent prêts à la contre-attaque : heavy tanks are poised for counter-attack (GB) – La compagnie se tient prête à fournir un appui feu : the company is standing by to give fire support (GB).*

se terminer to culminate (GB, US), to end (OTAN). Ex : *Les opérations se sont terminées par la rupture des ouvrages de défense allemands : operations culminated in the breaching of German defences (GB) – La marche d'approche se termine lorsque le contact avec l'ennemi est pris : the approach march ends when ground contact with the enemy is made (OTAN) – L'opération se termine par un désengagement préparé : the operation ends with a planned withdrawal (OTAN) – La guerre se termina véritablement lorsque... : the war really culminated when...(US) (Voir aussi* **s'achever**).

s'éterniser (conflit / guerre / opération) to drag on (US), to drag out (US). Ex : *L'attaque va vraisemblablement s'éterniser : the attack is likely to drag out (US).*

se terrer to hide (OTAN). Ex : *Se terrer dans les collines : to hide in the hills (OTAN).*

se tirer (arme) to be fired. Ex : *Le missile peut se tirer à l'épaule : the missile can be fired from the shoulder.*

se traduire to be translated (US) (PREP : "into"). Ex : *La bataille se traduit par des objectifs stratégiques : battle is translated into strategic objectives (US).*

s'étrangler (SAN) to choke (US).

se transformer to transform oneself (US), to turn into (US), to be converted into (US), to change to (US). Ex : *L'armée de terre se transforme pour relever les défis du 21ᵉ siècle : the Army transforms itself to meet the challenges of the 21st century (US) – Notre attaque pourrait très facilement se transformer en déroute pour l'ennemi : our attack could very easily turn into a rout of the enemy (US) – L'ALAT française se transforme en une force constituée uniquement d'hélicoptères : French Army Aviation is being converted into an all-helicopter force (US) – Une mission humanitaire pourrait se transformer en une mission de maintien de la paix : a humanitarian mission could change to a peacekeeping mission (US).*

se trouver to be (US, GB, OTAN), to be located (GB), to be at a location (OTAN). Ex : *Le centre d'instruction se trouve à Wootton, dans le Northamptonshire : the training centre is at Wootton in Northamptonshire (GB)* – *Le moteur se trouve à l'arrière (véhicule blindé) : the engine is at the rear (Jane's)* – *Les trois autres divisions se trouvaient derrière elle (= la première division), l'une à côté de l'autre : the other three divisions were located behind it, side by side (GB)* – *L'OTAN ne peut confirmer le nombre des victimes indiqué par les autorités serbes, ni les raisons pour lesquelles des civils se trouvaient là au moment de l'attaque : NATO cannot confirm the casualty figures given by the Serbian authorities, nor the reasons why civilians were at this location at the time of the attack (OTAN)* – *Les forces serbes se trouvaient très exposées à des frappes de l'OTAN : Serb forces greatly risked NATO strikes (OTAN)* – *Les Allemands avaient repris les points d'appui qui se trouvaient entre nos mains : the Germans had recaptured the strongholds which were in our hands (US)* – *Les endroits où les réserves ennemies se trouvaient vraisemblablement stationnées (TAC) : the places where the enemy's reserves were presumably stationed (US).*

se trouver confronté à to find oneself confronted with (US).

se trouver mêlé à to become embroiled in (US). Ex : *Se trouver mêlé à des guerres (pays) : to become embroiled in wars (US).*

s'exercer (effort) (TAC) to be directed (OTAN). Ex : *L'effort principal s'exerce contre le front des forces adverses : the main action is directed against the front of the enemy forces (OTAN).*

s'exercer à (type de combat) to practice (CA). Ex : *S'exercer à la lutte anti-sous-marine : to practice anti-submarine warfare (CA).*

sexuel sexual (US) (NOM ASS. : "orientation" (PERS)).

seuil (nucléaire / atomique) (nuclear) threshold (UN, OTAN). Ex : *Seuil de puissance (NUC) : yield threshold (UN)* – *Traité sur la limitation des essais en fonction d'un seuil : threshold test-ban treaty (TTBT) (OTAN).*

seuil de conflit threshold of conflict (US) (PREP : "below", "above").

seul (unique) single (US, OTAN, GB), one (US), only (US). Ex : *Exercice dans le cadre d'une seule armée : single service exercise (OTAN)* – *En une seule salve : in a single salvo (US)* – *Arme portable servie par un seul homme : one-man portable weapon (GB), portable weapon employed by one soldier (US)* – *Seule l'armée de terre a le pouvoir d'exercer le contrôle direct, permanent et complet sur la terre, sur ses ressources et sa population : only the Army has the power to exercise direct, continuing, and comprehensive control over land, its resources and its people (US)* – *Ces renseignements sont accessibles aux seules personnes ayant besoin d'en connaître, quel que soit le niveau d'habilitation qu'elles détiennent : this intelligence is available only to persons with a need to know regardless of the level of security clearance that they hold (US)* – *Une seule évaluation : a single assessment (US).*

seul alone (US). Ex : *Agir seule (armée) : to operate alone (US)* – *Agir seule ou dans le cadre d'une force plus importante (division) : to act alone or as part of a larger force (US).*

seul nothing short of (US). Ex : *Seule la victoire est acceptable : nothing short of victory is acceptable (US).*

s'évader (PERS) to escape (US, GB) (PREP : "from" = de) (VERB : "to try to"). Ex : *Aider des prisonniers de guerre à s'évader : to help prisoners of war to escape (US)* – *S'évader d'un camp de prisonniers de guerre : to escape from a POW camp (GB) (POW = Prisoner of War).*

s'évanouir (ou perdre connaissance) (SAN) to faint.

se venger de (ou user de représailles contre) to retaliate against.

sévère stern (GB). Ex : *Le commandement de la Légion lança un sévère avertissement (ou une sévère mise en garde) aux deux camps : Legion commanders issued a stern warning to both sides (GB).*

sévèrement (ou rudement) severely (US). Ex : *L'armée de terre avait été sévèrement (ou rudement) mise à l'épreuve (ou éprouvée) pendant 6 années de guerre : the Army had severely been tested for 6 years of war (US).*

se verrouiller sur (dispositif radar / de poursuite) to lock on to (OTAN).

sévices cruelty (OTAN).

se voir (+ verbe à l'infinitif) to be (+ verbe au participe passé) (OTAN). Ex : *Se voir attribuer (ou confier) des responsabilités (chef) : to be allocated responsibilities (OTAN).*

sexe (ADMIN) (PERS) gender (US) (EXPR : "regardless of").

sexe (activité) sex (US). Ex : *Le sexe lié à l'espionnage ("sexpionnage") : espionage-related sex (US), sexpionage (US) – Utiliser le sexe comme moyen d'espionnage : to use sex in espionage (US) – L'emploi du sexe pour piéger ou faire chanter un individu est une pratique courante dans les opérations d'espionnage : the use of sex to trap or blackmail an individual is standard practice in intelligence operations (US).*

s'exposer (TAC) to expose oneself (US).

s'exfiltrer (TAC) to exfiltrate (Voir aussi **exfiltrer (s')**).

s'exfiltrer (TAP / forces spéciales) to extract (US).

s'extraire (unité) (TAC) to extract (GB). Ex : *S'extraire par hélicoptère : to extract by helicopter (GB).*

SGDN voir **secrétariat général de la défense nationale**.

shako shako (GB). Ex : *Son shako modèle 1812 : his 1812-pattern shako (GB).*

shelter (ou cabine) shelter (VERB : "to transport") (PART : "truck-mounted").

si in case of. Ex : *Si difficultés : in case of difficulty – Si M.E.1 : in case of Enemy Course of Action 1.*

si besoin if necessary.

SIDA (syndrome de l'immunodéficience acquise) AIDS (Acquired Immune Deficiency Syndrome ou Acquired ImmunoDeficiency Syndrome) (US, GB).

s'identifier à (ou s'assimiler à) to identify with (US). Ex : *S'identifier à une tradition : to identify with a tradition (US).*

s'identifier (PERS) to identify oneself.

siècle century (US, GB) (VERB : "to embark on") (ADJ : "new", "promising"). Ex : *La Garde Nationale du 21ᵉ siècle : the National Guard of the 21st century (US) – L'armée de terre américaine se prépare à entrer dans le 21ᵉ siècle : America's Army prepares to enter the 21st Century (US) – Du siècle prochain : next-century (US) (En épithète) – Un soldat du 21ᵉ siècle : a 21st century soldier (US) – Se préparer au 21ᵉ siècle : to prepare for the 21st century (US) – Pendant une bonne partie du siècle prochain : well into the next century (OTAN).*

siège (TAC) siege (GB) (VERB : "to end", "to last", "to lay...to", "to raise", "to break") (EXPR : "to be under siege"). Ex : *Mettre le siège devant une ville : to lay siege to a city – Lever le siège : to raise a siege (Noter l'expression "to be under siege" = être assiégé) – Un siège de 6 mois : a six-months' siege (GB) – Un contingent du 2ᵉ REP passe pour avoir levé le siège de Sarajevo, dévastée (ou anéantie) par les bombes : a contingent from 2REP is credited with relieving the siege of bomb-shattered Sarajevo (GB) – Le siège de Beyrouth par les Israéliens : the Israelis' siege of Beirut (GB).*

siège seat (GB). Ex : *Le siège du pilote (véhicule blindé) : the driver's seat – (hélicoptère) : the pilot's seat (GB).*

siège (organisation) headquarters (US, GB, OTAN), seat (UN) (PREP: "at"). Ex: *Effectuer une visite au siège de l'OTAN (personnalité): to visit NATO Headquarters (OTAN) – Au siège de l'OTAN: at NATO Headquarters (OTAN).*

siège (service de renseignement) headquarters (US). Ex: *Le siège du KGB était situé au 2, place Feliks Dzerjinski: KGB headquarters were located at number 2 Dzerzhinky Square (US).*

siège (blindé) anti-crash (hélicoptère) crashworthy (armored) crew seat (US).

siège du conducteur (véhicule) driving seat (GB).

siège éjectable ejector seat (GB).

siéger to sit (US, GB) (PREP: "on"). Ex: *Siéger / dans une commission / au conseil supérieur de l'armée de terre / dans un tribunal militaire: to sit / on a board (US) / on the Army Board (GB) / on a military court (US).*

siffler (obus) to swish. Ex: *De temps à autre, un obus sifflait au-dessus de nos têtes: an occasional shell swished overhead.*

sifflet whistle (GB) (VERB: "to blow").

sigle acronym, (set of) initials, abbreviation (= prononcé lettre par lettre).

signal (TAC) signal (US, OTAN). Ex: *Produire des signaux auditifs ou visuels (dispositif): to produce aural or visual signals (OTAN) – Le signal de l'attaque (troupe): the signal to attack (VERB: "to await") – Il est mis fin à l'action au moyen d'un signal convenu d'avance dès que la riposte commence à se dessiner (guerre guérilla): action is terminated by a prearranged signal as counteraction begins to form (US) – Le signal de repli: the signal to withdraw (GB) – Signal / du bras / de la main (fantassin): arm / hand / signal (US).*

signal (TRANS) signal (OTAN) (VERB: "to receive", "to amplify", "to retransmit", "to multiply", "to transmit", "to search for", "to jam", "to use") (ADJ: "operating"). Ex: *Intercepter les signaux émanant de radars et de systèmes de guidage de missiles (RENS): to intercept signals emanating from radar and missile guidance systems (US).*

signal d'alerte (voyant lumineux) warning signal (GB).

signal de danger routier road hazard sign (OTAN).

signal de détresse (individu / navire / aéronef) distress signal (GB).

signal de reconnaissance (individu / unité) (ami/ ennemi) recognition signal (GB).

signal d'identification convenu (sentinelle) countersign (US, OTAN) (VERB: "to use").

signaler (rendre compte de) to report (US, GB). Ex: *L'ennemi a été signalé sur la zone: the enemy has been reported in the area (US) – Signaler des armes chimiques: to report chemical weapons (UN) – Un convoi qui est signalé comme une unité militaire: a convoy that is reported as a military unit (OTAN) – Un peloton de chars signala deux autres véhicules: a tank platoon reported two more vehicles (US) – La sentinelle signala des cavaliers qui approchaient, venant de la direction qu'ils avaient suivie (troupe à pied): the sentry reported approaching horsemen, heading from the direction they had marched (GB).*

signalisation (munitions) reporting (OTAN). Ex: *La signalisation de munitions explosives non explosées: the reporting of unexploded explosive ordnance (OTAN).*

signal lumineux de saut (TAP) jump caution light.

signal radio radio signal (US) (VERB: "to pick up").

signataire (nom et adjectif) (traité) signatory (OTAN) (PREP: "to" = de). Ex: *Les pays signataires du Traité de Bruxelles: the signatory nations to the Brussels Treaty (GB).*

signature (radar / objectif / véhicule / arme) signature (OTAN, US) (VERB: "to reduce" = réduire). Ex: *Signature radar: radar signature – Signature d'un objectif: target signature (OTAN) – La signature thermique d'un véhicule: the thermal (ou heat (US)) signature of a vehicle (VERB: "to identify") – Signature d'arme: weapon signature.*

signature (traité) signing (US). Ex : *La signature d'un traité : the signing of a treaty (GB).*

signature (caractéristique d'identification d'une personne) (RENS) handwriting (GB).

signature d'objectif target signature (US, GB).

signature officielle (PERS) official signature (US) (VERB : "to bear").

Cf. : An official signature consists of the name, grade, branch of the Army, organization and title (US).

Exemples : RICHARD D. AMES K.K. KELLY

Major General, USA Major, IN

Commanding Transportation Officer

signature radar (aéronef) radar signature (US). Ex : *Réduire la signature radar d'avions-espions : to reduce the radar signature of spyplanes (US).*

signaux optiques visual signaling (V/S) (OTAN).

signe sign (US), signal (OTAN). Ex : *Signe distinctif : distinctive sign (US) – Le salut est un signe de reconnaissance : the salute is a sign of recognition (US) – Signe (STRAT) : signal – Un signe important de l'attachement de l'Alliance à la transparence et à l'ouverture : an important signal of the Alliance's commitment to transparency and openness (OTAN) – Les récentes attaques aériennes ennemies sont le signe d' (ou montrent ou manifestent) une activité aérienne normale : the recent enemy air attacks show run of the mill air activity (US).*

signe avant-coureur advance warning (US), harbinger (US). Ex : *Les situations sont suceptibles de survenir sans signes avant-coureurs : situations are likely to arise with no advance warning (US) – Un signe avant-coureur de la défaite : a harbinger of defeat (US).*

signe conventionnel militaire (carte / diagramme) military symbol (OTAN).

signe d'authentification (message / transmission) authenticator (OTAN).

signer to sign (Jane's), to sign on (GB). Ex : *Signer un engagement dans l'armée : to sign on – Il a signé un engagement de 9 ans dans l'armée de terre : he signed on for 9 years in the Army (GB) – Signer une lettre d'intention afin de créer une société commune de propulsion : to sign an agreement in principle to set up a joint propulsion company (Jane's).*

signer (s'engager) (PERS) to sign up (US), to sign on (GB). Ex : *Il signa pour sept ans : he signed on for seven years (GB).*

silence (régime radio) silence (US, OTAN) (VERB : "to observe", "to maintain", "to lift", "to impose"). Ex : *Silence radio : radio silence (US, OTAN) – Silence levé (reprise du trafic libre) (procédure radio) : silence lifted.*

silence (réduire au) to silence (US). Ex : *Réduire au silence des positions d'artillerie ennemies : to silence enemy artillery positions (US).*

silence électronique electronic silence (GB). Ex : *Imposer le silence électronique : to impose electronic silence (GB) – Lever le silence électronique : to lift electronic silence (GB).*

silence radar radar silence (US, OTAN).

silence radio radio silence (GB) (VERB : "to impose", "to lift") (Voir **silence (régime radio)**).

silencieux (char) muffler.

silencieux (arme de poing) silencer (GB), noise suppressor (US) (VERB : "to remove"). Ex : *Un silencieux fixé à l'extrémité du tube : a noise suppressor fixed at the end of the barrel (US).*

silencieux (adjectif) (arme) silent (US).

silhouette (char / objet) silhouette (GB, US) (ADJ : "low").

silhouette de tir dummy (US). Ex : *Les silhouettes de tir à forme humaine utilisées sur les champs de tirs : the man-shaped silhouettes used on rifle ranges (GB).*

silhouette graphique (sur papier) (matériel) silhouette outline (GB).

sillage wake (US, GB). Ex: *Dans le sillage de la guerre du Golfe : in the wake of the Gulf war (US, GB)*.

s'illustrer (unité) (contexte historique) to win fame.

silo (à missiles) (missile) silo (UN, GB). Ex: *Garder les silos à missiles sur le Plateau d'Albion : to guard the missile silos on the Albion Plateau (GB)*.

simbleautage boresighting (US), zeroing (GB).

simbleauter (arme) to zero (US, GB).

simple simple (US), uncomplicated (US), unsophisticated (US), easy (US), straightforward (UEO), single (OTAN). Ex: *Mouvement simple (de troupes) : single movement (OTAN) – Un champ de bataille simple (non complexe) : an unsophisticated battlefield (US) – Simple à utiliser (ou d'utilisation) (matériel) : easy to handle (US) – Simple à mettre en œuvre (ou de mise en œuvre simple) (matériel) : easy to operate (US) – Simple d'emploi (matériel) : simple to operate – Des procédures opérationnelles standardisées simples et claires devraient être développées : clear and straightforward standard operating procedures should be developed (UEO) – Plan simple : simple (ou uncomplicated) plan (US)*.

simple action (exercice à) single-sided (exercise).

simplicité (principe de la guerre) (TAC) simplicity (US) (PREP : "in").

simplicité simplicity (GB). Ex: *Simplicité de mise en œuvre (missile sol-air) : simplicity of operation (GB)*.

simplifier to simplify (US). Ex: *Simplifier un problème : to simplify a problem (US)*.

simulateur simulator (GB, US) (ADJ : "high-tech", "self-contained", "interactive"). Ex: *Simulateur de guerre électronique : electronic warfare simulator – Simulateur de char : main batle tank simulator (GB), tank simulator (US) – Simulateur tactique : battlefield simulator (GB), tactical simulator (TACSIM) (US) – Simulateur d'instruction : training simulator (US), trainer (US) – Un réseau de simulateurs local : a local-area network of simulators (US) – Mettre des simulateurs en réseau : to network simulators (US)*.

simulateur d'équipage de char Ex: *Simulateur d'équipage du char M1 Abrams : Abrams Full Crew Interactive Simulator Trainer (AFIST) (US)*.

simulateur de tir (canon) gunnery trainer.

simulateur de tir de combat aux armes légères (SITCAL) Équivalent US : multiple integrated laser engagement system (MILES).

simulateur de tir de tourelle turret gunnery trainer (US).

simulateur de vol (ALAT) flight simulator (US).

simulateur tactique de combat inter-armes combined arms tactical trainer (US).

simulateur tactique de combat rapproché (infanterie) close combat tactical trainer (CCTT) (US).

simulateur (tactique) d'entraînement (tactical) trainer (US). Ex: *Simulateur d'entraînement pour conducteurs de chars : tank driver trainer (US)*.

simulation simulation (GB, US, OTAN) (Terme dénombrable) (ADJ : "advanced", "high-technology", "live", "virtual", "interactive", "state-of-the-art", "cost-effective", "computer-based"). Ex: *Système laser de simulation de combat : multiple integrated laser engagement system (MILES) (US) – Centre / site / de simulation : simulation / center / site (US) – Système de simulation : simulation system (US) – Exercice de simulation : simulation exercise (SIMEX) (Jane's) – Entraînement fondé sur la simulation : simulation-based traning (US)*.

simulation assistée par ordinateur computer-based simulation (GB).

simulation concrète live simulation (US).

simulation constructive constructive simulation (US).

simulation de combat battle simulation (US), combat simulation (OTAN).

simulation de conflit(s) conflict simulation (US).

simulation de guerre war simulation (WARSIM) (US).

simulation d'émetteurs emitter simulation (OTAN).

simulation d'engagement tactique tactical engagement simulation (US).

simulation informatique computer simulation (US)

simulation interarmées joint simulation (OTAN). Ex : *Simulation interarmées à l'échelle du théâtre : joint theatre-level simulation (JTLS) (OTAN).*

simulation virtuelle virtual simulation (US).

simulé simulated (US), mock (GB). Ex : *Des batailles simulées (ou factices) : mock battles (GB) – Un sauvetage simulé : a simulated rescue (US).*

simuler to simulate (US, GB). Ex : *Simuler des tirs réels : to simulate live fire (GB) – Simuler la réalité : to simulate reality (ou the real world) (US) – Un soldat simule le tir d'un missile Dragon : a soldier simulates the firing of a Dragon missile (US).*

simultané simultaneous (US), concurrent (GB, US) . Ex : *Une attaque simultanée : a simultaneous attack (US) – Opérations simultanées (ou en simultané) : simultaneous operations (US).*

simultanéité (TAC) simultaneity (US, GB).

simultanément simultaneously (US), at the same time, concurrently (US, GB). Ex : *Combattre simultanément dans deux directions : to fight in two directions simultaneously (US) – Être en mesure de monter simultanément deux opérations du volume d'une brigade : to be able to mount two brigade-sized operations concurrently (GB) – L'entraînement et la réorganisation des troupes se déroulent simultanément : training and reorganization go forward concurrently.*

sincérité (ou franchise) (PERS) candor (US) (VERB : "to encourage").

si nécessaire if required (US). Ex : *Employer la force, si nécessaire : to use force, if required (US).*

s'infiltrer (TAC) to infiltrate . Ex : *S'infiltrer dans une zone : to infiltrate into a zone.*

s'infiltrer (TAP / forces spéciales) to insert (US).

s'informer to inform oneself (US). Ex : *S'informer sur la mission : to inform oneself as to the mission (US).*

singe (terme familier) corned beef.

singulariser (ou isoler) to single out (UN), to singularize (UN).

sinistré (zone) distressed (US).

s'inscrire à to enroll in (ou on) (US, GB), to register with (US), to get enrolled in (US). Ex : *S'inscrire à un stage : to enroll in (US) (ou on (GB)) a course – S'inscrire au bureau du logement (garnison) : to register with the housing office (US) – S'inscrire à une université : to get enrolled in a college (US).*

s'inscrire dans to take place in (OTAN). Ex : *Ce voyage s'inscrit dans le cadre de la mise en œuvre de la Charte OTAN – Ukraine : this visit takes place in the context of the implementation of the NATO – Ukraine Charter (OTAN).*

s'inscrire (cours par correspondance / enseignement à distance) to register for (a course) (US).

s'insérer (TAC) to enter (US). Ex : *S'insérer dans la bataille (unité) : to enter the battle (US).*

s'insérer dans to fit into (US), to lie within, to come within. Ex : *Comment l'emploi de la force militaire s'insère dans la stratégie militaire nationale générale : how the use of military force fits into the overall national security strategy (US).*

s'inspirer de to draw on (US). Ex: *S'inspirer de l'expérience historique : to draw on historical experience (US).*

s'installer (TAC) to settle (US), to move (GB) (PREP: "into"). Ex: *La brigade d'infanterie est déplacée pour s'installer en coup d'arrêt : the infantry brigade is moved to a blocking position (GB) – L'armée irakienne s'installe en défensive au Koweït : Iraq's army settles into defensive postions in Kuwait (US).*

s'installer (nouvel arrivant) to get oneself established (US), to establish oneself (US). Ex: *S'installer dans son logement : to establish oneself in one's quarters (US).*

s'installer (unité) to move (GB) (PREP: "to"). Ex: *La Brigade s'est installée à Colchester en mars 1993 : the Brigade moved to Colchester in March 1993 (GB) – Le 2e REP s'installa dans son nouveau camp de Calvi : 2REP moved to its new camp at Calvi (GB).*

s'installer (organisation) to settle (US). Ex: *En 1952, le Conseil de l'Atlantique Nord s'installa à Paris : in 1952, the North Atlantic Council settled in Paris (US).*

s'installer (ou prendre position) to take position.

s'installer (PC) to establish (OTAN). Ex: *Le PC (= Poste de Commandement) tactique multinational s'installera dans la zone : the multinational tactical CP (= Command-Post) will establish in the area (OTAN).*

s'intégrer to fit (US), to integrate (US). Ex: *S'intégrer dans une unité (PERS) : to fit into a unit (US) – S'intégrer dans : to integrate into (US).*

s'interfacer to interface (US).

s'interfacer avec (PERS) to interface with (GB).

s'interposer (entre) (force) to interpose (oneself) (between) (US), to stand between, to separarate (US). Ex: *S'interposer entre les factions : to separate factions (US).*

s'introduire par effraction dans (bâtiment) (RENS) to break into (a building) (US) (L'opération s'appelle "break-in" ou "surreptitious entry" = entrée par effraction).

sinueux (route / itinéraire) twisty (US).

sirène (signal sonore) siren (GB).

SIROCCO (station intégrée radar d'observation continue des courants aérologiques) (station de radiosondage de l'artillerie) (Traduction proposée) SIROCCO weather radar (station).

SIRPA (Service d'Information et de Relations Publiques des Armées) voir **DICOD (Délégation à l'Information et à la COmmunication de la Défense).**

SIRPA-Terre Directorate of Public Relations (Army) (GB), Army Public Affairs (US), (the) Army Directorate for Information and Public Resources (Jane's). Ex: *Directeur du SIRPA-Terre : the Director of Public Relations (Army) (GB), the Army Chief of Public Affairs (US), the Chief, Army Public Affairs (US).*

sismicité seismicity (UN).

sismique (ou sismographique ou sismologique) seismic (UN). Ex: *Surveillance sismique : seismic monitoring (UN) – Station sismographique : seismic station (UN).*

s'isoler (préparation d'opération) (unité) to go into isolation (US).

SIT (système d'information terminal) maneuver control and battle management system (Jane's).

site site (US) (Terme générique) (PART: "preplotted").

site (Internet) site (US, GB). Ex: *Le site Web de l'armée de terre : the Army web site, the Army's Web site (GB).*

sité déclaré (inspection) declared site (OTAN).

site de commandement, contrôle et communications C3 (= command, control and communications) site (US).

site de lancement launching site (UN), launch site (UN).

site d'enseignement à distance (ou de télé-enseignement) distance learning site (US).

site d'essais de missiles missile range (US).

site de stockage storage site (OTAN). Ex : *Site de stockage de munitions d'obstacles : barrier ammunition storage site (BASS) (OTAN).*

site d'expérimentation experimentation venue (US).

site d'inspection inspection site (CFE, UN).

site (angle de site) (ART) elevation (US). Ex : *Pointer un canon en site (ou en hauteur) : to elevate a gun – Pointage en site (ou en hauteur) : elevation.*
Cf. : Elevation : the angle between the bore of a weapon and the horizontal plane (US).

site (sur) on-site (En épithète). Ex : *Une inspection sur site : an on-site inspection (CFE).*

site d'armes chimiques et biologiques chemical and biological weapons site (US).

site d'atterrissage landing site (OTAN, GB) (NOM ASS. : "reconnaissance", "selection", "preparation") (PART : "selected"). Ex : *Site d'atterrissage d'hélicoptères : helicopter landing site (GB).*

site de cantonnement (armes lourdes) cantonment site (US).

site de débarquement (opération amphibie) landing site (OTAN).

site d'expérimentations (ou d'essais) nucléaires nuclear test site (GB) (VERB : "to secure", "to stand watch over"). Ex : *Le site d'expérimentations nucléaires de l'atoll de Mururoa, en Polynésie française : the French Polynesian nuclear test site at Mururoa atoll (GB) – Le site d'expérimentations nucléaires du Pacifique : the Pacific nuclear test site (GB).*

site durci hardened site (OTAN).

site de franchissement crossing site (US, OTAN), river-crossing site (US), crossing area (US) (VERB : "to prepare" = aménager) (ADJ : "adjacent").

site de franchissement par bac ferry site.

site de lancement (missiles) launch site (GB), launching site (OTAN), launch emplacement (PART : "fixed").

site de missiles missile site (US) (PART : "suspected").

site de pontage (ou de franchissement) bridging site.

site de simulation simulation site (US).

site de soutien logistique avancé advanced logistics support site (ALSS) (OTAN).

site d'essais (missiles) test site (US).

site de stockage (armes/ munitions) storage site (OTAN, US) (PART : "(specially) designated"). Ex : *Un site de stockage de munitions : an ammunition storage site (US).*

site isolé dispersed site (OTAN).

site logistique de l'avant forward logistic site (FLS) (OTAN).

site-miroir (informatique) mirror site (US) (VERB : "to establish") (NOM ASS. : "establishment").

site protégé protected site (OTAN).

site souterrain (NUC) underground site (US).

situation situation (US, GB, OTAN), status (US), condition (OTAN), background (CA) (VERB : "to arise", "to deal with", "to observe", "to monitor", "to control", "to depict", "to reflect", "to analyze", "to summarize", "to respond to", "to develop", "to direct", "to foresee", "to appreciate", "to counter") (ADJ : "worst-case", "feasible", "acceptable", "unclear", "geopolitical", "current", "real-time", "nonlinear", "hostile", "political", "military", "economic", "particular", "difficult", "serious", "tactical", "time-sensitive", "unforeseen", "volatile", "short-term", "conclusive") (PREP: "in") (ADJ dérivé: "situational" (US)). Ex:

*Situation financière (PERS): financial status (US) – Une situation potentiellement explosive: a potentially explosive situation (GB) – Dans des situations de crise: under contingency conditions (OTAN) – Une situation concrète: a real life situation (OTAN) – Situation psychologique (action psychologique): psychological situation (OTAN) – Situation de crise: contingency situation (US), crisis situation (US) (VERB: "to respond to") – Dans n'importe quelle situation: under any situation (US) – Situation de conflit: conflict situation (US) – La situation humanitaire: the humanitarian situation (OTAN) – La situation devient inquiétante: the situation is getting critical (US) – La situation s'était dégradée de façon pratiquement irréversible: the situation had deteriorated nearly beyong salvaging (OTAN) – État de la situation (présentation d'un conflit): background (CA) – Lorsque la situation le permet: when the situation permits (US) (Voir aussi **circonstances**).*

situation (TAC) situation (US, GB), picture (OTAN, US) (VERB, ADJ & PREP: voir **situation**). Ex: *Situation autre que le combat (ou hors combat): noncombat situation (US) – Evaluer une situation tactique: to evaluate a tactical (ou battlefield) situation (US) – Situation / réelle / prévue: actual / predicted / situation (OTAN) – Développer une situation (TAC): to develop a situation (US) – La situation ennemie: the enemy situation (US) – La situation tactique du moment: the current tactical picture (OTAN) – Situation de combat: combat situation (OTAN) – Situation paré à combattre (force): immediate operational readiness (OTAN) – La situation est calme (TAC): the situation is calm (OTAN) – La situation militaire est stable: the military situation is stable (US) – Je peux vous briefer sur la situation générale (ou dans son ensemble) dans 10 minutes: I can brief you on the overall picture in 10 minutes (familier) (US) – L'officier de presse a fait un point sur la situation du moment devant les journalistes: the press officier gave a briefing on the current situation to reporters (GB).*

situation (titre de paragraphe) Situation.

situation aérienne air situation (GB, air picture (OTAN). Ex: *Situation aérienne favorable: favourable air situation (GB) – Situation aérienne générale: general air picture (GAP) (OTAN).*

situation amie friendly situation (US).

situation autre que le combat noncombat situation (US).

situation d'affrontement confrontational situation (GB).

situation de basse intensité low-intensity situation (Jane's).

situation de combat (dans une) under fire (US).

situation de conflit conflict situation (US).

situation de crise crisis situation (UEO, US), contingency (US) (VERB: "to react to"). Ex: *En ce qui concerne l'analyse des situations de crise: with respect to the analysis of crisis situations (UEO).*

situation de famille (PERS) marital status (US).

situation de guerre war situation.

situation de prise d'armes (SPA) (ou bulletin d'appel) absentee report (US).

situation des pertes massives (SAN) mass casualty situation (OTAN).

situation de stress situation of stress (Jane's).

situation du moment (TAC) current situation (US).

situation d'urgence emergency (OTAN) (Terme dénombrable), contingency (OTAN), urgent situation (GB) (VERB: "to arise"). Ex: *Gérer des situations d'urgence: to manage emergencies (OTAN) – Situation d'urgence dans le domaine civil: civil emergency (OTAN).*

situation ennemie enemy situation (US).

situation imprévue (circonstance / crise / urgence) contingency (OTAN) (VERB : "to deal with" = faire face à).

situation internationale (la) the international situation (GB) (PART : "changing"). Ex : *La situation internationale est extrêmement dangereuse : the international situation is extremely dangerous (GB).*

situation logistique logistics status (OTAN). Ex : *Compte-rendu de situation logistique : logistics status report (LOGSTAR) (OTAN).*

situation opérationnelle operational situation (US) (VERB : "to assess" = évaluer).

situation particulière (ordre / TAC) specific situation (US).

situation réelle real world (OTAN) (En épithète). Ex : *Paramètres de la situation réelle : real world parameters (RWP) (OTAN).*

situation "renseignement" intelligence picture (US).

situation stratégique (ou conditions stratégiques) strategic circumstances (AUST).

situation sur le plan de la sécurité (la) the security situation (OTAN) (ADJ : "stable").

situation tactique tactical situation (US). Ex : *La décision du chef d'accepter un risque calculé dépend de l'urgence de la situation tactique : the commander's decision to accept a calculated risk is dependent upon the urgency of the tactical situation (US).*

situation terroriste terrorist situation (GB) (VERB : "to deal with").

situé located (US), sited, situated (GB) (Penser également au verbe "to lie". Ex : *Cette zone est située entre les lignes A et B : this area lies between lines A and B). Ex : Les éléments de soutien sont situés dans la zone arrière : CSS (= Combat Service Support) elements are sited in the rear area – L'école est située à Fort Benning : the school is located at Fort Benning (US) – Fort Irwin est situé à environ 60 kilomètres au nord-est de Barstow, en Californie : Fort Irwin is located about thirty-seven miles northeast of Barstow, California (US) – La 25ᵉ Division d'Infanterie est située au Quartier Schofield, à Hawaï : the 25th Infantry Division is located at Schofield Barracks, in Hawaï (US) – Le quartier général est situé en lisière de la ville : the headquarters is situated on the edge of the town (GB) – Deux principaux cheminements ennemis situés sur les flancs opposés du 7ᵉ Corps d'Armée : two major threat avenues of approach located on opposite flanks of the VII Corps (US) – Le siège du KGB était situé au 2, place Feliks Dzerjinski : KGB headquarters were located at number 2 Dzerzhinky Square (US).*

ski (pratique sportive) skiing (GB, US).

ski (équipement) ski (GB, US) (Pluriel : "skis"). Ex : *Unité à skis : ski unit (US) – Troupes à skis : ski troops (US) – Se déplacer à skis : to move on skis (GB), to ski (GB) (PREP : "to").*

skier to ski. (Prétérit et participe passé : "skied" – Participe présent : "skiing").

skieur skier.

SML (section de mortiers lourds) heavy mortar platoon (US).

SNCF (the) French Railways (administration) (US).

sniper sniper (US, GB) (VERB : "to locate", "to take out") (Voir **tireur embusqué / isolé**).

s'occuper de to take care (US), to be concerned with (US), to deal with (GB). Ex : *Bien s'occuper des soldats : to take good care of soldiers (US) – Un chef doit s'occuper de ses soldats : a commander must take care of his soldiers (US) – Les officiers du Renseignement s'occupent essentiellement des aspects de la mission de l'armée de terre relatifs au renseignement : Military Intelligence officers are primarily concerned with the intelligence aspects of the Army's mission (US) – S'occuper des morts : to deal with the dead (GB).*

s'occuper de (traiter) (sujet / problème) to deal with (US), to confront (GB). Ex : *Le Premier Directorat général s'occupait du renseignement extérieur (KGB) : the First Chief Directorate was dealing with foreign intelligence (US) – Nous devons nous occuper du manque de discipline dans ce régiment : we need to confront the lack of discipline in this battalion (GB).*

social social (US). Ex : *Violence sociale : social violence (US).*

société (corps social) society (US, CA, OTAN). Ex : *L'étude de la relation entre les forces armées et la société (sociologie militaire) : the study of the relationship between armed forces and society (US) – L'armée de terre constitue une couche particulière de la société : the Army's members constitute a unique subset of society (CA) – La libre diffusion de l'information dans les sociétés ouvertes : the free flow of broadcast information in open societies (OTAN).*

société (ou firme) (ARMT) company (US, Jane's), firm (VERB : "to set up", "to control", "to own") (ADJ : "large", "experienced", "rival"). Ex : *Société (de fabrication) de munitions (ART) : ammunition company (Jane's) – Le char Abrams de la société General Dynamics : the General Dynamics Abrams tank (Jane's) – Signer une lettre d'intention afin de créer une société commune de propulsion : to sign an agreement in principle to set up a joint propulsion company (Jane's) – Elle (= nouvelle société) sera détenue à 100% par la société sous contrôle français CELERG International : it will be owned 100 per cent by the French-controlled CELERG International (Jane's) – La société d'armements terrestres Giat Industries : land armaments company Giat Industries (Jane's).*

société civile civil society (OTAN).

société de déménagement (mutation) moving company (US) (VERB : "to use").

société de l'information (la) the information society.

société démocratique democratic society (OTAN). Ex : *L'instauration d'une société démocratique : the establishment of a democratic society (OTAN).*

société-mère company's parent.

société mixte joint venture (US, Jane's), joint venture company (JVC) (Jane's) (PREP : "between", "with"). Ex : *Une société mixte, composée de Martin Marietta et Westinghouse : a joint venture between Martin Marietta and Westinghouse (US).*

sociologie sociology (US). Ex : *Sociologie militaire : military sociology (US) – La sociologie de la guerre : the sociology of war (US).*

socle (missile) pedestal.

socle de fixation (lunette de visée / de carabine) scope mount base.

soigneusement carefully (OTAN), well- (OTAN). Ex : *Une attaque soigneusement organisée : a well-ordered (OTAN) / carefully planned (OTAN) attack (Voir aussi **soin**).*

soin care (US, GB). Ex : *Expériences militaires portant sur des concepts opérationnels formulés avec soin : service experiments involving carefully formulated operational concepts (US).*

soins (SAN) care (US, GB), treatment, attention (GB) (VERB : "to receive", "to deliver", "to provide...to / for", "to need") (ADJ : "comprehensive", "specialized", "quality", "urgent", "medical"). Ex : *Soins intensifs (ou réanimation) : intensive care – Soins médicaux : medical (ou health) care (OTAN, US) – Pratiquer des soins préventifs : to practice preventive medicine (US) – Soins de jour : outpatient care (US) – Soins dentaires : dental care (US) – Soins infirmiers : nursing care (US) – Soins aux patients : patient care (US) – Soins en vol : in-flight medical care (OTAN) – Les soins aux malades et blessés : the care of the sick and wounded (GB) – Tous avaient besoin de soins médicaux urgents : they all needed urgent medical attention (GB).*

soins de santé health services (US) (VERB : "to provide" = assurer).

soins médicaux d'urgence emergency medical care (OTAN) (VERB : "to provide" = assurer).

soir evening. Ex : *Tenir le terrain jusqu'au 12ᵉ soir : to hold the ground until the 12th in the evening.*

soirée dansante dance (US).

sol ground (US), soil (US). Ex : *Le blessé est étendu sur le sol : the casualty is lying on the ground (US) – Sur le sol français : on French soil (US) – Les troupes au sol : the troops on the ground (US) – Cibles au sol : ground targets (UN) – Type de sol ou de terrain : type of soil or terrain (US) (ADJ avec "soil" : "soft-packed", "hard-packed") – Livrer une bataille au sol (force terrestre) : to fight a battle at ground level (US) – Roues ou chenilles au contact du sol : wheels or tracks in contact with the ground (OTAN).*

sol-air air defence (GB), air(-)defense (US), surface-to-air (US). Ex : *Artillerie sol-air : air defense artillery (ADA) – Missile sol-air : surface-to-air missile (US) – Systèmes sol-air portables : man-portable air-defense systems (MANPADS) (US).*

sol-air à courte portée (SACP) short-range air defence (SHORAD) (OTAN).

soldat soldier (US, GB), troop (US), trooper (US) (Terme familier US : "GI" = Government Issue. Pluriel : "GIs") (VERB : "to arm", "to move", "to fix", "to fuel", "to man", "to sustain", "to develop", "to take care of", "to encourage", "to compliment", "to lead", "to motivate", "to recruit", "to retain", "to observe", "to judge", "to train" (sens actif et passif), "to mobilize" (sens actif et passif), "to deploy" (sens actif), "to sustain" (sens actif), "to command, "to supervise", "to utilize", "to integrate…into", "to promote", "to become", "to discharge…from") (ADJ & PART : "well-trained", "deploying", "good", "inexperienced", "highly trained", "highly motivated", "(highly) skilled", "highly qualified", "combat-ready", "elite", "combat-equipped", "properly equipped", "fully-fledged", "self-reliant", "sick", "wounded", "air-delivered", "aggressive", "smart", "motivated", "male", "female", "high(-)quality", "new", "professional", "full-time", "part-time", "ready", "finest", "tough", "deserving", "best-qualified", "(truly) exceptional", "fit", "strong", "frontline", "serving", "(heavily) armed", "flexible", "adaptive", "multitalented", "near-future"). Ex : *Un soldat d'active : a Regular (US) – Soldat de réserve (Territorial Army britannique) : territorial (GB) – Soldat individuel : individual soldier (US) – Soldat-citoyen : citizen soldier (US) – Un soldat du Génie : an engineer soldier (US), a sapper (GB) – Soldat de métier : career soldier (GB) – Former de bons soldats : to develop good soldiers (US) – Soldat des forces spéciales : Special Forces soldier (ou trooper) (US) – Soldats en armes : soldiers at arms – Environ 1200 soldats de la 10ᵉ Division d'Infanterie de Montagne : about 1,200 10th Mountain Division soldiers (US) – Des soldats de la 101ᵉ Division Aéroportée : 101st Abn. Div. soldiers (US) – Soldats de l'artillerie sol-sol : field artillery soldiers (US) – L'exercice mobiliserait plus de 73 000 soldats venant de 6 pays : the exercise would involve more than 73,000 soldiers from 6 nations (US) – Des soldats du Train : Transportation Corps soldiers (US) – Les soldats des Transmissions remplissent des missions essentielles : Royal Signals soldiers perform vital tasks (GB) – Le soldat en tant que système : the soldier as a system (US) – Soldat de première ligne : front-line soldier (Voir aussi **militaire (nom)**).*

À noter : Le terme "soldier" désigne plus particulièrement un soldat de l'armée de terre, donc, familièrement, un "terrien". Il désigne aussi plus généralement "un militaire".

Noms associés à "soldier" : "life", "skills", "assignments", "promotions", "weapons", "equipment", "education", "pay", "influx…into" (US).

soldat à temps partiel (réserviste) part-timer (GB). Ex : *Les soldats à temps partiel de l'armée de terre territoriale (= de réserve) (GB) : the part-timers of the Territorial Army (GB).*

soldat combattant fighting soldier (GB). Ex : *Ce n'est que dans la Légion qu'il trouverait ce qu'il croyait être sa véritable vocation, celle de soldat combattant : only in the Legion would he find what he believed to be his true vocation, as a fighting soldier (GB).*

soldat d'active regular soldier (GB), regular (GB), regular troop (GB). Ex : *Une garnison de quelque 2 500 soldats d'active : a garrison of some 2,500 regular troops (GB).*

soldat de 2ᵉ classe (grade) voir explications à **deuxième classe.**

soldat de 1ᵉʳᵉ classe (grade) voir les explications à **première classe.**

soldat de la paix peacekeeper.

soldat d'élite elite soldier (GB). Ex : *Soldat d'élite, tu t'entraînes avec rigueur, tu entretiens ton arme comme ton bien le plus précieux, tu as le souci constant de ta forme physique (Code d'honneur) (Légion) : an elite soldier, you will train vigorously, you will maintain your weapons as if they were your most precious possession, you will keep your body in the peak of condition, always fit (GB).*

soldat de métier (ou de carrière) professional soldier (US, GB, OTAN), career soldier (US).

soldat de réserve reserve-component soldier (US).

soldat de tête (unité / formation) point (GB).

soldat d'infanterie infantry troop (US).

soldat du feu (pompier) fire-fighter ou firefighter (US).

soldat en infraction (ayant commis une faute disciplinaire) defaulter (GB).

soldat féminin woman soldier (GB).

soldat gouvernemental government soldier (GB).

soldat inconnu (le) the Unknown Soldier (US). Ex : *La tombe du soldat inconnu : the Tomb of the Unknown Soldier (US).*

soldat irrégulier irregular (GB).

soldat spécialiste (engagé) (USA) specialist (US). Ex : *Un soldat spécialiste (engagé) du Train : a transportation specialist (US).*

solde pay (US, GB), paycheck (US) (VERB : "to draw", "to receive" = percevoir, "to deposit", "to disburse"). Ex : *La solde militaire : military pay (US) – Solde de retraité : retired pay (US) – Solde de base : basic pay (US) – Obtenir une augmentation de solde : to get a pay rise (GB) – Une solde de caporal : a corporal's pay (GB) – Soldes et indemnités (des personnels) militaires (chapitre d'un budget) : forces pay and allowances (GB) – Solde à l'air : jump pay (parachutistes) (US), flight pay (navigants) (US) – Le général doit prendre sa retraite avec la solde d'un colonel : the General must retire on a Colonel's pay (US) – Percevoir la solde : to get paid (US), to draw pay.*

solde de (à la) for (US). Ex : *Un espion à la solde (ou pour le compte) du KGB : a spy for the KGB (US).*

solde du réserviste (périodes d'instruction) Reserve drill pay (US).

solde mensuelle monthly pay (US).

solde nette net pay (US).

solder (PERS) to pay (GB). Ex : *Ils n'avaient pas été soldés depuis des mois : they had not been paid for months (GB).*

soleil sun (GB). Ex : *Sous un soleil éclatant (ou ardent) : under a blazing sun (GB).*

solidarité solidarity (GB). Ex : *La solidarité masculine : the male solidarity (GB) – Tu le lui manifestes toujours par la solidarité étroite qui doit unir les membres d'une famille (Code d'honneur) (Légion) : you will demonstrate this by an unwavering and straight-forward solidarity which must always bind together members of the same family (GB).*

solide solid (GB). Ex : *L'unité est demeurée solide (Alliance) : the unity remained solid (GB).*

solide (mentalement) (PERS) (mentally) robust (GB).

solide (matériel) robust (GB).

solidité (blindage) strength (GB).

solidité (mentale / psychologique) (PERS) mental / psychological / robustness (GB).

solidité (accord / traité) resilience (OTAN).

solidité (justesse) (doctrine) soundness (US).

solliciter (force) to call upon (US).

solo (en) (RENS) singleton (US). Ex : *Opération en solo (menée par un seul officier ou agent) (RENS) : singleton (US).*

sol-sol ground-to-ground (G/G) (OTAN), field (US, GB), surface-to-surface. Ex : *L'artillerie sol-sol : field artillery (FA) (US, GB) – Missile sol-sol : surface-to-surface missile.*

solution solution (US, OTAN), solution (CA), key (US), alternative (OTAN), resolution (CA) (PREP : "to") (VERB : "to provide", "to impose") (ADJ : "leading edge") (NOM ASS. : "formulation"). Ex : *La solution pour employer avec succès la nouvelle compagnie antichar : the key to successfully employing the new antiarmor company (US) – Des solutions innovantes aux défis mondiaux : innovative solutions to global challenges (US) – Pour amener une solution politique à cette crise (conflit) : to bring about a political solution to this crisis (OTAN) – Parvenir à une solution politique négociée à la crise du Kosovo : to achieve a negotiated, political solution to the Kosovo crisis (OTAN) – Il n'y a plus d'autre solution que de recourir à l'action militaire : no alternative is open but to take military action (OTAN) – Arriver à une solution politique (conflit) : to achieve a political solution (OTAN) – Trouver une solution diplomatique (conflit) : to find a diplomatic solution (CA) – Trouver la solution (problème) : to find the solution (Terme familier : "to work it out") (US) – La solution pacifique à la crise du Kosovo : the peaceful resolution of the Kosovo crisis (CA).*

solution d'attente transitional solution (US).

soman (agent toxique) soman (Abréviation : "GD") (UN, GB).

sommaire (rudimentaire) (matériel) low-tech (US) (Contraire : "high-tech" = de pointe, perfectionné, ultramoderne).

sommairement summarily (GB). Ex : *Ils furent exécutés sommairement (rebelles) : they were summarily executed (GB).*

sommation challenge (US, GB) (VERB : "to reply to", "to hear"). Ex : *Faire une sommation à quelqu'un : to challenge somebody (US).*

sommeil (PERS) sleep (GB, US) (VERB : "to achieve") (ADJ : "adequate") (Terme familier péjoratif pour le sommeil pendant la journée : "Egyptian PT"). Ex : *Les effets du manque de sommeil : the efects of sleep loss (US) – Priver les soldats de sommeil : to deprive soldiers of sleep (US) – Être autorisé à prendre 6 heures de sommeil chaque nuit (PERS) : to be allowed 6 hours of sleep each night (US).*

sommeil (unité) suspended animation (GB) (Voir aussi **mettre en sommeil (unité)**).

sommet upper reaches (GB), apex (US), top (US). Ex : *Le sommet du corps des officiers : the upper reaches of the officer corps (GB) (VERB : "to enter") – Sommet (structure) : apex (US) – Au sommet du tourelleau : atop the cupola (US) – Une structure pivotante au sommet d'un char : a rotating structure atop a tank (US) – Au sommet de la hiérarchie du renseignement : at the top of the intelligence hierarchy (US).*

sommet (réunion ou rencontre au sommet) summit (meeting) (UN, GB, OTAN) (PREP : "at"). Ex : *Réunion au sommet : summit meeting (UN, OTAN) – Le sommet de Washington (réunion) : the Washington Summit (GB) – Sommet de l'OTAN : NATO summit (OTAN).*

sommet (colline / montagne) (TOPO) summit (GB).

sommet de colline (TOPO) hilltop (GB). Ex : *Se battre pour la conquête du sommet de la colline : to fight for possession of the hilltop (GB).*

sonar sonar (= sound detection and ranging).

sondage (d'opinion) (opinion) poll (US), (opinion) survey (US) (VERB : "to conduct").

sondage (par) spot (UN) (En épithète). Ex : *Contrôle par sondage (ou aléatoire) (armes chimiques) : spot-check (UN) – Inspection par sondage : spot-check inspection (UN).*

sonde probe.

sonder (TAC) to probe (US). Ex : *Les Allemands sondaient les positions alliées : the Germans were probing the Allied positions (US).*

songer à to consider (+ verbe en ING) (US). Ex : *Songer à s'engager (ou s'enrôler) dans l'armée de terre (PERS) : to consider joining the Army (US).*

sonnerie call (US) (VERB : "to sound", "to wait until the end of", "to broadcast", "to play"). Ex : *Sonnerie du clairon : bugle call (US).*

sonnerie aux morts taps (US). Ex : *On joue la sonnerie aux morts : taps is played (US) – Pendant que l'on joue la sonnerie aux morts : while Taps are being sounded (US).*

sonnerie du matin Reveille (US).

sonnerie du soir Retreat (US).

sonnerie en fantaisie (musique) flourish (US) (VERB : "to play").

sonnette (ou écran / OTAN) screen (GB, OTAN), listening post (de nuit) (GB).

Comp. :

- A security element whose primary task is to observe, identify and report information and which fights only in self-protection (GB).

- Elément de sûreté dont la tâche principale est d'observer, d'identifier et de transmettre les informations et qui ne se bat que pour assurer sa propre protection (OTAN).

"sonoriser" (installer un dispositf d'écoute) (lieu / équipement) (RENS) to bug (US).

sophistication (système / matériel) sophistication.

sophistiqué (matériel) sophisticated.

s'opposer à to oppose (OTAN), to counteract (OTAN), to resist (GB), to counter (US). Ex : *S'opposer à l'espionnage ennemi : to counteract enemy espionage (OTAN) – S'opposer à une force (TAC) : to oppose a force (OTAN) – L'armée de terre s'oppose aux nouvelles propositions (du gouvernement) : the Army is resisting the new proposals (GB) – S'opposer à une action ennemie : to counter an enemy operation (US).*

s'opposer à (opération) to oppose (US), to counter (an operation).

s'organiser pour to organize oneself to (US).

s'orienter (personnels) (TAC) to orient oneself (US), to orientate oneself (GB), to navigate (GB).

s'orienter (véhicule) to orient oneself (US).

s'orienter (sens figuré) to move (GB, OTAN) (PREP : "towards", "to"). Ex : *L'armée de terre britannique s'oriente vers une force blindée de quelque 450 chars de combat : the British Army is moving towards a tank force of approximately 450 main battle tanks (GB) – S'orienter sans tarder vers des négociations en vue d'un règlement politique : to move promptly to negotiations on a political settlement (OTAN).*

sort (triste) plight (OTAN). Ex : *Le triste sort des réfugiés : the plight of the refugees (OTAN).*

sorte kind (UN), manner (US). Ex : *Des armes de toutes sortes : weapons of all kinds (UN) – Disposer de toutes sortes d'armes : to have available all manner of weapons (US).*

sortie passing out (GB), exit (OTAN). Ex : *1000 sous-lieutenants sont nommés chaque année à la sortie de l'Académie Militaire des États-Unis : 1,000 second lieutenants are appointed annually from the U.S. Military Academy (US) – À la sortie de Sandhurst : on passing out from Sandhurst (GB) – Sortie de la zone contaminée : exit from the contaminated area (OTAN).*

sortie (aéronef) sortie (US, GB, OTAN). Ex : *Sortie de reconnaissance aérienne : air reconnaissance sortie (OTAN) – 18 sorties d'appui aérien rapproché immédiat : 18 immediate
CAS (= Close Air Support) sorties (US) – Effectuer une sortie : to fly a sortie (OTAN).-
Une sortie de frappe : a strike sortie (OTAN) – Des sorties de neutralisation des défenses
aériennes ennemies : sorties suppressing enemy air defences (OTAN).*

Comp. :
- One aircraft making one take off and one landing. An operational flight by one aircraft (US).
- En opérations aériennes, vol opérationnel effectué par un avion (OTAN).

sortie (d'un aéronef) (parachutiste) exiting (from an aircraft) (US), exit.

sortie (d'un encerclement) (TAC) breakout (US) (VERB : "to achieve").

Cf. : An offensive operation conducted by an encircled force. A breakout normally consists of an
attack by a penetration force to open a gap through the enemy for the remainder of the
force to pass (US).

sortie de combat (aéronef) combat sortie (US).

sortie de crise crisis exit (US).

sortir (sens propre) to come out (US). Ex : *Sortir les mains en l'air (soldats ennemis) : to come
out with their hands up (US).*

sortir (sens figuré) to emerge (US), to be promoted (GB). Ex : *Sortir victorieux (d'une guerre)
(armée) : to emerge victorious (US) (+ préposition "from") – Deux lieutenants sortis du
rang : two lieutenants promoted from the ranks (GB).*

sortir (hélicoptère d'un avion de transport) to roll off (OTAN). Ex : *Un hélicoptère Puma
de l'armée de terre française est sorti d'un avion de transport Antonov : a French Army
Puma helicopter is rolled off an Antonov transport plane (OTAN).*

sortir de (école militaire / centre d'instruction) to pass out of (a military academy / training centre) (GB), to come out of (GB).

sortir de (encerclement) (TAC) to break out (of an encirclement) (US).

sortir de (véhicule blindé) to exit ou to jump off (an armored vehicle) (US). Ex : *Le groupe de
combat sort de l'arrière du véhicule : the infantry squad exits out of the back of the vehicle (US).*

sortir (diplômé) de (grande école militaire) to graduate (US) (PREP : "from"). Ex : *Il est
sorti (diplômé) de Saint-Cyr : he graduated from the Saint-Cyr Military Academy.*

sortir du rang (PERS) to come up through the ranks (GB), to rise from the ranks, to be promoted from the ranks (GB). Ex : *Officiers sortis du rang : late-entry commission officers
(GB), officers commissioned from the ranks (GB).*

sortir d'usine (matériel) to be delivered (US). Ex : *Le premier char de série doit sortir d'usine en
novembre 1992 : the first production tank is scheduled for delivery in November 1992 (US).*

SOS SOS (GB). Ex : *Lancer un SOS : to send out an SOS (GB).*

SOS ! (aéronef) Mayday ! (US).

sosie (matériels) look-alike (CFE). Ex : *Un véhicule-sosie : a vehicle look-alike (CFE) (Terme
dénombrable).*

souche (de) ethnic (OTAN). Ex : *Le nombre considérable des Albanais de souche : the large
number of ethnic Albanians (OTAN).*

souci Ex : *Soldat d'élite, tu t'entraînes avec rigueur, tu entretiens ton arme comme ton bien le plus
précieux, tu es le souci constant de ta forme physique (Code d'honneur) (Légion) : an
elite soldier, you will train vigorously, you will maintain your weapons as if they were
your most precious possession, you will keep your body in the peak of condition, always
fit (GB).*

soucieux de mindful of (GB). Ex: *Être soucieux de sa carrière: to be mindful of one's career (GB).*

soudage (MAT) welding (US).

soudain (ou inattendu) (attaque) sudden (US).

soudé close(-)knit (US, GB), cohesive (GB). Ex: *Une communauté soudée: a close knit community (GB) – La formation d'infanterie la plus soudée de l'armée de terre: the most cohesive infantry organization in the Army (GB) – Travail en équipe soudé: close-knit teamwork (US).*

souder (à) to weld (to). Ex: *Tourelle soudée: welded turret.*

soudeur (PERS) welder (GB).

souffle (explosion) blast (OTAN). Ex: *Une porte résistante au souffle: a blast-resistant door (US) – Onde de souffle: blast wave (OTAN) – Souffle arrière: backblast (US).*

souffler to rip through (US). Ex: *La bombe a soufflé l'immeuble (attentat terroriste): the bomb ripped through the building (US).*

souffrance(s) suffering (US), hardship (US) (VERB & NOM: "to relieve" / "relief", "to face") (ADJ avec "suffering": "humanitarian"). Ex: *Soulager les souffrances causées par les catastrophes: to relieve suffering from disasters (US) – Prévenir de nouvelles souffrances humaines (conflit): to prevent more human suffering (OTAN) – Atténuer les souffrances des réfugiés: to relieve the suffering of the refugees (OTAN) – Cet exode a plongé les Kosovars dans une détresse et des souffrances indicibles: this exodus resulted in untold hardship and suffering for the people of Kosovo (OTAN).*

souffrir de to suffer from (GB). Ex: *Souffrir du stress: to suffer from stress (GB).*

souhait (PERS) desire (US). Ex: *Répondre aux souhaits personnels du soldat: to meet the personal desires of the soldier (US).*

souhaitable desirable (US).

souhaiter to seek (OTAN). Ex: *Souhaiter chaleureusement la bienvenue à 3 nouveaux alliés: to warmly welcome 3 new Allies (OTAN) – Des historiens souhaitant avoir accès à des documents de l'OTAN: historians seeeking access to NATO documents (OTAN).*

soulager to unburden (US), to relieve (US). Ex: *Soulager le chef (de ses tâches): to unburden the commander (US) – Soulager les souffrances causées par les catastrophes: to relieve suffering from disasters (US).*

soulèvement (révolte) uprising (US, GB) (VERB: "to take place") (ADJ: "general", "organised"). Ex: *Provoquer un soulèvement musulman: to provoke a Muslim uprising (GB).*

souligner (mettre en valeur) to underscore (US).

souligner (mettre l'accent sur) to emphasize (US, GB). Ex: *La nécessité du secret doit être soulignée (opérations de guérilla): the need for secrecy must be emphasized (US).*

soumettre (projet / compte-rendu) to submit (a project / report) (PREP: "to").

soumettre (demande) to submit (GB). Ex: *Les demandes de munitions doivent être soumises bien à l'avance: ammunition bids must be submitted well in advance (GB).*

soumettre (désignation à un poste) to nominate for consideration (as) (OTAN). Ex: *Le président des États-Unis a soumis le nom du général X comme successeur du général Y, avec les mêmes pouvoirs et les les mêmes fonctions: the President of the United States nominated General X for consideration as successor to General Y, with the same powers and functions (OTAN).*

soumettre (opposant politique) to subdue (US).

soumettre à to subject to (GB, OTAN, US). Ex: *Soumettre l'ennemi à des feux nourris: to subject the enemy to heavy fire (GB) – Les candidats sont soumis à des épreuves psychotechniques: candidates are subjected to psychometric tests (GB) – Le risque auquel* *peuvent être soumises des forces : the risk to which forces may be subjected (OTAN)* – *Ces modèles sont soumis à des essais sur le terrain (radars) : these models are subjected to field trials (US).*

soumis à subject to (US). Ex : *Les militaires sont soumis à un ensemble particulier de lois appelé "Code normalisé de justice militaire" (USA) : soldiers are subject to a specific set of laws called the Uniform Code of Military Justice (US).*

soumis aux obligations du service militaire (PERS) draft-eligible (US).

soumis aux obligations militaires (citoyens de 18 à 50 ans) subject to military duty (US).

soumissionnaire (ARMT) bidder (US).

soumissionner to bid. Ex : *Invitation à soumissionner : invitation for bids (IFB(S)) (OTAN).*

soupape valve (UN).

soupçon suspicion (US) (Terme dénombrable). Ex : *Sans éveiller les soupçons du destinataire (interception de courrier / RENS) : without raising the suspicions of the recipient (US)* – *Eveiller les soupçons (agent) (RENS) : to arouse suspicion (US)* – *Faire l'objet de soupçons (agent) (RENS) : to be under suspicion (US).*

soupçonner to suspect (US, GB). Ex : *Si l'on soupçonne une blessure au cou : if a neck injury is suspected (US)* – *Soupçonner que : to suspect that (US)* – *Des personnels irakiens soupçonnés de crimes de guerre : Iraqi personnel suspected of war crimes (GB).*

souple flexible (US, GB), adaptive (armée). Ex : *L'organisation du groupement tactique est très souple : the battlegroup organisation is very flexible (GB)* – *Un plan souple : a flexible plan (US).*

souplesse flexibility (OTAN), agility (OTAN). Ex : *Permettre une plus grande souplesse des opérations : to permit greater flexibility of operations (OTAN)* – *Permettre une plus grande souplesse de déploiement : to permit more flexible deployment (US)* – *Manque de souplesse ou rigidité (matériel) : inflexibility (US)* – *Avec plus de souplesse (conduite des opérations) : more flexibly (OTAN)* – *La souplesse et la faculté d'adaptation de la coopération dans le secteur des armements : agility and responsiveness in armaments cooperation (OTAN).*

souplesse (force) (INF) agility (US).

souplesse (d'emploi) (force) flexibility, versatility (VERB : "to reduce", "to maximize").

souplesse (action en) flexible (action).

souplesse de combat (unité) fighting flexibility (US) (VERB : "to enhance").

souplesse de conception (matériels) flexibility of design (GB).

souplesse du commandement (chef) flexibility in command (US).

souplesse d'esprit agility of mind (GB).

souplesse intellectuelle (chef) mental agility (US).

souplesse opérationnelle operational flexibility (US).

souplesse tactique tactical flexibility (US) (VERB : "to provide...to", "to lessen").

source (RENS) (intelligence) source (OTAN, US) (VERB : "to use" = utiliser, "to employ", "to recruit", "to develop") (ADJ : "relevant", "separate", "technical", "open", "human", "clandestine", "secret", "sensitive", "classified", "unclassified", "established", "standard", "accepted") (EXPR : "to gather information from a source", "to prevent the identification of a source"). Ex : *Renseignement (brut) de source ouverte : open source information (US)* – *Source autorisée : authorized source (US)* – *Sources humaines (ou d'origine humaine) : HUMINT (= Human Intelligence) sources (US), human sources (US)* – *Confirmé par d'autres sources (cotation) (RENS) : confirmed by other sources (US)* – *Sources / ouvertes (ou d'origine ouverte) / secrètes (ou d'origine secrète) : open / secret / sources* – *Les renseignements pourraient être recueillis par des sources humaines* *ou des moyens techniques : the information might be collected by human sources or by technical means (US) – Des renseignements en provenance de sources américaines : information from American sources (GB) – Renseignement établi en utilisant l'ensemble des sources et organismes disponibles : intelligence produced using all available sources and agencies (OTAN).*

source source (US, UN, OTAN). Ex : *Source de radiation(s) (ou de rayonnement) (nucléaire) : source of radiation (US, OTAN) – Une source (ou un vivier) d'officiers : a source of officers (US) – Source d'énergie nucléaire : nuclear power source (UN) – Une source de conflit : a source of conflict (US) (VERB : "to remove") – Source de légitimité : source of legitimacy (US) – D'après des sources cartographiques : from map sources (OTAN) – Source d'énergie électro-magnétique : source of electromagnetic energy (US) (VERB : "to search for", "to intercept", "to identify", "to locate") – Les unités d'artillerie sol-sol constituent pour le commandement la source principale d'appui feu sur le champ de bataille : field artillery (FA) units are the commander's principal source of fire support on the battlefield (US).*

source aérienne et spatiale (RENS) overhead source (US).

source de frictions (TAC) source of friction (US).

source de légitimité source of legitimacy (US).

source de renseignement (RENS) (intelligence) source (OTAN, US), source of intelligence (US) (VERB : "to trust", "to use...well").

source d'information source of information (US) (ADJ : "different", "specialized"). Ex : *Il existe de nombreuses sources d'information sur l'armée de terre : there are many sources of information on the Army (US).*

source d'inspiration inspiration. Ex : *Une source d'inspiration pour tous les militaires : an inspiration to members of all services.*

source humaine (ou d'origine humaine) (RENS) human source (OTAN). Ex : *Une catégorie de renseignement découlant de renseignements bruts recueillis et fournis par une source humaine : a category of intelligence derived from information collected and provided by human sources (OTAN).*

source ouverte (ou d'origine ouverte) (RENS) open source (US). Ex : *Obtenir des renseignements à partir de sources ouvertes : to obtain intelligence from open sources (US).*

source secrète (RENS) secret source (US).

sourciller to flinch (US). Ex : *Accepter une mission sans sourciller : to take a mission without flinching (US).*

sourd (PERS) deaf (US, GB). Ex : *L'explosion de l'obus l'a rendu sourd : the burst of the shell deafened him (GB).*

sous under (US, GB), in (US). Ex : *Sous le commandement de : under the command of (US) – Sous le contrôle de : under the control of (US) – Sous les ordres de : under – Sous les ordres d'un chef unique : under a single commander – Sous un (ou des) tir(s) d'artillerie : under artillery fire / shelling – Sous le feu de l'ennemi : under enemy fire (OTAN) – Servir sous les ordres de quelqu'un : to serve under somebody – Il a 20 hommes sous ses ordres : he has 20 men under him – Les personnels militaires sous les armes : military personnel under arms (US) – Sous l'autorité d'un même chef (forces) : under one commander (OTAN) – Equipage sous blindage : crew under armour protection (GB) (ou under armor (US)) – Les meilleurs soldats servant sous l'uniforme : the finest soldiers serving in uniform (US) – Elle (= nouvelle société) sera détenue à 100% par la société sous contrôle français CELERG International : it will be owned 100 per cent by the French-controlled CELERG International (Jane's) – Le fait de grouper les régiments de manœuvre sous les* *trois PC de brigade en nombre et en type appropriés en fonction de la mission de chaque brigade constitue ce que l'on appelle "l'organisation pour le combat" : grouping the combat maneuver battalions under the three brigade headquarters in the number and type appropriate to the mission of each brigade is called "organization for combat" (US).*

sous-alimenté (PERS) undernourished (US).

sous-bite (sous-lieutenant) (familier) butterbar (US).

sous-bois underbrush (US), undergrowth (GB) (VERRB : "to move through") (ADJ : "dense"). Ex : *Un épais sous-bois : thick underbrush (US).*

sous-calibré subcaliber (US). Ex : *Munition sous-calibrée : subcaliber ammunition (US).*

sous-casque helmet liner (US).

sous-chef d'état-major (S/CEM) Deputy Chief of Staff (DCS) (US), Assistant Chief of Staff (ACOS) (OTAN). Ex : *Il fut nommé sous-chef (d'état-major) opérations-plans à l'EMAT (= État-Major de l'Armée de Terre) (fiche biographique d'officier) : he was assigned as the Army's deputy chief staff for operations and plans (US) – Sous chef d'état-major "logistique" (EMAT) : Deputy Chief of Staff for Logistics (US) (En abrégé : "DCS, Logistics").*

sous-chef d'état-major adjoint (SCEMA) Deputy Assistant Chief of Staff (DACOS) (OTAN).

sous-chef planification-finances (EMAT) Deputy Chief of Staff for Planning and Finance (Jane's).

sous-composant (matériel) subcomponent (US).

sous-composante (force) subcomponent (US).

sous-concept sub-concept (OTAN).

sous-concept tactique tactical sub-concept (OTAN).

sous couvert de (formule administrative) care of (c/o).

souscrire à to endorse the development of (OTAN). Ex : *Souscrire au concept de GFIM (= Groupe de forces interarmées multinationales) : to endorse the development of a CJTF (= Combined Joint Task Force) concept (OTAN).*

sous-développé (pays) under-developed (US). Ex : *Pays sous-développé : under-developed country (US).*

sous-direction (service de renseignement militaire type DRM) Directorate (for) (US) (DIA), Directorate (of) (GB) (DIS), sub-directorate (US). Ex : *Sous-Direction du Renseignement Scientifique et Technique : Directorate of Scientific & Technical Intelligence (GB) (DIS).*

sous-effectif under-manning ou undermanning (GB) (VERB : "to eliminate"). Ex : *Être en sous-effectif (unité) : to be under-manned, to be understrength (GB, US) – Les 40 régiments d'infanterie sont en sous-effectif de 2 156 hommes : the 40 infantry battalions are under-manned by 2,156 men (Jane's).*

sous élingue underslung (OTAN) (Participe passé). Ex : *Cet hélicoptère peut transporter sous élingue une charge extérieure maximale de 3 tonnes : this helicopter has a 3-tonne maximum external sling cargo capacity (US) – Charge sous élingue : underslung load (OTAN).*

sous-encadré (en officiers) (unité) under-officered (GB). Ex : *Une unité sous-encadrée en personnels officiers : an under-officered unit (GB).*

sous-ensemble (LOG) sub-assembly (OTAN).

sous-ensemble subset (US). Ex : *Le renseignement transmissions constitue un sous-ensemble du renseignement d'origine électromagnétique : communications intelligence (= COMINT) is a subset of signals intelligence (= SIGINT) (US).*

sous-entraîné (force) undertrained (US).

sous-entraînement (force) undertraining (US).

sous-entrepreneur (ARMT) subcontractor (US) (ADJ : "major").

sous-équipe (inspection) sub-team (CFE).

sous-équipé (unité) underequipped (GB).

sous-estimer to underestimate (GB, US), to downgrade (US). Ex : *Sans sous-estimer l'importance de ces institutions : without downgrading the importance of these institutions (US) – Sous-estimer / l'ennemi / des forces : to underestimate / the enemy / forces (US).*

sous-groupement (tactique) company team (US) (En abrégé : "Team"), company task force (US), combat team, company group (pour INF), squadron group (pour ABC) (GB) (Du volume d'une compagnie renforcée ou non). Ex : *3ᵉ sous-groupement : Team Charlie (US) (Unité affectée d'une lettre, ou "lettered unit" ; C = Charlie = 3ème) – Le sous-groupement FURY : TM (= Team) FURY (US).*

Comp. :

- Company team : A team formed by attachment of one or more nonorganic tank, mechanized infantry, or light infantry platoons to a tank, mechanized infantry, or light infantry company either in exchange for or in addition to organic platoons (US).

- Système de forces, généralement interarmes, créé temporairement dans le cadre d'un régiment ou d'un groupement. Le sous-groupement s'articule en principe autour d'une unité élémentaire. On parlera de sous-groupement aéromobile, de sous-groupement d'infanterie. Le sous-groupement peut être homogène, mixte ou combiné (F).

sous-groupement (ALAT) Pas d'équivalent US ou GB.

sous-jacent underlying (US). Ex : *Un concept sous-jacent : an underlying concept (US) – Les causes sous-jacentes des conflits : the underlying causes of conflicts (US).*

sous la direction de (ou dirigé par) (opérations) -led (US, OTAN). Ex : *Des opérations de coalition sous la direction des États-Unis : US-led coalition operations (US).*

sous la responsabilité de under the responsibility of (CFE).

sous le commandement de under the command of (US, GB).

sous les armes (servant) (PERS) under arms (GB). Ex : *Maintenir un grand nombre de soldats sous les armes : to maintain large numbers of troops under arms (GB).*

sous les couleurs under the flag (GB), under colours (Jane's). Ex : *Sous les couleurs britanniques : under the British flag (GB) – Sous les couleurs de l'OTAN (troupes) : under NATO colours (Jane's).*

sous les ordres de under (GB). Ex : *Les forces britanniques, sous les (ou aux) ordres du général Wolfe : British forces under General Wolfe (GB).*

sous le vent downwind (GB) (PREP : "of"). Ex : *Être sous le vent par rapport à une explosion nucléaire (unité) : to be downwind of the nuclear explosion (GB).*

sous-lieute (sous-lieutenant) (familier) butterbar (US).

sous-lieutenant (SLT) 2nd Lieutenant (2/Lt) (GB), Second Lieutenant (US) (Terme familier US : "butterbar") (Un "Second Lieutenant" américain se fait appeler "Lieutenant").

sous-marin (nom) submarine (ship) (OTAN, GB) (Terme abrégé : "sub") (Abréviation GB : "SS") (VERB : "to operate", "to employ", "to be damaged", "to lose") (EXPR : "to carry out a mission"). Ex : *Sous-marin armé de missiles balistiques : ballistic-missile submarine – Sous-marin d'attaque à propulsion nucléaire : nuclear-powered attack submarine*

– *Sous-marin nucléaire lance(ur d')engins (SNLE)* : *submarine ship, ballistic, nuclear (SSBN), nuclear powered ballistic missile firing submarine (SSBN) (GB), nuclear ballistic missile submarine (UN)* – *Sous-marin nucléaire d'attaque (SNA)* : *nuclear attack submarine (UN), nuclear-powered attack submarine (SSN) (GB)* – *Sous-marin d'attaque à propulsion Diesel* : *Diesel-powered attack submarine (SSK) (GB)* – *Le sous-marin américain Nautilus* : *the U.S. submarine Nautilus (US)* – *Le 4ᵉ sous-marin de la classe Vanguard* : *the 4th Vanguard Class submarine (GB)* – *Un SNLE en permanence en patrouille* : *one SSBN on patrol at any one time (GB)*.

sous-marin (adjectif) underwater (US) (En épithète) Ex : *Cable de communications sous-marin* : *underwater communication cable (US)*.

sous-marin chasseur de sous-marins submarine killer (SSK) (OTAN).

sous-marin nucléaire d'attaque (SNA) nuclear-powered attack submarine (SSN) (OTAN).

sous-marin d'attaque à propulsion diesel diesel-powered attack submarine (SSK) (OTAN).

sous-marinier submariner (GB).

sous-marin nucléaire lanceur d'engins (SNLE) nuclear-powered ballistic missile submarine (SSBN) (OTAN).

sous-missile submissile (US).

sous-munition sub-munition <u>ou</u> submunition (OTAN, US, GB) (Terme dénombrable) (VERB : "to dispense", "to guide", "to deliver", "to descend", "to fall", "to glide") (ADJ & PART : "all-weather", "antiarmor", "fire and forget", "autonomous", "terminally-guided", "conventional", "dual-purpose"). Ex : *Sous-munition chimique* : *chemical submunition (UN)* – *Sous-munition antichar intelligente* : *brilliant antiarmor submunition (US)* – *Sous-munitions à guidage terminal* : *terminally-guided submunitions (TGSM) (GB)*.

sous-officier non-commissioned officer (GB) <u>ou</u> noncommissioned officer (US) (NCO) (Pluriel de l'abréviation : "NCOs") (Diminutif : "noncom" (US)) (<u>À noter</u> : Dans l'armée de terre américaine, les sous-officiers, jusqu'au grade le plus élevé de "Sergeant Major of the Army", sont des personnels engagés, ou "enlisted personnel"). Ex : *Le sous-officier le plus gradé du régiment* : *the Regimental Sergeant Major (RSM) (Détient le grade de Warrant Officer First Class) (GB)* – *Le sous-officier adjoint de la section* : *the Platoon Sergeant (GB, US) (Abréviation US : PSG)* – *Sous-officier recruteur* : *recruiting sergeant (GB)* – *Les sous-officiers et hommes du rang* : *the rank and file* – *Sous-officier instructeur (formation des nouvelles recrues)* : *drill sergeant (US)* – *Sous-officier de permanence* : *orderly sergeant (GB)* – *Sous-officier supérieur* : *senior NCO (SNCO) (GB)* – *Sous-officier subalterne* : *junior NCO (JNCO)* – *Sous-officier d'ordinaire* : *mess sergeant* – *Le corps des sous-officiers de l'armée de terre* : *the Army's noncommissioned officer corps (US)*.

<u>Formation des sous-officiers (US)</u> : "Noncommissioned Officer (NCO) Education System includes the Primary Leadership Development Course, the Basic Course, the Advanced NCO Course and the Sergeants major Academy".

sous-officier du matériel (corps de troupe) technical quartermaster sergeant (TQMS) (GB).

sous-officier instructeur training NCO (US) (NCO = Non-Commissioned Officer).

sous-officiers et hommes du rang (<u>ou</u> et militaires du rang) (personnels non officiers) (USA et GB) other ranks (OR) (GB, OTAN), enlisted (personnel) (US), enlisted (US).

sous-officier subalterne junior NCO (JNCO) (GB) (NCO = Non-Commissioned Officer).

sous-officier supérieur senior NCO (SNCO) (GB) (NCO = Non-Commissioned Officer).

sous-paragraphe subparagraph.

sous-produit by-product (UN), spin-off (armement) (US) .

sous réserve que provided (OTAN).

sous-sol (habitation) basement (GB), cellar (GB).

sous surveillance (agent) (RENS) under surveillance (US), watched (US).

sous-tendre to underpin. Ex : *Les thèmes qui sous-tendent l'instruction et les opérations : the themes that underpin training and operations.*

soustraire à (se) (TAC) to disengage from (US). Ex : *Se soustraire à une force ennemie : to disengage from an enemy force (US).*

sous-système subsystem (US).

sous-système d'arme weapon subsystem (<u>Jane's</u>).

sous-traitance (externalisation) (ARMT) subcontracting (US), outsourcing (<u>Jane's</u>). Ex : *Plan de sous-traitance : subcontracting plan (US).*

sous-traitant (ARMT) subcontractor (US) (ADJ : "major").

sous-unité sub-unit (CA). Ex : *Sous-unité de déminage : de-mining sub-unit (CA).*

sous-utilisé (matériel) under-used (GB).

sous-vêtements (<u>ou</u> linge de corps) underwear (US) (Terme indénombrable) (ADJ : "long").

sous-zone sub-area (OTAN). Ex : *Sous-zone Benelux de la Manche : Benelux sub-area, Channel (BENECHAN) (OTAN).*

soutache de pantalon trousers braid (US).

soute (missiles) (véhicule blindé) storage compartment (US).

soute à bombes bomb-bay (GB).

soutenabilité sustainability (OTAN).

<u>Cf.</u> : The ability of a force to maintain the necessary level of combat power for the duration required to achieve its objectives (OTAN).

soutenable (puissance de feu) sustainable (OTAN).

soutenir to support, to continue to deliver (OTAN). Ex : *Soutenir ses sous-officiers (chef) : to support one's NCOs (= non-commissioned officers) – Soutenir une cadence de tir (arme) : to continue to deliver a rate of fire (OTAN).*

soutenir (militairement) to back (GB). Ex : *Des rebelles soutenus par l'armée lybienne du colonel Kaddafi : rebels backed by Colonel Gaddafi's Lybian army (GB) – Les troupes soutenus par la Lybie (<u>ou</u> les Lybiens) : the Lybian-backed troops (GB).*

soutenir (subir) to bear (GB). Ex : *La Division soutint le plus fort des attaques de Napoléon à Waterloo : the Division bore the brunt of Napoleon's attacks at Waterloo (GB).*

soutenir (TAC) to support (US, GB), to provide combat support (CS) (to).

soutenir (LOG) to support (OTAN), to sustain (US). Ex : *Soutenir un jour de combat : to support one day of combat (OTAN) – Soutenir les premières phases d'un conflit : to sustain the early stages of a conflict (US).*

soutenir dans la durée (combat / force / opération / élan) to sustain (the fight / a force / an operation / the momentum) (US).

soutenir (résister à) (attaque) to withstand (an attack).

soutenu sustained (UEO). Ex : *La poursuite d'efforts de défense soutenus et structurés : the continuation of sustained and structures defence efforts (UEO) – Des contre-attaques soutenues : sustained counter-attacks.*

soutenu (<u>ou</u> continu <u>ou</u> à grande cadence) (tir) sustained (fire).

souterrain underground (US, UN, OTAN). Ex : *Explosion nucléaire souterraine : nuclear underground burst (OTAN) – Abri fortifié (<u>ou</u> blockhaus) souterrain : underground* *bunker (GB)* – *Poste de commandement souterrain : underground command post (UN)* – *Conduire des essais nucléaires souterrains : to conduct underground nuclear tests (US).*

soutien support (US, OTAN) (Terme générique) (VERB : "to provide...to", "to furnish...to", "to render"). Ex : *Soutien en matériel : ordnance support (US)* – *Obtenir le soutien de pays amis : to gain the support of friendly countries (OTAN)* – *Soutien à l'entraînement (des forces) : support of training (US).*

soutien (ou soutien logistique du combat / OTAN) combat service support (CSS) (US, OTAN). Ex : *Fournir un soutien logistique à une force : to provide logistical support to a force (US)* – *Soutien logistique réciproque : mutual logistic support (GB), cross-servicing (US).*

Comp. :

- Mission qui consiste, pour une unité, à être en mesure d'intervenir au profit d'une autre, soit par le feu, soit par la manœuvre, soit par la fourniture de moyens et de services. Dans le domaine logistique, le soutien matériel peut être adapté, direct, différé, intégré, zonal ou par rattachement (F).

- The assistance provided to sustain combat forces, primarily in the fields of administration and logistics. It includes administrative services, civil affairs, food services, finance, legal services, maintenance, medical services, supply, transportation, and other logistical services (US).

soutien administratif administrative support (US) (VERB : "to provide...to").

soutien à l'entraînement training support (US, GB).

soutien arrière rear support (OTAN).

soutien associé associated support (OTAN).

soutien cryptologique crypotologic support (OTAN).

soutien de famille dependency (US), hardship (US). Ex : *Libération pour soutien de famille (engagés) : dependency (ou hardship) discharge (US) (VERB : "to grant").*

soutien de la paix peace(-)support (OTAN).

soutien de la (part de la) population (HUM / ACM) popular support (US) (VERB : "to gain" = obtenir). Ex : *Obtenir la compréhension et le soutien de la (part de la) population (ou des populations) : to gain popular understanding and support (US).*

soutien de l'homme personnel service support (PSS), personnel support (GB), soldier support (US) (Cf. "soldier support battalion"), troop support (US), individual support.

soutien de l'opinion publique (opérations militaires) public support (US) (VERB : "to engender", "to weaken").

soutien d'ensemble (LOG) general support (GS) (US).

soutien des forces au combat combat service support (CSS) (OTAN).

soutien des personnels personnel sustainment (US).

soutien direct (LOG) direct support (DS) (US).

soutien du génie engineering support (US) (VERB : "to provide" = assurer).

soutien fourni par la nation (le pays) hôte host nation support (HNS) (US, OTAN).

soutien humanitaire humanitarian support (OTAN).

soutien interarmées joint support (GB) (Communications, logistique, transport et mouvements, réparations, essences).

soutien local local support (US).

soutien (ou appui) logistique logistic support, logistics support, logistical support (US, OTAN), logistics support (US), sustainment (US) (VERB : "to provide...to", "to arrange", "to procure...to") (ADJ : "combined", "adequate"). Ex : *Soutien logistique intégré : inte-*

grated logistic(al) support (ILS) (UN) (ADJ: "integrated") – Site de soutien logistique
avancé: *advanced logistics support site (ALSS) (OTAN).*

soutien logistique à flux tendu (mission opérationnelle) (USA) focused logistics (US).

soutien logistique combiné (ou interallié) combined logistic support (GB).

soutien logistique du combat combat service support (CSS) (OTAN).

soutien logistique mutuel cross-servicing (UN, OTAN).

soutien logistique national national logistic support (OTAN, GB).

soutien océanographique oceanographic support (OTAN).

soutien opérationnel operational support.

soutiens (armes de soutien) services (GB, US).

Cf.: "The branches or units that provide combat service support (CSS) and administrative support
to the Army as a whole are called "services". These are Adjutant General's Corps, some
Aviation units, Corps of Engineers, Chaplain Corps, Finance Corps, Judge Advocate
General's Corps, Ordnance Corps, Transportation Corps, Public Affairs, Military Police
Corps, Medical Corps, Medical Service Corps, Army Nurse Corps, Veterinary Corps,
Dental Corps, and Army Medical Specialist Corps" (US).

soutiens (unité / force) combat service support capabilities (US), CSS (= combat service support) (US).

soutien sanitaire (ou santé) medical support , health service support (HSS) (US, OTAN).

soutien sanitaire logistique medical logistic support (OTAN).

soutien vital life support (OTAN). Ex: *Fournir un soutien vital de base aux réfugiés: to provide
basic life support to refugees (OTAN).*

soutien zonal area support (US).

sous-traitance subcontracting (Voir aussi **externalisation**).

souvenir memory (US), remembrance (US). Ex: *Journée du Souvenir: Remembrance Day (US)
– Vivre dans le souvenir des hommes (fait d'armes): to live in the memories of men (US).*

souvenirs (musée militaire) memorabilia (GB).

souveraineté sovereignty (CA, GB). Ex: *Assurer la souveraineté du Canada: to maintain (ou
to protect) Canadian sovereignty (CA).*

souverain (adjectif) sovereign (US, GB). Ex: *Une nation souveraine: a sovereign nation (US).*

s'ouvrir (parachute) to open (GB). Ex: *Le parachute ne s'est pas ouvert: the parachute failed
to open (GB).*

spahis voir **régiment de spahis**.

spatial (capacités / imagerie / mine / armes de frappe / système / arsenal / véhicule)
space (capabilities / imaging / mine / strike weapons / system / weaponry / vehicle) (UN,
OTAN).

spécial special (GB, OTAN). Ex: *En mission spéciale (PERS) (RENS): on special duties (GB) –
Opération spéciale: special operation (OTAN) – Forces spéciales: Special Forces (SF) (US).*

spécialement specially (US). Ex: *Des personnels spécialement entraînés (ou formés): specially
trained personnel (US).*

spécialisation (PERS) specialisation (CFE), specialization (GB) (Terme dénombrable)
(VERB: "to range from...to") (ADJ: "available to"). Ex: *En raison de leurs diverses
spécialisations: because of their different specializations (GB).*

spécialisé specialist (GB), specialised (CFE), specialized (US), specified (US), specially trained
(OTAN). Ex: *Un état-major spécialisé: a specialist staff – Matériel spécialisé: specialised
equipment (CFE), specialist equipment (GB) – Des personnels spécialisés: specialist manpo-*

wer (GB) – Un grand commandement spécialisé (USA) (chargé d'une mission spécifique): specified command (par opposition à "unified command" = grand commandement interarmées) – Unité spécialisée: specialist unit (GB) – Equipes de secours spécialisées: specialized rescue teams (US) – Opérations spécialisées: specialised operations – Equipage spécialisé (aéronef): specially trained crew (OTAN) – Usine d'armement spécialisée: specialist defence plant (UN) – Entraînement anti-terroriste spécialisé: specialist anti-terrorist training (GB) – Techniques / véhicules / écoles / spécialisées: specialized / techniques / vehicles / schools (US).

spécialiste (domaine particulier) specialist (US) (Contraire: "generalist") (PREP: "on", "in"). Ex: *Un spécialiste hautement qualifié: a highly skilled specialist (US) – Des spécialistes du renseignement: specialists in intelligence (US), intelligence specialists (US) – Spécialiste des transmissions: signal specialist (US) / signaller (US) – communications specialist (US) – Des spécialistes en guerre de l'information (ou de l'info-guerre): information-warfare specialists (Time) – Spécialiste des opérations aériennes: air operations specialist (OTAN) – Tous étaient des spécialistes en combat anti-terroriste: all were specialists in anti-terrorist combat (GB) – Spécialiste anti-snipers: anti-sniper specialist (GB) – Spécialiste en destructions: demolitions specialist (US) – Un spécialiste / des explosifs / du terrorisme / des langues: a specialist / on explosives / on terrorism / on languages (US).*

spécialiste (médecine) (SAN) specialist (US, OTAN).

spécialiste (soldat engagé) specialist (US).
Cf.: The rank of an enlisted soldier whose technical proficiency defines his or her position or relative status (US).

spécialiste en médecine interne (SAN) specialist in internal medicine (OTAN).

spécialiste (ou expert) militaire (média / organisme de réflexion) military analyst (US).

spécialité (militaire) (PERS) specialist skill (GB), specialty (US), military occupational specialty (MOS) (Pluriel: "MOSs") (US) (Engagés), functional area (US) (officiers), trade (GB) (VERB: "to hold" = détenir, être détenteur de). Ex: *Ils suivent un stage dans leur spécialité: they attend a course in their specialty (US) – Spécialité d'origine (ou de départ): basic specialty (US) – Une spécialité de plieur de parachutes: a Parachute Rigger MOS (US) – Être formé (ou entraîné) dans une spécialité: to be trained in a specialty (US).*
Cf.: Military occupational specialty (MOS): a group of related skills that constitutes an individual soldier's job (US).

spécialité (unité) role (US, GB), function (US).

spécialité (médicale) (SAN) specialty (US).

spécialité principale (PERS) primary military occupational specialty (PMOS) (US).

spécialité secondaire (PERS) secondary military occupational specialty (SMOS) (US).

spécialité technique technical specialty (US).

spécification de l'exercice exercise specification (EXSPEC) (US, OTAN).

spécification des impératifs d'essai test requirement specification (TRS) (OTAN).

spécification d'essai test requirement specification (TRS) (OTAN).

spécification technique (matériel) technical specification (OTAN).

spécifié specified.

spécifique peculiar (US), dedicated (UN), specific (OTAN) (PREP: "to") Ex: *Des types d'affectations / d'emplois qui sont spécifiques à une arme: types of assignment that are peculiar to a branch (US) – Système spécifique (ou à fonction unique ou spécialisé ou dédié): dedicated system (Contraire: "non-dedicated" (UN)) – Les moyens qui sont spécifiques à la division d'assaut par air: the assets that are peculiar to the air assault division (US) – Des forces adaptées à des opérations spécifiques: forces tailored for specific operations (OTAN).*

spécifique (à une armée) service-specific.

spectaculaire dramatic (US). Ex: *Une évolution spectaculaire: a dramatic change (US) – La spectaculaire transformation de l'ordre mondial: the dramatic transformation of the world order (US) – Des réductions spectaculaires dans le nombre de pièces d'artillerie détenues (ou possédées) par les armées occidentales: dramatic reductions in the number of artillery pieces held by Western armies (Jane's) – Le Service de Sécurité de la Défense (= équivalent US de la DPSD) a connu une évolution spectaculaire par rapport à ses débuts: DSS (= Defense Security Service) has undergone a dramatic evolution from its initial days (US) – Une réussite spectaculaire (TAC): a dramatic success (US).*

spectre (sens abstrait) spectrum (US, GB, UEO). Ex: *Couvrir l'ensemble du spectre des technologies: to cover the whole technology spectrum (GB) – Le long de tout le spectre des technologies de défense: across the whole spectrum of defence technology (GB) – Pour des opérations du haut du spectre des missions de Petersberg: for operations at the higher end of the Petersberg task spectrum (UEO) – Un large spectre de missions: a wide spectrum of missions (US) – Le spectre intégral des opérations militaires: the full spectrum of military operations (US).*

spectre des conflits conflict spectrum (Jane's) (EXPR: "at the top end of the conflict spectrum").

spectre électro-magnétique electro-magnetic (GB) (ou electromagnetic (US)) spectrum (VERB: "to cover") (ADJ: "entire").

spectre infrarouge infra-red (IR) spectrum (UN).

spencer (tenue de soirée) (evening) mess uniform (US), mess kit (GB).

sphères (hautes) establishment (US). Ex: *Pénétrer les hautes sphères du renseignement britannique (agent ennemi): to penetrate the British intelligence establishment (US).*

SPHP voir **service de protection des hautes personnalités (SPHP)**.

sporadique sporadic (GB, US). Ex: *Des poussées sporadiques de violence: sporadic outbreaks of violence (GB) – Des combats sporadiques: sporadic fighting (GB) – Emeutes / attaques / sporadiques: sporadic / riots / attacks (GB) – Des tirs au sol sporadiques: sporadic ground fire (US) – Il y avait encore beaucoup de tirs sporadiques: there was still much sporadic fire (GB) – On s'attend à ce que des tirs sporadiques éclatent toute la nuit: sporadic firing is expected to flare up all through the night (US).*

sport sport (US, GB) (Terme dénombrable). Ex: *Sport obligatoire: compulsory sport (GB) – Sports individuels: individual sports (US) – Sports aquatiques: water sports (US) – Sports équestres: equestrian sports (GB) – Sports de compétition: competitive sports (GB) – Le sport dans l'armée de terre: Army sport (GB).*

SPORT voir **système pour un parcours d'évaluation**.

sportif sporting (GB). Ex: *Événements sportifs: sporting events (GB).*

sports de compétition competitive games (GB).

SPOT (Système Probatoire d'Observation de la Terre) (satellite) (the French) SPOT satellite (US) (VERB: "to orbit"). Ex: *Acheter des photographies prises par le satellite SPOT: to purchase SPOT photography (US) – La société SPOT Image: the SPOT Image corp. (US).*

SPRAT (Système de Pose Rapide des Travures) the SPRAT modular gap crossing system (Jane's).

stabilisateur (missile) stabilizing fin.

stabilisateur de canon gyroscopique gyroscopic gun stabilizer.

stabilisation (TAC) stabilisation (OTAN). Ex: *Force de stabilisation (OTAN): Stabilisation Force (SFOR) (OTAN) – La stabilisation des Balkans: the stabilisation of the Balkans (OTAN).*

stabilisation (armement) stabilization (US) (VERB : "to have") (ADJ : "full", "electrical").
Ex : *Stabilisation du canon principal : main gun stabilization (system) (US).*

stabilisation de crise crisis stablization (US).

stabilisé (armement / canon / matériel) stabilized (GB, US). Ex : *Stabilisé par ailettes : fin-stabilized – Stabilisé par rotation : spin-stabilized (US).*

stabilisé (vitesse) steady (US). Ex : *À une vitesse stabilisée de 32 km / h : at a steady 20mph (= miles per hour) (US).*

stabilisé (ligne) (TAC) stabilised (GB).

stabiliser to stabilize (OTAN, GB), to stabilise (OTAN). Ex : *Stabiliser un front : to stabilize a front (GB) – Stabiliser la situation (conflit) : to stabilize the situation (OTAN) – Stabiliser le continent européen : to stabilise the European continent (OTAN) – Stabiliser le milieu (ou l'environnement) : to stabilize the environment (US).*

stabilité (STRAT) stability (US) (VERB & NOM ASS. : "to restore" / "restoration", "to maintain" / "maintenance"). Ex : *Réaliser une plus grande stabilité en Europe : to achieve greater stability in Europe (CFE) – Améliorer l'environnement de sécurité et de stabilité pour les pays de la zone Euro-Atlantique : to improve the security and stability environment for nations in the Euro-Atlantic area (OTAN).*

stabilité des armements conventionnels conventional stability (OTAN).

stabilité des institutions démocratiques (critère de Copenhague) stability of democratic institutions (OTAN).

stabilité psychologique (PERS) mental robustness (GB), mental stability (US).

stabilité régionale regional stability (US) (VERB : "to enhance").

stabilité stratégique strategic stability (OTAN).

stable stable (US), firm (UN). Ex : *Un front stable : a stable front (US) – Paix stable : firm peace (UN).*

stade (étape) stage (US, OTAN), status (US). Ex : *Chaque composant est à un stade différent de mise au point (matériel) : each component is at a different stage of development (US) – Pendant / à / un stade ultérieur de la guerre : during / at / a later stage of war (OTAN) – Ce matériel en est encore au stade de la conception : this equipment is still at the design stage (GB) – À ce stade de la carrière d'officier : at this stage in an officer's career (GB) – Le premier stade d'un conflit : the early stages of a conflict (US) – Le stade actuel de mise en œuvre de la paix en Bosnie : the current status of peace implementation in Bosnia (US).*

stade (bataille / opération) (TAC) phase (US), stage (US).

stade de développement (descriptif de matériel) status (US).

stade de la mise au point (ou du développement) (ARMT) production stage (Jane's) (PREP : "at").

stade de la production (ARMT) production stage (Jane's) (PREP : "at"). Ex : *Passer au stade de la production : to move to the production stage (Jane's).*

stage (militaire) course (US, GB) (VERB : "to attend", "to undergo", "to take", "to pass", "to complete", "to pursue", "to offer", "to establish", "to teach", "to run", "to do", "to graduate from") (ADJ : "valuable", "short") (Noter les expressions : "to be on a course", "to go on a course" (GB)). Ex : *Être inscrit à un stage : to be enrolled in a course (US) – Un stage de 21 semaines : a twenty-one week course (US) – La plupart des hommes sont en stage : most men are (away) on courses (GB) – Après avoir effectué le stage (à l'école) d'application de l'artillerie (fiche biographique d'officier) : after completing the artillery officer basic course (US) – Je vais suivre un stage de survie : I am going on a survival course (GB) – Stage de sélection : selection course (US).*

stage commando commando course (GB). Ex : *Stage commando inter-armes : All Arms Commando Course (GB) – Stage commando (INF) (jeunes officiers) : Ranger Course (US)*.

stage d'application (jeunes officiers) special-to-arm course (GB), officer basic course (OBC) (US), young officers' course (GB) (VERB : "to attend" = suivre). Ex : *Après avoir effectué le stage à l'école d'application de l'artillerie (fiche biographique d'officier) : after completing the artillery officer basic course (US)*.

stage de base (ou élémentaire) basic course (US).

stage de chef de char tank commanders' course (GB).

stage de chef de section Platoon Commanders Battle Course (GB).

stage de combat battle course (GB).

stage de combat en localité FIBUA course (GB) (FIBUA = Fighting In Built-Up Areas).

stage de commandement leadership course (US).

stage de conversion conversion course (GB).

stage de formation training course (US), course of training (US) (VERB : "to go through" = suivre).

stage de langues language course.

stage de maintien à niveau maintenance course (US).

stage de mise à niveau physique physical development course (GB).

stage de moniteur de saut (TAP) jumpmaster course (US).

stage de recyclage refresher course (US, GB).

stage de remise à niveau refresher course (US, GB).

stage de perfectionnement advanced course (US).

stage de présélection parachutiste pre-parachute selection course (GB).

stage de qualification qualification course (US, GB).

stage de qualification technique (officiers techniciens US) technical certification course (US).

stage de réorientation (nouvelle activité / spécialité) orientation course (US).

stage des capitaines officer advanced course (OAC) (US) (VERB : "to attend" = suivre).

stage des chefs de corps Équivalent US : (Battalion and Brigade) Pre-Command Course (PCC) (US Army Command and General Staff College (C&GSC), Fort Leavenworth, Kan.)) – Équivalent GB : Commanding Officer Designate Course (Larkhill, Wiltshire).

stage de spécialisation specialized course (GB).

stage de spécialité specialty course (US).

stage de survie survival course (GB) (VERB : "to go on").

stage d'initiation course of initiation (GB) (PREP : "into").

stage élémentaire basic course (US).

stage intensif crash course (GB).

stage linguistique language course.

stage para para course (GB). Ex : *Stage para (jeunes officiers) : Airborne Course (US)*.

stage spécialisé specialized course (GB).

stagiaire trainee (US), student (US, GB). Ex : *Stagiaires féminins : women trainees (US) – Être stagiaire à l'École Supérieure de guerre (obsolète ; maintenant CID = Collège Interarmées de Défense) : to attend the U.S. Army Command and General Staff College (US), to attend Staff College (GB) – Les officiers stagiaires de la CIA (RENS) : trainee CIA officers (US)*.

stagiaire étranger overseas student (GB).

stand (exposition d'armement) booth (US).

standard (TRANS) switchboard.

standard (norme) standard (GB). Ex: *Palettes au standard OTAN : NATO standard pallets (GB) – Des munitions de 5.56mm au standard OTAN : NATO standard 5.56mm ammunition (GB).*

standard (adjectif) (équipement disponible dans le commerce) commercial off-the-shelf (COTS) (OTAN).

standardisation standardisation (OTAN), standardization (US).

standardisé standardized (US, OTAN), standard (UEO). Ex: *Des procédures opérationnelles standardisées simples et claires devraient être développées : clear and straightforward standard operating procedures should be developed (UEO).*

standard OTAN (au) NATO-standard (US) (En épithète). Ex: *Une munition au standard OTAN : a NATO-standard round (US).*

stand de tir indoor (firing) range, target range (OTAN), shooting gallery (US).

starter (véhicule) choke.

STAT (Section technique de l'Armée de Terre) (Traduction proposée) Army Armament(s) Design and Development Agency.

station (poste) (en ambassade) (RENS) station (US).

station (en) (force) stationary.

station au sol (TRANS) ground station (US, GB, OTAN) (VERB: "to deploy") (ADJ: "transportable", "manpack"). Ex: *Station (de contrôle) au sol (drone) : ground control station (GCS) (US), ground station (GB).*

station au sol d'informations provenant de la reconnaissance tactique tactical reconnaissance information ground station (TRIGS) (OTAN).

station d'écoute (RENS) monitoring station (US), listening post (US, GB), listening centre (GB) (VERB: "to dismantle", "to establish").

station d'écoute de satellite météorologique (SESAME) meteorological satellite monitoring station (OTAN).

station de décontamination (matériel / personnels) decontamination station (OTAN).

station de poursuite radar radar tracking station (RTS) (OTAN).

station de programmation de vols (drône) mission planning station (US).

station de radio radio station (GB, US) (VERB: "to run").

station de réception terrestre (renseignement satellitaire) ground receiving station (US).

station de santé (SAN) aid station (OTAN).

station de travail (informatique) workstation.

station de triangulation triangulation station (US, OTAN).

station directrice (de réseau) (TRANS) net(work) control station (NCS) (US).

station émettrice broadcasting station (US).

station-mère (TRANS) master station (OTAN).

stationnaire (véhicule) static (Jane's).

stationné (force) stationed (pays) (UN), positioned (TAC) (US). Ex: *La division est stationnée en Allemagne : the division is stationed in Germany (GB) – Les endroits où les réserves ennemies se trouvaient vraisemblablement stationnées (TAC) : the places where the enmy's reserves were presumably stationed (US).*

stationné (PERS) based (GB), stationed (GB). Ex : *J'étais stationné en Allemagne : I was stationed in Germany (GB).*

stationnement (forces) stationing (US). Ex : *Le stationnement de forces militaires à l'étranger : the stationing of military forces abroad (US).*

stationner (unité) to be stationed (GB), to be based (GB). Ex : *Un régiment d'infanterie stationne en permanence à Brunei : one infantry battalion is permanently stationed in Brunei (GB) – Les 2 régiments de chars stationnés au Royaume-Uni : the two United Kingdom-based armoured regiments (GB).*

station radar radar station (OTAN), radar site (GB). Ex : *La station radar du Mont Troodos : the radar site on Mount Troodos (GB).*

station radar de poursuite tracking radar station (OTAN).

station radar de satellite satellite radar station (SRS) (OTAN).

station réceptrice receiving station (RECSTA) (OTAN).

station réémettrice (TRANS) rebroadcast station (GB).

station secondaire (TRANS) outstation (US), substation.

station-service gas(oline) station (US), petrol station (GB).

station sol ground station (<u>Jane's</u>).

station terrienne voir **station au sol**.

statique static (US) (Contraire : "dynamic"). Ex : *Eléments statiques : static elements (US).*

statistique (adjectif) statistical (GB).

statistique (donnée statistique) statistic (US, GB). Ex : *La statistique selon laquelle ... : the statistic that (GB) – Manipuler les statistiques : to manipulate statistics (GB) – Statistiques démographiques : vital statistics (US) – Statistiques d'incorporation (service national) : induction statistics (US).*

statistique (science) statistics (GB). Ex : *La statistique est une branche des mathématiques : statistics is a branch of mathematics (GB).*

stato-réacteur ramjet (<u>Jane's</u>).

statu quo status-quo (CA, GB). Ex : *Maintenir le statu quo : to maintain the status-quo (CA, GB).*

statut status (US, GB, OTAN) (VERB : "to control" = régir, "to attain") (ADJ : "operational"). Ex : *Statut d'officier en retraite : status of retired officer (US) – Avoir un double statut : to have a dual status (US) – Le statut allié qui pourrait lui (= chef) être accordé : the allied status which may be assigned to him (OTAN) – Obtenir le statut d'arme d'appui : to achieve the status of a combat arm (GB) – Le statut de la force de maintien de la paix : the status of the PK (= peacekeeping) force (US) – Ne pas avoir de statut diplomatique (PERS) : to have no diplomatic status (GB) – Soyez fier de votre statut de légionnaire : be proud of your status as a legionnaire (GB) – Le statut de la Turquie par rapport à la défense européenne : the status of Turkey in relation to European defence (OTAN).*

statut de non-combattant (PERS) non-combatant status (GB) (Ex : Aumôniers, personnel sanitaire).

statut d'officier officership (US) (VERB : "to receive").

statut général des militaires (the) Armed Forces Act (GB).

stimulant challenging (US). Ex : *Un processus stimulant : a challenging process (US).*

stimuler to stimulate (OTAN). Ex : *Stimuler l'intérêt des média ou du public sur un sujet ou une activité : to stimulate / media / public / interest about a subject or activity (OTAN).*

stock store (GB). Ex : *Notre stock de vêtements d'hiver : our store of winter clothing (GB) (Voir aussi **stocks**).*

stockage (armes / matériel / produits) storage (OTAN, US), stockpiling (UN). Ex : *Installation de stockage (MAT) : storage facility (US) – Stockage du matériel : ordnance storage (US) – Le stockage des armes / bactériologiques / chimiques : the stockpiling of / bacteriological / chemical / weapons (UN) – Stockage temporaire de munitions : temporary storage of ammunition (US) – Installations de stockage de produits pétroliers : petroleum sorage facilities (OTAN) – Base de stockage des armements et matériels : armament and equipment storage base (AESB) (OTAN).*

stockage de données (informatique) data storage (US). Ex : *Système de stockage de données : data storage system (US).*

stockage de munitions ammunition storage (OTAN).

stockage de produits pétroliers POL storage (OTAN) (POL = Petroleum, Oil(s) and Lubricants).

stocker to stock (US), to stockpile (US), to stow (US). Ex : *Stocker des pièces de rechange : to stock repair parts (US) – Une réserve de 600 coups est stockée dans le compartiment arrière (véhicule blindé) : a reserve of 600 rounds is stowed in the rear compartment (US).*

stocks stocks (OTAN), stores (GB), stockpiles (GB) (VERB : "to control", "to build up", "to maintain"). Ex : *Les stocks de poudre restants : the remaining stores of powder (US) – Stocks (ou réserves) d'armes nucléaires : nuclear stockpiles (GB) – Le niveau des stocks : the level of stocks (US) – Stocks contrôlés par un commandement : command controlled stocks (OTAN) – Stocks d'entretien : sustaining stocks (OTAN) – Stocks de munitions proportionnels à la menace : threat-oriented munitions (OTAN) – Stocks de soutien en munitions : level-of-effort munitions (OTAN) – Stocks initiaux : basic stocks (OTAN) – Stocks opérationnels : operational stocks (OTAN) – Stocks opérationnels de théâtre : theatre operational stocks (OTAN) – Stocks de matériels : stocks of materiel (US) – Installations et stocks de produits pétroliers : oil and petrol facilities and stocks (OTAN).*

stocks (d'armes) (population / armée) (arms) holdings (OTAN).

stocks de guerre war reserves (OTAN).

stocks d'entretien sustaining stocks (US, GB).

stocks logistiques logistics stockpiles (US) (VERB : "to regenerate").

stocks opérationnels de théâtre theatre operational stocks (US, GB).

stopper (TAC) to halt (US, GB). Ex : *Les premiers échelons ennemis seront stoppés et désorganisés par des contre-attaques : the attacker's first echelons will be halted and disrupted by counter-attacks (GB) – Notre progression fut stoppée par un tir d'enfilade nourri : our advance was halted by heavy enfilade fire (GB).*

stratagème stratagem (GB), ruse (GB).

stratège strategist (US) (ADJ : "military", "brilliant"). Ex : *Un stratège de théâtre : a theater strategist (US).*

stratégie strategy (US, UN) (VERB : "to develop", "to hold", "to carry out", "to execute", "to determine", "to pursue") (ADJ : "clear", "long-term") (NOM ASS. : "development", "refinement"). Ex : *Stratégie militaire nationale : national military strategy (NMS) (US) – Nous avons pour mission d'exécuter la stratégie militaire nationale : we are charged with executing national military strategy (US) – Soutenir (ou appuyer) la stratégie militaire nationale du Président : to support the President's National Military Strategy (US) – Stratégie anti-cités (STRAT) : countercity strategy – Stratégie anti-forces (STRAT) : counterforce strategy – Stratégie directe (STRAT) : direct strategy – Stratégie de première frappe (STRAT) : first-strike strategy – Stratégie indirecte (STRAT) : indirect strategy – Stratégie de dissuasion minimum (STRAT) : minimum deterrence strategy – Stratégie d'évitement (centres urbains) (STRAT) : no-cities strategy – Stratégie de deuxième frappe* *(ou de frappe en second) (STRAT)*: second-strike strategy – *Stratégie de l'ambiguïté (STRAT)*: strategy of ambiguity – *Stratégie de l'étouffement*: suffocation strategy *(UN)* – *Stratégie du fil déclencheur*: trigger line *(UN)* – *Stratégie de formation (d'instruction)*: training strategy *(US)* – *Une stratégie d'endiguement de l'Union soviétique*: a strategy of containing the Soviet Union *(US)*.

Cf. : The overall plan for utilization of political, economic, psychological and military assets in support of national conflict (US).

stratégie à long terme long-term strategy (GB).

stratégie de confrontation (alliance) strategy of confrontation (OTAN) (PREP: "with").

stratégie de défense defense strategy (US) (Terme dénombrable).

stratégie de dissuasion nucléaire nuclear deterrence strategy (US).

stratégie de l'avant (ou défense avancée) (STRAT) forward defense.

stratégie d'emploi (forces) strategy for employment (US).

stratégie de projection de forces force-projection strategy (US).

stratégie de renseignement (RENS) intelligence strategy (US) (Terme dénombrable) (VERB: "to invent").

stratégie de sortie (de crise) (crisis) exit strategy (US).

stratégie de théâtre theater strategy (US).

stratégie d'information information strategy (US).

stratégie d'ouverture (OTAN) outreach strategy (OTAN).

stratégie générale de la défense (France) National Military Strategy (NMS) (US).

stratégie militaire military strategy (GB).

stratégie militaire nationale (USA) national military strategy (NMS) (US).

stratégie nationale de sécurité national security strategy (US).

stratégique strategic (GB, US), strategical. Ex: *Un retrait stratégique: a strategic withdrawal – Armes stratégiques: strategic weapons (ou arms) – À des points (ou endroits) stratégiques: at strategic points – Des champs de mines situés à des endroits stratégiques: stragically-placed minefields (US) – Négociations sur la limitation des armes stratégiques: strategic arms limitation talks (SALT) – Permettre une analyse affinée et approfondie de niveau stratégique: to allow a careful in-depth analysis at strategic level to be made (UEO)* (Voir aussi **niveau de guerre**: *"grand strategic" et "military strategic"*).

stress stress (US) (Terme dénombrable) (VERB: "to deal with").

stress du (ou de) combat (SAN) combat stress reaction (OTAN), combat stress, battle stress (GB), battlefield stress (US), (the) stress of combat (US).

structure structure (Terme générique), framework (VERB: "to establish", "to determine", "to develop", "to prescribe") (ADJ & PART: "organizational", "functional", "composite", "revised"). Ex: *Nous avons bâti une structure pour l'armée de terre: we have developed a structure for the Army (GB) – La structure interne de nombreuses unités: the internal structure of many units (US)* (Voir aussi **cadre**).

structuré structured (UEO). Ex: *Une capacité de transport européenne structurée: a structured European transport capability (UEO) – La poursuite d'efforts de défense soutenus et structurés: the continuation of sustained and structured defence efforts (UEO)*.

structure au plan de l'organisation (armée) organizational structure (US).

structuré en structured into (US). Ex: *Une division d'infanterie mécanisée structurée en deux brigades mécanisées: a mechanized division structured into two mechanized brigades (US)*.

structure administrative administrative structure (OTAN) (NOM ASS.: "creation"). Ex: S*tructure administrative intérimaire conjointe: Joint Interim Administrative Structure (OTAN).*

structure d'accueil (PC) host structure.

structure d'alliance alliance structure (US).

structure décisionnelle decision-making structure (OTAN).

structure de coalition coalition structure (US).

structure de commandement command structure (OTAN, GB), command and control structure (US). Ex: *La structure de commandement de l'armée de terre: the Army Command Structure (GB).*

structure de commandement intégrée (OTAN) integrated command structure (OTAN). Ex: *Empêcher la pleine participation de la France à la structure de commandement intégrée de l'OTAN: to prevent the full participation of France in NATO's integrated command strucuture (OTAN).*

structure de commandement militaire military command structure (US).

structure de forces force structure (GB, OTAN, US) (VERB: "to reshape", "to round out") (ADJ: "synchronized"). Ex: *Des structures de forces permettant de disposer d'unités de relève en cas de besoin: force structures capable of providing fresh units when required (OTAN) – La défense européenne se caractérise par une structure de forces à base trop territoriale: European defence is characterized by too much territorially based force structure (OTAN).*

structure de forces de l'OTAN NATO force structure (NFS) (OTAN).

structure de pont bridge structure (UN).

structure de prise de décisions (ou décisionnelle) decision-making structure (OTAN).

structure de sécurité security structure (OTAN). Ex: *Une structure de sécurité euro-atlantique se développe: a Euro-Atlantic security structure is evolving (OTAN).*

structure de soutien (de l'armée de terre) (Army) support structure (US).

structure de théâtre theater structure (US).

structure d'unité unit structure (US) (PART: "standardized").

structurel structural (OTAN). Ex: *Remédier aux faiblesses structurelles de la défense de l'Europe: to address Europe's structural defence weaknesses (OTAN).*

structure militaire military structure (OTAN). Ex: *Les éléments d'une structure militaire de l'UE: the elements of an EU military structure (OTAN).*

structure militaire intégrée (OTAN) integrated military structure (OTAN, US) (VERB: "to be independent of").

structurer (unité / forces) to structure (a unit / forces) (US, GB). Ex: *Structurer un groupement tactique en fonction de la mission: to structure a battlegroup according to task (GB).*

structures budgétaires budget structures (OTAN). Ex: *Des structures budgétaires qui sont déphasées par rapport aux besoins de l'après-guerre froide: budget structures which are out of sync with the requirements of the post-Cold War era (OTAN).*

structures décisionnelles decision-making structures (OTAN).

structures de commandement (et de contrôle) C^2 structures (US) (C^2 = Command and Control).

structures d'état-major staff structures (US).

structure solide (cible) solidly constructed target.

stupéfiants drugs (US), narcotics (US). Ex: *Stratégie anti-stupéfiants: counter-drug strategy (US).*

style style (US, GB, <u>Jane's</u>) (PART : "characterised by"). Ex : *Un style de commandement agressif : aggressive leadership (US).*

style de combat style of fighting (GB), style of warfare (US). Ex : *Adopter un style de combat plus mobile : to adopt a more mobile style of fighting (GB).*

style de commandement style of command (GB, <u>Jane's</u>), command style (US).

style de guerre style of warfare (US, GB)

subalterne (officier) company grade officer (US), subaltern (GB) (Le terme britannique "subaltern" désigne un sous-lieutenant ou un lieutenant). Ex : *Un subalterne : a junior (US).*

subaquatique underwater (En épithète).

subdivisé en subdivided into.

subdivision (d'arme) subcompoment (US).

subdivision tactique (zone) tactical subdivision (US).

subir to sustain, to suffer (US), to undergo (US), to go through, to take (GB), to receive (US). Ex : *Subir un minimum de pertes : to sustain (<u>ou</u> to sufffer) minimum losses (<u>ou</u> casualties) – Subir une transformation : to undergo (<u>ou</u> to go through) (a transformation) – Subir des épreuves de sélection : to take selection tests (GB) – Subir des blessures relativement graves (PERS) : to receive relatively serious injuries (US) – Subir (<u>ou</u> essuyer) une attaque surprise : to undergo a surprise attack (US) – Atteindre ses objectifs tout en ne subissant que de faibles pertes (force) : to achieve one's objectives with few casualties to oneself (GB) – Il a subi une très grave blessure à la poitrine causée par une grenade ennemie : he suffered a severe chest wound from an enemy grenade (US).*

subkilotonnique (arme nucléaire) sub-kiloton (UN) (En épithète).

subordonné (nom) subordinate (US, GB), inferior (GB). Ex : *Il fait toujours preuve de respect à l'égard de ses subordonnés : he always treats his inferiors with respect (GB).*

subordonné (adjectif) subordinate (US, GB), tasked (GB), under the command of (GB), under command (GB) (PREP : "to"). Ex : *Subordonnée à (<u>ou</u> rattachée à) (unité) : subordinate to (US), tasked to (GB) – Les unités subordonnées à la DB : the units subordinate to the Armoured Division – Les grandes unités subordonnées à USARPAC (= US Army Pacific) : major subordinate units under USARPAC (US) – La 3e Brigade de Commandos n'est pas subordonnée à la 3e Division britannique : 3 Commando Brigade is not under the command of 3 (UK) Division (GB) – La Division a actuellement trois brigades qui lui sont subordonnées : the Division now has three brigades under command (GB).*

subordonner to subordinate (GB) (PREP : "to"). Ex : *Subordonner un chef à un autre chef : to subordinate a chief to another chief (GB).*

submerger (TAC) to overrun (US, GB), to overwhelm (US). Ex : *Submerger une position : to overrun a position (US) – Submerger le dispositif ennemi : to overrun the enemy disposition – Submerger l'ennemi : to overwhelm the enemy (US).*

submersion (en) underwater (En épithète), submerged (US), amphibious (US). Ex : *Franchissement en submersion (<u>ou</u> en plongée) : submerged crossing (US) – Capacité de franchir les cours d'eau en submersion (engin du Génie) : capability for amphibious operations (US).*

subsistance (force) sustainment (US). Ex : *Assurer la subsistance de la force : to provide the sustainment of the force (US), to sustain the force (US).*

subsistances (magasin des) commissary (US).

subsonique (vol) subsonic (GB).

subsonique (balle) low velocity (GB).

substance substance (OTAN). Ex : *Substance chimique : chemical substance (OTAN), chemical (GB).*

substitution (principe de) (chiffre) (RENS) substitution (US) (VERB: "to use") (ADJ: "polyalphabetic", "letter-for-letter").

substitution (de) (ennemi) surrogate (US). Ex: *Trouver des ennemis conventionnels de substitution : to find surrogate conventional enemies (US).*

substratégique (ou pré-stratégique) (OTAN) sub-strategic (UN, OTAN).

subterfuge stratagem (GB), ruse (GB).

subvenir aux besoins de to support (US). Ex: *Subvenir aux besoins des réfugiés du Kosovo : to support the Kosovo refugees (US).*

subversif (nom et adjectif) subversive (US) (Terme dénombrable désignant un individu et l'adjectif) (VERB: "to search for").

subversion subversion (OTAN, US, GB) (VERB: "to detect", "to counteract"). Ex: *Protéger l'État contre la subversion armée : to protect the State from armed subversion (GB) – Servir de base de soutien à la subversion (pays) : to serve as a base of support for subversion (US).*

Cf. : Action designed to weaken the military, economic or political strength of a nation by undermining the morale, loyalty or reliability of its citizens (OTAN).

succéder à to succeed (GB, OTAN), to give way to (OTAN), to step into somebody's boots (familier) (US). Ex: *Succéder à quelqu'un en qualité de (ou au poste de) : to succeed somebody as (GB) – Aux dangers de la guerre froide ont succédé des perspectives plus prometteuses : the dangers of the Cold War have given way to more promising prospects (OTAN) – Le Président des États-Unis d'Amérique a été invité à désigner un officier des forces armées de son pays pour succéder au général X au poste de Commandant suprême des forces alliées en Europe : the president of the United States of America was asked to nominate an officer of the United States for appointment as Supreme Allied Commander, Europe to succeed General X (OTAN) – Être prêt à succéder à son chef (PERS) : to be prepared to step into one's leader's boots (US) – Un des organismes qui ont succédé au KGB : one of the successor agencies to the KGB (US).*

succès success (US, GB, OTAN, CA) (Pluriel: "successes", mais la forme au singulier a un sens pluriel), achievement (US) (VERB: "to achieve", "to prejudice", "to seal"), (ADJ: "remarkable", "great", "huge", "substantial", "smashing", "qualified", "notable") (NOM ASS.: "magnitude", "breadth"). Ex: *Enregistrer un succès (unité) : to record a success (GB) – Obtenir d'importants succès au combat : to achieve substantial combat success (US) – Avec grand succès : with great success (US) – Accomplir une mission avec succès : to accomplish a mission successfully (OTAN) – Le succès des opérations : the success of operations (OTAN) – L'exercice fut un sensationnel succès : the exercise was a smashing success (US) – Au plan militaire, les raids ont obtenu peu de succès : militarily, the raids achieved little (CA) – Tirer parti de ces succès : to build on this success (OTAN) – Assurer le succès maximal à la mission (TAC) : to insure maximum success of the mission (US) – Le succès sur le champ de bataille : success on the battlefield (US) – Le succès à la guerre : success in war (US) (Voir aussi **réussite**).*

succès au combat success in combat (AUST).

succès de la mission mission success (US) (VERB: "to achieve").

successeur (personnels / matériel) successor (US, GB, Jane's) (+ préposition "to"), replacement (+ préposition "for") (GB) (personnel et matériel), follow-on (+ préposition "to") (matériel seulement) (UN, US). Ex: *Successeur du (missile antichar) TOW : Follow-On To TOW (FOTT) (US).*

succession (remplacement) to take over from (GB). Ex: *Prendre la succession du général de la Billière au poste de général commandant la région militaire sud-est : to take over from General de la Billière as GOC (= General Officer Commanding) South East District (GB).*

succession (série) successive (US). Ex : *En combat défensif caractérisé par une succession de positions de freinage : in defensive operations characterized by successive delaying positions (US).*
succession du commandement succession of command (SUCOC) (OTAN).

sud south (OTAN, GB, US, CA). Ex : *L'ennemi fait mouvement vers le sud : the enemy is moving south (GB) – Le 1ᵉʳ régiment mécanisé se déplaçant vers le sud : 1st Bn (Mech), moving south (US) – Un convoi (se déplaçant) en direction du sud : a southbound convoy (GB) – Un vent du sud : a south wind (GB), an southerly wind (GB) – Faire mouvement vers le sud : to move in a southerly direction (GB), to move towards the south (GB), to move southward (US), to move southwards (GB) – Au sud : in the south, to the south – Marseille est à 800 km au sud de Paris : Marseilles is 800km south of Paris – Le sud du pays : the southern part of the country (GB) – Contrer la menace militaire venant du sud : to meet the military threat from the south (CA) – Sud de la Norvège : South Norway (OTAN) – L'unité responsable du secteur allant de Tuzla au nord à Olovo au sud : the unit responsible for the sector from Tuzla in the north to Olovo in the south (US) – Les blindés ennemis se concentrent au sud de Francfort : enemy armour is concentrating to the south of Frankfurt (GB) – Les chars ennemis avançaient en direction du sud-est : the enemy tanks were moving in a south-easterly direction (GB) – Se retirer du Liban Sud (ou du Sud Liban) (force) : to pull out of Southern Lebanon (GB) (Voir aussi **points cardinaux**).*

sud (du) southern (OTAN). Ex : *Norvège du sud : Southern Norway (SONOR) (OTAN) – Europe du sud : Southern Europe.*

sud-est Southeastern (OTAN), south-easterly (GB) (En épithète). Ex : *Secteur sud-est de la Méditerranée : Southeastern Mediterranean Area (MEDSOUEAST) (OTAN) – Les chars ennemis avançaient en direction du sud-est : the enemy tanks were moving in a south-easterly direction (GB).*

Sud-Est Europe Southeastern Europe (OTAN). Ex : *Commandant des forces terrestres alliées du Sud-Est Europe : Commander Allied Land Forces, Southeeastern Europe (COMLANDSOUTHEAST) (OTAN).*

Sud Europe Southern Europe (OTAN). Ex : *Commandant en chef des forces alliées du Sud Europe : Commander-in-Chief, Allied Forces Southern Europe (CINCSOUTH) (OTAN).*

sueur sweat (US). Ex : *La sueur ruisselait sur le front du sergent Michael Duda : sweat poured down Sgt. Michael Duda's brow (US).*

suffisance sufficiency (UN) (ADJ: "reasonable"). Ex : *Un niveau de suffisance : a level of sufficiency.*

suffisant sufficient (US, OTAN, GB). Ex : *Des moyens suffisants : sufficient resources (OTAN) – Nous devrons réduire notre échelon d'assaut car nous ne disposons pas de réserves suffisantes : we will have to scale down our assault echelon because we don't have sufficient reserves (US) – Un soutien logistique suffisant pour soutenir durablement les forces sur le théâtre : sufficient logistic support to sustain the forces in theatre (GB).*

suffocant (nom) choking agent (UN).

suicidaire (opération / action) suicidal (GB).

suicide suicide (US, GB) (VERB: "to commit", "to contemplate"). Ex : *Attaque suicide : suicide attack – Enquêter sur un suicide (PERS) : to investigate a suicide (GB) – Prévention du suicide : suicide prevention (US) – Le taux de suicides : the suicide rate (US).*

suit to follow (GB), to be issued. Ex : *Annexe C suit : Annex C to follow (GB) (Également : " to be issued" + heure).*

suite series (OTAN), sequence (US). Ex : *À la suite de la guerre du Golfe : following the Gulf War (US) – Une suite d'opérations : a series of (continuing) operations (OTAN) – Une contre-offensive serait la suite logique d'une action défensive : a counteroffensive would be a logical sequence to a defense (US).*

suite à donner (à) follow-up (on) (OTAN). Ex : *Suite à donner au cadre politico-militaire pour des opérations du PPP (= Partenariat pour la Paix) dirigées par l'OTAN : follow-up on the Political-Military Framework for NATO-led PFP (= Partnership For Peace) operations (OTAN).*

suites (conséquences) Ex : *Décédé des suites de blessures de guerre (PERS) : died of wounds received in action (OTAN).*

suivant (selon) according to (GB). Ex : *Enterrer les morts suivant l'usage de la Légion : to bury the dead according to Legion convention (GB).*

suivant following.

suivi (des travaux / ordres / plans) follow-up (US, UEO, UN) (ADJ : "proper", "necessary"). Ex : *Réunion / commission / de suivi : follow-up / meeting (UN) / commission (UN) – Les officiers d'état-major doivent assurer le suivi de tous les ordres et des plans diffusés : staff officers are to follow up on all orders and plans issued (US).*

suivi (des matériels) (LOG) tracking (US).

suivi des forces force tracking (US).

suivi de terrain (fonction d'aéronef) terrain following (OTAN).

suivi du terrain (fonction de missile de croisière) terrain contour matching (TERCOM) (OTAN).

suivi de terrain à corrélation topographique (système) terrain contour matching (TERCOM) (OTAN).

suivre (direction / itinéraire) to follow (US), to march (GB). Ex : *Suivre / une direction / un itinéraire : to follow / a direction / a route (US) – La sentinelle signala des cavaliers qui approchaient, venant de la direction qu'ils avaient suivie (troupe à pied) : the sentry reported approaching horsemen, heading from the direction they had marched (GB) – Suivre des itinéraires choisis d'avance : to follow preselected routes (US).*

suivre (ordre / instruction / politique) to follow (US). Ex : *Suivre des instructions : to follow instructions (US) – Suivre une politique (ou une ligne d'action) : to follow a policy (US) – Suivez les ordres de vos chefs : follow the orders of your leaders (US).*

suivre (conseils) to take (GB). Ex : *Il refusa de suivre mes conseils : he refused to take my advice (GB).*

suivre (venir après) to follow (GB), to track (GB). Ex : *Les 7 heures qui suivirent furent utilisées à la poursuite du pilonnage des positions ennemies : the next 7 hours were used in continuing to pound the enemy positions (US) – Dans les jours qui ont suivi l'invasion du Koweït par l'Irak : in the days following the Iraqi invasion of Kuwait (GB) – Suivre les pas de quelqu'un : to follow in somebody's footsteps (GB) – Entraînement collectif qui suit l'entraînement individuel : collective training that follows individual training (US) – Suivre la trace des mouvements de troupes d'embuscade : to track the movements of the ambush troops (GB).*

suivre (contrôler) to monitor (OTAN). Ex : *L'OTAN suit de près l'évolution de la situation : NATO is monitoring the situation closely (OTAN).*

suivre (poursuivre) (objectif) to track (OTAN).

suivre (matériels) (LOG) to track (US).

suivre (cours / formation / stage) to attend (US, GB), to take (US). Ex : *Il a suivi les cours de l'École de Formation Initiale des Officiers (fiche biographique d'officier) : he attended the Military Academy (US) – Suivre les deux semaines de formation : to attend the two weeks of training (US) – Suivre un stage : to attend a course (GB, US) – Suivre / un stage / une formation parachutiste : to take airborne training (US).*

suivre (filer) (RENS) to tail (US). Ex : *Faire suivre quelqu'un : to put a tail on somebody.*

suivre de près (évolution d'une situation) to pay close attention to (OTAN), to monitor (OTAN).

suivre la trace de (PERS) to track (GB). Ex : *On a suivi la trace des déserteurs jusqu'à la gare : the deserters were tracked to the railway station (GB).*

suivre le rythme de to keep pace with (OTAN).

sujet matter (UN), subject (GB), topic (OTAN). Ex : *Sujet classifié : classified matter (UN) – Un court exposé sur un sujet donné : a lecturette on a given subject (GB) – Le sujet de la maîtrise des armements est du ressort de l'OSCE : the topic of arms control is the business of OSCE (OTAN) – Parmi les sujets qui seront présentés et discutés (séminaire OTAN) figurent : among the topics to be presented and discussed are : (OTAN) – L'Italie organisera le prochain séminaire sur le sujet "Emploi, entraînement et évaluation des unités de défense aérienne en opérations de soutien de la paix" : Italy will host the next seminar on the topic "Air Defence Units Employment, Training and Evaluation for Peace Support Operations" (OTAN).*

sujet (RENS) subject (OTAN). Ex : *Renseignement sur tout sujet, pouvant permettre d'établir une documentation de référence : intelligence on any subject which may be used as reference material (OTAN).*

sujet à subject to (OTAN). Ex : *Sujet à notification : notifiable (UN) – Sujette à caution (source) : unreliable (OTAN) – Le programme (de la visite) est sujet à modification de dernière minute : the programme is subject to last minute changes (OTAN) – Sujet à modification : subject to change (OTAN).*

sujet de renseignement (RENS) intelligence topic (US).

sujet sensible sensitive issue (US).

sulfater (mitrailler) (terme familier) to shoot with (ou to fire) a machine gun.

sulfateuse (mitrailleuse) (terme familier) machine gun (GB, US).

super-combattant (USA) (fantassin) super-trooper (US).

Super-Etendard Super-Etendard multirole fighter aircraft (GB).

superficiel (attaque) shallow (US).

superflu redundant (GB). Ex : *Le char est superflu sur le champ de bataille moderne : the tank is redundant on the modern battlefield (GB).*

super-haute fréquence (SHF) super-high frequency (SHF) (OTAN).

supérieur (adjectif) superior (US, GB), higher (OTAN), larger (OTAN), greater (OTAN), in excess (US), -plus (US). Ex : *Une autorité supérieure : (a) higher authority (OTAN) – La visibilité est supérieure à 3 000 mètres : visibility is in excess of 3,000 meters (US) – Doter de canons d'un calibre supérieur (ou porter le calibre d'un canon à un diamètre supérieur) : to upgun (UN) – Un ennemi considérablement supérieur : a vastly superior enemy (GB) – Echelon supérieur : higher echelon (OTAN) – Une formation supérieure à une division : a formation larger than a division (OTAN) – À une portée supérieure à 4 kilomètres : at a range in excess of 4 kilometers (US) – Une probabilité d'atteinte supérieure à 50% : a probability of hit greater than 50% (US) – Posséder une puissance de feu de deux à quatre fois supérieure à celle des systèmes sol-air actuels (missile sol-air) : to have two to four times the firepower of current air defense systems (US) – Outre son rayon d'action supérieur à 150 kilomètres (drone) : in addition to its 150-kilometer-plus operating radius (US) – Des soldats de qualité supérieure : high-quality soldiers (US) – Le budget de la recherche de défense est aujourd'hui, aux États-Unis, environ 10 fois supérieur à celui alloué par un pays européen tel que la France ou le Royaume-Uni : the* *defence research budget in the United States is now about ten times that of a European power such as France or the United Kingdom (US) – Quelques mois plus tard, la France capitula, humiliée par les armées prussiennes supérieures (Hist.) : a few months later, France capitulated, humiliated by the superior Prussian armies (GB).*

supérieur (en grade) superior (GB), senior (GB).

supérieur (nom) superior (US, GB), senior (US) (VERB : "to honour"). Ex : *Avertissez votre supérieur immédiat : notify your immediate superior (US) – Un supérieur direct : a direct superior (GB) – Obéir à ses supérieurs : to obey one's superiors (GB).*

supérieur à superior to (GB).

supérieur en nombre (ennemi) superior in numbers (US).

supériorité superiority (US) (VERB : "to establish", "to achieve", "to maintain"). Ex : *Conquérir / la supériorité du feu / la supériorité aérienne / la supériorité numérique sur l'ennemi : to achieve / fire superiority / air superiority ou air supremacy / numerical superiority over the enemy – La supériorité technologique des systèmes d'arme de l'armée de terre : the technological superiority of the Army's weapon systems (US).*

À noter :

L'idée de supériorité se retrouve dans le préfixe "OUT" d'un petit nombre de **verbes** anglais du domaine militaire : to outmanoeuvre = l'emporter en tactique sur, faire preuve d'une plus grande habileté manœuvrière que ; to outnumber = l'emporter en nombre sur ; to outgun = avoir une puissance de feu supérieure à ; to outmarch = devancer, dépasser ; to outrange = avoir une portée supérieure à (armement) ; to outrank = être de grade supérieur à ; to outreach = avoir une allonge supérieure à ; to outshoot = être meilleur tireur que, mieux tirer que ; to outweigh = l'emporter en proportion sur ; to outthink = mieux raisonner / réfléchir que.

On pensera également à l'emploi du préfixe "UP". Ex : *Doter de canons d'un calibre supérieur / porter le calibre d'un canon à un diamètre supérieur : to upgun (UN).*

supériorité aérienne air superiority (OTAN, GB, US), air supremacy (US) (VERB : "to attain", "to maintain", "to count on") (ADJ : "temporary", "local") (EXPR : "in support of"). Ex : *Supériorité aérienne locale : local air superiority (GB).*

supériorité aérienne (opération de) counter-air operation (CAO) (OTAN). Ex : *Missions de supériorité aérienne / offensive / défensive : offensive / defensive / counterair operations (US).*

Cf. : An air operation directed against the enemy's air offensive and defensive capability in order to attain and maintain a desired degree of air superiority (OTAN).

supériorité à tous points de vue (concept) (USA) full spectrum dominance (US) (VERB : "to achieve"). Ex : *La supériorité à tous points de vue sera rendue possible grâce à la supériorité de l'information : full spectrum dominance will be enabled by information superiority (US).*

supériorité dans le domaine de l'information (ou en matière d'information) information superiority (US).

supériorité dans les airs et dans l'espace aerospace superiority (US).

supériorité dans les opérations interarmées joint operations superiority (US).

supériorité dans l'espace space superiority (US).

supériorité décisionnelle (ou en matière de décisions) decision superiority (US).

supériorité de la connaissance knowledge superiority (US). Ex : *Assurance d'une supériorité de la connaissance : assured knowledge superiority (US).*

supériorité de l'information information superiority (US, GB) (VERB : "to achieve", "to attain").

supériorité en matière d'armement nucléaire nuclear weapons supremacy (US).

supériorité en matière de combat combat overmatch (US).

supériorité en matière de systèmes informatiques superiority in information systems (OTAN).

supériorité locale local superiority (US) (VERB : "to gain").

supériorité maritime maritime superiority (US), sea supremacy (US).

supériorité morale moral dominance (US).

supériorité tactique battlefield superiority (Jane's).

supériorité technologique technological superiority (US), technology overmatch (US).

supériorité terrestre land dominance (US) (VERB : "to achieve" = acquérir).

superposable multilayered (US). Ex : *Calques superposables : multilayered overlays (US).*

superposer to superimpose (OTAN) (PREP : "on"). Ex : *Une feuille transparente superposée à une carte : a transparent sheet superimposed on a map (OTAN).*

superpuissance superpower (US) (Peut s'employer en épithète) (ADJ : "unchallenged"). Ex : *La course à la technologie entre les superpuissances : the superpower technology race (GB).*

Super Puma the Super Puma support helicopter (Jane's).

supersonique (missile / avion / vitesse / balle) supersonic (US, GB) high velocity (GB).

superstructure superstructure (Jane's) (PART : "raised").

superstructure (en) roof-mounted (Jane's), in an overhead mount (GB). Ex : *Mitrailleuse (montée) en superstructure : roof-mounted machine gun (Jane's), machine gun in an overhead mount (GB).*

supertoxique (adjectif) supertoxic (UN).

supervision supervision (OTAN), oversight (US). Ex : *Sous la supervision de la KFOR : under the supervision of KFOR (OTAN).*

supplément further (US). Ex : *Un supplément d'enquête : a further investigation (US).*

supplément (matériel) extra (Jane's). Ex : Supplément en option : optional extra (Jane's).

supplément d'exercice exercise supplement (EXSUPP) (OTAN).

supplémentaire additional (US, OTAN, GB), extra (OTAN), further (GB). Ex : *Des émetteurs supplémentaires : additional transmitters (OTAN) – Des précautions supplémentaires : extra precautions (OTAN) – 1 000 soldats supplémentaires (de plus) : an additional 1,000 soldiers (US) – Il y a 3 330 soldats supplémentaires (de plus) : there are an extra 3,330 soldiers (Jane's) – Acquérir jusqu'à 20 (hélicoptères) Apache supplémentaires : to acquire up to 20 additional Apaches (Jane's) – Un régiment de CLB (= Cavalerie Légère Blindée) supplémentaire : an additional armoured reconnaissance regiment (GB) – Renforcer l'effort principal au moyen d'appuis d'artillerie supplémentaires : to beef up the main effort with extra artillery support (US) – Une fois ses cinq ans de service achevés, il avait resigné pour cinq ans supplémentaires (légionnaire) : with five years' service completed, he had signed again for a further five (GB).*

supplément de solde (allocation) extra pay (US).

support (mine) supporting plate.

support support (OTAN), mount (US), carrier (OTAN). Ex : *Support fixe ou mobile d'un canon : (a) mobile or fixed support for a gun (OTAN) – Support (de mitrailleuse) : mount (US) – Support léger dans lequel un projectile de calibre plus petit est centré (sabot) : lightweight carrier in which a subcalibre projectile is centred (OTAN).*

supporter to sustain (US). Ex: *Notre structure de forces ne peut encore supporter deux grands conflits régionaux: our force structure still cannot sustain two MRCs (= Major Regional Conflicts) (US).*

supporter (physiquement) to bear (GB), to accommodate (GB), to support (US, GB), to sustain (US), to carry (OTAN), to take (GB). Ex: *Un pont capable de supporter des chars lourds: a bridge capable of bearing (ou accomodating ou supporting) heavy main battle tanks (GB, US) – Le char supportait une vitesse et une mobilité plus élevées: the tank sustained higher speed and mobility (US) – Supporter une charge (pont / itinéraire / bac / rampe d'accès): to carry a load (OTAN) – Un pont capable de supporter des véhicules aussi lourds que le char Challenger: a bridge capable of taking vehicles as heavy as the Challenger MBT (GB) – Supporter un ensemble porte-blindé chargé de 105 tonnes (pont): to accomodate a 105 tonne loaded tank transporter (GB).*

supporter (difficultés) (PERS) to withstand (US). Ex: *Bien supporter les rigueurs du combat: to withstand the rigors of combat well (US).*

supporter (frais) to bear (US). Ex: *Une partie des frais de stage sera supportée par l'État: part of the course costs will be borne by the government (US).*

supposé suspected (OTAN). Ex: *Une position ennemie supposée: a suspected enemy position (OTAN).*

suppression (menace) removal (GB). Ex: *La suppression d'une menace importante (ou majeure): the removal of a major threat (GB).*

suppression des moyens d'offensive balistique ballistic offensive suppression (OTAN).

suppression infra-rouge (hélicoptère) infrared suppression system (US).

supprimer to phase out (Jane's), to cancel, to eliminate (US), to abolish (US), to do away with (US), to erase (US). Ex: *Supprimer (progressivement) le service national: to phase out national service (Jane's) – Supprimer une permission: to cancel a leave – Supprimer trois divisions d'active: to eliminate three active divisions (US) – Supprimer un corps / une arme: to abolish a corps / a branch (US) – En 1997, le ministère de la Défense annonçait qu'il supprimait 38 des 129 régiments de l'armée de terre: the MoD (= Ministry of Defence) announced it was eliminating 38 of the Army's 129 regiments (Jane's) – La prolifération urbaine supprime de plus en plus d'espace de manœuvre: urban sprawl does away with more and more maneuver room (US) – Supprimer les lignes de division: to erase dividing lines (OTAN).*

suprématie supremacy (GB). Ex: *La suprématie du char sur le champ de bataille: the supremacy of the MBT (main battle tank) on the battlefield (GB) – La suprématie de l'Infanterie et l'Arme Blindée Cavalerie: the supremacy of infantry and armour (GB).*

suprématie aérienne air supremacy.

suprématie de l'information (ou en matière d'information) information dominance (US).

suprême supreme (OTAN), overall (OTAN), ultimate (US). Ex: *L'arme d'assaut suprême: the ultimate assault weapon (US) – Troupes réservées à la disposition du commandant suprême: reserve of troops under the control of the overall commander (OTAN) – Commandant suprême des forces alliées en Europe: Supreme Alllied Commander Europe (SACEUR) (OTAN).*

sur (à propos de) on, about, concerning (US). Ex: *Des renseignements sur le terrain: information concerning the terrain (US).*

sur (spatial) on (GB, OTAN, CA, CFE), into (US, GB), in (US), at (US, OTAN, CA), along (GB, US), over (GB, Jane's), to (US, GB), onto (GB), (-)mounted (US, GB), (-)based (GB), through (Jane's). Ex: *La mise en place d'une division sur une zone d'opérations:*

the deployment of a division into an area of operations (US) – Arriver sur la zone d'objectifs : to arrive in the objective area (US) – Sur lima 2 : on phase line (PL) 2 – Sur lima NOIR : at PL BLACK (US) – Sur l'objectif STEEL : at objective STEEL (US) – Sur une direction donnée : in a given direction (US) – Sur la direction Hanvoille-Famachon : in the direction of Hanvoille-Famachon – Sur un axe : on an axis (GB) – Sur une voie d'accès : along an avenue of approach (US) – Sur la frontière : along the border – Sur le Rhône : along(side) the (River) Rhône (GB) – Sur le canal de Kennet et Avon : over the Kennet and Avon canal – Sur un front : on a front (US) – Sur un large front : over a broad front (GB) – Sur le flanc of (US) – Sur la limite avant de la zone de combat : at the forward edge of the battle area (FEBA) – Sur place : in place (US) – Un régiment d'infanterie sur Warrior : a battalion of Warrior-mounted infantry (GB) – Deux régiments d'infanterie blindée sur Warrior : two armoured infantry battalions based on Warrior (GB), two Warrior-based armoured infantry battalions (GB) – Monté sur BMP = BMP-mounted – Fournir un appui feu direct sur l'objectif : to provide direct fire support onto the objective (GB) – Tir indirect sur un objectif : indirect fire on a target (OTAN) – Sur une / base militaire / aérienne : on a military base (GB) / on an air base (OTAN) – Un pont sur la Seine : a bridge over the Seine River (GB) – Une tête de pont sur l'Orne : a bridgehead over the River Orne (GB) – Sur le territoire de : on the territory of (CFE) – Sur véhicule (matériel) : vehicle-mounted – Sur terre : on land – Les forces militaires se déplacent sur un itinéraire : the military forces move along a route (US) – Sur un flanc : on a flank (US) – Sur char (matériel) : tank(-)mounted (US) – La mitrailleuse peut etre pointée en direction sur 360 degrés : the machine gun can be traversed through a full 360 degrees (Jane's) – Entraîner les régiments sur des chars Challenger 2 : to train regiments on Challenger 2 MBTs (= Main Battle Tanks) (Jane's) – Des opérations aériennes de l'OTAN sur la Bosnie : NATO air operations over Bosnia (Jane's) – L'aviation a observé sur la cible des positions militaires retranchées avant d'exécuter l'attaque : the aircraft observed dug-in military positions at the target before executing the attack (OTAN) – Une colonne de 3 000 Américains avançant sur Montréal (Hist.) : a 3,000-strong American column advancing on Montreal (CA) – Le désastre infligé aux forces du général Braddock sur la rivière Monongahela : the disaster inflicted on General Braddock's forces at the Monongahela River (CA) – Les Mexicains nous encerclaient et tenaient leurs baïonnettes sur notre poitrine : the Mexicans encircled us and held their bayonets to our chests (GB) – Sur les arrières de l'ennemi : in enemy rear areas (US) – Tirer un obus de mortier sur le marché de Sarajevo : to fire a mortar round into the Sarajevo market (GB).

sur (temporel) over (US). Ex : *Sur une période de quatre ans : over a four-year period (US).*

sur (proportion) of (US), in (Jane's), Ex : *Environ 8 capitaines sur 10 : about 8 of 10 captains (US) – Un régiment sur quatre devrait être professionnalisé : one regiment in four should be professionalised (Jane's) – Sur les 4 000 légionnaires qui ont participé à cette campagne, seulement 500 sont revenus : of the 4,000 legionnaires who took part in this campaign, only 500 returned (GB).*

sur (contre) against (US, OTAN), at, on (OTAN). Ex : *Tirer sur une cible fixe : to fire against a stationary target (US) – Tirer sur quelqu'un : to fire at somebody – À la suite des allégations serbes concernant une attaque de l'OTAN sur le village de Korisa, au Kosovo : following Serb claims about a NATO attack on the village of Korisa in Kosovo (OTAN) – Un objectif sur lequel aucun tir n'a été prévu (ART) : a target against which fire has not been scheduled (OTAN).*

sur (sens figuré) across (GB). Ex : *Sur la totalité du spectre des technologies de défense : across the whole spectrum of defence technology (GB).*

sur (véhicule) Ex : *Deux régiments de chars sur AMX-30 : two AMX-30 armored battalions (US).*

sûr (en sécurité) safe (US, OTAN), secure (OTAN, GB). Ex : *Un monde plus sûr : a safer world (US) – Un environnement sûr : a secure environment (OTAN) – Mettre des documents en lieu sûr : to put documents in a secure place (GB).*

sûr (certain) certain (US). Ex : *Être sûr de la localisation de l'ennemi : to be certain of the enemy's location (US).*

sûr (cotation) (RENS) reliable (US). Ex : *Complètement / ordinairement / assez / sûr : completely / usually / fairly / reliable (US) – Ordinairement pas sûr : not usually reliable (US) – Pas sûr : unreliable (US).*

sûr (ou protégé) secure (UN).

suralimenté (moteur) supercharged, turbocharged (GB).

surarmement overarmament (UN), overkill (GB). Ex : *Leur surarmement en matière d'hélicoptères et de soutien logistique (forces américaines) : their overkill in helicopters and logistics support (GB).*

surblindage add-on armor (US) (NOM ASS. : "attachment").

surcapacité de destruction overkill (GB).

surchargé de travail (PERS) overworked (US).

surcharger (lignes de communication) to overload (US).

surchauffe (moteur) overheating.

surclassification (document) (RENS) overclassification (US).

surcoûts (ou dépassements de crédits) (projet d'armement) cost overruns (GB).

sur demande prioritaire (ART) at priority call (OTAN). Ex : *Une unité d'artillerie peut être mise sur demande prioritaire au bénéfice d'une autre unité : an artillery unit may be placed at priority call to another unit (OTAN).*

surdestruction (capacité de) (matériels) (STRAT) overkill capability (UN), overkill capacity (UN).

sureffectif over-manning. Ex : *Être en sur-effectif (unité) : to be over-manned, to be overstrength (US).*

surélever (matériel) to superelevate (US).

surenchère competition (UN). Ex : *Surenchère en matière d'armes nucléaires : competition for nuclear arms (UN).*

surentraînement over-instruction (GB).

surestimer to overestimate (US). Ex : *Surestimer des forces : to overestimate forces (US).*

sur étagère (achat d'armement) off-the-shelf (GB, Jane's) (S'emploie aussi en épithète). Ex : *Acquérir le missile sur étagère : to acquire the missile off-the-shelf (Jane's)* (Voir aussi **tout fait**).

surévaluer (ou surestimer) to overestimate (GB). Ex : *Surévaluer une menace : to overestimate a threat (GB).*

sûreté (TAC) security (operations) (US) (VERB : "to provide"). Ex : *Détachement de sûreté rapprochée : security detachment (OTAN) – Assurer la sûreté de (site / documents / armes) : to secure (UN) – Assurer la sûreté (ou la protection) d'une force : to screen a force (US).*

Cf. : Those operations designed to obtain information about the enemy and provide reaction time, maneuver space and protection to the main body. Security operations are characterized by aggressive reconnaissance to reduce terrain and enemy unknowns, gaining and maintaining contact with the enemy to ensure continuous information, and providing and accurate reporting of information to the protected force. Security operations include screening operations, guard operations, covering force operations, and area security operations (US).

sûreté (cotation) (RENS) reliability (US). Ex : *Sûreté ne pouvant être appréciée : reliability cannot be judged (US).*

sûreté (mesures défensives dans les échelons de commandement) protective security.

Sûreté (Fouché) (Hist.) the French secret police (US).

sûreté de crosse (pistolet automatique) grip safety.

sûreté de la zone arrière rear area security (US).

sûreté de l'État national security (US), safety of the state (US). Ex : *Nuire (gravement / très gravement) à la sureté de l'État (divulgation de secrets) : to cause (serious / exceptional) damage to national security (US).*

sûreté des personnes (the) safety of the individual (OTAN), (the) safety of individuals (OTAN).

sûreté en opérations tactical security.

Sûreté générale (Hist.) the French police criminal investigation organization (US), the French domestic intelligence police agency (US).

surextermination (personnes) overkill (UN). Ex : *Capacité de surextermination : overkill capacity (UN).*

surface surface (OTAN). Ex : *Une représentation de la surface de la terre : a representation of the surface of the earth (OTAN) – Sur une surface plane : on a plane surface (OTAN) – Explosion nucléaire de surface : surface nuclear burst (UN) – Contre des objectifs de surface (missile air-surface) : against surface targets (OTAN).*

surinformation information overload.

sur le champ de bataille on the battlefield (US, GB).

sur le coup (instantanément) instantly (GB). Ex : *Le lieutenant Vilain reçut une balle en plein front et mourut sur le coup : Lieutenant Vilain took a bullet in the forehead and died instantly (GB).*

sur le flanc (presque battu) (familier) (ENI) on the ropes (US). Ex : *L'ennemi est sur le flanc : the enemy is on the ropes (US).*

sur le plan tactique tactically (US). Ex : *L' arme nucléaire peut être employée sur le plan tactique : nuclear weapons can be tactically employed (US).*

sur le terrain (inspection) on-site (OTAN). Ex : *Inspection sur le terrain : on-site inspection (OSI) (OTAN).*

sur le terrain (forces) in the field (US, GB), on the terrain (US).

sur mer on sea (US), at sea (US).

sur mesure tailored (US), tailor-made (<u>Jane's</u>). Ex : *Une force sur mesure : a tailor-made force (<u>Jane's</u>).*

surmonter to overcome (US). Ex : *Surmonter / un défi / un problème : to overcome / a challenge / a problem (US) – Surmonter une résistance étonnamment forte de la part des Cubains : to overcome surprisingly strong resistance from Cubans (US) – Surmonter les obstacles et les mines : to overcome obstacles and mines (US).*

surnom (unité) nickname (GB). Ex : *Donner un surnom à une unité : to give a nickname to a unit, to bestow a nickname on / upon a unit (GB), to nickname a unit – Chaque régiment a son propre surnom : each battalion has its own nickname (GB).*

surnombre (en) supernumerary (US) (En épithète).

sur ordre on order (US) (Abréviation US : "o/o"), on orders (GB). Ex : *Ouvrir le feu sur ordre (tireur isolé) : to open fire on command (GB) (Voir aussi **ordre**).*

<u>Cf</u> : <u>On order</u> : A mission which the force will accomplish at a later time (US).

surpasser to surpass (US) (PREP : "in"). Ex : *Surpasser toute autre technologie actuelle (ou exis-tante) du point de vue des performances (matériel) : to surpass any other existing technology in performance (US).*

sur pied d'intervention pour (ou prêt à) (unité) on stand-by to (GB). Ex : *Le régiment est sur pied d'intervention pour (ou est prêt à) partir pour le Golfe : the battalion is on stand-by to deploy to the Gulf (GB).*

sur place (inspection) on-site (OTAN). Ex : *Inspection sur place : on-site inspection (OSI) (OTAN).*

surplomber to overlook (GB). Ex : *Les collines surplombant le fleuve Alma : the hills overloo-king the Alma River (GB).*

surplus (matériel) surplus (US, OTAN) (Pluriel : "surpluses"), overages (US) (VERB : "to store").

surplus logistique logistic surplus (LOGSURPLUS) (OTAN).

surpointer to over-aim.

surpopulation overpopulation (OTAN).

sur préavis on notice (US). Ex : *Sur préavis de 30 minutes : on 30 minutes notice (to move) – Sur court préavis : on short notice (US).*

surprendre (attaquer par surprise) (ennemi) to surprise (the enemy) (GB, US).

surpression overpressure (US).

surprise (principe de guerre) surprise (US) (VERB : "to achieve", "to gain"). Ex : *Une attaque-surprise : a surprise attack (US) – Prendre une force par surprise : to catch a force by surprise (US) – L'élément de surprise : the element of surprise (US).*

surprotection (document) (RENS) overclassification (US).

surreprésentation (pays dans un organisme) over-representation (US).

sur roues (à roues) (véhicule) wheeled (Abréviation GB : "wh").

sursaturation (d'objectif) overkill.

sursis (incorporation / appel) deferment (US) (Terme dénombrable) (VERB : "to claim", "to determine"). Ex : *Faire une demande de sursis : to file a claim for deferment (US) – L'année où son sursis s'est achevé : the year his deferment ended (US) – Il bénéficia d'un sursis d'appel du fait qu'il était encore à l'université : his call-up was deferred because he was still at university (GB).*

sur terre on land (US).

sur terre (opération amphibie) ashore (OTAN).

surtout primarily (US).

surveillance surveillance (US, OTAN), monitoring (UN), supervision (US), observation (US), oversight (US) (VERB : "to perform", "to maintain", "to conduct", "to carry out...on"). Ex : *La surveillance du champ de bataille : battlefield surveillance (OTAN) – Surveillance de retrait de troupes : monitoring of troop withdrawal (UN) – Surveillance des élections : monitoring of elections (US) – Surveillance / d'une trêve / d'un cessez-le-feu : supervision (ou observation) of a truce / a ceasefire (US) – Surveillance des trèves : truce supervision (US) – Surveillance (des activités) du Renseignement : intelligence oversight (US) – Surveillance de la sécurité industrielle (RENS) : industrial security oversight (US).*
Cf. : A systematic observation of airspace or surface areas by visual, aural, electronic, photographic, or other means (US).

surveillance (la) (moyens de surveillance) surveillance (GB). Ex : *Confondre la sur-veillance ennemie : to confuse enemy surveillance (GB).*

surveillance (RENS) surveillance (US) (Contraire : "countersurveillance") (VERB : "to carry out", "to deceive", "to detect", "to frustrate") (ADJ : "hostile", "audio", "constant", "real-time", "automated", "electronic", "sophisticated", "visual", "long-term", "photographic", "surreptitious") (NOM ASS.: "discovery"). Ex: *Techniques de surveillance: surveillance techniques (US) – Echapper à la surveillance du KGB: to evade KGB surveillance (US).*

surveillance (filature) (RENS) stakeout (US).

À noter: L'individu qui effectue la surveillance se nomme "a tail" ou "a stakeout" (Terme familier: "pavement artist" (US).

surveillance aérienne air surveillance (OTAN, US), aerial surveillance (US, OTAN) (VERB: "to conduct").

surveillance aérienne du combat pour le renseignement militaire military intelligence combat aerial surveillance (MICAS) (OTAN).

surveillance audio (ou auditive) (RENS) audio(-) surveillance (US), audio monitoring (US).

surveillance de l'espace (RENS) space surveillance (US).

surveillance (ou contrôle) des activités de renseignement (Parlement / Présidence) intelligence oversight (US). Ex: *Commission de surveillance des activités de renseignement (rattachée au Président des USA): (the) Intelligence Oversight Board (US).*

surveillance des embargos embargo monitoring (OTAN).

surveillance des individus (RENS) surveillance of people (US) (ADJ: "unobstrusive").

surveillance des océans (RENS) ocean surveillance (US).

surveillance des trèves truce supervision (US).

surveillance du combat combat surveillance (OTAN).

surveillance du courrier mail cover (US).

surveillance électronique (RENS) electronic surveillance (US).

surveillance et attaque d'objectifs surveillance and target attack (OTAN). Ex: *Système radar interarmées de surveillance et d'attaque d'objectifs: joint surveillance and target attack radar system (JSTARS) (OTAN).*

surveillance et contrôle aériens air surveillance and control (OTAN).

surveillance par satellite satellite surveillance (US) (VERB: "to counter").

surveillance photographique (RENS) photo-surveillance (US).

surveillance visuelle (ou par moyens visuels) (RENS) visual surveillance (US) (ADJ: "secret") ("The art of watching without being detected").

surveillé (individu) (RENS) under surveillance (US). Ex: *Il était surveillé par le FBI: he was under surveillance by the FBI (US).*

surveiller to observe, to watch (over) (US, GB), to monitor (OTAN), to supervise (US), to oversee (US), to carry out surveillance on (OTAN), to keep observation on (GB), to keep tabs on (US), to keep watch on (US), to keep an eye on (familier) (US). Ex: *Surveiller de près l'ennemi: to keep close tabs on the enemy (US), to keep watch on the enemy, to keep an eye on the enemy (familier) (US) – Surveiller / une zone / un secteur: to monitor / a zone (OTAN) / a sector (US) – Surveiller un blessé (SAN): to monitor a casualty (US) – Surveiller la phase d'exécution: to supervise the execution phase (US) – Surveiller la construction des abris et la distribution des approvisionnements: to oversee the building of shelters and the distribution of supplies (US) – Surveiller les émissions ennemies: to carry out surveillance on enemy emissions (OTAN) – Surveiller l'application d'un cessez-le-feu: to monitor a ceasefire (US) – Surveiller le retrait des forces armées de la zone démilitarisée: to oversee the withdrawal of armed forces from the demilitarized zone (CA) – Le 2ᵉ REP surveillait les Lybiens: 2REP kept observation on the Lybians (GB) – Rommel, laissant un élément pour surveiller Montgomery: Rommel, leaving an element* *to watch Montgomery (US) – Surveiller les airs : to watch the air (GB) – On nous a ordonné de surveiller la foule : we were ordered to watch the crowd (GB).*

surveiller (travail) to supervise (GB). Ex : *Il surveille le creusement des feuillées : he is supervising the digging of the latrines (GB).*

surveiller (RENS) to watch (US), to monitor (US). Ex : *Surveiller les ambassades étrangères : to watch (ou to monitor) foreign embassies (US).*

survenir to arise (OTAN). Ex : *Des demandes (= d'appui aérien) survenant pendant le cours d'une bataille : requests which arise during the course of a battle (OTAN).*

survêtement (de sport) gym suit (US), gym kit (US), tracksuit (GB).

surviabilité (hélicoptère / forces) survivability (US, OTAN) (VERB : "to enhance") (ADJ : "high", "superior"). Ex : *La surviabilité des forces : the survivability of forces (OTAN).*

survie survival (OTAN, US) (VERB : "to increase") (ADJ : "individual"). Ex : *Entraînement à la survie (ou instruction de survie) : survival training (GB) – La survie nationale (ou du pays) : national survival (OTAN) – Forces aptes à la survie : survivable forces (UN) – Survie en zone de combat (ou au combat) : combat survival (OTAN) – Entraînement à la survie en milieu aquatique : water survival training (US) – Exercice de survie : survival exercise (GB).*

survie (capacité de) (ou surviabilité) survivability (US) (VERB : "to enhance"). Ex : *Capacité de survie sur le champ de bataille (ou tactique ou au combat) (matériel) : battlefield survivability (Jane's).*

survie des aérodromes aerodrome survival (OTAN). Ex : *Mesures relatives à la survie des aérodromes : aerodrome survival measures (ASM) (OTAN).*

survie et sécurité des armes weapon survivability and security (OTAN).

survivant survivor (US). Ex : *Le massacre n'a fait aucun survivant : there were no survivors from the massacre (GB).*

survivre to survive (US, GB, OTAN). Ex : *Survivre à une attaque ennemie : to survive an enemy attack (Emploi transitif) (OTAN) – Survivre en utilisant les ressources de la jungle (ou forêt équatoriale) : to live off the jungle (GB) – Survivre à une première frappe : to survive a first strike (OTAN) – Survivre à une blessure au ventre (PERS) : to survive a stomach wound (US) – Survivre à un accident d'avion : to survive a plane crash (GB).*

survol overflight (UN, US) (RENS : Ce terme s'applique à la mission d'un avion espion au-dessus d'un pays ennemi, en vue de recueillir du renseignement stratégique). Ex : *Autoriser des survols limités de l'Union soviétique : to authorize limited overflights of the Soviet Union (US).*

survoler to overfly, to fly over.

sur zone (TAC) in zone (US).

susceptibilité (action psychologique) susceptibility (OTAN).

susceptible de likely to, liable to (GB), potentially (OTAN), capable of (US). Ex : *2 BFM sont susceptibles d'attaquer : 2 MRBs are likely to attack – Les réservistes sont susceptibles d'être rappelés : reservists are liable to recall (GB) – Un pays susceptible de devenir hostile : a potentially hostile country (OTAN) – L'ennemi est susceptible d'utiliser l'arme nucléaire (ordre d'opérations) : the enemy is capable of employing nuclear weapons (US).*

susciter to bring about (OTAN). Ex : *Susciter une large coopération entre les ONG, les pays donateurs et les pays voisins : to bring about a high level of cooperation among NGOs (= non-governemental organisations), donor nations and neighbouring countries (OTAN).*

s'user (matériel) to wear out (Jane's). Ex : *Les Super-Puma s'usent plus rapidement que prévu : the Super Pumas are wearing out faster than anticipated (Jane's).*

suspect (nom) (GEND / RENS) suspect (US, GB). Ex : *Arrêter un suspect : to arrest a suspect (GB) – Être considéré comme suspect (agent) (RENS) : to be under suspicion (US).*

suspendre to hang (OTAN), to suspend (OTAN, US). Ex : *Une charge extérieure suspendue sous le fuselage d'un hélicoptère : an external load hanging (ou suspended) under the helicopter fuselage (OTAN) – Suspendre un officier : to suspend an officer (US) – Suspendre l'aide aux pays étrangers : to suspend foreign aid (US).*

suspension suspension (GB), stoppage (US). Ex : *Une suspension temporaire des hostilités : a temporary suspension of hostilities (GB) – Suspension de solde (PERS) : stoppage of pay (US) – La suspension de l'aide aux pays étrangers : the suspension of foreign aid (US).*

suspension (véhicule blindé / char) suspension (system) (Jane's, US) (VERB : "to raise", "to lower", "to beef up") (ADJ : "adjustable", "variable-height") (PART : "upgraded", "advanced", "unrated"). Ex : *Suspension hydropneumatique : hydropneumatic suspension (US) – Suspension indépendante des 8 roues : 8 wheel independent suspension – Le véhicule est doté d'une suspension à quatre chenilles : the vehicle uses a four track suspension design.*

suspentes (TAP) suspension lines, rigging lines.

SYGICOP physical profile serial (PULHES = Physical capacity, Upper extremities, Lower extremities, Hearing, Eyes, neuropSychiatric) (US).

symbole symbol (US). Ex : *Ses symboles héraldiques (insigne) : its heraldic symbols (US) – Un aigle, symbole de la liberté et de notre pays : an eagle, symbolic of freedom and our nation (US).*

symbole (militaire) symbol (US). Ex : *Symbole / ami / ennemi : friendly / enemy / symbol (US) – Symbole de base : basic (unit) symbol – Symbole complémentaire : additional symbol (US) – Symbole (spécifique) d'arme : branch symbol (US) – Symbole d'échelon (tactique) : unit size symbol (US).*

symbole clé (action psychologique) key symbol (US, OTAN).

symbole topographique topographic symbol (US).

symbolique symbolic (US). Ex : *La présence symbolique d'une force : the symbolic presence of a force (US).*

symboliser to symbolize (US). Ex : *Symbolisé par : symbolized by (US).*

symbolisme symbolism (US). Ex : *Chaque couleur d'arme a un symbolisme particulier : each branch color has a specific symbolism (US).*

symétrique (riposte / réaction / conflit) symmetric (GB) (Contraire : "asymmetric") (Adverbe associé : "symmetrically").

sympathisant sympathizer (US). Ex : *Un sympathisant anti-français : an anti-French sympathizer (US).*

symposium symposium (US) (Pluriel : "symposia").

symptôme (SAN) symptom (US). Ex : *Un symptôme d'empoisonnement : a symptom of poisoning (US).*

synagogue synagogue (GB).

synchronisation (moyens / activités) (TAC) synchronization (US), synchronisation (GB) (VERB : "to require") (ADJ : "careful"). Ex : *Synchronisation du commandement : synchronization of command (US) – La synchronisation de l'effort militaire : the synchronization of military effort (US) – Synchronisation des effets : synchronization of effects (US).*

synchroniser to synchronize (US). Ex : *Synchroniser les feux et la manœuvre : to synchronize fires with maneuver (US).*

syndicat trade union (US). Ex : *L'imposition de la loi martiale à l'encontre du syndicat Solidarité : the martial law crackdown on the Solidarity trade union (US).*

syndrome syndrome (Jane's). Ex : *Le syndrome du Vietnam (armée de terre US) : the Vietnam syndrome (Jane's).*

syndrome de la guerre du Golfe Gulf War syndrome.

synergie synergy (US) (VERB : "to gain"). Ex : *Un effet de synergie : a synergistic effect (US) – La synergie de l'air et de l'espace : the synergy of air and space (US).*

synomyne (sens figuré) byword (US). Ex : Être / devenir / synonyme de : to be / to become / the byword of (ou for) (US).

synthèse (rapport) summary (SUM).

synthèse (phase du cycle du renseignement) integration (US, OTAN).

synthèse de mission mission summary (MISSUM) (OTAN).

synthèse de renseignement (TAC) intelligence summary (INTSUM) (OTAN).

synthèse de renseignement (RENS) intelligence estimate (US) (VERB : "to prepare", "to present...to", "to develop" = élaborer, "to draft", "to produce", "to write") (ADJ : "classified", "declassified", "straight", "general", "net") (NOM ASS. : "coordinating"). Ex : *Synthèse interministérielle du renseignement d'intérêt de Défense : national intelligence estimate (NIE) (US).*

synthèse de renseignement-transmissions communications intelligence summary (COMINTSUM) (OTAN).

synthèse de situation (renseignement) (intelligence) situation summary (SITSUM) (OTAN).

synthétiser to synthesize (US). Ex : *Synthétiser les informations (ou renseignements) disponibles : to synthesize available information (US).*

SYRACUSE (système de radio-communications utilisant un satellite) the SYRACUSE satellite-relayed radiocommunications system, the SYRACUSE satellite communications system (US).

systématique (surveillance / vérification / inspection) systematic (monitoring / verification / inspection) (UN).

système system (SY) (US, UN), equipment (UN) (VERB : "to develop", "to implement", "to employ", "to operate", "to integrate", "to work", "to field", "to build") (ADJ : "centralized", "automated", "current", "future", "flexible", "reliable", "batttle-worthy"). Ex : *L'actuel système de sélection des officiers : the present system of officer selection (US) – Le système de formation de l'armée de terre : the Army system of education (ou education system) US) – Système NBC : NBC system (US) – Système général de paix et de sécurité internationales : comprehensive system of international peace and security (UN) – Système spatial : space system (UN) – Système de missiles (ou ensemble complet de missiles) : missile system (UN) – Systèmes de visée : aiming equipment (UN) – Le soldat en tant que système : the soldier as a system (US).*

système aéroporté d'alerte (de détection lointaine) et de contrôle (avion radar) airborne (early) warning and control system (AWACS).

système aéroporté de commandement, de contrôle et de communications airborne command, control and communications (ABCCC) system (OTAN).

système aéoporté de détection lointaine et de contrôle airborne early warning & control system (AEW&CS) (OTAN).

système aéoporté de détection lointaine de l'OTAN NATO airborne early warning (NAEW) system (OTAN).

Système Aéroporté de Recueil d'Informations de GUerre Electronique (SARI-GUE) (DC8) (aéronef de SIGINT) DC-8 SARIGUE electronic intelligence aircraft (Jane's).

système antiaérien portable man-portable air defence system (MANPADS) (OTAN).

système antichar antiarmor (ou antitank) system (US) (ADJ : "lethal").

système assisté par laser laser-aided system (OTAN).

système à tir direct direct fire system (US).

système automatisé automation system (US), automated system (US).

système automatisé de traitement de(s) messages automated message handling system (AMHS) (OTAN), automated message processing system (AMPS) (OTAN).

système avionique avionic system (GB) (Terme dénombrable).

système C3I command control communications and information system (C3IS) (GB).

système combattant (SC) soldier system (Jane's) (Voir aussi **FELIN (fantassin à équipement et liaison intégrés)** et **système du combattant (nouvel équipement du soldat individuel)**).

système commun de répartition des données tactiques (ou système interarmées de diffusion du renseignement tactique) Joint Tactical Information Distribution System (JTIDS) (US).

système d'acquisition des objectifs target acquisition system (US).

système d'affichage électronique (technologie) electronic display system (GB).

système d'aide aid (OTAN) (ADJ : "advanced"). Ex : *Système perfectionné d'aide à l'établissement des plans de mission : advanced mission planning aid (AMPA) (OTAN).*

système d'aide à la décision decision aiding system (US).

système d'alarme (ou d'alerte) (NBC) alarm system (GB).

système d'alerte alarm system (OTAN), alert system (US). Ex : *Système d'alerte de la défense antimissile : missile defence alarm system (MIDAS) (OTAN) – Le système d'alerte de l'OTAN : the NATO alert system (US).*

système d'alerte, de contrôle et de compte-rendu status control alert reporting system (SCARS) (OTAN).

système d'alimentation électrique (pays) electric power system (OTAN) (VERB : "to hit"). Ex : *Le système d'alimentation électrique des Serbes : the Serb electric power system (OTAN).*

système d'appui feu fire-support system (US) (ADJ : "lethal", "vehicle-mounted").

système d'appui rapproché (pontage) close support system.

système d'appui transmissions signal support system (US).

système d'arme weapon system (US, GB, OTAN) (VERB : "to handle", "to manage", "to maintain", "to dispose of", "to operate", "to optimize", "to fire", "to manufacture", "to remanufacture", "to maintain", "to field", "to introduce", "to replace") (ADJ : "operational", "ready", "available (to)", "capable", "complex", "sophisticated", "devastating", "precise", "successful", "battle proven", "go-to-war", "major", "high-performance", "directfire") (NOM ASS. : "maintenance", "superiority", "performance"). Ex : *Systèmes d'arme d'artillerie, de cavalerie et d'infanterie : artillery, armor and infantry weapon systems (US) – Un vaste ensemble de nouveaux systèmes d'armes : an extensive array of new weapon systems (US) – Système d'arme à double capacité : dual capable weapon system (UN) – Système d'arme sol-air : air defense system (US) – Système d'arme sol-sol : field artillery weapon system (US) – La valorisation de systèmes d'arme plus anciens : the upgrade of older systems (Jane's) – Systèmes d'arme de l'infanterie : infantry weapon systems (GB).*

Comp. :

    - A combination of one or more weapons with all related equipment, materials, services, personnel, and means of delivery and deployment (if applicable) required for self-sufficiency (OTAN).

- Ensemble comportant une ou plusieurs armes, ainsi que l'équipement, le matériel, les services, le personnel, les moyens de déplacement (au besoin) et de lancement nécessaires à son autonomie (OTAN).

système d'arme à munition télescopée remote weapon station concept (RWSC).

système d'arme de combat rapproché close-in weapon system (CIWS) (OTAN).

système d'artillerie artillery system (US).

système d'attaque attack system (US).

système d'avancement (ou de promotion) (des personnels) (the) promotion system (GB).

système d'EAO (enseignement assisté par ordinateur) CBT system (US) (CBT = Computer-Based Training).

système de carroyage (cartographie) grid co-ordinate system (OTAN).

système de charge modulaire modular charge system (MCS) (GB).

système de chiffre (RENS) cypher system (US) (VERB : "to use").

système de chiffrement cryptosystem (OTAN).

système de chiffrement rapide quick and ready to encrypt text (QUARTET) system (OTAN).

système de combat combat system (US), fighting system (US).

système de commandement (et de contrôle) command (and control) system (US, OTAN, GB) (VERB : "to maintain") (ADJ : "computerized", "global") (EXPR : "to keep the lines of communication open").

système de commandement, de contrôle et de communications command, control and communications system (C3S ou CCCS) (OTAN).

système de commandement, de contrôle et d'information command, control and information system (C2IS ou CCIS) (OTAN) (ADJ : "advanced" = évolué, "interoperable", "deployable").

système de commandement du champ de bataille battlefield command sytem (GB).

système de commandement et de contrôle aéroporté airborne command and control system (ACCS) (GB).

système de commandement opérationnel operational command system (GB) (ADJ : "joint").

système de communication de commandement et de contrôle (ou et de conduite des opérations) command and control communication system (C2CS) (OTAN).

système de communication et d'information communication(s) and information system (GB, OTAN).

système de communications communications system (OTAN) (ADJ : "special", "supplementary", "integrated") (NOM ASS. : "establishment").

système de communications par satellite satellite communications system (US) (Cf. Le "Military Strategic / Tactical Relay (MILSTAR)").

système de comptes-rendus reporting system (OTAN). Ex : *Système de comptes-rendus de détection lointaine : early warning reporting system (EWRS) (OTAN).*

système de construction mécanique (pont) mechanical building system.

système de contre-mesures countermeasures system (US).

système de contrôle de l'espace aérien airspace control system (ACS) (GB, OTAN).

système de contrôle et de compte-rendu control and reporting system (CRS) (OTAN).

système de défense defence (OTAN), defense system (US) (VERB : "to neutralize", "to destroy", "to degrade", "to suppress", "to locate") . Ex : *Les systèmes de défense aérienne ennemis : enemy air defences (OTAN), enemy air defense systems (US).*

système de défense aérienne (dispositif) air defense (ou defence) system (US, OTAN) (VERB : "to neutralize" = neutraliser, "to destroy", "to (temporarily) degrade" = dégrader, "to damage", "to recover" = être rétabli) (ADJ & PART : "sophisticated", "enemy", "integrated"). Ex : *Le système intégré de défense aérienne yougoslave : the Yugoslav integrated air defence system (= IADS) (OTAN).*

système de défense aérienne (matériel sol-air) air defense system (US) (VERB : "to produce", "to operate") (ADJ : "stationary") (EXPR : "on the move"). Ex : *Le système de défense aérienne Avenger : the Avenger Air Defense System (US).*

système de défense antichar et antiaérienne air defence anti-tank system (ADATS) (OTAN).

système de défense NBC NBC warfare defence system (GB), nuclear-biological-chemical defense system (US).

système de déploiement (pontage) deployment system (ADJ : "horizontal").

système de désignation d'objectifs target designation system (TDS) (OTAN).

système de détection detection system.

système de détection aéroporté (SDA) airborne early warning (AEW) (OTAN).

système de détection et d'extinction d'incendie (char) fire detection and suppression system (US).

système de détection infrarouge infrared detection system (IRDS) (OTAN).

système de détection lointaine des missiles balistiques ballistic missile early warning system (BMEWS) (OTAN).

système de diffusion et liaison mer-terre broadcast and ship-to-shore system (BRASS) (OTAN).

système de données data system (OTAN). Ex : *Interopérabilité des systèmes de données : data systems interoperability (OTAN).*

système de données tactiques tactical data system (TDS) (OTAN).

système défensif (force) defensive system (OTAN, US).

système de forces (ARMT) forces sytem (Jane's).

système de formation (ou d'entraînement) training system (US), education system (US) (VERB : "to develop").

système de formation en écoles (armée) school system (US), education system (US) (VERB : "to operate").

système de formation des sous-officiers Noncommissioned Officer Education System (NCOES) (US) ("Includes the Primary Leadership Development Course, the Basic Course, the Advanced NCO Course and the Sergeants Major Academy").

système de franchissement discontinu raft system (GB) (Cf. Le système britannique "Mexeflote").

système de gestion management information system (MIS) (OTAN).

système de gestion automatique des messages automatic message management system (AMMS) (OTAN).

système de gestion de base de données (SGDB) database management system (US).

système de gestion de force(s) assisté par ordinateur computer assisted force management system (CAFMS) (GB).

système de gestion du champ de bataille battlefield management system (BMS) (OTAN).

système de gonflage centralisé (véhicule blindé) voir **gonflage centralisé**.

système de guerre électronique electronic warfare system (US).

système de guidage (de missiles) (missile) guidance system (OTAN, US) (VERB : "to employ") (PART : "improved"). Ex : *Système de guidage par alignement sur la ligne de visée : command-to-line-of-sight (CLOS) guidance system (US) – Intercepter les signaux émanant de radars et de systèmes de guidage de missiles (RENS) : to intercept signals emanating from radar and missile guidance systems (US).*

système de guidage électronique electronic guidance system (US).

système de jeu de guerre réparti distributed wargaming system (DWS) (OTAN).

système de lancement de pont automatisé automated bridge launching equipment (ABLE) (GB).

système de mise à feu firing system.

système de mise à feu (lance-roquettes) arming mechanism.

système de missiles missile system (US).

système de navigation (canon automoteur) navigation system (GB).

système de navigation inertielle (ou à inertie) inertial navigation system (INS) (OTAN).

système de notation (PERS) evaluation reporting system (US).

système d'engagement (combat) engagement system (US).

système d'enseignements tirés lessons learned system (US).

système de paiement (Trésor) pay system (US).

système de pointage laying system (GB).

système de pont bridging system.

système de pont modulaire modular bridge system.

système de positionnement à capacité globale (ou planétaire) (ou système de positionnement terrestre par satellite) global positioning system (GPS).

système de poursuite (radar) tracker, tracking system. Ex : *Système de poursuite vidéo : video tracker (US).*

système de précision precision system (US).

système de protection NBC (char) NBC system (Jane's), NBC protection system (US).

système de radar radar system (OTAN).

système de radar à basse altitude low-altitude radar system (LARS) (OTAN), low-level radar system (LLRS) (OTAN).

système de radioralliement embarqué (ou de bord) airborne homing system (AHS) (OTAN).

système de recherche et d'exploitation des informations du champ de bataille battlefield information collection and exploitation system (BICES) (OTAN).

système de reconnaissance (TAC) reconnaissance system (OTAN).

système de recrutement system of recruiting (GB).

système de recueil du renseignement information gathering system (GB), intelligence collection system (US).

système de recueil et de transmission automatiques d'informations (char) battlefield management system (Jane's).

système de référence de carroyage militaire military grid reference system (OTAN).

système de refroidissement (véhicule blindé) cooling system (US) (VERB : "to beef up").

système de renseignement (RENS / TAC) intelligence system (US, OTAN) (VERB : "to operate"). Ex : *Le système de renseignement des guérilleros : the guerrillas' intelligence system (US) – Systèmes évolués de renseignement : advanced intelligence systems (OTAN)*.

système de rentrée (missile / astronef) reentry system (US, GB).

système de répartition des données tactiques de l'armée de terre Army (tactical) Data Distribution System (ADDS) (US).

système de roquettes rocket system (OTAN).

système de roquettes assisté par laser laser-aided rocket system (OTAN).

système des fuseaux horaires time zone system (US).

système de simulation simulation system (US).

système de simulation de théâtre de guerre artificiel synthetic theater of war (STOW) simulation program (US).

système d'espionnage (pays) (RENS) spy system (US), espionage system (US) (VERB : "to establish") (ADJ : "central").

système de soutien logistique logistic support system (OTAN).

système de suppression des moyens d'offensive balistique ballistic offensive suppression system (BOSS) (OTAN).

système de surveillance (TAC) surveillance system (OTAN).

système de surveillance et de contrôle aérien air surveillance and control system (ASACS) (OTAN).

système de survie et de sécurité des armes weapon survivability and security system (WSSS) (OTAN).

système de télécommunications telecommunications system (US), communications system (OTAN) (ADJ : "full-featured", "all-digital").

système de thermovision frontale forward-looking infra-red (FLIR) system (OTAN).

système de traitement et de représentation des informations de défense aérienne (STRIDA) air defence data processing and display system (OTAN).

système de transmission (dans un système de communication) transmission system.

système de transmission de données tactiques tactical data system (TDS) (OTAN).

système de transmissions communications system (OTAN, US) (VERB : "to protect", "to plan, "to maintain", "to operate", "to install") (ADJ : "mobile", "secure", "reliable", "special", "supplementary", "integrated", "advanced", "available") (NOM ASS. : "establishment"). Ex : *Le système de transmissions Ptarmigan : the Ptarmigan communications system (GB)*.

système de transmissions satellitaires satellite communications system (GB) (VERB : "to weigh") (NOM ASS. : "transmitter/receiver", "dish antenna") (EXPR : "to include mobile, static and portable units", "to operate on UHF and SHDF frequency bands", "to form part of equipment used by forces").

système de transmissions tactique battlefield communications system (GB) (VERB : "to operate").

système de visée sighting system (CFE, Jane's). Ex : *Système de visée (lance-roquettes) : sight (GB)*.

système de vision nocturne night-vision system (US).

système d'hommes (the) personnel system (US).

système d'identification identification system (OTAN). Ex : *Système d'identification amélioré : advanced identification system (AIS) (OTAN)*.

système d'identification ami / ennemi sur le champ de bataille battlefield combat identification system (BCIS) (US), battlefield identification friend or foe (BIFF) (Thomson CSF).

système d'information information system (IS) (US, GB, OTAN) (VERB : "to operate", "to maintain", "to plan", "to develop", "to engineer", "to acquire", "to install", "to implement", "to supervise", "to destroy", "to corrupt", "to affect", "to gain (authorised / unauthorised) access to", "to exploit") (NOM : "operation" = fonctionnement) (ADJ & PART : "robust", "reliable", "automated", "advanced", "available"). Ex : *Système d'information automatisé : automated information system (AIS) (OTAN).*

système d'information de commandement et de contrôle (ou et de conduite des opérations) command and control information system (C2IS ou CCIS) (OTAN).

système d'information, de commandement et de contrôle command, control and information system (OTAN).

système d'information et de commandement (SIC) command and information system (CIS) (US).

système d'information et de communication (SIC) communication and information system (OTAN), communications and information system (CIS) (UEO) (VERB : "to improve") (ADJ : "strategic", tactical", "consolidated", "high-performance").

système d'information opérationnel (SIO) operational information system (AUST).

système d'information pour le commandement command and control information system.

système d'information pour le commandement des forces (SICF) Land Forces Command System (LFCS) (Jane's), SICF forces command and information system (Jane's), SICF formation battle management system (Jane's).

système d'information régimentaire (SIR) maneuver control and battle management system (Jane's), battalion-level information system (GB) – Équivalent US : Maneuver Control System (MCS) – Équivalent GB : Bowman C2.

système d'objectif target system (OTAN).

système d'obstacles barrier (OTAN), obstacle system (GB). Ex : *Des positions protégées par un système complet d'obstacles : positions protected by a comprehensive obstacle system (GB).*

système d'opérations air-sol air-ground operations system (OTAN).

système du combattant (nouvel équipement du soldat individuel) advanced soldier system (US) (Cf. : Land Warrior (integrated fighting system) (for dismounted soldiers) (US) et Crusader 21 clothing system + Future Infantry Soldier Technology (FIST) (GB)).

système électrique (véhicule blindé) electrical system (US) (VERB : "to beef up").

système électronique electronic system (US) (ADJ : "high-performance", "sophisticated").

système homme-machine human-machine system (GB).

système informatique (ou de traitement automatisé de l'information) ADP system (US), information system (OTAN), computer system (US, Time) (ADP = Automatic Data Processing = informatique, traitement automatisé de l'information). Ex : *Infecter de virus les systèmes informatiques ennemis : to infect enemy computer systems with viruses (US).*

système intégré de gestion management information system (MIS) (OTAN).

système intégré de télécommunications integrated communications system (OTAN).

système interarmées joint system (AUST).

système interarmées de diffusion des informations tactiques joint tactical information distribution system (JTIDS) (OTAN).

système judiciaire legal system (US). Ex : *Le système judiciaire applicable (ou qui s'applique) aux militaires en service actif : the legal system applicable to soldiers on active duty (US).*

système logistique logistics system (US).

système marqueur d'objectif à laser laser target designating system (OTAN), laser target marking system (OTAN).

système météorologique meteorological system (OTAN). Ex: *Système météorologique de l'armée de terre: Army meteorological system (AMS) (OTAN).*

système modulaire modular system (UEO). Ex: *La taille de la force à employer peut varier de celle d'une petite formation à celle d'une division légère grâce à un système modulaire adapté en fonction de la mission: the size of the force to be used may vary from a small formation to a light division, using a modular system that can be adapted to the mission (UEO).*

système mondial (ou planétaire) de commandement et de contrôle (USA) global command and control system (GCCS) (US).

système mondial de détermination de la position Global Positioning System (GPS) (OTAN).

système mondial de positionnement (ou de radionavigation) global positioning system (GPS) (OTAN).

système pour un parcours d'évaluation (SPORT) the SPORT data retrieval system (Jane's).

système radar radar system (OTAN).

système radar interarmées de surveillance et d'attaque d'objectifs joint surveillance and target attack radar system (JSTARS) (OTAN).

système régimentaire (US / GB) voir **régimentaire**.

systèmes antiaériens portables man-portable air-defense systems (MANPADS) (US).

systèmes d'information information systems (IS) (GB).

système spécifique (à une armée) service-specific system.

système spécifique d'armée service-specific system.

système spatial space system (US).

système tactique d'information de commandement et de contrôle de l'armée de terre Army tactical command and control information system (ATCCIS) (OTAN).

système terrestre (armement) land system (US).

système unique de communication radio terrestre et aérienne (poste radio) single-channel ground and airborne radio system (SINCGARS) (US).

T

(TANGO)

T 0 (temps zéro) (TAC) phase 0, preliminary phase.

T 1, T 2, T3, etc. (phases / temps de la manœuvre) (TAC) phase 1, phase 2, phase 3, etc.

Table de travail Working Table (OTAN).

Table régionale Regional Table (OTAN).

tableau (situation / opérations) picture (US). Ex : *Un tableau de la situation ennemie : a picture of the enemy situation (US)* – *L'officier opérations nous a brossé le tableau général des opérations du Corps d'Armée : the G3 gave us the broad picture of Corps operations (US).*

tableau (figure renseignée) table (GB) (VERB : "to set out").

tableau d'avancement (TA) promotion list (US). Ex : *Être au tableau (d'avancement) : to be on the promotion list (US)* – *Le tableau d'avancement de l'armée de terre : the Army Promotion List (US)* – *Quand le tableau d'avancement sortira-t-il ? : when will the promotion list be put out ? (US).*

tableau de bord (véhicule) dashboard (GB).

tableau d'effectifs table of organization (OTAN), establishment (OTAN). Ex : *Tableau d'effectifs du temps de paix : peacetime establishment (OTAN), peacetime complement (OTAN).*

tableau d'effectifs en période (ou en temps) de crise (TEC) emergency establishment (EE) (OTAN).

tableau d'effectifs et de dotations (TED) (ou document unique d'organisation / DUO) table of organization and equipment (TOE) (US), establishment (GB, OTAN), table of organization (OTAN) (VERB : "to develop", "to (temporarily) increase", "to have") (ADJ : "peace", "war", "realistic"). Ex : *TED guerre : War Establishment (WE) (GB)* – *Tableau d'effectifs : establishment (OTAN), table of organization (OTAN) (Pour unités sans TED propre : "table of distribution and allowance" (TDA) (US))* – *La réserve de l'armée de l'air verra son TED augmenter et passer de 2 650 à 2 920 hommes : the Reserve Air Forces will increase in establishment from 2,650 to 2,920 (GB)* – *Deux divisions projetables avec un TED paix réaliste : two deployable divisions at realistic peace establishment (GB)* – *TED d'unité : unit establishment (GB) (Terme dénombrable)* – *Le nombre et les types de régiments de combat ne sont pas fixés par un tableau d'effectifs et de dotations (TED) : the number and types of combat battalions are not fixed by a table of organization and equipment (TOE) (US)* – *Les corps d'armée ne possèdent pas de TED : Corps do not have a TOE (US).*

tableau d'emploi des armes weapons recommendation sheet (OTAN).

tableau de service (PERS) (duty) roster (GB, US), duty rota.

tableau des mouvements et transports movement table (OTAN).

table d'écoute (RENS) listening post (US).

table d'opération (SAN) surgical operation table (SURGOT) (OTAN).

tablier de cuir (pionnier de la Légion) leather apron.

tabun (agent toxique) tabun (Abréviation : "GA") (UN, GB).

tâche (ou mission) task (US, CA), duty (OTAN, US) (VERB : "to perform", "to neglect", "to coinduct") (ADJ : "permanent"). Ex : *Confier une tâche à un individu : to allot a task to* *an individual (US) – Tâche ingrate : chore (GB) – La tâche principale d'un élément de sûreté : the primary task of a security element (GB) – Une force de combat capable d'exécuter les tâches (ou missions) les plus difficiles : a fighting force capable of taking on the most demanding of tasks (CA).*

tâche de sécurité security task (OTAN).

tâches administratives administration (GB) (Abrégé : "admin"), administrative tasks (GB, US) (VERB : "to do"). Ex : *J'ai beaucoup de tâches adminstratives à faire : I've got a lot of admin to do (GB).*

tâches (ou missions) de Petersberg (les) Peterberg tasks (OTAN) ("Humanitarian and rescue operations, peacekeeping tasks, tasks of combat forces in crisis management, including peace enforcement").

tâches de secrétariat clerical tasks (US).

tact tact. Ex : *Faire preuve de tact (ou diplomatie) (opérations de paix) (PERS) : to be tactful (US).*

tacticien tactician (US) (PART : "practising").

tactile (écran) touch-sensitive.

tactique (nom) 1. nom (= procédé ou méthode tactique) : tactic (GB, UN) (Terme dénombrable) (VERB : "to develop", "to use", "to execute", "to refine", "to include", "to gauge", "to stress", "to change", "to put to the test", "to know about", "to be based on", "to adapt to") (ADJ : "offensive", "defensive", "basic", "aggressive", "shoot-and-scoot", "demanding", "military", "(highly) effective", "sound"). Ex : *Les tactiques (ou la tactique) de l'Armée Rouge : Red Army tactics (GB) – Tactique de combat : battlefield tactics (GB) – Tactique de harcèlement : hit-and-run tactics (UN, GB) – Installation de formation aux tactiques de guerre électronique des équipages : aircrew electronic warfare tactics facility (AEWTF) (OTAN) –* 2. nom (art militaire) : tactics (OTAN). Ex : *Tactique des forces terrestres : land forces tactics (OTAN) – Tactique maritime : maritime tactics (OTAN) – La tactique de l'ennemi : the tactics of the enemy (US).*

Cf. : Tactics : the translation, at corps level and below, of potential combat power into successful battles or engagements (US).

tactique (adjectif) tactical (Abréviation GB / US : "tac"). Ex : *Du point de vue tactique : tactically (US) – Conduire des frappes tactiques contre : to conduct tactical strikes against (US) – Sur le plan (ou à l'échelon) tactique : at the tactical level (UEO).*

tactique (groupement / sous-groupement) voir **groupement** ou **sous-groupement**.

tactique (PC) tactical (command post (CP)) (US).

tactique offensive offensive tactics (US).

taille size (US, UEO). Ex : *Une cible de la taille d'un homme : a man-size target (US) – Taille (d'une unité / force) : size – Atteindre la taille de deux divisions et trois brigades autonomes (armée nationale) : to grow to a force of two divisions and three separate brigades (CA) – La taille de la force à employer peut varier de celle d'une petite formation à celle d'une division légère : the size of the force to be used may vary from a small formation to a light division (UEO) – À cette époque, la taille des micropoints était de 70 millimètres et contenaient 300 000 caractères : microdots at that time were 70 millimeters in size and contained 300,000 characters (US).*

tailler en pièces to hack to pieces (GB). Ex : *Des corps (humains) taillés en pièce : bodies hacked to pieces (GB).*

taillis (TOPO) copse (GB).

talent talent (US), skill (US). Ex : *Des talents de gestionnaire : managerial talents (US) (VERB : "to display") – Un soldat aux multiples talents : a multitalented soldier (US) – Ses talents linguistiques : his linguistic skills (US).*

talkie-walkie walkie-talkie (GB) (VERB : "to produce", "to use", "to operate") (EXPR : "short-range conversations", "cheap to purchase", "the choice of only two channels").

talon (fusil / fusil automatique) heel.

talus bank (GB), embankment (EXPR : "to take cover behind a bank").

talus artificiel (terre / sable) (fortification) berm (GB).

tambour drum (US) (VERB : "to beat", "to hear").

tambour (PERS) drummer (GB) (Abréviation : "Dmr"). Ex : *Le légionnaire Lai, tambour de la Compagnie : the Company drummer, Legionnaire Lai (GB).*

tampon buffer. Ex : *Un État tampon : a buffer state.*

tandem tandem (US). Ex : *Charge militaire en tandem (ou tête à charge tandem) : tandem warhead (US) – Opérer en tandem (forces) : to operate in tandem (US) – Saut en tandem (TAP) : tandem jump.*

tangage (aéronef) pitch (OTAN).

tangible real (OTAN). Ex : *Réaliser des progrès tangibles au Kosovo : to make real progress in Kosovo (OTAN).*

tankiste (familier) tanker (US) (Terme familier GB pour les tankistes : "tankies").

TAP (les) airborne forces, airborne troops (Voir aussi **troupes aéroportées**).

tape (ou meurtrière ou sabord) de tir firing port (GB).

tapis (bombes) carpet (OTAN). Ex : *Bombardement en tapis (ou tapis de bombes) : carpet bombing (OTAN).*

tapis de couchage sleeping mat (GB).

tapis de sol (tente) groundsheet (GB).

tarder (sans) promptly (OTAN). Ex : *S'orienter sans tarder vers des négociations en vue d'un règlement politique : to move promptly to negotiations on a political settlement (OTAN).*

tardif (réaction) late (US).

tarte (béret de chasseur alpin) (terme familier) moutain infantryman's beret.

tas (sur le) on-the-job (GB). Ex : *Formation sur le tas : on-the-job training (GB).*

tasse de café (ou de thé) brew (GB). Ex : *Ils se sont arrêtés pour (prendre) une tasse de café : they stopped for a brew (GB).*

tâter (ou sonder) (TAC) to probe (US). Ex : *Les Allemands tâtaient les positions alliées : the Germans were probing the Allied positions (US).*

tatouage tattoo (GB).

tatouer to tattoo (GB). Ex : *Se faire tatouer l'insigne du régiment sur le bras : to have the regimental badge tattooed on an arm (GB).*

taupe (RENS) mole (US) (VERB : "to protect", "to be hidden", "to track down", "to discover", "to hunt", "to serve as") (ADJ : "longtime") (NOM ASS. : "mole-hunting", "mole-hunter"). Ex : *Opérer en tant que taupe au sein de la CIA (agent) : to operate as a mole inside the CIA (US).*

taupe fictive (RENS) notional mole (US) (VERB : "to invent").

taux rate (Terme générique).

taux d'approvisionnement autorisé authorized supply rate (ASR) (OTAN).

taux d'attrition (personnel / matériel) attrition rate (OTAN).

taux d'échec (formation) drop-out rate, fall-out rate (GB).

taux de compression (mécanique) compression ratio.

taux de consommation consumption rate (OTAN), expenditure rate (VERB : "to allocate").

taux d'encadrement (force) leader-to-led ratio (US).

taux d'engagement (dans l'armée de terre) sign-up rate (US).

taux de pertes (matériel) loss rate (GB) (VERB : "to work out").

taux de pertes (hommes) rate of attrition (GB).

taux de pertes santé (ou d'attrition) (SAN) battle casualties rate.

taux de précision (arme) accuracy rate (GB).

taux de ravitaillement consenti available supply rate (OTAN).

taux de ravitaillement requis required supply rate (RSR) (US, OTAN).

Cf. : The amount of ammunition expressed in rounds per weapon per day for those items fired by weapons, and of all other items of supply expressed in terms of appropriate unit of measure per day, estimated to sustain operations of any designated force without restriction for a specified period (OTAN).

taux de remplacement (matériel) replacement factor (US, OTAN).

taux de suicides (PERS) suicide rate (US).

"taxi du champ de bataille" (VTT) battlefield taxi (GB) (Surnom donné à l'AT-105 Saxon britannique, véhicule blindé de transport de troupes sur roues).

TBA (très basse altitude) very low level. Ex : *Défense sol-air TBA : very low level air defence.*

TC (trains de combat) combat trains (US).

Comp. :

- The portion of unit trains that provides the combat service support (CSS) required for immediate response to the needs of forward tactical elements. At company level, medical, recovery, and maintenance elements normally constitute the combat trains. At battalion level, the combat trains normally consist of ammunition and POL vehicles, maintenance / recovery vehicles and crews, and the battalion aid station (US).

- Ensemble des moyens appartenant à un corps et destinés à l'entretien immédiat et permanent du combat. Ils comprennent principalement les véhicules sanitaires, de dépannage, de transport de ravitaillement et, éventuellement, certains matériels du génie et de défense immédiate contre les dangers nucléaires, bactériologiques et chimiques. Pendant l'action, les trains de combat sont articulés en 2 échelons. La première fraction (= TC 1) se trouve dans le sillage des unités élémentaires de premier échelon. La seconde (= TC 2) se trouve à proximité du PC du régiment ou du groupement (F).

TDM voir **troupes de marine.**

TDP (tête de pont) bridgehead.

technicien (PERS) technician (US), artificer (GB) (ADJ : "(highly) skilled", "(properly) equipped"). Ex : *Un technicien (de la) logistique : a logistics technician (US).*

technicien en munitions ammunition technician (GB) (Terme familier GB : "bullet doctor").

technique (adjectif) technical.

technique (nom) technique (US), technology (Termes dénombrables) (VERB : "to develop", "to teach", "to demonstrate", "to employ", "to use", "to gauge", "to stress") (ADJ : "demanding", "subtle"). Ex : *Techniques opérationnelles : operational techniques (US) – Des techniques de transport modernes : modern transportation techniques (US) – Techniques anti-terroristes : anti-terrorist techniques (GB) – Techniques de combat : battle techniques (US) – La technique de saut (TAP) : jump technique (US) – Le regain d'intérêt récent pour la technique des ponts militaires : the recent upsurge of interest in new bridging technology.*

techniquement technically (US, GB). Ex : *Des officiers techniquement qualifiés : technically qualified officers (US) – Ce qui est techniquement possible (ou faisable) (conception de matériel) : what is technically feasible (GB).*

techniques d'embuscade ambush techniques (US).

techniques de franchissement (TAC) river-crossing techniques (GB).

techniques d'espionnage (RENS) spying techniques (US).

techniques de surveillance (RENS) surveillance techniques (US).

techniques d'interrogation (<u>ou</u> d'interrogatoire) (RENS) interrogation techniques (US).

technocratique technocratic (GB).

technologie technology (US) (Terme <u>indénombrable</u> au sens de science appliquée et <u>dénombrable</u> au sens de domaine particulier de science appliquée) (VERB : "to accomodate", "to incorporate...into", "to utilize", "to define", "to develop", "to acquire", "to exist", "to pull forward", "to leverage", "to seek", "to explore", "to test", "to assimilate", "to take advantage of") (ADJ : "advanced", "state-of-the-art", "emerging", "sensitive", "modern", "selected", "sophisticated", "leap-ahead", "outdated", "robust", "superior", "key", "automotive", "world-class", "critical", "proven", "specialized", "new", "exciting", "inexpensive", "(militarily) critical", "export controlled", postindustrial") (NOM ASS. : "testing", "emergence"). Ex : *La technologie la plus récente : the latest (<u>ou</u> newest) technology (US) – Nouvelles technologies : new technologies (UN) – Technologie(s) des missiles / balistique(s) : missile technology (UN) – Transfert de technologies sensibles : transfer of sensitive technology (US) – Technologie numérique : digital technology (US) – Technologie de pointe : cutting-edge technology (US).- Technologies de guerre de l'information : information warfare technologies (US) – Technologie(s) de l'âge de l'information : information age technology (US) – Technologie informatique : computer technology (US).*

technologie avancée advanced technology (OTAN). Ex : *Bombardier de technologie avancée : advanced technology bomber (ATB) (OTAN).*

technologie de communication communications technology (US) (VERB : "to take advantage of").

technologie de défense defence technology (GB).

technologie de la logistique logistics technology (OTAN).

technologie (<u>ou</u> techniques) de l'armement armaments technology (UN).

technologie de l'information information technology (IT) (OTAN, US, GB) (VERB : "to specialize in", "to use"). Ex : *Sécurité de la technologie de l'information : information technology security (ITSEC) (OTAN).*

technologie de missiles missile technology (US).

technologie de pointe high technology, advanced technology (OTAN), key technology (OTAN) (Forme abrégée de "high technology" : "high tech" ; peut se mettre en épithète sous cette forme). Ex : *Des technologies de pointe : advanced technologies (OTAN), key technologies (OTAN) (VERB : "to incorporate" = intégrer).*

technologie de protection (blindée) armour technology.

technologie des capteurs sensor technology (OTAN).

technologie des communications communications technology (OTAN).

technologie des logiciels software technology (OTAN).

technologie de surveillance surveillance technology (US).

technologie furtive stealth technology.

technologie non létale non lethal technology (US).

technologie numérique digital technology (US) (VERB : "to use").

technologies commerciales commercial technologies (US).

technologies de fabrication manufacturing technologies (US).

technologies de l'Âge de l'Information Information Age technologies (US).

technologies de protection de l'environnement environmental technologies (US).

technologies militaires military technologies (US, OTAN). Ex : *Les nouvelles technologies militaires liées à la RAM (= Révolution dans les Affaires Militaires) : new military technologies associated with the RMA (= Revolution in Military Affairs) (OTAN).*

technologies naissantes emerging technologies (ET) (OTAN, US).

technologies nouvelles emerging technologies (ET) (OTAN, US).

technologies spatiales space technologies (US).

technologique technological (OTAN), technology (US, GB) (En épithète). Ex : *Progrès technologiques : technology advancements (US) – Démonstrateur technologique télécommandé de détection de champs de mines : remote minefield detection technology demonstrator (GB) – L'accélération de l'évolution technologique : the accelerating pace of technological change (OTAN).*

TED voir **tableau d'effectifs et de dotation**.

tee-shirt T-shirt (US). Ex : *Un tee-shirt du 7ᵉ Corps d'Armée : a VII Corps T-shirt (US) (VERB : "to display").*

télécommande (ou téléguidage ou commande à distance) remote control (GB). Ex : *La bombe a été déclenchée par télécommande (ou par commande à distance) : the bomb was detonated by remote control (GB).*

télécommandé remote-controlled, remote (OTAN), command detonated (OTAN). Ex : *Mine télécommandée : command detonated mine (OTAN) – Démonstrateur technologique télécommandé de détection de champs de mines : remote minefield detection technology demonstrator (GB).*

télécommande automatique (TCA) à portée optique (ou à vue directe) automatic command to line-of-sight (UN).

télécommande filaire wire command.

télécommunication(s) telecommunication(s) (US, GB, OTAN), communications (OTAN). Ex : *Un satellite de télécommunications : a telecommunications satellite – Matériels de télécommunications : communications equipment (OTAN) – Réseau du service fixe de télécommunications : fixed telecommunication network (OTAN).*

télécommunications-électronique communications-electronics (CE) (OTAN).

télécommunications militaires military communications (OTAN).

télécommunications par satellite satellite communications (SATCOM) (OTAN).

télécommunications tactiques tactical communications (OTAN).

téléconférence teleconference (OTAN, GB). Ex : *Téléconférence vidéo : video teleconference (VTC) (GB) – Liaison de téléconférence : teleconference link (GB).*

télécopie (ou fax) facsimile, fax, remote copying.

télédétection remote sensing.

télé-enseignement distance learning (DL) (US). Ex : *Le programme de télé-enseignement de l'armée de terre : the Army Distance Learning Program (ADLP) (US) (Voir aussi **enseignement à distance**).*

télé-formation tele-training ou teletraining (US) Ex : *Télé-formation par (moyens) vidéo : video-teletraining (US) (VERB : "to use") (NOM ASS. : "program").*

télégramme telegram (US) (VERB : "to intercept", "to decipher").

télégraphie telegraphy (US, OTAN). Ex : *Télégraphie à faible vitesse de modulation : low-speed telegraphy (OTAN).*

téléimprimeur teleprinter (OTAN). Ex : *Réseau de téléimprimeurs pour la défense : defence teleprinter network (DTN) (OTAN).*

télémédecine (ou médecine à distance) telemedicine (US).

télémesure telemetry (UN). Ex : *Données de télémesure : telemetry data (UN).*

télémètre range-finder (US, GB).

télémètre (à) laser laser range-finder (ou rangefinder) (LRF) (US, GB) (VERB : "to use") (ADJ : "accurate", "effective") (NOM ASS. : "weight", "range", "field width", "magnification", "eyepiece", "monocular", "optical receiver") (EXPR : "to give the range of a target").

télémétrie telemetry (US), ranging (US, OTAN).

téléobjectif telephoto lens (US). Ex : *Des appareils de prise de vues à téléobjectif : telephoto-lensed cameras (GB).*

téléphone telephone (GB, US) (VERB : "to tap" = mettre sur écoute) (ADJ : "secure") (NOM ASS. : "system").

téléphone de campagne field telephone (GB).

téléphone de voiture car phone (GB).

téléphone mobile (champ de bataille) mobile telephone (GB) (ADJ : "secure").

téléphone portable mobile (tele)phone (GB).

"téléphone rouge" (ou ligne directe) (STRAT) hot line (UN).

téléphonie telephony (US).

téléphonique telephone (En épithète) (GB). Ex : *Système téléphonique protégé : secure telephone system (GB).*

téléphoniste (PERS) telephonist (GB).

télépointage (canon / projecteur) remote aiming (US, GB).

télescope du tireur (char) gunner's telescope.

télescopique telescopic (GB). Ex : *Un viseur télescopique : a telescopic sight (GB) – Crosse télescopique (fusil) : telescopic buttstock.*

télésurveillance remote monitoring (UN).

Télétype (marque déposée) (ou téléscripteur) teleprinter (GB), teletypewriter (TTY) (US).

télévision television (TV) (OTAN). Ex : *Service de renseignement sur les radios et télévisions étrangères (USA / CIA) : foreign broadcast information service (FBIS) (US).*

télévision à faible faisceau lumineux low-light-level television (LLLTV) (OTAN).

télévision à faible niveau lumineux low-light-level television (LLLTV) (OTAN).

téméraire (ou audacieux) (PERS) daring (US).

température temperature (US, GB) (PREP : "in"). Ex : *Des températures extrêmes : extreme temperatures (GB) – Très hautes températures (fission nucléaire) : very high temperatures (OTAN) – Se battre par des températures désertiques allant de -17 à 50 degrés centigrade (PERS) : to fight in desert temperatures ranging from –17 to 50 deg C (US).*

tempéré (climat) mild (US).

tempête de feu fire-storm (OTAN).

tempête de neige blizzard (GB).

tempête de poussière dust storm (GB).

tempête de sable sandstorm (GB).

Tempête du Désert (opération) (Opération) Desert Storm (US). Ex : *Au cours de l'opération Tempête du Désert : in Desert Storm (US).*

tempo (allure / rythme / cadence) (TAC) tempo (US) (VERB : "to maintain", "to increase", "to sustain", "to achieve", "to control", "to alter", "to seek", "to adjust", "to slow", "to apply", "to handle", "to vary") (ADJ : "high", "quick", "fast", "slow", "different"). Ex : *Accroissement du tempo (combat d'infanterie) : increased tempo (GB) – Opérations à tempo élevé : high-tempo operations (US) – Tempo offensif : offensive tempo (US) (Voir aussi **cadence (TAC)**).*

Cf. : Tempo : the rate or rythm of activity relative to the enemy, within tactical engagements and battles and between major operations. It incorporates the capacity of the force to transition from one operation of war to another (GB).

tempo des personnels personnel tempo (PERSTEMPO ou perstempo) (Jane's).

tempo opérationnel operational tempo (OPTEMPO ou optempo) (Jane's), tempo of operations (US, Jane's) (VERB : "to affect", "to sustain").

temporaire temporary (CFE, US, OTAN), provisional (OTAN). Ex : *De façon temporaire : on a temporary basis (CFE) – En mission (ou affectation) temporaire (ou de courte durée) (PERS) : on temporary duty (TDY) (US) – Envoyer des personnels en mission temporaire : to send personnel TDY (= on Temporary Duty) (US) – Unité temporaire : provisional unit (OTAN) – Fournir un asile temporaire à plus de 110 000 réfugiés : to provide temporary asylum for more than 110,000 refugees (OTAN).*

temporairement temporarily. Ex : *Obtenir temporairement la supériorité aérienne : to achieve temporary air superiority.*

temporel time (UEO) (En épithète). Ex : *Contraintes temporelles dans la montée en puissance des états-majors de force : time constraints in the build-up of Force HQs (UEO).*

temporiser (TAC) to buy time (US).

temps (durée) time (US, OTAN, GB) (VERB : "to use") (ADJ : "limited"). Ex : *Cela donne (ou offre) plus (davantage de) de temps à l'officier pour mettre en œuvre des méthodes plus efficaces : it allows more time for the officer to implement more efficient methods (US) – En temps utile (ou opportun) : timely (En épithète) (OTAN) – Activités qui prennent beaucoup de temps (ou gourmandes en temps) : time-consuming activities (US) – De telles opérations prennent beaucoup de temps (ou sont consommatrices de temps) : such operations are time-consuming (US) – Pendant un temps relativement court : for a comparatively short time (OTAN) – Si le temps le permet : if time allows (US) – Service dans la réserve à temps plein : full time reserve service (GB) – La décontamination prend beaucoup de temps : decontamination is time-consuming (US) – En un temps minimal : in minimum time (US).*

temps (époque) era (US). Ex : *Le temps de la guerre froide : the Cold War era (US).*

temps (météorologique) weather (US, GB) (Abréviation RENS US : "WX") (ADJ : "fair", "adverse", "clear", "inclement", "foul") (PREP : "in"). Ex : *Par temps clair : in clear weather (US), in clear weather conditions (OTAN) – Par temps de pluie : in rainy weather (US) – Temps défavorable : adverse weather – Chasseur de défense aérienne tout temps : all weather air defense fighter (OTAN) – Par temps froid : in cold weather (US) – Un système d'armes sol-air temps clair : a fair-weather air defense system (US) – Par très mauvais temps : in foul weather (US).*

temps (manœuvre / opération) (TAC) phase (US, GB), stage (US). Ex : *Dans un premier temps : (in) phase 1 (GB), in the first stage (US) – L'attaque se déroulera en deux temps : the attack will be in two phases (GB) – Une opération en deux temps : a two-phase operation (US).*

temps (période dans un grade) phase (US), time (US). Ex : *Temps / de lieutenant / de capitaine : Lieutenant phase / Captain / phase (US) – Temps passé dans le grade : time in grade (US) (Aussi : "time-in-grade" employé en épithète).*

temps clair clear weather (US) (PREP : "in" = par).

temps d'arrêt halt, pause. Ex : *Le 1ᵉʳ échelon marque un temps d'arrêt : the 1st echelon comes to a halt – Marquer un temps d'arrêt (force) : to pause (OTAN).*

temps de commandement (PERS) command phase (US). Ex : *Pendant le temps de commandement : in the command phase (US).*

temps de crise times of crisis (US) (PREP : "during").

temps de guerre wartime (US, GB) (Peut s'employer en épithète), war (GB). Ex : *Une mission du temps de guerre : a wartime mission (US) – En temps de guerre : in (ou during) wartime (US), in war (GB).*

temps de paix peacetime (US, GB) (Peut s'employer en épithète), peace (GB). Ex : *En temps de paix : in (ou during) peacetime (US), in peace (GB) – Une armée du temps de paix : a peacetime army (GB) – En temps de paix et en temps de guerre : in times of peace and war.*

temps de pluie rainy weather (US) (PREP : "in" = par).

temps de préparation (attaque) preparation time (GB).

temps de réaction (missile) reaction time (US, GB) (ADJ : "fast").

temps de réaction du personnel personnel reaction time (US, OTAN) (ADJ : "quick").

temps de rechargement (missile) reload time (US).

temps de réponse à une demande de renseignement (RENS) response time (OTAN).

temps de repos (PERS) period of R & R (= rest and recuperation) (GB).

temps de rotation (véhicules / aéronefs) turnaround cycle (US, GB).

temps de service (PERS) period of service (GB), length of service (US), time in service (US).

temps de vol flight time, time of flight (GB) (S'applique aussi à un missile).

temps froid cold weather (US). Ex : *Combat par temps froid : cold weather warfare (US).*

temps libre (élève-officier) free time (US).

temps moyen de Greenwich (ou du méridien de Greenwich) Greenwich Mean Time (GMT) (Zulu time) (OTAN).

temps moyen de réparation average repair time (US).

temps moyen entre pannes mean time between failures (MTBF).

temps partiel part-time (US) (Aussi en épithète). Ex : *S'entraîner à temps partiel (réservistes) : to train part-time (US) (Voir aussi **soldat à temps partiel (réserviste))**.*

temps plein full-time (US) (Aussi en épithète). Ex : *Des soldats professionnels à temps plein : full-time professional soldiers (US) (Contraire : "part-time" = temps partiel).*

temps quasi-réel (en) (in) near real time (OTAN) (En épithète : "near-real-time").

temps réel (en) (in) real time (OTAN) (À noter : "real time" ou "realtime" peuvent s'employer en épithète).

temps universel universal time (US).

ténacité tenacity (US).

ténacité (avec) tenaciously (US).

tenaille (mouvement de ou manœuvre en) pincer movement (GB). Ex : *Prendre l'ennemi en tenaille : to catch the enemy in a pincer movement.*

tendance trend (US, GB). Ex : *Renverser la tendance qui a vu les effectifs en personnel d'active de l'armée de terre britannique chuter de près de 30% depuis 1990 : to reverse the trend which has seen the British Army's regular strength fall by almost 30% since 1990 (GB).*

tendre to set up, to lay. Ex: *Tendre une embuscade : to set up (ou to lay) an ambush.*

tendu tense (US), tensed (US), strained (US). Ex: *Une situation tendue : a tense situation (US) – Les relations internationales sont tendues : international relations are tensed (US) – Des relations tendues parmi les belligérants : strained relations among belligerent parties (US) – Soutien logistique à flux tendu (mission opérationnelle) (USA) : focused logistics (US).*

tenir Ex: *Cela tient au fait que : this is because (OTAN) – Tenir le chef à jour sur les actions nécessaires pour améliorer la sécurité : to update the commander on actions needed to improve security (US).*

tenir (TAC) to hold (US, OTAN, GB), to retain, to secure. Ex: *Tenir le terrain : to hold ground (GB) – Tenir une ville : to hold a town (GB) – Le ravitaillement et les armes nécessaires pour tenir 48 heures sur le champ de bataille : the supplies and weapons needed for a 48-hour battlefield day (GB) – L'ennemi tient toujours le pont : the enemy are still holding the bridge (GB) – Tenir une position : to hold a position.*

tenir (ou équiper en personnel) (poste de contrôle / avant-poste / ligne) to man (US, GB), to hold (GB). Ex: *Tenir un poste de contrôle : to man a checkpoint – Le groupe du sergent tient une ligne de défense : the sergeant's squad is manning a defensive line (US) – Un poste tenu par la Compagnie de Grenadiers (Hist.) : a post held by the Grenadier Company (GB).*

tenir (emploi / poste) to fill (US). Ex: *L'emploi (ou le poste) est tenu par un officier d'infanterie : the position is filled by an Infantry officer (US).*

tenir (réunion) to hold (OTAN). Ex: *Tenir une réunion extraordinaire du Conseil de l'Atlantique Nord : to hold an extraordinary meeting of the North Atlantic Council (OTAN).*

tenir à distance (ennemi) to hold off, to hold at bay (GB), to hold at a distance (GB).

tenir à jour to update (UN).

tenir au courant to keep abreast of (US). Ex: *Ces comptes-rendus tiennent l'état-major au courant de la situation : these reports keep the staff abreast of the situation (US).*

tenir bon (résister) (force attaquée) to hold out (GB), to hold one's ground (CA), to stick it out (familier) (US). Ex: *Ne pouvez-vous pas tenir (bon) jusqu'à l'arrivée des renforts : can't you stick it out till reinforcements arrive ? (familier) (US) – Les Canadiens ont tenu bon : the Canadians held their ground (CA).*

tenir compte de to take account of (US) (Contraire : "to ignore", "to disregard", "to discount"). Ex: *Ne pas tenir compte / d'un avertissement / d'une menace : to ignore / a warning / a threat (GB) – Tenir compte des besoins opérationnels : to take account of operational requirements (OTAN) – On n'a pas tenu compte de la menace ennemie : the enemy threat was discounted (GB) – Ne tenez pas compte de mon dernier ordre : disregard my last order (GB).*

tenir en échec to hold at bay (GB). Ex: *Quelques dizaines de légionnaires tinrent en échec 2 000 soldats mexicains pendant douze heures : a few dozen legionnaires held 2,000 Mexican troops at bay for twelve hours (GB).*

tension tension (US, GB) (Terme dénombrable) (VERB : "to heighten", "to relax", "to recede", "to lessen", "to reduce", "to run high"). Ex: *Une période de tension : a period of tension, a time of tension – Des tensions militaires : military tensions (US) – La tension a fortement augmenté (situation de crise) : there has been a sharp increase in tension (OTAN) – En cas de montée de la tension, cette division serait acheminée en Allemagne : should tension mount, this division would be moved to Germany (GB).*

tension (électrique) voltage (OTAN, UN). Ex: *À haute tension : high-voltage (UN) (En épithète) – Régulateur de tension automatique : automatic voltage regulator (AVR) (OTAN).*

tension psychologique psychological stress (US).

tentative attempt (US), try (US). Ex : *Tentative d'assassinat : attempted assassination (US) – Tentative d'évasion (prisonnier de guerre) : escape attempt (US) – La force sera peut-être dissuadée de renouveler sa tentative au même endroit (TAC) : the force may be deterred from trying a second time in the same place (GB) – Bloquer les tentatives anglo-américaines d'expansion vers l'ouest (Hist.) : to contain Anglo-Américan attempts at westward expansion (CA) – Tentative d'espionnage (RENS) : attempted espionage (US) – Tentative de chantage : blackmail attempt (US) – Les Américains renouvelèrent leurs tentatives de pour reprendre le col de Faid : the Americans renewed their attempts to retake the Faid pass (US) – La deuxième tentative sera-t-elle la bonne ? (cessez-le-feu) : will the second try hold ? (US).*

tentative d'assassinat assassination attempt (US) (ADJ : "serious") (PREP : "on" = contre).

tentative d'évasion escape attempt (US) (VERB : "to coordinate").

tente tent (US) (VERB : "to erect"). Ex : *Village de tentes : tent city (US) – Matériel de tente : tentage (US) – L'unité sera abritée sous des tentes : the unit will be housed in tents (GB).*

tenter to attempt (US, OTAN). Ex : *Tenter un franchissement dans la foulée : to attempt a hasty crossing – Tenter une percée dans la zone de la 54ᵉ Division Mécanisée : to attempt a breakthrough in the 54th Mechanized Division zone (US) – Lorsque l'ennemi tente de se soustraire : when the enemy attempts to disengage (OTAN).*

tenue 22 service dress (GB).

tenue (habillement) dress (US, GB) (Terme générique), turnout ou turn-out (GB). Ex : *Fier de ton état de légionnaire, tu le montres dans ta tenue toujours élégante, ton comportement toujours digne mais modeste, ton casernement toujours net (Code d'honneur) (Légion) : proud of your status as a legionnaire, you will display this pride, by your turnout, always impeccable, your behaviour, ever worthy, though modest, your living-quarters, always tidy (GB) – Les normes de tenue que l'on attend de tout soldat : the standards of dress and turn-out expected of every soldier (GB) (VERB : "to reach").*

tenue (conduite) Ex : *Assurer la tenue et le maintien en puissance d'opérations de grande envergure, de longue durée ou de grande intensité : to conduct and sustain large scale, long term, or high intensity operations (CA).*

tenue civile civilian clothing (US), civilian clothes (US), mufti (GB), civilian dress (PREP : "in").

tenue de cérémonie (PERS) Army blue uniform (US) (En abrégé : "(Army) Blues").

tenue de combat (PERS) battle dress, battle dress uniform (BDU) (US), combat fatigues (GB), combat kit (GB) (ADJ : "dressed in"). Ex : *Tenue de combat "sable" : desert BDU (US) – Tenue de combat camouflée : camouflage combat kit (GB) – Tenue de combat pour régions chaudes et désertiques : hot weather and desert BDU (= Battledress Uniform) (US).*

tenue de combat imperméable rainsuit (US) (PART : "improved") (NOM ASS. : "parka", "trousers").

tenue de corvée (PERS) fatigues (GB).

tenue de démineur bomb disposal clothing system (US).

tenue de protection (démineur) protective clothing (GB).

tenue de protection individuelle soldier protection suit (US).

tenue de protection NBC NBC protective oversuit, NBC suit (GB), NBC protection suit (GB), (NBC) protective suit (US), chemical protection gear (US), chemical protective overgarment (US), protective clothing (US) (Le terme "gear" est indénombrable) (Surnom familier GB : "Noddy suit") (VERB : "to put on", "to wear", "to don") (PREP : "in"). Ex : *Le soldat portera la tenue de protection NBC de niveau 2 : the soldier will be dressed in Mission-Oriented Protective Posture (MOPP) level 2 (US) – Tenue de protection individuelle (NBC) : individual protective clothing (US) (Terme indénombrable ; s'emploie sans déterminant).*

À noter : Ce que les Américains appellent "MOPP gear" (MOPP = Mission-Oriented Protective Posture) comprend la tenue NBC, le masque, la cagoule, les couvre-chaussures, les gants de protection, la trousse de décontamination et les antidotes (US).

tenue de service courant (PERS) service uniform (US), service dress (GB). Ex : *Tenue de service courant avec vareuse : class A uniform (US) (ou "Army green (uniform)") – Tenue de service courant sans vareuse (chemise et cravate seulement) : class B uniform (US) (Pour les hommes, peut être à manches courtes ("short sleeve") ou à manches longues ("long sleeve"). Pour les femmes, peut être à manches courtes et avec pantalon ("long sleeve and slacks") ou à manches courtes et avec jupe ("short sleeve and skirt").*

tenue de soirée (PERS) mess dress, mess kit (GB), Army white mess uniform (En abrégé : "Army Whites") (US).

tenue de sport (d'EPS) PT kit (GB), physical training uniform (US), sports kit (GB), physical training suit (US).

tenue (ou combinaison) de tireur d'élite sniper's suit (US).

tenue de travail work uniform (US).

tenu en alerte (unité) stood to (GB). Ex : *Le régiment fut tenu en alerte pendant la majeure partie de la nuit : the battalion was stood to for most of the night (GB).*

tenue pour climat froid et humide cold-wet uniform (US).

tenue pour climat froid et sec cold-dry uniform (US).

tenu par l'ennemi enemy-held (En épithète).

terme (échéance) term (US, GB), range (US), run (US). Ex : *Pour le / court / moyen / long terme : for the / near / mid / long term (US) – À court / moyen / long terme : short-term / mid-term / long-term (En épithète) (US) – Un règlement politique à long terme : a long-term political settlement (US) – Un objectif à court / long terme : a short-range / long-range objective (US) – À court / long terme : in the short / long run (US) – À terme : eventually, in the long run, in the end – Une vision cohérente et à long terme de la Défense britannique : a coherent and long term vision for Britain's defence (GB) – À moyen terme : in the medium term (OTAN) – À plus long terme : in the longer term (GB).*

terme (fin) end (OTAN), completion (GB). Ex : *Mettre un terme à une offensive (TAC) : to halt an offensive (GB) – Mettre un terme à la brutale campagne de répression et d'épuration ethnique : to bring to an end the brutal campaign of repression and ethnic cleansing (OTAN) – Le légionnaire était presque arrivé au terme de ses quinze années de service : the legionnaire was coming up to the completion of fiteeen years service (GB).*

terme (condition) term (US). Ex : *Fixer les termes du combat : to set the terms of battle (US) – Régler une crise en des termes favorables : to settle a crisis on favorable terms (US).*

terme (terminologie) term (GB) (ADJ : "new", "(jointly) approved").

terme d'adresse (envers un militaire) mode of address (GB).

terme (ou mot) de procédure (TRANS) proword (US, OTAN).

terme opérationnel (terminologie) operational term (GB).

termes de (en) in terms of (US).

termes de procédure (phonie) (radio) voice procedure (GB). Ex : *Employer les bons termes de procédure : to use correct voice procedure (GB).*

terminal aérien air terminal (US).

terminal d'abonné mobile (TAM) (réseau radio) mobile subscriber radio terminal (US).

terminal d'amarrage pour pétrolier tanker mooring terminal (TMT) (OTAN).

terminal de communications communications terminal (US).

terminal de communications satellitaires SATCOM (= satellite communications) terminal (GB) (NOM ASS. : "deployment").

terminal de mouillage pour porte-conteneurs container anchorage terminal (CAT) (OTAN).

terminal de satellite (TRANS) satellite terminal (GB, OTAN) (VERB : "to deploy") (ADJ : "small").

terminal de satellite mobile mobile satellite terminal (GB).

terminal ferré (<u>ou</u> ferroviaire) railhead (US, OTAN).

terminal maritime sea / ocean terminal (US) (VERB : "to operate").

terminal terrien de satellite satellite ground terminal (SGT) (OTAN).

terminé completed. Ex : *Terminé pour 10 H 00 : completed by (<u>ou</u> NLT (not later than)) 1000 hours.*

terminé ! (procédure radio) out ! (US), end of message.

terminer to conclude (US), to finish (US), to bring to an end (US). Ex : *Une fois le freinage terminé (ordre d'opérations) : delay concluded (US) – Il devenait évident que nous n'allions pas pouvoir terminer la bataille ce jour-là : it became obvious that we were not going to be able to finish (<u>ou</u> to bring an end to) the battle that day (US).*

terminologie terminology (US). Ex : *Commission de terminologie interarmées (Royaume-Uni) : (the) Joint Service Terminology Committee (JSTC) (GB).*

ternaire (organisation) triangular (US).

ternir to tarnish (US). Ex : *Ternir une image : to tarnish an image (US).*

terrain terrain (US, GB, OTAN), ground (US, GB, OTAN), field (GB), land (US), country (GB) (VERB avec "terrain" : "to hold", "to cover", "to reinforce", "to occupy", "to gain possession of", "to be bounded by" = être délimité par, "to seize", "to retain", "to take advantage of", "to reconnoiter", "to deny") (VERB avec "ground" : "to occupy", "to retain", "to control", "to hold", "to permit") (ADJ avec "terrain" : "difficult", "rough", "mountain", "favourable", "desert", "restricted", "open", "mixed", "variable", "rolling", "rugged", "irregular", "adequate", "steep", "ideal", "harsh", "soft", "welcoming", "restrictive" = qui entrave le mouvement, "critical", "impenetrable", "dense", "tough", "contaminated", "key", "critical", "dominating", "urban", "decisive", "unobstructed", "broken", "wooded", "swampy", "rugged", "dry", "close-in") (ADJ avec "ground" : "vital", "suitable", "strong") (PREP : "across", "in", "over") (NOM ASS. : "type", "expanse", "area", "limitations", "possibilities"). Ex : *S'emparer du terrain : to seize the terrain (US) – Conserver le terrain : to retain the terrain (US) – Occuper le terrain : to occupy the ground (US) – Terrain clef (<u>ou</u> vital) : vital ground (GB OTAN), key terrain (US) – Si le terrain le permet : if the ground permits – Sur le terrain : in the field, on the ground (GB) – Terrain escarpé : steep terrain (US) – Sur tous types de terrain : in all terrain (US), in all types of terrain (US) – Tirer le meilleur profit du terrain : to take maximum advantage of terrain (US) – Terrain découvert : open terrain (US) – Une étendue de terrain : an expanse of terrain (US) – En terrain accidenté : in rugged terrain (US) – 2 000 hommes sur le terrain : 2,000 troops deployed (US) – En terrain particulièrement adapté : on particularly suitable ground (GB) – L'infanterie défend le terrain favorable à partir de positions bien préparées en profondeur : infantry defends strong ground from well-prepared positions in depth (GB) – En terrain désertique : in desert terrain (US) – Des zones de terrain : areas of terrain (US) – À part des escarmouches à Fondouk où les Français conservèrent le terrain : but for skirmishes at Fondouk where the French held their ground (US) – La traversée d'un terrain contaminé par des troupes à pied : traversal of contaminated terrain by troops on foot (US) – Terrain humide et marécageux : wet and marshy land (US) – Nous devrons traverser des terrains difficiles : we will have to cross* *some difficult country (GB) – Traverser 300 m de terrain ouvert : to traverse 300m of open field (GB) – En terrain plat et inondé : over flat, flooded country – Terrain difficile : complex terrain (US).*

À noter : Le mot "terrain" (US, GB) a un sens pluriel. Ex : *Des terrains parsemés d'obstacles : obstacle-studded terrain (US).*

terrain (facteur déterminant) Terrain (US).

terrain (aérodrome) aerodrome (OTAN). Ex : *Terrain / de dégagement / de déroutement ou de diversion / de redéploiement / principal : alternate / alternative / redeployment / main / aerodrome (OTAN).*

terrain à mobilité réduite restrictive terrain (US). Ex : *Dans des zones de terrain à mobilité réduite : in areas of restrictive terrain (US).*

terrain d'aviation airfield (CFE, OTAN, UN). Ex : *Terrain d'aviation militaire : military airfield (UN).*

terrain de campement camp-site (GB).

terrain d'essais (ou polygone d'essais) proving ground (US).

terrain de manœuvres (ou terrain d'entraînement ou camp d'entraînement) training area (GB, CFE).

terrain marécageux marshland (GB).

terrain militaire military land (OTAN) (Terme dénombrable).

terrain neutre (no man's land) no-man's-land (GB). Ex : *Envoyer une patrouille en terrain neutre : to send out a patrol into no-man's-land (GB).*

terrain vital (TAC) vital ground (unité inférieure) (US, GB), ground of tactical importance (unité supérieure) (GB) (VERB : "to capture").

terrain virtuel (simulation) virtual terrain (US).

terrasse (colline) (TOPO) terrace (GB).

terrassement (construction) earthwork (GB), earth-moving (US). Ex : *Travaux de terrassement (GEN) : earthworks – Opérations de terrassement : earth-moving operations (US).*

terre (air / mer) land (US). Ex : *Sur terre, sur mer et dans les airs : on land, at sea and in the air (US) – Seule l'armée de terre a le pouvoir d'exercer le contrôle direct, permanent et complet sur la terre, sur ses ressources et sa population : only the Army has the power to exercise direct, continuing, and comprehensive control over land, its resources and its people (US).*

terre dirt (US), earth (US). Ex : *Des barricades de (ou en) terre : earthen barricades (US).*

terre (à) (ou sur le rivage) ashore (US) (Ne peut pas s'employer en épithète). Ex : *En mer et à terre (matériels) : afloat and ashore (US).*

Terre (la) (planète) Earth (US). Ex : *La Terre est une planète très dangereuse et instable : Earth is a very dangerous, unstable planet (US).*

terre brûlée scorched earth (GB). Ex : *Politique de la terre brûlée : scorched earth policy (GB).*

Terre Information Magazine (revue de l'armée de terre) Équivalents US et GB : Soldiers.

terres hautes (TOPO) highlands (GB).

terrestre land (US, UEO), ground (GB, US), military (GB), surface, land-based (UN). Ex : *Les unités terrestres : ground units – Les opérations terrestres : land operations – Les objectifs terrestres : surface targets – Les forces terrestres : ground forces, land forces – Offensive terrestre : ground offensive (GB) – Lanceur terrestre : land-based launcher (UN) – Armements terrestres américains : US ground forces weapons (US) – Le combat terrestre : land warfare (US), ground combat (US) – Des forces navales, aériennes et terrestres provenant de 35 pays furent rassemblées : naval, air and military forces from 35* *countries were mustered (GB) – EUROFOR offre une capacité terrestre de réaction rapide : EUROFOR can provide a rapid-reaction land capability (UEO) – On doit coordonner les appuis terrestre, aérien et naval : military, air and naval support must be coordinated (GB).*

À noter : L'adjectif "military" est parfois employé au sens de "relatif aux forces terrestres ou à l'armée de terre". Ex : *L'école de formation des officiers de l'armée de terre : the Royal* <u>Military</u> *Academy Sandhurst (RMAS) (GB).*

terreur terror (OTAN, US). Ex : *Actes de terreur contre des civils (chef d'accusation) : inflicting terror on civilians (OTAN).*

terrien (soldat de l'armée de terre) (familier) soldier (Terme péjoratif utilisé par les aviateurs et marins GB : "pongo").

terrien (équipement) ground (OTAN). Ex : *Terminal terrien de satellite : satellite ground terminal (SGT) (OTAN).*

terrifiant awesome (US). Ex : *Armes terrifiantes : awesome weapons (US).*

territoire territory (GB, OTAN, US) (Terme dénombrable) (VERB : "to occupy", "to explore", "to purchase") (ADJ : "hostile", "neutral", "friendly", "(politically) sensitive") (PART : "enemy-held", "enemy-controlled", "enemy-occupied"). Ex : *Sur le territoire français : on French territory (US) – En territoire ennemi : in enemy territory (GB) – Franchir le fleuve pour pénétrer en territoire ennemi : to cross the river into enemy territory (GB) – territoire occupé par l'ennemi : enemy-occupied territory (GB) – Territoire libéré : liberated territory (OTAN) – Territoire national : national territory (US) – L'ancien territoire français des Afars et des Issas : the former French Territory of the Afars and Issas (GB).*

territoire de l'alliance (OTAN) alliance territory (OTAN). Ex : *Défense du territoire de l'alliance : defence of alliance territory (OTAN).*

territoire métropolitain (France) mainland France (Jane's). Ex : *À l'extérieur du territoire métropolitain : outside the territory of mainland France (Jane's).*

territoire national national territory (OTAN), homeland (US). Ex : *Forces hors du territoire national (<u>ou</u> hors-métropole) : out of national territory (ONT) forces (OTAN) – Lutte contre le terrorisme sur le territoire national : homeland counterterrorism (US).*

territorial territorial (OTAN). Ex : *Commandement / autorité / territorial(e) : territorial command / commander (OTAN) – La défense européenne se caractérise par une structure de forces à base trop territoriale : European defence is characterized by too much territorially based force structure (OTAN).*

terroriser (individus) to terrorize (US).

terrorisme terrorism (US, OTAN, CA) (VERB : "to defeat", "to oppose", "to deter", "to prevent", "to respond to", "to increase") (ADJ : "foreign", "domestic"). Ex : *Terrorisme des armes de destruction massive : WMD (= Weapons of Mass Destruction) terrorism (GB) – Le terrorisme d'allégeance soviétique : Soviet-sponsored terrorism (CA) – Des groupes qui se livrent au terrorisme international : groups that engage in international terrorism (US).*

terrorisme urbain urban terrorism (GB).

terroriste (adjectif) terrorist (GB). Ex : *Un attentat terroriste : a terrorist attack – La menace terroriste : the terrorist threat (GB).*

terroriste (nom) terrorist (US, GB), gunman (US) (VERB : "to identify", "to locate", "to kill", "to capture", "to watch for") (ADJ & PART : "would-be", "barricaded", "armed").

tertio three.

tertre (TOPO) knoll (GB).

test test (GB, US) (VERB: "to complete", "to carry out", "to pass", "to undergo") (ADJ: "exhaustive", "extensive", "comparative", "developmental", "operational"). Ex: *Test d'aptitude: aptitude test (US, GB) – Tests en usine (matériel): factory tests – Test préalable (entraînement): pretest (US) – Test de qualification: proficiency test (US), qualification test (US) – Tests (ou épreuves) psychotechniques: voir* **psychotechnique** *– Tests d'endurance physique: physical endurance tests (GB) – Nous avons fait passer le test (final) au fusil: we gave the rifle the acid test (US) (Expression familière) – Un test de volonté (marche commando): a test of willpower (GB).*

testabilité testability (US). Ex: *Fiabilité, maintenabilité et testabilité: Reliability, Maintenability and Testability (RMT) (US).*

tester to test (US). Ex: *Tester (ou éprouver) la capacité de réaction de l'ennemi: to test enemy response (US).*

testé sur le terrain (matériel) field-tested (US).

test intégré (matériel) built-in test equipment (US).

tétanos (SAN) tetanus (GB).

tête head (US, GB), face (US). Ex: *Au-dessus des têtes: overhead (S'emploie aussi en épithète) – Être à la tête de (ou diriger) (service / organisation) (PERS): to head (US) – Tête de colonne de chars: tank spearhead (UN) – Discussion en tête à tête avec: face-to-face discussion with (US) – De temps à autre, un obus sifflait au-dessus de nos têtes: an occasional shell swished overhead – Avec à leur tête le capitaine Danjou (troupe de légionnaires): with Captain Danjou at their head (GB) – Empêcher l'ennemi de relever la tête: to make the enemy keep his head down (GB).*

tête (unité) (TAC) lead (GB). Ex: *La 2ᵉ Compagnie prendra la tête (ou sera en tête): B Company will take the lead (GB), B Company will be in the lead (GB).*

tête (de) (unité / matériel) (TAC) leading (US, GB), lead (US, GB). Ex: *Un élément de tête: a leading element (US), a lead element (US) – Les régiments de tête: the leading regiments (GB) – Véhicule de tête: leading vehicle – Le char de tête: the lead tank (US), the leading tank (GB).*

tête (en) (unité) (TAC) leading (US, GB), in the lead (GB). Ex: *Les blindés sont en tête de l'assaut: armour lead the assault (GB) – Avec la 1ᵉʳᵉ Division en tête: with the 1st Division leading (US) – La 2ᵉ Compagnie était en tête: B Company was leading (GB), B Company was in the lead (GB).*

tête (grenade à main) cover.

tête à tête face-to-face (US). Ex: *Les chefs donnent les ordres à leurs subordonnés en tête à tête: commanders issue orders to their subordinates face-to-face (US).*

tête basse (système) head(-)down (US) (En épithète).

tête chercheuse (ou autodirecteur ou dispositif d'autoguidage) seeker, homing device (UN), homing head (UN), seeker head (UN).

tête d'écrasement squash head.

tête de ligne (voie ferrée) railhead (GB).

tête de mort (insigne) death's head (GB).

tête de pont (TAC) brigehead (US, OTAN), beachhead (sur une plage) (US, GB) (VERB: "to (firmly) establish", "to secure", "to expand", "to enlarge", "to reinforce", "to seize", "to develop") (Nom associé: "width"). Ex: *Établir une tête de pont: to establish a bridgehead (US) – S'emparer d'une tête de pont: to secure a bridgehead (US) – Pendant que nos troupes s'efforçaient d'élargir leur tête de pont: while our troops strove to extend (ou to widen ou to expand) their bridgehead (US).*

Cf. : Bridgehead : 1. An area of ground held or to be gained on the enemy's side of an obstacle – 2. In river crossing operations, an area on the enemy's side of the water obstacle that is large enough to accomodate the majority of the crossing force, has adequate terrain to permit defense of the crossing sites, and provides a base for continuing the attack. As a minimum, ground must be secured which eliminates enemy direct and observed indirect fires on the crossing site (US).

tête de pont (territoire précédemment occupé par l'ennemi) lodg(e)ment area, lodgement (US).

tête de pont aérienne airhead (US, OTAN).

tête droite ! / tête gauche ! eyes right ! / eyes left ! (US).

tête explosive warhead (US, OTAN).

tête haute (système) head(-)up (US) (En épithète).

tête haute (présentation / écran de visualisation / collimateur / viseur) head-up display (HUD) (UN).

tête militaire (missile) warhead (US), payload (VERB : "to incorporate", "to defeat", "to explode") (ADJ : "chemical", "biological"). Ex : *Tête (militaire) à charge tandem : tandem warhead (US) – Tête militaire à charge creuse : shaped-charge warhead (US, GB) – Tête militaire à guidage terminal : terminal guidance warhead (TGW) (US) – La tête militaire traverse le niveau final de béton avant d'exploser : the warhead passes through the final level of concrete before detonating (US).*

tête radar radar head (RH) (OTAN).

tête radar éloignée remote radar head (RH) (OTAN).

têtes d'avant-garde lead elements of the advance guard.

tétraèdres de béton (rangées de) (défence antichar) dragon's teeth (GB).

texte text (OTAN), matter (OTAN) (ADJ : "plain", "cipher"). Ex : *Un texte chiffré : an encrypted text (OTAN) – Texte de message / formaté / libre / structuré : formatted / free form / structured / message text (OTAN) – Texte non classifié : unclassified matter (OTAN).*

texte en clair (avant codage) (RENS) plain text (US).

texte non classifié unclassified matter (US, GB).

textiles textiles (US). Ex : *Textiles légers : light textiles (US).*

thalweg (TOPO) thalweg.

THD (très haute dureté) (blindage) High Hardness Ballistic Steel (armour).

théâtre (en) in-theatre (UEO) (En épithète). Ex : *La mobilité, en particulier la capacité de transport par hélicoptère en théâtre, devrait être améliorée : mobility, particularly in-theatre helicopter transport capability, should be improved (UEO).*

théâtre de guerre theater of war (TOW) (US).

théâtre de guerre artificiel synthetic theater of war (STOW) (US). Ex : *Système de simulation de théâtre de guerre artificiel : synthetic theater of war (STOW) simulation program (US).*

théâtre d'opérations theater of operations (TO) (US), theatre of operations (GB, OTAN), operational theater (Jane's) (ADJ : "austere", "contingency", "likely", "distant" = éloigné) (PREP : "throughout"). Ex : *Théâtre (du) Centre Europe : Central European theatre (UN) – Transport (aérien à l'intérieur du théâtre : intratheater airlift (US) – À l'échelon du théâtre : at the theater level (US) – Théâtre domestique (ou national) : home theater (US) – En place (ou déployées) sur un théâtre (forces) : in-theater (US) (En épithète) – Théâtre d'opérations extérieur (TOE) : overseas theater (US) – Les capacités pour assurer la projection des forces vers des théâtres d'opérations, même éloignés, devraient être améliorées : capabilities for projecting forces to theatres of operations, even distant ones, should be improved (UEO).*

Cf. : Theatre of operations : a geographical area defined by the military-strategic authority which includes and surrounds the area delegated the operational commander within which he will conduct operations – known as the joint operations area (GB).

théâtre extérieur overseas theater (US).

théâtre stratégique strategic theater (US).

thématique theme (US) (En épithète). Ex : *Domaine thématique (expérimentation) : theme area (US).*

thème (exercice / manœuvre) scenario (US).

thème (séminaire) theme (OTAN). Ex : *Le séminaire porte sur le thème de "l'entraînement et des exercices de défense aérienne multisystème et multinationale" : the theme of the seminar is "Multination, Multi-system Air Defence Training And Exercises" (OTAN).*

thème psychologique (action psychologique) psychological theme (OTAN, US, GB) (VERB : "to select").

théorie (en) theoretically (Jane's). Ex : *En théorie, l'Eurocorps peut aligner 60 000 hommes sur le terrain : Eurocorps can theoretically field 60,000 troops (Jane's).*

théorie militaire (la) military therory (US).

théorique authorized (US), theoretical (GB, US). Ex : *Effectif théorique : authorized strength (US) – Chiffres théoriques (effectifs) : theoretical figures (GB) – La cadence de tir maximale théorique (canon) : the theoretical maximum rate of fire (US).*

théoriquement voir **théorie (en)**.

thermique thermal (US), heat (US). Ex : *Imagerie thermique : thermal imagery (US, OTAN) – Signature thermique (véhicule) : thermal / heat (US) signature.*

thermographe thermal imager.

thermoguidé (missile) heat-seeking (US).

thermomètre de rayonnement aérolargué air-launched radiation thermometer (ART) (OTAN).

thermonucléaire thermonuclear (OTAN).

thermos (marque déposée) (ou bouteille thermos) vacuum bottle (US), vacuum flask (GB).

thermovision frontale (système de) (caméra infrarouge frontale) forward-looking infra-red (FLIR) system (OTAN).

tierce partie (ou tiers) (conflit) third party (US) (Voir aussi **tiers (tierce partie)**).

tiers (adjectif) third (US). Ex : *Pays tiers : third nation (US).*

tiers (troisième) third (OTAN). Ex : *Paralyser les communications de l'ennemi en brouillant le tiers de ses émetteurs : to suppress (ou to disrupt) the enemy's communications by jamming one third of his transmitters – L'OTAN peut réduire d'un tiers ses effectifs en Bosnie, en les ramenant à 20 000 hommes environ : NATO is able to reduce the number of its troops in Bosnia by one-third, to about 20,000 (OTAN).*

tiers (tierce partie) third party (US). Ex : *Par l'intermédiaire de tiers comme les Nations-Unies, les organisations régionales ou les autres États : through third parties such as the UN, regional organizations or other states (US) – Dissuasion nucléaire par un tiers : third-party nuclear deterrence (US).*

tiers-monde (le) the Third Word (US). Ex : *Un pays du tiers-monde : a Third World nation (US).*

TIG voir **travaux d'intérêt général**.

tige d'éjecteur (arme de poing) ejector rod.

tige de manœuvre (fusil mitrailleur) operating rod.

TIGRE the TIGER combat helicopter (Jane's).

TIGRE AC (AntiChar) the TIGER anti-tank helicopter (Jane's)

TIGRE AP (Appui-Protection) the TIGER close support helicopter (<u>Jane's</u>), the TIGER close-air support helicopter (<u>Jane's</u>).

TIGRE PAH 2 (hélicoptère) the TIGRE (<u>ou</u> TIGER) attack helicopter (AH) (en 2 configurations: "antitank helicopter" et "combat support helicopter") (<u>Équivalents proches US</u>: AH-64 Apache et RAH-66 Comanche). Ex: *L'hélicoptère franco-allemand Tigre: the Franco-German Tiger battlefield helicopter (GB)*.

tir(s) <u>fire</u>(s) (OTAN, US), shoot (GB) (VERB: "to place...on", "to use", "to deliver...on", "to receive", "to integrate", "to call for", "to return", "to adjust", "to bring", "to obtain", "to schedule", "to provide") (Exemples d'emploi: *Direct fires may be placed across boundaries – Indirect fire may also be used*) (ADJ: "withering" = cinglant, "accurate", "devastating", "responsive", "lethal", "quick", "continuous", "heavy" = nourri) (EXPR: "in support of"). Ex: *Des tirs de préparation: preparatory fires – Des tirs d'essai: test firing – Un tir de nuit: a night shoot (GB) – Tir(s) ami(s) / ennemi(s): friendly / enemy / fire (US) – Un tir à la mitrailleuse par équipes (concours): a machine gun shoot (GB) – Tir(s) terrestre(s): ground fire (US) – Tir(s) hostile(s): hostile fire (US) – Un objectif sur lequel aucun tir n'a été prévu (ART): a target against which fire has not been scheduled (OTAN) – Les éléments reçurent un tir d'armes automatiques: the elements received automatic weapons fire (US) (Voir également **feu**).*

tir (action de tirer) firing (OTAN, US) (VERB: "to break out again"). Ex: *Permettre le tir du projectile dans une arme de calibre plus grand: to permit firing the projectile in a larger calibre weapon (OTAN) – Le tir d'une pièce: one gun firing (OTAN) – Un tir nourri: heavy firing (US) – Le tir, commandé électriquement, permet une cadence de 8 coups/minute (char): firing is electrically controlled and the rate of fire is up to 8 rounds per minute (US).*

tir (à l'arme de poing) shooting (GB).

tirage au sort (service militaire sélectif) (USA) lottery (drawing) (US) (Terme dénombrable) (VERB: "to be implemented", "to be held"). Ex: *Le rétablissement du tirage au sort: reinstitution of the lottery (US) – Numéro de tirage au sort par date de naissance: lottery number by birthdate (US).*

tirailleur skirmisher (GB) (Voir aussi **régiment de tirailleurs**).

tir à la demande (ART) on-call target (OTAN).

tir à l'horaire (<u>ou</u> objectif à battre à l'horaire) (ART) scheduled target (US, OTAN).

tir à munitions réelles live fire, live firing (GB).

tirant d'air (pont) overhead clearance (OTAN).

tirant d'eau (véhicule de franchissement) draught (GB), draft (US).

tir antiaérien (DCA) flak (GB).

tir au canon gunnery (US).

tir au canon de char tank gunnery (GB).

tir au radar radar fire (OTAN).

tir aux armes individuelles small arms shooting (GB).

tir à vue direct fire (US).

tir continu continuous fire (US).

tir contre armes à feu (ART) counterfire (US, OTAN).

tir courbe high angle fire (US, OTAN).

tir dans la profondeur (ART) depth fire (GB).

tir d'appui supporting fire (GB, OTAN).

<u>Cf.</u>: Fire delivered by supporting units to assist or protect a unit in combat (OTAN).

tir d'appui direct direct supporting fire (OTAN).

tir d'appui en profondeur deep supporting fire (US, OTAN).

tir d'appui rapproché close supporting fire (OTAN).

tir d'arrêt final protective fire (FPF) (US, GB, OTAN) (VERB : "to call for").

Cf. : An immediately available prearranged barrier of fire designed to impede enemy movement across defensive lines or areas (OTAN).

tir de balisage marking fire (US, OTAN).

tir de barrage barrage fire (OTAN), barrier of fire (OTAN), barrage (GB) (VERB : "to shift") (ADJ : "preparatory"). Ex : *Le tir de barrage fut déplacé vers l'avant (ou allongé) : the barrage was shifted forward (US).*

tir de campagne field firing (GB).

tir de concentration concentrated fire (OTAN).

tir de contre-batterie counterbattery fire ou counter-battery fire (GB, OTAN).

Cf. : Fire delivered for the purpose of destroying or neutralizing indirect fire weapon systems (OTAN).

tir de contre-préparation counterpreparation fire (US, OTAN).

tir de couverture covering fire (US) (VERB : "to provide").

tir défensif defensive fire (US, GB, OTAN) (Abréviation GB : "DF").

tir d'efficacité fire for effect (OTAN, GB) (VERB : "to order").

tir d'efficacité d'emblée predicted fire (OTAN, UN).

tir de harcèlement harassing fire (OTAN).

tir d'enfilade enfilade fire (GB). Ex : *Notre progression fut stoppée par un tir d'enfilade nourri : our advance was halted by heavy enfilade fire (GB).*

tir de neutralisation neutralization fire (US, OTAN), suppressive fire (US) (VERB : "to deliver") (PREP : "on").

tir de nuit (fusil) night firing (US).

tir de préparation preparation fire (US, OTAN).

tir de protection covering fire (US, OTAN).

tir de recherche (ou sur hausses échelonnées) searching fire (US, OTAN).

tir de réglage registration fire (US, OTAN), adjusting fire (GB).

tir de représailles retaliatory fire.

tir de riposte return of fire (OTAN).

tir d'interdiction interdiction fire (US, OTAN).

tir direct direct fire (US, OTAN, UN).

tiré à distance de sécurité (missile) stand-off (US, OTAN) (En épithète). Ex : *Missile à longue portée tiré à distance de sécurité : long-range stand-off missile (LRSOM) (OTAN).*

tiré à l'épaule (ou à l'épaulé) shoulder-fired (UN, US).

tire-au-flanc malingerer (GB), shirker (GB), skiver (GB).

tir éclairant illumination fire (OTAN). Ex : *Tir éclairant / continu / coordonné : continuous / coordinated / illumination fire (OTAN).*

tiré de sous-marin (missile) submarine-launched (OTAN). Ex : *Missile balistique tiré de sous-marin : submarine-launched ballistic missile (SLBM) (OTAN).*

tir ennemi efficace effective enemy fire (GB).

"tire et oublie" (ou tir autonome) fire and forget (US). Ex : *Un missile de type "tire et oublie" : a fire-and-forget missile (US).*

tir en continu (ART) continuous fire (US).

tir en déplacement (char) fire on the move (US), firing on the move (US).

tir en marche (char) fire on the move (US), firing on the move (US).

tir en rafales burst fire (GB). Ex: *Une capacité de tir en rafales : a burst fire capability (GB).*

tirer to fire (OTAN, GB), to deliver fire (CFE), to shoot (GB), to discharge (GB) (ADV : "alternately") (PREP : "at", "upon", "into"). Ex: *Tirer des munitions : to fire ammunition – Tirer un système d'arme (sur) : to fire a weapon system (at) – Une balle est tirée d'une arme individuelle : a bullet is discharged from a individual weapon (GB) – Tirer un coup de fusil : to fire a shot (GB) – Tirer au-dessus d'une cible : to overshoot (GB) – Le fusil tire des munitions de 5.56 : the rifle fires 5.56mm ammunition (GB) – Si l'on vous tire dessus : if you are fired upon (US) – Tirer une rafale : to fire a burst (US) – Un soldat lui tire dessus au pistolet : a soldier fires at him with a pistol (US) – Une position à partir de laquelle un canon peut tirer : a position from which a gun may be fired (OTAN) – La plus grande distance à laquelle une arme peut tirer : the greatest distance a weapon can fire (OTAN) – Le support obture l'âme de l'arme d'où le projectile est tiré : the carrier fills the bore of the weapon from which the projectile is fired (OTAN) – Les tirer comme des rats (soldats ennemis) : to shoot them like rats (GB) – L'ordre de tirer : the order to fire (GB) – Il a tiré sur la foule avec son arme : he discharged his weapon into the crowd (GB) – Arrêtez-vous ou je tire ! : stop or I'll shoot ! (GB).*

tirer (d'une position embusquée) to snipe (GB).

tirer (missiles) (sous-marin) to launch (US).

tirer (obtenir) to obtain (OTAN), to derive (GB), to learn (US) (PREP : "from"). Ex: *Tirer des renseignements d'une personne : to obtain information from a person (OTAN) – Les Britanniques ont tiré des principes pour la conduite de la défense : the British derived principles for the conduct of the defence (GB) – Tirer des renseignements à partir des émissions électromagnétiques ennemies : to derive intelligence from enemy electromagnectic emissions (US) – Tirer des enseignements (conflits) : to learn lessons (US).*

tirer à la mitrailleuse sur to machine-gun (GB) (Verbe transitif direct).

tirer au flanc (ou tirer au cul) to malinger (GB).

tirer-décrocher shoot and scoot (US).

tirer en embuscade (sur) to snipe (at).

tirer en l'air to shoot in the air (GB).

tirer en rafales to burst fire (GB). Ex: *Le canon AS-90 peut tirer en rafales à une cadence de 3 coups en 10 secondes : the AS-90 gun can burst fire at a rate of 3 rounds in 10 seconds (GB).*

tirer parti de to capitalize on (US), to take advantage of (US, OTAN), to make use of (UEO), to build on (OTAN), to leverage (US). Ex: *Tirer un plein parti du succès dans la bataille (TAC) : to take full advantage of success in battle – Tirer pleinement partie de l'infrastructure militaire actuelle : to take full advantage of the existing military infrastructure (OTAN) – Les pays concernés tireront pleinement parti des mécanismes et processus de l'OTAN : the nations concerned will make full use of the NATO mechanisms ans processes (UEO) – Tirer parti de ces succès : to build on this success (OTAN) – Un système combattant qui tire parti de la révolution technologique : a fighting system that leverages the technology revolution (US).*

tirer profit de to use to advantage (US), to leverage (US), to exploit (US), to build upon (US). Ex: *Tirer le meilleur profit de (quelque chose) : to use (something) to maximum (ou best) advantage (US) – Tirer profit de la RAM (= Révolution dans les Affaires Militaires) : to exploit the RMA (= Revolution in Military Affairs) (US) – Tirer profit des enseignements tirés (ou du retour d'expérience) : to build upon leassons learned (US) (Voir aussi **tirer parti de**).*

tireur (fusil d'assaut) firer (US), shot (GB). Ex: *C'est un excellent tireur : he is a good shot (GB).*

tireur (missile / arme) firer (GB).

tireur antichar (AC) antiarmor gunner (US).

tireur canon / missile (hélicoptère) air-gunner (GB).

tireur à la mitrailleuse voir **mitrailleur**.

tireur au mortier mortar gunner (US).

tireur-canon (char) (ABC) gunner (<u>Jane's</u>).

tireur d'élite (US) 3 catégories par ordre croissant, vers le plus qualifié : 1. marksman – 2. sharpshooter – 3. expert (US) – **(GB)** sniper, crack shot, marksman.

tireur embusqué sniper (US) (VERB : "to eliminate", "to use", "to locate", "to take out") (ADJ & PART : "numerous", "well-trained", "well-coordinated", "well-integrated", "resourceful", "(imaginatively) used", "ace"). Ex : *Menaces émanant des tireurs embusqués : sniper threats (US) – Tirs de snipers : sniper fire (GB) (Voir aussi **"détecteur de snipers"**).*

tireur FM (fusil-mitrailleur) automatic rifleman.

tireur isolé sniper (US, GB) (Voir **tireur embusqué**).

tireur mitrailleuse légère machine gunner.

tir fauchant sweeping fire (US), traversing fire (US).

tir indirect indirect fire (US, OTAN) (VERB : "to mass...against", "to provide") (ADJ : "timely", accurate", "high-angle").

<u>Cf.</u> : Tir sur un but non vu du servant de l'arme (OTAN).

tir libre (consigne de défense aérienne) weapons free (OTAN, US).

tir non contrôlé (<u>ou</u> non observé) unobserved fire (OTAN).

tir observé observed fire (US, OTAN).

tir PA / FAMAS <u>Équivalent GB</u> : range practice (Pistol / SA 80).

tir plongeant low angle fire (OTAN).

tir plongeant (ART) (ordre) low angle (OTAN).

tir plongeant low angle fire (US).

tir préparé prearranged fire (US, OTAN).

tir prescrit (consigne de défense aérienne) weapons hold (OTAN).

tir rapide rapid fire (GB).

tir rasant grazing fire (OTAN).

tir réel (<u>ou</u> à munitions réelles) live firing, live fire. Ex : *Un exercice à tir réel : a live fire exercise.*

tir restreint (consigne de défense aérienne) weapons tight (OTAN).

tirs (feux) fire (OTAN), firing (US) (VERB : "to provide...to", "to direct"). Ex : *Il y avait encore beaucoup de tirs sporadiques : there was still much sporadic fire (GB) (Voir **tir(s)**).*

tirs à longue portée long-range fires (US).

tirs classiques conventional fire (US). Ex : *Augmenter leur vulnérabilité aux tirs classiques (troupes à pied) : to increase their vulnerability to conventional fire (US).*

tirs dans la profondeur deep fires (US).

tirs d'artillerie (<u>ou</u> de canon) gun-fire (OTAN) (VERB : "to hear"). Ex : *Zone de tirs d'artillerie : gun-fire area (GFA) (OTAN).*

tirs de semonce (<u>ou</u> d'avertissement) warning shots (US) (VERB : "to fire").

tirs de snipers (<u>ou</u> tireurs embusqués) sniper fire (GB). Ex : *Les Français durent protéger leurs forces des tirs de snipers continuels qui avaient causé tant de ravages dans la ville : the French had to protect their forces from the continuing sniper fire that had caused such havoc in the city (GB).*

tirs sporadiques sporadic firing (US). Ex : *On s'attend à ce que des tirs sporadiques éclatent toute la nuit : sporadic firing is expected to flare up all through the night (US).*

tir soutenu sustained fire.

tir sur horaire scheduled fire (OTAN).

tirs d'arrêt blocking fire (US).

tirs de préparation preparatory bombardment (GB), preparation fires (US).

tirs fratricides fratricide (US, GB), friendly fire (US) (VERB & NOM : "to avoid" / "avoidance", "to minimize" / "minimization", "to prevent" / "prevention", "to fight").

Cf. : Fratricide : the accidental destruction of own, allied or friendly forces. A result of what is colloquially known as a "blue on blue" engagement (GB).

tir sur cibles shooting at targets (OTAN).

tir sur zone distributed fire (OTAN).

tir tendu flat trajectory fire (US).

tir terminé ! (ART) rounds complete ! (US, OTAN).

tir vertical high angle fire (US, OTAN).

tir vertical (ART) (ordre) high angle (OTAN).

tir vertical (en) at high angle(s).

tissu industriel industrial base (GB). Ex : *Le tissu industriel de défense européen : the European defence industrial base (GB).*

tissu technologique (pays) technological base (US) (NOM ASS. : "breadth", "diversity").

titane titanium (GB).

tititata (transmetteur) (terme familier) bleep (GB).

titre (PERS) title (US) (+ préposition "of") (VERB : "to carry", "to use", "to attain", "to hold").

titre (budgétaire) principal heading (GB), main spending area (GB). Ex : *Les titres du budget de la Défense : the Defence budget principal headings (GB).*

titre (document / page) heading (GB) (PREP : "under").

titre de gloire (ou campagne) (unité) battle honour (GB).

titre de transport (sur convocation) travel warrant (GB).

titulaire (poste) incumbent (OTAN).

titulaire de (être) to hold (US), to possess (US), to be a holder of (US). Ex : *Il est titulaire d'une maîtrise en sciences politiques de l'université du Kansas : he holds a Master's Degree in Political Science from Kansas University (US) – Être titulaire d'une licence : to possess a bachelor's degree (US) – Être titulaire de (décoration) (PERS) : to be a holder of (US).*

T.K.S. (Territorial Kommando Süd) (German) Southern Territorial Command.

TNT (trinitrotoluène) TNT (UN). Ex : *Équivalent TNT : TNT equivalent (UN).*

toast toast (GB) (VERB : "to propose", "to drink"). Ex : *Porter un toast à la Reine : to toast the Queen (GB).*

toile à sac (camouflage / sacs de sable) burlap (US), hessian (GB).

toile de fond backdrop (US), back-cloth (US). Ex : *Avec la guerre de Corée pour toile de fond : against the backdrop (US) (ou back-cloth) of the Korean War (US).*

toile de jute (camouflage / sacs de sable) burlap (US), hessian (GB).

toile de tente canvas.

toit (véhicule blindé) roof (Jane's) (ADJ : "open", "closed"). Ex : *Le toit de la tourelle : the turret roof (Jane's).*

toit (sens figuré) roof (US). Ex : *Ramener sous un même toit (organismes divers) : to bring under one roof (GB).*

toiture shielding (OTAN). Ex : *Toiture improvisée (trou individuel) : improvised overhead shielding (OTAN).*

tôle ondulée corrugated iron (GB).

tolérance (la) tolerance (OTAN).

tolérant tolerant (OTAN).

tombe (ou tombeau) tomb (US). Ex : *La tombe (ou le tombeau) du soldat inconnu : the Tomb of the Unknown Soldier (US).*

tombée de la nuit nightfall (US), dusk (GB). Ex : *Dès (ou vers) la tombée de la nuit (contexte passé) : by nightfall (US) – À la tombée de la nuit : at dusk (GB).*

tomber (au combat) (mourir) to fall (US).

tomber to run out (US, GB), to fall (US), to die (US), to descend (US), to be killed (US). Ex : *Tomber en panne d'essence : to run out of gas (US) (ou petrol (GB)) – Une roquette tombe sur nos positions : a rocket falls on our positions (US) – Un chef tombé au combat : a fallen leader (US) – Tomber au combat (être tué) : to fall, to die in combat (US) – Tomber aux mains de (matériels / armement / ouvrage) : to fall into the hands of (GB), to be captured by (OTAN) – Tomber (projectile / missile) : to fall (OTAN) – Tomber (sous-munition) : to descend (US) – Tomber au champ d'honneur : to be killed in action (KIA) (US) – Ceux qui sont tombés au champ d'honneur (ou les morts au champ d'honneur) : the fallen – Les Mexicains reculèrent, abandonnant leurs morts là où ils étaient tombés : the Mexicans drew back, leaving their dead where they had fallen (GB) – Il tomba, blessé à l'épaule, mais se releva immédiatement : he fell wounded in the shoulder but got up immediately (GB).*

tomber aux mains de to fall to (GB), to fall into hands (US). Ex : *La ville est tombée aux mains des rebelles : the town fell to the rebels (GB) – Tomber aux mains des Soviétiques (matériels / personnels) : to fall into Soviet hands (US).*

tomber sous le feu (de l'ennemi) to come under (enemy) fire (CA).

tombereau automoteur dump truck (US).

tomber en panne to break down (US, GB). Ex : *Si le camion tombe en panne : if the truck breaks down (US) – Trois de nos chars sont tombés en panne : three of our tanks have broken down (GB).*

tonnage tonnage (US) (Terme dénombrable) (ADJ : "large").

tonne (métrique, 1000 kg) tonne (GB), metric ton (GB). Ex : *Des VTL de 14 tonnes : 14 tonne DROPS vehicles (GB) – Des tonnes d'approvisionnements : tons of supplies (US) – Tonnes d'encombrement : measurement tons (OTAN) – Tonnes-poids : weight tons (OTAN) – Un camion de 2,5 tonnes : a 2 ½-tonne truck.*

Rappel : Existent également la "long ton" (tonne forte) (GB) = 1016 kg, et la "short ton" (tonne courte) (US) = 907 kg).

topo (exposé sommaire) (terme familier) rundown (GB, US). Ex : *Faire un topo à quelqu'un sur : to give somebody a rundown on (GB) – L'officier Opérations peut faire un rapide topo sur toutes les unités organiques de la division : the G3 can give a rundown of all units organic to the division (US).*

topographie survey (OTAN), topography (TOPO) (US).

topographique topographic (US), survey (GB, OTAN) (En épithète). Ex : *Symbole topographique : topographic symbol (US) – Base topographique : survey base (OTAN) – Matériel topographique : topographic equipment (US) – Service topogaphique des armées : National Imagery and Mapping Agency (NIMA) (US), Military Survey (GB).*

torche (TAP) streamer (US).

torche (se mettre en) (parachute) (TAP) to candle, to snake.

torche électrique flashlight (US, GB), torch (GB) (VERB : "to use").

tornade tornado (US) (Pluriel : "tornadoes") (VERB : "to sweep (through)", "to spin (through)") (NOM ASS. : "outbreak"). Ex : *Aide aux victimes des tornades : aid to tornado victims (US)*.

torride (chaleur) blistering (US).

tort (avoir) Ex : *Je n'avais pas pensé à çà, mais vous n'avez pas tort sur ce point : I had not thought of that, but you've got something there (familier) (US)*.

torture torture (US, GB). Ex : *On sait que l'ennemi a recours à la torture : the enemy is known to use torture (GB)* – *Mourir sous la torture : to die under torture (GB)*.

torturer to torture (GB).

tôt early (US, GB). Ex : *Tôt le matin : early in the morning (US) (Expression familière US : "o dark thirty")*.

total (nom) total (Jane's) (VERB : "to order"). Ex : *Un total de 237 véhicules de série : a total of 237 production vehicles (Jane's)*.

total (adjectif) full (US), complete (US), total (US). Ex : *Au total : in total (GB)* – *Une stabilisation totale (conduite de tir) : full stabilization (US)* – *Respect total des limites imposées aux forces de police spéciales serbes : full observance of limits on the Serb special police forces (OTAN)* – *Il est difficile de réaliser une protection totale des troupes en traversée de zone contaminée : complete protection is difficult to achieve when troops cross a contaminated area (US)* – *L'armée de terre totale (= incluant toutes les composantes d'active, de réserve et civiles) (USA) : the Total Army (US) (= Active Duty and Reserve Components)*.

totaliser to log (US), to number (US, GB), to accumulate (US). Ex : *La brigade a totalisé 27 000 heures de vol et des milliers de kilomètres parcourus : the brigade logged 27,000 flight hours and thousands of kilometers driving (US)* – *Le parc de l'armée de terre totalise quelque 26 000 véhicules : the entire Army fleet numbers 26,000 vehicles (US)* – *Le 37ᵉ Commandement du Train a totalisé plus de 20 917 km pour subvenir aux besoins des réfugiés du Kosovo : the 37th Trans. (= Transportation) Command accumulated more than 13,000 miles to support the Kosovo refugees (US)* – *Un contingent français qui totalisait 10 000 hommes : a French contingent that numbered 10,000 men (GB)* – *Une•brigade de calarie légère blindée totalise 16 hélicoptères de combat : there is a total of 16 attack helicopters in an armored cavalry regiment (US)*.

totalité entirety (GB), complete range (OTAN). Ex : *Avec la totalité des moyens : with all assets available* – *Sur la totalité du secteur : in the entire sector (US)* – *L'unité dans sa totalité se déplace vers les États-Unis : the unit moves in its entirety to the USA (GB)* – *Accomplir avec succès la totalité des missions de l'Alliance : to perform the complete range of alliance missions (OTAN)*.

toubib doc (US).

touché (par un conflit / une crise) affected (OTAN). Ex : *Les pays les plus durement touchés (mines antipersonnel) : the most severely affected states (OTAN)*.

touché (par une balle) (PERS) hit (US).

toucher (atteindre) to hit (US), to strike (GB), to be received (US). Ex : *La grenade touche une partie de la cible : the grenade hits a portion of the target (US)* – *Il fut touché par 19 balles : he was struck (ou hit) with 19 bullets (GB)* – *Le missile a touché un PC ennemi : the missile hit (ou struck) an enemy command post (GB)* – *Si les tirs d'armes individuelles touchaient un char de combat : if smal arms fire was received by a main battle tank (US)*.

toucher (percevoir) Ex : *Toucher une demi-solde : to be on half pay*.

toucher le sol (ou toucher terre) (TAP) to hit the ground (US).

toujours ever- (US), always (GB). Ex : *Une puissance de destruction / une menace / toujours (ou sans cesse) croissante : an ever-increasing destructive power / threat (US) – Fier de ton état de légionnaire, tu le montres dans ta tenue toujours élégante, ton comportement toujours digne mais modeste, ton casernement toujours net (Code d'honneur) (Légion) : proud of your status as a legionnaire, you will display this pride, by your turnout, always impeccable, your behaviour, ever worthy, though modest, your living-quarters, always tidy (GB).*

toundra (TOPO) tundra (US).

tour tower (US) (ADJ : "rappelling" = d'entraînement à la descente en rappel).

tour à tour alternately (GB). Ex : *Il devait tour à tour servir le canon et faire marcher la radio : he had to alternate between manning the gun and operating the radio (GB).*

tour de consigne (punition) confined to barracks (CB) (GB). Ex : *Il a reçu 10 tours de consigne : he was awarded 10 days CB (GB).*

tour de contrôle (aérodrome) control tower (GB).

tour de guet watchtower ou watch-tower (GB) (VERB : "to be staffed by", "to man").

tour d'entraînement au saut (TAP) (parachute) tower (US).

tour d'observation observation tower (GB, US).

tourelle (char) turret (US, GB) (VERB : "to raise", "to lower", "to rotate", "to remove", "to replace") (ADJ & PART : "cast", "manually-operated", "low profile", "fully protected", "enclosed", "front-mounted", "open", "independently operated"). Ex : *Tourelle biplace alimentée électriquement : two-man (ou two man) power operated turret (US, Jane's) – Armes en tourelle : turret-mounted weapons (GB).*

tourelleau cupola (US). Ex : *Le tourelleau du chef de char : the commander's cupola (US).*

tourillon (char) trunnion (CFE). Ex : *Supports de tourillon : trunnion mounts (UN).*

tournant turning point (Jane's), milestone (OTAN). Ex : *Nous sommes à un tournant décisif dans la crise du Kosovo : we are at a critical turning point in the Kosovo crisis (Jane's) – Un tournant dans les travaux de l'OTAN concernant les armements : a milestone in NATO's armaments work (OTAN).*

tournant (poste / emploi / unité) rotational (OTAN) (poste / emploi), roulement (GB), rotating (US) (unité). Ex : *Un régiment d'infanterie tournant (séjour outre-mer) : a roulement infantry regiment (GB).*

"tournante" (système de rotation des forces) roulement (GB) (PREP : "on"), unit rotation (US). Ex : *Une grande "tournante" des troupes britanniques : a major roulement of British troops (GB) (Voir aussi **rotation**).*

Cf. : The system of moving units and sub-units on six month unaccompanied (i.e. without their families) tours, mostly to Northern Ireland, but also to Cyprus, Belize and the Falklands (GB).

tournée d'inspection tour of inspection (GB).

tourner (PERS / unité) to rotate (US, GB), to be rotated (Jane's), to change round (GB). Ex : *Tourner dans des affectations successives (PERS) : to rotate between assignments (US) – Tourner (unité) : to rotate (GB), to change round (GB) – Les forces françaises en séjour à l'étranger tournent très souvent : French forces on overseas duty are rotated very often (Jane's).*

tourner (moteur) to rotate (GB) (ADV : "properly").

tourner à l'avantage de to work to the advantage of (US). Ex : *Le combat en localité peut tourner à l'avantage d'un défenseur en infériorité numérique : urban warfare can work to the advantage of an outnumbered defender (US).*

tourner mal to go wrong (GB). Ex : *À la guerre, les choses tournent mal : in war, things go wrong (GB).*

tourné vers l'avenir forward looking (US).

tournure turn (OTAN). Ex : *Prendre une nouvelle tournure : to take a new turn (OTAN).*

tournure d'esprit (mentalité) mind set (US) (VERB : "to develop").

tours-minute (tr/mn) revolutions-per-minute (rpm). Ex : *Le moteur produit 1200 CV à 2300 tr/mn (char) : the engine produces 1,200 bhp at 2,300 rpm (GB).*

tous azimuts (défense) all round (defence).

tous chemins (véhicule) tactical vehicle (US, GB).

tout (ensemble) complete in itself (OTAN). Ex : *Constituer un tout : to be complete in itself (OTAN).*

tout all (US, OTAN), -round (US), host (US), total (GB), every (GB), entire (US), -wide (US), full (OTAN), lasting (OTAN), whatever (GB), (all) through (US). Ex : *Les soldats s'entraînent toute l'année : soldiers train year-round (US) – Toute une série d'exercices : a host of exercices (US) – 18 canons en tout : 18 guns in total (GB) – Tous les 200 mètres : every two hundred metres (GB) – Pendant toute la guerre : during the entire war (US), throughout the war (US) – Dans toute l'armée de terre : Army-wide (US) (S'emploie comme un adjectif) – Tout le poids de la puissance offensive : the full weight of the offensive power (OTAN) – Tous les aspects des operations militaires : every aspect of military operations (OTAN) – Tout ou partie d'une force défensive : a part or all of a defending force (US) – La fin de toute violence (après un conflit) : an end to all violence (OTAN) – Le retour sans conditions et dans un climat de sécurité de tous les réfugiés : the unconditional and safe return of all refugees (OTAN) – Le retour des réfugiés en toute sécurité : the safe return of refugees (OTAN) – Le Comité a exprimé au général X toute sa gratitude pour ses éminents services : the Committee expressed to General X lasting grati-tude for his distinguished service (OTAN) – Garder la frontière imperméable par tous les moyens : to keep the frontier sealed by whatever means (GB) – La mission est sacrée, tu l'exé-cutes jusqu'au bout, à tout prix (Code d'honneur) (Légion) : a mission once given to you beco-mes sacred to you, you will accomplish it to the end and at all costs (GB) – Le pilonnage sans merci se poursuivit toute la nuit : the unmerciful (ou merciless) pounding continued through the night (US) – On s'attend à ce que des tirs sporadiques éclatent toute la nuit : sporadic firing is expected to flare up all through the night (US) – Appliquer à l'ennemi tout moyen possible d'u-sure (ou d'attrition) : to bring every possible means of attrition to bear on enemy forces (US).*

tout après ! (procédure radio) all after ! (US).

tout avant ! (procédure radio) all before ! (US).

tout au long de throughout (US). Ex : *Tout au long / de la guerre / de votre carrière militaire / d'une opération : throughout / the war / your military career / an operation (US) – Tout au long de la première moitié de 1999 : throughout the first half of 1999 (US).*

tout en (+ verbe au participe présent) while + verbe en ING.

toutes sources (de) (RENS) all-source (US) (En épithète). Ex : *Centre de renseignenent de toutes sources : All-Source Intelligence Center (ASIC) (US).*

tout fait (ou sur étagère) off-the-shelf (US) (S'emploie aussi en épithète). Ex : *Acheter un matériel tout fait (ou sur étagère) : to buy an item of equipment off-the-shelf (US).*

tout temps all-weather (AW) (OTAN) (En épithète). Ex : *Chasseur tout temps : all-weather figh-ter (AWX) (OTAN).*

tout temps (par) in (ou under) all weather conditions (GB). Ex : *Une capacité tout temps : an all-weather capability – Un système (d'armes) tout temps : an all-weather system (US) – Une capacité tout temps, de jour comme de nuit : an all weather day and night capability (GB).*

tout-terrain (TAC) cross-country (En épithète) (US). Ex : *Aptitude au déplacement tout (ou en) terrain : cross-country ability – Capacité tout-terrain : cross-country capability (UN) –*

Mobilité tout-terrain: cross-country mobility (UN) – *Se déplacer en (tout) terrain: to move cross-country (US).*

tout-terrain (véhicule) all-terrain (GB). Ex: *Un véhicule tout-terrain: an all-terrain vehicle (GB).*

toxine toxin (UN). Ex: *Armes à toxines: toxin weapons (UN).*

toxique (adjectif) toxic (US), poisonous (UN) (ADV: "highly"). Ex: *Gaz toxique: poisonous gas (UN)* – *Matières toxiques: toxic material (OTAN).*

toxique (nom) toxic agent (UN).

toxique sanguin blood agent (OTAN).

traçante (balle) tracer (US). Ex: *Munition traçante (char): tracer round (US).*

trace (personne / objet au sol / mouvements de troupes) track (OTAN), trace (US), sign (GB), trail (GB). Ex: *Sans laisser de trace du passage de l'unité: without leaving any trace of the unit's passage (US)* – *Des traces de roues: wheel tracks* – *Suivre la trace des mouvements des troupes d'embuscade: to track the movements of the ambush troops (GB)* – *Il n'y avait pas de trace de l'ennemi: there was no sign of the enemy (GB)* – *Suivre les traces laissées par les soldats ennemis: to follow the trail left by enemy soldiers (GB).*

tract (action psychologique) leaflet (US, GB), pamphlet (US) (VERB: "to carry"). Ex: *Produire des tracts d'action psychologique: to develop psychological operations leaflets (US).*

tracté towed (US, GB). Ex: *Canon tracté: towed gun (ou howitzer)* – *La version tractée du (missile sol-air) Vulcan: the towed version of Vulcan (US).*

tracter (véhicule) to tow.

tracteur prime mover.

tracteur brise-glace ice-breaking prime mover (CFE).

tracteur d'artillerie gun tractor.

tracteur de combat du génie combat engineer tractor.

tracteur de mortier mortar towing vehicle.

tracteur de pièce d'artillerie artillery limber (GB).

tracteur universel general purpose prime mover (CFE).

tradition tradition (US, GB) (Terme dénombrable) (ADJ: "time-honored"). Ex: *Dans la tradition de: in the tradition of (US)* – *Respectueux des traditions, attaché à tes chefs, la discipline et la camaraderie sont ta force, le courage et la loyauté tes vertus (Code d'honneur) (Légion): respectful of the (Legion's) traditions, honouring your superiors, discipline and comradeship are your strength, courage and loyalty your virtues (GB)* – *Les traditions demeurent intactes: traditions remain intact (US).*

traditionnaliste (nom) traditionalist (GB). Ex: *Des traditionnalistes de l'institution militaire: traditionalists in the military establishment (GB).*

traditionnel conventional (US), classic (US), traditional (US, OTAN), set-piece (GB), mainstream (GB). Ex: *Quand l'on ne peut pas employer l'infanterie traditionnelle: when conventional infantry cannot be used (US)* – *La mission traditionnelle de reconnaissance: the classic reconnaissance role (US)* – *La mission militaire traditionnelle du Génie: the traditional military role of the Corps of Engineers (US)* – *Des manœuvres traditionnelles: set-piece manoeuvres (GB)* – *Les menaces traditionnelles d'agressions inter-États: the traditional threats of interstate aggression (OTAN)* – *Un régiment de transmissions traditionnel: a mainstream signals regiment (GB).*

traditions (unité / arme) tradition(s) (VERB: "to identify with", "to follow", "to uphold", "to live on" = rester, survivre, perdurer) (ADJ: "proud"). Ex: *Les traditions militaires: the military traditions (US)* – *Défendre les valeurs et les traditions de la Légion Étrangère:*

to uphold the values and the traditions of the Foreign Legion (GB) – Traditions culturelles : cultural traditions (US).

traducteur (militaire) (military) translator (US) (Voir aussi **interprète** et **linguiste**).

traduire to translate (US). Ex : *Traduire rapidement un document ou message en langue étrangère reçu d'un allié : to translate quickly a document or message received in a foreign language from an ally (US).*

traduire en justice to bring to justice (OTAN). Ex : *Être traduit en justice (criminel de guerre) : to be brought to justice (OTAN) – Traduire en justice les personnes accusées de crimes de guerre : to bring indicted war criminals to justice (OTAN).*

trafic (circulation) traffic (OTAN). Ex : *Trafic aérien : air traffic (OTAN).*

trafic (masse de messages radio) (TRANS) (radio) traffic (US, GB) (ADJ : "normal", "unnecessary").

trafic d'armes arms trafficking (OTAN), illegal flow of arms (OTAN) (VERB : "to combat" = combattre, lutter contre). Ex : *La lutte contre le trafic des armes de petit calibre : combating the illegal flow of small-arms (OTAN).*

trafic de drogues (ou trafic de stupéfiants) drug trafficking (GB, OTAN). Ex : *Trafic de cannabis : cannabis trafficking (GB) – Dissuader les barons de la drogue de faire le trafic des drogues illégales à travers la frontière sud du pays : to deter drug lords from trafficking illegal drugs across the nation's Southern border (US).*

trafic réduit ! (TRANS) minimize ! (US).

trafiquant d'armes arms dealer (US).

trafiquant de drogue drug trafficker (OTAN).

tragédie tragedy (US) (ADJ : "avoidable").

tragédie humanitaire humanitarian tragedy (OTAN). Ex : *Cette tragédie humanitaire exige une réponse immédiate : this humanitarian tragedy requires an immediate response (OTAN).*

trahir to betray (GB), to reveal (US). Ex : *Nous avons été trahis par les villageois : we were betrayed by the villagers (GB) – La signature fumigène peut trahir la localisation de l'arme : the smoke signature may reveal the weapon's location (US) – Dans l'intention de trahir : with treasonable intent (US) – Le général a trahi (la confiance de) ses hommes en acceptant de se rendre : the general betrayed his men by agreeing to surrender (GB).*

trahison treason (pays) (US, GB), betrayal (GB), treachery (pays / camarades) (GB). Ex : *Être arrêté pour haute trahison : to be arrested for high treason (US) – Être reconnu coupable de trahison (agent) (RENS) : to be found guilty of treason (US).*

train (moyen de transport ferroviaire) train (Terme générique) (VERB : "to operate").

train (série) batch. Ex : *Un train de mesures : a batch of measures.*

train (colonne de transport logistique) train (GB).

Train (arme) the Transportation Corps (TC) (US), the Royal Corps of Transport (RCT).

À noter : Le RCT britannique est incorporé dans le Royal Logistic Corps (RLC) depuis 1993.

train (fonction) transportation (US).

traînard straggler (GB).

train d'atterrissage landing gear (GB), undercarriage (GB) (VERB : "to lower"). Ex : *Train à haute absorption d'énergie : high-impact landing gear (US).*

train de (en) voir **en train de.**

train de marchandises cargo train (US).

train de mines string of mines (GB).

train de roulement running gear.

traîné au sol (parachutiste) dragged.

traînée de culot (diminution de) base bleed (En épithète). Ex : *Munition(s) à diminution de traînée de culot : base bleed ammunition.*

traîner to drag (OTAN). Ex : *Des cadavres de soldats américains traînés à travers les rues : dead US soldiers dragged through the streets (OTAN).*

traîner (PERS) to straggle (GB).

traîner en longueur (conflit / guerre) to drag on (US).

trainglot (soldat du Train) (familier) trog (GB).

train logistique logistics train (US).

train militaire military train (OTAN).

train rouleur (mortier) (towing) trailer (US).

trains de combat voir **TC**.

trains régimentaires (services administratifs, vivres, moyens lourds des services techniques) field trains (US).

<u>Cf.</u> : Combat service support elements such as administrative, heavy maintenance, and food and water supply elements ; units not directly supporting combat operations (US).

trait (graphisme) line. Ex : *Les symboles sont figurés / en trait simple / en trait double : the symbols are outlined by a single line / by double lines – Trait plein : solid line – Trait discontinu : broken line.*

trait (caractéristique) feature (OTAN). Ex : *Les traits principaux d'une action envisagée : the salient features of a course of action (OTAN).*

trait (code Morse) dash (GB).

trait à (avoir) (<u>ou</u> se rapporter à) to pertain to (US). Ex : *Des renseignements ayant trait aux unités et aux matériels : intelligence pertaining to units and equipment (US).*

traitant (RENS) handler (US) (Terme familier GB : "gamekeeper") (VERB : "to serve as…for").

trait de personnalité (PERS) personality trait (GB).

traité treaty (US, GB (VERB : "to sign") (PREP : "with", "by"). Ex : *Un traité de défense mutuelle (<u>ou</u> réciproque) : a mutual defense treaty (US) – Traité de paix : peace treaty (US, GB) – Traité de l'Atlantique Nord : North Atlantic Treaty (GB).*

traité ciel ouvert Open Skies Treaty (OST) (OTAN).

traité de coopération treaty of cooperation (US).

traite des femmes (la) the trafficking of women (OTAN).

traité d'interdiction des essais (NUC) test-ban treaty (OTAN).

traitement processing (OTAN), handling (OTAN). Ex : *Traitement / automatique / manuel (texte de message) : automated / manual / processing (OTAN) – Le traitement au sol de tous les vols humanitaires : ground handling of all humanitarian flights (OTAN).*

traitement (médical) (SAN) treatment (US, GB) (VERB : "to obtain", "to improve", "to provide… to", "to give") (ADJ : "on-the-spot") (PREP : "for"). Ex : *Recevoir un traitement en urgence : to be given emergency treatment (GB) – Réagir au traitement (sens positif) : to respond to treatment (GB) – Le traitement / des (morts et des) blessés / des prisonniers de guerre : treatment / of casualties (US) / of prisoners of war (UN) – Fournir un traitement médical à la population locale : to provide medical treatment to the local population (US) – Subir un traitement rapide (blessés) : to receive prompt treatment (US).*

traitement (salaire de fonctionnaire) pay (GB). Ex : *Traitements (des personnels) civils (chapitre d'un budget) : civilian pay (GB).*

traitement (données) handling (OTAN). Ex : *Traitement automatique de données : automated data handling (ADH) (OTAN) – Traitement et transmission automatique de données : automatic data handling (ADH) (OTAN).*

traitement automatique de données (TAD) automatic data processing (ADP) (OTAN).

traitement automatique de l'information automatic data processing (ADP) (OTAN).

traitement de blessés (SAN) casualty treatment (OTAN).

traitement de données data handling (OTAN).

traitement de l'information information(-)processing (US). Ex : *Puissance du traitement de l'information : information-processing power (US).*

traitement des informations de défense aérienne air defence data processing (OTAN).

traitement des messages message handling (OTAN), message processing (OTAN). Ex : *Système automatisé de traitement des messages : automated message handling system (AMHS) / automated message processing system (AMPS) (OTAN) – Centre de traitement des messages : message processing centre (MPC) (OTAN).*

traitement différé (blessés) (SAN) delayed treatment (OTAN).

traitement d'image image processing (US, UN). Ex : *Traitement de l'image et du signal : signal and image processing (US) – Traitement des images satellitaires : satellite image processing (UN).*

traitement du signal (ou des signaux) signal processing (OTAN).

traitement immédiat (blessés) (SAN) immediate treatment (OTAN).

traitement minimal (blessés) (SAN) minimal treatment (OTAN).

traiter to treat (US), to deal (OTAN), to handle (OTAN), to fire (OTAN), to engage, to target (US). Ex : *On traitera les personnels détenus avec respect et dignité : detained personnel will be treated with respect and dignity (US) – Traiter avec les chefs alliés : to deal with allied commanders (OTAN) – Traiter les communications : to handle communications traffic (OTAN) – Les objectifs prévus sont traités dans un délai bien déterminé (ART) : scheduled targets are fired in a definite time sequence (OTAN) – Traiter un char (avec un missile antichar) : to engage a tank – Permettre aux PC de tir d'artillerie de traiter les armes ennemies au moyen de canons ou de roquettes (radar) : to enable artillery fire direction centers to target the enemy weapons with guns or rockets (US).*

traiter (message) to handle (OTAN), to process (OTAN).

traiter (blessés) to treat (casualties) (US).

traiter (source) (RENS) to handle (a source) (US, GB).

traiter (RENS) to process. Ex : *Traiter un renseignement brut : to process an item of informa-tion (US).*

traiter de to address (US). Ex : *Ce paragraphe traite de : this paragraph addresses (US).*

traité sur la limitation des armements stratégiques strategic arms limitation treaty (SALT) (OTAN).

traité sur la non-prolifération (des armes nucléaires) non-proliferation treaty (NPT) (OTAN).

traité sur la réduction des armements stratégiques strategic arms reduction treaty (START) (OTAN).

traître (RENS) traitor (US) (VERB : "to confront") (PREP : "to"). Ex : *Ils risquaient d'être exé-cutés comme traîtres en cas de capture (RENS) : they risked execution as traitors if cap-tured (US) – Traître à la mère-patrie : betrayer of the Motherland (US).*

trait saillant du terrain (hauteur) feature (GB) ("Hill, knoll, ridge, saddle, etc.") (VERB : "to capture").

1103

trajectographie trajectography (UN). Ex: *Radar de trajectographie: mortar locating radar (GB).*

trajectoire trajectory (US, GB, OTAN), (flight) path (GB, OTAN), course (OTAN) (VERB: "to control" = guider, "to detect", "to fly", "to backplot") (ADJ: "ballistic", "high", "low"). Ex: *La trajectoire d'un projectile: the path (OTAN) (ou flight path (GB)) of a projectile – La trajectoire d'un aéronef: the flight path of an aircraft (OTAN) – Trajectoire de vol (missile): flight trajectory (UN) – Trajectoire courbe: curved trajectory (US) – Déviation de trajectoire d'un obus due à l'effet du vent (ART): deviation in the trajectory of a round due to the effect of wind (US) – Guider la trajectoire en vol d'une roquette: to control the trajectory (ou course) of a rocket while in flight (OTAN) – Trajectoire élevée: high trajectory.*

trajectoire balistique ballistic trajectory (US, OTAN, UN) (VERB: "to follow").

trajectoire de vol (aéronef / missile) flight path (OTAN).

trajectoire radar track (UN).

trajet journey (GB), route (US), journey (GB). Ex: *Sur le trajet en direction du PC de brigade (PERS): en route to the brigade headquarters (US) – Cinq avions s'envolèrent pour un trajet de 3 heures vers la zone d'assaut: five planes got into the air for a three-hour journey to the assault zone (GB) – Nous avons été pris en embuscade sur notre trajet de retour: we were ambushed on our return journey (GB).*

trame antichar antitank barrier.

tranchant (sabre / poignard / baïonnette) edge.

tranche (programme d'armement) batch.

tranche d'âge age group (GB). Ex: *La tranche d'âge soumise aux obligations du service national: the draft-eligible age group (US).*

tranche de manœuvre (TAC) phase (US).

tranchée trench (GB, US) (VERB: "to dig", "to fill in", "to cross", "to clear"). Ex: *La guerre des tranchées: trench warfare – Une tranchée de tir: a fire trench (US) – Une tranchée d'une largeur d'environ 1,80 m: a six-foot-wide trench (US).*

tranchée (capacité de franchissement d'un véhicule blindé) (en mètres) trench (Jane's), trench crossing (US).

tranchée à bords francs (capacité de franchissement d'un véhicule blindé) vertical trench (US).

tranchée-abri dugout (GB).

tranchée de tir fire trench (GB).

tranchée individuelle individual trench (GB).

trancheuse (GEN) trench digger.

Transall Transall troop-carrier (plane) (GB), Transall cargo aircraft (US) (Pluriel: "Transalls").

transatlantique transatlantic (OTAN). Ex: *Le lien / partenariat / transatlantique: the transatlantic / link / partnership (OTAN) – L'indivisibilité de la sécurité transatlantique: the indivisibility of transatlantic security (OTAN).*

transbordement trans-shipment (OTAN), transshipment (US), transhipment (GB). Ex: *Point de transbordement pour matériels et personnel(s): transhipment point for materiel and personnel (GB).*

transborder to trans-ship (US).

transborder (faire passer d'une rive à l'autre) to ferry (across).

transcription transcription (US) (VERB: "to send"). Ex: *Transcriptions d'écoutes téléphoniques (RENS): transcriptions of telephone taps (US).*

transféré (ou versé) dans la réserve transferred to the Reserve (GB).

transférer to move (US, GB), to transfer (GB). Ex : *L'état-major de la 6ᵉ Division d'Infanterie sera transféré de Fort Richardson à Fort Wainwright : the headquarters of the 6th Infantry Division will move from Fort Richardson to Fort Wainwright (US)* – *Être transféré à un autre état-major (PERS) : to be moved to another headquarters (GB)* – *Être transféré d'une section d'infanterie de la 1ᵉʳᵉ Compagnie à la section antichar de la Compagnie d'appui (PERS) : to be transferred from an infantry platoon in A Company to the Anti-Tank Platoon in the Support Company (GB)* – *L'école fut transférée à Fort Bliss : the school was moved to Fort Bliss (US)* – *Le 1ᵉʳ Corps d'Armée a transféré son état-major de Nancy à Metz : the First Corps moved its headquarters from Nancy to Metz (US).*

transfert transfer (US, Jane's). Ex : *Le transfert de certaines responsabilités : the transfer of certain responsibilities (US)* – *Le transfert de technologie militaire : the transfer of military technology (Jane's).*

transfert (unité) (TAC) transfer (US). Ex : *Le transfert d'unités d'une division à une autre : the transfer of units from a division to another (US).*

transfert (d'armes) arms transfer (UN).

transfert (détenu) transfer (OTAN). Ex : *Transfert pour La Haye (criminels de guerre) : transfer to the Hague (OTAN).*

transfert d'autorité transfer of authority (TOA).

transfert de commandement transfer of command (TOC) (OTAN).

transfert de l'information information transport (US).

transfert de matières fissiles fissile material cut-off (OTAN).

transfert de piste (défense aérienne) track handover (OTAN).

transfert de souveraineté transfer of sovereignty (GB).

transfert de technologie technology transfer (US, OTAN). Ex : *Transfert de technologie limité : limited technology transfer (LTT) (OTAN).*

transformation transformation (US, GB), conversion (GB) (VERB : "to undertake") (ADJ : "important", "enormous") (PREP : "into", "to"). Ex : *La transformation de l'ordre mondial : the transformation of the world order (US)* – *Subir une transformation : to undergo a transformation (US)* – *La transformation de la 5ᵉ Brigade Parachutiste en 12ᵉ Brigade Mécanisée : the conversion of 5 Airborne Brigade into 12 Mechanised Brigade (GB)* – *La transformation de renseignements bruts en renseignements traités : the transformation of information into intelligence (US)* – *Réaliser la transformation de l'armée de terre en une armée plus stratégique : to execute the Army's transformation to a more strategic force (US).*

transformation (renseignements) (RENS) conversion (OTAN). Ex : *La transformation d'informations initiales en renseignement : the conversion of information into intelligence (OTAN).*

transformation militaire (la) military transformation (US).

transformer to convert (OTAN), to translate (OTAN, US), to transform (US). Ex : *Transformer un poste militaire en poste civil : to civilianize (UN)* – *Transformer des renseignements bruts en renseignement : to convert information into intelligence (OTAN)* – *Transformer les demandes de tir et renseignements sur les objectifs en ordres de tir : to translate requests for fire and target intelligence into fire direction (OTAN)* – *Un régiment à 38 chars sera transformé en un quatrième régiment de cavalerie légère blindée (ABC) : one Type 38 regiment will be converted to form a fourth armoured reconnaissance regiment (Jane's)* – *Transformer l'armée de terre : to transform the Army (US)* – *Transformer un succès tactique en victoire stratégique : to translate tactical success into strategic victory (US).*

transformer en renseignement (renseignement brut) (RENS) to convert into intelligence (OTAN).

transfrontalier cross-border (US) (En épithète). Ex : *Des problèmes transfrontaliers tels que la contrebande, le braconnage, les droits de douane et le vol de bétail : cross-border problems such as smuggling, poaching, customs and cattle rustling (US).*

transfrontière cross-border (OTAN). Ex : *Circuit (ou connexion) transfrontière : cross-border circuit (ou connection) (OTAN).*

transfuge (RENS) defector (US, OTAN) (VERB : "to interrogate", "to defect to", "to identify") (ADJ : "foreign", "potential", "genuine", "would-be") (NOM ASS. : "hiding", "interrogation").

Cf. : A person who repudiates his or her country and may be in possession of information of value to another country (US).

transfuge-en-place (RENS) defector in place (US).

Cf. : A defector who denounces his or her country but does not leave. Usually, such a defector chooses to become a mole, remaining in a place where valuable intelligence can be given to another country (US).

transfusion sanguine (SAN) blood transfusion (US, GB) (Terme dénombrable).

transgression (code) transgression (US) (Terme dénombrable).

transhorizon over-the-horizon (OTH) (UN, OTAN) (En épithète). Ex : *Radar transhorizon : over-the-horizon radar (OTHR) (OTAN).*

transit transit (CFE, OTAN). Ex : *Marchandises en transit : commodities in transit (OTAN) – Formation sanitaire de transit (SAN) : in-transit medical facility (ou establishment) (OTAN).*

transiter par to transit through (US, CFE), to move through (US). Ex : *Transiter par un territoire (forces) : to transit through a territory (CFE, US) – Les unités transitant par le port : the units moving through the port (US).*

transition transition (US) (VERB : "to undergo", "to complete", "to make") (ADJ : "gradual", "startling", "historic"). Ex : *Effectuer la transition (ou passer) de l'âge industriel à l'âge de l'information : to transition from the industrial age to the information age (US) – La transition vers (ou le passage à) une armée de métier : the transition to a career army (Jane's) – Sa (= armée de terre) transition vers le 21ᵉ siècle : its transition into the 21st century (US) – La transition vers la démocratie : the transition to democracy (US) (VERB : "to support").*

transition technologique technology transition (US).

transitoire transitional. Ex : *Une phase transitoire : a transitional phase.*

transit opérationnel operational transits.

transmanche cross-Channel (OTAN) (En épithète).

transmetteur signaller (US, GB) (Appellations familières GB : "bleep", "scaley-back") (EXPR : "to operate a variety of radios", "to learn the art of coding and decoding messages", "to send and read messages", "to operate a satellite communications system"). Ex : *Transmetteur commando : commando signaller (GB) – Transmetteur parachutiste : parachutist signaller (GB) – Un transmetteur du SAS : an SAS signaller (GB).*

transmettez à... (procédure radio) relay to...(US).

transmettre to transmit (OTAN), to pass (US), to pass down (GB). Ex : *Transmettre la détonation à l'ensemble de la charge (amorce) : to transmit the detonation wave to the whole of the charge (OTAN) – La fougue, le courage et le dévouement ont été transmis de génération en génération : the spirit, courage and dedication have passed from generation to generation (US) – Un héritage transmis par des générations de soldats : a legacy passed down through generations of soldiers (GB).*

transmettre (renseignement / ordres / informations) (à quelqu'un) to transmit, to relay, to communicate (US), to pass (OTAN), to deliver (OTAN), to report (GB). Ex : *Transmettre les renseignements recueillis directement aux PC d'artillerie : to transmit the intelligence gathered directly to the artillery CPs (CP = Command Post) – Faites transmettre par (procédure radio) : relay through / thru – La plupart des renseignements peuvent être transmis sous (la) forme d'images : most intelligence can be communicated with pictures (US) – Transmettre des ordres aux unités intéressées : to pass orders to the units involved (OTAN) – Transmettre les renseignements obtenus aux organismes d'exploitation : to deliver the information obtained to the processing units (OTAN) – Transmettre des informations : to report information (GB) (Voir aussi* **passer (transmettre) (RENS))**.

transmettre (données) to pass data (on) (+ préposition "to").

transmettre (document) to forward (a document) (+ préposition "to") (US).

transmettre (TRANS) to transmit, to relay (US). Ex : *Transmettre des informations par radio (appareil) : to transmit information by radio (OTAN) – Transmettre sur une fréquence : to transmit on a frequency (US) – Transmettre des renseignements cruciaux à ses chefs : to relay critical intelligence to one's commanders (US)*.

transmettre (message / images) to transmit (a message / images) (+ préposition "to") (GB, US). Ex : *Transmettre un message directement à l'ennemi : to transmit a message directly to the enemy (US)*.

transmettre (responsabilité) to pass (US, OTAN). Ex : *Transmettre une responsabilité d'une formation à une autre : to pass a responsibility from one force to another (US) – Le contrôle est transmis d'une organisation à un élément de cette organisation : control is passed from an organization to an element of that organization (OTAN)*.

transmission (mécanique) transmission (CFE, Jane's) (VERB : "to modify") (ADJ : "manual", "automatic", "pre-selective", "hydro kinetic", "cross-drive", "hydromechanical") (PART : "power-assisted", "modified").

transmission (documents / messages) transmittal (US), passing (GB). Ex : *La transmission sûre et rapide de documents militaires classifiés : secure and expeditious transmittal of classified military documents (US) – La transmission de messages : the passing of messages (GB)*.

transmission (renseignements) passage (US), passing (US). Ex : *Empêcher la transmission de renseignements à l'ennemi : to prevent the passage of information to the enemy (US) – La transmission de renseignements : the passing of information (US)*.

transmission de commandement passage of command (US).

transmission de données data transmission (Terme dénombrable) (GB, OTAN), data communications (US), data link (OTAN, US) (ADJ & PART : "secure", "jam-resistant", "enhanced" = améliorée).

transmission de données de détection lointaine early warning data transmission (EWDT) (OTAN).

transmission d'électricité electricity transmission (OTAN). Ex : *De nombreuses attaques visant le réseau de transmission d'électricité serbe : extensive attacks against the Serb electricity transmisssion system (OTAN)*.

transmission de renseignement brut (RENS) delivery of information (à une unité d'exploitation : "to a processing unit") (OTAN).

transmission des ordres transmittal of orders (US).

transmission du commandement transfer of command (GB).

transmission du renseignement et des ordres passage of information and orders (GB).

transmissions signals, communications (COMMS) (US, GB), transmissions (GB) (VERB: "to disrupt", "to provide", "to carry", "to (passively) monitor", "to destroy", "to establish...to", "to break down") (ADJ: "secure", "efficient", "hardwire", "enemy", "contingency", "skeleton") (NOM ASS.: "importance"). Ex: *Nos tranmissions sont en panne: our communications have broken down (GB) (Voir aussi communications).*

Transmissions (arme) the Royal Corps of Signals (R Signals) (GB), the Signal Corps (US) (Devise britannique: "Certa Cito" = "swift and sure"). Ex: *Une carrière dans les Transmissions (PERS): a career in Communications (GB).*

transmissions à moyenne et grande distance medium and long range communications.

transmissions de commandement command and control communications (GB), command communications (US).

transmissions de données (ou informatiques) data communications (US).

transmissions de la zone arrière rear area communications (GB).

transmissions de théâtre theatre communications (US). Ex: *Transmissions entre théâtres: inter-theatre communications (GB) – Transmissions au sein d'un même théâtre: intra-theatre communications (US).*

transmissions en phonie voice communications (US), voice signals (US).

transmissions et électronique (T&E) communications-electronics (CE) (OTAN).

transmissions militaires military communications (US, GB).

transmissions numériques digital communications (US).

transmissions par fax fax transmissions (US) (VERB: "to intercept").

transmissions par modem (computer) modem transmissions (US) (VERB: "to intercept").

transmissions par satellite (ou satellitaires) satellite communications (SATCOM). Ex: *Actions d'interception de transmissions satellitaires: satellite communications intercept activities (US).*

transmissions par tropodiffusion troposcatter communications (OTAN).

transmissions satellitaires (ou par satellite) satellite communications (SATCOM) (GB) (EXPR: "to support a deployment"). Ex: *Système de transmissions satellitaires: satellite communications system (GB) – Activités d'interception de transmissions satellitaires: satellite communications intercept activities (US) – Les transmissions satellitaires sont intégrées dans le système de transmissions de l'armée de terre PTARMIGAN: SATCOM is integrated in the Army's PTARMIGAN communications system (GB).*

transmissions satellitaires militaires military satellite communications (MILSATCOM) (US).

transmissions sur ondes courtes microwave communications (US).

transmissions visuelles visual signaling.

transnational transnational (US, OTAN). Ex: *Des phénomènes transnationaux: transnational phenomena (OTAN) – Crime (ou criminalité) au niveau transnational: transnational crime (OTAN).*

transpalette pallet transporter, pallet loader.

transparence transparency (UN, US, UEO, OTAN) (VERB: "to ensure", "to lead to") (ADJ: "greater"). Ex: *La transparence des intentions de la force (opérations de paix): the transparency of the force's intentions (US) – Un signe important de l'attachement de l'Alliance à la transparence et à l'ouverture: an important signal of the Alliance's commitment to transparency and openness (OTAN) – L'UEO maintiendra une pleine transparence: WEU will maintain full transparency (UEO) – La transparence de la société américaine: the openness of American society (US).*

transplexion (déception) meaconing (OTAN).

transpondeur (TRANS) transponder (US).

transport transport (GB), transportation (US), carriage (OTAN), lift (US). Ex : *Transport maritime et par voie ferrée (ou par rail) : maritime and rail transport (GB) – Transport terrestre : land transportation (US) – Le transport de personnel à courte et moyenne distance (aéronef) : the carriage of personnel over short and medium distances (OTAN) – Transport de personnel par air (ou aérotransport de personnel) : air trooping (OTAN) – Fournir des moyens de transport en nombre suffisant à la 21ᵉ Division d'Infanterie Légère : to provide sufficient lift assets to the 21st LID (= Light Infantry Division) (US) – Assurer le transport de personnes à l'écart des zones frontalières : to transport people away from the border areas (OTAN) – Le transport de la brigade se fera par voie aérienne : the transport of the brigade will be carried out by aircraft (GB) – Transport tactique des troupes et du matériel (par hélicoptère) : tactical airlift of troops and equipment – Transport logistique (par hélicoptère) : logistic airlift.*

transportable (unité / forces) transportable (US) (ADV : "easily"). Ex : *Transportable par aéronefs ou hélicoptères (unité de commandos d'infanterie) : transportable by aircraft or helicopters (US).*

transportable à dos d'homme man-portable (US).

transportable par air air portable (OTAN).

transportabilité transportability (UN).

transport aérien (ou par air ou par voie aérienne) airlift (OTAN), air transport (AT) (OTAN, GB). Ex : *Gérer le transport aérien des secours (HUM) : to manage the airlift of relief supplies (OTAN).*

transport aérien tactique tactical air transport (OTAN), tactical airlift (US).

transport de blessés casualty transport (OTAN).

transport de chalands de débarquement (TCD) landing ship dock (LSD) (OTAN, US), landing platform, dock (LPD) (US).

transport de charges (véhicule) cargo carrier.

transport de passagers (mission) passenger carrying (GB).

transport de personnalités VIP (= Very Important Person) transport (GB).

transport de personnel(s) (mission) personnel transport (US).

transport de troupes par air troop lift (US) (Terme dénombrable).

transport de troupes (véhicule / aéronef de) troop carrier.

transporter to ferry (US), to carry (GB), to lift (US). Ex : *Transporter des troupes vers des zones inaccessibles (hélicoptère) : to ferry troops into inaccessible areas (US) – Chaque homme transportant environ 30 kg de matériel ainsi que son arme individuelle : each man carrying 65 pounds of equipment as well as his personal weapon (GB) – La dotation initiale en munitions est transportée dans des camions ou des remorques : the basic ammo load is carried in trucks or in trailers (US) – Les unités de transport de l'ALAT du corps d'armée seront en mesure de transporter les éléments de combat d'une brigade de la 21ᵉ Division d'Infanterie Légère : corps aviation lift units will be prepared to lift combat elements of a brigade from the 21st LID (= Light Infantry Division) (US) – Transporter des communications (système de transmissions) : to carry communications (GB).*

transporter (camion) to carry (GB). Ex : *Les camions transportaient des munitions : the trucks were carrying ammunition (GB).*

transporter d'une rive à l'autre (force) to ferry (GB).

transporter par air (force / troupes / matériel) to airlift (US), to lift (GB).

transporté sur véhicule vehicle-borne (GB).

transporteur-érecteur-lanceur (TEL) transporter-erector-launcher (TEL) (UN).

transport exceptionnel (transport ferroviaire) exceptional transport (OTAN).

transport ferroviaire railway transport, rail transportation (US).

transport maritime maritime transportation (US).

transport ordinaire (transport ferroviaire) ordinary transport (OTAN).

transport routier haulage.

transports intérieurs inland transport (OTAN). Ex : *La coordination des transports intérieurs : the coordination of inland transport (OTAN).*

transport sous élingue (élingage) : hook transport (OTAN), sling transport.

transport stratégique strategic lift (US).

transport tactique : tactical transportation (US).

transport terrestre : ground transportation (US).

transposition (principe de) (chiffre) (RENS) : transposition (US).

transversalement horizontally (US).

transverse horizontal (US). Ex : *Intégration transverse : horizontal integration (US).*

trappe (char) : hatch (CFE) (VERB : "to lock"). Ex : *La trappe du chef de char : the commander's hatch (US)* (Trois positions : "full open", "protected closed", "full closed").

trappe / sabord de tir (véhicule blindé) : firing port (Jane's).

trappe de toit (véhicule blindé) : roof hatch (GB, Jane's).

traumatisme (psychologique) (PERS) trauma (GB).

travail work (US, GB), job (GB, US) (VERB : "to perform") (ADJ : "interesting", "important", "sensitive"). Ex : *La section a fait un travail remarquable : the platoon has done an outstanding job (GB) – "Bon travail, soldat !" (= Soldat, je suis content de vous) : "Good work, soldier !" (US) – Bien faire le travail : to get the job done right (US) – Un travail de bureau : a desk-bound job (GB) – Travail clandestin (RENS) : undercover work (GB) – Le travail de renseignement / de contre-ingérence : intelligence work (GB) / counterintelligence work (US) – Travaux en matière de doctrine : doctrinal work (GB) – Méthode de travail : working method (GB).*

travail administratif administration (GB), admin (forme abrégée) (GB), administrative tasks (GB) (VERB : "to do"). Ex : *J'ai beaucoup de travail administratif à faire : I've got a lot of admin to do (GB).*

travail de l'ombre (RENS) undercover work (US) (VERB : "to be involved in").

travail des métaux (MAT) metalworking (US).

travail de renseignement (RENS) intelligence work (US) (VERB : "to carry out", "to focus"). Ex : *Connaître les bases du travail de renseignement : to know the essentials of intelligence work (US).*

travail d'état-major staff work (GB), staffing.

travail en équipe teamwork (GB, US) (VERB : "to develop", "to build", "to enhance").

travailler (agent) (RENS) to work (US) (PREP : "for"). Ex : *Travailler pour un service de renseignement / pour le Renseignement britannique : to work / for an intelligence service (US) / for British intelligence (US) – Travailler comme agent double pour le FBI : to work as a double agent for the FBI (US).*

travailleur (gros) (PERS) hard worker (US) (Terme familier US : "workhorse").

travail préparatoire groundwork (GB). Ex : *Lancer les travaux préparatoires à un arrêt complet des hostilités : to set in motion the groundwork for a total cessation of hostilities (GB).*

travaux work (GB, OTAN), efforts (US). Ex : *Les travaux initiaux se sont focalisés sur l'expression de besoin (programme de recherche) : initial work concentrated on establishing the need (GB) – Un tournant dans les travaux de l'OTAN concernant les armements : a milestone in*

NATO's armaments work (OTAN) – Synchroniser les travaux en matière d'expérimentation de combat interarmées : to synchronize JE (= Joint Experimentation) efforts (US).

travaux de génie civil civil works (CIWO) (OTAN).

travaux de recherche research work (GB) (VERB : "to manage" = gérer, "to coordinate" = coordonner).

travaux d'intérêt général (TIG) fatigues (GB) (Voir aussi **corvée**)).

travaux publics civil works (US), civil engineering.

travée (pont) span (GB) (Types de pont : "single span bridge" (= à travée unique), "multi span bridge" (= à travées multiples)) (GB). Ex : *Travée de pont flottant : bay (US) – Un pont à deux travées : a two span bridge (GB).*

travers de (en) across (OTAN). Ex : *Un ligne caractéristique du terrain en travers de la zone d'action : a terrain feature extending across the zone of action (OTAN).*

traversée (TAC) traversal (US), crossing (US). Ex : *La traversée d'un terrain contaminé par des troupes à pied : traversal of contaminated terrain by troops on foot (US) – Il est difficile de réaliser une protection totale des troupes en traversée de zone contaminée : complete protection is difficult to achieve when troops cross a contaminated area (US) – Permettre une traversée rapide et ininterrompue (itinéraire) : to permit a speedy and an uninterrupted crossing (US).*

traverser to pass through (US), to run through (US), to cross (US), to traverse (US), to wade in (US). Ex : *Traverser un champ de mines : to pass through a minefield (US) – Traverser un territoire (force) : to traverse a territory (GB) – Traverser un col par la force : to force a pass (GB) – Traverser une zone contaminée par des agents chimiques (fantassin) : to pass through a zone contaminated with chemical agents (US) – Traverser à gué, à hauteur de poitrine : to wade in chest deep (US) – Un itinéraire traversant la zone arrière : a route running through the rear area (OTAN) – Traverser une zone (unité) : to pass through an area (OTAN) – Traverser en véhicule des zones volontairement contaminées (PERS) : to cross (ou to traverse) deliberately contaminated areas in vehicles (US).*

traverser à gué (véhicule) to ford (US). Ex : *Ils peuvent traverser un gué atteignant 0,80 m de profondeur : they can ford to a depth of .80m (US).*

traverser à gué (PERS) to wade (GB). Ex : *La section a dû traverser le fleuve a gué : the platoon had to wade the river (GB).*

travure (pont) span (GB) (Voir **travée**).

treillis (tenue de combat) combat dress, battledress uniform (BDU) (US) (Pluriel de l'abréviation : "BDUs") (US), combat fatigues (GB). Ex : *Treillis version "désert" (ou couleur "sable") : desert battle dress uniform (DBDU) (US), desert camouflage fatigues (US) – Treillis tropical : tropical BDU (US) – Treillis léger : lightweight BDU (US).*

tremblement de terre earthquake (US) (VERB : "to occur"). Ex : *L'exercice Staffex '99 comportait un tremblement de terre fictif : Staffex '99 had a fictional earthquake (US).*

tremplin (sens figuré) stepping stone (US), building block (OTAN), springboard (US) (ADJ : "sound") (PREP : "to", "towards"). Ex : *Le séminaire servira de tremplin à l'organisation de l'exercice conjoint OTAN – UEO : the seminar will serve as a building block towards the joint NATO / WEU exercise (OTAN) – Un tremplin pour réussir dans une carrière civile (formation militaire) (PERS) : a springboard to success in a civilian career (US).*

trentaine about thirty (US). Ex : *Une dernière attaque, dans laquelle une trentaine de chars furent engagés, fut clouée au sol par le feu de notre artillerie : a final attack in which about thirty tanks were engaged was pinned down by our artillery fire (US).*

trépied tripod (GB, US), tripod mount (ADJ : "lightweight") (Emploi : "To fire from a tripod").

très strongly (OTAN), greatly (OTAN), extremely. Ex : *Une position défensive très fortifiée : a strongly fortified defensive position (OTAN) – Les forces serbes se trouvaient très exposées à des frappes de l'OTAN : Serb forces greatly risked NATO strikes (OTAN) – L'arme est très précise : the weapon is extremely accurate.*

très basse altitude voir **TBA.**

très basse fréquence very low frequency (VLF) (US, OTAN).

très courte portée (à) very short-range (En épithète).

très haute fréquence very high frequency (VHF) (US, OTAN).

très important major (US, GB). Ex : *Une ligne de communication très importante pour l'ennemi : a major line of communication for the enemy (GB).*

Trésor(erie aux armées) Royal Army Pay Corps (Intégré dans l'"Adjutant General's Corps" (AGC)) (GB), Finance Corps (US).

trésor (fonction) finance ou pay (US).

trésorier (unité) paymaster (GB).

très secret défense (TSD) (degré de classification top secret (TS) (US), most secret (GB) (Classification OTAN : "cosmic top secret") (Classification UEO : "focal top secret") (À noter : La classification supérieure à "Top Secret" (US) est désignée par le terme "Sensitive Compartmented Information" (SCI)). Ex : *Une habilitation Très Secret Défense (TSD) : a Top Secret clearance ou a TS clearance (US).*

très sérieux (malade) (SAN) very seriously ill (OTAN).

treuil winch (Jane's, GB), hoist (OTAN) (VERB : "to pull"). Ex : *Un treuil monté à l'avant (véhicule blindé) : a front-mounted winch (Jane's).*

treuil auxiliaire (engin de dépannage) auxiliary winch (Jane's).

treuil de dépannage recovery winch (US).

treuil de sauvetage (hélicoptère) rescue hoist (US).

treuillage winching (US). Ex : *Opérations de treuillage : winching operations (US).*

treuiller (par hélicoptère) (ou hélitreuiller) to winch (GB, US). Ex : *Des soldats sont treuillés (ou hélitreuillés) à bord d'un (hélicoptère) UH-60 : soldiers are winched aboard a UH-60 (US).*

treuil principal (engin de dépannage) cable hoist (Jane's).

trève truce (US) (VERB & NOM : "to agree to", "to observe", "to monitor", "to supervise" / "supervision", "to implement" / "implementation").

TRF1 (tracté modèle F1) voir **canon de 155mm TRF1.**

TRH 350 (porte-engins chenillés) Équivalent US : Heavy Equipment Transporter System (HETS) (US).

tri (informatique / RENS) sorting (US). Ex : *Le tri des données : the sorting of data (US) – Tri par sujet (RENS) : sorting by subject matter (US).*

tri (SAN) sorting (OTAN). Ex : *Le tri immédiat des patients : the immediate sorting of patients (OTAN).*

triade (dissuasion) triad.

triage (médico-chirurgical) (SAN) (casualty) clearing (GB), triage (US, OTAN), casualty assessment. Ex : *Poste de triage : clearing station, casualty clearing-station (GB) – Section de triage : clearing troop (GB) (Dans une "Field Ambulance").*

Cf. : Triage : The evaluation and classification of wounded for purposes of treatment and evacuation. It consists of the immediate sorting of patients according to type and seriousness of injury, and likelihood of survival, and the establishment of priority for treatment and evacuation to assure medical care of the greatest benefit to the largest number (OTAN).

triangle (géographique) triangle (GB), triangular area.

Ex: *Le triangle Breuil-Buhy-La Chapelle: the triangular area delineated by / the triangle of / Breuil, Buly and La Chapelle* – *Le triangle Hanovre-Bielefeld-Göttingen: the triangle which lies between Hanover, Bielefeld and Göttingen (GB).*

tribu tribe (US, GB). Ex: *Des tribus nomades à dos de chameau: camel-borne nomadic tribes (GB).*

tribunal court (US, GB), tribunal (US). Ex: *Tribunal militaire: military tribunal / court (US).*

tribunal pénal criminal tribunal (US, GB).

Tribunal pénal international pour l'ex-Yougoslavie (le) the International Criminal Tribunal for the former Yugoslavia (ICTY) (US, OTAN).

tribune d'honneur (défilé de troupes) reviewing stand (US) (VERB: "to pass" = passer devant, "to march past").

tribut Ex: *Verser un lourd tribut (pour): to pay dearly (for).*

tributaire de dependent on (US), a function of (US). Ex: *Être tributaire de plusieurs facteurs: to be dependent on several factors (US)* – *Être tributaire du nombre d'unités que l'armée de terre conserve en Europe: to be a function of the number of units the Army maintains in Europe (US).*

tricherie cheating (UN).

tricorne (coiffe féminine) female service hat (US).

tricot (ou maillot) de corps undershirt (US).

tridimensionnel three-dimensional (3-D) (US).

tri en cas de pertes massives (SAN) sorting in a mass casualty situation (OTAN).

triennal three-year (US) (En épithète).

trier to sort (OTAN). Ex: *Les équipements doivent être triés: equiment must be sorted (OTAN)* – *Trier (blessés) (SAN): to sort out (wounded).*

TRIFOM (projet de missile à fibre optique) the TRIFOM fiber-optic missile project (Jane's).

TRIGAT (missile antichar à moyenne portée) TRIGAT-MR (Medium-Range) anti-tank missile (Jane's).

trilatéral trilateral (US).

trimestre (année scolaire) term (US). Ex: *Le premier trimestre: First Term (US).*

trimestre (année) quarter (US). Ex: *Au deuxième trimestre de l'année budgétaire 1984 : in the second quarter of fiscal 1984 (US).*

trinitrotoluène (TNT) trinitrotoluene (OTAN).

Triomphe (le) (Saint-Cyr) (Traduction proposée) the St. Cyr Military Academy passing-out parade.

triompher to triumph, to overcome (US). Ex: *Triompher d'un ennemi: to triumph over an enemy* – *Triompher / venir à bout d'une force ennemie: to overcome an enemy force (US) (Voir aussi **vaincre**).*

tringlot (soldat du Train) (familier) trog (GB).

trinôme three-man team (US).

tripale three-blade (US), three-bladed (US). Ex: *Rotor arrière tripale: three-blade(d) tail rotor (US).*

tripartite tripartite (US), three-way (US). Ex: *Des négociations tripartites: tripartite (ou three-way) talks (US).*

triple triple (GB), threefold (US). Ex: *La mission est triple: the mission is threefold (US)* – *La Triple Alliance / Entente (Hist.): the Triple Alliance / Entente (GB).*

tripler to triple (US). Ex : *Tripler son effectif en fantassins (force) : to triple its infantry strength (US).*

TRM (véhicule tous chemins) medium tactical vehicle (US) (FMTV = Family of Medium Tactical Vehicles), tactical utility vehicle (GB). Équivalents **TRM 2000** : light medium tactical vehicle (LMTV) (US), tactical utility light (TUL) (GB), TRM 2000 light truck – Équivalents **TRM 4000** : medium tactical vehicle (MTV) (US), tactical utility medium (TUM) (GB) (À noter : Chez les Britanniques, on trouve également le "truck utility heavy" (TUH) (5300kg)) – Équivalents **TRM 100-700** (ensemble porte-blindés) : Tank Transporter Unipower Commander (GB), Heavy Equipment Transporter System (HETS) (US).

trois three (US, GB) (Signifie également "tertio"). Ex : *En trois exemplaires (documents) : in triplicate (GB).*

trois armées (des) tri-service (GB) (En épithète).

troisième dimension third dimension (Jane's). Ex : *Dans (ou par) la troisième dimension : in the third dimension (Jane's).*

troisième exemplaire (document) triplicate (GB).

troisième génération (de) third-generation (OTAN) (En épithète). Ex : *Missile antichar de troisième génération : third-generation anti-tank missile (TRIGAT) (OTAN).*

"trombinoscope" (PERS) photochart (US).

tromper (ennemi / systèmes d'observation) to deceive (the enemy / surveillance devices) (OTAN), to mislead (the enemy) (US). Ex : *Tromper l'ennemi sur le lieu réel de l'attaque principale : to deceive the enemy as to where the main attack is being made (OTAN) – Tromper l'ennemi en attirant son attention sur des zones non vitales : to deceive the enemy by drawing its attention to nonvital areas (US) – Tromper l'ennemi sur ses véritables intentions (assaillant) : to deceive the enemy as to his true intentions (US).*

tronc commun (études) core curriculum (US).

tronçon (itinéraire) section (of route) (OTAN).

trop overly (US). Ex : *Les chefs ne doivent pas être trop prudents : commanders must not be overly cautious (US).*

trophée de guerre trophy of war (US).

trophée sportif trophy (GB).

tropical tropical (GB). Ex : *La forêt tropicale : the tropical forest (GB) – Uniforme (ou tenue) tropical(e) : tropical uniform (GB), tropical clothing (GB) – Climat tropical : tropical climate (US) – S'habituer aux conditions tropicales : to get used to tropical conditions (GB).*

tropicalisation (matériels) tropicalization ou tropicalisation.

tropicalisé (matériel) tropicalised (Jane's).

tropiques (les) the Tropics (GB).

tropodiffusion troposheric forward scatter (TFS) (OTAN), troposcatter (OTAN). Ex : *Transmissions par tropodiffusion : troposcatter communications (OTAN).*

troposphérique troposcatter (En épithète).

trou hole (US). Ex : *Creuser (ou faire) un trou dans le blindage : to make a hole through armor (US) – Les trous faits dans la cible : the holes made in the target (US).*

trou (prison) nick (GB), stockade (US), choky (US), the crowbar hotel (US), glasshouse (GB), clink (US). Ex : *Être au trou : to be in clink, to be in the nick (GB) – Mettre au trou : to put in clink, to put in the nick.*

trouble à l'ordre public (PERS) disorderly conduct (GB).

troubler to disturb (OTAN). Ex : *Troubler le repos des troupes ennemies : to disturb the rest of enemy troops (OTAN).*

troubles troubles (GB). Ex : *Les troubles en Algérie : the Algerian troubles (GB) – En proie à des troubles (région) : troubled (US).*

troubles à l'ordre public (ou émeutes ou agitation) civil disturbance(s) (US, OTAN), civil unrest (GB) (VERB : "to spread...to").

troufion (ou bidasse) (terme familier) squaddy ou squaddie (GB), G.I. (= Government Issue) (US).

trou individuel foxhole (US, GB, OTAN), fire-trench (GB) (VERB : "to emerge from").

trouée (mines) minefield gap (OTAN).

trouée (TOPO) gap. Ex : *La trouée de Fulda : the Fulda Gap (OTAN).*

troupe (groupe de soldats) force, group of soldiers (US) (VERB : "to strike").

troupe d'embuscade ambush (GB).

troupes (soldats) troops (US, GB, OTAN, CA) (VERB : "to select", "to train", "to organise", "to stage", "to send", "to converge") (ADJ : "ground", "air") (Attention : A troop = un soldat / un militaire). Ex : *Des troupes d'assaut : assault troops – Les troupes au sol : the troops on the ground (US) – Troupes de combat : combat troops (US) – Troupes de garnison : garrison troops (US) – Troupes amies : friendly troops (OTAN) – La troupe : troops (OTAN) – Les troupes combattantes : the fighting troops (GB) – Troupes acheminées par voie aérienne : air-delivered troops (US) – Troupes réservées à la disposition du commandant suprême : reserve of troops under the control of the overall commander (OTAN) – Troupes spécialisées : specialized troops (GB) – Sans la participation des troupes (exercice) : without troop participation (US) – Nous devons prendre soin de nos troupes : we must look after our troops (CA).*

troupes à cheval mounted troops.

troupes aéroportées (TAP) (parachutistes) (les) airborne troops (GB), the airborne (US), paratroopers (GB).

troupes alliées allied troops (GB).

troupes amies own troops (OTAN), friendly forces (US).

troupes à pied troops on foot (US). Ex : *La traversée d'un terrain contaminé par des troupes à pied : traversal of contaminated terrain by troops on foot (US).*

troupes au sol ground troops (GB).

troupes coloniales (Hist.) colonial troops (US).

troupes de choc shock troops (GB).

troupes d'appui combat support troops (Jane's).

troupes d'embuscade ambush troops (GB). Ex : *Suivre la trace des mouvements des troupes d'embuscade : to track the movements of the ambush troops (GB).*

troupes d'assaut assault troops (US, GB) (PART : "air-delivered").

troupes d'élite elite troops (GB).

Troupes de Marine (TDM) (Traductions rencontrées) Army overseas intervention forces (US), Marine units (International Security Review 1999), the Marines (Jane's), the (French) Marines (US) (TRADOC (Training and Doctrine Command)), the French Marine Corps (site Internet non-officiel des Troupes de Marine) (La revue Jane's se sert de l'adjectif "marine" et l'OTAN emploie le terme "naval". Ex : *Une division d'infanterie de marine : a marine infantry division (Jane's) – Brigade d'infanterie de marine : Naval Infantry Brigade (NIB)).*

troupes de montagne mountain troops (US).

troupes de première ligne front-line troops (GB).

troupes de réserve reserve component troops (US).

troupes ennemies enemy troops (OTAN).

troupes enrôlées levies (GB).

troupes gouvernementales government troops (US), government soldiers (GB).

troupes irrégulières irregular troops (GB), irregular soldiers, irregulars (GB).

troupes parachutistes paratroopers (GB), parachute troops.

troupes pro-gouvernementales pro-government troops (US).

troupes régulières regular troops (GB).

troupes spéciales special troops (US).

troupes terrestres ground troops (US).

trousseau trousseau (GB) (VERB : "to assemble").

trousse de décontamination decon(tamination) kit (US) (VERB : "to attach to").

trousse de premier secours (ou de premiers soins) first-aid kit (GB,US).

trousse de survie survival kit (US).

trouver to find (US), to determine (US), to include (US), to be (US). Ex : *Trouver la distance entre les points A et B : to determine (ou to find) the distance between points A and B (US) – On trouve le (char) M1A1 dans les régiments blindés : the M1A1 is found in armor battalions (US) – Parmi les grandes unités, on trouve la 1ère Division d'Infanterie Mécanisée et la 3e Division d'Infanterie Mécanisée : major units include the 1st Infantry Division (Mech.) and the 3d Infantry Division (Mech.) (US) – Trouver une solution diplomatique (conflit) : to find a diplomatic solution (CA) – Parmi les unités d'artillerie sol-air de l'armée de terre, on trouve (ou figurent) la 32e Brigade de Défense Aérienne et la 108e Brigade d'Artillerie Sol-Air : among the Army's ADA (= Air Defense Artillery) units are the 32nd Air Defense Brigade and the 108th Air Defense Artillery Brigade (US).*

trouver preneur (poste) to be filled (US). Ex : *Occuper des postes vacants dans les armées qui ne pouvaient trouver preneur par le biais du volontariat : to fill vacancies in the armed forces which could not be filled through voluntary means (US).*

trouver refuge to take refuge (GB). Ex : *Les principaux hôtels de la ville où des centaines d'étrangers avaient trouvé refuge : the main hotels in the city where hundreds of foreigners had taken refuge (GB).*

TTA (abrégé de "(règlement) toutes armes") field manual (FM).

tuba snorkel (GB) (VERB : "to use").

tube (synonyme de canon) gun (US), tube (US). Ex : *Une tourelle équipée d'un tube de 155 mm : a turret mounting a 155mm gun (US) – Des tubes sol-sol : field artillery tubes (US).*

tube (canon de char) tube, barrel.

tube (canon de gros calibre) tube (US).

Cf. : The barrel of a large-caliber gun (US).

tube (fusil automatique / arme automatique / canon / pistolet automatique / canon sans recul / mortier) barrel (GB). Ex : *Il a passé des heures à nettoyer le tube de son fusil : he spent hours cleaning the barrel of his rifle (GB).*

tube (lance-roquettes) launcher tube.

tube (mortier / bazooka) tube (US, GB). Ex : *Une section de mortiers à six tubes : a six-tube mortar platoon (US) – Tube de mortier : mortar tube (GB).*

tube cathodique cathode-ray tube (CRT) (US).

tube conteneur (missile) container (US), container tube (US).

tube de lancement (missile) launch tube (US), launcher tube (UN, CSCE) (ADJ: "sealed", "disposable").

tube de lancement (lance-roquettes) launcher (GB).

tube de pointage en hauteur (mortier) elevating tube.

tube lance-pot fumigène smoke grenade discharger (US, GB), smoke grenade launcher (SGL) (VERB: "to install") (US).

tué au combat (ou tué en opérations) killed in action (KIA) (US, OTAN) (VERB: "to report").

tuer to kill (US, GB), to dispose of (GB), to shoot (dead) (GB), to waste (familier) (GB), to neutralize (familier) (GB), to take out (familier) (GB), to slot (familier) (GB), to terminate (familier) (GB). Ex: *Tuer le personnel: to kill man (OTAN) – Tuer ou être tué: kill or be killed (GB) – Se faire tuer (ou être tué): to get killed (US) – Tirer en vue de tuer: to shoot to kill (GB) – Tuer quelqu'un (avec un fusil): to shoot somebody dead (GB) – Il se servit d'un poignard pour tuer la sentinelle: he used a dagger to dispose of the sentry (GB) – Il s'est fait tuer (ou descendre): he got wasted (familier) (GB) – Le fait de tuer de manière involontaire des troupes amies: the unintentional killing of friendly personnel (US).*

tuerie killing (GB). Ex: *Bokassa avait personnellement participé aux tueries: Bokassa had personally participated in the killings (GB).*

tueur (RENS) killer (US).

tungstène tungsten (US). Ex: *Un dard en tungstène: a tungsten penetrator (US).*

tunique tunic (GB).

tunnel tunnel (US, GB) (VERB: "to plan", "to dig", "to function") (NOM ASS.: "terminal", "digging") (EXPR: "to be X yards / metres long", "to be X feet / metres below the surface", "to have a headroom of X feet / metres"). Ex: *Le Tunnel de Berlin (opération de renseignement, 1955, CIA et MI6) (Hist.): the Berlin Tunnel (US) – Creuser un tunnel d'une longueur de 450 m: to dig a tunnel 450m long (US).*

tunnelage tunnelling (US).

tunnel de chemin de fer railway tunnel (GB).

turbine à gaz gas turbine.

turbo(-compressé) (moteur) turbocharged (US).

turbocompresseur turbocharger.

turbomoteur (ALAT) turbine engine (US), turboshaft engine, gas turbine engine (US). Ex: *Un turbomoteur (de) General Electric: a General Electric turbine engine (US) – Deux turbomoteurs General Electric T700 de 1622 KW chacun: two General Electric T700 turboshaft engines of 1,622 shp each (US).*

turne (chambre ou chambrée) (terme familier) barrack room.

tutelle (de) (ou d'origine) (unité) parent.

tuyau d'échappement (char) exhaust pipe.

tuyère (missile) expansion nozzle.

type type (US, GB), variety (US), style. Ex: *Un type / d'opération / d'action: a type / of operation (US) / of action (OTAN) – Un type / de régiment / de division: a type / of battalion / of division (US, GB) – Un type d'affectation: a type of assignment (US) – Dans tous types de situations tactiques: under all types of tactical situations (US) – Un type de mine: a type of mine (GB) – Des procédés tactiques de type commando: commando type tactics (US) – Types d'activités: types of activities (US) – Le conflit de type haute intensité: the high intensity type conflict (Jane's) – Un type de renseignement: a type of intelligence (US) – Tirer de nombreux types d'obus (canon): to fire a (wide / large) variety of shells*

(US) – Déployer tous types de forces : to deploy forces of all types (US) – Les guerres de type classique : conventional wars (GB) – Monter un raid de type commando : to stage a commandolike raid (US) – Le nombre et les types de régiments de combat ne sont pas fixés par un tableau d'effectifs et de dotations (TED) : the number and types of combat battalions are not fixed by a table of organization and equipment (TOE) (US) – Des opérations de type maintien de la paix : peacekeeping types of operations (US) – Un corps d'armée de type OTAN : a NATO-style corps.

type (standard / courant) standard (UN). Ex : *Configuration type : standard configuration (UN).*

type (gars) guy (GB, US).

type courant (de) standard (US). Ex : *Le pont serait transporté plié sur un camion de l'armée de terre de type courant : the bridge would be transported folded up on a standard Army truck (US).*

type d'activité type of activity (US).

type d'attaque type of attack (US).

type de blessure type of injury (OTAN).

type de cible target type (US), type of target (US) (VERB : "to determine").

type de climat type of climate (US) (VERB "to favor").

type de combat kind of warfare (GB). Ex : *L'échelle des risques que présentent certains types de combat : the scale of hazard posed by certain kinds of warfare (GB).*

type de conflit conflict type (GB).

type de force type of force (US).

type de matériel type of equipment (CFE, US), equipment type (GB).

type de moteur engine type (US).

type de moyens de transport (unité) type of transportation (US) (VERB : "to use").

type de munition(s) type of ammunition (US), type of ammo (US).

type de terrain type of terrain (US).

type de transport (force) type of lift (US).

type d'explosion type of burst (OTAN).

type d'opération type of operation (GB) (ADJ : "particular").

type d'unité type of unit (US).

typhus (SAN) typhus (GB) (VERB : "to attack").

tyrannique tyrannnical (OTAN). Ex : *Un État agressif et tyrannique : an aggressive, tyrannical state (OTAN).*

U

(UNIFORM)

UE (Union européenne) EU (European Union) (OTAN) (Emploi possible en épithète). Ex : *Les éléments d'une structure militaire de l'UE : the elements of an EU military structure (OTAN).*

UEO (Union de l'Europe occidentale) WEU (Western European Union). Ex : *L'UEO : (the) WEU (= (the) Western European Union) (À noter : Absence fréquente de l'article défini "the") – L'UEO a élaboré un cadre qui a permis à un nombre croissant de pays européens de s'associer à ses activités : WEU has developed a framework within which an increasing number of European countries have become associated in its activities (UEO).*

ULM (ultra léger motorisé) ultra-light.

ultérieur later, further (UN), future (OTAN), subequent (OTAN, US). Ex : *Un stade ultérieur de la guerre : a later stage of war (OTAN) – L'exploitation ultérieure (RENS) : further processing (OTAN) – Evaluation de renseignements bruts ultérieurs : evaluation of subsequent information (OTAN) – L'emploi ultérieur d'agents toxiques chimiques : the subsequent use of toxical chemical agents (US).*

ultérieurement later on, subsequently. Ex : *Ultérieurement, appuyer la contre-attaque : later on (ou subsequently), support the counter-attack.*

ultimatum ultimatum (VERB : "to announce", "to issue", "to send") (EXPR : "to give somebody an ultimatum"). Ex : *Rejeter un ultimatum : to reject an ultimatum.*

ultime ultimate (OTAN), final (OTAN). Ex : *La responsabilité ultime : ultimate responsibility (OTAN) – L'utime démarche diplomatique de l'ambassadeur Holbrook n'a pas abouti (avant conflit) : the final diplomatic effort of Ambassador Holbrook has not met with success (OTAN).*

ultra-confidentiel (document) (RENS) highly confidential (US).

ultra-haute fréquence ultra-high frequency (UHF) (OTAN).

ultra-léger (matériau) ultralight (US).

ultramoderne (matériel) state-of -the-art, high-tech.

ultra-secret (RENS) highly secret (US), top secret (GB). Ex : *Un document ultra-secret : a top-secret document (GB) – Un programme ultra-secret (satellites) : a top secret program (US).*

ultrasons ultrasonics (UN).

ultraviolet ultraviolet (US).

un one (US). Ex : *Le (char) M1 a remplacé le char M60 dans les unités blindées, sur la base de un pour un : the M1 has replaced the M60 tank on a one-for-one basis in armor units (US).*

une fois once (US, GB). Ex : *Une fois au sol (infanterie parachutiste) : once on the ground (US).*

unifié (action) united (US) ; Ex : *Assurer une action unifiée : to ensure united action (US).*

unifier to unify (US). Ex : *Unifier sous un seul commandement toutes les unités d'opérations spéciales de l'armée de terre : to unify all Army special operations units under one command (US).*

uniforme (nom) uniform (US, GB) (VERB : "to wear", "to purchase", "to procure", "to maintain", "to prepare", "to issue") (ADJ : "proper", "distinctive", "full") (PREP : "in"). Ex : *Être en uniforme : to be in uniform (US) – Uniforme ennemi : aggressor uniform (US) –*

Porter l'uniforme : to wear the uniform (US) – Travailler en uniforme : to work in uniform (US) – Un uniforme du 11ᵉ (Régiments de) Hussards : an 11th Hussar uniform (GB) – Grand uniforme (GU) : full dress uniform (GB) – Les uniformes de tradition du régiment : the dress of the regiment (GB) – Travail (ou emploi) en uniforme : uniformed job (GB) (Contraire : "plain-clothes job") – Militaires en uniforme : uniformed service members (US), soldiers in uniform (US) – L'uniforme de la cavalerie à cheval qu'il a perçu en 1937 : the horse cavalry uniform he was issued in 1937 (US) – John Doe, en uniforme de lieutenant-colonel : John Doe, in the uniform of a lieutenant-colonel (US) – Les meilleurs soldats servant sous l'uniforme : the finest soldiers serving in uniform (US).

uniforme (adjectif) uniform (GB). Ex : *Le blindage est d'épaisseur uniforme sur tout le véhicule : the armour is of uniform thickness all over the vehicle (GB).*

uniforme de cérémonie dress uniform (US), ceremonial uniform (GB), ceremonials (GB) (ADJ : "full").

uniforme d'élève-officier cadet uniform (US).

uniforme (ou tenue) de service service uniform (US), service dress (GB).

uniforme réglementaire prescribed uniform (US).

uniforme tropical tropical uniform (GB).

unilatéral unilateral (US). Ex : *Une opération unilatérale : a unilateral operation (US).*

unilatéralement unilaterally (US, GB). Ex : *Mener des opérations unilatéralement : to conduct operations unilaterally (US).*

Union de l'Europe occidentale (l') (UEO) (créée en 1955) the Western European Union (WEU) (La plupart du temps, au lieu de "the Western European Union", on emploie simplement "WEU") (Voir aussi **UEO**).

Union européenne (l') (UE) the European Union (EU) (OTAN).

Union soviétique (l') (Hist.) (the) Soviet Union. Ex : *Ex-union soviétique : Former Soviet Union (FSU) (OTAN).*

unipolaire unipolar (OTAN). Ex : *L'échiquier militaire est unipolaire : the military board is unipolar (OTAN).*

unipolarité (monde) unipolarity (OTAN).

unique (installation / ogive / fin / chef) single (installation / warhead / purpose / commander) (UN). Ex : *Un chef militaire unique : a single military commander (US).*

uniquement all- (US). Ex : *L'ALAT française se transforme en une force constituée uniquement d'hélicoptères : French Army Aviation is being converted into an all-helicopter force (US).*

unir to bind together (US), to combine (US). Ex : *La camaraderie qui unit les militaires de tous grades : the comradeship that binds together service members of all grades (US) – Quand deux pays unissent leurs efforts dans une opération militaire : when two nations combine their efforts in a military operation (US).*

unitaire unit, per tank (US) Ex : *Coût (ou prix) unitaire (ou à l'unité) (matériel) : unit cost (GB), unit price (US) – Le coût unitaire (= par char) : the cost per tank (US).*

unitaire (par opposition à binaire) unitary (UN). Ex : *Munitions / armes / unitaires : unitary munitions / weapons (UN).*

unitaire (État) single (OTAN).

unité (organisation militaire) unit (OTAN, US, GB, UN), outfit (US) (À noter : Dans l'armée de terre, le terme "unit" fait souvent référence à une unité du niveau "régiment" ; aux échelons inférieurs, on emploie le terme de "sub-unit") (VERB : "to form", "to mobilize", "to maintain", "to mold", "to organize", "to equip", "to station", "to assist", "to protect", "to bring home", "to inactivate", "to fill out", "to task-organize", "to cross-attach", "to change" (= évoluer), "to make...ready to", "to raise", "to extract", "to rest" = mettre en repos, "to be replaced by", "to deploy") (ADJ & PART: "large", "unwieldy", "outstanding", "cohesive", "effective", "combat-ready", "old", "specific", "small", "battleworthy", "war-fighting", "non-divisional", "all-embracing", "digitized", "self-supporting", "high-readiness", "attacking", "defending") (NOM ASS.: "capabilities", "limitations", "raising", "training", "testing", "evaluation"). Ex: *Les unités au contact: the units in contact – Unité d'appui (au combat): CS unit (US) (CS = Combat Support), combat support unit (UN) – Unité de soutien: CSS unit (US) (CSS = Combat Service Support) – Une unité alpine: a mountain unit (US) – Unité NBC: chemical unit (US) – L'escadre est l'unité opérationnelle élémentaire des forces aériennes: the wing is the basic operational unit of the air forces (US) – Entraîner des unités: to train units (US) – Des unités de la Légion: Legion units (GB) – Le 2ᵉ REP était devenu l'unité phare de la 11ᵉ Division Parachutiste française: 2 REP had become the spearhead unit of the French 11th Paratroop Division (GB) – Unité jumelle: sister unit (US) – À l'échelon de l'unité: at the unit level (US) – Entraînement d'unité: unit training (US) – Appellations traditionnelles d'unités: traditional unit designations (US) (VERB: "to carry").*

unité (organisation) unit (UN). Ex: *Unité de fabrication: production unit (UN).*

unité (caractère unique) unity (VERB: "to achieve", "to ensure"). Ex: *Unité d'objectif et d'action: unity of purpose and action (US).*

unité (cohésion) unity (GB). Ex: *L'unité est demeurée solide (Alliance): the unity remained solid (GB).*

unité (exemplaire) (matériel) unit, apiece (Jane's). Ex: *Acheter un véhicule à 13 millions de francs l'unité: to buy a vehicle at FFr 13 million apiece (Jane's).*

unité ad hoc ad hoc unit (GB) (VERB: "to be organized into").

unité à double capacité dual capable unit (US, OTAN).

unité aéromobile (ou d'assaut vertical) air assault unit (US).

unité aérotransportable air transportable unit (OTAN).

unité amie friendly unit (GB).

unité amputée minus unit.

unité antichar antiarmor unit (GB).

unité au contact unit in contact (with the enemy) (US).

unité avancée (ou précurseur) advance unit (GB). Ex: *Des unités avancées de l'ennemi ont été aperçues: advance units of the enemy have been seen (GB).*

unité auxiliaire auxiliary unit (US).

unité blindée armored unit (US) armor unit (US), tank unit (Jane's) (2 types: "heavy" et "light"). Ex: *Unité blindée légère: light armor unit (US) – Unité blindée lourde: heavy armor unit (US).*

unité blindée légère light-armored unit (US).

unité combattante fighting unit (GB), warfighting unit (US) (VERB: "to man").

unité constituée formed unit (GB), entity (US). Ex: *La division, employée en tant qu'unité constituée: the division, employed as an entity (US).*

unité d'action (principe) unity of action (US, OTAN) (VERB: "to ensure").

unité d'action psychologique Psychological Operations unit (US), PSYOP unit (US).

unité d'active active duty unit (US), active component unit (US) (VERB: "to support").

unité d'affectation (PERS) unit of assignment (US).

unité d'ALAT des opérations spéciales Army Special Operations Aviation unit (US).

unité d'approvisionnement en sang (SAN) blood suply unit.

unité d'appui CS (= Combat Support) unit (US).

unité d'appui spécialisé specialist support unit (Jane's).

unité d'artillerie sol-air air defense artillery unit (US), ADA (= air defense artillery) unit (US) (ADJ : "divisional").

unité d'artillerie sol-sol field artillery unit (US), FA (= field artillery) unit (US).

unité d'assaut vertical (ou aéromobile) air assault unit (US).

unité de base d'instruction (UBI) (brigades) (Traduction proposée) non-deployable training company.

unité de cavalerie légère blindée ground cavalry unit (US).

unité d'éclairage et d'investigation ground cavalry unit (US).

unité de combat combat unit (GB, US), tactical unit (US) (ADJ : "large"). Ex : *Equiper des unités de combat à 100% de personnels : to man combat units to 100 % (US) – "Plus d'unités de combat, moins d'unités de soutien" : "more teeth, less tail" (US)*.

unité de commandement (principe) unity of command (US) (VERB : "to maintain").

unité de commandement et de logistique (UCL) (armée de terre 2002) headquarters and logistics company.

unité de commandement et de transmissions (UCT) (armée de terre 2002) headquarters and signal company.

unité de commandos commando unit (US).

unité de commandos d'infanterie (USA) ranger unit (US).

unité de compte accounting unit (AU) (OTAN).

unité de consommation de carburant fuel consumption unit (FCU) (OTAN).

unité de contrôle des mouvements movement control unit (GB). Ex : *Unité de contrôle des mouvements de force : force movement control unit (FMCU) (GB)*.

unité de décontamination decontamination unit (US).

unité de défense defense unit (US). Ex : *Quand toutes les unités de défense sont encerclées, tout s'écroule : when all defense units are surrounded, the roof falls in (familier) (US)*.

unité de déminage (milieu militaire) EOD (= Explosive Ordnance Disposal) unit (US).

unité de déminage (milieu civil) bomb-disposal unit (GB).

unité de dotation unit of issue (UI) (US, OTAN).

unité de douches mobiles mobile bath unit (GB).

unité de feu (UF) day of supply (US, GB) (Abréviation GB : "DOS"), one day's supply (OTAN) (S'applique au ravitaillement, et en particulier aux munitions).

Comp. :

- One day's supply (= jour de ravitaillement) : A unit or quantity of supplies adopted as a standard of measurement, used in estimating the average daily expenditure under stated conditions. It may also be expressed in terms of a factor, e.g. rounds of ammunition per weapon per day (OTAN).

- L'unité de feu représente la consommation quotidienne moyenne en munitions d'une formation. Elle est égale à la somme des produits du nombre d'armes de chaque type par le taux de base de consommation correspondant. Les taux de base de consommation représentent le nombre moyen de coups tirés par une arme pendant un jour (F).

unité de flanc-garde flanking unit (US).

unité de forces spéciales special forces unit (US).

unité de gendarmerie (GEND) Gendarmerie unit.

unité de guerre chimique chemical-warfare unit (GB).

unité de guerre électronique EW unit (US) (EW = Electronic Warfare).

unité de l'ALAT aviation unit (US).

unité de l'armée de l'air Air Force unit (US).

unité de la Marine Navy unit (US).

unité de l'armée de terre Army unit (US).

unité d'élite elite unit (GB).

unité de logistique logistics unit (GB).

unité de lutte anti-guérilla anti-guerrilla unit (US).

unité de maintenance (MAT) maintenance unit (US).

unité de mêlée (combat) maneuver unit (US), combat unit (GB) (Familièrement : "tooth unit", par opposition à "tail unit" = unité de soutien).

unité de mesure unit of measure (US).

unité de missiles sol-air air defense missile unit (US) (ADJ : "high-to-medium altitude").

unité d'entraînement (terrain de manœuvres) training unit (GB). Ex : *Unité d'entraîne-ment de l'armée de terre britannique de Suffield (Province d'Alberta, Canada) : British Army Training Unit Suffield (BATUS) (GB).*

unité de partisans (résistance) partisan unit (US).

unité de police militaire MP unit (US) (MP = Military Police).

unité de première ligne frontline unit (GB).

unité de quartier général headquarters unit, headquarters company.

unité de recherche humaine (URH) (division d'infanterie) (Traduction proposée) LRS (= long-range surveillance) company.

unité de reconnaissance reconnaissance unit (US, GB, <u>Jane's</u>) (EXPR : "to move ahead of the main body", "to to identify suitable routes", "to give warning of obstacles", "to locate the enemy").

unité de reconnaissance (<u>ou</u> de renseignement) par hélicoptères air cavalry unit (US).

unité de recueil de l'information (URI) (Traduction proposée) information-gathering com-pany.

unité de recueil (<u>ou</u> de collecte) du renseignement intelligence collection unit (US), intel-ligence-gathering unit (US).

unité de référence de grille (UREF) grid reference unit (GRU) (OTAN).

unité de relève (<u>ou</u> unité remplaçante) (relève) incoming unit (OTAN), fresh unit (OTAN). Ex : *Des structures de forces permettant de disposer d'unités de relève en cas de besoin : force structures capable of providing fresh units when required (OTAN).*

unité de renfort (outre-mer) augmentation unit.

unité de renseignement (de l'armée de terre) military intelligence (MI) unit (US).

unité de réserve reserve unit (US), reserve component unit (US).

unité de réserve de la cavalerie Yeomanry unit (GB).

unité de réserve de régiment professionnel (URRP) (armée de terre 2002) professional battalion (<u>ou</u> regiment) reserve unit, professional battalion (<u>ou</u> regiment) volunteer unit.

unité de sabotage sabotage unit (US).

unité des forces spéciales special forces unit (GB, US).

unité de soutien (logistique) CSS (= Combat Service Support) unit (GB, US), logistic support unit (GB). Ex : *"Plus d'unités de combat, moins d'unités de soutien" : "more teeth, less tail" (US).*

unité des transmissions signal unit (US, OTAN).

unité de sûreté stay behind unit (US).

unité de tête lead unit (US).

unité de transmission d'appui aérien air support signal unit (ASSU) (OTAN).

unité de tir fire unit (US).

unité de traitement de linge en campagne (UTLC) laundry unit.

unité de transfusion de l'avant (SAN) field transfusion unit (FTU).

unité de transmissions des armées joint services signals unit (JSSU) (GB).

unité de transport routier truck unit (US).

unité d'exploitation (RENS) processing unit (OTAN).

unité d'hélicoptères helicopter unit (US).

unité diminuée minus unit.

unité d'infanterie infantry unit (US) (5 types dans l'armée de terre américaine : "light", "airborne", "air assault", "ranger", "mechanized").

unité d'infanterie légère light infantry unit (US).

unité d'infanterie mécanisée mechanized infantry unit (US).

unité d'infanterie parachutiste airborne infantry unit (US) ("paratroopers").

unité d'instruction training unit (US).

unité d'intention (principe) unity of purpose (OTAN, US) (VERB : "to ensure").

unité d'intervention d'urgence emergency action unit (EAU) (OTAN).

unité d'opérations spéciales special operations unit (US).

unité du commandement (principe de guerre) unity of command (US).

Cf. : The direction and coordination of the action of all forces toward a common goal or objective, best achieved by vesting a single tactical commander with the requisite authority to direct and coordinate the force (US).

unité du corps expéditionnaire des Marines Marine Expeditionary Unit (MEU) (US, OTAN).

unité du génie engineer unit (US).

unité du train transportation unit (US).

unité élémentaire (UE) basic tactical unit.

unité élémentaire d'active (UCA) (armée de terre 2002) regular basic tactical unit.

unité embarquée mounted unit (US).

unité en défensive defending unit (US), unit in defense (US).

unité en dépassement passing unit (US).

unité ennemie enemy unit (US) (VERB : "to pursue") (PART : "fleeing").

unité en progression (TAC) advancing unit (US).

unité inférieure (par rapport à une autre) sub-unit (GB) (Contraire : "higher formation").

unité interarmes combined-arms unit (US).

unité interarmées de défense NBC (GB) joint NBC defence unit (GB).

unité logistique logistical unit (US), logistics unit (US).

unité lourde (= blindée et / ou mécanisée) heavy unit (US).

unité médicale medical unit (Jane's).

unité motorisée motorized unit (OTAN).

unité NBC chemical unit (US).

unité non endivisionnée non-divisional unit (US).

unité parachutiste parachute unit (GB), paratroop unit (GB).

unité paramilitaire paramilitary unit (Jane's).

unité participante (UP) participating unit (PU) (OTAN).

unité précurseur voir **unité avancée**.

unité prêtée à (UPA) unit attached to .

unité prioritaire (dotation en matériel) priority unit (US).

unité professionnelle professional unit (Jane's).

unité relevante incoming unit.

unité relevée outgoing unit.

unité renforcée reinforced unit.

unité spéciale special unit (US). Ex : *Les unités spéciales du GRU : GRU special units (US)*.

unité spécialisée specialised unit (UEO) (VERB : "to provide" = mettre à disposition).

unité subordonnée sub-unit (GB).

unité supérieure (par rapport à une autre) higher formation (GB) (Contraire : "sub-unit").

unité temporaire provisional unit (US, OTAN).

unité terrestre ground unit (US).

unité topographique (GEN) (engineer) topographic unit (US).

unité tournante (par séjours de plusieurs mois) roulement unit (GB).

unité utilisatrice (matériels) user unit (GB).

universitaire (adjectif) academic (US). Ex : *Le monde universitaire (ou de la recherche) : academia (US) – Une application des résultats de la recherche universitaire : an application of the results of academic research (US)*.

université nationale des forces armées (USA) National Defense University (US).

universités (les) (ou l'Université) academia (US). Ex : *L'industrie et les universités : industry and academia (US)*.

un peu partout throughout (CA). Ex : *Un peu partout dans la campagne canadienne : throughout the Canadian countryside (CA)*.

uranium uranium (US, GB). Ex : *Un dard en uranium appauvri : a depleted uranium penetrator (US)*.

uranium appauvri depleted uranium (DU) (US) (Surnom US : "Staballoy").

uranium enrichi enriched uranium.

uranium militaire weapon-grade uranium (UN).

uranium naturel natural uranium (US).

urbain urban (US). Ex : *Combattre en milieu(x) urbain(s) : to fight in urban environments (US)*.

urgence emergency (US, GB, OTAN), contingency (US, GB) (Le terme "emergency" est dénombrable. Ex : Une urgence = an emergency) (VERB : "to arise", "to manage", "to deal with", "to respond to") (ADJ : "great", "national security", "domestic"). Ex : *Déclarer l'état d'urgence : to declare a state of emergency (Contraire : "to lift" = lever) – Aide d'urgence : emergency assistance (CFE) – Urgence (sanitaire) : (medical) emergency – Urgence alimentaire : food emergency (US) – Urgence (transmission radio) : precedence – En cas d'urgence : in an emergency (GB), in the event of emergency (US) – Lorsqu'une urgence / se produit / survient : when an emergency occurs / arises (US) – Une urgence imprévue : an unforeseen emergency (US) – Atterrissage d'urgence (aéronef) : emergency landing (OTAN) – Approvisionnements de première urgence : emergency supplies (OTAN) – Opérations d'urgence : emergency operations (US) – Gérer des situations d'urgence : to manage emergencies (OTAN) – État-major d'appui d'urgence : contingency support staff*

(US) – Force de réaction aux urgences (crises) nationales (catastrophes / feux de forêt / inondations / ouragans) : domestic emergency response force (US) – Acheminer des secours d'urgence destinés aux refugiés, de Sarajevo à Tirana : to move urgently needed refugee relief supplies from Sarajevo to Tirana (OTAN) – Outre sa mission dans le cadre des opérations d'urgence (ou de circonstance ou de crise) nationale (3ᵉ Division britannique) : in addition to its role for National Contingency operations (GB).

urgence (d'une situation) (ou caractère d'urgence) (TAC) urgency (US). Ex : *La décision du chef d'accepter un risque calculé dépend de l'urgence de la situation tactique : the commander's decision to accept a calculated risk is dependent upon the urgency of the tactical situation (US).*

urgence alimentaire food emergency (US).

urgence humanitaire humanitarian emergency (US) (Terme dénombrable).

urgence médicale medical emergency (OTAN).

urgence tactique tactical emergency (US).

urgent urgent (GB, UEO). Ex : *Un besoin d'approvisionnement urgent : an urgent supply need (GB) – Sur le plan des forces et des capacités opérationnelles, les efforts les plus urgents devraient porter sur les domaines suivants : with regard to forces and operational capabilities, the most urgent efforts should be focused on the following areas (UEO).*

urgent (transmission radio / message) urgent (GB), priority.

urgent opération (transmission radio) operational immediate.

URSS (l') (Hist.) (the) USSR. Ex : *Ex-URSS : Former Soviet Union (FSU) (OTAN).*

urticant (ou irritant cutané) skin irritant (UN).

usage (emploi) use (OTAN), user (OTAN) (VERB : "to rule out"). Ex : *Article d'usage courant (LOG) : common user item (OTAN) – Un article en usage courant : an item in common use (OTAN).*

usage (convenance) custom (US), convention (GB). Ex : *Il est d'usage que quelqu'un fasse quelque chose : it is customary for somebody to do something (US) – Enterrer les morts suivant l'usage de la Légion : to bury the dead according to Legion convention (GB).*

usage (ou emploi) de la force use of force (US) (VERB : "to avoid") (ADJ : "restrained"). Ex : *Arrêt de l'usage excessif et disproportionné de la force au Kosovo : ending of excessive and disproportionate use of force in Kosovo (OTAN).*

usage d'instruction (à) (manuel) for instructional use (US).

usage général (à) (véhicule) utility (US, GB) (En épithète).

usages de la guerre customs of war (OTAN). Ex : *Violations des lois et des usages de la guerre : violations of the laws and customs of war (OTAN).*

usages militaires military customs. Ex : *Les usages du service : customs of the service (US) – Les usages de l'armée de terre : Army customs (US).*

usé (matériel) worn (US).

user (TAC) to wear down (GB), to attrit (US). Ex : *User la résistance ennemie : to wear down the enemy's resistance (US) – User (ennemi) : to attrit the enemy (US), to wear down the enemy (GB).*

usine factory (GB, Jane's), plant (UN) (VERB : "to protect", "to shut", "to close"). Ex : *Site d'usines : plant site (UN) – Visiter l'usine Eurocopter de Marignane (personnalité) : to visit the Eurocopter factory in Marignane (Jane's) – L'usine de (fabrication de) munitions de l'armée de terre dans l'Iowa : the Iowa Army ammunition plant (US).*

usine d'armement armaments factory (GB), defence plant (UN).

usine d'armes chimiques chemical weapons factory (GB). Ex : *L'usine d'armes chimiques était camouflée en hôpital : the chemical weapons factory was disguised as a hospital (GB).*

usine de fabrication de munitions ammunition plant (US).

usine de fabrication d'explosifs explosives manufacturing facility (US).

usine de guerre war plant (US).

usine de munitions munitions factory (GB), ammunition plant (US).

usine de production (ou de fabrication) d'armes chimiques chemical weapons production facility (UN).

usine de retraitement reprocessing plant (UN).

usure (force) attrition (VERB : "to cause") (ADJ : "incremental") (PREP : "through"). Ex : *Une guerre d'usure : a war of attrition (US) (VERB : "to fight") – guerre d'usure (type de guerre) : attritional warfare (GB).*

Cf. : Attrition : the reduction in the effectiveness of a force caused by loss of personnel and materiel (US).

usure (matériel / pièces de rechange / objet) wearing out (OTAN), wear, attrition (GB). Ex : *L'usure du tube (canon) : barrel wear.*

usure (personnels et matériel) wear and tear (US).

utile useful (US), beneficial (US). Ex : *En temps utile : timely (En épithète) (OTAN) – Il peut être utile de recourir plus largement au partage des tâches entre les pays afin d'améliorer les capacités logistiques et le réapprovisionnement : it may be beneficial (ou useful) to make greater (ou wider) use of task-sharing between nations in order to improve logistics and resupply capabilities (UEO) – Une opération utile : a useful operation (US).*

utilement usefully (OTAN). Ex : *Deux des secteurs dans lesquels les compétences techniques de l'OTAN peuvent être utilement mises à profit : two areas where NATO's expertise can usefully be brought to bear (OTAN).*

utilisable (pièces mécaniques / matériel) serviceable (OTAN, GB). Ex : *Déclarer un avion utilisable : to declare an aircraft serviceable (GB).*

utilisateur (matériel / système de transmissions) user (US), operator (matériel) (UN), consumer (rensignements) (US) (ADJ : "isolated", "mobile", "multiple", "common", "end"). Ex : *Un utilisateur de renseignements extérieurs : a consumer of foreign intelligence (US).*

utilisateur (individu / organisation) (RENS) user (OTAN), consumer (US).

utilisateur final end user (US).

utilisation use (US, GB, UEO), utilization (US) (VERB : "to restrict", "to rule out") (ADJ : "extensive", "inappropriate", "infeasible"). Ex : *L'utilisation de l'arme chimique : the use of chemical weapons (GB) – L'utilisation du terrain : the use of ground, use of terrain (US) (ADJ : "effective"), fieldcraft (US) – Utilisation de l'espace : use of space (US) – L'utilisation des moyens politiques, économiques, psychologiques et militaires : utilization of political, economic, psychological and military assets (US) – Utilisation abusive (ou à des fins abusives) : misuse (UN) – L'utilisation sûre, efficace et souple de l'espace aérien : the safe, efficient and flexible use of airspace (OTAN) – L'utilisation d'un itinéraire : the use of a route (OTAN) – Les forces armées ont exclu l'utilisation des armes non létales : the armed forces have ruled out the use of non-lethal weapons (Jane's) – La coordination pour une utilisation optimale des moyens et capacités existants : coordination designed to make optimum use of existing assets and capabilities (UEO) – Beaucoup sont morts du fait d'une mauvaise utilisation de leurs propres armes (soldats ennemis) : many died from misuse of their own weapons (GB) – L'utilisation d'Internet : the use of the*

*Internet (US) – Par l'utilisation d'un écran de fumée : by use of a smoke screen (US) – Utilisation efficace de la puissance de feu : effective use of firepower (Voir aussi **emploi**).*

utilisation du terrain (TAC) fieldcraft (GB) (VERB : "to know about") (Abri et couvert, emploi tactique du terrain).

utiliser to use (US, OTAN), to utilize (US), to employ (US), to be in service (CA). Ex : *Utiliser du matériel : to use (equipment) (US) – Utiliser les moyens de l'artillerie : to utilize artillery assets (US) – Ces unités utilisaient les chars M48A2 et M48A3 : these units utilized the M48A2 and M48A3 tanks (US) – Utiliser une fréquence radio : to use a radio frequency (US) – Utiliser des obstacles naturels : to use natural obstacles (OTAN) – Un hélicoptère utilisé principalement pour l'observation et la reconnaissance : a helicopter used primarily for observation and reconnaissance (OTAN) – Sa (= chef) première poussée, utilisant les chars et l'infanterie, était dirigée contre notre gauche : his first thrust with tanks and infantry was directed against our left (US) – Les 7 heures qui suivirent furent utilisées à la poursuite du pilonnage des positions ennemies : the next 7 hours were used in continuing to pound the enemy positions (US) – Décontaminer des zones dans lesquelles des agents toxiques chimiques ont été utilisés : to decontaminate areas in which toxic chemical agents have been employed (US) – Une certaine protection est assurée en utilisant des VTT (= véhicules de transport de troupes) : some protection is afforded by the use of APCs (= armored personnel carriers) (US) – Le système TOW est utilisé par l'armée canadienne depuis 1975 : the TOW system has been in service with the Canadian Land Force since 1975 (CA) – Le lanceur n'est utilisé qu'une fois (roquette antichar) : the launcher is discarded after firing – Utiliser la technologie MIPS RISC (système) : to use MIPS RISC technology (US).*

utilité militaire (technologie) military utility (US).

UTM (carte) UTM (map) (UTM = Universal Transverse Mercator = Mercator transverse universelle).

(VICTOR)

VAB voir **véhicule de l'avant blindé.**

VAC voir **véhicule articulé chenillé.**

vacant (poste) vacancy (US, GB). Ex : *Poste (ou emploi) vacant : vacancy (US) (Voir aussi* **poste vacant**) *– Remplir un poste d'officier vacant : to fill an officer vacancy (GB).*

vaccin (SAN) vaccine (US, GB) (VERB : "to develop") (PREP : "against").

vaccination (pratique médicale) vaccination (US). Ex : *La vaccination systématique contre l'anthrax de tous les personnels militaires américains : the systematic vaccination of all U.S. military personnel against anthrax (US).*

vaccinations (piqûres) (SAN) immunizations (US) ou shots (US).

vacciner (SAN) to vaccinate (GB). Ex : *Nous avons été vaccinés contre l'anthrax : we were vaccinated against anthrax (GB) – Les soldats ont été vaccinés contre l'anthrax : the troops were given anthrax vaccinations (GB).*

vago (vaguemestre) (familier) voir **vaguemestre.**

vague (débarquement sur plage / bombardiers) wave (OTAN). Ex : *Vague / d'assaut / d'embarcations / d'hélicoptères / numérotée / sur demande / à l'horaire : assault / boat / helicopter / numbered / on call / scheduled / wave (OTAN) – Une vague de bombardiers : a wave of bombers (GB).*

vaguemestre postmaster.

vaillance bravery (GB), gallantry (GB).

vaillant stout (US). Ex : *La vaillante défense menée par le général Eitan : the stout defense by General Eitan (US).*

vaincre (gagner) to win (US) (ADV : "decisively"). Ex : *Combattre pour vaincre : to fight to win (US).*

vaincre (triompher de) (ennemi) to defeat (US, GB), to overcome (US) (ADV : "quickly", "decisively"). Ex : *Vaincre tout pays responsable d'acte d'agression (mission de l'armée de terre) : to overcome any nations responsible for aggressive acts (US) – Vaincre l'ennemi rapidement, / à peu de frais / avec le minimum de pertes : to defeat the enemy / swiftly / at minimal cost / with minimum casualties (GB).*

vaincu vanquished (personnel) (GB), defeated (force, ennemi) (US, GB). Ex : *Au combat, tu agis sans passion et sans haine, tu respectes les ennemis vaincus, tu n'abandonnes jamais ni tes morts, ni tes blessés, ni tes armes (Code d'honneur) (Légion) : in combat, you will act without relish of your tasks, or hatred ; you will respect the vanquished enemy and will never abandon neither your wounded nor your dead, nor will you under any circumstances surrender your arms (GB).*

vainqueur victor, winner. Ex : *Le vainqueur du concours (armement) : the winner of the contest.*

vaisseau sanguin (SAN) blood vessel (GB).

vaisseau spatial spacecraft (GB).

valeur (mérite / qualité) value (US, GB), worth (US), merit(s) (US), reliability (OTAN) (VERB : "to prove") (ADJ : "substantial"). Ex : *La valeur de l'officier : the worth of the* *officer (US) – La cavalerie n'avait aucune valeur stratégique : cavalry was of no strategic value (US) – Démontrer la valeur de l'hélicoptère : to prove the worth of the helicopter (US) – Valeur (d'une information) : reliability (OTAN) – La valeur des blindés : the value of armoured vehicles (GB) – La valeur relative de différents concepts : the relative merits of alternative concepts (US) – Cette postion n'a aucune valeur défensive : this position has no defensive value (US).*

valeur (volume de force) (unité) size (US, GB). Ex : *Valeur 1 compagnie de fusiliers motorisés : 1 motorized rifle company strength – Le régiment avait sous son contrôle six unités organiques ou rattachées, de la valeur d'une compagnie : the battalion was controlling six organic or attached company-size units (US) – Les unités de mêlée de la valeur d'un régiment : maneuver units of battalion size (US) (Voir aussi **taille**).*

valeur ajoutée (à) value-added (US). Ex : *Une force à valeur ajoutée : a value-added force (US).*

valeur d'un renseignement (RENS) accuracy of the information (US) (VERB : "to verify").

valeureux (PERS) valiant, gallant.

valeur opérationnelle (armement / matériel) operational merit (OTAN).

valeurs (morales / intellectuelles) values (US, GB, OTAN) (VERB : "to uphold", "to hold", "to cherish"). Ex : *Les valeurs de l'armée de terre : Army values (US) – La défense de valeur communes : the defence of common values (OTAN) – Défendre les valeurs et les traditions de la Légion Étrangère : to uphold the values and the traditions of the Foreign Legion (GB).*

validation validation (US, GB). Ex : *La validation de cette méthodologie : the validation of this methodology (GB) – Validation de concepts : concept validation (US).*

valider to validate (US).

valise diplomatique diplomatic pouch (US) (PREP : "via"). Ex : *Des comptes-rendus transmis par la valise diplomatique : reports transmitted via diplomatic pouch (US).*

valise radio (RENS) suitcase radio (SCR) (US) (ADJ : "direction-finding").

vallée (TOPO) valley (US). Ex : *L'offensive de la Vallée de la Liri : the Liri Valley offensive (CA).*

valoir to foster (US). Ex : *Des résultats qui nous vaudront une plus grande estime auprès de nos alliés les plus proches : results that will foster further goodwill with our closest allies (US).*

valorisation (ou modernisation) (véhicule) upgrade (US) (VERB : "to carry out", "to fund...at") (ADJ : "continuing"). Ex : *La valorisation du char de bataille M1A1 Abrams : the M1A1 Abrams MBT (= Main Battle Tank) upgrade (Jane's).*

valorisation des itinéraires route improvement (US).

valorisation du terrain terrain reinforcement (US).

valoriser (GEN) to reinforce (terrain) (US), to improve (terrain) (US). Ex : *Valoriser les obstacles naturels : to improve natural obstacles (GB) – Valoriser le terrain en vue de favoriser le défenseur : to improve terrain to favor the defender (US).*

valoriser (ou moderniser) (matériel) to upgrade, to improve, to uprate. Ex : *Valoriser du matériel aux normes de la Phase X : to upgrade equipment to the Phase X standard (US).*

vapeur vapour (GB), vapor (US).

vareuse (ou veste) jacket, coat (US).

variable (nom) variable (US) (VERB : "to depend on"). Ex : *Les variables des opérations de paix : the variables of peace operations (US) – Variable opérationnelle : operational variable (US).*

variante (ou version) variant (GB). Ex : *Une variante du canon de 105 : a variant of the 105mm gun (GB).*

variation variation (US). Ex : *Avec des variations mineures : with minor variations (US)* – *Variation de pression des pneumatiques : voir* **dispositif de variation de pression des pneumatiques.**

varié wide (US). Ex : *Opérer dans des conditions très variées (INF) : to operate in a wide range of conditions (US).*

varier to vary (US, UEO). Ex : *L'organisation de la division varie suivant le nombre d'unités de combat : the division's organization varies with the number of combat units (US)* – *Une échelle (de carte) variant du 1 :100.000 au 1:1.000.000 : a scale of 1 :100.000 to 1.1.000.000 (OTAN)* – *La taille de la force à employer peut varier de celle d'une petite formation à celle d'une division légère : the size of the force to be used may vary from a small formation to a light division (UEO).*

variété variety (US, GB), diversity (US). Ex : *Une variété de systèmes d'armes : a diversity of weapon systems (US)* – *Un grande variété de situations (TAC) : a wide variety of situations (US, GB).*

vaste wide (OTAN), major (OTAN). Ex : *Une vaste zone de terrain : a wide area of (the) terrain (OTAN)* – *La communauté internationale a lancé une vaste action de secours (aide aux réfugiés) : the international community set in motion a major relief effort (OTAN).*

VBCI voir **véhicule blindé de combat d'infanterie.**

VBL voir **véhicule blindé léger.**

VBL-PC (Poste de Commandement) VBL command post long version (Jane's).

VCI voir **véhicule de combat d'infanterie.**

VCR VCR (6 X 6) armoured personnel carrier (Jane's).

vecteur (système d'armes) platform (US) (ADJ: "mobile", "survivable", "reconfigurable").

vecteur (lanceur) (missile) delivery system (UN), delivery vehicle (UN), platform (US). Ex : *Vecteurs à longue portée : long-range delivery systems (UN)* – *Vecteur à capacité nucléaire : nuclear delivery vehicle (OTAN)* – *Vecteur de lancement (missile) : launch platform (US).*

vecteur (arme de destruction massive) means of delivery (OTAN).

vecteur (ou porteur d'arme) (aérien / de surface) weapon carrier (OTAN).

vecteur de recueil (RENS) collection platform (US).

vecteur de rentrée manœuvrable manœuvrable re-entry vehicle (MARV) (OTAN).

vecteur nucléaire nuclear delivery vehicle (NDV).

vecteurs (armes de destruction massive) means of delivery (OTAN).

vectoriel (manœuvre) vectoral (Jane's). Ex : *La manœuvre vectorielle : vectoral manœuvre (Jane's).*

vedette rapide fast patrol boat (FPB) (OTAN).

végétation (TOPO) vegetation (US) (VERB: "to insure") (ADJ: "year-round", "rotten") (Terme indénombrable. Ex : *Il y a peu de végétation : there is little vegetation*) (EXPR : "to be rich in vegetation").

véhicule vehicle (OTAN, GB, US) (Terme générique) (Abréviation GB : "veh") (VERB : "to develop", "to improve", "to stop", "to search", "to design", "to retrieve", "to deliver", "to trial", "to report", "to break down" = tomber en panne, "to deadline") (ADJ & PART : "self-propelled", "land" "boosted", "towed", "vulnerable", "specialized", "light", "heavy", "mine-protected", "basic", "damaged", "disabled", "stuck", "stranded", "wheeled", "tracked", "(highly) mobile", "reliable", "survivable", "powerful", "abandoned", "immobilised") (NOM ASS. : "recovery" = dépannage, "extrication" = dégagement, "removal" = enlèvement). Ex : *Sur véhicule (matériel) : vehicle-mounted* – *Un véhicule* *officiel: an official vehicle (US) – Véhicule terrestre: ground vehicle (US) – Véhicule de transport: vehicle of transportation (OTAN) – Des véhicules blindés ennemis: threat armored vehicles (US) – Pour véhicule (ou utilisé sur véhicule) (poste radio): vehicular (US) – Véhicule en déplacement (ou en marche): moving vehicle (US) (VERB: "to track", "to identify") – Traverser en véhicule des zones volontairement contaminées (PERS): to cross deliberately contaminated areas in vehicles (US).*

véhicule (ou engin) (missile / roquette) vehicle (OTAN) (ADJ: "self-propelled") (NOM ASS.: "trajectory", "course").

véhicule à blindage léger soft-skinned vehicle (SSV) (OTAN).

véhicule à (ou sur) coussin d'air air cushion vehicle (ACV) (OTAN).

véhicule aérien sans pilote unmanned aerial vehicle (UAV) (OTAN).

véhicule à moteur motor vehicle (US) (VERB: "to operate", "to maintain").

véhicule amphibie amphibious vehicle (OTAN, GB).

véhicule à roues wheeled vehicle (US).

véhicule articulé chenillé (VAC) full tracked articulated carrier (GB), all-terrain carrier (Cf. Le Hagglund BV 206 de l'armée de terre britannique).

véhicule (ou engin) blindé armoured vehicle (GB), armored vehicle (US), A vehicle (GB), hard-skin(ned) vehicle (GB, US) (VERB: "to strike") (ADJ: "powerful"). Ex: *Véhicule blindé (de combat terrestre) (chenillé ou sur roues): A-vehicle (GB).*

véhicule blindé amphibie de débarquement d'assaut assault amphibious vehicle (AAV) (US) (Marines).

véhicule blindé de combat (VBC) armoured combat vehicle (CFE, OTAN) (Abréviation OTAN: "ACV"), armoured fighting vehicle (AFV) (OTAN).

véhicule blindé de combat d'infanterie (VBCI) armoured infantry fighting vehicle (AIFV) (OTAN), armoured infantry combat vehicle (AICV) (OTAN) – Équivalent GB: Multi-Role Armoured Vehicle (MRAV).

véhicule blindé de commandement armoured command vehicle (ACV) (GB).

véhicule blindé de dépannage armoured recovery vehicle (ARV) (GB).

véhicule blindé de transport et de traitement des blessés armored transport and treatment vehicle (ATTV) (US).

véhicule blindé de transport de personnel (VBTP) armoured personnel carrier (APC) (US, GB, OTAN) (ADJ: "air-transportable", "air-droppable") (EXPR: "to have an amphibious capability", "to pull a trailer"). Ex: *Du matériel militaire comprenant un véhicule blindé de transport de troupes et plus de dix pièces d'artillerie ont été observés à cet endroit: military equipment including an armoured personnel carrrier and more than ten pieces of artillery were observed at this location (OTAN).*

Caractéristiques techniques: weight, class, length, width, height, crew, armament, maximum speed, troop capacity, cruising range, ditch-crossing capability, vertical obstacle climbing capability, swimming speed, draft required, maximum stream velocity, fuel (US).

véhicule blindé de transport de troupes (VBTT) armoured personnel carrier (APC), armoured troop carrier (ATC) (UN) (Voir aussi **véhicule blindé de transport de personnel**).

véhicule blindé lance-roquettes armoured vehicle-mounted rocket launcher (AVMRL) (OTAN).

véhicule blindé léger (VBL) VBL scout car (Jane's), VBL light armored vehicle (Jane's), lightly armoured (wheeled recce) vehicle (GB), VBL light armoured reconnaissance vehicle (<u>Jane's</u>) <u>Équivalent GB</u> : Fv 18061 Shorland – <u>Équivalent US</u> : Light Armored Vehicle (LAV)) (Voir aussi **VBL-PC (Poste de Commandement)**.

<u>À noter</u> : "The French Army uses two basic versions of the VBL : combat and intelligence" (<u>Jane's</u>).

véhicule blindé polyvalent Multi Role Armoured Vehicle (MRAV) (GB) (Futur véhicule blindé de reconnaissance britannique, destiné à remplacer l'AFV 432 d'ici 2005).

véhicule blindé poseur de pont (VBPP) armoured vehicle-launched bridge (AVLB) (OTAN, UN).

véhicule chenillé tracked vehicle (US).

véhicule civil civilian vehicle (US).

véhicule d'accompagnement accompanying vehicle (<u>Jane's</u>). Ex : *La disparité en termes de mobilité entre le char Leclerc et ses véhicules d'accompagnement : the mobility mismatch between the Leclerc tank and its accompanying vehicles (<u>Jane's</u>).*

véhicule d'approvisionnement (ravitaillement) en munitions ammunition support vehicle. Ex : *Véhicule d'approvisionnement en munitions d'artillerie sol-sol : field artillery ammunition support vehicle (FAASV) (US).*

véhicule d'assaut amphibie amphibious assault vehicle (<u>Jane's</u>, US).

véhicule d'attaque rapide (forces spéciales) offensive action vehicle (OAV) (GB).

véhicule d'éclairage scout vehicle (UN).

véhicule de combat fighting vehicle (FV), combat vehicle (US, GB), tactical vehicle (US) (Abréviation GB : "CV") (ADJ : "friendly", "enemy").

véhicule de combat antichar (VCAC) antitank combat vehicle (ACV <u>ou</u> ATCV) (OTAN).

véhicule de combat blindé armoured fighting vehicle (AFV) (GB), armoured combat vehicle (GB).

véhicule de combat chenillé tracked combat vehicle (US).

véhicule de combat de la cavalerie cavalry fighting vehicle (CFV) (US) (Il s'agit du M3 Bradley).

véhicule de combat de reconnaissance (chenillé) combat vehicle reconnaissance (tracked) (CVR (T)) (GB).

véhicule de combat d'infanterie (VCI) infantry fighting vehicle (IFV) (GB, US, OTAN), infantry combat vehicle (ICV) (OTAN) (Cf. le M2 Bradley américain) (ADJ : "fully-tracked, "lightly armored", "amphibious") (EXPR : "the primary means of transportation for infantrymen", "a stabilized automatic cannon", "an antitank guided missile system", "a coaxial machinegun", "a fully protected turret", "to have firing ports for use by mounted infantrymen", "to have a combat weight of X pounds", "add-on armor", "to have a cruising range of X miles", "the vehicle's highway speed", "a cross-country speed of (about) X miles per hour", "to be compatible with tanks", "a water speed of X miles per hour", "the number of personnel carried", "the ammunition storage configuration", "to carry up to a nine man squad", "to have a crew of four or five", "to carry Xmm rounds").

véhicule de combat d'infanterie amphibie amphibious infantry combat vehicle (AICV) (US).

véhicule de combat d'infanterie mécanisée (VCIM) mechanized infantry combat vehicle (MICV) (OTAN).

véhicule de combat du génie combat engineer tractor (CET) (GB), combat engineer vehicle (CEV) (US).

véhicule de combat mécanisé mechanised combat vehicle (MCV) (GB) (Cf. Le MCV 80 Warrior).

véhicule de commandement command vehicle, command and control vehicle (C²V) (blindé) (US, GB), headquarters vehicle (GB), commander's vehicle (GB), Rover (GB). Ex : *Véhicule de commandement blindé : armoured command vehicle (ACV) (GB).*

véhicule de dépannage recovery vehicle (US).

véhicule de dépannage de chars tank recovery vehicle (TRV) (US).

véhicule de dépannage et de réparation blindé armoured repair and recovery vehicle (ARRV) (GB).

véhicule de dépannage mécanisé mechanised recovery vehicle (GB).

véhicule de franchissement gap crossing vehicle (GB).

véhicule de groupe de combat squad vehicle (US).

véhicule de l'avant blindé (VAB) VAB armoured personnel carrier (Jane's), VAB wheeled armoured vehicle, VAB light APC, VAB wheeled APC (= Armoured Personnel carrier), VAB wheeled infantry vehicle (Jane's) (Équivalent GB : AT 105 Saxon). Ex : *VAB HOT : HOT-equipped VAB wheeled armoured vehicle – Un VAB PC : A VAB Command (vehicle) – Un VAB nouvelle génération (NG) : a new generation VAB armoured personnel carrier (Jane's)* (Voir aussi **véhicule blindé de transport de troupes (ou de personnel)**).

véhicule de liaison liaison vehicle.

véhicule de liaison, de reconnaissance et d'appui (VLRA) (Traduction rencontrée) VLRA liaison, reconnaissance and support vehicle.

véhicule de lutte contre l'incendie (ou véhicule incendie) fire fighting vehicle (GB).

véhicule de modèle militaire military vehicle.

véhicule de patrouille patrol car (Jane's), patrol vehicle (US).

véhicule de réapprovisionnement (ou de recomplètement ou de ravitaillement) en munitions resupply vehicle (US).

véhicule de reconnaissance scout vehicle (GB), reconnaissance vehicle (GB).

véhicule de reconnaissance blindé armoured reconnaissance vehicle (GB) (Surnom GB : "Dinky Toy"), combat vehicle reconnaissance (CVR) (GB), scout car (US). Ex : *Véhicule de reconnaissance blindé futur (programme GB / US) : future scout and cavalry system (FSCS) (US) ou tactical reconnaissance armoured combat equipment requirement (TRACER) (GB).*

véhicule de rentrée re-entry vehicle (RV) (OTAN).

véhicule de réparation et de dépannage repair and recovery vehicle (GB).

véhicule de sauvetage rescue vehicle (CFE).

véhicule de sécurité (maintien de l'ordre) security vehicle (US). Ex : *Véhicule de sécurité blindé : armored security vehicle (ASV) (US).*

véhicule d'essais trial vehicle (Jane's) (VERB : "to build").

véhicule de tête (colonne) lead(ing) vehicle (OTAN).

véhicule de tête (formation) point (GB).

véhicule de tir (ou de lancement) launch vehicle.

véhicule de transport de charges load carrying vehicle (GB).

véhicule de transport de groupe de combat squad carrier (US).

véhicule de transport de munitions ammunition carrier (US).

véhicule de transport de troupes (VTT) troop carrier (GB), personnel carrier (GB). Ex : *VTT sanitaire : armoured ambulance (GB).*

véhicule de transport de troupes amphibie amphibious tractor (Amtrac) (GB).

véhicule de transport logistique (VTL) load carrier (GB), DROPS (Demountable Rack Offloading and Pickup System) vehicle (GB), Palletized Load System (PLS) (US), palletized loading system truck (US), demountable load system (À noter : Dans la catégorie des DROPS, on trouve : "Medium Mobility Load Carrier" (MMLC) et "Improved Medium Mobility Load Carrier" (IMMLC)).

véhicule d'évacuation des blessés casualty evacuation vehicle (CFE).

véhicule d'observation de l'artillerie artillery observation vehicle (AOV) (Équivalent GB : Warrior MAOV (= Mechanised Artillery Observation Vehicle) (GB) – Équivalent US : M981 Fire Support Team Vehicle (FIST-V)).

véhicule du génie "C" vehicle (GB).

véhicule lanceur (LRM) launcher vehicle (GB).

véhicule léger (VL) light vehicle.

véhicule léger chenillé light tracked vehicle (GB).

véhicule léger des forces spéciales (ou buggy) light strike vehicle (LSV) (GB), fast attack vehicle (FAV) (US).

véhicule léger de transport de troupes (VLTT) light personnel carrier (UN).

véhicule logistique logistics vehicle (US).

véhicule lourd heavy vehicle.

véhicule lourd de dépannage wrecker (US).

véhicule lourd de soutien logistique heavy expanded mobility tactical truck (HEMTT) (US).

véhicule militaire military vehicle (OTAN) (VERB : "to strike").

véhicule miniature miniature vehicle (OTAN). Ex : *Véhicule miniature à lanceur aérien : air-launched miniature vehicle (ALMV) (OTAN).*

véhicule moyen medium vehicle.

véhicule non blindé (léger, bâché) soft-skin(ned) vehicle (GB), B vehicle (GB).

véhicule PC command vehicle (Jane's), headquarters vehicle (GB).

véhicule PC de batterie d'artillerie artillery battery command vehicle (GB).

véhicule privé (ou personnel) privately-owned vehicle (POV ou POMV) (US, OTAN), privately owned automobile (US).

véhicule-rampe transporter erector launcher (TEL) (OTAN).

véhicule rampe de lancement (missile sol-air) erector / launcher (US).

véhicule ravitailleur (munitions) resupply vehicle (US), ammunition support vehicle (US).

véhicule sanitaire blindé armoured ambulance (GB).

véhicules terrestres (relatif aux) automotive (US).

véhicule sur coussin d'air air cushion vehicle (ACV) (OTAN).

véhicule tactique tactical vehicle (US).

véhicule télécommandé (ou téléguidé ou télépiloté) remotely-piloted vehicle (RPV) (OTAN) (ADJ : "recoverable").

véhicule téléguidé (ou télépiloté) remotely-piloted vehicle (RPV) (OTAN) (ADJ : "recoverable").

véhicule terrestre ground vehicle (OTAN) (NOM ASS. : "shallow fording capability").

véhicule tout-terrain all-terrain vehicle (GB).

véhicule tout-terrain ("jeep") (USA) HMMWV (high mobility multipurpose wheeled vehicle) (Surnoms : "Hummer", "Humvee") (US).

véhicule tracteur prime mover (US).

veille eve (US). Ex : *À la veille du troisième millénaire : on the eve of the third millenium (US)* – *Jusqu'à la veille de la guerre de Sécession : until the eve of the Civil War (US).*

veille (vigilance) vigilance (GB), monitoring (UN), cover (OTAN), watch (US). Ex : *État de veille militaire : state of military vigilance (GB) (Verbe à utiliser : "to maintain") – Veille chimique : chemical monitoring (UN) – Veille radio : cover (OTAN) – Veille technologique : technology watch (US).*

veiller à (ce que) to ensure that (US), to see to it that (US), to be watchful that (US). Ex : *Les sous-officiers veillent à ce que les soldats soient en bonne condition physique : NCOs see to it that soldiers are fit (US).*

veille radio listening watch.

veille radio (mission) (PERS) radio watch (GB).

vendre to sell (US GB). Ex : *Le missile Rapier a été vendu aux armées de 14 pays : the Rapier missile has been sold to the armed forces of 14 nations (GB) – Vendre des secrets aux Soviétiques : to sell secrets to the Soviets (US).*

venir to come (US). Ex : *Les soldats de l'artillerie sol-sol venant participer à l'exercice REFORGER 82 : the field artillery soldiers coming into Exercise REFORGER 82 (US).*

venir (à) to follow (OTAN). Ex : *Un ordre à venir : an order to follow (OTAN).*

venir à bout de to overcome (US, GB). Ex : *Venir à bout d'une force ennemie : to overcome an enemy force (US) – Ils vinrent très rapidement à bout des résistances : they overcame the resistance very quickly (GB).*

venir au secours de to come up to the rescue (GB). Ex : *Ils crurent que leur propre régiment était venu à leur secours : they thought that their own regiment had come up to their rescue (GB).*

venir de to come from (GB), to head from (GB). Ex : *La plupart des officiers viennent de la cavalerie : most of the officers come from the cavalry (GB) – La nomination d'un commandant de brigade venant des Transmissions : the appointment of a brigade commander from the Royal Signals (GB) – Contrer la menace militaire venant du sud : to meet the military threat from the south (CA) – La sentinelle signala des cavaliers qui approchaient, venant de la direction qu'ils avaient suivie (troupe à pied) : the sentry reported approaching horsemen, heading from the direction they had marched (GB).*

venir en aide à (une force) to assist.

venir en complément de to complement (OTAN).

vent wind (US, GB). Ex : *Zone exposée au vent (ou venteuse) : windy area (US) – Vitesse du vent : wind velocity (US) – Mesurer la direction et la force du vent : to gauge wind direction and strength (US) – Rafale de vent : gust – Vitesse limite de vent : wind limit.*

vent au sol (TAP) surface wind.

vent de travers crosswind (GB).

vente (armes / matériels) sale (US, GB, UN). Ex : *Ventes d'armes : arms sales (UN).*

vent en altitude (TAP) altitude wind, upper winds.

ventes à l'exportation export sales (GB).

ventes militaires à l'étranger (ou à l'exportation) (matériel) foreign military sales (FMS) (US, OTAN).

vent effectif de retombée (VER) effective downwind (EDW) (OTAN).

ventilateur fan (US, GB).

ventilateur (char) ventilator, blower.

ventilateur d'extraction des gaz fume extractor (Jane's).

ventilation (système de) (véhicule blindé) ventilating system (<u>Jane's</u>), ventilation system (<u>Jane's</u>).

ventilation (LOG) distribution.

ventilation des tâches (programme de recherche) work breakdown (GB).

ventral (parachute) (TAP) reserve (chute), chest-pack parachute.

ventre (sur le) (<u>ou</u> à plat ventre) prone (US). Ex : *Se coucher / sur le ventre / à plat ventre (à) (attaque NBC) : to get prone (US) – Le jeune sergeant est étendu sur le ventre : the young sergeant is lying prone (US).*

venturi (canon sans recul) venturi.

verbal verbal (US). Ex : *Appréciation, écrite ou verbale : appraisal, in writing or orally (OTAN).*

verbal (ordre) oral (order), verbal order (VO).

verglacé (route) icy (road) (US).

vérifiable verifiable (UN).

vérificateur verifier (OTAN). Ex : *Vérificateur au sol : ground verifier (OTAN).*

vérification verification (US, GB), check (US) (PREP : "of"). Ex : *Vérification des besoins (conception de système d'arme) : requirements verification (GB) – Vérification des empreintes digitales (RENS) : fingerprint check (US) – Vérification en matière de maîtrise des armements : arms control verification (US).*

vérification (TAC) verification (OTAN). Ex : *Mission de vérification au Kosovo : Kosovo verification mission (KVM) (OTAN).*

vérification (désarmement) (STRAT) verification (UN) (ADJ : "effective"). Ex : *Vérification sur place : on-site verification (UN) – Vérification / par défi / par consentement : verification / by challenge / by consent (UN) – Vérification / sur plainte / sur invitation : verification / by complaint / by invitation (UN) – Unité de vérification : Verification Unit (UN).*

vérification aérienne air verification (OTAN). Ex : *Mission de vérification aérienne : air verification mission (OTAN).*

vérification comptable (audit) audit (OTAN). Ex : *Vérification comptable et inspection : audit and inspection (A&I) (OTAN).*

vérification des comptes (fonction du Trésor) auditing (US).

vérification des traités treaty verification (US).

vérification du matériel (saut en parachute) equipment check (GB).

vérification par moyens aériens et spatiaux (désarmement) overhead verification (US).

vérification systématique (système d'armes) checkout (OTAN).

vérifier (arme / matériel) to check (US), to spot check (US), to check up (on) (US), to perform a check (US). Ex : *Vérifiez vos armes ! : check your weapons ! (GB) – Vérifier le bon fonctionnement d'un fusil : to perform a function check on a rifle (US) – Vérifier une arme : to check a weapon (US) – Vérifier les matériels de manière impromptue (<u>ou</u> inopinée) (commandant d'unité) : to spot check equipment (US) – Les bons officiers d'état-major vérifient que les ordres soient correctement exécutés : good staff officers check up on orders being carried out correctly (US).*

vérifier (message / compte-rendu) to verify (OTAN, GB).

véritable true (GB, OTAN). Ex : *Définir de véritables priorités : to define true priorities (GB) – Ce n'est que dans la Légion qu'il trouverait ce qu'il croyait être sa véritable vocation, celle de soldat combattant : only in the Legion would he find what he believed to be his true vocation, as a fighting soldier (GB) – Un véritable génocide : a true genocide (OTAN) (Voir aussi **réel**).*

vérité essentielle basic truth (US).

verrou (baïonnette) locking system.

verrou de barre d'attelage (obusier) drawbar lock.

verrou de chargeur (pistolet mitrailleur) magazine catch.

verrouillage radar lock-on (OTAN).

verrouillé (radar) locked on (US).

verrouiller to lock, to secure (GB). Ex: *Toutes les trappes ont été verrouillées (engin blindé): all hatches have been secured (GB).*

vers (en direction de) toward(s), to (US, UEO, GB), -ward(s) (suffixe) (GB, CA) (À noter: On peut aussi simplement indiquer la direction. Ex: *L'ennemi fait mouvement vers l'est: the enemy is moving east GB – Le Ier régiment mécanisé se déplaçant vers l'est: 1st Bn (Mech), moving east (US).* Ex: *Vers l'ouest: westwards (GB) – Vers la gauche ou la droite: to the left or right (US) – Les capacités pour assurer la projection des forces vers des théâtres d'opérations, même éloignés, devraient être améliorées: capabilities for projecting forces to theatres of operations, even distant ones, should be improved (UEO) – Déplacer les troupes d'environ 95 kilomètres vers le nord: to shift forces sixty miles to the north (GB) – Bloquer les tentatives anglo-américaines d'expansion vers l'ouest (Hist.): to contain Anglo-Américan attempts at westward expansion (CA) (Voir aussi **points cardinaux**).*

vers (à peu près) by (US), circa (US). Ex: *Vers la tombée de la nuit: by nightfall (US) – Vers le 6 janvier, l'attaque avait échoué: by January 6, the attack had failed (US) – Vers l'an 2030: circa 2030 (US).*

versant slope (OTAN) (VERB: "to descend").

verser (sang) to shed, to spill. Ex: *Le sang qu'ils ont versé: the blood they have spilled.*

verser dans (PERS) to transfer to (GB). Ex: *Être versé dans la réserve (personnel d'active): to be transferred to the Reserve (GB).*

version (matériel) variant (GB, Jane's), version (GB, US) (VERB: "to develop", "to create", "to produce") (ADJ: "successive", "special") (Superlatif: "latest") (PART: "specialised"). Ex: *La version VTT d'un véhicule: the APC (Armoured Personnel Carrier) version (GB) – La version "transport de troupes" d'un véhicule de reconnaissance: the troop carrying version of a reconnaissance vehicle (GB) – Un lanceur fabriqué en 2 versions: a launcher manufactured in 2 versions (GB) – Une famille de 7 versions (véhicules): a family of 7 variants (GB) – 16 appareils en version biplace (aéronefs): 16 of the two-seat version (US).*

Différentes versions ("variants") des véhicules blindés (ordre alphabétique): ambulance, anti-aircraft, anti-hijack, anti-tank, anti-tank guided missile, armoured ambulance, armoured command, armoured command post, armoured engineer, armoured fire direction post, armoured fire support, armoured observation post, armoured patrol, armoured personnel carrier, armoured recovery, armoured repair, armoured repair and recovery, armoured utility car, armoured vehicle launched bridge, artillery fire control, artillery fire direction centre, artillery fire support team, artillery observation, artillery support, battalion command post, battery command, cargo, cargo carrier, cavalry fighting, chemical reconnaissance, combat engineer, command, command and radio, command Marine, command post, communications, company command post, desert, dozer, driver training, electronic fighting, electronic warfare shelter carrier, engineer, fire control, fire support, flamethrower, forward command, forward observation, ground wind measuring, gun, infantry combat, internal security, logistics, logistic support, maintenance, maintenance engineering, mechanised artillery observation, mechanised combat repair, mechanised infantry combat, mechanised recovery, mine-clearing <u>ou</u> mine-clearer, mine detection, mobile air defence, mortar, mortar carrier, mortar locating radar, multiple rocket launcher, NBC detection, NBC reconnaissance, observation, patrol, radar, radio communications, reconnaissance, recovery, repair, rocket launcher, self-propelled anti-aircraft gun, self-propelled gun, signals, smoke generator carrier, tank destroyer, tanker, target, training, utility, VIP carrier (<u>Jane's</u>).

Emploi :

1. Tous les termes précédents peuvent être suivis du terme "vehicle". Ex : *A logistic support vehicle.*

2. La dénomination du véhicule sera suivie de la version souhaitée (et éventuellement du terme "vehicle"). Exemple d'emploi : *Le Warrior PC : the Warrior command* – *L'AMX-30 véhicule de combat du génie : the AMX-30 combat engineer vehicle (<u>Jane's</u>).*

version d'exercice (système antichar) trainer (US).

version finale (document) final draft (US).

version préliminaire (document) draft (US). Ex : *Version préliminaire de livre blanc : draft white paper (US).*

version valorisée (<u>ou</u> modernisée) (matériel) upgrade (US), upgraded version (US). Ex : *La version valorisée M109A5 (canon automoteur) : the M109A5 upgrade (US).*

vers la côte inshore (GB). Ex : *L'engin de débarquement faisait route vers la côte : the landing craft moved inshore (GB).*

vers l'arrière rearward (GB) (Aussi en épithète). Ex : *L'ennemi fait mouvement vers l'arrière : the enemy is moving rearward (GB)* – *Mouvement (<u>ou</u> déplacement) vers l'arrière : rearward movement (GB).*

vers l'avant forward (US). Ex : *Le tir de barrage fut déplacé vers l'avant (<u>ou</u> allongé) : the barrage was shifted forward (US).*

vers le nord (de bas en haut de l'ordonnée) (carroyage) northing (OTAN).

vers l'est (de gauche à droite de l'abscisse) (carroyage) easting (OTAN).

vertex (ART) vertex (OTAN).

vertical (adjectif) vertical (US, OTAN). Ex : *Décollage et atterrissage verticaux (aéronef) : vertical take-off and landing (VTOL) (OTAN)* – *Intégration verticale : vertical integration (US).*

verticale (nom) vertical (OTAN). Ex : *La verticale : the vertical (OTAN).*

verticale de (à la) over (US). Ex : *Un saut en tandem à la verticale de l'aéroport de Boulder (Colorado) (TAP) : a tandem leap over Boulder City Airport, Colo. (US).*

verticalement vertically (US, OTAN). Ex : *Décoller et atterrir verticalement : to take off and land vertically (OTAN).*

vertige(s) (<u>ou</u> étourdissement) (SAN) dizziness (US).

vertigineux spiralling (UN). Ex : *Course vertigineuse aux armements : spiralling arms race (UN).*

vert olive (équivalent couleur kaki) olive drab (OD) (green) (US).

vertu (PERS) virtue (GB) Ex : *Respectueux des traditions, attaché à tes chefs, la discipline et la camaraderie sont ta force, le courage et la loyauté tes vertus (Code d'honneur) (Légion) : respectful of the (Legion's) traditions, honouring your superiors, discipline and comradeship are your strength, courage and loyalty your virtues (GB).*

vertu de (en) under (<u>Jane's</u>), by virtue of (OTAN). Ex : *En vertu d'accords de défense avec les anciennes colonies : under defence accords with former colonies (<u>Jane's</u>)* – *En vertu de cet accord : by virtue of this agreement (OTAN).*

vésicant (agent) (NBC) blister agent, vesicant.

veste (<u>ou</u> veston) de cérémonie blouse.

veste (aviateur) (flyer's) jacket (US) (ADJ : "cold weather" = de grand froid, "intermediate").

veste pare-éclats flak-jacket (GB), body armour (GB), bulletproof vest (GB).

vêtement de pressurisation pressure suit (OTAN).

vêtement protecteur (ou de protection) protective clothing (OTAN).

vêtements de protection (fantassin) (NBC) protective clothing (GB, US) (VERB : "to wear").

vêtements de rechange spare clothing (GB).

vétérinaire (médecin) veterinary (surgeon), veterinarian (US) (En abrégé : "vet") (Titre officiel : "Doctor of Veterinary Medicine" (DVM)).

vétérinaire (service) (armée de terre) (the) Royal Army Veterinary Corps (RAVC) (GB), the Veterinary Corps (US) (Dirigé par "the Chief of the Veterinary Corps").

vétronique vetronics (US).

vétuste (matériel) antiquated (US). Ex : *Un char vétuste : an antiquated tank (US).*

veuf (nom) widower.

veuve (nom) widow (US). Ex : *Aider les veuves et orphelins de personnels de l'armée de terre d'active : to assist the widows and orphans of Regular Army personnel (US).*

veux (je) (intention du chef) I intend to (Voir aussi **je veux**).

VHF (TRANS) VHF (= Very High Frequency) (US).

viabilité (organisation) viability (OTAN).

viaduc de chemin de fer railway viaduct (GB).

vibration vibration (US). Ex : *À faibles vibrations : low-vibration (En épithète) (US) – La vibration des chenilles (char) : the track vibration (US).*

vice versa back (US). Ex : *Passer de l'attaque à l'exploitation, et vice versa si nécessaire : to transition from the attack to exploitation, and back if necessary (US).*

victime casualty (OTAN), victim (OTAN, US), toll (sens pluriel) (GB). Ex : *L'OTAN ne peut confirmer le nombre des victimes indiqué par les autorités serbes, ni les raisons pour lesquelles des civils se trouvaient là au moment de l'attaque : NATO cannot confirm the casualty figures given by the Serbian authorities, nor the reasons why civilians were at this location at the time of the attack (OTAN) – L'OTAN regrette profondément que cette attaque ait fait, accidentellement, des victimes civiles : NATO deeply regrets accidental civilian casualties that were caused by this attack (OTAN) – Les victimes de la crise du Kosovo : the victims of the Kosovo crisis (OTAN) – Une victime de harcèlement sexuel : a sexual harassment victim (US) – La maladie avait fait énormément de victimes parmi les effectifs de la Légion : sickness had taken a huge toll on the Legion's strength (GB) – Les victimes et les cibles principales d'actes d'agression commandités par des États : the main victims and targets of state-sponsored aggression (OTAN) – Devenir une victime potentielle du terrorisme : to become a potential terrorist victim (US).*

victime civile civilian casualty (OTAN).

victime de guerre war victim (UN), victim of war.

victimiser to victimize (US).

victoire victory (US, GB), winning (US), defeat (GB) (VERB : "to bring (about)", "to win", "to reverse", "to achieve") (ADJ : "quick", "decisive", "significant", "early", "overwhelming") (PREP : "over" = sur, "against", "at"). Ex : *Remporter une victoire décisive : to win (ou to achieve) decisive victory (US) – Une victoire à la Pyrrhus : a Pyrrhic victory (GB) – La victoire de Remagen (Hist.) : the victory at Remagen (US) – Entraînée et prête pour la victoire (armée) : trained and ready for victory (US) – La victoire sur l'Irak : the victory over Iraq (US) – Son apport à la victoire finale, joint aux efforts de la marine et de l'ar-*

mée de l'air : its contribution to the final victory, together with the efforts of the Navy and the Air Force (CA) – La victoire sur la force militaire adverse : victory against the opposing military force (US) – Victoire militaire : military victory (US) – La victoire au combat : winning in battle (US) – La victoire sur le terrorisme : the defeat of terrorism (GB).

victorieux victorious (US, GB). Ex : *Une armée victorieuse : a victorious army (GB) – Sortir victorieuse (d'une guerre) (armée) : to emerge victorious (US) (+ préposition "from").*

vide (nom) void (US) (VERB : "to identify" = déterminer).

vide (à) (véhicule) unladen (UN). Ex : *Poids à vide : unladen weight (UN).*

vidéoconférence videoconference (US), video tele-conference (VTC).

vidéodisque videodisc (US).

vidéodisque interactif interactive videodisc (US).

vidéofréquence video frequency (VF) (OTAN).

vide sécuritaire security vacuum (GB) (VERB : "to fill", "to be left", "to leave").

vie life (US, OTAN, GB) (Terme dénombrable). Ex : *Mener la vie dure à l'ennemi : to make life miserable for the enemy (US) – Un risque potentiel pour les vies ou les biens : a potential hazard to life or property (OTAN) – La vie / les activités / mondaine(s) du régiment : the social / life / activities / of the regiment (GB) – Vie de famille (PERS) : family life (GB) – La vie quotidienne de la population : the daily lives of the population (US) – Sauver la vie d'éclaireurs américains : to save the lives of US scouts (US) – Rétablir l'équilibre dans la vie de nos officiers, de nos soldats et de leur familles : to restore balance to the lives of our officers, soldiers and their families (GB) – La vie du soldat : the soldier's life (US) – Reconstruire leurs maisons et leur vie (réfugiés) : to rebuild their homes and life (OTAN) – Les passages à tabac et les dures réalités de la vie à la Légion : the beatings and the harsh realitites of Legion life (GB).*

vie (article logistique) life (OTAN) (VERB : "to renew") (PART : "limited").

vie civile civilian life.

vie courante everyday business (Jane's), (the) daily routine, routine activity (GB).

vie de famille family life (GB). Ex : *L'impossibilité de mener une vie de famille normale (PERS) : the impossibility of normal family life (GB).*

vie de (ou en) garnison garrison life (GB).

vie de la cité (rétablissement de la) return to normalcy (CA). Ex : *Faciliter le rétablissement de la vie de la cité : to facilitate the return to normalcy (CA).*

vie humaine life (US). Ex : *Coûteuse en vies humaines (attaque) : costly in lives (US).*

vieillesse (PERS) old age (US).

vieillissant (matériel) ageing (GB).

vieillissement artificiel (PERS) (RENS) artificial ageing (US).

vie militaire (la) service life (GB, US), military life (GB, US). Ex : *Préparer les recrues à la vie militaire : to prepare recruits for military life (US) – S'adapter à la vie militaire : to adjust to military life (US).*

vif (combat) brisk (US). Ex : *Il y eut un combat (ou des combats) assez vif(s) dans les montagnes : there was brisk fighting in the mountains (US).*

vigilance (PERS) vigilance (GB, US), alertness (GB) (Termes indénombrables) (ADJ : "constant"). Ex : *Ces problèmes exigent la vigilance : these problems demand vigilance (US) – Nous devons faire preuve de davantage de vigilance : we need to show extra vigilance (GB).*

vigilance militaire military vigilance (MV) (OTAN).

1141

vigilant vigilant (US), alert (GB), wary (US). Ex : *Être particulièrement vigilante (unité) : to be particularly alert (GB) – Vigilant (ou sur ses gardes) (soldat en opérations) : wary (US) (Contraire : "unwary").*

vigiles (les) (sécurité d'une installation) security (GB). Ex : *Les vigiles ont signalé une effraction : security reported a break-in (GB).*

Vigipirate (plan) (Traduction proposée) national terrorist watch contingency plan.

vigoureux stout (GB), aggressive (US). Ex : *Une action vigoureuse : a stout action (GB) – Un programme d'expérimentation vigoureux : an aggressive program of experimentation (US).*

vigueur (en) in force (OTAN). Ex : *Demeurer en vigueur (ordre) : to remain in force (OTAN).*

village village (GB, OTAN) (VERB : "to attack", "to occupy") (ADJ : "isolated", "enemy") (NOM ASS. : "fringe"). Ex : *À la suite des allégations serbes concernant une attaque de l'OTAN sur le village de Korisa, au Kosovo : following Serb claims about a NATO attack on the village of Korisa in Kosovo (OTAN).*

village de combat MOUT (= Military Operations on Urban(ized) Terrain) site (ou complex ou facility), urban terrain training site (US), collective training facility (CTF) (US), FIBUA (= Fighting In Built-Up Areas) training area ou training ground ou training village (GB).

village (ou camp) de tentes tent city.

village mondial (ou planétaire) (the) global village (GB).

ville town (GB, US), city (GB, US) (VERB : "to clear", "to wrack") (PART : "divided") (Le terme "city" désigne une grande ville). Ex : *Nettoyer une (grande) ville rue par rue : to clear a city street by street (GB) – Une ville fortifiée : a fortified town (GB).*

ville de garnison garrison town (GB).

ville frontière (ou frontalière) border town (GB).

viol (agression sexuelle) rape (GB, US). Ex : *Le viol systématique de milliers de femmes musulmanes par les soldats serbes : the systematic rape of thousands of Muslim women by Serbian soldiers (GB) – Être accusé de viol : to be accused of rape (GB).*

violation violation (US, OTAN, GB), abuse (US) (Terme dénombrable) (VERB : "to handle", "to investigate") (ADJ : "widespread"). Ex : *Une violation / de l'armistice / de la paix : a violation / of the armistice / of the peace (US) – En violation d'un accord : in violation of an agreement (OTAN) – Une série de violations des accords : a string of broken agreements (OTAN) – Commettre des violations en matière de droits de l'homme (PERS) : to commit human-rights abuses (US) – Violations des lois et des usages de la guerre : violations of the laws and customs of war (OTAN) – Violation de la sécurité (RENS) : security violation (US) – Être arrêté pour violation du secret-défense : to be arrested for violating the Official Secrets Act (US).*

violemment violently (US). Ex : *Une attaque violemment exécutée : a violently executed attack (US).*

violence violence (US, GB, OTAN), ferocity (OTAN) (Terme indénombrable) (VERB : "to erupt", "to spread", "to exert", "to break out", "to flee", "to threaten", "to use") (ADJ : "constant"). Ex : *Violences inter-ethniques : ethnic violence (OTAN) – L'extension de la violence : the spread of violence (US) (VERB : "to limit") – Des actes de violence : acts of violence (GB) – Le recours à la violence : resort to violence (GB) – Des poussées sporadiques de violence : sporadic outbreaks of violence (GB) – La violence conjugale dans l'armée : domestic violence in the military (US) – Une région déchirée par la violence : a violence-torn region (Jane's) – L'apogée de la campagne de violence et de destruction menée par l'armée (de terre) yougoslave : the climax of the campaign of violence and destruction carried out by Yugoslav Army forces (OTAN) – La fin de toute violence (après un conflit) : an end to all violence (OTAN) – Les attaques redoublaient de violence : the attacks grew in ferocity*

(OTAN) – L'absence de violence (directe ou indirecte) ou la menace de violence : the absence of violence (direct or indirect) or the threat of violence (GB).

violences violence (OTAN). Ex : *Violences exercées pour des motifs ethniques : ethnically motivated violence (OTAN).*

violent violent (GB), fierce (US, GB). Ex : *Un violent sentiment (ou racisme) anti-français : a violent anti-French sentiment (GB) – De violents combats : fierce fighting (US, GB).*

violer (enfreindre) (ordres / instructions / règlements / dispositif) to violate (orders / instructions / regulations) (US), to breach (dispositif) (GB). Ex : *Violer le secret-défense : to breach (ou to violate) the Official Secrets Act (GB) – L'ennemi a violé notre dispositif de sécurité : the enemy has breached our security (GB).*

violer (agresssion sexuelle) to rape (GB).

virage (route) bend, corner (GB), turn, curve (US).

virer (force) to turn (US). Ex : *Le 7ᵉ Corps d'Armée avait viré de 90° vers l'est : the VII Corps had turned 90 degrees to the east (US).*

virtuel (informatique) virtual (US). Ex : *Réalité virtuelle : virtual reality.*

virus informatique computer virus (US) (Pluriel : "viruses") (VERB : "to insert…into"). Ex : *Infecter de virus les systèmes informatiques ennemis : to infect enemy computer systems with viruses (US).*

visa visa (US) (VERB : "to request", "to obtain"). Ex : *Obtenir un visa d'entrée aux États-Unis : to obtain a visa to enter the United States (US).*

visant directed against (US), targeted on (OTAN), aimed at (+ verbe en ING) (GB). Ex : *Une attaque visant un objectif précis : an attack directed against a specific objective (US) – Les sanctions visant les individus : sanctions targeted on individuals (OTAN) – Une offensive visant à encercler Caen par le sud-ouest : an offensive aimed at encircling Caen from the south-west (GB).*

vis-à-vis de to (OTAN), vis-à-vis (OTAN), for (Jane's). Ex : *Être responsable vis-à-vis d'un chef : to be responsible to a commander (+ préposition "for") (OTAN) – L'État-major militaire de l'UEO, dans le cadre de ses responsabilités générales vis-à-vis des forces nationales et multinationales : the WEU Military Staff, as part of its general responsibilities vis-à-vis national and multinational forces (UEO) – CELERG International jouera donc le rôle d'un holding vis-à-vis de CELERG Deutschland : CELERG International will therefore act as the holding company for CELERG Deutschland (Jane's).*

visée (mire) sight (US).

visée (système de) sighting system (CFE), aiming system (UN).

viser (missile / arme) to aim (US) (PREP : "at"). Ex : *Il visa le char : he aimed at the tank (GB).*

viser to direct (OTAN), to target (US), to seek (US). Ex : *Une manœuvre visant le flanc de l'ennemi : a manœuvre directed at the flank of the enemy (OTAN) – Viser (ou prendre pour cible) des objectifs (TAC) : to target objectives (US) – Les sanctions visant les individus : sanctions targeted on individuals (OTAN) – Une doctrine qui ne vise rien moins que la victoire : a doctrine that seeks nothing less than victory (US) – Une attaque visant à anéantir l'ennemi : an attack with the purpose of annihilating the enemy (US).*

viser à (ou chercher à) to seek to (US). Ex : *Un type d'offensive qui vise à percer la défense ennemie : a form of offensive which seeks to break through the enemy's defence (OTAN) – Mettre en échec les efforts de Milosevic visant à déstabiliser les voisins de la Yougoslavie : to foil Milosevic's attempts to detabilise Yugoslavia's neighbours (OTAN).*

viseur sight (OTAN, US), sighting system (OTAN). (VERB : "to see through", "to adjust") (ADJ : "primary", "auxiliary", "(fully) stabilized") (NOM ASS. : "adjustment"). Ex :

Viseur / du chef de char / du tireur: (tank) commander's / gunner's / sight – Viseur nocturne (ou dispositif de vision nocturne): night sight (UN) – Viseurs chef de char et tireur stabilisés (char): stabilised sights for commander and gunner (Jane's) – Viseur de toit (hélicoptère): roof sight (US) – Viseur thermique d'observation et de tir: thermal observation and gunnery sight (TOGS) (GB) – Viseur infrarouge: thermal sight (US).

viseur (lance-roquettes) sight.

viseur aéroporté airborne sighting system.

viseur à infrarouge (lance-roquettes) infrared night scope.

viseur de casque (hélicoptère) helmet-mounted display (US).

viseur de jour (missile antichar) day sight (US).

viseur de mât (hélicoptère) mast-mounted sight (US).

viseur de nuit (missile antichar) night sight.

viseur nocturne night-sight (GB).

viseur optique optic sight (GB).

viseur "tête haute" (ou présentation tête haute) (OTAN) head-up display (HUD) (US, OTAN).

viseur thermique thermal imaging sight (TIS) (GB).

visible visible (OTAN, CA), in sight (GB) (PREP: "to"). Ex: *Un objectif qui est visible pour le pointeur: a target which is visible to the aimer (OTAN) – L'armée de terre joue ce rôle lorsqu'elle maintient un potentiel de dissuasion militaire crédible et visible en temps de paix: the Army fulfils this function when it maintains a military deterrence capability which is credible and visible in peacetime (CA) – Le char n'est plus visible: the tank is out of sight (GB) – Les chars étaient clairement visibles: the tanks were clearly visible (GB) – Une présence militaire visible: a visible military presence (US).*

visibilité visibility (US, GB). Ex: *Par mauvaise visibilité: in bad (ou poor) visibility (GB) – Visibilité réduite: degraded visibility (US) – Conditions de visibilité: visibility conditions (US) – Réduire la visibilité de l'ennemi: to reduce the visibility of the enemy (US) – À visibilité directe: line-of-sight (LOS) (UN) (En épithète) – La visibilité est réduite à deux cents mètres: visibility is down to two hundred metres (GB).*

visibilité nulle zero-visibility (GB). Ex: *Une situation de visibilité nulle (TAC): a zero-visibility situation (GB) (Terme familier GB: "white-out").*

visibilité totale des ressources (LOG) total asset visibility (TAV) (US).

visibilité totale du mouvement total in-transit visibility (TAV) (US).

visière visor (GB, US).

visioconférence video conference, video conferencing (US).

vision (sens propre) vision (US). Ex: *Offrir une meilleure vision depuis l'intérieur (véhicule): to offer better vision from within (US).*

vision (sens figuré) vision (US, GB), view (US). Ex: *Une vision cohérente et à long terme de la Défense britannique: a coherent and long term vision for Britain's defence (GB) – Notre vision demeure nette: our vision remains clear (US) – Mon objectif fondé sur une vision de l'avenir (chef d'état-major d'armée): my objective grounded in a vision of the future (US) – Exposer la vision de l'OTAN pour le 21ᵉ siècle: to set forth NATO's vision for the 21st century (OTAN) – La vision américaine de la guerre: the American view of war (US).*

vision (opérationnelle) (programme prospectif) vision (US). Ex: *(Le programme) Vision Interarmées 2010: Joint Vision 2010 (US).*

vision des opérations vision of operations (US).

vision nocturne night(-)vision (UN, US), night viewing (GB) (S'emploient aussi en épithète) (ADJ: "passive"). Ex: *Un système de vision nocturne: a night vision (ou night-vision) system (US) – Instruments de vision nocturne: night-viewing devices (GB).*

visite visit (GB), call (VERB: "to pay", "to make", "to return"). Ex: *Rendre visite à (chef / supérieur): to call on (US) – Visite d'État / officielle (roi / président): state visit (GB) – Visite d'échange: exchange visit (GB) – Effectuer une visite / au siège de l'OTAN / en Ukraine (personnalités): to visit / NATO Headquarters / Ukraine (OTAN) – Au cours d'une visite des média: during a visit by the media (GB) – Programme de la visite (personnalité): programme of the visit (UEO) (Voir aussi* **rendre visite à (soldats)***).*

visite de courtoisie (ou de politesse) visit of courtesy, courtesy visit (US) (VERB: "to pay...to").

visite médicale (SAN) medical examination, medical (GB), physical (US) (VERB: "to perform").

visite officielle (d'une unité par des personnalités) official visit (GB) (Termes familiers GB: "peanut-time", "zoo-time").

visite protocolaire formal call (US).

visiteur (ou hôte) visitor (US). Ex: *Visiteur (ou hôte) de marque: distinguished visitor (US) – Visiteur important: important visitor (US) (Terme familier US: "visiting fireman").*

visu (de) visually.

visualisation display (OTAN, US) (PART: "helmet-mounted").

visualisation de casque helmet-mounted display (HMD) (GB).

visualisation du champ de bataille battlefield visualization (US).

visualisation tête basse head(-)down display (HDD) (GB).

visualisation tête haute (VTH) head-up display (HUD) (OTAN, GB).

visualiser to see (US), to visualize (US). Ex: *Visualiser les liens qui existent entre les concepts: to see how concepts relate (US).*

visuel visual (OTAN). Ex: *Reconnaissance visuelle: visual reconnaissance – Signaux visuels: visual signals (OTAN) – Communications visuelles (entre unités): visual communications (OTAN) – Renseignements visuels: visual information (OTAN).*

vital vital (GB, OTAN). Ex: *Une composante vitale (force): a vital component (GB) – Un rééquilibrage de la relation vitale entre les deux rives de l'Atlantique: a re-balancing of the vital transatlantic relationship (OTAN) – Leurs intérêts vitaux nationaux sont en jeu (grandes puissances): their vital national interests are at stake (GB).*

vitalité (d'une organisation) energy (OTAN).

vite rapidly (OTAN, US), fast (US), rapidly (OTAN). Ex: *Au plus vite (ou dès que possible (DQP)): as soon as posible (ASAP) – Frapper vite, frapper fort: to strike fast, hit hard (US) – Il faut faire vite: time is of essence (US) – Être engagée vite et loin (unité): to be deployed rapidly (ou fast) and far from home – Les Alliés européens n'avancent pas assez vite dans la restructuration de leurs dispositifs militaires: European allies are not moving rapidly enough to restructure their militaries (OTAN) – Réagir plus vite que l'ennemi: to react faster than the enemy (US).*

vitesse speed (US, GB, OTAN), pace (GB), velocity (US, GB) (VERB: "to furnish", "to enhance", "to achieve") (ADJ: "high", "practical") (PREP: "at"). Ex: *La vitesse d'un convoi: the speed of a convoy (OTAN) – Vitesse d'aéronef: airspeed (OTAN) – À une vitesse de croisière de 120 nœuds (hélicoptère): at a cruise speed of 120kts (GB) – Vitesse (ou allure) de progression (force): speed of advance (GB) – Vitesse de rotation du rotor d'un hélicoptère: helicopter rotor speed (OTAN) – Permettre des vitesses allant jusqu'à environ 48 km / h* *(matériel) : to permit speeds of up to 30 mph (= miles per hour) (US) – Le véhicule peut atteindre une vitesse en terrain d'environ 15 km / h : the vehicle can make about nine mph cross-country (US) – Les hélicoptères d'attaque sont capables d'évoluer à grande vitesse : attack helicopters are capable of moving at high speed (US) – Avancer à la même vitesse que (véhicule / personnel) : to keep pace with (GB) – La vitesse maximale du M113A1 est de 70 kilomètres à l'heure : the maximum speed of the M113A1 is 70 kilometers per hour (US).*

vitesse (projectile / canon / objet) velocity (US, GB) (ADJ : "high" = supersonique, "low" = subsonique).

vitesse (ou rapport) (véhicule) gear (US). Ex : *Être en première (vitesse) : to use first gear (US).*

vitesse aquatique (véhicule) water speed.

vitesse à l'arrêt de propulsion cut-off velocity (OTAN).

vitesse anémométrique indicated air speed (IAS) (OTAN).

vitesse ascensionnelle (hélicoptère) (vertical) rate of climb (US).

vitesse badin indicated air speed (IAS) (OTAN).

vitesse de convoi convoy speed.

vitesse de croisière (hélicoptère) cruising speed (GB, US), cruise speed (US). Ex : *Une vitesse de croisière de 170 nœuds : a 170 knot cruising speed (US).*

vitesse de déblaiement (déminage) clearance rate (OTAN).

vitesse de largage (troupes aéroportées) jump speed (US, OTAN).

vitesse de marche (colonne / élément) (military) pace (OTAN).

vitesse de mouvement (unités) speed of movement.

vitesse de pointe (véhicule) voir **vitesse maximale**.

vitesse de progression (force) rate of advance (US), rate of march (OTAN). Ex : *La traversée d'un terrain contaminé par des troupes à pied ralentit normalement leur vitesse de progression : traversal of contaminated terrain by troops on foot normally slows down their rate of advance (US).*

vitesse de progression speed of advance (SOA) (OTAN).

vitesse de réaction speed of reaction.

vitesse de saut (fréquence radio) (TRANS) hopping rate.

vitesse du projectile (balle / obus) projectile speed (GB).

vitesse du son speed of sound (US). Ex : *Voler à trois fois la vitesse du son (Mach 3) (aéronef) : to fly at three times the speed of sound (US).*

vitesse du vent wind velocity (US).

vitesse élevée high velocity (US).

Cf. : 1. Projectiles with muzzle velocities from 3,000 to 3,499 feet per second (ARTY) – 2. Tank cannon projectile velocities from 1,550 to 3,350 feet per second (ARM) – 3. Small arms round velocities from 3,500 to 5,000 feet per second (WPN) (US).

vitesse élevée (à) high-speed (US) (En épithète).

vitesse en terrain (char) cross country speed (GB).

vitesse indiquée indicated air speed (IAS) (OTAN).

vitesse initiale (ART) muzzle velocity.

vitesse initiale de la balle (fusil) muzzle velocity (GB) (VERB : "to allow").

vitesse maximale de croisière (véhicule) maximum sustained speed (OTAN).

vitesse maximale (sur route) (véhicule / char) maximum road speed (GB, Jane's), top road speed (char) (US) (VERB : "to give", "to have"). Ex : *Procurer une vitesse maximale sur route d'environ 48 Km / h : to give a top road speed of 30 mph (US).*

vitesse maximale de vol (hélicoptère) maximum flight speed (US).

vitesse moyenne en (tout) terrain average cross country speed (GB).

vitesse sur l'eau (véhicule amphibie) water speed (GB, Jane's, US), speed in water (US). Ex: *Des hydrojets qui confèrent une vitesse maximale sur l'eau de 9,5 km/h: water-jets which give a maximum water speed of 9.5 km/h (Jane's).*

vitesse sur route (véhicule blindé) road speed (US), highway speed (US). Ex: *Il possède une vitesse sur route d'environ 65 km/h: it has a road speed of 40 miles (US).*

vitesse terminale (projectile) terminal velocity (OTAN).

vitesse terrestre (véhicule) land speed.

vitre (véhicule) window (Jane's) (ADJ: "bullet-proof" = à l'épreuve des balles, blindée).

vivant (PERS) alive (US). Ex: *Revenir vivant d'une mission: to return from a mission alive (US) – Rentrer vivant dans ses foyers (PERS): to come home alive (US).*

vivier (ou source) source (US), pool (US). Ex: *Un vivier d'officiers: a source of officers (US) – Vivier de recrutement: recruiting pool (US).*

vivre to live (US). Ex: *Vivre sur une base militaire: to live on a military base (US).*

vivres food (US), subsistence (US), food supplies (Termes familiers: "chow" (US), "scran" (US)) (VERB: "to provide...for", "to serve") (ADJ: "best-quality", "fresh", "perishable", "non-perishable").

vocabulaire militaire (le) the military lexicon (Jane's).

vocal voice, spoken (GB). Ex: *Message vocal (en phonie): voice message (US) (VERB: "to scramble") – Commande vocale (à un matériel): spoken command (GB), voice command (GB).*

vocation role (GB), vocation (OTAN, GB). Ex: *Deux régiments d'infanterie à vocation antichar: two infantry battalions in an antitank role (GB) – La nouvelle vocation de sécurité de l'OTAN: NATO's new security vocation (OTAN) – Ce n'est que dans la Légion qu'il trouverait ce qu'il croyait être sa véritable vocation, celle de soldat combattant: only in the Legion would he find what he believed to be his true vocation, as a fighting soldier (GB).*

vocation (avoir) to be destined for (GB), to be dedidated to (+ verbe en ING) (US), to be designed to (US). Ex: *Ces unités spécialisées ont vocation à conduire des missions d'opérations spéciales: these specialized units are dedicated to conducting special operations missions (US) – Un soldat ayant normalement vocation pour un corps technique: a soldier normally destined for a technical corps (GB) – Une unité qui a vocation à combattre en localité(s): a unit that is designed to fight in the city (US).*

vocation (d'une force) role (US, GB).

vœu (d'affectation) (PERS) preference (US, GB), desire (US) (VERB: "to state", "to express", "to take onto consideration", "to submit"). Ex: *Un vœu d'affectation: a posting preference (GB).*

vœux (feuille de) (officier) Officer's Assignment Preference Statement (US) (Terme familier US: "dream sheet").

voie (circulation) lane (OTAN). Ex: *Un itinéraire à deux voies: a route of two lanes (OTAN).*

voie (TRANS) channel (OTAN) (ADJ: "common", "single") (PREP: "on"). Ex: *Accès radio à voie unique: signle-channel radio access (SCRA) (OTAN).*

voie (ouvrir la) to pioneer (US). Ex: *Le Commissariat ouvrit la voie (ou fut l'un des premiers) dans le domaine du ravitaillement par air: the Quartermaster Corps pioneered in the field of air supply (US).*

voie administrative administrative chain of command (OTAN).

voie aérienne (par) (by) air (GB), to fly (GB). Ex: *Frêt par voie ferrée, routière, maritime et aérienne: freight by rail, road, sea and air (GB) – Evacuation par voie aérienne: eva-*

cuation by air – Les 1ᵉʳ, 2ᵉ et 4ᵉ compagnies furent acheminées par voie aérienne depuis la Corse: the 1st, 2nd and 4th companies were flown from Corsica (GB).

voie à suivre way ahead (CA). Ex: *Une voie à suivre pour le Canada en matière d'expérimentation interarmées: a way ahead for JE (= Joint Experimentation) in Canada (CA).*

voie d'accès (ou cheminement) (TAC) avenue of approach (AOA) (US, GB). Ex: *Il y avait deux principales voies d'accès ennemies situées sur les flancs opposés du 7ᵉ Corps d'Armée: there were two major threat avenues of approach located on opposite flanks of the VII Corps (US).*

Cf.: An air or ground route of an attacking force of a given size leading to its objective or to key terrain in its path (US).

voie d'approche approach (CA). Ex: *Bloquer les principales voies d'approche: to block critical approaches (CA).*

voie d'approvisionnement supply route (OTAN) (VERB: "to keep...open").

voie de circulation (aérodrome) taxiway (OTAN).

voie de pénétration access route, infiltration lane, infiltration route.

voie des airs (par la) by air (OTAN). Ex: *Arriver par la voie des airs (secours humanitaires): to arrive by air (OTAN).*

voie ferrée (ou ferroviaire) (VF) (railway) track (GB), railway (GB), railway line (GB), railroad (US), rail line (US) (VERB: "to use", "to blow up" = faire sauter). Ex: *Par voie ferrée (ou ferroviaire): by rail (GB).*

voie hiérarchique chain of command (US, GB) (Terme péjoratif GB: "chain of contempt") (VERB: "to fall under"). Ex: *Par la voie hiérarchique: through the chain of command (US), through channels (US) – La demande doit suivre la voie hiérarchique: the request must go through channels (US).*

voie maritime (par) (by) sea (US, GB). Ex: *Frêt par voie ferrée, routière, maritime et aérienne: freight by rail, road, sea and air (GB).*

voie navigable waterway (US, CA). Ex: *Voies navigables intérieures: inland waterways.*

voie rapide (procédure) fast track (OTAN).

voie routière (par) (VR) (by) road (GB). Ex: *Frêt par voie ferrée, routière, maritime et aérienne: freight by rail, road, sea and air (GB).*

voies de communication communications channels (US) (VERB: "to establish").

voie terrestre land, overland (En épithète). Ex: *Mouvement(s) par voie terrestre: overland movement (US) – Une invasion par voie terrestre: a land invasion.*

voile blanc (neige) whiteout (US, OTAN).

voilure (aéronef) wing. Ex: *Appareil à voilure tournante (hélicoptère): rotary-wing aircraft (UN) – Appareil à voilure fixe (avion): fixed wing aircraft.*

voilure (parachute) canopy (GB). Ex: *La voilure de son parachute ne s'est pas ouverte correctement: his canopy failed to open properly (GB).*

voir to see (US), to sight (GB), to visualize (US). Ex: *Voir Annexe A / Articulation (ordre d'opérations): see Annex A / Task Organization (US) – Voir le feu (ou combattre) (PERS): to see action (GB) – L'armée territoriale (= armée de réserve britannique) verra (connaîtra) les plus grandes évolutions: the TA (= Territorial Army) will see the greatest changes (GB) – Une restructuration qui verra la fermeture de plusieurs camps et la réduction de la présence américaine en Bosnie: a restructuring that will see several camps closed and the American presence in Bosnia reduced (US) – L'ennemi n'a pas été vu: there have been no sightings of the enemy (GB) – Voir dans la profondeur (TAC): to see deep (US)*

– Comment ils voient le combat (chefs) : how they visualize the fight (US) – Voir dans des conditions de fumée et de brouillard : to see through smoke and fog.

voir le jour (unité) to be officially organized.

voisin (pays) neighbour (OTAN). Ex : *Mettre en échec les efforts de Milosevic visant à déstabiliser les voisins de la Yougoslavie : to foil Milosevic's attempts to detabilise Yugoslavia's neighbours (OTAN).*

voisin (unité) (TAC) adjacent (US), neighboring (US).

voisinage vicinity (OTAN). Ex : *Au voisinage de : in the vicinity of (VIC) (US, OTAN) – Dans le voisinage immédiat de : in the immediate vicinity of (OTAN).*

voix voice (US). Ex : *Au moyen de la voix : by use of voice (US).*

voiture de liaison (ou de fonction) (officier supérieur ou général) staff car (GB).

voiture piégée car bomb (GB).

vol (aérien) flight (US, GB) (VERB : "to fly", "to deny"). Ex : *Effectuer un vol à basse altitude (aéronef) : to fly a low-level flight (US) – Entraînement au vol (ou formation au pilotage) : flight training (US), flying training (GB) – Repérer des projectiles ennemis en vol : to spot enemy projectiles in flight (US) – Vol opérationnel : operational flight (US) – Effectuer son premier vol (hélicoptère) : to fly for the first time (Jane's) – Alerte avancée en vol : airborne early warning (AEW) (OTAN) – Observer le vol du missile : to observe the flight of the missile (GB) – Exploser en vol (aéronef) : to explode in flight (GB).*

vol (délit) (GEND) theft (GB).

vol à basse altitude low-level flight (US).

volant (participe présent) airborne (OTAN). Ex : *Poste de commandement volant : airborne command post (ABNCP) (OTAN).*

vol à voile (raid aventure) gliding (GB).

vol aux instruments instrument flight (OTAN), instrument flight rules (IFR).

vol à vue visual flight (OTAN). Ex : *Règles de vol à vue : visual flight rules (VFR) (OTAN).*

vol d'aide humanitaire humanitarian aid flight (OTAN) (vers une région : "into a region").

vol de bétail cattle rustling (US). Ex : *Des problèmes transfrontaliers tels que la contrebande, le braconnage, les droits de douane et le vol de bétail : cross-border problems such as smuggling, poaching, customs and cattle rustling (US).*

vol de combat voir **vol tactique**.

volé (matériel) stolen (item of equipment) (UN).

volée (salve) volley (US, GB) (VERB : "to fire").

voler (aéronef) to fly (US, GB) (PREP : "over"). Ex : *Des aéronefs volant à basse altitude : aircraft flying at low altitude (US), low-flying aircraft (GB) – Les avions volaient en direction de la côte : the aircraft were flying to the coast (GB).*

voler (dérober) to steal (GB) (Terme familier GB : "to liberate").

voler en éclats (faire) to shatter. Ex : *Faire voler en éclats la cohésion ennemie : to shatter the enemy's cohesion (GB).*

voler sur (aéronef) to fly (GB). Ex : *Dissuader une aviation lybienne qui elle-même volait sur des bombardiers Mirage français : to deter a Lybian air force which itself was flying French Mirage bombers (GB).*

volet area (OTAN). Ex : *Une approche de l'ensemble de la région, qui comporte principalement trois volets : an approach to the whole region, focusing on three areas (OTAN).*

volet support de flotteurs (engin de franchissement) folding flap with float (Jane's).

vol humanitaire humanitarian flight (OTAN). Ex : *Le traitement au sol de tous les vols humanitaires : ground handling of all humanitarian flights (OTAN).*

vol militaire military flight (OTAN).

volontaire (adjectif) voluntary (US, GB), self-inflicted (GB). Ex : *Départ volontaire (de l'armée) : voluntary separation (US) – Service militaire volontaire : voluntary military service (GB) – Être volontaire pour faire quelque chose : to volunteer to do something – Personnel(s) vontaire(s) : volunteer personnel (GB) – Mutilation volontaire : self-inflicted wound (GB).*

volontaire (nom) (PERS) volunteer (GB, CA) (VERB : "to select…for") (ADJ : "able") (NOM ASS. : "supply"). Ex : *Se porter (ou s'offrir comme) volontaire (pour une mission / une affectation) : to volunteer for (a mission / a posting) (GB) – Des armées à base de volontaires : volunteer-based armies (GB) – Se porter volontaire pour servir dans une armée : to volunteer for service in an army (GB) – Un citoyen volontaire : a citizen volunteer (CA) – Choisir des volontaires pour les missions les plus dangereuses : to select volunteers for the most hazardous missions (GB).*

volontairement voluntarily (US), deliberately (US). Ex : *Quitter volontairement l'armée de terre : to leave the Army voluntarily (US) – Traverser en véhicule des zones volontairement contaminées (PERS) : to cross deliberately contaminated areas in vehicles (US).*

volontaire service court (EVAT) (PERS) short-service volunteer (Jane's).

volontaire service long (VSL) (PERS) long-term volunteer (US).

volontariat volunteering (US), voluntary means (US). Ex : *Occuper des postes vacants dans les armées qui ne pouvaient trouver preneur par le biais du volontariat : to fill vacancies in the armed forces which could not be filled through voluntary means (US).*

volonté will (US), willingness (US), willpower (GB), determination (OTAN) (VERB : "to be lacking") (ADJ : "strong"). Ex : *Contre la volonté de l'une des parties au conflit : against the will of one of the belligerent parties (US) – La volonté de coopérer de la part de la population : the willingness of the population to cooperate (US) – La volonté du chef : the will of the commander (OTAN) – Tirer à volonté (ART) : to fire at any time (OTAN) – Chaque camp cherchant à imposer sa volonté à l'autre (conflit armé) : each side seeking to impose its will on the other (GB) – Un test (ou une épreuve) de volonté (marche commando) : a test of willpower (GB) – Tirez à volonté ! (ordre à des fantassins) : fire at will ! (GB) – L'initiative nécessite la volonté d'agir de façon autonome : initiative requires a willingness to act independently (US) – La volonté de gagner : will to win (US) – Briser la volonté de l'ennemi : to break the enemy's will (US) – Une lutte de volontés : a contest of wills (US) – Une source de volonté : a source of will (US) – Volonté de résistance (force) : will to resist (US) – L'Allemagne avait les moyens et la volonté d'intervenir : Germany had the means and the determination to act (OTAN) – Volonté politique (État) : political will (OTAN).*

volonté (PERS) willpower.

volonté de combattre (ou ardeur au combat) will to fight (US), willingness to fight (US), fighting spirit (GB) (Terme familier US : "guts") (VERB : "to sap", "to subdue").

vol stationnaire (hélicoptère) hovering (OTAN). Ex : *Rester en vol stationnaire : to hover (OTAN) (EXPR : "behind cover").*

vol tactique (ou de combat) nap-of-the-earth (NOE) flight ou flying (US), terrain flight (US, OTAN). Ex : *Faire du vol tactique : to perform nap-of-the-earth flight (US).*

volume (unité / force) size (US, GB) (VERB : "to adjust", "to refine"). Ex : *Une unité du volume d'une compagnie : a company-size(d) unit (US) – Deux grandes unités du volume d'une brigade : two brigade-sized formations (International Defense Review) – Une force* *du volume d'un groupement : a force of battlegroup size (GB) – Volume de force(s) : force size (US) – Volume d'une force : force size (US) – Être en mesure de monter simultanément deux opérations du volume d'une brigade : to be able to mount two brigade-sized operations concurrently (GB) – Le volume de la force sera ajusté en fonction des circonstances : the force size will be adjusted as circumstances require (US) – Accroître le volume d'une force pour atteindre un effectif de 48 000 hommes : to expand the size of a force to 48,000 – Une force équivalente en volume à 8 divisions : a foce equivalent in size to 8 divisions (US) (Voir aussi* **valeur** *et* **taille***)*

volume (dimensions) (arme / canon) bulk (VERB: "to minimize").

volume (LOG / RENS / HUM) amount (US), volume (US). Ex : *Des volumes significatifs d'aide humanitaire : significant amounts of humanitarian assistance (US) – Le volume d'un chargement : the volume of a load (OTAN) – D'énormes volumes de données : enormous volumes of data (US) – Volume des stocks : volume of stocks (UN) – Le volume considérable de renseignements que les espions devaient transmettre : the great volume of information that spies had to transmit (US).*

volume (sonore) volume (GB).

volume de feu volume of fire (US), weight of fire (GB) (VERB : "to put down").

volumétrique cubic (OTAN).

volumineux bulky (US). Ex : *Une cargaison volumineuse : a bulky load (US).*

vomissement(s) (SAN) vomiting (US).

voué à destined for (GB). Ex : *Des élèves-officiers voués à l'infanterie : cadets destined for the infantry (GB) (Voir aussi* **vocation***).*

vouer à to have a loyalty to. Ex : *Vouer une loyauté particulière à une unité (PERS) : to have a special loyalty to a unit.*

voulu required (OTAN). Ex : *Obtenir le tir voulu sur un objectif (ART) : to obtain the required fire on a target (OTAN).*

voûte de feuillage (jungle) canopy (GB). Ex : *La voûte de feuillage dissimulait les mouvements ennemis : the canopy concealed the enemy's movements (GB).*

voyage journey (GB), travel (US). Ex : *Cinq avions s'envolèrent pour un voyage (ou trajet) de 3 heures vers la zone d'assaut : five planes got into the air for a three-hour journey to the assault zone (GB) – Voyages à l'étranger (enquête de sécurité) (PSD) : foreign travel (US).*

voyant conspicuous (OTAN). Ex : *Rendre un objet ou une surface moins voyante (camouflage) : to make an object or surface less conspicuous (OTAN).*

vrac bulk (OTAN, GB). Ex : *En vrac : in bulk – Les munitions en vrac : the bulk ammunition (GB) – Carburants en vrac : bulk petroleum products (OTAN) – Installation de carburants en vrac : bulk fuel installation (BFI) (OTAN).*

vrai (exact / corect) true (US, GB), affirmative (GB). Ex : *C'est vrai : that is affirmative (GB).*

vraisemblable probable. Ex : *Nouvelle peu vraisemblable (cotation) (RENS) : improbable (US).*

vraisemblablement presumably (US). Ex : *Les endroits où les réserves ennemies se trouvaient vraisemblablement stationnées (TAC) : the places where the enemy's reserves were presumably stationed (US).*

vrai tranchant (sabre) true edge.

vrombissement roar (US). Ex : *Le vrombissement du moteur : the roar of the engine (US).*

VTL voir **véhicule de transport logistique**.

VTT voir **véhicule de transport de troupes**.

vu (ou étant donné) given (US). Ex : *Vu la situation sur le terrain le 25 octobre : given the situation on the ground on 25 October (US).*

vu du ciel overhead (US). Ex : *Une photo vue du ciel d'une division de la Garde Nationale ira-kienne : an overhead photo of an Iraqi Republican Guard Division (US).*

vue (vision) eyes (US). Ex : *Cet oiseau de proie a également la vue perçante (hélicoptère) : this bird of prey has keen eyes as well (US).*

vue (à) visual (OTAN), direct. Ex : *Navigation à vue : visual navigation (OTAN) – À vue directe : line-of-sight (LOS) (UN) (En épithète) – Identification à vue : visual identification (OTAN) – Tir à vue : direct fire.*

vue (en) in sight, high profile (US). Ex : *20 chars en vue : 20 MBTs in sight (MBT = Main Battle Tank) – Être très en vue (force) : to keep a high profile (US).*

vue aérienne (du terrain) aerial view (OTAN).

vue de (en) voir **en vue de.**

vue d'ensemble overview (GB), big picture (US). Ex : *À l'issue du briefing, nous avions une meilleure vue d'ensemble de la situation : after the briefing, we could see the big picture much better (familier) (US).*

vues visual observation, view (US). Ex : *À l'abri des vues : free from visual observation, out of view, covered from view – À l'abri des vues ennemies : concealed from enemy view (US).*

vues visions (US). Ex : *Les vues en matière de combat pour le futur : future warfighting visions (US).*

vulnérabilité (point faible) (force / véhicule / stratégique) vulnerability (US, GB) (Terme dénombrable) (VERB : "to minimise", "to increase", "to reduce", "to identify", "to exploit", "to develop") (ADJ : "extreme", "acute") (PREP : "to"). Ex : *Vulnérabilité (STRAT) : vulnerability – Accroître la vulnérabilité du véhicule : to increase the vehicle's vulnerability (US) – Les vulnérabilités et faiblesses ennemies : the enemy's vulnerabili-ties and weaknesses (GB) – Augmenter leur vulnérabilité aux tirs classiques (troupes à pied) : to increase their vulnerability to conventional fire (US).*

vulnérable vulnerable (US, GB) (ADV : "extremely") (PREP : "to"). Ex : *Les véhicules de transport de troupes blindés à roues sont plus vulnérables sur le champ de bataille : wheeled APCs (= Armored Personnel Carriers) are more vulnerable on the battlefield (Jane's) – Ce véhicule est vulnérable aux tirs d'armes individuelles : this vehicle is vul-nerable to small-arms fire (GB).*

(WHISKY)

wagon-citerne railroad tanker, railroad tank car (US).

wagon de chemin de fer railroad car (US), railcar (US), rail waggon (GB).

wagon de marchandises freight car (US), goods waggon (GB).

Z

(ZULU)

ZA voir **zone d'action**.

ZDA voir **zone de déploiement d'attente**.

ZDA / EX voir **zone de déploiement d'attente extension**.

ZDI voir **zone de déploiement initial**.

ZDL voir **zone de déploiement logistique**.

ZDO voir **zone de déploiement opérationnel**.

zéro (sens figuré) scratch (US). Ex : *Partir de zéro pour un projet : to start from scratch on a project (US)*.

zéro mort zero-dead, zero-casualty, zero-death (En épithète). Ex : *Le concept de la guerre zéro mort : the idea of the zero-dead war – guerre zéro mort : zero-casualty war (Jane's)*.

zérotage sight zeroing.

zigouiller (tuer) (familier) to zap (GB) (Voir aussi **tuer**).

Zodiac (canot pneumatique) (marque déposée) Zodiac-brand inflatable (US), Zodiac boat (US).

zone area (US, GB), zone (VERB : "to capture" = s'emparer de, "to establish", "to supervise", "to extend...beyond", "to control", "to occupy", "to patrol", "to survey...from", "to create", "to neutralize", "to claim", "to emerge from", "to hold", "to search", "to enter", "to protect", "to delineate", "to expand", "to prepare", "to deny the use of", "to cover", "to defend", "to define", "to include", "to surround", "to delegate...to") (ADJ & PART : "rear", "forward", "wide", "denied", "hostile", "politically sensitive", "isolated", "surrounded", "indecisive", "great", "specific" = donnée, "geographical") (PREP : "in", "over", "within"). Ex : *Zone / polaire / désertique / montagneuse / urbaine : artic / desert / mountain / urban / area (US) – La zone avant du champ de bataille : the forward area of the battlefield (US) – Une zone occupée par l'ennemi : an enemy-held area (OTAN) – Zone sous contrôle ami : area under friendly control (OTAN) – Une zone de forêt équatoriale : an equatorial forest zone (GB)*.

zone (sur) in zone (US), in sector.

zone à hauts risques high-risk area (Jane's, OTAN).

zone à praticabilité difficile slow go area (OTAN).

zone à praticabilité normale go area (OTAN).

zone à praticabilité très difficile no go area (OTAN).

zone à risque(s) hazard area (US).

zone arrière rear area (US, OTAN) (Terme dénombrable) (VERB : "to move into", "to protect").

zone arrière de combat rear combat zone (RCZ) (OTAN).

zone arrière de corps d'armée corps rear (area) (US).

zone aérienne de défense (ZAD) (France) defensive airspace area.

zone avancée de soutien forward support area (FSA) (OTAN).

zone avant forward area (US).

zone avant des combats forward combat zone (FCZ) (OTAN).

zone (ou région) Asie-Pacifique the Asia-Pacific (US).

zone bâtie (ou urbanisée) built-up area.

zone battue par des tirs d'armes automatiques beaten zone (GB).

zone boisée wooded area (US) (PREP : "in").

zone centrale (TAC) central area (US, GB).

zone cible (RENS) target area (US). Ex : *L'extraction de renseignements à partir de photographies de la zone cible (RENS) : the extraction of intelligence from photography of the target area (US).*

zone clé (du terrain) key terrain (US).

zone clé (concept) key area (US).

zone contaminée contaminated area (US). Ex : *Traverser en véhicule des zones volontairement contaminées (PERS) : to cross deliberately contaminated areas in vehicles (US).*

zone continentale des États-Unis Continental United States (CONUS) (OTAN).

zone d'action (ZA) (TAC) zone of action (US, OTAN), action area (OTAN), area of action (AA) (OTAN).

Cf. : A tactical subdivision of a larger area, the responsibility for which is assigned to a tactical unit ; generally applied to offensive action (US).

zone d'action conjointe joint action area (JTAA) (OTAN).

zone d'action de défense aérienne air defence action area (OTAN).

zone d'application (CSCE) area of application (UN).

zone d'appui feu fire support area (FSA) (GB).

zone d'assaut (TAP) assault zone (GB). Ex : *Cinq avions s'envolèrent pour un trajet de 3 heures vers la zone d'assaut (2ᵉ REP) : five planes got into the air for a three-hour journey to the assault zone (GB).*

zone d'assaut amphibie amphibious assault area (OTAN).

zone d'attaque zone of attack (US).

zone d'attente waiting area.

zone d'atterrissage landing zone (LZ) (US, OTAN).

zone de bataille battle area (OTAN, UN) (VERB : "to expand").

zone de bataille de l'avant forward battle area (US).

zone de bombardement sans restriction blind bombing zone (OTAN).

zone de brigade brigade area.

zone de catastrophe (naturelle) disaster area (US).

zone de combat combat zone (CZ) (US, OTAN, GB), combat area (US) (ADJ : "three-dimensional", "simulated", "immediate", "forward") (NOM ASS. : "delivery to" = acheminement vers). Ex : *Zone / avant / arrière / de combat : forward / rear / combat zone (OTAN) – Une zone de combat de 50 x 75 kilomètres : a 50-by-75-kilometer combat area (US).*

zone de combat arrière rear combat zone (RCZ) (OTAN).

zone de combat (de l') avant forward combat zone (US).

zone de commandement command area (GB). Ex : *La zone de commandement OTAN des Forces Alliées Centre-Europe : the NATO command area of Allied Forces Central Europe (GB).*

zone de concentration (théâtre d'opérations) (avant phase suivante d'une opération) concentration area (GB, OTAN) (Grande unité).

zone de conflit conflict area (US), area of conflict (US), zone of conflict (US).

zone de conflit potentiel area of potential conflict (US).

zone de contact scene of action (OTAN). Ex : *Commandant de la zone de contact : scene-of-action commander (SAC) (OTAN).*

zone de contrôle zone of control (US), control zone (CTZ) (OTAN).

zone de coordination air air coordination area (ACA) (OTAN).

zone de coordination des feux fire coordination area (US, OTAN).

zone de corps d'armée corps area (US).

zone de couverture area of coverage (OTAN). Ex : *Zone de couverture visuelle ou radar : area of visual or radar coverage (OTAN).*

zone de crise crisis area (US, OTAN), contingency area (US) (ADJ : "potential"). Ex : *Acheminer rapidement des forces sur une zone de crise : to move forces quickly into a crisis area (US) – Faciliter la montée en puissance des forces dans la zone de crise : to facilitate the build-up of forces in the crisis area (OTAN).*

zone de danger (ou dangereuse) danger area (US, GB), danger zone (US, OTAN).

zone de débarquement (ou de mise à terre) landing area (OTAN), landing zone (LZ) (OTAN, US) (À la fois pour les opérations amphibies, les opérations aéroportées, le décollage et atterrissage d'aéronefs) (VERB : "to prepare").

zone de défense (TAC) defense area (US), defensive area (OTAN), defence area (OTAN).

zone de défense (ZD) (défense militaire terrestre) defense sector (US), (Traduction proposée) Land Territorial Defence District.

zone de défense (anti) aérienne (ZDA) air defense area (ADA) (US, OTAN).

zone de défense aérienne cordonnée co-ordinated air defence area (CADA) (GB).

zone de défense de base base defence zone (BDZ) (OTAN).

zone de défense outre-mer (défense militaire terrestre) (Traduction proposée) Overseas Land Territorial Defence District.

zone de défense principale main defense area (OTAN), main defensive zone (US), main defence position (GB).

zone de démarrage (ABC) forming up place (FUP) (GB, OTAN), attack position (US) .

zone de déploiement d'attente (ZDA) staging area (SA) (Terminologie OTAN : "zone d'étape"). Ex : *En ZDA (unité) : deployed in its staging area.*

zone de déploiement d'attente extension (ZDA / EX) tactical assembly area (TAA).

zone de déploiement initial (ZDI) marshalling (ou marshaling) area (MA) (US) (Terminologie OTAN : "zone d'agencement").

zone de déploiement opérationnel (ZDO) tactical assembly area (TAA).

zone des préparatifs assembly area (US, GB).

zone de desserrement de garnison garrison dispersal area.

zone de différentiation de manœuvre (ZDM) area of differentiation of maneuver.

zone de dispersion dispersal area (US).

zone défendue defended area (US).

zone de feu d'appui fire support area (FSA) (GB).

zone de force de couverture covering force area (CFA) (OTAN).

zone de franchissement crossing area (US, GB, OTAN).

zone de groupement assembly area.

zone de guerre war zone (US, GB) (PART : "restricted").

zone de largage (personnel / matériels / ravitaillements) drop zone (DZ) (US, GB, OTAN).

zone de largage à faible hauteur (ravitaillement / équipement) extraction zone (US, OTAN).

zone de l'avant forward area (US).

zone de l'objectif objective area (OTAN).

zone de maintenance de brigade brigade maintenance area (BMA) (GB).

zone de maintenance divisionnaire divisional maintenance area (DMA) (GB).

zone d'embarquement (navire) (personnels et cargaisons) embarkation area (OTAN).

zone démilitarisée demilitarized zone (DMZ) (US, GB) (VERB : "to enter", "to occupy", "to patrol") (ADJ : "still-hot") (PREP : "along").

zone de mise à l'eau des véhicules amphibies amphibious vehicle launching area (OTAN).

zone de mise à terre landing area (OTAN) (Opérations aéroportées et amphibies).

zone de mission mission area (US).

zone d'engagement engagement area (US), battle area, selected area of operation, area of deployment (AOD) (US) (ADJ : "potential").

zone d'engagement d'arme (défense aérienne) weapon engagement zone (OTAN).

zone d'engagement d'avions de combat fighter engagement zone (FEZ) (OTAN).

zone d'enlèvement (aéronef) pick-up zone (PZ) (US).

zone d'entretien de l'avant forward maintenance area (US).

zone dénucléarisée (ou zone exempte d'armes nucléaires) nuclear-free zone (NFZ) (UN), nuclear-weapon-free zone (NWFZ), denuclearized zone.

zone dénucléarisée du Pacifique Sud South Pacific Nuclear Free Zone (SPNFZ) (UN).

zone de patrouille aérienne air patrol area (APA) (OTAN).

zone de pénétration penetration area (US).

zone de posé (hélicoptères / avions à décollage vertical) touch down zone (OTAN).

zone de poser (hélicoptères) landing zone (LZ) (US, OTAN).

zone de progression zone of advance (US).

zone de protection protected area (UN). Ex : *Zone de (ou sous) protection des Nations-Unies : United Nations protected area.*

zone de ramassage / d'enlèvement (hélicoptère) pickup zone (PZ) (US).

Cf. : A geographical area used to pick up troops and / or equipment by helicopter (US).

zone de rassemblement (troupes) assembly area (OTAN)

(Également : "rendez-vous" = point de rassemblement, OTAN).

zone de recherche et sauvetage (PERS) search and rescue area (GB).

zone de recrutement (PERS) recruiting area (GB).

zone de résistance (TAC) defence area.

zone de responsabilité area of responsibility (AOR) (US, OTAN, GB) (VERB : "to delineate", "to overlap") (PART : "defined") (PREP : "within"). Ex : *Zone de responsabilité géographique : geographic area of responsibility (US) – Zone de responsabilité tactique : tactical area of responsibility (TAOR) – Zone de responsabilité du SC (= Commandement Stratégique) Atlantique (OTAN) : SC (= Strategic Command) Atlantic Area of responsibility (AOR) (OTAN).*

<u>Comp.</u> :

- <u>Area of responsibility</u> : A defined area of land in which responsibility is specifically assigned to the commander of the area for the development and maintenance of installations, control of movement, and the conduct of tactical operations involving troops under his control along with parallel responsibility to exercise these functions (US).

- Portion déterminée de terrain dans laquelle est spécifiquement confiée au commandant de la zone la responsabilité de la réalisation et de l'entretien des installations, du contrôle des mouvements et de la conduite des opérations interessant les troupes sous son commandement, ainsi que l'autorité nécessaire pour assurer ces fonctions (OTAN).

zone de responsabilité de renseignement area of intelligence responsibility (AIR <u>ou</u> AOIR) (GB, OTAN), intelligence area of responsibility (IAR) (OTAN).

zone de responsabilité de théâtre theater area of responsibility (AOR) (US).

zone de responsabilité opérationnelle area of operational responsibility (GB) (PART : "directed") (PREP : within").

zone de responsabilité permanente (ZRP) (France) area of permanent responsibility.

zone de saut (TAP) drop zone (DZ) (US), landing zone (US) (VERB : "to prepare", "to cover") (NOM ASS. : "preparation", "selection", "reconnaissance").

zone des combats battle area (US), combat zone (OTAN) (VERB : "to enter"). Ex : Zone principale des combats : main battle area (MBA) (US).

zone des communications (arrière d'un théâtre d'opérations) communications zone (COMMZ) (OTAN, US).

zone de secours relief area (OTAN).

zone de sécurité safe area (OTAN), safety zone (OTAN).

zone de sécurité (action des forces amies autres que de combat / opérations humanitaires) safety area.

zone de sécurité nationale française (ZSNF) French National Safety Area (FNSA) (OTAN).

zone de séparation (entre belligérants) separation zone (OTAN, GB), zone of separation (ZOS) (OTAN, GB) (VERB : "to patrol").

zone désertique desert area (US), desert.

zone des forces de couverture covering force area (CFA) (US, OTAN).

zone des objectifs d'une opération amphibie amphibious objective area (OTAN).

zone de soutien support area (OTAN).

zone de soutien arrière rear support area (RSA) (OTAN).

zone de soutien de brigade brigade support area (BSA) (OTAN).

zone d'espace aérien zone of airspace (GB) (VERB : "to establish").

zone des préparatifs assembly area, mounting area (avant opération) (GB).

zone des soutiens de la brigade brigade support area (BSA) (US).

zone de stabilité zone of stability (OTAN). Ex : *Élargir la zone de stabilité de l'OTAN : to widen NATO's zone of stability (OTAN).*

zone de stockage storage area (US). Ex : *Zone de stockage de corps d'armée : corps storage area (CSA) (US) – Zone de stockage de théâtre : theater storage area (TSA) (US).*

zone d'étape (opération amphibie ou aéroportée / mouvement sur lignes de communication) staging area (OTAN).

zone de terrain area of ground (US, GB), area of land, land area (US), area of terrain (GB, OTAN, US), area (OTAN) (ADJ : "wide", "unprepared" = non aménagée) (PREP : "in").

zone de tir d'arme (ZTL) weapon fire zone (OTAN).

zone de tir libre weapon free zone (WFZ) (OTAN).

zone de tirs d'artillerie gun-fire area (GFA) (OTAN).

zone dévastée par les bombardements bomb-site (GB).

zone d'exclusion (de toutes les forces militaires d'un pays) exclusion zone (EZ) (GB) (ADJ : "military", "total"). Ex : *Décréter une zone d'exclusion de 300 milles autour des îles Malouines : to declare a 300 mile exclusion zone around the Falkland Islands (GB).*

zone d'exclusion aérienne no-fly zone (OTAN, US, GB), air exclusion zone (US), no-fly area (UN) (VERB : "to extend...into", "to define", "to enter").

Cf. : No fly zone : Zone of airspace established by international mandate (or conceivably unilaterally as a military or total exclusion zone) in which the flying of specified types of aircraft is forbidden (GB).

zone d'exclusion des armes lourdes heavy weapons exclusion zone (OTAN).

zone d'exercice (ou zone de manœuvre) exercise area (GB, US) (VERB : "to encompass").

zone d'identification de défense aérienne air defence identification zone (ADIZ) (OTAN).

zone d'impact impact area (UN, OTAN).

zone d'influence area of influence (OTAN).

zone d'intérêt area of interest (AOI) (US, OTAN, GB) (VERB : "to expand").

Comp. :

- That area of concern to the commander, including the area of influence, areas adjacent thereto, and extending into enemy territory to the objectives of current or planned operations. This area also includes areas occupied by enemy forces who could jeopardize the accomplishment of the mission (US).

- Zone sur laquelle une unité (ou grande unité) doit pouvoir obtenir de l'échelon supérieur et des voisins le renseignement nécessaire à la préparation et à la conduite de sa manœuvre (F).

zone d'intérêt commun area of joint interest (AJI) (OTAN).

zone d'intérêt d'objectifs target area of interest (OTAN).

zone d'interêt opérationnel (défense aérienne) area of operational interest (AOOI) (OTAN).

zone d'intérêt pour le renseignement area of intelligence interest (AII ou AOII) (GB, OTAN).

zone d'intérêt tactique tactical locality (OTAN).

zone d'objectif objective area (OTAN).

zone d'objectif amphibie amphibious objective area (OTAN).

zone d'obstacles obstacle belt (OTAN).

zone d'occupation zone of occupation (GB).

zone d'ombre shadow zone (UN).

zone d'ombre (absence d'écho radar) blind zone.

zone d'opérations area of operations (AO ou AOO) (US, OTAN) (Aussi, abréviation GB : "AOO"), zone of operations (OTAN), operational area (US) (VERB : "to prepare") (ADJ : "friendly", "neutral", "hostile") (PART : "assigned") (PREP : "within"). Ex : *La zone d'opérations Pégase : AO PEGASUS (US).*

zone d'opérations amphibies amphibious objective area (AOA) (OTAN).

zone d'opérations de défense aérienne air defence operations area (OTAN).

zone d'opérations interarmées joint operations area (JOA) (GB, OTAN, US) (VERB : "to define", "to coordinate with", "to approve").

zone d'opérations militaires area of military operations (US).

zone d'opérations spéciales interarmées joint special operations area (JSOA) (US).

zone d'opérations tactiques area of tactical operations (ATO) (US).

zone d'opérations terrestre land AO (= Area of Operations).

zone d'ouverture du feu free fire zone (GB).

zone du corps d'armée corps area (US).

zone économique exclusive exclusive economic zone (GB).

zone en angle mort dead ground (GB), dead space (OTAN).

zone fortifiée fortified zone (US).

zone frontalière border area (OTAN). Ex : *Assurer le transport de personnes à l'écart des zones frontalières : to transport people away from the border areas (OTAN).*

zone géographique geographical area (GB, US) (VERB: "to define", "to assign…to", "to be responsible for") (ADJ : "large") (PREP : "over").

"zone grise" grey area (OTAN).

zone hostile hostile area (US).

zone humanitaire sûre (ZHS) safe humanitarian area.

zone interarmées (théâtre) joint zone (JZ) (US).

zone interdite d'accès (ou zone d'exclusion) keep-out zone (KOZ) (UN).

zone interdite (RENS) denied area (US) (Partie d'un pays interdite aux diplomates ou pays entier).

Cf. : Region that cannot be easily penetrated to gain intelligence (US).

zone létale (du champ de bataille) killing zone (US).

zone littorale littoral area (US).

zone locale d'objectif(s) local target area (LTA) (OTAN).

zone logistique logistics area (US).

zone logistique de brigade brigade support area (BSA).

zone minée mined area (OTAN).

zone maritime maritime zone. Ex : *La zone maritime qui sépare les deux pays : the maritime zone between the two countries (GB).*

zone militaire sensible (ZMS) military sensitive area, area of military interest.

zone montagneuse mountainous area (US) (PREP : "in").

zone neutre (terrain neutre) no man's land (GB) (PREP : "in", "into").

zone non levée (TOPO) unsurveyed area (OTAN).

zone non vitale nonvital area (US). Ex : *Tromper l'ennemi en attirant son attention sur des zones non vitales : to deceive the enemy by drawing its attention to nonvital areas (US).*

zone-objectif (ou objectif non ponctuel) (OTAN) target area (UN).

zone OTAN NATO area (OTAN).

zone politiquement sensible politically sensitive area (US).

zone portuaire port area (OTAN, GB) (VERB : "to secure"). Ex : *La zone portuaire d'Inchon : the Inchon harbor area (US).*

zone principale des combats main battle area (MBA) (US).

zone prioritaire priority area (GB).

zone protégée (protection du matériel / du secret des recherches) restricted area.

zone régionale à hauts risques regional high-risk area (OTAN).

zone réglementée restricted area (OTAN, UN).

zone résidentielle residential area (US).

zone sanctuaire safe haven (OTAN).

zone sans importance (TAC) unimportant area (US).

zone SANTÉ medical support area.

zone sensible vulnerable area (US) (VERB : "to guard").

zone sinistrée disaster area.

zone sous protection protected zone (US) (VERB : "to establish", "to supervise").

zone tactique de responsabilité opérationnelle tactical area of operational responsibility (TAOR) (GB).

zone-tampon buffer zone (GB, US, CA) (VERB : "to occupy", "to establish", "to set up"). Ex : *Établir une zone-tampon entre les 2 pays : to establish a buffer zone between the two countries (CA).*

zone urbanisée (ou urbaine) built-up area (GB), urban area (US), urbanized area (US), urban terrain (Jane's, US). Ex : *Le combat en zones urbanisées (ou combat en localité (COLOC)) : fighting in built-up areas (FIBUA) (GB), military operations on urbanized terrain (MOUT) (US).*

zone-vie (ou cantonnement) (PERS) living quarters (UN).

zone vitale vital area (GB, OTAN), keyzone (GB).

zone vitale (ART sol-air) vital area (US, GB).

zulu (heure) (GMT) Zulu (time) (Z) (= Greenwich Mean Time ou GMT).

INDEX
ANGLAIS-FRANÇAIS
— . — . —
ENGLISH-FRENCH
INDEX

Numbers

105mm Light Gun : canon de 105 mm
155mm AUF1 self-propelled howitzer (US) : AUF1 (automoteur modèle F1)
155-mm battalion (US) : régiment de 155 (ART)
21st century defense (US) : défense du 21ᵉ siècle
25mm Chain gun (ou chain gun) : canon mitrailleur de 25 mm
2nd Lieutenant (2/Lt) (GB) : sous-lieutenant (SLT)
30-year future program plan (Jane's) : PP30 (plan prospectif à 30 ans)
3-D phased array radar (GB) : radar tri-dimensionnel à balayage électronique
3-D phased array radar (GB) : radar tri-dimensionnel à éléments en phase
3-D phased array radar (GB) : radar tri-dimensionnel à éléments en réseau phasé
4th / fourth / generation tactical radio : poste radio de 4ᵉ génération (PRG4)
5.56mm FAMAS automatic assault rifle : FAMAS (Fusil d'Assaut de la Manufacture d'Armes de Saint-Etienne)
5.56mm SA-80 Individual Weapon (IW) (équivalent GB) : FAMAS (Fusil d'Assaut de la Manufacture d'Armes de Saint-Etienne)
7.65 Manurhin pistol (US) : Manurhin (le)
95 B (US) : biffin (fantassin)
95 B (US) : pousse-cailloux (fantassin)

a

A Echelon (GB) : éléments logistiques (formation de combat)
a function of (US) : tributaire de
a large variety of (US) : nombreux
a minimum of : moins (au)
A Team (US Special Forces) : équipe des forces spéciales
A vehicle (GB) : véhicule (ou engin) blindé
a wide variety of (US) : nombreux
AAC (= Army Air Corps) helicopter detachment (GB) : détachement de l'ALAT (aviation légère de l'armée de terre)
AAC (= Army Air Corps) regiment (GB) : régiment de l'ALAT
AAC (= Army Air Corps) special operations-dedicated unit (ou detachment) (GB) : détachement ALAT des opérations spéciales (DAOS)
AAC regiment (AAC = Army Air Corps = ALAT) (GB) : régiment d'hélicoptères de combat (RHC)
AAC Regiment (GB) (AAC = Army Air Corps) : régiment d'hélicoptères

abandon : abandonner (position / zone)
abandon : mettre fin à
abandon (GB) : abandonner (mission / opération)
abandon (GB) : abandonner (morts et blessés)
abandon (US, GB) : abandonner (matériel / navire)
abandoned (GB) : abandonné (lieu / tranchées)
abatis (US, GB) : abattis
abbreviate (GB) : abréger
abbreviated regimental title (GB) : appellation de régiment abrégée
abbreviation (US, GB) : abréviation
abbreviation : sigle
abduction (US) : enlèvement (individu) (RENS)
abide by (US) : respecter (accord / cessez-le-feu / trêve / résolution / règle)
ability : aptitude (à remplir une mission) (unité)
ability (US) : possibilités
ability (US, GB) : capacité (aptitude) (PERS/ ennemi)
ability (US, OTAN) : aptitude
ability (US, OTAN) : faculté
ability to adapt (GB, OTAN) : capacité d'adaptation (adaptabilité) (PERS / organisation)
ability to anticipate (US) : capacité d'anticipation (chef)
ability to fight (US) : capacité de combattre
ABM (= anti-ballistic missile) defence (UN) : défense antimissile balistique
aboard (US) : à bord de
abolish (US) : supprimer
abort (OTAN) : interrompre (décollage d'aéronef / lancement de missile)
abort (US) : abandonner (mission / opération)
abort (US) : annuler
abort (US) : arrêter (interrompre) (mission / opération / séquence de tir / course aux armements / production)
abort (US) : échouer
abort (US, OTAN) : interrompre
abortive (GB) : avorté (attaque)
abortive (US) : manqué (opération)
about : sur (à propos de)
about (OTAN) : concernant (relatif à)
about (-)face (US) : demi-tour (complet) (PERS)
about thirty (US) : trentaine
above (GB, US) : au-dessus
above water warfare (OTAN) : guerre en surface
Abrams M1-A2 (équivalent US) : LECLERC (char)
abreast of : hauteur de (à)
abroad (US) : étranger (à l')
abseil (US, GB) : descendre en rappel
abseil rope (GB) : corde de rappel
abseiling : descente en rappel (aérocordage) (opération héliportée)
abseiling (GB) : rappel (descente en)
absence (US) : absence

absence of war : absence de guerre
absent (US, GB) : absent (adjectif)
absent without leave ou absent without oficial leave (AWOL) (US, GB) : absence irrégulière (ou illégale) (en) (PERS)
absentee (US) : absent (nom)
absentee report (US) : bulletin d'appel (ou situation de prise d'armes (SPA))
absentee report (US) : situation de prise d'armes (SPA) (ou bulletin d'appel)
absenteeism (US, GB) : absentéisme
absolute (US) : absolu
absolute (US) : absolu (pouvoir / autorité)
absolute weapon : arme absolue (STRAT)
absorb (GB, US, OTAN) : absorber
absorb (OTAN) : encaisser (pertes / sanctions)
absorb (US, OTAN) : absorber (attaque / unité)
absorbed (OTAN) : absorbé (radiations)
absorption (into a corps / an organisation) (GB, OTAN) : absorption (dans un corps / une organisation)
abstract (US) : abstrait
abuse (US) : actes de barbarie
abuse (US) : violation
abutment (GB) : butée (ou culée)
academia (US) : monde universitaire (l'Université)
academia (US) : universités (les) (ou l'Université)
academic (GB) : académique
academic (US) : universitaire (adjectif)
academic background (US) : milieu universitaire
Academic Board (the) (US) : direction des études (ou de l'enseignement et de la recherche) (grande école militaire)
academic discipline (US) : discipline universitaire
academic instruction (GB) : formation académique (grande école militaire)
academic program (US) : programme académique (grande école militaire)
academic training (US) (Westpoint) : formation académique (grande école militaire)
academy : école
academy (GB, US) : école spéciale
Academy of Health Sciences (équivalent US) : école du service de santé de l'armée de terre
accelerate (US) : accélérer (hâter)
accelerate (US) : s'accélérer (tempo) (TAC)
accelerate to (US) : atteindre (vitesse / portée / hauteur)
accelerating pace (OTAN) : accélération
acceleration (US) : accélération (char) (en secondes)
accept (OTAN) : agréer
accept (US) : accepter
accept battle (US) : accepter le combat (TAC)
acceptable : acceptable
acceptable to (US, GB) : acceptable pour
acceptance (UN) : homologation

acceptance (US, OTAN) : acceptation
access (OTAN, GB, UEO, Jane's) : accès (renseignements / secrets / informations / systèmes d'information / source)
access (UN) : droit d'accès (inspection)
access (US) : accéder à (avoir accès à)
access (US) : accès
access (US) : avoir accès à
access (US, GB) : accès (zone / installations / individus / documents)
access control (US) : contrôle d'accès (mission)
access route : voie de pénétration
access to the battlespace (US) : accès à l'espace de bataille
accessible (GB) : accessible (lieu)
accessible (GB) : accessible (information(s))
accessible (US) : accessible
accession : adhésion
accessories (US) : accessoires (masque à gaz)
accident (US, GB) : accident
accident report : constat d'accident
accident report (US) : compte-rendu d'accident
accidental (GB) : accidentel
accidental attack : attaque accidentelle (STRAT)
accidental war : guerre accidentelle (STRAT)
accidentally (US) : accident (par)
accidentally (US, GB) : accidentellement
acclimatisation (GB) / acclimation (US) : acclimation
acclimatise (GB) : acclimater
acclimatise (GB) : s'acclimater (PERS)
acclimatization (OTAN) : accoutumance
acclimatize (US) : s'acclimater (PERS)
accommodate (GB) : contenir (inclure)
accommodate (GB) : supporter (physiquement)
accommodate (OTAN) : accueillir
accommodate (US) : abriter
accommodate (US) : permettre
accommodate (US) : prendre en compte
accommodate (US) : recevoir
accomodation (GB) : abri (action d'abriter)
accomodation (GB) : hébergement
accomodation (GB) : logement (hébergement)
accomodation (GB) : logement(s) (PERS)
accomodation (US) : compromis
accomodation address (US) : boîte aux lettres vive (RENS)
accompanied by (US) : accompagné de
accompany (US) : accompagner
accompanying (US) : accompagnement
accompanying vehicle (Jane's) : véhicule d'accompagnement
accompanying weapon (US) : arme d'accompagnement
accomplice (US, GB) : complice
accomplish (GB) : exécuter (ordre / opération / mission) (TAC)
accomplish (US) : accomplir

accomplishment (US) : accomplissement
accomplishment (US) : réalisation
accomplishments (US) : œuvre
accord (CA) : entente (accord)
accord (US, Jane's, OTAN) : accord
according to : selon
according to (GB) : d'après (selon)
according to (GB) : suivant (selon)
according to (GB, US) : fonction de (en)
according to plan (US, GB) : prévu, comme prévu
accordingly (US) : en conséquence
account (GB) : récit
account for (GB) : représenter
accountability : responsabilisation (organisation / individu)
accountant (OTAN) : comptable (PERS)
accounting (US, OTAN) : comptabilité (fonction du Trésor / stocks)
accounting standard (OTAN) : norme comptable
accounting unit (AU) (OTAN) : unité de compte
accoutrements (GB) : équipement du soldat
accreditation pass (OTAN) : carte d'accréditation (journaliste)
accredited (US, UN) : accrédité (officier / laboratoire / journaliste / personnel)
accredited personnel (AP) (OTAN) : personnel accrédité
accrued leave (US) : permissions cumulées
accumulate (US) : totaliser
accumulation (UN, GB) : accumulation (armes / données)
accuracy : précision d'atterrissage (PA) (TAP)
accuracy (OTAN) : exactitude
accuracy (US, OTAN) : précision
accuracy of fire (OTAN) : justesse du tir
accuracy of the information (US) : probabilité d'exactitude d'un renseignement
accuracy of the information (US) : valeur d'un renseignement (RENS)
accuracy rate (GB) : taux de précision (arme)
accurate (US) : précis (munition / tir / système d'armes / localisation)
accurately (US) : précisément
accusation : accusation
accuse of (OTAN, GB) : accuser de (justice militaire)
accused (GB, US) : accusé (tribunal militaire)
ACE (= Allied Command Europe) Mobile Force : force mobile (terre) du Commandement Allié en Europe (CAE)
ACE (= Allied Command Europe) reaction force (ARF) (OTAN) : force de réaction du CAE (Commandement Allié en Europe)
ACE (Allied Command Europe) Rapid Reaction Corps (ARRC) (OTAN) : corps de réaction rapide du Commandement Allié en Europe (CAE) (OTAN)
ACED anti-tank shell with directed effect (Jane's) : ACED (Antichar à Effet Dirigé)

achievable (mission) (US) : réalisable
achieve : accomplir
achieve : conquérir (TAC)
achieve : s'acquérir
achieve (GB) : atteindre (grade / âge)
achieve (GB) : mener à bien (mission / opération)
achieve (operations) (US) : réaliser (opérations)
achieve (OTAN) : acquérir (obtenir)
achieve (OTAN) : arriver à
achieve (OTAN) : se mettre
achieve (OTAN, CA) : obtenir (TAC)
achieve (US) : atteindre (TAC)
achieve (US) : atteindre (vitesse / portée / hauteur)
achieve (US) : créer
achieve (US) : parvenir à
achieve (US) : réaliser (objectif / interopérabilité / surprise)
achieve (US) : réaliser (protection des forces)
achieve (US) : remporter
achieve (US, GB) : obtenir (résultats / effets)
achieve coverage of (UEO) : prendre en compte
achieved (US) : réalisé (objectif tactique)
achievement : accomplissement
achievement (US) : réussite
achievement (US) : succès
achievements : exploits (grande unité)
achieving (OTAN) : obtention
acknowledge : faire l'aperçu (procédure radio)
acknowledge ! (US) : faites l'aperçu ! (procédure radio)
aclimatize (US) : acclimater
acoustic (OTAN) : acoustique (adjectif)
acoustic intelligence (ACINT ou ACOUSTINT) (OTAN, GB) : renseignement acoustique
acoustic range (OTAN) : polygone acoustique
acoustic sensor (US) : capteur acoustique
acquire (CA) : acquérir (acheter)
acquire (GB, US) : acquérir (cible / objectif)
acquire (information) (US) : acquérir (renseignement brut)
acquire (US) : acquérir (obtenir)
acquisition (GB) : acquisition (achat)
acquisition (of information / intelligence) (US) : acquisition (information / renseignement)
acquisition (OTAN) : acquisition (matériel)
acquisition capability (US) : capacité d'acquisition (missile)
acquisition target (Jane's) : objectif d'acquisition (ARMT)
acronym : sigle
across (GB) : sur (sens figuré)
across (OTAN) : travers de (en)
across (US) : ensemble de (dans l')
across (US, GB) : à travers (terrain)
across country (US) : en terrain
act (Jane's) : jouer
act (OTAN) : intervenir (TAC)
act (UN) : acte (document)

act (US) : acte (action)
act (US) : agir (TAC)
act (US, GB) : loi (sens propre)
act as (GB) : servir de (faire office de)
act as (US, GB) : faire fonction de (PERS)
act as enemy : plastronner
act as opposing force (OPFOR) : plastronner
act of aggression (GB, OTAN) : acte d'agression
act of bravery (GB) : acte de bravoure (PERS)
act of bravery (GB) : acte de courage (PERS)
act of espionage (US) : acte d'espionnage (RENS)
act of intimidation (OTAN) : acte d'intimidation
act of retaliation (GB) : action de représailles
act of violence (OTAN) : acte de violence
act of war (GB) : acte de guerre
acting (GB, OTAN) : par intérim
acting (OTAN) : intérim (par) (intérimaire)
action : engagement (combat)
action (GB) : accrochage (TAC)
action (GB) : exécuter (ADMIN)
action (GB, US) : action (fait ou manière d'agir)
action (GB, US) : feu (combat)
action (GB, US, OTAN, CA) : action (TAC)
action (OTAN) : intervention (TAC)
action (US) : acte (action)
action (US) : combat (action réelle)
action (US, GB) : action (l')
action (US, OTAN) : mesure (action)
action (US,GB) : actions (TAC)
action area (OTAN) : zone d'action (ZA) (TAC)
action in depth (TTA 131) : action dans la profondeur
action plan (UN, OTAN) : plan d'action (politique)
action section (GB) : service Action (terme obsolète) (division Action) (RENS)
action service (US) : service Action (terme obsolète) (division Action) (RENS)
actions (OTAN) : agissements
activate : déclencher (opération / procédure / hostilités)
activate (a sleeper) (US) : "réveiller" (agent dormant) (RENS)
activate (a unit) (US) : mettre sur pied (unité)
activate (GB) : activer (appareil / dispositif)
activate (OTAN, CA, US) : activer
activate (UN) : mettre en route (surveillance / inspection / installation)
activate (US) : activer (agent) (RENS)
activate (US) : créer (unité / corps)
activation (état-major) : montée en puissance
activation (OTAN) : déclenchement (charge explosive)
activation (OTAN, UEO) : activation (QG / forces)
activation (US) : activation (personnels de réserve)
activation (US) : création (unité / corps / arme / armée)

activation order (ACTORD) (OTAN) : ordre d'activation
active (component) (US) : active (d')
active (GB) : actif (force)
active (GB) : actif (dispositif / appareil)
active (US) : actif (contraire de "passif")
active (US, GB) : actif (contraire de "de réserve" ou "en retraite")
active component (AC) (US) : d'active (par opposition de "de réserve")
active component forces (US) : forces d'active
active component unit (US) : unité d'active
active division (US) : division d'active
active duty officer (US) : officier d'active
active duty personnel (US) : personnel(s) d'active
active duty unit (US) : unité d'active
active homing guidance (US, OTAN) : guidage actif
active intelligence : espionnage (RENS)
active intelligence (US) : renseignement actif (espionnage)
active manpower (US) : effectifs d'active (armée)
active measures : mesures actives
active measures (US) : mesures actives (RENS)
active mine (OTAN) : mine à dispositif actif
active service (GB) : service en campagne (PERS)
active service (GB) : service en zone de guerre (temps de guerre) (PERS)
active service (US) : services actifs
active-array radar (UN) : radar à antenne active
activist (GB) : activiste
activities (US) : activités (espionnage / sabotage / subversion / terrorisme)
activity (US, GB, OTAN) : activité
activity operations (OTAN) : activité
actor (OTAN) : acteur
actual : effectif (adjectif)
actual (OTAN) : réel
actual ground zero (AGZ) (OTAN) : point zéro réel
actual time (OTAN) : heure réelle
actual time of arrival (ATA) (OTAN) : heure réelle d'arrivée
actual time of departure (ATD) (OTAN) : heure réelle de départ
actually : effectivement
actuate (OTAN) : déclencher (mine / mise à feu / explosion / bombe / tir)
actuate, arm (a mine / a shell) (US, GB) : armer (mine / obus)
actuation (US, GB) : déclenchement (mise à feu)
actuator : servomoteur (missile)
acute (OTAN) : aigu
AD (= air defence) (GB) : artillerie sol-air (soustitre de paragraphe)
ad absurdum (OTAN) : absurde (en raisonnant par l')
ad hoc (OTAN, UN) : ad hoc

ad hoc group (AHG) (OTAN) : groupe ad hoc
ad hoc unit (GB) : unité ad hoc
ADA (= air defense artillery) unit (US) : unité d'artillerie sol-air
adapt (GB) : adapter (équipement)
adapt (US) : adapter
adapt to (GB) : s'adapter à
adaptability : adaptabilité (en fonction de la mission) (force)
adaptability (US) : adaptabilité (capacité d'adaptation) (PERS)
adaptability (US) : capacité d'adaptation (adaptabilité) (PERS / organisation)
adaptable : adaptable (ajustable) (en fonction de la mission) (force)
adaptable to (US) : adaptable à (matériel)
adaptation (OTAN) : adaptation
adaptation (US) : accoutumance
adapted for (US) : adapté à (mission / opération / force)
adaptive : souple
adaptive (US) : adaptatif
adavantage (US) : profit
add : ajouter
add (OTAN) : donner (TAC)
add (OTAN) : plus loin (ART)
added value (OTAN) : "plus"
addition (CA) : injection
addition (GB) : ajout
addition (US) : auxiliaire (nom)
additional (GB) : renforcé de
additional (US) : complémentaire
additional (US, OTAN, GB) : supplémentaire
additional forces : renforts (forces)
additive (US) : clé (code / chiffre) (RENS)
add-on armor (US) : blindage additionnel
add-on armor (US) : surblindage
address (GB) : aborder (traiter de)
address (OTAN) : adresse
address (OTAN) : faire face à (crise)
address (US) : s'adresser à
address (US) : traiter de
address (US, OTAN) : discours
address as : appeler (nommer / désigner)
address indicator group (AIG) (OTAN) : groupe indicateur d'adresses
addressee (GB) : destinataire (de l'ordre)
addressee (OTAN, US) : destinataire (de message) (TRANS)
adequate : adéquat
adequately : convenablement
adequately (US) : bien (convenablement)
adjacent (OTAN) : contigu (lieu / site)
adjacent (OTAN) : limitrophe
adjacent (US) : voisin (unité) (TAC)
adjudication (US) : agrément (des personnels) (procédure) (RENS)

adjudicative body (US) : autorité d'agrément (des personnels) (RENS)
adjudicator (US) : autorité d'agrément (des personnels) (RENS)
adjunct (US) : auxiliaire (nom)
adjust : adapter
adjust (fire) (US, OTAN, GB) : régler (le tir)
adjust (GB) : régler
adjust (US) : ajuster
adjust (US, GB) : s'adapter (PERS)
adjust fire (OTAN) : réglage (ART) (ordre)
adjustable : réglable (cadence de tir)
adjusting fire (GB) : tir de réglage
adjustment (GB) : réglage (arme)
adjustment (GB) : réglages (corrections) (ART)
adjustment (US) : adaptation
adjustment (US, GB) : réglage (ART)
adjustment of fire (US, OTAN) : réglage du tir (ou réglage observé de tir)
adjutant (GB) : adjoint (du chef de corps)
Adjutant (GB) : officier supérieur adjoint (OSA) (corps de troupe)
Adjutant (US) : officier ressources humaines (ORH) (garnison)
Adjutant General's Corps (AGC) (GB, US) : Chancellerie (ensemble des fonctions "Personnel")
adjutant ou S1 : officier personnel (EM)
admin (forme abrégée) (GB) : travail administratif
administer : administrer (SAN)
administer : prodiguer
administer (GB) : administrer (unité / organisme)
administer (GB) : administer (au plan régional ou national)
administer (GB) : dispenser (formation / soins / agent NBC)
administration (GB) : administration (gouvernement)
administration (GB) : administration (tâches administratives)
administration (GB) : tâches administratives
administration (GB) : travail administratif
administration (GB, US) : administration (gestion) (personnel / unité)
administration and logistics (admin / log) center (US) : antenne logistique
administration and logistics (US) : logistique (titre de paragraphe)
administration center (US) : centre d'administration
administrative (US, GB) : administratif
administrative chain of command (OTAN) : chaîne de commandement administrative
administrative chain of command (OTAN) : voie administrative
administrative command (ADCOM) (OTAN) : commandement administratif
administrative control (ADCON) (US, OTAN) : contrôle administratif (et logistique)

administrative grouping (GB) : regroupement administratif

administrative office (GB) : bureau administratif

administrative order (GB, OTAN) : ordre administratif et logistique (OAL)

administrative plan (OTAN) : plan administratif et logistique

administrative procedures (OTAN) : procédures administratives

administrative staff (GB) : état-major administratif

administrative structure (OTAN) : structure administrative

administrative support (US) : soutien administratif

administrative tasks (GB) : travail administratif

administrative tasks (GB, US) : tâches administratives

administrator (US) : administrateur

admirably (US) : admirablement

admission (OTAN) : admission (dans une installation du service de santé) (blessé) (SAN)

admit : accepter

adopt (US) : choisir

adopt (US, GB, OTAN, UEO) : adopter

adoption (US) : adoption

ADP system (US) : système informatique (ou de traitement automatisé de l'information)

advance : avance (progression / poussée) (TAC)

advance (GB) : avancé (de l'avant)

advance (GB) : marche (progression) (unité)

advance (GB) : marcher à l'ennemi

advance (OTAN) : avancée (progrès / pas)

advance (US) : avance (avantage / supériorité / progrès)

advance (US) : avancer (progresser) (troupe) (TAC)

advance (US) : avancer

advance (US) : évoluer (progresser)

advance (US) : faire progresser (intérêt national)

advance (US) : mettre en valeur (concept)

advance (US) : promouvoir (au grade de)

advance (US, GB) : progrès

advance (US, GB) : progresser (force) (TAC)

advance (US, GB) : progression (TAC)

advance (US, OTAN) : précurseur (adjectif)

advance (US, UN) : préalable

advance element (OTAN) : élément précurseur (force)

advance guard (US, GB, OTAN) : avant-garde (TAC)

advance in rank (US) : avancer en grade (PERS)

advance operation (GB) : opération préalable

advance party : détachement précurseur

advance to contact (GB) : marcher à l'ennemi

advance to contact (GB, OTAN) : marche à l'ennemi (TAC)

advance unit (GB) : unité avancée (ou précurseur)

advance warning (GB) : préavis

advance warning (US) : signe avant-coureur

advanced : pointe (de)

advanced (GB) : avancé (développé) (pays)

advanced (GB) : poussé

advanced (OTAN) : amélioré (matériel / système)

advanced (OTAN) : avancé (de l'avant)

advanced (OTAN) : de l'avant

advanced (UN, OTAN) : évolué (matériel / technique)

advanced (UN, OTAN) : perfectionné (matériel / système)

advanced (US) : avancé (de pointe / perfectionné)

advanced (US) : avant-garde (d')

advanced (US) : de pointe (technologie)

advanced (US) : dernière génération (de) (matériel)

advanced (US) : en avance

advanced base (OTAN) : base avancée

advanced course (US) : stage de perfectionnement

advanced deployment (UN) : déploiement avancé (TAC)

advanced depot (OTAN) : dépôt avancé

advanced field artillery tactical data system (AFATDS) (équivalent US) : ATLAS (automatisation des tirs et liaisons de l'artillerie sol-sol) (ART)

advanced logistic support site (ALSS) (US) : antenne logistique

advanced logistics support site (ALSS) (OTAN) : site de soutien logistique avancé

advanced NCO (= Non-Commissioned Officer) course / platoon leader course (1er niveau) (équivalent US) : brevet militaire professionnel (BMP) (sous-officiers)

advanced short-range air-to-air missile (AS-RAAM) (OTAN) : missile air-air perfectionné à courte portée

advanced soldier system (US) : système du combattant (nouvel équipement du soldat individuel)

advanced technology (OTAN) : technologie avancée, technologie de pointe

advanced technology bomber (ATB) (OTAN) : bombardier de technologie avancée

advanced technology concept demonstration (ATCD) (US) : démonstration de concept de technologie de pointe

advanced technology demonstration (ATD) (US) : démonstration de technologie de pointe

advanced warfighting concept (US) : concept de pointe en matière de combat

advanced warfighting experiment (AWE) (US) : expérience de combat avancée

advancement (OTAN) : avancée (progrès / pas)

advancement (US) : avancement (PERS)

advancement (US) : progrès

advancing (OTAN) : en progression (force)

advancing unit (US) : unité en progression (TAC)

advantage : ascendant

advantage (US) : avance (avantage / supériorité / progrès)

advantage (US) : avantage (TAC)
advantage (US) : avantage (système d'arme)
advantageous (US) : avantageux (position)
advent : arrivée
advent (US, GB) : apparition (avènement / venue)
adventure training (GB) : raid aventure
adventurous training (GB) : raid aventure
adversarial (UN) : antagoniste (adjectif)
adversary (GB, OTAN) : adversaire
adversary (US) : adverse (ennemi)
adverse (GB) : mauvais (conditions météo)
adverse (US) : contraire
adverse (US) : difficile
adverse weather : mauvais temps
adversity (US, GB) : adversité (l')
advertising (US) : publicitaire (adjectif)
advertising (US, GB) : publicité
advertising agency (US) : agence de publicité
advertising campaign (GB) : campagne de publicité (armée)
advice : avis (opinion)
advice (GB) : conseils
advice (US) : conseil (mission de service de renseignement) (RENS)
advise (GB) : informer
advise (OTAN) : donner (avis / responsabilité)
advise (US, GB) : conseiller (verbe)
advise of (US) : informer de
adviser (GB) : conseiller (nom)
adviser to the General (US) : conseiller pour le général
advisor (US) : conseiller (nom)
advisory (OTAN) : consultatif
advisory committee (US) : comité consultatif
advisory group (OTAN, CA) : groupe consultatif
advocate (OTAN) : prôner
aegis (US) : égide
aerial (GB) : antenne (TRANS)
aerial (US) : aérien
aerial bombardment (GB) : bombardement (air)
aerial bombing (GB) : bombardement aérien
aerial camera (system) (US) : caméra aérienne
aerial combat (GB) : combat aérien (mission générale)
aerial delivery : largage (personnels / matériel)
aerial delivery (US) : livraison par air (LPA)
aerial delivery equipment (US) : matériel (ou matériels) de livraison par air
aerial espionage (US) : espionnage aérien
aerial observation (US) : observation aérienne
aerial photograph (US) : photo(graphie) aérienne (cliché)
aerial photography (GB, OTAN) : photo(graphie) aérienne (technique)
aerial port of debarkation (APOD) (US) : aéroport de débarquement
aerial port of embarkation (APOE) (US) : aéroport d'embarquement

aerial raid (US) : raid aérien (cible(s) au sol)
aerial reconnaissance (OTAN, US, GB) : reconnaissance aérienne
aerial reconnaissance (US) : renseignement aérien
aerial surveillance (US, OTAN) : surveillance aérienne
aerial view (OTAN) : vue aérienne (du terrain)
aerodrome (OTAN) : aérodrome
aerodrome (OTAN) : terrain (aérodrome)
aerodrome pavement (OTAN) : revêtement d'aérodrome(s)
aerodrome survival (OTAN) : survie des aérodromes
aerodynamic (US, OTAN) : aérodynamique (adjectif)
aerogramme (GB) : aérogramme (lettre)
aeromedical : aérosanitaire
aeromedical attendant (OTAN) : convoyeur aéromédical (SAN)
aeromedical evacuation (AME) (US) : EVASAN AIR
aeromedical evacuation (AME) (US, OTAN) : évacuation sanitaire (par voie) aérienne (SAN)
aeromedical evacuation control centre (OTAN) : centre de contrôle des évacuations sanitaires aériennes
aeromedical evacuation co-ordinating officer (OTAN) : officier régulateur d'évacuations sanitaires aériennes
aeromedical evacuation operations officer (OTAN) : officier responsable des opérations d'évacuation sanitaire aérienne
aeromedical evacuation system (OTAN) : chaîne d'évacuations sanitaires aériennes
aeromedical staging unit (OTAN) : hôpital de transit "air"
aeronautical (OTAN) : aéronautique (adjectif)
aeroplane (GB) : avion
aerosol (US) : aérosol
aerospace (OTAN, US) : aérospatial (adjectif)
aerospace superiority (US) : supériorité dans les airs et dans l'espace
aerospace trade association GIFAS (Jane's) : GIFAS
aerostat (US) : aérostat
AFCENT support group (ASG) (OTAN) : groupe de soutien de l'AFCENT (Allied Forces Central Europe)
affair (US) : affair
affair (US) : affaire (RENS / politique)
affect (GB) : incidence sur (avoir une)
affect (US) : influer sur
affected (OTAN) : touché (par un conflit / une crise)
affiliate (units) : jumeler (unités)
affiliate (US) : filiale (société)
affiliated with (US) : attaché à (fonction) (PERS)
affiliation (of units) : jumelage (unités)
affirmative : oui (procédure radio)

affirmative (GB) : correct (exact)
affirmative (GB) : exact (vrai)
affirmative (GB) : vrai (exact / correct)
affirmative (US, GB) : affirmatif (oui) (procédure radio)
affix (on) (US) : fixer (composant sur un matériel)
affix (US) : épingler
afford (US) : assurer
afford (US) : fournir
afford (US) : offrir (procurer)
afford (US) : permettre
afford (US) : procurer
affordable (US) : abordable (financièrement) (matériel)
Africa : Afrique
aft : arrière (hélicoptère)
after (GB) : à l'issue de
after (GB) : après
after action review (AAR) (US) : analyse après action (ou dépouillement post-événementiel ou évaluation après action)
afterburning (OTAN) : postcombustion
after-effects (GB) : effets secondaires (traumatisme)
aftermath (US) : contrecoup (sens figuré)
aftermath of war (GB) : après-guerre
afternoon (US, GB, OTAN) : après-midi
aftershock (UN) : onde de choc
again (CA) : encore
against : contre
against (OTAN) : opposé à
against (US, OTAN) : sur (contre)
age (US) : âge (époque)
age (US) : ère
age (US, GB) : âge (PERS)
age bracket (GB) : créneau d'âge (avancement)
age group (GB) : classe (recrutement)
age group (GB) : tranche d'âge
age limit (GB, US) : limite d'âge
ageing (GB) : vieillissant (matériel)
agency (OTAN) : bureau
agency (OTAN) : instance
agency (US) : service (RENS)
agency (US, GB, OTAN) : agence (organisme)
agency (US, OTAN) : organisme
agenda (CFE) : ordre du jour (organisme officiel)
agenda (OTAN) : programme
agenda item : point de l'ordre du jour
agent : gaz
agent (OTAN, US, GB) : agent (RENS)
agent (US, OTAN, UN) : agent (NBC)
agent net (US) : réseau d'agents (RENS)
agent of influence (US) : agent d'influence (RENS)
Agent Orange (US) : Agent Orange (Hist.)
agent provocateur (US) : agent provocateur (RENS)
agent school (US) : école d'espionnage

agent-handler (GB) : officier traitant (OT) (RENS)
agent-in-place (US) : agent-en-place (RENS)
aggravation (OTAN) : aggravation
aggregate (CFE) : global
aggression (US, OTAN, GB) : agression
aggressive (GB) : offensif (adjectif)
aggressive (US) : agressif (offensif) (tactique / opération / personnels)
aggressive (US) : vigoureux
aggressive delay (GB) : freinage offensif (TAC)
aggressively (US) : énergiquement
aggressiveness : agressivité
aggressiveness : mordant (PERS)
aggressor (US) : ennemi (adjectif)
aggressor (US, GB) : agresseur (pays)
aggressor forces (OTAN) : plastron
aggro (GB) : grabuge
agile : agile
agile (US) : maniable (véhicule)
agility : légèreté (tactique)
agility (= "acting faster than the enemy") (US) : rapidité (TAC)
agility (OTAN) : souplesse
agility (US) : agilité (force / véhicule)
agility (US) : agilité tactique
agility (US) : maniabilité (véhicule)
agility (US) : souplesse (force) (INF)
agility of mind (GB) : souplesse d'esprit
agree (UN) : reconnaître (admettre)
agree on (OTAN) : arrêter (fixer par un choix)
agree to (OTAN) : accéder à (accepter)
agree to (US) : accepter
agreed (OTAN) : convenu
agreement (OTAN) : convention (accord)
agreement (US, GB, OTAN, UN) : accord
agreement in principle (Jane's) : lettre d'intention (ARMT)
ahead (US) : avance (à l')
ahead of (GB) : avant de (à l' / en) (espace)
ahead of (GB) : en avant de
AI missions (US) : missions d'interdiction aérienne
aid : assistance
aid : favoriser
aid : secours (SAN)
aid (GB) : appuyer (TAC)
aid (OTAN) : secours (humanitaire)
aid (OTAN) : système d'aide
aid (OTAN, US) : aider (ou assister)
aid (US) : aide (assistance)
aid (US) : assister (force) (TAC)
aid (US) : porter assistance à
aid each other (OTAN) : se prêter (mutuellement) assistance
aid each other (US) : s'entraider
aid man (US) : infirmier (ou infirmière) (nom)
aid post (company) (US) : poste de secours (SAN)
aid station (OTAN) : station de santé (SAN)

aid station (US) : poste de secours (SAN)
aid worker (OTAN) : membre du personnel d'assistance (HUM)
aide-de-camp (ADC) (GB) : aide de camp
Aide-de-Camp (US) : chef de cabinet (commandant de grande école militaire)
aidman : auxiliaire sanitaire (militaire) (SAN)
AIDS (Acquired Immune Deficiency Syndrome ou Acquired ImmunoDeficiency Syndrome) (US, GB) : SIDA (syndrome de l'immunodéficience acquise)
AIF infantry combat weapon (Jane's) : arme individuelle future (AIF) (système combattant) (France)
aiguillette (US) : aiguillette
ailment : affection légère (SAN)
aim : but (objectif d'un engagement de forces)
aim : pointer (arme)
aim (GB) : but
aim (GB) : intention
aim (GB) : objectif (opération militaire)
aim (GB) : pointage
aim (UEO) : objectif (but)
aim (US) : viser (missile / arme)
aim (US, GB, OTAN) : objectif (but d'une opération / zone de terrain à conquérir) (TAC)
aim to (GB) : avoir l'intention de
aimed at (GB) : visant
aimer (OTAN) : pointeur (canon) (ART)
aiming mark (GB) : axe optique (lunette de tir)
aiming point (US) : point de visée
aiming post (US) : jalon (tir)
aiming post (US) : repère (tir)
aiming system (UN) : visée (système de)
aiming : pointage
air : forces aériennes
air (En épithète) (US) : aérien
air (OTAN) : Air (de l'armée de l'air)
air (OTAN) : air (aérien)
air (OTAN) : fusant (ART)
air (ou aerial) vehicle (GB, OTAN) : engin aérien
air (US) : aérer (sens propre)
air (US) : airs
air (US, OTAN, GB) : air
air activity (US) : activité aérienne
air and ground (US) : aéroterrestre
air and ground operations (US) : opérations aéroterrestres
air and space assets (US) : ressources aériennes et spatiales
air assault (OTAN) : assaut aérien (ou vertical)
air assault (US) : aéromobile (d'assaut vertical) (fonction d'unité)
air assault (US) : assaut par air (ou vertical)
air assault (US) : opération aéromobile
air assault brigade (AAB) (OTAN) : brigade d'assaut par air (ou aérien ou vertical)

air assault division (US) : division d'assaut vertical (ou par air)
air assault infantry (US) : infanterie aéromobile
air assault infantry (US) : infanterie d'assaut vertical
air assault task force (US) : groupement d'assaut par air
air assault unit (US) : unité aéromobile (ou d'assaut vertical)
air assault unit (US) : unité d'assaut vertical (ou aéromobile)
air assets (GB) : moyens aériens
air attaché (US) : attaché de l'air
air attack (US) : attaque aérienne
air attack plan (GB) : plan d'attaque aérienne
air base (AB) (OTAN) : base aérienne
air bridge (GB) : pont aérien
air campaign (US, OTAN, CA) : campagne aérienne (ou de guerre aérienne)
air capabilities (US) : capacités aériennes
Air Cavalry (US) : reconnaissance aérienne (renseignement par hélicoptères) (fonction / arme)
air cavalry (US) : reconnaissance aéromobile
air cavalry (US) : reconnaissance héliportée (fonction)
air cavalry (US) : renseignement aéromobile (AT)
air cavalry (US) : renseignement par hélicoptères (ou aéromobile)
air cavalry squadron (US) : régiment de renseignement aéromobile (RRA)
air cavalry troop (Air Cav) : escadrille (hélicoptères) (ALAT)
air cavalry troop (Air Cav) (US) : escadrille d'hélicoptères de reconnaissance (EHR)
air cavalry unit (US) : unité de reconnaissance (ou de renseignement) par hélicoptères
air cleaner (US) : purificateur d'air (véhicule blindé)
air combat (OTAN, US) : combat aérien (mission générale)
Air Combat Command (ACC) (équivalent US) : commandement de la force aérienne de combat (CFAC)
air component commander (ACC) (GB) : commandant de composante aérienne
air conditioner : climatiseur
air conditioning (AC) (OTAN) : climatisation
air conditioning system (Jane's, US) : climatisation (véhicule blindé)
air control (OTAN) : direction tactique air
air control and reporting (ACR) (OTAN) : détection et contrôle aériens
air controller (OTAN) : contrôleur aérien
air coordination (OTAN) : coordination aérienne
air coordination area (ACA) (OTAN) : zone de coordination air
air cushion (OTAN) : coussin d'air
air cushion vehicle (ACV) (OTAN) : véhicule à (ou sur) coussin d'air

air cushion vehicle (ACV) (US) : aéroglisseur
air defence (AD) (GB) : défense antiaérienne
air defence (artillery) battery (GB) : batterie sol-air (ART)
air defence (GB) : défense sol-air (composante artillerie)
air defence (GB) : sol-air
air defence (guided) missile (GB) : missile sol-air
air defence (OTAN, US) : défense aérienne
air defence action area (OTAN) : zone d'action de défense aérienne
air defence anti-tank system (ADATS) (OTAN) : système de défense antichar et antiaérienne
air defence area (OTAN) : région de défense aérienne
air defence artillery (ADA) (OTAN, US) : artillerie antiaérienne
air defence artillery (GB) : artillerie sol-air (ASA)
air defence artillery (GB) : ASA (artillerie sol-air)
air defence brigade (GB) : brigade d'artillerie sol-air
air defence command (ADC) (OTAN) : commandement de la défense aérienne
air defence commander (ADC) (GB) : commandant de défense aérienne
air defence control centre (ADCC) (OTAN) : centre de contrôle de la défense aérienne (PCDA)
air defence control centre (ADCC) (OTAN) : poste de commandement de défense aérienne (PCDA)
air defence data (OTAN) : informations de défense aérienne
air defence data display (OTAN) : représentation des informations de défense aérienne
air defence data processing (OTAN) : traitement des informations de défense aérienne
air defence data processing and display system (OTAN) : système de traitement et de représentation des informations de défense aérienne (STRIDA)
air defence district (ADD) (OTAN) : district de défense aérienne
air defence early warning (ADEW) (OTAN) : détection lointaine de défense aérienne
air defence exercise (ADEX) (OTAN, US) : exercice de défense aérienne
air defence forces (OTAN) : forces de défense aérienne
air defence ground environment (OTAN) : réseau de défense aérienne
air defence identification zone (ADIZ) (OTAN) : zone d'identification de défense aérienne
air defence operations (OTAN, US) : opérations de défense aérienne
air defence operations area (OTAN) : zone d'opérations de défense aérienne
air defence operations centre (ADOC) (GB) : centre d'opérations de défense aérienne
air defence regiment (GB) : régiment sol-air

air defence regiment GB) : régiment d'artillerie sol-air (RASA)
air defence section (GB) : équipe antiaérienne
air defence sector (OTAN) : secteur de défense aérienne
air defence training (OTAN) : entraînement de défense aérienne
air defence troop (GB) : section de défense sol-air
air defences (US, GB) : défenses aériennes
air defense (AD) (US) : défense antiaérienne
air defense (ou defence) system (US, OTAN) : système de défense aérienne (dispositif)
Air Defense (US) : artillerie sol-air (sous-titre de paragraphe)
air defense area (ADA) (US, OTAN) : zone de défense (anti-)aérienne (ZDA)
air defense artillery (ADA) (US) : artillerie sol-air (ASA)
air defense artillery (ADA) (US) : ASA (artillerie sol-air)
air defense artillery (ADA) battalion (US) : régiment d'artillerie sol-air (RASA)
air defense artillery (ADA) brigade (US) : brigade d'artillerie sol-air
air defense artillery unit (US) : unité d'artillerie sol-air
air defense commander (US) : chef de la défense aérienne
air defense gun (US) : canon antiaérien
air defense gun system (US) : char antiaérien
air defense missile unit (US) : unité de missiles sol-air
air defense platoon (US) : section de défense sol-air
air defense sensor (US) : capteur de défense aérienne
air defense system (US) : système de défense aérienne (matériel sol-air)
air defense weapon (US) : arme sol-air
air delivery (US) : livraison par air (LPA)
air despatch (ou air dispatch) (AD) (GB) : livraison par air (LPA)
air despatch regiment (GB) : régiment de livraison par air (RLA)
air despatch squadron (GB) : compagnie de livraison par air
air despatch squadron (Royal Logistic Corps, RLC) (GB) : escadron de livraison par air (ELA)
air district : région aérienne
air droppable (US) : largable (véhicule)
air exclusion zone (US) : zone d'exclusion aérienne
air exercise (OTAN) : exercice aérien, exercice des forces aériennes
air force (AF) (OTAN) : force aérienne
air force (GB) : aviation (l')
Air Force (US, GB) : armée de l'air
air force base (AFB) (US, OTAN) : base aérienne

Air Force Intelligence (US) : renseignement de l'armée de l'air

Air Force unit (US) : unité de l'armée de l'air

air forces (US, OTAN) : forces aériennes

air gun (UN) : air comprimé (arme à air comprimé)

air headquarters (AHQ) (GB) : état-major aérien (ou des forces aériennes)

air image (US) : image aérienne (situation)

air inflator : gonfleur (véhicule blindé)

air inlet : entrée d'air (char)

air insertion : dérive sous voile (DSV) (TAP)

air intercept missile (AIM) (GB) : missile air-air

air intercept missile (AIM) (OTAN) : missile d'interception aérienne

air interdiction (AI) (OTAN) : mission d'interdiction aérienne

air interdiction (AI) (US, OTAN) : interdiction aérienne (mission)

air landing (OTAN) : atterrissage d'assaut

air landing (OTAN) : poser (nom)

air liaison officer (ALO) : OLFA (officier de liaison des forces aériennes)

air liaison officer (ALO) (OTAN) : officier de liaison Air

air lines of communication (ALOC) (US) : lignes de communication aériennes

air mission control : contrôle des missions aériennes

air mobile operation : opération aéromobile

Air Mobility Command (AMC) (équivalent US) : commandement de la force aérienne de projection (CFAP) (ex-COTAM)

air movement (OTAN) : mouvement(s) par voie aérienne

air movements : mouvements aériens

air navigation (OTAN) : navigation aérienne

air observation (OTAN) : observation aérienne

air operation (GB, Jane's) : opération aérienne

air operations (OTAN, GB, US) : opérations aériennes

air operations centre (AOC) (OTAN) : centre des opérations aériennes (ou air)

air operations coordination centre (AOCC) (OTAN) : centre de coordination Air (CCA) (ou centre de coordination des opérations aériennes)

air operations coordination centre (GB) : centre de coordination des opérations aériennes

air order of battle (US) : ordre de bataille air

air patrol area (APA) (OTAN) : zone de patrouille aérienne

air photo interpretation (API) (OTAN) : interprétation de photographie aérienne

air photograph (GB, OTAN) : photo(graphie) aérienne (cliché)

air photographer (US) : interprétateur photo

air photographic reconnaissance (OTAN) : reconnaissance photographique

air photography (GB, OTAN) : photo(graphie) aérienne (technique)

air picture (OTAN) : situation aérienne

air plan (GB) : plan aérien

air port of disembarkation (APOD) (OTAN, GB) : aéroport de débarquement

air port of embarkation (APOE) (OTAN, GB) : aéroport d'embarquement

air portable (OTAN) : transportable par air

air power (OTAN) : puissance aérienne

air power (US, GB) : moyens aériens

air raid (GB) : raid aérien (cible(s) au sol)

air recce (GB) : reconnaissance aérienne

air reconnaissance (OTAN) : reconnaissance aérienne

air reconnaissance report (GB) : compte-rendu de reconnaissance aérienne

air region (US) : région aérienne

air resources (OTAN) : moyens aériens

air scout assets (US) : moyens de reconnaissance par hélicoptère

air sentry (GB) : sentinelle aérienne (défense aérienne)

air situation (GB) : situation aérienne

air space : espace aérien

air strength (US) : potentiel aérien

air strike (US) : raid aérien (cible(s) au sol)

air strike ou airstrike (US, GB, OTAN, Jane's) : frappe aérienne

air strike mission (OTAN) : mission de frappe aérienne

air strip (OTAN) : bande d'atterrissage

air superiority (OTAN, GB, US) : supériorité aérienne

air support (OTAN) : appui aérien

air support (US) : appui aérien (titre de sous-paragraphe)

air support operations (US, OTAN) : opérations d'appui aérien

air support operations centre (ASOC) (OTAN) : centre d'opérations d'appui aérien

air support signal unit (ASSU) (OTAN) : unité de transmission d'appui aérien

air supremacy : suprématie aérienne

air supremacy (OTAN) : maîtrise de l'air

air supremacy (US) : supériorité aérienne

air surveillance (OTAN, US) : surveillance aérienne

air surveillance and control (OTAN) : surveillance et contrôle aériens

air surveillance and control system (ASACS) (OTAN) : système de surveillance et de contrôle aérien

air tasking (OTAN) : attribution des missions aériennes

air tasking authority (ATA) (OTAN) : autorité d'attribution des missions aériennes

air terminal (US) : terminal aérien

air to surface (missile) (GB) : air-sol (missile)

air traffic (OTAN) : circulation aérienne
air traffic control (ATC) (OTAN) : contrôle de la circulation aérienne
air traffic control centre (ATCC) (OTAN) : centre de contrôle de la circulation aérienne
air transport (AT) (OTAN, GB) : transport aérien (ou par air ou par voie aérienne)
air transport assets (UEO, OTAN) : moyens de transport aérien
air transport liaison officer (OTAN) : officier de liaison de transport par air
air transport liaison section (OTAN) : section de liaison de transport aérien
air transportable unit (OTAN) : unité aérotransportable
air verification (OTAN) : vérification aérienne
air verification mission (OTAN) : mission de vérification aérienne
air war : guerre aérienne
air waves (GB) : ondes hertziennes
air waves (GB) : ondes radio
air(-)defense (US) : sol-air
air(-)launched : lancé depuis un porteur aérien (missile)
air(-)portable (GB) : aérotransportable (hommes / matériel)
airbase (GB) : base aérienne
airborne (early) warning and control system (AWACS) : système aéroporté d'alerte (de détection lointaine) et de contrôle (avion radar)
airborne (OTAN) : de bord (aéronef)
airborne (OTAN) : embarqué (aéronef)
airborne (OTAN) : en vol
airborne (OTAN) : installé (embarqué) (à bord d'un aéronef)
airborne (OTAN) : volant (participe présent)
airborne (ou parachute) long-range surveillance battalion : régiment de dragons parachutistes (RDP)
airborne (sur aéronef) (OTAN) : bord (de) (embarqué)
airborne (system) (OTAN) : aéroporté (système d'arme)
Airborne (US) : para
airborne (US) : parachutiste (adjectif)
airborne (US) : troupes aéroportées (TAP) (parachutistes) (les)
airborne (US, OTAN) : aéroporté (troupes / opérations / système)
airborne assault : assaut vertical (opération aéroportée)
airborne assault (US) : assaut aéroporté
airborne battlegroup (GB) : groupement aéroporté
airborne brigade (ABB) (OTAN) : brigade aéroportée
airborne brigade (GB) : brigade parachutiste
airborne brigade (US, GB) : brigade parachutiste (BP) (armée de terre 2002)

airborne command and control system (ACCS) (GB) : système de commandement et de contrôle aéroporté
airborne command post (ACP) (GB, OTAN) : PC aéroporté
airborne command post (ACP) (GB, OTAN) : PC volant
airborne command, control and communications (ABCCC) system (OTAN) : système aéroporté de commandement, de contrôle et de communications
airborne corps (US) : corps d'armée aéroporté (ou parachutiste) (USA)
airborne division (ABD) (OTAN) : division aéroportée
airborne division (US) : division parachutiste (DP)
Airborne Division headquarters and logistics battalion : régiment parachutiste de commandement et de soutien (RPCS) (DP)
Airborne division(al) armoured regiment (GB) : régiment blindé de division parachutiste
Airborne division(al) artillery regiment (GB) : régiment d'artillerie de division parachutiste
Airborne division(al) engineer regiment (GB) : régiment du génie de division parachutiste
Airborne division(al) para-commando team (ou patrol) : équipe de commandos parachutistes (ECP) (DP) (ex-CRAP) (10 hommes)
Airborne divisional air despatch and equipment support battalion : base opérationnelle mobile aéroportée (BOMAP) (DP) (obsolète)
airborne early warning & control system (AEW&CS) (OTAN) : système aéoporté de détection lointaine et de contrôle
airborne early warning and control (AEW&C) (GB) : détection lointaine et contrôle aéroportés
airborne early warning (AEW) (OTAN) : système de détection aéroporté (SDA)
Airborne Early Warning and Control (System) aircraft (AWACS) (OTAN) : aéronef de détection (ou d'alerte) lointaine et de contrôle
airborne engineer battalion (US) : régiment du génie parachutiste (RGP)
Airborne equipment and technical support battalion : base opérationnelle mobile aéroportée (BOMAP) (DP) (obsolète)
airborne flying tanker (UN) : avion ravitailleur (ou ravitailleur en vol)
airborne forces : TAP (les)
Airborne forces (US) : para
airborne homing system (AHS) (OTAN) : système de radioralliement embarqué (ou de bord)
airborne infantry (US) : infanterie parachutiste
airborne infantry battalion (US) : régiment d'infanterie parachutiste (RIP), régiment de chasseurs parachutistes (RCP)
airborne infantry unit (US) : unité d'infanterie parachutiste
airborne insignia ou airborne badge (US) : insigne de parachutiste

airborne intercept (OTAN) : interception en vol

airborne laser (ABL) (AUST) : arme laser aéroportée

airborne liaison officer (OTAN) : officier de liaison des forces aéroportées

airborne operation : opération aéroportée (OAP)

airborne operations (OTAN) : opérations aéroportées

airborne operations centre (ABNOC) (OTAN) : centre des opérations aéroportées

airborne qualified : breveté para(chutiste) (PERS)

airborne radar (Jane's) : radar héliporté

airborne raid (OTAN) : raid aéroporté

airborne regiment (ABRGT) (OTAN) : régiment aéroporté

airborne relay aircraft (ARA) (OTAN) : avion-relais en vol

Airborne School (US) : ETAP (école des troupes aéroportées)

airborne sensor (US) : capteur embarqué (aéronef)

airborne sighting system : viseur aéroporté

airborne surveillance radar : radar de surveillance aéroporté

airborne transportation battalion (terminologie US) : régiment du train parachutiste (RTP) (ex-BOMAP + RLA)

airborne troops (GB) : troupes aéroportées (TAP) (les) (parachutistes) (les)

air-breathing (UN) : aérobie

airburst (US, GB) : explosion aérienne (dans les airs) (missile / obus)

air-conditioned : climatisé

air-cooled (US, GB) : refroidi par air

air-cooled (US, GB) : refroidissement par air (à)

aircraft : avion

aircraft (A/C) (US, GB, OTAN) : aéronef

aircraft (OTAN) : aviation (l')

aircraft (US, OTAN) : appareil (aéronef)

aircraft carrier (OTAN, GB, US) : porte-avions (ou porte-aéronefs)

aircraft carrier battle group (CVBG) (OTAN) : groupe aéronaval (GAN)

aircraft commander (GB) : chef de bord (hélicoptère) (ALAT)

aircraft commander (OTAN) : commandant de bord (aéronef)

aircraft crash (US, GB) : accident d'aéronef

aircraft scrambling (OTAN) : ordre de décollage immédiat (aéronefs)

aircrew (OTAN) : équipage (aéronef)

airdrop : aérolargage (livraison par air)

airdrop : largage de charge (livraison par air)

airdrop (Jane's) : larguer

airdrop (UN) : parachutage (hommes / matériels)

airdrop (US, OTAN) : largage (personnels / matériel)

airdrop aircraft : avion largueur (TAP)

airdrop delivery : livraison par air (LPA)

airdrop operation (OTAN) : parachutage (hommes / matériels)

airdrop platform (OTAN) : plate-forme de largage

air-droppable (GB) : aérolargable (unité)

airdropped : aérolargué (livré par air)

airfield (CFE, OTAN, UN) : terrain d'aviation

airfield (US, OTAN) : aérodrome

airfield control radar (ACR) (OTAN) : radar de contrôle d'aérodrome

airfield damage repair (ADR) : restauration de plate-forme aéroportuaire (GEN)

airfield engineers : génie de l'air

air-force (GB) : armée de l'air (de)

air-force personnel (GB) : personnel(s) de l'armée de l'air

airframe (GB) : cellule (aéronef)

air-ground (OTAN) : air-sol (opération)

air-ground operations (OTAN) : opérations air-sol

air-ground operations system (OTAN) : système d'opérations air-sol

air-gunner (GB) : tireur canon / missile (hélicoptère)

airhead (US, OTAN) : tête de pont aérienne

air-land (Jane's) : aéroterrestre

airland (US) : aéroterrestre

airland (US) : poser par air

airland / AirLand / battle (US) : bataille aéroterrestre (ou combat aéroterrestre)

airland assault : poser d'assaut

air-land battle : combat aéroterrestre

Air-Land Battle (US, GB) : combat aéroterrestre (doctrine)

AirLand Corps (US) : corps d'armée aéroterrestre

air-land operations : combat aéroterrestre

air-land operations : opérations aéroterrestres

airlanded (US, OTAN) : posé (par aéronef / hélicoptère)

air-launched (OTAN) : aérolargué (lancé depuis les airs)

air-launched anti-radar missile (ALARM) (OTAN) : missile antiradar à lanceur aérien

air-launched cruise missile (ALCM) (OTAN) : missile de croisière à lanceur aérien

air-launched radiation thermometer (ART) (OTAN) : thermomètre de rayonnement aérolargué

airlift : aérotransport

airlift (GB) : pont aérien

airlift (OTAN) : transport aérien (ou par air ou par voie aérienne)

airlift (US) : transporter par air (force / troupes / matériel)

airlift (US, GB) : aérotransporter (hommes / matériel)

airlift capability (Jane's) : capacité de transport aérien

airlift coordination centre (GB) : centre de coordination du transport aérien

air-loaded (US) : embarqué (aéronef)

air-mail letter : aérogramme (lettre)
airman : aviateur (membre de l'armée de l'air)
airman (OTAN) : navigateur aérien
airmobile (GB) : aéromobile
airmobile brigade (GB) : brigade aéromobile (BAM) (armée de terre 2002)
airmobile brigade headquarters (HQ) (GB, US) : état-major de brigade aéromobile (armée de terre 2002)
airmobile combat patrol (US) : patrouille aéromobile
airmobile CSS battalion : régiment de soutien aéromobile (RSAM) (division aéromobile)
airmobile division (GB, US) : division aéromobile
airmobile force (OTAN) : force aéromobile
airmobile infantry (GB) : infanterie aéromobile
airmobile operation (OTAN, US) : opération héliportée (OHP)
airmobile squadron (GB) : escadrille aéromobile
airmobile support battalion : régiment de soutien aéromobile (RSAM) (division aéromobile)
airmobile task force : groupement aéromobile (GAM)
airmobility (US, GB, OTAN) : aéromobilité
airplane (US) : avion
airport (US, GB) : aéroport
airport security (US) : sécurité des aéroports
airportability (GB) : aérotransportabilité
air-portable infantry (GB) : infanterie aérotransportable
air-sea (GB) : aéromaritime
air-sea rescue (GB) : sauvetage aéromaritime (ou aérien en mer)
airship (GB) : dirigeable
airspace (GB, US, OTAN) : espace aérien
airspace control (AC) (OTAN) : contrôle de l'espace aérien
airspace control authority (ACA) (GB, OTAN) : autorité de contrôle de l'espace aérien
airspace control means (ACM) (OTAN) : moyens de contrôle de l'espace aérien
airspace control order (ACO) (GB, OTAN) : ordre de contrôle de l'espace aérien
airspace control plan (ACP) (GB, OTAN) : plan de contrôle de l'espace aérien
airspace control request (ACR) (GB) : demande de contrôle de l'espace aérien
airspace control system (ACS) (GB, OTAN) : système de contrôle de l'espace aérien
airspace coordination order (ACO) (OTAN) : ordre de coordination de l'espace aérien
airspace management (US) : gestion de l'espace aérien
airspace management cell (OTAN) : cellule de gestion de l'espace (aérien) (CEGES)
airspeed indicator (ASI) (OTAN) : anémomètre (ou badin)
airstrike (US) : attaque aérienne
airstrip : piste d'atterrissage

airstrip (GB) : bande d'atterrissage
airtight (GB) : hermétique
air-to-air : air-air
air-to-air guided missile (OTAN) : missile air-air
air-to-air missile (AAM) (OTAN, GB) : missile air-air
air-to-air refueling (AAR) (GB, OTAN) : ravitaillement en vol (aéronef)
air-to-air refueller (UN) : avion ravitailleur
air-to-air refueller (UN) : ravitailleur en vol (ou avion ravitailleur)
air-to-air warfare (AAW) (OTAN) : lutte aérienne
air-to-ground missile (AGM) (OTAN) : missile air-sol
air-to-surface (guided) missile (OTAN) : missile air-surface
air-to-surface missile : missile air-sol
airtransportable (US) : aérotransportable (hommes / matériel)
airwave listener (GB) : opérateur d'écoute (TRANS)
airway obstruction (US) : obstruction des voies aériennes (SAN)
airworthy (GB) : en état de naviguer (aéronef)
a.k.a. (GB) (= also known as) : alias (connu sous le nom de)
alarm (GB) : alarmer (éveiller des craintes / effrayer)
alarm (GB) : alerte
alarm (US) : alarme
alarm system (GB) : système d'alarme (ou d'alerte) (NBC)
alarm system (OTAN) : système d'alerte
alarmed (GB) : alarmé (effrayé) (individu)
Albion Plateau (GB) : Plateau d'Albion (le)
alcohol misuse (GB) : abus d'alcool (PERS)
alert (GB) : alerter
alert (GB) : vigilant
alert (Jane's) : mise en alerte (forces)
alert (UN) : alerte
alert (UN) : état d'alerte
alert (US) : avertir (prévenir)
alert (US) : éveiller
alert (US) : mettre en alerte (unité)
alert exercise (ALEX) (OTAN) : exercice d'alerte
alert implementation report (ALIMPREP) (OTAN) : compte-rendu d'exécution des mesures d'alerte
alert order (US) : ordre de mise état d'alerte (forces)
alert status : régime d'alerte
alert system (US) : système d'alerte
alert to (GB) : alerter sur
alertness (GB) : vigilance (PERS)
algorithm (US) : algorithme
alias (GB) : alias (connu sous le nom de)
alias (GB) : faux nom (RENS)
alias (US) : alias (ou code) (agent) (RENS)

alien (US, GB) : étranger (citoyen d'un pays étranger) (nom)

alienate (GB) : s'aliéner

alignment (OTAN) : alignement (aéronef en atterrissage)

alignment (sight) (US) : alignement (visée)

alive (US) : vivant (PERS)

all- (US) : exclusivement

all- (US) : uniquement

all (US, OTAN) : tout

all after ! (US) : tout après ! (procédure radio)

all arms (GB) : interarmes

all before ! (US) : tout avant ! (procédure radio)

all out (US) : à fond

all round (defence) : tous azimuts (défense)

all the way to : jusqu'à (spatial)

all through (US) : tout

all weather aircraft (OTAN) : aéronef tout temps

all weather radar (GB) : radar tout temps

all-arms (ou manœuvre) brigade headquarters (HQ) (GB, US) : état-major de brigade interarmes (armée de terre 2002)

all-arms brigade (GB) : brigade interarmes (BIA) (armée de terre 2002)

all-arms formation : grande unité interarmes

all-professional (Jane's) : professionalisé

allegation (OTAN) : allégation

alleged (UN) : présumé

allegiance (GB) : allégeance (à une personne ou une cause)

alliance (US, GB) : alliance

alliance forces (OTAN) : forces de l'alliance (OTAN)

alliance nation (US) : pays de l'Alliance

alliance objective (US) : objectif d'alliance

alliance structure (US) : structure d'alliance

alliance territory (OTAN) : territoire de l'alliance (OTAN)

allied (OTAN) : allié (ou interallié) (participe passé)

allied (OTAN) : interallié

allied agency (OTAN) : bureau allié (ou interallié)

Allied Air Forces (OTAN) : forces aériennes alliées (OTAN)

Allied Command, Atlantic (ACLANT) : commandement allié de l'Atlantique (OTAN)

Allied Command Europe (ACE) (GB, OTAN) : commandement allié en Europe (OTAN)

allied commander (OTAN) : commandant interallié

allied commander (US) : chef allié

allied commander (US) : commandant allié

Allied Forces Baltic Approaches (BALTAP) (OTAN) : forces alliées des approches de la Baltique

Allied Forces Central Europe (AFCENT) (OTAN) : forces alliées du Centre-Europe

Allied Forces North West Europe (AFNORTHWEST) (OTAN) : forces alliées du Nord-Ouest Europe

Allied Forces Southern Europe (AFSOUTH) (OTAN) : forces alliées du Sud-Europe

Allied Land Forces Central Europe (LANDCENT) (OTAN) : forces terrestres alliées du Centre-Europe

Allied Land Forces South Central Europe (LANDSOUTHCENT) (OTAN) : forces terrestres alliées du Centre-Sud Europe

Allied Land Forces South Eastern Europe (LANDSOUTHEAST) (OTAN) : forces terrestres alliées du Sud-Est Europe

Allied Land Forces Southern Europe (LANDSOUTH) (OTAN) : forces terrestres alliées du Sud-Europe

allied nation (US) : pays allié

allied operation : opération interalliée

allied partner (US) : partenaire d'alliance

allied procedural publication (APP) (OTAN) : publication interalliée sur les procédures (OTAN)

allied publication (AP) (OTAN, GB) : publication alliée (ou interalliée)

allied tactical air force (ATAF) (OTAN) : force aérienne tactique alliée (FATA)

allied tactical force (ATF) (OTAN) : force tactique alliée

allied troops (GB) : troupes alliées

Allies (GB) : Alliés (les)

allocate (GB) : affecter (PERS)

allocate (GB) : affecter à (allouer)

allocate (GB, US) : affecter (attribuer) (unités / moyens / forces)

allocate (resources) (US, GB) : accorder (moyens)

allocate (US) : allouer

allocate (US) : attribuer

allocation (OTAN, US) : attribution

allocation (OTAN) : affectation (force)

allot : attribuer

allot (UN) : affecter (attribuer) (unités / moyens / forces)

alloted to (US) : dévolu à

allotment (US) : délégation de solde

all-out (GB) : outrance

all-out war (US) : guerre totale

allow (GB) : permettre

allow (OTAN) : accorder

allowance (GB) : droit (prérogative)

allowance (US) : indemnité

allowances (US) : allocations (avantages sociaux) (PERS)

alloy (UN, US) : alliage

all-purpose lightweight individual carrying equipment (ALICE) (US) : harnachement (du fantassin)

all-round defence (GB) : défense en hérisson

all-source (US) : toutes sources (de) (RENS)

all-source intelligence (OTAN, US) : renseignement de toutes sources
all-terrain carrier : véhicule articulé chenillé (VAC)
all-terrain vehicle (GB) : véhicule tout-terrain
all-the-way homing (UN) : autoguidage de bout en bout
all-up (GB) : global (effectif)
all-volunteer (military) force (AVF) (US) : armée professionnelle
all-volunteer (US) : professionalisé
all-volunteer Armed Forces (GB) : armée professionnelle
all-volunter (US) : professionnel (de métier)
all-weather (AW) (OTAN) : tout temps
all-weather fighter (AWX) (OTAN) : chasseur tout temps (aéronef)
ally : allié (nom)
ally oneself to (GB) : s'allier à (pays)
ally oneself with / to : allier à (s')
almost (US) : pratiquement
almost (US), near (US) : presque
alone (US) : seul
along (GB, US) : sur (spatial)
along (OTAN) : long de (le)
along (US, GB, OTAN) : le long de (axe / itinéraire)
along(side) : hauteur de (à)
alongside (GB) : aux côtés de
alongside (US) : côte à côte (unités)
ALOUETTE light helicopter : ALOUETTE (hélicoptère)
alphanumeric (A/N) (US) : alphanumérique
alpine (US) : alpin/e (unité / troupes)
alpine division (US) : DIM (Division d'Infanterie de Montagne)
alpine division (US) : division alpine
Alpine troops (Jane's) : chasseurs alpins
alter (GB) : modifier (ordre)
alter (GB) : modifier (plan)
alter (US) : modifier (effets)
alteration : modification (armement)
alternate (OTAN) : dégagement (de) (aérodrome / fréquence)
alternate (OTAN) : de rechange (structure)
alternate (OTAN) : rechange (de) (état-major / quartier général)
alternate (US) : alterner
alternate (US) : faire alterner
alternate bounds (GB) : progression en perroquet (TAC)
alternate command post (CP) (US) : moyens réservés (PC)
alternate CP : PC moyens réservés (secondaire)
alternate position (US, GB) : position de rechange (TAC)
alternate route (US) : itinéraire de remplacement

alternate war headquarters (AWHQ) (OTAN) : quartier général de guerre de rechange (QGGR)
alternately (GB) : alternance (en)
alternately (GB) : tour à tour
alternative (GB) : choix
alternative (OTAN) : solution
alternative (US) : alternative (néologisme)
alternative option (US) : option de remplacement (ou de rechange)
Alternative Service Program (US) : service des objecteurs de conscience
alternative(s) (US) : autre(s) possibilité(s)
altimeter (US) : altimètre
altitude (OTAN, GB) : altitude
altitude wind : vent en altitude (TAP)
aluminium armor (US) : blindage d'aluminium
aluminum (US) / aluminium (GB) : aluminium
alumni (US, GB) : anciens élèves (grande école militaire)
always (GB) : toujours
amalgamate : fusionner
amalgamation : fusion (d'unités / de services)
amalgamation (OTAN) : agrégation
ambassador (US, GB) : ambassadeur
ambient (GB) : ambiant
ambient (US) : résiduel
ambiguity (US) : ambiguïté
ambiguous (US) : ambigu
ambition : ambition (PERS)
ambitious : ambitieux (PERS)
ambulance (battlefield) (GB, OTAN) : ambulance (SAN)
ambulance bus : car sanitaire
ambulance transport company : compagnie de transport sanitaire
ambush : guet-apens
ambush (GB) : troupe d'embuscade
ambush (US, GB) : embuscade (TAC)
ambush (US, GB) : prendre en embuscade (troupes)
ambush patrol (GB) : patrouille d'embuscade
ambush techniques (US) : techniques d'embuscade
ambush troops (GB) : troupes d'embuscade
ambushed : pris en embuscade (force)
amend (OTAN) : modifier
amend (US) : modifier (ordre)
amendment : rectificatif (à un ordre)
America's (US) : américain (des États-Unis d'Amérique) (adjectif)
American (OTAN) : Américain (citoyen des États-Unis d'Amérique) (nom)
American, US ou U.S. : américain (des États-Unis d'Amérique) (adjectif)
AML (4 X 4) armoured car (Jane's) : AML
ammunition (OTAN) : munition
ammunition (OTAN, US, Jane's) : munitions
ammunition bid (GB) : demande de munitions

ammunition box (GB) : caisse de munitions

ammunition box (US) : boîte de munitions

ammunition can : boîte de munitions (arme automatique)

ammunition capacity (GB) : munitions à bord (caractéristique de véhicule)

ammunition capacity (GB) : munitions embarquées (canon automoteur / char)

ammunition carried (GB) : autonomie en munitions (descriptif de canon automoteur)

ammunition carried (GB) : dotation en munitions (caractéristique de véhicule)

ammunition carried (GB) : munitions à bord (caractéristique de véhicule)

ammunition carried (GB) : munitions embarquées (canon automoteur / char)

ammunition carrier : pourvoyeur

ammunition carrier (US) : véhicule de transport de munitions

ammunition clip : lame chargeur

ammunition compound (GB) : parc à munitions

ammunition container (GB) : caisse de munitions

ammunition depot (GB, OTAN) : dépôt de munitions

ammunition dump (GB) : dépôt de munitions

ammunition plant (US) : usine de fabrication de munitions

ammunition plant (US) : usine de munitions

ammunition pouch : cartouchière

ammunition request (GB) : demande de munitions

ammunition storage (OTAN) : stockage de munitions

ammunition storage capacity (US) : capacité de stockage en munitions (véhicule)

ammunition storage facility (OTAN) : dépôt de stockage de munitions

ammunition stowage : casier à munitions (char)

ammunition supply (OTAN) : ravitaillement en munitions

ammunition supply point (ASP) (US) : point de ravitaillement en munitions

ammunition support vehicle : véhicule d'approvisionnement (ravitaillement) en munitions

ammunition support vehicle (US) : véhicule ravitailleur (munitions)

Ammunition Technical Officer (ATO) (= a bomb disposal expert) (GB) : démineur

ammunition technical officer (ATO) (Officier ou sous-officier) (GB) : artificier (AT / GEND)

ammunition technician (GB) : technicien en munitions

ammunition transfer point (ATP) (US) : îlot munitions (secteur des transbordements)

among (US, GB) : parmi

amount (US) : quantité

amount (US) : volume (LOG / RENS / HUM)

amount of supplies (US) : quantité d'approvisionnement

amount to : équivaloir à

amphibian : pont amphibie (véhicule)

amphibious (US) : amphibie

amphibious (US) : submersion (en)

amphibious asault forces (US) : forces d'assaut amphibie

amphibious assault (OTAN) : assaut amphibie

amphibious assault area (OTAN) : zone d'assaut amphibie

amphibious assault vehicle (AAV) (US) : engin chenillé de débarquement pour personnel(s)

amphibious assault vehicle (Jane's, US) : véhicule d'assaut amphibie

amphibious capability (Jane's) : capacité amphibie (véhicule)

amphibious engineers (GB) : génie amphibie

amphibious force (AF) (GB) : force amphibie

amphibious group (OTAN) : groupe amphibie

amphibious infantry combat vehicle (AICV) (US) : véhicule de combat d'infanterie amphibie

amphibious objective area (AOA) (OTAN) : zone d'opérations amphibies

amphibious objective area (OTAN) : zone des objectifs d'une opération amphibie

amphibious objective area (OTAN) : zone d'objectif amphibie

amphibious operation (GB) : opération amphibie

amphibious raid (OTAN, US) : raid amphibie

amphibious reconnaissance (OTAN) : reconnaissance amphibie

amphibious regiment (Jane's) : régiment amphibie

amphibious task force (OTAN) : force d'intervention amphibie

amphibious tractor (Amtrac) (GB) : véhicule de transport de troupes amphibie

amphibious vehicle (OTAN, GB) : véhicule amphibie

amphibious vehicle launching area (OTAN) : zone de mise à l'eau des véhicules amphibies

amphibious warfare (AW) (OTAN) : guerre amphibie

amplifier (OTAN, US) : amplificateur

amplify (GB) : amplifier (lumière)

amplify (signals) (OTAN) : amplifier (signaux) (TRANS)

amplitude modulation (AM) (US) : modulation d'amplitude (TRANS)

ampoule (US) : ampoule

amputate (GB) : amputer (SAN)

amputation (US, GB) : amputation (SAN)

amputee (GB) : amputé (individu)

AMX-105 self-propelled gun (GB) : AMX-105

AMX-10P infantry fighting vehicle (IFV) (Jane's, GB) : AMX-10P

AMX-10P tracked infantry vehicle (Jane's) : AMX-10P

AMX-10RC (6 X 6) armoured car (Jane's) : AMX-10RC

AMX-10RC wheeled light tank (US) : AMX-10RC

AMX-13 light tank (Jane's) : AMX-13

AMX-30 main battle tank (MBT) : AMX-30
AMX-30 Mark 2 main battle tank (MBT) :
   AMX-30 B2
AMX-VCI infantry fighting vehicle (Jane's) :
   AMX-VCI
anaesthesia (GB) : anesthésie (SAN)
anaesthesiologist (OTAN) : anesthésiste (SAN)
anaesthetist (GB, OTAN) : anesthésiste (SAN)
analog (US) : analogique
analysis (of fire) (OTAN) : dépouillement (du tir)
   (ART)
analysis (US, OTAN, UEO) : analyse
analysis (intelligence) (OTAN, US) : analyse (du
   renseignement) (RENS)
analysis and simulation center (JTASC) (US) :
   centre interarmées d'instruction, d'analyse et de
   simulation
analysis center (US) : centre d'analyse(s) (RENS)
analysis organization (US) : organisme d'analyse
   (RENS)
analysis procedures (US) : procédures d'analyse
   (RENS)
analyst (intelligence) (US) : analyste (RENS)
analytic(al) (US) : analytique (ou d'analyse)
analytical ability (US) : capacité d'analyse (PERS)
analytical framework (US) : cadre analytique (méthode de raisonnement tactique)
analyze (US, GB) : analyser
ancestor (GB) : ancêtre
anchor : amarrer
anchor cable (OTAN) : câble de parachutage
anchorage (OTAN) : mouillage (port)
anchorage (US, GB) : poste de mouillage (navire)
ancillary armement : armement auxiliaire (véhicule blindé)
Andros EOD (= explosive ordnance disposal)
   robot (US) : robot démineur télécommandé (ou
   robot mobile d'intervention) (GEN)
anesthesia (US) : anesthésie (SAN)
anesthesiologist (US) : anesthésiste (SAN)
anesthetist (US, OTAN) : anesthésiste (SAN)
angle (Terme générique) : angle
Anglo- (CA, US) : anglo-
animal medicine (US) : médecine vétérinaire (ou
   animale)
animosity (GB) : hostilité (animosité)
animosity (GB, US) : animosité (hostilité)
annex : annexer (pays / territoire)
annex (US) : annexe
annex (US) : annexer (ou joindre) (document)
annexation : annexion (pays / territoire)
annihilate : détruire (TAC)
annihilate (GB, US) : anéantir (force / adversaire)
   (TAC)
anniversary (OTAN) : anniversaire (organisation /
   corps)
annotate (a map) (US) : renseigner (carte)
annotate (GB) : annoter (document)

annotated (US) : renseigné (document / ordre /
   carte / croquis)
annotation (OTAN) : annotation
announce : annoncer
annual (GB) : annuel
annual leave (GB, US) : permission annuelle
annual leave (with pay) (US) : permission annuelle
   (avec solde)
annul (US) : annuler
anomaly (magnetic) (OTAN) : anomalie (magnétique)
anonymity (GB) : anonymat
answer (US) : réponse
answerable to : responsable devant
answering machine : répondeur téléphonique
answerphone (GB) : répondeur téléphonique
Antarctic (GB) : antarctique (adjectif)
Antarctic (GB) : Antarctique (l') (continent)
antenna (US, GB) : antenne (TRANS)
antenna socket (US) : prise d'antenne (poste radio)
ante-room (GB) : antichambre (ou vestibule)
anthem (US, OTAN) : hymne
anthrax (US, GB) : anthrax (SAN)
anti armour weapon (GB) : arme antichar
anti carrier warfare (ACW) (OTAN) : lutte anti-
   porte-avions
anti countermining device (OTAN) : dispositif antichoc (mine)
anti-air warfare (AAW) (GB) : guerre antiaérienne
   (type de guerre)
anti-air warfare (AAW) (OTAN) : lutte antiaérienne
anti-air warfare commander (AAWC) (OTAN) :
   commandant de la lutte antiaérienne
antiaircraft (US) / anti-aircraft (GB) (AA) : antiaérien
anti-aircraft artillery (AAA) (GB, US) : artillerie
   sol-air (ASA)
antiaircraft capability (US) : capacité antiaérienne
   (véhicule blindé)
antiaircraft gun (US) : canon antiaérien
anti-aircraft machine-gun (AAMG) (OTAN) : mitrailleuse antiaérienne
anti-aircraft missile : missile antiaérien
anti-aircraft missile (US) : missile sol-air
anti-aircraft missile battery (Jane's) : batterie de
   missiles antiaériens (ou sol-air)
anti-aircraft mount : affût antiaérien
antiarmor (A2) (US) : antichar (AC)
antiarmor (ou antitank) system (US) : système antichar
antiarmor (US) : antiblindés
anti-armor (US) : CAC (compagnie antichar)
antiarmor capability (US) : capacité antichar (ou
   anti-blindés) (force)
antiarmor company (US) : compagnie anti-chars
   (CAC)
antiarmor gunner (US) : tireur antichar (AC)

antiarmor missile (US) : missile antichar

antiarmor obstacle (US) : obstacle antichar

antiarmor unit (GB) : unité antichar

antiarmor weapon (US) : arme antichar

antiarmour (OTAN) : antichar (AC)

antiarmour helicopter (OTAN) : hélicoptère antichar (HA / HAC)

antiballistic missile (ABM) : missile anti-balistique ou antimissile

anti-ballistic missile (ABM) (OTAN) : missile antimissile ballistique

anti-ballistic missile system (ABMS) (GB) : missile anti-balistique

anti-ballistic missile system (ABMS) (GB) : missile antimissile

anticipate (GB, US, OTAN) : prévoir

anticipate (OTAN) : anticiper

anticipate (US, GB) : s'attendre à

anticipated (OTAN) : prévisible

anticipated (US, Jane's) : prévu

anticipation (US) : anticipation (TAC)

anticipatory (US) : anticipatif (ou proactif ou préventif) (TAC)

anticrop agent (OTAN) : agent anticultures

antidim (US) : anti-buée

antidote (US) : antidote (NBC)

anti-eye (US) : aveuglant

anti-French (GB, US) : anti-français

anti-guerrilla unit (US) : unité de lutte anti-guérilla

anti-jam (US) : anti-brouillage

anti-jamming (AJ) (OTAN) : anti-brouillage

antilift device (US, OTAN) : dispositif de piégeage (ou anti-relevage) (mine)

antilift device (US, OTAN) : piégeage (dispositif de) (mine)

antimateriel / anti-materiel (US) : antimatériel

antimateriel agent (OTAN) : agent antimatériel

anti-materiel weapon (UN) : arme antimatériel

anti-militarist (GB) : antimilitariste (adjectif)

antimissile (OTAN) : antimissile

antimissile missile (AMM) (OTAN) : missile antimissile

anti-mortar radar : radar antimortiers

anti-nuclear (GB) : anti-nucléaire (adjectif)

anti-personnel (AP) (GB, OTAN) : antipersonnel

antipersonnel (APERS) round (US) : obus antipersonnel

antipersonnel (US) : antipersonnel

anti-personnel landmine (APL) (US, OTAN) : mine terrestre antipersonnel

anti-personnel mine (US) : mine antipersonnel

antipersonnel mine (UN) : mine antipersonnel

antiquated (US) : archaïque (matériel)

antiquated (US) : vétuste (matériel)

anti-radar (AR) (OTAN) : antiradar

anti-radar missile (ARM) (UN, GB) : missile anti-radar

anti-radiation (AR) (OTAN) : antirayonnement

antiradiation missile (ARM) (OTAN) : missile antiradiations

antiradiation missile (ARM) (OTAN) : missile antirayonnement

anti-radiation missile (UN) : missile antirayonnement

anti-runway (UN) : antipiste

anti-satellite (ASAT) (OTAN) : antisatellite

anti-satellite (UN) : arme antisatellite

anti-ship missile : missile antinavire

anti-sniper combat (GB) : chasse aux snipers

anti-sniper combat (GB) : combat anti-sniper

anti-submarine warfare (ASW) (OTAN) : guerre anti-sous-marins

anti-tactical ballistic missile (ATBM) (OTAN) : missile antimissile ballistique tactique

antitank : AC (antichar)

anti-tank (ou antitank) guided weapon (ATGW) (GB, OTAN) : arme guidée antichar

antitank (US, GB, OTAN) : antichar (AC)

anti-tank / antitank / helicopter (OTAN) : hélicoptère antichar (HA / HAC)

antitank barrier : maillage antichar

antitank barrier : trame antichar

antitank barrier (US) : barrage antichar

antitank capability (US) : capacité antichar (véhicule)

antitank combat vehicle (ACV ou ATCV) (OTAN) : véhicule de combat antichar (VCAC)

anti-tank company : compagnie anti-chars (CAC)

antitank company (GB) : CAC (compagnie antichar)

antitank ditch (US, GB) : fossé antichar

anti-tank force (GB) : réserve antichar (force)

antitank guided missile (ATGM) (OTAN) : missile guidé antichar

antitank guided missile (ATGM) (US) : missile antichar

anti-tank guided weapon (ATGW) (GB) : missile antichar

antitank gun (US) : canon antichar

antitank helicopter company (US) : EHAC (escadrille d'hélicoptères antichar)

antitank helicopter company (US) : escadrille d'hélicoptères antichar (EHAC)

antitank helicopter squadron (GB) : EHAC (escadrille d'hélicoptères antichar)

anti-tank mine (GB) : mine antichar

antitank missile (ATM) : missile antichar

antitank missile system (US) : missile antichar

anti-tank operations (GB) : opérations antichar

anti-tank platoon (GB) : section antichar (RIMECA)

anti-tank projectile (GB) : projectile antichar

anti-tank rocket (GB) : roquette antichar

antitank rocket launcher (US) : lance-roquettes antichar (LRAC)

anti-tank weapon (GB, OTAN) : arme antichar

anti-tank weaponry (GB) : armement antichar

antiterrorism (AT) (US) : anti-terrorisme (préventif)

antiterrorism (US) : prévention du terrorisme (temps de paix)

antiterrorism operations (action préventive) (US) : opérations anti-terroristes

anti-terrorist (US, GB) : anti-terroriste

anti-terrorist combat (US) : combat anti-terroriste

anti-terrorist force (GB) : force anti-terroriste

anti-terrorist operations (GB) : opérations anti-terroristes

anti-terrorist team (GB) : équipe anti-terroriste (forces spéciales)

antivehicular mine (US) : mine antivéhicule

anti-wire (GB) : antibarbelés

any other business (AOB) (OTAN) : questions diverses

anytime, anywhere (US) : en tout temps et en tout lieu

anywhere (GB, US) : n'importe où

anywhere in the world (US) : en tout endroit du monde (déploiement)

apart (OTAN) : séparément

APD certificate : certificat d'APD (appel de préparation à la Défense)

APDS ammunition (Jane's) : obus-flèche (ou munition flèche)

aperture (US) : ouverture (radar)

apex (US) : sommet

APFSDS projectile (Jane's) : obus-flèche (ou munition flèche)

apiece (Jane's) : chacun

apiece (Jane's) : unité (exemplaire) (matériel)

APILAS antitank system (Jane's) : APILAS (arme antichar)

APILAS light infantry anti-tank weapon system : APILAS (arme antichar)

apolitical (OTAN) : apolitique (armée / personnel)

apparat (US) : réseau d'espionnage (ou d'espions) (RENS)

apparatus (US) : appareil (sens figuré)

appeal (US) : appel (plainte en justice)

appeal (US) : recours (gracieux) (service national)

Appeal Board (US) : commission de recours (service national)

appear (GB, OTAN) : apparaître

appear (OTAN) : se révéler

append (GB) : annexer (ou joindre) (document)

applicable to (US) : applicable à

applicant : demandeur (PERS)

applicant (US) : candidat

applicant (US, GB) : postulant

application (OTAN) : application

application (US) : mise en pratique (doctrine / compétence)

application (US, GB) : application

application of force (US) : application de la force (l')

applied (GB) : appliqué

applied research (GB) : recherche appliquée (ARMT)

appliqué (US) : intranet de bataille (USA)

appliqué program (US) : Internet combattant

apply : appliquer (peinture)

apply (OTAN) : employer

apply (US) : appliquer (puissance / force) (TAC)

apply (US) : mettre en pratique (doctrine / compétence)

apply for (a job / a position) (US, GB) : postuler (emploi)

apply for membership (OTAN) : poser (candidature) (organisation)

apply to (US) : s'appliquer à

appoint (GB) : programmer (heure d'une activité)

appoint (US, GB) : nommer (PERS)

appoint (US, GB) : désigner (individu pour une mission)

appointment : désignation (PERS)

appointment (GB) : emploi (fonction / travail / position)

appointment (GB) : poste (emploi)

appointment (US) : rendez-vous

appointment (US, GB, OTAN) : nomination

appointment insignia : insigne de fonction

apportionment (US) : répartition des ressources (air)

appraisal (OTAN) : appréciation (évaluation)

appraisal (US) : appréciation

appraisal (US) : cotation (RENS)

appreciation (GB) : méthode de raisonnement tactique (MRT)

appreciation (OTAN) : gratitude

appreciation (OTAN) : sensibilisation

appreciation of the situation (OTAN) : appréciation de la situation (TAC)

approach (CA) : voie d'approche

approach (GB) : approche (véhicule)

approach (OTAN) : approche (manière d'aborder un sujet)

approach (OTAN) : approche (aéronef)

approach (OTAN) : approche (opération amphibie)

approach (US) : approche (d'un individu par un agent) (RENS)

approach (US) : approcher de (TAC)

approach (US) : approcher (un individu) (agent) (RENS)

approach (US) : cheminement

approach (US) : démarche (formation / entraînement)

approach (US, GB) : s'approcher de (sens spatial)

approach march (GB, OTAN) : marche d'approche

approach march (GB, OTAN) : approche (TAC)

approachable (GB) : accessible (lieu)

approaches (OTAN) : approches

approaches (US) : abords
approaches (US) : accès (voies d')
approaching (OTAN) : approche (en) (missile / aéronef / grenade)
appropriate (US) : adapté
appropriate (US) : approprié
appropriate to (US) : approprié à
appropriately (US) : à bon escient
approval (US) : approbation
approve (OTAN) : approuver
approve (US) : approuver (programme d'armement)
approximate (US) : équivaloir à
approximate (US) : représenter
approximate (US) : s'approcher de (sens figuré)
approximately (US) : approximativement
approximately (US) : environ
appurtenance (US) : accessoire (sur uniforme)
aramid fiber armor (Jane's) : aramide
arbitrator (US) : arbitre (conflit)
arc (US) : arc (géographie)
arc of fire (GB) : champ de tir (arme individuelle)
archetype (US, GB) : archétype
archipelago (GB) : archipel
architecture (US, OTAN) : architecture
archives (OTAN, GB) : archives (institution / force)
Arctic (GB) : arctique (adjectif)
Arctic (GB) : Arctique (l') (continent)
arctic (US, GB) : polaire (froid extrême) (région / guerre / vêtements)
Arctic training (GB) : entraînement à la guerre polaire
arctic warfare : combat en zones polaires
arduous (OTAN) : pénible
area (GB, US, OTAN) : domaine
area (OTAN) : aire
area (OTAN) : secteur (terre) (TAC)
area (OTAN) : secteur (mer / océan)
area (OTAN) : secteur (domaine)
area (OTAN) : volet
area (OTAN) : zone de terrain
area (UEO) : matière (domaine)
area (US, GB) : zone
area (US, OTAN) : région
area bombing (OTAN) : bombardement de zone
area command : commandement de zone
area command (US) : commandement régional
area control : contrôle de zone
area damage control (OTAN) : organisation de sécurité d'une zone (contrôle des dégâts)
area defence (UN) : défense de zone
area defense : défense sur zone (ART)
area defense (US) : défense ferme (TAC)
area denial (UN) : interdiction de (ou sur) zone
area denial artillery munitions : interdiction (munitions d') (ART)

area interdiction operation (OTAN) : opération de harcèlement (ou d'interdiction)
area of action (AA) (OTAN) : zone d'action (ZA) (TAC)
area of application (UN) : zone d'application (CSCE)
area of conflict (US) : zone de conflit
area of coverage (OTAN) : zone de couverture
area of deployment (AOD) (US) : zone d'engagement
area of differentiation of maneuver : zone de différentiation de manœuvre (ZDM)
area of evaluation (US) : domaine d'évaluation (PERS)
area of focus (OTAN) : domaine visé
area of ground (US, GB) : zone de terrain
area of influence (OTAN) : zone d'influence
area of intelligence data management authority (OTAN) : autorité gestionnaire des données de la zone de renseignement (RENS)
area of intelligence interest (AII ou AOII) (GB, OTAN) : zone d'intérêt pour le renseignement
area of intelligence responsibility (AIR ou AOIR) (GB, OTAN) : zone de responsabilité de renseignement
area of interest (AOI) (US, OTAN, GB) : zone d'intérêt
area of joint interest (AJI) (OTAN) : zone d'intérêt commun
area of interaction (US) : domaine d'interaction
area of land : zone de terrain
area of land (US) : portion de terrain
area of military interest : zone militaire sensible (ZMS)
area of military operations (US) : zone d'opérations militaires
area of operational interest (AOOI) (OTAN) : zone d'intérêt opérationnel (défense aérienne)
area of operational responsibility (GB) : zone de responsabilité opérationnelle
area of operations (AO ou AOO) (US, OTAN) : zone d'opérations
area of permanent responsibility : zone de responsabilité permanente (ZRP) (France)
area of potential conflict (US) : zone de conflit potentiel
area of responsibility (AOR) (US, OTAN, GB) : zone de responsabilité
area of specialization (US) : domaine de spécialisation (ou de spécialité)
area of tactical operations (ATO) (US) : zone d'opérations tactiques
area of terrain (GB, OTAN, US) : zone de terrain
area originating authority (AOA) (OTAN) : autorité origine de zone
area search (US, OTAN) : recherche sur zone (RENS)
area security (US) : sécurité de zone
area support (US) : soutien zonal

area surveillance radar (ASR) (OTAN) : radar de surveillance de zone

area target (OTAN, US) : objectif non-ponctuel

area weapon : arme à impact sur zone

arise (OTAN) : survenir

arm (GB) : arme (corps de l'armée)

arm (GB) : armer (équiper d'armes) (PERS)

arm (US) : bras (de travail) (véhicule blindé)

arm badge (GB) : insigne d'arme

armada (US) : armada

armament (GB) : armement (action d'équiper en armes)

armament attaché : attaché d'armement

Armament Design and Techniques Engineer : ingénieur des études et techniques de l'armement (IETA) (ARMT)

Armament Design and Techniques Senior Engineer : ingénieur en chef des études et techniques de l'armement (ICETA) (ARMT)

Armament Engineer : ingénieur de l'armement (IA) (ARMT)

Armament General Engineer : ingénieur général de l'armement (IGA) (ARMT)

armament programme (GB) : programme d'armement

armaments (OTAN) : armements

armaments cooperation (OTAN) : coopération dans le secteur des armements

armaments factory (GB) : usine d'armement

armaments planning (OTAN) : planification des armements

Armaments Review (OTAN) : réexamen du secteur des armements (le)

armaments technology (UN) : technologie (ou techniques) de l'armement

armed (GB) : armé (PERS / force / menace)

armed (US, GB) : armé (véhicule / matériel)

armed (with) (UN) : doté de (missile)

armed action (US) : action armée (l')

armed aircraft (US) : avion armé

armed attack (GB) : attaque armée

armed conflict (US, GB) : conflit armé

armed confrontation (US) : affrontement armé

armed force (GB) : force armée (ensemble de forces)

armed forces : armée (l')

armed forces / Armed Forces (GB) : forces armées

Armed Forces Act (GB) : statut général des militaires

armed forces chief of staff (Jane's) : chef d'état-major des armées (CEMA)

armed forces configuration (Jane's) : modèle d'armée

Armed Forces Joint Staff (US) : état-major des armées (EMA)

Armed Forces Operations Center (US) : centre opérationnel interarmées (COIA)

Armed Forces Pension Scheme (AFPS) (GB) : régime des pensions militaires (3 armées)

armed forces service academies (US) : grandes écoles militaires

armed helicopter (GB, OTAN, US) : hélicoptère armé

armed insurrection (GB) : insurrection armée

armed mine (OTAN) : mine armée

armed neutrality (GB) : neutralité armée

armed reconnaissance (OTAN, US) : reconnaissance armée

armed reconnaissance (ou scout) helicopter (US) : hélicoptère armé de reconnaissance

armed services (GB) : armée (l')

armed struggle : lutte armée

armed with (GB) : armé de (hommes / matériels)

ARMEES 2000 programme (GB) : ARMEES 2000

arming : armement (arme / système d'armes) (action)

arming mechanism : système de mise à feu (lance-roquettes)

arming pin (OTAN) : goupille de sécurité (fusée)

arming procedure (OTAN) : processus d'armement (mine)

armistice (US, GB, CA) : armistice

armistice agreement (CA) : convention d'armistice

armistice commission (CA) : commission d'armistice

Armo(u)red division(al) infantry battalion (US, GB) : RIDB (régiment d'infanterie de division blindée)

armo(u)red plate : pré-blindage

armor (US) : blindage

armor (US) : blindé (participe passé)

armor (US) : forces blindées

armor (US) : blindés (les)

armor battalion (US) : régiment blindé (armée de terre 2015)

armor division artillery (DIVARTY) (US) : artillerie divisionnaire de division blindée

armor forces (US) : forces blindées

armor operations (US) : opérations blindées

armor penetration (GB, US) : pouvoir de perforation (blindage)

armor plate (US) : plaque (de blindage)

armor protection (US) : protection blindée (véhicule)

armor unit (US) : unité blindée

armor(ed) protection (US) : protection (blindée) (véhicule)

armored (US) : blindé (participe passé)

armored brigade (US) : brigade blindée (BB) (armée de terre 2002)

armored car (US) : automitrailleuse

armored cavalry (US) : recherche, sûreté, investigation (RSI)

Armored Cavalry Regiment (ACR) (US) : brigade de cavalerie légère blindée

armored cavalry squadron (ACS) (US) : régiment de cavalerie légère blindée (CLB) armored cavalry squadron (US) : régiment blindé de recueil du renseignement (RBRR)

armored cavalry squadron (US) : régiment de hussards (RH)

armored cavalry squadron (US) : régiment de spahis (RS) (CLB)

armored cavalry (US) : cavalerie légère blindée (CLB) (reconnaissance, surveillance, investigation ou RSI)

armored cavalry troop (US) : escadron de CLB (cavalerie légère blindée)

armored counterattack (US) : contre-attaque blindée

armored division (AD) (US) : division blindée (DB)

armored division (US) : DB (division blindée)

armored division artillery battalion (US) : régiment d'artillerie de division blindée

armored forces (US) : forces blindées

armored raid (US) : raid blindé

armored tank recovery vehicle (US) : char de dépannage

armored transport and treatment vehicle (ATTV) (US) : véhicule blindé de transport et de traitement des blessés

armored unit (US) : unité blindée

armored vehicle (US) : véhicule (ou engin) blindé

armored vehicle launched bridge (AVLB) (US) : pont d'assaut

armored warfare (US) : combat blindé (type de combat)

armorer (US) : armurier

armor-piercing projectile (US) : projectile perforant

armory (US) : armurerie

armory (US) : dépôt d'armes

armour (GB) : blindage

armour (GB) : forces blindées

armour (GB) : blindés (les)

armour ou armor (US) penetration (GB) : perforation (pouvoir de) (blindage)

Armour ou armour : Arme Blindée Cavalerie (ABC) (arme)

armour penetration (GB) : pouvoir de perforation (blindage)

armour plate : plaque de blindage

armour technology : technologie de protection (blindée)

armour threat : menace blindée

armour(ed) protection (GB) : protection (blindée) (véhicule)

armoured (GB) : blindé (participe passé)

armoured ambulance (GB) : blindé ambulance (ou blindé sanitaire)

armoured ambulance (GB) : blindé sanitaire (ou blindé ambulance)

armoured ambulance (GB) : véhicule sanitaire blindé

Armoured and Mechanized Forces : CBM (corps blindé mécanisé)

armoured battalion : bataillon de chars (BC) (ENI)

armoured battlegroup (GB) : groupement blindé

armoured bridge layer (GB) : char poseur de ponts

armoured brigade (GB) : brigade blindée (BB) (armée de terre 2002)

armoured brigade headquarters (GB) : PC de brigade blindée (armée de terre 2002)

armoured car (GB) : automitrailleuse

armoured cavalry squadron (US) : régiment de chasseurs (RCh) (ABC) CLB (Cavalerie légère Blindée)

armoured combat vehicle (CFE, OTAN) : véhicule blindé de combat (VBC)

armoured combat vehicle (GB) : véhicule de combat blindé

armoured command vehicle (ACV) (GB) : véhicule blindé de commandement

armoured division (GB, OTAN) : division blindée (DB)

Armoured division(al) engineer regiment (GB) : régiment du génie de division blindée (RGDB)

armoured divisional artillery group (DAG) (GB) : artillerie divisionnaire de division blindée

Armoured divisional artillery regiment (GB) : régiment d'artillerie de division blindée

armoured fighting vehicle (AFV) (GB) : véhicule de combat blindé

armoured fighting vehicle (AFV) (OTAN) : véhicule blindé de combat (VBC)

armoured force (GB) : force blindée

armoured force (Jane's) : force blindée (armée de terre 2015)

armoured infantry (GB) : infanterie blindée

armoured infantry (GB) : infanterie mécanisée

armoured infantry battalion (GB) : régiment de marche du Tchad (RMT) (appellation de tradition)

armoured infantry battalion (GB) : régiment de tirailleurs (Rtir)

armoured infantry battalion (GB) : régiment d'infanterie mécanisée (RIMECA)

armoured infantry battalion (GB) : régiment mécanisé

armoured infantry combat vehicle (AICV) (OTAN) : véhicule blindé de combat d'infanterie (VBCI)

armoured infantry company (GB) : compagnie de combat (RIMECA)

armoured infantry company (GB) : compagnie mécanisée

armoured infantry fighting vehicle (AIFV) (OTAN) : véhicule blindé de combat d'infanterie (VBCI)

armoured personnel carrier (APC) : véhicule blindé de transport de troupes (VBTT)

armoured personnel carrier (APC) (US, GB, OTAN) : véhicule blindé de transport de personnel (VBTP)

armoured recce (GB) : recherche, sûreté, investigation (RSI)

armoured recce regiment (GB) : régiment blindé de recueil du renseignement (RBRR)

armoured recce regiment (GB) : régiment de cavalerie légère blindée (CLB)

armoured recce regiment (GB) : régiment de hussards (RH)

armoured recce regiment (GB) : régiment de spahis (RS) (CLB)

armoured recce squadron (GB) : escadron de CLB (cavalerie légère blindée)

armoured recce troop (GB) : section d'éclairage et de reconnaissance (SER)

armoured recce vehicle : engin blindé de reconnaissance (EBR)

armoured reconnaissance ou armoured recce (GB) : cavalerie légère blindée (CLB) (reconnaissance, surveillance, investigation ou RSI)

armoured reconnaissance regiment (GB) : régiment de cavalerie légère blindée (CLB)

armoured reconnaissance regiment (GB) : régiment de chasseurs (RCh) (ABC) CLB (Cavalerie légère Blindée)

armoured reconnaissance vehicle (GB) : véhicule de reconnaissance blindé

armoured recovery vehicle (ARV) (GB) : char de dépannage

armoured recovery vehicle (ARV) (GB) : véhicule blindé de dépannage

armoured recovery vehicle (ARV) (Jane's) : dépanneur de char

armoured regiment (GB) : régiment blindé (armée de terre 2015)

armoured regiment (GB) : régiment de chars (RC)

armoured regiment (GB) : régiment de chars de combat (RCC)

armoured regiment (GB) : régiment de chasseurs (RCh) (ABC) (lourd)

armoured regiment (GB) : régiment de cuirassiers (RC) (ABC)

armoured regiment (GB) : régiment de dragons (RD)

armoured repair and recovery vehicle (ARRV) (GB) : véhicule de dépannage et de réparation blindé

armoured squadron (GB) : escadron de chars

armoured steel (plate) : acier à (ou de) blindage

armoured troop carrier (ATC) (UN) : véhicule blindé de transport de troupes (VBTT)

armoured vehicle (GB) : véhicule (ou engin) blindé

armoured vehicle bridge layer : char de pont

armoured vehicle launched bridge (AVLB) (GB, US) : char poseur de ponts

armoured vehicle launcher bridge (AVLB) (GB) : pont d'assaut

armoured vehicle-launched bridge (AVLB) (OTAN, UN) : véhicule blindé poseur de pont (VBPP)

armoured vehicle-mounted rocket launcher (AVMRL) (OTAN) : véhicule blindé lance-roquettes

armoured warfare : guerre des blindés

armoured warfare (GB) : combat blindé (type de combat)

armour-piercing : obus-flèche (ou munition flèche)

armour-piercing (AP) (GB) : perforant

armour-piercing bullet (GB) : balle perforante

armour-piercing capability (Jane's) : pouvoir perforant (ou de perforation) (munition)

armoury (GB) : armurerie

arms (US) : armes (armement)

arms and services (US, GB) : les armes et les services

arms and services exhibition (GB) : bureaux d'arme (ou bureaux d'information sur les fonctions opérationnelles)

arms control (CFE, UN) : maîtrise des armements

arms dealer (UN) : marchand d'armes

arms dealer (US) : trafiquant d'armes

arms explosive search dog (GB) : chien de recherche (explosifs / armes)

arms factory (GB) : fabrique d'armes

arms holdings (OTAN) : stocks (d'armes) (population / armée)

arms industry (US) : industrie d'armement

arms inspection : revue d'armement

arms limitation (UN) : limitation des armements

arms programme (Jane's) : programme d'armement

arms project (Jane's) : projet (d'armement)

arms reduction (UN) : réduction des armements

arms room (US) : armurerie

arms smuggling (US) : contrebande d'armes

arms trafficking (OTAN) : trafic d'armes

arms transfer (UN) : transfert (d'armes)

army : armée (sens générique)

army (OTAN) : armée (grande unité spécifique)

Army (OTAN) : forces terrestres

Army (OTAN, US, GB) : armée de terre (de l')

Army (tactical) Data Distribution System (ADDS) (US) : système de répartition des données tactiques de l'armée de terre

Army (US, GB, CA) : armée de terre

Army Administration Corps : cadre spécial (corps de l'armée de terre)

Army After Next (AAN) (US) : armée de terre des 20 prochaines années (USA)

Army Air Corps (the) (AAC) (GB) (ALAT britannique) : ALAT (aviation légère de l'armée de terre)

Army and Air Force Exchange Service (AAFES) (US) : économat de l'armée

Army Armament(s) Design and Development Agency : STAT (Section technique de l'Armée de Terre)

Army aviation : ALAT (aviation légère de l'armée de terre)

Army Aviation (AAVN) (US) (ALAT américaine) : ALAT (aviation légère de l'armée de terre)

army-barmy (the) (GB) : "lana-mili" (armée de terre)

Army blue uniform (US) : tenue de cérémonie (PERS)

Army Board (of the Defence Council) (équivalent GB) : conseil supérieur de l'armée de terre

Army brat : enfant de militaire

Army Careers Office (GB) : centre d'information et de recrutement de l'armée de terre (CIRAT)

Army Catering Corps (ACC) (GB) : service de restauration du Commissariat

Army Chief of Staff (the) ou the Army's Chief of Staff (US) : chef d'état-major de l'armée de terre (CEMAT)

Army civilians (US) : civils de l'armée de terre (personnels)

Army civililans (US) : personnel(s) civil(s) de l'armée de terre

Army combat Aviation assets (US) : moyens de combat ALAT (Aviation Légère de l'Armée de Terre)

Army commander (US) : commandeur (chef de grand commandement de l'armée de terre)

Army component (US) : composante de l'armée de terre

Army Component Command (US) : commandement de la composante terrestre (USA)

Army Deputy Chief of Staff (Jane's) : major général de l'armée de terre (MGAT)

Army Directorate for Information and Public Resources (Jane's) : SIRPA-Terre

Army diver (GB) : plongeur de l'armée de terre

Army divers (GB) : nageurs de combat (subaquatiques)

Army Doctrine and Professional Military Education Command (ou Headquarters) : commandement de la doctrine et de l'enseignement militaire supérieur de l'armée de terre (CDES)

Army Education Command : commandement des organismes de formation de l'armée de terre (COFAT)

Army equipment budget (Jane's) : budget d'équipement de l'armée de terre (le)

Army Fixed Telecommunications System (AFTS) (équivalent GB) : RITTER (réseau d'infrastructure des transmissions de l'armée de terre) (TRANS)

Army forces (ARFOR) (US) : forces de l'armée de terre (ou forces terrestres)

Army forces (ARFOR) (US) : forces terrestres

army group (AG) (OTAN) : groupe d'armées

Army Historical Branch (GB) : service historique de l'armée de terre (SHAT)

Army hospital (US) : hôpital de l'armée de terre

Army Inspectorate (the) : corps d'inspection (armée de terre)

Army Intelligence (US) : renseignement de l'armée de terre

Army Intelligence and Security Command (INSCOM) (Fort Belvoir, VA.) : commandement du renseignement et de la sécurité (armée de terre américaine)

Army Legal Services (ALS) : juridiques (services) (armée de terre)

Army list (GB) : annuaire de l'armée de terre

Army medical center (US) : hôpital de l'armée de terre

Army Medical Department (AMEDD) (US) : service de santé (armée de terre)

Army medical personnel (US) : personnels sanitaires de l'armée de terre

Army Military Terminology Committee : comité de terminologie militaire de l'armée de terre (CTMAT)

Army National Guard (ANG ou ARNG) : garde nationale (armée de terre des États-Unis)

Army number two (Jane's) : major général de l'armée de terre (MGAT)

Army Operations Research and Simulation Centre : centre de recherche opérationnelle et de simulation de l'armée de terre (CROSAT)

Army overseas intervention forces (US) : Troupes de Marine (TDM)

Army personnel (GB) : personnel(s) de l'armée de terre

Army Personnel Centre (Basé à Glasgow) (équivalent partiel GB) : centre territorial d'administration et de comptabilité (CTAC)

Army photo interpretation (OTAN) : interprétation de photographies des forces terrestres

Army Physical Fitness Test (APFT) (US) : contrôle de la valeur de l'aptitude physique individuelle (COVAPI)

Army Post Office (APO) (US, GB) : bureau de poste (armée de terre)

Army Postal and Courier Services (GB) : Poste aux Armées (Terme spécifique armée de terre)

Army Postal Service (GB) : Poste aux Armées (Terme spécifique armée de terre)

Army professional military education directorate (ou command) : direction de l'enseignement militaire supérieur de l'armée de terre (DEMSAT)

Army Public Affairs (US) : SIRPA-Terre

Army recruiter (GB) : officier recruteur (armée de terre)

Army Regulation (AR) (US) : règlement (TTA) (TAC)

Army regulation(s) (AR) (US) : règlement militaire (armée de terre)

Army Research Establishment (GB) : établissement de recherche (armée de terre)

Army School System Command : commandement des organismes de formation de l'armée de terre (COFAT)

Army Signal Command (US) : commandement des transmissions de l'armée de terre (USA)

Army Special Operations Aviation (US) : ALAT des opérations spéciales

Army Special Operations Aviation unit (US) : unité d'ALAT des opérations spéciales

Army Special Operations Forces (ARSOF) (US) : forces d'opérations spéciales de l'armée de terre

Army Staff (US, Jane's) : état-major de l'armée de terre (EMAT)

Army tactical command and control information system (ATCCIS) (OTAN) : système tactique d'information de commandement et de contrôle de l'armée de terre

Army tactical missile system (Army TACMS ou ATACMS) : missile tactique de l'armée de terre (type SCUD)

Army task force (US) : force opérationnelle de l'armée de terre (ou terrestre)

Army technical and scientific professional military education directorate (ou command) : direction de l'enseignement militaire supérieur scientifique et technique

Army time (US) : heure militaire (0H00 - 24H00) (armée de terre)

Army total budget (Jane's) : budget global de l'armée de terre (le)

Army Training Centre (ATC) (GB) : centre d'instruction (armée de terre)

army troops : éléments organiques d'armée (EOA)

Army unit (US) : unité de l'armée de terre

Army vessel (US) : navire (ou bâtiment) de l'armée de terre

Army white mess uniform (US) : tenue de soirée (PERS)

Army's airborne school (ou jump school) (US) : école des troupes aéroportées (ETAP)

Army's Vice Chief of Staff (US) : major général de l'armée de terre (MGAT)

Army-issue furniture (GB) : mobilier administratif (de dotation) (armée de terre)

A-road : N. (route nationale)

around (GB, US) : autour de

around (OTAN) : alentour

arouse (US) : éveiller

arrange (US) : régler

arranged : fixé

arranged (OTAN) : organisé (exercice)

arrangement : aménagement (véhicule)

arrangement (OTAN) : arrangement

arrangement (OTAN) : dispositions

arrangement (OTAN) : répartition

arrangement (UN) : accord

arrangement (UN) : disposition (mesure)

arrangement (US) : agencement (forces sur le terrain)

arrangement (US) : disposition (arrangement) (force / matériels)

array (US) : disposer (arranger / mettre en place) (force) (TAC)

array (US) : ensemble

array (US) : gamme

array of forces : dispositif (force)

arrest (GB) : arrestation (AT / GEND)

arrest (US, GB) : arrêter (individu) (AT / GEND / RENS)

arrest (US, GB) : arrêts (punition) (PERS)

arrest powers (US) : pouvoir d'arrestation (GEND)

arrest warrant (GB) : mandat d'arrêt (GEND)

arrestable (GB) : passible d'arrestation (délit)

arresting force (US) : force d'arrêt

arrival (GB) : arrivée

arrival (US) : arrivant (PERS)

arrival in theater (US) : arrivée sur le théâtre (force)

arrive (GB) : arriver

arrive at (OTAN) : arriver à

arrive at (US) : parvenir à

arriving (US) : arrivant (force)

arrowhead (US) : pointe de flèche

arsenal (GB) : armurerie

arsenal (GB, US) : arsenal

art (US) : art

art of maneuver (US) : art de la manœuvre (l')

art of the attack (US) : art de l'attaque (l')

art of the defensive (US) : art de la défensive (l')

article of kit (GB) : accessoire de tenue

articulate (US) : exprimer (besoin)

articulated (GB) : articulé (véhicule)

articer (GB) : mécanicien

articer (GB) : technicien (PERS)

artificial (GB) : artificiel (GEN)

artificial ageing (US) : vieillissement artificiel (PERS) (RENS)

artificial daylight (OTAN) : jour artificiel (lumière)

artificial intelligence (AI) (US) : intelligence artificielle

artificial light (GB) : lumière artificielle

artillery : artillerie (titre de paragraphe)

Artillery (US, GB) : Artillerie (arme)

artillery (US, GB, OTAN) : artillerie (forces et matériels incluant canons, obusiers, etc.)

artillery ammunition (Jane's) : munitions d'artillerie

artillery assets (US) : moyens d'artillerie

artillery battalion (US) : régiment d'artillerie (RA)

artillery battery command vehicle (GB) : véhicule PC de batterie d'artillerie

artillery bombardment : pilonnage d'artillerie

artillery brigade : brigade d'artillerie

artillery command and control : commandement et gestion des feux (ART) artillery command vehicle (GB) : PC artillerie (version de véhicule blindé)

artillery concentration : concentration d'artillerie

artillery control : gestion des feux (ART)

artillery exercise (ARTEX) (OTAN) : exercice d'artillerie

artillery fire direction centre : centre feux (version de véhicule blindé)

artillery fire direction post vehicle (Jane's) : centre feux (version de véhicule blindé)

artillery fire plan table (OTAN) : plan de feux d'artillerie

artillery group (US, GB) : groupement d'artillerie

artillery gun : pièce d'artillerie

artillery limber (GB) : tracteur de pièce d'artillerie

artillery locating radar (US) : radar d'acquisition des objectifs d'artillerie

artillery observation vehicle (AOV) : véhicule d'observation de l'artillerie

artillery observer (GB) : observateur d'artillerie

artillery piece (CFE, GB, UN, Jane's) : pièce d'artillerie

artillery position (OTAN, US) : position d'artillerie

artillery preparation (US, GB) : préparation d'artillerie

artillery raid (GB) : raid d'artillerie

artillery range : champ de tir de l'artillerie

artillery regiment (GB) : régiment d'artillerie (RA)

artillery round : obus d'artillerie

artillery strike (US) : frappe d'artillerie

artillery support squadron (GB) : compagnie de soutien de l'artillerie (BLOG)

artillery survey control point (OTAN) : point topographique d'artillerie

artillery system (US) : système d'artillerie

artilleryman (US, GB) : artilleur

arty (GB) : feux (titre de sous-paragraphe)

Arty. (1. Gen. Sp. - 2. Close Sp.) (GB) : artillerie sol-sol (sous-titre de paragraphe)

as : à (affectation à un poste)

as (GB) : en tant que

as (OTAN) : à mesure que

as (US) : à titre de (fonction) (PERS)

as (US) : comme

as (US) : dès que

as (US) : en

as (US) : selon

as + SUJET + "to dictate" : fonction de (en)

AS 532 (Horizon) Cougar battlefield surveillance helicopter : COUGAR (Horizon) (hélicoptère de surveillance du champ de bataille)

AS 532 U2/A2 Cougar combat search and rescue (CSAR) helicopter : COUGAR (CSAR) (hélicoptère de recherche et sauvetage au combat)

AS 90 (AS = Artillery System) self-propelled artillery howitzer (équivalent GB) : canon de 155 mm AUF1 (automoteur modèle F1)

as a function of (Jane's) : du fait de

as a matter of priority (GB) : en priorité

as a result of (OTAN) : par suite de

as appropriate (OTAN) : en tant que de besoin

as directed (US) : conformément aux ordres

as early as : dès (temporel)

as far as : jusqu'à (spatial)

as from : à compter de (+ heure)

as from : dès (temporel)

as from, commencing (US) : à partir de (temporel)

as long as (US, GB) : aussi...que

as ordered (OTAN) : conformément aux ordres

as soon as : dès que

as soon as (OTAN) : aussitôt que

as soon as possible (ASAP) (US) : dès que possible (DQP)

as you were (US) : au temps pour moi !

ascending (US) : croissant

ascertain (OTAN) : s'assurer de

ascribe to (US) : imputer à

ashore (OTAN) : sur terre (opération amphibie)

ashore (US) : terre (à) (ou sur le rivage)

Asia-Pacific (US) : zone (ou région) Asie-Pacifique

ask (OTAN) : inviter

ASMP stand-off (nuclear) missile (Jane's, GB) : ASMP (air-sol moyenne portée) (missile)

aspect (US, OTAN) : aspect

asphalt (US) : goudron (route)

asphyxiating agent : agent asphyxiant

aspirant country (OTAN) : pays candidat (à l'entrée dans l'OTAN)

aspiration (US) : aspiration (PERS)

assail : assaillir

assailable (US) : attaquable

assailant (GB) : assaillant

assasinated : assassiné (RENS / GEND)

assassin (US) : assassin (AT / GEND / RENS)

assassination (US, GB) : assassinat (AT / GEND/ RENS)

assassination attempt (US) : tentative d'assassinat

assault : assaillir

assault : donner l'assault (contre / à)

assault : prise d'assaut (installation)

assault (river) crossing (US) : franchissement d'assaut

assault (US, GB) : assaut

assault (US, GB) : prendre d'assaut

assault amphibious vehicle (AAV) (US) (Marines) : véhicule blindé amphibie de débarquement d'assaut

assault and obstacle platoon (US) : section d'assaut et d'obstacles (GEN)

assault axis (GB) : axe d'assaut

assault boat (GB) : embarcation d'assaut (forces spéciales / infanterie)

assault boat (US) : bateau d'assaut

assault bridge (US) : pont d'assaut

assault bridging (US) : pontage d'assaut
assault course (GB) : parcours du combattant
assault course (GB) : piste du risque
assault craft (GB) : embarcation d'assaut (forces spéciales / infanterie)
assault craft (OTAN) : engin d'assaut (débarquement / opération amphibie)
assault echelon (US) : échelon d'assaut
assault equipment (GB) : équipement d'assaut (forces spéciales / GEND)
assault force (US, GB) : force d'assaut
assault formation (US) : formation d'assaut
assault helicopter (US) : hélicoptère d'assaut
assault infantry : infanterie d'assaut
assault infantry brigade : brigade d'infanterie d'assaut (armée de terre 2015)
assault ladder (GB) : échelle d'assaut (forces spéciales)
assault landing : poser d'assaut
assault phase (OTAN) : phase d'assaut (opération amphibie ou aéroportée)
assault rifle (GB, US) : fusil d'assaut
assault ship (GB) : bâtiment d'assaut
assault shipping (OTAN) : bâtiments d'assaut (opération amphibie)
assault suit (GB) : combinaison d'assaut (forces spéciales / GEND)
assault tank (GB) : char d'assaut
assault team (GB) : équipe d'assaut (forces spéciales / GEND)
assault troops (US, GB) : troupes d'assaut
assault weapon (US, GB) : arme d'assaut (fusil semi-automatique)
assault zone (GB) : zone d'assaut (TAP)
assaulting (GB) : assaut (en)
assemble : former (composer / constituer)
assemble (GB) : assembler (mortier)
assemble (OTAN GB) : se rassembler (force)
assemble (OTAN) : regrouper (renseignements) (RENS)
assemble (OTAN, GB) : rassembler (approvisionnements / équipement / coalition / troupes / prisonniers / unité / population)
assemble (US) : assembler (forces) (TAC)
assemble (US) : réunir
assembly (OTAN) : ensemble (LOG)
assembly (OTAN) : réunion (force) (TAC)
assembly (UN, OTAN) : assemblée
assembly (US) : fardeau (mortier / matériel)
assembly area : zone de groupement
assembly area : zone des préparatifs
assembly area (OTAN) : aire de montage (LOG)
assembly area (OTAN) : zone de rassemblement (troupes)
assembly area (US, GB) : zone des préparatifs
assembly line (US) : chaîne de montage (armement)
assess (OTAN) : apprécier

assess (US) : évaluer
assessment (GB) : évaluation
assessment (US) : critique (ou évaluation d'un renseignement) (RENS)
assessment (US) : évaluation (ou critique d'un renseignement) (RENS)
assessment center (US) : centre d'analyse(s) (RENS)
assessment event (US) : activité d'évaluation (expérimentation de combat)
assessment report (ASSESSREP) (OTAN) : rapport d'évaluation
assessment team (US) : équipe d'évaluation (expérimentation)
asset (US) : atout
asset (US) : moyen (ressource)
asset (US) : moyen (humain / technique / autre) (RENS)
assets : moyens (RENS)
assign : donner (avis / responsabilité)
assign (OTAN) : accorder
assign (OTAN) : attribuer
assign (OTAN) : fixer (assigner / déterminer)
assign (OTAN) : imposer
assign (OTAN) : prescrire (ordonner)
assign (OTAN) : répartir (missions)
assign (US) : déléguer
assign (US) : désigner (PERS)
assign (US) : nommer (PERS)
assign (US, GB) : affecter (attribuer) (unités / moyens / forces)
assign (US, GB) : affecter (PERS)
assign (US, GB) : assigner (objectif / unité / mission)
assign to (US) : confier à (responsabilité / mission)
assigned : fixé
assigned (US) : assigné (ou fixé) (mission)
assigned (US) : muté (PERS)
assigned (US) : reçu (mission)
assigned to (US) : attaché à (fonction) (PERS)
assignment (OTAN) : fonctions (PERS)
assignment (US) : assignation (affectation)
assignment (US) : emploi (fonction / travail / position)
assignment (US) : mission
assignment procedures (US) : procédures d'affectation (PERS)
assimilate (US) : assimiler (informations / renseignements)
assist : venir en aide à (une force)
assist (US) : aider (ou assister)
assist (US) : assister (aider)
assist (US) : faciliter
assist a unit in its rearward passage of lines (US) : recueillir (unité) (TAC)
assist each other (ou one another) (OTAN) : se prêter (mutuellement) assistance

assist the rearward passage of lines of a unit (GB) : recueillir (unité) (TAC)

assistance (US) : aide (assistance)

assistance (US) : assistance

assistance programme (OTAN) : programme d'assistance (à État)

assistance to civilian authorities (US) : aide aux autorités civiles

assistant (de = to) (US) : adjoint

assistant (US) : adjoint (oficier général)

assistant attaché (US) : attaché-adjoint

assistant chief of staff (ACOS) (GB) : chef d'état-major adjoint

Assistant Chief of Staff (ACOS) (OTAN) : sous-chef d'état-major (S/CEM)

Assistant Chief of Staff for Civil Affairs (US) : officier affaires civiles (ou actions civilo-militaires) (EM)

Assistant Chief of the General Staff (GB) : major général de l'armée de terre (MGAT)

assistant director (AD) (OTAN) : directeur adjoint (état-major militaire international)

assistant division commander (US) : général adjoint (au général commandant une division)

assistant jumpmaster (US) : moniteur-largueur (TAP)

associate (GB) : associer

associate (OTAN) : assimiler

associate member (UEO) : membre associé (UEO)

associate('s) degree (US) : DEUG (diplôme d'études universitaires générales)

associated (OTAN) : associé

associated support (OTAN) : soutien associé

associated with (OTAN) : lié à

associated with (US) : associé à

association (US, GB, OTAN) : association

Association of Former Intelligence Officers (Fondée en 1975) (US) : ASSDN (association des anciens membres des services spéciaux de la Défense Nationale)

Association of Graduates, USMA (US) (équivalent US) : Saint-Cyrienne (la) (association d'anciens élèves de Saint-Cyr)

assume (a mission) (US) : charge (prendre en) (mission)

assume (a mission) (US) : prendre en charge (mission)

assume (GB) : croire

assume (GB) : endosser (responsabilité)

assume (Jane's) : prendre en charge (défense d'un pays)

assume (OTAN) : assurer

assume (US) : prendre (poste / responsabilité)

assume (US) : prendre en compte

assume (US) : s'attribuer (commandement)

assume command (of) (US) : prendre le commandement (de)

assume command from (US) : recevoir (commandement d'une unité)

assume control of (US) : prendre le contrôle de (moyens) (TAC)

assume duties as (US) : prendre les fonctions de

assumed (OTAN) : estimé (position)

assumed identity (US) : fausse identité (agent) (RENS)

assumed name : nom d'emprunt (légionnaire)

assumed name : pseudonyme (légionnaire)

assumed position (AP) (OTAN) : position estimée

assumption (of a mission) : prise en charge (d'une mission)

assumption (OTAN, US) : hypothèse (TAC / plan)

assumption of command (US) : prise de commandement

assumptions (US) : hypothèses sur l'ennemi (titre de paragraphe)

assurance (UN) : garantie

assure (US) : assurer

assure oneself that (US) : s'assurer que

assured (OTAN) : assuré (certain)

assured knowledge superiority (US) : assurance d'une supériorité de la connaissance

astride (GB) : cheval sur (à)

astride (US) : de part et d'autre de (coupure / itinéraire)

astuteness (GB) : astuce

asylum (OTAN) : asile (HUM)

asymmetric (GB, Jane's) : asymétrique

asymmetric : dissymétrique (conflit)

asymmetric capabilities (US) : capacités asymétriques

asymmetric threat (US) : menace asymétrique

asymmetric warfare (Jane's) : conflits asymétriques

asymmetrically (US) : asymétriquement

at : à (spatial)

at : à (temporel)

at : à (volume / proportion / composition de forces)

at : sur (contre)

at (US) : dessus

at (US, Jane's) : dans (spatial)

at (US, OTAN, CA) : sur (spatial)

at 12 o'clock : midi (sur) (tout droit) (méthode de l'horloge)

at a specific time (US, GB) : instant T (à l')

at all times (US, GB) : en permanence

at any one time (GB) : à tout moment (ou en permanence)

at any one time (GB) : en permanence

at close quarters (GB) : à bout portant

at close range (GB) : à bout portant

at dawn, at daybreak : lever du jour (au)

at depth (US) : en profondeur (TAC)

at ease ! (US) : repos !

at half-staff (US) : berne (en)

at hand (US) : disponible

at high angle(s) : tir vertical (en)

at home (CA) : au pays (en métropole)

at least : minimum
at least (US, GB) : au moins
at my command ! : à mon commandement ! (ordre)
at night : nocturne
at night (US, GB) : de nuit
at point-blank range : à bout portant
at priority call (OTAN) : sur demande prioritaire (ART)
at sea (US) : sur mer
at stake (GB) : en jeu
at the disposal of (GB) : disposition de (à la)
at the initiative of (US) : initiative de (à l')
at the same time : simultanément
at this location (OTAN) : là
at will (GB) : à volonté (tir)
at...level (US) : à l'échelon de
athletic activities (US) : activités sportives
ATILA artillery command and control system : automatisation des tirs et liaisons de l'artillerie (ATILA)
ATILA automated artillery tactical command and control system : automatisation des tirs et liaisons de l'artillerie (ATILA)
Atlantic (LANT) (US, OTAN) : atlantique (adjectif)
Atlantic (Ocean) : Atlantique (océan)
Atlantic Alliance (Jane's) : Alliance atlantique (l')
Atlantic community (OTAN) : communauté atlantique (OTAN)
Atlantic Wall (GB, US) : Mur de l'Atlantique (Hist.)
Atlanticism (US) : atlantisme
Atlanticist (US) : atlantiste (nom)
atmosphere (UN, OTAN) : atmosphère (ambiance)
atmosphere (UN, OTAN) : atmosphère (terrestre)
atmosphere of cooperation (US) : climat de coopération
atmospheric conditions (US) : conditions atmosphériques
atoll (GB, US) : atoll
atom (GB, US) : atome
atom bomb (US) : bombe atomique (la) (Hist.)
atomic (GB, US) : atomique
atomic attack (US) : attaque atomique
atomic demolition munition (ADM) (OTAN) : charge nucléaire statique
atomic demolition munition (OTAN) : mine à charge atomique (ou à charge nucléaire statique)
atomic weapon (GB) : arme atomique
atrocity (GB, OTAN) : atrocité
atropine (GB) : atropine (SAN)
attach : affecter (attribuer) (unités / moyens / forces)
attach : détacher (unité / matériels)
attach (a unit) to : mettre aux ordres de (unité)
attach (OTAN) : détachement pour mises aux ordres (unité)

attach (OTAN) : rattachement (temporaire d'une unité à une autre)
attach (OTAN) : relier
attach (to) (OTAN) : fixer (composant sur un matériel)
attach (US) : détacher (personnels)
attach (US) : épingler
attach (GB) : annexer (ou joindre) (document)
attach to (US) : rattacher à
attaché (US) : attaché (PERS)
attached (to) (US) : rattaché (mis temporairement aux ordres de) (unité)
attached to (GB) : adapté (TAC) (unité)
attachment : détachement pour mises aux ordres (unité)
attachment : pièce jointe (courrier électronique) (Internet)
attachment : rattachement (temporaire d'une unité à une autre)
attachment (OTAN) : fixation (charge)
attachments and detachments (US) : renforcements et prélèvements (TAC)
attack : action (TAC)
attack : assaillir
attack : engagement (combat)
attack (US, GB) : attaque
attack (US, GB) : attaquer
attack (US, GB) : attentat
attack aircraft (UN) : avion d'attaque
attack by fire (GB) : attaque par le feu
attack element (OTAN) : élément d'attaque
attack form (US) : forme d'attaque
attack helicopter (AH) (US, GB, OTAN) : hélicoptère de combat (HC)
attack helicopter assault (US) : assaut par hélicoptère(s) de combat
attack helicopter battalion (ATKHB) : régiment d'hélicoptères de combat (RHC)
attack helicopter company (ATKHC) (US) : escadrille d'hélicoptères de combat
attack helicopter platoon (Attack Hel. Bn) (US) : peloton (ALAT)
attack in depth (US) : attaque dans la profondeur
attack in echelon (GB) : attaque échelonnée
attack in force (US) : attaque en force
attack missile : missile d'attaque
attack operations (US) : opérations d'attaque
attack orders (US) : ordre d'attaque
attack position (OTAN, US) : position d'attaque
attack position (US) : base de départ (ou zone de démarrage / OTAN) (INF)
attack position (US) : zone de démarrage (ABC)
attack system (US) : système d'attaque
attack tempo (US) : cadence d'attaque
attacked (US, GB) : attaqué (force)
attacker (US) : attaquant
attacker (US, GB, OTAN) : assaillant
attacking (force) (OTAN) : attaquant (force)

attacking (OTAN) : assaillant (adjectif)
attacking commander (US) : chef en attaque
attacking force (OTAN) : élément d'attaque
attacking force (US) : force assaillante
attacking force (US) : force en attaque
attain (US) : atteindre (grade / âge)
attain (US) : atteindre (sens figuré)
attain (US) : parvenir à
attain (US, OTAN) : atteindre (TAC)
attainable (objectif) (US) : réalisable
attainment (US) : réalisation
attempt (attaque infructueuse) (GB) : attaque
attempt (OTAN) : effort
attempt (US) : tentative
attempt (US, OTAN) : tenter
attend (a school) (US) : fréquenter (organisme de formation)
attend (GB, US) : assister à (conférence / démonstration)
attend (US) : participer à
attend (US) : servir (matériel)
attend (US, GB) : suivre (cours / formation / stage)
attendance (US) : fréquentation (établissement)
attention ! (US, GB) : garde-à-vous ! (commandement)
attention (GB) : soins (SAN)
attention (US, OTAN) : attention
attenuation (OTAN) : atténuation (camouflage)
attitude (GB, US) : mentalité
attitude (OTAN) : assiette (missile)
attitude (US) : attitude (ou disposition)
attract (GB) : attirer
attractive (OTAN) : séduisant
attributable to (US) : imputable à
attribute (US) : attribut (matériel)
attrit (US) : user (TAC)
attrition : combat d'usure
attrition : usure (force)
attrition (GB) : usure (matériel / pièces de rechange / objet)
attrition (US, GB) : attrition (usure) (TAC)
attrition defense : défense d'usure
attrition rate (OTAN) : taux d'attrition (personnel / matériel)
attritional warfare (GB) : guerre d'usure (type de guerre)
audacious (US) : audacieux
audacity (US) : audace
audience (OTAN) : public (action psychologique)
audio frequency (AF) (OTAN) : audiofréquence
audio frequency (AF) (OTAN) : fréquence audio
audio monitoring (US) : surveillance audio (ou auditive) (RENS)
audio(-) surveillance (US) : surveillance audio (ou auditive) (RENS)
audiovisual (US) : audio-visuel
audiovisual capabilities (US) : moyens audiovisuels (action psychologique)

audit (OTAN) : audit (vérification comptable)
audit (OTAN) : contrôle des finances publiques
audit (OTAN) : vérification comptable (audit)
audit (OTAN, UEO) : inventaire
auditing (US) : vérification des comptes (fonction du Trésor)
auditor (OTAN) : commissaire aux comptes
augment (fires) (US) : augmenter (feux) (ART)
augment (OTAN) : ajouter
augment (OTAN) : augmenter
augment (US) : renforcer (unité)
augmentation (forces) (US) : renforts (forces)
augmentation force (AF) (OTAN) : force d'appoint (ou de renfort)
augmentation force (US) : renforcement (force d'appoint)
augmentation force (US, OTAN) : appoint (force d')
augmentation forces (AF) (OTAN, GB) : forces d'appoint
augmentation forces (US) : renforcements (ou forces d'appoint)
augmentation unit : unité de renfort (outre-mer)
aural (OTAN) : auditif
auspices (GB, OTAN) : égide
auspices (US, GB) : auspices
austere : austère
austerity (US) : austérité (des moyens) (force)
authentic (OTAN) : authentique (document)
authentic document (OTAN) : document authentique
authenticate (GB) : authentifier
authentication (GB, OTAN) : authentification (TRANS / documents)
authenticator (OTAN) : signe d'authentification (message / transmission)
authorised to (GB) : autorisé à (ou habilité à ou ayant qualité pour) (PERS)
authoritarian (OTAN) : autoritaire
authorities (US) : autorités
authority : pouvoir de décision
authority (GB) : autorité (force de caractère) (PERS)
authority (OTAN) : autorité (instance de décision)
authority (US) : autorité (pouvoir de décision)
authority (US, GB) : pouvoir (PERS)
authorization (OTAN) : autorisation
authorize (US) : autoriser
authorize (US) : ouvrir (poste / emploi)
authorize (US) : ouvrir droit à
authorized (US) : théorique
authorized ou authorised : autorisé
authorized supply rate (ASR) (OTAN) : taux d'approvisionnement autorisé
authorized to (US) : autorisé à (ou habilité à ou ayant qualité pour) (PERS)
autoloader (US) : chargement automatique (canon automoteur)
automate (US) : automatiser

automated (US, OTAN) : automatisé

automated bridge launching equipment (ABLE) (GB) : système de lancement de pont automatisé

automated data processing (GB) : informatique (adjectif)

automated data processing equipment (ADPE) (US, GB) : équipement (ou matériel) informatique

automated data processing equipment (ADPE) (US, GB) : matériel informatique

automated data processing security officer (ADPSO) (GB) : officier de sécurité informatique

automated data-processing (ADP) (GB, US) : informatique (nom)

automated decision-making (US) : prise de décision(s) automatisée

automated message handling system (AMHS) (OTAN) : système automatisé de traitement de(s) messages

automated message processing system (AMPS) (OTAN) : système automatisé de traitement de(s) messages

automated system (US) : système automatisé

automatic (GB) : arme automatique

automatic (US, OTAN) : automatique

automatic capability (GB) : mode automatique (fusil)

automatic command to line-of-sight (UN) : télécommande automatique (TCA) à portée optique (ou à vue directe)

automatic data link (ADL) (OTAN) : liaison automatique de transmission de données

automatic data processing (ADP) (OTAN) : informatique (nom)

automatic data processing (ADP) (OTAN) : traitement automatique de données (TAD)

automatic data processing (ADP) (OTAN) : traitement automatique de l'information

automatic digital network (AUTODIN) (GB) : réseau numérique automatique

automatic exchange : autocommutateur (réseau radio) (TRANS)

automatic flight control (OTAN) : commande automatique de vol

automatic flight control (OTAN) : contrôle automatique de vol

automatic grenade launcher (GB) : lance-grenades automatique

automatic loader (Jane's) : chargement automatique (char)

automatic message management system (AMMS) (OTAN) : système de gestion automatique des messages

automatic pistol : pistolet automatique

automatic rifle (AR) (US) : fusil automatique

automatic rifle (US) : fusil-mitrailleur (FM)

automatic rifleman : tireur FM (fusil-mitrailleur)

automatic search jammer (OTAN) : brouilleur à poursuite automatique

automatic switch (US) : autocommutateur (réseau radio) (TRANS)

automatic weapon (US, GB) : arme automatique

automatically (GB) : automatiquement

automation (US) : automatisation

automation system (US) : système automatisé

automotive (US) : automobile (adjectif)

automotive (US) : automoteur (véhicules terrestres uniquement)

automotive (US) : véhicules terrestres (relatif aux)

autonomous (OTAN) : autonome (unité / opération / QG / système d'arme)

autonomous guidance (GB) : guidage autonome

autonomous missions (US) : missions autonomes

autonomous navigation and gun laying system (AGLS) (GB) : navigateur terrestre (canon automoteur)

autonomous operation (OTAN) : opération autonome

autonomy (GB) : autonomie (personnels)

autonomy (OTAN, CA) : autonomie (région / pays / territoire)

autonomy (US) : autonomie (force)

autopilot (OTAN, GB) : pilote automatique (aéronef)

autumn (US) : automne

auxiliary (OTAN) : auxiliaire (adjectif)

auxiliary (US) : auxiliaire (adjectif)

auxiliary power supply (APS) (OTAN) : alimentation électrique auxiliaire

auxiliary power unit (APU) (US) : générateur auxiliaire

auxiliary power unit (APU) (US) : groupe auxiliaire de puissance

auxiliary staff (US) : état-major auxiliaire

auxiliary unit (US) : unité auxiliaire

auxiliary winch (Jane's) : treuil auxiliaire (engin de dépannage)

availability (UEO) : disponibilité (forces / capacités opérationnelles)

availability (US) : disponibilité

available (US) : accessible

available (US, OTAN) : disponible

available bed (OTAN) : lit disponible (SAN)

available supply rate (OTAN) : taux de ravitaillement consenti

available to (UN, UEO) : disposition de (à la)

avenue (GB) : itinéraire d'accès (ou voie de cheminement)

avenue (US) : itinéraire

avenue of approach (AOA ou AA) (US, GB) : cheminement (voie d'accès) (TAC)

avenue of approach (AOA) (US, GB) : voie d'accès (ou cheminement) (TAC)

avenue of approach (OTAN) : avenue d'approche (cheminement)

avenue of approach (US) : axe de cheminement

avenue of approach (US) : itinéraire d'accès (ou voie de cheminement)

avenue of escape (US) : itinéraire de repli

average (US) : moyen (adjectif)

average (US, GB) : moyenne

average cross country speed (GB) : vitesse moyenne en (tout) terrain

average day (US, GB) : jour moyen

average repair time (US) : temps moyen de réparation

aviation : appui aérien (titre de sous-paragraphe)

aviation (US) : aviation (armée de terre)

Aviation Branch, the (Army) (US) : ALAT (aviation légère de l'armée de terre)

aviation brigade (US) : brigade d'ALAT (aviation légère de l'armée de terre)

aviation fuel (AVTAG) (OTAN) : carburant aviation (essence / kérosène)

aviation gasoline (AVGAS) (OTAN) : essence (aviation)

aviation maintenance battalion (US) : régiment du matériel (ou de maintenance) (ALAT)

Aviation Regiment (GB) : régiment de l'ALAT

aviation unit (US) : unité de l'ALAT

aviator (US) : aviateur (membre de l'armée de l'air)

avionic (GB) : avionique (adjectif)

avionic system (GB) : système avionique

avionics (OTAN, GB) : avionique (nom)

avoid (US, OTAN) : éviter

avoidance (US, GB) : évitement (action d'éviter)

await : attendre

awaiting departure (AWD) (OTAN) : instance de départ (en)

award (GB) : conférer

award (GB) : prononcer (peine judiciaire)

award (OTAN) : remise (décorations / distinctions)

award (US) : accorder

award (US) : attribuer

award (US) : récompense

award (US, GB) : distinction honorifique

awards ceremony (US) : remise de récompenses (cérémonie)

awareness (CA) : sensibilisation

awareness (US) : conscience

awareness (US) : prise de conscience

awash with (US) : inondé de (informations)

away (GB) : absent (adjectif)

away from (OTAN) : écart de (à l')

awesome (US) : terrifiant

awkward (GB) : malaisé

ax (US) : hache

axe (GB) : hache

axial road : pénétrante

axial route (OTAN) : pénétrante

axiom (US) : axiome

axis (US) : axe (expérimentation tactique)

axis (US, GB) : axe (TAC)

axis of advance : progression (axe de)

axis of advance (US, GB) : axe d'effort

axis of advance (US, GB, OTAN) : axe de progression (ou axe d'effort ou direction)

axle : essieu

azimuth (US) : azimut

B Echelon (GB) : éléments administratifs (formation de combat)

B vehicle (GB) : véhicule non blindé (léger, bâché)

baby (GB) : bébé (responsabilité particulière) (terme familier)

bachelor's degree (US) : licence (diplôme universitaire)

back : dos (poignard)

back (GB) : de retour

back (GB) : retrait (en)

back (GB) : soutenir (militairement)

back (US) : dos (homme / animal)

back (US) : vice-versa

back loading point (GB) : point de récupération (matériel)

back strap : sangle dorsale (TAP)

back up (CA) : appuyer

back up (US) : appuyer (TAC)

back up (US) : renforcer (unité)

back(-pack) parachute : parachute dorsal

backblast (US, GB) : effet de souffle arrière (arme antichar / lance-roquettes)

backbone : épine dorsale (sens propre et figuré)

backbone : pivot (ou pilier) (sens figuré)

back-cloth (US) : toile de fond

backdrop (US) : toile de fond

background (CA) : état de la situation (présentation d'un conflit)

background (CA) : situation

background (GB, CA) : contexte

background (US) : acquis (nom)

background (US) : horizon (sens figuré)

background briefing (OTAN) : point de presse (OTAN)

background information (OTAN) : point d'information (informations générales / comptes-rendus / conférences de presse) (OTAN)

background investigation (BI) : enquête de sécurité (PERS) (RENS)

background security investigation (US) : enquête de sécurité (PERS) (RENS)

backloading (US) : rembarquement (unité amphibie)

backpack (US) : sac à dos

backstrap : plaque de crosse (arme de poing)

backtrack (US) : faire marche arrière

back-up : secours (de) (auxiliaire) (équipement)
backup (GB) : renfort (appui)
backup personnel (US) : personnel(s) de soutien (RENS)
bacteriological (US) : bactériologique
bacteriological weapon : arme bactériologique
bacteriology (US) : bactériologie
bad (US) : mauvais (adjectif)
bad conduct (US) : mauvaise conduite (PERS)
bad fix (US) : pétrin
bad weather (US) : mauvais temps
badge (GB) : insigne (suivant arme / forme)
badge (US) : brevet (qualification de spécialité)
badge (US) : écusson
badge of appointment (GB) : insigne de fonction
badge of rank (GB) : insigne de grade
badly (GB) : gravement
badly (US) : mal + participe passé
bag (familier) (US) : faire prisonnier
bag (US) : bébé (responsabilité particulière) (terme familier)
bag (US) : gaine (TAP)
bait (US) : appât (destiné à un transfuge potentiel) (RENS)
bakery (GB) : boulangerie
balaclava (GB, US) : cagoule (ou passe-montagne) (forces spéciales)
balaclava (US) : passe-montagne
balance (of a load) (US, GB) : centrage (chargement)
balance (OTAN) : contrepoids
balance (US) : compenser
balance (US, GB) : équilibre
balance of battle (US) : balance
balance of fear (UN) : équilibre de la terreur (STRAT)
balance of power (UN) : équilibre des forces
balance of terror (UN) : équilibre de la terreur (STRAT)
balanced (GB, US, OTAN) : équilibré (force / alliance)
balancing act (OTAN) : numéro d'équilibrisme
bale out (GB) : écoper (eau)
bale out ou to bail out (GB) : sauter (d'un avion ou véhicule endommagé)
balisage (OTAN) : balisage de circulation routière
Balkans (US, GB) : Balkans (les)
ball (GB) : bal
ballistic (US, GB, OTAN) : balistique (adjectif)
ballistic computer (US) : calculateur de tir (ou de pièce ou balistique) (char / canon automoteur)
ballistic missile (OTAN) : lanceur d'engins
ballistic missile (US, OTAN) : missile balistique
ballistic missile defence (BMD) (OTAN) : défense contre missiles balistiques
ballistic missile defence (BMD) (UN, GB) : défense antimissile balistique

ballistic missile early warning (OTAN) : détection lointaine des missiles balistiques
ballistic missile early warning system (BMEWS) (OTAN) : système de détection lointaine des missiles balistiques
ballistic offensive suppression (OTAN) : suppression des moyens d'offensive balistique
ballistic offensive suppression system (BOSS) (OTAN) : système de suppression des moyens d'offensive balistique
ballistic proof (UN) : antiballe(s) (ou pare-éclats)
ballistic protection (Jane's) : protection balistique (fantassin)
ballistic trajectory (US, OTAN, UN) : trajectoire balistique
ballistic vest (US) : gilet pare-balles
ballistically tolerant (US) : résistant aux impacts balistiques (rotor)
ballistics (GB) : balistique (science)
balloon (observation) (US) : ballon (d'observation) (RENS)
ban (UN, OTAN) : interdiction (proscription)
ban (UN, US, GB) : interdire (prohiber)
band (GB) : bande (clique / gang) (individus)
band (OTAN) : bande (TRANS)
band (US, GB) : musique (fanfare)
bandage (GB) : bandage (pansement) (SAN)
bandage (GB) : panser (blessure) (SAN)
bandit (US) : bandit
banditry (US) : banditisme
bandmaster (US, GB) : chef de musique
bandoleer (US, GB) : cartouchière
bandolier (US, GB) : cartouchière
bandsman (GB) : musicien
bang (US) : détonation (bruit d'explosion)
bank : rangée
bank (GB) : berge
bank (GB) : bord (rive) (cours d'eau)
bank (GB) : rive (cours d'eau / océan)
bank (GB) : talus
bank (OTAN) : remblai
bank on (OTAN) : miser sur
banner (GB) : bannière (étendard)
baptism of fire (US, GB) : baptême du feu
bar (GB) : barrer (direction / itinéraire / route)
bar (Jane's) : interdire (prohiber)
bar (US) : barrette (insigne de grade)
bar code : code barres (LOG)
barbed wire : fil de fer barbelé
barbed(-) wire entanglement (US, GB) : réseau de barbelés
barber shop (US) : salon de coiffure (unité)
barge (GB) : péniche
barrack room : piaule (familier)
barrack- room : chambrée
barrack room : turne (chambre ou chambrée) (terme familier)
barrack room (GB) : carrée (chambre de caserne)

barrack square (GB) : cour de caserne
barracks : caserne
barracks (US, GB) : quartier (caserne)
barrage (GB) : barrage (tir de)
barrage (GB) : tir de barrage
barrage balloon (GB) : ballon de barrage
barrage fire (OTAN) : tir de barrage
barred (GB) : interdit (accès / personnel)
barrel : bouche à feu
barrel : tube (canon de char)
barrel (GB) : baril
barrel (GB) : tube (fusil automatique / arme auto-
    matique / canon / pistolet automatique / canon
    sans recul / mortier)
barrel (US) : canon (arme de poing / pistolet auto-
    matique / fusil / mitrailleuse)
barrel erosion (US) : érosion du tube (canon)
barrel extension : rallonge de tube (fusil automa-
    tique)
barrel jacket : manchon de refroidissement (fusil
    automatique)
barrel nut : écrou de vissage de tube (fusil auto-
    matique)
barrel ring : bague (fusil)
barrel ring : bague à canon (baïonnette)
barricade (GB) : barricade
barricade (GB) : barricader
barricade oneself (GB) : se barricader
barrier (OTAN) : barrage (d'obstacles)
barrier (OTAN) : système d'obstacles
barrier (US) : coupure (TAC)
barrier ammunition (OTAN) : munitions d'obs-
    tacles
barrier of fire (GB) : barrière de feu (TAC)
barrier of fire (OTAN) : tir de barrage
barrier operations (BAROPS) (OTAN) : opéra-
    tions de barrage
base : base (lunette de visée)
base (OTAN) : base (structure de forces)
base (OTAN) : fond
base (US) : infrastructure nationale
base (US, OTAN, GB) : base
base (shell) : culot (obus)
base bleed : diminution de traînée de culot (à)
base bleed ammunition : munitions à diminution
    de traînée de culot
base camp (US, GB) : camp de base
base cap : culasse (mortier)
base defence zone (BDZ) (OTAN) : zone de dé-
    fense de base
base document (US) : document de base
base ejection (OTAN) : éjection par le culot (obus)
base ejection shell (OTAN) : obus à éjection par le
    culot
base hospital : hôpital d'infrastructure
base map (US, OTAN) : carte de base
base of fire (US) : base de feux (ART)
base of operations (OTAN) : base arrière

base of operations : point d'appui (base extérieure)
base of operations (US) : base d'opérations (LOG)
base of operations (US) : base d'opérations (ou
    opérationnelle)
base of support (US) : base de soutien (subversion
    / terrorisme)
base on (US) : appuyer sur
base on (US) : fonder sur
base plug : bouchon de fermeture (grenade à main)
base security (US) : sécurité des bases (militaires)
base supply (OTAN) : approvisionnement des
    bases
base-bleed shell : obus à réduction de traînée de
    culot
base-burn shell : obus à réduction de traînée de
    culot
based (GB) : installé (force)
based (GB) : stationné (PERS)
based (GB) : sur (spatial)
based (GB, US) : basé (force / état-major)
based (up) on (US) : fondé sur
based on (US) : dérivé de (matériel précédent)
based on (US) : fonction de (en)
based on (US, GB) : basé sur (opération / plan)
baseline (CA) : conditions de base
baseline (US) : base de référence
basement (GB) : sous-sol (habitation)
baseplate : base (mine)
baseplate (US) : plaque de base (mortier)
basic : nu
basic (GB) : base (de)
basic (OTAN) : essentiel (adjectif)
basic (training) : élémentaire (formation)
basic (US) : fondamental
basic (US) : principal (mission)
basic allowance for quarters (BAQ) (US) : indem-
    nité de logement
basic allowance for subsistence (BAS) (US) : in-
    demnité de subsistance (PERS)
basic annual leave allowance (GB) : droit à per-
    mission annuelle (PERS)
basic branch (US) : arme d'origine
basic cadet training (US) : formation militaire élé-
    mentaire des élèves-officiers (grande école mi-
    litaire)
Basic Combat Training (BCT) (US) : formation
    élémentaire toutes armes (FETTA)
basic course (US) : stage de base (ou élémentaire)
basic course (US) : stage élémentaire
basic echelon (US) : échelon de base
basic element (US) : élément de base
basic flying training (GB) : instruction élémentaire
    de vol (ALAT)
basic intelligence : documentation de base (ou
    générale) (RENS)
basic intelligence (OTAN) : renseignement de do-
    cumentation (ou de base)
basic load (US) : dotation initiale

basic load(s) (BL) (US) : dotations initiales (DI)

basic military skills (GB) : savoir-faire militaires de base (les)

basic mission (US) : mission de base (arme de l'armée de terre)

Basic NCO (= Non-Commissioned Officer) Course (équivalent US) : peloton des élèves sous-officiers

basic plan (US) : plan initial (opérations)

basic principle (US) : principe fondamental

basic recruit training (GB) : classes (instruction élémentaire) (PERS)

Basic Recruit training (ou Phase 1 training) (GB) : formation élémentaire toutes armes (FETTA)

basic tactical unit : unité élémentaire (UE)

basic training (US, GB) : classes (instruction élémentaire) (PERS)

basic training (US, GB) : combat toutes armes

basic training (US, GB) : formation élémentaire (PERS)

basic training (US, GB) : instruction élémentaire (PERS)

basic truth (US) : vérité essentielle

basics (US) : essentiel (nom)

basics (US) : rudiments (entraînement)

basin : cuvette (TOPO)

basin (US) : bassin (TOPO)

basis (US, OTAN) : base (fondement)

basket : coquille (sabre)

basket (UN) : corbeille (accords)

basket (US) : panier

bastion (GB) : point d'appui (TAC)

batch : train (série)

batch : tranche (programme d'armement)

batch (GB) : contingent (fournée) (recrues)

batch (GB) : fournée (recrues)

batch (GB) : lot (de matériels)

batch (US) : livraison (de renseignements) (par un agent) (RENS)

batch (of information) : lot (de renseignements)

batch (US) : lot (munitions)

bath (US) : douche

batman (GB) : ordonnance

baton (GB) : bâton (marque de grade)

baton (US, GB) : matraque

baton charge : charge à la matraque (GEND mobile)

baton round (GB) : balle en caoutchouc

baton round (GB) : balle en plastique

battalion (US, GB, OTAN) : bataillon

Battalion Adjutant (GB) : officier adjoint du régiment

battalion commander (US) : commandant de régiment

battalion landing team (BLT) (OTAN) : groupe de débarquement de bataillon

battalion maintenance company (US) : escadron de maintenance régimentaire (EMR)

battalion net (GB) : réseau régimentaire (TRANS)

battalion operations centre (BOC) (OTAN) : centre d'opérations de bataillon

battalion ou regiment : régiment (unité)

battalion-level information system (GB) : système d'information régimentaire (SIR)

battalion-level training (Jane's) : entraînement au niveau régiment (centre d'entraînement au combat)

batter (GB) : battre (frapper à coups redoublés) (position / tranchée)

battery : pile (missile)

battery (US) : batterie (poste radio / radar) (pile)

battery (US, GB) : batterie (unité) (ART)

battery captain (BK) (GB) : officier de tir (ART)

battery centre (OTAN) : pièce de base (ou directrice) (ART)

battery command post (US) : PC de batterie

battery commander (GB) : commandant de batterie

battery left (or right) (OTAN) : par pièce, un coup à gauche (ou à droite) (ART)

battery of tests (GB, US) : batterie de tests

Battery Sergeant Major (ART) : adjudant (ADJ) (grade)

battle (GB, US, OTAN) : bataille

battle (OTAN) : opérations (les) (combat / bataille)

battle (US) : combat (notion abstraite)

battle (US) : se battre (force / soldat)

battle (US, GB) : combat (action réelle)

battle against (US) : lutter contre

battle area : zone d'engagement

battle area (OTAN, UN) : zone de bataille

battle area (US) : zone des combats

battle casualties (OTAN) : pertes au combat

battle casualties rate : taux de pertes santé (ou d'attrition) (SAN)

battle casualty (OTAN) : perte (au combat) (PERS)

battle command (US) : direction de la bataille

battle command (US) : direction des combats

battle course (GB) : stage de combat

battle cry (GB) : cri de guerre

battle damage (OTAN) : dégâts subis au combat

battle damage repair (OTAN) : réparation au combat

battle dress : tenue de combat (PERS)

battle dress uniform (BDU) (US) : tenue de combat (PERS)

battle effect (US) : effet tactique

battle fatigue (GB) : psychose traumatique (du soldat)

battle hardening (Jane's) : aguerrissement (PERS)

battle honour (GB) : campagne (titre de gloire) (unité)

battle honour (GB) : titre de gloire (ou campagne) (unité)

battle injury or wound (BIW) (US) : blessure de guerre (SAN)

battle lab (US) : laboratoire de bataille

battle management (US) : conduite de la bataille

battle maneuvers (US) : manœuvres de combat

Battle of the Bulge (US) : bataille des Ardennes (la) (Hist.)

battle one another (US) : s'affronter (forces)

battle outcome (US) : issue des combats

battle plan (US) : plan de bataille

battle position (GB) : position de combat

battle scene (GB) : lieu de bataille

battle simulation (US) : simulation de combat

battle site (GB) : lieu de bataille

battle stations (GB) : alerte opérationnelle (état d') (unité)

battle stress (BS) : réaction de combat

battle stress (GB) : stress du (ou de) combat (SAN)

battle tested (US) : preuves (faire ses) (au combat) (matériel / unité)

battle(-)proven (GB, US) : preuves (faire ses) (au combat) (matériel / unité)

battle(field) inoculation : aguerrissement (PERS)

battle(s) (GB) : combats

battledress uniform (BDU) (US) : treillis (tenue de combat)

battlefield (US) : guerre (sens abstrait)

battlefield (US) : champ de bataille

battlefield advantage (US) : avantage tactique

battlefield air interdiction (BAI) (OTAN) : interdiction aérienne du champ de bataille

Battlefield Artillery Engagement System (BATES) (équivalent GB) : automatisation des tirs et liaisons de l'artillerie (ATILA)

battlefield combat identification system (BCIS) (US) : système d'identification ami / ennemi sur le champ de bataille

battlefield command sytem (GB) : système de commandement du champ de bataille

battlefield communications system (GB) : système de transmissions tactique

battlefield deception (US) : déception tactique

battlefield effect (US) : effet tactique

battlefield forces (the) (GB) : corps de bataille

battlefield framework (US) : cadre tactique (ou du champ de bataille)

battlefield identification (US) : identification des forces (ou de combat) (contre tirs fratricides)

Battlefield Identification Friend of Foe (Jane's) : BIFF (système d'identification au combat)

battlefield identification friend or foe (BIFF) : système d'identification ami / ennemi sur le champ de bataille

battlefield identification friend or foe (BIFF) (OTAN) : identification ami-ennemi sur le champ de bataille

battlefield illumination (OTAN) : éclairage (ou éclairement) du champ de bataille

battlefield information (OTAN) : informations du champ de bataille

battlefield information (US) : informations tactiques

battlefield information (US) : renseignement du champ de bataille (brut)

battlefield information collection and exploitation (OTAN) : recherche et exploitation des informations du champ de bataille

battlefield information collection and exploitation system (BICES) (OTAN) : système de recherche et d'exploitation des informations du champ de bataille

battlefield information exploitation (OTAN) : exploitation des informations du champ de bataille

battlefield intelligence (Baud) : renseignement au combat (opérationnel)

battlefield interoperability program (BIP) : programme d'interopérabilité opérationnelle

battlefield management (OTAN) : gestion du champ de bataille

battlefield management system (BMS) (OTAN) : système de gestion du champ de bataille

battlefield management system (Jane's) : système de recueil et de transmission automatiques d'informations (char)

battlefield mobility (GB) : mobilité tactique (véhicule blindé)

battlefield nuclear weapon (UN) : arme nucléaire tactique (ANT) (ou pré-stratégique)

battlefield psychological activities (OTAN) : activités psychologiques du champ de bataille

battlefield recovery operations (US) : opérations de dépannage tactiques (ou sur le champ de bataille)

battlefield sensor (US) : capteur tactique

battlefield stress (US) : stress du (ou de) combat (SAN)

battlefield superiority (Jane's) : supériorité tactique

battlefield surveillance helicopter : hélicoptère de surveillance du champ de bataille

battlefield taxi (GB) : moyen de transport sur le champ de bataille (engin blindé)

battlefield taxi (GB) : "taxi du champ de bataille" (VTT)

battlefield visualization (US) : visualisation du champ de bataille

battleflield air interdiction (BAI) : appui aérien éloigné

battle-focused (US) : axé sur le combat

battleground (GB) : champ de bataille

battlegroup (BG) (GB) : groupement (tactique)

battlegroup headquarters (BGHQ) (GB) : PC de groupement tactique

battle-hardened : aguerri (PERS)

battleship (GB) : cuirassé (navire)

battlespace analysis (US) : analyse de l'espace de bataille

battle-space awareness (OTAN) : connaissance de l'espace de bataille (ou connaissance du champ de bataille)

battle-space awareness (OTAN) : identification du champ de bataille

battlespace awareness (US) : sensibilisation à l'espace de bataille

battle-space control (OTAN) : maîtrise des théâtres d'opérations

battlespace digitisation (GB) : numérisation de l'espace de bataille

battlespace digitization (US) : numérisation de l'espace de bataille

battlespace dominance (GB) : domination de l'espace de bataille

battlespace ou battle space (US, GB) : espace de bataille (aire de bataille) (TAC)

battle-tried : aguerri (PERS)

bawl out (US) : engueuler (terme familier)

bay (GB) : baie (TOPO)

bayonet (GB) : passer à la baïonnette

bayonet (US, GB) : baïonnette

bayonet charge (GB) : charge à la baïonnette

bazooka : lance-patates

bazooka (GB) : bazooka

bazooka rocket (US) : roquette de bazooka

BBS constructive simulation system (Jane's) : BBS

BDU (= Battle Dress Uniform) cap (US) : casquette de treillis

be (found) (US, GB) : figurer

be (GB) : intervenir (se produire)

be (OTAN) : se voir (+ verbe à l'infinitif)

be (US) : représenter

be (US) : trouver

be (US, GB) : constituer (être / représenter)

be (US, GB) : être

be (US, GB, OTAN) : se trouver

be a holder of (US) : titulaire de (être)

be a member of (US) : appartenir (PERS)

be a question of (OTAN) : s'agir de

be about (OTAN) : falloir

be adaptable (US) : s'adapter (PERS)

be alert (GB) : rester sur ses gardes (être vigilant)

be alloted to (US) : incomber à

be among (GB) : faire partie de

be an integral part of (US) : faire partie intégrante de

be answerable to (UEO) : relever de (dépendre de)

be applied to (OTAN) : s'appliquer à

be assigned (US, GB) : recevoir (ordre / mission / instructions)

be assigned the mission (to do something) : mission de (avoir pour)

be assumed to (GB) : pouvoir (expression de la probabilité)

be at a location (OTAN) : se trouver

be attached to (US) : renforcer (unité)

be augmented (CA) : s'accroître

be available (US) : exister

be based (GB) : stationner (unité)

be based around (GB) : s'articuler autour de (unité)

be based on (OTAN) : s'appuyer sur

be buttoned up (US) : s'enfermer

be called (US) : constituer (être / représenter)

be capable of (GB) : en mesure de

be capable of (US) : pouvoir (expression de la possibilité)

be carried out (GB) : se faire

be characterized by (US, OTAN) : se caractériser par

be classed (OTAN) : se classer (catégories)

be classified (GB) : se ranger

be committed in : participer à

be comprised of (US) : se composer de

be concealed from (OTAN) : échapper à

be concerned with (US) : se préoccuper de

be concerned with (US) : s'occuper de

be conducted (UEO) : se dérouler (événement / combats / exercice / opération)

be confirmed (TBC) : à confirmer

be confirmed (TBC) : confirmer (à)

be confronted by (GB) : affronter

be confronted by (US) : faire face à (ennemi / menace)

be continued (CONTD) (US) : à poursuivre

be converted into (US) : se transformer

be coordinated (TBC) : à coordonner

be credited with (GB) : passer pour

be dedicated to (US) : avoir pour vocation de (force / corps)

be dedicated to (US) : avoir vocation à

be dedidated to (US) : vocation (avoir)

be delivered (US) : sortir d'usine (matériel)

be dependent on : fonction de (être)

be dependent on (US) : dépendre de

be deployed with (GB) : équiper

be derived from (OTAN) : provenir de

be designed to (US) : vocation (avoir)

be destined for (GB) : vocation (avoir)

be determined (OTAN) : à déterminer

be determined (TBD) (US) : à définir (ou à déterminer)

be directed (OTAN) : s'exercer (effort) (TAC)

be directed at (OTAN) : poursuivre (objectif)

be directed to (OTAN) : s'adresser à

be done for (US) : fichu (perdu ou foutu) (être) (PERS)

be dressed in (GB) : mettre

be due to (GB) : devoir (verbe) (événement prévu)

be eligible for (GB) : avoir droit à

be embedded in (US) : faire partie de

be empowered to (OTAN) : avoir pouvoir de (organisme)

be engaged in (OTAN) : mener (exécuter / accomplir) (action / opération)

be engaged in (OTAN) : se consacrer à

be engaged in (OTAN) : se livrer à

be equivalent to : correspondre à
be equivalent to : équivaloir à
be established (GB) : consolider (paix / tête de pont / position)
be excused (US) : disposer
be faced (with / by) (GB, US) : faire face à (ennemi / menace)
be familiar with : connaître (savoir)
be filled (US) : preneur (trouver)
be filled (US) : trouver preneur (poste)
be fired : se tirer (arme)
be first used (US) : entrer en service (matériel)
be formed into (GB) : former (composer / constituer)
be functional (OTAN) : fonctionner (arme / matériel / système)
be given (GB) : recevoir (ordre / mission / instructions)
be given (US, GB) : recevoir (commandement d'une unité)
be given the mission (to do something) : mission de (avoir pour)
be held (GB) : arrêter (s') (progression)
be held (UEO) : se dérouler (événement / combats / exercice / opération)
be hidden (US) : se cacher
be home for (GB) : abriter
be in charge (US) : commander
be in combat (US) : être au combat (unité)
be in command (OTAN) : commander
be in control of (GB) : avoir le contrôle de (territoire)
be in control of (GB) : contrôler (TAC)
be in service (CA) : utiliser
be in use in (US) : équiper
be inclusive of (GB) : comprendre (inclure) (zone géographique)
be instrumental (US) : rôle clé (jouer un)
be involved in (OTAN) : participer à
be issued : suit
be issued by (OTAN) : provenir de
be issued with (GB) : percevoir (nouveau matériel)
be issued with (US) : percevoir (solde / rations / uniforme)
be issued with (US, GB) : recevoir (matériel / ravitaillement) (unité)
be killed (US) : tomber
be like (US) : ressembler à
be likely to (US) : pouvoir (expression de la probabilité)
be limited to (US) : se limiter à
be located (GB) : se trouver
be merged (GB, US) : fusionner
be officially organized : voir le jour (unité)
be on stand-by (GB) : se tenir en attente (unité)
be on the fence (US) : hésiter
be on the look-out (US) : guetter

be opposed by (US) : faire face à (ennemi / menace)
be over one's head (familier) (US) : dépasser
be part of (GB) : appartenir (unité)
be part of (GB) : faire partie de
be part of (OTAN) : appartenir
be placed (CFE) : figurer
be planned to (GB) : devoir (verbe) (événement prévu)
be poised for (GB) : se tenir prêt à
be prepared (to) (US) : en mesure de (EMD) (TAC)
be prepared to (US) : être en mesure de
be prior to (OTAN) : précéder
be promoted : monter en grade (PERS)
be promoted (GB) : sortir (sens figuré)
be promoted from the ranks (GB) : sortir du rang (PERS)
be promoted to (GB) : passer (PERS)
be proved in action (GB) : preuves (faire ses) (au combat) (matériel / unité)
be provided with (US) : posséder (matériel)
be published (TBP) : à publier
be reactivated : reprendre du service (unité)
be received (US) : toucher (atteindre)
be redesignated : changer (d'appellation / de dénomination) (unité / matériel)
be reduced (GB) : passer (TAC)
be responsible for (US) : avoir la responsabilité de (fonction / domaine)
be rested (US, GB) : repos (prendre du) (force)
be rotated (Jane's) : tourner (PERS / unité)
be scheduled to (US) : devoir (verbe) (événement prévu)
be short of (ou on) (GB, US) : manquer de
be silhouetted (GB) : se découper
be situated (OTAN) : se situer
be stationed (GB) : stationner (unité)
be still (OTAN) : rester (demeurer)
be still (UEO) : rester à
be subject to (OTAN) : faire l'objet de
be suitable for (GB) : convenir (être adapté à / être fait pour)
be suited to (US) : convenir (être adapté à / être fait pour)
be sunk (US) : fichu (perdu ou foutu) (être) (PERS)
be supplied with : percevoir (nouveau matériel)
be supported by (US) : s'appuyer sur
be taken into service (with) : entrer en service (matériel)
be tasked to (do something) : mission de (avoir pour)
be tasked with (doing something) : mission de (avoir pour)
be the business of (OTAN) : ressort de (être du)
be the head of (US) : diriger (conduire / commander)

be the province of (US) : ressort de (être du)
be the responsibility of (US) : relever de (dépendre de)
be the site of (US) : abriter
be time-consuming (US) : prendre du temps
be to (OTAN) : devoir (verbe) (événement prévu)
be toughened up (GB) : s'endurcir (PERS)
be translated (US) : se traduire
be turned over to the control of (OTAN) : passer sous contrôle de
be under (US) : relever de (dépendre de)
be up to (somebody) (US) : dépendre de
be used (for / to) (CA, US) : servir à
be used (OTAN) : jouer
be used (OTAN) : s'employer (matériel)
be vested (in) (OTAN, GB) : appartenir
be watchful that (US) : veiller à (ce que)
beach (OTAN, US) : plage
beach capacity (OTAN) : capacité de plage
beach landing (GB) : débarquement de (ou sur) plage
beach reserves (OTAN) : réserves de plage (opération amphibie)
beachhead (US, GB) : tête de pont (TAC)
beaching (UN) : plageage
beaching (US, GB) : arrivée sur les plages (engins de débarquement)
beach-master (GB) : officier régulateur de plage
beachmaster (US) : régulateur de plage (officier)
beacon : balise (signal lumineux)
beacon (OTAN, UN, GB) : radiobalise
beacon (US, GB) : phare (balise visible)
beam (US) : renvoyer (images) (satellite)
beam rider (OTAN) : guidé sur faisceau (missile)
beam rider (US) : missile guidé par faisceau
beam weapon (UN) : arme à faisceau lumineux (ou à (faisceau) laser)
bear (GB) : essuyer (tirs / attaque)
bear (GB) : soutenir (subir)
bear (GB) : supporter (physiquement)
bear (OTAN) : assumer
bear (US) : porter
bear (US) : supporter (frais)
bear (US, GB) : porter (arme)
bear arms (GB) : porter les armes (PERS)
bear the brunt (OTAN) : fouet (subir de plein)
bearing (OTAN) : azimut
bearing (OTAN) : gisement (ART)
bearing (OTAN) : relèvement
beat (GB) : battre (vaincre) (ennemi)
beat back : repousser (attaque)
beat by fire : battre par le feu
beat off : repousser (attaque)
beat the retreat (GB) : battre la retraite
beaten zone (GB) : zone battue par des tirs d'armes automatiques
beating (GB) : passage à tabac
become (clearly) discernible (OTAN) : se dessiner

become (GB, US) : devenir
become (US) : passer (TAC)
become (US, OTAN) : se laisser
become associated in (UEO) : s'associer à
become clear (US) : s'éclaircir (situation) (TAC)
become clogged (GB) : se bloquer
become commonplace : se banaliser
become demoralized (US) : perdre le moral (force)
become dislodged (GB) : se détacher de (matériel)
become disorientated (GB) : s'égarer (troupe)
become disorientated (GB) : se perdre (orientation) (PERS)
become effective (OTAN) : prendre effet
become effective (US) : entrer en vigueur
become embroiled in (US) : se trouver mêlé à
become professionalized (ou professional) : professionnaliser (se)
bed (GB) : lit
bed available (OTAN) : lit disponible (SAN)
bed occupied (OTAN) : lit occupé (SAN)
bed operational (OTAN) : lit opérationnel (SAN)
bedplate : plaque de base (mortier)
bedrock (US) : base (fondement)
bedroll (US) : sac de couchage
beef up (US) : renforcer (TAC)
beef up (US) : renforcer (sécurité / paix)
before : avant (temporel) (préposition)
before : avant que
before : avant de (+ verbe) (temps)
befriend (US) : se faire l'ami de (cible) (RENS)
begin (GB) : exister
begin (US) : commencer
begin (US) : entamer
begin (US) : ouvrir (TAC)
begin military service (US) : s'engager (dans une organisation militaire) (PERS)
beginner (US) : débutant (formation)
beginning (OTAN) : commencement
beginning (US) : début
beginning (US) : déclenchement (guerre / attaque / hostilités)
beginning at : à compter de (+ heure)
beginnings (US) : débuts
behave : se conduire (ou se comporter) (PERS)
behavior (US) : comportement
behavioral sciences (US) : sciences du comportement (discipline)
behaviour (GB) : comportement
behind (GB) : en arrière de
behind (schedule) (US, GB) : retard
behind (US, GB) : derrière
beleaguered (US) : cerné (unité)
belf-fed (US) : alimenté par bande (arme)
Belgian : Belge
Belgium : Belgique
belief (US) : croyance
belligerent (party) (US, GB) : belligérant
belligerent forces (US) : forces belligérantes

belligerent nation (US) : pays belligérant
belligerent party (US) : partie belligérante
belong (to) (GB) : appartenir
belong to (OTAN) : faire partie de
belonging (US) : appartenance
below (GB) : au-dessous
below (OTAN) : inférieur à
belt (US, GB) : ceinturon
belt buckle (US) : boucle de ceinturon
belt-fed : chargement par bande (à)
benchmark (US, GB) : cote (point sur carte)
bend : virage (route)
beneficial (US) : utile
benefit (US) : prestation (sociale / financière)
benefit (US) : profiter à
benefit (US, OTAN) : avantage
benefit-to-cost relationship (US) : rapport avantages-coûts
beret (US, GB) : béret
berm (GB) : talus artificiel (terre / sable) (fortification)
beside (GB) : aux côtés de
besiege (CA) : assiéger
best (US) : au mieux
best (US) : mieux
best-case (US) : optimiste
bestow (OTAN) : remettre
betray (GB) : trahir
betrayal (GB) : trahison
better (US, GB) : mieux
better-equipped (US) : mieux équipé (armée)
between (GB) : opposer
between (GB, CA, OTAN) : entre
beyond (US, GB) : au-delà de
beyond economical repair : à réformer (matériel au
coût de réparation trop élevé)
beyond line of sight (BLOS) (OTAN) : au-delà de
la portée optique
beyond local repair (US) : non réparable sur zone
(matériel)
beyond repair : hors d'usage
beyond repair (US) : irréparable (matériel)
beyond salvaging (OTAN) : irréversible
beyond the horizon (BTH) (Baud) : au-delà de
l'horizon (détection)
beyond visual range (BVR) (OTAN) : au-delà de
la portée optique
bid : soumissionner
bid (GB) : demander (officiellement)
bidder (US) : soumissionnaire (ARMT)
big customer (for) (familier) (US) : gros consommateur (de)
big friend (Jane's) : grand frère
big picture (US) : vue d'ensemble
bilateral (OTAN, US) : bilatéral
bilateral agreement (OTAN) : accord bilatéral
bilateral exercise (US) : exercice bilatéral
billet (GB) : cantonnement

billet (troops) : cantonnement
billet (US) : loger (PERS)
billion (US, GB, CA) : milliard
bin (GB) : bac à projectiles (char)
bin (US, GB) : panier lanceur (missiles)
binary : binaire (arme / munitions)
binary weapon (US) : arme binaire
bind together (US) : unir
binding (OTAN) : fixation (système de) (palette /
conteneur)
binoculars (US, GB) : jumelles
bioactive (UN) : bioactif
bio-agent (US) : agent biologique (NBC)
bio-centric (US) : biocentrique
bio-centric operations (US) : opérations biocentriques
biochemist (US) : biochimiste (SAN)
biodetection (US) : biodétection (ou détection des
agents biologiques)
bio-engineering (US) : bio-ingénierie
biographical intelligence (Baud) : renseignement
biographique
biography (US) : biographie
biological agent (US, OTAN) : agent biologique
(NBC)
biological ammunition (OTAN) : munition biologique
biological and radiological operation (OTAN) :
opération chimique, biologique et nucléaire
biological attack (OTAN, US) : attaque biologique
biological casualties (OTAN) : pertes biologiques
biological defence (OTAN) : défense biologique
biological environment (US) : environnement biologique
biological operation (OTAN) : opération biologique
biological warfare (BW) : guerre biologique
biological weapon (GB) : arme biologique
biowar ou bio-war (Jane's, US) : guerre biologique
bio-war protective agent (US) : agent protecteur de
guerre biologique
bipod (GB) : bipied (arme individuelle)
bipod (US) : affût support (mortier)
bipod leg : bipied (mortier)
bipolar (GB, OTAN) : bipolaire
bird (US) : oiseau (sens propre et figuré)
birth (of a unit) (US) : naissance (unité)
bishop to the forces (GB) : évêque aux armées
bit of information (US) : élément d'information
bitter (GB) : acharné (combats / résistance)
bitter (GB) : âpre
bitter (GB) : rude
bivouac (GB) : bivouac (abri ou camp improvisés)
bivouac (GB) : bivouaquer
black box flight recorder (GB) : boîte noire (enregistreur des paramètres de vol)
Black Chamber (US) : Cabinet noir (Hist.)
(RENS)

black market (US) : marché noir
blackmail (US) : faire chanter (RENS)
blackmail (US, GB) : chantage (RENS)
blackout (GB, US) : black-out
blackout (US, GB) : occultation (lumière)
blade : lame (sabre / poignard)
blade (US) : pale (hélicoptère)
blank (GB) : blanc (cartouche à)
blank (US, GB) : cartouche à blanc
blank ammunition (US) : munitions à blanc
blank cartridge : cartouche à blanc
blank round (US, GB) : cartouche à blanc
blanket bombing (UN) : bombardement en tapis (ou de saturation, en nappe, en pluie ou par vagues)
blast : faire sauter
blast (OTAN) : souffle (explosion)
blast (US) : explosion
blast effect (US) : effet de souffle
blast wave (OTAN ; explosion nucléaire) : onde de choc
blast wave (OTAN) : onde de souffle
blast weapon (UN) : arme à effet de souffle
blast-resistant (US) : anti-souffle
bleed (US, GB) : saigner (SAN)
bleeding (US) : saignement (SAN)
bleep (GB) : bip-bip (transmetteur) (terme familier)
bleep (GB) : tititata (transmetteur) (terme familier)
blend with (GB) : se confondre avec (camouflage)
blend with (US) : se fondre dans
blind (GB) : aveugler
blind (GB) : écran de camouflage (char / équipement)
blind alley (familier) (US) : impasse
blind bombing zone (OTAN) : zone de bombardement sans restriction
blind zone : zone d'ombre (absence d'écho radar)
blinding (UN) : aveuglant
blinding agent (GB) : agent aveuglant
blinding grenade (UN) : grenade aveuglante
blindly (OTAN) : aveuglément
blister (US) : ampoule (ou cloque) (SAN)
blister agent : vésicant (agent) (NBC)
blister agent (OTAN, GB) : agent vésicant
blistering (US) : caniculaire (chaleur)
blistering (US) : torride (chaleur)
blitzkrieg (GB) : guerre éclair
blizzard (GB) : tempête de neige
bloc (US, GB) : bloc (alliance / ensemble de pays)
block : obstruer (itinéraire)
block (a direction / a route / a road) (US, GB) : barrer (direction / itinéraire / route)
block (an enemy force) (US) : bloquer (force ennemie)
block (GB) : bloquer (route / retraite)
block (US) : arrêter (TAC)
block (US) : bloquer

block (US) : coup d'arrêt (TAC)
block (US) : donner un coup d'arrêt (TAC)
block (US) : interdire (TAC)
block (US, GB) : arrêter (mouvement de véhicules)
block by fire : coup d'arrêt (TAC)
block by fire : donner un coup d'arrêt (TAC)
block off (a road) (GB) : interdire (route) (police)
blockade (US, GB) : blocus
blocked by snow : enneigé
blockhouse (GB) : blockhaus
blocking action : coup d'arrêt (TAC)
blocking and chocking (OTAN) : calage (transport)
blocking fire (US) : tirs d'arrêt
blocking line : arrêt (ligne d')
blocking operation (GB) : coup d'arrêt (TAC)
blocking position (US, GB, OTAN) : position d'arrêt
blood (US, GB) : sang
blood agent (OTAN) : toxique sanguin
blood agent (OTAN, UN) : hémotoxique
blood agent (UN, GB) : agent hémotoxique
blood bank (bâtiment ou véhicule) (GB) : banque du sang
blood donor (GB) : donneur de sang
blood donor center (BDC) : banque du sang
blood groove : gouttière (sabre / poignard)
blood pressure (US) : pression artérielle (ou sanguine) (SAN)
blood suply unit : unité d'approvisionnement en sang (SAN)
blood transfusion (US, GB) : transfusion sanguine (SAN)
blood type (GB, US) : rhésus sanguin (SAN)
blood vessel (GB) : vaisseau sanguin (SAN)
bloodbath (GB) : bain de sang (massacre)
bloodless (US) : sans effusion de sang (guerre)
bloodshed (GB) : effusion de sang
bloodthirsty (GB) : assoiffé de sang (soldat)
bloodthirsty (GB) : sanguinaire (soldat)
blouse : veste (ou veston) de cérémonie
blow (GB) : détruire à l'explosif (ouvrage)
blow (up) (US, GB) : faire exploser
blow (US) : coup (frappe) (TAC)
blow up : exploser (sens actif)
blow up : exploser (ou sauter) (faire) (sens passif)
blow up (GB) : détruire à l'explosif (ouvrage)
blow up (GB) : faire sauter
blowback (OTAN) : pression des gaz vers l'arrière (arme)
blower : ventilateur (char)
blown : grillé (agent / installation / activité clandestine) (RENS)
Blue Berets (the) (GB) : bérets bleus (les) (forces de l'ONU)
blue forces (OTAN, GB) : forces bleues (forces amies ou forces alliées dans exercice OTAN)

blue helmet : casque bleu
blueprint (US, OTAN) : schéma directeur (plan)
blunt (US) : affaiblir
board : commission
board : conseil (assemblée)
board (OTAN) : collège (experts)
board (OTAN) : échiquier
board (US) : embarquer (monter à bord)
board (US) : monter (embarquer) (aéronef / véhicule)
board of inquiry (US, GB) : commission d'enquête
boat (US) : canot (gonflable)
body : corps (groupe)
body (GB) : corps (humain)
body (Jane's) : carrosserie (véhicule blindé)
body (OTAN) : organe
body (OTAN) : organisme
body (UN) : corps (grenade / munition / ogive)
body armor (US) : gilet pare-balles
body armour (GB) : gilet pare-balles
body armour (GB) : veste pare-éclats
body count (UN, GB) : décompte des morts (ou des cadavres)
body of forces : ensemble de forces
body search (GB) : fouille corporelle
bodybag (US) : sac de transport mortuaire
body-count (GB) : appel (des présents) (unité élémentaire)
body-count (GB) : nombre de soldats tués (ENI)
bodyguard (GB, US) : garde du corps (protection rapprochée / RENS) (PERS)
body-guarding (GB) : garde du corps (mission)
bog (GB) : marais
bog (GB) : marécage
bog down (US) : s'enliser (sens propre et figuré) (véhicule / opération / progression)
bogged down (GB) : enlisé (force)
bogging (GB) : enlisement (véhicule)
bold (GB) : audacieux
boldness : audace
bolster (GB) : renforcer (rangs)
bolt : fermeture de culasse (fusil automatique / carabine)
bolt (US) : culasse (fusil)
bolt assist mechanism : mécanisme d'assistance de la culasse (fusil automatique)
bolt handle : levier d'armement (carabine)
bomb (Terme générique) (UN, US, GB, OTAN) : bombe
bomb (US) : bombarder (air)
bomb attack (GB) : attentat à la bombe
bomb damage assessment (BDA) (OTAN) : estimation des dommages causés par les bombardements
bomb disposal (GB) : déminage (milieu civil)
bomb disposal clothing system (US) : combinaison de démineur

bomb disposal clothing system (US) : tenue de démineur
bomb disposal expert (UN) : artificier (AT / GEND)
bomb disposal expert (UN) : démineur
bomb release point (OTAN) : point de largage de bombes
bomb scare (GB) : alerte à la bombe
bomb up (GB) : ravitailler en munitions (véhicule / aéronef)
bomb warning (GB) : alerte à la bombe
bomb-aimer (GB) : bombardier (PERS) (aéronef)
bombard (GB) : bombarder (terre / mer)
bombard (GB) : bombarder (ART)
Bombardier (ART) (GB) : caporal-chef (grade)
bombardier (US) : bombardier (PERS) (aéronef)
bombardment (GB) : bombardement (terre / mer)
bombardment (GB) : bombardement (ART)
bomb-bay (GB) : soute à bombes
bomb-disposal teams (Royal Army Ordnance Corps) (GB) : équipe de déminage (ou de démineurs)
bomb-disposal unit (GB) : unité de déminage (milieu civil)
bomber (GB) : poseur de bombes (terroriste)
bomber (US, GB) : bombardier
bomber aircraft (GB) : bombardier
bombing (US, GB, OTAN) : bombardement (air)
bombing error (OTAN) : écart de bombardement
bombing raid (GB) : raid de bombardement
bombing run (OTAN) : passage de bombardement
bomblet (UN) : bombe(le)tte (ou petite bombe ou bombe miniature)
bomb-site (GB) : zone dévastée par les bombardements
bond (US) : lien
bonnet (GB) : capot (véhicule)
bonus (US, GB) : prime (somme d'argent)
bonus pay (US) : prime (somme d'argent)
booby trap (US, OTAN) : piège (dispositif explosif)
booby-trap (GB) : piéger (à l'explosif) (objet / équipement)
booby-trapped (US) : piégé (dispositif explosif)
book (Jane's) : enregistrer
booklet of information (US) : livret d'informations
boom (US) : détonation (bruit d'explosion)
boost (OTAN) : renforcer (potentiel / capacités militaires)
boost phase (UN) : phase de propulsion
booster (OTAN) : propulseur d'appoint (aéronef / missile)
boot (GB) : coffre (véhicule)
boot camp (GB, US) : camp de jeunes recrues
boot licker (US) : fayot
boot licking (US) : fayotage
booth (US) : stand (exposition d'armement)
border (GB) : frontalier (adjectif)

border (US, GB, OTAN) : frontière
border area (OTAN) : zone frontalière
border crosser (US, OTAN) : frontalier (individu)
border crossing (OTAN) : franchissement de frontières
border crossing point : poste frontière
border crossing point (CFE, GB) : point de passage frontalier
border guard (US) : garde-frontière
border incursion (GB) : incursion frontalière
border patrol (GB) : patrouille frontalière
border post (OTAN) : poste frontière
border town (GB) : ville frontière (ou frontalière)
border war (US) : guerre de frontières
bore : âme (canon / arme de poing / fusil)
bore (OTAN) : bouche à feu
bore evacuator, fume extractor : manchon extracteur de gaz (canon de char)
boredom (US) : ennui (troupes)
boresighting (US) : pointage par le canon
boresighting (US) : simbleautage
born (US, GB) : né
borrow (GB) : emprunter
Bosnia-Hercegovina (BA) (OTAN) : Bosnie-Herzégovine
boss (US) : "patron" (chef)
both (US, GB) : à la fois
bottle (US) : bonbonne
bottleneck : goulet (goulot) d'étranglement
bottleneck (US) : bouchon (circulation) (AT / GEND)
bottom-up (US) : ascendant (de la base au sommet) (approche / recherche / coopération / démarche)
bouncing (mine) : bondissante (mine)
bound (US, OTAN) : bond (TAC)
bound for (GB) : partance pour (en)
bound for (GB) : à destination de
bound for (US) : destination de (à)
bound for (US) : destiné à
boundary (US, OTAN) : limite (entre zones de responsabilité) (TAC)
boundary (OTAN) : limite (spatiale / géographique)
bounded by : compris entre (zone / portée)
bounding (mine) (UN) : bondissante (mine)
bounding mine (UN) : mine bondissante
bounding overwatch (US) : déplacement par bonds (technique)
bounty (GB) : prime de fidélité (réservistes)
bow tie (US) : nœud papillon
bowman (US) : archer (Hist.)
Bowman C2 (équivalent GB) : système d'information régimentaire (SIR)
bowser (GB) : citerne
bracket (OTAN) : encadrement (ART)
bracketing (OTAN) : réglage percutant par encadrement sur la ligne d'observation

brackish (GB) : saumâtre (eau)
brainstorming (US) : remue-méninges
brainwashing (US) : lavage de cerveau (RENS)
brake horse power (bhp) : puissance au frein
brakes (US) : freins (véhicule)
Branch (GB) (MI5) : direction (service de renseignement) (contre-espionnage)
branch (US, GB) : arme (corps de l'armée)
branch (US, GB) : fonction opérationnelle (arme)
branch badge (GB) : insigne d'arme
branch badge (GB) : insigne de corps
branch color (US) : couleur d'arme (uniforme)
branch of service (US) : arme (corps de l'armée)
branch school (GB) : école de spécialité, école d'application
branch school training (US) : application (formation initiale d'arme)
branch selection (US) : choix de l'arme (sortie d'école militaire)
branch service shcool (US) : école d'application
branch tab (US) : écusson d'arme (tenue)
braodcast (OTAN) : radiodiffusion
brass (US) : huiles (les) (gradés de haut rang)
brass buttons : boutons de laiton (uniforme)
brass knuckle (US) : coup de poing américain
brassard (US, GB) : brassard
bravado (GB) : bravade
brave (US, GB) : courageux (PERS)
bravery (GB) : bravoure
bravery (GB) : courage (PERS)
bravery (GB) : vaillance
breach (GB) : percer (TAC)
breach (GB) : violer (enfreindre) (ordres / instructions / réglements / dispositif)
breach (OTAN) : infraction (violation / dérogation)
breach (US, GB) : brèche (défense ennemie)
breach of discipline (GB) : manquement à la discipline
breach of security (GB) : manquement à la sécurité
breacher (US) : engin de déminage (blindé) (AMX B2 DT)
breaching (OTAN) : ouverture de brèche(s) (champ de mines / ouvrages défensifs)
breadth (GB, US) : largeur (pont / matériel / itinéraire / char / zone)
break : briser
break (GB) : faire une pause (PERS)
break (GB) : pause (arrêt d'activité) (PERS)
break (GB) : période de repos (PERS)
break (GB) : rompre (les rangs) (se disperser / perdre son unité) (force)
break (US) : se disperser (perdre son unité / rompre) (force)
break (through) (US) : enfoncer (TAC)
break (US) : casser (code) (RENS)
break (US) : déchiffrer

break (US) : décrypter (ou déchiffrer)
break (US) : rompre
break (US) : se casser (matériel)
break contact with the enemy (GB, US) : rompre le contact (TAC)
break cover (US, GB) : se mettre à découvert (TAC)
break down : démonter (arme)
break down (GB) : "craquer" (physiquement et mentalement) (stress) (PERS)
break down (OTAN) : répartir (matériel / approvisionnement)
break down (US) : céder (s'effondrer)
break down (US) : s'effondrer (cohésion)
break down (US, GB) : tomber en panne
break down into (GB) : diviser (scinder)
break down into (GB) : éclater (organisation / unité)
break in (GB) : entrer par effraction (bâtiment / véhicule)
break in (to) (GB) : enfoncer (TAC)
break into (a building) (US) : s'introduire par effraction dans (bâtiment) (RENS)
break off (US) : cesser
break off from (OTAN) : se séparer de
break out (of an encirclement) (US) : sortir de (encerclement) (TAC)
break out (US, GB) : éclater (combats / conflit / tirs)
break through (GB) : faire une percée (force) (TAC)
break through (US) : percer (TAC)
break up (GB) : disperser (manifestation) (forces de l'ordre)
break up (GB) : se disperser (manifestation)
breakages (GB) : casse (la) (dégâts) (PERS)
breakaway (GB) : séparatiste (adjectif)
breakdown (GB) : analyse (décomposition d'une force)
breakdown (US) : degradation (aggravation)
breakdown (US) : effondrement
breakdown (US, GB) : panne (véhicule / transmissions)
breakdown (US, GB) : rupture
break-in (GB) : enfoncement (TAC)
break-in (US) : entrée clandestine (ou entrée par effraction) (locaux) (RENS)
breaking (US) : "cassage" (code) (RENS)
breaking (US) : déchiffrement (télécommunications / données)
breaking (US) : décryptage
break-off (OTAN) : séparation
break-off position (BO) (OTAN) : point de séparation
breakout (US) : sortie (d'un encerclement) (TAC)
breakthrough (US) : rupture (TAC)
breakthrough (US, GB) : percée (TAC)
break up (OTAN) : briser

breastwork (US, GB) : parapet
breathing : respiration (SAN)
breathing apparatus (US, GB) : appareil respiratoire
breech : culasse (canon)
breech block ou breechblock (CFE, US) : bloc de culasse
breech ring (CFE) : anneau de culasse
breechblock : culasse (obusier)
breechblock : obturateur de culasse (fusil)
breechblock operating lever assembly : levier de manœuvre de la culasse (obusier)
breech-loading, breech-loaded (US) : chargement par la culasse (à)
BREVEL (reconnaissance and target location) unmanned aerial vehicle (UAV) : BREVEL (drone)
BREVEL drone (Jane's) : BREVEL (drone)
brevity code (US, OTAN) : code abrégé (messages)
brew (GB) : tasse de café (ou de thé)
bridge (a gap) : équiper (coupure)
bridge (GB) : continu (moyen) (franchissement) (GEN)
bridge (OTAN) : passerelle (sens figuré)
bridge (OTAN) : pont (ou passerelle) (sens figuré)
bridge (US, GB) : jeter un pont sur (cours d'eau)
bridge (US, GB, OTAN) : pont
bridge (US, Jane's) : combler
bridge company (US) : compagnie de ponts
bridge launching (GB) : lancement de pont (GEN)
bridge layer : engin poseur de pont
bridge layer (GB, Jane's) : lanceur de pont
bridge laying tank : char poseur de ponts
bridge section : section de pont (matériel)
bridge structure (UN) : structure de pont
bridgehead : TDP (tête de pont)
bridgehead line (OTAN) : limite de tête de pont
bridge-laying (GB) : pose de ponts
bridging : franchissement (continu) (fonction d'unité)
bridging (GB) : pontage (GEN)
bridging (support) (GB) : aide au franchisssement
bridging site : site de pontage (ou de franchissement)
bridging system : système de pont
bridging system (GB) : pont
bridging troop (GB) : section d'aide au franchissement (SAF) (GEN)
bridging troop (GB) : section de franchissement (GEN)
brief (GB) : instructions (réunion)
brief (GB) : instructions (ordres)
brief (GB, US) : briefer (donner des instructions)
brief (OTAN) : s'adresser à
brief (OTAN, GB) : exposé (devant un auditoire)
brief (somebody) on (GB) : exposer en détail (situation)
brief on (OTAN) : faire le point sur

brief on (OTAN) : informer de
briefing (CFE, UN, US) : réunion d'information
briefing (GB) : dernières instructions (avant opération ou mission)
briefing (GB) : point (compte-rendu / briefing)
briefing (OTAN) : communication de directives (pilotes)
briefing (OTAN) : séance
briefing (OTAN, GB) : briefing
briefing (US, GB) : instructions (réunion)
briefing room (GB) : salle de briefing
briefing session (US) : séance de briefing
brigade (US, GB) : brigade
brigade administration area (GB) : base de soutien (logistique) de brigade
brigade area : zone de brigade
brigade chief of staff : chef d'état-major de brigade
brigade combat team (BCT) (US) : brigade légère
brigade commander (US) : commandant de brigade
brigade headquarters (HQ) (GB, US) : état-major de brigade (EMB)
brigade headquarters (US) : PC de brigade
brigade maintenance area (BMA) (GB) : zone de maintenance de brigade
brigade major (GB) : chef d'état-major de brigade
brigade missions (US) : missions de (la) brigade
brigade support area (BSA) : zone logistique de brigade
brigade support area (BSA) (OTAN) : zone de soutien de brigade
brigade support area (BSA) (US) : zone des soutiens de la brigade
brigade task force : brigade de manœuvre (ou de mêlée)
Brigadier (GB) : général de brigade (deux étoiles)
Brigadier-General (US) : général de brigade (deux étoiles)
brigdehead (US, OTAN) : tête de pont (TAC)
brilliant (US) : intelligent (matériels / systèmes d'arme / individus)
brilliantly (US) : brio (avec)
bring (OTAN) : apporter
bring (OTAN) : faire régner
bring (OTAN) : régner (faire)
bring (somebody) up to date (on) (US) : mettre au courant de
bring (somebody) up to date (US) : mettre à niveau (personnels en formation)
bring (something) to completion : mener à terme
bring a halt to (OTAN) : mettre un terme à
bring about (OTAN) : susciter
bring about the decision (GB) : emporter la décision
bring an end to (US) : mettre fin à
bring ashore (US) : mettre à terre (troupes)
bring back (US) : ramener (unité) (TAC)
bring closer (GB) : rapprocher

bring down (GB) : abattre (aéronef)
bring great honour on : faire honneur à (pays / unité)
bring home (US) : rapatrier
bring in : faire intervenir
bring in (GB) : acheminer
bring into action : mettre en marche (appareil)
bring into service (GB) : mettre en service (matériel / armements)
bring on (OTAN) : engendrer (crise)
bring to (GB) : amener
bring to (US) : faire passer (étendre / prolonger)
bring to a conclusion (US) : mettre un terme à
bring to an end (OTAN) : mettre un terme à
bring to an end (US) : terminer
bring to bear (OTAN) : exercer
bring to bear (OTAN) : mettre à profit
bring to bear (US) : appliquer (puissance / force) (TAC)
bring to justice (OTAN) : traduire en justice
bring together (GB) : réunir
bring with it (OTAN) : s'accompagner de
brinkmanship : bord de l'abîme / risque calculé maximum (stratégie du) (STRAT)
brisk (US) : vif (combat)
British (GB) : britannique (adjectif)
British (GB) : Britanniques (les) (nom)
broad (CA) : général
broad (GB) : large (sens figuré)
B-road (GB) : D. (route départementale)
broad (GB, US) : large (sens propre spatial)
broad (US) : plein (adjectif)
broadband (UN) : large bande (à)
broadcast (OTAN) : diffusion (information / propagande)
broadcast (US) : diffuser
broadcast and ship-to-shore system (BRASS) (OTAN) : système de diffusion et liaison mer-terre
broadcast control (OTAN) : contrôle de la radiodiffusion
broadcasting station (US) : station émettrice
broaden (US) : élargir
broadly speaking (US) : en gros
broken : accidenté (terrain)
broken : défoncé (route / terrain)
broken (terrain) : coupé (terrain)
broken (US) : discontinu (trait)
broken down into (US) : articulé en
brook : ruisseau
brothel (GB) : bordel
brother-at-arms (GB) : frère d'armes
browser (US, GB) : navigateur (ou butineur ou logiciel de navigation) (Internet)
bruise (US) : bleu (ou ecchymose ou contusion) (SAN)
bruise (US) : contusion (SAN)

bruise (US) : ecchymose (ou contusion ou bleu ou meurtrissure) (SAN)

brunt (GB) : choc

brunt (GB) : fort (point culminant)

brushfire war : feu de broussailles (guerre locale)

brutal : barbare (adjectif)

brutal (OTAN) : brutal

brutality (OTAN) : répression

buck (US) : bébé (responsabilité particulière) (terme familier)

buck (US) : chapeau

buckshee (GB) : rab (supplément)

buddy (US) : binôme (individu) (PERS)

buddy system (the) (US) : binômage (organisation binaire) (PERS)

buddy team (US) : binôme (groupe de 2) (PERS)

buddy-buddy system (the) (GB) : binômage (organisation binaire) (PERS)

budget (CA) : fonds

budget (GB, US, CA) : budget

budget expert (OTAN) : expert budgétaire (gouvernemental)

budget restrictions (Jane's) : restrictions budgétaires

budget structures (OTAN) : structures budgétaires

budgeting (US) : prévisions budgétaires (équilibrage du budget) (Trésorerie)

buffer : tampon

buffer (US) : frein de tir

buffer zone (GB, US, CA) : zone-tampon

bug : poser (micros) (RENS)

bug (GB) : micro miniaturisé (ou caché) (ou mouchard) (écoute clandestine) (RENS)

bug (US) : équipement d'écoute clandestine (lieu / dispositif)

bug (US) : mouchard (microphone caché) (RENS)

bug (US) : sonoriser (installer un dispositf d'écoute) (lieu / équipement) (RENS)

bug detector (US) : détecteur de mouchards (RENS)

bug out (GB, US) : foutre le camp (décamper) (position / endroit)

bugged (US) : branché sur table d'écoute (RENS)

bugging : écoute (TRANS)

bugging equipment (US) : équipement d'écoute clandestine (lieu / dispositif)

bugle (US, GB) : clairon (instrument)

bugler : clairon (individu)

build : fabriquer (matériel)

build (combat positions) : réaliser (positions ou emplacements de combat)

build (GB, US) : construire (GEN / PERS)

build (OTAN) : construire (sens figuré)

build (OTAN) : édifier

build (UN) : consolider (paix / tête de pont / position)

build (US) : construire (matériel)

build (US) : forger

build (US) : mettre sur pied

build on (OTAN) : mettre à profit

build on (OTAN) : tirer parti de

build up (US) : construire (sens figuré)

build upon (US) : tirer profit de

building (GB) : construction (GEN)

building (UN) : renforcement

building (US) : immeuble (bâtiment)

building (US, GB, OTAN) : bâtiment (immeuble)

building (US) : formation (instruction / entraînement)

building block (OTAN) : tremplin (sens figuré)

building block (US) : composante (force)

building block (US, GB) : brique (sens figuré)

building brick (GB) : composante (force)

build-up (forces / état-major) (OTAN, UEO, GB) : montée en puissance

build-up (UN) : accumulation / montée en puissance (forces)

build-up (UN) : renforcement

build-up (UN, EU) : accroissement

buildup (US) : mise sur pied (force)

buildup (US) : montée en puissance

buildup of forces (US) : montée en puissance des forces

built of (GB) : construit en (+ matériau(x)) (matériel)

built-in : incorporé (matériel)

built-in (US) : encastré (ou incorporé ou intégré) (matériel)

built-in test equipment (US) : test intégré (matériel)

built-up area : zone bâtie (ou urbanisée)

built-up area (BUA) (US,GB) : agglomération

built-up area (GB) : zone urbanisée (ou urbaine)

built-up area (GB, US) : localité (TAC)

Bulgarian umbrella (US) : parapluie bulgare (le) (RENS)

bulk : volume (dimensions) (arme / canon)

bulk (GB) : essentiel (nom)

bulk (GB) : partie (force / unité / population)

bulk (GB, US, OTAN) : gros (nom)

bulk (OTAN) : ensemble

bulk (OTAN, GB) : vrac

bulk (OTAN, US) : en vrac (carburant)

bulk (US) : masse

bulk fuel (OTAN) : carburants en vrac

bulky (US) : volumineux

bull (GB) : caporalisme

bull (GB) : astiquage (effets personnels) (avant inspection ou défilé)

bull (GB) : astiquer

bull's-eye (GB) : centre de la cible (ou mille)

bull's-eye (GB) : mille (centre de la cible)

bulldozer (CFE, US) : bulldozer (GEN)

bullet : pruneau (balle) (familier)

bullet (US, GB) : balle

bullet(-)hole (GB) : impact (trou) (balle)

bullet-proof : blindé (participe passé)
bullet-proof (windows) (US) : pare-balles (vitres)
bulletproof vest (GB) : gilet pare-balles
bulletproof vest (GB) : veste pare-éclats
bullying (GB) : bizutage (pratique illégale)
bum about (GB) : buller (ou coincer la bulle) (familier)
bum around (GB) : buller (ou coincer la bulle) (familier)
bumf (GB) : paperasses
bumper (GB) : pare-chocs
bumpy (US, GB) : cahoteux
bunk beds (GB, US) : lits superposés
bunker (UN) : blockhaus
bunker (UN, US) : abri fortifié
bunker (US) : abri souterrain renforcé
bunker (US) : casemate
bunker (US, UN) : bunker (abri fortifié)
buoyancy (US) : flottaison
burden : gros (action / bataille)
burden (OTAN, GB) : fardeau
burden (US) : charge (fardeau) (TAC)
burden-sharing (OTAN) : partage des charges (pays / alliés)
bureaucracy (GB) : bureaucratie
bureaucratic (OTAN) : bureaucratique
burgeoning : multiplication
burglar alarm (US) : alarme antivol (locaux)
burial (OTAN) : inhumation
burial (US, GB) : enterrement
buried mine (OTAN) : mine enterrée
burlap (US) : toile à sac (camouflage / sacs de sable)
burlap (US) : toile de jute (camouflage / sacs de sable)
burn (GB, OTAN) : brûlure (SAN)
burn (US) : griller (RENS)
burn (US, GB) : brûler
burn down : incendier
burn injury (UN) : brûlure (SAN)
burn out (GB) : incendier
burning (OTAN) : combustion (missile / système de propulsion)
burning in (US) : descente en torche (TAP)
burnout (OTAN) : fin de combustion (missile)
burnt : brûlé (participe passé) (SAN)
burst : exploser (sens actif)
burst (OTAN, US) : explosion
burst (OTAN) : éclatement (ART)
burst (US) : éclatement (NUC)
burst (US) : rafale (TRANS)
burst (US, GB) : faire exploser
burst (US, GB) : rafale (arme)
burst fire (GB) : tir en rafales
burst fire (GB) : tirer en rafales
burst-control device (US) : limiteur de rafale
burster (US) : exploseur

bursting charge : charge explosive (grenade à main)
bursting-type munitions (US) : munitions explosives
bury (GB) : enterrer (PERS)
bus (US, GB) : autobus (autocar)
bus (US, GB) : car
bush (US, GB) : buisson
bushes : fourrés
bushfire war (GB) : feu de broussailles (guerre locale)
business intelligence : intelligence économique (ou renseignement des affaires ou renseignement industriel)
business intelligence (Baud) : renseignement des affaires
business intelligence (Baud) : renseignement industriel (ou des affaires)
bust (US) : buste (statue)
bustle : poche arrière de tourelle
busy (US, GB) : occupé (PERS)
but for (US) : à part (à l'exception de)
butt : crosse (lance-roquettes / arme de poing)
butt (GB) : butte de tir
butt plate : plaque de couche (fusil automatique)
butt plate : plaque de crosse (fusil)
butt salute (GB) : salut de la crosse
butt(stock) (US) : crosse (fusil / mitrailleuse)
butte (GB) : butte (TOPO)
butterbar (US) : sous-bite (sous-lieutenant) (familier)
butterbar (US) : sous-lieute (sous-lieutenant) (familier)
button (US) : boutonner (uniforme)
button up (US) : s'enfermer
buttoned up (US) : fermé
buy (US) : acheter
buy time (US) : temporiser (TAC)
buy-back : rachat (des armements)
by : pour (temporel)
by (GB) : en
by (GB) : moyen de (au)
by (GB) : par (au moyen de)
by (Jane's) : d'ici
by (OTAN) : de (temporel)
by (OTAN, GB) : en (+ participe présent)
by (US) : au moyen de
by (US) : par (cause / origine)
by (US) : par (classement)
by (US) : par (spatial)
by (US) : vers (à peu près)
by accident (GB) : accidentellement
by accident (GB) : par hasard
by air (GB) : voie aérienne (par)
by air (OTAN) : voie des airs (par la)
by air (US, GB) : par voie aérienne
by air landing (US) : héliportage (par) (force aéroportée)
by chance (GB) : par hasard

by clandestine means (US) : clandestinement
by consensus (OTAN) : consensuel
by day : de jour
by dead reckoning (GB) : à l'estime (calcul de position)
by diplomatic means (GB) : moyens diplomatiques (par)
by fire (GB) : par le feu
by hand (US, OTAN) : manuellement
by land (US, GB) : par voie terrestre
by means of (US) : par (au moyen de)
by night : de nuit
by night : nocturne
by power (US) : électriquement
by road (GB) : voie routière (par) (VR)
by sea (US, GB) : par voie maritime
by storm (GB) : d'assaut
by surprise (US) : par surprise (TAC)
by virtue of (OTAN) : vertu de (en)
bypass (GB) : contournement (TAC)
bypass (US, GB, OTAN) : contourner (force ennemie / obstacle / position) (TAC)
bypassed : dépassé (force)
by-product (UN) : sous-produit
byword (US) : synomyne (sens figuré)

C

C vehicle (GB) : véhicule du génie
C-135 F tanker (US) : C-135 F
C2 (Command and Control) and liaison AAC regiment (GB) (équivalent GB) : régiment d'hélicoptères de commandement et de manœuvre (RHCM)
C² facility (US) (C² = Command and Control) : installation de commandement
C² link (US) (C² = Command and Control) : liaison de commandement (TRANS)
C² structures (US) (Command and Control) : structures de commandement (et de contrôle)
C3 (= Command, Control and Communications) site (US) : site de commandement, contrôle et communications
cabin : habitacle (véhicule blindé)
Cabinet (GB) : conseil des ministres (entité politique)
Cabinet meeting (GB) : conseil des ministres (réunion)
cable hoist (Jane's) : treuil principal (engin de dépannage)
cable laying : pose de câbles
cache (US) : cache (armes)
cadet uniform (US) : uniforme d'élève-officier
caduceus (US) : caducée (insigne médical)
CAESAR6 X 6 self-propelled artillery system (Jane's), the 155mm CAESAR truck-mounted

self-propelled artillery system : camion équipé d'un système d'artillerie (CAESAR)
CAGIVA motorcycle : CAGIVA (motocyclette)
caisson (GB) : caisson de munitions
calculate (US) : calculer
calculated (US) : calculé (risque)
calculation (US) : calcul
calendar year (GB) : année civile
caliber (US) : calibre
calibration (UN, OTAN) : étalonnage (système d'armes / fréquences radio)
calibration satellite (CALSAT) (OTAN) : satellite d'étalonnage
calibre (GB) : calibre
calibre (GB) : calibre (longueur de tube) (canon)
call : visite
call (GB) : nécessiter
call (GB) : réveiller
call (GB, US) : convoquer (PERS)
call (OTAN) : demande (TAC)
call (US) : appel
call (US) : appeler (faire appel à / inviter à)
call (US) : appeler (nommer / désigner)
call (US) : sonnerie
call (US, GB) : ordonner
call a halt (GB) : faire halte
call back (GB) : rappeler (réserviste / unité)
call for (US) : appeler (nécessiter)
call for (US) : prévoir
call for (US, GB) : demander
call for bids (CFB) (OTAN) : appel d'offres (ou de candidatures) (matériel / armement)
call in : faire intervenir
call in (US) : faire venir (TAC)
call in (US) : rescousse (appeler à la)
call mission (OTAN) : mission sur demande urgente (appui aérien)
call off (US) : annuler
call on (US) : faire appel à (armée / moyens)
call out (GB) : appel
call over (GB) : convoquer (PERS)
call sign (OTAN) : indicatif d'appel (TRANS)
call the roll (GB) : faire l'appel
call to attention (US) : mettre au garde-à-vous
call to duty (US) : appeler au service actif (troupes) (conflit)
call up (draft) (US) : appeler (contingent)
call up (GB) : appeler (sous les drapeaux) (temps de guerre)
call up (GB) : mobiliser (armée / personnels)
call up (US) : rappeler (réserviste / unité)
call up (on) (US, GB) : faire appel à (armée / moyens)
call upon (ou on) (US) : rendre visite à (chef / supérieur)
call upon (US) : solliciter (force)
calling card (US) : carte de visite (PERS)
callout (GB) : appel des réservistes

call-out notice (GB) : avis de mobilisation (réservistes)
call-over : appel nominal
call-up (GB) : appel (sous les drapeaux)
call-up (US) : appel des réservistes
call-up (Reserve) (US) : rappel (réserves / unités de réserve)
call-up papers (GB) : convocation sous les drapeaux (appelés) (document)
calm (GB) : calme (nom)
calm (GB) : calme (adjectif)
calm (US) : calmer
calm : sang-froid
caltrops (GB) : chausse-trappes
cam up (GB) : camoufler (se) (PERS)
camaraderie (GB) : esprit de camaraderie
camaraderie (GB, US) : camaraderie
cam-cream (GB) : crème de camouflage (visage)
camel (US, GB) : chameau
Camel Corps : méharistes (corps des) (Hist.)
camera (OTAN) : appareil de prise de vues
camera (photographic) (OTAN, US) : appareil photo(graphique) (ou appareil de prise de vues)
cam-net (GB) : filet de camouflage
camouflage (GB) : camouflage (produit)
camouflage (US, GB) : camoufler
camouflage (US, GB, OTAN) : camouflage (TAC)
camouflage net (US, GB) : filet de camouflage
camouflage netting (GB, US) : filet de camouflage
camouflage oneself (US) : se camoufler (PERS)
camouflage pattern : bariolage (tenue)
camouflage pattern (US) : motif de camouflage (dessin)
camouflaged : camouflé
camouflaged (uniform) (US) : bariolée (tenue de combat)
camp (GB) : campement
camp (GB) : camper
camp (US, GBN, OTAN) : camp
camp follower : fille à soldats
camp(-)bed (GB) : lit de camp
campaign (GB) : faire campagne (armée)
campaign (US, OTAN, CA) : campagne (série d'opérations) (TAC)
campaign of sabotage (US) : campagne de sabotage
campaign of terror (OTAN) : campagne de terreur
campaign plan (US) : plan de campagne
campaign planning (US) : planification de campagne
camp-follower (GB) : civil accompagnant une armée
camp-site (GB) : terrain de campement
can (GB) : bidon (essence)
can (US) : boîte de conserve (nourriture)
can be moved : évacuable (SAN)
can opener (US) : ouvre-boîtes
canal : canal (TOPO)

canalize (US) : canaliser
cancel : annuler
cancel : supprimer
cancel (Jane's) : annuler (programme d'armement)
cancel (OTAN) : abroger (ordre)
cancel (OTAN) : annulé (ART)
cancellation (US) : annulation
candidacy (OTAN) : demande
candidate (GB) : candidat
candidly (US) : franchement (ou avec franchise)
candle, to snake : torche (se mettre en) (parachute) (TAP)
candor (US) : franchise (PERS)
candor (US) : sincérité (ou franchise) (PERS)
cane (GB) : baguette (canne)
canister (GB) : boîte (gaz / aérosol)
canister (US, GB) : caisson de lancement (mines)
cannibalization (US) : cannibalisation
cannon (GB) : mitrailleuse lourde de gros calibre
cannon (US, GB) : canon
cannon artillery (US) : artillerie canon
cannon fodder (GB) : chair à canon
cannon salute (US) : salve d'honneur (funérailles)
cannon shot : coup de canon
cannonade (GB) : canonnade
cannonball (GB) : boulet de canon (Hist.)
cannon-launched guided projectile (CLGP) (UN) : projectile d'artillerie guidé
cannot observe (OTAN) : je ne suis pas en mesure d'observer (ART)
canoe (US, GB) : canoë-kayak
canoe race (US) : course en canoë (raid aventure)
canoeing (GB) : canoë-kayak (épreuve de raid aventure)
canopy (GB) : voilure (parachute)
canopy (GB) : voûte de feuillage (jungle)
canteen (GB) : "popote"
canteen (regimental restaurant) (GB) : ordinaire
canteen (US, GB) : bidon (flasque)
canteen (US, GB) : gourde
canteen cup (US) : quart (récipient)
cantonisation (OTAN) : cantonisation
cantonment (US) : cantonnement
cantonment site (US) : site de cantonnement (armes lourdes)
canvas : toile de tente
Cap : pitaine (capitaine) (familier)
cap (US, GB) : casquette
capabilities (GB) : performance(s) (matériel)
capabilities (OTAN) : possibilités
capabilities (UEO) : capacités
capability : aptitude
capability (GB, US, UN, OTAN) : capacité (matériels / forces / installation)
capability (OTAN) : possibilité
capability (US) : moyen (ressource)
capability (US, GB) : potentiel

capability for projection (UEO) : capacité de projection (force)
capability gap (OTAN) : écart des capacités (l')
capable : performant (matériel)
capable (GB) : performant (unité / force)
capable (of) (US) : apte
capable of : capable de
capable of (CFE) : doté de (véhicule)
capable of (US) : susceptible de
capacity : capacité (matériels / forces / installation)
capacity : contenance (véhicule)
capacity (US) : capacité d'emport
capacity for autonomous action (OTAN) : capacité d'action autonome (Union européenne)
capacity for combat (US) : capacités de combat (matériel)
capacity for operating (CA) : potentiel d'opération
capbadge (GB) : insigne de béret
capbadge (GB) : arme (corps de l'armée)
capital (GB) : passible de la peine de mort
capital punishment (GB) : peine capitale (peine de mort)
capitalism (GB) : capitalisme
capitalize on : exploiter (tirer profit de)
capitalize on (US) : tirer parti de
capitulate (GB) : capituler
capitulation (GB) : capitulation
capsize (GB) : chavirer (embarcation)
capstone (US) : point culminant (concept)
capstone concept (US) : concept de point culminant
Captain (GB, US) : capitaine (CNE)
captain (US) : commandant (sous-marin)
captaincy (GB) : charge (ou office) de capitaine
captaincy (GB) : capitanat
captive (GB) : captif (prisonnier)
captive (UN) : captif
captivity (US, GB) : captivité
capture : emparer de (s')
capture (a prisoner) : saisir (prisonnier)
capture (CA) : capture (prise) (ville)
capture (GB) : conquête
capture (GB) : faire prisonnier
capture (GB) : prendre (s'emparer de) (TAC)
capture (GB) : prendre par la force
capture (GB) : prise (ville / forteresse)
capture (US) : capturer (personnel / matériel)
capture (US) : prendre (saisir)
capture (US) : s'emparer de (personnels)
capture (US, GB) : capture (PERS)
capture (US, GB) : s'emparer de (TAC)
car bomb (GB) : voiture piégée
car crash (GB) : accident de voiture
car electrician (GB) : électricien auto
car park (GB) : parking
car phone (GB) : téléphone de voiture
carbine (US) : fusil d'assaut
carbine (US, GB) : carabine

carbonized (GB) : carbonisé
cardiac arrest (US) : arrêt cardiaque (SAN)
cardiac massage (US) : massage cardiaque (SAN)
cardinal directions (US) (east / south / north / west) : points cardinaux (est / sud / nord / ouest)
cardiopulmonary resuscitation (CPR) (US) : réanimation cardio-pulmonaire
care (GB) : charge (responsabilité)
care (GB) : prise en charge (SAN)
care (US, GB) : soin
care (US, GB) : soins (SAN)
care of (c/o) : sous couvert de (formule administrative)
career (US, GB) : carrière
career army : métier (armée de)
career army (Jane's) : armée de métier
career counselor (Army) (US) : officier-conseil (carrière)
career goal (US) : objectif de carrière
career information (GB) : info-carrières
career management (GB) : gestion des carrières (PERS)
career management (US) : gestion de carrière
career military : armée de métier
career military (Jane's Defence Weekly) : métier (armée de)
career path (US) : parcours de carrière (PERS)
career plan (US) : plan de carrière (PERS)
career profile (GB) : profil de carrière
career progression (US) : progression de carrière
career soldier (US) : militaire de carrière
career soldier (US) : soldat de métier (ou de carrière)
careerism (GB) : carriérisme
careerist (GB) : carriériste
careful (UEO) : affiné
careful (US) : minutieux
carefully (OTAN) : soigneusement
cargo (GB) : charge (cargaison) (aéronef / navire)
cargo (GB, OTAN) : cargaison (ou charge)
cargo (OTAN) : chargement (cargaison)
cargo (OTAN) : frêt
cargo aircraft (OTAN, US) : avion-cargo
cargo carrier : transport de charges (véhicule)
cargo carrier (GB) : camion cargo
cargo helicopter (CH) (US) : hélicoptère de transport
cargo parachute : parachute de charge (livraison par air)
cargo parachute (US) : parachute à matériel
cargo train (US) : train de marchandises
cargo truck (US) : camion cargo
carnage (GB) : carnage
carpenter (GB) : charpentier
carpenter (GB) : menuisier (PERS)
carpet (OTAN) : tapis (bombes)

carpet bombing (OTAN, UN) : bombardement en tapis (ou de saturation, en nappe, en pluie ou par vagues)
carriage : affût (canon)
carriage (OTAN) : transport
carriage (gun) : affût de canon
carrier (OTAN) : support
carrier (US) : porteur (véhicule)
carrier (US) : sac de transport (masque à gaz)
carrier (vessel) battle group (CVBG) (GB) : groupe aéronaval (GAN)
carrier pigeon (US) : pigeon voyageur
carrier wave (GB) : onde porteuse
carry (GB) : emporter (ou enlever) d'assaut
carry (GB) : être en possession de
carry (GB) : être porteur de (virus / maladie)
carry (GB) : porter (distance)
carry (GB) : prendre (s'emparer de) (TAC)
carry (GB) : recevoir (poids)
carry (GB) : s'emparer de (TAC)
carry (GB) : transporter
carry (GB) : transporter (camion)
carry (GB, US) : porter (arme)
carry (OTAN) : supporter (physiquement)
carry (ou to win) the day : emporter la décision
carry (something) through (to completion) : mener à terme
carry (stocks) (OTAN) : conserver (stocks) (LOG)
carry (US) : emporter
carry (US) : porter
carry (US) : porter (combat)
carry away (US) : emporter (blessés)
carry on (a task) (GB) : continuer (tâche) (PERS)
carry on (US) : poursuivre (continuer)
carry out : accomplir
carry out : remplir (mission)
carry out (GB, OTAN) : mener (exécuter / accomplir) (action / opération)
carry out (OTAN) : effectuer
carry out (OTAN) : mener à bien (mission / opération)
carry out (OTAN) : remplir (mandat) (force)
carry out (US) : exécuter (ordre / opération / mission) (TAC)
carry out a radio check (GB) : faire un contrôle radio (TRANS)
carry out surveillance on (OTAN) : surveiller
carrying handle : poignée de transport (arme automatique / fusil automatique)
carrying handle (US) : poignée de transport (mine / arme automatique / mitrailleuse)
cartesian coordinates (OTAN) : coordonnées cartésiennes
cartographer (military) (US) : cartographe (militaire)
cartographic intelligence (Baud) : renseignement topographique
cartography (OTAN) : cartographie

cartridge : cartouche
cartridge (US) : projectile (mortier)
cartridge box : boîte à cartouches (arme automatique)
cartridge case (OTAN, US) : douille (cartouche)
cartridge-belt (GB) : cartouchière (ceinture)
CAS missions (US) : missions d'appui aérien rapproché
case : cas (médical) (SAN)
case : corps (grenade / munition / ogive)
case : douille (cartouche)
case : étui (cartouche / obus)
case (GB) : étui (arme de poing)
case (US) : cas
case (US) : enveloppe (obus)
case (US) : opération (ou action) de renseignement (RENS)
case head : fond d'étui (cartouche)
case officer (CIA) (US) : officier traitant (OT) (RENS)
case study (OTAN) : étude de cas
cased (US) : encartouché (munition)
casing (UN) : gaine (munition)
casket (US) : cercueil
caste (Jane's) : caste
CASTOR thermal imager : CASTOR (caméra thermique)
casualties (OTAN) : morts et blessés (pertes au combat)
casualties (OTAN) : pertes (SAN)
casualty (GB) : perte (hommes / matériels / communications)
casualty (OTAN) : perte (individu) (décès / blessure / maladie / détention / capture / disparition)
casualty (OTAN) : victime
casualty (US, GB) : blessé (nom)
casualty assessment : triage (médico-chirurgical) (SAN)
casualty classification (OTAN) : classification des pertes (SAN)
casualty clearing station (CCS) (GB) : poste de triage des blessés (SAN)
casualty collecting point (CCP) (US) : point de regroupement des blessés
casualty collecting post (CCP) (GB) : point de ramassage (ou de rassemblement) des blessés (SAN)
casualty collection (GB) : ramassage (des blessés) (SAN)
casualty evacuation (CASEVAC ou casevac) (GB) : évacuation sanitaire (EVASAN) (SAN)
casualty evacuation (CASEVAC) (GB) : relève des blessés
casualty evacuation (US) : évacuation des blessés (SAN)
casualty evacuation line (GB) : ligne d'évacuation sanitaire
casualty evacuation vehicle (CFE) : véhicule d'évacuation des blessés

casualty list (US) : état des pertes

casualty management (US) : gestion des pertes (au combat)

casualty report (CASREP) (OTAN) : compte-rendu de pertes (PERS)

casualty report (CASREP) (OTAN) : compte-rendu d'événement

casualty report (US) : état des pertes

casualty transport (OTAN) : transport de blessés

casualty transport ship (OTAN) : navire pour le transport de blessés

casualty treatment (OTAN) : traitement de blessés (SAN)

casualty treatment ship (OTAN) : navire pour le traitement de blessés

cataloging (US) : catalogage (Commissariat)

catalogue (GB) : cataloguer

catalyst (US) : catalyseur

catalytic attack : attaque catalytique (STRAT)

catalytic war : guerre catalytique (STRAT)

catamaran (OTAN) : catamaran

catapult (GB) : lance-pierres

catapult (OTAN, GB) : catapulte (aéronef / missile)

catastrophe (OTAN) : catastrophe

catch (OTAN) : rattraper (TAC)

catch fire (GB) : prendre feu

catch in an ambush (GB) : prendre en embuscade (troupes)

catch in the act (GB) : prendre sur le fait (ou en flagrant délit)

catch off guard (US) : prendre au dépourvu

catch on quickly : percuter (comprendre rapidement) (familier)

catch on to (familier) (US) : comprendre

catchment area (GB) : secteur de recrutement (unité)

categorize (GB, US) : classer (par catégories) (matériel / cibles / unités)

categorized as (CFE) : classé comme (matériel)

category (OTAN) : catégorie (RENS)

category (US) : catégorie

category of equipment (OTAN) : catégorie d'é-quipement

catering : restauration (alimentation) (fonction du Commissariat)

caterpillar track : chenille (char)

cathode-ray tube (CRT) (US) : tube cathodique

cattle rustling (US) : vol de bétail

caught up in (GB) : prisonnier de

cause (GB, OTAN) : cause (ensemble d'intérêts)

cause (OTAN) : faire (des victimes / morts)

cause (OTAN) : motif

cause (OTAN) : obliger

cause (US) : occasionner

cause (US, GB) : causer (pertes / ravages)

cause (US, GB) : provoquer (causer)

cause (US, GB, OTAN) : cause (raison)

cause to (US) : amener

cause to clear (US) : disperser (fumigène)

caution (US) : avertissement (mise en garde)

caution (US) : prudence

cautious (GB) : prudent (PERS)

Cavalry (the) (GB) : cavalerie

cavalry fighting vehicle (CFV) (US) : véhicule de combat de la cavalerie

cavalry officer (GB) : officier de cavalerie

cavalry regiment (GB) : régiment de cavalerie

cavalryman : cavalier (ABC)

cave (US, GB) : grotte (TOPO)

cave in (GB) : s'effondrer (sens propre et figuré)

CBT system (US) (Computer-Based Training) : système d'EAO (enseignement assisté par ordinateur)

CCS element (US) : élément de soutien

CD-ROM (= Compact Disc - Read Only Memory) : CD-ROM (cédérom)

cease : finir

cease : prendre fin (guerre / conflit)

cease (GB) : cesser

cease fire ! (US) : cessez le feu ! (ART)

cease fire (US, GB) : cesser le feu

cease fire (US, GB) : lever les tirs

cease loading (OTAN) : ne pas recharger (ART)

ceasefire line (CFL) (US) : ligne de cessez-le-feu

ceasefire order (GB) : ordre de cessez-le-feu

ceasefire ou cease-fire (US, GB) : cessez-le-feu (nom)

ceiling (Jane's) : plafond (effectifs)

ceiling (UN) : plafonnement (équipements militaires / armements)

ceiling (US, OTAN) : plafond (missile / aéronef)

celebrate (US) : célébrer (fête)

celebrate (US) : fêter

cell (GB) : cellule (prison)

cell (US, OTAN) : cellule (PC / module d'état-major / section d'état-major OTAN)

cellar (GB) : sous-sol (habitation)

cemetery (US, GB) : cimetière

censor (GB) : censeur

censor (GB) : censurer (compte-rendu / courrier)

censorship (US) : censure

census (US) : recensement (de population)

center (US) : centre (milieu)

center (US) : partie centrale (zone / secteur)

center and school (US) : école d'application

Center and School (US) : école supérieure et d'application

Center for Higher Military Studies (US) : centre des hautes études militaires (CHEM)

center for language learning (US) : centre de formation en langues (étrangères)

center for studies (US) : centre d'études

Center of (ou for) Military History (US) : centre d'histoire militaire

center of gravity (US) : centre de gravité (TAC)

centered (US) : centré
centerpiece (US) : pièce maîtresse
centigrade (C) (US, GB) : centigrade (degré de température)
central (OTAN, US) : central (adjectif)
central (US) : centralisé (organisation / opérations / contrôle)
Central African Republic (GB) : République centrafricaine (RCA)
central agency (US) : centrale (RENS)
central agency (US) : organisme central
central ammunition depot (CAD) (GB) : dépôt central de munitions
Central and Eastern Europe (CAEE ou CEE) (OTAN) : Europe centrale et orientale (ECO)
central area (US, GB) : zone centrale (TAC)
Central Army Group : groupe d'armées Centre (Centre-Europe)
central body (US) : organe central (RENS)
Central Bureau for Information and Action (US) : BCRA (Bureau Central de Renseignements et d'Action) (Hist.)
central element (US) : élément central
Central Europe (CENTAG) (OTAN) : groupe d'armées Centre (Centre-Europe)
Central Europe (OTAN) : Centre Europe
Central Europe pipeline (CEP) (OTAN) : pipeline centre Europe
Central Intelligence Agency (CIA) (US) : organisme central de renseignement(s) (USA)
Central Region (OTAN) : région centre (Europe)
central tyre inflation system (US) : gonflage centralisé (véhicule blindé)
central tyre pressure regulation system (Jane's) : gonflage centralisé (véhicule blindé)
central vehicle depot (CVD) (GB) : dépôt central de véhicules
central war : guerre centrale (STRAT)
centralise (GB) : centraliser
centralize (US) : centraliser
centralized (US) : centralisé (organisation / opérations / contrôle)
centre (GB, OTAN) : centrer (force / activité / projectile)
centre (Jane's) : centre (milieu)
centre (OTAN) : central (nom)
centre of decision making (GB) : centre de décision (ou de prise de décision)
centre of decision making (GB) : centre de prise de décision
centre of expertise (AUST) : centre d'expertise
centre of gravity GB) : centre de gravité (TAC)
centrepiece (OTAN) : élément central
centrepiece (US) : cœur (sens figuré)
century (US, GB) : siècle
ceramic (GB) : céramique (adjectif)
ceramics (GB) : céramique
ceremonial (GB) : prestige (de) (mission / unité)
ceremonial (the) (GB) : cérémonial (le)

ceremonial duties (GB) : services d'honneur (AT / GEND)
ceremonial parade (GB) : défilé de prestige (cérémonie)
ceremonial regiment (GB) : régiment de prestige (ou de cérémonie ou de services d'honneurs (ABC))
ceremonial uniform (GB) : uniforme de cérémonie
ceremonials (GB) : uniforme de cérémonie
ceremony (US, OTAN) : cérémonie
certain (US) : sûr (certain)
certainty (US) : certitude
certification (UN) : homologation
cessation (US) : arrêt
cessation (US) : fin (terme)
cessation (US, GB) : cessation (hostilités)
cessation of hostilities (GB) : arrêt des hostilités
CEWI (combat electronic warfare intelligence) battalion (US) : RSA/CA (régiment de surveillance et d'acquisition de corps d'armée)
chaff (paillettes) (OTAN) : leurre
chaff (US) : plaquettes de brouillage
chaff (US, OTAN) : paillettes (contre-mesure radar)
chain (GB) : chaînette
chain (GB, OTAN) : chaîne
chain of command (US, GB) : voie hiérarchique
chain of command (US, OTAN) : chaîne de commandement (voie hiérarchique)
chairman (OTAN) : président
Chairman of the Joint Chiefs of Staff (CJCS) (US) : chef d'état-major des armées (CEMA)
chairman of the KGB (US) : chef du KGB (Hist.)
Chairman of the Military Committee (CMC) (OTAN) : président du Comité Militaire (OTAN)
challenge : défier
challenge (CFE) : défiance
challenge (GB) : contester
challenge (GB) : gageure (mission / tâche)
challenge (UN) : mettre en demeure (inspection)
challenge (UN) : mise en demeure (inspection / vérification)
challenge (US) : enjeu
challenge (US) : faire des sommations
challenge (US, GB) : sommation
challenge (US, OTAN, CA) : défi
Challenger (équivalent GB) : LECLERC (char)
challenging (OTAN) : ambitieux (programme)
challenging (OTAN) : délicat
challenging (US) : stimulant
challenging task (GB) : gageure (mission / tâche)
chamber : caisson
chamber (GB) : chambre (arme de poing)
champion (OTAN) : militer en faveur de
chance (US) : risque
chance of survival (US) : probabilité de survie
change : remplacement (matériel)

change (GB) : relever
change (OTAN, GB) : modification
change (US) : changement
change (US) : évoluer (progresser)
change (US) : évolution
change (US) : faire évoluer
change (US) : modifier
change (US, GB) : changer
change (US, GB) : mutation (évolution)
change (US, GB) : rupture (changement)
change in plan (GB) : changement de plan
change in tempo (US) : changement de cadence
 (ou de tempo) (TAC)
change locations : changer (d'emplacement / de
 position) (TAC)
change of command (US) : passation de commandement
change of location of command (COLOC)
 (OTAN) : bascule de PC
change of location of command (COLOC)
 (OTAN) : changement d'emplacement du commandement (bascule de PC)
change of operational control (CHOP) (OTAN) :
 changement de contrôle opérationnel
change of position : changement de position (formation) (TAC)
change of station (US) : mutation (changement
 d'affectation) (PERS)
change round (GB) : tourner (PERS / unité)
change to (US) : se transformer
changeover (US) : passation de commandement
changing : en évolution
changing : en mutation
changing (Jane's) : changeant
changing (Jane's, GB) : évolutif
changing (OTAN) : évolution (en)
Changing of the Guard (GB) : relève de la garde
 (la) (palais royal ou présidentiel)
Channel (GB) : Manche (la)
channel (OTAN) : circuit
channel (OTAN) : voie (TRANS)
channel (US) : canal (TRANS)
channel (US, GB) : chenal
chaos (Jane's, OTAN) : chaos
chapel (GB) : église
chapel (US, GB) : chapelle (lieu de culte)
chaplain (military) (US, GB) : aumônier (militaire)
Chaplain's Corps / Chaplain Corps (US) / Chaplaincy (CA) : aumônerie
character (GB) : personnalité (trait de caractère)
 (PERS)
character (US) : caractère (qualité individuelle)
 (PERS)
character (US, GB) : caractère (lettre / nombre /
 symbole)
character weakness (US) : faiblesse de caractère
 (PERS)

characteristic (US) : caractéristique (nom)
characteristic of (US) : caractéristique de
characteristics (US) : caractéristiques (arme /
 système d'armes)
characterize (US) : caractériser
characterized by (OTAN, US) : caractérisé par
charge (GB) : charge (attaque)
charge (GB) : charge (énergie électrique) (batterie)
charge (GB) : charger (TAC)
charge (GB) : charger (batterie)
charge (GB) : chef d'accusation
charge (explosive) (GB) : charge (explosive)
charge container : charge (mine)
charge with (US) : accuser de (justice militaire)
charge-coupled device (CCD) : couplage de
 charge (dispositif à)
charge-coupled device (CCD) (US) : dispositif à
 couplage de charges
charged with (OTAN) : responsable (de) (PERS)
charged with (US) : chargé de
charitable (US) : caritatif
Charles de Gaulle aircraft carrier (GB) : Charles
 de Gaulle (le) (porte-avions)
chart (CFE) : graphique (document)
chart (sheet) (OTAN) : carte
chart (US) : diagramme
charter (OTAN) : charte
charter (somebody) as (US) : mandater à titre de
 (PERS)
charter (US) : confier à (responsabilité / mission)
charter (US) : mandat (confier le) (pouvoir)
 (PERS)
chassis (US, GB) : châssis (véhicule)
chassis plate : châssis (arme automatique)
cheating (UN) : fraude
cheating (UN) : tricherie
check : assurer de (s') (vérifier)
check (an advance) (GB) : enrayer (progression)
 (TAC)
check (GB) : arrêter de
check (GB) : compter (membres d'une unité)
check (GB) : inspecter (pièce)
check (US) : arrêter (interrompre) (mission / opération / séquence de tir / course aux armements /
 production)
check (US) : contrôler (vérifier)
check (US) : vérification
check (US) : vérifier (arme / matériel)
check firing ! (OTAN) : halte au tir ! (ART)
check list (US, GB) : liste de vérification
check point (OTAN) : point de référence
check up (on) (US) : vérifier (arme / matériel)
checkering : quadrillage (fusil)
checklist ou check-list (US, GB) : liste de contrôle
checkout (OTAN) : vérification systématique
 (système d'armes)

checkpoint (UN, GB, US) : point de contrôle (ou poste de contrôle (de la circulation)) (véhicules et piétons)
checkpoint ou check-point (US, GB, OTAN) : poste de contrôle (de la circulation)
chemical : opération chimique, biologique et nucléaire
chemical (UN, GB) : produit chimique
chemical (US) : N.B.C. (spécialité) (PERS)
chemical (US, GB) : chimique
chemical agent (US, OTAN) : agent chimique
chemical agent detector (GB) : détecteur d'agents chimiques (NBC)
chemical agent monitor (CAM) (GB, UN) : détecteur d'agents chimiques (NBC)
chemical agent monitor (CAM) (US) : appareil individuel de détection NBC
chemical ammunition (OTAN) : munition chimique
chemical and biological warfare (CBW) (GB) : guerre chimique et biologique
chemical and biological warfare (CBW) (OTAN) : guerre biologique et chimique
chemical and biological weapons (UN) : armes chimiques et biologiques
chemical and biological weapons site (US) : site d'armes chimiques et biologiques
chemical attack (OTAN, US) : attaque chimique (ou NBC)
chemical attack (US) : attaque NBC
chemical bomb (UN) : bombe chimique
chemical brigade (US) : brigade chimique (ou NBC)
chemical brigade (US) : brigade NBC
chemical capability (US) : capacité chimique
chemical capacity (UN) : capacité chimique
chemical casualties (OTAN) : pertes chimiques
chemical company (US) : compagnie chimique (ou NBC)
chemical company (US) : compagnie NBC
chemical decontamination (US) : décontamination NBC
chemical defence (OTAN) : défense contre agents (ou produits) chimiques
chemical defense (US) : défense NBC
chemical detection (US) : détection chimique
chemical detection and warning (US) : détection et alerte chimique (ou NBC)
chemical environment (UN) : environnement chimique
chemical laser (UN, US) : laser chimique
chemical mine (UN) : mine chimique
chemical officer (US) : officier NBC (garnison / unité)
chemical operation (OTAN, UN) : opération chimique
chemical operation (US) : action chimique
chemical protection gear (US) : tenue de protection NBC

chemical protective overgarment (US) : tenue de protection NBC
chemical reconnaissance (US) : reconnaissance chimique
chemical round (GB) : obus chimique
chemical shell (GB) : obus chimique
chemical survey (OTAN, UN) : reconnaissance chimique
chemical unit (US) : unité NBC
chemical warfare (GB, UN) : guerre chimique
chemical warhead (UN, GB) : ogive chimique (ou tête à charge chimique)
chemical weapon (CW) (UN) : arme chimique
chemical weapons (US, GB) : arme chimique (l')
chemical weapons factory (GB) : usine d'armes chimiques
chemical weapons production facility (UN) : usine de production (ou de fabrication) d'armes chimiques
chemically contaminated environment (US) : environnement de contamination NBC
chemicals (GB) : arme chimique (l')
chemical-warfare unit (GB) : unité de guerre chimique
chemistry (US) : chimie (discipline)
chest (GB) : poitrine
chest(-pack) parachute : parachute ventral
chest-pack parachute : ventral (parachute) (TAP)
chevron (US, GB) : chevron
chicane : chicane
chief : chef
chief (GB) : chef (tribu / clan)
Chief (US) : directeur central d'arme
chief (US) : principal (objectif)
chief adviser (GB) : conseiller en chef
chief directorate (US) : directorat général (KGB) (RENS)
chief logistics officer (CLO) (US) : commandant de la logistique (opérations de paix)
chief medical officer (CMO) : médecin-chef
chief military observer (UN) : chef de groupe d'observateurs militaires
chief of allied staff (COAS) (OTAN) : chef d'état-major allié
chief of allied staffs (COAS) (OTAN) : chef des états-major alliés
chief of counterintelligence (US) : chef du contre-espionnage
Chief of Defence Intelligence (CDI) (the) (Defense Intelligence Staff ou DIS) (équivalent GB) : directeur du renseignement militaire (DRM)
Chief of Defence Logistics (CDL) (GB) : commandant interarmées de la logistique (forces armées britanniques)
chief of defense (COD) (OTAN) : chef d'état-major de la défense (chef d'état-major des armées)

chief of joint operations (CJO) (GB) : chef des opérations interarmées
Chief of Joint Operations (GB) : commandant des opérations interarmées
chief of military mission (US) : chef de mission militaire (ambassade)
Chief of Naval Operations (CNO) (US) : chef d'état-major de la marine (CEMM)
chief of staff (COS) (GB, US) : chef d'état-major
Chief of Staff of the Air Force (US) : chef d'état-major de l'armée de l'air (CEMAA)
Chief of Staff of the Armed Forces (FR) (OTAN) : chef d'état-major des armées (CEMA)
Chief of Staff of the Army ou Chief of Staff, Army (CSA) : chef d'état-major de l'armée de terre (CEMAT)
chief of station (COS) (US / CIA) (GB / MI6) : résident (chef d'antenne en ambassade) (RENS)
chief of station (US) : chef d'antenne (ambassade) (RENS)
chief of station (US) : chef de poste (ambassade à l'étranger) (RENS)
Chief of the Air Staff (GB) : chef d'état-major de l'armée de l'air (CEMAA)
Chief of the Army Staff (Jane's) : chef d'état-major de l'armée de terre (CEMAT)
Chief of the Defence Staff (CDS) (GB) : chef d'état-major des armées (CEMA)
Chief of the General Staff (CGS) (GB) : chef d'état-major de l'armée de terre (CEMAT)
Chief of the Naval Staff and First Sea Lord (GB) : chef d'état-major de la marine (CEMM)
chief town (GB) : chef-lieu (ville)
chilblain (US) : engelure (SAN)
child (US) : enfant
child care center (US) : crèche (halte-garderie)
child reared by the military : enfant de troupe
child soldier (OTAN) : enfant-soldat
chin strap : mentonnière de casque
chin-strap (GB) : jugulaire
chipping (Time) : piégeage de microprocesseurs (info-guerre)
chlorine (US) : chlore (NBC)
Chobham armour (GB) : blindage Chobham
chock (OTAN, GB) : cale (transport / véhicule)
choice (US) : choix
choice of branch (US) : choix de l'arme (sortie d'école militaire)
choil : entablure (poignard)
choir : chœur (chanteurs)
choke : starter (véhicule)
choke (GB) : étrangler (PERS)
choke (US) : étouffer (s'étrangler) (SAN)
choke (US) : s'étrangler (SAN)
choke point : passage obligé (point de)
choke point (UN) : point de passage obligé (ou obligatoire)
choking agent (GB) : agent suffocant
choking agent (UN) : suffocant (nom)

choky (GB) : gnouf (prison)
choky (US) : trou (prison)
cholera (GB) : choléra
choose (US) : choisir
chopper (US) : "hélico"
choppy (GB) : agité (eau)
chorus (US) : chorale (unité)
chow (US) : rata (terme familier)
Christmas leave (US) : permission de Noël
chronology (CA) : chronologie
chronometer (GB) : chronomètre
chuck (GB) : lancer (grenade)
church (GB) : église
churchyard (GB) : cimetière (autour d'une église)
cigarette-lighter camera (US) : appareil photo briquet (RENS)
CIMIC battalion (Jane's) (civil-military cooperation) : régiment CIMIC
Cinderella (GB) : parent pauvre
cipher (US) : chiffre (écriture secrète) (RENS)
cipher expert (US) : expert du chiffre (RENS)
cipher machine (US) : équipement de chiffrement (machine à chiffrer / machine de chiffrement) (RENS)
cipher machine (US) : machine de chiffrement (équipement de chiffrement) (RENS)
circa (US) : vers (à peu près)
circles : monde (milieu / univers)
circles (US) : milieu (monde)
circuit (GB) : circuit
circuit (mine) (OTAN) : mise de feu (mine)
circuit switching (OTAN) : commutation de circuits (TRANS)
circular : cercle (en)
circular (US) : circulaire (ou en forme de cercle)
circular (US) : circulaire (document)
circular error (UN) : erreur circulaire
circular route (US) : périphérique (rocade)
circulate (US) : circuler (air)
circumstance (US) : condition (circonstance)
circumstances (US) : circonstance(s) (situation)
cirque (GB) : cirque (TOPO)
citadel (GB) : citadelle (sens propre et figuré)
citation (US) : citation
citizen (US) : citoyen (ressortissant)
citizen (US) : ressortissant
citizen in uniform (US) : citoyen en uniforme (le) (concept)
citizens' reserve (of individual reinforcements) (Jane's) : réserve citoyenne (réservistes) (France)
city (GB, US) : ville
city fighting (US) : combat en localité (COLOC) (ou en zone urbanisée) (combat urbain)
civil administration (OTAN) : administration civile (l') (territoire)
civil affairs (CA) (US, GB, OTAN) : affaires civiles

civil affairs (CA) brigade (US) : brigade d'affaires civiles
civil affairs officer ou S5 : officier affaires civiles (ou actions civilo-militaires) (EM)
civil agency (OTAN) : agence civile (OTAN)
civil application (GB) : application civile (technologie)
civil authorities (the) (Jane's) : autorités civiles
civil aviation (OTAN) : aviation civile
civil budget (OTAN) : budget civil
civil defence (CD) (OTAN) : protection civile
civil defence national service : service de défense (service national)
civil disturbance (US) : désordres sociaux
civil disturbance(s) (US, OTAN) : agitation (troubles publics) (population)
civil disturbance(s) (US, OTAN) : troubles à l'ordre public (ou émeutes, agitation)
civil emergency planning (CEP) (OTAN, GB) : plans civils d'urgence (PCU)
Civil Emergency Planning Directorate (NATO) : direction des plans civils d'urgence (OTAN)
civil engineering : travaux publics
civil engineering (US) : génie civil
civil force (OTAN) : force civile
civil institutions (OTAN) : institutions civiles
civil liberties (US) : libertés publiques
civil life (US) : civil (le) (ou la vie civile)
civil order (US) : ordre public
civil population (OTAN, GB) : population civile
civil society (OTAN) : société civile
civil unrest (GB) : troubles à l'ordre public (ou émeutes, agitation)
civil war (GB) : guerre civile
civil works (CIWO) (OTAN) : travaux de génie civil
civil works (US) : travaux publics
civilian : civil (nom)
civilian : civil (adjectif)
civilian attire (US) : civil (tenue civile)
civilian authorities (US) : autorités civiles
civilian career (US) : carrière civile
civilian casualties (OTAN, GB) : pertes civiles
civilian casualty (OTAN) : victime civile
civilian clothes (US) : civil (tenue civile)
civilian clothing (US) : civil (tenue civile)
civilian dress : tenue civile
civilian employer (US, GB) : employeur (civil) (réserviste)
civilian expert (OTAN) : expert civil (organisation / alliance)
civilian international police (OTAN) : police internationale civile
civilian life : vie civile
civilian life (GB, US) : civil (le) (ou la vie civile)
civilian official (US) : responsable civil
civilian organisation (GB) : organisation civile (aide humanitaire)

civilian personnel (US) : personnel(s) civil(s) (du ministère) de la Défense
civilian personnel office (CPO) (US, OTAN) : bureau du personnel civil
civilian population (US) : population civile
civilian qualification (GB) : qualification civile (PERS)
civilian sector (OTAN) : secteur civil
civilian target (GB) : cible civile
civilian time (US) : heure civile
civilian vehicle (US) : véhicule civil
civilian workforce (Jane's) : personnel(s) civil(s) (du ministère) de la Défense
civilianization (GB) : civilianisation (armée)
civilianize (GB) : civilianiser (ou "civiliser") (armée)
civil-military (OTAN, US) : civilo-militaire (adjectif)
civil-military action (CMA) : action civilo-militaire (ou actions civilo-militaires) (ACM)
civil-military cooperation (CIMIC) (GB, UEO) : coopération civilo-militaire
civil-military co-operation centre (CMCC) (GB) : centre de coopération civilo-militaire
civil-military operations (CMO) (US, OTAN) : opérations civilo-militaires
civil-military relations (OTAN) : relations entre civils et militaires
civvy (GB) : pékin (civil)
CJTF headquarters (US) : quartier général de GFIM (groupe de forces interarmées multinationales)
CL289 unmanned aerial vehicle (UAV) : CL289 (drone)
claim (OTAN) : allégation
claim (US) : revendiquer (zone / terrotoire)
clamber (GB) : grimper (verbe)
clamber over (GB) : se hisser sur (PERS)
clan (US) : clan
clan leader (US) : chef de clan
clandestine (UN) : clandestin
clandestine (US) : secret (adjectif)
clandestine action, clandestine operation (US) : action clandestine (RENS)
clandestine activities (US, GB) : activités clandestines (ou secrètes)
clandestine agent (US) : agent clandestin (RENS)
clandestine operation (OTAN) : mission clandestine
clandestine operation (US) : opération clandestine (ou secrète) (RENS / TAC)
clandestine organization (GB) : organisation clandestine
clandestine radio (US) : poste radio clandestin (RENS)
clandestine radio (US) : radio clandestine (RENS)
clandestine radio operator (US) : opérateur radio clandestin (RENS)

clandestine reconnaissance (US) : reconnaissance secrète (commandos)

clandestine warfare (US) : guerre de l'ombre (RENS)

clandestine warfare (US) : guerre secrète (RENS)

clandestinely (US) : clandestinité (dans la)

clandestinely (US) : secret (en)

clandestinely (US) : secrètement

Clansman (tactical radio) (équivalent GB) : poste radio de 4ᵉ génération (PRG4)

clap (GB) : chaude-pisse (blénnorragie)

clarity (US) : clarté (situation)

clash (GB) : accrochage (TAC)

clash (OTAN) : affrontement

clash (US) : s'affronter (forces)

class (GB) : classe (niveau)

class (GB) : classe (de pont)

class (GB) : classe (sous-marin)

class (GB) : échelon (brevet sportif)

class (of route / bridge) (US) : classe (d'itinéraire / de pont)

class (OTAN) : classe (catégorie)

class (US) : cours (formation)

class (US) : cours (en salle de classe)

class (US) : promotion (admis d'un concours / contingent de nouvelles recrues)

class material (US) : matériel pédagogique

class of supply (US, OTAN) : classe (ou catégorie) de ravitaillement

class rank : rang de sortie (promotion de grande école militaire)

class rank (US) : classement (sortie d'école militaire)

classic (US) : classique

classic (US) : traditionnel

classification (OTAN) : classification (pont / véhicule)

classification (US) : degré de protection (RENS)

classification (US) : protection d'un document (RENS)

classified (OTAN) : caché

classified (OTAN) : secret (adjectif)

classified (UN) : classé secret

classified (US, OTAN, UEO) : classifié (source / document) (RENS)

classified document (OTAN) : document à caractère secret

classified information (US) : renseignement classifié (confidentiel défense, secret, très secret)

classroom (GB, US) : salle de classe (ou de cours)

classroom instruction (GB) : pompe (la) (les études)

Claymore mine : mine à effet dirigé

clean (a weapon) (GB, US) : nettoyer (arme)

clean (US) : propre (tenue / habillement)

clean up (US) : ménage (faire le)

cleaning (US) : nettoyage (arme individuelle)

cleaning brush (ART) : écouvillon

cleaning equipment (US) : kit (ou matériel) de nettoyage (fusil)

cleaning kit (US) : nécessaire de nettoyage (mitrailleuse)

cleaning rod (US) : écouvillon

cleanliness (US, GB) : propreté

clear : clair (instruction radio) (TRANS)

clear (a building / a bus / a city) (US) : nettoyer (dégager) (bâtiment / autobus / ville)

clear (a minefield) : relever (champ de mines)

clear (GB) : clair (temps)

clear (GB) : clair (facile à comprendre)

clear (GB) : déchargé (arme)

clear (GB) : décharger (arme)

clear (GB) : dégagé (itinéraire / route)

clear (GB) : libre d'obstacles

clear (GB) : sans obstacles (route)

clear (mines) (OTAN) : déblayer (mines)

clear (OTAN) : enlever

clear (OTAN) : franchir (obstacle)

clear (OTAN) : satisfaire

clear (US) : clair

clear (US) : clair (ordre / plan)

clear (US) : équivoque (sans)

clear (US) : libre (itinéraire)

clear (US) : nettoyer (TAC)

clear (US) : se disperser (fumigène)

clear (US, GB) : dégager (itinéraire / obstacle / bâtiment / véhicule)

clear away (OTAN) : éliminer

clear the enemy in zone (US) : nettoyer l'ennemi sur zone

clear weather (US) : temps clair

clearance (CFE, OTAN) : autorisation

clearance (OTAN) : déblaiement (mines)

clearance (OTAN, US) : habilitation de sécurité (PERS) (RENS)

clearance (UN) : dégagement (zone)

clearance (US) : distance de sécurité (derrière une arme)

clearance investigation (security) (US) : enquête d'habilitation (RENS)

clearance rate (OTAN) : vitesse de déblaiement (déminage)

cleared (GB) : dégagé (itinéraire / route)

cleared (US) : autorisé

cleared of mines (OTAN) : déminé (passage dans un champ de mines)

cleared to (GB) : autorisé à (sécurité) (PERS)

clear-headed (GB) : lucide (PERS)

clearing (GB) : clairière (TOPO)

clearing (casualty) (GB) : triage (médico-chirurgical) (SAN)

clearing blade (obstacle) (Jane's) : lame de déblaiement

clearing squadron (GB) : compagnie de triage (SAN)

clearing station (US) : poste de triage des blessés (SAN)

clearing troop (GB) : section de triage (SAN)

clearly (OTAN) : clairement

clearly defined (US) : bien défini (point géographique / mission / objectif)

clearly defined (US) : clairement défini (objectif)

clearly stated (US) : clairement énoncé (objectif)

clergyman (US) : ecclésiastique (membre du clergé)

clergyperson (US) : ecclésiastique (membre du clergé)

clerical staff (GB) : personnel(s) administratif(s)

clerical tasks (US) : tâches de secrétariat

clerk (GB) : employé administratif

clerk (GB) : secrétaire (ou employé administratif)

click (GB, US) : borne (kilomètre)

client : client (informatique)

cliff (US, GB) : falaise (TOPO)

climate (US) : atmosphère (ambiance)

climate (US, GB) : climat (sens propre et figuré)

climatic conditions (GB) : conditions climatiques

climax (OTAN) : apogée

climax (US) : point culminant (TAC)

climb (GB) : escalader

climb (US) : grimper (verbe)

climb (US) : grimper (à la corde)

climb (US, GB) : gravir

climbing rope : corde lisse

clinch (the victory) (US) : sceller (victoire)

cling to : accrocher (s')

cling to (US) : s'accrocher à

clinic (US) : clinique (SAN)

clink (US) : trou (prison)

clip (cartridge) (GB) : chargeur (fusil automatique)

clip of ammunition : lame chargeur

clip-fed rifle (US) : fusil à répétition

cloak-and-dagger warfare (US) : guerre secrète (RENS)

clock : horloge

clockwise (CW) : dans le sens des aiguilles d'une montre

clogged (GB) : bouché (obstrué) (tuyau / canalisation)

clogged with (GB) : encombré de (route / itinéraire)

CLOS (command-to-line-of-sight) guidance : guidage par alignement sur la ligne de visée

close : rapproché (appui aérien / sécurité / combat)

close : serré (rang)

close (GB) : faible

close (GB, US) : étroit

close (US) : fermer

close (US) : fin (terme)

close (US) : proche (allié)

close (US) : réduit (portée)

close (with the enemy) (US) : s'engager (contre l'ennemi)

close air support (CAS) (OTAN) : appui aérien rapproché

close arrest (GB) : arrêts de rigueur

close battle : au contact (bataille)

close battle (OTAN, GB) : bataille rapprochée (ou au contact)

close battle (US) : combat au contact (le)

close combat (US, GB) : combat rapproché

close combat tactical trainer (CCTT) (US) : simulateur tactique de combat rapproché (infanterie)

close down (GB) : fermer

close in (OTAN) : resserrer

close in on (OTAN) : étau (resserrer l')

close in on (US) : se rapprocher de

close operations (GB) : opérations rapprochées (ou au contact)

close operations (US) : opérations au contact (ou rapprochées)

close protection (CP) (GB) : protection rapprochée (personnalité)

close reconnaissance (GB) : reconnaissance rapprochée

close reconnaissance ou close recce (GB) : éclairage (TAC)

close support (Jane's) : appui-protection (mission d'hélicoptère)

close support (US) : appui rapproché

close support bridge (system) (GB) : pont d'appui rapproché

Close Support Company (équivalent GB) (GB) : compagnie de soutien réparation (CSR) (MAT)

close support helicopter (Jane's) : hélicoptère d'appui-protection (HAP)

close support regiment (GB) : régiment d'appui rapproché (ART)

close support system : système d'appui rapproché (pontage)

close support weapon : arme d'appui rapproché (ART)

close supporting fire (OTAN) : tir d'appui rapproché

close to (GB, OTAN) : près de (spatial)

close to (US) : à proximité de

close to (GB) : proche de (espace)

close with (US, OTAN) : aborder (TAC)

close(-)knit (US, GB) : soudé

close-air support (Jane's) : appui-protection (mission d'hélicoptère)

close-air support helicopter (Jane's) : hélicoptère d'appui-protection (HAP)

closed circuit (GB) : circuit fermé

closed down (GB) : fermé

closed position (US) : emploi interdit (femmes)

close-in (OTAN, US) : rapproché (objectif / défense / brouillage)

close-in fire support (CIFS) (OTAN) : appui-feu rapproché

close-in jamming (CIJ) (OTAN) : brouillage rapproché

close-in protection (US) : protection rapprochée (char)
close-in weapon system (CIWS) (OTAN) : système d'arme de combat rapproché
closely (OTAN) : de près
closeness (US) : proximité (zone)
close-order drill (US) : ordre serré (OS)
close-quarters combat (GB) : corps-à-corps (CAC)
closing (US) : fermeture
closing (with the enemy) (OTAN) : abordage (de l'ennemi)
closing-up (US) : abordage (de l'ennemi)
closure (US, GB, Jane's) : fermeture
clot : se coaguler (sang) (SAN)
clothed (US) : habillé (PERS)
clothing : habillement (fonction du Commissariat)
clothing (US, GB) : habits (ou habillement)
clothing exchange and bath point (US) : point d'échange d'habillement et de douches
clothing store (GB) : magasin d'habillement
cloud (OTAN) : nuageux
cloud amount (OTAN) : couverture nuageuse (ou de nuages)
cloud cover (OTAN) : couverture nuageuse (ou de nuages)
club (US, GB) : cercle (mess)
club manager (US) : gérant de cercle
cluster (US, OTAN) : grappe (mines / bombes / parachutes)
cluster bomb (OTAN) : bombe à fragmentation
cluster bomb (UN) : arme à dispersion
cluster bomb (UN) : bombe-grappe (ou en grappe)
cluster bomb unit (CBU) (OTAN) : arme à dispersion
cluster munition (UN) : munition en grappe
clutch : embrayage (véhicule)
clutter (US) : désordre (pagaille) (TAC)
clutter (US) : pagaille (désordre) (TAC)
CNN effect (OTAN) : effet CNN (l')
co (US) : compagnie (en abrégé)
coach (GB) : autobus (autocar)
coalition (US) : coalition
coalition (US, GB) : coalisé (participe)
coalition agreement (US) : accord de coalition
coalition command control : commandement et contrôle de coalition
coalition commander (US) : commandant de coalition
coalition leader (US) : chef de coalition
coalition objective (US) : objectif de coalition
coalition operation (GB) : opération de coalition
coalition operations (US) : opérations de coalition (ou de la coalition) (ou actions / opérations militaires menées en coalition)
coalition partner (US) : partenaire de coalition
coalition procedures (US) : procédures de coalition
coalition structure (US) : structure de coalition

coalition warfare (US) : guerre de coalition (ou guerre en coalition) (type de guerre)
coalition warfare (US) : guerre en (ou de) coalition
coast (GB, US) : côte (littoral)
coast (OTAN) : littoral (nom)
coastal (OTAN) : côtier
coastal defences (GB) : défenses côtières
coastal plain : plaine côtière (ou littorale)
coastal warfare (OTAN) : guerre côtière
coastline (OTAN, US, GB) : littoral (nom)
coat (US) : capote (vêtement)
coat (US) : vareuse (ou veste)
coat of arms (GB) : armoiries (ou blason)
coat of arms (GB) : blason
coat of arms (GB) : écu
coax (GB) : mitrailleuse co-axiale
coaxial (US, GB) : coaxial
co-axial machine gun (US, GB) : mitrailleuse co-axiale
coaxially (US, GB) : coaxialement
cobble (GB) : pavé (revêtement de route)
cobbled (GB) : pavé (participé passé) (route)
cobbler (US) : "cordonnier" (fabricant de faux documents) (RENS)
cobblestone (GB) : pavé (revêtement de route)
COBRA counter(-)battery radar (Jane's) : COBRA (radar de contre-batterie)
co-chaired (OTAN) : co-présidé (réunion / séminaire)
cock (a rifle / a firearm) (US, GB) : armer (fusil / arme à feu)
cocking handle : levier d'armement (arme automatique)
cocking lever : levier d'armement (canon sans recul)
cocking piece : pièce d'armement (fusil automatique)
cockpit : cockpit
cocktail party (US) : cocktail (réception)
code : code (ensemble de règles et de principes)
code (US) : code (procédé de chiffrement) (RENS)
code (US, GB) : code (numéro d'identification)
code (GB) : coder
code and cipher school (US) : école du chiffre (RENS)
code book (US) : livre de code (chiffrement) (RENS)
code clerk (US) : agent du chiffre (ambassade) (RENS)
code division multiple access (CDMA) (OTAN) : accès multiple à répartition par code
code name (US) : alias (ou code) (agent) (RENS)
code name (US) : code (opération) (RENS)
code name (US) : nom de code (opération / TAC / RENS)
code number (US, GB) : numéro de code (produit)

code of conduct (for members of the U.S. Armed Forces) (US) : code du soldat (applicable à tout militaire des armées)
code of conduct (GB, UN) : code de comportement (ou de bonne conduite) (PERS)
code of ethics (valeurs) : éthique
Code of Honour (GB) : code d'honneur (Légion Étrangère)
code of honour (US, GB) : code de comportement (ou de bonne conduite) (PERS)
code of military justice (US) : code de justice militaire
code of practice (UN) : code de bonne pratique
code room (US) : salle du chiffre (ambassade) (RENS)
code word (US, OTAN) : mot-code
code-breaker (US) : cryptographe
code-breaking (US) : analyse cryptographique (RENS)
code-breaking (US) : cryptographie
code-breaking (US) : décryptement (analyse cryptographique) (RENS)
coded (GB) : codé (message)
codeword exercise (CODEX) (OTAN) : exercice de mots-codes
codification (OTAN) : codification
co-equal (US) : pied (sens figuré)
coerce (US, GB) : contraindre par la force
coercion (GB) : coercition
coercive (GB) : coercitif
coercive action : action coercitive
coercive campaign (US) : campagne de coercition
coercive pressure (US) : pression coercitive
co-evolution (US) : évolution parallèle
coffee (US, GB) : café
coffin (GB) : cercueil
coherence (OTAN, US) : cohérence (opération / défense)
coherent (GB, UEO) : cohérent
coherent point : point de cohérence (TAC)
cohesion (US, OTAN) : cohésion (force / organisation)
cohesive (GB) : soudé
cohesiveness (US) : cohésion (force / organisation)
col (GB) : col de haute montagne
cold (US, GB) : froid
cold regions (US) : régions froides
Cold War (US, GB) : guerre froide
cold weather (US) : temps froid
cold weather operations (US) : combat en zones polaires
cold weather operations (US) : opérations par temps froid
cold-blood (US) : sang-froid
cold-dry uniform (US) : tenue pour climat froid et sec
cold-wet uniform (US) : tenue pour climat froid et humide

collaborate with (US) : collaborer avec
collaboration (GB) : collaboration (avec l'ennemi)
collaborationist (US) : collaborateur (avec l'ennemi)
collaborative information environment (US) : milieu d'information collective
collaborative planning (US) : planification en collaboration
collaborator (US) : collaborateur (avec l'ennemi)
collapse (GB) : céder (s'effondrer)
collapse (GB) : échec
collapse (GB) : échouer
collapse (US) : effondrement
collapse (US) : s'effondrer (sens propre et figuré)
collar insignia (US) : insigne de collet
collar patch (GB) : insigne de collet
collate (OTAN) : colliger (réunir) (rapport / compte-rendu)
collateral : indirect (dommage)
collateral (US) : collatéral
collateral casualties (GB) : pertes collatérales
collateral damage (UN) : dégâts collatéraux (ou subsidiaires)
collateral damage (US, OTAN) : dommages collatéraux (ou indirects)
collateral effects (Jane's) : effets collatéraux
collateral operations (US) : opérations collatérales
collation (OTAN) : collation (regroupement / exploitation comparative) (RENS)
collation (OTAN) : exploitation comparative (regroupement / collation)
collation (OTAN) : regroupement (collation ou exploitation comparative) (RENS)
collect (GB) : ramasser
collect (OTAN) : rassembler (approvisionnements / équipement / coalition / troupes / prisonniers / unité / population)
collect (OTAN) : rassembler (renseignements)
collect (US) : collecter (concepts)
collect (US) : recevoir
collect (US) : recueillir (RENS)
collect (US, GB) : collecter (recueillir) (informations / renseignement)
collect information (US, GB) : renseigner (action d'une force) (TAC)
collecting point : point de regroupement (évacuation de réfugiés)
collecting squadron (GB) : compagnie de ramassage (SAN)
collecting troop (GB) : section de ramassage (SAN)
collection : collection (recherche) (RENS)
collection (intelligence) (OTAN) : recherche (RENS)
collection (intelligence) (US) : recueil (du renseignement) (RENS)
collection (of samples) (UN) : prélèvement (échantillons)

collection agency (GB) : organisme de recueil (RENS)
collection agency (OTAN) : organe de recherche (RENS)
collection effort (OTAN) : plan de recherche (RENS)
collection entity (US) : organe de recherche (RENS)
collection management (OTAN) : gestion de la recherche (RENS)
collection means (US) : moyen de recueil (RENS)
collection means (US) : moyens de recueil (du renseignement) (RENS)
collection method (US) : méthode de recueil (du renseignement) (RENS)
collection method (US) : mode de recueil (du renseignement) (RENS)
collection operations (US) : opérations de recueil (RENS)
collection order : note de recherche (RENS)
collection order (US) : ordre (de recherche) (RENS)
collection organization (US) : organisme de recueil (RENS)
collection plan (US, OTAN) : plan de recherche (RENS)
collection platform (US) : vecteur de recueil (RENS)
collection procedures (US) : procédures de recueil (RENS)
collection, coordination and intelligence requirements management (GCIRM) (OTAN) : gestion de la recherche, de la coordination et des besoins du renseignement
collective (US, UJN, OTAN, GB) : collectif
collective assessment (US) : évaluation collective
collective capabilities (OTAN) : capacités collectives
collective defence (OTAN) : défense collective
collective peacekeeping / peacemaking forces (of the CIS) (CPF) (OTAN) : forces collectives de maintien de la paix et de rétablissement de la paix (de la CEI)
collective protection (COLPRO) (OTAN) : protection collective
collective security (US, OTAN) : sécurité collective
collective training facility (CTF) (US) : village de combat
collectively (US) : collectivement
college : école
college (GB) : école préparatoire (à une grande école militaire)
college-level school (US) : grande école
collide with (GB) : entrer en collision avec (véhicules / aéronefs)
collision (US) : collision (choc de forces) (TAC)
collision (US, GB) : collision (véhicules / aéronefs)

collocated (UN) : co-implanté (unités / organismes / services sur un même lieu)
collocation (OTAN) : co-implantation (unités / organismes / services sur un même lieu)
co-locate (US) : co-localiser
Colonel (GB, US) : colonel (COL)
colonial (GB) : colonial
colonial troops : colo (la) (Hist.)
colonial troops (US) : troupes coloniales (Hist.)
colonial war (US) : guerre coloniale
colonist (GB) : colon
colonization (US, GB) : colonisation
colonize (US, GB) : coloniser
colony (GB) : colonie
color (US) ou colors (US) : drapeau national
color bearer (US) : porte-drapeau
color guard (US) : garde au drapeau
colorless (US) : incolore (agent neurotoxique)
colors (US) : drapeau
colors (US) : drapeau d'unité
colors ou color (US) : couleurs
colour (OTAN) : colorer
Colour Sergeant (C/Sgt) (GB) : sergent-fourrier
Colour Sergeant (C/Sgt) (INF) (GB) : sergent-chef (grade)
colours (GB) : drapeau
colours ou colour (GB) : couleurs
column (US, GB, UN) : colonne (véhicules / soldats)
column gap (OTAN) : créneau (colonne)
column length (OTAN) : longueur d'encombrement
coma (GB) : coma (SAN)
coma position : position latérale de sécurité (PLS) (SAN)
comb : crête (fusil automatique / fusil)
combat (OTAN) : opération
combat (radio) net(work) (US) : réseau de combat (TRANS)
combat (US) : combattre (personnels / hélicoptère)
combat (US) : engager le combat avec (véhicule)
combat (US) : faits de guerre
combat (US) : feu (combat)
combat (US) : s'attaquer à
combat (US, GB) : combat (action réelle)
combat (US, GB) : combat (notion abstraite)
combat (US, GB) : combat (en tant que type)
combat (US, GB) : mêlée
combat action (US) : action de combat
combat actions (US) : actions de combat
combat air patrol (CAP) (GB) : patrouille aérienne de combat
combat aircraft (CA) (UN, OTAN) : avion de combat
combat area (US) : zone de combat
combat arm (US, GB) : arme de mêlée (AT)
combat arm officer (GB) : officier des armes
combat badge (US) : insigne de combat

combat battalion (US) : régiment de combat
combat body armour (CBA) (GB) : gilet pare-
balles
combat boot (GB, US) : brodequin (ou "ranger")
combat boots (GB) : "rangers" (brodequins)
combat capabilities (CFE) : capacités de combat
combat capability : potentiel de combat (armée)
combat capability (US, UEO) : capacité de combat (force)
combat conditions (US) : conditions de combat
Combat Development Office (Army Staff) (Jane's) : bureau de conception des sytèmes de
force (BCSF) (EMAT)
combat divers (Special Forces) (US) : nageurs de
combat (subaquatiques)
combat division (US) : division de combat
combat doctrine (US) : doctrine de combat
combat dress : treillis (tenue de combat)
combat effectiveness : potentiel
combat effectiveness (OTAN) : aptitude à combattre (unité)
combat effectiveness (OTAN) : efficacité au combat
combat electronic warfare & intelligence battalion
(CEWI) (US) : régiment de guerre électronique
(RGE)
combat element (US) : élément de combat
combat engineer battalion (US) : régiment de
génie "combat"
combat engineer battalion (US) : régiment du
génie blindé
combat engineer company (US) : compagnie de
combat (GEN)
combat engineer company (US) : compagnie du
génie blindée
combat engineer tractor : tracteur de combat du
génie
combat engineer tractor (CET) (GB) : engin de terrassement de combat (GEN)
combat engineer tractor (CET) (GB) : véhicule de
combat du génie
combat engineer vehicle (CEV) (US) : véhicule de
combat du génie
combat engineer(ing) tractor (CET) (GB) (équivalent GB) : engin blindé du génie (EBG)
combat engineer(s) (OTAN) : génie en campagne
combat engineering (US) : génie "combat" (spécialité) (PERS)
combat engineers (GB, US) : génie "combat"
(arme)
combat environment (US) : ambiance de combat
combat environment (US) : environnement de
combat
combat environment (US) : environnement tactique
combat exclusion (US) : exclusion du combat
(femmes)
combat experience (US, GB) : expérience du combat (PERS)

combat fatigues (GB) : tenue de combat (PERS)
combat fatigues (GB) : treillis (tenue de combat)
Combat Fitness Test (GB) : contrôle de la valeur
de l'aptitude physique individuelle (COVAPI)
combat force (US) : force combattante
combat force (US) : force de combat
combat force (US) : force de mêlée
combat forces (OTAN, US) : forces combattantes
combat forces (US) : forces de combat
combat function (US) : fonction de combat
combat functions (US) : facteurs d'efficacité de la
manœuvre (TAC)
combat functions (US, GB) : fonctions de combat
(TAC)
combat gloves (GB) : gants de combat
combat group : groupement de combat
combat helicopter (CFE) : hélicoptère de combat
(HC)
combat ID (= identification) (US) : identification
des forces (ou de combat) (contre tirs fratricides)
combat identification (battlefield) (US) : identification au combat
combat in built-up areas (US) : combat en localité
(COLOC) (ou en zone urbanisée) (combat urbain)
combat in cities (US) : combat en localité
(COLOC) (ou en zone urbanisée) (combat urbain)
combat in desert areas (US) : combat en zones désertiques
combat ineffective (US) : inapte au combat
(PERS)
combat infantry badge (US) : écusson de l'infanterie
combat information (OTAN) : renseignement brut
de combat
combat information centre (CIC) (OTAN) : centre
d'information de combat
combat intelligence : renseignement au combat
(opérationnel)
combat intelligence (OTAN, US) : renseignement
de combat (ou opérationnel)
combat intelligence (OTAN, US) : renseignement
de contact
combat intelligence (US) : renseignement opérationnel
combat jacket (GB) : gilet de combat
combat kit (GB) : tenue de combat (PERS)
combat lab (US) : laboratoire de combat
combat leader (US) : chef au combat
combat leader (US) : commandant d'unité de combat
combat loading (OTAN) : chargement de combat
Combat Maneuver Training Center (CMTC) :
centre d'entraînement au combat (CENTAC)
(Mailly)
combat maneuver training center (CMTC) (US) :
centre d'entraînement en manœuvres de combat

combat manoeuvre (OTAN) : manœuvre de combat

combat missions (US) : missions de combat

combat multiplier (US) : démultiplicateur du potentiel de combat

combat net (OTAN) : réseau de combat (TRANS)

combat net radio (CNR) (OTAN) : radio de réseau de combat

combat objective (US) : objectif de combat

combat operation (US) : action de combat

combat operations (US) : actions de combat

combat operations (US) : combat (action réelle)

combat operations (US, GB, OTAN) : opérations de combat

combat overmatch (US) : supériorité en matière de combat

combat patrol (OTAN) : patrouille de combat

combat power (US, OTAN, GB) : puissance opérationnelle (TAC)

combat radius (US) : rayon d'action

combat ration (US) : ration de combat

combat readiness : préparation opérationnelle (unité / individu)

combat readiness (US) : aptitude opérationnelle

combat ready (US, GB, OTAN) : prêt au combat (unité / matériel / personnels / aéronef)

combat rifle (GB) (SA-80) : fusil de combat

combat route (US) : itinéraire de combat

combat search and rescue (CSAR) : récupération et sauvetage au combat (récupération des personnels en territoire hostile) (RESCO)

combat search and rescue (CSAR) (OTAN) : recherche et sauvetage au combat (RESCO)

combat search and rescue (CSAR) helicopter : hélicoptère de recherche et sauvetage au combat

combat self-sufficiency (US) : autonomie de combat

combat service support (= CSS) battalion (GB) : régiment de soutien (logistique)

combat service support (CSS) (OTAN) : soutien des forces au combat

combat service support (CSS) (OTAN) : soutien logistique du combat

combat service support (CSS) (US, OTAN) : soutien (ou soutien logistique du combat / OTAN)

combat service support (CSS) arm (US, GB) : arme de soutien (AT)

combat service support (CSS) branch (US, GB) : arme de soutien (AT)

combat service support (CSS) force : force de soutien

combat service support (CSS) functions (US, GB) : fonctions de soutien (TAC)

combat service support (CSS) unit (US) : formation de soutien (unité)

combat service support capabilities (US) : soutiens (unité / force)

combat service support doctrine (US) : doctrine en matière de soutien

combat service support element (US) : élément de soutien

combat service support group (GB) : groupement logistique (ou de soutien logistique)

combat shirt (GB) : chemise de combat

combat simulation (OTAN) : simulation de combat

combat skill (US) : savoir-faire de combat

combat sortie (US) : sortie de combat (aéronef)

combat strength : potentiel

combat stress : stress du (ou de) combat (SAN)

combat stress reaction (CSR) (US) : réaction au stress de combat

combat stress reaction (OTAN) : stress du (ou de) combat (SAN)

combat supplies : approvisionnements de combat

combat supplies (GB) : ravitaillement de combat

combat support (CS) (OTAN) : appui tactique (OTAN) (appui / FR)

combat support (CS) (US) (OTAN) : appui (ou appui tactique, appui au combat) (TAC)

combat support (CS) force (US) : force d'appui

combat support (CS) forces (US) : forces d'appui

combat support (CS) functions (US, GB) : fonctions d'appui (TAC)

combat support (CS) unit (US) : formation d'appui (unité)

combat support agency (US) : organisme d'appui (au combat)

combat support arm (US, GB) : arme d'appui

combat support capabilities (US) : appuis

combat support doctrine (US) : doctrine en matière d'appui

combat support element (US) : élément d'appui

combat support elements (US) : éléments d'appui (force)

combat support helicopter (CSH) (CFE, UN, OTAN) : hélicoptère d'appui au combat

combat support helicopter (CSH) (OTAN) : hélicoptère de soutien au combat

combat support troops (Jane's) : troupes d'appui

combat surveillance (OTAN) : surveillance du combat

combat swimmers : nageurs de combat (en surface)

combat system (US) : système de combat

combat team : sous-groupement (tactique)

combat team commander (GB) : commandant de sous-groupement

combat training (US) : entraînement au combat

combat training center (CTC) (US) : centre d'entraînement au combat (CENTAC) (Mailly)

combat trains (US) : TC (trains de combat)

combat troop (US) : homme (soldat)

combat unit (GB) : unité de mêlée

combat unit (GB, US) : unité de combat

combat unit (US) : formation de combat (unité)

combat vehicle (US, GB) : véhicule de combat

combat vehicle reconnaissance (CVR) (GB) : véhicule de reconnaissance blindé

combat vehicle reconnaissance (tracked) (CVR (T) (GB) : véhicule de combat de reconnaissance (chenillé)

combat weight (GB) : poids en ordre de combat

combat weight (Jane's) : masse en ordre de combat (char)

combat weight (US) : masse au combat (canon automoteur)

combat zone (CZ) (US, OTAN, GB) : zone de combat

combat zone (OTAN) : zone des combats

combatant (US, GB) : combattant (terrestre)

combatant commander (US) : commandant de grand commandement interarmées (USA)

combatant protection (AUST) : protection du combattant

combat-capable (CFE) : apte au combat (matériel)

combat-effective (US) : apte au combat (PERS)

combating (OTAN) : lutte

combating crime (US) : lutte contre la criminalité

combating terrorism (US) : lutte antiterroriste

combat-loaded (US) : en ordre de combat

combat-loaded (US) : ordre de combat (en) (matériel)

combat multiplier (US) : multiplicateur d'efficacité opérationnelle

combat-proven (US) : preuves (faire ses) (au combat) (matériel / unité)

combat-ready (US) : prêt à l'action (force)

combination (OTAN) : ensemble

combination (US) : mélange

combination (US, OTAN) : combinaison

combination armour (GB) : blindage composite

combination influence mine (OTAN) : mine combinée

combine (GB) : se rassembler (force)

combine (units) : assembler (unités)

combine (US) : associer

combine (US) : joindre

combine (US) : unir

combine (US, GB) : conjuguer

combine (US, OTAN) : combiner

combined (OTAN) : combiné (interallié / multinational)

combined (OTAN, UEO) : multinational

combined (US) : conjugué (effet)

combined (US, GB, OTAN) : interallié

combined air operations centre (CAOC) : centre de conduite des opérations aériennes de théâtre (CCOAT)

combined air operations centre (CAOC) (OTAN) : centre combiné d'opérations aériennes

combined arms (US) : interarmes

combined arms army (CAA) (OTAN) : armée interarmes

combined arms battle (US) : combat interarmes (type de combat)

combined arms commander (US) : chef (ou commandant) interarmes

combined arms commander (US) : commandant interarmes

combined arms doctrine (US) : doctrine interarmes

combined arms environment (US) : environnement interarmes

combined arms fire exercise (CALFEX) (US) : exercice de tir inter-armes à munitions réelles

combined arms operations (US, GB) : opérations interarmes

combined arms tactical trainer (US) : simulateur tactique de combat inter-armes

combined arms task force (US) : groupement interarmes

combined arms team (US) : ensemble interarmes

combined arms team (US) : groupement interarmes

combined arms training (US) : entraînement interarmes

combined arms warfare (US) : combat interarmes (type de combat)

combined centre (OTAN) : centre combiné (allié)

combined exercise (COMBEX) (OTAN) : exercice interallié (au moins 2 pays alliés)

combined force commander (US) : commandant de force interalliée

combined headquarters (US) : état-major interallié

combined influence mine (OTAN) : mine combinée

combined intelligence centre (CIC) (OTAN) : centre interallié de renseignement

combined joint operation : opération interarmées interalliée

Combined Joint Task Force (CJTF) (OTAN) : groupe de forces interarmées multinationales (GFIM) (OTAN)

combined landing forces (OTAN) : force de débarquement interalliée

combined logistic support (GB) : soutien logistique combiné (ou interallié)

combined logistics (US) : logistique interalliée

combined logistics staff (US) : état-major logistique interallié

combined operation (OTAN) : opération interalliée

combined operations (OTAN) : opérations conjointes (alliés)

combined operations (OTAN) : opérations menées conjointement (alliés)

combined operations (US) : opérations interalliées

combined task force (CTF) (OTAN) : force occasionnelle interalliée

combined task force (CTF) (OTAN) : force occasionnelle multinationale

combined task force (CTF) (OTAN) : force opérationnelle interalliée

combined task force (CTF) (OTAN) : force opérationnelle multinationale
combined warfare (US) : guerre alliée (ou interalliée) (type de guerre)
combined with (US) : associé à
combined-arms battalion (US) : régiment interarmes
combined-arms element (US) : élément interarmes
combined-arms engagement (US) : engagement interarmes (combat)
combined-arms unit (US) : unité interarmes
come (to) (OTAN) : à venir
come (US) : venir
come close to (US) : se rapprocher de
come from (GB) : provenir de
come from (GB) : venir de
come into being (GB, US) : naître (unité / corps)
come into contact : entrer en contact
come into existence (GB) : naître (unité / corps)
come into service (with) : entrer en service (matériel)
come out (US) : sortir (sens propre)
come out of (GB) : sortir de (école militaire / centre d'instruction)
come through (GB) : arriver
come to a halt : s'arrêter (faire halte) (troupe)
come to an end : prendre fin (guerre / conflit)
come to an end (GB) : s'achever
come together : se rassembler (force)
come under (US) : essuyer (tirs / attaque)
come under (enemy) fire (CA) : tomber sous le feu (de l'ennemi)
come up through the ranks (GB) : sortir du rang (PERS)
come up to (GB) : arriver à
come up to the rescue (GB) : venir au secours de
come within : s'insérer dans
coming (OTAN) : prochain
command : commander
command : prescrire (ordonner)
command (and control) element (US) : élément de commandement (et de contrôle)
command (and control) system (US, OTAN, GB) : système de commandement (et de contrôle)
command (-and-control) centre (OTAN, GB) : centre de commandement (et de contrôle)
command (GB) : commandement (région ou district commandé par un officier supérieur)
command (GB) : dominer (TOPO)
command (GB) : ordonner
command (GB) : ordre (commandement)
command (OTAN) : commandement (autorité donnée à un chef / ordre donné par un chef)
command (OTAN) : retenir
command (US) : direction centrale (armée de terre / ministère de la Défense)
command (US, GB, OTAN) : commandement (structure de commandement)

command and control : commandement (ordres et suivi des ordres / exercice du commandement)
command and control : exercice du commandement
command and control (C2 ou C²) (US, GB) : commandement et contrôle
command and control (C2) (US) : C2
command and control aircraft (US) : avion de commandement (et de contrôle)
command and control arrangement (OTAN) : dispositif de commandement et de contrôle
command and control communication (OTAN) : communication de commandement et de contrôle (ou et de conduite des opérations)
command and control communication system (C2CS) (OTAN) : système de communication de commandement et de contrôle (ou et de conduite des opérations)
command and control communications (GB) : transmissions de commandement
command and control exercise (US) : exercice de commandement
command and control headquarters (US) : état-major de commandement
command and control information (OTAN) : information de commandement et de contrôle
command and control information system : système d'information pour le commandement
command and control information system (C2IS ou CCIS) (OTAN) : système d'information de commandement et de contrôle (ou et de conduite des opérations)
command and control mechanism (US) : mécanisme de commandement
command and control structure (US) : structure de commandement
command and control tool (US) : outil de commandement
command and control vehicle (C²V) (US, GB) : véhicule de commandement
command and control warfare (C2W) (OTAN) : guerre des C2
command and control warfare (C2W) (US, GB) : guerre du commandement
command and information system (CIS) (US) : système d'information et de commandement (SIC)
command and launch unit (US) : poste de tir (missile)
command and signal (US, GB) : commandement-transmissions (titre de paragraphe)
command and staff exercise (COSTEX) (OTAN) : exercice de commandement et d'état-major
command area (GB) : zone de commandement
command arrangements (US) : dispositions de commandement
command center (US, GB) : centre de commandement (et de contrôle)

command channel (US) : chaîne de commandement (voie hiérarchique)

command communications (US) : transmissions de commandement

command control communications and information system (C3IS) (GB) : système C3I

command decision (US) : décision de commandement

command detonated (OTAN) : télécommandé

command detonated mine (OTAN) : mine télécommandée

command echelon (US) : échelon de commandement

command field exercise (CFX) (OTAN) : exercice de commandement sur le terrain

command function (OTAN) : fonction de commandement

command guidance (OTAN) : guidage télécommandé

command interface (US) : interface de commandement

command level (GB) : niveau de commandement

command link (US) : liaison de commandement

command live exercise (CLX) (OTAN) : exercice de commandement réel

command module (GB) : module de commandement

command net (US, OTAN) : réseau de commandement (TRANS)

command operations centre (OTAN) : centre de commandement des opérations

command phase (US) : temps de commandement (PERS)

command platform (US) : plate-forme de commandement

command post (CP) : poste de commandement (PC)

command post (CP) (US, GB) : PC

command post exercise (CPX) (OTAN, US) : exercice de poste de commandement (ou de PC)

command relationships (US) : relations de commandement

Command Sergeant Major (CSM) ou Sergeant Major (SGM) (US) : major (grade)

command structure (OTAN, GB) : structure de commandement

command style (US) : style de commandement

command surgeon (OTAN) : médecin du commandement

command system (US) : chaîne "commandement"

command tank (GB) : char de commandement

command team (OTAN) : équipe de commandement

command vehicle : véhicule de commandement

command vehicle (Jane's) : véhicule PC

command wire (GB) : fil de télécommande (bombe)

command, control and communications (C3) : commandement, contrôle et communications

command, control and communications (C3) network (US) : réseau de commandement, de contrôle et de communications

command, control and communications system (C3S ou CCCS) (OTAN) : système de commandement, de contrôle et de communications

command, control and information system (C2IS ou CCIS) (OTAN) : système de commandement, de contrôle et d'information

command, control and information system (OTAN) : système d'information, de commandement et de contrôle

command, control, communications and intelligence (C3I) (OTAN) : commandement, contrôle, communications et renseignement (C3R) (ou et information)

command, control, communications, computers and intelligence (C4I) : commandement, contrôle, communications, informatique et renseignement

command, control, communications, computers, intelligence, surveillance and reconnaissance (C4ISR) (US) : commandement, contrôle, communications, informatique, renseignement, surveillance et reconnaissance

commandant (GB) : commandant (camp de prisonniers / centre d'instruction / école militaire)

commandant (GB, US) : commandant d'école militaire

Commandant of Cadets (US) : commandant des formations d'élèves (CFE) (grande école militaire)

Commandant of the Marine Corps (US) : chef d'état-major du Corps des Marines (USA)

command-detonated mine : mine commandée à distance (ou contrôlée)

commandeer (GB) : réquisitionner

commander : commandeur (d'un Ordre) (distinction)

commander (US) : chef de pièce (canon automoteur)

commander (US, GB) : chef

commander (US, GB, OTAN) : commandant (chef)

commander / gunner (US) : chef de bord-tireur (vehicule)

Commander in Chief (CinC) (GB) : commandant en chef

Commander in Chief, United States European Command (OTAN) : commandant en chef des forces des États-Unis en Europe

Commander-in-Chief (CINC) (US) : généralissime (coalition)

Commander-in-Chief Land Command (GB) (équivalent GB) : commandant de la force d'action terrestre (COMFAT)

Commander-in-Chief of the armed forces (US) : chef des armées

commander in the field (US) : commandant sur le terrain

commander in the field (US) : chef sur le terrain (le)

commander landing force (CLF) (GB) : commandant de force de débarquement

commander of (US) : commandant (une unité) (participe présent)

commander of national forces (OTAN) : commandant de forces nationales

Commander of the French elements (US) : COMELEF (commandant des éléments français)

Commander Royal Artillery (CRA) (GB) : commandant de l'artillerie divisionnaire (DB / Division Mécanisée)

commander(s) (US, OTAN) : commandement (chef ou ensemble des chefs)

commander's discretion : liberté (régime radio)

commander's estimate : évaluation de la situation par le chef

commander's intent (US) : intention du chef

commander's seat : poste de commandement (char)

commander's vehicle (GB) : véhicule de commandement

commanding general (CG) (GB) : commandant (grande unité) (officier général)

commanding general (CG) (US) : général commandant

commanding officer (CO) (GB) : commandant (chef de corps) (régiment ou unité de taille équivalant)

commanding officer (CO) (US, GB) : chef de corps (CDC) (régiment ou unité de taille équivalente)

Commanding Officer Designate Course (équivalent GB) : stage des chefs de corps

Commando (Group) (GB) : régiment de commandos

commando (US, GB) : commando

commando base (US) : base de commandos (camp d'entraînement)

commando base (US) : camp d'entraînement de commandos

Commando Brigade Royal Marines (GB) : brigade de commandos (fusiliers marins)

commando course (GB) : stage commando

commando raid (US) : raid commando

Commando Training Centre (GB) : centre d'entraînement commando

commando unit (US) : unité de commandos

commemorate (GB) : commémorer

commemorative (OTAN) : commémoratif

commemorative plaque (OTAN) : plaque (commémorative)

commence (US) : commencer

commence (US) : débuter (opération)

commence (US) : ouvrir (TAC)

commence exercise (COMEX) (OTAN) : commencer l'exercice

commencement (US, GB) : début

commencing (at) (US) : à compter de (+ heure)

commend (OTAN) : saluer (sens figuré)

commend (US) : féliciter (officiellement) (unité / personnel)

commendation (GB) : félicitations (ou témoignage de satisfaction)

commendations (US) : félicitations (ou témoignage de satisfaction)

commensurate with (US) : fonction de (en)

commensurate with (US) : proportionné à

commercial (US) : commercial (ou du commerce) (matériel)

commercial espionage (US) : espionnage commercial

commercial off-the-shelf (COTS) (OTAN) : disponible dans le commerce (ou dans le civil) (matériel)

commercial off-the-shelf (COTS) (OTAN) : standard (adjectif) (équipement disponible dans le commerce)

commercial sector (the) (US) : secteur commercial (le)

commercial technologies (US) : technologies commerciales

commercial transport (GB) : moyens de transport commerciaux (LOG / opérations extérieures)

commissar (GB) : commissaire politique (pays totalitaire)

commissariat (GB) : commissariat (service de l'approvisionnement en vivres et habillement, etc) (ex-intendance)

commissary (GB) : commissaire (vivres, habillement, etc.) (ex-intendant)

commissary (US) : subsistances (magasin des)

commission : brevet d'officier

commission (GB) : nommer officier

commission (US) : admettre au service actif (mettre en service) (navire)

commission (US) : commission

commission (US) : mettre en service (ou admettre au service actif) (navire)

commission (US) : nommer (PERS)

commissioned officer (US) : officier (personnel militaire)

commissioned rank (GB) : grade d'officier

commit : faire intervenir

commit (a force) to (GB) : mettre à disposition de (force)

commit (OTAN) : affecter (attribuer) (unités / moyens / forces)

commit (US) : commettre

commit (US) : engager (moyens)

commit (US, GB) : engager (forces) (TAC)

commit suicide (US) : se suicider (PERS)

commit to (US) : adopter

commit to (US) : s'engager dans (mode d'action)

commital (GB) : engagement (introduction de forces sur un champ de bataille)

commitment (GB) : engagement (dans la réserve) (PERS)
commitment (OTAN) : attachement
commitment (OTAN, US) : engagement (introduction de forces sur un champ de bataille)
commitment (US, GB) : engagement (lien / promesse / obligation / action de se lier par une action / convention)
commitment of reserves (US) : engagement des réserves (TAC)
commitment status (US, GB) : état d'engagement (unité)
committed (forces) (US) : engagées (forces)
committed to (CA) : appelé à
committee (OTAN) : comité
committee (US, GB, Jane's) : commission
commodities (OTAN) : marchandises
common (OTAN) : mutuel
common (to be) (US) : chose courante (être) (opération)
common (US) : courant (habituel)
common defence and security policy (OTAN) : politique de défense et de sécurité commune (ou politique commune en matière de défense et de sécurité) (Europe)
common military syllabus (GB) : formation élémentaire toutes armes (FETTA)
common operational picture (US) : perspective opérationnelle commune
common purpose (US) : objectif commun (pays coalisés)
common : commun
commonality (OTAN) : communalité (identité) (doctrine / procédure / matériel)
commonality (OTAN) : identité
commonality (OTAN) : point commun (entre matériels)
commonsense (US) : bon sens (de)
Commonwealth (GB) : Commonwealth (le)
Commonwealth of Independent States (CIS) (OTAN) : communauté des États indépendants (CEI)
communal (GB) : collectif (installation)
communicate (US) : transmettre (renseignement / ordres / informations) (à quelqu'un)
communicate (US, GB) : communiquer
communication (GB) : communication (contact)
communication (GB) : message (TRANS)
communication (US) : expression
communication and information system (OTAN) : système d'information et de communication (SIC)
communication electronic instruction (CEI) (GB) : ordre pour les transmissions
communication link (GB) : liaison de transmissions (TRANS)
communication support element (CSE) (OTAN) : élément de soutien des transmissions
communication trench (GB) : boyau

communication(s) and information system (GB, OTAN) : système de communication et d'information
communications & electronics operating (OTAN) : exploitation des moyens électroniques et de télécommunications
communications & electronics operating instructions (CEOI) (OTAN) : instructions d'exploitation des moyens électroniques et de télécommunications
communications (OTAN) : télécommunication(s)
communications (US) : communications (transmissions)
communications (US) : communications
communications (US) : échange
communications and information system (CIS) (UEO) : système d'information et de communication (SIC)
communications and security evaluation (OTAN) : sécurité et évaluation des transmissions
communications assets (OTAN) : équipements de communications
communications capabilities (US) : capacités de communications
communications center (US) : centre de communications
communications centre (COMMCEN) (GB, OTAN) : centre de(s) transmissions
communications centre (OTAN) : centre des communications (ou des transmissions)
communications channels (US) : voies de communication
communications control (OTAN) : contrôle des communications
communications control centre (OTAN) : centre de contrôle des communications
communications electronic operating instruction (CEOI) (US) : ordre pour les transmissions
communications equipment (Jane's) : équipements de transmissions (véhicule)
communications equipment (OTAN) : équipement des télécommunications
communications equipment (OTAN) : matériels de télécommunications
communications exercise (COMEX) (OTAN) : exercice de télécommunications
communications improvement (OTAN) : amélioration des télécommunications
communications infrastructure (US) : infrastructure de communications
communications infrastructure (US) : infrastructure de transmissions
communications intelligence (COMINT) (OTAN, US) : renseignement transmissions
communications intelligence summary (COMINTSUM) (OTAN) : synthèse de renseignement-transmissions
communications link (COMLINK) (OTAN) : liaison de télécommunications

communications means (US) : moyens de communications (ou de transmissions)
communications net (OTAN) : réseau de transmissions
communications net (US) : réseau de télécommunications
communications network (OTAN, GB) : réseau de télécommunications
communications network (US) : réseau de communications (ou de transmissions)
communications network (US, GB) : réseau de transmissions
communications node (US) : nœud de communications
communications plan (COMPLAN) (OTAN) : plan de transmissions
communications relay (GB) : relais de communications (ou de transmissions)
communications satellite : satellite de communications
communications satellite (COMSAT) (OTAN, US) : satellite de télécommunications (ou de transmissions)
communications security (COMSEC) (OTAN) : sécurité des transmissions
communications system (OTAN) : système de communications
communications system (OTAN) : système de télécommunications
communications system (OTAN, US) : système de transmissions
communications technology (OTAN) : technologie des communications
communications technology (US) : technologie de communication
communications terminal (US) : terminal de communications
communications zone (COMMZ) (OTAN, US) : zone des communications (arrière d'un théâtre d'opérations)
communications-electronics (CE) (OTAN) : télécommunications-électronique
communications-electronics (CE) (OTAN) : transmissions et électronique (T&E)
communications-electronics instructions (CEI) (OTAN) : instructions pour les télécommunications et l'électronique
communications-intelligence report (COMINTREP) (OTAN) : compte-rendu de renseignement-transmissions
communicator (US) : communicateur (PERS)
communism (US, GB) : communisme
communist (GB, US) : communiste (nom)
communist (US, GB) : communiste (adjectif)
community (US) : collectivité
community (US, OTAN) : communauté
community leader (OTAN) : dirigeant de communauté(s)

community support (US) : aide (ou soutien) à la communauté civile
compactness (GB) : compacité
company (GB, US) : compagnie d'infanterie
company (US) : compagnie du génie
company (US) : compagnie des transmissions
company (US, Jane's) : société (ou firme) (ARMT)
company commander (GB, US) : commandant de compagnie
company fire support officer (FSO) (US) : chef d'équipe d'observation (ART)
company grade officer (US) : officier subalterne
company grade officer (US) : subalterne (officier)
company group (INF) (GB) : sous-groupement (tactique)
Company Sergeant Major (CSM) : adjudant de compagnie (grade)
company sergeant major (GB) : adjudant d'unité
Company Sergeant Major (INF) : adjudant (ADJ) (grade)
company task force (US) : sous-groupement (tactique)
company team (US) : sous-groupement (tactique)
company's parent : société-mère
comparable to (US) : comparable à (arme)
comparative medicine (US) : médecine comparative
comparative study (US) : étude comparative
comparatively (OTAN) : relativement
compare (GB) : rivaliser
compare with (GB) : comparaison avec (soutenir la)
compared with (US) : par rapport à
compartment (US) : cloisonner (RENS)
compartment (US) : compartiment de terrain
compartmentalization (US) : cloisonnement (RENS)
compartmentalization (US) : cloisonnement (agencement de véhicule blindé)
compartmentalization (US) : compartimentation (ou cloisonnement) (véhicule)
compartmentalize (US) : compartimenter
compartmentation (US) : cloisonnement (RENS)
compartmented (terrain) : compartimenté (terrain)
compartmented (US) : compartimenté (carburant / munitions) (char)
compass : boussole
compassionate leave (GB) : permission pour événements familiaux
compatibility (OTAN, GB) : compatibilité (matériel)
compatible (with) (US) : compatible (avec) (système d'armes / matériel)
compatriot (GB) : compatriote
compel (GB) : obliger
compel (OTAN) : imposer
compel (US) : pousser (contraindre)

compel (US, GB) : contraindre
compensate (US) : compenser
compete (GB) : rivaliser
compete (in a competition) (US) : concourir (compétition)
competence : compétence
competency (US) : compétence
competent : compétent (PERS)
competition (GB) : concours
competition (UN) : surenchère
competition (US, GB) : concurrence
competitive (US) : concurrentiel
competitive examination (US) : concours
competitive games (GB) : sports de compétition
competitive intelligence : renseignement concurrentiel
competitive tender (Jane's) : appel d'offres (ou de candidatures) (matériel / armement)
competitor (GB) : concurrent (ARMT)
compilation (OTAN) : compilation (cartographie)
complaint (OTAN) : réclamation
complaint (US) : plainte
complement (OTAN) : venir en complément de
complement (US) : compléter (activité)
complement one another (US) : se compléter (opérations)
complementarity (Jane's) : complementarité (armées différentes)
complementary (US) : complémentaire
complete : mener à bien (mission / opération)
complete (US) : accomplir
complete (US) : achevé
complete (US) : achever
complete (US) : complet
complete (US) : effectuer
complete (US) : finir de
complete (US) : passer (sens temporel)
complete (US) : total (adjectif)
complete (US, UN) : remplir (renseigner)
complete in itself (OTAN) : tout (ensemble)
complete range (OTAN) : totalité
completed : terminé
completed by (US) : complété par (plan)
completely reliable (US) : complètement sûr (cotation) (RENS)
completion (GB) : terme (fin)
completion (OTAN, US) : achèvement
completion (US) : aboutissement (fin)
complex (US) : complexe (adjectif)
complex (US, OTAN) : complexe (nom)
complexity (CA, US) : complexité
compliance : respect (accord / dispositions / droit)
complicate (US) : compliquer
complication (US) : complication
comply with : respecter (accord / cessez-le-feu / trève / résolution / règle)
comply with (an order) : obtempérer à (ordre)
comply with (OTAN) : se conformer à

comply with (OTAN) : se plier à
comply with (US) : obéir
comply with (US) : se conformer à
component : constitutif
component (OTAN) : contingent
component (OTAN, GB) : composant (LOG)
component (part) (US, GB) : constituant (matériel / arme nucléaire)
component (US) : aspect
component (US, GB) : composante (force)
Component Command (CC) (OTAN) : commandement de composante (CC) (OTAN)
component command (US) : commandement de composante
component commander (GB) : commandant de composante
compose (OTAN) : composer
composed of (US) : composé de (troupe / matériel / organisation)
composite (GB) : composite (unité / force)
composite (GB) : matériau composite
composite (OTAN) : mixte (force)
composite (OTAN) : mixte (plan)
composite (US) : composite (matériau)
composite armour (GB) : blindage composite
composite ceramic armour (CCA) : blindage céramique composite
composite force (OTAN) : force mixte
composite material (US) : composite (matériau)
composite sketch (US) : portrait-robot (personne recherchée) (GEND)
composite warfare (OTAN) : luttes coordonnées
composition (of a unit / force) (GB, US, OTAN) : composition (unité / force)
composition (UN) : composition (stocks)
compound (armor) (US) : composite (blindage)
compound (UN) : composé (chimique)
compound (military) (US) : enceinte (militaire)
compound armour (GB) : blindage composite
compound helicopter (OTAN) : hélicoptère hybride
comprehensive : général
comprehensive (UN) : complet
comprehensive (UN) : global
comprehensive (US) : élaboré (matériel)
comprehensive (US) : étendu (large)
compression ratio : taux de compression (mécanique)
comprise (CA) : monopoliser
comprise (GB) : représenter
comprise (OTAN) : comprendre (inclure) (zone géographique)
Compromise : motivations d'espionnage (transfuges / agents clandestins) (RENS)
compromise (an operation / a mission / security) (US, GB) : compromettre (opération / mission / sécurité)
compromise (US, GB) : compromis

compromising (US) : compromettant
comptrollership (US) : audit (fonction)
compulsory (US, GB) : obligatoire
compulsory defence awareness briefing (one-day) : appel de préparation à la défense (APD)
compulsory labour (GB) : service du travail obligatoire (STO) (Hist.)
compulsory military service (GB) : service militaire obligatoire (le)
computation (US, OTAN) : calcul
compute (US) : calculer
computer (US, GB) : ordinateur
computer assisted force management system (CAFMS) (GB) : système de gestion de force(s) assisté par ordinateur
computer attack (Time) : attaque informatique
computer crime (US) : criminalité informatique
computer data (US) : données informatiques
computer equipment : matériel informatique
computer espionage (US) : espionnage informatique
computer intelligence (COMPINT) : renseignement informatique
computer monitor (US) : écran d'ordinateur
computer network (US) : réseau informatique
computer network attack (US) : attaque de réseau(x) informatique(s)
computer network defense (US) : défense de réseau(x) informatique(s)
computer operator (GB) : opérateur (informatique)
computer science : informatique (nom)
computer science (US) : informatique (discipline)
computer science school (US) : école d'informatique
computer screen (US) : écran d'ordinateur
computer security (COMPUSEC) (OTAN) : sécurité de l'informatique
computer security (COMPUSEC) (OTAN) : sécurité des systèmes informatiques
computer security (COMPUSEC) (US, GB, OTAN) : sécurité informatique
computer simulation (US) : simulation informatique
computer system (US, Time) : système informatique (ou de traitement automatisé de l'information)
computer system security (US) : sécurité des systèmes informatiques
computer virus (US) : virus informatique
computer-aided design (CAD) (Jane's) : conception assistée par ordinateur (CAO) (ARMT)
computer-assisted (OTAN) : assisté par ordinateur
computer-assisted exercise (CAX) (US, OTAN) : exercice assisté par ordinateur
computer-based simulation (GB) : simulation assistée par ordinateur
computer-based training (CBT) (US) : enseignement assisté par ordinateur (EAO)
computerised (GB, Jane's) : informatisé

computerized (US) : informatisé
computer-to-computer (UN) : interordinateurs
computing (GB) : informatique (nom)
comrade : camarade (armée)
comrade (GB) : camarade (appellation communiste)
comrade in arms (GB) : frère d'armes
comrade-in-arms (US) : compagnon d'armes
comradeship (GB) : camaraderie
comradeship in arms (GB) : fraternité d'armes
concave : concave (poignard)
conceal (US, GB) : dissimuler
conceal oneself (US, GB) : se dissimuler (véhicule / force)
concealment (OTAN, US) : dissimulation (TAC et autres emplois)
concealment (US) : cachette (dans un équipement) (RENS)
concealment (US) : objet de dissimulation (RENS)
concealment (US, GB) : camouflage (TAC)
conceivable (GB) : envisageable (ou imaginable)
conceive (US) : concevoir
concentrate (GB) : se concentrer (force / blindés) (TAC)
concentrate (GB) : se focaliser
concentrate (OTAN) : concentrer (énergie)
concentrate (US) : concentrer (feux)
concentrate (US, GB) : concentrer (forces / opérations / puissance de combat / feux)
concentrate on (US) : centré sur (être)
concentrated (GB, US) : concentré (intense) (opération / attaque / force)
concentrated fire (OTAN) : tir de concentration
concentration (US, GB) : concentration
concentration area (GB, OTAN) : zone de concentration (théâtre d'opérations) (avant phase suivante d'une opération)
concentration camp (GB, US) : camp de concentration (Hist.)
concentration of firepower (GB) : concentration de la puissance de feu
concentration of forces (US) : concentration des forces
concept (US, OTAN, UN, UEO) : concept
concept development (US) : élaboration de concept
concept document (US) : document de concept
concept hierarchy (US) : hiérarchie de concepts
concept of combat operations (US) : concept de combat (chef)
concept of operation (OTAN) : concept de l'opération
Concept of operations (CONOPS) (US) : intention (titre de paragraphe)
concept of operations (OTAN) : conception (ou idée de manœuvre ou conception du chef)
concept of operations (US, OTAN, GB) : idée de manœuvre (intention)
conception (OTAN) : notion

concepts-based (US) : fondé sur les concepts (processus)
conceptual : conceptuel
conceptual framework (OTAN) : cadre conceptuel
conceptual template (US) : modèle conceptuel (d'armée)
conceptualize (US) : conceptualiser
concern (OTAN) : préoccupation
concerned (UEO) : concerné
concerned (US) : intéressé
concerning (US) : concernant (relatif à)
concerning (US) : sur (à propos de)
concerted (US, OTAN) : concerté
concertina (fence) : concertina (barbelé à boudin)
concertina wire (US, GB) : barbelé à boudin
conciliation (GB, US) : conciliation
concise (US) : concis (personnel / expression / ordre)
conclude (GB, US) : conclure
conclude (US) : conclure (mettre un terme à)
conclude (US) : terminer
conclude (US, GB) : s'achever
concluding document (UN) : document de clôture (réunion)
conclusion (GB) : conclusion
conclusion (OTAN) : arrêt
conclusion (OTAN) : fin (terme)
conclusive (US) : concluant
conclusive (US) : probant
concurrency (US) : concomitance
concurrent (GB, US) : simultané
concurrent (US, GB) : concomitant
concurrently (US, GB) : simultanément
concurrently be able to (Jane's) : conserver la capacité de
concussed (GB) : commotionné (PERS)
concussion (GB) : choc (explosion)
concussion (GB) : commotion (cérébrale) (SAN)
concussion grenade (GB) : grenade percutante
condemned (item of equipment) (UN) : réformé (matériel)
condemned (materiel) (OTAN) : condamné (matériel)
condition (GB) : condition (état) (personnel / matériel)
condition (OTAN) : situation
condition (UN, OTAN, US) : état (condition)
condition (US) : condition (circonstance)
conditions (OTAN) : ambiance
conditions (US) : conditions (TAC)
conditions for success (GB) : conditions de réussite (campagne ou opération militaire)
conduct : diriger (conduire / commander)
conduct : exercer
conduct : porter
conduct (of an inspection) (CFE, UN) : conduite (inspection)

conduct (OTAN) : conduite (campagne d'opérations)
conduct (OTAN) : conduite (direction) (unités / opérations)
conduct (OTAN) : donner (TAC)
conduct (UEO) : dresser
conduct (US) : comportement
conduct (US) : conduite (comportement) (PERS)
conduct (US) : effectuer
conduct (US) : lancer (opération) (TAC)
conduct (US) : organiser
conduct (US, GB) : conduire (mener) (TAC)
conduct (US, GB) : exécuter (ordre / opération / mission) (TAC)
conduct (US, GB) : mener (exécuter / accomplir) (action / opération)
conduct a blocking operation (GB) : donner un coup d'arrêt (TAC)
conduct a forward passage of lines (through) : dépasser (TAC)
conduct a review of (OTAN) : passer en revue (examiner attentivement)
conduct close reconnaissance (GB) : éclairer (reconnaissance)
conduct EOD operations : dépolluer
conduct of combat operations (US) : conduite du combat (la)
conduct of military operations (US) : conduite d'opérations militaires (la)
conduct of operations (GB, US, OTAN) : conduite des opérations
conduct of the battle (GB) : conduite de la bataille
conduct oneself (US) : se conduire (ou se comporter) (PERS)
conduct reconnaissance of (US) : reconnaître (TAC)
conducting (GB) : accompagnateur
conducting officer (GB) : officier accompagnateur
conducting the exercise (OTAN) : directeur de l'exercice (PERS)
cone of fire (GB) : cône de feu
confer (GB) : conférer
confer with (GB) : conférer avec
conference : colloque
conference (UN, US) : conférence (réunion internationale)
confidence (US, GB) : confiance
confidence and security building measures (CSBM) (OTAN) : mesures de confiance et de sécurité
confidence building measure (CBM) (OTAN) : mesure de confiance
confidential (C) (US, GB) : confidentiel défense (CD) (degré de classification)
confidential (UN, OTAN) : confidentiel
confidential report (annual) (GB) : feuille de notes annuelle (officier)
configuration : modèle (aéronef / équipement)
configuration (UEO) : configuration (organisme)

configuration (US) : configuration (armement)

configure (GB) : organiser

configure (US) : configurer

confine (GB) : emprisonner (AT / GEND)

confine (US) : limite (spatiale / géographique)

confined to barracks (CB) (GB) : tour de consigne (punition)

confinement (US) : détention (prisonnier)

confinement to barracks : consigne au quartier (punition)

confirm (US, GB, OTAN) : confirmer

confirmation (US) : confirmation

confiscate (US, GB) : confisquer (armes / objets)

confiscation (US) : confiscation

conflict (US, GB, OTAN, CA) : conflit

conflict area (US) : zone de conflit

conflict environment (US) : environnement de conflit

conflict management (OTAN) : gestion des conflits

conflict prevention (US, UN, OTAN) : prévention des conflits

conflict prevention centre (CPC) (OTAN) : centre de prévention des conflits

conflict resolution (UN) : règlement des conflits

conflict resolution (US, GB) : résolution des conflits

conflict scenario (OTAN) : scénario conflictuel (ou de conflit)

conflict scenario (US) : scénario de conflit (ou conflictuel)

conflict simulation (US) : simulation de conflit(s)

conflict situation (US) : situation de conflit

conflict spectrum (Jane's) : spectre des conflits

conflict type (GB) : type de conflit

conflicting (US, OTAN) : contradictoire

conflicting party (UN) : partie au conflit

conflictuality (US) : conflictualité

confluence (GB) : confluent

conform to (US) : se conformer à

conform with (US) : conformité avec (être en)

conform with (US) : se plier à

confront : affronter

confront (a challenge) (US) : faire face à (défi / menace / crise)

confront (GB) : affronter (défier avec hostilité)

confront (GB) : défier (affronter avec hostilité) (unité ennemie)

confront (GB) : s'occuper de (traiter) (sujet / problème)

confront (US) : confronter

confrontation (OTAN) : confrontation

confrontation (US) : affrontement

confrontation line (UN) : ligne d'affrontement

confrontational situation (GB) : situation d'affrontement

confuse (OTAN) : semer (confusion)

confuse (US) : intoxiquer (RENS)

confuse (US, OTAN) : désorienter

confusion (GB) : confusion (désordre / absence d'ordre et de cohésion)

confusion (US) : confusion (champ de bataille) (TAC)

confusion (US) : intoxication (RENS)

confusion agent (US) : agent d'intoxication (RENS)

congestion (OTAN) : embouteillages

connect (US) : lier

connect (US) : relier

connect (US, GB) : relier (TRANS / informatique)

connected (OTAN) : lié

connected to (US) : relié à

connecting route (OTAN) : itinéraire de raccordement

connection : raccordement (TRANS)

connection (US) : liaison (TRANS / informatique)

connection (US) : lien

connectivity (US) : connectivité (TRANS)

conquer (GB) : conquérir (territoire)

conqueror (GB) : conquérant (nom)

conquest (GB) : conquête

conscientious objection (US, GB) : objection de conscience

conscientious objector (GB, US) : objecteur de conscience

conscious (US) : conscient (PERS) (SAN)

conscript (GB) : appelé du contingent (PERS)

conscript (GB) : appeler (sous les drapeaux) (service militaire obligatoire)

conscript (GB) : conscrit (ou appelé)

conscript (US) : incorporer (PERS)

conscript army (OTAN) : armée de conscription

conscription (GB) : appel sous les drapeaux

conscription (GB) : conscription (service militaire obligatoire)

conscription (GB) : service militaire obligatoire (le)

conscription (GB) : Service National (SN) (service militaire obligatoire) (appelés)

conscription army (GB) : armée de conscription

conscription-based (OTAN) : basé sur la conscription

consecutive (US) : consécutif

consensus (UN, GB) : consensus

consent (OTAN) : consentiment (partie au conflit)

consent (US) : approbation

consent (US) : assentiment

conserve (GB) : économiser (munitions)

consider (OTAN) : prendre en considération

consider (US) : considérer

consider (US) : envisager

consider (US) : examiner

consider (US) : prendre en compte

consider (US) : réfléchir

consider (US) : songer à

considerable (GB) : important

considerable (UEO) : nombreux
consideration (OTAN) : considération
consideration (US) : facteur
consideration (US) : prise en compte
consideration (US) : réflexion
consignee : destinataire (d'un chargement) (LOG)
consignee country (OTAN) : pays destinataire (cargaison)
consignor : expéditeur (chargement) (LOG)
consist of (OTAN) : comprendre (inclure) (unités / personnels)
consist of (US) : comprendre (inclure) (matériel)
consist of (US) : se composer de
consistent (US) : cohérent
consistent with (US) : comparable à (arme)
consistent with (US) : en cohérence avec
consisting of (GB) : constitué de
consisting of (US) : composé de (troupe / matériel / organisation)
console (OTAN) : pupitre de commande (système)
console (US) : console
consolidate (CA) : renforcer (sécurité / paix)
consolidate (GB) : se regrouper (force)
consolidate (OTAN) : organiser
consolidate (US) : consolider (paix / tête de pont / position)
consolidate (US, GB) : regrouper (soldats / organisation / fonctions / entraînement)
consolidation (US) : consolidation (TAC)
consolidation (US) : regroupement (administratif)
consolidation (further) (CA) : renforcement
consolidation of peace (CA) : renforcement de la paix
consolidation of position (OTAN) : organisation d'une position conquise
consolidation operations (US) : opérations de consolidation
consortium (Jane's) : consortium (ARMT)
conspicuous (OTAN) : voyant
conspirator (US) : conspirateur
constant (GB) : constant
constant (US) : constante (nom)
constellation of systems (OTAN) : grand groupe de systèmes
constitute (CA) : constituer (être / représenter)
constitute (GB) : représenter
constitute (Jane's) : constituer (forces)
constitute (US) : constituer (former / organiser / mettre sur pied)
constituted (OTAN) : constitué (unité / force)
Constitution (US) : constitution (loi organique)
constitutional process (OTAN) : processus constitutionnel
constrained (US) : limité (champ de bataille)
constraint (US, GB) : contrainte
constrict (US) : gêner (TAC)
constricted (route) : resserré (itinéraire)
construct : réaliser (obstacles) (GEN)

construct (US) : concept
construct (US) : construire (GEN / PERS)
construction (US) : construction (GEN)
construction equipment (US) : matériel de construction
construction services (US) : services de construction
construction site (US) : chantier de construction
construction standards (US) : normes de construction (GEN)
constructive (US, OTAN) : constructif
constructive simulation (US) : simulation constructive
consul (GB) : consul
consular (GB) : consulaire
consulate (GB) : consulat
consult (US, OTAN) : consulter
consultant (US) : consultant
consultation (OTAN) : consultation (autorités politiques / militaires)
consultation, command and control (C3) (OTAN) : consultation, commandement et contrôle (ou et conduite des opérations) (C3)
consultative board (OTAN) : comité de consultation
Consultative Forum (OTAN) : Forum consultatif
consume (US) : consommer (carburant)
consumer (intelligence) (US) : consommateur (de renseignements) (RENS)
consumer (renseignements) (US) : utilisateur (matériel / système de transmissions)
consumer (US) : client (récipiendaire / destinataire) (RENS)
consumer (US) : utilisateur (individu / organisation) (RENS)
consumption (US) : consommation
consumption (ammunition) (GB) : consommation (de munitions)
consumption rate (OTAN) : taux de consommation
contact (GB, US, OTAN) : contact (TAC)
contact (OTAN) : contact (physique)
contact (OTAN) : s'adresser à
contact (US) : contact (NBC)
contact (US) : contact (TRANS)
contact (US) : contact (individu) (RENS)
contact (US, GB, OTAN) : contact (relation)
contact agent (US) : agent de contact (RENS)
contact battle : au contact (bataille)
Contact Group (NATO) : groupe de contact (OTAN)
contact mine (OTAN) : mine à contact
contact party : équipe mobile de réparation (matériel)
contact point (GB, OTAN) : point de jonction (entre unités)
contact point (US) : point de contact (physique)
contact point (US) : point de liaison

contact report (OTAN, GB) : compte-rendu de contact
contain (CA) : bloquer
contain (GB) : contenir (limiter)
contain (GB) : rassembler (aligner) (moyens)
contain (GB) : aligner (comprendre sur le terrain) (forces / matériel)
contain (OTAN) : renfermer
contain (OTAN, US) : contenir (inclure)
contain (US) : comporter
contain (US) : compter (totaliser) (personnel / matériel)
contain (US) : endiguer
contain (US) : posséder (unité / armée)
contain (US, GB) : contenir (TAC)
contained between : compris entre (zone / portée)
container (OTAN) : enveloppe (tête militaire)
container (OTAN) : porte-conteneurs
container (UN) : récipient
container (US) : tube conteneur (missile)
container (US, GB) : gaine (largage de matériel) (TAP)
container (US, GB, UN) : conteneur (LOG / missile)
container anchorage terminal (CAT) (OTAN) : terminal de mouillage pour porte-conteneurs
container tube (US) : tube conteneur (missile)
containment (UN) : endiguement (STRAT)
contaminate (OTAN, GB) : contaminer
contaminated (US, GB) : contaminé
contaminated area (US) : zone contaminée
contamination (US, GB) : contamination
contamination control point (OTAN) : point de contrôle de contamination
contemplate (US) : envisager
contemplated (US) : envisagé (mission / mode d'action)
contemplated position : position future (TAC)
contemplated : futur (adjectif)
contend with (US) : lutter contre
contender (GB) : compétiteur (ou concurrent) (contrat d'armement)
contentious issue (US) : question litigieuse
contest : concours (matériel) (ARMT)
contest (GB) : lutte (affrontement)
contested (US) : contesté (litigieux)
context (OTAN) : cadre (structure)
context (US, OTAN) : contexte
context of use : cadre d'emploi
contiguous (UN) : contigu (lieu/ site)
continent (GB) : continent
continental (US) : continental (métropolitain)
Continental United States (CONUS) (OTAN) : zone continentale des États-Unis
Continental United States (CONUS) (US) : États-Unis (d'Amérique) continentaux (ou métropolitains) (ou zone continentale des États-Unis)

contingency : contingence (ou circonstance) (TAC / STRAT)
contingency (OTAN) : crise
contingency (OTAN) : éventualité (TAC)
contingency (OTAN) : situation d'urgence
contingency (OTAN) : situation imprévue (circonstance / crise / urgence)
contingency (US) : intervention (TAC)
contingency (US) : intervention d'urgence (d')
contingency (US) : situation de crise
contingency (US, GB) : urgence
contingency (US, GB, OTAN) : circonstance (événement imprévu / crise)
contingency area (US) : zone de crise
contingency base (OTAN) : base de circonstance
contingency command : commandement de circonstance (opérations de circonstance)
contingency force (US) : force d'intervention
contingency force operations (US) : opérations de force d'intervention
contingency forces (CF) (GB, US) : forces de circonstance
contingency operation (US, GB) : action de circonstance
contingency operation (US, OTAN) : opération de circonstance (ou de contingence ou dictée par les circonstances)
contingency operation plan (COP) (GB, OTAN) : plan d'opération de circonstance
contingency operations (CONOPS) (US) : opérations de circonstance
contingency operations (OTAN) : opérations dictées par les circonstances
contingency plan (OTAN) : plan de circonstance (ou de contingence ou dicté par les circonstances)
contingency planning (GB) : planification de circonstance (ou d'urgence)
contingency planning team (CPT) (GB) : équipe de planification de circonstance
contingency-oriented (US) : axé sur les crises (ou les urgences ou les circonstances) (force)
contingent (GB, OTAN, CA, US) : contingent
continual (US) : perpétuel
continuation (UEO) : poursuite (continuation)
continuation of operations : poursuite des opérations
continue : persister
continue : se perpétuer
continue : soutenir
continue (GB) : perpétuer
continue (GB, US) : se poursuivre
continue (US) : continuer
continue (US) : poursuivre (continuer)
continue to be (GB) : demeurer
continued (US) : constant
continuing (US) : constant
continuing (US, GB) : permanent
continuing education (US) : formation continue

continuing education (US) : formation permanente
continuity (GB) : continuité
continuity of command (US) : continuité du commandement
continuity of operations (US) : continuité des opérations
continuous (OTAN) : incessant (24 heures sur 24)
continuous (US) : constant
continuous (US) : continues (opérations)
continuous education and training (US) : formation continue
continuous fire (US) : tir continu
continuous fire (US) : tir en continu (ART)
continuous wave acquisition radar (CWAR) : radar d'acquisition à ondes entretenues
continuous wave illuminator radar (CWIR) : radar illuminateur à ondes entretenues
continuum (OTAN) : continuum
contour (GB) : courbe de niveau (carte)
contour line (OTAN) : courbe de niveau (carte)
contours (OTAN) : contours
contours (US, GB) : courbes de niveau (TOPO)
contract (GB) : contracter (SAN)
contract (US) : contrat (engagement) (PERS)
contract (US) : se contracter (espace de bataille)
contract (US, GB, Jane's) : contrat (ARMT)
contract authority (CA) (OTAN) : autorisation de programme
contract awards (OTAN) : adjudication des marchés
contract personnel (US) : contractuel (nom)
contracted (US) : contrat (sous) (PERS)
contracted officer : officier sous contrat
contracting (OTAN) : marchés (acquisitions)
contractor (Jane's) : fournisseur (ARMT)
contractor personnel (US) : personnel(s) sous contrat
contractual (US) : contractuel
contradictory (US) : contradictoire
contravene (GB) : contrevenir à
contravene (GB) : enfreindre (violer) (ordres / instructions / règlements)
contravention (GB) : infraction (violation / dérogation)
contribute (CA) : jeter (forces) (TAC)
contribute (Jane's) : fournir
contribute (US) : conférer
contribute to : concourir à
contribute to (CA) : participer à
contribute to (OTAN, CA) : contribuer à
contribute to (US) : favoriser
contributing (nation) (US, GB) : contributeur (nation / pays)
contributing nation (US) : nation contributrice
contributing nation (US) : pays contributeur
contribution (CA, OTAN) : apport
contribution (US, GB) : contribution
contributor (US) : fournisseur

control : maîtrise
control : pilotage (missile)
control (GB) : coiffer (sens figuré)
control (GB) : contrôler (unité) (chef)
control (Jane's) : contrôle (ARMT)
control (OTAN) : commande
control (OTAN) : conduite (direction) (unités / opérations)
control (OTAN) : contrôle (degré d'autorité)
control (OTAN) : contrôler (TAC)
control (OTAN) : contrôler (vérifier)
control (OTAN, US) : contrôler (agent / réseau) (RENS)
control (UN) : disposer de
control (US) : avoir sous son contrôle (unité)
control (US) : commander (ordonner)
control (US) : contrôle (pression physique ou psychologique sur agent) (RENS)
control (US) : contrôler (milieu / environnement)
control (US, GB, OTAN) : contrôle (TAC)
control (US, OTAN) : conduite des opérations (commandement)
control (US, OTAN) : contrôle (surveillance)
control (direction and) (US) : autorité (pouvoir de décision)
control and reporting (CR) (OTAN) : contrôle et compte-rendu
control and reporting (CR) (OTAN) : contrôle et détection
control and reporting system (CRS) (OTAN) : réseau de détection et de contrôle
control and reporting system (CRS) (OTAN) : système de contrôle et de compte-rendu
control center (OTAN) : centre de contrôle
control measure (US) : ligne de contrôle
control measures (US, GB) : mesures de coordination (TAC)
control mode (OTAN) : mode de contrôle
control of events (US) : contrôle des événements
control of forces (GB) : contrôle des forces
control of operations : conduite des opérations (commandement)
control of terrain (US) : contrôle du terrain
control of the air (US) : maîtrise des airs
control of the environment (US) : contrôle de l'environnement
control of the environment (US) : contrôle du milieu
control of the population (Jane's) : contrôle des populations (mission)
control of the sea (US) : maîtrise des mers
control of urban terrain (US) : contrôle de zone urbaine
control panel (UN) : panneau de commande
control panel (tank commander's) : pupitre (de commande) (chef de char)
control point (OTAN) : poste de contrôle (écoulement du trafic)

control tower (GB) : tour de contrôle (aérodrome)

control zone (CTZ) (OTAN) : zone de contrôle

controlled (OTAN) : réglementé (itinéraire)

controlled mine (US) : mine commandée à distance (ou contrôlée)

controlled opening parachute : parachute à ouverture commandée retardée

controlled route (OTAN) : itinéraire réglementé

controls (GB, US) : commandes (aéronef)

CONUS-based (US) : basé sur le continent américain (USA) (force)

convalesce (GB) : se remettre (patient) (SAN)

convalescence (GB, US) : convalescence

convalescent center (US) : centre de convalescence (SAN)

convalescent leave (US) : permission à titre de convalescence (PATC)

convene (US, GB) : réunir

convention (GB) : usage (convenance)

convention (UN) : convention (accord)

conventional (CFE) : conventionnel (classique)

conventional (US) : classique

conventional (US) : traditionnel

conventional (US, GB) : classique (non nucléaire)

conventional air-launched cruise missile (CALCM) (OTAN) : missile de croisière conventionnel à lanceur aérien

conventional armaments (OTAN, UN) : armements conventionnels (ou classiques)

Conventional Armed Forces in Europe (CFE) : forces armées conventionnelles en Europe

conventional arms race (US) : course aux armements conventionnels

conventional artillery : artillerie classique (non nucléaire)

conventional casualties (OTAN) : pertes classiques

conventional fire (US) : tirs classiques

conventional force : force classique

conventional forces (GB, CA) : forces conventionnelles (ou classiques)

conventional forces in Europe (CFE) (OTAN) : forces conventionnelles en Europe

conventional infantry (US) : infanterie classique

conventional infantry (US) : infanterie traditionnelle

conventional munition (GB) : munition classique

conventional munitions (US) : munitions classiques

conventional munitions (US, OTAN) : munitions conventionnelles

conventional round (Jane's) : munition classique

conventional stability (OTAN) : stabilité des armements conventionnels

conventional war : guerre classique (ou conventionnelle) (STRAT)

conventional weapon (UN) : arme classique (ou conventionnelle)

conventional weapons : armes classiques (ou conventionnelles)

conventional weapons (US) : armements conventionnels (ou classiques)

converge (OTAN) : en convergence (ART)

converge on (US) : converger sur

converging (US) : convergent (axes)

conversion (GB) : reconversion (industrie)

conversion (GB) : transformation

conversion (OTAN) : transformation (renseignements) (RENS)

conversion (UN) : conversion (matériel / installations)

conversion course (GB) : stage de conversion

convert (GB) : passer (TAC)

convert (OTAN) : convertir

convert (OTAN) : transformer

convert into intelligence (OTAN) : transformer en renseignement (renseignement brut) (RENS)

convert to (US) : passer à

convertible (UN) : convertible (système)

conveyance (OTAN) : envoi

convict (US) : reconnaître coupable

conviction (US) : conviction (PERS)

convoy (US, GB) : convoi

convoy assembly (US) : formation de convoi(s)

convoy leader : chef de convoi

convoy route (OTAN) : itinéraire de convoi

convoy speed : vitesse de convoi

convulsion (US) : convulsion (SAN)

cook (US, GB) : cuisinier

cook off (GB) : partir inopinément (coup) (auto-allumage de l'amorce)

cookhouse (GB) : cuisine(s) (mess)

cookhouse fatigue (GB) : corvée de cuisine

cooking trailer (US) : roulante

cool (GB) : sang-froid

coolant (OTAN, US) : liquide de refroidissement (moteur)

cooling : refroidissement

cooling system (US) : système de refroidissement (véhicule blindé)

cooperate ou co-operate (US, OTAN) : coopérer

cooperate with (OTAN) : agir en coopération avec

co-operate with (OTAN) : collaborer avec

cooperation (UN) : concertation

cooperation ou co-operation (OTAN, US, GB, Jane's) : coopération

cooperation programme (OTAN) : programme de coopération (avec pays ou organisme)

cooperative (OTAN) : coopératif (en coopération)

cooperative program (US) : programme de collaboration (entre pays)

cooperative programme (OTAN) : programme de coopération (avec pays ou organisme)

cooperative security (UN) : sécurité commune (OSCE)

cooperatively (US) : coopération (en)

coopted agent (US) : agent coopté (RENS)

coopted worker (US) : agent coopté (RENS)

coordinate (OTAN, GB) : coordonnée (carroyage)

coordinate (US, OTAN, GB) : coordonner (TAC)

co-ordinate axis : axe des coordonnées

coordinated (OTAN) : coordonné

co-ordinated air defence area (CADA) (GB) : zone de défense aérienne cordonnée

coordinated air defence operations (CADO) (OTAN) : opérations coordonnées de défense aérienne

co-ordinated attack (OTAN) : attaque coordonnée

co-ordinated operation : opération coordonnée

coordinates (grid) (US, GB) : coordonnées

co-ordinates (OTAN) : coordonnées

coordinating authorities (US) : autorités de coordination

coordinating authority (US) : autorité de coordination

Coordinating instructions (US,GB) : instructions de coordination (titre de sous-paragraphe)

coordinating point (OTAN) : point de coordination (entre unités)

coordination (US), co-ordination (GB, OTAN UEO) : coordination

coordination cell (GB, OTAN) : cellule de coordination

co-ordination cell (GB, OTAN) : cellule de coordination

coordination centre (OTAN) (Terme générique) : centre de coordination (opérations)

coordination details (US) : détails de coordination

coordination meeting (US) : réunion de coordination

coordination of civil aviation (OTAN) : coordination de l'aviation civile

coordination of fire (OTAN) : coordination des feux

co-ordinator (GB) : coordinateur (ou coordonnateur)

coordinator (OTAN) : coordonnateur

coordinator (US, OTAN) : coordinateur (ou coordonnateur)

cop (US, GB) : flic (policier)

cope with (a threat) (US, GB) : faire face à (défi / menace / crise)

Copenhagen criteria (OTAN) : "critères de Copenhague" (les)

co-pilot ou copilot (GB) : copilote (ALAT)

copse (GB) : taillis (TOPO)

copy (GB) : copie (d'une arme)

copy (GB) : copier (matériel / équipement)

copy (GB) : recevoir (TRANS)

copy (UN) : exemplaire (ordre / document)

copy (US) : copie (document)

copy that ! (GB) : bien reçu ! (TRANS)

cordiality (US) : cordialité (PERS)

cordite (GB) : cordite

cordon (GB) : cordon (police)

cordon (GB) : cordon de sécurité

cordon (US) : haie d'honneur

cordon (US, GB) : bouclage (zone)

cordon off (GB) (a zone / a street) : boucler (zone / rue)

core (US) : essentiel (adjectif)

core (US) : fondamental

core (US) : noyau

core capabilities (OTAN) : capacités essentielles

core curriculum (US) : tronc commun (études)

core defence capabilities (OTAN) : capacités de défense essentielles

corned beef : singe (terme familier)

corner (GB) : virage (route)

corner (US) : acculer (force)

corner (US) : coin

cornerstone (US, OTAN) : pierre angulaire (sens propre et figuré)

corp (GB) : cabot (caporal)

Corporal (Cpl) (INF / ABC) : caporal-chef (grade)

Corporal (CPL) / Specialist (SPEC) (E4) (US) : caporal (grade)

corporal techniques (GB) : caporalisme

corporate research (GB) : recherche amont (ARMT)

corps (GB, US) : corps (groupe)

corps (army) (US, OTAN) : corps d'armée

corps / branch headquarters (GB) : maison mère (arme / corps)

corps area (US) : zone de corps d'armée

Corps Artillery (US) : artillerie du corps d'armée

Corps artillery headquarters (US) : PC d'artillerie de corps d'armée

corps commander (US) : commandant de corps d'armée

corps communications regiment (GB) : régiment de transmissions de corps d'armée

Corps covering force : GRCA (groupement de reconnaissance de corps d'armée)

corps engineer batttalion (US) : régiment du génie de corps d'armée (RGCA)

corps exercise (Jane's) : exercice de corps d'armée

Corps Headquarters (GB) : PC de corps d'armée (armée de terre 2002)

corps headquarters (HQ) (GB) : état-major de corps d'armée

corps materiel management center (CMMC) (US) : centre de gestion des matériels de corps d'armée

corps rear (area) (US) : zone arrière de corps d'armée

Corps reconnaissance force : GRCA (groupement de reconnaissance de corps d'armée)

Corps screen force : GRCA (groupement de reconnaissance de corps d'armée)

corps sector (US) : secteur de corps d'armée

corps support command (COSCOM) (US) : commandement des soutiens de corps d'armée

Corps surface-to-air missile (Corps SAM) (US) : missile sol-air de corps d'armée

Corps transportation (US) regiment (GB) : régiment de transport de corps d'armée

corps troops (GB) : éléments organiques de corps d'armée (EOCA)

corpse (GB) : cadavre

corpse (US) : dépouille (cadavre)

correct ! (US) : correct ! (procédure radio)

correct (GB) : corriger (ART)

correct (US) : correct (conforme / convenable)

correction (OTAN) : correction (TRANS)

correction (OTAN, GB) : correction (ART)

correction (US) : correction

correction (US) : je corrige (et retransmets le bon message) (procédure radio)

corrections (US) : corrections (de trajectoire) (missile)

correctly (US) : correctement

correctness (US) : exactitude

correlate (US, GB) : recouper (informations / renseignements)

correlation (OTAN) : corrélation

correlation (OTAN) : corrélation (RENS / défense aérienne)

correlation (US, GB) : recoupement (d'informations)

correlation of forces : rapport des forces

correspondence (US) : correspondance (courrier)

correspondent (OTAN) : correspondant (presse)

corridor (CA) : corridor

corridor (US, UN) : couloir

corrosion (US) : corrosion

corrugated iron (GB) : tôle ondulée

corruption (OTAN) : corruption (la)

cost (GB) : frais (coût)

cost (US) : coût (TAC)

cost (US, GB) : coût

cost (US, GB) : prix (sens figuré)

cost contract (US) : contrat à remboursement de coûts (ARMT)

cost effectiveness ratio (US) : rapport coût-efficacité

cost estimate (OTAN) : estimation de coût

cost of living allowance (COLA) (US) : indemnité de résidence (en fonction du coût de la vie) (séjour à l'étranger)

cost overruns (GB) : surcoûts (ou dépassements de crédits) (projet d'armement)

cost reimbursement contract (US) : contrat à remboursement de coûts (ARMT)

cost sharing contract (US) : contrat à remboursement de coûts partagé (ARMT)

cost-benefit (US) : coûts-avantages

cost-effective (US) : économique

cost-effective (US) : rentable (bon rapport coût-efficacité)

cost-effectively (US) : rentable (de façon)

cost-effectiveness (US) : rentabilité (bon rapport coût-efficacité)

costly : onéreux (matériel)

costly (US) : coûteux

costs : dépenses

cot (US) : lit de camp

Cougar AS 532A2 RESCO search-and-rescue helicopter (Jane's) : COUGAR (CSAR) (hélicoptère de recherche et sauvetage au combat)

could be expected to : pouvoir (expression de la probabilité)

council (US, GB) : conseil (assemblée)

counseling (US) : assistance (ou aide) psychologique (personnels et familles)

count (CFE) : compter (dénombrer)

count (Jane's) : compter (totaliser) (personnel / matériel)

count (US) : chef d'accusation

count on : compter sur

countdown (OTAN) : compte à rebours (fusée)

counter : contre- (préfixe)

counter : répondre

counter (an operation) : s'opposer à (opération)

counter (GB) : riposte (TAC)

counter (OTAN, US) : contrer

counter (UN, US) : parade (riposte) (TAC)

counter (US) : contre-opération

counter (US) : empêcher

counter (US) : parer (coup) (TAC)

counter (US) : s'opposer à

counter air operations (US) : opérations antiaériennes

counter battery mission (GB) : mission de contre-batterie (ART)

counter battery weapon (US) : arme de contre-batterie

counter force (attack) (UN) : anti-forces (attaque)

counter mobility operations : aide à la contre-mobilité (GEN)

counter mortar : anti-mortier(s)

counter penetration (GB) : contre-pénétration

counter terrorist operations (GB) : opérations antiterroristes

counter to (GB) : contraire à

counter(-)productive : contre-productif

counter(-)surveillance (US, OTAN) : contre-surveillance (RENS)

counteract (OTAN) : contrecarrer

counteract (OTAN) : neutraliser (forces / feux / menace) (TAC)

counteract (OTAN) : neutraliser (armes / mine / explosif / obstacles)

counteract (OTAN) : s'opposer à

counteraction (US) : riposte (TAC)

counter-aggression : contre-agression

counter-air operation (CAO) (OTAN) : supériorité aérienne (opération de)

counterair operations (US) : opérations de supériorité aérienne counterarming (UN) : rééquilibrage des armements

counter-attack (GB) : contre-attaquer

counterattack (US) : contre-attaquer

counterattack (US, OTAN, GB) : contre-attaque

counterattack forces (US) : forces de contre-attaque

counterattack plan (US) : plan de contre-attaque

counter-battery (GB) : contre-batterie (ART)

counterbattery fire ou counter-battery fire (GB, OTAN) : tir de contre-batterie

counter-battery radar (COBRA) (OTAN) : radar de contre-batterie

counterblow (US) : contrecoup (TAC)

counterclockwise (CCW) : dans le sens inverse des aiguilles d'une montre

counter-counter-measure(s) (CCM) (OTAN) : contre-contre-mesure(s) (CCM)

counter-coup (GB) : contre-coup d'État

counter-deterrence : contre-dissuasion (STRAT)

counterdrug operations (US) : opérations de lutte contre le trafic de stupéfiants

counter-electronic warfare (CEW) (OTAN) : lutte contre les moyens de guerre électronique

counter-espionage (OTAN) : contre-espionnage (mission / activité)

counterespionage (US) : contre-espionnage (mission / activité)

counterespionage activities (US) : activités de contre-espionnage (RENS)

counterespionage agency (US) : organisme de contre-espionnage

counterfire (US, OTAN) : tir contre armes à feu (ART)

counterguerilla war : contre-guérilla (guerre de)

counterguerrilla operations (US) : opérations de contre-guérilla

counter-guerrilla warfare (OTAN) : lutte antiguérilla

counter-insurgency (COIN) (US, OTAN) : anti-insurrectionnelles (mesures)

counter-insurgency (OTAN, GB) : mesure anti-insurrectionnelle

counter-intelligence (CI) : contre-renseignement

counter-intelligence (CI) (US, OTAN) : contre-ingérence

counterintelligence (US) : contre-espionnage (le) (ensemble des services d'un pays)

counter-intelligence and security (CI&SY) (OTAN) : contre-ingérence et sécurité

counter-intelligence policy (OTAN) : politique en matière de contre-ingérence

counterintelligence service (US) : service de contre-espionnage

counterintelligence support (US) : appui contre-renseignement

counter-intelligenceintelligence report (CI INTREP) (OTAN) : compte-rendu de renseignement contre-ingérence

countermand (GB) : annuler (ordre ou instruction donné(e) par quelqu'un d'autre)

countermeasure(s) environment (US) : environnement de contre-mesures

countermeasures (US) : contre-mesures

countermeasures system (US) : système de contre-mesures

countermine (OTAN) : contreminer

counter-mobility : contre-mobilité (GEN)

countermobility (operations) (US) : contre-mobilité (GEN)

counter-mobility aid (GB) : aide à la contre-mobilité (GEN)

countermobility missions (US) : missions de contre-mobilité (GEN)

countermobility operations (US) : opérations de contre-mobilité (GEN)

counter-mobility support (GB) : aide à la contre-mobilité (GEN)

countermortar radar (US) : radar anti-mortiers

counter-move (OTAN) : contre-mouvement

counteroffensive (US) : contre-offensive

counteroffensive capability (US) : capacité de contre-offensive

counterpart (US) : équivalent

counterpart (US) : homologue

counterpreparation fire (US, OTAN) : tir de contre-préparation

counterproductive (GB, US) : contre-productif

counterproliferation (US) : contre-prolifération (armes de destruction massive)

counterreconnaissance (US) : contre-reconnaissance

counter-revolution (US) : contre-révolution

counter-revolutionary (US) : contre-révolutionnaire (nom)

counter-revolutionary warfare (GB) : guerre contre-révolutionnaire (type de guerre)

counter-sabotage (OTAN) : contre-sabotage

countersign (US, OTAN) : signal d'identification convenu (sentinelle)

counterspy organization (US) : organisme de contre-espionnage

counterstroke : riposte (TAC)

counterstroke (GB) : contre-attaque latérale (par des forces blindées)

counter-subversion (OTAN) : contre-subversion

countersubversion (US) : anti-subversion (RENS)

counter-surprise : contre-surprise

counterterrorism (CT) (US) : anti-terrorisme (offensif)

counterterrorism (US) : lutte contre le terrorisme

counterterrorism operations (action offensive) (US) : opérations anti-terroristes

counterterrorist force (US) : force anti-terroriste

counterthrust : riposte (TAC)

counting (UN) : décompte (armements)

countless (GB, US) : innombrable

country (GB) : campagne (la) (zone rurale)

country (GB) : terrain
country (US, GB) : patrie
country (US, OTAN) : pays
country of origin : pays d'origine
country side (GB) : campagne (la) (zone rurale)
country wide (US) : dans tout le pays
County Military Sub-District Representative : délégué militaire départemental (DMD)
coup : coup d'État
coup de grâce (GB) : coup de grâce (sens propre et figuré)
coup de main (GB) : coup de main (TAC)
coup de main attack ou coup de main operation (GB) : coup de main (TAC)
couple with (US) : ajouter
coupled : jumelé (matériel)
coupled to : associé à
coupled to (Jane's) : accouplé à (mécanique)
coupled to (Jane's) : couplé à (mécanique)
courage (US, GB) : courage (PERS)
courageous (US, GB) : courageux (PERS)
courier (GB) : messager (ou courrier)
courier (US) : agent de liaison (RENS)
courier (US) : "courrier" (ou agent de liaison) (RENS)
courier (US) : estafette (agent de transmission à moto)
courier (US, GB) : courrier (messager)
course (GB) : cap (direction)
course (GB, OTAN) : cours (déroulement)
course (GB, US) : cours (formation)
course (OTAN) : trajectoire
course (US, GB) : déroulement
course (US, GB) : stage (militaire)
course of action (COA) (US) : plan d'action (ou mode d'action) (force)
course of action (COA) (US) : possibilité de manœuvre (TAC)
course of action (OTAN) : action envisagée
course of action (OTAN) : conduite (mode d'action)
course of action (US, GB) : mode d'action (force) (TAC)
course of events (US) : cours des événements (le)
course of initiation (GB) : stage d'initiation
course of training (US) : stage de formation
court (US, GB) : tribunal
Court of Military Appeals (CMA / CoMA) (US) : cour d'appel militaire
courteous (US) : courtois (PERS)
courtesies (US) : politesses (ou marques de respect)
courtesy (US, GB) : marque de respect
courtesy (military) (US) : courtoisie (militaire) (PERS)
courtesy visit (US) : visite de courtoisie (ou de politesse)
court-martial (US) : cour martiale

court-martial (US) : procès en cour martiale
couterintelligence (US) : contre-espionnage (mission / activité)
cove (GB) : anse (TOPO)
cove (GB) : crique (TOPO)
cover : camouflage (armements)
cover : couvre-culasse (fusil mitrailleur)
cover : tête (grenade à main)
cover (GB, US) : couvrir (protéger) (TAC)
cover (OTAN) : couvrir
cover (OTAN) : veille (vigilance)
cover (OTAN, US) : abri
cover (to cover) (OTAN, GB) : couverture (mesures de protection)
cover (US) : couvert (abri)
cover (US) : couvrir (TRANS / radar)
cover (US) : couvrir (média)
cover (US) : paravent (RENS)
cover (US) : parcourir (personnel / force / aéronef)
cover (US) : protection (TAC)
cover (US) : s'étendre sur
cover (US, GB) : couverture (abri)
cover (US, GB) : couvrir (s'étendre sur)
cover (US, GB) : recouvrir
cover (security) (US, GB) : couverture (agent) (RENS)
cover and concealment (US) : masques et couvert
cover and concealment (US, GB) : abri et couvert
cover for (GB) : remplacer
cover oneself : couvrir (se) (force)
cover story (US) : légende (agent) (RENS)
cover up : étouffer (affaire)
cover : battre par le feu
coverage (OTAN, US) : couverture médiatique
coverage (US) : couverture (TRANS)
coverage (US, GB) : couverture (mesures de protection)
coverall (US) : bleu(s) de travail (conducteur d'engin)
covered (OTAN, US) : couvert (adjectif)
covered (US) : abrité
covered and concealed position (US) : couvert (nom)
covered with snow : enneigé
covering (GB) : couverture (mesures de protection)
covering fire (US) : feu de couverture (ou de protection)
covering fire (US) : tir de couverture
covering fire (US, OTAN) : tir de protection
covering force (OTAN) : couverture (ou sécurité) (force de)
covering force (US, GB) : force de sûreté (ou de couverture)
covering force (US, OTAN) : force de couverture (ou de sûreté)
covering force action : jalonnement (TAC)

covering force area (CFA) (OTAN) : zone de force de couverture

covering force area (CFA) (US, OTAN) : zone des forces de couverture

covering force mission : couverture (action de)

covert (UN) : clandestin

covert (US) : faux

covert (US) : invisible

covert (US, UN, GB) : secret (adjectif)

covert action (US) : action invisible (RENS)

covert action (US) (Pays instigateur non connu) : action secrète (terme général) (RENS)

Covert Action Staff (au sein de la Direction des Opérations, ou "Directorate of Operations") (équivalent US) (CIA) : division Action (DGSE) (RENS)

covert activities (US, GB) : activités secrètes

covert operation (US) : opération secrète (RENS)

coward (GB) : lâche (nom) (PERS)

cowardice (US, GB) : lâcheté

cowardly (GB) : lâche (adjectif) (PERS / action)

coy (GB) : compagnie (en abrégé)

crab (GB) : gonfleur d'hélices (aviateur)

crack (a code) : briser (code)

crack (GB) : d'élite (unité)

crack (GB) : élite (d')

crack shot (GB) : tireur d'élite (US)

crackdown (US) : imposition (loi martiale)

cracked (CFE) : fendu

cradle (gun / howitzer) (CFE, UN) : berceau (canon / obusier)

craft : embarcation

craft (US) : ficelle

craft (US) : métier

craftiness (US) : ruse

crafty (US) : rusé (chef)

cram (GB) : entasser (PERS)

crane (Jane's) : grue (GEN)

crane operator (US) : grutier

crane truck : camion-grue

crash : intensif (entraînement / préparatifs)

crash (GB) : s'écraser (au sol) (aéronef)

crash (US) : accident

crash (US, GB) : se crasher (s'écraser) (aéronef) (familier)

crash course (GB) : stage intensif

crash into : percuter (véhicule)

crash into (GB) : entrer en collision avec (véhicules / aéronefs)

crashproof (US) : anti-chocs (récipient)

crash-resistant (US) : anti-crash (ou anti-écrasement) (matériel)

crash-resistant (US) : anti-écrasement (ou anti-crash) (matériel)

crashworthiness : résistance à l'écrasement (matériel)

crashworthy (armored) crew seat (US) : siège (blindé) anti-crash (hélicoptère)

crashworthy (US) : anti-crash (ou anti-écrasement) (matériel)

crashworthy (US) : anti-écrasement (ou anti-crash) (matériel)

crater (OTAN, GB) : cratère

crater (US) : entonnoir

crater (bomb) (GB) : cratère (de bombe)

cratering charge (US, OTAN) : charge enterrée

crawl (US) : rampement (technique de déplacement du fantassin)

crawl (US, GB) : ramper (PERS)

crawler track : chenille (char)

crazy (US) : fou

crease (GB) : pli (chemise)

create (OTAN) : aménager

create (OTAN) : provoquer (causer)

create (US) : créer (unité / corps)

create (US, GB) : créer

create a diversion : faire diversion

creation : création (unité / corps / arme / armée)

creation (GB) : création (champ de mines / itinéraires)

credentials (OTAN) : carte d'accréditation (journaliste)

credentials (US) : accréditation (journaliste)

credentials (US) : référence

credibility (US, GB, OTAN) : crédibilité

credible (GB, CA) : crédible

creed (GB) : religion (PERS)

creed (US) : crédo

creek (GB, US) : anse (TOPO)

creek (US) : rivière

creek (US) : ruisseau

creek (US, GB) : crique (TOPO)

creep (GB) : avancer à pas de loup (soldat)

creeping (barrage) : roulant (barrage)

creeping barrage (US, OTAN) : barrage roulant

crest : crête (ou arête) (TOPO)

crest (US, OTAN) : masque (caractéristique du terrain)

crested (OTAN) : masqué (ART)

crevasse (US) : crevasse (TOPO)

crew (GB) : équipage (caractéristique de véhicule blindé)

crew (GB, US) : capacité de transport de personnels (caractéristique de véhicule blindé)

crew (US) : équipe

crew (US) : servant

crew (US, GB) : équipage (char / canon automoteur / sous-marin)

crew cabin (Jane's) : cabine de l'équipage (engin de franchissement)

crew chief (US) : chef de bord (hélicoptère) (ALAT)

crew compartment (CFE, Jane's) : compartiment de l'équipage (véhicule)

crew compartment (US) : habitacle (véhicule blindé)

crew member (US) : servant
crewman (GB, US) : membre d'équipage (navire / aéronef / véhicule)
crewman (US) : servant
crewmember (US) : membre d'équipage (navire / aéronef / véhicule)
crew-served (US, GB) : collective (arme)
crime (GB) : crime (acte illégal punissable)
crime against humanity (OTAN) : crime contre l'humanité
crime control (OTAN) : lutte contre la délinquance
crime prevention (US, GB) : prévention de la criminalité (GEND)
crime syndicate (US) : association (ou gang) de malfaiteurs (GEND)
criminal (GB) : criminel (adjectif et nom)
criminal act (US) : acte criminel
criminal investigation : police judiciaire (mission) (GEND)
criminal law (US) : droit pénal
criminal tribunal (US, GB) : tribunal pénal
criminology (US) : criminologie
crimp : ceinture (cartouche)
cripple (Time) : paralyser
crippled (GB) : estropié
crippled (GB) : infirme (adjectif)
crippled (GB) : invalide (adjectif) (SAN)
crisis : période de crise
crisis (US, GB, OTAN) : crise
crisis action (US) : action(s) de crise
crisis action planning (GB) : planification des actions de crise
crisis area (US, OTAN) : zone de crise
crisis control : maîtrise des crises
crisis exit (US) : sortie de crise
crisis management (OTAN, UEO) : gestion de crise (ou des crises)
crisis management centre (GB) : centre de gestion de(s) crise(s)
crisis management exercise (CMX) (US, OTAN) : exercice de gestion de crise
crisis management operations (UEO) : opérations de gestion de crise
crisis management procedures (UEO) : procédures de gestion de crise
crisis operations (GB) : opérations de crise
crisis reaction forces (Jane's) : forces de réaction aux crises
crisis response (OTAN) : réponse aux crises
crisis response (US) : réaction aux crises
crisis response force (US) : force de réaction aux crises
crisis response forces (US) : forces de réaction aux crises
crisis response operations (OTAN) : opérations de réponse aux crises
crisis simulation game (US) : jeu de simulation de crise

crisis situation (UEO, US) : situation de crise
crisis stablization (US) : stabilisation de crise
criteria for measurement (US) : critères de mesure (concept)
criteria for success : critères de succès (mission)
criterion (GB, US, OTAN) : critère
critical : sensible (zone / point / matériel / information / document / poste)
critical (CA) : principal (attaque / effort / voie d'approche)
critical (OTAN) : sérieux
critical (US) : capital (crucial)
critical (US) : critique (décisif)
critical (US) : crucial
critical assets (US) : moyens critiques (TAC)
critical design review (CDR) (OTAN) : examen critique de la conception
critical point (GB) : point critique (itinéraire)
critical target (US) : cible cruciale
cross (a line / a wall) (US) : franchir (ligne / mur)
cross (En épithète) : croisé (action réciproque) (activité)
cross (GB) : croix (décoration)
cross (OTAN) : franchir (coupure / champ de mines) (force / véhicules)
cross (US) : franchir (obstacle)
cross (US) : traverser
cross country (GB) : cross (sport)
cross country speed (GB) : vitesse en terrain (char)
cross hairs (US) : axe optique (lunette de tir)
cross the line of departure (LD) : déboucher (franchir la ligne de débouché) (TAC)
cross-attachment (of basic tactical units) : mixage d'unités élémentaires
cross-border (OTAN) : transfrontière
cross-border (US) : transfrontalier
cross-Channel (OTAN) : transmanche
cross-checking (of information) : recoupement (d'informations)
cross-country (US) : tout-terrain (TAC)
cross-country capability (CFE) : capacité tout-terrain
cross-country characteristics (US) : caractéristiques tout-terrain (véhicule)
cross-country mobility (Jane's, US) : mobilité en tout-terrain (véhicule blindé)
cross-country race (GB) : cross (course)
cross-country run (GB) : cross (course)
crossed (US) : croisé
crossfire (GB) : feux croisés
crossing (GB) : croisement (carrefour)
crossing (US) : passage (action de passer)
crossing (US) : traversée (TAC)
crossing (X) (GB) : point de franchissement (pont / passage à gué)
crossing (X) (route / voies ferrées / cours d'eau) (GB) : carrefour
crossing area (US) : site de franchissement

crossing area (US, GB, OTAN) : zone de franchissement

crossing point : point de franchissement (pont / passage à gué)

crossing point : point de passage

crossing site : point de franchissement (pont / passage à gué)

crossing site (US, OTAN) : site de franchissement

crossing vehicle (Jane's) : engin de franchissement

cross-roads (routes) : carrefour

cross-section (UN) : coupe transversale

cross-servicing (OTAN, UN) : services mutuels

cross-servicing (UN, OTAN) : soutien logistique mutuel

crosswind (GB) : vent de travers

CROTALE NG (= Next Generation) all weather short-range air defence system : CROTALE NG (nouvelle génération) (système sol-air)

CROTALE NG multi-mission air defence missile system : CROTALE NG (nouvelle génération) (système sol-air)

CROTALE point air defense SAM (= surface-to-air missile) (US) : CROTALE

CROTALE short-range surface-to-air missile (SAM) (French-designed) (GB) : CROTALE

crouched (OTAN) : accroupi

crowbar hotel (US) : gnouf (prison)

crowbar hotel (US) : trou (prison)

crowd (US, GB) : foule

crowd control (Jane's) : contrôle des foules (mission)

crowd dispersal (GB) : dispersion (de la foule)

crown (GB) : couronne (insigne de grade) (GB)

crucial (OTAN) : primordial

crude oil (OTAN) : pétrole brut

cruelty (OTAN) : sévices

cruise missile (CM) (OTAN) : missile de croisière

cruise speed (US) : vitesse de croisière (hélicoptère)

cruiser (OTAN, GB) : croiseur

cruising range (US) : rayon d'action (véhicule blindé)

cruising speed (GB, US) : vitesse de croisière (hélicoptère)

crumbling (OTAN) : effritement

Crusader 21 clothing system + Future Infantry Soldier Technology (FIST) (équivalents GB) : fantassin à équipement et liaison intégrés (FELIN)

crush (GB) : écraser

crushing (GB) : écrasant

crypotologic support (OTAN) : soutien cryptologique

cryptanalysis (US, OTAN) : analyse cryptographique (RENS)

cryptanalysis (US, OTAN) : décryptement (analyse cryptographique) (RENS)

crypto-equipment (OTAN) : matériel cryptographique

crypto-equipment (OTAN) : matériel de chiffrement

cryptogram (US) : cryptogramme (message en chiffre ou en code) (RENS)

cryptographer (US) : cryptographe

cryptographic (OTAN) : cryptographique

cryptography (US, OTAN) : cryptographie

cryptologic (US) : cryptologique

cryptologist (US) : cryptologue (RENS)

cryptology (US) : cryptologie

cryptomaterial (US, OTAN) : matériel de cryptographie

cryptonym (US) : cryptonyme (faux nom) (agent / opération) (RENS)

cryptosecurity (US) : cryptosécurité (protection des chiffres et des codes) (RENS)

cryptosystem (OTAN) : système de chiffrement

cryptosystem (US) : cryptosystème (RENS)

CS (= Combat Support) unit (US) : unité d'appui

CS (US) : lacrymogène

CS element (US) : élément d'appui

CSS (= combat service support) and resupply company : escadrille de soutien et de ravitaillement (ESR)

CSS (= Combat Service Support) unit (GB, US) : unité de soutien (logistique)

CSS (combat service support) (US) : soutiens (unité / force)

cubic (OTAN) : volumétrique

cubic capacity (OTAN) : capacité volumétrique

cubic centimetre (GB) : centimètre cube

cuff buttons (GB) : boutons de manchette

cuff links (US) : boutons de manchette

cuing (US) : désignation (de cibles)

culminate (GB, US) : se terminer

culminate (US) : finir

culminate (US) : s'achever

culminating point (US) : point culminant (TAC)

culmination (US) : apogée

culmination (US) : point culminant (TAC)

cultural identity (US) : identité culturelle (pays)

cultural obstacle (US) : obstacle artificiel

cultural outlook (US) : approche culturelle (pays)

cultural sensitivity (US) : sensibilité culturelle (pays)

culture (OTAN) : caractéristique artificielle (terrain)

culture (US, GB, OTAN) : culture

culvert (US) : ponceau (GEN)

cummerbund (US) : ceinture de smoking (ou de spencer)

cunning (US) : ruse

cupola (US) : tourelleau

cure : guérir (soigner) (SAN)

curfew (US, GB) : couvre-feu

currency (US) : actualisation (RENS)

current (GB) : du moment

current (GB) : moment (du)

current (OTAN) : en cours
current (US) : en vigueur (concept / doctrine)
current (US) : existant (actuel)
current (US, OTAN) : actuel
current intelligence : renseignement conjoncturel (ou de situation)
current intelligence (OTAN) : renseignement de situation (ou conjoncturel)
current situation (US) : situation du moment (TAC)
currently : en cours de
currently (OTAN) : actuellement
curriculum : programme académique (grande école militaire)
curriculum (academic) (US) : programme de formation (école militaire)
curtain of fire (US) : rideau de feu
curve (US) : virage (route)
custody (GB) : détention (prisonnier)
custom (US) : usage (convenance)
customer (GB, US) : client (armement)
customer (Jane's) : acheteur (ou client) (ARMT)
customer (US) : client (récipiendaire / destinataire) (RENS)
customer (US) : demandeur extérieur (RENS)
customisation (GB) ou customization (US) : adaptation à l'usager (matériel)
customise (GB) ou customize (US) : adapter à l'usager (matériel)
customised (GB) ou customized (US) : adapté à l'usager (matériel)
customs (US) : coutume (usages)
customs of war (OTAN) : usages de la guerre
Customs Service (US) : Douanes (les)
cut (GB) : réduire (budget)
cut (GB, US, OTAN) : réduction (forces / effectifs / personnel / budget)
cut (US) : couper (TAC)
cut (US) : coupure (SAN)
cut (US, CA) : coupe (réduction)
cut (US, GB) : coupe (budget)
cut back (US) : réduire (force / armée / format / effectifs)
cut off (GB) : isolé (zone / lieu)
cut off (GB) : isoler (lieu / village)
cut off (GB, OTAN) : isoler (TAC)
cut off (US, GB) : couper (TAC)
cut to (US) : ramener à (réduire)
cutback : réduction (forces / effectifs / personnel / budget)
cut-off (UN) : arrêt
cut-off velocity (OTAN) : vitesse à l'arrêt de propulsion
cut-out (US) : intermédiaire (entre agent et officier traitant) (RENS)
cutting blade (US) : lame tranchante
cutting edge (CA) : fer de lance (matériel / technologie)

cutting edge (US) : avant-garde (pointe)
cutting edge (US) : pointe (de)
cutting weapon : arme de taille
cyber soldier (US) : cybersoldat
cybercrime (US) : criminalité cybernétique
cybercrime (US) : cybercriminalité (ou criminalité cybernétique)
cyberspace (US) : cyberespace
cyberwar (US) : cyberguerre (ou guerre cybernétique)
cyberwar (US) : guerre cybernétique
cycle (US, GB, OTAN) : cycle
cylinder : barillet (arme de poing)
cylinder : bâti (arme de poing)
cylinder (GB) : cylindre
cylinder latch : axe du barillet (arme de poing)
cylindrical : cylindrique
cypher system (US) : système de chiffre (RENS)

d

D (US, GB) : J (jour militaire)
DAA (GB) : base divisionnaire
DA (= Department of the Army) civilians (US) : personnel(s) civil(s) de l'armée de terre
Dad (GB) : papa
dagger : poignard
Daguet (Division) (US) : Daguet (division) (Guerre du Golfe)
daily (US) : quotidien
daily orders : décision journalière
daily orders : ordre du jour (militaire)
daily routine : vie courante
daily subsistence charge (US) : forfait journalier (hôpital)
dam (GB, US) : barrage (TOPO)
damage (US) : atteinte
damage (US) : porter atteinte à
damage (US, GB) : dégât(s)
damage (US, GB) : dommages
damage assessment (US) : évaluation des dommages / dégâts (après action)
damage control (US) : organisation sécurité
damage estimation (US) : estimation des dégats (avant action)
damage expectancy (DE) (OTAN) : dégât(s) escomptés
damage expectancy (DE) (OTAN) : prévision des dommages
damage radius (US) : rayon de dégâts (NUC)
damage repair (OTAN) : réparation des dégâts
damage report (DAMREP) (OTAN) : compte-rendu de dommages (AT)
damage to materiel (US) : dommages au(x) matériel(s)

damaged (materiel / equipment) (CFE, US, OTAN) : endommagé (matériel)

damaging (OTAN) : dommageable

dance (US) : soirée dansante

danger (US, GB) : danger

danger area (US, GB) : zone de danger (ou dangereuse)

danger close (US, OTAN) : danger à proximité (ART)

danger zone (US, OTAN) : zone de danger (ou dangereuse)

dangerous (GB) : dangereux

dare to (GB) : mettre au défi de

daring (GB) : audacieux

daring (US) : téméraire (ou audacieux) (PERS)

darkness (US) : nuit

darkness (US, GB) : obscurité

dash (GB) : allant (ou dynamisme ou énergie) (PERS)

dash (GB) : dynamisme (ou allant ou énergie) (PERS)

dash (GB) : énergie (ou allant ou dynamisme) (PERS)

dash (GB) : foncer

dash (GB) : pêche (la) (ou allant) (terme familier)

dash (GB) : se précipiter (force / individu)

dash (GB) : trait (code Morse)

dashboard (GB) : tableau de bord (véhicule)

data (OTAN) : élément

data (OTAN, US) : données

data block (OTAN) : légende (image radar / électro-optique / photo)

data bus (US) : bus de données

data collection (US) : collecte de données (expérimentation)

data communications (US) : transmission de données

data communications (US) : transmissions de données (ou informatiques)

data exchange (OTAN) : échange de données

data flow (US) : flot de données

data handling (OTAN) : traitement de données

data handling equipment (DHE) (OTAN) : matériel de traitement de données

data link (OTAN, US) : transmission de données

data link (US, OTAN) : liaison de données (ou de transmission de données)

data message (US, GB) : message de données

data network (GB) : réseau de transmission de données

Data Protection Act (équivalent GB) : Loi Informatique et Libertés (1978)

data relay (OTAN) : relais de données

data report : compte-rendu de données

data security : sécurité des données (informatique)

data storage (US) : stockage de données (informatique)

data system (OTAN) : système de données

data transmission (GB, OTAN) : transmission de données

database ou data base (US, GB, OTAN) : base de données (BD) (informatique)

database management system (US) : système de gestion de base de données (SGDB)

data-processing ou dataprocessing (DP) : informatique (nom)

datasphere (US) : infosphère

date (US, GB) : date

date back to (US) : remonter à

dated (+ date) : en date de

date-time group (DTG) : groupe date-heure (GDH)

daughter (US, GB) : fille

dawn (US, GB) : aube

day : diurne

day (OTAN) : de jour (aéronef)

day (US, GB) : journée

day (US, GB, OTAN) : jour (sens propre)

day of detention : jour d'arrêt

day of detention : pain (terme familier)

day of detention : perle (terme familier)

day of supply (US, GB) : unité de feu (UF)

day room (US) : salle commune (caserne) (loisirs)

day sight (GB) : lunette de tir de jour

day sight (US) : viseur de jour (missile antichar)

day to day (US) : courant (habituel)

day under close arrest : gros (jour d'arrêt de rigueur)

day under open arrest : petit (jour d'arrêt simple)

day(s) (GB) : époque

daybreak (GB) : point du jour

day-to-day (OTAN) : au quotidien

day-to-day (US) : jour le jour (au)

day-to-day (US) : quotidien

dazzle (OTAN) : éblouissement (PERS)

dazzle (US) : éblouir (PERS)

DC-8 SARIGUE electronic intelligence aircraft (Jane's) : Système Aéroporté de Recueil d'Informations de guerre Electronique (SARIGUE) (DC8) (aéronef de SIGINT)

DCL (Leclerc tank) recovery vehicle (Jane's) : dépanneur de char Leclerc (DCL)

D-Day (GB) : Jour J

D-Day landings (GB). : Débarquement (le) (juin 1944) (Hist.)

deactivate (US) (a unit) : dissoudre (unité)

deactivation (unit) : dissolution (unité / QG / forces militaires)

dead (OTAN) : inerte (mine)

dead (US, GB) : mort (individu) (nom)

dead (US, GB) : mort (adjectif)

dead (US, GB) : morts (les)

dead and wounded (US) : morts et blessés (pertes au combat)

dead body (GB) : cadavre

dead drop (US) : boîte aux lettres morte (RENS)

dead ground (GB) : angle mort (zone de terrain)
dead ground (GB) : zone en angle mort
dead letterbox (GB) : boîte aux lettres morte (RENS)
dead letterdrop (US) : boîte aux lettres morte (RENS)
dead mine (OTAN) : mine inerte
dead on arrival (DOA) (GB) : mort à l'arrivée (SAN)
dead space (OTAN) : espace mort
dead space (OTAN) : zone en angle mort
dead space (US) : angle mort (zone de terrain)
deadblock : blocage (situation bloquée)
deadline (GB) : date (ou heure) limite (ultimatum)
deadline (Jane's) : date butoir
deadly (US) : meurtrier
deaf (US, GB) : sourd (PERS)
deafen (GB) : rendre sourd (PERS)
deafening (UN) : assourdissant
deafening grenade : grenade assourdissante
deal (OTAN) : traiter
deal in (US) : se livrer à
deal with (GB) : s'occuper de
deal with (OTAN) : faire face à (ennemi / menace)
deal with (US) : s'occuper de (traiter) (sujet / problème)
Dean of the Academic Board (US) : directeur des études (ou de l'enseignement et de la recherche) (grande école militaire)
death (GB) : décès
death (US, GB) : mort (état) (nom)
death gratuity (US) : indemnité de décès
death squad (GB) : escadron de la mort
death's head (GB) : tête de mort (insigne)
debacle (GB) : débâcle
debâcle (GB) : débâcle
debark (US) : débarquer (d'un navire)
debarkation (US, OTAN) : débarquement (navire / aéronef)
debate (OTAN) : débat
debouch (GB) : déboucher
debrief (GB) : débriefing
debrief (US) : débriefer (RENS)
debrief (US, GB) : débriefer (après opération / exercice)
debriefer (US) : débriefeur (RENS)
debriefing (UN) : interrogation (de renseignement)
debriefing (UN) : interrogatoire approfondi (tranfuges) (RENS)
debriefing (UN) : réunion de fin d'inspection
debriefing (US) : débriefing
debriefing (US, GB) : compte-rendu de fin de mission
debris (OTAN, UN) : résidus
debris (US) : débris
debris-removal (US) : déblaiement des décombres (mission) (catastrophes)
debt (GB) : endettement (financier) (PERS)

debug (US) : "dépoussiérer" (RENS)
debug (US) : "dératiser" (RENS)
debugging (US) : "dépoussiérage" (RENS)
debugging (US) : "dératisation" (RENS)
debus (GB) : débarquer (d'un autobus ou d'un autre véhicule)
debussing (GB) : débarquement (unité motorisée)
debussing point (GB) : point de débarquement
debut (US) : débuts
decade (US) : décennie
decametric (OTAN) : décamétrique (onde)
decamp (GB) : décamper (partir précipitamment)
decay (of radioactive material) (UN) : désintégration (matière radioactive)
decay (OTAN) : décroissance (radioactivité)
decay (US, GB) : diminuer (contamination)
deceased (US) : décédé (ou défunt) (PERS)
deceased (US) : défunt (nom et adjectif)
deceive (the enemy / surveillance devices) (OTAN) : tromper (ennemi / systèmes d'observation)
deceive (US) : abuser (tromper) (TAC)
deceive (US) : égarer (tromper)
deceive (US) : faire croire
deceive (US) : induire en erreur
decentralization (US) : décentralisation (système)
decentralization (US) : déconcentration (contrôle des opérations / mouvements) (TAC)
decentralize (US) : décentraliser
decentralized : dispersée (structure de commandement d'armée)
decentralized (operation) (US) : décentralisé (opération)
decentralized (US) : déconcentré (opérations)
deception (US, GB, OTAN) : déception
deception operation (US) : manœuvre de désinformation (contre pays ennemi) (RENS)
deception operations (US) : opérations de déception
deception plan (US) : plan de déception (RENS / TAC)
deceptive electronic countermeasures (DECM) (OTAN) : contre-mesures électroniques de déception (CMED)
decide (US) : décider de
decide (US, GB) : décider
decimate (US, GB) : décimer
decimetric (OTAN) : décimétrique (ondes)
decipher : déchiffrer
decipherment (US) : déchiffrement (télécommunications / données)
decision (GB) : décision (TAC)
decision (US, OTAN, UEO) : décision
decision aid (DA) (GB) : aide à la décision
decision aid (OTAN) : aide à la prise de décisions (système d')
decision aiding (US) : aide à la décision

decision aiding system (US) : système d'aide à la décision

decision authority (US) : pouvoir de décision

decision criteria (US) : critères de décision

decision maker (GB) : décideur (PERS)

decision maker (GB) : décisionnaire (PERS)

decision making (US) : prise de décision(s) (ou des décisions)

decision point (OTAN) : point de décision

decision support (US) : aide à la décision

decision support tool (US) : outil d'aide à la décision

decision-maker (US) : décideur (PERS)

decision-maker (US) : décisionnaire (PERS)

decision-making (OTAN) : décisionnel

decision-making (UN) : prise de décision(s) (ou des décisions)

decision-making power : pouvoir de décision

decision-making process (GB, US) : processus décisionnel

decision-making structure (OTAN) : structure décisionnelle

decision-making structure (OTAN) : structure de prise de décisions (ou décisionnelle)

decision-making structures (OTAN) : structures décisionnelles

decision superiority (US) : supériorité décisionnelle (ou en matière de décisions)

decisive (GB) : décidé (ferme) (chef)

decisive (US, GB) : décisif

decisive advantage (US) : avantage décisif

decisive moment (US) : instant décisif (TAC)

decisive moment (US) : moment décisif (TAC)

decisive operations (US) : opérations décisives

decisive point (US) : point décisif (TAC)

decisionmaking body (US) : organe de décision

decisively (US) : manière décisive (de)

deck (US) : pont (porte-avions)

declaration (US, UN) : déclaration (armes / diplomatie)

declaration of war (US, GB) : déclaration de guerre

declare (somebody) unfit for service : réformer (PERS) (appelé)

declare (US, CA) : proclamer

declare (US, GB) : déclarer

declared (compound / facility / perimeter / site) (UN, OTAN) : déclaré (composé chimique / installation / périmètre / site)

declared site (OTAN) : sité déclaré (inspection)

declassification (OTAN, US) : déclassification (document)

declassified (DECL) (US) : déclassifié (document)

declassify (OTAN, US) : déclassifier (document)

decline (GB) : baisse

decline (GB) : baisser

decline (US, GB) : refuser

decoding (GB) : décodage (transmissions)

decommission (a plant) (UN) : mettre hors-service (usine)

decommission (from service) (CFE, UN) : déclasser (du service) (matériel / installations)

decommission (GB) : retirer de la circulation (armes)

decommission (US) : retirer du service actif (de la circulation) (navire)

decommissioning (CFE, UN) : déclassement (du service) (matériel / installations)

decommissioning (of a plant) (UN) : mise hors-service (usine)

decompartment (US) : décloisonner (RENS)

decompartmentation (US) : décloisonnement (RENS)

decompose (data) (US) : décomposer (données)

decompression : décompression (plongée)

decon(tamination) kit (US) : trousse de décontamination

deconstruct (US) : décomposer (définition)

decontaminate (US, GB) : décontaminer

decontamination (OTAN) : désinfection (chimique / biologique)

decontamination (US, GB) : décontamination

decontamination station (OTAN) : station de décontamination (matériel / personnels)

decontamination unit (US) : unité de décontamination

decorated (US, GB) : décoré (médaillé)

decoration (GB, US) : décoration

decoupling (OTAN) : découplage

decoy (GB) : attirer (leurrer)

decoy (GB) : faux

decoy (OTAN) : leurre

decoy (US, GB) : leurrer

decoy flare : leurre

decoying : leurrage

decrease (CA) : réduire (cadence / allure)

decrease (Jane's) : décroître (menace)

decrypt : déchiffrer

decrypt (US) : décrypter (ou déchiffrer)

decryption : décryptage

decryption (OTAN, US) : déchiffrement (télécommunications / données)

dedicate to (US) : consacrer à (ressources)

dedicated (UN) : spécifique

dedicated (US) : dédié (matériel / informatique / système) (spécialement conçu pour)

dedicated to (Jane's) : destiné à

dedication (US, OTAN) : dévouement (PERS)

deem (OTAN) : juger

deep (GB) : retrait (en)

deep (OTAN) : approfondi

deep (US) : hauteur de (à)

deep (US) : profond

deep (US) : profondeur (en)

deep attack (US) : attaque dans la profondeur

deep battle (US) : combat dans la profondeur (le)

deep fires (US) : tirs dans la profondeur

deep fording (US, OTAN) : franchissement à gué profond

deep insertion (US) : insertion en profondeur (TAC)

deep objective (US) : objectif dans la profondeur

deep operations (GB, US) : opérations dans la profondeur

deep penetration (US) : pénétration en (ou dans la) profondeur (mission) (forces spéciales)

deep supporting fire (US, OTAN) : tir d'appui en profondeur

deep-desert (GB) : saharien

deeply (OTAN) : profondément

de-escalation (GB) : désescalade (conflit)

defaulter (GB) : insoumis (service militaire)

dcfaulter (GB) : puni (homme puni)

defaulter (GB) : soldat en infraction (ayant commis une faute disciplinaire)

defaulting (GB) : insoumission (service militaire)

defeat : défaire (mettre en déroute / battre)

defeat (GB) : victoire

defeat (US) : éliminer

defeat (US) : infliger la défaite à (ennemi)

defeat (US) : mettre hors de combat (force / personnels)

defeat (US, GB) : battre (vaincre) (ennemi)

defeat (US, GB) : vaincre (triompher de) (ennemi)

defeat (US, GB, OTAN) : défaite

defeated (GB) : défait (force)

defeated (US, GB) : vaincu

defeatist (GB) : défaitiste (nom et adjectif)

defect (GB) : défaut (matériel)

defect (OTAN) : anomalie (aéronef)

defect (US) : faire défection (RENS)

defect (US) : passer (agent) (pays adverse) (RENS)

defect (US) : passer à l'ennemi (agent) (RENS)

defect to (US) : passer au service de (autre puissance) (agent) (RENS)

defect to the enemy (GB) : passer à l'ennemi (TAC)

defective (US, OTAN, GB) : défectueux

defector (US, OTAN) : transfuge (RENS)

defector in place (US) : transfuge-en-place (RENS)

Defence (CA) : Défense (la)

defence (GB) : défense (notion générale / mission)

defence (GB) : dispositif défensif

defence (GB) : ouvrage défensif

defence (OTAN) : système de défense

Defence (ou Joint) Intelligence and Language School : EIREL (école interarmées du renseignement et des études linguistiques)

defence (ou military) spending plan (Jane's) : loi de programmation militaire (LPM) (France)

defence affairs (OTAN) : affaires de défense

defence and space (DAS) (OTAN) : défense (la) et espace (l')

defence animal (GB) : animal-soldat

defence area : zone de résistance (TAC)

defence area (OTAN) : zone de défense (TAC)

defence arm (GB) : bras armé

defence attaché (DA) (GB, UN) : attaché de défense (AD) (ou des forces armées)

defence awareness (GB) : esprit de défense

defence awareness education (GB) : enseignement de défense (population civile)

defence awareness training (GB) : enseignement de défense (population civile)

defence budget (OTAN) : budget de (la) défense

defence budget cuts (OTAN) : réduction des budgets militaires

defence budgeting (OTAN) : établissement de budgets de défense

defence capabilities (OTAN) : capacités de défense

Defence Capabilities Initiative (DCI) (OTAN) : Initiative sur les capacités de défense (l')

defence capability (GB, OTAN) : capacité de défense

defence chief : chef d'état-major des armées (CEMA)

defence company (GB) : industriel de défense

defence contractor (UN) : entreprise d'armement

defence counsel (military) (US) : avocat de la défense (militaire) (cour martiale)

defence diplomacy (GB) : diplomatie de défense

defence economics (UN) : économie de la défense (domaine d'étude)

defence equipment (AUST) : équipements de défense

Defence equipment (GB) : matériel (ou matériels) de défense

defence equipment (GB) : matériels de défense (armement)

defence equipment (GB, OTAN) : matériel concernant la défense

defence establishment (OTAN) : institutions de défense (pays)

defence exports : exportations de défense

Defence Fixed Telecom Service (DFTS) (équivalent GB) : plan de numérotage interarmées (PNIA) (TRANS)

defence identity (OTAN) : identité de défense

defence in depth (OTAN) : défense en profondeur

defence industrial base (OTAN) : base des industries de défense

defence information (OTAN GB) : information concernant la défense

defence intelligence (GB) : renseignement d'intérêt militaire

Defence Intelligence Staff (DIS) (équivalent GB) : DRM (direction du renseignement militaire)

defence issues (OTAN) : questions de défense

Defence leadership (CA) : autorités de la Défense (les) (pays)

Defence Logistics Organisation (the) (DLO) (Jane's) : commandement interarmées de la logistique

defence manpower (OTAN) : effectifs de défense

defence matters (gouvernement) (GB) : affaires de défense

Defence Medical Services (DMS) (GB) : service de santé des armées (SSA)

defence operations centre : centre opérationnel de défense (France)

defence organisation (OTAN) : organisation de défense (États)

defence planning (UEO, OTAN, US, UN) : planification de (la) défense

defence planning (UN, OTAN) : plans de défense

defence planning and policy (DPP) (OTAN) : plans et politique de défense

Defence Planning Committee (DPC) (OTAN) : comité des plans de défense (CPD) (OTAN)

defence planning law (Jane's) : loi de programmation militaire (LPM) (France)

defence planning procedures (OTAN) : procédures de planification de la défense

defence plant (UN) : usine d'armement

defence policy (OTAN) : politique de défense (pays)

defence procurement (OTAN) : achats de matériel de défense

defence procurement (OTAN, Jane's) : acquisitions de matériel de défense

Defence Protective Security Directorate / Agency : DPSD (direction de la protection et de la sécurité de la défense)

defence readiness condition (OTAN) : état de préparation (aptitude) (forces / unité)

Defence Region : région militaire de défense (RMD)

defence research (GB) : recherche de défense

defence research (OTAN) : recherche pour la défense

defence research and development (AUST) : recherche-développement de défense

defence review (GB) : revue de défense (réexamen des capacités de défense)

defence review (GB) : revue des capacités de défense

defence review (GB, US) : plan de réexamen des capacités de défense (pays)

defence review (OTAN, US, GB) : examen de la défense (ou réexamen des capacités de défense)

defence review (US) : réexamen des capacités de défense (pays)

Defence Scientific Advisory Council (DSAC) (équivalent GB) : conseil scientifique de la Défense (CSD) (1998) (France)

defence sector (GB) : secteur de la défense (le)

Defence senior Administration (ou Government) official : haut fonctionnaire de défense

defence spending (OTAN) : dépenses de défense

Defence Staff (EMA britannique) (GB) : état-major des armées (EMA)

defence stores (GB) : matériel défensif

defence studies : enseignements de défense (université)

Defence Supply and Distribution Centre (équivalent interarmées GB) : établissement d'impression de l'armée de terre

defence technology (GB) : technologie de défense

defence trade (OTAN) : commerce lié à la défense

defence works : ouvrage défensif

defence(s) (GB) : résistance

defence(s) (GB, OTAN) : défense (dispositif / ouvrages défensifs)

defence-oriented : axé sur la Défense

defences (OTAN) : moyens de défense

defend (GB) : défendre (accusé)

defend (GB) : défendre (justifier) (décision)

defend (oneself) (against / from) (US) : se défendre (contre)

defend (US, GB) : défendre (TAC)

defend (US, GB) : défendre (constitution / cause / valeurs / traditions)

defended area (US) : zone défendue

defender (US, GB) : défenseur (TAC)

defending (GB) : défensif

defending (US) : défensive (en / sur la)

defending commander (US) : chef en défensive

defending force (US) : force défensive (ou en défensive)

defending force (US) : force en défensive

defending forces (GB) : forces de défense

defending officer (GB) : avocat de la défense (militaire) (cour martiale)

defending unit (US) : unité en défensive

defense (OTAN) : destiné à la défense (système)

defense (US) : action défensive

defense (US) : défense (notion générale / mission)

defense (US) : défense (judiciaire)

defense (US) : dispositif défensif

defense (US) : ouvrage défensif

Defense Advanced Research Projects Agency (DARPA) (US) : agence interarmées de projets de recherche de haut niveau (USA)

Defense agencies (US) : organismes de la Défense

defense area (US) : zone de défense (TAC)

defense attaché (DATT) (US) : attaché de défense (AD) (ou des forces armées)

defense attache officer (DAO) (US) : attaché de défense (AD) (ou des forces armées)

Defense Attaché System (US) : réseau des attachés de défense (RENS)

defense challenge (US) : enjeu en matière de défense

defense consciousness (US) : esprit de défense

defense cooperation (US) : coopération en matière de défense

defense doctrine (US) : doctrine défensive

defense force (US) : force de défense

Defense Helicopter Flying School (DHFS) (GB) : école interarmées de formation des pilotes d'hélicoptères (GB)

defense in depth (US) : défense en profondeur

defense in place (US) : défense ferme (TAC)

defense industry (US, GB) : industrie de défense

defense intelligence (US) : renseignement d'intérêt militaire

Defense Intelligence Agency (DIA) (US) (équivalent US) : DRM (direction du renseignement militaire)

defense language aptitude (US) : compétence linguistique militaire (PERS)

Defense Language Proficiency Test (DLPT) (équivalent US) : certificat militaire de langues (CML)

Defense Postal and Courier Services (GB) : Poste aux Armées (Terme général)

defense posture (US) : posture de défense

defense program (Jane's) : programme de matériel de défense

defense requirement (US) : impératif de défense (pays)

defense review (US) : réexamen des capacités de défense (pays)

defense review (US) : revue de défense (réexamen des capacités de défense)

defense review (US) : revue des capacités de défense

defense science (AUSTR) : science de défense

Defense Science Board (DSB) (1956) (équivalent US) : conseil scientifique de la Défense (CSD) (1998) (France)

defense sector (US) : zone de défense (ZD) (défense militaire terrestre)

Defense Security Service (DSS) (équivalent US) : DPSD (direction de la protection et de la sécurité de la défense)

Defense senior civil servant (US) : haut fonctionnaire de défense

defense strategy (US) : stratégie de défense

Defense Switched Network (DSN) (équivalent US) : RITTER (réseau d'infrastructure des transmissions de l'armée de terre) (TRANS)

defense system (US) : système de défense

defense unit (US) : unité de défense

defense(s) (US) : défense (dispositif / ouvrages défensifs)

defensive (OTAN, UN) : défensif

defensive (US, GB) : défensive (en / sur la)

defensive action (GB) : combat défensif

defensive action (US) : action défensive

defensive airspace area : zone aérienne de défense (ZAD) (France)

defensive area (OTAN) : zone de défense (TAC)

defensive counterair missions (US) : missions de supériorité aérienne défensive

defensive electronic warfare (DEW) (OTAN) : guerre électronique défensive

defensive fire (US, GB, OTAN) : tir défensif

defensive grenade (GB) : grenade défensive

defensive line (GB) : ligne de défense (ou défensive)

defensive measure (US) : mesure défensive

defensive measures (US) : mesures défensives (TAC)

defensive mission (US) : mission défensive

defensive operation (GB) : opération défensive (ou de défense)

defensive operation (US) : action défensive

defensive operations (US) : combat défensif

defensive operations (US) : opérations défensives

defensive position (US, GB) : position défensive

defensive preparations (US) : préparatifs défensifs

defensive sector (US) : secteur défensif

defensive security (UN) : sécurité axée sur la défense

defensive system (OTAN, US) : système défensif (force)

defensive tactical action (US) : action de combat défensive

defensive umbrella : couverture défensive (missile)

defensive war : guerre défensive

defensive weapons : armes défensives

defensivecounter air operations (US) : opérations antiaériennes défensives

defer (US) : reporter (remettre à plus tard)

deferment (US) : report (d'incorporation) (service national)

deferment (US) : sursis (incorporation / appel)

deficiency (UEO) : insuffisance

deficiency (US) : imperfection

defilade (GB, OTAN) : défilement

defilade (US) : défilé

defilade position (GB) : embossement

defile (GB) : défiler (troupe)

defile (GB) : point de passage obligé (ou obligatoire)

defile (US, GB) : défilé (gorge) (TOPO)

define (US) : définir

define (US) : délimiter

defined (US) : défini

definite (US, GB) : défini

definite quantity contract (US) : contrat à quantité définie (ARMT)

definition : définition

deflection (OTAN) : déviation (projectile)

defogging (US) : désembuage (optique)

defoliant (GB) : défoliant (nom)

defoliant (US) : agent défoliant

defoliate (GB) : défolier

defoliating (UN, GB) : défoliant (adjectif)

defoliating agent (US, OTAN, GB) : agent défoliant

defuse (GB) : désamorcer (mine / grenade)
defuse (US, GB, OTAN) : désamorcer (crise / conflit)
defuze (OTAN) : désamorcer (mine / grenade)
degradation (OTAN) : degradation (aggravation)
degrade (OTAN, US, GB) : dégrader (système / capacités)
degrade (US) : réduire (TAC)
degree (GB) : degré (mesure) (TOPO)
degree (US) : ampleur
degree (US, GB) : degré (température)
degree (US, GB) : diplôme
degree (US, OTAN) : degré (niveau)
degree of danger (US, GB) : degré de danger
degree of interoperability (US) : degré d'interopérabilité
degree of risk (UN) : niveau de risque (NUC)
dehydrated (GB) : déshydraté (nourriture)
dehydrated (GB) : lyophilisé (nourriture)
dehydration (GB) : déshydratation
deicing (US) : dégivrage (hélicoptère)
delay (GB) : retard
delay (GB) : retarder
delay (US) : freiner (TAC)
delay (US, GB) : freinage (TAC)
delay position (US) : position de freinage
delayed : retardé
delayed (OTAN) : différé (traitement de blessés)
delayed effect (US) : effet différé
delayed real time (UN) : différé (ou temps réel en différé)
delayed treatment (OTAN) : traitement différé (blessés) (SAN)
delayed-action (weapon) (UN) : action différée (ou retardée) (à) (arme)
delayed-action weapon (UN) : arme à action différée / retardée
delaying action (US) : action de freinage
delaying action (US, GB) : action retardatrice
delaying action (US, GB) : freinage (TAC)
delaying force (GB) : force de freinage
delaying force (GB) : force retardatrice
delaying operation : retardatrice (action / manœuvre)
delaying operation (US) : freinage (TAC)
delaying operation (US, GB, OTAN) : manœuvre retardatrice (ou opération retardatrice)
delaying position (GB, US) : position de freinage
delegate (OTAN) : conférer
delegate (US, GB) : déléguer
delegation (US, OTAN) : délégation
delegation of authority (US, OTAN) : délégation de pouvoirs
deliberate (OTAN) : préparé
deliberate (US, OTAN) : délibéré (préparé / méthodique)
deliberate attack : attaque préparée
deliberate attack (OTAN, GB) : attaque délibérée

deliberate attack (US) : attaque planifiée
deliberate crossing (OTAN) : franchissement préparé
deliberately (US) : volontairement
deliberation (OTAN) : concertation
delineate (CFE) : délimiter
deliver : mener (exécuter / accomplir) (action / opération)
deliver (an amount of fire) (OTAN) : mettre en œuvre (quantité de feu) (unité)
deliver (GB) : acheminer
deliver (GB) : porter
deliver (OTAN) : effectuer
deliver (OTAN) : soutenir
deliver (OTAN) : transmettre (renseignement / ordres / informations) (à quelqu'un)
deliver (to) (US) : approvisionner
deliver (UN) : mettre en place (mine / champ de mines)
deliver (US) : amener à pied d'œuvre (force)
deliver (US) : appliquer (tirs)
deliver (US) : dispenser (formation / soins / agent NBC)
deliver (US) : envoyer (agent chimique)
deliver (US) : larguer
deliver (US) : livrer (fournir)
deliver (US) : pied d'œuvre (amener à) (force)
deliver (US) : prodiguer
deliver (US, GB) : déclencher (mine / mise à feu / explosion / bombe / tir)
deliver a counterblow (OTAN) : riposter (tirs / attaque)
deliver fire (CFE) : tirer
delivered (OTAN) : largué
delivery (OTAN) : acheminement
delivery (US) : distribution
delivery (US, GB) : livraison
delivery date (OTAN) : date de livraison
delivery error (US, OTAN, UN) : dispersion globale (ARMT)
delivery of information OTAN) : transmission de renseignement brut (RENS)
delivery system (UN) : vecteur (lanceur) (missile)
delivery vehicle (UN) : vecteur (lanceur) (missile)
delta (GB) : delta (forme)
delta (US) : delta (TOPO)
delta wing (GB) : aile delta
demand (GB, US, OTAN) : exiger
demand (US, OTAN) : exigence
demanding : exigeant
demanding (CA) : difficile (mission)
demanding (OTAN) : redoutable
demarcation (US) : démarcation
demarcation line (US) : ligne de démarcation
de-militarisation (OTAN) : démilitarisation
de-militarise (OTAN) : démilitariser
demilitarization (US, UN, OTAN) : démilitarisation

demilitarize (US, UN) : démilitariser
demilitarized zone (DMZ) (US, GB) : zone démilitarisée
demining (OTAN) : déminage (mines terrestres)
de-mining (US, CA) : déminage (mines terrestres)
demise (US) : mort (idéologie)
demob (GB) : quille (libération du service national)
demobilization (US, UN) : démobilisation
demobilize (US) : démobiliser
demobilize (US) : se démobiliser (personnel / unité)
democracy (OTAN, US) : démocratie
democratic (OTAN) : démocratique
democratic institutions (OTAN) : institutions démocratiques
democratic society (OTAN) : société démocratique
democratically (OTAN) : démocratiquement
democratisation (OTAN) : démocratisation
demographics (US) : démographie
demolish (GB) : détruire (pont / structure / bâtiment)
demolition (US) : démolition
demolition (US, OTAN) : destruction (ou démolition) (GEN)
demolition firing party (GB) : groupe de destruction (GEN)
demolition firing party (OTAN) : équipe de mise à feu du dispositif de destruction
demolition guard (GB, OTAN) : détachement de protection d'un dispositif de destruction
demolition kit (OTAN) : lot complet de destruction
demolition tool kit (OTAN) : lot de destruction
demonstrate (GB) : manifester
demonstrate (GB) : manifester (protester contre)
demonstrate (OTAN, UEO) : illustrer
demonstrate (US) : démontrer
demonstrate (US) : faire preuve de
demonstration (GB) : démonstration (TAC)
demonstration (GB) : démonstration (emploi d'un matériel)
demonstration (OTAN, US) : démonstration (TAC)
demonstration (US) : diversion (TAC)
demonstration (US, GB) : manifestation (protestation)
demonstration (US, GB, Jane's) : démonstration (matériel)
demonstrator (GB) : démonstrateur (PERS)
demonstrator (GB) : démonstrateur (matériel)
demonstrator (GB) : manifestant
demoralisation (GB) : démoralisation
demoralise (GB) : démoraliser
demoralised (GB) : démoralisé (force)
demoralization (US) : démoralisation
demoralize (US) : démoraliser
demoralized (US) : démoralisé (force)

demote (GB) : rétrograder
demotion (GB) : rétrogradation
de-motivate (GB) : démotiver
de-motivation (GB) : démotivation
demountable load system : véhicule de transport logistique (VTL)
demystify (US) : démystifier (ou démythifier)
denial (espace terrestre) (US) : interdiction (TAC)
denial (UN) : démenti (communiqué de presse)
denial (UN) : interdiction d'accès
denial (US) : refus
denial measure (US, OTAN) : mesure d'interdiction
denial of movement (US) : interdiction de mouvement
denial operation (US) : interdiction (manœuvre d')
denial operation (US) : manœuvre d'arrêt
denial operations : arrêt (défense d' / manœuvre d')
denial operations : défense d'arrêt
denied area (US) : zone interdite (RENS)
Denmark : Danemark
denomination (US) : confession (religieuse)
denominator (US) : dénominateur
denote (US) : indiquer
dense (GB) : dense (végétation / sous-bois)
density (OTAN) : densité (bombardement)
density (US) : concentration
dental (US) : dentaire (adjectif)
dental officer (DO) (GB) : dentiste
dental surgeon (US) : chirurgien-dentiste
dental surgeon / dental officer (US) : dentiste
dentistry (US) : dentisterie (SAN)
denuclearization (UN) : dénucléarisation
denuclearized zone : zone dénucléarisée (ou zone exempte d'armes nucléaires)
deny (CFE, OTAN) : refuser
deny (GB) : réfuter (accusation)
deny (GB, US) : interdire (TAC)
deny (US) : priver de
deparment (US) : département (enseignement) (grande école militaire)
depart (US) : quitter (armée / école / unité) (PERS)
depart (US, GB) : partir
departing (US) : partant
department (GB) : service (organisme)
department (US) : ministère (gouvernement)
Department of Defense (DOD) (the Defense Department) (US) : ministère de la Défense (MINDEF)
Department of Military Instruction (the) (US) : direction de l'instruction tactique (ou des études tactiques et de l'instruction militaire) (grande école militaire)
Department of National Defence (DND) (CA) : ministère de la Défense (MINDEF)
Department of National Defence (DND) (CA) : ministère de la Défense nationale

Department of Physical Education (the) (US) : direction de l'entraînement physique et sportif (grande école militaire)

Department of the Army (DA) (US) : secrétariat d'État à l'armée de terre (le) (USA)

Department of the Army (HQDA) (US) : état-major du secrétariat d'État à l'armée de terre (USA)

departure : départ

departure (OTAN) : départ (débouché) (TAC)

departure airfield : aire d'embarquement (TAP)

departure point (OTAN) : point d'origine (opération amphibie)

depend on : compter sur

depend on (US) : dépendre de

dependable : fiable (ou sûr) (matériel / renseignement / individu)

dependence (OTAN) : dépendance

dependency (US) : soutien de famille

dependent (US) : ayant droit (PERS)

dependent (US) : personne à charge (PERS)

dependent on (US) : tributaire de

dependents : famille (du soldat)

dependents (US) : charge de famille (PERS)

depending on (GB) : fonction de (en)

depict (GB) : représenter (mode graphique)

depict (OTAN) : représenter

deplane (GB) : débarquer (d'un aéronef)

deplete : décimer

deplete (US) : épuiser

deplete (US) : réduire (TAC)

depleted (US, GB) : appauvri (uranium)

depleted uranium (DU) (US) : uranium appauvri

depleted uranium armour (Jane's) : blindage en uranium appauvri

deploy : envoyer

deploy (GB) : déployer à distance

deploy (GB) : mettre en place (dotation de matériel)

deploy (GB) : se disposer (force)

deploy (UN, US, GB, OTAN) : déployer

deploy (US) : disposer (arranger / mettre en place) (force) (TAC)

deploy (US) : installer

deploy (US) : mettre en place (troupes / unité)

deploy (US) : partir

deploy (US) : partir pour (unité)

deploy (US) : projeter (force / puissance / moyens)

deploy (US, GB) : déployer (se) (force)

deploy (US, GB) : se déployer (force)

deploy (US, GB) : se projeter (force)

deployability (OTAN) : aptitude au déploiement (ou à la projection)

deployability (UEO, OTAN) : déployabilité (aptitude au déploiement) (forces / capacités opérationnelles)

deployability (US) : capacité de projection (force)

deployable (OTAN) : déployable (système)

deployable (US, GB) : projetable (force / personnel) (adjectif)

deployable capability (GB) : capacité de projection (force)

deployable component (OTAN) : composante déployable

deployable element (OTAN) : élément déployable

deployable headquarters (GB) : PC projetable

Deployable Medical Systems (DEPMEDS) (équivalent US) : équipements techniques modulaires (ETM) (SAN)

deployed : installé (force)

deployed (OTAN) : déployé (force)

deployed overseas (GB) : prépositionné

deploying force (US) : force en déploiment

deployment : dispositif (force)

deployment : mise en place (MEP) (forces) (TAC)

deployment : pose (de mines)

deployment (GB) : engagement (introduction de forces sur un champ de bataille)

deployment (GB) : envoi

deployment (GB) : mise en batterie (canon / missile)

deployment (OTAN) : redéploiement

deployment (US) : création (champ de mines / itinéraires)

deployment (US) : projection (armée / forces)

deployment (US, GB, UN, UEO) : déploiement (TAC)

deployment capabilities (US) : capacités de projection (armée)

deployment exercise (DEPEX) (OTAN) : exercice de déploiement

deployment flow (US) : flux de déploiement

deployment operating base (DOB) (OTAN) : base opérationnelle de déploiement

deployment option (GB, US) : option de déploiement (ou d'engagement)

deployment phase (US) : phase de déploiement (opération)

deployment planning (US) : planification de déploiement

deployment system : système de déploiement (pontage)

deposit (US) : déposer (parachutistes)

depot (GB) : centre d'instruction (armée de terre)

depot (GB) : centre d'instruction pour jeunes recrues

depression (US) : creux de terrain (TOPO)

deprivation (US) : privation

deprive of (US) : priver de

depth (US, OTAN) : profondeur (TAC)

depth and simultaneous attack (US) : attaque simultanée et dans la profondeur

depth attack (US) : attaque dans la profondeur

depth fire (GB) : feux (de saturation) dans la profondeur (composante artillerie)

depth fire (GB) : tir dans la profondeur (ART)

depth fire battery (GB) : batterie de feux dans la profondeur (LRM)

depth fire battery (GB) : batterie LRM (lance-roquettes multiple)

depth fire regiment (GB) : régiment d'artilerie à longue portée (ou de feux dans la profondeur) (LRM)

depth fire regiment (GB) : régiment d'artillerie de feux dans la profondeur (à longue portée) (LRM)

depth fire regiment (GB) (MLRS) : régiment de tir dans la profondeur (LRM) (ART)

depth fire regiment (MLRS) (GB) : régiment LRM (lance-roquettes multiple)

depth of the battlefield (Jane's) : profondeur du champ de bataille

deputy (OTAN) : délégué (adjoint)

Deputy Assistant Chief of Staff (DACOS) (OTAN) : sous-chef d'état-major adjoint (SCEMA)

Deputy Chairman of the Military Committee (DCMC) (OTAN) : président adjoint du Comité Militaire (OTAN)

deputy chief of staff (DCOS) (OTAN) : chef d'état-major adjoint

deputy chief of staff (DCS) (US) : chef d'état-major adjoint

Deputy Chief of Staff (DCS) (US) : sous-chef d'état-major (S/CEM)

Deputy Chief of Staff for Planning and Finance (Jane's) : sous-chef planification-finances (EMAT)

Deputy Chief of the Army Staff (Jane's) : major général de l'armée de terre (MGAT)

deputy commander (US) : commandant en second (unité)

deputy commanding officer (DCO) : commandant en second (unité)

Deputy Director (for) : direction (service de renseignement) (Espionnage)

Deputy Director (US) (CIA) : directeur (d'une direction d'un service de renseignement)

Deputy Director General (MI5) (équivalent GB) : directeur-général adjoint (service de renseignement) (DST)

Deputy Director of Central Intelligence (DDCI) (équivalent US) : directeur-général adjoint (service de renseignement) (DGSE)

Deputy Director of the DIA (= Defense Intelligence Agency) (équivalent US) (US) : directeur adjoint du renseignement militaire (DRM)

Deputy Secretary of Defense (US) : secrétaire d'État à la Défense (le) (GB / US)

Deputy Supreme Allied Commander Europe (DSACEUR) (OTAN) : adjoint du commandant suprême allié en Europe

derail (GB) : faire dérailler (train)

derelict (GB) : abandonné (navire / bâtiment)

derelict (GB) : négligent (PERS)

dereliction of duty (GB) : manquement au devoir (PERS)

dereliction of duty (GB) : négligence dans le service (PERS)

derivative (GB, US) : dérivé (véhicule)

derive (GB) : tirer (obtenir)

derive from (US) : découler de

derived from (US) : dérivé de (matériel précédent)

derived from (US, GB) : issu de (matériel)

descend (Jane's) : s'enfoncer

descend (US) : descendre (parachutiste)

descend (US) : tomber

descent (OTAN) : descente (aéronef en atterrissage)

describe (US) : décrire

description (GB) : description

description (OTAN) : nature

description of target (OTAN) : description de l'objectif (ART)

desert : déserter (être déserteur)

desert : zone désertique

desert (GB) : déserter (poste)

desert (US) : sable (couleur désert)

desert (US, GB) : désert

desert area (US) : zone désertique

desert operations (US) : combat en zones désertiques

desert operations (US) : opérations en zone(s) désertique(s)

Desert Storm (Opération) (US) : Tempête du Désert (opération)

desert warfare : combat en zones désertiques

desert warfare (US) : combat en milieu désertique

desert warfare instruction (Jane's) : formation au combat en zones désertiques

desert warfare school : école du désert

desert warfare training : nomadisation (entraînement au combat en milieu désertique)

desert warfare training centre : centre d'aguerrissement aux zones désertiques

deserted (GB) : désert (endroit) (adjectif)

deserter (GB, US) : déserteur

desertion (GB, US, OTAN) : désertion

deserved (US) : mérité

deserving (US) : méritant (PERS)

design (CFE, GB) : concevoir

design (GB) : modèle (aéronef / équipement)

design (US) : concept

design (US, GB) : conception (armement / construction / opération)

design fault (GB) : défaut de conception (arme)

design study (OTAN) : étude de conception

designate (an objective) (US) : définir (objectif) (TAC)

designate (GB) : baptiser (unité)

designate (GB) : marquer (cible)

designate (OTAN) : désigné

designate (US) : appeler (nommer / désigner)

designate (US) : baptiser (opération)
designate (US) : choisir
designate (US) : dénommer (projet)
designate (US, OTAN) : désigner (PERS)
designate (US, OTAN) : désigner (individu pour une mission)
designated (OTAN) : désigné
designated (US) : appelé (matériel)
designated (US) : bien défini (ligne)
designated for (US) : destiné à
designation : désignation (PERS)
designation (GB) : nom (de matériel)
designation (Jane's, GB) : dénomination (matériel)
designation (UN) : dénomination (formation / unité)
designation (US) : désignation (appellation)
designation (unit) (GB, US) : appellation (unité)
designations (OTAN) : caractéristiques (objectif)
designator (US) : identifiant
-designed (US, GB) : conception (de) (matériel)
-designed (US, GB) : de conception (matériel)
designed to : prévu pour (destiné à)
designed to (US, GB) : destiné à
designer (US) : concepteur (ARMT)
desirable (US) : souhaitable
desire (US) : desiderata (PERS)
desire (US) : souhait (PERS)
desire (US) : voeu (d'affectation) (PERS)
desired (US) : recherché (effet /capacité)
desired end (US) : but recherché (TAC)
desired end state (US) : état final recherché
desired ground zero (DGZ) (OTAN) : point zéro désiré
desired objective (US) : objectif recherché
desired operational capability (DOC) (US) : capacité opérationnelle recherchée
despatch (GB) : envoi
despatch by air (GB) : livraison par air (LPA)
despatch route (US, GB) : itinéraire gardé
despatcher (US) : moniteur-largueur (TAP)
destabilisation (UN) : déstabilisation
destabilise (OTAN) : déstabiliser
destabilising (OTAN) : déstabilisateur
destabilization (UN) : déstabilisation
destabilize (OTAN) : ébranler
destination (OTAN) : point d'arrivée (itinéraire)
destination (US) : destination
destined for (GB) : voué à
destiny (OTAN) : destinée
destroy : réduire (TAC)
destroy (US) : détruire (sens figuré)
destroy (US, OTAN) : détruire (TAC)
destroy unexploded ordnance (US) : dépolluer
destroyed (US) : détruit
destroyer (OTAN) : destroyer
destruction (UN) : destruction (armements)
destruction (US) : destruction (cible)
destruction (US, GB, OTAN) : destruction

destruction fire mission (OTAN) : mission de destruction (ART)
destruction of routes (US) : destruction d'itinéraires
destruction radius (OTAN) : rayon de destruction (guerre des mines)
destructive (weapon) (GB) : destructeur (arme)
destructive agent (OTAN) : agent de destruction
destructive force (US) : force de destruction
destructive force (US) : force destructrice (ou de destruction)
destructive operations (US) : opérations de destruction
destructive potential : capacité de destruction
destructive power : capacité de destruction
destructive power (arme) (US) : puissance de destruction (ou meurtrière ou létale)
destructive weapon (OTAN) : arme de destruction
detach (US) : prélever
detached (sur = from) : prélevée (unité)
detachment : prélèvement
detachment (OTAN, GB) : détachement (unité)
detachment (US, GB) : détachement (auprès d'autres unités / services / armées) (PERS)
detachment commander (US) : chef de détachement (forces spéciales)
detail : équipe
detail (GB) : affecter (désigner pour une mission) (PERS)
detail (GB) : désigner (unité)
detail (GB) : désigner (PERS)
detail (GB) : détailler
detail (GB) : ordre du jour (militaire)
detail (GB, OTAN) : détail
detail (US) : détacher (personnels)
detail (US, GB) : détachement (unité)
detail to (OTAN) : confier à (responsabilité / mission)
detailed (US, GB) : détaillé
detailed tasks (GB) : mission des unités subordonnées (titre de sous-paragraphe)
details (GB) : renseignements (informations)
detain (GB, US) : détenir (en captivité)
detainee (US) : prisonnier
detect : déceler
detect (US) : repérer
detect (US) : repérer (agent ennemi) (RENS)
detect (US, GB) : détecter
detectable (US, GB) : détectable
detection (US, GB, OTAN) : détection
detection chemical (US) : détecteur chimique (RENS)
detection method (US) : mode de détection
detection range (US) : portée de détection (radar)
detection system : système de détection
detector paper (US) : papier de détection NBC
detente (= the easing of strained relations) : détente (diminution des tensions) (STRAT)

détente (GB) : détente (diminution des tensions) (STRAT)

detention (US, GB) : détention (prisonnier)

detention barracks : locaux disciplinaires

detention center (US) : locaux disciplinaires

detention center (US) : prison militaire

deter (GB, US) : dissuader

deter (US) : empêcher

deteriorate (OTAN) : se dégrader (situation)

deteriorate (OTAN) : se détériorer (situation)

determination (OTAN) : volonté

determination (US) : détermination (résolution)

determination (US) : résolution (détermination) (PERS)

determination (US, OTAN) : détermination

determine (GB) : choisir

determine (OTAN) : déterminer

determine (US) : définir

determine (US) : trouver

deterrence (Jane's) : dissuasion (système de forces) (ARMT)

deterrence (US, GB) : dissuasion

deterrence capability (CA) : potentiel de dissuasion

deterrent (GB, OTAN) : force de dissuasion

deterrent (US) : dissuasif

deterrent weapon (US) : arme de dissuasion

detonate : exploser (ou sauter) (faire) (sens passif)

detonate : faire sauter

detonate (an explosive charge) (CFE) : mettre à feu (charge explosive)

detonate (GB) : faire exploser

detonate (OTAN) : actionner (mine)

detonate (UN) : déclencher (mine / mise à feu / explosion / bombe / tir)

detonate (US) : exploser (sens actif)

detonate (US) : faire éclater (arme nucléaire)

detonating cord (US, OTAN) : cordeau détonant

detonating device (GB) : détonateur

detonation (OTAN) : explosion

detonation (UN) : mise à feu

detonator (GB, OTAN) : détonateur

detour (OTAN) : détour

detract from (US) : empêcher

detrain (GB) : débarquer (d'un train)

detriment (US) : détriment

detrimental to (US) : préjudiciable à

devastate (GB) : ravager

devastate (US) : anéantir (force / adversaire) (TAC)

devastate (US, GB) : dévaster (ravager)

devastated (GB) : ravagé

devastating (US) : dévastateur (armement)

devastating effect (US) : effet dévastateur

devastation (CA, GB) : dévastation (action / ravages)

develop (GB) : accumuler (TAC)

develop (GB) : bâtir (structure) (sens figuré)

develop (GB, Jane's) : mettre au point (plan / armement)

develop (Jane's) : développer (moteur)

develop (OTAN) : améliorer

develop (OTAN) : développer (élaborer)

develop (UEO, US) : élaborer

develop (US) : évoluer (progresser)

develop (US) : faire évoluer

develop the situation (US) : préciser la situation (TAC)

developed : avancé (développé) (pays)

developing the situation (OTAN) : développement de la position

development : établissement (action)

development (GB) : avancée (progrès / pas)

development (OTAN) : élaboration (logiciel)

development (OTAN) : mise au point (ou élaboration) (doctrine)

development (OTAN) : réalisation

development (OTAN, UEO) : développement (progrès)

development (US) : élaboration (force)

development (US) : évolution

development (US) : mise au point (développement) (matériel / force)

development (US) : progrès

development (US, GB) : développement (mise au point) (armement / matériels / force)

development and production (RD&P) (OTAN) : recherche, développement et production (ou recherche, mise au point et production ou recherche, développement et essais)

development assistance (US) : aide au développement

development phase (Jane's) : phase de mise au point (ARMT)

development process : processus d'étude et de réalisation (matériel)

development programme (Jane's) : programme de développement (de mise au point) (ARMT)

deviate from (US) : s'écarter de

deviation (of ordnance) (US, GB) : écart de tir (ART)

deviation (US) : déviation (projectile)

deviation (US, OTAN) : écart

device : dispositif (appareil)

devise (US) : imaginer

devoted to (US) : consacré à

devotion to duty (GB) : dévouement (PERS)

de-weaponization of outer space (UN) : désarmement de l'espace

DGA armaments board (Jane's) : délégation générale pour l'armement (DGA)

DGSE (US) : DGSE (direction générale de la sécurité extérieure)

diad (GB) : diade

diagnose (US) : diagnostiquer

diagnosis (US, GB) : diagnostic (SAN)

diagnosis ou diagnostic (OTAN) : diagnostic (déminage)
diagram (CFE, UN) : schéma
diagram (GB) : diagramme
dialogue (US, GB, OTAN) : dialogue
diameter (GB) : diamètre (missile / rotor / mine)
dictaphone (CFE) : dictaphone
dictate (GB, OTAN) : imposer
dictate (US) : impératif
dictator (US) : dictateur
die (GB, US) : mourir (PERS)
die (US) : tomber
die down (US) : s'apaiser (ou s'estomper) (combat / conflit / violence)
die down (US) : s'atténuer (combat / conflit / violence)
die down (US) : se calmer (combat / conflit / violence)
died of wounds received in action (OTAN) : décédé des suites de blessures de guerre (PERS)
diehard (US) : jusqu'au-boutiste (nom)
diesel (GB) : diesel (gazole) (carburant)
diesel engine (US) : moteur diesel
diesel fuel (US) : diesel (gazole) (carburant)
diesel fuel (US) : gazole (carburant)
diesel-powered (OTAN) : propulsion diesel (à) (sous-marin)
diesel-powered attack submarine (SSK) (OTAN) : sous-marin d'attaque à propulsion diesel
dietitian (US) : diététicien (SAN)
differ from (US) : différer de
difference (US) : différence
different (US, GB) : différent
differentiate : distinguer (faire la différence)
differentiate (US) : différencier (faire la différence)
differentiated (OTAN) : différencié
difficult (GB) : difficile (terrain)
difficult (US) : difficile
difficulty (GB, US) : difficulté
difficulty (US) : difficultés
dig (US) : creuser
dig in : enfouir (ou s'enfouir ou s'enterrer)
dig in : s'enterrer (ou se retrancher) (force)
dig in (GB) : se retrancher (force)
dig in (US) : retrancher (se)
dig in (US, GB) : creuser des tranchées (pour s'établir) (force)
dig in (US, GB) : s'établir (en creusant des tranchées) (force)
dig oneself in : retrancher (se)
digger (GB, US) : excavatrice (GEN)
digging (US) : creusement (excavation)
digging in : enfouissement
digging tool (GB) : outil individuel (soldat)
digging-in (US) : retranchement (action de se retrancher)
digit (US) : chiffre (nombres)

digital : numérique (norme technique)
digital communications (US) : transmissions numériques
digital geographic information (DGI) (OTAN) : information(s) géographique(s) numérique(s)
digital map (US) : carte numérique
digital technology (US) : technologie numérique
digital warfare (US) : guerre numérique (type de guerre)
digitalisation : numérisation
digitisation (GB) : numérisation
digitization (GB, US) : numérisation
digitization exercise (Jane's) : exercice de numérisation
digitization of the battlefield (GB, US, Jane's) : numérisation du champ de bataille
digitize (US) : numériser
digitized (US) : numérisé
dignitary (US) : dignitaire
dignitary (US) : personnalité
dignity : dignité
dignity (US) : dignité
dike (GB) : digue
dike (GB) : fossé de drainage
dilemma (US) : dilemme
dilute (US) : diluer
dimension (GB) : dimension (sens propre)
dimension (GB, US, OTAN) : dimension (sens figuré)
dimensions : encombrement (véhicule)
dimensions (US) : ampleur (victoire)
dimensions (US, GB) : dimensions (matériel / chargement)
diminish in size : diminuer de volume (unité)
diminishing (GB) : décroissant (ordre)
dining in (GB) : repas de bienvenue (nouvel arrivant)
dining out (GB) : repas d'adieu (partant)
diplomacy (US) : diplomatie (PERS)
diplomacy (US, GB) : diplomatie (pays)
diplomatic (US, GB, CA) : diplomatique
diplomatic action (US) : action diplomatique (l')
diplomatic corps (US) : corps diplomatique
diplomatic cover (US) : couverture diplomatique (RENS)
diplomatic effort (OTAN) : démarche diplomatique
diplomatic efforts (US) : action diplomatique (l')
diplomatic fiasco (OTAN) : fiasco diplomatique
diplomatic immunity (US) : immunité diplomatique (attaché de défense)
diplomatic mail (US) : courrier diplomatique
diplomatic pouch (US) : valise diplomatique
diplomatic pressure (GB, US) : pression diplomatique
diplomatic protection (US) : protection diplomatique
direct : vue (à)

direct (fire) (US, GB, OTAN) : direct (tir)

direct (fire) (GB) : diriger (feux / tirs)

direct (GB) : direct (adjectif)

direct (GB) : directement

direct (GB) : diriger (conduire / commander)

direct (on) (OTAN) : appliquer (tirs)

direct (OTAN) : conduire (diriger / être à la tête de)

direct (OTAN) : donner instruction à

direct (OTAN) : prescrire (ordonner)

direct (OTAN) : viser

direct (US) : diriger (attaque)

direct (US) : orienter (opération) (TAC)

direct (US, OTAN) : ordonner

direct action (US) : action directe (forces spéciales)

direct attack (US) : attaque directe

direct combat (US) : combat direct

direct fire (US) : tir à vue

direct fire (US, OTAN, UN) : tir direct

direct fire forces (US) : forces à tir direct

direct fire gun (CFE) : canon à tir direct

direct fire system (US) : système à tir direct

direct fires (US) : feux directs

direct hit (US) : coup au but

direct laying (US, OTAN) : pointage à vue

direct nomination (US) : recrutement direct (grande école militaire) (PERS)

direct support : défense d'accompagnement

direct support (DS) : appui direct

direct support (DS) (US) : soutien direct (LOG)

direct support (DS) battery (US) : batterie d'appui direct

direct support (DS) maintenance (US) : maintenance de proximité

direct support artillery (US, GB, OTAN) : artillerie d'appui direct

direct supporting fire (OTAN) : tir d'appui direct

direct-action missions (US) : missions d'action directe

direct-attack mode (of fire) (US) : attaque directe (mode d'engagement par missile)

directed (net) : dirigé (réseau) (TRANS)

directed against (OTAN) : dirigé contre (visant)

directed against (US) : dirigé sur

directed against (US) : visant

directed energy (DE) (GB) : énergie dirigée

directed energy weapon (DEW) (UN) : arme à énergie (ou destruction) dirigée

directed energy weapons (DEW) (US) : armes à énergie dirigée

direct-fire weapons (US) : armes à tir direct

directing, controlling staff (DICONSTAFF) : état-major de direction et de contrôle (exercice OTAN)

directing staff (DISTAFF) (OTAN) : direction et animation d'exercice (DIRANI)

directing staff (DISTAFF) (OTAN) : état-major de direction d'exercice

directing staff (exercise) (OTAN) : état-major de direction d'exercice

directing staff (DS) (GB) : encadrement (cadres militaires) (stage / formation)

direction (GB) : direction (contrôle / supervision) (PERS)

direction (OTAN) : direction (affaires)

direction (OTAN) : orientation (ART)

direction (OTAN) : orientation (de la recherche) (RENS)

direction (OTAN) : sens (direction)

direction (OTAN, GB) : gisement d'observation

direction (US) : direction (sens figuré)

direction (US) : direction (autorité / commandement)

direction (US) : orientation (sens figuré)

direction (US, GB) : direction (sens)

direction finder (US) : goniomètre

direction finding (US) : goniométrie

direction of attack (US, OTAN) : direction d'attaque

direction of main attack (US) : axe d'attaque principale

direction of movement (US) : direction de mouvement (force)

direction of operations (GB) : direction des opérations (TAC)

directional (US) : directionnel

directive (GB) : directif

directive command (GB) : commandement directif

directive(s) (US, OTAN) : directive(s) (consigne)

directly (US, OTAN) : directement

Director (GB) : directeur central d'arme

Director (US, GB) : directeur-général (service de renseignement)

Director of Central Intelligence (DCI) (US) : directeur central du renseignement (ou de la communauté du renseignement) (USA)

Director of Central Intelligence (DCI) (US) : directeur général des services de renseignement (ou de la communauté du renseignement) (USA)

Director of Studies (GB) : directeur des études (ou de l'enseignement et de la recherche) (grande école militaire)

Director of the DIA (the) (= Defense Intelligence Agency) (équivalent US) : directeur du renseignement militaire (DRM)

director special forces (DSF) (GB) : directeur des forces spéciales

Directorate, Special Forces (the) (GB) : commandement des forces spéciales

Directorate (for) (US) (DIA) : sous-direction (service de renseignement militaire type DRM)

Directorate (for) ou Office for (US) (DIA) : direction (service de renseignement) (Renseignement militaire)

directorate (general) (GB) : direction générale (ministère de la Défense)

Directorate (of) (GB) (DIS) : direction (service de renseignement) (Renseignement militaire)

Directorate (of) (GB) (DIS) : sous-direction (service de renseignement militaire type DRM)

Directorate (of) (GB) (MI6) : direction (service de renseignement) (Espionnage)

Directorate (of) (US) (CIA) : direction (service de renseignement) (Espionnage)

directorate (US) : direction centrale (armée de terre / ministère de la Défense)

Directorate for Surveillance of the Territory (US) : DST (direction de la surveillance du territoire)

Directorate for Territorial Surveillance (US) : DST (direction de la surveillance du territoire)

Directorate General of Army Manning and Recruiting (DGAMR) (équivalent GB) : direction des personnels militaires de l'armée de terre (DPMAT)

Directorate General of External Security (US) : DGSE (direction générale de la sécurité extérieure)

Directorate of Administration (équivalent US) (CIA) : direction administrative et financière (DGSE)

Directorate of Information Systems for Command, Control, Communication and Computers (DISC4) (US) : direction centrale des télécommunications et de l'électronique (DCTEI)

Directorate of Intelligence (équivalent US) (CIA) : direction du renseignement (DGSE) (RENS)

Directorate of Operations (équivalent US) (CIA) : direction des opérations (DGSE) (RENS)

Directorate of Public Relations (Army) (GB) : SIRPA-Terre

Directorate of Science and Technology (DS&T) (équivalent US) (CIA) : direction technique (DGSE) (RENS)

Director-General (GB) : directeur général (service de renseignement)

Director-General (UN) : directeur général

directory (US) : annuaire (réseau radio)

dirigible (US) : ballon dirigeable

dirt (US) : terre

dirt trail (US) : chemin de terre

dirty (US) : sale

dirty trick (US) : "coup tordu" (RENS)

disability : handicap (sens propre)

disable (GB) : mettre hors d'état (équipement)

disable (GB) : rendre infirme

disable (UN, US) : mettre hors de combat (force / personnels)

disabled : infirme (adjectif)

disabled : invalide (adjectif) (SAN)

disabled (equipment) (OTAN) : hors de combat (matériel)

disabled (US) : handicapé (PERS)

disabled ex-serviceman : invalide de guerre (SAN)

disadvantage (US) : position désavantageuse (force) (TAC)

disadvantage (GB) : détriment

disadvantage (US) : désavantage

disadvantage (US) : inconvénient

disadvantageous (US) : désavantageux (position)

disaffection (US) : mécontentement

disagreement (OTAN) : désaccord

disappear (US) : disparaître

disapprove (OTAN) : désapprouver

disarm (US, CA) : désarmer (force)

disarm (US, GB) : désarmer (bombe / missile / fusil / arme)

disarmament (OTAN, UN) : désarmement (STRAT)

disarmed mine (OTAN) : mine désarmée

disarming (attack / strike) (UN) : neutralisant (ou de neutralisation) (attaque / frappe)

disassemble (US) : démonter (arme)

disassembly : démontage (arme)

disaster (CA) : désastre

disaster (OTAN, US) : catastrophe

disaster (US) : fiasco

disaster area : zone sinistrée

disaster area (US) : zone de catastrophe (naturelle)

disaster management (US) : gestion des catastrophes

disaster preparedness (OTAN) : préparation aux catastrophes

disaster relief (OTAN) : secours en cas de catastrophe

disaster response (OTAN) : réaction à la catastrophe

disaster response co-ordination (OTAN) : coordination des réactions en cas de catastrophes (OTAN)

disastrous (US) : désastreux

disband : désactiver

disband (GB) : dissoudre (unité)

disband (US) : se débander (force)

disbanding (GB, UN) : dissolution (unité / QG / forces militaires)

disbandment (GB) : dissolution (unité / QG / forces militaires)

disbursing (US) : paiement (fonction de la Trésorerie aux armées)

discard (materiel) (OTAN) : mettre au rebut (matériel)

discard (OTAN) : rebut (mettre au)

discard (US) : sacrifier (agent) (RENS)

discard (US, GB, OTAN) : rejeter (sabot / projectile)

discarding sabot : obus-flèche (ou munition flèche)

discharge (GB) : exercer

discharge (GB) : exercice (accomplissement)

discharge (GB) : libérer (ou rendre à la vie civile) (PERS)

discharge (GB) : tirer
discharge (somebody) (GB) : réformer (PERS) (soldat)
discharge (US) : accomplissement
discharge (US) : libération (renvoi dans ses foyers / retour à la vie civile) (PERS)
discharge (US) : renvoi dans ses foyers (libération) (PERS)
discharge (US) : renvoyer
discharge (US) : s'acquitter de
discharge (US, GB) : rendre à la vie civile (libérer) (PERS)
discharge papers (GB) : certicat de libération (PERS)
disciplinary (GB) : disciplinaire
disciplinary action (GB) : action disciplinaire
disciplinary action (GB) : mesure(s) disciplinaire(s) (PERS)
disciplinary barracks (US) : camp disciplinaire
disciplinary code (GB) : règlement de discipline (armée)
disciplinary code (OTAN) : code de discipline (armée)
disciplinary offence (GB) : faute disciplinaire (PERS)
discipline (GB) : punir
discipline (US, GB) : discipline (PERS)
discipline oneself (US) : se discipliner (chef)
disciplined (US) : discipliné (personnel / organisation)
disclose (CFE) : divulguer
disclose (OTAN) : révéler
disclosure (OTAN) : divulgation (RENS)
disclosure (OTAN) : lecture (documents déclassifiés)
DISCOM (Division Support Command) (US) : commandement des soutiens divisionnaires
discouraged (US) : découragé (PERS)
discovery (US) : découverte
discredit (US) : discrédit
discretionary (US) : discrétionnaire
discrimination (OTAN) : discrimination
discussion (OTAN) : débat
discussion (US) : discussion
disease (GB) : maladie
disease non-battle injury (DNBI) casualties (OTAN) : pertes du fait de maladies ou blessures non-imputables au combat
disembark (GB) : débarquer (d'un navire)
disembarkation (GB) : débarquement (navire / aéronef)
disengage : décrocher (TAC)
disengage (GB) : rompre le combat
disengage (US) : se dégager (force) (TAC)
disengage (US) : se retirer (force) (TAC)
disengage from (OTAN) : se soustraire à
disengage from (US) : soustraire à (se) (TAC)
disengaged combat (OTAN) : combat à distance

disengagement : désengagement (STRAT)
disengagement (CA) : dégagement (force)
disengagement (GB) : rupture du combat
disengagement (US) : décrochage (rupture du contact)
disestablish (an organization) (US) : dissoudre (organisme)
disguise (US) : déguisement (RENS)
disguise as (GB) : camoufler en (installation)
disguise kit (intelligence) (US) : kit de déguisement (RENS)
dish it out (US) : correction (ou sévère défaite) (infliger une) (TAC)
dishonesty (US) : malhonnêteté (PERS)
dishonour (GB) : déshonneur
dishonour (GB) : discrédit
dishonourable (GB) : déshonorant
dishonourable discharge (GB) : libération pour faute grave (PERS)
disinformation (US) : désinformation (RENS)
disinformation agent (US) : agent de désinformation (RENS)
disinformation campaign (US) : campagne de désinformation (RENS)
disinformation program (US) : programme de désinformation (RENS)
disintegrate (GB, US) : se désintégrer (projectile / force)
disintegrate (US) : se désagréger (force)
disintegration (US) : désagrégation (force)
disintegration (US, GB) : désintégration (potentiel de guerre)
dislodge (GB) : déloger (TAC)
dismantle : démanteler
dismantle (a facility / checkpoint) (US) : démonter (installation / poste de contrôle)
dismantling : démantèlement
dismiss ! (GB) : rompez les rangs !
dismiss (GB) : renvoyer
dismiss (US) : limoger
dismount : pied à terre (mettre) (INF)
dismount (US) : débarquer (de) (matériel)
dismount (US) : descendre (d'un véhicule) (débarquer)
dismount (US, GB) : débarquer (de) (personnel)
dismount point (GB) : point de débarquement
dismounted : débarqué (infanterie / actions)
dismounted (US) : à pied (débarqué) (PERS)
dismounted action (US) : combat débarqué
dismounted close combat (DCC) (GB) : combat rapproché à pied (ou débarqué)
dismounted combat (US) : combat débarqué
dismounted forces (US) : forces débarquées
dismounted infantry (US) : infanterie débarquée
dismounted soldier (GB) : combattant à pied
dismounted : pied (à)
dismounting (US) : débarquement (des véhicules) (fantassins)

disobedience (GB) : désobéissance
disobey (US, GB) : désobéir
disorder (US, GB) : désordre
disorderly conduct (GB) : trouble à l'ordre public (PERS)
disorganization (US) : désorganisation (ennemi) (TAC)
disorganize (US) : désorganiser
disorient (US) : désorienter
disorientated (GB) : désorienté (troupe)
disorientation (US) : désorientation (troupe) (TAC)
disparity (US) : disparité
dispatch (GB) : dépêcher (estafette)
dispatch (GB) : envoyer (estafette)
dispatch (GB) : expédier (matériels)
dispatch (GB) : expédition (matériels / forces)
dispatch (UN) : envoi
dispatch ou despatch (GB) : envoyer
dispatcher (US, GB) : largueur (TAP)
dispatching (US, GB) : largage (action du largueur) (TAP)
dispatch-rider (GB) : agent de transmission (estafette à moto)
dispatch-rider (GB) : estafette (agent de transmission à moto)
dispersal (GB) : dispersion (géographique)
dispersal (US) : dispersion (TAC)
dispersal area (US) : zone de dispersion
disperse : disperser (mines)
disperse : disperser (se)
disperse (a force / a crowd) (GB, US) : disperser (troupe / foule)
disperse (GB) : envoyer (message / ordre)
disperse (GB) : se dissiper (gaz)
disperse (GB, US) : se disperser (force / soldats / foule)
disperse (OTAN) : dispenser (formation / soins / agent NBC)
disperse (OTAN) : s'éparpiller (force)
disperse (sub-munitions) (US) : éjecter (sous-munitions)
disperse (US) : disperser (forces / opérations)
dispersed : étalé (force)
dispersed (US) : dispersé (force)
dispersed site (OTAN) : site isolé
dispersion (US, GB) : dispersion (TAC)
dispersion error (US, OTAN) : écart de dispersion
dispersion point (GB) : point de dispersion (ou de desserrement)
displace : déplacer
displace (US) : changer (d'emplacement / de position) (TAC)
displace (US) : déplacer (troupe / unité / force / effort) (TAC)
displaced person (DP) (US, OTAN) : déplacé (personne déplacée) (nom)

displaced person (DP) (US, OTAN) : personne déplacée (réfugié)
displacement (OTAN) : déplacement (terme générique)
display : démonstration de matériels
display (GB) : afficheur (sur casque de fantassin) (système combattant)
display (GB) : démonstration (matériel)
display (GB) : montrer
display (OTAN) : faire preuve de
display (OTAN, US) : visualisation
display (US) : affichage (électronique ou non)
display (US) : afficher
display (US) : écran de visualisation
display (US) : exposer
display (US) : faire montre de
display panel : pupitre de visualisation
disposable (US) : consommable (adjectif)
disposable (US) : jetable (tube conteneur)
disposal (OTAN) : destruction (explosifs)
disposal (OTAN, GB) : élimination (matériel / déchets)
dispose (OTAN) : répartir (personnel / forces)
dispose of (GB) : détruire (TAC)
dispose of (GB) : tuer
disposition (US, OTAN) : dispositif (force)
dispositions (GB) : ordre de mise en place des troupes
disproportionate (OTAN) : disproportionné
dispute (OTAN) : conflit (ou litige ou différend)
dispute (UN, OTAN) : différend
dispute (US, GB) : litige
disputing party (US) : partie en litige
disrupt : dissocier (attaque)
disrupt : paralyser
disrupt (OTAN) : disloquer
disrupt (US) : désorganiser
disrupt : briser
disruption (OTAN) : rupture
disruption (US) : désorganisation (ennemi) (TAC)
disruptive (OTAN) : perturbateur
disruptive pattern (OTAN) : dessin de camouflage
dissatisfaction (US) : insatisfaction (PERS)
disseminate (OTAN) : diffuser
disseminate (OTAN) : disséminer (agent NBC)
disseminate (US) : répandre (agent chimique)
dissemination : dissémination (armes nucléaires) (STRAT)
dissemination (of agents) (OTAN) : épandage (agents NBC)
dissemination (OTAN) : diffusion (document / rapport)
dissemination (intelligence) (GB, OTAN) : diffusion (du renseignement)
dissident (US) : dissident (nom et adjectif)
dissimilar (US) : dissemblable
dissolution (OTAN) : dissolution (armée)
dissolve (US) : se dissoudre (organisation)

dissolution (US, GB) : dissolution (unité / QG / forces militaires)

distance (OTAN) : intervalle (entre individus / véhicules / unités / tirs / mines / attaques) (temps / espace)

distance (US, GB, OTAN) : distance

distance learning (DL) (US) : enseignement à distance

distance learning (DL) (US) : télé-enseignement

distance learning site (US) : site d'enseignement à distance (ou de télé-enseignement)

distant (GB) : lointain

distant (UEO) : éloigné

distant (US) : distant

distinctive (GB) : distinctif

distil (GB) : couler (unité)

distil (GB) : fondre

distill (US) : couler (unité)

distill (US) : fondre

distinguish (from) (US) : reconnaître (distinguer) (cible / ennemi)

distinguish oneself (GB) : distinguer (se) (unité)

distinguish oneself (GB, US) : se distinguer (PERS / unité)

distinguished (OTAN) : éminent

distinguished visitor (US) : hôte de marque

distorted : haché (transmission radio)

distorted (CFE) : déformé (matériel lors de la mise à feu)

distortion (CFE) : déformation (d'un matériel lors de la mise à feu)

distress (US, GB) : détresse (PERS / population)

distress beacon (GB) : balise de détresse

distress flare (GB) : fusée de détresse

distress signal (GB) : signal de détresse (individu / navire / aéronef)

distressed (US) : sinistré (zone)

distribute (US) : distribuer

distribute (US) : répartir (matériel / approvisionnement)

distribute (US) : répartir (poids)

distribute (US, GB) : répartir (tir)

distributed (OTAN) : réparti (jeu de guerre)

distributed fire (OTAN) : tir sur zone

distributed wargaming system (DWS) (OTAN) : système de jeu de guerre réparti

distributed wargaming system networking (DWS-NET) (OTAN) : réseau de jeu de guerre réparti

distribution : ventilation (LOG)

distribution (OTAN, GB) : répartition

distribution (US) : diffusion (document / rapport)

distribution (US) : distribution

distribution (US) : répartition (LOG)

distribution center (US) : centre de distribution (LOG)

distribution management (US) : gestion de la distribution (LOG)

distribution of fires (US) : répartition des feux

distribution of forces (US) : répartition des forces

distribution plan (US) : plan de répartition (forces)

distribution point (GB, OTAN) : point de distribution (matériels / approvisionnements / munitions)

distribution system (logistics) (US) : chaîne de distribution (logistique) (théâtre d'opérations) (LOG)

disturb (a mine) (OTAN) : déranger (mine)

disturb (OTAN) : troubler

disturbance (OTAN) : perturbation (mise à feu)

ditch (US) : fossé

ditch-crossing (capability) (US) : franchissement de fossés (capacité de) (véhicule)

ditto : idem (mission)

dive (GB) : piqué (descendre en) (piquer)

dive (GB) : piquer (aéronef)

dive (GB) : plongée (action ponctuelle)

dive (US, GB) : plonger (sens propre)

dive gear (US) : équipement de plongée (nageurs de combat)

dive knife (US) : couteau de plongée

dive operations (US) : opérations de plongée

dive watch (US) : montre de plongée

dive-bomb (GB) : bombarder en piqué

diver (US, GB) : plongeur

diverge (US) : diverger

divergence (OTAN) : différence

divergent (US) : divergent (missions)

diverse (US) : divers

diversion : déviation (circulation)

diversion (GB) : déviation (routière)

diversion (OTAN) : déroutement (changement d'itinéraire)

diversion (UN) : détournement (des armes chimiques à des fins militaires)

diversion (US, GB) : diversion (TAC)

diversionary (US, GB) : diversion (de) (opération)

diversionary action (US) : action de diversion

diversionary attack (OTAN) : attaque de diversion

diversionary operations (US) : diversion (opérations de)

diversity (GB, US) : diversité

diversity (US) : variété

divert (GB) : détourner

divert (OTAN) : déplacer (troupe / unité / force / effort) (TAC)

divert (US) : dérouter (ennemi)

divert (US) : détourner (par la force) (véhicule / aéronef / navire)

divide (GB) : répartir (matériel / approvisionnement)

divide (GB) : séparer

divide (GB) : se séparer (force)

divide (OTAN) : partager

divide (US) : diviser (se) (se scinder) (sens actif)

divide into (GB) : diviser (scinder)

dividing line (OTAN) : ligne de division (continent européen)

dividing line (US) : ligne de partage

diving (GB) : plongée (activité)

diving (US, GB) : opérations de plongée

division (GB) : branche

division (GB) : division (société d'armement)

division (GB) : filière (établissement de formation)

division (GB) : répartition (budget)

division (OTAN) : division (état-major)

division (OTAN) : division (séparation)

division (US) : divisionnnaire

Division (US) (FBI) : direction (service de renseignement) (Contre-espionnage)

division (US, GB) : division (grande unité opérationelle)

Division 3, the "action" component of DGSE (US) : division Action (DGSE) (RENS)

division air defense (DIVAD) (US) : défense aérienne divisionnaire

division artillery (DIVARTY) (US) : artillerie divisionnaire

division artillery group (DAG) : artillerie divisionnaire

division clearing station (US) : poste de triage divisionnaire (SAN)

division commander (US) : commandant de division

division exercise (DIVEX) (US) : exercice divisionnaire

division headquarters (US) : état-major divisionnaire (EMDI)

division materiel management center (DMMC) (US) : centre divisionnaire de gestion des matériels (LOG)

division missions (US) : missions de (la) division

division of labour (OTAN) : division du travail

Division signal company (US) : compagnie de transmissions divisionnaire

division tactical operations center (DTOC) (US) : PC opérations de division

Division XXI (US) : Division du XXIᵉ siècle (concept) (USA)

divisional (GB) : divisionnnaire

divisional artillery group (DAG) (GB) : artillerie divisionnaire

divisional base (US) : éléments organiques de division (ou divisionnaires) (EOD)

divisional brigade (US) : brigade endivisionnée

divisional cavalry (US) : reconnaissance divisionnaire

Divisional Headquarters (GB) : PC de division (armée de terre 2002)

divisional headquarters (HQ) (GB) : état-major divisionnaire (EMDI)

Divisional Headquarters (Rear) (GB) : commandement des soutiens divisionnaires

divisional headquarters (US, GB) : état-major de division

divisional insignia (GB) : insigne de division

divisional maintenance area (DMA) (GB) : zone de maintenance divisionnaire

Division(al) recce squadron (GB) : escadron d'éclairage divisionnaire (EED) (obsolète)

Division(al) recce squadron (GB) : escadron d'éclairage et d'investigation (EEI)

Divisional signal squadron (GB) : compagnie de transmissions divisionnaires

divisional troops (GB) : éléments organiques de division (ou divisionnaires) (EOD)

divvy up (US) : répartir (matériel / approvisionnement)

dizziness (US) : vertige(s) (ou étourdissement) (SAN)

do : livrer (bataille / combat)

do (GB) : effectuer

do (GB) : jus (au) (jours de service restant à accomplir)

do (somebody) : cranter (punir) (familier)

do (somebody) (GB) : aligner (punir)

do (US) : faire

do (US) : réaliser (études)

do (US) : rendre

do away with (Jane's) : abolir

do away with (US) : supprimer

do battle : découdre (en)

do without (US) : se passer de

doc (US) : toubib

dockyard (GB) : chantier naval

doctor (US) : médecin

doctor's degree (US) : doctorat (diplôme universitaire)

doctrinal (US) : doctrinal

doctrinal development (OTAN) : développement en matière de doctrine

doctrinal development (US) : élaboration doctrinale

doctrinal framework (US) : cadre doctrinal

doctrinal model (US) : modèle doctrinal

doctrinal thinking (US) : pensée doctrinale

doctrinally (US) : plan doctrinal (au)

doctrine (US, GB) : doctrine

doctrine-based (US) : basé sur la doctrine

doctrine writer (US) : rédacteur (de doctrine)

document (US, OTAN, UN) : document

document exploitation (US) : exploitation de documents (RENS)

document of reference (US) : document de référence

document photography (US) : photographie de documents (RENS)

document security (US) : sécurité des documents

documentation (OTAN) : documentation

DOD (= Department of Defense) Public Affairs Office (équivalent US) : délégation à l'information et à la communication de la Défense (DICOD) (ex-SIRPA)

DOD (= Department of Defense) Public Affairs Office (équivalent US) (US) : DICOD (Délégation à l'Information et à la Communication de la Défense)

DOD civilian employees (US) : personnel(s) civil(s) (du ministère) de la Défense

doer (GB) : exécutant (PERS)

dog (GB) : cynophile

dog clutching : crabotage

dog handler (GB) : maître-chien (ou maître de chien) (AT / GEND)

dogfight (GB) : combat aérien (action ponctuelle)

dogged : acharné (combats / résistance)

domain (US) : domaine

domestic (CA) : domestique (intérieur)

domestic authorities (US) : autorités nationales

domestic counterintelligence (US) : contre-espionnage intérieur

domestic counter-terrorism (US) : lutte contre le terrorisme intérieur (mission de service de renseignement) (RENS)

domestic emergency response force (US) : force de réaction aux urgences (crises) nationales (catastrophes / feux de forêt / inondations / ouragans)

domestic intelligence (US) : renseignement de sécurité intérieure

domestic intelligence (US) : renseignement intérieur

domestic projection (US) : projection intérieure (armée de terre 2002)

dominant (US) : dominant

dominant maneuver (US) : domination dans la manœuvre (mission opérationnelle) (USA)

dominant maneuver (US) : manœuvre dominante (concept) (USA)

dominant position (OTAN) : position dominante (pays)

dominate (GB) : dominer (TOPO)

dominate (OTAN) : retenir

dominate (US) : dominer (TAC)

dominate (US) : dominer

dominating position (GB) : position dominante (TAC)

domination (US) : domination (TAC)

donor nation (OTAN) : pays donateur (OTAN)

door (US, Jane's) : porte (véhicule)

door bundle (OTAN, US) : colis d'accompagnement (TAP)

door gun (CA) : canon latéral (hélicoptère)

Doppler radar (GB, Jane's) : radar Doppler

dormant (OTAN) : insensible (mine)

dose (GB) : dose (médicament) (SAN)

dose (OTAN) : dose (quantité de radiations)

dosimeter (GB) : dosimètre

dosimetry (US, OTAN) : dosimétrie (NBC)

dossier (GB) : dossier

dot (GB) : point (code Morse)

dotted (GB) : pointillé (en)

double (US) : double

double (US, GB) : doubler

double agent (US) : agent double (RENS)

double as (US) : servir de (faire office de)

double cross (US, GB) : double jeu (RENS)

double flow route (OTAN) : itinéraire à double courant

double strip marker (OTAN) : marqueur d'extrémité de rangée (guerre des mines)

double time (US) : pas de gymnastique

double-dealing (US) : double jeu (RENS)

doubt (US) : doute

doubt (US) : douter de

doubtful (OTAN) : non observé / non vu (ART)

doubtful (US) : douteux (cotation) (RENS)

doughboy (US) : biffin (fantassin)

doughboy (US) : pousse-caillou (fantassin)

dovetail with (familier) (US) : cadrer avec

dovetail with (familier) (US) : coïncider avec

dovetail with (US) : concorder avec

down (GB) : court (adjectif)

down (OTAN) : plus bas (ART)

down (US) : abattre (aéronef)

down (US) : négatif

down to : jusqu'à (spatial)

downgrade (OTAN) : déclasser (document secret)

downgrade (US) : sous-estimer

downlink : liaison descendante (TRANS)

downscaling (Jane's) : réduction de format (ou d'effectifs) (armée)

downsize (US) : réduire (force / armée / format / effectifs)

downsizing (CA) : compressions

downsizing (OTAN) : réduction (tissu industriel)

downsizing (US) : réduction de format (ou d'effectifs) (armée)

downstream (GB) : aval (cours d'eau)

downstream from : aval de (en)

downstream of : aval de (en)

downturn (UN) : ralentissement

downwind (GB) : sous le vent

dozer blade (US) : lame bouteur

draft : détachement (unité)

draft (somebody into the Army) : appeler (sous les drapeaux) (service militaire obligatoire)

draft (system) (US) : conscription (service militaire obligatoire)

draft (US) : appel sous les drapeaux

draft (US) : contingent (recrues)

draft (US) : préliminaire

draft (US) : service militaire obligatoire (le)

draft (US) : Service National (SN) (service militaire obligatoire) (appelés)

draft (US) : tirant d'eau (véhicule de franchissement)

draft (US) : version préliminaire (document)

draft dodger (US) : réfractaire (service militaire)

draft notice (US) : convocation sous les drapeaux (appelés) (document)

draft plan (OTAN) : projet de plan

draftable (US) : mobilisable

draftee (US) : appelé du contingent (PERS)

draftee (US) : conscrit (ou appelé)

draft-eligible (US) : soumis aux obligations du service militaire (PERS)

drag (OTAN) : traîner

drag on (US) : s'éterniser (conflit / guerre / opération)

drag on (US) : traîner en longueur (conflit / guerre)

drag out (US) : s'éterniser (conflit / guerre / opération)

dragged : traîné au sol (parachutiste)

dragged parachutist simulator : agrès de traînage (TAP)

dragon's teeth (GB) : tétraèdres de béton (rangées de) (défence antichar)

Dragoon Guards (GB) : Dragons (appellation de tradition) (cavalerie lourde)

Dragoons (GB) : Dragons (appellation de tradition) (cavalerie lourde)

drainage channel (GB) : barbacane

drainage system (OTAN) : réseau hydrographique (pays)

dramatic (US) : spectaculaire

drastic cutbacks : coupes claires

draught (GB) : tirant d'eau (véhicule de franchissement)

draw (GB) : attirer

draw (GB, OTAN) : prélever

draw (US) : entraîner (attirer / conduire)

draw (US, GB) : percevoir (solde / rations / uniforme)

draw attention to (US) : attirer l'attention sur (TAC)

draw away (GB) : détourner

draw back (GB) : reculer (TAC)

draw on (US) : s'inspirer de

draw up (troops) (GB) : aligner (troupes) (exercice / défilé / parade)

drawback (US) : inconvénient (matériels)

drawbar : barre d'attelage (obusier)

drawbar lock : verrou de barre d'attelage (obusier)

drawdown (US) : réduction de format (ou d'effectifs) (armée)

drawing right (OTAN) : droit de tirage

dream (US, GB) : rêve

dress (US, GB) : panser (blessure) (SAN)

dress (US, GB) : tenue (habillement)

dress parade (US) : défilé en grande tenue

dress regulations : règlement sur les tenues (armée)

dress rehearsal (GB) : répétition finale (en tenue)

dress shoes : chaussures de cérémonie

dress uniform (US) : uniforme de cérémonie

dressing (GB) : alignement (troupes lors d'une prise d'armes ou d'un défilé)

dressing (GB, OTAN, US) : pansement (SAN)

dressing station (GB) : poste de premiers soins

dressing station (GB) : poste de secours (SAN)

drift : dérive (TAP)

drift (OTAN) : dérive (balistique)

drill : exercice (entraînement répétitif)

drill (GB) : entraîner (force / PERS)

drill (GB) : faire l'exercice (soldats)

drill (GB) : procédure habituelle

drill (reserve) (US) : période d'instruction (ou d'activité) (réserviste)

drill hall (GB) : salle d'exercice

drill period (US) : période d'instruction (ou d'activité) (réserviste)

drill round (GB) : munition d'exercice

drill sergeant (US) : sergent-instructeur

drills (US) : rodage (PERS)

drinking : potable (eau)

drive : propulsion (par roues motrices) (véhicule)

drive (GB) : dynamisme (allant ou énergie) (PERS)

drive (GB) : poussée (TAC)

drive (out / off / away) (US, GB) : chasser (TAC)

drive (US) : dicter

drive (US) : entraîner (amener)

drive (US) : piloter

drive (US) : route

drive back (GB) : repousser (attaque)

drive home (US) : pousser à fond (attaque)

drive off (GB) : repousser (attaque)

drive on to (GB) : pousser à

drive wheel : roue motrice (char)

drive wheel teeth : dents de transmission (chenille de char)

drive : moteur (adjectif)

driver (DVR) (US) : conducteur (ou pilote) (véhicule / char)

driver (US, GB) : chauffeur

driver training (Jane's, GB) : instruction de conduite (véhicules)

driver/signaller : pilote-radio

driver's observation window : lucarne du conducteur (char)

driver's seat : poste de pilotage (char)

driving (US) : conduite (véhicule)

driving: moteur (adjectif)

driving position (US) : poste de conduite (véhicule)

driving seat (GB) : siège du conducteur (véhicule)

drone (OTAN, GB) : drone

droop stop (US, OTAN) : butées centrifuges (hélicoptère)

drop : lâcher

drop (GB) : baisse

drop (GB) : déposer (en véhicule) (hommes / matériel)

drop (GB) : descendre (abattre) (PERS)
drop (GB) : goutte
drop (GB) : lancer (armes / bombes)
drop (GB) : largage (personnels / matériel)
drop (GB, US) : sauter (TAP)
drop (OTAN) : plus près (ART)
drop (US) : larguer
drop by parachute : parachuter (véhicule / personnels / matériel)
drop from rolls (US) : rayer des cadres (d'active) (PERS)
drop from...to (US) : passer de... à (diminution)
drop in temperature (GB) : chute de température
dropmaster (US) : chef-largueur (TAP)
drop out (of a course) (US) : abandonner (stage difficile)
drop zone (DZ) (US) : zone de saut (TAP)
drop zone (DZ) (US, GB, OTAN) : zone de largage (personnel / matériels / ravitaillements)
drop zone safety officer (DZSO) (US) : officier de sécurité de zone de largage (TAP)
droplet (GB) : gouttelette
drop-out rate : taux d'échec (formation)
DROPS (Demountable Rack Offloading and Pickup System) vehicle (GB) : véhicule de transport logistique (VTL)
drug (US) : médicament (SAN)
drug cartel (US) : cartel de la drogue
drug dealer (US) : revendeur de drogue
drug lord (US) : baron de la drogue
drug misuse (GB) : abus de stupéfiants (PERS)
drug trafficker (OTAN) : trafiquant de drogue
drug trafficking (GB, OTAN) : trafic de drogues (ou trafic de stupéfiants)
drugs (US) : drogue(s)
drugs (US) : stupéfiants
drugs trade (US) : commerce de la drogue (le)
drum (US) : tambour
drum out (familier) (GB) : renvoyer
drumhead service (GB) : messe en plein air (sur le terrain ou la place d'armes)
drummer (GB) : tambour (PERS)
drunkenness (GB) : ébriété (état d') (PERS)
dry (US, GB) : sec
dry bridge : pont "à sec"
dry dock (GB) : cale sèche (navire)
dry season (GB) : saison sèche
dry training (familier) (GB) : entraînement à blanc (sans munitions réelles)
DSA (US) : base divisionnaire
DSN (Defense Switched Network) (équivalent US) : plan de numérotage interarmées (PNIA) (TRANS)
dual (US, OTAN) : double
dual capable unit (US, OTAN) : unité à double capacité
dual carriage : affût bitube
dual carriageway (GB) : quatre-voies (route)

dual mode : bimode
dual purpose : bivalent
dual strategy (OTAN) : double stratégie
dual-capable (OTAN) : à double capacité (aéronef)
dual-capable aircraft (DCA) (OTAN) : avion à double capacité
dual-feed mechanism (US) : double alimentation (canon)
dual-feed system (US) : double système d'alimentation
dual-purpose (US) : double usage (à) (matériel)
duck (US) : se réfugier
duck hunter (US) : pisse-en-l'air (artilleur sol-air) (familier)
dud (US, OTAN) : raté (charge explosive)
due (GB) : dû
due to (US) : raison de (en)
due-in (OTAN) : attendu (matériel)
dug-in (OTAN) : retranché
dug-in (US) : embossé (char)
dug-in (US) : enterré
dugout : cagna (abri du soldat)
dugout : guitoune (abri sommaire)
dugout (GB) : tranchée-abri
dugout (GB, US) : abri enterré
dum-dum bullet (GB) : balle dum-dum
dumdum bullet (US) : balle dum-dum
dummy (GB) : factice
dummy (OTAN, UN) : leurre
dummy (US) : mannequin (entraînement / simulation)
dummy (US) : silhouette de tir
dummy message (OTAN) : message de volume
dummy run (GB) : répétition (opération)
dump : camion-benne
dump (US, OTAN, GB) : dépôt temporaire (en plein air) (matériels / munitions)
dump truck (US) : tombereau automoteur
dune (GB) : dune (TOPO)
dune buggy (US) : autodune (forces spéciales)
duplicate (GB) : duplicata (document)
duplicate (GB) : dupliquer
duplicate (US) : reproduire (simulation)
duplication (OTAN) : duplication
duplication (US) : double emploi
durability (GB) : durabilité
durable (materiel) (OTAN) : non consommable (matériel)
durable materiel (US, OTAN) : matériel non consommable
duration (US, GB) : durée
duration of deployment (US) : durée d'engagement (force)
during : en cours de
during (GB) : en (temporel)
during (OTAN) : durant
during (US) : au cours de
during (US) : courant (au cours de)

during (US, GB) : pendant
dusk (GB) : tombée de la nuit
dust (US, GB) : poussière
dust cover (US) : cache-poussière (mitrailleuse)
dust off (GB) : évacuation par hélicoptère (SAN)
dust storm (GB) : tempête de poussière
duties (GB) : fonctions (PERS)
duty : mission
duty : service (PERS)
duty (OTAN) : fonction
duty (OTAN) : fonction (PERS)
duty (OTAN, US) : tâche (ou mission)
duty (US) : devoir (sens du) (PERS)
duty (US) : métier (force / unité)
duty (US) : sens du devoir (PERS)
duty (US, GB) : devoir (nom)
duty assignment (US) : lieu d'affectation (PERS)
duty hours (US) : heures de service
duty officer : permanence (officier de)
duty officer (DO) (US, GB) : officier de permanence (OP)
duty position (US) : emploi (fonction / travail / position)
duty roster (GB, US) : tableau de service (PERS)
duty rota : tableau de service (PERS)
duty station (US) : lieu d'affectation (PERS)
dwell at (ou on) (OTAN) : rester sur les éléments (appui d'artillerie)
dwindle (GB) : diminuer
dying (GB) : agonie (à l')
dying (GB) : mourant (nom)
dyke (GB) : digue
dyke (GB) : fossé de drainage
dynamic (GB) : dynamique (nom)
dynamic (US, OTAN) : dynamique (adjectif)
dynamic environment (US) : environnement dynamique
dynamics (US) : dynamique (nom)
dynamite (GB) : dynamite
dysentery (GB) : dysenterie (SAN)

e

e.g. (= exempli gratia) (OTAN) : par exemple
each (US) : chaque
each (US, GB) : chacun
each other (OTAN) : mutuellement
EAPC (Euro-Atlantic Partnership Council) (OTAN) : CPEA (Conseil de Partenariat Euro-Atlantique)
ear defender (GB) : protection auriculaire (bouchon anti-bruit / BAB)
ear defender (GB) : protège-tympans (protection auriculaire / bouchon anti-bruit ou BAB)
ear protector (GB) : bouchon anti-bruit (BAB)
ear protector (GB) : protection auriculaire (bouchon anti-bruit / BAB)

early (OTAN) : avancé (lointain / précoce)
early (US) : précoce
early (US) : premier
early (US, GB) : tôt
early deployment (UN) : déploiement précoce (TAC)
early entry (US) : arrivée précoce (force sur un théâtre d'opérations)
early entry (US) : déploiement (ou arrivée) initial(e) (dès les premières phases d'un conflit) (TAC)
early entry force (US) : force de déploiement initial (opération)
early entry operations (US) : opérations de déploiement initial (théâtre)
early morning hours (US) : petit matin
early part (US) : début
early resupply (US, OTAN) : premiers ravitaillements
early warning (EW) (GB, OTAN) : détection avancée
early warning (EW) (GB, OTAN) : détection lointaine
early warning (EW) (OTAN) : préalerte
early warning and control (OTAN, GB) : détection lointaine et contrôle
early warning data (OTAN) : données de détection lointaine
early warning data transmission (EWDT) (OTAN) : transmission de données de détection lointaine
early warning notice (UN) : préavis d'alerte
early warning radar (EWR) (OTAN) : radar de détection lointaine
early warning report : compte-rendu de détection lointaine
earmarked (US, OTAN) : réservé pour affectation (force)
earmarked for assignment (OTAN) : prévu pour affectation (force)
earmarking of stocks (OTAN) : désignation de stocks
earn (argent) : gagner (argent / confiance)
earn (US) : obtenir (qualification / diplôme / décoration)
earphone (GB) : écouteur
earpiece (GB) : écouteur
earplug : bouchon anti-bruit (BAB)
earth (US) : terre
Earth (US) : Terre (la) (planète)
earth socket (US) : prise de terre
earthmover (GB) : engin de terrassement (GEN)
earth-moving (US) : terrassement (construction)
earthmoving plant (GB) : matériel de terrassement (GEN)
earthquake (UN) : séisme
earthquake (US) : tremblement de terre
earthwork : merlon
earthwork (GB) : ouvrage de terre

earthwork (GB) : terrassement (construction)

ease (OTAN) : réduire (danger / risque / pression / dommages)

ease (US) : faciliter

ease of maintenance (US) : facilité d'entretien / de maintenance (matériel)

easily (US, GB) : facilement

easily defined (US) : marquant (point)

easily located (US) : facile à reconnaître (point du terrain)

East (GB) : Orient (l')

east (GB, OTAN) : oriental

east (US, GB) : est (point cardinal)

East of (the) Urals (ETTU) (OTAN) : à l'est de l'Oural

eastern (OTAN) : oriental

eastern (US, GB) : est de (l')

easting : abscisse (coordonnée horizontale)

easting (OTAN) : vers l'est (de gauche à droite de l'abscisse) (carroyage)

easy (GB, US) : facile

easy (US) : simple

easy to handle (US) : maniable (système d'armes / missile)

eavesdrop (US, GB) : écouter sécrètement (conversations)

eavesdrop on (US) : écouter (GE / RENS)

eavesdropping (US) : écoute (TRANS)

eavesdropping device (US) : dispositif d'écoute (RENS)

eavesdropping operation (US) : opération d'écoute clandestine (RENS)

ebb (US) : niveau

ebbtide (GB) : marée descendante (reflux)

ECAD (integrated) soldier system ensemble : ECAD (équipement du combattant débarqué)

ECAD individual soldier ensemble (Jane's) : ECAD (équipement du combattant débarqué)

ECAD soldier system demonstrator (Jane's) : ECAD (équipement du combattant débarqué)

echelon (US) : échelon (niveau organisationnel)

echelon (US, GB, OTAN) : échelon (TAC)

echelon attack (GB) : attaque échelonnée

echelon of command (US) : échelon de commandement

echeloned (US) : échelonné

echelonment (US, GB) : échelonnement

echelons above corps (EAC) (US) : échelons au-dessus du corps d'armée

echo (OTAN) : écho

echo ranging (OTAN) : localisation d'échos

ECM (= electronic counter-measures) resistant : résistant aux contre-mesures électroniques

ECM-resistant (OTAN) (ECM = Electronic Counter-Measures) : insensible aux contre-mesures électroniques (système) (TRANS)

economic intelligence (US) : renseignement économique

economic recovery (US) : reprise économique

economic rehabilitation (CA) : redressement économique (après un conflit)

economic target (US) : objectif économique (TAC)

economic war : guerre économique

economics (US) : économie (discipline)

economy (US) : économie (pays)

economy of effort (GB) : économie d'effort (TAC)

economy of force (US) : économie des forces (principe tactique)

economy of force operation (GB) : opération d'économie des forces

economy-of-force role (ou mission) (US) : mission d'économie des forces (unité)

edge : orée (forêt / bois) (TOPO)

edge : tranchant (sabre / poignard / baïonnette)

edge (bois, ville) (US, GB) : lisière (TAC)

edge (US) : avance (avantage / supériorité / progrès)

edge (US) : avantage (TAC)

edged weapon (UN) : arme blanche

edges : rebords (TOPO)

edition number (OTAN) : numéro d'édition (carte)

educate (US) : former (entraîner / instruire)

education : éducation (ou enseignement)

education : enseignement

education system (US) : cursus de formation (catégorie de personnel)

education system (US) : système de formation (ou d'entraînement)

education system (US) : système de formation en écoles (armée)

education : formation (instruction / entraînement)

educational (US) : pédagogique

educational assistance (US) : assistance pédagogique

educational institution (OTAN) : institution de formation

educational skills : pédagogie

EFA floating bridge / ferry (Jane's) : engin de franchissement de l'avant (EFA)

effect (GB) : effectuer

effect (OTAN, GB, US, UN) : effet

effective : en vigueur

effective : prenant effet à

effective (at) (EFF) : à compter de (+ heure)

effective (range) : pratique (portée)

effective (US) : effet à compter de (prenant)

effective (US, GB, OTAN, CA) : efficace

effective downwind (EDW) (OTAN) : vent effectif de retombée (VER)

effective enemy fire (GB) : tir ennemi efficace

effective engagement (OTAN) : efficacité dans l'engagement

effective range (GB) : portée pratique (fusil)

effective range (GB, US) : portée utile (fusil d'assaut / système antichar)

effective range (US, OTAN) : portée efficace (ou pratique)

effectiveness (US) : efficacité
efficacious : efficace
efficacy : efficacité
efficiency (GB, OTAN) : efficacité
efficiency report (US) : feuille de notes annuelle (officier)
efficient (GB) : efficace
effort (OTAN) : action (fait ou manière d'agir)
effort (OTAN) : activité
effort (US, GB, OTAN) : effort (TAC)
effort (US, OTAN, UEO) : effort
efforts (US) : travaux
egg (US) : œuf
Ego (MICE) (US) : motivations d'espionnage (transfuges / agents clandestins) (RENS)
eject (cases) (GB) : éjecter (douilles) (fusil)
eject (GB) : s'éjecter (d'un aéronef)
eject (US, GB) : expulser
eject GB) : chasser (TAC)
ejection (GB) : éjection (d'un aéronef)
ejection port : fenêtre d'éjection (fusil automatique / mitrailleuse)
ejector rod : tige d'éjecteur (arme de poing)
ejector seat (GB) : siège éjectable
ejector tube : baguette d'éjection (arme de poing)
élan (GB) : allant (ou dynamisme ou énergie) (PERS)
élan (GB) : élan (ou impétuosité) (unité)
élan (GB) : impétuosité (ou élan) (unité / arme)
elapsed (US) : écoulé
elastic (US) : élastique (concept) (adjectif)
elasticity (US) : élasticité (TAC)
elbow-pad (US) : protège-coude (tenue du fantassin)
elderly citizen (US) : personne âgée
elect (GB) : choisir
elections (OTAN, US) : élections
elective (US) : matière facultative (enseignement) (grande école militaire)
electric (OTAN) : électrique
electric circuit (OTAN) : circuit électrique
electric line (US) : ligne électrique
electric power system (OTAN) : système d'alimentation électrique (pays)
electrical circuit (CFE) : circuit électrique
electrical engineering (US) : génie électrique (discipline)
electrical system (US) : système électrique (véhicule blindé)
electrically (US) : électriquement
electrician (GB) : électricien
electricity (OTAN) : électricité (énergie électrique)
electricity transmission (OTAN) : transmission d'électricité
electro-explosive (OTAN) : électro-explosif
electro-explosive device (EED) (OTAN) : dispositif électro-explosif
electro-hydraulic (US) : électro-hydraulique

electro-luminescent (GB) : électroluminescent
electromagnetic (EM) (OTAN, GB) : électro-magnétique
electro-magnetic (GB) spectrum : spectre électromagnétique
electromagnetic compatibility (EMC) (OTAN) : compatibilité électromagnétique
electromagnetic pulse (EMP) (GB) : impulsion électromagnétique (IEM)
electromagnetic spectrum selective denial (US) : blocage sélectif du spectre électromagnétique
electronic (US, GB) : électronique (adjectif)
electronic attack (US) : contre-mesures électroniques (subdivision de la guerre électronique)
electronic battlefield (US) : champ de bataille électronique (le)
electronic characteristics (US) : caractéristiques électroniques
electronic counter-counter-measure(s) (ECCM) : contre-contre-mesure(s) électronique(s) (CCME)
electronic countermeasures (ECM) (US) : contre-mesures électroniques (CME)
electronic deception (ED) (OTAN, GB) : déception électronique
electronic display system (GB) : système d'affichage électronique (technologie)
electronic equipment : électronique (nom)
electronic equipment (US) : équipement électronique
electronic guidance system (US) : système de guidage électronique
electronic helicopter (EH) (US) : hélicoptère de guerre électronique (ou de renseignement électronique)
electronic intelligence (ELINT) (OTAN) : renseignement électronique (sources radar)
electronic intelligence (ELINT) (OTAN) : renseignement non-transmissions
electronic intelligence (ELINT) (US) : renseignement autre que transmissions
electronic intelligence (ELINT) aircraft (GB) : avion de renseignement électronique
electronic jamming (OTAN) : brouillage électronique
electronic library (GB) : bibliothèque électronique
electronic masking (OTAN) : camouflage électronique (GE)
electronic media (US) : média électroniques
electronic message (US) : message électronique
electronic operations (UEO) : opérations électroniques
electronic protection (US) : mesures de protection électronique (subdivision de la guerre électronique)
electronic protective measure(s) (EPM) (OTAN) : mesure(s) de protection électronique (MPE)
electronic reconnaissance (OTAN) : reconnaissance électronique

electronic security (ELSEC) (OTAN) : sécurité électronique

electronic silence (GB) : silence électronique

electronic simulative deception (OTAN) : déception électronique par simulation

electronic support measures (ESM) (Baud) : mesures d'appui électroniques

electronic surveillance (US) : surveillance électronique (RENS)

electronic system (US) : système électronique

electronic warfare (EW) (GB) : guerre électronique (titre de sous-paragraphe)

electronic warfare (EW) (OTAN, US, GB) : guerre électronique

Electronic Warfare (EW) and (Military) Intelligence (MI) Brigade : brigade de renseignement et de guerre électronique (BRGE) (obsolète)

electronic warfare (EW) regiment (GB) : régiment de guerre électronique (RGE)

electronic warfare aircraft (GB) : avion de guerre éléctronique

electronic warfare commander (EWC) (OTAN) : commandant de la guerre électronique

electronic warfare coordinator (EWC) (OTAN) : coordonnateur de la guerre électronique

electronic warfare exercise (EWEX) (OTAN) : exercice de guerre électronique

electronic warfare range (EWR) (OTAN) : polygone de guerre électronique

electronic warfare support (US) : mesures de soutien électronique (subdivision de la guerre électronique)

electronic warfare support measure(s) (ESM) (OTAN) : mesure(s) de soutien de guerre électronique (ou d'appui électronique) (MSE)

electronic warfare system (US) : système de guerre électronique

electronics (OTAN, UN) : électronique (nom)

electro-optical : électro-optique

electro-optical (GB) : optronique (adjectif)

electro-optical counter-counter-measures (EOCCM) (OTAN) : contre-contre-mesures optoélectroniques

electro-optical counter-measures (EOCM) (OTAN) : contre-mesures optoélectroniques

electro-optical device : dispositif électro-optique

electro-optical intelligence (ELECTRO-OPINT) (US) : renseignement électro-optique

electro-optical sensor (GB) : capteur optronique

electro-optics (EO) (OTAN) : optoélectronique

electro-optics (EO) (OTAN) : optronique (nom)

element (GB) : élément

element (US) : composante (force)

element (US) : composante (système / matériel)

element (US) : fraction (de force)

element (US, OTAN, GB) : élément (force) (TAC)

element of communication : élément de langage

elevate (GB) : élever (mettre en position plus haute)

elevate (US, GB) : pointer en hauteur (ou en site) (canon / mortier)

elevate : élever (à un grade ou une dignité) (PERS)

elevating arc : crémaillère de pointage (obusier)

elevating gear : mécanisme de pointage en hauteur (ou en site) (mortier)

elevating handle : manivelle de pointage en hauteur (mortier)

elevating tube : tube de pointage en hauteur (mortier)

elevation : hausse (canon)

elevation : hauteur

elevation : pointage en hauteur (ou en site)

elevation (GB) : hauteur (point haut de terrain)

elevation (OTAN) : cote (niveau)

elevation (US) : champ de tir en hauteur (canon)

elevation (US) : site (angle de site) (ART)

elevation (US, GB) : angle de hausse (canon)

elicit (...from) (GB) : obtenir (renseignements) (RENS)

elicitation (US) : obtention

eligible (OTAN) : qualifié (RENS)

eligible for promotion (US) : promouvable (PERS)

eliminate (GB) : éliminer

eliminate (GB) : éliminer (tuer) (PERS)

eliminate (GB) : éliminer (option)

eliminate (OTAN) : réduire (TAC)

eliminate (US) : supprimer

elimination (UN) : élimination (matériel / déchets)

ELINT (= electronic intelligence) ocean reconnaissance satellite (EORSAT) (US) : satellite d'écoute électronique maritime

ELINT (= electronic intelligence) satellite (US) : satellite de renseignement électronique

ELINT ocean reconnaissance satellite (EORSAT) (OTAN) : satellite ELINT de reconnaissance océanique (ou océanographique)

ELINT satellite (OTAN) : satellite ELINT

elite (GB) : élite

elite (GB) : élite (d')

elite (US, GB) : d'élite (unité)

elite force (US, GB) : force d'élite

elite soldier (GB) : soldat d'élite

elite troops (GB) : troupes d'élite

elite unit (GB) : unité d'élite

elusive (GB) : insaisissable

emanate (US) : émaner

embankment : talus

embankment (GB) : remblai

embankment (US) : bas-côté (route)

embargo (US, GB) : embargo

embargo monitoring (OTAN) : surveillance des embargos

embark (GB) : embarquer (dans navire ou aéronef)

embark (up)on (US) : se lancer dans (programme)

embark upon (US) : s'embarquer dans (sens figuré)

embarkation (US, GB) : embarquement (opérations aéroportées / amphibies / de projection) (navire / aéronef)

embarkation / disembarkation leave (GB) : permission d'éloignement (service outre-mer)

embarkation area (OTAN) : zone d'embarquement (navire) (personnels et cargaisons)

embarkation order (OTAN) : ordre d'embarquement (troupes et matériel)

embarkation point (OTAN) : point d'embarquement

embassy security (US) : sécurité des ambassades (RENS)

embed (OTAN) : faire entrer

embedded : intégré (encastré / incorporé) (matériel)

embedded (US) : incorporé (matériel)

emblem (GB) : emblème (unité)

embody (US) : incarner

embrasure (GB) : embrasure (mur / parapet) (tir)

embroidered (US, GB) : brodé (uniforme)

embus (GB) : embarquer (dans un car ou autre véhicule) (ou faire emabrquer)

embussing (GB) : embarquement (d'une unité motorisée)

emerge (GB) : apparaître

emerge (OTAN) : se faire jour

emerge (US) : sortir (sens figuré)

emergency (OTAN) : de secours (communications / transmissions)

emergency (OTAN) : en période de crise

emergency (OTAN) : état de crise

emergency (OTAN) : période de crise

emergency (OTAN) : secours (de) (communications)

emergency (OTAN) : situation d'urgence

emergency (US) : état d'urgence

emergency (US, GB) : détresse (situation dangereuse)

emergency (US, GB, OTAN) : urgence

emergency action (EA) (OTAN) : mesure d'urgence

emergency action (OTAN) : intervention d'urgence

emergency action unit (EAU) (OTAN) : unité d'intervention d'urgence

emergency assistance (US) : aide d'urgence

emergency communications (OTAN) : communications de secours

emergency deployment (US) : projection d'urgence (forces)

emergency echelon (US) : échelon d'urgence (force)

emergency establishment (EE) (OTAN) : tableau d'effectifs en période (ou en temps) de crise (TEC)

emergency food aid (GB) : aide alimentaire d'urgence

emergency health service support (US) : aide sanitaire d'urgence

emergency humanitarian assistance (US) : aide humanitaire d'urgence

emergency leave (US) : permission exceptionnelle

emergency locating (OTAN) : repérage de détresse

emergency medical care (OTAN) : soins médicaux d'urgence

emergency medicine (OTAN) : médecine d'urgence

emergency operations center (US) : centre d'opérations de crise (ou d'urgence)

emergency relief (US) : aide d'urgence

emergency relocation site (ERS) (OTAN) : emplacement de repli en cas d'urgence

emergency rendez-vous (ERV) (GB) : point de regroupement d'urgence (après opération)

emergency rescue operation : opération de secours d'urgence

emergency response (US) : réaction aux urgences

emergency services (OTAN) : services d'urgence

emergency stand-off range (ESOR) (OTAN) : distance de sécurité d'urgence

emergency rendez-vous (ERV) (GB) : point de rassemblement d'urgence

emerging (OTAN) : naissant (technologies / menace)

emerging (US, UN) : émergent

emerging concept (US) : nouveau concept

emerging technologies (ET) (OTAN, US) : technologies naissantes

emerging technologies (ET) (OTAN, US) : technologies nouvelles

emerging threat (US) : menace émergente (ou naissante)

émigré (US) : émigré

émigré organization (US) : organisation d'émigrés

emission control (EMCON) (OTAN) : contrôle des émissions

emission policy (EP) (OTAN) : régime des émissions (ou d'émission) (TRANS)

emission security (EMSEC) (OTAN, US) : sécurité des émissions

emissions (OTAN, US) : émissions

emit (US) : émettre (énergie)

emitted (US) : émis

emitter simulation (OTAN) : simulation d'émetteurs

emphasize (US) : accent

emphasize (US) : mettre l'accent sur

emphasize (US, GB) : souligner (mettre l'accent sur)

empirical (US, GB) : empirique

emplace (US) : mettre en batterie

emplace (US) : mettre en place (mine / champ de mines)

emplace (US) : poser (mines / champ de mines)

emplaced : en batterie

emplacement (US) : mise en place (mines / obstacles)

emplacement (US, GB, OTAN) : mise en batterie (canon / missile)

emplacement (US, OTAN) : emplacement (arme)

emplacement (gun) (US, OTAN, GB) : emplacement (de pièce d'artillerie)

emplane : embarquer (monter à bord)

emplaning (unit) (OTAN) : embarquement (d'une unité dans un aéronef)

employ (US) : servir (matériel)

employ (US) : utiliser

employ (US, GB) : employer

employee (GB) : agent (employé)

employee (US) : employé

employment (US) : emploi (fonction / travail / position)

employment (US, OTAN, GB) : emploi (utilisation)

employment concept (weapon system) (OTAN) : concept d'utilisation (système d'arme)

employment of forces (US) : emploi des forces (TAC)

employment option (US) : option d'emploi (force)

empowered to : autorisé à (habilité à ou ayant qualité pour) (PERS)

empty (US) : à vide (poids de véhicule)

empty weight (US) : masse à vide (hélicoptère / véhicule blindé)

en bloc (GB) : bloc (en)

en masse (GB) : en masse

en route (US) : route (en cours de) (ou en cours de trajet)

enable (US) : permettre

enable (US) : rendre possible

enabler (OTAN, US) : moyen facilitant

enabler (US) : facilitateur

enabler (US) : outil (sens propre et figuré)

encamp (GB) : camper

encampment (GB) : campement

encipher (US) : chiffrer

encipher (US) : coder

encipherment (US) : chiffrement (données / transmissions)

encircle : cerner (force) (TAC)

encircle : investir (encercler) (TAC)

encircle (GB) : encercler (TAC)

encirclement (US, GB) : encerclement (TAC)

enclave (GB) : enclave

enclosure (ENCL) : pièce jointe (PJ)

encode : coder

encoding (GB) : codage (transmissions)

encompass (US) : couvrir (s'étendre sur)

encompass (US) : englober (opérations / zone)

encompass (US) : recouvrir

encompass (US) : s'étendre sur

encounter (a situation / a problem) (US) : rencontrer (situation / problème)

encounter (GB) : rencontre (accidentelle) (TAC)

encounter (US) : rencontrer (ennemi / résistance / obstacles) (TAC)

encounter (US) : se heurter à (ennemi / positions)

encourage (US) : encourager

encouragements (GB) : encouragements

encrypt : crypter

encrypt (OTAN) : chiffrer

encryption : cryptage (chiffrement)

encryption (UN) : encodage (ou chiffrement)

encryption (US) : chiffrement (données / transmissions)

end : conclusion (fin)

end : finir

end (GB) : bout

end (GB) : mettre fin à

end (GB) : s'achever

end (GB, US) : fin (terme)

end (of a runway) (OTAN) : extrémité (piste d'envol)

end (OTAN) : se terminer

end (OTAN) : terme (fin)

end (US) : prendre fin (guerre / conflit)

end in : se solder par

end item (OTAN) : matériel complet

end of (the) exercise (ENDEX) : fin de l'exercice (FINEX)

end of message : terminé ! (procédure radio)

end of mission (US) : fin de mission

end point (US) : aboutissement (projet)

end state (US) : état final

end state (US) : objectif final (ou état final)

end user (US) : utilisateur final

endanger : danger (mettre en)

endanger (GB) : mettre en danger

ending (GB) : fin (terme)

ending (OTAN) : arrêt

endorse (OTAN) : entériner

endorse the development of (OTAN) : souscrire à

endproduct (US) : résultat

ends and means (US) : fins et les moyens (les)

endurability (GB) : capacité d'endurance (PERS)

endurance : autonomie (aéronef / véhicule) (en temps)

endurance (US) : endurance (hélicoptère)

endurance distance (OTAN) : distance franchissable d'endurance (véhicule terrestre)

endure (GB) : se perpétuer

endure (US) : durer

enemy : ennemi (adjectif)

enemy (OTAN, US, GB) : adverse (ennemi)

enemy (US, GB) : adversaire

enemy (US, GB, OTAN) : ennemi (l') (nom)

enemy action (US, GB) : action ennemie (l')

enemy actions (US) : actions ennemies

enemy agent (US) : agent (d'un service) adverse (RENS)

enemy aircraft (GB) : avion ennemi

enemy contact (OTAN) : contact avec l'ennemi
enemy contact report (ECR) (OTAN) : compte-rendu de contact avec l'ennemi
enemy entity (OTAN) : entité ennemie
enemy estimate : impression sur l'ennemi (titre de paragraphe / décision initiale)
enemy forces : ennemies (forces) (titre de sous-paragraphe)
enemy forces (US) : ennemi (l') (nom)
enemy forces (US) : forces ennemies
enemy leader (US) : chef ennemi
enemy lines (US) : lignes ennemies
enemy maneuver (US) : manœuvre ennemie (la)
enemy movement (US) : mouvement ennemis
enemy nation (US) : pays ennemi
enemy order of battle (EOB) (GB) : ordre de bataille ennemi
enemy propaganda (GB) : propagande ennemie
enemy situation (US) : situation ennemie
enemy threat (US) : menace de l'ennemi
enemy troops (OTAN) : troupes ennemies
enemy unit (US) : unité ennemie
enemy-controlled (en épithète) : contrôlé par l'ennemi
enemy-held : tenu par l'ennemi
energise (OTAN) : dynamiser (efforts)
energy (OTAN) : vitalité (d'une organisation)
energy (US, GB) : énergie
enfilade (GB) : enfilade
enfilade fire (GB) : tir d'enfilade
enforce (OTAN) : faire régner
enforce (OTAN) : respecter (faire)
enforce (OTAN, US) : imposer
enforce (US) : imposer (paix)
enforce (US) : régner (faire)
enforce (US, GB) : appliquer (faire respecter ou faire appliquer)
enforce (US, GB) : faire appliquer (loi)
enforcement (US, UN) : application
enforcement of sanctions (US) : application de sanctions
engage : accrocher
engage : engager
engage : traiter
engage (a target) : prendre sous le feu (cible)
engage (a target) (OTAN) : battre (objectif) (ART)
engage (GB) : engager (attaquer)
engage (GB) : faire intervenir
engage (GB, US) : engager (forces) (TAC)
engage (OTAN) : engager (défense aérienne)
engage (OTAN) : impliquer
engage (the enemy) (OTAN) : se heurter à (ennemi / positions)
engage (US) : engager le feu avec
engage (US, GB) : prendre à partie
engaged (US, GB) : engagé (forces en opérations)
engaged on (GB) : occupé à
engagement : action (TAC)

engagement : engagement (combat)
engagement (GB) : échange de feu (combat)
engagement (GB) : engagement (par contrat) (PERS)
engagement (GB) : engagement (à servir dans l'active) (PERS)
engagement (OTAN) : interception (défense aérienne)
engagement (OTAN) : prise à partie (engagement)
engagement (US) : engagement (introduction de forces sur un champ de bataille)
engagement (US, GB) : prise de contact avec l'ennemi
engagement (small) (US, GB) : accrochage (TAC)
engagement area (US) : zone d'engagement
engagement capability (OTAN) : capacité de prise à partie
engagement control (OTAN) : contrôle d'interception (défense aérienne)
engagement of a target : engagement (objectif) (ART)
engagement system (US) : système d'engagement (combat)
engaging : engagement (combat)
engender (US) : générer (succès) (TAC)
engine (US, GB) : moteur (véhicule)
engine compartment (CFE, Jane's) : compartiment du moteur (véhicule)
engine compartment (Jane's) : salle des machines (engin de franchissement)
engine louvers : grilles de ventilation du moteur (char)
engine of change (US) : moteur de changement
engine power (GB) : puissance du moteur
engine type (US) : type de moteur
engineer : sapeur (GEN)
Engineer (Engr.) (GB) : génie (titre de sous-paragraphe)
engineer (equipment) vehicle : engin (GEN)
engineer annex to OPORD : ordre au génie
engineer battalion (US) : régiment du génie (RG)
engineer brigade (US) : brigade du génie
engineer command vehicle (GB) : PC génie (version de véhicule blindé)
engineer commander (OTAN) : commandant du génie (militaire)
engineer company (US) : compagnie du génie
engineer equipment (US) : matériel (ou matériels) du Génie
engineer group (US) : groupement du génie
engineer liaison team : détachement de liaison du génie
engineer operations (OTAN) : opérations du génie
engineer reconnaissance (OTAN, US) : reconnaissance génie
engineer regiment (GB) : régiment du génie (RG)
engineer section (GB) : escouade du génie
engineer squad (US) : escouade du génie
engineer support (US) : appui génie

engineer support (US) : génie (titre de sous-paragraphe)

engineer support equipment (GB) : matériel (ou matériels) du génie

engineer unit (US) : unité du génie

engineer works : moyens d'aménagement du terrain (GEN)

engineering (OTAN) : ingénierie

engineering support (US) : soutien du génie

Engineers : Génie (arme)

English : anglais (langue anglaise)

English Channel (GB) : Manche (la)

English-speaking (OTAN) : anglophone

English-speaking nation (ESN) (OTAN) : pays anglophone

enhance (GB) : améliorer

enhance (OTAN) : renforcer (potentiel / capacités militaires)

enhance (UN) : renforcer (sécurité / paix)

enhance (US) : augmenter

enhance (US, GB) : accroître

enhanced (OTAN) : accru

enhanced (US) : amélioré (matériel / système)

enhanced (US) : perfectionné (matériel / système)

enhanced (US) : renforcé (unité)

enhanced brigade (US) : brigade augmentée (ou renforcée)

enhanced brigade (US) : brigade renforcée (ou augmentée)

enhanced fiber optic guided missile (EFOGM) (US) : missile guidé à fibres optiques amélioré

enhanced radiation weapon (ERW) (UN) : arme à rayonnement(s) renforcé(s)

enhanced-radiation weapon (ERW) (OTAN) : arme à effets de radiation renforcée (arme à neutrons)

enhanced-radiation weapon (ERW) (OTAN) : arme à neutrons

enhancement : amélioration (ou valorisation) (matériels / infastructures)

enjoy (US) : bénéficier de

enjoy (US, OTAN) : jouir de

enlarge (GB) : agrandir

enlargement (OTAN) : élargissement (Alliance Atlantique)

enlargement process (OTAN) : processus d'élargissement (Alliance)

enlist : engager (s') (PERS)

enlist : enrôler (PERS)

enlist : s'engager (dans une organisation militaire) (PERS)

enlist : s'enrôler (PERS)

enlist (US) : recruter

enlisted (personnel) (US) : sous-officiers et hommes du rang (et/ou militaires du rang) (personnels non officiers) (USA et GB)

enlisted (US) : engagés (les) (PERS)

enlisted man ou enlisted woman (US, GB) : engagé (volontaire) (soldat)

Enlisted Management (US) : gestion des personnels non-officiers (engagés)

enlisted person (US) : engagé (volontaire) (soldat)

enlisted personnel (US) : engagés (les) (PERS)

enlistee (US) : engagé (volontaire) (soldat)

enlistment : engagement (par contrat) (PERS)

enlistment : enrôlement (PERS)

enormous (GB) : énorme

enormous (OTAN) : formidable

enriched uranium : uranium enrichi

enrichment (UN) : enrichissement

enroll in (ou on) (US, GB) : s'inscrire à

enrolling (US) : inscription (à un stage)

enrolment : inscription (à un stage)

ensure (US) : assurer

ensure (US) : garantir

ensure compliance with (CA) : faire respecter

ensure that (US) : faire en sorte que

ensure that (US) : s'assurer que

ensure that (US) : veiller à (ce que)

entanglement : accrochage (entre parachutistes) (TAP)

entanglement (GB) : réseau (barbelés)

enter (US) : entrer (force) (TAC)

enter (US) : figurer

enter (US) : intégrer (école)

enter (US) : pénétrer

enter (US) : rejoindre

enter (US) : s'insérer (TAC)

enter (US, GB) : entrer

enter into (an alliance / a coalition) (US) : s'engager dans (coalition / alliance) (pays)

enter service (GB) : entrer en service (matériel)

enter the war (GB) : entrer en guerre

enthusiasm (US) : enthousiasme

entire (US) : entier

entire (US) : tout

entirety (GB) : totalité

entitle (US) : intituler

entity (OTAN, US) : entité (politique / ethnique)

entity (US) : unité constituée

entrain (GB) : embarquer (dans un train)

entrance (CFE) : entrée

entrant (GB) : nouvel arrivant (PERS)

entrap (US) : piéger (RENS)

entrap (US) : prendre au piège (RENS)

entrench (GB) : creuser des tranchées (pour s'établir) (force)

entrenched (GB) : retranché

entrenching tool (E-tool) (US) : outil individuel (soldat)

entrenchment : retranchement

entruck (US) : embarquer (monter à bord)

entrust (US) : confier

entrust (US) : confier à (responsabilité / mission)

entrust to (US) : confier à (responsabilité / mission)

entry (GB) : admission (dans une école militaire)

entry (GB, US, OTAN) : entrée
entry (US) : pénétration (d'une zone par une force)
entry (US, CA) : entrée (force sur le terrain ou opération de force spéciale) (AT / GEND)
entry (US, GB) : entrée (dans une zone)
entry branch (US) : arme d'origine
entry into force (CFE) : entrée en vigueur (traité)
entry into service (GB) : entrée en service (matériel)
entry into war (GB) : entrée en guerre
entry to active duty (US) : entrée au service actif (PERS)
envelop (US) : envelopper (TAC)
envelope (US) : enveloppe (pli)
envelopment (OTAN) : manœuvre d'enveloppement
envelopment (US, GB) : encerclement (TAC)
envelopment (US, OTAN) : enveloppement (TAC)
environment : conditions de milieu
environment (CA) : climat (sens propre et figuré)
environment (US) : environnement (écologie)
environment (US, GB, OTAN) : milieu (environnement) (TAC)
environment (US, GB, OTAN, UEO) : environnement (milieu / contexte)
environment (US, OTAN) : ambiance
environment of combat (US) : environnement du combat (l')
environment of conflict (US) : environnement de conflit
environment of operations (US) : environnement opérationnel
environment of war (US) : environnement de guerre
environmental (US) : écologique
environmental (US, GB, OTAN) : environnemental
environmental intelligence (US) : renseignement environnemental
environmental organization (US) : organisation écologique
environmental protection (GB) : protection de l'environnement
environmental standards (US) : normes d'environnement (descriptif de matériel radio)
environmental technologies (US) : technologies de protection de l'environnement
environs (GB) : environs
envisage (GB) : envisager
envision (US) : prévoir
envoy (US, GB) : émissaire
EOD (= Explosive Ordnance Disposal) detachment (US) : équipe de déminage (ou de démineurs)
EOD (= Explosive Ordnance Disposal) detachment commander (US) : chef d'équipe de déminage
EOD (= Explosive Ordnance Disposal) officer (US) : officier démineur

EOD (= Explosive Ordnance Disposal) unit (US) : unité de déminage (milieu militaire)
EOD operation (EOD = Explosive Ordnance Disposal) : désobusage
EOD operations : dépollution
epaulet (US) : épaulette
epaulette (GB) : épaulette
epidemic : épidémie (SAN)
EPW camp (US) (EPW = Enemy Prisoner of War) : camp de prisonniers de guerre ennemis
equal (US) : égal (ennemis)
equal (US) : hauteur (à la)
equal opportunities : égalité des chances (PERS)
equal opportunity (US) : égalité des chances (PERS)
equally well (US) : aussi bien
Equator (GB) : Equateur (l') (ligne)
equatorial (GB) : équatorial
equatorial forest (GB) : forêt équatoriale
equilibrator : équilibreur (obusier)
equilibrium (US) : équilibre (force) (TAC)
equip (GB, US) : équiper
equip oneself with (US) : s'équiper de
equip with (GB) : équiper de (matériel)
equipment : dispositif (appareil)
equipment : moyen (ressource)
Equipment (GB) : équipement (chapitre budgétaire)
equipment (GB) : matériels
equipment (OTAN) : dotation
equipment (OTAN) : équipements (matériels)
equipment (UN) : système
equipment (US, GB) : matériel (équipement)
equipment (US, GB, OTAN) : équipement
equipment check (GB) : vérification du matériel (saut en parachute)
equipment compatibility (US) : compatibilité des équipements (ou des matériels)
equipment depot : dépôt de matériel
equipment exchange (US) : échange d'équipement (ou de matériel)
equipment issue : distribution (mise en dotation) du matériel
equipment management (GB) : gestion du matériel
equipment priorities (Jane's) : priorités en matière d'équipement (armée)
equipment program (Jane's) : programme d'équipement (armée)
equipment reductions (OTAN) : réductions d'équipement
equipment spending (OTAN) : dépenses d'équipement
equipment standardisation (OTAN) : normalisation des équipements
equipment stowage box : coffre à matériel (char)
equipment support (GB) : maintien en condition (MEC) (fonction)

equipment type (GB) : type de matériel
equipment warehouse (US) : magasin d'habillement
equipment-oriented (OTAN) : axé sur les équipements
equipped (GB) : équipé de (ou avec) (force)
equipped (US, CA) : équipé (soldat)
equipped with (GB) : équipé de (matériel)
equipped with (US) : équipé de (ou avec) (force)
equipped with (US, GB) : doté de (unité / personnel)
equipping (US) : équipement (action d'équiper)
equitable (US) : équitable
equitation (Army) (GB) : équitation (militaire)
equivalent (US) : équivalent
era : âge (époque)
era (US) : ère
era (US) : génération
era (US) : période (de temps)
era (US) : temps (époque)
era (US, GB) : époque
erase (US) : supprimer
ERC Sagaie (6x6) armoured car (Jane's) : SAGAIE (véhicule blindé)
ERC Sagaie 1 (6X6) armoured car (Jane's) : ERC SAGAIE 1 (engin roue-canon)
erect (obstacles) : réaliser (obstacles) (GEN)
erect (US) : construire (GEN / PERS)
erect (US) : droit (adjectif)
erect (US) : mettre en place (obstacle)
erect (US) : mettre en place (matériel)
erection (OTAN) : mise en place (mines / obstacles)
erector / launcher (US) : véhicule rampe de lancement (missile sol-air)
ergonomic (GB, US, Jane's) : ergonomique
ergonomics (GB) : ergonomie
erode (US) : amoindrir (moyens ennemis) (TAC)
error (US) : erreur
error (US) : erreur (TAC)
error (US) : marge d'erreur (TOPO)
erupt (US) : éclater (combats / conflit / tirs)
eruption : flambée (violence)
ERYX 600m anti-tank missile (Jane's) : ERYX (missile antichar courte portée ou ACCP)
ERYX anti-tank short range missile (Jane's) : ERYX (missile antichar courte portée ou ACCP)
ERYX short-range antitank weapon system (SRAW) ou light antitank weapon : ERYX (missile antichar courte portée ou ACCP)
escalate (US) : intensifier
escalating (OTAN) : grandissant
escalation : aggravation
escalation (UN, GB, US) : escalade (conflit / violence / crise)
escalation (US) : montée aux extrêmes (escalade) (STRAT)
escape : se dérober (TAC)

escape (GB) : se sortir (situation dangereuse) (PERS)
escape (OTAN) : échapper à
escape (OTAN) : s'échapper (force) (TAC)
escape (TAC) (US) : fuite
escape (US, GB) : s'évader (PERS)
escape and evasion network (US) : réseau d'évasion
escape attempt (US) : tentative d'évasion
escape capture (GB) : échapper à la capture (PERS)
escape from capture (US) : échapper à la capture (PERS)
escape route (US) : itinéraire de repli
escarpment (GB) : escarpement
escort (GB, OTAN) : escorte (convoi / garde en armes / garde d'honneur)
escort (UN) : accompagnateur
escort (US) : accompagnement
escort (US, GB) : accompagner (délégation)
escort (US, GB) : escorter
escort and close support (ou support and protection) helicopter company (US) ou squadron (GB) : escadrille d'hélicoptères d'appui-protection (EHAP)
escort and close support helicopter : hélicoptère d'appui-protection (HAP)
escort officer (US) : officier accompagnateur
escort team (CFE) : équipe d'accompagnement (inspection / vérification)
espionage (OTAN, US) : espionnage (RENS)
espionage activities (US) : activités d'espionnage (RENS)
espionage equipment (US) : matériel d'espionnage
espionage network (US) : réseau d'espionnage (ou d'espions) (RENS)
espionage ring (US) : réseau d'espionnage (ou d'espions) (RENS)
espionage system (US) : système d'espionnage (pays) (RENS)
espionage trial (US) : procès d'espionnage
esprit (de corps) (US) : esprit de corps (PERS)
esprit de corps (GB) : esprit de corps (PERS)
essence (US) : essence (sens figuré)
essential (OTAN) : essentiel (adjectif)
essential elements of friendly information (EEFI) (OTAN) : éléments essentiels d'informations amies
essential elements of information (OTAN) : éléments essentiels d'information
essentially (US) : essentiellement
establish (CA) : assurer
establish (GB) : créer (unité / corps)
establish (GB) : établir (contact) (TAC)
establish (GB) : recenser (besoins)
establish (OTAN) : implanter
establish (OTAN) : reconnaître (admettre)
establish (OTAN) : s'installer (PC)

establish (OTAN, US) : mettre sur pied

establish (UEO, GB) : mettre en place (organisation tactique / structure de commandement)

establish (US) : déterminer

establish (US) : fonder (institution)

establish (US) : installer

establish (US) : instaurer

establish (US) : mettre en place (troupes / unité)

establish (US, GB) : constituer (former / organiser / mettre sur pied)

establish (US, GB, CA) : établir (TAC)

establish a foothold : pied (prendre) (TAC)

establish a security screen : couvrir (se) (force)

establish communications (GB) : faire un contrôle radio (TRANS)

establish contact (US) : établir la liaison (TAC)

establish for oneself (US) : se fixer

establish liaison (GB) : établir la liaison (TAC)

establish oneself (GB) : s'établir (TAC)

establish oneself (US) : s'installer (nouvel arrivant)

established (GB) : en place (gouvernement)

established (GB) : installé (force)

established date (US) : date prévue (opération)

establishment (GB) : effectif(s) (armée / unité) (AT / GEND)

establishment (GB) : effectif global (unité)

establishment (GB) : établissement (lieu)

establishment (GB) : expression

establishment (GB) : implantation (établissement)

establishment (GB) : institution

establishment (GB, OTAN) : tableau d'effectifs et de dotations (TED) (ou document unique d'organisation / DUO)

establishment (OTAN) : instauration

establishment (OTAN) : organisme (personnel et matériel)

establishment (OTAN) : tableau d'effectifs

establishment (US) : création (unité / corps / arme / armée)

establishment (US) : fondation (création)

establishment (US) : hautes sphères (milieu)

establishment (US, GB) : création (grande école militaire / corps)

establishment (US, OTAN) : établissement (action)

estate (GB) : patrimoine (immobilier)

estimate (GB) : estimation

estimate (GB) : estimer (évaluer)

estimate (GB) : évaluer (distance)

estimate (GB, US) : évaluation

estimate (OTAN) : appréciation (évaluation)

estimate (US) : évaluer

estimate of the situation (OTAN) : appréciation de la situation (TAC)

estimate procedure (US) : méthode de raisonnement tactique (MRT)

Estimate Process (GB) : méthode de raisonnement tactique (MRT)

estimate process (US) : processus d'évaluation (TAC)

estimated : estimé (potentiel)

estimated : estimé à (ou évalué à)

estimated (GB) : environ

estimated (OTAN) : prévu (probable) (heure)

estimated (OTAN) : probable (prévu) (heure)

estimated position (EP) (OTAN) : position probable (ou estimée)

estimated time (OTAN) : heure (ou horaire) prévu(e)

estimated time (OTAN) : heure probable (ou prévue)

estimated time of arrival (ETA) (OTAN) : heure d'arrivée prévue

estimated time of arrival (ETA) (OTAN) : heure probable (ou prévue) d'arrivée (HPA)

estimated time of departure (ETD) (OTAN) : heure de départ prévue (ou probable)

estimation (US) : évaluation

estrangement (OTAN) : désunion (alliés)

estuary (US) : estuaire

ethic (US) : éthique

ethical (US) : éthique (adjectif)

ethnic (OTAN) : de souche

ethnic (OTAN) : inter-ethnique

ethnic (US, GB, OTAN) : ethnique

ethnic background (OTAN) : origine ethnique

ethnic cleansing (OTAN) : nettoyage ethnique

ethnic cleansing (US, GB) : purification (ou épuration) ethnique

ethnic cleansing (US, GB, OTAN) : épuration ethnique

ethnic cleansing operations (OTAN) : opérations de nettoyage (ou d'épuration) ethnique

ethnic group (GB, OTAN) : groupe ethnique

ethnic group (Jane's) : ethnie (ou groupe ethnique)

ethnic minority (US, GB) : minorité (ethnique)

EU (European Union) (OTAN) : UE (Union européenne)

EU's High Representative for the Common Foreign and Security Policy (OTAN) : Haut Représentant de l'Union européenne pour la Politique étrangère et de sécurité commune (le)

Euro-Atlantic (OTAN) : euro-atlantique

Euro-Atlantic Disaster Response Cooordination Centre (the) (EADRCC) : centre euro-atlantique de coordination des réactions en cas de catastrophes

Euro-Atlantic Partnership (OTAN) : partenariat euro-atlantique

Euro-Atlantic Partnership Council (the) (EAPC) (OTAN) : Conseil de Partenariat Euro-atlantique (CPEA)

Eurocorps (OTAN) : corps européen (CE)

Eurocorps (OTAN) : Eurocorps (corps d'armée européen)

EUROFOR (= European Force ou Rapid Deployment Euroforce) (OTAN, UEO) : EUROFOR

(Force Européenne opérationnelle rapide / Euro-force opérationnelle rapide)

EUROFOR Headquarters (UEO) : état-major d'EUROFOR

Euro-Mediterranean area (GB) : espace euro-méditérranéen (l')

Europe (OTAN, UEO) : Europe

European (GB, UEO) : européen

European (UEO) : Européen

European and Mediterranean space (Jane's) : espace euro-méditérranéen (l')

European army (OTAN) : armée européenne

European crisis management (OTAN) : gestion des crises au niveau européen

European Defence (OTAN) : défense européenne (la)

European Defence cooperation : coopération en matière de défense européenne

European Fighter Aircraft (EFA) (OTAN) : avion de combat européen

European integration (OTAN) : intégration européenne (l')

European integration process (OTAN) : processus d'intégration européen (le)

European Security and Defence Identity (ESDI) (OTAN) : identité européenne de sécurité et de défense (IESD)

European Space Agency (ESA) : agence spatiale européenne

European Space Centre (GB) : Centre Spatial Européen (Kourou / Guyane française)

European Union (EU) (OTAN) : Union européenne (l') (UE)

European-led operations (OTAN) : opérations dirigées par les Européens

EUROSATORY exposition of land defense (US) : EUROSATORY (exposition des matériels de défense terrestres)

EUROSATORY ground forces defense exposition (US) : EUROSATORY (exposition des matériels de défense terrestres)

Eurostrategic (UN) : eurostratégique

evacuate (GB) : évacuer (quitter)

evacuate (US, GB) : évacuer

evacuation (US) : opération d'évacuation

evacuation (US, OTAN, GB) : évacuation (matériels / personnels / population)

evacuation control centre (OTAN) : centre de contrôle des évacuations

evacuation handling centre (GB) : centre de gestion (ou de traitement) des évacuations

evacuation hospital (US) : hôpital d'évacuation

evacuation of casualties : évacuation des blessés (SAN)

evacuation operation (US) : opération d'évacuation

evacuation plan (US) : plan d'évacuation

evacuation point (EP) (GB) : point d'évacuation (tête de pont aérienne / port / plage)

evacuation programme (OTAN) : programme d'évacuation

evacuation system (US, OTAN) : chaîne d'évacuation (SAN)

evacuee (OTAN, GB) : évacué (personne évacuée) (nom)

evade (GB) : éviter (se dérober à) (ennemi) (TAC)

evade (GB) : se dérober (TAC)

evade (OTAN) : se soustraire à

evade (US) : esquiver

evade capture (US) : échapper à la capture (PERS)

evade surveillance (US) : échapper à la surveillance (agent) (RENS)

evader (UN) : dissimulateur (fraudeur) (désarmement)

evaluate (OTAN) : apprécier

evaluate (US) : évaluer

evaluation (OTAN, US) : évaluation

evaluation (US) : notation (PERS)

evaluation guide (US) : guide d'évaluation

evaluation report (US) : bulletin de notes (ou de notation) (PERS)

evaluation report (US) : compte-rendu d'évaluation (PERS)

evaluation reporting system (US) : système de notation (PERS)

evaluation test (OTAN) : essai d'évaluation

evasion (GB) : dérobement (évitement) (de l'ennemi)

evasion (GB) : évasion (PERS)

evasion (GB) : évitement (dérobement) (de l'ennemi) (TAC)

evasion (UN) : dissimulation (fraude ou camouflage) (STRAT)

evasion and escape (E & E) (OTAN, US) : évasion (PERS)

evasion and escape (E & E) (US, OTAN) : évasion et récupération (exfiltration)

evasive (GB) : dilatoire (manœuvre)

evasive action : esquive (TAC)

evasive action (GB) : dérobement (évitement) (de l'ennemi)

evasive action (GB) : évitement (dérobement) (de l'ennemi) (TAC)

evasive action (GB) : manœuvres dilatoires

eve (US) : veille

evening : soir

event (GB) : cas

event (GB) : hypothèse

event (US) : activité (ou événements) (TAC)

event (US, GB) : événements (actualité / TAC)

events (OTAN) : loi (sens figuré)

eventually : à terme

ever- (US) : toujours

ever (US, GB) : jamais

ever-deepening (OTAN) : poussé

every (GB) : tout

everyday business (Jane's) : vie courante

everyday routine : service courant
evict (US) : chasser (TAC)
evidence (US) : manifester
evidence (US) : preuve(s)
evil (OTAN) : fléau
evolution (US) : évolution
evolutionary (US) : évolutif (concept)
evolve (OTAN) : se développer
evolve (US) : évoluer (progresser)
evolving (OTAN) : évolutif
evolving (US) : en évolution
evolving (US) : en mutation
EW (electronic warfare) : GE (guerre électronique)
EW assets (US) (EW = Electronic Warfare) : moyens de guerre électronique
EW capability (US) (EW = Electronic Warfare) : capacité de guerre électronique
EW operations (US) (EW = Electronic Warfare) : opérations de guerre électronique
EW support (US) (EW = Electronic Warfare) : appui guerre électronique
EW unit (US) (EW = Electronic Warfare) : unité de guerre électronique
ex- (US, GB) : ancien (adjectif)
exact from (GB) : exiger de
exaggerated (US) : exagéré (compte-rendu)
exam(ination) (US) : examen (pédagogie)
examination : bilan (sens figuré)
examination : examen (sens figuré)
examine : examiner
examine (US) : examiner (SAN)
example (US) : exemple
excavator : pelle (véhicule GEN)
exceed (CFE) : dépasser (en quantité)
exceed (US) : outrepasser
excel (US) : exceller
excellence (US) : excellence
excellent : excellent (de premier ordre)
except (the fact) that (US) : excepté que
exception (OTAN) : exception
exceptional (GB, US) : exceptionnel
exceptional transport (OTAN) : transport exceptionnel (transport ferroviaire)
excess (OTAN) : excessif
excess (US) : excédentaire
excess forces (OTAN) : forces à caractère excessif
excessive (OTAN) : excessif
exchange (GB, US) : échanger
exchange (OTAN) : redistribuer
exchange (US) : échange (espions) (RENS)
exchange (US) : échanger (espions) (RENS)
exchange (US, CFE, UEO) : échange
exchange of civilians (US) : échange de civils
exchange of fire (GB) : échange de coups de feu (ou de tirs)
exchange of information (OTAN) : échange d'informations

exchange of POWs (US) (POW = Prisoner Of War) : échange de prisonniers de guerre
exchange of views (OTAN) : échange de vues
exchange officer (US, GB) : officier d'échange (ou de liaison) (entre pays)
excitement (US) : passion
excluded : exclu
excluding (GB) : à l'exception de
exclusion (GB) : exclusion (TAC)
exclusion zone (EZ) (GB) : zone d'exclusion (de toutes les forces militaires d'un pays)
exclusive economic zone (GB) : zone économique exclusive
exclusively (Jane's) : exclusivement
ex-colony (US) : ancienne colonie
ex-conscript (Jane's) : ancien appelé
excuse (US) : exempter
excuse from (US) : dispenser de
excuse from duty (GB) : planque (action d'échapper aux exercices et corvées)
execute (a demolition) (OTAN) : mettre en œuvre (destruction)
execute (US) : conduire (mener) (TAC)
execute (US, GB) : exécuter (tir) (ART)
execute (US, GB) : exécuter (tuer)
execute (US, OTAN) : exécuter (ordre / opération / mission) (TAC)
execution : exécution (titre de paragraphe)
execution (US) : exécution (mise à mort)
execution (US, GB) : exécution (accomplissement) (mission / opération)
execution of orders (US) : exécution des ordres
execution phase (GB) : phase d'exécution (attaque)
executive action (US) : assassinat (opération homo) (RENS)
executive action (US) : "homo" (opération) (RENS)
executive action (US) : opération "homo" (homicide) (assassinat) (RENS)
executive officer (XO) (US) : commandant en second (unité)
executive officer (XO) (US) : officier adjoint (corps de troupe)
executive operation (US) : assassinat (opération homo) (RENS)
executive operation (US) : opération "homo" (homicide) (assassinat) (RENS)
executive protection (US) : protection des personnalités
exemplary (US, GB) : exemplaire (adjectif)
exemplify (US) : illustrer
exempt (GB) : exempté
exempt (GB) : exempter
exemption (from military service) (US) : dispense (service national)
exemption (US) : exemption (service national)
exercise (GB) : exercice (entraînement physique)
exercise (GB) : s'entraîner (force / PERS)

exercise (US) : exercer
exercise (US) : exercice (action d'exercer)
exercise (US, GB, OTAN) : exercice (manœuvre)
exercise analysis (OTAN) : analyse des exercices
exercise area (GB, US) : zone d'exercice (ou zone de manœuvre)
exercise brief (EXBRIEF) (OTAN) : exposé d'exercice
exercise control (EXCON) (OTAN) : contrôle de l'exercice
exercise control center (US) : centre de contrôle d'entraînement (simulation de combat d'infanterie)
exercise directive (OTAN) : directive d'exercice
exercise forms (FORMEX) (OTAN) : modèle type pour exercice
exercise operation order (EXOPORD) (OTAN) : ordre d'opération d'exercice
exercise order (EXORDER) (OTAN) : ordre d'exercice
exercise planner (OTAN) : planificateur d'exercice
exercise planning (OTAN) : planification d'exercice(s)
exercise planning staff (EPS) (OTAN) : état-major de planification d'exercice
exercise programme (EXPROG) (OTAN) : programme d'exercice (ou de manœuvre)
exercise publication (OTAN) : publication sur les exercices
exercise series (US) : série d'exercices
exercise specification (EXSPEC) (US, OTAN) : spécification de l'exercice
exercise sponsor (OTAN) : officier prescrivant l'exercice
exercise supplement (EXSUPP) (OTAN) : supplément d'exercice
exert (GB) : exercer
exfiltrate (s') (TAC) : exfiltrer (s')
exfiltrate (GB) : exfiltrer (unité) (emploi transitif)
exfiltrate (US) : exfiltrer (agent) (RENS)
exfiltrate (US) : faire sortir (ou exfiltrer) (RENS)
exfiltration (US, GB) : exfiltration
exfiltration route (US) : itinéraire d'exfiltration
exhaust (GB) : échappement (gaz du moteur)
exhaust (US) : gaz
exhaust (US, GB) : épuiser
exhaust pipe : tuyau d'échappement (char)
exhausted (GB) : épuisé (munitions / personnel / stocks)
exhaustion (GB) : épuisement (fatigue extrême) (PERS)
exhaustion (US) : épuisement (ressources / moyens)
exhaustive (GB) : approfondi
exhibition (Jane's) : salon (exposition) (ARMT)
exhibition (US) : exposition (matériels)
exhibitor : exposant (exposition de matériel militaire)
exigencies (Jane's) : servitudes

exigencies of the Service (GB) : nécessités de service (PERS)
exigency (GB) : nécessité
exile (GB) : exil
exile (GB) : exilé
exile (GB) : exiler
exist : exister
existing (GB) : actuel
existing (US) : ambiant
existing (US) : existant (actuel)
exit : sortie (d'un aéronef) (parachutiste)
exit (OTAN) : sortie
exit ou to jump off (an armored vehicle) (US) : sortir de (véhicule blindé)
exit strategy (crisis) (US) : stratégie de sortie (de crise)
exiting (from an aircraft) (US) : sortie (d'un aéronef) (parachutiste)
ex-legionnaire (GB) : ancien légionnaire
Exocet short-range radar-guided anti-ship missile (French) (GB) : Exocet (missile anti-navires)
exodus (OTAN) : exode (réfugiés)
expand : augmenter
expand (Jane's, US) : développer
expand (US) : élargir
expanded (OTAN, US) : élargi (force / champ de bataille)
expanding (US) : croissant
expanse (US) : étendue
expansible (US) : expansible (force / armée)
expansion (CA) : expansion (territoriale)
expansion (US) : développement (extension)
expansion nozzle : tuyère (missile)
expatriate (GB) : expatrié (nom)
expect (GB) : s'attendre à
expect (US) : attendre
expectation(s) (US) : attentes (aspirations) (PERS / chef)
expected (OTAN) : escompté (dommages)
expected (US) : attendu (attaque / opération)
expected (US) : prévu
expedient (US) : expédient
expedient (US) : improvisé (de fortune)
expedite (GB) : expédier (action / tâche)
expedite (US) : accélérer (hâter)
expedition (GB, US) : expédition
expeditionary (US, GB) : expéditionnaire
expeditionary force (US) : corps expéditionnaire (Hist.)
expeditionary force (US, GB) : force expéditionnaire
expeditionary operations (GB) : opérations expéditionnaires
expeditionary tasks (US) : missions de corps expéditionnaire
expeditionary warfare (Jane's) : guerre expéditionnaire (type de guerre)
expeditious (UN) : rapide (règlement de conflit)

expel (US) : expulser (RENS)
expend (US) : consommer (munitions)
expendable (GB, US) : consommable (adjectif)
expendable (OTAN) : non réparable (pièce / véhicule)
expenditure (GB) : dépenses
expenditure (ammunition) (GB) : consommation (de munitions)
expenditure rate : taux de consommation
expenditure(s) (UN) : dépenses
expense (GB) : dépenses
expense (US, GB) : détriment
expensive (UN) : onéreux (matériel)
experience (GB) : connaître (faire l'expérience de)
experience (US, GB) : expérience (PERS)
experienced (in) (US, GB) : expérimenté (PERS)
experiment (US) : expérience (test) (matériel / force)
experiment design (US) : conception des expérimentations
experiment design (US) : protocole expérimental (expérimentation tactique)
experiment operations (US) : activités d'expérimentation (TAC)
experiment operations (US) : opérations d'expérimentation
experimental (US) : expérimental
experimental force (EXFOR) (US) : force expérimentale
experimental results (US) : résultats d'expérimentation
experimental satellite (US) : satellite expérimental
experimentation (US) : expérimentation
experimentation activities (US) : activités d'expérimentation (TAC)
experimentation campaign (US) : campagne d'expérimentation (de combat)
experimentation center (US) : centre d'expérimentation
experimentation cycle (US) : cycle d'expérimentation
experimentation facility (US) : centre d'expérimentation
experimentation method (US) : méthode d'expérimentation
experimentation process (US) : processus d'expérimentation
experimentation venue (US) : site d'expérimentation
expert (US) : tireur d'élite (US)
expert (US, GB, OTAN) : expert
expertise : compétence
expertise (GB, US) : savoir-faire (compétence)
expertise (OTAN) : compétences techniques
expertise (UN) : connaissances spécialisées
expertise (US) : connaissance(s)
expertise (US, GB) : expertise
expiration (CA) : expiration (mandat d'une force)

explode : exploser (sens actif)
explode : exploser (ou sauter) (faire) (sens passif)
explode : faire sauter
exploit (a source) (OTAN) : mettre en œuvre (source) (RENS)
exploit (GB) : exploit
exploit (US) : tirer profit de
exploit (US, OTAN) : exploiter (tirer profit de)
exploitable (US) : exploitable (faiblesse)
exploitation (US, OTAN) : exploitation (TAC)
exploitation force (US) : force d'exploitation
exploratory (US) : exploratoire
explore (US) : analyser (concept / environnement)
explosion (US) : explosion
explosive (GB) : explosif (situation) (adjectif)
explosive (OTAN, GB, US) : explosif (nom)
explosive (US, GB, OTAN) : explosif (munition / dispositif) (adjectif)
explosive canister (UN) : cartouche d'explosif
explosive charge (CFE) : charge explosive (tête militaire) (missile)
explosive device : engin explosif
explosive device (US) : dispositif explosif
explosive force (OTAN) : force explosive (charge)
explosive ordnance (OTAN) : munition(s) explosive(s)
explosive ordnance (OTAN, GB) : explosifs et munitions
explosive ordnance disposal (EOD) (GB, OTAN) : neutralisation et destruction des explosifs (NEDEX)
explosive ordnance disposal (EOD) (OTAN) : dépollution
explosive ordnance disposal (EOD) (OTAN) : enlèvement et destruction des explosifs
explosive ordnance disposal (EOD) (US, GB, OTAN) : élimination d'engins explosifs
explosive ordnance reconnaissance (OTAN) : reconnaissance de munition(s) explosive(s)
explosive reactive armour (ERA) (GB) : blindage réactif explosif
explosive train (OTAN) : chaîne de mise à feu
explosive train (US, OTAN) : chaîne de mise à feu
explosives manufacturing facility (US) : usine de fabrication d'explosifs
explosives-handling (US) : manipulation d'explosifs
exponential (GB, OTAN) : exponentiel
export : exporter (armement)
export (GB, UN, Jane's) : exportation
export control (US) : contrôle à l'exportation
export customer (US) : client à l'exportation (ARMT)
export markets (Jane's) : exportation
export sales (GB) : ventes à l'exportation
expose (US) : dévoiler (identité)
expose (US) : exposer
expose (US) : mettre à découvert (TAC)

expose oneself (US) : s'exposer (TAC)

exposed (US) : à découvert (force) (TAC)

exposed (US, GB) : exposé

exposition (US) : exposition (matériels)

exposure (OTAN, US) : exposition (NBC / risque / tirs)

express (US) : exprimer (gratitude / mesure)

expulsion (OTAN) : expulsion

ex-regular ou ex-Regular (GB) : ancien militaire d'active

ex-serviceman (GB) : ancien combattant (3 armées)

extend : déborder (s'étendre)

extend (GB) : augmenter

extend (GB) : étendre (s')

extend (Jane's) : prolonger (service national)

extend (US) : élargir

extend (US) : faire passer (étendre / prolonger)

extend (US) : prolonger

extend (US) : prolonger dans un poste (PERS)

extend from...to (US) : aller de...à (gradation / éventail)

extended (times) (US) : étendu (délais)

extended (US) : accru

extended planning (US) : planification à long terme

extension : poste (téléphone)

extension (of an inspection site) (UN) : extension (site d'inspection)

extension (US) : expansion (champ de bataille)

extension (US) : prolongation

extension (US) : prolongement (conflit / opération)

extensive (OTAN) : approfondi

extensive (OTAN) : attentif

extensive (OTAN) : large (sens figuré)

extensive (OTAN) : nombreux

extensive (US) : important

extent (OTAN) : limite (poids / mandat ou disposition / champ de mines / heure ou date)

extent (UN, OTAN) : importance

extent (US) : étendue

external (CFE, OTAN, US) : extérieur (adjectif)

external (fuel tank) (US) : externe (réservoir de carburant)

external (OTAN) : extérieur (forces)

external crisis (Jane's) : crise extérieure

external deployment (Jane's) : projection extérieure

external environment (OTAN) : environnement extérieur

external forces (EF) (OTAN) : forces extérieures

external intelligence service (US) : service de renseignement extérieur (RENS)

external security (US) : sécurité extérieure (pays)

externally (US) : extérieurement (ou vu de l'extérieur)

extinguish (US) : éteindre (incendie / flammes)

extra : rab (supplément de temps)

extra (GB) : rab (supplément)

extra (Jane's) : supplément (matériel)

extra (OTAN) : supplémentaire

extra- (US) : hors

extra pay (US) : supplément de solde (allocation)

extra time : rab (supplément de temps)

extra time : rab (supplément de temps de service)

extra work : rab (supplément de travail)

extract (GB) : extraire (douille)

extract (GB) : s'extraire (unité) (TAC)

extract (GB, Jane's) : extraire (unité / personnel)

extract (OTAN) : déduire (RENS)

extract (US) : s'exfiltrer (TAP / forces spéciales)

extraction (GB) : extraction (unité) (TAC)

extraction (OTAN) : déduction (RENS)

extraction (OTAN) : extraction (largage)

extraction (US) : exfiltration (TAP / forces spéciales)

extraction (US) : extraction (renseignements)

extraction (US) : récupération (de troupes sur le terrain) (opération aéromobile)

extraction force (CA, Jane's) : force d'extraction

extraction parachute (OTAN) : parachute extracteur

extraction zone (US, OTAN) : zone de largage à faible hauteur (ravitaillement / équipement)

extractor : levier d'armement (fusil)

extra-marital affair (US) : liaison extra-conjugale (RENS)

extraordinary (OTAN) : extraordinaire

extreme : extrême (températures)

extremely : très

extremely high frequency (EHF) (OTAN) : ondes millimétriques

extremely low (OTAN) : extrêmement basse (fréquence)

extremely low frequency (ELF) (OTAN) : fréquence extrêmement basse

extremely precise stand-off strikes (US) : frappes à distances très précises

extremist (US) : extrémiste (nom et adjectif)

extricate oneself (US) : dégager (se) (troupe)

extroverted (US) : extroverti (PERS)

eye (US, GB) : œil (sens propre et figuré)

eyeball to eyeball (familier) (US) : face à face

eyepiece : oculaire

eye-protection (GB) : protection oculaire

eyes (US) : vue (vision)

eyes right ! / eyes left ! (US) : tête droite ! / tête gauche !

eye-safe laser : laser à sécurité oculaire

f

F (Fail) (US) : échec (note lors d'une évaluation)
F Echelon (GB) : éléments de combat (formation de combat)
FA (= field artillery) support (US) : artillerie sol-sol (sous-titre de paragraphe)
FA (= field artillery) unit (US) : unité d'artillerie sol-sol
FA (Field Artillery = artillerie sol-sol) / ADA (Air Defense Artillery) support (US) : artillerie (titre de paragraphe)
face : face (sabre)
face (GB) : affronter
face (Jane's) : risquer
face (of a map) (OTAN) : recto (carte)
face (OTAN) : attendre
face (OTAN) : faire face à (défi / menace / crise)
face (OTAN) : se poser (défi)
face (US) : confronter
face (US) : faire face à (ennemi / menace)
face (US) : tête
faced with (US) : confronté à
facepiece (US) : couvre-face (masque à gaz)
facet : facette
face-to-face (US) : en tête-à-tête (rencontre / réunion) (PERS)
face-to-face (US) : face à face
face-to-face (US) : tête-à-tête
face-to-face (battle) (US) : face à face (affrontement) (TAC)
facilitate (US, CA) : faciliter
facilities (US) : équipements (infrastructure)
facilities (US, OTAN) : infrastructure
facility (OTAN) : élément
facility (OTAN) : organisme d'appui ou de soutien
facility (US) : établissement (lieu)
facility (US, GB) : installation
facing (GB) : face à (direction) (TAC)
facsimile : fax (fac-similé)
facsimile : télécopie (ou fax)
fact (GB) : fait (analyse)
fact (US) : fait (action)
fact sheet (GB) : fiche d'informations
fact-finding (GB) : exploratoire
fact-finding (UN) : établissement des faits (enquête)
faction (US, GB) : faction
faction leader (US) : chef de faction
factor (OTAN, US) : coefficient
factor (US, GB, OTAN) : facteur
factors of METT-T (mission, enemy, terrain, troops, and time available) : facteurs déterminants (ou de la décision) (méthodologie) (TAC)
factory (GB, Jane's) : usine
factual (UN) : factuel

fail (US, GB) : échouer
failed (US) : avorté (mission)
failure (OTAN) : dysfonctionnement
failure (OTAN) : refus
failure (OTAN, US) : panne (matériel / système)
failure (US) : échec
faint : s'évanouir (ou perdre connaissance) (SAN)
fair (US) : équitable
fairly reliable (US) : assez sûr (cotation) (RENS)
fake (US) : faux
fake (US) : feindre
fall (CA) : abolition
fall (GB) : chuter (baisser)
fall (GB) : s'enfoncer
fall (up)on : affecter (concerner)
fall (US) : automne
fall (US) : tomber (au combat) (mourir)
fall (US) : tomber
fall (US, GB) : chute
fall asleep (GB) : s'endormir (PERS)
fall back : céder (terrain / territoire) (TAC)
fall back (US) : reculer (TAC)
fall back (US) : se retirer (force) (TAC)
fall down on the job (US) : se planter (échouer) (familier) (PERS)
fall in ! (US) : à vos rangs !
fall in ! (US) : formez les rangs !
fall in ! (US) : rassemblement !
fall in (familier) (US) : s'écrouler
fall in (GB) : se rassembler (défilé / prise d'armes) (troupe)
fall into (US) : se diviser en
fall into hands (US) : tomber aux mains de
fall on : incomber à
fall on (GB) : s'abattre sur (obus)
fall out ! (US) : rompez les rangs !
fall out (US, GB) : rompre les rangs (rassemblement / défilé) (troupe)
fall to (GB) : incomber à
fall to (GB) : tomber aux mains de
fall to (US, GB) : revenir à (incomber)
fall under (US) : relever de (dépendre de)
fall upon (GB) : attaquer
fall-out rate (GB) : taux d'échec (formation)
false (GB) : factice
false (US, GB) : faux
false alarm (OTAN, GB) : fausse alerte
false edge : faux tranchant (sabre / poignard)
false flag (US) : faux drapeau (ruse du) (RENS)
false front (GB) : faux front (TAC)
false identity (US) : fausse identité (agent) (RENS)
false passport (US) : faux passeport (RENS)
false start (US) : faux départ (TAC)
falter (GB) : faiblir
FAMAS 5.56mm assault weapon (French-designed) (GB) : FAMAS (Fusil d'Assaut de la Manufacture d'Armes de Saint-Etienne)

famed (US) : renommé (unité)
famed (US) : réputé (unité)
familiar (US) : connu (terrain)
familiar (with) (US) : renseigné (PERS)
familiarisation (GB) : sensibilisation
familiarize (US) : familiariser
familiarize with (US) : sensibiliser à
family (UN) : gamme (armes / matériels)
family (US) : familial
family (US, GB : famille (PERS et sens figuré)
family (US, GB) : famille (matériels)
family background (US) : antécédents familiaux
  (enquête d'habilitation) (RENS / PERS)
Family Day (US) : journée des familles (visite
  d'unité)
family life (GB) : vie de famille
family of nations (OTAN) : famille des nations
family of systems (US) : famille de systèmes
family quarters (GB) : cité-cadres
family separation (US) : éloignement familial
  (PERS)
family support (US) : aide (ou soutien) aux familles
famous (US, GB) : célèbre
famous for (GB) : réputé pour
fan (US, GB) : ventilateur
fan out : éventail (se distribuer en) (force) (TAC)
fan out (US) : se déployer en éventail (force)
  (TAC)
fanatic (GB) : fanatique (nom)
fanatical (GB) : fanatique
far (US) : loin
Far East (GB) : Extrême-Orient (l')
far term (US) : long terme
farewell (GB, US) : au revoir
farewell speech (OTAN) : discours d'adieu
farewell to arms : adieu aux armes
far-term (US) : long terme (à)
fast : rapide (véhicule / aéronef / arme)
fast (US) : rapidement
fast (US) : vite
fast attack vehicle (FAV) (DELTA Force) (US) :
  buggy 4 X 4 (forces spéciales / unités de reconnaissance)
fast attack vehicle (FAV) (US) : autodune (forces
  spéciales)
fast attack vehicle (FAV) (US) : véhicule léger des
  forces spéciales (ou buggy)
fast patrol boat (FPB) (OTAN) : vedette rapide
fast track (OTAN) : voie rapide (procédure)
fast-moving (GB) : rapide (véhicule / aéronef /
  arme)
fast-paced (US) : cadence rapide (à) (opérations)
fast-roping (US) : descente par corde lisse (aérocordage)
fatally (US) : mortellement
fatigue (GB) : corvée
fatigue belt : ceinture de treillis

fatigue duty : corvée
fatigue shirt : chemise de treillis
fatigues (GB) : tenue de corvée (PERS)
fatigues (GB) : travaux d'intérêt général (TIG)
fault (OTAN) : défaut (matériel)
faulty (UN) : défectueux
favorable (US) : favorable
favoritism (GB) : favoritisme
favour : favoriser
favour (GB) : faveur
favourable (GB) : favorable
favouritism (GB) : favoritisme
fax : fax (fac-similé)
fax : télécopie (ou fax)
fax transmissions (US) : transmissions par fax
fear (US, GB) : peur
feared (US) : redouté
fearless (GB) : intrépide (soldat)
feasability (GB) : faisabilité (projet) :
feasibility study (OTAN, Jane's) : étude de faisabilité
feasible (OTAN, GB) : possible
feasible (US) : faisable (ou réalisable)
feat (GB) : action d'éclat
feat of arms (US) : fait d'armes
feature : point (spatial / géographique) (endroit)
  (TAC)
feature (GB) : détail planimétrique
feature (GB) : élément
feature (GB) : particularité du terrain
feature (GB) : trait saillant du terrain (hauteur)
feature (Jane's) : caractéristique (matériel)
feature (OTAN) : détail cartographique
feature (OTAN) : trait (caractéristique)
feature (US) : comporter
feature (US, GB) : aspect (opération / plan)
features : caractéristiques (arme / système
  d'armes)
F echelon (GB) : échelon de combat (unité) (GB)
federal (US) : fédéral
federation (OTAN) : fédération
feed : alimenter (armement)
feed (GB) : alimenter (RENS)
feed (US) : alimentation (arme)
feed (US) : faire passer (renseignement) (RENS)
feed (US) : nourrir
feed (with) (US) : approvisionner
feed belt : bande chargeur (arme automatique)
feed plate : bloc d'alimentation (arme automatique)
feed somebody information on (familier) (US) :
  renseigner (quelqu'un / unité / chef)
feedback (US) : retour d'information
feel (US) : intuition (chef) (TAC)
feel (US) : ressentir
feeling (GB) : sentiment
feint (GB) : fausse attaque
feint (OTAN) : feinte

feint (US) : diversion (TAC)
FELIN clothing and equipment ensemble : fantassin à équipement et liaison intégrés (FELIN)
FELIN future soldier system (Jane's) : fantassin à équipement et liaison intégrés (FELIN)
FELIN outfit (Jane's) : fantassin à équipement et liaison intégrés (FELIN)
FELIN series of personal equipment (GB) : fantassin à équipement et liaison intégrés (FELIN)
FELIN soldier modernization system (Jane's) : fantassin à équipement et liaison intégrés (FELIN)
fell : abattre (arbre) (GEN)
fellow (OTAN) : apparenté (organisme)
fellow soldier (US) : compagnon d'armes
fellowship (UN) : bourse d'études (PERS)
female (GB) : féminisé
female (US) : féminin
female agent (US) : agent féminin (RENS)
female officer (US, Jane's) : officier féminin
female personnel (GB, US) : personnel(s) féminin(s)
female service hat (US) : tricorne (coiffe féminine)
female soldier (GB) : femme militaire
fence (GB) : clôture
fencing : pique-boyaux (escrime) (familier)
fencing (US, GB) : escrime
fender (US) : pare-chocs
ferocity (OTAN) : violence
ferry (across) : transborder (faire passer d'une rive à l'autre)
ferry (GB) : bac (GEN)
ferry (GB) : faire passer d'une rive à l'autre (force)
ferry (GB) : ferry(-boat)
ferry (GB) : transporter d'une rive à l'autre (force)
ferry (US) : transporter
ferry across (GB) : faire traverser (force)
ferry site : site de franchissement par bac
ferry...across : faire franchir (coupure)
ferry-boat (GB) : ferry(-boat)
feud (GB) : querelle (entre clans)
few (GB) : faible
few (GB) : poignée (sens figuré)
fewer : moins de
FH 70 howitzer (équivalent GB) : canon de 155 mm TRF1 (tracté modèle F1)
fiasco (GB) : fiasco
fiber optic (US) : fibre optique
Fiber Optic Mortar Projectile (FOMP) (US) : obus de mortier à fibre optique
fiberglass (US) : fibre de verre
fiber-optic missile (Jane's) : missile à fibre optique (MFO) (ex-POLYPHEM)
fibre optic (US) : fibre optique
FIBUA (Fighting In Built-Up Areas) training area, training ground ou training village (GB) : village de combat

FIBUA course (GB) (Fighting In Built-Up Areas) : stage de combat en localité
fictional (US) : fictif (troupes / armement / situation / manœuvre)
field : avancé (de l'avant)
field : champ (TOPO)
field : mobile (force / cible)
field (GB) : mettre en place (dotation de matériel)
field (GB) : terrain
field (OTAN) : mettre en service (matériel / armements)
field (ou to issue) (equipment) to a unit (US, GB) : mettre en dotation (dans une unité) (matériel)
field (to) (US) : équiper
field (Jane's, OTAN) : aligner (comprendre sur le terrain) (forces / matériel)
field (UN) : campagne (état de guerre / terrain)
field (US) : domaine
field (US) : mettre en place (nouveau type d'armée)
field (US, GB) : en campagne (ou de campagne)
field (US, GB) : sol-sol
field (US, UN) : déployer
field ambulance (GB) : groupement santé (DB)
field ambulance (GB) : régiment médical (RMED)
field army (US, GB) : corps de bataille
field artillery (FA) brigade (US) : brigade d'artillerie sol-sol
field artillery (US, GB) : artillerie sol-sol
field artillery radar (US) : radar d'artillerie sol-sol
Field Artillery Regiment (GB) : régiment sol-sol (ART)
field artillery unit (US) : unité d'artillerie sol-sol
field battery (GB) : batterie de tir
field battery (GB) : batterie sol-sol
field commander (US) : commandant sur le terrain
field commander (US) : chef sur le terrain (le)
field exercise (OTAN) : exercice sur le terrain
field exercise (US, OTAN) : exercice de combat à simple action
field expedient (US) : moyen de fortune (terrain)
field experience : expérience du terrain
field experimentation (US) : expérimentation en campagne
field firing (GB) : tir de campagne
field firing range (GB) : champ de tir de campagne
field forces (OTAN) : forces en campagne
field forces (US) : corps de bataille
field fortification(s) (US, OTAN, GB) : fortification(s) de campagne
field grade officer (US) : officier supérieur
field gun (US, GB) : canon de campagne (ou sol-sol)
field gun (US, GB) : canon sol-sol
field hospital (GB, US, OTAN) : hôpital mobile de campagne (HMC)
field kitchen : cuisine roulante
field kitchen (US) : roulante

field manual (FM) : TTA (abrégé de "(règlement) toutes armes")

field manual (FM) (US) : règlement (TTA) (TAC)

Field Marshal (FM) (GB) : Maréchal de France (dignité)

field of activity (US) : champ (ou domaine) d'activité

field of battle (US) : champ de bataille

field of fire (GB) : champ d'observation (tir)

field of fire (US, OTAN) : champ de tir (arme individuelle)

field of honor (US) : champ d'honneur

field of study (US) : domaine d'études (grande école militaire)

field of view (US) : champ optique (lunette)

field of vision (US) : champ de vision

field officer (GB) : officier supérieur

field rank (GB) : grade d'officier supérieur

field ration (US) : ration de combat

field regiment (GB) : régiment sol-sol (ART)

field shower : douche de campagne

field squadron (Fd Sqn) (GB) : compagnie du génie

field squadron (GB) : compagnie du génie

field squadron (GB) : compagnie de combat (GEN)

field surgical team (FST) (GB) : antenne chirurgicale mobile

field telephone (GB) : téléphone de campagne

field training (GB, OTAN) : entraînement sur le terrain

field training exercise (FTX) (OTAN) : manœuvre avec troupes

field training exercise (FTX) (OTAN, US) : exercice d'entraînement en campagne (avec troupes)

field training exercise (FTX) (OTAN, US) : exercice d'entraînement sur le terrain (avec troupes)

field training exercise (FTX) (OTAN, US) : exercice sur le terrain avec troupes (ou d'entraînement sur le terrain)

field trains (US) : trains régimentaires (services administratifs, vivres, moyens lourds des services techniques)

field transfusion unit (FTU) : unité de transfusion de l'avant (SAN)

field troop (GB) : section (génie)

field(-)expedient (US) : fortune (de) (ou improvisé) (matériel / construction / arme)

fieldcraft (GB) : utilisation du terrain (TAC)

fielded (US) : en service (matériel)

field-expedient weapon (US, UN) : arme de fortune (improvisée ou de circonstance) (champ de bataille)

fielding : mise en dotation (matériel)

fielding (US) : dotation

fielding (US) : équipement (action d'équiper)

fielding (US) : introduction (dans les unités) (matériel)

fielding (US, GB) : mise en place (dans les unités) (matériel)

fielding (US, GB) : mise en service (matériel)

field-tested (US) : expérimenté sur le terrain (matériel)

field-tested (US) : testé sur le terrain (matériel)

fierce (US, GB) : violent

fifth column (US, GB) : cinquième colonne (Hist.)

fight : découdre (en)

fight : mordant (PERS)

fight (GB) : envie de se battre (ou ressort ou mordant)

fight (GB) : mener (exécuter / accomplir) (action / opération)

fight (OTAN) : lutte

fight (OTAN, GB, US) : se battre (force / soldat)

fight (US) : combat (action réelle)

fight : action (TAC)

fight (US) : combattre (personnels / hélicoptère)

fight (US) : faire combattre (unité)

fight (US) : livrer (bataille / combat)

fight (US, GB) : ardeur au combat

fight back : se défendre (contre)

fight back (GB) : résister

fight back (GB) : se défendre (résister) (force)

fight off (GB) : repousser (attaque)

fight the delaying battle : freiner (TAC)

fight with distinction (GB) : se distinguer (PERS / unité)

fightability (GB) : capacité de combat (char)

fighter (aircraft) : avion de chasse

fighter (OTAN) : avion de combat

fighter (OTAN) : chasseur (aéronef)

fighter (US) : combattant (terrestre)

fighter cover (OTAN) : couverture aérienne (par des chasseurs)

fighter engagement zone (FEZ) (OTAN) : zone d'engagement d'avions de combat

fighter ground attack aircraft (FGA) (GB) : avion d'attaque au sol

fighter interceptor : intercepteur (aéronef)

fighter interceptor (UN) : chasseur d'interception (aéronef)

fighter pilot (GB) : pilote de chasse

fighter, ground attack (FGA) (OTAN) : chasseur d'appui tactique

fighter, ground attack (FGA) (OTAN) : chasseur d'attaque au sol

fighter-bomber (GB) : chasseur-bombardier

fighter-bomber attack (FBA) (GB, OTAN) : chasseur-bombardier d'attaque

fighter-bomber attack (FBA) (GB, OTAN) : chasseur-bombardier tactique

fighter-bomber strike (FBS) (OTAN) : chasseur-bombardier d'attaque nucléaire

fighting : baroud (combat)

fighting (US) : combat (action réelle)

fighting (US) : luttes

fighting (US, GB) : combats
fighting (battle) (GB) : combattant/e (unité)
fighting capability (US) : potentiel de combat (force)
fighting compartment (GB) : compartiment de combat (véhicule)
fighting cybercrime (US) : lutte contre la criminalité cybernétique
fighting edge (US) : avantage tactique
fighting effectiveness (GB) : efficacité au combat
fighting flexibility (US) : souplesse de combat (unité)
fighting force (CA, GB) : force de combat
fighting force (US, GB) : force combattante (ou de combat)
fighting forces (US) : forces combattantes
fighting in built-up areas (FIBUA) (GB) : combat en localité (COLOC) (ou en zone urbanisée) (combat urbain)
fighting in woods and forests (FIWAF) (GB) : combat en zones boisées
fighting knife (US) : couteau de combat
fighting machine (GB) : machine de guerre
fighting man (US) : combattant (terrestre)
fighting mirror : miroir de combat (guerre spatiale)
fighting on urbanized terrain (US) : combat en localité (COLOC) (ou en zone urbanisée) (combat urbain)
fighting patrol (GB, OTAN) : patrouille de combat
fighting position (US) : emplacement de combat
fighting position (US, GB) : position de combat
fighting position (US, GB) : poste de combat (position)
fighting potential (GB) : potentiel de combat (force)
fighting power (GB) : puissance opérationnelle (TAC)
fighting soldier (GB) : soldat combattant
fighting spirit (GB) : ardeur au combat
fighting spirit (GB) : volonté de combattre (ou ardeur au combat)
fighting strength (GB) : potentiel de combat (unité)
fighting system (US) : système de combat
fighting through (to) the objective : combat sur l'objectif
fighting unit (GB) : unité combattante
fighting vehicle (FV) : véhicule de combat
fighting(-)knife (US, GB) : poignard de combat (forces spéciales / troupes d'élite)
figthing capability : aptitude au combat
figure (GB) : chiffre (nombres)
figure (GB) : figure (personnalité)
figure (GB) : minute (procédure radio)
figure (GB, OTAN) : nombre
figure out (familier) (US) : comprendre
figures : nombres (radio)

figures (US) : j'épelle les nombres (procédure radio)
file : fichier (informatique)
file (GB) : colonne (PERS)
file (OTAN) : fichier
file (US) : dossier
fill (GB) : occuper (poste / emploi / surface / place)
fill (OTAN) : obturer
fill (US) : tenir (emploi / poste)
fill (US, GB) : honorer (poste)
fill out (US) : remplir (renseigner)
filled up with replacements (OTAN) : complété (force)
filling hole : bouchon de chargement (grenade à main)
filter : filtrer (passage d'unité)
filter (US) : filtre (masque à gaz)
filter (US) : filtrer (eau)
filtration : filtration
fin : ailette (missile)
fin : empennage (missile)
final (GB, CA) : final
final (OTAN) : ultime
final (US) : définitif
final (US) : dernier
final act (OTAN) : acte final (conférence)
final draft (US) : version finale (document)
final phase (US) : phase finale (opération)
final plan (OTAN) : plan final
final protective fire (FPF) (US, GB, OTAN) : tir d'arrêt
final qualitification review (FQR) (OTAN) : étude finale des qualifications
final report (US) : rapport final
finalize (a plan) (US) : arrêter (plan) (version définitive) (TAC)
finalize (a plan) (US) : mettre la dernière main à (plan) (TAC)
finalize (US) : mettre au point (plan / armement)
finally (OTAN) : enfin
Finance and Accounting Office (FAO) (équivalent partiel US) : centre territorial d'administration et de comptabilité (CTAC)
Finance Corps (US) : services financiers (corps des) (service) (USA)
Finance Corps (US) : Trésor(erie aux armées)
finance ou pay (US) : trésor (fonction)
financial : financier (adjectif)
financial / administrative services (US) : services financiers / administratifs
financial asistance (US) : aide financière (PERS)
financial assistance (US) : assistance financière (services sociaux) (PERS)
financial limit (OTAN) : limite financière
financial planning (Trésor) (US) : planification financière

financial problem (US) : problème financier (PERS)

financial procedures (OTAN) : procédures financières

financial reward (US) : rémunération

financial rules (OTAN) : règles financières

financial security (US) : sécurité financière

financial year (FY) (GB) : exercice (financier) (budget)

financial year (FY) (OTAN) : exercice financier

find (facts) (UN) : établir (faits) (enquête)

find (OTAN, GB) : découvrir

find (US) : repérer

find (US) : trouver

find guilty (US) : reconnaître coupable

find oneself confronted with (US) : se trouver confronté à

find oneself to be (GB) : se retrouver

finding (US) : conclusion

fine : fier

fine tooth comb (US) : peigne fin

finest (US) : meilleur

fine-tune (US) : affiner

finish : bout

finish (US) : achever (ennemi)

finish (US) : terminer

finished (US) : élaboré (renseignement)

finished (US) : fini

finite (GB) : limité

fin-stabilized (US) : empenné (projectile)

fin-stabilized shell APDS (FS) : obus-flèche (ou munition flèche)

fire ! (GB) : feu ! (ordre) (fantassins)

fire ! (US) : feu ! (ordre de tir) (position d'artillerie)

fire (GB) : faire feu

fire (OTAN) : feux (tirs)

fire (OTAN) : plan de feu

fire (OTAN) : tirs (feux)

fire (OTAN) : traiter

fire (OTAN, GB) : tirer

fire (OTAN, US) : feu (tir)

fire (UN) : incendiaire (adjectif)

fire (US, GB) : incendie

fire again (US, GB) : renouveler (un tir) (ART)

fire and forget (US) : "tire et oublie" (ou tir autonome)

fire and forget (US, GB) : guidage autonome

fire assets (US) : moyens de feux

fire back : riposter (tirs / attaque)

fire control (CFE) : contrôle de tir (ou conduite de tir)

fire control (system) (GB, OTAN, US) : conduite de tir (ou commande de tir)

fire control order (OTAN) : ordre de conduite de tir

fire control radar (FCR) (US) : radar de conduite de tir

fire coordination (US) : coordination des feux

fire coordination area (US, OTAN) : zone de coordination des feux

fire department : sapeurs-pompiers (les)

fire detection and suppression system (US) : détection et extinction d'incendie (système de) (char)

fire detection and suppression system (US) : système de détection et d'extinction d'incendie (char)

fire direction (US) : direction des feux

fire direction centre (FDC) (OTAN, UN) : poste central de tir

fire direction centre (FDC) (US) : PC tir

fire direction officer (FDO) (US) : officier de tir (ART)

fire discipline (GB) : discipline de tir

fire drill (US) : exercice d'incendie

fire extinguisher (US) : extincteur

fire fight ou firefight (US) : échange de feu (armes de petit calibre)

fire fighting vehicle (GB) : véhicule de lutte contre l'incendie (ou véhicule incendie)

fire for effect (OTAN, GB) : tir d'efficacité

fire mission (OTAN, GB) : mission de tir (ART)

fire on (US, GB) : prendre à partie (objectif) (ART)

fire on the move (US) : tir en déplacement (char)

fire on the move (US) : tir en marche (char)

fire on the move capability (US) : capacité de tir en déplacement (ou en marche) (véhicule blindé)

fire order (US, GB) : ordre de tir (ART)

fire picket (US) : piquet d'incendie

fire plan (US, GB) : plan de feux (ART)

fire plan (US, GB, OTAN) : plan d'emploi des feux

fire position (GB) : position de tir

fire resources (US) : moyens de feux

fire support (US) : feux (titre de sous- paragraphe)

fire support (US, OTAN) : appui feu(x) (tirs ou feu d'appui)

fire support area (FSA) (GB) : zone d'appui feu

fire support area (FSA) (GB) : zone de feu d'appui

fire support company (GB) : compagnie de reconnaissance et d'appui (INF)

fire support coordination (OTAN, US) : coordination des feux d'appui (ou de l'appui feu)

fire support coordination (US, OTAN) : coordination des tirs d'appui

fire support coordination line (FSCL) (US, OTAN) : ligne de coordination des feux (d'appui) (LCFA)

fire support coordinator (FSCOORD) (US) : coordinateur des feux d'appui

fire support element (FSE) (OTAN) : élément d'appui feu

fire support execution (US) : exécution de l'appui feu

fire support function (US) : fonction d'appui feu

fire support group (FSG) (GB, OTAN) : groupement de tirs d'appui

fire support plan (US) : plan de feux (ART)

fire support planning (US) : planification de l'appui feu

fire support team (FIST) (US) : détachement de liaison et d'observation (DLO) (ART)

fire team (GB) : demi-groupe (INF)

fire team (US) : équipe (d'infanterie, de GV ou de pièce (INF)

fire trench (GB) : tranchée de tir

fire unit (GB) : poste de tir (missile)

fire unit (US) : unité de tir

fire(-)bomb (UN, GB) : bombe incendiaire

fire(s) (OTAN, US) : tir(s)

fire-and-forget weapon (GB) : missile "tire-et-oublie"

firearm (GB, UN) : arme à feu

firearms training (US) : instruction sur les armes à feu

fire-ball (OTAN) : boule de feu (NUC)

fireball (US) : boule de feu (NUC)

fire-control radar (OTAN) : radar de tir

firefight (GB) : échange de coups de feu (ou de tirs)

fire-fighter ou firefighter (US) : pompier

fire-fighter ou firefighter (US) : soldat du feu (pompier)

fire-fighting (US) : lutte contre l'incendie

fire-fighting picket (GB) : piquet d'incendie

firefinder radar (US) : radar de trajectographie

firepower (US, GB) : capacité de feu

firepower (US, GB) : puissance de feu(x)

firepower assets (US) : moyens de puissance de feux

firepower effects (US) : effets de la puissance de feux

firer (GB) : tireur (missile / arme)

firer (US) : tireur (fusil d'assaut)

fire-resistant (US) : ignifugé (effet d'habillement)

fires (US) : feux (tirs)

fire-storm (OTAN) : tempête de feu

fire-support system (US) : système d'appui feu

fireteam (GB) : équipe (d'infanterie, de GV ou de pièce (INF)

fire-trench (GB) : trou individuel

firewall (US) : coupe-feu (serveur de sécurité de réseau) (informatique)

firewall (US) : pare-feu (informatique)

firing (mechanism) (OTAN) : mise de feu (mine)

firing (US, OTAN) : tir (action de tirer)

firing (UN) : mise à feu

firing (US) : tirs (feux)

firing accuracy : justesse du tir

firing battery (US) : batterie de tir

firing capabilities (US) : possibilités de tir (véhicule)

firing circuit (US, OTAN) : circuit de mise à feu

firing data (OTAN) : éléments de tir (ART)

firing data (US) : données de tir (éléments de tir)

firing device (US) : dispositif de mise à feu (mine)

firing lanyard (GB) : cordon tire-feu (obusier)

firing lever : détente (arme automatique / fusil automatique / fusil / arme de poing / canon sans recul)

firing line : feu (combat)

firing mechanism : mécanisme de tir (canon sans recul)

firing mechanism (OTAN) : mécanisme de mise de feu

firing on the move (US) : tir en déplacement (char)

firing on the move (US) : tir en marche (char)

firing party : peloton d'exécution

firing pin (GB) : percuteur (mortier / arme de poing)

firing platoon (US) : section de tir (ART)

firing point (GB) : point origine de tir

firing port (GB) : tape (ou meurtrière ou sabord) de tir

firing port (Jane's) : trappe / sabord de tir (véhicule blindé)

firing port (US) : sabord de tir (véhicule blindé)

firing position (US) : position de tir

firing position (artillery) (US) : position de tir (ART)

firing post (GB) : poste de tir (missile)

firing practice (GB) : entraînement au tir (armes individuelles)

firing range (CSCE, UN) : pas de tir (ou polygone de tir) (OTAN)

firing range (UN) : polygone (de tir)

firing range (US) : portée de tir (canon)

firing range (outdoor) (US, GB) : champ de tir (pratique du tir)

firing rate (US) : cadence de tir

firing shaft : arbre de mise à feu (obusier)

firing squad : peloton d'exécution

firing system : système de mise à feu

firm : société (ou firme) (ARMT)

firm (Jane's) : ferme (commande)

firm (UN) : stable

firm (US) : ferme (PERS)

firm fixed price contract (US) : contrat à prix ferme (ARMT)

firm up (US) : préciser (affiner les détails)

firmness : fermeté

first (GB, UN) : premier

first (OTAN) : en premier lieu (emploi d'une arme)

first (OTAN) : major (premier) (promotion d'élèves-officiers)

first (OTAN) : premier lieu (en)

first (US) : avant tout

first (US) : premier plan

first aid (GB) : secourisme

first aid (OTAN, US) : premiers soins (ou premiers secours) (SAN)
first aid qualification (GB) : brevet de secourisme
first and foremost (GB) : d'abord et avant tout
First Class cadet (US) : affreux (élève-officier de 3ᵉ année à Saint-Cyr)
First Lieutenant (1LT) (US) : lieutenant (LTN)
first light (US, GB) : point du jour
first round hit capability : capacité d'atteinte au premier coup (ART)
first round hit probability (Jane's) : probabilité d'atteinte au premier coup
First Sergeant (1SG ou FSG) ou Master Sergeant (MSG) (E8) (US) : adjudant-chef (ADC) (grade)
first-aid kit (GB,US) : trousse de premier secours (ou de premiers soins)
first-come : ordre d'arrivée
first-found (US) : emblée (d')
first-round (GB) : premier coup (du / au)
first-served (OTAN) : ordre d'arrivée
first-shot : premier coup (du / au)
first-strike capability : capacité de première frappe (STRAT)
first-termer (US) : débutant (premier contrat) (engagé)
first-termer (US) : novice (premier contrat) (engagé)
fiscal year (FY) (OTAN) : exercice financier
fiscal year (FY) (US, CA) : exercice (financier) (budget)
fissile (OTAN) : fissible (ou fissile) (matière nucléaire)
fissile material cut-off (OTAN) : transfert de matières fissiles
fission (OTAN) : fission
fission chain (OTAN) : chaine de réactions de fission (NUC)
fissionable (OTAN) : fissible (ou fissile) (matière nucléaire)
fist (US) : poing
fit (to) : fixer (composant sur un matériel)
fit (US) : installer
fit (US) : s'intégrer
fit for military service (US) : apte (service national) (PERS)
fit for service : bon pour le service (recrue)
fit for service (GB) : apte au service (PERS)
fit into (US) : s'insérer dans
fitness (physical) (GB) : condition physique ou forme physique (PERS)
fitness trail (US) : parcours santé
fitness training (US) : entraînement physique (condition physique) (PERS)
fitted (Jane's) : installé (matériel)
fitted for radio (FFR) (GB) : équipé pour la radio (véhicule)
fitted with (US) : équipé de (matériel)
fitted with (US) : muni de (véhicule)
fitted with (US, GB) : doté de (véhicule)

fitter (GB) : mécanicien-réparateur
five : quinto
five dimensional operations (US) : opérations toutes dimensions (air - terre - mer - espace - temps)
five-year (Jane's, US) : quinquennal
fix (in place) (US, GB) : fixer (TAC)
fix (US) : fixer (assigner / déterminer)
fix (US) : remettre en état (matériel)
fix (US) : réparation (opération technique) (matériel / pièces)
fix (US) : réparer
fix (US, GB) : modification (apportée à un matériel)
fixed (US, OTAN) : fixe
fixed ammunition (US, OTAN) : munition encartouchée
fixed carriage : affût fixe
fixed medical treatment facility (OTAN) : installation fixe du service de santé
fixed price contract (GB, US) : contrat à prix fixe (ou forfaitaire) (ARMT)
fixed winglet : empennage fixe (missile)
fixed-wing aircraft : aéronef à voilure fixe
fixing (US) : maintien en condition (MEC) (fonction)
flag (GB) : faiblir (se relâcher) (PERS)
flag (OTAN) : couleurs
flag (US) : drapeau
flag of truce (GB) : drapeau blanc
flagpole (GB) : mât (drapeau)
flag-raising ceremony (OTAN) : lever des couleurs (cérémonie)
flagstaff (US) : mât (drapeau)
flak (GB) : DCA (la) (tir anti-arien)
flak (GB) : tir antiaérien (DCA)
flak jacket (GB) : gilet pare-balles
flak-jacket (GB) : veste pare-éclats
flame (UN) : incendiaire (adjectif)
flame(s) (US) : flamme(s)
flame-thrower (OTAN, US) : lance-flammes
flammable (US) : inflammable
flank (GB) : flanquer (TAC)
flank (GB) : prendre de flanc (TAC)
flank (OTAN) : flanc (TAC)
flank guard (US , OTAN) : flanc-garde (TAC)
flanked by (GB) : flanqué de
flanker (GB) : flanqueur (PERS)
flank-guard : flanc-garder (TAC)
flanking : de flanc
flanking attack (US, OTAN,GB) : attaque de flanc
flanking movement (GB) : manœuvre de flanc (TAC)
flanking unit (US) : unité de flanc-garde
flap (familier) (US) : états (sens figuré)
flap (pocket) (US) : rabat (de poche) (uniforme)
flaps and seals work (US) : ouverture clandestine de courrier (ou de correspondance) (RENS)

flare : artifice éclairant
flare (OTAN) : arrondi (aéronef)
flare (US, GB) : fusée de signalisation
flare (US, GB) : fusée éclairante
flare up (US) : éclater (combats / conflit / tirs)
flare-out (OTAN) : arrondi (aéronef)
flash : flash (transmission radio)
flash (GB) : écusson
flash (GB) : envoyer en priorité (message)
flash (GB) : faire clignoter (lampe)
flash (US) : aveuglant
flash (US, GB) : éclair (NUC / lampe)
flash blindness (US, OTAN) : aveuglement par l'é-
clair
flash hand grenade : grenade explosive sans éclats
flash hider : cache-flammes (fusil automatique)
flash message (GB) : message prioritaire
flash point (OTAN) : foyer de tension(s)
flash ranging : repérage par la lueur (ART)
flash signal (GB) : message prioritaire
flash suppressor : pare-flamme (arme automatique)
flash suppressor (US, OTAN) : cache-flammes (ou
dispositif anti-lueur) (mitrailleuse)
flashblindness (US) : éblouissement (PERS)
flashlight (US) : lampe électrique
flashlight (US, GB) : torche électrique
flash-to-bang time (US, OTAN) : intervalle éclair-
son
flat (GB) : crevé
flat (terrain) : plat (terrain)
flat of stock : crosse (carabine)
flat rack (GB) : plateau déposable (LOG)
flat trajectory fire (US) : tir tendu
flat trajectory weapon : arme à tir tendu
flechette (US) : fléchette
flee (US, GB) : fuir
flee (US, GB) : s'enfuir
fleeing (US) : en fuite (force / ennemi)
fleeing (US) : fuite (en) (unité)
fleet (US, GB) : flotte
Fleet Air Arm (FAA) (GB) : Aéronavale (l')
fleeting (US) : fugitif (cible)
fleeting target (OTAN) : objectif d'opportunité
flesh wound (GB) : blessure superficielle
flexibility : flexibilité (souplesse d'emploi)
(système / personnel)
flexibility : souplesse (d'emploi) (force)
flexibility (OTAN) : souplesse
flexibility (US) : marge de manœuvre
flexibility in command (US) : souplesse du commandement (chef)
flexibility of design (GB) : souplesse de conception (matériels)
flexible : souplesse (action en)
flexible (US) : gradué (riposte / réaction)
flexible (US, GB) : souple
flexible action (TTA 131) : action en souplesse

flexible mount : affût polyvalent
flexible response (US) : réponse graduée (STRAT)
flight (= 5 LBH Lynx) / aviation recce patrol (2
Gazelle + 1 Lynx TOW) (GB) : peloton (ALAT)
flight (GB) : fuite
flight (US, GB) : vol (aérien)
flight controls (US) : commandes de vol (hélicoptère)
flight data recorder (FDR) : enregistreur de paramètres de vol ("boîte noire")
flight deck : poste de pilotage (hélicoptère)
flight engineer : mécanicien navigant (hélicoptère)
flight manifest : manifeste de transport par voie
aérienne
flight path (OTAN) : ligne de vol (missile)
flight path (OTAN) : trajectoire de vol (aéronef /
missile)
flight plan (OTAN) : plan de vol
flight radius (GB) : portée (drone)
flight research centre (Jane's) : centre d'essais en
vol (CEV)
flight simulator (US) : simulateur de vol (ALAT)
flight surgeon (OTAN) : médecin de l'air
flight test (UN, OTAN) : essai en vol (aéronef / roquette / missile)
flight time : temps de vol
flinch (US) : broncher
flinch (US) : sourciller
fling (GB) : lancer (grenade)
flipper (US) : palme (plongeur)
float : flotteur (obusier)
float (US, Jane's) : flotteur (véhicule / engin de
franchissement)
float bridge (US) : pont flottant
float bridge company (US) : compagnie de ponts
flottants
floatation (GB) : flottabilité
floatation barrier (US) : jupe de flottaison (char)
floating bridge (US) : pont flottant
floating equipment (US, GB) : matériel flottant
floating harbour (GB) : port flottant
floating module : module flottant (pontage)
floating reserve (OTAN) : réserve non débarquée
(opération amphibie)
flood (GB) : inonder (itinéraire / territoire)
flooded (GB) : noyé (moteur)
flooding : inondations
floods (US) : inondations
floor (US) (turret / hull) : plancher (véhicule
blindé) (tourelle / caisse)
floppy hat (US) : chapeau (souple) (forces spéciales)
flourish (US) : sonnerie en fantaisie (musique)
flow : courant (eau)
flow (OTAN) : courant de circulation
flow (US) : flot
flow (US) : flux
flow (US, OTAN) : circulation (information)

flow of information (US, GB) : flux d'informations

flow of operations (US) : flux d'opérations

fluently (US, GB) : couramment

fluid (US) : fluide (environnement / situation tactique / opérations)

fluid (US, GB) : liquide

fluid nature (US) : fluidité (TAC)

fluidity (US) : fluidité (TAC)

fluorescent (GB) : fluorescent

fly (= par voie aérienne) (GB) : acheminer

fly (aéronef) : évoluer (se déplacer) (matériel)

fly (GB) : acheminer par voie aérienne (troupes / renforts)

fly (GB) : voie aérienne (par)

fly (GB) : voler sur (aéronef)

fly (OTAN) : effectuer

fly (OTAN) : envoyer

fly (US) : parcourir (personnel / force / aéronef)

fly (US) : piloter

fly (US, GB) : voler (aéronef)

fly over : survoler

flying (US, GB) : pilotage

flying instructor (GB) : instructeur de vol

flying saucer (familier) (US) : kébour

flying tank aircraft (UN) : avion-citerne

flyover (GB) : autopont

flypast (GB) : défilé aérien

foam (US) : mousse rigide

focal plane (OTAN) : plan focal

focal plane array (FPA) : cible focale

focal plane array (FPA) radar : radar à cible focale

focal plane array (FPA) radar : radar à réseau en plan focal

focal point (US) : point central (attaque)

focal point (US) : point de convergence

focus (US) : axer

focus (US) : centrer (réflexion)

focus (US) : convergence

focus (US) : faire converger (coopération)

focus (US) : point de convergence

focus (US) : concentrer (forces / opérations / puissance de combat / feux)

focus area (US) : secteur ciblé

focus on (UEO) : porter sur

focus on (US) : centré sur (être)

focus on (US) : se concentrer sur

focused (OTAN) : ciblé

focused (OTAN) : focalisé

focused logistics (US) : logistique à flux tendu (logistique sur mesure ou logistique dirigée) (concept US)

focused logistics (US) : soutien logistique à flux tendu (mission opérationnelle) (USA)

focusing ring : bague de mise au point (lunette de visée)

fog of war (US) : brouillard de la guerre (confusion au combat)

fog of war (US) : confusion (champ de bataille) (TAC)

foggy (GB) : brumeux (temps de brouillard)

foil (OTAN) : mettre en échec

fold (US) : repli de terrain

fold up (US) : plier (pont)

folded (US) : replié (bipied / trépied)

folding : pliant (matériel)

folding (US) : repliable (matériel)

folding bridge (GB) : pont pliant

folding flap with float (Jane's) : volet support de flotteurs (engin de franchissement)

foliage (US, GB) : feuillage (TOPO)

follow : poursuivre (cible radar)

follow (GB) : poursuivre (TAC)

follow (GB) : suit

follow (GB) : suivre (venir après)

follow (OTAN) : s'ensuivre

follow (OTAN) : venir (à)

follow (US) : conforme à (être)

follow (US) : se conformer à

follow (US) : suivre (direction / itinéraire)

follow (US) : suivre (ordre / instruction / politique)

follow through (GB) : mener à son terme (attaque)

follow through (GB) : poursuivre jusqu'au bout (attaque)

follow up (GB) : exploiter (percée) (continuer sur sa lancée)

following : suivant

following (CA) : peu après

following (OTAN) : à la suite de

following (US, CA) : après

follow-on (OTAN) : premier renfort (de)

follow-on (UN) : exploitation et remplacement (TAC)

follow-on (UN, US) : successeur (personnels / matériel)

follow-on force (US) : force de suivi

follow-on forces (UN) : forces d'exploitation et de remplacement

follow-up : deuxième

follow-up (on) (OTAN) : suite à donner (à)

follow-up (OTAN) : renfort-soutien (opérations amphibies)

follow-up (US, UEO, UN) : suivi (des travaux / ordres / plans)

follow-up meeting (FUM) (OTAN) : conférence-bilan

folly (GB) : folie

foment (US) : fomenter

food (GB) : nourriture (ou vivres)

food (US) : vivres

food and incidentals allowance (GB) : indemnité de subsistance (PERS)

food convoy (US) : convoi de vivres

food distribution point (US) : point de distribution des vivres

food distribution (US) : distribution alimentaire

food emergency (US) : urgence alimentaire
food poisoning (US) : intoxication alimentaire
food service(s) (US) : restauration (alimentation) (fonction du Commissariat)
food supplies : vivres
food supply (US) : approvisionnement alimentaire (ou en vivres)
foodstuffs (US) : denrées alimentaires
foot (GB) : pied (à)
foot bridge ou footbridge (GB) : passerelle (pont piéton)
foot patrol (GB) : patrouille à pied
foot slogger : pousse-cailloux (fantassin)
foot soldier : combattant à pied
footmobile (US) : pied (à)
for (GB) : pour (au bénéfice de)
for (Jane's) : pour (destiné à)
for (Jane's) : vis-à-vis de
for (OTAN) : en faveur de
for (UEO) : relatif à
for (US) : au profit de
for (US) : contre (en échange de)
for (US) : solde de (à la)
for (US, OTAN, Jane's) : en vue de
for as long as possible : au maximum (temporel)
for as long as possible : maximum (au)
for employment (OTAN) : pour emploi (force)
for engagement (OTAN) : engagement (pour) (force)
for engagement (OTAN) : pour engagement (force)
for example : par exemple
for instance : par exemple
for instructional use (US) : usage d'instruction (à) (manuel)
for offensive use (US) : à usage offensif (arme)
for official use only (FOUO) (US) : diffusion restreinte (mention de protection)
for the long term (US) : à long terme
for the purpose of (OTAN) : en vue de
for the purpose of (US) : dans le but de
for use by (intended) (US) : destiné à
foray (GB) : incursion
force : formation (unité)
force : troupe (groupe de soldats)
force (GB) : force (serrure / fenêtre)
force (OTAN) : chasser (TAC)
force (OTAN) : imposer
force (US) : force (puissance physique)
force (US) : réduire (TAC)
force (US, CA) : armée (sens générique)
force (US, GB) : contraindre
force (military) (US, GB) : force (groupe militaire)
force (somebody to do something) : obliger
force a lodgement (US) : prendre pied (force)
force allotment (OTAN) : affectation de la force
force assessment (OTAN) : évaluation des forces
force buildup (US) : montée en puissance des forces

force capabilities (UEO) : capacités relatives aux forces
force capability : capacité de la force (ou des forces)
force commander : commandant de la force (COMANFOR) (force interarmées multinationale sur théâtre d'opérations)
force commander (FC) (UN) : commandant de la force (ONU)
force commitment concept : concept d'emploi des forces
force commitment doctrine : doctrine d'emploi des forces
force commitment master plan : schéma directeur d'emploi des forces
force commitment plan : plan d'emploi des forces
force commitment scenario : hypothèse d'emploi des forces
force constitution : constitution de forces
force contribution (OTAN) : contribution de forces
force density (US) : densité de forces
force deployment master plan : schéma directeur d'emploi des forces
force deployment plan : plan d'emploi des forces
force deployment scenario : hypothèse d'emploi des forces
force disposition (US) : dispositif de forces
force effectiveness (OTAN) : efficacité des forces
force element (US) : élément de force(s)
force engagement scenario : hypothèse d'engagement
force generation (OTAN) : constitution d'une force
force generation (UEO) : génération de forces
force generation level (FCL) (OTAN) : niveau de constitution d'une force
force goal (FG) (OTAN) : objectif de forces
force goals (OTAN) : objectifs de forces
Force Headquarters : état-major de forces (EMF) (armée de terre 2002)
Force Headquarters Staff (Jane's) : état-major de forces (EMF) (armée de terre 2002)
force headquarters ou force HQ (US, UEO) : état-major de force
force level (GB) : niveau de force (quantitatif) (en termes de personnel et de matériels)
force levels (GB) : potentiel de combat (d'une force) (liste d'effectifs et de matériels)
force levels (GB, UEO, OTAN) : niveaux de forces
force medical protection (US) : protection médicale de la force
force mobility (OTAN) : mobilité des forces (la)
force model (US) : modèle de force
force multiplier (US) : effet multiplicateur des forces
force multiplier (US) : multiplicateur de force
force of presence : force de présence (États signataires d'accords bilatéraux avec la France)
force one's way : forcer (le passage)

force one's way (through) : passage (forcer le) (au travers de)

force one's way through (a checkpoint) (OTAN) : forcer (point de contrôle)

force out (OTAN) : expulser

force package (US) : formation d'attaque (ensemble de forces)

force package (US, OTAN) : ensemble de forces

force package (US, UEO) : groupement de forces

force placement (US) : mise en place des forces (théâtre)

force posture (OTAN) : dispositif des forces

force projection (US) : projection de forces

force projection capabilities (OTAN) : capacité de projection de forces

force projection HQ (= Headquarters) (Jane's) : état-major de projection de forces

force proposal (FP) (OTAN) : proposition de forces

force protection (US, GB) : protection de la force

force protection (US, GB) : protection des forces

force ratio (US) : rapport des forces

force reduction (OTAN) : réduction de(s) forces

force requirement (OTAN) : besoin de forces

force requirement study (OTAN) : étude des besoins de forces

force structure : chaîne des forces (armée)

force structure (GB, OTAN, US) : structure de forces

force structure (US) : organisation des forces (armée)

force tracking (US) : suivi des forces

Force XXI (= horizon 2010) (Equivalent US) : ADT XXI (armée de terre 21e siècle) (modèle conceptuel d'armée)

force(-)projection operations (GB, US) : opérations de projection de forces

forced (US, GB) : forcé

forced crossing (US) : franchissement défensif

forced entry (US) : arrivée en force (forces sur un théâtre)

forced landing (GB) : atterrissage forcé

forced march (US, GB) : marche forcée

forceful action (US) : action de force

force-on-force exercise (US) : double action (exercice à)

force-on-force exercise (US) : exercice à double action

force-on-force maneuver training center (Jane's) : centre d'entraînement au combat (CENTAC) (Mailly)

force-oriented (US) : axé sur les forces

force-packaging (Jane's) : agrégation (opérationnelle) (forces)

force-projection army (US) : armée de projection de forces

force-projection capabilities (US) : capacités de projection de forces

force-projection capability (GB) : capacité de projection de forces

force-projection environment (US) : environnement de projection de forces

force-projection strategy (US) : stratégie de projection de forces

forces (GB) : armée (l')

forces (GB) : armées (les) (3 armées et services interarmées, sauf Gendarmerie)

forces (US, GB, OTAN) : forces

Forces Answerable to WEU (= Western European Union) (FAWEU) (UEO) : forces relevant de l'UEO (Union de l'Europe Occidentale) (FRUEO)

Forces Command (Army) : commandement des forces (armée de terre)

Forces Command (FORSCOM) (équivalent US) : commandement de la force d'action terrestre (CFAT)

Forces Command (FORSCOM) (US) : commandement général des forces de l'armée de terre

forces commander (GB) : commandant des forces

forces of law and order (GB) : forces de l'ordre (manifestation)

forces of occupation (GB) : forces d'occupation

forces of repression (OTAN) : forces de répression

Forces Pensions (GB) : pensions des personnels militaires (chapitre budgétaire)

forces standard(s) (OTAN) : norme(s) de force(s)

forces sytem (Jane's) : système de forces (ARMT)

forcible entry (US) : arrivée en force (forces sur un théâtre)

forcible entry (US) : entrée en force (forces sur un théâtre d'opérations)

forcibly (US) : par la force

forcing function (US) : fonction de catalyseur

ford : gué

ford (GB) : franchir (obstacle)

ford (GB) : franchir à gué

ford (GB) : passer à gué

ford (US) : traverser à gué (véhicule)

fordable (US) : guéable

fording : gué (passage à) (action)

fording (capability) (US) : franchissement de (ou à) gué (capacité de) (véhicule)

fording (US, GB) : passage à gué

fording (US, GB, OTAN) : franchissement à gué

fording capability (Jane's) : capacité de franchissement de gué (char)

fording depth (GB) : passage de gué (hauteur) (char)

fording site (GB) : gué

forearm : devant (fusil)

forearm : longuesse (fusil)

forearm : manche de refroidissement (arme automatique)

forecast (GB) : prévisionnel

forecasting (US) : prospective (TAC)

forecomb : crête (fusil automatique / fusil)

fore-end : devant (fusil)

fore-end : longuesse (fusil)

forefront (US) : pointe (de)
forego (US) : renoncer à
forehead (GB) : front (partie du visage) (PERS)
foreign (US, GB) : étranger
foreign aid (US) : aide aux pays étrangers
foreign assistance (US) : aide aux pays étrangers
foreign badge (US) : insigne étranger
foreign forces (OTAN) : forces étrangères
foreign intelligence (US) : documentation extérieure (RENS)
foreign intelligence (US) : renseignement de sécurité extérieure
foreign intelligence (US) : renseignement étranger
foreign intelligence (US) : renseignement extérieur (documentation extérieure)
foreign intelligence service (US) : service étranger (de renseignement) (RENS)
foreign language (US) : langue étrangère
foreign language proficiency (US) : compétence en langue(s) étrangère(s) (PERS)
Foreign Language Proficiency Test (équivalent GB) : certificat militaire de langues (CML)
Foreign Legion (French) (GB) : Légion Étrangère (la) (LE)
Foreign Legion armoured recce regiment (French) (GB) : régiment étranger de cavalerie (REC)
Foreign Legion demi-brigade (GB) (ou half-brigade) : demi-brigade de légion étrangère (DBLE)
Foreign Legion engineer battalion (French) (US) : régiment étranger du génie (REG)
Foreign Legion parachute infantry battalion (French) (GB) : régiment étranger de parachutistes (REP)
Foreign Legion regiment (GB) : régiment de (la) Légion
foreign military sales (FMS) (US, OTAN) : ventes militaires à l'étranger (ou à l'exportation) (matériel)
foreign nation (US) : pays étranger
foreign national (GB) : étranger (citoyen d'un pays étranger) (nom)
foreign power (US) : puissance étrangère
foreign regiment (GB) : régiment étranger (Légion)
foreign sale (US) : exportation
foreigner (GB) : étranger (citoyen d'un pays étranger) (nom)
foreknowledge (US) : connaissance anticipée
foremost (OTAN) : extrême (le plus à l'avant)
forensic medicine (GB) : médecine légale
forensic science (GB) : médecine légale
forensic surgeon (US) : médecin légiste
forerunner (US) : précédent
forerunner (US) : précurseur (nom) (sens figuré)
foreseeable (GB, OTAN) : prévisible
forest (US, GB) : forêt (TOPO)
forest fire (US) : feu de forêt
forest fires (US) : feux de forêt

forested (US) : boisé
forewarn (US) : avertir (prévenir)
forewarn (US) : préalerter (chef)
forewarn (US) : prévenir (avertir)
foreword (US) : avant-propos (ouvrage)
forfeiture of pay (US) : perte de solde (sanction) (PERS)
forged (US) : fabriqué (ou contrefait) (document)
forged (US) : faux
forgery (US) : falsification (de document) (RENS)
forgo (US) : renoncer à
fork : fourchette (ART)
fork (GB) : embranchement (itinéraire)
fork (road) (GB) : bifurcation
fork lift : chariot-élévateur
forklift truck : chariot-élévateur
form (GB) : constituer (être / représenter)
form (GB) : créer (unité / corps)
form (GB) : former (dispositif de force / colonne)
form (Jane's) : constituer (société) (ARMT)
form (somebody) into (GB) : faire (quelque chose de quelqu'un)
form (US) : former (composer / constituer)
form (US) : se dessiner
form (US, GB) : constituer (former / organiser / mettre sur pied)
form (US, GB) : formulaire (administratif)
form (US, OTAN) : forme
form of maneuver (US) : forme de manœuvre
form of war (US) : forme de guerre
form of warfare (Jane's) : forme de guerre
form part of (GB) : appartenir (unité)
form part of (GB) : faire partie de
form up (OTAN) : prendre position (s'installer) (force)
formal call (US) : visite protocolaire
formal dinner (GB) : repas officiel
formally (US) : officiellement
format (OTAN) : format (carte)
format (US) : formater (message)
format (US) : présentation (document)
formation (GB) : création (unité / corps / arme / armée)
formation (GB, Jane's) : grande unité
formation (Jane's, GB) : formation (création)
formation (US, GB) : formation (disposition de troupes / véhicules)
formation (US, OTAN, GB, UEO) : formation (unité)
formation for battle (OTAN) : formation de combat (dispositif de bataille)
formation of alliances (US) : formation d'alliances
formation of military plans (US) : élaboration des plans militaires (niveau national)
formation reconnaissance (GB) : reconnaissance divisionnaire
formatted : formaté (message)
formed (GB) : constitué (unité / force)

formed by : composé de (troupe / matériel / organisation)
formed unit (GB) : unité constituée
former (GB, US) : ancien (adjectif)
former (OTAN) : ex-
Former Soviet Union (FSU) (OTAN) : ex-Union Soviétique
Former Soviet Union (FSU) (OTAN) : ex-URSS
former warring factions (FWF) : factions ex-belligérantes (FEB)
Former Yugoslav Republic (FYR) (OTAN) : ex-république de Yougoslavie
Former Yugoslavia (FY) (OTAN) : ex-Yougolavie
formidable (US, OTAN) : redoutable
forming up place (FUP) (GB, OTAN) : zone de démarrage (ABC)
forming up place (FUP) (ou "attack position") (GB) : base de départ (ou zone de démarrage / OTAN) (INF)
forming up place (GB) : démarrage (zone de) (ABC)
formulate (US, GB) : formuler (besoin / concept)
formulation of requirements (Jane's) : expression des besoins
fort (US) : fort
fort (US) : garnison
forthright (US) : direct (franc) (PERS)
fortification (GB) : fortification (ouvrage défensif)
fortification (GB, US) : fortification (action de fortifier)
fortified (US,GB) : fortifié
fortified line (US) : ligne fortifiée
fortified town : place forte (ou place fortifiée ou place)
fortified zone (US) : zone fortifiée
fortify (GB) : fortifier
fortress (GB) : forteresse
forum (UN, OTAN) : forum (conférence)
forum (US) : instance
forum for dialogue (OTAN) : cadre de dialogue
forward : avant (adjectif)
forward : faire suivre (document)
forward (a document) (US) : transmettre (document)
forward (area) (US, GB) : avant (TAC)
forward (OTAN) : primaire (évacuation) (SAN)
forward (OTAN, US, UN) : avancé (de l'avant)
forward (US) : communiquer (résultat / décision)
forward (US) : de l'avant
forward (US) : vers l'avant
forward aeromedical evacuation (OTAN) : évacuation sanitaire de l'avant (ou primaire)
forward air controller (FAC) : officier de guidage Terre (OGT)
forward air controller (FAC) (US, OTAN) : contrôleur aérien (ou air) avancé (CAA)
forward air support (OTAN) : appui aérien avancé
forward area (US) : zone avant

forward area (US) : zone de l'avant
forward area support team (FAST) (US) : détachement avancé de soutien
forward arming and refueling point (FARP) (US) : point avancé de ravitaillement en carburant et munitions
forward arming and refuelling point (FARP) (US) : plot ravitaillement
forward base (US) : point d'appui (base extérieure)
forward base (US) : base avancée (projection de puissance)
forward battle area (US) : zone de bataille de l'avant
forward boundary (US) : limite avant (zone) (TAC)
forward combat zone (FCZ) (OTAN) : zone avant des combats
forward combat zone (US) : zone de combat (de l'avant)
forward CP : PC avant
forward defense : stratégie de l'avant (ou défense avancée) (STRAT)
forward deploy (US) : prépositionner
forward deployed (US) : déployé de l'avant (forces sur le champ de bataille)
forward deployed (US) : prépositionné
forward deployment (US, GB) : prépositionnement (forces / matériels)
forward edge of the battle area (FEBA) : frange avant de la zone des combats
forward edge of the battle area (FEBA) (US, GB, OTAN) : ligne de contact (TAC)
forward edge of the battle area (FEBA) (US, GB, OTAN) : limite avant (ou avancée) de la zone de bataille (ou limite avant) (TAC)
forward element (US) : élément avancé
forward forces (US) : forces avancées
forward forces (US) : forces de l'avant
forward line of enemy troops (FLET) : ligne avant des forces ennemies
forward line of own troops (FLOT) (US, GB, OTAN) : ligne avant des forces amies
forward logistic site (FLS) (OTAN) : site logistique de l'avant
forward looking (US) : tourné vers l'avenir
forward maintenance area (US) : zone d'entretien de l'avant
forward movement (UN) : progressif
forward movement (US) : mouvement vers l'avant
forward observation officer (FOO) (GB) : chef d'équipe d'observation (ART)
forward observation officer (FOO) party (GB) : détachement de liaison et d'observation (DLO) (ART)
forward observer (artillery) (FO) (US, OTAN) : observateur avancé (ART)
forward of (OTAN, US) : avant de (à l' / en) (espace)

forward operating base (FOB) (UN) : base d'opérations avancée (LOG)

forward passage of lines (US, GB) : dépassement (TAC)

forward position (GB) : position avancée

forward repair group (FRG) (GB) : section réparation mobilité (SRM) (MAT)

forward scatter (OTAN) : prodiffusion

forward slope (GB, OTAN) : glacis

forward stationed (US) : prépositionné

forward stationing (of forces) (US) : prépositionnement (forces / matériels)

forward support area (FSA) (OTAN) : zone avancée de soutien

forward support base (US) : base de soutien de l'avant (LOG)

forward support battalion (FSB) (US) : régiment de soutien de l'avant (MAT)

forward-deployed force (US) : force prépositionnée

forward-deployed forces (US) : forces de présence (outre-mer)

forward-deployed forces (US) : forces prépositionnées (outre-mer)

forward-looking infra-red (FLIR) system (OTAN) : système de thermovision frontale

forward-looking infra-red (FLIR) system (OTAN) : thermovision frontale (système de) (caméra infrarouge frontale)

forward-looking infrared radar (FLIR) : caméra infra-rouge frontale

forward-presence forces (US) : forces de présence (outre-mer)

foster (a tradition) (US) : entretenir (tradition)

foster (OTAN, UEO, US) : favoriser

foster (US) : valoir

fougasse (US) : fougasse

foul (US) : mauvais (adjectif)

fouled up (familier) : fichu en l'air

fouling, clogging : encrassement (tube de canon)

found (US) : fonder (institution)

found (US) : identifiable

foundation (US) : fondement

Foundation for the Studies of National Defense (US) : fondation pour les études de défense nationale (FEDN)

foundations (OTAN) : fondations

founder (GB) : fondateur

founding (US, OTAN) : fondation (création)

founding act (OTAN) : acte fondateur

four : quarto

four-blade (US) : quadripale

four-bladed (US) : quadripale

fourragere ou fourraggere (US) : fourragère

four-sided area : quadrilatère (géographique)

fourth (US, GB) : quart (proportion)

four-way (US) : quadripartite

four-wheel drive : quatre roues motrices

foxhole (US) : gourbi

foxhole (US, GB, OTAN) : trou individuel

fraction (GB) : fraction (temps)

fraction (US) : fraction (de force)

fractional orbital bombardment (UN) : bombardement à orbite fractionnaire (ou orbital fractionné)

fracture : fracture (SAN)

fracture (GB) : fracturer

fractured : fracturé (SAN)

frag (GB) : blesser délibérément (camarade)

fragment (GB) : se fragmenter (force)

fragment (US) : fragment (munitions)

fragmentary (US) : fragmentaire

fragmentary order : conduite (ordre de)

fragmentary order : ordre de conduite (ou ordre simplifié (OTAN))

fragmentary order (OTAN) : ordre simplifié

fragmentation (GB) : fragmentation

fragmentation bomb : bombe à fragmentation

fragmentation charge (US, GB) : munition à fragmentation

fragmentation grenade (GB, US) : grenade à fragmentation

fragmentation round (high explosive) (Jane's) : obus à fragmentation

fragmentation weapons (GB, UN) : armes à (effet de) fragmentation

fragments of armour (GB) : éclats de blindage (intérieur de véhicule blindé)

frame : carcasse (pistolet automatique)

frame (OTAN) : cliché

frame (US) : cadre (structure)

frame (time) (UEO) (OTAN) : délai(s)

framework : structure

framework (US) : cadre (structure)

framework agreement (OTAN, CA) : acccord-cadre

framework brigade : brigade cadre (opérations extérieures)

framework corps (OTAN) : corps-cadre (corps d'armée)

framework division (OTAN) : division cadre (OTAN)

framework nation (UEO) : nation-cadre (opération)

franc (Jane's) : franc (devise)

France : France (la)

France's (Jane's) : français

France's African peacekeeping training initiative (Jane's) : renforcement des capacités africaines de maintien de la paix (RECAMP)

Franco- : franco-

Franco-German Brigade (the) (Jane's) : brigade franco-allemande (BFA)

Franco-German Brigade headquarters : état-major de la brigade franco-allemande (armée de terre 2002)

francophone : francophone

frankness (US) : franchise (PERS)

fraternization (US) : excès de familiarité (entre officiers et militaires de grade inférieur) (faute disciplinaire US)

fraternize (GB) : fraterniser

fratricide (US) : effet fratricide

fratricide (US) : fratricides (tirs) (ou fratricide)

fratricide (US, GB) : tirs fratricides

fratricide prevention (US) : prévention de l'effet fratricide

fraudulent (OTAN) : irrégulier (frauduleux) (utilisation)

fraudulent (US) : frauduleux

fray (US) : lice

fredoom of speech (US, GB) : liberté d'expression

free (GB) : libérer (otages)

free (GB) : libérer (décharger)

free (net) : libre (réseau) (TRANS)

free (UN, OTAN) : exempt de

free (US) : "franchise (postale) militaire" (mention sur enveloppe)

free (US, GB, OTAN) : libre

free drop (US, OTAN) : largage en chute libre (matériels)

free fall (OTAN) : saut en commandé (à ouverture retardée)

free fall (US) : chute libre (TAP)

free fall bomb (OTAN) : bombe non guidée

free fire zone (GB) : zone d'ouverture du feu

Free French (US) : France Libre (la) (Hist.)

Free Frenchmen (US) : Français Libre (Hist.)

free of obstacles : libre d'obstacles

free oneself (US) : libérer (se) (unité)

free play exercise (OTAN) : exercice à libre action

free rocket (US, OTAN) : roquette libre

free time (US) : temps libre (élève-officier)

freedom (GB) : liberté (la)

freedom (US) : liberté

freedom of action (US) : marge de manœuvre

freedom of action (US, GB) : liberté d'action (TAC)

freedom of expression : liberté d'expression

freedom of maneuver (US) : marge de manœuvre

freedom of maneuver (US) ou of manœuvre (GB, OTAN) : liberté de manœuvre (TAC)

freedom of movement (FOM) (US, OTAN) : liberté de mouvement

freedom of navigation (US) : liberté de navigation (navires)

freedom of thought (US) : liberté de pensée

free-fall parachuting (GB) : saut opérationnel (technique de)

free-flight rocket (US) : roquette libre

freeway (autoroute urbaine) (US) : autoroute

freeze (UN) : gel (armement) (STRAT)

freezing (US) : glacial (pluie)

freight (GB) : frêt

freight car (US) : wagon de marchandises

French (US) : Français (les)

French (US, GB) : français

French- (US) : franco-

French (Defence / Armed Forces) Procurement Agency (Jane's, Defense News) : délégation générale pour l'armement (DGA)

French (Defence) Armaments Board : délégation générale pour l'armement (DGA)

French (ground) forces stationed in Germany : forces françaises stationnées en Allemagne (FFSA)

French (police) counterintelligence (ou domestic intelligence) agency (US) : DST (direction de la surveillance du territoire)

French air defence commander (OTAN) : commandant français de la défense aérienne (CODA)

French air defence forces commander : commandant air des forces de défense aérienne (CAFDA) (FR)

French Army (Jane's) : armée de terre française (l')

French Army General Staff's intelligence section (US) : Deuxième Bureau (DB) (Hist.)

French ATLAS fire support system (US) : ATLAS (automatisation des tirs et liaisons de l'artillerie sol-sol) (ART)

French automated field artillery fire support C3 system (US) : ATLAS (automatisation des tirs et liaisons de l'artillerie sol-sol) (ART)

French automated message center for reception and transmission (US) : CAREME

French Commander-in-Chief Atlantic (OTAN) : commandant en chef (français) pour l'Atlantique (CECLANT)

French Defense Procurement Chief (Defense News) : délégué général pour l'armement

French domestic intelligence police agency (US) : Sûreté Générale (Hist.)

French domestic intelligence service (ou agency) : renseignements généraux (RG) (les)

French external intelligence service (US) : DGSE (direction générale de la sécurité extérieure)

French Forces Germany : forces françaises stationnées en Allemagne (FFSA)

French forces in Germany (US) : forces françaises en Allemagne (FFA) (Hist.)

French foreign intelligence agency (Jane's) : DGSE (direction générale de la sécurité extérieure)

French Foreign Legion Infantry Regiment (Jane's) : régiment étranger d'infanterie (REI)

French GIGN counterterrorist unit (US) : groupement d'intervention de la Gendarmerie Nationale (GIGN)

French Guyana (GB) : Guyane française (la)

French homeland (the) (US) : France métropolitaine (la)

French liaison officer (FLO) (OTAN) : officier de liaison français (OLF)

French Marines (US) : Troupes de Marine (TDM)

French Marine Corps : Troupes de Marine (TDM)

French military (the) (US) : armée française (l')

French military intelligence organization (US) : Deuxième Bureau (DB) (Hist.)

French military mission (FMM) (OTAN) : mission militaire française (MMF)

French MoD procurement directorate : délégation générale pour l'armement (DGA)

French National Safety Area (FNSA) (OTAN) : zone de sécurité nationale française (ZSNF)

French Navy : Marine nationale (France)

French overseas dependencies (US) : départements et territoires d'outre-mer (DOM-TOM)

French overseas possessions (GB) : départements et territoires d'outre-mer (DOM-TOM)

French overseas territories and departments (Jane's) : départements et territoires d'outre-mer (DOM-TOM)

French police criminal investigation organization (US) : Sûreté Générale (Hist.)

French Railways (US) : SNCF

French RECAMP concept (Jane's) : renforcement des capacités africaines de maintien de la paix (RECAMP)

French Representative (REPFRANCE) : représentant français (REPFRAN) (opération multinationale)

French Republic (US) : République française

French secret police (US) : Sûreté (Fouché) (Hist.)

French warship constructor Direction des Constructions Navales (DCN) (Jane's) : direction des constructions navales (DCN)

French-speaking (OTAN) : francophone

French-speaking communities : francophonie

French-speaking nation (FSN) (OTAN) : pays francophone

frequency (US, GB, OTAN) : fréquence (TRANS)

frequency allocation (OTAN) : attribution des fréquences (radio)

frequency allotment : attribution des fréquences (radio)

frequency assignment (OTAN) : assignation de fréquences

frequency band (US) : bande de fréquences (TRANS)

frequency division (OTAN) : répartition en fréquences

frequency division multiplexing (FDM) (OTAN) : multiplexage à répartition en fréquences

frequency hop (US) : évasion de fréquence (TRANS)

frequency hopping (US) : évasion de fréquence (TRANS)

frequency hopping (US) : saut (ou évasion) de fréquence (TRANS)

frequency list (GB) : liste des fréquences (TRANS)

frequency modulation (FM) (US) : modulation de fréquence (TRANS)

frequency plan : plan de fréquences (TRANS)

frequency range (GB) : gamme de fréquences (TRANS)

frequency shift (OTAN) : déplacement de fréquence (TRANS)

fresh (GB) : "frais" (renseignement)

fresh (GB) : frais émoulu (PERS)

fresh (US) : inexpérimenté (soldat / recrue)

fresh (US) : nouveau (troupes au combat)

fresh unit (OTAN) : unité de relève (ou unité remplaçante) (relève)

friction (US) : frottements (TAC)

"frictional imbalance" (US) : déséquilibre des frictions (TAC)

friend (US, GB) : ami (nom)

friend or foe (IFF) (US, OTAN) : identification ami-ennemi

friendly (US) : ami (adjectif)

friendly (US) : favorable

friendly country (US) : pays ami

friendly fire (US) : fratricides (tirs) (ou fratricide)

friendly fire (US) : tirs fratricides

friendly forces : amies (forces) (titre de sous-paragraphe)

friendly forces (US) : troupes amies

friendly forces (US, GB) : forces amies

friendly information (OTAN) : informations amies

friendly situation (US) : situation amie

friendly unit (GB) : unité amie

friend-or-foe identification (US) : identification ami-ennemi

friendship (GB) : amitié

frigate (OTAN) : frégate

fringe (ville) (US) : lisière (TAC)

fritter away (familier) (US) : gaspiller (TAC)

frogman : homme-grenouille

from : ici... (procédure radio)

from (GB) : dès (temporel)

from (GB) : par (spatial)

from (GB) : provenance de (en)

from (GB, US) : de (provenance)

from (GB, US) : depuis (spatial)

from (US) : à partir de (autres sens)

from (US) : de (produit ou fabriqué par) (armement)

from (US) : depuis (temporel)

from (US) : en provenance de

from (US) : entre

from (US, GB) : à partir de (spatial)

from (US, GB) : parmi

from (US, GB) : par rapport à

from (US, GB, OTAN) : de (appartenance à un corps / une unité / un pays)

from a complete stop (US) : départ arrêté

from Atlantic to the Urals (ATTU) (OTAN) : de l'Atlantique à l'Oural (zone)

from enclosed spaces (Jane's) : espace clos (ou espace confiné) (en) (tir)

from enclosures (US) : confinement (en) (ou en espace confiné)

from enclosures (US) : espace clos (ou espace confiné) (en) (tir)

from now (US) : dans (temporel)

from space (US) : à partir de l'espace

from the march (US) : dans la foulée

from the move (US) : en marche (ou en déplacement) (tir) (char)

from the prone position (GB) : en position couchée (PERS)

from which (OTAN) : d'où

from... onwards : dès (spatial)

from...to (US) : aller de...à (ou jusqu'à) (spatial)

from...to (US, GB) : de...à (ou vers) (spatial)

front : avant (adjectif)

front (GB) : premier

front (US) : avant (véhicule / caisse)

front (US) : donner sur (TOPO)

front (US, GB) : front (TAC)

front bead : guidon (fusil)

front grip : poignée avant (bazooka / canon sans recul)

front line (GB) : première ligne

front line (US, GB) : ligne de front

front of (US) : avant de (à l' / en) (espace)

front part (US) : avant (véhicule / caisse)

front section (US) : avant (véhicule / caisse)

front sight : guidon (arme automatique / arme de poing / pistolet automatique / carabine / bazooka)

front sight housing : protège-guidon (fusil automatique)

front sight, front sight blade : cran de mire (arme de poing)

frontage (GB) : largeur de front

frontage (US) : front (largeur de front) (TAC)

frontal (GB) : frontal (ou de front) (attaque)

frontal arc (US) : débattement avant

frontal assault (GB) : assaut frontal

frontal attack (US, GB, OTAN) : attaque frontale (OTAN) (ou attaque de front ou engagement frontal)

frontier (CA) : frontalier (adjectif)

frontier (CA, OTAN) : frontière

frontier defence (CA) : défense frontalière (ou des frontières)

frontier post (GB) : poste frontière

frontline (Jane's) : de première ligne (troupes)

frontline forces (US) : forces de première ligne

front-line troops (GB) : troupes de première ligne

frontline unit (GB) : unité de première ligne

frost : gel (ou gelée)

frostbite (US) : gelure

fruit salad (US) : rubans et médailles (sur uniforme)

frustrate (US) : contrecarrer

frustrate (US) : déjouer

frustrate (US) : entraver (gêner / contrarier) (TAC)

frustrate (US) : faire échouer (ou faire échec à)

fuel (OTAN) : liquide

fuel (tank) capacity (US, GB) : capacité de réservoir (ou des réservoirs) (véhicule blindé)

fuel (US) : carburant

fuel cell (GB) : pile à combustible

fuel consumption (GB, US, OTAN) : consommation (de carburant) (véhicule)

fuel consumption (OTAN) : consommation de carburant

fuel consumption unit (FCU) (OTAN) : unité de consommation de carburant

fuel distribution point (GB) : point de distribution de carburant

fuel dump (GB) : dépôt de carburant

fuel endurance (US) : autonomie en carburant (véhicule)

fuel tank (CFE, Jane's, US) : réservoir de carburant

fuel tank (GB, OTAN, Jane's) : réservoir à (ou de) carburant (véhicule terrestre)

fuel-air explosive (FAX / FAE) : explosif combustible-air (ou détonant à l'air)

fuel-air explosive (FAX / FAE) (UN) : bombe à aérosol (à dépression ou à détonation gazeuse) (explosif combustible-air ou à effet de souffle renforcé)

fulfil (CA) : jouer

fulfil (OTAN) : mener à bien (mission / opération)

fulfil (US) : s'acquitter de

fulfill (a mission / a task / a role / a duty) : remplir (mission)

fulfill (OTAN) : assumer

fulfill (US) : remplir (mandat) (force)

fulfillment (US) : satisfaction (besoin)

full (GB) : complet

full (GB) : entier

full (GB, OTAN) : plein (adjectif)

full (OTAN) : intégral

full (OTAN) : part entière (à)

full (OTAN) : pleinement

full (OTAN) : tout

full (US) : total (adjectif)

full command (OTAN) : commandement intégral

full dress uniform (GB) : grand uniforme (GU)

full member (OTAN) : membre à part entière (organisation)

full operational capability (FOC) (OTAN) : capacité opérationnelle totale

full spectrum dominance (US) : supériorité à tous points de vue (concept) (USA)

full tracked articulated carrier (GB) : véhicule articulé chenillé (VAC)

full-(+ participe passé) (Jane's) : entièrement

full-dimensional protection (US) : protection complète (concept) (USA) full-dimensional protection (US) : protection généralisée (concept) (USA)

full-dimensional protection (US) : protection globale (mission opérationnelle) (USA)

full-dimensional protection (US) : protection intégrale (concept) (USA)

fuller : gouttière (sabre / poignard)

fullest (US) : maximum (au)

full-time (US) : temps plein

fully (OTAN) : pleinement

fully (US) : complètement

fully (US) : entièrement

fully equipped (US) : équipé (soldat)

fully stabilized power traverse : servocommande de pointage en direction (char)

fully-manned : effectif complet (à)

fume extractor : dégageur de fumée (char)

fume extractor (Jane's) : ventilateur d'extraction des gaz

fume extractor (US) : extracteur de fumée (canon automoteur)

function (CA) : rôle

function (OTAN) : fonction (PERS)

function (OTAN) : fonctionner (institution)

function (US) : fonctionnement (arme / système)

function (US) : fonctionner (arme / matériel / système)

function (US) : métier (force / unité)

function (US) : réunion mondaine

function (US) : se comporter (ou se tenir) (matériel / force)

function (US) : spécialité (unité)

function (US, OTAN) : fonction

function (US) : mission (ou grande mission) (d'une armée)

functional (US, OTAN) : fonctionnel

functional activities (US) : activités fonctionnelles

functional area (OTAN) : domaine fonctionnel (état-major)

functional area (US) : spécialité (militaire) (PERS)

functional command : commandement organique

functional command (US) : commandement fonctionnel (terrestre / aérien / maritime)

functional concept (US) : concept fonctionnel

functional line (US) : axe fonctionnel

functional responsibility (US) : responsabilité fonctionnelle

functionally oriented (US) : de métier (unité)

functionally-oriented brigade : brigade de métier (armée de terre 2002)

functioning (OTAN) : fonctionnement (institution)

functioning (US) : marche (fonctionnement) (unité)

functions (OTAN) : fonctions (PERS)

functions (US) : attributions

fund (Jane's) : budgétiser

fundamental (US) : fondamental

fundamental principle (US) : principe fondamental

fundamentalism (religious) (US) : intégrisme (religieux)

fundamentals (US) : essentiel (nom)

fundamentals (US) : fondamentaux (principes fondamentaux)

fundamentals (US) : principes fondamentaux (ou essentiels ou de base)

fundamentals (US) : rudiments (entraînement)

funded (OTAN) : à financement assuré (étude)

funding (CA) : fonds

funding (GB, US) : financement (programmes)

funding (US) : crédits (financiers)

funds (US) : crédits (financiers)

funeral : funérailles

funeral (US) : obsèques

funkhole : guitoune (abri sommaire)

furlough (US) : permission (PERS)

furnish (US) : fournir

further : ample (supplémentaire)

further (GB) : autre

further (GB) : complémentaire

further (GB) : supplémentaire

further (OTAN) : promouvoir

further (UN) : ultérieur

further (US) : faire progresser (intérêt national)

further (US) : grand

further (US) : plus (spatial)

further (US) : supplément

further (US, UN) : nouveau

further military education (GB) : enseignement militaire supérieur (EMS)

fuse : charge de démarrage (mine)

fuse : détonateur à retard (grenade)

fuse body : corps de fusée (grenade à main)

fuselage (CFE) : fuselage (aéronef)

Fusilier (GB) : Fusilier (Hist.)

fusilier (GB) : fusilier

fusillade (action prolongée) (GB) : fusillade

fusing (OTAN) : allumage (processus) (arme nucléaire)

fusion (OTAN) : fusion (ou fusionnement)

fusion (OTAN) : fusion (des données)

fusion (OTAN) : fusionnement (RENS)

fusion (US, GB) : fusion (NUC)

fusion reaction (US) : réaction de fusion (NUC)

future (OTAN) : ultérieur

future (US) : avenir (d')

future (US) : à venir

future (US) : demain

future (US, GB) : avenir

future (US, GB) : futur (adjectif)

future (US, OTAN) : futur (avenir)

Future Combat Vehicle (FCV) (US) : futur véhicule de combat (USA)

future force (US) : force de l'avenir

Future Infantry Vehicle (FIV) (US) : futur véhicule d'infanterie (USA)

future position : position future (TAC)

future warfare (US) : guerre du futur (ou future)

future warfighting (US) : combat pour le futur

futures (US) : prospective (Défense)

futures lab (US) : laboratoire de prospective (armée de terre)

futures program (US) : programme de prospective

futuristic : futuriste (projet / armement)

fuze (OTAN) : fusée (dispositif de mise à feu)

fuze (OTAN) / fuse : allumeur

fuze (US) : fusée (mortier)

g

G.I. (= Government Issue) (US) : piou-piou (familier)

G.I. (= Government Issue) (US) : troufion (ou bidasse) (terme familier)

G.I. (Government Issue) (US) : bidasse

G1 (US) : officier personnel (EM)

G2 (US) : officier renseignement (EM)

G3 (US) : officier opérations-instruction (EM)

G4 (US) : officier logistique (EM)

G5 : officier affaires civiles (ou actions civilo-militaires) (EM)

G-agent (GB) : agent neurotoxique non-persistant

gain (GB) : obtenir (indépendance / soutien)

gain (OTAN, US) : acquérir (obtenir)

gain (time) (US) : gagner (temps / délais)

gain (US) : conquérir (TAC)

gain (US) : gagner (argent / confiance)

gain (US) : obtenir (résultats / effets)

gain (US) : obtenir (renseignements) (RENS)

gain (US, OTAN) : gain (TAC)

gain a foothold (GB) : prendre pied (force)

gain contact with (the enemy) (GB, OTAN) : établir le contact avec (l'ennemi) (TAC)

gain contact with the enemy (US) : prendre contact (TAC)

gain ground : gagner (du terrain) (TAC)

gain ground (GB) : gagner du terrain (force) (TAC)

gain possession of (a position / terrain feature) (OTAN) : prendre possession (position / point caractéristique du terrain) (TAC)

gale (GB) : grand vent (coup de vent)

gallant : valeureux (PERS)

gallantry (GB) : vaillance

gallantry (in action) (GB) : bravoure

gallantry (US, GB) : courage (PERS)

gallery (US) : galerie (tunnel) (GEN)

gamble (US) : pari (TAC)

gamma (US) : gamma

gamma radiation (US) : rayonnement gamma

gang (CA) : bande (clique / gang) (individus)

gangrene (GB) : gangrène (SAN)

gap : brèche (défense ennemie)

gap : trouée (TOPO)

gap (GB) : brèche (coupure)

gap (GB) : espace (pontage)

gap (GB) : intervalle (TAC)

gap (GB, UEO) : lacune

gap (OTAN) : couloir (champ de mines)

gap (OTAN) : coupure (TAC)

gap (OTAN, Jane's) : fossé (sens figuré)

gap (US) : faille (TAC)

gap crossing vehicle (GB) : véhicule de franchissement

gap filler radar (GFR) (OTAN) : radar bouche-trou

gap filler radar (GFR) (OTAN) : radar de couverture (complémentaire)

gap marker (OTAN) : marqueur d'extrémité de couloir (guerre des mines)

gap-crossing equipment : matériel de franchissement

garbage (US) : ordures

garrison (GB) : garnison

garrison (GB) : mettre en garnison (ville / troupes)

garrison activities (US) : activités de garnison

garrison cap (US) : calot

garrison commander (US) : commandant d'armes

garrison commander (US) : commandant de garnison

garrison dispersal area : zone de desserrement de garnison

garrison headquarters (GB) : état-major de garnison

garrison life (GB) : vie de (ou en) garnison

garrison town (GB) : place forte (par extension : ville de garnison)

garrison town (GB) : ville de garnison

garrisoned (GB) : en garnison (troupes)

garrotte (US) : cordelette (étranglement) (RENS)

gas (GB) : gazer (PERS)

gas (US, GB, UN) : gaz

gas alarm (GB) : alerte au gaz

gas attack (GB) : attaque au gaz

gas chromatography (GC) (UN) : chromatographie (en phase) gazeuse

gas mask (US) : masque à gaz

gas pipeline (US) : gazoduc

gas regulator (US) : régulateur de gaz (fusil)

gas turbine : turbine à gaz

gas turbine engine (US) : turbomoteur (ALAT)

gas warfare (UN) : guerre des gaz

gas(oline) (US) : essence

gas(oline) station (US) : pompe à essence

gas(oline) station (US) : station-service

gasoline depot (US) : dépôt d'essence

gas-operated : actionné par les gaz (fonctionnement d'une arme)

gas-operated (US) : emprunt de gaz (à) (fusil)

gate (GB) : porte (portail) (caserne)
gather (US) : rassembler (concepts)
gather (US) : recueillir (RENS)
gather (US, GB) : collecter (recueillir) (informations / renseignement)
gathering (intelligence-) (US) : recueil (du renseignement) (RENS)
gathering (UEO) : collecte (information / renseignement)
gauge (US) : mesurer
gay (US) : homosexuel (nom)
Gazelle general purpose helicopter (GB) : GAZELLE (hélicoptère)
Gazelle observation and reconnaissance helicopter : GAZELLE (hélicoptère)
Gazelle reconnaissance helicopter (GB) : GAZELLE (hélicoptère)
gear (GB) : rapport (vitesse)
gear (US) : adapter
gear (US) : équipement du soldat
gear (US) : régler
gear (US) : vitesse (ou rapport) (véhicule)
gear (US, GB) : barda
gearbox (GB) : boîte de vitesses (véhicule / char)
Geiger counter (GB) : compteur Geiger
gendarme : chaussette à clous (familier)
gendarme : gendarme (sens propre) (GEND)
gendarme : gendarme (sens figuré)
gendarme : pandore (terme familier)
Gendarmerie (National) : gendarmerie (nationale) (GN) (GEND)
gendarmerie attaché : attaché de gendarmerie (GEND)
Gendarmerie detachment : détachement de gendarmerie (GEND)
Gendarmerie elite force : groupement d'intervention de la Gendarmerie Nationale (GIGN)
Gendarmerie unit : unité de gendarmerie (GEND)
gender (US) : sexe (ADMIN) (PERS)
gender-integrated (US) : mixte (hommes-femmes)
general : général (officier)
general : généralités (introduction d'un document)
general (CA) : général
General (GB,US) : général d'armée (cinq étoiles)
general (US, OTAN) : généralisé (riposte / guerre)
general (commanding) : poireau (terme familier)
general alert (GA) (OTAN) : alerte générale
general axis (GB) : axe général (TAC)
general chief of staff (GCOS) (OTAN) : chef d'état-major général
general defence plan (GDP) (OTAN) : plan général de défense (PGD)
General Directorate for Armament (Jane's) : délégation générale pour l'armement (DGA)
General Directorate for External Security (US) : DGSE (direction générale de la sécurité extérieure)

General Directorate of Special Services (US) : DGSS (direction générale des services spéciaux) (Hist.)
General Directorate of Studies and Research (US) : DGER (direction générale des études et recherches) (Hist.)
general duties : service général
general headquarters (GHQ) (US) : état-major général (commandement)
general hospital (US) : hôpital général
General of the Army (US) : Maréchal de France (dignité)
general officer (US, GB) : officier général
General Officer Commanding (GOC) : officier général commandant (OGC)
general officer commanding (GOC) (Division) (GB) : commandant (grande unité) (officier général)
general outline (GB) : idée de manœuvre (intention)
general practicioner (OTAN) : omnipraticien (SAN)
general public (GB) : grand public (le)
general purpose (battlefield) helicopter (GB) : hélicoptère de manœuvre (HM) (ou polyvalent)
general purpose (GB) : polyvalent (matériel / installation)
general(-)purpose (OTAN, US) : polyvalent (force)
general purpose forces (GPF) (OTAN) : forces polyvalentes
general purpose helicopter (GB) : hélicoptère polyvalent
general purpose machine gun (GPMG) (GB) : mitrailleuse polyvalente
general purpose prime mover (CFE) : tracteur universel
general purpose round - tracer (GPR - T) : obus polyvalent
General Reserve (GB) ou general reserve (US) : réserve citoyenne (réservistes) (France)
General Secretariat of National Defence : secrétariat général de la défense nationale (le) (SGDN)
General Secretary of National Defence : secrétaire général de la défense nationale (le) (SGDN)
general service battalion (GB) : service général (régiment de)
General Staff (G) (GB) : état-major (échelon de la brigade et au-dessus)
General Staff (GB) : état-major de l'armée de terre (EMAT)
general staff (US) : état-major général (division)
General Staff Officer (GSO) (GB) : officier d'état-major (échelon de la brigade et au-dessus)
general support (GB Gen Sp, US GS) : action d'ensemble
general support (GS) (US) : conservé aux ordres (appui d'ensemble)

general support (GS) (US) : soutien d'ensemble (LOG)

general support (GS) artillery group : groupement d'action d'ensemble

general support (GS) battery (US) : batterie d'action d'ensemble

general support (GS) maintenance (US) : maintenance de théâtre(s)

general support (US) : moyens généraux

general support artillery : artillerie d'action d'ensemble (ou d'appui général)

General Support Aviation Battalion (GSAB) (équivalent US) : régiment d'hélicoptères de commandement et de manœuvre (RHCM)

general support bridge (system) (GB) : pont d'appui général

general support reinforcing : conservé aux ordres, avec priorité au renforcement des feux (ART)

general war (US) : guerre généralisée (STRAT)

generalist (US) : généraliste (contraire de spécialiste)

generate (OTAN) : constituer (former / organiser / mettre sur pied)

generate (US) : constituer (forces)

generate (US) : produire (effet) (TAC)

generation (US, GB) : génération

generations to come (OTAN) : générations à venir (ou futures) (les)

generator (set) (ou "genset") : groupe électrogène

generator (US, GB) : groupe électrogène

generic (OTAN, US) : générique

generic intelligence plan (GIP) (OTAN) : plan générique du renseignement

Geneva Conventions (OTAN) : Conventions de Genève (les)

genocide (GB, OTAN) : génocide

genuine (OTAN) : authentique (document)

genuine (OTAN) : caractérisé (avéré)

geodesy (US) : géodésie

geographer (US) : géographe

geographic (US) : géographique

geographic characteristics (US) : caractéristiques géographiques

geographic co-ordinates (OTAN) : coordonnées géographiques

geographic entity (US) : entité géographique

geographic features (US) : conditions géographiques (pour une opération) (TAC)

geographic intelligence (GEO INT) (GB) : renseignement géographique

geographic space (US) : espace géographique

geographical (US, GB) : géographique

geographical area (GB, US) : zone géographique

geography (US) : géographie (discipline)

geography (US) : géographie (facteur tactique)

Geological Survey map (US) : carte d'état-major

geometry (UN) : géométrie (aéronef)

geopolitical (US) : géopolitique (adjectif)

geopolitical development (OTAN) : mutation géopolitique

geopolitics : géopolitique (nom)

georef (US, OTAN) : géoref

George C. Marshall European Center for Security Studies (the) (OTAN) : centre européen d'études de sécurité George C. Marshall

geostationary (OTAN) : géostationnaire

geostationary orbit (GEO) (OTAN) : orbite géostationnaire

geostrategic (US) : géostratégique

geosynchronous (US) : géostationnaire

geosynchronous earth orbit (GEO) : orbite géostationnaire

geosynchronous orbit (US) : orbite géostationnaire

Germany : Allemagne

get (US) : écoper de (prison)

get (US) : obtenir (résultats / effets)

get (US) : obtenir (renseignements) (RENS)

get (US) : recevoir (ordre / mission / instructions)

get a no-go (US) : échouer

get along without (US) : se débrouiller sans

get along without (US) : se passer de

get around (a difficulty) (US) : contourner (difficulté)

get away from (US) : échapper à

get back on track (OTAN) : remettre sur les rails

get bogged down : s'enliser (sens propre et figuré) (véhicule / opération / progression)

get cold (US) : avoir froid (PERS)

get down (US) : descendre (informations)

get enrolled in (US) : s'inscrire à

get going (familier) (US) : commencer

get going (US) : se mettre

get hot (US) : avoir chaud (PERS)

get hungry (US) : avoir faim (PERS)

get into : intégrer (école)

get into position (GB) : se mettre en place

get into the air (GB) : s'envoler (aéronef)

get involved (GB) : intervenir (TAC)

get lost (US) : s'égarer (troupe)

get lost (US) : se perdre (orientation) (PERS)

get oneself established (US) : s'installer (nouvel arrivant)

get out (US) : faire sortir (ou exfiltrer) (RENS)

get ready (US) : préparer

get ready (US) : se préparer

get some sleep (US) : dormir

get thirsty (US) : avoir soif (PERS)

get through (US) : passer (être reçu / parvenir à) (communication / transmission)

get through (US) : recevoir (TRANS)

get together (GB) : rassembler (approvisionnements / équipement / coalition / troupes / prisonniers / unité / population)

get underway (US) : démarrer (opération / bataille)

get up (GB) : se relever

get up (US) : remonter (information)

get wet (US) : se mouiller (sens propre) (PERS)

get...across : faire franchir (coupure)

get-up-and-go (US) : allant (ou dynamisme ou énergie) (PERS)

get-up-and-go (US) : dynamisme (ou allant ou énergie) (PERS)

get-up-and-go (US) : énergie (ou allant ou dynamisme) (PERS)

get-up-and-go (US) : pêche (la) (ou allant) (terme familier)

ghost (Terme familier US) : absentéiste (soldat)

giant step (US) : pas de géant

girder (GB) : poutrelle métallique (pont)

give : délivrer

give : donner (TAC)

give (CA) : accorder

give (GB) : apporter

give (OTAN) : donner (ordre / instruction / renseignements)

give (OTAN) : indiquer

give (OTAN) : organiser

give (US) : dispenser (formation / soins / agent NBC)

give (US) : donner

give (US) : fournir

give (US) : livrer (fournir)

give (US) : remettre

give (US, Jane's) : conférer

give a push (GB) : pousser (véhicule)

give advantage to (US) : donner l'avantage à (TAC)

give ground (GB) : céder du terrain (TAC)

give in (GB) : s'avouer vaincu (ou s'avouer battu) (force)

give notice (GB) : donner un préavis (PERS)

give priority to (OTAN) : donner priorité à

give substance to (UEO) : donner corps à

give the command to (US) : donner l'ordre de

give the order to (US) : donner l'ordre de

give to (US) : confier à (responsabilité / mission)

give up : abandonner (position / zone)

give up : céder (terrain / territoire) (TAC)

give up (GB) : rendre (armes)

give up (GB) : renoncer (abandonner le combat ou une opération) (force)

give up (GB) : renoncer à

give up (US) : abandonner (combat)

give up (US) : abandonner (terrain)

give warning of (GB) : alerter sur

give way to (OTAN) : succéder à

give way to (US) : faire place à

given (OTAN) : déterminé (spécifié)

given (US) : donné

given (US) : étant donné (ou vu)

glacier (US) : glacier (TOPO)

glacis plate : blindage oblique (char)

glacis plate (US) : blindage glacis

glade : clairière (TOPO)

glass fibre (GB) : fibre de verre

glasshouse (GB) : trou (prison)

glide bomb (GB) : bombe dirigée (ou planante)

glider (military) (US, GB) : planeur (militaire)

gliding (GB) : vol à voile (raid aventure)

glimpse (US) : aperçu

global (OTAN) : échelle mondiale (à l')

global (US) : mondial (planétaire)

global area network (US) : réseau mondial (informatique / TRANS / simulation)

global command and control system (GCCS) (US) : système mondial (ou planétaire) de commandement et de contrôle (USA)

global humanitarian de-mining (OTAN) : déminage humanitaire global

global humanitarian mine action (OTAN) : action humanitaire globale de lutte contre les mines

global impact deterrence (US) : dissuasion à effet mondial

global positioning (US) : géolocation (ou géolocalisation)

global positioning (US) : positionnement planétaire

global positioning system (GPS) : système de positionnement à capacité globale (ou planétaire) (ou système de positionnement terrestre par satellite)

Global Positioning System (GPS) (OTAN) : système mondial de détermination de la position

global positioning system (GPS) (OTAN) : système mondial de positionnement (ou de radionavigation)

global power projection (US) : projection de puissance mondiale

global responsibilities (OTAN) : responsabilités à l'échelle mondiale (USA)

global village (GB) : village mondial (ou planétaire)

global war (US) : guerre planétaire

globalisation (OTAN), globalization (UN) : mondialisation

globe (OTAN) : monde (planète)

globe (US) : planète

glory (US, GB) : gloire

glossary (US, GB) : glossaire (ou lexique)

glove box : boîte à gants (véhicule)

glove compartment : boîte à gants (véhicule)

glove locker (GB) : boîte à gants (véhicule)

go (GB) : disparaître

go (OTAN) : fonctionne correctement (système)

go (US) : partir

go (US) : se dérouler (événements / combats / exercice / opération)

go all out (familier) (US) : jeter (forces) (TAC)

go area (OTAN) : zone à praticabilité normale

go back (GB) : retourner

go fast (US) : aller vite (force) (TAC)

go forward (CA) : avancer (processus de paix)

go into (Jane's) : aller dans (une arme) (PERS)
go into (OTAN) : entrer
go into action (US) : entrer en action (matériel)
go into detail (GB) : entrer dans les détails
go into isolation (US) : s'isoler (préparation d'opération) (unité)
go it alone (US) : faire cavalier seul (PERS)
go no further than (US) : dépasser
go off (GB) : exploser (sens actif)
go on (GB) : se livrer à
go on (US) : se poursuivre
go on foot (GB) : marcher (PERS)
go onto the offensive (GB) : passer à l'offensive (force)
go over somebody's head (US) : court-circuiter
go over to the enemy (GB) : passer à l'ennemi (TAC)
go slow (US) : aller lentement (force) (TAC)
go through : passer (TAC)
go through : subir
go to (US) : appartenir
go to (US) : rejoindre
go to war : entrer en guerre
go wrong (GB) : tourner mal
go-ahead (US) : feu vert
goal (US) : objectif (but)
goal (US) : but
goggles : lunettes de saut (TAP)
goggles (GB) : lunettes de protection (pluie / vent / poussière)
going (GB) : conditions de progression (force)
gold braid (US) : galon doré (ornement)
gonorrhoea (GB) : blénnorragie
good (US) : efficace
good (US, GB) : bon
good conduct (US, GB) : bonne conduite (PERS)
good morning (afternoon ou evening), Sir ! (GB) : mes respects, mon Colonel !
good name (US) : réputation (PERS / institution)
good offices (GB) : bons offices
good offices mission (UN) : mission de bons offices
good order (GB) : bon ordre
goodbyes (US) : adieux
goods : marchandises
goods (US) : biens
goods waggon (GB) : wagon de marchandises
goodwill (US) : estime
goose step (GB) : pas de l'oie
gorge (GB) : gorge (défilé) (TOPO)
govern (GB) : présider à
govern (UN, US) : régir (accord / texte de loi / doctrine)
government (US, OTAN) : gouvernemental
government (US) : État
government (US, GB) : gouvernement
government building (GB) : bâtiment public

Government Communications Headquarters (GCHQ) (équivalent GB) : groupement des contrôles radioélectriques (GCR) (DGSE)
government employee (US) : fonctionnaire
government forces (GB) : forces gouvernementales
government soldier (GB) : soldat gouvernemental
government soldiers (GB) : troupes gouvernementales
government troops (US) : troupes gouvernementales
governmental organization (GO) : organisation gouvernementale
GPS (Global Positioning System) : GPS
GPS receiver (US) (GPS = Global Positioning System) : récepteur GPS
GPS-guided ordnance (OTAN) : artillerie guidée par GPS
grade : grade (TOPO)
grade (a bank / a ford) : niveler (berge / gué)
grade (US) : échelle indiciaire de solde
grade (US) : grade (hiérarchie)
grade (US) : pente (franchissement) (char / véhicule)
grade structure (US) : pyramide des grades (PERS)
grader : niveleur (véhicule)
gradient (GB) : inclinaison (pente)
gradient (GB) : pente (franchissement) (char / véhicule)
gradient (US) : pente (TOPO)
gradual (US) : progressif
graduate (US) : sortir (diplômé) de (grande école militaire)
graduate (US, GB) : diplômé (nom)
graduation leave (US) : permission de fin de scolarité (grande école militaire)
grant (CFE) : accorder
grant (US) : donner (pouvoir / autorité)
graphic (order) : graphique (ordre)
graphic (OTAN) : document graphique
graphic order : ordre graphique
graphic portrayal : représentation graphique (ordre graphique)
graphics console (US) : console graphique
grappling hook (US) : grappin
gratitude (OTAN) : gratitude
grave (crise, situation, menace) (OTAN, GB) : grave (blessure / dégât / incident / crise)
grave (US) : sépulture
graves registration (US) : sépultures (fonction)
graveyard : cimetière
graze (OTAN) : percutant (ART)
grazing (fire) (US) : rasant (tir)
grazing fire (OTAN) : tir rasant
great (CA) : grand
great offensive (GB) : grande offensive
Great War (US) : Grande guerre (la) (1914-1918)

greatcoat (GB) : capote (vêtement)
greater (OTAN) : accru
greater (OTAN) : supérieur (adjectif)
greater (UEO) : largement
Greater Paris Military Command : commandement militaire de l'Ile de France (CMIDF)
greatest (OTAN) : mieux
greatly (OTAN) : très
greatly (US) : considérablement
greatly (US) : nettement
Greece : Grèce
green (GB) : inexpérimenté (soldat / recrue)
Green Berets (the) : bérets verts (les) (forces spéciales US)
green light (US) : feu vert
Greenwich Mean Time (GMT) (= Zulu Time) (US) : heure de Greenwich
Greenwich Mean Time (GMT) (OTAN) : temps moyen de Greenwich (ou du méridien de Greenwich)
grenade (ou hand-grenade) (US, GB, UN) : grenade
grenade discharger : lance-grenades
grenade launcher (GL) (US) : lance-grenades
grenade machine gun (US) : lance-grenades automatique
grenade rifle (US) : fusil lance-grenades
grenade sump (US) : fosse à grenades
grenade throw (US) : lancer de grenades
grenade throwing (GB) : lancer de grenades
Grenadier (GB) : Grenadier (PERS) (Hist.)
grenadier (US) : grenadier (INF) (PERS)
grenadier company (GB) : compagnie de grenadiers (Hist.)
grey area (OTAN) : "zone grise"
grid : maillé (TRANS)
grid (GB) : grille
grid (US) : carroyer
grid (US, GB) : quadrillage (ou carroyage) (carte)
grid (US, GB, OTAN) : grille (carroyage)
grid (US, OTAN) : carroyage (carte)
grid bearing (OTAN) : gisement
grid convergence (US, OTAN) : convergence de la grille (TOPO)
grid co-ordinate system (OTAN) : système de carroyage (cartographie)
grid magnetic angle (US, OTAN) : déclinaison magnétique du carroyage
grid north (US, OTAN) : nord de la grille
grid reference (sans "s") : coordonnées
grid reference unit (GRU) (OTAN) : unité de référence de grille (UREF)
grid square (GB) : carré de carroyage (carte)
grievance (US) : différend
grip : poignée (arme de poing)
grip : fusée (poignard)
grip safety : sûreté de crosse (pistolet automatique)
grips : poignées (arme automatique)

groove : gouttière (sabre / poignard)
grooves : rainures (ou rayures) (arme de poing)
gross domestic product (GDP) (OTAN, GB) : produit intérieur brut (PIB)
gross national product (GNP) (OTAN) : produit national brut (PNB)
gross weight (US, OTAN) : poids total en charge (PTC)
ground (an aircraft) (US) : interdire de vol (ou clouer au sol) (aéronef)
ground (GB) : raison
ground (GB, US) : terrestre
ground (OTAN) : au sol (matériel)
ground (OTAN) : terrien (équipement)
ground (US) : clouer au sol (troupes / aéronef / attaque)
ground (US) : sol
ground (US, GB, OTAN) : terrain
Ground Action Force Command (the) : commandement de la force d'action terrestre (CFAT)
ground attack (GA) (OTAN, GB) : attaque au sol
ground attack (US) : attaque terrestre
ground(-)attack aircraft (US, GB) : avion d'attaque au sol
ground battle (US) : bataille terrestre
ground bombardment (GB) : bombardement (terre / mer)
ground campaign (US) : campagne terrestre
ground cavalry troop (US) : escadron d'éclairage divisionnaire (EED) (obsolète)
ground cavalry troop (US) : escadron d'éclairage et d'investigation (EEI)
ground cavalry troop (US) : section d'éclairage et de reconnaissance (SER)
ground cavalry unit (US) : unité de cavalerie légère blindée
ground cavalry unit (US) : unité d'éclairage et d'investigation
ground clearance (Jane's, US) : garde au sol (véhicule blindé)
ground combat (US) : combat terrestre
ground commander (US) : chef terrestre
ground commander (US) : commandant terrestre
ground crews (US) : personnel(s) au sol (ou non-navigant) (ALAT / armée de l'air)
ground dispenser (OTAN) : distributeur de mines
ground environment (GE) (OTAN) : infrastructure électronique
ground environment (US) : environnement terrestre (l')
ground evacuation route (US) : itinéraire d'évacuation terrestre
ground fire support (US) : appui feu(x) terrestre (ou au sol)
ground fires (US) : feux terrestres
ground force (US) : force terrestre (armée de terre)
ground force operations (GB, US) : opérations de forces terrestres
ground forces (US) : forces terrestres

ground installations (US, GB) : installations à terre

ground launcher : lanceur terrestre

ground liaison officer (GLO) (OTAN) : officier de liaison de l'armée de terre

ground liaison section (OTAN) : section de liaison des forces terrestres

ground lines of communication (US) : lignes de communication terrestres

ground location (OTAN) : point du terrain

ground maneuver (US) : manœuvre terrestre

ground mobility (US) : mobilité terrestre

ground mounted : fixé au sol (missile)

ground movement (US) : mouvement par voie terrestre

ground observation helicopter : hélicoptère d'observation du sol

ground observer (US, OTAN) : observateur terrestre (défense aérienne)

ground observer team (US) : équipe d'observation terrestre (défense aérienne)

ground of tactical importance (GB) : terrain vital (TAC)

ground offensive (US, GB) : offensive terrestre

ground operation (OTAN) : opération terrestre

ground operations (US) : opérations au sol

ground operations (US) : opérations terrestres

ground order of battle (GROBAT ou GRORBAT) (OTAN) : ordre de bataille terre

ground patrol (US) : patrouille (mission)

ground patrol (US) : patrouille au sol

ground personnel (GB) : personnel(s) au sol (ou non-navigant) (ALAT / armée de l'air)

ground pressure (GB, Jane's) : pression au sol (char)

ground receiving station (US) : station de réception terrestre (renseignement satellitaire)

ground sensor (UN, OTAN) : capteur au sol

ground staff (GB) : personnel(s) au sol (ou non-navigant) (ALAT / armée de l'air)

ground station (Jane's) : station sol

ground station (US, GB, OTAN) : station au sol (TRANS)

ground support aircraft (US) : avion d'appui au sol

ground support equipment (GSE) (OTAN) : matériel de servitude au sol

ground training : entraînement au sol (TAP)

ground training (US) : formation au sol (TAP)

ground transportation (US) : transport terrestre

ground troops (GB) : troupes au sol

ground troops (US) : troupes terrestres

ground unit (US) : unité terrestre

ground vehicle (OTAN) : véhicule terrestre

ground zero (OTAN) : point zéro (NUC)

ground-based : basé à terre (ou au sol)

ground-controlled (OTAN) : contrôlé du sol (interception)

ground-controlled (OTAN) : guidé du sol (approche)

ground-controlled intercept (GCI) (OTAN) : interception contrôlée du sol

grounded (GB) : interdit de vol (PERS)

grounded in (US) : fondé sur

ground-effect weapon (UN) : arme à effet de sol (nucléaire)

ground-emplaced mine scattering system (GEMMS) (US) : disperseur de mines au sol

ground-launched (OTAN) : lanceur terrestre (à)

ground-launched missile : missile basé à terre

ground-launched missile : missile à lanceur terrestre

groundsheet (GB) : tapis de sol (tente)

ground-to-air missile (system) (US) : missile sol-air

ground-to-ground (G/G) (OTAN) : sol-sol

ground-to-ground missile : missile sol-sol

ground-to-ground silo-launched ballistic missile : missile sol-sol balistique stratégique (SSBS)

groundwork (GB) : travail préparatoire

groundwork (US) : préparatifs (opération)

group (US) : groupe

group (US) : groupe (unité militaire)

group (US) : groupement de régiments

group (US) : grouper

Group (US) (NSA) : direction (service de renseignement) (Renseignement d'origine électromagnétique)

group (US, GB, Jane's) : regrouper (soldats / organisation / fonctions / entraînement)

group of forces (OTAN) : groupe de forces

group of journalists (GB) : groupe de journalistes

group of nations (US) : groupe de pays

group of soldiers (US) : troupe (groupe de soldats)

group of targets (OTAN) : groupe d'objectifs

group together (OTAN) : se grouper

grouping (GB) : ensemble (d'unités)

grouping (GB) : groupement (impacts de balles) (tir)

grouping (GB) : regroupement (unités / forces)

grouping (US, GB) : groupement (regroupement d'unités)

grow (OTAN) : prendre (intensité)

grow (OTAN) : se développer

grow in (OTAN) : redoubler de

grow to (CA) : atteindre (sens figuré)

growing : croissant

growing (OTAN) : grandissant

growth (US) : croissance (développement)

growth (US) : développement (croissance)

growth potential (OTAN) : potentiel de croissance

growth potential (US) : évolutivité (matériel)

grub : rata (terme familier)

gruelling (GB) ou grueling (US) : éprouvant (entraînement)

grunt : biffin (fantassin)

grunt (Origine US, puis repris en GB) : pousse-cailloux (fantassin)

guarantee (US) : garantie
guarantee (US) : garantir
guarantee of movement (US) : garantie de mouvement
guard : garde (poignard)
guard (duty) (US) : garde (action / mission de garder)
guard (GB) : garde (individu / groupe d'individus)
guard (GB) : garder (protéger)
guard (GB) : gardien (prisonniers)
guard (US) : défendre (TAC)
guard (US) : protéger
guard (US, GB, OTAN) : élément de protection
guard against (OTAN) : se prémunir contre
guard dog (GB, US) : chien de garde
guard duties (GB) : service de garde
guard duty (US) : faction (mission) (PERS)
guard house (US) : poste de sécurité (installation militaire)
guard of honor (US) : garde d'honneur (troupe)
guardhouse (US) : gnouf (prison)
guardian (US) : gardien (sens figuré)
guarding key points (Jane's) : défense des points sensibles (mission)
guardroom (GB) : corps de garde
guardroom (GB) : poste de sécurité (installation militaire)
guerrilla (OTAN) : guerillero
guerrilla base (US) : base de guérilla
guerrilla fighter (GB) : guerillero
guerrilla fighting (GB) : combat de guérilla
guerrilla forces (US) : forces de guérilla
guerrilla forces (US) : guérilla (ensemble de forces)
guerrilla units (US) : maquis (résistance clandestine)
guerrilla war : guerre de guérilla
guerrilla warfare (OTAN) : guérilla (type de guerre)
guerrilla warfare (US) : guerre de guérilla (type de guerre)
guest house (US) : hôtellerie (militaire)
guest of honor (US) : invité d'honneur (réception / soirée dansante)
guidance (US) : conseils
guidance (US) : directive(s) (consigne)
guidance (US) : orientation (plan)
guidance (US, GB, OTAN) : guidage (appui aérien / technologie missile)
guidance command (OTAN) : ordre de guidage (missile)
guidance system (missile) (OTAN, US) : système de guidage (de missiles)
guidance through mid-course (US) : guidage jusqu'à mi-course
guide (GB) : guide (manuel)
guide (GB) : guide (accompagnateur de groupe)
guide (US) : orienter (efforts)

guide (US) : steer (US) : guider
guide book (US) : guide (manuel)
guide left / right ! (US) : guide à gauche / à droite !
guided missile : missile
guided (OTAN) : guidé (arme)
guided bomb (US,GB) : bombe guidée
guided weapon (GW) (OTAN) : engin guidé
guidelines : directive(s) (consigne)
guidon (GB, US) : guidon (étendard de cavalerie)
guile (US) : ruse
gulf (US) : golfe
Gulf War (GB) : guerre du Golfe (la) (1991)
Gulf War syndrome : syndrome de la guerre du Golfe
gully : ravin (TOPO)
gun : flingue (terme familier)
gun (US) : tube (synonyme de canon)
gun (US, GB) : canon
gun battery (GB) : batterie de canons
gun battery (GB) : batterie de tir
gun crew (GB) : servants (pièce d'artilerie)
gun crew (GB, US) : équipe de pièce (ART)
gun detachment : équipe de pièce (ART)
gun detachment (GB) : pièce (unité) (ART)
gun group (GB) : équipe (d'infanterie, de GV ou de pièce) (INF)
gun laying (GB) : pointage du canon
gun layout : disposition des pièces (ART)
gun mantlet (GB) : bouclier du canon (char)
gun platform : emplacement (de pièce d'artillerie)
gun position : emplacement (de pièce d'artillerie)
gun position (GB) : position d'artillerie
gun position officer (GPO) (US) : lieutenant de tir
gun salute (US) : salve de (coups de) canon
gun section (US) : pièce (unité) (ART)
gun shot : coup de canon
gun system (US) : canon automoteur
gun tractor : tracteur d'artillerie
gun tube distortion (US) : arcure (canon)
gunboat diplomacy (GB) : politique de la canonnière
gun-fire (OTAN) : tirs d'artillerie (ou de canon)
gun-fire area (GFA) (OTAN) : zone de tirs d'artillerie
gung-ho (US, GB) : fonceur (PERS)
gunman (GB) : homme armé (terroriste / criminel)
gunman (US) : terroriste (nom)
gunner : canonnier (ART)
gunner : opérateur tourelle
gunner (GB) : artilleur
gunner (Jane's) : tireur-canon (char) (ABC)
gunner (US) : pointeur (canon automoteur)
gunner's position (GB) : emplacement du tireur (véhicule)
gunner's sight : lucarne du tireur (char)
gunner's telescope : télescope du tireur (char)
gunnery (US) : tir au canon

gunnery range (US) : champ de tir (pour pratique du tir canon de véhicules)

gunnery trainer : simulateur de tir (canon)

gunnery training (US) : entraînement au tir (canon sur véhicules)

gunsmith (GB) : armurier (fabricant d'armes)

guts (US, GB) : cran (estomac ou cœur au ventre) (PERS)

guy (GB, US) : type (gars)

gym kit (US) : survêtement (de sport)

gym suit (US) : survêtement (de sport)

gymnasium (US, GB) : gymnase

gyroscope : gyroscope

gyroscopic (OTAN) : gyroscopique

gyroscopic gun stabilizer : stabilisateur de canon gyroscopique

gyrostabilized : gyrostabilisé

h

H (US, GB) : H (heure militaire)

hack to pieces (GB) : tailler en pièces

hacked to pieces (GB) : déchiqueté

hacker (US) : pirate informatique

hacker warfare (Time) : lutte contre le piratage informatique

hacking (computer) (US) : piratage informatique (intrusion)

hackle (GB) : plumet (de casque)

haemorrhage (GB) : hémorragie (SAN)

HAHO parachutist (US) : chuteur opérationnel

hail (GB) : pluie

hail (US) : saluer (sens figuré)

hair (US, GB) : cheveux

haircut (GB, US) : coupe de cheveux

hairy : délicat

half (US, GB) : moitié

half colonel (GB) : panaché (lieutenant-colonel) (terme familier)

half strength (US) : demi-effectif

half-century (OTAN) : demi-siècle

half-life (OTAN) : mi-vie (à)

half-pay : demi-solde

half-stepper (familier) (US) : mauvais (nom) (familier)

half-stepper (familier) (US) : médiocre (nom)

half-track : scmi-chenillé

half-track (US) : semi-chenillé (véhicule)

half-tracked : semi-chenillé

halfway (US) : mi-chemin

hallmark (US) : marque (signe)

halt : s'arrêter (faire halte) (troupe)

halt : temps d'arrêt

halt ! (GB) : halte ! (commandement)

halt (OTAN) : halte (TAC)

halt (UN) : arrêter (interrompre) (mission / opération / séquence de tir / course aux armements / production)

halt (US) : interrompre

halt (US) : mettre fin à

halt (US, GB) : faire halte

halt (US, GB) : stopper (TAC)

halted (GB, US) : à l'arrêt (force)

halted (US, GB) : arrêt (à l') (force / matériel)

halve (Jane's) : diviser en deux (de moitié)

hamlet (GB) : hameau (TOPO)

hammer : chien (arme de poing)

hammer and tongs (familier) (US) : acharnement (avec)

hammer and tongs (familier) (US) : farouchement (combat)

hammer spur : crête de chien (arme de poing)

hammock (GB) : hamac

hamper (US, CFE) : entraver (gêner / contrarier) (TAC)

hand : aiguille

hand (US, GB) : main

hand in glove (US) : étroit

hand over : passer (TAC)

hand over (a line) to : livrer à (ligne)

hand over (GB) : remettre (personne recherchée aux autorités) (AT / GEND)

hand over (GB) : rendre (armes)

hand over (US) : remettre

hand over command (US) : passer le commandement (d'une unité à)

handbag (US) : sac à main (personnels féminins)

handcuffs (GB) : menottes (AT / GEND)

handful (US) : poignée (sens figuré)

hand-grenade (GB) : grenade à main

handgrip : poignée (lance-roquettes)

handguard : fût (ou garde-main) (fusil automatique)

handguard : garde-main (fusil automatique)

handguard cap : chapeau de garde-main (fusil automatique)

handgun (GB) : arme de poing

handheld (US) : portatif (ou portable) (matériel)

handicap : handicap (sens propre et figuré)

handicapped (US) : handicapé (PERS)

handle : manier (arme)

handle : poignée (arme de poing)

handle (a source) (US, GB) : traiter (source) (RENS)

handle (OTAN) : acheminer (message)

handle (OTAN) : manipuler

handle (OTAN) : traiter

handle (OTAN) : traiter (message)

handle (poignard) : poignée (sabre / poignard)

handle roughly (US) : malmener (TAC)

handler (US) : officier traitant (OT) (RENS)

handler (US) : traitant (RENS)

handling (OTAN) : gestion (texte de message)

handling (OTAN) : manutention
handling (OTAN) : traitement
handling (OTAN) : traitement (données)
handling agent (FBI) (US) : officier traitant (OT) (RENS)
handling area : aire de manutention
handout (student) (US) : polycopié (pédagogie)
hand-over line (GB, OTAN) : ligne de recueil (LRCL)
handover line (US) : ligne de recueil (LRCL)
handset (GB) : combiné (radio / téléphone)
hands-free (US) : mains-libre (à) (TRANS)
hands-on (US) : pratique (adjectif)
hands-on test (US) : épreuve pratique (évaluation)
hands-on training (US) : formation pratique
hand-to-hand combat (US) : combat (au) corps à corps
hand-to-hand combat (US) : corps-à-corps (CAC)
hand-to-hand fighting (OTAN) : combat (au) corps à corps
hand-to-hand fighting (OTAN) : corps-à-corps (CAC)
handwriting (GB) : signature (caractéristique d'identification d'une personne) (RENS)
hang (OTAN) : suspendre
hang fire (OTAN) : long feu (dispositif de mise à feu)
hangar (US, GB) : hangar (aéronefs)
hangfire (US) : long feu (dispositif de mise à feu)
harass (US, GB) : harceler (TAC)
harass (US, GB) : harceler (importuner) (PERS)
harassing action (US) : action de harcèlement
harassing fire (GB, OTAN) : harcèlement (tir de)
harassing fire (OTAN) : tir de harcèlement
harassment (US) : harcèlement (TAC)
harassment (US) : harcèlement (PERS)
harassment raid (GB) : raid de harcèlement
harbinger (US) : signe avant-coureur
harbor (US) : port (maritime)
harbour (GB) : donner asile à (prisonnier / criminel)
harbour (GB) : port (maritime)
hard (GB) : dur
hard (GB) : dure (à la)
hard (missile base) (OTAN) : durci (base de missiles)
hard (US) : fort
hard power (OTAN) : pouvoir de la force
hard worker (US) : gros travailleur (PERS)
hard worker (US) : travailleur (gros) (PERS)
hardened (US, OTAN, CFE, UN) : durci (protégé / renforcé) (missile / site)
hardened shelter (OTAN) : abri durci
hardened shelter (OTAN) : abri renforcé
hardened site (OTAN) : site durci
hardening (UN, US) : durcissement (effets nucléaires) (matériel / installations)

hardness (physical) (GB) : dureté (physique) (PERS)
hardship (OTAN) : détresse (PERS / population)
hardship (US) : épreuves (souffrances)
hardship (US) : souffrance(s)
hardship (US) : soutien de famille
hard-skin(ned) vehicle (GB, US) : véhicule (ou engin) blindé
hard-skinned (GB) : blindé (participe passé)
hardware : matériel (informatique)
hardware (US) : matériel (équipement)
harm (GB) : abîmer (endommager)
harm (GB) : dégât(s)
harm (GB) : faire du mal
harm (OTAN) : porter atteinte à
harm (US) : atteinte
harm (US) : danger
harmful (GB) : nuisible
harmful (UN) : nocif (produit chimique)
harmful to (US) : préjudiciable à
harmless (GB). : inoffensif
harmoniously (US) : harmonieusement
harmonisation (US) : harmonisation
harmonise (OTAN, GB) : harmoniser
harness (US) : bride (masque à gaz)
harness (US) : exploiter (tirer profit de)
harness (US, GB) : harnais (de parachute) (TAP)
harry : harceler (TAC)
harsh (US) : dur
hasten (Jane's, US) : accélérer (hâter)
hastily (OTAN) : hâte (à la)
hasty (OTAN) : improvisé (dans la foulée ou rapide) (TAC)
hasty (US, GB) : dans la foulée
hasty attack (OTAN) : attaque improvisée
hasty attack (US, GB, OTAN) : attaque dans la foulée
hasty crossing (OTAN) : franchissement accéléré
hasty defense (US) : défense improvisée
hasty river crossing (US) : franchissement dans la foulée
hat (US) : chapeau (soldat)
hatch : écoutille (char)
hatch (CFE) : trappe (char)
hatch (US) : porte (sous-marin)
hated (GB) : détesté (PERS)
hatred (US, GB) : haine (PERS)
haulage : transport routier
hauling : halage
have (GB) : comprendre (inclure) (unités / personnels)
have (something) left (GB) : rester
have (US) : compter (totaliser) (personnel / matériel)
have (US) : disposer de
have (US) : offrir (procurer)
have (US) : posséder (unité / armée)
have (US) : posséder (matériel)

have (US) : présenter
have (US, GB) : avoir
have a capability (GB) : pouvoir (expression de la possibilité)
have a commanding view over (GB) : dominer (TOPO)
have a crew (US) : servir (matériel)
have a distinguished history : se distinguer (PERS / unité)
have a foreknowledge of (US) : savoir (ou connaître) à l'avance
have a loyalty to : vouer à
have a range : porter (distance)
have a rest : se reposer
have a strength of : compter (totaliser) (personnel / matériel)
have access to (GB) : accéder à (avoir accès à)
have an effect (on) (OTAN) : incidence sur (avoir une)
have available (US) : disposer de
have command of (GB) : avoir sous commandement (forces)
have difficulty (US, GB) : mal à (avoir du)
have had it (US) : fichu (perdu ou foutu) (être) (PERS)
have implications (OTAN) : incidence sur (avoir une)
have in common (US) : avoir en commun
have the distinction (GB) : se distinguer (PERS / unité)
have the mission of (US) : avoir pour mission de (force)
have under control (US) : maîtriser
haversack : musette
haversack ration (GB) : repas froid (individuel)
havoc (GB) : ravages
hazard : péril
hazard (OTAN, US) : risque
hazard (US) : danger
hazard area (US) : zone à risque(s)
hazard beacon (GB) : balise de danger (aéronefs)
hazardous (US) : dangereux
hazardous (US) : périlleux (opération / situation)
hazardous cargo : matières dangereuses (LOG)
hazardous conditions (HAZCON) (OTAN) : conditions dangereuses
haze (GB) : brume (poussière / chaleur)
hazing (US) : bizutage (pratique illégale)
HE ammunition (Jane's) (HE = High Explosive) : obus explosif (OE)
HE shell (GB, US) : obus explosif (OE)
head (GB) : diriger (conduire / commander)
head (OTAN) : responsable (nom)
head (US) : cervelle
head (US) : major (premier) (promotion d'élèves-officiers)
head (US, GB) : tête

head check (GB) : appel (des présents) (unité élémentaire)
head for (GB) : se destiner à
head from (GB) : venir de
head of delegation (HOD) (OTAN) : chef de délégation
Head of Government (OTAN) : chef de gouvernement
head of mission (UN) : chef de mission (Nations-Unies)
Head of State (OTAN) : chef d'État
head of station (US) : chef de poste (ambassade à l'étranger) (RENS)
head of the armed forces (GB) : chef des armées
head on (GB) : de front
head(-)down (US) : tête basse (système)
head(-)down display (HDD) (GB) : visualisation tête basse
head(-)up (US) : tête haute (système)
headache (US) : mal de tête (ou céphalée) (SAN)
headcount (US) : effectif rationnaire
headdress (GB) : couvre-chef
head-dress (GB), headdress (US) : coiffure (képi / béret) (PERS)
headdress badge (GB) : insigne de coiffe
headgear (US) : coiffure (képi / béret) (PERS)
headgear (US) : couvre-chef
headgear insignia (US) : insigne de coiffe
heading : rubrique (de l'ordre graphique)
heading (GB) : titre (document / page)
heading (US, OTAN) : cap (direction)
headland (US, GB) : promontoire (TOPO)
headlight : phare (char)
headquarters : quartier général (QG)
headquarters (HQ) : état-major
headquarters (HQ) (GB) : commandement et quartier général (CQG) (dans une appellation d'unité)
headquarters (HQ) (US, GB) : PC
headquarters (HQ) and logistics battery : batterie de commandement et de logistique (BCL)
headquarters (HQ) and logistics company : compagnie de commandement et de logistique (CCL) (RIMECA)
headquarters (HQ) and logistics squadron (GB) ou company (US) : escadron de commandement et de logistique (ECL)
headquarters (HQ) squadron : compagnie de commandement et de quartier général (CCQG) (RCS)
headquarters (HQ) squadron (GB) : escadron de quartier général (armée de terre 2002)
headquarters (OTAN) : poste de commandement (PC)
headquarters (ou HQ) platoon : section de commandement (UCT)
headquarters (US) : centrale (RENS)
headquarters (US) : siège (service de renseignement)

headquarters (US, GB, OTAN) : siège (organisation)

headquarters and headquarters (HH) (US) : commandement et quartier général (CQG) (dans une appellation d'unité)

headquarters and headquarters battery (HHB) (US) : batterie de commandement et des services (BCS)

headquarters and headquarters company (HHC) (US) : compagnie de commandement et des services (CCS)

headquarters and headquarters troop (HHT) (US) : escadron de commandement et des services (ECS)

headquarters and logistics company : unité de commandement et de logistique (UCL) (armée de terre 2002)

Headquarters and Signal (GB) : commandement et transmissions (dans une appellation d'unité)

headquarters and signal company : unité de commandement et de transmissions (UCT) (armée de terre 2002)

headquarters battalion : régiment de quartier général (RQG) (armée de terre 2002)

headquarters battery (HQ bty) (GB) : batterie de commandement et des services (BCS)

headquarters company : unité de quartier général

headquarters company (HQ Coy) (GB) : compagnie de commandement et des services (CCS)

headquarters component : élément d'un quartier général

Headquarters Doctrine and Training (HQDT) (GB) : commandement de la doctrine et de l'entraînement (CDE) (obsolète)

headquarters element (US) : élément de commandement (et de contrôle)

headquarters exercice (OTAN) : exercice de mise en service des QG (ou des états-majors)

Headquarters Land Command (GB) : commandement de la force d'action terrestre (CFAT)

Headquarters Logistics Command (GB) : commandement de la force logistique terrestre (CFLT)

headquarters regiment : régiment de quartier général (RQG) (armée de terre 2002)

headquarters squadron (HQ Sqn) : escadron de commandement et de quartier général (ECQG)

headquarters squadron (HQ Sqn) (GB) : escadron de commandement et des services (ECS)

headquarters staff (GB) : état-major

headquarters unit : unité de quartier général

headquarters vehicle (GB) : véhicule de commandement

headquarters vehicle (GB) : véhicule PC

headset : casque d'écoute

headset (GB) : casque à écouteurs

headset socket (US) : prise casque

head-up display (HUD) (OTAN, GB) : visualisation tête haute (VTH)

head-up display (HUD) (UN) : tête haute (présentation / écran de visualisation / collimateur / viseur)

head-up display (HUD) (US, OTAN) : présentation tête haute

head-up display (HUD) (US, OTAN) : viseur "tête haute" (ou présentation tête haute) (OTAN)

health : santé (SAN)

health conditions (US) : conditions sanitaires

health need (US) : besoin sanitaire (PERS)

health service support (HSS) (US, OTAN) : soutien sanitaire (ou santé)

health services (US) : soins de santé

health standards (US) : normes sanitaires

hearse (US) : corbillard (fourgon mortuaire)

heart (GB) : cœur (sens propre)

heart (US) : centre (milieu)

heart (US) : cœur (sens figuré)

hearts and minds (GB) : cœurs et les esprits (les) (soutien de la population civile)

hearts and minds (operations) (GB) : conquête des "cœurs et des esprits" (opérations de) (humanitaire / maintien de la paix)

hearts and minds operations (GB) : obtention du soutien des populations (opérations d') (HUM / maintien de la paix)

hearts and minds operations (GB) : opérations de conquête des "cœurs et des esprits" (humanitaire / maintien de la paix)

heat (US) : thermique

heat (US, GB) : chaleur

heat (US, GB) : feu (sens figuré)

heat exhaustion (US) : épuisement dû à la chaleur (ou coup de chaleur) (SAN)

heat generated or reflected (from the target) : rayonnement thermique (cible)

heat of battle (in the) (GB) : feu du combat (dans le)

heat stroke (US) : coup de chaleur (SAN)

heated exchange : passe d'armes

heater (Jane's) : chauffage (système de) (véhicule blindé)

heater (US) : appareil de chauffage (aide humanitaire)

heating (OTAN) : chauffage

heating system (Jane's) : chauffage (système de) (véhicule blindé)

heat-seeking (US) : thermoguidé (missile)

heat-seeking missile (UN) : missile à tête chercheuse thermique

heat-seeking missile (UN) : missile guidé par infrarouge

heat-seeking missile (UN) : missile thermoguidé

heavily : largement

heavily (GB) : lourdement

heavily (OTAN) : fortement

heavily (US) : puissamment

heavy (CA) : acharné (combats / résistance)

heavy (En épithète) : à base de (unité)

heavy (equipment / weapon) : lourd (matériel / arme)

heavy (GB) : gros calibre (de)

heavy (GB) : intense (combats / pression)

heavy (GB) : intense (nourri) (tir)

heavy (GB) : nourri (feu / tir)

heavy (losses) : lourd (pertes)

heavy (MLRS) regiment (GB) : régiment LRM (lance-roquettes multiple)

heavy (task / responsibility) (US) : lourd (tâche / responsabilité)

heavy (US) : à dominante blindée (unité) (blindée et mécanisée)

heavy (US) : dominante (à)

heavy (US) : fort

heavy (US) : lourd (à dominante blindée) (unité)

heavy (US) : prédominance (à)

heavy armament (CFE) : armement lourd

heavy armor (US) : cavalerie lourde

heavy artillery (US) : artillerie lourde

heavy artillery battery (Jane's) : batterie d'artillerie lourde

Heavy Assault Bridge (HAB) (US) : AMX (AVLB)

heavy assault bridge (HAB) (US) : char poseur de ponts

heavy assets (Jane's) : moyens lourds

heavy bomber : bombardier lourd

heavy cavalry (GB, US) : cavalerie lourde

heavy division (US) : division "lourde" (à dominante blindée) (USA)

heavy equipment (HET) (OTAN) : équipement lourd

heavy equipment (HET) (OTAN) : matériel lourd

Heavy Equipment Transporter System (HETS) (équivalent US) : ensemble porte-blindé

heavy equipment transporter system (HETS) (US) : porte-chars (ou porte-blindés) (ensemble)

Heavy Equipment Transporter System (HETS) (US) (équivalent US) : TRH 350 (porte-engins chenillés)

heavy expanded mobility tactical truck (HEMTT) (US) : véhicule lourd de soutien logistique

heavy forces (US) : forces blindées et mécanisées

heavy forces (US) : forces lourdes (ou à dominante blindée)

heavy machine gun (GB, US) : mitrailleuse lourde

heavy mortar platoon (US) : section d'appui mortiers (SAM) (régiment d'infanterie parachutiste)

heavy mortar platoon (US) : section de mortiers lourds (SML)

heavy transport helicopter (GB) : hélicoptère de transport de charges lourdes

heavy unit (US) : unité lourde (= blindée et / ou mécanisée)

heavy vehicle : véhicule lourd

heavy weapons exclusion zone (OTAN) : zone d'exclusion des armes lourdes

heavy-lift helicopter (US) : hélicoptère de transport de charges lourdes

heavy-lift transport aircraft (GB) : avion gros porteur

heavy-walled munitions (UN) : munitions à paroi épaisse

heckle (US, GB) : chahuter

hedge ou hedgerow (GB) : haie vive

heel : talon (fusil / fusil automatique)

hefty (GB) : élevé

height : hauteur (matériel)

height : paroxysme (crise)

height (GB) : fort (point culminant)

height (UN, OTAN) : hauteur

height adjustment control : réglage de la hauteur (arme automatique)

height of burst (OTAN) : hauteur d'éclatement (ART)

height to turret roof (GB) : hauteur au toit de tourelle (char)

height : altitude

heighten (US) : accroître

heighten (US) : faire monter (tension)

height-finding radar (OTAN) : radar d'altimétrie

HELARM (GB) : appui hélicoptères de combat

held (OTAN) : occupé (TAC)

heliborne : héliporté

heliborne landing : héliportage (opération)

heliborne landing (US) : débarquement héliporté

heliborne operation : héliportage (opération)

heliborne operation (GB) : opération héliportée (OHP)

helicopter (US, GB) : hélicoptère

helicopter action group (HAG) (OTAN) : groupe d'action d'hélicoptères

helicopter action group (HAG) (OTAN) : groupe de combat d'hélicoptères

helicopter approach route (OTAN) : itinéraire d'accès d'hélicoptères

helicopter assault regiment (HAR) (OTAN) : régiment d'hélicoptères d'assaut

helicopter borne : héliporté

helicopter borne assault (OTAN) : héliportage d'assaut

helicopter company (US) : escadrille (hélicoptères) (ALAT)

helicopter direction centre (HDC) (OTAN) : centre de direction des hélicoptères

helicopter division (US) : division aéromobile

helicopter gunship (US) : hélicoptère armé

helicopter in-flight refueling (HIFR) (OTAN) : ravitaillement en vol d'hélicoptères

helicopter insertion (US) : insertion (ou mise en place) de troupes par hélicoptères

helicopter landing pad : aire d'atterrissage (de poser d'hélicoptères ou de manœuvre d'hélicoptères)

helicopter lane (OTAN) : couloir d'hélicoptères

helicopter losses (US) : pertes en hélicoptères

helicopter mine countermeasures (OTAN) : opérations de lutte contre les mines à l'aide d'hélicoptères

helicopter operations (OTAN) : emploi des hélicoptères

helicopter pad : aire d'atterrissage (de poser d'hélicoptères ou de manœuvre d'hélicoptères)

helicopter pilot (US, GB) : pilote d'hélicoptère (ALAT)

helicopter retirement route (OTAN) : itinéraire de sortie d'hélicoptères

helicopter support (GB) : appui hélicoptères

helicopter transport capability (UEO) : capacité de transport par hélicoptère

helicopter unit (US) : unité d'hélicoptères

helicopter-carrier (ship) : porte-hélicoptères

helicopter-transportable (US) : héliportable (matériel)

helipad (GB) : hélistation

helipad (GB) : plate-forme de poser d'hélicoptères (hélistation)

helipad (OTAN) : aire d'atterrissage (de poser d'hélicoptères ou de manœuvre d'hélicoptères)

heliport (GB, OTAN) : héliport

helitransport : héliportage (mode de transport)

helmet (US, GB) : casque

helmet cover (US) : housse de casque

helmet display (GB) : affichage de casque

helmet liner (US) : sous-casque

helmet-mounted display (HMD) (GB) : visualisation de casque

helmet-mounted display (US) : viseur de casque (hélicoptère)

help (GB) : aider (ou assister)

help (GB) : faciliter

help (OTAN) : contribuer à

help with (OTAN) : contribuer à

helpful (GB) : coopératif (serviable)

hemisphere (GB) : hémisphère

hemorrhage (US) : hémorragie (SAN)

heraldic (US) : héraldique

heraldry (US) : héraldique (science)

heritage (US, OTAN) : héritage

hero (US, GB) : héro (homme de grand courage)

heroic (GB) : héroïque (adjectif)

heroin (GB) : héroïne (femme de grand courage)

heroism (US) : héroïsme

hertz : hertz

HESH (high explosive squash head) shell (US) : obus à (tête d') écrasement

hesitation (US) : hésitation

hessian (GB) : toile à sac (camouflage / sacs de sable)

hessian (GB) : toile de jute (camouflage / sacs de sable)

HF (GB) : HF (TRANS)

H-Hour (GB) : Heure H

hidden (US) : caché

hide : affût (cache)

hide : se cacher

hide (GB) : cache (personnels) (TAC)

hide (GB) : cache (armes)

hide (OTAN) : se terrer

hide (US) : dissimuler

hierarchical (GB, US) : hiérarchique

hierarchy (GB, US) : hiérarchie (commandement)

high (GB) : haut (nom)

high (OTAN) : élevé (énergie)

high (US) : élevé

high (US) : haut (adjectif)

high (UN) : grand

high altitude (US) : haute altitude (montagne)

high altitude high opening (HAHO) jump (US) : saut opérationnel à très grande hauteur (SOTGH) (>4000m) (TAP)

high altitude low opening (HALO) jump (US, GB) ou high altitude low opening parachute technique (HALO) (GB) : saut opérationnel à grande hauteur (SOGH) (<4000m) (TAP)

high angle (OTAN) : tir vertical (ART) (ordre)

high angle fire (US, OTAN) : tir courbe

high angle fire (US, OTAN) : tir vertical

High Command (US, GB) : haut commandement (armée d'un pays)

high command objective (Jane's) : objectif du haut commandement (ARMT)

high commissioner (UN) : haut commissaire

high energy (damage) laser (UN) : arme laser à grande énergie

high explosive (HE) (OTAN) : explosif brisant

high explosive (HE) (OTAN) : explosif puissant

high explosive (HE) (shell) : explosif (obus)

high explosive anti-tank (HEAT) : ogive à explosif brisant antichar

high explosive antitank (HEAT) (shell) : obus explosif (OE) antichar

high explosive plastic (HEP) : plastic (explosif)

high explosive round : munition explosive (canon automoteur)

high explosive squashhead (HESH) : obus brisant à ogive plastique

high frequency (HF) (US, OTAN) : haute fréquence (TRANS)

high ground : promontoire (TOPO)

high ground (US, GB) : hauteurs (TAC)

high ground (US, GB) : points élevés (TOPO)

High Hardness Ballistic Steel (armour) : THD (très haute dureté) (blindage)

High Hardness Ballistic Steel armour : blindage THD (très haute dureté)

high intensity combat (OTAN) : combat de haute intensité

high intensity warfare (Jane's) : combat de haute intensité

high level air defence : défense aérienne à haute altitude

high level air defence : haute altitude (défense aérienne à)
high level group (HLG) (OTAN) : groupe de haut niveau
high mobility (US, GB) : grande mobilité (à) (véhicule)
high mountain (GB) : haute montagne
high payoff : payant (rentable) (TAC)
high payoff (target) : rentable (objectif)
high performance (GB) : performant (matériel)
high profile (US) : vue (en)
High Representative (OTAN) : Haut Représentant
high school graduate (US) : bachelier (titulaire du Baccalauréat)
high seas (US) : haute mer
high speed (US) : grande vitesse
high speed (US) : rapide (véhicule / aéronef / arme)
high technology (US) : haute technologie
high technology : technologie de pointe
high tempo (US) : cadence élevée (opérations)
high tide (GB) : marée haute
high velocity (US) : vitesse élevée
high velocity drop (US, OTAN) : largage à vitesse de descente élevée
high voltage line : ligne à haute tension
high(-) intensity operations (Jane's, GB) : opérations de haute (ou forte) intensité
high-altitude (parachute) jump (US) : saut à haute altitude (TAP)
high-altitude air defense (US) : défense aérienne à haute altitude
high-definition image (US) : image à haute définition (satellite)
high-energy (OTAN) : énergie élevée (à)
high-energy laser (HEL) (OTAN) : laser à énergie élevée (ou à haute énergie)
higher (OTAN) : supérieur (adjectif)
Higher Command and Staff Course (équivalent GB) : centre des hautes études militaires (CHEM)
higher commander (US) : commandant à l'échelon supérieur
higher end (UEO) : haut (nom)
higher formation (GB) : unité supérieure (par rapport à une autre)
higher military authority (overseas territories) : commandant supérieur outre-mer (COMSUP) (DOM-TOM)
higher-order (US) : niveau supérieur (de) (concept)
high-explosive antitank projectile (HEAT) (UN) : projectile de rupture
high-explosive antitank projectile (HEAT) (UN) : projectile perforant
high-explosive, incendiary, tracer (HEIT) : explosif, incendiaire, traceur (munition antiaérienne)
high-explosive plastic (HEP) (OTAN) : explosif brisant plastique

high-explosive squash head (HESH) (OTAN) : explosif brisant à tête d'écrasement
high-intensity conflict (US) : conflit de haute intensité
high-intensity warfare (OTAN) : combats de forte intensité
high-intensity warfare (US) : guerre de haute intensité
highjacked (item of equipment) (UN) : pris de force (matériel)
high-kill : haut pouvoir de destruction (à)
high-kill antitank mine : mine antichar HPD (ou à haut pouvoir de destruction)
highlands (GB) : terres hautes (TOPO)
high-level (OTAN) : de haut niveau (groupe)
high-level (OTAN) : haute altitude (à)
high-level bombing (OTAN) : bombardement à haute altitude
high-level bombing raids (OTAN) : opérations de bombardement à haute altitude
high-level exercice (HILEX) (OTAN) : exercice de haut niveau
highlight (OTAN) : mettre en lumière
highlight (US) : faire ressortir (avantage)
highly (GB) : hautement
highly (US) : extrêmement
highly (US) : fortement
highly accurate (GB) : haute précision (de)
highly accurate (US, GB) : grande précision (de) (système d'arme)
highly confidential (US) : ultra-confidentiel (document) (RENS)
highly risky (US) : haut risque (à) (opération)
highly secret (US) : ultra-secret (RENS)
high-power (OTAN) : grande puissance (de) (matériel)
high-power acquisition radar (HIPAR) (OTAN) : radar d'acquisition de grande puissance
high-power illumination radar (HIPIR) (OTAN) : radar d'illumination de grande puissance
high-powered (GB) : puissant (arme / force / moteur)
high-quality (US) : hautement qualifié (PERS)
high-ranking official (US) : haut responsable
high-resolution image (US) : image à haute résolution
high-risk area (Jane's, OTAN) : zone à hauts risques
high-speed (OTAN) : grande vitesse (à) (missile)
high-speed (US) : à vitesse élevée (armes)
high-speed (US) : vitesse élevée (à)
high-speed anti-radiation missile (HARM) (OTAN) : missile antirayonnement à grande vitesse
high-tech : ultramoderne (matériel)
high-tech (GB) : pointe (de)
high-tech war (GB) : guerre de haute technologie
high-tech war (US) : guerre high-tech

high-tempo operations (US) : opérations à cadence élevée

high-tension line : ligne à haute tension

high-value (US) : lucratif (TAC)

high-velocity (US, GB) : grande vitesse initiale (canon)

high-velocity bullet (GB) : balle à vitesse élevée

high-velocity cannon (US) : canon à grande vitesse initiale

highway (OTAN) : autoroutier

highway (US) : autoroute

highway (US) : route

highway bridge (OTAN) : pont autoroutier

highway speed (US) : vitesse sur route (véhicule blindé)

hijack (GB) : détournement (par la force) (véhicule / aéronef / navire)

hijack (US, GB) : détourner (par la force) (véhicule / aéronef / navire)

hijacker (aircraft) (GB, US) : pirate de l'air

hijacking : détournement (par la force) (véhicule / aéronef / navire)

hike (CA) : augmentation (solde) (PERS)

hike (CA) : hausse (augmentation) (solde)

hike (GB) : marche

hill : cote (point sur carte)

hill (US, GB) : colline (TOPO)

hillock (GB) : monticule, mamelon (TOPO)

hills : hauteurs (TAC)

hilltop (GB) : sommet de colline (TOPO)

hilltops : hauteurs (TAC)

hilt : douille (baïonnette)

hilt : poignée (sabre / poignard)

hinder (OTAN) : gêner (TAC)

hinder (OTAN) : restreindre (ou limiter) (mouvement / manœuvre) (TAC)

hinder (US) : entraver (gêner / contrarier) (TAC)

hindrance : entrave

historian (GB) : historien

historical (US) : historique (adjectif)

history (US) : histoire (discipline)

history (US, GB) : historique (nom)

history (US, GB, CA) : histoire

hit (GB) : atteinte (d'objectif) (tir)

hit (GB) : frapper (toucher / atteindre)

hit (GB) : heurter (TAC)

hit (Jane's) : atteindre (TAC)

hit (US) : atteindre (toucher)

hit (US) : faire mouche

hit (US) : touché (par une balle) (PERS)

hit (US) : toucher (atteindre)

hit hard (GB) : frapper fort (TAC)

hit probability (UN, US) : probabilité d'atteinte (tir)

hit the bull's-eye (GB) : mouche (faire) (tir sur une cible de tir)

hit the deck (GB) : s'aplatir au sol (se mettre à l'abri) (PERS)

hit the ground (US) : toucher le sol (ou toucher terre) (TAP)

hit-and-run action : coup de main (TAC)

HMMWV (high mobility multipurpose wheeled vehicle) (US) : véhicule tout-terrain ("jeep") (USA)

hoax (GB) : canular

hoist (OTAN) : treuil

hoist (US, OTAN) : hisser

hoisting (US) : levage

hold (GB) : tenir (ou équiper en personnel) (poste de contrôle / avant-poste / ligne)

hold (GB, OTAN) : fixer (TAC)

hold (GB, US) : occuper (poste / emploi / surface / place)

hold (Jane's) : posséder (unité / armée)

hold (on to) (GB) : retenir (dans l'armée) (ou fidéliser) (PERS)

hold (OTAN) : tenir (réunion)

hold (somebody) prisoner (GB) : détenir, garder (en captivité)

hold (US) : conserver (liberté d'action / initiative) (TAC)

hold (US) : conserver (terrain) (TAC)

hold (US) : contenir (inclure)

hold (US) : emprise

hold (US) : organiser

hold (US) : titulaire de (être)

hold (US, Jane's) : détenir (poste / armes / otages / habilitation / informations)

hold (US, OTAN) : maintenir

hold (US, OTAN, GB) : tenir (TAC)

hold at a distance (GB) : tenir à distance (ennemi)

hold at bay (GB) : tenir à distance (ennemi)

hold at bay (GB) : tenir en échec

hold back (OTAN) : se tenir en attente (unité)

hold fire ! (US, OTAN) : halte au feu ! (défense aérienne)

hold in reserve (US) : conserver en réserve (force)

hold off : tenir à distance (ennemi)

hold on to (US) : s'accrocher à (TAC)

hold one's ground (CA) : tenir bon (résister) (force attaquée)

hold one's own (US) : débrouiller (se)

hold out (GB) : continuer à résister (ou se défendre) (tenir bon) (TAC)

hold out (GB) : tenir bon (résister) (force attaquée)

hold up (GB) : contenir (TAC)

holder (US) : détenteur (RENS)

holding attack (OTAN) : action de fixation

holding attack (OTAN) : fixation (action de)

holding company (Jane's) : holding (ARMT)

holding of ground (GB) : conservation du terrain (TAC)

hole (US) : trou

holiday (US) : jour férié

hollow : formé (charge explosive)

hollow (GB) : creux (sol) (TOPO)

hollow (US, GB) : creux
hollow charge (UN) : charge creuse (formée / perforante)
hollow charge projectile (US) : projectile à charge creuse
holocaust (UN) : apocalypse (NUC)
holster (étui de pistolet) (GB, US) : étui (arme de poing)
home : métropolitain
home (GB) : métropole
home (headquarters) (US) : maison mère (arme / corps)
home (OTAN) : maison
home (US, GB) : foyer (maison)
home base (GB) : base de départ (force / personnel)
home base (US) : centrale (RENS)
home defence (GB) : défense du territoire
home defence (GB) : défense du territoire (national) (en cas de guerre)
home in on (GB) : s'autodiriger sur (missile)
home loan (US) : prêt immobilier (services sociaux)
home stretch (US) : ligne droite (sens figuré)
homecoming (US, GB) : retour au foyer (soldat)
homecoming (US, GB) : retour au pays (à la base) (après déploiement)
homeland (US) : patrie
homeland (US) : territoire national
Homeland Defense (US) : défense du territoire national (par opposition aux OPEX)
home-made (GB) : artisanal
home-made explosive (GB) : explosif artisanal
home-on-jam (HOJ) (OTAN) : ralliement sur brouillage
home-on-jam capability (HOJ) (OTAN) : capacité de ralliement sur brouillage
homesickness (US) : mal du pays (PERS)
homing (UN) : autoralliement
homing (US) : autoguidage
homing (US, OTAN, UN) : ralliement (processus de)
homing device (UN) : autodirecteur (ou dispositif d'autoguidage ou tête chercheuse) (missile)
homing device (UN) : tête chercheuse (ou autodirecteur ou dispositif d'autoguidage)
homing guidance : autoguidage
homing guidance (OTAN) : guidage de collision
homing head (UN) : tête chercheuse (ou autodirecteur ou dispositif d'autoguidage)
homing head (US,GB) : autodirecteur (ou dispositif d'autoguidage ou tête chercheuse) (missile)
homing weapon (UN) : arme autoguidée
homogeneous (GB, US) : homogène (unité / corps / force)
homosexual (GB) : homosexuel (nom)
hone (a skill) (US) : affûter (aiguiser) (compétence / savoir-faire)
hone (US) : affiner

honesty (US) : honnêteté (PERS)
honey trap (US) : piège sexuel (RENS)
honor (US) : honneur
honor guard (US) : garde d'honneur (soldat)
honorable (US) : honorable
honorable correspondent (US) : honorable correspondant (HC) (RENS)
honorary (US, GB) : honoraire (adjectif) (PERS)
honorary agent (US) : honorable correspondant (HC) (RENS)
honour (GB) : honneur
honour (GB) : honorer (PERS)
honour guard (GB) : garde d'honneur (troupe)
honourable (GB) : honorable
hood (US) : cagoule (NBC)
hood (US) : capot (véhicule)
hook transport (OTAN) : transport sous élingue (élingage)
hopping rate : vitesse de saut (fréquence radio) (TRANS)
horde (US, GB) : horde
horizon : horizon (sens propre)
horizon (OTAN) : ligne d'horizon
HORIZON airborne radar system (Jane's) : HORIZON (Hélicoptère d'Observation Radar et d'Interprétation des ZONes)
horizontal (US) : horizontal (ou transverse)
horizontal (US) : transverse
horizontal action anti-tank mine (GB) : mine antichar à action horizontale (MIACAH)
horizontal action mine (GB, OTAN) : mine à action horizontale (ou à effet horizontal)
horizontal error (US, OTAN) : écart probable horizontal
horizontally (US) : horizontalement
horizontally (US) : transversalement
horror (GB, US) : horreur
horse power (Abréviation hp) : cheval (ou chevaux) vapeur
horseman (GB) : cavalier (homme à cheval)
horsemastership (GB) : équitation (militaire)
horsepower (HP) (US) : puissance (en CV)
horsepower (US) : CV (chevaux-vapeur)
HORUS military observation radar satellite (Jane's) : HORUS (satellite militaire)
hospital (US, GB) : hôpital
hospital bed (OTAN) : lit d'hôpital (SAN)
hospital ship (US, OTAN) : navire hôpital (SAN)
hospitality (US) : hospitalité (PERS)
hospitalization (US) : hospitalisation
host (GB) : accueillir
host (OTAN) : hôte (pays)
host (OTAN) : organiser
host (US) : multitude
host (US) : tout
host government (US) : gouvernement hôte
host nation (HN) (OTAN, US) : pays hôte

host nation assistance (OTAN) : nation-hôte (soutien fourni par la)

host nation support (HNS) : nation-hôte (soutien fourni par la)

host nation support (HNS) (US, OTAN) : soutien fourni par la nation (le pays) hôte

host structure : structure d'accueil (PC)

hostage (US, GB) : otage

hostage crisis (GB) : crise des otages

hostage rescue (US) : libération d'otages (opération)

hostage seizure (US) : prise d'otages

hostage-taker (US) : preneur d'otages

hostile (GB) : hostile (inamical)

hostile (OTAN) : adverse (ennemi)

hostile (OTAN, GB) : ennemi (adjectif)

hostile (US) : adverse (RENS)

hostile (US) : hostile (adjectif) (TAC)

hostile act (US) : acte d'hostilité

hostile action (US) : action hostile

hostile agency (US) : service adverse (RENS)

hostile area (US) : zone hostile

hostile element (US) : élément adverse

hostile environment (US) : environnement hostile

hostile faction (US) : faction hostile

hostile intelligence service (HIS) (OTAN) : service de renseignement ennemi (RENS)

hostile state (US) : État hostile

hostilities (OTAN, GB) : hostilités

hostility (GB) : hostilité (TAC)

hostility (GB) : hostilité (animosité)

host-nation in-place (HNIP) (OTAN) : en place du pays hôte (forces)

host nation in-place (HNIP) forces (US, GB, OTAN) : forces en place du pays hôte

HOT (long-range) antitank weapon system : HOT (Haut subsonique Optiquement Téléguidé) (système d'arme antichar à longue portée)

hot (US) : chaud

hot line (UN) : "téléphone rouge" (ou ligne directe) (STRAT)

hot meal (US) : repas chaud

hot spot (CA) : point chaud (conflit)

hot spot (OTAN) : point chaud (zone contaminée)

hour (US, GB) : heure (mesure de temps)

house : loger (matériel)

house (OTAN) : abriter

house arrest (OTAN, GB) : assignation à résidence

house clearing : nettoyage d'habitations

house hunting (US) : "chasse au logement" (mutation)

house of worship (US) : lieu de culte

house search (GB, OTAN) : fouille d'habitation(s)

housing (US, CA) : logement(s) (PERS)

housing allowance (US) : indemnité de logement

housing office (US) (Army) : bureau du logement (garnison)

hover point (OTAN) : point de vol stationnaire (hélicoptères)

hovercraft : aéroglisseur

hovering (OTAN) : vol stationnaire (hélicoptère)

howitzer (US, GB) : obusier

howitzer battery (US) : batterie d'obusiers

HQ (= Headquarters) : Q.G. (quartier général)

HQ (= Headquarters) company (UN) : compagnie de quartier général (CQG)

HQ Land Command (Erskine Barracks, Wilton, Wiltshire) (GB) : commandement général des forces de l'armée de terre

HQ Land Command (GB) : état major du commandement de la force d'action terrestre (CFAT)

hub (rotor) (US) : moyeu (hélicoptère)

hull : caisse (char)

hull (US) : caisse (véhicule blindé)

hull (US, CFE) : coque (caisse) (char)

hull down (position) (US, GB) : défilement de caisse (ABC)

hull length (GB) : longueur sans le canon (char)

hull length (Jane's) : longueur châssis (véhicule blindé)

hull machine gun : mitrailleuse frontale (char)

human (OTAN, GB) : humain

human (US) : humain (nom)

human contact (GB) : contact humain

human dimensions (US) : dimensions humaines (combat)

human environment : milieu humain

human factors (GB) : facteurs humains

human intelligence (HUMINT) : recherche humaine (RENS)

human intelligence (HUMINT) : renseignement d'origine humaine (ROHUM)

human intelligence (HUMINT) (OTAN) : renseignement humain

human intelligence (HUMINT) (US) : renseignement de source humaine

human machine interface (HMI) (GB) : interface homme-machine (IHM)

human performance (US) : performances humaines

human resource management (US) : gestion du personnel (ou des ressources humaines)

human resources (US) : ressources humaines (RH)

human resources and recruitment (Jane's) : planification-ressources humaines (état-major d'armée)

Human Resources and Recruitment Office (Army Staff) (Jane's) : bureau de planification des ressources humaines (BPRH) (EMAT)

human rights (US, GB, OTAN) : droits de l'homme

human security (OTAN) : sécurité humaine (ou sécurité des personnes)

human shield (US, GB) : bouclier humain (otages)

human source (OTAN) : source humaine (ou d'origine humaine) (RENS) human transportation trunk (US) : malle de transport (pour individu) (RENS)

humanitarian : humanitaire (aide / assistance)

humanitarian action (OTAN, US) : action humanitaire (l')

humanitarian affairs (GB) : affaires humanitaires

humanitarian agency (US) : organisme humanitaire

humanitarian aid (GB, US) : aide humanitaire

humanitarian aid (OTAN) : secours humanitaires

humanitarian aid flight (OTAN) : vol d'aide humanitaire

humanitarian aid organisation (OTAN) : organisation d'aide humanitaire

humanitarian assistance (HA) (OTAN, US) : assistance (ou aide) humanitaire

humanitarian assistance (HA) (US) : aide humanitaire

humanitarian catastrophe (OTAN) : catastrophe humanitaire

humanitarian crisis (OTAN, US, GB) : crise humanitaire

humanitarian de-mining (OTAN) : déminage humanitaire

humanitarian disaster (OTAN) : catastrophe humanitaire

humanitarian effort (OTAN) : effort humanitaire

humanitarian effort(s) (OTAN, US) : action humanitaire (l')

humanitarian emergency (US) : urgence humanitaire

humanitarian flight (OTAN) : vol humanitaire

humanitarian intervention (GB) : intervention humanitaire

humanitarian organisation (OTAN) : organisation humanitaire

humanitarian organization (US) : organisation humanitaire

humanitarian principles (US) : principes humanitaires

humanitarian relief (OTAN) : secours humanitaires

humanitarian relief (US) : aide humanitaire

humanitarian relief convoy (US) : convoi d'aide humanitaire

humanitarian support (OTAN) : aide humanitaire

humanitarian support (OTAN) : soutien humanitaire

humanitarian task (UEO) : mission humanitaire

humanitarian tragedy (OTAN) : tragédie humanitaire

humanitarian-aid operations (US) : opérations d'aide humanitaire

humanitarian-relief operations (US) : opérations d'aide humanitaire

humanities (US) : sciences humaines (grande école militaire)

human-machine system (GB) : système homme-machine

humiliate (GB) : humilier

humiliation (GB) : humiliation

HUMINT (= Human Intelligence) collection (US) : recueil par moyens humains (RENS)

hundred (US, GB) : cent

hundred (US, GB) : centaine

hunger (US, GB) : faim

hunt (US) : faire la chasse à

hunt (US, GB) : chasse

hunter-killer satellite (UN) : satellite tueur (ou de destruction ou chasseur de satellites)

hurricane (US) : cyclone tropical

hurricane (US) : ouragan

hurt (US) : faire mal

husband (resources) (US) : bien gérer (moyens)

Hussars (GB) : hussards (cavalerie légère) (appellation de tradition)

hybrid (GB) : hybride

hydraulically-operated (GB) : hydraulique

hydrogen : hydrogène

hydrogen bomb (OTAN) : bombe à hydrogène

hydrographic (OTAN) : hydrographique (adjectif)

hydrographic characteristics (US) : caractéristiques hydrographiques

hydrographic intelligence (HYDRO INT) (GB) : renseignement hydrographique

hydrography : hydrographie

hydrology (US) : hydrologie

hydro-pneumatic (Jane's) : oléopneumatique

hygiene (US) : hygiène

hyper velocity (GB) : hypervéloce (missile)

hyper-velocity (UN) : hyper-rapide

hypervelocity (US) : hypervélocité (vitesses supérieures à Mach 5)

hypothermia (US, GB) : hypothermie

hypothetical (US) : hypothétique

hypsometric (OTAN) : hypsométrique

i

I intend to : je veux (intention du chef)

I made a mistake (US) : au temps pour moi !

I read back (US) : je collationne (procédure radio)

I say again (US) : je répète (procédure radio)

I spell (US) : j'épelle (procédure radio)

Iberian (OTAN) : ibérique

ice up (GB) : givrer (aéronef)

ice-breaking prime mover (CFE) : tracteur brise-glace

icing (US) : givrage

icy (road) (US) : verglacé (route)

ID disc (GB) : plaque d'identité (portée autour du cou) (PERS) (US / GB)

ideal (US) : idéal (terrain / matériel)

ideal (US) : idéal (nom)

identical (US) : identique

identifiable (US, OTAN) : identifiable
identification : identification ami-ennemi
identification : reconnaissance (identification)
identification (GB, OTAN) : identification
identification (ID) (GB) : pièce d'identité
identification (US) : identification (médecine légale)
identification card ou ID card (US, GB) : carte d'identité militaire
identification system (OTAN) : système d'identification
identification tag (personal) : bande patronymique
identify (a problem) (CA) : cerner (problème)
identify (a target / a foe) (US) : reconnaître (distinguer) (cible / ennemi)
identify (GB) : reconnaître (PERS / lieu)
identify (OTAN GB) : déceler
identify (OTAN) : préciser
identify (US) : exprimer (besoin)
identify (US, GB) : identifier (aéronef / véhicule / individu / force)
identify contact : préciser le contact
identify oneself : s'identifier (PERS)
identify with (US) : s'identifier à (ou s'assimiler à)
identity (GB, US) : identité
identity (OTAN) : nature
identity disc (GB) : plaque d'identité (portée autour du cou) (PERS) (US / GB)
identity papers (US) : papiers d'identité
Ideology : motivations d'espionnage (transfuges / agents clandestins) (RENS)
ideology (US) : conviction idéologique (motivation d'espionnage)
ideology (US) : idéologie
idling wheel : barbotin (char)
if necessary : si besoin
if necessary (OTAN) : au besoin
if necessary (OTAN) : besoin (si besoin / au besoin / en cas de besoin)
if need(s) be : besoin (si besoin / au besoin / en cas de besoin)
if required (US) : si nécessaire
IFF (= Identification Friend or Foe) interrogation system (US) : interrogateur IFF
IFF interrogator (US) : interrogateur IFF
igloo (US) : igloo
ignite (OTAN) : prendre feu (carburant)
ignite (US) : se déclencher (conflit)
ignite (US) : s'embraser (conflit)
igniter (GB, US, OTAN) : allumeur
ignition (OTAN) : mise à feu
ignition cable : câble de mise à feu (arme de poing)
ignore (OTAN) : passer sous silence (risques)
ill- : mal + participe passé
ill (OTAN) : malade (adjectif)
illegal (US) : agent illégal (sans protection diplomatique) (RENS)

illegal (US) : agent clandestin (RENS)
illegal (US) : illégal
illegal (US) : illégal (agent) (nom) (RENS)
illegal agent : agent illégal (sans protection diplomatique) (RENS)
illegal agent (US) : illégal (agent) (nom) (RENS)
illegal alien (US) : étranger en situation irrégulière
illegal flow of arms (OTAN) : trafic d'armes
illegal operations (US) : opérations illégales
illegal possession of weapons (OTAN) : possession illégale d'armes
illegal secret service (OTAN) : service secret illégal
ill-informed (GB) : mal informé
illness (OTAN) : maladie
ill-prepared (US) : mal préparé (force)
illuminate (US, GB) : éclairer (champ de bataille / guidage de missile)
illuminate (US, GB) : illuminer (zone) (TAC)
illuminating (UN) : éclairant
illuminating projectile (OTAN) : projectile éclairant
illuminating round / cartridge (US) : éclairant (munition de mortier)
illumination (UN) : éclairant
illumination (US) : illumination
illumination fire (OTAN) : tir éclairant
illumination round (US, GB) : obus éclairant
illustrate (OTAN) : mettre en lumière
image : image (de marque)
image (US) : blason (image) (sens figuré)
image (US) : image (interprétation photo / radar / télévision)
image (US) : image (de la situation / des opérations)
image intensification (II) (US, GB) : intensification d'image
image intensifier (I2 ou II) (GB, US) : intensificateur (ou amplificateur) d'image
image processing (US, UN) : traitement d'image
imagery (OTAN) : représentation (imagerie)
imagery (OTAN, UN) : imagerie
imagery intelligence (IMINT) (Baud, OTAN) : renseignement d'imagerie (ou d'image)
imagery intelligence (IMINT) (OTAN) : renseignement d'origine image (ROIM) (ou renseignement imagerie)
imagery intelligence (IMINT) (OTAN) : renseignement imagerie
imagery intelligence (IMINT) (OTAN) : renseignement par imagerie
imagery interpretation (OTAN) : exploitation photographique
imagery interpretation (OTAN) : interprétation d'imagerie (ou de représentation)
imagery interpretation (OTAN) : interprétation photo(graphique)
imagery interpretation key (OTAN) : clé d'interprétation

imagery pack (US, OTAN) : dossier de représentation d'objectif

imagery satellite (IMSAT) (OTAN) : satellite photo(graphique)

imaginary (troops / armament) (OTAN) : fictif (troupes / armement / situation / manœuvre)

imagination (US) : imagination (PERS)

imaging (UN) : imagerie

imaging device (UN) : imageur (ou dispositif de formation d'images)

imaging satellite (US) : satellite d'imagerie

imbalance (GB, UN, OTAN) : déséquilibre

imitate (OTAN) : imiter

immediacy (US) : immédiateté

immediate : immédiat (transmission radio)

immediate (OTAN) : immédiat (traitement de blessés) (SAN)

immediate (US) : direct (adjectif)

immediate (US) : direct (supérieur)

immediate (US) : immédiat (opération / effet)

immediate (US) : immédiat (spatial)

immediate (US) : immédiat (ou d'urgence) (temporel)

immediate (US, OTAN) : immédiat

immediate air support (US, OTAN) : appui aérien immédiat (ou urgent)

immediate effect (US) : effet immédiat

immediate operational readiness (OTAN) : paré à combattre (situation) (force)

immediate reaction (UEO) : réaction immédiate (forces)

immediate reaction forces (IRF) (OTAN, GB) : forces de réaction immédiate

immediate treatment (OTAN) : traitement immédiat (blessés) (SAN)

immediately : emblée (d')

immerse (US) : plonger (sens propre)

immersion (OTAN) : immersion

imminence (US, GB) : imminence

imminent (US) : imminent

immobilize (US, GB) : immobiliser (véhicule / blessé)

immobilized (US) : immobilisé (véhicule)

immune from attack (US) : à l'abri des attaques (aéronef)

immunity (US) : immunité

immunizations (US) : vaccinations (piqûres) (SAN)

immunology (US) : immunologie (SAN)

immutable (US) : immuable

impact (OTAN) : conséquence

impact (US) : impact (influence)

impact (US) : impact (collision)

impact (US) : impact sur (avoir un)

impact area (UN, OTAN) : zone d'impact

impact area (US, OTAN) : réceptacle (zone d'impact)

impact fuse : fusée percutante

impact on : impact sur (avoir un)

impact on (US) : produire un impact sur

impact rocket (OTAN) : roquette percutante

impair (OTAN) : désorganiser

impartial (US) : impartial (PERS)

impartiality (US) : impartialité

impassable : impraticable

impassable (US) : infranchissable (coupure)

impassable (US, GB) : inaccessible

impeccable (GB) : élégant

impede (US) : entraver (gêner / contrarier) (TAC)

impede (US) : gêner (TAC)

impending (US) : imminent

imperative (US) : impératif

imperil (US) : mettre en péril

impermeable (terrain) : imperméable (adjectif)

impetuous (US) : impétueux

implement (a plan / a concept) (OTAN, US) : mettre en application (plan / concept)

implement (GB, OTAN) : mettre en œuvre (plan / conclusions / concept)

implement (OTAN) : mettre en œuvre (politique)

implementation (CFE, OTAN) : application

implementation (OTAN) : exécution (accomplissement) (mission / opération)

implementation (OTAN) : instauration

implementation (US, OTAN) : mise en œuvre (paix / trève / accord / concept / programme d'armement)

implementation force (IFOR) (OTAN,US) : force de mise en œuvre (de la paix)

implementation plans (GB) : plans de mise en œuvre (opérations)

implementation process (US) : processus de mise en application

implementation program (US) : programme de mise en œuvre (plan / modèle conceptuel)

implementation report (IMPREP) (OTAN) : compte-rendu de mise en œuvre

implication (OTAN) : incidence

implication (US, GB) : implication

implied (US) : implicite

implode (GB) : imploser

implosion (OTAN, Jane's) : implosion (sens propre et figuré)

implosion weapon (UN) : arme à implosion

import (US) : importer (armement)

importance (US) : importance

important (US, OTAN) : important

impose (GB, US) : imposer

impose (US) : imposer (paix)

imprecise (US) : flou (situation)

impregnable (GB) : imprenable

impregnable (GB) : inexpugnable

impression (US) : impression

impressive (US) : impressionnant

imprison (US) : emprisonner (AT / GEND)

improbable (US) : improbable

improbable (US) : nouvelle peu vraisemblable (cotation) (RENS)

improbable (US) : peu vraisemblable (cotation) (RENS)

impromptu (target) (US) : inopiné (objectif)

improper (US) : mauvais (adjectif)

improve : valoriser (ou moderniser) (matériel)

improve (GB) : s'améliorer (situation)

improve (OTAN) : accroître

improve (US) : améliorer

improve (US) : améliorer (réseau routier)

improve (US) : valoriser (GEN)

improve (US, GB) : s'arranger (ou s'améliorer)

improve oneself (US) : s'améliorer (PERS)

improved : amélioré (matériel / système)

improved (UEO) : meilleur

improved conventional munitions (ICM) (OTAN) : munitions classiques améliorées

improved conventional munitions (ICM) (OTAN) : munitions conventionnelles améliorées

improved HAWK surface-to-air missile (US) (HAWK = Homing All the Way Killer) : HAWK amélioré (missile sol-air)

improved pulse acquisition radar (IPAR) (OTAN) : radar d'acquisition à impulsions amélioré

improvement (Jane's) : amélioration (ou valorisation) (matériels / infastructures)

improvement (US) : amélioration (individu)

improvement plan (US) : plan de valorisation (matériel)

improvement program (US) : programme de modernisation (ou de valorisation) (matériel)

improvement program (US) : programme de valorisation (ou d'amélioration) (matériel)

improvement programme (OTAN) : programme d'amélioration (armement / matériel)

improving preparedness for peacekeeping in Africa (Jane's) : renforcement des capacités africaines de maintien de la paix (RECAMP)

improvisation (GB, US) : improvisation (TAC)

improvise (GB) : improviser

improvised (explosive device) (IED) (GB, OTAN) : improvisé (dispositif explosif)

improvised (US) : improvisé (ou dans la foulée ou rapide) (TAC)

improvised (US) : improvisé (de fortune)

improvised explosive device (IED) (GB) : explosif artisanal

improvised explosive device (IED) (OTAN, GB) : dispositif explosif improvisé (ou de circonstance)

impunity (OTAN) : impunité

in : à (spatial)

in : dans (spatial)

in : en (temporel)

in (CA) : au cours de

in (GB) : au (pendant)

in (GB, US) : chez

in (Jane's) : sur (proportion)

in (OTAN) : sein de (au)

in (ou under) all weather conditions (GB) : tout temps (par)

in (US) : dans (opération)

in (US) : en

in (US) : lors de

in (US) : sous

in (US) : sur (spatial)

in a delaying action (US) : en freinage

in a general sense (US) : sens large (au)

in a matter of (US) : espace de (en l')

in a position to (OTAN) : en mesure de

in a state of readiness (US, GB) : en alerte (PERS)

in accordance with (IAW) (US) : conformément à

in acknowledgment of (GB) : reconnaissance de (en)

in action (CA) : en action (forces)

in action weight (GB) : masse totale en batterie (mortier)

in addition to (US) : en plus de

in addition to (US, GB) : outre

in advance (GB) : avance (à l')

in advance (OTAN) : préalable

in advance of (OTAN) : avant (temporel) (préposition)

in advance of (US) : préalablement à

in an irregular manner (OTAN) : irrégulièrement

in an overhead mount (GB) : superstructure (en)

in anticipation of (OTAN) : en prévision de

in anticipation of (OTAN) : en vue de

in anticipation of (OTAN) : prévision de (en)

in appearance (Jane's) : apparence (en)

in azimuth (US) : gisement (en)

in being (OTAN) : constitué (unité / force)

in bounds (OOB) (GB) : accès autorisé (d') (lieu)

in built-up areas (GB) : en localité (combat)

in case of : si

in charge (IC ou i/c) (of) (GB) : responsable (de) (PERS)

in cities (US) : en localité (combat)

in clear (GB) : clair (en) (TRANS)

in combat (US) : au combat (force)

in combat configuration : ordre de combat (en) (matériel)

in combination with (US) : combinaison avec (en)

in communication with (GB) : communication avec (en)

in concert (with) (GB, US) : de concert (avec)

in concert with (US) : concert (de)

in conjunction (with) : de concert (avec)

in conjunction with (GB) : concert (de)

in conjunction with (GB) : en liaison avec (une force) (opération)

in conjunction with (OTAN) : liaison avec (en)

in conjunction with (OTAN) : marge de (en)

in conjunction with (US) : conjointement

in contact (US) : au contact

in contrast to (US) : contrairement à

in co-operation with (GB) : coopération avec (en)
in coordination with (US) : de concert (avec)
in danger (US) : menacé (vie)
in depth (GB, US) : dans la profondeur (déploiement / opérations)
in depth (US) : en profondeur (TAC)
in-depth analysis (US) : analyse en profondeur
in detail (US) : détaillé
in development (OTAN) : en cours
in direct support of (GB) : adapté (TAC) (unité)
in disguise (US) : déguisé (PERS) (RENS)
in distress (GB) : en détresse (en danger)
in doing so (US) : ce faisant
in double file (GB) : en colonne par deux
in echelon (GB) : échelonné
in effect : effectif (adjectif)
in excess (US) : supérieur (adjectif)
in excess of (US, GB) : plus de
in exchange for (US) : en échange de
in exchange for (US) : contre (en échange de)
in flames (GB) : en flammes
in force (GB) : en force
in force (GB) : en vigueur
in force (OTAN) : vigueur (en)
in front of (GB, US) : devant (spatial)
in harness with (Jane's) : en tandem avec (force)
in increments (US) : progressivement
in kind (US) : nature (en)
in large numbers (GB) : en nombre (en masse / en grande quantité) (force)
in light of (OTAN) : fonction de (en)
in location : place (en)
in motion (US) : en marche (troupe / véhicule)
in motion (US) : en mouvement
in operation (GB) : ordre de marche (en) (système d'armes)
in operation (US) : activité (en)
in order (GB) : en règle
in order to : en vue de (expression du but par le chef)
in place (OTAN, US) : en place (forces / unité)
in place (US) : place (en)
in position : place (en)
in position (US) : en place (forces / unité)
in preparation for : préparation de (en)
in preparation for (US) : en préparation de
in progress (US) : en cours
in proximity to (US) : proximité de (à)
in quick succession (US) : coup sur coup (opérations)
in range (GB) : à bonne portée
in range (GB) : à portée
in recognition of (GB) : reconnaissance de (en)
in relation to (US, OTAN) : par rapport à
in reserve (GB) : en réserve (matériel)
in respect of (OTAN) : eu égard à
in response to (GB) : en riposte à
in response to (OTAN) : devant (sens figuré)

in response to (US) : riposte à (en)
in return for (US) : en échange de
in sector : zone (sur)
in self-defence (GB) : autodéfense (en)
in service (CFE, Jane's, US) : service (en) (matériel)
in service with (US, GB) : en service dans (unité / corps / armée) (matériel)
in short supply (suplies) (OTAN) : rare (ravitaillement)
in sight : vue (en)
in sight (GB) : visible
in single file (US) : en colonne par un
in so doing (US) : ce faisant
in strength (GB) : en nombre (en masse / en grande quantité) (force)
in support (OTAN) : en appui (ART)
in support of : au profit de
in support of (OTAN, US) : en appui de
in support of (US, CA) : à l'appui de
in suspended animation (US) : en sommeil (unité)
in terms of (US) : termes de (en)
in that order : respectivement (énumération)
in the act (GB) : flagrant délit (prendre en) (GEND)
in the air (GB) : en l'air (en vol)
in the air (US) : dans les airs
in the area of (GB) : ordre de (de l')
in the area of (UEO) : en matière de
in the center of : au centre (de)
in the clear (US, OTAN) : clair (en) (TRANS)
in the defence (GB) ou defense (US) : en défensive
in the defensive (US, GB) : en défensive
in the distance (GB) : au loin
in the end : à terme
in the event of : en cas de
in the event that (US) : cas où (au)
in the experimental stage (US) : en expérimentation (matériel)
in the face of (GB) : devant (spatial)
in the face of (Jane's) : face à (devant)
in the face of (US) : devant (sens figuré)
in the field (US) : en campagne (ou de campagne)
in the field (US, GB) : sur le terrain (forces)
in the lead (GB) : en tête (TAC)
in the lead (GB) : tête (en) (unité) (TAC)
in the light of (OTAN) : à la lumière de
in the line of (US) : exercice de (dans l')
in the line of duty (US) : service commandé (en)
in the long run : à terme
in the matter of (US) : en matière de
in the offense (US) ou offence (GB) : en offensive
in the offensive (US, GB) : en offensive
in the prone position (US) : couchée (en position) (sur le ventre)
in the rear of (US) : arrières de (sur les)
in the region of (GB) : ordre de (de l')

in the space of (US) : en l'espace de
in the throes of (Jane's) : prises avec (aux)
in the throes of (Jane's) : proie à (en)
in the vicinity of (VIC) (US) : à proximité de
in the vicinity of (VIC) (US) : hauteur de (à)
in the wake of (OTAN) : en suite à (conflit / crise)
in urban terrain (US) : en localité (combat)
in urbanized areas (US) : en localité (combat)
in violation of (OTAN) : en violation de
in writing (GB) : par écrit
in writing (US) : écrit (ou par écrit)
in zone (US) : sur zone (TAC)
in zone (US) : zone (sur)
in(-)bounds (GB) : autorisé (accès d'un lieu)
inability (UN) : incapacité
inaccessible (US) : inaccessible
inaction (US) : inaction (TAC)
inactivate (US) : mettre en sommeil (unité)
inactivation (US) : mise en sommeil (unité)
inactive (US) : en sommeil (unité)
inactivity (GB,US) : inactivité
inaugurate (a monument) (US) : inaugurer
inauguration (GB) : inauguration (bâtiment)
in-between (US) : intermédiaire (adjectif)
incapable (US) : incapable (TAC)
incapacitant (UN) : agent incapacitant
incapacitant (UN) : incapacitant
incapacitating agent : incapacitant
incapacitating agent (US, OTAN, GB) : agent incapacitant
incapacitation (US) : mise hors de de combat
incapacity (US) : incompétence (PERS)
incendiary (GB) : pyromane
incendiary (OTAN, US) : incendiaire (adjectif)
incendiary (US) : munition incendiaire
incendiary bomb (GB) : bombe incendiaire
.incendiary bullet (GB) : balle incendiaire
incendiary bullet (GB) : balle traçante
incendiary grenade (US, GB) : grenade incendiaire
incendiary round (GB) : balle incendiaire
incendiary round (GB) : balle traçante
incentive pay (US) : prime (somme d'argent)
inception (OTAN) : création (organisation / alliance)
inception (US) : début
incident (US, UN, OTAN) : incident
incident report (UN, GB) : compte-rendu d'incident
incite to (GB) : inciter à
incline (GB) : pente (TOPO)
include (OTAN) : comprendre (inclure) (matériel)
include (OTAN) : englober (opérations / zone)
include (US) : comprendre (inclure) (unités / personnels)
include (US) : dont
include (US) : figurer
include (US) : inclure
include (US) : notamment

include (US) : s'étendre sur
include (US) : trouver
included : inclus
including : notamment
incoming (GB, US) : en approche (projectile)
incoming (unit) (US) : montant (ou relevant) (unité) (relève)
incoming (unit) (US) : relevante (unité)
incoming (US) : approche (en) (missile / aéronef / grenade)
incoming (US) : arrivant (adjectif) (PERS)
incoming unit : unité relevante
incoming unit (OTAN) : unité de relève (ou unité remplaçante) (relève)
incompatibility (US) : incompatibilité (équipement / transmissions)
incompetent (GB) : incompétent (PERS)
incomplete (US) : incomplet
incorporate (GB) : intégrer
incorporate (US) : adopter
incorporate (US) : comporter
incorporate (US) : contenir (inclure)
incorporate (US) : doté de (véhicule)
increase (GB) : renforcer (effectifs)
increase (OTAN) : accroître
increase (OTAN, US, GB) : accroissement
increase (US) : allonger (tir)
increase (US) : augmentation (budget)
increase (US, GB) : augmenter (risque)
increase (US, GB, OTAN) : augmenter
increase (US, Jane's) : s'accroître
increase in pay (US) : augmentation (ou supplément) de solde
increase of the number of women in the Army : féminisation (de l'armée de terre)
increased female participation in the Army : féminisation (de l'armée de terre)
increased pay (US) : augmentation (ou supplément) de solde
increasing (UEO) : croissant
increment of pay (GB) : augmentation (ou supplément) de solde
incremental (US) : croissant
incumbent (OTAN) : titulaire (poste)
incur (OTAN) : contracter (SAN)
incursion (OTAN, GB) : incursion
indebtedness (US) : endettement (financier) (PERS)
indecisive (GB) : indécis (bataille / victoire)
indecisive (GB) : indécis (PERS)
indecisive (location / battle) (OTAN, CA) : non décisif (endroit / bataille)
indefensible (US, GB) : indéfendable
indefinite (CA) : indéfini
indefinite (GB) : indéterminé
indefinite delivery contract (US) : contrat à livraison indéterminée (ARMT)

indefinite quantity contract (US) : contrat à quantité indéfinie (ARMT)

indefinitely (GB) : indéfiniment

indent (GB) : demande (TAC)

independence (US) : indépendance (liberté)

independence (US, GB, CA) : indépendance (État / armée)

independence movement (GB) : mouvement d'indépendance

independence of action (OTAN) : indépendance d'action (Europe)

independent : autonome (unité / opération / QG / système d'arme)

independent (US, GB) : indépendant

independent company (Jane's) : compagnie autonome

independent mine (OTAN) : mine autonome

independent operations (US) : opérations autonomes

independent squadron (GB) : escadrille autonome (ou détachée) (ALAT)

independent squadron (GB) : escadron autonome (ABC)

independently (US) : en autonome (action d'une force)

independently of (US) : indépendamment de

in-depth (US) : approfondi

in-depth operations (US) : opérations dans la profondeur

index contour line (US, OTAN) : courbe maîtresse

indicate : matérialiser (ligne)

indicate (GB) : indiquer

indicate (GB) : montrer

indicate (US) : représenter (mode graphique)

indicated air speed (IAS) (OTAN) : vitesse anémométrique

indicated air speed (IAS) (OTAN) : vitesse badin

indicated air speed (IAS) (OTAN) : vitesse indiquée

indications : indications (ou indicateurs ou indices) (RENS)

indications are that : sembler

indicator (OTAN) : indicateur (aéronef)

indicator (OTAN) : indice (RENS)

indicator, check : indicateur

indicators (Baud, OTAN) : indications (ou indicateurs ou indices) (RENS)

indicted war criminal (OTAN) : personne accusée de crimes de guerre

indictment (OTAN) : acte d'accusation

indigenous (GB) : autochtone (adjectif)

indigenous (US, GB) : indigène

indirect (fire) : indirect (tir)

indirect fire (US, OTAN) : tir indirect

indirect fire weapons : armes de tir indirect

indirect fires (US) : feux indirects

indirect illumination (US, OTAN) : éclairage indirect du champ de bataille

indirect laying (US, OTAN) : pointage indirect

indirectly (US) : indirectement

indiscipline (GB) : indiscipline

indiscretion (US) : indiscrétion (RENS)

indiscriminate (US, UN) : aveugle

indispensable (OTAN) : indispensable

indistinguishable (US) : indifférenciable de

individual (OTAN) : différent (divers)

individual (OTAN) : personne

individual (US) : individuel

individual (US, GB, OTAN) : individu

individual assessment (US) : évaluation individuelle

individual decontamination kit (US) : kit de décontamination individuel

individual equipment (US) : équipement individuel (soldat)

individual integrated fighting system tactical load bearing vest (IIFSTLBV) (US) : gilet de harnachement (fantassin)

individual liberty (OTAN) : libertés individuelles (les)

individual protection equipment (OTAN) : équipement individuel de protection (NBC)

individual ration (GB) : ration individuelle

individual row (US, GB) : rangée élémentaire (mines)

individual secrecy agreement (UN) : engagement personnel de secret (ou de respect de la confidentialité) (personnels du renseignement)

individual soldier (GB) : combattant individuel

individual support : soutien de l'homme

individual target (US, GB) : objectif individuel (ART)

individual training (GB, US) : formation individuelle (des soldats)

individual trench (GB) : tranchée individuelle

individual weapon (IW) (GB) : arme individuelle

individualist (GB) : individualiste (nom)

indivisibility (OTAN) : indivisibilité

indoctrination (US, GB) : endoctrinement

indoor (firing) range : stand de tir

induce (US) : créer

induce (US) : provoquer (causer)

induce to (US) : amener

inducement (US) : incitation (financière) (recrutement)

induct (US) : incorporer (PERS)

induction (into the military) (US, GB) : incorporation

induction order (US) : ordre d'incorporation (service national)

industrial (GB) : industriel

industrial base (GB) : tissu industriel

industrial center (US) : centre industriel

industrial centre (GB) : centre industriel

industrial cooperation (OTAN) : coopération industrielle

industrial espionage (US) : espionnage commercial

industrial espionage (US) : espionnage industriel

industrial espionage (US) : intelligence économique (renseignement des affaires ou renseignement industriel)

industrial facilities (US) : installations industrielles

industrial security (US) : sécurité industrielle (RENS)

industrialized nation (US) : pays industrialisé

Industry (GB) : industriels (les)

industry (UN, US) : industrie

industry alliance (AUST) : alliance industrielle (ARMT)

industry leader (US) : chef (ou dirigeant) d'industrie

ineffective (US, GB) : inefficace (personnel / matériel / action tactique / force)

inert (OTAN) : inerte (mine)

inert mine (OTAN) : mine inerte

inertia (GB) : inertie

inertial (GB) : inertiel (ou à inertie)

inertial Dynamic Reference Unit (DRU) (GB) : conduite de tir inertielle (ou à inertie) (canon automoteur)

inertial guidance : guidage inertiel

inertial guidance : guidage par inertie

inertial navigation (IN) (OTAN) : navigation inertielle

inertial navigation (IN) (OTAN) : navigation par inertie

inertial navigation system (INS) (OTAN) : système de navigation inertielle (ou à inertie)

inevitable (UEO) : inévitable

inexpensive (US) : bon marché (matériels)

inexpensive (US) : peu coûteux (matériel)

inexperienced (GB) : inexpérimenté (soldat / recrue)

Inf. Div. (US) : D.I. (division d'infanterie)

infantry (light) (US) : infanterie légère

infantry (sens pluriel) (GB, US) : fantassin

infantry (US, GB) : infanterie (arme)

infantry assault bridge : pont d'assaut d'infanterie

infantry assault force (Jane's) : force d'infanterie d'assaut (armée de terre 2015)

infantry battalion (light) (US) : régiment d'infanterie légère

infantry battalion (US, GB) : régiment d'infanterie (RI)

infantry / cavalry of the line : ligne (de) (infanterie / cavalerie) (obsolète)

infantry combat vehicle (ICV) (OTAN) : véhicule de combat d'infanterie (VCI)

infantry company : compagnie d'infanterie

infantry division (GB) : division d'infanterie (DI)

infantry division (light) (US) : division d'infanterie (DI)

Infantry Division(al) armoured regiment (GB) : régiment blindé de division d'infanterie (RBDI)

infantry fighting vehicle (IFV) (GB, US, OTAN) : véhicule de combat d'infanterie (VCI)

infantry officer (GB) : officier d'infanterie

infantry operations (GB) : opérations d'infanterie

infantry soldier (GB) : fantassin

infantry troop (US) : soldat d'infanterie

infantry unit (US) : unité d'infanterie

infantryman (US, GB) : fantassin

infect (GB, US) : infecter (SAN / informatique)

infected : infecté (SAN)

infection : infection (SAN)

infectious : infectieux (SAN)

infectious (GB) : contagieux (maladie) (SAN)

inferior : subordonné (nom)

inferior to (GB) : inférieur à

inferiority (GB) : infériorité

infiltrate : s'infiltrer (TAC)

infiltrate (a terrorist organization) : noyauter (organisation terroriste) (RENS)

infiltrate (GB) : infiltrer (RENS / terrorisme)

infiltrate (GB) : infiltrer (s')

infiltrating group (US) : groupe d'infiltration

infiltration (US) : infiltration (RENS)

infiltration (US, GB) : infiltration (TAC)

infiltration lane : voie de pénétration

infiltration operation (US) : infiltration (TAC)

infiltration route : voie de pénétration

infiltration route (US) : itinéraire d'infiltration

infiltrator (US) : agent infiltré (RENS)

infirmary (US) : infirmerie

inflame (US) : attiser (incident / crise)

inflammable (GB) : inflammable

inflatable : gonflable

inflatable (US, GB) : canot pneumatique

inflatable bridge (US) : pont gonflable

inflict : causer (pertes / ravages)

inflict (OTAN) : provoquer (causer)

inflict (US, GB) : infliger

inflight (OTAN) : en vol

in-flight (US, OTAN) : en vol

in-flight guidance : guidage à mi-parcours

in-flight guidance : guidage en vol

in-flight refueling (US) : ravitaillement en vol (aéronef)

in-flight refuelling (OTAN) : ravitaillement en vol (aéronef)

influence (GB, OTAN) : influencer

influence (OTAN) : influence (sur une mine)

influence (US) : incidence sur (avoir une)

influence (US) : influence

influence (US) : influer sur

influence mine : mine à influence

influential (US) : influent

influx (OTAN) : afflux

info warrior (US) : info-guerrier (PERS)

inform (OTAN) : informer

inform about (US) : informer sur

inform of (GB) : informer de

inform oneself (US) : s'informer
informal (UEO) : informel
informal meeting (OTAN) : réunion informelle
informant (US) : informateur (RENS)
information (OTAN) : information (ou renseignement brut)
information (OTAN) : informations
information (OTAN) : renseignement (RENS) (brut)
information (OTAN) : renseignement brut (terme officiel)
information (US, UN, OTAN) : information
Information Age (US) : ère de l'information (ou âge de l'information) (l')
Information Age (US, OTAN) : Âge de l'information
Information Age technologies (US) : technologies de l'Âge de l'Information
information architecture (US) : architecture de l'information
information box (OTAN) : cartouche (d'ordre graphique) (ou cadre d'information / OTAN)
information campaign (CA) : campagne d'information
information capabilities (US) : moyens (ou capacités) d'information
information display (GB) : affichage de l'information
information distribution (OTAN) : diffusion de l'information
information dominance (US) : domination par l'information (domination informationnelle)
information dominance (US) : information dominante (ou supériorité de l'information) (info-guerre) (USA)
information dominance (US) : suprématie de l'information (ou en matière d'information)
information environment (US) : environnement d'information (ou informationnel)
information exchange (OTAN) : échange de renseignements
information flow (US, GB) : flux d'informations
information fusion (US) : fusion de l'information
information gathering system (GB) : système de recueil du renseignement
information management : maîtrise de l'information
information management (US) : gestion de l'information
information operations (IO) (US) : actions de maîtrise de l'information
information operations (IO) (US) : information opérationnelle (ou opérations d'information)
information operations (IO) (US) : opérations informationnelles
information operations (US, GB) : opérations d'information (ou information opérationnelle)
information overload : sur-information

information repository (OTAN) : dépôt d'informations
information requirements (US, OTAN) : besoins en renseignement brut (ou en information) (RENS)
information revolution (Jane's) : révolution de l'information (la)
information revolution (OTAN) : révolution informatique
information seeking (GB) : recherche (RENS)
information service (OTAN) : service d'information
information society : société de l'information (la)
information strategy (US) : stratégie d'information
information superhighways (US) : autoroutes de l'information
information superiority (US) : supériorité au niveau de l'information (ou en matière d'information)
information superiority (US, GB) : supériorité de l'information
information system (IS) (US, GB, OTAN) : système d'information
information system (OTAN) : système informatique (ou de traitement automatisé de l'information)
information systems (IS) (GB) : systèmes d'information
information technology (IT) (OTAN, US, GB) : technologie de l'information
information technology security (ITSEC) (OTAN) : sécurité de la technologie (ou des technologies) de l'information
information transport (US) : transfert de l'information
information war : bataille de l'information (ou du renseignement) (la)
information war : bataille du renseignement (la)
information war (US) : guerre de l'information (conflit réel)
information warfare (IW) (US, GB) : guerre de l'information (info-guerre ou guerre informationnelle) (type de guerre)
information warfare (US) : guerre informationnelle
information warfare (US) : info-guerre
information warrior (US) : guerrier de l'information
information(-)processing (US) : traitement de l'information
informational (US) : informationnel
information-gathering company : unité de recueil de l'information (URI)
informer (US) : informateur (RENS)
infowar (US) : info-guerre
infowar game (Time) : jeu d'info-guerre
infowar officer (US) : officier d'info-guerre
infowar weapon (Time) : arme d'info-guerre
infra-red (IR) spectrum (UN) : spectre infrarouge

infrared countermeasure(s) (OTAN) : contre-mesure(s) infrarouge

infrared detection system (IRDS) (OTAN) : système de détection infrarouge

infra-red homing (UN) : autoguidage infrarouge

infrared homing head : autodirecteur infrarouge

infra-red homing system (UN) : missile à guidage infra-rouge

infra-red homing system (UN) : missile à tête chercheuse à infrarouge

infra-red homing system (UN) : missile autodirecteur infrarouge

infrared intelligence (IRINT) (US) : renseignement infrarouge (capteurs infrarouge)

infrared light (GB) : lumière infrarouge

infrared night scope : viseur à infrarouge (lance-roquettes)

infra-red ou infrared (OTAN, UN, GB, US) : infra-rouge

infrared sensor (US) : capteur infrarouge

infrared suppression system (US) : suppression infra-rouge (hélicoptère)

infrared-seeking (En épithète) : autodirecteur infrarouge (à)

infrastructure (US, OTAN) : infrastructure

infrastructure access (US) : accès à l'infrastructure

infrastructure capability (OTAN) : capacités d'infrastructure

infrastructure capability package (ICP) (OTAN) : ensemble de capacités d'infrastructure

infrastructure capability package (ICP) (OTAN) : paquet de capacités d'infrastructure

infrastructure enhancement (US) : amélioration de l'infrastructure

infrastructure plan (OTAN) : plan d'infrastructure

infrastructure programme (OTAN) : programme d'infrastructure

infrastructure requirements (OTAN) : besoins d'infrastructure

infrequently (US) : rarement

ingrained (GB) : enraciné

inhabitant (GB) : habitant

inhalation (US) : inhalation

inherent (GB) : inhérent (risque)

inherent (GB, US) : intrinsèque

inherently (US) : intrinsèquement

inherited from (OTAN) : hérité de

initial (decision) : initial (décision, ordre)

initial (US) : initial

initial (US) : premier

initial assault (US) : assaut initial

initial branch training (US) : application (formation initiale d'arme)

initial concept (US) : concept initial

initial contact (US) : contact initial (TAC)

initial days (US) : débuts

initial decision : décision initiale (ordre initial)

initial decision : ordre initial (ou décision initiale)

initial deployment (US) : engagement initial (forces)

initial joint operation order : ordre initial d'opération interarmées (France)

initial military programme (IMP) (OTAN) : programme militaire initial

initial order : ordre initial (ou décision initiale)

initial point (OTAN) : point d'orientation (opérations aéroportées / aérotransport)

initial radiation (US, OTAN) : rayonnement initial

initial response force (US) : force de réaction initiale

initial training (US) : formation initiale (PERS)

initially (US) : initialement

initials (set of) : sigle

initiate : déclencher (opération / procédure / hostilités)

initiate : déclencher (mine / mise à feu / explosion / bombe / tir)

initiate (CFE) : entreprendre (opérations / combat)

initiate (OTAN) : amorcer

initiate (OTAN) : lancer (opération) (TAC)

initiate (OTAN, Jane's) : entamer

initiate (UEO) : engager (entreprendre)

initiate (US) : engager

initiate (US) : entreprendre (commencer)

initiated (US, GB) : déclenché (hostilités)

initiation (US) : début

initiation (US, GB) : amorçage (détonateur)

initiation rite (GB) : rite d'initiation

initiative (GB, US) : initiative (ou sens de l'initiative) (PERS)

initiative (US, GB) : initiative (TAC)

initiative (US, GB, OTAN) : initiative (proposition / programme)

injection : piqûre (ou injection) (SAN)

injure (OTAN) : attaquer (SAN)

injure (OTAN) : blesser

injure oneself (GB) : se blesser

injury : blessure (SAN)

ink (US) : encre (RENS)

inland (GB) : arrière-pays

inland (GB) : intérieur (du pays)

inland (OTAN) : intérieur (adjectif)

inland transport (OTAN) : transports intérieurs

inland waterways (US) : canaux et rivières

inlet (US, GB) : crique (TOPO)

inload (of ammunition) (GB) : chargement (munitions)

inner tube (GB) : chambre à air (pneu)

innovation (US) : innovation

innovation (US, GB) : innovation (l')

innovative (US) : innovant

innovative (US) : innovateur

innovative (US, OTAN) : novateur

inoperable : inutilisable (matériel)

inoperable (GB) : impossible (à exécuter / à mettre en œuvre) (plan)

inoperative (CFE) : inutilisable (matériel)
inoperative (GB) : inopérant (hors service) (équipement)
inoperative (OTAN) : inoffensif (mine)
inopportune (US) : inopportun (moment / heure)
in-place forces (US, GB) : forces en place
input (OTAN) : contribution
input (US) : apport
input criteria (OTAN) : critères de dotation (structures budgétaires)
inquire into : enquêter sur
insecure : non protégé (TRANS)
insecurity : insécurité
insert (a round) (US) : insérer (munition dans une arme)
insert (troops by helicopter) : insérer (troupes par hélicoptère)
insert (US) : mettre à terre (troupes)
insert (US) : mettre en place (troupes / unité)
insert (US) : s'infiltrer (TAP / forces spéciales)
insertion (US) : infiltration (TAP / forces spéciales)
insertion (US) : mise en place (par hélicoptères) (troupes et matériel)
in-service (US) : en service (matériel)
in-service date (ISD) (GB) : date de mise (ou d'entrée) en service (matériel)
inshore (GB) : vers la côte
inside (CFE, US, GB) : intérieur (nom)
inside (US) : de l'intérieur
insight : aperçu
insight (US) : perspective
insignia (OTAN) : insignes (Légion d'honneur)
insignia (US) : insigne (suivant arme / forme)
insignia of branch ou branch insignia (US) : insigne d'arme
insignia of grade ou grade insignia (US) : insigne de grade
insist (OTAN) : insister
inspect (GB) : inspecter (ou faire l'inspection de) (troupes)
inspect (OTAN) : passer en revue (troupes)
inspecting (state / party) (UN) : inspectant (ou inspecteur) (État / partie)
inspection : revue
inspection (CFE, OTAN) : inspection
inspection manual (UN) : manuel d'inspection
inspection of troops (GB) : inspection des troupes (ou revue des troupes)
inspection plan (UN) : plan d'inspection
inspection quota (CFE, UN) : quota d'inspections
inspection report (US) : compte-rendu d'inspection
inspection site (CFE, UN) : site d'inspection
inspection team (CFE, UN) : équipe d'inspection
inspector (CFE, UN) : inspecteur
inspector general (IG) (US) : général inspecteur

inspector general (IG) (US) : inspecteur-général (armée de terre)
Inspector General (Office) (US) : inspection générale (armée de terre)
Inspector General (US) (the) : corps d'inspection (armée de terre)
inspectorate : inspection (corps de l'armée de terre)
inspectorate (UN) : corps d'inspecteurs
inspectorate (UN) : inspectorat
inspector-general (GB) : général inspecteur
inspector-general (GB) : inspecteur-général (armée de terre)
inspiration : source d'inspiration
inspire (US) : insuffler
inspire (US) : motiver (soldats)
install : implanter
install (OTAN) : monter (installer) (matériel)
install (US) : installer
install (US) : installer (gouvernement)
install (US) : mettre en place (obstacle)
installation (GB) : installation (action)
installation (OTAN, US) : installation
installation (US) : mise en place (mines / obstacles)
installation list (OTAN) : liste des installations (OTAN)
instance (US) : cas
instant (US) : moment
instantaneously (US) : en instantané
instantaneously (US) : instantanément
instantly (GB) : sur le coup (instantanément)
instil (OTAN) : inculquer
instill (US) : inculquer
instinct (US, GB) : instinct
institute (US, GB) : institut
institution (US, OTAN) : institution
institution of higher learning (US) : établissement d'enseignement supérieur
institution of higher learning (US) : grande école
institutional (OTAN) : institutionnel
institutional change (OTAN) : changement institutionnel
institutional effectiveness (OTAN) : efficacité des institutions
institutional framework (OTAN) : cadre institutionnel
institutional interface (OTAN) : interface institutionnelle
institutional landscape (OTAN) : paysage institutionnel
institutionalize (US) : institutionnaliser
institution-building (OTAN) : mise en place des institutions (après un conflit)
instruct (GB) : instruire (PERS)
instruct (US) : enseigner
instruction : consigne
instruction : instruction (consigne / ordre)

instruction (CFE, US) : instruction (formation)
instruction (Jane's) : formation (instruction / entraînement)
instruction (US) : enseignement
instructional program (US) : programme d'entraînement (ou d'instruction ou de formation) (militaire)
instructional program (US) : programme d'instruction (organisme de formation)
instructions (GB) : instructions (ordres)
instructor (GB, US) : instructeur
instrument (US, GB) : instrument (sens propre et figuré)
instrument approach (OTAN) : approche aux instruments
instrument flight (OTAN) : vol aux instruments
instrument flight (US) : pilotage aux instruments (ALAT)
instrument flight rules (IFR) : vol aux instruments
instrument landing (OTAN) : atterrissage aux instruments
instrument of power (US) : instrument de puissance
instrument of terror (US) : instrument de terreur
instrumental (US) : déterminant
instrumentation (OTAN) : instrumentation
instrumented (US) : instrumenté (champ de tir)
insubordinate (GB) : insubordonné (PERS)
insubordination (GB) : insubordination (PERS)
insufficiency (OTAN) : insuffisance
insulated (US) : fourré (effet d'habillement)
insult (GB) : insulter
insurgency (OTAN) : insurrection
insurgency (OTAN) : menées insurrectionnelles
insurgency (OTAN) : sédition
insurgency war : guerre insurrectionnelle
insurgent (US) : insurgé
insurgent group (US) : groupe d'insurgés
insurgent movement (US) : mouvement d'insurrection
insurgent war (US) : guerre insurrectionnelle
insurrection (GB) : insurrection
int (GB) : rens / RENS (abréviation de "renseignement")
intact (US, GB) : intact
intake : apport
intake (GB) : contingent (recrues)
intake (GB) : promotion (admis d'un concours / contingent de nouvelles recrues)
integral (cannon / main armament) (UN) : intégré (canon / armement principal)
integral (US) : intégrante
integral member (US) : partie intégrante
integral part (OTAN) : partie intégrante
integrate (US) : combiner
integrate (US) : intégrer
integrate (US) : s'intégrer
integrated (US, GB, OTAN) : intégré

integrated air defence (OTAN) : défense aérienne intégrée
integrated command structure (OTAN) : structure de commandement intégrée (OTAN)
integrated communications system (OTAN) : système intégré de télécommunications
integrated information infrastructure (III) (US) : infrastructure informationnelle intégrée (USA)
integrated military command (OTAN) : commandement militaire intégré (OTAN)
integrated military structure (OTAN, US) : structure militaire intégrée (OTAN)
integrated operations (US) : opérations intégrées (3 armées)
integrated project team (IPT) (GB) : équipe de programme intégrée (EDPI) (ARMT)
Integrated Services Digital Network (ISDN) (GB) : réseau numérisé à intégration de services (RNIS) (Numéris)
integrated staff (OTAN) : état-major intégré
integrating (US) : intégrateur
integrating concept (US) : concept intégrateur
integration (US, OTAN) : intégration
integration (US, OTAN) : synthèse (phase du cycle du renseignement)
integration of results (US) : intégration des résultats (expérimentation tactique)
integration of women into the Army (US) : féminisation (de l'armée de terre)
integrity (US) : intégrité (PERS)
integrity (US) : intégrité (force)
intel (US) : rens / RENS (abréviation de "renseignement")
intellectual change (US) : progrès intellectuel
intelligence : renseignement (RENS) (traité exploité ou élaboré)
intelligence : renseignement (fonction)
intelligence (and information) sharing (US) : partage de renseignement(s)
intelligence (US, GB) : renseignement (ensemble des services de renseignement)
intelligence (US, GB) : renseignement traité (élaboré ou exploité)
intelligence agency (OTAN) : organisme de renseignement
intelligence agency (US) : organe de renseignement (RENS)
intelligence agent (US) : agent de renseignement (RENS)
intelligence and electronic warfare (IEW) (US) : renseignement et guerre électronique
intelligence and information sharing (OTAN) : échange de données du renseignement et d'informations
Intelligence and Security Committee (GB) : commission parlementaire de contrôle des services de renseignement (GB)
intelligence apparatus ou intelligence machine (US) : appareil de renseignement (pays)

intelligence area of responsibility (IAR) (OTAN) : zone de responsabilité de renseignement

intelligence assessment (US) : évaluation de renseignement

intelligence assets (US) : moyens de renseignement (force)

intelligence capabilities (US) : capacités de renseignement

intelligence center (US) : centre de renseignement (RENS) (USA)

intelligence collection (effort) (US) : recherche du renseignement

intelligence collection (US) : collecte (ou recueil) du renseignement

intelligence collection management (US) : gestion du recueil du renseignement

intelligence collection mission (US) : mission de recueil (du renseignement) (RENS)

intelligence collection satellite (US) : satellite de recueil du renseignement

intelligence collection ship (electronic) (US) : navire d'écoutes radioélectriques (RENS)

intelligence collection ship (US) : navire-espion (navire de collecte du renseignement) (RENS)

intelligence collection system (US) : système de recueil du renseignement

intelligence collection unit (US) : unité de recueil (ou de collecte) du renseignement

intelligence community (the) (IC) (US, GB) : communauté du renseignement (USA) (ensemble des services de renseignement) (RENS)

intelligence cycle (OTAN) : cycle du renseignement

intelligence data (US) : données de renseignement (RENS)

intelligence database (OTAN) : base de données du renseignement

intelligence documents (OTAN) : documents de renseignement

intelligence equipment (US) : matériel de renseignement

intelligence estimate (US) : évaluation de renseignement

intelligence estimate (US) : synthèse de renseignement (RENS)

intelligence estimate (US, OTAN) : appréciation "renseignement" (RENS)

intelligence file (OTAN) : dossier de (ou du) renseignement (RENS)

intelligence management (US) : gestion du renseignement

intelligence mission (US) : mission de renseignement

intelligence network (GB, US) : réseau de renseignement (RENS)

intelligence officer (Abréviation GB : IO) ou S2 : officier renseignement (EM)

intelligence officer (IO) (GB) : officier de renseignement (armée)

intelligence officer (US) : officier de renseignement (RENS)

intelligence operation (US) : opération (ou action) de renseignement (RENS)

intelligence operations (US) : opérations de renseignement (RENS)

intelligence operative (US) : agent de renseignement (RENS)

intelligence organization (US) : organisme de renseignement

intelligence oversight (US) : contrôle (ou surveillance) des activités de renseignement (Parlement / Présidence)

intelligence oversight (US) : surveillance (ou contrôle) des activités de renseignement (Parlement / Présidence)

Intelligence Oversight Board (US) : commission de surveillance des activités de renseignement (rattachée au Président des USA)

intelligence oversight committee (US) : commission de contrôle des activités de renseignement (Parlement)

intelligence personnel (US) : personnel(s) du renseignement (RENS)

intelligence picture (US) : situation "renseignement"

intelligence planning : planification renseignement

intelligence preparation (US) : préparation renseignement

intelligence preparation of the battlefield (IPB) (US, GB) : préparation renseignement du champ de bataille (PCRB)

intelligence preparation of the battlespace (IPB) (GB) : préparation renseignement de l'espace de bataille

intelligence producer (US) : producteur de renseignement (organisme) (RENS)

intelligence product (US) : résultat (de renseignement) (RENS)

intelligence questioning (US) : interrogatoires (de personnel) (RENS militaire)

intelligence report (INTREP) (GB) : compte-rendu de renseignement

intelligence reporting channel (OTAN) : circuit de renseignement (RENS)

intelligence request (INTREQ) (OTAN) : demande de renseignement (RENS)

intelligence requirement (OTAN, GB) : besoin en renseignements (RENS)

intelligence requirements (US) : besoins en renseignements (renseignements traités)

intelligence satellite (INTELSAT) (GB) : satellite de renseignement

intelligence satellite (US, GB) : satellite espion

intelligence service (US, GB) : service de renseignement (SR)

intelligence staff (US) : état-major de renseignement

intelligence strategy (US) : stratégie de renseignement (RENS)
intelligence subject code (OTAN) : répertoire analytique du renseignement
intelligence summary (INTSUM) : compte-rendu
de renseignement périodique
intelligence summary (INTSUM) (OTAN) : synthèse de renseignement (TAC)
intelligence support : appui renseignement
intelligence support activity (ISA) (US) : service
Action (terme obsolète) (division Action)
(RENS)
intelligence system (US) : chaîne "renseignement"
(ou de renseignement)
intelligence system (US, OTAN) : système de renseignement (RENS / TAC)
intelligence topic (US) : sujet de renseignement
(RENS)
intelligence training (US) : formation au renseignement (PERS)
intelligence training (US) : instruction (sur le) renseignement (RENS)
intelligence update (GB) : actualisation (ou mise à
jour) de renseignement (compte-rendu)
intelligence update (GB) : actualisation (ou mise à
jour) du renseignement (processus)
intelligence war (GB) : guerre du renseignement
intelligence work (US) : travail de renseignement
(RENS)
intelligence-gathering capabilities (US) : moyens
de recueil (du renseignement) (RENS)
intelligence-gathering operation (US) : opération
de recueil (du renseignement) (RENS)
intelligence-gathering organization (US) : organisme de recueil (RENS)
intelligence-gathering unit (US) : unité de recueil
(ou de collecte) du renseignement
intelligent (US, GB) : intelligent (matériels /
systèmes d'arme / individus)
intend (GB) : concevoir
intended for (ou to) (GB, OTAN) : destiné à
intense (GB) : nourri (feu / tir)
intense (GB, CA) : intense (combats / pression)
intensity (conflict) (US) : intensité (de conflit /
d'opérations)
intensity factor (US, OTAN) : coefficient d'intensité
intensity of combat (GB) : intensité du combat
intensive (training / preparations) : intensif (entraînement / préparatifs)
intent (GB) : intention
intent is to (GB) : je veux (intention du chef)
intention (US, OTAN) : intention
intention (OTAN) : but
intentions (US, GB) : intentions (ennemi) (TAC)
interact (GB, US) : interagir
interaction (US, UEO, OTAN) : interaction
interactive (GB, US) : interactif
interactive videodisc (US) : vidéodisque interactif

interagency (US) : entre organismes
interagency operations (US) : opérations entre organismes
Interallied Confederation of Reserve Officers :
confédération interalliée des officiers de réserve
(CIOR)
intercept (GB) : intercepter (force) (TAC)
intercept (GB) : intercepter (aéronef / embarcation / missile)
intercept (GB) : message intercepté
intercept (GB, OTAN) : interception (radioélectrique) (GE / RENS)
intercept (US, GB) : intercepter (GE)
intercept receiver (OTAN) : récepteur d'interception (TRANS)
interception (UN, OTAN, US) : interception (missiles / avions de chasse)
interception (US, GB) : interception (radioélectrique) (GE / RENS)
interception range : distance d'interception (missile sol-air)
interceptor (OTAN) interceptor aircraft : intercepteur (aéronef)
interceptor (US) : avion intercepteur
interceptor aircraft (OTAN) : avion d'interception
interceptor day fighter (IDF) (OTAN) : chasseur
intercepteur de jour
interceptor missile (IM) (OTAN, UN) : missile
d'interception
interchangeability (OTAN, US, GB) : interchangeabilité (LOG)
interchangeable (OTAN, US, GB) : interchangeable (article logistique / obus / force)
intercom (GB) : interphone (VTT / char)
intercom system (US) : interphonie (véhicule
blindé)
intercommand exercise (OTAN) : exercice inter-
commandements
intercommunication (US) : intercommunication
interconnected (US) : interconnecté (réseaux)
interconnection (US) : interconnexion (TRANS)
intercontinental (OTAN) : intercontinental (missile)
intercontinental ballistic missile (ICBM) (US) :
missile balistique intercontinental
inter-cooled : refroidissement intermédiaire (à)
(moteur)
interdepartmental (US) : interministériel
interdepartmental intelligence (US) : renseignement interministériel (ou inter-organismes)
interdependence (US) : interdépendance
interdependent (US) : interdépendant
interdict (OTAN) : interdire (TAC)
interdict (US) : contrôler (TAC)
interdiction (US) : interdiction (TAC)
interdiction and strike aircraft (UN) : avion d'interdiction et d'attaque
interdiction fire (US, OTAN) : tir d'interdiction

interdiction mission (GB) : mission d'interdiction (ART)

interdisciplinary (US) : interdisciplinaire (études)

inter-entity boundary line (IEBL) : limite inter-entités

interest (US, GB, OTAN) : intérêt

inter-ethnic (OTAN) : inter-ethnique

interface (US, GB, OTAN) : interface

interface (US) : s'interfacer

interface point (US) : point d'interface

interface with (GB) : s'interfacer avec (PERS)

interfere with (GB) : entraver (gêner / contrarier) (TAC)

interfere with (US) : empêcher

interfere with (US) : gêner (TAC)

interference (OTAN) : interférence

interference (US) : immixion

interference (US, GB) : interférences (entre forces amies) (TAC)

intergovernmental (OTAN) : intergouvernemental

interim (EU) : intérim (par) (intérimaire)

interim (OTAN, UN, Jane's) : provisoire

interim (US) : provisoire (modèle de matériel)

interim force (UN) : force intérimaire

interior lines (GB) : lignes intérieures (TAC)

interlocking (arcs of fire) (GB) : croisés (champs de tirs)

interlocking arcs of fire (GB) : champs de tirs croisés

interlocutor (US) : interlocuteur

intermediary (US) : intermédiaire (nom)

intermediate (UN) : intermédiaire (adjectif)

intermediate area illumination (US, OTAN) : éclairage de la zone intermédiaire

intermediate marker (US, OTAN) : marqueur intermédiaire

intermediate range (OTAN) : de portée intermédiaire (missile)

Intermediate(-Range) Nuclear Forces (INF) (OTAN) : forces nucléaires (de portée) intermédiaire(s) (FNI)

intermediate-range (OTAN) : portée intermédiaire (de) (forces / missile)

interment (US) : enterrement

intermingling (US) : imbrication

intermittent arming (US, OTAN) : réceptivité intermittente

internal (CFE, US) : intérieur (adjectif)

internal (US) : interne (réservoir de carburant)

internal communication : communication interne

internal conflict (GB, US) : conflit interne (à un pays)

internal crisis (US) : crise intérieure

internal defense (US) : défense intérieure

internal medicine (OTAN) : médecine interne

internal security (IS) operations : sécurité intérieure (opérations de) (maintien de l'ordre)

internal security (US) : sécurité interne (d'un service) (RENS)

internal security (US, GB) : sécurité intérieure (pays)

internally displaced person (IDP) (OTAN) : personne déplacée de l'intérieur

international actions (Jane's) : actions internationales (armée)

international agency (US) : organisme international

international assistance (CA) : assistance internationale

international call for tenders (ICT) (OTAN) : appel d'offres international

international civil aviation organisation (ICAO) (OTAN) : organisation de l'aviation civile internationale (OACI)

International Committee of the Red Cross (ICRC) (US) : comité international de la Croix Rouge (CICR)

international community (US, OTAN) : communauté internationale (la)

international competitive bidding (ICB) (OTAN) : appel d'offres international

international counter-terrorism (US). : lutte contre le terrorisme international (mission de service de renseignement) (RENS)

international crime (US) : criminalité internationale

international criminal court (OTAN) : cour pénale internationale

International Criminal Tribunal for the former Yugoslavia (ICTY) (US, OTAN) : Tribunal pénal international pour l'ex-Yougoslavie (l')

International Date Line (US, OTAN) : ligne internationale de changement de date

international force (UN) : force internationale

international frequency (OTAN) : fréquence internationale

International Humanitarian Law (IHL) : droit international humanitaire (DIH)

international issues (US) : questions internationales

international law (US) : droit international

International Military Staff (OTAN, GB) : état-major militaire international (OTAN)

international Morse code (IMC) (US) : code Morse international

international organization (IO) (US) : organisation internationale

international peace force (OTAN) : force de paix internationale

international police task force (IPTF) : force de police internationale

international politics (US) : politique internationale (discipline)

international radio call sign (IRCS) (OTAN) : indicatif d'appel radio international

international relations (US) : relations internationales (RI) (discipline)

international security (US) : sécurité internationale

international situation (GB) : situation internationale (la)

internecine (US) : intestine (interne)

Internet (US, GB) : Internet (réseau informatique mondial)

internment (OTAN) : internement

internnetting (US) : interconnexion (des forces militaires)

interoperability (OTAN, US) : interfonctionnement

interoperability (OTAN, US) : interopérabilité

interoperability challenge (US) : défi en matière d'interopérabilité

interoperability enabler (OTAN) : moyen facilitant l'interopérabilité

interoperability management (OTAN) : gestion de l'interopérabilité

interoperable (US) : interopérable

interoperate with (US) : interopérer avec

interpose : interposer (force)

interpose (oneself) (between) (US) : s'interposer (entre) (force)

interposition (US) : interposer (force)

interposition (US) : interposition

interpositional force (US) : force d'interposition

interpret (an aerial photograph) (US) : interpréter (photo aérienne)

interpretation (US) : interprétation (ordres)

interpretation (US, OTAN, GB) : interprétation (RENS)

interpretation report (US, GB) : compte-rendu d'interprétation (imagerie)

interpreter (US) : interprète (traducteur)

interpreter / translator personnel (US) : personnel(s) interprètes-traducteurs

interpreter (imagery) (OTAN) : interprétateur (imagerie)

inter-regimental : inter-régiments

interregional (OTAN) : interrégional

interrelationship (US) : corrélation (lien étroit)

interrelationship(s) (OTAN) : interrelation(s)

interrogate (US) : interroger

interrogation of POWs (= Prisoners of War) (US) : interrogation des prisonniers de guerre (IPG)

interrogation team (GB) : équipe d'interrogation

interrogation techniques (US) : techniques d'interrogation (ou d'interrogatoire) (RENS)

interrogator (US) : interrogateur

interrupt (US) : interrompre (communications)

interrupted (OTAN) (line) : discontinu (trait)

interrupted (US) : interrompu (élan) (TAC)

inter-service (GB) : interarmées (adjectif)

interservice (US) : interarmées (adjectif)

interservice integration (US) : interarmisation

interservice nature : caractère interarmées (opération)

interstate (OTAN) : inter-États

interstate (US, OTAN) : inter-étatique

inter-theater (US) : inter-théâtre

intertwine (US) : imbriquer

interval (OTAN) : intervalle (entre individus / véhicules / unités / tirs / mines / attaques) (temps / espace)

intervene (US) : intervenir (TAC)

intervention (US, GB, OTAN) : intervention (TAC)

intervention force (US, GB) : force d'intervention

intervention forces (US, GB, Jane's) : forces d'intervention

intervention operations (GB) : opérations d'intervention

interview (US, GB) : entretien (entrevue)

intervisibility (US) : intervisibilité

interwar years (US) : entre-deux-guerres

in-theater infrastructure (US) : infrastructure sur le théâtre

in-theatre (UEO) : théâtre (en)

in-theatre (UEO, US, GB) : en théâtre

intimately (US) : à fond

intimidation (US) : intimidation

into (US) : en

into (US, GB) : sur (spatial)

intra battery (US) : intra-batterie

intracommand exercise (OTAN) : exercice interne à un commandement

intranet (US) : intranet (informatique)

intraregional (GB) : intrarégional

intraregional mobility (GB) : mobilité intrarégionale

intra-state (US) : intra-étatique

intra-theater (US) : intra-théâtre

intravenous (injection) (US) : intraveineuse (injection) (SAN)

intricacy (US) : complexité

intrigues (US) : intrigues

intrinsic (US) : intrinsèque

introduce (GB) : mettre en service (matériel / armements)

introduce (US) : mettre en place (nouveau type d'armée)

introduce (US) : présenter

introduce oneself (US) : se présenter

introduction (GB) : mise en service (matériel)

introduction (US) : arrivée

introduction (US) : présentation (rencontre)

introduction into service (GB) : entrée en service (matériel)

introverted (US) : introverti (PERS)

intruder (OTAN) : intrus (personnel / unité / système d'armes dans une zone d'opérations ou de manœuvre)

intrusion (UN, US) : intrusion

intrusion (US, OTAN) : intrusion (TRANS)

intrusion detection (OTAN) : détection des intrusions

intrusive (UN) : intrusif (ou indiscret)

intuition (US) : intuition (chef) (TAC)

inundated with (US) : inondé de (informations)

invade : envahir

invade (US) : débarquer (opération de débarquement)

invader (GB) : envahisseur

invading force (GB) : force d'invasion

invading forces (GB) : forces d'invasion (littoral)

invalid (somebody) out (GB) : réformer (PERS) (soldat)

invalid soldier : invalide de guerre (SAN)

invasion (US) : débarquement (TAC)

invasion (US) : invasion

invasion force (GB) : force d'invasion

inventory : parc de matériels (panoplie)

inventory (US) : inventorier

inventory (US) : panoplie (ou parc) (de matériels)

inventory control (OTAN) : contrôle de(s) stock(s)

invest (GB) : cerner (place forte)

invest (GB) : investir (encercler) (TAC)

investigate : enquêter sur

investigation (OTAN) : recherche

investigation (US, GB) : enquête (AT / GEND / RENS)

investigator (US) : enquêteur

investment (GB) : investissement (encerclement) (TAC)

investment (US) : investissement

investment program (US) : programme d'investissement

invincibility (GB) : invincibilité

invincible (GB) : invincible

inviolable (CFE, UN) : inviolable

invisible detection powder (US) : poudre de détection invisible (RENS)

invitation (OTAN, US) : invitation

invitation for bids (IFB) (OTAN) : appel d'offres (ou de candidatures) (matériel / armement)

invitation to bid (Jane's) : appel d'offres (ou de candidatures) (matériel / armement)

invitation to tender (ITT) (GB) : appel d'offres (ou de candidatures) (matériel / armement)

invite (UEO) : inviter

involve (OTAN) : comporter

involve (OTAN) : faire intervenir (ou mobiliser)

involve (OTAN) : grouper

involve (OTAN) : intéresser

involve (OTAN) : mettre en œuvre (troupes / structure de commandement)

involve (US) : engager

involve (US) : porter sur

involve (US, GB) : impliquer

involved (GB) : complexe (adjectif)

involved (OTAN) : cause (en)

involved (OTAN) : en cause

involved (OTAN) : intéressé

involvement (OTAN) : rôle

involvement (US) : engagement (implication / participation)

involvement (US) : implication

invulnerable (US) : invulnérable

ionizing (OTAN) : ionisant

ionosphere (AUST) : ionosphère

iron (US, GB) : fer

Iron Curtain (US) : Rideau de Fer (Hist.)

irony : ironie

irregular (GB) : franc-tireur

irregular (GB) : soldat irrégulier

irregular (US, GB) : irrégulier (troupe / soldat) (nom et adjectif)

irregular outer edge (OTAN) : mines du contour irrégulier

irregular soldiers : troupes irrégulières

irregular troops (GB) : troupes irrégulières

irregulars (GB) : troupes irrégulières

irreparable (US) : irrémédiable (dégâts)

irreparable (US) : irréparable (dégâts)

irrespective of (GB) : quel...que

irresponsibility (GB) : irresponsabilité (PERS)

irresponsible (GB) : irresponsable (comportement)

irretrievable (GB) : irrécupérable (données)

irretrievable (US) : irrémédiable (situation) (TAC)

irrevocable (GB) : irrévocable (ordre)

irritant (US, UN) : irritant (agent chimique) (NBC)

irritate (GB) : irriter (PERS / SAN)

island (CFE) : insulaire

island (US, GB) : île (TOPO)

isolate (GB, US) : isoler (TAC)

isolate (US) : encager (TAC)

isolated (GB, OTAN) : isolé

isolated (person / force) (US) : isolé (personne / force)

isolated (zone / lieu) (US, OTAN) : isolé (zone / lieu)

isolated person : personne isolée

isolation (of enemy forces) : encagement (TAC)

isotope (US, GB) : isotope

isotropic (OTAN) : isotrope

issuance (of orders / of requests) (OTAN) : envoi (demandes de renseignement / ordres de recherche)

issue : délivrer

issue : fournir

issue : perception (dotation) (matériel)

issue (GB) : lancer

issue (GB) : mettre en place (dotation de matériel)

issue (GB) : règlementaire

issue (orders / requests) (OTAN) : envoyer (demandes de renseignement / ordres de recherche)

issue (orders) (US) : publier (ordres)

issue (OTAN GB) : distribuer

issue (OTAN) : diffuser

issue (OTAN, US) : émettre (ordres / directives)
issue (ou issuance) of orders (US) : publication des ordres
issue (US) : diffuser (ordre)
issue (US) : donner (ordre / instruction / renseignements)
issue (US, GB) : délivrance (de matériel à des unités)
issue (US, GB) : dotation
issue (US, GB, UN, OTAN) : question (affaire)
issue (US, OTAN) : problème
issued with (GB) : doté de (unité / personnel)
isthmus (GB) : isthme (TOPO)
Italy : Italie
item (of an agenda) (UN) : point (ordre du jour)
item (US) : pièce (musée militaire)
item (US, GB, OTAN) : article (LOG)
item identification (OTAN) : identification d'article (LOG)
item list (OTAN) : liste d'articles (LOG)
item of equipment (OTAN) : ensemble (matériel)
iterative (US) : itératif
iterative guidance : guidage par itération

j

jack (GB) : cric
jack in the box (US) : mannequin de voiture (RENS)
jacket : chemise (cartouche)
jacket : vareuse (ou veste)
jacket (flyer's) (US) : veste (aviateur)
Jaguar fighter-bomber (US) : Jaguar (aéronef)
jail (GB) : prison (lieu)
jail (US) : emprisonner (AT / GEND)
jam (OTAN) : brouiller (transmissions ennemies)
jam (US) : s'enrayer (arme)
jammed (OTAN) : brouillé (fréquence)
jammer (OTAN) : brouilleur
jamming : brouillage
jamming control (OTAN) : contrôle du brouillage
jamming report (JAMREP) (GB) : compte-rendu de brouillage (TRANS)
jamming transmitter (OTAN) : émetteur de brouillage (TRANS)
JANUS constructive simulation system (Jane's) : JANUS
jargon (US) : jargon
jeopardize : danger (mettre en)
jeopardize (an operation) : compromettre (opération / mission / sécurité)
jeopardize (ou jeopardise) (GB, US) : mettre en danger
jerrycan (GB) : jerricane
jet (US) : projectile

jet aircraft (GB) : lampe à souder (avion à réaction)
jet fighter : chasseur à réaction
jet fighter (GB) : lampe à souder (avion à réaction)
jet plane : lampe à souder (avion à réaction)
jet propellant (JP) (OTAN) : carburéacteur
job : emploi (fonction / travail / position)
job (GB, US) : travail
job assistance (US) : aide à la reconversion
job offer (US) : offre d'emploi (reconversion)
job security (US) : sécurité de l'emploi (PERS)
job slot (US) : créneau (emploi) (PERS)
join : adhérer
join : engager (s') (PERS)
join : intégrer (école)
join : se rallier à
join (US) : engager
join (US) : prendre part à
join (US, GB) : rejoindre
join (US, GB) : s'engager (dans une organisation militaire) (PERS)
join (US, GB) : s'enrôler (PERS)
join (US, OTAN) : se joindre à
join the ranks of the enemy (GB) : passer à l'ennemi (TAC)
join up : engager (s') (PERS)
joint (OTAN) : interforces
joint (OTAN) : mixte (comité / groupe de travail)
joint (OTAN, US) : conjoint (adjectif)
joint (US, GB, OTAN) : interarmées (adjectif)
joint : commun
joint action area (JTAA) (OTAN) : zone d'action conjointe
Joint Air Defence Committee : comité interministériel de défense aérienne
joint amphibious task force (OTAN) : force opérationnelle amphibie interarmées (ou interforces)
joint battle center (US) : centre de combat interarmées
joint battlelab (US) : laboratoire de bataille interarmées
joint campaign (US) : campagne interarmées
joint chief of staff (JCS) (OTAN) : chef d'état-major interarmées (FR)
Joint Chiefs of Staff (JCS) (EMA américain) (US, Jane's) : état-major des armées (EMA)
Joint Chiefs of Staff (JCS) (US) : comité des chefs d'état-major (état-major des armées US)
joint command (OTAN) : commandement interarmées
joint command and control (US) : interarmisation du commandement
joint command and control (US) : commandement et contrôle (C2) interarmées
joint command post : poste de commandement interarmées (PCIA)
joint commander (US) : chef interarmées

1344

joint commander (US, GB) : commandant interarmées
joint concept (US) : concept interarmées
Joint Defence Centre (JDC) (GB) : centre d'élaboration de la doctrine interarmées (GB)
joint development (US) : coopération
joint doctrine (US) : doctrine interarmées
joint European defence policy (Jane's) : politique
de défense européenne commune
joint exercise (US) : exercice commun (pays)
joint exercise planning staff (JEPS) (OTAN) : état-
major interarmées de planification des exercices
joint experimentation (JE) (US) : expérimentation
interarmées (de combat)
joint experimentation facility (US) : établissement
d'expérimentation interarmées
joint force (GB, US) : force interarmées
joint force air component (OTAN) : élément air de
la force interarmées
joint force commander (GB) : commandant de
force interarmées
joint force headquarters (JFHQ) (GB) : état-major
de force interarmées
joint force land component (commander)
(JFLC(C) (GB) : commandant de composante
terrestre de force interarmées
joint force land component (JFLC) (GB, US) :
composante terrestre de force interarmées
joint force land component command (JFLCC)
(US) : commandement de composante terrestre
de force interarmées (USA)
joint force logistic component (commander)
(JFLogC(C) (GB) : commandant de composante
logistique de force interarmées
joint force logistic component (JFLogC) (GB) :
composante logistique de force interarmées
joint force special forces component (commander)
(JFSFC(C) (GB) : commandant de composante
forces spéciales de force interarmées
joint force special forces component (JFSFC)
(GB) : composante forces spéciales de force interarmées
Joint Headquarters (JHQ) (GB) : état-major interarmées (EMIA)
Joint Helicopter Command (JHC) (GB) : commandement interarmées (ou unifié) des (unités
d'hélicoptères
joint information bureau (JIB) (US) : bureau d'information interarmées
joint intelligence (US) : renseignement interarmées
joint intelligence center (JIC) (US) : centre de renseignement interarmées
Joint Intelligence Committee (JIC) (GB) : comité
interministériel du renseignement (GB)
joint interoperability (US) : interopérabilité interarmées
joint logistic operations centre (JLOC) : centre
d'opérations logistiques interarmées

joint logistics : logistique commune
joint logistics (US) : logistique interarmées
jointly (US) : en interarmées
joint movements plan (JMP) (OTAN) : plan de
mouvements interarmées (ou mixte)
joint nature (US) : caractère interarmées (opération)
joint NBC defence unit (GB) : unité interarmées
de défense NBC (GB)
Joint Operational Planning and Execution System
(JOPES) (US) : chaîne d'exécution et de planification des opérations interarmées
joint operations (GB) : opérations interarmées
joint operations area (JOA) (GB, OTAN, US) :
zone d'opérations interarmées
joint operations centre (JOC) (GB) : centre d'opérations interarmées
joint operations superiority (US) : supériorité dans
les opérations interarmées
joint partnership (US) : partenariat interarmées
joint planning (US) : planification interarmées
joint planning guide (GB) : guide de planification
interarmées (documents)
Joint Readiness Training Center (JRTC) : centre
d'entraînement au combat (CENTAC) (Mailly)
joint relationships (US) : relations interarmées
Joint Service Defence College (Jane's) : collège
interarmées de défense (CID)
joint services signals unit (JSSU) (GB) : unité de
transmissions des armées
Joint Services Staff (Jane's) : état-major des
armées (EMA)
joint simulation (OTAN) : simulation interarmées
joint special operations area (JSOA) (US) : zone
d'opérations spéciales interarmées
joint staff (OTAN) : état-major interforces
joint staff (OTAN, US) : état-major interarmées
joint strategic target planning staff (JSTPS)
(OTAN) : état-major interarmées de planification des objectifs stratégiques
Joint Sub-Regional Command (JSRC) (OTAN) :
commandement sous-régional interarmées
(JSRC)
joint support (GB) : soutien interarmées
joint surveillance and target attack radar system
(JSTARS) (OTAN) : système radar interarmées
de surveillance et d'attaque d'objectifs
joint system (AUST) : système interarmées
Joint Tactical Information Distribution System
(JTIDS) (US) : système commun de répartition
des données tactiques (ou système interarmées
de diffusion du renseignement tactique)
joint tactical information dsitribution system
(JTIDS) (OTAN) : système interarmées de diffusion des informations tactiques
joint task force (JTF) : force d'intervention interarmées
joint task force (JTF) (US) : groupement interarmées

joint task force (US) : force opérationnelle inter-armées

joint task force command post : poste de commandement de force interarmées interalliée

joint task force commander (JTFC) (GB) : commandant de force opérationnelle interarmées

joint task force headquarters (JTFHQ) (GB) : état-major de force opérationnelle interarmées

joint team (US) : ensemble interarmées (interarmisation)

joint teamwork (GB) : interarmisation

Joint Territorial (ou Home) Defence Committee : comité interministériel de défense du territoire

joint test and evaluation (JT&E) (US) : essai et évaluation interarmées

joint theater logistics management (US) : gestion de la logistique dans un théâtre interarmées

joint theatre headquarters (ou HQ) : poste de commandement inter-armées de théâtre (PCIAT) (armée de terre 2002)

joint theatre plans (JTP) (GB) : plans de théâtre interarmées

joint training : centre interarmées d'instruction, d'analyse et de simulation

joint training exercise (US) : exercice d'entraînement interarmées (national)

joint venture (US, Jane's) : entreprise mixte (ou conjointe ou en participation) (ARMT)

joint venture (US, Jane's) : société mixte

joint venture company (JVC) (Jane's) : société mixte

joint warfare (GB) : combat interarmées (type de combat)

joint warfighting (US) : combat interarmées (type de combat)

joint warfighting center (US) : centre de combat interarmées

joint warfighting experiment (JWE) (US) : expérience de combat interarmées

joint warfighting interoperability demonstration (JWID) (US) : démonstration d'interopérabilité de combat interarmées

joint zone (JZ) (US) : zone interarmées (théâtre)

jointed ramp (Jane's) : rampes articulées (engin de franchissement)

jointery (GB) : interarmées (l') (nom) (concept)

jointly (CFE, GB) : conjointement

jointness (OTAN, US) : caractère interarmées (l'interarmisation)

jointness (US) : interarmées (l') (nom) (concept)

jointness (US) : interarmisation

jointry (Jane's) : interarmées (l') (nom) (concept)

joint-service (GB) : interarmées (adjectif)

joint-service operations (GB) : opérations interarmées

journalist (US) : journaliste

journey (GB) : trajet

journey (GB) : voyage

judge (GB) : juger

judge (OTAN) : apprécier

Judge Advocate General's Corps (JAGC) : juridiques (services) (armée de terre)

Judge Advocate General's Corps (JAGC) (US) : justice militaire (corps)

judgment (US) : capacité de jugement (PERS)

judgment (US) : faculté de jugement (PERS)

judgment (US) : jugement (trait de caractère) (PERS)

judicial reform (OTAN) : réforme du judiciaire

judicious (US) : judicieux

jump (GB) : sauter (grade / échelon)

jump (US) : saut (TAP)

jump (US, GB) : sauter (TAP)

jump caution light : signal lumineux de saut (TAP)

jump off line (US) : ligne de débouché (ligne de départ, OTAN) (TAC)

jump speed (US, OTAN) : vitesse de largage (troupes aéroportées)

jump training : entraînement au saut (TAP)

jump warning bell : avertisseur sonore (saut) (TAP)

jumper (GB) : chandail (pull-over)

jumper (GB) : pull-over

jumper (US) : chuteur (parachutiste)

jumpmaster (US) : chef largueur (TAP)

jumpmaster (US) : moniteur de saut (TAP)

jumpmaster course (US) : stage de moniteur de saut (TAP)

jump-qualified : breveté para(chutiste) (PERS)

junction (route / voies ferrées) : carrefour

junction point (GB) : point de contact (physique)

junction point (GB) : point de liaison

juncture (US) : croisement (lignes de communications)

juncture (US) : point de jonction (lignes de communication)

jungle (US, GB) : jungle (ou forêt équatoriale)

jungle operations (US) : combat de jungle (ou en forêt équatoriale)

jungle operations (US) : opérations en forêt équatoriale

Jungle Operations Training Center (JOTC) (équivalent US) : centre d'entraînement en forêt équatoriale (CEFE) (Légion Étrangère) (Guyane)

jungle shelter (GB) : abri de jungle

jungle warfare (US, GB) : combat de jungle (ou en forêt équatoriale)

Junior Command and Staff Course (JCSC) (équivalent GB) : cours de perfectionnement des officiers subalternes (CPOS) ("cours des capitaines")

junior NCO (JNCO) (GB) (Non-Commissioned Officer) : sous-officier subalterne

junior ranks'club (GB) : foyer du soldat (militaires du rang / gradés)

Junior Staff College qualification : diplôme d'état-major (DEM)

junta (US) : junte

jury (US) : jury (tribunal militaire)
just (US, OTAN) : juste (cause / guerre)
just war (OTAN) : guerre juste
justice (OTAN) : justice
justify (US) : justifier

k

KE round (Jane's) (KE = Kinetic Energy) : obus à énergie cinétique
keep (a commander) informed of (GB) : renseigner (quelqu'un / unité / chef)
keep (GB) : garder (maintenir)
keep (GB) : réduire (TAC)
keep (OTAN) : maintenir
keep (US) : conserver
keep abreast of (US) : tenir au courant
keep an eye on (US) : surveiller
keep guard (GB) : monter la garde
keep in prison (US) : garder en prison (PERS)
keep informed (US) : se tenir au courant (chef)
keep observation on (GB) : surveiller
keep off balance (US) : maintenir en déséquilibre (ennemi)
keep on the move (US) : maintenir en mouvement (forces)
keep open (US, GB) : maintenir ouvert (voie / itinéraire)
keep out of (GB) : exclure
keep pace (GB) : progresser au même rythme (véhicule)
keep pace with (OTAN) : suivre le rythme de
keep secret (US) : garder secret (RENS)
keep tabs on (US) : surveiller
keep under pressure (US) : maintenir sous pression (ennemi)
keep watch (US) : garder (protéger)
keep watch (US) : monter la garde
keep watch on (US) : surveiller
keeping (US) : fil
keep-out zone (KOZ) (UN) : zone interdite d'accès (ou zone d'exclusion)
kennel (GB) : niche (chien)
kerosene (OTAN) : kérosène
Kevlar (aramid fiber armor) (Jane's) : Kevlar (marque déposée) (para-aramide / aramide)
kevlar ou Kevlar (US) : para-aramide
key (OTAN) : clé (carte)
key (OTAN) : plan (niveau)
key (OTAN) : premier
key (OTAN, US) : clé (code / chiffre) (RENS)
key (US) : clé (porte) (RENS)
key (US) : crucial
key (US) : fondamental
key (US) : principal (caractéristique)

key (US) : régler
key (US) : solution
key (US, GB) : clé (ou clef)
key (US, OTAN) : essentiel (adjectif)
key appointment (GB) : poste clé
key area (OTAN) : domaine clé
key area (US) : zone clé (concept)
key assets (US) : moyens clé (chef)
key characteristic (US) : caractéristique clé
key component (US) : élément clé
key element (US) : élément clé (organisation)
key enabler (US) : outil clé
key factor (GB, US) : facteur clé (ou essentiel)
key integrating function (US) : fonction intégratrice clé
key issue (OTAN) : question clé
key mission component (KMC) (OTAN) : composante clé de la mission
key nucleus staff : noyau-clé d'état-major
key objective (OTAN) : objectif fondamental (forces)
key part (US) : élément clé (organisation)
key point (GB, OTAN) : point sensible (TAC) (site / installation)
key post (GB) : poste clé
key symbol (US, OTAN) : symbole clé (action psychologique)
key technology (OTAN) : technologie de pointe
key terrain (US) : position clé
key terrain (US) : zone clé (du terrain)
key time (US) : moment clé
key word (US) : mot clé (TRANS)
keyboard : clavier (ordinateur)
keyhole (US) : focalisation rapprochée (de) (fonction de satellite)
keyhole satellite (UN) : satellite de focalisation rapprochée
keystone (US) : capital (crucial)
keystone (US) : essentiel (adjectif)
keyword (US) : maître mot
keyzone (GB) : zone vitale
KGB (US, GB) : KGB (le) (RENS)
KGB Chairman (US) : chef du KGB (Hist.)
khaki (GB) : kaki (couleur militaire)
kick off (US) : démarrer (opération / bataille)
kickoff (US) : début
kidnap (US) : kidnapper
kill : pouvoir de destruction (arme / force)
kill (GB) : destruction (de cible) (sol-air)
kill (US, GB) : détruire (TAC)
kill (US, GB) : tuer
kill probability (OTAN) : probabilité de destruction
killed casualty (US) : mort (individu) (nom)
killed in action (KIA) (US) : mort en opérations (ou mort au combat) (PERS)
killed in action (KIA) (US, OTAN) : tué au combat (ou tué en opérations)

killer (US) : tueur (RENS)
killer satellite (UN) : satellite tueur (ou de destruction ou chasseur de satellites)
killing (GB) : tuerie
killing area (GB) : sac à feu (TAC)
killing ground (GB) : sac à feu (TAC)
killing zone (GB) : sac à feu (TAC)
killing zone (US) : zone létale (du champ de bataille)
kilohertz (GB) : kilohertz
kilometer (US) : kilomètre
kilometre (GB) : kilomètre
kiloton (KT) (OTAN) : kilotonnique
kiloton (US) : kilotonne
kind (UN) : sorte
kind of warfare (GB) : type de combat
kinetic (US, GB) : cinétique
kinetic energy (KE) (GB, US) : énergie cinétique
kinetic energy (KE) antiarmor round (US) : obus antichar à énergie cinétique
kinetic energy missile (KEM) (US) : missile à énergie cinétique
kinetic energy weapon (KEW) (UN) : arme à énergie (ou à visée) cinétique
kinetic weapons (US) : armes cinétiques
Kiowa Warrior OH-58 D (équivalent US) : GAZELLE (hélicoptère)
kit (GB) : barda
kit (GB) : équipement
kit (GB) : fourniment
kit (GB) : matériel (équipement)
kit (GB) : paquetage (PERS)
kit (Jane's) : kit
kitchen equipment : matériel de cuisine
kitchen police (KP) (US) : corvée de cuisine
kite (reconnaissance) (US) : ballon (d'observation) (RENS)
KKOR (OTAN) (Kosovo FORce) : KFOR
knee pad (US) : genouillère (tenue du fantassin)
knife : poignard
knife (GB) : poignarder
knife (US, GB) : couteau
knock (familier) (GB) : coup (atteinte corporelle)
knock (somebody) out (US) : assommer (individu) (RENS)
knock down (US) : abattre (aéronef)
knock off (GB) : quitter (arrêter) (travail)
knock out (GB) : détruire (TAC)
knock out (GB) : bousiller (matériel)
knock out (OTAN) : mettre hors service
knock out (US) : dégommer (détruire) (terme familier)
knoll (GB) : tertre (TOPO)
knoll : mamelon (TOPO)
knot (GB) : nœud (unité de mesure de vitesse)
knot (US) : nœud (corde)
know (US) : connaître (savoir)
know (US) : savoir

know-how (US) : savoir-faire (compétence)
knowledge (US) : savoir (nom)
knowledge (US, GB, OTAN) : connaissance(s)
knowledge of the environment : connaissance du milieu
knowledge of the ground (GB, US) : connaissance du terrain
knowledge superiority (US) : supériorité de la connaissance
knowledge-based warfare (Jane's) : guerre de la connaissance
known (US) : connu
knuckleduster (US) : coup de poing américain

l

laager (GB) : camp de blindés
label (US) : appeler (nommer / désigner)
labor (US) : main-d'œuvre
laboratory (US, GB, Jane's) : laboratoire
labour hour contract (US) : contrat heure œuvrée (ARMT)
lack (US) : manque
lack (US) : manquer de
lack of discipline (GB) : manque de discipline (unité)
lack of resources (US) : manque de moyens
lack of time (US) : manque de temps
ladar (laser detection and ranging) : ladar
ladder (US) : échelle (sous hélicoptère) (sauvetage)
laden (US) : chargé (en poids) (PERS)
laden weight : masse en charge (véhicule blindé)
lager (GB) : camp de blindés
laminated composite armour (UN) : blindage mille-feuilles
Lance Bombardier (ART) (GB) : caporal (grade)
Lance-Corporal (LCpl) (INF / ABC) : caporal (grade)
lancer (GB) : lancier (PERS) (Hist.)
Lancers (GB) : Lanciers (appellation de tradition)
land : voie terrestre
land : débarquer (faire)
land (OTAN) : mettre à terre (troupes)
land (OTAN) : se poser (aéronef / hélicoptère)
land (OTAN, GB) : atterrir (parachutiste / colis / aéronef)
land (US) : terrain
land (US) : terre (air / mer)
land (US, GB) : débarquer (opération de débarquement)
land (US, GB) : déposer (troupes)
land (US, UEO) : terrestre
Land Action Force Command (the) (Jane's) : commandement de la force d'action terrestre (CFAT)
land activity (GB) : activité terrestre

Land AMF(L) : force mobile (terre) du Commandement Allié en Europe (CAE)

land AO (= Area of Operations) : zone d'opérations terrestre

land area (US) : zone de terrain

land armaments : armements terrestres

land battlespace (GB) : espace de bataille terrestre

land combat (US) : combat terrestre

land combat operations (US) : opérations terrestres

land combat support (OTAN) : appui tactique terrestre

Land Command (équivalent GB) : commandement de la force d'action terrestre (CFAT)

land component command headquarters (ou HQ) : PC de commandement de composante terrestre (PCCCT) (armée de terre 2002)

land component commander (US) : commandant de composante terrestre

land convoy (OTAN) : convoi terrestre

land dominance (US) : supériorité terrestre

land equipment (GB) : équipement(s) terrestre(s)

land equipment (GB) : matériels terrestres

land exercise (LANDEX) (OTAN) : exercice terrestre

land force (US) : armée de terre

land force (US) : force terrestre (armée de terre)

Land Force Command (équivalent Canada) : commandement de la force d'action terrestre (CFAT)

Land Force Command Headquarters (Jane's) : commandement de la force d'action terrestre (CFAT)

land force component (= the Army) (US) : composante de force terrestre (= armée de terre)

Land Force General Staff (Jane's) : état-major de l'armée de terre (EMAT)

land force operations (US) : opérations de forces terrestres

land forces (US, GB) : forces terrestres

Land Forces Command : commandement de la force d'action terrestre (CFAT)

Land Forces Command System (LFCS) (Jane's) : système d'information pour le commandement des forces (SICF)

land forces commitment doctrine : logiciel (d'emploi) opérationnel de l'armée de terre

Land Forces Operations Centre : centre opérations des forces terrestres (COFT) (armée de terre 2002)

land forces procurement (Jane's) : acquisitions terrestres (ou de matériel de défense terrestre)

land invasion (Jane's) : invasion terrestre (menace)

Land Logistics Command : commandement de la force logistique terrestre (CFLT)

Land Logistics Command Headquarters (Jane's) : commandement de la force logistique terrestre (CFLT)

land minc (CA) : mine terrestre anti-personnel

land mine (Jane's) : mine terrestre

land mine warfare (OTAN) : guerre des mines sur terre

land navigation (GB) : orientation (points cardinaux)

land navigation (US) : navigation terrestre

land navigation system (US, Jane's) : navigateur terrestre (véhicule blindé)

land offensive (US) : offensive terrestre

land operations (OTAN, GB) : opérations terrestres

land route (OTAN) : itinéraire terrestre

land space (US) : espace terrestre

land speed : vitesse terrestre (véhicule)

land system (US) : système terrestre (armement)

Land Territorial Defence District : zone de défense (ZD) (défense militaire terrestre)

land warfare (US) : action militaire terrestre (l')

land warfare (US) : combat terrestre

land warfare (US) : guerre (combat) terrestre

Land Warrior (integrated fighting system) (équivalent U.S.) : fantassin à équipement et liaison intégrés (FELIN)

land(-) based (OTAN, UN) : basé à terre (ou au sol)

land-based (UN) : terrestre

land-based missile : missile basé à terre

land-based missile : missile à lanceur terrestre

landing (OTAN, US) : atterrissage (TAP / aéronef)

landing (US, GB) : débarquement (TAC)

landing (US, OTAN) : mise à terre (opération amphibie ou aéroportée)

landing area (OTAN) : zone de débarquement (ou de mise à terre)

landing area (OTAN) : zone de mise à terre

landing beach (OTAN) : plage de débarquement

landing craft (OTAN) : engin de débarquement

Landing Craft Air Cushion (LCAC) (US) : aéroglisseur d'assaut (Corps des Marines)

landing field : aérodrome

landing force (OTAN) : force de débarquement

landing gear (GB) : train d'atterrissage

landing platform, dock (LPD) (US) : transport de chalands de débarquement (TCD)

landing ship (GB) : engin de débarquement

landing ship (US, GB) : bâtiment de débarquement

landing ship dock (LSD) (OTAN, US) : transport de chalands de débarquement (TCD)

landing ship mechanized (LSM) (US) : bâtiment de transport léger (BATRAL)

landing ship tank (LST) (GB, US) : bâtiment de débarquement de chars (BDC)

landing site (OTAN) : site de débarquement (opération amphibie)

landing site (OTAN, GB) : site d'atterrissage

landing strip : piste d'atterrissage

landing support (US) : aide au débarquement

landing vehicle tracked personnel (LVTP) (GB) : engin chenillé de débarquement pour personnel(s)

landing zone (LZ) (OTAN, US) : zone de débarquement (ou de mise à terre)

landing zone (LZ) (US, OTAN) : zone d'atterrissage

landing zone (LZ) (US, OTAN) : zone de poser (hélicoptères)

landing zone (US) : zone de saut (TAP)

land-line (GB) : circuit filaire (ligne terrestre) (téléphone)

land-line (GB) : ligne terrestre (circuit filaire) (téléphone)

landlocked (US) : accès à la mer (sans) (pays)

landlocked (US) : enclavé (ou sans accès à la mer) (pays)

landmark (OTAN) : repère terrestre

landmark (US) : point de repère (TOPO)

landpower (US) : puissance terrrestre (armée)

landscape (US) : paysage (sens propre et figuré)

lane : chemin

lane (GB, US, OTAN) : passage (voie)

lane (OTAN) : voie (circulation)

lane marker (OTAN) : marqueur de cheminement (guerre des mines)

language (GB) : linguistique

language (US, OTAN) : langage

language barrier (US) : barrière linguistique

language border (US) : barrière linguistique

language course : stage de langues

language course : stage linguistique

language fluency (US) : aisance linguistique

language interoperability (US) : interopérabilité linguistique (ou en matière de langues)

language laboratory (US) : laboratoire de langues

language learning (US) : apprentissage des langues (étrangères)

language personnel (US) : personnel(s) linguistes

language school (US) : école de langues

language skills (US) : compétences linguistiques (PERS)

language training center (US) : centre de formation en langues (étrangères)

lap (US, GB, OTAN) : recouvrement (photographies)

lapel (US) : revers (vareuse)

large (UN, US, GB, Jane's) : gros (adjectif)

large (US) : grand

large (US, GB) : important

large user (of) (US) : gros consommateur (de)

large-caliber gun (US) : canon à gros calibre

large-caliber round (US) : obus de gros calibre

large transport aircraft (OTAN) : avion gros porteur (ou gros-porteur)

largely (OTAN) : dans une large mesure

larger (OTAN) : supérieur (adjectif)

lase (US) : illuminer au laser (cible)

laser (= Light Amplification by Stimulated Emission of Radiation) : laser

laser beam : faisceau laser

laser beam : rayon laser

laser beam riding missile (Jane's) : missile guidé par faisceau laser

laser beam weapon (LBW) (UN) : arme à faisceau lumineux (ou à (faisceau) laser)

laser designated (target) (OTAN) : désigné par laser (cible)

laser designator (US, OTAN) : marqueur laser

laser effects (Jane's) : effets laser

laser guidance : guidage laser

laser guidance (OTAN, UN) : guidage par (rayon) laser

laser guided weapons (LGW) (US) : armes à guidage laser

laser guiding (UN) : guidage par (rayon) laser

laser gun (UN) : canon laser

laser illuminator (OTAN) : illuminateur laser (de surveillance)

laser intelligence (LASINT) (US) : renseignement laser (composante du renseignement d'origine image)

laser marked (target) (OTAN) : marqué par laser (cible)

laser painting : marquage d'objectif à laser

laser range-finder (ou rangefinder) (LRF) (US, GB) : télémètre (à) laser

laser seeker (US, OTAN) : chercheur (de faisceaux) laser

laser target designation (US) : marquage d'objectif à laser

laser target designator (GB) : marqueur laser

laser target designating system (OTAN) : système marqueur d'objectif à laser

laser target marker (OTAN) : marqueur laser

laser target marking (OTAN) : marquage d'objectif à laser

laser target marking system (OTAN) : système marqueur d'objectif à laser

laser weapon (UN) : laser de combat

laser(-)guided bomb (LGB) (GB, OTAN) : bombe guidée par laser

laser-aided (OTAN) : assisté par laser (système)

laser-aided rocket system (OTAN) : système de roquettes assisté par laser

laser-aided system (OTAN) : système assisté par laser

laser-emitted (US) : émis par laser (rayon)

laser-guided : guidé par laser (ou à guidage laser)

laser-guided (OTAN) : à guidage laser (bombe)

laser-guided (OTAN) : guidage laser (à)

laser-guided bomb (LGB) (GB, OTAN) : bombe à guidage laser

laser-guided missile (LGM) (US, GB) : missile guidé par laser

laser-guided missile (US) : missile à guidage laser

laser-guided projectile (Jane's) : projectile à guidage laser

laser-guided shell : obus à guidage laser

laser-guided weaponry (US) : armes à guidage laser
lash (OTAN) : arrimer (charge)
lashing (OTAN) : arrimage (charge) (sur moyen de transport)
lashing point (OTAN) : point d'arrimage (véhicule)
lasing (UN) : effet laser
last (US, GB) : dernier
last (US, GB) : durer
last post (GB) : "aux morts" (sonnerie)
last post (US) : extinction des feux (sonnerie)
lasting (OTAN) : tout
lasting (US, UN) : durable
last-minute (US, OTAN) : dernière minute (de)
late (OTAN) : retard (ART)
late (US) : récent
late (US) : tardif (réaction)
late entry officer (GB) : officier rang
late-arriving (US) : retardataire (unité sur un théâtre)
late-entry commissions (GB) : recrutement semi-direct (officiers)
later : ultérieur
later (GB) : dernier
later on : ultérieurement
lateral : latéral
lateral boundary (US) : limite latérale (zone) (TAC)
lateral route (GB, US, OTAN) : rocade (TAC)
laterally (US) : latéralement
latest (GB, OTAN) : dernier
latitude : latitude (navigation)
latitude (US) : latitude (liberté)
latrine(s) (GB, US) : feuillées
latrine(s) (US) : latrines
latter (GB) : dernier
lattice (OTAN) : canevas (réseau de lignes de position sur carte)
launch : déclencher (opération / procédure / hostilités)
launch (GB) : lancer (pont)
launch (OTAN) : mettre à l'eau (véhicule)
launch (US) : lancement (opération)
launch (US) : lancer (opération) (TAC)
launch (US) : tirer (missiles) (sous-marin)
launch (US, GB) : lancement (missiles)
launch (US,GB) : lancer (armes / bombes)
launch control (OTAN) : contrôle de lancement
launch detection (OTAN) : détection des lancements
launch detection satellite (LDS) (OTAN) : satellite de détection des lancements
launch emplacement : site de lancement (missiles)
launch into orbit (US) : lancer sur orbite (satellite)
launch mode (GB) : mode de lancement (missile)
launch pad (UN) : aire (ou plate-forme) de lancement

launch pad (UN) : plate-forme (ou aire) de lancement
launch pod container (US) : panier lanceur (LRM)
launch rail (CFE) : rail(s) de lancement
launch rail (GB) : rail de lancement (pont)
launch site (GB) : site de lancement (missiles)
launch site (UN) : site de lancement
launch tube : lanceur (tube) (roquette antichar)
launch tube (US) : tube de lancement (missile)
launch vehicle : véhicule de tir (ou de lancement)
launched (OTAN) : à lanceur (missile / engin)
launcher (fusée) (US, OTAN) : rampe de lancement
launcher (GB) : tube de lancement (lance-roquettes)
launcher (UN) : dispositif de lancement
launcher (UN, US, OTAN) : lanceur (missile)
launcher rack (US, GB) : lanceur (disperseur de mines)
launcher rail(s) (UN) : rail(s) de lancement
launcher tube : tube (lance-roquettes)
launcher tube (UN, CSCE) : tube de lancement (missile)
launcher vehicle (GB) : véhicule lanceur (LRM)
launching beam : poutre de lancement (pont)
launching pad (UN) : aire (ou plate-forme) de lancement
launching pad (UN) : plate-forme (ou aire) de lancement
launching platform (UN) : rampe de lancement
launching ramp : rampe de lancement
launching site (OTAN) : site de lancement (missiles)
launching site (UN) : site de lancement
laundry (GB) : blanchisserie
laundry (GB) : lessive (lavage des effets)
laundry platoon (GB) : section de blanchisserie
laundry unit : unité de traitement de linge en campagne (UTLC)
law (OTAN) : loi (sens propre)
law (US, GB) : droit (ensemble de règles / discipline)
law and order (GB, CA) : ordre public
law and order missions (Jane's) : missions de maintien de l'ordre
law and order operations (CA) : opérations d'ordre public (ou de maintien de l'ordre)
law enforcement (US) : application de la loi (GEND)
law of land (US) : législation du pays
lawful (US) : légal
lawlessness (US) : anarchie
law-of-land warfare (US) : guerre en vertu de la législation du pays
laws of war (US) : lois de la guerre
lawyer (US) : juriste (homme de loi)
laxity (US) : laxisme
laxness (US) : relâchement (négligence) (PERS)

lay : tendre
lay (a wreath) (US, GB) : déposer (couronne)
lay (OTAN) : mettre en place (mine / champ de mines)
lay (OTAN, Jane's) : pointer (arme)
lay (US) : poser (mines / champ de mines)
lay (US, GB) : poser (pont)
lay down : rendre (armes)
lay down (Jane's) : fixer (assigner / déterminer)
lay down (ou to put down) (one's) weapons (ou arms) (US) : déposer (les armes)
lay down (US) : mettre en place (fumigènes)
lay emphasis (GB) : insister
lay siege to (GB) : assiéger
laydown bombing (OTAN) : bombardement en vol rasant
layer (GB) : pointeur (canon) (ART)
layer (US) : niveau
layer (US, GB) : couche
laying : pose (de mines)
laying (canon de char) (OTAN) : pointage
laying (OTAN) : mise en place (mine) (action)
laying adjustment (GB) : correction de pointage
laying system (GB) : système de pointage
layout (GB) : dispositif (force)
layout (US) : agencement (véhicule blindé)
layout (US) : aménagement (véhicule)
layout (US) : configuration (armement)
layout (US) : organisation (ou agencement) (véhicule blindé)
laze about (GB) : buller (ou coincer la bulle) (familier)
laze around (GB) : buller (ou coincer la bulle) (familier)
lead (GB) : de tête (matériel) (TAC)
lead (GB) : tête (unité) (TAC)
lead (OTAN) : pilote
lead (US) : commander
lead (US) : conduire (diriger / être à la tête de)
lead (US) : diriger (musique)
lead (US) : entraîner (attirer / conduire)
lead (US) : montrer
lead (US, GB) : mener (être à la tête de / diriger)
lead (US, GB) : tête (de) (unité / matériel) (TAC)
lead aircraft (OTAN) : avion leader
lead ball : bille de plomb (grenade à main)
lead brigade (US) : brigade de tête
lead elements of the advance guard : têtes d'avant-garde
lead forces (US) : forces de tête
lead nation (OTAN, GB) : nation pilote (force multinationale)
lead off (US) : prendre la tête (mission / unité)
lead service : armée pilote
lead to (OTAN) : déboucher sur
lead to (US) : aboutir à
lead to (US, OTAN) : conduire à (amener à)
lead unit (US) : unité de tête

lead(ing) vehicle (OTAN) : véhicule de tête (colonne)
leader : chef
leader (OTAN) : dirigeant (chef)
leader development (US) : formation des chefs
leader in battle (US) : chef au combat
leadership : exercice du commandement
leadership (OTAN) : qualités de commandement (PERS)
leadership (sens pluriel) (US) : dirigeant (chef)
leadership (US) : commandement (chef ou ensemble des chefs)
leadership (US) : direction (autorité / commandement)
leadership (US) : hiérarchie (commandement)
leadership (US, GB) : autorité (exercice de l') (aptitude au commandement)
leadership (US, GB) : commandement (aptitude à l'autorité)
leadership (US, GB) : exercice de l'autorité
leadership course (US) : stage de commandement
leadership development (US) : formation à l'exercice de l'autorité (FEXA) (obsolète : formation militaire générale)
leadership development (US) : formation militaire générale (ex-FEXA)
leadership doctrine (US) : doctrine de commandement
leadership training (GB) : formation à l'exercice de l'autorité (FEXA) (obsolète : formation militaire générale)
leadership training (GB) : formation militaire générale (ex-FEXA)
leadership training (US, GB) : apprentissage de l'exercice du commandement
leader-to-led ratio (US) : encadrement (taux d') (unité)
leader-to-led ratio (US) : taux d'encadrement (force)
leading (GB) : de tête (matériel) (TAC)
leading (GB) : en tête (TAC)
leading (GB) : prépondérant
leading (Jane's) : principal (fabricant)
leading (US, GB) : tête (de) (unité / matériel) (TAC)
leading (US, GB) : tête (en) (unité) (TAC)
leading edge (US) : avancé (de pointe / perfectionné)
leading edge (US) : de pointe (technologie)
leading edge (US) : pointe (de)
leading element (GB) : élément de tête (unité)
leading elements (US) : éléments de tête (unité en progression)
leading parachute battalion group (LPBG) (GB) : groupement tactique parachutiste de premier échelon (opération aéroportée)
leaflet (US) : prospectus (action psychologique)
leaflet (US, GB) : tract (action psychologique)
leaguer (GB) : camp de blindés

leak (US) : divulguer
leak (US) : fuite (d'informations)
leakage (of information) (OTAN) : fuite (d'informations)
leap (US) : saut (TAP)
leap ahead (US) : bond en avant (technologie)
leap ahead (US) : bond en avant (défense)
leap forward (OTAN) : bond en avant (défense)
leapfrog (GB) : avancer en perroquet (force) (TAC)
leap-frog (GB) : sauter (grade / échelon)
leap-frog (OTAN) : progression par dépassement (ou par bonds (OTAN))
leapfrog movement : progression par dépassement (ou par bonds (OTAN))
leapfrogging : progression par dépassement (ou par bonds (OTAN))
leapfrogging (GB) : perroquet (progression en) (TAC)
learn (GB) : apprendre
learn (US) : savoir
learn (US) : tirer (obtenir)
learner (US, GB) : apprenant
least (OTAN) : moins (le)
least-jammed frequency (LJF) (OTAN) : fréquence la moins brouillée
leather apron : tablier de cuir (pionnier de la Légion)
leather belt (GB) : ceinturon en cuir
leather jacket (GB) : blouson (de cuir) (armée de terre)
leave (GB) : évacuer (quitter)
leave (GB) : permissions (les) (concept général)
leave (OTAN) : laisser
leave (US, GB) : permission (PERS)
leave (US, GB) : quitter (armée / école / unité) (PERS)
Leave and Earnings Statement (LES) (US) : bulletin de solde
leave behind : distancer
leave credits (US) : droits à permissions (PERS)
leave in place (US) : laisser en place (matériel)
leave in position (US) : laisser en position (élément) (TAC)
leave pass (GB) : permission (document)
leave request (US) : demande de permission
leaver convoy (OTAN) : convoi détaché
LECLERC main battle tank (MBT) : LECLERC (char)
lecture (GB) : conférence (formation)
lecture theater (US) : amphithéâtre (conférences / cours)
led (CA, US) : dirigé (force)
led (OTAN : dirigé (opération)
led (US) : encadré (force / soldats)
led (US, OTAN) : sous la direction de (ou dirigé par) (opérations)
led by (GB) : avec à sa tête (unité)

left (US, GB) : gauche (nom)
left (US, GB) : gauche (de gauche ou à gauche) (adjectif)
left behind : dépassé (force)
left dress ! (GB) : à gauche alignement ! (commandement)
left-hand (US) : gauche (de gauche ou à gauche) (adjectif)
left-handed : gaucher (PERS)
leg : portion (itinéraire)
leg (US) : jambe (bipied / trépied)
leg bag (US, GB) : gaine de jambe (TAP)
leg strap : sangle cuissarde (TAP)
legacy (GB) : héritage
legal (US) : agent légal (RENS)
legal (US) : judiciaire (système)
legal (US) : légal (agent) (nom) (RENS)
legal agent : agent légal (RENS)
legal assistance (US) : assistance juridique
Legal Assistance Officer (LAO) : officier juriste conseil
legal assistance (GB) : aide juridique (au personnel)
Legal Officer (GB) : officier juriste conseil
legal system (US) : système judiciaire
legal training (US) : formation juridique (PERS)
legend (US) : légende (agent) (RENS)
legend (US, OTAN) : légende (de carte)
legendary (US) : légendaire
leggings (GB) : jambières (Hist.)
legion (GB) : légion (Rome)
legion (US, GB) : association d'anciens combattants
Legion of Honor (US) : Légion d'honneur (France)
legionary (GB) : légionnaire (armée romaine)
legionnaire (GB) : légionnaire (Légion Étrangère)
legitimacy (US) : légitimité (opérations / objectifs / gouvernement)
legitimate (UN, US, OTAN) : légitime
legitimize (US) : légitimer
length (US) : durée
length (US) : longueur (zone)
length (overall) (US) : longueur (hors-tout) (matériel)
length of service (US) : temps de service (PERS)
length of time (OTAN) : laps de temps
lengthy (US) : longue durée (de)
less (GB) : moins
less than (US) : inférieur à
less than (US, GB) : moins de
lessen (risques) (US) : réduire (danger / risque / pression / dommages)
lessening (US) : diminution
lesser (OTAN) : moindre
lesson (US) : leçon
lesson plan (US) : plan de cours (pédagogie)

lessons learned (LL) (US) : leçons de l'expérience (TAC)

lessons learned (LL) (US) : retour d'expérience (TAC)

lessons learned (LL) (US, OTAN) : enseignements tirés (ou retour d'expérience) (action / crises)

lessons learned (OTAN) : données d'expérience

lessons learned system (US) : système d'enseignements tirés

let up (GB) : répit

lethal (US) : létal (ou meutrier)

lethal (US) : meurtrier

lethal (US) : mortel

lethal effect (US) : effet létal

lethal power (US) : puissance de destruction (ou meurtrière ou létale)

lethal weapon : arme létale

lethal weapon (UN) : engin de mort

lethality : capacité de destruction

lethality : caractère meurtrier (arme)

lethality (UN) : pouvoir meurtrier (arme)

lethality (US) : létalité

lethality (US) : potentiel de létalité

lethality (US) : pouvoir de destruction (arme / force)

lethality (US) : puissance de destruction (ou meurtrière ou létale)

letter (US) : dénominateur (cotation) (RENS)

letter (US) : lettre (à la)

letter (US, GB) : lettre

letter interception (US) : interception de courrier (ou de correspondance) (RENS)

letter interception (US) : ouverture clandestine de courrier (ou de correspondance)

letter of application (US) : lettre de candidature (PERS)

letter of commendation (US) : lettre de félicitations (unité)

letter-bomb (GB) : colis piégé

level : envergure (opération / exercice)

level (GB) : niveler (zone de terrain)

level (US) : niveau (source) (RENS)

level (US, GB, OTAN) : échelon (niveau organisationnel)

level (US, GB, OTAN) : niveau

level (US, OTAN) : plan (niveau)

level (GB, US) : altitude

level of command (OTAN) : niveau de commandement

level of command (US, GB) : échelon de commandement

level of commitment (US) : niveau d'engagement (force)

level of compatibility (US, GB) : niveau de compatibilité

level of conflict (GB) : niveau de conflit

level of percentage (GB) : niveau de pourcentage

level of performance (GB) : niveau de performance (combattant individuel)

level of supply (OTAN) : niveau des approvisionnements

level of support (US) : niveau de soutien (LOG)

level of violence (Jane's) : niveau de violence

level of war : niveau de guerre

level of warfare (GB) : niveau de guerre

levels of nuclear armaments (UN) : niveaux d'armement nucléaire

lever : levier

leverage (US) : effet de levier

leverage (US) : exploiter (tirer profit de)

leverage (US) : influence

leverage (US) : influer sur

leverage (US) : profiter de

leverage (US) : s'appuyer sur

leverage (US) : tirer parti de

leverage (US) : tirer profit de

leveraged (US) : effet de levier (avec)

leveraging (US) : importance

levies (GB) : troupes enrôlées

L-hour (= landing hour) : heure de poser (TAP)

liability (GB) : obligation

liability for the draft (US) : oligations militaires (ou obligations du service militaire) (service national)

liable to (GB) : susceptible de

liaise with (OTAN) : se tenir en liaison avec (organisme)

liaison (US, OTAN) : liaison (contact / communications permanents)

liaison center (US) : centre de liaison

liaison office (US, OTAN) : bureau de liaison (armée de terre / service de renseignement / alliance)

liaison officer (LO ou LNO) (US) : officier de liaison (OLI)

liaison officer (US) : officier de liaison (RENS)

liaison party (US) : détachement de liaison

liaison personnel (US) : personnel(s) de liaison

liaison staff (GB) : état-major de liaison

liaison team (US, OTAN) : équipe de liaison

liaison vehicle : véhicule de liaison

liberate (US, GB) : libérer (territoire / pays)

liberation (US, OTAN) : libération (pays)

liberation army (Jane's) : armée de libération

liberation movement (US) : mouvement de libération

liberty (GB) : liberté (la)

librarian (US) : bibliothécaire (grande école militaire)

library (US) : bibliothèque (des études) (grande école militaire)

licence (GB) : licence (matériel)

licence agreement (AUST) : accord de licence

license (US) : licence (matériel)

lidar (light detection and ranging) : lidar

lie (US, GB) : gésir
lie (US, GB) : mentir
lie detector (US, GB) : détecteur de mensonges
lie within : s'insérer dans
lieutenancy (GB) : lieutenance (ou charge de lieutenant)
Lieutenant (Lt) (GB) : lieutenant (LTN)
Lieutenant Colonel (LTC ou Lt Col) (US) : lieutenant-colonel (LCL)
Lieutenant General (US) : général de corps d'armée (quatre étoiles)
Lieutenant-Colonel (Lt-Col) (GB) : lieutenant-colonel (LCL)
Lieutenant-General (GB) : général de corps d'armée (quatre étoiles)
life (OTAN) : durée de vie (composant / matériel)
life (OTAN) : existence
life (OTAN) : vie (article logistique)
life (US) : mort (individu) (nom)
life (US) : vie humaine
life (US, OTAN, GB) : vie
life cycle (OTAN) : durée de vie (composant / matériel)
life imprisonment (GB) : réclusion à perpétuité
life support (OTAN) : soutien vital
life vest (US, GB) : gilet de sauvetage
life(-)cycle (US, OTAN) : cycle de vie (article logistique)
lifeblood (US) : élément vital (ou élément moteur)
lift : annuler
lift (fire) (OTAN) : lever (tir) (ART)
lift (GB) : disparaître
lift (GB) : rotation
lift (GB) : transporter par air (force / troupes / matériel)
lift (OTAN) : portance (missile)
lift (US) : emporter
lift (US) : transport
lift (US) : transporter
lift (US, GB) : lever (siège / blocus / embargo / silence radio)
lift aviation (US) : aviation de transport (l')
lift fire (from one target to another) (GB) : reporter les tirs
lift in : insérer (troupes par hélicoptère)
lift requirements (US) : besoins de transport (forces)
lifting capability (US) : capacité de levage (grue / treuil)
lifting handle : poignée de soulèvement (obusier)
light : léger (matériel / armes)
light : lueur
light : phare (véhicule)
light (GB, UEO, US) : léger (force)
light (OTAN) : feu
light (OTAN) : ondes lumineuses
light (US) : faible
light (US) : faible (résistance)

light (US) : luminosité
light (US, GB) : lampe (ou feu) (véhicule)
light (US, GB) : lumière
Light Aid Detachment (LAD) (REME) (GB) : détachement de maintenance du matériel (DMM)
light anti-tank weapon (LAW) (OTAN) : arme antichar légère
light armor (US) : blindés légers
light armor battalion (US) : régiment blindé léger
light armored brigade (US) : brigade blindée (BLB) (armée de terre 2002)
light armored car (US) : automitrailleuse légère
light armoured brigade (GB) : brigade légère blindée (BLB) (armée de terre 2002)
light armoured reconnaissance vehicle (GB) : blindé léger de reconnaissance
light artillery (jusqu' à 120 mm) : artillerie légère
light attack helicopter (US) : hélicoptère de combat léger
Light Aviation Corps (the) (US) : ALAT (aviation légère de l'armée de terre)
light battlefield helicopter (LBH) (GB) : hélicoptère léger du champ de bataille (ou tactique)
light cavalry regiment (LCR) (US) : brigade légère de CLB (cavalerie légère blindée)
light conditions (US) : conditions de luminosité
light detection and ranging (LIDAR) (OTAN) : mesure de distance par détection d'ondes lumineuses
light division (UEO) : division légère
light duty (US) : exemption (médicale) (activité physique intense)
light equipment (US) : matériel léger (infanterie légère)
light forces (US) : forces légères
light grenade (UN) : grenade d'éclairement du terrain
light grenade (UN) : grenade éclairante
Light Infantry (LI) (GB) : infanterie légère
light infantry (US) : chasseurs (INF)
light infantry battalion (GB) : régiment d'infanterie légère
light infantry company (US) : compagnie de combat (RIB sur VAB)
light infantry unit (US) : unité d'infanterie légère
light infantryman : chasseur (PERS) (INF)
light intensification : intensification de lumière
light line (OTAN) : ligne d'éclairage réduit (véhicules)
light machine gun (GB) : fusil-mitrailleur (FM)
light machine gun (US) : mitrailleuse légère
light machine-gun (LMG) (OTAN,GB) : mitrailleuse légère
light observation helicopter (LOH) (UN) : hélicoptère léger (HL) d'observation (HLO)
light personnel carrier (UN) : véhicule léger de transport de troupes (VLTT)
light role infantry (GB) : infanterie légère

light role infantry battalion (GB) : régiment d'infanterie légère
light strick (US) : "Cyalume" (marque déposée) (baton d'éclairage)
light strike vehicle (LSV) (GB) : autodune (forces spéciales)
light strike vehicle (LSV) (GB) : buggy 4 X 4 (forces spéciales / unités de reconnaissance)
light strike vehicle (LSV) (GB) : véhicule léger des forces spéciales (ou buggy)
light tank (US) : char léger
light tracked vehicle (GB) : véhicule léger chenillé
light up (GB) : illuminer (zone) (TAC)
light vehicle : véhicule léger (VL)
light-armored unit (US) : unité blindée légère
light-flash (US) : aveuglant
light-flash bomb (UN) : bombe aveuglante (ou à éclairs lumineux)
light-flash grenade (UN) : grenade aveuglante
lighting (OTAN) : éclairage (véhicules)
lightly armored (US) : faiblement blindé
lightly armoured (wheeled recce) vehicle (GB) : véhicule blindé léger (VBL)
lightness : légèreté (véhicule)
lights (OTAN) : feux (véhicules)
lights out ! (GB, US) : extinction des feux !
lightweight (OTAN) : léger (matériel / armes)
lightweight armor (US) : blindage léger
likelihood (US) : probabilité
likelihood of survival (OTAN) (patients) : probabilité de survie
likely (US) : probable (cible / objectif)
likely to : susceptible de
limber (GB, US) : avant-train (affût canon)
limit (GB) : rationner
limit (US) : contenir (limiter)
limit (US) : limite (poids / mandat ou disposition / champ de mines / heure ou date)
limit (US) : limite (PERS)
limit (US) : restreindre (ou limiter) (mouvement / manœuvre) (TAC)
limit (US, GB) : limiter
limit of advance : limite de progression
limit of advance (US) : limite d'action (TAC)
limit of exploitation (GB) : limite d'action (TAC)
limit of exploitation (GB) : limite d'exploitation (ou limite d'action)
limit of fire (OTAN) : limite de tir (ART)
limitation (numerical) (CFE) : limite (numérique)
limitation (OTAN) : limite (poids / mandat ou disposition / champ de mines / heure ou date)
limitation (US) : contrainte
limitation (US) : lacune
limitation (US) : limitation (ou restriction)
limitation (US) : restriction
limited : ponctuel
limited (OTAN, UN) : partiel
limited (US) : limité

limited (US) : réduit (visibilité)
limited ability (US) : latitude (liberté)
limited access route (OTAN) : itinéraire à accès règlementé
limited attack (US) : attaque limitée
limited intervention operations (GB) : opérations d'intervention limitée (ou ponctuelle)
limited nuclear war : guerre nucléaire limitée (STRAT)
limited regional conflict (LRC) (US) : conflit régional limité
limited war : guerre limitée (STRAT)
limited-objective (US) : à objectif limité (opération)
limpet mine (US) : mine-ventouse
linchpin (US) : charnière (sens propre et figuré)
line : ligne (échelon de soutien)
line : trait (graphisme)
line (GB) : câble téléphonique (téléphone de campagne)
Line (GB) : Équateur (l') (ligne)
line (infantry / cavalry) (GB) : ligne (de) (infanterie / cavalerie) (obsolète)
line (OTAN) : en direction (ART)
line (US, GB) : ligne (TAC)
line infantry (GB) : infanterie de ligne (Hist.)
line of communication (LOC) (US) : ligne de communication
line of contact (US) : ligne des contacts
line of departure : ligne de débouché (ligne de départ, OTAN) (TAC)
line of departure (LD) (OTAN, US) : ligne de départ
line of fire (GB) : ligne de feu
line of fortifications (GB) : ligne de fortifications
line of operation (GB) : ligne d'opération
line of resistance (US) : ligne de résistance
line of sight (LOS) : axe (ou ligne) de visée
line of sight (LOS) (OTAN) : à portée optique
line of sight (LOS) (OTAN) : à visibilité directe
line of sight (LOS) (OTAN) : à vue directe
line of sight (LOS) (US) : ligne de mire (ou de tir) (arme à feu)
line of sight / line-of-sight (LOS) (US, GB) : ligne de visée (axe optique)
line of supply (US) : échelon de soutien
line of traffic (OTAN) : courant de circulation
line search (US, OTAN) : reconnaissance sur itinéraire
line up (GB) : aligner (mettre en ligne)
lineage (US) : lignée
linear (US) : linéaire (action / champ de bataille)
linear operation (GB) : opération linéaire
linearity (US) : linéarité
line-of-sight (LOS) (UN) : portée optique (à)
liner : doublure (poncho / veste)
lines of communication (LOC) (US, OTAN, GB) : lignes de communication

linguist (US, GB) : linguiste
Linguist Certificate (US) (DLI) : certificat de linguiste
linguist team (US) : équipe de linguistes
linguistic (US) : linguistique
linguistic assistance (US) : assistance linguistique
lining (US) : doublure (poncho / veste)
link : rallier
link (GB) : contact (PERS)
link (GB) : maillon (arme automatique)
link (OTAN) : lien
link (US) : maillon
link (US, GB) : relier (TRANS / informatique)
link (US, OTAN) : liaison (TRANS / informatique)
link between the nation and the military (GB) : armée-nation (lien)
link between the people and the military (US) : armée-nation (lien)
link up with : établir (ou opérer) la jonction avec (TAC)
link(-)up operations (GB) : opérations de jonction (forces amies en territoire contrôlé par l'ennemi)
linkage : raccord (pont)
linkage (UN) : couplage (lien établi) (STRAT)
linkup (US) : jonction (avec une force / des soldats) (TAC)
link-up operation (US) : jonction (avec une force / des soldats) (TAC)
liquid crystal display (LCD) : cristaux liquides (affichage à)
liquidate (OTAN) : éliminer
liquidate (US) : liquider (RENS)
list (GB) : répertorier
list (GB, US) : liste
list of targets (GB) : liste d'objectifs
listen in on (US) : écouter secrètement (conversations)
listen to (GB) : écouter (GE / RENS)
listen to (US) : écouter (PERS)
listening (OTAN) : écoute (mission d'une patrouille)
listening centre (GB) : station d'écoute (RENS)
listening device (US) : dispositif d'écoute (RENS)
listening network (GB) : réseau d'écoute (TRANS)
listening post (GB) : sonnette (ou écran / OTAN)
listening post (US) : table d'écoute (RENS)
listening post (US, GB) : poste d'écoute
listening post (US, GB) : station d'écoute (RENS)
listening watch : veille radio
listening(-in) : écoute (TRANS)
literally (GB) : lettre (à la)
lithium (US) : lithium
litter (GB) : joncher
litter (US) : détritus (ou ordures)
litter (US, OTAN) : brancard (ou civière)
litter-bearer (US) : brancardier

littered with (GB) : jonché de (lieu)
little (US, CA) : peu de
littoral (GB) : littoral (adjectif)
littoral area (US) : zone littorale
littoral battlefield (US) : champ de bataille du littoral
littoral environment (US) : environnement littoral
littoral region (GB) : région littorale
live (GB) : non(-)explosé (munition / bombe)
live (GB, US) : habiter (PERS)
live (OTAN) : réel
live (US) : en direct (télédiffusion / radiodiffusion)
live (US) : en situation réelle
live (US) : vivre
live (US, GB) : à munitions réelles (tir)
live (US, GB) : réel (munition / balle / tirs)
live ammunition (GB) : munitions non explosées
live exercise (LIVEX) (OTAN) : exercice réel
live fire : tir à munitions réelles
live fire : tir réel (ou à munitions réelles)
live-fire exercise (CA) : exercice de tir réel
live firing : tir réel (ou à munitions réelles)
live firing (GB) : tir à munitions réelles
live firing exercise (GB) : école à feu (EAF) (ART)
live letterbox (US) : boîte aux lettres vive (RENS)
live simulation (US) : simulation concrète
live trials (US) : essais en situation réelle
live-fire exercise (US) : exercice à tirs réels
live-firing exercise (GB) : exercice à tirs réels
living conditions (OTAN) : conditions de vie
living quarters : infrastructure vie (PERS)
living quarters (UN) : zone-vie (ou cantonnement) (PERS)
living-quarters (GB) : casernement
load : chargement (cargaison)
load (GB) : fardeau (mortier / matériel)
load (OTAN) : charge (passagers / frêt / aéronef / train / véhicule routier / canon)
load (OTAN) : introduire (munition)
load (US) : charger (arme)
load (US) : charger (embarquer) (matériel)
load carrier (GB) : véhicule de transport logistique (VTL)
load carrying classification : capacité de charge (pont)
load carrying vehicle (GB) : fardier
load carrying vehicle (GB) : véhicule de transport de charges
load classification (OTAN) : classification de charge
load classification number (LCN) (OTAN) : indice de force portante
load classification number (LCN) (OTAN) : numéro de classification de charge
load rigger : arrimeur-largueur (livraison par air) (TAP)
load-bearing equipment (LBE) (US) : brêlage

loaded (GB) : chargé (arme)
loaded weight (US) : poids en charge (véhicule blindé)
loader : chargeur (canon) (PERS)
loading (OTAN) : chargement (matériels / personnel)
loading (US) : chargement (canon)
loading control officer : officier d'embarquement (LOG)
loading gate : fenêtre de chargement (fusil)
loading gate : ouverture de chargement (arme de poing)
loading plan (US, OTAN) : plan de chargement
loading point : point de chargement (LOG / aéronef)
loading point (OTAN) : point de chargement
loading site (OTAN) : chantier de chargement
loading space (US) : espace de chargement (véhicule)
loan (GB) : prêter
loan (personnel) (US) : détaché (PERS)
loan out (GB) : détacher (personnels)
lobby (OTAN) : hall
local (GB) : autochtone (adjectif)
local (OTAN) : localisé
local (US, GB) : indigène
local (US, GB) : local
local acquisition radar (LAR) (OTAN) : radar d'acquisition local
local administration (OTAN) : administration locale (l')
local area network (LAN) (US) : réseau local (informatique / TRANS / simulation)
Local Board (US) : commission locale d'aptitude (CLA) (service national)
local conflict (US) : conflit local
local defence (CA) : défense locale
local government (US) : gouvernement local
local language (US) : langue du pays (ou de la région)
local population (US) : population locale (la)
local populations (US) : populations locales (les)
local resources (US) : ressources locales
local superiority (US) : supériorité locale
local support (US) : soutien local
local target area (LTA) (OTAN) : zone locale d'objectif(s)
local time (LT) (OTAN, GB) : heure locale
local war : guerre locale
locality (OTAN) : agglomération
locality (OTAN) : lieu (TAC)
locality (OTAN) : point (spatial / géographique) (endroit) (TAC)
locality (OTAN) : région
locally (US, GB) : localement (ou au niveau local)
locally engaged : recruté localement (opérations extérieures) (PERS civil)

locally entered : recruté localement (opérations extérieures) (PERS civil)
locate : déceler
locate : repérer
locate (US) : implanter
locate (US) : retrouver (PERS)
locate (US, GB, OTAN) : localiser
located (US) : situé
locating (GB) : repérage (ART)
locating (US) : localisation (action de localiser)
locating artillery (GB) : artillerie d'acquisition (d'objectifs)
locating battery : batterie de repérage
locating battery (GB) : batterie d'acquisition (des objectifs)
location : implantation (localisation)
location (CFE, US) : lieu
location (GB) : endroit
location (GB, OTAN) : localisation (emplacement)
location (of a site) (CFE) : emplacement (site)
location (OTAN) : emplacement (endroit)
location (OTAN) : repérage (munitions)
location (terrain) (OTAN, US) : endroit (champ de bataille) (TAC)
location (US) : position (localisation)
location (US, GB) : lieu (TAC)
locator (GB) : localiseur
lock : écluse
lock : verrouiller
lock (US) : serrure (RENS)
lock on to (OTAN) : se verrouiller sur (dispositif radar / de poursuite)
lock opener (US) : crocheteur (spécialiste en crochetage) (RENS)
locked on (US) : verrouillé (radar)
locker (US) : casier (effets personnels)
locking ring : cercle de verrouillage (obusier)
locking ring : collier de blocage (lunette de visée)
locking system : verrou (baïonnette)
lock-on (OTAN) : verrouillage radar
lock-opening device (US) : crochet (ou rossignol) (RENS)
lockpick (US) : crochet (ou rossignol) (RENS)
lockpicker (US) : crocheteur (spécialiste en crochetage) (RENS)
lockpicking (US) : crochetage (serrure) (RENS)
locomotive (US) : locomotive
lodg(e)ment area : tête de pont (territoire précédemment occupé par l'ennemi)
lodgement (US) : tête de pont (territoire précédemment occupé par l'ennemi)
lodgment ou lodgement (US) : installation (d'une tête de pont dans une zone) (force aéroportée ou aéropbile) (TAC)
loft (OTAN) : cabré
loft bombing (OTAN) : bombardement en cabré
log (GB) : carnet de bord (véhicule)
log (US) : totaliser

log-book : carnet de bord (véhicule)
logic (US, GB) : logique
logisitician (OTAN) : responsable de la logistique
logistic (US, GB) : logistique (adjectif)
logistic assessment (OTAN) : estimation logistique
logistic assessment (OTAN) : évaluation logistique
logistic assessment report (LOGASSESSREP) (OTAN) : compte-rendu d'évaluation logistique
logistic assistance (OTAN) : aide logistique
logistic assistance request (LOGASREQ) (OTAN) : demande d'aide logistique
logistic base (GB) : base logistique (ou d'approvisionnement)
logistic bridge : pont logistique
logistic centre (GB, OTAN) : centre logistique
logistic commander (GB) : commandant logistique
Logistic Corps (GB) : logistique (arme / service)
logistic deficiency (LOGDEFICIENCY) (OTAN) : insuffisance logistique
logistic depot (OTAN) : dépôt logistique
logistic force (OTAN) : force logistique
logistic movement (US) : mouvements logistiques
logistic net (GB) : réseau logistique (TRANS)
logistic planning (GB) : planification logistique
logistic procedures (OTAN) : procédures logistiques
logistics procedures (standardized) (US) : procédures logistiques (normalisées)
logistic regiment (GB) : régiment logistique
logistic requirement (LOGREQ) (OTAN) : besoin logistique
logistic skill (GB) : habileté logistique
logistic staff (GB) : état-major logistique
logistic support : soutien (ou appui) logistique
logistic support element (LSE) (OTAN) : élément de soutien logistique
logistic support plan (LSP) (OTAN) : plan de soutien logistique
logistic support regiment (GB) : régiment de soutien logistique (armée de terre britannique)
logistic support system (OTAN) : système de soutien logistique
logistic surplus (LOGSURPLUS) (OTAN) : surplus logistique
logistical (US,GB) : logistique (adjectif)
logistical buildup (US) : montée en puissance logistique
logistical capabilities (US) : moyens logistiques
logistical center (US) : centre logistique
logistical exercise (LOGEX) (US, OTAN) : exercice logistique
logistical infrastructures (US) : infrastructures logistiques
logistical installation (US) : installation logistique
logistical operations (US) : opérations logistiques
logistical plan (US) : plan logistique
logistical projection (US) : projection logistique

logistical support (US, OTAN) : soutien (ou appui) logistique
logistical support base (US) : base de soutien logistique
logistical system (US) : chaîne "logistique"
logistical unit (US) : unité logistique
logistician (US) : logisticien
logistics (US) : logistique (adjectif)
logistics (US, GB, OTAN) : logistique (art militaire)
logistics area (US) : zone logistique
logistics assessment (US) : évaluation logistique
logistics assets (US) : moyens logistiques
logistics assistance (US) : assistance logistique
logistics automation (US) : automatisation de la logistique
logistics base (US) : base logistique (ou d'approvisionnement)
logistics battalion (GB) : régiment (de) logistique
logistics battalion (GB) : régiment logistique
logistics brigade : brigade logistique (BLOG ou BL)
logistics brigade headquarters (HQ) (GB, US) : état-major de brigade logistique (armée de terre 2002)
logistics capabilities (US) : capacités logistiques
logistics capacity (UEO) : capacité logistique
logistics command (US) : commandement de logistique opérationnelle (COMLOG) (obsolète)
logistics chain (the) (US) : chaine logistique (la)
logistics commander (US) : commandant logistique
logistics concept (US) : concept logistique
logistics coordination (OTAN, US) : coordination logistique
logistics coordination centre (LCC) (OTAN) : centre de coordination logistique
logistics data (US) : données logistiques
logistics disposition (US) : dispositif logistique
logistics doctrine (US) : doctrine logistique
logistics efforts (US) : activités logistiques
logistics facility (US) : installation logistique
logistics factors (US) : facteurs logistiques
logistics flow (US) : flot logistique
logistics footprint (US) : repère logistique
logistics lines of communication (US) : lignes de communication logistiques
logistics mechanism (OTAN) : mécanisme logistique
logistics mobility (US) : mobilité logistique
logistics officer (GB) : officier logistique (unité)
logistics operations (US) : opérations logistiques
logistics operator (US) : opérateur logistique
logistics planning (US) : planification logistique
logistics planning (US) : plans logistiques
logistics priorities (US) : priorités logistiques
logistics readiness (OTAN) : préparation logistique

logistics readiness centre (LRC) (OTAN) : centre de préparation logistique

logistics self-sufficiency (US) : auto-suffisance logistique

logistics staff (US) : état-major logistique

logistics status (OTAN) : situation logistique

logistics stockpiles (US) : stocks logistiques

logistics summary report (LOGSUMREP) (OTAN) : compte-rendu logistique résumé

logistics support : soutien (ou appui) logistique

logistics support (US) : soutien (ou appui) logistique

logistics support command (LSC) (US) : commandement logistique

logistics support group (US) : groupement logistique (ou de soutien logistique)

logistics support group headquarters (ou HQ) : PC de groupement logistique

logistics support personnel (US) : personnel(s) de soutien logistique

logistics support unit (GB) : unité de soutien (logistique)

logistics system (US) : chaîne "logistique"

logistics system (US) : système logistique

logistics technology (OTAN) : technologie de la logistique

logistics train (US) : train logistique

logistics unit (GB) : unité de logistique

logistics unit (US) : unité logistique

logistics vehicle (US) : véhicule logistique

logistics via space (US) : logistique au moyen de l'espace

logistics-preparation-of-the-theater (LPT) (US) : préparation logistique du théâtre d'opérations

logo : logo

lone (US) : isolé

long (GB, US) : longtemps

long (Jane's, GB, CA) : long

long distances (over) (US) : loin

long range gun (GB) : canon à longue portée

long range planning (GB) : prospective (Défense)

long range planning (US) : planification à long terme

long range precision-guided munitions (LRPGM) (US) : armes de longue portée guidées avec précision

long term (Jane's) : service long (appelés / volontaires)

long term (OTAN) : long terme

longer-range (OTAN) : plus longue portée (à)

longer-range intermediate nuclear forces (LRINF) (OTAN) : FNI à plus longue portée

longer-range intermediate nuclear forces (LRINF) (OTAN) : forces nucléaires intermédiaires à plus longue portée

long-haul (UEO) : longue distance

longitude : longitude (navigation)

long-range (LR) (OTAN) : à long rayon d'action

long-range (LR) (OTAN) : à longue portée

long-range (LR) (OTAN) : long rayon d'action (à)

long-range (LR) (OTAN, US) : longue portée (à)

long-range active detection (LORAD) (OTAN) : détection active à longue distance

long-range artillery (GB) : artillerie à longue portée

long-range attack (LRA) (OTAN) : attaque à long rayon d'action

long-range aviation (LRA) (OTAN) : aviation à long rayon d'action

long-range ballistic missile : missile balistique à longue portée

long-range fires (US) : tirs à longue portée

long-range missile (OTAN) : missile à longue portée

long-range reconnaissance (LRR) (OTAN) : reconnaissance lointaine (ou profonde ou en profondeur)

long-range reconnaissance (US) : découverte (mission) (TAC)

long-range reconnaissance (US) : recherche dans la profondeur (renseignement de l'armée de terre)

long-range reconnaissance and patrolling (LRRP) (GB) : recherche et recueil du renseignement dans la profondeur

long-range reconnaissance and patrolling (LRRP) battalion (airborne) : régiment de dragons parachutistes (RDP)

long-range reconnaissance team / patrol : élément d'observation dans la profondeur (EOP) (découverte)

long-range scouting (US) : découverte (mission) (TAC)

long-range surveillance (LRS) (US) : découverte (mission) (TAC)

long-range surveillance detachment (LRSD) (US) : élément d'observation dans la profondeur (EOP) (découverte)

long-range surveillance detachment (LRSD) (US) : EOP (élément d'observation dans la profondeur)

long-range surveillance ou long-range reconnaissance team (ou patrol) : équipe de recherche (RDP)

Long-RangeTheatre Nuclear Forces (LRTNF) (OTAN) : forces nucléaires de théâtre à longue portée

long-rod penetrator (GB) : obus-flèche (ou munition flèche)

longstanding (OTAN) : de longue date

long-term (OTAN) : long terme (à)

long-term (OTAN, US) : à long terme

long-term effects (US) : effets à long terme

long-term operations (US) : opérations à long terme

long-term strategy (GB) : stratégie à long terme

long-term volunteer (US) : volontaire service long (VSL) (PERS)

look after (CA) : prendre soin de
look at (CA) : examiner
look like (GB) : ressembler à
look-alike (CFE) : sosie (matériels)
lookout (US) : guetteur (soldat)
look-through (US, GB) : blanc (GE)
loom (US) : planer (sens figuré)
loop (OTAN) : boucle
loose : aéré
loot (GB) : butin (des pillages)
loot (US, GB) : piller
looter (US, GB) : pillard
looting (GB) : pillages
lorry (GB) : camion
lose : céder (terrain / territoire) (TAC)
lose (GB) : perdre (hommes)
lose (GB) : perdre (matériel au combat)
lose (US, GB) : perdre
lose contact with the enemy (US) : perdre le
  contact (TAC)
lose control of (a vehicle) (GB) : perdre le contrôle
  de (véhicule)
lose one's life (OTAN) : donner sa vie (soldat)
lose one's life (US, OTAN) : perdre la vie (PERS)
lose one's nerve (GB) : se dégonfler (perdre son
  sang-froid)
lose one's way (GB) : s'égarer (troupe)
lose one's way (GB) : se perdre (orientation)
  (PERS)
lose sight (of) (US) : perdre de vue
losing (GB) : perdu d'avance (bataille / combat)
loss (OTAN) : perte (qualité)
loss (US) : disparition
loss (US) : manque
loss (US) : perte (SAN)
loss (US) : privation
loss (US, GB) : perte (hommes / matériels / communications)
loss of blood (GB) : perte de sang (SAN)
loss of blood (US) : saignement (SAN)
loss of effectiveness (US, GB) : perte d'efficacité
loss of meaning (US) : perte de sens (traduction)
loss of time (US) : perte de temps
loss rate (GB) : taux de pertes (matériel)
lost (US) : perdu (terrain / position)
lost (US, OTAN) : non observé / non vu (ART)
lot (US) : lot (de matériels)
lot (US) : lot (munitions)
lot number (US) : numéro de lot (munitions)
lottery (drawing) (US) : tirage au sort (service militaire sélectif) (USA)
loud : fort (instruction radio)
loudspeaker : haut-parleur (action psychologique)
love (US) : amour
low (US) : faible
low (US) : petit
low (US) : peu de
low (US, GB) : bas

low altitude parachute extraction (US) : largage à
  très faible hauteur (TFH) (livraison par air)
low altitude radar (OTAN) : radar à basse altitude
low angle (OTAN) : tir plongeant (ART) (ordre)
low angle fire (OTAN) : tir plongeant
low angle fire (US) : tir plongeant
low earth orbit (LEO) (OTAN) : orbite basse
low frequency (LF) (OTAN) : ondes kilométriques
low frequency (LF) (US, GB, OTAN) : basse fréquence (ondes kilométriques) (TRANS)
low intensity (US, GB) : basse intensité (opérations / conflit)
low intensity warfare (Jane's) : combat de basse
  intensité
low level air attack : attaque aérienne à basse altitude
low level air defence (LLAD) (GB) : défense aérienne à basse altitude
low level air defence (LLAD) capability (GB) : capacité de défense sol-air basse altitude
low temperature (US) : basse température
low tide (GB) : marée basse
low velocity (GB) : subsonique (balle)
low velocity drop (US, OTAN) : largage à faible
  vitesse de descente
low(-)altitude bombing (LAB) (OTAN, US) :
  bombardement à basse altitude
low-altitude (OTAN) : basse altitude (BA)
low-altitude (OTAN) : basse altitude (à) (patrouille
  de combat)
low-altitude (parachute) jump (US) : saut à basse
  altitude (TAP)
low-altitude air defense (US) : défense aérienne à
  basse altitude
low-altitude radar system (LARS) (OTAN) :
  système de radar à basse altitude
low-cost (OTAN) : faible coût (à) (matériel)
low-cost (US) : bon marché (matériels)
low-cost (US) : peu coûteux (matériel)
low-coverage acquisition radar (LCAR) (OTAN) :
  radar d'acquisition basse couverture
lower : abaisser
lower (OTAN) : descendre
lower (the flag) (US) : baisser (drapeau)
lower (US) : abaissé (silhouette de véhicule)
lower (US) : au-dessous
lower (US) : inférieur à
lower ranking (US) : moins gradé
lowering (US) : abaissement
lower-order (US) : niveau inférieur (de) (concept)
low-flying (Jane's) : évoluant à basse altitude (aéronef)
low-flying (US) : basse altitude (volant / évoluant
  à) (missile / aéronef)
low-intensity conflict ou low intensity conflict
  (LIC) (US, OTAN) : conflit de faible (ou basse)
  intensité
low-intensity operations (Jane's) : combat de basse
  intensité

low-intensity situation (Jane's) : situation de basse intensité

low-level (OTAN, US) : basse altitude (BA)

low-level flight (US) : vol à basse altitude

low-level radar system (LLRS) (OTAN) : système de radar à basse altitude

low-light-level television (LLLTV) (OTAN) : télévision à faible faisceau lumineux

low-light-level television (LLLTV) (OTAN) : télévision à faible niveau lumineux

low-power acquisition radar (LOPAR) (OTAN) : radar d'acquisition de faible puissance

low-pressure gun (US) : canon à basse pression

low-tech (US) : rudimentaire (sommaire) (matériel)

low-tech (US) : sommaire (rudimentaire) (matériel)

loyal Muslim harki auxiliaries : harkis (les)

loyalty : allégeance (PERS)

loyalty (GB) : fidélité

loyalty (GB, US) : loyauté (PERS)

LRM fire-support system (US) : lance-roquettes multiple (LRM)

LRM-NG new generation bomblet rocket for MLRS (Jane's) : LRM-NG (Lance-Roquettes Multiple de Nouvelle Génération)

LRS (= long-range surveillance) company : unité de recherche humaine (URH) (division d'infanterie)

lubricant : lubrifiant

lubricate : graisser

lubricate (US) : lubrifier

lucrative (US) : lucratif (TAC)

lucrative (US) : payant (rentable) (TAC)

lug : ergot (grenade)

lull (US) : pause (arrêt)

lure (US) : leurrer

lure (US) : persuader par la ruse (RENS)

lure of money (US) : appât du gain (RENS)

lurker (GB) : planqué

lying : couché (blessé) (SAN)

lying (US) : allongé

lying (US) : étendu (allongé)

m

M 2 ferry (équivalent GB) : engin de franchissement de l'avant (EFA)

M109 155mm self-propelled howitzer (équivalent US) : canon de 155 mm AUF1 (automoteur modèle F1)

M109A6 SP (= self-propelled) howitzer (PALADIN) (équivalent US) : canon de 155 mm GCT (à grande cadence de tir)

M139 Volcano multiple delivery mine system (équivalent US) : MINOTAUR (minage autonome rapide) (disperseur de mines terrestres)

M16 A2 5.56mm rifle (équivalent US) : FAMAS (Fusil d'Assaut de la Manufacture d'Armes de Saint-Etienne)

M198 155mm towed howitzer (équivalent US) : canon de 155 mm TRF1 (tracté modèle F1)

M3 (4 X 4) armoured personnel carrier (Jane's) : M3

M3 amphibious rig (GB) : pont flottant motorisé (PFM)

M9 armored combat earthmover (ACE) (équivalent US) : engin blindé du génie (EBG)

M981 Fire Support Team Vehicle (FIST-V) (équivalent US) : véhicule d'observation de l'artillerie

machete : machette

machine (UN) : appareil (sens figuré)

machine gun (GB, US) : sulfateuse (mitrailleuse) (terme familier)

machine gun ou machine-gun (MG) (US, GB) : mitrailleuse

machine gunner : tireur mitrailleuse légère

machine gunner (GB) : mitrailleur

machine rifle (UN) : fusil-mitrailleur (FM)

machine-gun (GB) : tirer à la mitrailleuse sur

machine-gun nest (OTAN, GB) : nid de mitrailleuses

machismo (GB) : machisme

made available to (US, GB) : mis à disposition de (force)

made ready (GB) : disposition de combat (en) (arme) (tir)

made ready (GB) : paré à faire feu (arme)

made safe (GB) : sécurité vérifiée (arme) (tir)

magazine (GB) : dépôt d'explosifs

magazine (GB) : magasin (pièces détachées / approvisionnements) (MAT)

magazine (release) catch : arrêtoir de chargeur (pistolet)

magazine (US, GB) : chargeur (fusil automatique)

magazine base : semelle de chargeur (pistolet)

magazine cap : bouton moleté d'assemblage (bout de magasin de fusil)

magazine catch : verrou de chargeur (pistolet mitrailleur)

magazine floor plate : ouverture de magasin (carabine)

magazine release : levier d'ouverture du magasin (carabine)

magazine tube : magasin (fusil)

magnetic anomaly detector (MAD) (OTAN) : détecteur d'anomalie(s) magnétique(s)

magnetic declination (US, OTAN) : déclinaison magnétique

magnetic field (OTAN) : champ magnétique (objectif)

magnetic mine (OTAN) : mine magnétique

magnetic north (US, OTAN) : nord magnétique

magnetic tape (GB) : bande magnétique (sons / images / données)

magnification : grossissement (optique)

magnification : pouvoir grossissant (ou grossissement)

magnifier (OTAN) : loupe

magnitude (US) : magnitude (catastrophe naturelle)

mail (US) : correspondance (courrier)

mail (US) : courrier

mail collection : ramassage du courrier

mail cover (US) : surveillance du courrier

mail drop (US) : boîte aux lettres vive (RENS)

mail-interception operation (US) : opération d'interception de correspondance (RENS)

maim : estropier

maim : mutiler (ou estropier)

main (entrance) gate (US) : entrée principale (installation militaire)

main (OTAN) : grand

main (OTAN) : principal (attaque / effort / voie d'approche)

main (OTAN) : principal (état-major / quartier général)

main (OTAN) : principal (victime / cible)

main (US) : principal (armement)

main action (OTAN) : effort principal (TAC)

main armament (CFE, GB, US, Jane's) : armement principal (char)

main attack (OTAN) : attaque principale (effort principal)

main attack (OTAN) : effort principal (TAC)

main axis of advance : direction générale (TAC)

main battle area (MBA) (US) : zone principale des combats

main battle tank (MBT) (US, GB, UN), battle tank (UN) : char de bataille (ou char de combat ou char lourd) (plus de 50 tonnes)

main courtyard : cour d'honneur

main CP (US) : PC principal

main defence force (MDF) (GB) : force de défense principale

main defence force(s) (MDF) (OTAN, GB) : force(s) de défense principale(s)

main defence position (GB) : zone de défense principale

main defense area (OTAN) : zone de défense principale

main defensive line (GB) : ligne de défense principale

main defensive zone (US) : zone de défense principale

main detonating line (OTAN) : ligne principale (destruction)

main direction of attack : direction générale (TAC)

main effect : effet majeur (TAC)

main effort (OTAN) : région d'effort principal (TAC)

main effort (US, GB, OTAN) : effort principal (TAC)

main force (GB) : gros (les) (force) (TAC)

main force (US) : force principale

main force operations (US) : opérations de force principale

main gun (UN, US) : canon principal

main HQ (= Headquarters) : PC principal

main landing (OTAN) : débarquement principal

main link : liaison de maillage (RITA)

Main Pay Statement (GB) : bulletin de solde

main repair group (MRG) : groupe de réparation mobilité (GRM) (MAT)

main rotor (US) : rotor principal

main spending area (GB) : titre (budgétaire)

main suply road (ou route) (MSR) (OTAN) : route principale de ravitaillement

main supply route (MSR) (US) : itinéraire principal de ravitaillement

main thrust : direction générale (TAC)

main thrust : effort principal (TAC)

mainguard (OTAN) : réserve d'avant-garde

mainland (GB) : continental (métropolitain)

mainland France (Jane's) : territoire métropolitain (France)

mainstay : ossature (sens figuré)

mainstay : pivot (ou pilier) (sens figuré)

mainstream (GB) : classique

mainstream (GB) : traditionnel

maintain : assurer

maintain (GB) : entretenir (maintenir) (force)

maintain (GB) : rester (demeurer)

maintain (OTAN) : préserver

maintain (OTAN) : se maintenir (force)

maintain (OTAN, Jane's) : conserver

maintain (US) : conserver (supériorité)

maintain (US) : maintenir

maintain (US, GB) : entretenir (matériel / arme / route)

maintain contact with the enemy (US) : garder le contact avec l'ennemi

maintain contact with the enemy (US) : maintenir le contact (TAC)

maintenability (OTAN) : maintenabilité

maintenance (GB) : maintien

maintenance (MAINT) (US) : maintien en condition (MEC) (fonction)

maintenance (OTAN) : maintenance (matériel / force / installation)

maintenance (US, GB) : entretien (maintenance)

maintenance battalion (US) : régiment de maintenance (ou du matériel)

maintenance collecting point (US) : îlot de réception des matériels à évacuer pour réparation

maintenance company (UN) : compagnie de réparation

maintenance course (US) : stage de maintien à niveau

maintenance equipment : matériel d'entretien

maintenance level (US) : niveau technique d'intervention (NTI) (MAT)

maintenance of law and order (US) : maintien de l'ordre

maintenance of public order (GB) : maintien de l'ordre

Maintenance Office (UN) : bureau maintien en condition

maintenance operations (US) : entretien (force)

maintenance procedures (US) : procédures d'entretien

Maintenance Support Team (MST) (US) : détachement de maintenance du matériel (DMM)

maintenance team (MT) (US) : équipe de réparation (MAT)

maintenance unit (US) : unité de maintenance (MAT)

maintenance vehicle : camion-atelier

Major : chef de bataillon (CBA) (grade)

Major : chef d'escadron(s) (CES / CEN) (grade)

Major (Maj) (GB) : commandant (CDT) (ou chef de bataillon (CBA) ou chef d'escadron (CEN) ou chef d'escadrons (CES) (grade)

Major (MAJ) (US) : commandant (CDT) (ou chef de bataillon (CBA) ou chef d'escadron (CEN) ou chef d'escadrons (CES) (grade)

major (OTAN) : premier plan

major (OTAN) : vaste

major (US) : matière principale (enseignement) (grande école militaire)

major (US) : principal (matériel / équipement)

major (US) : profond

major (US) : grand

major (US, GB) : très important

major (US, OTAN) : important

major airport (US) : grand aéroport

major Army command (US) : grand commandement de l'armée de terre

major attack (UN) : attaque de grande envergure

major attack (UN) : attaque majeure

major battle (US) : grande bataille

major combined arms unit : grande unité interarmes

major commander (OTAN) : grand commandant

major component (US) : élément important (concept)

major crisis (US, GB) : crise majeure

major city (US, GB) : grande ville

major exercises (Jane's) : grandes manœuvres

major features (US) : caractéristiques principales (matériel)

Major General (US) : général de division (trois étoiles)

major intelligence agency (US) : grand service de renseignement (RENS)

major nation (US) : grand pays

Major NATO Command (MNC) (OTAN) : grand commandement de l'OTAN

Major NATO Commander (OTAN) : haut commandement militaire de l'OTAN

major nuclear power (US, OTAN) : grande puissance nucléaire

major offensive (US) : grande offensive

major operation (Jane's, US) : grande opération

major operation (Jane's, US) : opération majeure

major operational function : grande fonction opérationnelle

major power : grande puissance (État)

major regional conflict (MRC) (OTAN) : conflit régional majeur

major regional conflict (MRC) (US) : grand conflit régional

major regional contingency (US) : grande crise régionale

Major Subordinate Command (MSC) (OTAN) : grand (ou haut) commandement subordonné (OTAN)

Major Subordinate Command (MSC) (OTAN) : haut commandement subordonné (OTAN)

major subordinate unit (US) : grande unité subordonnée

major threat (US) : menace majeure

major threat (US, GB) : grande menace

major unit (US) : grande unité

major war theater (MWT) (US) : grand théâtre de guerre

Major-General (GB) : général de division (trois étoiles)

majority (US) : majorité

majority of (US) : plupart

major-leveraged (US) : effet de levier majeur (avec)

make : exercer

make : fabriquer (matériel)

make (GB) : construire (GEN / PERS)

make (GB) : établir (contact) (TAC)

make (GB) : se faire

make (OTAN) : exécuter (ordre / opération / mission) (TAC)

make (OTAN) : prendre (décision / mesure / engagement / risque)

make (OTAN) : réaliser (progrès)

make (UN) : établir (rapport)

make (up) (US) : constituer (être / représenter)

make (up) (US) : former (composer / constituer)

make (US) : effectuer

make (US) : faire

make (US) : procéder à

make (US) : rendre

make a breakthrough (GB) : faire une percée (force) (TAC)

make a call upon (US) : rendre visite à (chef / supérieur)

make a dash (GB) : foncer

make a dash (GB) : se précipiter (force / individu)

make a dash (GB) : se ruer

make a stand (GB) : résister
make a stand against (GB) : lutter contre
make an end run around (familier) (US) : envelopper (TAC)
make available (OTAN, US) : mettre à disposition
make clear (OTAN) : faire part de
make contact (US) : établir le contact (avec un
agent) (RENS)
make contact (with somebody) (GB) : prendre
contact (avec quelqu'un)
make contact (with) (OTAN, GB) : établir le
contact (entre ou avec des unités) (TAC)
make contact with the enemy (US) : prendre
contact (TAC)
make good (GB) : compenser
make it (US) : s'en tirer (ne pas mourir) (PERS)
make it past (US) : dépasser
make modifications to (OTAN) : modifier
make ready for (US) : rendre apte à
make safe (GB) : mettre en disposition de combat
(arme)
make silent (US) : rendre silencieux (arme à feu)
make sure that : assurer que (s')
make up (OTAN) : constituer (former / organiser /
mettre sur pied)
make up (US) : composer
make use of (UEO) : faire appel à (armée /
moyens)
make use of (UEO) : recourir à (avoir recours à)
make use of (UEO) : tirer parti de
make use of (US) : faire usage de
make war (US) : faire la guerre
makeup (US) : composition (unité / force)
mal- (GB) : mauvais (adjectif)
maladministration (US) : mauvaise gestion
malaria (US, GB) : paludisme (SAN)
male (US, GB) : masculin
male officer (US) : officier masculin
malfunction (GB) : mal fonctionner (ou ne pas
fonctionner correctement) (équipement)
malfunction (US) : avarie (matériel)
malfunction (US, GB) : mauvais fonctionnement
(arme / munition / équipement)
malfunction (US, UN) : défaillance (arme / instruments / appareils)
malinger (GB) : tirer au flanc (ou tirer au cul)
malingerer (GB) : tire-au-flanc
mammoth (US) : colossal (opération / exercice)
man (GB) : servir (matériel)
man (US) : équiper en personnel(s) (unité / force /
armée)
man (US) : membre
man (US) : occuper (TAC)
man (US, GB) : homme (soldat)
man (US, GB) : tenir (ou équiper en personnel)
(poste de contrôle / avant-poste / ligne)
man management (GB) : gestion du personnel (ou
des ressources humaines)

man of action : homme d'action
man portable (OTAN) : portable (matériel individuel / missile)
manage (GB) : diriger (conduire / commander)
manage (US, GB, OTAN) : gérer
manage to : réussir à
management : gestion
management : maîtrise
management (Jane's) : pilotage (mode de gestion)
management (UEO) : gestion (information / renseignement)
management information system (MIS) (OTAN) :
système de gestion
management information system (MIS) (OTAN) :
système intégré de gestion
management of air-land environment (Jane's) :
maîtrise du milieu aéroterrestre (système de
forces) (ARMT)
management of air-sea environment (Jane's) : maîtrise du milieu aéromaritime (système de forces)
(ARMT)
management of spatial environment (Jane's) : maîtrise du milieu aérospatial (système de forces)
(ARMT)
management of the air-land environment (Jane's) :
gestion de l'environnement aéroterrestre
management office (OTAN) : bureau de gestion
manager (US) : gestionnaire
mandate (US, GB, CA) : mandat
mandatory (US) : obligatoire
maneuver (US) : faire manœuvrer
maneuver (US) : manœuvre (principe de guerre)
maneuver (US) : manœuvre (TAC)
maneuver (US) : manœuvre (de) (unité)
maneuver (US) : manœuvrer (force / véhicule / hélicoptère)
maneuver (combat) (US) : mêlée
maneuver area (US) : champ de manœuvres
maneuver arm (US) : arme de mêlée (AT)
maneuver assets (US) : moyens de manœuvre
maneuver brigade (Jane's) : brigade interarmes
(BIA) (armée de terre 2002)
maneuver brigade (US) : brigade de manœuvre
(ou de mêlée)
maneuver brigade HQ (= headquarters) (Jane's) :
PC de brigade interarmes (armée de terre 2002)
maneuver capability (US) : potentiel de manœuvre
maneuver combined arms team headquarters (ou
HQ) : PC d'ensemble interarmes de manœuvre
(PCEIAM) (armée de terre 2002)
maneuver control and battle management system
(Jane's) : SIT (système d'information terminal)
maneuver control and battle management system
(Jane's) : système d'information régimentaire
(SIR)
Maneuver Control System (MCS) (équivalent
US) : système d'information régimentaire (SIR)
maneuver element (US) : élément de manœuvre
maneuver force (combat) (US) : force de mêlée

maneuver force (US) : force de manœuvre
maneuver forces (US) : forces de manœuvre
maneuver joint forces (US) : forces de manœuvre interarmées
maneuver plan (US) : plan de manœuvre
maneuver route (US) : itinéraire de manœuvre
maneuver space (US, OTAN) : espace de manœuvre (TAC)
maneuver unit (combat) (US) : unité de mêlée
maneuver units (ou forces) (US) : corps de manœuvre
maneuver warfare (US) : guerre de mouvement
maneuverability (US) : manœuvrabilité (hélicoptère / missile)
maneuverable (US) : maniable (véhicule)
maneuvering (US) : manœuvrier (force)
maneuver-oriented (US) : axé sur la manœuvre
manhunt (US) : chasse à l'homme
manifest (US) : liste des personnels / matériels transportés (LOG)
maniple (US) : manipule (compagnie d'infanterie) (hist.) (Rome)
manipulate (GB) : manipuler
man-machine (MAMA) (US) : homme-machine
man-machine interface (US) : interface homme-machine (IHM)
man-made (ou manmade) obstacle (US, GB) : obstacle artificiel
man-made (US, GB) : artificiel (GEN)
man-made disaster (US) : catastrophe causée par l'homme (ou due à l'erreur humaine)
manned (UN) : armée (opération)
manned (US, GB) : avec personnel(s) (installation)
mannequin (US) : mannequin (entraînement / simulation)
manner (US) : façon
manner (US) : sorte
manner (US, GB, OTAN) : manière
manning (OTAN) : dotation en effectifs (force)
manning (US, GB) : équipement en personnel(s) ou recrutement (unité / force / armée)
manning crisis (GB) : crise du recrutement (armée)
manning level (US) : niveau d'équipement en personnel(s) (unité / force / armée)
manoeuvrable (OTAN) : maniable (aéronef)
manoeuvrable re-entry vehicle (MARV) (OTAN) : corps de rentrée manœuvrable
manoeuvrable re-entry vehicle (MARV) (OTAN) : vecteur de rentrée manœuvrable
manoeuvre (GB) : manœuvre (principe de guerre)
manoeuvre (GB) : manœuvre (TAC)
manoeuvre (GB) : manœuvre (hélicoptère)
manoeuvre (GB) : manœuvrer (force / véhicule / hélicoptère)
manoeuvre (GB) : régiment de manœuvre (ou de mêlée)
manoeuvre arm (GB) : arme de mêlée (AT)

manoeuvre forces (OTAN) : forces de manœuvre
manoeuvre plan (GB) : plan de manœuvre
manoeuvre room (US) : espace de manœuvre (TAC)
manoeuvre route (GB) : itinéraire de manœuvre
manoeuvre space (GB) : espace de manœuvre (TAC)
manoeuvre warfare (GB) : guerre de mouvement
manoeuvreable (OTAN, UN) : manœuvrable
manoeuvring range (OTAN) : polygone d'entraînement
manpack : portatif (ou portable) (matériel)
manpack (US) : portable (matériel individuel / missile)
man-packed : porté à dos d'homme (matériel)
man-portable : portatif (ou portable) (matériel)
manportable (US) : portable (matériel individuel / missile)
man-portable (US) : transportable à dos d'homme
man-portable air defence system (MANPADS) (OTAN) : système antiaérien portable
man-portable air-defense systems (MANPADS) (US) : systèmes antiaériens portables
manpower (GB, Jane's) : ressource (la) (humaine ou en personnels)
manpower (GB, OTAN) : personnel(s)
manpower (OTAN) : effectifs
manpower (OTAN, US) : effectif(s) (armée / unité) (AT / GEND)
manpower forecast (GB) : prévision d'effectifs (recrutement)
manpower level (US) : niveau d'effectif (force)
manpower management (OTAN) : gestion du personnel (ou des ressources humaines)
manpower plan (OTAN) : plan des effectifs
manpower resources (GB) : ressources humaines (RH)
manpower strength (US) : effectifs en hommes
mantlet (US) : bouclier (char)
mantlet (US) : masque (tourelle)
manual (US, UEO) : manuel (guide)
manually (US) : manuellement
manufacture : fabriquer (matériel)
manufacture (CFE, US) : fabrication (de matériel)
manufacture (US, GB) : construire (matériel)
manufacturer (UN, Jane's) : fabricant (de matériel)
manufacturer (US, GB) : constructeur (ARMT)
manufacturing (US) : fabrication (de matériel)
manufacturing technologies (US) : technologies de fabrication
many (US) : nombreux
map (US, GB) : cartographier
map (US, GB, OTAN) : carte
map appreciation (GB) : étude de terrain sur carte
map exercise (MAPEX) (OTAN, US) : exercice sur cartes
map-maker (military) (GB) : cartographe (militaire)

map products (US) : produits cartographiques
map reading : lecture de carte
map reference (GB) : coordonnées
map series (US, OTAN) : jeu (série) de cartes
map series (US, OTAN) : série de cartes
map sheet (OTAN) : carte
mapmaking (US) : cartographie
mapping (fonction) (US) : cartographie
marathon race (US) : marathon (course)
march : marche
march : marcher (PERS)
march (GB) : marche (musique militaire)
march (GB) : suivre (direction / itinéraire)
march discipline (US) : discipline de marche
march past (devant une tribune) : défiler (troupe)
marching orders (GB) : ordre de route
marching regiment : régiment de marche (Hist.)
march-past (GB) : défilé (cérémonie)
margin for error (US) : marge d'erreur
marginalise (OTAN) : marginaliser
Marine (US, OTAN) : corps des Marines (du) (USA)
marine armored cavalry squadron : régiment d'infanterie et de chars de marine (RICM)
marine armoured recce regiment : régiment d'infanterie et de chars de marine (RICM)
Marine artilleryman : bigor (soldat de l'artillerie de marine)
Marine Corps Expeditionary Force (MCEF) (OTAN, US) : force expéditionnaire du corps des Marines
marine division (US) : division d'infanterie de marine (DIMa)
Marine expeditionary brigade (MEB) (OTAN) : brigade expéditionnaire du corps des Marines
Marine Expeditionary Unit (MEU) (US, OTAN) : unité du corps expéditionnaire des Marines
Marine infantry battalion (Jane's) : bataillon d'infanterie de marine (BIMa)
marine infantry division (Jane's) : division d'infanterie de marine (DIMa)
Marine infantry : infanterie de marine
Marine infantryman : marsouin (soldat de l'infanterie de marine)
marine light armored brigade (US) : brigade légère blindée de marine (BLBMa) (armée de terre 2002)
marine light armoured brigade (GB) : brigade légère blindée de marine (BLBMa) (armée de terre 2002)
Marine units (International Security Review 1999) : Troupes de Marine (TDM)
Marines (Jane's) : Troupes de Marine (TDM)
marital status (US) : situation de famille (PERS)
maritime (OTAN) : maritime
maritime area command : commandement de zone maritime (France)
Maritime Defence (équivalent GB) : défense maritime du territoire (France)

maritime district : région maritime
maritime environment (US) : environnement maritime
maritime exercise (US) : exercice maritime
maritime force (OTAN, GB) : force maritime
maritime forces (OTAN) : forces maritimes
maritime presence (US) : présence maritime
maritime region (US) : région maritime
maritime superiority (US) : supériorité maritime
maritime transportation (US) : transport maritime
maritime zone : zone maritime
mark (GB) : baliser (zone de saut) (TAP)
mark (GB) : noter
mark (GB) : porter sur (marquer)
Mark (Mk.) (GB) : modèle (matériel)
mark (US) : marquer (champ de mines)
mark (US) : marquer
Mark 1 155mm self-propelled gun (ou howitzer). : canon de 155 mm AUF1 (automoteur modèle F1)
Mark 1 155mm towed gun (ou howitzer) : canon de 155 mm TRF1 (tracté modèle F1)
mark of respect (GB) : marque de respect
mark out (a route) : baliser (itinéraire)
marked (OTAN) : balisé
marker : jalonneur (Circulation)
marker (GB, US) : homme de base (formation)
marker (OTAN) : marqueur (guerre des mines)
marker (US) : indicateur
market (Jane's) : commercialiser (matériel)
market (Jane's, OTAN) : marché
market (US) : mettre sur le marché (ou lancer sur le marché) (matériel)
market economy (OTAN) : économie de marché
marketing (Jane's) : commercialisation (matériel)
marketplace (US) : marché
marking (OTAN) : marquage (itinéraire / champ de mines / munitions / aérodrome)
marking fire (US, OTAN) : tir de balisage
marking operations (CA) : opérations de marquage (mines)
marking panel (US) : panneau de signalisation (circulation)
marking panel (US, OTAN) : panneau (communications visuelles)
marking team (US, OTAN) : équipe d'orienteurs-marqueurs (ou de balisage)
marksman : tireur d'élite (US)
marksman (GB) : tireur d'élite (US)
marksmanship (US, GB) : adresse au tir
marksmanship badge (US) : insigne de tireur d'élite
marksmanship training (US) : entraînement au tir de précision
maroon (US) : bordeaux (couleur)
married : marié (PERS)
marsh : marais
marsh : marécage

marshalling (OTAN) : agencement (unités amphibies ou aéroportées)

marshalling (ou marshaling) area (MA) (US) : zone de déploiement initial (ZDI)

marshland (GB) : terrain marécageux

marshy (US) : marécageux

martial arts (US) : arts martiaux (forces spéciales / GEND)

martial law (US) : loi martiale

marvel of technology (US) : merveille de technologie (équipement)

mascot (GB) : mascotte

mask (US) : masque (NBC)

mask (US, GB) : masquer (cacher à la vue)

masking (terrain) (US) : masques (du terrain)

masking (US, OTAN) : camouflage radio-électrique

mass (GB) : série (fabrication)

mass (OTAN, US) : massif (adjectif)

mass (US) : concentration

mass (US) (fires) : concentrer (feux)

mass (US, GB) : masser (troupes / force)

mass (US, GB, OTAN) : concentration (principe tactique)

mass army (OTAN) : grande armée (armée de masse)

mass casualties : pertes massives

mass casualty evacuation (OTAN) : évacuation massive de malades et blessés (SAN)

mass casualty situation (OTAN) : situation des pertes massives (SAN)

mass destruction (OTAN) : destruction massive

mass destruction environment (US) : environnement de destruction massive

mass destruction weapons (US) : armes de destruction massive

mass invasion (OTAN) : invasion massive

mass mobilization (US) : levée en masse

mass production (GB, US) : production en série (ARMT)

mass slaughter (US) : massacre

mass : concentrer (forces / opérations / puissance de combat / feux)

massacre (GB) : massacrer

massacre (US) : massacre

massing (US) : concentration

massive (UN, US) : massif (adjectif)

massive (US) : gigantesque

mass-produce (US) : produire en série (armement / matériel)

mass-produced (GB) : produit en série (armement / matériel)

master (GB) : instructeur

master (OTAN) : principal (liste de fréquences)

master (US) : maîtriser

master plan (US) : plan directeur (mise en œuvre d'un modèle d'armée)

master plan (US) : plan directeur (projet)

master plan (US) : plan (ou schéma) directeur (programme d'armement)

master plan (US) : schéma (ou plan) directeur (projet d'armement)

master station (OTAN) : station-mère (TRANS)

master's degree (US) : maîtrise (diplôme universitaire)

master-at-arms (GB) : maître d'armes

mastery (US) : maîtrise

mastery of information (US) : maîtrise de l'information

mast-mounted radar (US) : radar de mât (hélicoptère)

mast-mounted sight (US) : viseur de mât (hélicoptère)

match (GB) : correspondre à

match (US) : faire concorder

match (with) (US) : correspondre (s'harmoniser avec)

matchbox camera (US) : appareil photo boîte d'allumettes (RENS)

mate (GB) : camarade (armée)

material : étoffe

material (GB) : données

material (GB) : informations

material (GB) : renseignements (informations)

material (OTAN) : documentation

material (OTAN) : matériaux (ouvrages / documents)

material (OTAN) : matériel (équipement)

material (US) : matériels

material (US, OTAN) : matière

material handling equipment (MHE) (US) : engin de manutention

material(s) (US) : matériau(x) (LOG)

materialize : se concrétiser

materials handling (OTAN) : manutention des matériels

materiel (ou equipment) handling (OTAN) : manutention des matériels

materiel (US) : matériel (équipement)

materiel (US) : matériels

materiel (US, GB) : matériel et approvisionnements

materiel handling equipment (MHE) : matériel de manutention

materiel handling equipment (MHE) (OTAN) : équipement de manutention des matériels

materiel losses (US) : pertes en matériels

materiel management (OTAN, US) : gestion des matériels

materiel management center (MMC) (US) : centre de gestion des matériels

materiel requirements (US) : besoins en matériels

maternity leave (GB) : permission de maternité (personnels féminins)

mathematical sciences (US) : sciences mathématiques (discipline)

mathematics (US) : mathématiques (discipline)

MATS folding roadway system : moyen d'aide à la traficabilité des sols (MATS)

matter (OTAN) : texte

matter (UN) : sujet

matter (US) : affair

matter (US, OTAN) : question (affaire)

matured (US) : preuves (ayant fait ses) (technologie)

maturity (GB) : maturité (PERS)

maximise (GB) : optimiser (performances / plans)

maximize (US) : optimiser (performances / plans)

maximum (US, GB) : maximal

maximum altitude (GB) : plafond (drône)

maximum flight speed (US) : vitesse maximale de vol (hélicoptère)

maximum fording gradient : pente maximale franchissable (caractéristique de véhicule blindé)

maximum gross weight (US) : masse au décollage (hélicoptère)

maximum landing weight (OTAN) : poids maximal à l'atterrissage (aéronef)

maximum ordinate (US, OTAN) : flèche (ART)

maximum range (US, OTAN) : portée maximale

maximum road speed (GB, Jane's) : vitesse maximale (sur route) (véhicule / char)

maximum security prison (US) : prison de haute sécurité

maximum sustained speed (OTAN) : vitesse maximale de croisière (véhicule)

maximum take-off weight (OTAN) : poids maximal de décollage (aéronef)

may (GB) : pouvoir (expression de la permission)

may (OTAN) : pouvoir (expression de la possibilité)

Mayday ! (US) : SOS ! (aéronef)

MCMM tactical drone (Jane's) : MCMM (Multi-Capteurs Multi-Missions) (drone)

meaconing (OTAN) : transplexion (déception)

meal (US, GB) : repas

meal ticket (US) : "billet d'entrée" (transfuge) (RENS)

meal-ready-to-eat (MRE) (US) : ration de combat

mean (GB) : moyen (façon)

mean (OTAN) : moyen (adjectif)

mean lethal dose (US, OTAN) : dose létale moyenne

mean line of advance (MLA) (OTAN) : axe moyen de progression

mean point of burst (OTAN) : point d'éclatement moyen

mean point of impact (OTAN) : point moyen des impacts (ART)

mean time between failures (MTBF) : temps moyen entre pannes

means (US, UN) : moyen (ressource)

means of coercion (US) : moyen de coercition (RENS)

means of communication (GB, US) : moyen de communication

means of communication (OTAN) : moyens de liaison

means of communication(s) (US) : moyens de transmissions

means of conveyance (OTAN, GB) : moyen de transport

means of defence (OTAN) : moyens de défense

means of delivery (OTAN) : vecteur (arme de destruction massive)

means of delivery (OTAN) : vecteurs (armes de destruction massive)

means of detection (US) : moyens de détection

means of fire support (US) : moyen d'appui feu

means of tactical mobility (US) : moyens de mobilité tactique (INF)

means of transportation (US) : moyen de transport

measurable (US) : mesurable (résultat / menace)

measure (in terms of) (OTAN) : convertir

measure (OTAN) : degré (niveau)

measure (US) : calculer

measure (US) : disposition (mesure)

measure (US) : évaluer

measure (US) : mesurer

measure (US, GB, UN) : mesure (action)

measured (US) : gradué (riposte / réaction)

measured (US) : mesuré (réaction)

measurement & signature intelligence (MASINT) (OTAN) : renseignement mesure et signature

measurement (OTAN) : mesure (évaluation)

measurement and signature intelligence (MASINT) (OTAN) : renseignement de télémétrie et signature

mecanised (GB) : mécanisé (force)

Mech (US) : Mécas (les) (infanterie mécanisée)

mechanic (US, GB) : mécanicien

mechanical (GB, US) : mécanique (adjectif)

mechanical building system : système de construction mécanique (pont)

mechanical engineering (US) : génie mécanique (discipline)

mechanical failure (US) : défectuosité(s) mécanique(s)

mechanically (GB) : mécaniquement

mechanised brigade (GB) : brigade mécanisée

mechanised combat vehicle (MCV) (GB) : véhicule de combat mécanisé

mechanised force (Jane's) : force mécanisée (armée de terre 2015)

mechanised infantry (GB) : infanterie motorisée

mechanised recovery vehicle (GB) : véhicule de dépannage mécanisé

mechanism (OTAN, UEO, US) : mécanisme (sens propre et figuré)

mechanization (US) : mécanisation (forces)

mechanized (US) : mécanisé (force)

mechanized brigade (US) : brigade mécanisée

mechanized division (US) : division mécanisée

mechanized infantry (US) : infanterie mécanisée

mechanized infantry battalion (US) : régiment d'infanterie mécanisée (RIMECA)

mechanized infantry battalion (US) : régiment mécanisé

mechanized infantry battalion (US, GB) : groupe de chasseurs (GC) (INF)

mechanized infantry battalion ou mechanized battalion (US) : régiment de marche du Tchad (RMT) (appellation de tradition)

mechanized infantry battalion ou mechanized battalion (US) : régiment de tirailleurs (Rtir)

mechanized infantry combat vehicle (MICV) (OTAN) : véhicule de combat d'infanterie mécanisée (VCIM)

mechanized infantry unit (US) : unité d'infanterie mécanisée

mechanized warfare training center (US) : centre d'entraînement au combat mécanisé

medal (US, GB) : médaille

medals presentation (GB) : remise de médailles (cérémonie)

medevac aircraft (US) : aéronef d'évacuation sanitaire

medevac helicopter (US) : hélicoptère d'évacuation sanitaire

media (En épithète) : médiatique

media (US) : média (moyens de communication)

media advisory (OTAN) : note aux média

media coverage : médiatisation

media impact (US) : impact des média

media operations (GB) : opérations à destination des média

media operations (US) : opérations médiatiques (ou en direction des média)

media relations (US) : relations avec les média

media war (US) : guerre médiatique (ou des média)

mediation (US, GB) : médiation

mediator (US) : médiateur (conflit)

medic (US, GB) : auxiliaire sanitaire (militaire) (SAN)

medical : sanitaire

medical (GB) : examen médical (SAN)

medical (GB) : visite médicale (SAN)

medical (US) : Santé (fonction)

medical and health service (OTAN) : service médical de santé (SAN)

medical assistance (US) : aide médicale (aux autorités civiles) (catastrophes)

medical assistance (US) : assistance médicale (ou sanitaire)

medical assistant (GB) : auxiliaire sanitaire (militaire) (SAN)

medical badge (US) : brevet médical

medical battalion (US) : régiment médical (RMED)

medical battalion (US, GB) : bataillon médical

medical brigade (US) : brigade médicale

medical card : fiche médicale (SAN)

medical casualties (OTAN) : pertes médicales

medical center (US) : hôpital

medical centre (GB) : centre médical

medical command (MEDCOM) (US) : commandement santé (ou médical ou sanitaire)

medical command (US) : commandement médical

medical cover (GB) : couverture sanitaire

medical depot (US) : dépôt de matériel médical

medical discharge : réforme médicale (PERS)

medical emergency (OTAN) : urgence médicale

medical equipment depot (GB) : dépôt de matériel médical

medical establishment (OTAN) : formation sanitaire (installation) (SAN)

medical evacuation (MEDEVAC) (US, OTAN) : évacuation sanitaire (EVASAN) (SAN)

medical evacuation (UEO) : évacuation médicale

medical evacuation helicopter (US) : hélicoptère d'évacuation sanitaire

medical evacuation mission (US) : mission d'évacuation sanitaire (ou d'EVASAN)

medical examination : examen médical (SAN)

medical examination : visite médicale (SAN)

medical examiner (US) : médecin légiste

medical facility (OTAN) : formation sanitaire (installation) (SAN)

medical facility (US) : centre médical

medical group (US) : groupement médical

medical intelligence (MEDINT) : renseignement sanitaire (ou médical)

medical logistic support (OTAN) : soutien sanitaire logistique

medical officer (OTAN, US) : médecin militaire

medical officer (US) : médecin

medical preparation (US) : préparation médicale (population civile)

medical section (GB) : antenne médicale

medical section (GB) : compagnie médicale

medical support : soutien sanitaire (ou santé)

medical support (UEO) : appui médical (soutien médical)

medical support area : zone SANTE

medical system (US) : chaîne "santé"

medical training (US) : formation médicale

medical treatment facility (OTAN) : formation sanitaire (installation) (SAN)

medical unit (Jane's) : unité médicale

medically unfit : inapte (médicalement) (PERS)

medicine : médicament (SAN)

medicine (OTAN) : médecine interne

mediocre (US) : médiocre (adjectif) (PERS)

Mediterranean (Sea) (OTAN) : Méditerranée (Mer)

Mediterranean Dialogue (OTAN) : Dialogue méditerranéen (le)

medium (OTAN) : hectométrique

medium (US) : moyenne portée

medium (US, OTAN) : moyen (adjectif)

medium and long range communications : transmissions à moyenne et grande distance

medium artillery (121 - 160 mm) : artillerie de moyen calibre

medium bomber (OTAN) : bombardier moyen

medium frequency (MF) (OTAN) : moyenne fréquence

medium frequency (MF) (OTAN) : ondes hectométriques

medium intensity (Jane's) : intensité moyenne (combat)

medium intensity warfare (Jane's) : combat de moyenne intensité

medium range (US) : moyenne portée

medium tactical vehicle (US) : TRM (véhicule tous chemins)

medium vehicle : véhicule moyen

medium-altitude air defense (US) : défense aérienne à moyenne altitude

medium-calibre (Jane's) : moyen calibre (ART)

medium-intensity operations (Jane's) : combat de moyenne intensité

medium-range (MR) (OTAN) : portée moyenne

medium-range air-to-ground (MRAG) (OTAN) : air-sol moyenne portée (ASMP)

medium-range ballistic missile : missile balistique à moyenne portée

medium-range radar (US) : radar à moyenne portée (240-480 km)

medium-term (OTAN) : moyen terme (à)

meet (CA) : contrer

meet (OTAN) : rencontrer (ennemi / résistance / obstacles) (TAC)

meet (OTAN) : se réunir

meet (OTAN, GB) : faire face à (besoin / engagement)

meet (US) : faire face à (défi / menace / crise)

meet (US) : relever (défi)

meet (US) : rencontre (RENS)

meet (US) : répondre

meet (US) : satisfaire

meet with success (OTAN) : aboutir (réussir)

meeting : réunion

meeting (US) : rencontre (RENS)

meeting engagement (US, GB, OTAN) : combat de rencontre (TAC)

mega-deaths (m-d) (UN) : mégamorts (millions de morts)

megahertz : mégahertz

megaton : mégatonnique

megaton (US, GB) : mégatonne

member (US, GB) : membre

member of the military (US) : militaire (nom)

member state (US, UEO) : État-membre

membership (OTAN, US) : appartenance

memorabilia (GB) : souvenirs (musée militaire)

memorandum of understanding (MOU) (OTAN, US, GB, UN) : mémorandum d'entente (ou d'accord)

memorial service (US) : messe du souvenir

memory (US) : souvenir

memory aid (US) : mnémotechnique (procédé)

meningitis : méningite (SAN)

mental (US) : intellectuel

mental agility (US) : agilité intellectuelle (chef)

mental agility (US) : souplesse intellectuellle (chef)

mental / psychological / robustness (GB) : solidité (mentale / psychologique) (PERS)

mental robustness (GB) : stabilité psychologique (PERS)

mental stability (US) : stabilité psychologique (PERS)

mental toughness (US) : force de caractère (PERS)

mentality (GB) : mentalité

mentally (GB) : intellectuellement

mention in despatches (GB) : citer à l'ordre du jour (PERS)

Mentioned in Dispatches (MID) (GB) : cité à l'ordre du jour (PERS)

mercenary (GB) : mercenaire

merchant navy (GB) : marine marchande

merchant ship (OTAN) : bateau civil

merchant ship (OTAN) : navire marchand

merchant ship (US, GB) : navire de commerce

merciless (US) : sans merci

merge (GB) : fusionner

merge (Jane's) : fusionner (ARMT)

merger (GB) : fusion (d'unités / de services)

merger (Jane's) : regroupement (sociétés d'armement)

meridian (OTAN) : méridien

merit (US) : mérite (PERS)

merit(s) (US) : valeur (mérite / qualité)

mess (GB) : cercle (mess)

mess (US, GB) : mess (ou cercle)

mess (US, GB) : "popote"

mess bill (US) : note du mess (facture)

mess committee (GB) : commission d'ordinaire

mess dress : tenue de soirée (PERS)

mess hall (US) : cuisine(s) (mess)

mess hall (US) : réfectoire (personnels non officiers)

mess hall (US) : salle de mess

mess kit (GB) : spencer (tenue de soirée)

mess kit (GB) : tenue de soirée (PERS)

mess kit (US) : gamelle

mess meeting : commission d'ordinaire

mess room : salle de mess

mess rules (US, GB) : règlement du mess (ou du cercle)

mess steward (GB) : maître d'hôtel (mess / général)

mess tin (GB) : gamelle

mess uniform (evening) (US) : spencer (tenue de soirée)

message ! (US) : prenez message ! (procédure radio)

message (GB) : message

message (US) : message (RENS)

message (US, OTAN) : message (TRANS)

message by radio (GB) : message radio

message centre (OTAN) : centre de traitement des messages

message handling (OTAN) : traitement des messages

message management (OTAN) : gestion des messages

message passed (US) : j'ai retransmis (procédure radio)

message preparation (OTAN) : préparation des messages

message processing (OTAN) : traitement des messages

message standard (OTAN) : norme de message

messenger (US) : estafette (agent de transmission à moto)

messing officer : officier d'ordinaire

met information (GB) : informations météo (rologiques)

metal detector (US) : détecteur de métaux

metal gun (UN) : canon métallique

metalworking (US) : travail des métaux (MAT)

mete out (GB) : donner

mete out (GB) : infliger

meteorological (OTAN) : météorologique

meteorological centre (OTAN) : centre météorologique

meteorological data (US) : données météo (rologiques)

Meteorological Office (Met Office) (équivalent GB) : Météo-France

meteorological satellite (US) : satellite météo(rologique)

meteorological satellite monitoring station (OTAN) : station d'écoute de satellite météorologique (SESAME)

meteorological service (OTAN) : service météorologique

meteorological system (OTAN) : système météorologique

meteorologist (GB) : météorologue (ou météorologiste)

meteorology (US) : météo(rologie)

meteorology processing (OTAN) : exploitation de la météo

meter (US) : mètre (unité de mesure)

method (OTAN) : mode d'action

method (US, GB, OTAN) : méthode

method of consultation (OTAN) : méthode de consultation

method of engagement (US) : mode d'engagement (missile)

method of execution (GB) : méthode (ou mode) d'exécution (mission)

method of fighting (GB) : méthode de combat

method of instruction (US) : méthode d'instruction

method of operation (US) : mode d'opération (TAC)

method of reconnaissance (US, GB) : méthode de reconnaissance

methodology (US) : méthodologie

methods of warfare (UN) : moyens de guerre

metre (GB) : mètre (unité de mesure)

metric (OTAN) : métrique (ondes)

metric ton (GB) : tonne (métrique, 1000 kg)

metropolitan (US) : métropolitain

metropolitan France (US) : France métropolitaine

MI5 (= the Security Service) (US) : MI5 (le) (Military Intelligence, Department 5) (service de contre-espionnage britannique)

MI6 (= the Secret Intelligence Service ou SIS) (US) : MI6 (le) (Military Intelligence, Department 6) (service d'espionnage britannique)

micro air vehicle (MAV) (GB) : micro-engin aérien (ou micro-drone)

microbiology (US) : microbiologie (SAN)

microbot (US) : microrobot

microdot (US) : microcopie (ou micropoint) (RENS)

microdot (US) : micropoint (RENS)

microdot reader (US) : lecteur de micropoints (RENS)

microdot viewer (US) : lecteur de micropoints (RENS)

microfilm (US) : microfilm (RENS)

microphone (US, GB) : micro(phone)

microphotography (US) : microphotographie

microprocessor (US) : microprocesseur (informatique)

microwave communications (US) : transmissions sur ondes courtes

microwave frequency (MF) (OTAN) : hyperfréquence (TRANS)

microwave link (US) : faisceau hertzien

microwave(s) weapon : micro-ondes (arme à)

microwave(s) weapon (UN) : arme à micro-ondes

microwave(s) weapon (UN) : arme micro-ondes

mid- (US, GB, OTAN) : milieu (moitié)

mid term (US) : moyen terme

mid-air (GB) : en vol

mid-career (US) : milieu de carrière (en) (PERS)

midcourse guidance (UN, OTAN) : guidage à mi-parcours

midcourse guidance (UN, OTAN) : guidage en vol

midday : midi

middle : milieu (moitié)

middle (GB) : intermédiaire (adjectif)

middle earth orbit (MEO) : orbite moyenne

Middle East (GB) : Moyen-Orient (le)

middle-ranking officer (GB) : officier de grade intermédiaire

midget howitzer : mini-obusier

mid-intensity conflict (US) : conflit de moyenne intensité

midnight (GB) : minuit

midst (US) : milieu (moitié)

midway (US) : milieu (moitié)

might be expected to : pouvoir (expression de la probabilité)

mighty (US) : puissant (arme / force / moteur)

migration (OTAN) : migration

mikrat (US) : mikrat (RENS)

mil (GB) : millième (TOPO)

MILAN (medium range) anti-tank weapon (system) (GB) : MILAN (missile antichar moyenne portée)

MILAN (medium range) ATGW (= anti-tank guided weapon) : MILAN (missile antichar moyenne portée)

MILAN antitank company (US) : escadron MILAN

MILAN anti-tank guided missile (Jane's) : MILAN (missile antichar moyenne portée)

MILAN antitank missile launcher : MILAN (missile antichar moyenne portée)

MILAN antitank squadron (GB) : escadron MILAN

MILAN medium range antitank missile : MILAN (missile antichar moyenne portée)

MILAN portable antitank guided weapon (GB) : MILAN (missile antichar moyenne portée)

MILAN wire-guided anti-armour missile (GB) : MILAN (missile antichar moyenne portée)

MILAN wire-guided anti-tank missile (ATGW) (GB) : MILAN (missile antichar moyenne portée)

mild (US) : tempéré (climat)

mile (US, GB) : mille (mesure de distance terrestre)

mileage : kilométrage

milestone (OTAN) : tournant

militarily : militairement

militarily (CA) : au plan militaire

militarily significant (UN) : d'intérêt militaire

militarism (US) : militarisme

militarist (GB) : militariste (nom)

militaristic (GB) : militariste (adjectif)

militarization (UN) : militarisation

militarize (US) : militariser (équipement)

militarized (US) : militarisé (équipement)

military : forces armées (3 armées + Gendarmerie)

military (CA) : force militaire (armée)

military (CA) : forces armées

military (GB) : terrestre

military (OTAN) : dispositif militaire (= armée)

military (services) (US) : armées (les) (3 armées et services interarmées, sauf Gendarmerie)

military (US, GB) : armée (sens générique)

military (US, GB) : armée (l')

military (US, GB) : militaire (adjectif)

military academy (US, GB) : école militaire

Military Academy of St. Cyr (US) : Saint-Cyr (Ecole Spéciale Militaire de) (ESM)

military action (CA) : mesures militaires

military action (US) : action militaire (l')

military activities (US) : activités militaires

military adviser (US) : conseiller militaire

military agency for standardisation (BMS) (OTAN) : bureau militaire de standardisation

military aid to the civil authorities (MACA) (GB) : assistance militaire aux autorités civiles (GB)

military aid to the civil community (MACC) (GB) : assistance militaire à la communauté civile (GB)

military aid to the civil ministries (MACM) (GB) : assistance militaire aux ministères civils (GB)

military aid to the civil power (MACP) (GB) : assistance militaire au pouvoir civil (ou aux pouvoirs publics) (GB)

military air traffic (MAT) (OTAN) : circulation aérienne militaire (CAM)

military air traffic control : contrôle de la circulation aérienne militaire

military aircraft (GB) : avion militaire

military aircraft (US, GB, OTAN) : aéronef militaire

military airport (GB) : aéroport militaire

military analyst (US) : expert militaire (média / organisme de réflexion)

military analyst (US) : spécialiste (ou expert) militaire (média / organisme de réflexion)

military animal (US) : animal-soldat

military armistice commisssion (CA) : commission militaire d'armistice

military art (US) : art militaire (l')

Military Assistance Overseas (MAO) (GB) : assistance technique (outre-mer)

military assistance ou military aid : aide (ou assistance) militaire

military attaché (US, GB) : attaché des forces terrestres

military base (GB, US) : base militaire

military bearing ou military attitude (US) : allure (ou attitude) militaire (PERS)

military bridge : pont militaire

military budget (OTAN) : budget militaire

military camp (OTAN) : camp militaire

military capability : capacité militaire

military capability (OTAN) : moyens militaires (d'une organisation)

military challenge (US) : enjeu militaire

military chief of staff (Jane's) : chef-d'état-major particulier (Président de la République)

military college (GB) : école militaire

military command structure (US) : structure de commandement militaire

military commander (US) : chef militaire

Military Committee (OTAN) : comité militaire

military communications (OTAN) : télécommunications militaires military communications (US) : communications militaires

military communications (US, GB) : transmissions militaires

military communications requirement (MCR) (OTAN) : besoin en télécommunications militaires

military concept (US) : concept militaire

military cooperation agreement (US) : accord de coopération militaire

military corrective training centre (GB) : prison militaire

military correspondence (US) : correspondance militaire

military courtesies (US) : marques extérieures de respect

military customs : usages militaires

military date (US) : date militaire (système)

Military Decisionmaking Process (MDMP) (US) : méthode de raisonnement tactique (MRT)

military discipline (GB) : discipline militaire (la)

Military District (GB) : Région Terre (armée de terre 2002)

military district (MD) (OTAN, US) : région militaire

military district (OTAN) : district militaire (DM)

Military District boundary (GB) : limite de région Terre

Military District Headquarters (équivalent GB) : état-major de région Terre

Military District HQ (= Headquarters) (équivalent GB) : commandement de région Terre (armée de terre 2002)

military doctrine (OTAN) : doctrine militaire (la)

Military Education (Professional) (US) : enseignement militaire

military educational institution (US) : établissement d'enseignement militaire

military effectiveness (GB) : efficacité militaire

military efforts (US) : action militaire (l')

military end state (US) : état militaire final

military engagement : engagement militaire (mise en œuvre des moyens militaires sur un théâtre)

military engineering (GB, US) : génie militaire (art des fortifications)

military environment (GB) : milieu militaire (le)

military equipment (OTAN, Jane's) : matériel militaire

military espionage (US) : espionnage militaire

military exercise (OTAN) : exercice militaire

military expenses (Jane's) : dépenses militaires

military expert (OTAN) : expert militaire (organisation / alliance)

military flight (OTAN) : vol militaire

military force (US) : force militaire (la)

military forces (GB) : forces terrestres

military forces (OTAN) : forces armées

military forces (OTAN, US) : forces militaires (= terrestres)

military free fall (MFF) (US) : saut à ouverture commandée retardée (SOCR)

military free-fall (MFF) parachutist (US) : chuteur opérationnel

military geographic information (OTAN) : renseignement géographique militaire

military geographic information and documentation (MGID) (OTAN) : renseignements et documentation géographiques militaires (RDGM)

military geography (OTAN) : géographie militaire

military government (US) : gouvernement militaire

military governor (US, OTAN) : gouverneur militaire

military grid (OTAN) : carroyage militaire

military grid reference system (OTAN) : système de référence de carroyage militaire

military hardware (GB) : matériel militaire (lourd)

military history (US) : histoire militaire (discipline)

Military Home Defence (équivalent GB) : défense opérationnelle du territoire (DOT) (France)

military honours (GB) : honneurs militaires

military hospital (GB, Jane's) : hôpital militaire (ou des armées)

military humanitarian action : action militaire à vocation humanitaire

military industry (Jane's) : industrie militaire

military inferiority (GB) : infériorité militaire

military infrastructure requirement (MIR) (OTAN) : besoin en (matière d') infrastructure

military installation (US) : installation militaire

military intelligence (MI) (US) : renseignement (arme des armées de terre US et GB)

military intelligence (MI) (US) : renseignement de l'armée de terre (en tant qu'arme de l'armée de terre)

military intelligence (MI) battalion (US) : régiment de renseignement

Military Intelligence (MI) Brigade : brigade de renseignement (armée de terre 2002) (appuis spécialisés)

military intelligence (MI) group (US) : groupement de renseignement

military intelligence (US, OTAN) : renseignement militaire

military intelligence combat aerial surveillance (MICAS) (OTAN) : surveillance aérienne du combat pour le renseignement militaire

Military Intelligence Directorate (US) : DRM (direction du renseignement militaire)

military jail : prison militaire

military judge (US) : juge militaire

military justice (US) : justice militaire (fonction)

military land (OTAN) : terrain militaire

military law (GB) : droit militaire

military leader : responsable militaire

military lexicon (Jane's) : vocabulaire militaire (le)

military liability call-up (GB) : obligations militaires (ou obligations du service militaire) (service national)
Military Liaison Mission (OTAN) : mission de liaison militaire
military life (GB, US) : vie militaire (la)
military literature (US) : écrits militaires
military load classification (MLC) (OTAN) : classe (d'itinéraire / de pont)
military load classification (MLC) (US, OTAN) : classement militaire (itinéraire / pont / bac / rampe d'accès)
military lobby (US) : groupe de pression militaire
military machine (US, GB) : appareil militaire (pays)
military matters (OTAN) : affaires militaires
military medical record (US) : dossier médical (PERS)
military medicine (OTAN, US) : médecine militaire
military museum (GB) : musée (militaire) de tradition
military music (GB) : musique militaire
military necessity (US, OTAN) : nécessité militaire
military objective : objectif militaire
military observation satellite (Jane's) : satellite d'observation militaire
military observer group (UN, US) : groupe d'observateurs militaires
military occupational specialty (MOS) (US) : spécialité (militaire) (PERS)
military ocean terminal (US) (équivalent GB: Military Port, à Marchwood) : base de transit interarmées (BTI) (transit maritime)
military oceanography (MILOC) (OTAN) : océanographie militaire
military operational requirement (MOR) (OTAN) : besoin militaire opérationnel
military operations (OTAN, US, UEO) : opérations militaires
military operations in built-up areas (MOBUA) (US) : combat en localité (COLOC) (ou en zone urbanisée) (combat urbain)
military operations on urban(ized) terrain (MOUT) (US) : combat en localité (COLOC) (ou en zone urbanisée) (combat urbain)
military operations other than war (MOOTW) (US) : actions d'influence
military operations other than war (MOOTW) (US) : opérations militaires autres que (la) guerre
military option : option militaire
military options other than war (MOOTW) (US) : options militaires autres que (la) guerre (USA)
military parachute school (GB) : école de parachutisme militaire
military parachute training (GB) : entraînement parachutiste militaire
military parlance (GB) : langage militaire (le)

military personnel (UEO) : militaire (nom)
military personnel (MILPER) (US) : personnel(s) militaire(s) (ou des forces armées)
military personnel record (US) : dossier individuel (PERS)
Military Personnel Record Jacket (MPRJ) (US) : dossier individuel (PERS)
military planning law (GB) : loi de programmation militaire (LPM) (France)
military platform (GB) : plate-forme militaire (homme / matériel)
military police (MP) (US, GB) : police militaire
military police (MP) brigade (US) : brigade de police militaire
military police (MP) company (US) : compagnie de police militaire
military policy (US) : politique militaire (pays)
military port (GB) : base portuaire
military port (GB) : port militaire (ou base portuaire)
military position (OTAN) : position militaire (TAC)
military post (OTAN) : emploi militaire (poste) (PERS)
military post (US, GB) : poste militaire (organisation)
military potential (US) : potentiel militaire
military power (OTAN) : puissance militaire
military presence (US) : présence militaire
military prison (GB) : prison militaire
military profession (US) : métier militaire (le)
military programme law (Jane's) : loi de programmation militaire (LPM) (France)
military programming law (Jane's) : loi de programmation militaire (LPM) (France)
military region (Jane's) : Région Terre (armée de terre 2002)
military region (US) : région militaire
Military Region HQ (= headquarters) (Jane's) : commandement de région Terre (armée de terre 2002)
military representative (MILREP) (GB) : représentant militaire
military requirement (OTAN) : besoin militaire
military requirement (OTAN) : besoin opérationnel
military response (US) : riposte militaire
military satellite (US, GB) : satellite militaire
military satellite communications (MILSATCOM) (US) : transmissions satellitaires militaires
military school (US) : école militaire
military secrecy (US) : secret militaire (le) (discrétion)
military secret (US) : secret militaire (information)
military security (OTAN) : sécurité militaire
military sensitive area : zone militaire sensible (ZMS)
military service : service armé (ou service des armes) (le)

military service : service militaire (au sein d'une armée) (personnel d'active)

military service (compulsory) (GB) : Service National (SN) (service militaire obligatoire) (appelés)

military service (GB) : service militaire (appelés)

military service (Jane's) : métier militaire (le)

military ship : bateau militaire

military situation assessment : appréciation de la situation militaire

military situation assessment process : méthode d'appréciation de la situation militaire (MASM)

military situation reassessment process : ré-appréciation de situation militaire

military skills (CA) : compétences militaires

military space program (US) : programme spatial militaire

military spending programme (Jane's) : loi de programmation militaire (LPM) (France)

military spouse (US) : conjoint de militaire (masculin ou féminin)

military standard (MILSTAND) (OTAN) : norme militaire

military strategy (GB) : stratégie militaire

military structure (OTAN) : structure militaire

Military Sub-District : circonscription militaire de défense (CMD)

military subject (GB) : discipline (ou matière) militaire (instruction)

military subject (GB) : matière (ou discipline) militaire (instruction)

military support to civil authorities exercise (US) : exercice de soutien aux autorités civiles

military symbol (OTAN) : signe conventionnel militaire (carte / diagramme)

military tailor (US) : maître-tailleur

military takeover (US) : prise de pouvoir par l'armée (ou par les militaires)

military target (OTAN) : cible militaire (frappe aérienne)

Military Technical Agreement (CA) : accord technique militaire

military technical revolution (MTR) (US) : révolution militaire technique

military technologies (US, OTAN) : technologies militaires

military theroy (US) : théorie militaire (la)

military thinking (GB) : pensée militaire

Military Time (US, GB) : heure militaire (0H00 - 24H00)

military train (OTAN) : train militaire

military training (US) : formation militaire (grande école militaire / personnels)

military transformation (US) : transformation militaire (la)

military truck convoy (OTAN) : convoi de camions militaires

military utility (US) : utilité militaire (technologie)

military vehicle : véhicule de modèle militaire

military vehicle (OTAN) : véhicule militaire

military vigilance (MV) (OTAN) : vigilance militaire

military vocational training centre : centre militaire de formation professionnelle (CMFP)

military woman (US) : militaire féminin

military writing(s) (US) : écrits militaires

military-diplomatic (US) : militaro-diplomatique

militaryintelligence (MI) unit (US) : unité de renseignement (de l'armée de terre)

military-media (US) : armée-média

military-related intelligence (US) : renseignement d'intérêt militaire

military-strategic (GB, US) : militaro-stratégique

military-strategic environment (US) : environnement militaro-stratégique (l')

military-technical assistance (US) : aide militaire et technique

militia (US, Jane's) : milice

militiaman : milicien

millenium (GB, US) : millénaire

millimeter wave (US) : onde millimétrique

millimetre wave radar : radar millimétrique

millimetre wave sensor : capteur à ondes millimétriques

millimetric (OTAN) : millimétrique (ondes)

millimetric wave (OTAN) : onde millimétrique

Millitary Region HQ (= Headquarters) (Jane's) : état-major de région Terre

mind set (US) : mentalité

mind set (US) : tournure d'esprit (mentalité)

mindful of (GB) : soucieux de

mine (an area / a road) (GB) : miner (zone / route)

mine (US, GB, OTAN, UN) : mine

mine action (OTAN) : action antimines

mine action (OTAN) : action contre les mines (l')

mine action centre (CA) : centre de déminage

mine awareness (CA) : sensibilisation aux mines

mine clearance (CA) : enlèvement des mines

mine clearance (operations) (GB) : dépollution

mine clearance (OTAN, GB) : déminage (mines terrestres)

mine clearance operations (CA) : opérations d'enlèvement des mines

mine clearing : dépollution

mine clearing party : groupe de déminage

mine countermeasures (OTAN) : lutte contre les mines

mine defence (OTAN) : emploi défensif des mines

mine detection (US) : détection des mines

mine detector (GB) : détecteur de mines

mine dispenser (OTAN) : distributeur de mines

mine disposal : déminage (mines terrestres)

mine launcher (GB) : disperseur de mines

mine planter (UN) : distributeur de mines

mine plough : charrue de déminage

mine row (OTAN) : rangée de mines (ou minée)

mine strip (OTAN) : bande minée

mine strip (US, OTAN) : rangée double (ou doublée) (mines)

mine warfare (US) : guerre des mines

mine-burier : enfouisseur de mines

mine-clearance operations (Jane's) : opérations de dépollution

mine-clearing blade (US) : charrue de déminage

mined area (OTAN) : zone minée

minefield (US, GB, OTAN) : champ de mines

minefield breaching (UN) : franchissement de champs de mines

minefield density (OTAN) : densité de champ de mines

minefield detection (GB) : détection de champs de mines

minefield gap (OTAN) : trouée (mines)

minefield record (OTAN) : plan de repérage (champ de mines)

minefield record (US) : plan de pose (mines)

minehunter (UN) : chasseur de mines

minejam : bouchon de mines

minelayer (GB) : poseur de mines

minelaying : minage

minemarking (CA) : marquage des mines

minesweeper (UN) : dragueur de mines

minesweeping (OTAN) : dragage de mines

minesweeping (OTAN) : dragage des mines

mine-thrower (UN) : disperseur de mines

mine-thrower (UN) : lanceur de mines

mine-warfare exercise (US) : exercice de guerre des mines

miniature (OTAN, US) : miniature

miniature interceptor (US) : intercepteur miniature (défense antimissile)

miniature vehicle (OTAN) : véhicule miniature

miniaturisation (GB) : miniaturisation

miniaturised aerial vehicle (MAV) (US) : drone miniaturisé

miniaturize (US) : miniaturiser

minimal (OTAN) : minimal (traitement de blessés) (SAN)

minimal treatment (OTAN) : traitement minimal (blessés) (SAN)

MINIMI light machine gun (LMG) : MINIMI (mitrailleuse légère)

minimize : discrétion (trafic réduit) (régime radio)

minimize ! (US) : trafic réduit ! (TRANS)

minimize (GB) : limiter

minimize (OTAN) : minimiser

minimize ou to minimise (OTAN) : réduire (danger / risque / pression / dommages)

minimum (GB, US) : minimum

minimum (US, GB) : minimal

minimum operating strip (OTAN) : piste opérationnelle minimale (aéronefs)

minimum range (US, OTAN) : portée minimale

mining (UN) : pose (de mines)

mini-nukes (UN) : mini-bombes nucléaires (ou armes nucléaires miniaturisées)

minister (GB, AUS) : ministre

Minister for Defence (Australie) : Ministre de la Défense

Minister of War (US) : Ministre de la guerre (Hist.)

ministry (GB) : ministère (gouvernement)

ministry (US) : ministère (aumônier)

Ministry of Defence (MOD) (GB) : ministère de la Défense (MINDEF)

Ministry of Defence (MOD) (OTAN) : ministère de la Défense nationale

Ministry of the Interior (French) (US) : ministère de l'Intérieur

minor : léger (mineur)

minor (US) : secondaire (mineur)

minor attack (US) : attaque de faible envergure

minor casualty (US) : blessé léger

minor crisis (US, GB) : crise mineure

minority area (OTAN) : région où vivent des minorités

minority group (OTAN) : groupe minoritaire

minor-leveraged (US) : effet de levier mineur (avec)

minus : diminué de

minus : moins

minus (unit) : amputée (unité)

minus (US) : diminuée (unité)

minus (US) : négatif

minus (US) : point négatif

minus unit : unité amputée

minus unit : unité diminuée

minute (GB) : minutieux

minute (US, OTAN, GB) : minute

MIRA night sight (GB) : MIRA (lunette thermique)

MIRA thermal imaging sight : MIRA (lunette thermique)

Mirage 2000D fighter aircraft (French Dassault) (Jane's) : Mirage 2000D

Mirage F1-C interceptor (US) : Mirage F1-C

Mirage F1-CR photographic reconnaissance aircraft (US) : Mirage F1-CR

Mirage IV A nuclear bomber (US) : Mirage IV A

Mirage nuclear bomber (GB) : Mirage (aéronef)

mirror site (US) : site-miroir (informatique)

mirved missile : missile mirvé

miscalculation (US) : erreur de calcul (ou mauvais calcul)

miscellaneous : divers

miscommunication (US) : mauvaise communication (relations publiques / PERS)

misconduct (US) : mauvaise conduite (PERS)

misconduct (US) : faute professionnelle

miserable (US) : dur

misfire (GB) : faire long feu (arme)

misfire (GB, US) : incident de tir (raté)

misfire (US, OTAN) : raté (défaut de mise à feu / incident de tir) (détonateur / charge propulsive / projectile)

misinformation campaign (US) : campagne de désinformation

misinterpretation (UN) : erreur d'interprétation

mislead (OTAN) : fausser

mislead (the enemy) (US) : tromper (ennemi / systèmes d'observation)

mislead (US) : abuser (tromper) (TAC)

mislead (US) : induire en erreur

mismatch (Jane's) : disparité (matériels)

misrepresent oneself as (US) : se faire passer pour (RENS)

miss (a target) : rater (cible)

miss (GB) : manquer (réunion / rendez-vous)

miss (US, GB) : manquer (cible)

missile (OTAN) : projectile

missile (test) range (US) : centre d'essais (missiles)

missile and space test centre (MSTC) (OTAN) : centre d'essais spatiaux et de missiles

missile battalion (US) : régiment de missiles (ART)

missile defence exercise (OTAN) : exercice de défense contre missiles

missile defense (US, OTAN) : défense antimissile

missile deployment (OTAN) : déploiement de missiles

missile engagement (OTAN) : engagement des missiles (attaque)

missile firing installation (OTAN) : polygone de tir d'engins (ou de missiles) (OTAN)

missile gap : déficit en missiles (entre pays)

missile guidance (US) : guidage de missiles

missile launcher (GB) : rampe de lancement (missile) (véhicule / dispositif)

missile launcher (GB) : rampe de missile (véhicule / dispositif)

missile range (US) : site d'essais de missiles

missile regiment (GB) : régiment de missiles (ART)

missile seeker (OTAN) : autodirecteur de missile

missile shield (Jane's) : bouclier antimissile

missile site (US) : site de missiles

missile site radar (MSR) (UN) : radar de site de missiles

missile system (US) : missile

missile system (US) : système de missiles

missile technology (US) : technologie de missiles

missile threat (US) : menace liée aux missiles

missile tracking radar (MTR) (OTAN) : radar de poursuite de missiles

missile warhead (UN) : ogive de missile

missile warning (US) : détection de missiles

missile weapon (UN) : arme balistique

missing (GB) : manquant (absent)

missing (GB, US) : disparu (PERS)

missing (OTAN) : disparu (sous-marin)

missing in action (MIA) (US) : disparu au combat (PERS)

Mission : mission (titre de paragraphe)

mission (US) : mission (facteur déterminant)

mission (US, GB) : mission

mission (US, UN) : mission (groupe)

mission accomplished (US, GB) : mission accomplie

mission analysis (US, GB) : analyse de la mission

mission area (US) : zone de mission

mission awareness (US) : compréhension de la mission

mission designation (US) : nom de mission (satellite)

mission essential (OTAN) : essentiel à la mission (force)

mission essential task list (METL) (US) : liste des tâches essentielles à la mission

mission need (OTAN) : besoin de la mission

mission orientated (OTAN) : axé sur la mission (ou sur les missions)

mission orientated approach (MOA) (OTAN) : démarche axée sur la mission

mission plan (GB) : plan de mission

mission planning (OTAN) : planification des missions

mission planning (OTAN) : plans de mission

mission planning (US) : planification de la mission (ou des missions)

mission planning station (US) : station de programmation de vols (drône)

mission profile (OTAN) : fiche descriptive de missions

mission report (MISREP) (GB, OTAN) : compte-rendu de mission

mission scenario (UEO) : scénario de mission

mission success (US) : succès de la mission

mission summary (MISSUM) (OTAN) : synthèse de mission

mission weight (US) : masse en ordre de combat (hélicoptère)

mission-essential (OTAN) : indispensable à la mission

mission-oriented (OTAN) : axé sur la mission (ou sur les missions)

mission-oriented protective posture (MOPP) (US) : niveau de protection NBC (soldat)

missions / tasks (GB) : mission des unités subordonnées (titre de sous-paragraphe)

Missions for assigned (ou attached) units (US) : mission des unités subordonnées (titre de sous-paragraphe)

mission-tailored (US) : adapté à la mission

mist (GB) : brume (vapeur d'eau)

mist up (GB) : s'embuer

mistake : erreur

MISTRAL SATCP very-short-range ground-to-air missile (Jane's) : MISTRAL (missile sol-air très courte portée)

MISTRAL very-short-range surface-to-air missile (Jane's) : SATCP / MISTRAL (missile sol-air très courte portée)

mistreat (US) : maltraiter

misty (GB) : brumeux (vapeur d'eau)

misunderstanding (UN) : erreur de jugement

misunderstanding (US) : méprise (malentendu) (TAC)

misunderstanding (US, OTAN) : malentendu

misuse (GB) : mauvaise utilisation (ou emploi)

mitigate (US) : diminuer

mix : mélange

mix (US, GB) : dosage

mix (US, GB) : panachage (dosage / combinaison)

mix (US, GB, OTAN) : combinaison (unités / défenses)

mixed (US) : composite (unité / force)

mixed (US, OTAN) : panaché (ART)

mixed casualties (OTAN) : pertes mixtes

mixing (Jane's) : assemblage (de forces) (modularité)

MK8B Wheelbarrow remotely controlled vehicle (GB) : robot démineur télécommandé (ou robot mobile d'intervention) (GEN)

mlitary policy (US) : ligne d'action militaire

MLRS (= Multiple Launch Rocket System) launcher (US) : lanceur LRM (lance-roquettes multiple)

MLRS battery (US) : batterie LRM (lance-roquettes multiple)

mob (US) : bande (clique / gang) (individus)

mobile : agile

mobile (GB) : portatif (ou portable) (matériel)

mobile (OTAN) : mobile (force / cible)

mobile (OTAN) : mobile (état-major / QG)

mobile (tele)phone (GB) : téléphone mobile

Mobile Army Surgical Hospital (MASH) (US) : hôpital mobile de l'avant (zone des combats)

mobile assault bridge (MAB) (équivalent US) : pont flottant motorisé (PFM)

mobile assault bridge (MAB) (US) : pont d'assaut mobile

mobile bath unit (GB) : unité de douches mobile

mobile carriage : affût mobile

mobile communications (OTAN) : communications avec les mobiles

mobile communications center (OTAN) : centre de communications mobile

mobile defense (US, GB) : défense mobile (TAC)

Mobile Floating Assault Bridge / Ferry (MAB) (équivalent US) : bac Gillois

mobile kitchen : cuisine roulante

mobile land battle target (MLBT) (OTAN) : objectif terrestre mobile

mobile news team (GB) (Army) : reportage (équipe mobile de) (media de l'armée de terre)

mobile satellite terminal (GB) : terminal de satellite mobile

mobile subscriber equipment (MSE) (équivalent US) : réseau intégré de transmissions automatiques (RITA)

mobile subscriber radio terminal (US) : terminal d'abonné mobile (TAM) (réseau radio)

mobile telephone (GB) : téléphone mobile (champ de bataille)

mobile warfare : combat de mouvement

mobile warfare (US) : combat mobile

mobile warfare (US) : mouvement (guerre de) (type de guerre)

mobile warfare (US) : guerre de mouvement

mobilisable (OTAN) : mobilisable

mobilisation (GB) : mobilisation

mobilisation centre (GB) : centre de mobilisation

mobilise (GB) : mobiliser (armée / personnels)

mobility (US, GB, UN, UEO) : mobilité (TAC)

mobility / countermobility platoon (US) : section de mobilité-contre-mobilité (GEN)

mobility aid : aide à la mobilité (GEN)

mobility corridor (OTAN) : corridor de mobilité

mobility missions (US) : missions de mobilité (GEN)

mobility operations (US) : aide à la mobilité (GEN)

mobility operations (US) : opérations de mobilité (GEN)

mobility support (GB) : aide à la mobilité (GEN)

mobilization (OTAN, US) : mobilisation

mobilization center (US) : centre mobilisateur

mobilization plan (US, CA) : plan de mobilisation

mobilization planning (US) : plans de mobilisation

mobilization station (US) : centre de mobilisation

mobilization station (US) : centre mobilisateur

mobilize (GB) : entrer en mobilisation (pays)

mobilize (US) : mobiliser (armée / personnels)

mobilize (US) : se mobiliser (force / armée)

mock (US) : simulé

mock-up (OTAN, US) : maquette (matériel / arme / machine / appareil) (grandeur nature)

mock-up door : agrès de sortie (TAP)

mock-up door : maquette de porte (entraînement TAP)

MOD (= Ministry of Defence) Public Relations Department (équivalent GB) : délégation à l'information et à la communication de la Défense (DICOD) (ex-SIRPA)

MOD (= Ministry of Defence) Public Relations Department (équivalent GB) (GB) : DICOD (Délégation à l'Information et à la COmmunication de la Défense)

MOD civilians (GB) : personnel(s) civil(s) (du ministère) de la Défense

mode : mode

mode of address (GB) : terme d'adresse (envers un militaire)

mode of attack (US) : mode d'attaque

mode of fire (US) : mode d'engagement (missile)
mode of guidance (US) : mode de guidage
mode of operations (US) : mode opératoire (service) (RENS)
mode of transport(ation) (US) : mode de transport (terre / air / mer)
model (US) : modèle (relations / opérations)
model (US) : modèle (unité)
model (US) : modèle (adjectif)
model (US, CFE) : modèle (aéronef / équipement)
model armed forces : modèle d'armée
model army (GB) : modèle d'armée
modeling (US) : modélisation
modem transmissions (computer) (US) : transmissions par modem
moderate (risk) : modéré (risque)
moderate damage (US, OTAN) : dégât(s) modéré(s)
modern (US, GB) : moderne
modern battle (US) : combat moderne (le)
modern warfare (US, GB) : combat moderne (le)
modernise : moderniser (ou monter en rattrapage) (matériel)
modernised : modernisé (matériel)
modernization (US, GB, OTAN) : modernisation
modernization plan (US) : plan de modernisation (armée)
modernization project : projet de modernisation (des forces armées)
modest (GB) : modeste
modification (US, Jane's) : modification (armement)
modified (GB,US) : modifié (armement / matériel)
modify (OTAN) : modification (ART)
modify (US) : modifier (armement)
modify (US) : modifier (concept)
modular (OTAN) : modulaire (arme)
modular (US, GB) : modulaire
modular bridge (system) (GB) : pont modulaire
modular bridge system : système de pont modulaire
modular charge system (MCS) (GB) : système de charge modulaire
modular design : modularité
modular stand-off weapon (MSOW) (OTAN) : arme modulaire tirée à distance de sécurité
modular system (UEO) : système modulaire
modularity (US, Jane's) (forces) : modularité
module (US) : module
moisture (US) : humidité
mold (US) : façonner
mold (US) : former (ou façonner) (PERS)
mole (US) : taupe (RENS)
mole-hunter (US) : chasseur de taupes (familier) (RENS)
mole-hunting (US) : chasse aux taupes (RENS)
Molotov cocktail (US) : cocktail Molotov
moment (US) : instant

momentarily (US) : momentanément
momentous (OTAN) : capital (crucial)
momentum (US, GB) : élan (TAC)
Money : motivations d'espionnage (transfuges / agents clandestins) (RENS)
money (US, GB, CA) : argent
monitor : écran de visualisation
monitor : intercepter (GE)
monitor (CFE) : observer (processus de réduction d'armements)
monitor (GB) : écouter (GE / RENS)
monitor (OTAN) : suivre (contrôler)
monitor (OTAN) : suivre de près (évolution d'une situation)
monitor (OTAN) : surveiller
monitor (TV) : moniteur (écran de contrôle)
monitor (US) : contrôler (vérifier)
monitor (US) : observateur
monitor (US) : surveiller (RENS)
monitoring : interception (radioélectrique) (GE / RENS)
monitoring (OTAN) : contrôle (surveillance)
monitoring (UN) : surveillance
monitoring (UN) : veille (vigilance)
monitoring (US, OTAN, UN) : écoute (TRANS)
monitoring station (US) : station d'écoute (RENS)
monsoon (GB) : mousson
month (US, GB, CA) : mois
monthly pay (US) : solde mensuelle
moon : lune
moonlight (OTAN) : clair de lune
moor (GB) : lande (TOPO)
moorland (GB) : lande (TOPO)
mop up (US, GB) : nettoyer (TAC)
mopping-up (OTAN) : nettoyage (TAC)
moral dominance (US) : supériorité morale
morale (GB, US) : moral
moratorium (UN) : moratoire
more (OTAN) : nouveau
more (US, OTAN) : davantage
more than (OTAN) : plus de
more wisely (OTAN) : mieux
morning (US) : matin
morphine (GB) : morphine (SAN)
Morse code (GB) : Morse
mortal (GB) : mortel
mortally (US, GB) : mortellement
mortar (GB) : attaquer au mortier
mortar (system) (US, GB) : mortier
mortar attack (GB) : attaque au mortier
mortar bombardment (GB) : bombardement au mortier
mortar carrier (US, Jane's) : porte-mortiers
mortar fire controller (MFC) (GB) : observateur au mortier
mortar gunner (US) : tireur au mortier
mortar locating radar : radar anti-mortiers

mortar locating radar (GB) : radar de trajectographie

mortar position (US) : position de mortier

mortar projectile (US) : obus de mortier

mortar round : obus de mortier

mortar towing vehicle : tracteur de mortier

mortuary (US) : morgue

mortuary (US) : mortuaire

mosaic (OTAN) : mosaïque (photographie)

Mossad (US) : Mossad (le) (service de renseignement extérieur israélien)

most (US) : plupart

most secret (GB) : très secret défense (TSD) (degré de classification)

motherland (US) : patrie

motion (US) : déplacement (véhicule)

motivate (US) : motiver (soldats)

motivated (US, GB) : motivé (PERS)

motivating factor (US) : facteur de motivation

motivation : motif

motivation (GB, US) : motivation

motor (transport) officer (US) : officier auto

motor / maintenance officer (US) : officier mécanicien / maintien en condition (garnison / unité)

Motor Pool (US) : escadron d'exploitation et de transport (EET)

motor transport (MT) (OTAN) : moyen de transport à moteur

motor vehicle (US) : véhicule à moteur

motorcycle (US, GB) : moto(cyclette)

motorized (OTAN, US) : motorisé (force)

motorized (US) : porté (unité)

motorized battalion : bataillon motorisé (BM) (ENI)

motorized division (US) : division motorisée

motorized infantry : infanterie motorisée

motorized rifle battalion (MRB) : bataillon de fusiliers motorisés (BFM) (ENI)

motorized rifle company (MRC) : compagnie de fusiliers motorisés (CFM) (ENI)

motorized rifle company (US) : compagnie d'infanterie motorisée

motorized rifle division (MRD) : DFM (division de fusiliers motorisés) (ENI)

motorized rifle division (MRD) : division de fusiliers motorisés (DFM) (ENI)

motorized rifle regiment (MRR) (US) : régiment de fusiliers motorisés (RFM) (ENI)

motorized unit (OTAN) : unité motorisée

motor-rifle (GB) : mécanisé (force) (ENI générique)

motorway (GB) : autoroute

motto (US, GB) : devise

mould (GB) : former (ou façonner) (PERS)

mount : affût de mitrailleuse

mount : embarquer (monter à bord)

mount : mont (TOPO)

mount (GB) : mettre sur pied

mount (GB) : monter (embarquer) (aéronef / véhicule)

mount (GB, US) : monter (opération)

mount (Jane's) : monter (s'élever)

mount (OTAN, US) : monter (installer) (matériel)

mount (US) : grimper (verbe)

mount (US) : posséder (matériel)

mount (US) : support

mount guard (GB) : monter la garde

mountain (US) : alpine (unité / troupes)

mountain (US, GB) : montagne (TOPO)

mountain artillery regiment (GB) : régiment d'artillerie de montagne

mountain combat (US) : combat en montagne (ou en zone montagneuse)

Mountain Division (US) (Infanterie légère) : DIM (Division d'Infanterie de Montagne)

mountain infantry battalion : bataillon de chasseurs alpins (BCA)

mountain infantry battalion : bataillon d'infanterie alpine (BIA)

mountain infantry battalion (US, GB) : régiment d'infanterie alpine (RIA)

mountain infantry brigade : brigade d'infanterie de montagne (BIM) (armée de terre 2002)

mountain operations (US) : opérations en zone(s) montagneuse(s)

mountain range : chaîne de montagnes (TOPO)

mountain rescue (GB) : sauvetage en montagne (GEND)

mountain rescue (GB) : secours en montagne (GEND)

mountain training centre (GB) : centre d'instruction et d'entraînement au combat en montagne

mountain troops (US) : troupes de montagne

mountain warfare (US) : combat en montagne (ou en zone montagneuse)

mountain warfare training centre (GB) : centre d'instruction et d'entraînement au combat en montagne

mountaineering (GB) : alpinisme

mountainous (GB, US) : montagneux

mountainous area (US) : zone montagneuse

mountainous region (US) : région montagneuse (TOPO)

mounted (GB) : cheval (à) (troupes)

mounted (US) : installé (matériel)

mounted (US) : intégré (encastré / incorporé) (matériel)

mounted (US) : monté sur

mounted (US, GB) : sur (spatial)

mounted (US, Jane's) : embarqué (troupes / actions)

mounted assault (US) : assaut embarqué

mounted combat (US) : combat embarqué

mounted in (ou on) (GB) : monté sur

mounted in (US) : embarqué sur (PERS)

mounted infantry (US) : infanterie embarquée

mounted troops : troupes à cheval

mounted unit (US) : unité embarquée
mounted urban combat training site (US) : centre d'entraînement de combat en zone urbaine (USA)
mounted warfare (US) : combat embarqué
mounting : affût de mitrailleuse
mounting (GB) : affût (canon)
mounting (GB, OTAN) : préparatifs (opération)
mounting (gun) (GB) : affût de canon
mounting (US) : armé de (hommes / matériels)
mounting (US) : équipé de (matériel)
mounting area (GB) : zone des préparatifs
mourn (US) : déplorer
MOUT (Military Operations on Urban(ized) Terrain) site (ou complex ou facility) : village de combat
MOUT training center (Jane's) : centre d'entraînement au combat en localité
MOUT training facility (Jane's) : centre d'entraînement au combat en localité
moutain infantryman's beret : tarte (béret de chasseur alpin)
moutain operations (US) : combat en montagne (ou en zone montagneuse)
mouthpiece (US) : microphone (téléphone)
mouth-to-mouth resuscitation (US) : bouche-à-bouche (SAN)
move (GB) : déplacer (se)
move (GB) : faire mouvement
move (GB) : partir pour (unité)
move (GB) : passer (TAC)
move (GB) : se porter
move (GB) : s'installer (TAC)
move (GB) : s'installer (unité)
move (GB, OTAN) : s'orienter (sens figuré)
move (GB, US) : déplacement (terme générique)
move (GB, US) : parcourir (personnel / force / aéronef)
move (GB, US) : quitter (TAC)
move (OTAN) : acheminer
move (OTAN) : faire circuler
move (OTAN) : initiative (proposition / programme)
move (US) : acheminer (information)
move (US) : déménagement (mutation) (PERS)
move (US) : déménager (mutation) (PERS)
move (US) : déplacer
move (US) : déplacer (troupe / unité / force / effort) (TAC)
move (US) : évoluer (se déplacer) (matériel)
move (US) : faire avancer (force)
move (US) : faire progresser (force)
move (US) : intervenir (TAC)
move (US) : mouvement
move (US, GB) : transférer
move (US, GB, OTAN) : se déplacer (TAC)
move (US, OTAN) : avancer
move (US, OTAN) : se diriger

move across (US) : faire traverser (force)
move away (US) : s'éloigner (force)
move away from (US) : éloigner de (s')
move back (US) : rapatrier
move by air (US) : déplacer par air (personnel et matériel)
move by aircraft (US) : se déplacer par voie aérienne (ou par aéronefs) (INF)
move closer to (OTAN) : se rapprocher de
move closer together (OTAN) : se rapprocher (pays)
move forward (GB) : avancer (véhicule)
move forward (US) : aller de l'avant
move from...to (US) : passer de... à (changement d'activité)
move house (GB) : déménager (mutation) (PERS)
move in (US) : arriver
move into (US) : pénétrer
move into position (GB) : se mettre en place
move out (US) : faire mouvement
move out of (GB) : quitter (TAC)
move (PCS) (US) : mutation (changement d'affectation) (PERS)
move through (a force / a unit) : dépasser (TAC)
move through (US) : transiter par
move to (OTAN) : rallier
move to (ou onto) the offensive (GB) : passer à l'offensive (force)
move to (ou to come ou to get) within (+ distance) of (US, GB) : s'approcher de (sens spatial)
move up (US) : avancer (progresser) (troupe) (TAC)
move up (ou go up) in rank (US) : avancer en grade (PERS)
movement (GB) : mouvement (organisation)
movement (OTAN) : acheminement
movement (OTAN) : déplacement (terme générique)
movement (OTAN) : mouvements (guerre terrestre)
movement (US, GB) : mouvement
movement authorization (OTAN) : crédit de mouvement (ordre de mouvement)
movement capabilities (US) : possibilités de déplacement (force)
movement control (MOVCON) (GB, US, OTAN) : contrôle des mouvements
movement control (OTAN) : mouvements et transports
movement control (OTAN) : organisation des mouvements et transports
movement control (US) : gestion des mouvements
movement control officer (OTAN) : officier chargé du contrôle des mouvements
movement control point (OTAN) : poste de contrôle des mouvements
movement control point (US, GB) : point de contrôle des mouvements

movement control unit (GB) : unité de contrôle des mouvements

movement controller (GB) : contrôleur des mouvements (Train)

movement co-ordination centre (MCC) (GB) : centre de coordination des mouvements

movement credit (OTAN) : crédit de mouvement (ordre de mouvement)

movement exercise (MOVEX) (OTAN) : exercice de mouvement

movement order (GB) : ordre de marche (ou de mouvement) (à pied ou en véhicule)

movement order (OTAN) : crédit de mouvement (ordre de mouvement)

movement plan : plan de mouvement

movement priority (OTAN) : priorité de mouvement

movement report (MOVEREP ou MOVREP) (OTAN) : compte-rendu de mouvement

movement support : appui au mouvement

movement table (OTAN) : tableau des mouvements et transports

movement to contact (US) : marche à l'ennemi (TAC)

movement(s) control center (MCC) (US) : centre de contrôle (ou de régulation) des mouvements

movements coordination (OTAN) : coordination des mouvements

movements exercise (OTAN) : exercice de mouvements

movement-to-contact operations (US) : opérations de marche à l'ennemi

movie camera (US) : caméra vidéo

moving : en marche (troupe / véhicule)

moving (OTAN) : marche (en)

moving (US) : déménagement (mutation) (PERS)

moving (US) : en mouvement

moving (US) : mobile (force / cible)

moving allowance (US) : indemnité de déménagement

moving company (US) : société de déménagement (mutation)

moving target indicator (US, OTAN) : éliminateur d'échos fixes

MP unit (US) (MP = Military Police) : unité de police militaire

Mr. (US) : monsieur

Mr. CSFP : M. PESC

much needed (US) : indispensable

mud (GB, US) : boue

mud crusher (US) : biffin (fantassin)

mud shield : garde-boue (char)

muddy (US) : boueux

muffler : silencieux (char)

mufti (GB) : tenue civile

mug (GB) : quart (récipient)

multiple payloadcommunication satellite (MPCS) (OTAN) : satellite de télécommunications à charge utile multiple

multiply (OTAN) : multiplier (signal) (TRANS)

multi (US) : multi- (ou pluri-) (suffixes) (+ adjectif)

Multi Arms Trainer (Jane's) : S1 MAT

Multi Role Armoured Vehicle (MRAV) (GB) : véhicule blindé polyvalent

multi span : multi-travées

multibarrel (UN) : multitubes

multi-channel : canaux multiples (à) (TRANS)

multicultural (US) : multiculturel (forces)

multidimensional (US) : multidimensionnel (ou pluridimensionnel)

multidimensional (US) : pluri-dimensionnel (champ de bataille)

multidisciplinary (GB) : multidisciplinaire (ou pluridisciplinaire)

multi-disciplined (GB) : multidisciplinaire (ou pluridisciplinaire)

multi-ethnic (OTAN) : multiethnique (ou pluriethnique)

multifuel (US) : polycarburant (moteur)

multifunction (US) : multifonction(s) (matériel / système)

multifunctional (OTAN) : multifonction(s) (matériel / système)

multifunctional (OTAN) : polyvalent (opérations)

multi-functional (US) : multifonctionnel

multilateral (US, OTAN) : multilatéral

multilateral force (MLF) (OTAN) : force multilatérale

multilaterally (OTAN) : multilatéralement

multilayered (US) : superposable

multilingual (US) : multilingue

multimedia (US, GB) : multimédia (le)

multimedia (US, GB) : multimédia (adjectif)

multimission (US) : multimissions

multi-modal (OTAN) : multi-modes (transport)

multination (OTAN) : multinational

multinational (OTAN) : multinational

multinational brigade (MNB) (OTAN) : brigade multinationale

multinational capabilities (US) : capacités multinationales

multinational cooperation (US) : coopération multinationale

multinational division (MND ou MD) (GB, OTAN) : division multinationale (DMN)

multinational force (MNF) (OTAN) : force multinationale

multinational headquarters (UEO) : état-major multinational

multi-national joint logistic centre (MJLC) (OTAN) : centre logistique interarmées multinational

multinational joint operation : opération interarmées multinationale

multinational joint task force headquarters (cadre multinational) : poste de commandement de force interarmées interalliée multinational logistic centre (MNLC) (GB) : centre logistique multinational

multinational logistics (OTAN, GB, US) : logistique multinationale

multinational logistics command (MNLC) (OTAN) : commandement logistique multinational

multinational operation (GB, OTAN) : opération multinationale

multinational operations (US) : opérations multinationales

multinational staff (US) : état-major multinational

multinationality (Jane's) : caractère multinational (opérations)

multinationality (OTAN) : multinationalité (ou caractère multinational)

multiple (US, UN, OTAN) : multiple

multiple delivery mine system (US) : disperseur de mines

multiple delivery mine system (US) : disperseur de mines terrestres

multiple independently targetable re-entry vehicle (MIRV) (UN, OTAN) : corps de rentrée à têtes multiples indépendamment guidées

multiple integrated laser engagement system (MILES) (équivalent US) : simulateur de tir de combat aux armes légères (SITCAL)

multiple launch rocket system (MLRS) (US, GB, OTAN) : lance-roquettes multiple (LRM)

multiple re-entry vehicle (MRV) (UN) : corps de rentrée à têtes multiples

multiple rocket launcher (MRL) (OTAN) : lance-roquettes multiple (LRM)

multiple-barreled (US) : multitubes

multiplexing (OTAN) : multiplexage

multiplicity (US) : multiplicité

multiplier (US) : facteur multiplicateur d'efficacité

multiplier (US) : multiplicateur d'efficacité

multiply (US, GB) : multiplier

multi-polar (Jane's) : multipolaire

multipolarity (OTAN) : multipolarité

multipurpose (US) : adaptable (polyvalent) (matériel)

multipurpose (US) : multifonction(s) (matériel / système)

multipurpose (US) : polyvalent (matériel / installation)

multi-purpose engineer tractor (US) : moyen polyvalent du génie (MPG)

multipurpose engineer vehicle (OTAN) : moyen polyvalent du génie (MPG)

multipurpose light helicopter (MPLH) (US) : hélicoptère léger polyvalent

multirole (GB) : multirôle (aéronef)

multi-role (UN) : adaptable (polyvalent) (matériel)

multi-role (UN) : polyvalent (matériel / installation)

Multi-Role Armoured Vehicle (MRAV) (équivalent GB) : véhicule blindé de combat d'infanterie (VBCI)

multi-role combat aircraft (MRCA) : chasseur polyvalent (ou à missions multiples)

Multi-Role Combat Aircraft (MRCA) (GB, OTAN) : avion de combat polyvalent

multirole fighter (GB) : avion de chasse polyvalent

multirole fighter (GB) : chasseur polyvalent (ou à missions multiples)

multiservice (OTAN) : interarmées (adjectif)

multi-spectral (US) : multi-spectral

multi-spectral imagery (OTAN) : représentation à spectres multiples

multi-system (OTAN) : multisystème (défense aérienne)

multitude (OTAN) : multitude

multi-warhead(ed) missile (UN) : missile à ogives multiples

multi-year (ou multiyear) contract (Jane's, US) : contrat pluri-annuel (ARMT)

multiyear (US : pluri-annuel

multi-zonal radar (UN) : radar multizones

munition (OTAN) : munition

munitions (Jane's) : munitions

munitions factory (GB) : usine de munitions

Mururoa atoll (GB) : Mururoa (atoll de)

mushroom cloud (GB) : champignon atomique

musical instrument (GB) : instrument de musique

musician (GB) : musicien

musket (GB) : mousquet (Hist.)

Muslim (GB) : musulman (nom et adjectif)

must (US) : nécessité

muster (GB) : rassemblement

muster (GB) : rassembler (approvisionnements / équipement / coalition / troupes / prisonniers / unité / population)

muster (GB) : réunir

muster (GB) : se rassembler (troupe)

muster parade (GB) : rapport (rassemblement du matin)

muster parade (GB) : rassemblement

mute (GB) : Muette (la Grande) (armée)

mute giant (GB) : Grande Muette (la) (armée)

mutilate (GB) : mutiler (ou estropier)

mutineer : mutin (nom)

mutinous : mutin (adjectif)

mutiny : mutinerie

mutual (support) (OTAN, US) : réciproque (appui)

mutual (US, OTAN) : mutuel

mutual and balanced force reductions (MBFR) (OTAN) : réductions mutuelles et équilibrées des forces

mutual assistance (OTAN) : assistance mutuelle (entre pays) (accord de défense)

mutual assistance clause (OTAN) : clause d'assistance mutuelle (traité de défense)

mutual assured destruction (MAD) (UN, OTAN) : destruction mutuelle assurée (STRAT) mutual support (US, GB, OTAN) : appui réciproque

mutual trust (US) : confiance mutuelle (pays / armées)

muzzle : bouche (fusil automatique / mortier / lance-roquette / canon de char / arme de poing)

muzzle (gun / mortar) (US, OTAN) : bouche (canon / mortier)

muzzle brake (US) : frein de bouche (canon de char)

muzzle reference system (US) : arcurmètre (canon de char)

muzzle rest : appui (lance-roquette)

muzzle velocity : vitesse initiale (ART)

muzzle velocity (GB) : vitesse initiale de la balle (fusil)

muzzle-loading (US) : chargement par la bouche (à)

my intent is to (US) : je veux (intention du chef)

my mistake : au temps pour moi !

myriad (US) : innombrable

mystification (GB) : mystification

myth (GB) : mythe

n

NAAFI break (GB) : pause café

naked (US, GB) : nu

name (US) : appellation (unité)

name (US) : baptiser (matériel / exercice)

name (US) : nommer (PERS)

name (US, GB) : nom

name tag : bande patronymique

nameplate (US) : plaque patronymique (ou nominative)

nametape (US) : bande patronymique

napalm (US, GB) : napalm

nap-of-the-earth (NOE) flight ou flying (US) : vol tactique (ou de combat)

Napoleonic (GB) : napoléonien

narcotics (US) : stupéfiants

narcotics intelligence (NARCINT) (US) : renseignement sur les trafics de drogues (ou de stupéfiants)

narrow (US) : rétrécir (secteur)

nation (US, OTAN) : nation

nation (US, OTAN) : pays

nation assistance (US) : consolidation de la paix

nation in arms (US) : nation en armes (la) (concept)

nation(-)state (US, OTAN) : État-nation

national (CFE, GB) : ressortissant

national (US, GB) : national

national agency check : enquête de sécurité (PERS) (RENS)

national armaments director (OTAN) : directeur national des armements

national army (GB) : armée nationale

national authorities (US) : autorités nationales

national command (OTAN) : commandement national (organisme militaire)

National Command Authorities (US) : autorités nationales de commandement (pays)

national commander (OTAN) : commandant national

national competitive bidding (NCB) (OTAN) : appel d'offres national

national component (OTAN) : composante nationale (force)

national component (OTAN) : contingent national (force multinationale)

national contingent (GB) : contingent national (force multinationale)

national contingent commander (US, GB) : commandant de contingent national (ou de composante nationale)

National Defence (CA) : Défense Nationale (la)

National Defence (GB) : défense du territoire national (par opposition aux OPEX)

national defence (GB, CA) : défense de la nation (ou du pays)

national defense (US) : défense de la nation (ou du pays)

National Defense University (US) : université nationale des forces armées (USA)

national disaster contingency plan (ou civil emergencies scheme) : plan ORSEC

national division (OTAN) : division nationale (OTAN)

national force commander (OTAN) : commandant de forces nationales

national forces (OTAN) : forces nationales

national goal (US) : objectif national (forces / pays)

national headquarters (UEO) : état-major national

national high command : haut commandement national (HCN)

national intelligence (US) : renseignement de défense (ou d'intérêt de défense)

national intelligence (US) : renseignement gouvernemental

national intelligence (US) : renseignement interministériel de défense

national intelligence estimate (NIE) : évaluation de renseignement stratégique (ou d'intérêt national) (USA)

national interest (US) : intérêt national (ou intérêt du pays)

national logistic support (OTAN, GB) : soutien logistique national

national military authority (OTAN) : autorité militaire nationale

National Military Intelligence Collection Center (US) : centre national de recueil du renseignement militaire (USA) (DIA)

National Military Intelligence Production Center (US) : centre national de production du renseignement militaire (USA) (DIA)

national military representative (NMR) (OTAN) : représentant militaire national (RMN)

National Military Strategy (NMS) (US) : stratégie générale de la défense (France)

national military strategy (NMS) (US) : stratégie militaire nationale (USA)

national objective (US) : objectif national (forces / pays)

national power (US) : puissance nationale

national reconciliation (CA) : réconciliation nationale

national reserve forces (OTAN) : forces de réserve nationales

national security (US) : sécurité nationale

national security (US) : sûreté de l'État

National Security Council (NSC) (équivalent US) : comité de défense

national security information (US) : renseignement classifié (confidentiel défense, secret, très secret)

national security planning (US) : planification en matière de sécurité nationale

national security strategy (US) : stratégie nationale de sécurité

National Service Code : code du Service National

National Service ou national service (GB, Jane's) : Service National (SN) (service militaire obligatoire) (appelés)

national serviceman (GB) : appelé du contingent (PERS)

national support elements (OTAN) : éléments de soutien nationaux

national technical means (NTM) (US) : moyens techniques nationaux (vérification en matière de maîtrise des armements)

national territorial commander (OTAN) : commandant territorial national

national territory (OTAN) : territoire national

national terrorist watch contingency plan : Vigipirate (plan)

National Weather Service (équivalent US) : Météo-France

nationalism (US) : nationalisme

nationalist (GB) : nationaliste (nom et adjectif)

nationality (US, GB) : nationalité

nationwide link between the military and civilian community (GB) : armée-nation (lien)

native : indigène

NATO (OTAN) : OTAN (l')

NATO Air Defence Committee (NADC) (OTAN) : comité OTAN de défense aérienne

NATO Air Defence Ground Environment (NADGE) (OTAN) : infrastructure électronique de la défense aérienne de l'OTAN

NATO airborne early warning (NAEW) system (OTAN) : système aéroporté de détection lointaine de l'OTAN

NATO Airborne Early Warning Force (NAEWF) (OTAN) : force aéroportée de détection lointaine de l'OTAN

NATO area (OTAN) : zone OTAN

NATO command forces (OTAN) : forces sous commandement OTAN

NATO commander (OTAN) : commandant OTAN

NATO Confidential (NC) (OTAN) : OTAN confidentiel (classification)

NATO Defence College (OTAN) : collège de défense de l'OTAN

NATO expanded task force (NETF) (OTAN) : force opérationnelle OTAN élargie

NATO forces (OTAN) : forces de l'OTAN

NATO Industrial Advisory Group (NIAG) : groupe consultatif industriel de l'OTAN

NATO member country (OTAN) : pays membre de l'OTAN

NATO Restricted (NR) (OTAN) : OTAN diffusion restreinte (classification)

NATO Secret (NS) (OTAN) : OTAN secret (classification)

NATO Security (OTAN) : service de sécurité de l'OTAN

NATO situation centre (OTAN) : centre de situation de l'OTAN

NATO standardization agreement (STANAG) (OTAN) : accord de normalisation OTAN

NATO strike plan (NSP) (OTAN) : plan d'attaque de l'OTAN

NATO strike plan (NSP) (OTAN) : plan de frappe de l'OTAN

NATO Unclassified (NU) (OTAN) : OTAN sans classification (classification)

NATO wartime oil organization (NWOO) (OTAN) : organisation pétrolière OTAN du temps de guerre

NATO force structure (NFS) (OTAN) : structure de forces de l'OTAN

NATO multinational area force(s) (NMAF) (OTAN) : force(s) multinationale(s) de zone de l'OTAN

NATO-standard (US) : standard OTAN (au)

natural : naturel (GEN)

natural (GB) : né

natural barrier (US) : obstacle naturel

natural disaster (OTAN) : calamité naturelle

natural impediment (US) : obstacle naturel

natural obstacle (US) : obstacle naturel

natural occurrence (US) : événements naturel

natural resources (GB) : ressources naturelles

natural uranium (US) : uranium naturel

nature (OTAN) : art

nature (US) : nature
nature (US, GB) : caractère
nature of warfare (US) : nature de la guerre (la)
nausea (US) : nausée (SAN)
naval (OTAN) : naval
Naval Academy cadet : bordache (élève de l'École Navale)
naval air (OTAN) : aéronaval (adjectif)
naval air forces (OTAN) : forces aéronavales
naval air station (NAS) (OTAN) : base aéronavale
naval attaché (US) : attaché de la marine
naval attaché (US) : attaché naval
Naval Aviation (US) : Aéronavale (l')
naval bombardment (US) : bombardement naval
naval forces (GB, US) : forces navales
naval frogmen (GB) : nageurs de combat (subaquatiques)
naval Gendarmerie (Traduction de Jane's : the French Naval Police) : gendarmerie maritime (GEND)
naval gunfire support (GB, OTAN) : appui naval
naval infantry (OTAN) : infanterie de marine
naval infantry brigade (NIB) (OTAN) : brigade d'infanterie de marine
naval infantry division (NID) (OTAN) : division d'infanterie de marine (DIMa)
Naval Intelligence (US) : renseignement de la marine
navigable (GB) : navigable
navigate (GB) : s'orienter (personnels) (TAC)
navigation aid (UN) : aide à la navigation
navigation system : navigation (système de)
navigation system (GB) : système de navigation (canon automoteur)
navigational aid (OTAN, US) : aide à la navigation
Navy, Army, Air Force Institutes (NAAFI) : économat de l'armée
Navy (GB, US) : Royale (la) (la marine nationale)
Navy unit (US) : unité de la Marine
NBC (= Nuclear, Biological, Chemical) (GB, US) : N.B.C. (nucléaire, biologique et chimique)
NBC alert (GB) : alerte NBC
NBC collective protection : protection collective NBC (véhicule blindé)
NBC defence (GB) : défense NBC
NBC Defence Regiment (GB) : régiment de défense NBC
NBC defense measures (US) : mesure de défense NBC
NBC defensive equipment (US) : matériel de défense NBC
NBC environment (GB) : environnement NBC (PERS)
NBC officer (US) : officier NBC (garnison / unité)
NBC operations (GB) : opérations NBC
NBC personnel (GB) : personnel(s) NBC
NBC proof (US) : protégé (contre les agents) NBC (véhicule blindé)

NBC protection (OTAN) : protection NBC
NBC protection suit (GB) : tenue de protection NBC
NBC protection system (US) : système de protection NBC (char)
NBC protective oversuit : tenue de protection NBC
NBC reconnaissance (US, OTAN) : reconnaissance NBC
NBC state (GB) : probabilité d'attaque NBC ennemie
NBC suit (GB) : tenue de protection NBC
NBC system (Jane's) : système de protection NBC (char)
NBC warfare defence system (GB) : système de défense NBC
NBC warning device (GB) : dispositif d'alerte NBC
near : proximité de (à)
near (GB) : près de (spatial)
near (US) : à proximité de
near (US) : quasi
near (US) : s'approcher de (sens spatial)
near (US, OTAN) : proche
Near East (GB) : Proche-Orient (le)
near miss (OTAN) : quasi collision (aéronefs)
near term (US) : court terme
near-hostility (GB) : quasi-hostilité (état)
near-instantaneous (US) : quasi instantané
near real time (in) (OTAN) : temps quasi-réel (en)
nearly (OTAN) : pratiquement
nearly (US) : près de (presque)
near-perfect (US) : quasi-parfait
necessarily (US) : forcément
necessary (CA) : nécessaire (adjectif)
necessity (US) : nécessité
neck scarf : plastron d'arme
necktie (US) : cravate (tenue)
necktie camera (US) : appareil photo cravate (RENS)
need (US) : nécessité
need (US, GB, OTAN) : besoin
need to know (US) : besoin d'en connaître (RENS)
negate (US) : annuler (avantage tactique ennemi)
negative : non (procédure radio)
negative ! : négatif ! (non)
negative (GB) : inexact
negative (photographic) (US) : négatif (photographique)
negative (US) : négatif
negative (US) : négatif (non) (procédure radio)
neglect (US) : négliger
negligence (GB) : manque de précautions (ou manque de soin ou négligence) (PERS)
negligence (GB) : négligence (ou manque de précautions ou manque de soin) (PERS)
negligent (GB) : négligent (PERS)

negligible (risk) : négligeable (risque)
negotiate (OTAN) : franchir (obstacle)
negotiate (US) : gravir
negotiate (US, GB, OTAN) : négocier
negotiated (OTAN) : négocié
negotiation (US) : négociation
negotiator (US) : négociateur
neighboring (US) : voisin (unité) (TAC)
neighboring state (US) : État voisin
neighbour (OTAN) : voisin (pays)
neighbouring country (OTAN, US) : pays voisin
neither...nor (GB) : ni
nerve (gas) : neurotoxique (gaz)
nerve (GB) : sang-froid
nerve (US) : névralgique
nerve agent (US, OTAN, GB) : agent neurotoxique
nerve center (US) : centre névralgique
nervousness (US) : nervosité (blessé) (SAN)
nested (US) : emboîté (concept)
net : réseau (transmissions / informatique / commandement)
net (together) (US) : mettre en réseau (matériels / informatique)
net (US) : réseau (RENS)
net call sign (US, OTAN) : indicatif d'appel de réseau
net control (US) : contrôle de réseau
net pay (US) : solde nette
Net Pay Advice (NPA) (US) : bulletin de solde
net weight (OTAN) : poids net à vide (véhicule / conteneur / palette)
net(work) control station (NCS) (US) : station directrice (de réseau) (TRANS)
netting : mise en réseau (TRANS / informatique)
network (OTAN) : réseau (personnels)
network (US) : interconnecter
network (US) : mettre en réseau (matériels / informatique)
network (US) : relier en réseau
network (US) : réseau (combattants)
network (US) : réseau (RENS)
network (US, OTAN, GB) : réseau (transmissions / informatique / commandement)
network administrator (US) : administrateur-réseau(x) (informatique)
network-centric (US) : réseau-centrique.
network management (US) : gestion de réseau (TRANS)
network manager (US) : gestionnaire de réseau(x) (informatique)
networked (US) : en réseau
networked (US) : réseau (en)
networking (US) : mise en réseau (TRANS / informatique)
neutral (OTAN, US) : neutre (pays / force)
neutral (US) : neutre (nom)
neutral and non-aligned country (NNA) (US) : pays neutre et non aligné

neutral country (US) : pays neutre
neutrality (US, GB) : neutralité
neutralization (OTAN) : neutralisation (mine)
neutralization (US, OTAN) : neutralisation (TAC)
neutralization fire (US, OTAN) : neutralisation (suppression) (tir de)
neutralization fire (US, OTAN) : tir de neutralisation
neutralize (GB) : tuer
neutralize (OTAN) : neutraliser (armes / mine / explosif / obstacles)
neutralize (US) : neutraliser (forces / feux / menace) (TAC)
neutron : neutron
neutron (UN) : neutronique
neutron bomb (NB) (UN, GB) : bombe à neutrons
never (US, GB) : jamais
new (US) : jeune
new (US) : nouveau
new (US) : nouveauté
new (US) : récent
new arrival (GB, US) : nouvel arrivant (PERS)
new deal (US) : nouvelle donne
new recruit : bleu (nouvelle recrue)
new technologies (US) : nouvelles technologies
newcomer (GB) : nouvel arrivant (PERS)
new-generation (Jane's) : nouvelle génération (de) (matériel)
newly (GB) : fraîchement
newly (US, GB) : nouvellement
newly (US, GB) : récemment
news (media) coverage (US) : couverture médiatique
news blackout (US) : black-out médiatique
news briefing (US) : point de presse (OTAN)
news conference (OTAN) : conférence de presse
news conference (UEO) : point de presse (OTAN)
news crew (US) : équipe de reportage (média civil)
news cycle (OTAN) : cycle d'actualités (société de l'information)
news media (US) : média (moyens de communication)
news media pool (US) : pool de journalistes
news network (US) : chaîne d'informations (télévision)
news release (GB, OTAN) : communiqué de presse
news team : équipe de reportage (média militaire)
newspaper (US, GB) : organe de presse
next : prochain
next (US) : immédiatement
next day (US) : lendemain
next of kin (NOK) (US) : proches (famille)
next-generation (US) : prochaine génération (de) (équipement)
NH-90 troop transport helicopter (Jane's) : NH-90 (hélicoptère)

niche (Jane's) : créneau (place sur le marché)

nick (GB) : gnouf (prison)

nick (GB) : trou (prison)

nickname : nom de baptême (opération)

nickname (GB) : surnom (unité)

nickname (OTAN) : nom conventionnel

nickname (US) : baptiser (matériel / exercice)

night (US) : nocturne

night (US, GB, OTAN) : nuit

night attack (US) : attaque de nuit (ou nocturne)

night capability (GB) : capacité de tir de nuit (arme antichar)

night combat (US) : combat de nuit

night driving (US) : pilotage de nuit (véhicule blindé)

night drop (GB) : saut de nuit

night fighting (US) : combat de nuit

night fighting capability (US) : capacité de combat de nuit (ou de combat nocturne) (véhicule blindé)

night firing (US) : tir de nuit (fusil)

night jump (US) : saut de nuit

night live-fire exercise (US) : exercice nocturne à tir réel

night observation device (US) : dispositif d'observation nocturne

night sight : lunette de tir de nuit

night sight : viseur de nuit (missile antichar)

night viewing (GB) : vision nocturne

night vision capability (US) : capacité de vision nocturne

night vision device (GB) : instrument de vision nocturne

night vision device (ou night viewing device) (GB) : dispositif de vision nocturne

night vision equipment : dispositif de vision nocturne

night-vision imaging system (aviator's) (US) : jumelles de vision nocturne (JVN) (ou à intensification de lumière) (ALAT)

night (-) vision (UN, US) : vision nocturne

nightfall (US) : tombée de la nuit

night-observation device (GB) : instrument de vision nocturne

night-sight (GB) : viseur nocturne

nighttime : nocturne

night-viewing device (GB) : instrument de vision nocturne

night-vision goggle(s) (NVG) (US) : jumelles de vision nocturne (JVN) (ou à intensification de lumière) (INFANTERIE)

night-vision goggles (NVG) (US) : lunette d'observation et de conduite de nuit

night-vision system (US) : système de vision nocturne

nitroglycerine (GB) : nitroglycérine

no change (from = par rapport à) : inchangé

no change (from) (N/C) : sans changement (par rapport à)

no first use of nuclear weapons (NOFUN) (OTAN) : non-recours en premier lieu à l'arme nucléaire

no first use of nuclear weapons (NOFUN) (OTAN) : non-usage en premier lieu des armes nucléaires

no go (US) : échec (note lors d'une évaluation)

no go (US) : hors-service (matériel)

no go (US) : HS (hors service)

no go (US) : impraticable

no go area (OTAN) : zone à praticabilité très difficile

no man's land (GB) : zone neutre (terrain neutre)

nobility of heart : noblesse de cœur (PERS)

no-cities (UN) : évitement (STRAT)

nodal centre : centre nodal (CN) (TRANS)

node (US) : centre nodal (CN) (TRANS)

node (US, GB) : nœud (TRANS)

no-fire line (NFL) (US, OTAN) : ligne de sécurité (ART)

no-fly area (UN) : zone d'exclusion aérienne

no-fly zone (OTAN, US, GB) : zone d'exclusion aérienne

NOFORN (US) (= no foreign) : interdit aux étrangers (classification de document) (RENS)

no-go (OTAN) : ne fonctionne pas correctement (système)

noise : bruit

noise discipline : consigne de silence

noise level (UN) : niveau de bruit

noise reduction device (US) : abaissement du bruit (dispositif d') (mortier)

noise suppressor (US) : silencieux (arme de poing)

no-man's-land (GB) : no man's land (terrain neutre)

no-man's-land (GB) : terrain neutre (no man's land)

nominal roll (US, GB) : état nominatif (unité)

nominal weapon (US, OTAN) : arme de puissance nominale

nominate (GB) : désigner (unité)

nominate (US) : désigner (PERS)

nominate (US) : proposer

nominate for consideration (as) (OTAN) : soumettre (désignation à un poste)

nomination (GB) : désignation (PERS)

non hierarchical ou nonhierarchical (US) : non hiérarchique

non lethal technology (US) : technologie non létale

non military target (OTAN) : cible non militaire (frappe aérienne)

non persistent : fugace (NBC)

non persistent : non persistant (NBC)

non specific logistics : logistique non spécifique

non static environment (UEO) : environnement non statique

non tactical (OTAN) : non tactique (ou sans caractère tactique) (opération)

non(-)expendable (supplies and material) (US, OTAN) : non consommable (matériel)

non-acceptance (UN) : refus

non-aligned (US, OTAN) : non-aligné

non-aligned country (US) : pays non-aligné

non-battle casualties (OTAN) : pertes hors combat

non-belligerency (US) : non-belligérance

non-combat (ou noncombat) operations (US, GB) : opérations autres que le combat

noncombat (US) : autre que le combat (opération / mission)

noncombat action (US) : action autre que le combat

noncombat military operations (US) : opérations militaires autres que le combat

noncombat operations (US) : actions d'influence

noncombat operations (US) : opérations militaires autres que (la) guerre

noncombat situation (US) : situation autre que le combat

non-combatant (US, GB) : non-combattant (adjectif et nom)

non-combatant evacuation (OTAN) : évacuation des non-combattants

non-combatant evacuation operation (NEO) (OTAN, US) : opération d'évacuation des non-combattants

non-combatant status (GB) : statut de non-combattant (PERS)

non-commissioned officer (GB) ou noncommissioned officer (US) (NCO) : sous-officier

noncommissioned officer academy (NCOA) (US) : école de formation de sous-officiers

Noncommissioned Officer Education System (NCOES) (US) : cursus de formation des sous-officiers

Noncommissioned Officer Education System (NCOES) (US) : système de formation des sous-officiers

non-commissioned rank (GB) : grade de sous-officier ou militaire du rang

non-compliance (UN) : manquement aux obligations

noncontiguous (US) : non contigu (formations)

non-deployable training company : unité de base d'instruction (UBI) (brigades)

non-detectable (UN) : non détectable

nondivisional (US) : non-endivisionné (unité)

non-divisional unit (US) : unité non endivisionnée

non-English-speaking (US) : non anglophone

nonexistent (US) : non existant

non-first use (of nuclear weapons) (UN) : non-emploi en premier (armes nucléaires)

nonflammable (US) : non-inflammable

nongovernment agency (US) : organisme non-gouvernemental

nongovernment organization (NGO) (US) : organisation non-gouvernementale (ONG)

non-governmental organisation (OTAN) : organisation non-gouvernementale (ONG)

nonhostile (US) : non hostile

non-interference (UN, GB) : non-ingérence

nonkinetic (US) : non-cinétique (arme)

non-kinetic weapons (US) : armes non cinétiques

non-lethal (UN, Jane's) : non-létal

nonlethal effect (US) : effet non létal

non-lethal weapon (Jane's) : arme non létale (ANL)

nonlethality (Jane's) : non-létalité (des moyens)

non-lethality (US) : non-létalité (des moyens)

nonlinear (US) : non-linéaire

nonmechanized (US) : non-mécanisé (unité)

non-member (OTAN) : non-membre (organisation)

non-membership (OTAN) : non-appartenance (organisation)

non-military (GB, US, UEO) : non-militaire

non-NATO nation (OTAN) : pays non-OTAN

nonnuclear projectile (US) : projectile non nucléaire

non-official (US) : illégal

nonorganic (US) : non-organique

non-partisan (OTAN GB) : apolitique (armée / personnel)

nonpartisanship (US) : impartialité

nonperishable (US) : non-périssable (denrée)

non-persistant agent (GB) : agent non-persistant

nonpersistent (US) : non persistant (NBC)

non-political ou nonpolitical (US, Jane's) : apolitique (armée / personnel)

non-production (of chemical weapons) (UN) : non-fabrication (armes chimiques)

non-proliferation (OTAN, UN) : non-prolifération

non-proliferation treaty (NPT) (OTAN) : traité sur la non-prolifération (des armes nucléaires)

non-provocative (UN) : non-provocant (défense)

nonrepairable (US) : non réparable (pièce / véhicule)

non-secure : non protégé (TRANS)

non-specialist (GB) : profane (nom)

non-specialist (Jane's) : non spécialisé (mission)

non-specialist tasks (Jane's) : missions non spécialisées

non-state (US) : non-étatique

non-static (UEO) : non statique

non-stocked (OTAN) : non détenu en stock (article) (LOG)

non-strategic (UN) : non stratégique

nontactical (US) : autre que le combat (opération / mission)

nontactical mission (US) : mission autre que le combat

non-use (UN) : non-utilisation (armes nucléaires)

non-use of force (UN) : non-recours à la force (ou non-emploi de la force)

nonviolent (US) : non-violent

nonvital (US) : non vital (TAC)
nonvital area (US) : zone non vitale
non-volatile (agent) (UN) : non volatil (agent)
noon (US) : midi
norm (OTAN) : norme
normal (US) : classique
normal (US) : normal (ou aux normes ou classique)
normalcy (CA) : normalité
normalization (US) : normalisation
normally (US) : normalement
Normandy invasion (US) : Débarquement (le) (juin 1944) (Hist.)
Normandy landing(s) (GB) : Débarquement (le) (juin 1944) (Hist.)
north (US, GB) : nord
North American (OTAN) : nord-américain
North Atlantic Cooperation Council (NACC) (OTAN) : conseil de coopération nord-atlantique (CCNA) (OTAN)
North Atlantic Council (NAC) (OTAN) : conseil de l'Atlantique Nord (OTAN)
North Atlantic Treaty Organisation (NATO) : organisation du traité de l'Atlantique Nord (OTAN)
northeastern (OTAN, US) : nord-est
northern (OTAN) : septentrional
northern (US, GB) : nord (du) (ou septentrional)
Northern Army Group (NORTHAG) (OTAN) : groupe d'armées nord
Northern Europe (OTAN) : Nord Europe
northing : ordonnée (carte)
northing (OTAN) : vers le nord (de bas en haut de l'ordonnée) (carroyage)
Northwestern Europe (OTAN) : Nord-Ouest Europe
nose : fusée (cartouche)
nose : nez (missile)
nose (US) : nez (hélicoptère)
nose cone : ogive (missile)
not applicable (NA) (US) : sans objet
not available : non disponible
not before : pas avant
not clear : flou (situation)
not earlier than (NET) : au plus tôt le
not including : non compris
not known : non connu
not known (NK) : inconnu
not later than (NLT) : au plus tard le
not later than (NLT) : dernier délai
not later than (NLT) : pas plus tard que (ou au plus tard)
not later than (NLT) (US, GB) : pour (temporel)
not possible (US) : impossible (opération)
not related to (OTAN) : sans rapport avec
not required (US, GB) : non nécessaire (force)
not sooner than (NST) (US) : pas avant
Not to All (NOTAL) (OTAN) : diffusion partielle

not transportable : non transportable (blessé) (SAN)
not yet known (NYK) (GB) : pas encore connu
note (OTAN) : prendre note de
notes (US) : notes
nothing heard : inaudible (transmission radio)
nothing short of (US) : seul
notice : délai(s)
notice (UN) : avis (affiché)
notice (US) : repérer
notice to move (GB) : préavis (de mise en route)
notice to move (NTM) (GB) : préavis (TAC)
noticeboard (GB) : panneau d'affichage (enceinte militaire)
notification (CFE) : notification (contrôle des armements)
notification (OTAN, US) : notification
notification (US) : préavis (TAC)
notify (GB) : avertir (prévenir)
notify (UN) : faire connaître
notify (US) : prévenir (avertir)
notion (US) : notion
notional agent (US) : agent fictif (RENS)
notional mole (US) : taupe fictive (RENS)
notwithstanding (OTAN) : nonobstant
now : actuellement
now : en cours de
now deployed (OTAN) : en cours
n-th country : n-ième pays (armes atomiques) (STRAT)
NTR (nothing to report) : RAS (rien à signaler)
nuclear, biological and chemical (NBC) warfare : guerre nucléaire, bactériologique et chimique (NBC)
nuclear, biological, chemical zone of observation (OTAN) : secteur d'observation nucléaire, biologique et chimique
nuclear (US, GB) : nucléaire
Nuclear Age (US) : ère nucléaire (l')
nuclear arms race (US, UN) : course aux armements nucléaires
nuclear artillery : artillerie nucléaire
nuclear attack (OTAN, GB) : attaque nucléaire
nuclear balance (US) : équilibre nucléaire
nuclear blast (US) : explosion nucléaire
nuclear bomb (GB) : bombe nucléaire
nuclear burst (OTAN, US) : explosion nucléaire
nuclear capability : capacité nucléaire
nuclear casualties (OTAN) : pertes nucléaires
nuclear cloud (OTAN) : nuage nucléaire
nuclear club : club nucléaire (STRAT)
nuclear collateral effects (OTAN) : effets nucléaires subsidiaires
nuclear collection (OTAN) : recueil et interprétation nucléaire
nuclear damage (OTAN) : dégât nucléaire
nuclear delivery vehicle (NDV) : vecteur nucléaire
nuclear deterrence (US, GB) : dissuasion nucléaire

nuclear deterrence strategy (US) : stratégie de dissuasion nucléaire

nuclear detonation (OTAN, US) : explosion nucléaire

nuclear disarmament (GB) : désarmement nucléaire

nuclear disaster contigency plan : plan ORSEC-Rad

nuclear exchange : échange nucléaire

nuclear explosion (US) : explosion nucléaire

nuclear facility (US) : installation nucléaire

nuclear freeze : gel nucléaire

nuclear intelligence (NUCINT) : renseignement nucléaire

nuclear magnetic resonance (NMR) (UN) : résonance magnétique nucléaire (RMN)

nuclear missile : missile nucléaire

nuclear operations (OTAN) : opérations nucléaires

nuclear operations procedures (NOP) (OTAN) : procédures d'opérations nucléaires

nuclear option (OTAN) : option nucléaire

nuclear parity : équilibre (ou parité) nucléaire (STRAT)

Nuclear Planning Group (NPG) (OTAN) : groupe des plans nucléaires (OTAN)

nuclear plenty : abondance nucléaire (STRAT)

nuclear power (GB) : énergie nucléaire

nuclear power (OTAN) : puissance nucléaire (État)

nuclear program (US) : programme nucléaire

nuclear projectile : projectile nucléaire

nuclear reaction (US) : réaction nucléaire

nuclear reactor (US) : réacteur nucléaire

nuclear response (OTAN, GB) : riposte nucléaire

nuclear risk reduction (OTAN) : réduction du risque nucléaire

nuclear round (GB, US) : obus nucléaire

nuclear safety (ou security) inspection (NSI) (OTAN) : inspection de sécurité nucléaire

nuclear safety (UN) : sécurité nucléaire

nuclear safety line (OTAN) : ligne de sécurité nucléaire

nuclear sanctuary (UN) : sanctuaire (NUC) (territoire national et population)

nuclear stalemate : pat nucléaire (STRAT)

nuclear strike (OTAN) : attaque nucléaire

nuclear strike aircraft (UN) : avion de frappe nucléaire

nuclear strike plan (NSP) (OTAN) : plan d'attaque nucléaire

nuclear strike warning (OTAN) : préavis d'attaque nucléaire

nuclear test (US) : essai nucléaire

nuclear test ban (NTB) (OTAN) : interdiction d'effectuer des essais nucléaires

nuclear test site (GB) : site d'expérimentations (ou d'essais) nucléaires

nuclear umbrella (OTAN) : parapluie nucléaire

nuclear war (GB) : guerre nucléaire (type de guerre)

nuclear warfare (NW) (OTAN) : guerre nucléaire (type de guerre)

nuclear warhead : ogive nucléaire (ou tête nucléaire)

nuclear waste (US) : déchets nucléaires

nuclear weapon (US, GB, OTAN) : arme nucléaire

nuclear weapon release procedures (NWRP) (OTAN) : procédures d'autorisation d'emploi d'armes nucléaires

nuclear weapons (OTAN, US) : arme nucléaire (l')

nuclear weapons (US) : armements nucléaires

nuclear weapons supremacy (US) : supériorité en matière d'armement nucléaire

nuclear(-)testing programme (GB, US) : programme d'essais nucléaires

nuclear-biological-chemical defense system (US) : système de défense NBC

nuclear-free zone (NFZ) (UN) : zone dénucléarisée (ou zone exempte d'armes nucléaires)

nuclearization (US) : nucléarisation

nuclear-powered (OTAN) : nucléaire (sous-marin)

nuclear-powered (OTAN) : propulsion nucléaire (à) (sous-marin)

nuclear-powered attack submarine (SSN) (OTAN) : sous-marin nucléaire d'attaque (SNA)

nuclear-powered ballistic missile submarine (SSBN) (OTAN) : sous-marin nucléaire lanceur d'engins (SNLE)

nuclear-test explosion (UN) : explosion nucléaire expérimentale

nuclear-weapon-free zone (NWFZ) : zone dénucléarisée (ou zone exempte d'armes nucléaires)

nucleus (OTAN) : noyau (fission nucléaire)

nucleus (OTAN, US) : noyau

nugget (GB) : appât (destiné à un transfuge potentiel) (RENS)

nuisance (value) (US) : nuisance (pouvoir de)

nuisance value (US) : pouvoir de nuisance

nuke (GB) : attaquer à l'arme nucléaire

number (CFE) : quantité

number (GB) : compter (totaliser) (personnel / matériel)

number (OTAN) : numéroter (matériel / installation)

number (UN, OTAN) : numéro

number (US) : numérateur (cotation) (RENS)

number (US, GB) : nombre

number (US, GB) : totaliser

number of (rounds) (OTAN) : par pièce (nombre de) coups (ART)

number one (CA) : numéro un

number one haircut : "boule à zéro" (coupe de cheveux) (terme familier)

number(s) (GB) : effectif(s) (armée / unité) (AT / GEND)

number...in (out) (OTAN) : n-ième pièce reprend le tir (incident de tir) (ART)

numbered (OTAN) : numéroté
numeral (US) : numérateur (cotation) (RENS)
numerical : numérique (norme technique)
numerical (US, GB) : numérique (en nombre)
numerical advantage (US) : avantage numérique
numerical inferiority (US) : infériorité numérique
numerically (US) : numériquement
numerous : nombreux
nurse (OTAN, US, GB) : infirmier (ou infirmière) (nom)
nursing (US, GB) : infirmier (adjectif)
nursing attendant (OTAN) : aide-infirmier (ou aide infirmière) (non détenteur du diplôme d'infirmier d'État) (SAN)
nursing auxiliary : aide-soignant (SAN)
nursing personnel (US) : personnel(s) infirmier(s)
nursing staff : équipe soignante (SAN)
nutrition (US, GB, AUST) : nutrition (PERS)
nutritional (GB) : nutritionnel

O

oasis (GB) : oasis
oath (US) : serment
Oath of Allegiance (GB) : serment d'allégeance (militaires au souverain)
obedience (US, GB) : obéissance
obey : obéir
obey : respecter (accord / cessez-le-feu / trêve / résolution / règle)
obey (US) : respecter (loi / règles d'engagement)
object (GB) : objectif (but d'une opération / zone de terrain à conquérir) (TAC)
object (GB) : objectif (opération militaire)
object of verification (OOV) (OTAN, UN) : objet de vérification (ODV)
objective : objectif (but d'une opération / zone de terrain à conquérir) (TAC)
objective (US, GB) : objectif (but)
objective area (OTAN) : zone de l'objectif
objective area (OTAN) : zone d'objectif
objective lens : lentille d'objectif (lunette de visée)
objectivity (GB) : objectivité
obligation (US, GB) : obligation
obliquity (US) : incidence
obscurant (OTAN) : obscurcissant (TAC)
obscuration : obscurcissements
obscure (GB) : masquer (cacher à la vue)
observance (UN, Jane's) : respect (accord / dispositions / droit)
observation (OTAN) : relèvement (TOPO)
observation (US) : observation (RENS)
observation (US) : surveillance
observation (US, GB, OTAN) : observation (TAC)
observation aircraft (US) : avion d'observation

observation helicopter (OH) (US, OTAN) : hélicoptère d'observation
observation mission (United Nations) : mission d'observation (des Nations-Unies)
observation of fire (US) : observation du tir (ART)
observation platform (US) : plate-forme d'observation (ballon / aérostat)
observation point (OP) (US, GB) : poste d'observation
observation post (OP) (US) : observatoire (ou poste d'observation)
observation post (US, GB) : poste de guetteur
observation tower (GB, US) : tour d'observation
observe : surveiller
observe (OTAN) : observer (TAC)
observe (UN) : s'acquitter de
observe (US) : respecter (accord / cessez-le-feu / trêve / résolution / règle)
observe (US, OTAN) : observer (respecter)
observed fire (US, OTAN) : tir observé
observed fire procedure (OTAN) : réglage de tir par observation
observer : observateur
observer (UEO) : observateur (UEO)
observer (US) : éclaireur
observer (US, GB) : observateur (ART)
observer / controller (OC) (US) : observateur-contrôleur (simulation / exercice)
observer force (US) : force d'observation
observer identification (OTAN) : identification de l'observateur (ART)
observer officer (OTAN) : officier observateur
observer team (US) : équipe d'observateurs
obsolescent (GB) : obsolète (matériel / technologie)
obsolete (US) : dépassé (obsolète) (matériel / système)
obsolete (US) : obsolète (matériel / technologie)
obstacle : franchissement d'obstacles (caractéristique de véhicule)
obstacle (GB) : obstruction (GEN)
obstacle (US) : coupure (TAC)
obstacle (US, OTAN) : obstacle
obstacle belt (OTAN) : zone d'obstacles
obstacle belt (US, GB) : ceinture d'obstacles
obstacle breaching (US) : dégagement d'obstacles
obstacle construction (US) : construction d'obstacles (GEN)
obstacle course (US) : parcours d'obstacles (PO)
obstacle crossing (GB) : franchissement d'obstacles (opération)
obstacle line (US) : ligne d'obstacles
obstacle plan (US, GB) : plan d'obstacles
obstacle removal (GB) : déblaiement d'obstacles (GEN)
obstacle removal (US) : dégagement d'obstacles
obstacle system (GB) : système d'obstacles
obstetrics (US) : obstétrique (SAN)

obstruct (GB) : entraver (gêner) (PERS)
obstruct (GB) : gêner (entraver) (PERS)
obstruct (GB) : obstruer (itinéraire)
obstruction : entrave
obstruction (GB) : obstruction (dans l'accomplissement d'une tâche)
obstruction (US) : obstacle
obstruction to traffic flow (US, GB) : obstacle au trafic (itinéraire)
obtain (GB) : obtenir (qualification / diplôme / décoration)
obtain (GB, US, OTAN) : obtenir (renseignements) (RENS)
obtain (information) (US) : aller chercher (le renseignement) (TAC)
obtain (OTAN) : tirer (obtenir)
obtain (OTAN, US) : obtenir (résultats / effets)
occasion (CA) : fois
occasion (US) : occasion
occupant (US, Jane's) : occupant (véhicule)
occupation (GB, US) : occupation (TAC)
occupation force (GB) : force d'occupation
occupational medicine (GB) : médecine du travail
occupational therapist (US) : ergothérapeute (SAN)
occupations (GB) : occupations (activités)
occupied (US) : occupé (TAC)
occupied bed (OTAN) : lit occupé (SAN)
occupy (GB) : occuper (TAC)
occupy (US) : occuper (poste / emploi / surface / place)
occupying forces (GB) : forces d'occupation
occupying power (GB, US) : puissance d'occupation (pays)
occur (CA) : avoir lieu (combats / exercice)
occur (GB) : intervenir (se produire)
occur (OTAN) : se produire (conflit / action de combat)
occurrence (OTAN) : événements (actualité / TAC)
ocean (US, GB) : océan
ocean reconnaissance (OTAN) : reconnaissance océanique
ocean surveillance (US) : surveillance des océans (RENS)
oceanographic (OTAN) : océanographique
oceanographic information (OTAN) : informations océanographiques
oceanographic intelligence (OTAN) : renseignement océanographique
oceanographic support (OTAN) : soutien océanographique
OCOKA criteria (US) : critères d'évaluation du terrain
OCONUS (= Outside the CONtinental United States) (US) : hors zone continentale des États-Unis (USA)
ocular lens : lentille oculaire (lunette de visée)
-odd (GB) : quelques (et)

odorless (US) : inodore (agent neurotoxique / explosif)
odourless (GB) : inodore (agent neurotoxique / explosif)
of (US) : en
of (US) : sur (proportion)
of (US, OTAN) : de (appartenance à un corps / une unité / un pays)
of advantage (OTAN) : favorable
of choice (US) : de prédilection
of itself (OTAN) : en soi
of one's own (OTAN) : propre (exclusif)
off (US) : en dehors de
off (US) : extérieur (adjectif)
off (US) : large de (au)
off balance (US) : en déséquilibre (force)
off balance (US, GB) : déséquilibre (en) (force)
off balance (US, GB) : déséquilibré (force)
off duty period : quartier libre (QL)
off guard (US) : dépourvu (au)
off limits (US) : interdit (accès / personnel)
off line (US, GB) : hors connexion (TRANS / informatique)
offence (GB) : faute (discipline générale) (PERS)
offence (GB) : offensive (principe de guerre)
offender (US) : fautif (ou coupable) (nom)
offense (US) : faute (discipline générale) (PERS)
offense (US) : offensive (principe de guerre)
offense (US) / offence (GB) : délit (GEND)
offensive (US, GB) : offensive (principe de guerre)
offensive (US, GB, CA) : offensive (opération) (TAC)
offensive (US, OTAN, GB) : offensif (adjectif)
offensive action (US) : action offensive (l')
offensive action (US) : combat offensif
offensive action vehicle (OAV) (GB) : véhicule d'attaque rapide (forces spéciales)
offensive advantage (US) : avantage offensif
offensive air support (OAS) : appui aérien offensif
offensive arm (UN) : arme offensive (STRAT)
offensive campaign (US) : campagne offensive
offensive capability : capacité offensive
offensive combat (US) : combat offensif
offensive counter air (OCA) (operation) (US, OTAN) : opération offensive contre le potentiel aérien
offensive counter air missions (US) : missions de supériorité aérienne offensive
offensive counter air operations (US) : opérations antiaériennes offensives
offensive doctrine (US) : doctrine offensive
offensive electronic warfare (OEW) (OTAN) : guerre électronique offensive
offensive grenade (GB) : grenade offensive
offensive measures (US) : mesures offensives (TAC)

offensive mine countermeasures (OTAN) : mesures offensives anti-mines

offensive mission (US) : mission offensive

offensive operation (US) : action offensive

offensive operation (US) : manœuvre offensive

offensive operation (US) : opération offensive

offensive operations (US, GB, UEO) : opérations offensives

offensive pressure (US) : pression offensive

offensive relief (US) : relève offensive

offensive shock (US) : choc offensif

offensive spirit (US) : esprit offensif (force)

offensive strategic weapon (UN) : arme stratégique offensive

offensive tactical action (US) : action de combat offensive

offensive tactics (US) : tactique offensive

offensive weapon (US) : arme offensive

offer (GB) : proposer

offer (US) : offrir (procurer)

offer (US) : offrir (services) (RENS)

office (GB) : fonction (PERS)

office (GB) : poste (emploi)

office (Terme générique) (GB, OTAN) : bureau

office (US) : cabinet (ministériel)

office furniture (US) : mobilier de bureau

office hours (US) : heures de bureau

Office of Information and Press (OTAN) : bureau de l'information et de la presse (OTAN)

Office of Net Assessment (ONA) (équivalent le plus proche US) : délégation aux affaires stratégiques (DAS)

Officer : officier (distinction)

officer advanced course (OAC) (US) : stage des capitaines

Officer Advanced Course (OAC) (US) (équivalent US) : cours de perfectionnement des officiers subalternes (CPOS) ("cours des capitaines")

officer basic course (OBC) (US) : stage d'application (jeunes officiers)

officer cadet (US, GB) : élève-officier

officer cadet training (GB) : formation des élèves-officiers

Officer Candidate School (OCS) (équivalent US) : école militaire interarmes (EMIA)

Officer Candidate School (OCS) (équivalent US) : EMIA (Ecole Militaire Interarmes)

officer career (GB) : carrière d'officier

officer commanding (OC) (GB) : commandant (compagnie ou unité de taille équivalente)

officer commissioned from the ranks (GB) : officier rang

officer conducting the exercise (OCE) (OTAN) : officier directeur de l'exercice

officer conducting the serial (OTAN) : officier responsable d'une phase de l'exercice

officer driving a desk (GB) : pim (ou indien) (familier)

officer evaluation report (OER) (US) : feuille de notes annuelle (officier)

officer general rank (GB) : grade d'officier général

officer in charge (OIC) (US, GB) : officier responsable

officer in tactical command (OTC) (OTAN) : officier assurant le commandement tactique

officer in tactical command (OTC) (OTAN) : officier exerçant le commandement tactique

Officer Management (US) : gestion des personnels officiers

officer of the day (GB) : officier de permanence (OP)

officer personnel (US) : personnel(s) officier(s)

Officer Personnel Management Directorate (OPMD) (équivalent US) : direction des personnels officiers (DPMAT)

officer pilot (GB) : officier pilote (ALAT)

officer scheduling the exercise (OSE) (OTAN) : officier chargé de la mise sur pied d'un exercice

officer scheduling the exercise (OSE) (OTAN) : officier organisateur de l'exercice

officer training academy : école de formation d'officiers

Officer's Assignment Preference Statement (US) : feuille de vœux (de mutation)

Officer's Assignment Preference Statement (US) : vœux (feuille de) (officier)

officer's braid : galon d'officier (sur pantalon)

officership (US) : statut d'officier

official (US) : officiel

official (US, OTAN) : responsable (nom)

official document (US) : document officiel

Official Military Personnel File (OMPF) : dossier individuel (PERS)

official records (US) : états de service individuels

official secret : secret d'État

official secrets : secret-défense (ou secret de défense) (notion)

official signature (US) : signature officielle (PERS)

official visit (GB) : visite officielle (d'une unité par des personnalités)

officially (US) : officiellement

officials (OTAN) : cadres (organisation)

off-load (from) (US) : débarquer (de) (matériel)

off-load (from) (US) : débarquer (de) (personnel)

off-load (GB) : déchargement (de chars / de cargaisons d'un navire)

off-load (US) : décharger (personnel et matériel)

off-loading (OTAN) : déchargement (de chars / de cargaisons d'un navire)

off-route antitank mine (US) : mine à action horizontale (ou à effet horizontal)

offset (US) : compenser

offset bombing (UN) : bombardement en déport

off-the-shelf (GB, Jane's) : sur étagère (achat d'armement)

off-the-shelf (OTAN) : disponible (matériel)

off-the-shelf (solutions) (US) : courant (solutions) (acquition de matériel)

off-the-shelf (US) : existant (dans le commerce) (technologie / matériel)

off-the-shelf (US) : tout fait (ou sur étagère)

off-the-shelf equipment : matériels sur étagère

oil : graisser

oil interests (GB) : intérêts pétroliers (pays)

oil spill (Jane's) : marée noire

oil storage depot (GB) : dépôt de produits pétroliers

oil storage depot (GB) : dépôt de stockage de produits pétroliers

old (US) : ancien (adjectif)

old age (US) : vieillesse (PERS)

old guard : garde descendante

old soldier (GB) : briscard (vieux soldat)

old soldier (GB) : chibani

old timer (US) : "ancien" (âge / ancienneté) (terme familier)

olive drab (OD) (green) (US) : vert olive (équivalent couleur kaki)

olive drab (US) : kaki (couleur militaire)

omitted : p.m. (pour mémoire)

omnidirectional (OTAN) : omnidirectionnel (matériel)

on : par rapport à

on : sur (à propos de)

on (GB) : à l'occasion de

on (GB) : en

on (GB, OTAN, CA, CFE) : sur (spatial)

on (OTAN) : en vue de

on (OTAN) : par (occasion)

on (OTAN) : sur (contre)

on (US) : à (conseil / comité)

on (US) : contre

on (US, GB) : le (marqueur de date)

on (US, GB, OTAN) : au (indicateur de jour)

on a case-by-case basis (OTAN) : cas par cas (au)

on a global scale (OTAN) : à l'échelle mondiale

on a permanent basis (GB) : en permanence

on a rotational basis (CA) : par rotation (affectation de personnels)

on a rotational basis (US, GB) : rotation (par) (poste)

on active duty (US) : service actif (en / au) (PERS)

on active service (GB) : service actif (en / au) (PERS)

on an official assignment : service commandé (en)

on and off (US) : par intermittence

on board (US) : à bord de

on call (US, GB) : demande (à la) (ART)

on call (US, OTAN) : à la demande (ART)

on completion of : en fin de

on duty (GB) : fonction (en) (PERS)

on duty (GB) : garde (de) (ou de service)

on duty (GB) : service (de) (ou de garde) (PERS)

on duty (US) : de garde (de service ou de permanence) (PERS)

on duty (US) : de permanence (de garde ou de service) (PERS)

on duty (US) : service commandé (en)

on duty (US, GB) : de service (de garde ou de permanence) (PERS)

on end (US) : d'affilée

on exercise (Jane's) : en manœuvre (PERS)

on fire (GB) : en feu

on foot (GB) : à pied (débarqué) (PERS)

on foot (US) : pied (à)

on hand (US) : disponible

on issue (GB) : en dotation (équipement)

on land (US) : sur terre

on notice (US) : sur préavis

on order (GB) : en commande (matériel)

on order (US) : sur ordre

on orders (GB) : sur ordre

on passage (OTAN) : passage (de) (PERS / troupes / forces)

on point (GB) : en tête (TAC)

on sea (US) : sur mer

on site (UN) : place (sur) (inspection / contrôle)

on stand-by to (GB) : sur pied d'intervention pour (ou prêt à) (unité)

on tap (US) : présent

on the ball (US) : hauteur (à la)

on the basis of : à raison de

on the battlefield (US, GB) : sur le champ de bataille

on the double (US) : pas de course (au)

on the go (US) : brèche (sur la) (sens figuré)

on the ground (OTAN) : présent

on the ground (US) : au sol

on the move : en marche (ou en déplacement) (tir) (char)

on the move (GB) : en mouvement

on the move (US) : mobile (commandement)

on the part of (US) : part de (de la)

on the ropes (US) : sur le flanc (presque battu) (familier) (ENI)

on the terrain (US) : sur le terrain (forces)

on time (US) : à temps

on urbanized terrain (US) : en localité (combat)

on visual (GB) : en visuel

on-board (CFE, UN) : bord (de) (embarqué)

on-board (US) : de bord (embarqué) (véhicule terrestre) (matériel / personnels)

on-board (US) : embarqué (de bord) (matériel)

on-board armament (CFE) : armement de bord

on-board radar (US) : radar embarqué (hélicoptère)

on-call (OTAN) : disponible sur appel (force)

on-call target (OTAN) : objectif à la demande

on-call target (OTAN) : tir à la demande (ART)

once (US, GB) : une fois

one : primo

one (GB) : premier
one (OTAN) : même
one (US) : seul (unique)
one (US) : un
one day's supply (OTAN) : jour de ravitaillement
one days's supply (OTAN) : unité de feu (UF)
one or more (OTAN) : plusieurs
one way (OTAN) : sens unique (à)
one-man (turret) : monoplace (tourelle)
one-man weapon : arme individuelle (d'un seul soldat)
one-time agent (US) (CIA) : honorable correspondant (HC) (RENS)
ongoing (US, OTAN) : en cours
on-hand (postposé) (OTAN) : existant (actuel)
on-line (OTAN) : en ligne (connecté) (TRANS / informatique)
only (GB) : ne...que
only (US) : seul (unique)
on-site : site (sur)
on-site (OTAN) : sur le terrain (inspection)
on-site (OTAN) : sur place (inspection)
on-site inspection (OSI) (OTAN) : inspection sur le terrain
on-site inspection (OSI) (OTAN) : inspection sur place
onslaught : assaut
on-the-job (GB) : tas (sur le)
on-the-job (OTAN) : en cours d'emploi (formation)
on-the-job training (GB, US, OTAN) : formation sur le tas
on-the-job training (GB, US, OTAN) (Abréviation US / OTAN : "OJT") : formation en cours d'emploi
onto (GB) : sur (spatial)
onto (US) : à bord de
onward : avant (en) (vers l'avant)
O-O line (OTAN) : ligne de coordination des observations (ART)
OP (GB) : guetteurs (les) (poste d'observation)
open : déclencher (mine / mise à feu / explosion / bombe / tir)
open : ouvert (non secret) (RENS)
open : ouvrir (TRANS)
open (GB) : découvert
open (GB) : s'ouvrir (parachute)
open (GB, US) : ouvert (terrain / combat)
open (GB, US, OTAN) : ouvert
open (OTAN) : ouvrir (sens figuré)
open (US) : dégagé (zone) (TOPO)
open (US) : ouvrir (SAN)
open (US) : ouvrir (poste / emploi)
open (US) : ouvrir (correspondance) (RENS)
open (US, OTAN) : ouvrir (TAC)
open air (US) : plein air
open arrest (GB) : arrêts simples
open collection (US) : recherche ouverte (RENS)

open country (US) : rase campagne
open day (GB) : journée portes ouvertes
Open Day (GB) : "portes ouvertes" (journée)
open fire (GB) : ouvrir le feu
open ground (US) : rase campagne
open house (US) : journée portes ouvertes
Open House (US) : "portes ouvertes" (journée)
open rear sight : hausse réglable (carabine)
open route (US, OTAN) : itinéraire libre
Open Skies Treaty (OST) (OTAN) : traité ciel ouvert
Open Skies Treaty (OTAN) : Ciel Ouvert (traité)
open source (US) : source ouverte (ou d'origine ouverte) (RENS)
open source intelligence (OSINT) : renseignement de source ouverte (ou ouvert)
open source intelligence (OSINT) (US) : renseignement ouvert
open the way to (GB) : ouvrir la voie à
open up (GB) : ouvrir le feu
open up (US) : ouvrir (TAC)
open up to (Jane's) : ouvrir à (PERS)
opening (GB, OTAN) : ouverture
opening (OTAN) : liminaire
opening (US) : ouverture (parachute) (TAP)
opening altitude : hauteur d'ouverture (opération aéroportée) (TAP)
openness (OTAN) : ouverture (rapprochement avec des pays)
openness (UN) : franchise (STRAT)
operability : opérabilité
operaror (GB) : opérateur (système)
operate (a piece of equipment) (US, GB) : mettre en œuvre (matériel)
operate (a unit) : mettre en œuvre (unité)
operate (GB) : faire fonctionner (ou faire marcher) (équipement) (PERS)
operate (GB) : fonctionner correctement (équipement)
operate (GB) : opérer (intervenir) (SAN)
operate (GB) : servir (matériel)
operate (US) : actionner (tourelle)
operate (US) : agir (TAC)
operate (US) : fonctionner (arme / matériel / système)
operate (US) : gérer
operate (US) : opérer (service) (RENS)
operate (US, GB, UEO) : opérer (agir / fonctionner) (force / agent / état-major)
operating (OTAN) : exploitation (système de communication et d'information)
operating base (OTAN) : base opérationnelle
operating base (UN) : base d'opérations (ou opérationnelle)
operating base (US) : base d'opérations (LOG)
operating budget (Jane's) : budget de fonctionnement (armée)

operating frequency (OTAN) : fréquence de fonctionnement
operating location (OTAN) : emplacement d'opérations
operating mode (Jane's) : mode opératoire (armée)
operating procedures (OTAN) : procédures de
fonctionnement
operating procedures (UEO) : procédures opérationnelles
operating radius (US) : portée (drone)
operating radius (US) (drone) : rayon d'action
operating rod : came (guide) (arme automatique)
operating rod : tige de manœuvre (fusil mitrailleur)
operating room (US) : bloc opératoire (SAN)
operating room (US) : salle d'opérations (SAN)
operating theatre (GB) : bloc opératoire (SAN)
operation (arme) (GB) : fonctionnement (arme /
système)
operation (GB) : intervention (SAN)
operation (OTAN) : fonctionnement (aéroport)
operation (UN, US) : mise en œuvre (matériel /
système d'armes)
operation (US) : gestion
operation (US) : action (TAC)
operation (US, GB, OTAN) : opération
operation commander : commandant de l'opération (COPER)
operation headquarters ou operation HQ (UEO) :
état-major d'opération
operation in support of preventive diplomacy :
opération de soutien à la diplomatie préventive
operation map (US) : carte des opérations
operation mode (Jane's) : mode opératoire (armée)
operation of war (GB) : opération de guerre
operation order (OPORD ou OPORDER) (US,
OTAN, GB) : ordre d'opération
operation plan (OPLAN) (US, GB, OTAN) : plan
d'opération
operation report (OPREP ou OP / REP) (OTAN) :
compte-rendu d'opération
operation(s) and maintenance (O&M) (OTAN) :
exploitation et maintenance
operation(s) and support (O&S) (OTAN) : exploitation et soutien
operational (GB, US, UEO) : opérationnel (ou prêt
à l'action)
operational air defence (US) : défense aérienne au
niveau opératif
operational air traffic (OAT) (OTAN) : circulation
aérienne opérationnelle (CAO)
operational analysis (GB) : analyse opérationnelle
operational area (US) : zone d'opérations
operational art (US) : art de la manœuvre (l')
operational art (US) : art opérationnnel (l')
operational augmentation (US) : renforcement
opérationnel
operational axis (US) : axe d'opérations
operational bed (OTAN) : lit opérationnel (SAN)

operational capabilities (UEO, US) : capacités
opérationnelles
operational capability : capacité opérationnelle
operational capability (US) : opérationnalité
operational centre of gravity : centre de gravité
opératif
operational chain of command (US, OTAN) :
chaîne de commandement opérationnelle
operational challenge (US) : enjeu opérationnel
operational characteristics (OTAN) : caractéristiques opérationnelles (matériel)
operational choice (US) : choix opératif
operational coherence officer (Jane's) : officier de
cohérence opérationnelle (ARMT)
operational command (OPCOM) (US, GB,
OTAN) : commandement opérationnel
operational command system (GB) : système de
commandement opérationnel
operational commander (OTAN) : commandant
opérationnel
operational communication : communication opérationnelle
operational concept (OTAN, US) : concept opérationnel
operational consistency officer (Jane's) : officier
de cohérence opérationnelle (ARMT)
operational control (OPCON) (US) : contrôle opérationnel (TAC)
operational control centre (OTAN) : centre de
contrôle opérationnel
operational deception (OPDEC) (OTAN) : déception opérationnelle
operational demand (Jane's) : exigence opérationnelle
operational design (US) : conception des opérations (TAC)
operational doctrine (OTAN) : doctrine opérationnelle
operational environment (US) : environnement
opérationnel
operational flexibility (US) : souplesse opérationnelle
operational freedom (OTAN) : liberté opérationnelle
operational function (US) : fonction opérationnelle
(force opérationnelle sur un théâtre / échelon de
commandement)
operational immediate : urgent opération (transmission radio)
operational imperative (US) : impératif opérationnel
operational information system (AUST) : système
d'information opérationnel (SIO)
operational intelligence (US) : renseignements sur
les opérations
operational intelligence (US, GB) : renseignement
opératif
operational jump (US) : saut opérationnel

operational language (Jane's) : langue opérationnelle

operational lesson (US) : enseignement opérationnel

operational level (US, GB) : niveau opératif
(guerre)

operational life : durée opérationnelle (système)

operational logistics (US) : logistique opérative

Operational Logistics Headquarters (HQ) : état-
major de logistique opérationnelle

operational maneuver (US) : manœuvre opérative

operational merit (OTAN) : valeur opérationnelle
(armement / matériel)

operational mobility : mobilité opérative

operational offensive (US) : offensive opérative

operational option (US) : option opérative

operational planning (US) : planification opérationnelle

operational planning (US) : planification opérative

operational potential : potentiel opérationnel

operational procedures (OTAN) : procédures opérationnelles

operational readiness : capacité (ou aptitude) opérationnelle (unité)

operational readiness (OTAN) : préparation opérationnelle (unité / individu)

operational readiness (OTAN, GB) : aptitude opérationnelle

operational readiness (OTAN, UN, US) : état de
préparation opérationnelle (unité / système
d'arme / matériel)

operational readiness (US) : disponibilité opérationnelle (matériel)

operational readiness evaluation (ORE) (OTAN) :
évaluation du degré d'aptitude opérationnelle

operational requirement (GB, OTAN) : besoin
opérationnel

operational requirement (OTAN) : exigence opérationnelle

operational reserve (of part-time volunteers) (Jane's) : réserve opérationnelle (réservistes)
(France)

operational reserve(OTAN) : réserve opérationnelle (en vue d'une opération) (force)

operational role (GB) : mission opérationnelle
(unité)

operational route (OTAN) : itinéraire opérationnel

operational situation (US) : situation opérationnelle

operational stand-off range (OSOR) (OTAN) : distance de sécurité opérationnelle

operational support : soutien opérationnel

operational target (GB) : objectif opératif

operational tempo (OPTEMPO ou optempo) (Jane's) : tempo opérationnel

operational tempo (optempo) (CA, Jane's) : cadence opérationnelle

operational term (GB) : terme opérationnel (terminologie)

operational territorial defence : défense opérationnelle du territoire (DOT) (France)

operational theater (Jane's) : théâtre d'opérations

operational transits : transit opérationnel

operational wing / section (Secret Intelligence
Service) (GB) : service Action (terme obsolète)
(division Action) (RENS)

operationalize (US) : mettre en œuvre (vision /
perspective conceptuelle)

operational-level commander (US) : commandant
au niveau opératif

operational-level mobility (US) : mobilité opérative

operationally (US) : au plan opérationnel

operationally (US) : opérationnel (au plan)

operations center (US) : centre d'opérations

operations centre (GB, OTAN) : centre d'opérations

operations centre (OTAN) : centre des opérations

Operations Centre (OTAN) : PC OPS

operations in depth (US) : opérations dans la profondeur

operations officer (GB) : officer opérations

operations officer (GB) : officier opérations-instruction (EM)

operations on land (US) : opérations terrestres

operations on the ground (OTAN) : opérations au
sol

operations other than war (OOTW) (Jane's) :
modes d'action du type "maîtrise de la violence"

operations other than war (OOTW) (US) : interventions de maîtrise de la violence

operations other than war (OOTW) (US) : maîtrise
de la violence (mode opératoire)

operations other than war (OOTW) (US) : opérations autres que la guerre (ou de maîtrise de la
violence)

operations other than war (OOTW) (US) : opérations de maîtrise de la violence

operations outside France : opérations hors métropole (France)

operations research (US, GB) : recherche opérationnelle

operations room (GB) : salle de situation (ou salle
des opérations)

operations security (OPSEC) (US, OTAN) : sécurité des opérations

operative (US) : agent (RENS)

operator (matériel) (UN) : utilisateur (matériel /
système de transmissions)

operator (US) : servant

OPFOR (opposing force) (US) : FORAD (force
adverse) (exercice)

opO (GB) (operation order) : ORDOPE (ordre
d'opération)

OPORD (US) : ORDOPE (ordre d'opération)

opponent : adversaire

opportunity (GB) : perspective

opportunity (US) : débouché (professionnel)

opportunity (US) : occasion
opportunity (US) : possibilité
opportunity (US, GB) : opportunité
opportunity target (OTAN) : objectif inopiné
oppose (OTAN) : s'opposer à
oppose (US) : contrer
oppose (US) : s'opposer à (opération)
opposed (entry) (US) : résistance (avec) (arrivée d'une force sur le théâtre)
opposed (US) : avec opposition (ou avec résistance) (arrivée sur un théâtre)
opposed (US) : opposé (ou adverse) (force)
opposed to (GB) : opposé à
opposing (force) (OPFOR) (US) : adverse (force) (FORAD) (plastron d'exercice)
opposing (GB) : opposé (ou adverse) (force)
opposing (OTAN, GB) : opposé
opposing (US) : adverse (ennemi)
opposing (US) : adverse (RENS)
opposing force (OPFOR) (US) : force adverse (FORAD) (exercice)
opposing force (OPFOR) (US) : forces adverses (plastron) (exercice)
opposing force (OPFOR) (US) : plastron
opposing forces (OTAN) : forces d'opposition (plastron dans exercice OTAN)
opposing forces (US) : forces en présence (les) (affrontement)
opposing side (GB) : camp opposé (le) (conflit)
opposite (US) : opposé
opposite number (US) : homologue
opposite side (GB) : autre camp (l') (le camp opposé)
opposition (OTAN) : opposition (ou résistance)
opposition (US, GB) : résistance
oppression (OTAN) : oppression
optic sight (GB) : viseur optique
optical (GB) : optique (adjectif)
optical insert (US) : insert optique (masque à gaz)
optical intelligence (OPTINT) : renseignement optique
optical sight (GB) : lunette optique (fusil)
optical sight (US) : optique de visée
optical tracker (GB) : dispositif de poursuite optique
optical tracker (GB) : poursuite optique (système de)
optics (GB) : optique (équipement optique)
optimise (OTAN) : optimiser (performances / plans)
optimize (US) : optimiser (performances / plans)
optimized (US) : optimisé
optimum (= adjectif) (US) : maximum (nom)
optimum (US) : mieux
optimum (US, UEO) : optimal
option (GB) : possibilité
option (US) : option (TAC)
option (US, GB) : choix

option (US, GB) : option
option for cooperation (OTAN) : choix de coopération
optional (US) : facultatif
optometrist (US) : optométriste (SAN)
optometry (US) : optométrie (SAN)
optronics : optronique (nom)
oral (order) : verbal (ordre)
orally (US) : oralement
orange forces (US, OTAN) : forces orange (ennemi dans exercice OTAN)
orbit : orbiter
orbit (US, OTAN) : orbite
orbital (OTAN) : orbital
orchestrate (OTAN, US) : orchestrer (opérations / activités / efforts)
orchestrated (GB) : orchestré (opération / campagne)
Orchidée airborne battlefield surveillance sytem (US) : Orchidée (radar Doppler sur hélicoptère Super-Puma)
order : commander (matériels)
order : rang (disposition de troupes)
order (equipment) (GB, Jane's) : commande (matériel)
order (GB) : commander (ordonner)
Order (OTAN) : ordre (distinction)
order (OTAN) : organiser
order (OTAN) : prescrire (ordonner)
order (US) : appeler (faire appel à / inviter à)
order (US) : envoyer
order (US) : ordonner
order (US) : ordre (organisation)
order (US) : ordre (public)
order (US, GB) : consigne
order (US, GB) : ordre (logique)
order arms ! (US, GB) : reposez arme ! (commandement)
order arms (GB) : reposer l'arme
order for change of station (US) : ordre de mutation (PERS)
order format : contexture (de l'ordre)
order of (ou for) movement (GB) : ordre de marche (ou de mouvement) (à pied ou en véhicule)
order of battle (US, GB, OTAN) : ordre de bataille (OdB)
order of march (OOM) (GB) : ordre de marche (ou de mouvement) (à pied ou en véhicule)
Order of Merit : Mérite (Ordre du)
Order of Merit : ordre du Mérite
order of peace (OTAN) : ordre de paix
order of precedence (US) : ordre de préséance
order of the day (GB) : ordre du jour (militaire)
order to (GB) : donner l'ordre de
order(s) (OTAN, US, GB) : ordre (commandement)
ordered (OTAN) : ordonné

ordered (OTAN) : organisé (attaque)
ordering (US) : contrat lettre (ARMT)
orderly : aide-soignant (SAN)
orderly : planton (ou ordonnance) (PERS)
orderly (OTAN, GB) : bon ordre (en)
orderly officer : officier de permanence (OP)
orderly room (US, GB) : salle de(s) rapport(s) (unité)
orders (GB) : ordre du jour (militaire)
orders for mobilisation (GB) : ordres de mobilisation
orders group (O Group) : briefing
orders paragraph (Jane's) : paragraphe d'ordre
ordinary leave (US) : permission normale(s)
ordinary ranks (GB) : militaires du rang (les) (MDR)
ordinary transport (OTAN) : transport ordinaire (transport ferroviaire)
ordnance : munitions
ordnance (GB) : armes et munitions
ordnance (UN) : munitions d'artillerie
Ordnance Survey map (GB) : carte d'état-major
organ (US) : organe
organic (US) : organique
organic area command : commandement organique régional (armée de terre 2002)
organic chain of command (functional / regional) : chaîne de commandement organique (fonctionnel / régional) (armée de terre 2002)
organic equipment (US) : matériel organique (unité)
organic forces (US) : forces organiques
organic functional command : commandement organique fonctionnel (armée de terre 2002)
organically (US) : organiquement
organigram (GB) : organigramme (sens propre = schéma)
organisation (GB) : organisation (manière d'organiser)
organisation / organization (OTAN, US) : formation (unité)
Organisation on Security and Cooperation in Europe (OSCE) : organisation sur la sécurité et la coopération en Europe (OSCE) (Ex-CSCE)
organisational (GB) : organisationnel
organisational concept (OTAN) : concept organisationnel
organisational materiel (OTAN) : matériel de dotation organique
organise (GB) : organiser
organised crime (US, OTAN) : crime organisé (ou criminalité organisée)
organised for (OTAN) : organisé pour
organised in (GB) : articulé en
organization : organisme
organization (Jane's) : dispositif (force)
organization (US) : composition (unité / force)
organization (US) : organisation (structure)

organization (US) : organisation (manière d'organiser)
organization chart (US) : organigramme (sens propre = schéma)
organization for combat (US) : organisation pour le combat (TAC)
Organization of African Unity (OAU) (US, GB) : organisation de l'unité africaine (OUA)
Organization of American States (US) : organisation des États américains
organization of the ground (US, OTAN) : organisation du terrain
organizational (US) : organisationnel
organizational agility (US) : agilité organisationnelle (ou souplesse d'organisation) (état-major)
organizational structure (US) : structure au plan de l'organisation (armée)
organize (Jane's) : mettre en place (camp)
organize (US) : constituer (former / organiser / mettre sur pied)
organize (US) : organiser
organize (US) : organiser (terrain)
organize into (US) : répartir (personnel / forces)
organize into (US) : répartir (matériel / approvisionnement)
organize oneself to (US) : s'organiser pour
organized (US) : organisé (résistance)
organized with (US) : composé de (troupe / matériel / organisation)
orient (OTAN) : axer
orient (US) : orienter
orient oneself (US) : s'orienter (personnels) (TAC)
orient oneself (US) : s'orienter (véhicule)
orientate (GB) : orienter
orientate (OTAN) : axer
orientate oneself (GB) : s'orienter (personnels) (TAC)
orientation (GB) : orientation (carte / boussole)
orientation (US) : orientation (sens figuré)
orientation (US) : orientation (guidage) (PERS)
orientation (US) : orientation (canon)
orientation course (US) : stage de réorientation (nouvelle activité / spécialité)
-oriented : privilégier
oriented (US) : dominante (à)
oriented (US) : orienté
orienteering course (ou race) (GB, US) : course d'orientation (CO)
original (US) : origine (d') (version de matériel)
original model (US) : modèle d'origine (véhicule)
originating (OTAN) : départ (origine)
originating medical facility (OTAN) : échelon sanitaire initial (SAN)
originator (GB, OTAN) : expéditeur (TRANS)
ornamentation (US) : ornements (uniforme)
orphan (US) : orphelin
oscillate (US, GB) : osciller (antenne)
other (US, GB) : autre

other European countries (OEC) (OTAN) : autres pays de l'ex-Europe de l'Est

other forces for NATO (OFN) (OTAN) : autres forces pour l'OTAN

other rank (OR) (GB) : engagé (volontaire) (soldat)

other ranks (OR) (GB) : engagés (les) (PERS)

other ranks (OR) (GB, OTAN) : sous-officiers et hommes du rang (ou et militaires du rang) (personnels non officiers) (USA et GB)

other side (GB) : autre camp (l') (le camp opposé)

other side (GB) : camp opposé (le) (conflit)

other than (US, OTAN) : autre que

otherwise (OTAN) : contraire

otherwise (OTAN) : contrordre

otherwise (US) : autrement

our side (GB) : forces amies

out ! (US) : terminé ! (procédure radio)

outbreak : flambée (violence)

out of (GB) : hors

out of (US) : à court de

out of action (OA) (OTAN) : hors combat

out of ammunition (GB) : munitions épuisées

out of area (OOA) (GB, OTAN) : hors zone

out of area operation (GB) : opération hors zone

out of area projection : projection extérieure (hors du territoire national ou zones sous souveraineté nationale)

out of bounds (GB) : interdit (accès / personnel)

out of bounds (OOB) (GB) : accès interdit (d') (lieu)

out of contact (US, GB) : non au contact (de l'ennemi) (force)

out of national territory (ONT) (OTAN) : hors du territoire national (forces)

out of national territory (ONT) (OTAN) : hors métropole (ou hors du territoire métropolitain)

out of national territory (ONT) forces (OTAN) : forces hors du teritoire national

out of order : hors d'usage

out of proportion (US) : disproportionné

out of proportion (US) : hors de proportion (ou disporportionné)

out of range (GB) : hors de portée (tir)

out of service : hors d'usage

out of sync (OTAN) : déphasé

out of use (UN) : non utilisable (matériel)

out to (GB) : jusqu'à (spatial)

outbreak (CA) : début

outbreak (GB, OTAN) : déclenchement (guerre / attaque / hostilités)

outbreak (OTAN) : ouverture

outbreak (US) : poussée (éruption)

outbreak of war (US, GB) : ouverture des hostilités (conflit)

outcome (OTAN) : résultat

outcome (US) : issue

outdate (US) : dépasser (progrès)

outdated (US) : obsolète (matériel / technologie)

outdistance (US) : distancer

outdoor (US) : ciel ouvert (à)

outer : extra-atmosphérique

outer (CFE) : extérieur (adjectif)

outer space : espace extra-atmosphérique

outfit (US) : équiper

outfit (US) : unité (organisation militaire)

outfitted with (US) : équipé (ou avec) (force)

outflank (US) : déborder (TAC)

outflanked : débordé (force) (TAC)

outflanked : pris à revers (force)

outflanking movement (GB) : débordement (TAC)

outflow (GB) : départs (personnels quitttant l'armée) (statistiques)

outgoing (unit) (US) : relevée (unité)

outgoing (US, GB) : partant

outgoing unit : unité relevée

outgun : supériorité

outlaw (US) : hors-la-loi

outlay (UN) : dépenses

outline : figurer (représenter)

outline (OTAN) : reporter

outline (US) : grandes lignes

Outline NATO Staff Target (ONST) : ébauche d'ojectif OTAN d'état-major

outline plan (GB, OTAN) : avant-projet (action)

outline plan (US) : ébauche de conception

outload of ammunition (GB) : déchargement de munitions

outmanoeuvre : supériorité

outmarch : supériorité

outnumber (GB) : dépasser en nombre

outnumbered by (US, GB) : inférieur à

outpost (GB) : avant-poste

outpost (GB) : détachement d'alerte avancé (avant du gros)

output power (US) : puissance de sortie (émetteur-récepteur)

outrange : supériorité

outrank : supériorité

outreach : supériorité

outreach strategy (OTAN) : stratégie d'ouverture (OTAN)

outright : emblée (d')

outright (US) : d'emblée

outright (US) : dès le départ

outset (US) : début

outshoot : supériorité

outside (US) : en dehors de

outside (US) : hors métropole (ou hors du territoire métropolitain)

outside (US, GB) : extérieur (adjectif)

outside (US, OTAN) : hors

outside Europe : hors d'Europe

outsized : hors gabarit (charge)

outskirt (ville) (GB) : lisière (TAC)

outskirts (OTAN) : périphérie

outsourcing (Jane's) : externalisation (sous-traitance)

outsourcing (Jane's) : sous-traitance (externalisation) (ARMT)

outstanding (GB) : remarquable

outstanding (US) : exceptionnel

outstation (US) : station secondaire (TRANS)

outthink : supériorité

outweigh : dépasser (en quantité)

over : par (spatial)

over ! (US) : parlez ! (procédure radio)

over (CA) : contre

over (GB) : par dessus

over (GB) : révolu

over (GB, Jane's) : sur (spatial)

over (Jane's) : au-dessus

over (OTAN) : long (ART)

over (UEO) : pendant

over (US) : au cours de

over (US) : par rapport à

over (US) : plus de

over (US) : sur (temporel)

over (US) : verticale de (à la)

over (US, GB) : fini

overcentralization (US) : excès de centralisation
(ou centralisation excessive)

over snow vehicle (tracked) : autoneige (chenillé)

over time (US) : à la longue

over time (US) : bout de ligne (en)

overages (US) : excédents (ou surplus) (matériel)

overages (US) : surplus (matériel)

over-aim : surpointer

overall (OTAN) : suprême

overall (OTAN, US) : général

overall (US) : d'ensemble (plan / concept)

overall (US) : global

overall (US) : hors-tout

overall control of military operations : direction
générale des opérations militaires

overall defence : défense d'ensemble (territoire national)

overall force commitment plan : plan général
d'emploi des forces

overall force deployment plan : plan général d'emploi des forces

overall mission (US) : mission générale (unité)

overall spending (OTAN) : dépenses globales

overall territorial coverage : couverture générale
du territoire (points / réseaux sensibles)

overarching (US) : obligatoire (concept)

overarmament (UN) : surarmement

overboot (US) : couvre-brodequin (ou couvre-
chaussure)

overclassification (US) : surclassification (document) (RENS)

overclassification (US) : surprotection (document)
(RENS)

overcome (OTAN) : dépasser (surmonter)

overcome (UEO) : combler

overcome (US) : surmonter

overcome (US) : vaincre (triompher de) (ennemi)

overcome (US, GB) : venir à bout de

overcome(GB) : franchir (obstacle)

overestimate (GB) : surévaluer (ou surestimer)

overestimate (US) : surestimer

overflight (UN, US) : survol

overflight agreement (US) : accord de survol

overfly : survoler

overhauling (of equipment) (US) / overhaul (GB) :
révision (de matériel)

overhead (US) : vu du ciel

overhead clearance (OTAN) : tirant d'air (pont)

overhead costs (OTAN) : frais généraux

overhead source (US) : source aérienne et spatiale
(RENS)

overhead verification (US) : vérification par
moyens aériens et spatiaux (désarmement)

overhear (US) : écouter (GE / RENS)

overheat (OTAN) : chauffer (arme)

overheating : surchauffe (moteur)

over-instruction (GB) : sur-entraînement

overkill : sursaturation (d'objectif)

overkill (GB) : surarmement

overkill (GB) : surcapacité de destruction

overkill (UN) : surextermination (personnes)

overkill capability (UN) : surdestruction (capacité
de) (matériels) (STRAT)

overkill capacity (UN) : surdestruction (capacité
de) (matériels) (STRAT)

overland : voie terrestre

overlap (OTAN) : recouvrement (photographies)

overlap (OTAN, US) : se recouvrir (photographies / zones)

overlay (OTAN, US, GB) : calque

overload (US) : surcharger (lignes de communication)

overlook (GB) : dominer (TOPO)

overlook (GB) : surplomber

overly (US) : trop

over-manning : sur-effectif

overmatch (US) : dominer (TAC)

overpopulation (OTAN) : surpopulation

overpressure (US) : surpression

over-representation (US) : surreprésentation (pays
dans un organisme)

overrun : envahir

overrun (US, GB) : dépassement (crédits / budget)

overrun (US, GB) : submerger (TAC)

oversea(s) (US) : étranger (à l')

overseas (US, GB) : hors métropole (ou hors du
territoire métropolitain)

overseas (US, GB) : outre-mer

overseas combined-arms battalion : régiment
inter-armes d'outre-mer (RIAOM)

Overseas Command (GB) : commandement outre-
mer (ou à l'étranger)

overseas country (Jane's) : pays étranger
overseas deployment : engagement extérieur
overseas deployment (GB) : projection extérieure
overseas deployments (GB) : dispositif hors métropole (armée de terre)
overseas garrisons (GB) : dispositif hors métropole (armée de terre)
overseas garrisons (GB) : forces de présence (outre-mer)
overseas garrisons (GB) : forces prépositionnées (outre-mer)
overseas intervention (US) : intervention extérieure
overseas joint command post : poste de commandement interarmées outre-mer
Overseas Land Territorial Defence District : zone de défense outre-mer (défense militaire terrestre)
overseas missions (CA) : missions extérieures
overseas operation (US, GB) : action extérieure
overseas operations (GB, US) : action extérieure (l')
overseas operations (GB, US) : actions extérieures (hors du territoire national)
overseas operations (GB, US) : opérations extérieures (OPEX) (ou actions extérieures)
overseas presence (US) : présence à l'étranger (ou outre-mer) (pays)
overseas student (GB) : stagiaire étranger
overseas theater (US) : théâtre extérieur
oversee (US) : contrôler (vérifier)
oversee (US) : surveiller
oversight (US) : supervision
oversight (US) : surveillance
overstrength (US) : en sur-effectif
overstretch (GB) : dépassement (crédits / budget)
overstretch (Jane's) : étirement (moyens / personnels) (armée)
overt (UN) : ouvert (non secret) (RENS)
overt (US) : à découvert (RENS)
overt intelligence (US) : renseignement ouvert
overt operation (US) : opération à découvert (RENS)
overtake (GB) : dépasser (progrès)
over-the-horizon (OTH) (UN, OTAN) : transhorizon
over-the-horizon radar (OTHR) (OTAN) : radar transhorizon
over-the-horizon targeting (OTHT) (OTAN) : désignation d'objectif(s) transhorizon(s) (DOTH)
overthrow (CA) : destituer (renverser) (homme politique)
overthrow (US, GB) : renverser (gouvernement)
overthrow (US, OTAN) : renversement (gouvernement)
overtime (GB) : heures supplémentaires
overturn (GB) : se renverser (véhicule)
overview (GB) : vue d'ensemble
overview (OTAN) : aperçu

overwatch position (US) : position dominante (TAC)
overwhelm (GB) : écraser
overwhelm (US) : submerger (TAC)
overwhelming (GB) : écrasant
overwhelming (US) : foudroyant (effet)
overworked (US) : surchargé de travail (PERS)
own (GB) : propre (exclusif)
own (Jane's) : détenir (posséder) (société) (ARMT)
own troops (OTAN) : troupes amies
oxygen bottle (US) : bouteille d'oxygène (plongeur)
oxygen mask (US) : masque à oxygène (aéronef / parachutiste)
oxygen supply system : module d'oxygénation (TAP)

p

P4 4 X 4 utility vehicle : P4 (véhicule de liaison tout-terrain PEUGEOT)
P4 all-terrain vehicle : P4 (véhicule de liaison tout-terrain PEUGEOT)
P4 four-wheel drive tactical vehicle : P4 (véhicule de liaison tout-terrain PEUGEOT)
P4 light cross-country vehcicle : P4 (véhicule de liaison tout-terrain PEUGEOT)
P4 light tactical vehicle : P4 (véhicule de liaison tout-terrain PEUGEOT)
P4 tactical light car : P4 (véhicule de liaison tout-terrain PEUGEOT)
pace (GB) : rythme (sens générique)
pace (GB) : vitesse
pace (military) (OTAN) : vitesse de marche (colonne / élément)
pace (OTAN, GB) : pas (mouvement du pied)
pace (US) : allure (vitesse)
pace (US) : cadence (TAC)
pace (US) : rythme (attaque) (TAC)
pace of change (the) (US) : marche du progrès (la).
pace setter (OTAN) : guide (véhicule de tête de colonne)
pacifism (GB) : pacifisme
pacifist (GB) : pacifiste (nom et adjectif)
pacify (GB) : pacifier
pack (GB) : paquetage (PERS)
pack (a parachute) (US) : plier (parachute)
package (OTAN) : conditionner
package (US) : emballer (LOG / missile)
package (US) : ensemble
package (of information) (US) : lot (de renseignements)
packaging (OTAN) : conditionnement (LOG)
packed lunch (GB) : repas froid (individuel)
packet (GB) : rame (véhicules)

packet (OTAN) : paquet (TRANS)
packing (OTAN) : emballage (cargaison) (LOG)
pact (GB) : accord
pact (US, OTAN) : pacte
padre (GB) : marab (aumônier)
pageantry (GB) : apparat
pail (US) : seau
pain (US) : douleur (PERS)
painkiller (GB) : antalgique (nom) (SAN)
paint (US) : brosser (tableau)
paint (US) : illuminer au laser (cible)
paint (US) : peinture (matériel)
paint (US, GB) : peindre
painter (GB) : peintre (PERS)
pair (up) (US) : binômer (PERS)
pair (US) : binôme (groupe de 2) (PERS)
pair (US, GB) : paire (chaussures)
paleness (US) : pâleur (SAN)
pallbearer (US) : porteur de cercueil
pallet (GB, OTAN, US) : palette
pallet loader : transpalette
pallet transporter : transpalette
palletize : palettiser
Palletized Load System (PLS) (US) : véhicule de transport logistique (VTL)
palletized loading system truck (US) : véhicule de transport logistique (VTL)
pallisade (GB) : palissade
pamphlet (PAM) (US) : brochure
pamphlet (US) : tract (action psychologique)
panache (GB) : panache
panel (UN) : groupe
panel (US) : pupitre (véhicule)
panel code (OTAN) : code de panneaux (communications visuelles)
panic (GB) : affolement (panique)
panic (GB) : panique (affolement)
panic-stricken (US) : pris de panique (PERS)
panoply : panoplie (STRAT)
panoramic (OTAN) : panoramique (adjectif)
panoramic sight (Jane's) : lunette d'observation panoramique (véhicule blindé)
paper (US, GB) : papier
paper map : carte papier
paper play (PP) (OTAN) : exercice fictif
paper play (PP) (OTAN) : jeu fictif
paperwork (US) : écritures
paperwork (US, GB) : paperasserie
PAPOP dual caliber demonstrator program (Jane's) : PAPOP (polyarmes-polyprojectiles)
PAPOP dual caliber demonstrator program (Jane's) : polyarmes-polyprojectiles (PAPOP)
par excellence (GB) : par excellence
para (GB) : para
para course (GB) : stage para
para(chute) artillery regiment (GB) : régiment d'artillerie parachutiste (RAP)

para(chute)-commandos : commandos-parachutistes (opérations spéciales)
parachute (GB) : parachuter (véhicule / personnels / matériel)
parachute (GB) : parachutiste (adjectif)
parachute (infantry) battalion (GB) : régiment d'infanterie parachutiste (RIP)
parachute (US, OTAN) : parachute (TAP)
parachute artillery (GB) : artillerie parachutiste
parachute assault : assaut vertical (opération aéroportée)
parachute assault (OTAN) : parachutage d'assaut
parachute assault (US) : assaut aéroporté
parachute bag : housse à parachute (TAP)
parachute battalion (GB) : régiment parachutiste
parachute collection : réintégration des matériels TAP
parachute collection point : point de réintégration des matériels TAP
parachute division (GB) : division parachutiste (DP)
parachute engineer regiment (GB) : régiment du génie parachutiste (RGP)
parachute force (US) : force parachutiste
parachute infantry (GB) : infanterie parachutiste
parachute infantry battalion (GB) : régiment de chasseurs parachutistes (RCP)
parachute jump (US, GB) : saut en parachute
parachute jump simulator : agrès de synthèse (TAP)
parachute landing fall (PLF) : roulé-boulé (TAP)
parachute operations (GB) : opérations aéroportées
parachute (ou airborne) transport regiment (GB) : régiment du train parachutiste (RTP) (ex-BOMAP + RLA)
parachute rigger (US) : plieur de parachutes
parachute rigging (US) : pliage de parachutes (TAP)
Parachute Training Centre (PTC) (GB) : école des troupes aéroportées (ETAP)⋅
parachute troops : troupes parachutistes
parachute turn-in : réintégration des matériels TAP
parachute turn-in point : point de réintégration des matériels TAP
parachute unit (GB) : unité parachutiste
parachute(-)delivery (US) : largage par parachute (matériel)
parachute-delivery (US) : parachutage (matériel)
parachuting (US) : parachutisme
parachutist (GB), : parachutiste (individu)
Parachutist Badge (US) : brevet de parachutisme militaire (BPM)
parachutist badge (US) : insigne de parachutiste
parachutist-qualified (US) : breveté para(chutiste) (PERS)
para-commando (ou pathfinder) squadron (Airborne Brigade) : groupement de commandos pa-

rachutistes (GCP) (DP/COS) (ex-Groupement CRAP)

parade (ceremonial) : prise d'armes

parade (GB, Jane's) : défilé (cérémonie)

parade field (US) : marchfeld

parade ground (GB) : marchfeld

parade ground (GB) : place d'armes

parados (GB) : parados (arrière d'une tranchée)

paradrop (OTAN) : parachutage (hommes / matériels)

paragraph (PARA) : paragraphe

parallel (US) : en parallèle

parallel (US) : parallèle (géographie)

parallel lane (GB) : itinéraire parallèle

parallel staff (OTAN) : état-major parallèle

parallel to : parallèle à

paralysis (US) : paralysie (SAN)

paralyze (US) : paralyser

paralyzing (US) : paralysant

paramedic (GB) : auxiliaire médical (militaire ou civil)

parameter (UN, US, OTAN) : paramètre

paramilitary (US, GB, OTAN) : paramilitaire (adjectif et nom)

para-military forces (OTAN) : forces paramilitaires

paramilitary unit (Jane's) : unité paramilitaire

paramount (US) : primordial

paranoid (GB) : paranoïaque

parapet (GB) : parapet

parasite (GB) : parasitaire (ou parasite)

parasite (GB) : parasite (SAN)

parasitology (US) : parasitologie (SAN)

paratroop (GB) : parachutiste (individu)

paratroop division (GB) : division parachutiste (DP)

paratroop door : porte latérale (TAP)

paratroop unit (GB) : unité parachutiste

paratrooper (zone de guerre) (US, GB) : parachutiste (individu)

paratroopers (GB) : troupes aéroportées (TAP) (parachutistes) (les)

paratroopers (GB) : troupes parachutistes

parcel : colis

pare down (US, GB) : réduire (force / armée / format / effectifs)

parent : appartenance (d') (ou d'origine)

parent : tutelle (de) (ou d'origine) (unité)

parent (unit) : mère (d'appartenance ou d'origine) (unité)

parent headquarters : état-major parent

parent organization (US) : organisme de tutelle

parent unit (US) : origine (unité d')

paring-down (GB) : réduction (forces armées)

Paris Area Military Command : commandement militaire de l'Ile de France (CMIDF)

parity (US) : parité (TAC / STRAT)

park (a vehicle) : garer (véhicule)

parka (GB, US) : parka

parking (US) : parc (fonction)

parole (GB) : libérer sur parole (prisonnier)

part : partie (temporel)

part : rôle

part (CA) : moitié

part (GB) : élément

part (GB) : endroit

part (GB, US) : partie (spatial)

part (OTAN, GB) : pièce (LOG)

part (OTAN, US, GB) : partie (force / unité / population)

partial (GB) : partiel

partiality (US) : partialité (PERS)

participant (US, OTAN) : participant (exercice / opération / stage) (PERS)

participant nation (US) : pays participant (coalition)

participate in (US) : participer à

participating (OTAN, US) : participant (participe présent)

participating nation (US) : pays participant (coalition)

participating unit (PU) (OTAN) : unité participante (UP)

participation (US, UEO, OTAN) : participation

particle (OTAN) : particule

particle beam (US) : faisceau de particules

particle-beam weapon (PBW) (UN) : arme à faisceau de particules

particular (US) : particulier

particularly (UEO) : en particulier

partisan (US, GB) : partisan (irrégulier)

partisan (US, GB) : résistant (mouvement de résistance) (nom)

partisan conflict (GB) : résistance (lutte d'opposition à l'occupant)

partisan struggle (GB) : résistance (lutte d'opposition à l'occupant)

partisan unit (US) : unité de partisans (résistance)

partition : partition (État / région / province)

partner (OTAN) : pays partenaire (OTAN)

partner (US) : cavalier (soirée dansante)

partner (US) : partenaire

partner country ou Partner country (OTAN) : pays partenaire (OTAN)

partnership (OTAN, US, CA) : partenariat

partnership arrangement (CA) : accord de partenariat (avec un pays)

Partnership for Peace (PfP) (OTAN) : partenariat pour la paix (PPP) (OTAN)

parts (component) (US) : pièces (matériel)

part-time (US) : temps partiel

part-timer (GB) : soldat à temps partiel (réserviste)

party (GB) : groupe

party leader (US) : chef de parti (politique)

party to the conflict (US) : partie au conflit

party : détachement (unité)

pass (a candidate / an applicant) (GB) : admettre (candidat / postulant)

pass (GB) : approuver

pass (GB) : dépasser (en véhicule)

pass (GB) : laissez-passer

pass (GB) : passe (sécurité)

pass (GB) : passer (donner)

pass (GB, US) : passer (TAC)

pass (GB, US) : réussir (examen / entraînement / formation)

pass (OTAN) : satisfaire

pass (OTAN) : transmettre (renseignement / ordres / informations) (à quelqu'un)

pass (US) : passer (transmettre) (RENS)

pass (US) : remettre

pass (US) : transmettre

pass (US, GB) : autorisation d'absence du service (courte durée) (PERS)

pass (US, GB) : col (TOPO)

pass (US, GB) : passage (action de passer)

pass (US, OTAN) : transmettre (responsabilité)

pass around : contourner (force amie)

pass data (on) : transmettre (données)

pass down (GB) : transmettre

pass information to (GB) : renseigner (quelqu'un / unité / chef)

pass oneself off as (US) : se faire passer pour (RENS)

pass out (GB) : réussir (achever avec succès une formation ou un stage)

pass out of (a military academy / training centre) (GB) : sortir de (école militaire / centre d'instruction)

pass the buck (US) : refiler

pass through (GB) : faire passer (TAC)

pass through (GB) : passer (PERS)

pass through (US) : traverser

pass through (US, GB) : dépasser (TAC)

pass time (US, OTAN) : durée d'écoulement (circulation)

pass to (US) : passer à

passable (GB) : praticable

passage (OTAN) : passage (action de passer)

passage (US) : transmission (renseignements)

passage at arms : passe d'armes

passage of arms : passe d'armes

passage of command (US) : transmission de commandement

passage of information and orders (GB) : transmission du renseignement et des ordres

passage of lines (OTAN) : passage de lignes

passage of lines (US) : franchissement de lignes

passed over (US, GB) : non promu (officier)

passenger : passager

passenger aircraft (OTAN) : avion de transport de passagers

passenger capacity (US) : capacité de transport en passagers (aéronef)

passenger carrying (GB) : transport de passagers (mission)

passing (GB) : transmission (documents / messages)

passing (OTAN) : croisement (circulation) (action)

passing (US) : transmission (renseignements)

passing out (GB) : sortie

passing through lines (GB) : dépassement (TAC)

passing unit (US) : unité en dépassement

passive (GB) : passif

passive homing (guidance) (US, OTAN) : guidage passif

passive measures : mesures passives

passive mine (OTAN) : mine passive

passover (US) : absence de promotion (ou d'avancement) (officier)

passport (US) : passeport

password (US,OTAN) : mot de passe

past : passé

past (US) : passé (participe passé)

past (US) : écoulé

patch : écusson

patch up (GB) : rafistoler

path : chemin

path (flight) (GB, OTAN) : trajectoire

path (GB) : sentier (TOPO)

pathfinder (US) : orienteur-marqueur-baliseur (OMB)

Pathfinders (GB) : commandos de recherche et d'action dans la profondeur (CRAP)

pathology (US) : pathologie (SAN)

patience (US) : patience (PERS)

patient : blessé (nom)

patient (OTAN) : malade (nom) (SAN)

patient (US, GB, OTAN) : patient (SAN)

patient regulating (OTAN) : régulation des malades (SAN)

patriot (US, GB) : patriote

patriotic (US, GB) : patriotique

patriotism (US, GB) : patriotisme

patrol (US, GB) : patrouiller

patrol (US, GB, OTAN) : patrouille

patrol car (Jane's) : véhicule de patrouille

patrol leader (US) : chef de patrouille

patrol vehicle (US) : véhicule de patrouille

patrolling (GB) : patrouille (action de patrouiller)

pattern (CFE, UN) : modèle (relations / opérations)

pattern (GB) : modèle (aéronef / équipement)

pattern (OTAN) : plan de pose (mines)

pattern (OTAN) : schéma de pose (mines)

pattern (US, OTAN) : schéma

pattern of operations (US) : modèle d'opérations

pause : pause (STRAT)

pause : temps d'arrêt

pause (US) : pause (arrêt)

pave the way (for) (US) : préparer le terrain (sens figuré)

paved (US) : goudronné (route)
pay (GB) : solder (PERS)
pay (GB) : traitement (salaire de fonctionnaire)
pay (GB, US) : rémunérations (et charges sociales / RCS) (chapitre budgétaire)
pay (US) : rémunération (solde) (PERS)
pay (US, GB) : solde
pay book : livret de solde
pay close attention to (OTAN) : suivre de près (évolution d'une situation)
pay dearly for it (US) : payer cher (le)
pay level (US) : échelle indiciaire de solde
pay off (GB) : payant (rentable) (TAC)
pay off (GB) : payer
pay rise (GB) : augmentation (ou supplément) de solde
pay roll (US) : feuille de solde
pay scales (GB) : échelle indiciaire de solde
pay system (US) : système de paiement (Trésor)
pay tribute to (US, OTAN) : rendre hommage à
paycheck (US) : solde
payload : capacité de chargement (véhicule)
payload : charge explosive (tête militaire) (missile)
payload : tête militaire (missile)
payload (OTAN) : charge utile
paymaster (GB) : trésorier (unité)
payment (US) : paiement
payoff (US) : rentabilité (tactique)
payroll (Jane's) : effectif(s) (armée / unité) (AT / GEND)
PCS (= permanent change of station) travel time (US) : droits à déménagement (permission)
PCSed / PCS'ed (US) : muté (PERS)
peace (GB) : temps de paix
peace (US, GB, OTAN, UN) : paix
peace agreement (US, GB) : accord de paix
peace deal (US) : accord de paix
peace dividend (US, GB, UN) : dividendes de la paix (retombées économiques)
peace enforcement (PE) (OTAN) : imposition de la paix
peace enforcement operation : opération d'imposition de la paix
peace implementation (US) : mise en œuvre de la paix
peace initiative (GB) : initiative de paix
peace operation (GB) : opération de paix
peace operation(s) force (US) : force de paix (opérations de paix)
peace operations (US) : opérations de paix (ou opérations menées au service de la paix)
peace plan (US) : plan de paix
peace process (US) : processus de paix
peace restoration operation : opération de restauration de la paix
peace support operation (PSO) : opération de soutien à (ou en faveur de) la paix

peace support operations (OTAN) : opérations de soutien de (ou en faveur de) la paix
peace(-)enforcement (PE) operations (OTAN) : opérations d'imposition de la paix
peace(-)support (OTAN) : soutien de la paix
peace-building (UN, OTAN, US) : consolidation de la paix
peace-building operation : opération de consolidation de la paix
peace-enforcement (UN, UEO) : imposition de la paix
peace-enforcers (UN) : forces d'imposition de la paix
peaceful (OTAN) : fins pacifiques (à des)
peaceful (OTAN, CFE) : pacifique
peacekeeper : casque bleu
peacekeeper : soldat de la paix
peacekeepers (UN) : forces de maintien de la paix
peacekeeping (PK) (US, OTAN, UN) : maintien de la paix
peacekeeping battalion (US) : régiment de maintien de la paix
peacekeeping exercise (OTAN) : exercice de maintien de la paix
peacekeeping force (US) (GB) : force de maintien de la paix
peacekeeping forces (US) : forces de maintien de la paix
peace-keeping operation (PKO) (UN) : opération de maintien de la paix
peacekeeping operations (US) : opérations de maintien de la paix
peace-maker (US) : pacificateur (nom)
peacemaking (US, UN, OTAN, UEO) : rétablissement de la paix
peacetime (OTAN) : du temps de paix
peacetime (US, GB) : temps de paix
peacetime campaign (US) : campagne du temps de paix
peacetime duty (US) : mission du temps de paix
peacetime manpower (US) : effectifs du temps de guerre (force)
peacetime operational command (US) : commandement opérationnel du temps de paix
peacetime operations (US) : opérations du temps de paix
peacetime security (GB) : sécurité du temps de paix (mission des armées)
peak (OTAN) : fort (point culminant)
peak (US) : apogée
peak (US) : point culminant (TAC)
peculiar (US) : spécifique
pedestal : socle (missile)
pediatrician (US) : pédiatre (SAN)
pediatrics (US) : pédiatrie (SAN)
peer (US) : regarder
pellet : plomb (fusil)
pellet (UN) : granulé
pellet gun (UN) : arme à plombs

pen microphone (US) : micro(phone) stylo (RENS)

pending (US) : avant (temporel) (préposition)

pending (US) : dans l'attente

pending (US) : en attendant

penetrate (armour / a target) (US) : perforer (blindage / cible)

penetrate (GB) : enfoncer (TAC)

penetrate (US) : pénétrer (RENS)

penetrate (US) : s'avancer (TAC)

penetrate (US, GB) : percer (TAC)

penetrate into (US) : pénétrer

penetrating nature (US) : pouvoir de pénétration (rayonnement)

penetration : percée (TAC)

penetration (of a market) : pénétration (marché)

penetration (OTAN) : attaque de rupture

penetration (US) : incursion

penetration (US) : pénétration (d'un organisme cible) (RENS)

penetration (US, GB) : pénétration (TAC)

penetration area (US) : zone de pénétration

penetrator (US) : dard (obus-flèche)

penetrator (US) : flèche (obus flèche)

peninsula (US, GB) : péninsule

pennant (US, GB) : fanion

pension (GB) : retraite (pension)

pension rights (GB) : droits à pension

pensioner (Army) (GB) : retraité

Pentagon (US) : Pentagone (le) (USA)

people : gens

people (OTAN) : population

people (US) : personnel(s)

pep talk (familier) (US) : discours d'encouragement (remonter le moral des hommes)

per (US, OTAN) : par (proportion / ratio)

per cent (Jane's) : pour cent (%)

per cent (US) : pour cent (%)

per diem (US) : frais de mission (PERS)

per soldier (OTAN) : par soldat (dépenses)

per tank (US) : unitaire

perceive (GB, US) : percevoir (appréhender)

percentage (OTAN) : pourcentage

perception (GB) : perception (image)

percussion cap (GB) : amorce (ou charge d'amorçage)

perform : accomplir

perform : remplir (mission)

perform (a function) (CFE) : remplir (fonction)

perform (US) : exercer

perform (US) : faire

perform (US, GB) : se comporter (ou se tenir) (matériel / force)

perform a check (US) : vérifier (arme / matériel)

performance (US) : accomplissement

performance (US) : exécution (accomplissement) (mission / opération)

performance (US, GB) : performances (individu)

performance (US, GB, OTAN) : performance(s) (matériel)

performance criteria (OTAN) : critères de rendement (forces)

performer (US) : exécutant (PERS)

peril (US) : péril

perimeter (US) : périphérique (adjectif)

perimeter (US, GB) : périmètre

perimeter acquisition radar (PAR) (UN) : radar d'acquisition de périmètre

perimeter defence : défense périphérique (ou de périmètre)

perimeter fence (CFE, GB) : clôture (d'enceinte) (site militaire)

period (of time) (US, GB) : période (de temps)

period (US) : délai(s)

period (US) : époque

period of R & R (GB) : temps de repos (PERS)

period of reserve service (GB) : période d'instruction (ou d'activité) (réserviste)

period of service (GB) : temps de service (PERS)

period of tension or war (TTW) (OTAN) : période de tension ou temps de guerre (PTG)

periodic (UN, OTAN) : périodique (adjectif)

periodic intelligence review (PIR) (OTAN) : examen périodique du renseignement

periodically (US, CA) : périodiquement

peripheral (GB) : périphérique (adjectif)

peripheral (US) : périphérique (informatique)

periphery (OTAN) : périphérie

periscope (front gunner's) : périscope (du mitrailleur avant)

periscope (US) : épiscope (char)

periscopic telescope : lunette périscopique

perish (GB) : périr (mourir)

perishable (US) : périssable (denrée / renseignement)

perk (GB) : avantage en nature (PERS)

permanence (US) : permanence

permanent (GB, OTAN) : permanent

permanent change of station (PCS) (US) : mutation (changement d'affectation) (PERS)

permanent change of station (PCS) order (US) : ordre de mutation (PERS)

permanent faculty (US) : corps enseignant (ou corps professoral) (grande école militaire)

permanent headquarters (UEO) : état-major permanent

permanent injury (US, GB) : lésion permanente (SAN)

Permanent Joint Council (PJC) (OTAN) : conseil conjoint permanent (CCP) (OTAN)

Permanent Joint Headquarters (PJHQ) (GB) : état-major opérationnel permanent inter-armées

Permanent Joint Headquarters (PJHQ) (GB) (équivalent GB) : centre opérationnel inter-armées (COIA)

Permanent Joint Headquarters (PJHQ) (Operations) (équivalent GB) : état-major interarmées de planification opérationnelle (EMIA)

permanent security posture (PPS) : posture permanente de sûreté (France)

permanent staff (GB) : encadrement (l') (cadres militaires) (unité/ corps)

permanently (OTAN) : à demeure

permission (CFE, OTAN, US) : autorisation

permission to (GB) : pouvoir (expression de la permission)

permit : autoriser

permit (GB) : permis

permit (US, OTAN) : permettre

perpetrate (GB) : perpétrer (crime / horreurs)

perpetrator (OTAN) : auteur (crime)

perseverance (US) : persévérance

persevere (US) : persévérer

persistency (OTAN) : persistance (NBC)

persistent (GB) : continuel (attaque)

persistent (GB) : persistant (NBC)

persistent (GB) : répété

persisting (OTAN) : rémanent

person (US) : homme (soldat)

person (US) : personne

person awarded (US) : récipiendaire (décoration)

persona (US) : légende (agent) (RENS)

persona non grata (PNG) (US) : persona non grata

personal clothing (GB) : effets personnels (ou individuels) (paquetage)

personal clothing (GB, US) : habillement individuel (du soldat)

personal details (GB) : coordonnées (PERS)

personal entrenching tool (GB) : outil individuel (soldat)

personal guard (US) : garde personnelle (haute personnalité)

personal items (US) : objets personnels

personal staff (US) : état-major particulier

personal survival kit (GB) : équipement individuel de survie

personal weapon (US) : arme individuelle

personality (GB) : personnalité (trait de caractère) (PERS)

personality cult (US) : culte de la personnalité (dirigeant politique)

personality trait (GB) : trait de personnalité (PERS)

personnel (ou troop) capacity (US) : équipage (caractéristique de véhicule blindé)

personnel (US) : homme (soldat)

personnel (US) : membre

personnel (US, GB, OTAN) : personnel(s)

personnel and administration (PANDA) (GB) : personnel(s) et administration (fonction)

personnel at risk (OTAN) : personnel exposé (SAN)

personnel authorizations (US) : droits ouverts (en personnels)

personnel carrier (GB) : véhicule de transport de troupes (VTT)

personnel casualties (US) : pertes en personnel(s)

personnel ceiling (Jane's) : plafond en personnel(s) (armée)

personnel compartment (GB) : habitacle (véhicule blindé)

personnel exchange (AUST) : échange de personnel(s)

personnel losses (US) : pertes en personnel(s)

personnel management (US) : gestion du personnel (ou des ressources humaines)

personnel management procedures (US) : procédures de gestion des personnels

personnel reaction time (US, OTAN) : temps de réaction du personnel

personnel reduction (OTAN, GB) : réductions de personnel

personnel requirements (OTAN) : besoins en effectifs

personnel resources (US) : moyens en personnel(s)

personnel security (OTAN, US) : sécurité du (ou des) personnel(s)

personnel security (US) : protection des personnels (RENS)

personnel service support (PSS) : soutien de l'homme

personnel services (US) : services du personnel

personnel support : maintien en condition des personnels

personnel support (GB) : soutien de l'homme

personnel sustainment (US) : soutien des personnels

personnel system (US) : système d'hommes

personnel targets (GB) : objectifs de recrutement (personnel d'une armée)

personnel tempo (PERSTEMPO ou perstempo) (Jane's) : tempo des personnels

personnel training (US) : instruction des personnels

personnel transport (US) : transport de personnel(s) (mission)

perspective (OTAN, US) : point de vue

perspective (US) : perspective

persuasion (US) : persuasion

pertain to (US) : relever de (dépendre de)

pertain to (US) : trait à (avoir) (ou se rapporter à)

pertaining to : afférent à

pertaining to (US) : concernant (relatif à)

pertaining to (US) : intéressant (concernant)

pervasive (US) : profond

pet (US) : animal domestique

pet subject (US) : dada (sujet favori)

Peterberg tasks (OTAN) : tâches (ou missions) de Petersberg (les)

Petersberg mission (UEO) : mission de Petersberg (1992)

Petersberg tasks (UEO) : Petersberg (missions de) (UEO)

petrol (GB) : essence

petrol bomb (GB) : cocktail Molotov

petrol depot (GB) : dépôt d'essence

petrol engine (GB) : moteur à essence

petrol station (GB) : pompe à essence

petrol station (GB) : station-service

Petrol(eum), Oil and Lubricants (GB) : Essences (service)

petroleum (products) (OTAN) : produits pétroliers

petroleum (US) : carburant

petroleum consumption (US) : consommation de produits pétroliers

petroleum supply (US) : essences (fonction)

PFM ribbon brige : pont flottant motorisé (PFM)

phalanx (US) : phalange (Hist.) (Grèce)

pharmacist (GB, US) : pharmacien (SAN)

phase (US) : partie (exercice / stage)

phase (US) : stade (bataille / opération) (TAC)

phase (US) : temps (période dans un grade)

phase (US) : tranche de manœuvre (TAC)

phase (US, GB) : phase (TAC)

phase (US, GB) : temps (manœuvre / opération) (TAC)

phase 0 : T 0 (temps zéro) (TAC)

phase 1, phase 2, phase 3, etc : T 1, T 2, T3, etc. (phases / temps de la manœuvre) (TAC)

phase line (PL) (OTAN) : ligne de bond (de coordination ou de phase)

phase line (PL) (US, GB) : "lima" (ligne de la manœuvre matérialisée par "L")

phase line (PL) (US, GB, OTAN) : ligne d'objectif(s) intermédiaire(s)

phase line (PL) (US, GB, OTAN) : limite de bond

phase out (Jane's) : abolir

phase out (Jane's) : supprimer

phase out (of service) (GB, UN, Jane's) : retirer du service (matériel)

phase out (US) : déclasser (du service) (matériel / installations)

phased (OTAN) : échelonné (programmation)

phased armaments programming (OTAN) : programmation échelonnée des armements

phased array radar (OTAN) : radar à éléments en phase

phased-array (GB) : balayage électronique (à)

phaseout (US) : retrait (progressif) du service (matériel)

phasing (US) : échelonnement (dans le temps) (opérations)

phasing out (UN) : retrait (progressif) du service (matériel)

phenomenal (US) : phénoménal

phenomenon (OTAN) : phénomène

phonetic alphabet (US) : alphabet phonétique

phoney : factice

phoney (OTAN) : faux

phony war (the) (US) : drôle de guerre (Hist)

phosphorous grenade (GB) : grenade au phosphore

photo (US) : photo

photochart (US) : "trombinoscope" (PERS)

photo interpreter (US) : interprétateur photo

photo(graphic) satellite (US) : satellite photographique)

photoflash bomb (OTAN) : bombe photo-éclair

photogrammetric (OTAN) : photogrammétrique

photogrammetry (US, OTAN) : photogrammétrie

photograph (OTAN, US) : photo(graphie) (cliché)

photograph (US) : photographier

photographer (GB) : photographe (PERS)

photographic intelligence (PHOTINT) (US) : renseignement photographique

photographic interpretation (US) : interprétation photo(graphique)

photographic interpretation specialist (US) : interprétateur photo

photographic reconnaissance (US) : reconnaissance photographique

photographic reconnaissance satellite (US) : satellite de reconnaissance photographique

photographic scale (OTAN) : échelle photographique

photography (OTAN) : photographie (technique)

photomap (OTAN) : photocarte

photo-reconnaissance satellite (US) : satellite de reconnaissance photographique

photo-surveillance (US) : surveillance photographique (RENS)

P-hour (= parachute hour) : heure de largage (opération aéroportée) (TAP)

physical (UN, US, GB) : physique (adjectif)

physical (US) : examen médical (SAN)

physical (US) : visite médicale (SAN)

physical agility (US) : agilité physique (forces)

physical aptitude : aptitude physique

physical contact (US) : contact physique (TAC)

physical damage (US) : dommages physiques

physical development course (GB) : stage de mise à niveau physique

physical dimensions (US) : dimensions physiques (combat)

physical effect (US) : effet physique

physical endurance (GB) : endurance (physique) (PERS)

physical environment : milieu physique

physical exertion (US) : épuisement physique (PERS)

physical hardness (GB) : endurance (physique) (PERS)

physical means (US) : moyens physiques

physical profile serial (US) : SYGICOP

physical security (OTAN) : sécurité physique

physical standards (US) : normes physiques

physical strength (US) : force physique

physical therapist (US) : kinésithérapeute (SAN)

physical training (PT) (US, GB) : entraînement physique et sportif (EPS)

physical training (US) : entraînement physique (agent) (RENS)

physical training suit (US) : tenue de sport (d'EPS)

physical training uniform (US) : tenue de sport (d'EPS)

physical warfare (US) : guerre physique (par rapport à guerre électronique)

physically (US, GB) : physiquement

physically fit (GB) : apte physiquement (PERS)

physician (US, OTAN) : médecin

physics (US) : physique (discipline)

physiological (US) : physiologique

physiologist (US) : physiologiste (SAN)

physiotherapist (GB) : kinésithérapeute (SAN)

pianist (US) : "pianiste" (opérateur radio clandestin) (RENS)

piano (US) : "piano" (poste radio clandestin) (RENS)

pick (a lock) (US) : crocheter (serrure) (RENS)

pick (GB) : désigner (individu pour une mission)

pick (GB) : pic (outil)

pick (GB) : pioche

pick (Jane's) : choisir

pick helve (GB) : manche de pioche

pick out (US) : repérer

pick up (GB) : ramasser

pick up (OTAN) : enlever

pick up (US) : récupérer

picket (GB) : piquet

picket (OTAN) : guet

picket officer (GB) : officier de permanence (OP)

pick-up (US) : enlèvement (par aéronef)

pick-up point (PUP) (GB) : point d'enlèvement (personnel / matériel)

pickup zone (PZ) (US) : zone de ramassage / d'enlèvement (hélicoptère)

pick-up zone (PZ) (US) : zone d'enlèvement (aéronef)

picture : physionomie

picture (OTAN, US) : situation (TAC)

picture (US) : tableau (situation / opérations)

picture (US, OTAN) : image

picture of the battlefield (US) : image du champ de bataille (situation sur le champ de bataille) (TAC)

piece (US) : pièce d'artillerie

piece of artillery (CFE, GB, UN, Jane's) : pièce d'artillerie

piece of shrapnel (GB) : éclat d'obus (d'artillerie ou de grenade)

piece of terrain (US) : portion de terrain

piecemeal (US) : au coup par coup (actions / réactions) (TAC)

pier : jetée (pontage)

pierce : perforer (blindage / cible)

pigeon (US) : pigeon (personne surveillée ou filée) (RENS)

pigeon post (US) : pigeon voyageur

pillar (US, OTAN, UEO) : pilier (sens propre et figuré)

pillbox (OTAN) : emplacement (protégé) d'armes

pillbox (US) : casemate

pillbox (US, OTAN) : emplacement de tir abrité

pilot (US) : pilote

pilot (US) : piloter

pilot (US, GB) : pilote (aéronef)

pilot parachute : parachute extracteur (livraison par air)

pilot program (US) : programme pilote (formation / instruction)

pilot programme (Jane's) : programme pilote (ARMT)

pilot project (OTAN) : projet pilote

pilot study (OTAN) : étude pilote

pilotless (GB) : sans pilote (engin / aéronef)

pin (US) : épingler

pin down (OTAN) : immobiliser (TAC)

pin down (US) : clouer au sol (troupes / aéronef / attaque)

pin down (US, GB) : fixer (TAC)

pincer movement (GB) : manœuvre en tenailles (TAC)

pincer movement (GB) : mouvement en tenailles (TAC)

pincer movement (GB) : tenaille (mouvement de ou manœuvre en)

pinpoint : déceler

pinpoint : repérer

pin-point (OTAN) : repère (objectif très petit)

pinpoint (US, GB, OTAN) : localiser

pinpoint accuracy (US) : extrême précision (système)

pioneer : sapeur (GEN)

pioneer (GB) : pionnier (soldat du génie)

pioneer (US) : ouvrir la voie à

pioneer (US) : pionnier

pioneers (GB) : génie "travaux"

pip (GB) : étoile (insigne d'officier général)

pip (GB) : galon (en forme d'étoile ou de losange)

pipe-bomb (GB) : bombe artisanale (morceau de tuyau)

pipeline (oil) (US) : oléoduc

pipeline (US) : pipeline

pistol (US, GB) : pétard (familier)

pistol (US, GB) : pistolet

pistol grip : crosse pistolet (fusil)

pistol grip (US) : poignée pistolet (fusil automatique / mitrailleuse)

pistol port : sabord pour tir au pistolet

pit (GB) : fosse

pitch (OTAN) : tangage (aéronef)

pivot : pivot (mortier)

pivot mount : affût pivot

pivotal (OTAN) : essentiel (adjectif)
pixel : élément d'image (ou pixel)
place : mettre en place (pont)
place (GB) : déployer
place (GB) : endroit (champ de bataille) (TAC)
place (GB) : lieu
place (in) (OTAN) : intégrer
place (OTAN) : mettre en place (tir(s))
place (US) : appliquer (tirs)
place (US) : disposer (arranger / mettre en place) (force) (TAC)
place (US) : installer
place (US) : mettre en place (troupes / unité)
place (US, GB) : place
place (US, GB) : placer (force / personnel / organisme)
place / under the command / under the control / of (OTAN) : mettre sous le commandement / sous le contrôle / de (force)
place a unit in(to) suspended animation (GB) : mettre en sommeil (unité)
place an order (for) : commander (matériels)
place an order for (GB, Jane's) : passer commande de (matériel)
place at priority call : mettre sur demande prioritaire
place emphasis on (US) : accent
place emphasis on (US) : mettre l'accent sur
place in charge (US) : confier
place in support of (US) : mettre en appui de (unité)
place of duty (US) : lieu d'affectation (PERS)
place of worship (US) : lieu de culte
place on standby (GB) : mettre sur pied d'intervention (force)
place under watch (US) : placer sous surveillance (agent) (RENS)
plain (GB) : plaine (TOPO)
plain (OTAN) : clair
plain language (OTAN) : langage clair
plain text (US) : texte en clair (avant codage) (RENS)
plainclothes (US) : en civil (policier)
plan : projet
plan (an operation / activities) (US, OTAN) : planifier (opération / activités)
plan (OTAN) : établir (RENS)
plan (OTAN) : préparer
plan (OTAN) : prévoir
plan (OTAN) : programme
plan (programme) (OTAN) : établir (programme)
plan (US) : dresser des plans
plan (US) : organiser
plan (US, GB, OTAN) : plan (projet / TAC)
plan for landing (OTAN) : plan général de débarquement (opération amphibie)
plan of campaign (US, GB) : plan d'opérations (STRAT)

plan position indicator (US, OTAN) : écran radar panoramique
plane (OTAN) : plane
plane (US) : plan (représentation spatiale)
planet (US) : planète
planimetry : planimétrie
planned : envisagé (mission / mode d'action)
planned : programmé
planned (OTAN) : planifié
planned (US) : prévu
planned date (US) : date prévue (opération)
planned position : position future (TAC)
planned target (OTAN) : objectif prévu (ART)
planner (US, OTAN) : planificateur (PERS)
planning (OTAN) : établissement des plans (TAC)
planning (OTAN) : préparation
planning (OTAN) : préparation (opération) (TAC)
planning (OTAN, US, GB) : planification
planning actions (US) : actions de planification
Planning and Review Process (PARP) (UEO) : processus de planification et d'examen (OTAN)
planning assumption (GB) : hypothèse de planification
planning capabilities (OTAN, US) : capacités de planification
planning criteria (US) : critères de planification
planning data (GB) : données de planification
planning factor (US, OTAN) : facteur de planification
planning headquarters (US) : état-major de planification
planning imperative (US) : impératif de planification
planning line (GB) : ligne de planification
planning process : processus de planification
planning requirements (US) : besoins de planification
planning staff (OTAN) : état-major de planification
planning tool (US) : outil de planification
plant (CA) : poser (mines / champ de mines)
plant (familier) (US) : espion (RENS opérationnel)
plant (GB) : matériel (équipement)
plant (GB) : poser (bombe)
plant (UN) : usine
plant (US) : mettre en place (agent) (RENS)
plant (US) : poser (micros) (RENS)
planting (US) : mise en place (d'agent(s) dans un organisme cible) (RENS)
plaster (familier) (US) : détruire (TAC)
plastic : plastique (matière)
plastic (OTAN) : plastique
plastic bullet (GB) : balle en plastique
plastic explosive (GB) : plastic (explosif)
plastic explosive (US, OTAN, GB) : explosif plastique
plateau (GB) : plateau (TOPO)
platform (US) : vecteur (système d'armes)

platform (US) : vecteur (lanceur) (missile)
platform (US, GB) : plate-forme
Platform for Cooperative Security (OTAN) : Plate-forme pour la sécurité coopérative
platoon (GB) : section de combat (RIMECA)
platoon (US) : peloton (ABC)
platoon (US) : peloton (Train)
platoon (US) : section (génie)
platoon (US) : section (transmissions)
platoon (US, GB) : section (infanterie)
platoon Aeroscout platoon (Air Cav) : peloton (ALAT)
platoon commander (GB) : chef de section
Platoon Commanders Battle Course (GB) : stage de chef de section
platoon leader (US) : chef de section
plausible denial (US) : démenti plausible (RENS)
play (OTAN) : interpréter (musique)
play (US, GB) : jouer
play down (GB) : minimiser
player (US) : acteur
player (US) : intervenant (simulation)
player (US) : participant (jeu de guerre)
plead (US) : plaider (justice)
please (OTAN) : prière de
plebe (US) : embryon (élève-officier de 1ᵉ année à Saint-Cyr)
plebiscite (US) : plébiscite
pledge (US) : engagement (lien / promesse / obligation / action de se lier par une action / convention)
pledge (US) : engager (forces) (TAC)
pledge (US) : promesse
pledge (US) : serment
PLF (= Parachute Landing Fall) platform : banc d'atterrissage (TAP)
plight (OTAN) : sort (triste)
plot (GB) : fomenter
plot (GB) : rotation
plot (US) : déterminer
plot (US, GB) : complot
plot (US, GB) : comploter
plotting board (OTAN) : plot
plug (US) : colmater (TAC)
plug (US) : combler (intervalles de terrain)
plumber (US) : "plombier" (RENS)
plume(s) (GB) : plumet (de casque)
plus (GB) : et (ainsi que)
plus (Jane's) : plus (ajout)
plus (US) : point positif
plus (US) : positif
plus (US) : renforcé (unité)
plus (US) : plus de
plus (US) : supérieur (adjectif)
+ (OTAN) : renforcé (unité)
PLUTON surface-to-surface missile (US) : PLUTON (missile sol-sol) (obsolète)
plutonium (OTAN) : plutonium

poaching (US) : braconnage
pocket (US) : poche (TAC)
pocket (US) : poche (uniforme)
pocket of resistance : îlot de résistance
pod (OTAN) : nacelle (ou container modulable) (aéronef)
podiatrist (US) : podologue (SAN)
podiatry (US) : podologie (SAN)
point : pointe (poignard)
point : ponctuel
point (GB) : endroit (champ de bataille) (TAC)
point (GB) : soldat de tête (unité / formation)
point (GB) : véhicule de tête (formation)
point (US) : moment
point (US) : plot (point)
point (US) : point (évaluation)
point (US) : point (accord)
point (US, GB) : pointer (arme)
point (US, GB) : point géographique
point (US, OTAN, GB) : point (spatial / géographique) (endroit) (TAC)
point defense : défense ponctuelle (ART)
point designation grid (US, OTAN) : grille de désignation des points
point of burst (US) : point d'éclat
point of contact (POC) (OTAN) : interlocuteur (responsable à contacter)
point of contact (POC) (OTAN) : responsable à contacter
point of entry (CFE) : point d'entrée (territoire)
point of exit (CFE) : point de sortie (territoire)
point of honour (GB) : point d'honneur
point of impact (OTAN) : point d'atterrissage (parachutistes / colis largué)
point of impact (OTAN) : point de chute (projectile) (bombardement)
point of impact (US, OTAN) : point d'impact (projectile / bombe / véhicule de rentrée)
point of main effort (GB, US) : point d'effort principal (TAC)
point of origin (OTAN) : point de départ (itinéraire)
point of penetration (US) : point de pénétration
point of treatment (OTAN) : point de traitement (SAN)
point of view (US) : point de vue
point reconnaissance : reconnaissance de point
point target (OTAN, US) : objectif ponctuel
poised (GB) : prêt
poisoning (US) : empoisonnement
poisonous (UN) : toxique (adjectif)
POL (= Petrol, Oil and Lubricants) equipment (UN) : matériel (du Service) des Essences
POL (= Petrol, Oil and Lubricants) storage depot (PSD) (OTAN) : dépôt de produits pétroliers
POL (= Petrol, Oil and Lubricants) storage depot (PSD) (OTAN) : dépôt de stockage de produits pétroliers

POL (= Petroleum, Oil(s) and Lubricants) (OTAN, US) : produits pétroliers

POL point (GB) (POL = Petrol, Oil and Lubricants) : point d'approvisionnement en carburant (véhicules)

POL storage (OTAN) (Petroleum, Oil(s) and Lubricants) : stockage de produits pétroliers

polar co-ordinates (OTAN) : coordonnées polaires

polarize (US) : polariser (ou braquer)

police (GB) : forces de l'ordre (manifestation)

police (US, GB) : police

police agency (US) : organisme de police

police dog : chien policier

police duties (US) : missions de police (police militaire / GEND)

police duty (Jane's) : mission de police (forces)

police force (US) : force de police

police forces (OTAN, US) : forces de police

police reform (OTAN) : réforme de la police

policeman : gendarme (sens figuré)

policies (US) : politique (ligne d'action dans un domaine particulier)

policing (US) : maintien de l'ordre

policing function (Jane's) : fonction de police (armée)

policy : politique (STRAT)

policy (OTAN) : orientation (ligne d'action)

policy (OTAN) : ligne de conduite (organisme)

policy (OTAN) : régime (TRANS)

policy (US) : conduite (ligne d'action)

policy (US) : lignes directrices (plan)

policy (US) : politique extérieure (pays)

policy (US, GB, UEO) : politique (ligne d'action dans un domaine particulier)

policy of expansion (OTAN) : politique d'expansion (union / alliance)

policymaker (dans un organisme) (US) : décisionnaire (PERS)

policymaker (US) : responsable politique

policymaker ou policy maker (US, OTAN) : décideur (PERS)

polish off (US) : en finir avec

polish off (US) : finir avec (en)

polite (US) : poli (PERS)

political (GB) : politique (le) (pouvoir politique)

political (OTAN) : politique (adjectif)

political activist (US) : militant (politique)

political aim (US) : objectif politique

political asylum (US) : asile (politique)

political authority (US) : pouvoir politique (le)

political control (UEO) : contrôle politique

political decision-maker (US) : décideur politique

political group (GB) : groupe politique

political instability (US) : instabilité (politique)

political intelligence (US) : renseignement politique (ou d'intérêt politique)

political landscape (US) : paysage politique

political leader (US) : dirigeant politique

political objective (GB) : objectif politique

political opponent (US) : opposant (politique)

political party (US) : parti (politique)

political principle (OTAN) : principe politique

political science (US) : sciences politiques (discipline)

political settlement (US) : règlement politique (conflit)

political target (US) : cible politique

political warfare : guerre politique

politically sensitive area (US) : zone politiquement sensible

political-military (US, OTAN) : politico-militaire

politician (US) : homme politique

politico-military (US, UEO) : politico-militaire

politics (US, GB) : politique (art de gouverner / vie politique)

poll (opinion) (US) : sondage (d'opinion)

polyethylene : polyéthylène

polygraph (GB, US) : détecteur de mensonges

Polynesia (US) : Polynésie

POLYPHEM fiber-optic guided missile system : POLYPHEM (missile à fibre optique / MFO)

pommel : pommeau

poncho (US) : poncho

pond : étang (TOPO)

pontoon (GB) : ponton

pontoon bridge (GB) : pont de bateaux

pontoon bridge (GB) : pont flottant

pontoon bridge (US, GB) : pont d'équipage

pool (OTAN) : groupe (journalistes)

pool (OTAN) : groupe de journalistes

pool (US) : réservoir

pool (US) : vivier (ou source)

pool of forces (GB) : réservoir de forces

pooling (UEO, OTAN) : mise en commun (capacités / moyens)

pooling key capabilities (OTAN) : mutualisation (mise en commun de capacités)

poop (familier) (US) : renseignements (informations)

poor (US) : mauvais (adjectif)

poor (US) : médiocre

poor performer (US) : mauvais (nom) (familier)

poor performer (US) : médiocre (nom)

poor weather : mauvais temps

poorly (Jane's) : mal + participe passé

popular support (US) : soutien de la (part de la) population (HUM / ACM)

popular understanding (US) : compréhension de la (part de la) population

populate with (US) : peupler de

population : population (titre de sous-paragraphe)

population (US) : démographique

population (US, GB) : population

population centre (US, OTAN) : centre urbain (ou de population)

population control (Jane's) : contrôle des populations (mission)
population control (US) : contrôle de la population
population control (US) : maîtrise des (mouvements de) populations
pop-up (target / dummy) : bondissante (cible)
pop-up (US, GB) : éclipse (à)
pop-up defensive weapon (UN) : arme éjectée (ou
lancée) à froid
port (OTAN) : port (maritime)
port and harbor security (US) : sécurité portuaire
port area (OTAN, GB) : zone portuaire
port arms (GB) : mettre l'arme oblique
port arms (GB) : présenter l'arme obliquement
port authority (US) : autorité portuaire
port capacity (OTAN) : capacité portuaire
port equipment (OTAN) : équipement portuaire
port security (OTAN) : sécurité portuaire
portable multiple rocket launcher : lance-roquettes
multirampes portatif
Portakabin (GB) : préfabriqué (adjectif et nom)
portion (OTAN) : portion
portion (US) : partie (spatial)
portion (US) : partie (matériel)
portion (US) : partie (exercice / stage)
portray (OTAN) : caractériser
pose (CA) : constituer (être / représenter)
pose (GB) : présenter
pose (OTAN) : faire peser (menace)
pose as (US) : se faire passer pour (RENS)
posit (Jane's) : poser comme postulat
position : position (posture physique du soldat)
position (GB, US) : position
position (OTAN) : fonctions (PERS)
position (US) : mettre en place (troupes / unité)
position (US) : positionner (unité / forces)
position (US) : poster
position (US, GB, OTAN) : position (emplacement) (TAC)
position (US, OTAN) : poste (emploi)
position defense (US, OTAN) : défense ferme
(TAC)
position of attention (US, GB) : garde-à-vous (position immobile du soldat)
position oneself : se poster
position oneself (GB) : se positionner (soldat)
position oneself (US) : mettre en place (se) (soldat)
positional defence (GB) : défense ferme (TAC)
positional line (OTAN) : ligne de position
positional warfare (GB) : guerre de position
positioned : en batterie
positioned (TAC) (US) : stationné (force)
positioned (US) : embossé (char)
positioning (of forces) (OTAN) : mise en place
(MEP) (forces) (TAC)
positioning (OTAN) : détermination de la position

positioning (US) : positionnement (mise en place
sur le terrain) (forces)
positioning (US, OTAN) : positionnement
positive (UN) : certain (sûr)
positive (US) : positif
positive (US) : positif (identification au combat)
positive intelligence (US) : renseignement positif
positive vetting (GB) : enquête de sécurité (PERS)
(RENS)
possess (US) : bénéficier de
possess (US) : posséder (PERS)
possess (US) : posséder (unité / armée)
possess (US) : titulaire de (être)
possessing (US) : doté de (État)
possession (GB) : bien (possession)
possession (GB) : conquête
possession (US) : possession
possessor (UN) : détenteur (armes)
possibility (US) : possibilité
possible : éventuel
possible (US) : possible
possibly : éventuellement
post (GB) : affecter (PERS)
post (GB) : base militaire
post (GB) : camp militaire
post (GB) : courrier
post (GB) : emploi (fonction / travail / position)
post (GB) : envoyer
post (GB) : poste (emploi)
post (GB) : poste (TAC)
post (GB) : poster (sentinelle)
post (US) : garnison
post exchange (PX) (US) : magasin de l'économat
post library (US) : bibliothèque de garnison
post motion picture theater (US) : cinéma de garnison
post movie theater (US) : cinéma de garnison
Post Office (Army) (APO) (US) : bureau postal
(armée de terre)
Postal and Courier Depot (à Mill Hill) (équivalent
GB) : centre de tri principal (poste aux Armées)
postal officer (US) : officier vaguemestre (unité /
garnison)
postboost (UN) : postpropulsion
postcode (GB) : code postal
post-conflict (OTAN) : après le conflit (ou après
les conflits)
postconflict (US) : d'après (le) conflit
post-conflict (US, GB) : post-conflit
post-conflict activities (US) : actions d'après-
conflit
post-conflict activities (US) : activités d'après-
conflit
postconflict operations (US) : opérations d'après
(le) conflit
post-conflict reconciliation (OTAN) : réconciliation après le conflit
postcrisis (US) : d'après (la) crise

posted : place (en)
posted (GB) : muté (PERS)
poster (US) : affiche (action psychologique)
post-exercise (OTAN) : postérieur à l'exercice
posthumous (US) : posthume
posting (GB) : affectation (PERS)
posting (GB) : mutation (changement d'affectation) (PERS)
posting order (GB) : ordre de mutation (PERS)
posting preference (GB) : préférence d'affectation (PERS)
postmaster : vaguemestre
postmobilization (US) : post-mobilisation
postpartum leave (US) : permission post-natale (personnels féminins)
postpone (GB) : reporter (remettre à plus tard)
postponement (US) : ajournement (service national)
post-traumatic stress disorder (GB) : psychose traumatique (du soldat)
postulate (US) : postulat
posture (GB, OTAN) : dispositif (force)
posture (US) : niveau
posture (US) : posture (forces)
post-war (US, GB) : après-guerre
potable (US) : potable (eau)
potato-peeling duty : pluches (corvée de) (familier)
potent : puissant (arme / force / moteur)
potential (GB) : capacité (aptitude) (PERS/ ennemi)
potential (GB, OTAN) : potentiel
potential (OTAN) : potentialités (accord / traité)
potential (OTAN) : puissance (en)
potential (US) : potentiel (adjectif)
potential (US) : pouvoir (expression de la possibilité)
potential (US, GB) : en puissance (ennemi / recrue)
potential (US, GB) : potentiel (PERS)
potential agent (US) : agent potentiel (RENS)
potential aggressor (US) : agresseur potentiel
potential enemy (US) : ennemi en puissance
potential friend (Jane's) : ami potentiel
potentially (OTAN) : susceptible de
potentially (US) : pouvoir (expression de la possibilité)
potentially (US, GB) : potentiellement
pouch-belt (GB) : ceinture à sacoche (Hist.)
pound (US, GB) : pilonner
pounding (US, GB) : pilonnage
pour (OTAN) : affluer
POW camp (GB) (POW = Prisoner of War) : camp de prisonniers de guerre
powder (GB) : poudre
powder (snow) : poudreux (neige)
powder-keg (US) : baril de poudre

power (assisted) steering (Jane's) : direction assistée (DA) (mécanique)
power (GB) : électricité (énergie électrique)
power (OTAN) : alimentation électrique
power (OTAN) : moyen (ressource)
power (US) : pouvoir (PERS)
power (US) : puissance (force)
power (US) : puissance (matériel)
power (US, GB) : propulser
power (US, UN, GB) : puissance (État souverain)
power consumption (US) : consommation électrique (matériel)
power line (GB) : ligne à haute tension
power operated (Jane's) : électriquement
power plant (US) : groupe motopropulseur (ou groupe moteur) (GMP) (véhicule blindé)
power projection (US, GB) : projection de puissance
power projection force (US) : force de projection de puissance
power requirement (US) : alimentation (électrique) (caractéristique de lunette de tir)
power station (GB) : centrale (électrique)
power steering : servodirection (véhicule)
power train (US) : chaîne cinétique
power train (US) : groupe motopropulseur (ou groupe moteur) (GMP) (véhicule blindé)
power transformer yard (OTAN) : poste de transformation électrique (cible)
power unit : groupe électrogène
power-driven (OTAN) : à entraînement mécanique
power-driven (OTAN) : motorisé (appareil)
powered (US) : mû (véhicule)
powered by (US) : propulsé par (véhicule)
powerful : puissant (arme / force / moteur)
powerful (OTAN) : poids (sens figuré)
powerpack (Jane's) : groupe motopropulseur (ou groupe moteur) (GMP) (véhicule blindé)
powerpack (Jane's) : moteur (ou groupe moto-propulseur) (char)
power-projection capability (US) : capacité de projection de puissance
power-projection logistics (US) : logistique de projection de puissance
powers (OTAN) : pouvoirs (PERS)
power-to-weight ratio (Jane's) : rapport puissance-poids (véhicule)
PR4G combat radio (Jane's) : PR4G (Poste Radio de 4ème Génération)
practicable : praticable
practical sense (GB) : sens pratique (PERS)
practice (head) : inerte (tête)
practice (CA) : s'exercer à (type de combat)
practice (OTAN) : pratiquer
practice (US) : pratiquer (SAN)
practice (US, GB, OTAN) : pratique (nom)
practice grenade : grenade d'exercice
practice grenade (GB) : grenade d'entraînement

practice inspection (UN) : exercice d'inspection
practice mine (OTAN) : mine d'entraînement (ou d'exercice)
practice shell : obus d'exercice
practicioner (GB) : praticien (SAN)
pragmatic (US, GB) : pragmatique
praise (US, GB) : éloges (ou louanges)
prayer (US, GB) : prière
preamble (OTAN) : préambule (ordre / traité)
preamplifier (US) : pré-amplificateur (antenne)
prearranged (OTAN) : préréglé (tir)
prearranged (US) : convenu d'avance
prearranged fire (US, OTAN) : tir préparé
preassault operation (US, OTAN) : opération avant l'assaut
precaution (OTAN) : mesure de précaution
precaution (US, GB) : précaution
precautionary (GB) : précaution (de)
precautionary measure (GB) : mesure de précaution
precede (OTAN) : précéder
precedence (OTAN, US) : priorité (message / demande de mission)
precedence (US) : préséance
precious (US) : précieux
precipitate (a crisis) (US) : précipiter (une crise)
precipitately (GB) : précipitamment
precipitous (US) : hâtif (irréfléchi) (action)
precise battlespace knowledge (US) : connaissance précise de l'espace de bataille
precisely (US) : avec précision (attaque)
precision (GB, US) : précision
precision approach radar (PAR) (OTAN) : radar d'approche de précision
precision bombing (OTAN) : bombardement de précision
precision effect (US) : effet de précision
precision effects (US) : effets de précision
precision engagement (US) : accrochage de précision (concept USA) (TAC)
precision engagement (US) : attaque de précision
precision engagement (US) : engagement de précision (ou accrochage de précision) (concept US)
precision force (OTAN) : frappes chirurgicales (mission)
precision guided munition (PGM) (GB, Janes') : munition à guidage de précision
precision interdiction (OTAN) : interdiction de précision
precision munition (US) : munition de précision
precision munitions (US) : munitions de précision
precision optics (US) : optique de précision
precision strike (US, Jane's) : frappe de précision (ou menée avec précision) (mission opérationnelle) (USA)
precision system (US) : système de précision

precision weaponry (Jane's) : armement de précision
precision weaponry (US) : armes de précision
precision weapons (US) : armes de précision
precision-guided (UN, US) : guidage de précision (à)
precision-guided missile (PGM) (UN) : missile à guidage de précision
precision-guided munitions (OTAN) : munitions à guidage de précision
precision-guided munitions (UN, UEO) : munitions guidées avec (ou de) précision
precision-guided weapons (OTAN) : armes à guidage de précision
preclude (GB) : exclure
Pre-Command Course (PCC) (US Army Command and General Staff College) (Battalion and Brigade) (équivalent US) : stage des chefs de corps
precondition (US) : condition préalable
pre-cooked (meal) : pré-cuit (repas)
precursor (Jane's) : précurseur (nom) (sens figuré)
predecessor (GB, US) : prédécesseur (véhicule / personnels / organisation)
predeployment (US) : pré-déploiement
predeployment (US) : pré-engagement
predeployment activities (US) : activités de pré-déploiement (ou de préengagement)
predetermined (OTAN) : prédéterminé
predict (US, OTAN) : prévoir
predictability (UN, US, OTAN) : prévisibilité
predictable (US, UN) : prévisible
predicted (OTAN) : prédit (portée)
predicted fire (OTAN, UN) : tir d'efficacité d'emblée
predictive (US) : prédictif (connaissance)
predominate (US) : prédominer
pre-empt (GB) : devancer
preempt (US) : prévenir
pre-emptive (GB) : préventif
pre-emptive action : action préventive
pre-emptive attack (UN) : attaque préemptive (préventive ou anticipée) (STRAT)
pre-emptive strike (US, preemptive attack (US) : attaque préemptive (préventive ou anticipée) (STRAT)
prefabricated building (US) : préfabriqué (adjectif et nom)
preferable (US) : préférable
preference (US) : préférence
preference (US, GB) : vœu (d'affectation) (PERS)
preferment (US) : avancement (PERS)
prejudice (US) : préjugés
prejudicial to (US) : préjudiciable à
pre-jump (US) : répétition (de la séance) de saut
preliminaries (US) : préliminaires
preliminary : préliminaire (phase) (TAC)
preliminary (phase) : préparatoire (phase)

preliminary demolition (GB, OTAN) : destruction préliminaire

preliminary demolition target (OTAN) : ouvrage à destruction préliminaire

preliminary phase : phase préparatoire (opération) (TAC)

preliminary phase : T 0 (temps zéro) (TAC)

pre-loaded : pré-chargé (arme)

prelude (US) : prélude

premature (US) : prématuré

prematurely (OTAN) : prématurément

premises (CFE) : locaux

premium (US) : importance

premobilization (US) : pré-mobilisation

prenatal leave (US) : permission prénatale (personnels féminins)

prep school (US) : "prépa" (classe prépararatoire à une grande école militaire)

pre-parachute selection course (GB) : stage de présélection parachutiste

preparation (GB) : préparation (opération) (TAC)

preparation (US) : préparation

preparation (US, GB) : préparation (franchissement)

preparation (US, OTAN) : aménagement (zone / site / terrain)

preparation fire (US) : préparation (tir de) (ART)

preparation fire (US, OTAN) : tir de préparation

preparation fires (US) : tirs de préparation

preparation for war (US) : préparatifs de guerre (pays)

preparation of routes (US) : aménagement d'itinéraires

preparation process (US) : processus de préparation (attaque)

preparation time (GB) : temps de préparation (attaque)

preparations (US, GB) : préparatifs (opération)

preparatory (US) : préparatoire

preparatory bombardment (GB) : bombardement préparatoire

preparatory bombardment (GB) : tirs de préparation

preparatory phase (US) : phase préparatoire (opération) (TAC)

preparatory school (US) : classe préparatoire (grande école militaire)

preparatory school (US) : école préparatoire (à une grande école militaire)

prepare (oneself) (US, GB, OTAN) : se préparer

prepare (OTAN, US) : aménager

prepare (US) : dresser (plan / ordre)

prepare (US) : installer

prepare (US, GB) : préparer

prepare for (US) : préparer à (se)

prepare for firing (US) : mettre en batterie

prepare for operation (US) : mettre en batterie

prepare for use (US) : mettre en batterie

prepared : préparé

prepared (US, GB) : prêt

preparedness (US, OTAN) : préparation

preparedness and readiness of operational capabilities (Jane's) : préparation et maintien des capacités opérationnelles (système de forces) (ARMT)

preparing for combat (US) : préparation au combat

preparing for disasters (OTAN) : préparation aux catastrophes

preplanned (US) : planifié à l'avance (opération)

preplanned (US) : pré-planifié (opération)

preponderant (OTAN) : dominant

preponderant (OTAN) : prépondérant

preposition : prépositionner

pre-position (OTAN) : mettre en place (préalablement ou à l'avance) (unités / matériels / approvisionements)

prepositioned : prépositionné

pre-positioned equipment (US) : équipement prépositionné

prepositioned equipment storage (PES) (OTAN) : dépôt de matériel prépositionné

pre-positioned force : force prépositionnée

prepositioning (UN, US) : mise en place préalable (ou prépositionnement) (matériel / personnels)

prepositioning of materiel (OTAN) : prépositionnement de matériel

pre-positioning ou prepositioning (US) : prépositionnement (forces / matériels)

preproduction (units) : présérie (matériels)

preproduction (US) : pré-production (ARMT)

pre-programmed (GB) : pré-programmé (vol de drone)

pre-readiness (OTAN) : préparation au combat

pre-readiness exercise (PREREADEX) (OTAN) : exercice de préparation au combat

pre-recced (GB) : reconnu à l'avance

prerequisite (OTAN, US) : condition préalable

prerequisites (US) : conditions requises (pour un candidat à une carrière dans l'armée)

prerogative (US) : prérogative

prescribed (US, GB) : prescrit

prescribed uniform (US) : uniforme règlementaire

prescription (written) (US) : ordonnance (SAN)

preselected (US) : choisi d'avance

preselected (US) : présélectionné

pre-selection (US) : présélection (PERS)

presence (GB, US) : présence (forces à l'étranger)

presence (US, GB) : présence (PERS / force)

present : actuel

present (GB, US) : remettre

present (OTAN) : représenter

present (US, GB) : offrir (donner)

present (US, GB) : présenter

present arms ! (US, GB) : présentez arme ! (commandement)

present arms (GB) : présenter l'arme
present itself (US) : se présenter (situation)
present oneself (GB) : se présenter
presentation (GB) : présentation
presentation (OTAN) : exposé (devant un auditoire)
present-day (US) : actuel
present-day (US) : aujourd'hui
presently (US) : actuellement
preservation (OTAN) : préservation
preserve (Jane's) : sauvegarder
preserve (US) : chasse gardée
preserve (US) : pré carré (ou domaine réservé)
preserve (US, Jane's) : préserver
president (court) (US, GB) : président (tribunal militaire)
president of the court (GB, US) : président (tribunal militaire)
presidential (US) : présidentiel
Presidential Guard (GB) : garde présidentielle
press (and information) officer : officier de presse
press (US) : appuyer sur
press (US) : enrôler de force (PERS)
press (US) : pousser (attaque) (TAC)
press (US) : pousser (combat) (TAC)
press (US) : presse (la) (média)
press advisory (OTAN) : avis à la presse
press ahead (with) (Jane's) : continuer
press ahead with (US) : poursuivre (continuer)
Press and Media Service (NATO) : service de la presse et des média (OTAN)
press briefing (OTAN) : point de presse (OTAN)
press centre (OTAN) : centre de presse (ou des média)
press communiqué (OTAN) : communiqué de presse
press conference (GB, OTAN) : conférence de presse
press coverage (OTAN, UEO) : couverture presse (média)
press information (OTAN) : informations de presse
press information centre (OTAN) : centre des informations de presse
press information centre (OTAN) : centre d'information de la presse
press information centre (PIC) (GB) : centre de presse (ou des média)
press information officer (PIO) (GB) : officier de presse
press pass (OTAN) : carte de presse (journaliste)
press release (GB, OTAN, UEO) : communiqué de presse
press theatre (OTAN) : salle de presse (OTAN)
pressed (US) : repassé (effet d'habillement)
press-up (GB) : "pompe" (flexion-extension) (EPS)
pressure (US) : pression
pressure mine (US, OTAN) : mine à pression

pressure plate : couvercle à pression (mine)
pressure point : point de compression
pressure suit (OTAN) : vêtement de pressurisation
pressurization system (US) : pressurisation (système de)
pressurized (US) : pressurisé
prestige (US) : prestige
prestrategic (US) : préstratégique
presumably (US) : vraisemblablement
prevail (OTAN) : emporter (gagner)
prevent (CFE, OTAN, UN, US) : prévenir
prevent (GB) : interdire (TAC)
prevent (OTAN) : éviter
prevent (OTAN) : restreindre (ou limiter) (mouvement / manœuvre) (TAC)
prevent (US) : empêcher
preventative (US) : préventif
preventative deployment (GB) : déploiement préventif (en vue d'éviter un conflit) (TAC)
prevention (US) : prévention (SAN)
prevention (US, GB, UN) : prévention
prevention of hostilities (US) : prévention des hostilités
preventive (ou preventative) diplomacy (US, UN) : diplomatie préventive
preventive (US) : préventif
preventive action (OTAN) : action préventive
preventive deployment (US) : déploiement préventif (en vue d'éviter un conflit) (TAC)
preventive maintenance (PM) (US) : entretien préventif
preventive maintenance (PM) (US, OTAN) : maintenance préventive
preventive measures (US) : mesures préventives (TAC)
preventive medicine (US) : médecine préventive
preventive medicine team (US) : équipe de médecine préventive
preventive war : guerre préventive
previous (GB) : antérieur
previously reconnoitered (US) : reconnu à l'avance
price (US) : prix (sens propre et figuré)
pride (GB, US) : fierté
pride (US, GB) : orgueil
pride oneself on (GB) : s'enorgueillir de
primarily (CFE, US, GB) : essentiellement
primarily (OTAN) : principalement
primarily (US) : d'abord (principalement)
primarily (US) : surtout
primary (OTAN) : principal (état-major / quartier général)
primary (US) : essentiel (adjectif)
primary (US) : principal (matériel / équipement)
primary (US) : principal (objectif)
Primary Leadership Development Course (PLDC) : peloton des élèves gradés (PEG)

primary military occupational specialty (PMOS) (US) : spécialité principale (PERS)

primary mission (US, GB) : mission principale (TAC)

Primary NCO (= Non-Commisioned Officer) Course (équivalent US) : peloton des élèves gradés (PEG)

primary role ou primary mission, basic mission (US) : mission majeure (d'une force)

primary staff (US) : état-major principal

prime ("L" se lira "L" prime) : prime

prime (GB) : amorcer

prime (GB) : parfait

prime contractor (defence) (UN, GB, Jane's) : maître d'œuvre (programme de défense)

Prime Minister's National Security Secretariat : secrétariat général de la défense nationale (le) (SGDN)

Prime Minister's National Security Secretary : secrétaire général de la défense nationale (le) (SGDN)

prime mover : tracteur

prime mover (US) : véhicule tracteur

prime oneself (GB) : s'amorcer (dispositif de mise à feu)

primer (US, UN) : amorce (ou charge d'amorçage)

priming charge (OTAN) : charge d'amorçage (ou amorce)

principal agent (US) : agent principal (RENS)

Principal Armament Engineer : ingénieur principal de l'armement (IPA) (ARMT)

principal heading (GB) : titre (budgétaire)

principle (GB, UN, OTAN, US) : principe (doctrine)

principle of war (GB) : principe de guerre

principles of employment (US) : concept (ou doctrine) d'emploi (force / unité)

principles of war (US) : grands principes de la guerre (les)

print : imprimer

print (OTAN) : reporter

print capabilities (US) : moyens d'impression

printer : imprimante (ordinateur)

printer (GB) : imprimeur (PERS)

printing (US) : impression (documents / ouvrages)

prints (OTAN, US) : empreintes

prior (US) : préalable

prior to : préalablement à

prior to (US, GB) : avant (temporel) (préposition)

prior to : avant de (+ verbe) (temps)

prioritise (OTAN) : déterminer les priorités

prioritising (OTAN) : détermination des priorités

prioritize (OTAN) : établir des priorités

prioritize (US) : établir les priorités

priority : P (priorité)

priority : urgent (transmission radio / message)

priority (US, GB, OTAN) : prioritaire

priority (US, GB, OTAN, CA) : priorité

priority area (CA) : secteur prioritaire (domaine) (armée)

priority area (GB) : zone prioritaire

priority fire support (US) : appui-feu prioritaire

priority for fire support (GB) : priorité des feux

priority intelligence requirements (PIR) (US, OTAN, GB) : besoins prioritaires en renseignement (RENS)

priority of fires (US) : priorité des feux

priority of support (US) : priorité d'appui

priority review (OTAN) : examen des priorités

priority unit (US) : unité prioritaire (dotation en matériel)

prison (US) : prison (lieu)

prison (US) : prison (peine)

prison camp (GB) : camp de prisonniers de guerre

prison camp (GB) : camp prison (prisonniers de guerre)

prisoner (GB) : prisonnier

prisoner of war (POW ou PW) (US, GB) : prisonnier de guerre

prisoner of war (POW) branch camp (OTAN) : dépôt auxiliaire de prisonniers de guerre

prisoner of war (POW) collecting point (OTAN) : point de rassemblement pour prisonniers de guerre

prisoner of war (POW) compound (OTAN) : bloc de prisonniers de guerre

prisoner of war (POW) enclosure (OTAN) : enclos de prisonniers de guerre

prisoner of war (POW) personnel record (OTAN) : fiche d'identité de prisonniers de guerre

prisoner of war camp (OTAN) : camp de prisonniers de guerre

prisoner of war interrogation (PWI) : interrogation des prisonniers de guerre (IPG)

Privacy Act (1974) (équivalent US) : Loi Informatique et Libertés (1978)

private (OTAN) : privé

Private (Pte) (GB) : deuxième classe (soldat de) (grade)

Private (PVT) (US) : deuxième classe (soldat de) (grade)

Private Finance Initiative (PFI) (GB) : partenariat public-privé (programme de) (fourniture d'armements / de services) (GB)

Private First Class (PFC) (E3) : première classe (grade)

private voluntary organization (PVO) : organisation volontaire privée

privately owned automobile (US) : véhicule privé (ou personnel)

privately-owned vehicle (POV ou POMV) (US, OTAN) : véhicule privé (ou personnel)

privatisation (OTAN) : privatisation

privatise (Jane's) : privatiser (société)

privilege (US) : avantage

pro- (GB) : pro-

proactive (US) : anticipatif (proactif ou préventif) (TAC)

proactive (US) : proactif (anticipatif / préventif)

probability (GB) : probabilité (analyse)

probability (OTAN) : risque

probability (US) : probabilité

probability of hit (US) : probabilité d'atteinte (tir)

probability of kill : probabilité de destruction

probability of success (US) : probabilité de réussite (ou de succès) (opération)

probable : vraisemblable

probable (US) : probable

probationary period (US) : période d'essai (période probatoire) (PERS)

probationary second lieutenant (GB) : aspirant (PERS)

probe : sonde

probe (US) : coup de sonde (test par le feu) (TAC)

probe (US) : sonder (TAC)

probe (US) : tâter (ou sonder) (TAC)

probing (attack) : exploration (attaque d')

probing action (US) : coup de sonde (test par le feu) (TAC)

probing attack : attaque d'exploration

problem (US, GB) : problème

problem(-)solving (OTAN, US) : résolution de(s) problèmes

procedure (US, GB) : procédure

procedure exercise (PX) (US) : exercice de procédure

procedures for employing (US) : procédures d'emploi

proceed (GB) : avancer

proceed (OTAN), head (GB) : faire route

proceed with (US) : poursuivre (continuer)

process : traiter (RENS)

process (OTAN) : élaborer (RENS)

process (OTAN) : procédé

process (OTAN) : traiter (message)

process (US, GB) : processus

process of peace implementation (OTAN) : processus de mise en œuvre de la paix

processed (OTAN) : élaboré (renseignement)

processing (OTAN) : exploitation (du renseignement) (traitement) (RENS)

processing (OTAN) : traitement

processing activities (US) : activités de traitement (du renseignement) (RENS)

processing phase (OTAN) : phase d'exploitation (RENS)

processing unit (OTAN) : organisme d'exploitation (RENS)

processing unit (OTAN) : unité d'exploitation (RENS)

proclaim (GB) : proclamer

proclamation : proclamation

procure (GB, US) : acquérir (acheter)

procure (US) : acheter

procurement (equipment) (US, GB, CA) : acquisition (matériel)

procurement (US, GB) : équipement (acquisition de matériel)

procurement (US, GB, UN) : achats (acquisitions) (matériel)

procurement contract (US, AUST) : contrat d'acquisition (d'armement / de matériels)

Procurement Executive (UK Ministry of Defence) (MoD) (PE) (équivalent GB) : délégation générale pour l'armement (DGA)

procurement level (US) : niveau d'acquisition (matériels)

procurement policy (OTAN) : politique d'acquisition (équipement)

procurement program (US) : programme d'acquisition (armement / matériels)

produce : présenter

produce (GB) : produire (personnels)

produce (GB, US) : fabriquer (matériel)

produce (OTAN) : établir (RENS)

produce (OTAN, US) : produire

produce (US) : produire (effet) (TAC)

produce (US) : provoquer (causer)

produce (US, GB) : produire (armement / statistiques)

produce the location of (GB) : localiser

product (OTAN) : résultat

product (OTAN) : résultat (de renseignement) (RENS)

product manager (US) : officier de marque (projet d'armement / de matériel)

production : production (ARMT)

production (Jane's) : production en série (ARMT)

production (Jane's) : série (fabrication)

production (OTAN) : détermination

production (OTAN) : élaboration (ordre)

production (UN) : fabrication (de matériel)

production (US) : production (RENS)

production activities (US) : activités de production (du renseignement) (RENS)

production capacity (UN) : capacité de production

production control (US) : contrôle de la production

production line (Jane's) : chaîne de production (armement)

production logistics (GB) : logistique de production

production of intelligence (OTAN) : élaboration du renseignement (RENS)

production stage (Jane's) : stade de la mise au point (ou du développement) (ARMT)

production stage (Jane's) : stade de la production (ARMT)

productivity (GB, US) : productivité (organisme)

profession (US) : métier

profession (US) : profession

profession of arms (US) : carrière des armes (la)

profession of arms (US) : métier de soldat (ou des armes)

professional : professionnel (de métier)

professional (CA, US) : professionnel

professional (US) : professionnel (nom)

professional abilities (CA) : compétences professionnelles (PERS)

professional ability (US) : compétence professionnelle

professional army : métier (armée de)

professional army (Jane's) : armée professionnelle

professional army (OTAN) : armée de métier

professional competence (US) : compétence professionnelle

professional culture (US) : culture professionnelle

professional development (US) : formation professionnelle (individuelle) (PERS)

professional education (US) : formation professionnelle (enseignement)

professional forces (GB) : forces professionnelles

professional military education (PME) (US) : enseignement militaire supérieur (EMS)

professional recognition (US) : reconnaissance professionnelle (PERS)

professional skill (US) : compétence professionnelle

professional soldier (US, GB, OTAN) : soldat de métier (ou de carrière)

professional unit (Jane's) : unité professionnelle

professionalisation (GB) : professionnalisation

professionalise (Jane's) : professionnaliser

professionalism (GB, US, OTAN) : professionnalisme

professionalization (Jane's, US) : professionnalisation

professionalize : professionnaliser

professionalize : professionnaliser (se)

professionalized : professionnalisé

professionally (US) : professionnellement (ou au plan professionnel)

professsional battalion (ou regiment) reserve unit : unité de réserve de régiment professionnel (URRP) (armée de terre 2002)

professsional battalion (ou regiment) volunteer unit : unité de réserve de régiment professionnel (URRP) (armée de terre 2002)

proficiency (US) : compétence

proficiency training : perfectionnement (formation)

profile (OTAN) : profil (biographie) (PERS)

pro-government troops (US) : troupes pro-gouvernementales

program (US) : programme

program authorization (Jane's) (Terme dénombrable) : autorisation de programme (ARMT)

program director (Jane's) : directeur de programme (ARMT)

program manager (DGA, Jane's) : directeur de programme (ARMT)

program of experimentation (US) : programme d'expérimentation

program of instruction (US) : programme d'instruction (organisme de formation)

programme (GB) : programme

programme (OTAN) : programme (réunion)

programme (OTAN) : programme (visite de personnalité)

programmed (OTAN) : programmé

programmer (GB) : programmeur (informatique)

programming language (OTAN) : langage de programmation

progress (GB) : progrès

progress (US) : avancer

progress (US) : évolution

progress in grade (US) : avancer en grade (PERS)

progressive (GB) : progressif

prohibit (GB) : interdire (TAC)

prohibited (CA) : prohibé (matériel)

prohibition (UN) : interdiction (proscription)

project (armament) (GB) : projet (d'armement)

project (Jane's) : déployer à distance

project (OTAN) : lancer (opération) (TAC)

project (US) : projeter (force / puissance / moyens)

project (US, GB) : projet

project (US, OTAN) : projeter (substance)

project management (CA) : gestion de projet

projectable (Jane's) : projetable (force / personnel) (adjectif)

projectable force : force projetable

projectable soldier (Jane's) : "projetable" (PERS) (nom)

projected (OTAN) : projeté (carte)

projected : futur (adjectif)

projected map display (OTAN) : carte projetée (par moyen optique)

projectile (US, GB) : obus

projectile (US, OTAN, UN) : projectile

projectile diameter (GB) : diamètre du projectile

projectile speed (GB) : vitesse du projectile (balle / obus)

projectiles (OTAN) : munitions

projection (OTAN) : projection (cartographie)

projection (US) : projection (armée / forces)

projection forces (Jane's) : forces de projection

projection of military power : projection de puissance militaire

protective suit (US) (NBC) : tenue de protection NBC

proliferate (US) : proliférer (armes nucléaires ou de destruction massive)

proliferation (OTAN, UN) : prolifération

prolong (US) : prolonger

prominent feature (US) : point haut (du terrain)

promising (US, OTAN) : prometteur

promotable (P) (US) : promouvable (PERS)

promote (US) : promouvoir

promote : élever (à un grade ou une dignité)

promote to (the rank of) (GB, US) : promouvoir (au grade de)

promotion (GB, US) : promotion (avancement) (PERS)

promotion (OTAN) : promotion (droits)

promotion (US) (Terme dénombrable) : avancement (PERS)

promotion list (US) : tableau d'avancement (TA)

promotion procedures (US) : procédures d'avancement

promotion pyramid (GB) : pyramide des grades (PERS)

promotion quota (US) : quota d'avancement (PERS)

promotion system (GB) : système d'avancement (ou de promotion) (des personnels)

prompt (US) : rapide (traitement) (SAN)

promptly (OTAN) : tarder (sans)

promulgate (US, GB) : diffuser (ordre)

prone (OTAN) : couché à terre (PERS)

prone (US) : plat ventre (à)

prone (US) : ventre (sur le) (ou à plat ventre)

proof against (GB) : épreuve de (à l')

proofing (UN) : protection (TAC)

propaganda (US, OTAN) : propagande

propaganda campaign (US) : campagne de propagande

propaganda message (US) : message de propagande

propaganda operation (US) : opération de propagande (RENS)

propaganda operations (US) : opérations de propagande

propagate (OTAN) : propager

propel (GB) : propulser

propel oneself in water : se mouvoir dans l'eau (véhicule)

propellant (GB) : charge propulsive (ou propergol)

propellant (Jane's) : propergol

propellant (OTAN) : agent propulseur (munition)

propellant charge : charge propulsive (ou propergol)

propeller (US) : hélice (aéronef)

proper (US) : correct (conforme / convenable)

properly (US) : correctement

properties (OTAN) : caractère

property (GB) : effets (biens)

property (OTAN, US, GB) : biens

property (US) : propriété (possession)

property (US) : propriété (caractéristique)

property accounting officer (PAO) (OTAN) : officier comptable des biens

proportion (GB) : part (proportion)

proportion (US) : ampleur

proportion (US) : mesure

proportion (US) : proportion

proportional to (US) : proportionnel à

propulsion (US, OTAN, UN) : propulsion

propulsion agent (OTAN) : agent de propulsion (missile)

pros and cons (US) : pour et le contre (le)

prosecute (GB) : poursuivre (continuer)

prosecute (OTAN) : mener (exécuter / accomplir) (action / opération)

prosecute (OTAN) : mener à bien (mission / opération)

prosecution (OTAN) : poursuite (continuation)

prosecution (OTAN) : poursuites (justice)

prosecution (US) : conduite (de la guerre)

prosecutor (OTAN) : procureur

prospect (GB, US, OTAN) : perspective

prospective (GB) : potentiel (adjectif)

prospective (OTAN) : annoncé (événements)

prosperity (US) : prospérité

protect : sauvegarder

protect (GB) : garantir

protect (US) : défendre (constitution / cause / valeurs / traditions)

protect (US) : protéger

protect (US) : se protéger

protect oneself (OTAN, US) : se protéger (soldat / force)

protected : protégé (TRANS)

protected area (UN) : zone de protection

protected shelter (OTAN) : abri protégé

protected site (OTAN) : site protégé

protected zone (US) : zone sous protection

protection (GB) : protection (pays)

protection (OTAN, US, GB) : protection (TAC)

protection (US) : protection (personnel) (TAC)

protection (US) : protection (RENS)

protection (US) : sauvegarde (TAC)

protection (US, Jane's) : protection (véhicule)

protection corps (OTAN) : corps de protection

protection of air bases (US) : protection des bases aériennes

protection of forces (US) : protection des forces

protection of humanitarian assistance (US) : protection de l'aide humanitaire

protection of minorities (OTAN) : protection des minorités (critère de Copenhague)

protection of the civilian population (GB) : protection des populations

protection of the force (US) : protection de la force

protective (GB) : de protection (tenue)

protective (GB) : protection (de)

protective actions (US) : actions de protection

protective clothing (GB) : tenue de protection (démineur)

protective clothing (GB, US) : vêtements de protection (fantassin) (NBC)

protective clothing (OTAN) : vêtement protecteur (ou de protection)

protective clothing (US) : tenue de protection NBC

protective detachment : détachement de protection

protective mask (US) : appareil normal de protection (ANP)
protective mask (US) : masque de protection (NBC)
protective measures (US, GB) : mesures de protection (explosion nucléaire / NBC)
protective package : enveloppe protectrice (roquette)
protective security : sûreté (mesures défensives dans les échelons de commandement)
protectorate (GB) : protectorat
protest : manifestation (protestation)
protocol (UN) : protocole (document)
protocol (US) : protocole (étiquette)
prototype (US) : modèle (relations / opérations)
prototype (US, GB) : prototype (matériel / unité)
protract (US) : prolonger (opération)
protracted (US) : de longue durée (opérations)
protracted (US) : prolongé (opération(s))
protracted operations (US) : opérations prolongées (ou de longue durée)
protraction (Jane's) : prolongement (conflit / opération)
protractor (GB) : rapporteur (instrument de calcul)
proud (GB, US) : fier
prove (OTAN) : se montrer
prove (to be) (US) : se révéler
prove one's worth (GB) : preuves (faire ses) (au combat) (matériel / unité)
prove oneself (in combat) (US, GB) : preuves (faire ses) (au combat) (matériel / unité)
provide : prodiguer
provide (OTAN) : apporter
provide (OTAN) : disposer de
provide (UEO) : mettre à disposition
provide (US) : assurer
provide (US) : conférer
provide (US) : fournir
provide (US) : livrer (fournir)
provide (US) : offrir (procurer)
provide (US) : procurer
provide combat support (CS) (to) : soutenir (TAC)
provide cover : couvrir (protéger) (TAC)
provide early warning (of) (US) : préalerter (chef)
provide information to : renseigner (quelqu'un / unité / chef)
provide reassurance to (US) : rassurer
provided (OTAN) : sous réserve que
provided by : à charge de
provided with (GB) : doté de (unité / personnel)
provided with (US) : doté de (véhicule)
provider (US, GB) : fournisseur
province (US) : lieu de prédilection (sens figuré)
province (US, CA) : province
proving ground (PG) (OTAN) : polygone d'essai
proving ground (US) : terrain d'essais (ou polygone d'essais)
provision (GB) : mise à disposition (forces)

provision (GB) : prestation (services)
provision (US) : disposition (clause)
provision (US) : fourniture
provisional (OTAN) : temporaire
provisional (PROV) (US) : provisoire
provisional unit (US, OTAN) : unité temporaire
provocation (US) : provocation (RENS)
provocation (US, GB, OTAN) : provocation (acte)
provocation agent (US) : agent provocateur (RENS)
provocation operation (US) : opération de provocation (RENS)
provoke (GB) : provoquer (acte de provocation) (PERS)
provoke (US) : provoquer (causer)
Provost (GB) : prévôté
provost company (Royal Military Police) (GB) : compagnie de police militaire
Provost Marshal (PM) (OTAN) : chef de la Prévôté
proword (US, OTAN) : mot (ou terme) de procédure (TRANS)
proximity (GB) : distance
proximity fuze (US, OTAN) : fusée de proximité
prune (Jane's) : élaguer
psychiatric casualties (US) : pertes psychiatriques
psychiatrist (Army) (GB, OTAN) : psychiatre (SAN)
psychiatry (US) : psychiatrie (SAN)
psychic intelligence (US) : renseignement parapsychique (ou paranormal)
psychological (OTAN) : psychologique
psychological activities (US, GB) : activités psychologiques
psychological aid : assistance psychologique
psychological consolidation activities (US, OTAN) : activités psychologiques de consolidation
psychological effect (US) : effet psychologique
psychological environment : environnement psychologique
psychological impact : impact psychologique
psychological media (OTAN) : moyens psychologiques (action psychologique)
psychological operation (OTAN) : opération psychologique
psychological operations (PSY OPS ou PSY OP) (US) : action psychologique
psychological operations (PSY OPS ou PSY OP) (US) : actions dans les champs psychologiques
psychological operations (PSYOP) (OTAN, US) : opérations psychologiques (ou de guerre psychologique) (action psychologique ou actions dans les champs psychologiques)
psychological operations (PSYOPS ou PSYOP) battalion (US) : régiment d'opérations psychologiques (ou d'action psychologique)
Psychological Operations forces : forces d'action psychologique

Psychological Operations unit (US) : unité d'action psychologique

psychological preparation (GB) : préparation psychologique (au combat) (PERS)

psychological preparation (US) : préparation psychologique (population civile)

psychological profile (US) : profil psychologique

psychological shock (US) : choc psychologique

psychological stress (US) : tension psychologique

psychological theme (OTAN, US, GB) : thème psychologique (action psychologique)

psychological warfare (PSYWAR) (US) : guerre psychologique

psychological warfare battalion (US) : régiment de guerre psychologique

psychological weapon (US) : arme psychologique

psychological welfare (GB) : bien-être psychologique (PERS)

psychologically (US) : psychologiquement

psychology (US) : psychologie (SAN)

psychometric (GB) : psychotechnique

Psyop capability (GB) : capacité d'action psychologique

PSYOP forces (US) : forces d'action psychologique

PSYOP unit (US) : unité d'action psychologique

psy-ops campaign (Time) : campagne d'action psychologique

PT (physical training) instructor (GB) : moniteur d'EPS (entraînement physique et sportif)

PT kit (GB) : tenue de sport (d'EPS)

Ptarmigan communications system (GB) : réseau intégré de transmissions automatiques (RITA)

public (OTAN) : public (adjectif)

public (OTAN, US) : public (le)

public affairs (PA) (US) : relations publiques

public affairs (US) : communication (relations publiques)

Public Affairs (US) : information et relations publiques (et communication) (armée / ministère)

public affairs office (Army) (US) ou public information office (GB) : bureau de relations publiques (armée de terre)

Public Affairs Office (US) : direction de la communication (DIRCOM) (unité)

Public Affairs officer (PAO) (US) : officier communication et information (OCI)

public information (PI ou P INFO) (OTAN, GB) : information publique (du public ou de l'opinon publique)

public information (PI) (OTAN) : presse et information (ou presse-information)

public law and order (OTAN) : ordre public

public opinion (GB, US) : opinion publique (l')

public order (GB, US) : ordre public

public order operations (GB) : opérations de maintien de l'ordre (public)

public reading room (OTAN) : salle de lecture (publique) (archives / bibliothèque)

Public Relations (GB) : information et relations publiques (et communication) (armée / ministère)

public relations (PR) : communication (relations publiques)

public relations (PR) (GB, OTAN) : relations publiques

public relations officer (PRO) (GB) : officier communication et information (OCI)

public safety (US) : sécurité publique

public service task (Jane's) : mission de service public (AT / GEND)

public services (US) : services publics

public showing (Jane's) : présentation publique (ou au public) (matériel)

public support (US) : soutien de l'opinion publique (opérations militaires)

publication (US, GB, OTAN) : publication

public-spiritedness : civisme

publish (US) : publier

pull (GB) : appuyer sur

pull (GB) : piston (appui / recommandation / protection)

pull (US) : effectuer

pull back (GB) : se retirer (force) (TAC)

pull ring : anneau (grenade)

pullover : chandail (pull-over)

pullover : pull-over

pullover sweater (US) : pull-over

pull-up point (OTAN) : point de cabré (aéronef)

pulse (US) : pouls (SAN)

pulse acquisition radar (PAR) (OTAN) : radar d'acquisition à impulsions

pulse Doppler radar (GB) : radar Doppler à impulsions

PUMA (all-weather day or night) tactical transport helicopter (GB) : PUMA (hélicoptère)

PUMA medium transport helicopter (US) : PUMA (hélicoptère)

PUMA support helicopter (GB) : PUMA (hélicoptère)

PUMA transport helicopter (GB) : PUMA (hélicoptère)

pump-action shotgun (GB) : fusil à pompe

pumpjet : propulseur hydraulique (engin de franchissement)

punch (GB) : coup (frappe) (TAC)

punch (GB) : ouvrir (TAC)

punch (Jane's) : punch (capacité de frappe ou muscle)

punctuated with (US) : ponctué par

puncture (US, GB) : crevaison (pneu)

pundit (OTAN) : expert

punish (OTAN) : frapper (sens figuré)

punish (US, GB) : punir

punishable (US) : punissable (faute / délit / infraction) (AT / GEND)

punishable by (US) : passible de

punishing (US) : punitif

punishment (GB, US) : "motif"
punishment (OTAN) : sanction
punishment (US, GB) : punition
punitive (GB) : punitif
punitive expedition (GB) : expédition punitive
purchases (equipment) (GB, CA) : acquisition (matériel)
purchase (GB) : acquérir (acheter)
purchase (US) : acheter
purchase contract (Jane's) : contrat d'achat (ARMT)
purchase order (PO) : ordre d'achat
purchaser-furnished (OTAN) : fourni par l'acheteur (matériel)
purchasing and contracting (P&C) (OTAN) : achats et marchés
purify (US) : purifier
purloin (US) : dérober (secret / document)
purple forces (US, OTAN) (sous-marins et aéronefs) : forces pourpre (opposées aux forces bleues et orange dans exercice OTAN)
purpose (US) : objet (opération)
purpose (US, CA) : but
purpose (US, GB) : fin (but)
pursuant to (US) : conformément à
pursue (GB, US) : poursuivre (TAC)
pursue (US, OTAN) : poursuivre (continuer)
pursuit (GB, US, OTAN) : poursuite (TAC)
push : pousser (attaque) (TAC)
push (GB) : poussée (TAC)
push (GB) : pousser (véhicule)
push (US) : avance (progression / poussée) (TAC)
push back : refouler (ennemi) (TAC)
push back (GB) : faire reculer (TAC)
push off (familier) (US) : commencer
push on (GB) : pousser (progresser / avancer) (TAC)
push-button war(fare) (GB) : guerre presse-boutons
push-up (US) : "pompe" (flexion-extension) (EPS)
put (fire on) (US) : appliquer (tirs)
put (Jane's) : déployer
put (OTAN) : mettre en place (personnels)
put (someone) through his paces (GB) : mettre à l'épreuve (force / hommes)
put (US) : déposer (troupes)
put (US) : installer
put (US) : mettre
put at a disadvantage (US) : mettre en position de faiblesse (ennemi)
put at risk (US) : mettre en danger
put down (GB) : juguler
put in (US) : installer
put in (US) : mettre en place (pont)
put in code (US) : coder
put in danger (GB) : mettre en danger
put in harm's way (US) : mettre en danger
put in motion (US) : lancer (opération) (TAC)

put in motion (US) : mettre en branle (opération)
put into effect (OTAN) : mettre en œuvre (plan / conclusions / concept)
put into execution (GB) : mettre à exécution (plan)
put into operation (US) : mettre en marche (appareil)
put into place (US) : mettre en place (processus)
put into practice (OTAN) : concrétiser
put on (US) : mettre
put on public display (US) : exposer en public
put out (GB) : éteindre (incendie / flammes)
put out of action : mettre hors de combat (force / personnels)
put out the poop (US) : publier
put through (US) : payer
put to the test (US) : mettre à l'épreuve (force / hommes)
put together (OTAN) : constituer (former / organiser / mettre sur pied)
put up (GB) : opposer (résistance)
put up with a lot of shit (US) : baver (en)
pylon (GB) : pylône (ligne électrique)
pyrotechnic (OTAN, GB) : pyrotechnique

q

Q-matters (GB) : logistique régimentaire (ou au niveau régiment)
quadrilateral (Jane's) : quadrilatéral (EX)
quadrilateral interoperability program (QIP) : programme quadrilatéral d'interopérabilité
quadripartite : quadripartite
quagmire (US) : bourbier (sens propre et figuré)
qualification (GB) : brevet (qualification de spécialité)
qualification (GB, US) : qualification (militaire)
qualification course (US, GB) : stage de qualification
qualifications (GB) : qualifications (PERS)
qualified (US) : qualifié (PERS)
qualifying jump : saut de brevet (TAP)
qualitative (US, OTAN) : qualitatif
qualitative improvements (OTAN) : améliorations qualitatives (forces)
qualitfy for (GB) : ouvrir droit à
quality (OTAN) : critère
quality (US, GB) : qualité
quality assurance (US, OTAN) : assurance de la qualité (MAT)
quality level (OTAN) : niveau de qualité
quality of life (US) : qualité de (la) vie
quantitative (US) : quantitatif
quantitatively (US) : quantitativement
quantity (US, GB) : quantité
quarantine (CFE) : quarantaine
quarter : cantonner (soldats)

quarter (GB) : héberger (troupes)
quarter (GB) : loger (PERS)
quarter (troops) : caserner (cantonner temporairement) (troupes)
quarter (US) : trimestre (année)
quarter(s) (US, GB) : logement(s) (PERS)
quartering (US) : précurseur (adjectif)
quartering party (US) : détachement précurseur
quartermaster (QM) (US, GB) : commissaire (corps de troupe)
Quartermaster (QM) (US, GB) : Intendance (ou Commissariat) (service)
Quartermaster Corps (US) : commissariat de l'armée de terre (CAT)
Quartermaster General's (QMG) Corps (GB) : commissariat de l'armée de terre (CAT)
quash (US) : étouffer (affaire)
quell (US) : réprimer (émeute / rébellion)
question : question (affaire)
question (US) : interroger
question (US, GB) : question
questioning (US) : interrogatoire (action)
quick alert (US) : alerte rapide (forces)
quick and ready to encrypt text (QUARTET) system (OTAN) : chiffrement rapide (système de)
quick and ready to encrypt text (QUARTET) system (OTAN) : système de chiffrement rapide
quick attack (GB) : attaque dans la foulée
quick attack (GB) : attaque improvisée
quick march : pas cadencé
quick march (GB) : marche au pas cadencé
quick reaction (OTAN) : riposte rapide (aéronef)
quick reaction capability (GB) : capacité de réaction rapide
quick thinking (US) : présence d'esprit
quick time (GB) : pas accéléré
quick, fast (GB, OTAN) : rapide (TAC)
quickly (GB) : rapidement
quickness (US) : rapidité (TAC)
quicksands (GB) : sables mouvants
quiet (OTAN) : calme (adjectif)
quota (US) : quota

r

R & D activities (US) : activités de recherche-développement
R.S.V.P. (Reply if you please) : RSVP (répondez s'il vous plaît)
race (GB) : race
race (UN, GB) : course (sens figuré)
racism (US) : racisme
rack (of breechblock) : crémaillère (de culasse)
rack (US) : râtelier
rad (OTAN) : rad

radar (= radio detection and ranging) (US, GB) : radar
radar (GB) : radars (les)
radar antenna (US, GB) : antenne radar
radar beacon (RACON) (OTAN) : balise radar
radar beam (GB) : faisceau radar
radar camouflage (OTAN) : camouflage-radar
radar clutter (OTAN, US) : interférence (ou interférence radar)
radar control (OTAN) : contrôle radar
radar countermeasures (RCM) (OTAN) : contremesures radar (CMR)
radar coverage (OTAN) : couverture radar
radar cross section (RCR) : section radar (d'un véhicule)
radar detection (OTAN) : détection radar
radar equipment (UN) : matériel radar
radar fire (OTAN) : tir au radar
radar frequency (RADFREQ) (OTAN) : fréquence radar
radar head (RH) (OTAN) : tête radar
radar homing and warning (RHAW) (OTAN) : ralliement et alerte radar
radar improvement (OTAN) : amélioration des radars
radar installation (GB) : installation radar
radar integration (OTAN) : intégration des radars
radar intelligence (RADINT) (US, OTAN) : renseignement radar
radar netting (OTAN) : réseau radar
radar ocean reconnaissance satellite (RORSAT) (OTAN) : satellite radar de reconnaissance océanique
radar ocean reconnaissance satellite (RORSAT) (US) : satellite de surveillance maritime en orbite basse
radar operator : radariste (PERS)
radar operator (US, GB, Jane's) : opérateur radar
radar picket (US, OTAN) : piquet radar
radar picket aircraft (OTAN) : avion radar de guet
radar reconnaissance (OTAN) : reconnaissance radar
radar scan (GB) : balayage radar
radar screen (OTAN) : écran radar
radar seeker (GB) : autodirecteur radar
radar signature (US) : signature radar (aéronef)
radar silence (US, OTAN) : silence radar
radar site (GB) : station radar
radar station (OTAN) : station radar
radar system (OTAN) : système de radar
radar system (OTAN) : système radar
radar tracking (OTAN) : poursuite radar
radar tracking station (RTS) (OTAN) : station de poursuite radar
radar warning (OTAN) : alerte radar
radar-guided (GB) : guidage radar (à)
radar-guided (GB) : guidé par radar
radarscope (OTAN) : écran radar

radiac (US, OTAN) : radiac
radiated (OTAN) : rayonné (puissance isotrope)
radiation (UN) : rayonnement
radiation (US) : émission (ondes électro-magnétiques)
radiation (US, OTAN) : radiation(s) (NUC)
radiation absorbed dose (RAD) (OTAN) : dose de radiation absorbée
radiation exposure (OTAN) : exposition aux radiations
radiation exposure (OTAN) : irradiation
radiation exposure state (OTAN) : condition d'exposition aux radiations
radiation hazards (RADHAZ) (OTAN) : dangers dûs aux rayonnements (de radiation ou de rayonnement radioactif)
radiation intelligence (Baud) : renseignement des radiations
radiation scattering (OTAN) : diffusion du rayonnement
radiation sickness (OTAN) : maladie des rayons
radio (set) (US, GB) : poste radio
radio (tactical) (US, GB) : radio (poste radio)
radio altimeter (OTAN) : radio-altimètre
radio back (US) : renvoyer par radio (informations)
radio battery (GB) : batterie de radio
radio beacon : radiobalise
radio beacon (OTAN) : radiophare
radio broadcasting capabilities (US) : moyens de diffusion radiophonique
radio check ! (US) : contrôle radio ! (procédure radio)
radio check (US, GB) : contrôle radio
radio circuit (US) : circuit radio
radio communications (UN) : radiocommunications
radio communications (US) : communications radio
radio communications (US, GB) : liaisons radio (véhicule)
radio contact (GB) : contact radio
radio control (GB) : radiocommande
radio detection (OTAN) : détection radioélectrique
radio direction finder (RDF) ou direction finder (DF) (US) : radiogoniomètre
radio direction-finding (RDF) ou direction(-)finding (DF) (US, OTAN) : radiogoniométrie
radio discipline (GB) : discipline de réseau (radio)
radio electronic (OTAN) : radioélectronique
radio electronic combat support (RECS) (OTAN) : appui au combat radioélectonique
radio equipment : équipements radio (véhicule)
radio equipment : matériel radio
radio equipment (US) : équipement radio (RENS)
radio fix (OTAN) : localisation radiogoniométrique
radio frequency (RF) (OTAN) : radiofréquence (ou fréquence radio-électrique)

radio homing : radioralliement
radio link. (US) : liaison radio
radio location (US) : radio repérage
radio mast (GB) : pylône de radio
radio navigation (OTAN) : radionavigation
radio net (GB) : réseau radio
radio operator (GB, Jane's) : opérateur radio (ou radio)
radio procedure(s) (US) : procédure(s) radio
radio range : portée radio
radio range finding (OTAN) : radiotélémétrie
radio recognition (OTAN) : identification radioélectrique
radio relay (RR) (US) : relais radio
radio relay link (RRL) (OTAN) : liaison hertzienne
radio security (GB) : sécurité radio
radio set (GB) : radio (poste radio)
radio signal (UN) : radiosignal
radio signal (US) : signal radio
radio silence (GB) : silence radio
radio station : radio (station de)
radio station (GB, US) : station de radio
radio system (US) : poste radio
radio telegraphy (OTAN) : radiotélégraphie
radio telephone operator (RATELO) (US) : opérateur radio (ou radio)
radio traffic (US, GB) : trafic (masse de messages radio) (TRANS)
radio watch (GB) : veille radio (mission) (PERS)
radio(-)operator (Jane's, US) : radio (individu)
radioactive (OTAN, US) : radioactif
radioactive cloud (US) : nuage radioactif
radioactive dust (GB) : poussière radioactive
radioactive fallout (OTAN, US) : retombées (radioactives)
radioactive material weapon (UN) : arme à matière radioactive
radioactive waste (US) : déchets radioactifs
radioactivity (US, UN) : radioactivité
radioactivity detection (OTAN) : détection de la radioactivité
radioactivity indication (OTAN) : indication de la radioactivité
radio-electronic combat (REC) (OTAN) : combat radioélectronique
radiological (US) : radiologique (NBC)
radiological agent (US) : agent radiologique (NBC)
radiological operation (OTAN) : opération radiologique
radiological survey (OTAN) : reconnaissance radiologique
radiological warfare (RW) (OTAN, UN) : guerre radiologique
radiological weapon (RW) (UN) : arme à matière radioactive
radiological weapons (UN) : armes radiologiques

radiologist : radiologue (SAN)
radiotelephony (R/T) (OTAN) : radiotéléphonie
radioteletype (RATT) (OTAN, GB) : radiotélétype
radius (US, GB) : rayon
radius of action (R/A ou ROA) (US, GB, OTAN) : rayon d'action
radome (GB) : radome (ou radôme)
RAF (Royal Air Force) airbase (GB) : base aérienne
RAF Transport Command (GB) : commandement de la force aérienne de projection (CFAP) (ex-COTAM)
Rafale fighter (GB) : Rafale (le) (aéronef)
raft : radeau
raft (US) : portière (GEN)
raft system (GB) : système de franchissement discontinu
rafting : franchissement discontinu
raid (US, GB, OTAN) : coup de main (TAC)
raid (US, GB, OTAN) : raid
raid march (GB) : marche commando
raid report (OTAN) : compte-rendu de raid (défense aérienne)
rail (UN) : rail
rail launched : lancé sur rail (pont)
rail line (US) : voie ferrée (ou ferroviaire) (VF)
rail net (US) : réseau ferré (ou ferroviaire)
rail transportation (US) : transport ferroviaire
rail waggon (GB) : wagon de chemin de fer
railcar (US) : wagon de chemin de fer
railgun (UN) : canon à rails
railhead (GB) : tête de ligne (voie ferrée)
railhead (US, OTAN) : terminal ferré (ou ferroviaire)
rail-mobile missile (UN) : missile monté sur convoi ferré
rail-mobile missile (UN) : missile sur rails
railroad (CFE) : ferroviaire
railroad (US) : voie ferrée (ou ferroviaire) (VF)
railroad car (US) : wagon de chemin de fer
railroad line (US) : ligne de chemin de fer
railroad tank car (US) : wagon-citerne
railroad tanker : wagon-citerne
railway (GB) : voie ferrée (ou ferroviaire) (VF)
railway construction (GB) : construction de voies ferrées
railway line (GB) : voie ferrée (ou ferroviaire) (VF)
railway line (GB, OTAN) : ligne de chemin de fer
railway line capacity (OTAN) : capacité d'une ligne de chemin de fer
railway loading ramp (OTAN) : rampe de chargement (ferroviaire)
railway network (US) : réseau ferré (ou ferroviaire)
railway station (GB) : gare (ferroviaire)
railway track (GB) : voie ferrée (ou ferroviaire) (VF)

railway traffic : mouvement ferroviaire (circulation ferroviaire)
railway transport : transport ferroviaire
railway tunnel (GB) : tunnel de chemin de fer
railway viaduct (GB) : viaduc de chemin de fer
rain (US, GB) : pleuvoir
rain (US, GB) : pluie
raincoat ou rain suit (US) : imperméable (vêtement)
rainout (OTAN) : pluie
rainsuit (US) : tenue de combat imperméable
rainy season (GB) : saison des pluies
rainy weather (US) : temps de pluie
raise (GB) : élever (à un grade ou une dignité) (PERS)
raise (GB) : lever
raise (GB) : lever (siège / blocus / embargo / silence radio)
raise (OTAN) : hisser
raise (OTAN) : monter (charge)
raise (UN) : mobiliser (armée / personnels)
raise (US) : éveiller
raising (GB) : levée (troupes)
rake with machine-gun fire (GB) : balayer à l'arme automatique
rally (GB) : se rassembler (après une période de confusion) (troupe)
rally (US) : rassembler (approvisionnements / équipement / coalition / troupes / prisonniers / unité / population)
rally point (US) : point de regroupement (après opération)
ram air parachute : parachute aile
ram missile (UN, OTAN) : missile anti-missile stabilisé par rotation
ram missile (UN, OTAN) : missile à cellule tournante
ramifications (GB) : ramifications
ramjet (Jane's) : stato-réacteur
ramp (GB) : rampe (pont)
ramp (US) : rampe (char)
ramp (US) : rampe (hélicoptère / aéronef)
rampart (GB) : rempart
ramrod (GB) : refouloir (ART)
random (cross-check / inspection / elective access / visit) (UN) : aléatoire (recoupement / inspection / accès sélectif / visite)
range : distance
range (aéronef) (OTAN) : rayon d'action
range (OTAN) : série (gamme)
range (target) (OTAN) : polygone (de tir)
range (US) : éventail (gamme)
range (US) : parcourir (personnel / force / aéronef)
range (US) : portée (effet / envergure)
range (US) : terme (échéance)
range (US, GB) : autonomie (véhicule seulement) (en distance)
range (US, GB) : gamme

range (US, GB, OTAN) : distance franchissable (hélicoptère / aéronef)

range (US, GB, UN) : portée (arme / radar)

range correction (US) : correction de portée (ART)

range from...to (US) : aller de...à (gradation / éventail)

range of missions (OTAN) : gamme de missions

range officer-in-charge (OIC) (US) : officier de tir (garnison / unité)

range practice : exercice de tir

range practice (GB) : entraînement au tir (armes individuelles)

range practice (Pistol / SA 80) (équivalent GB) : tir PA / FAMAS

range safety officer : officier de sécurité du tir (sur champ de tir)

range safety officer (RSO) (US) : officier de sécurité de champ de tir

range-finder (US, GB) : télémètre

range-only radar (ROR) (OTAN) : radar de télémétrie

Ranger battalion (US) : régiment de commandos

ranger infantry (équivalent US) : infanterie spéciale

Ranger tab (US) : insigne de commando (infanterie) (USA)

ranger unit (US) : unité de commandos d'infanterie (USA)

ranging : repérage (ART)

ranging (US) : appréciation de la portée

ranging (US, OTAN) : télémétrie

rank (US, GB) : grade (hierarchie)

rank (US, GB) : rang (grade)

rank (US, GB) : rang (disposition de troupes)

rank badge : insigne de grade

rank insignia : galons de grade (sur avant-bras)

rank insignia : insigne de grade

ranks (GB) : rang (le) (simples soldats)

ranks (US) : rangs

rape (GB, US) : viol (agression sexuelle)

rape (GB) : violer (agression sexuelle)

rapid action force : force d'action rapide (FAR)

rapid armoured intervention brigade (Jane's) : brigade d'intervention blindée rapide (armée de terre 2015)

rapid armoured intervention force (Jane's) : force d'intervention blindée rapide (armée de terre 2015)

rapid deployment exercise (US) : exercice de déploiement rapide

rapid deployment force (RDF) (OTAN) : force de déploiement rapide

rapid deployment force (RDF) (US, GB) : force d'action rapide (FAR)

rapid deployment joint task force (RDJTF) : forces mixtes d'intervention rapide (USA)

rapid fire (GB) : tir rapide

rapid reaction (UEO) : réaction rapide (forces)

rapid reaction capability (US) : capacité de réaction rapide

rapid reaction corps (OTAN) : corps de réaction rapide (Union européenne) (2003)

rapid reaction corps (UN) : force d'action rapide (FAR)

rapid reaction deployment forces (GB) : forces d'action rapide

rapid reaction forces (OTAN, GB) : forces de réaction rapide

rapidly (OTAN) : vite

rapidly (OTAN, US) : vite

rapidly (US) : avec rapidité (attaque)

rapidly (US) : rapidement

rappel (US) : descendre en rappel

rappel (US) : descente en rappel

rappelling (US) : descente en rappel (aérocordage) (opération héliportée)

Rapsodie surveillance and fire-control radar (Jane's) : Rapsodie (radar)

RASIT gap-filling surveillance radar (OTAN) : radar de surveillance des intervalles (RASIT)

RASURA close-range surveillance radar (OTAN) : radar de surveillance rapprochée (ou à courte portée) (RASURA)

RATAC field artillery fire-control radar (OTAN) : radar de tir d'artillerie de campagne (RATAC)

rate : débit (TRANS)

rate : taux

rate (UN) : pourcentage

rate (US) : allure (vitesse)

rate (US) : déclarer

rate (US) : juger

rate (US) : noter

rate gyro : gyroscope

rate of advance (US) : rythme de progression

rate of advance (US) : vitesse de progression (force)

rate of attrition (GB) : taux de pertes (hommes)

rate of climb (vertical) (US) : vitesse ascensionnelle (hélicoptère)

rate of fire (US, GB, OTAN) : cadence de tir

rate of march (OTAN) : vitesse de progression (force)

rate of pay (GB) : échelle indiciaire de solde

rated payload (OTAN) : charge nominale (véhicule)

rather (US) : par contre

ratification (OTAN) : ratification

rating (US) : notation (PERS)

rating officer (US) : noteur (officier) (avancement)

ratings (US) : notes (avancement)

ratio : rapport (proportion)

ratio (US) : proportion

ratio of forces : rapport des forces

ration (GB) : ration

ration (GB) : ration de combat

ration (GB) : rationner

ration card (US) : carte de rationnement
rational (US) : rationnel
rationale : logique
rationale (OTAN) : point de vue
rationalisation (OTAN) : rationalisation
rationality (US) : rationalité
rationalization (US) : rationalisation
rationalize (GB) : rationaliser
rationing (GB) : rationnement
rations (GB) : rations (les)
ravage (GB) : dévaster (ravager)
ravage (OTAN) : ravager
ravaged (OTAN) : ravagé
raven (US) : roméo (RENS)
ravine (US) : ravin (TOPO)
raw : brut (RENS)
raw : inexpérimenté (soldat / recrue)
raw (US) : non aguerri (PERS)
raw intelligence (US) : renseignement brut (non élaboré)
raw materials (OTAN) : matières premières
raw recruit : bleu (nouvelle recrue)
reach (GB) : allonge (force)
reach (GB) : atteindre (grade / âge)
reach (GB) : atteindre (sens figuré)
reach (US) : aborder (TAC)
reach (US) : aboutir à
reach (US) : atteindre (TAC)
reach (US) : atteindre (toucher)
reach (US) : parvenir à
reach before : devancer
react (US) : réagir (TAC)
react to (US) : réagir à
reaction (US) : réaction
reaction force (US, OTAN) : force de réaction
reaction force(s) (RF) (OTAN) : force(s) de réaction
reaction time (US, GB) : temps de réaction (missile)
reaction times (US) : délais de réaction
reactivate (US) : réactiver (unité)
reactivate (US) : remettre sur pied (unité)
reactive (armour) (OTAN) : réactif (blindage)
reactor (US) : réacteur (sous-marin)
read : recevoir (TRANS)
read (the battlefield) (US) : décoder (avoir une lisibilité de) (champ de bataille)
read (US, GB) : lire
read back : collationner
read back ! (US) : collationnez ! (procédure radio)
readability : lisibilité (transmission radio)
readable : lisible (transmission radio)
readily (US) : immédiatement
readiness (combat) (US, GB) : opérationnalité
readiness (GB) : état de préparation (aptitude) (forces / unité)
readiness (GB) : niveau de préparation (opérationnelle) (forces)

readiness cycle (Jane's) : cycle de préparation opérationnelle (force)
readiness posture (OTAN) : état de préparation (aptitude) (forces / unité)
reading of rights (Jane's) : lecture des droits (arrestation) (GEND / AT)
ready : prêt
ready (Jane's) : apprêter
ready (OTAN) : prêt (arme prête à tirer)
ready (OTAN) : prêt à l'action (force)
ready (OTAN, US) : disponible
ready (unité) (GB, US, UEO) : opérationnel (ou prêt à l'action)
ready (US) : préparer
ready (US) : prêt à l'emploi (munition) (véhicule blindé)
ready (US) : prêt au tir (missile / munitions)
ready division (GB) : division opérationnelle
ready for action (GB) : prêt à l'action (force)
ready for action (GB) : prêt au combat (unité / matériel / personnels / aéronef)
ready for action (US) : en position de tir (canon / obusier)
ready manoeuvre forces (RMF) (OTAN) : forces de manœuvre prêtes à l'action
ready position (OTAN) : position d'attente (opération héliportée)
Ready Reserve (GB, US) : réserve opérationnelle (réservistes) (France)
ready to move (GB) : prêt à faire mouvement (unité)
ready(-)to(-)fire (US, GB) : prêt au tir (missile / munitions)
real (OTAN) : tangible
real estate (US) : patrimoine (immobilier)
real estate program (US) : programme immobilier
real life (US) : réalité
real property (US) : patrimoine (immobilier)
real time (in) (OTAN) : temps réel (en)
real world (OTAN) : situation réelle
real world (US) : réalité
real world operations (US) : opérations en situation réelle
realign (US) : réaligner (forces)
realignment (US) : regroupement (installations / bases militaires)
realism (US) : réalisme (entraînement)
realistic (GB, US) : réaliste
realities (US, Jane's) : réalités
reality (US, GB) : réalité
reality (US, GB) : réalités
realization (GB) : prise de conscience
reallocate (GB) : réaffecter (forces)
reallocate (logistic resources) (OTAN) : réaffecter (moyens logistiques)
reallocate (US) : réattribuer
reallocation (GB) : réaffectation (forces)
reallocation (US) : réattribution

reallocation authority (US, OTAN, GB) : pouvoirs de réaffectation (forces multinationales)

reallocation of (logistic) resources (OTAN) : réaffectation (ou réallocation) de moyens (ou ressources (logistiques))

real-world (US) : réel

reannex (US) : réannexer

rear (GB) : de queue (unité / élément)

rear (OTAN) : arrière (adjectif et nom)

rear (US) : arrières

rear (US, GB) : arrière (véhicule)

rear area (US, OTAN) : zone arrière

rear area communications (GB) : transmissions de la zone arrière

rear area forces (US) : forces de la zone arrière

rear area security (US) : sécurité de la zone arrière

rear area security (US) : sûreté de la zone arrière

rear areas (US) : arrières

rear base (GB) : base arrière

rear battle (US) : arrières (combat sur les)

rear battle (US) : combat(s) en zone arrière (ou sur les arrières)

rear battle (US) : combat sur les arrières

rear bead : hausse (fusil)

rear boundary (US) : limite arrière (zone) (TAC)

rear combat zone (RCZ) (OTAN) : zone arrière de combat

rear combat zone (RCZ) (OTAN) : zone de combat arrière

rear compartment (US, GB) : compartiment arrière (véhicule blindé)

rear CP (US) : PC arrière

rear detachment (volume variable) (US) : base régimentaire (non projetable) (armée de terre 2002)

rear echelon (US, OTAN, GB) : échelon arrière (force)

rear guard (US, GB, OTAN) : arrière-garde

rear headquarters (GB) : PC arrière

rear headquarters (RHQ) (OTAN) : état-major de l'arrière

rear of (US) : arrière de (en) (force)

rear operation(s) (US) : action(s) sur les arrières

rear operations (US) : combat sur les arrières

rear operations (US) : opérations sur les arrières

rear sight : cran de mire (ou de visée) (pistolet automatique)

rear sight : cran de visée (arme de poing)

rear sight : hausse (arme automatique / fusil automatique / bazooka)

rear sight (GB) : œilleton

rear skirt : jupe (missile)

rear support (OTAN) : soutien arrière

rear support area (RSA) (OTAN) : zone de soutien arrière

rear support command (RSC) (OTAN) : commandement de soutien arrière

rearm (GB) : réarmer (équiper de nouvelles armes)

rearm (US, OTAN) : réarmer (mine / système d'armes / hélicoptère)

rearmament (GB) : réarmement (action d'équiper de nouvelles armes)

rearming (US) : réarmement (arme / mine / système d'armes / hélicoptère)

rearmost (GB) : dernier (le plus à l'arrière)

rearmost elements (of a force) (US, GB) : derniers éléments (arrière d'une force)

rearward (GB) : vers l'arrière

rearward passage of lines (of a unit) (GB, US) : recueil (TAC)

reason (GB, OTAN, US) : raison

reasoning (OTAN) : raisonnement

reassemble (a weapon) (US) : remonter (arme)

reassign (forces) (US) : réassigner (forces)

reassign (US) : réaffecter (PERS)

reassign (US) : réaffecter (forces)

reassignment (US) : mutation (changement d'affectation) (PERS)

reassignment (US) : réaffectation (PERS)

reassume (GB) : reprendre (poste / emploi)

reassume (US) : reprendre (recommencer)

reassure (US) : rassurer

rebalance (OTAN) : rééquilibrer

re-balancing (OTAN) : rééquilibrage

rebel (GB) : rebelle (nom et adjectif)

rebel (GB) : rebeller (se)

rebel (GB) : se rebeller

rebel forces (GB) : forces rebelles

rebel leader (GB) : chef rebelle

rebellion (GB) : rébellion

rebroadcast (GB) : retransmettre (TRANS)

rebroadcast (GB) : retransmission (TRANS)

rebroadcast station (GB) : station ré-émettrice (TRANS)

rebroadcasting station (GB) : réémetteur

rebuild (US) : reconstruire

rebuild (US) : redorer

rebuilding (US, GB) : reconstruction

rebuke (US) : blâme (ou réprimande)

recall (GB) : rappel (réserves / unités de réserve)

recall (GB) : rappeler (réserviste / unité)

recall into active military service (US) : rappeler au service actif (unité)

recall to active duty (US) : rappeler au service actif (PERS)

recall to active duty (US) : réactiver (unité)

recap (familier) (US) : résumé

recap (US) : récapitulatif

recap (US) : résumer

recapitulate : récapituler

recapture : reconquête

recapture (GB) : reconquérir

recapture (territoire / ville / position / prisonniers) (GB, US) : reprendre (reconquérir / s'emparer à nouveau de) (TAC)

recategorisation (CFE) : reclassement (matériel)

recategorise (CFE) : reclasser (matériel)

recce (GB) : "reco" (reconnaissance)

recce (GB) : reconnaissances (les)

recce (GB) : reconnaître (TAC)

recce and fire support company : compagnie d'éclairage et d'appui (CEA) (régiment d'infanterie)

recce patrol (GB) : patrouille de reconnaissance

recce squadron (Army Air Corps = ALAT) (GB) : escadrille d'hélicoptères de reconnaissance (EHR)

recced (GB) : reconnu (TAC)

recede (GB) : reculer (menace)

receipt (of equipment) (US) : réception (de matériels)

receipt (OTAN) : accusé de réception (TRANS)

receipt (US) : récéption

receive : percevoir (nouveau matériel)

receive (an equipment order) : recevoir (commande de matériels)

receive (CA) : recevoir (argent) (budget)

receive (Jane's) : accueillir (réfugiés)

receive (Jane's) : recevoir (matériel / ravitaillement) (unité)

receive (OTAN) : recevoir (TRANS)

receive (ou to assume) OPCON (= operational control) of (US) : prendre le contrôle opérationnel de (TAC)

receive (punishment) (US) : recevoir (punition)

receive (US) : bénéficier de (recevoir)

receive (US) : réceptionner (LOG)

receive (US) : recevoir

receive (US) : recevoir (ordre / mission / instructions)

receive (US) : recevoir (tir)

receive (US) : subir

receive a payment (GB) : rémunéré (être)

receiver : combiné (radio / téléphone)

receiver (US) : boîte de culasse (fusil / fusil automatique / pistolet mitrailleur)

receiver (US) : récepteur (TRANS)

receiving line (US) : haie d'accueil (réception officielle)

receiving station (RECSTA) (OTAN) : station réceptrice

recent : dernier

recent : récent

recently : récemment

reception (GB) : réception (signal) (TRANS)

reception (US) : accueil

reception (US) : réception (réunion mondaine)

reception center (US) : centre d'accueil (nouveaux arrivants) (unité)

receptivity (OTAN) : réceptivité (audience-cible) (action psychologique)

recharge (GB) : recharger (batterie)

rechargeable (US) : rechargeable (batterie)

recheck (weapons) (US) : revérifier (armes)

recipient : destinataire (de message) (TRANS)

recipient (GB, US) : récipiendaire (décoration)

recipient (US) : destinataire (lettre / colis)

recipient (US) : destinataire (message codé) (RENS)

reciprocal (notification) (UN) : réciproque (notification) (désarmement)

reciprocity (US) : réciprocité

recognise : distinguer (faire la différence)

recognise (GB) : reconnaître (admettre)

recognise (OTAN) : prendre acte de

recognition (GB, OTAN) : identification (ou reconnaissance) (des matériels)

recognition (OTAN) : reconnaissance (identification)

recognition (US) : reconnaissance (gratitude / appréciation)

recognition and reception line : ligne d'identification et d'accueil

recognition signal (GB) : signal de reconnaissance (individu / unité) (ami/ ennemi)

recognizable (US) : reconnaissable

recognize (as) (OTAN) : reconnaître (distinguer) (cible / ennemi)

recognize (US) : identifier (aéronef / véhicule / individu / force)

recognize (US) : reconnaître (admettre)

recognize (US) : reconnaître (PERS / lieu)

recoil (GB) : reculer (arme)

recoil (GB, US) : recul (arme)

recoil mechanism (US) : mécanisme récupérateur (canon automoteur)

recoil pad : plaque de couche anti-recul (carabine)

recoil sleigh : glissoire de recul (obusier)

recoil spring guide : guide du ressort récupérateur (pistolet automatique)

recoilless (US) : sans recul

recoilless rifle (ou gun) (US) : canon sans recul

recommend : proposer

recommendation (US) : recommandation

recommended (OTAN) : recommandé (pièce de rechange)

recon (US) : "reco" (reconnaissance)

recon (US) : reconnaître (TAC)

recon platoon (GB) : section de reconnaissance

reconcile (US) : réconcilier (adversaires)

recondition (OTAN) : remettre en état (matériel)

Recondo (AUST, GB) : reconnaissance-commando

reconfigure (a force) (Jane's) : reconfigurer (force)

reconnaissance (US) : reconnaissance aérienne et spatiale (renseignement de sources aériennes et spatiales)

reconnaissance (US) : renseignement de sources aériennes et spatiales

reconnaissance (US, OTAN) : reconnaissance (TAC)

reconnaissance aircraft (OTAN, US, GB) : avion de reconnaissance

reconnaissance and interdiction planning line (RIPL) (OTAN) : limite de l'appui-feu et renseignement

reconnaissance boat (US) : bateau de reconnaissance

reconnaissance by fire (OTAN, US) : reconnaissance par le feu

reconnaissance centre (OTAN) : centre de reconnaissance

reconnaissance drone (Jane's) : drone de reconnaissance

reconnaissance element (US) : élément de reconnaissance

reconnaissance exercise (RECONEX) (OTAN) : exercice de reconnaissance

reconnaissance exploitation report (OTAN) : compte-rendu d'exploitation de reconnaissance

reconnaissance helicopter (US) : hélicoptère de reconnaissance

reconnaissance in force (US, GB, OTAN) : reconnaissance en force (ou offensive)

reconnaissance mission (US) : mission de reconnaissance (agent) (RENS)

reconnaissance party : détachement de reconnaissance

reconnaissance patrol (OTAN) : patrouille de reconnaissance

reconnaissance report (OTAN) : compte-rendu des résultats de reconnaissance

reconnaissance satellite (US) : satellite de reconnaissance

reconnaissance satellite (US) : satellite espion

reconnaissance system (OTAN) : système de reconnaissance (TAC)

reconnaissance unit (US, GB, Jane's) : unité de reconnaissance

reconnaissance units (GB) : reconnaissances (les)

reconnaissance vehicle (GB) : véhicule de reconnaissance

reconnaissance, intelligence, surveillance and target acquisition (RISTA) (US, OTAN) : reconnaissance, renseignement, surveillance et acquisition d'objectif

reconnaissance, surveillance and target acquisition (RSTA) (US) : reconnaissance, surveillance et acquisition des objectifs (drone)

reconnoiter (US) : reconnaître (TAC)

reconnoitered (US) : reconnu (TAC)

reconnoitre (GB) : reconnaître (TAC)

reconnoitred (GB) : reconnu (TAC)

reconquer (GB) : reconquérir

reconquest : reconquête

reconstitute (US) : se reconstituer (ou se remettre en condition) (force après un conflit)

reconstitute (US, GB) : reconstituer

reconstitution (OTAN, US) : reconstitution (forces / unités / réserves)

reconstitution (US) : condition (remise en)

reconstitution (US) : remise en condition (matériels)

reconstruct (US) : reconstruire

reconstruction (Jane's) : refondation (ou refonte) (armée de terre)

reconstruction (US, OTAN) : reconstruction

record : faits d'armes

record (GB) : état (compte-rendu)

record (GB) : passé

record (OTAN) : chronologie

record (US) : dossier

record (US) : record (nom et adjectif)

record (US, OTAN) : enregistrer

record of decisions (ROD) (OTAN) : compte-rendu de décisions

Record of Service (GB) : états de service individuels

recorded (OTAN) : noté (ART)

recording (US) : enregistrement (RENS)

recording device (US) : appareil (ou dispositif) d'enregistrement (RENS)

record-keeping (US) : archivage

records (GB) : archives (institution / force)

records management officer (US) : officier archives (unité / garnison)

recourse (UEO) : recours

recover : guérir (se remettre ou retrouver la santé)

recover (GB) : dépanner

recover (GB) : se remettre (patient) (SAN)

recover (GB, US) : se remettre (force après une défaite)

recover (US) : reconquérir

recover (US) : récupérer

recovery (equipment) (US, GB) : récupération (matériels sur le terrain) (en vue de dépannage)

recovery (OTAN) : rétablissement (PERS) (SAN)

recovery (US) : récupération (de commandos)

recovery (US, GB) : dépannage (véhicules)

recovery of personnel (US) : récupération de personnel (forces spéciales)

recovery vehicle (US) : véhicule de dépannage

recovery winch (US) : treuil de dépannage

recovery wrecker : camion de dépannage

recreate (GB) : restituer (reproduire) (entraînement)

recreate (US) : recréer (unité / corps)

recreation activities (US) : activités de loisir (PERS)

recreation and welfare (R&W) : loisirs (PERS)

recruit (GB, US) : recrue (PERS)

recruit (OTAN) : recruter

recruiter (US, GB) : recruteur

recruiting (US) : recrutement

recruiting area (GB) : zone de recrutement (PERS)

recruiting campaign (GB) : campagne de recrutement (armée)

recruiting office (GB) : bureau de recrutement

recruiting plan (US) : plan de recrutement (armée)

recruiting sergeant (GB) : sergent recruteur
recruiting station (US) : centre de recrutement
recruiting year (US) : année de recrutement
recruitment (US) : recrutement (RENS)
recruitment (US, GB) : recrutement
recruitment drive (Jane's, GB) : campagne de recrutement (armée)
recruitment policy (GB) : politique de recrutement (armée)
recruitment problem (Jane's) : problème du recrutement (le) (armée)
rectangular coordinates : coordonnées rectangulaires
rectify (OTAN) : remédier à
recuperate (Jane's) : se remettre en condition (force)
recuperation (Jane's) : remise en condition (unités)
recurring (US) : récurrent
recycle (US) : recycler
Red Crescent (GB) : Croissant-Rouge (le)
Red Cross (GB) : Croix-Rouge (la)
Red Orchestra (US) : Orchestre Rouge (Hist.) (RENS)
red tape (US) : paperasserie
redefine (US, OTAN) : redéfinir
redefinition (US) : redéfinition
redeploy (GB) : se redisposer (troupe)
redeploy (home) (US) : rapatrier
redeploy (US) : changer (d'emplacement / de position) (TAC)
redeploy (US) : redéployer (se)
redeploy (US) : retourner
redeploy (US) : se redéployer (force)
redeploy (US) : se ré-engager (force)
redeployment (force) (US) : rapatriement
redeployment (REDPL) (US) : redéploiement
redeployment (US) : ré-engagement (forces)
redeployment (US) : retour en métropole (forces)
redesignate (GB) : rebaptiser
redesigning (US) : refondation (ou refonte) (armée de terre)
rediscover (US) : redécouvrir
redisposition (GB) : redéploiement
redistribution (US) : redistribution
redoubt (US) : redoute
reduce (GB) : se réduire
reduce (in size) (US, OTAN) : réduire (force / armée / format / effectifs)
reduce (US) : diminuer
reduce (US) : réduire (TAC)
reduce (US) : réduire (poids)
reduce (US) : réduire (danger / risque / pression / dommages)
reduce (US) : réduire (signature radar)
reduce (US) : réduire en grade (rétrograder) (PERS)
reduce in grade (US) : rétrograder
reduce in rank (GB, US) : rétrograder

reduce to (GB) : ramener à (réduire)
reduced (GB) : réduit (effectifs / armée)
reduced (US) : réduit (visibilité)
reduced blast weapon (UN) : arme de faible énergie (ou à effets collatéraux réduits)
reduced numbers of forces (OTAN) : réductions d'effectifs
reduced salience of nuclear weapons (OTAN) : réduction du rôle des armes nucléaires
reduced to : réduit à (unité)
reduction (OTAN) : réduction (forces / effectifs / personnel / budget)
reduction (UN) : réduction (forces armées)
reduction (US) : réduction de grade
reduction in arms holdings (OTAN) : réduction des stocks d'armes (population / armées locales)
reduction in rank (GB, US) : rétrogradation
reduction in violence (OTAN) : réduction de la violence
reduction liability (CFE, UN) : obligation de réduction (maîtrise des armements)
reduction of nuclear arsenals (OTAN) : réduction des stocks d'armes nucléaires
redundant (US) : place
redundant (GB) : superflu
reembark : réembarquer
re-emergence (OTAN) : résurgence
re-enact (US) : reconstituer (bataille / combats)
re-enactment (US) : reconstitution (bataille / combats)
re-enlist (GB) : se rengager (PERS)
reenlist (US) : se rengager (PERS)
re-enlisting (US) : rengagement
reenlistment (US) : rengagement
reenter (OTAN) : rentrer
reentry system (US, GB) : système de rentrée (missile / astronef)
re-entry vehicle (RV) (OTAN) : véhicule de rentrée
re-entry vehicle (RV) (UN, OTAN) : corps de rentrée (ou vecteur de rentrée)
reequipment ou re-equipment (GB) : rééquipement
reestablish (a corps) (US) : recréer (unité / corps)
re-establish (GB, OTAN) : rétablir
reestablish (US) : rétablir
reestablishment (US) : réinsertion (dans le civil) (PERS)
re-establishment of civil institutions (OTAN) : rétablissement des institutions civiles
re-establishment of law and order (GB) : rétablissement de l'ordre (public) (type d'opération)
re-evaluate ou reevaluate (US) : réévaluer
re-examination (GB) : réexamen
refer the matter (OTAN) : rendre compte de
refer to (US) : se reporter à (autre partie de document)
referee (US) : arbitrer (pourparlers)
reference : référence

reference (GB) : coordonnées

reference box (OTAN) : cartouche de référence (carte)

reference document (US) : document de référence

reference number : numéro de référence (ordre)

reference point (GB, OTAN) : point de référence du terrain

reference tool (US) : outil de référence (guide / manuel)

references (US, GB) : cartes et documents de référence (de l'ordre)

referendum (US) : référendum

refine (US) : affiner

refine (US) : mettre au point (concept)

refinement (UN) : perfectionnement (armes)

refinement (US) : définition

refinery (GB) : raffinerie

reflag (as) (US) : rebaptiser

reflect (OTAN) : décrire

reflect (OTAN, GB) : réfléchir (énergie / rayonnement / ondes)

reflected light : réfraction lumineuse

reflecting : réfléchissant

reflection (UEO) : réflexion

reflector (US, OTAN) : réflecteur

re-focus (efforts) (US) : reconcentrer (efforts)

refocus on (US) : se reconcentrer sur (mission)

re-form (a unit) (GB) : recréer (unité / corps)

re-form (GB) : réactiver (unité)

reform (GB, OTAN) : réforme

reform process (OTAN) : processus de réforme

reformation (Jane's) : refondation (ou refonte) (armée de terre)

refresher course (US, GB) : stage de recyclage

refresher course (US, GB) : stage de remise à niveau

refresher training (GB) : recyclage (formation)

refrigeration van (US) : camion (ou camionnette) de réfrigération

refuel : ravitailler en carburant (véhicule / hélicoptère)

refuel (OTAN) : se ravitailler (en vol) (aéronef)

refuel (US) : réapprovisionner

refuel (US) : se ravitailler en carburant (véhicule)

refueling (US) : ravitaillement

refuelling ou refueling (US, GB) : ravitaillement en carburant (TAC)

refuge (GB) : refuge

refugee (US, GB, OTAN) : réfugié (nom)

refugee camp (US, GB, OTAN) : camp de réfugiés

refugee centre (OTAN) : centre pour réfugiés

refugee control (US) : contrôle des réfugiés

refugee crisis (OTAN) : crise (ou problème) des réfugiés (ou crise due à l'afflux des réfugiés)

refugee crisis (OTAN) : problème de réfugiés

refugee relief center (US) : centre d'aide aux réfugiés (HUM)

refugee relief center (US) : centre de secours pour les réfugiés

refugee shelter capacity (OTAN) : capacité d'accueil (abris pour réfugiés) (HUM)

refurbishment (GB) : condition (remise en)

refurbishment (GB) : remise en condition (matériels)

refusal (US, OTAN) : refus

refuse (US) : refuser

regain : reconquérir

regain (OTAN) : reprendre (reconquérir / s'emparer à nouveau de) (TAC)

regain (US) : reprendre (recommencer)

regain contact with the enemy (US) : rétablir le contact (TAC)

regard (UEO) : plan (niveau)

regard (US) : considération

regarding (OTAN) : relatif à

regeneration (US) : recomplètement

regeneration (US) : reconstitution (forces / unités / réserves)

regenerative (GB) : reconstitution (de) (ou de réserve ou de renfort)

regenerative division (GB) : division de renfort (ou de réserve ou de reconstitution)

regime (US) : régime (politique)

regime (OTAN) : régime (système)

regiment of march (GB) : régiment de marche (Hist.)

regimental (US, GB) : régimentaire

Regimental Administrative Officer (GB) : chef des services administratifs (SA) (corps de troupe)

regimental affiliation crest (US) : pucelle (insigne)

regimental badge (GB) : insigne de régiment

regimental crest (GB, US) : pucelle (insigne)

regimental headquarters (RHQ) (GB) : état-major du régiment

regimental insignia (GB) : insigne de régiment

regimental maintenance squadron (terminologie GB) : escadron de maintenance régimentaire (EMR)

regimental rear party (GB) : base régimentaire (non projetable) (armée de terre 2002)

Regimental Sergeant Major : adjudant-chef (ADC) (grade)

regimental sergeant-major (RSM) (GB) : président des sous-officiers (PSO)

regimental signals officer (RSO) (GB) : officier transmissions (corps de troupe)

region (US, GB) : région

region of conflict (US) : région de conflit

regional (administrative) command (Jane's) : Région Terre (armée de terre 2002)

regional (US, OTAN) : régional

regional actor (US) : acteur régional

regional airspace (OTAN) : espace aérien régional

regional alliance (US) : alliance régionale

regional challenge (US) : défi régional

Regional Command (RC) (OTAN) : commandement régional (RC) (OTAN)

regional conflict (RC) (GB, OTAN) : conflit régional

regional co-operation (OTAN) : coopération au niveau régional

regional crisis management (OTAN) : gestion des crises au niveau régional

regional government (US) : gouvernement régional

regional high-risk area (OTAN) : zone régionale à hauts risques

regional operating (OTAN) : exploitation régionale (TRANS)

regional organization (US) : organisation régionale

regional partner (US) : partenaire régional

regional power (US) : puissance régionale

regional reserve (OTAN) : réserve régionale

regional security (OTAN) : sécurité au niveau régional

regional stability (US) : stabilité régionale

Regional Table (OTAN) : Table régionale

regional telecommunications network (RTN) (OTAN) : réseau régional de télécommunications

regional threat (US) : menace régionale

regionalization (US) : régionalisation

register (UN) : registre

register (US) : recenser (se faire) (service national)

register (US) : se faire recenser (service national)

register for (a course) (US) : s'inscrire (cours par correspondance / enseignement à distance)

register with (US) : s'inscrire à

registrant (US) : immatriculé (recensement du service national)

registration (GB) : immatriculation (véhicule)

registration (US) : recensement (service national)

registration fire (OTAN) : réglage (tir de)

registration fire (US, OTAN) : tir de réglage

registration number (GB) : numéro d'immatriculation (véhicule)

registration point (OTAN) : point de réglage (ART)

registration requirement (US) : obligation de recensement (ou de se faire recenser) (service national)

registry (GB) (MI5) : archives (service de renseignement) (RENS)

regret (OTAN) : regret

regret (OTAN) : regretter

Regrets Only (US) : regrets seulement (invitation)

regroup (GB) : se regrouper (force)

regroup (US) : regrouper (se) (TAC)

regrouping (GB) : regroupement (unités / forces)

regrouping ou re-grouping (GB) : regroupement (TAC)

regular (GB) : d'active (par opposition de "de réserve")

regular (GB) : militaire (ou soldat) d'active

regular (GB) : soldat d'active

regular (US) : régulier (force)

regular (US, GB) : actif (contraire de "de réserve" ou "en retraite")

regular (US, GB) : active (d')

Regular Army personnel (US) : personnel(s) de l'armée de terre d'active

regular basic tactical unit : unité élémentaire d'active (UCA) (armée de terre 2002)

regular battalion ou regular regiment : régiment d'active

regular forces (US) : forces d'active

regular forces (US) : forces régulières

regular soldier (GB) : soldat d'active

regular troop (GB) : soldat d'active

regular troop (Jane's) : militaire (ou soldat) d'active

regular troops (GB) : troupes régulières

regulated (OTAN) : critique (article) (LOG)

regulation (of air traffic) (OTAN) : régulation (circulation aérienne)

regulation (US) : règlementaire

regulation(s) (OTAN, US) : règlement (règles)

regulations (UN) : règlementation

regulations (US) : règlement militaire (armée de terre)

regulatory sign (OTAN) : panneau de signalisation (circulation)

rehabilitate (US) : remettre en état (ou rénover) (installations / bâtiments) (GEN)

rehabilitate (US) : rénover (ou remettre en état) (installations / bâtiments) (GEN)

rehabilitation (OTAN) : remise en condition (unités)

rehabilitation (OTAN) : remise en état (installation)

rehabilitation (US) : rééducation (SAN)

rehabilitation (US) : rénovation (GEN)

rehearsal (GB, US) : répétition (opération)

rehearse (an operation) (US, GB) : répéter (opération)

re-ignite (CA) : raviver

reimbursement (US) : remboursement

reinforce (GB) : rattacher à

reinforce (US) : valoriser (GEN)

reinforce (US, GB) : renforcer (unité)

reinforce (US, OTAN, GB) : renforcer (TAC)

reinforced (OTAN) : renforcé (alerte)

reinforced (REINF) (US) : renforcé (unité)

reinforced alert (RA) (OTAN) : alerte renforcée

reinforced concrete (US) : béton armé

reinforced obstacle (GB) : obstacle renforcé

reinforced unit : unité renforcée

reinforced with (ou by) (GB) : renforcé de

reinforcement (GB) : renforcement (force)

reinforcement exercise (UN) : exercice de renforcement

reinforcements (US, GB) : renforts (forces)

reinforcing (GB) : renforcement (force)
reinforcing (OTAN) : renforcement (ART)
reinforcing force (OTAN) : force de renfort
reinforcing forces (REINF) (OTAN) : renforts (forces)
reintegrate into (GB) : réintégrer dans
re-introduce (a weapon) : réintroduire (emploi d'une arme)
rejoin (US) : réintégrer (revenir dans)
rejuvenation : rajeunissement (organisation)
relapse (US) : reprise
relate (US) : lier
related : lié
related (OTAN) : connexe
related (US) : associé
related equipment (OTAN) : matériels connnexes
related to (OTAN) : relatif à
relating to : afférent à
relating to (OTAN) : relatif à
relation (GB) : rapport (relation)
relation (US, OTAN, GB) : relation (rapport / contact)
relationship (US) : rapport (relation)
relationship (US, GB, OTAN) : relation (rapport / contact)
relative (US) : parent (PERS)
relative (US) : relatif
relatively (US) : relativement
relax (tension) (US) : apaiser (tensions)
relax (US) : faire baisser (tension)
relaxation of tensions (UN) : détente (diminution des tensions) (STRAT)
relay : transmettre (renseignement / ordres / informations) (à quelqu'un)
relay (GB) : relais (TRANS)
relay (GB, US) : relayer (information / instructions)
relay (OTAN, US, GB) : relayer (TRANS)
relay (US) : transmettre (TRANS)
relay satellite (RELSAT) (OTAN, US) : satellite relais
relay through ou relay thru (US) : faites transmettre par...(procédure radio)
relay to...(US) : transmettez à... (procédure radio)
release : libérer (ou élargir) (prisonniers)
release (GB) : lâcher
release (OTAN) : communiquer
release (OTAN) : décharger (de fonctions) (PERS)
release (OTAN) : diffusion (communiqué de presse)
release (OTAN, US) : libérer (energie)
release (UN) : communication (diffusion)
release (US) : détacher (unité / matériels)
release (US) : larguer
release (US) : relâcher (prisonnier)
release (US) : restituer (rendre)
release (US, GB) : libération (ou élargissement) (prisonniers)

release (US, OTAN) : dislocation (ou éclatement) (mouvement routier)
release (weapon) (OTAN) : largage (bombe)
release from : relever de (mission / poste / commandement)
release of energy (OTAN) : libération d'énergie
release on parole (GB) : libérer sur parole (prisonnier)
release point (OTAN) : point de dislocation (mouvement terrestre)
release point (OTAN) : point de largage
release point (US, GB, OTAN) : point d'éclatement (ou de dislocation)
released (OTAN) : au repos (équipages / systèmes d'armes) (ART)
releasing commander (US, GB) : commandant approbateur (NUC)
relegate (US) : reléguer
relentlessly (US) : acharnement (avec)
relevant (US) : approprié
relevant (US, OTAN) : pertinent
relevant information (US) : information pertinente
relevant information and intelligence (RII) (US) : informations utiles
reliability (OTAN) : valeur (mérite / qualité)
reliability (OTAN, US) : fiabilité (matériel / renseignement / individu / article)
reliability (US) : sérieux (nom) (PERS)
reliability (US) : sûreté (cotation) (RENS)
reliability factor (US) : facteur de fiabilité (matériel)
reliability improvement (OTAN) : amélioration de la fiabilité
reliability of source (US) : confiance à accorder à la source (RENS)
reliability of the source (US) : qualité de la source ou degré de confiance à accorder à la source (cotation) (RENS)
reliable : fiable (ou sûr) (matériel / renseignement / individu)
reliable (US) : sûr (cotation) (RENS)
relief (GB) : dégagement (ou délivrance) (ville assiégée)
relief (GB) : délivrance (ou dégagement) (ville assiégée)
relief (GB) : relève (unité / force) (TAC)
relief (OTAN) : relief (surface terrestre)
relief (US) : aide (assistance)
relief (US, OTAN) : secours (humanitaire)
relief agency (GB) : organisation humanitaire
relief agency (OTAN) : organisme de secours (aide humanitaire)
relief area (OTAN) : zone de secours
relief by overtaking : relève par dépassement
relief center (US) : centre d'assistance humanitaire
relief effort (OTAN) : action de secours
relief effort(s) (OTAN) : secours (humanitaire)
relief force (GB) : force de relève
relief guard : garde montante

relief in place (RIP) (OTAN, US) : relève sur place
relief supplies (OTAN) : secours (moyens de secours)
relievable : relevable (force / PERS)
relieve : prendre la relève de (unité)
relieve (GB) : dégager (ville assiégée)
relieve (GB) : délivrer (ville assiégée)
relieve (OTAN) : atténuer (souffrances)
relieve (US) : délester
relieve (US) : soulager
relieve (US, GB) : relever
relieve of (GB) : relever de (mission / poste / commandement)
religion (OTAN) : appartenance religieuse (individu)
religious (US) : religieux
religious faith (US) : confession (religieuse)
religious service (US) : office (ou service) religieux
relish (GB) : passion
relive (US) : revivre (bataille)
reload (GB) : rechargement (missile)
reload (GB, US) : recharger (munitions / missiles / fusil)
reload time (US) : temps de rechargement (missile)
reload(ing) (US) : rechargement (munitions / missiles)
reloadable (GB) : rechargeable (armement)
relocate (GB) : changer (d'emplacement / de position) (TAC)
relocate (US) : déplacer (troupe / unité / force / effort) (TAC)
relocation (GB) : évacuation (changement de position)
relocation (OTAN) : changement de position (formation) (TAC)
relocation (OTAN) : réimplantation
relocation (OTAN) : réinstallation (des populations) (après un conflit)
relocation (US, GB) : déplacement (d'un lieu à un autre) (unité en opérations)
rely on (GB) : compter sur
rely on (GB) : dépendre de
rely on (US) : s'appuyer sur
rely on (US) : se reposer sur
remain (Jane's, US) : demeurer
remain (US, GB) : rester (demeurer)
remain in force (OTAN) : demeurer en vigueur (ordre)
remain in force (US, GB) : rester en vigueur (ordre)
remain in place (US) : rester en place (force)
remain in place (US) : rester en place (agent) (RENS)
remain in service (GB) : rester en service (matériel)
remainder (Jane's) : reste

remainder (US) : reliquat (force / armée)
remainder (US) : restes (force)
remaining (US) : résiduel
remaining (US) : restant
remains (US) : dépouille mortelle (restes humains)
remains pouch (US) : sac de transport mortuaire
remark (UEO) : remarque (document officiel)
REME (Royal Electrical and Mechanical Engineers) Workshop (GB) (équivalent GB) : établissement du matériel (ETAMAT)
remedial (OTAN) : correctif (mesure)
remedial (US, GB) : rattrapage (ou soutien)
remedial action (OTAN) : mesures correctives
remedial action (REMACT) (OTAN) : action corrective
remedy (GB) : remédier à
remedy (US) : pallier (remédier à)
remember (GB) : se souvenir de
remembrance (US) : souvenir
Remembrance Day (GB) : journée du souvenir
remf (GB) : planqué (soldat qui ne sert pas sur le front)
remind (US) : rappeler (remettre en mémoire)
remnant (UN) : fragment (munitions)
remnants : résidus
remnants (GB) : reliquat (force / armée)
remnants (US) : restes (force)
remote : lointain
remote (GB) : isolé (zone / lieu)
remote (OTAN) : éloigné (tête radar)
remote (OTAN) : télécommandé
remote (UN) : distance (à)
remote (US) : éloigné
remote aiming (US, GB) : télépointage (canon / projecteur)
remote control (GB) : télécommande (ou téléguidage ou commande à distance)
remote control (RC) : contrôle à distance
remote control (US, GB) : commande à distance
remote copying : fax (fac-similé)
remote copying : télécopie (ou fax)
remote delivery (OTAN) : pose à distance (guerre des mines)
remote monitoring (UN) : télésurveillance
remote radar head (RH) (OTAN) : tête radar éloignée
remote sensing : télédétection
remote weapon station concept (RWSC) : système d'arme à munition téléscopée
remote-control unit (Jane's) : poste de pilotage (à distance) (engin de franchissement)
remote-controlled : télécommandé
remotely delivered mine (UN) : mine mise en place à distance
remotely delivered munitions (RDM) (GB) : munitions larguées à distance
remotely piloted vehicle (OTAN, UN) : aérodyne léger télépiloté (ALT)

remotely piloted vehicle (RPV) : drone

remotely(-)piloted vehicle (RPV) (UN) : engin télépiloté (aérien) (reconnaissance)

remotely-employed sensor (REMS) (US) : capteur télécommandé

remotely-piloted vehicle (RPV) (OTAN) : véhicule télécommandé (téléguidé ou télépiloté)

remotely-piloted vehicle (RPV) (OTAN) : véhicule téléguidé (ou télépiloté)

removable : amovible

removal (GB) : enlèvement (véhicule)

removal (GB) : suppression (menace)

removal of mines (OTAN) : déminage (mines terrestres)

removal of obstacles (US) : dégagement d'obstacles

remove (CFE) : retirer

remove (GB) : déposer (moteur)

remove (GB) : enlever (véhicule)

remove (GB) : évacuer

remove (OTAN) : déplacer

remove (OTAN) : enlever

remove (US) : dégager (itinéraire / obstacle / bâtiment / véhicule)

remove (US) : ôter

remove (US, GB) : enlever (faire disparaître) (contamination)

remove (US, GB) : faire disparaître (contamination)

remove from service (CFE, US) : retirer du service (matériel)

remove from the active list (US) : rayer des cadres (d'active) (PERS)

rename (become) (GB) : changer (d'appellation / de dénomination) (unité / matériel)

rename (US) : rebaptiser

render (US) : fournir

render (US) : rendre

render blind (GB) : aveugler

render combat ineffective (US) : mettre hors de combat (force / personnels)

render each other (OTAN) : se donner

render ineffective (US) : réduire (ennemi) (TAC)

render ineffective (US) : réduire (TAC)

render safe (OTAN) : désamorcer (mine / grenade)

render safe (OTAN) : neutraliser (armes / mine / explosif / obstacles)

render to each other (OTAN) : se rendre (se donner mutuellement)

rendezvous (GB) : se rencontrer (point de rendez-vous) (force)

rendezvous (OTAN) : rendez-vous (visites d'unités)

rendez-vous (R/V ou RDV) (OTAN) : rendez-vous (TAC)

rendezvous ou rendez-vous (R/V ou RDV) (GB, OTAN) : point de rassemblement

rendezvous ou rendez-vous (R/V ou RDV) (GB, OTAN) : point de regroupement (après opération)

renegotiate (a contract / a treaty) (GB, Jane's) : renégocier (contrat d'armement / traité)

renew (US) : renouveler

renewal (US) : renouvellement (mandat)

renewed (OTAN) : nouveau

renewed (OTAN) : rénové

renounce (OTAN, US) : renoncer à

renowned (US) : renommé (unité)

renowned (US) : réputé (unité)

re-occupation (GB) : réoccupation

reoccupy (GB) : réoccuper

reopen (US) : rétablir

reopen (US, OTAN) : rouvrir

reopening (US) : réouverture

reorganisation (GB) : réorganisation

reorganise (Jane's, GB) : réorganiser

reorganization : refondation (ou refonte) (armée de terre)

reorganization : rétablissement (dispositif)

reorganization (GB) : organisation d'une position conquise

reorganization (on the objective) (US, GB) : organisation (d'une position conquise) (TAC)

reorganization (US) : regroupement (après opération) (TAP)

reorganization (US) : réorganisation

reorganize : regrouper (se) (TAC)

reorganize (US) : se rétablir (force)

reorganize (US, GB) : se réorganiser (armée / force)

reorganize into (US) : éclater (organisation / unité)

reorganize on the objective (GB) : organiser une position conquise (TAC)

reorient (a defense) (US) : réorienter (dispositif défensif)

reorientate (GB) : se réorienter (force)

reorientation (US) : réorientation

repair (GB) : maintien en condition (MEC) (fonction)

repair (GB) : réparation (opération technique) (matériel / pièces)

repair (GB) : réparer

repair (OTAN) : réparation (pistes d'aérodrome)

repair and recovery vehicle (GB) : véhicule de réparation et de dépannage

repair kit (US, GB) : lot de réparation (pièces)

repair parts (US) : pièces détachées

repair procedures (US) : procédures de réparation (MAT)

repair truck (US) : camion-atelier

repairable (US) : réparable (matériel / article)

repairer (US) : réparateur

repatriate (US) : rapatrier

repatriation (US) (individus) : rapatriement

repeat (a mistake) (GB) : refaire (erreur)
repeat (OTAN) : mêmes éléments (ART)
repeat (US) : recommencer
repeated (US) : réitéré
repeatedly (US) : reprises (à plusieurs)
repeater-jammer (OTAN) : brouilleur-répéteur
repel (US, GB) : repousser (attaque)
repercussion (US) : répercussion
replace : échanger (ou remplacer) (moteur)
replace (GB) : prendre la place de (PERS)
replace (GB) : remettre en place (objet)
replace (GB) : remplacer (matériel)
replace (US) : relever
replace (US, GB) : pourvoir au remplacement (pièces de rechange)
replace (US, GB) : remplacer
replacement : rechange (de)
replacement (GB) : successeur (personnels / matériel)
replacement (GB, Jane's) : remplaçant (individu / matériel)
replacement (Jane's) : remplacement (matériel)
replacement (US) : de rechange (matériel)
replacement factor (US, OTAN) : taux de remplacement (matériel)
replacement personnel (US) : personnel(s) de relève
replenish : recompléter
replenish (stocks) (OTAN) : compléter (stocks)
replenishing (OTAN) : ravitaillement
replenishment : réapprovisionnement
replenishment (US, GB) : recomplètement
replica (US) : réplique (médaille / œuvre d'art)
replicate (US) : recréer (à l'entraînement)
replicate (US) : restituer (reproduire) (entraînement)
replication (US) : restitution (reproduction à l'entraînement)
reply (OTAN) : réponse (demande d'identification)
report : déplorer
report : état (compte-rendu)
report (GB) : faire état de
report (GB) : transmettre (renseignement / ordres / informations) (à quelqu'un)
report (OTAN) : communiquer
report (US) : se présenter
report (US, GB) : rapport (compte-rendu)
report (US, GB) : signaler (rendre compte de)
report (US, GB, OTAN) : rendre compte de
report (US, UN) : compte-rendu (CR)
report information to (somebody / a unit / a commander) (US) : renseigner (quelqu'un / unité / chef)
report line (GB) : limite de bond
report line (GB, US, OTAN) : ligne de compte-rendu
report to (OTAN) : relever de (dépendre de)

report to (somebody) : présenter à (se) (nouvel arrivant)
report to (US) : rendre compte à
reported (US, GB) : porté (signalé)
reporter (US) : journaliste
reporting ! (US) : à vos ordres ! (soldat au rapport devant un supérieur)
reporting (OTAN) : signalisation (munitions)
reporting (UN) : communication (diffusion)
reporting for duty ! (GB) : au rapport ! (prise de fonctions d'un militaire)
reporting for duty (US, GB) : rapport (au) (personnel se présentant pour une prise de fonctions)
reporting system (OTAN) : système de comptes rendus
reporting time (OTAN) : âge (d'une information) (RENS)
reposition (US) : repositionner (forces)
repositioning (US) : repositionnement (forces)
represent (GB) : représenter
represent (US) : constituer (être / représenter)
represent (US) : figurer (représenter)
representation (OTAN, US) : représentation
representative (US, GB, OTAN) : représentant
repression (Jane's, OTAN) : répression
reprimand (GB) : avertissement (mesure disciplinaire) (PERS)
reprisal(s) (GB) : représailles
reprocessing (UN) : retraitement (NUC)
reprocessing plant (UN) : usine de retraitement
reprogrammable (microprocessor) (US) : reprogrammable (microprocesseur)
Republican Guard (GB) : Garde Républicaine (la) (GEND)
repudiate (US, OTAN) : renier
repulse : repousser (attaque)
repulse (GB) : échec
reputation (US) : réputation (PERS / institution)
request (OTAN) : demande (de renseignements)
request (REQ) (US) : demande (TAC)
request (US) : demande
request (US, GB) : demander
request for a transfer (GB) : demande de mutation (PERS)
request for bids (RFB) (OTAN) : appel d'offres (ou de candidatures) (matériel / armement)
request for information (RFI) (GB) : demande d'information
request for information (RFI) (OTAN) : demande de renseignements
request for leave (US) : demande de permission
request for military assistance (US) : demande d'aide militaire (pays agressé)
request for proposal(s) (RFP) (US, OTAN) : appel d'offres (ou de candidatures) (matériel / armement)
request modify (OTAN) : demande de modification (ART)

require (OTAN) : demander
require (OTAN) : exiger
require (US) : nécessiter
required (OTAN) : nécessaire (adjectif)
required (OTAN) : requis (nécessaire)
required (OTAN) : voulu
required (time) : prescrit (délais)
required (US) : impartie
required military force (US, GB) : moyens nécessaires (forces) (en vue de remplir une mission)
required supply rate (RSR) (US, OTAN) : taux de ravitaillement requis
requirement : besoin
requirement (OTAN) : critère
requirement (OTAN) : impératif
requirement (US) : obligation
requirement contract (US) : contrat à commandes (ARMT)
requirements (GB) : besoins (matériels)
requirements determination (US) : détermination des besoins
requirements management (OTAN) : gestion des besoins de renseignement (RENS)
requiring relief (Jane's) : relevable (force / PERS)
requisite (US) : nécessaire (adjectif)
requisition (GB) : réquisition (demande officielle par autorité militaire)
requisition (GB) : réquisitionner
requisition (US, OTAN) : demande de perception (ou d'approvisionnement) (de matériel) (LOG)
requisition (US, OTAN) : réquisition (demande d'approvisionnnment) (LOG)
reradiation (US) : réémission (ondes électro-magnétiques)
re-raise (GB) : réactiver (unité)
reroute (traffic) (US) : faire dévier (circulation)
rescue (GB) : porter secours à
rescue (OTAN) : secourir
rescue (US, GB) : libérer (otages)
rescue (US, GB) : secours (sauvetage)
rescue (US, OTAN) : sauvetage
rescue centre (OTAN) : centre des opérations de sauvetage
rescue coodination centre (RCC) (OTAN) : PC de coordination du sauvetage
rescue coordination (OTAN) : coordination du sauvetage
rescue coordination centre (RCC) (OTAN) : centre de coordination du sauvetage
rescue helicopter (GB) : hélicoptère de secours (ou de sauvetage)
rescue hoist (US) : treuil de sauvetage (hélicoptère)
rescue mission (UEO) : mission d'évacuation de ressortissants
rescue strop (OTAN) : sangle de sauvetage
rescue team (US) : équipe de secours (incendie / attentat)

rescue training (US) : entraînement au sauvetage (pompiers)
rescue vehicle (CFE) : véhicule de sauvetage
reseal (US) : refermer
research : recherche, développement et production (ou recherche, mise au point et production ou recherche, développement et essais)
research (US, GB) : recherche (activité intellectuelle)
research and analysis center (Jane's) : centre de recherche et d'analyse
research and development (R & D) (US, GB, OTAN) : recherche-développement (ou recherche et développement)
research centre (AUST) : centre de recherche
research laboratory (US, UN) : laboratoire de recherche
research phase (OTAN) : phase de recherche (matériel)
research program (US) : programme de recherche
research project (US) : projet de recherche
research work (GB) : travaux de recherche
research, development, testing and evaluation (RDT&E) (OTAN) : recherche, développement, essais et évaluation
researcher : chercheur (universitaire)
reserve (chute) : ventral (parachute) (TAP)
reserve (OTAN) : réservé (force)
reserve (US, GB) : réserve (munitions / matériel)
reserve (US, GB, OTAN) : réserve (force disponible non-engagée)
Reserve association (GB) : association de réservistes
reserve battalion (Jane's) : régiment de réserve
Reserve Board (the) : conseil supérieur de la réserve militaire
reserve company (Jane's) : compagnie de réserve (INF)
reserve component (RC) (US) : de réserve (par opposition à "d'active")
Reserve Component battalion (US) : régiment de réserve
reserve component forces (US) : forces de réserve (personnels de réserve)
reserve component individual (US) : réserviste
reserve component officer (US) : officier de réserve
reserve component personnel (US) : personnel(s) de réserve
reserve component troops (US) : troupes de réserve
reserve component unit (US) : unité de réserve
reserve component(s) (RC) (US) : réserve (portion de forces rappelable)
reserve division (US) : division de réserve
Reserve drill pay (US) : solde du réserviste (périodes d'instruction)
reserve echelon (US) : échelon réservé (TAC)

reserve force (US) : réserve (force disponible non-engagée)

reserve forces (GB) : forces de réserve

reserve forces (GB) : réserve (portion de forces rappelable)

Reserve Forces Act 1996 (GB) : loi portant organisation de la réserve militaire (22 octobre 1999)

reserve member (US) : réserviste

reserve officer : officier de réserve

reserve officer cadet : élève-officier de réserve (EOR)

reserve officer on active duty (ou on active status (US) : ORSA (officier de réserve en situation d'activité)

reserve parachute (US) : parachute de secours

reserve personnel (US) : personnel(s) de réserve

reserve pool (US) : réservoir de (forces de) réserve

Reserve posting (GB) : affectation de réserve (PERS)

reserve service (GB) : service dans la réserve (PERS)

Reserve service commitment (GB) : engagement à servir dans la réserve (ESR)

reserve training commitment : engagement à servir dans la réserve (ESR)

reserve unit (US) : unité de réserve

reserve(s) (US, GB) : réserve (portion de forces rappelable)

reserve-component soldier (US) : militaire de réserve

reserve-component soldier (US) : soldat de réserve

reserved (US, GB) : réservé (itinéraire)

reserved demolition (OTAN) : destruction réservée

reserved demolition (target) (GB, OTAN) : démolition réservée (ouvrage à)

reserved demolition target (US) : ouvrage à destruction réservée

reserved demolition targets : obstacles de manœuvre

reserved route (OTAN) : itinéraire réservé

reserves (CA) : forces de réserve

reservist (US) : réserviste

reservoir (GB) : réservoir

reservoir (GB) : retenue d'eau (TOPO)

reservoir of units (US) : réservoir d'unités

resettlement (GB) : reconversion (la) (PERS)

resettlement (GB) : réinsertion (dans le civil) (PERS)

resettlement (GB) : réinstallation (nouvelle affectation) (PERS)

resettlement (OTAN, CA) : réinstallation (des populations) (après un conflit)

reshape (US, GB, OTAN) : remodeler (armée / ensemble géographique / champ de bataille)

residence (GB) : résidence (officier général / commandant / ambassadeur)

resident (unit) (US, GB) : permanent (ou à demeure) (unité à l'étranger)

residential area (US) : zone résidentielle

residual (CFE) : résiduel

residual radiation (US, OTAN) : rayonnement résiduel

resign : se démettre

resign (GB, US) : démissionner

resignation (US) : démission

resilience (OTAN) : solidité (accord / traité)

resist (GB) : s'opposer à

resist (GB, OTAN) : résister

Resistance (French) (US) : Résistance (la) (Hist.)

resistance (GB, US, OTAN) : résistance

resistance (movement) (GB) : résistance (organisation de lutte contre l'occupant)

resistance (US) : résistance (GE)

resistance fighter (US) : résistant (mouvement de résistance) (nom)

resistance forces (US) : forces de résistance

resistance group (US) : groupe de résistance (à un gouvernement)

resistance movement (US) : mouvement de résistance

resistance network (US) : réseau de résistance

resistance organization (US) : organisation de résistance

resistance to interrogation (RTI) (US) : résistance à l'interrogation (PERS)

resolute (US) : déterminé (résolu)

resolution (CA) : solution

resolution (UN) (US, OTAN) : résolution (des Nations-Unies)

resolution (US) : résolution (image / imagerie)

resolution of conflicts (US) : résolution des conflits

resolution of disputes (OTAN, US) : résolution des différends (ou des litiges)

resolve (GB) : détermination (résolution)

resolve (OTAN) : résolution (détermination) (PERS)

resolve (US) : régler (résoudre) (conflit / crise)

resolved (US, OTAN) : déterminé (résolu)

resort (US, UN) : recours

resort to (US) : recourir à (avoir recours à)

resource (US, OTAN) : moyen (ressource)

resourcefulness (US) : ressource (ou débrouillardise) (PERS)

resources (US) : ressources (moyens)

resources (US) : ressources (pays)

respect (US) : respect (accord / dispositions / droit)

respect (US) : respecter (loi / règles d'engagement)

respect (US, GB) : respect (PERS)

respect (US, GB) : respecter

respect for human rights (OTAN) : respect des droits de l'homme

respectful of (GB) : respectueux de

respective (OTAN) : respectif

respectively (US) : respectivement (énumération)

respirator (GB) : appareil normal de protection (ANP)

respirator (GB) : masque à gaz

respirator (GB) : masque de protection (NBC)

respond (US) : riposter (tirs / attaque)

respond to (CA) : s'acquitter de

respond to (US) : faire face à (défi / menace / crise)

respond to (US) : réagir à

response (OTAN) : réponse (réaction)

response (UN) : réplique (riposte ou réaction)

response (UN, GB, OTAN) : réaction

response (US) : riposte (TAC)

response capability (US) : capacité de riposte (force)

response option (US) : option de riposte (ou de réaction)

response time (OTAN) : temps de réponse à une demande de renseignement (RENS)

response time (US) : délai d'intervention

responsibilities (GB) : attributions

responsibility (OTAN) : autorité (responsabilité)

responsibility (US, GB, OTAN) : responsabilité

responsible (for) (US) : responsable (de) (PERS)

responsible (US) : responsable (adjectif)

responsible to : responsable devant

responsive (US) : réactif (force / système)

responsiveness (OTAN) : faculté d'adaptation

responsiveness (US) : capacité de réaction (forces)

responsiveness (US) : réactivité (matériel / force / structure de commandement)

rest : se reposer

rest ! (US, OTAN) : repos ! (ART)

rest (GB, US) : reste

rest (US) : mettre au repos (forces)

rest (US, OTAN) : repos (PERS)

rest and recreation (R & R) (US) : quartier libre (QL)

rest and recuperation (R and R) (GB) : quartier libre (QL)

rest of the world (ROW) (GB) : reste du monde (REMONDE) (division fonctionnelle)

rest with (US) : ressort de (être du)

restart (GB) : recommencer

restart (GB, OTAN) : reprendre (recommencer)

restate (US) : reformuler

rested (US) : reposé (PERS)

restitution (US, OTAN) : restitution (interprétation photo)

restlessness (US) : agitation (blessé) (SAN)

restoration (OTAN) : rétablissement (de la communication) (TRANS)

restore (a line) (GB) : rétablir (ligne) (TAC)

restore (GB) : restituer (rendre)

restore (OTAN) : restaurer (rétablir)

restore (US, GB, OTAN) : rétablir

restore to a serviceable condition (US) : remettre en état (matériel)

restrain (US) : limiter

restraint (OTAN) : modération (retenue) (PERS)

restraint (US) : restriction

restraint (US) : retenue (PERS / force)

restrict (GB) : restreindre (ou limiter) (mouvement / manœuvre) (TAC)

restrict (GB, US) : entraver (gêner / contrarier) (TAC)

restrict (OTAN) : limiter

restrict (US) : gêner (TAC)

restricted (GB) : limité (accès)

restricted (ou limited) resources (ou means ou assets) : économie de moyens

restricted (R) (GB, US) : diffusion restreinte (mention de protection)

restricted (terrain) : restreint (terrain)

restricted (US) : avec restrictions

restricted (US) : difficile (terrain)

restricted (US, GB) : réglementé (zone)

restricted area : zone protégée (protection du matériel / du secret des recherches)

restricted area (OTAN, UN) : zone réglementée

restriction (GB, OTAN) : restriction

restriction (OTAN) : exception

restrictive (terrain) : entravé (terrain)

restrictive control (GB) : contrôle restrictif

restrictive fire plan (OTAN) : plan de tir restrictif

restrictive terrain (US) : terrain à mobilité réduite

restructure (GB, OTAN) : restructurer

restructuring (US) : refondation (ou refonte) (armée de terre)

restructuring (US, GB, OTAN) : restructuration

restructuring plan (Jane's) : plan de restructuration (armée)

restudy (US) : réétudier

result (OTAN) : considération

result (OTAN, GB, US) : résultat

result from (US) : provenir de

result in (OTAN) : plonger (sens figuré)

result in (US) : aboutir à

result in (US) : avoir pour conséquence de

resume (US) : reprendre (recommencer)

resumé (US) : résumé

résumé (US) : C.V. (curriculum-vitae)

resumption (US) : reprise

resupply : ravitaillement

resupply (munitions / réserves) (GB) : recomplètement

resupply (OTAN) : recompléter

resupply (OTAN, US, UEO) : réapprovisionnement

resupply (US) : réapprovisionner

resupply (US, GB) : ravitaillement (zone géographique)

resupply capability (UEO) : capacité d'approvisionnement

resupply vehicle (US) : véhicule de réapprovisionnement (de recomplètement ou de ravitaillement) en munitions

resupply vehicle (US) : véhicule ravitailleur (munitions)

resupply with ammunition (GB) : ravitailler en munitions (véhicule / aéronef)

resurface (US) : refaire surface (sous-marin)

resuscitation : réanimation (SAN)

Ret. (US) : (ER) (en retraite) (PERS)

retain : tenir (TAC)

retain (GB) : conserver (terrain) (TAC)

retain (GB) : préserver

retain (US) : conserver (liberté d'action / initiative) (TAC)

retain (US) : retenir (dans l'armée) (ou fidéliser) (PERS)

retain (US, GB) : conserver

retake (objectif / zone / col) (US, OTAN) : reprendre (reconquérir / s'emparer à nouveau de) (TAC)

retaliate (UN) : riposter (tirs / attaque)

retaliate against : se venger de (ou user de représailles contre)

retaliation (UN) : riposte (TAC)

retaliation (UN, GB) : représailles

retaliation (US, GB) : rétorsion (ou représailles)

retaliatory capability : capacité de riposte (STRAT)

retaliatory fire : tir de représailles

retaliatory strike : attaque de représailles

retard (US) : retarder

retention (personnel) (US, GB) : conservation (ou fidélisation) (des personnels)

retention (UN) : maintien en service (ou fidélisation) (PERS)

retention (US) : conservation (objectif / initiative)

retention (US) : fidélisation (personnels)

retention (US, GB) : maintien

retention (US, GB) : rétention (ou fidélisation) (PERS)

retention of ground (GB) : conservation du terrain (TAC)

retention of terrain (US, OTAN) : conservation du terrain (TAC)

rethink (GB) : réévaluation

rethink (Jane's) : repenser

reticle (US, OTAN) : réticule

retire : partir en retraite (PERS)

retire : se replier (TAC)

retire (US) : prendre la retraite (PERS)

retire (US) : se retirer (force) (TAC)

retire (US, GB) : se retirer (prendre sa retraite) (PERS)

retired : retraite (en) (PERS)

retired (OTAN) : dégagé des cadres (PERS)

retired officer (RO) (US, GB) : officier en retraite

retired pay (US) : retraite (pension)

retired personnel (US) : personnel(s) en retraite

retired serviceman (GB) : ancien combattant (3 armées)

retired serviceman (GB) : ancien militaire d'active

retiree (US) : retraité

retirement (GB, OTAN) : repli (TAC)

retirement (OTAN) : retrait (TAC)

retirement (US) : départ en retraite

retirement (US) : retraite (fin d'activité professionnelle) (PERS)

retirement pension (GB) : pension (de retraite)

retitle (GB) : rebaptiser

retraction (OTAN) : retrait (engins de débarquement sur plage)

retrain : reconvertir (se)

retraining (OTAN) : réadaptation (unités)

retraining (OTAN) : reconversion (professionnelle) (PERS)

retransmit (OTAN) : retransmettre (TRANS)

retreat : reculer (TAC)

retreat (US) : battre en retraite

retreat (US) : retraite (cérémonie)

Retreat (US) : sonnerie du soir

retreat (US, GB) : retraite (TAC)

retrofit : moderniser (ou monter en rattrapage) (matériel)

retrofit : modification a posteriori (matériel)

retrofit : modifier a posteriori (matériel)

retrofit (UN) : rattrapage (en) (montage) (matériel)

retrofit (US) : monter en rattrapage (ou rétrospectivement) (matériel)

retrofit kit (US, GB) : lot de rattrapage

retrofitted : modernisé (matériel)

retrograde (matériels) (US) : rapatriement

retrograde (operation) (US) : manœuvre en retraite

retrograde (US) : retraite (manœuvre en)

retrograde operation : retraite (manœuvre en)

retrograde operations : repli (opérations de)

retrograde operations (US) : opérations de retraite

return (CA) : rendre (salut / territoire)

return (GB) : renvoyer

return (GB, OTAN) : revenir (retourner)

return (Jane's) : rapatrier

return (OTAN) : écho

return (OTAN) : rentrer (réfugiés)

return (OTAN) : retour (réfugiés)

return (US, GB) : rentrer

return (US, GB) : retourner

return (US, GB, OTAN) : retour

return fire (US) : riposter (tirs / attaque)

return of fire (OTAN) : riposte (TAC)

return of fire (OTAN) : tir de riposte

return somebody's fire : riposter (tirs / attaque)

return to (US) : revenir à

return to base (GB) : rentrer à la base (force)

return to base (GB) : retourner à la base (aéronef)

return to base (US) : rejoindre sa base (aéronef)

return to duty (RTD) : bon pour le service (PERS) (SAN)

return to duty (RTD) : bon pour le service (SAN)

return to normalcy (CA) : vie de la cité (rétablissement de la)

return to normalcy (US) : rétablissement de la vie de la cité

return to normalcy (US) : retour à la normalité (ou à la vie de la cité)

return to one's home (OTAN) : regagner son foyer (réfugié)

return to service (US, OTAN) : remettre en service (matériel endommagé)

return to their homes (OTAN) : rentrer chez eux (réfugiés)

return under the authority of (US, GB) : revenir sous l'autorité de (élément)

returned (OTAN) : reversé (force)

returned to unit (RTU) (GB) : renvoyé dans son unité (d'origine) (PERS)

re-up (US) : rempiler (engagé)

reusable (US) : réutilisable

reuse (OTAN) : réutilisation (matériel)

rev (up) (US) : s'emballer (moteur)

revamp (GB) : réorganiser

revamp (Jane's, GB) : réorganisation

reveal (US) : révéler

reveal (US) : trahir

reveille (GB) : heure du réveil (troupes)

reveille (US) : réveil (cérémonie)

Reveille (US) : sonnerie du matin

reverse : revers (TAC)

reverse (GB) : renverser

reverse (OTAN) : faire cesser

reverse (UN) : inverser

reverse arms (GB) : canon bas ! (funérailles)

reverse arms (GB) : mettre l'arme canon bas (funérailles)

reverse gear (Jane's) : inverseur (rapport arrière) (mécanique)

reverse slope (US, GB, OTAN) : contre-pente

reversibility : réversibilité

reversible (US) : réversible (mesures)

revert to (US) : repasser

revert to (US) : revenir à

revet (GB) : revêtir (tranchées / fortifications)

review : bilan (sens figuré)

review (GB) : revue

review (Jane's) : passer en revue (examiner attentivement)

review (OTAN) : dresser

review (troops) (GB) : passer en revue (troupes)

review (UEO) : examen (sens figuré)

review (US) : audit (des forces) (réexamen)

review (US, GB, OTAN) : revoir (réexaminer) (question)

review conference (UN) : conférence-bilan

reviewing stand (US) : tribune d'honneur (défilé de troupes)

revised (US) : remanié (concept)

revision (US) : révision (plan)

revisit (OTAN) : revoir (réexaminer) (question)

revitalise (a commitment) (OTAN) : redonner vie à (engagement)

revitalization (US) : réhabilitation (immobilier)

revolt (GB) : révolte

revolt (GB) : se révolter

revolution (GB, US, OTAN) : révolution (sens propre et figuré)

revolution in business affairs (RBA) (US) : révolution dans les affaires commerciales (la) (acquisitions)

revolution in military affairs (RMA) (US) : révolution dans les affaires militaires (la)

revolution in military logistics (RML) (US) : révolution dans la logistique militaire (la)

revolutionary (Jane's, US) : révolutionnaire (matériel / groupe)

revolutionary (US, GB) : révolutionnaire (nom)

revolutionary war (GB) : guerre révolutionnaire

revolutionize (US) : révolutionner

revolutions-per-minute (rpm) : tours-minute (tr/mn)

revolve : pivoter (tourelle)

revolver (GB, US) : révolver

revolving : pivotant

revolving gun : canon rotatif

reward (financial) (US) : rétribution (financière) (agent) (RENS)

reward (US) : récompense

reward (US) : récompenser

rewarding (US) : gratifiant

rewrite (US) : réécrire

ribbon (service) (GB, US) : ruban (décoration)

ribbon bridge : pont "ruban"

ribbon cutting (OTAN) : inauguration

ricasso : mentonnet

rich in (US) : riche de

richness (GB) : richesse

ricochet (GB) : ricochet

ricochet (GB, US) : ricocher

rid of (CA) : débarasser de

riddled with (GB) : criblé de

ride (GB) : allée cavalière

ride (GB) : circuler (PERS)

ride (GB) : monter à cheval

rider (GB) : cavalier (homme à cheval)

ridge (OTAN) : ligne de hauteurs

ridge (US, GB) : crête (ou arête) (TOPO)

ridge line (US) : ligne de crête

riding master (GB) : maître d'équitation

rifle : carabine

rifle (GB) : rayer (âme d'une arme à feu)

rifle (US, GB) : fusil

rifle bore cleaner (RBC) (US) : écouvillon

rifle bullet : balle de fusil (ou de carabine)

rifle butt (GB) : crosse de fusil

rifle company (GB) : compagnie de combat (INF)

rifle company (GB) : compagnie de combat (RIB sur VAB)

rifle company (GB) : compagnie d'infanterie

rifle company (US) : compagnie de combat (RI-MECA)

rifle company (US) : compagnie mécanisée

rifle fire team (US) : équipe de grenadiers-voltigeurs

rifle grenade (GB, US) : grenade à fusil

rifle platoon (US) : section de combat (RIMECA)

rifle range (US) : champ de tir (pratique du tir sur armes de poing)

rifle squad fire team leader (US) : chef d'équipe (infanterie)

rifled (gun / cannon) (US) : rayé (canon)

rifled gun : canon rayé

rifle section (GB) : groupe de combat (INF)

rifle sling (US, GB) : bretelle (de fusil)

rifle squad (US) : groupe de combat (INF)

rifleman (GB) : fantassin

rifleman (GB, US) : grenadier-voltigeur (GV) (ou fantassin)

rifling : rainures (ou rayures) (arme de poing)

rifling (GB) : rayage (âme d'arme à feu)

rig (a parachute) : plier (parachute)

rigger : arrimeur-largueur (TAP)

rigging (GB) : gréement (parachute)

rigging company (US) : compagnie technique (BOMAP)

rigging lines : suspentes (TAP)

right (GB) : droit (adjectif)

right (US) : bon (moment / endroit)

right (US) : droite (nom)

right (US, GB) : droit (prérogative)

right dress ! (GB) : à droite alignement ! (commandement)

right elevating handwheel : manivelle de pointage en hauteur (obusier)

right from : dès (temporel)

right hand man (GB) : bras droit (PERS)

right of self-defense (US) : droit de légitime défense (PERS)

right to strike (GB) : droit de grève (PERS)

right to submit a redress (GB) : droit de recours (PERS)

right trail : crosse droite (obusier)

right-hand (US) : droite (nom)

right-handed : droitier (PERS)

rights (OTAN, US) : droits (prérogatives)

rigidly (GB) : impeccable

rigorous (US) : rigoureux (entraînement)

rigors (US) : rigueurs

rim : bordure (cartouche)

rim : jante (roue)

rim (US) : limitrophe

ring out (GB) : retentir

ring road (GB) : périphérique (rocade)

riot (GB) : émeute

riot control (US, GB) : lutte antiémeute

riot control agent (RCA) (US, UN) : agent antiémeutes (ou de lutte antiémeute)

riot control training (Jane's) : entraînement à la lutte antiémeutes

riot dispersal (GB) : dispersion (d'émeutes)

riot gun (US) : fusil antiémeutes

riot police (GB) : forces de l'ordre (manifestation)

riot(-)shield (GB) : bouclier antiémeutes (GEND)

riot-control agent (US, GB) : produit actif utilisé pour le maintien de l'ordre

rioter (GB) : émeutier

rip through (US) : souffler

rip(-)cord (US, GB) : poignée d'ouverture automatique (TAP)

ripple (US) : salve

rise (US) : montée

rise from the ranks : sortir du rang (PERS)

rise in pay (Jane's) : augmentation (ou supplément) de solde

rise to (GB) : s'élever à (atteindre) (grade)

risers (US) : élévateurs (parachute)

rising tide (OTAN) : montée

risk (GB, US, OTAN) : risque

risk (US) : danger

risk (US) : risquer

risk (US, GB) : péril

risk analysis (US) : analyse des riques (ou du risque)

risk assessment (US) : évaluation des risques

risk factor (US) : facteur de risque

risk of conflict (GB) : risque de conflit(s)

risk-sharing (US) : partage des risques

risky (GB) : risqué

rivalry (GB, US) : rivalité

river (CA) : rivière

river (OTAN, CA) : fleuve

river bed (US) : lit de rivière

river crossing (operation) (US) : franchissement (coupure) (TAC)

river crossing means (US) : moyens de franchissement

river patrol (GB) : patrouille fluviale

river-crossing ability : aptitude au franchissement

river-crossing equipment : matériel de franchissement

river-crossing site (US) : site de franchissement

river-crossing support : aide au franchisssement

river-crossing techniques (GB) : techniques de franchissement (TAC)

RMP officer (GB) (RMP = Royal Military Police) : officier de police militaire

road (US) : axe routier

road (US, GB) : route

road accident (US) : accident de la route

road block (OTAN, US, GB) : barrage routier (AT / GEND)

road clearance time (US, OTAN) : durée d'encombrement (circulation)

road conditions (US) : état des routes

road convoy (US) : convoi routier (ou par la route)

road hazard sign (OTAN) : signal de danger routier

road hazard sign (US, GB) : panneau de danger (routier)

road movement (US) : déplacement par voie routière

road movement (US) : mouvement par voie routière

road movements (US, GB) : mouvements terrestres (sur itinéraire)

road net (US) : réseau routier

road network (US) : réseau routier

road roller : compacteur (engin) (GEN)

road space (OTAN) : longueur de colonne (itinéraire)

road speed (US) : vitesse sur route (véhicule blindé)

road time (US) : durée de trajet (déplacement terrestre)

road traffic patrol : patrouille de circulation

road wheel (CFE, US, Jane's) : galet de roulement

roadblock (GB) : chicane

roadblock (OTAN, US, GB) : barrage routier (AT / GEND)

road-mobile missile (UN) : missile à roulettes

road-mobile missile (UN) : missile mobile sur camions

road-mobile missile (UN) : missile monté sur véhicule routier

roadside bomb : piège latéral à effet dirigé

roadsigning (US) : fléchage (itinéraire)

roadway (US, OTAN) : chaussée

roar (US) : vrombissement

robot (Jane's) : robot

robotics (US) : robotique

robust (GB) : solide (matériel)

robust (mentally) (GB) : solide (mentalement) (PERS)

rock (GB) : roche

rock (GB) : rocher

rocket (US, GB) : fusée

rocket (US, OTAN, GB) : roquette

rocket assisted projectile (RAP) (GB, US) : obus assisté (ou projectile à fusée) (canon automoteur)

rocket attack (GB) : attaque à la roquette

rocket launcher : lance-patates

rocket launcher (R/L) (US, GB, OTAN) : lance-roquettes

rocket motor (Jane's) : moteur-fusée

rocket motor (Jane's) : propulseur (missile / roquette)

rocket pod (US) : panier lanceur (LRM)

rocket pod container (GB) : panier lanceur (LRM)

rocket system (OTAN) : système de roquettes

rocky (GB) : rocailleux

rocky (US) : rocheux (terrain)

roger ! : bien reçu ! (TRANS)

roger ! (US) : reçu ! (procédure radio)

roger out ! (US) : reçu terminé ! (procédure radio)

roger so far ! (US) : reçu jusque là ! (procédure radio)

roger that (US) : bien reçu ! (bien compris ou reçu 5 sur 5)

roger that (US) : reçu ! (oral)

roger, out ! : bien reçu, terminé ! (TRANS)

Roland 2 upgrade (Jane's) : ROLAND 2

ROLAND air defence missile system : ROLAND (missile sol-air)

ROLAND air-defence system (Jane's) : ROLAND (missile sol-air)

ROLAND short-range surface-to-air missile (SAM) (GB) : ROLAND (missile sol-air)

role : fonction

role (GB) : mission

role (GB) : vocation

role (Jane's) : fonction (mission) (d'un véhicule / matériel)

role (US) : métier (force / unité)

role (US, GB) : spécialité (unité)

role (US, GB) : vocation (d'une force)

role (US, GB, OTAN, CA) : rôle

role number (OTAN) : échelon (numéro caractéristique) (formation sanitaire)

role number (OTAN) : numéro caractéristique (échelon) (formation sanitaire)

role playing (GB, US) : jeu de rôle (formation)

role-play (US) : jeu de rôle (formation)

roll (GB) : rouler

roll (OTAN) : roulis (aéronef)

roll down (GB) : se renverser (véhicule)

roll off (OTAN) : sortir (hélicoptère d'un avion de transport)

roll up (GB) : rabattre (TAC)

roll up (GB) : rouler (sac de couchage)

roll-call (GB) : appel nominal

rolling (OTAN) : évolutif (liste d'objectifs)

roll-on / roll-off (RO/RO) (OTAN) : roulier (ou navire roulier de commerce)

roof (Jane's) : toit (véhicule blindé)

roof (US) : toit (sens figuré)

roof armament : armement de toit (véhicule blindé)

roof hatch (GB, Jane's) : trappe de toit (véhicule blindé)

roof-mounted (Jane's) : superstructure (en)

room (US) : place

room for error (AUST) : marge d'erreur

room for manoeuvre : espace de manœuvre (TAC)

room inspection (US) : inspection des chambr(é)es

root (US, CA) : racine (conflit)

rope (US, GB) : corde
rope ladder (US) : échelle de corde
rope-climb (US) : grimper (à la corde)
rope-climbing (US, GB) : grimper (à la corde) (type d'épreuve)
rosette (GB) : rosette
roster (GB) : liste
rosy (US) : idyllique
rotary wing elementary flying training (GB) : formation de base (au pilotage) "hélicoptère" (ALAT)
rotary-wing aircraft (UN) : aéronef à voilure tournante
rotary-wing aircraft (UN) : hélicoptère
rotate (GB) : tourner (moteur)
rotate (GB, US) : faire tourner (unités / postes)
rotate (US, GB) : tourner (PERS / unité)
rotating (US) : pivotant
rotating (US) (unité) : tournant (poste / emploi / unité)
rotating shield : circulaire bouclier (véhicule blindé)
rotation : rotation (chargement / déchargement / ravitaillement) (véhicules / aéronefs)
rotation (OTAN) : remplacement (rotation) (unités)
rotation (OTAN) : rotation
rotation (OTAN) : rotation (stocks)
rotation (US) : rotation
rotational (OTAN) : tournant (poste / emploi / unité)
rotational post (US, GB) : poste tournant (PERS)
rote (US) : cœur (sens figuré)
rotor governing mode (OTAN) : contrôle automatique de la vitesse de rotor (hélicoptère)
rough (ground / terrain) (GB, US) : accidenté (terrain)
roughly : grosso modo
roughly (US) : à peu près
roughly (US) : environ
roulement (GB) : rotation
roulement (GB) : tournant (poste / emploi / unité)
roulement (GB) : "tournante" (système de rotation des forces)
roulement unit (GB) : unité tournante (par séjours de plusieurs mois)
round : autour de
round : pruneau (obus)
round (of ammunition) (US) : munition
round (of ammunition) (US, GB, OTAN) : coup (munition)
round (OTAN), stage (Jane's) : phase (processus / expérimentation)
round (UN) : cartouche
round (US) : munition complète (tube et missile)
round (US) : projectile (mortier)
-round (US) : tout
round (US, GB) : obus

round out (GB) : parachever
round out (US) : compléter (force)
round per gun (rpg) : coup par pièce
round per minute (US) : coup / minute (cadence de tir)
round up (prisoners) (GB) : rassembler (prisonniers)
roundout (OTAN) : arrondi (aéronef)
rounds / minute : coups / minute (ART)
rounds complete ! (US, OTAN) : tir terminé ! (ART)
rout (GB) : débâcle
rout (GB) : débandade
rout (GB) : mettre en déroute
rout (US, GB) : déroute
route (US) : trajet
route (US, GB) : itinéraire
route capacity (OTAN) : capacité d'itinéraire
route classification (OTAN) : classification d'itinéraire
route clearance (GB) : dégagement d'itinéraires
route defence : défense d'itinéraire
route denial : interdiction d'itinéraire
route improvement (US) : valorisation des itinéraires
route march (GB) : marche d'entraînement (physique) (longue distance)
route marking : balisage d'itinéraire (circulation)
route of advance (US) : itinéraire de progression
route of withdrawal (US) : itinéraire de repli
route recce (GB) : reconnaissance d'itinéraire
route reconnaissance (US, OTAN) : reconnaissance d'itinéraire
route signing : balisage d'itinéraire (circulation)
routes : accès (voies d')
routine : routine (transmission radio)
routine (CFE) : habituel (régulier)
routine (GB) : d'usage (procédure)
routine (GB) : missions habituelles
routine (OTAN) : ordinaire (adjectif)
routine (OTAN) : routine (de)
routine (UN) : régulier
routine (UN, GB) : courant (habituel)
routine activity (GB) : vie courante
routine activity (OTAN) : activité de routine
routine check (GB) : contrôle de routine
routine maintenance (US, GB) : entretien courant
routine procedure (GB) : procédure habituelle
routinely (CFE) : habituellement (régulièrement)
routines (US) : occupations (activités)
routing (OTAN) : acheminement
routing (OTAN) : routage (acheminement)
Rover (GB) : véhicule de commandement
roving (US) : nomade
row marker (OTAN) : marqueur d'extrémité de rangée (guerre des mines)
Royal Army Chaplains Department (RAChD) (GB) : aumônerie

Royal Army Medical Corps (RAMC) : service de santé (armée de terre)

Royal Army Pay Corps (GB) : Trésor(erie aux armées)

Royal Army Veterinary Corps (RAVC) (GB) : vétérinaire (service) (armée de terre)

Royal College of Defence Studies (RCDS) (Londres) (équivalent GB) : Institut des Hautes Études de Défense Nationale (IHEDN)

Royal Corps of Signals (R Signals) (GB) : Transmissions (arme)

Royal Corps of Transport (RCT) : Train (arme)

Royal Engineers (= RE) field regiment (GB) : régiment du génie (RG)

Royal Marines (RM) (GB) : fusiliers marins commandos

Royal Marines (RM) (proche équivalent GB) : commandos-Marine (fusilier marins commandos)

rub (familier) (US) : ennui (difficulté)

rubber boat : canot pneumatique

rubber bullet (GB) : balle en caoutchouc (ou caoutchoutée)

rubber raft (US) : canot pneumatique

rubbish ! (GB) : pipeau ! (terme familier)

rubble : gravats

rucksack (US, GB) : sac à dos

rucksack and load system (US) : sac à dos

rudder : gouverne (missile)

ruffle (US) : ra (tambour)

rugged : accidenté (terrain)

rugged (US) : robuste (équipement)

rugged (US) : rustique (matériel / entraînement)

ruggedize : renforcer (ou robustifier) (matériel)

ruggedize : robustifier (matériel)

ruggedize (US) : durcir (ou renforcer) (matériel)

ruggedized : durci (renforcé) (ordinateur tactique)

ruggedness (GB) : rusticité (matériel / entraînement)

ruin (US) : ruiner

ruins (US) : ruines

rule (US, GB, UN) : règle

rule of law (GB) : autorité de la loi (primauté du droit / état de droit)

rule of law (OTAN) : état de droit

rule of law (OTAN) : primauté du droit (la) (état de droit)

rule of law (OTAN) : règne du droit (le)

rule of procedure (CFE) : règle de procédure

rule out (Jane's) : exclure

rules (US) : règlement (règles)

rules (US) : règlement militaire (armée de terre)

rules of behaviour : règles de comportement

rules of engagement (ROE) (US, OTAN) : règles d'engagement

rules of security (GB) : règles de sécurité (PERS)

rumor (US) ou rumour (GB) : rumeur(s)

run (a course) (GB) : organiser (stage)

run (a risk) (GB) : courir (risque)

run (GB) : administrer (armée)

run (GB) : courir (PERS)

run (GB) : diriger (conduire / commander)

run (GB) : gérer (armée)

run (GB) : se dérouler (événements / combats / exercice / opération)

run (Jane's) : rouler

run (OTAN) : dirigé (opération)

run (OTAN) : passage (action de passer)

run (OTAN) : roulement (aéronefs)

run (US) : commander

run (US) : contrôler (agent / réseau) (RENS)

run (US) : terme (échéance)

run (US, GB) : course (épreuve sportive)

run into (OTAN) : heurter à (se)

run into (OTAN) : pénétrer

run into (US) : se heurter à (ennemi / positions)

run low (GB) : diminuer

run out (GB) : plat (à) (usé)

run out (US, GB) : tomber

run out of : manquer de

run through (US) : traverser

run up against (GB) : se heurter à (ennemi / positions)

rundown (GB, US) : topo (exposé sommaire) (terme familier)

runner (GB) : estafette (message oral)

running (GB) : course à pied (activité)

running gear : train de roulement

running shoes (US) : chaussures de course (EPS)

runway (OTAN) : piste (aérodrome)

rupture (US) : enfoncer (TAC)

rupture (US) : rupture (TAC)

ruse (GB) : stratagème

ruse (GB) : subterfuge

ruse (US) : ruse (TAC / RENS)

rush (GB) : assaut soudain

rush (GB) : bondir à l'assaut de

rush (GB) : foncer

rust (GB) : rouille

rust (GB) : rouiller

rusty (GB) : rouillé

rut (GB) : ornière

ruthlessly (US) : impitoyablement

ruthlessness (US) : brutalité (RENS)

S

S3 (the) (US) (S = Staff - 3 = Operations and Training) : chef du bureau opérations-instructions (BOI)

sabot (US, OTAN) : sabot (projectile)

sabotage : saboter

sabotage (US) : action de sabotage (forces spéciales / RENS) sabotage (US, GB, OTAN) : sabotage

sabotage activities (US) : activités de sabotage

sabotage attack (US) : action de sabotage (forces spéciales / RENS)

sabotage balloon (US) : ballon de sabotage (Hist.)

sabotage campaign (US) : campagne de sabotage

sabotage method (US) : méthode de sabotage (RENS)

sabotage operation (US) : action de sabotage (forces spéciales / RENS)

sabotage operation (US) : opération de sabotage

sabotage team (US) : équipe de sabotage (RENS)

sabotage unit (US) : unité de sabotage

saboteur (US) : saboteur

sabre squadron (GB) : escadron de combat (RC)

sabre squadron (GB) : escadron de chars

sabre-rattling (GB) : bruits de sabre (ou menaces de guerre)

sabretache (GB) : sabretache

SACEUR (Supreme Allied Commander Europe) (OTAN) : SACEUR (commandant suprême des forces alliées en Europe) (OTAN)

SACEUR exercise (SACEUREX) (OTAN) : exercice du SACEUR

sacred (GB) : sacré

sacrifice (US) : sacrifice

sacrifice (US) : sacrifier

sacrifice (US) : sacrifier (agent) (RENS)

saddle : sangle fessière (TAP)

saddle (US) : col (TOPO)

saddled with (US) : responsable (de) (PERS)

safe (GB) : désamorcé (charge explosive)

safe (GB) : en sécurité (PERS)

safe (US) : sans danger

safe (US, GB) : coffre (objets ou documents précieux)

safe (US, OTAN) : sûr (en sécurité)

safe area (OTAN) : zone de sécurité

safe burst height (US, GB) : hauteur d'éclatement de sécurité (NUC)

safe conduct (GB) : sauf-conduit

safe conduct (US) : laissez-passer

safe distance (UN) : distance de sécurité

safe from enemy attack (US, GB) : non menacé par l'ennemi (zone)

safe from harm (GB) : à l'abri du danger (PERS)

safe haven (OTAN) : zone sanctuaire

safe house (US) : planque (d'un service de renseignement) (RENS)

safe humanitarian area : zone humanitaire sûre (ZHS)

safeguard (GB) : protéger

safeguard (US) : protection (RENS)

safety : cran de sûreté (pistolet automatique / fusil automatique)

safety : poussoir de sûreté (fusil / carabine)

safety (US) : aide-largueur (TAP)

safety (US, OTAN) : sécurité (ou sûreté) (physique) (PERS : individus)

safety and arming mechanism (OTAN) : dispositif de sécurité et d'armement (charge)

safety area : zone de sécurité (action des forces amies autres que de combat / opérations humanitaires)

safety cap : capuchon de sûreté (grenade à main)

safety catch (GB) : cran de sûreté (pistolet automatique / fusil automatique)

safety distance (OTAN) : distance de sécurité (entre véhicules) (circulation)

safety fuze (OTAN) : mèche lente

safety lever : cran de sûreté (pistolet automatique / fusil automatique)

safety lever : cuillère (grenade)

safety of individuals (OTAN) : sûreté des personnes

safety of the individual (OTAN) : sûreté des personnes

safety of the state (US) : sûreté de l'État

safety operation : opération de sécurité (évacuation de ressortissants / préservation de zone sensible)

safety pin : goupille (grenade)

safety pin (OTAN) : goupille de sécurité (fusée)

safety regulations (OTAN) : règles de sécurité (PERS)

safety requirements (OTAN) : impératifs de sécurité

safety zone (OTAN) : zone de sécurité

Saharan : saharien

sailor : rameur (marin) (terme familier)

sailor (US) : mataf (marin)

Saint-Cyr (Military Academy) cadet (GB) : saint-cyrien

Saint-Cyr military academy (GB) : école spéciale militaire de Saint-Cyr (ESM)

Saint-Cyr Military Academy (GB) : Saint-Cyr (École Spéciale Militaire de) (ESM)

sale (US, GB, UN) : vente (armes / matériels)

salient : saillant (TOPO)

SALUTE (Size, Activity, Location, Unit, Time and Equipment) report (US) : compte-rendu de reconnaissance visuelle (sur l'ennemi)

salute (US) : faire le salut (PERS)

salute (US) : saluer (PERS)

salute (US) : salut (militaire)

salute (US) : salve

saluting (US) : salut (action de saluer)

saluting base (GB) : estrade d'honneur (défilé)

salvage (OTAN) : matériel récupéré

salvage (OTAN) : récupération (matériels) (pour réparation à l'arrière et réutilisation)

salvage (OTAN) : récupérer

salvage collecting point (US) : îlot de réception des matériels hors-service pour récupération

salvo (US, OTAN, GB) : salve

Sam Browne (GB) : ceinturon en cuir

same (US) : identique
same (US, GB) : même
same mission : idem (mission)
SAMP/T surface-to-air medium range missile (Jane's) : SAMP/T (Sol-Air Moyenne Portée / Terre)
sample (UN) : échantillon
sample (US) : exemple
sampling (CFE) : recueil d'échantillons (NBC)
sampling team (UN) : équipe d'échantillonneurs (ou chargée des prélèvements)
sanction (US) : sanctionner
sanction (US, GB) : sanction
sanctuary (GB) : sanctuaire (refuge)
sanctuary (US) : refuge (forces)
sand (US) : sable
sand bar (GB) : banc de sable
sand box : caisse à sable (EX)
sand mockup : caisse à sable (EX)
sand table (US) : caisse à sable (EX)
sandbag (GB, US) : sac de sable
sandbank (GB) : banc de sable
sand-coloured (GB) : sable (couleur désert)
sandstorm (GB) : tempête de sable
sandwich : sandwich (de construction)
sangfroid : sang-froid
sanitation : salubrité (SAN)
sanitation (GB) : sanitaires (les) (installations)
sanitation (US) : hygiène
sanitization : filtrage de l'information (destinée à un service de renseignement allié) (RENS)
sanitization (OTAN) : démarquage
sanitize (US) : filtrer (information destinée à un service de renseignement allié) (RENS)
sap (GB) : saper (moral / loyauté / réussite)
sapper : sapeur (GEN)
sarin (UN, GB) : sarin (agent toxique)
SATCOM terminal (GB) : terminal de communications satellitaires
satellite (GB) : satellite (pays)
satellite (GB, US, UN, OTAN) : satellite
satellite (OTAN) : par satellite
satellite (UN) : satellitaire
satellite centre (UEO) : centre satellitaire
satellite communications (SATCOM) : transmissions par satellite (ou satellitaires)
satellite communications (SATCOM) (GB) : transmissions satellitaires (ou par satellite)
satellite communications (SATCOM) (OTAN) : télécommunications par satellite
satellite communications (SATCOM) (US, OTAN) : communications par satellite
satellite communications (SATCOM) radio (US) : radio de communications par satellite
satellite communications system (GB) : système de transmissions satellitaires
satellite communications system (US) : système de communications par satellite

satellite dish (GB) : antenne satellite (ou parabole)
satellite dish (GB, US) : parabole satellite
satellite early warning (OTAN) : détection lointaine par satellite
satellite ground terminal (SGT) (OTAN) : terminal terrien de satellite
satellite image (US) : image satellite (ou image satellitaire)
satellite imagery (UEO) : imagerie satellitaire
satellite intelligence (US) : renseignement satellitaire
satellite photo(graph) (US, GB) : photo satellite (cliché)
satellite program (US) : programme de satellites
satellite radar station (SRS) (OTAN) : station radar de satellite
satellite surveillance (US) : surveillance par satellite
satellite terminal (GB, OTAN) : terminal de satellite (TRANS)
satellite-based sensor (UN) : capteur sur satellite
satisfactorily (US, GB) : satisfaisante (de manière)
satisfactory (US, GB) : satisfaisant
satisfy : conforme à (être)
satisfy (US) : satisfaire
saturate (US) : saturer
saturation (US, UN) : saturation
saturation bombing (UN, GB) : bombardement de (ou à) saturation
save (GB) : économiser (munitions)
save (GB) : libérer (otages)
save (time) : gagner (temps / délais)
save (US) : économiser (argent)
save (US) : sauver
save face (US) : sauver la face
save for (GB) : hormis
savings (GB) : économies
savvy (familier) (US) : comprendre
savvy (US) : piger (comprendre) (familier)
sawn-off (GB) : scié (canon de fusil)
sawn-off shotgun (GB) : carabine à canon scié
sawn-off shotgun (GB) : fusil à canon scié
say again : répéter (procédure radio)
say again ! (US, GB) : répétez ! (procédure radio)
scabbard : étui (baïonnette)
scabbard : fourreau (poignard / sabre)
scabbard (US) : fourreau (ou étui) (baïonnette)
scale (GB) : escalader
scale (GB) : raison
scale (OTAN) : ampleur
scale (OTAN, UN) : ampleur (ou dimension) (exercice)
scale (map) (US, GB) : échelle (carte)
scale (US, GB) : échelle
scale (US, UN, OTAN, CA) : envergure (opération / exercice)
scale : fusée (poignard)

scale back (CA) : réduire (force / armée / format / effectifs)

scale down (CA) : réduire (force / armée / format / effectifs)

scan (GB, OTAN, US) : balayer (radar / photographie / viseur)

scan (OTAN) : balayage (rotation d'antenne)

scan (OTAN) : explorer (ou balayer) (radar)

scandal (US) : scandale

scanning (UN) : balayage (spectre)

scarce (item) (OTAN) : rare (article) (LOG)

scarf (US) : écharpe (forces spéciales)

scarper (familier) (GB) : déguerpir

scatter : disperser (se)

scatter (a convoy) (OTAN) : disperser (convoi)

scatter (GB) : répandre (tracts)

scatter (GB) : se disperser (force / soldats / foule)

scatter (OTAN) : éparpillement

scatter (US) : disperser (mines)

scatterable (UN, US) : dispersable

scatterable antitank mine : mine antichar dispersable (MI AC DIS)

scatterable mine : mine dispersable

scatterable mine delivery system (US) : disperseur de mines terrestres

scenario (US) : thème (exercice / manœuvre)

scenario (US, OTAN) : scénario (exercice / entraînement)

scenario-based (US) : fondé sur des scénarios

scene (GB) : monde (milieu / univers)

scene (US) : lieu

scene (US, GB) : scène

scene of action (OTAN) : lieu de l'action (zone de contact)

scene of action (OTAN) : zone de contact

schedule : horaire

schedule (a convoy) (OTAN) : planifier (convoi)

schedule (OTAN) : mettre sur pied (organiser) (exercice)

schedule (OTAN, US) : prévoir

schedule (US) : échéancier

schedule (US) : emploi du temps (soldat / élève)

schedule (US) : organiser (mettre sur pied) (exercice)

schedule (US) : programme

schedule (US) : programmer (production) (ARMT)

schedule (US) : programmer (mission)

schedule of targets (OTAN) : programme de tir à l'horaire

schedule of targets (US, GB) : programme de tir à l'horaire (ART)

schedule of work (SOW) (OTAN) : calendrier des travaux

scheduled (OTAN) : pré-établi

scheduled (US) : périodique (adjectif)

scheduled (US) : prévu

scheduled fire (OTAN) : tir sur horaire

scheduled target (OTAN) : objectif à battre à l'horaire (ART)

scheduled target (US, OTAN) : tir à l'horaire

scheduling (OTAN) : mise sur pied (organisation) (exercice)

scheme of maneuver (US) : conception de manœuvre (TAC)

scheme of maneuver (US) : plan de manœuvre

scholarship (US) : bourse d'études (PERS)

school : école

school (Jane's) : former (entraîner / instruire)

school (US, GB) : organisme de formation (armée)

school of languages (GB) : école de langues

school of photographic interpretation (GB) : école d'interprétation photo(graphique)

school of photography (GB) : école de photographie

school of thought (Jane's) : école de pensée

school system (US) : chaîne de formation (armée)

school system (US) : système de formation en écoles (armée)

schooling (US) : scolarité

schooling period (US) : période de scolarité (PERS)

science (US) : science

sciences (US) : sciences

scientific adviser (GB) : conseiller scientifique (ministre)

scientific and technical (S&T) intelligence (US) : renseignement scientifique et technique

scissors bridge : pont-ciseau

scoff (GB) : rata (terme familier)

scope (Jane's) : portée (effet / envergure)

scope (UN) : portée (traité)

scope (UN, US) : champ d'application (traité / dispositions / programme / plan)

scope mount base : socle de fixation (lunette de visée / de carabine)

scope ring : collier de fixation (lunette de visée)

scorched earth (GB) : terre brûlée

scorched earth policy (GB) : politique de la terre brûlée

score (GB) : enregistrer

score (US) : score

scout (GB) : reconnaître (TAC)

scout (US) : éclairer (reconnaissance)

scout (US) : éclaireur

scout aircraft (US) : avion de reconnaissance

scout car (US) : véhicule de reconnaissance blindé

scout helicopter (US) : hélicoptère de reconnaissance

scout platoon (battalion) (US) : section d'éclairage (régimentaire)

scout reconnaissance (OTAN) : reconnaissance en véhicule

scout swimmers (Marines) (US) : nageurs de combat (en surface)

scout vehicle (GB) : véhicule de reconnaissance

scout vehicle (UN) : véhicule d'éclairage
scouting (US) : éclairage (TAC)
scramble (GB) : brouiller (message)
scran (GB) : rata (terme familier)
scrap : réformer (matériel)
scrap (Jane's) : abandonner (projet)
scrap (Jane's) : abandonner (abolir) (service national / conscription)
scrap (Jane's) : abolir
scrapping (Jane's) : abandon (service national / conscription)
scrapping (US, GB) : mise au rebut (matériel)
scratch (US) : zéro (sens figuré)
screen : écran de visualisation
screen (GB, OTAN) : sonnette (ou écran / OTAN)
screen (OTAN) : écran-rideau (camouflage)
screen (reconnaissance) (GB) : écran (élément de sûreté) (TAC)
screen (US) : jalonner (TAC)
screen (US, GB) : sélectionner (PERS)
screen force (US, GB, OTAN) : écran (élément de sûreté) (TAC)
screen of vegetation (US) : écran de végétation
screening (GB, US) : sélection (PERS)
screening (operations) (US) : jalonnement (TAC)
screening forces (OTAN) : forces de surveillance (TAC)
scrub (GB) : broussailles (TOPO)
scrubland (GB) : brousse (TOPO)
scuba (US) : scaphandre autonome
scuba gear (US) : équipement de plongée (nageurs de combat)
SDECE (External Documentation and Counter-espionage Service) (US) : SDECE (Service de Documentation Extérieure et de Contre-Espionnage) (Hist.)
sea (US, GB) : mer
sea / ocean terminal (US) : terminal maritime
sea control (US) : maîtrise des mers
sea denial : interdiction de l'espace maritime.
sea level (SL) (US, GB, OTAN) : niveau de la mer
sea operations (US) : opérations maritimes
sea port of debarkation (SPOD) (US) : port d'arrivée (ou de débarquement) (troupes)
sea port of embarkation (SPOE) (US) : port de départ (ou d'embarquement) (troupes)
sea power (GB) : puissance maritime (pays et force)
sea space (US) : espace maritime
sea supremacy (US) : supériorité maritime
sea transport assets (UEO) : moyens de transport maritime
sea trials (US) : essais en mer (navire)
seafloor (US) : fond de la mer
seal (OTAN) : cachet (document)
seal (US) : décider de
seal (US) : fermer

seal off : sceller (fermer hermétiquement un véhicule) (contamination)
seal off (US) : boucler (zone / rue)
sealed (frontière) (GB) : imperméable (adjectif)
sealift operations (US) : opérations de transport maritime
SEALs (= Sea, Air, Land) : forces spéciales de la Marine (USA)
seamless (US) : continu (commandement et contrôle)
seamless (US) : homogène (unité / corps / force)
seaplane (GB) : hydravion
seaport : port (maritime)
seaport (CFE) : port maritime
search (GB) : fouille (habitation / zone / individu)
search (GB) : fouiller
search (of a land area) (US) : ratissage (zone de terrain)
search (OTAN) : recherche
search (OTAN) : ratisser (zone)
search and attack (OTAN) : recherche et attaque
search and rescue (SAR) (OTAN) : recherche et sauvetage (personnel)
search and rescue (SAR) capabilities (UEO) : capacités de recherche et de sauvetage
search and rescue area (GB) : zone de recherche et sauvetage (PERS)
search and rescue region (SRR) (GB) : région de recherche et sauvetage (des personnels)
search engine (US) : moteur de recherche (Internet)
search for (OTAN) : rechercher
search for (signals) (OTAN) : rechercher (signaux) (TRANS)
search for evidence (OTAN) : recherche de preuves (tribunal)
search for innovation (the) (US) : quête d'innovation (la).
search jammer (OTAN) : brouilleur chercheur
search radar (OTAN, US) : radar de veille
search warrant (GB) : mandat de perquisition (GEND / AT)
searching (GB) : recherche
searching fire (US, OTAN) : tir de recherche (ou sur hausses échelonnées)
searchlight : projecteur (sur véhicule) (de grande taille)
seas (US) : eaux
season (GB) : saison
seasoned : aguerri (PERS)
seasoned (GB) : expérimenté (PERS)
seat (GB) : siège
seat (UN) : siège (organisation)
seated (Jane's) : assis
second : deuxième
second : seconde ('') (symbole)
second (US) : affecter provisoirement (détacher) (PERS)

second (US) : détacher (personnels)

second (US, GB) : seconde (mesure de temps)

Second Bureau (US) : Deuxième Bureau (DB) (Hist.)

second career (US) : reconversion (professionnelle) (PERS)

Second Class cadet (US) : bazar (élève-officier de 2ᵉ année à Saint-Cyr)

second echelon (US, GB, OTAN) : deuxième échelon

Second in Command (GB) : adjoint (officier) (régiment)

Second Lieutenant (US) : sous-lieutenant (SLT)

second lieutenant on probation (GB) : aspirant (PERS)

second line (UN) : deuxième ligne

second strike capability (US, OTAN, UN) : capacité de deuxième (ou seconde) frappe (ou capacité de riposte (STRAT)

secondary armament (GB, US) : armement secondaire (char)

secondary armour (GB) : blindage secondaire

secondary effort (US) : effort secondaire (TAC)

secondary link : liaison de desserte (RITA)

secondary military occupational specialty (SMOS) (US) : spécialité secondaire (PERS)

secondary road : D. (route départementale)

secondary surveillance radar (SSR) (OTAN) : radar secondaire de surveillance

second-echelon (US) : deuxième échelon (de) (force)

second-generation (US) : deuxième génération (de) (équipement)

second-hand (US) : d'occasion (équipement)

second-in-command (2IC) (GB) : commandant en second (unité)

second-in-command (2IC) (GB) : second (ou adjoint) (compagnie / escadron / batterie)

secondment (GB) : détachement (auprès d'autres unités / services / armées) (PERS)

secrecy (UN) : protection du secret

secrecy (US) : confidentialité (RENS)

secrecy (US) : secret (confidentialité)

secret : secret (adjectif)

secret (S) (US, GB) : secret-défense (SD) (degré de classification)

secret (US, Jane's) : secret (information cachée)

secret agent (US) : agent secret (RENS)

Secret Army Organization : OAS (l') (Hist.)

secret collection (US) : recherche fermée (RENS)

secret collection (US) : recherche secrète (RENS)

secret opening of mail (US) : ouverture clandestine de courrier (ou de correspondance)

secret operation (US) : opération secrète (RENS)

secret operations (US) : opérations secrètes (RENS)

secret passageway (US) : passage secret (RENS)

secret police (US) : police secrète

secret program (US) : programme secret (RENS)

secret service (GB) : service secret

Secret Service (US Secret Service ou USSS) (équivalent partiel US) : service de protection des hautes personnalités (SPHP)

secret services : services spéciaux (RENS)

secret source (US) : source secrète (RENS)

secret world (US) : ombre (l') (RENS)

secret writing (SW) (US) : écriture secrète (ou écriture à l'encre invisible) (RENS)

secretary : chef de cabinet

secretary (US, GB) : ministre

Secretary General of NATO (OTAN) : secrétaire général de l'OTAN (le)

Secretary of Defence (SECDEF) (OTAN) : ministre de la Défense

Secretary of Defense (SECDEF) (US) : ministre de la Défense

Secretary of State (GB) (19ᵉ siècle) : ministre de la guerre (Hist.)

Secretary of State for Defence (GB) : ministre de la Défense

Secretary of State for War (20ᵉ siècle) (GB) : ministre de la guerre (Hist.)

Secretary of the Army (US) : secrétaire d'État à l'armée de terre (le) (USA)

secretive (US) : impénétrable

secretly (US) : secret (en)

secretly (US) : secrètement

sect (US) : groupe sectaire (ou secte)

sect (US, GB) : secte (ou groupe sectaire)

section (field ambulance) (GB) : section (compagnie médicale)

section (MLRS) (US) : section (artillerie)

section (of route) (OTAN) : tronçon (itinéraire)

section (OTAN) : section (branche d'état-major OTAN

section (US) : équipe (partie de cellule de PC)

section (US) : groupe (section de mortiers lourds / SML)

section (US) : patrouille (ALAT)

section (US) : portion

section (US, GB) : groupe (unité militaire)

section commander (GB) : chef de patrouille (ALAT)

sector (GB) : secteur (domaine)

sector (US) : secteur (économie)

sector (US, OTAN, GB) : secteur (terre) (TAC)

sector commander (OTAN) : commandant de secteur (défense aérienne / opérations de paix)

sector commander (US, GB) : commandement de secteur (TAC)

sector of fire (US) : secteur de tir

sector of responsibility (US) : secteur de responsabilité (TAC)

sector operations (OTAN) : opérations de secteur

sector operations centre (US, GB) : centre d'opérations de secteur (TAC)

secure : conquérir (TAC)

secure : décrocher (obtenir)

secure : prendre (s'emparer de) (TAC)
secure : prendre et tenir (TAC)
secure : sécurisé (TRANS)
secure : tenir (TAC)
secure (a load) (OTAN) : immobiliser (charge)
secure (GB) : couvert (assuré) (objectif)
secure (GB) : obtenir (résultats / effets)
secure (GB) : sécuriser (site / camp)
secure (GB) : verrouiller
secure (OTAN) : assurer de (s') (TAC)
secure (OTAN) : couvrir (s'assurer de) (TAC)
secure (OTAN) : mettre en sécurité
secure (OTAN) : s'emparer de (TAC)
secure (OTAN, GB) : sûr (en sécurité)
secure (OTAN, US) : protégé (TRANS)
secure (UN) : mettre en sûreté (documents / armes)
secure (UN) : sûr (ou protégé)
secure (US) : assurer
secure (US) : emparer de (s')
secure (US) : établir (TAC)
secure (US, GB, OTAN) : s'assurer de (point de terrain) (TAC)
secure voice (OTAN) : phonie protégée
secure voice (UN, OTAN) : cryptophonie (ou phonie protégée)
secure voice equipment (OTAN) : matériel de cryptophonie
secure voice network (OTAN) : réseau de cryptophonie
secured (CFE) : fermé
securing (of a line) (US) : prise de contrôle (ligne)
securing (UN) : mise en sûreté (document / armes)
security (GB) : vigiles (les) (sécurité d'une installation)
security (operations) (US) : sûreté (TAC)
security (OTAN, GB) : sécuritaire
security (US) : sauvegarde (TAC)
security (US) : sécurité (GEND)
security (US) : sécurité (en matière de renseignement) (RENS)
security (US, GB, OTAN) : sécurité
security actor (OTAN) : acteur en matière de sécurité
security affairs (OTAN) : affaires de sécurité
security agency (US) : organisme de sécurité (RENS)
security agenda (OTAN) : programme de sécurité (le)
security assistance (US) : aide en matière de sécurité (pays)
security at borders (OTAN) : sécurité des frontières
security badge (US) : badge de sécurité
security certification (US, OTAN) : certificat de sécurité
security challenge (US) : défi de sécurité
security check (GB) : contrôle de sécurité

security check (US) : enquête de sécurité (PERS) (RENS)
security classification (OTAN) : classement de sécurité (document / matériel)
security classification (US) : mention de protection (document) (RENS)
security classification (US, OTAN) : classification (de sécurité) (degré de protection) (RENS)
security clearance (US) : contrôle de sécurité des personnels (RENS)
security clearance (US) ou positive vetting (GB) : habilitation de sécurité (PERS) (RENS)
security clearance level (US) : niveau d'habilitation (de sécurité) (RENS)
security coding (OTAN) : codage de sécurité
security cooperation (OTAN) : coopération en matière de sécurité
security countermeasures (US) : contre-mesures de sécurité (entreprises) (RENS. industriel)
security deficiency (OTAN) : insuffisance (ou faiblesse) en matière de sécurité
security detachment (OTAN) : détachement de sûreté rapprochée
security device (OTAN) : dispositif de sécurité (mine)
security dilemma (OTAN) : dilemme en matière de sécurité
security element : élément de sûreté
security element (US) : détachement de sûreté rapprochée
security environment (OTAN) : environnement de sécurité
security forces (GB) : forces de l'ordre (manifestation)
security forces (GB, OTAN) : forces de sécurité
security in a sensitive area : sécurité d'un point sensible
security intelligence (OTAN) : renseignement de sécurité
security machine (US) : appareil de sécurité (pays)
security measure (GB, US) : mesure de sécurité
security of installations (US) : sécurité des installations
security of the force (US) : sécurité de la force
security officer (US) : officier de sécurité (PSD)
security operations (US) : opérations de sécurité
security operations (US) : opérations de sûreté
security order (OTAN) : ordre de sécurité
security organ (US) : organe de sécurité (RENS)
security organisation : organisation de sécurité (États)
security organization (US) : organisme de sécurité (RENS)
security partnership (US) : partenariat de sécurité
security platoon : section de protection (compagnie de transmissions) (UCT)
security policy (US, OTAN) : politique de sécurité (pays / alliance)
security procedures (GB) : procédures de sécurité

security protection (CFE) : protection en matière de sécurité

security questionnaire (US) : questionnaire de sécurité (PERS) (RENS / DPSD)

security revolution (US) : révolution en matière de sécurité (ou sécuritaire)

security risk (OTAN) : risque pour la sécurité

security risk (US) : individu à risque (sécurité d'un pays) (RENS)

security service (US) : service de sécurité (RENS)

security services (US) : services de sécurité (RENS)

security situation (OTAN) : situation sur le plan de la sécurité (la)

security structure (OTAN) : structure de sécurité

security studies (OTAN) : études de sécurité

security task (OTAN) : tâche de sécurité

security thinking (OTAN) : réflexion en matière de sécurité

security vacuum (GB) : vide sécuritaire

security vehicle (US) : véhicule de sécurité (maintien de l'ordre)

security violation : manquement à la sécurité

sedition (US) : sédition

seduce (US) : séduire (RENS)

seduction (US) : séduction (RENS)

see (GB) : apercevoir

see (US) : se reporter à (autre partie de document)

see (US) : visualiser

see (US) : voir

see (US, GB) : connaître (faire l'expérience de)

see to it that (US) : veiller à (ce que)

seed (US) : disperser (mines)

seek (GB) : chercher (emploi) (reconversion)

seek (OTAN) : souhaiter

seek (US) : viser

seek (US, OTAN) : rechercher

seek out (OTAN) : rechercher

seek out (the enemy) (GB, US) : chercher (et trouver) (ennemi) (TAC)

seek out (US) : découvrir

seek to (US) : chercher à (TAC)

seek to (US) : viser à (ou chercher à)

seeker : autodirecteur (ou dispositif d'autoguidage ou tête chercheuse) (missile)

seeker : tête chercheuse (ou autodirecteur ou dispositif d'autoguidage)

seeker head : autodirecteur (ou dispositif d'autoguidage ou tête chercheuse) (missile)

seeker head (UN) : tête chercheuse (ou autodirecteur ou dispositif d'autoguidage)

seem : sembler

segregate (GB) : séparer

seismic (UN) : sismique (ou sismographique ou sismologique)

seismic detector (US) : détecteur sismique (RENS)

seismic intelligence (OTAN) : renseignement d'origine sismique

seismicity (UN) : sismicité

seize : conquérir (TAC)

seize : saisir (objectif) (TAC)

seize (GB) : saisir (biens / explosifs / drogue)

seize (the offensive) (US) : prendre (offensive)

seize (US, GB, UN) : s'emparer de (TAC)

seize and hold (OTAN) : saisir et tenir (TAC)

seizing (GB) : prise (ville / forteresse)

seizure (of an objective / of an airfield) (US) : prise (ou saisie) (objectif / aérodrome)

seizure (US) : saisie (objectif / document)

seizure (US, OTAN) : conquête

select (a target) (OTAN) : sélectionner (objectif)

select (US) : choisir

select (US) : désigner (unité)

select (US) : sélectionner (PERS)

select (US) : sélectionner (unité)

selected area of operation : zone d'engagement

selected reserve (US) : réserve opérationnelle (réservistes) (France)

selection (US) : choix

selection (US, GB) : sélection (PERS)

selection board (US) : commission de sélection (PERS)

selection centre (personnel ou recruit) (GB) : centre de sélection (PERS)

selection of the ground (GB) : choix du terrain

selection test (GB) : épreuve de sélection

selective : ponctuel

selective (OTAN) : sélectif

selective availability (SA) (OTAN) : disponibilité sélective

selective jamming (OTAN) : brouillage sélectif

Selective Service (US) : service militaire sélectif (USA)

self defence (GB, UN, US) : légitime défense

self-confidence (US) : assurance (confiance en soi) (PERS)

self-contained (US) : autonome (unité / opération / QG / système d'arme)

self-control (GB) : maîtrise de soi (PERS)

self-defence and area suppression weapons (UN) : armes d'autodéfense et d'interdiction de zone

self-defense (US) : autodéfense (PERS)

self-defense (US) : autodéfense (hélicoptère / véhicule)

self-defense weapon (US) : arme d'autodéfense (RENS)

self-destruct (US) : autodestruction (munitions)

self-destruct (US) : s'autodétruire (mine / dispositif)

self-destruct mechanism (GB) : mécanisme d'autodestruction (mine)

self-determination (OTAN) : autodétermination

self-discipline (GB, US) : autodiscipline (PERS)

self-guided missile : missile autoguidé

self-inflicted (GB) : volontaire (adjectif)

self-inflicted wound (GB) : mutilation volontaire

selfless (US) : désintéressé (altruiste)
selfless service (US) : désintéressement (PERS)
selflessness (US) : altruisme
selflessness (US) : désintéressement (PERS)
selflessness (US) ou selfless service (US) : abnégation (PERS)
self-loading rifle (SLR) (GB) : fusil d'assaut à chargement automatique
self-moving (gun) (US, GB) : automouvant (canon)
self-moving gun : canon automouvant
self-opening parachute (US) : parachute à ouverture automatique
self-propelled (SP) : automoteur (canon / obusier) (adjectif)
self-propelled (SP) artillery (US) : artillerie automotrice
self-propelled (vehicle) (OTAN) : autopropulsé (engin)
self-propelled gun (SP gun) (OTAN) : canon automoteur
self-propelled gun (SPG) (US, GB) : automoteur (d'artillerie) (nom)
self-propelled howitzer (SPH) (US, GB) : automoteur (d'artillerie) (nom)
self-propelled howitzer (SPH) (US, GB) : canon automoteur
self-protection (OTAN) : autoprotection (véhicule)
self-reliance (US) : autonomie (personnels)
self-respect (US) : respect de soi (PERS)
self-restraint (OTAN) : retenue (PERS / force)
self-restraint (UN) : modération (retenue) (PERS)
self-screening (OTAN) : autoprotection (brouillage)
self-screening jamming (SSJ) (OTAN) : brouillage d'autoprotection
self-sealing (fuel cells) (US) : auto-obstruant (réservoir) (hélicoptère)
self-study (US) : auto-apprentissage
self-sufficiency (OTAN) : autonomie (système d'armes)
self-sufficiency (US, GB) : autosuffisance
self-sufficiency in arms procurement (GB) : autosuffisance en matière d'acquisition des armements (pays)
self-sufficient (US) : autosuffisant (unité)
self-sustaining (OTAN) : auto-entretenu (paix)
sell (US GB) : vendre
semi-active (US, OTAN) : semi-actif
semi-active homing guidance (OTAN) : guidage semi-actif
semi-active radar homing (SARH) (UN) : autoguidage par radar semi-actif
semi-automatic (GB) : semi-automatique
semiautomatic (US) : semi-automatique
semi-automatic command-to-line-of-sight (SACLOS) guidance (GB) : guidage semi-automatique par alignement sur la ligne de visée
semi-automatic pistol (GB) : pistolet semi-automatique

semi-automatic rifle (GB) : fusil semi-automatique
semi-automatic weapon (GB) : arme semi-automatique
semiautonomous (US) : semi-autonome
semi-cartridge : semi-cartouche
semi-circle (GB) : demi-cercle
semiconductor (US) : semi-conducteur
semi-fixed ammunition (US, OTAN) : munition à douille séparée (ou semi-encartouchée)
semiguided (US) : semi-guidé (missile)
semi-independent (US) : semi-autonome
semi-independent operations (US) : opérations semi-autonomes
seminar : colloque
seminar (GB, OTAN) : séminaire (formation / réflexion)
semiofficial (US) : semi-officiel
semi-permanent (OTAN) : semi-permanent/e (installation / structure / groupement de forces)
semi-professional (GB) : semi-professionnelle (ou semi-professionnalisée) (unité)
semi-trailer (GB) : semi-remorque
Semtex (GB) : Semtex (explosif)
Senate defence and foreign affairs committee (Jane's) : commission des affaires étrangères et de la défense du Sénat
send (OTAN) : détacher (unité / matériels)
send (out) (GB) : envoyer
send (US) : envoyer (message / ordre)
send back (US) : renvoyer
sender : expéditeur (TRANS)
sender (US) : émetteur (message codé) (RENS)
senior (GB) : plus gradé (PERS)
senior (GB) : supérieur (en grade)
senior (OTAN) : au niveau élevé (organisme)
senior (OTAN) : haut niveau (de)
senior (OTAN) : niveau élevé (au) (comité)
senior (US) : ancien (adjectif)
senior (US) : haut (adjectif)
senior (US) : supérieur (nom)
senior Administration official (US) : haut fonctionnaire gouvernemental
senior commander (US) : commandant de rang élevé
senior commander (US) : grand chef
senior leader (US) : grand chef
senior leaders (US) : haut commandement (armée d'un pays)
senior leadership (US) : chefs supérieurs
senior leadership (US) : grands chefs (les) (armée)
senior leadership (US) : haut commandement (armée d'un pays)
senior leadership (US) : haute direction (commandement)
senior military leader (US) : grand chef militaire
senior military officer (CA) : officier supérieur
senior NCO (SNCO) (GB) (Non-Commissioned Officer) : sous-officier supérieur

senior official (OTAN, Jane's) : haut responsable
senior official (UN) : haut fonctionnaire
senior ranking officer (SRO) (US) : officier de grade supérieur
seniority (in rank) (GB) : ancienneté (de grade)
sense (US) : sens
sense (US) : sentiment
sense of belonging (GB) : sentiment d'appartenance (à une armée)
sense of discipline (GB) : esprit de discipline (ou sens de la discipline) (PERS)
sense of duty (US) : sens du devoir (PERS)
sense of initiative (GB) : esprit d'initiative (PERS)
sense of values (US) : sens des valeurs
sensitive (UN) : névralgique
sensitive (US) : sensible (zone / point / matériel / information / document / poste)
sensitive compartmented information (= SCI) non-disclosure agreement (US) : engagement personnel de secret (ou de respect de la confidentialité) (personnels du renseignement)
sensitive compartmented information facility (SCIF) (US) : "bulle" (RENS)
sensitive installation (US) : installation sensible
sensitive issue (US) : sujet sensible
sensitive point (SP) (OTAN) : point sensible (itinéraire)
sensitive subject (OTAN) : question sensible
sensitivity (US) : sensibilisation
sensitize to (US) : sensibiliser à
sensor (US, GB, OTAN) : capteur
sensor (US, GB, OTAN) : senseur (ou capteur)
sensor grid : maillage des capteurs
sensor technology (OTAN) : technologie des capteurs
sentence (GB) : condamnation (ou peine) (justice militaire)
sentence (US) : condamner
sentiment (GB) : sentiment
sentiment (US) : racisme
sentinel (US) : sentinelle
sentry (US) : sentinelle
sentry box (US, GB) : guérite
separable (OTAN) : séparable
separarate (US) : s'interposer (entre) (force)
separate : autonome (unité / opération / QG / système d'arme)
separate (GB) : couper (TAC)
separate (Jane's) : en national (force engagée) (OPEX)
separate (OTAN) : séparé
separate (ou independent) tank battalion : bataillon de chars autonome (BCA) (ENI)
separate (US) : diviser (séparer) (TAC)
separate (US) : indépendant
separate (US) : non-endivisionné (ou indépendant) (brigade)

separate (US) : quitter (armée / école / unité) (PERS)
separate (US) : séparer
separate (US, CA) : distinct
separate battalion (US) : régiment autonome
separate battery (US) : batterie autonome
separate brigade (US) : brigade autonome (ou non-endivisionnée)
separate loading ammunition (OTAN) : munition à charge séparée
separated (US) : séparé (action / activité) (TAC)
separately (OTAN) : séparément
separation (US) : cessation de service
separation (US) : départ (de l'armée) (PERS)
separation (US) : interposition
separation (US) : séparation
separation date (US) : date de départ (de l'armée) (PERS)
separation from (the) family (US) : éloignement familial (PERS)
separation zone (OTAN, GB) : zone de séparation (entre belligérants)
septic : infecté (SAN)
sequence (OTAN) : ordre de succession
sequence (OTAN, US, GB) : séquence
sequence (US) : séquencer (actions tactiques)
sequence (US) : suite
sequence (US, GB) : ordre (série de tirs) (ART)
sequence circuit (US, OTAN) : mise de feu à séquence (guerre des mines)
sequencing (US) : séquençage (opérations)
sequential (CFE, US, GB) : séquentiel
sequential operations (US) : opérations séquentielles (ou successives)
Sergeant (US, GB) : sergent (grade)
Sergeant First Class (SFC) (E7) (US) : adjudant (ADJ) (grade)
sergeant instructor (GB) : sergent-instructeur
sergeant major (SGM) (US) : président des sous-officiers (PSO)
sergeant-major (GB) : sergent-major (Hist.)
Sergeants Major Academy (Fort Bliss, Texas) (2ᵉ niveau) : brevet militaire professionnel (BMP) (sous-officiers)
serial (exercice) (US) : partie (exercice / stage)
serial (OTAN) : phase de l'exercice
serial (US) : rame (véhicules)
serial number (CFE, US, OTAN) : numéro de série (matériel / convoi)
serial number (US) : matricule
series : série (fabrication)
series (OTAN) : ensemble
series (OTAN) : suite
series (US) : série (matériel)
series (US, GB) : série (suite)
series designation (OTAN) : désignation de série (carte)
series of targets (OTAN) : série d'objectifs (ART)

series production : production en série (ARMT)

serioulsy (US) : grièvement

serious (CA) : important

serious (incident) : grave (blessure / dégât / incident / crise)

serious bodily harm (US) : blessure grave (SAN)

seriously (GB) : sérieux (au)

seriously ill (OTAN) : cas sérieux (malade) (SAN)

seriously ill (OTAN) : sérieux (malade) (SAN)

seriousness (OTAN) : gravité (degré de blessure)

serve : servir (matériel)

serve (US) : effectuer

serve (US) : faire

serve (US) : servir (défendre)

serve (US) : servir (restauration)

serve (US, OTAN) : servir (PERS / unité)

serve as (UEO) : remplir (fonction)

serve as (US) : exercer les fonctions de (PERS)

serve as (CA) : assumer les fonctions de (PERS)

serve on active duty (US) : servir en situation d'activité (personnels de réserve)

server : serveur (informatique)

service (a vehicle) (GB) : réviser (véhicule)

service (GB) : service (corps de soutien)

Service (military) (GB, GB) : armée (sens générique)

service (OTAN) : services (individu) (organisation militaire)

Service (ou service) reasons (GB) : nécessités de service (PERS)

service (US) : branche des forces armées (armée)

service (US) : de service (arme)

service (US) : service (RENS)

service (US) : services (aides / prestations)

service (US, GB) : messe (cérémonie religieuse)

service (US, GB, OTAN) : service (PERS)

service brat (US) : enfant de militaire

service cap (US) : képi

Service career (GB) : carrière militaire (ou dans l'armée)

service chief (GB) : chef d'état-major d'armée (Terre / Air / Mer)

service component (US) : composante d'armée

Service Conditions (GB) : condition militaire (fonction)

service dress (GB) : tenue 22

service dress (GB) : tenue de service courant (PERS)

service dress (GB) : uniforme (ou tenue) de service

service experiment (US) : expérience militaire (test)

service family (US, GB) : famille de militaire

service functional element (US) : composante fonctionnelle d'armée

service in a war zone (GB) : service en campagne (PERS)

service law (GB) : droit militaire

service life (GB, US) : vie militaire (la)

service magazine (US) : revue militaire (magazine)

service member ou servicemember (US) : militaire (nom)

service number (US) : matricule

service obligation (US) : engagement à servir (nouveau recruté) (PERS)

service personnel (GB) : personnel(s) militaire(s) (ou des forces armées)

service record (GB) : états de service individuels

service ribbon (US) : barrette (décoration)

service-specific : spécifique (à une armée)

service-specific system : system système spécifique (à une armée)

service support : administration et logistique (titre de paragraphe)

service support (GB) : logistique (titre de paragraphe)

service transport (GB) : moyens de transport militaires (LOG / opérations extérieures)

service uniform (US) : tenue de service courant (PERS)

service uniform (US) : uniforme (ou tenue) de service

serviceability (GB) : disponibilité

serviceability (US) : aptitude à faire campagne (matériel)

serviceable (OTAN, GB) : utilisable (pièces mécaniques / matériel)

serviceable (US) : en état (matériel)

service-connected (US) : lié au service

serviceman ou servicewoman : militaire (nom)

services (GB, US) : soutiens (armes de soutien)

services (US) : services (agent) (RENS)

Services Sound and Vision Corporation (SSVC) (équivalent GB) : ECPA (établisssement cinématographique et photographique des armées)

service-specific system : système spécifique d'armée

servicing (OTAN) : entretien courant

serving personnel (GB) : personnel(s) en activité

serving, on active duty (US) : activité (en) (PERS)

servo-activated : servo-commandé

session (US) : séance

sesssion (US, UN, OTAN) : session

set (GB) : mettre

set (OTAN, US) : série (suite)

set (priorities) (CA) : établir (priorités)

set (the tempo) (US) : imposer (cadence opérationnelle)

set (US) : choix

set (US) : ensemble

set (US) : fixer (assigner / déterminer)

set (US) : planter

set (US) : régler

set as a priority (US) : fixer pour priorité

set in motion (OTAN, GB) : lancer

set in motion (US) : déclencher (mine / mise à feu / explosion / bombe / tir)

set in train (a process) (OTAN) : mettre en route (processus)

set of values (US) : ensemble de valeurs

set off (GB) : faire exploser

set off (GB) : se mettre en route (troupe)

set out (OTAN) : énoncer

set out (OTAN) : exposer

set the stage for (US) : ouvrir la voie à

set up : tendre

set up (GB) : assembler (mortier)

set up (GB) : établir (TAC)

set up (GB) : installer

set up (OTAN) : construire (GEN / PERS)

set up (OTAN, US) : mettre sur pied

set up (UEO) : mettre en place (politique / ligne d'action)

set up (US) : mettre en station (système de transmissions)

set up (US) : piéger (RENS)

set up for firing (US) : mettre en batterie

setback (US) : revers (TAC)

set-piece (GB) : traditionnel

set-piece (US) : d'école

set-piece battle (US) : combat traditionnel (ou d'école)

setting (GB) : décor

setting up (International Defence Review) : mise en place (MEP) (forces) (TAC)

setting up (International Defence Review) : mise sur pied (force)

settle (GB) : régler (résoudre) (conflit / crise)

settle (GB) : résoudre (régler) (conflit)

settle (US) : s'installer (TAC)

settle (US) : s'installer (organisation)

settlement (CA) : colonisation

settlement (US, UN, OTAN) : règlement (négocié) (conflit)

settler : colon

sever (US) : couper (TAC)

severe : cuisant

severe damage (US, OTAN) : dégât(s) grave(s)

severe injury (US) : blessure grave (SAN)

severe or serious (blessure, dégât) (US) : grave (blessure / dégât / incident / crise)

severely (US) : sévèrement (ou rudement)

severity (OTAN) : gravité (degré de) (maladie)

sewing kit (GB) : nécessaire de couture (soldat)

sex (US) : sexe (activité)

sexual (US) : sexuel

sexual acts (US) : rapports sexuels (RENS)

sexual intercourse (US) : rapports sexuels (RENS)

sexually transmitted disease (STD) : maladie sexuellement transmissible (MST) (SAN)

SGDN crisis management and civil emergency planning independent agency (US) : secrétariat général de la défense nationale (le) (SGDN)

shaded relief (US, GB) : relief pour ombres portées

shadow (OTAN) : avion suiveur

shadow factor (US, OTAN) : facteur d'ombre

shadow zone (UN) : zone d'ombre

shaft : arbre (mécanique)

shake off (GB) : semer (ou se débarrasser de)

shake-up (GB) : remaniement

shake-up (GB) : réorganisation

shake-up in defence (Jane's) : restructuration de la défense

shako (GB) : shako

shallow (US) : peu profond

shallow (US) : superficiel (attaque)

shallow fording (US, OTAN) : franchissement à gué peu profond

shallow fording capability (US, GB, OTAN) : aptitude à franchir un gué peu profond

shape (OTAN) : élaborer

shape (US) : façonner

shape (US) : modeler (champ de bataille / doctrine / armée / environnement / force)

shaped (US, GB, OTAN) : formé (charge explosive)

shaped charge (OTAN) : charge formée

shaped charge (US, OTAN) : charge creuse (formée / perforante)

shaped charged projectile (US) : projectile à charge creuse

shaped-charge warhead (GB) : ogive à charge creuse (ou à charge formée)

share (OTAN) : part (proportion)

share (US) : partager

shared interests (OTAN) : intérêts communs (pays / alliés)

shared network (US) : réseau commun (ou partagé)

sharp (GB) : brutal (action / opération) (TAC)

sharp (GB) : cuisant

sharply : fortement

sharpshooter : tireur d'élite (US)

shatter : voler en éclats (faire)

shatter (GB) : anéantir (ville)

shatter (GB) : dévaster (ravager)

shatter (US) : anéantir (force / adversaire) (TAC)

shear : raser (tête) (PERS)

sheath : fourreau (poignard / sabre)

shed : verser (sang)

shed (GB) : abri

sheet (US, GB) : fiche

sheet explosive (OTAN) : explosif en feuilles

sheet number (OTAN) : numéro de feuille (carte)

shelf : étagère

shelf life (OTAN) : durée de conservation (article de ravitaillement)

shell (OTAN) : pruneau (obus)

shell (OTAN, US, GB) : obus

shell (US, GB) : bombarder (ART)

shell fragment (US) : éclat d'obus (ou d'artillerie ou de grenade)

shell shock (GB) : psychose traumatique (du soldat)

shell splinter (artillery) (GB, Jane's) : éclat d'obus (ou d'artillerie ou de grenade)

shelling (US) : pilonnage d'artillerie

shelling (US, GB, OTAN) ou shellfire : bombardement (ART)

shelling report (OTAN) : compte-rendu de bombardement (ART)

shelter : s'abriter (PERS) (TAC)

shelter : shelter (ou cabine)

shelter (OTAN) : accueil

shelter (US) : abriter

shelter (US) : refuge

shelter (US, GB) : abri

shelter carrier (US) : porte-shelter

shield : bouclier (STRAT)

shield (GB) : protéger

shield from (US) : protéger de (se)

shield / screen (defence) : bouclier (défensif)

shielding (OTAN) : toiture

shielding (US, GB) : écran de protection (NUC)

shift (OTAN) : passage (mutation)

shift (US) : changement

shift (US) : déplacer (troupe / unité / force / effort) (TAC)

shift (US) : déplacer (tir(s))

shift (US) : équipe (de relève) (état-major / PC)

shift (US) : se déplacer (TAC)

shift (US, GB) : relève (changement d'équipe) (état-major)

shift fire (GB) : reporter les tirs

shift in direction (OTAN) : déviation (projectile)

shift to the offensive (US) : passer à l'offensive (force)

shifting (US, OTAN) : déplacement (terme générique)

shine (boots) (US) : faire briller (brodequins)

ship (OTAN, US) : bâtiment (navire)

ship (US) : expédier (matériels)

ship (US, OTAN) : bateau (navire)

ship to shore movement (OTAN) : mouvement navire-rivage

shipborne (OTAN) : embarqué sur navire

shipment (US) : expédition (matériels / forces)

shipping (OTAN) : acheminement

ships taken up from trade (STUFT) (OTAN) : navires de commerce réquisitionnés

ship-shore (OTAN) : navire-terre

ship-to-shore (OTAN) : mer-terre

shirk (GB) : planque (action d'échapper aux exercices et corvées)

shirker (GB) : planqué

shirker (GB) : tire-au-flanc

shock (GB) : choc (commotion) (SAN)

shock (US) : choquer (PERS)

shock (US) : état de choc (SAN)

shock (US, GB) : choc

shock absorber (US) : amortisseur (véhicule blindé)

shock action : effet de choc (TAC)

shock action (US, GB) : action de choc

shock effect (GB, US) : effet de choc (TAC)

shock power (US) : puissance de choc (force)

shock troops (GB) : troupes de choc

shockwave ou shock wave (US) : onde de choc

shoemaker (US) : "cordonnier" (fabricant de faux documents) (RENS)

shoes (GB) : chaussures

shoot (dead) (GB) : tuer

shoot (GB) : champ d'observation (tir)

shoot (GB) : faire feu

shoot (GB) : tir(s)

shoot (GB) : tirer

shoot and scoot (US) : tirer-décrocher

shoot dead (GB) : abattre (soldat)

shoot down : abattre (aéronef)

shoot down : abattre (soldat)

shoot down (US) : plonger (sens propre)

shoot in the air (GB) : tirer en l'air

shoot with (ou to fire) a machine gun : sulfater (mitrailler) (terme familier)

shooting (GB) : coups de feu (ou fusillade)

shooting (GB) : tir (à l'arme de poing)

shooting at targets (OTAN) : tir sur cibles

shooting gallery (US) : stand de tir

shoot-out (GB) : fusillade

shop (GB) : boutique (unité)

shop (US) : atelier

shopworn (familier) (US) : périmé (RENS)

shore : rivage

shore (OTAN) : côte (opération amphibie)

shore party (OTAN) : élément de plage

short : faible

short (GB) : bref

short (OTAN) : petit

short (US, GB, UN, OTAN) : court (adjectif)

short (US, GB) : court (ART)

short duration (US) : courte durée

short of (OTAN) : deçà de (en)

short of (US) : en-deçà de

short of (US) : exception de (à l')

short range antitank weapon (SRAW) (Predator) (US) : arme antichar à courte portée

short take off and landing (STOL) (OTAN) : décollage et atterrissage courts (à)

short take-off and landing (STOL) (GB) : atterrissage et décollage courts

short take-off and vertical landing (STOVL) (OTAN) : décollage court et atterrissage vertical

short term (Jane's) : service court (appelés / volontaires)

short war (US) : guerre courte

short(-)notice (US) : à court préavis

shortage (US, GB) : déficit (personnels)
shortage (US, GB, Jane's) : pénurie
shortage(s) (GB) : manque
short-circuit (US) : court-circuiter
shortcoming (US) : défaut (système d'armes)
shorten (OTAN) : condenser
shortfall (GB) : pénurie
shortfall (US) : insuffisance
shortly after (US, GB) : peu après
short-notice deployment (US) : déploiement à court préavis (TAC)
short-range (SR) (OTAN) : courte portée
short-range air defence (SHORAD) (OTAN) : sol-air à courte portée (SACP)
short-range air defense (SHORAD) (US) : défense aérienne à courte portée
short-range attack missile (SRAM) (UN) : missile d'attaque à courte portée
short-range ballistic missile (SRBM) (UN) : missile balistique à courte portée
short-range cruise missile (SRCM) (UN) : missile de croisière à courte portée
short-range nuclear force (SNF) (UN) : force nucléaire à courte portée
Short-Range Nuclear Forces (SNF) (OTAN) : forces nucléaires à courte portée
short-range radar (US) : radar à courte portée (80 - 240 km)
short-service officer (GB) : officier sous contrat
short-service volunteer (Jane's) : volontaire service court (EVAT) (PERS)
short-span bridge : pont à courte portée
shot : portée (arme / radar)
shot (GB) : coup de canon
shot (GB) : coup de feu
shot (GB) : plombs (fusil)
shot (GB) : tireur (fusil d'assaut)
shot (OTAN) : coup parti (ART)
shot (US) : coup (munition)
shot (US, GB) : coup de feu
shot group (US) : groupement (tir)
shotgun : fusil
shotgun (GB) : fusil de chasse
shots (US) : vaccinations (piqûres) (SAN)
should (GB) : en cas de
shoulder (US, GB) : épaule
shoulder arms ! (US, GB) : arme sur l'épaule ! (commandement)
shoulder arms (GB) : mettre l'arme sur l'épaule
shoulder cord (US) : fourragère
shoulder flash (GB) : écusson d'unité
shoulder knot (US) : aiguillette
shoulder leg (US) : jambe de pantalon (uniforme)
shoulder loop (US) : patte d'épaule
shoulder loops (US) : fourreaux d'épaules (uniforme)
shoulder mark (US) : épaulette
shoulder pad (canon sans recul) : épaulière

shoulder piece (fusil) : épaulière
shoulder rest : crosse d'épaule (lance-roquettes)
shoulder rest (bazooka) : épaulière
shoulder strap : patte d'épaule
shoulder-fired (UN, US) : tiré à l'épaule (ou à l'épaulé)
shoulder-launched : lancé à l'épaule
shovel (GB) : pelle (outil individuel)
show : présenter
show (Jane's) : salon (exposition) (ARMT)
show (OTAN) : comporter
show (OTAN) : représenter
show (US) : démonstration (TAC)
show (US) : démontrer
show (US) : manifester
show of force (OTAN) : étalage de force
shower (US) : douche
shrapnel (GB) : obus à balles (Hist.)
shrapnel (US, GB) : éclats d'obus
shredder : déchiqueteuse (ou broyeuse) (machine)
shroud (CFE) : masquer (cacher à la vue)
shroud (UN) : dissimuler
shut down (US) : fermer
shutdown (OTAN) : arrêt
shuttle (GB) : navette
shuttle (in) (GB) : faire la navette (hélicoptères/ aéronefs)
siblings (US) : services frères (d'un même pays) (RENS)
SICF forces command and information system (Jane's) : système d'information pour le commandement des forces (SICF)
SICF formation battle management system (Jane's) : système d'information pour le commandement des forces (SICF)
sick : malade (adjectif)
sick (US) : consultant (SAN)
sick and wounded (GB) : malades et blessés (les)
sick bay (US, GB) : infirmerie
sick call (US) : consultation (quotidienne) (SAN)
sick leave (GB) : congés maladie (PERS)
sick leave (GB) : permission de maladie (congés maladie)
sickness (GB) : maladie
side : latéral
side (CA) : cause (ensemble d'intérêts)
side (GB) : flanc (TAC)
side (GB, OTAN) : côté
side (OTAN) : action (à simple / à double / à libre)
side (US) : côté (véhicule)
side (US, GB) : camp (partie à un conflit)
side arm (GB) : pistolet
side arms (UN) : armes de poing
side by side (GB) : côte à côte (unités)
side looking airborne radar (SLAR) (OTAN) : radar aéroporté à antenne latérale
side plate : plaque latérale (arme de poing)
side slope (US) : dévers (char) (franchissement)

side window : hublot (véhicule blindé)

side-looking airborne radar (SLAR) (OTAN) : radar à antenne latérale

side-looking airborne radar (SLAR) (OTAN) : radar aéroporté à balayage latéral

side-looking airborne radar (SLAR) (US) : radar aéroporté à antenne latérale

side-looking radar : radar à couverture latérale

siege (GB) : siège (TAC)

sift (US) : passer au crible (recrues) (RENS)

sight : optique (de pointage)

sight : viseur (lance-roquettes)

sight (GB) : portée de vue

sight (GB) : voir

sight (OTAN, US) : viseur

sight (US) : apercevoir

sight (US) : appareil de pointage (mortier)

sight (US) : épiscope (char)

sight (US) : lunette (ou optique) de visée

sight (US) : visée (mire)

sight bracket : flasque de pointage (mortier)

sight cut : fente à guidon (baïonnette)

sight laser designator (SLD) : "détecteur de snipers"

sight range : portée de viseur

sight zeroing : zérotage

sighting system (CFE) : visée (système de)

sighting system (CFE, Jane's) : système de visée

sighting system (OTAN) : viseur

SIGINT (= Signals Intelligence) satellite (US) : satellite d'écoute

sign : baliser (itinéraire)

sign (GB) : trace (personne / objet au sol / mouvements de troupes)

sign (Jane's) : signer

sign (US) : signe

sign again (GB) : resigner (rempiler)

sign on (GB) : signer

sign on (GB) : signer (s'engager) (PERS)

sign up (US) : s'engager (dans une organisation militaire) (PERS)

sign up (US) : signer (s'engager) (PERS)

signal (GB) : faire signe

signal (OTAN) : signal (TRANS)

signal (OTAN) : signe

signal (US) : annoncer

signal (US) : marquer

signal (US, OTAN) : signal (TAC)

signal automation (US) : automatisation des transmissions

signal battalion (US) : régiment de transmissions (RT)

signal brigade (US) : brigade de transmissions

signal center (SIGCEN) (US) : centre de(s) transmissions

signal centre (GB) : centre de(s) transmissions

signal command post (Sig CP) : PC de transmissions

signal company (US) : compagnie de transmissions

Signal Corps (US) : Transmissions (arme)

signal exercise (SIGEX) (US) : exercice technique de transmissions

signal planning (US) : planification des transmissions

signal processing (OTAN) : traitement du signal (ou des signaux)

signal regiment (electronic warfare) (GB) : régiment de transmissions (guerre électronique)

signal regiment (GB) : régiment de transmissions (RT)

signal security (SIGSEC) (US) : sécurité des transmissions

signal squadron (Sig Sqn) (GB) : compagnie de transmissions

signal strength : puissance (transmission radio)

signal support system (US) : système d'appui de transmissions

signal troop (GB) : section (transmissions)

signal unit (US, OTAN) : unité des transmissions

signaller (US, GB) : transmetteur

signals exercise (SIGEX) (OTAN) : exercice de transmissions

signals intelligence (OTAN) : renseignement sur les émissions électromagnétiques

signals intelligence (SIGINT) (US, GB, OTAN) : renseignement d'origine électromagnétique (ROEM)

signals intelligence (SIGINT) (US, GB, OTAN) : renseignement électromagnétique

signals support (OTAN) : appui transmissions

signals, communications (COMMS) (US, GB) : transmissions

signatory (OTAN) : signataire (nom et adjectif) (traité)

signatory member (US) : membre signataire (alliance)

signatory nation (US) : pays signataire (traité)

signature (OTAN, US) : signature (radar / objectif / véhicule / arme)

signature equipment (OTAN, US) : équipement caractéristique

signed : fléché (itinéraire)

significant (US) : important

signing (US) : signature (traité)

signpost (a route) : flécher (itinéraire)

signpost (GB) : poteau indicateur

signposting : fléchage (itinéraire)

sign-up rate (US) : taux d'engagement (dans l'armée de terre)

silence (US) : réduire au silence (PERS)

silence (US, GB) : faire taire

silence (US, OTAN) : silence (régime radio)

silenced (US) : à silencieux (arme)

silencer (GB) : silencieux (arme de poing)

silent (US) : silencieux (adjectif) (arme)

silhouette (GB, US) : silhouette (char / objet)

silhouette (US) : profil (véhicule blindé)

silhouette outline (GB) : silhouette graphique (sur papier) (matériel)

silo (missile) (UN, GB) : silo (à missiles)

similar (Jane's) : identique

similar (US) : même

similar to (US) : semblable à

simple (US) : facile

simple (US) : simple

simple alert (SA) (OTAN) : alerte simple

simplicity (GB) : simplicité

simplicity (US) : simplicité (principe de la guerre) (TAC)

simplify (US) : simplifier

simulate (US, GB) : simuler

simulated (US) : factice

simulated (US) : fictif (troupes / armement / situation / manœuvre)

simulated (US) : simulé

simulated effects (GB) : effets simulés

simulation (GB, US, OTAN) : simulation

simulation center (US) : centre de simulation

simulation exercise (SIMEX) (Jane's) : exercice de simulation

simulation network (SIMNET) (US) : réseau de simulation (de combat)

simulation site (US) : site de simulation

simulation system (US) : système de simulation

simulation(-)based (US) : basé sur la simulation

simulator (GB, US) : simulateur

simulator training : entraînement sur simulateur

simultaneity (US, GB) : simultanéité (TAC)

simultaneous (US) : simultané

simultaneous : encadrant (mission)

simultaneous attack (US) : attaque simultanée

simultaneous mission : mission encadrante

simultaneous operations (US) : opérations simultanées

simultaneously (US) : simultanément

since : depuis (temporel)

single : célibataire (adjectif)

single (installation / warhead / purpose / commander) (UN) : unique (installation / ogive / fin / chef)

single (OTAN) : même

single (OTAN) : simple

single (OTAN) : unitaire (État)

single (US, OTAN, GB) : seul (unique)

single flow route (OTAN) : itinéraire à simple courant

single out (UN) : singulariser (ou isoler)

single seat aircraft (GB) : monoplace (aéronef)

single shot : coup par coup (au)

single sideband (SSB) (OTAN) : bande latérale unique (BLU)

single soldier (US, GB) : célibataire (nom)

single-channel ground and airborne radio system (SINCGARS) (US) : système unique de communication radio terrestre et aérienne (poste radio)

single-channel radio access (SCRA) (OTAN) : accès radio à voie unique

single-engine aircraft (US) : monomoteur (aéronef)

singlemindedness of purpose (GB) : détermination (PERS)

single-round (OTAN) : premier coup (du / au)

single-round effectiveness (SRE) (OTAN) : capacité de destruction au premier coup

single-service component (US) : composante relevant d'une seule armée

single-shot (OTAN) : premier coup (du / au)

single-shot kill (OTAN) : destruction au premier coup

single-shot kill probability (SSKP) (OTAN) : probabilité de destruction au premier coup

single-sided (exercise) : simple action (exercice à)

singleton (US) : solo (en) (RENS)

singularize (UN) : isoler (singulariser)

singularize (UN) : singulariser (ou isoler)

sink (US, GB) : couler (navire)

sir, yes, sir ! (US) : à vos ordres ! (réponse à un ordre verbal d'un supérieur)

siren (GB) : sirène (signal sonore)

SIROCCO weather radar (station) : SIROCCO (station intégrée radar d'observation continue des courants aérologiques) (station de radiosondage de l'artillerie)

sister (US) : jumelle (adjectif)

sit (GB) : se présenter

sit (US, GB) : siéger

site : installer

site (GB) : emplacement (endroit)

site (GB) : placer (installer) (arme)

site (US) : endroit (champ de bataille) (TAC)

site (US) : lieu

site (US) : site

site (US, GB) : implantation (site)

site (US, GB) : site (Internet)

sited : situé

sitting patient (OTAN) : patient assis (SAN)

situated (GB) : situé

Situation : situation (titre de paragraphe)

situation (US, GB) : situation (TAC)

situation (US, GB, OTAN) : situation

situation centre (SITCEN) (OTAN) : centre de situation

situation map (SITMAP) (US, OTAN) : carte de (la) situation

situation of stress (Jane's) : situation de stress

situation report (SITREP) (OTAN, UN) : compte-rendu de situation

situation room (US) : salle de situation (ou salle des opérations)

situation summary (intelligence) (SITSUM)
(OTAN) : résumé ou synthèse de situation (renseignement) (RENS)
situational (US) : en situation
situational awareness (US) : compréhension de la situation (ou des situations) (TAC)
situational awareness (US, GB) : apréciation (ou conscience) de la situation (TAC)
situational awareness (US, OTAN, GB) : connaissance de la situation (tactique) (TAC)
situational awareness (US, OTAN, GB) : intelligence des situations (ou de la situation) (TAC)
situational template (US) : gabarit d'implantation
situational training (US) : entraînement en situation
sit-ups (US) : abdominaux (EPS)
size (a force) (US) : dimensionner (force)
size (OTAN) : importance numérique (force / armée)
size : ampleur (opération)
size (US) : format (force / armée)
size (US, GB) : valeur (volume de force) (unité)
size (US, GB) : volume (unité / force)
size (US, OTAN) : dimension (sens propre)
size (US, UEO) : taille
size up (US) : prendre la mesure de
skeleton enemy : plastron
sketch (US) : croquis
ski : skier
ski (GB, US) : ski (équipement)
ski boot : chaussure de ski
ski instructor : moniteur de ski
ski pole : bâton de ski
ski run : piste de ski
skid : déraper (véhicule)
skid : empattement (largeur d'hélicoptère)
skid : ripage
skier : skieur
skiing (GB, US) : ski (pratique sportive)
skill : adresse (unité)
skill : habileté
skill : compétence
skill (US) : aptitude
skill (US) : qualification (militaire)
skill (US) : savoir-faire (spécialité) (PERS)
skill (US) : talent
skill at arms (SAA) (GB) : habileté au maniement d'armes
skill level (SL) (US) : niveau de compétence (PERS)
skill level (US) : niveau de qualification (spécialité)
skill training (US) : formation de spécialité (militaire)
skill transferability (US) : réutilisation des compétences (armée / vie civile) (PERS)
skill(-)at(-)arms (GB) : maniement d'armes
skilled : compétent (PERS)

skilled (US) : qualifié (PERS)
skin (US) : peau
skin irritant (UN) : urticant (ou irritant cutané)
skirmish (GB) : échauffourée (ou accrochage ou escarmouche)
skirmish (GB, US) : escarmouche (accrochage) (TAC)
skirmisher (GB) : tirailleur
skirt (US) : jupe (vêtement féminin)
skirt (US) : jupe (uniforme féminin)
skive (GB) : planque (action d'échapper aux exercices et corvées)
skiver (GB) : planqué
skiver (GB) : tire-au-flanc
skydiving (US) : saut à ouverture retardée
sky-diving (US) : saut en commandé (à ouverture retardée)
sky-diving (US) : saut opérationnel (technique de)
skyline : horizon (sens propre)
sky-pilot (GB) : marab (aumônier)
slack (US) : creux
slag (GB) : fille à soldats
slang (US) : argot
slant range (US, OTAN) : distance oblique
slash (GB) : réduire radicalement
slate (US) : désigner (PERS)
slaved : asservi (mécanisme)
sledge carriage : affût à traîneau
sleep : dormir
sleep (GB, US) : sommeil (PERS)
sleep with (US) : coucher avec (rapport sexuel) (RENS)
sleeper (US) : agent dormant (RENS)
sleeper agent (US) : agent dormant (RENS)
sleeping bag (GB) : sac de couchage
sleeping bag system (US) : sac de couchage
sleeping mat (GB) : tapis de couchage
sleeve (US) : manche (uniforme)
sleeve insignia (US) : insigne de manche (uniforme)
slew (US) : pointer en direction (ou en gisement)
slide : culasse mobile (pistolet automatique)
slide : glissière (pistolet)
slide handle : devant (fusil)
slide handle : longuesse (fusil)
sliding (US) : coulissant
sliding breech : manchon de culasse (obusier)
sling (cargo) (US, OTAN) : élingue (de suspension)
sling (US) : élinguer
sling load (US) : charge sous élingue
sling shot (US) : lance-pierres
sling transport : élingage (transport sous élingue)
sling transport : transport sous élingue (élingage)
slingload (US) : élinguer
slingload ou sling load (US) : hélitreuiller (matériel)
slingloading : hélitreuillage (fret)

slip (US) : glissade (TAP)
slip ring : bague coulissante (fusil automatique)
slope (OTAN) : pente (TOPO)
slope (OTAN) : versant
slope (US) : montée (TOPO)
slope (US) : pente (franchissement) (char / véhicule)
slope (US) : profil incliné (tourelle)
sloped (US) : profilé
sloping (US) : incliné (côté de véhicule)
slot (GB) : tuer
slow (GB) : ralentir
slow (US) : lent (aéronef)
slow (US) : ralentir (TAC)
slow down (GB) : ralentir
slow down (US, OTAN, GB) : ralentir (TAC)
slow go area (OTAN) : zone à praticabilité difficile
slow march (GB) : marche au pas de parade (ou redoublé)
slug (US) : pruneau (balle) (familier)
small (OTAN) : portatif (arme)
small (US) : compact
small (US) : exigu
small (US) : limité
small (US, OTAN) : petit
small arms (UN) : armes légères (< 20mm) (ou de petit calibre ou portatives)
small arms ammunition (SAA) (OTAN) : munitions d'armes de petit calibre
small arms ammunition (US) : munitions de petit calibre
small arms shooting (GB) : tir aux armes individuelles
small emplacement evacuator (SEE) (équivalent US) : engin multifonctions d'aide au déploiement (EMAD) (GEN)
small of stock : crosse pistolet (fusil)
small stream (GB) : ruisseau
small unit (US) : petite unité
smallbore (GB) : de petit calibre
smaller (GB) : réduit (effectifs / armée)
smaller (OTAN) : allégé (force)
smaller (US) : resserré (armée)
smaller than (OTAN) : inférieur à
small-scale contingencies (SSC) (US) : opérations de circonstance d'envergure limitée
smart (US) : malin
smart (US, OTAN) : intelligent (matériels / systèmes d'arme / individus)
smart bomb (OTAN) : bombe intelligente
smart munitions (US) : munitions intelligentes
smart weapon (UN) : arme intelligente
smart-guided (US) : guidage intelligent (à)
smash : écraser (destruction de matériels)
smash (US) : écraser
smash (US) : pulvériser (ennemi)
smash into : percuter (véhicule)

smash through : enfoncer (TAC)
smell (US) : odeur
smoke : fumigène (adjectif)
smoke (GB) : fumer
smoke (screen) : fumigène (écran)
smoke (US) : fumigènes (les)
smoke (US, GB) : fumée
smoke / decon(tamination) platoon (US) : section de décontamination / fumigènes
smoke canister (UN) : cartouche fumigène
smoke canister (UN, GB) : pot fumigène
smoke discharger (GB) : lance-pot fumigène
smoke employment (US) : emploi des fumigènes
smoke grenade : pot fumigène
smoke grenade (US) : grenade fumigène
smoke grenade discharger (Jane's) : lance-pot fumigène
smoke grenade discharger (US, GB) : tube lance-pot fumigène
smoke grenade launcher (SGL) (US) : lance-pot fumigène
smoke grenade launcher (SGL) (US) : tube lance-pot fumigène
smoke round : munition fumigène (canon automoteur)
smoke round (US) : obus fumigène
smoke screen (OTAN) : écran fumigène
smoke screen (US) : rideau de fumée
smoke screen (US, GB) : écran de fumée
smoke shell : obus fumigène
smoothbore : lisse (ou à âme lisse)
smuggle (OTAN) : faire passer en contrebande
smuggle out (US) : exfiltrer (agent) (RENS)
smuggling (UN, US) : contrebande (matières fissiles / armes / etc.)
snake bite (OTAN) : morsure de serpent (PERS)
snap hook : mousqueton d'accrochage (TAP)
snap link (US) : mousqueton
snapshot (OTAN) : aperçu
snatch (GB) : enlever (PERS)
sniffer (GB) : renifleur
sniffer dog (GB) : chien de recherche (explosifs / armes)
snipe (at) : tirer en embuscade (sur)
snipe (GB) : canarder (tirer en restant embusqué)
snipe (GB) : tirer (d'une position embusquée)
sniper (GB) : tireur d'élite (US)
sniper (US) : tireur embusqué
sniper (US, GB) : sniper
sniper (US, GB) : tireur isolé
sniper fire (GB) : tirs de snipers (ou tireurs embusqués)
sniper location (US) : position de tireur embusqué (ou isolé)
sniper position (US) : position de tireur embusqué (ou isolé)
sniper rifle (GB) : fusil de précision (ou de tireur d'élite)

sniper's suit (US) : tenue (ou combinaison) de tireur d'élite

sniperscope (US) : lunette thermique (fusil de tireur d'élite)

snorkel (GB) : tuba

snorkel (Jane's, GB) : schnorckel

snorkelling (UN) : franchissement en immersion

snow (GB) : neiger

snow (US, GB) : neige

snow covered (US) : enneigé

snow drift (GB) : congère

snow plough (GB) : chasse-neige

snow plow (US) : chasse-neige

snow shoe (US) : raquette (marche sur la neige)

snow-field (US) : champ de neige (TOPO)

snowy : enneigé

soapy (US) : savonneux

social (US) : social

social function (US) : réception (réunion mondaine)

social functions (US) : mondanités

social gathering (US) : réunion mondaine

social sciences (US) : sciences sociales (discipline)

society (US, CA, OTAN) : société (corps social)

sociological intelligence (US) : renseignement sociologique

sociology (US) : sociologie

socket : douille (baïonnette)

socks : chaussettes

soft : mou (sol / terrain)

soft : non renforcé (cible)

soft (missile base) (OTAN) : non durcie (base de lancement pour missiles)

soft (missile base) (OTAN) : non protégée (base de lancement pour missiles)

soft power (OTAN) : pouvoir des idées

soft spot (US) : point faible (force)

soften (US) : affaiblir

soft-skin(ned) vehicle (GB) : véhicule non blindé (léger, bâché)

soft-skinned (GB) : non-blindé (engin / véhicule)

soft-skinned (OTAN) : blindage léger (à) (véhicule)

soft-skinned vehicle (SSV) (OTAN) : véhicule à blindage léger

software (OTAN, US) : logiciel (informatique)

software robot (US) : robot logiciel (RENS)

software technology (OTAN) : technologie des logiciels

software tool (US) : outil logiciel

soil (US) : sol

soldier : terrien (soldat de l'armée de terre) (familier)

soldier (US) : homme du rang

soldier (US) : militaire (nom)

soldier (US) : militaire du rang (MDR)

soldier (US, GB) : soldat

soldier (who is) about to be demobbed : quillard

soldier conduct (US) : comportement du soldat (guerre)

soldier of fortune (GB) : mercenaire

soldier on leave : permissionnaire

soldier protection suit (US) : tenue de protection individuelle

soldier support (US) : soutien de l'homme

soldier system (Jane's) : système combattant (SC)

soldier team (US) : équipe de soldats

soldier who has just been demobbed : quillard

soldier with a desk job : embusqué (terme familier)

soldier's equipment (GB) : équipements du combattant

soldiering (GB) : carrière des armes (la)

soldiering (GB) : exercice du métier de soldat

soldiering (GB) : métier de soldat (ou des armes)

soldiering (GB) : métier militaire (le)

Soldiers (équivalents US et GB) : Terre Information Magazine (revue de l'armée de terre)

soldiers' mess (US) : ordinaire

soldiers' dining facility (US) : ordinaire

solid (GB) : solide

solid (line) (US) : plein (trait) (graphisme)

solid propellant (US) : poudre (missile)

solidarity (GB) : solidarité

solidly constructed target : structure solide (cible)

solitary confinement (US) : isolement (détention) (PERS)

solution (CA) : solution

solution (US, OTAN) : solution

solve (GB) : résoudre (problème)

soman (UN, GB) : soman (agent toxique)

some (UEO) : quelque (approximation)

some (US) : certain (indéterminé)

sometime (GB) : courant (au cours de)

son (US, GB) : fils

sonar (= sound detection and ranging) : sonar

song (US, GB) : chant

sophisticated : complexe (adjectif)

sophisticated : évolué (matériel / technique)

sophisticated : sophistiqué (matériel)

sophisticated (UN) : perfectionné (matériel / système)

sophisticated (US) : élaboré (matériel)

sophistication : sophistication (système / matériel)

sophistication (US) : complexité

sort (OTAN) : trier

sort (US) : classer (concepts)

sortie (US, GB, OTAN) : sortie (aéronef)

sortie number (US, GB) : numéro de sortie (photographie)

sorting (OTAN) : tri (SAN)

sorting (US) : tri (informatique / RENS)

sorting in a mass casualty situation (OTAN) : tri en cas de pertes massives (SAN)

SOS (GB) : SOS

sought-after (GB) : recherché (poste)

sound (GB) : jouer
sound (UN) : assourdissant
sound (US) : approprié
sound (US) : bruit
sound (US) : retentir
sound barrier (US) : mur du son
sound ranged (US) : repéré par le son (ART)
sound the retreat (GB) : battre la retraite
soundness (US) : justesse (doctrine)
soundness (US) : solidité (justesse) (doctrine)
sound-ranging : repérage par le son (ART)
source (intelligence) (OTAN, US) : source (RENS)
source (OTAN) : origine (rayonnement électromagnétique)
source (US) : vivier (ou source)
source (US, UN, OTAN) : source
source material (OTAN) : documents d'origine (préparation des cartes)
source of information (US) : source d'information
source of intelligence (US) : source de renseignement (RENS)
source of legitimacy (US) : source de légitimité
south (OTAN, GB, US, CA) : sud
South Central Europe (OTAN) : Centre-Sud Europe
South East Europe (OTAN) : Europe du Sud-Est
South Pacific Nuclear Free Zone (SPNFZ) (UN) : zone dénucléarisée du Pacifique Sud
South-East Asia Treaty Organization (SEATO) (UN) : organisation du traité (de défense collective) de l'Asie du Sud-Est (OTASE)
south-easterly (GB) : sud-est
Southeastern (OTAN) : sud-est
Southeastern Europe (OTAN) : Sud-Est Europe
southern (OTAN) : sud (du)
southern (US, OTAN) : méridional (ou du sud) (adjectif)
Southern Europe (OTAN) : Sud Europe
Southern Territorial Command (German) : T.K.S. (Territorial Kommando Süd)
sovereign (US, GB) : souverain (adjectif)
sovereignty (CA, GB) : souveraineté
sovereignty force : force de souveraineté (DOM - TOM)
Soviet Union : Union soviétique (l') (Hist.)
space (capabilities / imaging / mine / strike weapons / system / weaponry / vehicle) (UN, OTAN) : spatial (capacités / imagerie / mine / armes de frappe / système / arsenal / véhicule)
space (GB, US) : espace
space (OTAN) : parc
space (US) : place (crèche / halte-garderie)
space assets (US) : moyens spatiaux
space capabilities (US) : capacités dans l'espace
space control (US) : contrôle de l'espace
space operations (US) : opérations dans l'espace
space operations (US) : opérations spatiales

space power (US) : puissance spatiale
space program (US) : programme spatial
space reconnaisance satellite (US) : satellite d'observation spatiale (RENS)
space reconnaissance (US) : observation spatiale (RENS)
space reconnaissance (US) : renseignement spatial
space shuttle (OTAN) : navette spatiale
space superiority (US) : supériorité dans l'espace
space surveillance (US) : observation spatiale (RENS)
space surveillance (US) : surveillance de l'espace (RENS)
space surveillance center (US) : centre d'observation spatiale (USA) (RENS)
space system (US) : système spatial
space technologies (US) : technologies spatiales
space test (OTAN) : essai spatial
space warfare (US) : guerre spatiale
space warfare center (US) : centre de guerre spatiale (USA)
space weapons (US) : armes dans l'espace
space-based (US) : basé dans l'espace
spacecraft (GB) : vaisseau spatial
spacecraft (US, GB) : engin spatial
spade : bêche (obusier)
spall (GB) : éclats de blindage (intérieur de véhicule blindé)
span (a gap) : franchir (coupure) (GEN)
span (GB) : travée (pont)
span (GB) : travure (pont)
span (GB, OTAN) : enjamber
span (US, GB) : portée (pont)
spare (Jane's) : épargner (vies)
spare (US, OTAN, GB) : pièce de rechange (LOG)
spare clothing (GB) : vêtements de rechange
spare part (GB) : pièce de rechange (LOG)
spare parts (GB) : pièces détachées
spare parts list (OTAN) : liste de pièces de rechange (LOG)
spare wheel (Jane's) : roue de secours
spares (OTAN) : rechanges
spares kit (OTAN) : lot de rechange (LOG)
speak (US, GB) : parler
speak slower ! (US) : parlez lentement ! (procédure radio)
spearhead (GB) : phare (sens figuré)
spearhead (US, GB) : fer de lance
special (GB, OTAN) : spécial
special (UN) : extraordinaire
special (US) : classifié (source / document) (RENS)
special activities (US) : activités spéciales (RENS)
special ammunition (OTAN) : munitions spéciales
special ammunition storage (SAS) (OTAN) : dépôt de munitions spéciales
special assassination mission (US) : opération "homo" (homicide) (assassinat) (RENS)

special assignment (SA) (OTAN) : mission spéciale

Special Boat Squadron (SBS) (équivalent GB) : Commando Hubert

special environment (US) : environnement spécial

special force (CA) : force spéciale

special forces (GB, US) : forces spéciales

Special Forces Command (Land) : commandement des forces spéciales Terre

Special Forces tab (US) : insigne des forces spéciales (US)

special forces unit (GB, US) : unité des forces spéciales

special funds (US) : fonds secrets (services de renseignement) (RENS)

special intelligence (OTAN) : renseignement spécial

special investigation (GB) : police judiciaire (mission) (GEND)

special leave (GB) : permission à caractère particulier

special leave (US) : permission de prolongation de séjour à l'étranger

special mission (US) : mission spéciale (forces spéciales)

special operations (SO) (US) : opérations spéciales

Special Operations (SO) Command : commandement des opérations spéciales (COS)

special operations (SO) infantry : infanterie spéciale

special operations (US) : action spéciale (RENS)

Special Operations aircraft (SOA) (US) : SA 330 / SA 342 (hélicoptères)

special operations component (US) : composante des opérations spéciales

special operations force (SOF) (GB) : force d'opérations spéciales

special operations forces (SOF) (US) : forces d'opérations spéciales

special operations independent task force : groupement spécial autonome (GSA) (RPIMa + CES + DAOS) (armée de terre 2002)

special operations parachute commando regiment : régiment parachutiste de choc (11ᵉ RPC) (dissous en 1993)

special operations parachute training centre : centre de préparation et d'instruction spécialisé (CPIS)

special operations unit (US) : unité d'opérations spéciales

special police (forces) (OTAN) : forces spéciales de police

special purpose (OTAN) : d'emploi spécial (force)

Special Reconnaissance (SR) battalion : régiment de dragons parachutistes (RDP)

special reconnaissance missions (US) : missions de reconnaissance spéciale (RDP)

special separation bonus (US) : pécule (d'incitation au départ) (PERS)

special services (US) : services spéciaux (RENS)

special skill badge (US) : insigne de spécialité

special spaced armour (SSA) : blindage espacé

special staff (US) : état-major spécial (division)

Special to Arm training (ou : Phase 2 training) (GB) : formation spécifique d'arme

Special to Theatre training (GB) : formation spécifique de théâtre

special troops (US) : troupes spéciales

special unit (US) : unité spéciale

special weapons (SW) (OTAN) : armes spéciales

special(ist) training centre : centre d'entraînement spécialisé (CES) (armée de terre 2002)

specialisation (CFE) : spécialisation (PERS)

specialised (CFE) : spécialisé

specialised unit (UEO) : unité spécialisée

specialist (GB) : spécialisé

Specialist (Support) Brigade Headquarters : commandement de brigade d'appui spécialisé (COMBAS)

specialist (support) headquarters : commandement d'appui spécialisé (ART / GEN / RENS / TRANS) (armée de terre 2002)

specialist (US) : soldat spécialiste (engagé) (USA)

specialist (US) : spécialiste (domaine particulier)

specialist (US) : spécialiste (soldat engagé)

specialist (US, OTAN) : spécialiste (médecine) (SAN)

specialist brigade (Jane's) : brigade d'appuis spécialisés (BAS) (armée de terre 2002)

specialist combat service support battalion : régiment de soutien spécialisé

specialist combat service support regiment : régiment de soutien spécialisé

specialist combat support battalion : régiment d'appui spécialisé (ART / GEN / RENS / TRANS)

specialist combat support regiment : régiment d'appui spécialisé (ART / GEN / RENS / TRANS)

specialist command headquarters (ou HQ) : PC de commandement spécialisé (armée de terre 2002)

specialist company (GB) : compagnie spécialisée

specialist forces (GB) : forces spécialisées

specialist in internal medicine (OTAN) : spécialiste en médecine interne (SAN)

specialist qualification (GB) : brevet de spécialité

specialist role (GB) : mission spécialisée (unité / corps / arme)

specialist skill (GB) : spécialité (militaire) (PERS)

specialist support (GB) : appui(s) spécialisé(s)

specialist support unit (Jane's) : unité d'appui spécialisé

specialist team (GB) : équipe spécialisée

specialization (GB) : spécialisation (PERS)

specialize ou to specialise (GB, US) : se spécialiser

specialized (US) : spécialisé

specialized course (GB) : stage de spécialisation

specialized course (GB) : stage spécialisé
specialized school (US) : école spécialisée
specialized training (US) : entraînement spécialisé (agent) (RENS)
specialized training (US) : formation spécialisée
specially (US) : spécialement
specially trained (OTAN) : spécialisé
special-purpose (OTAN) : emploi spécial (d') (force)
special-purpose force (SPF) (OTAN) : force d'emploi spécial
special-to-arm course (GB) : stage d'application (jeunes officiers)
specialty (US) : spécialité (militaire) (PERS)
specialty (US) : spécialité (médicale) (SAN)
specialty area (US) : domaine de spécialisation (ou de spécialité)
specialty course (US) : stage de spécialité
specialty kit : ensemble de transformation (camion)
specialty training / MOS (= Military Occupational Specialty) training (military) (US) : formation de spécialité (militaire)
specialty training (US) : formation de spécialité (SAN)
specific (OTAN) : spécifique
specific (US, GB, UEO) : particulier
specific (US, OTAN) : déterminé (spécifié)
specific (US, OTAN) : donné
specific area (OTAN) : domaine spécifique
specific logistics : logistique spécifique
specific requirement (Jane's) : besoin spécifique (ARMT)
specific situation (US) : situation particulière (ordre / TAC)
specifically (US) : en particulier
specifications : caractéristiques techniques (matériel)
specifications (US) : exigences (matériel)
specified : spécifié
specified (CFE, OTAN) : donné
specified (OTAN) : déterminé (spécifié)
specified (US) : défini
specified (US) : spécialisé
specify (CFE, US) : préciser
specify (US) : définir
spectrum (GB, OTAN, US) : gamme
spectrum (US) : éventail (gamme)
spectrum (US, GB, UEO) : spectre (sens abstrait)
spectrum of conflict (GB) : éventail des conflits
spectrum of forces (UN) : panoplie des forces
spectrum of threats (US) : éventail des menaces
speech (GB) : discours
speech (OTAN) : allocution
speed (OTAN, US) : rapidité (TAC)
speed (US) : accélérer (hâter)
speed (US) : rapport (vitesse)
speed (US, GB, OTAN) : vitesse

speed in water (US) : vitesse sur l'eau (véhicule amphibie)
speed limit : limitation de vitesse
speed of advance (SOA) (OTAN) : vitesse de progression
speed of movement : vitesse de mouvement (unités)
speed of reaction : vitesse de réaction
speed of sound (US) : vitesse du son
speedily (GB) : rapidement
speedy (US) : rapide (TAC)
spell : épeler
spend (GB , OTAN) : dépenser
spend (GB) : consommer (munitions)
spend (US) : effectuer
spend (US, Jane's) : passer (sens temporel)
spending (GB, OTAN) : dépenses
spent (GB) : consommé (munition)
spill : verser (sang)
spill-out effect (US) : réaction en chaîne (sens figuré)
spin (OTAN) : rotation
spin-off (armement) (US) : sous-produit
spin-off (US) : application secondaire (sous-produit) (armement)
spiralling (UN) : vertigineux
spirit (US) : entrain (fougue / énergie) (PERS)
spirit (US) : esprit
spirit (US) : fougue (énergie) (PERS)
spirit of co-operation (OTAN) : esprit de coopération
spirit of the offense (US) : esprit offensif (PERS)
splint (US) : appareiller (SAN)
split (GB) : scinder (unité)
split up (GB) : diviser (scinder)
split-based (US) : coupé de sa base (LOG)
spoil (GB) : déblais
spoiling attack (NATO) : attaque préventive de harcèlement
spoken (GB) : vocal
spokesman (OTAN) : porte-parole
spokesperson (US) : porte-parole
sponsor (OTAN) : commanditer
sponsor (US) : parrain (PERS)
sponsor (US) : parrainer
sponsorship (US) : égide
sponsorship (US, OTAN) : parrainage (PERS)
spoofery (UN) : duperie (ou intrusion malveillante ou stratagème électronique) (GE)
spoofery (UN) : intrusion
spook (US) (CIA) : barbouze (agent secret) (familier)
spook agency (US) : organisme d'espionnage
spook equipment (familier) (US) : matériel d'espionnage
spook operations (US) : opérations d'espionnage
spoon : cuillère (grenade)
sporadic (GB, US) : sporadique

sporadic firing (US) : tirs sporadiques

sport (US, GB) : sport

SPORT data retrieval system (Jane's) : système pour un parcours d'évaluation (SPORT)

SPOT satellite (French) (US) : SPOT (Système Probatoire d'Observation de la Terre) (satellite)

sporting (GB) : sportif

sporting activities (GB) : activités sportives

sporting gun (US) : fusil de chasse

sporting rifle (US) : fusil de chasse

sports association (GB) : association sportive (armée de terre)

sports competition (GB) : compétition sportive

sports day (GB) : journée des sports

sports instructor (GB) : moniteur de sport

sports kit (GB) : tenue de sport (d'EPS)

sports qualification (GB) : brevet sportif

sports team (GB) : équipe sportive

spot (GB) : emplacement (endroit)

spot (GB) : place (arme)

spot (GB) : repérer

spot (OTAN, GB) : observer (ART)

spot (UN) : sondage (par)

spot (US) : repérer (agent potentiel pour son propre service) (RENS)

spot (US, GB) : repère (point lumineux)

spot check (US) : vérifier (arme / matériel)

spot elevation (OTAN) : point coté (carte)

spot jamming (US, OTAN) : brouillage sélectif

spot level : cote (niveau)

spot-check (UN) : contrôle aléatoire (ou par sondage ou ponctuel) (armes chimiques)

spotlight : projecteur (sur véhicule) (de petite taille)

spotter (OTAN) : observateur (ART)

spotter (US) : repéreur (d'agents potentiels) (RENS)

spotter aircraft (US) : avion d'observation (ou de réglage de tir)

spotting (US, OTAN) : observation du tir (ART)

spotting line (OTAN) : ligne d'observation (ART)

spotting line (US, GB) : axe d'observation (ART)

spotting rifle (GB) : arme de réglage

sprain : entorse (SAN)

SPRAT modular gap crossing system (Jane's) : SPRAT (Système de Pose Rapide des Travures)

spread : desserrer (répartir)

spread : écarter

spread (GB) : répartir (personnel / forces)

spread (Jane's) : étaler

spread (Jane's) : s'étaler (livraisons)

spread (of nuclear weapons) (UN) : dispersion (des armes nucléaires)

spread (UN) : prolifération

spread (UN, OTAN) : dissémination (armes nucléaires) (STRAT)

spread (US) : diffusion (information / propagande)

spread (US, GB) : extension

spread out : disperser (se)

spreading (OTAN) : étalement (troupes / matériels / installations)

spread-spectrum modulation (SSM) (OTAN) : modulation par étalement du spectre (MES)

spread-spectrum multiple access (SSMA) (OTAN) : accès multiple par étalement du spectre (AMES)

spread-sprectrum (OTAN) : étalement du spectre (par)

spring : ressort (grenade à main / bazooka)

spring from (OTAN) : provenir de

springboard (US) : tremplin (sens figuré)

sprocket (wheel) : barbotin (char)

spud-bashing duty (GB) : pluches (corvée de) (familier)

spur (GB) : éperon (cavalier)

spur (US) : éperon (ou saillie) (TOPO)

spurn (Jane's) : repousser (rejeter)

spy (US) : espionner

spy (US, GB) : espion (RENS)

spy activity (US) : activité d'espionnage (RENS)

spy agency (US) : service d'espionnage

spy aircraft (US) : avion espion (RENS)

spy case (US) : affaire d'espionnage

spy city (US) : nid d'espions (ville)

spy equipment (US) : matériel d'espionnage

spy mission (US) : mission d'espionnage (aéronef)

spy network (US) : réseau d'espionnage (ou d'espions) (RENS)

spy operation (US) : opération d'espionnage

spy plane (US) : avion espion (RENS)

spy recruiting (US) : recrutement d'espions (RENS)

spy ring (US) : cercle d'espions (RENS)

spy ring (US) : réseau d'espionnage (ou d'espions) (RENS)

spy satellite (US) : satellite espion

spy school (US) : école de formation du renseignement

spy school (US) : école d'espionnage

spy shop (US) : boutique de matériel d'espionnage

spy swap (US) : échange d'espions (RENS)

spy system (US) : système d'espionnage (pays) (RENS)

spycatcher (US) : chasseur d'espions (familier) (RENS)

spycatcher (US) : contre-espion (familier) (RENS)

spying (US) : espionnage (RENS)

spying operation (US) : opération d'espionnage

spying techniques (US) : techniques d'espionnage (RENS)

spymaster (US) : maître espion (RENS)

squad (US) : groupe (unité militaire)

squad carrier (US) : véhicule de transport de groupe de combat

squad leader (SL) (US) : chef de groupe (infanterie)

squad vehicle (US) : véhicule de groupe de combat

squaddy ou squaddie (GB) : bidasse

squaddy ou squaddie (GB) : piou-piou (familier)

squaddy ou squaddie (GB) : troufion (ou bidasse) (terme familier)

squadron (GB) : escadrille (hélicoptères) (ALAT)

squadron (signal) (GB) : compagnie des transmissions

squadron (terminologie GB) : escadrille d'hélicoptères antichar (EHAC)

squadron group (ABC) (GB) : sous-groupement (tactique)

squadron group (Jane's) : groupe d'escadrons (GE) (ABC)

squadron leader (GB) : chef d'escadron (fonction)

Squadron Sergeant Major (ABC) : adjudant (ADJ) (grade)

square (GB) : carré

square : cour

square (unit structure) (GB) : quaternaire (structure d'unité)

squash head : tête d'écrasement

squatting (US) : accroupi

St. Cyr Military Academy passing-out parade : Triomphe (le) (Saint-Cyr)

St. Cyr Military Academy prep(aratory) school : corniche (classe préparatoire à Saint-Cyr)

St. Cyr Military Academy prep(aratory) school student : cornichon (élève de classe préparatoire à Saint-Cyr)

St.Cyr (Military Academy) cadet's full dress uniform : grand U (Saint-Cyr)

stab : poignarder

stabilisation (OTAN) : stabilisation (TAC)

stabilisation (ou stabilization) force (SFOR) (OTAN, US) : force de stabilisation

stabilise (OTAN) : stabiliser

stabilised (GB) : stabilisé (ligne) (TAC)

stability (US) : stabilité (STRAT)

stability environment (OTAN) : environnement de stabilité

stability of democratic institutions (OTAN) : stabilité des institutions démocratiques (critère de Copenhague)

stability operations (US) : opérations de stabilité (= maintien de l'ordre)

stabilization (US) : stabilisation (armement)

stabilize (OTAN, US, GB) : stabiliser

stabilize (US) : se stabiliser

stabilized (GB, US) : stabilisé (armement / canon / matériel)

stabilizing fin : stabilisateur (missile)

stabilizing parachute : parachute stabilisateur (livraison par air)

stable (US) : stable

staff (GB) : personnel(s)

staff (OTAN, US, GB, UEO) : état-major

Staff (S) : état-major (au-dessous de l'échelon de la brigade)

staff (permanent) (GB) : cadres (institution militaire)

staff (US) : mât (drapeau)

staff branch (GB) : bureau d'état-major

staff car (GB) : voiture de liaison (ou de fonction) (officier supérieur ou général)

Staff College (équivalent GB) : collège interarmées de défense (CID)

staff college (GB) : école d'état-major

Staff College graduate (équivalent GB) : breveté (d'état-major) (officier)

staff duty (US) : service d'état-major (mission)

staff duty officer (SDO) (US) : officier de permanence (OP)

staff element (OTAN) : élément d'état-major

staff exercise (STAFFEX) (OTAN) : exercice d'état-major

staff officer (SO) (GB, OTAN) : officier d'état-major (OEM) (au-dessous de l'échelon de la brigade)

staff personnel (US) : personnel(s) d'état-major

staff planning (US) : planification d'état-major

staff procedures (OTAN) : procédures d'état-major

staff school (US) : école d'état-major

staff section (US) : bureau d'état-major

Staff Sergeant (S/Sgt) (INF /ABC / ART) (GB) : sergent-chef (grade)

Staff Sergeant (SSG) (E6) (US) : sergent-chef (grade)

Staff Specialist Corps (US) : service d'état-major (corps)

Staff Specialist Corps College : école supérieure des officiers de réserve du service d'état-major (ESORSEM)

Staff Specialist Corps officer : ORSEM (officier de réserve du service d'état-major)

staff structures (US) : structures d'état-major

staff surgeon (OTAN) : médecin d'état-major

staff training center (division-level) (Jane's) : centre d'entraînement des postes de commandement (CEPC) (Mailly)

staff work (GB) : travail d'état-major

staffed : encadré (force / soldats)

staffed by (UEO) : composé de (troupe / matériel / organisation)

staffing : travail d'état-major

staffing (of a force) (GB) : encadrement (force)

staff-level (OTAN) : à l'échelon de l'état-major

stage : monter (opération)

stage (GB) : étape (processus / opérations)

stage (OTAN) : base (fondement)

stage (UN) : étage (missile / lanceur)

stage (US) : décor

stage (US) : organiser (mettre sur pied) (exercice)

stage (US) : stade (bataille / opération) (TAC)

stage (US) : temps (manœuvre / opération) (TAC)

stage (US, GB) : étape (troupes) (TAC)

stage (US, OTAN) : stade (étape)

stagger (US) : défier

stagger (US) : espacer (rangs)

staging (US) : mise sur pied (organisation) (exercice)

staging area (OTAN) : zone d'étape (opération amphibie ou aéroportée / mouvement sur lignes de communication)

staging area (SA) : zone de déploiement d'attente (ZDA)

stake : enjeu

stake (US) : jalon (tir)

stakeout (US) : filature (surveillance) (RENS)

stakeout (US) : "fileur" (RENS)

stalemate : blocage (situation bloquée)

stalemate (US) : impasse (conflit)

stamina (GB) : résistance (physique) (PERS)

stamina (GB, US) : endurance (physique) (PERS)

stand (GB) : accrocher (s')

stand (GB) : résistance

stand at : se monter à (effectif)

stand at (US) : s'élever à (effectif(s))

stand at attention (US, GB) : être au garde-à-vous

stand between : s'interposer (entre) (force)

stand by to (GB) : se tenir prêt à

stand fast ! (OTAN) : halte ! (ART)

stand guard (US) : monter la garde

stand ready to (US) : se tenir prêt à

stand to (GB) : se tenir en alerte (attaque ennemie) (troupe)

stand to attention (US, GB) : se mettre au garde-à-vous

standard : niveau

standard (GB) : étendard

standard (GB) : niveau

standard (GB) : normal (ou aux normes ou classique)

standard (GB) : standard (norme)

standard (GB, Jane's) : série (fabrication)

standard (OTAN) : normalisé

standard (OTAN, US) : norme

standard (UEO) : standardisé

standard (UN) : type (standard / courant)

standard (UN, US) : courant (habituel)

standard (US) : classique

standard (US) : critère (norme)

standard (US) : réglementaire

standard (US) : type courant (de)

standard (US, GB) : ordinaire (adjectif)

standard consumption norm (SCN) (OTAN) : norme de consommation standard

standard day of supply (OTAN) : jour standard d'approvisionnement

standard deviation : écart-type

standard equipment (Jane's) : équipement de série (matériel)

standard message (OTAN) : message-type

Standard Military Course (équivalent GB) (GB) : formation initiale des élèves-officiers (Écoles de Coëtquidan)

standard operating procedure (US) : instructions permanentes

standard-bearer (US) : porte-étendard

standardisation (OTAN) : standardisation

standardization (OTAN) : normalisation

standardization (US) : standardisation

standardize (GB) : harmoniser

standardize (US) : normaliser

standardized (OTAN, US) : normalisé

standardized (US, OTAN) : standardisé

standardized language proficiency (SLP) (OTAN) : aptitudes linguistiques normalisées

standardized language profile (SLP) (OTAN) : profil linguistique normalisé

standardized procedures (US) : procédures normalisées

standardized product (US, GB) : produit normalisé

standards (US) : barre (niveau)

standards (US) : poids (sens figuré)

standards of conduct (US) : déontologie

standby (CA) : en attente

standby (GB) : pied (sens figuré)

stand-by (US, GB) : attente (avant opération) (TAC)

Standby Reserve (US) : réserve citoyenne (réservistes) (France)

stand-by status (US) : disponibilité (réserviste)

standing (UN, OTAN) : permanent

standing agreement (GB) : accord permanent

standing army (GB) : armée d'active (par rapport aux forces de réserve)

standing by : en attente

standing command : commandement permanent (France)

standing committee (OTAN) : comité permanent

Standing Committee on Political and Security Affairs (OTAN) : comité permanent pour les affaires politiques et de sécurité

standing forces (OTAN) : forces permanentes

standing multinational force : force multinationale permanente

Standing Naval Force Mediterranean (STANAVFORMED) (OTAN) : force navale permanente de la Méditerranée

standing operating procedure (SOP) (GB, OTAN) : instructions permanentes

Standing Operating Procedure (SOP) (US, OTAN, GB) : procédure opérationnelle permanente (instructions permanentes / OTAN)

standing order (US, OTAN, GB) : ordre permanent

standing orders (GB) : consignes permanentes

standing patrol (GB) : patrouille fixe

standing patrol (GB) : patrouille statique

standing patrol (GB, OTAN) : patrouille en attente

stand-off (US) : face à face (ou face-à-face) (affrontement) (TAC) stand-off (US, GB) : hors de portée d'une riposte ennemie (ou à distance de sécurité) (système d'arme)

stand-off (US, OTAN) : tiré à distance de sécurité (missile)

stand-off distance (UN) : distance de sécurité

stand-off jammer (SOJ) (OTAN) : brouilleur à distance de sécurité

stand-off jamming (SOJ) (OTAN) : brouillage à distance de sécurité

stand-off missile (UN) : missile à distance de sécurité

stand-off missile (UN) : missile lancé à distance de sécurité

standoff radar detection : détection radar à distance

stand-off range (OTAN) : distance de sécurité

standoff range (US) : distance de sécurité

stand-off surveillance (and target acquisition) (OTAN) : reconnaissance à distance de sécurité

stand-off weapon (UN) : arme utilisable (ou utilisée) à distance de sécurité

standpoint (US) : point de vue

stands (GB) : démonstration (matériel)

star (US, GB) : étoile (insigne d'officier général)

star shell (GB) : obus éclairant

Star Wars (UN) (Strategic Defense Initiative, ou SDI) : guerre des étoiles (terme médiatique)

start : débuter (opération)

start : déclencher (opération / procédure / hostilités)

start (GB) : commencer

start (Jane's) : entamer

start (US) : début

start (US) : démarrage

start line (GB, US) : ligne de débouché (ligne de départ, OTAN) (TAC)

start of (the) exercise (STARTEX) : début de l'exercice (DEBEX)

start of tenure (OTAN) : entrée en fonctions

start point (US, OTAN) : point initial (circulation)

starting (at) : à compter de (+ heure)

starting point (US) : point de départ (sens figuré)

starvation, famine : famine

state (GB) : condition (état) (personnel / matériel)

state (GB) : décliner (indiquer)

state (GB) : état (condition)

state (Jane's) : faire part de

state (OTAN) : énoncer

state (US) : exprimer (besoin)

state (US, GB) : indiquer (échelle de carte)

state (US, GB, OTAN) : État

state highway (US) : N. (route nationale)

state of alert (GB) : état d'alerte

state of conflict (GB) : état de conflit

state of emergency (GB) : état d'urgence

state of hostilities (GB) : conflit armé

state of operational readiness : état de préparation opérationnelle

state of readiness (OTAN) : alerte

state of readiness (SOR) (US, UN, OTAN) : état de préparation (aptitude) (forces / unité)

state of readiness (US, GB) : alerte (PERS)

state of readiness for war (OTAN) : pied de guerre

state of siege (GB) : état de siège

state of war (GB, US) : état de guerre

state secret : secret d'État

stated (US) : défini

stateless person ou stateless individual : apatride

statement (OTAN) : déclaration (à la presse)

statement (OTAN) : expression

statement (OTAN) : parole

statement (US) : définition

statement (US, CA, OTAN) : énoncé

statement of intent (US) : déclaration d'intention (chef)

statement of requirements (SOR) : expression des besoins

statement of work (SOW) (OTAN) : cahier des charges

Statement on the Defence Estimates (SED) (GB) : livre blanc annuel (politique et plans de défense)

state-of-the-art : ultra-moderne (matériel)

state-of-the-art (UN) : pointe (de)

state-of-the-art (US) : dernier cri

state-owned (Jane's) : nationalisé

States (GB) : États-Unis (d'Amérique)

static (GB) : fixe

static (Jane's) : stationnaire (véhicule)

static (OTAN) : fixe (état-major / quartier général)

static (US) : statique

static display (CFE) : présentation statique (matériels)

static electricity (US, GB) : électricité statique

static line (parachute) (US, OTAN) : sangle d'ouverture automatique (SOA) (TAP)

static line jump : saut à ouverture automatique (TAP)

static war (UN) : guerre fixe

station (GB) : entretenir (maintenir) (force)

station (GB) : poste (emplacement) (véhicule)

station (GB) : poster

station (home) (US) : garnison

station (US) : antenne (à l'étranger) (RENS)

station (US) : emplacement (endroit)

station (US) : station (poste) (en ambassade) (RENS)

station chief : chef de poste (ambassade à l'étranger) (RENS)

station hospital (US) : hôpital de garnison

station library (US) : bibliothèque de garnison

station time (US, OTAN) : heure de fin de chargement (transport par air)

stationary : station (en) (force)

stationary (GB) : immobile (véhicule)

stationary (US) : arrêt (à l') (force / matériel)

stationary (US) : fixe

stationed (GB) : stationné (PERS)
stationed (pays) (UN) : stationné (force)
stationing (US) : stationnement (forces)
statistic (US, GB) : statistique (donnée statistique)
statistical (GB) : statistique (adjectif)
statistics (GB) : statistique (science)
status (GB) : état (statut) (PERS)
status (US) : situation
status (US) : stade (étape)
status (US) : stade de développement (descriptif de matériel)
status (US, GB) : condition (statut)
status (US, GB, OTAN) : statut
status control alert reporting system (SCARS) (OTAN) : système d'alerte, de contrôle et de compte-rendu
status of forces (OTAN) : état des forces
status of forces report (SFR) (OTAN) : rapport sur l'état des forces
status report (OTAN) : compte-rendu de situation (transports aériens)
status-quo (CA, GB) : statu quo
stay (US) : rester (demeurer)
stay behind (US) : réseau d'agents dormants (RENS)
stay behind force (OTAN) : détachement de sûreté
stay behind force (OTAN) : élément dépassé (détachement de sûreté)
stay behind unit (US) : unité de sûreté
stay in place (GB) : rester en place (force)
staying power (US) : endurance (résistance) (force)
staying power (US) : pouvoir de résistance
staying power (US) : résistance (endurance) (force)
steady (US) : stabilisé (vitesse)
steal (GB) : voler (dérober)
steal (US) : dérober (secret / document)
stealth : furtif
stealth : invisible
stealth (US) : discrétion
stealth (US) : indétectabilité
stealth aircraft (OTAN) : avion furtif
stealth bomber (UN) : bombardier furtif (type B2)
stealth fighter-bomber (GB) : chasseur-bombardier furtif
stealth plane (Time) : avion furtif
stealth technology : technologie furtive
stealth ou stealthiness (UN) : furtivité
stealthy (US) : discret
steamroller : compacteur (engin) (GEN)
steel helmet : casque lourd
steep (terrain) (US) : escarpé (terrain)
steep (US, GB) : abrupte (pente)
steer (US) : diriger (bombe)
steerable (US) : directrice (roue)
steering (US) : direction (véhicule)
steering brake (US) : frein de direction

steering column : colonne de direction
steering committee (OTAN) : comité directeur
stem (OTAN) : endiguer
step (OTAN) : pas (progrès)
step (US) : étape (processus / opérations)
step (US) : marcher (PERS)
step (US, GB) : mesure (action)
step down (Jane's) : se retirer (prendre sa retraite) (PERS)
step in the right direction (OTAN) : pas en avant
step into somebody's boots (US) : succéder à
step up (OTAN) : bascule (TAC)
step up (OTAN) : renforcer (assistance)
step up (US, GB) : détachement de bascule (TAC)
step up HQ (US) : PC de rechange
step up procedure (OTAN) : bascule (TAC)
step-by-step (UN) : progressif
step-by-step (US) : pas à pas
stepping stone (US) : tremplin (sens figuré)
sterilize (a mine) (OTAN) : insensibiliser (mine)
stern (GB) : sévère
stevedoring : acconage
stick (GB) : chapelet (bombes)
stick (US, OTAN, GB) : groupe de saut (TAP)
stick around (US) : poireauter (rester dans les parages) (PERS)
stick it out (US) : tenir bon (résister) (force attaquée)
stick up for (US) : prendre la défense de
sticky point (US) : question difficile
stiff (GB) : dur
stimulate (OTAN) : stimuler
sting (US) : aiguillonner (ennemi)
stock : fût (fusil automatique / fusil)
stock (OTAN) : entreposer (matériels / munitions)
stock (US) : crosse (fusil / mitrailleuse)
stock (US) : stocker
stock answer (US) : réponse toute faite
stock control (US, OTAN) : contrôle de(s) stock(s)
stock grip cap : embout de poignée (fusil)
stock list (OTAN) : catalogue de stock (LOG)
stock number (OTAN) : numéro de nomenclature (LOG)
stockade (US) : gnouf (prison)
stockade (US) : trou (prison)
stockbutt : fût (fusil automatique / fusil)
stockpile (US) : stocker
stockpile planning (OTAN) : planification de stocks
stockpiles (GB) : stocks
stockpiling (UN) : stockage (armes / matériel / produits)
stocks (OTAN) : stocks
stolen (item of equipment) (UN) : volé (matériel)
stomach cramps (US) : crampes d'estomac (SAN)
stood to (GB) : tenu en alerte (unité)
stop ! (GB) : halte ! (commandement)
stop (GB) : interrompre

stop (OTAN) : arrêter (interrompre) (mission / opération / séquence de tir / course aux armements / production)
stop (OTAN) : faire cesser
stop (US) : arrêter (TAC)
stop (US, GB) : arrêter de
stop firing (US) : cesser le tir (ou cesser de tirer)
stoppage (GB) : incident de tir (raté)
stoppage (US) : arrêt
stoppage (US) : suspension
stopping power (OTAN) : pouvoir d'arrêt (champ de mines)
storage (of equipment) (CFE) : dépôt (action de déposer) (matériel)
storage (OTAN, CA) : entreposage
storage (OTAN, US) : stockage (armes / matériel / produits)
storage area (US) : zone de stockage
storage base (OTAN) : base de stockage
storage compartment (US) : compartiment de stockage (missiles) (véhicule blindé)
storage compartment (US) : soute (missiles) (véhicule blindé)
storage container (US) : conteneur de stockage (LOG)
storage facility (US) : installation de stockage
storage life (OTAN) : durée limite de stockage (article de ravitaillement)
storage procedures (US) : procédures de stockage (munitions)
storage site : lieu de stockage
storage site (OTAN) : site de stockage
storage site (OTAN, US) : site de stockage (armes / munitions)
store : entreposer (matériels / munitions)
store (CFE) : conserver en dépôt (matériel)
store (GB) : stock
store (US) : emporter
storehouse (GB) : entrepôt
store-keeper : garde-mites
store-keeper : magasinier
stores : approvisionnements ("appros")
stores (GB) : stocks
storm (GB) : orage
storm (GB) : prendre d'assaut
storming : prise d'assaut (installation)
story (US) : reportage (télévision)
stout (GB) : vigoureux
stout (US) : vaillant
stow (GB) : embarquer (matériel)
stow (US) : emporter
stow (US) : stocker
stowage : emport
stowage (OTAN) : arrimage
stowage (US) : capacité d'emport
stowage bin : coffre (char)
straddle (GB) : encadrer (objectif) (tir d'artillerie ou de mortier)

straddle (GB) : enjamber
strafe (US, GB) : mitrailler au sol
strafing (US) : mitraillage au sol
straggle (GB) : traîner (PERS)
straggler (GB) : traînard
straggler (US, OTAN) : isolé (personnel)
straight (CFE) : droit (adjectif)
straight (GB) : frais émoulu (PERS)
straight ahead : droit devant
straight line (US) : ligne droite
straightforward (UEO) : simple
straightleg (US) : biffin (fantassin)
strain (US) : pression
strained (US) : tendu
strait (GB) : détroit (TOPO)
strand : brin (fil de fer barbelé)
stranded (GB) : immobilisé (véhicule)
strangle (US) : étrangler (PERS)
strap (GB) : sangle (sac à dos)
strap (US) : bride (masque à gaz)
stratagem (GB) : stratagème
stratagem (GB) : subterfuge
strategic (GB, US) : stratégique
strategic aeromedical evacuation (OTAN) : évacuation sanitaire aérienne stratégique
strategic agility (US) : agilité stratégique
strategic aim (US) : objectif stratégique (but de forces)
strategic air warfare (US, GB) : guerre aérienne stratégique (type de guerre)
strategic and tactical mobility (Jane's) : mobilité stratégique et tactique (système de forces) (ARMT)
strategic approach (US) : démarche (ou approche) stratégique (pays)
strategic arms (OTAN) : armements stratégiques
strategic arms limitation (OTAN) : limitation des armements stratégiques
strategic arms limitation treaty (SALT) (OTAN) : traité sur la limitation des armements stratégiques
strategic arms reduction (OTAN) : réduction des armements stratégiques
strategic arms reduction treaty (START) (OTAN) : traité sur la réduction des armements stratégiques
strategic army (US) : armée stratégique
strategic assessment (US) : évaluation stratégique
strategic attack (GB, US) : attaque stratégique
strategic bomber (OTAN) : bombardier stratégique
strategic bomber aircraft (GB) : bombardier stratégique
strategic bombing (GB) : bombardement stratégique
strategic centre of gravity : centre de gravité stratégique
strategic challenge (US) : défi stratégique
strategic choice (GB) : choix stratégique

strategic circumstances (AUST) : conditions stratégiques

strategic circumstances (AUST) : situation stratégique (ou conditions stratégiques)

strategic climate (OTAN) : climat stratégique

Strategic Command (SC) (OTAN) : commandement stratégique (SC) (OTAN)

Strategic Command Atlantic (SC Atlantic) (OTAN) : commandement stratégique pour l'Atlantique (OTAN)

Strategic Command Europe (SC Europe) (OTAN) : commandement stratégique pour l'Europe (OTAN)

strategic concentration (US, GB) : concentration stratégique

strategic concept (OTAN) : concept stratégique

strategic context (US, OTAN) : contexte stratégique

Strategic Defence Review (SDR) (GB) (1998) : revue de défense stratégique (la) (GB)

strategic defense (US) : défense stratégique

Strategic Defense Initiative (SDI) (US) : Initiative de Défense Stratégique (IDS) (Hist.)

strategic deployment (US) : engagement stratégique

strategic deterrence (US) : dissuasion stratégique

strategic dialogue (OTAN) : dialogue stratégique (le)

strategic end state (US) : état stratégique final

strategic forum (US) : forum stratégique

strategic goal (US) : objectif stratégique (but de forces)

strategic independence (OTAN) : indépendance stratégique

strategic intelligence (OTAN, US) : renseignement stratégique

strategic intelligence summary (SIS) (OTAN) : rapport de synthèse de renseignement stratégique

strategic level (US, GB) : niveau stratégique (guerre)

strategic level policy coordination (US) : coordination des politiques au niveau stratégique

strategic lift (US) : transport stratégique

strategic lines of communication (US) : lignes de communication stratégiques

strategic logistics (US) : logistique stratégique

strategic mobility (US) : mobilité stratégique

strategic nuclear deterrence (GB) : dissuasion nucléaire stratégique

strategic nuclear weapon (GB) : arme nucléaire stratégique

strategic objective (OTAN) : but stratégique (organisation / alliance / union)

strategic objective (US) : objectif stratégique

strategic offensive (US) : offensive stratégique

strategic option (US) : option stratégique

strategic ore (US) : minerai stratégique

strategic planning (UEO) : planification stratégique

strategic position (OTAN) : position stratégique (pays)

strategic principle (OTAN) : principe stratégique

strategic projection (UEO) : projection stratégique

strategic rear (US) : arrières stratégiques

strategic reconnaissance aircraft (US) : avion de reconnaissance stratégique

strategic responsiveness (US) : réactivité stratégique (armée)

strategic role (OTAN) : rôle stratégique (pays)

strategic setting (GB) : environnement stratégique (l')

strategic stability (OTAN) : stabilité stratégique

strategic staying power (US) : résistance stratégique (pays)

strategic studies (US) : études stratégiques

strategic target (GB, OTAN) : objectif stratégique

strategic target planning (OTAN) : planification des objectifs stratégiques

strategic theater (US) : théâtre stratégique

strategic thinking (US) : réflexion stratégique

strategic transport capacities (OTAN) : moyens de transport stratégique

strategic warning (US, GB) : alerte stratégique

strategic weapons (US) : armes stratégiques

strategical : stratégique

strategist (US) : stratège

strategy (US, UN) : stratégie

strategy for employment (US) : stratégie d'emploi (forces)

strategy of confrontation (OTAN) : stratégie de confrontation (alliance)

stray (GB) : perdue (balle / munition)

stray (US) : s'égarer (aéronef)

stream (GB) : filière (établissement de formation)

stream (OTAN, GB) : rivière

stream (US) : cours d'eau

stream (US) : flot

stream crossing (US) : franchissement de cours d'eau

streamer (US) : torche (TAP)

streamline : rationnaliser

streamlined : effilé (silhouette d'engin blindé)

streamlined : profilé (véhicule / silhouette)

strecher-case (GB) : patient couché (SAN)

street (US, GB, OTAN) : rue

street combat (US) : combat de rues

street fighting (GB) : combat de rues

street patrol (GB) : patrouille de rues

strength (GB) : résistance (solidité) (blindage)

strength (OTAN) : possibilité

strength (OTAN, GB) : force (puissance physique)

strength (OTAN, GB) : potentiel

strength (US) : avantage (TAC)

strength (US) : effectif(s) (armée / unité) (AT / GEND)

strength (US) : force (ou point fort)

strength (US) : importance

strength (US) : point fort (force)

strength accounting (US) : comptabilité des effectifs

strength of character (GB) : force de caractère (PERS)

strengthen : renforcer (TAC)

strengthen (CFE, UN) : renforcer (sécurité / paix)

strengthen (OTAN) : gagner en puissance (forces)

strengthen (OTAN, US) : renforcer (GEN)

strengthen (UN) : raffermir

strengthen (US) : renforcer (place / position)

strengthening (GB) : renforcement (force)

strengths (GB) : forces (ou points forts)

strengths and weaknesses (GB) : forces et faiblesses

stress (GB) : agression psychologique (PERS)

stress (US) : mettre l'accent sur

stress (US) : stress

stress of combat (US) : stress du (ou de) combat (SAN)

stretch (GB) : étendre (s')

stretcher (GB) : civière

stretcher (GB, OTAN) : brancard (ou civière)

stretcher patient (OTAN) : patient couché (SAN)

stretcher-bearer (GB) : brancardier

stride (US) : avancée (progrès / pas)

strife (OTAN) : luttes

strike (GB) : atteindre (toucher)

strike (GB) : frapper (toucher / atteindre)

strike (GB) : frapper (PERS)

strike (OTAN) : action de choc

strike (US) : attaque (l') (concept)

strike (US) : frapper (ennemi / cible) (TAC)

strike (US) : intervenir (TAC)

strike (US) : intervention (TAC)

strike (US) : porter (coup)

strike (US, OTAN, UN) : frappe

strike aircraft (OTAN) : avion d'attaque

strike back (US) : riposter (tirs / attaque)

strike brigade (US) : brigade de choc (ou d'intervention) (USA)

strike command (OTAN, GB) : commandement de force d'intervention

strike force (US) : force de choc (USA)

strike force (US) : force de frappe (ou de choc) (force d'intervention)

strike force (US) (3 000 / 5 000 hommes) : force d'intervention rapide (ou force de frappe) (USA)

strike forces (OTAN) : forces d'intervention

strike into the depth of battlefield (Jane's) : frappe dans la profondeur du champ de bataille (système de forces) (ARMT)

strike operations (US) : opérations d'intervention

strike plan (OTAN) : plan d'attaque (NUC)

strike potential (UN) : potentiel de frappe

strike programme (OTAN) : programme de frappe

strike-back capability : capacité de riposte (STRAT)

striker : percuteur (grenade à main)

striking force (OTAN) : force d'intervention (porte-avions)

striking force (OTAN) : force de frappe (ou de choc) (force d'intervention)

striking power (US) : force de frappe (puissance d'une force)

striking power (US) : puissance de frappe (force)

string (OTAN) : série (suite)

string of mines (GB) : train de mines

stringent (US) : austère

stringent (verification) (UN) : rigoureux (vérification)

stringer (US) : agent de bas niveau (RENS)

string-pulling : piston (appui / recommandation / protection)

strip (down) (GB, US) : démonter (arme)

strip down (a vehicle) (GB) : mettre à nu (véhicule)

strip of rank (GB) : rétrograder

strip of shore (OTAN) : bande de rivage

strip of terrain (OTAN) : bande de terrain

stripe : ficelle (galon)

stripe : galon

stripe (GB) : chevron

stripe (US, GB) : sardine (galon) (terme familier)

stripping (down) (of a weapon) : démontage (arme)

strive to (US) : s'efforcer de

strong : sérieux

strong (GB) : fort

strong (OTAN) : énergique (mesure)

strong (OTAN) : marqué

strong (US) : puissant (arme / force / moteur)

strong (US, GB, Jane's) : fort de

strong point (company) (US, GB) : point d'appui (TAC)

strong point (SP) (US, OTAN, GB) : centre de résistance (TAC)

strongly (OTAN) : très

strop (OTAN) : prolongateur (parachute)

structural (OTAN) : structurel

structure : structure

structure (a unit / forces) (US, GB) : structurer (unité / forces)

structure (US) : cadre (structure)

structure (US) : dispositif (organisation de l'armée de terre)

structure (US) : organisation (manière d'organiser)

structured (UEO) : structuré

structured into (US) : structuré en

stubborn (GB) : opiniâtre (acharné)

stubborn (US) : obstiné (PERS / ennemi)

studded (US) : parsemé

student (US, GB) : stagiaire

student deferment (US) : report supplémentaire (ou spécial) (pour études) (service national)

student nurse (GB) : élève-infirmier

student officer (US) : officier-élève (formation / stage / grande école)
studies (Jane's, US) : études
study (a map) (US) : étudier (carte)
study (GB, US) : étude (ministère de la Défense)
study (OTAN, US) : étude
study (UN) : rapport (compte-rendu)
study group (US) : groupe d'étude
stun (forces) (US) : paralyser
stun grenade (GB) : grenade fulgurante
sturdiness ou rusticity : rusticité (matériel / entraînement)
style : type
style (US) : façon
style (US, GB, Jane's) : style
style of command (GB, Jane's) : style de commandement
style of fighting (GB) : style de combat
style of warfare (US) : style de combat
style of warfare (US, GB) : style de guerre
sub machine-gun (SMG) (GB) : pistolet-mitrailleur (PM)
subaltern (GB) : subalterne (officier)
subaltern officer (GB) : officier subalterne
sub-area (OTAN) : sous-zone
sub-assembly (OTAN) : sous-ensemble (LOG)
subcaliber (US) : sous-calibré
subcalibre projectile (US, GB) : projectile de calibre plus petit
subcommand (US) : commandement subordonné
subcompoment (US) : subdivision (d'arme)
subcomponent (US) : sous-composant (matériel)
subcomponent (US) : sous-composante (force)
sub-concept (OTAN) : sous-concept
subcontracting : sous-traitance
subcontracting (US) : sous-traitance (externalisation) (ARMT)
subcontracting plan (US) : plan de sous-traitance (armement)
subcontractor (US) : sous-entrepreneur (ARMT)
subcontractor (US) : sous-traitant (ARMT)
sub-directorate (US) : sous-direction (service de renseignement militaire type DRM)
subdivided into : subdivisé en
subdivision (OTAN) : composante (force)
subdue (US) : soumettre (opposant politique)
subequent (OTAN, US) : ultérieur
subject (GB) : sujet
subject (OTAN) : sujet (RENS)
subject to (GB, OTAN, US) : soumettre à
subject to (OTAN) : sujet à
subject to (US) : soumis à
subject to military duty (US) : soumis aux obligations militaires (citoyens de 18 à 50 ans)
sub-kiloton (UN) : subkilotonnique (arme nucléaire)
sub-machine gun (SMG) (GB) : mitraillette
submarine (ship) (OTAN, GB) : sous-marin (nom)

submarine base (US, GB) : base de sous-marins
submarine killer (SSK) (OTAN) : sous-marin chasseur de sous-marins
submarine-launched (Jane's) : lancé par sous-marin (missile)
submarine-launched (OTAN) : tiré de sous-marin (missile)
submariner (GB) : sous-marinier
submerged (US) : submersion (en)
submerged crossing (UN) : franchissement de coupures en submersion (ou en plongée)
submissile (US) : sous-missile
submit (a project / report) : soumettre (projet / compte-rendu)
submit (GB) : soumettre (demande)
sub-munition ou submunition (OTAN, US, GB) : sous-munition
subordinate : constitutif
subordinate (GB) : subordonner
subordinate (US, GB) : subordonné (nom)
subordinate (US, GB) : subordonné (adjectif)
subordinate command (US) : commandement subordonné
subordinate commander (US, OTAN) : commandant subordonné
subordinate concept (US) : concept subordonné
subordinate plan (US) : plan subordonné
subordinate to (GB) : aux ordres de
subparagraph : sous-paragraphe
subscriber (US) : abonné (TRANS / réseau radio)
subscriber terminal equipment (STE) (GB) : poste mobile d'abonné (TRANS)
subsequent to (US) : consécutif à
subsequently : ultérieurement
subsequently (GB, US) : par la suite
subset (CA) : couche
subset (US) : sous-ensemble
subsidiary landing (OTAN) : débarquement secondaire
subsistence (US) : vivres
subsonic (GB) : subsonique (vol)
substance (OTAN) : substance
substance (UEO) : corps (notion abstraite)
substandard (US) : médiocre (ou au-dessous des normes) (unité)
substantial (OTAN) : en profondeur
substantive (US) : permanent
substation : station secondaire (TRANS)
substitute for (US) : remplacer
substitution (US) : substitution (principe de) (chiffre) (RENS)
sub-strategic (OTAN) : préstratégique
sub-strategic (UN, OTAN) : substratégique (ou pré-stratégique) (OTAN)
subsurface forces (US) : forces sous-marines
subsystem (US) : sous-système
sub-team (CFE) : sous-équipe (inspection)
sub-unit (CA) : sous-unité

sub-unit (GB) : unité inférieure (par rapport à une autre)

sub-unit (GB) : unité subordonnée

sub-unit tasks (GB) : mission des unités subordonnées (titre de sous-paragraphe)

subversion (OTAN, US, GB) : subversion

subversion (US) : action de subversion (ou subversive) (forces spéciales)

subversive (US) : subversif (nom et adjectif)

subversive activity (US) : activité subversive (RENS)

subway (GB) : passage souterrain (sous une route)

subway (US) : métro

succeed (GB, OTAN) : succéder à

succeed (US, GB) : réussir (TAC)

succeed in : réussir à

success (US, GB) : réussite

success (US, GB, OTAN, CA) : succès

success in combat (AUST) : succès au combat

successful (US) : réussi

successful (US, GB) : couronné de succès

successfully (US) : avec succès (opération)

succession of command (SUCOC) (OTAN) : succession du commandement

successive : répété

successive (OTAN) : consécutif

successive (US) : succession (série)

successor (US, GB, Jane's) : successeur (personnels / matériel)

sudden (US) : soudaine (ou inattendue) (attaque)

suffer (casualties) : perdre (hommes)

suffer (US) : déplorer

suffer (US) : subir

suffer from (GB) : souffrir de

suffering (US) : souffrance(s)

sufficiency (UN) : suffisance

sufficient (US, OTAN, GB) : suffisant

suffocation (UN) : étouffement

suicidal (GB) : suicidaire (opération / action)

suicide (US, GB) : suicide

suicide prevention (US) : prévention du suicide

suicide rate (US) : taux de suicides (PERS)

suit (GB) : satisfaire

suit (Jane's) : s'adapter à

suitability (OTAN) : adéquation (des forces)

suitable (for) : apte

suitable (GB) : adapté

suitable for (GB) : approprié à

suitable for (GB) : fait pour (emploi) (PERS)

suitably (US) : correctement

suitcase radio (SCR) (US) : valise radio (RENS)

sum and substance (US) : en gros

summarily (GB) : sommairement

summarize (US) : résumer

summary (SUM) : synthèse (rapport)

summary (US) : récapitulatif

summary (US) : résumé

summary report (OTAN) : compte-rendu résumé

summer (US, GB) : été

summit (GB) : sommet (colline / montagne) (TOPO)

summit (meeting) (UN, GB, OTAN) : sommet (réunion ou rencontre au sommet)

summon : convoquer (PERS)

sun (GB) : soleil

sun helmet (GB) : casque colonial (Hist.)

sunk (OTAN) : coulé (sous-marin)

Sunray (GB) : chef (procédure radio)

super high frequency (SHF) (OTAN) : onde centimétrique (O.CM.)

Super Puma support helicopter (Jane's) : Super Puma

superannuated (GB) : démodé (véhicule)

supercharged : suralimenté (moteur)

superelevate (US) : surélever (matériel)

Super-Etendard multirole fighter aircraft (GB) : Super-Etendard

super-high frequency (SHF) (OTAN) : super-haute fréquence (SHF)

superimpose (OTAN) : superposer

superimposed (OTAN) : en superposition (ART)

superintendent (US) : commandant d'école militaire

superior (GB) : supérieur (en grade)

superior (US, GB) : supérieur (adjectif)

superior (US, GB) : supérieur (nom)

superior in numbers (US) : supérieur en nombre (ennemi)

superior to (GB) : supérieur à

superiority (US) : supériorité

superiority in information systems (OTAN) : supériorité en matière de systèmes informatiques

supernumerary (US) : surnombre (en)

superpower (US) : superpuissance

superpower confrontation (US) : affrontement entre superpuissances

supersede (US) : remplacer

supersede (US, GB) : remplacer (et annuler) (document, texte ou disposition antérieur(e))

supersonic (US, GB) high velocity (GB) : supersonique (missile / avion / vitesse / balle)

superstructure (Jane's) : superstructure

supertoxic (UN) : supertoxique (adjectif)

super-trooper (US) : super-combattant (USA) (fantassin)

supervise (GB) : surveiller (travail)

supervise (US) : contrôler (agent / réseau) (RENS)

supervise (US) : surveiller

supervised route (OTAN) : itinéraire surveillé

supervision (GB) : contrôle (surveillance)

supervision (OTAN) : supervision

supervision (US) : surveillance

suplement (US) : compléter (activité)

supplement (GB) : compléter (force)

supplementary report (OTAN) : compte-rendu supplémentaire

supplies (and material) (US, GB, OTAN) : approvisionnements ("appros")

supplies (GB) : réserves (ravitaillement)

supplies (OTAN) : matériel (équipement)

supplies (OTAN, GB) : ravitaillement (fournitures/approvisionnements)

supply (GB) : fournir

supply (GB) : ravitaillement

supply (US) : fourniture

supply (US) : livrer (fournir)

supply (US, GB, OTAN) : approvisionnement

supply (with / to) (GB) : approvisionner

supply and maintenance (US) : matériel (fonction)

supply base (GB) : base logistique (ou d'approvisionnement)

supply chain : chaîne "ravitaillement"

supply chain (OTAN) : chaîne "approvisionnement"

supply chain operations centre (GB) : centre d'opérations de la chaîne ravitaillement

supply depot (US) : dépôt de matériel

supply discipline (US) : discipline des approvisionnements

supply functions (US) : fonctions de ravitaillement

supply line (UEO) : chaîne "approvisionnement"

supply line (US, GB) : ligne d'approvisionnement

supply management (GB) : gestion des approvisionnements

supply of food (US) : approvisionnement alimentaire (ou en vivres)

supply officer (US) : officier approvisionnement (unité / garnison)

supply officer ou S4 : officier logistique (EM)

supply point (SUPPT ou SP) (OTAN) : point de distribution (ou de ravitaillement)

supply point (SUPPT ou SP) (OTAN) : point de ravitaillement

supply procedures (US) : procédures de ravitaillement (ou d'approvisionnement)

supply route (OTAN) : axe de ravitaillement (ou d'approvisionnement)

supply route (OTAN) : voie d'approvisionnement

supply route (US) : itinéraire de ravitaillement

supply squadron (GB) : compagnie d'approvisionnement (BLOG)

supply system (US, GB) : chaîne "ravitaillement"

support : faire face à (défi / menace / crise)

support : soutenir

support (OTAN) : renfort (appui)

support (OTAN) : servitude (de) (équipement)

support (OTAN) : soutenir (LOG)

support (OTAN) : support

support (US) : appuyer (programme)

support (US) : correspondre à

support (US) : subvenir aux besoins de

support (US, GB) : profit

support (US, GB) : soutenir (TAC)

support (US, GB) : supporter (physiquement)

support (US, GB, OTAN) : appuyer (TAC)

support (US, OTAN) : soutien

support and protection (Jane's) : appui-protection (mission d'hélicoptère)

support and protection helicopter : hélicoptère d'appui-protection (HAP)

support area (OTAN) : zone de soutien

support base (US) : base de soutien

support bridging : pontage d'appui

support company (GB) : compagnie d'appui (INF)

support echelon (US) : échelon de soutien (TAC)

support for crossing rivers (US) : aide au franchissement

support helicopter (SH) (GB, OTAN) : hélicoptère d'appui

support of ground operations : appui des opérations terrestres

support one another (US) : s'appuyer (appui réciproque)

support squadron (Sp Sqn) (GB) : compagnie d'appui (régiment du génie)

support structure (Army) (US) : structure de soutien (de l'armée de terre)

support weapon (US, GB) : arme d'appui (de type mitrailleuse)

supported (OTAN) : bénéficiaire (force) (adjectif)

supported commander : commandant menant

supporting (attack) (US) : secondaire (attaque) (ou attaque d'appui / OTAN)

supporting (US) : donné en renforcement (unité)

supporting activity (US) : activité d'appui (TAC)

supporting aerial forces (US) : forces aériennes d'appui

supporting arms (OTAN) : armes d'appui

supporting arms coordination (OTAN) : coordination des armes d'appui

supporting arms coordination exercise (SACEX) (OTAN) : exercice de coordination des armes d'appui

supporting attack (OTAN) : attaque d'appui

supporting attack (OTAN) : attaque secondaire (ou d'appui)

supporting attack (US, GB) : attaque secondaire

supporting commander : commandant concourant

supporting direction of attack (US) : axe d'attaque secondaire

supporting effort (US) : effort secondaire (TAC)

supporting elements (GB) : appuis

supporting equipment (US) : matériel d'appui (ou de soutien) (forces)

supporting fire (GB, OTAN) : tir d'appui

supporting forces (OTAN) : forces d'appui

supporting forces (US) : appuis

supporting forces (US) : forces données en renforcement

supporting operations (OTAN) : opérations d'appui (opération amphibie)

supporting plate : support (mine)

supporting units (Jane's) : appuis

supporting units (US) : appuis et soutiens (d'un commandement)

suppress (GB) : neutraliser (armes / mine / explosif / obstacles)

suppress (US) : faire taire

suppress (US) : neutraliser (forces / feux / menace) (TAC)

suppress (US) : réprimer (émeute / rébellion)

suppression (GB) : neutralisation (TAC)

suppression (GB) : répression

suppression (US) : neutralisation (TRANS / guerre électronique)

suppression fire : neutralisation (suppression) (tir de)

suppression of enemy air defences (SEAD) (US, GB, OTAN) : mise hors de combat des moyens de défense aérienne ennemis

suppressive electronic countermeasures (UEO) : contre-mesures électroniques de neutralisation

suppressive fire (US) : tir de neutralisation

supremacy (GB) : suprématie

supreme (GB, OTAN) : grand (organisme)

supreme (OTAN) : suprême

supreme (US) : haut (adjectif)

Supreme Allied Commander Atlantic (SACLANT) (OTAN) : commandant suprême allié de l'Atlantique (OTAN)

Supreme Allied Commander, Europe (SACEUR) (OTAN) : commandant suprême des forces alliées en Europe (OTAN)

Supreme Headquarters Allied Powers Europe (SHAPE) : grand quartier général des puissances alliées en Europe (OTAN)

surface : terrestre

surface (GB) : faire surface (sous-marin)

surface (OTAN) : surface

surface forces (OTAN) : forces de surface

surface forces (US) : forces terrestres

surface shelter (US) : abri en surface

surface to subsurface missile : missile anti-sous-marin

surface vessel (GB) : bâtiment de surface

surface wind : vent au sol (TAP)

surface-to-air (US) : sol-air

surface-to-air missile (OTAN) : missile surface-air

surface-to-air missile (SAM) (OTAN) : missile sol-air

surface-to-surface : sol-sol

surface-to-surface missile (OTAN) : missile surface-surface

surfeit (OTAN) : excédentaire

surgeon (SURG) (OTAN, US) : chirurgien

surgeon captain (OTAN) : médecin capitaine

Surgeon General (US) : chef du service de santé (armée de terre américaine)

surgery (US, GB) : chirurgie

surgical operation table (SURGOT) (OTAN) : table d'opération (SAN)

surgical strike (US) : frappe chirurgicale

surgical team (GB) : équipe chirurgicale

surpass (US) : surpasser

surplus (OTAN) : excédentaire

surplus (US, OTAN) : surplus (matériel)

surprise (GB) : élément de surprise

surprise (US) : surprise (principe de guerre)

surprise attack : attaque par surprise (STRAT)

surprise attack (US) : attaque-surprise

surprise (the enemy) (GB, US) : surprendre (attaquer par surprise) (ennemi)

surrender (GB) : capituler

surrender (GB) : se rendre

surrender (OTAN) : livrer (personne accusée)

surrender (OTAN) : se livrer (accusé)

surrender (US, GB) : reddition

surreptitious entry (US) : entrée par effraction (RENS)

surreptitious entry (US) : entrée clandestine (ou entrée par effraction) (locaux) (RENS)

surrogate (US) : substitution (de) (ennemi)

surround : cerner (force) (TAC)

surround (US, GB) : entourer

surround (US, OTAN) : encercler (TAC)

surround (with troops) (GB) : investir (encercler) (TAC)

surrounding (US) : environnant

surroundings (OTAN) : environnement (milieu / contexte)

surroundings (US) : cadre (environnement)

surveillance (GB) : surveillance (la) (moyens de surveillance)

surveillance (US) : investigation (TAC)

surveillance (US) : surveillance (RENS)

surveillance (US, OTAN) : surveillance

surveillance aircraft (US, OTAN) : avion de surveillance

surveillance and target attack (OTAN) : surveillance et attaque d'objectifs

surveillance camera (US) : caméra de surveillance (RENS)

surveillance equipment (GB) : matériel de surveillance

surveillance equipment (US, GB) : équipement de surveillance (RENS / TAC)

surveillance of people (US) : surveillance des individus (RENS)

surveillance operations (US) : opérations de surveillance

surveillance post (GB) : poste de surveillance

surveillance radar : radar de surveillance

surveillance system (OTAN) : système de surveillance (TAC)

surveillance techniques (US) : techniques de surveillance (RENS)

surveillance technology (US) : technologie de surveillance

survey : lever (zone) (TOPO)

survey (GB) : levé (relèvement) (TOPO)

survey (GB, OTAN) : topographique
survey (opinion) (US) : sondage (d'opinion)
survey (OTAN) : topographie
survey base (US, GB) : base topographique (zone d'opérations)
survey equipment (US) : matériel topographique
survey information (GB) : informations topographiques
survey operations (CA) : opérations de levé (TOPO)
survivability (US) : survie (capacité de) (ou survviabilité)
survivability (US, OTAN) : surviabilité (hélicoptère / forces)
survivability (US, UEO) : capacité de survie (surviabilité) (forces / personnels)
survivability missions (US) : missions de surviabilité (GEN)
survivability operations (US) : opérations de surviabilité
survival (OTAN, US) : survie
survival course (GB) : stage de survie
survival exercise (GB) : exercice de survie
survival kit (US) : trousse de survie
survival training : instruction de survie
survival training (combat and) (US, GB) : entraînement de survie
survive (US, GB, OTAN) : survivre
survivor (US) : survivant
susceptibility (OTAN) : susceptibilité (action psychologique)
susceptible to (US) : sensible à
suspect (US, GB) : soupçonner
suspect (US, GB) : suspect (nom) (GEND / RENS)
suspected (OTAN) : supposé
suspend (OTAN, US) : suspendre
suspended animation (GB) : sommeil (unité)
suspenders (US) : bretelles (tenue)
suspension (GB) : suspension
suspension (system) (Jane's, US) : suspension (véhicule blindé / char)
suspension lines : suspentes (TAP)
suspension strop (OTAN) : raccord d'élingue
suspicion (US) : soupçon
sustain : subir
sustain (the fight / a force / an operation / the momentum) (US) : soutenir dans la durée (combat / force / opération / élan)
sustain (US) : entretenir dans la durée (force) (TAC)
sustain (US) : soutenir (LOG)
sustain (US) : supporter
sustain (US) : supporter (physiquement)
sustain (US, CA) : maintenir en puissance (opérations)
sustainability : capacité de durer (à un niveau de combat soutenu)
sustainability (OTAN) : soutenabilité

sustainable : durable (soutenable dans la durée) (unité)
sustainable (OTAN) : apte à soutenir des opérations prolongées (force)
sustainable (OTAN) : soutenable (puissance de feu)
sustained : nourri (feu / tir)
sustained (fire) : soutenu (ou continu ou à grande cadence) (tir)
sustained (OTAN) : normal (ou aux normes ou classique)
sustained (UEO) : soutenu
sustained (US) : prolongée(s) (opération(s))
sustained defensive operations (OTAN) : défense d'arrêt
sustained fire : tir soutenu
sustained rate of fire (US, OTAN) : cadence normale de tir (ou cadence de tir soutenue)
sustaining stocks (US, GB) : stocks d'entretien
sustainment (CA) : maintien en puissance (opérations)
sustainment (CA) : maintien en puissance (armée) (effectifs)
sustainment (US) : entretien dans la durée (force) (TAC)
sustainment (US) : soutien (ou appui) logistique
sustainment (US) : subsistance (force)
swallow (US) : "hirondelle" (RENS)
swamp : marais
swamp(land) (GB) : marécage
swampy (US) : marécageux
swap (US) : échange
swap (US) : échange (espions) (RENS)
swarm (GB) : nuée
swear (US) : jurer
swear an oath to (US) : prêter serment
sweat (US) : sueur
sweater (US) : chandail (pull-over)
sweep (US, GB) : balayage (brouillage) (GE)
sweep jamming (US, OTAN) : brouillage par balayage
sweep through (US) : ratisser (zone)
sweeper (US) : "dépoussiéreur" (RENS)
sweeper (US) : "dératiseur" (RENS)
sweeping fire (US) : tir fauchant
swift (OTAN) : rapide (TAC)
swiftly (GB) : rapidement
swiftness (US) : rapidité (TAC)
swim (US) : franchir (obstacle)
swim (US) : nage (nageurs de combat)
swim across (a wet gap / a water obstacle) : franchir (coupure humide) (véhicule)
swimming : natation
swimming capability (US) : aptitude au franchissement des cours d'eau (véhicule)
swimming goggles (GB) : lunettes de natation
swimming pool : piscine
swing : balancier

swish : siffler (obus)
switch : commutateur (TRANS)
switch (GB) : passer (TAC)
switch from...to (US) : passer de... à (munitions)
switchboard : standard (TRANS)
switched (OTAN) : commuté (réseau) (TRANS)
switching (OTAN) : commutation (TRANS)
switching centre (OTAN) : centre de commutation (TRANS)
swivel : pivot (mortier)
swivel gun (US) : canon à pivot
swivel pin : anneau grenadière (carabine)
swivel(l)ing carriage : affût pivotant
swoop (US) : piqué (descendre en) (piquer)
sword : épée
sword (US) : glaive (le) (sens figuré)
sword (US, GB) : épée (STRAT)
sword and shield (US) : épée et la cuirasse (l') (concept)
sword ou sabre (GB) : sabre
syllabus (GB) : programme de formation (école militaire)
syllabus (US, GB) : cursus (organisme de formation)
symbol (US) : symbole
symbol (US) : symbole (militaire)
symbolic (US) : symbolique
symbolism (US) : symbolisme
symbolize (US) : symboliser
symmetric (GB) : symétrique (riposte / réaction / conflit)
sympathetic detonation (US, OTAN) : détonation par influence
sympathizer (US) : sympathisant
symposium (US) : symposium
symptom (US) : symptôme (SAN)
synagogue (GB) : synagogue
synchronisation (GB) : synchronisation (moyens / activités) (TAC)
synchronization (US) : synchronisation (moyens / activités) (TAC)
synchronization plan (US) : plan de synchronisation (TAC)
synchronize (US) : synchroniser
synchronized operations (US) : opérations synchronisées
syndrome (Jane's) : syndrome
synergy (US) : synergie
synthesize (US) : synthétiser
synthetic (US) : artificiel (théâtre de guerre)
synthetic aperture (OTAN) : ouverture synthétique (radar)
synthetic aperture radar (SAR) (OTAN) : radar à ouverture synthétique
synthetic exercise (SYNEX) (US, GB, OTAN) : exercice synthétique (moyens électroniques / simulation)
synthetic theater of war (STOW) (US) : théâtre de guerre artificiel

synthetic theater of war (STOW) simulation program (US) : système de simulation de théâtre de guerre artificiel
SYRACUSE satellite communications system (US) : SYRACUSE (système de radio-communications utilisant un satellite)
SYRACUSE satellite-relayed radiocommunications system : SYRACUSE (système de radiocommunications utilisant un satellite)
system (GB, US) : chaîne
system (OTAN) : dispositif (force)
system (OTAN) : réseau (électrique)
system (SY) (US, UN) : système
system (US) : ensemble
system (US) : régime (système)
system administrator (US) : administrateur systèmes (informatique)
system architecture (OTAN) : architecture de système
system of recruiting (GB) : système de recrutement
systematic (UN) : systématique (surveillance / vérification / inspection)
systems automation (US) : automatisation des systèmes
systems engineering (US) : génie systèmes (discipline)

t

TA (Territorial Army) regiment (ou battalion) (GB) : régiment de réserve
tab : écusson
tab : insigne (suivant arme / forme)
tab (GB) : crapahutage
table (GB) : tableau (figure renseignée)
table of organization (OTAN) : tableau d'effectifs
table of organization (OTAN) : tableau d'effectifs et de dotations (TED) (ou document unique d'organisation / DUO)
table of organization and equipment (TOE) (US) : tableau d'effectifs et de dotations (TED) (ou document unique d'organisation / DUO)
tablet (US) : comprimé (SAN)
tabun (UN, GB) : tabun (agent toxique)
TACFIRE tactical fire direction system (équivalent US) : automatisation des tirs et liaisons de l'artillerie (ATILA)
tact : tact
tactic (GB, UN) : tactique (nom)
tactical : tactique (adjectif)
tactical (UN) : préstratégique
tactical (US) : tactique (PC)
tactical action (US) : action de combat
Tactical Air Command (US) : commandement de la force aérienne de combat (CFAC)

tactical air control centre (TACC) : centre de contrôle aérien tactique (CCAT)

tactical air defence (US) : défense aérienne au niveau tactique

tactical air force (US) : force aérienne de combat

tactical air force (US) : force aérienne tactique

tactical air observation (TAO) (OTAN) : observation aérienne tactique

tactical air operation (OTAN) : manœuvre aérienne tactique

tactical air reconnaissance (TAR) (US) : appui aérien renseignement

tactical air support (US, OTAN) : appui aérien tactique

tactical air support for land operations (TASLO) (OTAN) : appui aérien tactique des opérations terrestres

tactical air transport (OTAN) : transport aérien tactique

tactical airland operation (TALO) (GB) : poser d'assaut

tactical airlift (US) : transport aérien tactique

tactical area of operational responsibility (TAOR) (GB) : zone tactique de responsabilité opérationnelle

tactical assembly area (TAA) : zone de déploiement d'attente extension (ZDA / EX)

tactical assembly area (TAA) : zone de déploiement opérationnel (ZDO)

tactical bombing (GB) : bombardement tactique (en appui des forces terrestres)

tactical bridge : pont tactique

tactical choice (US) : choix tactique

tactical command (TACOM) (OTAN, GB) : commandement tactique

tactical commander (US) : chef au combat

tactical communications (OTAN) : télécommunications tactiques

tactical concept (OTAN) : concept tactique

tactical conditions (OTAN) : environnement de combat

tactical conditions (OTAN) : environnement tactique

tactical control (TACON) (OTAN, US) : contrôle tactique (TAC)

tactical cooperation (US) : coopération tactique

tactical CP (US) : PC avant

tactical CP (US) : PC tactique

tactical data (OTAN) : données tactiques

tactical data system (TDS) (OTAN) : système de données tactiques

tactical data system (TDS) (OTAN) : système de transmission de données tactiques

tactical doctrine (US,GB) : doctrine tactique

tactical echelon (US) : échelon tactique

tactical emergency (US) : urgence tactique

tactical engagement simulation (US) : simulation d'engagement tactique

tactical evaluation (TACEVAL) (OTAN) : évaluation tactique

tactical execution (US) : exécution tactique (opérations)

tactical exercise without troops (TEWT) (GB) : exercice de cadres

tactical fighter (US) : avion d'appui tactique

tactical flexibility (US) : souplesse tactique

tactical formation (US) : formation de combat (unité)

tactical freedom (US) : liberté tactique

tactical free-fall parachutist (GB) : chuteur opérationnel

tactical function (US) : fonction de combat (échelon de commandement)

tactical gain (US) : profit tactique

tactical helicopter : hélicoptère de manœuvre (HM) (ou polyvalent)

tactical information (OTAN, US) : informations tactiques

tactical information distribution (OTAN) : diffusion des informations tactiques

tactical intelligence (TACINTEL) (OTAN) : renseignement opérationnel

tactical intelligence (TACINTEL) (OTAN) : renseignement tactique (ou opérationnel)

tactical intelligence (US) : renseignement de combat (ou opérationnel)

tactical level (US, GB) : niveau tactique (guerre)

tactical locality (OTAN) : point d'appui (TAC)

tactical locality (OTAN) : zone d'intérêt tactique

tactical logistics (US) : logistique tactique

tactical maneuver (US) : manœuvre tactique

tactical manoeuvre (GB, OTAN) : manœuvre tactique

tactical method (US, GB) : procédé de combat

tactical missile (TM) (OTAN) : engin tactique

tactical missile (TM) (OTAN) : missile tactique

tactical mobility : mobilité tactique

tactical movement (US) : mouvement tactique

tactical nuclear missile : missile nucléaire tactique

tactical nuclear weapon (TNW) (UN, US) : arme nucléaire tactique (ANT) (ou pré-stratégique)

tactical nuclear weapons (TNW) : armes nucléaires tactiques

tactical operation (OTAN) : opération de combat

tactical operations (GB, OTAN, US) : opérations de combat

tactical operations center (TOC) (US) : centre opérationnel (CO) (au sein d'un PC) (TAC)

tactical option (US) : option tactique

tactical plan (US) : plan tactique

tactical planning (US) : planification tactique

tactical publication (OTAN) : publication sur les questions tactiques

tactical reconnaissance (TR) (OTAN) : reconnaissance tactique

tactical reconnaissance fighter (TRF) (OTAN) : chasseur de reconnaissance tactique

tactical reconnaissance information (OTAN) : informations provenant de la reconnaissance tactique

tactical reconnaissance information ground station (TRIGS) (OTAN) : station au sol d'informations provenant de la reconnaissance tactique

tactical report (TACREP) (GB) : compte-rendu tactique

tactical reserve (OTAN) : réserves tactiques

tactical reserves (GB) : réserves tactiques

tactical security : sûreté en opérations

tactical situation (US) : situation tactique

tactical sub-concept (OTAN) : sous-concept tactique

tactical subdivision (US) : subdivision tactique (zone)

tactical support (US) : appui (ou appui tactique ou appui au combat) (TAC)

tactical surprise (US) : effet de surprise (TAC)

tactical task (GB) : mission de combat

tactical transport helicopter (Jane's) : hélicoptère de transport tactique

tactical transportation (US) : transport tactique

tactical unit (US) : unité de combat

tactical utility vehicle (GB) : TRM (véhicule tous chemins)

tactical vehicle (US) : véhicule de combat

tactical vehicle (US) : véhicule tactique

tactical vehicle (US, GB) : tous chemins (véhicule)

tactical warning (US,GB) : alerte tactique

tactical weapons (Jane's) : armes tactiques

tactical withdrawal (GB) : repli tactique

tactical-level commander (US) : commandant au niveau tactique

tactically (US) : sur le plan tactique

tactician (US) : tacticien

tactics : modes d'action (procédés tactiques)

tactics (OTAN) : tactique (nom)

tagging (UN) : étiquetage (ou marquage)

tail : queue (hélicoptère)

tail (GB, US) : filer (ou suivre ou filocher) (individu) (RENS)

tail (US) : suivre (filer) (RENS)

tail (US) : "fileur" (RENS)

tail fin (CFE, UN) : dérive (aéronef)

tail rotor (US) : rotor de queue (ou arrière) (hélicoptère)

tailor (a force package) (OTAN) : adapter (ensemble de forces)

tailor (US) : adapter

tailor (US) : ajuster

tailorability (US) : adaptabilité (en fonction de la mission) (force)

tailorable (US) : adaptable (ajustable) (en fonction de la mission) (force)

tailorable (US) : ajustable (adaptable) (force)

tailorable (US) : modulable (force)

tailored (US) : sur mesure

tailored for (US) : adapté à (mission / opération / force)

tailored to (US) : adapté à (mission / opération / force)

tailoring (force) (US) : ajustement (dosage / asemblage de forces)

tailoring (US) : agrégation (opérationnelle) (forces)

tailor-made (Jane's) : sur mesure

tailormade (US) : fait pour (adapté) (matériel)

tailor-made (US) : recevoir (ordre / mission / instructions)

take : recevoir (ordre / mission / instructions)

take (GB) : accepter

take (GB) : emporter (emmener)

take (GB) : emprunter (utiliser)

take (GB) : engager

take (GB) : faire

take (GB) : passer (subir)

take (GB) : prendre (s'emparer de) (TAC)

take (GB) : prendre (être touché par)

take (GB) : prendre (temporel)

take (GB) : recevoir (être touché par)

take (GB) : saisir (biens / explosifs / drogue)

take (GB) : subir

take (GB) : suivre (conseils)

take (GB) : supporter (physiquement)

take (OTAN) : adopter

take (OTAN) : prendre (décision / mesure / engagement / risque)

take (OTAN) : recourir à (avoir recours à)

take (somebody) into custody (GB) : mettre en état d'arrestation (AT / GEND)

take (US) : absorber

take (US) : adopter

take (US) : assumer

take (US) : essuyer (tirs / attaque)

take (US) : falloir

take (US) : porter

take (US) : suivre (cours / formation / stage)

take (US, GB) : encaisser (pertes / sanctions)

take (US, GB) : s'emparer de (TAC)

take a rest : se reposer

take account of (GB) : prendre en compte

take account of (US) : tenir compte de

take action (OTAN) : agir (passer à l'action) (forces de l'OTAN)

take action (OTAN) : passer à l'action (agir) (forces de l'OTAN)

take advantage of : appuyer sur (s')

take advantage of : exploiter (tirer profit de)

take advantage of (US, GB) : profiter de

take advantage of (US, OTAN) : tirer parti de

take an oath to (GB) : faire serment de

take by storm (GB) : emporter (ou enlever) d'assaut

take by storm (GB) : prendre d'assaut

take by surprise (US) : prendre par surprise (ennemi)

take care (US) : s'occuper de

take care of (a casualty) (US) : prendre en charge (blessé) (SAN)

take charge (US) : prendre la direction (commandement de)

take command (of) (US, GB) : prendre le commandement (de)

take cover : abriter (s') (PERS)

take cover (US) : mettre à l'abri (se) (unité / PERS)

take cover (US) : s'abriter (PERS) (TAC)

take cover (US, GB) : se mettre à couvert (TAC)

take delivery of (equipment) (US) : prendre livraison de (percevoir) (matériel)

take delivery of (GB, Jane's) : percevoir (nouveau matériel)

take effect (GB) : entrer en vigueur

take effect (GB) : prendre effet

take evasive action : s'esquiver

take hostage (GB) : prendre en otage

take into service (GB) : mettre en service (matériel / armements)

take leave (US) : prendre congé

take oath (US) : prêter serment

take off (US) : ôter

take off (US) : partir

take off (US, GB) : décoller (aéronef)

take on (CA) : exécuter (ordre / opération / mission) (TAC)

take on the chin (familier) (US) : encaisser (pertes / sanctions)

take out (GB) : détruire (TAC)

take out (GB) : tuer

take over : recevoir

take over (OTAN) : prendre le relais

take over (OTAN, GB) : prendre en charge

take over (US) : prendre le commandement (de)

take over (US) : reprendre (projet / attributions)

take over (US, GB) : prendre en compte

take over from (GB) : succession (remplacement)

take part in (OTAN) : prendre part à

take part in (UEO) : participer à

take pictures of (US) : photographier

take place : se dérouler (événements / combats / exercice / opération)

take place (GB) : dérouler (se) (combats)

take place (GB, US) : avoir lieu (combats / exercice)

take place (US) : se produire (conflit / action de combat)

take place in (OTAN) : s'inscrire dans

take position : prendre position (s'installer) (force)

take position : s'installer (ou prendre position)

take precedence : passer (ordre de préséance)

take prisoner (US) : faire prisonnier

take receipt of : percevoir (nouveau matériel)

take refuge : se réfugier

take refuge (GB) : trouver refuge

take responsibility for (US) : assumer (décision)

take shape (GB) : prendre forme

take shelter (from) : abriter (s') (PERS)

take sides (US) : prendre parti (conflit)

take stock of (OTAN) : faire le point sur

take the lead (US, GB) : prendre la tête (mission / unité)

take the salute (GB) : passer en revue (troupes)

take unawares (GB) : prendre au dépourvu

take up (a) position : se poster

take up (GB) : prendre (occuper)

take up (GB) : prendre (poste / responsabilité)

take up a position (OTAN) : entrer en fonction

take up arms (CA, US) : prendre les armes (individu)

take up the position de (OTAN) : prendre les fonctions de

taken up from trade (OTAN) : réquisitionné (navire)

take-off (OTAN) : décollage

take-off weight (TOW) (OTAN) : masse au décollage

taking (of ground) (GB) : conquête

talent (US) : talent

talent spotter (US) : repéreur (d'agents potentiels) (RENS)

talk (OTAN) : négociation

talk (someone) into (US) : persuader

talks (OTAN) : entretiens (pourparlers)

talks (UN, GB) : pourparlers

tamper with (UN) : falsifier (ou frelater ou altérer)

tamper with (UN, US) : altérer (ou falsifier ou frelater)

tamper-proof : antifraude (dispositif)

tamper-resistant (UN) : antifraude (dispositif)

tandem (US) : tandem

tandem leap (US) : saut en tandem

tandem parachute : parachute biplace

tandem warhead (US, GB) : charge tandem

tangle with (US) : se frotter à

tank (US, GB) : char

tank ammunition (US) : obus de char

tank antenna : antenne de char

tank army (TA) (OTAN) : armée de chars

tank battalion : bataillon de chars (BC) (ENI)

tank battalion (US) : régiment blindé (armée de terre 2015)

tank battalion (US) : régiment de chars (RC)

tank battalion (US) : régiment de chars de combat (RCC)

tank battalion (US) : régiment de chasseurs (RCh) (ABC) (lourd)

tank battalion (US) : régiment de cuirassiers (RC) (ABC)

tank battalion (US) : régiment de dragons (RD)

tank battle (US) : bataille de chars

tank bridge transporter (TBT) (GB) : engin porte-pont pour chars tank buster (UN) : hélicoptère antichar (HA / HAC)

tank carrier : porte-chars (ou porte-blindés) (ensemble)

tank commander (US, GB) : chef de char

tank commanders' course (GB) : stage de chef de char

tank company (US) : escadron de chars

tank destroyer (GB) (Jane's) : chasseur de chars

tank division (TD) (OTAN) : division de chars (ENI / pastron)

tank division (UN) : division blindée (DB)

tank driver : pilote de char

tank force (GB) : force blindée

tank gun (Jane's) : canon de char

tank gunnery (GB) : tir au canon de char

tank park (GB) : parc à chars

tank raid (Jane's) : raid blindé

tank range (US) : champ de tir pour chars

tank recovery vehicle (TRV) (US) : véhicule de dépannage de chars

tank regiment (TR) (OTAN, US) : régiment de chars (ennemi générique / plastron)

tank round (UN) : obus de char

tank section (US) : patrouille (ABC)

tank telescope (UN) : épiscope (char)

tank threat (GB) : menace blindée

tank transporter (GB) : ensemble porte-blindé

tank transporter (GB) : porte-chars (ou porte-blindés) (ensemble)

tank unit (Jane's) : unité blindée

tanker (lorry) (GB) : camion-citerne

tanker (US) : avion ravitailleur

tanker (US) : citerne

tanker (US) : tankiste (familier)

tanker mooring (OTAN) : amarrage pour pétroliers

tanker mooring terminal (TMT) (OTAN) : terminal d'amarrage pour pétrolier

tap (a telephone) (US) : mettre sur écoute (téléphone)

tape : ruban (grenade à main)

tape (GB) : enregistrer (sur bande magnétique)

tape recorder (US) : magnétophone (RENS)

tape recording (US) : enregistrement sur bande (RENS)

tapering off (US) : diminution

tapping : écoute (TRANS)

taps (US) : "aux morts" (sonnerie)

taps (US) : sonnerie aux morts

target : objectif (but d'une opération / zone de terrain à conquérir) (TAC)

target (intelligence) (US) : cible (terme officiel objectif) (RENS)

target ! (OTAN) : coup au but ! (ART)

target (OTAN) : cible (individu)

target (US) : cible

target (US) : prendre pour cible (TAC)

target (US) : traiter

target (US) : viser

target (US, GB) : objectif (ART)

target acquisition : acquisition des (ou d') objectif(s) (artillerie sol-sol)

target acquisition (US, GB) : acquisition (composante artillerie)

target acquisition artillery : artillerie d'acquisition (d'objectifs)

target acquisition battalion (TAB) (US) : régiment d'acquisition (d'objectifs) (RA(O)) (ART)

target acquisition battery (TAB) (US) : batterie d'acquisition (des objectifs)

target acquisition system (US) : système d'acquisition des objectifs

target allocation (US, GB) : affectation d'objectifs (défense aérienne)

target analysis (US, OTAN) : analyse d'objectifs

target approach point (OTAN) : point d'orientation (opérations aéroportées / aérotransport)

target area (UN) : zone-objectif (ou objectif non ponctuel) (OTAN)

target area (US) : zone-cible (RENS)

target area of interest (OTAN) : zone d'intérêt d'objectifs

target attack (OTAN) : attaque d'objectifs

target audience (OTAN) : audience-cible (action psychologique)

target audience (US) : public-cible (instruction)

target complex (OTAN) : complexe d'objectifs

target concentration (US, GB) : concentration d'objectifs

target country (US) : pays-cible (RENS)

target data (US, GB) : plan de tirs repérés

target description (OTAN) : description de l'objectif (ART)

target designation (OTAN) : désignation d'objectifs

target designation system (TDS) (OTAN) : système de désignation d'objectifs

target detection (US) : détection des cibles

target discrimination (US, OTAN) : discrimination des objectifs

target drone (CFE) : cible téléguidée

target engagement (UN) : engagement (objectif) (ART)

target folder (US, OTAN) : dossier (ou carnet) d'objectifs

target grid (US, OTAN) : grille d'objectifs

target group (Time) : groupe cible (action psychologique)

target group (US) : groupe-cible (RENS)

target hit : coup au but

target identification (TI) : identification de cible

target illuminating radar (TIR) (OTAN) : radar d'illumination d'objectif

target individual (US) : individu cible (RENS)

target information sheet (OTAN) : fiche de renseignements sur l'objectif

target intelligence (OTAN) : renseignement sur les objectifs (ou sur l'objectif ou d'objectif)

target list (OTAN, GB) : liste d'objectifs

target of opportunity (US) : cible inopinée

target of opportunity (US, GB) : objectif inopiné

target of opportunity (US, OTAN) : objectif inopiné

target organization (US) : organisme-cible (RENS)

target overlay (OTAN) : calque d'objectifs

target prioritising (OTAN) : détermination des objectifs prioritaires

target range (OTAN) : stand de tir

target recognition (OTAN) : reconnaissance des objectifs

target recognition (US) : reconnaissance d'objectifs (ou identification d'objectifs)

target satellite (UN) : satellite-cible

target signature (US, GB) : signature d'objectif

target system (OTAN) : système d'objectif

target type (US) : type de cible

target weather information (TARWI) (OTAN) : renseignements météo sur l'objectif

target-detection (US) : détection de cibles (radar)

targeted (OTAN) : ciblé

targeted (US) : ciblé (activité) (RENS)

targeted on (OTAN) : visant

targeter (OTAN) : responsable de la désignation des objectifs

targeting (OTAN) : désignation d'objectifs

targeting (UN) : repérage d'objectifs

targeting (US) : combat par les feux indirects (ART)

targeting (US) : sélection, recherche, acquisition et traitement d'objectifs (processus) (ART)

targeting (US, GB, OTAN) : détermination des objectifs

targeting (US, OTAN) : choix des objectifs et des moyens de traitement

targeting intelligence (Baud) : renseignement d'objectif

target-ranging radar (TRR) (OTAN) : radar de télémétrie (d'objectif)

tarmac (GB) : goudron (route)

tarnish (US) : ternir

tarp (US) : bâche

tarpaulin : bâche

task : mission

task (military) (GB) : fonction (mission d'une armée)

task (OTAN) : donner instruction à

task (OTAN) : occasionnel (force)

task (US) : assigner (objectif / unité / mission)

task (US, CA) : tâche (ou mission)

task (US, GB) : charger de

task force (battalion) (TF) (US) : groupement (tactique)

task force (GB) : corps expéditionnaire (Hist.)

task force (GB) : force expéditionnaire (navale)

task force (GB, US) : force d'intervention

task force (OTAN) : force occasionnelle

task force (OTAN) : groupe de forces

task force (US) : force ad hoc

task force (US, OTAN) : force opérationnelle

task force commander (GB) : comandant de force opérationnelle

task force headquarters (GB) : état-major de force opérationnelle

task group (OTAN) : groupe opérationnel

task organization : organigramme (sens figuré = organisation)

task organization (US, GB) : articulation (TAC)

task to (GB) : rattacher à

task to (US) : confier à (responsabilité / mission)

task with (US) : confier à (responsabilité / mission)

tasked (GB) : subordonné (adjectif)

tasked (to) (GB) : rattaché (mis temporairement aux ordres de) (unité)

tasked to (GB) : chargé de

tasked with (US, GB) : chargé de

task-focused (US) : axé sur la mission (ou sur les missions)

tasking (US, OTAN) : attribution des missions

task-organize (US) : articuler (force) (TAC)

task-organized (US, GB) : articulé (fractionnement d'unité)

task-sharing (UEO) : partage des tâches (pays / alliés)

tattoo (GB) : tatouage

tattoo (GB) : tatouer

taxiway : piste de roulement

taxiway (OTAN) : voie de circulation (aérodrome)

teach : enseigner

teaching (skills) : pédagogie

teaching (US) : enseignement

teaching faculty (US) : corps enseignant (ou corps professoral) (grande école militaire)

teaching hospital (US) : hôpital d'instruction

team (GB) : groupe (unité militaire)

team (US) : associer

team (US) : ensemble

team (US) : famille (PERS et sens figuré)

team (US) : grande famille

team (US, GB) : équipe

team : détachement (unité)

team leader (TL) (US) : chef d'équipe (infanterie)

team leader (US) : chef de détachement (forces spéciales)

team spirit (US, GB) : esprit d'équipe (PERS)

team up with (GB) : s'allier à (société d'armement)

team-player (GB) : équipier (esprit d'équipe) (PERS)

teamwork (GB, US) : travail en équipe

tear (GB, UN) : lacrymogène

tear agent (GB) : agent lacrymogène

tear gas canister (UN) : capsule lacrymogène

teargas canister : bombe lacrymogène

tear-gas grenade (GB) : grenade lacrymogène

technical : technique (adjectif)

technical analysis (US, GB) : analyse technique (imagerie)

technical assistance (US) : assistance technique

technical assistance team (US) : équipe d'assistance technique (munitions)

technical capability : capacité technique

technical centre (OTAN) : centre technique

technical certification course (US) : stage de qualification technique (officiers techniciens US)

technical characteristics (US) : caractéristiques techniques (matériel)

technical data (US) : données techniques

technical intelligence (TECHINT) (OTAN) : renseignement technique

technical manual (TM) (US) : manuel technique

technical means (US) : moyen(s) technique(s)

technical order (TO) (OTAN) : instruction technique (notice)

technical order (TO) (OTAN) : ordre technique

technical proficiency (US) : compétence technique (PERS)

technical quartermaster (TQM) (GB) : chef des services techniques (corps de troupe)

technical quartermaster sergeant (TQMS) (GB) : sous-officier du matériel (corps de troupe)

technical requirement (US, GB) : exigence technique (matériel)

technical specialty (US) : spécialité technique

technical specification (OTAN) : spécification technique (matériel)

technical training (US) : formation technique

technically (US, GB) : techniquement

technician (US) : technicien (PERS)

technique (OTAN) : méthode

technique (US) : technique (nom)

technocratic (GB) : technocratique

technological (OTAN) : technologique

technological advancement : progrès technique (ou technologique)

technological area (GB) : secteur technologique

technological backwardness (OTAN) : arriération technologique

technological backwardness (OTAN) : retard technologique

technological base (US) : tissu technologique (pays)

technological change (OTAN) : évolution technologique (l')

technological change (US) : changement technologique (le)

technological edge (GB) : avantage technologique

technological frontier (US) : frontière technologique

technological gap (OTAN) : écart technologique (l')

technological innovation (US) : innovation technologique

technological intelligence (Baud) : renseignement technologique

technological means (CFE) : moyen(s) technique(s)

technological progress (GB) : progrès technique (ou technologique)

technological revolution (US) : révolution technologique

technological superiority (US) : supériorité technologique

technology : technique (nom)

technology (US) : technologie

technology (US, GB) : technologique

technology cooperation (US) : coopération en matière de technologie

technology demonstrator (US) : démonstrateur technologique

technology gap (Jane's) : fossé technologique

technology overmatch (US) : domination technologique

technology overmatch (US) : supériorité technologique

technology security (US) : sécurité de la technologie (ou des technologies)

technology security (US) : sécurité technologique

technology transfer (US, OTAN) : transfert de technologie

technology transition (US) : transition technologique

teeth (GB) : dents

tele phone call (US) : appel téléphonique

telecom operator (linguist) (GB) : linguiste d'écoute

telecommunication(s) (US, GB, OTAN) : télécommunication(s)

telecommunications interception satellite (US) : satellite d'interception des télécommunications (RENS)

telecommunications system (US) : système de télécommunications

teleconference (OTAN, GB) : téléconférence

telegram (US) : télégramme

telegraphy (US, OTAN) : télégraphie

telemedicine (US) : télémédecine (ou médecine à distance)

telemetry (UN) : télémesure

telemetry (US) : télémétrie

telemetry data (UN) : données de télémesure

telemetry intelligence (TELINT) : renseignement télémétrique (ou de télémétrie)

telephone (GB) : téléphonique

telephone (GB, US) : téléphone

telephone cable (US) : câble téléphonique (téléphone de campagne)

telephone conversation (US) : conversation téléphonique

telephone exchange : central téléphonique

telephone line (US) : ligne téléphonique

telephone tap (US) : bretelle téléphonique (RENS)

telephone tapping (US) : écoutes téléphoniques (RENS)

telephone tapping (US) : mise sur écoute de téléphone(s)

telephone taps (US) : écoutes téléphoniques (RENS)

telephone unit (OTAN) : poste téléphonique

telephone wire (US) : fil téléphonique

telephonist (GB) : téléphoniste (PERS)

telephony (US) : téléphonie

telephoto lens (US) : téléobjectif

teleprinter (GB) : Télétype (marque déposée) (ou téléscripteur)

teleprinter (OTAN) : téléimprimeur

telescope mounted rifle : fusil à lunette

telescopic (GB) : télescopique

telescopic antenna (GB) : antenne télescopique

telescopic sight : lunette télescopique (fusil)

telescopic sight (GB) : lunette de tir (fusil)

telescopic sight (GB) : collimateur (fusil)

tele-training ou teletraining (US) : télé-formation

teletypewriter (TTY) (US) : Télétype (marque déposée) (ou téléscripteur)

television (TV) (OTAN) : télévision

television-guided (OTAN) : guidage TV (à)

television-guided missile (TGM) (US) : missile à guidage TV

tell : distinguer (faire la différence)

tell (US) : dire

tell the difference (US) : différencier (faire la différence)

temperature (US, GB) : température

temperature(s) (CA) : mercure

tempo (US) : cadence (TAC)

tempo (US) : rythme (attaque) (TAC)

tempo (US) : tempo (allure / rythme / cadence) (TAC)

tempo of operations (US, Jane's) : tempo opérationnel

temporarily : temporairement

temporary (CFE, US, OTAN) : temporaire

temporary (OTAN) : provisoire

temporary duty (TDY) (US) : mission de courte durée (MCD)

temporary force : force temporaire (États signataires d'accords bilatéraux avec la France)

temporary holding element : butoir (élément de fixation temporaire)

temporary operational sector : secteur opérationnel temporaire (France)

tenable (GB) : défendable

tenaciously (US) : obstinément (TAC)

tenaciously (US) : ténacité (avec)

tenacity (US) : ténacité

tenet (US) : précepte (TAC)

tenet (US) : principe (doctrine)

tense (US) : tendu

tensed (US) : tendu

tension (US) : période de tension

tension (US, GB) : tension

tent (US) : tente

tent (US, GB) : guitoune (tente)

tent city : village (ou camp) de tentes

tentative : prévisionnel

tentative (US) : provisoire

tentative plan : plan préliminaire

tenure (US) : fonction (PERS)

tenure of position (US) : sécurité de l'emploi (PERS)

term (GB) : contrat (engagement) (PERS)

term (GB) : terme (terminologie)

term (OTAN, US) : condition (obligation)

term (US) : durée

term (US) : terme (condition)

term (US) : trimestre (année scolaire)

term (US, GB) : terme (échéance)

termed (US) : dit (appelé)

term-end (US) : fin de trimestre (grande école militaire)

terminal (OTAN) : final

terminal guidance (UN, OTAN) : guidage final

terminal guidance (US) : guidage terminal (à)

terminal guidance (US, GB) : guidage de fin de trajectoire (missile)

terminal guidance (US, OTAN) : guidage terminal

terminal leave (GB) : permission de fin de service (fin de contrat d'engagement)

terminal velocity (OTAN) : vitesse terminale (projectile)

terminally guided (UN) : guidage terminal final (à)

terminally(-)guided (US, OTAN) : guidage terminal (à)

terminally-guided munition (TGM) (OTAN) : munition à guidage terminal

terminate (GB) : tuer

terminate (US) : arrêter (interrompre) (mission / opération / séquence de tir / course aux armements / production)

terminate (US) : mettre fin à

terminated with extreme prejudice (US) : exécuté (agent) (par son propre service) (RENS)

termination (US) : conclusion (fin)

terminology (US) : terminologie

terms of reference (TOR) (OTAN) : attributions (mandat)

terms of reference (TOR) (OTAN) : mandat (attributions)

terrace (GB) : terrasse (colline) (TOPO)

Terrain (US) : terrain (facteur déterminant)

terrain (US, GB, OTAN) : position (emplacement) (TAC)

terrain (US, GB, OTAN) : terrain

terrain analysis (TERRA) (US, OTAN) : analyse du terrain

terrain avoidance (OTAN) : évitement du sol (fonction d'aéronef)

terrain clearance (OTAN) : découpe (fonction d'aéronef)

terrain configuration (US) : configuration du terrain

terrain contour matching (TERCOM) (OTAN) : suivi du terrain (fonction de missile de croisière)

terrain contour matching (TERCOM) (OTAN) : suivi de terrain à corrélation topographique (système)

terrain database (GB) : base de données de terrain (simulation)

terrain feature (OTAN) : accident de terrain

terrain feature (OTAN) : mouvement de terrain

terrain feature (OTAN) : point marquant du terrain

terrain feature (OTAN) : repère du terrain

terrain feature (US) : particularité du terrain

terrain features : points marquants du terrain

terrain features (US, GB) : caractéristiques du terrain

terrain flight (US, OTAN) : vol tactique (ou de combat)

terrain following (OTAN) : suivi de terrain (fonction d'aéronef)

terrain following radar (TFR) (OTAN) : radar de navigation à très basse altitude

terrain following radar (TFR) (OTAN) : radar de suivi du terrain

terrain information (US) : renseignement sur le terrain

terrain model (US) : maquette de terrain

terrain obstacles (US) : obstacles du terrain

terrain reinforcement (US) : valorisation du terrain

terrain-oriented (US) : axé sur le terrain

territorial (OTAN) : territorial

Territorial Army (TA) : armée territoriale (forces de réserve disponibles de l'armée de terre britannique)

territorial chain of command (US) : chaîne de commandement territoriale

territorial command (OTAN) : commandement territorial

territorial defence (Jane's, UN) : défense du territoire

Territorial Defence (Land) : défense militaire terrestre (DMT) (France)

territorial defence (OTAN) : défense territoriale

territorial defence forces (TDF) (OTAN) : forces de défense territoriale

territorial defence of maritime approaches : défense maritime du territoire (France)

territorial defense (US) : défense du territoire

territorial defense organization (US) : défense opérationnelle du territoire (DOT) (France)

territorial forces (US) : forces territoriales

territorial gain (GB) : gain territorial (TAC)

territorial integrity (CFE, OTAN) : intégrité territoriale (État)

territorial reserve (Jane's) : réserve territoriale

territorial waters (GB) : eaux territoriales

territorially based (OTAN) : à base territoriale (structure de forces)

territory (GB, OTAN, US) : territoire

terror (OTAN, US) : terreur

terror weapon (US) : arme de terreur

terrorism (US, OTAN, CA) : terrorisme

terrorist (GB) : terroriste (adjectif)

terrorist (US, GB) : terroriste (nom)

terrorist act (GB, US) : acte (ou action) terroriste

terrorist attack (US) : attentat terroriste

terrorist cell (GB) : cellule terroriste

terrorist group (US) : groupe terroriste

terrorist leader (US) : chef terroriste

terrorist organization (US) : organisation terroriste

terrorist situation (GB) : situation terroriste

terrorize (US) : terroriser (individus)

test : essai (matériels)

test (GB, US) : test

test (OTAN) : évaluer

test (OTAN, US, UEO) : éprouver (mettre à l'épreuve)

test (UN) : expérimental

test (US) : expérimenter (matériel)

test (US) : mettre à l'épreuve (force / hommes)

test (US) : mettre à l'essai

test (US) : tester

test (US, GB) : épreuve

test ban (OTAN) : interdiction des essais (NUC)

test center (US) : centre d'essais (ARMT)

test equipment (OTAN, US) : matériel d'essai

test equipment (US) : matériel d'évaluation

test establishment (Jane's) : établissement technique

test of time (US) : épreuve du temps

test pilot (GB) : pilote d'essais

test procedure (OTAN) : procédure d'essai

test range (UN) : polygone d'essai

test requirement (OTAN) : impératif d'essai

test requirement specification (TRS) (OTAN) : spécification des impératifs d'essai

test requirement specification (TRS) (OTAN) : spécification d'essai

test satellite (UN) : satellite d'essai

test site (US) : site d'essais (missiles)

testability (US) : testabilité

test-ban treaty (OTAN) : traité d'interdiction des essais (NUC)

tester (US, GB) : contrôleur (ou essayeur) (matériel)

tester (US, GB) : essayeur (matériel)

testing (US) : essai (matériels)

testing (US) : expérimentation

testing equipment (US) : matériel d'évaluation

testing equipment (US) : matériel d'essai

testing range (OTAN) : polygone d'essai(s) (guerre des mines)

tests (GB, US) : épreuves

tetanus (GB) : tétanos (SAN)

text (OTAN) : texte

textbook : d'école

textiles (US) : textiles

thalweg : thalweg (TOPO)

that is (to say) : c'est-à-dire

that of (US, UEO) : celui de (ou celle de)

the armed forces ou the Armed Forces (GB) : armées (les) (3 armées et services interarmées, sauf Gendarmerie)

the conduct of war (US) : conduite de la guerre (la)

the joint environment (US) : environnement interarmées (l')

the main body (OTAN, US) : gros (les) (force) (TAC)

the post-Cold War era (OTAN) : après-guerre froide (l')

the Promotion Board (US, GB) : commission d'avancement

the strategic environment (OTAN, US) : environnement stratégique (l')

the Vice Chairman of the Joint Chiefs of Staff (US) : chef d'état-major adjoint des armées

theater (US) : salle de spectacle (garnison)

theater aim (US) : objectif de théâtre (opérations) (TAC)

theater area of responsibility (AOR) (US) : zone de responsabilité de théâtre

theater army : armée de théâtre

theater ballistic missile (TBM) (US) : missile balistique de théâtre

theater commander (US) : commandant de théâtre (COMTHEATRE)

theater defense brigade (US) : brigade de défense de théâtre

theater entry (US) : arrivée sur le théâtre (force)

theater environment (US) : environnement de (ou du) théâtre

theatre headquarters (multinational) (GB) : PC de théâtre (multinational) (armée de terre 2002)

theater high altitude area defense (THAAD) (US) : défense antimissile "couche haute"

Theater High Altitude Area Defense (THAAD) (US) : SAAM / SAMP

theater infrastructure (US) : infrastructure de théâtre

theater joint component commander (US) : commandant de composante interarmées de théâtre

theater logistics area headquarters (ou HQ) : PC de zone logistique de théâtre

theater logistics base (US) : base logistique de théâtre

Theater Logistics System (US) : chaîne logistique de théâtre

theater missile defense (TMD) (US, GB) : défense antimissile de théâtre

theater missions (US) : missions de théâtre

theater of operations (TO) (US) : théâtre d'opérations

theater of war (TOW) (US) : théâtre de guerre

theater of war commander (US) : commandant de théâtre de guerre

theater organization (US) : organisation du théâtre

theater precision strike operation (TPSO) (US) : opération de frappe de précision de théâtre

theater special operations command (US) : commandement des opérations spéciales de théâtre

theater strategy (US) : stratégie de théâtre

theater structure (US) : structure de théâtre

theater-of-operations commander (US) : commandant de théâtre d'opérations

theatre ballistic missile (TBM) (GB) : missile balistique de théâtre

theatre communications (US) : transmissions de théâtre

theatre headquarters (GB) : état-major de théâtre

theatre multinational joint headquarters (ou HQ) : PC interarmées multinational de théâtre (PCIAMT) (armée de terre 2002)

Theatre Nuclear Forces (TNF) (OTAN) : forces nucléaires de théâtre

theatre nuclear weapon (UN) : arme nucléaire de théâtre (ou tactique ou du champ de bataille)

theatre of operations (GB, OTAN) : théâtre d'opérations

theatre operational stocks (US, GB) : stocks opérationnels de théâtre

theatre reserve (TR) (OTAN) : réserve de théâtre

theatre weapon (UN) : arme de théâtre

theatre-level (OTAN) : à l'échelle du théâtre

theft (GB) : vol (délit) (GEND)

theme (OTAN) : thème (séminaire)

theme (US) : thématique

theme area (US) : domaine thématique (expérimentation)

theoretical (GB, US) : théorique

theoretically (Jane's) : théorie (en)

therefore (Jane's) : donc

thermal (US) : thermique

thermal battery : pile thermique

thermal camera (Jane's) : caméra thermique

thermal image (TI) (GB) : image thermique

thermal imager : lunette thermique

thermal imager : thermographe

thermal imager (GB) : caméra thermique

thermal imager (TI) (US, GB) : imageur thermique

thermal imagery (US,OTAN) : imagerie thermique

thermal imaging sight (GB) : dispositif à imagerie thermique (MIRA)

thermal imaging sight (TIS) (GB) : viseur thermique

thermal radiation (OTAN) : rayonnement thermique (explosion nucléaire)

thermal radiations (US) : radiations thermiques

thermonuclear (OTAN) : thermonucléaire

thermonuclear weapon (US, GB) : arme thermonucléaire

thick : dense (végétation / sous-bois)
thick (GB) : cœur (sens figuré)
thicken (US) : épaissir
thickened fuel (US) : fuel lourd
thickening (US) : épaississement (forces)
thickness (GB) : épaisseur
think (US) : imaginer
think (US) : réfléchir
think of (GB) : envisager
think tank (US) : "machine à penser" (organisme de réflexion)
thinking (GB) : conception (pensée)
thinking (US) : réflexion
thinking (US, GB) : pensée (réflexion)
think-tank (OTAN) : groupe de réflexion
thinly spread (GB) : clairsemé
thinning-out : dégarnissage
third (OTAN) : tiers (troisième)
third (US) : tiers (adjectif)
Third Class cadet : embryon (élève-officier de 1ᵉ année à Saint-Cyr)
third country (US) : pays tiers
third dimension (Jane's) : troisième dimension
Third Generation Anti-Tank Long Range Missile (Jane's) : AC3G-LP (AntiChar de 3ᵉ Génération - Longue Portée)
Third Generation Anti-Tank Medium Range Missile (Jane's) : AC3G-MP (AntiChar de 3ᵉ Génération - Moyenne Portée)
third nation (US) : pays tiers
third party (US) : tierce partie (ou tiers) (conflit)
third party (US) : tiers (tierce partie)
Third Word (US) : Tiers-Monde (le)
third world nation (US) : nation du tiers-monde
third-generation (OTAN) : troisième génération (de)
third-generation anti-tank missile (TRIGAT) (OTAN) : missile antichar de troisième génération
this is... (US) : ici... (procédure radio)
thorough (GB) : détaillé
thorough (US) : minutieux
thorough (US) : profond
thoroughness (GB) : rigueur
those of : ceux de (ou celles de)
thought police (US) : "police de la pensée" (pays totalitaire)
thousand (US, GB) : millier
threat (GB) : forces ennemies
threat (US) : ennemi (l') (nom)
threat (US) : ennemi (adjectif)
threat (US, GB, OTAN) : menace
threat analysis (US) : analyse des menaces
threat forces (US) : ennemies (forces) (titre de sous-paragraphe)
threat forces (US) : forces ennemies
threat of a nuclear attack (US, GB) : menace d'attaque nucléaire

threat of attack (US) : menace d'attaque
threat of force (US) : menace d'emploi de la force
threat of use (US) : menace d'emploi (armes de destruction massive)
threat protection (US) : protection contre toute menace
threat warning (UN) : détection de la menace
threaten (US) : mettre en danger
threaten (US, GB, OTAN) : menacer
threatened (US) : menacé (secteur / zone)
threatening (US) (object) : menaçant (objet)
threat-oriented (US, GB) : proportionnel à la menace (stock de munitions) (planification)
three : tertio
three (US, GB) : trois
three-blade (US) : tripale
three-bladed (US) : tripale
three-dimensional (3-D) (US) : tri-dimensionnel
threefold (US) : triple
three-man team (US) : trinôme
three-way (US) : tripartite
three-year (US) : triennal
threshold (nuclear) (UN, OTAN) : seuil (nucléaire / atomique)
threshold of conflict (US) : seuil de conflit
throat (US, GB) : gorge (PERS)
through : à (gradation)
through : relais (procédure radio)
through (Jane's) : sur (spatial)
through (US) : à travers
through (US) : au moyen de
through (US) : de...à (échelons)
through (US) : jusqu'à (temporel)
through (US) : par (à travers)
through (US) : par (au moyen de)
through (US) : par le biais de
through (US, GB) : par (spatial)
through (US, GB) : par l'intermédiaire de (organisme / personne)
through (US, OTAN) : biais de (par le)
through-life (AUST) : en cours de vie (amélioration de matériel)
throughout : ensemble de (dans l')
throughout (CA) : partout
throughout (CA) : un peu partout
throughout (OTAN) : durant
throughout (US) : pendant
throughout (US) : tout au long de
throw (GB) : lancer (forces)
throw (OTAN, US) : jeter (forces) (TAC)
throw (US) : lancer (armes / bombes)
throw (US, GB) : lancer (grenade)
throw back : repousser (attaque)
throw off balance (GB) : déséquilibrer (force)
throw oneself (GB) : se jeter
throw the book (US) : coller (ou donner) le maximum (punir sévèrement)
throwaway (US) : jetable (tube conteneur)

throwing weapon (UN) : arme de jet
thrust (OTAN) : poussée (propulsion)
thrust (US) : levier (plan)
thrust (US) : poussée (TAC)
thrust (US) : pousser (progresser / avancer) (TAC)
thrust ring : bague de poussée
thrusting weapon : arme d'estoc
thunderflash (GB) : grand pétard (pyrotechnie)
thwart (US) : détourner (attaque aérienne)
ticket punch (US) : bon choix d'affectation (pour la carrière)
tidy (GB) : net
tie (GB, US) : lien
tie down : accrocher
tie down (OTAN) : arrimage (charge) (sur moyen de transport)
tie down (OTAN) : arrimer (charge)
tie down (US) : immobiliser (TAC)
tie down point (OTAN) : point d'arrimage (véhicule)
tied to (OTAN) : lié à
tied up (familier) (US) : occupé (PERS)
tier (US) : niveau
TIGER anti-tank helicopter (Jane's) : TIGRE AC (AntiChar)
TIGER close support helicopter (Jane's) : TIGRE AP (Appui-Protection)
TIGER close-air support helicopter (Jane's) : TIGRE AP (Appui-Protection)
TIGER combat helicopter (Jane's) : TIGRE
tight (Jane's) : resserré (crédits)
tight (Jane's) : serré (crédits)
tight (US) : limité
TIGRE (ou TIGER) attack helicopter (AH) : TIGRE PAH 2 (hélicoptère)
till : jusqu'à (temporel)
tilting carriage : affût basculant
timbered (US) : boisé
time (OTAN) : date
time (OTAN) : période (de temps)
time (UEO) : temporel
time (US) : chronométrer
time (US) : fois
time (US) : temps (période dans un grade)
time (US, GB) : délai(s)
time (US, GB) : heure (temps)
time (US, GB) : instant
time (US, GB) : minuter
time (US, GB, OTAN) : moment
time (US, OTAN, GB) : temps (durée)
time and materials contract (US) : contrat "salaires et fournitures" (ARMT)
time available (US) : délais disponibles (opération)
time division multiple access (TDMA) (OTAN) : accès multiple par répartition dans le temps
time for mobilization (OTAN) : délais de mobilisation (forces)
time frame (US) : échéancier

time frame (US) : période (de temps)
time fuse (US) : mèche lente
time in service (US) : temps de service (PERS)
time limit (US) : échéance
time of arrival (OTAN) : heure d'arrivée
time of conflict (US) : période de conflit
time of day (TOD) (OTAN) : heure code du jour
time of day (TOD) (OTAN) : heure du jour
time of delivery (TOD) (OTAN) : heure de livraison
time of departure (OTAN) : heure de départ
time of detonation (TOD) (OTAN) : heure de l'explosion
time of flight (GB) : temps de vol
time of flight (OTAN) : durée de trajet (ART)
time of occurrrence (TOC) (OTAN) : heure de l'incident (ou de l'événements)
time off (GB) : quartier libre (QL)
time on target (TOT) (OTAN) : heure d'arrivée sur l'objectif (HSO)
time on target (TOT) (OTAN) : heure sur l'objectif (HSO)
time slot (OTAN, US) : créneau horaire (ou de temps) (opération)
time window (US) : créneau horaire (ou de temps) (opération)
time zone (US) : fuseau horaire
time zone system (US) : système des fuseaux horaires
time(-)bomb (US, GB) : bombe à retardement
time-consuming (US) : consommateur de temps (activité)
time-consuming (US) : coûteux
time-critical (US) : durée critique (à) (cible mobile)
time frame (US) : délais
time-fused weapon (UN) : arme à déclenchement retardé
time-lag (US) : décalage (ou retard) (TAC)
timeline (OTAN) : calendrier
timely (US) : en temps voulu (ou en temps opportun)
time-phased (OTAN) : échelonné (dans le temps) (déploiement de forces)
time-phased (US) : séquencé dans le temps
time-phased force deployment (TPFD) (OTAN) : déploiement échelonné des forces
timer : minuteur
timer (GB) : dispositif à retardement (bombe)
times (UEO, US) : délai(s)
times (US) : époque
times of crisis (US) : temps de crise
time-space (US) : espace-temps
timetable : horaire
timetable (US, Jane's) : calendrier
timing (GB) : horaire
timing (UN) : chronologie
timing (US, GB) : calendrier (programme)

timing (US, GB) : minutage (opération)
tin (GB) : boîte de conserve (nourriture)
tinting (OTAN) : coloriage (carte)
tip : pointe (poignard)
tip (GB) : pencher (faire)
tip the balance (US, GB) : faire pencher (issue des combats)
tire (US) : pneu(matique)
tire (US) : se fatiguer (PERS)
tired (US, GB) : fatigué (PERS)
titanium (GB) : titane
title : appellation (unité)
title : baptiser (unité)
title : dénomination (formation / unité)
title (US) : intituler
title (US) : titre (PERS)
TNT (UN) : TNT (trinitrotoluène)
to : à (procédure radio)
to : jusqu'à (spatial)
to (GB) : devant (sens figuré)
to (GB) : envers
to (GB) : jusqu'à (temporel)
to (OTAN) : dans (spatial)
to (OTAN, US) : pour (concernant)
to (UN) : contre
to (US, GB) : auprès de
to (US, GB) : contre (rapport)
to (US, GB) : sur (spatial)
to (US, UEO, GB) : vers (en direction de)
to cover (GB) : braquer (pointer une arme sur)
toast (GB) : toast
today (US, GB) : aujourd'hui
today's (US) : actuel
toe : pointe (fusil)
together (US) : concert (de)
together (US) : en commun (travail)
together (US) : ensemble (dans son)
together (US, GB) : ensemble (adverbe)
together (with) (US) : de concert (avec)
tolerable (OTAN) : acceptable
tolerance (OTAN) : tolérance (la)
tolerance (US) : marge d'erreur (TOPO)
tolerant (OTAN) : tolérant
toll (GB) : bilan
toll (GB) : victime
tomb (US) : tombe (ou tombeau)
tomorrow (OTAN) : lendemain
tomorrow (US) : demain
tone down (OTAN) : atténuation (camouflage)
tonnage (US) : tonnage
tonne (GB) : tonne (métrique, 1000 kg)
tool (US, GB) : outil (sens propre et figuré)
tool for crisis control (Jane's) : outil de contrôle des crises
tool for crisis management (OTAN) : outil de (ou pour la) gestion des crises
tool up (GB) : équiper
tooth and nail (familier) (US) : acharnement (avec)

tooth and nail (familier) (US) : farouchement (combat)
top : dessus (par le)
top (GB, US) : maximal
top (US) : absolu
top (US) : haut (véhicule) (nom)
top (US) : sommet
top adviser (US) : haut conseiller (Président)
top brass (US) : hauts gradés (les)
top man (US) : "patron" (chef)
top out (US) : plafonner (carrière)
top road speed (char) (US) : vitesse maximale (sur route) (véhicule / char)
top secret (GB) : ultra-secret (RENS)
top secret (TS) (US) : très secret défense (TSD) (degré de classification)
top strap : plaque supérieure (arme de poing)
top up (GB) : remettre à niveau (effectifs après pertes)
top woman (US) : "patron" (chef)
top-attack mode (of fire) (US) : attaque plongeante (ou par le toit) (mode d'engagement par missile)
top-bottom (US) : descendant/e (du haut vers le bas / du sommet à la base) (approche / recherche / coopération / démarche)
top-down (US) : descendant/e (du haut vers le bas / du sommet à la base) (approche / recherche / coopération / démarche)
topic (OTAN) : sujet
top-notch (US) : excellent (de premier ordre)
topographic (US) : topographique
topographic map (US) : carte d'état-major
topographic section (GB) : groupe géographique
topographic squadron (GB) : compagnie topographique (GEN)
topographic symbol (US) : symbole topographique
topographic unit (engineer) (US) : unité topographique (GEN)
topographical engineers (US) : génie topographique
topography (TOPO) (US) : topographie
torch (GB) : incendier
torch (GB) : lampe électrique
torch (GB) : mettre le feu à
torch (GB) : torche électrique
torn (US, Jane's) : déchiré
tornado (US) : tornade
torque : couple (mécanique)
torque converter : convertisseur de couple (mécanique)
torsion bar (US) : barre de torsion
torture (GB) : torturer
torture (US, GB) : torture
total : s'établir à (pertes)
total (GB) : absolu
total (GB) : complet
total (GB) : tout
total (Jane's) : total (nom)

total (US) : global
total (US) : total (adjectif)
total asset visibility (TAV) (US) : visibilité totale des ressources (LOG)
total battlespace control (US) : contrôle total de l'espace de bataille
total dosage attack (US, OTAN) : attaque à dose létale
total in-transit visibility (TAV) (US) : visibilité totale du mouvement
total mission (US) : mission globale
total war : guerre totale
touch down (GB) : atterrir (parachutiste / colis / aéronef)
touch down zone (OTAN) : zone de posé (hélicoptères / avions à décollage vertical)
touch on (US) : aborder (traiter de)
touch-down point (OTAN) : point d'atterrissage (hélicoptères)
touch-sensitive : tactile (écran)
tough : dur (ou coriace) (PERS)
tough (GB) : difficile
tough (US) : coriace (PERS)
tough (US) : difficile (mission)
tough (US) : dur
tough (US) : dure (à la)
toughened (GB) : endurci (PERS)
toughness (physical) (US) : résistance (physique) ou robustesse (PERS)
tour (GB, US) : séjour (unité / personnels)
tour of duty (GB) : séjour (unité / personnels)
tour of duty (US) : période de service (affectation)
tour of duty (CA) : période d'affectation (à l'étranger) (PERS)
tour of inspection (GB) : tournée d'inspection
tourniquet (US) : garrot (SAN)
tow : remorquer (ou être remorquable)
tow : tracter (véhicule)
tow bar : barre de remorquage (char)
toward (US) : en vue de
toward(s) : vers (en direction de)
towards (GB) : envers
towards (OTAN) : dans le sens de
towed (US, GB) : tracté
towed artillery : artillerie tractée
tower (parachute) (US) : tour d'entraînement au saut (TAP)
tower (US) : tour
towing (US) : remorquage
towing eye : lunette (obusier)
towing trailer (US) : train rouleur (mortier)
town (GB, US) : ville
toxic (US) : toxique (adjectif)
toxic agent (UN) : toxique (nom)
toxic agent (US) : agent toxique (NBC)
toxin (UN) : toxine
toxin weapons (UN) : armes à toxines
trace (GB) : calque

trace (US) : trace (personne / objet au sol / mouvements de troupes)
trace back (GB) : remonter (faire)
trace from (US) : remonter à
tracer (US) : balle traçante
tracer (US) : traçante (balle)
tracer bullet (GB) : balle traçante
tracer round (US) : munition traçante
track : chenille (char)
track (GB) : chemin
track (GB) : suivre (venir après)
track (GB) : suivre la trace de (PERS)
track (OTAN) : rail
track (OTAN) : suivre (poursuivre) (objectif)
track (OTAN) : trace (personne / objet au sol / mouvements de troupes)
track (UN) : trajectoire radar
track (US, GB) : poursuivre (cible / objectif)
track (US, GB, OTAN) : piste (aéronef / missile) (défense aérienne)
track (US) : suivre (matériels) (LOG)
track handover (OTAN) : transfert de piste (défense aérienne)
track links : patins de chenille (char)
track shoes : patins de chenille (char)
track : piste (chemin)
tracked (US, GB) : chenillé
tracked combat vehicle (US) : véhicule de combat chenillé
tracked vehicle (US) : véhicule chenillé
tracker : système de poursuite (radar)
tracker (OTAN) : appareil de poursuite
tracker dog (GB) : chien policier
tracker roller : galet de roulement
tracking (US) : poursuite (objectif / missile)
tracking (US) : suivi (des matériels) (LOG)
tracking radar (OTAN) : radar de poursuite
tracking radar station (OTAN) : station radar de poursuite
tracking system : système de poursuite (radar)
tracksuit (GB) : survêtement (de sport)
trackway : chaussée (pont)
trackway (GB) : piste pliable (véhicules chenillés)
trade : commerce
trade (GB) : métier
trade (GB) : spécialité (militaire) (PERS)
trade (OTAN) : échanger
trade (OTAN) : réduire (temps / délais)
trade delegation (GB) : délégation commerciale (ARMT)
trade union (US) : syndicat
trade-off (Jane's, US) : compromis (achat de matériel / TAC)
trading (US) : commerce
tradition (US, GB) : tradition
tradition(s) : traditions (unité / arme)
traditional (US, OTAN) : traditionnel
traditionalist (GB) : traditionnaliste (nom)

traffic control point (TCP) (US) : point de régulation (circulation)
traffic (GB) : émissions
traffic (OTAN) : trafic (circulation)
traffic (US) : circulation routière
traffic (US, GB, OTAN) : circulation (activité)
traffic (US, GB, OTAN) : circulation (routière)
traffic analysis (US) : analyse du trafic (TRANS / RENS)
traffic congestion : encombrement (circulation)
traffic control : régulation (circulation)
traffic control (US, GB) : circulation (mission)
traffic control company (US) ou squadron (GB) : escadron de circulation
traffic control police (OTAN) : police de circulation
traffic control post (TCP) (GB) : point de régulation (Circulation)
traffic density (OTAN) : densité du trafic
traffic flow (OTAN) : débit d'itinéraire (véhicules)
traffic flow (US) : écoulement du trafic (circulation)
traffic instructions : consignes de circulation
traffic load : densité de circulation
traffic policemen (US) : éléments de circulation routière (police militaire / GEND)
trafficability (route) : praticabilité (des itinéraires)
trafficability (US, OTAN) : aptitude à la circulation
trafficable (US) : praticable
trafficking of women (OTAN) : traite des femmes (la)
tragedy (US) : tragédie
trail (GB) : chemin
trail (GB) : flèche d'affût (ART)
trail (GB) : piste (marques au sol)
trail (GB) : trace (personne / objet au sol / mouvements de troupes)
trail (US, GB) : piste (chemin)
trailer (US, GB) : remorque
trailer aircraft (OTAN) : avion suiveur
trailing (US) : de queue (unité / élément)
trailing (US) : queue (de) (TAC)
train : initier à
train : train (moyen de transport ferroviaire)
train (GB) : train (colonne de transport logistique)
train (OTAN) : instruire (PERS)
train (US) : former (entraîner / instruire)
train (US, GB) : entraîner (force / PERS)
train (US, GB) : s'entraîner (force / PERS)
train station (US) : gare (ferroviaire)
trainability (US) : capacité de formation (PERS)
trained (US, GB) : entraîné (force / troupes)
trainee (US) : stagiaire
trainer (tactical) (US) : simulateur (tactique) d'entraînement
trainer (US) : instructeur

trainer (US) : version d'exercice (système antichar)
trainer (US, GB) : formateur
trainer aircraft (UN) : avion d'entraînement
training (CFE, US, GB, OTAN) : entraînement
training (OTAN) : d'entraînement (matériel)
training (OTAN) : didactique (matériel)
training (OTAN) : d'instruction (matériel)
training (OTAN) : formation et entraînement
training (US, GB) : formation (instruction / entraînement)
training (US, GB) : instruction (formation)
training activity (US) : camp d'entraînement (services spéciaux)
training aid (GB) : aide à la formation
training aid (US) : aide à l'instruction
training aid (US) : aide (moyen) pédagogique
training ammunition (US) : munitions d'entraînement
training and / or operations officer ou S3 : officier opérations-instruction (EM)
Training and Doctrine Command (TRADOC) (US) : commandement de la doctrine et de l'entraînement (CDE) (obsolète)
training area (GB) : camp d'entraînement (ou camp de manœuvres)
training area (GB, CFE) : terrain de manœuvres (terrain d'entraînement ou camp d'entraînement)
training base (US, GB) : base d'entraînement
training camp (GB) : camp d'entraînement (ou camp de manœuvres)
training center (US) : centre de formation
training center (US) : centre d'entraînement
training centre (GB) : centre d'entraînement
training company (US) : compagnie d'instruction
training course (US) : stage de formation
training cycle (Jane's) : cycle d'entraînement (force)
training development (Jane's) : préparation opérationnelle (fonction d'état-major)
Training Development Office (Army Staff) (Jane's) : bureau de préparation opérationnelle (BPO) (EMAT)
training devices (OTAN) : matériels d'instruction
training doctrine (US) : doctrine d'entraînement
training environment (US) : environnement de formation
training environment (US) : environnement d'entraînement
training environment (US) : environnement d'instruction
training equipment (TE) (OTAN) : matériel d'entraînement
training equipment (TE) (OTAN) : matériel didactique
training equipment (TE) (OTAN) : matériel d'instruction
training establishment (Jane's) : centre d'entraînement

training establishment (Jane's) : organisme de formation (armée)

training exercise (OTAN) : exercice d'entraînement

training facility (US) : camp d'entraînement (ou camp de manœuvres)

training facility (US) : camp d'entraînement (services spéciaux)

training hospital : hôpital d'instruction

training jump (US) : saut d'entraînement (TAP)

training media (GB) : moyens de formation (instruction)

training method (GB) : méthode de formation (instruction)

training method (GB) : méthode d'entraînement (ou d'instruction)

training module (GB) : module de formation (instruction)

training NCO (US) (Non-Commissioned Officer) : sous-officier instructeur

training need (GB) : besoin en formation (instruction)

training net (OTAN) : réseau d'instruction (TRANS)

training period (GB) : période d'instruction (PERS)

training period (GB, US) : période d'instruction (ou d'activité) (réserviste)

training plan (US) : plan d'entraînement (forces / unité)

training platoon (GB) : section d'instruction (INF)

training program (US) : programme d'entraînement (d'instruction ou de formation) (militaire)

training programme (GB) : programme d'entraînement (d'instruction ou de formation) (militaire)

training regiment ou training battalion (GB) : régiment d'instruction

training round (US) : obus d'entraînement

training round (US) : obus d'instruction

training scenario (CA) : scénario d'entraînement

training squadron (GB) : compagnie d'instruction

training standards (GB) : normes d'entraînement

training support (US, GB) : soutien à l'entraînement

training system (US) : système de formation (ou d'entraînement)

training system (GB) : chaîne "formation" (armée)

training team (US) : équipe d'instruction (tir)

training team (US, GB) : équipe d'instructeurs (ou d'instruction)

training tempo (Jane's) : cadence d'entraînement (forces)

training unit (GB) : unité d'entraînement (terrain de manœuvres)

training unit (US) : unité d'instruction

traitor (US) : traître (RENS)

trajectography (UN) : trajectographie

trajectory (US, GB, OTAN) : trajectoire

tranquility (US) : calme (nom)

Transall cargo aircraft (US) : Transall

Transall troop-carrier (plane) (GB) : Transall

transantlantic dialogue (OTAN) : dialogue transatlantique (le)

transatlantic (OTAN) : transatlantique

transatlantic partnership (OTAN) : partenariat transatlantique (le)

transceiver (US) : émetteur-récepteur

transcend (OTAN) : dépasser (surmonter)

transcription (US) : transcription

transfer (GB) : changer (d'unité / de corps / d'arme) (PERS)

transfer (GB) : transférer

transfer (OTAN) : diriger (patient) (SAN)

transfer (OTAN) : transfert (détenu)

transfer (US) : déférer (justice) (PERS)

transfer (US) : muter (PERS)

transfer (US) : passage (mutation)

transfer (US) : passer (TAC)

transfer (US) : passer (PERS)

transfer (US) : réaffectation (PERS)

transfer (US) : réaffecter (PERS)

transfer (US) : transfert (unité) (TAC)

transfer (US, Jane's) : transfert

transfer loader (US, OTAN) : chariot de transbordement (moyen de transport / aéronef)

transfer of authority (TOA) : transfert d'autorité

transfer of authority (International Defence Review) : passation de pouvoirs (d'une force à l'autre)

transfer of branch (US) : changement d'arme (PERS)

transfer of command (GB) : transmission du commandement

transfer of command (TOC) (OTAN) : transfert de commandement

transfer of command (US) : passation de commandement

transfer of sovereignty (GB) : transfert de souveraineté

transfer protocol (US) : protocole d'échange (informatique / Internet)

transfer to (GB) : verser dans (PERS)

transferred (GB) : muté (PERS)

transferred to the Reserve (GB) : admis dans la réserve (PERS)

transferred to the Reserve (GB) : transféré (ou versé) dans la réserve

transform (US) : transformer

transform oneself (US) : se transformer

transformation (OTAN) : mutation (évolution)

transformation (US, GB) : transformation

transgression (US) : transgression (code)

transhipment (GB) : transbordement

transhipment point (US, OTAN) : point de transbordement

transient (US) : de passage (PERS / troupes)

transient (US), perishable (OTAN) : éphémère

transient personnel (US, GB) : personnel(s) en transit

transit (CFE, OTAN) : transit

transit camp (GB, US) : camp de transit (réfugiés)

transit center (US) : centre de transit (réfugiés)

transit route (GB) : itinéraire de transit

transit through (US, CFE) : transiter par

transition (US) : passer (TAC)

transition (US) : transition

transition (US, OTAN) : passage (mutation)

transition from...to (US) : passer de... à (changement d'activité)

transition of power (CA) : passation de pouvoirs (politique)

transition readiness (OTAN) : préparation transitoire

transition to (US) : passer à

transition to the offensive (US) : passer à l'offensive (force)

transition to war (TTW) (OTAN) : passage à l'état de guerre

transitional : transitoire

transitional phase (GB) : phase transitoire (entre opérations de guerre) (TAC)

transitional solution (US) : solution d'attente

translate (OTAN, US) : transformer

translate (US) : traduire

translator (military) (US) : traducteur (militaire)

transmission (CFE, Jane's) : transmission (mécanique)

transmission louvers : grilles de transmission (char)

transmission system : système de transmission (dans un système de communication)

transmissions (GB) : transmissions

transmit : transmettre (renseignement / ordres / informations) (à quelqu'un)

transmit : transmettre (TRANS)

transmit (a message / images) (GB, US) : transmettre (message / images)

transmit (OTAN) : transmettre

transmit (US) : émettre (TRANS)

transmittal (US) : transmission (documents / messages)

transmittal of orders (US) : transmission des ordres

transmitter (US) : émetteur (TRANS)

transmitter and receiver helmet : casque radio émetteur-récepteur (TAP)

transnational (US, OTAN) : transnational

transnational crime (OTAN) : crime (ou criminalité) au niveau transnational

transparency (UN, US, UEO, OTAN) : transparence

transponder : répéteur (satellite)

transponder (US) : transpondeur (TRANS)

transport (GB) : transport

transport (US) : avion de transport

transport across waterways (Jane's) : franchissement de l'avant

transport aircraft (US) : avion de transport

transport capability (UEO) : capacité de transport

transport capacity (OTAN) : capacité de transport (moyen de transport / véhicule)

transport helicopter (TH) (GB, OTAN) : hélicoptère de transport

transport operations (OTAN) : opérations de transport

transport regiment (GB) : régiment de transport

transport regiment (GB) : régiment du train (RT)

transport section (GB) : escouade du train

transport squadron (GB) : escadron de transport

transport squadron (GB) : escadron du train

transportability (UN) : transportabilité

transportability (US) : capacité de transport

transportable (US) : transportable (unité / forces)

transportation (US) : moyens de transport

transportation (US) : train (fonction)

transportation (US) : transport

transportation assets (US) : moyens de transport

transportation battalion (US) : régiment du train (RT)

transportation brigade (US) : brigade du train

transportation company (US) : compagnie de transport (TRN)

transportation company (US) : escadron de transport

transportation company (US) : escadron du train

Transportation Corps (TC) (US) : Train (arme)

transportation means (CFE) : moyen de transport

transportation motor pool (TMP) (US) : exploitation et transport (escadron d') (EET) (unité)

transportation net (US) : réseau de transport (pays)

transportation squad (US) : escouade du train

transportation unit (US) : unité du train

transporter erector launcher (TEL) (OTAN) : véhicule-rampe

transporter-erector-launcher (TEL) (UN) : transporteur-érecteur-lanceur (TEL)

transposition (US) : transposition (principe de) (chiffre) (RENS)

trans-ship (US) : transborder

trans-shipment (OTAN) : transbordement

transshipment (US) : transbordement

transversal route : rocade (TAC)

trap (GB) : piège

trap (GB) : piéger (force) (TAC)

trap (GB) : piéger (à l'explosif) (objet / équipement)

trap (GB) : prendre au piège (force / individus)

trap (US) : piéger (RENS)

trapped (US) : piégé (ennemi) (TAC)

trapped (US, GB) : pris au piège (ressortissants / ennemi)

trash (US) : ordures

trauma (GB) : traumatisme (psychologique) (PERS)

travel : parcours (missile)

travel (GB) : déplacement (véhicule)

travel (GB) : déplacer (se)

travel (GB) : évoluer (se déplacer) (matériel)

travel (GB) : se déplacer (TAC)

travel (OTAN) : circuler (vehicule)

travel (US) : déplacement (PERS)

travel (US) : parcourir (personnel / force / aéronef)

travel (US) : parcourir (projectile)

travel (US) : voyage

travel allowance (US) : indemnité de déplacement (ou de transport)

travel expenses (US) : frais de déplacement

travel time (US) : délais de route (mutation)

travel voucher (TV) : bon de transport

travel warrant (GB) : titre de transport (sur convocation)

travel warrant (GB, US) : bon de transport

traveling : déplacement (technique) (unité)

traveling overwatch (US) : déplacement en perroquet (technique)

travelled (GB) : parcouru(e) (distance)

traversal (US) : traversée (TAC)

traverse : pointage en direction / gisement (canon)

traverse (GB) : pare-éclats (de tranchée)

traverse (OTAN, US) : pointer en direction (ou en gisement)

traverse (US) : champ de tir en direction (canon)

traverse (US) : champ de tir horizontal (tourelle)

traverse (US) : traverser

traversing : pointage en direction / gisement (canon)

traversing fire (US) : tir fauchant

traversing gear : mécanisme de pointage en direction (ou en gisement) (mortier)

traversing handle : manivelle de pointage en direction (mortier)

treachery (pays / camarades) (GB) : trahison

tread (GB) : marcher (PERS)

treason (pays) (US, GB) : trahison

treat (casualties) (US) : traiter (blessés)

treat (US) : traiter

treat with (GB) : faire preuve de

treatment : soins (SAN)

treatment (US, GB) : traitement (médical) (SAN)

treatment centre (GB) : centre de traitement (SAN)

treaty (US, GB) : traité

treaty of cooperation (US) : traité de coopération

treaty verification (US) : vérification des traités

treaty-limited (OTAN) : limité par le traité (équipement)

treaty-related (OTAN) : couvert par le traité

tree (US, GB) : arbre

treeline (GB) : rangée d'arbres

trekking (GB) : randonnée (raid aventure)

trench (GB, US) : tranchée

trench (Jane's) : tranchée (capacité de franchissement d'un véhicule blindé) (en mètres)

trench crossing (GB) : capacité de franchissement de fossé (char)

trench crossing (US) : tranchée (capacité de franchissement d'un véhicule blindé) (en mètres)

trench digger : trancheuse (GEN)

trench foot (GB) : gelure des tranchées

trench system : réseau de tranchées

trench warfare (US, GB) : guerre de tranchées

trench-clearing (US) : dégagement de tranchée(s)

trench-digging (GB) : creusement de tranchées (GEN)

trench-foot (GB) : pieds gelés (ou gelure des tranchées) (SAN)

trenching (operations) : creusement de tranchées (GEN)

trend (US, GB) : tendance

triad : triade (dissuasion)

triage (US, OTAN) : triage (médico-chirurgical) (SAN)

trial (equipment) (GB) : essai (matériels)

trial (US) : procès (justice)

trial vehicle (Jane's) : véhicule d'essais

triangle (GB) : triangle (géographique)

triangular (US) : ternaire (organisation)

triangular area : triangle (géographique)

triangulation point (GB) : point coté (carte)

triangulation point (GB) : point géodésique

triangulation station (US, OTAN) : station de triangulation

tribal leader (GB) : chef de tribu (Afrique)

tribe (US, GB) : tribu

tribunal (US) : tribunal

tributary (GB) : affluent (fleuve)

trick (US, GB) : ficelle

TRIFOM fiber-optic missile project (Jane's) : TRIFOM (projet de missile à fibre optique)

TRIGAT-MR (Medium-Range) anti-tank missile (Jane's) : TRIGAT (missile antichar à moyenne portée)

trigger : détente (arme automatique / fusil automatique / fusil / arme de poing / canon sans recul)

trigger (GB) : déclencher (mine / mise à feu / explosion / bombe / tir)

trigger guard : pontet (fusil automatique / arme de poing / fusil)

trigger mechanism : mécanisme de détente (lance-roquettes)

trigger-happy (US) : gâchette facile (avoir la) (PERS)

trilateral (US) : trilatéral

trinitrotoluene (OTAN) : trinitrotoluène (TNT)

trip grenade (UN) : grenade piégée

tripartite (US) : tripartite

triple (GB) : triple

triple (US) : tripler

triple agent (US) : agent triple (RENS)

triplicate (GB) : troisième exemplaire (document)
tripod (GB, US) : trépied
tripod mount : trépied
tripwire : fil tendu (STRAT)
tripwire (OTAN, UN) : fil de rupture (fil-piège, fil de déclenchement ou fil déclencheur) (mine)
tri-service (GB) : commun (aux 3 armées) (organisation / service)
tri-Service (GB) : des trois armées
tri-service (GB) : interarmées (adjectif)
tri-service (GB) : trois armées (des)
triumph, to overcome (US) : triompher
trivialise (OTAN) : banaliser (question)
trog (GB) : trainglot (soldat du Train) (familier)
trog (GB) : tringlot (soldat du Train) (familier)
troop (ASA / nucléaire) / section (SS / non nucléaire) : section (artillerie)
troop (CA) : militaire (nom)
troop (GB) : peloton (ABC)
troop (GB) : peloton (Train)
troop (OTAN) : homme (soldat)
troop (US) : soldat
troop capacity (US) : capacité de transport de personnels (caractéristique de véhicule blindé)
troop carrier : transport de troupes (véhicule / aéronef de)
troop carrier (GB) : véhicule de transport de troupes (VTT)
troop compartment (Jane's) : compartiment des soldats (ou des troupes) (véhicule)
troop contributing nation (TCN) (GB, OTAN) : pays contributeur de troupes
troop convoy (GB) : convoi de troupes
troop lift (US) : transport de troupes par air
troop morale (US) : moral des troupes (le)
troop movements (US, GB) : mouvements de troupes
troop support (US) : soutien de l'homme
troop training (GB) : entraînement des troupes (ou des soldats)
troop transport helicopter (Jane's) : hélicoptère de transport tactique
troop unit(s) (US) : corps de troupe
troop withdrawal (US) : retrait de troupes
trooper (US) : parachutiste (individu)
trooper (US) : soldat
troop-leading procedure (US) : élaboration des ordres (méthode d') (unités élémentaires)
troop-leading procedure (US) : méthode d'élaboration des ordres (échelon : section / compagnie)
troops (Jane's) : effectif(s) (armée / unité) (AT / GEND)
troops (OTAN) : forces
troops (US) : moyens (hommes)
troops (US) : moyens amis et ennemis (facteurs déterminants)
troops (US, GB, OTAN, CA) : troupes (soldats)
troops on foot (US) : troupes à pied

trophy (GB) : trophée sportif
trophy of war (US) : trophée de guerre
trophy room (GB) : salle des trophées
tropical (GB) : tropical
tropical forest (GB) : forêt équatoriale
tropical forest (GB) : forêt tropicale
tropical uniform (GB) : uniforme tropical
tropicalised (Jane's) : tropicalisé (matériel)
tropicalization ou tropicalisation : tropicalisation (matériels)
Tropics (GB) : Tropiques (les)
troposcatter : troposphérique
troposcatter (OTAN) : tropodiffusion
troposcatter communications (OTAN) : transmissions par tropodiffusion
troposheric forward scatter (TFS) (OTAN) : tropodiffusion
troposphere scatter OTAN) : diffusion troposphérique (TRANS)
tropospheric scatter (US) : diffusion troposphérique (TRANS)
trouble spot (OTAN) : région à conflits
trouble spot (US) : point chaud (conflit)
troubles (GB) : troubles
trousers (US, GB) : pantalon
trousers braid (US) : soutache de pantalon
trousseau (GB) : trousseau
truce (US) : trève
truce supervision (US) : surveillance des trèves
truce supervisory forces (US) : forces de surveillance des trèves
truck (GB, US) : poids lourd
truck (US, GB) : camion
truck cargo (GB) : camion de transport lourd
truck convoy (US) : convoi de camions
truck convoy (US) : convoi de transport routier
truck loading (OTAN) : chargement des camions
truck loading point (TLP) (OTAN) : poste de chargement des camions
truck tanker (GB) : camion-citerne
truck unit (US) : unité de transport routier
truck utility light (TUL) : camionnette tactique
truck utility medium (TUM) (GB) : camionnette tactique
true (GB, OTAN) : véritable
true (US, GB) : exact (vrai)
true (US, GB) : vrai (exact / corect)
true edge : vrai tranchant (sabre)
true north (US, OTAN) : nord géographique (ou nord vrai)
trump (OTAN) : carte maîtresse (atout)
truncheon (GB) : matraque
trunk (GB) : inter-urbain (TRANS)
trunk (US) : coffre (véhicule)
trunk road (GB) : N. (route nationale)
trunnion (CFE) : tourillon (char)
trust (US) : confiance
truth (US) : exactitude (cotation) (RENS)

try (US) : tentative
try (US, GB) : juger (en justice)
try a second time (GB) : renouveler
tryout (US) : épreuve de sélection
T-shirt (US) : tee-shirt
tube : tube (canon de char)
tube (US) : tube (synonyme de canon)
tube (US) : tube (canon de gros calibre)
tube (US, GB) : tube (mortier / bazooka)
tube artillery (US) : artillerie canon
tube-launched : lancé par tube
tugboat : remorqueur (construction de pont)
tundra (US) : toundra (TOPO)
tune (US) : régler
tungsten (US) : tungstène
tunic (GB) : tunique
tunnel (GB) : galerie (tunnel) (GEN)
tunnel (US, GB) : tunnel
tunnelling (US) : tunnelage
turbine engine (US) : turbomoteur (ALAT)
turbocharged (GB) : suralimenté (moteur)
turbocharged (US) : turbo (-compressé) (moteur)
turbocharger : turbocompresseur
turboshaft engine : turbomoteur (ALAT)
turn : virage (route)
turn (OTAN) : tournure
turn (somebody) into (GB) : faire (quelque chose de quelqu'un)
turn (US) : atteindre (grade / âge)
turn (US) : retourner (agent) (RENS)
turn (US) : se retourner (TAC)
turn (US) : virer (force)
turn away (GB) : refuser
turn back (CA) : mettre en déroute
turn from...to (US) : passer de... à (changement d'activité)
turn into (US) : se transformer
turn itself to a professional force (Jane's) : se professionnaliser (armée)
turn on (US) : allumer (feux de véhicule)
turn oneself over (US) : se livrer (agent) (RENS)
turn over (US) : passer en compte
turn over (US) : remettre
turn over to (US) : confier à (personnels à l'exercice)
turn tables (US) : retourner la situation
turn up (GB) : se présenter
turnaround (OTAN) : rotation (chargement / déchargement / ravitaillement) (véhicules / aéronefs)
turnaround cycle (US, GB) : temps de rotation (véhicules / aéronefs)
turn-in : distribution
turning (US) : retournement (d'un agent) (RENS)
turning movement (US, OTAN) : mouvement tournant (TAC)
turning point (Jane's) : moment
turning point (Jane's) : tournant

turning point (US, OTAN) : point d'inflexion (guerre des mines)
turning radius (US) : rayon de virage (véhicule blindé)
turnout ou turn-out (GB) : tenue (habillement)
turnover (OTAN) : renouvellement (stocks)
turnover (US) : remise (prisonniers)
turnpike (autoroute à péage) (US) : autoroute
turret (US, GB) : tourelle (char)
turret bustle : nuque de tourelle
turret down (position) (US, GB) : défilement de tourelle
turret gunnery trainer (US) : simulateur de tir de tourelle
TV broadcasting capabilities (US) : moyens de diffusion télévisuelle
TV coverage (Jane's) : couverture télévisuelle (actions militaires)
twig (GB) : percuter (comprendre rapidement) (familier)
twilight (US, OTAN) : crépuscule
twin (UN) : double
twin gun : bitube (canon)
twin-barrellled gun (US) : bitube (canon)
twin-engine (US) : bimoteur (adjectif)
twin-engined aircraft : bimoteur (aéronef)
twin-turbine : biturbine
twisty (US) : sinueux (route / itinéraire)
two : secundo
two (US, GB) : deux (chiffre)
two or more (OTAN) : plusieurs
twofold (US) : double
two-man (US) : biplace (adjectif)
two-man team : binôme (groupe de 2) (PERS)
two-seat (US) : biplace (adjectif)
two-seater (US) : biplace (aéronef) (nom)
two-sided exercise : double action (exercice à)
two-stage (US) : bi-étage (missile)
two-up (OTAN) : par deux (formation)
two-way (UN) : bidirectionnel
type (OTAN) : forme
type (US, GB) : type
type of activity (US) : type d'activité
type of ammo (US) : type de munition(s)
type of ammunition (US) : type de munition(s)
type of attack (US) : type d'attaque
type of burst (OTAN) : type d'explosion
type of climate (US) : type de climat
type of equipment (CFE, US) : type de matériel
type of force (US) : type de force
type of injury (OTAN) : type de blessure
type of lift (US) : type de transport (force)
type of operation (GB) : type d'opération
type of target (US) : type de cible
type of terrain (US) : type de terrain
type of transportation (US) : type de moyens de transport (unité)
type of unit (US) : type d'unité

typhus (GB) : typhus (SAN)
tyrannnical (OTAN) : tyrannique
tyre (GB) : pneu(matique)
tyre pressure (Jane's) : pression des pneu(matique)s
tyre pressure regulation system (central) (Jane's) : dispositif de variation de pression des pneumatiques (véhicule blindé)

U

U.N. (= United Nations) troop : casque bleu
U.N. soldier : casque bleu
U.S. Army Command and General Staff College (C&GSC) (équivalent US) : collège interarmées de défense (CID)
U.S. Army Health Services Command (US) : commandement du service de santé de l'armée de terre
U.S. Army Materiel Command (AMC) (US) : commandement du matériel de l'armée de terre (USA) (équivalent DCMAT)
U.S. Army Materiel Command (USAMC) (équivalent US) : direction centrale du Matériel (DCMAT)
U.S. Army Personnel Command (PERSCOM) (équivalent US) : direction des personnels militaires de l'armée de terre (DPMAT)
U.S. Army Recruiting Command (US) : direction du recrutement de l'armée de terre (USA)
U.S. Army Space and Missile Defense Command (US) : commandement de la défense spatiale et anti-missiles (armée de terre des USA)
U.S. Coast Guard (USCG) (US) : Garde-Côtes (USA)
U.S. insignia (US) : insigne américain (USA)
ullage (US) : manquant (réservoir)
ultimate (OTAN) : ultime
ultimate (US) : définitif
ultimate (US) : suprême
ultimately (US) : bout de ligne (en)
ultimately (US) : ressort (en dernier)
ultimatum : ultimatum
ultra low level aerial delivery (ULLA) : largage à très faible hauteur (TFH) (livraison par air)
ultra-high frequency (UHF) (OTAN) : ultra-haute fréquence
ultra-light : ULM (ultra léger motorisé)
ultralight (US) : ultra-léger (matériau)
ultrasonics (UN) : ultrasons
ultraviolet (US) : ultraviolet
umbrella (US, OTAN) : parapluie
umpire (GB) : arbitre (exercice)
umpire (GB) : arbitrer (exercice)
un- (préfixe) (US, GB) : sans
UN convoy (GB) : convoi des Nations-Unies

unaccounted for (GB) : disparu (PERS)
unaltered : inchangé
unambiguous (Jane's) : équivoque (sans)
unarmed (CFE, GB) : non-armé
unarmed (GB) : sans arme(s) (ou non armé) (PERS)
unarmed civilian (OTAN) : civil non armé
unarmored (US) : non-blindé (engin / véhicule)
unarmoured (GB) : non-blindé (engin / véhicule)
unassisted projectile (GB) : obus normal (canon automoteur)
unattended (OTAN) : abandonné (non surveillé) (capteur)
unattended (OTAN) : non surveillé (abandonné) (capteur)
unattended ground sensor (UGS) (US, OTAN) : capteur au sol abandonné
unattended ground sensor (UGS) (US, OTAN) : capteur au sol autonome
unattended ground sensor (US, OTAN) : capteur au sol non-surveillé
unauthorized (GB) : sans autorisation
unauthorized (OTAN, GB) : non autorisé
unauthorized (US) : illicite
unauthorized absence (US) : absence non autorisée (PERS)
unavailable : non disponible
unavailable (Jane's, US) : indisponible (résultats / moyens)
unavailable (US) : inaccessible
unbalance (US) : déséquilibrer (force)
unbalanced : en déséquilibre (force)
unbalanced (GB) : déséquilibré (force)
unbecoming (US) : indigne de
unbreakable (US) : indéchiffrable (code) (RENS)
unbridgeable (US) : infranchissable (coupure)
unburden (US) : soulager
uncertain (US) : incertain (avenir)
uncertainty (US) : incertitude
unchallenged (US) : incontesté
unchanged : inchangé
uncharged : préparé
uncharged demolition (US, GB) : destruction préparée
uncharged demolition target (OTAN) : ouvrage à destruction préparée
unclassified (OTAN) : sans classification (document) (RENS)
unclassified (OTAN, GB) : non classifié (ou sans classification)
unclassified (UNCLAS) (U) (US) : non-protégé (document) (RENS)
unclassified matter (US, GB) : texte non classifié
uncock (US) : désarmer (bombe / missile / fusil / arme)
uncommitted (forces) (US) : non engagées (forces)
uncomplicated (US) : simple
unconditional (OTAN) : sans conditions

unconditional surrender (GB) : reddition inconditionnelle (ou sans conditions)
unconditionally (US) : sans conditions
unconscious (GB) : sans connaissance (PERS)
(SAN)
unconscious (US, GB) : inconscient (ou sans
connaisssance) (SAN)
uncontaminated (US) : non-contaminé
uncontrollable (US) : incontrôlable
uncontrolled (US) : incontrôlé
unconventional (OTAN) : non conventionnel
(forces)
unconventional means (US) : moyens non conventionnels (opérations spéciales)
unconventional military forces (UMF) (OTAN) :
forces militaires non conventionnelles
unconventional warfare (UW) (OTAN) : lutte non
conventionnelle
unconventional warfare (UW) (US) : guerre non
conventionnelle
uncoordinated (US) : mal coordonné (attaque / action / réaction)
uncover (GB) : découvrir (se) (tête) (PERS)
uncover (US) : découvrir (flanc) (TAC)
uncover (US) : espacer (rangs)
uncover (US) : mettre à jour (exposer) (TAC)
uncover (US) : se découvrir (la tête) (PERS)
uncredentialed (US) : non accrédité (journaliste)
undamaged : intact
undefended (US) : non-défendu
under : aux ordres de
under : conformément à
under (GB) : moins de
under (GB) : sous les ordres de
under (Jane's) : vertu de (en)
under (US, GB) : sous
under arms (GB) : sous les armes (servant)
(PERS)
under arrest (GB) : en état d'arrestation (PERS)
under attack (US, GB) : attaqué (force)
under colours (Jane's) : sous les couleurs
under command (GB) : subordonné (adjectif)
under command of (GB) : rattaché (mis temporairement aux ordres de) (unité)
under cover (US) : à couvert (à l'abri)
under cover (US) : à l'abri (à couvert)
under cover (US) : clandestinité (dans la)
under development (US) : en cours d'élaboration
(plan)
under fire (GB) : pris à partie (unité)
under fire (US) : situation de combat (dans une)
under military jurisdiction (US, GB) : juridiction
militaire (sous) (zone)
under national command (US) : en national (force
engagée) (OPEX)
under orders : service commandé (en)
Under Secretary of State for Defence (GB) : secrétaire d'État à la Défense (le) (GB / US)

under surveillance (US) : sous surveillance (agent)
(RENS)
under surveillance (US) : surveillé (individu)
(RENS)
under the command of (GB) : subordonné (adjectif)
under the command of (US) : aux ordres de
under the command of (US, GB) : sous le commandement de
under the control of (OTAN) : disposition de (à la)
under the flag (GB) : sous les couleurs
under the orders of : aux ordres de
under the overall authority of (OTAN) : haute autorité de (sous la)
under the responsibility of (CFE) : sous la responsabilité de
underbrush (US) : sous-bois
undercarriage (GB) : train d'atterrissage
undercover agent (US) : agent secret (RENS)
undercover mission (US) : mission secrète (agent)
(RENS)
undercover work (US) : travail de l'ombre (RENS)
under-developed (US) : sous-développé (pays)
underequipped (GB) : sous-équipé (unité)
underestimate (GB, US) : sous-estimer
undergo : passer (subir)
undergo (US) : connaître (faire l'expérience de)
undergo (US) : essuyer (tirs / attaque)
undergo (US) : subir
undergoing testing (US) : aux essais (matériel)
underground (GB) : clandestin (organisation)
underground (GB) : résistance (organisation de
lutte contre l'occupant)
underground (railway) (GB) : métro
underground (US) : maquis (résistance clandestine)
underground (US, UN, OTAN) : souterrain
underground shelter (US) : abri souterrain
underground site (US) : site souterrain (NUC)
undergrowth (GB) : sous-bois
underlying (US) : sous-jacent
undermanned : en sous-effectif
under-manning ou undermanning (GB) : sous-
effectif
undermine (OTAN) : miner (moral)
undermine (OTAN) : saper (moral / loyauté / réussite)
undernourished (US) : sous-alimenté (PERS)
under-officered (GB) : sous-encadré (en officiers)
(unité)
underpin : sous-tendre
underpinning (US) : base (fondement)
underscore (US) : souligner (mettre en valeur)
undersea (US) : milieu sous-marin
undershirt : maillot de corps
undershirt (US) : tricot (ou maillot) de corps
underslung (OTAN) : sous élingue
underslung load (OTAN) : charge sous élingue

understand (OTAN) : comprendre (message)
understand (US) : comprendre
understanding (US) : compréhension
under-strength (US) : en sous-effectif
understudy (US) : futur remplaçant (PERS)
undertake (OTAN) : engager (entreprendre)
undertake (US) : entreprendre (opérations / combat)
undertrained (US) : sous-entraîné (force)
undertraining (US) : sous-entraînement (force)
under-used (GB) : sous-utilisé (matériel)
underwater : subaquatique
underwater : submersion (en)
underwater (OTAN) : immergé
underwater (US) : sous-marin (adjectif)
underwater communication cable (US) : câble de communications sous-marin
underwater demolition (OTAN) : démolition sous-marine
underwater demolition (OTAN) : destruction sous-marine (nageurs de combat)
underwater demolition team (OTAN, US) : équipe de démolition sous-marine
underwater detonation of a nuclear weapon (US) : explosion nucléaire sous-marine
underwater munitions (OTAN) : munitions immergées
underwater obstacle (US) : obstacle sub-aquatique
underway (US) : en cours
underwear (US) : sous-vêtements (ou linge de corps)
undeserved (US) : immérité (décoration / récompense)
undetectable (US) : indétectable
undisciplined (US) : indiscipliné (personnel / organisation)
undocumented (US) : papiers (sans)
undreamed of (US) : inimaginable
undue (US) : inutile
unemployed : inactif (soldat)
unevacuable : non transportable (blessé) (SAN)
unexpected (OTAN) : inattendu
unexpected (US) : inopiné (imprévu)
unexpected (US, GB) : imprévu (non programmé)
unexpectedly (US) : inopinément
unexploded (US, GB) : non(-)explosé (munition / bombe)
unexploded bomb (UXB) : bombe non-explosée
unexploded conventional, chemical and nuclear munitions (US) : munitions non explosées classiques, chimiques et nucléaires
unexploded explosive ordnance (OTAN) : explosif non explosé
unexploded explosive ordnance (OTAN) : munition(s) explosive(s) non explosée(s)
unexploded explosive ordnance (OTAN) : munitions non explosées
unfamiliar (terrain) (US) : peu familier (terrain)

unfavorable (US) : défavorable
unfit for service : inapte (au service) (PERS)
unfold (US) : se dérouler (événements / combats / exercice / opération)
unfordable (US) : non guéable (coupure)
unforeseen (US) : imprévu (non programmé)
unformatted : non-formaté (message)
unfurl (GB) : déployer (couleurs)
unguarded (US) : non gardé
unguided (UN) : non guidé
unhardened (Jane's) : non durci (cible)
unhealthy (GB) : insalubre (zone / région)
unhealthy (US) : en mauvaise santé (PERS)
unhindered (OTAN) : sans entrave(s)
unhurt (US) : intact
unidentifiable : non identifiable
unidentified (UI) (US) : non identifié
Unidentified Flying Object (UFO) (GB, US) : objet volant non identifié (OVNI)
unified command (US) : grand commandement interarmées (USA)
unified forces (GB) : forces unifiées (sous commandement d'un seul chef / de divers pays ou armées)
uniform (GB) : uniforme (adjectif)
uniform (US, GB) : uniforme (nom)
uniform allowance (GB, US) : indemnité de tenue
unify (US) : unifier
unilateral (US) : unilatéral
unilateral action (US) : action unilatérale (TAC)
unilaterally (US, GB) : unilatéralement
unimportant (US) : sans importance (zone) (TAC)
unimportant area (US) : zone sans importance (TAC)
uninhabited (GB) : inhabité (lieu)
uninitiated (US) : profane (nom)
unintelligible (US) : inintelligible (message)
unintended (US) : involontaire
unintentional (US) : involontaire
uninterrupted (US) : ininterrompu
Union flag (GB) : drapeau britannique (le)
Union Jack (GB) : drapeau britannique (le)
unipolar (OTAN) : unipolaire
unipolarity (OTAN) : unipolarité (monde)
unique (CA) : particulier
unit : unitaire
unit : unité (exemplaire) (matériel)
unit (OTAN, US, GB, UN) : unité (organisation militaire)
unit (UN) : unité (organisation)
unit (UN, US) : exemplaire (char / missile / matériel)
unit (US, GB) : formation (unité)
unit attached to : unité prêtée à (UPA)
unit commander (US) : commandant d'unité
unit crest (US) : insigne d'unité (béret / veste d'uniforme)
unit crest (US) : pucelle (insigne)

unit emplaning officer (US, GB) : officier d'embarquement (aéronef)
unit equipment (US) : équipement des unités
unit equipment (US, GB) : dotation (unité)
unit identification (OTAN) : identification d'unité
unit identification code (UIC) (OTAN) : code d'identification d'unité
unit in contact (with the enemy) (US) : unité au contact
unit in defense (US) : unité en défensive
unit leader (US) : commandant d'unité élémentaire
unit loading (US, GB) : chargement par unité constituée (LOG)
unit movement (US) : mouvement d'unité
unit of assignment (US) : unité d'affectation (PERS)
unit of issue (UI) (US, OTAN) : unité de dotation
unit of measure (US) : unité de mesure
unit partnership (US) : jumelage (unités)
unit patch (current) : écusson de l'unité (veste d'uniforme)
unit readiness : disponibilité d'une unité
unit role (US) : mission d'unité (ou métier)
unit rotation (US) : "tournante" (système de rotation des forces)
unit set (OTAN, US) : lot d'unité (matériel de dotation)
unit set (OTAN, US) : lot unitaire (matériel de dotation)
unit strength (US) : potentiel (unité) (effectifs / matériels / moyens logistiques)
unit structure (US) : structure d'unité
unit substitution (US) : remplacement d'unités
unit training (US) : entraînement dans les unités
unit training (US) : entraînement des unités
unit training (US) : entraînement d'unité
unit trains (US) : moyens appartenant à un corps (soutien)
unitary (UN) : unitaire (par opposition à binaire)
united (US) : unifié (action)
United Nations force(s) (US) : force des Nations-Unies
United Nations Good Offices Mission in Afghanistan and Pakistan (UNGOMAP) (UN) : Mission de Bons Offices des Nations-Unies en Afghanistan et au Pakistan
United Nations High Commissioner for Refugees (UNHCR) : haut commissariat des Nations-Unies pour les réfugiés (HCR)
United Nations Mission in Kosovo (UNMIK) (OTAN) : Mission des Nations-Unies au Kosovo (MINUK)
United Nations Protection Force (UNPROFOR) : force de protection des Nations-Unies (FORPRONU)
United Nations Secretary General (UNSG) (GB) : secrétaire général des Nations-Unies

United Nations Security Council (the) (UN-SC) (GB, OTAN) : conseil de sécurité des Nations-Unies
United Nations Special Commission (UNSCOM) : commission spéciale des Nations-Unies (sur l'Irak)
United Nations Temporary Authority in Cambodia (UNTAC) : autorité provisoire des Nations-Unies au Cambodge (APRONUC)
United States (of America) (US) : États-Unis (d'Amérique)
United States Army Reserve Command (US) : commandement de la réserve de l'armée de terre des États-Unis
United States European Command (EUCOM) (OTAN) : forces des États-Unis en Europe (commandement des)
United States Marine Corps (USMC) : corps des Marines (USA)
United States Marine Corps (USMC) : Marines (Corps des) (USA)
unitiated (US) : non initié (ou profane)
unit-level maintenance (US) : maintenance de contact
unity : unité (caractère unique)
unity (GB) : unité (cohésion)
unity of action (US, OTAN) : unité d'action (principe)
unity of command (US) : unité de commandement (principe)
unity of command (US) : unité du commandement (principe de guerre)
unity of effort (US) : concentration des efforts (TAC)
unity of purpose (OTAN, US) : unité d'intention (principe)
univeral transverse Mercator grid (UTM) (OTAN) : carroyage universel Mercator
universal time (US) : temps universel
universal transverse Mercator (UTM) grid (US, OTAN) : grille de Mercator transverse universelle
unjust : injuste
unknown : non connu
unknown (US) : inconnue (nom)
Unknown Soldier (US) : soldat inconnu (le)
unladen : à vide (poids de véhicule)
unladen (UN) : vide (à) (véhicule)
unladen weight (CFE) : poids à vide
unlawful (OTAN) : illégal
unlimited (US) : illimité (moyens)
unload (GB) : désapprovisionner (arme)
unload (US) : décharger (personnel et matériel)
unload (US, GB) : décharger (arme)
unloaded (GB) : déchargé (arme)
unloading (of a force and its equipment) (GB, OTAN) : déchargement (opération amphibie)
unloading period (OTAN) : phase de déchargement (opération amphibie)

unmanned (OTAN) : sans équipage (véhicule)
unmanned (OTAN) : sans pilote (engin / aéronef)
unmanned (UN) : non habité
unmanned (US) : inhabité (drone / engin aérien / installation)
unmanned aerial (ou air) vehicle (UAV) : drone
unmanned aerial vehicle (UAV) : engin télépiloté (aérien) (reconnaissance)
unmanned aerial vehicle (UAV) (OTAN) : aérodyne léger télépiloté (ALT)
unmanned aerial vehicle (UAV) (OTAN) : véhicule aérien sans pilote
Unmanned Aerial Vehicle (UAV) (US, GB) : avion léger télépiloté (ALT)
unmanned air system (GB) : aéronef sans équipage
unmanned aircraft (UMA) (GB) : aéronef sans pilote
unmanned aircraft (UMA) (OTAN) : avion sans pilote
unmanned ground vehicle (UGV) (GB) : engin terrestre sans pilote
unmanned ground vehicle (UGV) (US) : robot de déminage
unmarked (GB) : banalisé (véhicule)
unmarried : célibataire (adjectif)
unmask (US) : démasquer (agent) (RENS)
unmatched : inégalé
unmerciful (US) : sans merci
unmined (OTAN) : non miné
unmanned aerial vehicle - short range (UAV - SR) (US) : aérodyne léger télépiloté (ALT)
unnamed (US) : anonyme (PERS)
unnecessary (US) : inutile
unobserved (US, GB) : non contrôlé (tir)
unobserved fire (OTAN) : tir non contrôlé (ou non observé)
unobstructed (US) : dégagé (terrain)
unobtrusively (US) : discrètement (RENS)
unobtrusiveness : discrétion
unobtainable (GB) : impossible à obtenir (par radio) (TRANS)
unoccupied (US) : inoccupé (position / terrain)
unoccupied (US) : non occupé
unofficial (GB) : non officiel (officieux)
unofficial (GB) : officieux
unopposed (entry) (US) : résistance (sans) (arrivée d'une force sur le théâtre)
unpaid (GB) : sans solde (congé / permission)
unpaid informer : honorable correspondant (HC) (RENS)
unpaid leave (GB) : permission sans solde
unparalleled : inégalé
unprecedented (OTAN) : sans précédent
unpredictable (GB, US) : imprévisible
unprepared (GB, US) : non aménagé (zone de terrain / berge)
unprepared (US) : non préparé (force)
unpressurized (US) : non pressurisé (aéronef)

unprocessed (OTAN) : non traité (donnée)
unprotected (US) : sans protection (soldats / force)
unreadable : illisible (transmission radio)
unreadiness (US) : état d'impréparation (militaire / stratégique)
unreadiness (US) : impréparation (opérationnelle) (état d') (militaire / stratégique)
unready (US) : non prêt (à l'action) (force)
unrelenting (US) : implacable
unreliable (US) : non fiable (ou pas sûr) (RENS)
unreliable (US) : pas sûr (cotation) (RENS)
unremarried (US) : non remarié (PERS)
unrestricted : liberté (régime radio)
unrestricted (US) : sans restrictions
unscheduled (OTAN) : non planifié (convoi)
unscheduled (US) : imprévu (non programmé)
unscheduled convoy phase (OTAN) : phase des convois non planifiés
unserviceable : hors d'usage
unserviceable (US) : hors d'état (matériel)
unserviceable (US, GB) : hors-service (matériel)
unserviceable (US, GB) : HS (hors service)
unserviceable (US, GB) : inutilisable (matériel)
unshielded (US) : non protégé (équipement)
unsophisticated (US) : simple
unstable (US) : instable (monde)
unstated (US) : non dit (motifs)
unstated (US) : non exprimé (motifs)
unsteady (GB) : instable (pointage d'arme)
unstoppable (US) : irrésistible (attaque)
unsuccessful (GB) : avorté (attaque)
unsuccessful (GB) : infructueux
unsuited for (US) : inadapté à
unsurpassed (US) : inégalé
unsurveyed (US, GB) : non levé (zone) (TOPO)
unsurveyed area (OTAN) : zone non levée (TOPO)
untenable (GB) : indéfendable
untenable (US) : intenable (position / forteresse)
until (US) : jusqu'à (temporel)
until further notice : jusqu'à nouvel ordre
untold (OTAN) : indicible
untrafficable : impraticable
untrained (GB) : non entraîné (ou non formé) (PERS)
untrained (US) : non formé (personnel)
unusual (GB, US) : insolite (comportement)
unusual (US) : inhabituel (circonstances)
unveil (a plaque) (OTAN) : inaugurer
unveiling (OTAN) : inauguration
unwanted (US) : non désiré (effet)
unwarned exposed (US, OTAN) : exposé et non-alerté (NUC)
up (OTAN) : plus haut (ART)
up to : jusqu'à (temporel)
up to (GB) : jusqu'à (spatial)
up to (US, GB) : aller de…à (vitesse / distance / effectifs)

up to (US, GB) : jusqu'à (quantité)

up to (US, OTAN) : hauteur (à la)

up(-)to(-)speed (US) : opérationnel (ou prêt à l'action)

up-armored (US) : renforcé (à blindage) (char)

up-armored (US) / up-armoured (GB) : blindage renforcé (à)

uparmour (an armoured vehicle) (GB) : renforcer (blindage de véhicule blindé)

up-armoured (GB) : renforcé (à blindage) (char)

upcoming (US) : à venir

upcoming (US) : imminent

upcoming (US) : prochain

update (information / doctrine) : actualiser (ou mettre à jour) (renseignement / doctrine)

update (intelligence) (US, GB) : mise à jour (ou actualisation) (RENS)

update (OTAN) : point (compte-rendu / briefing)

update (UN) : tenir à jour

update (US) : mettre à jour (document / informations / doctrine)

update (US) : mise à jour

updated (OTAN) : récent

upgrade : amélioration (ou valorisation) (matériels / infastructures)

upgrade : valoriser (ou moderniser) (matériel)

upgrade (equipment) (CA) : mettre à niveau (équipement)

upgrade (GB) : améliorer (ou moderniser) (équipement)

upgrade (GB) : moderniser (ou monter en rattrapage) (matériel)

upgrade (OTAN) : modernisation (matériel)

upgrade (US) : valorisation (ou modernisation) (véhicule)

upgrade (US) : version valorisée (ou modernisée) (matériel)

upgrade (US, GB, AUST) : mise à niveau (matériel)

upgrade program (US) : programme de valorisation (ou d'amélioration) (matériel)

upgraded : modernisé (matériel)

upgraded (GB) : modifié (armement / matériel)

upgraded version (US) : version valorisée (ou modernisée) (matériel)

upgrading (UN) : modernisation

upgrading of operational readiness : mise sur pied

upgun : supériorité

upheaval (Jane's) : bouleversement

uphold (GB) : défendre (constitution / cause / valeurs / traditions)

uplink : liaison montante (TRANS)

upon : à (temporel)

upon (US) : lors de

upon (US, UN) : dès (temporel)

upper hand (US, GB) : dessus (avantage)

upper reaches (GB) : sommet

upper receiver : poignée de transport (arme automatique / fusil automatique)

upper winds : vent en altitude (TAP)

uprate : valoriser (ou moderniser) (matériel)

uprising (US, GB) : soulèvement (révolte)

upset (US) : bouleverser (plans ennemis)

upset (US) : déranger (bouleverser) (plans ennemis)

upset the applecart (US) : ficher par terre (faire échouer)

upstairs (familier) (US) : airs

upstream (GB) : amont (cours d'eau)

upstream from ou upstream of : amont de (en)

upsurge : regain

up-to-date (US) : à jour (actualisé)

upwind (GB) : au vent

Urals (OTAN) : Oural (l')

uranium (US, GB) : uranium

urban (US) : urbain

urban area (US) : zone urbanisée (ou urbaine)

urban battlefield (US) : champ de bataille urbain

urban combat (US) : combat en zone urbaine (ou urbanisée)

urban combat (US, GB) : combat en localité (COLOC) (ou en zone urbanisée) (combat urbain)

urban defense (US) : défense de localité

urban operations (US) : combat en localité (COLOC) (ou en zone urbanisée) (combat urbain)

urban operations (US) : opérations en zone urbaine

urban sprawl (US) : étalement (ou prolifération) urbain(e)

urban sprawl (US) : prolifération urbaine

urban terrain (Jane's, US) : zone urbanisée (ou urbaine)

urban terrain training site (US) : village de combat

urban terrorism (GB) : terrorisme urbain

urban training facility (Jane's) : centre d'entraînement au combat en localité

urban warfare (US) : combat en localité (COLOC) (ou en zone urbanisée) (combat urbain)

urban warfare (US) : combat en zone urbaine (ou urbanisée)

urbanized area (US) : zone urbanisée (ou urbaine)

urgency (US) : caractère d'urgence (crise)

urgency (US) : urgence (d'une situation) (ou caractère d'urgence) (TAC)

urgent (GB) : urgent (transmission radio / message)

urgent (GB, UEO) : urgent

urgent maintenance requirement (UMR) (GB) : besoin de maintenance urgent

urgent situation (GB) : situation d'urgence

urinalysis (US) : analyse d'urines (SAN)

urine specimen (GB) : échantillon d'urine (SAN)

US- (+ adjectif de nationalité) (US) : américano-

US Army Europe (OTAN, US) : forces terrestres américaines en Europe
US Army War College (AWC) (équivalent US) : centre des hautes études militaires (CHEM)
US Atlantic Command (USLANTCOM) (OTAN, US) : commandement Atlantique (des forces) des États-Unis
US Central Command (USCENTCOM) (OTAN, US) : commandement central (des forces) des États-Unis
US Central Command (USEUCOM) (OTAN, US) : commandement européen (des forces) des États-Unis
US Pacific Command (USPACCOM) (OTAN, US) : commandement Pacifique (des forces) des États-Unis
US Southern Command (USSOUTHCOM) (OTAN, US) : commandement sud (des forces) des États-Unis
use (GB) : faire usage de
use (GB, US, CFE) : emploi (utilisation)
use (OTAN) : emprunter (utiliser)
use (OTAN) : faire appel à (armée / moyens)
use (OTAN) : usage (emploi)
use (UEO) : recourir à (avoir recours à)
use (UEO) : recours
use (US) : consommation
use (US) : instrumentaliser
use (US) : profit
use (US, GB) : employer
use (US, GB, UEO) : utilisation
use (US, OTAN) : utiliser
use of force (US) : usage (ou emploi) de la force
use of helicopters (OTAN) : emploi des hélicoptères
use of resources (US) : emploi des moyens
use to advantage (US) : tirer profit de
useful (OTAN) : profitable
useful (US) : utile
usefully (OTAN) : utilement
useless (US, OTAN) : inutile
user (OTAN) : usage (emploi)
user (OTAN) : utilisateur (individu / organisation) (RENS)
user (US) : utilisateur (matériel / système de transmissions)
user unit (GB) : unité utilisatrice (matériels)
user-friendly : convivial (matériel)
user-friendly : facile à utiliser (facile d'utilisation ou convivial) (matériel)
usher in (US) : inaugurer (marquer le début de)
usher in (US) : marquer
using : moyen de (au)
using (GB) : fondé sur
using (UEO) : grâce à
using (US) : au moyen de
USSR. : URSS (l') (Hist.)
usually (US) : généralement

usually (US) : ordinairement (cotation) (RENS)
utilities (US) : services publics
utility (US, GB) : usage général (à) (véhicule)
utility helicopter (UH) (US) : hélicoptère de manœuvre (HM) (ou polyvalent)
utility helicopter company (US) ou squadron (GB) : escadrille d'hélicoptères de manœuvre (EHM)
utilization (US) : emploi (utilisation)
utilization (US) : utilisation
utilize (US) : utiliser
UTM (map) (Universal Transverse Mercator = Mercator transverse universelle) : UTM (carte)

V

VAB armoured personnel carrier (Jane's) : véhicule de l'avant blindé (VAB)
VAB light APC : véhicule de l'avant blindé (VAB)
VAB wheeled APC : véhicule de l'avant blindé (VAB)
VAB wheeled armoured vehicle : véhicule de l'avant blindé (VAB)
VAB wheeled infantry vehicle (Jane's) : véhicule de l'avant blindé (VAB)
VAB-mounted armoured infantry battalion (wheeled armoured vehicle ou light armoured personnel carrier) : régiment d'infanterie blindée sur VAB
vacancy (US) : poste vacant (armée)
vacancy (US, GB) : vacant (poste)
vacate (GB) : quitter (TAC)
vaccinate (GB) : vacciner (SAN)
vaccination (US) : vaccination (pratique médicale)
vaccine (US, GB) : vaccin (SAN)
vacuum bottle (US) : thermos (marque déposée) (ou bouteille thermos)
vacuum flask (GB) : thermos (marque déposée) (ou bouteille thermos)
V-agent (GB) : agent neurotoxique persistant
valiant ou gallant : valeureux (PERS)
validate (US) : valider
validation (US, GB) : validation
valley (US) : vallée (TOPO)
valor (US) : courage (PERS)
valor (US) : grand courage (au combat)
valour (GB) : grand courage (au combat)
valour (GB) ou valor (US) : bravoure
valuable (US) : précieux
valuable cargo (US, GB) : cargaison de valeur
value (US, GB) : valeur (mérite / qualité)
value-added (US) : valeur ajoutée (à)
values (US, GB, OTAN) : valeurs (morales / intellectuelles)
valve (UN) : soupape
van (GB) : fourgonnette

van (US, GB) : camionnette
vane : ailette (missile)
vane : ailette (parachute)
vanquished (personnel) (GB) : vaincu
vapor (US) : buée
vapor (US) : gaz
vapor (US) : vapeur
vapour (GB) : buée
vapour (GB) : vapeur
variable (US) : variable (nom)
variable-geometry wing aircraft (UN) : avion à
géométrie variable
variable-time fuze (VT) (GB) : fusée de proximité
variant (GB) : variante (ou version)
variant (GB, Jane's) : version (matériel)
variation (OTAN) : forme
variation (US) : changement
variation (US) : variation
varied (US) : divers
variety (OTAN) : série (suite)
variety (US) : diversité
variety (US) : éventail (gamme)
variety (US) : gamme
variety (US) : nombre
variety (US) : type
variety (US, GB) : variété
various : différent (divers)
various (GB) : divers
vary (US) : modifier (hauteur)
vary (US, UEO) : varier
VBL command post long version (Jane's) : VBL-
PC (Poste de Commandement)
VBL light armored vehicle (Jane's) : véhicule
blindé léger (VBL)
VBL light armoured reconnaissance vehicle (Jane's) : véhicule blindé léger (VBL)
VBL scout car (Jane's) : véhicule blindé léger
(VBL)
VCR (6 X 6) armoured personnel carrier (Jane's) :
VCR
vectoral (Jane's) : vectoriel (manœuvre)
vectoral manoeuvre (Jane's) : manœuvre vectorielle (la)
vectored attack (VECTAC) (OTAN) : attaque
guidée
vectored attack (VECTAC) (OTAN) : attaque sur
vecteur
vectored attack (VECTAC) (OTAN) : attaque téléguidée
vegetation (US) : végétation (TOPO)
vehicle (OTAN) : engin (missile)
vehicle (OTAN) : véhicule (ou engin) (missile / roquette)
vehicle (OTAN, GB, US) : véhicule
vehicle assignment (UN) : affectation des véhicules
vehicle borne (GB) : embarqué sur véhicule (matériel)

vehicle check-point (VCP) (GB) : point de
contrôle des véhicules
vehicle check-point (VCP) (GB) : poste de
contrôle des véhicules
vehicle collecting point : point de rassemblement
des véhicules
vehicle commander : chef d'engin
vehicle commander (US) : chef de bord (véhicule)
vehicle distance (US, GB) : distance entre véhicules (colonne)
vehicle launched scatterable mine system
(VLSMS) (US) : disperseur de mines terrestres
vehicle make : marque (de véhicule)
vehicle movement (GB) : mouvement des véhicules
vehicle needs (US) : besoins en véhicules
vehicle off the road (VOR) (UN) : indisponible
(véhicule)
vehicle off the road day (VOR day) (UN) : journée
d'indisponibilité (véhicule)
vehicle park (GB) : parc à véhicules (MAT)
vehicle registration (GB) : numéro d'immatriculation (véhicule)
vehicle search (GB) : fouille de véhicule
vehicle state (GB) : état des véhicules (unité)
vehicle status (UN) : position des véhicules
vehicle(-)mounted (GB, US) : embarqué sur véhicule (matériel)
vehicle-borne (GB) : transporté sur véhicule
vehicle-launched scattering mine system (GB) :
disperseur de mines terrestres
vehicular radio (US) : poste véhicule (radio)
velocity (US, GB) : vitesse
velocity (US, GB) : vitesse (projectile / canon /
objet)
venereal disease (VD) (GB) : maladie vénérienne
ventilated rib : bande ventilée (fusil)
ventilating system (Jane's) : ventilation (système
de) (véhicule blindé)
ventilation system (Jane's) : ventilation (système
de) (véhicule blindé)
ventilator : ventilateur (char)
venture (US) : entreprise (armement)
venturi : venturi (canon sans recul)
venturi fastening lever : levier de fixation de venturi (canon sans recul)
verbal (GB) : oral (ajectif)
verbal (US) : verbal
verbal order (VO) : verbal (ordre)
verbally (GB) : oralement
verifiable (UN) : vérifiable
verification (OTAN) : vérification (TAC)
verification (UN) : vérification (désarmement)
(STRAT)
verification (US, GB) : vérification
verification mission (UN) : mission de vérification
verifier (OTAN) : vérificateur

verify (OTAN, GB) : vérifier (message / compte-rendu)
verify (procédure radio) : confirmer
versatile (GB) : adaptable (polyvalent) (matériel)
versatile (GB) : polyvalent (matériel / installation)
versatile : polyvalent (force)
versatility : souplesse (d'emploi) (force)
versatility (US) : polyvalence (des forces) (TAC)
version (GB, US) : version (matériel)
vertex (OTAN) : vertex (ART)
vertical (OTAN) : verticale (nom)
vertical (US, OTAN) : vertical
vertical entry (US) : entrée verticale (TAP)
vertical landing (GB) : atterrissage vertical
vertical loading, vertical storage : gerbage (LOG)
vertical obstacle (Jane's, US) : obstacle vertical (caractéristique de franchissement) (en mètres)
vertical replenishment (US, GB) : ravitaillement vertical (hélicoptère)
vertical take off and landing (VTOL) (GB, OTAN) : décollage et atterrissage verticaux
vertical take-off (GB) : décollage vertical
vertical take-off and landing (VTOL) aircraft (OTAN) : avion à décollage et atterrissage verticaux
vertical trench (US) : tranchée à bords francs (capacité de franchissement d'un véhicule blindé)
vertically (US, OTAN) : verticalement
very high frequency (VHF) (US, OTAN) : très haute fréquence
very important person (VIP) : autorité (personnalité)
Very Important Person (VIP) (GB) : personnalité
very large crude-oil carrier (VLCC) (OTAN) : gros transporteur de pétrole brut
very long range radar (US) : radar à très longue portée (+ de 965 km)
very low (OTAN) : myriamétrique (ondes)
very low frequency (VLF) (US, OTAN) : très basse fréquence
very low level : TBA (très basse altitude)
very low level bombing (OTAN) : bombardement à très basse altitude
very seriously ill (OTAN) : cas très sérieux (malade) (SAN)
very seriously ill (OTAN) : très sérieux (malade) (SAN)
Very Short Range Air-to-Air (Mistral) Missile (Jane's) : AATCP (Air-Air Très Courte Portée)
very short-range : très courte portée (à)
very-short range radar (US) : radar à très courte portée (jusqu'à 80 km)
vesicant : vésicant (agent) (NBC)
vesicant agent (OTAN) : agent vésicant
vessel : bâtiment (navire)
vest (US) : investir (de pouvoirs) (PERS)
vet (GB) : faire une enquête de sécurité sur (PERS)
vet (US, GB) : ancien (combattant d'un conflit)

veteran (US) : ancien combattant (3 armées)
veteran (US) : chevronné (PERS)
veteran (US) : expérimenté (PERS)
veteran (US, GB) : ancien (combattant d'un conflit)
veterinarian (US) : vétérinaire (médecin)
veterinary (surgeon) : vétérinaire (médecin)
Veterinary Corps (US) : vétérinaire (service) (armée de terre)
vetronics (US) : vétronique
vetting (GB) : contrôle de sécurité des personnels (RENS)
vetting (US) : habilitation (procédure RENS)
vetting (GB) : habilitation de sécurité (PERS) (RENS)
VHF (= Very High Frequency) (US) : VHF (TRANS)
via (GB) : par (au moyen de)
via (Jane's) : par (à travers)
viability (OTAN) : viabilité (organisation)
vibration (US) : vibration
Vice Army Chief of Staff (US) : major général de l'armée de terre (MGAT)
Vice-Chief of the Defence Staff (VCDS) (GB) : chef d'état-major adjoint des armées
vicinity (OTAN) : voisinage
victim (OTAN, US) : victime
victim of war : victime de guerre
victimization (OTAN) : persécution (la)
victimize (US) : victimiser
victor : vainqueur
victorious (US, GB) : victorieux
victory (US, GB) : victoire
video camera (CFE, US) : caméra vidéo
video conference : visioconférence
video conferencing (US) : visioconférence
video frequency (VF) (OTAN) : fréquence vidéo
video frequency (VF) (OTAN) : vidéofréquence
video tele-conference (VTC) : vidéoconférence
videoconference (US) : vidéoconférence
videodisc (US) : vidéodisque
view (US) : champ de vision
view (US) : point de vue
view (US) : vision (sens figuré)
view (US) : vues
viewpoint (US, GB) : point de vue
vigilance (GB) : veille (vigilance)
vigilance (GB, US) : vigilance (PERS)
vigilant (US) : vigilant
vigorous (GB) : éprouvant (entraînement)
vigour (GB) : rigueur
village (GB, OTAN) : village
violate (orders / instructions / regulations) (US) : enfreindre (violer) (ordres / instructions / règlements)
violate (orders / instructions / regulations) (US) : violer (enfreindre) (ordres / instructions / règlements / dispositif)

violation (US, OTAN, GB) : violation
violator (UN) : contrevenant (à un accord)
violence (OTAN) : violences
violence (US, GB, OTAN) : violence
violence control : maîtrise de la violence
violent (GB) : violent
violent action (US) : acte de violence
violent action (US) : action violente
violently (US) : violemment
VIP (= Very Important Person) protection (GB) : protection des (hautes) personnalités
VIP protection (US) (VIP = Very Important Person) : protection des personnalités
VIP transport (GB) : transport de personnalités
virtual (US) : virtuel (informatique)
virtual battlefield (US) : champ de bataille virtuel
virtual reality (US) : réalité virtuelle
virtual simulation (US) : simulation virtuelle
virtual terrain (US) : terrain virtuel (simulation)
virtually (US) : pratiquement
virtue (GB) : vertu (PERS)
visa (US) : visa
vis-à-vis (OTAN) : vis-à-vis de
visibility (US, GB) : visibilité
visible (OTAN, CA) : visible
vision (OTAN) : clairvoyance
vision (US) : perspective (armée / interarmées) (étude prospective)
vision (US) : vision (sens propre)
vision (US) : vision (opérationnelle) (programme prospectif)
vision (US, GB) : vision (sens figuré)
vision (US) : modèle conceptuel (d'armée)
vision of operations (US) : vision des opérations
visionary : futuriste (projet / armement)
visions (US) : vues
visit (a dead drop) (US) : relever (boîte aux lettres morte) (RENS)
visit (GB) : visite
visit (US) : rendre visite à (soldats) (autorités)
visit of courtesy : visite de courtoisie (ou de politesse)
visiting (US) : de passage (PERS / troupes)
visiting (US) : passage (de) (PERS / troupes / forces)
visiting card (US) : carte de visite (PERS)
visitor (US) : visiteur (ou hôte)
visor (GB, US) : visière
visual (OTAN) : visuel
visual (OTAN) : vue (à)
visual contact (GB) : contact visuel
visual detection (US) : détection visuelle
visual display unit (VDU) (US) : écran de visualisation
visual flight (OTAN) : vol à vue
visual navigation (OTAN) : navigation à vue
visual observation : vues

visual obstruction (US) : obstacle visuel (champ de bataille) (brume / fumée / poussière)
visual range (OTAN) : portée optique (à)
visual signaling : transmissions visuelles
visual signaling (V/S) (OTAN) : signaux optiques
visual surveillance (US) : surveillance visuelle (ou par moyens visuels) (RENS)
visualize (US) : visualiser
visualize (US) : voir
visually (CFE) : de visu
vital (CA) : capital (crucial)
vital (GB) : essentiel (adjectif)
vital (GB) : primordial
vital (GB, OTAN) : vital
vital (OTAN GB) : indispensable
vital (OTAN) : décisif
vital (US) : sensible (zone / point / matériel / information / document / poste)
vital (US, GB) : fondamental
vital area (GB, OTAN) : zone vitale
vital area (US, GB) : zone vitale (ART sol-air)
vital ground (unité inférieure) (US, GB) : terrain vital (TAC)
vital interets (Jane's) : intérêts vitaux (ou fondamentaux) (pays)
vital organs (US) : organes vitaux (individu)
VLRA liaison, reconnaissance and support vehicle : véhicule de liaison, de reconnaissance et d'appui (VLRA)
vocation (OTAN, GB) : vocation
voice : vocal
voice (US) : voix
voice (US, UN, OTAN) : phonie
voice communications (US) : transmissions en phonie
voice frequency (VF) (OTAN) : fréquence téléphonique
voice frequency (VF) (OTAN) : fréquence vocale (phonie)
voice procedure (GB) : termes de procédure (phonie) (radio)
voice recognition (US, GB) : reconnaissance vocale
voice signals (US) : transmissions en phonie
voice switched network (OTAN) : réseau téléphonique commuté (RTC)
voicemitter (US) : membrane phonique (masque à gaz)
void (US) : vide (nom)
void of (US) : dépourvu de
volatile (US) : explosif (situation) (adjectif)
volition (OTAN) : chef (volonté)
volley (US) : salve
volley (US, GB) : volée (salve)
voltage (OTAN, UN) : tension (électrique)
voltage regulator (OTAN) : régulateur de tension
volume (GB) : volume (sonore)
volume (OTAN) : ampleur

volume (US) : quantité
volume (US) : volume (LOG / RENS / HUM)
volume of fire (US) : volume de feu
volume of gunfire (GB, OTAN) : concentration d'artillerie
voluntarily (US) : volontairement
voluntary (US, GB) : volontaire (adjectif)
voluntary means (US) : volontariat
voluntary separation (US) : départ volontaire (PERS)
voluntary separation incentive (US) : pécule (d'incitation au départ) (PERS)
volunteer (GB, CA) : volontaire (nom) (PERS)
volunteer (to) (GB) : se porter volontaire (pour) (PERS)
volunteer (US) : offrir (services) (RENS)
volunteer (US) : professionnel (de métier)
volunteer (V) (GB) : réserviste
volunteer (V) (infantry) battalion (GB) : régiment d'infanterie de réserve
volunteer corps (US) : corps de volontaires
volunteer military (US) : armée professionnelle
volunteering (US) : volontariat
vomiting (US) : vomissement(s) (SAN)
vomiting agent (GB) : agent vomitif
vulnerabilities : points faibles
vulnerability (US) : faiblesse (point faible)
vulnerability (US) : partie faible (ennemi)
vulnerability (US) : point faible (force)
vulnerability (US, GB) : vulnérabilité (point faible) (force / véhicule / stratégique)
vulnerable : sensible (zone / point / matériel / information / document / poste)
vulnerable (US, GB) : vulnérable
vulnerable area (US) : zone sensible

W

wade (GB) : traverser à gué (PERS)
wade in (US) : traverser
wadi (UN, GB) : oued (TOPO)
wading crossing (OTAN) : passage à gué
wage (GB) : conduire (mener) (TAC)
wage (GB) : mener (exécuter / accomplir) (action / opération)
wage war (GB) : faire la guerre
wait ! (US) : attendez ! (procédure radio)
wait, out ! (US) : attendez, terminé ! (procédure radio)
waiter (GB) : serveur (mess)
waiting area : zone d'attente
waiting list (US, GB) : liste d'attente
waitress (GB) : serveuse (mess)
wake (US, GB) : sillage
wake up (GB) : réveiller
walk (GB) : marcher (PERS)

walkie-talkie (GB) : talkie-walkie
walking (OTAN) : non couché (malade) (SAN)
walking patient (OTAN) : malade ambulatoire (ou non couché)
wall (GB) : paroi (munition)
wall (US, GB) : mur
wall of fire (US) : mur de feu
wane (US) : décliner (menace)
wanigan (US) : abri polaire (monté sur traîneau)
want (US) : aspirer à
wanted (GB) : recherché (personne / criminel) (AT / GEND)
war : guerre (de)
war (chants, exploits) : guerrier (adjectif)
war (GB) : temps de guerre
war (OTAN) : état de guerre
war (US) : période de guerre
war (US, GB, UN, OTAN) : guerre (conflit réel / conflit en général)
war benefit : bénéfice de guerre
war bride : épouse de guerre
war college (US) : école de guerre
war correspondent (OTAN, GB) : correspondant de guerre (journaliste)
war crime (GB, US) : crime de guerre
war criminal (OTAN, US, GB) : criminel de guerre
War Cross : Croix de guerre
war damage (WARDAM) (OTAN) : dommages de guerre
war equipment (UN) : matériels de guerre
war fighting (UN) ou warfighting (US) : combat (du temps de guerre)
war footing (GB) : pied de guerre
war headquarters (OTAN) : état-major de guerre
war headquarters (OTAN) : poste de commandement de guerre
war machine (US) : machine de guerre
war material (GB, US) : matériels de guerre
war memorial : monument aux morts
War Ministry (US) : ministère de la guerre (Hist.)
war neurosis : névrose de guerre
war of aggression : guerre d'agression (ou offensive)
war of conquest : guerre de conquête
war of extermination (GB) : guerre d'extermination
war of nerves (US, GB) : guerre des nerfs
war on drugs (US) : lutte contre la drogue
war on land : guerre sur terre
war operations (US) : opérations de guerre
war pension : pension de guerre
war pension : rente de guerre
war peril : risque de guerre
war plan (GB, US) : plan de guerre
war plant (US) : usine de guerre
war reserves (OTAN) : stocks de guerre

war reserves (WR) (US, OTAN, GB) : réserves de guerre (ou stocks de guerre)

war scenario (US) : scénario de guerre

war simulation (WARSIM) (US) : simulation de guerre

war situation : situation de guerre

war studies (GB) : polémologie

war surgery : chirurgie de guerre

war termination (US) : arrêt de la guerre (processus)

war termination (US) : fin de la guerre (processus)

war victim (UN) : victime de guerre

war zone (US, GB) : zone de guerre

war(-)game ou wargame (US, OTAN) : jeu de stratégie militaire

war(time) authorised strength (WAS) (OTAN) : effectifs du temps de guerre

-ward(s) (suffixe) (GB, CA) : vers (en direction de)

warehouse (GB, OTAN) : entrepôt

warfare : guerre (type / mode de conflit)

warfare (OTAN) : lutte (type de guerre)

warfare (OTAN) : actions de combat

warfare (US) : rivalité

warfare (US, GB) : combat (en tant que type)

warfare agent (UN) : agent de guerre

warfare area : domaine de lutte

warfare environment (US) : environnement de guerre

warfare training (GB) : entraînement au combat

warfighter (US) : combattant (terrestre)

war-fighting (OTAN) : actions de combat

war-fighting (OTAN) : opérations militaires

warfighting (US) : action de force (l')

warfighting (US) : combat (action réelle)

warfighting (US) : conduite de la guerre (la)

warfighting (US) : maîtrise de l'action coercitive

warfighting (US, GB) : coercition par la force (la) (mode opératoire d'armée)

warfighting capabilities (US) : capacités de combat

warfighting concept (US) : concept de guerre

warfighting doctrine (US) : doctrine de guerre

warfighting effectiveness (US) : efficacité au combat (armée)

warfighting laboratory (Corps des Marines) (US) : laboratoire de bataille

warfighting operation (Jane's) : opération de guerre

warfighting potential (Jane's) : potentiel de combat (véhicule)

warfighting unit (US) : unité combattante

wargame (US, OTAN) : jeu de guerre

warhead : charge explosive (tête militaire) (missile)

warhead (OTAN, US, UN) : cône de charge

warhead (US) : tête militaire (missile)

warhead (US, GB) : charge militaire (missile)

warhead (US, OTAN) : tête explosive

warhead (US, UN, GB) : ogive (tête militaire)

warlike (pays, comportement) : guerrier (adjectif)

warlord (US) : seigneur de la guerre

warm (welcome / reception) (US) : chaleureux (accueil)

war-making capacity (US, GB) : potentiel de guerre (force)

warning (formal) (GB) : avertisssement (punition) (PERS)

warmongering (GB) : propagande belliciste

warn : prévenir (avertir)

warn (US) : mettre en garde

warn (US, GB) : avertir (prévenir)

warned exposed (US, OTAN) : exposé et alerté (NUC)

warned protected (US, OTAN) : protégé et alerté (NUC)

warning : alerte

warning (Baud) : avertissement (RENS)

warning (GB) : avertissement (mesure disciplinaire) (PERS)

warning (OTAN) : détection

warning (OTAN, US) : avertissement (mise en garde)

warning (US) : préavis (TAC)

warning (US, GB) : mise en garde

warning and control (OTAN) : détection et contrôle

warning improvement (OTAN) : amélioration de l'alerte

warning message (OTAN) : message de préavis

warning net (US) : réseau d'alerte (TRANS)

warning notice (GB) : avertissement (avis)

warning order (OTAN) : ordre d'avertissement (ou ordre préparatoire)

warning order (US) : ordre préparatoire

warning radar (OTAN) : radar d'alerte

warning shots (US) : tirs de semonce (ou d'avertissement)

warning signal (GB) : signal d'alerte (voyant lumineux)

war-plane (UN) : avion militaire

warrant (US) : justifier

Warrant Officer (WO) : officier-technicien (armée de terre US)

Warrant Officer First Class (ou Warrant Officer Class I) (WO1) (GB) : adjudant-chef (ADC) (grade)

Warrant Officer Second Class (ou Warrant Officer Class II) (WO2) (GB) : adjudant (ADJ) (grade)

warring party : partie au conflit

warrior (land) (US) : combattant (terrestre)

warrior (US) : guerrier (nom)

Warrior MAOV (= Mechanised Artillery Observation Vehicle) (équivalent GB) : véhicule d'observation de l'artillerie

warrior preparation (OTAN) : préparation des troupes de combat

Warsaw Pact (US) : pacte de Varsovie (le) (Hist.)

Warsaw Treaty Organization (WTO) (UN) : organisation du traité de Varsovie (pacte de Varsovie) (disssoute juillet 1991)

warship (US) : bâtiment de guerre (ou navire de guerre)

warship (US, UN) : navire de guerre

wartime (OTAN) : du temps de guerre

wartime (US, GB) : temps de guerre

wartime ally (US) : allié du temps de guerre

wartime armed forces chief of staff : chef d'état-major général des armées (CEMGA)

wartime campaign (US) : campagne du temps de guerre

wartime defence chief : chef d'état-major général des armées (CEMGA)

wartime operations (US) : opérations du temps de guerre

wary (US) : vigilant

washing (GB) : lessive (lavage des effets)

washing powder (GB) : lessive en poudre (détergent)

waste (GB) : gaspillage

waste (GB) : gaspiller

waste (GB) : tuer

waste (US) : étendue

waste (US) : gaspillage (LOG)

wasted (US) : hors-service (matériel)

watch : guet

watch : guetter

watch : quart (service de veille)

watch (GB) : observer (TAC)

watch (over) (US, GB) : surveiller

watch (US) : faire attention

watch (US) : surveiller (RENS)

watch (US) : veille (vigilance)

watch list (US) : liste d'individus à surveiller (RENS)

watch officer (US) : officier d'alerte (ou de veille) (renseignement militaire)

watch tower (US) : mirador

watched (US) : sous surveillance (agent) (RENS)

watcher (US) : guetteur (soldat)

watcher (US) : guetteur (RENS)

watchtower ou watch-tower (GB) : tour de guet

water : eau (fonction)

water (OTAN) : aquatique

water (US, GB) : eau

water buffalo (US) : citerne à eau

water cannon (GB) : canon à eau (émeutes) (GEND)

water discipline (US) : discipline de (la distribution de) l'eau (opérations)

water obstacle (OTAN) : obstacle aquatique

water point : point d'eau (potable)

water point (GB) : point d'approvisionnement en eau

water propulsion (US) : propulsion dans l'eau (véhicule)

water purification (US) : purification d'eau (ou de l'eau)

water resources (US) : ressources en eau

water speed : vitesse aquatique (véhicule)

water speed (GB, Jane's, US) : vitesse sur l'eau (véhicule amphibie)

water supply : alimentation en eau

water supply : approvisionnement en eau

water tank (GB) : citerne à eau

water tank (GB) : réservoir d'eau (véhicule blindé)

water tower : château d'eau (TOPO)

water-cooled : refroidi par eau

water-cooled : refroidissement par eau (à)

watercourse (GB) : cours d'eau

waterfall (GB) : cascade (ou chute d'eau) (TOPO)

water-jet (Jane's) : hydrojet (char)

watermanship : navigation (sur cours d'eau)

waterproof (GB) : étanche

waterproof (revêtement, tissu) : imperméable (adjectif)

waterproofing (OTAN) : étanchéité (canon / véhicule)

waterproofing (US, GB) : imperméabilisation (textile)

waters (US) : eaux

watertight : étanche

waterway (OTAN) : canal (TOPO)

waterway (US) : cours d'eau

waterway (US, CA) : voie navigable

wave : onde

wave (GB) : faire signe

wave (OTAN) : vague (débarquement sur plage / bombardiers)

wave (OTAN, US, GB) : onde (TRANS)

wave of panic : mouvement de panique (foule)

wavelength : longueur d'ondes (TRANS)

way (GB) : chemin

way (GB) : direction (sens)

way (US) : chemin (voie) (sens figuré)

way (US) : façon

way (US, GB) : manière

way ahead (CA) : voie à suivre

way of life (US) : mode de vie

way of war (US) : mode de guerre (façon de faire la guerre)

waypoint (US) : point de cheminement (projet)

weak : faible (instruction radio)

weak (GB) : faible (patient) (SAN)

weak (US) : faible

weak (US) : fragile (zone)

weaken (OTAN) : affaiblir

weakened (OTAN) : affaibli

weakness (GB) : faiblesse (point faible)

weakness (US) : point faible (force)

weaknesses : points faibles

weapon (delivery) release point (OTAN) : point de largage d'arme(s)

weapon (US, GB) : arme

weapon carrier (OTAN) : porteur d'armes / vecteur (aérien / de surface)

weapon carrier (OTAN) : vecteur (ou porteur d'arme) (aérien / de surface)

weapon engagement zone (OTAN) : zone d'engagement d'arme (défense aérienne)

weapon fire zone (OTAN) : zone de tir d'arme (ZTL)

weapon free zone (WFZ) (OTAN) : zone de tir libre

weapon handling : maniement d'armes

weapon lethality (US) : létalité des armes (ou des armements)

weapon of war (US) : arme de guerre

weapon pit (GB) : épaulement (pour mitrailleuse)

weapon platform (US) : plate-forme armée (hélicoptère)

weapon platform (US) : plate-forme d'armes

weapon production (OTAN) : production d'armes (ou d'armements)

weapon production programme (WPP) (OTAN) : programme de production d'armes (ou d'armements)

weapon security (OTAN) : sécurité des armes

weapon state (GB) : état de l'arme (déchargée / en disposition de combat / parée pour le tir)

weapon subsystem (Jane's) : sous-système d'arme

weapon survivability and security (OTAN) : survie et sécurité des armes

weapon survivability and security system (WSSS) (OTAN) : système de survie et de sécurité des armes

weapon system (US, GB, OTAN) : système d'arme

weapon system effectiveness (US) : efficacité des systèmes d'arme

weapon system partnership (WSP) (OTAN) : association de système d'arme

weapon training (GB) : maniement d'armes

weapon-grade uranium (UN) : uranium militaire

weaponry (US) armament : armement

weapons (US) : armement

weapons (US) : armes (armement)

weapons assignment (US, GB) : affectation d'armes

weapons compatibility (OTAN) : compatibilité des armements

weapons control order (US, GB, OTAN) : consigne de tir (défense aérienne)

weapons delivery : largage d'armes

weapons electronic engineer (UN) : électronicien d'armes

weapons free (OTAN, US) : tir libre (consigne de défense aérienne)

weapons hold (OTAN) : tir prescrit (consigne de défense aérienne)

weapons instruction (GB) : instruction sur le tir (IST) (instruction de tir)

weapons of mass destruction (WMD) (OTAN, US) : armes de destruction massive

weapons of mass effects (WME) (US) : armes à effets de masse

weapons positioning : mise en place des armes

weapons recommendation sheet (OTAN) : tableau d'emploi des armes

weapons shoot (GB) : fusillade

weapons tight (OTAN) : tir restreint (consigne de défense aérienne)

wear : arborer (insigne / décoration)

wear : usure (matériel / pièces de rechange / objet)

wear (US) : porter

wear and tear (US) : usure (personnels et matériel)

wear down (GB) : user (TAC)

wear out (Jane's) : s'user (matériel)

wearing (US, GB) : port

wearing out (OTAN) : usure (matériel / pièces de rechange / objet)

wearing-down action : combat d'usure

weather : météo(rologie)

weather (OTAN) : météorologique

weather (US, GB) : temps (météorologique)

weather (US, OTAN) : conditions météo(rologiques)

weather analysis (OTAN, US) : analyse météo(rologique)

weather code (OTAN) : code météorologique

weather conditions : conditions climatiques

weather conditions (GB, US) : conditions météo(rologiques)

weather features (OTAN) : conditions atmosphériques

weather forecasts (US) : prévisons météo(rologiques)

weather information (OTAN) : renseignements météorologiques

weather information (OTAN, US) : informations météo(rologiques)

weather intelligence (US) : renseignement météo(rologique)

weather publication (OTAN) : publication météorologique

weather radar : radar de météorologie

weather report (US) : bulletin météo

web sling : courroie (lance-roquettes)

webbing (GB) : équipement individuel de combat

webbing (GB) : sangles (PERS)

Webmaster (OTAN) : administrateur Web (ou webmestre) (site Internet)

wedding (US, GB) : mariage

wedge (OTAN) : coin (calage / TAC)

week (US, GB) : semaine

weekend pass (US) : permission de 48 heures (week-end)

weekly (US) : hebdomadaire

weigh (US) : peser (sens propre et figuré)
weight (GB) : masse en ordre de combat (fusil)
weight (US, GB) : poids (matériel / etc)
weight in gold (US) : pesant d'or (PERS)
weight loaded (GB) : poids en charge (véhicule blindé)
weight of fire (GB) : volume de feu
welcome (GB) : accueillir
welcome (OTAN) : se féliciter de
welcome (OTAN) : se rejouir de
welcome (OTAN, GB, US) : bienvenue
welcome (US) : accueil
welcome (US) : précieux
weld (to) : souder (à)
welder (GB) : soudeur (PERS)
welding (US) : soudage (MAT)
welfare : bien-être (des personnels)
well : bien
well- (OTAN) : soigneusement
well (US) : puits
well(-)drilling (GB, US) : forage de puits
well-being (US) : bien-être (des personnels)
well-defined (US, GB) : bien défini (point géographique / mission / objectif)
well-orchestrated (US) : bien orchestré (bataille)
well-rehearsed (US) : bien répété (opération)
well suited for (US) : adapté à (mission / opération / force)
well-supported (US) : bien appuyé (attaque)
well-synchronized (US) : bien synchronisé (opération)
well-timed (US) : bien chronométré (attaque)
well-understood (US) : bien compris (plan)
West (GB) : Occident (l')
West (OTAN) : Ouest (l') (pays occidentaux)
west (US, GB) : ouest
Western (OTAN, Jane's) : occidental
western (US, GB) : ouest de (l')
Western European Union (WEU) : Union de l'Europe Occidentale (l') (UEO) (créée en 1955)
Western nation (Jane's, OTAN) : pays occidental
wet (US) : humide
wet affair (US) : opération "homo" (homicide) (assassinat) (RENS)
wet bridge : pont "dans l'eau"
wet job (US) : opération "homo" (homicide) (assassinat) (RENS)
wet suit (US) : combinaison de plongée
WEU (Western European Union) : UEO (Union de l'Europe Occidentale)
WEU Military Staff (UEO) : état-major militaire de l'UEO
WEU nation (UEO) : pays de l'UEO
WEU Permanent Council (UEO) : conseil permanent de l'UEO
whale the tar (US) : correction (ou sévère défaite) (infliger une) (TAC)
whale the tar (US) : infliger

wharf (US, GB) : quai
whatchamacallit (US) : machin (truc ou bidule)
whatever (GB) : tout
wheel (GB) : roue
wheelbase : empattement (véhicule)
wheeled : roues (sur / à)
wheeled : sur roues (à roues) (véhicule)
wheeled (US, GB) : à roues (véhicule)
wheeled armoured vehicle : blindé à roues
wheeled vehicle (US) : véhicule à roues
when appropriate (OTAN) : cas échéant (le)
when appropriate (OTAN) : échéant (le cas)
when required (US) : en cas de nécessité
whenever (US, GB) : chaque fois que
while : en cours de
while : tout en
while in motion (US) : marche (en)
whip (US) : correction (ou sévère défaite) (infliger une) (TAC)
whip (US) : infliger
whip aerial : antenne-fouet
whip antenna : antenne-fouet
whip out (familier) (US) : donner (ordre / instruction / renseignements)
whipped (US) : rotules (sur les) (épuisé) (PERS)
whippet (UN) : char léger (chenillette)
whistle (GB) : sifflet
white flag (GB) : drapeau blanc
white light (US) : lumière blanche
White Paper (GB) : livre blanc
white phosphorous (WP) (US) : phosphore
white phosphorus (WP ou PWP) shell (ou round) (US) : obus incendiaire au phosphore
whiteout (US, OTAN) : voile blanc (neige)
who is there ? (US) : qui va là ? (sommation)
whole (OTAN) : ensemble
wick : mèche (cocktail Molotov)
wide (GB) : large (sens figuré)
wide (OTAN) : vaste
wide (US) : large (sens propre spatial)
wide (US) : varié
-wide (US) : tout
widen (US) : élargir
wider (UEO) : largement
widow (US) : veuve (nom)
widower : veuf (nom)
width (GB) : étendue
width (US, GB) : largeur (pont / matériel / itinéraire / char / zone)
wife (US) : femme
wife (US, GB) : épouse
WILCO (= I will comply) (US) : aperçu ! (procédure radio)
wilco (GB) : aperçu ! (procédure radio)
Wilco (GB) : fana (toujours) (enthousiaste) (PERS)
wild (US) : fou
will (US) : volonté

will to fight (US) : ardeur au combat
will to fight (US) : volonté de combattre (ou ardeur au combat)
willing (OTAN) : prêt
willingness (US) : volonté
willingness to fight (US) : volonté de combattre (ou ardeur au combat)
willpower : volonté (PERS)
willpower (GB) : volonté
win (a war / a battle) (US, GB) : gagner (guerre / bataille)
win (GB) : conquérir (obtenir) (sens figuré)
win (GB) : obtenir (qualification / diplôme / décoration)
win (paix) (OTAN) : instaurer
win (US) : conquérir (TAC)
win (US) : obtenir (indépendance / soutien)
win (US) : vaincre (gagner)
win (US, GB) : remporter
win fame : s'illustrer (unité) (contexte historique)
win peace (OTAN) : gagner la paix
winch (GB) : hélitreuiller (PERS)
winch (GB, US) : treuiller (par hélicoptère) (ou hélitreuiller)
winch (Jane's, GB) : treuil
winch by helicopter (OTAN) : hélitreuiller (personne / victime de catastrophe)
winching (US) : treuillage
wind (US, GB) : vent
wind cone : manche à air
wind sensor (US) : anémomètre
wind sensor (US) : capteur de vent (char)
wind up (US) : conclure (mettre un terme à)
wind velocity (US) : vitesse du vent
windage (GB) : dérivation (ou dérive) (due au vent)
windage (US) : pointage en direction (fusil / mitrailleuse)
windage and elevation adjustment knobs : boutons de réglage latéral et de hauteur (lunette de visée)
window (Jane's) : vitre (véhicule)
window (OTAN) : paillettes (contre-mesure radar)
window (US) : fenêtre (créneau de temps)
windscreen (GB) : pare-brise (véhicule)
windscreen wiper (GB) : essuie-glace (véhicule)
windshield (US) : pare-brise (véhicule)
windshield wiper (US) : essuie-glace (véhicule)
windsock (GB) : manche à air
wing : aile (aéronef)
wing : voilure (aéronef)
wing span (GB) : envergure (drone)
wings (GB) : brevet de pilote (ALAT)
wings (GB) : insigne de parachutiste
winner : vainqueur
winner (US) : gagnant
winning (US) : réussite
winning (US) : victoire
winter (UN) : hivernal

winter (US, GB) : hiver
winter quarters (GB) : quartiers d'hiver
winter warfare : opérations dans la neige (guerre hivernale)
winter warfare (UN) : guerre hivernale
wire (US) : filaire
wire antenna : antenne filaire
wire command : télécommande filaire
wire command-link : liaison de télécommande filaire
wire command-link guided : guidé par liaison de télécommande filaire
wire cutters (GB) : pinces coupantes
wirecutters (US) : cisailles
wire-cutting tank (UN) : char anti-barbelés (ou de déblayage de terrain)
wire-guided (US) : filoguidé
wire-pulling (US) : piston (appui / recommandation / protection)
wiretap (US) : bretelle (d'écoute) (RENS)
wiretapper (US) : poseur de bretelles (RENS)
wiretapping (US) : branchement de bretelles d'écoute
wiring (GB) : pose de barbelés
wiring diagram : organigramme (sens propre = schéma)
wisdom (US) : sagesse
with : à (volume / proportion / composition de forces)
with : à (appartenance à unité)
with : en
with (GB) : au moyen de
with (GB) : dans (appartenance à un corps ou à une unité)
with (OTAN) : sein de (au)
with (US) : auprès de
with (US) : avec (contre) (guerre)
with (US) : contre
with (US) : de (appartenance à un corps / une unité / un pays)
with a population of (GB) : peuplé de (X habitants)
with a strength of (CA) : doté de (effectif)
with a view to : en vue de
with all due respect (US) : respectueusement
with effect from : prenant effet à
with reference to (UEO) : concerne (en ce qui)
with respect to (UEO) : concerne (en ce qui)
with respect to (US) : par rapport à
with the aim of : dans le but de
with the aim of : en vue de
with the exception of (US, GB) : exception de (à l')
with the object of : en vue de
with the object of (US) : dans l'intention de
withdraw (GB) : se retirer (force) (TAC)
withdraw (OTAN) : faire replier
withdraw (US, OTAN, GB) : retirer

withdraw from combat (US, GB) : retirer du combat (unité)

withdraw from service : retirer du service (matériel)

withdrawal (GB, OTAN) : retrait (de forces) (TAC)

withdrawal (operation) (US, GB, OTAN) : désengagement (TAC)

withdrawal (OTAN, US, GB) : repli (TAC)

withdrawal (US) : retrait (organisation)

withdrawal from battle (US) : retrait des combats (force)

withdrawing : en désengagement (force)

withdrawing (OTAN) : en repli (force)

within (GB) : à moins de (distance)

within (OTAN) : à l'intérieur de

within (US) : au sein de

within (US) : dans (temporel)

within (US) : en (temporel)

within (US) : en l'espace de

within (US) : moins de

within (US, OTAN, Jane's) : intérieur (nom)

within close range of (US) : proximité de (à)

within range (GB) : à bonne portée

within range (GB) : à portée

within range of (OTAN) : portée de (à)

within the required time (US) : dans les délais (impartis)

without (US, GB) : sans

without condition (US) : sans conditions

without delay (GB) : sans délai (immédiatement)

without the knowing (OTAN) : insu

without the knowledge (OTAN) : insu

withstand (an attack) : soutenir (résister à) (attaque)

withstand (GB, US) : résister

withstand (US) : supporter (difficultés) (PERS)

wives' club (GB) : club des épouses (collectivité militaire)

woman (GB) : féminin

woman (US, GB) : femme

woman soldier (GB) : femme militaire

woman soldier (GB) : militaire féminin

woman soldier (GB) : soldat féminin

women soldiers (US) : personnel(s) féminin(s)

Women's Royal Army Corps (WRAC) : service féminin de l'armée de terre (GB) (obsolète)

wood : bois (TOPO)

wooded (US) : boisé

wooded area (US) : zone boisée

woodland (GB) : bois (région boisée) (TOPO)

woodland (GB) : région boisée (TOPO)

wool shirt (US) : chemise de laine

word (US) : parole

word after (US) : le mot après (procédure radio)

word before (US) : le mot avant (procédure radio)

word-of-mouth (US) : bouche à oreille (de)

work : fonctionner (arme / matériel / système)

work (GB, OTAN) : travaux

work (OTAN) : œuvrer

work (US) : marcher (fonctionner)

work (US) : œuvre

work (US) : travailler (agent) (RENS)

work (US, GB) : travail

work breakdown (GB) : ventilation des tâches (programme de recherche)

work sheet (WS) (OTAN) : fiche de travail

work timelines (US) : échéancier des travaux

work to the advantage of (US) : tourner à l'avantage de

work uniform (US) : tenue de travail

work with : collaborer avec

workable (US) : jouable (option)

workhorse (familier) (US) : gros bosseur (ou travailleur) (PERS)

working conditions (GB) : conditions de travail

working environment (US) : environnement de travail

working group (WG) (OTAN, US) : groupe de travail

working lunch (OTAN) : déjeuner de travail

working method (CFE, GB) : méthode de travail

working paper (WP) (OTAN) : document de travail

working party (WP) (OTAN) : équipe de travail

working party (WP) (OTAN) : groupe de travail

working procedures (US) : procédures de travail

working relationship (OTAN) : relations de travail (entre organismes)

Working Table (OTAN) : Table de travail

workload (US) : charge de travail

workshop (GB) : atelier

workstation : poste de travail (informatique)

workstation : station de travail (informatique)

world : globe

world (GB) : mondial (planétaire)

world (US) : monde (milieu / univers)

world (US, GB) : monde (planète)

world class (GB) : de classe mondiale (matériels)

world dominance (US) : domination mondiale (superpuissance)

world health organisation (WHO) (GB) : organisation mondiale de la santé (OMS)

world leader (CA) : chef de file mondial (pays)

world order (US) : ordre mondial

world power (US) : puissance mondiale

world war (US, GB) : guerre mondiale

world-class : meilleur

world-class (GB) : niveau mondial (classe mondiale) (matériels)

worldwide (US) : planète

worldwide (WW) (OTAN) : mondial (système de commandement)

worn (US) : usé (matériel)

worsening (OTAN) : en voie d'aggravation (crise)

worst-case (Jane's) : pessimiste (le plus) (scénario de conflit)
worst-case (Jane's) : pire (scénario de conflit)
worth (Jane's) : montant
worth (US) : valeur (mérite / qualité)
worth of (US, GB) : pour (montant)
worthy (GB) : digne
would-be (US) : prétendu
wound : blessure (SAN)
wound (OTAN) : blesser
wound (OTAN) : plaie
wound healing (US) : guérison des blessures (SAN)
wound received in action (OTAN) : blessure de guerre (SAN)
wounded (US, GB) : blessé (participe passé)
wounded casualty (US) : blessé (nom)
wounded in action (WIA) (US, OTAN) : blessé au combat (PERS) (SAN)
wounded soldier : blessé (nom)
wreak havoc (US) : dévaster (ravager)
wreath : couronne (mortuaire)
wreath (GB) : gerbe (ou couronne)
wreath laying : dépôt de gerbe(s) (monument)
wreck (GB) : carcasse (véhicule)
wreck (GB) : naufrage
wrecker (US) : véhicule lourd de dépannage
wrecking ball (CFE, UN) : boulet de démolition
wrest (US) : ravir
wring (CA) : provoquer (causer)
wrist mounted display (GB) : afficheur de poignet (fantassin)
wristwatch camera (US) : appareil photo montre (RENS)
wristwatch microphone (US) : montre-micro (RENS)
write (US) : écrire
write (US, CFE) : rédiger
written exam (GB) : écrit (examen)
written portion (of a graphic order) (US) : partie écrite (ou renseignée) (ordre graphique)
wrong ! (US) : erreur ! (procédure radio)

x

X axis / Y axis : axe des X / Y (TOPO)
X-ray (GB) : faire une radio (SAN)
X-ray (GB) : radiographie (ou radio) (SAN)
X-ray (GB) : radiographier (ou faire une radio de) (SAN)
X-ray laser (UN) : laser à rayons X
X-rays (UN, GB) : rayons X

y

Y junction (US) : bifurcation
yak (familier) (US) : jacasser
yak yak (familier) (US) : jacasseries
yard (GB) : cour
yaw (UN) : déviation (projectile)
yaw (US, GB) : lacet (projectile)
year : horizon (sens figuré)
year (US, GB) : an
year (YR) (US, GB) : année
year of service (US) : année de service (PERS)
yearly (US) : annuel
years (CA) : période (de temps)
yellow fever (GB) : fièvre jaune (SAN)
yellowleg (US) : bazanais (cavalier)
yeoman (US) : inestimable
Yeomanry (GB) : cavalerie de réserve
Yeomanry Regiment (GB) : régiment de cavalerie de réserve
Yeomanry unit (GB) : unité de réserve de la cavalerie
yes sir ! (US) : à vos ordres ! (réponse à un ordre verbal d'un supérieur)
yesterday (US, GB) : hier
yield : céder (terrain / territoire) (TAC)
yield (nuclear) (OTAN, UN) : puissance (arme nucléaire)
yield ground (GB) : céder du terrain (TAC)
yomp (US) : crapahuter
yomp(ing) (US) : crapahutage
young officers' course (GB) : stage d'application (jeunes officiers)
youngest canteen manager : "popotier"
youngest mess officer : "popotier"
youth (GB) : adolescent (nom)
youth camp (US) : camp de jeunesse (organisé par l'armée)

z

zap (GB) : zigouiller (tuer) (familier)
zap (terme familier) (GB) : abattre (soldat)
zero (GB) : régler
zero (US) : régler (le tir)
zero (US, GB) : simbleauter (arme)
zero hour (familier) (US) : moment critique (ou crucial)
zero in (US) : localiser
zero option (UN) : option zéro (STRAT)
zero-casualty : zéro mort
zero-casualty war (Jane's) : guerre zéro mort
zero-dead : zéro mort

zero-death : zéro mort
zeroing (GB) : simbleautage
zero-visibility (GB) : visibilité nulle
zip code (mail) (US) (ZIP = Zone Improvement Plan) : code postal
Zodiac boat (US) : Zodiac (canot pneumatique) (marque déposée)
Zodiac-brand inflatable (US) : Zodiac (canot pneumatique) (marque déposée)
zone : zone
zone (OTAN) : secteur (terre) (TAC)
zone of action (US, OTAN) : zone d'action (ZA) (TAC)

zone of advance (US) : zone de progression
zone of airspace (GB) : zone d'espace aérien
zone of attack (US) : zone d'attaque
zone of conflict (US) : zone de conflit
zone of control (US) : zone de contrôle
zone of occupation (GB) : zone d'occupation
zone of operations (OTAN) : zone d'opérations
zone of separation (ZOS) (OTAN, GB) : zone de séparation (entre belligérants)
zone of stability (OTAN) : zone de stabilité
Zulu (time) (Z) : zulu (heure) (GMT)
zulu time (OTAN) : heure zulu

Achevé d'imprimer en novembre 2000 dans les ateliers de Normandie Roto Impression s.a., 61250 Lonrai
N° d'impression : 002956.   Dépôt légal : décembre 2000